COMENTARIO MACARTHUR DEL NUEVO TESTAMENTO

LUCAS

COMENTARIO MACARTHUR DEL NUEVO TESTAMENTO

LUCAS

JOHN MACARTHUR

EDITORIAL
PORTAVOZ

La misión de Editorial Portavoz consiste en proporcionar productos de calidad —con integridad y excelencia—, desde una perspectiva bíblica y confiable, que animen a las personas a conocer y servir a Jesucristo.

Título del original: *The MacArthur New Testament Commentary: Luke 1-5*

Título del original: *The MacArthur New Testament Commentary: Luke 6-10*

Título del original: *The MacArthur New Testament Commentary: Luke 11-17*

Título del original: *The MacArthur New Testament Commentary: Luke 18-24*

Edición en castellano: *Comentario MacArthur del Nuevo Testamento: Lucas*

Traducción: Ricardo Acosta

EDITORIAL PORTAVOZ
2450 Oak Industrial Drive NE
Grand Rapids, MI 49505 USA
Visítenos en: www.portavoz.com

ISBN 978-0-8254-1567-8

2 3 4 5 edición / año 25 24

Impreso en China
Printed in China

Dedicatorias

Lucas 1–5

A la memoria de Mike Taylor, quien sirvió fielmente a Cristo en Grace to You durante veintisiete años. Entre otras actividades, Mike coordinaba el trabajo editorial en estos comentarios. Fue un gran privilegio no solo ser su pastor sino también trabajar junto a él en todo ese tiempo. El Señor se llevó al cielo a Mike de manera inesperada precisamente cuando este comentario en inglés estaba yendo a la imprenta. Extrañaré su dedicada colaboración y la forma llena de alegría en que constantemente nos animaba a todos.

Lucas 6–10

Dedicado a Bruce Alvord, Brian Kinzel y Greg White, misioneros de Grace Church, con ocasión del vigésimo aniversario del Seminario Bíblico Irpin. En las últimas dos décadas, estos hombres fieles han magnificado el nombre de Cristo por medio de sus incansables esfuerzos en capacitar eficazmente a mil doscientos ciudadanos ucranianos en el estudio de la Biblia y en la predicación expositiva. El cuerpo estudiantil actual, que representa a doscientas iglesias nacionales, proporciona evidencia de la fortaleza de este ministerio excepcional. El fruto del trabajo de estos hombres, cuya magnitud exacta no se puede conocer en esta parte del cielo, es un legado que perdurará en la antigua Unión Soviética para muchas generaciones venideras.

Lucas 11–17

Dedicado a Albert Mohler, apreciado amigo y voz confiable de claridad en tiempos confusos. Me encantan su compromiso sin complejos hacia la autoridad de las Escrituras, su liderazgo valiente, su incansable celo, y su devoción fiel a la verdad... escrita y encarnada. Él representa la rara combinación de intelectualismo intrépido y amor apasionado por el Señor (no simplemente curiosidad académica). Por medio de su influencia, Albert ha impulsado a una generación de predicadores que da a conocer sus convicciones.

Lucas 18–24

Dedicado a Iain Murray, cuyos nobles esfuerzos por animar a hombres de Dios bendecidos por el Espíritu en el pasado han dado vida a hombres de Dios en la actualidad. Soy uno de tales individuos agradecidos. Iain ha hecho que muchos santos parezcan amigos personales y, en el proceso, él también se ha convertido en amigo.

Contenido

Prólogo

Para mí sigue siendo una gratificante comunión divina predicar de manera expositiva a través del Nuevo Testamento. Mi objetivo es tener siempre un compañerismo profundo con el Señor en el entendimiento de su Palabra y, a partir de esa experiencia, explicar a su pueblo lo que un pasaje bíblico significa. En las palabras de Nehemías 8:8, me esfuerzo por poner "el sentido" en las Escrituras para que las personas puedan oír realmente a Dios hablando y que, al hacerlo, puedan a su vez contestarle.

Es evidente que el pueblo de Dios debe entenderle, lo cual exige conocer su Palabra de verdad (2 Ti. 2:15) y permitir que esa Palabra more en abundancia en nosotros (Col. 3:16). De ahí que la idea central de mi ministerio sea ayudar a hacer viva la Palabra de Dios para su pueblo. Se trata de una aventura reconfortante.

Esta serie de comentarios del Nuevo Testamento refleja el objetivo de explicar y aplicar las Escrituras. Algunos comentarios son primordialmente lingüísticos, otros teológicos, y algunos tienen que ver más con la predicación. Este comentario es básicamente explicativo o expositivo. No es lingüísticamente técnico, pero tiene que ver con la lingüística cuando parece ayudar a la adecuada interpretación. No es teológicamente extenso, pero se enfoca en las principales doctrinas de cada texto y en cómo estas se relacionan con todas las Escrituras. Ante todo, no es homilético, aunque por lo general a cada unidad de pensamiento se la trata como un capítulo, con un claro esquema y flujo lógico de pensamiento. La mayoría de verdades se ilustran y se aplican con otras Escrituras. Después de establecer el contexto de un pasaje he tratado de seguir de cerca el desarrollo y el razonamiento del escritor.

Oro para que cada lector comprenda por completo lo que el Espíritu Santo está diciendo a través de esta parte de su Palabra, de modo que su revelación pueda alojarse en las mentes de los creyentes y así lograr una mayor obediencia y fidelidad para la gloria de nuestro gran Dios.

Introducción

El Evangelio de Lucas es el primero de una historia en dos volúmenes, junto con el libro de Hechos (ambos fueron dirigidos al mismo hombre, Teófilo, y el "primer tratado" que se menciona en Hechos 1:1 se refiere al Evangelio de Lucas). Se trata del libro más extenso en el Nuevo Testamento y, combinado con Hechos, hace de Lucas el autor de más de la cuarta parte del Nuevo Testamento… más que cualquier otro escritor. En esos dos libros, Lucas presenta el relato más completo del Nuevo Testamento acerca de la historia de la redención. Su evangelio y el libro de Hechos abarcan seis décadas y media desde el nacimiento de Juan el Bautista hasta el primer encarcelamiento romano de Pablo. Lucas también incluye una cantidad importante de material novedoso (más del 40% de su evangelio no se halla en los demás evangelios [Darrell L. Bock, *Luke 1:1-9:50*, Baker Exegetical Commentary on the New Testament (Grand Rapids: Baker, 1994), p. 12]), que incluye siete de los milagros de Cristo y diecisiete de sus parábolas.

Sin embargo, a pesar de la importancia de su obra, el propio Lucas sigue siendo bastante desconocido. Su nombre solo aparece tres veces en el Nuevo Testamento, y ninguna de ellas en sus propios escritos (Col. 4:14; 2 Ti. 4:11; Flm. 24). Esos pasajes solo revelan algunos detalles respecto a él: que era un médico muy amado por Pablo y que estuvo con el apóstol durante sus dos primeros encarcelamientos romanos. Lucas también era gentil (véase el estudio de Col. 4:10-14 en el cap. 1 de esta obra, y Hch. 1:19, donde el uso que hace Lucas de la frase "en su propia lengua" lo distingue del pueblo judío). El hecho de que acompañara a Pablo en algunos de sus viajes misioneros es evidente en los llamados pasajes "nosotros" en Hechos (véase, a continuación, el estudio bajo el título "Autor"). Pero como veremos en el capítulo 1 de esta obra, el prólogo al Evangelio de Lucas ayuda a pintar un retrato más completo de este hombre extraordinario.

AUTOR

El testimonio unánime de la iglesia primitiva es que Lucas escribió el tercer evangelio; jamás se ha propuesto a ningún otro autor. A mediados del siglo

II, el apologista Justino Mártir (aprox. 100-165 d.C.) citó de Lucas 22:44 y 23:46 en su *Diálogo con Trifón*. Aunque Justino no nombra a Lucas como el autor (citando como su fuente "las memorias que... fueron elaboradas por sus apóstoles [de Cristo] y quienes los siguieron" [cap. 103], esos dos pasajes son exclusivos de Lucas, y demuestran el hecho de que Justino conocía el Evangelio de Lucas y lo reconocía como acreditado. Tatiano, pupilo de Justino, incluyó el Evangelio de Lucas en su *Diateserón*, la primera armonía conocida de los evangelios. El Canon de Muratori, una lista del siglo II de los libros reconocidos como Escrituras por algunos en la iglesia, atribuye el tercer evangelio a Lucas, al igual que hicieron escritores de los siglos II y III tales como Ireneo, Orígenes, Clemente de Alejandría, y el hereje Marción. El prólogo antimarcionita al Evangelio de Lucas, escrito para combatir a Marción, también declaró que Lucas era su autor. El manuscrito más antiguo del Evangelio de Lucas (Bodmer Papyrus XIV [p75]), que data de finales del siglo II o inicios del III, nombra a Lucas como el autor.

Al resumir la importancia del testimonio de la iglesia primitiva para la autoría de Lucas del tercer evangelio, Robert H. Stein escribe:

> Tal unanimidad en la tradición es impresionante... En general tan indiscutible y antigua tradición se debería aceptar a menos que hubiera una buena razón para lo contrario. Esto es especialmente así cuando se nombra a una personalidad secundaria en la iglesia primitiva y a un no apóstol como el autor de una cuarta parte de todo el NT. (*Luke,* The New American Commentary [Nashville: Broadman & Holman, 1992], p. 21).

El último punto de Stein es especialmente significativo. Los evangelios apócrifos fueron atribuidos a personalidades muy conocidas, tales como Pedro. ¿Por qué alguien que forjaría una obra, que pretende provenir de uno de los compañeros de Pablo, habría elegido al relativamente desconocido Lucas en lugar de alguien más prominente?

Otra prueba de que Lucas escribió Lucas y Hechos viene de los llamados pasajes "nosotros" en Hechos, donde el uso del escritor del pronombre en primera persona indica que estaba viajando con Pablo (16:10-17; 20:5-21:18; 27:1—28:16). Por tanto, el escritor de Hechos no podía ser ninguno de los colaboradores de Pablo mencionados por nombre en esas secciones (p. ej., Silas, Timoteo, Sópater, Aristarco, Segundo, Gayo, Tíquico y Trófimo). Por proceso de eliminación, eso deja a Lucas y Tito entre los colaboradores de Pablo como los posibles autores de Lucas y Hechos. Sin embargo, nadie ha argumentado seriamente a favor de Tito como el autor, lo que deja a Lucas, como el testimonio unánime que la iglesia primitiva afirma (véase el análisis anterior).

FECHA, LUGAR, DESTINATARIOS

Lucas fue escrito antes que Hechos, el cual es una continuación de este evangelio (Hch. 1:1), por tanto la inquietud de cuándo se escribió está relacionada de cerca con la fecha de Hechos. Algunos eruditos liberales fechan a Lucas en el siglo II. Sostienen que su autor extrajo algo de su material del historiador judío Flavio Josefo, quien escribió a finales del siglo I. Pero las diferencias entre los dos relatos son muy superiores a las similitudes (cp. Alfred Plummer, *A Critical and Exegetical Commentary on the Gospel According to St. Luke*, The International Critical Commentary [Edinburgh: T. & T. Clark, 1969], xxix; D. Edmond Hiebert, *An Introduction to the New Testament*, Volume One: The Gospels and Acts [Chicago: Moody, 1979], p. 137). A mediados del siglo II, el hereje Marción incluyó su versión revisada de Lucas como el único evangelio en su canon de las Escrituras. Si Lucas se hubiera escrito solo poco tiempo antes no podría haber llegado a ser tan ampliamente respetado en la iglesia para que Marción lo hubiera elegido. Tampoco un escritor del siglo II pudo haber consultado testigos presenciales de la vida y el ministerio de Jesús (Lc. 1:2-3); la mayoría, si no todos ellos, habrían estado muertos.

Eruditos conservadores han propuesto dos fechas para Lucas y Hechos: entre el 70 y el 80 d.C. (tras la finalización del Evangelio de Marcos), o alrededor del 60 d.C. (cerca del final del primer encarcelamiento romano de Pablo). El principal argumento para la última fecha es el supuesto uso de Lucas del Evangelio de Marcos como fuente. Ya que a Marcos por lo general se le fecha después de la muerte de Pedro durante la persecución instigada por Nerón, Lucas tendría que haberse escrito aún más tarde. No obstante, la prioridad de Marcos nunca se ha establecido, y la ausencia de cualquier evidencia para ello ha llevado a los eruditos a cuestionar la dependencia de Lucas en el Evangelio de Marcos (p. ej., Robert L. Thomas y Stanley N. Gundry, eds., A *Harmony of the Gospels* [Chicago: Moody, 1979], pp. 274-79; Eta Linnemann, *Is There a Synoptic Problem?* [Grand Rapids: Baker, 1992]; Robert L. Thomas y F. David Farnell, eds., *The Jesus Crisis* [Grand Rapids: Kregel, 1998], especialmente los caps. 1, 3, 6). Ya que no se puede establecer la dependencia de Lucas en Marcos, el argumento por la última fecha se viene abajo.

Multitud de datos apoyan la primera fecha para los escritos de Lucas y Hechos. Tal fecha explica mejor el final abrupto de Hechos; Lucas no menciona la liberación de Pablo ni sus posteriores viajes porque, cuando escribió Hechos, el apóstol aún se hallaba en la cárcel. Además, en los escritos de Lucas no se menciona ningún acontecimiento posterior al año 61 d.C., que incluyen sucesos tan importantes como la muerte de Jacobo, el hermano de Jesús y cabeza de la iglesia en Jerusalén (alrededor del 62 d.C.); la persecución de Nerón, durante la cual Pedro y Pablo fueron martirizados (a mediados de la década del 60 d.C.);

y la destrucción de Jerusalén por parte de los romanos en el 70 d.C. Por último, Lucas no se refiere a las epístolas de Pablo, lo que sugiere que escribió Lucas y Hechos antes de que la colección de tales epístolas circulara ampliamente en la iglesia. La explicación más natural para esas omisiones es que Lucas escribió su evangelio y el libro de Hechos antes de que ocurrieran esos acontecimientos. Por tanto, la mejor fecha para el Evangelio de Lucas es 60-61 d.C.

No se sabe con seguridad dónde escribió Lucas su evangelio. Algunos en la iglesia primitiva especularon que lo escribió en la provincia griega de Acaya; otros sostienen que fue en Roma. Puesto que Lucas se hallaba con Pablo durante el encarcelamiento de este último en Roma (cp. Col. 4:14; Flm. 24), la última posibilidad es la más probable.

Según veremos en el capítulo 1 de esta obra, Lucas dirigió su evangelio a un hombre llamado Teófilo y, por extensión, a otros gentiles. Evitó usar términos arameos que serían desconocidos para sus lectores gentiles (p. ej., Abba, rabí, hosanna, Gólgota), y les explicó tradiciones judías (p. ej., 22:1, 7) y la geografía de Israel (p. ej., 1:26; 4:31; 23:51; 24:13).

PROPÓSITO Y TEMAS

El propósito de Lucas al escribir su evangelio fue "para que conozcas bien la verdad de las cosas en las cuales has sido instruido" (1:4; véase la exposición de ese versículo en el cap. 1 de esta obra). Con esa finalidad hizo su cuidadosa investigación (véase el estudio de sus fuentes en el cap. 1).

Muchos temas se destacan en este maravilloso evangelio y, el más importante, es el amor de Dios por los pecadores. Tal amor le hizo enviar a su Hijo al mundo "a buscar y a salvar lo que se había perdido" (Lc. 19:10; cp. 15:1-32). Lucas prestó particular atención a los marginados de la sociedad judía, que incluían gentiles, samaritanos, mujeres, recaudadores de impuestos, y leprosos. Dios ofrece perdón a pecadores arrepentidos (3:3; 5:20-25; 6:37; 7:41-50; 11:4; 12:10; 17:3-4; 18:13-14; 24:47), lo que resulta en otro de los énfasis de Lucas: gozo (1:14, 44, 47, 58; 2:10; 6:23; 13:17; 15:5-10, 22-32; 24:52). Solo él registra los cinco grandes tributos de la alabanza relacionados con el nacimiento de Cristo: los de Elisabet (1:41-45), de María (1:46-55), de Zacarías (1:67-79), de los ángeles que anunciaron el nacimiento de Cristo (2:13-14), y de Simeón (2:25-32). Lucas también describe el temor que las personas experimentan en la presencia de Dios o de las obras divinas (1:12, 30, 65; 2:9-10; 5:10, 26; 7:16; 8:25, 37, 50; 9:34). También resalta el ministerio del Espíritu Santo (1:15, 35, 41, 67; 2:25-27; 3:16, 22; 4:1, 14, 18; 10:21; 11:13; 12:10, 12), y las oraciones de Jesús (3:21; 5:16; 6:12; 9:18, 28-29; 11:1; 22:32, 40-46). El capítulo 1 enumera más de los temas distintivos de Lucas.

BOSQUEJO

I. Preludio al ministerio de Cristo (1:1—4:13)
  A. Prólogo (1:1-4)
  B. Nacimiento de Jesús (1:5—2:38)
    1. Anunciación a Zacarías (1:5-25)
    2. Anunciación a María (1:26-38)
    3. Visita de María a Elisabet (1:39-45)
    4. El Magníficat (1:46-56)
    5. Nacimiento del precursor (1:57-80)
    6. La natividad (2:1-38)
  C. Infancia de Jesús (2:39-52)
    1. En Nazaret (2:39-40, 51-52)
    2. En el templo (2:41-50)
  D. Presentación de Jesús (3:1—4:13)
    1. Predicación de Juan el Bautista (3:1-20)
    2. Bautismo de Jesús (3:21-22)
    3. Genealogía del Hijo del Hombre (3:23-38)
    4. Tentación del Hijo de Dios (4:1-13)
II. Ministerio en Galilea (4:14—9:50)
  A. Comienzo del ministerio de Cristo (4:14—6:16)
    1. Nazaret (4:14-30)
    2. Capernaúm (4:31-42)
      a. Expulsión de un demonio (4:31-37)
      b. Multitudes sanadas (4:38-42)
    3. Ciudades de Galilea (4:43-44)
    4. Mar de Galilea (5:1—6:16)
      a. Llamado a cuatro pescadores (5:1-11)
      b. Curación de un leproso (5:12-16)
      c. Perdón a un pecador (5:17-26)
      d. Recepción de pecadores, pero rechazo de los justos (5:27-32)
      e. Proclamación de la singularidad del evangelio (5:33-39)
      f. Jesús declara que es Señor del día de reposo (6:1-11)
      g. Elección de los doce apóstoles (6:12-16)
  B. Continuación de la obra de Cristo (6:17—9:50)
    1. Predicación en la llanura (6:17-49)
      a. Bienaventuranzas (6:17-23)
      b. Ayes (6:24-26)
      c. Mandamientos (6:27-49)
    2. Ministerio en las ciudades (7:1—8:25)
      a. Sanidad para el criado de un centurión (7:1-10)
      b. Resurrección del hijo de una viuda (7:11-17)

c. Jesús anima a discípulos de Juan el Bautista (7:18-35)
d. Perdón a una mujer pecadora (7:36-50)
e. Proclamación del reino de Dios (8:1-3)
f. Jesús enseña a las multitudes con parábolas (8:4-21)
g. Jesús calma el viento y las olas (8:22-25)

3. Viajes por Galilea (8:26—9:50)
a. Liberación de un endemoniado (8:26-39)
b. Jesús sana a una mujer (8:40-48)
c. Jesús resucita a una muchacha (8:49-56)
d. Envío de los doce (9:1-6)
e. Jesús confunde a Herodes (9:7-9)
f. Alimentación de la multitud (9:10-17)
g. Jesús predice su crucifixión (9:18-26)
h. Jesús revela su gloria (9:27-36)
i. Jesús echa fuera un espíritu inmundo (9:37-42)
j. Jesús instruye a sus discípulos (9:43-50)

III. Viaje a Jerusalén (9:51—19:27)
A. Samaria (9:51—10:37)
1. Una aldea le da la espalda a Jesús (9:51-56)
2. Jesús aleja a los tibios (9:57-62)
3. Jesús envía a los setenta (10:1-24)
4. Jesús entrega la parábola del buen samaritano (10:25-37)

B. Betania y Judea (10:38—13:35)
1. María y Marta (10:38-42)
2. El Padrenuestro (11:1-4)
3. Importancia de la oración inoportuna (11:5-13)
4. Aumento de la oposición (11:14-36)
5. Ayes sobre los fariseos y escribas (11:37-54)
6. Enseñanza en el camino (12:1-59)
a. Acerca de la hipocresía (12:1-12)
b. Acerca del materialismo mundano (12:13-21)
c. Acerca de la preocupación (12:22-34)
d. Acerca de la infidelidad (12:35-48)
e. Acerca del amor a la comodidad (12:49-53)
f. Acerca de la falta de preparación (12:54-56)
g. Acerca de la división (12:57-59)

7. Respuesta a preguntas (13:1-30)
a. Acerca de la justicia de Dios (13:1-9)
b. Acerca del día de reposo (13:10-17)
c. Acerca del reino (13:18-21)
d. Acerca de la salvación (13:22-30)

- 8. Lamentos sobre Jerusalén (13:31-35)
- C. Perea (14:1-19:27)
  - 1. Cena de Jesús con un fariseo (14:1-24)
    - a. Le prueba acerca del día de reposo (14:1-6)
    - b. Le enseña respecto a la humildad (14:7-14)
    - c. Le habla del banquete celestial (14:15-24)
  - 2. Enseñanza a las multitudes (14:25—18:34)
    - a. Costo del discipulado (14:25-35)
    - b. Parábola de la oveja perdida (15:1-7)
    - c. Parábola de la moneda perdida (15:8-10)
    - d. Parábola del hijo pródigo (15:11-32)
    - e. Parábola del mayordomo infiel (16:1-18)
    - f. El rico y Lázaro (16:19-31)
    - g. Lección acerca del perdón (17:1-4)
    - h. Lección acerca de la fidelidad (17:5-10)
    - i. Lección acerca de la gratitud (17:11-19)
    - j. Lección acerca de la buena disposición (17:20-37)
    - k. Parábola de la viuda persistente (18:1-8)
    - l. Parábola del fariseo y el publicano (18:9-14)
    - m. Lección acerca de la niñez (18:15-17)
    - n. Lección acerca del compromiso (18:18-30)
    - o. Lección acerca de la necesidad de la cruz (18:31-34)
  - 3. En busca de pecadores (18:35—19:10)
    - a. Jesús abre los ojos del ciego (18:35-43)
    - b. Jesús busca y salva a los perdidos (19:1-10)
  - 4. Jesús recompensa a sus seguidores (19:11-27)
- IV. La Semana Santa (19:28—23:56)
  - A. Lunes (19:28-44)
    - 1. Entrada triunfal (19:28-40)
    - 2. Cristo llora por Jerusalén (19:41-44)
  - B. Martes (19:45-48)
    - 1. Limpieza del templo (19:45-46)
    - 2. Jesús enseña a multitudes acerca de la Pascua (19:47-48)
  - C. Miércoles (20:1-22:6)
    - 1. Jesús contiende con los dirigentes judíos (20:1-8)
    - 2. Jesús enseña otra vez a multitudes acerca de la Pascua (20:9—21:38)
      - a. Parábola de los labradores malvados (20:9-19)
      - b. Respuesta a los fariseos en cuanto al pago de impuestos (20:20-26)
      - c. Respuesta a los saduceos acerca de la resurrección (20:27-40)

d. Pregunta para los escribas respecto a la profecía mesiánica (20:41-47)
e. Lección de la ofrenda de la viuda (21:1-4)
f. Enseñanza sobre los últimos tiempos (21:5-38)
3. Conspiración contra Jesús (22:1-2)
4. Judas se une a la conspiración (22:3-6)
D. Jueves (22:7-53)
1. Preparación para la Pascua (22:7-13)
2. La Cena del Señor (22:14-38)
a. Nuevo pacto instituido (22:14-22)
b. Disputas entre los discípulos (22:23-30)
c. Jesús predice la negación de Pedro (22:31-34)
d. Promesa de provisión divina (22:35-38)
3. Agonía en el huerto (22:39-46)
4. Arresto de Jesús (22:47-53)
E. Viernes (22:54—23:56)
1. Negación de Pedro (22:54-62)
2. Jesús es escarnecido y golpeado (22:63-65)
3. Juicio ante el concilio (22:66-71)
4. Juicio ante Pilato (23:1-25)
a. Acusación (23:1-5)
b. Audiencia ante Herodes (23:6-12)
c. Veredicto de Pilato (23:13-25)
5. La crucifixión (23:26-49)
6. El entierro (23:50-56)
V. Consumación del ministerio de Cristo (24:1-53)
A. La resurrección (24:1-45)
B. La ascensión (24:46-53)

Prólogo de Lucas

1

Puesto que ya muchos han tratado de poner en orden la historia de las cosas que entre nosotros han sido ciertísimas, tal como nos lo enseñaron los que desde el principio lo vieron con sus ojos, y fueron ministros de la palabra, me ha parecido también a mí, después de haber investigado con diligencia todas las cosas desde su origen, escribírtelas por orden, oh excelentísimo Teófilo, para que conozcas bien la verdad de las cosas en las cuales has sido instruido. (1:1-4)

El mundo está lleno de historias. Algunas son fascinantes, otras son conmovedoras, muchas son impactantes, y unas cuantas son incluso capaces de cambiar profundamente la manera en que las personas piensan y viven. Muchas de estas historias han ido y venido a lo largo de los tiempos, desde las leyendas del mundo antiguo, los mitos de civilizaciones pasadas, los relatos fabulosos alrededor del panteón de los dioses griegos, hasta los clásicos de la literatura desde las fábulas de Esopo hasta Beovulfo, Shakespeare y los escritores modernos. Sin embargo, existe una narración perdurable y verdadera que está por encima de todas las demás: la vida de Jesucristo. Se trata de, como proclamara el título de un relato de Hollywood de mediados del siglo XX acerca de su vida, "La historia más grande jamás contada".

Esta es la apasionante y gloriosa narración de cómo Dios se propuso en la eternidad pasada salvar del infierno eterno a pecadores perdidos. Su plan amoroso y misericordioso fue enviar a su Hijo como sacrificio expiatorio por los pecados de todos los que pusieran su fe en Él. Jesús, como Pablo escribiera a los romanos: "fue entregado por nuestras transgresiones, y resucitado para nuestra justificación" (Ro. 4:25). Juan escribió con relación al Señor: "Él es la propiciación por nuestros pecados; y no solamente por los nuestros, sino también por los de todo el mundo" (1 Jn. 2:2). Fue solo porque "Dios puso [a Jesús] como propiciación por medio de la fe en su sangre" que Él pudo "manifestar su justicia" (Ro. 3:25), "a fin de que él sea el justo, y el que justifica" (v. 26). "Por cuanto todos pecaron, y están destituidos de la gloria de Dios" (Ro. 3:23), el mensaje del evangelio de salvación del pecado y el juicio únicamente en Cristo trasciende por completo las limitaciones de la cultura y el tiempo. Este mensaje, en definitiva, determina el destino eterno de cada persona (cp. Jn. 3:36; 8:24; 14:6; Hch. 4:12).

En consecuencia, el tema central tanto del Antiguo Testamento como del Nuevo es el Señor Jesucristo (cp. Ap. 19:10). Justo antes de su ascensión les dijo a sus discípulos: "Estas son las palabras que os hablé, estando aún con vosotros: que era necesario que se cumpliese todo lo que está escrito de mí en la ley de Moisés, en los profetas y en los salmos" (Lc. 24:44). Jesús declaró a los hostiles dirigentes judíos que las "Escrituras" (el Antiguo Testamento) "son las que dan testimonio de mí" (Jn. 5:39). Las epístolas del Nuevo Testamento revelan todas las riquezas teológicas de la salvación en Cristo, mientras que el libro del Apocalipsis describe la segunda venida de Cristo en gloria (cp. Mt. 24:30).

Pero de todos los libros del Antiguo y del Nuevo Testamento, los evangelios son los que se enfocan más claramente en la vida y el ministerio de Jesucristo. El Evangelio de Lucas es el más largo y el más exhaustivo y completo de los cuatro (Lucas cubre aproximadamente cuarenta páginas, Mateo, treinta y siete, Marcos, veintitrés, y Juan, veintinueve). Junto con el libro de Hechos, la inerrante, exacta y completa narración de Lucas sobre la vida de Jesús y su influencia se extiende por más de sesenta años. Empieza con el nacimiento del precursor de Jesús, Juan el Bautista, y concluye con el primer encarcelamiento del apóstol Pablo y el ministerio del evangelio en Roma. En conjunto, los escritos de Lucas representan más de la cuarta parte del Nuevo Testamento. (Para mayor estudio de los escritos de Lucas, véase la Introducción a Hechos en el *Comentario MacArthur del Nuevo Testamento: Hechos* [Grand Rapids: Portavoz, 2014], pp. 9-14).

Pero a pesar de su papel importante en registrar la historia y extender las buenas nuevas de la salvación, Lucas sigue siendo prácticamente desconocido. En ninguna parte de sus escritos inspirados se refiere a él mismo por nombre, ni siquiera en Hechos, donde era uno de los compañeros de viaje de Pablo. En consonancia con el humilde anonimato de Lucas, el resto del Nuevo Testamento menciona su nombre solo en tres ocasiones (Col. 4:14; 2 Ti. 4:11; Flm. 24). Él estaba contento con permanecer en segundo plano y permitir que la majestad de Cristo, que impregna sus escritos, fuera el centro. La historia y la teología de Lucas, registradas fielmente, fundamentan la comprensión de sus lectores en cuanto a la vida y el ministerio del Señor.

Los cuatro versículos que constituyen el prólogo al Evangelio de Lucas forman una larga frase, diseñada en el estilo pulido de un clásico literario griego. (El resto del evangelio fue escrito en griego *koinē* usado en el lenguaje cotidiano común, al igual que los otros libros del Nuevo Testamento). Tales prólogos con explicaciones de las fuentes, el propósito y el enfoque del autor eran comunes en los escritos académicos del mundo grecorromano (incluidos los de historiadores tan notables como Herodoto, Tucídides, Polibio y Josefo). Por consiguiente, el prólogo de Lucas caracteriza a su evangelio como una obra literaria e histórica seria, mereciendo incluso el respeto de los más sofisticados y bien educados lectores gentiles.

A pesar de su anonimato, en el prólogo aparecen de manera implícita y explícita cuatro elementos de la identidad del evangelista. Lucas se revela como médico e historiador, así como teólogo y pastor.

LUCAS, EL MÉDICO E HISTORIADOR

Puesto que ya muchos han tratado de poner en orden la historia de las cosas que entre nosotros han sido ciertísimas, tal como nos lo enseñaron los que desde el principio lo vieron con sus ojos, y fueron ministros de la palabra, me ha parecido también a mí, después de haber investigado con diligencia todas las cosas desde su origen, (1:1-3*a*)

La frase **me ha parecido también a mí** contiene esta única referencia del evangelio a su autor. Como se observó en la introducción a esta obra, la iglesia primitiva identificó de manera unánime a Lucas como el autor del evangelio que lleva su nombre; nunca ha habido otra sugerencia con relación a su autoría.

Lo único que se sabe de la vida de Lucas, antes de convertirse en uno de los acompañantes de Pablo en la extensión del evangelio, es que era médico. En Colosenses 4:14, Pablo se refirió a su querido amigo como "Lucas el médico amado". Los versículos 10 y 11 de ese capítulo identifican a Aristarco, Marcos y Jesús el Justo como los únicos entre esta lista de los colaboradores de Pablo que eran "de la circuncisión" (es decir, judíos). Por ello, es razonable llegar a la conclusión de que las personas a las que Pablo se refiere en los versículos 12-17, que incluyen a Lucas (v. 14), fueran gentiles. (Para más evidencia de que Lucas era gentil, véase la introducción a Lucas en esta obra).

Ser médico en el mundo antiguo no conllevaba la dignidad que tal profesión tiene hoy día. Howard C. Kee provee una útil perspectiva histórica:

> Una pregunta obvia es: ¿Compartía la mayor parte de la población romana la visión exaltada del arte médico propuesta por sus principales practicantes, y en particular por Galeno [un médico romano del siglo II d.C.]? Galeno es mordaz en su denuncia de los habituales curanderos ávidos de dinero que "entran a la habitación del enfermo, sangran al paciente, le ponen un yeso y le aplican un enema". Tanto de los epigramas como de los escritos no médicos del siglo II d.C. es evidente que a la profesión médica se la consideraba como característica de codicia y de apego a la exhibición pública. Plutarco, en *Los aduladores*, se burlaba de la afable costumbre de estar junto a los pacientes de la época. Dion Crisóstomo describe los esfuerzos de los médicos por fomentar el

comercio por medio de extensas presentaciones públicas, destinadas a deslumbrar a los oyentes y atraer pacientes:

> Este tipo de recital... es una especie de espectáculo o presentación... como la exhibición de los supuestos médicos, que se sientan de manera llamativa ante nosotros y nos dan una charla detallada de la unión de cartílagos, la combinación y yuxtaposición de huesos, y de otros temas de esa clase, tales como poros, respiraciones y excreciones. Y la multitud queda boquiabierta de admiración y más encantada que una aglomeración de niños.

En su excelente estudio sobre medicina romana, John Scarborough observa que había dos tipos diferentes de médicos que servían a dos grupos distintos de pacientes. Los aristócratas tenían a médicos como criados o como empleados privados en sus propios establecimientos, o tenían acceso a ellos a pesar de sus altas tarifas y sus arrogantes reputaciones. Había también muchos médicos, curanderos y charlatanes ignorantes; explotadores de un público ingenuo y necesitado. Scarborough observa que "la intelectualidad de Galeno no consigue atravesar la creciente penumbra de una época que gira gradualmente de las respuestas racionales planteadas por la herencia griega de cuestionar hacia las soluciones místicas e integrales de la religión". Hacia la segunda mitad del siglo II había muchos milagreros y retóricos, de quienes Luciano de Samosata dibuja bocetos satíricos en *Alejandro o el falso profeta*... Aunque no podemos generalizar de los comentarios satíricos de Luciano sobre la profesión médica (en sus aspectos tanto médicos como místicos), podemos concluir con certeza que [esta no] estaba por encima de la crítica o que fuera universalmente valorada a finales del siglo II.

En el Nuevo Testamento solo se presentan siete apariciones de la palabra *hiatros*, y solo en una de ellas hay una evaluación positiva del médico. En Mateo 9:12 (=Mr. 2:17; Lc. 5:31) existe una expresión proverbial en cuanto a que el papel del médico es cuidar al enfermo, y no al sano. Esto se ofrece en los sinópticos como justificación para la atención de Jesús por los enfermos, los inmundos y los marginados. En Mr. 5:26 (=Lc. 8:43)... los médicos han tomado dinero de la mujer con el flujo menstrual pero no le han curado la enfermedad. Otra expresión proverbial en Lucas 4:23: "Médico, cúrate a ti mismo", es una instigación para quien señala problemas que él debe tratar. En Colosenses 4:14 se identifica a Lucas como "el médico amado", sin ninguna indicación de la naturaleza del papel médico que pudo haber realizado (*Medicine, Miracle and Magic in New Testament Times* [Londres: Cambridge, 1986], pp. 63-65).

Desde el mismo inicio de su evangelio, Lucas reconoció **que ya muchos han tratado de poner en orden la historia de** la vida de Jesús. No identifica específicamente ninguna de estas fuentes iniciales, todas las cuales se han perdido. Las únicas que aún existen y que Lucas pudo haber consultado son los evangelios inspirados de Mateo y Marcos, que quizás fueron escritos antes de que él escribiera su evangelio. Sin embargo, la omisión de Lucas del material de una sección importante de Marcos (6:45—8:26) sugiere que quizás no pudo haber visto el Evangelio de Marcos antes de que escribiera el suyo. Sea que Lucas viera o no los evangelios de ellos, sí tuvo contacto personal tanto con Marcos como con Mateo, ya que Marcos y Lucas viajaron con Pablo (cp. Flm. 24), y Lucas pudo haber visitado a Mateo en Jerusalén durante los dos años de encarcelamiento de Pablo en Cesarea (Hch. 24:27). En ese mismo período, Lucas pudo haber entrevistado a aquellos en la iglesia en Jerusalén que habían conocido al Señor, incluso a los apóstoles y María la madre de Jesús. Además, Lucas tuvo acceso a muchos otros que habían seguido a Jesús durante su vida (tales como los setenta [Lc. 10:1-12], las mujeres que le sirvieron [cp. Mt. 27:55; Mr. 15:40-41; Lc. 8:1-3; 23:49, 55], los ciento veinte creyentes que se reunieron en Jerusalén después de la ascensión de Cristo [Hch. 1:15], y los quinientos que se reunieron en Galilea [1 Co. 15:6]). Ellos habrían recordado vívidamente las cosas que Jesús dijo e hizo, y Lucas pudo haberlos entrevistado, o posiblemente haber leído sus escritos.

El objetivo de Lucas no era producir simplemente otra biografía de Jesús, aunque ese habría sido en sí una finalidad noble. Mucho más que eso, él entendió que el evangelio es la historia de lo que Dios logra por medio de Jesucristo en las vidas de pecadores. El verbo traducido **han sido ciertísimas** (*peplērophorēmenōn*) es una profunda palabra compuesta que indica la total consumación de algo, en este caso el plan redentor de Dios. El Evangelio de Lucas, igual que los otros tres evangelios canónicos, resalta el tema del logro divino. Relata cómo Dios llevó a cabo la salvación para su pueblo (cp. Mt. 1:21; Lc. 19:10) a través de la obra redentora de su Hijo, el Señor Jesucristo. Los evangelios no relatan la historia de un maestro ético incomprendido, un revolucionario social fracasado, un modelo de desinteresada humildad, o ni siquiera un mártir heroico; revelan al Salvador quien es Dios encarnado, "el Cordero de Dios, que quita el pecado del mundo" (Jn. 1:29).

Es importante tener en cuenta que Lucas no fue crítico de aquellos que **han tratado** (término usado a menudo en relación con esfuerzos literarios) **de poner en orden la historia** (frase usada con frecuencia para referirse a escritos históricos) de la vida y el ministerio de Jesús. No escribió su evangelio como un correctivo para aquellos relatos, sino porque Dios lo incitó a escribir un relato completo de la vida de Cristo y de la propagación de su evangelio de salvación.

La razón de Lucas para hacer referencia a sus fuentes era doble. En primer lugar, verifica su historia como un relato legítimo y confiable. Él era un historiador cuidadoso que usaba métodos creíbles de investigación y escritura, y que basaba su contenido en narraciones de testigos oculares. Segundo, el uso de Lucas de esas fuentes coloca a su evangelio dentro de la tradición ortodoxa. Su obra no fue un evangelio extraño, diferente o hereje. El relato de Lucas era coherente con la enseñanza de los apóstoles (cp. Hch. 2:42), con la de testigos presenciales y, en especial, de los otros escritores de los evangelios inspirados por el Espíritu (cp. Jn. 20:30-31; 21:24-25).

Al escribir su evangelio, Lucas utilizó material de fuentes fidedignas **tal como** se **lo enseñaron los que desde el principio lo vieron con sus ojos.** Esos mismos hombres (un artículo definido en el texto griego modifica ambos grupos) más adelante se convirtieron en **ministros** (cp. 1 Co. 3:5-9; 4:1; 2 Co. 3:6) **de la palabra** (un sinónimo para el evangelio [cp. 5:1; 8:11-13, 15; Hch. 6:4; 8:4, 14, 25; 10:36; 11:1, 19; 13:5, 7, 44; 14:25; 15:7; 16:6, 32; 17:11; 18:5; 19:10). Ellos observaron de primera mano el ministerio de Jesús y utilizaron ese conocimiento para predicar fielmente el evangelio. Dios preservó y transmitió la verdad a través de ellos hasta que inspiró a cuatro escritores específicos para registrarla en el Nuevo Testamento. Que **lo vieron con sus ojos** se refiere a testigos presenciales como las fuentes más importantes que **enseñaron** (un término técnico que denota transmisión de la verdad irrefutable) la información verdadera sobre la que se basó la narración de Lucas. El hecho de que Lucas no fuera un testigo presencial evidencia que no fue un apóstol, ya que una certificación del apostolado era haber presenciado a Cristo resucitado (Hch. 1:21-22; cp. Lc. 24:45-48; Jn. 20:19-29; 1 Co. 9:1; 1 Jn. 1:1-3). Igual que Marcos, él mismo no fue uno de ellos, sino más bien un compañero de algunos de los apóstoles (en particular de Pablo).

Ya que Lucas tuvo acceso de primera mano a esta riqueza, el testimonio de testigos, **también le ha parecido** ("bueno", "apropiado") a él escribir su relato. La frase **después de haber investigado con diligencia todas las cosas desde su origen** ("he investigado todo cuidadosamente de principio a fin" [PDT]) señala aún más a Lucas como un historiador consumado y preciso. Su esmerada y exhaustiva investigación le dio un entendimiento exacto de la vida y el ministerio de Jesucristo. En consecuencia, Lucas estaba especialmente calificado para escribir esta narración del evangelio bajo la inspiración del Espíritu.

El reconocimiento de Lucas del uso de este material de fuentes fidedignas no se debe malinterpretar como una renuncia a la inspiración divina para su evangelio. El proceso de inspiración nunca eludió ni invalidó las personalidades, las experiencias vividas, los vocabularios, o los estilos de escritura de los autores humanos de la Biblia; sus rasgos únicos están estampados de manera indeleble en todos los libros de las Escrituras. El Espíritu utilizó el conocimiento de Lucas, le dio información adicional, guió su selección de material, y controló toda palabra para que escribiera exactamente lo que Dios quería que escribiera (cp. 1 Co. 2:12-13; 2 Ti. 3:16; 2 P. 1:20-21). Por tanto, su relato original es infalible y totalmente cierto.

LUCAS, EL TEÓLOGO Y PASTOR

escribírtelas por orden, oh excelentísimo Teófilo, para que conozcas bien la verdad de las cosas en las cuales has sido instruido. (1:3*b*-4)

Un buen teólogo es analítico, lógico y sistemático. Su objetivo es persuadir a las personas a entender y aceptar la verdad doctrinal a través de una explicación reflexiva, lógica, progresiva, coherente y convincente. Lucas se reveló como un maestro teólogo al escribir su relato **por orden.** El Evangelio de Lucas es estrictamente cronológico de principio a fin. Sin duda alguna, en general es cronológico, comenzando con el nacimiento de Cristo, su circuncisión y su infancia, continuando con su bautismo y su ministerio público, y culminando con la cruz y la resurrección. (Véase el bosquejo de Lucas en la introducción de esta obra). Sin embargo, hubo casos en que Lucas organizó su material de manera temática a fin de ilustrar o exponer un punto teológico en particular (p. ej., el registro del arresto de Juan el Bautista, 3:15-20). Por tanto, la narración de Lucas exhibe un flujo cronológico básico, pero sin excluir el análisis temático y doctrinal, en que usa material de secuencia cronológica.

Así que la frase **por orden** se entiende mejor como una referencia a la naturaleza lógica y sistemática del escrito de Lucas. La transcripción de la Nueva Traducción Viviente de esta frase, "un relato cuidadoso", capta la esencia del propósito de Lucas al escribir. Su objetivo era persuadir y guiar a sus lectores a creer el evangelio por medio de su cuidadosa investigación, y de su presentación lógica y sistemática de la verdad relacionada con el propósito salvador de Dios en Cristo.

La primera verdad teológica fundamental que Lucas quiso que sus lectores entendieran es la soberanía de Dios en la historia. Él vio el plan soberano de redención divina, que se desarrolló a través de la vida y la obra de Jesucristo (cp. Hch. 2:22-24), como de suprema importancia. Fue para morir como un sustituto por los pecados de su pueblo que Jesús vino al mundo (19:10; cp. 9:22-23; 17:25; 18:31-34; 24:25, 26, 44). En segundo lugar, Lucas vio el significado del alcance universal de la redención. Él comprendió que la salvación estaba a disposición de todo el mundo, no solo de los judíos (cp. Hch. 10:34-48; 14:24-27; 15:12-19). Lucas quiso dejar en claro que la maravillosa realidad del propósito salvador de Dios incluía a los gentiles (p. ej., Lc. 7:1-10; 14:15-23). Él mismo era gentil y escribió a Teófilo, también gentil. Es más, Lucas vio que el evangelio no solo era para todos los grupos étnicos, incluyendo judíos, samaritanos y gentiles, sino también para todas las categorías de individuos dentro de esos grupos, como mujeres (aun prostitutas), marginados (aun leprosos), individuos poseídos por demonios, e incluso recaudadores de impuestos (cp. 7:36-50; 10:25-37; 15:11-32; 16:19-31; 17:11-19; 19:1-10). El énfasis de Lucas en el atractivo universal del evangelio se puede ver en la genealogía que mostró de Jesús. A diferencia de Mateo, quien comenzó su genealogía con Abraham, el padre del pueblo judío, Lucas presenta la genealogía de Cristo hasta Adán, el padre de toda la humanidad.

Aunque el principal énfasis doctrinal en su evangelio es la persona y la obra de Jesucristo, Lucas no descuidó otras realidades importantes. No solo reveló el control soberano de Dios en la historia, sino que también describió su interés tierno y compasivo por los pecadores perdidos (cp. las parábolas en el cap. 15). La doctrina de la salvación es crucial en el Evangelio de Lucas (el suyo es el evangelio que se refiere de manera más específica a la doctrina de la justificación, 18:14; cp. 7:36-50; 15:11-32; 19:1-10). De hecho, la cruz es el enfoque de más de la mitad de su evangelio, desde 9:53 hasta el final del capítulo 23. Lucas también se enfocó más en el ministerio del Espíritu Santo que los demás escritores de los evangelios, y registró la enseñanza del Señor sobre su segunda venida. Además, Lucas el teólogo abordó varios aspectos de teología práctica, tales como adoración, perdón, misericordia, acción de gracias, y oración. Y también presentó perfiles de discipulado.

Por último, el prólogo de Lucas revela su corazón de pastor. Dirige esta obra grandiosa a un solo individuo, un hombre a quien llamó **excelentísimo Teófilo.** No se conocen detalles personales respecto a él, pero el título **excelentísimo** sugiere que probablemente pertenecía al nivel superior de la sociedad. (Lucas usa la misma frase en el libro de Hechos para designar a los gobernadores Félix y Festo [23:26; 24:3; 26:25]).

Teófilo ya había **sido instruido** en ciertas **cosas** acerca de Jesús. Pero parte de esa enseñanza había sido poco clara o incompleta, y Lucas quería que Teófilo conociera **bien la verdad.** La palabra traducida **bien** significa "confiable", "segura" o "precisa". Lucas presentó a Teófilo, y a todos los demás que leerían su relato, una comprensión puntual, exacta y completa del evangelio y de la vida de Cristo. No se sabe si Teófilo era un incrédulo interesado o un nuevo creyente. En cualquier caso, la intensa investigación y el detallado escrito de Lucas revelan la inmensidad de su corazón de pastor. Se preocupaba tanto del alma de Teófilo, que hizo este esfuerzo inspirado por el Espíritu para llevar a ese único hombre a un conocimiento más preciso y exacto de la verdad relacionada con el Señor Jesucristo. (Para otros ejemplos en el Nuevo Testamento de ese tipo de preocupación, véase Hch. 18:26; 19:1-5).

En la notable providencia de Dios, el Espíritu Santo aseguró que el libro de Lucas escrito inicialmente para un hombre se difundiera por todo el mundo. El amado médico, historiador, teólogo y pastor tuvo el privilegio de convertirse en el instrumento que Dios utilizó para la salvación y edificación de millones a través de la historia (cp. 24:44-53).

Revelación de Dios a Zacarías 2

Hubo en los días de Herodes, rey de Judea, un sacerdote llamado Zacarías, de la clase de Abías; su mujer era de las hijas de Aarón, y se llamaba Elisabet. Ambos eran justos delante de Dios, y andaban irreprensibles en todos los mandamientos y ordenanzas del Señor. Pero no tenían hijo, porque Elisabet era estéril, y ambos eran ya de edad avanzada. Aconteció que ejerciendo Zacarías el sacerdocio delante de Dios según el orden de su clase, conforme a la costumbre del sacerdocio, le tocó en suerte ofrecer el incienso, entrando en el santuario del Señor. Y toda la multitud del pueblo estaba fuera orando a la hora del incienso. Y se le apareció un ángel del Señor puesto en pie a la derecha del altar del incienso. Y se turbó Zacarías al verle, y le sobrecogió temor. Pero el ángel le dijo: Zacarías, no temas; porque tu oración ha sido oída, y tu mujer Elisabet te dará a luz un hijo, y llamarás su nombre Juan. Y tendrás gozo y alegría, y muchos se regocijarán de su nacimiento... Dijo Zacarías al ángel: ¿En qué conoceré esto? Porque yo soy viejo, y mi mujer es de edad avanzada. Respondiendo el ángel, le dijo: Yo soy Gabriel, que estoy delante de Dios; y he sido enviado a hablarte, y darte estas buenas nuevas. Y ahora quedarás mudo y no podrás hablar, hasta el día en que esto se haga, por cuanto no creíste mis palabras, las cuales se cumplirán a su tiempo. Y el pueblo estaba esperando a Zacarías, y se extrañaba de que él se demorase en el santuario. Pero cuando salió, no les podía hablar; y comprendieron que había visto visión en el santuario. Él les hablaba por señas, y permaneció mudo. Y cumplidos los días de su ministerio, se fue a su casa. Después de aquellos días concibió su mujer Elisabet, y se recluyó en casa por cinco meses, diciendo: Así ha hecho conmigo el Señor en los días en que se dignó quitar mi afrenta entre los hombres. (1:5-14, 18-25)

El comienzo de la narración de Lucas encuentra a Israel en medio de una larga noche de oscuridad espiritual. La historia de la nación se había caracterizado por bendición y maldición, fidelidad y apostasía, obediencia y rebelión. Pero a lo largo de los siglos (desde el llamado a Abraham, el padre de la nación, hasta los cuatrocientos años de esclavitud en Egipto, los cuarenta años de vagar en el desierto, la conquista y ocupación de Canaán, los caóticos días de los jueces, el apogeo del poder y la gloria de Israel bajo el liderazgo de David y Salomón, el cautiverio y la disolución del reino del norte, el exilio de setenta años y el posterior regreso del reino del sur, y el período de dominación gentil que culminó con el sometimiento de la nación a Roma) lo que sostuvo al remanente de fieles creyentes fue la esperanza de que algún día la luz iba a romper esa oscuridad. En Lucas 1:78-79, Zacarías expresó el deseo ferviente de quienes temían a Dios de que el "Lucero de la mañana" (el Mesías) llegara y disipara la oscuridad espiritual que había mantenido a la nación en sus garras durante tanto tiempo.

Sin duda alguna, Zacarías tenía en mente la promesas que Dios había hecho cuatro siglos antes por medio del profeta Malaquías: "Mas a vosotros los que teméis mi nombre, nacerá el Sol de justicia, y en sus alas traerá salvación; y saldréis, y saltaréis como becerros de la manada" (4:2). La profecía mira hacia la venida del Mesías, el Señor Jesucristo, quien liberará a quienes por creer en Él se salvarán de las tinieblas del pecado (cp. Is. 9:2; Mt. 4:16; Lc. 2:25-32; Jn. 1:5; 8:12; 12:35-36, 46; Hch. 26:18; Ef. 5:8; Col. 1:13; 1 Ts. 5:4-5; 1 P. 2:9; 1 Jn. 1:6-7). Además, el Salvador y Redentor que iba a venir sería el mismo Dios; según la profecía de Malaquías "vendrá súbitamente a su templo el Señor a quien vosotros buscáis" (3:1).

El Antiguo Testamento concluyó entonces con la promesa más positiva de esperanza. El Sol de justicia nacería, y su gloriosa luz disiparía la oscuridad espiritual que afectaba a las personas. Pero así como la oscuridad es más profunda exactamente antes del amanecer, así también los cuatro siglos desde la época de Malaquías habían sido el tiempo más siniestro de todos para Israel. El pueblo judío se había hundido más y más en la apostasía. La nación había abandonado la verdad del Antiguo Testamento de que la salvación es solo por fe (Gn. 15:6; cp. Ro. 4:3, 9, 20-22; Gá. 3:6) y no por legalismo, justicia propia ni obras meritorias. Su religión consistía en rituales vacíos e interesados (cp. Mt. 23:5-7) que no podían salvar (Ro. 3:20) y que atrajeron dura reprimenda de parte del Señor (cp. Dt. 9:4; Is. 29:13; 64:6; Jer. 12:2; Mt. 23:27-28; Mr. 7:6-7; Lc. 16:15). Así concluyó con tristeza el apóstol Pablo: "Porque yo les doy testimonio de que tienen celo de Dios, pero no conforme a ciencia. Porque ignorando la justicia de Dios, y procurando establecer la suya propia, no se han sujetado a la justicia de Dios" (Ro. 10:2-3). Ante tal hipocresía, Dios había permanecido en silencio; no se había comunicado con su pueblo por medio de profeta, revelación o milagro durante los cuatrocientos años desde la época de Malaquías.

La profecía de Malaquías incluía la promesa de Dios de enviar un "mensajero" ("heraldo"; "precursor"; "predecesor") antes de la venida del Mesías (3:1). La llegada de tal mensajero señalaría la ruptura del largo silencio de Dios hacia su pueblo. Su predicación sería un faro de luz en la oscuridad espiritual de

Israel; él proclamaría la noticia largamente esperada de la "luz verdadera" (Jn. 1:9), la inminente llegada del Mesías (Mt. 3:3; Mr. 1:2-3; Lc. 3:4-6; Jn. 1:23), e invitaría al pueblo a preparar sus corazones para recibirlo (Mr. 1:4; Lc. 1:16-17, 76-77; cp. Is. 40:3; Mal. 3:1).

Era esencial que Lucas comenzara la epopeya de la salvación con la historia de ese precursor, Juan el Bautista, por varias razones. Primera, para relacionar al Antiguo Testamento con el Nuevo. Estos no enseñan diferentes religiones ni proponen dos maneras distintas de salvación. Al contrario, son una revelación unificada de parte de Dios que ofrece la esperanza de redención a través de la fe en el Dios vivo y verdadero, y en su Hijo, el Señor Jesucristo.

Segunda, Juan el Bautista era el cumplimiento de las profecías del Antiguo Testamento. Ese cumplimiento demuestra la exactitud de tales predicciones, lo que vincula aún más al Antiguo Testamento con el Nuevo, y coloca al Nuevo Testamento como Escrituras a la par con el Antiguo.

Tercera, según se señaló anteriormente, fue por medio de Juan el Bautista que Dios rompió su prolongado silencio de siglos. La aparición de Gabriel fue la primera comunicación sobrenatural, y Juan fue el primer profeta en cuatrocientos años.

Cuarta, el nacimiento de Juan fue milagroso en el hecho de que sus padres (igual que Abraham y Sara) estaban más allá de la edad de procrear. Tal suceso anunció el nacimiento virginal aún más milagroso del Señor Jesucristo.

Por último, y más importante, la historia de Juan el Bautista establece que él era el precursor divinamente profetizado del Mesías. Por tanto, su testimonio relacionado con Jesús (cp. Jn. 1:29) verifica que Jesús era el Mesías.

Igual que cualquier historiador competente, Lucas conocía la importancia de poner su narración en el contexto adecuado. En consecuencia, comenzó su relato con una breve descripción del escenario histórico antes de relatar la asombrosa historia del anuncio de Gabriel a Zacarías con relación a Juan.

ANTECEDENTE HISTÓRICO

en los días de Herodes, rey de Judea, (1:5*a*)

Herodes (Herodes I o el Grande) es el primero y más conocido de la familia Herodes mencionada en el Nuevo Testamento (los otros son Antipas [Lc. 3:1; cp. Mt. 14:1-12; Lc. 23:7-12], Felipe [Lc. 3:1], Arquelao [Mt. 2:22], Agripa I [Hch. 12], y Agripa II [Hch. 25:13; 26:1ss]). A pesar de que los evangelios lo mencionan solo aquí y en Mateo 2:1-22, **Herodes** representó un papel importante en los acontecimientos que rodearon el nacimiento de Cristo.

El padre de Herodes, Antípater, había apoyado a Julio César, arriesgando incluso su vida por él durante la última guerra con Pompeya. En agradecimiento,

César hizo a Antípater procurador (gobernador) de Judea. Antípater a su vez nombró a Herodes (entonces de solo veinticinco años de edad) como gobernador de Galilea. Herodes se ganó inmediatamente el favor tanto de los judíos galileos como de los funcionarios romanos al matar a un notable jefe de bandidos y a muchos de sus seguidores. Tras la muerte de su padre Herodes, después de huir a Roma para escapar a la invasión parta de Palestina, fue declarado **rey de Judea** por parte de Octaviano y Antonio (con la confirmación del Senado) en el año 40 a.C. Con la ayuda de los romanos, Herodes sacó a los partos de Palestina y estableció su reino, convirtiéndose en el gobernante indiscutido en el 37 a.C.

Herodes no era judío sino idumeo (edomita). Puesto que los edomitas (descendientes de Esaú) eran enemigos tradicionales de Israel (Nm. 20:14-21; 1 R. 11:14-22; 2 R. 14:7; 2 Cr. 25:5-16; Sal. 137:7; cp. Jer. 49:7-22; Ez. 25:12-14; 35:15; Am. 1:11-12; Abd. 1-21), Herodes sintió la necesidad de congraciarse con el pueblo judío. Se casó con Mariana, quien pertenecía a la prestigiosa y acaudalada familia judía asmonea que había gobernado a Israel durante gran parte del período intertestamentario. El hombre también utilizó todas sus considerables habilidades diplomáticas, oratorias y administrativas para aumentar su prestigio con los judíos. Herodes llevó a cabo un vasto programa de obras públicas, resaltado por la reconstrucción del templo (aún en funcionamiento durante el ministerio de Jesús), y la construcción de la ciudad portuaria de Cesarea. También revivió la ciudad de Samaria y edificó la notable y prácticamente inexpugnable fortaleza de Masada. Mostró favor hacia el pueblo reduciendo dos veces los impuestos, y durante la severa hambruna del 25 a.C. Herodes incluso fundió objetos de oro de su palacio a fin de comprar alimentos para los pobres. Era tan popular con algunos judíos que estos formaron el partido pro-Herodes llamado los herodianos (Mt. 22:16; Mr. 3:6; 12:13). Igual que los fariseos y los saduceos, los herodianos eran enemigos de Jesús (Mr. 12:13).

No obstante, a pesar de estos logros positivos, había un lado negativo en Herodes. Podía ser despiadado, cruel e inmisericorde, y era increíblemente celoso y paranoico, con temor constante de que alguien le usurpara el poder. La crueldad y la sed de sangre de Herodes se manifestaron, entre otras cosas, en el asesinato de su esposa, su hermano, su madre y varios de sus propios hijos. Su bárbaro salvajismo alcanzó un horrible punto bajo en la masacre de los inocentes (Mt. 2:16-18), que fue motivada por su temor de que "el rey de los judíos, que ha nacido" (Mt. 2:2) lo suplantara. Cuando comenzó la narración de Lucas, el largo reinado de Herodes se acercaba a su fin.

Después de exponer el antecedente histórico, Lucas volvió su atención hacia Zacarías. Describió la rectitud personal, la responsabilidad sacerdotal, la respuesta a la revelación profética, y el reproche divino por la respuesta incrédula del sacerdote.

RECTITUD PERSONAL DE ZACARÍAS

Aconteció que ejerciendo Zacarías el sacerdocio delante de Dios según el orden de su clase, conforme a la costumbre del sacerdocio, le tocó en suerte ofrecer el incienso, entrando en el santuario del Señor. Y toda la multitud del pueblo estaba fuera orando a la hora del incienso. (1:5*b*-7)

El elenco de personajes de Lucas pasa abruptamente del orgulloso rey Herodes al humilde sacerdote llamado **Zacarías. Zacarías** ("Jehová se ha acordado"), era un nombre común en las Escrituras, y este Zacarías, en particular, era solo uno de los miles de sacerdotes de Israel, que ejercía sus funciones en el anonimato en un remoto pueblo de Judea.

Ser sacerdote era representar a Dios ante el pueblo; se trataba de una posición sagrada y respetada (cp. Éx. 29:8-9, 44; Nm. 18:7). Los sacerdotes eran los agentes del gobierno de Dios en la teocracia de Israel. Llevaban a Dios a las personas mientras enseñaban e interpretaban las Escrituras, y las aconsejaban y juzgaban (Nm. 5:14-15; Dt. 17:8-13; 21:5; 33:8, 10; Mal. 2:7). También era deber sagrado de los sacerdotes llevar al pueblo ante Dios al ofrecer sacrificios en el templo por los pecados de ellos (Éx. 29:10-19; Lv. 4:13-20; 2 Cr. 29:34; 35:11). En el transcurso de un año, cada sacerdote dejaba sus funciones locales para servir en el templo de Jerusalén dos veces durante una semana. El inicio del relato de Lucas halla a Zacarías en el templo para una de sus semanas semestrales de servicio.

La observación de Lucas de que Zacarías formaba parte **de la clase de Abías** no necesariamente significa que fuera descendiente de Abías. David, Sadoc y Ahimelec habían organizado el sacerdocio en divisiones de veinticuatro horas (cp. 1 Cr. 24:4-19), la octava de las cuales era la de Abías (v. 10). Pero después del cautiverio babilónico solamente cuatro de las veinticuatro divisiones sacerdotales regresaron a Judá (Esd. 2:36-38). Sin embargo, por tradición, los judíos querían divisiones de veinticuatro horas, por lo que los dirigentes dividieron las cuatro divisiones restantes en veinticuatro y les restauraron sus antiguos nombres. Por tanto, Zacarías, aunque es probable que no fuera de la línea familiar de Abías (Abías no fue una de las divisiones que regresaron después del exilio), sin embargo servía en la división que llevaba ese nombre.

Se esperaba que cada sacerdote se casara con una mujer israelita que fuera virgen (cp. Lv. 21:7, 14; Ez. 44:22). Sin embargo, Zacarías fue más allá de eso, y **su mujer era de las hijas de Aarón.** Ella se llamaba **Elisabet,** igual que la esposa de Aarón, un nombre que significa "Mi Dios es un juramento" y que celebra la fidelidad de Dios. Puesto que todos los varones calificados descendientes de Aarón eran sacerdotes (Éx. 29:9; 40:13-15; Lv. 21:17-23; Nm. 3:3; 18:7), Elisabet estaba familiarizada con el sacerdocio; la mayoría de los hombres en su familia habrían sido sacerdotes.

Zacarías y Elisabet formaban una pareja extraordinaria, muy adecuada para ser los padres del precursor del Mesías. En un sombrío período de hipocresía, legalismo y deserción de la verdadera adoración a Dios, **ambos eran justos.** Y, a diferencia de los hipócritas farisaicos a quienes Jesús fustigó (cp. Mt. 6:2, 5, 16; 23:13-29; Jn. 5:44), Zacarías y Elisabet eran justos no delante de los hombres, sino **delante de Dios.** Dios los justificó en la manera en que siempre justificó a los redimidos: por fe. Así escribió Moisés acerca de Abraham: "Y creyó a Jehová, y le fue contado por justicia" (Gn. 15:6). Zacarías y Elisabet creían en el Dios vivo y verdadero, y en la revelación de su Palabra en el Antiguo Testamento (cp. Hch. 24:14). También creían que la ley de Dios era recta y cierta (cp. Sal. 19:7-8; Ro. 7:12) pero sabían que no podían guardarla (cp. Hch. 15:10; Ro. 3:20; 8:7; Gá. 2:16; 3:11, 24). Puesto que Zacarías y Elisabet comprendían que no cumplían con los estándares de justicia de la ley, también sabían que debían volverse en arrepentimiento y fe (cp. Hab. 2:4; Lc. 18:13-14) hacia un Dios misericordioso, compasivo y amoroso. Él entonces les concedería perdón (Sal. 130:3-4; Is. 1:18; Dn. 9:9; Mi. 7:18-19; Hch. 10:43) y no les imputaría sus pecados (Sal. 32:1-2; Ro. 8:33-34; cp. Ro. 3:25-26; 4:3, 9). La base para ese perdón era la muerte expiatoria del Mesías a favor de todos los que creían (Is. 53:5-6, 10-12). Por tanto, Dios cubre al pecador penitente con su justicia, así como Isaías escribiera siglos antes: "En gran manera me gozaré en Jehová, mi alma se alegrará en mi Dios; porque me vistió con vestiduras de salvación, me rodeó de manto de justicia" (Is. 61:10; cp. 53:4-6). Zacarías y Elisabet eran los mejores ejemplos del remanente piadoso de creyentes judíos en medio de una nación apóstata. Ellos fueron declarados justos por gracia a través de la fe según la promesa del nuevo pacto que sería ratificada en la muerte de Cristo.

No obstante, Zacarías y Elisabet no fueron simplemente justificados; también fueron santificados, **y andaban irreprensibles en todos los mandamientos y ordenanzas del Señor.** Cuando Dios imputa su justicia a los creyentes, también los santifica (1 Co. 1:30; 6:11). La justificación y la santificación están inseparablemente vinculadas, ya que "Cristo... no justifica a ningún hombre sin también santificarlo" (Juan Calvino, *Institución de la religión cristiana,* III, 16, 1). El hecho de que Zacarías y Elisabet vivieran de manera intachable delante de Señor no significa que no pecaran, sino más bien que sus vidas se caracterizaban por la obediencia a la ley de Dios (cp. Dt. 30:8-10; Jos. 1:8). Ellos eran como Job, quien era "perfecto y recto, temeroso de Dios y apartado del mal" (Job 1:1).

Irónicamente, aunque Dios veía a Zacarías y Elisabet como justos, muchos de quienes los conocían no los consideraban así. La triste verdad era que **no tenían hijo, porque Elisabet era estéril.** Muchos en tal cultura se habrían preguntado si el pecado en las vidas del sacerdote y su esposa había hecho que Dios los dejara sin hijos, los cuales eran reconocidos como regalo de Él (cp. Gn. 33:5; Sal. 113:9; 127:3). No tener hijos era una carga sumamente difícil de soportar para las mujeres (y sus esposos) en la sociedad judía, como lo ilustra el Antiguo Testamento (véase por ejemplo las historias de Raquel [Gn. 30:1-2, 23], y Ana [1 S. 1:4-11]).

Humanamente hablando, la situación para Zacarías y Elisabet parecía no tener esperanza, puesto que **ambos eran ya de edad avanzada.** A pesar de ser justos delante de Dios, durante toda su vida de casados habían llevado el estigma de no tener hijos. Pero quienes veían la esterilidad de Elisabet como castigo de Dios por el pecado de ella o de su esposo (cp. Jn. 9:1-3) estaban equivocados; de ahí el énfasis de Lucas en la justicia de la pareja. Sus circunstancias estaban soberanamente ordenadas por Dios, y ellos fueron vindicados cuando Él les dio un hijo; y no simplemente cualquier hijo, sino el precursor del Mesías, Juan el Bautista, el primer profeta en cuatrocientos años, el último de la era del Antiguo Testamento, y el hombre más grande que había vivido hasta ese momento (Mt. 11:11).

RESPONSABILIDAD SACERDOTAL DE ZACARÍAS

Aconteció que ejerciendo Zacarías el sacerdocio delante de Dios según el orden de su clase, conforme a la costumbre del sacerdocio, le tocó en suerte ofrecer el incienso, entrando en el santuario del Señor. Y toda la multitud del pueblo estaba fuera orando a la hora del incienso. (1:8-10)

Este suceso marcó la culminación del **sacerdocio** de Zacarías **delante de Dios.** El hombre se hallaba **ejerciendo** su deber para una de sus dos semanas de servicio en el templo, y **conforme a la costumbre del sacerdocio, le tocó en suerte ofrecer el incienso.** La fraseología sencilla y natural de Lucas no transmite a los lectores modernos lo entusiasmado y feliz que Zacarías debió haber estado por esta oportunidad única en su vida.

Ser elegido **en suerte** para **ofrecer el incienso, entrando en el santuario del Señor** era el más alto honor para un sacerdote. Debido a la gran cantidad de sacerdotes, muchos nunca habrían tenido el privilegio de realizar este rito sagrado. Los sacerdotes mantenían ardiendo perpetuamente el incienso en el templo (cp. Éx. 30:7-8; Lv. 16:12-13; 2 Cr. 29:11) frente al velo que separaba el lugar santo del lugar más santo (el Lugar Santísimo; cp. Éx. 26:31-33). El altar del incienso, aunque ubicado fuera del Lugar Santísimo, estaba íntimamente asociado con este (He. 9:1-5; cp. Éx. 30:1-10; 40:5, 22-27; Lv. 16:12-13). Un sacerdote ofrecía incienso cada mañana y cada tarde mientras los demás sacerdotes **y toda la multitud del pueblo estaba fuera orando a la hora del incienso.** La referencia de Lucas a **toda la multitud del pueblo** sugiere que este incidente se llevó a cabo durante la ofrenda de la tarde, cuando habría habido una mayor congregación de personas.

El sacerdote normalmente realizaba sus deberes lo más rápido posible porque temía ministrar muy cerca del Lugar Santísimo. Tenía miedo que pudiera hacer algo (incluso algo al parecer trivial) que pudiera ser sacrílego o que deshonrara a Dios. En el día de la expiación, el sumo sacerdote tenía campanillas en su túnica para que quienes estaban fuera pudieran oír que se movía dentro del Lugar Santísimo y saber que aún estaba vivo.

La ascendente y aromática nube de humo de incienso simbolizaba las oraciones de arrepentimiento, confesión y acción de gracias del pueblo, por la venida del Mesías, la paz de Jerusalén, la nación, la familia, la salvación, y por el reino venidero. Además, el incienso representaba la dependencia del pueblo en Dios (cp. 1 Cr. 29:12), su sumisión a Él (cp. Dt. 27:10; 1 S. 15:22-23), y reconocía su soberanía sobre ellos (cp. Sal. 103:19).

RESPUESTA DE ZACARÍAS A LA REVELACIÓN PROFÉTICA

Y se le apareció un ángel del Señor puesto en pie a la derecha del altar del incienso. Y se turbó Zacarías al verle, y le sobrecogió temor. Pero el ángel le dijo: Zacarías, no temas; porque tu oración ha sido oída, y tu mujer Elisabet te dará a luz un hijo, y llamarás su nombre Juan. Y tendrás gozo y alegría, y muchos se regocijarán de su nacimiento; (1:11-14)

En este momento crucial en la historia redentora, Dios intervino de manera milagrosa una vez más en los asuntos de su pueblo. Simplemente, y sin ningún alarde, Lucas registra la asombrosa verdad de que a Zacarías **se le apareció un ángel del Señor.** Esto era algo totalmente inesperado; la última aparición de un ángel había sido al profeta Zacarías casi quinientos años antes. Pero aunque ese Zacarías vio al ángel en una serie de visiones (Zac. 1:9; 2:3; 4:1; cp. Dn. 7:15-16), este Zacarías en realidad vio a este ángel con sus propios ojos. El hecho de que el mensajero celestial fuera visible, y estuviera **puesto en pie a la derecha del altar del incienso,** muestra que estaba allí de veras; no se trató de alguna aparición vaga ni de algún producto de la imaginación del sacerdote.

La inmediata respuesta de Zacarías ante esta increíble visión fue comprensible: **Se turbó Zacarías al verle, y le sobrecogió temor. Turbó** se traduce de una forma del verbo *tarassō*, que literalmente significa "estremecerse" o "agitarse" (Jn. 5:7); de manera figurada significa "turbarse" (Mt. 14:26), "aturdirse" (Mt. 2:3) o "alborotarse" (Hch. 17:8). La reacción temerosa de Zacarías fue típica de quienes fueron visitados por ángeles (cp. Jue. 6:22-23; 13:15-22; Dn. 8:15-18; Ap. 19:10; 22:8-9); la presencia de tales seres perfectamente santos hacía que las personas fueran conscientes de su pecado y del juicio de Dios por ese pecado (Gn. 2:17; 6:5-7; 19:24; Éx. 20:5; Nm. 11:1; 32:23; Dt. 29:20; Sal. 98:9; Is. 13:11; Jer. 32:19; Ez. 18:4). Al ver el evidente terror del hombre, el ángel contestó de modo tranquilizador: **Zacarías, no temas** (cp. Dn. 10:12, 19; Lc. 1:30; 2:10).

El ángel no había venido con un mensaje de juicio, así que Zacarías no tenía nada que temer. Al contrario, le entregó un mensaje de bendición, informándole: **tu oración ha sido oída, y tu mujer Elisabet te dará a luz un hijo.** La **oración** de que Dios les concediera un hijo sin duda era una que sin duda Zacarías y Elisabet habían hecho durante años, y que quizás habían abandonado en el pasado. Tal vez habían perdido la esperanza de que Dios contestara, en vista de la avanzada edad que tenían. Pero ahora, al fin, cuando toda esperanza humanamente hablando había desaparecido, Dios, según su propósito divino, les concedía misericordiosamente su petición. La **mujer** de Zacarías le daría **a luz un hijo,** y ellos le pondrían el **nombre** de **Juan,** la forma griega del nombre hebreo "Johanan" ("Dios es clemente"). La elección de ese nombre por parte del precursor del Mesías simbolizaba el momento decisivo en la historia redentora. Dios estaba a punto de derramar su gracia a través del regalo de su Hijo, el Señor Jesucristo (cp. Jn. 1:14, 17).

La noticia de que iban a tener un hijo produjo gran **gozo y alegría** en Zacarías y Elisabet. Pero también **muchos** otros **se regocijarán de su nacimiento,** porque Juan "hará que muchos de los hijos de Israel se conviertan al Señor Dios de ellos" (Lc. 1:16) en preparación para la inminente llegada del Mesías.

REPROCHE DIVINO POR LA RESPUESTA INCRÉDULA DE ZACARÍAS

Dijo Zacarías al ángel: ¿En qué conoceré esto? Porque yo soy viejo, y mi mujer es de edad avanzada. Respondiendo el ángel, le dijo: Yo soy Gabriel, que estoy delante de Dios; y he sido enviado a hablarte, y darte estas buenas nuevas. Y ahora quedarás mudo y no podrás hablar, hasta el día en que esto se haga, por cuanto no creíste mis palabras, las cuales se cumplirán a su tiempo. Y el pueblo estaba esperando a Zacarías, y se extrañaba de que él se demorase en el santuario. Pero cuando salió, no les podía hablar; y comprendieron que había visto visión en el santuario. Él les hablaba por señas, y permaneció mudo. Y cumplidos los días de su ministerio, se fue a su casa. Después de aquellos días concibió su mujer Elisabet, y se recluyó en casa por cinco meses, diciendo: Así ha hecho conmigo el Señor en los días en que se dignó quitar mi afrenta entre los hombres. (1:18-25)

Increíblemente, el temor inicial de Zacarías al ver al ángel pronto se convirtió en incredulidad. En lugar de estar agradecido, el hombre reaccionó con escepticismo. Con expresión de duda y de desconfianza infiel, preguntó con incredulidad: **¿En qué conoceré esto? Porque yo soy viejo, y mi mujer es de edad**

avanzada. Al igual que aquellos que oraban por la liberación de Pedro de la cárcel (Hch. 12:12-16), Zacarías se negó a creer aunque se le había concedido la respuesta que había pedido. Así como todos los creyentes, él era justo delante de Dios, pero no estaba sin pecado.

Dudar de la certeza del mensaje de Dios y de la fiabilidad de sus promesas (cp. Jos. 23:14; 1 R. 8:56; 2 Co. 1:20; Tit. 1:2; He. 10:23) es negar la veracidad divina. Por eso la incredulidad de Zacarías motivó la severa reprimenda del ángel. **Yo soy Gabriel** —le declaró—, **que estoy delante de Dios.** La frase traducida **Yo soy Gabriel** es enfática, e indica que este no era un ángel común. Como uno de los dos únicos ángeles llamados por nombre en las Escrituras (el otro es Miguel [Dn. 10:13, 21; 12:1; Jud. 9; Ap. 12:7]), Gabriel era el principal mensajero de Dios, enviado a comunicar algunos de los anuncios más prodigiosos en la historia de la redención (Dn. 8:16-26; 9:21-27; Lc. 1:26-38).

Además, el ángel había **sido enviado a** hablarle a Zacarías y darle **estas buenas nuevas** de parte de Dios mismo. Dios es soberano sobre los santos ángeles, y estos siempre ejecutan sus órdenes (cp. Éx. 23:20, 23; 33:2; Nm. 20:16; 1 Cr. 21:15; 2 Cr. 32:21; Sal. 103:21; Dn. 3:28; 6:22). **Buenas nuevas** se traduce de una forma del verbo *euangelizō* ("anunciar buenas noticias"). Esta palabra era conocida para los gentiles, ya que se usaba para expresar alegres noticias, en especial relacionadas con el ascenso de los césares al trono, destacando así la inauguración de una nueva época. La palabra aparece once veces en los evangelios, diez de ellas en Lucas. En otros pasajes se refiere a predicar la buena noticia de que Dios envió a su Hijo a morir por los pecados de todos los que crean en Él.

Como castigo por la pecaminosa incredulidad de Zacarías, Gabriel le declaró: **Ahora quedarás mudo y no podrás hablar, hasta el día en que** este anuncio **se haga** realidad. Cuando Juan fue circuncidado ocho días después de nacer, Zacarías, "pidiendo una tablilla, escribió, diciendo: Juan es su nombre... Al momento fue abierta su boca y suelta su lengua, y habló bendiciendo a Dios" (1:63-64). Pero hasta entonces no pudo describir a los demás su experiencia sobrenatural en el templo, ni relatar la maravillosa e increíble noticia de que él y Elisabet iban a tener un hijo. Él tampoco sería capaz de realizar sus labores sacerdotales de enseñar al pueblo en su aldea. Zacarías llevaría la vergüenza del juicio de Dios **por cuanto no** creyó las **palabras** de Dios, **las cuales se** habrían de cumplir **a su tiempo.**

Las últimas palabras de Gabriel resaltan la falta de fe en Zacarías, pero también enfatizan la soberanía de Dios. Los planes y propósitos divinos, establecidos en la eternidad pasada, infaliblemente acontecerán. Sin embargo, la dicha y la recompensa que los santos disfrutan por participar en tales realidades pueden perderse a causa de la incredulidad, y pueden reemplazarse por castigo.

Mientras tanto, a medida que esta conversación se realizaba, **el pueblo** que **estaba esperando** fuera **a Zacarías, se extrañaba de que él se demorase en el**

santuario. Se suponía que el sacerdote únicamente debía ofrecer el incienso para luego salir a pronunciar la conocida bendición (Nm. 6:23-27). Pero Zacarías, retrasado por su conversación con Gabriel, no salió a tiempo. Eso llevó a las personas a preguntarse si él había hecho algo malo y había sido juzgado por Dios. Levítico 10:1-7 describe las calamitosas consecuencias que podían sobrevenir cuando los sacerdotes eran descuidados o desobedientes:

> *Nadab y Abiú, hijos de Aarón, tomaron cada uno su incensario, y pusieron en ellos fuego, sobre el cual pusieron incienso, y ofrecieron delante de Jehová fuego extraño, que él nunca les mandó. Y salió fuego de delante de Jehová y los quemó, y murieron delante de Jehová. Entonces dijo Moisés a Aarón: Esto es lo que habló Jehová, diciendo: En los que a mí se acercan me santificaré, y en presencia de todo el pueblo seré glorificado. Y Aarón calló. Y llamó Moisés a Misael y a Elzafán, hijos de Uziel tío de Aarón, y les dijo: Acercaos y sacad a vuestros hermanos de delante del santuario, fuera del campamento. Y ellos se acercaron y los sacaron con sus túnicas fuera del campamento, como dijo Moisés. Entonces Moisés dijo a Aarón, y a Eleazar e Itamar sus hijos: No descubráis vuestras cabezas, ni rasguéis vuestros vestidos en señal de duelo, para que no muráis, ni se levante la ira sobre toda la congregación; pero vuestros hermanos, toda la casa de Israel, sí lamentarán por el incendio que Jehová ha hecho. Ni saldréis de la puerta del tabernáculo de reunión, porque moriréis; por cuanto el aceite de la unción de Jehová está sobre vosotros. Y ellos hicieron conforme al dicho de Moisés (cp. 2 S. 6:3-4, 6-7; 2 Cr. 26:16-21).*

No obstante, Dios no le había quitado la vida a Zacarías, sino que más bien le quitó de manera temporal la capacidad de hablar. Exactamente como Gabriel había dicho, **cuando** el sacerdote por fin **salió, no les podía hablar; y** entonces todos **comprendieron que había visto visión en el santuario.** La expresión facial y el lenguaje corporal de Zacarías hicieron evidente para los espectadores que algo traumático y extraordinario había acontecido. Tratando de comunicar lo sucedido, **él les hablaba por señas, y permaneció mudo.** El texto no se refiere a lenguaje convencional de señas... que ni Zacarías ni el pueblo habrían conocido. Él simplemente trató, de la mejor manera que podía, de comunicar con gestos lo que había sucedido.

Dándole una conclusión más bien decepcionante a lo que había sido una semana fenomenal para Zacarías, Lucas nos hace saber que **cumplidos los días de su ministerio,** el sacerdote **se fue a su casa.** La narración no ofrece detalles en cuanto a cómo lo recibió su esposa, ni a la reacción ante la increíble noticia que él le llevaba.

Una vez más con sencillez y sin alardes, Lucas relató el cumplimiento de la promesa de Dios para Zacarías: **Después de aquellos días concibió su mujer**

Elisabet. Lucas quiso dejar claro que ella no quedó embarazada hasta el regreso de Zacarías a casa, no fuera que lanzaran contra ella falsas acusaciones de infidelidad.

La historia de redención del Nuevo Testamento comenzó con este milagro de una pareja de ancianos teniendo un hijo. Este fue el primero de muchos milagros que caracterizarían la época de Jesús y los apóstoles. Y, como era típico en tales milagros, esta no solo fue una demostración espectacular de poder sobrenatural sino que también suplió una verdadera necesidad humana.

Una vez que Elisabet se dio cuenta de que estaba embarazada, **se recluyó en casa por cinco meses.** Debido a su edad y esterilidad, nadie habría creído que ella estaba embarazada hasta que el embarazo fuera suficientemente largo para que se hiciera evidente. Cuando fue visible, ella finalmente habló de su embarazo, y lo hizo para alabar a Dios, como indica su exclamación: **Así ha hecho conmigo el Señor en los días en que se dignó quitar mi afrenta entre los hombres.** Tal como Ana siglos antes (1 S. 1:19-2:10), Elisabet estaba profundamente agradecida porque el Señor le había quitado de manera milagrosa el estigma de no tener hijos.

La descripción que Lucas hace de Zacarías y Elisabet es de creyentes imperfectos pero genuinos. Ellos eran humildes, justos, obedientes, devotos, y servían al Señor; al mismo tiempo eran escépticos, temerosos, y hasta fueron castigados por Él. Dios es el Dios de comienzos humildes y de personas humildes, y utilizó a Zacarías y a Elisabet debido a la fidelidad de ellos a pesar de sus deficiencias. Les concedió un hijo que tendría el mayor privilegio de todos: ser el más grande profeta porque fue el precursor del Mesías. Aunque hoy día ya no es época de milagros, Dios sigue usando a personas comunes y corrientes para proclamar fielmente las buenas nuevas de salvación en el Señor Jesucristo (Mt. 28:19-20; 1 P. 2:9; 3:15), la historia que comenzó con la milagrosa intervención de Dios en las vidas de dos personas humildes y justas.

Grandeza de Juan el Bautista 3

porque será grande delante de Dios. No beberá vino ni sidra, y será lleno del Espíritu Santo, aun desde el vientre de su madre. Y hará que muchos de los hijos de Israel se conviertan al Señor Dios de ellos. E irá delante de él con el espíritu y el poder de Elías, para hacer volver los corazones de los padres a los hijos, y de los rebeldes a la prudencia de los justos, para preparar al Señor un pueblo bien dispuesto. (1:15-17)

Nada simboliza mejor la visión que el mundo tiene de la grandeza que la audaz declaración del ex campeón mundial de boxeo de los pesos pesados, Muhammad Alí: "Soy el más grande". Esa afirmación repetida generó una cantidad enorme de reacción pública, a favor y en contra, durante las décadas de los sesenta y setenta. La jactancia de Alí, a menudo respaldada al dominar a sus oponentes en el cuadrilátero, ayudó a abrir las compuertas de la tolerancia al egoísmo descarado y arrogante que prevalece en los deportes y en toda la sociedad contemporánea.

La historia ha registrado muchos hombres realmente grandes y honorables, pero en los últimos tiempos se ha hecho cada vez más difícil distinguir la grandeza de la simple fama. En la cultura de hoy, a las personas famosas se les reconoce más a menudo por la riqueza, los éxitos comerciales, las habilidades atléticas, o los talentos musicales. Muchos de esos individuos son creaciones de los medios de comunicación; famosos simplemente por ser famosos.

Un punto de vista más realista pero menos común de la grandeza se mide en términos de logros significativos. Singulariza a quienes han dejado una marca indeleble y positiva en la sociedad, ya sea en guerra, educación, ciencia, medicina, artes, o en causas humanitarias.

Sin embargo, la norma divina de grandeza trasciende toda medida humana, y se enfoca en realidades celestiales eternas, y no en efímeras circunstancias mundanas. Esto se puede ver mejor al examinar la vida de alguien a quien Dios llama grande. Uno de tales hombres fue Juan el Bautista.

La vida de Juan no tuvo ninguno de los adornos del mundo asociados con la grandeza. Nació dentro de una familia normal y corriente de la región montañosa de Judea (Lc. 1:39, 65), no en una familia de clase alta en Jerusalén. No hay evidencia de que él tuviera alguna educación formal. En lugar de codearse con los ricos y famosos, "estuvo en lugares desiertos hasta el día de su manifestación a Israel" (Lc. 1:80), muy lejos de los centros de comercio, cultura y poder. Su vestimenta de piel de camello y su cinto de cuero no eran exactamente el último grito de la moda, y su dieta de langostas y miel silvestre (Mt. 3:4) probablemente no daría inicio a ninguna tendencia culinaria. El hecho de que él se desconectara de los estilos de la cultura de su pueblo, en la voluntad de Dios, no puso límites a su mensaje o su influencia. Al contrario, Mateo registra que "salía a él Jerusalén, y toda Judea, y toda la provincia de alrededor del Jordán, y eran bautizados por él en el Jordán, confesando sus pecados" (Mt. 3:5-6).

Juan no estaba asociado con ninguna de las instituciones oficiales de su tiempo. No inició movimientos sociales ni políticos, no formó ninguna organización ni fundó una secta religiosa. Es más, conscientemente minimizó su propia importancia en deferencia a Cristo (Mt. 3:11; Jn. 1:30), hacia quien guió incluso a sus propios seguidores (Jn. 1:35-37). Aunque nació en una familia sacerdotal, no formaba parte del sacerdocio. Las autoridades religiosas al principio se desconcertaron con él (Jn. 1:19-27), pero pronto llegaron a odiarlo por las declaraciones mordaces que él hacía de la hipocresía de ellos (Mt. 3:7-12). A Juan tampoco le iba mejor con la clase política. Herodes el tetrarca (Herodes Antipas), avergonzado por la atrevida denuncia de Juan en cuanto a la pecaminosa relación de Herodes con la esposa de su hermano (Mt. 14:3-4), lo encarceló y finalmente lo ejecutó. En lo que respecta al mundo, Juan terminó su vida como poco más que un predicador excéntrico, decapitado ante la instigación de una bailarina seductora y su vengativa madre (Mt. 14:1-12; Mr. 6:14-29).

No obstante, la evaluación que el mundo hizo de Juan erró totalmente el blanco. Nada menos que una autoridad como el Señor Jesucristo, Dios encarnado, testificó: "Entre los que nacen de mujer no se ha levantado otro mayor que Juan el Bautista" (Mt. 11:11).

De este pasaje fluyen tres señales de la grandeza de Juan el Bautista: su carácter personal, su llamado privilegiado, y su poderosa contribución.

CARÁCTER PERSONAL DE JUAN

porque será grande delante de Dios. No beberá vino ni sidra, y será lleno del Espíritu Santo, aun desde el vientre de su madre. (1:15)

Grande es un término relativo, medido con un específico contexto cultural e histórico. Sin embargo, la grandeza de Juan el Bautista trasciende el tiempo y la cultura. Como ya se indicó, Jesús declaró que Juan era uno de los hombres más grandes que habían vivido en su época. Ese asombroso elogio significa que Juan era más grande que todos los hombres notables del Antiguo Testamento, incluso

Enoc, quien caminó con Dios y fue llevado al cielo sin pasar por la muerte (Gn. 5:24; cp. He. 11:5); Noé, a quien Dios salvó del diluvio (Gn. 7:1-7; cp. He. 11:7); Melquisedec, el rey de Salem y sacerdote del Dios Altísimo, a quien Abraham pagó los diezmos (Gn. 14:18-20; cp. He. 7:1-10); Abraham mismo, el padre de la nación de Israel (Gn. 12:1-7; cp. He. 11:8-10); los patriarcas Isaac (Gn. 17:19, 21; Éx. 3:15), Jacob (Gn. 28:10-15; Lv. 26:42), y José (cp. Gn. 37:3; 39:2-4; 41:38-45); Moisés, el legislador y líder del éxodo (Jer. 15:1; Mt. 23:2; He. 11:23-29); David y Salomón, los más grandes reyes de Israel (1 R. 3:10-13; 2 S. 7:1-17; 1 Cr. 29:25; Sal. 78:70-71; 89:35; Mr. 11:10; Lc. 1:32; Hch. 13:22-23); los profetas hacedores de milagros como Elías (1 R. 17:17-24) y Eliseo (2 R. 2:14; 4:1-7, 18-37; 5:1-19); los grandes profetas escritores como Isaías (Is. 6:6-10), Jeremías (Jer. 1:4-19), Ezequiel (Ez. 2:1-3:9), y Daniel (Dn. 1:8-16; 2:46-49; 6:1-4; 9:1-23); o cualquiera de los otros héroes de la fe del Antiguo Testamento mencionados en Hebreos 11.

Juan era **grande** en la única manera que realmente importa: **delante de Dios** (una frase común del Nuevo Testamento que significa aprobación divina; cp. 1:6; Hch. 4:19; 7:20; cp. 7:46; 2 Co. 2:17; 4:2; 7:12; 8:21; 12:19; 1 Ti. 2:3; 5:4; Stg. 1:27; 1 P. 2:4; 3:4). (Cabe señalar que cuando Gabriel usó el término **grande** en 1:32 refiriéndose a Jesús no lo calificó añadiéndole "delante de Dios". Jesucristo, como Dios en carne humana, ya era grande en el sentido más excelso y absoluto).

Implícita en la aprobación de Dios hacia Juan estaba la realidad de su justificación, ya que nadie cuyos pecados no se hayan perdonado puede ser aprobado por Dios. Con anterioridad a su obra en la cruz, Dios imputó a Juan la justicia de Jesucristo (cp. Is. 61:10; Ro. 3:22; 2 Co. 5:21). La promesa de salvación para alguien aún no concebido (cp. Jer. 1:5; Gá. 1:15-16) es de enorme importancia para entender la doctrina de la elección (cp. Ef. 1:4). La elección que Dios hizo de Juan es una profunda ilustración de cómo Él elige de manera soberana a todos los que creen (Jn. 1:12-13; 6:37, 44; 15:16; Ro. 8:29; 1 Ts. 1:4; 1 P. 1:1-2), y ha escrito sus nombres en el libro de la vida del Cordero de Dios antes de la fundación del mundo (2 Ts. 2:13-14; cp. Lc. 10:20; Hch. 13:48; Ro. 8:29; Ap. 13:8; 17:8).

A continuación, Gabriel ofreció dos señales de la grandeza de Juan, una externa y física, la otra interna y espiritual. En primer lugar, Juan **no beberá vino ni sidra.** El estilo de vida de Juan sería de templanza, moderación y abnegación; su selección de vestuario (abrigo de piel de camello y cinturón de cuero) y su dieta (langostas y miel silvestre) reflejaban su indiferencia hacia los placeres del mundo. La abstención de vino y sidra lo llevó a dar un importante paso más adelante en su desdén y separación del mundo. Juan estaría tan ocupado con la obra que Dios le encargó hacer, que se distanciaría de esas cosas.

El Antiguo Testamento tiene mucho que decir en cuanto al **vino** y la **sidra,** y esos principios influirían en la decisión de Juan de abstenerse. Es necesario considerar dos palabras hebreas traducidas como **vino.** *Tirosh*, traducida por lo general "vino nuevo" (p. ej., Gn. 27:28, 37; Dt. 7:13; 11:14; 12:17; 14:23; 18:4; 28:51; 33:28; 2 R. 18:32; Sal. 4:7; Pr. 3:10), se refiere a zumo de uvas como venía de las prensas. Después lo ponían en odres para añejarlo y fermentarlo (Lc. 5:37-38), por lo que finalmente sería capaz de producir embriaguez (Os. 4:11). El Antiguo Testamento asocia al vino con la bendición de Dios para su pueblo (Gn. 27:28, 37; Dt. 7:13; 11:14; 18:4; 33:28; Jer. 31:12; Os. 2:8; Jl. 2:19, 24; Zac. 9:17). El segundo término, *yayin*, se refiere a vino fermentado y embriagante (p. ej., Gn. 9:21, 24; 19:32-35; Lv. 10:9; Nm. 6:3; 1 S. 1:14; 25:36-37; Est. 1:10; Sal. 78:65; Pr. 20:1; 23:29-35; Ec. 2:3; Is. 28:1, 7; Jer. 23:9; Zac. 9:15; 10:7). Sin la refrigeración moderna, el zumo de uvas se fermentaría si se almacenaba durante mucho tiempo. A los rabinos les preocupaba las capacidades embriagadoras del *yayin*; por tanto, requerían que se diluyera con una mayor parte de agua (cp. Pr. 9:2, 5). Eso lo distinguía del *shekar* (gr., *sikera* [**licor**]), al que no diluían. Mezclar *yayin* con agua potable también ayudaba a desinfectar el agua, matando los microorganismos perjudiciales que esta pudiera contener.

El Antiguo Testamento reconoce que los judíos normalmente bebían vino, pero ordena moderación y prohíbe la embriaguez. Proverbios 20:1 advierte: "El vino es escarnecedor, la sidra alborotadora, y cualquiera que por ellos yerra no es sabio" (cp. 21:17; 23:20, 29-35). El profeta Amós pronunció el juicio de Dios sobre el abuso del vino (2:8; 6:6-7) pero más adelante reveló las bendiciones asociadas con su uso apropiado (9:13-14).

La perspectiva del Nuevo Testamento sobre el vino es parecida a la del Antiguo Testamento. Jesús, en su primer milagro, transformó agua en vino en una boda en Caná (Jn. 2:11). Al ser creado por el Hijo de Dios, se trataba del mejor vino que las personas habían bebido alguna vez (cp. vv. 6-10). Que el vino fuera normalmente fermentado y, por tanto, capaz de causar embriaguez parece evidente por el verbo traducido "bebido mucho" en Juan 2:10. Este vino creado por Jesús no venía del proceso normal de fermentación y era el más dulce y más fresco alguna vez degustado. (Véase el análisis de ese versículo en *Comentario MacArthur del Nuevo Testamento: Juan* [Grand Rapids: Portavoz, 2008], p. 11, y un estudio completo del asunto de beber vino en *Comentario MacArthur del Nuevo Testamento: Gálatas, Efesios* [Grand Rapids: Portavoz, 2010], estudio sobre Ef. 5:18*a*). En otra parte, el Nuevo Testamento reconoce que el vino fermentado, cuando se diluye correctamente, puede ser beneficioso (tal como el Antiguo Testamento había señalado siglos antes, [cp. Pr. 31:6]). Pablo instruyó a Timoteo: "Ya no bebas agua, sino usa de un poco de vino por causa de tu estómago y de tus frecuentes enfermedades" (1 Ti. 5:23). La instrucción del apóstol habría ayudado a proteger a Timoteo de los perjudiciales efectos de beber agua impura, lo que estaba en consonancia con el uso medicinal del vino en el mundo antiguo. No obstante, tanto el Nuevo Testamento como el Antiguo condenan la embriaguez (Ro. 13:13; 1 Co. 5:11; Ef. 5:18; 1 P. 4:3). Según Proverbios 31:4, los dirigentes no debían consumir bebidas fuertes. De igual modo, los ancianos y diáconos del Nuevo Testamento no debían ser aficionados a la bebida (1 Ti. 3:3, 8; Tit. 1:7; cp. 2:3).

Abstenerse de vino y de licor también era un elemento clave del voto nazareo (Nm. 6:1-4), lo que también explica por qué Juan se abstenía de ellos. El voto nazareo, por lo general, era temporal, aunque Sansón (Jue. 16:17) y Samuel (1 S. 1:11) fueron nazareos toda su vida. Que Juan también fuera nazareo toda su existencia no está claro en los relatos del evangelio acerca de su vida.

La consagración externa de Juan fluiría de su poder espiritual interior en una manera sin precedentes. Gabriel prometió que él **será lleno del Espíritu Santo, aun desde el vientre de su madre.** Desde su concepción, Juan viviría bajo la influencia, el control y el poder del **Espíritu Santo,** dominado por la voluntad divina. Por supuesto, eso está específicamente descrito y expresado en la Palabra de Dios (Sal. 119:105; 2 Ti. 3:16). La llenura del Espíritu es esencial para la santificación (1 Co. 6:11; 2 Ts. 2:13; 1 P. 1:2), y el ministerio eficaz (Hch. 1:8). En el caso de Juan el Bautista, la obra del Espíritu en su vida comenzó **aun desde** que estaba en **el vientre de su madre.** Lucas 1:41 ilustra esa realidad, señalando que "cuando oyó Elisabet la salutación de María, la criatura [Juan] saltó en su vientre; y Elisabet fue llena del Espíritu Santo". (La llenura de Juan en el vientre por parte del Espíritu indica claramente que el feto es una persona y que la vida empieza en la concepción, lo que argumenta fuertemente a favor de la santidad de la vida y en contra del aborto [cp. Éx. 21:22-25; Sal. 139:13-16]).

Que Juan fuera apartado por Dios mientras aún se hallaba en el vientre de su madre recuerda a Jeremías, quien escribió con relación a su propio llamado: "Vino, pues, palabra de Jehová a mí, diciendo: Antes que te formase en el vientre te conocí, y antes que nacieses te santifiqué, te di por profeta a las naciones" (Jer. 1:4-5). Eso también ocurrió con Pablo, quien atestiguó: "Cuando agradó a Dios, que me apartó desde el vientre de mi madre, y me llamó por su gracia, revelar a su Hijo en mí, para que yo le predicase entre los gentiles" (Gá. 1:15-16). Tales versículos subrayan la elección soberana que Dios hace de sus siervos para salvación, santificación y servicio (cp. Jn. 15:16).

LLAMADO PRIVILEGIADO DE JUAN

E irá delante de él con el espíritu y el poder de Elías, (1:17*a*)

Esta es la representación perfecta de la grandeza de Juan, la cual no vino porque él fuera más santo que todos los demás, sino porque tenía un llamado más noble que el de cualquier otro: Ir **delante del** Mesías, la tarea más privilegiada que cualquier individuo podía recibir. Juan fue "un hombre enviado de Dios" (Jn. 1:6), que "dio testimonio de [Jesús], y clamó diciendo: Este es de quien yo decía: El que viene después de mí, es antes de mí; porque era primero que yo" (1:15). Juan fue "la voz de uno que clama en el desierto: Enderezad el camino del Señor, como dijo el profeta Isaías" (1:23). Cuando "vio Juan a Jesús que venía a él... dijo: He aquí el Cordero de Dios, que quita el pecado del mundo" (1:29). Fue suyo el privilegio inigualable de ser el profeta que por fin indicaría que el Mesías había llegado.

En su papel como precursor, Juan iría **delante de** Jesucristo **con el espíritu y el poder de Elías.** Esa declaración es importante porque los judíos creían que Dios enviaría un mensajero antes del juicio del Día del Señor y la venida del Mesías para establecer su reino (Mal. 3:1). La promesa de cierre del Antiguo Testamento identificaba a ese mensajero como Elías:

> *He aquí, yo os envío el profeta Elías, antes que venga el día de Jehová, grande y terrible. El hará volver el corazón de los padres hacia los hijos, y el corazón de los hijos hacia los padres, no sea que yo venga y hiera la tierra con maldición (Mal. 4:5-6).*

Al igual que Elías (1 R. 18:17-18), Juan predicó de manera fiel, poderosa, valiente e inflexible la verdad divina (Mt. 3:7-11). Eso hizo que algunos se preguntaran si en realidad él pudiera ser Elías (Jn. 1:21). Pero Juan acalló tal especulación, respondiendo simplemente a quienes lo interrogaban: "No" (v. 21). Sin embargo, en Mateo 11:13-14, Jesús declaró: "Porque todos los profetas y la ley profetizaron hasta Juan. Y si queréis recibirlo, él es aquel Elías que había de venir". La pregunta obvia que surge es: ¿Era Juan Elías? Literalmente no lo era, como indica su negación contundente en Juan 1:21. Pero si los judíos hubieran estado dispuestos a aceptar a Jesús como su Mesías, entonces el Día del Señor y el reino habrían venido, y Juan habría sido el cumplimiento de la profecía de Malaquías. Por consiguiente, las palabras de Gabriel se deben entender en un sentido figurado; Juan no era realmente Elías, o el definitivo Elías de la profecía de Malaquías (cp. Mt. 17:10-13). En lugar de eso, él vino **con el espíritu y el poder de Elías;** igual que el gran profeta del Antiguo Testamento, él proclamaría de manera fiel y valiente la verdad divina frente a la implacable oposición (Mt. 4:12; 14:1-10; cp. 1 R. 17:1; 21:17-29).

El hecho de que la mayor parte del pueblo de Israel rechazara el mensaje de Juan el Bautista acerca de Jesús significa que también debe haber un cumplimiento futuro de la profecía de Malaquías, "antes que venga el día de Jehová, grande y terrible" (4:5). Antes de que Cristo regrese para establecer su reino terrenal (Ap. 19:10—20:6), Elías u otro profeta como Elías anunciará su llegada (quizás uno de los dos testigos descritos en Apocalipsis 11).

PODEROSA CONTRIBUCIÓN DE JUAN

Y hará que muchos de los hijos de Israel se conviertan al Señor Dios de ellos... para hacer volver los corazones de los padres a los hijos, y de los rebeldes a la prudencia de los justos, para preparar al Señor un pueblo bien dispuesto. (1:16, 17*b*)

La predicación de Juan debía tener una repercusión poderosa: **que muchos de los hijos de Israel se conviertan al Señor Dios de ellos** (Mt. 3:1-6). La palabra traducida **conviertan** es una forma del verbo *epistrephō,* usada a menudo en el Nuevo Testamento en referencia a la conversión (cp. Mt. 13:15; Mr. 4:12; Hch. 3:19; 11:21; 14:15; 15:19; 28:27; 1 Ts. 1:9; Stg. 5:19-20). La predicación de Juan pediría a los hijos de Israel que se convirtieran de su desobediencia, de su apostasía, de su rebelión, de su pecado, y de su fariseísmo **al Señor Dios de ellos.** Es significativo que la frase "al Señor Dios de ellos" anteceda a "él" (Jesucristo) en el versículo 17, identificando a Cristo como Dios.

Más adelante, en el momento de la circuncisión de Juan, su padre Zacarías profetizó acerca de él: "Y tú, niño, profeta del Altísimo serás llamado; porque irás delante de la presencia del Señor, para preparar sus caminos; para dar conocimiento de salvación a su pueblo" (1:76-77). Juan predicaría el evangelio, las buenas nuevas de la gracia de Dios (Ro. 3:24; Ef. 2:5, 8), misericordia (Is. 55:7; Jl. 2:13; Lc. 1:50; Tit. 3:5), y perdón de pecados (Ro. 4:6-8; Ef. 1:7; He. 9:22) todo esto logrado por medio de la venida del Mesías, la expresión más plena de "la entrañable misericordia de nuestro Dios" (1:78).

Inseparablemente asociado con su llamado de regresar a la justicia, Juan predica un mensaje de arrepentimiento (Mt. 3:2; Mr. 1:4), un resultado de **hacer volver los corazones de los padres a los hijos** (cp. Mal. 4:6). Su mensaje daría como resultado el arrepentimiento y la conversión de familias enteras (cp. Jn. 4:53; Hch. 10:30-48; 16:34). Padres e hijos se arrepentirían de sus pecados, se convertirían y regresarían a Dios a través de la fe en el Mesías, que se traduce en miembros reconciliados de las familias.

Al describir la conversión, Gabriel declaró que la predicación de Juan haría **volver** a **los rebeldes a la prudencia de los justos.** La palabra traducida **rebeldes** (*apeithēs*) denota a alguien que no será persuadido, que con obstinación se niega a creer y obedecer la verdad (Jn. 3:36; Ro. 2:8; 11:30, 31; 1 P. 2:8; 3:1, 20). La predicación de Juan confrontaría a los pecadores obstinados y despiadados y transformaría su actitud **a la prudencia** (*phronēsis,* ["disposición", "comprensión"]), volviéndolos individuos justos. El ministerio de Juan prepararía **al Señor un pueblo bien dispuesto,** cuyo arrepentimiento y cuyos corazones creyentes estuvieran listos para recibir al Mesías (cp. Jn. 7:31; 10:40-42).

Después de exaltar a Juan como el hombre más grande que había vivido hasta ese momento, Jesús hizo la impactante declaración de que "el más pequeño en el reino de los cielos, mayor es que él" (Mt. 11:11). La verdadera grandeza espiritual no viene de las tareas que hacemos sino de la vida que tengamos como dádiva de Dios. La grandeza terrenal de Juan yace en el hecho de habérsele asignado la tarea más fabulosa que puede dársele a algún hombre: identificar al Mesías. Pero por grande que fuera Juan en este llamado, la persona más pequeña en el reino de Dios es más grande debido a que la naturaleza de la grandeza espiritual supera con creces los esfuerzos humanos del ministerio. La vida espiritual es eterna. Puesto que Juan el Bautista también pertenecía al reino, él participa de esa grandeza con todos los demás creyentes (cp. Mt. 20:16), todos los redimidos disfrutan el mismo honor de vida eterna.

En Cristo Jesús todos poseen la misma vida divina, capaz de producir la misma exaltada calidad de carácter y de exhibir el mismo nivel elevado de compromiso espiritual. Todos tienen el mismo privilegio de ser llenos del Espíritu Santo y tener su poder para predicar a Cristo. Igual que Juan, los creyentes están comisionados a la misma tarea: proclamar arrepentimiento (Mt. 28:18-20), y ser embajadores de la reconciliación (2 Co. 5:19-20), instando a las personas a volverse a Dios a través de la fe salvadora en el Señor Jesucristo y en su muerte sustitutiva (Mr. 10:45; Ro. 5:8; 1 P. 3:18). Es al hacer eso que participan de la grandeza de Juan.

Anunciio divino a María

4

Al sexto mes el ángel Gabriel fue enviado por Dios a una ciudad de Galilea, llamada Nazaret, a una virgen desposada con un varón que se llamaba José, de la casa de David; y el nombre de la virgen era María. Y entrando el ángel en donde ella estaba, dijo: ¡Salve, muy favorecida! El Señor es contigo; bendita tú entre las mujeres. Mas ella, cuando le vio, se turbó por sus palabras, y pensaba qué salutación sería esta. Entonces el ángel le dijo: María, no temas, porque has hallado gracia delante de Dios. Y ahora, concebirás en tu vientre, y darás a luz un hijo, y llamarás su nombre JESÚS. Este será grande, y será llamado Hijo del Altísimo; y el Señor Dios le dará el trono de David su padre; y reinará sobre la casa de Jacob para siempre, y su reino no tendrá fin. (1:26-33)

La Navidad es sin duda la festividad más ampliamente celebrada en todo el mundo, e involucra a más personas y naciones que cualquier otra. Sin embargo, al mismo tiempo es quizás la festividad más malinterpretada de todas las celebraciones importantes. Otras fiestas honran a personas famosas o conmemoran importantes sucesos históricos (como se hace por ejemplo en los Estados Unidos: el Día de los Presidentes, el Día de la Independencia, y el Día de los Veteranos). No obstante, la Navidad honra a una persona divina y recuerda un acontecimiento divino; no celebra un logro humano, sino un logro divino. Santa Claus, centros comerciales abarrotados, fiestas en oficinas, consumo de alcohol, intercambio de regalos, decoraciones navideñas, y reuniones familiares no reflejan el verdadero significado de la Navidad. No hay nada hecho por el hombre en cuanto a la historia de Navidad. Se trata de la narración más milagrosa y fascinante en la historia, en que el Espíritu Santo relata la dramática historia del nacimiento de Jesús. Quienes celebran realmente la Navidad lo hacen recordando la profunda realidad de que Dios envió a su Hijo unigénito a morir por los pecados de todos los que ponen su fe en Él.

Aunque las narraciones más completas del nacimiento de Cristo aparecen en los evangelios de Mateo y Lucas (Mt. 1:18—2:12; Lc. 1:26—2:20), estas no son las primeras referencias bíblicas a la venida del Hijo de Dios. Después que la desobediencia de Adán y Eva sumiera a la humanidad en el pecado, Dios prometió que vendría alguien llamado la simiente de la mujer (Gn. 3:15) "para deshacer las obras del diablo" (1 Jn. 3:8). En su profecía relacionada con sus hijos, Jacob dijo acerca de Judá: "No será quitado el cetro de Judá, ni el legislador de entre sus pies, hasta que venga Siloh (aquel a quien le pertenece; es decir, el Mesías, el Rey verdadero, el León de la tribu de Judá [Ap. 5:5]); y a él se congregarán los pueblos" (Gn. 49:10). Moisés tuvo en mente la venida del futuro Mesías cuando manifestó al pueblo de Israel:

> *Profeta de en medio de ti, de tus hermanos, como yo, te levantará Jehová tu Dios; a él oiréis; conforme a todo lo que pediste a Jehová tu Dios en Horeb el día de la asamblea, diciendo: No vuelva yo a oír la voz de Jehová mi Dios, ni vea yo más este gran fuego, para que no muera. Y Jehová me dijo: Han hablado bien en lo que han dicho. Profeta les levantaré de en medio de sus hermanos, como tú; y pondré mis palabras en su boca, y él les hablará todo lo que yo le mandare (Dt. 18:15-18; cp. Hch. 3:22).*

Salmos 2:6-9 registra la promesa de Dios de que su Hijo, el Mesías, vendría para gobernar el mundo:

> *Pero yo he puesto mi rey sobre Sion, mi santo monte. Yo publicaré el decreto; Jehová me ha dicho: Mi hijo eres tú; yo te engendré hoy. Pídeme, y te daré por herencia las naciones, y como posesión tuya los confines de la tierra. Los quebrantarás con vara de hierro; como vasija de alfarero los desmenuzarás.*

Isaías predijo que "la virgen concebirá, y dará a luz un hijo, y llamará su nombre Emanuel" (Is. 7:14). Más adelante escribió con relación a este asombroso niño:

> *el principado [estará] sobre su hombro; y se llamará su nombre Admirable, Consejero, Dios Fuerte, Padre Eterno, Príncipe de Paz. Lo dilatado de su imperio y la paz no tendrán límite, sobre el trono de David y sobre su reino, disponiéndolo y confirmándolo en juicio y en justicia desde ahora y para siempre. El celo de Jehová de los ejércitos hará esto (9:6-7).*

Isaías también predijo con detalle la muerte expiatoria del Mesías como sustituto por los pecados de su pueblo (52:13—53:12); Daniel predijo el tiempo de su venida (Dn. 9:25-26); Miqueas mostró el lugar de su nacimiento (Mi. 5:2). El Antiguo Testamento está repleto con otras profecías relacionadas con la vida y el ministerio del Mesías (p. ej., Sal. 40:7-8; 110:1, 4; 118:22, 26; Is. 8:14; 11:2, 10; 28:16; 61:1-2; Jer. 23:5; Zac. 9:9; 12:10; 13:7), a tal punto que, en el camino a Emaús, el Cristo resucitado reprendió a sus seguidores por no reconocer el significado y relevancia de tales profecías en relación con Él:

¡Oh insensatos, y tardos de corazón para creer todo lo que los profetas han dicho! ¿No era necesario que el Cristo padeciera estas cosas, y que entrara en su gloria? Y comenzando desde Moisés, y siguiendo por todos los profetas, les declaraba en todas las Escrituras lo que de él decían (Lc. 24:25-27; cp. vv. 44-47).

La promesa de un Salvador, que durante siglos fue la esperanza del remanente fiel y creyente de Israel, continuó su materialización con la segunda aparición de Gabriel, esta vez a una jovencita. El relato simple, escueto y sin adornos de Lucas acerca del anuncio de Gabriel a María resalta el carácter divino del nacimiento de Cristo. Revela al mensajero divino, la elección divina, la bendición divina, y al niño divino.

EL MENSAJERO DIVINO

Al sexto mes el ángel Gabriel fue enviado por Dios a una ciudad de Galilea, llamada Nazaret, (1:26)

Según se indicó en el capítulo 2 de esta obra, la aparición de Gabriel a Zacarías había acabado con cuatro siglos de silencio profético. De manera sorprendente, solo poco tiempo después, **al sexto mes** (del embarazo de Elisabet) **el ángel Gabriel fue enviado** una vez más **por Dios** con una revelación que constituiría el más importante anuncio de nacimiento que el mundo habría conocido alguna vez, y que proclamaría el acontecimiento enormemente más significativo en la historia humana: el nacimiento del único Salvador, el Señor Jesucristo.

Gabriel pronunció este mensaje crucial de parte de Dios no a Jerusalén como se pudo haber esperado, sino **a una ciudad de Galilea, llamada Nazaret.** Llamar **ciudad** a **Nazaret** es ilusorio. Esta de ninguna manera era una ciudad en el sentido moderno de la palabra; realmente era una pequeña aldea con solo unos centenares de habitantes. (La palabra griega traducida **ciudad** en realidad se refiere a un centro poblacional en lugar de una región rural, independientemente de su tamaño). Para el bien de los lectores gentiles, que quizás no conocían la geografía palestina, Lucas indicó que Nazaret se hallaba en **Galilea,** aproximadamente entre ciento veinte y ciento sesenta kilómetros al norte de Jerusalén.

Tan desconocida e insignificante era esta diminuta aldea que ni siquiera se mencionó en el Antiguo Testamento, en el Talmud, ni en los escritos de Josefo. (Sin embargo, a pesar de las afirmaciones de algunos escépticos, la evidencia arqueológica demuestra que Nazaret en realidad sí existió en la época de Jesús [cp. E. M. Blaiklock y R. K. Harrison, eds., *The New International Dictionary of Biblical Archaeology* (Grand Rapids, Zondervan, 1983), "Nazaret"; Lee Strobel, *The Case for Christ* (Grand Rapids: Zondervan, 1998), pp. 102-103]). Nazaret no estaba en ninguna de las rutas principales de comercio; todos los caminos importantes la circunvalaban. Se hallaba muy lejos de los mejores senderos, y muy alejada de los centros importantes de la cultura y la religión judías. Además, a Galilea, donde estaba ubicada Nazaret, se la conocía como "Galilea de los gentiles" (Is. 9:1; Mt. 4:15) debido a su proximidad a las regiones gentiles. La elección que Dios hiciera de Nazaret como el lugar de nacimiento de Jesús revela que Él es el Salvador del mundo, no de los poderosos y de la élite de una sola nación, sino de "los llamados, así judíos como griegos" (1 Co. 1:24; cp. Is. 11:10; 42:6; Lc. 2:32; Hch. 10:34-35; 13:48-49; Ro. 15:9-12).

LA ELECCIÓN DIVINA

a una virgen desposada con un varón que se llamaba José, de la casa de David; y el nombre de la virgen era María. (1:27)

El anuncio angelical del nacimiento de Juan el Bautista le llegó a un anciano sacerdote en el templo de Jerusalén (1:11-13), pero la noticia del milagroso nacimiento de Jesús llegó a una joven en una aldea pequeña e insignificante.

A ella se le describe en primer lugar como una **virgen.** *Parthenos* (**virgen**) se refiere a una persona que nunca ha tenido relaciones sexuales, y nunca se utilizaría para describir a una mujer casada. En la costumbre judía, por lo general una muchacha estaba **desposada** a los doce o trece años y se casaba al final del período de esponsales de un año. Los esponsales, dispuestos por los padres, eran un arreglo legal más vinculante que el compromiso moderno. Únicamente la muerte o el divorcio podían anular el contrato, y a la pareja se le podía hacer referencia como esposo y esposa. Si el esposo comprometido moría, a la muchacha se le consideraba viuda. La pareja no vivía junta ni tenía relaciones sexuales durante el período de esponsales. En ese año la muchacha debía demostrar su fidelidad y pureza, y el muchacho iría a preparar un hogar para su futura esposa. Al concluir el año se realizaba una fiesta de bodas de siete días (cp. Mt. 25:1-13; Jn. 2:1-11), tras la cual la pareja comenzaba su vida en común como marido y mujer. Solo entonces se consumaba el matrimonio.

Esta virgen en particular estaba **desposada con un varón que se llamaba José.** Aunque solo era un carpintero común y corriente, él venía **de la casa de David,** el más grande de los reyes de Israel, de cuyas entrañas vendría el Mesías (2 S. 7:12, 16; Sal. 89:35-36; Jer. 23:5; Mt. 22:42; Mr. 10:47; Hch. 2:30; 13:23; Ro. 1:3). La genealogía que Mateo hace de Cristo traza su ascendencia hasta José (1:1-17), demostrando que desciende de David, por lo que a Jesús también se le llama "hijo de David" (Mt. 1:1). Aunque José no era el padre biológico de Jesús, su adopción de Jesús lo convirtió legalmente en parte de la casa de David, por consiguiente, la genealogía en Mateo establece la afirmación de Cristo en el trono de David como heredero legal de José.

Lucas informa simplemente que **el nombre de la virgen era María.** A diferencia del elogio a Zacarías y Elisabet que Lucas registró antes (1:6), no atribuye nada a María excepto su condición de virgen; no añade nada que la distinguiera como una joven digna de mención. Aunque ella debió haber sido justa y obediente (como demuestra su testimonio en los vv. 46-55), quizás el Espíritu Santo estaba evitando algo que pudiera empeorar el "culto romano a María", si esto fuera posible.

Al igual que José, a María también se traza su ascendencia hasta David; según se observa en la exposición de 3:23-38 en el capítulo 21 de esta obra, la genealogía que Lucas hace de Jesús registra su ascendencia a través de su madre. Por tanto, Jesús heredó de su padre adoptivo, José, el derecho legal al trono de David, mientras que su descendencia física de David vino de su madre, María. En todo sentido legítimo, tanto legal como físicamente, Jesucristo era el Hijo de David y nacido para ser el verdadero Rey de Israel.

LA BENDICIÓN DIVINA

Y entrando el ángel en donde ella estaba, dijo: ¡Salve, muy favorecida! El Señor es contigo; bendita tú entre las mujeres. Mas ella, cuando le vio, se turbó por sus palabras, y pensaba qué salutación sería esta. Entonces el ángel le dijo: María, no temas, porque has hallado gracia delante de Dios. (1:28-30)

La frase **entrando en** sugiere claramente que María se hallaba en su casa, al parecer sola, cuando Gabriel apareció. Sin duda ella estaba haciendo las tareas hogareñas normales de una muchacha judía de doce o trece años de edad. La primera palabra para ella fue el saludo común cotidiano **salve,** u "hola". Puesto que Zacarías se llenó de pánico cuando Gabriel se le apareció (cp. el estudio de la aparición de Gabriel a Zacarías en el cap. 2 de esta obra), es probable que la sencilla introducción y las inmediatas palabras de bendición tuvieran el propósito de tranquilizar a María.

Al dirigirse a ella como **muy favorecida,** Gabriel señaló que María no debía temer nada, sino que se iba a convertir en receptora de la gracia de Dios. No hay nada intrínsecamente digno en la joven que la pusiera por encima de otros creyentes, como si fuera perfectamente santa; igual que todas las personas, María era pecadora (cp. Job 25:4; Sal. 14:1-3; Ec. 7:20; Is. 53:6; Ro. 3:12, 23) con necesidad de la gracia de Dios (Hch. 15:11; 18:27; Ro. 3:24; 5:15, 17; Ef. 1:7; 2:5, 8; 2 Ti. 1:9; Tit. 3:7). El saludo de Gabriel ha sido confiscado para formar la base de la conocida oración católico romana conocida como el Ave María. La errónea hipótesis de esa oración, basada en la traducción de la Vulgata latina de **muy favorecida** como *gratia plena* ("llena de gracia"), es que a María se le ha concedido, y posee, plenitud de gracia, la cual entonces otorga a otros. En su encíclica *Ad Diem Illum Laetissimum*, el papa Pío X, en una extraña distorsión de la verdad, ha llamado a María no receptora de gracia, sino "dispensadora de todos los bienes que Jesús nos ganó con su muerte y con su sangre; ministro principal en la concesión de gracias; administradora de los tesoros de los méritos de Jesús con derecho". El papa León XIII estuvo de acuerdo, y declaró en su encíclica *Octobri Mense* que "de aquel grandísimo tesoro de todas las gracias que trajo el Señor... absolutamente nada se nos concede... sino por medio de María". La encíclica *Ineffabilis Deus* del papa Pío IX citó la creencia de la Iglesia Católica de que María es "inefable abundancia y grandeza de todas las gracias, virtudes y privilegios... adornada de todos los carismas del divino Espíritu... tesoro casi infinito de los mismos, y abismo inagotable". Para resumir el punto de vista católico de que María es la mediadora de todas las gracias, Ludwig Ott escribe: "Desde su asunción a los cielos, no se concede ninguna gracia a los hombres sin su intercesión actual" (*Manual de teología dogmática* [Barcelona: E. Herder, 1966], p. 331).

Esa visión falsa y antibíblica de María es parte integral de la práctica de mariolatría (veneración y adoración a María) de la iglesia romana, que blasfema al Señor Jesús al adorar a alguien más. En realidad, María fue una pecadora humilde y redimida. Ella no fue sin pecado desde su concepción hasta su asunción corporal al cielo, como sostiene el dogma católico, ya que Jesús mismo declaró: "Ninguno hay bueno, sino sólo Dios" (Lc. 18:19; cp. Ro. 3:10). Tampoco María es la co-redentora de la humanidad, ya que los pecadores son "justificados gratuitamente... mediante la redención que es en Cristo Jesús" (Ro. 3:24; cp. 1 Co. 1:30; Ef. 1:7; Col. 1:13-14; He. 9:12). Ella no oye ni contesta oraciones ni intercede por nadie, ya que hay "un solo mediador entre Dios y los hombres, Jesucristo hombre" (1 Ti. 2:5). La enseñanza del catolicismo romano de que "no hay un camino más seguro y más expedito para unir a todos con Cristo que el que pasa a través de María, y que por ese camino podemos lograr la perfecta adopción de hijos, hasta llegar a ser santos e inmaculados en la presencia de Dios" (papa Pío X, *Ad Diem Illum Laetissimum*) es totalmente falsa y blasfema. La exaltada y cuasi deificada María del dogma católico romano está muy lejos de la sumisa y modesta "sierva del Señor" (Lc. 1:38) revelada en la Biblia. La declaración de Gabriel a María, **el Señor es contigo,** habla de la legitimación que Dios hace de ella (cp. Jue. 6:12). Refuerza la verdad de que María fue receptora de la gracia de Dios, no dispensadora de esa gracia a otros. Solo Dios otorga gracia a los pecadores, como indica continuamente la Biblia (cp. Ro. 3:24; 1 Co. 1:4; Ef. 2:8, y el uso repetido de la frase "la gracia de Dios").

Al darse cuenta de que era una pecadora indigna (en el versículo 47 llamó a Dios su Salvador, y solamente los pecadores necesitan un Salvador), María **se**

turbó por las **palabras** de Gabriel, **y pensaba qué salutación sería esta.** No fue solamente la aparición de él lo que causó la turbación de María, sino lo que le dijo. **Se turbó** está traducido de una forma del verbo *diatarassomai* ("perpleja, perturbada o confundida en gran manera"), una forma más intensa del verbo traducido "turbó" en el versículo 12, donde describió la reacción de Zacarías ante la aparición de Gabriel. María estaba perpleja porque sabía que era pecadora, y no entendió por qué Dios la había favorecido. Sin embargo, la genuina humildad de ella solo manifestó su verdadera rectitud (cp. Sal. 34:2; 138:6; Pr. 3:34; Is. 66:2; Mt. 18:4; 20:26-28; Lc. 14:11; Stg. 4:6). Todas las personas genuinamente justas se aterrorizan y angustian en la presencia de Dios (o, como en este caso, de uno de sus santos ángeles), porque son muy conscientes de su pecado (cp. las reacciones de Isaías [Is. 6:5] y de Pedro [Lc. 5:8]). La aparición y el saludo de Gabriel atemorizaron a María; nada en su breve vida le pudo haber preparado a ella para este asombroso acontecimiento.

Intentando calmarla, Gabriel le dijo a la aterrada muchacha: **María, no temas.** La explicación **porque has hallado gracia delante de Dios,** le aseguró a la joven que no tenía nada que temer; Gabriel había venido a ella con un mensaje de bendición, no de juicio. Así como Noé, María "halló gracia ante los ojos de Jehová" (Gn. 6:8). Dios soberanamente había decidido usarla para llevar a cabo sus propósitos redentores. La cuestión no era el mérito o merecimiento de ella, sino la gracia soberana de Dios que, igual que todos sus caminos, está definitivamente más allá de la comprensión humana (cp. Dt. 29:29; Sal. 36:6).

EL HIJO DIVINO

Y ahora, concebirás en tu vientre, y darás a luz un hijo, y llamarás su nombre JESÚS. Este será grande, y será llamado Hijo del Altísimo; y el Señor Dios le dará el trono de David su padre; y reinará sobre la casa de Jacob para siempre, y su reino no tendrá fin. (1:31-33)

Después del saludo de Gabriel, María oyó por primera vez lo que la misericordiosa obra de Dios iba a ser en la vida de ella. Si el saludo la había turbado, debió haber quedado perpleja ante lo que él dijo a continuación. María solo conocía una manera en que podía concebir **un hijo,** por medio de relaciones sexuales con un hombre. También era consciente de que ella no había tenido tales relaciones, como indica su pregunta en el versículo 34: "¿Cómo será esto? pues no conozco varón". El concepto de una virgen embarazada era totalmente inconcebible para ella; una imposibilidad, una contradicción en términos comparables a un soltero casado, o un círculo cuadrado.

Sin embargo, el asombroso anuncio de Gabriel, en palabras de cumplimiento de la profecía de Isaías acerca del nacimiento virginal del Mesías (Is. 7:14; cp.

Mt. 1:23), era que sin la simiente de un hombre María concebiría **en** [su] **vientre, y** [daría] **a luz un hijo.** Esa desconcertante promesa de un milagro divino estaba más allá de la comprensión de la joven o de cualquier entendimiento humano.

Entonces, con impresionante brevedad, en una gran y gloriosa revelación Gabriel resumió, de manera sucinta, todo el ministerio del Señor Jesucristo: obra salvadora, vida justa, deidad, resurrección, ascensión, glorioso regreso, y gobierno del reino. El ángel comenzó con la orden: **llamarás su nombre JESÚS,** calificativo que era la forma griega del nombre hebreo *Yeshua* ("Yahvé salva"), que presentaba la realidad de la obra salvadora del Mesías. Dios es un Dios salvador, y "buscar y... salvar lo que se había perdido" (Lc. 19:10; cp. 2:11, 30, 38; Mt. 1:21; 1 Ti. 1:15; cp. Jn. 12:27; Ro. 8:3-4; 2 Co. 8:9) fue la razón de que Jesucristo viniera al mundo. Su obra de salvación es el tema central del Nuevo Testamento (cp. Mt. 11:28-30; Jn. 14:6; Hch. 4:12; 5:31; 13:23, 38; Ro. 5:1-2; 2 Co. 5:21; He. 7:25; Ap. 1:5). En obediencia a la orden del ángel, María y José llamaron Jesús a su Hijo recién nacido (Lc. 2:21).

Gabriel le dijo entonces a María que su Hijo Jesús sería **grande** (*megas*). Una vez más la declaración mesurada es impactante. Pero todos los sinónimos que se pudieran agregar, tales como extraordinario, espléndido, magnífico, noble, insigne, poderoso o eminente, serían igualmente inadecuados. Resulta difícil que el lenguaje humano haga justicia a la majestuosa y gloriosa persona del Señor Jesucristo. Los adjetivos y superlativos no se utilizan porque sean superfluos. La vida de Jesús definirá lo **grande.** Y los creyentes en adoración siempre serán conscientes de que el lenguaje es inadecuado para expresar el honor y la gloria de la persona de Jesús.

A diferencia de Juan el Bautista, cuya grandeza fue calificada como delante de Dios (1:15), la grandeza de Jesús es absoluta. Él es grande en sí y por sí mismo; su grandeza es intrínseca a su misma naturaleza como Dios, y no se deriva de ninguna fuente exterior a sí mismo. Jesucristo está por "sobre todo principado y autoridad y poder y señorío, y sobre todo nombre que se nombra, no sólo en este siglo, sino también en el venidero" (Ef. 1:21).

La verdadera medida de la grandeza de Cristo se puede ver en su participación de la gloria de Dios, de la cual Dios declaró: "A otro no daré mi gloria" (Is. 42:8). Al referirse a la visión de Isaías de la majestad y la gloria de Dios (Is. 6:1-10), el apóstol Juan escribió: "Isaías dijo esto cuando vio su gloria [de Cristo] y habló acerca de él" (Jn. 12:41). Juan pudo decir que cuando Isaías vio la gloria de Dios en el templo, vio la gloria de Cristo, porque Él participa de la gloria del Padre. Esa gloria, aunque velada en su carne humana, se manifestó sin embargo durante la vida terrenal de Cristo. Juan escribió: "Y aquel Verbo fue hecho carne, y habitó entre nosotros (y vimos su gloria, gloria como del unigénito del Padre), lleno de gracia y de verdad" (1:14). Y por breves instantes en el monte de la transfiguración se reveló a Pedro, Jacobo y Juan la majestuosa gloria de Jesús (Mt. 17:1-8).

Cristo posee la gloria de Dios porque como el **Hijo del Altísimo** (cp. 1:35, 76; 6:35; Hch. 7:48) posee la naturaleza de Dios. **Altísimo** (*hupsistos*) es el equivalente griego del título del Antiguo Testamento frecuentemente usado para Dios *El Elyon* (Gn. 14:18-20; Dt. 32:8; 2 S. 22:14; Sal. 7:17; 9:2; 21:7; 46:4; 47:2; Is. 14:14; Lm. 3:35, 38; Dn. 4:17, 24; 5:18, 21). Este es un título que se refiere a su posición como gobernante soberano supremo. Identificar a Jesús como **Hijo del Altísimo** es afirmar que Él tiene la misma esencia de Dios. En las palabras del escritor de Hebreos, Jesús es "el resplandor de su gloria, y la imagen misma de su sustancia" (He. 1:3; cp. Mt. 1:23; Jn. 10:30; Fil. 2:6-9; Col. 2:9).

Este asombroso niño sería el Dios encarnado, perfectamente justo en todo lo que pensó, dijo e hizo. Moriría como sacrificio inmaculado, ofreciéndose como sustituto por los pecadores, presentando su muerte expiatoria para salvarlos de los pecados. Pero ese no es el final de la historia. Este justo no permanecería muerto, sino que resucitaría para reinar. La culminación de la obra de Cristo vendrá cuando **el Señor Dios** le dé **el trono de David su padre; y reinará sobre la casa de Jacob para siempre, y su reino no tendrá fin.** Como se señaló anteriormente, el Señor Jesucristo fue el heredero legítimo del **trono de David su padre** por medio de su padre legal, José. Las palabras de Gabriel resaltan tanto el carácter judío del reino de Cristo, ya que **reinará sobre la casa de Jacob** (Is. 65:17-19; Sof. 3:11-13; Zac. 14:16-21, así como en el resto de la humanidad; cp. Dn. 7:14, 27), y en la eternidad, ya que **su reino no tendrá fin** (Ap. 11:15).

El reino prometido no está limitado al actual reino espiritual de Cristo, como sostienen los amilenialistas. La Biblia enseña que Satanás estará atado durante el milenio (Ap. 20:1-3); pero ahora, como Pedro advirtió, el diablo "anda alrededor buscando a quien devorar" (1 P. 5:8). Por tanto, la era actual no puede ser el milenio. Tampoco la Iglesia es la que da lugar al reino milenial, al final del cual Cristo regresa, como postulan los posmilenialistas. Jesús mismo planteó la pregunta retórica: "Cuando venga el Hijo del Hombre, ¿hallará fe en la tierra?" (Lc. 18:8). (Para mayor análisis de los puntos de vista del milenio, véase *Comentario MacArthur del Nuevo Testamento: Apocalipsis* [Grand Rapids: Portavoz, 2010], pp. 233-45).

El Señor Jesucristo claramente no estableció su reino en su primera venida. Según Juan indicara en el prólogo de su evangelio, "a lo suyo [Israel] vino, y los suyos no le recibieron" (Jn. 1:11; cp. 11:53; Mt. 9:34; 12:14; 21:37-43; Mr. 6:3; 16:14; 1 Ts. 2:14-16). El pueblo judío (en particular sus líderes), "no conociendo a Jesús, ni las palabras de los profetas que se leen todos los días de reposo, las cumplieron al condenarle. Y sin hallar en él causa digna de muerte, pidieron a Pilato que se le matase" (Hch. 13:27-28; cp. 2:23; 7:52; Mt. 27:22-23; Lc. 23:13-24; Jn. 19:12-16).

Jesucristo reina espiritualmente en el corazón de cada creyente (cp. Col. 1:13), y ese gobierno espiritual durará para siempre porque la salvación es eterna. Pero eso no excluye el literal y terrenal reino milenial futuro. Durante ese tiempo de bendición, Jesucristo, "la raíz y el linaje de David" (Ap. 22:16; cp. Is. 11:1, 10; Mt. 1:1; Ro. 15:12), el León de la tribu de Judá (Ap. 5:5), se sentará en su trono glorioso para juzgar a las naciones con vara de hierro (Sal. 2:9; Ap. 12:5; 19:15) durante mil años (Ap. 20:4-5). Al final de ese tiempo, Dios destruirá el universo y creará un cielo nuevo y una tierra nueva que durarán por toda la eternidad. El apóstol Pablo escribió:

> *Luego [vendrá] el fin, cuando entregue el reino al Dios y Padre, cuando haya suprimido todo dominio, toda autoridad y potencia. Porque preciso es que él reine hasta que haya puesto a todos sus enemigos debajo de sus pies. Y el postrer enemigo que será destruido es la muerte. Porque todas las cosas las sujetó debajo de sus pies. Y cuando dice que todas las cosas han sido sujetadas a él, claramente se exceptúa aquel que sujetó a él todas las cosas. Pero luego que todas las cosas le estén sujetas, entonces también el Hijo mismo se sujetará al que le sujetó a él todas las cosas, para que Dios sea todo en todos (1 Co. 15:24-28).*

El mensaje de Gabriel a María presenta el elemento crucial en la historia redentora. Según cómo respondan las personas al Niño de quien Gabriel habló determinará sus destinos eternos. Así le diría más adelante Simeón a María: "He aquí, éste está puesto para caída y para levantamiento de muchos en Israel" (Lc. 2:34), y también para el resto del mundo. Y según el Niño mismo nos advirtió: "Si no creéis que yo soy, en vuestros pecados moriréis" (Jn. 8:24), ya que "en ningún otro hay salvación; porque no hay otro nombre bajo el cielo, dado a los hombres, en que podamos ser salvos" (Hch. 4:12).

Nacimiento virginal: Un milagro divino

5

Entonces María dijo al ángel: ¿Cómo será esto? pues no conozco varón. Respondiendo el ángel, le dijo: El Espíritu Santo vendrá sobre ti, y el poder del Altísimo te cubrirá con su sombra; por lo cual también el Santo Ser que nacerá, será llamado Hijo de Dios. Y he aquí tu parienta Elisabet, ella también ha concebido hijo en su vejez; y este es el sexto mes para ella, la que llamaban estéril; porque nada hay imposible para Dios. Entonces María dijo: He aquí la sierva del Señor; hágase conmigo conforme a tu palabra. Y el ángel se fue de su presencia. (1:34-38)

La historia ha registrado algunos nacimientos asombrosos. Nacidas cerca de un pequeño pueblo en Ontario (Canadá), el 28 de mayo de 1934, las hermanas Dionne se convirtieron en el primer grupo conocido de quintillizas en sobrevivir la infancia. Durante la primera década de sus vidas fueron la mayor atracción turística de Canadá, mayor incluso que las cataratas del Niágara, y generaban varios centenares de millones de dólares en ingresos turísticos. El 11 de enero de 1974 vio el nacimiento de los sextillizos Rosenkowitz, el primer caso registrado de sextillizos en sobrevivir hasta la edad adulta, en Cape Town (Sudáfrica). Los siete niños nacidos a Bobbi y Kenny McCaughey de Des Moines (Iowa), el 19 de noviembre de 1997, son el primer caso de sextillizos en sobrevivir la infancia. Otro caso notable fue el nacimiento de una sola niña. El 25 de julio de 1978, Louise Brown nació en Oldham (Inglaterra). Sin embargo, lo notable respecto a ella no fue su nacimiento sino la forma de su concepción: ella fue la primera "bebé probeta" en el mundo, concebida por medio de fertilización *in vitro*. Y, en 2008, una mujer soltera dio a luz a octillizos por medio de fertilización *in vitro*. Actualmente todos están vivos.

La Biblia también registra algunos nacimientos asombrosos. El de Isaac fue un verdadero milagro, ya que su padre (Abraham) tenía cien años de edad y su madre (Sara) tenía noventa y era estéril (Ro. 4:19). El Señor también abrió de manera milagrosa la matriz de la esposa de Manoa (Jue. 13:2), y ella dio a luz a Sansón. De igual modo, Dios permitió que Ana, quien también había sido estéril (1 S. 1:2, 5) quedase embarazada de su hijo Samuel. Solo unos pocos meses antes de la aparición de Gabriel a María, el Señor permitió que una pareja de ancianos, Zacarías y Elisabet, concibieran un hijo (Lc. 1:7, 24). Ese hijo, Juan el Bautista, fue llamado por Dios a ser el precursor del Mesías, y fue el hombre más grande que alguna vez había vivido hasta su época (Mt. 11:11).

Sin embargo, el nacimiento más extraordinario de todos fue el del Señor Jesucristo. Él fue el Hijo de Dios, la segunda persona de la Trinidad, encarnado; el eterno "Verbo [que] fue hecho carne, y habitó entre nosotros" (Jn. 1:14); concebido de manera sobrenatural en una virgen sin un padre humano, la concepción virginal de Jesús no se puede explicar como un ejemplo de partenogénesis (lit., "creación virgen" o "generación"), que se encuentra en algunas formas más elementales de vida. La partenogénesis en seres humanos, aunque fuera biológicamente posible, solo podría dar genéticamente como resultado una niña, ya que las mujeres no tienen los cromosomas "Y" necesarios para producir un varón.

El nacimiento virginal de Jesucristo es fundamental para el cristianismo, ya que es la única manera de explicar cómo Él podría ser el Dios-hombre. Negar entonces el nacimiento virginal es negar la verdad bíblica de que Jesucristo es tanto Dios (cp. Jn. 1:1; 10:30; 20:28; Ro. 9:5; Fil. 2:6; Col. 2:9; Tit. 2:13; He. 1:8; 2 P. 1:2; 1 Jn. 5:20) como hombre (cp. Jn. 1:14; Ro. 1:3; Gá. 4:4; Fil. 2:7-8; 1 Ti. 2:5; He. 2:14; 1 Jn. 4:2; 2 Jn. 7), y afirmar a otro y falso Jesús (2 Co. 11:4). Porque si Jesús tuvo padre humano, no fue más que un hombre. Y si solo fue un hombre, no pudo ser el Salvador. Y si Jesús no es el Salvador, no hay evangelio, salvación, resurrección ni esperanza más allá de esta vida. Según Pablo indica, "si Cristo no resucitó, vuestra fe es vana; aún estáis en vuestros pecados… Si en esta vida solamente esperamos en Cristo, somos los más dignos de conmiseración de todos los hombres" (1 Co. 15:17, 19). Muy bien podríamos decir: "Comamos y bebamos, porque mañana moriremos" (v. 32). Las graves consecuencias de ver a Jesús como un simple hombre llevó a Pablo a pronunciar una maldición sobre quienes propagan tan satánica mentira (Gá. 1:8-9).

Al resaltar el papel crucial e indispensable de la doctrina del nacimiento virginal, John M. Frame escribe:

> La coherencia de esta doctrina con otra verdad cristiana es importante para su utilidad y, realmente, su credibilidad. Para Mateo y Lucas, la importancia fundamental del acontecimiento parece ser que hace recordar (como una "señal", Is. 7:14) las grandes promesas de salvación del Antiguo Testamento por medio de libertadores nacidos de manera sobrenatural, aunque va mucho más allá de ellos y muestra que la liberación *definitiva* de Dios ha llegado. Pero también podemos ir más allá de las inquietudes específicas de Mateo y Lucas y ver que el nacimiento virginal es completamente coherente con el registro total de la doctrina

> bíblica. Por ejemplo, el nacimiento virginal es importante debido a: (1) La doctrina de la Biblia. Si las Escrituras se equivocan aquí, ¿por qué entonces deberíamos confiar en sus afirmaciones acerca de otros sucesos sobrenaturales, tales como la resurrección? (2) La deidad de Cristo. Aunque dogmáticamente no podemos decir que Dios podía entrar al mundo solo a través de un nacimiento virginal, sin duda si la encarnación es algo, es un acaecimiento sobrenatural. Eliminar lo sobrenatural de este hecho es comprometer de modo inevitable su dimensión divina. (3) La humanidad de Cristo. Esto fue lo más importante para Ignacio y los padres de la Iglesia del siglo II. Jesús *realmente* nació; *realmente* se convirtió en uno de nosotros. (4) La naturaleza de la gracia. El nacimiento de Cristo, en el que la iniciativa y el poder son totalmente de Dios, es una imagen acertada de la gracia salvadora de Dios en general, de la cual forma parte. Nos enseña que la salvación es por un acto de Dios, no de nuestro esfuerzo humano. El nacimiento de Jesús es como nuestro nuevo nacimiento, que también es por el Espíritu Santo; es una nueva creación (2 Co. 5:17). ("Virgin Birth of Jesus", en *The Concise Evangelical Dictionary of Theology*, ed. Walter A. Elwell, condensado por Peter Toon [Grand Rapids: Baker, 1991], p. 540, cursivas en el original). (Para más análisis de la importancia doctrinal básica del nacimiento virginal, véase John MacArthur, *Nada más que la verdad* [Grand Rapids: Portavoz, 2013], pp. 105-118, y *God in the Manger* [Nashville: W. Publishing, 2001], pp. 1-12).

Aunque totalmente revelado en el Nuevo Testamento, el nacimiento virginal está profetizado en el Antiguo. En Génesis 3:15, Dios declaró que la simiente de la mujer (Cristo) aplastaría la cabeza de Satanás. Salmos 2 predice que en un tiempo específico ("hoy", v. 7) la eterna segunda persona de la Trinidad nacería en el mundo. La única forma de que eso sucediera, como se indicó antes, sería por medio de un nacimiento virginal. Isaías 7:14 registra la asombrosa predicción de que "la virgen concebirá, y dará a luz un hijo, y llamará su nombre Emanuel" ("Dios con nosotros" [Mt. 1:23]). Algunas versiones traducen la palabra hebrea *alma* ("virgen") como "joven mujer". Sin embargo, el hecho común y cotidiano de una joven embarazándose en la manera normal difícilmente podría constituir la señal del Señor prometida antes en el versículo 14. Además, "No hay ningún caso en que se pueda probar que *alma* designe a una joven que no sea virgen" (R. Laird Harris, Gleason L. Archer Jr., y Bruce K. Waltke, eds., *The Theological Wordbook of the Old Testament* [Chicago: Moody, 1980], "alma"). El famoso erudito en el Antiguo Testamento, Edward J. Young, concuerda: "Podemos aseverar con confianza que la palabra *'almah* nunca se ha empleado para una mujer casada" (*The Book of Isaias* [Grand Rapids: Eerdmans, 1985], 1:287). La traducción inspirada de Mateo de la profecía de Isaías pone el asunto más allá de toda duda; traduce *alma* usando la palabra griega *parthenos*, que solo puede significar "virgen" (Mt. 1:23; cp. 1 Co. 7:28, 34, 36-38; 2 Co. 11:2). La Septuaginta (una antigua traducción del Antiguo Testamento al griego) también usa *parthenos* para traducir *alma*).

A pesar del fundamento sólido del nacimiento virginal, siempre ha habido falsos maestros, proveedores de "doctrinas de demonios" (1 Ti. 4:1) que, con el fin de rechazar la deidad de Jesús, la niegan. En Juan 8:41, los dirigentes judíos dijeron con desdén a Jesús: "Nosotros no somos nacidos de fornicación", sugiriendo que Él si lo fue. Más tarde escritos judíos propagaron la mentira blasfema de que el verdadero padre de Jesús fue un soldado romano que se acostó con María. Otros a lo largo de la historia han sostenido que Jesús fue el hijo natural de José y María, haciendo caso omiso a la declaración explícita de la Biblia de que José "no la conoció [a María] hasta que dio a luz a su hijo primogénito" (Mt. 1:25). La evidencia bíblica contradice claramente cualquier enseñanza que niega el nacimiento virginal.

Este pasaje se puede resumir bajo cinco puntos: súplica de María, estrategia de Dios, señal de Dios, soberanía de Dios, y sumisión de María.

SÚPLICA DE MARÍA

Entonces María dijo al ángel: ¿Cómo será esto? pues no conozco varón. (1:34)

El sorprende anuncio de parte de un ángel de Dios de que María iba a ser la madre del tan esperado Mesías (1:30-33) la dejó estremecida y confundida (cp. v. 29). Abrumada por las repercusiones de tal anuncio, y preguntándose cómo podría implementarse en la práctica, ella preguntó a Gabriel: **¿Cómo será esto? pues no conozco varón.** La idea de tener un hijo sin la fecundación de un hombre era inconcebible. Pero la pregunta de María no refleja duda o incredulidad (a diferencia de la de Zacarías [1:18-20]); ella creyó lo que el ángel le dijo, pero no entendía cómo iba a ocurrir.

Se debe recordar que los milagros eran sumamente raros en la historia, como muestra el registro del Antiguo Testamento. En la época de María no había habido revelación divina ni milagros durante cuatro siglos. Tampoco nadie había visto un ángel en todo ese tiempo, hasta la aparición de Gabriel a Zacarías (de la que era probable que María no supiera nada ya que el ángel debió contarle lo del embarazo de Elisabet [v. 36] unos meses antes). María se dio cuenta de que el ángel no quiso decir que ella quedaría embarazada de manera natural, después de consumar su matrimonio con José. La joven comprendió que él le estaba diciendo que ella se embarazaría mientras aún fuera virgen; la pregunta de María no era una expresión de duda sino una petición de una explicación de los medios para tal imposibilidad.

ESTRATEGIA DE DIOS

Respondiendo el ángel, le dijo: El Espíritu Santo vendrá sobre ti, y el poder del Altísimo te cubrirá con su sombra; por lo cual también el Santo Ser que nacerá, será llamado Hijo de Dios. (1:35)

En respuesta al ruego de aclaración por parte de María, Gabriel **le dijo: El Espíritu Santo vendrá sobre ti.** El Espíritu representa un papel destacado en la narración de Lucas respecto al nacimiento del Señor (1:15, 41, 67; 2:25-27), y también sería la fuente de poder a lo largo de su vida y ministerio terrenal (cp. 3:21-22; Mt. 3:13-17; Jn. 1:32-34). El hecho de que el Espíritu Santo estuviera involucrado en el creativo milagro de la concepción del Dios-hombre no es una sorpresa, ya que Él es Dios y participó en la creación del mundo. Cuando "la tierra estaba desordenada y vacía, y las tinieblas estaban sobre la faz del abismo... el Espíritu de Dios se movía sobre la faz de las aguas" (Gn. 1:2). El Espíritu Santo, el agente original de la creación, se volvería a convertir en agente de creación, esta vez en la matriz de María. No existe la más leve sugerencia en este texto, ni en cualquier otro lugar de la Biblia, de participación de actividad sexual humana en la concepción del Señor Jesucristo.

Al reafirmar la profunda realidad de la intervención del Espíritu con el fin de resaltar su importancia, Gabriel le dijo a María: **El poder del Altísimo te cubrirá con su sombra.** El conocido título del Antiguo Testamento **Altísimo** (heb. *El Elyon*) representa a Dios como el gobernante soberano y omnipotente de cielos y tierra. (Véase la exposición de 1:31-33 en el cap. anterior de esta obra). El Dios que creó el universo y lo sustenta (Sal. 104:30; Col. 1:16-17) por medio de su Espíritu (Job 33:4) crearía vida en el vientre de María.

El verbo traducido **cubrirá con su sombra** (*episkiazō*) también se usa en los relatos de la transfiguración (Mt. 17:5; Mr. 9:7; Lc. 9:34) cuando la nube de gloria descendió sobre Pedro, Jacobo y Juan. Significa "rodear", "abarcar" o, en sentido metafórico, "influir". La influencia creativa del Espíritu de Dios cubriría **con su sombra** a María para producir un hijo en el vientre de ella.

Tan creativo milagro divino garantizó que dos cosas serían ciertas en el Hijo de María. En primer lugar, Él sería un **Santo Ser,** diferente a cualquier otro bebé alguna vez nacido. Todos los demás que han vivido, con la única excepción del Señor Jesucristo, han nacido pecadores (Job 15:14; 25:4; Ec. 7:20; Is. 53:6; Ro. 5:12; Gá. 3:22; cp. Gn. 3:6-13). David ilustró esa verdad cuando escribió: "He aquí, en maldad he sido formado, y en pecado me concibió mi madre" (Sal. 51:5). Él no estaba diciendo que fuera un hijo ilegítimo, sino que desde la época de su concepción fue pecador. Pero Cristo siempre ha sido el Hijo inmaculado de Dios (2 Co. 5:21; He. 7:26; 1 P. 1:19; 2:22; 1 Jn. 3:5; cp. Jn. 8:46).

Algunas personas han sugerido erróneamente que la razón de que Jesús no tuviera pecado se debió a que no tuvo padre humano. Pero no hay evidencia bíblica de que la naturaleza pecaminosa se transmita genéticamente solo a través del padre. Todos los hombres y las mujeres nacen pecadores porque "en Adán todos mueren" (1 Co. 15:22), ya que "por la desobediencia de un hombre los muchos fueron constituidos pecadores" (Ro. 5:19). De alguna forma, más allá de la comprensión humana, Jesús fue totalmente humano, pero completamente sin pecado desde la concepción. La explicación de cómo podría ser eso está envuelto en el misterio insondable de la encarnación.

Jesús tenía que ser el **Santo Hijo de Dios** porque su naturaleza es la del mismo Único Ser Santo: Dios el Padre. Ese suntuoso título es exclusivamente apropiado para Él, y Jesús (22:70; cp. 2:49; 10:22), Dios el Padre (3:22; 9:35), Satanás (4:3, 9), los demonios (4:41; 8:28), y Pablo (Hch. 9:20; 13:33) lo aplicaron a Él. El título tiene profundas repercusiones con relación a la persona y la obra del Señor Jesucristo (cp. Jn. 1:49; 3:18; Ro. 1:4; 1 Jn. 5:20, y la exposición de 2:49 en el cap. 16 de esta obra). Sin embargo, aquí el término se usa en un sentido más restringido, indicando que Jesús es por naturaleza el Hijo de Dios manifestado en carne humana. En las palabras del escritor de Hebreos, Cristo es "el resplandor de su gloria [de Dios], y la imagen misma de su sustancia" (1:3; Jn. 1:14; Fil. 2:6).

SEÑAL DE DIOS

Y he aquí tu parienta Elisabet, ella también ha concebido hijo en su vejez; y este es el sexto mes para ella, la que llamaban estéril; (1:36)

Aunque María no pidió explícitamente una señal para eliminar dudas, Dios en su gracia le ofreció una para fortalecerle la fe. Esa señal divina involucró a su **parienta** mayor **Elisabet.** *Sungenis* (**parienta**) es un término amplio para un familiar, y la relación exacta entre María y Elisabet no se explica en detalle. Según el registro de Lucas respecto a la genealogía de ella (3:23-38), María era descendiente de David (v. 32) y a través de él de Judá (v. 30. Elisabet, por el contrario, era descendiente de Aarón (Lc. 1:5), y por medio de él de Leví (Nm. 26:59). De ahí que María debió haber estado emparentada con Elisabet por medio de su madre.

La sorprendente noticia (presentada por la exclamación **he aquí**), que sin duda María estaba oyendo por primera vez, fue que su parienta había **concebido** un **hijo en su vejez.** María era muy consciente de la esterilidad de Elisabet y de que ya le había pasado la edad fértil. Se debió haber asombrado y llenado de gozo al oír que aquella a **la que** de manera desdeñosa y burlona **llamaban estéril** (cp. 1:25; Gn. 30:22-23; 1 S. 1:6) estaba ahora en **el sexto mes** de embarazo.

El milagro que vivió Elisabet fue el de la concepción a edad avanzada, no el de la concepción virginal que María iba a experimentar. No obstante, la concepción de Elisabet fue una señal de parte de Dios para María de que Él aún podía realizar milagros, de que podía hacer lo humanamente imposible (cp. Jer. 32:17, 27; Mt. 19:26). Dios concedió la señal, no porque María dudara de las palabras del ángel, sino a fin de proporcionarle un ancla (cp. He. 6:19) para su fe.

SOBERANÍA DE DIOS

porque nada hay imposible para Dios. (1:37)

Una cosa es decir que algo va a suceder, pero otra muy distinta es hacer que suceda. María comprendió que lo que había oído era humanamente imposible. Por tanto, Gabriel le recordó que debido al poder ilimitado de Dios, **nada hay imposible para** Él. La prueba que Gabriel ofreció, según se indicó antes, fue que Elisabet había concebido a Juan.

Pero hubo otra pareja más anciana a la que Dios milagrosamente le permitió concebir un hijo. María sin duda habría estado al tanto del relato en el Antiguo Testamento acerca del nacimiento de Isaac a Abraham y Sara (Gn. 18:1-15). Al igual que Zacarías y Elisabet, Abraham y Sara ya no estaban en edad fértil. Génesis 18:12-14 es el pasaje clave de ese relato:

> *Se rió, pues, Sara entre sí, diciendo: ¿Después que he envejecido tendré deleite, siendo también mi señor ya viejo? Entonces Jehová dijo a Abraham: ¿Por qué se ha reído Sara diciendo: ¿Será cierto que he de dar a luz siendo ya vieja? ¿Hay para Dios alguna cosa difícil? Al tiempo señalado volveré a ti, y según el tiempo de la vida, Sara tendrá un hijo.*

La declaración enfática de Gabriel de que nada es imposible para Dios respondió la pregunta retórica de Dios en el versículo 14. Si nada es demasiado difícil para la omnipotencia de Dios, entonces todo es posible con Él (Sal. 115:3; Dn. 4:35). Dios, cuyo poder no conoce límites (Dt. 3:24; Job 9:4; Sal. 89:13), y que no está sujeto por las leyes de la naturaleza que Él mismo creó, puede lograr cualquier cosa coherente con su naturaleza y sus propósitos santos. El recordatorio de Gabriel de lo que Dios había hecho en el pasado le aseguró a María el poder divino para cumplirle la palabra.

SUMISIÓN DE MARÍA

Entonces María dijo: He aquí la sierva del Señor; hágase conmigo conforme a tu palabra. Y el ángel se fue de su presencia. (1:38)

Además de la conocida historia de Abraham y Sara, María conocería muy bien otro relato del Antiguo Testamento de una concepción milagrosa que ella debió haber recordado. En 1 Samuel 1:1—2:10 se narra la historia del nacimiento de Samuel a Ana. En 1:10-11 esta mujer, quien era estéril (1:2, 5), apeló a Dios por un hijo:

> *ella con amargura de alma oró a Jehová, y lloró abundantemente. E hizo voto, diciendo: Jehová de los ejércitos, si te dignares mirar a la aflicción de tu sierva, y te acordares de mí, y no te olvidares de tu sierva, sino que dieres a tu sierva un hijo varón, yo lo dedicaré a Jehová todos los días de su vida, y no pasará navaja sobre su cabeza.*

Así como Ana, quien a sí misma se llamó "sierva", María también se veía como **la sierva del Señor** (cp. v. 48). La palabra griega traducida **sierva** (*doulē*, que siempre se debería traducir exactamente "esclavo") es la que se usa en la versión de la Septuaginta en 1 Samuel 1:11, que vincula, por tanto, la sumisa actitud de María con la de Ana. Esa humilde respuesta demostró la disposición voluntaria de María al propósito de Dios que estaba desarrollándose. Ella se vio como nada más que la humilde y dispuesta esclava, y respondió diciendo: **hágase conmigo conforme a tu palabra.** María no preguntó por José, quien evidentemente sabría que el bebé no era suyo. Por ello, María tendría que enfrentar el estigma de la maternidad fuera del matrimonio y la apariencia de haber cometido adulterio, el castigo por lo cual era la muerte por apedreamiento [Dt. 22:13-21; Lv. 20:10; cp. Jn. 8:3-5]). No obstante, en fe humilde y obediente María confió de buena voluntad en que Dios la defendería (cp. Mt. 1:19-25).

Una de las equivocaciones más atroces de la Iglesia Católica Romana es convertir a esta humilde esclava de Dios en la exaltada reina del cielo. Tal adoración a María, que a ella le habría consternado y aterrado, es nada menos que idolatría. No existe reina del cielo, sino solamente el verdadero y eterno Rey (Sal. 29:10; 47:8; Dn. 4:37; cp. Mt. 11:25; Hch. 17:24): el Dios trino.

La elevación que el catolicismo hace de María no encuentra fundamento en las Escrituras; el concepto de la "reina del cielo" sí aparece en el Antiguo Testamento en relación con la antigua religión pagana. La idea se deriva de creencias y prácticas asirias y babilónicas frecuentes durante la época de Jeremías en la nación apóstata de Judá. Su idolatría provocó que Dios por medio del profeta pronunciara juicio sobre su pueblo:

> *Tú, pues, no ores por este pueblo, ni levantes por ellos clamor ni oración, ni me ruegues; porque no te oiré. ¿No ves lo que éstos hacen en las ciudades de Judá y en las calles de Jerusalén? Los hijos recogen la leña, los padres encienden el fuego, y las mujeres amasan la masa, para hacer tortas a la reina del cielo y para hacer ofrendas a dioses ajenos, para provocarme a ira. ¿Me provocarán ellos a ira? dice Jehová. ¿No obran más bien ellos mismos su propia confusión? Por*

> *tanto, así ha dicho Jehová el Señor: He aquí que mi furor y mi ira se derramarán sobre este lugar, sobre los hombres, sobre los animales, sobre los árboles del campo y sobre los frutos de la tierra; se encenderán, y no se apagarán (7:16-20).*

La "reina del cielo" (v. 18) era la diosa pagana Ishtar (también llamada Astoret y Astarté), la esposa de Baal o Moloc. Debido a que esas falsas deidades simbolizaban la fertilidad, la adoración a ellas también involucraba prostitución.

Más tarde, Dios volvió a usar a Jeremías para confrontar a su rebelde pueblo por esta cuestión. En son de reto, ellos replicaron:

> *La palabra que nos has hablado en nombre de Jehová, no la oiremos de ti; sino que ciertamente pondremos por obra toda palabra que ha salido de nuestra boca, para ofrecer incienso a la reina del cielo, derramándole libaciones, como hemos hecho nosotros y nuestros padres, nuestros reyes y nuestros príncipes, en las ciudades de Judá y en las plazas de Jerusalén, y tuvimos abundancia de pan, y estuvimos alegres, y no vimos mal alguno. Mas desde que dejamos de ofrecer incienso a la reina del cielo y de derramarle libaciones, nos falta todo, y a espada y de hambre somos consumidos. Y cuando ofrecimos incienso a la reina del cielo, y le derramamos libaciones, ¿acaso le hicimos nosotras tortas para tributarle culto, y le derramamos libaciones, sin consentimiento de nuestros maridos? (44:16-19).*

En respuesta, el profeta solemnemente les advirtió del inminente juicio de Dios:

> *Y dijo Jeremías a todo el pueblo, y a todas las mujeres: Oíd palabra de Jehová, todos los de Judá que estáis en tierra de Egipto. Así ha hablado Jehová de los ejércitos, Dios de Israel, diciendo: Vosotros y vuestras mujeres hablasteis con vuestras bocas, y con vuestras manos lo ejecutasteis, diciendo: Cumpliremos efectivamente nuestros votos que hicimos, de ofrecer incienso a la reina del cielo y derramarle libaciones; confirmáis a la verdad vuestros votos, y ponéis vuestros votos por obra. Por tanto, oíd palabra de Jehová, todo Judá que habitáis en tierra de Egipto: He aquí he jurado por mi grande nombre, dice Jehová, que mi nombre no será invocado más en toda la tierra de Egipto por boca de ningún hombre de Judá, diciendo: Vive Jehová el Señor. He aquí que yo velo sobre ellos para mal, y no para bien; y todos los hombres de Judá que están en tierra de Egipto serán consumidos a espada y de hambre, hasta que perezcan del todo. Y los que escapen de la espada volverán de la tierra de Egipto a la tierra de Judá, pocos hombres; sabrá, pues, todo el resto de Judá que ha entrado en Egipto a morar allí, la palabra de quién ha de permanecer: si la mía, o la suya (44:24-28).*

Adorar a María como si fuera la reina del cielo es mezclar paganismo con verdad bíblica, y blasfemar del verdadero Rey del cielo. Predicar que María es co-redentora y mediadora de la gracia salvadora (cp. el estudio del punto de vista antibíblico del catolicismo en cuanto a María en el cap. 4 de esta obra), solamente agrava la visión falsa y sincretista de ella.

El dramático encuentro de María con el ángel Gabriel concluyó con este corto y simple epílogo: **Y el ángel se fue de su presencia.** Tras cumplir su misión, Gabriel regresó a la presencia de Dios. El Dios-hombre iba a nacer; el unigénito Hijo de Dios, Jesús, quien salvaría a su pueblo de sus pecados, el divino Redentor, el vástago santo, el divino Rey que reinará en un reino que perdurará para siempre.

Este relato demuestra que las promesas de Dios se cumplirán, como ocurrió en la vida de María. También revela que el Dios soberano logra sus propósitos por medio de sus siervos dispuestos y obedientes, como pasó a través de María. Sin tener en cuenta las repercusiones y los riesgos potenciales, María reposó fielmente en el propósito soberano de su Salvador y Dios. Esa es su verdadera magnificencia.

Dios aún está haciendo su obra hoy día, si tal vez no a través de milagros visibles, sí, entonces espiritualmente por medio de su pueblo que confía en Él (Is. 26:3; cp. Pr. 29:25), obedece su Palabra (Sal. 119:17, 67, 101; Mt. 7:24; Lc. 11:28; Stg. 1:25), y se somete humildemente como esclavos obedientes a la voluntad divina (Jos. 24:24; Sal. 119:35; Ec. 12:13; Fil. 2:12-13).

María y Elisabet: Confirmación de la profecía angelical

6

En aquellos días, levantándose María, fue de prisa a la montaña, a una ciudad de Judá; y entró en casa de Zacarías, y saludó a Elisabet. Y aconteció que cuando oyó Elisabet la salutación de María, la criatura saltó en su vientre; y Elisabet fue llena del Espíritu Santo, y exclamó a gran voz, y dijo: Bendita tú entre las mujeres, y bendito el fruto de tu vientre. ¿Por qué se me concede esto a mí, que la madre de mi Señor venga a mí? Porque tan pronto como llegó la voz de tu salutación a mis oídos, la criatura saltó de alegría en mi vientre. Y bienaventurada la que creyó, porque se cumplirá lo que le fue dicho de parte del Señor. (1:39-45)

La fe es la esencia de la vida cristiana. Para empezar, todo creyente es "justificado por fe sin las obras de la ley" (Ro. 3:28; cp. 5:1; Gá. 2:16) y, por consiguiente, los cristianos son "hijos de Dios por la fe en Cristo Jesús" (Gá. 3:26). Pablo escribió en cuanto a la vida cristiana: "Lo que ahora vivo en la carne, lo vivo en la fe del Hijo de Dios" (Gá. 2:20). En Juan 20:29, Jesús declaró a Tomás: "Porque me has visto, Tomás, creíste; bienaventurados los que no vieron, y creyeron" (cp. 1 P. 1:8). El escritor de Hebreos observa: "Es, pues, la fe la certeza de lo que se espera, la convicción de lo que no se ve" (He. 11:1; cp. 2 Co. 4:18; Ro. 8:25), sin la cual es imposible agradar a Dios (v. 6).

Pero incluso como pueblo caído, aunque "por fe andamos, no por vista" (2 Co. 5:7), hasta aquellos cuya fe es más fuerte experimentan dudas y desánimo. La Biblia deja claro que, a través de toda la historia redentora, Dios ha sido el animador de su pueblo, confirmándolos y fortaleciéndoles la fe.

Atareado con la enorme responsabilidad de liderar la salida de Egipto de los hijos de Israel, Moisés le dijo a Dios: "¿Quién soy yo para que vaya a Faraón, y saque de Egipto a los hijos de Israel?" (Éx. 3:11). Dios lo animó diciéndole: "Ve, porque yo estaré contigo; y esto te será por señal de que yo te he enviado: cuando hayas sacado de Egipto al pueblo, serviréis a Dios sobre este monte" (v. 12). A pesar de la confirmación reiterada de Dios, la fe de Moisés aún vaciló:

"He aquí que ellos no me creerán, ni oirán mi voz; porque dirán: No te ha aparecido Jehová" (Éx. 4:1). Una vez más, Dios tranquilizó a su siervo en apuros:

> *Y Jehová dijo: ¿Qué es eso que tienes en tu mano? Y él respondió: Una vara. Él le dijo: Échala en tierra. Y él la echó en tierra, y se hizo una culebra; y Moisés huía de ella. Entonces dijo Jehová a Moisés: Extiende tu mano, y tómala por la cola. Y él extendió su mano, y la tomó, y se volvió vara en su mano. Por esto creerán que se te ha aparecido Jehová, el Dios de tus padres, el Dios de Abraham, Dios de Isaac y Dios de Jacob. Le dijo además Jehová: Mete ahora tu mano en tu seno. Y él metió la mano en su seno; y cuando la sacó, he aquí que su mano estaba leprosa como la nieve. Y dijo: Vuelve a meter tu mano en tu seno. Y él volvió a meter su mano en su seno; y al sacarla de nuevo del seno, he aquí que se había vuelto como la otra carne. Si aconteciere que no te creyeren ni obedecieren a la voz de la primera señal, creerán a la voz de la postrera. Y si aún no creyeren a estas dos señales, ni oyeren tu voz, tomarás de las aguas del río y las derramarás en tierra; y se cambiarán aquellas aguas que tomarás del río y se harán sangre en la tierra (vv. 2-9).*

Gedeón, el juez que liberó a Israel de la opresión de los madianitas, también descubrió que su fe no estaba a la altura de su tarea. Jueces 6:16-23 relata el encuentro de Gedeón con el ángel del Señor (el Cristo preencarnado), que le encargó liberar a Israel:

> *Jehová le dijo: Ciertamente yo estaré contigo, y derrotarás a los madianitas como a un solo hombre. Y él respondió: Yo te ruego que si he hallado gracia delante de ti, me des señal de que tú has hablado conmigo. Te ruego que no te vayas de aquí hasta que vuelva a ti, y saque mi ofrenda y la ponga delante de ti. Y él respondió: Yo esperaré hasta que vuelvas. Y entrando Gedeón, preparó un cabrito, y panes sin levadura de un efa de harina; y puso la carne en un canastillo, y el caldo en una olla, y sacándolo se lo presentó debajo de aquella encina. Entonces el ángel de Dios le dijo: Toma la carne y los panes sin levadura, y ponlos sobre esta peña, y vierte el caldo. Y él lo hizo así. Y extendiendo el ángel de Jehová el báculo que tenía en su mano, tocó con la punta la carne y los panes sin levadura; y subió fuego de la peña, el cual consumió la carne y los panes sin levadura. Y el ángel de Jehová desapareció de su vista. Viendo entonces Gedeón que era el ángel de Jehová, dijo: Ah, Señor Jehová, que he visto al ángel de Jehová cara a cara. Pero Jehová le dijo: Paz a ti; no tengas temor, no morirás.*

Cuando el ejército madianita se acercaba, Gedeón buscó más seguridad de que Dios haría como prometió. Al intentar levantar su alicaída fe, el israelita hizo la petición por la que es más famoso:

> *Y Gedeón dijo a Dios: Si has de salvar a Israel por mi mano, como has dicho, he aquí que yo pondré un vellón de lana en la era; y si el rocío estuviere en el vellón solamente, quedando seca toda la otra tierra, entonces entenderé que salvarás a Israel por mi mano, como lo has dicho. Y aconteció así, pues cuando se levantó de mañana, exprimió el vellón y sacó de él el rocío, un tazón lleno de agua. Mas Gedeón dijo a Dios: No se encienda tu ira contra mí, si aún hablare esta vez; solamente probaré ahora otra vez con el vellón. Te ruego que solamente el vellón quede seco, y el rocío sobre la tierra. Y aquella noche lo hizo Dios así; sólo el vellón quedó seco, y en toda la tierra hubo rocío (Jue. 6:36-40).*

Afligido con una enfermedad terminal, el piadoso rey Ezequías "oró a Jehová y dijo: Te ruego, oh Jehová, te ruego que hagas memoria de que he andado delante de ti en verdad y con íntegro corazón, y que he hecho las cosas que te agradan" (2 R. 20:2-3). En respuesta a la oración de Ezequías, Dios le envió al profeta Isaías con la buena noticia de que su oración había sido contestada (vv. 4-6). En incredulidad a pesar de la pronta respuesta de Dios a su oración, "Ezequías había dicho a Isaías: ¿Qué señal tendré de que Jehová me sanará, y que subiré a la casa de Jehová al tercer día?" (v. 8). Igual que había hecho con Moisés y Gedeón, Dios concedió a Ezequías una señal de que lo que había prometido iba a acontecer:

> *Respondió Isaías: Esta señal tendrás de Jehová, de que hará Jehová esto que ha dicho: ¿Avanzará la sombra diez grados, o retrocederá diez grados? Y Ezequías respondió: Fácil cosa es que la sombra decline diez grados; pero no que la sombra vuelva atrás diez grados. Entonces el profeta Isaías clamó a Jehová; e hizo volver la sombra por los grados que había descendido en el reloj de Acaz, diez grados atrás (vv. 9-11).*

Incluso Juan el Bautista, el precursor del Mesías y el hombre más grande que había vivido hasta ese tiempo (Mt. 11:11), batalló con la duda:

> *Y al oír Juan, en la cárcel, los hechos de Cristo, le envió dos de sus discípulos, para preguntarle: ¿Eres tú aquel que había de venir, o esperaremos a otro? Respondiendo Jesús, les dijo: Id, y haced saber a Juan las cosas que oís y veis. Los ciegos ven, los cojos andan, los leprosos son limpiados, los sordos oyen, los muertos son resucitados, y a los pobres es anunciado el evangelio; y bienaventurado es el que no halle tropiezo en mí (Mt. 11:2-6).*

Al inicio de este pasaje, María acababa de recibir de parte del ángel Gabriel el anuncio más extraordinario, inimaginable e incomprensible que algún ser humano haya oído alguna vez. Increíblemente, el mensaje era que ella iba a ser la madre del Mesías, el Hijo de Dios encarnado, el Señor Jesucristo. María había respondido en fe humilde, obediente y sumisa (1:38), confiando en que Dios haría tal como prometió.

Aunque María no pidió una señal, Dios, sabiendo lo inquietante y asombroso que era su mensaje para ella, le dio una de todos modos. La señal, comunicada por medio de Gabriel, fue otro milagro de concepción que involucraba a Elisabet, su parienta mayor. La narración del Evangelio de Lucas empieza con las historias de estos dos milagros: uno en que participó una mujer mayor estéril que ya no estaba en edad fértil, y el otro en que participó una joven soltera y virgen en su temprana adolescencia. El hijo de la primera sería el precursor del Mesías, Juan el Bautista; el segundo sería el Mesías mismo, el Señor Jesucristo.

Hasta este momento los dos relatos habían estado separados. Elisabet vivía en la región montañosa de Judá, en las cercanías de Jerusalén, mientras que María vivía en la pequeña aldea galilea de Nazaret, como a noventa kilómetros al norte. Pero en este pasaje las dos historias se juntan cuando María visita a Elisabet. Los dos incidentes, aunque separados en tiempo y lugar, contienen sin embargo muchos paralelismos sorprendentes.

Por ejemplo, ambos relatos comenzaron mediante la presentación de los padres o, en el caso de María, del padre (1:5-6, 26-27). Segundo, las dos narraciones señalan obstáculos para la maternidad (esterilidad de Elisabet [1:7]; virginidad de María [1:34]). Tercero, Gabriel llegó (1:11, 26), y su aparición atemorizó a quien se le apareció (1:12, 29). Cuarto, Gabriel tranquilizó a quien se le aparecía (1:13, 30). Quinto, Gabriel prometió un hijo (1:13, 31). Sexto, Gabriel dio el nombre del hijo (1:13, 31), y el ángel describió la grandeza del niño (1:15-17, 32-33). Séptimo, hubo una objeción (incredulidad de Zacarías [1:18]; y falta de entendimiento de María [1:34]). Por último, Gabriel dio una señal de que lo que había hablado se convertiría en realidad (1:19-20, 35-36).

La breve descripción de Lucas de la reunión de María con Elisabet resalta la confirmación de Dios acerca de su promesa a María de que concebiría un hijo siendo aún virgen. El relato revela tres aspectos de esa ratificación: confirmación personal, confirmación física, y confirmación profética.

CONFIRMACIÓN PERSONAL

En aquellos días, levantándose María, fue de prisa a la montaña, a una ciudad de Judá; y entró en casa de Zacarías, y saludó a Elisabet. (1:39-40)

Deseosa de ver la señal prometida, María no se demoró en salir a visitar a Elisabet, su parienta mayor. La frase **en aquellos días** se refiere al tiempo de la visita de Gabriel. El hecho de que Lucas haya señalado que ella **fue de prisa** indica que María inmediatamente dejó todo para hacer el viaje al sur de Judea con el fin de ver a Elisabet, quien para ese tiempo estaba embarazada de seis meses (v. 36). Ya que se quedó con Elisabet durante tres meses (v. 56), es evidente que María regresó a casa alrededor de la época del nacimiento de Juan el Bautista (v. 57).

Viajar **a la montaña** de Judea cerca de Jerusalén le habría llevado a María tres o cuatro días. Tal viaje para una muchacha de su edad era sumamente extraño en una cultura en que se protegía con mucho cuidado a las jovencitas. Además, aunque la Biblia en ninguna parte menciona el momento exacto de su concepción, sin duda María ya estaba embarazada cuando hizo el viaje. Algunos han sugerido que su razón de ir allá fue para ocultar el embarazo. Pero este no habría sido evidente tan poco después de la concepción. Y si esa hubiera sido la intención de la joven, difícilmente habría regresado a casa tres meses después cuando su condición habría sido obvia para todos. Es dudoso que José fuera consciente de que María estaba embarazada. Mateo ofrece el relato de la conciencia de José acerca del embarazo de María, la reacción del hombre y la siguiente visita angelical (1:18-25).

Se desconoce la exacta ubicación de la **ciudad** (aldea] **de Judá** donde vivían Zacarías y Elisabet, aunque una tradición del siglo VI la ubica aproximadamente a ocho kilómetros de Jerusalén. Después de llegar allí, María **entró en casa de Zacarías, y saludó a Elisabet** (cp. vv. 41, 44). A diferencia de los breves, informales y hasta frívolos saludos comunes de hoy en día, un saludo en el antiguo Cercano Oriente era un suceso social extenso que implicaba un largo diálogo. El encuentro de Moisés con su suegro, Jetro, ejemplifica uno de tales saludos:

> *Y Moisés salió a recibir a su suegro, y se inclinó, y lo besó; y se preguntaron el uno al otro cómo estaban, y vinieron a la tienda. Y Moisés contó a su suegro todas las cosas que Jehová había hecho a Faraón y a los egipcios por amor de Israel, y todo el trabajo que habían pasado en el camino, y cómo los había librado Jehová. Y se alegró Jetro de todo el bien que Jehová había hecho a Israel, al haberlo librado de mano de los egipcios (Éx. 18:7-9).*

De igual modo, María y Elisabet sin duda conversaron entre ellas de todos los detalles de sus maravillosas historias. Elisabet le habría contado a María los asombrosos acontecimientos que culminaron con su embarazo, empezando con la aparición de Gabriel a Zacarías en el templo. María igualmente le habría relatado la historia de la visita que el ángel le hiciera poco tiempo antes. Las asombrosas similitudes en los dos relatos, ya descritas, les habrían emocionado y sorprendido a medida que comprendían que el tan esperado Mesías estaba a punto de llegar, y que Dios había elegido a estas dos desconocidas mujeres para que fueran las milagrosas portadoras de estos dos hijos.

María le habría contado a Elisabet su maravillosa noticia, imaginando que ella sería la única persona con quien podría contar que le creyera la historia. Otros podrían haber visto el relato de la joven como un intento descabellado de encubrir su inmoralidad sexual, que diera como resultado el embarazo. Incluso José, quien la conocía bien, no creyó el relato de María, e intentó divorciarse de ella (Mt. 1:19). No fue sino hasta que oyó la verdad de parte de un ángel (vv. 20-21, 24-25) que aceptó lo que había sucedido. Por tanto, el texto no revela lo que en todo caso María le dijo a José, a sus familiares, o sus amigos; solo dice que se lo contó a Elisabet, ya que ella también había experimentado una milagrosa concepción. Oír el relato de Elisabet, y viendo aún más la condición de esta, también confirmó a María que Dios cumpliría la promesa que le había hecho.

CONFIRMACIÓN FÍSICA

Y aconteció que cuando oyó Elisabet la salutación de María, la criatura saltó en su vientre... Porque tan pronto como llegó la voz de tu salutación a mis oídos, la criatura saltó de alegría en mi vientre. (1:41*a*, 44)

La confirmación que María recibió al hablar con Elisabet fue reforzada de una forma maravillosa. En algún momento durante la prolongada conversación que comprendió **la salutación** (sin duda después de que María le volviera a contar las palabras que le dijera Gabriel), **la criatura** de **Elisabet saltó en su vientre.** Resulta evidente que este no fue simplemente el movimiento normal del bebé en la matriz que ella sentía con frecuencia. La exclamación de Elisabet a María: **tan pronto como llegó la voz de tu salutación a mis oídos, la criatura saltó de alegría en mi vientre**, claramente revela que el movimiento del bebé no fue el típico y familiar, sino uno que ella identificó con el gozo de la venida anticipada del Mesías.

Esta vida nacería para ser el precursor (1:17) y proclamador (3:4-6) del Mesías, y esta silenciosa profecía fue su primer anuncio. Fue al permitir al Señor hacer esta profecía sobrenatural involuntaria que Juan fuera "lleno del Espíritu Santo, aun desde el vientre de su madre" (v. 15). Según veremos más adelante, la llenura del Espíritu (una expresión que describe el poder del Espíritu Santo al tomar el control y servir a Dios por medio de palabra o hecho), a menudo se relaciona con la profecía.

Esta no fue la primera vez que el movimiento en el vientre de una mujer embarazada tuviera significado profético. Siglos antes, durante el embarazo de Rebeca, hubo un incidente con repercusiones de largo alcance:

> *Y oró Isaac a Jehová por su mujer, que era estéril; y lo aceptó Jehová, y concibió Rebeca su mujer. Y los hijos luchaban dentro de ella; y dijo: Si es así, ¿para qué vivo yo? Y fue a consultar a Jehová; y le respondió Jehová: Dos naciones hay en*

> *tu seno, y dos pueblos serán divididos desde tus entrañas; el un pueblo será más fuerte que el otro pueblo, y el mayor servirá al menor (Gn. 25:21-23).*

Los niños eran Jacob y Esaú, cuyos descendientes, Israel y los árabes, han estado en conflicto por milenios.

El gozo que comenzó en el vientre de su madre marcaría la pauta para toda la vida y el ministerio de Juan. En Juan 3:29 declaró: "El que tiene la esposa, es el esposo; mas el amigo del esposo, que está a su lado y le oye, se goza grandemente de la voz del esposo; así pues, este mi gozo está cumplido".

El salto de alegría del bebé proveyó el cumplimiento de la confirmación prometida a María. Pero, a diferencia de su hijo aún por nacer, Elisabet sí pudo hablar y añadió su voz a la profecía no hablada.

CONFIRMACIÓN PROFÉTICA

y Elisabet fue llena del Espíritu Santo, y exclamó a gran voz, y dijo: Bendita tú entre las mujeres, y bendito el fruto de tu vientre. ¿Por qué se me concede esto a mí, que la madre de mi Señor venga a mí?... Y bienaventurada la que creyó, porque se cumplirá lo que le fue dicho de parte del Señor. (1:41*b*-43, 45)

Al igual que su hijo no nacido, **Elisabet** también **fue llena del Espíritu Santo.** Como ya se mencionó, tal llenura a menudo se relacionaba con pronunciar un mensaje de parte de Dios. En 2 Samuel 23:2, David declaró: "El Espíritu de Jehová ha hablado por mí, y su palabra ha estado en mi lengua". Después del nacimiento de Juan, "Zacarías su padre fue lleno del Espíritu Santo, y profetizó" (1:67; cp. vv. 68-79). Simeón

> *movido por el Espíritu, vino al templo. Y cuando los padres del niño Jesús lo trajeron al templo, para hacer por él conforme al rito de la ley, él le tomó en sus brazos, y bendijo a Dios, diciendo: Ahora, Señor, despides a tu siervo en paz, conforme a tu palabra; porque han visto mis ojos tu salvación, la cual has preparado en presencia de todos los pueblos; luz para revelación a los gentiles, y gloria de tu pueblo Israel (2:27-32).*

Hechos 2:4 relata que el Día de Pentecostés los creyentes "fueron todos llenos del Espíritu Santo, y comenzaron a hablar en otras lenguas [lenguajes extranjeros reconocidos; vv. 8-11], según el Espíritu les daba que hablasen". Más adelante en Hechos:

> *Pedro, lleno del Espíritu Santo, les dijo: Gobernantes del pueblo, y ancianos de Israel: Puesto que hoy se nos interroga acerca del beneficio hecho a un hombre*

enfermo, de qué manera éste haya sido sanado, sea notorio a todos vosotros, y a todo el pueblo de Israel, que en el nombre de Jesucristo de Nazaret, a quien vosotros crucificasteis y a quien Dios resucitó de los muertos, por él este hombre está en vuestra presencia sano. Este Jesús es la piedra reprobada por vosotros los edificadores, la cual ha venido a ser cabeza del ángulo. Y en ningún otro hay salvación; porque no hay otro nombre bajo el cielo, dado a los hombres, en que podamos ser salvos (Hch. 4:8-12).

Después que a Pedro y a Juan los amenazaran en el concilio y los liberaran, "todos [los creyentes] fueron llenos del Espíritu Santo, y hablaban con denuedo la palabra de Dios" (Hch. 4:31). Los escritores de la Biblia fueron "santos hombres de Dios [que] hablaron siendo inspirados por el Espíritu Santo" (2 P. 1:21).

Tras ser llena con el Espíritu, Elisabet **exclamó a gran** (término asociado con hablar la verdad divina en pasajes tales como Jn. 1:15; 7:28; 37; Ro. 9:27) **voz.** Literalmente expresó a gritos el mensaje que Dios le había dado, tanto por entusiasmo acerca del contenido como para resaltar la autoridad de este. Lo que siguió a continuación fue un himno de alabanza, el primero de cinco asociados con el nacimiento de Cristo que Lucas registra (cp. 1:46-55, 67-79; 2:14, 25-32). Este himno de alabanza pronunció bendición sobre María, sobre su hijo, sobre la misma Elisabet y, finalmente, sobre todos los que creen el mensaje de Dios.

La frase **bendita tú entre las mujeres** es una expresión superlativa hebrea que describe a María como la más bendecida de todas las mujeres (cp. Jue. 5:24). En la cultura hebrea la posición de una mujer se basaba en gran manera en sus hijos; la importancia de ella estaba directamente ligada a la importancia de ellos. Por tanto, cuando una mujer quiso honrar a María, le gritó a Jesús: "Bienaventurado el vientre que te trajo, y los senos que mamaste" (Lc. 11:27). La conclusión de Elisabet fue que María era la mujer más bendita de todas porque llevaría el hijo más grandioso. Aunque Gabriel le había informado a Zacarías que su propio hijo sería grande, Elisabet reconoció humildemente que el de María sería más grande. El hijo de Elisabet sería el precursor del Mesías, pero el de María era el Mesías. Por tanto, Elisabet reconoció que María había recibido el mayor privilegio y el más grande honor. Al ser una mujer justa (1:6), estaba emocionada no solo por el privilegio de llevar al precursor del Mesías, sino incluso más porque el Mesías ya venía.

Elisabet bendijo entonces al Hijo de María, exclamando: **y bendito el fruto de tu vientre.** Esa conocida frase del Antiguo Testamento (cp. Gn. 30:2; Dt. 7:13; Sal. 127:3; Is. 13:18), usada solo aquí en el Nuevo Testamento, se refiere al Hijo santo que María iba a llevar dentro de sí. Él es el Mesías (Jn. 4:25-26); el Salvador del mundo (Jn. 4:42; 1 Jn. 4:14); el destinatario de toda la alabanza del cielo (He. 1:6); el único que es "santo, inocente, sin mancha, apartado de los pecadores, y hecho más sublime que los cielos" (He. 7:26); aquel a quien

"Dios... exaltó hasta lo sumo, y le dio un nombre que es sobre todo nombre" (Fil. 2:9); el que heredará todo lo que el Padre posee (Jn. 16:15; 17:10); el Señor de gloria (1 Co. 2:8).

La exclamación de asombro y admiración de Elisabet, **¿por qué se me concede esto a mí, que la madre de mi Señor venga a mí?**, es en realidad un pronunciamiento de bendición sobre sí misma. En su verdadera humildad se sintió indigna de estar en la presencia de tan honrada persona (cp. Lc. 5:8). El hecho de que Elisabet, todavía hablando bajo el control del Espíritu Santo, se refiriera al Hijo de María como **mi Señor** da fe de la deidad de Él. **Señor** es un título divino, usado más de dos docenas de veces en los dos primeros capítulos del Evangelio de Lucas para referirse a Dios. Por tanto, llamar a Jesús "Señor" es primero llamarlo "Dios" (cp. Jn. 20:28). A continuación, el énfasis incluirá la consecuente sumisión total a su señorío soberano (6:46).

A pesar de la enseñanza y la liturgia de la Iglesia Católica Romana, en ninguna parte del Nuevo Testamento da a María el título de "madre de Dios". Dios, el ser eterno (Gn. 21:33; Dt. 33:27; Sal. 90:2; Is. 40:28; Hab. 1:12; Ro. 16:26), nunca fue concebido o nacido, sino que siempre existió. María fue la madre del Jesús humano, no de su naturaleza divina eterna.

La declaración final de Elisabet, **y bienaventurada la que creyó, porque se cumplirá lo que le fue dicho de parte del Señor**, complementa su anterior bendición a María, quien era bendecida no solo debido a su privilegio de ser la madre del Mesías, sino también a causa de su fe en creer que se cumpliría **lo que le fue dicho de parte del Señor.** Pero el uso que Elisabet hace del pronombre de tercera persona **la que** amplía la bendición más allá de María hasta abarcar a todos los que creen que Dios cumple sus promesas.

María no es la madre de Dios, ni la reina del cielo. Ella no representa ningún papel en la redención de los pecadores y no intercede por ellos en sus oraciones. Sin embargo, es un modelo de fe, humildad y sumisión a la voluntad de Dios. María es un ejemplo para todos los creyentes de cómo responder de manera obediente, gozosa y en adoración a la Palabra de Dios. Ahí radica su verdadera grandeza.

Alabanza de María 7

Entonces María dijo: Engrandece mi alma al Señor; y mi espíritu se regocija en Dios mi Salvador. Porque ha mirado la bajeza de su sierva; pues he aquí, desde ahora me dirán bienaventurada todas las generaciones. Porque me ha hecho grandes cosas el Poderoso; Santo es su nombre, y su misericordia es de generación en generación a los que le temen. Hizo proezas con su brazo; esparció a los soberbios en el pensamiento de sus corazones. Quitó de los tronos a los poderosos, y exaltó a los humildes. A los hambrientos colmó de bienes, y a los ricos envió vacíos. Socorrió a Israel su siervo, acordándose de la misericordia de la cual habló a nuestros padres, para con Abraham y su descendencia para siempre. (1:46-55)

He aquí una abundante ofrenda de alabanza de parte de María, que es notable por su teología y por el uso del Antiguo Testamento. Ella era una jovencita, tal vez de trece años de edad que, así como todas las personas de su época, no tenía una transcripción personal de las Escrituras. Su familiaridad con la Palabra de Dios debió haber venido de oír leerla con regularidad en la sinagoga (cp. 4:16). Se arraigó en su corazón y estaba disponible en su mente cuando abrió su boca en alabanza y adoración. ¡Qué bendición sería para la iglesia de hoy que los jóvenes pudieran ser tan ilustrados y devotos bíblicamente! El Nuevo Testamento definitivamente resalta la prioridad de la adoración. Ante la blasfema tentación de Satanás a que lo adorara, Jesús replicó: "Vete, Satanás, porque escrito está: Al Señor tu Dios adorarás, y a él sólo servirás" (Mt. 4:10). Hebreos 10:24-25 insta a los creyentes a reunirse "para [estimularse unos a otros] al amor y a las buenas obras", ya que "como piedras vivas [deben ser] edificados como casa espiritual y sacerdocio santo, para ofrecer sacrificios espirituales aceptables a Dios por medio de Jesucristo" (1 P. 2:5).

Puesto que Dios creó a los seres humanos para que lo adoraran, todos esencialmente son adoradores. El objeto de la adoración de alguien determina su destino eterno. El Antiguo Testamento condena la idolatría, es decir, adoración a cualquiera que no sea el Dios verdadero (p. ej., Éx. 20:3, 23; 34:14; Sal. 81:9; 106:35-36), y deja en claro que fue la persistente idolatría de Israel (p. ej., Jue. 2:12-13, 17, 19; 3:5-7; 10:6; 1 R. 15:12; 16:13; 21:25-26) lo que llevó finalmente a la destrucción y al cautiverio de la nación (cp. 2 R. 17:6-12; 21:11-14). El Nuevo Testamento revela que la idolatría es la respuesta inevitable de aquellos que niegan al Dios verdadero (Ro. 1:18-23). Pero la adoración de falsas deidades no es la única forma de idolatría. Hay ídolos en el corazón hasta del ateo más endurecido, tales como aceptación, fama, salud, poder, prestigio y riqueza, entre muchos otros.

No obstante, la idolatría no se limita a adorar falsos dioses; también abarca tratar de adorar al Dios verdadero en maneras inaceptables. El recibimiento de Moisés de los Diez Mandamientos en el monte Sinaí fue interrumpido por una escandalosa demostración de idolatría:

> *Entonces Jehová dijo a Moisés: Anda, desciende, porque tu pueblo que sacaste de la tierra de Egipto se ha corrompido. Pronto se han apartado del camino que yo les mandé; se han hecho un becerro de fundición, y lo han adorado, y le han ofrecido sacrificios, y han dicho: Israel, estos son tus dioses, que te sacaron de la tierra de Egipto (Éx. 32:7-8).*

Los israelitas no estaban adorando a una deidad pagana, sino que habían reducido al Dios verdadero a una imagen, algo que Dios prohíbe estrictamente (Dt. 4:14-18). Como consecuencia llegó la amenaza de juicio mortal (Éx. 32:10) y su ejecución (vv. 28-35).

En lugar de seguir las normas prescritas para adorar, los hijos de Aarón, Nadab y Abiú (probablemente mientras bebían; cp. Lv. 10:9) "ofrecieron delante de Jehová fuego extraño, que él nunca les mandó" (Lv. 10:1). Dios no estaba complacido con la innovadora adoración de ellos, "y salió fuego de delante de Jehová y los quemó, y murieron delante de Jehová" (v. 2).

Después de mirar con ansiedad a las fuerzas filisteas reuniéndose para la batalla mientras sus propios hombres lo abandonaban, Saúl finalmente tomó el asunto en sus propias manos. Samuel había dado instrucciones al rey de esperar siete días, hasta que llegara para ofrecer sacrificios (1 S. 10:8). Pero cuando pasaron los siete días y Samuel no apareció, Saúl racionalizó: "Ahora descenderán los filisteos contra mí a Gilgal, y yo no he implorado el favor de Jehová". Por tanto, usurpando el papel de un sacerdote, Saúl se esforzó y ofreció holocausto (1 S. 13:12). Tal omisión intencional en adorar a Dios de manera apropiada le iba a costar todo a Saúl:

> *Entonces Samuel dijo a Saúl: Locamente has hecho; no guardaste el mandamiento de Jehová tu Dios que él te había ordenado; pues ahora Jehová hubiera confirmado tu reino sobre Israel para siempre. Mas ahora tu reino no será duradero. Jehová se ha buscado un varón conforme a su corazón, al cual Jehová ha designado para que sea príncipe sobre su pueblo, por cuanto tú no has guardado lo que Jehová te mandó (vv. 13-14).*

Veinte años después los filisteos devolvieron el arca del pacto a Israel (1 S. 7:1), y David decidió transportarla a Jerusalén. Haciendo caso omiso de las instrucciones divinas sobre cómo cargar el arca (la debían llevar sobre varas; cp. Nm. 4:5-6), el pueblo la puso sobre un carro nuevo tirado por bueyes (2 S. 6:3) y celebraba mientras el arca se encaminaba hacia Jerusalén (v. 5). Pero el alegre estado de ánimo se rompió abruptamente cuando "Uza extendió su mano al arca de Dios, y la sostuvo; porque los bueyes tropezaban. Y el furor de Jehová se encendió contra Uza, y lo hirió allí Dios por aquella temeridad, y cayó allí muerto junto al arca de Dios" (vv. 6-7). La aparente reverencia de Uza por el Señor era en realidad una violación directa de su orden de no tocar el arca bajo pena de muerte (Nm. 4:15). La drástica consecuencia de la desobediencia de Uza ilustra gráficamente que Dios no acepta ninguna supuesta variante o modificación de sus instrucciones para adorar (cp. Is. 1:11-20; Am. 5:21-27; Os. 6:4-7; Mal. 1:6-14; Mt. 15:1-9; 23:23-28; Mr. 7:6-7).

Por otra parte, los redimidos manifiestan adoración aceptable. Estos son, según Filipenses 3:3, "los que en espíritu [sirven] a Dios y [se glorían] en Cristo Jesús, no teniendo confianza en la carne" (cp. Jn. 4:23). La adoración que es aceptable a Dios tiene muchos elementos. En Romanos 15:16, Pablo usó el lenguaje de adoración para describir su ministerio evangelístico a los perdidos, llamándose "ministro de Jesucristo a los gentiles, ministrando el evangelio de Dios, para que los gentiles le sean ofrenda agradable, santificada por el Espíritu Santo". Liderar "quieta y reposadamente en toda piedad y honestidad" (1 Ti. 2:2) también es un acto de adoración, ya que "esto es bueno y agradable delante de Dios nuestro Salvador" (v. 3).

Lo central en la adoración a Dios es la alabanza. El escritor de Hebreos exhorta a sus lectores: "Ofrezcamos siempre a Dios, por medio de él, sacrificio de alabanza, es decir, fruto de labios que confiesan su nombre" (He. 13:15). La adoración también incluye "hacer bien y de la ayuda mutua no os olvidéis; porque de tales sacrificios se agrada Dios" (v. 16). El apóstol Pablo señala que hasta la acción supuestamente mundana de suplir necesidades económicas es un acto de adoración. Al agradecer a los filipenses por su donativo, él escribió: "Pero todo lo he recibido, y tengo abundancia; estoy lleno, habiendo recibido de Epafrodito lo que enviasteis; olor fragante, sacrificio acepto, agradable a Dios" (Fil. 4:18).

La verdadera adoración según la definió nuestro Señor tiene dos componentes: afirmó que debe ser "en espíritu y en verdad" (Jn. 4:23-24). La adoración en espíritu es auténtica, no fingida, de corazón, en contraposición al simple ritual exterior. En su obra clásica *The Existence and Attributes of God*, el puritano inglés del siglo XVII, Stephen Charnock, escribió:

Sin el corazón no es adoración; es una obra de teatro; es interpretar un papel sin ser esa persona que en realidad interpretamos: un hipócrita, en la noción del

> *mundo, es un actor... Podemos decir realmente que adoramos a Dios, aunque nos falte perfección; pero no podemos decir que lo adoramos si nos falta sinceridad (reimpresión; Grand Rapids: Baker, 1979, 1:225-26).*

David escribió: "Bendice, alma mía, a Jehová, y bendiga todo mi ser su santo nombre" (Sal. 103:1; cp. 51:15-17). En Romanos 1:9, Pablo escribió: "Testigo me es Dios, a quien sirvo en mi espíritu en el evangelio de su Hijo, de que sin cesar hago mención de vosotros siempre en mis oraciones".

La Biblia revela una cantidad de requisitos para adorar en espíritu. Antes que nada, un verdadero adorador debe estar controlado y fortalecido por el Espíritu Santo. Eso desde luego presupone salvación, ya que en quienes no son salvos no mora el Espíritu Santo (Hch. 5:32; Ro. 8:5-9), y por tanto no pueden adorar a Dios. Segundo, adorar en espíritu requiere que los pensamientos se enfoquen en Dios. La adoración fluye de una mente no dividida (Sal. 86:11) llena con la meditación en la verdad de la Palabra de Dios (Jos. 1:8; Sal. 1:2; 4:4; 63:6; 77:6, 12; 119:15, 23, 48, 78, 97, 99, 148). Tercero, la adoración en espíritu requiere arrepentimiento, ya que el pecado obstaculiza el compañerismo y la comunión con Dios. De ahí que David orara: "Examíname, oh Dios, y conoce mi corazón; pruébame y conoce mis pensamientos; y ve si hay en mí camino de perversidad, y guíame en el camino eterno" (Sal. 139:23-24). Por último, adorar a Dios en espíritu requiere aceptación humilde de su voluntad sin que importen las circunstancias (cp. la disposición de Abraham de sacrificar a su hijo, Gn. 22:1-18).

La adoración también debe ser en verdad. Según se indicó antes, Dios rechaza la supuesta adoración que es incoherente con su verdad revelada. La única fuente de esa verdad es su Palabra (Jn. 17:17; cp. Sal. 119:142, 160); por tanto, únicamente la adoración coherente con la Biblia es aceptable a Dios.

Hebreos 10:22 resume el enfoque de los verdaderos adoradores hacia Dios: son sinceros (se acercan "con corazón sincero"), fieles ("en plena certidumbre de fe"), humildes (tienen "purificados los corazones de mala conciencia"), y puros (tienen "lavados los cuerpos con agua pura"). Como resultado de tal adoración Dios se glorifica (Sal. 50:23), los creyentes se purifican (Sal. 24:3-4), y a los perdidos se les evangeliza (Hch. 2:47).

Según se indicó en el capítulo anterior de esta obra, para todos los creyentes María es un ejemplo de fe, humildad y sumisión a la voluntad de Dios. Esta sección del Evangelio de Lucas revela que ella también fue un ejemplo de adoración verdadera y aceptable. Después de oír la sorprendente noticia de parte del ángel Gabriel de que iba a ser la madre del Mesías (véase caps. 4 y 5 de esta obra), María inmediatamente fue a visitar a su parienta mayor Elisabet, quien estaba embarazada de seis meses de su hijo Juan el Bautista (1:36). Allí Dios le confirmó a la joven que la promesa hecha a través de Gabriel se cumpliría realmente (véase la exposición de 1:39-45 en el cap. 6 de esta obra). La confirmación de Dios disipó las dudas de María, respondió sus inquietudes, y le fortaleció la fe. Los versículos 46-55, conocidos como el Magníficat (de la primera palabra del texto en latín), registran su arrebato de alabanza y adoración en respuesta.

El himno de María está repleto de alusiones a las Escrituras, lo que revela que ella tenía saturados el corazón y la mente con el Antiguo Testamento. Repite las oraciones de Ana (1 S. 1:11; 2:1-10) y del Pentateuco, los Salmos, y los escritos de los profetas.

Por ejemplo, María comenzó diciendo en el versículo 46: **Engrandece mi alma al Señor,** que evoca Salmos 34:2, "En Jehová se gloriará mi alma". Su referencia a Dios como su Salvador (v. 47) es una reminiscencia de pasajes del Antiguo Testamento tales como 2 Samuel 22:3; Isaías 43:11; 45:21; 49:26; 60:16; y Oseas 13:4. Su declaración, **porque ha mirado la bajeza de su sierva** (v. 48) refleja la oración de Ana en 1 Samuel 1:11 (cp. Sal. 136:23). La exclamación de María, **pues he aquí, desde ahora me dirán bienaventurada todas las generaciones** repite las palabras de Lea en Génesis 30:13. Su declaración, **porque me ha hecho grandes cosas el Poderoso,** tiene su raíz en el Antiguo Testamento (cp. Sal. 126:3), así como la siguiente afirmación: **Santo es su nombre** (cp. Sal. 99:3; 111:9).

El himno de María también revela que ella estaba bien versada en la historia de Israel. Habló de que Dios **hizo proezas con su brazo** (v. 51), incluso de que **esparció a los soberbios en el pensamiento de sus corazones** (v. 51), que **quitó de los tronos a los poderosos** (v. 52), **y exaltó a los humildes** (v. 52). También dijo que **a los hambrientos colmó de bienes, y a los ricos envió vacíos** (v. 53).

María también entendió la valiosa verdad teológica del pacto abrahámico. Ella sabía que Dios **socorrió a Israel su siervo, acordándose de la misericordia,** de conformidad con la promesa que Él hizo a **Abraham y su descendencia para siempre** (vv. 54-55). Jesús enseñó que "de la abundancia del corazón habla la boca" (Mt. 12:34), y las palabras de María fluyen de un corazón saturado con la Palabra de Dios.

La alabanza de María es la expresión de su fe en Dios, de su amor por Él, y de su profunda comprensión de las Escrituras. El resultado es un ejemplo de adoración para que todos los creyentes imiten, ya que ella muestra la actitud, el objeto y las razones para adorar.

ACTITUD DE ADORACIÓN

Entonces María dijo: Engrandece mi alma al Señor; y mi espíritu se regocija en Dios mi Salvador. Porque ha mirado la bajeza de su sierva; (1:46-48*a*)

El ejemplo de María de la actitud adecuada de adoración se desarrolla en cuatro puntos.

Primero, la adoración es interior. La adoración de María estaba en su **alma** y su **espíritu.** Los dos términos son intercambiables, y se refieren al ser interior. La verdadera adoración, la adoración en espíritu (Jn. 4:24), involucra todo el ser interior: mente, emoción y voluntad. Como los instrumentos en una gran orquesta, todos los pensamientos y las emociones de María se unieron en un clímax de alabanza.

Por otra parte, la adoración superficial es intolerable para Dios. En Isaías 29:13, el Señor reprendió a los israelitas por la perversión externa y ritualista de la verdadera adoración, declarando que el "pueblo se acerca a mí con su boca, y con sus labios me honra, pero su corazón está lejos de mí, y su temor de mí no es más que un mandamiento de hombres que les ha sido enseñado". Jesús aplicó este pasaje a la adoración hipócrita de su época (Mt. 15:7-9). En Isaías 48:1, Dios declaró: "Oíd esto, casa de Jacob, que os llamáis del nombre de Israel, los que salieron de las aguas de Judá, los que juran en el nombre de Jehová, y hacen memoria del Dios de Israel, mas no en verdad ni en justicia". Jeremías se quejó a Dios con respecto a sus hermanos israelitas: "Cercano estás tú en sus bocas, pero lejos de sus corazones" (Jer. 12:2). El Señor advirtió a Ezequiel: "Y vendrán a ti como viene el pueblo, y estarán delante de ti como pueblo mío, y oirán tus palabras, y no las pondrán por obra; antes hacen halagos con sus bocas, y el corazón de ellos anda en pos de su avaricia" (Ez. 33:31). Por medio del profeta Amós, Dios declaró a Israel:

> *Aborrecí, abominé vuestras solemnidades, y no me complaceré en vuestras asambleas. Y si me ofreciereis vuestros holocaustos y vuestras ofrendas, no los recibiré, ni miraré a las ofrendas de paz de vuestros animales engordados. Quita de mí la multitud de tus cantares, pues no escucharé las salmodias de tus instrumentos. Pero corra el juicio como las aguas, y la justicia como impetuoso arroyo (Am. 5:21-24).*

La verdadera adoración no solo es interior, sino también intensa. **Engrandece** se traduce de una forma del verbo *megalunō*, que literalmente significa "hacer grande", "magnificar" (de ahí Magníficat) o "agrandar"; de manera figurada significa "ensalzar", "exaltar", "celebrar", "estimar en gran manera", "alabar", o "glorificar". **Regocija,** del verbo *agalliaō*, es otra palabra profunda. Se trata de una expresión de supremo gozo; Lucas 10:21 y Hechos 16:34 la traducen "se regocijó" (cp. 1 P. 1:6, 8). La verdadera adoración es espontánea, no gradual; sincera, no artificial; centrada en Dios, no egocéntrica; mental, no solo emocional; intenta honrar a Dios, no manipularlo. María alabó a Dios no solo por lo que estaba haciendo en la vida de ella, sino también por todo lo que Él iba a lograr a través de la venida del Mesías.

Una tercera característica de la verdadera adoración es que es habitual; es una manera de vivir. El tiempo presente de la forma del verbo *megalunō* (**engrandece**) sugiere que la adoración sucedía de manera natural y continua en el flujo de la vida de María. Las circunstancias cambiantes no afectan la verdadera adoración porque Dios no cambia (Mal. 3:6), ni lo hacen sus palabras (Mr. 13:31), sus propósitos (Is. 43:13), sus promesas (2 Co. 1:20), ni su salvación (He. 5:9; 7:25). Tampoco la responsabilidad de los creyentes de dar gracias en todo (Ef. 5:20; 1 Ts. 5:18) depende de la satisfacción en las circunstancias de la vida. Independientemente de lo que le estuviera ocurriendo en la vida, David podía decir: "A Jehová he puesto siempre delante de mí" (Sal. 16:8). Nadie ejemplificó más esa actitud de continua adoración que Pablo, cuyo objetivo fue, según escribió a los filipenses, que siempre fuera "magnificado Cristo en [su] cuerpo, o por vida o por muerte" (Fil. 1:20).

Finalmente, la verdadera adoración interna se caracteriza por la humildad. Los dos grandes obstáculos de la adoración son la ignorancia, que la hace débil e ineficaz, y el orgullo, que la hace hipócrita. Quienes tienen un conocimiento superficial de Dios no pueden adorarlo en el sentido más pleno al no captar la grandeza divina. Pero el orgullo para nada puede adorarlo realmente, ya que el orgullo es en realidad adoración del ego. Dios no tolera rivales, por lo que el primero de los Diez Mandamientos es: "No tendrás dioses ajenos delante de mí" (Éx. 20:3; cp. Is. 42:8). Por tanto, "Dios resiste a los soberbios, y da gracia a los humildes" (Stg. 4:6), porque "abominación es a Jehová todo altivo de corazón" (Pr. 16:5; cp. 15:25; Sal. 31:23; Is. 2:11-12; 13:11; 1 P. 5:5).

A las personas orgullosas les es difícil ser agradecidas porque siempre creen merecer algo mejor. Recuerdan los agravios (reales o imaginarios) que les han hecho y buscan venganza. Reflexionar constantemente en su supuesto maltrato las llena de un espíritu de amargura, el cual es incompatible con la verdadera adoración.

Por otra parte, los humildes, sabiendo que no merecen nada, reconocen su bancarrota espiritual, lamentan sus pecados, y tienen hambre y sed de justicia de parte de Dios, pues saben que no tienen ninguna justicia propia. Poseen un profundo sentido de agradecimiento hacia Dios y amor por Él, lo que resulta en adoración.

María era una de esas personas humildes. Su exclamación, **porque ha mirado la bajeza de su sierva,** expresó su admiración y estupor de que Dios la eligiera para bendecirla. Ella sabía que era pecadora, necesitada de la misericordia y de la gracia de Dios. Lejos de verse como la exaltada y cuasi deificada reina del cielo en que el catolicismo romano la coloca, María se veía como una humilde **sierva** (cp. v. 38). La palabra griega es *doulē*, la forma femenina de la expresión que significa "esclavo". Ella es la primera en el Nuevo Testamento en identificarse como esclava del Señor, una designación que se convierte en norma para los santos (cp. 2:29; 1 Co. 7:22; Ef. 6:6; Ap. 1:1).

Dando aún más evidencia de su humildad, María expresó el asombro de que Dios hubiera **mirado la bajeza de** ella. Socialmente, la joven era una muchacha normal y corriente de una insignificante aldea galilea (Nazaret) despreciada por otros israelitas (cp. Jn. 1:46). María estaba, por consiguiente, muy lejos de la élite social de Judea y de Jerusalén. Incluso después de convertirse en la madre del Mesías, ella nunca llegó a destacarse. Jesús la trató con respeto, pero dejó claro que su madre no tenía ningún derecho especial sobre Él (Jn. 2:4; Mt. 12:46-50). Tampoco la iglesia primitiva la elevó a una posición especial, ni le otorgó honores particulares. En la única referencia del Nuevo Testamento a ella después de la escena ante la cruz (Jn. 19:25-27) aparece simplemente como una más de los creyentes reunidos en Jerusalén (Hch. 1:14).

Esta jovencita común estaba comprometida con un hombre joven también muy común. Aunque José, igual que María, era del linaje de David, él era un trabajador normal. Los habitantes de Nazaret se escandalizaron por las afirmaciones de Jesús (Mt. 13:54-57) debido a que veían a la familia de Él nada más que como gente normal y corriente.

Sin embargo, **la bajeza** de María involucraba más que solo su posición en la sociedad judía; tenía que ver con su carácter espiritual. Ella reconoció que era pecadora como todo el mundo, con necesidad de un **Salvador.** Al igual que todos los verdaderos adoradores, María tenía una visión sublime del Señor y una opinión humilde de sí misma. Aunque fue la más engrandecida de las mujeres (cp. la exposición de 1:42 en el cap. anterior de esta obra), al mismo tiempo fue la más humilde entre ellas (cp. Lc. 14:11). Es tal humildad la que Dios requiere y bendice (cp. Stg. 4:6). En Isaías 57:15, Dios manifestó: "Porque así dijo el Alto y Sublime, el que habita la eternidad, y cuyo nombre es el Santo: Yo habito en la altura y la santidad, y con el quebrantado y humilde de espíritu, para hacer vivir el espíritu de los humildes, y para vivificar el corazón de los quebrantados".

Por tanto, María demostró la actitud apropiada en la adoración. Estaba gozosa y agradecida debido a la misericordia de Dios para con ella. La humilde conciencia de su total falta de merecimiento y de la maravillosa gracia de Dios hacia ella, produjeron alabanza y adoración de su corazón agradecido.

OBJETO DE ADORACIÓN

el Señor... Dios mi Salvador (1:46*b*, 47*b*)

La adoración de María hacia **el Señor** se centró principalmente en el papel de **Salvador** de ella. El tema central de la adoración de todos los creyentes debe ser la realidad de que Dios es el Salvador del pecado y del juicio. Si eso no fuera así sería imposible adorarlo, como es imposible que lo hagan todos los que viven en el tormento eterno en el infierno. Si Él no fuera un Dios salvador, redentor y perdonador, las personas podrían temerle e intentar apaciguarlo o aplacarlo, pero no adorarlo.

María sabía que la venida del Mesías señalaba el auge de la historia redentora. Su Hijo salvaría "a su pueblo de sus pecados" (Mt. 1:21; cp. Jn. 1:29), porque el propósito de su venida era "buscar y... salvar lo que se había perdido" (Lc. 19:10). La emocionante realidad de que a través de ella nacería el Mesías en el mundo llevó a María a alabar y adorar a su Redentor.

RAZONES PARA ADORAR

Pues he aquí, desde ahora me dirán bienaventurada todas las generaciones. Porque me ha hecho grandes cosas el Poderoso; Santo es su nombre, y su misericordia es de generación en generación a los que le temen. Hizo proezas con su brazo; esparció a los soberbios en el pensamiento de sus corazones. Quitó de los tronos a los poderosos, y exaltó a los humildes. A los hambrientos colmó de bienes, y a los ricos envió vacíos. Socorrió a Israel su siervo, acordándose de la misericordia de la cual habló a nuestros padres, para con Abraham y su descendencia para siempre. (1:48*b*-55)

Tres razones o motivos para la alabanza de María brotan de su magnífico himno.

La primera motivación de María fue que **el Poderoso** había **hecho grandes cosas** por ella (cp. 1:30-35), cosas tan asombrosas y maravillosas que **todas las generaciones** venideras le dirían **bienaventurada.** Ser la madre del Mesías era un honor más grande que cualquier otro otorgado a cualquier mujer antes o después. Y como ya se indicó, la realidad de que ella, una pecadora indigna y salvada solo por la gracia de Dios también podía llevar al Hijo de Dios, incitó la adoración de la joven. Que Aquel cuyo **nombre** es **Santo** se dignara salvar a pecadores miserables será el tema de la adoración de los creyentes durante toda la eternidad (cp. Ap. 5:9).

La alabanza de María fue más allá de sí misma para abarcar todo lo que Dios iba a hacer por los demás en el futuro. Demostrando una vez más su conocimiento del Antiguo Testamento, ella citó Salmos 103:17: **Y su misericordia es de generación en generación a los que le temen.** María alabó a Dios por la común salvación (cp. Jud. 3) ofrecida a todos **los que le temen,** los salvos que están llenos de profundo y reverente respeto por la persona y la voluntad de Dios, y que están comprometidos en glorificarlo.

La última sección del himno de María relata lo que Dios había hecho por su pueblo en el pasado (cp. los siete verbos en tiempo aoristo en los vv. 51-54). De acuerdo con la adoración judía, que no solo recitaba los atributos de Dios sino que también relataba sus **proezas,** María lo alabó por lo que había hecho por

Israel. Al hacer eso observó primero que Dios había esparcido **a los soberbios en el pensamiento de sus corazones.** Quizás María tenía en mente la arrogancia de Faraón (Éx. 5:2) y la posterior destrucción divina de su ejército y liberación del pueblo elegido (Éx. 15:1-21). María también pudo haber estado pensando en Nabucodonosor, quien "cuando su corazón se ensoberbeció, y su espíritu se endureció en su orgullo, fue depuesto del trono de su reino, y despojado de su gloria" (Dn. 5:20). Después el rey totalmente escarmentado reconoció que el Señor "puede humillar a los que andan con soberbia" (Dn. 4:37). Dios también **quitó de los tronos a los poderosos** (tal vez una referencia a los gobernantes cananeos derrotados por Josué; [p. ej., Jos. 10:23-26; cp. Job 34:24; Sal. 107:40; Ez. 21:25-26]), **y exaltó a los humildes** (cp. 14:11; 18:14; Gn. 45:26; 1 S. 2:6-8; Job 5:11; Sal. 78:70-71; 113:7-8). En su misericordia y gracia, Dios **a los hambrientos colmó de bienes** (cp. Sal. 34:10; 107:8-9; 146:7); y en juicio **a los ricos envió vacíos** (cp. 6:24; 18:24-25).

La visión general de María con relación a la historia de Israel revela que Dios revocó varias veces el orden normal, ilustrando la verdad que expresó en Isaías 55:8-9: "Porque mis pensamientos no son vuestros pensamientos, ni vuestros caminos mis caminos, dijo Jehová. Como son más altos los cielos que la tierra, así son mis caminos más altos que vuestros caminos, y mis pensamientos más que vuestros pensamientos". A lo largo de la historia de la nación Él **socorrió a Israel su siervo** (cp. 1:71; Sal. 98:3; 106:10) debido a su **misericordia** (v. 72; Is. 63:9; Jer. 31:20; 33:25-26; Ez. 39:25).

La joven virgen veía toda la historia redentora como la manifestación exterior del pacto que Dios **habló a** los **padres,** es decir, **Abraham y su descendencia para siempre** (Gn. 12:1-3; Éx. 2:24; Lv. 26:42; 2 R. 13:23; 1 Cr. 16:14-16; Sal. 105:9; Hch. 3:25). La salvación prometida en ese pacto se clarificaría en el nuevo pacto (Jer. 31:31-34) y se ratificaría por medio de la muerte del mismo Hijo que María llevaba en el vientre. Es únicamente a través de la muerte expiatoria del Señor Jesucristo que todos los pecados de los redimidos (pasados, presentes y futuros) son expiados (Mt. 20:28; Jn. 10:15; Ro. 3:24-26; Gá. 3:13; Ef. 1:7; 5:2; 1 Ti. 2:6; Tit. 2:14; He. 7:27; 9:26, 28; 10:12; 1 P. 1:18-19; 2:24; 3:18; Ap. 1:5). Esa realidad de pacto constituye una conclusión adecuada para el himno de alabanza de María.

Revelación de Dios en el nacimiento de Juan el Bautista

8

Y se quedó María con ella como tres meses; después se volvió a su casa. Cuando a Elisabet se le cumplió el tiempo de su alumbramiento, dio a luz un hijo. Y cuando oyeron los vecinos y los parientes que Dios había engrandecido para con ella su misericordia, se regocijaron con ella. Aconteció que al octavo día vinieron para circuncidar al niño; y le llamaban con el nombre de su padre, Zacarías; pero respondiendo su madre, dijo: No; se llamará Juan. Le dijeron: ¿Por qué? No hay nadie en tu parentela que se llame con ese nombre. Entonces preguntaron por señas a su padre, cómo le quería llamar. Y pidiendo una tablilla, escribió, diciendo: Juan es su nombre. Y todos se maravillaron. Al momento fue abierta su boca y suelta su lengua, y habló bendiciendo a Dios. Y se llenaron de temor todos sus vecinos; y en todas las montañas de Judea se divulgaron todas estas cosas. Y todos los que las oían las guardaban en su corazón, diciendo: ¿Quién, pues, será este niño? Y la mano del Señor estaba con él. (1:56-66)

Ante todo, la Biblia es la revelación que Dios hace de sí mismo a la humanidad. Lo presenta como el gobernante soberano del universo, quien no solo creó al hombre sino que hizo que el poder divino se manifestara en la creación de Dios (Ro. 1:18ss) y que en las Escrituras se revelara que su persona divina puede conocerse. La Biblia revela la naturaleza, el carácter, las obras, los propósitos, la voluntad y la provisión de salvación del Dios trino; Él es Aquel que las Escrituras revelan. Por eso a la Biblia se la llama "el testimonio de Jehová" (Sal. 19:7); Jesús declaró de las Escrituras: "Ellas son las que dan testimonio de mí" (Jn. 5:39); Pedro dijo de Jesús: "De éste dan testimonio todos los profetas" (Hch. 10:43); y un ángel expresó al apóstol Juan que "el testimonio de Jesús es el espíritu de la profecía" (Ap. 19:10). Dios se reveló en la Biblia como el Soberano y Salvador por medio de palabras escritas o habladas de ángeles, profetas, apóstoles y otros; y a través de visiones, señales, prodigios y milagros.

Debido a que la persona y la obra de Dios impregnan la Biblia, cada pasaje da a conocer algo de Él. Este pasaje no es la excepción, como indica su frase de cierre:

Y la mano del Señor estaba con él (Juan el Bautista). Todo en la historia de Juan evidencia la poderosa presencia de Dios. La mano del Divino se vio en el anuncio de su nacimiento que el ángel Gabriel hiciera a Zacarías en el templo, en que Zacarías quedara sordo y mudo por no creer las palabras de Gabriel, en que Zacarías y Elisabet concibieran un hijo cuando ambos habían pasado sus años fértiles, y en que Zacarías recuperara el oído y el habla cuando le puso nombre a Juan.

En el inicio de su evangelio, a Lucas, el historiador divinamente inspirado, le interesó especialmente que sus lectores vieran el desarrollo del plan de redención como la obra de Dios. El autor se enfocó en el asombroso acontecimiento sobrenatural que dio inicio a la época más importante de la historia redentora: la milagrosa intervención que trajo al mundo al antecesor del Mesías.

El nacimiento de un niño siempre es causa de gran alegría y festejo, pero especialmente en Israel si se trataba de un varón que continuaría la línea familiar. Aunque Juan nunca se casó ni engendró hijos, sin duda amigos, vecinos, familiares y hasta músicos contratados se reunieron con las normales expectativas y esperanzas para celebrar el feliz acontecimiento. La noticia de que Elisabet había dado a luz un hijo resultaba aún más dichosa a causa de la esterilidad de ella, la edad de la pareja, y la situación del niño como precursor del Mesías.

Sin embargo, por inmensa que fuera la alegría que les produjo el nacimiento de Juan el Bautista, la nuestra es todavía mayor porque conocemos la respuesta a la pregunta: **¿Quién, pues, será este niño?** Los evangelios registran el poderoso impacto de la vida y predicación de Juan (Mt. 3:1). Señalan que enormes multitudes de Jerusalén y Judea acudían al desierto para oírle (v. 5); que en preparación para la venida del Mesías (v. 3), las personas confesaban sus pecados y demostraban la sinceridad de su arrepentimiento haciéndose bautizar (v. 6); que Juan anunció a Jesús como "el Cordero de Dios, que quita el pecado del mundo" (Jn. 1:29); y que su valiente confrontación a pecadores (Mt. 3:7-10), incluso a los de alta posición (Mt. 14:3-4), le costaría finalmente la vida (Mt. 14:6-10).

Mientras Lucas sigue entrelazando las narraciones de los nacimientos de Juan y Jesús, el registro del nacimiento de Juan revela tres verdades acerca de Dios: su promesa es veraz, su propósito es misericordioso, y su poder es maravilloso.

LA PROMESA DE DIOS ES VERAZ

Y se quedó María con ella como tres meses; después se volvió a su casa. Cuando a Elisabet se le cumplió el tiempo de su alumbramiento, dio a luz un hijo. Y cuando oyeron los vecinos y los parientes que Dios había engrandecido para con ella su misericordia, se regocijaron con ella. (1:56-58)

La indicación de Lucas de que **María se quedó con** Elisabet **como tres meses,** y que **después se volvió a su casa** constituye una transición del himno de alabanza de María registrado en los versículos 46-55 hasta la narración del nacimiento de Juan en este pasaje. Ya que ella llegó para estar con Elisabet y Zacarías cuando Elisabet tenía seis meses de embarazo (1:26), es evidente que María **volvió a su casa** (el hogar de sus padres, puesto que ella y José aún no estaban casados) poco antes del nacimiento de Juan.

Entre las consoladoras realidades en la Biblia está que las promesas de Dios son fidedignas; es decir, que son verdaderas y se cumplen sin ninguna duda. Josué 21:45 señala: "No faltó palabra de todas las buenas promesas que Jehová había hecho a la casa de Israel; todo se cumplió" (cp. 1 R. 8:56). Pablo recordó a los corintios que "todas las promesas de Dios son en él Sí" (2 Co. 1:20) porque, según indica el escritor de Hebreos, "fiel es el que prometió" (He. 10:23). No puede haber duda alguna de que Dios cumplirá sus promesas, ya que "Dios no es hombre, para que mienta, ni hijo de hombre para que se arrepienta. Él dijo, ¿y no hará? Habló, ¿y no lo ejecutará?" (Nm. 23:19); Pablo manifestó que "Dios... no miente" (Tit. 1:2), y el escritor de Hebreos declara que "es imposible que Dios mienta" (He. 6:18). Dios es el "Dios de verdad" (Sal. 31:5; Is. 65:16), que es "grande en... verdad" (Sal. 86:15) y cuya "palabra es verdad" (Jn. 17:17).

Por medio de su mensajero angelical, Gabriel, Dios había prometido a Zacarías: "Tu mujer Elisabet te dará a luz un hijo, y llamarás su nombre Juan. Y tendrás gozo y alegría, y muchos se regocijarán de su nacimiento" (1:13-14). En cumplimiento de esa promesa, **Elisabet... dio a luz un hijo. Y cuando oyeron los vecinos y los parientes que Dios había engrandecido para con ella su misericordia, se regocijaron con ella.** La natural declaración de Lucas de que a ella **se le cumplió el tiempo** marca el inicio del clímax de la historia redentora. Al nacimiento del antecesor del Mesías le seguiría el nacimiento del Mesías, el Señor Jesucristo, quien lograría la obra de la redención y ratificaría el nuevo pacto al proveer el sacrificio que trajo perdón de pecados y vida eterna a todos los creyentes desde Adán en adelante.

El nacimiento de tan esperado hijo que quitaría el estigma de la esterilidad de Elisabet hizo que se alegrara, y sus amigos y parientes **se regocijaron con ella.** Tal vez Elisabet incluso rió de felicidad, como hiciera Sara, otra mujer anciana y estéril, cuando dio a luz a Isaac (Gn. 21:6; en hebreo Isaac significa "reír"). Sin duda, Elisabet y los demás presentes alabaron a Dios por **su misericordia.** La misericordia de Dios es su acción amorosa hacia personas que sufren sin merecimiento, tales como esta pareja anciana sin hijos, estigmatizada por la esterilidad, lo cual es un tema importante en este contexto (cp. vv. 50, 54, 72, 78).

EL PROPÓSITO DE DIOS ES MISERICORDIOSO

Aconteció que al octavo día vinieron para circuncidar al niño; y le llamaban con el nombre de su padre, Zacarías; pero respondiendo su madre, dijo: No;

se llamará Juan. Le dijeron: ¿Por qué? No hay nadie en tu parentela que se llame con ese nombre. Entonces preguntaron por señas a su padre, cómo le quería llamar. Y pidiendo una tablilla, escribió, diciendo: Juan es su nombre. Y todos se maravillaron. (1:59-63)

Dios es un Dios de gracia que se deleita en ser misericordioso con los pecadores (Is. 30:18). Él encuentra gozo en dar a su pueblo las bendiciones que ellos no merecen, y en retener el castigo que sí merecen (cp. Lc. 15:7, 10, 20-27). Según Efesios 1:9, Dios tiene buenos propósitos para los elegidos, los que no están "bajo la ley, sino bajo la gracia" (Ro. 6:14), y sobre quienes derramará "las abundantes riquezas de su gracia" por toda la eternidad (Ef. 2:7). Él es "el Dios de toda gracia" (1 P. 5:10), que da gracia (Sal. 84:11; Pr. 3:34; Stg. 4:6; 1 P. 5:5), y que se sienta en el "trono de la gracia" (He. 4:16). La Biblia describe la gracia de Dios como mayor (cp. Stg. 4:6), superabundante (2 Co. 9:14), soberana (2 Ti. 1:9), rica (Ef. 1:7; 2:7), multiforme (1 P. 4:10), suficiente (2 Co. 12:9), abundante (Hch. 4:33; 1 Ti. 1:14) y gloriosa (Ef. 1:6).

La gracia de Dios se manifiesta de manera sorprendente en este pasaje: a través de un conflicto por el nombre del hijo de Elisabet. La escena se desarrolló el **octavo día** después del nacimiento del bebé, cuando fueron a **circuncidar al niño.** La circuncisión era un requisito para todos los varones judíos (Gn. 17:9-14; Lv. 12:3), y la instituyó Dios por tres razones. Primera, tenía beneficios para la salud, en particular en el mundo antiguo en que no se había descubierto el peligro de las bacterias y las normas de higiene se desconocían en gran parte; por tanto, las infecciones se transmitían con mayor facilidad de un hombre a una mujer. Eliminar la piel exterior disminuía el potencial para tales infecciones, por lo que históricamente las mujeres judías tenían menores índices de cáncer cervical y otras enfermedades debido a que los esposos judíos estaban circuncidados. La circuncisión era, por consiguiente, una de las muchas regulaciones dietéticas e higiénicas que Dios proveyó a fin de proteger y perpetuar al pueblo judío. Aún más importante, la circuncisión era la señal del pacto abrahámico (Gn. 17:10) y, en consecuencia, una señal de la identidad nacional de Israel. Por último, la circuncisión sirve como lección espiritual objetiva, que ilustra de manera gráfica la necesidad del ser humano de limpiarse de la depravación del pecado, el cual se transmite a las generaciones venideras mediante la procreación.

La cirugía de la circuncisión por lo general la realizaba el padre u otra persona designada. (En una ocasión única fue realizada por una mujer: Séfora, la esposa de Moisés [Éx. 4:25]). Según la tradición judía posterior, debía haber al menos diez testigos presentes. Estos, de ser necesario, podrían dar fe más adelante de que la circuncisión se había realizado. La costumbre de ponerle nombre al niño el octavo día, el día de la circuncisión, no está prescrita en el Antiguo

Testamento. Para el siglo I d.C. se había convertido en una práctica común (no se sabe cuán extendida estaba), quizás basándose en la tradición de que a Moisés le pusieron nombre y lo circuncidaron al octavo día de su nacimiento. Además, Abraham recibió su nuevo nombre el día en que fue circuncidado (Gn. 17:5, 23).

Las personas que se habían reunido para presenciar la circuncisión del hijo de Elisabet decidieron tomar parte en ponerle nombre. No era extraño que un grupo participara en poner nombre a un niño. Según Rut 4:17, al hijo de Booz y Rut "le dieron nombre las vecinas, diciendo: Le ha nacido un hijo a Noemí; y lo llamaron Obed. Este es padre de Isaí, padre de David". A fin de honrar al sacerdote fiel, que había soportado gran sufrimiento y tristeza porque él y Elisabet no tenían hijos, **llamaban** al niño **con el nombre de su padre, Zacarías.** Llamar a los hijos primogénitos igual que sus padres no era algo extraño, aunque más común era ponerles el nombre de sus abuelos.

En la cultura judía, los nombres eran descriptivos. En ocasiones reflejaban las características físicas de una persona; por ejemplo, Esaú significa "velludo", y Jacob, "el que agarra el talón", una obvia referencia a lo que hizo al nacer (Gn. 25:26). Otros nombres expresaban la alegría de los padres por el nacimiento del niño, como ocurrió con Saúl y Samuel, que ambos significan "solicitados". Otros nombres, tales como Elías ("Jehová es Dios"), reflejaban la fe de los padres.

Sin embargo, el bienintencionado intento de ponerle al niño el nombre del padre provocó una reacción inmediata y contundente de parte de **su madre.** *Ouchi* (**no**) es una forma enfática y reforzada del adverbio negativo *ou*, y se podría traducir "en absoluto", "de ningún modo", "bajo ningún concepto" o, en la jerga contemporánea, "ni pensarlo". En lugar de que le pusieran el mismo nombre de su padre, Elisabet insistió con gran firmeza en que su hijo se llamaría **Juan,** exactamente como el ángel Gabriel le había ordenado a Zacarías (1:13). No habría ningún debate; esta no iba a ser una decisión de grupo.

La razón de que el nombre del bebé no fuera negociable se debía a que el mismo Dios, como había hecho en los casos de Isaac (Gn. 17:19), del hijo de Isaías (Is. 8:3), de los hijos de Oseas (Os. 1:4, 6, 9), y que en poco tiempo haría en el caso de Jesús (Mt. 1:21), lo había elegido. *Iōannēs* (**Juan**) es la forma griega del nombre hebreo *Jehohanan* (o *Johanan*), que significa "Dios es misericordioso". El nombre refleja la misericordiosa salvación de Dios, en que Juan figuraría de manera destacada como precursor del Mesías. Los nombres de sus padres también revelan aspectos del plan de salvación. "Zacarías" significa "Dios recuerda" (es decir, es fiel a sus promesas), mientras que "Elisabet" podría querer decir "mi Dios ha jurado" o "mi Dios es un juramento", en otras palabras, Él es "el Único Absolutamente Confiable" (William Hendriksen, *The Gospel of Luke* [Grand Rapids: Baker, 1978], p. 65). Estos dos posibles significados del nombre de Elisabet también se refieren a la fidelidad de Dios.

Desconcertados por el rechazo vehemente de Elisabet del nombre que habían elegido y de la insistencia de ella en llamar Juan al bebé, los reunidos **le dijeron: ¿Por qué? No hay nadie en tu parentela que se llame con ese nombre.** Al poner a su hijo un nombre con el que no estaban de acuerdo sus parientes ni los de Zacarías, Elisabet había ido contra la costumbre judía. Tal vez sintiendo que como mujer había sobrepasado sus límites, los presentes decidieron ir a la cabeza de Elisabet, su esposo Zacarías.

Aún bajo el castigo divino por dudar de lo que Gabriel le había dicho en el templo (1:20), Zacarías no podía hablar ni oír (la palabra traducida en 1:22 "no les podía hablar" [*kōphos*] se refiere a aquellos que están sordos en 7:22; Mt. 11:5; Mr. 7:32, 37; 9:25]). El hecho de que los presentes le hablaran **por señas** preguntándole a Zacarías **cómo le quería llamar** a su hijo también sugiere que él no podía oír, o de otro modo simplemente le habrían hablado.

En respuesta a la solicitud, Zacarías pidió **una tablilla.** *Pinakidion* (**tablilla**), usada únicamente aquí en el Nuevo Testamento, se refiere a una tabla pequeña de madera cubierta de cera. En esa tablilla, que había sido su único medio de comunicación durante los últimos meses, Zacarías **escribió, diciendo: Juan es su nombre.** Su respuesta fue breve y enfática; Elisabet había dicho que el hijo "se llamará Juan" (v. 60), pero Zacarías declaró que su nombre es Juan. En lo que a él respecta, ese había sido el nombre del niño desde que Gabriel se lo anunciara. Su decisión, por consiguiente, era definitiva. **Y todos** los presentes **se maravillaron.**

Pero si la elección del nombre del niño los sorprendió, lo que ocurrió a continuación los dejó totalmente asombrados.

EL PODER DE DIOS ES MARAVILLOSO

Al momento fue abierta su boca y suelta su lengua, y habló bendiciendo a Dios. Y se llenaron de temor todos sus vecinos; y en todas las montañas de Judea se divulgaron todas estas cosas. Y todos los que las oían las guardaban en su corazón, diciendo: ¿Quién, pues, será este niño? Y la mano del Señor estaba con él. (1:64-66)

La afirmación de Zacarías de que a su hijo se le pondría en realidad el nombre prescrito por Gabriel fue seguida por una demostración sorprendente de poder divino. Zacarías había estado sordo y mudo durante todos esos nueve meses. Sin embargo, **al momento fue abierta su boca y suelta su lengua, y habló bendiciendo a Dios.**

De principio a fin la Biblia exalta el poder de Dios. Génesis relata la creación del universo a partir de la nada (Gn. 1—2; cp. Jer. 10:12; 27:5; 32:17; 51:15; Ap. 4:11), y Apocalipsis expresa que Dios destruirá el universo actual y creará un cielo nuevo y una tierra nueva (Ap. 21—22; cp. 2 P. 3:7-12). Dios, en la persona del

Señor Jesucristo, "sustenta todas las cosas con la palabra de su poder" (He. 1:3). Salmos 62:11 declara que "de Dios es el poder". Uno de los nombres de Dios es El Shaddai: Dios todopoderoso (cp. Gn. 17:1; 28:3; 35:11; Éx. 6:3; Ez. 10:5). El poder de Dios es ilimitado (Nm. 11:23); por eso "para Dios todo es posible" (Mt. 19:26) y "nada hay imposible para Dios" (Lc. 1:37; cp. Gn. 18:14). Su poder es grande (Éx. 14:31; Nah. 1:3), majestuoso (Éx. 15:6), exaltado (Job 37:23), y fuerte (Is. 8:11).

La frase **al momento** (o los términos relacionados "al instante" y "luego") que se usa con frecuencia en el Evangelio de Lucas, se asocia con un milagro divino (cp. 4:39; 5:25; 8:44, 47, 55; 13:13; 18:43). A diferencia de los supuestos milagros de los curanderos de hoy día, las sanidades en el Nuevo Testamento fueron instantáneas. (Para un mayor análisis de este punto, véase John MacArthur, *Los carismáticos* [El Paso: Casa Bautista de Publicaciones, 1995], pp. 216-21, y la exposición de 4:38-44 en el cap. 25 de esa obra). Al instante **fue abierta** la **boca** de Zacarías **y suelta su lengua,** exactamente como Gabriel había profetizado (1:20). Todas las emociones reprimidas de los últimos nueve meses estallaron, **y habló bendiciendo a Dios.** Algo de lo que el sacerdote dijo está escrito en los versículos 67-79.

Como consecuencia de la presentación impactante del poder de Dios demostrada en la curación milagrosa de Zacarías, **se llenaron de temor todos sus vecinos; y en todas las montañas de Judea se divulgaron todas estas cosas.** Todos los detalles de la increíble historia del nacimiento de Juan (el ángel Gabriel se le aparece a Zacarías en el templo, Zacarías queda sordo y mudo como resultado de su incredulidad, Elisabet concibe un hijo a pesar de la avanzada edad de ella y de Zacarías, el nacimiento del niño que iba a ser el antecesor del Mesías, y la repentina y milagrosa curación de Zacarías) fueron tema de conversación en toda la región. No solamente los presentes en el nacimiento de Juan, sino también **todos los que oían** hablar de estos increíbles hechos los **guardaban en su corazón** (cp. 2:19, 51; 3:15), **diciendo: ¿Quién, pues, será este niño?** La especulación acerca del futuro de Juan era incontrolable. Presente en las mentes de las personas estaba el pensamiento de que si él era el precursor del Mesías, entonces la llegada del Mesías mismo era inminente. Lo que era innegable para todos era que **la mano del Señor** (frase que simbolizaba la poderosa presencia de Dios; cp. Éx. 9:3; Dt. 2:15; Jos. 4:23-24; 1 S. 5:6, 9; 7:13; 1 R. 18:46; Esd. 7:28; Is. 19:16) seguramente **estaba con** Juan desde el principio.

La ineludible conclusión que puede extraerse de este relato del nacimiento de Juan el Bautista es que Dios actúa de manera compasiva y redentora en la historia humana. Su veracidad, gracia y poder brillan claramente a través de los acontecimientos narrados aquí. La exhibición de esos atributos motivó el estallido intenso y aleccionador de alabanza de parte de Zacarías, que Lucas narra en la siguiente sección de su evangelio.

Cántico de salvación de Zacarías. Primera parte: El pacto davídico

9

Y Zacarías su padre fue lleno del Espíritu Santo, y profetizó, diciendo: Bendito el Señor Dios de Israel, que ha visitado y redimido a su pueblo, y nos levantó un poderoso Salvador en la casa de David su siervo, como habló por boca de sus santos profetas que fueron desde el principio; Salvación de nuestros enemigos, y de la mano de todos los que nos aborrecieron; (1:67-71)

Una expresión del gozo que caracteriza a los redimidos (cp. Neh. 8:10; Sal. 16:11; Ro. 14:17; Gá. 5:22; 1 P. 1:8) es cantar y alabar al Señor con salmos, con himnos y cánticos espirituales (Ef. 5:19; cp. Col. 3:16). Ese tema se desarrolla en toda la Biblia. Salmos 5:11 declara: "Alégrense todos los que en ti confían; den voces de júbilo"; en Salmos 13:6, el salmista se regocija: "Cantaré a Jehová, porque me ha hecho bien"; Salmos 30:4 exhorta: "Cantad a Jehová, vosotros sus santos"; y Salmos 92:1 afirma: "Bueno es alabarte, oh Jehová, y cantar salmos a tu nombre, oh Altísimo" (cp. v. 4; 7:17; 9:2, 11; 18:49; 27:6; 28:7; 33:1-3; 40:3; 47:6-7; 57:7; 59:16-17; 61:8; 63:7; 66:2; 68:4; 69:30; 71:22-23; 75:9; 81:1; 84:2; 89:1; 90:14; 95:1; 96:1-2; 98:1; 104:33; 105:2; 108:1, 3; 119:54, 72; 132:9, 16; 135:3; 138:1; 144:9; 146:2; 147:1, 7; 149:1, 3, 5; Éx. 15:1, 21; Jue. 5:3; 2 S. 22:50; 1 R. 4:32; 1 Cr. 16:9, 23; Esd. 3:11; Is. 12:2, 5; 42:10; Jer. 20:13; Zac. 2:10; Ap. 5:9; 14:3; 15:3-4).

Además de tales exhortaciones a cantar alabanzas, la Biblia registra numerosos cánticos de alabanza a Dios. Después que Dios los liberara de manera milagrosa de los egipcios que los perseguían, ahogando al ejército de Faraón en el Mar Rojo, Moisés y los israelitas entonaron un cántico en que celebraron esa liberación (Éx. 15:1-21). Débora y Barac también cantaron por la liberación divina de su pueblo, esta vez de las fuerzas cananeas dirigidas por Sísara (Jue. 5:1-31). En la dedicación del templo

(los levitas cantores, todos los de Asaf, los de Hemán y los de Jedutún, juntamente con sus hijos y sus hermanos, vestidos de lino fino, estaban con címbalos y salterios y arpas al oriente del altar; y con ellos ciento veinte sacerdotes que tocaban

trompetas), cuando sonaban, pues, las trompetas, y cantaban todos a una, para alabar y dar gracias a Jehová, y a medida que alzaban la voz con trompetas y címbalos y otros instrumentos de música, y alababan a Jehová, diciendo: Porque él es bueno, porque su misericordia es para siempre; entonces la casa se llenó de una nube, la casa de Jehová. Y no podían los sacerdotes estar allí para ministrar, por causa de la nube; porque la gloria de Jehová había llenado la casa de Dios (2 Cr. 5:12-14).

Ana entonó un cántico de alabanza al Señor por liberarla del estigma de la esterilidad (1 S. 2:1-10). El libro de Salmos, el himnario de Israel, está lleno de canciones que festejan los actos de liberación, salvación y redención de Dios para con su pueblo. El libro del Apocalipsis registra cánticos de alabanza entonados en el cielo (5:9-10; 15:3-4).

En los dos primeros capítulos de su evangelio, Lucas registra cinco tributos de alabanza: de Elisabet (1:41-45), de María (1:46-55), de Zacarías (1:67-79), de los ángeles que anunciaron el nacimiento de Cristo (2:13-14), y de Simeón (2:25-32). Y aunque las palabras de Ana, la profetisa (2:36) no se registraron, esta "no se apartaba del templo, sirviendo de noche y de día con ayunos y oraciones" (v. 37), y también "daba gracias a Dios, y hablaba del niño [Jesús] a todos los que esperaban la redención en Jerusalén" (v. 38). No tenemos información en cuanto a si alguna vez estas palabras se cantaron, o se planeó cantarlas, pero es claro que fueron estallidos de alabanza.

Los versículos 67-79 del capítulo 1 abarcan el tercero de esos cinco himnos, el de Zacarías. La alabanza de María, el Magníficat, resalta salvación personal; la alabanza de Zacarías, conocida como el Benedictus (de la primera palabra en la Vulgata Latina), se enfoca en la salvación colectiva. Se trata de un tributo de alabanza a Dios por la salvación de los pecadores, y por tanto omite cualquier mención de juicio divino. Como era apropiado para un sacerdote, quien dedicó su vida al estudio y la enseñanza de la ley, la alabanza de Zacarías, al igual que la de María, estaba profundamente arraigada en el Antiguo Testamento. Se centró especialmente en los tres grandes pactos: el davídico, el abrahámico y el nuevo, y por tanto constituye un importante vínculo del Antiguo Testamento al Nuevo. Las palabras de Zacarías revelan claramente que el cristianismo no es una nueva religión sino más bien el cumplimiento de todo lo prometido en el Antiguo Testamento a través del poder y la obra del Mesías, el Señor Jesucristo.

El estallido de alabanza y adoración de Zacarías fue provocado por los asombrosos acontecimientos que se acababan de realizar. En resumen, aproximadamente nueve meses antes el ángel Gabriel se le había aparecido al sacerdote mientras este ministraba en el templo. Gabriel hizo el sorprendente anuncio de que Zacarías y Elisabet, quien era estéril y ya no estaba en edad fértil, sin embargo tendrían un hijo. Y no solo un hijo sino que este sería el antecesor del Mesías. Cuando la escéptica respuesta de Zacarías reveló su falta de fe, ante el mensaje de Gabriel, el hombre quedó mudo sin poder hablar. Pero Elisabet quedó embarazada, exactamente como Dios había prometido por medio de Gabriel. Ocho días después que ella diera a luz a su hijo, le preguntaron a Zacarías qué nombre le pondrían al niño. Cuando escribió enérgicamente: "Juan es su nombre" (Lc. 1:63; cp. v. 13), "al momento fue abierta su boca y suelta su lengua, y habló bendiciendo a Dios" (v. 64). El Benedictus de Zacarías en los versículos 68-79 es una expresión de tal alabanza.

No obstante, el cántico de Zacarías no fue tan solo un reflejo de su gozosa comprensión por convertirse en padre, cuando toda esperanza parecía haber desaparecido mucho tiempo atrás. Dicho cántico expresó la verdad mucho más importante de que la redención que Dios prometió en el Antiguo Testamento estaba a punto de cumplirse. El hijo de Zacarías, Juan, sería el precursor que anunciaría la venida del Mesías, por medio de quien Dios liberaría a Israel y cumpliría sus pactos. Tales promesas y pactos sin duda fueron parte de la enseñanza de Zacarías a través de los años, por lo que estaba muy familiarizado con los textos del Antiguo Testamento que los contenían. Esa realidad se hace evidente cuando se desarrolla la alabanza del sacerdote. Con tres de esos pactos es que tratan principalmente las reflexiones de Zacarías.

Hay seis pactos a los que el Antiguo Testamento se refiere de manera específica con ese término. Tres de ellos, el pacto con Noé (Gn. 9:9-17), el pacto con Moisés (Éx. 19:5; 24:7-8; 34:27-28; Dt. 4:13), y el pacto sacerdotal (Nm. 25:10-13), no se relacionan con la salvación; la salvación espiritual y eterna no se ve en ninguno de ellos. Los otros tres pactos, davídico, abrahámico y el nuevo pacto, sí se relacionan con la salvación. El pacto davídico es universal; implica el gobierno eterno de Jesucristo sobre todo. El pacto abrahámico es nacional; designa la bendición prometida por Dios a Israel. El nuevo pacto es personal; se refiere al perdón de Dios con relación al pecado en las vidas de los individuos. Por supuesto, aparte de la salvación provista en el nuevo pacto, nadie entrará en las bendiciones plenas de los pactos davídico y abrahámico.

Fue importante para Lucas incluir este himno de alabanza al comienzo de la historia de su evangelio porque, como se indicó antes, vincula de forma inseparable al cristianismo con los pactos de salvación del Antiguo Testamento. Más específicamente, la venida del precursor del Mesías, Juan el Bautista, anunció el cumplimiento de la promesa del pacto de redención divina por medio del Mesías, Jesucristo.

Igual que su esposa (1:41) y su hijo (1:15) antes que él, **Zacarías fue lleno del Espíritu Santo.** El poder divino del Espíritu de Dios vino sobre él, **y profetizó.** El verbo traducido **profetizó** (*prophēteuō*) significa "declarar", "predicar y exponer la Palabra de Dios". Zacarías fue lleno e inspirado por el Espíritu Santo de modo que lo que habló fue la misma Palabra de Dios.

La frase introductoria de Zacarías, **bendito el Señor Dios,** era una manera común de iniciar una alabanza en el Antiguo Testamento (p. ej., Gn. 9:26; 24:27; Éx. 18:10; Rt. 4:14; 1 S. 25:32, 39; 2 S. 18:28; 1 R. 1:48; 8:15, 56; 1 Cr. 16:36; 29:10; Esd. 7:27; Sal. 28:6; 31:21; 41:13; 66:20; 68:19; 72:18-19; 89:52; 106:48; 113:2; 124:6; 135:21; Dn. 2:19-20; cp. Lc. 2:28; Ro. 1:25; 2 Co. 1:3; Ef. 1:3; 1 P. 1:3).

Zacarías veía correctamente el plan de redención divina como el desarrollo de las promesas de Dios a **Israel.** El Señor le recordó a la mujer samaritana que "la salvación viene de los judíos" (Jn. 4:22), en tanto que Pablo escribió que a los "israelitas... [les pertenece] la adopción, la gloria, el pacto, la promulgación de la ley, el culto y las promesas; de quienes son los patriarcas, y de los cuales, según la carne, vino Cristo, el cual es Dios sobre todas las cosas, bendito por los siglos" (Ro. 9:4-5).

Zacarías alabó primero a Dios porque Él había **visitado a su pueblo.** El concepto de que Dios visita a su pueblo, ya sea para juicio (cp. Éx. 32:34; Job 35:15) o para bendición (cp. Rt. 1:6; 1 S. 2:21; Jer. 29:10) es un tema conocido del Antiguo Testamento. El cielo había descendido a la tierra; lo sobrenatural había invadido a lo natural; Dios estaba ejecutando su plan eterno.

Específicamente, Zacarías glorificó a Dios porque había **redimido a su pueblo** (cp. 2:38; 24:21). *Lutrōsis* (**redimido**) y sus términos relacionados constituyen uno de los grupos de palabras usadas en el Nuevo Testamento para expresar la abundante verdad teológica de la salvación. Se refiere al pago de un precio para liberar a alguien de la esclavitud. (Otro grupo de palabras, *agoradzō* y sus términos relacionados, agrega la idea de propiedad, de que Dios redime a los pecadores para sí mismo). La redención libera a los pecadores de la esclavitud al pecado (Jn. 8:34; Ro. 6:6, 17, 20), de la maldición de la ley (Gá. 3:13; 4:5), de los caminos pecaminosos de los hombres caídos (1 Co. 7:23), de la falsa religión (Gá. 4:3), y de Satanás, quien ejerció el poder de la muerte (He. 2:14-15) sometido a la voluntad de Dios (Job 2:6). El precio de compra pagado para redimir a los elegidos fue la muerte expiatoria del Señor Jesucristo (Ro. 3:24; 1 Co. 1:30; Ef. 1:7; Col. 1:14; Tit. 2:14; He. 9:12; 1 P. 1:18-19).

Cuando Zacarías pronunció estas palabras, la redención se había otorgado hacía mucho tiempo, pero el pacto que la aseguraba no se había ratificado. Su hijo, el precursor del Mesías, solo tenía ocho días de edad. Y el Mesías, el Señor Jesucristo, aún no había nacido. Pero Zacarías estaba tan seguro de que Dios cumpliría su promesa, que habló de redención como si esta ya se hubiera llevado a cabo. Él sabía que el nacimiento de su hijo Juan indicaba que Dios estaba a punto de visitar a su pueblo y traer la provisión que hacía posible la salvación.

El pueblo de Israel anhelaba fervientemente que el Mesías viniera y los liberara de su esclavitud a Roma, igual que Dios había liberado a sus antepasados de la esclavitud en Egipto (cp. Sal. 106). Ellos veían su liberación principalmente en términos terrenales y políticos, esperando que el Mesías estableciera su reino terrenal y cumpliera las bendiciones prometidas a David y Abraham. Pasaron por alto la realidad de que tales bendiciones no se cumplirían separadas del perdón del pecado provisto en el nuevo pacto. Por desgracia, cuando Juan y Jesús predicaron la necesidad de esa salvación personal, la mayor parte del pueblo les rechazó el mensaje. Zacarías, por supuesto, no tenía manera de saber que eso ocurriría, y se regocijó cuando vio que llegaba el día de la redención.

Zacarías describió la redención como que Dios **levantó un poderoso Salvador.** Esa expresión pintoresca del Antiguo Testamento (cp. 1 S. 2:10; 2 S. 22:3; Sal. 18:2; 89:17, 24; 92:10; 112:9; 132:17; 148:14; Mi. 4:13) hablaba de poder para conquistar y matar, como el de una enorme bestia con cuernos. Aquí Zacarías la usó para referirse al Mesías, describiéndolo como un poderoso animal que bajaría sus cuernos, expulsaría a sus enemigos, y liberaría a su pueblo.

Este era el momento más grandioso en la historia de Israel, la culminación de toda esperanza y expectación redentoras. Y en el centro de ese monumental instante en el desarrollo de la historia de la redención estaba un sacerdote común y corriente de una aldea diminuta e insignificante. Como corresponde a un hombre empapado del Antiguo Testamento, el himno de alabanza de Zacarías considera primero el pacto davídico, revelando sus antecedentes, su promesa, y su cumplimiento.

ANTECEDENTES DEL PACTO DAVÍDICO

En la casa de David su siervo, (1:69*b*)

Zacarías sabía que el Antiguo Testamento enseñaba con claridad que el Mesías vendría de la **casa de David.** A través del profeta Jeremías, Dios declaró: "He aquí que vienen días, dice Jehová, en que levantaré a David renuevo justo, y reinará como Rey, el cual será dichoso, y hará juicio y justicia en la tierra" (Jer. 23:5). En Jeremías 33:15 repitió esa promesa: "En aquellos días y en aquel tiempo haré brotar a David un Renuevo de justicia, y hará juicio y justicia en la tierra". Además, Isaías 11:1 y 10 hablan del Mesías como descendiente del padre de David, Isaí (cp. Ro. 15:12), mientras que Salmos 132:17 se refiere al Mesías como "el poder de David" ("mi ungido"; cp. Sal. 2:2).

Zacarías también habría sabido que la madre de Jesús, María, era del linaje de David. La joven había estado con él y con Elisabet durante tres meses, y sin duda les habría contado la promesa de Gabriel para ella: "Y ahora, concebirás en tu vientre, y darás a luz un hijo, y llamarás su nombre JESÚS. Este será grande, y será llamado Hijo del Altísimo; y el Señor Dios le dará el trono de David su padre" (1:31-32). Ya que ella era descendiente de David (véase el estudio de 3:23-38 en el cap. 21 de esta obra), María transmitió a Jesús la línea de sangre real.

David, el **siervo** de Dios (cp. 2 S. 3:18; 7:5, 8; 1 R. 8:66; 11:13, 38; 14:8; Sal.

18:1; 36:1; 89:3; Jer. 33:21-22), el hombre conforme al corazón de Dios (1 S. 13:14), y el "dulce cantor de Israel" (2 S. 23:1), fue sin duda el más grande rey de Israel. El reino de Israel comenzó bajo su precursor, Saúl, y declinó bajo su sucesor, Salomón, dividiéndose poco después de la muerte de este último. La ferviente esperanza y expectativa del pueblo judío era que el Mesías cumpliera el pacto davídico y restaurara el reino de Israel a su antigua gloria.

PROMESA DEL PACTO DAVÍDICO

Como habló por boca de sus santos profetas que fueron desde el principio; (1:70)

En el último decenio del reinado de cuarenta años de David, después de concluir la edificación de su palacio, quiso construir un templo que albergara el arca del pacto. En consecuencia, dijo "el rey al profeta Natán: Mira ahora, yo habito en casa de cedro, y el arca de Dios está entre cortinas" (2 S. 7:2). Lo que David tenía en mente le pareció bien a Natán, por lo que el profeta dio su bendición al proyecto: "Natán dijo al rey: Anda, y haz todo lo que está en tu corazón, porque Jehová está contigo" (v. 3). Sin embargo, ni Natán ni David habían consultado a Dios, quien tenía algo más en mente:

> *Aconteció aquella noche, que vino palabra de Jehová a Natán, diciendo: Ve y di a mi siervo David: Así ha dicho Jehová: ¿Tú me has de edificar casa en que yo more? Ciertamente no he habitado en casas desde el día en que saqué a los hijos de Israel de Egipto hasta hoy, sino que he andado en tienda y en tabernáculo. Y en todo cuanto he andado con todos los hijos de Israel, ¿he hablado yo palabra a alguna de las tribus de Israel, a quien haya mandado apacentar a mi pueblo de Israel, diciendo: ¿Por qué no me habéis edificado casa de cedro? (vv. 4-7).*

En lugar de que David edificara una casa para Dios, Dios construiría una casa para David:

> *Ahora, pues, dirás así a mi siervo David: Así ha dicho Jehová de los ejércitos: Yo te tomé del redil, de detrás de las ovejas, para que fueses príncipe sobre mi pueblo, sobre Israel; y he estado contigo en todo cuanto has andado, y delante de ti he destruido a todos tus enemigos, y te he dado nombre grande, como el nombre de los grandes que hay en la tierra. Además, yo fijaré lugar a mi pueblo Israel y lo plantaré, para que habite en su lugar y nunca más sea removido, ni los inicuos le aflijan más, como al principio, desde el día en que puse jueces sobre mi pueblo Israel; y a ti te daré descanso de todos tus enemigos. Asimismo Jehová te hace saber que él te hará casa (vv. 8-11).*

Esos versículos narran la promesa de pacto irrevocable e incondicional para David y su casa (aunque aquí no se le llama un pacto, sí se lo hace en 2 S. 23:5). Dios **habló por boca de sus santos profetas** con relación a este pacto varias veces en el Antiguo Testamento; se calcula que otros cuarenta pasajes más se relacionan directamente con estos versículos (p. ej., Sal. 89, 110, 132). Isaías por sí solo tiene mucho que decir en cuanto al futuro reino davídico que será gobernado por el Mesías (cp. el estudio de 2 S. 7:12-13 más adelante). De acuerdo con la profecía de Isaías, el Señor restaurará al remanente fiel de Israel a la tierra a fin de habitar el reino. Él derrotará a todos los enemigos de Israel, proveyendo protección para su pueblo. En el reino, Israel disfrutará de gran prosperidad en muchas maneras. La ciudad de Jerusalén se levantará a la preeminencia mundial. Israel será el centro de la atención mundial, y su misión será glorificar al Señor. Los gentiles en el reino recibirán bendición a través del canal del fiel Israel. La paz y la justicia mundial prevalecerán bajo el gobierno del Príncipe de Paz. Las condiciones morales y espirituales en el reino llegarán a su plano más enaltecido desde la caída de Adán. El liderazgo gubernamental será excelente bajo el mando del Mesías, el perfecto hombre fuerte que es justo y veraz. La justicia prevalecerá cuando el Rey juzgue rápidamente el pecado evidente. Los seres humanos disfrutarán de largas vidas; quienes mueran a los cien años de edad se considerarán simples jóvenes. El conocimiento del Señor será universal. El mundo de la naturaleza disfrutará gran renovación. Los animales salvajes serán mansos; el león yacerá con el cordero, y los niños jugarán con serpientes venenosas. La tristeza y el llanto no existirán. Finalmente, un reino eterno como parte de la nueva creación de Dios seguirá al reino milenial. (Para mayor información que incluye versículos de referencia para lo explicado, véase el cuadro "Descripción de Isaías del futuro reino de Israel" en John MacArthur, autor y editor general, *Biblia de estudio MacArthur* [Nashville: Grupo Nelson, 2011], en las notas a Is. 65).

CUMPLIMIENTO DEL PACTO DAVÍDICO

Salvación de nuestros enemigos, y de la mano de todos los que nos aborrecieron; (1:71)

Al igual que muchas predicciones del Antiguo Testamento, la promesa del Señor a David en 2 Samuel 7:12-14 tiene cumplimiento tanto cercano como lejano. A corto plazo, el descendiente de David, cuyo reino Dios prometió establecer (v. 12), fue su hijo Salomón. A él se le otorgó el privilegio de construir el templo que le fue negado a David (v. 13*a*).

Pero ni el reino de Salomón ni el templo que construyó iban a perdurar. A medida que Salomón envejecía se hundía más y más en el pecado. Como resultado, después de su muerte, la nación se dividió en dos: el reino del norte de Israel, y el reino del sur de Judá. Finalmente, tras siglos de rebelión y desobediencia, Israel fue destruido por los asirios (722 a.C.). Poco más de un siglo después Judá cayó ante los babilonios, quienes en el 586 a.C. destruyeron el magnífico templo de Salomón.

No obstante, la promesa del pacto de Dios no falló. Se extiende hasta Uno más grande que Salomón (Lc. 11:31), el Señor Jesucristo. Es el reino de Cristo el que Dios prometió establecer para siempre (2 S. 7:13, 16). Un día Él regresará para establecer su reino terrenal en cumplimiento de la promesa hecha a David, y "lo dilatado de su imperio y la paz no tendrán límite, sobre el trono de David y sobre su reino, disponiéndolo y confirmándolo en juicio y en justicia desde ahora y para siempre. El celo de Jehová de los ejércitos hará esto" (Is. 9:7).

Fue ese reino mesiánico, con su esperanza y expectativa de **salvación de** los **enemigos** de Israel, **y de la mano de todos los que aborrecieron** al pueblo judío (cp. Sal. 106:10), lo que suscitó la alabanza de Zacarías. Como ya se indicó, él creía que la llegada del reino era inminente (igual que pasó con los propios discípulos de Jesús, incluso después de la resurrección [Hch. 1:6]); él sabía que su hijo era el precursor del Mesías, y que María llevaba en su vientre al Mesías. Zacarías no previó que ocurriría lo inimaginable: que Israel rechazaría y ejecutaría a su Rey.

Pero la desobediencia de Israel no puede anular las promesas de Dios (Ro. 3:1-3). El Rey volverá un día para establecer su reino terrenal, exactamente como Dios prometió a David. En ese día el remanente de Israel llegará al arrepentimiento y la fe y, dice el Señor, "mirarán a mí, a quien traspasaron, y llorarán como se llora por hijo unigénito, afligiéndose por él como quien se aflige por el primogénito" (Zac. 12:10). Clamarán alegremente: "Bendito el que viene en el nombre del Señor" (Mt. 23:39). Zacarías profetizó: "Se afirmarán sus pies en aquel día sobre el monte de los Olivos, que está en frente de Jerusalén al oriente" (Zac. 14:4). La descripción más detallada del regreso triunfal de Jesucristo para juzgar a sus enemigos y establecer su reino terrenal se halla en Apocalipsis 19:11-21:

> *Entonces vi el cielo abierto; y he aquí un caballo blanco, y el que lo montaba se llamaba Fiel y Verdadero, y con justicia juzga y pelea. Sus ojos eran como llama de fuego, y había en su cabeza muchas diademas; y tenía un nombre escrito que ninguno conocía sino él mismo. Estaba vestido de una ropa teñida en sangre; y su nombre es: EL VERBO DE DIOS. Y los ejércitos celestiales, vestidos de lino finísimo, blanco y limpio, le seguían en caballos blancos. De su boca sale una espada aguda, para herir con ella a las naciones, y él las regirá con vara de hierro; y él pisa el lagar del vino del furor y de la ira del Dios Todopoderoso. Y en su vestidura y en su muslo tiene escrito este nombre: REY DE REYES Y SEÑOR*

DE SEÑORES. Y vi a un ángel que estaba en pie en el sol, y clamó a gran voz, diciendo a todas las aves que vuelan en medio del cielo: Venid, y congregaos a la gran cena de Dios, para que comáis carnes de reyes y de capitanes, y carnes de fuertes, carnes de caballos y de sus jinetes, y carnes de todos, libres y esclavos, pequeños y grandes. Y vi a la bestia, a los reyes de la tierra y a sus ejércitos, reunidos para guerrear contra el que montaba el caballo, y contra su ejército. Y la bestia fue apresada, y con ella el falso profeta que había hecho delante de ella las señales con las cuales había engañado a los que recibieron la marca de la bestia, y habían adorado su imagen. Estos dos fueron lanzados vivos dentro de un lago de fuego que arde con azufre. Y los demás fueron muertos con la espada que salía de la boca del que montaba el caballo, y todas las aves se saciaron de las carnes de ellos.

La esperanza de Zacarías y del remanente futuro de judíos, así como de todos los verdaderos creyentes, está asegurada y sin duda se llevará a cabo. Dios no olvidará su pacto davídico. Los redimidos experimentarán el gozo bendito de servir y adorar al Rey durante el reino milenial y el reino eterno que lo seguirá. Solo entonces se comprenderá el anhelo ferviente de los hijos de Israel por la **salvación de** sus **enemigos y de la mano de todos los que los aborrecieron.**

Cántico de salvación de Zacarías. Segunda parte: El pacto abrahámico

10

Para hacer misericordia con nuestros padres, y acordarse de su santo pacto; del juramento que hizo a Abraham nuestro padre, que nos había de conceder que, librados de nuestros enemigos, sin temor le serviríamos en santidad y en justicia delante de él, todos nuestros días. (1:72-75)

Si pidiéramos a los historiadores que nombraran el acontecimiento más importante de la historia, aquel con repercusiones de mayor alcance y que tuvo el más grande impacto, no habría consenso. Algunos sugerirían una batalla o una guerra trascendental que volvió a configurar el equilibrio del poder; u optarían por la influencia de un gran militar o gobernante político, tales como Alejandro Magno, Faraón, César, o cualquier otro rey, primer ministro, presidente o general. Algunos más sugerirían el ascenso al poder de una civilización o nación importante, como Egipto, Babilonia, Grecia, Roma, China, el Imperio británico, o los Estados Unidos. A la inversa, algunos podrían señalar la caída de una importante civilización, como Babilonia o Roma, o el ocaso de la civilización occidental contemporánea.

Otros historiadores sostendrían que un invento o descubrimiento científico consiguió el mayor impacto. Inventos tales como la rueda, el telégrafo, el teléfono, el automóvil, el avión, la radio, y la computadora, la utilización de la electricidad, y los descubrimientos de la ciencia médica moderna sin duda han ayudado a hacer que nuestro mundo sea lo que es hoy día.

Muchos insistirían que son las ideas y las creencias lo que ejerce la mayor influencia en la historia. Señalarían el impacto de pensadores como Sócrates, Platón, Aristóteles, Agustín, Aquino, Hume, Kant, Hegel, Kierkegaard y Nietzsche; de líderes religiosos tales como Buda, Confucio, Lao-Tse y Mahoma; y de ideas tales como evolución, comunismo, democracia, capitalismo y posmodernismo. Tampoco se puede subestimar la importancia de movimientos o acontecimientos trascendentales, tales como el Renacimiento, la Reforma, la Ilustración, la Revolución estadounidense o la Revolución francesa.

Pero mientras los historiadores podrían debatir el suceso más importante de la historia, la historia misma ya ha contestado la pregunta. El evento más prodigioso de todos fue la venida del Señor Jesucristo al mundo. La división de la historia en a.C. ("antes de Cristo") y d.C. ("después de Cristo") muestra la importancia no superada de la encarnación de Cristo; se trata del gran punto divisorio de la historia.

Dios creó a la humanidad para servirle, adorarle y glorificarle. Para ese fin puso a Adán y Eva en el ambiente perfecto del huerto del Edén. Por desgracia, las mentiras de Satanás llevaron a la corrupción de ese mundo perfecto a medida que la caída sumía a la especie humana en el pecado y la depravación. Pero lo que Satanás se propuso para mal, Dios lo usó para su gloria. Exhibiendo sus atributos de gracia, misericordia, perdón y clemencia de otro modo desconocidos, Él salvó a pecadores perdidos. El Padre redimió a un pueblo a quien le presentó a su amado Hijo como regalo de su amor. Ellos lo servirán y lo adorarán para siempre.

La culminación del plan redentor de Dios fue la venida al mundo del Señor Jesucristo. Después de llevar una vida sin pecado y de perfecta obediencia a la ley de Dios, murió en la cruz para llevar los pecados de su pueblo. Debido a que Él trató a Jesús como si hubiera llevado las vidas pecadoras de ellos, Dios puede por medio de su gracia tratar a los redimidos como si hubieran llevado la vida perfectamente justa de Jesús. La encarnación, la expiación sustitutiva, y la resurrección de Jesucristo son temas predominantes de la Biblia. El Antiguo Testamento (más notablemente en Is. 53) anticipa la muerte del Mesías como el sacrificio definitivo al que señalaba el sistema expiatorio del Antiguo Testamento. Los evangelios registran la vida sin pecado y la muerte expiatoria de Jesús. Hechos y las epístolas constituyen un comentario sobre la importancia teológica de la vida, la muerte y la resurrección de Cristo. Apocalipsis brinda los detalles de su regreso y del reino milenial sobre la tierra, y de su reino eterno en cielo nuevo y tierra nueva.

En la época de Zacarías, los judíos esperaban ansiosamente la llegada del Mesías. Anhelaban que Él viniera, estableciera su reino, y les restaurara la tierra. Zacarías era uno de los "que esperaban la redención en Jerusalén" (2:38). El nacimiento de su hijo lo llenó de expectativa; el ángel Gabriel le había dicho que Juan iría "delante de él [el Mesías, Jesucristo] con el espíritu y el poder de Elías, para hacer volver los corazones de los padres a los hijos, y de los rebeldes a la prudencia de los justos, para preparar al Señor un pueblo bien dispuesto" (1:17). Zacarías sabía que si el precursor acababa de nacer, la venida del Mesías era inminente. Dicho conocimiento suscitó su magnífico himno de alabanza y adoración. Como corresponde a un sacerdote, un hombre que había dedicado su vida a estudiar y enseñar la ley de Dios, el himno de Zacarías está saturado con los textos del pacto del Antiguo Testamento. Específicamente, él se centra en los tres pactos de salvación y bendición: el davídico, el abrahámico y el nuevo pacto. Después de referirse al pacto davídico en los versículos 67-71 (véase la exposición de esos versículos en el cap. anterior de esta obra), Zacarías se vuelve ahora hacia el pacto abrahámico, indicando los antecedentes, la promesa, y el cumplimiento en el Mesías venidero.

ANTECEDENTES DEL PACTO ABRAHÁMICO

Para hacer misericordia con nuestros padres, (1:72*a*)

El pacto abrahámico, que Dios hizo **con** los **padres** de la nación de Israel (Abraham, Isaac, Jacob), constituye un elemento básico de interpretación bíblica. Una adecuada comprensión del mismo es esencial para entender apropiadamente toda la historia redentora. En contraste con el pacto davídico, que fue de alcance universal, el pacto abrahámico es nacional, prometiendo bendiciones para Israel (aunque los gentiles pueden acceder a esas bendiciones por medio de la fe; véase el estudio de Gá. 3:6-7 y Ro. 4:11-12 más adelante).

El pacto abrahámico es preeminentemente un pacto de **misericordia,** revelando que Dios es compasivo y piadoso con personas que no lo merecen. La oleada de misericordia que comenzó con la bendición de Dios a Abraham fluye a través de los siglos para proporcionar perdón, redención y bendición eterna a todos los que tienen fe en el Mesías, el Señor Jesucristo.

Después de empezar con temas universales, tales como la creación de Dios del universo en seis días, la entrada del pecado en el mundo, y el diluvio universal de la época de Noé con sus consecuencias, el libro de Génesis estrecha su enfoque en un individuo y sus descendientes: Abraham (conocido entonces como Abram), a quien presenta al final del capítulo 11. Este hombre era nativo de la sofisticada y poderosa ciudad caldea de Ur (v. 31), ubicada en Mesopotamia (Hch. 7:2). No está claro cuál fue su relación con el Dios verdadero, ya que, según Josué 24:2, Abraham era idólatra. Sin embargo, Dios lo llamó de manera soberana mientras él aún vivía en Ur, ordenándole: "Sal de tu tierra y de tu parentela, y ven a la tierra que yo te mostraré" (Hch. 7:3). Más tarde, después que Abraham se asentara en Harán con su padre, Taré (Gn. 11:31), Dios le repitió su llamado:

> *Pero Jehová había dicho a Abram: Vete de tu tierra y de tu parentela, y de la casa de tu padre, a la tierra que te mostraré. Y haré de ti una nación grande, y te bendeciré, y engrandeceré tu nombre, y serás bendición. Bendeciré a los que te bendijeren, y a los que te maldijeren maldeciré; y serán benditas en ti todas las familias de la tierra (Gn. 12:1-3).*

En obediencia al mandato del Señor, "se fue Abram, como Jehová le dijo... y a tierra de Canaán llegaron" (vv. 4, 5).

PROMESA DEL PACTO ABRAHÁMICO

Y acordarse de su santo pacto; del juramento que hizo a Abraham nuestro padre, que nos había de conceder (1:72*b*-73)

El **santo pacto,** el **juramento que** Dios **hizo a Abraham,** aunque se mencionó primero en Génesis 12, en realidad no se ratificaría hasta el capítulo 15 (véase el análisis siguiente). Después del llamado a Abraham de dejar su tierra para ir a otra que le iba a mostrar (Gn. 12:1), Dios prometió hacer de los descendientes de este hombre una gran nación, protegerlos y bendecirlos, bendecir al mundo por medio de ellos (vv. 2-3), y darles esa tierra (v. 7). La promesa del Señor de hacer una gran nación de Abraham era humanamente imposible, ya que su esposa Sara (conocida entonces como Sarai), era estéril (Gn. 11:30). El principio del cumplimiento de esa promesa sería una concepción milagrosa y el nacimiento de Isaac (Gn. 18:9-15; 21:1-8).

La promesa de Dios de hacer de Abraham una "nación grande" (Gn. 12:2), en realidad ya se cumplió. El pueblo judío ha hecho profundas contribuciones en campos como la medicina, las artes, la educación, literatura, ciencia y finanzas. Pero más importante es que a través de la nación de Israel "serán benditas [espiritualmente] en ti todas las familias de la tierra" (v. 3). A los judíos "les ha sido confiada la palabra de Dios" (Ro. 3:2), el Antiguo Testamento tuvo escritores inspirados por el Espíritu Santo, y todos fueron judíos. Ellos recibieron la "adopción" como hijos (Ro. 9:4); es decir, que Israel fue soberanamente llamado por Dios con el fin de ser su nación especial de testimonio y de recibir "la gloria, el pacto, la promulgación de la ley, el culto y las promesas" (v. 4). Lo más importante de todo es que de Israel "según la carne, vino Cristo" (v. 5; cp. Ro. 1:3). Todas las bendiciones de salvación llegaron a través del pueblo judío, lo que llevó a Jesús a declarar que "la salvación viene de los judíos" (Jn. 4:22).

Sin embargo, aunque Israel ha sido el canal por medio del cual han fluido hacia el mundo la revelación y las bendiciones, la nación casi nunca ha participado de esas bendiciones. Desobediencia; idolatría; adoración externa vacía y ritualista; y lo más horrible de todo, rechazo al Mesías, han traído castigo de Dios en vez de bendición. Pero, a pesar de la rebelión y el castigo consecuente, Dios ha protegido al pueblo judío. Sobrevivieron al exilio en Babilonia, al intento de Antíoco Epífanes durante el período intertestamentario de erradicar la religión y la cultura judías, a la destrucción de Jerusalén por los romanos, a ser dispersados de Palestina y obligados a vivir en tierras gentiles, y a siglos de matanzas y persecuciones que culminaron en el siglo XX con la aberración del Holocausto. No obstante, Israel aún existe como nación, y ocupa parte de la tierra que Dios le prometió a Abraham. Además, Dios en el futuro seguirá preservando al pueblo judío al sellar a ciento cuarenta y cuatro mil evangelistas, doce mil de cada tribu (Ap. 7:4-8), durante la tribulación, rescatando a la nación del furioso intento del anticristo de aniquilarla (Ap. 12:13-17), y redimiendo al remanente creyente al final de la tribulación (Ro. 11:25-27). Pero los judíos como nación aún no han experimentado el cumplimiento total de las promesas de Dios a Abraham.

Resaltando su crucial importancia en el flujo de la historia redentora, el pacto abrahámico se reitera ocho veces en el libro del Génesis (caps. 12, 13, 15, 17, 22, 26, 28 y 35). Como ya se indicó, Dios anunció las condiciones del pacto en el capítulo 12, pero este en realidad no se estableció hasta el capítulo 15. Aquello se clarifica en 15:18, que afirma: "En aquel día hizo Jehová un pacto abrahámico". Dios selló ese pacto de una manera muy dramática, que destacó su naturaleza unilateral e incondicional.

En el versículo 7, Dios repitió la promesa que en el capítulo 12 le había hecho a Abraham con relación a la tierra que le daría a él y a sus descendientes: "Yo soy Jehová, que te saqué de Ur de los caldeos, para darte a heredar esta tierra". En busca de una confirmación reiterada, Abraham replicó: "Señor Jehová, ¿en qué conoceré que la he de heredar?" (v. 8). La ceremonia que siguió, la cual estaba en consonancia con la costumbre del antiguo Cercano Oriente, ratificó el pacto:

> *Y [Dios] le dijo [a Abram]: Tráeme una becerra de tres años, y una cabra de tres años, y un carnero de tres años, una tórtola también, y un palomino. Y tomó él todo esto, y los partió por la mitad, y puso cada mitad una enfrente de la otra; mas no partió las aves. Y descendían aves de rapiña sobre los cuerpos muertos, y Abram las ahuyentaba. Mas a la caída del sol sobrecogió el sueño a Abram, y he aquí que el temor de una grande oscuridad cayó sobre él. Entonces Jehová dijo a Abram: Ten por cierto que tu descendencia morará en tierra ajena, y será esclava allí, y será oprimida cuatrocientos años. Mas también a la nación a la cual servirán, juzgaré yo; y después de esto saldrán con gran riqueza. Y tú vendrás a tus padres en paz, y serás sepultado en buena vejez. Y en la cuarta generación volverán acá; porque aún no ha llegado a su colmo la maldad del amorreo hasta aquí. Y sucedió que puesto el sol, y ya oscurecido, se veía un horno humeando, y una antorcha de fuego que pasaba por entre los animales divididos (Gn. 15:9-17).*

Sacrificar animales simbolizaba la seriedad de un pacto. Las dos partes que lo hacían caminaban entre las partes de los animales muertos, afirmando así que lo mismo les ocurriría si rompían el pacto. Pero en este caso únicamente el "horno humeando" y la "antorcha de fuego", que representaban la presencia de Dios, pasaron entre las partes de los animales sacrificados; Abraham estaba divinamente anestesiado. Por tanto, el pacto fue unilateral; una promesa irrevocable hecha solo por Dios y que no dependía de Abraham.

Israel nunca ha poseído toda la tierra prometida a Abraham (vv. 18-21). Solo cuando el Señor Jesucristo tome el trono de David y establezca su reino terrenal, Israel experimentará las bendiciones totales del pacto abrahámico.

Génesis 17 revela otro componente importante del pacto de Dios con Abraham. En el versículo 2, Dios le dijo: "Pondré mi pacto entre mí y ti, y te multiplicaré en gran manera", para después repetir esa promesa en el versículo 4: "Serás padre de muchedumbre de gentes". A fin de reforzar más ese punto, el Señor le cambió el nombre de Abram ("padre enaltecido") a Abraham ("padre de una multitud"), y Dios volvió a declarar: "Te he puesto por padre de muchedumbre de gentes" (v. 5).

En consonancia con esa promesa, Abraham no solo se convirtió en el padre del pueblo judío sino también de los árabes. Anteriormente, Sara, desesperada por tener un hijo, "tomó a Agar su sierva egipcia... y la dio por mujer a Abram su marido" (Gn. 16:3). El hijo nacido de esa unión fue Ismael (v. 11), el antepasado del pueblo árabe. Pero Ismael no era el hijo a través del cual vendría la bendición del pacto:

> *Dijo también Dios a Abraham: A Sarai tu mujer no la llamarás Sarai, mas Sara será su nombre. Y la bendeciré, y también te daré de ella hijo; sí, la bendeciré, y vendrá a ser madre de naciones; reyes de pueblos vendrán de ella. Entonces Abraham se postró sobre su rostro, y se rió, y dijo en su corazón: ¿A hombre de cien años ha de nacer hijo? ¿Y Sara, ya de noventa años, ha de concebir? Y dijo Abraham a Dios: Ojalá Ismael viva delante de ti. Respondió Dios: Ciertamente Sara tu mujer te dará a luz un hijo, y llamarás su nombre Isaac; y confirmaré mi pacto con él como pacto perpetuo para sus descendientes después de él. Y en cuanto a Ismael, también te he oído; he aquí que le bendeciré, y le haré fructificar y multiplicar mucho en gran manera; doce príncipes engendrará, y haré de él una gran nación. Mas yo estableceré mi pacto con Isaac, el que Sara te dará a luz por este tiempo el año que viene (Gn. 17:15-21; cp. Ro. 9:7; Gá. 4:28).*

Tres veces en este capítulo (vv. 7, 13, 19) Dios describe su pacto abrahámico como un pacto eterno. Este nunca será abrogado, pero finalmente se cumplirá cuando Cristo reine durante el reino milenial.

Aunque el pacto abrahámico fue promulgado por Dios de modo unilateral, y por tanto era incondicional e irrevocable, el disfrute de sus bendiciones viene solo por medio de la fe. Génesis 22 ilustra ese principio. De acuerdo con su promesa, Dios había dado un hijo a Abraham y Sara (Gn. 21:1-3). Años después (cp. Gn. 21:34), cuando Isaac era un hombre joven, el Señor le dio a Abraham una orden sorprendente: "Toma ahora tu hijo, tu único, Isaac, a quien amas, y vete a tierra de Moriah, y ofrécelo allí en holocausto sobre uno de los montes que yo te diré" (Gn. 22:2). Humanamente hablando, esto era incomprensible. Isaac era el hijo por medio del cual Dios había prometido hacer de Abraham una gran nación. ¿No abrogaría entonces la muerte del muchacho el pacto de Dios con

Abraham? Sin embargo, la fe de Abraham no desfalleció, y partió con Isaac para obedecer el mandato de Dios. Según Hebreos 11:19, Abraham creyó que, después de sacrificado Isaac, Dios lo resucitaría de los muertos. Pero cuando estaba a punto de clavar el cuchillo en su hijo,

> *el ángel de Jehová le dio voces desde el cielo, y dijo: Abraham, Abraham. Y él respondió: Heme aquí. Y dijo: No extiendas tu mano sobre el muchacho, ni le hagas nada; porque ya conozco que temes a Dios, por cuanto no me rehusaste tu hijo, tu único (vv. 11-12).*

La fe de Abraham en que Dios cumpliría su promesa es un modelo a seguir para todos los creyentes (cp. Gá. 3:9).

CUMPLIMIENTO DEL PACTO ABRAHÁMICO

Que, librados de nuestros enemigos, sin temor le serviríamos en santidad y en justicia delante de él, todos nuestros días. (1:74-75)

En uno de los incidentes más dramáticos en toda la historia redentora, el pacto de Dios con Abraham fue confirmado por la fe de este hombre, expresada en su disposición de ofrecer a su hijo Isaac como sacrificio a Dios. Israel, a diferencia de Abraham, a lo largo de la historia no ha respondido con fe a la voluntad revelada de Dios, incluso cuando vino el Mesías. En consecuencia, las bendiciones prometidas del pacto abrahámico, al igual que las del pacto davídico, no se han llevado a cabo. No será sino hasta que el pueblo judío reconozca a Jesús como el Mesías que viene en nombre del Señor (Lc. 13:35), que mire con arrepentimiento penitente hacia Aquel que traspasaron, y que lamente el rechazo que le hicieron (Zac. 12:10), que el remanente creyente se salvará (Ro. 11:26). Será entonces cuando la nación experimentará todas las bendiciones del pacto abrahámico en el reino milenial. Solo así se cumplirá la ferviente esperanza de Zacarías de **que** los hijos de Israel serán **librados de** sus **enemigos,** y que **sin temor** servirán a Dios **en santidad y en justicia delante de él, todos** los **días** de ellos.

Como es el caso del pacto davídico (véase el cap. 9 de esta obra), los creyentes gentiles también experimentarán las enormes bendiciones del pacto abrahámico. En un sentido espiritual, todos los cristianos participan de las promesas de la bendita salvación en este pacto y, por tanto, en el sentido de la salvación son llamados hijos de Abraham. Según el apóstol Pablo señala en Gálatas 3:6-7: "Así Abraham creyó a Dios, y le fue contado por justicia. Sabed, por tanto, que los que son de fe, éstos son hijos de Abraham". En anticipación a la cruz, Dios aplicó la justicia de Jesucristo a la cuenta de Abraham. Quienes creen el evangelio y por fe aceptan a Jesucristo "son bendecidos con el creyente Abraham"

(v. 9). Aunque físicamente no desciendan de Abraham, todos los que creen tienen en común el principio de fe con Abraham y, por ello, en ese sentido son sus descendientes espirituales. Las bendiciones de la salvación del pacto abrahámico son para todos los que creen en el Señor Jesucristo, tanto judíos como gentiles. Pablo les escribió a los romanos:

> *Y recibió la circuncisión como señal, como sello de la justicia de la fe que tuvo estando aún incircunciso; para que fuese padre de todos los creyentes no circuncidados, a fin de que también a ellos la fe les sea contada por justicia; y padre de la circuncisión, para los que no solamente son de la circuncisión, sino que también siguen las pisadas de la fe que tuvo nuestro padre Abraham antes de ser circuncidado (Ro. 4:11-12).*

Que todos los creyentes se conviertan espiritualmente en hijos de Abraham no significa que la iglesia sea la nueva Israel, cancelando todas las promesas a la nación. Esa clase de "reemplazo teológico" es inaceptable a la luz de las promesas incondicionales de Dios del Antiguo Testamento, y que el Nuevo Testamento reitera. Pablo dice con relación a Israel que "irrevocables son los dones y el llamamiento de Dios" (Ro. 11:29). Israel no ha sido apartado de manera permanente como nación; Dios no perpetuaría y protegería al pueblo judío a lo largo de los siglos a menos que tuviera un propósito definitivo para hacerlo. El apóstol Pablo retrocedió aterrado ante la idea de que Dios hubiera rechazado permanentemente a Israel: "Digo, pues: ¿Ha desechado Dios a su pueblo? En ninguna manera [gr., *mē genoito*, una negación muy rotunda]... No ha desechado Dios a su pueblo, al cual desde antes conoció" (Ro. 11:1-2). Aunque Israel tropezó en desobediencia, "¿Han tropezado los de Israel para que cayesen? En ninguna manera [*mē genoito*]; pero por su transgresión vino la salvación a los gentiles, para provocarles a celo" (v. 11). Los gentiles, como una rama de olivo silvestre, son injertados dentro de la rica raíz de la bendición de Abraham (v. 17). Pero las ramas naturales (los judíos), "si no permanecieren en incredulidad, serán injertados, pues poderoso es Dios para volverlos a injertar" (v. 23). En realidad, después "que haya entrado la plenitud de los gentiles" (v. 25), "todo Israel [es decir, el remanente creyente] será salvo" cuando Jesús regrese al final de la tribulación para establecer su reino milenial (v. 26).

Es entonces que el pacto abrahámico, anticipado por miembros del remanente de creyentes tales como Zacarías, Simeón y Ana, pero rechazado por la nación incrédula cuando rechazó al Mesías, se cumplirá plenamente. Por medio del Israel redimido, las bendiciones del pacto fluirán hacia el mundo en el reino terrenal del Señor Jesucristo. (Para un análisis de este asunto, véase la digresión al cap. 11 de este obra y *Comentario MacArthur del Nuevo Testamento: Romanos* [Grand Rapids: Portavoz, 2010], los estudios sobre Romanos 9 al 11).

Cántico de salvación de Zacarías. Tercera parte: El nuevo pacto

11

Y tú, niño, profeta del Altísimo serás llamado; porque irás delante de la presencia del Señor, para preparar sus caminos; para dar conocimiento de salvación a su pueblo, para perdón de sus pecados, por la entrañable misericordia de nuestro Dios, con que nos visitó desde lo alto la aurora, para dar luz a los que habitan en tinieblas y en sombra de muerte; Para encaminar nuestros pies por camino de paz. Y el niño crecía, y se fortalecía en espíritu; y estuvo en lugares desiertos hasta el día de su manifestación a Israel. (1:76-80)

De los distintos pactos que Dios ha dado para el desarrollo de la historia redentora, el nuevo pacto es único. Según se indicó en los capítulos anteriores de esta obra, tres de esos pactos, noeico, sacerdotal y mosaico, no son salvíficos; es decir, no son promesas asociadas con la redención. El pacto con Noé es la promesa de Dios de no destruir otra vez al mundo por medio de agua, mientras que el pacto sacerdotal es "el pacto del sacerdocio perpetuo" (Nm. 25:13) que promete que todos los sumos sacerdotes legítimos vendrían de la línea familiar de Finees. Tampoco la salvación se ve en el pacto mosaico "ya que por las obras de la ley ningún ser humano será justificado delante de él; porque por medio de la ley es el conocimiento del pecado" (Ro. 3:20; cp. v. 28; Gá. 2:16; 3:11; 5:4). Y aunque los pactos abrahámico y davídico requieren salvación para que sus bendiciones se cumplan, nada en ellos la proveen.

Existe una barrera, insuperable por cualquier esfuerzo humano, que impide a todo el mundo, incluso a los israelitas, experimentar los beneficios de los pactos abrahámico y davídico: el pecado. Para que se lleven a cabo tales bendiciones de pacto se requiere un pacto nuevo, diferente y superior... uno que proporcione perdón total del pecado (He. 7:22; 8:6). Ese es precisamente el caso que el escritor de Hebreos plantea en 8:7-13:

> *Porque si aquel primero hubiera sido sin defecto, ciertamente no se hubiera procurado lugar para el segundo. Porque reprendiéndolos dice: He aquí vienen días,*

> *dice el Señor, en que estableceré con la casa de Israel y la casa de Judá un nuevo pacto; No como el pacto que hice con sus padres el día que los tomé de la mano para sacarlos de la tierra de Egipto; porque ellos no permanecieron en mi pacto, y yo me desentendí de ellos, dice el Señor. Por lo cual, este es el pacto que haré con la casa de Israel después de aquellos días, dice el Señor: Pondré mis leyes en la mente de ellos, y sobre su corazón las escribiré; y seré a ellos por Dios, y ellos me serán a mí por pueblo; y ninguno enseñará a su prójimo, ni ninguno a su hermano, diciendo: Conoce al Señor; porque todos me conocerán, desde el menor hasta el mayor de ellos. Porque seré propicio a sus injusticias, y nunca más me acordaré de sus pecados y de sus iniquidades. Al decir: nuevo pacto, ha dado por viejo al primero; y lo que se da por viejo y se envejece, está próximo a desaparecer.*

Al comentar la trascendencia de que Dios hiciera un nuevo pacto, el teólogo puritano John Owen escribió: "Si no hubiera sido de mayor importancia para la gloria de Dios y el bien de las almas de los hombres, Dios, por el bien de ello, no hubiera dejado de lado el primer pacto y hubiera hecho otro... Todo esto se hizo para que pudiéramos ser perdonados" (*The Forgiveness of Sin* [Reimpresión; Grand Rapids: Baker, 1977], p. 179).

El principal problema que las personas enfrentan no es psicológico o social. No se trata de cómo estas actúan, piensan o hablan. Esos aspectos únicamente reflejan (cp. Lc. 6:45) el verdadero problema; esto es, que todos son pecadores (Ro. 3:23), con corazones perversos contaminados por el pecado (Jer. 17:9). El apóstol Pablo ofreció una descripción comprensiva (extraída de pasajes del Antiguo Testamento) de la pecaminosidad endémica y sistemática cuando escribió a los romanos:

> *Como está escrito: No hay justo, ni aun uno; no hay quien entienda, no hay quien busque a Dios. Todos se desviaron, a una se hicieron inútiles; no hay quien haga lo bueno, no hay ni siquiera uno. Sepulcro abierto es su garganta; con su lengua engañan. Veneno de áspides hay debajo de sus labios; su boca está llena de maldición y de amargura. Sus pies se apresuran para derramar sangre; quebranto y desventura hay en sus caminos; y no conocieron camino de paz. No hay temor de Dios delante de sus ojos (Ro. 3:10-18).*

Pablo se refirió a la presencia generalizada del pecado como "la ley del pecado" (Ro. 7:23, 25), que gráficamente expresa el poder, la autoridad, la represión y la influencia que el pecado ejerce. El uso que el apóstol hace del término "ley" fue metafórico; no estaba hablando de una norma por la que se debía vivir sino de una fuerza a la que se debe considerar. El pecado es una realidad operativa en la naturaleza del ser humano que tiene el poder de impulsar e imponer comportamiento, al igual que hacen el hambre, la sed, el deseo sexual, la ira y la tristeza. El pecado que mora dentro manipula y controla el comportamiento desde el interior, a diferencia de las normas o reglas externas.

Ya que ni las bendiciones prometidas de los pactos abrahámico y davídico, ni las maldiciones advertidas por violar la ley mosaica pueden cambiar el corazón, tampoco pueden dominar la ley del pecado. Ninguna cantidad de fuerza de voluntad o determinación por obedecer puede posibilitar a un pecador guardar los Diez Mandamientos (o incluso el resumen que Jesús hizo de la ley [Mr. 12:28-31]). La ley demuestra a los pecadores tanto su imposibilidad de obedecer como su necesidad de misericordia, gracia y perdón, y hasta exacerba el pecado y conduce a la muerte (Ro. 7:8-11). La ley muestra nuestro pecado y nuestra impotencia a fin de, como Pablo escribió, llegar a ser "nuestro ayo, para llevarnos a Cristo, a fin de que fuésemos justificados por la fe" (Gá. 3:24).

La experiencia de Israel ilustra esa verdad. El pueblo tenía las mejores intenciones, jurando obediencia a la ley de Dios y sellando su compromiso con sangre como se narra en Éxodo 24:4-8:

> *Y Moisés escribió todas las palabras de Jehová, y levantándose de mañana edificó un altar al pie del monte, y doce columnas, según las doce tribus de Israel. Y envió jóvenes de los hijos de Israel, los cuales ofrecieron holocaustos y becerros como sacrificios de paz a Jehová. Y Moisés tomó la mitad de la sangre, y la puso en tazones, y esparció la otra mitad de la sangre sobre el altar. Y tomó el libro del pacto y lo leyó a oídos del pueblo, el cual dijo: Haremos todas las cosas que Jehová ha dicho, y obedeceremos. Entonces Moisés tomó la sangre y roció sobre el pueblo, y dijo: He aquí la sangre del pacto que Jehová ha hecho con vosotros sobre todas estas cosas.*

Sin embargo, la ley les demostró que era imposible vencer sus naturalezas pecaminosas y pronto estaban incumpliendo los mandamientos con un nivel de idolatría e inmoralidad que llevó al juicio divino (Éx. 32).

En su discurso de despedida a la nación casi cuarenta años después de concluir la peregrinación por el desierto, Moisés describió las bendiciones que llegarían por la obediencia (Dt. 28:1-14), y advirtió las consecuencias de la desobediencia (vv. 15-68). Como una lección objetiva, Moisés ordenó que después que Israel entrara a la tierra prometida, la mitad de las tribus debía recitar las bendiciones prometidas de obediencia desde el monte Gerizim y que las otras seis debían pronunciar las maldiciones advertidas por desobediencia desde el monte Ebal (Dt. 27:11-26). Tras conquistar la tierra de Canaán, Josué al igual que Moisés también alentó a Israel a obedecer:

> *Y si mal os parece servir a Jehová, escogeos hoy a quién sirváis; si a los dioses a quienes sirvieron vuestros padres, cuando estuvieron al otro lado del río, o a*

los dioses de los amorreos en cuya tierra habitáis; pero yo y mi casa serviremos a Jehová (Jos. 24:15).

En respuesta "el pueblo respondió y dijo: Nunca tal acontezca, que dejemos a Jehová para servir a otros dioses" (v. 16). Cuando Josué les advirtió más adelante: "Si dejareis a Jehová y sirviereis a dioses ajenos, él se volverá y os hará mal, y os consumirá, después que os ha hecho bien" (v. 20), ellos protestaron: "No, sino que a Jehová serviremos... A Jehová nuestro Dios serviremos, y a su voz obedeceremos" (vv. 21, 24).

De nuevo, esas buenas intenciones no bastaron para impedir que el pueblo cayera en la apostasía. "Y el pueblo había servido a Jehová todo el tiempo de Josué, y todo el tiempo de los ancianos que sobrevivieron a Josué, los cuales habían visto todas las grandes obras de Jehová, que él había hecho por Israel" (Jue. 2:7). Sin embargo, más adelante

toda aquella generación también fue reunida a sus padres. Y se levantó después de ellos otra generación que no conocía a Jehová, ni la obra que él había hecho por Israel. Después los hijos de Israel hicieron lo malo ante los ojos de Jehová, y sirvieron a los baales. Dejaron a Jehová el Dios de sus padres, que los había sacado de la tierra de Egipto, y se fueron tras otros dioses, los dioses de los pueblos que estaban en sus alrededores, a los cuales adoraron; y provocaron a ira a Jehová. Y dejaron a Jehová, y adoraron a Baal y a Astarot. Y se encendió contra Israel el furor de Jehová, el cual los entregó en manos de robadores que los despojaron, y los vendió en mano de sus enemigos de alrededor; y no pudieron ya hacer frente a sus enemigos. Por dondequiera que salían, la mano de Jehová estaba contra ellos para mal, como Jehová había dicho, y como Jehová se lo había jurado; y tuvieron gran aflicción (vv. 10-15).

La situación de Israel, por tanto, parecía sin esperanza. ¿No iban nunca a recibir las bendiciones prometidas de los pactos abrahámico y davídico? ¿Podían de alguna manera recibir perdón por violar el pacto mosaico y se les otorgarían los medios para obedecer? Lo que necesitaban desesperadamente era que Dios les proporcionara otro pacto que les proveyera perdón y poder para obedecer. Esa realidad, pone de relieve la necesidad del nuevo pacto: la obra personal de Dios para perdonar pecados, limpiar corazones, y proveer poder espiritual. (Para una exposición detallada de los aspectos teológicos del nuevo pacto, véase *2 Corintios,* Comentario MacArthur del Nuevo Testamento [Grand Rapids: Portavoz, 2015], pp. 103-115).

Zacarías, un verdadero creyente en el Señor Dios, y un estudiante de las Escrituras del Antiguo Testamento, entendió los pactos y su cumplimiento a través del Mesías venidero. Su respuesta al anuncio de que un hijo suyo sería el antecesor del Mesías fue estallar en alabanza por el inevitable cumplimiento de los pactos mesiánicos. El sacerdote ya se había referido a los pactos davídico y abrahámico (véase el estudio de los vv. 67-75 en los caps. 9 y 10 de esta obra). Ahora, cuando concluía su magnífico himno de alabanza, se volvió hacia el crucial nuevo pacto, relatándole la promesa, la fuente y las bendiciones. Pero antes de analizar el nuevo pacto, Zacarías se dirigió a su hijo recién nacido, Juan. Él iba a ser el precursor del Mesías, cuya muerte expiatoria ratificaría ese nuevo pacto (Lc. 22:20; 1 Co. 11:25; cp. He. 8:6; 9:15; 12:24; 13:20).

A Juan lo llamarían **profeta del Altísimo.** Por medio del ministerio profético del **Altísimo** (término que resalta la absoluta soberanía de Dios; cp. el estudio de *El Elyon* ["Altísimo"] en el cap. 4 de esta obra) Dios terminaría con cuatro siglos de silencio revelador. El ministerio de Juan sería ir **delante de la presencia del Señor, para preparar sus caminos,** en cumplimiento de la promesa de Dios por medio de Malaquías: "He aquí, yo envío mi mensajero, el cual preparará el camino delante de mí" (Mal. 3:1; cp. 4:5). Él fue "aquel de quien habló el profeta Isaías, cuando dijo: Voz del que clama en el desierto: preparad el camino del Señor, enderezad sus sendas" (Mt. 3:3). La misión de Juan era preparar al pueblo para la llegada del Mesías. Con esa finalidad debía predicar "el bautismo del arrepentimiento para perdón de pecados" (Lc. 3:3), y su contundente mensaje era que las personas deben arrepentirse "porque el reino de los cielos se ha acercado" (Mt. 3:2). También Juan el Bautista cuestionó la legitimidad del arrepentimiento de algunos de sus oyentes:

> *Y decía a las multitudes que salían para ser bautizadas por él: ¡Oh generación de víboras! ¿Quién os enseñó a huir de la ira venidera? Haced, pues, frutos dignos de arrepentimiento, y no comencéis a decir dentro de vosotros mismos: Tenemos a Abraham por padre; porque os digo que Dios puede levantar hijos a Abraham aun de estas piedras. Y ya también el hacha está puesta a la raíz de los árboles; por tanto, todo árbol que no da buen fruto se corta y se echa en el fuego (vv. 3:7-10).*

El mensaje de Juan era contrario a la concepción popular del Mesías. El pueblo esperaba un héroe conquistador, que derrotaría a sus enemigos, establecería su trono, y marcaría el inicio de las bendiciones prometidas de los pactos abrahámico y davídico. Por eso, la multitud quiso hacer rey a Jesús después de su milagrosa alimentación de los cinco mil (Jn. 6:14-15). Pero, antes de entender las bendiciones de esos pactos, los israelitas debían enfrentar la realidad de su pecado, arrepentirse y buscar el perdón provisto únicamente en el nuevo pacto, ya en acción, aunque ratificado por nuestro Señor en la cruz. En su visión atemporal y eterna, Dios aplicó la muerte del Salvador por toda la historia redentora a aquellos que se arrepintieran y buscaran la salvación divina por medio de la gracia.

LA PROMESA DEL NUEVO PACTO

Para dar conocimiento de salvación a su pueblo, para perdón de sus pecados, (1:77)

Según se señaló antes, para experimentar las bendiciones prometidas de los pactos abrahámico y davídico (así como para escapar de las maldiciones advertidas por violar el pacto mosaico) se requiere que Dios soberanamente dé **conocimiento de salvación a su pueblo.** El **conocimiento** a la vista aquí no es teológico ni teórico, sino que se trata del conocimiento personal que llega por el **perdón de... pecados.**

Moisés, el dador de la ley, reconoció la necesidad de este pacto. Al reiterar los principios del pacto mosaico para la nueva generación respecto al ingreso a la tierra prometida, Moisés habló de otro pacto "además del pacto que [Dios] concertó con ellos en Horeb [el pacto mosaico]" (Dt. 29:1). Que el pueblo de Israel sería incapaz de cumplir el pacto mosaico es evidente en Deuteronomio 30:1-3:

> *Sucederá que cuando hubieren venido sobre ti todas estas cosas, la bendición y la maldición que he puesto delante de ti, y te arrepintieres en medio de todas las naciones adonde te hubiere arrojado Jehová tu Dios, y te convirtieres a Jehová tu Dios, y obedecieres a su voz conforme a todo lo que yo te mando hoy, tú y tus hijos, con todo tu corazón y con toda tu alma, entonces Jehová hará volver a tus cautivos, y tendrá misericordia de ti, y volverá a recogerte de entre todos los pueblos adonde te hubiere esparcido Jehová tu Dios.*

La referencia al destierro y cautiverio deja claro que el pueblo de Israel no iba a obedecer la ley de Moisés. Dios prometió recogerlos de las naciones a las que los había esparcido... pero únicamente cuando se volvieran a Él y le obedecieran con todo su corazón y su alma. (Cabe señalar que la reconstitución de Israel como nación, en 1948, no es la reunificación a la vista en este pasaje; el Israel moderno es un Estado totalmente secular, cuyo pueblo como un todo no ha regresado al Señor con todo su corazón y su alma. La reunificación predicha aquí se refiere a la salvación nacional de Israel [Ro. 11:25-26]).

Antes de que alguien se pueda volver al Señor y ser salvo, Dios primero debe circuncidar su corazón (Dt. 30:6). Aquí está la esencia del nuevo pacto: una cirugía espiritual realizada en el corazón pecador del hombre. Solo una transformación tan radical (cp. 2 Co. 5:17) puede romper el poder de la ley del pecado y permitir a las personas guardar la ley de Dios. Ya que los pactos mosaico, davídico y abrahámico no tuvieron el poder para cambiar el corazón, Dios proveyó el nuevo pacto.

La descripción más explícita del Antiguo Testamento acerca del nuevo pacto se encuentra en Jeremías 31:31-34:

He aquí que vienen días, dice Jehová, en los cuales haré nuevo pacto con la casa de Israel y con la casa de Judá. No como el pacto que hice con sus padres el día que tomé su mano para sacarlos de la tierra de Egipto; porque ellos invalidaron mi pacto, aunque fui yo un marido para ellos, dice Jehová. Pero este es el pacto que haré con la casa de Israel después de aquellos días, dice Jehová: Daré mi ley en su mente, y la escribiré en su corazón; y yo seré a ellos por Dios, y ellos me serán por pueblo. Y no enseñará más ninguno a su prójimo, ni ninguno a su hermano, diciendo: Conoce a Jehová; porque todos me conocerán, desde el más pequeño de ellos hasta el más grande, dice Jehová; porque perdonaré la maldad de ellos, y no me acordaré más de su pecado.

La situación de Israel era desesperada en la época de Jeremías. El reino del norte (Israel) ya había caído en manos de los asirios, y los días del reino del sur (Judá) estaban contados. Los israelitas eran apóstatas, y habían hecho caso omiso a las advertencias de juicio inminente y al llamado al arrepentimiento que les había hecho Jeremías. Entonces, el abandono en corto plazo que hicieron del pacto mosaico les había vuelto desesperada su situación. Pero Dios, a través de Jeremías, prometió un nuevo pacto (del que Moisés había hablado siglos antes [véase el estudio antes citado de Dt. 30]): la incondicional, unilateral, eterna e irrevocable promesa divina de redimir del juicio y del infierno a los pecadores perdidos.

El nuevo pacto prometido no sería "como el pacto [mosaico] que [Dios hizo] con sus padres" (v. 32). En agudo contraste con el código de la ley externa del pacto mosaico, Dios prometió que, en el nuevo pacto, "daré mi ley en su mente, y la escribiré en su corazón" (v. 33), otorgando así a los pecadores un nuevo corazón (Ez. 36:26). La poderosa dinámica espiritual provista en el nuevo pacto brinda liberación del poder del pecado, de su castigo y, finalmente, de su presencia. Dios atrae irresistiblemente a los pecadores hacia sí (Jn. 6:44), y a los que acuden al llamado (Jn. 6:37) les promete: "Perdonaré la maldad de ellos, y no me acordaré más de su pecado" (Jer. 31:34; Ez. 36:25). Por tanto, el nuevo pacto proporciona los elementos esenciales que les faltaba a todos los demás pactos: un nuevo corazón, poder para obedecer a Dios, comunión con Dios, el Espíritu Santo (Ez. 36:27), y perdón del pecado. Esas son las claves que liberan todas las bendiciones prometidas de los pactos abrahámico y davídico, y que anulan la condenación de la ley mosaica (cp. Ro. 8:1-2).

El nuevo pacto es personal: promete la salvación de pecadores individuales por medio de la fe en la muerte expiatoria de Jesucristo, "el Cordero de Dios, que quita el pecado del mundo" (Jn. 1:29). Todo el que ha sido salvo o lo será ha llegado a la salvación bajo las condiciones del nuevo pacto (Jn. 14:6; Hch. 4:12; cp. Hch. 10:42-43; Mt. 1:21; 1 Ti. 2:5-6).

Pero el nuevo pacto también tiene repercusiones nacionales para Israel.

Todas las irrevocables promesas de Dios de que Israel sería salvo y bendecido, de que el reino del Mesías vendría, y de que su tierra sería restaurada giran alrededor de la creencia de la nación en Jesucristo. En el futuro, los restantes creyentes judíos "mirarán a mí, a quien traspasaron, y llorarán como se llora por hijo unigénito, afligiéndose por él como quien se aflige por el primogénito" (Zac. 12:10) y, en consecuencia, "todo Israel será salvo" (Ro. 11:26). Hasta ese momento de arrepentimiento y aceptación nacional del nuevo pacto, y de Aquel cuya muerte lo hizo posible, Israel no puede recibir las bendiciones de los pactos abrahámico y davídico.

LA FUENTE DEL NUEVO PACTO

Por la entrañable misericordia de nuestro Dios, (1:78*a*)

Es **la entrañable misericordia** de Dios la que lo alienta a mostrar compasión por los pecadores perdidos. **Entrañable** se traduce de *splagchna*, que literalmente se refiere a las partes internas del cuerpo, tales como intestinos, corazón, hígado y pulmones (cp. Hch. 1:18). De manera figurada describe los afectos, y al corazón como la base de esos afectos (2 Co. 6:12; 7:15; Fil. 1:8; 2:1; Col. 3:12; Flm. 7, 12, 20; 1 Jn. 3:17). En combinación con *eleos* (**misericordia**) representa vívidamente la intensidad de la preocupación compasiva de Dios por los pecadores.

Misericordia es un atributo glorioso de Dios, notorio a lo largo de las Escrituras. Él es "misericordioso y clemente" (Sal. 86:15; cp. 145:8), y "muy misericordioso y compasivo" (Stg. 5:11; cp. Lc. 6:36). La manifestación exterior de tal misericordia es que Dios muestra bondad hacia los pecadores. Al hablar de la tierna compasión divina hacia Israel, Isaías escribió: "En toda angustia de ellos él fue angustiado, y el ángel de su faz los salvó; en su amor y en su clemencia los redimió, y los trajo, y los levantó todos los días de la antigüedad" (Is. 63:9). En Jeremías 33:26, Dios dijo de los oprimidos en Israel: "Yo restauraré su bienestar y tendré misericordia de ellos" (cp. Ez. 39:25). María se regocijó porque la "misericordia [del Señor] es de generación en generación a los que le temen" (Lc. 1:50) y porque Él "socorrió a Israel su siervo, acordándose de la misericordia" (v. 54). Anteriormente en su himno de alabanza, Zacarías también habló de la misericordia pasada de Dios para con Israel (v. 72). Efesios 2:4 declara que Dios redime a los pecadores perdidos debido a que es "rico en misericordia", mientras que en 1 Timoteo 1:13 y 16, Pablo alaba a Dios por su misericordia al salvarlo. Tito 3:5 declara que Dios "nos salvó, no por obras de justicia que nosotros hubiéramos hecho, sino por su misericordia" (cp. 1 P. 1:3; 2:10).

En su clásica exposición de los atributos de Dios, *The Knowledge of the Holy*, A. W. Tozer expresó la admiración que todos los redimidos deberían sentir al contemplar la misericordia de Dios hacia ellos:

> Cuando a través de la sangre del pacto eterno los hijos de las sombras lleguemos al fin a nuestro hogar en la luz, tendremos mil cuerdas para nuestras arpas, pero la más agradable muy bien podría ser aquella entonada para proclamar de manera más perfecta la misericordia de Dios... Nosotros que merecemos el destierro disfrutaremos comunión; que merecemos los sufrimientos del infierno conoceremos la felicidad del cielo. Y todo a través de la tierna misericordia de nuestro Dios, por cuyo medio la Aurora de lo alto nos visitó ([Nueva York: Harper & Row, 1975], p. 96).

No había nada intrínsecamente malo en el pacto mosaico; "la ley a la verdad es santa, y el mandamiento santo, justo y bueno" (Ro. 7:12). Reflejaba a la perfección el carácter justo de Dios. Si Dios simplemente hubiera hecho cumplir los términos del pacto mosaico y hubiera condenado a todos los pecadores al castigo eterno por violar su ley, se habría glorificado al mostrar su justicia. Pero Dios prefirió tener misericordia para con pecadores sin esperanza e indefensos en medio de la desgracia de su estado caído, e instituyó el nuevo pacto con su promesa de perdón, justicia y total aceptación eterna con Dios.

LAS BENDICIONES DEL NUEVO PACTO

Con que nos visitó desde lo alto la aurora, para dar luz a los que habitan en tinieblas y en sombra de muerte; para encaminar nuestros pies por camino de paz. (1:78*b*-79)

Zacarías anticipó la venida de Aquel cuya muerte procuraría las bendiciones del nuevo pacto: el Mesías. Lo identificó usando una metáfora abundante en la teología y el simbolismo mesiánicos del Antiguo Testamento. *Anatolē* (**Aurora**) literalmente significa "creciente", y aquí se refiere a la primera luz del amanecer. **Desde lo alto** (lit., "fuera de" o "desde las alturas") se refiere simbólicamente al cielo. Así Zacarías presenta al Mesías como una gran luz del cielo, **para dar** la luz de salvación **a los que habitan en tinieblas y en sombra de muerte** (cp. Is. 9:2; Sal. 107:10, 14; Jn. 12:46). Él es "el Sol de justicia, [que] en sus alas traerá salvación" (Mal. 4:2), iluminando la profunda oscuridad del pecado y acabando con la larga noche del alma. En 2 de Pedro 1:19 se habla del tiempo en que "el lucero de la mañana salga en vuestros corazones", mientras que en Apocalipsis 22:16, el Señor Jesucristo declara que Él es "la estrella resplandeciente de la mañana".

Tinieblas en la Biblia se puede usar de forma metafórica en dos maneras. Intelectualmente se refiere a ignorancia y error (p. ej., Sal. 82:5; Ec. 2:14; Ef. 4:18). Moralmente, tinieblas simboliza el pecado (p. ej., Pr. 2:13; 4:19; Jn. 3:19;

Ro. 13:12; 2 Co. 6:14; Ef. 5:8, 11), y el reino de Satanás (p. ej., Lc. 22:53; Ef. 6:12; Col. 1:13). Dios es luz (1 Jn. 1:5), y por consiguiente Jesús, Dios encarnado, vino al mundo como la Luz del mundo (Jn. 1:9; 3:19; 8:12; 9:5; 12:46). Él es "luz de las naciones, para [abrir] los ojos de los ciegos, para [sacar] de la cárcel a los presos, y de casas de prisión a los que moran en tinieblas" (Is. 42:6-7).

A un mundo perdido envuelto en la oscuridad y que con desesperación esperaba la luz (Is. 59:9-10), Dios, sabiendo que no había solución humana para el dilema del pecado (v. 16), envió un "Redentor... [para] los que se volvieren de la iniquidad" (v. 20; cp. 53:4-6, 8, 10-12). Al hablar del nuevo pacto que haría realidad eso, Dios declaró: "Y este será mi pacto con ellos, dijo Jehová: El Espíritu mío que está sobre ti, y mis palabras que puse en tu boca, no faltarán de tu boca, ni de la boca de tus hijos, ni de la boca de los hijos de tus hijos, dijo Jehová, desde ahora y para siempre" (v. 21).

La luz de salvación seguirá brillando en el reino milenial, según Isaías 60:1-5 revela:

> *Levántate, resplandece; porque ha venido tu luz, y la gloria de Jehová ha nacido sobre ti. Porque he aquí que tinieblas cubrirán la tierra, y oscuridad las naciones; mas sobre ti amanecerá Jehová, y sobre ti será vista su gloria. Y andarán las naciones a tu luz, y los reyes al resplandor de tu nacimiento. Alza tus ojos alrededor y mira, todos éstos se han juntado, vinieron a ti; tus hijos vendrán de lejos, y tus hijas serán llevadas en brazos. Entonces verás, y resplandecerás; se maravillará y ensanchará tu corazón, porque se haya vuelto a ti la multitud del mar, y las riquezas de las naciones hayan venido a ti.*

Efectivamente, a lo largo de la eternidad, la luz de la gloria de Dios iluminará a la Nueva Jerusalén:

> *El sol nunca más te servirá de luz para el día, ni el resplandor de la luna te alumbrará, sino que Jehová te será por luz perpetua, y el Dios tuyo por tu gloria. No se pondrá jamás tu sol, ni menguará tu luna; porque Jehová te será por luz perpetua, y los días de tu luto serán acabados (60:19-20).*

No solo que el Mesías iba a traer la luz de la salvación a su pueblo, también iba a **encaminar** los **pies** de ellos **por camino de paz.** Los pecadores perdidos, andando a tumbos en tinieblas, no sabían nada de la verdadera paz (Ro. 3:17). Sin embargo, la paz es uno de los elementos del nuevo pacto. En Isaías 54:10, Dios expresó: "Los montes se moverán, y los collados temblarán, pero no se apartará de ti mi misericordia, ni el pacto de mi paz se quebrantará, dijo Jehová, el que tiene misericordia de ti". Jesús prometió: "La paz os dejo, mi paz os doy; yo no os la doy como el mundo la da. No se turbe vuestro corazón, ni tenga miedo" (Jn. 14:27). Pablo escribió que la paz empieza con la salvación: "Justificados, pues, por la fe, tenemos paz para con Dios por medio de nuestro Señor Jesucristo" (Ro. 5:1). El reino de Dios se caracteriza por "justicia, paz y gozo en el Espíritu Santo" (Ro. 14:17). Paz es un elemento del fruto de Espíritu (Gá. 5:22), además "la paz de Dios, que sobrepasa todo entendimiento, guardará [los] corazones y [los] pensamientos [de los creyentes] en Cristo Jesús" (Fil. 4:7).

Con el final del cántico de alabanza de Zacarías cae el telón sobre la vida de Juan el Bautista, para no volver a levantarse hasta el comienzo de su ministerio público en el capítulo 3. La Biblia no toma en cuenta su infancia, revelando incluso menos detalles de los que revela de la infancia de Jesús. Lo único que se sabe de Juan durante los largos años entre su circuncisión y el inicio de su ministerio público es que **crecía, y se fortalecía en espíritu; y estuvo en lugares desiertos hasta el día de su manifestación a Israel.** Después asumió el papel predicho para él como precursor del Mesías, predicando el nuevo pacto del que su padre habló con tanta elocuencia y pasión.

Digresión: Por qué todo calvinista que se respete debe ser premilenialista

Este material se tomó del mensaje dado por el autor en la Conferencia de Pastores en la iglesia Grace Community Church en marzo de 2007. Se editó ligeramente, pero no se ha hecho ningún esfuerzo en eliminar los puntos de referencia expresados en el mensaje original. Se ha incluido aquí como una *ampliación de un tema presentado en el estudio acerca de los pactos en los capítulos 9–11 de esta obra. Una adecuada interpretación de la fecha bíblica lleva a la conclusión de que las promesas de Dios para Israel se cumplirán literalmente para la nación de Israel y no se transferirán a la Iglesia. Esa realidad lógicamente lleva al premilenialismo.*

Una de las extrañas ironías en la iglesia y la teología reformada es que quienes aman de manera más suprema y sincera la doctrina de la elección soberana presentan varios grados de desinterés en aplicar esas mismas pasiones y habilidades al final de la historia de la humanidad. Estas personas más bien están contentas por hallarse en una feliz y hasta traviesa discordia con relación a los vastos datos bíblicos sobre escatología, como si el fin no importara mucho. Además, son más firmes en su devoción a la gloria de Dios, al honor a Cristo, a la obra del Espíritu en la regeneración y la santificación, y a la veracidad e infalibilidad de la Biblia. También son los más exigentes en la hermenéutica, siendo los más cuidadosos e intencionalmente bíblicos con relación a categorías de doctrina. Tales individuos se ven a sí mismos como guardianes de la verdad bíblica y no se conforman con estar equivocados. Ellos están de acuerdo en los asuntos esenciales de la fe cristiana, de modo que se afanan en examinar, como los de Berea, cada texto relevante a fin de discernir la verdadera interpretación de todos los asuntos de revelación divina.

No obstante, sí importa que los calvinistas se interesen en la escatología y la interpreten bien... y nosotros también lo haríamos si entendiéramos bien a Israel. Entendemos a Israel cuando comprendemos los pactos y las promesas del Antiguo Testamento. Entendemos los pactos y las promesas del Antiguo

Testamento cuando comprendemos la interpretación correcta de las Escrituras. Entendemos la interpretación correcta de las Escrituras cuando somos fieles a la hermenéutica legítima y mantenemos la integridad de Dios. Si entendemos la hermenéutica correctamente, comprenderemos las promesas del Antiguo Testamento. Si entendemos las promesas, comprenderemos a Israel. Si entendemos a Israel, comprenderemos la escatología.

La Biblia llama a Dios el Dios de Israel en más de doscientas ocasiones. En las Escrituras hay más de dos mil referencias a Israel, y ninguna de ellas significa nada menos que Israel, incluso Romanos 9:6 y Gálatas 6:16, que son los únicos dos pasajes que los amilenialistas toman para tratar de convencernos que estos anulan a los otros dos mil. No hay ninguna dificultad en interpretar esos versículos con el sencillo significado de que los judíos que eran creyentes constituían el Israel de Dios. Israel siempre significa Israel, y nunca ha significado nada distinto a Israel. Setenta y tres usos de Israel en el Nuevo Testamento siempre significan Israel.

El setenta por ciento de la Biblia es la historia de Israel. Y creo que el punto central de la historia es llegar hasta el final… y no se desvanece como el humo. Por tanto, he aquí cómo conseguir el fundamento para una exacta comprensión de la escatología: entender la elección y comprender a Israel. Esos dos aspectos van juntos; son inseparables. ¿Cómo es que con mucha frecuencia entendemos el primero, pero no el segundo? Estoy seguro de que Dios no reveló la verdad profética con tanto detalle para ocultar u oscurecer esa verdad, sino que la reveló para nuestra bendición y motivación y, finalmente, para su gloria.

Hay una teología relacionada con Israel y con el final de los tiempos (popular entre muchos círculos reformados y calvinistas modernos), pero creo que no capta los aspectos relacionados con Israel. Se trata de la teología del reemplazo, llamada a menudo "supersesionismo" por los estudiosos. Este punto de vista exige que todas las promesas del Antiguo Testamento para Israel se vean a través de la lente del Nuevo Testamento, y que finalmente se las transfiera a la Iglesia. La teología del reemplazo, parte integral del amilenialismo, también crea una extraña dicotomía, ya que todas las maldiciones prometidas a Israel llegaron a Israel, literalmente, y siguen llegando. Si nos asombramos de que las maldiciones en el Antiguo Testamento fueran literales, estas están ocurriendo ahora mismo. Israel en este momento no está bajo protección divina. Está bajo la promesa de Dios de que será protegido como grupo étnico, pero este actual grupo de judíos que vive hoy día en el mundo y en la nación de Israel no está bajo protección divina: quienes viven allí son apóstatas. Han rechazado a su Mesías. Están bajo castigo divino. Pero siguen siendo un pueblo y lo serán hasta el final.

Qué maravilla apologética es esta para la veracidad de las Escrituras. No podemos abandonarla sin una enorme pérdida de confianza en la Biblia. Todas las maldiciones prometidas a Israel por desobedecer a Dios se hicieron realidad, literalmente, sobre Israel. Y ahora, de repente, se supone que debemos tomar todos esos pasajes que brindan bendición y maldición, y decir que todas las bendiciones prometidas a Israel no van a venir a Israel, sino a la Iglesia. ¿Dónde está la justificación textual para tal interpretación? Además, ¿no es de esperar que la forma en que se cumplieron las maldiciones sea la norma para el cumplimiento de las bendiciones? O, poniendo la pregunta en otro contexto, ¿no esperaríamos que todas las profecías que se cumplieron cuando Jesús vino en una forma literal establezcan la norma para el cumplimiento de las profecías relacionadas con la segunda venida? No se pueden separar estas interpretaciones.

Por tanto, el Antiguo Testamento no puede ser amilenial. Si afirmamos una hermenéutica normal (la claridad del Antiguo Testamento), por supuesto que esta pronuncia nítidamente pactos y promesas, y un reino venidero para Israel.

El Antiguo Testamento se debe interpretar, predicar y enseñar como la revelación clara de Dios que deben entender, creer y aplicar las personas a quienes se les dio. ¿Qué le prometió entonces Dios a Israel? Véase el capítulo 12 de Génesis, y es evidente que este es un estudio más allá de nuestra capacidad de profundizar en todos los detalles. Pero es claro y directo; no es difícil. Deseo que veamos la relación entre estos pactos y la soberanía divina de la elección.

Génesis 12:1 declara: "Jehová había dicho a Abram: Vete de tu tierra y de tu parentela, y de la casa de tu padre, a la tierra que te mostraré". Ahora tenemos aquí una gran ilustración de elección. Es casi como una experiencia del camino a Damasco, ¿no es verdad? Lo que hizo Abraham, o Abram como se le llama aquí, ¿lo hizo para poner esto en marcha? No. Abram no juega ningún papel en este pacto.

Sigamos el uso de las expresiones futuras en los versículos 2-3: "Y haré de ti una nación grande, y te bendeciré, y engrandeceré tu nombre, y serás bendición. Bendeciré a los que te bendijeren, y a los que te maldijeren maldeciré; y serán benditas en ti todas las familias de la tierra". Haré, bendeciré, engrandeceré, bendeciré, maldeciré... cinco veces. Esta es una decisión soberana, unilateral e incondicional.

Eso es profecía. Más tarde Dios pone a dormir a Abram y dice que esto es lo que ha de ocurrir: "Mas también a la nación a la cual servirán, juzgaré yo; y después de esto saldrán con gran riqueza. Y tú vendrás a tus padres en paz, y serás sepultado en buena vejez" (Gn. 15:14-15).

Después dice el versículo 17: "Y sucedió que puesto el sol, y ya oscurecido, se veía un horno humeando, y una antorcha de fuego que pasaba por entre los animales divididos". Dios durmió a Abram, lo anestesió, y únicamente Él pasó a través de los pedazos... una promesa unilateral, incondicional e irrevocable que Dios hizo consigo mismo. No hubo condiciones que Abram debiera cumplir. Ese día el Señor hizo un pacto con él.

Este debe ser un pacto que no termina. El capítulo 17, versículo 7 expresa: "Y estableceré mi pacto entre mí y ti, y tu descendencia después de ti en sus generaciones, por pacto perpetuo, para ser tu Dios, y el de tu descendencia después de ti". Dios eligió a Abram y a la nación que saldría de sus lomos; e hizo un pacto y una promesa con ellos de ser su Dios. Este es el pacto fundamental en la Biblia (pacto básico y bíblico), la promesa de Dios, unilateral e incondicional.

La decisión de Dios de establecer su amor sobre Israel de ninguna manera la determinó el desempeño de Israel. Tampoco la determinó la dignidad nacional de Israel. Se basó únicamente en la gracia independiente, no influenciable y soberana de Dios (véase Dt. 7:7-8). Él eligió a los israelitas porque determinó depositar su amor en ellos, por ningún otro motivo que la elección. La sobrevivencia del reino de Judá, a pesar del flagrante pecado de sus dirigentes, dependió de las promesas del pacto que Dios había hecho (léase Sal. 89 y 132, donde estas se reiteran). El pacto unilateral de Dios declara que solo el Señor es la parte responsable de cumplir las obligaciones. No hay condiciones que Abraham o cualquier otro judío pudiera cumplir por su cuenta. Esto no es diferente de nuestra salvación: fuimos divinamente elegidos. Pero no llegamos a Cristo por nuestra cuenta. Se nos dio vida por el Espíritu de Dios en el tiempo de Dios. El pacto unilateral de Dios declara que el Señor es la única parte responsable de cumplir las obligaciones para preservar a Israel.

La obediencia no es la condición que determina el cumplimiento. El poder soberano y divino es la condición que determina la obediencia, la que lleva al cumplimiento. Cuando el Señor dio a Israel el pacto unilateral, Él sabía que tendría que producir la obediencia en el futuro, de acuerdo con su plan divino.

Entonces Dios entregó el pacto davídico, en 2 Samuel 7, donde David recibe la promesa de que tendrá un Hijo más grande que regirá un reino eterno. Por cierto, esta es una expansión del pacto abrahámico. El versículo 12 reza: "Y cuando tus días sean cumplidos, y duermas con tus padres, yo levantaré después de ti a uno de tu linaje, el cual procederá de tus entrañas, y afirmaré su reino". Dios promete a Abraham una simiente, una tierra, una nación, lo que desde luego encarna un reino, y ahora viene la promesa de un Rey. Esta es una expansión del pacto abrahámico. Y lo notable aquí, otra vez, está en 2 Samuel 7:12-13: "levantaré después de ti a uno de tu linaje… afirmaré su reino… afirmaré para siempre el trono de su reino". Levantaré… afirmaré… afirmaré… otra vez.

Esto no quiere decir que el pacto abrahámico fuera solo para Israel. Todos participamos en sus bendiciones, espiritualmente… y milenariamente. Todos participaremos en el pacto davídico y abrahámico, incluso los que no somos de Israel, porque todos participaremos en la salvación y estaremos en el reino.

Existe un tercer pacto, el nuevo pacto. Veamos Jeremías 31; no puede haber cumplimiento de las promesas que el Señor les diera a Abraham o David aparte de la salvación. A lo largo de la historia siempre ha habido un Israel de Dios, siempre ha habido un remanente, siempre ha habido aquellos que no inclinaron la rodilla ante Baal. Dios siempre ha tenido un pueblo elegido. Pero no todo Israel es Israel. Es decir, no todo Israel es el verdadero Israel de Dios: los verdaderos creyentes. Pero Dios siempre ha tenido un remanente, siempre tuvo un pueblo... siempre, como afirma Isaías 6, tuvo un tronco, una semilla santa a lo largo de la historia. Pero en el futuro habrá una salvación del Israel étnico en un ámbito nacional. Y ese es el mensaje de Jeremías 31. He aquí el nuevo pacto entregado a Israel.

Nos gusta hablar del nuevo pacto porque participamos en la provisión de salvación del nuevo pacto, ratificada en la muerte de Cristo. Pero, de una manera especial, la aplicación del nuevo pacto es dada a una generación futura de judíos. Jeremías 31:31-33 afirma: "He aquí que vienen días, dice Jehová, en los cuales haré nuevo pacto con la casa de Israel y con la casa de Judá [esto es inconfundible]. No como el pacto que hice con sus padres el día que tomé su mano para sacarlos de la tierra de Egipto; porque ellos invalidaron mi pacto, aunque fui yo un marido para ellos, dice Jehová. Pero este es el pacto que haré con la casa de Israel".

¿Qué justificación hay para decir que no se trata de Israel? Esto se refiere a Israel. Haré... daré... perdonaré... haré un pacto con la casa de Israel. "Daré mi ley en su mente, y la escribiré en su corazón; y yo seré a ellos por Dios, y ellos me serán por pueblo... perdonaré la maldad de ellos, y no me acordaré más de su pecado" (vv. 33-34). ¿Vimos alguna vez tantos verbos en tiempo futuro? Esto es algo incondicional, unilateral, soberano, clemente e irrevocable.

Podríamos decir: "Bueno, quizás Dios cambió de opinión". Véanse los versículos 35-36: "Así ha dicho Jehová, que da el sol para luz del día, las leyes de la luna y de las estrellas para luz de la noche, que parte el mar, y braman sus ondas; Jehová de los ejércitos es su nombre: Si faltaren estas leyes delante de mí, dice Jehová, también la descendencia de Israel faltará para no ser nación delante de mí eternamente". No he observado que eso haya ocurrido. Si esto no significa lo que acaba de expresar, es imposible de entender.

El nuevo pacto promete la salvación que después incluye la recepción de todas las promesas en el pacto abrahámico, el pacto davídico, y todas las promesas extendidas a lo largo del Antiguo Testamento.

¿Cuál es la característica clave de esto? "Daré mi ley en su mente, y la escribiré en su corazón; y yo seré a ellos por Dios... perdonaré la maldad de ellos".

Obsérvese cuán soberano es esto: "Yo lo haré; lo haré en mi tiempo".

Veamos Ezequiel 36, porque este es un texto paralelo; pero creo que es bueno solamente recordarlo. Ezequiel 36:24-27 declara: "Y yo os tomaré de las naciones, y os recogeré de todas las tierras, y os traeré a vuestro país. Esparciré sobre vosotros agua limpia, y seréis limpiados de todas vuestras inmundicias; y de todos vuestros ídolos os limpiaré. Os daré corazón nuevo, y pondré espíritu nuevo dentro de vosotros; y quitaré de vuestra carne el corazón de piedra, y os daré un corazón de carne. Y pondré dentro de vosotros mi Espíritu [esto es estremecedor, ¿verdad?], y haré que andéis en mis estatutos, y guardéis mis preceptos, y los pongáis por obra".

¿Cómo podría alguien andar en los estatutos de Dios y guardar y poner por obra los preceptos divinos? Solo si Dios hace que eso pueda lograrse. "Habitaréis en la tierra que di a vuestros padres, y vosotros me seréis por pueblo, y yo seré a vosotros por Dios" (v. 28).

Después viene el versículo 32, solo como un buen recordatorio: "No lo hago por vosotros, dice Jehová el Señor, sabedlo bien; avergonzaos y cubríos de confusión por vuestras iniquidades, casa de Israel". ¿Por el bien de quién está haciéndolo? Por el propio bien de Él.

Vamos, al final del versículo 38, cuando Dios hace esto: "Sabrán que yo soy Jehová" (véase también el v. 37).

Por tanto, cuando el Señor dio promesas unilaterales, incondicionales (como causa principal), soberanas y clementes a un pueblo elegido, estaban garantizadas por fidelidad divina que se cumplirán como toda la obra de salvación. Y cuando Dios dice que tales promesas de pacto son irrevocables no podemos, con impunidad por cualquier idea o suposición al parecer conveniente, decir que estas promesas están anuladas. ¿Por qué razón?

Alguien podría decir: "Bueno, ¿qué hay de la apostasía de Israel? ¿No anula eso las promesas? ¿No se anulan las promesas debido a la apostasía de Israel?". Sin embargo, entendemos que las promesas del nuevo pacto entregadas a Jeremías y Ezequiel fueron dadas a Israel en la época en que los israelitas estaban bajo el juicio divino por apostasía. No se les dio cuando todo estaba bien y se hallaban viviendo y floreciendo en obediencia a Dios. Los israelitas eran tan apóstatas que estaban fuera de su tierra, y *entonces* el pacto se les dio. Y Dios estaba diciendo: "No crean que lo que está pasando a causa de la apostasía cambia mis promesas".

Alguien podría exponer: "Bueno, espere un minuto, ¿no rechazaron ellos a su Señor y Mesías? Eso pasó. Ellos lo rechazaron. Mataron a Jesús". Eso estaba en el plan. Una de las ideas extravagantes de la antigua línea de dispensacionalismo es que Jesús vino y ofreció un reino; y debido a que los judíos no aceptaron ese reino y mataron al Señor, Él se fue a la Iglesia y se le ocurrió el plan B.

La cruz no es el plan B. ¿Qué está diciendo Zacarías 12:10 cuando declara: "Mirarán a mí, a quien traspasaron" (véase Sal. 22 e Is. 53)? La cruz formó parte del plan principal. Y entonces 13:1 afirma: "En aquel tiempo habrá un manantial abierto para la casa de David". Israel será salvo. El nuevo pacto se cumplirá. Sigamos leyendo el capítulo 14: "Y Jehová será rey sobre toda la tierra" (v. 9). No hay otra manera de interpretar a Zacarías 12—14.

Por tanto, ¿es amilenial el Antiguo Testamento? No. ¿Eran amileniales los judíos en la época de Jesús? No. El útil *Study of Jewish Eschatology in the Day of Jesus* de Emile Schurer, publicado en 1880 por T. & T. Clarke en Edimburgo (una nueva edición fue publicada por Hendrickson Publishing en 1998), hace un gran trabajo al estudiar la mentalidad mesiánica y escatológica en la época de Jesús. Los judíos creían que el Mesías iba a venir, precedido por una época de tribulación. Creían que antes del Mesías vendría el profeta Elías. Creían que cuando el Mesías viniera, sería el descendiente directo de David. Creían que iba a tener poderes especiales para establecer su reino, y que se cumplirían todas las promesas de los pactos abrahámico y davídico. También creían que Israel se arrepentiría y sería salvo en el Mesías venidero. Ellos creían que el reino se establecería en Israel, con Jerusalén en el centro, y que se extendería por todo el mundo. Creían que la paz y la justicia dominarían al mundo. Todas las personas adorarían al Mesías. No habría guerra, solamente alegría y salud. Los judíos creían en una adoración restaurada en el templo; y el cumplimiento de los pactos incluía la renovación del mundo, una resurrección general, un juicio final y, después de eso, el estado eterno. Esa es la escatología judía anterior al Nuevo Testamento.

Eso es lo que Zacarías, el padre sacerdotal de Juan el Bautista, creía. Léase el gran *Benedictus* en Lucas 1:67 hasta el final del capítulo. ¿Y qué es lo que está diciendo? Cada frase viene de un texto del Antiguo Testamento en el pacto abrahámico, en el pacto davídico, o en el nuevo pacto... en cada uno de ellos. Él sabía lo que estaba ocurriendo. Los pactos se cumplirían.

¿Era Jesús amilenialista? Hechos 1 es el primer relato posterior a la resurrección "acerca de todas las cosas que Jesús comenzó a hacer y a enseñar, hasta el día en que fue recibido arriba, después de haber dado mandamientos por el Espíritu Santo a los apóstoles que había escogido" (vv. 1-2). Hay elección de nuevo.

Así que Jesús pasó tiempo con los apóstoles antes de su ascensión. Ahora, el versículo 3 declara: "A quienes también, después de haber padecido, se presentó vivo con muchas pruebas indubitables, apareciéndoseles durante cuarenta días". Literalmente: "apareciéndoseles durante cuarenta días"; debió haber sido algo intenso. ¿Podemos imaginarnos el nivel de enseñanza que un Jesús resucitado daría a los suyos durante el período de cuarenta días? ¿Qué tipo de educación seminarista habría sido? ¿Y de qué estaría Él hablando? "De las cosas relacionadas con el reino de Dios".

Durante cuarenta días Jesús habla del reino de Dios. Este es su momento. Si Jesús es amilenialista, allí es cuando debió haberles hablado. La apostasía de los judíos... eso es un hecho. El rechazo del Mesías también es un hecho. La ejecución del Mesías es igualmente un hecho. Este era el lugar perfecto para que Jesús lanzara el amilenialismo.

El versículo 6 afirma: "Entonces los que se habían reunido le preguntaron, diciendo: Señor, ¿restaurarás el reino a Israel en este tiempo?". Pues bien, ¿qué hubiera podido contestar Él?: "¿De dónde sacaron una idea tan ridícula? ¿A quién se le ocurrió tal concepto? ¿No han estado escuchando durante cuarenta días? Yo soy amilenialista. Qué pensamiento extraño, ¿voy a restaurar el reino a Israel? Ustedes no escuchan". Eso es todo. Si Jesús hubiera sido amilenialista, esta habría sido su oportunidad. Él tendría que haber dicho: "No, la iglesia es el nuevo Israel".

Los discípulos preguntan si este es el tiempo en que el Padre va a restaurar *apokathistanō* (según fuentes judías, un término escatológico para los últimos tiempos). Ellos estaban usando un término que era parte de su escatología. "Señor, ¿restaurarás el reino a Israel en este tiempo?". Cuarenta días de instrucción sobre el reino y ellos solo sabían con seguridad un aspecto: el reino para Israel estaba por llegar. Y lo único que querían saber era: ¿Cuándo? Eso es todo.

"Y les dijo: No os toca a vosotros saber los tiempos o las sazones" (v. 7*a*). No podemos saber el tiempo. Él no dijo: "Esperen, esperen, esperen. No va a ser un reino". Jesús expresó: "No os toca a vosotros saber los tiempos o las sazones [épocas]".

A propósito, "el Padre puso [esos tiempos] en su sola potestad" (v. 7*b*). De nuevo hay allí esa elección soberana. Se trata de algo soberano. Los discípulos lo sabían cuando preguntaron: "Señor, ¿restaurarás el reino a Israel en este tiempo?" (v. 6). Sabían que era una obra divina hacerlo. Esta fue una oportunidad perfecta para que Jesús enderezara las cosas.

Profundicemos un poco el texto del versículo 7: "que el Padre puso [*tithēmi*, 'establecido, señalado']". "Puso" está en el modo aorista: "puso para sí mismo". Se trata de la gloria de Dios. Se trata de su exaltación. Se trata de que finalmente todo el mundo vea el paraíso recuperado. Se trata de Dios siendo finalmente glorificado... quien ha sido muy deshonrado a lo largo de la historia humana. Se trata de la gloria de Dios y el honor de Jesucristo. Y Dios el Padre ha puesto para sí ese tiempo mediante su propia autoridad; esto es singular y unilateral. No hay otra manera de entenderlo.

No hay teología de reemplazo en la teología de Jesús. No hay supersesionismo, el cual es un movimiento a favor de establecer que no existe reino terrenal para Israel. Eso es absolutamente desconocido en el Antiguo Testamento y totalmente extraño al Nuevo Testamento. Jesús no manifestó: "¿De dónde sacaron ustedes esa descabellada idea? ¿No han estado escuchando?".

Ellos sencillamente no podían saber las sazones, el tiempo. La cruz siempre fue el plan. Recuerde que en Lucas 18, algo también registrado en Mateo y Marcos, Él dijo: "He aquí subimos a Jerusalén" (v. 31). ¿Y qué sucederá, si juntamos esos tres relatos? El "Hijo del Hombre... será entregado a los gentiles, y será escarnecido, y afrentado, y escupido. Y después que le hayan azotado, le matarán; mas al tercer día resucitará" (vv. 31-33).

Ese no es un plan B. Es más, si creyéramos que es un plan B seríamos insensatos. Y Jesús usó esa terminología: "¡Oh insensatos, y tardos de corazón para creer todo lo que los profetas han dicho!" (Lc. 24:25). Por tanto, haya venido de donde haya venido esto del amilenialismo, no vino del Antiguo Testamento, no vino de los judíos del Nuevo Testamento, ni vino de Jesús.

Podríamos decir: "Bueno, ¿fueron amilenialistas los apóstoles?". ¿Qué tal Pedro; fue amilenialista? En Hechos 3:12, Pedro está predicando: "Varones israelitas...". En el versículo 13 continuó: "El Dios de Abraham, de Isaac y de Jacob, el Dios de nuestros padres, ha glorificado a su Hijo Jesús, a quien vosotros entregasteis y negasteis delante de Pilato, cuando éste había resuelto ponerle en libertad. Mas vosotros negasteis al Santo y al Justo, y pedisteis que se os diese un homicida, y matasteis al Autor de la vida, a quien Dios ha resucitado de los muertos, de lo cual nosotros somos testigos" (vv. 13-15). ¡Qué acusación! Ellos [los judíos] no podían ser peores, nada más horrible.

El versículo 18 añade: "Pero Dios ha cumplido así lo que había antes anunciado por boca de todos sus profetas, que su Cristo había de padecer". Eso es literal, ¿no es así? "Así que, arrepentíos y convertíos, para que sean borrados vuestros pecados; para que vengan de la presencia del Señor tiempos de refrigerio, y él envíe a Jesucristo, que os fue antes anunciado; a quien por cierto es necesario que el cielo reciba hasta los tiempos de la restauración de todas las cosas, de que habló Dios por boca de sus santos profetas que han sido desde tiempo antiguo" (vv. 19-21).

En especial me encantan después los versículos 25-27: "Vosotros sois los hijos de los profetas, y del pacto que Dios hizo con nuestros padres". ¿Anuló Pedro el pacto? ¿Qué dice él? "Vosotros sois los hijos... del pacto que Dios hizo con nuestros padres, diciendo a Abraham: En tu simiente serán benditas todas las familias de la tierra. A vosotros primeramente, Dios, habiendo levantado a su Hijo, lo envió para que os bendijese, a fin de que cada uno se convierta de su maldad [y Él lo hará; ustedes siguen siendo los hijos del pacto]". Esa fue una oportunidad perfecta para anular tales promesas.

¿Y qué en cuanto a Jacobo, el líder de la iglesia en Jerusalén? ¿Fue amilenial en su punto de vista? Veamos Hechos 15; "Jacobo respondió diciendo: Varones hermanos, oídme. Simón ha contado cómo Dios visitó por primera vez a los gentiles, para tomar de ellos pueblo para su nombre. Y con esto concuerdan las palabras de los profetas, como está escrito: Después de esto volveré y reedificaré el tabernáculo de David, que está caído; y repararé sus ruinas, y lo volveré a levantar, para que el resto de los hombres busque al Señor, y todos los gentiles, sobre los cuales es invocado mi nombre, dice el Señor, que hace conocer todo esto desde tiempos antiguos" (vv. 13-18).

La aceptación de los gentiles no constituye la anulación de promesas para Israel. Después de la conversión de gentiles, después que el tiempo de los gentiles haya concluido, Dios restaurará el tabernáculo de David que está caído: reedificará sus ruinas y lo reparará. Las promesas del pacto davídico y las promesas mesiánicas se cumplirán.

Quizás el escritor de Hebreos haya sido amilenialista: "Cuando Dios hizo la promesa a Abraham, no pudiendo jurar por otro mayor, juró por sí mismo, diciendo: De cierto te bendeciré con abundancia y te multiplicaré grandemente" (6:13-14); bendeciré, multiplicaré; no hay duda en eso. Además Él hace un llamado a nuestra comprensión de jurar: "Los hombres ciertamente juran por uno mayor que ellos, y para ellos el fin de toda controversia es el juramento para confirmación. Por lo cual, queriendo Dios mostrar más abundantemente a los herederos de la promesa la inmutabilidad de su consejo, interpuso juramento" (vv. 16-17). Dios jura, o hace un juramento; y el siguiente versículo declara que "es imposible que Dios mienta".

Tal vez el apóstol Pablo haya sido el primer amilenialista: "¿Qué ventaja tiene, pues, el judío?, ¿o de qué aprovecha la circuncisión? Mucho, en todas maneras. Primero, ciertamente, que les ha sido confiada la palabra de Dios. ¿Pues qué, si algunos de ellos han sido incrédulos? ¿Su incredulidad habrá hecho nula la fidelidad de Dios? De ninguna manera" (Ro. 3:1-4). Aquí es donde Pablo [el amilenialista] habría dicho: "Absolutamente… absolutamente; se anula la promesa de Dios; sin duda alguna, esto anula la promesa de Dios". Pero no dijo eso.

Romanos 9:6-8 declara: "No que la palabra de Dios haya fallado; porque no todos los que descienden de Israel son israelitas, ni por ser descendientes de Abraham, son todos hijos; sino: En Isaac te será llamada descendencia. Esto es: No los que son hijos según la carne son los hijos de Dios, sino que los que son hijos según la promesa son contados como descendientes". Hay hijos en los que Dios ha elegido cumplir su promesa. Y continúa para describirla, diciendo algo tan evidente como esto: "A Jacob amé, mas a Esaú aborrecí" (v. 13). "Tendré misericordia del que yo tenga misericordia, y me compadeceré del que yo me compadezca" (v. 15). "Así que no depende del que quiere, ni del que corre, sino de Dios que tiene misericordia" (v. 16). "De manera que de quien quiere, tiene misericordia, y al que quiere endurecer, endurece" (v. 18). Esto es volver otra vez a la idea total de la soberanía.

El solo hecho de que haya algunos judíos incrédulos no anula la fidelidad de Dios. El solo hecho de que haya algunos que Dios escoge no significa que Él no vaya a elegir a toda una generación debidamente constituida de judíos para cumplir las promesas divinas.

A continuación quizás lo más extraordinario esté en Romanos 11:26*a*: "Todo Israel será salvo". ¿Cómo se puede interpretar eso? De una sola manera. ¿Me dice alguien que no se trata de Israel? ¿Dónde en el texto se dice que no se trata de Israel? Yo lo entendería si dijera: "Dios ha anulado sus promesas para Israel". Pero los versículos 26-27 declaran: "Luego todo Israel será salvo, como está escrito: Vendrá de Sion el Libertador, que apartará de Jacob la impiedad. Y este será mi pacto con ellos, cuando yo quite sus pecados".

Sí, en la actualidad ellos son enemigos. Pero esto es por el bien de los gentiles. El versículo 29 indica que "irrevocables son los dones y el llamamiento de Dios", lo que nos lleva de vuelta a donde empezamos.

Si dependiera de los judíos obedecer por su cuenta, desde el principio habría sido imposible. Solo Aquel que hizo la promesa puede posibilitar la obediencia que está relacionada con el cumplimiento de esa promesa.

Por tanto, cuando Jonathan Edwards escribió: "Las promesas que fueron hechas por los profetas al pueblo de Israel con relación a su futura prosperidad y gloria se cumplen en la Iglesia Cristiana de acuerdo con la correcta intención de ellos", yo cuestiono: "¿De dónde sacó esa idea? ¿De dónde vino eso?". No vino de ningún pasaje que yo haya podido encontrar.

Me gustaría concluir con algunas consecuencias. Antes que nada sugiero la lectura de *Israel and the Church* de Ronald Diprose. Apareció por primera vez en italiano como disertación de doctorado, y no tiene ninguna relación con el dispensacionalismo tradicional. Se trata de una obra muy buena sobre la teología del reemplazo. Muestra el efecto de esta idea sobre la iglesia del oscurantismo, y explica cómo la iglesia pasó del concepto de la iglesia del Nuevo Testamento al sistema sacerdotal, sacramental e institucional del oscurantismo que conocemos como catolicismo romano. Diprose pone gran parte de eso a los pies de la teología del reemplazo, que surge de Agustín y de unos cuantos antes que él.

¿De dónde sacó la iglesia los altares? No hay ningún altar en el Nuevo Testamento. ¿De dónde sacó la iglesia los sacrificios? ¿De dónde sacó la iglesia una señal paralela a la circuncisión? ¿De dónde sacó la iglesia el sacerdocio? ¿De dónde sacó la iglesia la ceremonia, el ritual y el simbolismo? ¿De dónde sacó la iglesia la idea de que debemos volver a presentar misterio hablando un lenguaje que las personas no entienden? ¿Reemplazamos, además, la predicación con rituales?

Desde la formación de la iglesia en esos primeros siglos hasta el sistema del catolicismo romano, todas las señales encajan en el judaísmo del Antiguo Testamento. Y el enfoque jerárquico, institucional, no personal, no orgánico y sacerdotal de la iglesia lo traza Diprose en gran manera hasta la influencia de provocar que la iglesia sea el nuevo Israel. La teología del reemplazo justifica la incorporación de todos los elementos del judaísmo.

Otro efecto de la teología del reemplazo es el daño que esta hace a la evangelización judía. He aquí un pequeño escenario. Alguien está hablando con un judío:

—Jesús es el Mesías —le dice.

—¿De veras? ¿Y dónde está el reino?

—Ah, está aquí.

—Ah, ¿en serio? ¿Por qué entonces nos matan todo el tiempo? ¿Por qué somos perseguidos y por qué no tenemos la tierra que se nos prometió? ¿Y por qué el Mesías no está reinando en Jerusalén, y por qué la paz, el gozo y la felicidad no están dominando al mundo? Además, ¿por qué el desierto no está floreciendo?

—Ah no, usted no entiende. Nada de eso va a suceder. Mire usted, el problema es que ustedes ya no son el pueblo de Dios. Nosotros lo somos.

—Ah, ya veo. Pero este es el reino, los judíos son odiados y asesinados, y Jerusalén está sitiada. ¿Es este el reino? Si este es el reino, Jesús no es el Mesías. No puede serlo. El asunto es ridículo.

Por maravillosas que sean las relaciones judeo-cristianas que intentemos tener con rabinos, este es un enorme hueso en la garganta. ¿Por qué Jesús no puede ser el Mesías? Porque este no es el reino. A menos que podamos decirle a un judío: "Dios cumplirá cada promesa que les hizo a ustedes, y Jesús cumplirá todas las promesas. Por eso es que aún hay judíos en el mundo, y por eso los judíos están en la tierra y Dios está preparando un gran día de salvación en Israel. Y Jesús es el Mesías de ustedes. Pero mire Salmos 22, Isaías 53, y Zacarías 12:10 y entienda que Él debió venir y morir para ratificar el nuevo pacto antes de que pudiera perdonar el pecado... pero el reino está viniendo".

Tenemos la oportunidad de comunicar eso. Lo demás no tiene sentido. Ahora bien, si tomamos la decisión correcta (la decisión divina, soberana, clemente, incondicional, unilateral e irrevocable) entonces entenderemos a Dios, a Israel y la escatología correctamente. ¿Y saben qué? Entonces podremos simplemente abrir nuestras Biblias y predicar de corazón el texto y decir lo que este dice. No tenemos que luchar para encontrar alguna interpretación extraña.

Cuando lo entendemos correctamente, Dios es glorificado, Cristo es exaltado, el Espíritu Santo es honrado y la Biblia es clara. Cuando lo entendemos correctamente, se hace visible la más grande ilustración histórica de la obra de Dios en el mundo y el significado del misterio en el Nuevo Testamento se mantiene. Cuando lo entendemos correctamente, el lenguaje normal queda intacto —las Escrituras no fueron escritas para místicos—, la cronología de la literatura profética queda intacta y dejamos la imaginación fuera de la exégesis. Cuando lo entendemos correctamente, la perspectiva global histórica del mundo está completa y el beneficio práctico de la escatología está liberado para nuestro pueblo. Por tanto, entendámoslo correctamente.

La teología de la escatología del reino es el único punto de vista que honra la gracia electiva y soberana; que honra la veracidad de las promesas de Dios; que honra la enseñanza de los profetas del Antiguo Testamento y la enseñanza de Jesús y de los escritores del Nuevo Testamento. Todo esto permitirá que Cristo sea honrado como gobernante supremo sobre su creación, ahora temporalmente en manos de Satanás. Además, el reino terrenal y milenial, establecido en el regreso de Cristo, es el único puente necesario desde la historia humana temporal hasta la gloria divina eterna. Hagamos que nuestras iglesias sean iglesias de la segunda venida y hagamos que nuestras vidas sean vidas de la segunda venida.

Nacimiento de Jesús en Belén

12

Aconteció en aquellos días, que se promulgó un edicto de parte de Augusto César, que todo el mundo fuese empadronado. Este primer censo se hizo siendo Cirenio gobernador de Siria. E iban todos para ser empadronados, cada uno a su ciudad. Y José subió de Galilea, de la ciudad de Nazaret, a Judea, a la ciudad de David, que se llama Belén, por cuanto era de la casa y familia de David; para ser empadronado con María su mujer, desposada con él, la cual estaba encinta. Y aconteció que estando ellos allí, se cumplieron los días de su alumbramiento. Y dio a luz a su hijo primogénito, y lo envolvió en pañales, y lo acostó en un pesebre, porque no había lugar para ellos en el mesón. (2:1-7)

El lenguaje sencillo, directo y sin adornos de Lucas describe el nacimiento más significativo y con las repercusiones de mayor alcance en la historia del mundo. En una noche como cualquier otra en una aldea desconocida de Israel, desapercibido para el mundo, nació un niño. Pero aunque su nacimiento fue como el todos los demás, este niño no se parecía a ningún otro nacido alguna vez, ya fuera antes o después. Porque este niño era el Hijo de Dios, el Señor Jesucristo, la deidad en carne humana, el Mesías tan esperado de Israel, el Salvador del mundo. Por su nacimiento, Dios entró a la sociedad humana como un bebé; el Creador del universo se convirtió en hombre; el eterno "Verbo fue hecho carne, y habitó entre nosotros" (Jn. 1:14).

Este capítulo, que provee la visión más detallada de los acontecimientos de la primera Navidad, es quizás el capítulo más ampliamente conocido de la Biblia. Su popular historia ha inspirado música, tarjetas, libros y concursos a lo largo de los siglos. Pero el mundo celebra el nacimiento de Jesucristo por las razones equivocadas. La Navidad se ha convertido en una excusa para la autocomplacencia, el materialismo y los festejos; ha degenerado en un acontecimiento social secularizado que pierde por completo su verdadero significado.

Durante los primeros siglos de su existencia, la iglesia no celebró el nacimiento de Cristo. Algunos de los primeros padres, en particular Orígenes, debatieron incluso contra la celebración de nacimientos de santos y mártires (incluso de Jesús). Razonaban que, en realidad, a esas personas se les debe honrar en el día de su martirio. Al notar que los únicos nacimientos que la Biblia menciona son los de Faraón (Gn. 40:20) y de Herodes (Mt. 14:6), ellos veían las celebraciones de nacimiento como una costumbre pagana. Para el siglo II se había olvidado la verdadera fecha del nacimiento de Cristo, según lo evidencian las numerosas fechas que le propusieron (p. ej., 2 y 6 de enero; 21 y 25 de marzo, 18 y 19 de abril; 20 y 28 de mayo; 17 y 20 de noviembre).

No se sabe con exactitud cuándo la iglesia primitiva estableció el 25 de diciembre. La primera referencia registrada para esa fecha como el día del nacimiento de Cristo se halla en los escritos de Sexto Julio Africano a principios del siglo III. La primera evidencia de que la iglesia celebrara la Navidad el 25 de diciembre viene del manuscrito del siglo IV conocido como la cronografía o calendario del 354. Según ese documento, la Navidad se celebraba en la iglesia en Roma el 25 de diciembre, a más tardar en el 336 d.C. Tal fecha fue adoptada gradualmente por la iglesia como un todo a lo largo de los siglos posteriores.

Tampoco se sabe con certeza por qué la iglesia finalmente decidió celebrar el nacimiento de Jesús el 25 de diciembre. Algunos creen que fue para ofrecer una alternativa cristiana a la popular festividad pagana conocida como *Dies Natalis Solis Invicti* ("nacimiento del sol no conquistado"), que se celebraba el 25 de diciembre. Ese festival se inauguró a finales del siglo III para honrar a varias deidades del sol, el principal de los cuales fue Mitra, cuya adoración (mitraísmo) representó una grave amenaza para la Iglesia cristiana. Otros sostienen que la fecha fue elegida debido a que es nueve meses después del 25 de marzo, el día en que algunos en la iglesia primitiva creían (sin garantía bíblica) que fue la fecha de la concepción de Jesús.

Con el paso de los siglos, los elementos asociados comúnmente ahora con la Navidad se filtraron de manera gradual en la celebración. Dar regalos era parte integral de los festivales paganos de invierno, y llegaron a estar firmemente asociados con la Navidad para el final del siglo XVIII. El muérdago era sagrado para los antiguos druidas, quienes le atribuían poderes tanto mágicos como medicinales. Besar bajo el muérdago se podría derivar de una costumbre druida o escandinava de que los enemigos que se reunían bajo el muérdago debían dejar de pelear y efectuar una tregua. El nacimiento, o escena del pesebre, se originó con San Francisco de Asís en el siglo XIII. La costumbre de cantar villancicos también se originó en la Edad Media. La ciudad de Riga, en Latvia, afirma ser la cuna del primer árbol de Navidad, que data del año 1510. Otras leyendas atribuyen el primer árbol de Navidad a Martín Lutero, quien supuestamente llevó a su casa un árbol perenne y lo decoró. Sin embargo, no existe registro contemporáneo de que él haya hecho eso. Los árboles de Navidad se volvieron populares en Alemania en el siglo XVII, y aparecieron por primera vez en Estados Unidos a inicios del siglo XIX. Las primeras tarjetas navideñas se vendieron en Londres en 1843.

Santa Claus, el símbolo secular de la Navidad, se deriva del San Nicolás del siglo IV, obispo de Mira en la moderna Turquía. Aunque se sabe poco de su vida, Nicolás fue recordado por su generosidad y amabilidad. Según una leyenda, rescató a tres hijas de una familia pobre de ser obligadas a prostituirse proveyéndoles dotes para que pudieran casarse. Después de lavar la ropa sucia, las muchachas colgaron sus medias en la chimenea para que se secaran. Esa noche Nicolás lanzó una pequeña bolsa de monedas de oro en cada una de las medias de las chicas. La costumbre de colgar medias de Navidad se deriva en parte de esta historia. Colonos de los Países Bajos, donde Nicolás es popular, trajeron su tradición a Estados Unidos. El nombre holandés de Nicolás, Sinterklaas, o Sinte Klaas, finalmente se llegó a conocer como "Santa Claus".

Todos esos elementos extrabíblicos tan solo ensombrecen el significado sencillo e insondable de la Navidad. Nada menos que un teólogo como Martín Lutero confesó:

> Cuando me dicen que Dios se convirtió en hombre, puedo aceptar la idea, pero simplemente no entiendo qué significa. Porque ¿qué hombre, si se le deja a sus impulsos naturales, si fuera Dios, se habría humillado a yacer en el comedero de un burro o a colgar en una cruz? Dios echó en Cristo las iniquidades de todos nosotros. Esto es lo que logró la inefable e infinita misericordia de Dios, que la escasa capacidad del corazón del hombre no puede entender y menos pronunciar, esa profundidad incomprensible y ese ardiente celo del amor de Dios por nosotros... ¿Quién puede declarar suficientemente esta extraordinaria y gran bondad de Dios? (citado en Roland H. Bainton, *Here I Stand* [Nashville: Abingdon, 1950], p. 223).

Por el momento ha descendido el telón en la narración que Lucas hace de la historia de Juan el Bautista (1:80), y está a punto levantarse en la historia de Jesucristo. La promesa hecha a María por parte de Gabriel (1:31-35) está a punto de cumplirse. Cuando Lucas retoma la historia del nacimiento de Jesús demuestra cómo Dios ha organizado soberanamente los hechos para provocar un cumplimiento directo de la profecía del Antiguo Testamento. Se requería la intervención divina, porque en el curso normal de acontecimientos Jesús no habría nacido en Belén como el Antiguo Testamento predijo (Mi. 5:2), ya que José y María vivían en Nazaret.

Antes de describir el nacimiento del Salvador, Lucas ofrece tres escenarios: mundial, nacional y personal. Tales escenarios son aptos para Aquel que es el Salvador del mundo, para el cumplimiento de la profecía del Antiguo

Testamento, y para el Redentor de los individuos que humildemente ponen su confianza en Él.

ESCENARIO MUNDIAL

Aconteció en aquellos días, que se promulgó un edicto de parte de Augusto César, que todo el mundo fuese empadronado. Este primer censo se hizo siendo Cirenio gobernador de Siria. E iban todos para ser empadronados, cada uno a su ciudad. (2:1-3)

A fin de cumplir la profecía de que el Mesías nacería en Belén, Dios en su providencia movió el corazón del hombre más poderoso del mundo: el gobernante del Imperio romano. El emperador, sentado en su trono en la capital imperial de Roma, estaba muy lejos de la diminuta aldea de Belén. Estaba aún más apartado de una comprensión de los propósitos y los planes de Dios, al ser totalmente ignorante de su Palabra. Pero jugó un papel crucial en el cumplimiento del diseño divino con relación al nacimiento del Hijo de Dios. I. Howard Marshall escribe: "El censo… sirve para ubicar el nacimiento de Jesús en el contexto de la historia mundial y para mostrar que el mandato de un gobernante terrenal puede ser usado en la voluntad de Dios para llevar a buen término sus propósitos más importantes" (*The Gospel of Luke,* The New International Greek Testament Commentary [Grand Rapids: Eerdmans, 1978], pp. 97-98).

Lucas observó primero que el nacimiento del Mesías se llevó a cabo **en aquellos días;** es decir, "en los días de Herodes, rey de Judea" (1:5). Herodes, el rey idumeo (edomita) vasallo de Roma, estaba a punto de finalizar su largo reinado y moriría poco después del nacimiento de Cristo. Esos también eran los días de la odiada ocupación romana de Israel, que los judíos encontraban especialmente irritante por varias razones. Primera, los romanos eran gentiles, a quienes los judíos veían como inmundos y ajenos a los pactos de Dios (cp. Ef. 2:12). En lo posible, los judíos evitaban tener contacto con ellos. Pedro dijo a los gentiles reunidos en la casa de Cornelio: "Vosotros sabéis cuán abominable es para un varón judío juntarse o acercarse a un extranjero" (Hch. 10:28). Después de saber de la visita de Pedro a la casa de Cornelio algunos de los judíos creyentes en Jerusalén dijeron, en estado de *shock* e incredulidad: "¿Por qué has entrado en casa de hombres incircuncisos, y has comido con ellos?" (Hch. 11:3). Los judíos también aborrecían la flagrante idolatría de los romanos; ya durante el cautiverio babilónico se habían curado de su propia inclinación a la idolatría. También hallaban opresiva la tributación de los romanos, y odiaban a aquellos judíos (tales como Mateo y Zaqueo) que ayudaban a recaudar los impuestos (cp. Lc. 18:11-13).

Aunque en otros lugares (p. ej., 3:1), Lucas fue preciso al asignar una fecha, aquí solo ofreció un marco de tiempo general. Así que es imposible deducir en este pasaje el momento exacto del nacimiento de Cristo. Sin embargo, otra clave en el texto ayuda a hacer la fecha un poco más específica. Lucas relacionó el nacimiento del Señor con **un edicto** o decreto imperial, que fue promulgado por el emperador y era obligatorio para sus súbditos (cp. Hch. 17:7 donde se usa la misma palabra griega; véase también Hch. 18:2).

Este edicto particular fue emitido por el emperador reinante, **Augusto César.** Ese no era su nombre, sino más bien su título; **César** significa "emperador", mientras que **Augusto** significa "reverenciado", "honrado", o "estimado", y refleja el gran respeto que este imponía. El ascenso de Augusto al trono marcó el inicio del Imperio romano. El emperador restauró la unidad y la administración normal después de un largo período de guerras destructivas civiles, y marcó también el comienzo de la Pax Romana, una época de paz y prosperidad a lo largo del mundo grecorromano que duró dos siglos. Podría decirse que él es la persona más importante en la historia romana.

Augusto nació bajo el nombre de Gayo Octavio el 23 de septiembre, 63 a.C. Su abuela fue la hermana de Julio César, lo que hizo de Octavio su sobrino nieto. Tras el asesinato de Julio en el 44 a.C., Octavio supo que César lo había adoptado y que lo había hecho su heredero. De acuerdo con la costumbre romana, después tomó el nombre de Gayo Julio César Octaviano (generalmente abreviado en español como Octaviano).

Tras el asesinato de César, Octaviano usó astutamente su posición como hijo adoptado de César para fortalecer su poder. Después de chocar inicialmente con Marco Antonio, Octaviano se unió con él y con Lépido para formar el segundo triunvirato (el primer triunvirato había constado de Julio César, Pompeyo y Craso). Luego estos atacaron a los asesinos de César, Bruto y Casio. Las fuerzas del triunvirato derrotaron decisivamente a los ejércitos enemigos cerca de Filipos, después de lo cual Bruto y Casio se suicidaron.

El segundo triunvirato duró menos de una década. Mientras que Antonio estaba en Oriente peleando contra los partos, Octaviano sacó a Lépido del poder. Entonces, en el 32 a.C., Antonio se divorció de la hermana de Octaviano, Octavia, con quien se había casado para cimentar su alianza política con Octaviano. Luego reanudó su aventura con Cleopatra (con quien tuvo dos hijos antes de casarse con Octavia). Esta afrenta a su hermana naturalmente enfureció a Octaviano. Lo que es peor, Antonio declaró a Cesarión, hijo de la aventura de Cleopatra con Julio César, como hijo legítimo y heredero del César, deteriorando así la posición de Octaviano como heredero del César. Estalló la guerra entre los dos rivales, y Octaviano derrotó contundentemente a las fuerzas de Cleopatra en la batalla naval de Accio (31 a.C.), después que Antonio y Cleopatra se suicidaran. Octaviano era ahora el único gobernante del mundo romano. En el 27 a.C., el senado le confirió los títulos de Augusto (véase el estudio anterior de este término) y Princeps, o “primer ciudadano”. La inmensa riqueza de Octaviano, el respeto que imponía, y su control del ejército hicieron absoluto su gobierno.

Octaviano murió en el 14 d.C., y lo sucedió su hijastro Tiberio, quien fue el emperador durante el ministerio de Jesucristo. Octaviano dejó un legado de paz, prosperidad, sabia administración, y un compromiso con las obras públicas. Hay un elemento de verdad en la jactancia que este hiciera en su lecho de muerte en cuanto a que había encontrado una Roma de ladrillo y la dejó de mármol. La red de caminos que desarrolló ayudó a la extensión del evangelio por parte de misioneros cristianos. Octaviano era inteligente, decidido, valiente y sin miedo a tomar riesgos cuando era necesario. Fue mecenas de las artes y amigo de escritores afamados como Ovidio, Horacio, Virgilio y Tito Livio. Tal era el respeto que imponía, que sus súbditos leales lo deificaron después de su muerte.

De todos los edictos promulgados por Octaviano durante su largo reinado, Lucas se interesa en uno que ordenaba **que todo el mundo** (es decir, el Imperio romano; cp. Hch. 17:6; 19:27) **fuese empadronado.** Tales censos (o enrolamientos) se hacían generalmente para registrar a hombres jóvenes en el servicio militar o con propósitos impositivos. Este censo fue por la última razón, ya que los judíos estaban exentos del servicio militar romano.

Al tratar de negar la veracidad del relato de Lucas, los críticos de la Biblia sostienen que no existe registro de un censo en todo el Imperio durante el reinado de Octaviano. Pero tal argumento del silencio está socavado por los muchos censos conocidos que se realizaron aproximadamente al mismo tiempo en varias partes del Imperio (cp. Darrell L. Bock, *Luke 1:1-9:50*, Baker Exegetical Commentary on the New Testament [Grand Rapids: Baker, 1994], p. 904). Tampoco tales censos eran simples acontecimientos de una sola ocasión. En Egipto, por ejemplo, los censos se hacían cada catorce años, empezando a más tardar en el 20 d.C. y realizándose hasta al menos el 258 d.C. (William Ramsay, *Was Christ Born at Bethlehem?* [Londres: Hodder and Stoughton, 1898], p. 132; *The Bearing of Recent Discovery on the Trustworthiness of the New Testament* [segunda edición; Londres: Hodder and Stoughton 1915], p. 256). Ramsay sostenía que la costumbre de hacer censos periódicos no se limitó a Egipto, sino que se extendió por todo el Imperio (*The Bearing of Recent Discovery on the Trustworthiness of the New Testament*, p. 257; cp. William Hendriksen, *The Gospel of Luke,* New Testament Commentary [Grand Rapids: Baker, 1978], pp. 138-39). Además, el padre de la iglesia del siglo II, Clemente de Alejandría, escribió que en la provincia de Siria (que incluía a Palestina) existía el mismo ciclo de censos periódicos. Clemente también declaró que el primer censo realizado en Siria fue el relacionado con el nacimiento de Cristo (A. T. Robertson, *Luke the Historian in the Light of Research* [Nueva York: Scribner, 1920], pp. 122-29).

Por tanto, acusar a Lucas de error por hablar de dos censos en Palestina (véase el estudio más adelante), uno en el 6 d.C. (al que se refieren tanto Hch. 5:37 como el historiador judío del siglo I, Josefo) y este catorce años antes en el 8 a.C., es hacer caso omiso de la evidencia histórica. Los lectores de Lucas conocían perfectamente el sistema del censo que él estaba describiendo, así que para éste inventar la historia habría sido una insensatez:

> Ningún historiador de ninguna clase declararía una falacia cuya falsedad fuera obvia para todo lector... La conclusión era evidente. Lucas confió en la familiaridad de sus lectores con los hechos y con el sistema de censos. Habló del primer censo, sabiendo cuánto implicaría para ellos. Sus lectores conocían el sistema tal como lo llevaba a cabo el Imperio romano (Ramsay, *The Bearing of Recent Discovery on the Trustworthiness of the New Testament*, p. 239).

Lucas manifestó además que **este primer censo se hizo siendo Cirenio gobernador de Siria.** La mención de **Cirenio** presenta una dificultad más, ya que se sabe que él gobernó a Siria entre el 6-9 d.C. Siendo gobernador, Cirenio administró el censo del 6 d.C. Sin embargo, ese no puede ser el censo a la vista aquí, porque se llevó a cabo más de una década después de la muerte de Herodes, mientras que Herodes aún estaba vivo cuando Jesús nació (Mt. 2:1-3). Se han propuesto muchas posibles soluciones (véase el análisis en Bock, *Luke 1:1-9:50*, pp. 906-909; Harold Hoehner, *Chronological Aspects of the Life of Christ* [Grand Rapids: Zondervan, 1977], pp. 18-22; Marshall, *The Gospel of Luke*, pp. 102-104). Tal vez la mejor solución es la defendida por Sir William Ramsay. Basado en evidencia de inscripciones, Ramsay sostuvo que Cirenio había tenido dos veces una posición importante en la provincia de Siria (*Was Christ Born at Bethlehem?*, pp. 227-48). Cabe señalar que la palabra griega traducida **gobernador** es un término no técnico para una persona con autoridad, "de ahí que la palabra, según la emplea Lucas, se podría aplicar a cualquier funcionario romano que tuviera una posición de liderazgo y autoridad en la provincia de Siria" (Ramsay, *Was Christ Born at Bethlehem?*, p. 229). En la época del primer censo en el 8 a.C., "Varus controlaba los asuntos internos de Siria, mientras Cirenio comandaba los ejércitos y controlaba la política exterior" (Ramsay, *Was Christ Born at Bethlehem?*, p. 244).

La fecha 8 a.C. para el edicto también presenta un problema, ya que los eruditos por lo general coinciden en que Jesús nació no antes del 6 a.C., y más probablemente cerca del 4 a.C. Es evidente que se produjo una demora en la ejecución de edicto en Palestina, a lo que pudo haber contribuido una cantidad de factores. En primer lugar, la comunicación antigua era lenta, y la implementación se realizaba con lentitud. Los últimos años del reinado de Herodes también fueron una época de turbulencia y agitación. Herodes estaba enfermo, y sus hijos se peleaban por quién lo sucedería. Herodes ejecutó a tres de ellos y cambió su testamento tres veces. También cayó en desgracia ante Octaviano. Tal inestabilidad, junto con la resistencia judía a la imposición romana y las dificultades logísticas inherentes a la realización de un censo en esos días, pudo fácilmente haber retrasado la implementación del edicto del emperador.

Sin embargo, el censo finalmente se realizó, y por eso **iban todos para ser empadronados, cada uno a su ciudad.** Es obvio que se había impuesto una fecha límite, o de lo contrario José y María no habrían hecho el largo viaje desde Nazaret hasta Belén en el invierno y muy cerca del final del embarazo de ella. Algunos han cuestionado por qué José y María fueron a Belén, indicando que, por lo general, los romanos hacían registrar a las personas donde estaban viviendo en ese momento. No obstante, a quienes poseían propiedad en otro distrito se les obligaba a ir allá para registrarse (Marshall, *The Gospel of Luke*, p. 101). Aunque Lucas no lo menciona, José podría poseer alguna propiedad en las inmediaciones de Belén. Otra posibilidad es que los romanos se allanaran a la costumbre judía, que resaltaba la importancia del hogar ancestral (cp. Lv. 25:10). Además, un documento de Egipto de principios del siglo II indica que a los egipcios también se les exigía regresar a sus hogares para el censo, exactamente como hicieron José y María (Robertson, *Luke the Historian*, pp. 125-26). Eso demuestra que los romanos eran flexibles en tales asuntos de costumbre local.

Dios dispuso de manera providencial el escenario mundial para llevar a José y María a Belén a fin de que su Hijo naciera donde el Antiguo Testamento predijo que nacería. Igual que había hecho con Artajerjes (Esd. 7:21-26), Tiglat-pileser (Is. 10:5-7), y Ciro (Is. 45:1-4), Dios dirigió la mente del hombre más poderoso de la tierra, Augusto César, para lograr sus propósitos (cp. Pr. 21:1).

ESCENARIO NACIONAL

Y José subió de Galilea, de la ciudad de Nazaret, a Judea, a la ciudad de David, que se llama Belén, por cuanto era de la casa y familia de David; para ser empadronado con María su mujer, desposada con él, la cual estaba encinta. (2:4-5)

La nación de Israel está inseparablemente vinculada con las Escrituras del Antiguo Testamento, que claramente predijeron dónde había de nacer el Mesías. Siglos antes el profeta Miqueas había escrito: "Pero tú, Belén Efrata [nombre original de Belén; cp. Gn. 35:19], pequeña para estar entre las familias de Judá, de ti me saldrá el que será Señor en Israel; y sus salidas son desde el principio, desde los días de la eternidad" (Mi. 5:2). Aunque Belén era una aldea pequeña e insignificante, "pequeña para estar entre las familias de Judá", Dios declaró que proporcionaría un gobernante para Israel. El único rey que vino de Belén fue David, pero el pasaje no se refiere a él. David murió mucho tiempo antes de la época de Miqueas, pero el gobernante de quien el profeta escribió aún debía llegar. La referencia de Miqueas es al Mesías, cuyas "salidas son desde el principio, desde los días de la eternidad", una declaración que no se podía aplicar a ningún ser humano, ya que solo Dios ha existido desde toda la eternidad.

Lucas escribió que **José subió de Galilea, de la ciudad de Nazaret, a Judea, a la ciudad de David, que se llama Belén,** porque **Belén,** ubicada en **Judea** (sur de Israel) muy cerca de Jerusalén, es más alta en elevación que **Nazaret,** que se ubicaba en **Galilea** (norte de Israel). Aunque en el Antiguo Testamento, la **ciudad de David** era un título dado al monte Sion en Jerusalén, debido a que David en realidad reinó allí (cp. 2 S. 5:7-9; 1 Cr. 11:7), Lucas usó el término para identificar a la ciudad donde David nació y se crió (cp. 1 S. 17:12, 15; 20:6). José fue a Belén **por cuanto era de la casa y familia de David** (1:27), con el fin de **ser empadronado** para el censo (véase el estudio anterior) junto **con María su mujer.** Dios dirigió soberanamente a la pareja a donde debía estar para que la profecía de Miqueas se cumpliera.

Algunos han cuestionado si era necesario que María hiciera el largo viaje (al menos ciento diez kilómetros) de Nazaret a Belén, especialmente ya que **estaba encinta.** Sostienen que, como cabeza de familia, solo José debía empadronarse. Sin embargo, existe evidencia de que en Siria (la provincia que incluía Israel) las mujeres mayores de doce años eran sujetas a un impuesto al sufragio (Marshall, *The Gospel of Luke*, p. 102). Por tanto, a María también se le exigía empadronarse. Varias consideraciones personales también podrían explicar por qué ella fue a Belén con José. Quizás se sintió incómoda de quedarse en Nazaret donde su inesperado y, humanamente hablando, inexplicable embarazo era sin duda objeto de gran cantidad de chismes. Sin duda José no habría querido perderse el nacimiento del Hijo de Dios, acerca del cual el ángel le había dicho que María había concebido por medio del Espíritu Santo (Mt. 1:20-21). Finalmente, como judíos devotos, José y María conocían la profecía de Miqueas y sabían que su hijo debía nacer en Belén. Cualesquiera que fueran los factores humanos que pudieran haber influido en que María viajara a Belén, al final lo hizo para cumplir el propósito de Dios. Leon Morris escribe:

> Tal vez deberíamos reflexionar en que fue la combinación de un edicto por parte del emperador en la lejana Roma, y de las lenguas chismosas de Nazaret, lo que llevó a María hasta Belén justo a tiempo para cumplir la profecía acerca del lugar de nacimiento de Cristo (Mi. 5:2). Dios obra a través de todo tipo de personas para llevar a cabo sus propósitos (*The Gospel According to St. Luke,* The Tyndale New Testament Commentaries [Grand Rapids: Eerdmans, 1975], p. 84).

Lucas escribió que María estaba **desposada con** José, mientras que Mateo 1:24 declara que José ya se había casado con ella. Sin embargo, no hay contradicción entre los dos relatos. En primer lugar, es necesario recordar que la distinción en la cultura judía entre compromiso y matrimonio no representaba un caso tan claro como es hoy día. El compromiso era un contrato legal vinculante, aunque la unión física no se hubiera consumado. Por ejemplo, para finalizar el compromiso, como José pensó en hacer después de descubrir que María estaba embarazada, él habría tenido que divorciarse de ella (Mt. 1:19; nótese que Mateo en ese mismo versículo se refiere a José como esposo de María antes de que estuvieran casados). Ya que se había realizado un pacto de estar casados, es probable que Mateo se pudiera referir apropiadamente a la pareja como casada. Pero puesto que el matrimonio no se consumó físicamente sino hasta después del nacimiento de Jesús (Mt. 1:24-25), Lucas pudo referirse a ellos como comprometidos, ya que estaban llevando su relación según correspondía al período de esponsales.

ESCENARIO PERSONAL

Y aconteció que estando ellos allí, se cumplieron los días de su alumbramiento. Y dio a luz a su hijo primogénito, y lo envolvió en pañales, y lo acostó en un pesebre, porque no había lugar para ellos en el mesón. (2:6-7)

Lucas describió el acontecimiento profundamente más significativo en toda la historia hasta ese momento (el nacimiento del Dios-hombre, Jesucristo) de manera asombrosamente sencilla, directa, sin adornos, e incluso con escasas palabras. **Y aconteció que estando** José y María en Belén, **se cumplieron los días de su alumbramiento.** Lucas no especificó cuánto tiempo habían estado ellos en Belén, o si aún estaban esperando para empadronarse, o si se quedaron allí después de empadronarse porque estaba cerca el momento en que María daría a luz. El autor no ofrece ninguna descripción de dónde se realizó el parto, excepto que no fue en el **mesón** (véase el estudio más adelante). Lucas simplemente dijo que María **dio a luz a su hijo primogénito.** No aparecieron ángeles, como más tarde se aparecerían a los pastores. No sonaron trompetas celestiales. Ninguna voz del cielo anunció el nacimiento del Hijo de Dios. Con la única compañía de su joven esposo, lejos de sus familiares y amigos, en la más primitiva de las condiciones, una joven muchacha dio a luz. Así, la segunda persona de la Trinidad pasó de la eternidad al tiempo y al espacio.

Lucas observó cuidadosamente que Jesús fue el **primogénito** (*prōtotokos*), de María, no su único (*monogenēs*) **hijo** (cp. su uso de *monogenēs* para referirse a un hijo único en 7:12; 8:42; 9:38). La enseñanza de la Iglesia Católica Romana de que Jesús fue el único hijo de María y que ella permaneció perpetuamente virgen hasta su muerte, es una clara negación de la Biblia. Mateo 1:25 expresa que José "no la conoció *hasta* que dio a luz a su hijo primogénito" (cursivas añadidas). De manera enfática, eso implica que, después del nacimiento de Cristo, ellos tuvieron relaciones maritales normales. También se revela que María dio a luz a otros hijos, medios hermanos y medias hermanas de Jesús (Mt. 12:46-47; 13:55-56; Jn. 2:12; 7:3, 5, 10; Hch. 1:14). Como el primogénito, Jesús tenía el derecho principal a la herencia familiar (cp. Gn. 43:33; Dt. 21:15-17; 1 Cr. 5:1; 2 Cr. 21:3). José no era rico (cp. el estudio de 2:21-24 en el cap. 14 de esta obra), y no tenía grandes propiedades para legar a su hijo primogénito. Pero lo que sí le transmitió fue el derecho al trono de Israel (Mt. 1:1-16).

Como era costumbre, María **envolvió** a su hijo **en pañales.** Tiras de tela se usaban para atar ceñidamente a un bebé y así mantenerlo caliente, asegurado, y con las extremidades rectas. El hecho es que a Jesús lo trataron como a cualquier otro bebé. Él no fue vestido con ropas reales sino con las envolturas que otros bebés usaban.

Después de cargar y envolver a su hijo, María **lo acostó en un pesebre.** La referencia a un pesebre ha dado lugar a la tradición de que Jesús nació en un establo. Sin embargo, la Biblia no afirma eso. *Phatnē* (**pesebre**) es la palabra para un comedero. Tales comederos se podían encontrar en cualquier lugar en que había animales, no solo en establos. La Biblia no dice específicamente dónde María dio a luz a Jesús, aunque una tradición que se remonta a mediados del siglo II afirma que fue en una cueva. Aunque eso es posible, ya que en ocasiones se las usaba para albergar animales, no hay manera de verificarlo.

Dondequiera que la pareja se haya quedado, no fue en el **mesón, porque no había lugar para ellos** allí. Parte de la leyenda de Navidad es el mesonero desalmado que rechaza a una joven mujer a punto de dar a luz. Pero *kataluma* (**mesón**) no es la palabra griega normal para una posada (*pandocheion*, la cual Lucas usó en 10:34, y la RVR60 también traduce como "mesón"), sino más bien un término general para un albergue, o lugar de alojamiento (se traduce "aposento" en 22:11). Exactamente qué era ese lugar de alojamiento no está claro, pero podría tratarse de un albergue o campamento público, quizás de un lugar donde se detenían caravanas. Pero con el hacinamiento provocado por el censo, no hubo espacio para José y María ni siquiera en un refugio improvisado. Como resultado, María fue obligada a dar a luz en el único lugar disponible: el sitio donde albergaban a los animales de los viajeros.

Cuando Jesús vino al mundo, nació en las condiciones más incómodas: una guarida maloliente, sucia y gélida, rodeada de bulliciosos animales. Esta fue una entrada apropiada para "el Hijo del Hombre [que no tenía] dónde recostar la cabeza" (Lc. 9:58); aquel que "en el mundo estaba, y el mundo por él fue hecho; pero el mundo no le conoció" (Jn. 1:10); "el cual, siendo en forma de Dios, no estimó el ser igual a Dios como cosa a que aferrarse, sino que se despojó a sí mismo, tomando forma de siervo, hecho semejante a los hombres" (Fil. 2:6-7); "el Hijo del Hombre [que] no vino para ser servido, sino para servir, y para dar su vida en rescate por muchos" (Mt. 20:28); aquel que cargó con "nuestros pecados en su cuerpo sobre el madero, para que nosotros, estando muertos a los pecados, vivamos a la justicia" (1 P. 2:24). Su humilde nacimiento fue apropiado para Jesús, quien vino a morir como sustituto en lugar de despreciables, humildes y miserables pecadores. Así lo expresó el compositor del himno "Palacios de marfil":

> De los palacios de marfil,
> a un mundo lleno de dolor,
> tan solo su grande y eterno amor
> hizo a mi Salvador venir.

Anunciο del nacimiento de Jesús

13

Había pastores en la misma región, que velaban y guardaban las vigilias de la noche sobre su rebaño. Y he aquí, se les presentó un ángel del Señor, y la gloria del Señor los rodeó de resplandor; y tuvieron gran temor. Pero el ángel les dijo: No temáis; porque he aquí os doy nuevas de gran gozo, que será para todo el pueblo: que os ha nacido hoy, en la ciudad de David, un Salvador, que es CRISTO el Señor. Esto os servirá de señal: Hallaréis al niño envuelto en pañales, acostado en un pesebre. Y repentinamente apareció con el ángel una multitud de las huestes celestiales, que alababan a Dios, y decían: ¡Gloria a Dios en las alturas, y en la tierra paz, buena voluntad para con los hombres! Sucedió que cuando los ángeles se fueron de ellos al cielo, los pastores se dijeron unos a otros: Pasemos, pues, hasta Belén, y veamos esto que ha sucedido, y que el Señor nos ha manifestado. Vinieron, pues, apresuradamente, y hallaron a María y a José, y al niño acostado en el pesebre. Y al verlo, dieron a conocer lo que se les había dicho acerca del niño. Y todos los que oyeron, se maravillaron de lo que los pastores les decían. Pero María guardaba todas estas cosas, meditándolas en su corazón. Y volvieron los pastores glorificando y alabando a Dios por todas las cosas que habían oído y visto, como se les había dicho. (2:8-20)

Las Escrituras dicen que el Señor de gloria (1 Co. 2:8) en su encarnación "se despojó a sí mismo, tomando forma de siervo, hecho semejante a los hombres" (Fil. 2:7). Todos los adjetivos y exclamaciones en el idioma nunca pueden expresar lo suficiente acerca de esa realidad. Sin embargo, es paradójico que el nacimiento más extraordinario de la historia sucediera bajo las circunstancias más incomprensibles, indescriptibles y humildes que se puedan imaginar: Jesús nació en el lugar donde se guardaban a los animales de aquellos que se alojaban en un albergue público. Nadie en el apacible pueblito de Belén se dio cuenta del significado de lo que había ocurrido, excepto, hasta cierto punto, los padres del Niño. Pero eso estaba a punto de cambiar; el silencio relacionado con el nacimiento del Salvador se rompería del modo más sobrenaturalmente dramático.

Si el anuncio del nacimiento de Jesús hubiera sido parte de una campaña humanamente planeada de relaciones públicas, se habría manejado de forma muy distinta. El anuncio se habría enfocado en los poderosos e influyentes de Israel: el sumo sacerdote, los miembros del concilio, los sacerdotes, levitas, escribas, saduceos y fariseos. En vez de eso Dios decidió revelar esta gloriosa verdad antes que nada a todos los miembros de un grupo humilde y despreciado (véase la exposición del v. 8 más adelante en este capítulo).

El tema de este pasaje se halla en la declaración del ángel en el versículo 11: **Os ha nacido hoy un Salvador.** Tal afirmación es el centro del mensaje del evangelio que la Iglesia proclama al mundo: todas las personas son pecadoras, y están con necesidad de un Salvador. Pero el concepto de un salvador de ninguna manera se limita al Nuevo Testamento. La idea de que hay una desconexión radical entre el supuestamente iracundo, hostil y vengativo Dios del Antiguo Testamento, y el compasivo, amoroso y salvador Cristo del Nuevo Testamento es un producto de la imaginación de los escépticos.

La verdad es que en el Antiguo Testamento Dios fue conocido por su pueblo como un Salvador y Libertador. Eso está en agudo contraste con los falsos dioses adorados por los vecinos de Israel. Cuando los profetas de Baal, una de las principales deidades cananeas, se enfrentaron a Elías en el monte Carmelo, trataron durante horas de captar la atención de Baal. "Pero no había voz, ni quien respondiese" (1 R. 18:26). Eso motivó a Elías a decir burlonamente: "Gritad en alta voz, porque dios es; quizá está meditando, o tiene algún trabajo, o va de camino; tal vez duerme, y hay que despertarle" (v. 27). Incluso después que ellos en su desesperación se mutilaran (v. 28), "no hubo ninguna voz, ni quien respondiese ni escuchase" (v. 29). En contraposición con la indiferencia de Baal estaba la crueldad y hostilidad de Moloc, que sus adoradores intentaban desesperadamente calmar con la indescriptible atrocidad del sacrificio de bebés (Lv. 18:21, 20:2-5; 2 R. 23:10; Jer. 32:35).

A diferencia de los dioses falsos de los vecinos paganos de Israel, el Dios de Israel, el único verdadero, eterno y vivo Dios, es por naturaleza "misericordioso y piadoso; tardo para la ira, y grande en misericordia y verdad" (Éx. 34:6; cp. Neh. 9:17; Sal. 103:8; Jl. 2:13; Jon. 4:2). Por eso el pueblo judío entendía que estaba en consonancia con la naturaleza de Dios salvar a su pueblo. En Deuteronomio 20:4, Moisés recordó a Israel: "Jehová vuestro Dios va con vosotros, para pelear por vosotros contra vuestros enemigos, para salvaros". David llamó a Dios "Salvador mío; [quien me libra] de violencia" (2 S. 22:3); "el Dios de mi salvación" (Sal. 25:5); y el "que [salva] a los que se refugian a [su] diestra" (Sal. 17:7). Salmos 106:21, Isaías 45:15; 63:8-9; y Jeremías 14:8 también se refieren a Dios como Salvador de Israel, según Dios mismo hace (Is. 43:3, 11; 45:21; 49:26; 60:16; Os. 13:4). Al reflexionar en su comprensión de esa verdad clave del Antiguo Testamento, María (Lc. 1:47), Zacarías (Lc. 1:68-69, 77) y Simeón

(Lc. 2:30) hablaron de Dios como Salvador, igual que hace el resto del Nuevo Testamento (1 Ti. 1:1; 2:3; 4:10; Tit. 1:3; 2:10; 3:4; Jud. 25). Ya que solo Dios es el Salvador (Is. 43:11; Os. 13:4), el uso repetido que hace el Nuevo Testamento de ese título para el Señor Jesucristo (p. ej., Lc. 2:11; Hch. 5:31; 13:23; Fil. 3:20; 2 Ti. 1:10; Tit. 1:4; 2:13; 3:6; 2 P. 1:2, 11; 2:20; 3:18; 1 Jn. 4:14) es una fuerte afirmación de su plena deidad e igualdad con el Padre.

Lo que permite a Dios ser el Salvador de los pecadores perdidos es la muerte propiciatoria, sacrificial y sustitutiva del Mesías, el Señor Jesucristo. El Antiguo Testamento describe la muerte expiatoria del Mesías más detenidamente en Isaías 53:

> *Ciertamente llevó él nuestras enfermedades, y sufrió nuestros dolores; y nosotros le tuvimos por azotado, por herido de Dios y abatido. Mas él herido fue por nuestras rebeliones, molido por nuestros pecados; el castigo de nuestra paz fue sobre él, y por su llaga fuimos nosotros curados. Todos nosotros nos descarriamos como ovejas, cada cual se apartó por su camino; mas Jehová cargó en él el pecado de todos nosotros (vv. 4-6).*
>
> *Por cárcel y por juicio fue quitado; y su generación, ¿quién la contará? Porque fue cortado de la tierra de los vivientes, y por la rebelión de mi pueblo fue herido (v. 8).*
>
> *Con todo eso, Jehová quiso quebrantarlo, sujetándole a padecimiento. Cuando haya puesto su vida en expiación por el pecado, verá linaje, vivirá por largos días, y la voluntad de Jehová será en su mano prosperada. Verá el fruto de la aflicción de su alma, y quedará satisfecho; por su conocimiento justificará mi siervo justo a muchos, y llevará las iniquidades de ellos. Por tanto, yo le daré parte con los grandes, y con los fuertes repartirá despojos; por cuanto derramó su vida hasta la muerte, y fue contado con los pecadores, habiendo él llevado el pecado de muchos, y orado por los transgresores (vv. 10-12).*

Todos los redimidos tanto en las épocas del Antiguo como del Nuevo Testamento, fueron salvados por Dios al poner sus pecados sobre Jesucristo. Solo Él (Hch. 4:12) es la fuente de salvación ya que, como Pedro escribió: "Llevó él mismo nuestros pecados en su cuerpo sobre el madero, para que nosotros, estando muertos a los pecados, vivamos a la justicia; y por cuya herida fuisteis sanados" (1 P. 2:24; cp. 3:18; Jn. 1:29; 2 Co. 5:21; Gá. 3:13; Ef. 5:2; He. 9:28; 1 Jn. 2:1-2).

Dios se reveló como un Salvador a Israel en dos maneras. Temporalmente salvó al pueblo liberándolo de la esclavitud en Egipto y preservándolo durante los cuarenta años siguientes de vagar en el desierto (Is. 63:9; cp. Nm. 10:9; Dt. 23:14; 33: 29; Jue. 2:18; 8:34; 2 S. 3:18; 22:1, 4; 2 R. 17:39; Sal. 106:10; Esd. 8:31). A través de la gracia común, Dios, en su "benignidad, paciencia y longanimidad", ofrece a los pecadores una oportunidad para arrepentirse (Ro. 2:4). Él "es el Salvador de todos los hombres" en un sentido temporal y "mayormente de los que creen" en un sentido espiritual (1 Ti. 4:10). Dios libera a las personas, en general, de las justas e inmediatas consecuencias temporales y físicas de sus pecados, pero más importante es que también libera a los creyentes de las consecuencias espirituales y eternas de sus pecados. Por tanto, el remanente de creyentes de Israel (Ro. 9:27; 11:5) disfrutaba no solo de la salvación temporal de Dios como el resto de la nación, sino también de la salvación espiritual.

El anuncio angelical de su nacimiento estableció desde el principio el propósito de la vida y el ministerio de Jesús. Él no vino al mundo para ser un ejemplo de nobleza e integridad. No fue simplemente un judío sabio, un maestro de moral y ética. Menos todavía fue un reformador social pasivo y no violento; una clase de Gandhi del siglo I. Él fue y es "el Salvador del mundo" (Jn. 4:42; 1 Jn. 4:14), que "vino a buscar y a salvar lo que se había perdido" (Lc. 19:10) "porque él salvará a su pueblo de sus pecados" (Mt. 1:21). Jesús vino a cumplir los pactos abrahámico y davídico (véase los caps. 9 y 10 de esta obra). Sin embargo, el cumplimiento de esos pactos está predicado en el nuevo pacto (véase el cap. 11 de esta obra), el cual se inició con su muerte expiatoria (Mt. 26:28).

El anuncio del nacimiento de Jesucristo presagia la más grandiosa noticia que el mundo jamás ha oído. De la narración de ese anuncio y sus consecuencias emergen cinco verdades acerca de las buenas nuevas: proclamación de las buenas nuevas, generalización de las buenas nuevas, persona de las buenas nuevas, propósito de las buenas nuevas, y visión de las buenas nuevas.

PROCLAMACIÓN DE LAS BUENAS NUEVAS

Había pastores en la misma región, que velaban y guardaban las vigilias de la noche sobre su rebaño. Y he aquí, se les presentó un ángel del Señor, y la gloria del Señor los rodeó de resplandor; y tuvieron gran temor. Pero el ángel les dijo: No temáis; porque he aquí os doy nuevas de gran gozo, (2:8-10*a*)

La buena noticia del nacimiento del Salvador llegó primero al grupo más improbable de personas. Los **pastores** estaban casi al final de la escalera social. Eran analfabetos y sin formación, y cada vez más se les veía en la época posterior al Nuevo Testamento como personajes deshonestos, poco confiables e indeseables, hasta tal punto que no se les permitía testificar en un juicio. Debido a que las ovejas requieren cuidado los siete días de la semana, los pastores no podían cumplir plenamente con las regulaciones humanas del día de reposo desarrolladas por los fariseos. En consecuencia, se les veía como una violación continua de las leyes religiosas, y por tanto eran ceremonialmente impuros.

Sin embargo, esto no quiere decir que ser pastor fuera una ocupación ilícita o de mala reputación. Dos de los más grandes personajes en la historia de Israel, Moisés (Éx. 3:1) y David (1 S. 16:11-13), fueron pastores en algún momento de sus vidas. Además, el Antiguo Testamento se refiere metafóricamente a Dios como el "Pastor de Israel" (Sal. 80:1; cp. 23:1; Is. 40:11), mientras que Jesús se describió como "el buen pastor" (Jn. 10:11, 14; cp. He. 13:20; 1 P. 2:25; 5:4). No obstante, los pastores eran personas humildes y mansas; sin duda no eran quienes esperarían recibir el anuncio más importante en la historia. El hecho de que fueran señalados para recibir este gran honor sugiere que estos pastores eran hombres devotos, que creían en el Dios vivo y verdadero. A tales individuos se les describe más tarde como aquellos que estaban esperando "la consolación de Israel" (2:25) y "la redención en Jerusalén" (2:38).

La elección de Dios de los pastores para recibir el anuncio del nacimiento del Hijo está de acuerdo con la profecía del Antiguo Testamento relacionada con el ministerio del Mesías. Isaías 61:1 pone de manera profética estas palabras en la boca del Mesías: "El Espíritu de Jehová el Señor está sobre mí, porque me ungió Jehová; me ha enviado a predicar buenas nuevas a los abatidos, a vendar a los quebrantados de corazón, a publicar libertad a los cautivos, y a los presos apertura de la cárcel". Después de leer ese pasaje en la sinagoga de Nazaret, Jesús declaró: "Hoy se ha cumplido esta Escritura delante de vosotros" (Lc. 4:21). El ministerio del Mesías no sería para los arrogantes (Lc. 5:32), en especial los líderes religiosos (Jn. 7:48), o los ricos autosuficientes (Lc. 18:24). Al contrario, Él buscaría a los pobres, humildes, afligidos y marginados de la sociedad (cp. Lc. 1:52; 1 Co. 1:26). A lo largo de su ministerio Jesús atrajo a tales personas (cp. Mt. 9:10-13; 11:19; Lc. 15:1-2), que estaban desgarradas por sus pecados y humilladas en arrepentimiento (cp. Lc. 7:37-38; 18:13-14).

Esos pastores estaban cuidando sus ovejas en la **región** alrededor de Belén, a casi diez kilómetros al sur de Jerusalén. Ellos **velaban y guardaban las vigilias de la noche sobre su rebaño,** algo que típicamente se hacía en Israel desde abril hasta noviembre. Sin embargo, eso no significa que Jesús no haya podido nacer en invierno, ya que los inviernos en Israel a menudo son moderados. Además, como observa Leon Morris, los escritos rabínicos hablan de ovejas pastoreadas entre Jerusalén y Belén en febrero (*The Gospel According to St. Luke*, The Tyndale New Testament Commentaries [Grand Rapids: Eerdmans, 1975], p. 84). Según una ley rabínica, las ovejas debían guardarse en el invierno, y cualquier animal hallado entre Jerusalén y la vecindad de Belén era usado como sacrificio en el templo. Podría ser entonces que las ovejas que cuidaban estos pastores estuvieran destinadas a ese mismo propósito.

Las ovejas se sacaban a los campos durante el día. Por la tarde las trasladaban a los rediles, donde los pastores podían turnarse para vigilar durante **la noche** todo el **rebaño.** Dentro de los rediles a las ovejas se las podía proteger más fácilmente de predadores y ladrones.

Pero la apacible normalidad de la rutina nocturna de los pastores de repente se hizo añicos en una forma asombrosa, dramática e inesperada. Mientras estaban haciendo lo que normalmente hacían durante las largas horas que pasaban vigilando a su rebaño, **se les presentó un ángel del Señor.** El ángel no está identificado, pero a la luz de sus anteriores apariciones a Zacarías y María, pudo haber sido Gabriel. Como adición enorme al impacto y al terror de los pastores por la inesperada aparición del ángel, **la gloria del Señor** ardió desde la oscuridad y **los rodeó de resplandor.**

A lo largo de la Biblia, la gloriosa presencia de Dios se manifestó en forma de luz brillante (p. ej., Éx. 24:17; 33:22—34:5; Dt. 5:24; 2 Cr. 7:1-3; Ez. 1:27-28; 43:2; Lc. 9:28-32; Ap. 21:23; cp. Éx. 34:29, 35; Sal. 104:1-2; Hab. 3:3-4; Ap. 1:13-16). La gloria de Dios apareció primero en el huerto del Edén, donde Adán y Eva tenían íntima comunión con Dios, y disfrutaban de su presencia. Pero después que pecaran, Dios los desterró para siempre del huerto y colocó un ángel con una espada encendida en la entrada para mantenerlos fuera. La gloria de Dios se manifestó a Israel en el desierto (Éx. 24:16-17), especialmente en la dedicación del tabernáculo (Éx. 40:34-35), así como más tarde aparecería en la dedicación del templo (1 R. 8:10 -11).

Pero después de siglos de pecado y rebelión, la gloria de Dios salió del templo (Ez. 9:3; 10:4, 18, 19; 11:22-23), simbolizando su retirada de Israel. No volvería a aparecer nunca más hasta esta noche, cuando significó que la presencia de Dios había vuelto al mundo a través del nacimiento del Señor Jesucristo. Más adelante en su vida, Jesús revelaría su gloria divina a Pedro, Jacobo y Juan en el monte de la transfiguración (Mt. 17:1-2). La próxima manifestación visible de la gloria de Dios al mundo será en la segunda venida, cuando "aparecerá la señal del Hijo del Hombre en el cielo; y entonces lamentarán todas las tribus de la tierra, y verán al Hijo del Hombre viniendo sobre las nubes del cielo, con poder y gran gloria" (Mt. 24:30). El cielo será iluminado por la omnipresente gloria de Dios a lo largo de la eternidad (Ap. 21:10-11, 23).

De modo comprensible, los pastores **tuvieron gran temor** por la aparición del ángel y la manifestación de la gloria de Dios. Temor era la reacción normal siempre que alguien en las Escrituras se encontraba con un ángel (cp. Dn. 8:15-18; 10:7-9, 16-17; Mt. 28:2-4; Lc. 1:12, 26-30) o veía la gloria de Dios manifiesta (Is. 6:1-5; Ez. 1:28; 3:23; Mt. 17:5-6; Mr. 4:41; 5:33; Hch. 9:4; Ap. 1:17). Aquellos que experimentan la presencia del santo Dios son muy conscientes de su pecaminosidad. Isaías clamó: "¡Ay de mí! que soy muerto; porque siendo hombre inmundo de labios, y habitando en medio de pueblo que tiene labios inmundos, han visto mis ojos al Rey, Jehová de los ejércitos" (Is. 6:5), y Pedro exclamó después de presenciar un milagro realizado por el Señor: "Apártate de mí, Señor, porque soy hombre pecador" (Lc. 5:8).

Al ver el obvio terror de los pastores, **el ángel les dijo: No temáis.** La secuencia de acontecimientos en la aparición del ángel a los pastores es la misma que en las apariciones de Gabriel a Zacarías y María: el ángel aparece, aquellos a quienes apareció se aterran, el ángel pronuncia palabras de consuelo, da a conocer su mensaje, y promete una señal.

Hay un sentido en el cual está bien temer a Dios; la Biblia declara: "El temor de Jehová es el principio de la sabiduría" (Pr. 9:10; cp. 1:7; 15:33; Job 28:28; Sal. 111:10; Mi. 6:9), y los hombres piadosos se caracterizan por reverenciarlo (Gn. 22:12; 42:18; Éx. 18:21; Neh. 7:2; Job 1:9; Sal. 66:16; Ec. 5:7; 8:12; 12:13; Mt. 10:28; 1 P. 2:17). Pero los redimidos no tienen que estar aterrados por Dios. Pablo recordó a los romanos: "No habéis recibido el espíritu de esclavitud para estar otra vez en temor, sino que habéis recibido el espíritu de adopción, por el cual clamamos: ¡Abba, Padre!" (Ro. 8:15; cp. Gá. 4:6-7). Dios dice a su pueblo, igual que hizo con Abraham: "No temas" (Gn. 26:24; cp. Jue. 6:23; Is. 43:1, 5; 44:2; Jer. 46:27-28; Lm. 3:57; Dn. 10:12, 19; Mt. 14:27; 17:7; 28:5, 10; Lc. 5:10; 12:32; Ap. 1:17).

Los pastores no debían temer, porque el ángel había venido para dar **nuevas de gran gozo.** Su mensaje no era de juicio sino más bien de "que el Padre ha enviado al Hijo, el Salvador del mundo" (1 Jn. 4:14). *Euangelizō* ("proclamar **nuevas de gran gozo**) es uno de los términos favoritos de Lucas, quien lo usó más que cualquier otro escritor del Nuevo Testamento (cp. 1:19; 3:18; 4:18, 43; 7:22; 8:1; 9:6; 16:16; 20:1; Hch. 5:42; 8:4, 12, 25, 35, 40; 10:36; 11:20; 13:32; 14:7, 15, 21; 15:35; 16:10; 17:18). La buena nueva del evangelio es que el Dios salvador envió al Salvador para redimir a los pecadores. Esa noticia produce **gran gozo;** se trata del gozo que Pedro describió como "inefable y glorioso" (1 P. 1:8), el cual está reservado para aquellos cuyos pecados han sido perdonados por medio de la fe en el Señor Jesucristo.

GENERALIZACIÓN DE LAS BUENAS NUEVAS

que será para todo el pueblo: (2:10*b*)

Las buenas nuevas que el ángel proclamó son **para todo el pueblo.** *Laos* (**pueblo**) se refiere primero a Israel (1:68; 7:16; 19:47; 21:23; 22:66; 23:5, 14), ya que "la salvación viene de los judíos" (Jn. 4:22; cp. Ro. 1:16). Pero la promesa de salvación no es para ellos solos. Al alabar a Dios después de ver al bebé Jesús en el templo, Simeón exclamó: "Porque han visto mis ojos tu salvación, la cual has preparado en presencia de todos los pueblos; luz para revelación a los gentiles, y gloria de tu pueblo Israel" (2:30-32). Significativamente, *laos* en el versículo 31 es plural, mientras que es singular en el versículo 32. Las palabras de Simeón reflejan la verdad expresada en la profecía de Isaías:

> *Levántate, resplandece; porque ha venido tu luz, y la gloria de Jehová ha nacido sobre ti. Porque he aquí que tinieblas cubrirán la tierra, y oscuridad las naciones; mas sobre ti amanecerá Jehová, y sobre ti será vista su gloria. Y andarán las naciones a tu luz, y los reyes al resplandor de tu nacimiento (60:1-3; cp. 9:2; 42:6; 49:6-9; 51:4).*

Las buenas nuevas de salvación, después de haberse proclamado primero a Israel, se proclaman ahora a lo largo del mundo (Mt. 28:19-20).

PERSONA DE LAS BUENAS NUEVAS

que os ha nacido hoy, en la ciudad de David, un Salvador, que es CRISTO el Señor. Esto os servirá de señal: Hallaréis al niño envuelto en pañales, acostado en un pesebre. (2:11-12)

Tras asegurar a los asombrados y aterrados pastores que había venido para dar buenas nuevas, el ángel les ofreció entonces los detalles de esas buenas nuevas. Ese mismo día, en el cumplimiento del tiempo (Gá. 4:4), había ocurrido el nacimiento más importante de la historia. Había sucedido en el más improbable de los lugares: **en la ciudad de David** (la diminuta aldea de Belén; véase el estudio de 2:4 en el cap. 12 de esta obra). El ángel introdujo su triple descripción del Niño recién nacido diciendo a los pastores que Aquel de quien hablaba había **nacido** para ellos. Colectivamente, como ya se observó, Jesús es el Salvador tanto de judíos como de gentiles; individualmente, Él es el Salvador de todos los que creen en Él (Jn. 3:16). El ángel no dio el nombre terrenal del Niño; Salvador, Cristo y Señor son títulos. Pero ya que el nombre "Jesús" significa "el Señor es salvación", su significado está abarcado en el término **Salvador.**

La descripción de Jesús como **Salvador** es adecuada, ya que la razón por la que nació fue para salvar "a su pueblo de sus pecados" (Mt. 1:21; cp. Lc. 19:10). Esa obvia verdad a menudo es ensombrecida en presentaciones contemporáneas del evangelio. Con mucha frecuencia a Jesús se le presenta como Aquel que rescatará a las personas de la insatisfacción en sus matrimonios, familias o trabajos; de un debilitante hábito que no pueden vencer por su cuenta; o de una sensación de falta de propósito en la vida. Pero aunque el alivio en esos aspectos puede ser un subproducto de la salvación, no es su intención principal. El verdadero problema de la humanidad, del cual tales aspectos son solo síntomas, es el pecado. Todo el mundo (Ro. 3:10, 23) es culpable de quebrantar la santa ley de Dios, y merece castigo eterno en el infierno. El verdadero mensaje del evangelio es que Jesucristo vino al mundo para rescatar a las personas del pecado y la culpa, no de sentimientos artificiales y psicológicos de culpa, sino de verdadera culpa impuesta por Dios que condena al infierno.

Cristo es un título elevando para un bebé nacido en tan humildes circunstancias. El nombre y su equivalente en el Antiguo Testamento, Mesías (Dn. 9:25-26), significan "el ungido"; alguien puesto en un alto cargo y digno de exaltación y honra. Jesús fue ungido primero en el sentido de que es Rey señalado de Dios, el "Rey de reyes" (Ap. 17:14; 19:16), que se sentará en el trono de David y reinará para siempre, como Gabriel le dijera a María (1:32-33). Él también fue ungido para ser el gran Sumo Sacerdote (He. 3:1) para su pueblo; el mediador entre ellos y Dios (1 Ti. 2:5) que intercede por su pueblo (He. 7:25). Finalmente, Jesús fue ungido como profeta, el portavoz más grande y final de Dios (He. 1:1-2).

Señor, en un sentido humano, es un término de respeto y estima, dado a alguien en una posición de liderazgo y autoridad. Especialmente era el título asumido por propietarios de esclavos; *kurios* (Lord) y *doulos* (esclavo) estaban relacionados. Llamar a alguien Señor era reconocer servilismo personal. En el Nuevo Testamento, Sara llamaba "señor" a Abraham, reconociendo la autoridad de él sobre ella como su esposo (1 P. 3:6).

Pero, en este contexto, "Señor" no es una simple designación humana elevada; es un título divino. Decir que este Niño es Señor es decir que Él es Dios. Cuando se usa en referencia a Jesucristo, *kurios* (**Señor**) transmite todo lo que está implícito en el tetragrama YHWH ("Yahveh", que la Septuaginta traduce *kurios*), el nombre de Dios (cp. Éx. 3:14-15). La confesión más fundamental y básica del cristianismo es: "Jesús Señor" (1 Co. 12:3). Nadie que no afirme la plena deidad de Cristo y su igualdad con Dios el Padre puede ser salvado por Él, según Jesús advirtió a los judíos: "si no creéis que yo soy, en vuestros pecados moriréis" (Jn. 8:24. Para un debate de las declaraciones "Yo soy" en el Evangelio de Juan con referencia a la deidad de Cristo, véase *Comentario MacArthur del Nuevo Testamento: Juan* [Grand Rapids: Portavoz, 2011], pp. 25, 515). Romanos 10:9 declara "que si confesares con tu boca que Jesús es el Señor, y creyeres en tu corazón que Dios le levantó de los muertos, serás salvo".

Entonces el ángel dio a los pastores una **señal** por la cual podían reconocer a este extraordinario Niño: **Hallaréis al niño envuelto en pañales, acostado en un pesebre.** El hecho de que el **niño** estuviera **envuelto en pañales** no señalaría a Jesús para los pastores, ya que eso se hacía a todos los bebés judíos (véase el estudio de 2:7 en el cap. anterior de esta obra). No cuidar adecuadamente a un bebé recién nacido, incluso envolverlo, era impensable (cp. Ez. 16:1-5). Pero las madres judías por lo general no ponían a sus bebés recién nacidos **en un pesebre,** por tanto eso reduciría la búsqueda de los pastores al Niño del que habló el ángel. El marcado contraste entre la posición de Jesús exaltado como Salvador, Mesías y Dios, y las humildes circunstancias de su nacimiento resaltan la magnitud de haberse despojado "a sí mismo, tomando forma de siervo, hecho semejante a los hombres" (Fil. 2:7).

PROPÓSITO DE LAS BUENAS NUEVAS

Y repentinamente apareció con el ángel una multitud de las huestes celestiales, que alababan a Dios, y decían: ¡Gloria a Dios en las alturas, y en la tierra paz, buena voluntad para con los hombres! (2:13-14)

Mientras el ángel estaba hablándole a los pastores ocurrió algo aún más asombroso. **Repentinamente** (cp. v. 9; Mal. 3:1; Mr. 13:36; Hch. 2:2; 9:3; 1 Ts. 5:3) **apareció con el ángel una multitud de las huestes celestiales.** No se revela cuántos de los millones de santos ángeles aparecieron ("miríada" es la palabra griega para diez mil, el mayor número para el que existe una palabra, de ahí que no aparezca el uso de la expresión "millones de millones" para indicar que era un número mayor [Ap. 5:11]), pero el término **multitud** significa un grupo enorme. La aparición de tantos ángeles a la vez no tiene precedentes en las Escrituras.

Estos ángeles estaban haciendo lo que los ángeles constantemente hacen: **alababan a Dios** (cp. Ap. 5:11-12; 7:11-12). Todo el cielo se desató en regocijo ante el nacimiento del Hijo de Dios. Los ángeles lo conocían como la segunda persona de la Trinidad antes de su encarnación, donde vieron su gloria inefable. Ellos entendían que la caída había transformado a los humanos en rebeldes pecadores en contra de Dios, pero también sabían que Dios había provisto un camino de salvación para el hombre. La profunda preocupación de ellos por la salvación de los pecadores ocasiona que aquí se produzca "gozo delante de los ángeles de Dios por un pecador que se arrepiente" (Lc. 15:10). El coro angelical de alabanza refleja el pináculo trascendental de todo pensamiento y toda acción; la más elevada de todas las verdades; la suprema razón para todo lo que existe: la gloria de Dios. El propósito definitivo de las buenas nuevas de salvación es salvar a los pecadores para que puedan unirse a los ángeles en glorificar a Dios.

Los ángeles atribuyen **gloria a Dios en las alturas;** es decir, en el cielo. **En la tierra,** el lugar más bajo en comparación con el cielo, ellos proclamaron **paz, buena voluntad para con los hombres.** La **paz** de la que los ángeles hablaron es la paz con Dios que resulta de la salvación (Ro. 5:1; cp. Hch. 10:36). A través de la fe en el Mesías, el "Príncipe de paz", Dios y los pecadores son reconciliados (Ro. 5:10; 2 Co. 5:18-19; Ef. 2:16; Col. 1:20-22).

La paz de la que hablaron los ángeles es únicamente para **hombres** que reciben la **buena voluntad** de parte de Dios. Eso no significa por supuesto que Él conceda la salvación a quienes lo agraden mediante las buenas obras que hagan, ya que la salvación "no [es] por obras, para que nadie se gloríe" (Ef. 2:9). El texto griego literalmente dice: "hombres de la buena voluntad de Dios". Así lo explica Marshall: "La frase significa 'aquellos sobre los cuales reposa la voluntad/favor de Dios', y expresa la idea de la libre elección de Dios de aquellos a quienes él desea favorecer y salvar" (*The Gospel of Luke,* The New International Greek Testament Commentary [Grand Rapids: Eerdmans, 1978], p. 112). La paz de la salvación pertenece a aquellos a quienes Dios se agrada en otorgárselas; no se trata de un premio para aquellos que tienen buenos deseos, sino de un regalo compasivo para quienes son los objetos de la buena voluntad de Dios.

VISIÓN DE LAS BUENAS NUEVAS

Sucedió que cuando los ángeles se fueron de ellos al cielo, los pastores se dijeron unos a otros: Pasemos, pues, hasta Belén, y veamos esto que ha sucedido, y que el Señor nos ha manifestado. Vinieron, pues, apresuradamente, y hallaron a María y a José, y al niño acostado en el pesebre. Y al verlo, dieron a conocer lo que se les había dicho acerca del niño. Y todos los que oyeron, se maravillaron de lo que los pastores les decían. Pero María guardaba todas estas cosas, meditándolas en su corazón. Y volvieron los pastores glorificando y alabando a Dios por todas las cosas que habían oído y visto, como se les había dicho. Cumplidos los ocho días para circuncidar al niño, le pusieron por nombre JESÚS, el cual le había sido puesto por el ángel antes que fuese concebido. (2:15-21)

No se sabe cuánto tiempo los ángeles tardaron en irse, pero finalmente regresaron al cielo para reanudar su alabanza y adoración delante del trono de Dios (cp. Ap. 5:11-14). **Sucedió que cuando los ángeles se fueron de ellos al cielo, los pastores** inmediatamente comenzaron a analizar el asombroso suceso que acababan de presenciar, y lo que debían hacer a continuación. Aunque el ángel no les había ordenado específicamente que lo hicieran, **se dijeron unos a otros: Pasemos, pues, hasta Belén, y veamos esto que ha sucedido, y que el Señor nos ha manifestado.** Es comprensible que quisieran ir a Belén lo más pronto posible. Pero ya que eran responsables por las ovejas bajo su cuidado, no podían simplemente dejar todo e irse. O algunos de ellos tenían que quedarse con las ovejas, o debían encontrar otros pastores que las vigilaran. Tan pronto como solucionaron esos detalles, los pastores se fueron en seguida a Belén.

La respuesta de los pastores ilustra los dos primeros aspectos relacionados con las personas que llegan a Cristo: oyen la revelación de Dios de que el Salvador ha venido, y creen esa revelación. En Romanos 10:14, Pablo describió esos mismos dos pasos (en orden inverso): "¿Cómo, pues, invocarán a aquel en el cual no han creído? ¿Y cómo creerán en aquel de quien no han oído? ¿Y cómo oirán sin haber quien les predique?". Según se observó antes, lo más probable era que estos pastores fueran devotos adoradores del Dios verdadero, que estaban esperando la redención de Israel. Sus corazones debieron estar ya preparados para que cuando oyeran la revelación del nacimiento del Salvador la creyeran.

Después de encargarse del cuidado de las ovejas, los pastores **vinieron, pues, apresuradamente, y hallaron a María y a José, y al niño.** La zona tradicional del campo donde los pastores estaban vigilando sus ovejas está como a tres kilómetros de Belén. Lucas no describe cómo encontraron a María, José y al bebé Jesús. Sin embargo, no habría habido muchos bebés nacidos en una pequeña aldea como Belén en una noche cualquiera. Sin duda, la noticia de algún nacimiento se habría extendido con rapidez de boca en boca, especialmente ya que María había dado a luz en un lugar semipúblico (véase el estudio del v. 7 en el cap. anterior de esta obra). Cuando los pastores vieron al Niño, **acostado en el pesebre,** quedó confirmada la profecía del ángel y se confirmó la fe de ellos.

La búsqueda que los pastores hicieron de María, José y Jesús ilustra el siguiente paso en el proceso de salvación. Quienes creen realmente la revelación de Dios en Cristo llegarán a Él. Aceptarán su invitación: "Venid a mí todos los que estáis trabajados y cargados, y yo os haré descansar. Llevad mi yugo sobre vosotros, y aprended de mí, que soy manso y humilde de corazón; y hallaréis descanso para vuestras almas; porque mi yugo es fácil, y ligera mi carga" (Mt. 11:28-30; cp. Jn. 5:40; 6:37, 44; 7:37).

Entre los versículos 16 y 17 debió haber habido un interesante diálogo entre los pastores y María y José. La joven pareja sin duda estaba abrumada por el relato de los pastores del maravilloso acontecimiento que acababan de presenciar. Las palabras del ángel proporcionaron a María y José más información de quién era su Hijo. Y el relato de María de la aparición que le hiciera Gabriel (1:26-38), junto con el relato de José acerca de su sueño (Mt. 1:20-23) solo pudo haber aumentado el asombro de los pastores.

La aparición del ángel y la conversación con María y José pusieron a los pastores al tanto de una información que nadie más tenía. Su entusiasta respuesta fue que **dieron a conocer lo que se les había dicho acerca del niño.** Fueron por todas partes predicando la noticia de que el Salvador, el tan esperado Mesías, había nacido. Los pastores por consiguiente se convirtieron en los primeros evangelistas del Nuevo Testamento.

Una vez que habían oído, creído y actuado conforme a la verdad, los pastores no podían dejar de hablar a otros al respecto. Su testimonio ante las buenas nuevas que habían recibido revela algo más que sucede en la vida de un alma recién nacida. La respuesta de aquellos que llegan a Cristo es hablar a otros acerca de Él. Por lo general, los más valientes y apasionados en proclamar el evangelio son los recién convertidos; cuanto más tiempo tengan de ser salvos, menos emocionados parecen acerca de su salvación y menos ansiosos están por hablar de su fe. Pero el verdadero compromiso espiritual lo determina la calidad y la tenacidad del gozo de largo alcance de los creyentes por su salvación. Una medida de tal gozo es cuán ávidamente hablan del evangelio. La falta de celo y pasión que motiva a los creyentes a hablar a otros de Cristo revela un corazón pecador de indiferencia e ingratitud.

Los pastores no tuvieron ese problema. La asombrosa naturaleza de su mensaje, junto con la avidez y el entusiasmo con que lo predicaron, logró su cometido, **y todos los que oyeron se maravillaron de lo que los pastores les decían.** *Thaumazō* (**maravillaron**) aparece con frecuencia en los escritos de Lucas (cp. 1:21, 63, 2:33; 4:22; 7:9; 8:25; 9:43; 11:14, 38; 20:26; 24:12, 41; Hch. 2:7; 3:12; 4:13; 7:31; 13:41). Desde su inicio, la vida y el ministerio de Jesucristo hicieron que las personas se maravillaran y asombraran. Por desgracia, entonces, igual que ahora, gran parte de ese asombro no produjo compromiso, sino simplemente curiosidad. Cuando los pastores oyeron las buenas nuevas del nacimiento del Salvador, al instante lo buscaron. Pero lo único que se dice de aquellos a los que les testificaron es que **se maravillaron.** Después que su asombro inicial se disipó, es probable que la mayoría de ellos simplemente continuara con su vida como si nada hubiera sucedido.

En contraste con la reacción vacía y superficial de muchos que oyeron la noticia, **María guardaba todas estas cosas, meditándolas en su corazón.** Ella reflexionó profundamente en el significado del nacimiento del Hijo de Dios, y en lo que ese parto presagiaba para ella y José como sus padres terrenales. Además de los pensamientos normales que le pasarían por la mente de cualquier madre primeriza, María tenía muchas otras cosas en qué pensar. Pensaba en el propósito redentor de Dios, que tal como lo prometiera había enviado un Salvador para redimir a su pueblo. Pero esa redención vendría a un costo tremendo. Según Simeón le advertiría después a María: "He aquí, éste está puesto para caída y para levantamiento de muchos en Israel, y para señal que será contradicha (y una espada traspasará tu misma alma), para que sean revelados los pensamientos de muchos corazones" (2:34-35). Años más tarde, María iba a observar cómo su Hijo moriría en la cruz soportando la ira de Dios contra el pecado (Jn. 19:25-27).

La meditación de María sobre el Salvador ilustra otro aspecto de lo que significa aceptar realmente a Cristo. La euforia y la emoción inicial de la salvación se profundizan en un entendimiento más rico, pleno y profundo de la persona y la obra del Señor Jesucristo. El apóstol Juan describió la vida cristiana como una progresión desde ser un niño espiritual, que solo conoce a Dios como Padre y perdonador de pecados, a ser un joven espiritual bien cimentado en la verdad bíblica, y luego a ser un padre espiritual con una honda comprensión de la persona de Dios (1 Jn. 2:12-14). Pero ningún cristiano estará alguna vez satisfecho con el nivel de conocimiento que ha obtenido. Pablo, a muchos años en su peregrinación cristiana, anhelaba conocer a Cristo aún más. A los filipenses les expresó su deseo de "conocerle, y el poder de su resurrección, y la participación de sus padecimientos, llegando a ser semejante a él en su muerte" (Fil. 3:10).

Los pastores habían tenido una noche maravillosa que les cambió la vida para siempre. Pero la vida continúa, y finalmente volvieron a su rebaño, **glorificando y alabando a Dios** (cp. 1:64; 5:25-26; 7:16; 13:13; 17:15; 18:43; 23:47; 24:52-53) **por todas las cosas que habían oído y visto, como se les había dicho.** Sus esperanzas y anhelos de que el Redentor viniera se habían cumplido, y sus vidas fueron marcadas por una actitud recién descubierta de alabanza y adoración. Esa misma actitud caracteriza a todos los que conocen y aman al Señor Jesucristo (cp. Sal. 22:26; 30:4; 33:1; 34:1; 100:4; Hch. 16:25; He. 13:15), a quien Pablo describe como la verdadera "circuncisión, los que en espíritu servimos a Dios y nos gloriamos en Cristo Jesús" (Fil. 3:3).

Testigos de Jesús. Primera parte: José y María

14

Cumplidos los ocho días para circuncidar al niño, le pusieron por nombre JESÚS, el cual le había sido puesto por el ángel antes que fuese concebido. Y cuando se cumplieron los días de la purificación de ellos, conforme a la ley de Moisés, le trajeron a Jerusalén para presentarle al Señor (como está escrito en la ley del Señor: Todo varón que abriere la matriz será llamado santo al Señor), y para ofrecer conforme a lo que se dice en la ley del Señor: Un par de tórtolas, o dos palominos. (2:21-24)

Un principio jurídico básico requiere que el testimonio de una persona sea confirmado por varios testigos. La ley mosaica declaró: "No se tomará en cuenta a un solo testigo contra ninguno en cualquier delito ni en cualquier pecado, en relación con cualquiera ofensa cometida. Sólo por el testimonio de dos o tres testigos se mantendrá la acusación" (Dt. 19:15; cp. 17:6; Mt. 18:16; 2 Co. 13:1; 1 Ti. 5:19; He. 10:28). En su evangelio, Lucas testificó que Jesucristo nació como el Hijo de Dios; que Él era el Mesías que Israel esperó por mucho tiempo, concebido de una virgen por medio del poder del Espíritu Santo; que Él es Dios en carne humana, el Redentor, que salvará a su pueblo de sus pecados.

Tal afirmación asombrosa y sin precedentes vino con verificación, cuando Lucas presentó el testimonio de varios testigos para corroborarla. Ya que el testimonio de una persona solo es creíble como lo es su carácter, Lucas tuvo cuidado de establecer que los testigos que presentó fueran personas justas.

En la época del nacimiento de Jesús, cuatro grupos, cuyas enseñanzas eran contrarias a la verdadera justicia bíblica, dominaban la sociedad judía. Los saduceos eran los teólogos liberales de ese tiempo, negaban la resurrección del cuerpo y la existencia de ángeles (Hch. 23:8). Sus archirrivales, los fariseos, eran legalistas que creían que podían ganar su camino al cielo al observar rituales y ceremonias (Mt. 23:1ss). Los zelotes eran revolucionarios políticos que abogaban por el derrocamiento violento del gobierno romano y la recuperación de la soberanía israelita (cp. Hch. 21:38). El último grupo, los esenios, eran ermitaños ascetas que vivían en el desierto aislados del resto de la sociedad.

En contraste, los justos eran un pequeño remanente en Israel. Lucas ya había presentado algunos de ellos: Zacarías, Elisabet, José, María y los pastores que recibieron el anuncio del nacimiento de Jesús. En esta sección de su relato (2:21-38), Lucas llamó a cuatro miembros del remanente justo a declarar como testigos de la verdadera identidad y misión de Jesús: José, María, Simeón y Ana. El escenario de este pasaje está íntimamente relacionado con dos temas del Antiguo Testamento. El lugar para la mayor parte del pasaje es el templo y presenta los rituales prescritos por la ley mosaica. El pasaje también extrae abundantemente de los escritos de Isaías, en particular los capítulos 40—66.

Oportunamente, los primeros en dar testimonio de Jesús fueron sus padres, José y María. La realidad de que José era un hombre justo se establece explícitamente en Mateo 1:19, mientras que la justicia de María es evidente por su declaración en Lucas 1:47 de que Dios era su Salvador. Cinco veces en el capítulo 2 de su evangelio, Lucas afirma la justicia de la pareja al observar su compromiso con la ley de Dios (vv. 22, 23, 24, 27, 39). La verdadera justicia, que viene de que Dios salva por fe, se manifiesta de manera inevitable en obediencia, ya que "la fe sin obras está muerta" (Stg. 2:26; cp. Jn. 3:36; Hch. 5:32; 6:7; Ro. 1:5; 15:18; 16:26; 2 Ts. 1:8; He. 5:9; 1 P. 1:1-2). La obediencia también es la característica del verdadero amor a Dios (Jn. 14:15, 21, 23; 15:10, 14).

Dos actos de obediencia revelan el testimonio de José y María en cuanto a Jesús como Mesías y Salvador del mundo: la circuncisión y puesta del nombre, y la purificación y presentación.

LA CIRCUNCISIÓN Y PUESTA DEL NOMBRE

Cumplidos los ocho días para circuncidar al niño, le pusieron por nombre JESÚS, el cual le había sido puesto por el ángel antes que fuese concebido. (2:21)

En obediencia a las exigencias de la ley (Gn. 17:9-14; Lv. 12:3) José y María circuncidaron a su Hijo recién nacido **ocho días** después de su nacimiento. Según se indicó en el estudio de 1:59 en el capítulo 8 de esta obra, Dios instituyó que debían **circuncidar** a los varones de su pueblo por tres razones. Primera, junto con las demás regulaciones dietéticas e higiénicas prescritas en la ley, la circuncisión tenía beneficios para la salud. Segundo, como la señal del pacto abrahámico, la circuncisión también era la marca de identidad nacional de Israel. Por último, la circuncisión era una lección espiritual objetiva de la necesidad de limpiarse de la depravación del pecado, que se transmitía a cada generación posterior a través de la procreación. La circuncisión era un símbolo físico de la limpieza espiritual del corazón que se lleva a cabo en la salvación (cp. Dt. 10:16; 30:6; Jer. 4:4).

Sin embargo, ¿por qué fue circuncidado Jesús, ya que no tenía pecado (Is. 53:9; Jn. 8:46; 2 Co. 5:21; He. 4:15; 1 P. 2:22; 1 Jn. 3:5), ni necesitaba limpiar su corazón? La respuesta se encuentra en entender que Él vino para cumplir la ley. En las palabras del apóstol Pablo, Jesús fue "nacido de mujer y nacido bajo la ley" (Gá. 4:4). Al igual que su bautismo, la circuncisión de Jesús sirvió para cumplir "toda justicia" (Mt. 3:15). Él pudo decir con David: "El hacer tu voluntad, Dios mío, me ha agradado, y tu ley está en medio de mi corazón" (Sal. 40:8), y únicamente Él cumplió a la perfección la ley de Dios a lo largo de su vida. Solo porque así lo hizo, su justicia pudo acreditarse a los creyentes. En la cruz, Dios trató a Jesús como si Él hubiera vivido las vidas pecaminosas de ellos. Por eso Dios puede tratarlos como si hubieran llevado la vida perfectamente justa de Jesús.

De acuerdo con la imperante costumbre judía (véase el estudio de 1:59 en el cap. 8 de esta obra), en la circuncisión del **niño, le pusieron por nombre JESÚS, el cual le había sido puesto por el ángel antes que fuese concebido.** El nombre **JESÚS** es el equivalente griego del nombre hebreo "Josué", que significa "Yahveh salva". Se trata de un nombre apropiado en Aquel que nació para salvar "a su pueblo de sus pecados" (Mt. 1:21).

Una de las más atroces tergiversaciones de la verdad bíblica de la Iglesia Católica Romana es su representación de Dios como un Salvador reacio. La sugerencia de la teología católica es que el Padre es iracundo, vengativo y hostil hacia los pecadores; que Jesús es ligeramente más comprensivo; pero que la única verdaderamente amable, compasiva y accesible es María. Por tanto, a los pecadores se les aconseja que centren en ella su salvación porque Jesús no puede rechazar las peticiones de su madre. Tan generalizado es este punto de vista, que Roma eleva a María a la posición de corredentora con Jesús.

Tal representación de Dios es totalmente falsa, ya que la Biblia señala que Él es un Dios salvador por naturaleza. En Deuteronomio 33:29, Moisés manifestó: "Bienaventurado tú, oh Israel. ¿Quién como tú, pueblo salvo por Jehová?". David se refirió a Dios como "Dios, salvación nuestra" (1 Cr. 16:35), mientras que en Salmos 7:10 exclamó: "Mi escudo está en Dios, que salva a los rectos de corazón". Salmos 106:21 reprende a Israel porque "olvidaron al Dios de su salvación, que había hecho grandezas en Egipto". Isaías llamó a Dios el "Dios de Israel, que salvas", y que ha salvado a su pueblo "con salvación eterna" (Is. 45:15, 17; cp. 45:22; 59:1; 63:1, 8). Jeremías lo describió como la "esperanza de Israel, Guardador suyo en el tiempo de la aflicción" (Jer. 14:8).

En el Nuevo Testamento, María se refirió a Dios como su Salvador (Lc. 1:47). Pablo lo describió como "Dios nuestro Salvador, el cual quiere que todos los hombres sean salvos y vengan al conocimiento de la verdad" (1 Ti. 2:3-4; cp. 4:10; Tit. 1:3; 2:10; Jud. 25) y afirmó que se trata de "Dios, quien nos salvó" (2 Ti. 1:8-9; cp. Tit. 3:4-5). En ninguna parte del Nuevo Testamento se describe más claramente la naturaleza tierna, misericordiosa y salvadora de Dios que en el caso del hijo pródigo (Lc. 15:11-32).

Incluso más importante que lo que otros dijeron acerca de Él son las repetidas declaraciones de Dios de que Él es Salvador. Él afirmó en Isaías 43:3: "Porque yo Jehová, Dios tuyo, el Santo de Israel, soy tu Salvador". En el versículo 11 añadió enfáticamente: "Yo, yo Jehová, y fuera de mí no hay quien salve". En Isaías 45:21, Dios se describió como "Dios justo y Salvador" (cp. 49:26; 60:16; Os. 13:4).

La prueba definitiva de que Dios es un Dios salvador es la realidad de que "de tal manera amó Dios al mundo, que ha dado a su Hijo unigénito, para que todo aquel que en él cree, no se pierda, mas tenga vida eterna" (Jn. 3:16; cp. 1 Jn. 4:14). En el Antiguo Testamento Isaías predijo que Dios "quiso quebrantarlo [a Cristo], sujetándole a padecimiento" (Is. 53:10). Pablo escribió a los romanos: "Cristo, cuando aún éramos débiles, a su tiempo murió por los impíos" (Ro. 5:6) y "El que no escatimó ni a su propio Hijo, sino que lo entregó por todos nosotros, ¿cómo no nos dará también con él todas las cosas?" (Ro. 8:32). En 2 Corintios 5:21, el apóstol describió las profundas implicaciones teológicas del sacrificio que Dios hizo de su Hijo: "Al que no conoció pecado, por nosotros lo hizo pecado, para que nosotros fuésemos hechos justicia de Dios en él". El apóstol Juan escribió: "En esto consiste el amor: no en que nosotros hayamos amado a Dios, sino en que él nos amó a nosotros, y envió a su Hijo en propiciación por nuestros pecados" (1 Jn. 4:10).

La elección del Padre del nombre "Jesús" para su Hijo es apropiada, y refleja la realidad de que Él es un "Dios justo y Salvador" (Is. 45:21).

LA PURIFICACIÓN Y PRESENTACIÓN

Y cuando se cumplieron los días de la purificación de ellos, conforme a la ley de Moisés, le trajeron a Jerusalén para presentarle al Señor (como está escrito en la ley del Señor: Todo varón que abriere la matriz será llamado santo al Señor), y para ofrecer conforme a lo que se dice en la ley del Señor: Un par de tórtolas, o dos palominos. (2:22-24)

Igual que ocurrió con la circuncisión de Jesús, la **purificación** de María (la frase **de ellos** simplemente refleja la presencia de José y Jesús) y la presentación del bebé Jesús se hicieron estrictamente **conforme a la ley de Moisés.** Así como la circuncisión, la purificación de una mujer después de dar a luz ejemplifica la necesidad de limpiarse del pecado. Levítico 12:1-5 describe el proceso de purificación:

> *Habló Jehová a Moisés, diciendo: Habla a los hijos de Israel y diles: La mujer cuando conciba y dé a luz varón, será inmunda siete días; conforme a los días*

de su menstruación será inmunda. Y al octavo día se circuncidará al niño. Mas ella permanecerá treinta y tres días purificándose de su sangre; ninguna cosa santa tocará, ni vendrá al santuario, hasta cuando sean cumplidos los días de su purificación. Y si diere a luz hija, será inmunda dos semanas, conforme a su separación, y sesenta y seis días estará purificándose de su sangre.

La impureza de la que aquí se habla es impureza ceremonial, la primera parte de la cual duraba siete días, igual que la de la menstruación (Lv. 15:19). Mientras una mujer era impura no podía tocar nada sagrado o santo, ni podía ir al templo. Su impureza ceremonial moderaba el gozo natural por traer una nueva vida al mundo (Jn. 16:21) con la triste realidad de que el niño, igual que sus padres, era pecador (Sal. 51:5).

Después de la circuncisión de un hijo varón al octavo día, la madre quedaba ceremonialmente impura durante otros treinta y tres días. Resulta interesante que el tiempo de su impureza fuera el doble si el bebé era una niña, a dos semanas inicialmente seguidas de los posteriores sesenta y seis días. La Biblia no explica la razón para ese tiempo adicional de impureza, pero existen al menos dos posibilidades. Primera, como ya se indicó, cuando un hijo varón nace, la circuncisión servía como una ilustración de pecado y depravación. Podría ser que Dios destinara el período extra de impureza involucrada en el nacimiento de una niña para tomar el lugar de la circuncisión. Segunda, duplicar el tiempo de purificación podría reflejar el estigma sobre las mujeres derivado de que Eva llevó a la humanidad al pecado (1 Ti. 2:14). Tal estigma es quitado en Cristo; aunque fue una mujer la que llevó a la humanidad a pecar, las mujeres piadosas, a través de su influencia sobre sus hijos, tienen el privilegio de sacar a muchos del pecado y llevarlos a la piedad (v. 15).

Y cuando se cumplieron los días de la purificación de María, y se le permitió otra vez entrar al templo, **trajeron** a Jesús **a Jerusalén para presentarle al Señor.** Aunque esto no se tenía que hacer en **Jerusalén** o en el templo, **la ley del Señor** dada a través de Moisés declara que **todo varón que abriere la matriz será llamado santo al Señor** y apartado para Él. En Éxodo 13:1-2, "Jehová habló a Moisés, diciendo: Conságrame todo primogénito. Cualquiera que abre matriz entre los hijos de Israel, así de los hombres como de los animales, mío es". Abundando en ese mandamiento, Moisés dijo a Israel:

Y cuando Jehová te haya metido en la tierra del cananeo, como te ha jurado a ti y a tus padres, y cuando te la hubiere dado, dedicarás a Jehová todo aquel que abriere matriz, y asimismo todo primer nacido de tus animales; los machos serán de Jehová. Mas todo primogénito de asno redimirás con un cordero; y si no lo redimieres, quebrarás su cerviz. También redimirás al primogénito de tus hijos. Y cuando mañana te pregunte tu hijo, diciendo: ¿Qué es esto?, le dirás: Jehová nos sacó con mano fuerte de Egipto, de casa de servidumbre; y endureciéndose Faraón para no dejarnos ir, Jehová hizo morir en la tierra de Egipto a todo primogénito, desde el primogénito humano hasta el primogénito de la bestia; y por esta causa yo sacrifico para Jehová todo primogénito macho, y redimo al primogénito de mis hijos (vv. 11-15).

Apartar al primogénito no era para el servicio sacerdotal, porque los sacerdotes venían únicamente de la tribu de Leví (Jesús era de la tribu de Judá [He. 7:14]). José y María, entonces, no estaban presentando a Jesús para el servicio sacerdotal, sino más bien estaban dedicando la vida del niño a Dios.

Los levitas tomaron el lugar del primogénito del resto de las tribus al estar dedicados al servicio de Dios. En Números 3:12-13, Dios dijo a Moisés:

He aquí, yo he tomado a los levitas de entre los hijos de Israel en lugar de todos los primogénitos, los primeros nacidos entre los hijos de Israel; serán, pues, míos los levitas. Porque mío es todo primogénito; desde el día en que yo hice morir a todos los primogénitos en la tierra de Egipto, santifiqué para mí a todos los primogénitos en Israel, así de hombres como de animales; míos serán. Yo Jehová (cp. vv. 41, 44-45).

Pero a cambio de ser eximidos del deber sacerdotal se debía pagar un precio de redención por el primogénito de las demás tribus. En Números 18:15-16, Dios le dijo a Aarón:

Todo lo que abre matriz, de toda carne que ofrecerán a Jehová, así de hombres como de animales, será tuyo; pero harás que se redima el primogénito del hombre; también harás redimir el primogénito de animal inmundo. De un mes harás efectuar el rescate de ellos, conforme a tu estimación, por el precio de cinco siclos.

Israel era en gran medida una teocracia, en que los sacerdotes y levitas hacían gran parte de la obra de gobernar a la nación. Los cinco siclos (una cantidad importante de dinero) pagados por las familias de los hijos primogénitos de las demás tribus ayudaba a sufragar los costos de funcionamiento del gobierno.

Aunque no se indica explícitamente en el texto, podemos suponer que José y María pagaron los cinco siclos del costo de redención por Jesús, pues cumplieron "con todo lo prescrito en la ley del Señor" (v. 39). Este pago, junto con los gastos de viajar a Belén y permanecer allí por un período largo, eran una carga económica importante para esta joven pareja. Como revela el análisis del sacrificio de María, José y ella no eran acaudalados. Pero igual que todos los justos, hallaban gran gozo en obedecer la ley de Dios (cp. Sal. 1:1-2; 40:8; 119:70, 77, 92, 174).

Después de su declaración entre paréntesis en el versículo 23, Lucas vuelve a la otra razón de por qué José, María y Jesús fueron al templo. Tras los cuarenta días de impureza después del nacimiento de su Hijo, María debió **ofrecer** un sacrificio **conforme a lo que se dice en la ley del Señor.** Esto revela otra vez el carácter justo de esta joven mujer y su compromiso de obedecer la ley de Dios.

Así como la impureza ceremonial de María representaba el pecado, así también su ofrenda simbolizaba el sacrificio definitivo por el pecado que su propio Hijo haría en la cruz. Ese sacrificio concedió acceso directo ante Dios (simbolizado por la ruptura del velo del templo [Mt. 27:51]) al satisfacer plenamente la ira de Dios y la expiación por los pecados de todos los que ponen su fe en el Señor Jesucristo.

La ofrenda normal era "un cordero de un año para holocausto, y un palomino o una tórtola para expiación" (Lv. 12:6). A aquellos cuyos medios no eran suficientes para tal ofrenda se les proporcionaba una alternativa: "Y si no tiene lo suficiente para un cordero, tomará entonces dos tórtolas o dos palominos, uno para holocausto y otro para expiación; y el sacerdote hará expiación por ella, y será limpia" (v. 8). Después de hacer su ofrenda, María quedó otra vez ceremonialmente pura. El hecho de que ofreciera la ofrenda alterna, **un par de tórtolas, o dos palominos,** demostraba que ella y José eran pobres. También indica que aún no habían recibido la visita de los magos (Mt. 2:11), ya que los valiosos regalos que llevaron habrían permitido que José y María ofrecieran un cordero para el sacrificio. Que María ofreciera una ofrenda por el pecado es coherente con la realidad de que ella era pecadora con necesidad de un Salvador (cp. 1:47). El dogma católico de que María fue concebida de manera inmaculada y que vivió sin pecado no encuentra sustento en las Escrituras.

La obediencia de José y María a la ley de Dios resplandece en toda la narración del nacimiento de Cristo. Poner al Niño el nombre Jesús en obediencia a la orden del ángel (Mt. 1:21), presentarlo en el templo, pagar la cuota requerida por un hijo primogénito, y el escrupuloso cumplimiento de María en relación con la ley de purificación demuestran que, al igual que Zacarías y Elisabet, "ambos eran justos delante de Dios, y andaban irreprensibles en todos los mandamientos y ordenanzas del Señor" (Lc. 1:6). Tal justicia valida la confirmación de ellos en cuanto al testimonio hacia su Hijo, el Señor Jesucristo.

Testigos de Jesús. Segunda parte: Simeón y Ana 15

Y he aquí había en Jerusalén un hombre llamado Simeón, y este hombre, justo y piadoso, esperaba la consolación de Israel; y el Espíritu Santo estaba sobre él. Y le había sido revelado por el Espíritu Santo, que no vería la muerte antes que viese al Ungido del Señor. Y movido por el Espíritu, vino al templo. Y cuando los padres del niño Jesús lo trajeron al templo, para hacer por él conforme al rito de la ley, él le tomó en sus brazos, y bendijo a Dios, diciendo: Ahora, Señor, despides a tu siervo en paz, conforme a tu palabra; porque han visto mis ojos tu salvación, la cual has preparado en presencia de todos los pueblos; luz para revelación a los gentiles, y gloria de tu pueblo Israel. Y José y su madre estaban maravillados de todo lo que se decía de él. Y los bendijo Simeón, y dijo a su madre María: He aquí, éste está puesto para caída y para levantamiento de muchos en Israel, y para señal que será contradicha (y una espada traspasará tu misma alma), para que sean revelados los pensamientos de muchos corazones. Estaba también allí Ana, profetisa, hija de Fanuel, de la tribu de Aser, de edad muy avanzada, pues había vivido con su marido siete años desde su virginidad, y era viuda hacía ochenta y cuatro años; y no se apartaba del templo, sirviendo de noche y de día con ayunos y oraciones. Esta, presentándose en la misma hora, daba gracias a Dios, y hablaba del niño a todos los que esperaban la redención en Jerusalén. (2:25-38)

Todas las promesas en la Biblia sin duda alguna se cumplirán, porque el Señor es "Dios fiel" (Dt. 7:9; cp. Os. 11:12), el "Dios de verdad" (Dt. 32:4) que "toda su obra es hecha con fidelidad" (Sal. 33:4). "Escudo y adarga es su verdad" para su pueblo (Sal. 91:4), que les hace exclamar: "Grande es tu fidelidad" (Lm. 3:23). Pasajes tales como Salmos 36:5; 40:10; 89:8; 100:5; 119:90; Romanos 3:3; 1 Corintios 1:9; 10:13; 2 Corintios 1:18; 1 Tesalonicenses 5:24; 2 Tesalonicenses 3:3; Hebreos 10:23; 1 Pedro 4:19; y 1 Juan 1:9 también confirman la fidelidad divina.

Dios prometió a Abraham y Sara que tendrían un hijo a pesar de su avanzada edad (Gn. 17:15-19; 18:10, 14; cp. Ro. 9:9), y ella tuvo a Isaac (Gn. 21:1-2).

Prometió dar a Israel la tierra de Canaán (Gn. 12:7; 13:14-17; 15:7, 18; 17:8; 26:3; 28:13; 35:12; 50:24; Éx. 12:25; 33:1; Nm. 32:11; Dt. 1:8; 6:10; Jos. 23:5; cp. He. 11:9), y "no faltó palabra de todas las buenas promesas que Jehová había hecho a la casa de Israel; todo se cumplió" (Jos. 21:45; cp. 1 R. 8:56). El Señor prometió a David: "Y será afirmada tu casa y tu reino para siempre delante de tu rostro, y tu trono será estable eternamente" (2 S. 7:16; cp. v. 28; 1 R. 2:4; 8:24-25; 9:5). Esa promesa finalmente se cumplirá en el Señor Jesucristo, quien se sentará "sobre el trono de David y sobre su reino, disponiéndolo y confirmándolo en juicio y en justicia desde ahora y para siempre" (Is. 9:7; cp. Lc. 1:32-33).

Pero la más importante de todas las confiables promesas de Dios es la de que enviaría al mundo a su Hijo, el Mesías y Salvador. En 2 Corintios 1:20, Pablo escribió: "todas las promesas de Dios son en él Sí, y en él Amén". El apóstol Juan añadió: "El testimonio de Jesús es el espíritu de la profecía" (Ap. 19:10). De acuerdo con esa verdad, el Antiguo Testamento está lleno con centenares de profecías del venidero Mesías. Muchas de ellas se cumplieron en la primera venida de Jesucristo, y las restantes se cumplirán cuando Él regrese en gloria.

Inmediatamente después de la caída, Dios prometió enviar un Redentor (Gn. 3:15) y "cuando vino el cumplimiento del tiempo, Dios envió a su Hijo, nacido de mujer y nacido bajo la ley" (Gá. 4:4). El Antiguo Testamento declaró que el Mesías vendría de un descendiente de Abraham (Gn. 22:18) y David (2 S. 7:12-13; Sal. 89:3-4; Jer. 23:5), y Jesús lo fue (Hch. 3:25; Gá. 3:16; Hch. 13:22-23; Ro. 1:3). El Antiguo Testamento predijo que el Mesías nacería de una virgen (Is. 7:14), y Jesús nació así (Mt. 1:22-23). Según Miqueas 5:2, el Mesías nacería en Belén, y Jesús nació allí (Mt. 2:1). Isaías (40:3) y Malaquías (3:1) predijeron que el Mesías sería antecedido por un precursor, y Juan el Bautista cumplió ese papel para Jesucristo (Mt. 3:1-3; Lc. 1:17). Jesús fue el profeta como Moisés (Dt. 18:15-18; cp. Hch. 3:20-22); el "sacerdote para siempre según el orden de Melquisedec" (Sal. 110:4; cp. He. 5:5-6); el siervo sufriente que llevó los pecados de su pueblo (Is. 53:4-6; cp. 1 P. 2:24); el gobernante de las naciones (Sal. 2:6-9; Is. 9:6; cp. Ap. 19:15-16); y el exaltado a la diestra del Padre (Sal. 110:1; cp. Hch. 2:32-36; He. 1:3; 10:10-12). Esas son solo algunas de las numerosas profecías del Antiguo Testamento que el Señor Jesús cumplió (cp. Sal. 2:7 con He. 1:5; Is. 11:2; 61:1 con Mt. 3:16; Hch. 10:38; Zac. 9:9 con Mt. 21:1-5; Is. 53:9 con 1 P. 2:22; He. 4:15; Sal. 41:9 con Jn. 13:18; Zac. 13:7 con Mt. 26:31, 56; Zac. 11:12-13 con Mt. 27:3-10; Is. 53:7 con Mt. 26:63; Jn. 1:29; Is. 52:14; 53:3 con Mt. 26:67; Jn. 19:3; Is. 50:6 con Mr. 14:65; Jn. 19:1; Sal. 22:16; con Mt. 27:35; Jn. 20:25, 27; Sal. 22:1 con Mt. 27:46; Sal. 22:7-8 con Mt. 27:39-44; Sal. 22:18 con Lc. 23:34; Is. 53:12 con Lc. 22:37; Éx. 12:46 con Jn. 19:33, 36; Zac. 12:10 con Jn. 19:34, 37; Is. 53:9 con Mt. 27:57-60; Sal. 16:10 con Hch. 2:25-31; 13:35; Is. 29:18 con Mt. 11:5).

Pero a pesar del claro testimonio del Señor Jesucristo en el Antiguo Testamento (cp. Lc. 24:25-27, 44-47; Jn. 5:39) solo un pequeño remanente de creyentes en Israel estaba preparado para reconocerlo cuando Él llegó. Entre ellos estaba una pareja de ancianos, un sacerdote común y corriente llamado Zacarías, y su esposa estéril, Elisabet, quienes se convirtieron en los padres del precursor del Mesías (Lc. 1:5ss). También parte de ese pequeño remanente creyente era una joven pareja que empezaba una vida juntos, José y María, el padre terrenal de Jesús y la virgen en quien Él fue concebido por el Espíritu Santo (Lc. 1:34-35). Los pastores que recibieron el anuncio angelical del nacimiento de Jesús (Lc. 2:8-20) también eran miembros del remanente creyente. Todos ellos eran personas humildes, alejadas de los círculos élites de pensamiento, educación o religión judía. Sin embargo, fueron elegidos por Dios para el servicio monumental relacionado con el nacimiento del Mesías.

En los versículos 25 al 38, Lucas presenta a dos miembros más del remanente creyente, quienes además atestiguaron la verdadera identidad y misión de Jesús: Simeón y Ana. Ambos eran de edad avanzada, vivían en Jerusalén, estaban relacionados con el templo, y cada uno "esperaba la consolación de Israel" (v. 25) junto con "todos los que esperaban la redención en Jerusalén" (v. 38). Ellos, así como Juan el Bautista sería más tarde, eran antorchas que ardían y alumbraban (Jn. 5:35) en medio de la oscuridad espiritual de una nación hipócrita y apóstata.

SIMEÓN

Y he aquí había en Jerusalén un hombre llamado Simeón, y este hombre, justo y piadoso, esperaba la consolación de Israel; y el Espíritu Santo estaba sobre él. Y le había sido revelado por el Espíritu Santo, que no vería la muerte antes que viese al Ungido del Señor. Y movido por el Espíritu, vino al templo. Y cuando los padres del niño Jesús lo trajeron al templo, para hacer por él conforme al rito de la ley, él le tomó en sus brazos, y bendijo a Dios, diciendo: Ahora, Señor, despides a tu siervo en paz, conforme a tu palabra; porque han visto mis ojos tu salvación, la cual has preparado en presencia de todos los pueblos; luz para revelación a los gentiles, y gloria de tu pueblo Israel. Y José y su madre estaban maravillados de todo lo que se decía de él. Y los bendijo Simeón, y dijo a su madre María: He aquí, éste está puesto para caída y para levantamiento de muchos en Israel, y para señal que será contradicha (y una espada traspasará tu misma alma), para que sean revelados los pensamientos de muchos corazones. (2:25-35)

El relato que Lucas hace del testimonio de Simeón acerca de Jesús revela cinco aspectos acerca de este anciano en el templo: carácter, teología, unción, proclamación y advertencia.

CARÁCTER DE SIMEÓN

Y he aquí había en Jerusalén un hombre llamado Simeón, y este hombre, justo y piadoso, (2:25*a*)

Simeón, que únicamente aparece aquí en la Biblia, evidentemente vivía **en Jerusalén** y lo más probable es que fuera un anciano (cp. vv. 26, 29). El nombre, que significa "Dios ha oído" (cp. Gn. 29:33), era común y perteneció a uno de los hijos de Jacob (Gn. 34:25) y a la tribu que llevaba su nombre (Nm. 1:23), el de un antepasado de Jesús (Lc. 3:30); perteneció también a uno de los maestros en la iglesia en Antioquía (Hch. 13:1), y a Pedro, cuyo hombre hebreo era Simón (Hch. 15:14).

Pero lo que se sabe respecto a él revela que Simeón había estado espiritualmente calificado para atestiguar acerca del Mesías. La descripción que Lucas hace de él como **justo y piadoso** está cargada de significado. Manifestar que Simeón era **justo** significa que, así como a Abraham (Gn. 15:6), a Simeón se le había imputado justicia por la fe (cp. 1:6; 14:14; Mt. 13:49; 25:46; Hch. 10:22; 24:15; Ro. 1:17; Gá. 3:11; He. 12:23). *Eulabēs* (**piadoso**) tiene el significado de "cauteloso" en el griego clásico. Aparece en el Nuevo Testamento solo en los escritos de Lucas (cp. Hch. 2:5; 8:2; 22:12), donde describe a quienes son "reverentes hacia Dios", "temerosos de Dios", o "devotos". Transmite la idea de ser precavido para obedecer y honrar a Dios, tanto como para llevar una vida ejemplar delante de los demás. Esos dos términos indican que Simeón no solo fue justificado, sino que también fue santificado. Ambos términos están inseparablemente vinculados ya que, como Juan Calvino expresa, "Cristo... no justifica a ningún hombre sin también santificarlo" *(Institución de la religión cristiana,* III, 16, 1). En palabras del apóstol Pablo, respecto a Simeón se puede decir que "no es judío el que lo es exteriormente... sino que es judío el que lo es en lo interior" (Ro. 2:28-29). Simeón había recibido los beneficios de la salvación prometidos en el profeta Isaías 55:6-7: "Buscad a Jehová mientras puede ser hallado, llamadle en tanto que está cercano. Deje el impío su camino, y el hombre inicuo sus pensamientos, y vuélvase a Jehová, el cual tendrá de él misericordia, y al Dios nuestro, el cual será amplio en perdonar" (cp. Mi. 7:18-19).

TEOLOGÍA DE SIMEÓN

esperaba la consolación de Israel; (2:25*b*)

Igual que el resto del remanente creyente, Simeón esperaba ansiosamente la venida del Mesías, quien traería **la consolación de Israel.** *Paraklēsis* (**consolación**) tiene en este contexto la connotación de "consuelo", "ánimo", o "solaz".

Simeón esperaba tanto la consolación personal de salvación para sí mismo, como la liberación nacional prometida en el pacto davídico y el abrahámico.

Simeón era un hombre que se preocupaba profundamente por su pueblo. Era como el apóstol Pablo, quien se preocupaba de manera tan apasionada por la salvación de sus compañeros israelitas que escribió: "Deseara yo mismo ser anatema, separado de Cristo, por amor a mis hermanos, los que son mis parientes según la carne" (Ro. 9:3). La preocupación de Simeón por su pueblo la acentuaban las circunstancias penosas en que la nación se hallaba, sufriendo bajo la ocupación de los odiados romanos. Tales tiempos difíciles intensificaban el anhelo del remanente creyente porque el Mesías llegara y los liberara. Ellos ansiaban la liberación de los opresores gentiles, la restauración de su soberanía nacional, y las bendiciones nacionales prometidas en los pactos davídico y abrahámico. Pero, principalmente, esperaban con ansia el cumplimiento del nuevo pacto, con su promesa de perdón del pecado, de un corazón nuevo y limpio, y de la morada del Espíritu Santo (Jer. 31:31-34).

El Mesías representaba la encarnación de la esperanza de consuelo que la nación tenía; el único que podía traer consolación a Israel era el Consolador. Por eso los rabinos a veces se referían al Mesías como a Menachem, que significa "Consolador". Isaías en particular resaltó el papel del Mesías como un consolador. En Isaías 40:1 escribió: "Consolaos, consolaos, pueblo mío, dice vuestro Dios". En el versículo 10, el profeta identificó al consolador: "He aquí que Jehová el Señor vendrá con poder, y su brazo señoreará; he aquí que su recompensa viene con él". Algunos otros pasajes en Isaías también resaltan que Dios consolará a su pueblo:

> *Así dijo Jehová: En tiempo aceptable te oí, y en el día de salvación te ayudé; y te guardaré, y te daré por pacto al pueblo, para que restaures la tierra, para que heredes asoladas heredades; para que digas a los presos: Salid; y a los que están en tinieblas: Mostraos. En los caminos serán apacentados, y en todas las alturas tendrán sus pastos. No tendrán hambre ni sed, ni el calor ni el sol los afligirá; porque el que tiene de ellos misericordia los guiará, y los conducirá a manantiales de aguas. Y convertiré en camino todos mis montes, y mis calzadas serán levantadas. He aquí éstos vendrán de lejos; y he aquí éstos del norte y del occidente, y éstos de la tierra de Sinim. Cantad alabanzas, oh cielos, y alégrate, tierra; y prorrumpid en alabanzas, oh montes; porque Jehová ha consolado a su pueblo, y de sus pobres tendrá misericordia (49:8-13).*

> *Ciertamente consolará Jehová a Sion; consolará todas sus soledades, y cambiará su desierto en paraíso, y su soledad en huerto de Jehová; se hallará en ella alegría y gozo, alabanza y voces de canto... Yo, yo soy vuestro consolador (51:3, 12).*

Cantad alabanzas, alegraos juntamente, soledades de Jerusalén; porque Jehová ha consolado a su pueblo, a Jerusalén ha redimido (52:9).

Pobrecita, fatigada con tempestad, sin consuelo; he aquí que yo cimentaré tus piedras sobre carbunclo, y sobre zafiros te fundaré (54:11).

He visto sus caminos; pero le sanaré, y le pastorearé, y le daré consuelo a él y a sus enlutados (57:18).

El Espíritu de Jehová el Señor está sobre mí, porque me ungió Jehová; me ha enviado a predicar buenas nuevas a los abatidos, a vendar a los quebrantados de corazón, a publicar libertad a los cautivos, y a los presos apertura de la cárcel; a proclamar el año de la buena voluntad de Jehová, y el día de venganza del Dios nuestro; a consolar a todos los enlutados (61:1-2).

Alegraos con Jerusalén, y gozaos con ella, todos los que la amáis; llenaos con ella de gozo, todos los que os enlutáis por ella; para que maméis y os saciéis de los pechos de sus consolaciones; para que bebáis, y os deleitéis con el resplandor de su gloria. Porque así dice Jehová: He aquí que yo extiendo sobre ella paz como un río, y la gloria de las naciones como torrente que se desborda; y mamaréis, y en los brazos seréis traídos, y sobre las rodillas seréis mimados. Como aquel a quien consuela su madre, así os consolaré yo a vosotros, y en Jerusalén tomaréis consuelo (66:10-13).

Jeremías (Jer. 31:13), Ezequiel (Ez. 14:22-23), y Zacarías (Zac. 1:17) también hablan del consuelo de Dios para su pueblo. La teología de Simeón era coherente con las promesas del Antiguo Testamento de que Dios consolaría a su pueblo a través de la venida del Mesías.

UNCIÓN DE SIMEÓN

y el Espíritu Santo estaba sobre él. Y le había sido revelado por el Espíritu Santo, que no vería la muerte antes que viese al Ungido del Señor. Y movido por el Espíritu, vino al templo. Y cuando los padres del niño Jesús lo trajeron al templo, para hacer por él conforme al rito de la ley, (2:25*c*-27)

Un error común acerca del Espíritu Santo es que su ministerio en las vidas del pueblo de Dios comenzó el día de Pentecostés. Sin embargo, eso no es así. Todos los que fueron salvos antes de la cruz y de Pentecostés lo fueron en la misma manera como aquellos que fueron salvos después: por gracia por medio de la fe (Ef. 2:8-9). Y no hay pecadores "muertos en [sus] delitos y pecados"

(Ef. 2:1) que puedan llegar al arrepentimiento y la fe aparte de la obra del Espíritu Santo. Jeremías escribió: "Engañoso es el corazón más que todas las cosas, y perverso; ¿quién lo conocerá?" (Jer. 17:9). Los pecadores no pueden cambiar sus corazones por sus propios esfuerzos más de lo que las personas pueden cambiar el color de la piel, o los animales el estampado de su pelaje (Jer. 13:23). Salomón preguntó retóricamente: "¿Quién podrá decir: Yo he limpiado mi corazón, limpio estoy de mi pecado?" (Pr. 20:9). La obvia respuesta es nadie, ya que "No hay justo, ni aun uno; no hay quien entienda, no hay quien busque a Dios. Todos se desviaron, a una se hicieron inútiles; no hay quien haga lo bueno, no hay ni siquiera uno" (Ro. 3:10-12; cp. Job 15:14; 1 R. 8:46; Ec. 7:20; Ro. 3:23).

El Espíritu Santo halló culpables de sus pecados a personas en el Antiguo Testamento, motivó al arrepentimiento, dio vida, suscitó fe, y las llevó a Dios. Separado de la obra divina, nadie de ninguna época puede alguna vez ser justificado, santificado, facultado para servir y testificar, entender la Biblia, u orar en la voluntad de Dios. Sin embargo, hay una nueva dimensión para la obra del Espíritu en las vidas de los creyentes después de Pentecostés. Como Jesús dijo a los discípulos en Juan 14:17 con relación a la creciente ministración del Espíritu hacia ellos: "Mora con vosotros, y estará en vosotros". Bajo el antiguo pacto, el Espíritu estaba presente en poder y persona *con* los creyentes. Pero bajo el nuevo pacto, su presencia estaba *en* aquellos que creyeron, y esto se expresa en una manera sin precedentes (cp. Ez. 36:26-27). Allí iba a venir para los creyentes un don del Espíritu por medio del cual se proveería un poder único para ministrar y evangelizar. Eso sucedió el día de Pentecostés, cuando el Espíritu fue dado a los creyentes en una nueva plenitud que desde entonces se volvió normativo para todos ellos (Ro. 8:9; 1 Co. 12:13).

La observación de Lucas de que **el Espíritu Santo estaba sobre** Simeón refleja que el Espíritu fortaleció a personas antes de Pentecostés para que sirvieran y hablaran de parte de Dios (cp. Éx. 31:2-3; Nm. 11:25; 27:18; Jue. 3:9-10; 11:29; 13:24-25; 14:6, 19; 15:14; 1 S. 16:13; 2 Cr. 15:1; 20:14-17; 24:20; Mi. 3:8; Zac. 7:12). Él ya ha mencionado que Juan el Bautista (1:15), Elisabet (1:41) y Zacarías (1:67) fueron llenos del Espíritu Santo. Como resultado de la venida del Espíritu a Simeón **le había sido revelado por el Espíritu Santo, que no vería la muerte antes que viese al Ungido del Señor** (es decir, el Mesías). Una revelación de Dios había otorgado un privilegio muy raro a este noble santo. Esa revelación debió haber aumentado la esperanza mesiánica de Simeón a un nivel álgido, ya que él sabía que esto iba a suceder durante su vida. El hombre debió haber vivido en un estado constante de alegre expectativa, sabiendo que cada nuevo día podría traer al Mesías que ansiaba ver. Saber eso debió haber tenido también un efecto sobrio en él, motivándolo a llevar una vida piadosa.

En el día divinamente señalado, cuarenta días después del nacimiento de

Jesús, Simeón, **movido por el Espíritu** (es decir, bajo la guía del Espíritu; cp. Ap. 1:10; 4:2; 17:3; 21:10), **vino al templo.** A diferencia de *naos*, que se refiere al santuario interior, el Lugar Santo y el Lugar Santísimo (cp. su uso en 1:9, 21, 22), *hieron* (**templo**) se refiere al complejo del templo como un todo. Fue allí, muy probablemente en el patio de las mujeres, que Simeón se encontró con José y María **cuando los padres del niño Jesús lo trajeron al templo, para hacer por él conforme al rito de la ley** (cp. la exposición de 2:22-24 en el cap. anterior de esta obra). Lucas no ofrece los detalles de cómo ellos se conocieron, ya que ninguna de las partes esperaba a la otra o la conocía. El templo, donde Dios se reunía con su pueblo, fue un lugar apropiado para que Él dispusiera providencialmente que Simeón conociera al Dios-hombre: Jesucristo.

PROCLAMACIÓN DE SIMEÓN

él le tomó en sus brazos, y bendijo a Dios, diciendo: Ahora, Señor, despides a tu siervo en paz, conforme a tu palabra; porque han visto mis ojos tu salvación, la cual has preparado en presencia de todos los pueblos; luz para revelación a los gentiles, y gloria de tu pueblo Israel. Y José y su madre estaban maravillados de todo lo que se decía de él. (2:28-33)

Después de conocer a José, María y Jesús, Simeón **tomó** a Jesús **en sus brazos.** Es difícil imaginar cuán emocionado debió haber estado este hombre cuando se dio cuenta de que las promesas de Dios se habían hecho realidad. La salvación había llegado a Israel, y él estaba sosteniendo en sus brazos a la consolación de Israel, el Mesías. Inundado de gozo y gratitud, Simeón **bendijo a Dios.**

El cántico de alabanza de Simeón (cp. 1:41-45, 46-55, 67-79; 2:13-14, 38) es conocido como el Nunc Dimittis (**Ahora Señor**), de las dos primeras palabras del himno en latín. El hombre expresó: **despides a tu siervo en paz, conforme a tu palabra,** que era la promesa revelada a Simeón por parte del Espíritu Santo. Con la esperanza cumplida, el gozo completo, y el corazón en paz, Simeón estaba feliz de morir. Con sus propios **ojos** había **visto** la **salvación** de Dios, personificada en el niño Jesús (cp. 1:69; 2:11). Este hombre anciano entendió que la salvación para Israel implicaba mucho más que la liberación nacional prometida por los pactos abrahámico y davídico, cuyas bendiciones no se cumplirán plenamente hasta el reino milenial. En la encarnación, Jesús no vino a salvar a su pueblo de sus enemigos sino de sus pecados (Mt. 1:21; cp. Hch. 4:12).

La siguiente declaración de Simeón conmocionaría la sensibilidad judía. Apasionadamente orgullosos de su condición de elegidos de Dios, el pueblo del pacto, los judíos creían que el Mesías sería su liberador. Suponían que Él les establecería su reino, el mismo que gobernaría entonces sobre los infieles gentiles. La verdad de que Dios había **preparado** la salvación **en presencia de**

todos los pueblos, y de que el Mesías sería una **luz para revelación a los gentiles** (cp. Hch. 26:23), así como **gloria** del **pueblo Israel** de Dios (cp. Is. 46:13; 45:25), iba en contra de todas las ideas preconcebidas de los judíos. Incluso después de la resurrección, los apóstoles no entendieron. Poco antes de que el Señor ascendiera al cielo, ellos "le preguntaron, diciendo: Señor, ¿restaurarás el reino a Israel en este tiempo?" (Hch. 1:6).

No era fácil dejar a un lado siglos de animosidad hacia los gentiles idólatras, cuya influencia corrupta había contribuido a la caída de Israel. Los creyentes judíos en Jerusalén quedaron horrorizados cuando Pedro entró "en casa de hombres incircuncisos [y comió] con ellos" (Hch. 11:3) puesto que, como el apóstol recordara a los gentiles congregados en la casa de Cornelio, "Vosotros sabéis cuán abominable es para un varón judío juntarse o acercarse a un extranjero" (Hch. 10:28). Pero la salvación se le ofrece a todas las personas, judías y gentiles por igual, ya que Cristo "de ambos pueblos hizo uno, derribando la pared intermedia de separación" (Ef. 2:14) y "ya no hay judío ni griego; no hay esclavo ni libre; no hay varón ni mujer; porque todos [los creyentes son] uno en Cristo Jesús" (Gá. 3:28). Por eso el Señor dio instrucciones de "que se predicase en su nombre el arrepentimiento y el perdón de pecados en todas las naciones, comenzando desde Jerusalén" (Lc. 24:47; cp. Mt. 28:19-20).

Al hablar proféticamente del ministerio del Mesías, Isaías escribió:

> *Mas no habrá siempre oscuridad para la que está ahora en angustia, tal como la aflicción que le vino en el tiempo que livianamente tocaron la primera vez a la tierra de Zabulón y a la tierra de Neftalí; pues al fin llenará de gloria el camino del mar, de aquel lado del Jordán, en Galilea de los gentiles. El pueblo que andaba en tinieblas vio gran luz; los que moraban en tierra de sombra de muerte, luz resplandeció sobre ellos (Is. 9:1-2; cp. Mt. 4:12-16).*

Según Isaías 42:6, el Mesías sería "luz de las naciones", mientras, en 49:6, el Señor dijo al Mesías: "Poco es para mí que tú seas mi siervo para levantar las tribus de Jacob, y para que restaures el remanente de Israel; también te di por luz de las naciones, para que seas mi salvación hasta lo postrero de la tierra". En Isaías 51:4-5, Dios declaró: "De mí saldrá la ley, y mi justicia para luz de los pueblos. Cercana está mi justicia, ha salido mi salvación, y mis brazos juzgarán a los pueblos; a mí me esperan los de la costa, y en mi brazo ponen su esperanza". Isaías 52:10 observa: "Jehová desnudó su santo brazo ante los ojos de todas las naciones, y todos los confines de la tierra verán la salvación del Dios nuestro". En Isaías 60, Dios se dirigió una vez más a su Siervo, el Mesías:

> *Levántate, resplandece; porque ha venido tu luz, y la gloria de Jehová ha nacido sobre ti. Porque he aquí que tinieblas cubrirán la tierra, y oscuridad las*

> *naciones; mas sobre ti amanecerá Jehová, y sobre ti será vista su gloria. Y andarán las naciones a tu luz, y los reyes al resplandor de tu nacimiento (60:1-3).*

Con cada confirmación de la verdadera identidad de su Hijo, crecía el asombro de José y María. Después de oír el cántico de alabanza de Simeón, ellos **estaban maravillados de todo lo que se decía de él.** Su Hijo, en todos los sentidos un bebé humano normal, era el Salvador Divino del mundo, el Mesías que cumpliría todas las promesas de salvación y bendición del Antiguo Testamento.

ADVERTENCIA DE SIMEÓN

Y los bendijo Simeón, y dijo a su madre María: He aquí, éste está puesto para caída y para levantamiento de muchos en Israel, y para señal que será contradicha (y una espada traspasará tu misma alma), para que sean revelados los pensamientos de muchos corazones. (2:34-35)

Al concluir su himno de alabanza, Simeón se volvió a los jóvenes padres y **los bendijo.** Pero la euforia que José y María estaban experimentando fue abruptamente atenuada por una impactante advertencia dada por Simeón, la primera nota negativa en el Evangelio de Lucas. Esta presagia la oposición que Jesús enfrentaría, y que culminaría en el rechazo y la crucifixión que la nación de Israel haría al Hijo de Dios.

Simeón dirigió sus palabras a **María.** Era particularmente importante para ella oírlas a fin de que no se sorprendiera cuando la hostilidad hacia su Hijo se manifestara. Al parecer José no estaría alrededor para presenciar tal hostilidad. Después del incidente en la Pascua cuando Jesús tenía doce años (Lc. 2:41-51), José desaparece del relato de los evangelios en relación con la vida y el ministerio de Jesús. Siempre que María aparece (p. ej., Jn. 2:1-11) está sin José. Además, cuando Jesús fue rechazado por los habitantes de su pueblo natal de Nazaret, estos mencionaron a su madre, a sus hermanos y a sus hermanas, pero no a su padre (Mt. 13:55-56). La suposición entonces es que José murió antes de que comenzara el ministerio público de Jesús.

Simeón habló primero de separación, declarando que este niño **está puesto para caída y para levantamiento de muchos en Israel.** Él estaba destinado a ser quien determinara el destino del pueblo (cp. Jn. 1:9-13). Como Jesús advirtiera con solemnidad: "¿Pensáis que he venido para dar paz en la tierra? Os digo: No, sino disensión" (Lc. 12:51; cp. Jn. 3:36; 8:24; 14:6; Hch. 4:12; 1 Co. 3:11; 1 Ti. 2:5-6; 1 Jn. 5:11-12). No solo que algunos gentiles se salvarían, sino que también algunos judíos tropezarían con Él y caerían en juicio y perdición, cumpliendo así la profecía de Isaías:

> *A Jehová de los ejércitos, a él santificad; sea él vuestro temor, y él sea vuestro miedo. Entonces él será por santuario; pero a las dos casas de Israel, por piedra para tropezar, y por tropezadero para caer, y por lazo y por red al morador de Jerusalén. Y muchos tropezarán entre ellos, y caerán, y serán quebrantados; y se enredarán y serán apresados (Is. 8:13-15; cp. Mt. 21:42-44; Ro. 9:32-33; 1 P. 2:7-8).*

Solo el remanente creyente se levantaría a vida eterna en el cielo:

> *y juntamente con él [Dios] nos resucitó, y asimismo nos hizo sentar en los lugares celestiales con Cristo Jesús, para mostrar en los siglos venideros las abundantes riquezas de su gracia en su bondad para con nosotros en Cristo Jesús. Porque por gracia sois salvos por medio de la fe; y esto no de vosotros, pues es don de Dios (Ef. 2:6-8).*

Jesús no solo traería separación, sino que también iba a ser **señal que será contradicha.** Así, en Mateo 25:31, la **señal** es el Hijo del hombre, indicando la llegada de la presencia, el poder y la persona del reino. **Contradicha** se traduce de una forma del verbo *antilegō*, que significa "hablar en contra", "rechazar", "negar" u "oponerse"... todo lo cual describe adecuadamente los insultos, el maltrato, las burlas y el odio que dio como resultado la crucifixión que Jesús enfrentó por parte del incrédulo Israel. El rechazo que Israel mostrara a Jesucristo es un tema importante del Evangelio de Lucas (4:28-30; 13:31-35; 19:47; 20:14-20).

El violento rechazo de la nación hacia su Hijo haría sufrir a María. Simeón describió gráficamente el sufrimiento y el dolor que ella soportaría cuando le dijo: **y una espada traspasará tu misma alma.** El sufrimiento de María empezó cuando su Hijo comenzó a distanciarse de ella. Cuando sus preocupados padres lo hallaron finalmente después de tres días de búsqueda, Jesús "les dijo: ¿Por qué me buscabais? ¿No sabíais que en los negocios de mi Padre me es necesario estar?" (Lc. 2:49). En las bodas de Caná, Él no se dirigió a ella como "madre", sino con el término cortés pero formal "mujer" (Jn. 2:4). Cuando le dijeron que María y sus hermanos querían verlo, Jesús replicó: "¿Quién es mi madre, y quiénes son mis hermanos? Y extendiendo su mano hacia sus discípulos, dijo: He aquí mi madre y mis hermanos. Porque todo aquel que hace la voluntad de mi Padre que está en los cielos, ése es mi hermano, y hermana, y madre" (Mt. 12:48-50). El sufrimiento de María llegó al apogeo en la cruz, mientras observaba a su Hijo sufrir y morir (Jn. 19:25).

La consecuencia del rechazo de Israel hacia Jesús resultó ser **para que sean revelados los pensamientos de muchos corazones.** Jesús le declaró a Nicodemo: "Y esta es la condenación: que la luz vino al mundo, y los hombres amaron más las tinieblas que la luz, porque sus obras eran malas" (Jn. 3:19). Jesús era la luz que resplandecía en las tinieblas (cp. Jn. 1:5), quien ponía al descubierto la maldad de los corazones humanos.

En contraste con quienes rechazaron a Jesús al ver las obras que Él hacía, Simeón sabía que este niño era el Mesías y testificó esa gloriosa verdad, aunque Jesús todavía no había hecho ninguna de tales obras.

ANA

Estaba también allí Ana, profetisa, hija de Fanuel, de la tribu de Aser, de edad muy avanzada, pues había vivido con su marido siete años desde su virginidad, y era viuda hacía ochenta y cuatro años; y no se apartaba del templo, sirviendo de noche y de día con ayunos y oraciones. Esta, presentándose en la misma hora, daba gracias a Dios, y hablaba del niño a todos los que esperaban la redención en Jerusalén. (2:36-38)

El siguiente testimonio de Jesús fue dado por una **profetisa** llamada **Ana.** Su nombre es la forma griega del nombre hebreo que significa "gracia". Al igual que la Ana del Antiguo Testamento, **Ana** se caracterizaba por la oración y el ayuno (cp. 1 S. 1:7, 10-16). El hecho de que fuera **profetisa** no significa que predijera el futuro, sino que Dios la había usado para expresar su Palabra.

El Antiguo Testamento menciona a cinco mujeres a quienes se llamó profetisas. Pero ni María, la hermana de Moisés y Aarón (Éx. 15:20), ni Débora (Jue. 4:4), o Hulda (2 R. 22:14) tuvieron un ministerio profético continuo como sucedió con Isaías, Jeremías, Ezequiel y los demás profetas varones. Una cuarta, Noadías (Neh. 6:14), era una falsa profetisa. La esposa de Isaías se describe como una profetisa (Is. 8:3) porque dio a luz un hijo a quien se le dio un nombre profético. Entre las mujeres del Nuevo Testamento solamente de las hijas de Felipe se dice que "profetizaban" (Hch. 21:9), sin ninguna explicación más allá de eso. Tal vez a Ana la llamaban profetisa porque, como ya se indicó, era maestra de la Palabra. O pudo haber sido una profetisa más como la esposa de Isaías porque testificó que este Niño era el Mesías.

El hecho de que Ana fuera miembro **de la tribu de Aser** es digno de mencionarse. **Aser** era una de las diez tribus que formaban el reino del norte y que fueron llevadas cautivas a Asiria en el 722 a.C. Pero las llamadas diez tribus perdidas en realidad no se perdieron. Antes de la caída del reino del norte, en respuesta a las cartas del rey Ezequías de Judá (2 Cr. 30:6), "algunos hombres de Aser, de Manasés y de Zabulón se humillaron, y vinieron a Jerusalén" (v. 11). Los descendientes de estos se encontrarían entre aquellos que fueron llevados cautivos a Babilonia, y que regresaron a Israel después del exilio.

Aunque se presume la vejez de Simeón, el texto afirma explícitamente que

Ana era **de edad muy avanzada.** Lucas explica que la mujer **había vivido con su marido siete años desde su virginidad, y** [que] **era viuda hacía ochenta y cuatro años.** Algunos interpretan que la última frase significa que Ana vivió como viuda hasta los ochenta y cuatro años de edad, no ochenta y cuatro años después de la muerte de su esposo, lo que significaría que tendría más cien años de edad. Sin embargo, ambas traducciones son posibles y apoyan la afirmación de Lucas de que ella era **de edad muy avanzada.** El hecho de que la mujer **no se apartaba del templo** sugiere que vivía en el complejo del templo, quizás en uno de los apartamentos en el patio exterior ocupados normalmente por los sacerdotes que realizaban su servicio anual de dos semanas. Ella no estaba ociosa, sino que pasaba su tiempo en el templo **sirviendo de noche y de día con ayunos y oraciones.** La oración se asocia a menudo con el ayuno en las Escrituras (cp. 5:33; 2 S. 12:16; Esd. 8:23; Neh. 1:4; Sal. 35:13; Dn. 9:3; Hch. 13:3; 14:23); el ayuno es la negación personal acompañada por oración apasionada. Ana estaba singular y totalmente dedicada al servicio y a la adoración a Dios; una mujer tan devota y piadosa era un testigo adecuado para Jesús.

En el tiempo providencial de Dios, **en la misma hora** en que Simeón pronunciaba su himno profético de alabanza, Ana se presentó al pequeño grupo. Lucas, en su típica forma discreta de escribir, no ofrece detalles de la reunión o de lo que transcurrió entre el momento en que la mujer llegó y cuando comenzó a dar gracias. Sin duda Simeón, a quien ella probablemente conocía, junto con José y María, debieron haberle dicho quién era el Niño. Sin embargo, Lucas simplemente observa que Ana **daba gracias a Dios** por el niño Jesús. Todos los largos años de petición apasionada a Dios dieron paso a un estallido de gozosa alabanza. Aunque las palabras de la mujer no se registran, representan el último himno de alabanza en el relato de Lucas acerca del nacimiento de Cristo, junto con los de Elisabet (1:41-45), María (1:46-55), Zacarías (1:67-79), los ángeles (2:13-14) y Simeón.

El testimonio que Ana dio de Jesús no terminó con este incidente. Al contrario, desde el lugar interior del templo ella **hablaba del niño a todos los que esperaban la redención en Jerusalén;** es decir, al remanente creyente, a todos los que anticipaban que el Señor visitaría a su pueblo con salvación, quienes creían que las promesas dadas a través de los profetas se cumplirían, y que esperaban las bendiciones del pacto abrahámico, del davídico y del nuevo pacto.

El asombroso niño que Dios fue

16

Después de haber cumplido con todo lo prescrito en la ley del Señor, volvieron a Galilea, a su ciudad de Nazaret. Y el niño crecía y se fortalecía, y se llenaba de sabiduría; y la gracia de Dios era sobre él. Iban sus padres todos los años a Jerusalén en la fiesta de la pascua; y cuando tuvo doce años, subieron a Jerusalén conforme a la costumbre de la fiesta. Al regresar ellos, acabada la fiesta, se quedó el niño Jesús en Jerusalén, sin que lo supiesen José y su madre. Y pensando que estaba entre la compañía, anduvieron camino de un día; y le buscaban entre los parientes y los conocidos; pero como no le hallaron, volvieron a Jerusalén buscándole. Y aconteció que tres días después le hallaron en el templo, sentado en medio de los doctores de la ley, oyéndoles y preguntándoles. Y todos los que le oían, se maravillaban de su inteligencia y de sus respuestas. Cuando le vieron, se sorprendieron; y le dijo su madre: Hijo, ¿por qué nos has hecho así? He aquí, tu padre y yo te hemos buscado con angustia. Entonces él les dijo: ¿Por qué me buscabais? ¿No sabíais que en los negocios de mi Padre me es necesario estar? Mas ellos no entendieron las palabras que les habló. Y descendió con ellos, y volvió a Nazaret, y estaba sujeto a ellos. Y su madre guardaba todas estas cosas en su corazón. Y Jesús crecía en sabiduría y en estatura, y en gracia para con Dios y los hombres. (2:39-52)

La historia ha registrado a algunos niños realmente maravillosos, niños prodigios que realizaron hazañas asombrosas. A inicios del siglo XVIII, se decía que Jean Louis Cardiac, conocido como el "niño maravilla", recitaba el alfabeto a la edad de tres meses. A los cuatro años leía latín, griego y hebreo, y traducía el latín al inglés y al francés. Christian Friedrich Heinecken, conocido como el "bebé de Lübeck", era un contemporáneo de Cardiac. Según los informes, conocía los principales hechos registrados en la Biblia para cuando tenía un año de edad. A los tres años conocía la historia y la geografía del mundo, así como el latín y el francés. Sin duda el niño prodigio más famoso de la época fue el compositor Wolfgang Amadeus Mozart. El joven Mozart empezó a tocar el teclado por oído a los tres años de edad. Para cuando tenía seis había comenzado a componer sus propias piezas musicales. A esa misma edad, junto con su hermana mayor, Mozart empezó sus giras por Europa, ofreciendo conciertos tanto privados para la nobleza, como también públicos. A los ocho años compuso su primera sinfonía.

El conocido filósofo del siglo XIX, John Stuart Mill, también fue un niño prodigio. Bajo el riguroso tutelaje de su padre, John aprendió griego a los tres años de edad. A los ocho comenzó a aprender latín, geometría y álgebra. Otro niño fenómeno del siglo XIX fue Truman Henry Safford, famoso por sus extraordinarios poderes de cálculo. Cuando a Safford, de diez años, lo retaron a calcular el cuadrado de 365.365.365.365.365.365 en su cabeza, lo hizo en menos de un minuto. Aproximadamente a esa misma edad, Safford inventó un nuevo método para calcular las salidas y puestas de la luna que era muchísimo más rápido que el método usado en su tiempo.

William James Sidis (1898-1944) fue el hijo de un psicólogo entrenado en Harvard. Se lo relaciona como una de las personas más inteligentes que alguna vez han vivido, con un coeficiente de inteligencia por encima de 200. Según su biógrafo, Sidis estaba leyendo el *Times* de Nueva York a los dieciocho meses de edad, y aprendido por sí solo latín, griego, francés, ruso, alemán, hebreo, turco y armenio para cuando tenía ocho años. A los once entró en Harvard, donde dictó una conferencia a la Sociedad Matemática de Harvard sobre cuerpos en cuatro dimensiones.

Uno de los niños prodigios contemporáneos más famosos es Kim Ung-Yong, nacido en Corea del Sur en 1963. Cuando tenía cuatro años podía leer coreano, japonés, alemán e inglés, y a la misma edad resolvió complicados problemas de cálculo en la televisión japonesa. Kim llegó a los Estados Unidos a los siete años ante la invitación de la NASA, y obtuvo un doctorado en Física antes de cumplir dieciséis.

Sin embargo, los logros de estos y todos los demás niños prodigios combinados resultan insignificantes en comparación con un niño de doce años llamado Jesús. Ningún genio humano, ningún coeficiente intelectual superior a 200, ninguna hazaña precoz de aprendizaje puede compararse con la mente y las capacidades infinitas del niño que fue Dios encarnado. En un dramático y conmovedor relato del único incidente registrado acerca de la infancia de Jesús, Lucas revela por las propias palabras del niño que Él era Dios.

Lucas ya ha presentado testimonio convincente de que Jesucristo era el Hijo de Dios (1:35), Aquel por medio de quien Dios redimiría y salvaría a su pueblo (1:68-69, 78-79; 2:10-11, 27-32, 34, 38). Pero en este pasaje Lucas pasa del testimonio de otros al testimonio del Niño. El relato revela claramente que a los doce años de edad, Jesús ya poseía una comprensión total de su naturaleza y misión; Él era Dios el Hijo, que vino a cumplir la voluntad del Padre.

En este único incidente escrito acerca de la infancia de Jesús tenemos registradas las únicas palabras que Él dijo antes del inicio de su ministerio público. La inclusión que Lucas hace de este incidente indica la enorme importancia que tiene. La identidad de Jesús como el Hijo de Dios encarnado no fue algo lanzado sobre Él mediante expectativas judío mesiánicas, o un tema inventado por sus seguidores. Tampoco fue algo que Él asumió para sí mismo cuando comenzó su ministerio público. Se trataba de su verdadera identidad, de la que Jesús llegó a darse cuenta a los doce años de edad, dieciocho años antes de empezar su ministerio público.

Tras presentar los testimonios de Simeón y Ana (2:25-38), Lucas señala que **después de haber cumplido con todo lo prescrito en la ley del Señor** (cp. vv. 22-24), José y María **volvieron a Galilea, a su ciudad de Nazaret.** Pero entre los versículos 38 y 39 se lleva a cabo una parte muy importante relacionada con la narración del nacimiento. Fue después del encuentro de ellos con Simeón y Ana en el templo, y antes de su regreso a Nazaret, que los magos visitaron a José, María y Jesús (Mt. 2:1-12). Después huyeron a Egipto para escapar a la rabia asesina de Herodes (vv. 13-15), que condujo a su brutal matanza de los bebés varones en la vecindad de Belén (vv. 16-18). Fue solo después de la muerte de Herodes que José, María y Jesús regresaron a Nazaret (vv. 19-23).

Este breve pasaje contiene todo lo que se sabe acerca de la vida de Jesucristo desde su infancia y hasta el comienzo de su ministerio público. Dos declaraciones que resumen los años silenciosos de su infancia y sus años adultos en Nazaret encuadran el incidente en Jerusalén cuando Jesús tenía doce años, lo cual es el objetivo principal de este pasaje.

LOS SILENCIOSOS AÑOS DE INFANCIA

Y el niño crecía y se fortalecía, y se llenaba de sabiduría; y la gracia de Dios era sobre él. (2:40)

La Biblia pasa sobre la infancia de Jesús en silencio, en contraste con las imaginarias leyendas registradas en las invenciones apócrifas de una infancia de fantasía. Estas van desde hacer que Jesús realice trucos de magia (p. ej., convertir aves de barro en aves vivas) o acciones malévolas totalmente incoherentes con su carácter como se revela en la Biblia (p. ej., matar a otro niño que chocó con Él, para luego golpear con ceguera a los padres del niño por quejarse ante José y María).

La declaración de que **el niño crecía** demuestra que Jesús era totalmente humano. Él se desarrolló como se desarrollan todos los niños, aunque sin ser afectado por el pecado. La frase **y se fortalecía** se debería enlazar gramaticalmente con la frase siguiente, **y se llenaba de sabiduría.** Sin lugar a dudas, Jesús poseía una fortaleza física única a causa de su impecabilidad. Pero el énfasis principal de Lucas está en el desarrollo espiritual de Jesús, mientras maduraba en sabiduría hasta, según reza literalmente el texto griego, que Él fue "lleno de sabiduría", es decir, de la sabiduría profunda de la mente de Dios. Jesús no poseía todo ese conocimiento siendo un infante, un bebé o un niño pequeño. Pero para cuando tuvo doce años, la plenitud de la sabiduría divina había llegado a buen término en su mente. Una característica de la encarnación de Cristo fue que Él cedió el control del uso de sus prerrogativas divinas al Espíritu Santo, quien medió entre la deidad y la humanidad de Jesús. Para cuando llegó a los doce años, el Espíritu le había revelado el entendimiento de su identidad y misión.

Hebreos 5:8 revela que gran parte de la creciente sabiduría de Jesús llegó cuando "por lo que padeció aprendió la obediencia". En cada etapa de su desarrollo, Jesús enfrentó el ataque completo e incesante de la tentación, hasta el punto en "que fue tentado en todo según nuestra semejanza, pero sin pecado" (He. 4:15).

No solo es que Jesús fue lleno con la sabiduría de Dios, sino que también **la gracia de Dios era sobre él.** Juan lo describe como "lleno de gracia" (1:14). Por supuesto, la **gracia** que se ve aquí no es la gracia salvadora y redentora que Dios concede a pecadores que no la merecen, ya que Jesús era sin pecado. En lugar de eso, se refiere al favor de Dios otorgado a su "Hijo amado; en [quien Él tenía] complacencia" (Lc. 3:22). Jesús era al mismo tiempo receptor de la gracia como favor merecido, y dador de la gracia como favor no merecido.

Para cuando Jesús cumplió doce años, tenía una comprensión total de su verdadera identidad. Entendía por completo la sabiduría de Dios y la aplicación de esta a la misión para la cual Dios lo había enviado al mundo. William Hendriksen escribe: "El desarrollo de este niño fue por tanto perfecto, y fue así a lo largo de cada línea: física, intelectual, moral, espiritual; de principio a fin el progreso fue perfecto y sin obstáculos por el pecado, sea heredado o adquirido. Entre el niño Jesús y su Padre… había perfecta armonía y amor ilimitado" (*The Gospel of Luke*, New Testament Commentary [Grand Rapids: Baker, 1978], p. 180).

EL INCIDENTE A LOS DOCE AÑOS DE EDAD

Iban sus padres todos los años a Jerusalén en la fiesta de la pascua; y cuando tuvo doce años, subieron a Jerusalén conforme a la costumbre de la fiesta. Al regresar ellos, acabada la fiesta, se quedó el niño Jesús en Jerusalén, sin que lo supiesen José y su madre. Y pensando que estaba entre la compañía, anduvieron camino de un día; y le buscaban entre los parientes y los conocidos; pero como no le hallaron, volvieron a Jerusalén buscándole. Y aconteció que tres días después le hallaron en el templo, sentado en medio de los doctores

de la ley, oyéndoles y preguntándoles. Y todos los que le oían, se maravillaban de su inteligencia y de sus respuestas. Cuando le vieron, se sorprendieron; y le dijo su madre: Hijo, ¿por qué nos has hecho así? He aquí, tu padre y yo te hemos buscado con angustia. Entonces él les dijo: ¿Por qué me buscabais? ¿No sabíais que en los negocios de mi Padre me es necesario estar? Mas ellos no entendieron las palabras que les habló. Y descendió con ellos, y volvió a Nazaret, y estaba sujeto a ellos. Y su madre guardaba todas estas cosas en su corazón. (2:41-51)

El incidente que comprende el grueso del pasaje encuentra a Jesús al borde de la edad adulta, doce años después de su presentación en el templo (2:22-38). Esta es una historia poderosa y conmovedora, y un profundo testimonio de Jesús en cuanto a su verdadera identidad como Dios el Hijo (v. 49); sin embargo, no hay nada milagroso o sobrenatural al respecto.

El incidente comenzó en la Pascua durante el año doce de Jesús. José y María, como pareja devota, **iban todos los años a Jerusalén en la fiesta de la pascua** para celebrar con la nación la liberación divina de la esclavitud en Egipto (Éx. 12:1-51). La Pascua era una de las tres fiestas anuales principales en Israel, junto con Pentecostés y los tabernáculos. Inmediatamente después del día de la Pascua estaba la larga fiesta de siete días de los panes sin levadura. Todo el período de ocho días finalmente se llegó a conocer colectivamente como la Pascua.

Según Éxodo 23:17; 34:22-23; y Deuteronomio 16:16, a todos los hombres judíos se les exigía asistir a las tres fiestas principales. Pero para el siglo I, la dispersión de muchos judíos fuera de Palestina había hecho de esa costumbre algo poco práctico. En consecuencia, muchos hombres judíos iban a Jerusalén solo para la Pascua. A las mujeres no se les exigía por la ley asistir (aunque algunos rabinos las animaban firmemente a hacerlo); que una mujer asistiera a la fiesta se consideraba una señal de extraña devoción espiritual.

Según hacían cada año, cuando Jesús **tuvo doce años,** José y María **subieron a Jerusalén conforme a la costumbre de la fiesta.** El viaje desde Nazaret era arduo y como de ciento treinta kilómetros; duraba de tres a cuatro días. Ellos no viajaban solos, sino con una gran **compañía** de muchas personas (v. 44). Viajar a Jerusalén en grupo ofrecía tanto la oportunidad de comunión como también de protección contra la amenaza de ladrones en el trayecto. Tales caravanas también incluían niños, ya que los rabinos enseñaban que la Pascua debería ser una celebración familiar (cp. Éx. 12:26-27).

Cuando llegaron a Jerusalén, José, María y Jesús habrían encontrado la ciudad llena con cientos de miles de compañeros peregrinos, quienes habrían estado tratando de hallar alojamiento y un lugar para celebrar la comida de la Pascua, junto con la compra de sus animales para el sacrificio. La ciudad habría estado repleta de ruido de cientos de miles de ovejas, con las que los sacerdotes habrían estado ocupados en sacrificar. Mendigos, sin duda ataviados con sus harapientas ropas, habrían estado presentes. Soldados romanos habrían estado patrullando, empujando a las multitudes y tratando de mantener alguna apariencia de orden. José habría tomado el cordero de la familia para sacrificarlo, y solo podemos imaginar lo que pasaba por la mente de Jesús, sabiendo que Él era "el Cordero de Dios, que quita el pecado del mundo" (Jn. 1:29). Toda la frenética escena en Jerusalén debió haber causado una profunda impresión en Él.

Esta Pascua particular fue especialmente importante para Jesús. Los niños judíos se hacían responsables ante la ley de Dios a los trece años, una transición marcada después por la ceremonia conocida por Bar Mitzvá ("hijo de la ley" o "pacto"). Las dos últimas pascuas antes de que un niño cumpliera trece años eran particularmente importantes en prepararlos para su responsabilidad hacia la ley.

Lucas no describe ninguna característica de esa Pascua pero retoma la historia después, cuando José, María y Jesús regresaban a Nazaret. La aparente digresión de que José y María salieron de Jerusalén **acabada la fiesta** es en realidad otra afirmación de su devoción a las cosas de Dios. En contraste con la mayoría de personas, que se quedaban solo en parte de la celebración de ocho días, José y María permanecieron todo el tiempo.

En lugar de regresar con los demás, **se quedó el niño Jesús en Jerusalén.** Él se quedó **sin que lo supiesen José y su madre** quienes, **pensando que** Jesús **estaba entre la compañía, anduvieron camino de un día.** No fue sino hasta el final del primer día de camino que José y María se dieron cuenta de que Jesús estaba perdido, **y le buscaban entre los parientes y los conocidos.** Los peores temores que tenían se confirmaron; Jesús no se hallaba en la caravana. **Como no le hallaron,** José y María pasaron una angustiosa noche, y entonces a la mañana siguiente **volvieron a Jerusalén buscándole.**

Que Jesús se quedara no fue un acto de desobediencia a sus padres, ni fue irresponsabilidad de parte de ellos. Nunca antes habían sabido que Él haría ninguna otra cosa que lo que esperaban que hiciera. Jesús era responsable, obediente, sensible, considerado; en todo sentido impecablemente perfecto. Sin embargo, esta acción marcó una transición. Jesús estaba pasando de ser responsable ante sus padres terrenales a ser responsable delante de Dios (véase el estudio del v. 49 un poco más adelante).

Finalmente, **aconteció que tres** angustiosos **días después** (un día alejándose de Jerusalén, un día de regreso, y un día buscando a Jesús en Jerusalén), José y María **hallaron** a su Hijo **en el templo.** Increíblemente, Él estaba **sentado en medio de los doctores de la ley, oyéndoles y preguntándoles.** Este era un típico escenario tradicional para enseñar en Israel. Los **doctores** estarían sentados, con los estudiantes acomodados a su alrededor. Únicamente aquí Luca usa *didaskalos* para referirse a **doctores** judíos; en el resto de su evangelio el término está reservado para Juan el Bautista (3:12) o para Jesús. A nadie se le llama "doctor", es decir, maestro, después que Jesús se convirtiera en Maestro.

Muchos médicos eminentes habrían estado en Jerusalén para la Pascua. Jesús aprovechó esta oportunidad, que nunca se le habría presentado en la diminuta e insignificante Nazaret, para dialogar con algunas de las más grandes mentes del judaísmo. Él tenía un interés ardiente, apasionado y consumidor por la Palabra de Dios, y debió haber querido oír los puntos de vista de ellos sobre el Antiguo Testamento, especialmente en cuanto a la profecía mesiánica, el sistema sacrificial, y la ley. El método del diálogo era el patrón habitual para enseñar en el judaísmo, y fue empleado por el apóstol Pablo (Hch. 17:2; "discutió" se traduce de una forma del verbo griego *dialegomai*, "debatir"). Los estudiantes se reunían alrededor de un maestro o maestros y estimulaban el debate haciendo preguntas. Solo aquí, en los evangelios, a Jesús se le representa como estudiante; después siempre es el Maestro, quien haría las preguntas para las que los maestros judíos no tendrían respuestas adecuadas (cp. 11:19-20; 13:2-5; 20:41-44).

Tan impresionante era la actuación de Jesús que **todos los que le oían, se maravillaban de su inteligencia y de sus respuestas.** Las preguntas y respuestas de Jesús eran agudas, perspicaces y profundas; su sabiduría y su conocimiento superaba con creces a los de cualquier muchacho de doce años que ellos habrían conocido alguna vez. Esta no fue la primera vez (cp. 2:18, 33), ni sería la última, que Jesús provocó asombro y estupor en el Evangelio de Lucas (cp. 4:22, 32, 36; 5:9; 8:25, 56; 9:43; 11:14; 20:26; 24:41).

Finalmente, tras horas de angustiosa búsqueda, José y María hallaron a su extraviado hijo. **Cuando le vieron, se sorprendieron** junto con todos los demás, no tanto por el diálogo sino por dónde Él se hallaba. Al suponer que Jesús estaba extraviado, sin duda ellos esperaban que estuviera frenéticamente buscando a sus padres. En lugar de eso, lo encontraron sentado tranquilamente en el templo, dialogando con los máximos doctores del judaísmo.

Aunque angustiada como podría estar cualquier madre bajo esas circunstancias, María reaccionó con alivio y molestia. Exasperada, lo increpó: **Hijo, ¿por qué nos has hecho así?** Su pregunta estaba diseñada para hacer sentir culpable a Jesús, como si intencionalmente hubiera hecho sufrir a sus padres. La siguiente declaración de María intensificó su reproche. **He aquí,** continuó ella, **tu padre y yo te hemos buscado con angustia.** Como ya se mencionó, el comportamiento de Jesús en este incidente fue totalmente distinto a cualquier otro que José y María hubieran experimentado alguna vez, y por tanto les era inexplicable.

Jesús, desde luego, no había provocado o lastimado de manera intencional a sus padres. Lo que había hecho fue poner en evidencia la ruptura necesaria que debía interponerse entre Él y su familia terrenal. Según Jesús diría más tarde, Él había "descendido del cielo, no para hacer [su] voluntad, sino la voluntad del que [le] envió [su Padre]" (Jn. 6:38; cp. 4:34; 5:30). Aunque esa ruptura no se efectuaría plenamente durante otros dieciocho años, se hace evidente aquí.

La respuesta de Jesús a ellos, **¿por qué me buscabais? ¿No sabíais que en los negocios** [el templo] **de mi Padre me es necesario estar?,** no es tan solo el punto crucial del pasaje, sino que también expresa la realidad definitiva de la teología cristiana. Esta declaración constituye la primera vez en la Biblia que algún individuo proclamara a Dios como su padre personal. Los judíos veían a Dios como el Padre de todos en un sentido de creación, y como el Padre de Israel en un sentido nacional. Pero nadie tenía la audacia de proclamar a Dios como su padre en un sentido personal e íntimo, debido a las profundas repercusiones de una afirmación como esa (véase el estudio más adelante). En esta confesión, Jesús dejó claro que su máxima prioridad era hacer la voluntad de su Padre celestial. También se levantó a sí mismo por encima de la esfera humana. Él no era en el sentido fundamental el hijo de José, ni de María; era el eterno Hijo de Dios, quien vino del cielo (Jn. 3:13; 6:38, 42). Como tal, estaba bajo la autoridad de su Padre celestial, no de sus padres terrenales.

La enseñanza bíblica de que Jesús es el Hijo de Dios es clara e innegable. El ángel le dijo a María antes del nacimiento de Jesús que Él "será llamado Hijo de Dios" (Lc. 1:35). Jesús a menudo se refirió a sí mismo como el Hijo de Dios, o afirmó que Dios era su Padre (p. ej., 10:21-22; Jn. 6:39-40; 8:18-19, 28-29, 38, 49; Ap. 2:18). Marcos abrió su evangelio con las palabras "principio del evangelio de Jesucristo, Hijo de Dios" (Mr. 1:1). Juan el Bautista (Jn. 1:34), Natanael (Jn. 1:49), los doce apóstoles (Mt. 14:33), Marta (Jn. 11:27), Pablo (Hch. 9:20; Ro. 1:4; 2 Co. 1:19; Gá. 2:20; Ef. 4:13), el escritor de Hebreos (He. 4:14; 6:6; 7:3; 10:29), y el apóstol Juan (Jn. 20:31; 1 Jn. 4:15; 5:5, 10, 12, 13, 20), todos afirmaron la filiación divina de Jesús. Incluso Satanás (Lc. 4:3, 9), los demonios (Mt. 8:29; Lc. 4:41), y un centurión romano (Mt. 27:54) reconocieron que Jesús era el Hijo de Dios.

La afirmación de Jesús de ser el Hijo de Dios fue por encima de todo lo que más enfureció a sus oponentes judíos y lo que lo llevó a la ejecución. En Juan 5:17, Jesús defendió la sanidad de un paralítico el día de reposo diciendo: "Mi Padre hasta ahora trabaja, y yo trabajo". Las autoridades judías estaban indignadas, y así lo observó Juan en el versículo 18: "Por esto los judíos aun más procuraban matarle, porque no sólo quebrantaba el día de reposo, sino que también decía que Dios era su propio Padre, haciéndose igual a Dios". En Juan 10:36 lo acusaron de blasfemia porque afirmó ser el Hijo de Dios. En el simulacro de juicio de Cristo fue su afirmación de que Él era el Hijo de Dios lo que le brindó al concilio la excusa para declararlo culpable de blasfemia y por tanto digno de muerte (Mt. 26:63-66). Después que Pilato declarara inocente a Jesús, "los judíos le respondieron: Nosotros tenemos una ley, y según nuestra ley debe morir, porque se hizo a sí mismo Hijo de Dios" (Jn. 19:7). Y cuando Jesús estuvo en la cruz, ellos se burlaban de la afirmación que Él hacía de ser el Hijo de Dios (Mt. 27:40, 43).

El motivo de que la afirmación de Jesús de ser el Hijo de Dios enfureciera a los dirigentes judíos es que tal proclamación, como ellos lo entendían a la perfección, era un reclamo de deidad, de total igualdad con Dios. El título de Hijo de Dios describe a Jesús como la segunda persona de la Trinidad, Dios encarnado. El significado total e intenso del título Hijo de Dios no es evidente en el concepto castellano de lo que indica la condición de ser hijo de alguien. En la cultura judía "hijo" denotaba más que tan solo un descendiente varón. A un joven menor de edad se le consideraba un niño; solo cuando ese muchacho se convertía en adulto era un hijo en el sentido más pleno. Era entonces que llegaba a ser igual a su padre bajo la ley y en términos de responsabilidad adulta, y cuando recibía los privilegios que su padre le tenía reservados. "Hijo" en este sentido más técnico, llegaba a significar "igual a" o "uno con".

Hay una serie de ejemplos en las Escrituras en que "hijo" identifica la naturaleza de una persona. El nombre Bernabé significa "hijo de consolación"; él era en gran manera un alentador que se identificaba con el consuelo. Jesús llamó, a Jacobo y Juan, "Hijos del trueno" (Mr. 3:17), identificándolos con ese término debido a sus personalidades exageradas. De igual modo, describió a algunos individuos como "hijo[s] del infierno" (Mt. 23:15) porque tenían las características de quienes están ligados al averno. En forma parecida, tanto a Judas (Jn. 17:12) como al anticristo (2 Ts. 2:3) se les llama hijos de perdición (la misma palabra griega se usa para describir a ambos individuos), identificándolos con su destino eterno. Efesios 2:2 llama a los incrédulos "hijos de desobediencia", mientras que Mateo 13:38 los describe como "hijos del malo" (cp. Jn. 8:44). Lucas 16:8 y Juan 12:36 llaman a los creyentes "hijos de luz"; y Lucas 20:36 los denomina "hijos de la resurrección".

"Hijo" en los ejemplos anteriores no se refiere a origen, sino a naturaleza. El término se usa en alusión a Jesucristo para establecer que Él es de la misma esencia y naturaleza, y que tiene los mismos derechos y privilegios que el mismo Dios. Según se indicó, los dirigentes judíos entendían perfectamente que al afirmar ser el Hijo de Dios, Jesús estaba reclamando deidad y total igualdad con el Padre.

Algunos podrían debatir que los términos "Hijo unigénito" (*monogenēs;* Jn. 1:14, 18; 3:16, 18; 1 Jn. 4:9) y "primogénito" (*prototokos*; Ro. 8:29; Col. 1:15, 18; He. 1:6; Ap. 1:5) indican que Jesús fue creado, y que por tanto Él no fue Dios desde toda la eternidad. Sin embargo, ninguno de esos términos se refiere a origen. *Monogenēs* significa "único en su clase", y distingue a Jesús de los creyentes como el inigualable Hijo de Dios; los creyentes son hijos de Dios en un sentido diferente (cp. 1 Jn. 3:2). La Biblia llama a Isaac el *monogenēs* de Abraham (He. 11:17), aunque Isaac no era el hijo mayor de Abraham ni su único hijo, porque únicamente él fue el hijo del pacto (Gn. 21:12; cp. Ro. 9:7). *Prototokos*, cuando se usa para Cristo, no se refiere a cronología sino a preeminencia. Tanto Colosenses 1:18 como Apocalipsis 1:5 llaman a Jesús "el primogénito de los muertos", debido a que de todos los que alguna vez serán resucitados, Él es el preeminente. En Éxodo 4:22, Dios se refiere a Israel como su primogénito; aunque Israel no fue la primera nación en ser cronológicamente creada, fue la primera entre las naciones en preeminencia.

Debatir que los términos "primogénito" y "unigénito" significan que Jesús fue un ser creado es contradictorio. Jesús no podía ser tanto el "unigénito" o único como el "primogénito" o primer nacido. Tampoco podía ser el Creador del universo (Col. 1:16) si Él mismo fuera un ser creado.

José y María **no entendieron** por completo **las** significativas **palabras que** Jesús **les habló.** Entendían que Él era el Mesías, el Hijo de David, concebido en un vientre virgen por el poder del Espíritu Santo. Sin embargo, no captaron el pleno significado de la filiación divina de Jesús. Esta no sería la última vez que sus seguidores no captarían lo que Él les estaba diciendo (cp. Lc. 9:44-45; 18:34; Jn. 10:6; 12:16).

Pero el tiempo para que Jesús saliera de la autoridad de sus padres aún no había llegado, por tanto **descendió con ellos, y volvió a Nazaret, y estaba sujeto a ellos.** La relación de Jesús con su Padre celestial no derogaba aún su responsabilidad de obedecer a sus padres terrenales. Su obediencia al quinto mandamiento era parte esencial de la obediencia perfecta a la ley de Dios.

Aquí se presentó el primer cumplimiento de la advertencia de Simeón a María en 2:35, mientras ella **guardaba todas estas cosas en su corazón.** Ella tendría mucho que pensar al respecto mientras reflexionaba en la asombrosa respuesta de Jesús. Debía comprender que su Hijo era su Salvador, y que debía cambiar su autoridad maternal sobre Él por la autoridad divina de Jesús sobre ella. La espada volvería a atravesarle el corazón en su última aparición en el Evangelio de Lucas (8:19-21), cuando Jesús mismo se alejaba de su relación humana con ella y con sus hermanos (cp. 11:27-28). Finalmente, la espada atravesaría el corazón de María mientras observaba a su Hijo sufrir y morir en la cruz.

LOS AÑOS DE ADULTO EN NAZARET

Y Jesús crecía en sabiduría y en estatura, y en gracia para con Dios y los hombres. (2:52)

Esta escueta declaración revela todo lo que se sabe en cuanto a los dieciocho años que Jesús pasó en Nazaret desde los doce años hasta el inicio de su ministerio público a los treinta años de edad (3:23). **Crecía** se traduce de una forma del verbo *prokoptō*, que significa "progresar" o "avanzar". En el insondable misterio de la encarnación, cuando Jesús "se despojó a sí mismo, tomando forma de siervo, hecho semejante a los hombres; y estando en la condición de hombre" (Fil. 2:7-8), se sometió al proceso normal de crecimiento y desarrollo humano. Jesús **crecía en sabiduría** a medida que aumentaba su comprensión intelectual de la verdad divina, físicamente **en estatura,** y espiritualmente **en gracia para con Dios,** fortalecido por sus victorias sobre los ataques de la tentación (He. 4:15). La referencia a que Él encontrara gracia con **los hombres** describe su creciente madurez social y el respeto que infundía.

La pregunta que surge es por qué Jesús debió vivir todos esos años, en lugar de venir simplemente a la tierra, morir como un sustituto por el pecado, resucitar de los muertos, y volver a ascender al cielo. La respuesta es que debía llevar una vida perfectamente justa y cumplir toda justicia (Mt. 3:15), y por tanto llegar a ser el sacrificio perfecto para tomar el lugar de los pecadores (1 P. 3:18). Solo entonces su justicia se podía imputar a los creyentes cuyos pecados se depositarían sobre Él. Cuando Pablo escribió en 2 Corintios 5:21: "Al que no conoció pecado, por nosotros [Dios] lo hizo pecado, para que nosotros fuésemos hechos justicia de Dios en él", expresó ambos aspectos de la expiación sustitutiva de Cristo. Jesús no solo llevó los pecados de los creyentes, sino que también Dios les imputó la justicia de Él. Dicho de otro modo, Dios trató a Cristo como si hubiera llevado las vidas pecadoras de los creyentes, y a los creyentes como si hubieran llevado la vida perfectamente justa del Hijo de Dios. Jesús vivió de manera perfectamente justa desde la infancia hasta la edad adulta con el fin de que su vida justa pudiera imputarse a los creyentes. La salvación solo viene a aquellos que no tienen una "propia justicia, que es por la ley, sino la que es por la fe de Cristo, la justicia que es de Dios por la fe" (Fil. 3:9).

No fue sin propósito que el relato inspirado por el Espíritu Santo acerca de la vida del Salvador en los cuatro evangelios incluyera únicamente este episodio de los años entre su nacimiento y el inicio de su ministerio público. Esta breve narración, apoyada por dos concisas y arrolladoras declaraciones, revela a Jesucristo como el Hijo de Dios, cuya vida perfectamente sin pecado lo calificó para ser el único sacrificio aceptable por el pecado (1 P. 1:18-19), haciendo que los pecados de los creyentes se le imputen a Él, y proveyendo una vida justa que les sea imputada a ellos.

Preparación del escenario para Jesús

17

En el año decimoquinto del imperio de Tiberio César, siendo gobernador de Judea Poncio Pilato, y Herodes tetrarca de Galilea, y su hermano Felipe tetrarca de Iturea y de la provincia de Traconite, y Lisanias tetrarca de Abilinia, y siendo sumos sacerdotes Anás y Caifás, vino palabra de Dios a Juan, hijo de Zacarías, en el desierto. Y él fue por toda la región contigua al Jordán, predicando el bautismo del arrepentimiento para perdón de pecados, como está escrito en el libro de las palabras del profeta Isaías, que dice: Voz del que clama en el desierto: Preparad el camino del Señor; enderezad sus sendas. Todo valle se rellenará, y se bajará todo monte y collado; los caminos torcidos serán enderezados, y los caminos ásperos allanados; y verá toda carne la salvación de Dios. (3:1-6)

En los capítulos 1 y 2 de su evangelio, Lucas registra los relatos de los nacimientos de Juan el Bautista y de Jesucristo. Cuando se inicia el capítulo 3, han pasado dieciocho años desde el último hecho histórico narrado por Lucas, la historia del Jesús de doce años en el templo (2:41-51). Los ministerios públicos de Juan el Bautista y de Jesús están a punto de comenzar.

Durante treinta años cada uno había vivido en reclusión. Juan "estuvo en lugares desiertos hasta el día de su manifestación a Israel" (1:80). Jesús vivió en la desconocida y remota aldea de Nazaret, alejada de todo, donde "estaba sujeto a" sus padres (2:51). Solo unos pocos privilegiados, los que estaban esperando la consolación y redención de Israel (2:25, 38), conocían las verdaderas identidades de Juan y Jesús. De ese pequeño grupo muchos de ellos, tales como Zacarías, Elisabet, Simeón, Ana y José probablemente habían muerto para este tiempo y se habían ido a la gloria. Los ángeles que anunciaron los nacimientos de Juan y Jesús hacía tiempo que habían regresado al cielo. Pero las tres décadas de silencio estaban a punto de concluir. El principio del ministerio público de Juan el Bautista marcaría el final de un silencio aún más prolongado: los cuatro siglos de mutismo profético desde la época del último profeta, Malaquías (aprox. 430 a.C.).

Cuando sube el telón en los ministerios de Juan y Jesús, Israel estaba sumida en una profunda oscuridad. Políticamente se vivía el más sombrío de los tiempos, bajo el gobierno opresor de idólatras paganos. Israel, la nación del pacto de Dios, ahora formaba parte de una provincia menor en una región apartada del poderoso Imperio romano. También espiritualmente aquel era el más tenebroso de los tiempos. El pueblo judío estaba apabullado bajo la pesada carga de una religión apóstata, legalista e hipócrita dominada por líderes espirituales corruptos y malvados (cp. Mt. 23:1-33). Los judíos no habían comprendido las promesas de los pactos abrahámico y davídico; no poseían ni la tierra prometida por el primero, ni el reino prometido por el último. Sumida en el legalismo, la hipocresía y el ritualismo externo, la nación tampoco experimentaba las bendiciones del nuevo pacto prometidas en Jeremías 31:31-34 y Ezequiel 37:26.

El Antiguo Testamento concluía con la promesa de la venida del Mesías (Mal. 3:1; 4:2) y, a lo largo de los siglos posteriores de maldad política y religiosa, el pueblo judío se había aferrado a esa esperanza. Pero antes de que el ministerio del Mesías comenzara, su precursor iba a aparecer con el fin de prepararle el camino. Años antes, el padre de Juan el Bautista, Zacarías, había profetizado con relación a Juan: "Y tú, niño, profeta del Altísimo serás llamado; porque irás delante de la presencia del Señor, para preparar sus caminos" (Lc. 1:76; cp. Mal. 3:1). Por eso Juan, el primer profeta en más de cuatrocientos años, apareció en el escenario central para presentar al personaje principal de la historia, el Señor Jesucristo. La tarea de Juan era doble: preparar al pueblo para el Mesías, y presentar al Mesías al pueblo.

Al igual que cualquier buen historiador, Lucas entendía la importancia de poner su relato histórico en su apropiado contexto. En este pasaje ofrece cuatro escenarios que proveen el telón de fondo para los ministerios de Juan y de Jesús: histórico, geográfico, teológico y profético.

ESCENARIO HISTÓRICO

En el año decimoquinto del imperio de Tiberio César, siendo gobernador de Judea Poncio Pilato, y Herodes tetrarca de Galilea, y su hermano Felipe tetrarca de Iturea y de la provincia de Traconite, y Lisanias tetrarca de Abilinia, y siendo sumos sacerdotes Anás y Caifás, (3:1-2*a*)

Lucas incluye a siete individuos, cinco gentiles y dos judíos, en provisión de los antecedentes para los ministerios de Juan y de Jesús. El propósito del autor al presentarlos no fue proporcionar una cronología exacta sino más bien un contexto histórico general. El primer nombre, **Tiberio César,** ejemplifica ese hecho, porque existen dos maneras convincentes de determinar los quince años de su reinado. Algunas personas sostienen que el reinado de Tiberio como emperador comenzó con la muerte de su ilustre predecesor César Augusto, primer emperador de Roma (para más información sobre Augusto, véase la exposición de 2:1 en el cap. 12 de esta obra). Ya que Augusto murió el 19 de agosto del 14, d.C., eso significa que el ministerio de Juan comenzó en el 29 d.C. El punto de vista más tradicional cuenta los quince años no desde la muerte de Augusto en el 14 d.C., sino desde el 11 d.C., cuando Tiberio se convirtió en corregente. El ministerio de Juan habría comenzado entonces en el 26 d.C.

Aunque es imposible ser dogmáticos, el último punto de vista armoniza mejor con la cronología del Nuevo Testamento (cp. *The Zondervan Pictorial Encyclopedia of the Bible*, s.v. "Chronology of the New Testament"; Lewis A. Foster, "The Chronology of the New Testament" en Frank E. Gaebelein, ed., *The Expositor's Bible Commentary*, vol. 1 [Grand Rapids: Zondervan, 1979]). También hay varios argumentos específicos a favor de empezar los quince años en el 11 d.C., cuando Tiberio se convirtió en corregente.

Primero, la referencia de Lucas a la corregencia de Anás y Caifás como sumos sacerdotes (véase el estudio más adelante) sugiere que también pudo haber tenido en mente la corregencia de Augusto y Tiberio.

Segundo, según el historiador Josefo del siglo I, Herodes el Grande empezó a edificar el templo en el 19 a.C. En Juan 2:20, los dirigentes judíos le dijeron a Jesús, quien estaba en Jerusalén para la Pascua, que el templo había estado en construcción durante cuarenta y seis años. Eso haría que la fecha de esa Pascua fuera el 27 d.C., que a su vez ubica el inicio del ministerio público de Jesús en el 26 d.C.

Por último, según Lucas 3:23, Jesús tenía como treinta años de edad cuando comenzó su ministerio público. Puesto que nació poco antes de la muerte de Herodes en el 4 d.C., Jesús habría tenido treinta años en el 26 d.C.

Pasando del gobernante supremo del Imperio romano a la autoridad romana local de más alto rango, Lucas presenta a continuación a **Poncio Pilato,** quien fuera nombrado el quinto **gobernador de Judea** por parte de Tiberio en el 26 d.C., y quien permaneció en el cargo hasta que fue retirado en el 36 d.C. Los evangelios y fuentes extrabíblicas describen a Pilato como soberbio, arrogante y cínico (cp. Jn. 18:38), además de débil e indeciso. Como gobernante, Pilato mostró insensibilidad y brutalidad (cp. Lc. 13:1). Al tratar de invertir la política de sus gobernadores anteriores, marchó con sus tropas a Jerusalén portando estandartes con imágenes que los judíos veían como idólatras. Indignados, muchos protestaron acaloradamente contra lo que veían como sacrilegio. Pilato hizo caso omiso a las protestas y ordenó, bajo pena de muerte, que dejaran de molestarlo. Pero ellos lo retaron a que se atreviera a cumplir su amenaza. Poco deseoso de masacrar a tantas personas, Pilato retiró los estandartes infractores. La historia revela su mal juicio, obstinación, arrogancia y debilidad vacilante. Pilato también enfureció a los judíos cuando sacó dinero del tesoro del templo a fin de construir un acueducto para llevar agua a Jerusalén. En los siguientes disturbios, sus soldados golpearon y asesinaron a muchos de los manifestantes.

Es irónico que el incidente que finalmente desató el cese de Pilato del cargo no incluyera a los judíos, sino a sus odiados rivales los samaritanos. Un grupo de estos decidió subir al monte Gerizim en busca de objetos de oro que supuestamente Moisés había escondido en su cima. Al creer erróneamente que los samaritanos eran sublevados, Pilato ordenó a sus tropas que los atacaran, y muchos fueron asesinados. Los samaritanos se quejaron de la brutalidad de Pilato a su inmediato superior, el gobernador de Siria. Este quitó a Pilato del cargo y le ordenó ir a Roma para ser juzgado por Tiberio, pero Tiberio murió antes de que Pilato llegara a Roma. En ese momento Pilato desapareció de la historia. Algunos relatos afirman que lo desterraron, otros que lo ejecutaron, y otros más señalan que se suicidó.

Otros dos gobernantes locales del escrito fueron **Herodes,** el **tetrarca de Galilea, y su hermano Felipe,** el **tetrarca de** la **región de Iturea y de la provincia de Traconite.** Estos dos eran miembros de la célebre familia Herodes, hijos de Herodes el Grande. Cuando Herodes murió en el 4 a.C., su dominio se dividió entre tres de sus hijos, Arquelao, Antipas y **Felipe.** Arquelao demostró ser un gobernante tan inepto y brutal que fue depuesto en el 6 d.C., y su territorio (Judea, Samaria e Idumea) fue puesto bajo el gobierno de gobernadores romanos (según se indicó antes, Pilato era el quinto de tales gobernadores). El **Herodes** indicado aquí es Antipas, quien gobernó a Galilea del 4 a.C. al 39 d.C. Se trata del Herodes al que se refieren los relatos de los evangelios durante el ministerio de Jesús. Fue Antipas quien encarceló (Lc. 3:20) y ejecutó (Lc. 9:9) a Juan el Bautista, y que intervino en el injusto juicio de Jesús (Lc. 23:7-12).

El hermano de Antipas, **Felipe,** gobernó la **región de Iturea y la provincia de Traconite** (al noreste de Galilea) desde el 4 a.C. hasta el 34 d.C. A Felipe se le ha considerado el mejor de los gobernadores herodianos.

Poco se conoce del tercer gobernante local que Lucas menciona, **Lisanias,** el **tetrarca de Abilinia** (al noroeste de Damasco). Quienes rechazan la infalibilidad bíblica suelen acusar a Lucas de un error histórico, afirmando que el único Lisanias conocido en la historia había muerto antes del 36 a.C. Sin embargo, se han hallado inscripciones que indican que otro Lisanias había gobernado durante el reinado de Tiberio (Darrell L. Bock, *Luke 1:1-9:50*, Baker Exegetical Commentary on the New Testament [Grand Rapids: Baker, 1994], p. 283).

Pasando de la esfera secular a la religiosa, Lucas ubicó el inicio del ministerio de Juan en los **sumos sacerdotes Anás y Caifás,** sugiriendo que en algún sentido desempeñaban conjuntamente el oficio. Aunque **Anás** ya no era oficialmente el sumo sacerdote, sin embargo era el personaje más poderoso en el sistema religioso judío. Él había sido el sumo sacerdote desde el 6 d.C. al 15 d.C., cuando fue removido del cargo por Valerio Grato, predecesor de Pilato como gobernador. No obstante, aún se referían a él como sumo sacerdote (Hch. 4:6), de igual modo que se sigue haciendo referencia a los ex presidentes de los Estados Unidos como a presidentes después que dejan el cargo. Sin embargo, el título de Anás era más que una simple cortesía. Muchos judíos, resentidos por la intromisión de los romanos en sus asuntos religiosos, aún lo consideraban como el verdadero sumo sacerdote (en especial, porque según la ley mosaica los sumos sacerdotes servían de por vida; cp. Nm. 35:25). Así observa Leon Morris: "Hay poca duda de eso... el astuto anciano a la cabeza de la familia ejercía mucha autoridad. Sin duda era el verdadero poder en la tierra, fueran cuales fueran los tecnicismos legales" (*The Gospel According to John*, The New International Commentary on the New Testament [Grand Rapids: Eerdmans, 1979], p. 749).

Además, después que lo separaran del cargo, cinco de los hijos de Anás y uno de sus nietos sirvieron como sumos sacerdotes, igual que lo hizo su yerno **Caifás,** quien estuvo en el cargo desde el 18 al 36 d.C. Ya que los sumos sacerdotes eran nombrados y depuestos al capricho de los romanos, extrañamente el largo mandato de Caifás da testimonio de su habilidad como político. Su despiadada determinación de preservar su posición y su poder se puede ver en su propuesta de que se ejecute a Jesús (Jn. 11:49-50), una inconsciente predicción profética en cuanto a la naturaleza de la muerte expiatoria de Cristo (vv. 51-52).

Anás era orgulloso, ambicioso y tristemente codicioso. Una fuente importante de sus ingresos provenía del templo. Recibía una parte de la venta de animales para el sacrificio; solamente aquellos que estaban a la venta en el templo (por precios exorbitantes) eran aprobados como ofrenda. Anás también consiguió un recorte de los honorarios que los cambistas de dinero cobraban por cambiar moneda extranjera (solo dinero judío se podía usar para pagar el impuesto del templo; cp. Jn. 2:14). Así de notoria era la codicia de este hombre que a los patios exteriores del templo, donde se realizaban los negocios, se les llegó a conocer como Bazar de Anás (Alfred Edersheim, *The Life and Times of Jesus the Messiah* [Reimpresión; Grand Rapids: Eerdmans, 1974], 1:371-72). Anás y Caifás odiaban de forma especial a Jesús porque Él les trastornó dos veces las operaciones comerciales del templo (Jn. 2:13-16; Mt. 21:12-13).

Estos dos depravados individuos, tan codiciosos y corruptos como los paganos a quienes los judíos despreciaban, ejercían tremendo control sobre el pueblo de Israel. Su gobierno fue especialmente odioso, ya que corrompieron su autoridad ordenada por Dios (cp. Mt. 23:1-3). La perfecta representación de la maldad de estos sujetos se vio durante el simulacro de juicio a Jesús, en que representaron papeles importantes.

Fue en el mundo de estos siete hombres que Juan y Jesús llegaron a proclamar la Palabra de Dios. Cuatro de ellos, Pilato, Herodes, Anás y Caifás, jugarían roles importantes en el desarrollo del drama de la vida, del ministerio y de la muerte del Señor. Todos ellos simbolizaban la oscuridad moral y espiritual que la Luz del mundo (Jn. 8:12) vino a disipar.

ESCENARIO GEOGRÁFICO

vino palabra de Dios a Juan, hijo de Zacarías, en el desierto. Y él fue por toda la región contigua al Jordán, (3:2*b*-3*a*)

Difícilmente podría haberse imaginado un lugar menos propicio para el inicio del ministerio público de **Juan, hijo de Zacarías,** que **el desierto.** Sin duda se esperaría que el precursor del Mesías hiciera una dramática aparición en el templo, o al menos en alguna parte de Jerusalén. No había región más estéril y desolada en Israel que **el desierto** de Judea (Mt. 3:1). Este se extendía desde la región montañosa de Judá en el occidente hasta las orillas del Mar Muerto en el oriente, y al norte dentro del valle del río Jordán. Según un escritor,

> Es difícil describir de forma adecuada la apocalíptica desolación y la gran aridez junto a las orillas del Mar Muerto… Si pudiera fijarse en la mente la imagen de la aridez casi penetrante del Sahara o del valle de la Muerte, y luego multiplicar eso por un factor de cuatro o más, se podría llegar a captar la realidad geográfica a la cual Juan estaba expuesto junto a las orillas del Mar Muerto (Barry J. Beitzel, *The Moody Atlas of Bible Lands* [Chicago: Moody, 1985], p. 41).

Fue en ese ambiente áspero e implacable que Juan se hizo hombre. Puesto que sus padres, Zacarías y Elisabet "eran ya de edad avanzada" cuando él nació (Lc. 1:7), Juan debió haber quedado huérfano a una edad temprana, y luego debió haberse mudado al desierto después de la muerte de sus padres. Sin embargo, a pesar de las afirmaciones de algunos, no hay evidencia de que Juan viviera alguna vez en la famosa comunidad religiosa de Qumran, que estaba ubicada en esa región (cp. Bock, *Luke 1:1-9:50*, p. 198). El hecho de que todo el ministerio de Juan lo pasara en **la región contigua al Jordán** (cp. Mt. 3:6, 13; Jn. 1:28; 3:23, 26; 10:40), esto de ninguna manera disminuye su enorme popularidad (cp. Mt. 3:5; Mr. 1:5).

La frase **vino palabra de Dios a Juan** no sugiere que Dios le revelara Escrituras. Más bien, el uso del término más específico *rhema* (**palabra**) en comparación con el término más general *logos* (cp. 5:1) sugiere que lo que aquí aparece es el llamado de Juan a un ministerio profético (cp. Jer. 1:1-2; Ez. 1:3; Os. 1:1; Jl. 1:1; Jon. 1:1; Mi. 1:1; Sof. 1:1; Hag. 1:1). Tras años de aislamiento, Juan dio un paso repentino y dramático en la escena pública.

La ubicación del ministerio de Juan representó un reproche a la institución religiosa, localizada principalmente en Jerusalén. El hecho de que Juan ministrara en el desierto simbolizaba el desprecio de Dios no solo por la idolatría gentil, sino también por el legalismo judío hipócrita. Juan mantuvo su distancia de ambas realidades, permaneciendo indemne e incontaminado por unos y otros. Esto también simbolizaba el ataque de Juan a lo establecido (Mt. 3:7-12), y la necesidad de que los buscadores de la verdad también lo abandonaran (Mt. 3:5-6). Por último, al igual que el Mesías que estaba precediendo, Juan era humilde. Él no ministró en el templo ni en un palacio real, sino en las circunstancias más humildes (cp. Mt. 11:8), lo cual demuestra la verdad de que Dios elige a los humildes y sumisos (1 Co. 1:26-29). Así como a los judíos se les debió purgar en el desierto después de salir de Egipto antes de entrar a la tierra prometida, también se les exigiría volver al desierto otra vez con el propósito de ser limpiados y bautizados por Juan con el fin de preparar sus corazones para recibir el reino del Mesías.

ESCENARIO TEOLÓGICO

predicando el bautismo del arrepentimiento para perdón de pecados, (3:3*b*)

El mensaje de Juan acerca del arrepentimiento y perdón es el mismo proclamado por todo verdadero predicador de la verdad de Dios. Son solamente las buenas nuevas que proveen esperanza a un mundo bajo la maldición del pecado. El mensaje de Juan sería fácilmente comprensible si lo hubiera estado predicando a gentiles. Pero a primera vista aquello parecía innecesario para Israel, cuyos habitantes estaban empapados del Antiguo Testamento.

Sin embargo, la verdad es que religiosamente Israel estaba en bancarrota y en desesperada necesidad de oír el llamado de Juan a arrepentirse. El pueblo judío fue curado de su inclinación a la idolatría por medio del cautiverio babilónico. No obstante, en lugar de la idolatría surgió una religión legalista, cuyos seguidores creían poder ganar una relación correcta con Dios a través de sus propios esfuerzos. El Señor Jesucristo denunció esa perniciosa y falsa perspectiva en el Sermón del Monte. Declaró que nadie puede ganar la salvación por guardar la ley, ya que la norma es la santidad absolutamente perfecta de Dios (Mt. 5:48; cp. v. 20). Enfocarse en la conducta externa en lugar de mirar las actitudes del corazón (vv. 21-47), hacer vistosas demostraciones públicas de ayudar a los pobres, de orar y de ayunar (6:1-18) caracteriza a quienes se hallan en el camino ancho que lleva a la destrucción (7:13). Aquellos que confían en tales logros de justicia propia para ganar su salvación están insensatamente construyendo una casa sobre la arena… que será arrastrada por el diluvio del juicio divino (vv. 26-27). Pero aquellos que se declaran en bancarrota espiritual, que lamentan humildemente su pecado, que anhelan una justicia que Dios les otorga (5:1-12; cp. Fil.

3:9), y que confían en el Señor Jesús (Mt. 10:32-33), se convertirán en hijos de Dios y heredarán el reino de Dios. El apóstol Pablo recordó a los romanos:

> *Pues no es judío el que lo es exteriormente, ni es la circuncisión la que se hace exteriormente en la carne; sino que es judío el que lo es en lo interior, y la circuncisión es la del corazón, en espíritu, no en letra; la alabanza del cual no viene de los hombres, sino de Dios (Ro. 2:28-29).*

Tres importantes realidades teológicas caracterizaron la predicación de Juan. Él ofreció la esperanza del **perdón de pecados.** Según ya se indicó, el pueblo judío estaba atrapado en un sistema de obras de justicia. Se les había enseñado que la salvación llegaba por guardar la ley, observar las tradiciones, y realizar los rituales. Pero la comprensión de que no podían hacer esas cosas a la perfección les ponía encima una pesada carga de culpa. Jesús declaró que los líderes religiosos judíos "atan cargas pesadas y difíciles de llevar, y las ponen sobre los hombros de los hombres; pero ellos ni con un dedo quieren moverlas" (Mt. 23:4). Al defender la verdad bíblica de que la salvación es solo por gracia mediante la fe, Pedro preguntó a sus compañeros judíos en el concilio de Jerusalén: "¿Por qué tentáis a Dios, poniendo sobre la cerviz de los discípulos un yugo que ni nuestros padres ni nosotros hemos podido llevar?" (Hch. 15:10).

Sin embargo, el pueblo judío creía que el nuevo pacto prometía perdón. En Jeremías 31:34, Dios declaró: "Perdonaré la maldad de ellos, y no me acordaré más de su pecado" (cp. 33:8; 50:20; Ez. 16:60-63). Los judíos también entendían que Dios es por naturaleza un Dios perdonador. El Señor mismo se describió ante Moisés como aquel "que perdona la iniquidad, la rebelión y el pecado" (Éx. 34:7). Al interceder por la rebelde nación de Israel, Moisés describió a Dios como "tardo para la ira y grande en misericordia, que perdona la iniquidad y la rebelión" (Nm. 14:18). Nehemías se refirió a Dios como "Dios que perdonas" (Neh. 9:17). En Salmos 32, David exaltó:

> *Bienaventurado aquel cuya transgresión ha sido perdonada, y cubierto su pecado. Bienaventurado el hombre a quien Jehová no culpa de iniquidad, y en cuyo espíritu no hay engaño... Mi pecado te declaré, y no encubrí mi iniquidad. Dije: Confesaré mis transgresiones a Jehová; y tú perdonaste la maldad de mi pecado" (vv. 1-2, 5).*

"Las iniquidades prevalecen contra mí", se lamentó David, pero después añadió: "Mas nuestras rebeliones tú las perdonarás" (Sal. 65:3). En Salmos 86:5 afirmó: "Tú, Señor, eres bueno y perdonador". En Salmos 103:12 expresó la magnitud del perdón de Dios al declarar: "Cuanto está lejos el oriente del occidente, hizo alejar de nosotros nuestras rebeliones", y en Salmos 130:3-4 agregó: "Si mirares a los pecados, ¿quién, oh Señor, podrá mantenerse? Pero en ti hay perdón, para que seas reverenciado". Daniel se consoló en saber que "de Jehová nuestro Dios es el tener misericordia y el perdonar" (Dn. 9:9). Isaías describió el perdón de Dios como una limpieza tan profunda de los pecados que estos quedan tan blancos como la nieve o la lana (1:18), que Él los echa sobre su espalda (38:17; cp. Sal. 51:9), negándose a recordarlos (43:25), y cubriéndolos con una gruesa nube y una pesada niebla (44:22). Miqueas describe el perdón como el hecho de que Dios pisotea los pecados bajo sus pies y los lanza a las profundidades del mar (Mi. 7:19).

Así como su padre Zacarías había profetizado (Lc. 1:76-77), Juan el Bautista predicó el perdón de Dios. Su mensaje brindaba esperanza a las personas que se tambaleaban bajo el peso del pecado y la culpa. Como resultado, multitudes acudían al desierto para oír al extraño profeta con el mensaje profundo y penetrante que desesperadamente sus corazones agobiados necesitaban oír.

Pero el perdón solo viene a aquellos que reconocen sus pecados y se vuelven de ellos; por lo que Juan también predicó la necesidad **del arrepentimiento.** Ese concepto también lo conocía el pueblo judío. Isaías 55:6-7 ordenaba: "Buscad a Jehová mientras puede ser hallado, llamadle en tanto que está cercano. Deje el impío su camino, y el hombre inicuo sus pensamientos, y vuélvase a Jehová, el cual tendrá de él misericordia, y al Dios nuestro, el cual será amplio en perdonar". Ezequiel 18:30-32 también exhortó al pueblo a arrepentirse:

> *Por tanto, yo os juzgaré a cada uno según sus caminos, oh casa de Israel, dice Jehová el Señor. Convertíos, y apartaos de todas vuestras transgresiones, y no os será la iniquidad causa de ruina. Echad de vosotros todas vuestras transgresiones con que habéis pecado, y haceos un corazón nuevo y un espíritu nuevo. ¿Por qué moriréis, casa de Israel? Porque no quiero la muerte del que muere, dice Jehová el Señor; convertíos, pues, y viviréis (cp. 33:19).*

Arrepentimiento no es tan solo un cambio intelectual de la mente acerca de quién es Cristo, ni es un remordimiento superficial por las consecuencias del pecado. Es volverse de manera radical del pecado hacia Dios; es un repudio de la antigua vida y un giro hacia Dios para la salvación del castigo y del dominio del pecado. En 1 Tesalonicenses 1:9, Pablo escribió que los tesalonicenses se volvieron "de los ídolos a Dios, para servir al Dios vivo y verdadero". Quienes llegan a Él quebrantados en espíritu, humildes y lamentando sus pecados experimentarán el perdón divino.

El arrepentimiento salvador no existe a no ser que vaya acompañado de fe. Es imposible tener verdadera fe en Jesucristo aparte del verdadero arrepentimiento del pecado, o tener verdadero arrepentimiento del pecado aparte de la verdadera fe. Estos son dos lados de la misma obra del Espíritu Santo de convencer de pecado a los pecadores y atraerlos hacia Cristo.

Se debe entender claramente que el arrepentimiento no es una obra humana que consigue salvación. El arrepentimiento no es un esfuerzo antes de la salvación por parte de los pecadores, a fin de enderezar sus vidas de modo que Dios los recompense con salvarlos. En el arrepentimiento, los pecadores reconocen su calamitosa condición, reconocen que no se pueden salvar a sí mismos, y se vuelven a Jesucristo como el único que puede salvarlos. Por cuenta propia los no regenerados nunca llegarán a esa conclusión, ya que ellos aman las tinieblas en vez de la luz (Jn. 3:19), y están muertos en sus delitos y pecados (Ef. 2:1).

La convicción que produce arrepentimiento es una obra del Espíritu Santo, quien convence "al mundo de pecado, de justicia y de juicio" (Jn. 16:8). En Hechos 5:31, Pedro declaró: "A éste [Jesús], Dios ha exaltado con su diestra por Príncipe y Salvador, para dar a Israel arrepentimiento y perdón de pecados". Hechos 3:26; 11:18; y 2 Timoteo 2:25 también afirman que Dios concede arrepentimiento a los pecadores.

En 2 Corintios 7:9-11, el apóstol Pablo capta la esencia del arrepentimiento:

> *Ahora me gozo, no porque hayáis sido contristados, sino porque fuisteis contristados para arrepentimiento; porque habéis sido contristados según Dios, para que ninguna pérdida padecieseis por nuestra parte. Porque la tristeza que es según Dios produce arrepentimiento para salvación, de que no hay que arrepentirse; pero la tristeza del mundo produce muerte. Porque he aquí, esto mismo de que hayáis sido contristados según Dios, ¡qué solicitud produjo en vosotros, qué defensa, qué indignación, qué temor, qué ardiente afecto, qué celo, y qué vindicación! En todo os habéis mostrado limpios en el asunto.*

Pablo comenzó haciendo una distinción entre la tristeza que produce arrepentimiento y el remordimiento por las consecuencias del pecado, observando que los corintios fueron contristados hasta el punto que se arrepintieron. La tristeza de ellos fue "según Dios"; es decir, que ellos vieron su pecado del mismo modo que Dios lo ve. Eso a su vez produjo "arrepentimiento para salvación", a diferencia de "la tristeza del mundo [que] produce muerte". El remordimiento por las consecuencias del pecado, que es poco más que orgullo herido al haber sido atrapados en algún pecado, no puede producir el verdadero arrepentimiento que da como resultado el perdón.

Pablo concluyó su descripción del verdadero arrepentimiento definiéndolo en una serie de palabras o frases. La primera característica del arrepentimiento es ser "contristados", que es una búsqueda ansiosa de justicia que termina con la indiferencia de una persona hacia el pecado y con la complacencia respecto a su condición perdida. "Solicitud" describe el deseo de limpiar nuestro nombre del estigma adherido al pecado. "Indignación" es una ira justa ante la deshonra que el pecado produce al santo nombre de Dios. Esta va de la mano con el "temor" del justo juicio de Dios sobre el pecado y el "ardiente" anhelo de que la relación con Él se restaure. El arrepentimiento también produce "celo", un deseo apasionado por justicia que hace que los pecadores ansíen ver que se haga justicia y que la maldad por sus pecados sea vengada y expiada. El deseo de los corintios de haberse mostrado "limpios en el asunto" muestra que quien está arrepentido de veras busca agresivamente la santidad.

El **bautismo** que aparece aquí no es el bautismo cristiano, que simboliza la muerte, sepultura y resurrección de Jesucristo, porque ese bautismo aún no se había instituido. Tampoco el bautismo de Juan produce perdón, porque ningún ritual puede lograr eso. Pero aunque había varias limpiezas ceremoniales en el judaísmo (cp. He. 6:2), no había bautismo de judíos. Pero aunque no había bautismos de judíos en el judaísmo, sí bautizaban gentiles convertidos al judaísmo. Por tanto, quienes eran "bautizados por él [Juan] en el Jordán, confesando sus pecados" (Mt. 3:6), estaban reconociendo públicamente que no eran mejores que los gentiles. Sus propios pecados los había separado del Dios vivo y verdadero (cp. Is. 59:2) y les impedía las bendiciones del pacto. Que el pueblo judío se colocara en el mismo nivel de los gentiles era asombroso, y demuestra el poder de la predicación de Juan.

Por desgracia, pocos de los bautizados por Juan se habían arrepentido de veras. Más tarde la nación rechazaría a Jesús cuando Él no les cumplió las expectativas de ser un Mesías político, que los liberaría de los romanos. Otros fueron superficiales desde el principio. Por eso cuando Juan,

> *al ver él que muchos de los fariseos y de los saduceos venían a su bautismo, les decía: ¡Generación de víboras! ¿Quién os enseñó a huir de la ira venidera? Haced, pues, frutos dignos de arrepentimiento, y no penséis decir dentro de vosotros mismos: A Abraham tenemos por padre; porque yo os digo que Dios puede levantar hijos a Abraham aun de estas piedras (cp. Jn. 8:37-40). Y ya también el hacha está puesta a la raíz de los árboles; por tanto, todo árbol que no da buen fruto es cortado y echado en el fuego. Yo a la verdad os bautizo en agua para arrepentimiento; pero el que viene tras mí, cuyo calzado yo no soy digno de llevar, es más poderoso que yo; él os bautizará en Espíritu Santo y fuego. Su aventador está en su mano, y limpiará su era; y recogerá su trigo en el granero, y quemará la paja en fuego que nunca se apagará (Mt. 3:7-12).*

Pero fueron salvos los pocos (Mt. 7:13-14) que reconocieron su condición pecadora y su separación de Dios, y se volvieron a Él en arrepentida fe. (Para más información sobre el arrepentimiento, véase la exposición de 3:7-17 en el cap. 18 de esta obra, y mis libros *El evangelio según Jesucristo* [El Paso, TX: Casa Bautista de Publicaciones, 1991] y *The Gospel According to the Apostles* [Nashville: Thomas Nelson, 1993, 2000]).

ESCENARIO PROFÉTICO

como está escrito en el libro de las palabras del profeta Isaías, que dice: Voz del que clama en el desierto: Preparad el camino del Señor; Enderezad sus sendas. Todo valle se rellenará, y se bajará todo monte y collado; los caminos torcidos serán enderezados, y los caminos ásperos allanados; y verá toda carne la salvación de Dios. (3:4-6)

Nada demuestra de manera más convincente el control de Dios sobre la historia que la profecía cumplida. Una de tales profecías aparece en Isaías 40:3-5, el tema de estos versículos. Esta se escribió **en el libro de las palabras del profeta Isaías** siete siglos antes del nacimiento de Juan, y tiene inmenso significado teológico e histórico. El cumplimiento que Juan hace de esta profecía también muestra la continuidad entre su ministerio y el Antiguo Testamento, algo de fundamental importancia si el pueblo judío lo habría de aceptar como un profeta de Dios.

Juan cumplió a la perfección esta profecía. Él fue la **voz... que clama en el desierto,** donde vivió la mayor parte de su vida y donde ministraba (véase el análisis anterior del escenario geográfico). En consonancia con su papel de precursor del Mesías, Juan invitó al pueblo a preparar **el camino del Señor** y a enderezar **sus sendas.** La imagen es la de un monarca del Oriente en un viaje que envía por delante de él un mensajero para asegurar que los caminos estuvieran despejados de escombros y de otros peligros. Juan describe que en el proceso **todo valle se rellenará, y se bajará todo monte y collado; los caminos torcidos serán enderezados, y los caminos ásperos allanados.**

El capítulo 40, el origen de esta profecía, es un punto crucial en el libro de Isaías. Los primeros treinta y nueve capítulos se enfocan en gran manera en los juicios venideros de Dios sobre Israel y las naciones vecinas. Las palabras iniciales del capítulo 40: "Consolaos, consolaos, pueblo mío, dice vuestro Dios", marcan un cambio dramático en tono. El mensaje de la profecía de Isaías cambia de juicio a salvación, que es el tema del resto del libro. El mismo Dios que juzgó a Israel por sus pecados un día le tendrá misericordia; el propósito definitivo de Dios para la nación no es el juicio sino la salvación del remanente creyente, basado en la gracia divina inmerecida (cp. Ro. 11:1-32). El tema del consuelo de Dios para Israel está presente en la última mitad de la profecía de Isaías (cp. 40:6-11, 28-31; 41:8-10, 13; 49:14-16; 51:1-3, 12; 52:9; 54:4-8; 57:18; 61:2; 66:12-13).

Finalmente, el consuelo de Dios para Israel culminará en el reino milenial. La historia humana concluirá cuando el Señor Jesucristo establezca su reino terrenal y reine sobre todo el mundo (Sal. 2:6; Is. 2:2; Jer. 33:15; Ez. 34:23-24; Dn. 2:44-45; Os. 3:5; Ap. 20:4-6). Políticamente, el reino milenial se caracterizará por el gobierno universal, absoluto y justo de Cristo. Físicamente, se levantará la maldición, lo que resultará en abundante provisión, salud y larga vida para todos. Espiritualmente, el conocimiento del Señor será universal (Is. 11:9), y el remanente creyente de Israel será salvo (Zac. 13:1, 8).

Las palabras de la profecía de Isaías citada aquí también sirven como analogía del arrepentimiento que Juan predicó. El desierto simboliza el corazón pecador, y el arrepentimiento implica llevar luz a la profundidad y oscuridad del corazón, representado por rellenar los valles. Humillar el orgullo humano se halla descrito en la imagen de bajar las montañas y colinas. Los aspectos torcidos, engañosos, perversos y descarriados se deben enderezar, y todos los demás lugares ásperos en el corazón, trátese de egoísmo, amor al dinero, amor al mundo, lujuria, indiferencia o incredulidad, deben ser allanados. Solo entonces los verdaderos arrepentidos verán **la salvación de Dios.**

Verdadero arrepentimiento: Autopista de Dios hacia el corazón 18

Y decía a las multitudes que salían para ser bautizadas por él: ¡Oh generación de víboras! ¿Quién os enseñó a huir de la ira venidera? Haced, pues, frutos dignos de arrepentimiento, y no comencéis a decir dentro de vosotros mismos: Tenemos a Abraham por padre; porque os digo que Dios puede levantar hijos a Abraham aun de estas piedras. Y ya también el hacha está puesta a la raíz de los árboles; por tanto, todo árbol que no da buen fruto se corta y se echa en el fuego. Y la gente le preguntaba, diciendo: Entonces, ¿qué haremos? Y respondiendo, les dijo: El que tiene dos túnicas, dé al que no tiene; y el que tiene qué comer, haga lo mismo. Vinieron también unos publicanos para ser bautizados, y le dijeron: Maestro, ¿qué haremos? Él les dijo: No exijáis más de lo que os está ordenado. También le preguntaron unos soldados, diciendo: Y nosotros, ¿qué haremos? Y les dijo: No hagáis extorsión a nadie, ni calumniéis; y contentaos con vuestro salario. Como el pueblo estaba en expectativa, preguntándose todos en sus corazones si acaso Juan sería el Cristo, respondió Juan, diciendo a todos: Yo a la verdad os bautizo en agua; pero viene uno más poderoso que yo, de quien no soy digno de desatar la correa de su calzado; él os bautizará en Espíritu Santo y fuego. Su aventador está en su mano, y limpiará su era, y recogerá el trigo en su granero, y quemará la paja en fuego que nunca se apagará. (3:7-17)

Después de establecer el escenario para el ministerio de Juan en 3:1-6 (véase la exposición de esos versículos en el capítulo anterior de esta obra), Lucas presenta una ilustración de eso en los versículos 7-17. El mensaje que Juan predicó y su diálogo con la muchedumbre, los recaudadores de impuestos y los soldados no fue algo puntual, sino algo que Juan acostumbraba a hacer. Esta breve mirada al ministerio y al mensaje de aquel a quien Jesús denominó como el hombre más grande que alguna vez había vivido hasta su época (Mt. 11:11) es de incalculable valor. La predicación directa, enérgica e inflexible de Juan es un modelo para todos los que predican las buenas nuevas de salvación en Jesucristo.

Ante todo, Juan fue un predicador del arrepentimiento, que invitaba al pueblo de Israel a volverse de sus pecados y aceptar al Mesías. El arrepentimiento está en el centro del mensaje del evangelio; la salvación se otorga solamente a aquellos que se arrepienten de su pecado y reconocen a Jesucristo como el único Salvador y Señor (Hch. 4:12). Es imposible predicar realmente las buenas nuevas del perdón y la gracia sin invitar a los pecadores a arrepentirse, y un mensaje del evangelio desprovisto de una invitación al arrepentimiento es ajeno al Nuevo Testamento (cp. 15:7, 10; 24:47; Hch. 5:31; 11:18; 17:30; 2 P. 3:9).

El mensaje de Juan se halla en agudo contraste con la "gracia barata" y la "fácil creencia" que caracteriza mucha predicación contemporánea bastante blanda. Tal predicación deficiente desnuda al evangelio de su advertencia acerca de que los pecadores han violado la ley divina y enfrentan la ira y el juicio de Dios en el infierno eterno a menos que se arrepientan. El previsible resultado de una presentación vacía y superficial del evangelio carente de un llamado bíblico al arrepentimiento es una respuesta vacía y superficial que no salva. En consecuencia, las iglesias están llenas de muchas personas que profesan conocer a Jesucristo, pero, ya que no se han arrepentido, el Señor les dice: "Nunca os conocí; apartaos de mí, hacedores de maldad" (Mt. 7:23). Aunque creen estar en el camino angosto que lleva a la vida eterna, en realidad se encuentran en el camino ancho que lleva a la destrucción eterna (vv. 13-14; cp. 25:12; Hch. 8:13, 18-23; 2 Ti. 3:5; Tit. 1:16).

Incluso la mayoría de quienes oyeron la poderosa predicación de Juan el Bautista y se sometieron a su bautismo no manifestaron verdadero arrepentimiento. Enormes multitudes (Mt. 3:5) acudían a ver a Juan y escuchaban su predicación porque ansiosamente anticipaban al Mesías. Muchos hasta se preguntaban si el mismo Juan podría ser el Mesías (véase el estudio más adelante del v. 15), una idea que Juan rápidamente rechazó (vv. 16-17). Sin embargo, cuando Jesús apareció y fue anunciado por Juan como el Mesías y "el Cordero de Dios" (Jn. 1:29), a pesar de ser bautizado por Juan, el pueblo finalmente lo rechazó.

A la luz del peligro permanente del falso arrepentimiento, es crucial poder distinguirlo del verdadero arrepentimiento. De este pasaje emergen seis características progresivas del verdadero arrepentimiento según sea necesario. Los verdaderos arrepentidos reflexionan en su pecado personal, reconocen la ira divina, rechazan los rituales religiosos, muestran transformación espiritual, renuncian al abolengo, y reciben al Mesías.

LOS VERDADEROS ARREPENTIDOS REFLEXIONAN EN SU PECADO PERSONAL

Según se indicó en el estudio de 3:4-5 en el capítulo anterior de esta obra, el ministerio de Juan como precursor del Mesías involucraba preparar los corazones de las personas para que lo recibieran. En las palabras de la profecía de Isaías, Juan era la "voz del que clama en el desierto". Su mensaje era preparar "el camino del Señor" y enderezar "sus sendas" (v. 4), invitando así al pueblo a preparar sus corazones para recibir al Mesías. La imagen de la profecía de Isaías describe la obra de preparar un sendero a través del desierto del corazón. Como se indicó en el capítulo anterior de esta obra, rellenar los valles representa llevar luz a los pecados ocultos del corazón. Allanar los montes y las colinas simboliza la humillación del orgullo pecaminoso. Enderezar los caminos significa arreglar todo lo perverso, torcido, engañoso o peligroso por medio de la confesión y el arrepentimiento. Por último, allanar los caminos ásperos se refiere a quitar todo obstáculo o impedimento, tales como egoísmo, apatía, indiferencia, lujuria o incredulidad, que podrían obstruir la entrada del Señor al corazón. El verdadero arrepentimiento implica tratar de manera total y plena con el pecado en respuesta a la obra condenatoria del Espíritu Santo.

LOS VERDADEROS ARREPENTIDOS RECONOCEN LA IRA DIVINA

Y decía a las multitudes que salían para ser bautizadas por él: ¡Oh generación de víboras! (3:7*a*)

Un motivo legítimo para el arrepentimiento es miedo a la ira de Dios. El pecado se debe tratar no solo porque crea problemas en esta vida, sino aún más debido a sus consecuencias de largo alcance y eternas. El mensaje de Juan **a las multitudes que salían para ser bautizadas por él** incluía advertencias de la ira venidera de Dios (cp. Ro. 2:5, 8; 5:9; Ef. 5:6; Col. 3:6; Ap. 6:16-17). La noción que tienen algunas personas de que el sufrimiento en este mundo es el único infierno que alguien conocerá alguna vez es algo terrible y trágicamente erróneo. La Biblia enseña de manera clara e inequívoca, en términos gráficos, la realidad del castigo eterno. Jesús, quien predicó más respecto al infierno de lo que predicó en cuanto al cielo, describió al infierno como el lugar "donde el gusano de ellos no muere, y el fuego nunca se apaga" (Mr. 9:48); "las tinieblas de afuera" (Mt. 8:12; cp. 22:13; 25:30); y "el horno de fuego" (Mt. 13:42, 50). En Lucas 13:28 advirtió a sus oyentes: "Allí [en el infierno] será el llanto y el crujir de dientes, cuando veáis a Abraham, a Isaac, a Jacob y a todos los profetas en el reino de Dios, y vosotros estéis excluidos". En el infierno, los perdidos "sufrirán pena de eterna perdición, excluidos de la presencia del Señor y de la gloria de su poder" (2 Ts. 1:9; cp. Mt. 25:41, 46). En ese horrible lugar "serán atormentados día y noche por los siglos de los siglos" (Ap. 20:10; cp. 14:10-11).

Los oyentes de Juan eran muy conscientes de la ira venidera de Dios, ya que este era un tema constante de los profetas del Antiguo Testamento. La conocida expresión "el día de Jehová" que describe al catastrófico juicio futuro de Dios sobre los malvados, se menciona explícitamente diecinueve veces en el Antiguo Testamento (Is. 2:12; 13:6, 9; Ez. 13:5; 30:3; Jl. 1:15; 2:1, 11, 31; 3:14; Am. 5:18

[dos veces], 20; Abd. 15; Sof. 1:7, 14 [dos veces]; Zac. 14:1; Mal. 4:5). Se trata del momento en que Dios derrama su ira sobre los malvados, por lo que la Biblia llama tres veces al día del Señor, el "día de venganza" (Is. 34:8; 61:2; 63:4).

Los pasajes del Antiguo Testamento que tratan con el día del Señor a menudo transmiten una sensación de inminencia, cercanía y expectación: "Aullad, porque cerca está el día de Jehová" (Is. 13:6); "Porque cerca está el día, cerca está el día de Jehová" (Ez. 30:3); "cercano está el día de Jehová" (Jl. 1:15); "tiemblen todos los moradores de la tierra, porque viene el día de Jehová, porque está cercano" (Jl. 2:1); "Muchos pueblos en el valle de la decisión; porque cercano está el día de Jehová en el valle de la decisión" (Jl. 3:14); "cercano está el día de Jehová sobre todas las naciones" (Abd. 15); "Calla en la presencia de Jehová el Señor, porque el día de Jehová está cercano" (Sof. 1:7); "el día de Jehová está cercano; porque Jehová ha preparado sacrificio" (Sof. 1:14).

Aquellos inminentes e históricos días pasados del Señor fueron simplemente un preludio para el escatológico y definitivo día del Señor, que será mayor en alcance y más terrible en su destrucción. Los pasajes en el Antiguo Testamento del día del Señor tienen a menudo un cumplimiento tanto cercano como otro lejano. Isaías 13:6 señala hacia un día histórico del Señor, mientras el versículo 9 de ese mismo capítulo tiene a la vista el día final y escatológico del Señor. Joel 1:15 y 2:1, 11 describen un día histórico del Señor; Joel 3:1-14 muestra el día escatológico del Señor. Abdías 1-14 relata el día histórico del Señor en que Edom fue juzgado; los versículos 15-21 describen el día escatológico del Señor. Sofonías 1:7-14 predice un inminente e histórico día de juicio del Señor sobre Judá, que se cumplió poco después en el cautiverio babilónico; 3:8-20 predice el día final del Señor.

La descripción decididamente no amigable y pecadora de las multitudes como una **generación de víboras** refleja la triste realidad de que hay que hacer algo más en cuanto al arrepentimiento, que luchar por evitar los fuegos de la ira divina. Guiadas por sus líderes religiosos (Mt. 3:7; cp. 12:34; 23:33), hordas de individuos llenos de arrepentimiento somero y superficial acudían a escuchar a Juan. Pero como este era muy consciente, ellos no estaban interesados en cambiar su naturaleza. Al denunciarlos como una **generación de víboras,** Juan los asemejó a Satanás, el padre de ellos (Jn. 8:44), a quien la Biblia describe como una serpiente (Gn. 3:1-5, 13-15; 2 Co. 11:3; Ap. 12:9; 20:2). El arrepentimiento superficial y las naturalezas viciosas, hostiles y venenosas de tales individuos revelaban que eran hijos del diablo.

LOS VERDADEROS ARREPENTIDOS RECHAZAN LOS RITUALES RELIGIOSOS

¿Quién os enseñó a huir de la ira venidera? (3:7*b*)

Los judíos esperaban hallarse bien delante de Dios por medio de sus logros de justicia propia. Guardar el día de reposo, celebrar las festividades anuales, ofrecer oraciones formales, dar limosnas a los pobres, y observar la ley (al menos externamente) era la esencia de su religión. Por eso era natural que vieran el bautismo de Juan solo como otro ritual que debía realizarse.

Pero ese enfoque legalista y externo constituía la antítesis de un verdadero arrepentimiento, y Juan los confrontó con valentía. Exigió saber: **¿Quién os enseñó a huir de la ira venidera?** ¿Creían ellos que podían escapar al infierno de la ira de Dios por deslizarse al interior del río Jordán como serpientes que huyen de un incendio forestal?

Dios detesta la simple religión externa, ritualista e hipócrita. En Isaías 29:13 dijo de Israel: "Porque este pueblo se acerca a mí con su boca, y con sus labios me honra, pero su corazón está lejos de mí, y su temor de mí no es más que un mandamiento de hombres que les ha sido enseñado". Más tarde, en Isaías, Dios reprendió a su pueblo porque "juran en el nombre de Jehová, y hacen memoria del Dios de Israel, mas no en verdad ni en justicia" (48:1). Jeremías se lamentó ante Dios con relación a sus compañeros judíos: "Cercano estás tú en sus bocas, pero lejos de sus corazones" (Jer. 12:2; cp. Ez. 33:31-32). En su magistral discurso sobre la salvación, conocido comúnmente como el Sermón del Monte (Mt. 5—7), el Señor Jesucristo destruyó cualquier esperanza de salvación a través de logros humanos. Atacó la religión de obras de justicia de su época, denunciando las oraciones que se hacían como nada más que vanas repeticiones, las limosnas como un desfile de orgullo farisaico, y el modo externo en que guardaban la ley mientras hacían caso omiso de las actitudes del corazón con hipocresía absoluta. En resumen, Jesús señaló la total incapacidad de todas las ceremonias y rituales humanos para obtener salvación. Después de convertirse, el celoso (Gá. 1:14) y exteriormente irreprensible fariseo Saulo de Tarso reconoció que toda su justicia propia no era más que un montón de basura (Fil. 3:4-8).

Al igual que las multitudes que acudían a oír a Juan, las iglesias de hoy día están repletas de personas que tan solo fingen. Quizás fueron bautizadas siendo bebés, van a los cultos, realizan rituales, oran, leen sus Biblias, e incluso sirven como pastores y líderes en la iglesia. Pero la penitencia superficial no librará a nadie de la ira y el juicio divino.

LOS VERDADEROS ARREPENTIDOS MUESTRAN TRANSFORMACIÓN ESPIRITUAL

Haced, pues, frutos dignos de arrepentimiento... Y ya también el hacha está puesta a la raíz de los árboles; por tanto, todo árbol que no da buen fruto se corta y se echa en el fuego. Y la gente le preguntaba, diciendo: Entonces, ¿qué haremos? Y respondiendo, les dijo: El que tiene dos túnicas, dé al que

no tiene; y el que tiene qué comer, haga lo mismo. Vinieron también unos publicanos para ser bautizados, y le dijeron: Maestro, ¿qué haremos? Él les dijo: No exijáis más de lo que os está ordenado. También le preguntaron unos soldados, diciendo: Y nosotros, ¿qué haremos? Y les dijo: No hagáis extorsión a nadie, ni calumniéis; y contentaos con vuestro salario. (3:8*a*, 9-14)

El verdadero arrepentimiento inevitablemente se manifestará en conducta y actitudes cambiadas; Juan retó **pues** a quienes acudían para ser bautizados a que hicieran los **frutos dignos** del **arrepentimiento** que profesaban. El apóstol Pablo también retó al pueblo a demostrar la realidad de su arrepentimiento. Él describió así su ministerio: "Anuncié primeramente a los que están en Damasco, y Jerusalén, y por toda la tierra de Judea, y a los gentiles, que se arrepintiesen y se convirtiesen a Dios, haciendo obras dignas de arrepentimiento" (Hch. 26:20). Puesto que la evidencia del arrepentimiento que lleva a la salvación es una vida transformada, Dios "pagará a cada uno conforme a sus obras" (Ro. 2:6). Por supuesto, eso no significa que las personas se ganarán la salvación por medio de buenas obras, sino más bien que las buenas obras son el resultado inevitable del arrepentimiento. El arrepentimiento que Dios concede (Hch. 11:18; 2 Ti. 2:25) no se lleva a cabo en un vacío, sino en el contexto de la transformación producida por la conversión y la regeneración (2 Co. 5:17). En consecuencia, los redimidos son "hechura suya [de Dios], creados en Cristo Jesús para buenas obras, las cuales Dios preparó de antemano para que anduviésemos en ellas" (Ef. 2:10).

Nada de esto era nuevo para el pueblo judío. En Isaías 1:4-5, el profeta se lamentó con relación a Israel:

> *¡Oh gente pecadora, pueblo cargado de maldad, generación de malignos, hijos depravados! Dejaron a Jehová, provocaron a ira al Santo de Israel, se volvieron atrás. ¿Por qué querréis ser castigados aún? ¿Todavía os rebelaréis? Toda cabeza está enferma, y todo corazón doliente.*

En los versículos 16 y 17, Dios ordenó al pueblo: "Lavaos y limpiaos; quitad la iniquidad de vuestras obras de delante de mis ojos; dejad de hacer lo malo; aprended a hacer el bien; buscad el juicio, restituid al agraviado, haced justicia al huérfano, amparad a la viuda". Si la presencia de esos hechos confirmaba la veracidad de su arrepentimiento, Dios prometió que "si [sus] pecados fueren como la grana, como la nieve serán emblanquecidos; si fueren rojos como el carmesí, vendrán a ser como blanca lana" (v. 18). En 2 Crónicas 7:14, Dios declaró: "Si se humillare mi pueblo, sobre el cual mi nombre es invocado, y oraren, y buscaren mi rostro, y se convirtieren de sus malos caminos; entonces yo oiré desde los cielos, y perdonaré sus pecados, y sanaré su tierra" (cp. Ez. 33:19; Jon. 3:10).

Juan continuó su exhortación al arrepentimiento con una advertencia de las graves consecuencias que llegarían por no proceder así. **Y ya también,** declaró, **el hacha está puesta a la raíz de los árboles; por tanto, todo árbol que no da buen fruto se corta y se echa en el fuego.** (Jesús usó la misma imagen gráfica para describir el juicio en Mt. 7:19). Juan advirtió que el juicio divino era inminente; el **hacha** ya estaba **puesta a la raíz de los árboles.** Y **todo árbol que no da buen fruto** será cortado **y** echado **en el fuego.** Esos árboles simbolizan a las personas cuyo arrepentimiento es manifiestamente falso, ya que no dan **buen fruto:** las actitudes y acciones que muestran justicia, amor por Dios, y obediencia a su Palabra. Ellos serán echados al **fuego,** "al fuego eterno preparado para el diablo y sus ángeles" (Mt. 25:41; cp. 18:8; Jud. 6-7).

El juicio descrito aquí es de individuos, como sugiere el singular **todo árbol.** Pero si son muchas las personas que no se arrepienten, se vuelve un asunto nacional. Eso es lo que ocurrió en Israel, cuando la gran mayoría del pueblo judío rechazó a Jesucristo. Unas décadas después, en el 70 d.C., el hacha del juicio divino cayó. Los romanos saquearon Jerusalén, quemaron el templo y asesinaron a miles de judíos, que fueron arrojados al fuego de condenación eterna. La misma hacha de juicio divino caerá sobre todos los que no se arrepienten, judíos y gentiles por igual (cp. Jl. 3:1-2, 12-14; Sof. 3:8).

El mensaje aleccionador de Juan hizo que al menos algunos en la multitud reflexionaran en sus vidas de pecado. Deseando saber qué acciones específicas se debían tomar para demostrar verdadero arrepentimiento, **la gente le preguntaba, diciendo: Entonces, ¿qué haremos?** Juan **respondiendo** les dio consejos prácticos de la vida real; se dirigió a la multitud en general, diciendo: **El que tiene dos túnicas, dé al que no tiene; y el que tiene qué comer, haga lo mismo.** Aunque al parecer trivial, el reparto de tan básicas necesidades como ropa y comida con quienes se hallan en necesidad cumple con el mandato de amar al prójimo (10:27; cp. Lv. 19:18; Ro. 13:8-10; Gá. 5:14; Stg. 2:8), que es lo segundo en importancia solo después del mandato de amar a Dios (Mt. 22:37-38).

Lucas entonces registra las preguntas de dos grupos específicos. Cuando **unos publicanos** llegaron **para ser bautizados, le dijeron: Maestro, ¿qué haremos?** Juan **les dijo: No exijáis más de lo que os está ordenado.** Los **publicanos** eran odiados, vilipendiados y despreciados porque recaudaban impuestos para los opresores romanos. Aborrecidos como traidores y ladrones, estaban separados de la vida religiosa judía y se les prohibía ser testigos en un juicio. Juan no les ordenó que renunciaran a sus trabajos, ya que no está mal que los gobiernos recauden impuestos (Mt. 22:17-21; Ro. 13:7). Sin embargo, les dijo que no exigieran **más de lo que** se les había **ordenado** recaudar. Los publicanos por lo general aumentaban sus beneficios cobrando cuotas exorbitantes más allá de lo dispuesto por Roma (cp. Lc. 19:8), y exigiendo sobornos y dádivas. Ellos podían manifestar verdadero arrepentimiento si trataban al pueblo de manera justa y honesta, y sin abusar de su autoridad. Algunos de los cobradores de impuestos tomaron en serio el mensaje de Juan y se arrepintieron (Mt. 21:31-32; Lc. 19:1-10).

Los **soldados** constituían otro grupo propenso a abusar de su autoridad para su propio beneficio. Estos **soldados** quizás estaban bajo la autoridad de Herodes Antipas o de Roma, y también pudieron haber incluido a ciertos miembros de la policía de Judea. Juan les ofreció tres maneras de manifestar verdadero arrepentimiento. Primera, ellos no debían hacer **extorsión a nadie.** El verbo traducido **extorsión** literalmente significa "sacudir con violencia". Para usar un idioma contemporáneo, los soldados no debían sacar dinero a los ciudadanos por medio de intimidación o fuerza. Tampoco debían calumniarlos ni acusarlos falsamente. No debían abusar de su autoridad para retorcer o pervertir evidencia en un intento de extorsionar dinero a personas inocentes. Finalmente, Juan instó a los soldados: **contentaos con vuestro salario,** ya que no hacerlo podría motivarlos a abusar de su poder.

Al seleccionar a publicanos y a soldados como ejemplos de quienes se arrepintieron, Juan estaba observando que, en general, el verdadero arrepentimiento produce una vida transformada que antes se caracterizaba por el pecado y que luego tendrá como referente a la virtud.

LOS VERDADEROS ARREPENTIDOS RENUNCIAN AL ABOLENGO

y no comencéis a decir dentro de vosotros mismos: Tenemos a Abraham por padre; porque os digo que Dios puede levantar hijos a Abraham aun de estas piedras. (3:8*b*)

De manera especial, los judíos basaban su esperanza de salvación en que eran descendientes de Abraham. Formaban parte del pueblo al que Dios había prometido bendecir, y eran herederos de las promesas unilaterales, irrevocables e incondicionales hechas a Abraham y David. Contaban con que eran descendientes de Abraham para obtener su entrada al reino. Algunos de ellos le dijeron con orgullo a Jesús: "Linaje de Abraham somos" (Jn. 8:33), y "Nuestro padre es Abraham" (v. 39).

Pero la salvación es individual, no colectiva. Jesús retó a aquellos que afirmaban ser hijos de Abraham: "Si fueseis hijos de Abraham, las obras de Abraham haríais" (Jn. 8:39). Pablo escribió: "No es judío el que lo es exteriormente, ni es la circuncisión la que se hace exteriormente en la carne; sino que es judío el que lo es en lo interior" (Ro. 2:28-29). Más adelante, en esa misma epístola, añadió: "No todos los que descienden de Israel son israelitas, ni por ser descendientes de Abraham, son todos hijos; sino: En Isaac te será llamada descendencia" (Ro. 9:6-7). A los Gálatas escribió: "Sabed, por tanto, que los que son de fe, éstos son hijos de Abraham... Y si vosotros sois de Cristo, ciertamente linaje de Abraham sois, y herederos según la promesa" (Gá. 3:7, 29). Ser descendiente de Abraham no es ninguna defensa contra el juicio divino, Jesús advirtió:

> *Esforzaos a entrar por la puerta angosta; porque os digo que muchos procurarán entrar, y no podrán. Después que el padre de familia se haya levantado y cerrado la puerta, y estando fuera empecéis a llamar a la puerta, diciendo: Señor, Señor, ábrenos, él respondiendo os dirá: No sé de dónde sois. Entonces comenzaréis a decir: Delante de ti hemos comido y bebido, y en nuestras plazas enseñaste. Pero os dirá: Os digo que no sé de dónde sois; apartaos de mí todos vosotros, hacedores de maldad. Allí será el llanto y el crujir de dientes, cuando veáis a Abraham, a Isaac, a Jacob y a todos los profetas en el reino de Dios, y vosotros estéis excluidos. (Lc. 13:24-28)*

Tampoco el ricachón en la historia del hombre rico y Lázaro se libró del infierno por afirmar que Abraham era su padre (Lc. 16:24-26).

De acuerdo con esa verdad bíblica, Juan advirtió a sus oyentes: **No comencéis a decir dentro de vosotros mismos: Tenemos a Abraham por padre.** A continuación les señaló: **porque os digo que Dios puede levantar hijos a Abraham aun de estas piedras.** Esta declaración mordaz fue un duro golpe para el desmesurado orgullo de los judíos. No había nada que los hiciera dignos o merecedores. Si Dios lo decidía, podía sacar hijos a Abraham de las piedras. Y separados del arrepentimiento y la salvación, de todos modos sus corazones eran corazones de piedra (Ez. 11:19; 36:26). El duro tono de Juan, una reminiscencia de su anterior denuncia de que sus compatriotas eran como víboras (v. 7), estaba justificado por la gravedad de la situación. Quienes confían en su propia herencia étnica o religiosa para la salvación están engañados y se dirigen al fuego del juicio eterno.

LOS VERDADEROS ARREPENTIDOS RECIBEN AL MESÍAS

Como el pueblo estaba en expectativa, preguntándose todos en sus corazones si acaso Juan sería el Cristo, respondió Juan, diciendo a todos: Yo a la verdad os bautizo en agua; pero viene uno más poderoso que yo, de quien no soy digno de desatar la correa de su calzado; él os bautizará en Espíritu Santo y fuego. Su aventador está en su mano, y limpiará su era, y recogerá el trigo en su granero, y quemará la paja en fuego que nunca se apagará. (3:15-17)

Este último punto va más allá de lo que acompaña la salvación hacia Aquel que puede salvar, el Mesías, el Señor Jesucristo. Las palabras de Juan atestiguan poderosamente que el que viene, el Mesías, es Dios, ya que hace cosas que solo Dios puede hacer.

Durante siglos el pueblo judío había anhelado y anticipado ansiosamente la venida del Mesías. Pero ahora **el pueblo estaba en** un estado de resaltada **expectativa** debido al ministerio de Juan. La especulación que hacían **en sus corazones** de **si acaso Juan sería el Cristo,** aunque comprensible, estaba equivocada. Es verdad que Juan era un profeta (Lc. 20:6), y el hombre más grande que había vivido hasta su época (Mt. 11:11), pero no era el Mesías (Jn. 1:6-8), ni él alguna vez afirmó serlo. Al contrario, "cuando los judíos enviaron de Jerusalén sacerdotes y levitas para que le preguntasen: ¿Tú, quién eres? Confesó, y no negó, sino confesó: Yo no soy el Cristo" (Jn. 1:19-20; cp. 3:28).

La negación de Juan: **Yo a la verdad os bautizo en agua; pero viene uno más poderoso que yo, de quien no soy digno de desatar la correa de su calzado** no solo dejaba claro que él no era el Mesías, sino también que era inferior a Él. Juan bautizaba **en** el **agua** del río Jordán como una confesión externa del arrepentimiento. Pero el Mesías, el **Uno** que **viene,** o "el que había de venir" (Lc. 7:19-20) es **más poderoso** que Juan. Tan superior es el Mesías que Juan **no** se consideraba **digno de desatar la correa de su calzado,** un oficio servil realizado por el más humilde de los esclavos (cp. Jn. 1:27). El Mesías **bautizará en Espíritu Santo y fuego.** Eso demuestra la superioridad del Mesías para Juan, porque tales acciones sobrenaturales solo Dios las puede realizar. Solo Dios es quien dispensa el **Espíritu Santo** a aquellos que se arrepienten y juicio a quienes no lo hacen.

Los judíos eran muy conscientes de que, bajo el nuevo pacto, Dios enviaría al Espíritu para morar en aquellos que se arrepienten (Ez. 36:27; 37:14). Y ningún ser humano tiene autoridad para sumergir a pecadores no arrepentidos en el **fuego** del juicio eterno. Los judíos también sabían que el Antiguo Testamento frecuentemente asocia el fuego con el juicio divino (cp. Is. 29:6; 30:33; 31:9; 66:15-16; Ez. 38:22; Sof. 1:18; 3:8). Malaquías escribió que ese Mesías vendría (3:1) trayendo juicio, lo que hizo que el profeta exclamara: "¿Y quién podrá soportar el tiempo de su venida?, ¿o quién podrá estar en pie cuando él se manifieste? Porque él es como fuego purificador, y como jabón de lavadores" (v. 2). En 4:1, Dios usó la metáfora del fuego para describir el juicio futuro: "Porque he aquí, viene el día ardiente como un horno, y todos los soberbios y todos los que hacen maldad serán estopa; aquel día que vendrá los abrasará, ha dicho Jehová de los ejércitos, y no les dejará ni raíz ni rama". El Nuevo Testamento también usa el fuego en referencia al juicio divino (Mt. 7:19; 13:40, 42, 50; 18:8; 25:41; Lc. 9:54; 12:49; 17:29; Jn. 15:6; 2 Ts. 1:7; He. 10:27; 2 P. 3:7; Jud. 7; Ap. 14:10; 19:20; 20:10, 14-15; 21:8).

El versículo 17 describe la separación que implica el juicio al usar una conocida ilustración agrícola. Después de cosechar el grano se vertía sobre un piso llano. Entonces se aventaba al aire con un **aventador,** y el viento soplaba la **paja** lejos del **trigo.** La ilustración de Juan describe al Mesías con el **aventador en su mano, y limpiará su era** hasta que no quede ningún rastro de **paja.** El juicio divino será completo, y nadie estará exento de él. Después que se consiga la separación, el Mesías **recogerá el trigo** (los arrepentidos; cp. Mt. 13:25-30) **en su granero** (el cielo); **y quemará la paja** (los que no se arrepienten; cp. Éx. 15:7; Sal. 1:4; 35:5; 83:13; Is. 17:13; 29:5; Mal. 4:1) **en** el **fuego** del infierno eterno **que nunca se apagará** (cp. Is. 66:24; Mt. 18:8; 25:41, 46; Ap. 14:10-11).

El poderoso llamado de Juan al verdadero arrepentimiento es tan relevante y necesario hoy día como lo fue cuando lo hizo por primera vez. Es deber de todo predicador veraz de la Palabra de Dios advertir a sus oyentes el peligro del arrepentimiento falso, superficial, y que no salva. El arrepentimiento cimentado en el remordimiento egoísta por las consecuencias del pecado, y no en un deseo de ser libre del pecado, no reprime el amor al pecado ni inicia una pasión por la santidad; además lleva a más pecado en un intento hipócrita de mantener la fachada de superioridad moral. Este falso arrepentimiento produce autoengaño, lleva a una fatal aparente seguridad y, en definitiva, endurece el corazón y entenebrece la conciencia.

Audacia de Juan el Bautista 19

Con estas y otras muchas exhortaciones anunciaba las buenas nuevas al pueblo. Entonces Herodes el tetrarca, siendo reprendido por Juan a causa de Herodías, mujer de Felipe su hermano, y de todas las maldades que Herodes había hecho, sobre todas ellas, añadió además esta: encerró a Juan en la cárcel. (3:18-20)

A lo largo de la historia redentora, predicadores intrépidos han pagado el precio por confrontar valientemente el pecado. No debería sorprender entonces que el Señor Jesucristo, el más grande predicador que alguna vez haya vivido (Jn. 7:46; cp. Mt. 7:28-29), fuera ejecutado por sus enemigos. De acuerdo con las tradiciones (de distintos grados de fiabilidad) transmitidas desde la iglesia primitiva, la misma suerte corrieron todos los apóstoles menos Juan, quien fue exiliado a Patmos. Pedro fue crucificado (invertido, a petición suya, porque se sintió indigno de ser crucificado como hicieran con su Señor [Eusebio, *Historia eclesiástica*, III, 1]). Según informes, su hermano Andrés también fue crucificado; atado a la cruz en lugar de ser clavado a fin de prolongarle el sufrimiento. Jacobo, el hermano de Juan, es el único apóstol cuya muerte se registra en la Biblia, y fue ejecutado por Herodes Agripa I (Hch. 12:1-2). Se dice que a Felipe lo debieron apedrear hasta matarlo en Asia Menor, pero no antes de que multitudes llegaran a la fe en Cristo a través de su predicación. Las tradiciones varían con relación a cómo murió el compañero de Felipe, Natanael (Bartolomé). Algunos afirman que lo ataron y lo lanzaron al mar, otros aseguran que fue crucificado. A Mateo lo pudieron haber quemado en la hoguera. Tomás probablemente llegó a la India, donde algunas tradiciones dicen que lo mataron con una lanza. Según el apócrifo Martirio de Jacobo, a Jacobo, el hijo de Alfeo, los judíos lo mataron a pedradas por predicar a Cristo. Simón el Zelote, de acuerdo con algunas tradiciones, predicó el evangelio en Egipto, África del Norte y Persia, donde lo martirizaron aserrándolo en dos. Otras tradiciones ubican su ministerio en Bretaña, donde finalmente lo crucificaron los romanos. Tadeo (también conocido como Judas, el hermano de Jacobo [Lc. 6:16]), según informes, llevó el mensaje del evangelio a lo que ahora se conoce como la moderna Turquía, donde fue golpeado hasta la muerte. Pablo probablemente fue decapitado en

Roma durante la persecución que Nerón hizo a la iglesia. El Nuevo Testamento también registra los martirios de los intrépidos evangelistas Esteban (Hch. 7:58-60) y Antipas, un fiel pastor de la iglesia en Esmirna (Ap. 2:13).

En la era postapostólica, fieles predicadores siguieron enfrentándose al martirio. Ignacio fue martirizado en Roma a inicios del siglo II. Con diligencia llevó a cabo su ministerio hasta el fin, y escribió una serie de cartas a varias iglesias mientras lo llevaban a Roma para ejecutarlo, exhortándolas a estar firmes en la fe. Policarpo, al enfrentar el martirio en Esmirna a mediados del siglo II, se negó a renunciar a Cristo. Replicó: "Ochenta y seis años lo he servido, y Él nunca me hizo ningún daño. ¿Cómo entonces puedo blasfemar de mi Rey y mi Salvador?". Cuando el procónsul lo amenazó con quemarlo vivo, Policarpo sin ningún temor contestó: "Me amenazas con fuego que quema durante una hora, y al poco tiempo se extingue, pero eres ignorante del fuego del juicio venidero y del castigo eterno, reservado para los impíos. Sin embargo, ¿por qué tardas? Haz lo que quieras".

Juan Crisóstomo, obispo de Constantinopla del siglo IV, fue quizás el más grande predicador de la iglesia primitiva (el apodo "Crisóstomo" significa "boca de oro"). Este fue exiliado cuando su predicación inflexible ofendió a muchos de los ricos y poderosos en Constantinopla (en especial la vana emperatriz Eudoxia). Al ya no poder predicar, Crisóstomo se dedicó a escribir. Tan poderoso y eficaz era su continuo ministerio que fue desterrado a un lugar más remoto. Al ser tratado duramente por los soldados que lo escoltaban, Crisóstomo enfermó y murió durante la travesía. El historiador Justo González describe así la escena: "Cuando él percibió que su muerte estaba cerca, pidió que lo llevaran a una pequeña iglesia a la vera del camino. Allí tomó la comunión, se despidió de quienes lo rodeaban, y predicó su más breve pero más elocuente sermón: 'En todas las cosas, gloria a Dios. Amén'" (*The Story of Christianity* [Peabody, Mass.: Prince, 1999], 1:199-200).

Dos notables precursores medievales de la Reforma fueron John Wycliffe y Jan Huss. Wycliffe (1329-1384), llamado a veces "la Estrella de la Mañana de la Reforma", fue un reformador inglés que afirmó que la Biblia era la única autoridad en asuntos de doctrina y práctica. Intentó traducirla al inglés, para que muchas personas pudieran leerla. Wycliffe enseñó que Cristo, no el papa, era la cabeza de la iglesia. Negó la doctrina católica romana de la transubstanciación y (al igual que más tarde haría Lutero) se opuso a la concesión de indulgencias (remisiones de algunos o de todos los castigos del purgatorio, a menudo vendidas en la Edad Media con la finalidad de recaudar dinero para la Iglesia Católica). Wycliffe y sus seguidores, los lolardos, ayudaron a allanar el camino para la Reforma en Inglaterra. Por su valiente oposición a la falsa enseñanza de su época, Wycliffe fue condenado y obligado a dejar su posición en Oxford.

El contemporáneo más joven de Wycliffe, el reformador checo Jan Huss

(1373-1415), pagó un precio más alto por oponerse a algunas de las falsas enseñanzas de la iglesia romana. Huss, al igual que Wycliffe, enseñó que la Biblia, no el papa, era la autoridad suprema. También rechazó las indulgencias. Cuando el papa emitió un decreto que prohibía predicar en capillas como aquella en que predicaba Huss, este hizo caso omiso y continuó predicando. Por hacer eso fue excomulgado. Huss fue llamado a comparecer ante el Concilio de Constanza (1415), y se le prometió un salvoconducto hacia el concilio y desde el concilio por parte del emperador del sagrado Imperio romano. Pero Huss fue condenado y quemado en la hoguera, a pesar de la garantía del salvoconducto del emperador.

Entre los cientos de protestantes martirizados en Inglaterra durante el reinado de María Tudor ("la sangrienta María"), estuvo el gran predicador Hugh Latimer. Cuando estaba a punto de ser quemado en la hoguera junto con su compañero reformador Nicolas Ridley, Latimer le expresó: "Sé un buen consuelo, maestro Ridley, y actúa como un hombre; iluminaremos este día como una vela por la gracia de Dios en Inglaterra que confío en que nunca se apagará".

En tiempos modernos muchos predicadores fieles de la Palabra de Dios han enfrentado persecución o martirio en lugares tales como China, Oriente Medio, partes de África e India, y en otros sitios. Sin embargo, como Pablo escribiera durante su propio encarcelamiento por la causa de Cristo, "la palabra de Dios no está presa" (2 Ti. 2:9).

El primero de muchos a través de las épocas que sería martirizado por testificar fielmente de Cristo fue su precursor, Juan el Bautista. Según los estándares humanos, la carrera de Juan no parece haber tenido mucho éxito. Su breve ministerio de más o menos un año lo pasó en el desierto de Judea, y concluyó con un largo período en prisión seguido por su decapitación.

Pero tal evaluación de la carrera de Juan es errónea. La verdad es que él fue usado eminentemente por Dios con el fin de lograr la tarea para la que nació (Lc. 1:13-17, 76); tanto es así que Jesús dijo de él: "De cierto os digo: Entre los que nacen de mujer no se ha levantado otro mayor que Juan el Bautista" (Mt. 11:11). Juan logró exactamente lo que Dios le tenía propuesto.

Después de dar ejemplos de la predicación y la interacción de Lucas con las multitudes en los versículos 7-17, Lucas concluye la historia de Juan el Bautista con este breve resumen de su ministerio. Se debe tener en cuenta que la inserción de Lucas aquí en esta sección no fue cronológica sino temática. Juan realmente no fue encarcelado sino hasta después en el ministerio de Jesús, pero Lucas hace retroceder el encarcelamiento del profeta hasta este punto para concluir el relato del ministerio de Juan y poner a Jesús en el centro del escenario. Durante el resto del Evangelio de Lucas, Juan solo aparece en referencia a Jesús.

Tres palabras, "predicación", "personalización" y "prisión", ayudan a revelar el impacto de Juan.

PREDICACIÓN

Con estas y otras muchas exhortaciones anunciaba las buenas nuevas al pueblo. (3:18)

Como se indicó en el capítulo anterior de esta obra, Juan ministró por muchos meses en el desierto de Judea cerca del río Jordán. Grandes multitudes acudían a oírlo, y existían muchos rumores de que él podría ser el tan esperado Mesías en Israel. Juan no era el Mesías, pero **anunciaba las buenas nuevas al pueblo,** invitando al arrepentimiento y bautizando a quienes se arrepentían en preparación para la venida del Mesías. Sus **exhortaciones** ponían al descubierto la maldad de los corazones de sus oyentes, condenaba la confianza que tenían en los rituales y en su herencia en Abraham para la salvación, advirtiéndoles que enfrentarían la ira y el juicio de Dios si no se arrepentían de veras y de forma evidente. Sin embargo, su mensaje no se limitaba al **pueblo** judío, como indica la condenación de Herodes, quien no era judío (véase la exposición del v. 19).

El ministerio de Juan coincidió con el de Jesús, siguiendo hasta seis meses después que lo bautizara. Pero cuando Jesús pasó al primer plano, su ministerio eclipsó al de Juan. En Juan 3:22-36, el apóstol Juan recordó el testimonio final de Juan el Bautista para Jesús, cuando el ministerio del Bautista llegaba a su fin. Los versículos 22-23 señalan que tanto Jesús (a través de sus discípulos; cp. 4:2) como Juan estaban bautizando, indicando la coincidencia ya referida en el tiempo de sus ministerios. Tanto Mateo (4:12) como Marcos (1:14) pasan directamente de la tentación de Cristo al encarcelamiento de Juan. El Evangelio de Juan complementa el relato de los evangelios sinópticos revelando lo que ocurrió entre esos dos acontecimientos.

Preocupados por el declive de la popularidad de su maestro, los discípulos de Juan "le dijeron: Rabí, mira que el que estaba contigo al otro lado del Jordán, de quien tú diste testimonio, bautiza, y todos vienen a él" (Jn. 3:26). Pese a que sus discípulos pudieron haber perdido de vista el propósito del ministerio de Juan, que era hacer que Israel viera al Mesías, Juan no lo había perdido, por tanto les recordó: "No puede el hombre recibir nada, si no le fuere dado del cielo. Vosotros mismos me sois testigos de que dije: Yo no soy el Cristo, sino que soy enviado delante de él" (vv. 27-28). Juan no veía la creciente popularidad de Jesús como una amenaza para su ministerio, sino como su cumplimiento. A fin de clarificar perfectamente este punto, Juan les dijo a sus discípulos: "Es necesario que él [Jesús] crezca, pero que yo mengüe" (v. 30). Entonces, en los versículos 31-36, Juan ofrece seis razones de por qué Jesús era superior a él.

Primera, Jesús tuvo origen celestial. Él es "el que de arriba viene, [y] es sobre todos" (v. 31; cp. 6:33, 38, 50-51, 58; 8:42; 13:3; 16:28; 17:8; 1 Co. 15:47; Ef. 4:10). Esto afirma su deidad.

Segunda, Jesús es omnisciente. Su enseñanza es superior a la de cualquier otro porque Él es la fuente de revelación divina. "Lo que vio y oyó" en el reino celestial, "esto testifica" (v. 32).

Tercera, lo que Jesús dijo siempre estuvo en total armonía con Dios el Padre, por lo que "el que recibe su testimonio, éste atestigua que Dios es veraz" (v. 33). A la inversa, rechazar a Jesús es llamar mentiroso a Dios (1 Jn. 5:10).

Cuarta, Jesús experimentó el poder del Espíritu Santo en una manera ilimitada; Dios le entregó a Jesús "el Espíritu" sin "medida" (v. 34). Eso está en contraste con todos los demás que hablaron por Dios, incluso los profetas y los escritores inspirados de la Biblia. La capacidad de estos de recibir el poder del Espíritu estaba limitada por sus naturalezas humanas pecadoras y caídas. Pero ya que en Cristo "habita corporalmente toda la plenitud de la Deidad" (Col. 2:9), no había límites en el poder del Espíritu obrando en Él.

Quinta, Jesús ha recibido toda autoridad del Padre, quien "todas las cosas ha entregado en su mano" (v. 35). Que el Padre le concediera suprema autoridad sobre todo en el cielo y la tierra (Mt. 11:27; 28:18; 1 Co. 15:27; Ef. 1:22; Fil. 2:9-11; He. 1:2; 1 P. 3:22) es un claro testimonio de la deidad del Hijo.

Por último, solo Jesús es el Salvador (Hch. 4:12), y "el que cree en el Hijo tiene vida eterna; pero el que rehúsa creer en el Hijo no verá la vida, sino que la ira de Dios está sobre él" (v. 36). Ya que en Isaías 43:11, Dios declaró: "Yo, yo Jehová, y fuera de mí no hay quien salve", decir que Jesús es el Salvador es decir que Él es Dios.

Después de dar este testimonio final del Mesías, el Señor Jesucristo, Juan desapareció de la escena. La obra del gran profeta había concluido.

PERSONALIZACIÓN

Entonces Herodes el tetrarca, siendo reprendido por Juan a causa de Herodías, mujer de Felipe su hermano, y de todas las maldades que Herodes había hecho, (3:19)

La valiente predicación de Juan no estaba dirigida únicamente a grandes audiencias, sino también a individuos específicos. Ni siquiera **Herodes** Antipas, **el tetrarca** de Galilea y Perea (véase el estudio de 3:1 en el cap. 17 de esta obra) donde Juan estaba ministrando, escapó a ser **reprendido por Juan.** Antipas era uno de los hijos de Herodes el Grande, y su largo reinado (4 a.C. al 39 d.C.) abarcó todo el ministerio de Jesucristo. Con excepción de las narraciones del nacimiento (Mt. 2:1-19; Lc. 1:5), Antipas es el Herodes que aparece en los relatos de los evangelios. Él no era judío; su padre, Herodes el Grande, era idumeo (edomita) y su madre, Maltace, era samaritana. El hecho de que descendiera de los despreciados edomitas y samaritanos hizo que Antipas no quisiera a sus súbditos judíos. Tampoco lo mostraron sus acciones como gobernante, en particular la construcción de Tiberias, su ciudad capital, en el lugar donde había un cementerio judío. Puesto que ellos consideraban que el sitio estaba profanado, Antipas tuvo dificultades en persuadir que algunos judíos se asentaran allí.

Pese a que algunos pudieron haber dudado en reprender a un gobernante del rango de Herodes, Juan no se disuadió. La palabra traducida **reprendido** es un participio pasivo presente, que indica acción continua. Juan retó continuamente al carácter moral de este gobernante **a causa de todas las maldades que Herodes había hecho.**

De todos los pecados de Herodes, uno flagrante resaltaba públicamente: su ilícito matrimonio con **Herodías, mujer de Felipe su hermano.** La sórdida historia de ellos era nada menos que una telenovela del siglo I. Los problemas maritales no eran nada nuevo entre los Herodes; el padre de Antipas, Herodes el Grande, por ejemplo, había tenido diez esposas. Antipas se había casado con la hija de Aretas, el rey de Nabatea, una región ubicada exactamente al sur de Perea. Mientras se hallaba en un viaje a Roma, Antipas visitó a su medio hermano Felipe (no el Felipe el tetrarca que menciona 3:1). Durante su estadía con él, Antipas se enamoró de Herodías, la esposa de Felipe (que también era sobrina de Antipas, e hija de otro de sus medio hermanos). La ambiciosa Herodías estaba ansiosa por ser la esposa de un tetrarca (su esposo Felipe era un ciudadano sin ningún cargo público) y estuvo de acuerdo en casarse con Antipas con la condición de que él se divorciara de la hija de Aretas. Aretas se indignó por este insulto, y su ardiente resentimiento condujo más adelante a la guerra entre él y Antipas. Antipas fue derrotado por Aretas y se salvó del desastre únicamente por la intervención romana.

Herodías, en última instancia, llegó a ser la caída de Herodes. Después que el emperador Calígula otorgara a Agripa I (Hch. 12:1), hermano de Herodías, el título de rey, ella exigió que Herodes fuera a Roma y obtuviera el mismo título. (Las referencias del Evangelio a él como rey [Mt. 14:9; Mr. 6:14, 22] reflejan el popular uso informal del término). Pero antes de que Herodes y Herodías llegaran a Roma, un mensajero de Agripa acusó a Herodes de fechorías. En consecuencia, Calígula depuso a Herodes quien, acompañado de Herodías, fue desterrado de forma permanente a una ciudad en lo que ahora es Francia.

Antipas y Herodías son reminiscencia de otra desventurada pareja, Acab y Jezabel. D. A. Carson escribe: "Al igual que Acab, Antipas era malvado pero débil; y Herodías, al igual que Jezabel, era malvada y despiadada" (*Matthew*, en Frank E. Gaebelein, ed., The Expositor's Bible Commentary [Grand Rapids: Zondervan, 1984], 8:338). La debilidad de Antipas junto con la crueldad de Herodías aseguró que finalmente los pecados de ambos solo les trajeran desastrosas consecuencias.

PRISIÓN

sobre todas ellas, añadió además esta: encerró a Juan en la cárcel. (3:20)

El matrimonio de Antipas con Herodías fue inapropiado en varios aspectos. Primero, se divorciaron de sus cónyuges para casarse entre ellos. Segundo, su relación también fue incestuosa, ya que ella era sobrina de él. Por último, el matrimonio de Antipas con Herodías fue una flagrante violación de la ley mosaica, que explícitamente prohibía a un hombre casarse con la esposa de su hermano (Lv. 20:21). La única excepción era para producir descendencia a su hermano muerto (matrimonio levirato). Pero Felipe ya tenía descendencia (Salomé; véase el estudio más adelante). Además, él aún estaba vivo.

Aunque Juan invitaba a Herodes a arrepentirse preocupado por su alma, su intransigente reproche por el matrimonio ilícito de la pareja fue políticamente explosivo. Como se indicó antes, Aretas ya estaba furioso porque Antipas se hubiera divorciado de su hija para casase con Herodías. Ahora el muy popular Juan el Bautista estaba denunciando el pecado de Herodes. Pasando a acallar al atrevido predicador, Herodes **añadió** a su ya larga lista de maldades la más pública de todas: **encerró a Juan en la cárcel.**

Lucas termina allí la historia de Juan, pero Mateo y Marcos registran el último episodio triste de la vida del precursor. Herodes quería ejecutar a Juan, pero temía la reacción del pueblo (Mt. 14:5), por tanto lo mantuvo en la cárcel. Pero el simple encarcelamiento no era suficiente para la vengativa Herodías, quien "acechaba [a Juan], y deseaba matarle, y no podía" (Mr. 6:19). Finalmente ella encontró una manera de manipular a su esposo y conseguir lo que quería. En una celebración de gala del cumpleaños de Antipas, la hija de Herodías de su matrimonio con Felipe (Josefo dice que se llamaba Salomé) realizó una danza lujuriosa e inmoral delante de Herodes y sus invitados. Seducido por la actuación de la joven, con deseos de jugar al gobernante magnánimo ante sus invitados, y tal vez más que un poco borracho, Herodes "le prometió con juramento darle todo lo que pidiese" (Mt. 14:7). Impulsada por su malévola madre, la muchacha respondió: "Dame aquí en un plato la cabeza de Juan el Bautista" (v. 8). Afligido por el resultado de su tonta promesa, pero demasiado orgulloso para incumplirla, Herodes ordenó a regañadientes la decapitación de Juan (Mt. 14:10).

Al final, matar a Juan no resultó beneficioso para Herodes y Herodías. Como ya se indicó, ellos finalmente perdieron todo y los enviaron al exilio. Además, a Herodes lo atormentaba la culpa por lo que había hecho. Por eso cuando le llegaron los informes del ministerio de Jesús, Herodes exclamó: "Este es Juan el Bautista; ha resucitado de los muertos, y por eso actúan en él estos poderes" (Mt. 14:2). Herodes añadiría a su culpa representando un papel en el juicio de Jesús (Lc. 23:7-12).

La humilde aceptación de Juan de su papel subordinado es un ejemplo de humildad para todos los predicadores (y todos los creyentes). De manera agresiva y audaz, Juan habló la verdad, realizando así fielmente su ministerio. Con valentía llamó al arrepentimiento sin importar lo que costara. En una era de predicación caprichosa (2 Ti. 4:3) y de predicadores con ambiciones personales (Fil. 1:17, NVI), la iglesia necesita desesperadamente más predicadores valientes pero humildes como el Bautista.

Confirmación divina del Mesías

20

Aconteció que cuando todo el pueblo se bautizaba, también Jesús fue bautizado; y orando, el cielo se abrió, y descendió el Espíritu Santo sobre él en forma corporal, como paloma, y vino una voz del cielo que decía: Tú eres mi Hijo amado; en ti tengo complacencia. (3:21-22)

El tema central tanto de la profecía del Antiguo Testamento como de la predicación del Nuevo Testamento es el Señor Jesucristo. La Biblia, en particular los evangelios, está llena del testimonio de Él (Lc. 24:44; Jn. 5:39; Ap. 19:10). Después de la conversación de la mujer samaritana con Jesús en que Él se reveló como el Mesías (Jn. 4:26), ella regresó a su aldea "y dijo a los hombres: Venid, ved a un hombre que me ha dicho todo cuanto he hecho. ¿No será éste el Cristo?" (vv. 28-29). Como resultado, "muchos de los samaritanos de aquella ciudad creyeron en él por la palabra de la mujer, que daba testimonio diciendo: Me dijo todo lo que he hecho" (v. 39). El conocimiento sobrenatural de Jesús respecto a Natanael llevó a este a testificar: "Rabí, tú eres el Hijo de Dios; tú eres el Rey de Israel" (Jn. 1:49).

No solo el conocimiento omnisciente de Jesús, sino también sus milagrosas obras atestiguaron de Él. En Juan 5:36, Jesús dijo a sus oponentes: "Las obras que el Padre me dio para que cumpliese, las mismas obras que yo hago, dan testimonio de mí, que el Padre me ha enviado" (cp. 10:25).

Como corresponde a los elegidos para ser testigos de Él (Hch. 1:8), los apóstoles atestiguaron continuamente acerca de Jesucristo. En respuesta a la pregunta del Señor, "¿quién decís que soy yo?" (Mt. 16:15), Pedro contestó: "Tú eres el Cristo, el Hijo del Dios viviente" (v. 16). El apóstol Juan registró en dos ocasiones su testimonio de Jesús: "Y el que lo vio da testimonio, y su testimonio es verdadero; y él sabe que dice verdad, para que vosotros también creáis" (Jn. 19:35); "Este es el discípulo que da testimonio de estas cosas, y escribió estas cosas; y sabemos que su testimonio es verdadero" (Jn. 21:24; cp. 1 Jn. 1:2; 4:14; Ap. 1:1-2, 9). Jesús dijo a los apóstoles: "Y vosotros daréis testimonio también, porque habéis estado conmigo desde el principio" (Jn. 15:27), y el libro de

Hechos registra que ellos hicieron exactamente eso (Hch. 4:33; 10:42; 18:5; 20:21).

Según se ha señalado en capítulos anteriores de esta obra, la misión de Juan el Bautista, el precursor del Mesías, fue dar testimonio de Jesús. Juan "vino por testimonio, para que diese testimonio de la luz" (Jn. 1:7; cp. v. 8); "Juan dio testimonio de él, y clamó diciendo: Este es de quien yo decía: El que viene después de mí, es antes de mí; porque era primero que yo" (v. 15); "He aquí el Cordero de Dios, que quita el pecado del mundo... Y yo le vi, y he dado testimonio de que éste es el Hijo de Dios" (vv. 29, 34). Tanto los discípulos de Juan (Jn. 3:26) como los de Jesús (Jn. 5:33) se refirieron al testimonio que Juan dio de Jesús.

Ángeles santos dan testimonio de la deidad de nuestro Señor (1:35; cp. Mt. 1:23). Hasta demonios dan testimonio del Señor Jesús como Dios: "Sé quién eres, el Santo de Dios", dijo el demonio en la sinagoga en Capernaúm (Mr. 1:24; cp. v. 34).

Pasando a la Trinidad, el Espíritu Santo ha testificado de Jesús. Cristo dijo a sus discípulos: "Cuando venga el Consolador, a quien yo os enviaré del Padre, el Espíritu de verdad, el cual procede del Padre, él dará testimonio acerca de mí" (Jn. 15:26). En Juan 16:13-14, Él agregó:

> *Cuando venga el Espíritu de verdad, él os guiará a toda la verdad; porque no hablará por su propia cuenta, sino que hablará todo lo que oyere, y os hará saber las cosas que habrán de venir. Él me glorificará; porque tomará de lo mío, y os lo hará saber.*

Pedro y los apóstoles declararon ante el concilio: "A éste [Cristo], Dios ha exaltado con su diestra por Príncipe y Salvador, para dar a Israel arrepentimiento y perdón de pecados. Y nosotros somos testigos suyos de estas cosas, y también el Espíritu Santo, el cual ha dado Dios a los que le obedecen" (Hch. 5:31-32). Al hablar del testimonio de Jesús que da el Espíritu Santo, el apóstol Juan escribió:

> *Este es Jesucristo, que vino mediante agua y sangre; no mediante agua solamente, sino mediante agua y sangre. Y el Espíritu es el que da testimonio; porque el Espíritu es la verdad. Porque tres son los que dan testimonio en el cielo: el Padre, el Verbo y el Espíritu Santo; y estos tres son uno. Y tres son los que dan testimonio en la tierra: el Espíritu, el agua y la sangre; y estos tres concuerdan (1 Jn. 5:6-8).*

Pero de todos los testigos históricos de Jesucristo en el Nuevo Testamento, el más importante fue Dios el Padre. En Juan 5:37, Jesús manifestó a los dirigentes judíos: "El Padre que me envió ha dado testimonio de mí", y en 8:18, Él añadió: "El Padre que me envió da testimonio de mí". Con relación al testimonio que el Padre da del Hijo, el apóstol Juan escribió:

> *Este es el testimonio con que Dios ha testificado acerca de su Hijo. El que cree en el Hijo de Dios, tiene el testimonio en sí mismo; el que no cree a Dios, le ha hecho mentiroso, porque no ha creído en el testimonio que Dios ha dado acerca de su Hijo. Y este es el testimonio: que Dios nos ha dado vida eterna; y esta vida está en su Hijo (1 Jn. 5:9b-11).*

En la transfiguración, los aterrados discípulos oyeron la "voz [del Padre] desde la nube, que decía: Este es mi Hijo amado, en quien tengo complacencia; a él oíd" (Mt. 17:5).

El Padre también testificó de manera audible en cuanto a Jesús en su bautismo. Ese testimonio, registrado en el versículo 22, es el punto principal de este poderoso y majestuoso pasaje. Aunque breve, abre un amplio panorama de verdad, mientras deja ver la confirmación que el Espíritu y el Padre hacen de Jesús como Mesías y Salvador.

Estos versículos también marcan la transición final de la historia de Juan el Bautista hacia Jesús. Todo hasta este punto ha sentado las bases para el ministerio de Jesucristo. Tal ministerio, iniciado aquí en su bautismo, será el tema y el enfoque del resto del Evangelio de Lucas.

Este pasaje también es uno de los textos trinitarios más importantes en el Nuevo Testamento: mientras el Padre habla, el Espíritu Santo desciende, y Jesús es bautizado. Que todo aparezca simultáneamente refuta la herejía conocida como modalismo (o monarquianismo modalístico. Al modalismo también se le conoce como sabelianismo por Sabelio, su más destacado defensor en la iglesia primitiva). En tiempos modernos, se trata de la enseñanza de los grupos llamados "unitarios", el más grande de los cuales es la Iglesia Pentecostal Unida Internacional. El modalismo niega la enseñanza bíblica de que Dios existe eternamente en tres personas. Lo ve como una sola persona, el Padre, que también se manifiesta en varias ocasiones como el Espíritu Santo, y en otras ocasiones como el Hijo. Ese punto de vista es insostenible a la luz de este y de otros pasajes donde los miembros de la Trinidad se distinguen claramente entre sí (p. ej., Mt. 10:32-33; 11:25-27; 17:1-5; 26:39, 42; 28:19; Lc. 23:46; Jn. 5:17-26; 11:41; 12:28; 16:28; 17:1-26; 20:17; Hch. 7:55-56; Col. 3:1; He. 1:3; 8:1; 10:12; 12:2; 1 P. 3:22; 2 P. 1:17; 1 Jn. 2:1).

Este texto se puede abordar mirándolo en relación con cada una de las personas de la Deidad: el bautismo del Hijo, la unción del Espíritu, y el testimonio del Padre.

EL BAUTISMO DEL HIJO

Aconteció que cuando todo el pueblo se bautizaba, también Jesús fue bautizado; y orando, el cielo se abrió, (3:21)

El bautismo de Jesús no fue, como algunos imaginan, un asunto privado; **cuando todo el pueblo se bautizaba, también Jesús fue bautizado.** Sus treinta años en el anonimato habían acabado, y había llegado el momento de que iniciara públicamente su ministerio. **Todo** no se refiere a la nación entera de Israel, o ni siquiera a todos los que acudieron a escuchar a Juan. No todos los que habían oído el mensaje de Juan se arrepentían; en 7:30, Lucas indica que "los fariseos y los intérpretes de la ley desecharon los designios de Dios respecto de sí mismos, no siendo bautizados por Juan". Sin embargo, todos los que respondieron a la predicación de Juan fueron bautizados.

En el apogeo del ministerio de Juan, Jesús vino junto con las multitudes para ser bautizado. No hubo nada que lo distinguiera; no había hecho milagros, no tenía halo alrededor de la cabeza, su gloria divina estaba velada, y no usaba ropa mesiánica especial. Ni siquiera Juan lo reconoció al principio (Jn. 1:31); a pesar de que eran parientes, habían vivido en regiones diferentes: Juan en el desierto de Judea (Lc. 1:80) y Jesús en Galilea. No hay indicios en la Biblia de que alguna vez ellos se hubieran visto antes de este incidente, que en realidad habría sido su único encuentro. El ministerio de Juan continuaría solo por otros seis meses antes de su encarcelamiento y ejecución (véase el estudio en el cap. 19 de esta obra).

El relato de Mateo cuenta que Juan estuvo muy renuente de bautizar a Jesús (el verbo traducido "oponía" en Mt. 3:14 es un verbo intenso y compuesto, y el tiempo imperfecto sugiere un diálogo entre Juan y Jesús), y exclamó: "Yo necesito ser bautizado por ti, ¿y tú vienes a mí?" (Mt. 3:14). El bautismo de Juan implicaba una confesión pública de pecado y arrepentimiento (véase la exposición de 3:3 en el cap. 17 de esta obra). Juan no estaba dispuesto a bautizar a Jesús porque sabía que Él era el santo Hijo de Dios y, por tanto, no debía experimentar el bautismo de arrepentimiento de Juan. A Juan le pudo haber preocupado que las personas llegaran a una equivocada conclusión acerca de Jesús, y supusieran que Él se estaba reconociendo como pecador. La actitud defensiva de Juan era infundada, como pronto se evidenciaría.

Jesús tenía un propósito específico en ser bautizado. No fue, como afirma el apócrifo Evangelio a los Hebreos, para complacer a su madre y a sus hermanos. Menos aún fue para que el "espíritu de Cristo" pudiera morar en el puramente humano Jesús, como enseñan falsamente los gnósticos. Tampoco fue para afirmar el ministerio de Juan, o para proceder como si Él fuera pecador a fin de anticipar su obra de llevar el pecado en la cruz. Jesús declaró claramente su propósito de ser bautizado cuando le manifestó a Juan: "Deja ahora, porque así conviene que cumplamos toda justicia" (Mt. 3:15).

Según Juan 1:33, Dios ordenó a Juan el Bautista que bautizara. Por tanto, Dios quería que las personas se bautizaran, y correspondía que los justos lo hicieran. Además, todo aquello que Dios requería que los justos hicieran, Jesús lo hizo, incluso cosas que personalmente Él no necesitaba hacer. Por ejemplo, Jesús participaba fielmente en la celebración de la Pascua, que representa la liberación que Dios hace del pecado en su pueblo. Pero Jesús no tenía pecado del cual ser liberado. Mateo 17:24-27 proporciona otra ilustración:

> *Cuando llegaron a Capernaum, vinieron a Pedro los que cobraban las dos dracmas, y le dijeron: ¿Vuestro Maestro no paga las dos dracmas? Él dijo: Sí. Y al entrar él en casa, Jesús le habló primero, diciendo: ¿Qué te parece, Simón? Los reyes de la tierra, ¿de quiénes cobran los tributos o los impuestos? ¿De sus hijos, o de los extraños? Pedro le respondió: De los extraños. Jesús le dijo: Luego los hijos están exentos. Sin embargo, para no ofenderles, ve al mar, y echa el anzuelo, y el primer pez que saques, tómalo, y al abrirle la boca, hallarás un estatero; tómalo, y dáselo por mí y por ti.*

Como Hijo de Dios, Jesús estaba exento de pagar el impuesto del templo. Pero para hacer lo que las personas justas hacen, lo pagó de todos modos.

La vida perfectamente justa de Jesús no fue tan solo una demostración de su deidad, sino que también fue algo totalmente esencial para nuestra salvación. En 2 Corintios 5:21, el apóstol Pablo explica: "Al que no conoció pecado [el Hijo], por nosotros [el Padre] lo hizo pecado, para que nosotros fuésemos hechos justicia de Dios en él". Dios imputó a Jesús en la cruz los pecados de todos los que creerían en Él, y a ellos les imputó la perfecta justicia de Jesús. En otras palabras, Dios trató a Jesús como si hubiera llevado las vidas pecadoras de ellos, y a ellos los trató como si hubieran llevado la vida perfecta e intachable de Él. Es obvio que si Él simplemente hubiera bajado del cielo, hubiera sido crucificado, y hubiera resucitado tres días después, no habría habido vida justa para imputar a los creyentes. Se debió a que Él vivió tal vida que Pablo pudo hablar de "ser hallado en él, no teniendo mi propia justicia, que es por la ley, sino la que es por la fe de Cristo, la justicia que es de Dios por la fe" (Fil. 3:9).

Aunque los tres evangelios sinópticos registran el bautismo de Jesús, y Juan se refiere al mismo, únicamente Lucas observa que Jesús estaba **orando.** Durante su bautismo, así como ocurrió a lo largo de su vida, Jesús estaba en comunión ininterrumpida con el Padre, excepto por ese momento en la cruz en que gritó: "Dios mío, Dios mío, ¿por qué me has desamparado?" (Mt. 27:46). De principio a fin el ministerio terrenal de Jesús se caracterizó por frecuentes períodos de oración. Él oró en su bautismo (Lc. 3:21), durante su primer viaje de predicación (Mr. 1:35; Lc. 5:16), antes de elegir a los doce apóstoles (Lc. 6:12-13), antes de alimentar a los cinco mil (Mt. 14:19), después de alimentar a los cinco mil (Mt. 14:23), antes de alimentar a los cuatro mil (Mt. 15:36), antes de la confesión de Pedro de que Jesús era el Cristo (Lc. 9:18), en la transfiguración (Lc. 9:28-29), por algunos niños que le llevaron (Mt. 19:13), después del regreso de los setenta (Lc. 10:21), antes de enseñar el Padrenuestro (Lc. 11:1), antes de resucitar de los muertos a Lázaro (Jn. 11:41-42), cuando enfrentó la realidad de la cruz (Jn. 12:28), en la Última Cena (Mt. 26:26-27), por Pedro (Lc. 22:31-32), en Getsemaní (Mt. 26:36-44), desde la cruz (Mt. 27:46; Lc. 23:34, 46), con los discípulos que encontró en el camino a Emaús (Lc. 24:30), en la ascensión (Lc. 24:50-51) y, soberanamente, en su oración sacerdotal en Juan 17.

Hasta este punto, en el bautismo de Jesús había sucedido lo mismo que con todos los demás. Pero lo que ocurrió a continuación fue totalmente trascendental y diferente a cualquier cosa que alguien allí ese día hubiera visto antes. Mientras Jesús subía del agua, todavía orando, **el cielo se abrió.** Cada vez que esto sucede en la Biblia, Dios se manifiesta de alguna manera o habla, o ambas cosas. En Ezequiel 1:1, "los cielos se abrieron, y vi [Ezequiel] visiones de Dios". Esteban "puestos los ojos en el cielo, vio la gloria de Dios, y a Jesús que estaba a la diestra de Dios" (Hch. 7:55), y gritó: "He aquí, veo los cielos abiertos, y al Hijo del Hombre que está a la diestra de Dios" (v. 56). En Apocalipsis 19:11, el apóstol Juan vio "el cielo abierto; y he aquí un caballo blanco, y el que lo montaba se llamaba Fiel y Verdadero, y con justicia juzga y pelea". En el bautismo de Cristo, así como en la transfiguración y en Juan 12:28, Dios habló desde el cielo. Pero antes de que lo hiciera, otro dramático acontecimiento ocurrió.

LA UNCIÓN DEL ESPÍRITU

y descendió el Espíritu Santo sobre él en forma corporal, como paloma, (3:22*a*)

El hecho de que **el Espíritu Santo** descendiera y permaneciera (Jn. 1:32-33) **sobre** Jesús no implica que hasta este momento Él no tuviera el Espíritu Santo. Los miembros de la Trinidad han estado eternamente en comunión mutua y sin ninguna brecha en su unidad esencial. Jesús y el Espíritu Santo siempre han estado en perfecta comunión, a tal punto que Romanos 8:9 llama al Espíritu Santo el Espíritu de Cristo (cp. Hch. 16:7; Gá. 4:6; Fil. 1:19; 1 P. 1:11). El descenso del Espíritu fue tan solo un hecho simbólico, que indica públicamente la atribución de poder para la vida y el ministerio de Jesús.

Una manera de entender esta atribución de poder es considerar que el Hijo "se despojó a sí mismo" (Fil. 2:7) de la prerrogativa personal en el uso de sus atributos divinos, y se permitió a sí mismo ser sometido a la voluntad del Padre y al poder del Espíritu. En realidad, el Espíritu medió entre la naturaleza divina y la naturaleza humana del Señor.

A partir de la milagrosa concepción de Jesús (Lc. 1:35; cp. Mt. 1:18, 20), el Espíritu estuvo implicado en todos los aspectos de la vida de Cristo (cp. 4:1, 14; 10:21; Mt. 4:1; 12:28; Hch. 10:38; He. 9:14). El Antiguo Testamento registra muchos casos de la venida del Espíritu sobre individuos con el fin de ungirlos para un servicio especial, como es el caso de Moisés (Nm. 11:17), Josué (Nm. 27:18), los setenta ancianos de Israel (Nm. 11:25), Gedeón (Jue. 6:34), Jefté (Jue. 11:29), Sansón (Jue. 13:25), Saúl (1 S. 10:1, 6), David (1 S. 16:13), Elías (1 R. 18:12; 2 R. 2:16), Azarías (2 Cr. 15:1), Zacarías (2 Cr. 24:20), Ezequiel (Ez. 2:1-2), y Miqueas (Mi. 3:8). Sin embargo, todos esos hombres estaban limitados en su capacidad de recibir el poder del Espíritu debido a sus naturalezas pecaminosas y caídas. Pero puesto que Jesús era Dios encarnado, Dios le otorgó el Espíritu sin medida (Jn. 3:34).

El Antiguo Testamento también enseñó que Dios concedería el Espíritu al Mesías. Isaías 11:1-2 predijo: "Reposará sobre él el Espíritu de Jehová". En Isaías 42:1, Dios dijo del Mesías: "He aquí mi siervo, yo le sostendré; mi escogido, en quien mi alma tiene contentamiento; he puesto sobre él mi Espíritu", mientras que en Isaías 61:1-2 el Mesías afirma:

> *El Espíritu de Jehová el Señor está sobre mí, porque me ungió Jehová; me ha enviado a predicar buenas nuevas a los abatidos, a vendar a los quebrantados de corazón, a publicar libertad a los cautivos, y a los presos apertura de la cárcel; a proclamar el año de la buena voluntad de Jehová, y el día de venganza del Dios nuestro; a consolar a todos los enlutados.*

A lo largo de toda la vida de Cristo, incluso su crecimiento (Lc. 2:52), su obediencia sin pecado, su triunfo sobre la tentación, su predicación, sus sanidades, su expulsión de demonios, su muerte (cp. He. 9:14) y su resurrección (cp. Ro. 1:4), su deidad fue mediada hacia su humanidad por medio del Espíritu Santo. El poder del Espíritu era esencial, ya que en su deidad Cristo no habría realizado los hechos milagrosos que hizo, ni hubiera dicho las palabras divinas que expresó. La razón para eso se halla en Filipenses 2:6-7, que afirma: "El cual [Cristo], siendo en forma de Dios, no estimó el ser igual a Dios como cosa a que aferrarse, sino que se despojó a sí mismo, tomando forma de siervo, hecho semejante a los hombres". Jesús voluntariamente rindió el uso independiente de su divino poder, y se sometió por completo a la voluntad del Padre. Y pese a que su naturaleza humana era perfecta e impecable, sin embargo no tenía poder sobrenatural. Así que Cristo realizó sus obras milagrosas por medio del poder del Espíritu, a tal punto que atribuir sus obras a Satanás es blasfemia al Espíritu Santo (Mt. 12:31-32). Se debe destacar que eso de ninguna manera limita la plena deidad de Cristo y la igualdad con el Padre (cp. Col. 2:9). Pero en la maravilla y el misterio de la encarnación, el Hijo dejó a un lado el uso independiente de sus atributos divinos.

Que **el Espíritu Santo** descendiera **sobre** Jesús **en forma corporal, como paloma,** no significa, como se supone comúnmente, que el Espíritu haya aparecido en la forma física de una paloma. La frase no describe una manifestación visible de la presencia del Espíritu en forma de ave, sino más bien tal manifestación visible a manera de movimiento mientras descendía sobre Jesús. "Lo visible no fue una paloma, sino que más bien lo que se vio se compara a una paloma... La forma del descenso del Espíritu fue como la manera en que una paloma flota con gracia en el aire" (Darrell L. Bock, *Luke 1:1-9:50,* Baker Exegetical Commentary on the New Testament [Grand Rapids: Baker, 1994], p. 338). La visible realidad de la presencia del Espíritu indica la aprobación y participación del Padre en el ministerio del Hijo.

EL TESTIMONIO DEL PADRE

y vino una voz del cielo que decía: Tú eres mi Hijo amado; en ti tengo complacencia. (3:22*b*)

Gramaticalmente, esta es la cláusula principal del pasaje, y las anteriores están subordinadas a ella. El testimonio que el Padre da del Hijo es el punto principal del pasaje. La **voz** audible **del cielo** que venía del Padre expresó la aprobación de su **Hijo amado, en** quien continuamente tenía **complacencia.** La expresión de aprobación del Padre protege a Jesús de cualquier malentendido en cuanto a por qué fue bautizado (véase el análisis anterior en este capítulo). Si Jesús hubiera tenido pecado no habría obtenido la aprobación de Dios, ya que "muy limpio eres de ojos para ver el mal, ni puedes ver el agravio" (Hab. 1:13).

Igual que hizo aquí, el Padre volvió a declarar de manera audible su aprobación de la santa perfección de Jesús en la transfiguración (Mt. 17:1-5). Su referencia a Jesús como su Hijo afirma que Jesús es de la misma esencia que Él mismo, y de ahí que sea totalmente Dios (véase el estudio de 2:49 en el cap. 16 de esta obra). También es el cumplimiento de Salmos 2:7, donde Dios dice al Mesías: "Mi hijo eres tú; Yo te engendré hoy".

Hacer que el Espíritu descendiera sobre Jesús y que el Padre expresara amor y aprobación por Él fue la manera más propicia de que Jesús iniciara su ministerio público. La confirmación pública debió haber sido más que suficiente para imponer la creencia en Jesús como el Mesías. Sin embargo, es triste que ese no haya sido el caso. A pesar de tan evidente testimonio y de todas las poderosas palabras y obras que siguieron, la mayor parte de quienes estaban allí ese día, junto con la mayoría del pueblo judío, finalmente rechazaron a Jesús y exigieron que fuera crucificado. Pero la vida sin pecado y la muerte expiatoria del Hijo de Dios trajeron salvación "a todos los que le recibieron, a los que creen en su nombre" (Jn. 1:12).

Linaje real del Mesías

21

Jesús mismo al comenzar su ministerio era como de treinta años, hijo, según se creía, de José, hijo de Elí, hijo de Matat, hijo de Leví, hijo de Melqui, hijo de Jana, hijo de José, hijo de Matatías, hijo de Amós, hijo de Nahum, hijo de Esli, hijo de Nagai, hijo de Maat, hijo de Matatías, hijo de Semei, hijo de José, hijo de Judá, hijo de Joana, hijo de Resa, hijo de Zorobabel, hijo de Salatiel, hijo de Neri, hijo de Melqui, hijo de Adi, hijo de Cosam, hijo de Elmodam, hijo de Er, hijo de Josué, hijo de Eliezer, hijo de Jorim, hijo de Matat, hijo de Leví, hijo de Simeón, hijo de Judá, hijo de José, hijo de Jonán, hijo de Eliaquim, hijo de Melea, hijo de Mainán, hijo de Matata, hijo de Natán, hijo de David, hijo de Isaí, hijo de Obed, hijo de Booz, hijo de Salmón, hijo de Naasón, hijo de Aminadab, hijo de Aram, hijo de Esrom, hijo de Fares, hijo de Judá, hijo de Jacob, hijo de Isaac, hijo de Abraham, hijo de Taré, hijo de Nacor, hijo de Serug, hijo de Ragau, hijo de Peleg, hijo de Heber, hijo de Sala, hijo de Cainán, hijo de Arfaxad, hijo de Sem, hijo de Noé, hijo de Lamec, hijo de Matusalén, hijo de Enoc, hijo de Jared, hijo de Mahalaleel, hijo de Cainán, hijo de Enós, hijo de Set, hijo de Adán, hijo de Dios. (3:23-38)

Hoy día hay un creciente interés en la genealogía, cuando las personas tratan de averiguar su ascendencia y descubrir a los famosos y a los infames en sus árboles genealógicos. Esto para la mayoría es simplemente recreativo, un pasatiempo motivado por una mera curiosidad. Sin embargo, algunos lo hacen por un deseo de traer significado a sus vidas inconexas y levantar su sentido de autoestima. Les hace sentir mejor consigo mismos saber que aunque no son importantes, están relacionados con alguien que lo fue.

Para buscar a sus antepasados, la gente estudia datos de censos, obituarios y otros registros históricos. Algunos incluso viajan a las ciudades o naciones de sus antepasados para investigar, haciendo de la genealogía un pasatiempo costoso para ellos. Otros, como los mormones, tienen motivos religiosos para rastrear sus genealogías, y gastan enormes cantidades de dinero y tiempo en la investigación de sus antepasados a fin de poderlos bautizar, representándolos. Ese es un prerrequisito para que los espíritus de los muertos entren al reino celestial, a los niveles más elevados del cielo en la falsa teología sectaria de ellos.

Las genealogías eran legítimamente importantes para el pueblo de Israel. En primer lugar, la ascendencia determinaba la división original de la tierra de Canaán entre las doce tribus (cp. Nm. 26:53-55). Segundo, la ascendencia también establecía el derecho de heredar propiedad y todo lo que la acompañaba (siervos, cosechas, edificaciones, etc.). Tercero, la ascendencia formaba la base del principio de redención por pariente. Si un hombre pobre se veía obligado a vender su propiedad, uno de sus parientes cercanos debía comprarla (Lv. 25:25; cp. Rt. 4:1-6). Cuarto, la ascendencia jugaba un papel en la tributación. Por eso, José y María debieron regresar a Belén, la ciudad ancestral de José, a fin de registrarse para el censo (cp. la exposición de 2:4 en el cap. 12 de esta obra). Quinto, la ascendencia determinaba la elegibilidad de alguien para servir como sacerdote (cp. Esd. 2:61-62). Por último, y lo más importante, toda pretensión de ser rey o Mesías tendría que ser respaldado por los registros genealógicos.

Las genealogías jugaron un papel importante en la Biblia al fundamentar el relato bíblico en la historia. Debido a su importancia, los judíos conservaban registros genealógicos muy cuidadosos, que sobrevivieron hasta que los romanos saquearon Jerusalén y quemaron el templo en el año 70 d.C. Es más, las genealogías escritas tanto por Mateo como por Lucas probablemente se basan en registros públicos, que aún existían cuando ellos escribieron. Además de los registros públicos oficiales, sin duda muchas familias mantenían registros genealógicos privados. El Antiguo Testamento contiene numerosas genealogías (p. ej., Gn. 4; 5; 10; 11; 1 Cr. 1—9). El Nuevo Testamento también hace referencia a la disponibilidad de registros genealógicos. Por ejemplo, a Ana se la identifica como miembro de la tribu de Aser (Lc. 2:36), Bernabé como miembro de la tribu de Leví (Hch. 4:36 [cp. Lc. 10:32]), y a Pablo como miembro de la tribu de Benjamín (Ro. 11:1; Fil. 3:5). Además, como ya se indicó, José sabía que tenía que ir a Belén debido al censo "por cuanto era de la casa y familia de David" (Lc. 2:4).

Debido a la importancia de las genealogías en el mundo antiguo, los lectores de Lucas habrían comprendido por qué él incluyó la genealogía de Jesucristo. Era credencial esencial para quien afirmara ser el Mesías que fuera descendiente de David. Lucas ya ha dado varias credenciales que establecen de forma irrefutable que Jesús es el Mesías. El relato del milagroso nacimiento de Juan el Bautista a una pareja anciana y estéril presentó al precursor profetizado (Lc. 1:17; cp. Is. 40:3-4; Mal. 3:1). Luego el ángel Gabriel anunció a una joven virgen llamada María que ella iba a ser la madre del Mesías (Lc. 1:31-33). Cuando María visitó a su parienta mayor Elisabet, madre de Juan el Bautista, "Elisabet fue llena del Espíritu Santo, y exclamó a gran voz, y dijo: Bendita tú entre las mujeres, y bendito el fruto de tu vientre. ¿Por qué se me concede esto a mí, que la madre de mi Señor venga a mí?" (vv. 41-43). Su esposo, Zacarías, también lleno del Espíritu Santo (v. 67), profetizó que Juan el Bautista sería el precursor del Mesías. Los ángeles que anunciaron el nacimiento de Jesús a los pastores (2:8-11) atestiguaron que

Él era Salvador, Mesías y Señor (v. 11). Dos personas justas y piadosas, Simeón y Ana, también añadieron su testimonio de que Jesús era el Mesías, aquel que traería salvación a Israel (2:25-38). En 3:1-18, Lucas registra el testimonio de Juan el Bautista acerca de Jesús (véase especialmente los vv. 15-17). Después, en el bautismo, el Espíritu Santo y Dios el Padre brindaron la afirmación definitiva de que Jesús era el Hijo de Dios y, por tanto, el Mesías y el Salvador del mundo.

Las genealogías de Jesús registradas por Mateo y Lucas prueban que Él no fue un Mesías autoproclamado, ni un desafortunado reformador atrapado en medio de la aclamación popular que comenzó a tener delirios de grandeza. Tampoco Él fue simplemente un buen maestro de moral y ética, o un revolucionario para derrocar al gobierno de Roma. Sus genealogías, que rastrean su ascendencia a través de David y Abraham hasta Adán y finalmente a Dios mismo, muestran que Jesús era el legítimo rey de Israel.

Una comparación de las genealogías en Mateo y Lucas revela marcadas diferencias. Algunas reflejan los distintos propósitos de los escritores. Mateo puso su genealogía al principio de su evangelio, donde encaja cronológicamente con la vida de Cristo. Sin embargo, Lucas insertó la genealogía de Cristo más tarde en el contexto de sus credenciales mesiánicas (véase el estudio anterior). No hay mujeres en la genealogía de Lucas, mientras que Mateo incluye a cinco (enumerando a María). La genealogía de Lucas va del presente al pasado; la de Mateo va del pasado al presente. Así la genealogía de Mateo empieza con Abraham y se mueve hacia adelante en el tiempo, mientras que la de Lucas comienza con Jesús y se mueve hacia atrás en el tiempo hasta Adán. La genealogía de Mateo empieza con Abraham, mientras (cronológicamente) el primer nombre en la de Lucas es Adán. Los distintos puntos de inicio en sus genealogías reflejan los diferentes propósitos de los dos escritores de los evangelios. Mateo escribió principalmente para el pueblo judío, por lo que era natural que comenzara con Abraham, el padre de la nación de Israel. El enfoque de Lucas era más universal. Le interesaba presentar a Jesús como el Hijo del hombre, y demostrar su solidaridad con toda la especie humana. Por tanto, remontó la genealogía de Cristo hasta Adán. El énfasis de Mateo en José (Mt. 1:16, 18, 19, 20, 24; 2:13, 14, 19-21) y el de Lucas en María (Lc. 1:27, 30-56; 2:5, 16, 19, 34) en los primeros capítulos de sus evangelios también refleja sus estrategias complementarias.

Por eso la genealogía de Lucas, más larga que la de Mateo, contiene setenta y siete nombres en oposición a los cuarenta y dos en la de Mateo. Ninguna de esas genealogías buscó ser exhaustiva, sino que más bien ambas están comprimidas o abreviadas. La genealogía de Mateo contiene tres grupos de catorce nombres, lo cual evidentemente se hizo para hacer más fácil la memorización. (Se debe observar que el término "engendró" en la genealogía de Mateo no necesariamente denota una relación padre-hijo; se puede usar en el sentido más general de "antepasado". Véase por ejemplo Mt. 1:5; varias generaciones debieron haber transcurrido entre Salmón, el esposo de Rahab, que vivió durante la conquista de Israel de la tierra prometida bajo el liderazgo de Josué, y Booz, que vivió mucho después durante el período de los jueces. Obsérvese también el v. 1 donde se hace referencia a Jesús como el hijo [es decir, descendiente] de David y Abraham). La genealogía de Lucas también se salta generaciones. El término repetido **hijo** no aparece en el texto griego; en cada par de nombres del primer nombre individual se dice simplemente que es descendiente en algún sentido del segundo (cp. también v. 38; es obvio que Adán no era el hijo de Dios en un sentido físico).

Otras diferencias son más importantes. Lucas identifica al abuelo de Jesús como **Elí,** mientras que Mateo lo llama Jacob. Lucas traza la ascendencia de Jesús a través de **Natán** hijo de David, mientras que Mateo la traza a través de Salomón. Por último, aunque los nombres de Abraham y David son idénticos en ambas genealogías (excepto que Mateo se salta a Aram), todos menos dos de los nombres desde David hasta José son diferentes. Se han propuesto dos posibles explicaciones para tales diferencias.

Algunos sostienen que ambas genealogías son de José, y hacen notar que el nombre de María no aparece en la genealogía de Lucas y que los judíos rastreaban la ascendencia a través de la genealogía del padre, no a través de la de la madre (pero, como Leon Morris señala, "no tenemos información en cuanto a cómo se calculaba una genealogía en que no había padre humano. El caso es único" [*The Gospel According to St. Luke,* The Tyndale New Testament Commentaries (Grand Rapids: Eerdmans, 1975), p. 100]). Ellos explican los distintos abuelos de Jesús (Elí en Lucas y Jacob en Mateo), así como los diferentes nombres desde David hasta José, alegando el principio del matrimonio levirato (Gn. 38:8; Dt. 25:5-7; Rt. 4:10). Según este punto de vista, **Elí** y Jacob eran medio hermanos, que tenían la misma madre pero diferentes padres. Uno de los dos murió sin hijos, y el hermano sobreviviente se casó con la viuda. Eso haría a José el hijo biológico del hermano sobreviviente, y el hijo legal del fallecido.

Aunque plausible, ese punto de vista se basa en gran medida en una conjetura totalmente indemostrable (que Elí y Jacob fueron medio hermanos, y que se llevó a cabo un matrimonio levirato). Una explicación mucho mejor es que Mateo registra la genealogía de José, y que Lucas registra la de María (Lucas omitió el nombre de ella en deferencia a la costumbre judía). Los dos nombres distintos dados para el abuelo de Jesús en realidad se refieren a dos hombres distintos, el padre de José y el padre de María. Las diferencias en los nombres desde David hasta José también se pueden esperar, ya que las genealogías son de dos personas distintas. María trazó su ascendencia a través de Natán, mientras José trazó la suya a través de Salomón. Este punto de vista también es coherente con los propósitos de los dos escritores, según se indicó antes. El deseo de Mateo de probar el derecho legal de Jesús al trono de David lo llevó a incluir la genealogía de José. Lucas se dirigió a un público más amplio y mayormente gentil y, por tanto, ofreció la descendencia real y física a través de María. Por último, este punto de vista explica cómo Jesús pudo legítimamente ser rey de Israel a pesar de ser descendiente de Jeconías (Mt. 1:11). Jesús era el descendiente legal, pero no físico, de Jeconías a través de José. Aquello evitó la maldición que el Señor pronunció sobre Jeconías de que ninguno de sus descendientes alguna vez sería rey (Jer. 22:24-30). (Para más evidencia de que Lucas presenta la genealogía de María, véase Robert L. Thomas y Stanley N. Gundry, *A Harmony of the Gospels* [Chicago: Moody, 1978], apéndice 9).

Las genealogías en Mateo y Lucas establecen sin lugar a dudas que Jesús fue descendiente de David. Ni siquiera sus acérrimos enemigos entre los líderes judíos negaron eso. Sin duda habrían rechazado de plano sus afirmaciones mesiánicas si Él no lo hubiera sido, y hubieran acallado a las multitudes que con entusiasmo gritaban en la entrada triunfal: "¡Hosanna al Hijo de David!" (Mt. 21:9). Pero los registros genealógicos, que sin duda ellos revisaron con mucho cuidado, proveyeron prueba irrefutable de la descendencia davídica de Jesús.

El resto de este capítulo se enfocará en cuatro puntos destacados de este pasaje: inicio del ministerio de Jesús, suposición de su ascendencia, similitud de dos de sus antepasados, y significado de cuatro nombres de su genealogía.

INICIO DEL MINISTERIO DE JESÚS

Jesús mismo al comenzar su ministerio era como de treinta años, (3:23*a*)

A excepción del incidente en el templo cuando Jesús tenía doce años (2:41-51), su vida hasta este momento había transcurrido en el anonimato. Él se crio en la pequeña aldea de Nazaret, viviendo en sujeción a sus padres y trabajando con su padre (cp. Mt. 13:55 con Mr. 6:3). **Jesús al comenzar su ministerio** público en su bautismo (cp. Hch. 1:21-22; 10:37-38) **era como de treinta años**. Aquella era la edad acostumbrada para que los hombres de Dios comenzaran sus ministerios. Ezequiel empezó su ministerio profético a los treinta años de edad (Ez. 1:1). José también tenía treinta años cuando se convirtió en primer ministro de Egipto (Gn. 41:46), y David tenía treinta cuando ascendió al trono de Israel (2 S. 5:4). Treinta también era la edad en que los sacerdotes comenzaban a servir (Nm. 4:3, 35, 39, 43, 47; 1 Cr. 23:3). Jesús, por tanto, empezó su ministerio público a una edad que las personas considerarían apropiada.

SUPOSICIÓN DE LA ASCENDENCIA DE JESÚS

hijo, según se creía, de José, (3:23*b*)

Esta breve frase tiene un profundo significado teológico. Comúnmente **se creía** que Jesús era **hijo de José,** lo que era comprensible puesto que hasta donde a la mayoría de personas le constaba, Jesús era uno de los hijos de José y María (cp. Mt. 13:54-56). Pero esa suposición era incorrecta, y Él físicamente solo era hijo de María. Eso afirma la realidad de su concepción y su nacimiento virginal (véase la exposición de 1:34-38 en el cap. 5 de esta obra). El texto griego deja claro que José no es parte de la genealogía de Lucas. Todos los demás nombres están precedidos por el artículo definido *tou*, no así el de **José,** lo que indica que la mención de su nombre es explicativa. La frase se podría traducir más exactamente: "Jesús... siendo (como se suponía el hijo de José) el hijo de Elí"; es decir, el nieto de Elí a través de María. Esta es otra razón convincente para ver la genealogía de Lucas como la de María. ¿Cómo podía ser esta la genealogía de José cuando la gramática de Lucas clarifica que José no fue parte de la misma? Además, así señala R. C. H. Lenski:

> ¿Cómo es que a Lucas se le pudo haber ocurrido añadir una genealogía de José después de decir que tan solo *se creía* que Jesús era hijo de José, es decir, un hijo físico, cuando Lucas mismo había demostrado ampliamente que esa creencia era errónca, y que Jesús era hijo físico solo de María? Eso lo tienen que clarificar quienes encuentran aquí la genealogía de José. (*The Interpretation of St. Luke's Gospel* [Minneapolis: Augsburg, 1946], pp. 218-19, cursivas en el original).

SIMILITUD DE DOS DE LOS ANTEPASADOS DE JESÚS

Zorobabel... Salatiel, (3:27)

Los nombres desde **Elí** (v. 23) hasta **Resa** (v. 27) y desde **Neri** (v. 27) hasta **Matata** (v. 31) no aparecen en ningún otro lugar de la Biblia. Lo único que se puede decir de ellos es que eran nombres judíos comunes de la época. Los nombres de **Zorobabel** y **Salatiel** intercalados en medio son desconocidos; es más, son los dos únicos nombres después de la época de David que son comunes a las dos genealogías, la de Lucas y la de Mateo. Es posible que los nombres se refieran a diferentes individuos, y que haya habido un padre llamado Salatiel y un hijo llamado Zorobabel en ambas genealogías. O tal vez un matrimonio levirato podría justificar la presencia en ambas genealogías. El mismo **Zorobabel** pudo haber sido hijo de un matrimonio levirato, ya que 1 Crónicas 3:19 enumera a Pedaías como su padre, mientras que en otros lugares del Antiguo Testamento lo llama hijo de Salatiel (p. ej., Esd. 3:2; Neh. 12:1; Hag. 1:1), el hermano de Pedaías (1 Cr. 3:17-18). De igual modo, Lucas se refiere a **Neri** como el padre de Salatiel, mientras que 1 Crónicas 3:17 enumera a Jeconías como su padre. Este de nuevo es otro caso de matrimonio levirato, o de adopción.

SIGNIFICADO DE CUATRO NOMBRES

Cuatro nombres en la genealogía resumen a la persona de Jesucristo. Como **hijo de Dios** (v. 38*b*) por creación, Adán llevaba la imagen intacta, no contaminada e impoluta de Dios hasta que cayó en pecado. Ese pecado empañó la imagen de Dios, por lo que ninguno de los descendientes de Adán fueron verdaderos hijos de Dios en la misma forma que él lo había sido antes de que pecara. Sin embargo, Jesús en su humanidad fue un hombre como Adán lo había sido antes de la caída: sin pecado y que llevaba perfectamente la imagen de Dios. Además, Jesús era el Hijo de Dios en su deidad, y tenía la misma esencia del Padre (Fil. 2:6; Col. 2:9).

Como **hijo de Adán** (v. 38*b*), Jesús era totalmente humano, y debido a eso "no tenemos un sumo sacerdote que no pueda compadecerse de nuestras debilidades, sino uno que fue tentado en todo según nuestra semejanza, pero sin pecado" (He. 4:15).

Como **hijo de Abraham** (v. 34), Jesús es la simiente prometida a los patriarcas (Gá. 3:16), en quien se cumplirán las bendiciones prometidas del pacto abrahámico.

Por último, como **hijo de David** (v. 31), Jesús "reinará por los siglos de los siglos" (Ap. 11:15; cp. Lc. 1:33).

La ascendencia real de Jesús, confirmada por ambas genealogías de sus padres, es otra prueba de sus credenciales mesiánicas.

Tentación del Mesías 22

Jesús, lleno del Espíritu Santo, volvió del Jordán, y fue llevado por el Espíritu al desierto por cuarenta días, y era tentado por el diablo. Y no comió nada en aquellos días, pasados los cuales, tuvo hambre. Entonces el diablo le dijo: Si eres Hijo de Dios, di a esta piedra que se convierta en pan. Jesús, respondiéndole, dijo: Escrito está: No sólo de pan vivirá el hombre, sino de toda palabra de Dios. Y le llevó el diablo a un alto monte, y le mostró en un momento todos los reinos de la tierra. Y le dijo el diablo: A ti te daré toda esta potestad, y la gloria de ellos; porque a mí me ha sido entregada, y a quien quiero la doy. Si tú postrado me adorares, todos serán tuyos. Respondiendo Jesús, le dijo: Vete de mí, Satanás, porque escrito está: Al Señor tu Dios adorarás, y a él solo servirás. Y le llevó a Jerusalén, y le puso sobre el pináculo del templo, y le dijo: Si eres Hijo de Dios, échate de aquí abajo; porque escrito está: A sus ángeles mandará acerca de ti, que te guarden; y, en las manos te sostendrán, para que no tropieces con tu pie en piedra. Respondiendo Jesús, le dijo: Dicho está: No tentarás al Señor tu Dios. Y cuando el diablo hubo acabado toda tentación, se apartó de él por un tiempo. (4:1-13)

Existen muchas maneras de verificar la veracidad de las Escrituras. Hay una antigua historia y arqueología secular que corrobora el registro bíblico. La Biblia también contiene centenares de profecías que se cumplieron exactamente como se predijeron. A pesar de ser escrita antes de los descubrimientos científicos modernos, la Biblia es totalmente exacta cuando se discuten asuntos científicos. El libro de Job, escrito durante el período patriarcal, afirma que Dios "extiende el norte sobre vacío, cuelga la tierra sobre nada" (Job 26:7). Al comentar sobre las implicaciones científicas de esa afirmación, Henry M. Morris escribe:

> Job estaba diciendo que el eje que señala al norte de la Tierra se extendía indefinidamente más allá de las fronteras de la superficie del planeta, señalando hacia la estrella polar y orientando tanto la geografía de la Tierra como el paisaje estelar correspondiente de los cielos estelares… Además, el planeta no descansaba en los hombros de Atlas o en

> el lomo de un elefante cósmico... Suspendida en el vacío amorfo del espacio sin apoyo, la Tierra se mantiene rígidamente en su órbita por medio de una fuerza misteriosa que llamamos gravedad, pero que simplemente de manera más racional podría llamársele nada... o tal vez mejor, la voluntad de Dios (*The Remarkable Record of Job* [Grand Rapids: Baker, 1988], p. 40).

Sin embargo, la prueba más convincente de la autenticidad de la Biblia es la persona del Señor Jesucristo. Todo personaje ideado por mentes humanas caídas y finitas es de algún modo imperfecto. Es totalmente imposible que la humanidad pudiera inventar a Jesús como se le describe en las páginas de las Escrituras. Él es absolutamente perfecto y sin pecado; su sabiduría es infaliblemente profunda; su comprensión de la naturaleza humana no tiene precedentes; su respuesta a cada situación que enfrentó es perfectamente coherente con la naturaleza de Dios. También es inconcebible que Satanás y los demonios pudieran haber inventado la historia de Jesús para engañar al género humano. El mal absoluto no puede crear bien absoluto. Además, ¿por qué demonios o humanos inventarían una persona que finalmente los derrota y los destruye?

La perfección del Señor Jesucristo en ninguna parte es más evidente que en la historia de su confrontación con el archienemigo de Dios, Satanás. El diablo lo asaltó con oleada tras oleada de tentaciones, tratando de atraerlo al pecado y de hacer fracasar el plan de redención. Pero Jesús lo derrotó, demostrando a través de su muerte y resurrección el poder que tenía para "deshacer las obras del diablo" (1 Jn. 3:8). Su victoria sobre Satanás en el desierto sentó las bases para sus triunfos posteriores en Getsemaní, en el Calvario y en la tumba. Sin su victoria sobre las tentaciones del maligno, las credenciales mesiánicas de Cristo habrían sido incompletas. Si Él no hubiera podido derrotar a Satanás en una confrontación de frente, no habría podido redimir a los pecadores.

Pero Jesús no solo fue el divino Hijo de Dios, sino también hijo totalmente humano de Adán (Lc. 3:38). Fue en su humanidad que Jesús soportó el ataque de la tentación, "porque Dios no puede ser tentado por el mal" (Stg. 1:13). La pregunta que surge es si Jesús fue intachable; es decir, que no pudo haber pecado. Obviamente, Jesús no pecó; Él "no conoció pecado" (2 Co. 5:21), "no hizo pecado" (1 P. 2:22), "y no hay pecado en él" (1 Jn. 3:5; cp. He. 4:15; 7:26; Jn. 8:46). Sin embargo, algunos teólogos creen que Él pudo haber pecado, aunque no lo hizo. Pero la unión de las naturalezas divina y humana de Cristo impide la posibilidad de que Jesús haya pecado, como Wayne Grudem observa:

> Si Jesús como persona hubiera pecado, haciendo participar tanto su naturaleza humana como divina en el pecado, entonces Dios mismo habría pecado, y Él habría dejado de ser Dios. Pero eso es claramente

> imposible debido a la santidad infinita de la naturaleza de Dios. Por tanto, si estamos preguntándonos si *en realidad* fue posible que Jesús hubiera pecado, parece que debemos llegar a la conclusión de que esto no era posible. Lo impidió la unión de sus naturalezas humana y divina en una misma persona. (*Systematic Theology* [Grand Rapids: Zondervan 1994], pp. 538-39. Cursivas en el original).

Pero a pesar de que Jesús no pudiera pecar, eso no significa que las tentaciones que enfrentó no fueran genuinas; la realidad de ellas no dependía de la capacidad de Él de responder. Realmente, ya que Él no cedió a ellas, soportó toda su fuerza. Por tanto, la tentación fue más real para Jesús que para quienes ceden a ella. Pudo ser tan intensa que "su sudor [se volvió] como grandes gotas de sangre que caían hasta la tierra" (Lc. 22:44).

Al comparar la tentación de Adán con la de Jesús se ven algunas diferencias obvias y esto hace que la victoria de Jesús sobre su tentación sea aún más notable. Adán enfrentó tentación en el mejor de los entornos: el huerto del Edén. Jesús enfrentó tentación en el peor escenario imaginable: el caos del desierto de Judea. Adán vivió en la perfección impecable del mundo antes de la caída. Jesús vivió en un mundo pecador y caído. Ninguna acumulación irresistible de tentaciones atrajo a Adán al pecado, porque cedió a la primera tentación que enfrentó. Por otra parte, Jesús afrontó repetidas tentaciones durante los primeros treinta años de su vida (He. 4:15), e intensa tentación durante los cuarenta días antes de las tres últimas registradas aquí. Adán se dio un festín con las exuberantes provisiones que el huerto tenía para ofrecer. Jesús fue debilitado por cuarenta días de ayuno. Estando en las mejores circunstancias, Adán cayó; en las peores circunstancias imaginables, Jesús no cayó. Las consecuencias de la caída de Adán ante la tentación fueron letales para la humanidad; las consecuencias del triunfo de Jesús sobre la tentación trajeron vida.

El conflicto de Jesús con Satanás se desarrolla en tres escenarios: preparación para la batalla, patrón de la batalla, y análisis posterior a la batalla.

PREPARACIÓN PARA LA BATALLA

Jesús, lleno del Espíritu Santo, volvió del Jordán, y fue llevado por el Espíritu al desierto por cuarenta días, y era tentado por el diablo. Y no comió nada en aquellos días, pasados los cuales, tuvo hambre. (Lc. 4:1-2)

Después de su bautismo, **Jesús** salió de la región del **Jordán,** impulsado (Mr. 1:12) por **el Espíritu Santo. Lleno** (*plērēs*) significa "estar saturado con" o "estar impregnado por completo con". Juan 1:14 registra que Jesús también fue "lleno (*plērēs*) de gracia y de verdad". Lucas ya ha señalado que Juan el Bautista (1:15),

Elisabet (1:41), y Zacarías (1:67) fueron llenos con el Espíritu. En el día de Pentecostés, los ciento veinte creyentes reunidos en el aposento alto "fueron todos llenos del Espíritu Santo" (Hch. 2:4). Cuando presentó su defensa ante el concilio, Pedro estaba "lleno del Espíritu Santo" (4:8). Los creyentes que se reunieron para oír a Pedro y Juan después que los liberaran "fueron llenos del Espíritu Santo" (4:31). Los siete hombres elegidos para servir en la iglesia primitiva eran hombres "llenos del Espíritu Santo" (6:3). Entre ellos estaba "Esteban, varón lleno de fe y del Espíritu Santo" (v. 5). Más tarde, en el juicio ante el concilio, Esteban "lleno del Espíritu Santo, puestos los ojos en el cielo, vio la gloria de Dios, y a Jesús que estaba a la diestra de Dios" (7:55). Hechos 11:24 describe a Bernabé como "varón bueno, y lleno del Espíritu Santo". Después de su conversión en el camino a Damasco, Pablo fue "lleno del Espíritu Santo" (9:17), como lo estaba cuando confrontó a un falso profeta en la isla de Chipre (13:9).

Estar llenos del Espíritu es el objetivo constante y la búsqueda de por vida de todos los creyentes (Ef. 5:18). Pero Jesús fue toda la vida completamente lleno con el Espíritu y controlado por Él. En su humanidad se rindió por completo al control del Espíritu, habiendo hecho a un lado de manera voluntaria el uso de sus atributos divinos (véase el estudio de 3:22 en el cap. 20 de esta obra). La sumisión de Jesús al Espíritu Santo lo llevó a hacer siempre la voluntad de Padre. Su tentación no resultó porque tomara decisiones equivocadas que lo dejaron en una situación indefensa. Tampoco resultó por haberse apartado de la voluntad de Dios; al contrario, fue la voluntad de Dios que Él enfrentara y derrotara al diablo. Con el fin de cumplir ese propósito Jesús fue literalmente impulsado al desierto por el Espíritu (Mr. 1:12) **y fue llevado por el Espíritu al desierto por cuarenta días.** Según se indicó en la exposición de 3:2-3 en el capítulo 17 de esta obra, el **desierto** de Judea, donde Jesús probablemente fue **tentado,** era la región más estéril y desolada en todo Israel. Marcada por escarpados riscos, profundos barrancos, y caída de rocas, era una región tan árida que en ella no podían pastar animales. En esta comarca remota y en gran medida deshabitada, Jesús podría estar más solo que en cualquier otra parte de Israel.

Lucas ya había comentado la presencia del diablo en el mundo. El ángel Gabriel le dijo a Zacarías que Juan el Bautista "hará que muchos de los hijos de Israel se conviertan al Señor Dios de ellos" (1:16), indicando que ellos se habían desviado de Él por el pecado. En 1:79, Zacarías habló de "los que habitan en tinieblas y en sombra de muerte". La sórdida historia del matrimonio pecaminoso de Herodes con Herodías y el encarcelamiento de Juan el Bautista (3:19-20) proporcionaron un ejemplo de maldad y depravación humana. Pero aquí, por primera vez en su evangelio, Lucas dio al mal un rostro, al presentar al **diablo.**

El **diablo** (*diabolos*; "calumniador" o "acusador") es Satanás ("adversario"). Originalmente un ángel santo ("Lucero" según Is. 14:12, el más importante de todos los seres creados, "perfecto... en todos [sus] caminos desde el día que [fue] creado, hasta que se halló en [él] maldad" (Ez. 28:15), se volvió arrogante, y en altivez intentó poner su trono "en lo alto, junto a las estrellas de Dios" (Is. 14:13) y por tanto quiso hacerse "semejante al Altísimo" (v. 14; cp. Ez. 28:11-15). Debido a su pecado, Satanás fue expulsado del cielo, al parecer junto con una tercera parte de los ángeles, quienes eligieron unírsele en su rebelión (Ap. 12:4). La Biblia lo describe como mentiroso y homicida (Jn. 8:44), un dragón (Ap. 12:3-17), una serpiente (Gn. 3:1; Ap. 12:9; 20:2), el acusador (Ap. 12:10), el mal (Jn. 17:15), el dios de este mundo (cp. Jn. 12:31) que ciega las mentes de los incrédulos (2 Co. 4:4), el príncipe de la potestad del aire (Ef. 2:2), un león rugiente (1 P. 5:8), y el tentador (1 Ts. 3:5), que tuvo éxito en seducir a Adán y Eva, y a través de ellos a toda la humanidad hacia el pecado. Satanás trató de destruir al segundo Adán, Jesucristo, con la esperanza de frustrar el plan de redención de Dios.

Como se indicó antes, Satanás había tentado a Jesús a lo largo de su vida, e intensamente durante los últimos **cuarenta días.** Añadió al fervor del acoso el hecho de que el Señor **no comió nada en aquellos días, pasados los cuales, tuvo hambre.** Al sentir que en su estado físicamente débil Jesús podría estar muy vulnerable, Satanás lo atacó con tres tentaciones definitivas y en especial poderosas.

PATRÓN DE LA BATALLA

Entonces el diablo le dijo: Si eres Hijo de Dios, di a esta piedra que se convierta en pan. Jesús, respondiéndole, dijo: Escrito está: No sólo de pan vivirá el hombre, sino de toda palabra de Dios. Y le llevó el diablo a un alto monte, y le mostró en un momento todos los reinos de la tierra. Y le dijo el diablo: A ti te daré toda esta potestad, y la gloria de ellos; porque a mí me ha sido entregada, y a quien quiero la doy. Si tú postrado me adorares, todos serán tuyos. Respondiendo Jesús, le dijo: Vete de mí, Satanás, porque escrito está: Al Señor tu Dios adorarás, y a él solo servirás. Y le llevó a Jerusalén, y le puso sobre el pináculo del templo, y le dijo: Si eres Hijo de Dios, échate de aquí abajo; porque escrito está: A sus ángeles mandará acerca de ti, que te guarden; y, en las manos te sostendrán, para que no tropieces con tu pie en piedra. Respondiendo Jesús, le dijo: Dicho está: No tentarás al Señor tu Dios. (4:3-12)

Las tentaciones específicas con que Satanás atacó a Jesús fueron exclusivas para Él. Ningún creyente hoy día, por ejemplo, podría ser tentado a convertir piedras en pan, o a volar. Sin embargo, las tentaciones que el Señor enfrentó son representativas de las categorías más amplias de tentación que enfrentan todos los creyentes. El asalto satánico sobre el Salvador sin pecado llegó en tres oleadas.

SATANÁS TENTÓ A CRISTO PARA QUE DUDARA DEL AMOR DE DIOS

Entonces el diablo le dijo: Si eres Hijo de Dios, di a esta piedra que se convierta en pan. Jesús, respondiéndole, dijo: Escrito está: No sólo de pan vivirá el hombre, sino de toda palabra de Dios. (4:3-4)

Lo que **el diablo le dijo** a Jesús a lo largo de estas tres tentaciones culminantes contenía un elemento de verdad. Se puede esperar que el engaño tenga éxito solo cuando se lo combina con la verdad parcial. **Si** se traduce mejor "puesto que". Las palabras de Satanás a Eva: "Conque Dios os ha dicho" (Gn. 3:1) tuvieron la intención de poner dudas en la mente de ella. Pero como sabía lo inútil de tal propuesta con Jesús, Satanás empezó reconociendo la verdadera identidad de Cristo como el **Hijo de Dios.** (Para un debate del significado de que Jesús sea el Hijo de Dios, véase la exposición de 2:49 en el cap. 16 de esta obra).

A diferencia de los teólogos liberales, los fanáticos religiosos, y otros grupos herejes, Satanás y los demonios nunca negaron la deidad del Señor Jesucristo. Ellos siempre conocieron la verdadera identidad de Él, y siempre la afirmaron en sus conversaciones con Jesús (p. ej., 4:34, 41; 8:28; Mt. 8:29; Mr. 1:34; 3:11). La afirmación de Satanás de esa innegable realidad constituye el núcleo de verdad en esta primera tentación.

La sugerencia que el diablo le hiciera a Jesús: **di a esta piedra que se convierta en pan** no fue una tentación a la autocomplacencia, porque no es pecado comer cuando se tiene hambre. Menos aún fue dirigida a lograr que Jesús mostrara con orgullo sus poderes, ya que Él y Satanás estaban solos y no había público ante el cual actuar. El objetivo de Satanás era mucho más insidioso y sutil. Era consciente de que, en la encarnación, Jesús había hecho voluntariamente a un lado el uso independiente de su poder divino. El diablo estaba intentando (igual que hizo con Eva) hacer que Jesús desconfiara del amor y la provisión de Dios para Él. Satanás insinuó que Dios era indiferente y que no le interesaban las súplicas de Jesús. Después de todo, ¿no había provisto Dios para los obstinadamente rebeldes israelitas durante sus cuarenta años de vagar en el desierto? ¿No había atestiguado David: "Joven fui, y he envejecido, y no he visto justo desamparado, ni su descendencia que mendigue pan" (Sal. 37:25)? Si el Padre amara de veras a su Hijo, ¿por qué no le había proporcionado comida en los últimos cuarenta días? Satanás esperaba tentar a Jesús a que cuestionara el amor del Padre y el cuidado del Espíritu Santo. Este fue un grave asalto no solo a la deidad y la perfección de Jesucristo, sino también a la unidad de la Trinidad.

Como haría con las otras dos tentaciones, el Señor contestó a las mentiras y verdades a medias de Satanás con la absoluta e innegable verdad de la palabra de Dios. **Jesús, respondiéndole, dijo: Escrito está** (en Dt. 8:3), **No sólo de pan vivirá el hombre.** Lo que sustenta la vida de una persona no es el alimento, sino la obediencia a "todo lo que sale de la boca de Jehová" (Dt. 8:3). La respuesta de Jesús está gráficamente ilustrada por las muertes de los israelitas desobedientes, que finalmente perecieron en el desierto debido al juicio de Dios, a pesar de la provisión de alimento que les proporcionó. Más tarde Jesús diría a sus discípulos: "Mi comida es que haga la voluntad del que me envió, y que acabe su obra" (Jn. 4:34). En el Sermón del Monte, Él declaró:

> *No os afanéis, pues, diciendo: ¿Qué comeremos, o qué beberemos, o qué vestiremos? Porque los gentiles buscan todas estas cosas; pero vuestro Padre celestial sabe que tenéis necesidad de todas estas cosas. Mas buscad primeramente el reino de Dios y su justicia, y todas estas cosas os serán añadidas (Mt. 6:31-33).*

Pablo expresó su inquebrantable confianza en la provisión de Dios cuando escribió: "Mi Dios, pues, suplirá todo lo que os falta conforme a sus riquezas en gloria en Cristo Jesús" (Fil. 4:19).

Jesús se negó a actuar por iniciativa propia, en total confianza en el amor de su fiel Padre y en el cuidado del Espíritu, eligiendo mantenerse en sumisión a la voluntad de Dios. A su debido tiempo, el Padre proveería para sus necesidades físicas, enviando ángeles a proporcionarle comida (Mt. 4:11).

Al igual que Jesús, los creyentes a menudo son tentados a dudar del amor que Dios les tiene. Razonan que si Él los amara no habría permitido cualquier circunstancia dolorosa y desilusionadora con que se topan. A veces la frustración de ellos se intensifica con la comprensión de que personas descaradamente impías parecen estar prosperando, y coinciden con el salmista, quien escribió:

> *Porque tuve envidia de los arrogantes, viendo la prosperidad de los impíos. Porque no tienen congojas por su muerte, pues su vigor está entero. No pasan trabajos como los otros mortales, ni son azotados como los demás hombres. Por tanto, la soberbia los corona; se cubren de vestido de violencia. Los ojos se les saltan de gordura; logran con creces los antojos del corazón. Se mofan y hablan con maldad de hacer violencia; hablan con altanería. Ponen su boca contra el cielo, y su lengua pasea la tierra. Por eso Dios hará volver a su pueblo aquí, y aguas en abundancia serán extraídas para ellos. Y dicen: ¿Cómo sabe Dios? ¿Y hay conocimiento en el Altísimo? He aquí estos impíos, sin ser turbados del mundo, alcanzaron riquezas. Verdaderamente en vano he limpiado mi corazón, y lavado mis manos en inocencia (Sal. 73:3-13).*

Pero, al igual que Jesús, los cristianos deben negarse a actuar fuera de la voluntad de Dios, sino que deben confiar continuamente en la amorosa provisión divina (cp. Sal. 37).

SATANÁS TENTÓ A CRISTO PARA QUE DUDARA DEL PLAN DE DIOS

Y le llevó el diablo a un alto monte, y le mostró en un momento todos los reinos de la tierra. Y le dijo el diablo: A ti te daré toda esta potestad, y la gloria de ellos; porque a mí me ha sido entregada, y a quien quiero la doy. Si tú postrado me adorares, todos serán tuyos. Respondiendo Jesús, le dijo: Vete de mí, Satanás, porque escrito está: Al Señor tu Dios adorarás, y a él solo servirás. (4:5-8)

Al no haber podido persuadir a Jesús de que dudara del amor que Dios le tiene, Satanás trató un enfoque distinto. Después **le llevó el diablo a un alto monte** (Mt. 4:8), **y le mostró en un momento todos los reinos de la tierra,** evidentemente por medio de una perspectiva que pertenece solo a seres sobrenaturales, o simplemente mirando tan lejos como los ojos de nuestro Señor podían ver los representativos reinos a la vista. Entonces **el diablo** le hizo una propuesta asombrosa. Declaró: **A ti te daré toda esta potestad, y la gloria de ellos; porque a mí me ha sido entregada, y a quien quiero la doy.** El objetivo de Satanás era conseguir que Jesús dudara del plan de Dios para Él, y que lo evitara. El Padre había prometido: "Pídeme, y te daré por herencia las naciones, y como posesión tuya los confines de la tierra" (Sal. 2:8; cp. Dn. 7:13-14). Sin embargo, Jesús estaba aquí en medio de la nada, tan solo con la ropa que llevaba puesta. Y aún peor humillación era lo que iba a sufrir: una vida de pobreza al no tener "dónde recostar la cabeza" (Lc. 9:58); el rechazo por parte de su pueblo (Jn. 1:11); la agonía en Getsemaní; un juicio injusto e ilegal; una brutal flagelación seguida de una dolorosa muerte en la cruz. Y, lo peor que todo, Él sería abandonado por el Padre cuando llevara el pecado en la cruz, lo que le haría exclamar: "Dios mío, Dios mío, ¿por qué me has desamparado?" (Mt. 27:46).

La propuesta de Satanás le habría permitido a Jesús evitar todo el sufrimiento y tomar inmediatamente lo que legítimamente le pertenecía. Una vez más, el diablo usó una verdad parcial para cebar el anzuelo de su tentación. Es verdad que las Escrituras llaman a Satanás el dios o príncipe de este mundo (Jn. 12:31; 14:30; 16:11; 2 Co. 4:4). No obstante, eso no significa que literalmente sea el propietario, sino más bien que es el gobernante del sistema mundial perverso que domina a las naciones del mundo. Es Dios quien determina los tiempos de la existencia de las naciones y sus límites (Hch. 17:26), y gobierna sobre ellas (1 Cr. 29:11; 2 Cr. 20:6; Sal. 22:28; 47:2, 7-8; Dn. 2:21; 4:17, 25; Ro. 13:1). Satanás fue un mentiroso al pretender ofrecer lo que no se le había dado. Tampoco habría rendido a Jesús la autoridad sobre las naciones aunque la tuviera; la falsa promesa del diablo se basó en nada más que un insolente y desconcertante orgullo malvado.

La condición que Satanás impuso en su oferta revela su verdadera motivación. Con todo descaro, le dijo a Jesús: **Si tú postrado me adorares, todos serán**

tuyos. Fue la ilícita ansia por ser adorado que solo pertenece a Dios lo que llevó a la caída de Satanás y a la expulsión del cielo (cp. Is. 14:13-14). El diablo todavía desea ser adorado, y hace que proliferen falsas religiones, lo que en última instancia son formas de adoración que se le ofrecen (cp. 1 Co. 10:20; Ap. 9:20). Sin embargo, el golpe supremo habría sido que Satanás persuadiera al Hijo a que lo adorara. Eso habría logrado su objetivo original de elevarse por encima de Dios (Is. 14:14).

Los cristianos deben tener cuidado con la tentación de perder la fe en el plan de Dios, en particular cuando soportan circunstancias difíciles. No hay atajos; la manera de Dios siempre es la mejor. Su infinita sabiduría garantiza que cualquier plan suyo sea perfecto y que no pueda mejorarse. Por tanto, los creyentes deben esperar con paciencia que Dios actúe a favor de ellos, y también deben negarse a la tentación de tomar los asuntos en sus propias manos (Sal. 37:1; 40:1; He. 6:12; Stg. 5:7-8, 10).

Jesús rechazó enérgicamente la blasfema sugerencia de Satanás, citando otra vez Deuteronomio (6:13) como había hecho cuando enfrentó la primera tentación del diablo. El Hijo de Dios declaró: **Escrito está: Al Señor tu Dios adorarás, y a él solo servirás.** Jesús se negó a salirse del plan de Dios. No habría ningún trato con el diablo; ningún atajo hacia la gloria. Él seguiría el plan de su Padre, costara lo que le costara.

SATANÁS TENTÓ A CRISTO A CONFIAR EN DIOS DE MANERA OSADA

Y le llevó a Jerusalén, y le puso sobre el pináculo del templo, y le dijo: Si eres Hijo de Dios, échate de aquí abajo; porque escrito está: A sus ángeles mandará acerca de ti, que te guarden; y, en las manos te sostendrán, para que no tropieces con tu pie en piedra. Respondiendo Jesús, le dijo: Dicho está: No tentarás al Señor tu Dios. (4:9-12)

Los dos primeros intentos de Satanás de seducir a Jesús a pecar habían fallado por completo, pero aun así hizo un último esfuerzo. (Cabe señalar que Mateo coloca esta tentación en segundo lugar. Como a menudo hacía con el material de su evangelio, Lucas dispuso las tentaciones de manera temática en vez de cronológica). Llevando a Jesús **a Jerusalén,** Satanás **le puso sobre el pináculo del templo.** Eso tal vez se refiera a la esquina sureste del complejo del templo, con vista al valle de Cedrón varios cientos de metros más abajo. Allí el diablo le dijo a Jesús: **Si** (puesto que) **eres Hijo de Dios, échate de aquí abajo.**

Rechazado un par de veces por las citas que Jesús hizo de las Escrituras, Satanás mismo citó ahora las Escrituras. Incluso introdujo su cita con la misma frase que Jesús había usado: **porque escrito está: A sus ángeles mandará acerca de ti, que te guarden; y, en las manos te sostendrán, para que no tropieces con**

tu pie en piedra. Ya que Jesús no se desviaría de su obediencia al plan de Dios, Satanás le ofreció una oportunidad de permitir que Dios cumpliera su palabra. El pasaje que el diablo citó (Sal. 91:11-12) es de un salmo mesiánico, donde Dios promete proteger al Mesías. El diablo esperaba que uno de dos aspectos sucediera si Jesús saltaba. Si resultaba muerto en la caída, Él no moriría en la cruz como substituto por el pecado como el Antiguo Testamento predijo que haría (Sal. 22; Is. 53). O al obligar a Dios a que lo liberara de manera milagrosa, Jesús dejaría de estar en sumisión al plan y la voluntad de Dios. La esencia de esta tentación final fue atreverse a poner a Dios contra las cuerdas donde se vería obligado a actuar. Pero Jesús se negó a actuar presuntuosamente. En lugar de eso contrarrestó la tergiversación de las Escrituras citando a la vez Deuteronomio 6:16, que ordena claramente: **No tentarás al Señor tu Dios.**

Este tipo de tentación es quizás la más sutil y peligrosa de las tres, porque, al parecer, anima a las personas a ejercer fe en Dios. En realidad, de manera arrogante y descarada exige cosas de parte de Dios, convirtiéndolo en un genio utilizable que concede todos los caprichos de las personas. Ese falso punto de vista de la fe, promovido en su más extrema forma por el llamado evangelio de la prosperidad (también conocido como movimiento "nómbrelo y reclámelo"), en esencia hace soberano al hombre. Si se usa la fórmula correcta, Dios tiene que responder. Sin embargo, cuando Él no entrega los bienes que le hemos reclamado por fe, muchos se desilusionan y abandonan a Dios.

En contraste con ese falso y hasta blasfemo punto de vista de la fe, la verdadera fe se somete humildemente a la voluntad de Dios. Ora, como enseñó Jesús: "Hágase tu voluntad, como en el cielo, así también en la tierra" (Mt. 6:10; cp. Lc. 22:42).

ANÁLISIS POSTERIOR A LA BATALLA

Y cuando el diablo hubo acabado toda tentación, se apartó de él por un tiempo. (4:13)

La victoria de Jesús fue completa sobre **toda tentación** lanzada contra Él por **el diablo** durante el período total de cuarenta días. Derrotado y rechazado por Jesús (Mt. 4:10), Satanás **se apartó de él por un tiempo.** Tales momentos de tentación ocurrieron a lo largo del ministerio terrenal de Jesús. En Lucas 22:28, Jesús dijo a los discípulos: "Vosotros sois los que habéis permanecido conmigo en mis pruebas". Satanás, por medio de Pedro, tentaría una vez más a Jesús para que evitara la cruz, lo que resultó en el fuerte reproche del Señor: "¡Quítate de delante de mí, Satanás!; me eres tropiezo, porque no pones la mira en las cosas de Dios, sino en las de los hombres" (Mt. 16:23). El diablo tentaría con éxito a Judas para que traicionara a Cristo (Jn. 13:27).

Varias lecciones se pueden extraer al observar el asalto de Satanás sobre Cristo. Primera, para tentar a los creyentes el maligno usa las mismas estrategias que utilizó con Cristo. Él trata de lograr que desconfíen del amor de Dios, que duden de su plan, y que hagan conjeturas respecto a Él, y para hacer eso el diablo tuerce la Biblia. Segunda, Satanás se aprovecha de circunstancias específicas para lanzar sus ataques. Tentó a Jesús después del momento espiritual culminante del bautismo, cuando el Espíritu y el Padre reconocieron al Hijo en público. El diablo también asaltó a Jesús cuando este se hallaba físicamente débil tras cuarenta días sin comer y aislado de otras personas. Por último, junto con la vigilancia y la oración (Mt. 26:41), la Biblia es el arma principal que los creyentes deben esgrimir para derrotar la tentación. Hacerlo de manera eficaz requiere tanto conocimiento bíblico como el compromiso de obedecerla.

Para triunfar en su lucha contra la tentación, los creyentes deben seguir el modelo establecido por el Señor Jesucristo. Deben confiar en el amor de Dios, someterse al plan divino, y negarse a hacer conjeturas sobre las promesas y la gracia de Él. Al hacer eso, tendrán éxito en resistir "al diablo, y huirá de [ellos]" (Stg. 4:7).

Jesús regresa a Nazaret 23

Y Jesús volvió en el poder del Espíritu a Galilea, y se difundió su fama por toda la tierra de alrededor. Y enseñaba en las sinagogas de ellos, y era glorificado por todos. Vino a Nazaret, donde se había criado; y en el día de reposo entró en la sinagoga, conforme a su costumbre, y se levantó a leer. Y se le dio el libro del profeta Isaías; y habiendo abierto el libro, halló el lugar donde estaba escrito: El Espíritu del Señor está sobre mí, por cuanto me ha ungido para dar buenas nuevas a los pobres; me ha enviado a sanar a los quebrantados de corazón; a pregonar libertad a los cautivos, y vista a los ciegos; a poner en libertad a los oprimidos; a predicar el año agradable del Señor. Y enrollando el libro, lo dio al ministro, y se sentó; y los ojos de todos en la sinagoga estaban fijos en él. Y comenzó a decirles: Hoy se ha cumplido esta Escritura delante de vosotros. Y todos daban buen testimonio de él, y estaban maravillados de las palabras de gracia que salían de su boca, y decían: ¿No es éste el hijo de José? Él les dijo: Sin duda me diréis este refrán: Médico, cúrate a ti mismo; de tantas cosas que hemos oído que se han hecho en Capernaum, haz también aquí en tu tierra. Y añadió: De cierto os digo, que ningún profeta es acepto en su propia tierra. Y en verdad os digo que muchas viudas había en Israel en los días de Elías, cuando el cielo fue cerrado por tres años y seis meses, y hubo una gran hambre en toda la tierra; pero a ninguna de ellas fue enviado Elías, sino a una mujer viuda en Sarepta de Sidón. Y muchos leprosos había en Israel en tiempo del profeta Eliseo; pero ninguno de ellos fue limpiado, sino Naamán el sirio. Al oír estas cosas, todos en la sinagoga se llenaron de ira; y levantándose, le echaron fuera de la ciudad, y le llevaron hasta la cumbre del monte sobre el cual estaba edificada la ciudad de ellos, para despeñarle. Mas él pasó por en medio de ellos, y se fue. (4:14-30)

Jesús había vivido en el anonimato en Nazaret durante los primeros treinta años de su vida. El único incidente registrado de esos silenciosos años es la visita que hizo a Jerusalén y su diálogo con los maestros en el templo a los doce años de edad. Aparte de eso, no se sabe nada acerca de su infancia, excepto por la declaración general de que "Jesús crecía en sabiduría y en estatura, y en gracia para con Dios y los hombres" (2:52). El siguiente acontecimiento registrado de su vida fue su aparición en el río Jordán para ser bautizado por Juan el Bautista. Después de su bautismo, bajo la dirección del Espíritu Santo, pasó cuarenta días en el desierto donde fue tentado por Satanás.

Todo lo que ocurrió en la vida de Jesús hasta este momento en el Evangelio de Lucas (el testimonio de Gabriel, los ángeles que se aparecieron a los pastores, Zacarías, Elisabet, María, José, Simeón, Ana, Juan el Bautista, la afirmación de Jesús a los doce años de edad de que era el Hijo de Dios, y su testimonio por parte del Padre y el Espíritu Santo en el bautismo) había determinado sus credenciales mesiánicas. El momento para que entrara en escena todo el ministerio público de Jesús había llegado.

Esta escena introductoria en el relato de Lucas acerca del ministerio público de Jesús se lleva a cabo en su pueblo natal de Nazaret. La podemos dividir en tres secciones: escenario, mensaje y reacción.

ESCENARIO

Y Jesús volvió en el poder del Espíritu a Galilea, y se difundió su fama por toda la tierra de alrededor. Y enseñaba en las sinagogas de ellos, y era glorificado por todos. (4:14-15)

Al igual que una pequeña puerta que conduce a una enorme galería de arte, los versículos 14 y 15 son la entrada a una nueva sección de descripciones de Jesús en el Evangelio de Lucas. Presentan el ministerio de Jesús en **Galilea,** la parte norte de Israel, en la que el Señor se ocupará durante más o menos año y medio. Durante ese tiempo Jesús iba **en el poder del Espíritu** (cp. Hch. 10:38, y el estudio de 3:22 en el cap. 20 y el de 4:1 en el cap. 22 de esta obra) "por todas las ciudades y aldeas [había 240 ciudades y aldeas en Galilea según Josefo, el historiador judío del siglo I, (*Vida*, 45)] predicando y anunciando el evangelio del reino de Dios" (8:1). La poderosa predicación de Jesús y los milagros que realizaba crearon una inmensa sensación, por lo que **se difundió su fama por toda la tierra de alrededor** (cp. 5:15), e incluso hacia el sur por toda Judea (7:17). En esta etapa inicial de su ministerio, Jesús **era glorificado por todos.** Galilea no era una región extensa, y Jesús la habría recorrido extensamente en el año y medio de su ministerio allí. Quizás por eso es que algunos han especulado que la comisión del Señor a los apóstoles en Hechos 1:8 se refiere a Judea y Samaria, pero no a Galilea. El ministerio en Galilea será el tema central del Evangelio de Lucas desde el versículo 14 hasta el 50 del capítulo 9 (cp. Mt. 4:13—18:35; Mr. 1:14—9:50).

Al leer el relato de Lucas, así como las historias paralelas de Mateo (4:12) y de Marcos (1:14), podría parecer que el ministerio del Señor en Galilea comenzó inmediatamente después de su bautismo. Sin embargo, ese no fue el caso. Hubo un intervalo de más o menos un año entre el bautismo y el inicio del ministerio en Galilea. Pese a que los evangelios sinópticos no dicen nada en cuanto a ese año que Jesús pasó ministrando en Judea, el Evangelio de Juan lo describe con detalle (caps. 1—4).

En consonancia con el propósito de Juan al escribir su evangelio (Jn. 20:31), su relato del ministerio de Jesús en Judea se enfoca en las revelaciones de que Jesús es Dios. Después de su bautismo y tentación, Jesús regresó a la región del Jordán donde Juan realizaba continuamente su ministerio de bautizar. Cuando vio a Jesús, Juan exclamó: "He aquí el Cordero de Dios, que quita el pecado del mundo" (1:29). Al día siguiente, Juan presentó a Jesús a dos de sus discípulos (Andrés y Juan) y repitió su declaración: "He aquí el Cordero de Dios" (v. 36). "Le oyeron hablar los dos discípulos, y siguieron a Jesús" (v. 37). Más adelante, en ese mismo pasaje, Felipe presentó Natanael a Jesús. Natanael se sorprendió por el saludo de Jesús: "He aquí un verdadero israelita, en quien no hay engaño" (v. 47). Ante la pregunta de Natanael: "¿De dónde me conoces?", Jesús dio una respuesta incluso más asombrosa, que revelaba su omnisciencia: "Antes que Felipe te llamara, cuando estabas debajo de la higuera, te vi" (v. 48). Abrumado por el conocimiento sobrenatural que Jesús tenía de él, "respondió Natanael y le dijo: Rabí, tú eres el Hijo de Dios; tú eres el Rey de Israel" (v. 49).

La respuesta del Señor a Natanael muestra otro atributo de Dios: trascendencia, "¿Porque te dije: Te vi debajo de la higuera, crees? Cosas mayores que estas verás. Y le dijo: De cierto, de cierto os digo: De aquí adelante veréis el cielo abierto, y a los ángeles de Dios que suben y descienden sobre el Hijo del Hombre" (vv. 50-51). La trascendencia divina de Jesús proporciona acceso al cielo a aquellos que creen en Él.

Antes de salir para Judea, Jesús realizó un breve desvío para volver a Galilea y asistir a una boda (2:1-11). El lugar era la aldea de Caná, no lejos de su pueblo natal de Nazaret. Durante la celebración se acabó el vino, una violación flagrante de la etiqueta que habría estigmatizado a la pareja por el resto de sus vidas. Después que su madre viniera y le pidiera ayuda, Jesús milagrosamente creó vino, mostrando así otro atributo de la deidad: omnipotencia.

Tras una breve estadía en Capernaúm (2:12), Jesús fue a Jerusalén para celebrar la Pascua (2:13). Esto marcó el inicio de su ministerio en Judea. El primer suceso registrado de ese ministerio, la purificación del templo (2:14-17), introdujo aun otro de los atributos divinos de Cristo: su santidad. La visión sobrenatural de Jesús hacia quienes expresaban una fe superficial, falsa y que no salva en Él reveló una vez más la omnisciencia de Jesús (2:23-25).

El relato de Juan acerca del ministerio en Judea también se enfocó en el mensaje que Jesús proclamó. Ese mensaje tuvo dos elementos esenciales. Primero. Enseñó la necesidad de la regeneración, o nuevo nacimiento. En su conversación con el destacado maestro judío Nicodemo, Jesús declaró: "De cierto, de cierto te digo, que el que no naciere de nuevo, no puede ver el reino de Dios" (3:3). Entonces, en los versículos 11-21, Jesús enseñó que la regeneración es posible creyendo en Él. Las conocidas palabras de los versículos 16-18 resumen esa verdad:

> *Porque de tal manera amó Dios al mundo, que ha dado a su Hijo unigénito, para que todo aquel que en él cree, no se pierda, mas tenga vida eterna. Porque no envió Dios a su Hijo al mundo para condenar al mundo, sino para que el mundo sea salvo por él. El que en él cree, no es condenado; pero el que no cree, ya ha sido condenado, porque no ha creído en el nombre del unigénito Hijo de Dios (3:16-18).*

Finalmente, Juan revela la misión de Cristo. Su encuentro con una mujer samaritana mostró que Jesús vino para ser "el Salvador del mundo" (4:42; cp. 1 Jn. 4:14), no solo de los judíos. Tras permanecer "dos días [en la aldea samaritana, Jesús] salió de allí y fue a Galilea" (v. 43).

A causa de su ministerio extendido en Judea, "cuando vino a Galilea, los galileos le recibieron, habiendo visto todas las cosas que había hecho en Jerusalén, en la fiesta; porque también ellos habían ido a la fiesta" (v. 45). Ellos fueron testigos de la enseñanza de Jesús y de las señales milagrosas que realizó cuando fueron a Jerusalén para la Pascua. Estaban listos para más.

La observación de Lucas de que Jesús **enseñaba en las sinagogas de ellos** presenta el patrón y la preferencia del ministerio del Señor. Su prioridad era enseñar la Palabra de Dios (cp. Mr. 1:38), y en todo el Evangelio de Lucas se describe a Jesús como un maestro de la verdad de Dios (cp. 4:31; 5:3, 17; 6:6; 11:1; 13:10, 22; 19:47; 20:1; 21:37; 23:5). Lucas también se refiere con frecuencia a Él como Maestro (7:40; 8:49; 9:38; 10:25; 11:45; 12:13; 18:18; 19:39; 20:21, 28, 39; 21:7; 22:11).

Las numerosas **sinagogas** que existían en Galilea proporcionaron el lugar ideal para la enseñanza de Jesús. Ya que la cantidad mínima de hombres judíos que se requerían para formar una sinagoga era diez, la mayoría, si no todas, de las doscientas cuarenta ciudades y aldeas en Galilea tendrían al menos una. Algunas de las ciudades más grandes podrían tener docenas de ellas (según el Talmud de Jerusalén había cuatrocientas ochenta en esta ciudad, aunque esa cantidad es discutible). Las sinagogas por lo general se construían de piedra, y típicamente miraban hacia Jerusalén. Existían principalmente para la instrucción en las Escrituras. En el culto sabatino en una sinagoga solía leerse un pasaje del Antiguo Testamento, seguido por un maestro que explicaba el significado a la congregación.

Las sinagogas de ninguna manera se consideraban reemplazo para el templo de Jerusalén, que era el núcleo y el alma del judaísmo. Solo en el templo se podían ofrecer los sacrificios prescritos en la ley de Moisés así como celebrar las fiestas y las ceremonias, no en las sinagogas (en el Antiguo Testamento no hay referencias a sinagogas). Sin embargo, después que los babilonios destruyeran el templo cuando saquearan a Jerusalén en el 586 a.C., los judíos exiliados comenzaron a reunirse en grupos pequeños para oír la enseñanza de la Palabra de Dios (cp. Ez. 8:1; 14:1; 20:1; 33:31). Tales reuniones informales con el tiempo se convirtieron en las sinagogas de la época de Jesús. Los judíos de la diáspora (que vivían fuera de Palestina) no tenían fácil acceso al reconstruido templo de Jerusalén. Por tanto, también construyeron sinagogas, como indica el libro de Hechos (9:2, 20; 13:5, 14; 14:1; 17:1, 10, 17; 18:4, 19). El apóstol Pablo, al igual que Jesús, predicaba a menudo el evangelio en dichas sinagogas (Hch. 17:17; 18:4, 19; 19:8).

Las sinagogas no tenían pastores o maestros a tiempo completo; la política conocida como "libertad de la sinagoga" permitía que cualquiera aprobado por el principal de la sinagoga enseñara. Así que, si un notable maestro estaba disponible, probablemente lo invitarían a predicar, como ocurría con Pablo (cp. Hch. 13:14-15). Ante la ausencia de un maestro invitado, cualquiera de los hombres asistentes que estaban aprobados para hacer eso podría enseñar. Las sinagogas estaban dirigidas por ancianos (cp. Mr. 5:22), el principal de los cuales era el *archisunagōgos*, o principal de la sinagoga (Lc. 13:14; Hch. 18:8). Su responsabilidad era dirigir el culto de adoración y aprobar a los maestros. Había otro dirigente además del principal de la sinagoga y de los ancianos, el *chazzan*. Este era el guardián de los pergaminos en que se escribían las Escrituras (cp. v. 20) y era responsable de conseguir los pergaminos adecuados para la lectura de cada día y devolverlos al arca donde se guardaban. Además de servir como lugares de adoración, las sinagogas también proporcionaban instrucción para niños, al igual que las escuelas primarias de hoy, y servían como tribunales locales (cp. 12:11; Mt. 10:17).

El orden de la adoración en una sinagoga típica de la época de Jesús podría reconstruirse de la siguiente manera:

1. Acción de gracias o "bendiciones" habladas en relación (antes y después) con el *Shema*: "Oye, Israel: Jehová nuestro Dios, Jehová uno es. Y amarás a Jehová tu Dios de todo tu corazón, y de toda tu alma, y con todas tus fuerzas".
2. Oración, con respuesta de "amén" por parte de la congregación
3. Lectura de un pasaje del Pentateuco (en hebreo, seguido por traducción en arameo)
4. Lectura de un pasaje de los profetas (traducido de manera similar)
5. Sermón o mensaje de exhortación
6. La bendición pronunciada por un sacerdote, a la que la congregación

respondía con "amén". Cuando no estaba presente ningún sacerdote, una oración de cierre sustituía a la bendición (William Hendriksen, *New Testament Commentary: The Gospel of Mark* [Grand Rapids: Baker, 1975], pp. 75-76).

El relato que Lucas hace de la visita de Jesús a la sinagoga en Nazaret comenzó con la lectura de los profetas (en este caso de Isaías), y luego se ofreció la exposición.

MENSAJE

Vino a Nazaret, donde se había criado; y en el día de reposo entró en la sinagoga, conforme a su costumbre, y se levantó a leer. Y se le dio el libro del profeta Isaías; y habiendo abierto el libro, halló el lugar donde estaba escrito: El Espíritu del Señor está sobre mí, por cuanto me ha ungido para dar buenas nuevas a los pobres; me ha enviado a sanar a los quebrantados de corazón; a pregonar libertad a los cautivos, y vista a los ciegos; a poner en libertad a los oprimidos; a predicar el año agradable del Señor. Y enrollando el libro, lo dio al ministro, y se sentó; y los ojos de todos en la sinagoga estaban fijos en él. Y comenzó a decirles: Hoy se ha cumplido esta Escritura delante de vosotros. (4:16-21)

De los muchos sucesos que Lucas pudo haber elegido para comenzar su relato del ministerio de Cristo, eligió la visita de Jesús a **Nazaret.** Lo eligió porque lo que Jesús dijo en esta ocasión lo identifica como el Mesías y define a la perfección su ministerio. Esta primera de dos visitas registradas de Jesús a la ciudad de su crianza se llevó a cabo casi al inicio de su ministerio en Galilea; la otra visita, registrada por Mateo (13:54-58) y Marcos (6:1-6), se realizó casi al final.

Nazaret se ubicaba en una hondonada en las colinas de Galilea, justo al norte de la llanura de Esdrelón, como a mitad de camino entre el mar de Galilea y el mar Mediterráneo. Se trataba de una aldea insignificante en la época de Jesús (no se menciona en el Antiguo Testamento, en el Talmud, ni por Josefo), eclipsada por la ciudad más grande llamada Séforis justo al norte. Fue en esta apartada aldea **donde se había criado** Jesús (cp. la exposición de 1:26 en el cap. 4 de esta obra). A pesar de haber nacido en Belén y de que más tarde se estableció en Capernaúm (Mt. 4:13), Jesús siguió asociado con Nazaret a lo largo de su ministerio (4:34; 18:37; Mt. 21:11; 26:71; Mr. 1:24; Jn. 1:45; Hch. 10:38; 26:9), siendo llamado con desprecio "Jesús de Nazaret".

Conforme a su costumbre, Jesús **entró en la sinagoga en el día de reposo.** Dondequiera que estuviera realizando su ministerio, el Señor asistía a una sinagoga en sábado (cp. 6:6; 13:10; Mr. 1:21; 3:1-2; 6:2). Este sábado, Él fue elegido para **leer** de las Escrituras del Antiguo Testamento. Por respeto a las Escrituras y como era su costumbre, Jesús **se levantó** para leer. Alfred Edersheim refleja así el drama del momento:

> Cuando las alargadas sombras del sol de viernes se cerraron alrededor del tranquilo valle, Él oiría el recordado doble sonido de la trompeta desde la azotea de la casa del ministro de la sinagoga, que anunciaba el advenimiento del día santo. Una vez más, esta sonó a través del aún apacible aire de verano, para decir a todos que debían abandonar el trabajo. Pero se oyó una tercera vez, y entonces el "ministro" la puso a un lado para no llevarla y profanar así el día de reposo; porque el sábado había comenzado de verdad, y la lámpara festiva del día de reposo estaba encendida.
>
> Amaneció el sábado por la mañana, y Él acudió a la sinagoga donde, cuando era niño, joven y adulto, había ido muy a menudo a adorar en la humilde categoría de su rango, sentado no entre los ancianos y nobles, sino muchísimo más atrás. Viejos y conocidos rostros estaban alrededor de Él, las antiguas y conocidas palabras y los servicios le llegaron a los oídos. ¡Qué diferentes siempre habían sido para Él más que para sus paisanos, con quienes se había mezclado en adoración común! Y ahora Él se hallaba otra vez entre ellos, en realidad, un extraño entre sus propios compatriotas; esta vez para ser visto, oído, probado, examinado, usado o deshechado, según pudiera ser el caso. Era la primera vez, hasta donde sabemos, que Él enseñaba en una sinagoga, y en esta sinagoga de los suyos en Nazaret (*The Life and Times of Jesus the Messiah* [Grand Rapids: Eerdmans, 1974], 1:430-31).

Cuando se levantó para leer, el *chazzan* **le dio el libro** (rollo) **del profeta Isaías.** Era evidente que no estaba desenrollado en algún texto específico, por lo que Jesús, **habiendo abierto el libro, halló el lugar donde estaba escrito: El Espíritu del Señor está sobre mí, por cuanto me ha ungido para dar buenas nuevas a los pobres; me ha enviado a sanar a los quebrantados de corazón; a pregonar libertad a los cautivos, y vista a los ciegos; a poner en libertad a los oprimidos.** Jesús leyó de dos pasajes en Isaías: 61:1-2 y 58:6. Lo que leyó era, como sus oyentes muy bien sabían, profecía mesiánica. La frase **el Espíritu del Señor está sobre mí** refleja la realidad de que otra vez el Mesías estaría facultado por el Espíritu Santo (cp. las exposiciones de 3:22; 4:1, 14, anteriormente en esta obra). Jesús sería **ungido** por el Espíritu, apartado y fortalecido para el servicio especial, según Isaías 11:2 revela: "Y reposará sobre él [el Mesías; cp. v. 1], el Espíritu de Jehová; espíritu de sabiduría y de inteligencia, espíritu de consejo y de poder, espíritu de conocimiento y de temor de Jehová" (cp. 48:16).

El versículo 18 resume, de manera breve, el ministerio del Mesías. Cuatro metáforas describen la condición desesperada de los pecadores necesitados a quienes Dios busca para rescatarlos del infierno. Aunque los religiosos en este mundo se puedan imaginar que son ricos, libres, sanos y que no tienen impedimentos, a menos que reciban la salvación que Cristo trae, en realidad son pobres, prisioneros, ciegos y están esclavizados. Esas metáforas describen de forma gráfica la total falta que ellos tienen de algunos recursos espirituales para librarse de su dilema mortal. Solo a través de la obra de salvación del Mesías pueden ser rescatados del castigo en el infierno.

Primero, el Mesías iría a **dar buenas nuevas a los pobres.** Las buenas nuevas del evangelio son que los empobrecidos espiritualmente pueden hallar salvación. *Ptōchos* (**pobres**) se deriva de un verbo que significa "encogerse", "echarse atrás", o "acobardarse". Transmite la idea de un mendigo humillado en las sombras, agazapado por la vergüenza. En contraste con otra palabra griega, *penēs,* que describe a los trabajadores pobres, *ptōchos* caracteriza a aquellos en extrema privación que están reducidos a mendigar, tales como el mendigo Lázaro (16:20). En términos espirituales, los **pobres** son aquellos que reconocen que no tienen nada, por lo que se encomiendan a Dios (cp. 6:20; Mt. 5:3). Reconocen su bancarrota moral, y que todas sus obras de justicia son nada más que trapos de injusticia (Is. 64:6). El Mesías solo puede dar salvación a quienes reconocen que están espiritualmente destituidos y que solo Dios puede suplirles sus necesidades.

La pobreza espiritual no es un acto fingido; no se trata de falsa piedad o humildad, sino que es algo verdadero. El espiritualmente pobre es "pobre y humilde de espíritu" (Is. 66:2); es el quebrantado de corazón y contrito de espíritu (Sal. 34:18). Al tener un "espíritu quebrantado" y un "corazón contrito y humillado" (Sal. 51:17), el pobre es como el publicano arrepentido, quien "no quería ni aun alzar los ojos al cielo, sino que se golpeaba el pecho, diciendo: Dios, sé propicio a mí, pecador" (Lc. 18:13). Jesús declaró que es a tales personas las que Dios justifica (v. 14). En contraste, el Señor reprendió al grupo de la iglesia en Laodicea por creerse "rico, y [que se ha] enriquecido, y [que] de ninguna cosa [tiene] necesidad", mientras que en realidad era "un desventurado, miserable, pobre, ciego y desnudo" (Ap. 3:17).

Aunque aquí no se describe a los económicamente pobres, tales personas suelen ser terreno fértil para el evangelio (cp. 1 Co. 1:26-29). Sus circunstancias extremas los llevan a un nivel de desesperación que no siempre experimentan los que están bien. Por eso Jesús declaró que "es más fácil pasar un camello por el ojo de una aguja, que entrar un rico en el reino de Dios" (Lc. 18:25). Santiago escribió: "¿No ha elegido Dios a los pobres de este mundo, para que sean ricos en fe y herederos del reino que ha prometido a los que le aman?" (Stg. 2:5). Aquellos cuyas circunstancias de la vida les ofrece pocas esperanzas, a menudo están más dispuestos a recibir las buenas nuevas del evangelio.

Segundo, el Mesías iría a **pregonar libertad** espiritual **a los cautivos.** Los pecadores perdidos creen que son libres, y ven al cristianismo como una infracción a su derecho de ser y hacer lo que les viene en gana. Pero ese es un trágico engaño: los pecadores no son libres. Todos los pecadores deben a Dios una deuda impagable por violar la ley divina (Stg. 2:10; cp. Mt. 18:23-35), y están en esclavitud "a aquel que puede destruir el alma y el cuerpo en el infierno" (Mt. 10:28). Los perdidos también son esclavos de Satanás (Ef. 2:1-2), y "están cautivos a voluntad de él" (2 Ti. 2:26). Satanás usa el temor que ellos tienen a la muerte para esclavizarlos (He. 2:14-15). También son esclavos del pecado (Ro. 6:6, 16-20), ya "que todo aquel que hace pecado, esclavo es del pecado" (Jn. 8:34).

La buena noticia del evangelio es que Dios ha enviado a su Hijo para liberar a quienes están en esclavitud espiritual. En Isaías 42:5-7, Dios dijo del Mesías:

> *Así dice Jehová Dios, Creador de los cielos, y el que los despliega; el que extiende la tierra y sus productos; el que da aliento al pueblo que mora sobre ella, y espíritu a los que por ella andan: Yo Jehová te he llamado en justicia, y te sostendré por la mano; te guardaré y te pondré por pacto al pueblo, por luz de las naciones, para que abras los ojos de los ciegos, para que saques de la cárcel a los presos, y de casas de prisión a los que moran en tinieblas.*

Aphesis (**libertad**) significa "perdón" (no se traduce como libertad en 1:77; 3:3; 24:47; Mt. 26:28; Mr. 1:4; Hch. 2:38; 5:31; 10:43; 13:38; 26:18; Ef. 1:7; Col. 1:14; He. 9:22; 10:18). El Mesías liberará a los prisioneros al pagar el castigo porque ellos violaron la ley de Dios. Por medio de la muerte expiatoria de Cristo, Dios ha anulado "el acta de los decretos que había contra nosotros, que nos era contraria, quitándola de en medio y clavándola en la cruz" (Col. 2:14). Como Charles Wesley lo expresó en su extraordinario himno "Oh, que tuviera lenguas mil":

> El dulce nombre de Jesús nos libra del temor;
> En las tristezas trae luz, perdón al pecador.

Tercero, la misión del Mesías fue proveer **vista a los ciegos** para que se recuperaran espiritualmente. La ceguera espiritual es la condición natural de la humanidad caída. "No saben, no entienden, andan en tinieblas" (Sal. 82:5); "tienen ojos para ver y no ven" (Ez. 12:2). Jesús declaró: "Y esta es la condenación: que la luz vino al mundo, y los hombres amaron más las tinieblas que la luz, porque sus obras eran malas. Porque todo aquel que hace lo malo, aborrece la luz y no viene a la luz, para que sus obras no sean reprendidas" (Jn. 3:19-20). Además de la ceguera natural de ellos, Dios ciega judicialmente las mentes de los pecadores que no se arrepienten. El apóstol Juan escribió: "Cegó los ojos de ellos, y endureció su corazón; para que no vean con los ojos, y entiendan con el corazón, y se conviertan, y yo los sane" (Jn. 12:40; cp. Ro. 11:8). Satanás también "cegó el entendimiento de los incrédulos, para que no les resplandezca la luz del evangelio de la gloria de Cristo, el cual es la imagen de Dios" (2 Co. 4:4).

Pero el Mesías vino para abrir "los ojos de los ciegos" (Is. 42:7). Por misericordia Él es el "que nos visitó desde lo alto la aurora" (Lc. 1:78) "para dar luz a los que habitan en tinieblas y en sombra de muerte" (v. 79). Ya que Él es "la luz del mundo" (Jn. 8:12; 9:5; cp. 3:19; 12:46), aquel que lo sigue "no andará en tinieblas, sino que tendrá la luz de la vida" (Jn. 8:12). Pablo les recordó a los corintios: "Dios, que mandó que de las tinieblas resplandeciese la luz, es el que resplandeció en nuestros corazones, para iluminación del conocimiento de la gloria de Dios en la faz de Jesucristo" (2 Co. 4:6). Efesios 5:8 declara: "En otro tiempo erais tinieblas, mas ahora sois luz en el Señor" (cp. Col. 1:13). Pablo fue enviado a los gentiles "para que [abriera] sus ojos, para que se [convirtieran] de las tinieblas a la luz, y de la potestad de Satanás a Dios; para que [recibieran], por la fe que es en [Jesús] perdón de pecados y herencia entre los santificados" (Hch. 26:18).

Por último, el Mesías vino **a poner en libertad a los** que están espiritualmente **oprimidos.** Estos son individuos abrumados por las dolorosas circunstancias de la vida, en especial, la agotadora carga del pecado y la imposibilidad de guardar la ley de Dios (cp. 11:46; Mt. 23:4; Hch. 15:10). Jesús promete a tales personas: "Venid a mí todos los que estáis trabajados y cargados, y yo os haré descansar. Llevad mi yugo sobre vosotros, y aprended de mí, que soy manso y humilde de corazón; y hallaréis descanso para vuestras almas; porque mi yugo es fácil, y ligera mi carga" (Mt. 11:28-30). Juan escribió: "Pues este es el amor a Dios, que guardemos sus mandamientos; y sus mandamientos no son gravosos" (1 Jn. 5:3).

Debido a que Jesús ya había estado ministrando durante muchos meses (como ya se indicó en el estudio de su ministerio en Judea), estas cosas ya estaban sucediendo. Para aquellos en bancarrota espiritual, prisioneros de sus propios pecados y en espera de la sentencia del Juez de toda la tierra (Gn.18:25), cegados a la verdad, y oprimidos por la pesada carga de sus pecados, **el año agradable del Señor** había venido. "El día de salvación" (Is. 49:8) y el año de redención (Is. 63:4) había llegado.

Deteniendo su lectura de Isaías 61:2 en medio del versículo, Jesús enrolló **el libro, lo dio al ministro, y se sentó.** Este fue un momento dramático, y **los ojos de todos en la sinagoga estaban fijos en él** preguntándose cuál sería su mensaje. Lo que expresó a continuación fue impactante, inesperado y sin precedentes cuando **comenzó a decirles: Hoy se ha cumplido esta Escritura delante de vosotros.** Otros maestros habían hablado de un cumplimiento futuro de la profecía de Isaías, pero Jesús les dijo que ellos estaban presenciando su cumplimiento delante de sus ojos. La salvación había llegado; la era mesiánica había comenzado; el Mesías estaba presente ese día en la sinagoga en la persona de Jesús, un hombre de esa misma aldea.

REACCIÓN

Y todos daban buen testimonio de él, y estaban maravillados de las palabras de gracia que salían de su boca, y decían: ¿No es éste el hijo de José? Él les dijo: Sin duda me diréis este refrán: Médico, cúrate a ti mismo; de tantas cosas que hemos oído que se han hecho en Capernaum, haz también aquí en tu tierra. Y añadió: De cierto os digo, que ningún profeta es acepto en su propia tierra. Y en verdad os digo que muchas viudas había en Israel en los días de Elías, cuando el cielo fue cerrado por tres años y seis meses, y hubo una gran hambre en toda la tierra; pero a ninguna de ellas fue enviado Elías, sino a una mujer viuda en Sarepta de Sidón. Y muchos leprosos había en Israel en tiempo del profeta Eliseo; pero ninguno de ellos fue limpiado, sino Naamán el sirio. Al oír estas cosas, todos en la sinagoga se llenaron de ira; y levantándose, le echaron fuera de la ciudad, y le llevaron hasta la cumbre del monte sobre el cual estaba edificada la ciudad de ellos, para despeñarle. Mas él pasó por en medio de ellos, y se fue. (4:22-30)

Al principio, la reacción de las personas al mensaje de Jesús fue positiva, ya que **todos daban buen testimonio de él.** En especial **estaban maravillados de las palabras de gracia que salían de su boca.** La audiencia estaba asombrada de la inigualable habilidad para hablar que Él tenía, así como lo estuvieron quienes oyeron el Sermón del Monte (Mt. 7:28-29) y que más tarde también estarían aquellos que enviaron para arrestarlo (Jn. 7:46).

Pero de modo sorprendente, esa reacción positiva se invirtió rápidamente, y las personas intentarían matar al conocido Jesús. Ningún día de reposo comenzó alguna vez tan maravillosamente, y ninguno terminó de forma tan trágica. ¿Qué salió mal? ¿Qué cambió de manera tan radical la evaluación de ellos respecto a Jesús?

Sin duda, algunos se estaban preguntando por qué Jesús dejó su lectura de Isaías 61:1-2 en medio del versículo 2, omitiendo la referencia al "día de venganza del Dios nuestro". El pueblo judío esperaba que el Mesías viniera, y que se vengara de sus enemigos. Juan el Bautista había hablado del fuego que nunca se apagará del Juicio del Mesías (3:17), e incluso se desconcertó cuando Jesús no mostró señales de ejecutar venganza sobre los malvados (7:19-20).

Otros tal vez no podían conciliar el asombroso poder de oratoria de Jesús con la realidad de que este era **el hijo de José.** La familiaridad engendra desprecio, y todos los expertos son foráneos. A ellos les molestó la afirmación de Jesús de ser el Mesías, especialmente debido a la creencia popular de que el Mesías sería desconocido hasta que apareciera de repente con el fin de redimir a Israel (Jn. 7:27). ¿Cómo entonces podía este hombre, a quien habían conocido desde que era niño, ser posiblemente el Mesías?

Pero, sobre todo, a las personas les resintió la afirmación de Jesús de que la salvación es posible únicamente para quienes reconocen que son pobres, prisioneros, ciegos y oprimidos. Los oyentes de Jesús no estaban dispuestos a aceptar este tipo de calificativos, ya que se veían a sí mismos como justos. Después de todo, ellos guardaban la ley (al menos externamente); honraban el día de reposo, pagaban sus diezmos, observaban las ceremonias, y cumplían los rituales. Además, según los dirigentes judíos recordaban con orgullo: "Linaje de Abraham somos, y jamás hemos sido esclavos de nadie" (Jn. 8:33). En lugar de reconocer su pobreza espiritual, la esclavitud al pecado, la ceguera, la opresión y la necesidad de un Salvador, ellos cuestionaron si Jesús era realmente el Mesías. ¿Cómo podría ser Él si ni siquiera podía distinguir a los justos de los malvados?

Leyéndoles las mentes, Jesús **les dijo: Sin duda me diréis este refrán: Médico, cúrate a ti mismo.** En otras palabras, pruébanos tus afirmaciones. Jesús sabía que ellos estaban pensando que Él debía revelar su poder, y estaban listos a retarlo para verificar milagrosamente su condición de Mesías. Pensaron: **de tantas cosas que hemos oído que se han hecho en Capernaum, haz también aquí en tu tierra.** Si Él quería que ellos le aceptaran sus pretensiones de ser el Mesías, entonces podían esperar que realizara las mismas señales que al parecer había hecho en la cercana Capernaúm.

Sin embargo, la cuestión no era falta de evidencia sino dureza de corazón. Nunca habría suficientes milagros para satisfacerlos. Nadie en Israel, ni siquiera los dirigentes (Jn. 11:47), cuestionaron alguna vez la realidad de los milagros de Jesús, pero tampoco aceptaron lo que estos demostraban. Más bien, continuamente exigieron más señales como una condición de su fe (Mt. 12:38; 16:1-4), o incluso atribuyeron a Satanás el milagroso poder de Jesús (Mt. 12:24). Ninguna cantidad de milagros convencería a aquellos cuyas mentes estaban endurecidas. Juan escribió: "Pero a pesar de que había hecho tantas señales delante de ellos, no creían en él" (Jn. 12:37).

Jesús entendía que, humanamente hablando, a ellos les era difícil aceptar que alguien a quien conocían tanto pudiera ser realmente el Mesías. Al reconocer eso, Él pronunció la ahora trillada frase proverbial: **De cierto** (*amēn*; palabra usada para iniciar declaraciones importantes) **os digo que ningún profeta es acepto en su propia tierra** (cp. Mt. 13:57; Jn. 4:44).

Entonces Jesús hizo una brillante transición. En realidad les dijo: "Hablando de profetas mal acogidos, ¿qué hay de Elías y Eliseo?". La frase **de cierto os digo** reitera la importancia de lo que Él diría a continuación. El Señor les recordó primero que **muchas viudas había en Israel en los días de Elías.** Elías profetizó durante el reinado de Acab, uno de los reyes más perversos de Israel, que hizo perversidad "más que todos los reyes de Israel que reinaron antes que él, para provocar la ira de Jehová Dios de Israel" (1 R. 16:33). Influenciado por su pagana esposa gentil Jezabel, Acab fue un adorador de la deidad cananea Baal, y bajo su influencia floreció en Israel la adoración a Baal.

Como juicio divino sobre la apóstata nación, Elías anunció una sequía, y **el cielo fue cerrado por tres años y seis meses** (cp. Stg. 5:17), debido a la cual **hubo una gran hambre en toda la tierra.** Las graves condiciones fueron especialmente difíciles para las viudas, ya que las personas responsables de cuidarlas (cp. Éx. 22:22; Dt. 14:29; 16:11, 14; 24:17-21) no podían (o no querían) hacerlo. **Pero** a pesar de la proliferación de viudas en Israel, **a ninguna de ellas fue enviado Elías, sino a una mujer viuda en Sarepta de Sidón.** Esta no era una historia que al pueblo judío le gustaba que se la recordaran. Los oyentes de Jesús sin duda comenzaron a sentirse incómodos, o incluso furiosos porque Él trajera a colación esta historia. Desde la perspectiva de ellos ya era bastante malo que Elías sirviera a una viuda gentil y no a una israelita. Pero la región **de Sidón** era la patria de la malvada reina Jezabel (1 R. 16:31). Sin embargo, esta viuda era creyente en el Dios de Israel (1 R. 17:12, 24). El planteamiento de Jesús, que debió haber impactado y enfurecido a la audiencia, fue que Dios salvaría a una marginada mujer gentil que admitió su pobreza, esclavitud, ceguera y opresión (cp. 1 R. 17:18), pero que no salvaría a una judía que no lo admitió. La insinuación era que si ellos se negaban a abandonar su justicia propia y a admitir su desesperada necesidad espiritual, no podrían salvarse.

Pero Jesús no había terminado. A la creciente indignación de los reunidos en la sinagoga ante semejante acusación, Él añadió otra historia conocida y de alguna manera desagradable del Antiguo Testamento. Esta involucró al protegido y sucesor de Elías, Eliseo. **Y muchos leprosos había en Israel en tiempo del profeta Eliseo,** les recordó Jesús, **pero ninguno de ellos fue limpiado, sino Naamán el sirio.** En todo caso, esto fue aún más impactante que el servicio de Elías a una viuda gentil. **Naamán el sirio** no solo era un gentil, sino también un leproso, y por tanto doblemente marginado (cp. Nm. 5:2; 2 R. 7:3-4). Como si eso no fuera suficiente, también era un comandante militar enemigo, el "general del ejército del rey de Siria... [y] por medio de él había dado Jehová salvación a Siria" (2 R. 5:1). Cuando Eliseo le dijo a Naamán que se curaría de su lepra si se bañaba en el río Jordán, al principio el sirio no quiso hacerlo (vv. 10-12). Sin embargo, más tarde se humilló, obedeció la palabra del profeta, fue curado, y reconoció al Dios de Israel como el único Dios verdadero (vv. 14-15).

La intención de Jesús era clara e inequívoca. Dios ha traído salvación por medio de su llegada; pero, como siempre, esta solo es para quienes reconocen que son espiritualmente pobres, prisioneros, ciegos y oprimidos. A menos que sus oyentes estuvieran dispuestos a humillarse, como lo hicieron esa marginada viuda gentil y aquel enemigo sirio leproso, y admitieran su necesidad espiritual, no podrían ser salvos. Eso era demasiado para que el orgullo nacionalista y la justicia propia de los judíos pudiera soportar, y en consecuencia y de repente

al oír estas cosas, todos en la sinagoga se llenaron de ira; y levantándose, le echaron fuera de la ciudad, y le llevaron hasta la cumbre del monte sobre el cual estaba edificada la ciudad de ellos, para despeñarle. Se habían convertido en una turba de asesinos que intentaba matar a aquel que conocían muy bien y que les había enseñado la verdad de la Palabra de Dios. Pero el tiempo de Jesús aún no había llegado (cp. Jn. 7:30; 8:20), así que **pasó por en medio de ellos, y se fue.** Al fin, la turba obtuvo un milagro, aunque no el que estaban esperando: Jesús escapó de manera sobrenatural al intento de asesinarlo (cp. Jn. 7:30; 8:59; 10:39).

Los orgullosos habitantes de Nazaret no se humillaron, a pesar de la manera milagrosa en que el Señor escapó de las garras judías. Cuando Jesús regresó algún tiempo después, "estaba asombrado de la incredulidad de ellos" (Mr. 6:6; cp. Mt. 13:58). La negativa de admitir su miseria, esclavitud, ceguera y opresión espiritual está en marcado contraste con la viuda y el leproso gentiles que se arrepintieron. Esta es una notable ilustración de la verdad de que "Dios resiste a los soberbios, y da gracia a los humildes" (Stg. 4:6).

Desde cualquier punto de vista, la multitud religiosa consideró que la posición de nuestro Señor en la sinagoga no fue la de un "buscador amistoso", sino audaz, antagónica, de denuncia, y exasperante... hasta el grado máximo. Se enfurecieron tanto que intentaron matarlo. La verdad acerca de la condición del pecador siempre es menos aceptable para los hipócritas religiosos.

Autoridad de Jesús sobre los demonios

24

Descendió Jesús a Capernaum, ciudad de Galilea; y les enseñaba en los días de reposo. Y se admiraban de su doctrina, porque su palabra era con autoridad. Estaba en la sinagoga un hombre que tenía un espíritu de demonio inmundo, el cual exclamó a gran voz, diciendo: Déjanos; ¿qué tienes con nosotros, Jesús nazareno? ¿Has venido para destruirnos? Yo te conozco quién eres, el Santo de Dios. Y Jesús le reprendió, diciendo: Cállate, y sal de él. Entonces el demonio, derribándole en medio de ellos, salió de él, y no le hizo daño alguno. Y estaban todos maravillados, y hablaban unos a otros, diciendo: ¿Qué palabra es esta, que con autoridad y poder manda a los espíritus inmundos, y salen? Y su fama se difundía por todos los lugares de los contornos. (4:31-37)

C. S. Lewis escribió: "En lo que se refiere a los diablos, la raza humana puede caer en dos errores iguales y de signo opuesto. Uno consiste en no creer en su existencia. El otro, en creer en los diablos y sentir por ellos un interés excesivo y malsano. Los diablos se sienten igualmente halagados por ambos errores, y acogen con idéntico entusiasmo a un materialista que a un hechicero" (*Cartas del diablo a su sobrino* [Madrid: Rialp, 2004], p. 21). Nuestra cultura posmoderna y poscristiana se inclina por el último error. Un verdadero aluvión de libros y películas ha dado a conocer mundos fantásticos de magos, espíritus y seres extraterrestres. Irónicamente, investigaciones han documentado que las personas escépticas y no religiosas, y las personas en iglesias liberales son mucho más propensas a creer en supersticiones, en lo paranormal, y en la falsa ciencia que los cristianos evangélicos. Pero incluso dentro del cristianismo la realidad y la fantasía se han fusionado para crear una visión confusa y muchas veces no bíblica de reino demoníaco. Muchos creyentes, iglesias y ministerios están preocupados con los demonios. Prácticamente ven todo lo que está mal en la vida de un cristiano como resultado directo de actividad demoníaca, la cura para lo cual es exorcizar al demonio o los demonios responsables. Sin embargo, los creyentes no pueden ser poseídos por demonios, y no tienen que estar aterrorizados por ellos (véase el estudio de esos puntos más adelante en este capítulo).

No hay confusión en la Biblia con relación a Satanás y sus huestes demoníacas; ella revela claramente su origen, la actividad actual, y el destino que les espera. Originalmente eran santos ángeles, y Satanás era el de más alto rango entre todos ellos. Vivían en el cielo, donde servían y adoraban a Dios. Pero, a través del orgullo, Satanás se reveló contra Dios (Is. 14:12-14; Ez. 28:12-16), y un tercio de los santos ángeles se le unió en el intento de golpe de estado (Ap. 12:3-4). Como resultado de su orgullo y rebelión fueron expulsados del cielo junto con su líder (Lc. 10:18), aunque aún se les concede acceso al cielo (Job 1:6; 2:1). Durante la tribulación, después de una batalla culminante con Miguel y los santos ángeles, Satanás y los demonios serán permanentemente expulsados del cielo (Ap. 12:7-9).

En la época actual, los demonios operan en el mundo para lograr los propósitos de Satanás y frustrar los planes de Dios. Están detrás del perverso sistema mundial que domina las vidas de todos los que no pertenecen a Dios por medio de la fe en Jesucristo. En Juan 8:44, Jesús declaró que todos los incrédulos son hijos de Satanás, mientras Efesios 2:1-2 y 1 Juan 5:19 afirman que todo el mundo incrédulo está en poder del diablo. Satanás es el dios o gobernante de este mundo (Jn. 12:31; 14:30; 16:11), que ciega a los incrédulos a la verdad espiritual (2 Co. 4:4) y los lleva al engaño (2 Co. 11:13-15). Los demonios hacen su primera y única aparición en el Antiguo Testamento en Génesis 6:1-4 (aunque se les alude en Lv. 17:7; Dt. 32:17; Sal. 106:37), donde poseen a hombres caídos que cohabitaban con mujeres (cp. 2 P. 2:4-5; Jud. 6). En el Nuevo Testamento, la actividad demoníaca está confinada a los evangelios sinópticos y a Hechos (aunque Jesús fue acusado de estar poseído por demonios en Jn. 7:20; 8:48-52; 10:20-21; y se alude a los demonios en 1 Co. 10:20-21; 1 Ti. 4:1; Stg. 2:19; 3:15; Ap. 9:20; 16:14; 18:2), cuando hacen su ataque supremo sobre Jesús y los apóstoles. Son seres reales, personales y caídos que están entregados por completo a la maldad.

Este pasaje presenta un nuevo tema en el Evangelio de Lucas. Hasta este momento, Lucas se ha centrado en la persona de Cristo, presentando las credenciales de Él como Mesías, Hijo de Dios, y Salvador. Empezando en el versículo 31 y pasando por el capítulo 5, Lucas revela el poder de Jesús en los reinos espiritual y físico, sobre todo y todos, incluso demonios, religión y maestros religiosos, enfermedad, naturaleza y hasta muerte. El autor comienza debatiendo el poder de Jesús sobre los demonios por una razón muy importante. Si Jesús ha de liberar a aquellos que están cautivos por Satanás y sus huestes demoníacas, tiene que estar en capacidad de romper el poder que estas huestes tienen sobre las almas de los hombres a fin de liberarlos del reino de Satanás (cp. 2 Co. 10:3-5; Col. 1:13; He. 2:14-15). Es precisamente esa clase de poder sobre el reino demoníaco que el Señor demuestra en este pasaje.

Los espíritus malignos sabían por qué había venido Jesús. También eran muy conscientes del destino que Dios pronunció contra ellos: tormento en el "fuego eterno preparado para el diablo y sus ángeles" (Mt. 25:41). La encarnación del Hijo de Dios, que vino a salvar a los pecadores (Mt. 1:21; Lc. 19:10), intensificó la batalla eterna por las almas de los hombres. En su desesperación, durante el ministerio terrenal de Jesús los espíritus malignos lanzaron su ataque más generalizado y visible. Aun así, siempre que enfrentaron al Hijo encarnado de Dios, los demonios reaccionaron con terror y a menudo gritaron en alta voz (v. 33; cp. Mr. 1:23-25; 3:11; 5:1-7). Están obligados a creer en la verdad, y tiemblan de miedo a causa de ella (Stg. 2:19).

Este pasaje revela cuatro aspectos acerca de Jesús que aterraron a los demonios: predicación, propósito, pureza y poder del Señor.

PREDICACIÓN DEL SEÑOR

Descendió Jesús a Capernaum, ciudad de Galilea; y les enseñaba en los días de reposo. Y se admiraban de su doctrina, porque su palabra era con autoridad. Estaba en la sinagoga un hombre que tenía un espíritu de demonio inmundo, el cual exclamó a gran voz, diciendo: Déjanos; ¿qué tienes con nosotros, Jesús nazareno? (4:31-34*a*)

El Hijo de Dios era ante todo un predicador. Mateo 4:17 narra que, desde el principio de su ministerio en Galilea, "comenzó Jesús a predicar, y a decir: Arrepentíos, porque el reino de los cielos se ha acercado". Mateo 11:1 señala que "cuando Jesús terminó de dar instrucciones a sus doce discípulos, se fue de allí a enseñar y a predicar en las ciudades de ellos". Poco después del incidente registrado en este pasaje, Jesús declaró: "Es necesario que también a otras ciudades anuncie el evangelio del reino de Dios; porque para esto he sido enviado" (Lc. 4:43; cp. v. 18; Mr. 1:38). Lucas 8:1 lo encuentra yendo "por todas las ciudades y aldeas, predicando y anunciando el evangelio del reino de Dios, y los doce con él". Casi al final de su ministerio terrenal estaba todavía "enseñando Jesús al pueblo en el templo, y anunciando el evangelio" (Lc. 20:1). Incluso después de su resurrección Jesús predicó un último sermón a sus discípulos (Lc. 24:27). El ejemplo del Señor resalta la importancia vital de la predicación expositiva en la iglesia.

Capernaum, la ciudad adoptiva de Jesús (Mt. 4:13), era una **ciudad de Galilea,** ubicada en la orilla noroccidental del Mar de Galilea. Su nombre significa "ciudad de Nahúm", pero no se sabe si fue nombrada así por el profeta Nahúm del Antiguo Testamento. Capernaúm era una ciudad lo suficientemente importante para haber tenido apostados allí un centurión romano y un destacamento de soldados (Mt. 8:5). El hecho de que el centurión hubiera estado allí el tiempo suficiente para haber construido una sinagoga para los habitantes judíos (Lc. 7:5) sugiere que el hombre estaba permanentemente asignado a ese lugar. Un oficial del rey (lo más probable al servicio de Herodes Antipas) también vivió en Capernaúm (Jn. 4:46). En Lucas 10:15, Jesús reprendió a sus habitantes por la visión exaltada que tenían respecto a la importancia de su ciudad: "Y tú, Capernaum, que hasta los cielos eres levantada, hasta el Hades serás abatida". En cumplimiento de las palabras del Señor, Capernaúm fue finalmente tan destruida que no se sabe su ubicación exacta. Además de Jesús, varios de los apóstoles estuvieron asociados con Capernaúm, inclusive Pedro y Andrés (Mr. 1:21, 29), quienes se mudaron de Betsaida (Jn. 1:44), y también Mateo, cuyo puesto de recaudador de impuestos estaba en la ciudad o cerca de ella (Mt. 9:1, 9).

Según era su costumbre (cp. la exposición de 4:15-16 en el cap. 23 de esta obra), Jesús **les enseñaba en los días de reposo** en la sinagoga. Pudo haber sido que el Señor eligiera el mismo texto de Isaías 61:1-2 que predicara antes en Nazaret. Cualquiera que fuera el texto proclamado, quienes lo oyeron **se admiraban de su doctrina, porque su palabra era con autoridad. Admiraban** se traduce de una forma del verbo *ekplēssō*, que describe sorpresa, asombro o estupefacción. La audiencia en la sinagoga se mostró sorprendida por el poder de la enseñanza de Jesús y por su absoluta **autoridad.** A diferencia de los maestros a quienes solían oír, Jesús no citó a otros rabinos, sino que declaró la Palabra de Dios. Su enseñanza era poderosa, veraz, expresada con gran claridad, y produjo tremenda convicción. Pero, en esta ocasión, la convincente fuerza de la predicación del Señor se encontró, por extraño que parezca, con un demonio. Ese día **estaba en la sinagoga un hombre que tenía un espíritu de demonio inmundo.** Ese **demonio,** como el texto griego revela, literalmente moraba en el **hombre.** Que Lucas describa al **espíritu** como **inmundo** no indica que fuera un demonio específicamente maligno; todos los demonios son espíritus inmundos (cp. 6:18; Mt. 10:1; 12:43; Mr. 3:11, 30; 5:2, 8, 13; 7:25; 9:25).

En el Nuevo Testamento, el comportamiento único y extraño asociado con la posesión demoníaca no se debe confundir con locura. Los demonios siempre eran racionales cuando hablaban; entendían quién era Jesús y que Él iba a destruirlos. Incluso cuando un demonio se dirigió a incrédulos les habló de manera racional, diciendo a unos aspirantes a exorcistas: "A Jesús conozco, y sé quién es Pablo; pero vosotros, ¿quiénes sois?" (Hch. 19:15).

La posesión demoníaca era un fenómeno generalizado durante el ministerio terrenal del Señor Jesucristo y, en menor medida, en los ministerios de los apóstoles (cp. Hch. 16:16-18). Durante el tiempo futuro de tribulación, la actividad demoníaca volverá a aumentar dramáticamente. Algunos de los demonios atados ahora en el pozo del abismo serán liberados para unirse a los que ya operan en el planeta y ocasionarán estragos (Ap. 9:1ss).

Cuatro expresiones del Nuevo Testamento describen la posesión demoníaca. Primera, quince veces se dice que tales personas tienen un demonio o espíritu inmundo (v. 33; 7:33; 8:27; 13:11; Mt. 11:18; Mr. 3:22, 30; 9:17; Jn. 7:20; 8:48, 49, 52; 10:20; Hch. 8:7; 16:16), lo que indica que a un individuo endemoniado el demonio lo habitaba, controlaba y atormentaba. Las expresiones repetidas "habían entrado en él" (Lc. 8:30), "echó fuera" (Mt. 8:16; 9:33; 12:24, 28; Mr. 1:34), "salieron" (Mt. 8:32), "sal" (Mr. 5:8), y "saliendo" (Mr. 5:13) también indican que los demonios moran en sus víctimas. La posesión demoníaca es un fenómeno sobrenatural, inexplicable en términos psicológicos o físicos (aunque puede haber síntomas físicos relacionados; cp. Mt. 9:32; 12:22; 17:14-15; Mr. 1:26; 5:5; Lc. 8:27; 9:42). Cabe anotar también que en ninguna ocasión en que Jesús liberara de posesión demoníaca a alguien hubo una referencia al perdón de pecados. Ni todos los liberados se arrepentían y creían. Los individuos endemoniados a quienes Jesús liberó no necesariamente eran más malvados que otros pecadores. El énfasis está en el poder de Jesús sobre los demonios, no en los individuos que eran liberados. Pero después que Jesús y los apóstoles salieron de la escena, la única manera de ser liberado de los demonios es por medio de la fe salvadora en el Señor Jesucristo.

La segunda expresión se traduce del verbo *daimonizomai*, que aparece trece veces en el Nuevo Testamento (8:36; Mt. 4:24; 8:16, 28, 33; 9:32; 12:22; 15:22; Mr. 1:32; 5:15, 16, 18; Jn. 10:21), y se traduce "endemoniado" o "demonio". Al igual que la primera expresión, se refiere a alguien habitado y controlado por uno o varios demonios hasta el punto de que no puede resistir con éxito a la influencia general que los demonios tienen en promover falsa doctrina (1 Ti. 4:1), falsa adoración (1 Co. 10:20-21), inmoralidad (1 Ti. 4:1-3), y actitudes de celos, divisiones y orgullo (Stg. 3:13-16).

Tercera expresión: la Biblia habla de aquellos con espíritu "inmundo" (Mr. 1:23; 5:2) o que tenían uno (Mr. 7:25). Tales frases también indican que los demonios moran en sus víctimas.

Por último, Hechos 5:16 habla de aquellos "atormentados de espíritus inmundos", destacando el tormento que los endemoniados sufren.

En Mateo 12:43-45, Jesús ofreció un ejemplo de posesión demoníaca. El individuo endemoniado se parece a una casa (v. 44), lo que demuestra otra vez que los demonios habitan en sus víctimas. Por alguna razón no especificada, este demonio salió de su víctima. Quizás buscó otra persona más adecuada en la cual residir, o tal vez se molestó por los intentos de exorcistas (como los hijos de Esceva en Hch. 19:13-14) y decidió salir. Tal vez fue expulsado por Jesús de un individuo que no llegó a la fe salvadora puesta en Él. De todos modos, cuando sale de su víctima el demonio "anda por lugares secos, buscando reposo, y no lo halla" (v. 43). Pero incapaz de hallar una situación mejor, el demonio decide regresar a la "casa de donde [salió]" (v. 44). Al volver, el demonio "halla [la casa] desocupada, barrida y adornada" (v. 44), una referencia a la reforma moral y religiosa separada de la verdadera salvación. Eso hace que la víctima sea un huésped incluso más atractivo para los demonios y sus amigos; los demonios se pueden disfrazar con éxito como ángeles de luz (2 Co. 11:14-15) en personas exteriormente religiosas. El resultado final fue que "el postrer estado de aquel hombre viene a ser peor que el primero" (v. 45). Exorcismos ritualistas y esfuerzos propios por reformarse aparte de la verdadera salvación no liberarán a nadie del reino de Satanás. Solamente aquel que ha puesto su "fe en Cristo Jesús… [es] librado de la potestad de las tinieblas, y trasladado al reino de su amado Hijo" (Col. 1:4, 13).

Hay quienes sostienen que los verdaderos cristianos pueden ser poseídos por demonios; es decir, que habiten realmente demonios en ellos y no que tan solo influyan en ellos. Un defensor de ese punto de vista escribe: "Un verdadero cristiano puede llegar a estar poseído al menos hasta cierto grado, incluso hasta el punto en que hable con voces extrañas o en lenguas extrañas" (C. Fred Dickason, *Angels, Elect and Evil* [Chicago: Moody 1975], p. 191). Sin embargo, Dickason no cita evidencia bíblica que apoye su afirmación, sino más bien supuesta "evidencia de campos misioneros y consejería clínica" (p. 190).

En mi libro *How to Meet the Enemy*, resumo la evidencia bíblica de que los cristianos no pueden ser poseídos por demonios:

> No hay un claro ejemplo en la Biblia en que alguna vez un demonio habitara o invadiera a un verdadero creyente. Nunca en las epístolas del Nuevo Testamento se advierte a los cristianos acerca de la posibilidad de ser habitados por demonios. Tampoco vemos a alguien reprendiendo, atando o expulsando demonios de un verdadero creyente. Las epístolas no instruyen a los creyentes a echar fuera demonios, sea de creyentes o de incrédulos. Cristo y los apóstoles fueron los únicos que expulsaron demonios y, en cada caso, las personas endemoniadas eran incrédulas.
>
> La enseñanza colectiva de la Biblia es que los demonios no pueden ocupar espacio como habitación en un verdadero creyente. Una clara implicación de 2 Corintios 6, por ejemplo, es que donde mora el Espíritu Santo no pueden cohabitar los demonios:
>
>> ¿Y qué concordia [tiene] Cristo con Belial? ¿O qué parte el creyente con el incrédulo? ¿Y qué acuerdo hay entre el templo de Dios y los ídolos? Porque vosotros sois el templo del Dios viviente, como Dios dijo: Habitaré y andaré entre ellos, y seré su Dios, y ellos serán mi pueblo (vv. 15-16).
>
> En Colosenses 1:13, Pablo dice que Dios "nos ha librado de la potestad de las tinieblas, y trasladado al reino de su amado Hijo". La salvación trae verdadera liberación y protección de Satanás. En Romanos

> 8:37, Pablo declara que somos más que vencedores por medio de Cristo. En 1 Corintios 15:57, afirma que Dios nos proporciona la victoria. En 2 Corintios 2:14, él expresa que Dios siempre nos lleva en triunfo. En 1 Juan 2:13, el apóstol habla de que hemos vencido al maligno. Y en 4:4 declara que el Espíritu Santo que mora en nosotros es superior a Satanás. ¿Cómo podría alguien afirmar esas gloriosas verdades, y sin embargo creer que los demonios pueden habitar en creyentes verdaderos? ([Wheaton, Ill.: Victor, 1992], pp. 22-23).

La poderosa predicación del Señor Jesucristo enervó a este demonio particular, **el cual exclamó** (vociferación que significa gritar de espanto, temor o terror) **a gran voz** en medio del mensaje de Cristo. El demonio sintió el poder de la presencia del Soberano, el Hijo de Dios, quien había venido al mundo a invadir el reino de las tinieblas y a liberar a muchos cautivos del diablo llevándoles salvación. Mientras Jesús predicaba las buenas nuevas de que Él había venido a liberar a pobres, prisioneros, ciegos y oprimidos (cp. la exposición de 4:14-30 en el cap. 23 de esta obra), la terrible realidad de la perdición final sacudió al demonio, y este entró en pánico. Por tal razón gritó: **Déjanos; ¿qué tienes con nosotros, Jesús nazareno?** La frase **qué tienes con nosotros** (literalmente "¿qué tienes que ver con nosotros?"; cp. la misma frase usada por otro demonio en 8:28) es una expresión idiomática. Lo que el demonio está diciendo es: "¿Por qué nos estás atacando?". El espíritu inmundo sabía muy bien que **Jesús nazareno** era el Hijo de Dios, la segunda persona de la Trinidad, quien tenía absoluto poder y autoridad sobre él. Debe tenerse en cuenta que en el entorno religioso como el de Israel, los demonios preferían permanecer ocultos sentándose en las reuniones religiosas. Ese es su disfraz de "ángeles de luz", y prefieren no ponerse al descubierto. Toda falsa religión, por moral que sea, está controlada por demonios y sin duda hay demonios presentes en los líderes y en las personas engañadas. No obstante, permanecen en silencio a propósito. Este demonio no pudo resistir su terror cuando el Hijo de Dios estuvo presente.

PROPÓSITO DEL SEÑOR

¿Has venido para destruirnos? (4:34*b*)

El demonio estaba aterrado no solo porque sabía quién era Jesús, sino también porque sabía cuál era el propósito de Cristo para él y sus demonios compañeros. En 1 Juan 3:8 se declara tal propósito de manera sucinta: "Para esto apareció el Hijo de Dios, para deshacer las obras del diablo". **Destruirnos** se traduce de una forma del verbo *appollumi*, que significa "arruinar", "aniquilar", "eliminar" o "poner fin". Los demonios han sido sentenciados a tormento eterno en el infierno por su rebelión contra Dios. A este le aterraba que Jesús fuera a llevar a cabo esa sentencia en ese mismo instante, y a enviarlo al pozo del abismo (cp. 8:31; Mt. 8:29).

El libro de Apocalipsis revela el plan definitivo de Dios para Satanás y los demonios. En el capítulo 20 versículos 1 al 3 el apóstol Juan escribió:

> *Vi a un ángel que descendía del cielo, con la llave del abismo, y una gran cadena en la mano. Y prendió al dragón, la serpiente antigua, que es el diablo y Satanás, y lo ató por mil años; y lo arrojó al abismo, y lo encerró, y puso su sello sobre él, para que no engañase más a las naciones, hasta que fuesen cumplidos mil años; y después de esto debe ser desatado por un poco de tiempo.*

Después de la tribulación, cuando Jesús se prepare para su reinado terrenal de mil años, encarcelará a Satanás (y por ende a los demonios) en el abismo. El abismo es actualmente el lugar temporal de prisión para algunos de los demonios (aquellos que pecaron en Gn. 6; cp. 1 P. 3:18-20; Jud. 6). No se trata del lugar definitivo de castigo para ellos, el cual es el lago de fuego (Mt. 25:41). El abismo será la celda de detención, por así decirlo, para Satanás y todos los demonios durante el milenio. Después de un último y desesperado asalto sobre Dios y su pueblo (Ap. 20:7-9), Satanás y los demonios serán arrojados al lago de fuego, donde serán sometidos al castigo eterno (Ap. 20:10).

PUREZA DEL SEÑOR

Yo te conozco quién eres, el Santo de Dios (4:34*c*)

A diferencia de los ateos, los teólogos liberales y los miembros de sectas, los demonios saben exactamente quién es Jesús. Es más, en la primera mitad del Evangelio de Marcos son los únicos que están seguros de que Él es el Hijo de Dios. El demonio, expresando el total terror de quien es absolutamente malvado en presencia de Aquel que es absolutamente santo, gritó: **Yo te conozco quién eres, el Santo de Dios.** Al igual que el resto de sus compañeros demonios, este fue obligado a reconocer que Jesús es el Santo Hijo de Dios (cp. v. 41; 8:28; Mr. 1:34; 3:11). Si el pueblo de Dios se asusta en la santa y divina presencia (cp. Is. 6:5; Ez. 1:28; Mt. 17:6; Ap. 1:17), ¿cuánto más un vil y malvado demonio? Sin embargo, Jesús no quería ni necesitaba el testimonio del infierno. Por tanto, silenció a los demonios siempre que estos le afirmaron la verdadera identidad (vv. 35, 41; cp. Mr. 1:25, 34; 3:12; Hch. 16:16-18). Ya que Cristo vive en los creyentes (Gá. 2:20), los demonios les temen, porque en ellos mora Aquel a quien temen en extremo.

PODER DEL SEÑOR

Y Jesús le reprendió, diciendo: Cállate, y sal de él. Entonces el demonio, derribándole en medio de ellos, salió de él, y no le hizo daño alguno. Y estaban todos maravillados, y hablaban unos a otros, diciendo: ¿Qué palabra es esta, que con autoridad y poder manda a los espíritus inmundos, y salen? Y su fama se difundía por todos los lugares de los contornos. (4:35-37)

Como ya se indicó, Jesús no quería publicidad de parte de un demonio. Por tanto, **le reprendió, diciendo: Cállate, y sal de él.** Jesús no recitó ningún encantamiento ni realizó ningún ritual; no hubo altercado, debate ni pelea. Él habló y el demonio no tuvo más alternativa que obedecer al instante. **Entonces el demonio, derribándole** al hombre **en medio de ellos** en un último e inútil acto de rebeldía, de mala gana **salió de él, y no le hizo daño alguno.** Jesús compadecido evitó que el demonio lastimara al hombre.

Las personas congregadas en la sinagoga habían estado asombradas de la enseñanza acreditada de Jesús. **Estaban todos** mucho más **maravillados** por esta demostración de autoridad absoluta de Él sobre el reino demoníaco sobrenatural, **y hablaban unos a otros, diciendo: ¿Qué palabra es esta, que con autoridad y poder manda a los espíritus inmundos, y salen?** Lo que habían presenciado no tenía precedentes. En otra ocasión una muchedumbre que vio cómo Jesús expulsaba a un demonio exclamó: "Nunca se ha visto cosa semejante en Israel" (Mt. 9:33). La **fama** por esta extraordinaria y asombrosa acción por parte de Jesús **se difundía** como fuego más allá de Capernaúm y **por todos los lugares de los contornos.**

Esta demostración del poder de Jesús sobre Satanás y los demonios deja ver la habilidad divina para liberar de las garras demoníacas a los pecadores. Aunque las fuerzas del infierno lanzaron un asalto total sobre Cristo durante su ministerio terrenal, Él las derrotó sin ningún esfuerzo. Y por medio de su muerte expiatoria en la cruz logró la redención de su pueblo, liberándolo para siempre del reino de las tinieblas (Col. 1:13). Los creyentes participan en la victoria de Cristo sobre Satanás y los demonios a través de su salvación y su unión con Él (cp. Gn. 3:15; Ro. 16:20). Martín Lutero expresó tal verdad en su himno "Castillo fuerte es nuestro Dios":

> Y si demonios mil están
> prontos a devorarnos,
> no temeremos, porque Dios
> sabrá cómo ampararnos.

Jesús: El Libertador divino 25

Entonces Jesús se levantó y salió de la sinagoga, y entró en casa de Simón. La suegra de Simón tenía una gran fiebre; y le rogaron por ella. E inclinándose hacia ella, reprendió a la fiebre; y la fiebre la dejó, y levantándose ella al instante, les servía. Al ponerse el sol, todos los que tenían enfermos de diversas enfermedades los traían a él; y él, poniendo las manos sobre cada uno de ellos, los sanaba. También salían demonios de muchos, dando voces y diciendo: Tú eres el Hijo de Dios. Pero él los reprendía y no les dejaba hablar, porque sabían que él era el Cristo. Cuando ya era de día, salió y se fue a un lugar desierto; y la gente le buscaba, y llegando a donde estaba, le detenían para que no se fuera de ellos. Pero él les dijo: Es necesario que también a otras ciudades anuncie el evangelio del reino de Dios; porque para esto he sido enviado. Y predicaba en las sinagogas de Galilea. (4:38-44)

Los registros históricos de la vida y el ministerio de Jesucristo en los evangelios contienen todo lo que Dios ha revelado acerca de Él. Cada uno de los cuatro escritores de los evangelios escribió desde su propia y exclusiva perspectiva y para una audiencia diferente. Mateo escribió principalmente para una audiencia judía, presentando a Jesús como el Mesías de Israel y como el legítimo Rey. Por eso, mientras Lucas registró la genealogía de María para mostrar el origen físico de Jesús, Mateo ofreció la genealogía de José, ya que la línea real venía a través de él. Mateo citó a menudo el cumplimiento de la profecía del Antiguo Testamento en la vida y el ministerio de Jesús. También se refirió a Jesús por el título mesiánico judío "Hijo de David". Sensible a la reverencia de sus lectores por el nombre de Dios, y a su renuencia por usarlo, Mateo es el único de los escritores de los evangelios que sustituye la frase "reino de Dios" por "reino de los cielos".

Marcos dirigió su evangelio a los gentiles, en particular a los romanos. Por eso tuvo cuidado en traducir palabras arameas (p. ej., 3:17; 5:41; 7:11, 34; 14:36; 15:22, 34) para sus lectores, y en explicar costumbres judías que ellos no habrían conocido (7:3-4). Su relato acelerado y caracterizado por el uso frecuente del término "inmediatamente" (más de cuarenta veces), apelaría a las acciones prácticas orientadas en los romanos. Marcos presentó a Jesús como el Siervo, que vino "para dar su vida en rescate por muchos" (10:45).

Lucas planteó un relato cuidadosamente investigado e históricamente exacto de la vida de Jesucristo. Se dirigió a una audiencia más amplia que Marcos, y presentó a Jesús como el Hijo del hombre (frase que usó más de dos docenas de veces), la respuesta a las necesidades y esperanzas de la humanidad.

Juan fue escrito mucho más tarde que los evangelios sinópticos (Mateo, Marcos, Lucas) para suplementarlos y complementarlos. Su propósito supremo y general, según lo declaró el mismo Juan, es presentar a Jesucristo como Dios, y animar a sus lectores a llegar a Él por medio de la fe: "Estas se han escrito para que creáis que Jesús es el Cristo, el Hijo de Dios, y para que creyendo, tengáis vida en su nombre" (20:31). El mismo propósito pudo haberse dado a los otros tres evangelios.

Pero a pesar de sus énfasis diferentes, todos los evangelios expresan la revelación de Jesucristo como Dios en cuerpo humano. Revelan que nació de una virgen, llevó una vida sin pecado, murió como sustituto por pecadores creyentes, y resucitó de los muertos tres días después, conquistando eternamente la muerte para todos los redimidos. El arrepentimiento del pecado, y la fe en Cristo y su obra producen perdón total del pecado y vida eterna. Las verdades divinas, las realidades espirituales, los logros únicos, y las gloriosas promesas que se registran como parte de la vida y el ministerio del Señor Jesús exigen que los evangelios se estudien concienzudamente.

Junto con las afirmaciones que Jesucristo hizo, los escritores de los evangelios también exponen evidencia convincente para la validez de las aseveraciones que Él hizo. Con ese fin, Lucas organiza la evidencia histórica para argumentar a favor de un caso extenso e irrefutable de que Jesús es el Dios-hombre, Mesías, y único Salvador. El interés de Lucas (igual que los otros escritores de los evangelios), entonces no está principalmente en los detalles históricos de la vida y el ministerio de Jesús, sino más bien en lo que tales detalles registrados con exactitud prueban indiscutiblemente acerca de Él.

Esta sección final del capítulo 4 podría parecer, a primera vista, una serie de comentarios breves e inconexos que resumen cierto período de la vida de Jesús. Pero en realidad están relacionados de manera muy cuidadosa. El pueblo judío quería ver señales que demostraran que Jesús era el Mesías (cp. 11:16; Mt. 12:38; 16:1; 1 Co. 1:22), y Lucas los proporcionó en este breve pasaje. Reveló el poder divino de Jesús sobre tres reinos: el reino natural, el reino sobrenatural y el reino eterno.

PODER DE JESÚS SOBRE EL REINO NATURAL

Entonces Jesús se levantó y salió de la sinagoga, y entró en casa de Simón. La suegra de Simón tenía una gran fiebre; y le rogaron por ella. E inclinándose hacia ella, reprendió a la fiebre; y la fiebre la dejó, y levantándose ella al

instante, les servía. Al ponerse el sol, todos los que tenían enfermos de diversas enfermedades los traían a él; y él, poniendo las manos sobre cada uno de ellos, los sanaba. (4:38-40)

Las consecuencias físicas de la caída son universales y devastadoras. El nacimiento es el primer paso hacia la muerte. Deformidad, enfermedad, debilidad, lesiones, trastornos y muerte forman la biografía universal de la humanidad. Para ser el Salvador de su pueblo y llevarlo hacia las perfecciones del cielo eterno, el Mesías debe tener el poder para revertir todos esos efectos naturales de la caída. Este pasaje proporciona tanto un ejemplo específico como una referencia general del poder de Jesús sobre el reino natural.

Después de predicar en la sinagoga de Capernaúm y de expulsar un demonio de uno de los hombres de la audiencia (vv. 31-37), **Jesús se levantó y salió de la sinagoga, y entró en casa de Simón.** La reunión del día de reposo en la sinagoga por lo general terminaba cerca del mediodía y era seguida por la comida principal del día. Este es el segundo día de reposo mencionado en el Evangelio de Lucas (cp. 4:16-30), y en ambos se presentó hostilidad (o humana o demoníaca) hacia Jesús (cp. 6:6-11; 13:10-17).

Simón Pedro aún no había sido oficialmente llamado a ser discípulo (cp. 5:1-10; Mt. 4:18-22 y Mr. 1:16-20 se refieren a un llamado preliminar y temporal; y Lucas al llamado definitivo y permanente de seguir al Señor) ni a ser apóstol (6:13-14). Lucas no necesitaba presentar a Pedro a sus lectores porque, para cuando escribió su evangelio, este hombre ya era conocido para todos ellos. Sin embargo, en este momento en la narración aún era miembro de la sinagoga en Capernaúm. A Pedro lo había presentado a Jesús su hermano Andrés (Jn. 1:35-42). En esa ocasión, Jesús le cambió el nombre a "Pedro" (griego) o "Cefas" (arameo) para indicar su papel futuro como parte del fundamento de la iglesia (Mt. 16:16-18). Pedro era originalmente de la cercana Betsaida (Jn. 1:44) y ahora operaba un negocio de pesca en Capernaúm con su hermano Andrés (Mt. 4:18) y con los socios que tenían; Jacobo y Juan (Lc. 5:10) también habían sido llamados poco antes a seguir a Jesús (Mr. 1:16-20). Después de haber estado presente en la sinagoga para oír la exposición sin precedentes de Jesús acerca de la Palabra de Dios, y tras presenciar la asombrosa demostración de poder sobre el reino demoníaco, Pedro invitó a Jesús a su casa para la comida del día de reposo, junto con Andrés el hermano de Pedro, Jacobo y Juan (Mr. 1:29).

Pero Pedro tenía más en mente que una comida, ya que al llegar Jesús se enfrentó a una crisis familiar. **La suegra de Simón** (1 Co. 9:5 se refiere a la esposa de Pedro) **tenía** una grave infección que dio como resultado **una gran fiebre.** (Solo Lucas el médico especifica al mal como "gran" [gr., *mega*; lit. "grande" o "grandiosa"] fiebre; Mt. [8:14] y Mr. [1:30] simplemente se refieren a ella como una fiebre). Totalmente conscientes del poder de Jesús (cp. 4:14, 23),

le rogaron por ella. Al instante el Señor respondió **e inclinándose hacia ella,** la tomó de la mano y en un gesto de tierna compasión (Mt. 8:15; Mr. 1:31), **reprendió a la fiebre; y la fiebre la dejó. Reprendió** se traduce de una forma del verbo *epitimaō*, que se usa casi exclusivamente en el Nuevo Testamento para hablar de reprender a personas o demonios (los otros casos únicos en que la palabra se usa para reprender un objeto inanimado están en los relatos de cuando Jesús calmó al mar [Mr. 4:39; Lc. 8:24]). Su uso aquí demuestra que Jesús tiene autoridad y poder sobre las fuerzas que debilitan el cuerpo natural. Ante la palabra de Cristo, **la fiebre la dejó** al instante. No hubo debilidad persistente, ni período de recuperación; todos los síntomas de la mujer desaparecieron a la vez. Totalmente sana y sin necesidad de recuperar las fuerzas perdidas en la batalla contra la infección, **levantándose ella al instante, les servía,** preparando y sirviendo la comida del día de reposo a los muchos miembros de la familia y a los invitados.

El ministerio de sanidad del Señor instauró el modelo para el verdadero don de sanidad. Seis rasgos caracterizan su ministerio de sanidad y lo distinguen de aquellos falsos "curanderos", que se han presentado ante la Iglesia con sus falsas promesas engañosas y abusivas.

En primer lugar, Jesús sanaba con una palabra, como hizo en el caso del criado del centurión (Mt. 8:5-13) o con un toque como ocurrió con la suegra de Pedro (cp. Mr. 3:10; 5:25-34).

Segundo, Jesús sanaba al instante. No hubo sanidades progresivas; las personas que Él curó no mejoraron gradualmente. Como ya se indicó, los síntomas de la suegra de Pedro desaparecieron a la vez, y la salud se le restauró por completo. De igual modo, el criado del centurión "fue sanado en aquella misma hora" (Mt. 8:13); la mujer con la hemorragia fue curada "en seguida" (Mr. 5:29); los diez leprosos quedaron limpios de su enfermedad tan pronto como salieron para mostrarse ante los sacerdotes (Lc. 17:14); en el caso de otro leproso, "extendiendo él [Jesús] la mano, le tocó... y al instante la lepra se fue de él" (Lc. 5:13); cuando Jesús ordenó al paralítico en el estanque de Betesda: "Levántate, toma tu lecho, y anda... al instante aquel hombre fue sanado, y tomó su lecho, y anduvo" (Jn. 5:8-9). Algunas personas presentan la sanidad del hombre ciego en Betsaida (Mr. 8:22-25) como ejemplo de una curación progresiva. Sin embargo, la declaración del hombre: "Veo los hombres como árboles, pero los veo que andan" (v. 24) tan solo definió su condición preexistente de ceguera. La verdadera curación fue instantánea (v. 25). Si las curaciones de Jesús no hubieran sido instantáneas, no habrían demostrado su poder sobrenatural sobre la enfermedad. Sus críticos podrían haber afirmado que las personas habían mejorado como consecuencia de procesos naturales.

Tercero, Jesús sanó totalmente. La suegra de Pedro fue curada de todos sus síntomas y pasó al instante de estar postrada a servir alimentos. Cuando Jesús curó a un hombre "lleno de lepra" (Lc. 5:12), "al instante la lepra se fue de él" (v. 13). Lo mismo sucedió con todas las curaciones de Jesús; "los ciegos ven, los cojos andan, los leprosos son limpiados, los sordos oyen" (Mt. 11:5).

Cuarto, según indica el versículo 40, Jesús sanaba a todos. No dejó atrás grandes filas de personas desilusionadas y desesperadas que no fueron sanadas, como ocurre con los curanderos modernos. Mateo 4:24 afirma: "Y se difundió su fama por toda Siria; y le trajeron todos los que tenían dolencias, los afligidos por diversas enfermedades y tormentos, los endemoniados, lunáticos y paralíticos; y los sanó". Según Mateo 12:15, "le siguió mucha gente, y sanaba a todos", mientras que Lucas 6:19 señala que "toda la gente procuraba tocarle, porque poder salía de él y sanaba a todos". Tan extendidas fueron las sanidades de Jesús que en realidad erradicó la enfermedad de Israel durante sus tres años de ministerio.

Quinto, Jesús curó enfermedades de órganos. No sanó dolencias vagas, ambiguas e invisibles como lumbago, taquicardia, o dolores de cabeza. Al contrario, restauró movilidad total en miembros paralizados, plena vista a ojos ciegos, audición total a oídos sordos, y limpieza completa en piel de leprosos. Jesús sanó "toda enfermedad y toda dolencia en el pueblo" (Mt. 4:23; cp. 9:35). Todas las curaciones de Jesús fueron señales innegables y milagrosas que hasta sus más acérrimos enemigos admitieron (Jn. 11:47).

Por último, Jesús resucitó muertos, no individuos que estaban en un coma temporal, o cuyos signos vitales fluctuaban durante una cirugía, sino a un joven en su ataúd al que llevaban a enterrar (Lc. 7:11-15), a una muchacha cuya muerte fue evidente a todos (Mr. 5:22-24, 35-43), y a un hombre que había estado muerto por cuatro días (Jn. 11:14-44).

A diferencia de los curanderos modernos, Jesús realizó sanidades en público ante enormes multitudes en varios lugares, no en entornos cuidadosamente organizados y muy controlados de sitios modernos de curación o de estudios de televisión. Tampoco sus curaciones dependían de la fe de la persona curada; la mayoría de quienes sanaron eran incrédulos, y por tanto incapaces de hacer una "confesión positiva" y afirmar su sanidad. El ministerio de Cristo fue tan sin precedentes que las personas exclamaban: "Nunca hemos visto tal cosa" (Mr. 2:12; cp. Jn. 9:32).

A los apóstoles (Lc. 9:1), los setenta (Lc. 10:1-9), y algunos colaboradores íntimos de los apóstoles (Bernabé [Hch. 15:12], Felipe [Hch. 8:6-7] y Esteban [Hch. 6:8]) también se les otorgó don de sanidad para autenticarlos como los predicadores de la verdad de Dios. Sus sanidades se caracterizaron por los mismos rasgos que identificaron a las curaciones de Cristo.

Los apóstoles sanaron con una palabra o un toque. Pedro simplemente le dijo a Eneas: "Jesucristo te sana" e inmediatamente sanó (Hch. 9:34). En la isla de Malta después de naufragar, "aconteció que el padre de Publio estaba en cama, enfermo de fiebre y de disentería; y entró Pablo a verle, y después de haber orado, le impuso las manos, y le sanó" (Hch. 28:8).

Los apóstoles sanaban al instante. Como ya se indicó, Eneas se puso bien en seguida. Cuando Pedro y Juan sanaron a un hombre "cojo de nacimiento" (Hch. 3:2), "al momento se le afirmaron los pies y tobillos; y saltando, se puso en pie y anduvo; y entró con ellos en el templo, andando, y saltando, y alabando a Dios" (vv. 7-8).

Los apóstoles sanaron por completo. "Eneas, que hacía ocho años que estaba en cama, pues era paralítico... en seguida se levantó"; su parálisis desapareció (Hch. 9:33-34). Pablo encontró en Listra a un hombre que "estaba sentado, imposibilitado de los pies, cojo de nacimiento, que jamás había andado" (Hch. 14:8). Pero cuando Pablo "dijo a gran voz: Levántate derecho sobre tus pies", el hombre "saltó, y anduvo" (v. 10).

Los apóstoles pudieron curar a todos de cualquier condición. Hechos 5:16 registra que "aun de las ciudades vecinas muchos venían a Jerusalén, trayendo enfermos y atormentados de espíritus inmundos; y todos eran sanados". Después que Pablo curara al padre de Publio, "también los otros que en la isla tenían enfermedades, venían, y eran sanados" (Hch. 28:9).

Los apóstoles curaron enfermedades orgánicas, tales como cojera (Hch. 3:2-8), parálisis (Hch. 9:33-34), y disentería (Hch. 28:8).

Por último, los apóstoles resucitaron muertos. Dios usó a Pedro para devolverle la vida a Dorcas, y a Pablo para restaurarle la vida a Eutico después que este muriera al caer por una ventana de un tercer piso (Hch. 20:9-12. Al haber estado presente, y al ser médico, Lucas [v. 8] sin duda se hallaba calificado para determinar si una persona estaba muerta).

El don de sanidad en el Nuevo Testamento no fue dado para conservar sanos a los creyentes, sino como una señal para que los incrédulos verificaran la autenticidad del evangelio y la legitimidad de sus predicadores. Afirmar que tal sanidad es la norma en la iglesia socava su papel exclusivo en autenticar a Jesús y a los apóstoles como reveladores de la verdad divina. De conformidad con ese propósito, las sanidades desaparecieron del escenario cuando la era apostólica llegó a su fin. Se registró que Pablo (Gá. 4:13-15), Epafrodito (Fil. 2:25-27), Timoteo (1 Ti. 5:23), y Trófimo (2 Ti. 4:20) estaban enfermos. Ninguno de ellos fue curado. Tampoco las epístolas del Nuevo Testamento, que definen la vida y la teología de la iglesia, se refieren a un ministerio de sanidad. No existe evidencia de que el tipo de curaciones que se vieron en la era de Jesús y los apóstoles continuara más allá de ellos (cp. 2 Co. 12:12). Tampoco tales curaciones fueron parte regular del propósito de Dios delante de ellos. Dichas sanidades son muy raras en el Antiguo Testamento; por ejemplo, ninguna se registra en los setecientos cincuenta años desde Isaías hasta Jesucristo. Dios puede elegir sanar a través de las oraciones de su pueblo, pero no a través de individuos que obran milagros como fue el caso de nuestro Señor y sus discípulos. (Para una explicación de Stg 5:14-16, véase *Comentario MacArthur del Nuevo Testamento: Santiago* [Grand Rapids: Portavoz, 2004]).

Al ponerse el sol, indica el final del día de reposo con sus restricciones sobre viajes y trabajo, a **todos** (Mr. 1:33 señala que "toda la ciudad se agolpó a la puerta") **los que tenían enfermos de diversas enfermedades los traían a** Jesús. La noticia viajó rápido y, al concluir el día de reposo, las personas pudieron hacer lo que se les permitía durante el día: sacar de casa a sus amigos y familiares necesitados con la esperanza de sanidad. No quedaron desilusionados. En consonancia con la compasión y el poder de Jesús para curar a cualquiera, y de la enfermedad o condición que fuera, **él, poniendo las manos sobre cada uno de ellos, los sanaba.** Nadie fue excluido. La demostración de sanidad en ese día pudo haber excedido a todas las curaciones registradas en todo el Antiguo Testamento, y Jesús realizó tales milagros durante los tres años de su ministerio.

PODER DE JESÚS SOBRE EL REINO SOBRENATURAL

También salían demonios de muchos, dando voces y diciendo: Tú eres el Hijo de Dios. Pero él los reprendía y no les dejaba hablar, porque sabían que él era el Cristo. (4:41)

Según se indica en el capítulo anterior de esta obra, si Jesús puede liberar a los cautivos en el reino de las tinieblas de Satanás, debe tener poder sobre este y sus huestes demoníacas. Como hiciera antes en la sinagoga (4:33-35), Jesús demostró ese poder de tal modo que **también salían demonios de muchos.** Al igual que el demonio expulsado en la sinagoga, estos estaban aterrados de Cristo. Ellos sabían la verdadera identidad de Jesús: que Él era el Hijo de Dios, la segunda persona encarnada de la Trinidad, con absoluta autoridad para enviarlos al tormento eterno. Confrontados con el segundo miembro de la Trinidad, aterrados se encontraron **dando voces y diciendo: Tú eres el Hijo de Dios** cuando salían de sus víctimas.

Sin embargo, Jesús no quería el testimonio de ellos, así que **los reprendía y no les dejaba hablar, porque sabían que él era el Cristo.** Jesús no solo tenía el poder para expulsarlos, sino también para acallarlos. Que los demonios afirmaran la identidad de Jesús solo crearía confusión. "Era del todo inadecuado que la condición mesiánica de Jesús fuera proclamada por los representantes del diablo. Si Él hubiera permitido esto sin haber silenciando a los demonios, hubiera dado motivos para una acusación formulada más tarde contra Él por parte de los fariseos de que era aliado de Satanás (Mt. 12:24; Mr. 3:22)" (Robert L. Thomas y Stanley N. Gundry, *A Harmony of the Gospels* [Chicago: Moody,

1978], p. 50). De igual manera, Pablo rechazó el testimonio demoníaco de una muchacha esclava poseída en Filipos (Hch. 16:16-18).

La autoridad de Jesús sobre los demonios reveló su poder para liberar a los pecadores cuyas mentes habían sido cegadas por el dios de ese mundo (2 Co. 4:4) y por sus ejércitos de demonios. Incluso hoy día los creyentes deben renovar sus mentes (Ro. 12:2; Ef. 4:23), y un día tendrán mentes totalmente libres de los efectos del engaño demoníaco. El Salvador de almas, el que rescatará a los pecadores del poder de Satanás (Ef. 2:1-3) y del reino de las tinieblas (Col. 1:13-16), debe demostrar que tiene poder absoluto sobre los demonios ocupantes.

PODER DE JESÚS SOBRE EL REINO ETERNO

Cuando ya era de día, salió y se fue a un lugar desierto; y la gente le buscaba, y llegando a donde estaba, le detenían para que no se fuera de ellos. Pero él les dijo: Es necesario que también a otras ciudades anuncie el evangelio del reino de Dios; porque para esto he sido enviado. Y predicaba en las sinagogas de Galilea. (4:42-44)

Cuando ya era de día, un domingo después de un sábado en que demostró enorme poder sobre los reinos natural y sobrenatural, Jesús **salió** de la casa de Pedro justo antes del amanecer mientras todavía estaba oscuro (Mr. 1:35) **y se fue a un lugar desierto.** Marcos revela que fue allá para orar (v. 35). Pero al poco tiempo **la gente le buscaba, y llegando a donde estaba, le detenían para que no se fuera de ellos.** Impresionados por el poder de Jesús para liberarlos de enfermedades y demonios, era comprensible que no quisieran que Él los dejara. El Señor no reprendió el interés de ellos en las señales milagrosas que había realizado. Pero tales señales no eran una finalidad en sí mismas, sino más bien un medio para un fin. Jesús no era principalmente un hacedor de milagros, sino un predicador del evangelio. Por tanto, **les dijo: Es necesario que también a otras ciudades anuncie el evangelio del reino de Dios; porque para esto he sido enviado.** Jesús afirmó en varias ocasiones que el Padre lo había enviado (Mt. 10:40; Mr. 9:37; Lc. 10:16; Jn. 4:34; 5:24, 30, 36, 37; 6:38, 39, 44, 57; 7:16, 28, 29, 33; 8:16, 18, 26, 29, 42; 9:4; 11:42; 12:44, 45, 49; 13:20; 14:24; 15:21; 16:5; 17:8, 18, 21, 23, 25; 20:21). Él no vino simplemente a demostrar su poder sobre las consecuencias del pecado en el cuerpo por medio de sanidad física, y de la mente al vencer la influencia demoníaca, sino que vino sobre todo a demostrar su poder para vencer las consecuencias eternas del pecado. Para que eso ocurra se requiere arrepentimiento y fe en el evangelio predicado (cp. Ro. 10:13-17). Solamente por fe en la verdad predicada los pecadores pueden ser rescatados del reino de las tinieblas de Satanás y entrar al **reino de Dios.** He aquí el primero de treinta y dos usos de este importante término teológico en el Evangelio de Lucas (lo usó seis veces más en Hechos). El **reino de Dios** es la esfera o dominio de salvación al que entran aquellos que responden en fe arrepentida a la predicación del evangelio. Por tanto, en conformidad con su misión del reino, Jesús **predicaba en las sinagogas de Galilea,** que aquí es un término genérico para toda la nación de Israel, incluso Galilea (Mr. 1:39), y no solamente la parte sur.

El poder del Señor mostrado sobre el reino natural, sobrenatural y eterno lo autenticó como el Hijo de Dios, enviado por el Padre para predicar el evangelio de salvación a los pecadores perdidos.

Características de la divinidad de Jesús

26

Aconteció que estando Jesús junto al lago de Genesaret, el gentío se agolpaba sobre él para oír la palabra de Dios. Y vio dos barcas que estaban cerca de la orilla del lago; y los pescadores, habiendo descendido de ellas, lavaban sus redes. Y entrando en una de aquellas barcas, la cual era de Simón, le rogó que la apartase de tierra un poco; y sentándose, enseñaba desde la barca a la multitud. Cuando terminó de hablar, dijo a Simón: Boga mar adentro, y echad vuestras redes para pescar. Respondiendo Simón, le dijo: Maestro, toda la noche hemos estado trabajando, y nada hemos pescado; mas en tu palabra echaré la red. Y habiéndolo hecho, encerraron gran cantidad de peces, y su red se rompía. Entonces hicieron señas a los compañeros que estaban en la otra barca, para que viniesen a ayudarles; y vinieron, y llenaron ambas barcas, de tal manera que se hundían. Viendo esto Simón Pedro, cayó de rodillas ante Jesús, diciendo: Apártate de mí, Señor, porque soy hombre pecador. Porque por la pesca que habían hecho, el temor se había apoderado de él, y de todos los que estaban con él, y asimismo de Jacobo y Juan, hijos de Zebedeo, que eran compañeros de Simón. Pero Jesús dijo a Simón: No temas; desde ahora serás pescador de hombres. Y cuando trajeron a tierra las barcas, dejándolo todo, le siguieron. (5:1-11)

Los últimos siglos han visto una enorme cantidad de libros escritos acerca del Señor Jesucristo. En el siglo XIX, la búsqueda del "Jesús histórico" vio innumerables explicaciones escritas en cuanto a Él. La mayoría se generaron desde una perspectiva racionalista y naturalista, en un supuesto intento de dejar atrás la fantasía bíblica del "Cristo de fe" por el real y no divino ni sobrenatural "Jesús de la historia". Las premisas antisobrenaturales controlaron su investigación, como I. Howard Marshall observa:

> Muchos de esos investigadores creían que el verdadero Jesús debió haber sido una persona común y corriente con nada sobrenatural o divino respecto a Él. Su vida debe haberse conformado a patrones

> humanos comunes, y es explicable en categorías simplemente humanas. Es evidente que para tales personas la frase "el Jesús histórico" significa un Jesús no sobrenatural (*I Believe in the Historical Jesús* [Grand Rapids: Eerdmans, 1977], pp. 110-11).

No debería ser ninguna sorpresa que quienes comenzaron con un sesgo antisobrenatural terminaran con un Jesús no sobrenatural. Marshall sigue indicando que:

> en todo caso la imagen de Jesús era la de un Jesús claramente plasmada por un artista del siglo XIX. El proceso llegó a su apogeo en el supuesto "Jesús liberal", un maestro de algún modo inofensivo que proclamaba la "paternidad de Dios y la fraternidad del nombre"... La crítica más fulminante [del "Jesús liberal"] vino de la pluma de William Temple, arzobispo de Canterbury, quien declaró sencillamente: "Por qué alguien debería haberse preocupado en crucificar al Cristo del protestantismo liberal siempre ha sido un misterio" (*I Believe in the Historical Jesus*, p. 113).

El famoso libro de Albert Schweitzer, *The Quest of the Historical Jesus*, escrito a principios del siglo XX, relata la búsqueda del siglo XIX del "Jesús histórico" y declara todos los inútiles esfuerzos. (Irónicamente, después procedió a exponer su propia interpretación escéptica y no bíblica de la vida de Cristo). Pero el siglo XX produciría sus propios puntos de vista aberrantes acerca de Jesús. El influyente crítico alemán del Nuevo Testamento, Rudolf Bultmann, fue famoso por su "propuesta de desmitificar" al Nuevo Testamento. En consecuencia, "para Bultmann nada sobrevivió de las obras de Jesús y muy poco de su enseñanza" (Marshall, *I Believe*, p. 126). La llamada "nueva búsqueda del Jesús histórico" en el mundo posterior a la Segunda Guerra Mundial llegó a la conclusión, igual que la antigua del siglo XIX, de que poco o nada se puede saber sobre la vida de Cristo. Las últimas décadas del siglo XIX vieron el surgimiento del Seminario de Jesús, cuyos miembros también reinventaron a Jesús para adaptarlo al rechazo que tenían en cuanto a la Biblia, un sesgo en contra de lo sobrenatural. Ellos incluso tuvieron la audacia de atribuirse el derecho a votar sobre qué dichos de Jesús fueron auténticos. (Para una defensa de la confiabilidad histórica de los relatos del evangelio sobre la vida y el ministerio de Jesús, véase Lee Strobel, *El caso de Cristo* [Miami: Vida, 2000]; para una crítica erudita de enfoques a los evangelios, véase Robert L. Thomas y F. David Farnell, *The Jesus Crisis* (Grand Rapids: Kregel, 1998).

Sin embargo, todos los esfuerzos escépticos de encontrar al "verdadero" Jesús están condenados al fracaso, porque no lo buscan en el único lugar donde se le puede hallar: el registro histórico divinamente inspirado e infalible de su vida y ministerio en los evangelios del Nuevo Testamento. Negar la veracidad de los evangelios y después tratar de construir una vida de Jesús es tanto inútil como absurdamente hipócrita.

Lucas es el más extenso de los cuatro evangelios, pero el lector no tiene que ocuparse de todo el libro para que la verdad relacionada con el Señor Jesucristo se vuelva evidente. El verdadero Jesús está inequívocamente revelado en cada sección de Lucas, no solo en este pasaje. Sus once versículos lo describen como totalmente humano; Él actuó y habló como un hombre, y fue aceptado como uno por el pueblo a su alrededor. Pero estos mismos versículos revelan que Él es más que un simple hombre. El profundo incidente en su vida presentado aquí revela con claridad su naturaleza esencial como Dios. A medida que se desarrolla esta historia de un incidente de pesca en el Mar de Galilea, se manifiestan cinco atributos divinos de Jesús. Él es la fuente de la verdad, omnisciente, omnipotente, santo y misericordioso.

JESÚS ES LA FUENTE DE LA VERDAD

Aconteció que estando Jesús junto al lago de Genesaret, el gentío se agolpaba sobre él para oír la palabra de Dios. Y vio dos barcas que estaban cerca de la orilla del lago; y los pescadores, habiendo descendido de ellas, lavaban sus redes. Y entrando en una de aquellas barcas, la cual era de Simón, le rogó que la apartase de tierra un poco; y sentándose, enseñaba desde la barca a la multitud. (5:1-3)

La frase **aconteció que** indica que había transcurrido una cantidad indefinida de tiempo desde los sucesos registrados en 4:38-44. El Señor aún estaba en Galilea, predicando (v. 44), sanando y expulsando demonios (vv. 40-41), lo que, como es comprensible, resultó en que grandes multitudes lo siguieran (v. 42; cp. v. 14; 5:15; 6:17; 7:11-12, 24; 8:4, 42, 45; 9:11, 37; 11:14, 29; 12:1, 54; 14:25. Al escribir más tarde en el siglo I, el historiador judío Josefo calculó la población de Galilea en cerca de tres millones, lo que permite el gran tamaño de las multitudes que seguían a Jesús). En un día en que no existían medios de comunicación, talentosos comunicadores atraían enormes multitudes, y Jesús era obviamente alguien sin igual (Jn. 7:46).

En esta ocasión, **estando Jesús junto al lago de Genesaret, el gentío se agolpaba sobre él para oír la palabra de Dios.** El **lago,** conocido más comúnmente como Mar de Galilea (el Antiguo Testamento se refiera a él como Mar de Cineret [Nm. 34:11; Jos. 12:3; 13:27], y el apóstol Juan lo denomina Mar de Tiberias [Jn. 6:1; 21:1], nombre por el que se le conocía cuando él escribió), es un lago de agua dulce de gran tamaño (aproximadamente de veintiún kilómetros de ancho por once de largo a casi doscientos cincuenta metros bajo el nivel del mar), lo cual es la característica dominante de toda la región de Galilea. El nombre **Genesaret** se deriva de la fértil llanura de ese nombre al noroeste del lago. La fuente principal de agua para el Mar de Galilea es el río Jordán, que surge de varias fuentes cerca del monte Hermón (2.814 metros sobre el nivel del mar) y desemboca al lago por el norte. El agrandado río Jordán sale del extremo sur del lago, y fluye hacia el sur dentro del Mar Muerto.

En esta como en otras ocasiones (Mr. 3:9; 4:1), las ansiosas multitudes aumentaron alrededor de Jesús, empujándolo hacia el borde del agua. Lo que captó la atención de las muchedumbres fue la predicación de Él acerca de **la palabra de Dios** (y, sin duda, la expectativa de milagros). Ese término no es aquí un sinónimo para la Biblia como sucede comúnmente en círculos cristianos de hoy. La frase **de Dios** en el griego es un genitivo subjetivo que indica fuente; las personas querían **oír** a Jesús hablando **la palabra** que venía directamente **de Dios.** Cuando Jesús departía, ellos literalmente oían a Dios hablando. El tema era las buenas nuevas de salvación, la verdad acerca de la entrada al reino de Dios. Era la gloriosa verdad de que los espiritualmente pobres podían volverse ricos; los prisioneros espirituales se liberarían; a los ciegos espirituales se les daría vista; y los espiritualmente esclavizados serían liberados de su servidumbre (cp. la exposición de 4:18 en el cap. 23 de esta obra). Se trataba de las buenas nuevas de perdón, salvación y vida eterna. "De cierto, de cierto os digo: El que oye mi palabra, y cree al que me envió, tiene vida eterna; y no vendrá a condenación, mas ha pasado de muerte a vida" (Jn. 5:24).

La enseñanza y la predicación de Jesús eran extraordinariamente distintas de las de los rabinos, cuya autoridad se relacionaba con citar a otros rabinos. Pero Jesús, siendo Dios, hablaba de la largamente esperada revelación divina del reino, al cual se podía entrar por medio de la fe en Él. Jesús no hablaba como lo haría un erudito del Antiguo Testamento ni como un teólogo. Lo que declaraba no era especulación filosófica ni tradición rabínica; era la voz de Dios. Jesús era el Hijo de Dios; Dios en carne humana (véase la exposición de 2:49 en el cap. 16 de esta obra), y cuando hablaba lo hacía con autoridad divina personal (Mt. 7:29; Mr. 1:27).

Jesús es la verdad encarnada, ya que Dios es verdadero (Sal. 31:5; Is. 65:16). Su palabra es una expresión de su verdad (Sal. 138:2). En Juan 14:6, Jesús declaró: "Yo soy el camino, y la verdad, y la vida". Anteriormente en su evangelio, el apóstol Juan escribió de Él: "Y aquel Verbo fue hecho carne, y habitó entre nosotros (y vimos su gloria, gloria como del unigénito del Padre), lleno de gracia y de verdad... Pues la ley por medio de Moisés fue dada, pero la gracia y la verdad vinieron por medio de Jesucristo" (1:14, 17).

Jesús enseñó varias veces que había sido enviado por Dios y por ende hablaba la verdad. En Juan 7:16, "Jesús les respondió y dijo: Mi doctrina no es mía, sino de aquel que me envió". Más tarde "dijo entonces Jesús a los judíos que habían creído en él: Si vosotros permaneciereis en mi palabra, seréis verdaderamente mis discípulos; y conoceréis la verdad, y la verdad os hará libres" (Jn. 8:31-32). A los dirigentes judíos les declaró: "Porque digo la verdad, no me creéis. ¿Quién de vosotros me redarguye de pecado? Pues si digo la verdad, ¿por qué vosotros no me creéis?" (Jn. 8:45-46). En Juan 12:49-50, Jesús volvió a afirmar que Él hablaba exactamente como el Padre le ordenaba: "Porque yo no he hablado por mi propia cuenta; el Padre que me envió, él me dio mandamiento de lo que he de decir, y de lo que he de hablar. Y sé que su mandamiento es vida eterna. Así pues, lo que yo hablo, lo hablo como el Padre me lo ha dicho".

Al estar presionado contra el agua en esa abarrotada orilla, Jesús **vio dos barcas que estaban cerca de la orilla del lago.** Estas eran barcas de pesca, no botes pequeños de remos. Eran suficientemente grandes para contener a Jesús y los doce discípulos (Mt. 8:23-24; 14:22-33; Mr. 6:31-32; 8:10; cp. Jn. 21:2-3 donde siete de los discípulos estaban en una barca). Estas embarcaciones particulares estaban varadas o ancladas en la orilla, **y los pescadores, habiendo descendido de ellas, lavaban sus redes** en preparación para la pesca de la noche siguiente. La pesca en el Mar de Galilea por lo general se hacía en la noche, y los pescadores lavaban, reparaban sus redes y trabajaban en sus barcas y en su equipo durante el día.

A fin de crear algún espacio entre Él mismo y la multitud que lo empujaba y que competía por un puesto cerca de Jesús, este se subió **en una de aquellas barcas, la cual era de Simón** (la otra podría haber pertenecido a Jacobo y Juan; cp. v. 10). La decisión del Señor de entrar a esa nave particular no se debió a una casualidad; Jesús no hacía nada sin propósito. Había llegado el momento de moverse no solo dentro de la barca de Pedro sino más intensamente en la vida de este hombre, junto con los otros dos que se convertirían en su círculo íntimo, Jacobo y Juan, para elevarlos al más alto nivel de compromiso.

Ya que el Señor había encontrado primero a Pedro (Jn. 1:41-42) cuando su hermano Andrés se lo presentó a Jesús, junto con Juan (el segundo discípulo anónimo de Juan el Bautista a quien se refiere el v. 35), comenzaron su interés inicial voluntario en seguir a Jesús como el Mesías. El primer llamado real de Pedro, junto con Andrés, Jacobo y Juan (Mt. 4:18-22; Mr. 1:16-20), los atrajo como hombres elegidos por el Señor para ser seguidores de Él. En este pasaje, solamente Lucas registra el último llamado de ellos, cuando abandonaron su negocio de pesca y se convirtieron en discípulos permanentes y de tiempo completo de Jesús. El Señor se enfocó en Pedro en particular, ya que él sería el líder reconocido de los doce (su nombre es el primero en todas las cuatro listas de los apóstoles en el Nuevo Testamento) y tenía gran influencia en los demás (cp. Jn. 21:3).

Tras entrar en la barca de Pedro, Jesús **le rogó que la apartase de tierra un**

poco. Estar en el agua liberó a Jesús de ser empujado por la multitud, permitió a las personas verlo mejor, y quizás pudo ofrecer mejor acústica, ya que la apacible superficie del lago hasta cierto punto amplificaría el sonido de su voz. Después que la barca se movió una corta distancia de la orilla y se ancló en su sitio, Jesús **sentándose** (como hacían tradicionalmente los rabinos cuando instruían; cp. 4:20; Mt. 5:1; 13:1; Jn. 8:2) **enseñaba desde la barca a la multitud** (cp. Mt. 13:2). Sin importar las exigencias o las dificultades, Jesús no se disuadiría de predicar la Palabra de Dios, que era lo que el Padre le había enviado a hacer (4:43; Mr. 1:38).

JESÚS ES OMNISCIENTE

Cuando terminó de hablar, dijo a Simón: Boga mar adentro, y echad vuestras redes para pescar. Respondiendo Simón, le dijo: Maestro, toda la noche hemos estado trabajando, y nada hemos pescado; mas en tu palabra echaré la red. Y habiéndolo hecho, encerraron gran cantidad de peces, (5:4-6*a*)

El reto que siempre enfrentan los pescadores es encontrar peces. Incluso pescadores experimentados, usando lo último en localización sonar de peces, vuelven a menudo con las manos vacías. Sin embargo, el Señor Jesucristo sabía exactamente dónde estaban los peces. Como Aquel que lo creó todo (Jn. 1:3; Col. 1:16; He. 1:2), tenía conocimiento exhaustivo de todas las criaturas, incluso hasta el punto de saber cuándo un gorrión cae a tierra (Mt. 10:29), ya que "no hay cosa creada que no sea manifiesta en su presencia" (He. 4:13). A medida que se desarrolla la historia, la omnisciencia de Jesús se hace evidente.

Cuando terminó de hablar a la multitud, Jesús le **dijo a Simón** (el verbo está en segunda persona del singular), **Boga mar adentro, y** entonces se dirigió a toda la tripulación manifestando: **echad** (este verbo está en segunda persona del plural) **vuestras redes para pescar.** Las **redes** no eran las pequeñas que usan ciertos individuos para pescar desde la orilla o en aguas superficiales (cp. Mt. 4:18), sino redes grandes parecidas a modernas redes de tiro y que se usaban para pescar en las aguas más profundas del lago.

Tal vez sorprendido de que un carpintero presumiera de decir a pescadores experimentados cómo pescar, **Simón** respondió al Señor y **le dijo: Maestro** (*epistatēs*; "jefe", "comandante"; un título respetuoso para alguien con autoridad, pero no una afirmación de deidad), **toda la noche** (cuando, como ya se indicó antes, por lo general se realizaba la pesca) **hemos estado trabajando y nada hemos pescado.** ¿Por qué entonces debía Él esperar que ellos pescaran al mediodía? Además, echar las enormes redes y arrastrarlas era un trabajo duro. Pero, por otra parte, este no era un carpintero común y corriente, sino uno que había sanado a la suegra de Pedro, así que añadió: **mas en tu palabra echaré la red.**

Si el mandato de Jesús los sorprendió, el resultado los dejó totalmente perplejos. Después que bajaran las redes, para su gran asombro **encerraron gran cantidad de peces.** Nada en su experiencia pudo haberlos preparado para tan inaudita captura en medio del día. Pero el omnisciente Salvador sabía exactamente dónde estaban los peces. Más adelante le diría a Pedro dónde hallar un pez determinado con una moneda específica en la boca (Mt. 17:27). Además, después de su resurrección, el Señor volvería a decirle a Pedro y a sus compañeros dónde bajar las redes para una enorme captura de peces (Jn. 21:1-6).

Saber dónde estaban los peces en el Mar de Galilea es simplemente una demostración de la omnisciencia de Jesús, quien describió exactamente al hombre que conduciría a Pedro y Juan al aposento alto donde celebrarían la última cena (Lc. 22:8-12). El conocimiento sobrenatural de Jesús de dónde se hallaba Natanael (Jn. 1:47-48) llevó a este a exclamar: "Rabí, tú eres el Hijo de Dios; tú eres el Rey de Israel" (v. 49). A Jesús no lo engañaban las superficiales profesiones de fe no salvadoras de parte de algunos, "pues él sabía lo que había en el hombre" (Jn. 2:25). "Porque Jesús sabía desde el principio quiénes eran los que no creían, y quién le había de entregar" (Jn. 6:64). La omnisciencia de Cristo fue prueba convincente de su deidad, e hizo que sus discípulos declararan: "Ahora entendemos que sabes todas las cosas, y no necesitas que nadie te pregunte; por esto creemos que has salido de Dios" (Jn. 16:30; cp. 21:17). Aquellas ocasiones en que Jesús restringió de manera voluntaria su omnisciencia (p. ej., Mt. 24:36; Mr. 11:13; Lc. 8:45-46) son coherentes con la sumisión de Él al Padre durante su encarnación (cp. el estudio de 3:22 en el cap. 20 de esta obra).

JESÚS ES OMNIPOTENTE

y su red se rompía. Entonces hicieron señas a los compañeros que estaban en la otra barca, para que viniesen a ayudarles; y vinieron, y llenaron ambas barcas, de tal manera que se hundían. (5:6*b*-7)

El hecho de que Jesús supiera la ubicación de los peces demostró su omnisciencia, pero el tamaño impresionante y sin precedentes de la pesca reveló su omnipotencia. Pedro y los demás quedaron atónitos y boquiabiertos ante la enorme cantidad de peces, pues sabían que no había explicación humana para ello. Nada como esto había sucedido antes; ninguna pesca de esta magnitud había habido en ningún lugar. Ellos estaban presenciando una demostración de poder divino cuando el Señor reunió en un solo sitio la enorme cantidad de peces que ahora casi hacía que **su red se** rompiera. Frenéticamente, Pedro y su tripulación **hicieron señas a los compañeros que estaban en la otra barca** (v. 7) **para que viniesen a ayudarles.** Corriendo a ir en ayuda de sus socios, la otra **barca** llegó junto a la de Pedro **y,** trabajando con frenesí, **llenaron ambas**

barcas. Pero la enormidad de la captura hizo que las embarcaciones comenzaran a hundirse bajo el asombroso peso de los peces.

Según ellos sabían del Antiguo Testamento, Dios no solo creó el mundo sino que también lo controla. Nehemías oró así: "Tú solo eres Jehová; tú hiciste los cielos, y los cielos de los cielos, con todo su ejército, la tierra y todo lo que está en ella, los mares y todo lo que hay en ellos; y tú vivificas todas estas cosas, y los ejércitos de los cielos te adoran. Tú eres, oh Jehová" (Neh. 9:6-7). Al ensalzar el control soberano del Señor sobre su creación, el salmista escribió:

> *¡Cuán innumerables son tus obras, oh Jehová! Hiciste todas ellas con sabiduría; la tierra está llena de tus beneficios. He allí el grande y anchuroso mar, en donde se mueven seres innumerables, seres pequeños y grandes. Allí andan las naves; allí este leviatán que hiciste para que jugase en él. Todos ellos esperan en ti, para que les des su comida a su tiempo. Les das, recogen; abres tu mano, se sacian de bien. Escondes tu rostro, se turban; les quitas el hálito, dejan de ser, y vuelven al polvo. Envías tu Espíritu, son creados, y renuevas la faz de la tierra (Sal. 104:24-30).*

En Isaías 50:2*b*, Dios declaró: "He aquí que con mi reprensión hago secar el mar; convierto los ríos en desierto; sus peces se pudren por falta de agua, y mueren de sed". Incluso el rey pagano Nabucodonosor reconoció el control soberano de Dios sobre toda su creación: "Todos los habitantes de la tierra son considerados como nada; y él hace según su voluntad en el ejército del cielo, y en los habitantes de la tierra, y no hay quien detenga su mano, y le diga: ¿Qué haces?" (Dn. 4:35).

Esos asombrados, atónitos y asustados (véase la exposición anterior del v. 8) pescadores sabían que estaban presenciando una confirmación de la verdad en cuanto a "que de Dios es el poder" (Sal. 62:11).

JESÚS ES SANTO

Viendo esto Simón Pedro, cayó de rodillas ante Jesús, diciendo: Apártate de mí, Señor, porque soy hombre pecador. Porque por la pesca que habían hecho, el temor se había apoderado de él, y de todos los que estaban con él, y asimismo de Jacobo y Juan, hijos de Zebedeo, que eran compañeros de Simón. (5:8-10*a*)

El Señor Jesucristo se acababa de revelar como el omnisciente y omnipotente Dios del universo. **Viendo Simón Pedro** la evidencia de **esto** en la pesca milagrosa, quedó abrumado al comprender que estaba frente al Dios santo. Pedro, totalmente consciente de que si veía a la deidad, la deidad también lo veía, y dándose cuenta de que Aquel que podía ver las profundidades del lago también podía ver las profundidades de su corazón, se sintió expuesto. Al instante **cayó de rodillas ante Jesús, diciendo: Apártate de mí, Señor, porque soy hombre pecador.** Pedro ya no usó el respetuoso término *epistatēs* como en el versículo 5, sino *kurios*, que significa: "Dios". Al ser un judío devoto, Pedro sabía que solo a Dios se debe adorar (4:8; Dt. 6:13), por tanto cayó de rodillas delante de Jesús en la posición de un adorador. La magistral enseñanza del Señor en la sinagoga, su poder para echar fuera un demonio, la sanidad de su suegra y, por encima de todo, la asombrosa cantidad de peces atrapados para lo que no había explicación humana, habían llevado a Pedro al lugar donde Jesús lo quería: al reconocimiento de su condición pecadora. Cualquiera que pudiera haber sido su pensamiento con relación a Jesús antes de este incidente, ahora Pedro no tenía duda de que Él era Dios, y reconoció su propia indignidad de estar en la presencia del Señor. La actitud de Pedro fue como la de ese publicano que, abrumado por su pecado, "no quería ni aun alzar los ojos al cielo, sino que se golpeaba el pecho, diciendo: Dios, sé propicio a mí, pecador" (Lc. 18:13).

La respuesta de Pedro, llena de temor y arrepentimiento, es característica de quienes están en la presencia de Dios. Abraham se describió como "polvo y ceniza" (Gn. 18:27). Job manifestó con humildad: "De oídas te había oído; mas ahora mis ojos te ven. Por tanto me aborrezco, y me arrepiento en polvo y ceniza" (Job 42:5-6). Después de encontrarse con el ángel del Señor (Cristo pre-encarnado), el padre de Sansón, Manoa, dijo "a su mujer: Ciertamente moriremos, porque a Dios hemos visto" (Jue. 13:22). Cuando "todo el pueblo [Israel] observaba el estruendo y los relámpagos, y el sonido de la bocina, y el monte [Sinaí] que humeaba; y viéndolo el pueblo, temblaron, y se pusieron de lejos. Y dijeron a Moisés: Habla tú con nosotros, y nosotros oiremos; pero no hable Dios con nosotros, para que no muramos" (Éx. 20:18-19). Después de ver una visión de Dios en su templo celestial, Isaías clamó aterrado: "¡Ay de mí! que soy muerto; porque siendo hombre inmundo de labios, y habitando en medio de pueblo que tiene labios inmundos, han visto mis ojos al Rey, Jehová de los ejércitos" (Is. 6:5). Cuando tuvo una visión de Dios, Ezequiel cayó sobre su rostro (Ez. 1:28). Cuando el apóstol Juan vio al Cristo glorificado, cayó "como muerto a sus pies" (Ap. 1:17).

El temor [que] **se había apoderado de** Pedro también lo sintieron **todos los que estaban con él,** que estaban igualmente abrumados **por la pesca que habían hecho.** Lucas nombra específicamente a **Jacobo y Juan** [los]**, hijos de Zebedeo, que eran compañeros de Simón.** Junto con Pedro, ellos formarían el grupo núcleo íntimo de los apóstoles. Más tarde, todos tres presenciarían una revelación aún más impresionante de la gloria divina de Cristo en la transfiguración (Mt. 17:1-6). Ese incidente también los traumatizó, y "se postraron sobre sus rostros, y tuvieron gran temor" (v. 6).

JESÚS ES MISERICORDIOSO

Pero Jesús dijo a Simón: No temas; desde ahora serás pescador de hombres. Y cuando trajeron a tierra las barcas, dejándolo todo, le siguieron. (5:10*b*-11)

En medio del terror de reconocer su pecado, Pedro quiso alejar al Señor, pero Jesús quería que Pedro se acercara más. El momento exacto en que el pecador siente el mayor alejamiento es el punto en que el Salvador busca reconciliación. En Salmos 51:17, David escribió: "Los sacrificios de Dios son el espíritu quebrantado; al corazón contrito y humillado no despreciarás tú, oh Dios". Dios declaró por medio del profeta Isaías: "Así dijo el Alto y Sublime, el que habita la eternidad, y cuyo nombre es el Santo: Yo habito en la altura y la santidad, y con el quebrantado y humilde de espíritu, para hacer vivir el espíritu de los humildes, y para vivificar el corazón de los quebrantados" (Is. 57:15; cp. 66:2). En su momento de más profunda separación en que, abrumados por su pecaminosidad, Pedro, Jacobo y Juan intentaron huir, Jesús extendió la mano para atraerlos hacia sí. Este es el glorioso momento de su arrepentimiento. Él hizo lo mismo con Isaías quien, en la presencia de Dios, maldijo su propia pecaminosidad y se consideró indigno de estar en la presencia del Santo. Pero el Señor intentó limpiarlo y usarlo como su instrumento (Is. 6:5-9).

Tratando de calmarlo y tranquilizarlo, **Jesús dijo a Simón: No temas.** No había necesidad de que él y sus compañeros se aterraran. Existe un temor apropiado y saludable hacia Dios, expresado por ejemplo en Deuteronomio 13:4: "En pos de Jehová vuestro Dios andaréis; a él temeréis, guardaréis sus mandamientos y escucharéis su voz, a él serviréis, y a él seguiréis". El temor reverencial es distinto del terror de los demonios o del pecador que teme el juicio de Dios e intenta huir de su presencia (cp. Ap. 6:15-17); es el temor del amor, la admiración, y la adoración que hace que el creyente se aferre al "Padre de misericordias" (2 Co. 1:3) y le sirva y le obedezca (cp. Dt. 10:12-13; 1 S. 12:24). El temor adecuado del Señor resulta en sabiduría (Sal. 111:10; Pr. 9:10) y adoración (Sal. 2:11).

La misericordia llevaría a Pedro de la cobardía en temor a ser **pescador de hombres** (*zōgreō*), que literalmente significa "capturar vivo". Pedro y sus compañeros habían pasado sus vidas atrapando peces con el propósito de matarlos; ahora pasarían el resto de sus vidas atrapando seres humanos para darles vida. Isaías temió ser destruido, pero en vez de eso fue llamado a predicar (Is. 6:8-11). Juan temió ser destruido, pero en lugar de eso fue llamado a escribir (Ap. 1:19). La gracia y la misericordia divina llevaron a Pedro, Jacobo y Juan del servil temor del juicio a evangelizar a los perdidos, sentando las bases para la gran comisión.

Este fue el llamado formal y permanente de Jesús a estos tres hombres al discipulado a tiempo completo, por lo que **cuando trajeron a tierra las barcas,**

dejándolo todo, le siguieron (cp. vv. 27, 28; 9:23, 49, 57, 59, 61; 18:22, 28, 43). En el pináculo de sus carreras terrenales, cuando acababan de tener la mejor pesca jamás vista en ese lago, ellos abandonaron sus barcas, le dieron la espalda a su negocio de pesca, dejaron todo, y siguieron a Jesús (cp. Lc. 9:23-25).

Aquellos que reconocen su inmunda condición de pecado y aceptan a Jesús como el Dios veraz, omnisciente, omnipotente, santo y misericordioso son a quienes Él reconcilia consigo mismo. Les perdona los pecados, les quita el temor al juicio que ocasiona el pecado, y les comisiona la gran tarea de evangelización, de atrapar hombres vivos para el reino de Dios.

El Salvador sanador y perdonador

27

Sucedió que estando él en una de las ciudades, se presentó un hombre lleno de lepra, el cual, viendo a Jesús, se postró con el rostro en tierra y le rogó, diciendo: Señor, si quieres, puedes limpiarme. Entonces, extendiendo él la mano, le tocó, diciendo: Quiero; sé limpio. Y al instante la lepra se fue de él. Y él le mandó que no lo dijese a nadie; sino ve, le dijo, muéstrate al sacerdote, y ofrece por tu purificación, según mandó Moisés, para testimonio a ellos. Pero su fama se extendía más y más; y se reunía mucha gente para oírle, y para que les sanase de sus enfermedades. Mas él se apartaba a lugares desiertos, y oraba. Aconteció un día, que él estaba enseñando, y estaban sentados los fariseos y doctores de la ley, los cuales habían venido de todas las aldeas de Galilea, y de Judea y Jerusalén; y el poder del Señor estaba con él para sanar. Y sucedió que unos hombres que traían en un lecho a un hombre que estaba paralítico, procuraban llevarle adentro y ponerle delante de él. Pero no hallando cómo hacerlo a causa de la multitud, subieron encima de la casa, y por el tejado le bajaron con el lecho, poniéndole en medio, delante de Jesús. Al ver él la fe de ellos, le dijo: Hombre, tus pecados te son perdonados. Entonces los escribas y los fariseos comenzaron a cavilar, diciendo: ¿Quién es éste que habla blasfemias? ¿Quién puede perdonar pecados sino sólo Dios? Jesús entonces, conociendo los pensamientos de ellos, respondiendo les dijo: ¿Qué caviláis en vuestros corazones? ¿Qué es más fácil, decir: Tus pecados te son perdonados, o decir: Levántate y anda? Pues para que sepáis que el Hijo del Hombre tiene potestad en la tierra para perdonar pecados (dijo al paralítico): A ti te digo: Levántate, toma tu lecho, y vete a tu casa. Al instante, levantándose en presencia de ellos, y tomando el lecho en que estaba acostado, se fue a su casa, glorificando a Dios. Y todos, sobrecogidos de asombro, glorificaban a Dios; y llenos de temor, decían: Hoy hemos visto maravillas. (5:12-26)

Como hemos visto, esta sección del Evangelio de Lucas revela el poder absoluto y total de Jesucristo sobre todos y sobre todo. En 4:1-13, derrotó cada tentación que el diablo le lanzara, y además demostró su poder sobre el reino de Satanás al echar fuera demonios (4:33-35, 41). La sanidad de la suegra de Pedro y de muchos otros (4:38-40) demostró el poder de Cristo sobre las enfermedades, mientras que la pesca milagrosa (5:1-11) demostró su poder sobre el reino de la naturaleza. Los milagros que realizó son testimonio importante en el registro bíblico de la vida de Jesús, ya que ofrecen prueba de su naturaleza divina.

Este pasaje narra dos ejemplos más del poder sobrenatural de Jesús sobre la enfermedad, pues sanó dos condiciones: lepra y parálisis, cuya cura estaba más allá del limitado conocimiento médico de esa época. Pero estas sanidades hacen más que revelar el poder y la compasión divina de Jesús. La historia de la sanidad del leproso proporciona una analogía respecto al enfoque del pecador arrepentido hacia Cristo, y el relato de la sanidad del paralítico contiene la revelación de la autoridad divina para perdonar pecados.

SANIDAD DE UN LEPROSO: ENFOQUE DEL PECADOR ARREPENTIDO HACIA JESÚS

Sucedió que estando él en una de las ciudades, se presentó un hombre lleno de lepra, el cual, viendo a Jesús, se postró con el rostro en tierra y le rogó, diciendo: Señor, si quieres, puedes limpiarme. Entonces, extendiendo él la mano, le tocó, diciendo: Quiero; sé limpio. Y al instante la lepra se fue de él. Y él le mandó que no lo dijese a nadie; sino ve, le dijo, muéstrate al sacerdote, y ofrece por tu purificación, según mandó Moisés, para testimonio a ellos. Pero su fama se extendía más y más; y se reunía mucha gente para oírle, y para que les sanase de sus enfermedades. Mas él se apartaba a lugares desiertos, y oraba. (5:12-16)

No se sabe la hora exacta ni la ubicación del encuentro del Señor con este leproso. Ocurrió durante su ministerio **en una de las ciudades** o aldeas cerca del lago de Galilea. El encuentro se puede analizar bajo tres encabezados: la temida enfermedad, la desesperada víctima, y la compasión divina.

LA TEMIDA ENFERMEDAD

se presentó un hombre lleno de lepra, (5:12*b*)

Lepra es un término general para gran cantidad de enfermedades de la piel. La más grave de ellas era la enfermedad de Hansen, que es la lepra como se le conoce hoy día. La descripción de Lucas de que el hombre estaba **lleno de lepra** sugiere que era leproso en el sentido más extremo del término. El deseo de limpieza de este hombre relaciona su enfermedad con el mal conocido, porque refleja la designación de los leprosos como inmundos en Levítico 13:45-46.

A la lepra, o enfermedad de Hansen, se le conoce por escritos antiguos (aprox. 600 a.C.) de China, India y Egipto, y de restos momificados de Egipto. Era bastante común en Israel para justificar la extensa regulación en la ley mosaica de quienes padecían tanto esta como otras enfermedades relacionadas de la piel (Lv. 13—14). El mal es causado por la bacteria *mycobacterium leprae*, descubierta por el científico noruego G. H. A. Hansen en 1873 (esta fue la primera bacteria en ser identificada como la causa de una enfermedad humana). La bacteria era trasmisible por medio del contacto y el aliento.

La lepra ataca la piel, los nervios periféricos (en especial cerca de las muñecas, los codos y las rodillas), y la membrana mucosa. Forma lesiones en la piel, y puede desfigurar el rostro al hacer que la nariz desaparezca y ocasionar pliegues en la piel (que lleva a algunos a llamarla "enfermedad del león" debido a la resultante apariencia de león en el rostro). Contrario a la creencia popular, la lepra no consume la carne. Debido a la pérdida de sensación (especialmente en manos y pies), las personas con la enfermedad sin darse cuenta desgastan sus extremidades y el rostro. La terrible desfiguración causada por la lepra la hace muy temida, y obliga a los leprosos a ser marginados y separados de toda sociedad sana, por protección.

Dios había maldecido a personas dándoles lepra, tales como Giezi (2 R. 5:25-27) y Uzías (2 Cr. 26:16-23). Por eso, a quienes padecían este mal se les veía como malditos por Dios, una idea común en conceptos antiguos con relación al pecado (cp. Job 4:7-9; Jn. 9:1-3). El hombre en este pasaje probablemente veía su propia enfermedad en esta forma. (Para más detalles acerca de la lepra, véase *Matthew 8-15,* The MacArthur New Testament Commentary [Chicago: Moody, 1987], pp. 5-11).

LA DESESPERADA VÍCTIMA

el cual, viendo a Jesús, se postró con el rostro en tierra y le rogó, diciendo: Señor, si quieres, puedes limpiarme. (5:12*c*)

Este pobre e infeliz marginado no tenía esperanza, humanamente hablando. Su enfermedad era incurable, lo estigmatizaba socialmente, y se la veía como castigo de Dios por los pecados. Al haber oído hablar de Cristo, vino a buscarlo (cp. Mt. 8:2), y **viendo a Jesús,** se le acercó. Esa era una conducta inapropiada de su parte, ya que a los leprosos se les prohibía estrictamente acercarse a otras personas (cp. Lc. 17:12), o interactuar con cualquiera excepto con otros leprosos. Tan grande era el temor al contagio que a los leprosos se les excluía de Jerusalén o de cualquier otra ciudad amurallada (cp. 2 R. 7:3). Se les prohibía estar a menos de dos metros de una persona sana (o a cincuenta metros si el viento soplaba en la dirección del leproso) y estaban restringidos a un compartimiento especial en la sinagoga. Un rabino se negó a comer un huevo comprado en una calle donde había un leproso. Otro abogó por tirarles piedras a los leprosos para obligarlos a guardar la distancia (cp. Alfred Edersheim, *The Life and Times of Jesus the Messiah* [Grand Rapids: Eerdmans, 1974], 1:492-95).

Ahora se sabe que la lepra (enfermedad de Hansen) no es muy contagiosa, ya que el 90 a 95% de la humanidad es inmune a ella. No se sabe con seguridad cómo se transmite la condición, pero quienes viven en estrecho contacto con leprosos sin tratamiento tienen más alto riesgo de llegar a infectarse. Pero a los leprosos en los tiempos bíblicos se les aislaba no solo debido al miedo de infectarse, sino también porque eran ceremonialmente impuros (Lv. 13:45-46). En la enseñanza rabínica, la lepra era lo segundo después de estar en contacto con un cuerpo muerto en términos de contaminación. "No solo el verdadero contacto con el leproso, sino que incluso su entrada contaminaba una habitación, y todo en ella, hasta las vigas del techo... Incluso si metía la cabeza en un lugar, este se volvía inmundo" (Edersheim, *Life and Times*, 1:494, 95).

Que el leproso se acercara a Jesús en violación de la ley rabínica revela su desesperación. Él superó el miedo, sobrepasó la vergüenza, e hizo caso omiso del peligro para sí mismo o para otros; prácticamente no tenía nada que perder. Acercándose a Jesús, el leproso **se postró con el rostro en tierra** en una posición de reverente adoración. Mateo 8:2 también expresa que el hombre "se postró" (*proskuneō*; mejor traducido "adoró". Este término por lo general se usa en el Nuevo Testamento para adorar a Dios). Cualquiera que fuera su comprensión de Jesús, estaba convencido de que Él era enviado por Dios y lo llamó **Señor.**

El hecho de que el leproso implorara la ayuda de Jesús revela una sensación de urgencia. Él era un pecador marginado, desventurado y miserable, sin nadie a quién recurrir.

El leproso también se acercó al Señor en total humildad. No hizo demandas, sabiendo que no tenía ningún derecho sobre Él. Tampoco dudó de la capacidad de Jesús para curarlo, sino que, muy consciente de su propia indignidad, le pidió: **si quieres.** Al hacer eso reconoció la prerrogativa del Señor.

Por último, el hombre se acercó a Jesús con fe, afirmando su confianza en que Él claramente había mostrado muchas veces el poder para sanar y limpiar.

La aproximación del leproso ejemplifica gráficamente el acercamiento a Jesús por parte de los pecadores arrepentidos. Estos llegan en desesperación, haciendo a un lado sus esfuerzos de justicia propia por salvarse como los trapos de inmundicia que son (Is. 64:6). Llegan en reverencia, afirmando a Jesús como Señor (Ro. 10:9), como Dios (Jn. 8:24), y como el único Salvador (Hch. 4:12). Llegan con una sensación de urgencia, sabiendo que "ahora [es] el tiempo aceptable... ahora [es] el día de salvación" (2 Co. 6:2). Llegan en humildad, pobres en espíritu (Mt. 5:3), sin merecer nada del Soberano y sabiendo que no tienen nada de qué enorgullecerse. Por último, llegan con fe, porque "al que no obra, sino cree en aquel que justifica al impío, su fe le es contada por justicia" (Ro. 4:5).

LA COMPASIÓN DIVINA

Entonces, extendiendo él la mano, le tocó, diciendo: Quiero; sé limpio. Y al instante la lepra se fue de él. Y él le mandó que no lo dijese a nadie; sino ve, le dijo, muéstrate al sacerdote, y ofrece por tu purificación, según mandó Moisés, para testimonio a ellos. Pero su fama se extendía más y más; y se reunía mucha gente para oírle, y para que les sanase de sus enfermedades. Mas él se apartaba a lugares desiertos, y oraba. (5:13-16)

Movido a compasión (Mr. 1:41) por este hombre indefenso y su desesperada súplica, Jesús, despreciando la prescripción de Levítico 5:3, **extendiendo la mano, le tocó.** A menudo el Señor curó con un toque (cp. 4:40; 7:14; 13:13; 22:51; Mr. 6:5), pero tocar a un leproso era terrible y algo sin precedentes. Nadie en Israel, y menos un rabino, se habría contaminado al tocar a un leproso. Pero el amor soberano respondió con poder soberano. Jesús le dijo: **Quiero; sé limpio. Y al instante la lepra se fue de él.** Como ocurrió con todas las sanidades de Jesús, el leproso fue curado al instante, y por completo (véase el análisis de la sanidad de Jesús en el cap. 25 de esta obra). No hubo prolongado período de recuperación mientras el leproso mejoraba poco a poco. Modernos tratamientos médicos pueden curar la lepra, pero no pueden revertir totalmente la desfiguración y el daño que la enfermedad causa al cuerpo humano. Sin embargo, la desfiguración causada por la lepra de este hombre también fue curada por el creativo poder de Jesús, sin que le quedara rastro de la condición ni de sus efectos en el cuerpo. El individuo fue curado, restaurado y estuvo en buena forma física para hacer de inmediato un largo viaje de Galilea a Jerusalén.

Después de curar al hombre, Jesús **le mandó que no lo dijese a nadie,** por el momento. Había algo que el ahora limpio leproso debía hacer al instante, así que el Señor le ordenó: **Muéstrate al sacerdote, y ofrece por tu purificación, según mandó Moisés.** El proceso por medio del cual a un leproso limpio se le volvía a admitir en la sociedad involucraba ir al templo para un examen por parte de un sacerdote, afeitarse, bañarse, lavar su ropa, y ofrecer varios sacrificios de animales, junto con una ofrenda de grano y aceite (Lv. 14:1-20). Todo el procedimiento duraba ocho días (Lv. 14:10). Si el hombre obedecía e iba a contar a los sacerdotes cómo Jesús lo había curado, esto sería un poderoso **testimonio a ellos** de que Jesús era en realidad el Mesías y el Hijo de Dios. Este **testimonio** sería, o convincente para los sacerdotes a fin de que reconocieran las afirmaciones de Cristo, o acusador si lo rechazaban, ya que personalmente habrían examinado al leproso curado de manera milagrosa. Además, esto le haría ganar tiempo a Jesús, ya que un milagro de tal magnitud seguramente engrosaría las ya enormes multitudes que lo seguían... multitudes tan grandes que lo habían obligado a salir de la orilla del Mar de Galilea y entrar a la barca de Pedro.

Sin embargo, egoístamente lleno de alegría por su extraordinaria y milagrosa curación, el hombre hizo caso omiso a la orden de Jesús y, en vez de eso, "comenzó a publicarlo mucho y a divulgar el hecho" (Mr. 1:45), perdiendo la oportunidad de dar tan poderoso testimonio. Como resultado, la **fama** de Jesús **se extendía más y más; y se reunía mucha gente para oírle, y para que les sanase de sus enfermedades.** Tan grandes eran las multitudes que Jesús ya "no podía entrar abiertamente en la ciudad, sino que se quedaba fuera en los lugares desiertos; y venían a él de todas partes" (Mr. 1:45). La desobediencia del leproso limpiado había puesto limitaciones al ministerio de Jesús y lo obligó a ir al desierto lejos de las poblaciones habitadas. Los que podían encontrarlo en el desierto, lo hacían, pero sin duda muchos de los más discapacitados en las ciudades no pudieron experimentar la palabra y el toque curador de Jesús. A fin de mantener su enfoque en predicar el mensaje y sustentar el poder de su ministerio, en su humanidad Jesús necesitaba comunión con el Padre. Por tanto, incluso en las regiones no pobladas **él se apartaba a** lo profundo de los **lugares desiertos, y oraba** (cp. Lc. 4:42). La oración era parte integral y un aspecto esencial de la vida y el ministerio de Jesús (véase el estudio de 3:21 en el cap. 20 de esta obra).

JESÚS SANA A UN PARALÍTICO: AUTORIDAD PARA PERDONAR PECADOS

Aconteció un día, que él estaba enseñando, y estaban sentados los fariseos y doctores de la ley, los cuales habían venido de todas las aldeas de Galilea, y de Judea y Jerusalén; y el poder del Señor estaba con él para sanar. Y sucedió que unos hombres que traían en un lecho a un hombre que estaba paralítico, procuraban llevarle adentro y ponerle delante de él. Pero no hallando cómo hacerlo a causa de la multitud, subieron encima de la casa, y por el tejado le bajaron con el lecho, poniéndole en medio, delante de Jesús. Al ver él la fe de ellos, le dijo: Hombre, tus pecados te son perdonados. Entonces los escribas y los fariseos comenzaron a cavilar, diciendo: ¿Quién es éste que habla blasfemias? ¿Quién puede perdonar pecados sino sólo Dios? Jesús entonces, conociendo los pensamientos de ellos, respondiendo les dijo: ¿Qué caviláis en vuestros corazones? ¿Qué es más fácil, decir: Tus pecados te son perdonados, o decir: Levántate y anda? Pues para que sepáis que el Hijo del Hombre tiene potestad en la tierra para perdonar pecados (dijo al paralítico): A ti te digo: Levántate, toma tu lecho, y vete a tu casa. Al instante, levantándose en

presencia de ellos, y tomando el lecho en que estaba acostado, se fue a su casa, glorificando a Dios. Y todos, sobrecogidos de asombro, glorificaban a Dios; y llenos de temor, decían: Hoy hemos visto maravillas. (5:17-26)

Al igual que en el relato de la curación del leproso por parte de Cristo, el tiempo de este acontecimiento se desconoce. Lucas simplemente señala que sucedió **un día,** en **que él estaba enseñando.** Lo más probable es que se realizara después de uno de los viajes del Señor alrededor del lago (Mr. 1:39) cuando pudo regresar a Capernaúm (Mt. 9:1). La curación que el Señor hizo al paralítico demostró una vez más su poder sobrenatural sobre la enfermedad. Pero aún más significativo es que esto reveló su autoridad para perdonar pecados, lo cual es prerrogativa solamente de Dios, así como también su poder hacia la mayor necesidad del ser humano: escapar al juicio eterno. El relato de Lucas de este suceso explica el contexto, la afirmación, la confrontación y las consecuencias.

EL CONTEXTO

Aconteció un día, que él estaba enseñando, y estaban sentados los fariseos y doctores de la ley, los cuales habían venido de todas las aldeas de Galilea, y de Judea y Jerusalén; y el poder del Señor estaba con él para sanar. Y sucedió que unos hombres que traían en un lecho a un hombre que estaba paralítico, procuraban llevarle adentro y ponerle delante de él. Pero no hallando cómo hacerlo a causa de la multitud, subieron encima de la casa, y por el tejado le bajaron con el lecho, poniéndole en medio, delante de Jesús. (5:17-19)

En consonancia con el patrón constante de su ministerio, el inicio de esta sección encuentra a Jesús **enseñando.** No se hallaba en una sinagoga, sino en una casa, sin duda grande para acomodar la enorme multitud que se había reunido (cp. Mr. 2:2).

Lucas enfocó su atención en particular en **los fariseos y doctores de la ley** que **estaban sentados** en la multitud. Esta es la primera referencia en el Evangelio de Lucas a **los fariseos,** una de las cuatro sectas principales judías junto con sus archirrivales los saduceos (los sacerdotes ricos y de élite), los zelotes (revolucionarios políticos que buscaban la independencia de Roma), y los esenios (monjes ascetas). Al parecer, el nombre de los fariseos se deriva de un verbo hebreo que significa "separar". Los fariseos eran los "separados" en términos de su celo por la ley mosaica (y por sus propias tradiciones que añadían a la ley [cp. Mt. 15:2-6; Mr. 7:8-13]).

Los fariseos se originaron durante el período intertestamentario, quizás como una rama de los jasidim (los "piadosos", que se opusieron a la helenización de la cultura judía bajo el famosamente perverso rey seléucida Antíoco Epífanes). A diferencia de los saduceos, quienes tendían a ser sacerdotes acaudalados o levitas, los fariseos por lo general venían de la clase media. Por tanto, aunque pocos en cantidad (había cerca de seis mil en la época de Herodes el Grande, según el historiador judío del siglo I, Josefo), su teología y tradición tenían gran influencia con las personas comunes (a quienes irónicamente los fariseos a menudo veían con orgullo y desprecio farisaico [cp. Jn. 7:49]). A pesar de ser el grupo minoritario en el concilio, su popularidad con el pueblo les daba importante influencia (cp. Hch. 5:34-40).

Con la desaparición de los saduceos tras la destrucción del templo en el 70 d.C., y de los zelotes después que la revuelta de Bar Kojba (132-35 d.C.) fuera aplastada, los fariseos se convirtieron en la fuerza dominante en el judaísmo. Con la finalización de la Mishná (la compilación escrita de la ley oral, los rituales y las tradiciones) poco más o menos en el 200 d.C., y del Talmud (la combinación de la Mishná y la Guemará [tres siglos de comentarios de los rabinos sobre la Mishná]) cerca del 500 d.C., la enseñanza de los fariseos se volvió prácticamente sinónima del judaísmo.

La teología de los fariseos era en muchos aspectos fiel a la enseñanza de la Biblia. Creían en la resurrección (Hch. 23:6-8), los ángeles (Hch. 23:8), los demonios, la predestinación y la responsabilidad humana. Esperaban que el Mesías viniera y estableciera un reino terrenal, y estaban dedicados a proteger y enseñar la ley de Dios. Irónicamente, su celo por la ley fue lo que hizo que los fariseos se enfocaran en rituales y en guardar externamente la ley. Abandonaron la verdadera religión del corazón por simple modificación de la conducta externa y por rituales (cp. Mt. 15:3-6), lo que llevó a Jesús a denunciar de manera mordaz la falsa espiritualidad de ellos: "¡Ay de vosotros, escribas y fariseos, hipócritas! porque diezmáis la menta y el eneldo y el comino, y dejáis lo más importante de la ley: la justicia, la misericordia y la fe. Esto era necesario hacer, sin dejar de hacer aquello" (Mt. 23:23; cp. 6:1-5; 9:14; 12:2; Lc. 11:38-39). Peor aún, la amplia brecha entre la enseñanza y las costumbres de ellos condujo a crasa hipocresía, denunciada tanto por Jesús (p. ej., Mt. 23:2-3) como sorprendentemente por el Talmud (que enumera siete tipos de fariseos, seis de los cuales son hipócritas). A pesar del celo que tenían por la ley de Dios, eran "ciegos guías de ciegos" (Mt. 15:14), que hacían a sus prosélitos doblemente dignos del infierno al cual ellos mismos se dirigían (Mt. 23:15). El complejo conjunto de normas y regulaciones creados por el hombre era una carga aplastante e insoportable (Mt. 23:4; Hch. 15:10). En todo caso, guardar la ley no puede salvar a nadie, "ya que por las obras de la ley ningún ser humano será justificado" (Ro. 3:20; cp. 3:28; Gá. 2:16; 3:11, 24; 5:4), una verdad que el celoso fariseo Saulo de Tarso comprendió finalmente (Fil. 3:4-11).

Lucas también constata la presencia de **doctores de la ley.** Además se les llama intérpretes (7:30; 10:25; 11:45, 46, 52; 14:3; Mt. 22:35) y más comúnmente escribas (sesenta y tres veces en el Nuevo Testamento); estos eran eruditos profesionales especializados en la interpretación y aplicación de la ley. Normalmente, aunque no exclusivamente, eran fariseos (aunque se distinguían de ellos por mencionarse de manera separada; 5:21, 30; 6:7; 11:53; 15:2; Mt. 5:20; 12:38; 15:1; 23:2, 13, 14, 15, 23, 25, 27, 29; Mr. 7:1, 5; Jn. 8:3; Mr. 2:16 se refieren a "los escribas y fariseos", y Hch. 23:9 a "los escribas de la parte de los fariseos"). A tales escribas también se les honraba llamándolos rabinos ("grandes"), aunque otros que enseñaban la Palabra de Dios también podrían recibir ese título (cp. Jn. 1:38, 49; 3:2; 6:25, donde se le da el título a Jesús).

Lucas señala que los escribas y fariseos que estaban allí ese día **habían venido de todas las aldeas de Galilea, y de Judea y Jerusalén,** lo que atestigua el nivel de interés que las autoridades judías tenían con relación a Jesús. La primera acción del ministerio de Jesús en Judea había sido interrumpir las operaciones comerciales de los saduceos en el templo al expulsar a los cambistas y mercaderes (Jn. 2:14-16). Los saduceos, junto con los fariseos, habían observado con creciente alarma (y celos; cp. Mt. 27:18) cómo el ministerio de enseñanza y sanidad de Jesús atraía grandes multitudes, tanto en Judea como en Galilea (cp. 5:15). Ahora le seguían los pasos, en busca de algo por lo que pudieran condenarlo. El incidente que estaba a punto de suceder proporcionaría a estos hostiles visitantes una experiencia inolvidable e innegable (cp. Jn. 11:47), y un formidable reto para su errada teología.

La observación de Lucas de que **el poder del Señor estaba con** [Jesús] **para sanar** recuerda a sus lectores una verdad que el autor ya había mencionado antes. En la encarnación de Jesús, cuando "se despojó a sí mismo, tomando forma de siervo" (Fil. 2:7), hizo a un lado el uso independiente de su poder divino. Ministraba en sumisión al Padre, y en el poder del Espíritu Santo (véase el estudio de 3:22 en el cap. 20 y 4:1 en el cap. 22 de esta obra).

Mientras el Señor enseñaba llegaron **unos hombres** (Mr. 2:3 indica que fueron cuatro), **que traían en un lecho a un hombre que estaba paralítico.** Este era uno de muchos otros ciudadanos con problemas físicos que buscaban a Jesús dondequiera que iba. Al no poder acudir a Jesús por sí mismo, contó con el afortunado apoyo de amigos leales y decididos que lo ayudaron. No se indica cómo el individuo llegó a estar **paralítico,** si fue por un defecto de nacimiento, una lesión de la columna o el cerebro, o una enfermedad degenerativa. A diferencia de los leprosos, a los paralíticos no se les aislaba de la sociedad. Sin embargo, los estigmatizaban por su condición, ya que muchos veían todas esas discapacidades como castigo de Dios por los pecados (cp. Jn. 9:2).

Después de llegar a la casa donde Jesús "predicaba la palabra" (Mr. 2:2), los amigos del paralítico **procuraban llevarle adentro y ponerle delante de él. Pero no** podían hallar **cómo hacerlo a causa de la** excesiva **multitud** (cp. Mr. 2:2).

Nadie se haría a un lado para dejar entrar a los hombres que lo llevaban; la multitud formaba una barrera tanto con sus cuerpos como con sus corazones. Por suerte para el paralítico, sus amigos estaban decididos y tenían ingenio. Al no poder tener acceso al interior de la vivienda, **subieron encima de la casa.** La mayoría de casas en Israel solo tenía un piso. Las vigas que atravesaban las paredes y sostenían el techo se fijaban en la parte superior de las paredes para formar un patio cerrado, al cual se accedía por unas escaleras. Las casas más grandes tenían un **tejado** entre las vigas, como era el caso de esta. Después de mover algunas de las tejas y excavar el techo debajo (Mr. 2:4), los cuatro hombres **bajaron con el lecho** a su amigo, **poniéndole en medio** de la multitud, **delante de Jesús.**

LA AFIRMACIÓN

Al ver él la fe de ellos, le dijo: Hombre, tus pecados te son perdonados. (5:20)

Solo podemos imaginar lo que pasó por las mentes de las personas en esa casa abarrotada cuando cuatro hombres comenzaron a romper el techo encima de Jesús. Se debieron haber preguntado qué era ese ruido, y entonces debieron haber visto caer los pedazos de techo. Finalmente los hombres se abrieron paso; la luz del día entraba a raudales y, para el asombro de la multitud, un hombre inmóvil que yacía en una camilla era lentamente bajado hasta el suelo frente a Jesús. Este fue un momento dramático, con todos los ojos puestos en Jesús para ver cómo iba a reaccionar.

No hay constancia de que ni el paralítico ni sus amigos dijeran algo; la necesidad de sanidad física era evidente. Por otra parte, lo que Jesús expresó fue inesperado y sorprendente. **Al ver él la fe de** todos los cinco, **le dijo** al paralítico: **Hombre, tus pecados te son perdonados** (cp. 7:48). El Señor enfocó primero el asunto más importante de la necesidad de salvación del hombre. Estremecido con dolor y temor debido a sus pecados, él quería sanidad; pero había algo más importante que esto: Jesús sabía que el hombre deseaba perdón.

El perdón es tanto la mayor necesidad de la humanidad como el regalo más importante de Dios, y el único medio para la bendición en esta existencia y en la vida eterna en el cielo. Jesucristo vino al mundo para salvar "a su pueblo de sus pecados" (Mt. 1:21; cp. 26:28), y "todos los que en él creyeren, recibirán perdón de pecados por su nombre" (Hch. 10:43; cp. 5:31; 26:18; Ef. 1:7; 4:32; Col. 1:14; 2:13-14; 3:13; 1 Jn. 1:9; 2:12; Ap. 1:5). El perdón es el mensaje distintivo de la predicación cristiana (Lc. 24:47; Hch. 2:38; 13:38).

Pero el perdón siempre ha sido la oferta de la redención, por lo que también es el mensaje del Antiguo Testamento. Después que Adán y Eva pecaran, "Jehová Dios hizo al hombre y a su mujer túnicas de pieles, y los vistió" (Gn. 3:21). Matar animales para proveer esa ropa describió el sacrificio definitivo del Mesías, cuya muerte cubriría la vergüenza y la culpa del pecado. El Señor se describió a sí mismo ante Moisés como "¡Jehová! ¡Jehová! fuerte, misericordioso y piadoso; tardo para la ira, y grande en misericordia y verdad; que guarda misericordia a millares, que perdona la iniquidad, la rebelión y el pecado" (Éx. 34:6-7; cp. Nm. 14:18). Nehemías 9:17 lo llama un "Dios que perdonas". David escribió en Salmos 65:3: "Las iniquidades prevalecen contra mí; mas nuestras rebeliones tú las perdonarás", y en 86:5 declaró: "Porque tú, Señor, eres bueno y perdonador, y grande en misericordia para con todos los que te invocan". En Salmos 103:12, David describió la extensión del perdón de Dios cuando observó: "Cuanto está lejos el oriente del occidente, hizo alejar de nosotros nuestras rebeliones". En 130:3-4, el salmista expresó su confianza en el perdón de Dios: "JAH, si mirares a los pecados, ¿quién, oh Señor, podrá mantenerse? Pero en ti hay perdón, para que seas reverenciado". Al hablar del perdón prometido en el nuevo pacto, Dios declaró: "perdonaré la maldad de ellos, y no me acordaré más de su pecado" (Jer. 31:34). Miqueas exclamó lleno de gozo: "¿Qué Dios como tú, que perdona la maldad, y olvida el pecado del remanente de su heredad?" (Mi. 7:18; cp. Is. 55:7). El Antiguo Testamento compara el perdón de Dios con echar los pecados sobre su espalda (Is. 38:17), borrarlos (Is. 43:25; cp. 1:18; 44:22), sepultarlos (Mi. 7:19), y echarlos en lo profundo del mar (Mi. 7:19).

Consciente de que el paralítico tenía fe verdadera de arrepentimiento, Jesús, en su propia autoridad divina, le extendió perdón total y permanente. El hombre no necesariamente entendía la realidad de que Jesús era Dios; las personas recibían perdón en el Antiguo Testamento al reconocer que eran pecadoras, que merecían el juicio de Dios, que no podían salvarse por sí mismas, al confesar su pecado y arrepentirse, y al depender de la misericordia de Dios. El publicano arrepentido es un ejemplo de cómo las personas eran salvas antes de la cruz: "Mas el publicano, estando lejos, no quería ni aun alzar los ojos al cielo, sino que se golpeaba el pecho, diciendo: Dios, sé propicio a mí, pecador" (Lc. 18:13). Su humilde arrepentimiento y su fe en la gracia y el perdón de Dios dieron como resultado su justificación (v. 14). Después de la cruz y la resurrección, no hay salvación aparte de creer en el único objeto de la fe salvadora: el Señor Jesucristo (Jn. 14:6; Hch. 4:12; 17:30-31; 1 Ti. 2:5). Así escribió Pablo en Romanos 10:9: "Si confesares con tu boca que Jesús es el Señor, y creyeres en tu corazón que Dios le levantó de los muertos, serás salvo". Debido a la muerte expiatoria de Cristo en la cruz es que Dios puede ser "el justo, y el que justifica al que es de la fe de Jesús" (Ro. 3:26).

LA CONFRONTACIÓN

Entonces los escribas y los fariseos comenzaron a cavilar, diciendo: ¿Quién es éste que habla blasfemias? ¿Quién puede perdonar pecados sino sólo Dios?

Jesús entonces, conociendo los pensamientos de ellos, respondiendo les dijo: ¿Qué caviláis en vuestros corazones? ¿Qué es más fácil, decir: Tus pecados te son perdonados, o decir: Levántate y anda? Pues para que sepáis que el Hijo del Hombre tiene potestad en la tierra para perdonar pecados (dijo al paralítico): A ti te digo: Levántate, toma tu lecho, y vete a tu casa. (5:21-24)

Horrorizados e indignados porque Jesús se creyera con derecho de perdonar los pecados del paralítico, **los escribas y los fariseos comenzaron a cavilar, diciendo: ¿Quién es éste que habla blasfemias? ¿Quién puede perdonar pecados sino sólo Dios?** Ellos tenían toda la razón en su aseveración de que nadie puede perdonar pecados, **sino sólo Dios,** en el sentido total de que el pecador es limpiado, hecho justo, y que nunca más será culpable o condenado. Solo Él como legislador y juez puede perdonar el pecado en esa manera eterna, ya que todo pecado es definitivamente contra Dios (Sal. 51:4). Pero la caracterización que hicieron de Jesús como este que habla blasfemias (cp. Mt. 26:65; Jn. 10:33) supone erróneamente que Él era tan solo un hombre y no Dios encarnado. Al afirmar la autoridad para perdonar pecados, Jesús o era Dios o era un blasfemo. No hay término medio; Jesús no pudo haber sido simplemente un buen hombre, un verdadero profeta, o un maestro de moral y ética, si hubiera sido un blasfemador de Dios.

La blasfemia era el delito más atroz en el pensamiento judío, ya que era una afrenta directa hacia la persona de Dios. Los judíos definían tres niveles de blasfemia. Primero, se blasfemaba a Dios al hablar mal de su ley, como fueron falsamente acusados de hacerlo Esteban (Hch. 6:13) y Pablo (Hch. 21:27-28). Una forma más grave de blasfemia era calumniar a Dios, hablar mal de Él, o maldecirlo (Lv. 24:10-16; cp. Éx. 20:7). Pero la forma más extrema de blasfemia era asumir los derechos y las prerrogativas de Dios; usurpar el papel de Dios y actuar como si se fuera Dios. Fue este tercero y más grave tipo de blasfemia del que los escribas y fariseos acusaron a Jesús (cp. Jn. 5:18; 8:58-59; 10:33; 19:7).

El hecho de que **Jesús** conociera en su Espíritu (Mr. 2:8) **los pensamientos de ellos** ofrece aún más prueba de su deidad, ya que solo Dios conoce el corazón (1 S. 16:7; 1 R. 8:39; 1 Cr. 28:9; Jer. 17:10; Ez. 11:5). Pero Jesús "no tenía necesidad de que nadie le diese testimonio del hombre, pues él sabía lo que había en el hombre" (Jn. 2:25). Significativamente, Jesús no protestó porque lo hubieran malinterpretado, porque creyeran que solo era un maestro o un profeta que simplemente estaba ofreciendo perdón de Dios al paralítico, en lugar de afirmar el derecho de perdonar pecados. Si eso fuera lo único que Él estuviera afirmando, entonces sería inexplicable que no corrigiera el malentendido de esos escribas y fariseos.

A fin de desenmascararles sus pensamientos no expresados y aumentar la confrontación, Jesús los retó con la pregunta: **¿Qué es más fácil, decir: Tus**

pecados te son perdonados, o decir: Levántate y anda? Era obvio que ambas cosas eran imposibles de hacer para un simple hombre, pero esa no era la cuestión. ¿Preguntó Jesús **qué es más fácil, decir** como una realidad convincente? Todos sabían que solo Dios puede perdonar pecados, los cuales son el origen de la enfermedad. El resultado final de la salvación no será juicio, sino glorificación, cuando los creyentes serán liberados para siempre de todas las consecuencias y efectos del pecado tanto en el hombre interior como en el exterior. Ellos tendrán almas perfectas, estarán libres de pecado, y tendrán cuerpos glorificados, libres de enfermedad y muerte. Ya que esto requeriría perdón de todos los pecados, realmente el Mesías, Dios encarnado, debía demostrar poder para quitar las consecuencias del pecado en el mundo físico. Esa sería la prueba de que Él podía dominar los efectos del pecado, lo que implica perdón. Jesús estaba a punto de hacer ambas cosas.

La respuesta a la pregunta del Señor es que habría sido más fácil decir al paralítico que sus pecados estaban perdonados, porque no había forma de confirmarlo o negarlo de modo práctico. Por otra parte, para todos sería obvio si el hombre realmente se levantaba y caminaba. Jesús eligió hacer el obvio milagro de curación física **para que** ellos supieran **que el Hijo del Hombre** (su favorita designación de sí mismo [usada por Él más de ochenta veces] en los evangelios) tenía **potestad en la tierra para perdonar pecados.** Jesús entonces se volvió hacia el hombre que yacía en la camilla, y **dijo al paralítico: A ti te digo: Levántate, toma tu lecho, y vete a tu casa.** Esa era la prueba de fuego de si Jesús podía negar el poder, la presencia, y el castigo del pecado. No hubo tiempo para dudar, porque la respuesta llegó inmediatamente.

LAS CONSECUENCIAS

Al instante, levantándose en presencia de ellos, y tomando el lecho en que estaba acostado, se fue a su casa, glorificando a Dios. Y todos, sobrecogidos de asombro, glorificaban a Dios; y llenos de temor, decían: Hoy hemos visto maravillas. (5:25-26)

Al igual que ocurrió con todas las sanidades de Cristo, el paralítico fue curado por completo y de manera inmediata. No quedaron efectos perdurables de su discapacidad; ni hubo sanidad gradual, con un prolongado período de rehabilitación antes de que fuera "curado" de veras. En lugar de eso, **al instante, levantándose** el hombre **en presencia de ellos, y tomando el lecho en que estaba acostado, se fue a su casa.** A diferencia del leproso, el paralítico no tenía una enfermedad contagiosa, y por ende no se le exigió ir primero y mostrarse a los sacerdotes. Como a menudo era el caso cuando alguien sanaba, el paralítico siguió su camino **glorificando a Dios** (cp. 13:13; 17:15; 18:43). Se regocijó no solo porque fue físicamente sanado, sino aún más porque sus pecados habían sido perdonados. Jesús conectó su poder sobre las consecuencias del pecado con su autoridad sobre la culpa del pecado. El que concedía sanidad, forzosamente podía perdonar.

En medio de los dirigentes religiosos por una parte, los cuales permanecían implacablemente hostiles a pesar de esta y de otras muestras del poder divino y de la autoridad de Jesús (cp. 6:11; 11:15, 53; 13:17; 15:1-2; 19:47) y el paralítico curado por la otra parte, estaba la multitud. **Y todos, sobrecogidos de asombro** ante el milagro maravilloso y sin precedentes (cp. Mr. 2:12) que acababan de presenciar, también **glorificaban a Dios** (cp. 7:16; Mt. 15:31). Además, estaban **llenos de temor.** *Phobos* (**temor**) puede referirse en primer lugar al pánico inducido por aterradores acontecimientos o circunstancias. También puede describir aprensión o ansiedad general y prolongada (este es el origen de la palabra castellana "fobia"). En tercer lugar, y más importante, temor es lo que resulta de una comprensión de la santidad, del poder, y de la presencia de Dios, que es como siempre se usa en los evangelios sinópticos y en Hechos (1:12, 65; 2:9; 7:16; 8:37; 21:26; Mt. 14:26; 28:4, 8; Mr. 4:41; Hch. 2:43; 5:5, 11; 9:31; 19:17). En tal sentido, se trata de un temor sano, que puede producir reverencia por Dios, y ayudar a los creyentes a evitar el pecado (cp. 2 Co. 7:1, 11) y a llevar vidas piadosas (Fil. 2:12). El temor piadoso también motiva a los creyentes a someterse mutuamente entre sí y a servirse unos a otros (Ef. 5:21). También impulsó en Pablo el deseo de persuadir a otros de su integridad personal (2 Co. 5:11).

Los miembros de la multitud reconocieron: **Hoy hemos visto maravillas,** pero no todos se convencieron de la deidad de Cristo. Algunos llegaron a la conclusión de que Él tan solo era un hombre a quien Dios le había dado autoridad (Mt. 9:8). Pese a la demostración sin precedentes del poder divino y milagroso, muchos se negaban a creer. Juan escribió: "Pero a pesar de que había hecho tantas señales delante de ellos, no creían en él" (Jn. 12:37; cp. 1 Co. 1:22). Pablo explica la patología espiritual de tan insensato rechazo:

> *...estabais muertos en vuestros delitos y pecados, en los cuales anduvisteis en otro tiempo, siguiendo la corriente de este mundo, conforme al príncipe de la potestad del aire, el espíritu que ahora opera en los hijos de desobediencia, entre los cuales también todos nosotros vivimos en otro tiempo en los deseos de nuestra carne, haciendo la voluntad de la carne y de los pensamientos, y éramos por naturaleza hijos de ira, lo mismo que los demás (Ef. 2:1-3).*

Pero si nuestro evangelio está aún encubierto, entre los que se pierden está encubierto; en los cuales el dios de este siglo cegó el entendimiento de los incrédulos, para que no les resplandezca la luz del evangelio de la gloria de Cristo, el cual es la imagen de Dios (2 Co. 4:3-4).

Llamado a un miserable pecador; confrontación con hipócritas farisaicos

28

Después de estas cosas salió, y vio a un publicano llamado Leví, sentado al banco de los tributos públicos, y le dijo: Sígueme. Y dejándolo todo, se levantó y le siguió. Y Leví le hizo gran banquete en su casa; y había mucha compañía de publicanos y de otros que estaban a la mesa con ellos. Y los escribas y los fariseos murmuraban contra los discípulos, diciendo: ¿Por qué coméis y bebéis con publicanos y pecadores? Respondiendo Jesús, les dijo: Los que están sanos no tienen necesidad de médico, sino los enfermos. No he venido a llamar a justos, sino a pecadores al arrepentimiento. (5:27-32)

El ser humano es intrínsecamente religioso. La imagen de Dios en el hombre, aunque corrompida por la caída, aún obliga a las personas a adorar. En consecuencia, hay miles de religiones, filosofías y puntos de vista, que van desde primitivas religiones animistas hasta sofisticados sistemas religiosos. Pero esas religiones, aunque difieren ampliamente de una a otra en los detalles, se clasifican, sin embargo, en dos categorías. Por una parte, existe la religión del logro humano; por otra parte, también hay la religión del logro divino. En toda religión distinta al cristianismo bíblico, el hombre supuestamente consigue la salvación por sus propios esfuerzos. Los budistas buscan el nirvana al seguir el óctuple sendero; los musulmanes esperan entrar al paraíso al seguir los cinco pilares del islam; los mormones buscan la divinidad por medio del bautismo, y la membresía en la Iglesia Mormona, aceptando a José Smith y sus sucesores como profetas de Dios, y yendo a las ceremonias del templo; los Testigos de Jehová tratan de ganar la vida eterna en la tierra por medio de su moralidad y del proselitismo puerta a puerta; los católicos romanos buscan la salvación por medio de la misa, los sacramentos, los rezos y las buenas obras que cooperan con la gracia para posibilitarles la entrada al cielo (incluso si tienen que ser ayudados por las obras de otros para escapar del purgatorio).

Pero todos esos esfuerzos de justicia propia por lograr la salvación son totalmente inútiles y solo sirven para condenar a las almas eternas de los que en vano confían en ellos. Solo hay una manera de recibir el lugar correcto delante de Dios, la religión del logro divino: creer en el evangelio salvador del Señor Jesucristo. Ese evangelio es "el glorioso evangelio del Dios bendito" (1 Ti. 1:11), el "evangelio de la gracia de Dios" (Hch. 20:24), el "poder de Dios para salvación a todo aquel que cree" (Ro. 1:16). El núcleo del evangelio es que "Cristo murió por nuestros pecados, conforme a las Escrituras" (1 Co. 15:3; cp. Mt. 26:28; 2 Co. 5:21; Gá. 1:4; Ef. 1:7; 5:2; 1 P. 2:24; 3:18; 1 Jn. 2:2; Ap. 1:5), "para que todo aquel que en él cree, no se pierda, mas tenga vida eterna" (Jn. 3:15; cp. vv. 16, 18, 36; 1:12; 6:40, 47; 11:25-26; 20:31; Hch. 16:31; Ro. 10:9). La salvación es exclusivamente "por gracia... por medio de la fe; y esto no de vosotros, pues es don de Dios; no por obras, para que nadie se gloríe" (Ef. 2:8-9). La gracia excluye por completo a las obras como medio de salvación (Ro. 11:6). Dios justifica a los "impíos", no a los que se creen piadosos (Ro. 4:5). Los redimidos son aquellos a quienes "Dios atribuye justicia sin obras" (v. 6) y a quienes "salvó y llamó con llamamiento santo, no conforme a... obras, sino según el propósito suyo y la gracia que [les] fue dada en Cristo Jesús antes de los tiempos de los siglos" (2 Ti. 1:9).

En la época de Cristo, la religión de Israel había degenerado en un sistema de obras de justicia, de rituales externos en lugar de realidad interna. Así se lamentó el apóstol Pablo en cuanto a sus compañeros judíos: "Israel, que iba tras una ley de justicia, no la alcanzó. ¿Por qué? Porque iban tras ella no por fe, sino como por obras de la ley" (Ro. 9:31-32). Muchos, seguros en su fariseísmo al igual que los de la sinagoga en Nazaret (4:14-30), no quisieron reconocer que eran espiritualmente pobres, prisioneros, ciegos y oprimidos (4:18).

Fue contra esa actuación general de justicia propia basada en conformidad externa a la ley de Dios (cp. Mr. 10:20) que Jesús hizo una de sus declaraciones más clarificadoras y definitivas. En Lucas 5:32, Él declaró: "No he venido a llamar a justos, sino a pecadores al arrepentimiento". Esa declaración expresó la unicidad esencial del cristianismo y resume de modo conciso la misión del Señor. Extracta todo el plan glorioso de la salvación: El Señor Jesucristo vino para salvar a pecadores arrepentidos (19:10). La declaración de Cristo también define la misión de la Iglesia. El núcleo de todo el ministerio del evangelio es llamar a pecadores al arrepentimiento. La salvación no es para quienes creen que son justos, como aquellos en la sinagoga en Nazaret y los escribas y fariseos, sino para quienes saben que no lo son, así como el publicano en Lucas 18:13-14. Por tanto, Jesús centró su ministerio en personas que entendían su condición perdida; estos a menudo eran los marginados de la sociedad. Tal actitud de Jesús fue la que le dio la reputación de ser "amigo de publicanos y de pecadores" (Lc. 7:34). Puesto que tales individuos estaban dispuestos a aceptar su verdadera condición como pecadores sin esperanza, el Señor pudo ministrarlos (cp. 1 Co. 1:26-31).

Este dramático incidente contesta la pregunta de aquellos cuyos pecados Jesús perdonaría. Revela cuán exhaustivamente Él profundizaría en la escoria de la sociedad para rescatar a pecadores perdidos. En este relato Jesús salvó a uno de los más bajos: un odiado y despreciado recaudador de impuestos. La historia del llamado de Jesús a Leví (Mateo) y sus resultados se dividen en dos partes contrastantes: llamado a un despreciable pecador y rechazo a los justos.

LLAMADO A UN DESPRECIABLE PECADOR

Después de estas cosas salió, y vio a un publicano llamado Leví, sentado al banco de los tributos públicos, y le dijo: Sígueme. Y dejándolo todo, se levantó y le siguió. Y Leví le hizo gran banquete en su casa; y había mucha compañía de publicanos y de otros que estaban a la mesa con ellos. (5:27-29)

Después de sanar al paralítico (5:17-26), Jesús **salió** de la casa donde había estado enseñando. Lo siguió una enorme multitud que iba tras Él con fascinación y asombro, y Jesús continuó enseñándoles mientras viajaba por un camino cerca de la orilla del Mar de Galilea (Mr. 2:13). Pero Él debía cumplir una cita divina, **y vio a** (lit., "miró fijamente a") **un publicano llamado Leví, sentado al banco de los tributos públicos.** A **Leví** se le conoce mejor como Mateo, el autor del evangelio que lleva su nombre. Ya que Capernaúm era la ciudad más poblada alrededor del lago y era una intersección para el comercio de este a oeste y de norte a sur, es muy probable que el hombre tuviera una empresa floreciente.

Su ocupación como **publicano** hacía de Mateo uno de los hombres más odiados y despreciados en Israel. Los recaudadores de impuestos representaban la escoria de la sociedad judía; eran los más bajos de los bajos en la escala social, y simbolizaban a los peores pecadores (cp. v. 30; 7:34; 18:11; Mt. 18:17; 21:31). El hecho de que Jesús salvara a un publicano, y luego lo hiciera un apóstol, era totalmente inconcebible para los escribas y fariseos.

La ocupación romana de Israel involucraba más que una simple presencia militar; la nación también estaba sometida a la tributación romana. Los impuestos en Galilea, por ejemplo, eran remitidos por recaudadores a Herodes Antipas, y por él a Roma. Antipas vendía franquicias de tributación al mejor postor, y tales franquicias eran un negocio lucrativo. A los recaudadores se les asignaba cierta cantidad que debían cobrar, y podían quedarse con todo lo que recaudaran más allá de eso (cp. Lc. 3:12-13). Además del impuesto de capacitación (pagado por todos, incluso los esclavos), el impuesto sobre la renta (más o menos el 1%), y el impuesto a la tierra (un décimo de todo grano, y un quinto de todo vino y toda fruta), había impuestos sobre el transporte de mercancias, las cartas, las manufacturas, el uso de caminos, el cruce de puentes, y casi todo lo demás en que pudieran pensar las mentes rapaces y codiciosas de los recaudadores de impuestos. Todo eso dejaba lugar de sobra para el robo, la extorsión, la explotación y hasta la usura, a medida que los publicanos prestaban dinero a exorbitantes intereses a quienes no podían pagar sus impuestos. Los recaudadores también empleaban matones para intimidar físicamente a las personas a pagar, y para golpear a las que se negaban a hacerlo.

Todo eso era una maldición para el pueblo judío, que creía que Dios era el único a quien debían pagar impuestos. A los recaudadores se les consideraba traidores a su pueblo, los clasificaban como inmundos, y les prohibían ir a las sinagogas. También se les prohibía rendir testimonio en un tribunal judío, porque se les trataba como mentirosos. El arrepentimiento se juzgaba especialmente difícil para los publicanos.

El Talmud enumeraba dos tipos de recaudadores de impuestos, los *gabbai*, que cobraban los impuestos más generales como a la tierra, al sufragio, y a los ingresos, y los *mokhes*, que recaudaban los impuestos más específicos antes mencionados (Alfred Edersheim, *The Life and Times of Jesús the Messiah* [Grand Rapids: Eerdmans, 1974], 1:515-18). Había dos clases de *mokhes*: los *mokhes* principales y los *mokhes* pequeños. Los *mokhes* principales no recaudaban impuestos personalmente sino que empleaban a otros como sustitutos. Los *mokhes* pequeños eran empleados por los grandes para realmente sentarse en un banco de tributo y recaudar impuestos. Debido a que estos estaban en contacto con las personas eran los más despreciados de todos los recaudadores de impuestos. Ya que Jesús lo encontró **sentado al banco de los tributos públicos,** Mateo habría sido un *mokhes* pequeño, uno de los hombres más odiados en Capernaúm. El hecho de que su banco estuviera situado cerca de la orilla (Mr. 2:13-14) sugiere que recaudaba impuestos de los pescadores, lo que de parte de ellos lo haría incluso más despreciado que el promedio de *mokhes* pequeños.

Sin dejarse intimidar por la posición de Mateo como marginado social, Jesús se detuvo ante su banco de tributos **y le dijo: Sígueme.** El Señor conocía el corazón de ese publicano. Vio que Mateo se sentía desdichado y miserable; que estaba angustiado y agobiado por su pecado y con hambre y sed de justicia. Sin duda Mateo sabía quién era Jesús, ya que el Señor había hecho de Capernaúm su base de operaciones (Mt. 4:13) y la voz de su poderosa predicación y los milagros que realizaba se habrían extendido a lo largo y ancho (Lc. 4:37). Aunque Mateo tal vez en este momento no entendía que Jesús era Dios, sin duda lo reconoció como un gran profeta y predicador de la Palabra de Dios. Al igual que los santos del Antiguo Testamento, Mateo sabía que era pecador, y que su única esperanza de recibir perdón yacía en la misericordia de Dios (véase el estudio de 5:20 en el cap. 27 de esta obra). Con el tiempo Mateo, al igual que el resto de los doce, llegaría a entender y creer totalmente la verdad de que Jesús es Dios. Jesús lo perdonó basado en el corazón arrepentido de este publicano, lo llamó a ser un discípulo, y más tarde a ser un apóstol (6:15).

La respuesta inmediata de Mateo reveló la sinceridad de su deseo de justicia y salvación: **Y dejándolo todo, se levantó y siguió** a Jesús. El cambio en la vida de este recaudador de impuestos fue milagroso. El rudo e inflexible *mokhes* pequeño se convirtió en un hombre humilde; es más, no existe registro en los evangelios de lo que hablaba. En su evangelio, Mateo se refiere a él solo en el relato de su llamado (Mt. 9:9) y en la lista de los doce apóstoles (Mt. 10:3). Que en su propio relato de este incidente (Mt. 9:9) Mateo omitiera alguna referencia a haber dejado todo, indica además su humildad. Su disposición de abandonarlo todo y seguir a Jesús está en marcado contraste con el joven rico. Cuando el Señor le dijo al joven rico: "Anda, vende todo lo que tienes, y dalo a los pobres, y tendrás tesoro en el cielo; y ven, sígueme" (Mr. 10:21), "él, afligido por esta palabra, se fue triste, porque tenía muchas posesiones" (v. 22).

La decisión de Mateo fue definitiva; estaba abandonando su profesión. Sin duda, el *mokhes* principal para el que trabajaba tendría a alguien más en su banco de tributos al instante. Por tanto, Mateo hizo una ruptura más drástica con su pasado que sus compañeros apóstoles que eran pescadores. Estos siempre podrían volver a pescar para ganarse la vida (y lo intentaron, al menos de modo temporal [Jn. 21:1-3]).

El tiempo pasado del verbo *anistēmi* (**se levantó**) junto con el tiempo imperfecto del verbo *akoloutheō* (**le siguió**) ejemplifica la respuesta de Mateo. Esta fue una decisión categórica de romper con su pasado y, más tarde, un patrón continuo de seguir a Cristo. Él comenzó a experimentar nuevos anhelos, nuevas aspiraciones, nuevos afectos, nueva mentalidad y una nueva voluntad; en resumen, se convirtió en una nueva criatura (2 Co. 5:17). El traidor, extorsionador, ladrón y pecador marginado se convirtió en el apóstol y evangelista de Jesucristo. Mateo perdió una carrera temporal, pero ganó un destino eterno; perdió las posesiones materiales, pero ganó "una herencia incorruptible, incontaminada e inmarcesible, reservada en los cielos" (1 P. 1:4); perdió a sus compañeros de pecado, pero ganó la comunión del Hijo de Dios.

Una señal importante de la realidad de la vida transformada de Mateo es que **hizo gran banquete en su casa** para honrar a Jesús. Que pudiera acomodar a **mucha compañía** sugiere que la casa de Mateo era espaciosa, y es además un indicio de la posición lucrativa que él estaba abandonando. Después de haber tenido la gozosa y liberadora experiencia del perdón de sus pecados y de su corazón transformado, quiso presentar a todos sus conocidos al Salvador. Mateo no invitó a los orgullosos líderes religiosos de élite (que no habrían aceptado una invitación de un publicano), sino a sus compañeros: los marginados de la sociedad con quienes había trabajado y convivido a diario. Por supuesto, había muchos de los compañeros de Mateo que eran **publicanos,** junto con algunos a quienes Lucas con mucho tacto se refirió como **otros** (Mateo los llamó "pecadores" [Mt. 9:10]). Sin duda este grupo incluía ladrones, matones, sicarios, borrachos, prostitutas, las mismas personas a quienes el Hijo del hombre vino a buscar y salvar (Lc. 19:10). Era probable que ellos hubieran oído hablar de Jesús, y quizás algunos tuvieron corazones receptivos como Mateo.

La observación de Lucas de que **estaban a la mesa con ellos** indica que esta fue una comida de varias horas, con mucho tiempo para tener una prolongada conversación entre amigos. Ningún judío que se respetara habría comido con sujetos como los de este grupo. Las comidas eran importantes actos sociales de aceptación en Israel, y Lucas describe varias en su registro inspirado del ministerio de Jesús (cp. 7:36; 10:38-40; 11:37; 14:1; 22:14; 24:30). Esta comida no solamente celebraba el final de la antigua vida de Mateo y el inicio de la nueva, sino también un alcance evangelístico con el Salvador como invitado de honor. Representa una maravillosa imagen de cómo Jesús recibía a pecadores perdidos.

RECHAZO A LOS JUSTOS

Y los escribas y los fariseos murmuraban contra los discípulos, diciendo: ¿Por qué coméis y bebéis con publicanos y pecadores? Respondiendo Jesús, les dijo: Los que están sanos no tienen necesidad de médico, sino los enfermos. No he venido a llamar a justos, sino a pecadores al arrepentimiento. (5:30-32)

El altivo desprecio por la gentuza allá dentro impidió que **los escribas y fariseos** (véase la exposición de 5:17 en el cap. 27 de esta obra para información general de los escribas y fariseos) asistieran al banquete de Mateo, pero eso no significó que no fueran conscientes de lo que estaba pasando en él. Ellos expresaban su desaprobación cuando **murmuraban** (*gogguzō*; una palabra onomatopéyica) **contra los discípulos** de Jesús; no se dignarían hablar con alguno de los recaudadores de impuestos y pecadores que asistían al banquete. Pero era evidente que esperaban que el Señor y sus discípulos siguieran las prescripciones de la ley rabínica, de ahí su ira y resentimiento hacia estos.

La pregunta de los escribas y fariseos: **¿por qué coméis y bebéis con publicanos y pecadores?** refleja el enojo que sentían porque Jesús y sus discípulos se relacionaban con estos marginados inmundos. La pregunta fue retórica, planteada como una reprimenda por lo que veían como un comportamiento escandaloso por parte del Señor y sus discípulos, y puso al descubierto a los escribas y fariseos como orgullosos, enfocados en lo externo, e hipócritas. Creyéndose una élite religiosa, en realidad estaban invalidando la gracia y eran extraños a la salvación. Jesús le dio la espalda a la moral externa, y se enfocó en transformar pecadores arrepentidos en personas santas.

Al oír a los escribas y fariseos, **Jesús** les respondió el reto. La respuesta que les dio consta de tres partes. Primero ofreció una analogía, señalando el hecho evidente de que **los que están sanos no tienen necesidad de médico, sino los**

enfermos. Los escribas y fariseos no ponían en duda que los publicanos y pecadores estuvieran espiritualmente enfermos; pero ellos mismos eran los más enfermos de todos. ¿Cómo podían argumentar que el Gran Médico no debía ministrar a los pecadores? La respuesta del Señor fue una poderosa acusación a sus corazones fríos, a su maldad, y a su odio hacia los mismos pecadores oprimidos a quienes debieron haber tratado de ayudar. No veían pecado en sí mismos y ningún bien o valor en los demás.

Segundo, Jesús les respondió con las Escrituras. Mateo 9:13 registra que también les dijo a los escribas y fariseos: "Id, pues, y aprended lo que significa: Misericordia quiero, y no sacrificio. Porque no he venido a llamar a justos, sino a pecadores, al arrepentimiento". La cita es de Oseas 6:6, y declara que Dios no quiere sacrificios externos sino un corazón que muestre misericordia (cp. Pr. 21:3; Is. 1:11-17; Am. 5:21-24; Mi. 6:8). Quienes muestran misericordia a otros como el Señor ordenó (Lc. 6:36), recibirán misericordia de parte de Dios (Mt. 5:7); sin embargo, "juicio sin misericordia se hará con aquel que no hiciere misericordia" (Stg. 2:13). Los escribas y fariseos, que se enorgullecían de su rígida adherencia a la ley, no tenían excusa por no mostrar misericordia a quienes la necesitaban desesperadamente.

Por último, Jesús les respondió desde su propia autoridad personal como Dios encarnado, declarando: **No he venido a llamar a justos, sino a pecadores al arrepentimiento.** Esta es una declaración repleta de ironía, e incluso sátira (cp. la sarcástica desilusión de Pablo por los engreídos corintios en 1 Co. 4:8). Aceptando en apariencia la evaluación que estos escribas y fariseos hacían de ellos mismos como justos, y por tanto sin necesidad de un Salvador, Jesús legalmente los entregó a su insensatez farisaica (cp. Mt. 15:14). Más tarde volvería a resaltar este punto cuando dijo a sus oyentes que "habrá más gozo en el cielo por un pecador que se arrepiente, que por noventa y nueve justos que no necesitan de arrepentimiento" (Lc. 15:7). Dios busca al corazón arrepentido de veras, no al endurecido y farisaico. Fue del humilde y arrepentido publicano, no del jactancioso y mojigato fariseo de quien Jesús dijo que fue justificado (18:14). Fue la clasificación que Él les hiciera como pecadores en necesidad de arrepentimiento lo que enardeció el odio de los fariseos hacia Jesús.

La verdad es que Dios no puede salvar a quienes no quieren verse como pecadores, a quienes hacen caso omiso, pasan por alto, o quitan importancia a su propio pecado. Solamente quienes por la gracia de Dios y por la obra condenatoria del Espíritu Santo entienden que son pobres, prisioneros, ciegos y oprimidos, que se dirigen a una eternidad sin Cristo y sin Dios en el infierno, y que confían en la obra de Cristo en la cruz como pago total por sus pecados (Col. 2:13-14), pueden ser salvos. Así declaró Santiago: "Dios resiste a los soberbios, y da gracia a los humildes" (Stg. 4:6).

Los escribas y fariseos habían incomprendido torpemente el propósito de

Dios al darles la ley. No se la dio como un medio para alcanzar justicia propia, sino para provocar autocondenación, conciencia de pecado, convicción, arrepentimiento y súplica a Dios con el propósito de recibir misericordia. La ley es "nuestro ayo, para llevarnos a Cristo, a fin de que fuésemos justificados por la fe" (Gá. 3:24). Así escribió Pablo en 1 Timoteo 1:9-10:

> *La ley [de Dios] no fue dada para el justo, sino para los transgresores y desobedientes, para los impíos y pecadores, para los irreverentes y profanos, para los parricidas y matricidas, para los homicidas, para los fornicarios, para los sodomitas, para los secuestradores, para los mentirosos y perjuros, y para cuanto se oponga a la sana doctrina.*

Solo quienes reconocen que están en el último grupo pueden aceptar el glorioso evangelio del perdón. Uno de ellos fue Pablo, quien se autoproclamó como el primero de todos los pecadores (1 Ti. 1:15), que sin embargo descubrió que "la gracia de nuestro Señor fue más abundante" para salvarlo incluso a él (v. 14).

Singularidad del evangelio 29

Entonces ellos le dijeron: ¿Por qué los discípulos de Juan ayunan muchas veces y hacen oraciones, y asimismo los de los fariseos, pero los tuyos comen y beben? Él les dijo: ¿Podéis acaso hacer que los que están de bodas ayunen, entre tanto que el esposo está con ellos? Mas vendrán días cuando el esposo les será quitado; entonces, en aquellos días ayunarán. Les dijo también una parábola: Nadie corta un pedazo de un vestido nuevo y lo pone en un vestido viejo; pues si lo hace, no solamente rompe el nuevo, sino que el remiendo sacado de él no armoniza con el viejo. Y nadie echa vino nuevo en odres viejos; de otra manera, el vino nuevo romperá los odres y se derramará, y los odres se perderán. Mas el vino nuevo en odres nuevos se ha de echar; y lo uno y lo otro se conservan. Y ninguno que beba del añejo, quiere luego el nuevo; porque dice: El añejo es mejor. (5:33-39)

En una época de pluralismo religioso y relativismo posmoderno, el evangelio cristiano es único. No tiene paralelo y es incompatible con las demás religiones. Cualquier forma de sincretismo es inaceptable; el evangelio cristiano, "el evangelio del reino de Dios" (Mr. 1:14; Ro. 1:1; 15:16; 2 Co. 11:7; 1 Ts. 2:2, 8, 9; 1 P. 4:17), no se puede mezclar con ninguna religión o filosofía humanista creada por el hombre. Esa es la clara enseñanza tanto del Señor Jesucristo como de los apóstoles. Jesús expresó: "Yo soy el camino, y la verdad, y la vida; nadie viene al Padre, sino por mí" (Jn. 14:6; cp. 1:17). En el juicio ante el tribunal supremo de Israel, el concilio, Pedro y Juan testificaron sin temor que "en ningún otro hay salvación; porque no hay otro nombre bajo el cielo, dado a los hombres, en que podamos ser salvos" (Hch. 4:12). Cuando de salvación se trata, "nadie puede poner otro fundamento que el que está puesto, el cual es Jesucristo" (1 Co. 3:11). No hay muchos senderos hacia la cima de la montaña, como creen falsamente quienes apoyan la unidad esencial de todas las religiones; al contrario, "hay un solo Dios, y un solo mediador entre Dios y los hombres, Jesucristo hombre" (1 Ti. 2:5).

Por desgracia, muchos que afirman ser evangélicos parecen haber olvidado esas verdades básicas y no negociables. Al aceptar el escepticismo radical acerca de la posibilidad de la verdad absoluta que caracteriza al posmodernismo, muchos en el emergente movimiento de la iglesia aplican tal escepticismo a la verdad bíblica.

La idea de que podría haber seguridad en cuanto a lo que la Biblia enseña los hace sentir incómodos; a fin de acomodarse a su indulgencia pecaminosa, ven el significado de la Biblia como vago, borroso, inseguro y a fin de cuentas probablemente como algo inescrutable. Además, bajo el disfraz de la tolerancia religiosa son despectivamente intolerantes hacia quienes sostienen los absolutos bíblicos. Tal inseguridad lleva a la apatía. Ya que la verdad, o no existe o no se puede descubrir, ¿para qué molestarse respecto a esta? A cambio, ellos prefieren enfocarse en vivir a plenitud y por causas sociales. Pero sin un compromiso con la clara verdad de la Biblia, no puede haber norma por la cual cumplir las prioridades de Dios.

Tal agnosticismo con relación a la verdad bíblica es la antítesis de la verdadera fe. No es más que amor al yo y al pecado en atuendo religioso disfrazado de humildad. La Biblia enseña que la verdad absoluta existe y que toda persona es responsable de ella. Como escribiera Pablo en 2 Tesalonicenses 2:10, no amar la verdad es la característica de los incrédulos, quienes están condenados por su incredulidad. Por otra parte, los creyentes son quienes conocen la verdad y han sido liberados por ella (Jn. 8:32). En el prólogo de su evangelio, Lucas declaró que había realizado una investigación diligente (1:3) para que sus lectores conocieran "bien la verdad de las cosas en las cuales [han] sido [instruidos]", cosas de las cuales escribió (v. 4). Jesús enseñó que la adoración aceptable a Dios debe ser coherente con la verdad (Jn. 4:23-24), que el Espíritu Santo es el Espíritu de verdad (Jn. 14:17; 15:26; 16:13), que la Palabra de Dios es verdad (Jn. 17:17, 19), y que Él vino al mundo para testificar de la verdad (Jn. 18:37). Pablo enseñó que quienes se niegan a obedecer la verdad enfrentarán la ira de Dios (Ro. 2:8), que el evangelio es "la palabra de verdad" (Ef. 1:13) y que este es "la verdad que está en Jesús" (Ef. 4:21), que la salvación es por medio de "la fe en la verdad" (2 Ts. 2:13; cp. 1 Ti. 2:4), que la iglesia es "columna y baluarte de la verdad" (1 Ti. 3:15), que los incrédulos están "privados de la verdad" (1 Ti. 6:5), "que se desviaron de la verdad" (2 Ti. 2:18), "siempre están aprendiendo, y nunca pueden llegar al conocimiento de la verdad" (2 Ti. 3:7), que "resisten a la verdad" (2 Ti. 3:8), "y apartarán de la verdad el oído" (2 Ti. 4:4; cp. Tit. 1:14).

El oprobio del evangelio es, como Francis Schaeffer dijera años atrás, que los cristianos predican a un Cristo exclusivo en una era inclusiva. Pero ahora, según se indicó antes, el inclusivismo y el pluralismo del mundo se han infiltrado en la iglesia. Asombrosamente, algunas voces dentro de la iglesia incluso han sugerido que los partidarios de otras religiones pueden seguir a Jesucristo sin dejar sus religiones o sin identificarse con el cristianismo. Es más, algunos sostienen que a quienes están en religiones no cristianas se les puede ayudar realmente a llegar a Dios por medio de esas falsas religiones. Clark Pinnock escribe:

> Al dirigirnos al hombre de una fe distinta a la nuestra, debe ser en un espíritu de esperanza para descubrir cómo Dios ha estado hablándole,

> y para analizar qué nueva comprensión de la gracia y del amor de Dios nosotros mismos podríamos descubrir en este encuentro. Nuestra primera tarea al acercarnos a otras personas, a otra cultura, a otra religión es quitarnos los zapatos, porque el lugar al que nos acercamos es santo... podríamos olvidar que Dios estuvo aquí antes de nuestra llegada. (Citado en Erwin Lutzer, *Christ Among Other gods* [Chicago: Moody, 1994], p. 185).

Entonces, asombrosamente, añade:

> Dios... tiene más por hacer a título de la redención, de lo que sucedió en la Palestina del primer siglo (Lutzer, p. 185).

El tema de esta sección final del capítulo 5 de Lucas es apropiado en esta época en que la diversidad de creencias, la apertura a otros puntos de vista religiosos, y el inclusivismo se ven como las principales virtudes religiosas. En su confrontación con los dirigentes religiosos judíos por el asunto del ayuno, el Señor Jesucristo estableció claramente la unicidad y exclusividad del evangelio. Él no vino simplemente como otro rabino dentro del marco del judaísmo contemporáneo. Tampoco vino para hacer algunos ajustes menores al sistema religioso existente en su época. Jesús vino a predicar el evangelio, que cumplía el Antiguo Testamento y era incompatible con la religión judía de su época. El judaísmo se interesaba en la justicia propia (Lc. 16:15; 18:11-12), al evangelio le interesa la rectitud de corazón; al judaísmo le interesaba lo que los hombres pensaban (Mt. 6:2, 5, 16; 23:5), el evangelio se interesa en lo que Dios piensa; el judaísmo se enfocaba en conductas externas (Mt. 23:25-28), al evangelio le interesan las actitudes internas.

La insistencia inflexible de Jesús en la exclusividad del evangelio fue lo que yacía en el centro de su conflicto continuo con los dirigentes religiosos judíos. Esa hostilidad, ya evidente en dos incidentes anteriores en el capítulo 5, la curación del paralítico (vv. 17-26) y la confrontación en el banquete de Mateo (vv. 30-32), se intensifica en este pasaje. Los tres evangelios sinópticos colocan este incidente inmediatamente después del banquete ofrecido por Mateo, lo que sugiere que ocurrió al poco tiempo. El texto contiene tres elementos sencillos: inquisición, explicación, e ilustraciones.

INQUISICIÓN

Entonces ellos le dijeron: ¿Por qué los discípulos de Juan ayunan muchas veces y hacen oraciones, y asimismo los de los fariseos, pero los tuyos comen y beben? (5:33)

La omisión de Lucas en especificar el precedente de **ellos** vincula aún más este pasaje con el anterior. Si este incidente hubiera ocurrido en un tiempo diferente, Lucas habría tenido que identificar a las personas de las que estaba hablando. Según el relato de Mateo, los discípulos de Juan el Bautista fueron los que hicieron la pregunta (Mt. 9:14). Sin embargo, no hay contradicción entre Mateo y Lucas, ya que Marcos 2:18 registra que tanto los fariseos como los discípulos de Juan abordaron a Jesús. Sin duda, individuos de ambos grupos hicieron la misma pregunta al Señor.

El hecho de que **los discípulos de Juan** aparecieran con los escribas y fariseos es sorprendente. Después de todo, Juan fue el precursor de Jesús, quien lo señaló como "el Cordero de Dios, que quita el pecado del mundo" (Jn. 1:29; cp. v. 36) y quien dirigió a sus propios discípulos hacia Jesús (Jn. 1:37; cp. 3:28-30). ¿Por qué se juntarían sus discípulos con los enemigos acérrimos de Jesús?

Es necesario recordar que no todos los que siguieron a Juan estaban presentes cuando Jesús fue bautizado, o cuando Juan lo señaló como el Cordero de Dios. Y no todos se habían convencido de que Jesús era el Mesías; incluso Juan tuvo su momento de duda (Lc. 7:19), y años después Pablo encontró algunos discípulos de Juan que ni siquiera sabían que Jesús era el Mesías (Hch. 19:1-7). Ya que en ese tiempo Juan estaba en la cárcel (Lc. 3:20), no estuvo disponible para confirmar a sus discípulos que Jesús era Aquel que él anunció. Muchos de los seguidores de Juan que no creían que Jesús era el Mesías, hicieron sin embargo una seria confesión espiritual cuando fueron bautizados. Habían reconocido su pecado y buscaban perdón, en un esfuerzo por prepararse para el reino venidero del Mesías. Era natural que tales personas comprometidas se asociaran con la élite religiosa, los fariseos y los escribas.

Tanto los discípulos de Juan como los fariseos reprocharon a los discípulos de Jesús por violar la costumbre religiosa judía, ya que ni **ayunan muchas veces** ni **hacen oraciones.** Ayunar era una de las tres principales manifestaciones prácticas de la piedad judía, junto con orar y dar limosnas. La élite religiosa cumplía con todas tres de manera pública y ostentosa, con el fin de exhibir su supuesta piedad delante de los hombres. En el Sermón del Monte, Jesús advirtió en contra de tal hipocresía:

> *Cuando, pues, des limosna, no hagas tocar trompeta delante de ti, como hacen los hipócritas en las sinagogas y en las calles, para ser alabados por los hombres; de cierto os digo que ya tienen su recompensa. Mas cuando tú des limosna, no sepa tu izquierda lo que hace tu derecha, para que sea tu limosna en secreto; y tu Padre que ve en lo secreto te recompensará en público. Y cuando ores, no seas como los hipócritas; porque ellos aman el orar en pie en las sinagogas y en las esquinas de las calles, para ser vistos de los hombres; de cierto os digo que ya tienen su recompensa. Mas tú, cuando ores, entra en tu aposento, y cerrada*

la puerta, ora a tu Padre que está en secreto; y tu Padre que ve en lo secreto te recompensará en público... Cuando ayunéis, no seáis austeros, como los hipócritas; porque ellos demudan sus rostros para mostrar a los hombres que ayunan; de cierto os digo que ya tienen su recompensa. Pero tú, cuando ayunes, unge tu cabeza y lava tu rostro, para no mostrar a los hombres que ayunas, sino a tu Padre que está en secreto; y tu Padre que ve en lo secreto te recompensará en público (Mt. 6:2-6, 16-18).

Aunque los fariseos ayunaban dos veces por semana (Lc. 18:12), el lunes y el jueves, solo hay un ayuno prescrito en el Antiguo Testamento. En el día de la expiación, el Señor ordenó al pueblo de Israel a humillarse o afligir sus almas (Lv. 16:29, 31), que es una referencia a ayunar (cp. *The Zondervan Pictorial Encyclopedia of the Bible,* s.v. "Fasting"). Los escritos rabínicos prohíben comer (incluso un simple dátil) o beber en el día de la expiación. En un día reservado para hacer duelo y arrepentirse del pecado, comer se consideraba inapropiado. Estos son los ayunos no obligatorios mencionados en el Antiguo Testamento (p. ej., Jue. 20:26; 1 S. 7:6; 31:13; 2 S. 1:12; 12:16; 1 R. 21:27; 2 Cr. 20:3; Esd. 8:21, 23; Neh. 1:4; 9:1; Est. 4:1-3; Sal. 69:10; Dn. 9:3; Jl. 1:13-14; 2:12, 15), pero eran espontáneos, relacionados con tristeza, duelo y búsqueda humilde de Dios.

Lo que enfureció a los escribas, fariseos y discípulos de Juan fue que los discípulos de Jesús hacían caso omiso a los rituales tradicionales del ayuno, y comían y bebían. Según Jesús, estas personas exigían una explicación para esa flagrante violación de la costumbre judía.

EXPLICACIÓN

Él les dijo: ¿Podéis acaso hacer que los que están de bodas ayunen, entre tanto que el esposo está con ellos? Mas vendrán días cuando el esposo les será quitado; entonces, en aquellos días ayunarán. (5:34-35)

Jesús defendió el hecho de que sus discípulos no ayunaran, explicando la conducta de ellos bajo su verdadera luz. Usando una experiencia conocida, les recordó que entre **los que están de bodas,** los amigos cercanos del **esposo** que participaban en una boda, difícilmente se podía esperar que ayunaran **entre tanto que el esposo está con ellos.** Después de todo, nadie ayuna en una boda; eso sería completamente inapropiado. Una boda es un tiempo de alegre festejo, no de luto (cp. Mt. 9:15) para ayunar. Es un tiempo para reír, no para llorar, un tiempo para bailar, no para endechar (Ec. 3:4). El Antiguo Testamento nunca se refiere al Mesías como a un **esposo** (aunque se refiere a Israel como la esposa del Señor; p. ej., Is. 62:4-5; Jer. 2:2; Os. 2:16-20); ese es un concepto del Nuevo Testamento presentado aquí por Jesús (cp. Mt. 9:15; Mr. 2:19-20 y en el uso de

Juan el Bautista de una analogía parecida en Jn. 3:29). Más adelante, en Apocalipsis, a la Iglesia se la describe como la novia de Cristo (19:7; 21:2, 9; 22:17).

Así que era igualmente ridículo esperar que los discípulos de Jesús ayunaran y estuvieran de luto mientras Él estaba presente con ellos. Pero el esposo no los acompañaría siempre. Jesús continuó diciéndoles: **Mas vendrán días cuando el esposo les será quitado; entonces, en aquellos días ayunarán.** El tiempo de regocijo terminaría cuando el esposo fuera repentinamente **quitado** en medio de la celebración. En el futuro, indicó el Señor, Él sería ejecutado, y los discípulos lo perderían. (Esta es la primera vez en el Evangelio de Lucas que Jesús se refirió a su muerte). Cuando eso ocurriera, ellos serían vencidos por el temor y el dolor; la profecía de Zacarías 13:7, "hiere al pastor, y serán dispersadas las ovejas", se cumpliría (cp. Mt. 26:31; Mr. 14:50). Los discípulos no entendieron que Jesús repitió predicciones de su muerte (cp. Mr. 9:31-32), ya que esto no encajaba en la noción preconcebida que tenían de que el Mesías conquistaría a los enemigos de Israel y establecería su reino. Incluso su líder, Pedro, no entendió:

> *Desde entonces comenzó Jesús a declarar a sus discípulos que le era necesario ir a Jerusalén y padecer mucho de los ancianos, de los principales sacerdotes y de los escribas; y ser muerto, y resucitar al tercer día. Entonces Pedro, tomándolo aparte, comenzó a reconvenirle, diciendo: Señor, ten compasión de ti; en ninguna manera esto te acontezca (Mt. 16:21-22).*

Pero lo que Isaías había profetizado siglos antes con relación al Mesías: "Por cárcel y por juicio fue quitado" (53:8), iba a acontecer. Después que Jesús les fue quitado, sus discípulos ayunaron (cp. Mt. 6:16-18; Hch. 13:2-3; 14:23).

ILUSTRACIONES

Les dijo también una parábola: Nadie corta un pedazo de un vestido nuevo y lo pone en un vestido viejo; pues si lo hace, no solamente rompe el nuevo, sino que el remiendo sacado de él no armoniza con el viejo. Y nadie echa vino nuevo en odres viejos; de otra manera, el vino nuevo romperá los odres y se derramará, y los odres se perderán. Mas el vino nuevo en odres nuevos se ha de echar; y lo uno y lo otro se conservan. Y ninguno que beba del añejo, quiere luego el nuevo; porque dice: El añejo es mejor. (5:36-39)

A fin de ilustrar la singularidad del evangelio, Jesús contó **una parábola** (*parabolē*; ejemplo, metáfora, analogía o historia figurada), o más específicamente, una serie de tres parábolas. En primer lugar, Él señaló que **nadie corta un pedazo de un vestido nuevo y lo pone en un vestido viejo.** Hacer eso sería insensato por un par de razones. Antes que nada, romper **un pedazo de un vestido nuevo** obviamente arruinaría esa prenda. Tampoco funcionaría el parche nuevo si se lo cose a la prenda antigua, ya **que el remiendo sacado de él no armoniza** en el color desteñido o en el diseño **con el** vestido **viejo.** Peor aún, después que se lava el vestido remendado, "tal remiendo [del vestido nuevo que no ha encogido] tira del vestido [viejo y remendado], y se hace peor la rotura" (Mt. 9:16). El resultado final son dos vestidos arruinados.

El planteamiento del Señor es que el evangelio no se puede remendar dentro del judaísmo (o de cualquier otro sistema de salvación por obras). Su enseñanza era totalmente contraria a la de los dirigentes judíos. Ellos se veían como justos (Lc. 16:15); Él predicó la necesidad de arrepentimiento (Lc. 5:32; cp. Mt. 4:17). Ellos estaban orgullosos de su posición religiosa supuestamente exaltada (Lc. 20:46-47); Él proclamó la necesidad de humildad (Mt. 5:3). Ellos se enfocaban en ceremonias, rituales y observación externa de la ley; Él se enfocó en el corazón (Mt. 15:7-9; Lc. 11:39-52). A ellos les encantaba la aprobación de los hombres; Él ofreció la aprobación de Dios (Mt. 23:5-7; Jn. 12:43).

El vestido viejo en la ilustración del Señor no es el Antiguo Testamento. Tampoco es la ley eterna de Dios, que es santa, justa y buena (Ro. 7:12), y que Jesús vino a cumplir, no a abrogar (Mt. 5:17-19). Más bien, es la religión ritualista y legalista basada en la tradición rabínica, con sus regulaciones hechas por el hombre (Mt. 15:3-6) que ensombrecían la ley de Dios. Jesús no vino a remendar ese sistema, sino a reemplazarlo con el vestido de la salvación (Is. 61:10): las buenas nuevas de salvación por fe en Él. Ningún sistema de justificación por obras se puede remendar en el evangelio de gracia y fe.

Sería igual de necio e inútil poner **vino nuevo en odres viejos; de otra manera, el vino nuevo romperá los odres y se derramará, y los odres se perderán.** El vino solía almacenarse en contenedores hechos de pieles de animales. Cuando el vino nuevo y fresco se fermentaba, se liberaba gas y los odres se expandían. Si alguien fuera tan insensato como para poner **vino nuevo en odres viejos,** los odres se estirarían, y el **vino nuevo** rompería **los odres,** el vino se derramaría y se perdería, **y los odres se** arruinarían. El vino nuevo se debía almacenar en **odres nuevos,** que todavía eran suficientemente flexibles para expandirse durante el proceso de fermentación.

Al igual que la primera ilustración, también esta resalta la inutilidad y la imposibilidad de mezclar el evangelio de la gracia con cualquier sistema de justificación por obras. La gracia es radicalmente contraria a tal sistema y no es compatible con este (Ro. 11:6; Gá. 5:4).

La última ilustración del Señor describe la tragedia de quienes rechazan el evangelio de gracia y se aferran a su falso sistema de obras de justicia. Jesús comparó a tales personas que están contentas con el vino viejo que han estado bebiendo, y que no tienen deseos de saborear el nuevo. Él afirmó: **ninguno que**

beba del añejo, quiere luego el nuevo; porque dice: El añejo es mejor. La falsa religión adormece los sentidos espirituales. Al estar bastante adentrado en la experiencia de beber, al bebedor no le importa el sabor del vino. Esta es una de las formas principales en que "el dios de este siglo [ciega] el entendimiento de los incrédulos, para que no les resplandezca la luz del evangelio de la gloria de Cristo, el cual es la imagen de Dios" (2 Co. 4:4). Al igual que los bebedores de vino que derraman su conocida bebida, las personas obstinadamente se aferran a sus cómodas tradiciones religiosas, y tienen poco o ningún interés en la verdad nueva y fresca del evangelio.

Para aquellos que no están dispuestos a dejar sus falsas religiones y aceptar el evangelio, no hay esperanza de salvación (Jn. 14:6; Hch. 4:12). El objetivo de la Iglesia no es hacer que los incrédulos se sientan cómodos en sus falsos sistemas religiosos, ni ayudarlos a absorber a Jesús dentro de esos sistemas. La comisión que el Señor dio a la Iglesia es de ir y hacer "discípulos a todas las naciones, bautizándolos en el nombre del Padre, y del Hijo, y del Espíritu Santo; enseñándoles que guarden todas las cosas que os he mandado; y he aquí yo estoy con vosotros todos los días, hasta el fin del mundo" (Mt. 28:19-20).

Señor del día de reposo 30

Aconteció en un día de reposo, que pasando Jesús por los sembrados, sus discípulos arrancaban espigas y comían, restregándolas con las manos. Y algunos de los fariseos les dijeron: ¿Por qué hacéis lo que no es lícito hacer en los días de reposo? Respondiendo Jesús, les dijo: ¿Ni aun esto habéis leído, lo que hizo David cuando tuvo hambre él, y los que con él estaban; cómo entró en la casa de Dios, y tomó los panes de la proposición, de los cuales no es lícito comer sino sólo a los sacerdotes, y comió, y dio también a los que estaban con él? Y les decía: El Hijo del Hombre es Señor aun del día de reposo. Aconteció también en otro día de reposo, que él entró en la sinagoga y enseñaba; y estaba allí un hombre que tenía seca la mano derecha. Y le acechaban los escribas y los fariseos, para ver si en el día de reposo lo sanaría, a fin de hallar de qué acusarle. Mas él conocía los pensamientos de ellos; y dijo al hombre que tenía la mano seca: Levántate, y ponte en medio. Y él, levantándose, se puso en pie. Entonces Jesús les dijo: Os preguntaré una cosa: ¿Es lícito en día de reposo hacer bien, o hacer mal? ¿salvar la vida, o quitarla? Y mirándolos a todos alrededor, dijo al hombre: Extiende tu mano. Y él lo hizo así, y su mano fue restaurada. Y ellos se llenaron de furor, y hablaban entre sí qué podrían hacer contra Jesús. (6:1-11)

La reacción inicial al Señor Jesucristo por lo general era positiva. Al hablar de los inicios del ministerio de Cristo en Galilea, Lucas señaló que cuando Jesús "enseñaba en las sinagogas de ellos… era glorificado por todos" (4:15). El Señor era tan popular que cuando "salió [de Capernaúm] y se fue a un lugar desierto; y la gente le buscaba, y llegando a donde estaba, le detenían para que no se fuera de ellos" (4:42). Después que Jesús sanara a un leproso, "su fama se extendía más y más; y se reunía mucha gente para oírle, y para que les sanase de sus enfermedades" (5:15). A raíz de su curación de un paralítico, "todos, sobrecogidos de asombro, glorificaban a Dios; y llenos de temor, decían: Hoy hemos visto maravillas" (5:26). Incluso los dirigentes religiosos no pudieron al principio refrenar su curiosidad (5:17).

Pero la curiosidad finalmente se convirtió en hostilidad, la cual había aumentado en gran manera para el momento en que ocurrieron los acontecimientos en el sexto capítulo del Evangelio de Lucas. Los dirigentes religiosos habían llegado a ver a Jesús como el hombre más peligroso en Israel, como la mayor amenaza para su poder y prestigio religioso. Sus temores estaban bien fundados. Jesús era el maestro más poderoso que el mundo había visto o que vería alguna vez, y estaba atacando a los líderes religiosos su ritualismo, legalismo y orgullosa hipocresía. Peor aún, mientras los atacaba, el Señor se relacionaba con publicanos, prostitutas y otra gentuza de la sociedad. Cuando Jesús mostró preocupación por los pecados de estos pecadores, ya que vino "a llamar a... pecadores al arrepentimiento" (5:32), algunos de ellos respondieron con arrepentimiento y fe. Pero cuando Él confrontó a los fariseos y escribas, porque eran los líderes del sistema religioso y los proveedores orgullosos e impenitentes de la condenatoria mentira de que Dios se agradaba con la mojigatería, el legalismo y el ritualismo, se toparon con el intolerable e indignante descrédito que el Señor les hacía. También encontraron ofensivo que Él eligiera como sus apóstoles a hombres comunes y no a miembros de la élite religiosa.

El Señor no acrecentó el conflicto por ser insensible o descortés, sino por su predicación inflexible de la verdad. La verdad de Dios es lo más importante en el mundo (cp. Pr. 23:23). Se trata del mensaje de pecado, perdón, salvación, y de la esperanza de vida eterna. Toda la verdad se debe predicar sin importar cuáles sean las consecuencias, sea que las personas la acepten o que las ofenda; que la acepten y sean salvas, o que la rechacen y se pierdan eternamente. No hay puntos comunes entre la verdad y el error.

Jesús declaró la verdad en toda situación, no por fuerza o en contra de su voluntad, sino por su decisión deliberada. Al hacerlo expuso el error tanto en quienes la enseñaban como en quienes se pudieron haber sentido atraídos por la enseñanza. El Señor nunca midió sus palabras cuando trató con la falsa religión, o con los malvados maestros falsos que la proporcionaban (cp. Mt. 7:15-20; 23:1-36). Su valiente predicación del evangelio, que no era compatible con la religión judía de su época (Lc. 5:36-39), obligó al pueblo a elegir entre el evangelio de la gracia y el sistema de obras de justicia del judaísmo contemporáneo.

En el núcleo del conflicto de Jesús con los fariseos y escribas estaba el día de reposo. Gran parte del intento endiosado de ganar la salvación por medio de buenas obras se enfocaba en guardar las regulaciones del día de reposo. Puesto que su observancia era el principal sostén o ancla del judaísmo del siglo I, el día de reposo inevitablemente se convirtió en un punto importante de contención entre Jesús y los dirigentes judíos. En esta sección de su evangelio, Lucas registra dos incidentes en que Jesús confrontó con valentía el falso punto de vista que ellos tenían del sábado, y se estableció Él mismo como Señor sobre el día de reposo. El primer incidente se llevó a cabo en los sembrados; el segundo en una sinagoga.

EN LOS SEMBRADOS

Aconteció en un día de reposo, que pasando Jesús por los sembrados, sus discípulos arrancaban espigas y comían, restregándolas con las manos. Y algunos de los fariseos les dijeron: ¿Por qué hacéis lo que no es lícito hacer en los días de reposo? Respondiendo Jesús, les dijo: ¿Ni aun esto habéis leído, lo que hizo David cuando tuvo hambre él, y los que con él estaban; cómo entró en la casa de Dios, y tomó los panes de la proposición, de los cuales no es lícito comer sino sólo a los sacerdotes, y comió, y dio también a los que estaban con él? Y les decía: El Hijo del Hombre es Señor aun del día de reposo. (6:1-5)

El **día de reposo** fue originalmente dado por Dios en la ley mosaica (no antes) para ser un día de descanso (la palabra hebrea que algunas versiones traducen "sábado" viene de un verbo que significa "cesar", "desistir", o "descansar" [cp. Gn. 2:2]), refrigerio y adoración para su pueblo (Éx. 20:8-11). Sin embargo, para el siglo I esta regla había acumulado una enorme cantidad de restricciones y regulaciones extrabíblicas, hasta tal punto que se había convertido en el más opresivo y agobiante día de la semana.

El Talmud dedica veinticuatro capítulos a las regulaciones del día de reposo, y describe con detalle dolorosamente extenso lo que era permitido o no hacer. El resultado fue un sistema ridículamente complejo de restricciones de conducta externa, hasta el punto que un rabino pasaba dos años y medio estudiando solo uno de los veinticuatro capítulos.

Por ejemplo, viajar a más de mil metros de casa estaba prohibido. Pero si alguien colocaba comida a los mil metros antes del día de reposo, ese punto se consideraría un hogar, ya que había comida allí, y se permitían otros mil metros de viaje. De igual modo, un pedazo de madera o una cuerda puestas a través del final de una estrecha calle o callejón constituían una entrada. Eso se podía considerar entonces la puerta principal de la casa de alguien, y permitía otros mil metros de recorrido.

También había regulaciones respecto a cargar objetos. Algo levantado en un lugar público solo se podía depositar en un lugar privado, y viceversa. Un objeto lanzado al aire podía ser atrapado con la misma mano, pero si se lo agarraba con la otra mano, sería una violación al día de reposo. Si una persona hubiera estirado la mano para recoger comida al inicio del día de reposo, la comida se debía tirar; llevar el brazo hacia atrás mientras se sostenía la comida sería llevar una carga el día de reposo. Estaba prohibido llevar algo que pesara más que un higo seco (aunque algo que pesara la mitad se podía llevar dos veces). Un sastre no podía cargar su aguja, un escriba su pluma, o un estudiante sus libros. Solo se podía llevar suficiente tinta para escribir dos letras (del alfabeto). No se podía enviar una carta, ni siquiera por medio de un no judío. No se podía examinar ropa ni sacudirla antes de ponérsela porque se podría matar un insecto en el proceso, lo que sería trabajo. No se podía encender o apagar fuego. Agua fría se podía verter en agua caliente, pero no caliente en fría. No se podía cocer un huevo, ni siquiera poniéndolo en arena caliente durante el verano. Nada se podía vender o comprar. Bañarse estaba prohibido, no fuera que se derramara agua en el piso y se lo lavara. No estaba permitido mover una silla, ya que esto podría hacer un surco en un piso de tierra, lo que sería muy parecido a arar. A las mujeres se les prohibía mirarse en un espejo, ya que si veían una cana podrían sentirse tentadas a sacarla.

Otras cosas prohibidas incluían sembrar, arar, cosechar, atar gavillas, trillar, aventar, moler, amasar, hornear, cortar, lavar, golpear, teñir o hilar, atar o desatar un nudo, atrapar, matar o despellejar un ciervo, salar su carne, o preparar su piel. (Para un estudio detallado de las restricciones rabínicas del día de reposo, véase Alfred Edersheim, "The Ordinances and Law of the Sabbath as Laid Down in the Mishnah and the Jerusalem Talmud", Apéndice XVII en *The Life and Times of Jesus the Messiah* [Grand Rapids: Eerdmans, 1974], 2:777-87).

Fue a personas aplastadas por la insoportable carga (Mt. 23:4; Lc. 11:46; Hch. 15:10) de regulaciones humanas y legalistas que el Señor Jesucristo expresó: "Venid a mí todos los que estáis trabajados y cargados, y yo os haré descansar. Llevad mi yugo sobre vosotros, y aprended de mí, que soy manso y humilde de corazón; y hallaréis descanso para vuestras almas; porque mi yugo es fácil, y ligera mi carga" (Mt. 11:28-30).

Este día particular de reposo encontró al Señor y sus discípulos **pasando por los sembrados** [*sporimos*]. La cosecha que se cultivaba en estos campos particulares era probablemente trigo o cebada. Ya que el grano estaba bastante maduro para comerse, tal vez era primavera o verano. Mientras ellos caminaban a lo largo de los senderos entre las hileras de grano, los **discípulos arrancaban espigas y comían, restregándolas con las manos.** Hacer eso no era malo en sí; la ley mosaica permitía a los viajeros recoger el grano de los campos de sus prójimos para satisfacer el hambre (aunque no cosecharlo, desde luego): "Cuando entres en la mies de tu prójimo, podrás arrancar espigas con tu mano; mas no aplicarás hoz a la mies de tu prójimo" (Dt. 23:25).

Sin embargo, hacer eso el día de reposo era una violación, no a la ley mosaica sino a las restricciones rabínicas descritas antes. En particular, los discípulos de Jesús eran culpables ante los ojos de los **fariseos** de cosechar (recoger el grano), desgranar (frotar las cáscaras a fin de separarlas del grano) y aventar (lanzar las cáscaras), y por tanto de preparar comida. Los autoproclamados guardianes del día de reposo se apresuraron a atacar la flagrante violación de sus ridículas regulaciones. Exigieron saber: **¿Por qué hacéis lo que no es lícito hacer en los días de reposo?** Aunque hicieron su pregunta a todo el grupo, el reproche de los fariseos se dirigió principalmente a Jesús, ya que sin duda los discípulos estaban siguiendo las enseñanzas y el ejemplo de Él. Los fariseos vieron el incidente como un ataque directo a todo su sistema religioso para el que, como ya se indicó, el día de reposo era central. Era evidente que la presencia de los dirigentes judíos en el sembradío indicaba el constante escrutinio al que sometían a Jesús, mientras le seguían los pasos en busca de un pretexto para poder condenarlo.

Atribuyéndose la responsabilidad por las acciones de sus discípulos, Jesús respondió a la ignorancia de los fariseos con un reproche ligeramente sarcástico. Ellos, por supuesto, conocían la historia que Él estaba a punto de relatar, pero habían pasado por alto su verdadero significado. Como a menudo hacía (cp. 5:23; 10:26; 20:3-4, 24), **Jesús** les contestó la pregunta con una de las suyas: **¿Ni aun esto habéis leído** (cp. Mt. 19:4; 21:42; 22:31; Mr. 12:10) **lo que hizo David cuando tuvo hambre él, y los que con él estaban; cómo entró en la casa de Dios, y tomó los panes de la proposición, de los cuales no es lícito comer sino sólo a los sacerdotes, y comió, y dio también a los que estaban con él?**

El incidente al que el Señor se refirió está registrado en 1 Samuel 21:1-6. Al huir de la implacable persecución de Saúl, David llegó a Nob, a poco menos de dos kilómetros al norte de Jerusalén. David **tuvo hambre,** igual que **los que con él estaban.** En busca de alimento **entró en la casa de Dios** (el tabernáculo), y pidió al sacerdote Ahimelec cinco panes. El tabernáculo, desde luego, no era una panadería, y los únicos panes disponibles eran los **de la proposición.** Estos debían ponerse "delante de [Dios] continuamente" (Éx. 25:30), consistía de doce lonjas que se colocaban cada día de reposo en la tabla de oro en el Lugar Santo. Después que el pan era reemplazado con otros panes frescos, se podía comer, pero solamente lo hacían los sacerdotes (Lv. 24:9). Ahimelec estuvo dispuesto a dar un poco de los panes consagrados a David y sus hombres, pero solo "si los criados se han guardado a lo menos de mujeres" (1 S. 21:4) (es decir, si estaban ceremonialmente puros). Después que David le aseguró que ellos habían hecho eso, Ahimelec les dio el pan y ellos lo comieron.

Lo trascendental del relato, que los fariseos habían pasado por alto, era que la misericordia, la compasión y la necesidad humana eran más importantes que la rígida observancia incluso a los rituales y las ceremonias bíblicas. Marcos 2:27 relata que Jesús también les exhortó: "El día de reposo fue hecho por causa del hombre, y no el hombre por causa del día de reposo", mientras Mateo registra el reproche que les hiciera: "Y si supieseis qué significa: Misericordia quiero, y no sacrificio, no condenaríais a los inocentes" (12:7). Si un sacerdote humano pudo permitir a David violar parte de la ley ceremonial de Dios (quizás incluso en un día de reposo, ya que el pan que había sido reemplazado aún no lo habían comido los sacerdotes), ¿cuánto más podía el Hijo de Dios permitir a sus discípulos violar tradiciones humanas antibíblicas?

Entonces Jesús confundió e indignó a los fariseos al declarar: **El Hijo del**

Hombre es Señor aun del día de reposo. Como tal, solo Él tenía el derecho de decidir qué conducta era apropiada el día de reposo; Él es el intérprete de la voluntad, la ley, y el mensaje de Dios. Ya que el día de reposo fue establecido por Dios (Éx. 20:8-11), Jesús, el Hijo de Dios, tenía autoridad sobre ese día. Por tanto, al reclamar autoridad sobre una ordenanza divinamente instituida, Jesús estaba afirmando total igualdad con Dios. Compárese Juan 5:9-17, en que nuestro Señor volvió a ser confrontado por su actividad en el día de reposo y replicó: "Mi Padre hasta ahora trabaja, y yo trabajo" (v. 17). Otra vez claramente declaró aquí su igualdad con Dios, como evidencia de su soberanía sobre el día de reposo.

EN UNA SINAGOGA

Aconteció también en otro día de reposo, que él entró en la sinagoga y enseñaba; y estaba allí un hombre que tenía seca la mano derecha. Y le acechaban los escribas y los fariseos, para ver si en el día de reposo lo sanaría, a fin de hallar de qué acusarle. Mas él conocía los pensamientos de ellos; y dijo al hombre que tenía la mano seca: Levántate, y ponte en medio. Y él, levantándose, se puso en pie. Entonces Jesús les dijo: Os preguntaré una cosa: ¿Es lícito en día de reposo hacer bien, o hacer mal? ¿salvar la vida, o quitarla? Y mirándolos a todos alrededor, dijo al hombre: Extiende tu mano. Y él lo hizo así, y su mano fue restaurada. Y ellos se llenaron de furor, y hablaban entre sí qué podrían hacer contra Jesús. (6:6-11)

Aconteció también en otro día de reposo que Jesús volvió a confrontar a los fariseos por el asunto del día de reposo. Lucas no especifica cuándo se llevó a cabo este incidente, ni dónde estaba situada la **sinagoga** (tal vez Capernaúm). Sin embargo, Mateo, Marcos y Lucas lo ubican inmediatamente después del incidente en los sembradíos, lo que sugiere que ocurrió poco después, tal vez el siguiente día de reposo. En consonancia con la prioridad de su ministerio, Jesús **enseñaba** (cp. 4:14-15, 31, 44; 5:15, 17). El contenido de su mensaje no está registrado, pero sin duda Él había estado predicando el evangelio (3:18; 4:18; 7:22; 20:1; Mr. 1:14), las buenas nuevas de que los pobres, los prisioneros, los ciegos y los oprimidos podían ser libres de su pecado y de la pesada carga de una religión falsa, condenatoria y legalista (4:18-21).

En la sinagoga, en ese día particular de reposo, **estaba allí un hombre que tenía seca la mano derecha** (únicamente Lucas, con su cuidadosa atención al detalle médico, observa que se trataba de la mano derecha); **seca** quiere decir que tenía la mano atrofiada a causa de parálisis. Este hombre fue objeto principal de la atención de Jesús, y su sanidad fue otro ataque a las restricciones de los fariseos para el día de reposo.

Como de costumbre, allí se hallaban **los escribas y los fariseos,** esperando encontrar algo por lo que pudieran condenar al Señor. Como siempre, estos celosos legalistas **acechaban** a Jesús. **Acechaban** se traduce de una forma del verbo griego *paratēreō*, que significa "observar cuidadosamente", "estar a la expectativa", o "prestar atención a". Como ocurre aquí, a menudo la palabra toma un tono siniestro, y se puede traducir "espiar", "esperar por una oportunidad", o "estar vigilante" (cp. 14:1; 20:20; Mr. 3:2). Los escribas y fariseos de ninguna manera eran observadores neutrales, sino más bien espías.

En concreto, ellos estaban acechando a Jesús **para ver si en el día de reposo lo sanaría, a fin de hallar de qué acusarle.** Irónicamente, estos autonombrados guardianes del sistema del día de reposo no querían impedir que Jesús rompiera las reglas que habían estipulado respecto a tal día; en realidad querían que Él efectuara una curación, por lo que tendrían un motivo para acusarlo. Que Cristo realizara una sanidad se adaptaría mejor al odio atroz que le tenían. Curiosamente, nunca a lo largo de todo el ministerio de Cristo ellos dudaron de la capacidad que Él tenía para curar (cp. 5:17-26), lo que también demostraba su capacidad para perdonar pecados (5:24). Pero el razonamiento complejo en sus corazones pecadores, orgullosos y obstinados era que si Jesús realmente curaba, la consecuencia sería que ellos podrían acusarlo de no guardar el día de reposo.

Está de más decir que ministrar a una persona enferma de ningún modo era una violación a las regulaciones del Antiguo Testamento relacionadas con el día de reposo (cp. Mt. 12:7). Sin embargo, los rabinos habían decretado que en el día de reposo nadie, fuera médico, amigo o familiar, podía tratar a una persona enferma. Enseñaban que hacer eso era trabajar y que por tanto constituía una violación al día de reposo. Las dos únicas excepciones que se permitían eran casos en que una persona de todos modos podría morir antes de que el día de reposo concluyera, o cuando una mujer daba a luz ese día. Cualquier otra situación, que no fuera ninguna de estas dos, y que tuviera que ver con mostrar compasión y misericordia hacia una persona que sufría, convertía al transgresor en blasfemo y pecador.

Como Jesús había hecho antes (5:22), y como haría más adelante (11:17), en su omnisciencia Él **conocía los pensamientos de ellos.** El Señor era totalmente consciente de los pensamientos despiadados y llenos de odio hacia Él, y de que los escribas y fariseos estaban esperando que Jesús curara al hombre para poder acusarlo de incumplir el día de reposo. Haciendo caso omiso a las regulaciones legalistas y despiadadas de ellos, y a sus intenciones, Jesús **dijo al hombre que tenía la mano seca: Levántate, y ponte en medio.** Este era el candidato perfecto para ayudar al Señor a efectuar su embestida al retorcido punto de vista de ellos con relación al día de reposo. El estado del hombre evidentemente no amenazaba su vida, así que no había justificación posible bajo la excepción de muerte para ayudarlo.

El hombre lisiado **levantándose, se puso en pie** delante de la audiencia de la sinagoga. Este fue un momento dramático, mientras las personas esperaban ver lo que Jesús se disponía a hacer. Dirigiéndose a los escribas y fariseos, quienes sin duda tenían asientos en primera fila (11:43; 20:46; Mt. 23:6; Mr. 12:39), Jesús les hizo una pregunta directa a los autoproclamados expertos en la ley, exigiendo saber: **¿Es lícito en día de reposo hacer bien, o hacer mal? ¿salvar la vida, o quitarla?** Como a menudo era el caso, la pregunta del Señor puso a sus oponentes en un dilema. Por una parte, contestar que era lícito hacer bien el día de reposo autorizaría oficialmente a Jesús para curar al hombre; no podrían acusarlo de incumplir el día de reposo. Por otra parte, contestar que no era lícito hacer bien revelaría sus corazones perversos y despiadados. Eso derribaría las apariencias de superioridad moral y de exagerada piedad que ellos exhibían, y los dejaría al descubierto como los hipócritas que eran.

Los escribas y fariseos sabían la respuesta correcta a la pregunta de Jesús, la cual registra el libro de Isaías. En dos pasajes en Isaías, Dios acusó a Israel por su religión superficial y falsa, que era el mismo asunto que Jesús estaba enfocando:

> *¿Para qué me sirve, dice Jehová, la multitud de vuestros sacrificios? Hastiado estoy de holocaustos de carneros y de sebo de animales gordos; no quiero sangre de bueyes, ni de ovejas, ni de machos cabríos. ¿Quién demanda esto de vuestras manos, cuando venís a presentaros delante de mí para hollar mis atrios? No me traigáis más vana ofrenda; el incienso me es abominación; luna nueva y día de reposo, el convocar asambleas, no lo puedo sufrir; son iniquidad vuestras fiestas solemnes. Vuestras lunas nuevas y vuestras fiestas solemnes las tiene aborrecidas mi alma; me son gravosas; cansado estoy de soportarlas. Cuando extendáis vuestras manos, yo esconderé de vosotros mis ojos; asimismo cuando multipliquéis la oración, yo no oiré; llenas están de sangre vuestras manos. Lavaos y limpiaos; quitad la iniquidad de vuestras obras de delante de mis ojos; dejad de hacer lo malo; aprended a hacer el bien; buscad el juicio, restituid al agraviado, haced justicia al huérfano, amparad a la viuda (1:11-17).*

> *¿No es más bien el ayuno que yo escogí, desatar las ligaduras de impiedad, soltar las cargas de opresión, y dejar ir libres a los quebrantados, y que rompáis todo yugo? ¿No es que partas tu pan con el hambriento, y a los pobres errantes albergues en casa; que cuando veas al desnudo, lo cubras, y no te escondas de tu hermano? Entonces nacerá tu luz como el alba, y tu salvación se dejará ver pronto; e irá tu justicia delante de ti, y la gloria de Jehová será tu retaguardia. Entonces invocarás, y te oirá Jehová; clamarás, y dirá él: Heme aquí. Si quitares de en medio de ti el yugo, el dedo amenazador, y el hablar vanidad; y si dieres tu pan al hambriento, y saciares al alma afligida, en las tinieblas nacerá tu luz, y tu oscuridad será como el mediodía. Jehová te pastoreará siempre, y en las*

sequías saciará tu alma, y dará vigor a tus huesos; y serás como huerto de riego, y como manantial de aguas, cuyas aguas nunca faltan. Y los tuyos edificarán las ruinas antiguas; los cimientos de generación y generación levantarás, y serás llamado reparador de portillos, restaurador de calzadas para habitar. Si retrajeres del día de reposo tu pie, de hacer tu voluntad en mi día santo, y lo llamares delicia, santo, glorioso de Jehová; y lo venerares, no andando en tus propios caminos, ni buscando tu voluntad, ni hablando tus propias palabras, entonces te deleitarás en Jehová; y yo te haré subir sobre las alturas de la tierra, y te daré a comer la heredad de Jacob tu padre; porque la boca de Jehová lo ha hablado (58:6-14).

Como estos dos pasajes indican, Dios rechazó el ritual religioso aislado de piedad, misericordia y caridad. El día de reposo más que cualquier otro día era para expresar bondad; para mostrar misericordia y caridad hacia los necesitados. Pero las restricciones rabínicas habían estrangulado de tal modo al día de reposo, que prohibían semejante bondad.

El verdadero problema no era la curación del hombre lisiado; a Jesús no le preocupaba principalmente la actitud de ellos hacia el enfermo, o si estaba bien hacerle bien. La cuestión más profunda era quién estaba honrando a Dios: ¿Jesús, quien quería mostrar misericordia a una necesidad individual, o los escribas y fariseos, que deseaban solamente destruir a Jesús? Según la definición que ellos habían inventado, la observancia del día de reposo era una prueba de fuego de la fidelidad a Dios. Es paradójico que estos terroristas religiosos observaran escrupulosamente las minucias de sus leyes sobre el día de reposo, mientras al mismo tiempo conspiraban para asesinar al Señor del día de reposo. Así lo comenta David Gooding:

> La mente religiosa es algo curioso. No necesariamente está interesada en la moral común; mucho menos en aliviar la miseria y la aflicción humanas. Está interesada en guardar normas; especialmente normas que brotan de sus propias apreciadas interpretaciones de la Biblia o la tradición; y a estas normas atribuyen la inflexible autoridad de Dios mismo. En contra de las propias interpretaciones de ellos mismos, permiten que el Dios encarnado intervenga con un milagro de bondad divina que trae alivio a la miseria humana, y después en lugar de revisar sus interpretaciones planifican impedir que tales milagros sucedan de nuevo (*According to Luke* [Grand Rapids: Eerdmans, 1987], p. 116).

Hubo una larga pausa mientras el Señor esperaba una respuesta. Pero los escribas y fariseos, estupefactos y en silencio, no dijeron nada. Finalmente, **mirándolos a todos alrededor,** "con enojo, entristecido por la dureza de sus corazones" (Mr. 3:5), Jesús **dijo al hombre** lisiado: **Extiende tu mano. Y él lo hizo así, y su mano fue restaurada.** Deliberadamente Jesús les rompió sus restricciones del día de reposo.

Tras presenciar este asombroso y creativo milagro, sería de esperar que el siguiente versículo declarara: "Entonces los escribas y fariseos creyeron". Sin embargo, ese no fue el caso. En lugar de eso, **ellos se llenaron de furor, y hablaban entre sí qué podrían hacer contra Jesús** para destruirlo (Mt. 12:14). *Anoia* (**furor**) literalmente significa "locura", o "idiotez". La palabra en este contexto denota una ira irracional, pues los escribas y fariseos estaban enervados y llenos de furia ante la arremetida directa de Jesús contra la religión hipócrita que practicaban. La reacción de ellos refleja la ceguera y la obstinación de corazón de quienes se encuentran profundamente involucrados en falsas religiones. Asombrosamente, los fariseos incluso recurrieron a la ayuda de sus acérrimos enemigos los herodianos (judíos leales a los Herodes) en su búsqueda de una manera para eliminar a Jesús (Mr. 3:6). Tal alianza era insólita, ya que lo único que los dos grupos tenían en común era su odio hacia Jesús.

El odio irracional de los fariseos y la furia hacia Jesús los motivaba un temor de autoconservación. El Señor estaba lanzando golpes monumentales al mismo centro del sistema religioso que ellos tenían. En este caso, mucho antes de la Semana Santa los dirigentes religiosos ya estaban planeando la muerte de Jesús. Ese odio conduciría a una oposición continua hacia Cristo que finalmente consiguió su propósito de arrestarlo y ejecutarlo.

Estos dos incidentes revelan el claro contraste entre Jesús y los líderes religiosos judíos. Es el contraste entre el representante de la verdad de Dios y los representantes de la falsa religión; entre la verdad divina y la tradición humana; entre el profundo conocimiento y la demencia; entre la bondad y la maldad; entre la compasión y la crueldad; entre franca sinceridad y engaño oculto; entre el poder divino y la impotencia humana; entre el reino de Dios y el reino de Satanás.

Sin embargo, la gracia de Dios puede impregnar hasta al corazón más endurecido. No todos los fariseos rechazaron permanentemente al Señor Jesucristo. Hechos 15:5 señala que había "algunos de la secta de los fariseos, que habían creído". Uno de esos fariseos creyentes, Saulo de Tarso, se convirtió en el gran apóstol Pablo. El autoproclamado primero entre los pecadores (1 Ti. 1:15) fue llamado por el Señor resucitado a predicar el evangelio en todo el Imperio romano.

Hombres comunes, llamado poco común. Primera parte: Introducción

31

En aquellos días él fue al monte a orar, y pasó la noche orando a Dios. Y cuando era de día, llamó a sus discípulos, y escogió a doce de ellos, a los cuales también llamó apóstoles: (6:12-13)

A lo largo de la historia redentora, Dios ha elegido personas comunes y corrientes para hacer cosas extraordinarias, una verdad que el apóstol Pablo resaltó en 1 Corintios 1:20-29:

> *¿Dónde está el sabio? ¿Dónde está el escriba? ¿Dónde está el disputador de este siglo? ¿No ha enloquecido Dios la sabiduría del mundo? Pues ya que en la sabiduría de Dios, el mundo no conoció a Dios mediante la sabiduría, agradó a Dios salvar a los creyentes por la locura de la predicación. Porque los judíos piden señales, y los griegos buscan sabiduría; pero nosotros predicamos a Cristo crucificado, para los judíos ciertamente tropezadero, y para los gentiles locura; mas para los llamados, así judíos como griegos, Cristo poder de Dios, y sabiduría de Dios. Porque lo insensato de Dios es más sabio que los hombres, y lo débil de Dios es más fuerte que los hombres. Pues mirad, hermanos, vuestra vocación, que no sois muchos sabios según la carne, ni muchos poderosos, ni muchos nobles; sino que lo necio del mundo escogió Dios, para avergonzar a los sabios; y lo débil del mundo escogió Dios, para avergonzar a lo fuerte; y lo vil del mundo y lo menospreciado escogió Dios, y lo que no es, para deshacer lo que es, a fin de que nadie se jacte en su presencia.*

Dios seleccionó a Abraham, un idólatra (Jos. 24:2), para que fuera su amigo (Is. 41:8), y físicamente el padre de Israel (Is. 51:2; Lc. 1:73; Jn. 8:56) y espiritualmente de los creyentes gentiles (Ro. 4:16; Gá. 3:7). José entró a Egipto como esclavo, se levantó en la providencia de Dios para llegar a ser el primer ministro (Gn. 41:39-44; 45:9, 26), y fue usado por Dios para preservar a su pueblo (Gn.

45:7; 50:20). Después de pasar cuarenta años en el exilio en la tierra de Madián (Hch. 7:23, 30), Moisés, el asesino, fue usado por Dios para liberar a Israel de la esclavitud en Egipto. Una ramera llamada Rahab de la ciudad cananea de Jericó se convirtió en antepasada del Señor Jesucristo (Mt. 1:5) y en un ejemplo de fiel creyente (He. 11:31). David pasó de ser un humilde pastor a liberar de los filisteos a Israel matando a Goliat, y finalmente se convirtió en el más grande rey de esa nación. Y a pesar de vivir en el desierto (Lc. 1:80), usar ropa áspera, y comer dieta silvestre (Mt. 3:4), Juan el Bautista fue declarado por nuestro Señor como el hombre más grande que alguna vez vivió (Mt. 11:11).

De acuerdo con ese patrón, cuando Jesús eligió doce hombres para que fueran sus representantes oficiales eligió a individuos comunes y corrientes. Los doce no eran de la élite religiosa establecida; ninguno de ellos formaba parte de los fariseos, saduceos, sacerdotes, levitas, rabinos o escribas. Ninguno fue excepcionalmente rico (con la posible excepción de Mateo, quien ganó lo que tenía extorsionando a sus compatriotas israelitas). Los apóstoles tampoco fueron elegidos entre la élite intelectual, es decir, los eruditos del Antiguo Testamento, los cultos, los muy educados, los teológicamente astutos. Al contrario, ellos "eran hombres sin letras y del vulgo", notables solo porque "habían estado con Jesús" (Hch. 4:13). Varios eran pescadores, uno era recaudador de impuestos y por consiguiente un traidor de su pueblo, otro era un revolucionario político. Todos excepto Judas Iscariote eran galileos, menospreciados por los judíos más culturizados al no ser sofisticados y cultos como estos últimos. Pero las vidas y los ministerios de estos hombres (menos Judas Iscariote e inclusive Pablo) cambiarían el curso de la historia.

Antes de examinar con detalle a cada uno de estos hombres en los capítulos siguientes, es necesario dar alguna información general de fondo. Este capítulo introductorio analizará, por tanto, el trasfondo para la elección, selección y envío de los doce que el Señor les hiciera como representantes oficiales, y finalmente el capítulo concluirá analizando la importancia de estos hombres.

TRASFONDO DE LA ELECCIÓN

En aquellos días él fue al monte a orar, y pasó la noche orando a Dios. (6:12)

La palabra **días** no se refiere a fechas del calendario, tales como específicos días, semanas o meses, sino que es un término general para época, era o período. Aquí se describe el tiempo en que se intensificaba el conflicto de Cristo con los escribas y fariseos. Estos aparecieron primero en el relato de Lucas en 5:17, y la hostilidad que tenían hacia Jesús se manifestó rápidamente (v. 21). Desde ese primer incidente, su oposición a Él había estado en aumento constante (v. 30; 6:2, 7, 11). En vista de esa hostilidad creciente, que culminaría en ejecución menos de dos años más tarde, había llegado el momento en que Jesús elegiría a los hombres encargados de llevar a cabo su ministerio terrenal después de la muerte de Cristo. Él sabía que para los roles como sus representantes oficiales ellos necesitaban intensa preparación y entrenamiento en el tiempo restante antes de la cruz. Reconociendo la importancia crítica de la elección que Él haría de estos hombres, Jesús **fue al monte a orar** a solas (cp. 5:16). Se desconoce el monte específico en el que el Señor oró, pero hay muchos en las inmediaciones del Mar de Galilea. En su humanidad, y tras haberse despojado del uso independiente de sus atributos divinos (Fil. 2:5-8), Jesús buscó la voluntad del Padre para elegir a los doce. Tan importante era esta decisión para el curso futuro de la historia redentora que Él **pasó** toda **la noche orando a Dios.** *Dianuktereuōn* (que significa "pasar la noche entera") aparece solo aquí en el Nuevo Testamento. Denota una actividad que continúa a través de una noche entera. La frase griega traducida **orando a Dios** es una construcción poco común, y se puede traducir "en la oración de Dios". Jesús pasó las largas horas de oscuridad en incesante, ferviente y perseverante oración inter-trinitaria al Padre antes de seleccionar a los doce apóstoles.

SELECCIÓN DE LOS APÓSTOLES

Y cuando era de día, llamó a sus discípulos, y escogió a doce de ellos, (6:13*a*)

En respuesta a la ferviente y larga noche de intercesión del Señor, Dios reveló su voluntad con relación a cuáles de los discípulos debían ser seleccionados para entrenamiento especial y encargo apostólico. Por tanto, **cuando era de día,** Jesús **llamó a sus discípulos. Discípulos** traduce la forma plural de *mathētēs*, que significa "estudiante", "seguidor", o "aprendiz". En la cultura griega y judía, prominentes rabinos, oradores, filósofos o maestros atraían seguidores que viajaban con ellos de lugar en lugar. Debido a la enseñanza poderosa y sin precedentes (Jn. 7:46; Mt. 7:28-29), a la capacidad para curar cualquier enfermedad, expulsar demonios, resucitar muertos, y realizar otros milagros (p. ej., 5:4-9; Mt. 14:14-21, 25-32; 15:32-38; Jn. 21:5-11), el Señor Jesucristo atraía una gran cantidad de discípulos. Quienes estaban con Él en el sembrado (6:1), por ejemplo, habrían incluido más que simplemente los doce, que aún no habían sido elegidos. Las milagrosas alimentaciones de los cinco mil y cuatro mil hombres (que también habrían incluido miles de mujeres y niños) indican la enorme cantidad de multitudes que seguían a Jesús (cp. 12:1). No todos, desde luego, eran verdaderos seguidores. Poco dispuestos a aceptar las exigencias de seguir a Cristo (Jn. 6:53-65), "muchos de sus discípulos volvieron atrás, y ya no andaban con él" (v. 66).

Del gran grupo de discípulos, algunos de los cuales llegaron a Él por su cuenta y otros que Él llamó específicamente a seguirlo (5:8-11, 27-28), Jesús **escogió a doce de ellos.** Así les recordaría más tarde: "No me elegisteis vosotros a mí, sino que yo os elegí a vosotros" (Jn. 15:16; cp. 6:70; 13:18). Aunque Jesús eligió a los doce en este momento, oficialmente no los comisionó ni les otorgó autoridad para curar y echar fuera demonios hasta más tarde (Lc. 9:1).

El hecho de que el Señor eligiera doce hombres no es casualidad, porque ese número era simbólico de las doce tribus de Israel. La importancia de la cantidad fue subrayada por la adición de Matías para ocupar el lugar de Judas (Hch. 1:23-26). Ya que Israel y sus dirigentes eran apóstatas, los doce debían servir como los líderes del nuevo y verdadero Israel de Dios: el remanente redimido y creyente. Jesús dejó clara esa conexión en Lucas 22:29-30 cuando dijo a los doce que reinarían sobre Israel en el reino milenial: "Yo, pues, os asigno un reino, como mi Padre me lo asignó a mí, para que comáis y bebáis a mi mesa en mi reino, y os sentéis en tronos juzgando a las doce tribus de Israel".

Hay cuatro listas de los doce apóstoles en el Nuevo Testamento (cp. Mt. 10:2-4; Mr. 3:16-19; Hch. 1:13). Los nombres en todas las listas aparecen en tres grupos de cuatro, siempre en el mismo orden, aunque pueden estar mezclados en cada grupo (excepto en la lista en Hechos, que omite a Judas Iscariote, quien para esa época se había suicidado). Estos grupos están dispuestos en orden de decreciente intimidad con Cristo. El primer grupo consta de dos pares de hermanos: Pedro y Andrés, y Jacobo y Juan; el segundo de Felipe, Bartolomé (Natanael), Mateo y Tomás; el último de Jacobo hijo de Alfeo, Simón el zelote, Judas hermano de Jacobo, y Judas Iscariote. El nombre de Pedro siempre es el primero de las cuatro listas, y Judas Iscariote es el último (excepto en Hechos). El orden de los nombres dentro de cada grupo a veces varía, pero el nombre de Pedro, como ya se indicó, siempre es primero en el grupo uno, Felipe siempre está primero en el grupo dos, y Jacobo el hijo de Alfeo siempre es cabeza del grupo tres. Los del grupo uno, Pedro, Andrés, Jacobo y Juan fueron los primeros cuatro llamados por Jesús para ser sus discípulos (Jn. 1:35-42), los más cercanos a Él, y aquellos de los que más se conoce. Aunque hay algo de información acerca de los del grupo dos, muy poco se sabe respecto al grupo tres.

Los doce eran un grupo diverso, no solo en sus ocupaciones, según se indicó anteriormente, sino también en sus opiniones políticas. Mateo y Simón, por ejemplo, no pudieron haber estado en facciones más diferentes. Mateo era un recaudador de impuestos, un traidor que servía a los invasores romanos por explotar a su propio pueblo. Simón, por otra parte, era miembro de los zelotes, una facción radicalmente opuesta a Roma. Algunos de ellos, conocidos como sicarios por las dagas encubiertas que llevaban, eran terroristas. Recurrían a secuestrar e incluso a asesinar romanos y judíos de los que se sospechaba que eran leales a Roma. De no haber sido por su devoción común a Jesucristo, Simón muy bien podría haber asesinado a Mateo. Fue esa misma devoción la que en un equipo cohesivo moldeó a cada uno de los doce hombres, diferentes como eran en ocupación, temperamento y opiniones políticas.

ENVÍO DE LOS APÓSTOLES

a los cuales también llamó apóstoles (6:13*b*)

Después de elegir a los doce, Jesús los **llamó** o designó como **apóstoles.** *Apostolos* ("apóstol") hace referencia a un mensajero, embajador o representante investido con total autoridad para actuar de parte de aquel que lo envía. El concepto de apóstol se remonta a la noción judía del *shaliach* (emisario), que también alude a un mensajero enviado con total autoridad para actuar a favor de otro. Por ejemplo, algunos rabinos eran enviados a la diáspora (judíos que vivían fuera de Palestina) con autoridad para actuar a favor del concilio en varios asuntos. Un *shaliach* también podía actuar a favor de un individuo, parecido al concepto legal de la época moderna del poder notarial. Por tanto, en la costumbre judía, el *shaliach* era igual al que lo enviaba (cp. Jn. 13:20; Gá. 4:14). David, por ejemplo, le propuso matrimonio a Abigaíl por medio de mensajeros, y ella expresó su aceptación de la propuesta lavándoles los pies (1 S. 25:40-42). Por tanto, la designación de los doce por parte de Jesús para actuar en nombre de Él la habrían entendido todos en esa cultura.

Pero antes de ser enviados por Jesús, los doce debían ser orientados personalmente por Él. Marcos 3:14 señala que el Señor los eligió "para que estuviesen con él". Solo después del tiempo de preparación los envió "a predicar". Su llamado a ser apóstoles no fue un fin en sí mismo, sino tan solo el siguiente paso en el proceso secuencial de prepararlos para llevar el ministerio evangelístico de Cristo después de su muerte. Primero, ellos creyeron en Jesús (cp. Jn. 1:35-51). Segundo, Él los llamó a dejar sus ocupaciones y seguirlo a tiempo completo (Lc. 5:6-11, 27-28). Tercero, Jesús los eligió para ser apóstoles. Cuarto, Él los envió a predicar el evangelio a Israel (Mt. 10:1-6). Por último, Jesucristo los envió a evangelizar el mundo (Hch. 1:8). Debido al papel central de los apóstoles en el ministerio de evangelizar a Israel, Lucas los menciona seis veces en su evangelio. Pero al resaltar el rol fundamental que tuvieron en la Iglesia los menciona casi treinta veces en Hechos.

IMPORTANCIA DE LOS APÓSTOLES

A pesar del papel crucial de los apóstoles en la Iglesia y de su predicación del mensaje salvador del nuevo pacto, a menudo no se les rinde el debido honor. Pedro, Jacobo y Juan, los más cercanos al Señor, son los más conocidos. Mateo (a causa de su evangelio), Andrés y Felipe son menos conocidos. A Tomás, por desgracia, se le recuerda principalmente por dudar de la resurrección de Cristo (aunque en su historial hay más que eso, como veremos en el capítulo 36 de esta obra), mientras que Judas Iscariote es, por supuesto, famoso por traicionar a Cristo. El resto de los apóstoles en gran medida son desconocidos; es más, muchos cristianos ni siquiera pueden nombrar a Bartolomé (Natanael), Jacobo el hijo de Alfeo, Simón el zelote, y a Judas el hermano de Jacobo. Sin embargo, todos los apóstoles merecen respeto por el vital ministerio que realizaron... y serán honrados a lo largo de la eternidad al tener sus nombres inscritos en las puertas de la gloriosa ciudad de la Nueva Jerusalén (Ap. 21:14).

Los apóstoles fueron importantes al menos por seis razones. Primera, como ya se indicó, ellos fueron el fundamento de la iglesia. En Efesios 2:20, Pablo escribió que los miembros de la iglesia están "edificados sobre el fundamento de los apóstoles y profetas, siendo la principal piedra del ángulo Jesucristo mismo".

Segunda, los apóstoles recibieron revelación "que en otras generaciones no se dio a conocer a los hijos de los hombres, como ahora es revelado a sus santos apóstoles y profetas por el Espíritu" (Ef. 3:5). Todo el Nuevo Testamento fue escrito por los apóstoles o por personas íntimamente relacionadas con Él. Y antes de que el Nuevo Testamento fuera escrito, los creyentes "perseveraban en la doctrina de los apóstoles" (Hch. 2:42). Esa doctrina, como la registra el Nuevo Testamento, es todavía la única fuente fidedigna de enseñanza.

Tercera, los apóstoles recibieron el encargo de edificar la Iglesia. Según Efesios 4:11-12, Dios "constituyó a unos, apóstoles; a otros, profetas; a otros, evangelistas; a otros, pastores y maestros, a fin de perfeccionar a los santos para la obra del ministerio, para la edificación del cuerpo de Cristo".

Cuarta, no solo que la doctrina de los apóstoles era fidedigna, sino que también sus vidas fueron ejemplares. Efesios 3:5 los llama "santos apóstoles", lo que llevó a Pablo a exhortar a los creyentes a ser imitadores de él (1 Co. 4:16; 11:1; 1 Ts. 1:6).

Quinta, a los apóstoles se les concedió poder milagroso para confirmar su mensaje. Las características de un verdadero apóstol, como Pablo escribió a los corintios, eran "señales, prodigios y milagros" (2 Co. 12:12). Él les recordó a los romanos que había realizado su ministerio "con potencia de señales y prodigios" (Ro. 15:19). El escritor de Hebreos señaló que la palabra de salvación "fue confirmada por los que oyeron [los apóstoles], testificando Dios juntamente con ellos, con señales y prodigios y diversos milagros y repartimientos del Espíritu Santo según su voluntad" (He. 2:3-4).

Sexta y última, los apóstoles fueron bendecidos en gran manera (Lc. 18:28-30) como lo serán en la eternidad (Ap. 21:12-14).

Pero, a pesar de sus privilegios e importancia, los apóstoles de ninguna manera fueron perfectos; fueron hombres normales, no santos de vitrales. Tuvieron algunas debilidades graves que el Señor debió corregir.

En primer lugar, eran obcecados y les faltaba comprensión espiritual, para lo cual Jesús los reprendió varias veces:

> *¿También vosotros sois aún sin entendimiento? (Mt. 15:16).*
>
> *¿No entendéis aún, ni os acordáis de los cinco panes entre cinco mil hombres, y cuántas cestas recogisteis? ¿Ni de los siete panes entre cuatro mil, y cuántas canastas recogisteis? ¿Cómo es que no entendéis que no fue por el pan que os dije que os guardaseis de la levadura de los fariseos y de los saduceos? (Mt. 16:9-11).*
>
> *¿Qué discutís, porque no tenéis pan? ¿No entendéis ni comprendéis? ¿Aún tenéis endurecido vuestro corazón? (Mr. 8:17).*
>
> *¿No sabéis esta parábola? ¿Cómo, pues, entenderéis todas las parábolas? (Mr. 4:13. Véase también Mr. 9:32; Lc. 9:45; 18:34; Jn. 12:16; 20:9).*

El Señor corrigió la ignorancia de los apóstoles enseñándoles continuamente la verdad (cp. Lc. 24:45). Incluso después de su resurrección, Jesús pasó cuarenta días con ellos "hablándoles acerca del reino de Dios" (Hch. 1:3).

En segundo lugar, a los apóstoles les faltaba humildad. Francamente eran egoístas, egocéntricos, y orgullosos, enfocados en quién entre ellos era el más grande. En una ocasión Jesús "les preguntó: ¿Qué disputabais entre vosotros en el camino? Mas ellos callaron; porque en el camino habían disputado entre sí, quién había de ser el mayor" (Mr. 9:33-34). En otra ocasión

> *entraron en discusión sobre quién de ellos sería el mayor. Y Jesús, percibiendo los pensamientos de sus corazones, tomó a un niño y lo puso junto a sí, y les dijo: Cualquiera que reciba a este niño en mi nombre, a mí me recibe; y cualquiera que me recibe a mí, recibe al que me envió; porque el que es más pequeño entre todos vosotros, ése es el más grande (Lc. 9:46-48).*

Incluso el dramático anuncio del Señor en la Última Cena de que sería traicionado fue seguido por "una disputa sobre quién de ellos [los apóstoles] sería el mayor" (Lc. 22:24). Jacobo y Juan intentaron conseguir los lugares más destacados en el reino, haciendo que la madre de estos se acercara a Jesús para interceder por ellos (Mt. 20:20-21). Jesús respondió al orgullo egoísta de los apóstoles dándoles un ejemplo de humildad para que ellos lo siguieran (Jn. 13:1-15).

En tercer lugar, los apóstoles eran débiles en la fe. Temerosos de que su barca se hundiera, gritaron "¡Señor, sálvanos, que perecemos!" (Mt. 8:25). La respuesta de Jesús fue un reproche por la incapacidad que tenían para confiar:

"¿Por qué teméis, hombres de poca fe?" (v. 26). Cuando Pedro comenzó a hundirse después de unirse a Jesús en la caminata sobre el Mar de Galilea, "al momento Jesús, extendiendo la mano, asió de él, y le dijo: ¡Hombre de poca fe! ¿Por qué dudaste?" (Mt. 14:31). El Señor también reprendió la falta de fe de los apóstoles en Mateo 16:8, cuestionándoles: "¿Por qué pensáis dentro de vosotros, hombres de poca fe, que no tenéis pan?" Jesús respondió a la duda de los apóstoles realizando milagros para fortalecerles la fe (cp. Jn. 20:30-31).

En cuarto lugar, la deserción que los apóstoles (especialmente de Pedro [Mt. 26:69-75]) hicieron a Jesús cuando fue arrestado (Mr. 14:50) demuestra la falta de compromiso que tenían. La respuesta del Señor a esa pecaminosa debilidad fue orar para que los apóstoles permanecieran fieles (Lc. 22:31-32; Jn. 17:11-26).

En quinto y último lugar, a los apóstoles les faltaba poder. Perplejos por su incapacidad para expulsar un demonio, preguntaron a Jesús: "¿Por qué nosotros no pudimos echarlo fuera?" (Mt. 17:19). Jesús remedió la falta de poder espiritual de ellos enviándoles el Espíritu Santo (Hch. 1:8).

Humanamente hablando entonces, los doce difícilmente parecían calificados para la monumental tarea a la que Jesús los había llamado. Sin embargo, Dios usa individuos poco menos que adecuados, porque es lo único que tiene con qué trabajar. Después de ser liberado de la catástrofe sin precedentes del diluvio mundial, Noé se emborrachó y se deshonró (Gn. 9:20-21). Abraham, el padre de la nación de Israel y padre espiritual de los gentiles creyentes, mintió acerca de Sara. Como temió que los egipcios lo mataran y se la llevaran si se enteraban que ella era su esposa, fingió que Sara era su hermana (Gn. 12:12-13). Después, su hijo Isaac hizo lo mismo con su esposa Rebeca (Gn. 26:7). Con engaño Jacob le quitó a su hermano Esaú la primogenitura (Gn. 25:30-33). La arrogante desobediencia de Moisés ante la orden de Dios le impidió entrar a la tierra prometida (Nm. 20:10-12). Aarón, el primer sumo sacerdote de Israel, llevó al pueblo a la idolatría y la inmoralidad (Éx. 32:1-24). Josué hizo un tratado con algunos de los habitantes de Canaán, lo cual el Señor había prohibido que Israel hiciera (Jos. 9:3-27). David, el más grande rey de Israel, el "varón conforme a su corazón [de Dios]" (1 S. 13:14), y "el dulce cantor de Israel" (2 S. 23:1), cometió adulterio con Betsabé (2 S. 11:1-4) y después asesinó al esposo en un intento por encubrir el embarazo resultante (vv. 14-15). Tras su triunfo sobre los profetas de Baal en el monte Carmelo, Elías huyó por deplorable miedo a una mujer (1 R. 19:1-3). Isaías confesó ser "hombre inmundo de labios" (Is. 6:5). Jonás desobedeció la orden de Dios de ir a Nínive y proclamar juicio (Jon. 1:1-2), y en lugar de eso huyó en dirección opuesta. Después que lo echaran por la borda en medio de una furiosa tormenta y de pasar tres días en el estómago de una enorme criatura marina (vv. 15-17), el renuente profeta obedeció el mandato original de Dios (3:1-3). Sin embargo, cuando los habitantes de Nínive se arrepintieron, en vez de regocijarse, Jonás se enfureció y quiso morir (4:1-3). Incluso el apóstol Pablo proclamó ser el primero de los pecadores (1 Ti. 1:15) y afirmó: "Soy el más pequeño de los apóstoles, que no soy digno de ser llamado apóstol, porque perseguí a la iglesia de Dios" (1 Co. 15:9). Jesús conocía las debilidades, faltas y defectos de los apóstoles. Pero también vio en ellos el potencial bajo el poder del Espíritu para cambiar al mundo. Estos doce hombres comunes y corrientes recibieron el más noble de todos los llamados: el ministerio del nuevo pacto de predicar la gloriosa verdad de la salvación en el Señor Jesucristo. Pero, así como con todos los ministros del nuevo pacto, ellos tenían "este tesoro en vasos de barro, para que la excelencia del poder [fuera] de Dios, y no de [ellos]" (2 Co. 4:7).

Hombres comunes, llamado poco común. Segunda parte: Pedro

32

Simón, a quien también llamó Pedro, (6:14*a*)

Nuestra sociedad y sus leyes establecen normas y requerimientos para casi todo trabajo. Las personas tienen que demostrar sus credenciales para todo, desde licencias de conducir hasta tarjetas de crédito y préstamos. Los médicos deben tener una licencia, los maestros deben mostrar sus títulos, y los abogados deben estar colegiados. Los estudiantes deben reunir ciertos requisitos a fin de ser admitidos en una universidad, y cumplir incluso otras obligaciones para recibir sus títulos. Muchos puestos de trabajo también requieren evaluaciones intangibles, tales como carácter, experiencia, automotivación y habilidades sociales.

Como la Biblia lo clarifica, las normas de Dios para quienes dirigen a su pueblo son muy altas. Un anciano debe ser

> *irreprensible, marido de una sola mujer, sobrio, prudente, decoroso, hospedador, apto para enseñar; no dado al vino, no pendenciero, no codicioso de ganancias deshonestas, sino amable, apacible, no avaro; que gobierne bien su casa, que tenga a sus hijos en sujeción con toda honestidad (pues el que no sabe gobernar su propia casa, ¿cómo cuidará de la iglesia de Dios?); no un neófito, no sea que envaneciéndose caiga en la condenación del diablo. También es necesario que tenga buen testimonio de los de afuera, para que no caiga en descrédito y en lazo del diablo (1 Ti. 3:2-7).*

Los líderes deben ser de ejemplo, ya que los estándares que deben cumplir en sus vidas son los mismos que todos los creyentes deben reunir; Dios no baja los estándares para todos los demás. De ahí que el escritor de Hebreos exhorte a los creyentes: "Acordaos de vuestros pastores, que os hablaron la palabra de Dios; considerad cuál haya sido el resultado de su conducta, e imitad su fe" (He. 13:7). El estándar definitivo al que los cristianos están llamados es este: "Sed, pues, vosotros perfectos, como vuestro Padre que está en los cielos es perfecto" (Mt. 5:48).

Humanamente hablando, tan elevada norma es imposible de cumplir. Nadie califica en su propio mérito para entrar al reino de Dios o para servirle. Ya que no hay personas calificadas, Dios en su gracia tiene que elegir individuos indignos e incompetentes a fin de que ministren para Él. La gracia salvadora y santificadora los transforma en siervos útiles. Igual que todos los creyentes, los doce eran pecadores no calificados pero salvados por la gracia redentora de Dios, y soberanamente elegidos por Él para servir (Jn. 15:16). No hay santos de vitrales para ser puestos en un pedestal, o peor, para ser adorados; ellos son como Elías, quien "era hombre sujeto a pasiones semejantes a las nuestras" (Stg. 5:17). A pesar de todas las limitaciones humanas, Dios usó a los apóstoles para trastornar el mundo (cp. Hch. 17:6) porque estos se rindieron totalmente a Él, cuyo poder se perfecciona en la debilidad (2 Co. 12:9). El evangelio, no quienes lo predican, "es poder de Dios para salvación a todo aquel que cree" (Ro. 1:16; cp. 1 Co. 1:18; 2:4-5; 2 Co. 4:7).

El liderazgo espiritual difiere notablemente del liderazgo natural. Los líderes naturales confían en su propio juicio y toman sus propias decisiones; los líderes espirituales buscan en humildad la voluntad de Dios. Los líderes naturales son ambiciosos y resueltos; los líderes espirituales buscan la voluntad y la gloria de Dios. Los líderes naturales disfrutan al ejercer autoridad sobre otros; los líderes espirituales tratan de servir a otros (Mt. 23:11). Los líderes naturales están motivados por el éxito; a los líderes espirituales los motiva el amor a Dios. Los líderes naturales son independientes; los líderes espirituales dependen totalmente de Dios.

No hay más claro ejemplo en la Biblia de cómo Dios forja a un líder espiritual que el de Pedro, quien fue elegido y equipado por el Señor para ser el vocero de los doce, y como tal es el más destacado de los apóstoles. En los evangelios se le menciona más a menudo que a cualquier otro excepto Jesús. Ninguno de los doce habló con tanta frecuencia como lo hizo Pedro, ni el Señor se dirigió a alguien tan a menudo como a Pedro. Ninguno de los discípulos fue reprendido con tanta frecuencia por Jesús como lo fue Pedro, y ningún discípulo tuvo la temeridad de reprender al Señor excepto Pedro. Nadie confesó la verdadera identidad de Cristo de manera más audaz y explícita que Pedro, pero paradójicamente nadie lo negó de manera tan vehemente y pública como lo hizo este apóstol. Nadie recibió más enaltecida alabanza de parte de Jesús que Pedro, pero tampoco a ninguno de los demás se dirigió como a Satanás. Sin embargo, Dios tomó a este hombre común y corriente con personalidad ambivalente, vacilante, impulsiva y poco sumisa, y lo moldeó en el incuestionable líder de los doce y en el predicador más audaz y poderoso en los primeros años de la iglesia.

El nombre de pila de Pedro era **Simón** Bar Jonás ("hijo de Jonás", o "Juan"; Mt. 16:17). Simón era un nombre muy común en Israel; el Nuevo Testamento enumera otros varios hombres con ese nombre, incluso otro de los apóstoles,

Simón el zelote (Lc. 6:15), uno de los hermanos de Jesús (Mt. 13:55), un leproso (presumiblemente sanado por Jesús) en Betania (Mr. 14:3), en cuya casa María (la hermana de Marta) ungió a Jesús con un perfume costoso (Jn. 12:1-3), un fariseo que invitó a Jesús a comer con él, y en cuya casa otra mujer ungió a Jesús (Lc. 7:36-50), un hombre de Cirene, obligado por los romanos a llevar la cruz de Jesús (Mr. 15:21), el padre de Judas Iscariote (Jn. 6:71), el falso profeta Simón el mago (Hch. 8:9-24), y Simón el curtidor, en cuya casa Pedro se alojó en la ciudad de Jope (Hch. 9:43).

Como se observó en el capítulo anterior de esta obra, el nombre de Pedro encabeza las cuatro listas de los apóstoles en el Nuevo Testamento. Resaltando su primera posición entre los doce, Mateo 10:2 llama a Pedro el "primero" de los apóstoles. *Prōtos* ("primero") no alude en este contexto a ser el primero en secuencia, sino más bien primero en importancia; el término tiene el significado de "jefe", o de "más importante". De oficio era pescador, junto con su hermano Andrés (Mt. 4:18). Originalmente eran de la pequeña aldea de Betsaida (Jn. 1:44), pero se habían mudado a Capernaúm, la ciudad más importante de la punta norte del Mar de Galilea (Lc. 4:31, 38), donde Jesús se había instalado después de salir de Nazaret (Mt. 4:13). Aunque es imposible tener la seguridad, una iglesia en construcción hallada en las ruinas de Capernaúm se pudo haber construido en el lugar de la casa de Pedro. Este estaba casado, ya que Jesús le sanó a la suegra (Lc. 4:38-39), y Pablo indicó que Pedro iba a sus viajes misioneros acompañado por su esposa (1 Co. 9:5).

Que Jesús llamara a Simón con el nombre de **Pedro** es importante, como explico en mi libro *Doce hombres comunes y corrientes:*

> Es importante aquí la selección de palabras que hace Lucas. Jesús no solo le dio un nombre nuevo para que reemplazara el viejo, sino que «también» lo llamó Pedro. Este discípulo a veces era conocido como Simón, a veces como Pedro, y a veces como Simón Pedro.
>
> «Pedro» era una especie de sobrenombre. Significa «Roca». (*Petros* es la palabra griega para «un pedazo de roca, una piedra»). El equivalente arameo era *Cefas* (cf. 1 Corintios 1.12; 3.22; 9.5; 15.5; Gálatas 2.9). Juan 1.42 describe el primer encuentro cara a cara de Jesús con Simón Pedro: «Y mirándole Jesús, dijo: Tú eres Simón, hijo de Jonás; tú serás llamado Cefas (que quiere decir, Pedro)». Aparentemente esas fueron las primeras palabras que Jesús le dijo a Pedro. Y de ahí en adelante «Roca» fue su sobrenombre.
>
> A veces, sin embargo, el Señor siguió llamándolo Simón. Cada vez que esto ocurre en la Escritura, por lo general es porque Pedro ha hecho algo que necesita ser censurado o corregido.
>
> El sobrenombre era importante, y el Señor tuvo una razón específica

para ponérselo. Por naturaleza Simón era impetuoso, inconstante y poco digno de confianza. Tendía a hacer grandes promesas que no podía cumplir. Era de aquellas personas que se entregan de cuerpo y alma a alguna cosa pero que se rinden antes de terminarla. Por lo general era el primero en entrar y, demasiado a menudo, era el primero en salir. Cuando Jesús lo encontró, se ajustaba a la descripción que hace Santiago de un hombre de doble ánimo, inconstante en todos sus caminos (Santiago 1.8). Pareciera que Jesús le cambió el nombre a Pedro para que este sobrenombre fuera un recordatorio perpetuo de lo que *debería ser.* Y desde ese momento en adelante, cada vez que Jesús se dirigía a él, le estaba enviando este mensaje sutil. Si lo llamaba Simón, le estaba diciendo que estaba actuando con su viejo yo. Si lo llamaba Roca, lo estaba reconociendo por actuar en la forma en que debía de actuar...

Este hombre joven llamado Simón, que llegaría a ser Pedro, era impetuoso, agresivo e impaciente. Necesitaba transformarse en una roca, y ese fue el nombre que le dio Jesús. A partir de entonces, el Señor pudo reprenderlo gentilmente o alabarlo usando un nombre o el otro.

Después del primer encuentro de Jesús con Simón Pedro, encontramos dos distintos contextos en los cuales el nombre Simón se aplica regularmente a él. Uno es un contexto *secular.* Cuando, por ejemplo, la Escritura se refiere a su casa, lo hace usualmente hablando de la «casa de Simón» (Marcos 1.29; Lucas 4:38; Hechos 10.17). Cuando se refiere a su suegra, lo hace en términos similares: «la suegra de Simón» (Marcos 1.30; Lucas 4.38). Lucas 5, al describir el oficio de pescador, dice que «una de aquellas barcas, la cual era de Simón» (v. 3), y Lucas dice que Jacobo y Juan eran «compañeros de Simón» (v. 10). Todas estas expresiones que se refieren a Simón por su nombre aparecen en contextos seculares. Cuando en tales contextos se le llama Simón, el uso de su viejo nombre, por lo general no tiene nada que ver con su espiritualidad o su carácter. Esta es la forma normal de indicar lo que pertenecía a él en cuanto un hombre natural: su trabajo, su casa o su vida de familia. Estas son las llamadas cosas «de Simón».

La segunda categoría de referencias donde se le llama también Simón es cuando Pedro expone las características de su yo no regenerado: cuando estaba pecando en palabra, actitud o acción. Cada vez que empieza a actuar como su viejo yo, Jesús y los escritores de los evangelios lo vuelven a llamar Simón. En Lucas 5.5, por ejemplo, Lucas escribe: «Respondiendo Simón, le dijo: Maestro, toda la noche hemos estado trabajando, y nada hemos pescado; mas en tu palabra echaré la red». Ahí tenemos hablando al joven Simón el pescador. Se le ve escéptico y renuente. Pero cuando obedece y sus ojos se abren para ver a Jesús como quien realmente es, Lucas empieza a referirse a él por su nuevo nombre. El versículo 8 dice: «Viendo esto Simón Pedro, cayó de rodillas ante Jesús, diciendo: Apártate de mí, Señor, porque soy hombre pecador».

Vemos a Jesús llamándolo Simón en referencia con los fracasos más serios de su carrera. En Lucas 22.31, anticipando la traición de Pedro, Jesús dijo, «Simón, Simón, he aquí Satanás os ha pedido para zarandearos como a trigo». Más tarde, en el Huerto de Getsemaní, cuando Pedro debió haber estado velando y orando con Jesús, se quedó dormido. Marcos escribe: «Vino luego [Jesús] y los halló durmiendo; y dijo a Pedro: Simón, ¿duermes? ¿No has podido velar una hora? Velad y orad, para que no entréis en tentación; el espíritu a la verdad está dispuesto, pero la carne es débil» (Marcos 14.37-38). Así que, generalmente, cuando Pedro necesitó ser censurado o amonestado, Jesús se refería a él como a Simón. Debe de haber llegado al punto que cada vez que Jesús le decía «Simón», Pedro temblaba. Seguramente debe de haber dicho para sí: ¡*Por favor, llámame Roca*! A lo que el Señor pudo haberle replicado: *Te llamaré Roca cuando actúes como una roca.*

Es obvio al leer las narraciones de los evangelios que el apóstol Juan conocía muy bien a Pedro. Habían sido amigos de toda la vida, socios en el negocio de la pesca y vecinos. Es interesante que en el Evangelio de Juan, Juan se refiere a su amigo quince veces como «Simón Pedro». Pareciera que Juan no podía decidir el nombre con el cual llamarlo en determinada situación porque constantemente estaba viendo los dos lados de Pedro. Así es que simplemente lo llamaba con los dos nombres. De hecho, «Simón Pedro» es la forma en que Pedro se llama a sí mismo en la introducción de su segunda epístola: «Simón Pedro, siervo y apóstol de Jesucristo» (2 Pedro 1.1). Efectivamente, él tomó para sí el sobrenombre que le puso Jesús y lo hizo su apellido (cp. Hechos 10.32).

Después de la resurrección, Jesús dio instrucciones a sus discípulos de regresar a Galilea, donde planeaba aparecérseles (Mateo 28.7). Al parecer el impaciente Simón se cansó de esperar, así que anunció que estaba regresando a la pesca (Juan 21.3). Como solían hacer, los otros discípulos siguieron diligentemente a su líder. Entraron a la barca, intentaron pescar toda la noche, y no agarraron nada.

Pero la mañana siguiente Jesús los encontró en la orilla, donde les había preparado desayuno. El propósito principal de la reunión de desayuno pareció ser la restauración de Pedro (quien, por supuesto, había pecado notoriamente al negar a Cristo con maldiciones la noche en que el Señor fue traicionado). Tres veces Jesús se dirigió a Pedro como Simón y le preguntó: «Simón, hijo de Jonás, ¿me amas?» (Juan 21.15-17). Tres veces Pedro le afirmó su amor.

> Esa fue la última vez en que Jesús lo llamó Simón. Unas semanas más tarde, en Pentecostés, Pedro y el resto de los apóstoles fueron llenos del Espíritu Santo. Fue Pedro, la Roca, quien se puso de pie y predicó ese día. Pedro era exactamente como la mayoría de cristianos: tanto carnal como espiritual. A veces sucumbía a los hábitos de la carne; otras veces actuaba en el Espíritu. En ocasiones era pecador, pero en otras actuaba de la manera en que un hombre justo debería actuar. Este hombre vacilante (a veces Simón, a veces Pedro) fue el líder de los doce ([Nashville: Caribe, 2004], pp. 35-39. Cursivas en el original).

Según se indicó anteriormente, el modo en que Dios trató con Pedro es un buen ejemplo de cómo Él levanta a un líder. Un examen de la vida de Pedro revela tres elementos clave que se combinan para conformar a un verdadero líder espiritual: materia prima correcta, experiencias correctas de vida, y virtudes correctas.

MATERIA PRIMA CORRECTA

La mejor respuesta a la pregunta de si los líderes nacen o se hacen es que estos poseen ciertas habilidades innatas, que deben moldearse por las experiencias de la vida. Al parecer, Pedro poseía al menos tres de esos rasgos de liderazgo.

En primer lugar, él hacía preguntas. Los líderes entienden que el conocimiento es poder; por tanto, las personas que no hacen preguntas no son buenos líderes. A diferencia de quienes están dispuestos a permanecer ignorantes acerca de lo que no entienden, que no les importa escuchar las opiniones de otros, que no se preocupan por lo que no han analizado, y que se contentan con dejar problemas sin resolver, los líderes que triunfan tienen una curiosidad insaciable.

Pedro manifestó su curiosidad haciendo más preguntas en los evangelios que el resto de los doce discípulos juntos. Fue él quien pidió al Señor que le explicara una desconcertante declaración que Él acababa de hacer (Mt. 15:15), fue a quien se aplicó otra de las enseñanzas de Cristo (Lc. 12:41), acerca de cuántas veces esperaba perdonar a alguien que lo ofendía (Mt. 18:21), respecto a qué premio recibirían los apóstoles (Mt. 19:27), y (junto con Jacobo, Juan y Andrés) en cuanto a los últimos tiempos y las señales del regreso de Cristo (Mr. 13:3-4). Incluso después de la resurrección de Cristo, Pedro siguió acribillando al Señor con preguntas (Jn. 21:20-22). Su constante deseo de más conocimiento y de mejor comprensión caracteriza a los líderes eficaces.

Pedro también poseía un segundo rasgo crucial de un líder: iniciativa. De acuerdo con un refrán, hay tres tipos de personas: las que hacen que las cosas sucedan, las que ven que las cosas suceden, y las que preguntan: "¿Qué sucedió?". Los buenos líderes son definitivamente aquellos que hacen que las cosas sucedan, y Pedro no era la excepción. No solo que hizo la mayoría de preguntas, sino que también era por lo general el primero en contestar cualquier pregunta planteada por el Señor, más notablemente cuando hizo la gran confesión de que Jesús era "el Cristo, el Hijo del Dios viviente" (véase el estudio de este pasaje a continuación). Cuando una mujer con un flujo de sangre tocó a Jesús y resultó curada, Él preguntó: "¿Quién es el que me ha tocado?". Fue Pedro quien contestó: "Maestro, la multitud te aprieta y oprime" (Lc. 8:45).

Pero en ninguna parte la iniciativa de Pedro se ve más claramente que en Getsemaní. Cuando un gran destacamento de soldados romanos y funcionarios judíos llegaron para arrestar a Jesús, Pedro inmediatamente entró en acción. Sin esperar una respuesta de Jesús a la pregunta de los discípulos: "Señor, ¿heriremos a espada?" (Lc. 22:49), Pedro desenvainó la suya, con osadía pero intentando tontamente abrirse paso a través de todo el destacamento. Atacó primero a Malco, el siervo del sumo sacerdote, y le cortó la oreja (Jn. 18:10). (Pedro, desde luego, iba tras la cabeza del siervo, no de la oreja, pero los rápidos reflejos de Malco lo salvaron). En este caso la iniciativa de Pedro estuvo mal orientada, y se ganó la reprimenda del Señor (Lc. 22:51; Jn. 18:11).

A veces la iniciativa de Pedro lo pudo hacer actuar precipitadamente sin evaluar de manera sensible la situación. Sin embargo, es más fácil controlar a alguien que es demasiado agresivo que tratar de motivar a un individuo pasivo, tímido y vacilante. En el instante en que fue moldeado por las experiencias de su vida y controlado por el Espíritu Santo, la valiente disposición de Pedro por tomar la iniciativa lo convertiría en un audaz y valiente predicador del evangelio (cp. Hch. 2:14-40; 3:12-26; 4:8-12, 19-20; 5:29-32).

Por último, Pedro estuvo dispuesto a participar. Como todo verdadero líder, él debía estar donde se hallaba la acción. El ejemplo clásico de eso viene de la historia de cuando Jesús caminó sobre el agua (Mt. 14:25-34). Aterrados cuando el Señor apareció en medio del Mar de Galilea, los discípulos supusieron que lo que veían era un fantasma (v. 26). Cuando Jesús les aseguró que se trataba de Él (v. 27), Pedro impulsivamente exclamó: "Señor, si eres tú, manda que yo vaya a ti sobre las aguas" (v. 28). Después que el Señor lo invitara a ir, "descendiendo Pedro de la barca, andaba sobre las aguas para ir a Jesús" (v. 29). Dejando a los demás discípulos atrás en la barca meditando en si la aparición era realmente Jesús o un fantasma, Pedro fue a donde estaba la acción, a donde el Señor se hallaba. Una vez fuera de la barca la fe de Pedro falló abruptamente (v. 30), y Jesús debió impedir que se ahogara. Las personas recuerdan que Cristo lo reprendió correctamente por su falta de fe (v. 31), pero se olvidan de los otros discípulos, que ni siquiera salieron de la embarcación.

De igual modo, cuando Pedro negó al Señor, solo él (y Juan) estaban en una posición donde eso podía suceder; el resto de los apóstoles había huido para salvar sus vidas (Mt. 26:56). Sin embargo, Pedro estaba demasiado involucrado para abandonar por completo a Jesús. Después de la resurrección, ese profundo compromiso hacia el Salvador incitó a Pedro a pasar inmediatamente a Juan, quien había llegado primero a la tumba vacía pero permanecía afuera, y así Pedro entró a la tumba (Jn. 20:4-6).

Aquellos que se niegan a participar no pueden dirigir de manera eficaz. Las personas no seguirán a alguien que permanece fuera del combate, dando instrucciones desde una posición de seguridad y comodidad. Los verdaderos líderes guían desde el frente, no desde atrás.

EXPERIENCIAS CORRECTAS DE VIDA

Las habilidades naturales de Pedro se debían conformar y moldear por las experiencias de su vida antes de que pudiera ser el líder que Dios quería que fuera. La experiencia puede ser un maestro difícil, y las lecciones que Pedro aprendió fueron dramáticas y a menudo dolorosas. En ocasiones se remontó a las alturas vertiginosas de la visión teológica, y en otras se sumergió en el abismo de lamentable ignorancia, a veces en el mismo incidente (Mt. 16:16, 23). Los evangelios registran cinco experiencias que ayudaron a moldear a Pedro en el hombre que Dios podía usar.

La primera experiencia fue la gran revelación de Pedro, descrita en Juan 6:66-69. Después de alimentar a una gran multitud de cinco mil hombres y miles más de mujeres y niños, Jesús se les presentó a ellos como el Pan de Vida. Cuando Él retó a sus oyentes a que se le comprometieran totalmente, usando la metáfora gráfica de comer su carne y beber su sangre (v. 53), "muchos de sus discípulos volvieron atrás, y ya no andaban con él" (v. 66). Entonces, volviéndose a los doce, Jesús preguntó: "¿Queréis acaso iros también vosotros?" (v. 67). Basándose en el milagro privado que habían visto durante la noche (Jesús caminando sobre el lago) que les intensificó la fe en Él más allá incluso de lo que el milagro de la alimentación consiguiera (Mr. 6:52), Pedro actuó como el vocero por los demás como por lo general hacía (cp. Jn. 13:36-37; Mt. 15:15; 16:16; 17:4; 18:21; 19:27; 26:33, 35; Mr. 11:21; Lc. 5:8; 8:45; 12:41) con la respuesta: "Señor, ¿a quién iremos? Tú tienes palabras de vida eterna. Y nosotros hemos creído y conocemos que tú eres el Cristo, el Hijo del Dios viviente" (Jn. 6:68-69). Si bien esto es cierto en relación a la convicción de Pedro, junto con los doce, esa declaración fue sin embargo una revelación de parte de Dios, al igual que más tarde la confesión más explícita de Pedro de que Jesús era el Mesías y el Hijo de Dios (Mt. 16:16-17).

Esta experiencia enseñó a Pedro que Dios le daría el mensaje que iría a predicar a través de medios divinos (cp. Jn. 14:26; 16:13-14). Aunque él era un simple pescador, sin educación en las escuelas rabínicas (Hch. 4:13), no se debía preocupar acerca de lo que diría, porque Dios se lo iba a revelar. Esa confianza le permitió a Pedro valientemente y sin ningún temor predicar el evangelio, como lo registran los primeros capítulos de Hechos.

Otra experiencia moldeadora de vida para Pedro fue la gran promesa que se le dio. En respuesta a su confesión de Jesús como el Mesías (Mt. 16:16)

> *Entonces le respondió Jesús: Bienaventurado eres, Simón, hijo de Jonás, porque no te lo reveló carne ni sangre, sino mi Padre que está en los cielos. Y yo también te digo, que tú eres Pedro, y sobre esta roca edificaré mi iglesia; y las puertas del Hades no prevalecerán contra ella. Y a ti te daré las llaves del reino de los cielos; y todo lo que atares en la tierra será atado en los cielos; y todo lo que desatares en la tierra será desatado en los cielos (vv. 17-19).*

El fundamento sobre el que se edificó la Iglesia es la verdad de que el Señor Jesucristo es el Mesías, el Hijo de Dios. Fue privilegio de Pedro no solo articular esa realidad, sino también predicarla hasta su muerte. Al hacerlo cerraría las puertas del infierno para que sus fuerzas no prevalecieran contra la iglesia, y se abrieran las puertas del cielo para todos los que irían a creer, tanto judíos (Hch. 2:14-40) como gentiles (Hch. 10:1-48).

Dios incluso usó la gran transgresión de Pedro para moldearlo y conformarlo aún más. Quizás ningún incidente revela con mayor claridad el temperamento volátil de Pedro que su confesión de Jesús como el Mesías y las repercusiones de esta declaración. Después de afirmar la verdadera identidad de Jesús por medio de una revelación de Dios (Mt. 16:16-17), y de recibir la promesa y el privilegio descritos anteriormente, Pedro estaba en la cumbre de la felicidad. Sin embargo, increíblemente al instante se sumió en las profundidades de la insensatez pecaminosa de atreverse a reprender al Señor. Después que solemnemente Jesús advirtiera a los apóstoles que pronto lo rechazarían y lo matarían (v. 21), Pedro de manera insolente "tomándolo aparte, comenzó a reconvenirle, diciendo: Señor, ten compasión de ti; en ninguna manera esto te acontezca" (v. 22). No había lugar en la teología de Pedro para un Mesías muerto; al igual que el resto de sus compañeros israelitas, él esperaba que el Mesías expulsara a los opresores romanos y llevara a Israel al lugar de la promesa del pacto: prominencia y gloria. La respuesta de Cristo fue rápida y devastadora. Al mismo hombre que Jesús acababa de declarar como bendecido por Dios (v. 17) ahora sorprendentemente lo acusó de ser Satanás (v. 23).

La lección que Pedro aprendió de este incidente fue que no debía sobrevalorar su papel, sino entender sus firmes límites dentro del plan divino (cp. Ro. 12:3). Como indicó el reproche de Jesús, Pedro podía estar disponible tanto para Satanás como para Dios. Debido a la influencia y al respeto que los líderes inspiran, estos tienen el potencial de ser usados por Dios, pero también pueden ser usados por el diablo. Como le pasó a Pedro, y según se revela en la Biblia, los líderes deben aprender a desenvolverse dentro del plan de Dios, y a no modificar ese plan con el fin de ir tras sus propios intereses.

Sin duda, la experiencia más dolorosa en la vida de Pedro fue su gran rechazo de Jesucristo. La noche antes de su muerte, y citando la profecía de Zacarías, Jesús advirtió a los discípulos que todos lo irían a abandonar temporalmente esa misma noche (Mt. 26:31-32). Sin embargo, Pedro aseveró confiadamente que, a pesar de lo que pudieran hacer los demás, él no lo abandonaría (v. 33). Cuando Jesús contestó que Pedro lo negaría tres veces, este insistió enérgicamente en que por nada del mundo haría eso (v. 35). Pero, como siempre, Jesús tenía razón y Pedro estaba equivocado. No mucho después de declarar de forma atrevida su lealtad eterna a Jesús, Pedro lo negó de manera repetida y enfática (vv. 69-74). Después de la última negación, "vuelto el Señor, miró a Pedro; y Pedro se acordó de la palabra del Señor, que le había dicho: Antes que el gallo cante, me negarás tres veces" (Lc. 22:61). La comprensión de lo que había hecho devastó a Pedro, y "saliendo fuera, lloró amargamente" (v. 62). Su pedante confianza en sí mismo se había puesto a prueba, y resultó ser deficiente.

Esta experiencia aplastó la autoconfianza de Pedro de depender de sus propias fuerzas y capacidades. Los líderes tienen que aprender a confiar en el Señor para recibir fortaleza; deben reconocer que, así como Martín Lutero declaró en su himno "Castillo fuerte es nuestro Dios",

> Nuestro valor es nada aquí,
> con él todo es perdido.

Pablo, el orgulloso y autosuficiente fariseo seguro de sí mismo, llegó a reconocerse como el primero de los pecadores (1 Ti. 1:16) y admitió: "Pero por la gracia de Dios soy lo que soy; y su gracia no ha sido en vano para conmigo, antes he trabajado más que todos ellos; pero no yo, sino la gracia de Dios conmigo" (1 Co. 15:10).

No obstante, después de haber destrozado la autoconfianza de Pedro, el Señor no lo dejó en ese estado. Ocasionó una experiencia definitiva en la vida del apóstol, una que lo prepararía para el importante papel que este representaría en la extensión del evangelio. Después de la muerte de Cristo, Pedro y el resto de los apóstoles fueron a Galilea en obediencia a la orden de Jesús (Mt. 28:10). Pero Pedro anunció a quienes estaban con él: "Voy a pescar" (Jn. 21:3). Pedro no estaba sugiriendo un poco de pesca recreativa para pasar el tiempo hasta que Jesús llegara, sino que pretendía volver a su antigua ocupación (cp. *Comentario MacArthur del Nuevo Testamento: Juan* [Grand Rapids: Portavoz, 2011], p. 838). A la luz de sus negaciones vergonzosas de Cristo, sin duda Pedro se sintió incapaz de servirle. Los demás apóstoles estuvieron de acuerdo con Pedro, y le dijeron: "Vamos nosotros también contigo". Aunque el curso de acción de Pedro fuera equivocado, aun así ellos le siguieron el ejemplo. Pero el Señor tenía otros planes para estos hombres, y aunque "fueron, y entraron en una barca… aquella noche no pescaron nada".

A la mañana siguiente Jesús apareció, y se les reveló orientándolos hacia una gran cantidad de peces (vv. 4-7). Después de desayunar (v. 9), Jesús se dirigió a Pedro. Sabía que antes de que Pedro pudiera representar un papel de liderazgo en levantar la Iglesia y predicar el evangelio se le debía restaurar y comisionar otra vez. Él debía estar seguro de que, a pesar de haber abandonado a Cristo, Cristo no lo había abandonado. Por tanto, Jesús retó a Pedro tres veces, una por cada una de sus negaciones, a fin de reafirmar su amor por Él (vv. 15-17). Entonces Jesús le dijo algo que lo debió haber emocionado en gran manera: "De cierto, de cierto te digo: Cuando eras más joven, te ceñías, e ibas a donde querías; mas cuando ya seas viejo, extenderás tus manos, y te ceñirá otro, y te llevará a donde no quieras" (v. 18). Como una nota al margen, el apóstol Juan indica que Jesús con su anuncio estaba "dando a entender con qué muerte [Pedro] había de glorificar a Dios" (v. 19).

Normalmente, tal predicción produciría sobresalto, no consuelo. Pero las palabras del Señor le aseguraron a Pedro que este se mantendría fiel a Él hasta la muerte. No habría más vacilaciones; Pedro no volvería a abandonar a Jesús, sino que fielmente llevaría a cabo el ministerio al que se le había llamado. Casi al final de su vida, Pedro escribió:

> *Por esto, yo no dejaré de recordaros siempre estas cosas, aunque vosotros las sepáis, y estéis confirmados en la verdad presente. Pues tengo por justo, en tanto que estoy en este cuerpo, el despertaros con amonestación; sabiendo que en breve debo abandonar el cuerpo, como nuestro Señor Jesucristo me ha declarado. También yo procuraré con diligencia que después de mi partida vosotros podáis en todo momento tener memoria de estas cosas (2 P. 1:12-15).*

Pedro se había convertido en el hombre que el Señor necesitaba que fuera.

VIRTUDES CORRECTAS

El hecho de que el Señor moldeara la materia prima de la naturaleza de Pedro por medio de estas experiencias de vida produjo en este hombre el carácter y las virtudes esenciales que debe tener un verdadero líder espiritual.

El principio básico esencial del liderazgo espiritual es la sumisión a Dios y a su Palabra. Como se indicó antes, Pedro era agresivo, osado y confiado en sus propios recursos. Ejemplificó tales características al acercarse a los que recaudaban las dos dracmas de impuesto del templo. Cuando le preguntaron si Jesús iba a pagar ese impuesto, Pedro contestó que sí. Esa realidad al parecer no encajaba muy bien con el apóstol. Cuando entró a la casa donde Jesús se alojaba, el Señor sabía lo que Pedro estaba pensando. Antes de que pudiera decir una palabra, Jesús le preguntó: "¿Qué te parece, Simón? Los reyes de la tierra, ¿de quiénes cobran los tributos o los impuestos? ¿De sus hijos, o de los extraños?" (Mt. 17:25). Cuando Pedro contestó: "De los extraños", Jesús llegó a la lógica conclusión de que "los hijos están exentos" (v. 26). Incluso los reyes terrenales no gravan a sus hijos; por tanto, como Hijo de Dios, Jesús no estaba obligado a pagar el impuesto del templo. Pero luego vino la lección sobre la sumisión. Para evitar ofender, Jesús se dirigió a Pedro: "Ve al mar, y echa el anzuelo, y el primer pez que saques, tómalo, y al abrirle la boca, hallarás un estatero; tómalo, y dáselo por mí y por ti" (v. 27).

Pedro comprendió. Años después exhortó a los cristianos: "Manteniendo buena vuestra manera de vivir entre los gentiles; para que en lo que murmuran de vosotros como de malhechores, glorifiquen a Dios en el día de la visitación, al considerar vuestras buenas obras" (1 P. 2:12). Los creyentes deben vivir de tal manera que se les niegue a los oponentes cualquier motivo legítimo para criticar el evangelio. Entonces en los versículos 13 al 18 Pedro detalló con claridad cómo hacer eso:

> *Por causa del Señor someteos a toda institución humana, ya sea al rey, como a superior, ya a los gobernadores, como por él enviados para castigo de los malhechores y alabanza de los que hacen bien. Porque esta es la voluntad de Dios: que haciendo bien, hagáis callar la ignorancia de los hombres insensatos; como libres, pero no como los que tienen la libertad como pretexto para hacer lo malo, sino como siervos de Dios. Honrad a todos. Amad a los hermanos. Temed a Dios. Honrad al rey. Criados, estad sujetos con todo respeto a vuestros amos; no solamente a los buenos y afables, sino también a los difíciles de soportar.*

Pedro había avanzado mucho desde que fuera el hombre que se habría negado a pagar el impuesto del templo. Pero, en primer lugar, había aprendido la lección de que aunque era un súbdito del reino de Dios y tan solo un forastero en la tierra, sin embargo debía someterse a la autoridad humana por el bien del Señor.

En segundo lugar, Pedro aprendió moderación o dominio propio. El peligro que enfrentan líderes orientados en la acción es enojarse cuando quienes no comparten su visión les frustran sus objetivos o se comportan mal. La falta de control en Pedro se ve claramente cuando actuó por cuenta propia con quienes llegaron a Getsemaní para arrestar a Jesús (véase el estudio anterior), que le valió la reprensión del Señor (Jn. 18:11).

Una vez más, Pedro aprendió la lección. En su primera epístola escribió:

> *Pues para esto fuisteis llamados; porque también Cristo padeció por nosotros, dejándonos ejemplo, para que sigáis sus pisadas; el cual no hizo pecado, ni se halló engaño en su boca; quien cuando le maldecían, no respondía con maldición; cuando padecía, no amenazaba, sino encomendaba la causa al que juzga justamente (1 P. 2:21-23).*

Él entendió la importancia de seguir el ejemplo del Señor.

En tercer lugar, Pedro aprendió humildad. El orgullo es un peligro constante para los líderes debido a la influencia que tienen y porque las personas los elogian, los respetan y los admiran. Fue la orgullosa confianza en sí mismo que yacía detrás de su fanfarronada, a la que ya nos referimos, de que él no abandonaría al Señor y la dura caída del apóstol, lo que posteriormente le destrozó ese orgullo. Cuando concluyó su primera epístola advirtió a los ancianos a no exaltarse con aquellos a quienes dirigen (1 P. 5:3), y después exhortó a todos los creyentes: "Revestíos de humildad; porque: Dios resiste a los soberbios, y da gracia a los humildes. Humillaos, pues, bajo la poderosa mano de Dios, para que él os exalte cuando fuere tiempo" (vv. 5-6). La vida, el mensaje, y el liderazgo de Pedro reflejan la humildad que debió aprender de manera tan dolorosa.

En cuarto lugar, Pedro aprendió a amar. Los líderes, incluso los de la iglesia, pueden llegar a ver a las personas como un medio para un fin; orientándose en las tareas en vez de orientarse en las personas. Pero la esencia del verdadero liderazgo espiritual es el servicio humilde y amoroso a otros. Jesús les dijo a los doce: "Si alguno quiere ser el primero, será el postrero de todos, y el servidor de todos" (Mr. 9:35). La noche antes de su muerte, Jesús ejemplificó de manera gráfica ese principio al lavar humildemente los pies sucios de los discípulos. Tal degradante oficio por lo general se le asignaba al criado de menor categoría. Pero esa noche en el aposento alto no había criado. Y ninguno de los discípulos, que como siempre estaban debatiendo entre sí acerca de quién era el más grande (Lc. 22:24; cp. 9:46; Mt. 20:20-28), sin duda irían a eliminarse de la contienda sobre quién iba a lavar los pies de los demás.

Pedro no entendió en esa ocasión el significado de la acción del Señor, y protestó vehementemente cuando Él fue a lavarle los pies (Jn. 13:6-10). Pero cuando Jesús le dijo: "Si no te lavare, no tendrás parte conmigo" (v. 8), Pedro, en su típica manera de ser, pasó de un extremo al otro. "Señor, no sólo mis pies, sino también las manos y la cabeza" (v. 9).

En el contexto de su propio ejemplo, la exhortación de Jesús para los doce de que los creyentes deben amarse unos a otros (vv. 34-35; cp. 15:12-13, 17) adquirió una destacada importancia. Pedro entendió el mensaje, como indica su exhortación: "Ante todo, tened entre vosotros ferviente amor; porque el amor cubrirá multitud de pecados" (1 P. 4:8; cp. 1:22; 2:17; 2 P. 1:7).

En quinto lugar, Pedro aprendió compasión en una manera más increíble a través del ataque de Satanás que llevó a las negaciones del apóstol (Lc. 22:31). Pero fue la recuperación, que entre lágrimas de arrepentimiento Pedro consiguió sobre aquel terrible fracaso, lo que le permitió fortalecer a otros en sus tentaciones (v. 32). La compasión es una virtud que a menudo les falta a los líderes. Al centrarse en sus metas y objetivos, con frecuencia no se detienen para cuidar de los heridos. No así Pedro. Al haber experimentado la restauración que el Señor le hiciera (en Jn. 21, como ya se indicó antes), modeló el reconfortante consuelo para quienes luchan con dolor o pecado, y que debería caracterizar a todos los líderes. En su primera epístola, Pedro escribió estas palabras de consuelo en que expresa su compasión hacia quienes enfrentan ataques de Satanás:

> *Sed sobrios, y velad; porque vuestro adversario el diablo, como león rugiente, anda alrededor buscando a quien devorar; al cual resistid firmes en la fe, sabiendo que los mismos padecimientos se van cumpliendo en vuestros hermanos en todo el mundo. Mas el Dios de toda gracia, que nos llamó a su gloria eterna en Jesucristo, después que hayáis padecido un poco de tiempo, él mismo os perfeccione, afirme, fortalezca y establezca (1 P. 5:8-10).*

Esa no fue una exhortación poco realista; Pedro había vivido lo que predicaba.

Finalmente, el apóstol aprendió a tener valor, no la insensata impulsividad que lo llevó a cortarle la oreja a Malco, sino más bien una determinación madura y resuelta de sufrir por la causa de Cristo. Pedro necesitaría ese valor, ya que enfrentaría problemas, oposición, persecución y, finalmente, martirio. Como se indicó anteriormente, Jesús predijo el martirio de Pedro en Juan 21 cuando le expresó: "De cierto, de cierto te digo: Cuando eras más joven, te ceñías, e ibas a donde querías; mas cuando ya seas viejo, extenderás tus manos, y te ceñirá otro, y te llevará a donde no quieras" (v. 18). Ante esas palabras Juan hizo este comentario: "Esto dijo, dando a entender con qué muerte había de glorificar a Dios" (v. 19).

Pedro mostró su audacia al predicar con valor a Jesús como Salvador y Señor ante las mismas personas que habían crucificado a Cristo. No dejó de predicar, aunque el concilio le ordenó que no lo hiciera (Hch. 4:18-20; 5:27-29). Exhortó a todos los cristianos a seguir su valiente ejemplo cuando escribió:

> *Mas también si alguna cosa padecéis por causa de la justicia, bienaventurados sois. Por tanto, no os amedrentéis por temor de ellos, ni os conturbéis, sino santificad a Dios el Señor en vuestros corazones, y estad siempre preparados para presentar defensa con mansedumbre y reverencia ante todo el que os demande razón de la esperanza que hay en vosotros (1 P. 3:14-15).*

Pedro finalmente se convirtió en el líder que Jesús necesitaba que fuera. El apóstol fue el personaje principal en los primeros doce capítulos de Hechos. Pedro puso en marcha la sustitución de Judas por Matías, predicó el primer sermón en la historia de la Iglesia el Día de Pentecostés, continuó predicando en desobediencia al concilio, junto con Juan sanó a un cojo en el templo, trató con la hipocresía de Ananías y Safira, confrontó al falso maestro Simón el mago, curó a Eneas, resucitó de los muertos a Dorcas y llevó el evangelio a los gentiles.

A lo largo del camino, Pedro padeció persecución y prisión. Con el tiempo, tal como el Señor había profetizado, el apóstol fue martirizado por su inquebrantable fe en Jesucristo. Según la tradición, tras ser obligado a observar la crucifixión de su esposa, Pedro mismo fue crucificado... con la cabeza hacia abajo a petición propia, ya que se sintió indigno de morir como había muerto su Señor. La vida y el ministerio de este apóstol se puede resumir en las palabras finales de la última epístola que escribió: "Creced en la gracia y el conocimiento de nuestro Señor y Salvador Jesucristo. A él sea gloria ahora y hasta el día de la eternidad. Amén" (2 P. 3:18).

Hombres comunes, llamado poco común. Tercera parte: Andrés, Jacobo

33

Andrés su hermano... y Juan (6:14*b, c*)

Las crónicas del pasado registran numerosos casos en que un pequeño grupo de hombres cambiaron el curso de la historia al tener que enfrentar enormes obstáculos. Tales hechos, a menudo recordados en libros y películas, se han convertido en material de leyendas. Uno de los primeros se llevó a cabo en la batalla de las Termópilas en el 480 a.C., durante la invasión persa a Grecia. Una pequeña retaguardia dirigida por el rey Leónidas I de Esparta, y que constaba de trescientos espartanos y varios cientos de hombres de otras ciudades griegas, se enfrentó a centenares de miles de persas dirigidos por Jerjes (el Asuero del libro de Ester). A pesar de ser superados totalmente en cantidad, Leónidas y sus hombres se negaron a retirarse o rendirse. Es más, cuando un emisario persa les exigió que depusieran las armas, Leónidas contestó de manera desafiante: "Vengan a buscarlas". Aunque Leónidas y la mayoría de sus hombres murieron defendiendo su estrecho desfiladero, su valiente posición permitió que el grueso del ejército griego escapara y sobreviviera.

En los últimos días de la Segunda Guerra Mundial, Adolfo Hitler lanzó una última y desesperada ofensiva contra los aliados occidentales. Esperaba tomar el puerto clave belga de Amberes y dividir las fuerzas británicas y estadounidenses. Hitler creyó que los aliados occidentales pedirían entonces la paz, lo que le permitiría concentrar todas sus fuerzas contra el avance de los ejércitos soviéticos en el este.

Directamente en el camino de la ofensiva alemana a través de la región de las Ardenas estaba la ciudad belga de Bastogne. Todas las carreteras importantes de la comarca convergían en Bastogne, por lo que su captura era esencial para los alemanes. La división estadounidense aerotransportada 101.ª (con algunas otras unidades más pequeñas) resistió durante una semana el embate de las fuerzas alemanas muy superiores, hasta ser relevada por elementos del tercer ejército del general George Patton. A pesar de las posibilidades, se negaron a darse por vencidos. Cuando los alemanes exigieron al comandante estadounidense el sometimiento de las fuerzas, como respuesta el general Anthony McAuliffe hizo un gesto de desprecio de una sola palabra que Leónidas habría apreciado: "*Nuts!*" (¡Tonterías!). La obstinada y valiente defensa de la 101.ª retrasó el avance alemán, que finalmente no logró alcanzar sus objetivos.

Tal vez, la más famosa posición heroica en la historia estadounidense fue la de los tejanos en el Álamo. Menos de doscientos hombres, dirigidos por William Travis, James Bowie y Davy Crockett, resistieron durante casi dos semanas a las tropas mexicanas bajo el presidente Antonio López de Santa Ana, quien intentaba aplastar la Revolución de Texas. El retraso dio tiempo a los tejanos para declarar su independencia, formar un gobierno, y redactar una constitución. Además, el heroísmo de los defensores de Álamo, todos los cuales perecieron, y la elocuente carta de William Travis dirigida al "pueblo de Texas y a todos los estadounidenses en el mundo", inspiró a muchos hombres a unirse al ejército tejano. Más tarde, ese ejército expulsó a las fuerzas de Santa Ana en la Batalla de San Jacinto, asegurando la independencia de Texas.

La Biblia ilustra el principio de que Dios a menudo ha cambiado la historia usando a pocas personas, o incluso a un individuo, para lograr los propósitos divinos. Él eligió a Gedeón para liberar a los israelitas de sus opresores madianitas (Jue. 6:1-6). A la orden de Dios, la fuerza inicial de Gedeón de treinta y dos mil hombres se redujo a diez mil (Jue. 7:3). Pero para que el pueblo no se jactara de que la liberación había ocurrido por sus propias fuerzas (v. 2), Dios instruyó a Gedeón a reducir aún más su fuerza a trescientos hombres (vv. 6-8). El Señor usó a Gedeón y a ese pequeño grupo para derrotar a las enormes (v. 12) fuerzas unidas contra ellos (vv. 16-25). Más adelante, en Jueces, Dios usó a Sansón para liberar, sin la ayuda de otros, al pueblo de Israel de sus perennes enemigos los filisteos (Jue. 15:15-20). Más tarde aún en la historia de Israel, el solitario Elías pudo triunfar sobre cuatrocientos cincuenta profetas de Baal en el monte Carmelo (1 R. 18:17-40).

Menos conocido, pero no menos importante, es el relato de la liberación que Dios hizo a Israel por medio de Jonatán y su escudero. Igual que en los días de Sansón, los israelitas estaban siendo oprimidos por los filisteos. El padre de Jonatán, Saúl, ya estaba descalificado como rey debido a su desobediencia (1 S. 13:7-14). La invasión filistea era enorme (v. 5), y los israelitas (con excepción de Saúl y Jonatán) no tenían armas (vv. 19-22). La derrota parecía segura, lo que obligó a muchos a esconderse "en cuevas, en fosos, en peñascos, en rocas y en cisternas" (v. 6). Otros huyeron y "pasaron el Jordán a la tierra de Gad y de Galaad" (v. 7). Israel parecía estar a punto de ser aniquilada como nación.

Pero Jonatán no compartía el derrotismo del pueblo. Poniendo su confianza en el Señor, él y su fiel escudero se acercaron al campamento filisteo y saludaron. Al tomarlos por desertores que intentaban rendirse (1 S. 14:11), los filisteos llamaron a los dos hombres a subir al campamento. Jonatán, seguido por su escudero, rápidamente atacó a los filisteos, matando a veinte de ellos (vv. 13-14). El resultado fue pánico en el campamento filisteo, espanto resaltado por un terremoto enviado por Dios (v. 15). Los filisteos huyeron en desorden (v. 16), y su fuga prontamente se convirtió en una derrota (vv. 20-23). El valor y la fe de Jonatán y su escudero salvaron a la nación (vv. 45-46). Las palabras de Jonatán en el versículo 6, "no es difícil para Jehová salvar con muchos o con pocos", resumen no solo sus propias hazañas, sino también las de Gedeón, Sansón y Elías.

Así como Dios usó a individuos como Gedeón, Sansón, Elías y Jonatán para cambiar el curso de la historia de Israel, así también en el Nuevo Testamento usó a doce hombres para cambiar el curso de la historia mundial. Estos hombres comunes y corrientes, elegidos, entrenados y comisionados por el Señor Jesucristo, son el tema de esta sección del Evangelio de Lucas. Después de haber presentado a Pedro (véase el capítulo anterior de esta obra), Lucas se vuelve hacia los dos miembros siguientes de los doce: Andrés el hermano de Pedro, y Jacobo el hermano de Juan.

ANDRÉS

Andrés su hermano (6:14*b*)

La designación de **Andrés** como **su** (de Pedro) **hermano** indica su situación. Constantemente eclipsado por su hermano más famoso (por lo general los evangelios se refieren a él con relación a Pedro; cp. Mt. 4:18; 10:2; Mr. 1:16, 29; Jn. 1:40, 44; 6:8), Andrés es el menos conocido del círculo íntimo de los apóstoles. Este no disfrutó de la misma intimidad con Jesús que tuvieron Pedro, Jacobo y Juan. Por ejemplo, Andrés no estuvo presente con los otros tres en la transfiguración (Mt. 17:1), en la sanidad de la hija del principal de una sinagoga (Mr. 5:37), o con los otros tres en Getsemaní (Mr. 14:33). La imagen que los evangelios pintan de él es la de una persona contenta con servir silenciosamente en segundo plano.

Al igual que Pedro, Andrés era originario de la aldea de Betsaida (Jn. 1:44). Más tarde, los hermanos se mudaron a la ciudad más grande de Capernaúm, donde compartían una casa (Mr. 1:21, 29) y tenían un negocio de pesca (Mt. 4:18). Pedro y Andrés eran judíos devotos, comprometidos en la adoración al Dios verdadero. Estuvieron entre los primeros de los doce en encontrar al Señor Jesucristo. Tras tomar un año sabático de su negocio de pesca viajaron a la región alrededor del Jordán y se convirtieron en seguidores de Juan el Bautista. Estaban entre aquellos que esperaban "la consolación de Israel" (Lc. 2:25) mediante la venida del Mesías prometido en el Antiguo Testamento.

El Evangelio de Juan relata la historia del primer encuentro de Andrés con

Jesús. Junto con el apóstol Juan, Andrés estaba con Juan el Bautista cuando este les señaló a Jesús, manifestando: "He aquí el Cordero de Dios" (Jn. 1:36). Después de oír eso, los dos siguieron a Jesús y permanecieron con Él durante el resto de ese día (vv. 37-39). Dicha experiencia cambió para siempre la vida de Andrés. Convencido de que Jesús era exactamente quien Juan el Bautista había dicho que Él era, Andrés "halló primero a su hermano Simón, y le dijo: Hemos hallado al Mesías" (v. 41). Entonces, en lo que se convertiría en el patrón de la vida y el ministerio de Andrés, "le trajo [a su hermano] a Jesús" (v. 42). Allí fue cuando el Señor le dio a Simón el nombre de Pedro y comenzó a entrenarlo como el líder de los doce, según se indicó en el capítulo anterior de esta obra.

Después de su encuentro inicial con Jesús, Andrés y Pedro regresaron a Capernaúm y reanudaron su negocio de pesca. Meses más tarde Jesús llegó a Galilea tras ministrar inicialmente en Judea y Jerusalén. Mientras caminaba a lo largo de la orilla del Mar de Galilea, encontró a Pedro y a Andrés (Mt. 4:18), junto con Juan y su hermano Jacobo (v. 21). Esta vez ellos no buscaron al Señor; más bien, Él los buscó. Estos hombres se convirtieron en discípulos a tiempo parcial (vv. 19, 22), mientras seguían manteniendo su negocio de pesca. Lucas 5:1-11 registra su llamado definitivo a tiempo completo al discipulado, cuando "dejándolo todo, le siguieron" (v. 11).

Otros dos incidentes en el Evangelio de Juan proporcionan más información sobre el carácter de Andrés. En el capítulo sexto, Juan registra la alimentación de los cinco mil hombres (contando a mujeres y niños, cerca de veinticinco mil personas), que comenzó cuando "alzó Jesús los ojos, y vio que había venido a él gran multitud, dijo a Felipe: ¿De dónde compraremos pan para que coman éstos?" (v. 5). Abrumado por la magnitud del problema, "Felipe le respondió: Doscientos denarios de pan no bastarían para que cada uno de ellos tomase un poco" (v. 7). Hasta donde atañía a Felipe, alimentar a tan enorme multitud con los escasos recursos que tenían era imposible. Sin embargo, Andrés se había estado relacionando con las personas y descubrió a "un muchacho, que [tenía] cinco panes de cebada y dos pececillos" (v. 9). A pesar de sus propias dudas, expresó en su retórica y quizás cínica pregunta: "¿Qué es esto para tantos?". Andrés siempre estaba ansioso por llevar personas a Jesús. El Señor borró todo cinismo y toda duda cuando usó ese pequeño almuerzo para alimentar a la enorme multitud.

En su última aparición en los evangelios, Andrés, fiel a su estilo, llevó aún más personas a Jesús. En el tumultuoso período posterior a la entrada triunfal "Había ciertos griegos [más probablemente gentiles prosélitos al judaísmo] entre los que habían subido a adorar [a Jerusalén] en la fiesta [la Pascua]" (Jn. 12:20). Al tratar de hablar con Jesús, acudieron primero a Felipe. Tal vez lo eligieron porque él era de Betsaida (v. 21), ubicada cerca de la región gentil más grande conocida como Decápolis (Mt. 4:25; Mr. 5:20; 7:31). Sin saber cómo manejar la situación, "Felipe fue y se lo dijo a Andrés; entonces Andrés y Felipe se lo dijeron a Jesús" (Jn. 12:22). No hubo duda o vacilación en la mente de Andrés; cuando las personas querían ver a Jesús, Andrés las dirigía hacia Él.

Las tres escenas en que Andrés representa un papel destacado revelan que él ante todo era un misionero. El apasionado compromiso de su corazón era llevar personas a Jesús. No tenía prejuicios en llevar de buena gana al Salvador tanto a gentiles como a judíos. Andrés también era un hombre cuya fe vencía la duda, como se demuestra en la confianza en que el Señor tal vez podría usar el almuerzo, al parecer insuficiente, de un muchacho para lograr sus propósitos. Andrés también exhibió humildad al contentarse con permanecer a la sombra de su famoso hermano y servir en segundo plano. Hay personas que no juegan en equipo a menos que los pongan a tocar el bombo, pero Andrés no era una de ellas. Él estaba más preocupado en llevar personas a Jesús que en quién se llevaría el mérito. No era un hombre complaciente, sino un siervo de Cristo, "de corazón haciendo la voluntad de Dios" (Ef. 6:6).

Andrés finalmente pagó el precio más elevado por su devoción al Señor Jesucristo. Según la tradición, un gobernante provincial, enojado porque Andrés le había llevado la esposa a Cristo, lo crucificó en una cruz en forma de X. A pesar del sufrimiento que soportó, mientras pudo hablar Andrés siguió predicando el evangelio a los transeúntes. Murió como había vivido: llevando personas al Salvador.

JACOBO

Jacobo (6:14*c*)

Al igual que su hermano Juan, **Jacobo** era hijo de Zebedeo, un próspero pescador (suficientemente rico para haber contratado jornaleros que trabajaran para él [Mr. 1:20]) en el Mar de Galilea. Jacobo y Juan eran socios en un negocio de pesca con el otro par de hermanos que constituía el círculo íntimo de los doce, Pedro y Andrés (Lc. 5:10). Al igual que Andrés, Jacobo fue eclipsado por los otros dos apóstoles en el círculo íntimo, Pedro y Juan. La Biblia presenta coloridas descripciones de estos, pero simples siluetas de Andrés y Jacobo.

Pero el relativo silencio de los evangelios respecto a Jacobo no significa que él fuera insignificante. Su nombre aparece de segundo en la lista de los doce después del de Pedro en el Evangelio de Marcos (Mr. 3:16-17). Y, salvo en dos ocasiones, Jacobo se enumera primero cuando él y Juan aparecen juntos. Los dos son inseparables en los evangelios; Jacobo nunca se menciona aparte de Juan. Y estuvo presente en varios acontecimientos clave con Pedro y Juan, según se indicó antes, en los que Andrés no estuvo.

Una clave para entender la personalidad de Jacobo es el sobrenombre que

Jesús les puso a los dos hermanos. "Boanerges", según Marcos indica, significa "Hijos del trueno" (Mr. 3:17). Ese colorido término describe vívidamente sus fuertes personalidades. Jacobo era celoso, apasionado y ferviente. Muy bien pudo haber sido la contraparte de Jehú en el Nuevo Testamento, quien declaró: "Ven conmigo, y verás mi celo por Jehová" (2 R. 10:16). Sin embargo, el celo de Jehú no era más que egoísmo y ambición mundana, ya que "no cuidó de andar en la ley de Jehová Dios de Israel con todo su corazón, ni se apartó de los pecados de Jeroboam, el que había hecho pecar a Israel" (2 R. 10:31).

El celo de Jacobo también a veces era equivocado, y se expresaba en maneras poco menos que amables o justas. Cuando Jesús iba en camino a Jerusalén para la última Pascua de su ministerio (Lc. 9:51), "envió mensajeros delante de él, los cuales fueron y entraron en una aldea de los samaritanos para hacerle preparativos" (v. 52). Los samaritanos eran los descendientes de judíos que se habían casado con gentiles después de la caída del reino del norte a manos de Asiria. Los judíos los consideraban una raza impura y contaminada, y evitaban el contacto con ellos siempre que era posible (Jn. 4:9). Siglos de mutua animosidad hicieron que de los samaritanos se dijera que "no le recibieron [a Jesús]", principalmente "porque su aspecto era como de ir a Jerusalén" (Lc. 9:53). Estos tenían su propia adoración centrada en el monte Gerizim, donde los judíos habían destruido el templo samaritano durante el período intertestamentario. El pueblo en esta aldea samaritana no quería saber nada con judíos que viajaban a Jerusalén para adorar allí.

Indignado por este insulto atroz a Jesús, Jacobo y Juan exclamaron llenos de ira: "Señor, ¿quieres que mandemos que descienda fuego del cielo, como hizo Elías, y los consuma?" (v. 54; cp. 2 R. 1:9-12). Andrés anhelaba llevar a los no salvos a Jesús; Jacobo quería incinerarlos. El celo equivocado de los hermanos les hizo recibir una reprimenda de parte del Señor, quien les declaró: "Vosotros no sabéis de qué espíritu sois; porque el Hijo del Hombre no ha venido para perder las almas de los hombres, sino para salvarlas" (vv. 55-56; cp. 19:10). El celo que tuvieron al no permitir insultos a Cristo era encomiable; sin embargo, en este caso no era conforme a ciencia (cp. Ro. 10:2). Un segundo incidente revela otro aspecto de la personalidad de Jacobo. En esta ocasión, él y Juan añadieron un nuevo toque al continuo debate de los apóstoles sobre quién de ellos era el más grande (cp. Mr. 9:33-34; Lc. 22:24). Queriendo tener los lugares destacados de honor al lado de Jesús en su reino glorioso, los dos pidieron con gran audacia que el Señor les concediera el privilegio de sentarse a su mano derecha e izquierda (Mr. 10:37). Además, llevaron con ellos a su madre para hacer la petición inicial a Jesús. Ella evidentemente era hermana de María la madre de Jesús (como sugiere una comparación de Mt. 27:55-56, Mr. 15:40, y Jn. 19:25), lo que hacía de Jacobo y Juan los primos de Jesús. Ellos, por tanto, para su propio engrandecimiento estaban explotando de manera descarada sus lazos familiares con Jesús, lo que comprensiblemente enfureció a los otros diez apóstoles (Mt. 20:24).

Al igual que los escribas y fariseos, que amaban "los primeros asientos en las cenas, y las primeras sillas en las sinagogas" (Mt. 23:6) y Diótrefes, "al cual le [gustaba] tener el primer lugar" (3 Jn. 9), Jacobo y Juan buscaban prestigio, preeminencia y ser exaltados por encima del resto de los apóstoles. Huelga decir que el Señor les rechazó tan interesada petición (Mt. 20:23) y a continuación les dio a todos los discípulos una lección muy necesaria sobre la importancia de la humildad (vv. 25-28).

Jacobo buscó poder y prestigio; Jesús le dio modelo de servicio. Buscó una corona de gloria, Jesús le dio una copa de sufrimiento. Jacobo fue el primero de los doce en morir, y el único cuya muerte se registra en el Nuevo Testamento. Según Hechos 12:1-2, "el rey Herodes echó mano a algunos de la iglesia para maltratarles. Y mató a espada a Jacobo, hermano de Juan". El hecho de que Herodes, al tratar de detener el crecimiento de la iglesia, apresara y ejecutara a Jacobo en lugar de Pedro o Juan, revela que Jacobo se había convertido en una fuerza para Dios. El antiguo "Hijo del trueno" había sido apadrinado por Cristo y moldeado por el Espíritu Santo en un hombre cuyo celo y cuya ambición se habían redirigido hacia Dios y su reino.

Al igual que Andrés, Jacobo en su muerte llevó a algunos a Cristo. Según la tradición, registrada por el historiador Eusebio de la iglesia primitiva,

> el hombre que llevó [a Jacobo] al tribunal, viéndolo dar su testimonio de la fe, y conmovido por el hecho, confesó él mismo ser cristiano. Por tanto, ambos… fueron llevados a la muerte. En su camino, le suplicó a Jacobo que lo perdonara, y Jacobo pensando un poco, replicó: "La paz sea contigo", y lo besó; entonces los dos fueron decapitados al mismo tiempo (*Historia eclesiástica*, II. 9).

La vida de Jacobo brinda testimonio convincente de que un individuo apasionado, controlado por el amor, puede ser un instrumento poderoso en las manos de Dios.

Hombres comunes, llamado poco común. Cuarta parte: Juan

34

Juan (6:14*d*)

Cuando Dios elige personas para sus propósitos de salvación, no lo hace basándose en estándares humanos. Moisés recordó a los hijos de Israel: "No por ser vosotros más que todos los pueblos os ha querido Jehová y os ha escogido, pues vosotros erais el más insignificante de todos los pueblos; sino por cuanto Jehová os amó, y quiso guardar el juramento que juró a vuestros padres, os ha sacado Jehová con mano poderosa, y os ha rescatado de servidumbre, de la mano de Faraón rey de Egipto" (Dt. 7:7-8). Moisés también restó importancia a sus propias aptitudes para el liderazgo, diciendo "a Jehová: ¡Ay, Señor! nunca he sido hombre de fácil palabra, ni antes, ni desde que tú hablas a tu siervo; porque soy tardo en el habla y torpe de lengua" (Éx. 4:10; cp. 6:12). Jeremías reaccionó consternado a su llamado para ser profeta (Jer. 1:5), exclamando: "¡Ah! ¡ah, Señor Jehová! He aquí, no sé hablar, porque soy niño" (v. 6).

A nadie utilizó más grandemente Dios en la extensión del evangelio que al apóstol Pablo (cp. Ro. 15:19; 1 Co. 15:10). Pero ni siquiera fue elegido por ninguno de los requisitos humanos que poseía. Él se consideró a sí mismo como "menos que el más pequeño de todos los santos" (Ef. 3:8), y "el más pequeño de los apóstoles, que no soy digno de ser llamado apóstol, porque perseguí a la iglesia de Dios" (1 Co. 15:9). Pablo reconoció que había "sido antes blasfemo, perseguidor e injuriador" (1 Ti. 1:13; cp. Hch. 8:3; 22:4-5; 26:9-11; Gá. 1:13; Fil. 3:6), y se veía a sí mismo como el primero de los pecadores (1 Ti. 1:15). Sus opositores dijeron despectivamente de él: "Las cartas son duras y fuertes; mas la presencia corporal débil, y la palabra menospreciable" (2 Co. 10:10), ya que Pablo carecía de personalidad pública y de las aptitudes pulidas de un orador griego (cp. 11:6).

Desde una perspectiva humana, Pablo poseía impresionantes credenciales religiosas (Hch. 26:24; 2 Co. 11:5, 22-33; Gá. 1:13-14; Fil. 3:4-6). Pero los sufrimientos que soportó le enseñaron la lección de que debía bastarle la "gracia [de

Dios] porque [el] poder se [perfeccionaba] en la debilidad" (2 Co. 12:9). En 2 Corintios 2:16, el apóstol hizo la pregunta retórica: "Y para estas cosas, ¿quién es suficiente?", y dio la respuesta en 3:5: "No que seamos competentes por nosotros mismos para pensar algo como de nosotros mismos, sino que nuestra competencia proviene de Dios". Nadie puede en sus propias fuerzas servir de manera adecuada al todopoderoso Dios. Así como Pablo recordó a los corintios, entre quienes Dios llama a la salvación y al servicio no se incluyen "muchos sabios según la carne, ni muchos poderosos, ni muchos nobles; sino que lo necio del mundo escogió Dios, para avergonzar a los sabios; y lo débil del mundo escogió Dios, para avergonzar a lo fuerte" (1 Co. 1:26-27).

Al igual que todos los creyentes, los doce no fueron elegidos por el Señor debido a alguna espiritualidad superior que poseyeran. Según se ha señalado en anteriores capítulos de esta obra, se trató de hombres comunes y corrientes: pescadores, recaudadores de impuestos y revolucionarios políticos. Pablo se describió tanto a sí mismo como a sus compañeros apóstoles "como a sentenciados a muerte... espectáculo al mundo... insensatos por amor de Cristo... débiles... despreciados... padecemos hambre, tenemos sed... desnudos... abofeteados... no tenemos morada fija... Nos fatigamos trabajando con nuestras propias manos... nos maldicen... padecemos persecución... Nos difaman... la escoria del mundo, el desecho de todos" (1 Co. 4:9-13). Los doce también fueron despreciados como galileos sin educación ni formación (Hch. 2:7; 4:13).

La única explicación para el impacto del evangelio es el poder de Dios. Él elige poner el tesoro de la verdad del glorioso evangelio en simples y comunes vasos de barro (2 Co. 4:7) para que toda la gloria sea de Él solamente. El mundo está lleno de individuos demasiado consumidos con sus propios intereses, su importancia y sus capacidades como para ser usados por Dios. Pero cuando eligió a los hombres que serían el fundamento de la Iglesia (Ef. 2:20), Dios no eligió a sabios eruditos, elocuentes oradores, ni líderes religiosos santurrones. Eligió a doce hombres comunes y corrientes, cuyas vidas y cuyos ministerios cambiarían para siempre el curso de la historia.

Después de presentar a Pedro, Andrés y Jacobo, Lucas identificó al cuarto en la lista de los doce apóstoles: Juan. Tras examinar sus antecedentes, consideraremos los dos aspectos que fueron la pasión consumidora de la vida de Juan: la verdad y el amor.

ANTECEDENTES DE JUAN

Como se indicó en el capítulo anterior de esta obra, Juan y su hermano Jacobo eran hijos de Zebedeo, el propietario de un próspero negocio de pesca en el Mar de Galilea. Los dos hermanos eran socios en la empresa con Pedro y Andrés (Lc. 5:10). Juan probablemente era el más joven de los dos, ya que por lo general a Jacobo se lo enumera primero cuando se los menciona juntos. Su madre era Salomé (véase el estudio de Mt. 20:20-24 en el cap. 33 de esta obra), una de las mujeres que sirvieron a Jesús (Mt. 27:55-56), tal vez financieramente (cp. Lc. 8:2-3). Como también se indicó en el capítulo anterior de esta obra, Salomé quizás fue hermana de la madre de Jesús, María. En tal caso, Juan habría sido primo de Jesús.

Con excepción de Pedro, Juan es el apóstol de quien más se conoce. Fue miembro del grupo íntimo de los doce, aquellos más cercanos a Jesús, junto con Pedro, Jacobo y Andrés. Solamente Pedro, Jacobo y Juan estuvieron presentes en la curación de la hija del principal de la sinagoga (Mr. 5:37), también en la transfiguración (Mt. 17:1), y además fueron al interior de Getsemaní con Jesús (al parecer los demás discípulos se quedaron esperando en la entrada; cp. Mt. 26:36-37). Es más, la designación de Juan como el discípulo a quien Jesús amaba (Jn. 13:23; 19:26; 20:2; 21:7, 20) sugiere que pudo haber sido el más cercano de todos los apóstoles con el Salvador.

Juan había sido seguidor de Juan el Bautista (Jn. 1:35) y, junto con Andrés, fue el primero de los doce en encontrar a Jesús (vv. 36-40). Con el tiempo volvió a pescar en el Mar de Galilea, se convirtió en seguidor de Jesús a tiempo parcial (Mt. 4:21), después en discípulo a tiempo completo (Lc. 5:10-11), y, finalmente, fue elegido por el Señor para ser un apóstol con una larga vida.

Al igual que su hermano Jacobo, Juan tenía una personalidad fuerte e impetuosa, que llevó al Señor a llamarlos "Hijos del trueno" (Mr. 3:17). El volátil temperamento de Juan se expresó en su deseo, junto con Jacobo, de hacer caer fuego del cielo sobre los samaritanos que rechazaron a Jesús (Lc. 9:54). La agresividad y ambición Juan también se ven en el intento de él y su hermano de explotar sus lazos familiares con Jesús a fin de obtener posiciones de honra y privilegio en el reino (Mt. 20:20-23).

Igual que hizo Jesús con el resto de los doce, también moldeó y conformó a Juan en el hombre que Él quería que fuera. Esto implicó aprender que su celo por la verdad se debía equilibrar con amor, y en realidad esos dos aspectos finalmente lo caracterizaron.

Tal equilibrio es difícil de conseguir. Muchos cristianos no parecen entender su importancia, y acampan en lo uno o lo otro. El resultado es o una ortodoxia fría y sin vida que lleva a orgullosa indiferencia, o un sentimentalismo superficial que lleva a tolerar el error. Sin embargo, tanto la verdad como el amor son esenciales para el reino de Dios, y por tanto son inseparables. Pablo dejó eso en claro en Efesios 4:11-15. Dios entrega hombres dotados (v. 11) a fin de preparar a los creyentes para la mutua edificación del cuerpo de Cristo (v. 12), lo que resulta en madurez espiritual y semejanza a Cristo (vv. 13-14). Luego el apóstol resumió brevemente la madurez espiritual como seguir "la verdad en amor" (v. 15; cp. 1 Co. 13:6; 1 P. 1:22). Los creyentes maduros no solo están firmemente cimentados en sana doctrina (1 Ti. 4:6; Tit. 1:9; 2:1), sino que también manifiestan el fruto del Espíritu: amor (Gá. 5:22; cp. v. 13; Ro. 5:5; 12:9).

COMPROMISO DE JUAN CON LA VERDAD

La apasionada preocupación de Juan por la verdad impregna sus escritos; cuarenta y seis veces usa la palabra "verdad". Para Juan, la verdad divina estaba sumamente encarnada en el Señor Jesucristo; Él estaba lleno de verdad (Jn. 1:14) y en Él se reveló totalmente la verdad de la salvación de Dios (v. 17). Quienes profesan conocer a Cristo pero no le obedecen están desviados de la verdad (1 Jn. 2:4; cp. 1:6, 8). Nada producía en Juan más gozo que oír de cristianos que andaban en la verdad (3 Jn. 4; cp. v. 3; 2 Jn. 4).

La profunda preocupación por la verdad hizo que Juan fuera blanco y negro, para ver las cosas en claro contraste, para expresarse en absolutos y opuestos. Este apóstol puso a la luz contra la oscuridad (Jn. 1:5; 1 Jn. 2:8-9), la vida contra la muerte (Jn. 5:24; 1 Jn. 3:14), el reino de Dios contra el reino del maligno (Jn. 3:3, 5; 8:44), a los hijos de Dios contra los hijos de Satanás (1 Jn. 3:10), el juicio de los justos contra el juicio de los malvados (Jn. 5:24; Ap. 20:11-15), a la resurrección de vida contra la resurrección de juicio (Jn. 5:29), recibir a Cristo contra rechazarlo (Jn. 1:11-12), fructificar contra no llevar fruto (Jn. 15:2), obediencia contra desobediencia (Jn. 3:36). Las personas o caminan en la luz, o en la oscuridad (Jn. 12:35; 1 Jn. 1:7), y o son de Dios, o del mundo (1 Jn. 2:15). Quienes nacieron de Dios no pueden pecar (1 Jn. 3:9), y quienes rechazan a Cristo no tienen a Dios (Jn. 5:23; 1 Jn. 2:23), aquellos que hacen el bien son de Dios, pero quienes hacen el mal no han visto a Dios (3 Jn. 11).

La apasionada devoción de Juan para con la verdad también lo impulsó a advertir contra el peligro de los falsos maestros, que tuercen y pervierten la verdad. Juan enumeró en su primera epístola tres características de tales maestros (a quienes califica como "anticristos" [1 Jn. 2:18] porque distorsionan y niegan la verdad acerca de Jesucristo). Antes que nada, ellos surgen dentro de la iglesia, pero luego se alejan, llevándose a seguidores. Como Juan indicó: "Salieron de nosotros, pero no eran de nosotros; porque si hubiesen sido de nosotros, habrían permanecido con nosotros; pero salieron para que se manifestase que no todos son de nosotros" (1 Jn. 2:19). Segundo, niegan "que Jesús es el Cristo", y por tanto niegan "al Padre y al Hijo" (v. 22). Los que niegan la verdadera naturaleza de Jesucristo como Dios encarnado también niegan al Padre, quien testificó acerca del Hijo (5:9-10; Jn. 5:32-38; 8:19). Por último, los falsos maestros tratan de engañar a los fieles (1 Jn. 2:26; cp. 3:7; Ro. 16:18; 1 Ti. 4:1; 2 Ti. 3:13; Tit. 1:10; 2 Jn. 7), igual que hace su padre (Jn. 8:44), el diablo (2 Co. 11:3; Ap. 12:9).

Juan instruyó a sus lectores a evitar que esos charlatanes religiosos los engañaran:

> *Amados, no creáis a todo espíritu, sino probad los espíritus si son de Dios; porque muchos falsos profetas han salido por el mundo. En esto conoced el Espíritu de Dios: Todo espíritu que confiesa que Jesucristo ha venido en carne, es de Dios; y todo espíritu que no confiesa que Jesucristo ha venido en carne, no es de Dios; y este es el espíritu del anticristo, el cual vosotros habéis oído que viene, y que ahora ya está en el mundo. Hijitos, vosotros sois de Dios, y los habéis vencido; porque mayor es el que está en vosotros, que el que está en el mundo. Ellos son del mundo; por eso hablan del mundo, y el mundo los oye. Nosotros somos de Dios; el que conoce a Dios, nos oye; el que no es de Dios, no nos oye. En esto conocemos el espíritu de verdad y el espíritu de error (1 Jn. 4:1-6).*

Los cristianos deben comparar cuidadosamente con la Biblia cualquier enseñanza que pretenda venir de parte de Dios. Deben ser como los de Berea, que escudriñaban "cada día las Escrituras para ver si estas cosas eran así" (Hch. 17:11). En el centro de todo sistema falso de creencia está una negación de la verdad sobre Jesucristo. Por tanto, Juan advirtió: "Todo espíritu que confiesa que Jesucristo ha venido en carne, es de Dios; y todo espíritu que no confiesa que Jesucristo ha venido en carne, no es de Dios" (1 Jn. 4:2-3). La característica de los falsos maestros es que rechazan la doctrina de los apóstoles según se revela en las Escrituras. Pero los apóstoles, como Juan escribió, "somos de Dios; el que conoce a Dios, nos oye; el que no es de Dios, no nos oye. En esto conocemos el espíritu de verdad y el espíritu de error" (v. 6).

En su segunda epístola, Juan volvió a advertir que "muchos engañadores han salido por el mundo, que no confiesan que Jesucristo ha venido en carne" (v. 7). Él les recordó a sus lectores que tales falsos maestros "se [extravían], y no [perseveran] en la doctrina de Cristo". En consecuencia, "no [tienen] a Dios", porque "el que persevera en la doctrina de Cristo, ése sí tiene al Padre y al Hijo" (v. 9). A los falsos maestros apóstatas no se les debe brindar hospitalidad cristiana, ya que al hacerlo se propicia la extensión de sus enseñanzas herejes (vv. 10-11).

El uso frecuente que Juan hace de la palabra "testimonio" (gr., *martureō*) también revela cuán importante era la verdad para él. Juan escribió del testimonio de Juan el Bautista (Jn. 1:6-8), del Padre (Jn. 5:37; 8:18), de las Escrituras (Jn. 5:39); de las obras que Jesús hizo (Jn. 10:25), del Espíritu Santo (Jn. 15:26), de los discípulos (Jn. 15:27), y de Jesús (Jn. 18:37).

COMPROMISO DE JUAN CON EL AMOR

Nadie fue más comprometido con la verdad que el apóstol Pablo. Pero él entendió que la devoción a la verdad tiene poco valor separada del amor, como escribió en su primera carta inspirada a los corintios:

> *Si yo hablase lenguas humanas y angélicas, y no tengo amor, vengo a ser como metal que resuena, o címbalo que retiñe. Y si tuviese profecía, y entendiese todos los misterios y toda ciencia, y si tuviese toda la fe, de tal manera que trasladase los montes, y no tengo amor, nada soy. Y si repartiese todos mis bienes para dar de comer a los pobres, y si entregase mi cuerpo para ser quemado, y no tengo amor, de nada me sirve (1 Co. 13:1-3).*

El momento decisivo esencial en que Juan, el Hijo del trueno, comenzó a ver la importancia del amor se produjo en el único incidente en los evangelios en que solo él habla. Después de la abrumadora experiencia de la transfiguración (Mr. 9:1-10), los discípulos participaron en otro episodio de su largo debate sobre quién de ellos era el más grande (vv. 33-34). Jesús reprendió suavemente a los discípulos, recordándoles: "Si alguno quiere ser el primero, será el postrero de todos, y el servidor de todos" (v. 35). Entonces tomó a un niño en brazos y lo usó para ilustrar la lección de que los discípulos debían aceptarse unos a otros igual que a Él (v. 37).

Condenado por el reproche del Señor, Juan confesó otro caso del celo equivocado de los discípulos: "Maestro, hemos visto a uno que en tu nombre echaba fuera demonios, pero él no nos sigue; y se lo prohibimos, porque no nos seguía" (v. 38). Esto era sectarismo, una expresión de intolerancia hacia aquellos fuera de su grupo. La confesión de Juan suscitó otra reprimenda de parte de Jesús, quien les dijo a los discípulos: "No se lo prohibáis; porque ninguno hay que haga milagro en mi nombre, que luego pueda decir mal de mí. Porque el que no es contra nosotros, por nosotros es" (vv. 39-40).

Juan se caracterizaba por su valor, ambición, dinamismo, pasión, audacia y su fuerte devoción a la verdad, y las personas con esas cualidades son vitales para el reino de Dios. Pero el celo de Juan por la verdad había sido deficiente en amor y compasión por las personas. Si el amor sin verdad es hipocresía sin carácter, la verdad sin amor es brutalidad indecente. Esta confesión y el reproche del Señor comenzaron a llevar a Juan hacia un apropiado equilibrio de verdad y amor. Aunque sin vacilar en su feroz devoción a la verdad, Juan aprendió la importancia del amor y la resaltó en sus escritos, hasta un punto tal que se le llegó a conocer como el "apóstol del amor".

Juan usó la palabra "amor" más de cien veces en sus escritos. Enseñó que Dios es amor (1 Jn. 4:8), que el Padre ama al Hijo (Jn. 3:35; 5:20) y el Hijo ama al Padre (Jn. 14:31), que Dios ama a todas las personas en general (Jn. 3:16) y a los discípulos de Cristo en particular (Jn. 14:21, 23; 16:27; 17:23), que Jesús ama a quienes creen en Él (Jn. 13:1; 15:9) y que el ejemplo supremo de ese amor fue su muerte expiatoria a favor de ellos (Jn. 15:13; 1 Jn. 3:16), que Jesús ordenó a los creyentes a amarse unos a otros (Jn. 13:35; 15:12; cp. 1 Jn. 3:11, 23; 2 Jn. 5), que los verdaderos hijos espirituales de Dios amarán a Jesucristo (Jn. 8:42) y que el amor se manifestará en obediencia (Jn. 14:15, 21, 23-24; 15:10; 1 Jn. 2:5; 5:3; 2 Jn. 6), que el amor de Dios motivó su adopción de los creyentes como hijos (1 Jn. 3:1). Que el verdadero amor se manifestará en acciones (1 Jn. 3:18), que el amor por otros creyentes es una característica de la verdadera salvación (1 Jn. 4:7-8, 20), que la suprema manifestación del amor de Dios por su pueblo fue enviar a Cristo como propiciación por los pecados de ellos (1 Jn. 4:9-10), que el amor echa fuera el temor al castigo (1 Jn. 4:18), y que el amor de Dios lo motiva a disciplinar a los creyentes (Ap. 3:19).

La vida de Juan después del final de los relatos de los evangelios refleja su compromiso continuo tanto con la verdad como con el amor. Igual que ocurrió en los evangelios, él estuvo muy íntimamente relacionado con Pedro en el libro de Hechos (Hch. 3:1-11; 4:13-20; 8:14-25) en predicar la verdad... hasta tal punto que Pablo se refirió a él como una de las columnas de la iglesia en Jerusalén (Gá. 2:9). La firme e incesante predicación de la verdad llevó finalmente a Juan a su exilio en la rocosa e inhóspita isla de Patmos, en la costa de Asia Menor. Fue allí donde recibió la serie incomparable y asombrosa de visiones que comprenden el libro del Apocalipsis (Ap. 1:1, 4, 9; 22:8).

De acuerdo con los primeros escritores cristianos, Juan pasó las últimas décadas de su vida en Éfeso, supervisando las iglesias en esa región (Clemente de Alejandría, *Who Is the Rich Man that Shall Be Saved?*, p. 42). Según Ireneo (*Contra los herejes*, 3.3.4), Juan vivió hasta la época del emperador Trajano (d.C. 98-117). Fue el último de los apóstoles en morir. Dos anécdotas de sus años en Éfeso revelan que el apóstol del amor no había perdido nada de su celo por la verdad. De acuerdo con Policarpo, el obispo del siglo II de Esmirna que había sido discípulo del apóstol, "Juan, el discípulo del Señor, al ir a bañarse en Éfeso y percibir que dentro se hallaba [el hereje] Cerinto, salió aprisa del baño sin bañarse, y exclamando: 'Huyamos, no sea que incluso el baño se caiga porque Cerinto, el enemigo de la verdad, está dentro'" (Ireneo, *Contra los herejes*, 3.3.4). Clemente de Alejandría relata cómo, a riesgo de su propia vida, Juan entró sin miedo al campamento de una banda de ladrones y llevó a su jefe, quien una vez había profesado fe en Cristo, al verdadero arrepentimiento (*Who Is the Rich Man that Shall Be Saved?*, p. 42).

Pero Juan nunca dejó tampoco de resaltar la importancia del amor. Casi al final de su vida, el apóstol se volvió tan débil que ya no podía predicar y lo debían llevar cargado hasta la iglesia. Según el padre del siglo IV, Jerónimo, Juan constantemente exhortó a la congregación a amarse unos a otros. Cuando finalmente le preguntaron por qué se mantenía repitiendo eso, contestó: "Es el mandato del Señor, y si se hace solo esto, es suficiente" (Alfred Plummer, *The Epistles of St. John* [Reimpresión; Grand Rapids: Baker, 1980], xxxv).

Hombres comunes, llamado poco común. Quinta parte: Felipe, Bartolomé 35

Felipe y Bartolomé (6:14*e, f*)

Todos aquellos a quienes Dios llama para guiar a su pueblo deben cumplir con las normas establecidas en la Biblia (cp. 1 Ti. 3:1-12; Tit. 1:6-9). Pero más allá de esos estándares requeridos, para dirigir a su iglesia el Señor usa a hombres de temperamentos y personalidades muy divergentes.

Algunos son hombres de acción audaces y enérgicos. Cuando Moisés "observó a un egipcio que golpeaba a uno de los hebreos, sus hermanos... mató al egipcio y lo escondió en la arena" (Éx. 2:11-12). A pesar de sus dudas en cuanto a su habilidad de hablar (Éx. 4:10-13), Moisés confrontó una y otra vez a Faraón con la demanda de Dios de que debía dejar ir a Israel. Tampoco dudó en confrontar a su propio pueblo cuando altercó (Éx. 17:2), pecó (Éx. 32:19-28), o le cuestionó el liderazgo (Nm. 16:1-50). Su personalidad agresiva y enérgica finalmente le costó a Moisés el privilegio de entrar a la tierra prometida después de desobedecer a Dios. Frente a una nueva ronda de quejas y protestas por parte de los israelitas (Nm. 20:2-5), Moisés buscó el consejo de Dios (v. 6). El Señor lo instruyó a tomar su vara y hablarle a una roca, lo que luego produciría el agua por la que el pueblo clamaba (vv. 7-8). Pero, en vez de hablarle a la roca, furioso Moisés habló a los israelitas, denunciándolos como rebeldes (vv. 9-10). Entonces golpeó la roca con la vara (v. 11), y, por tanto, irónicamente revelándose también contra Dios (Nm. 27:14). En consecuencia, Moisés perdió el derecho de llevar al pueblo al interior de Canaán (Nm. 20:12).

Elías fue otro líder audaz. En el tercer año (1 R. 18:1) de una devastadora sequía que Dios había proclamado a través de él (1 R. 17:1), este profeta fue confrontado por el malvado rey Acab de Israel. El monarca le dijo enojado: "¿Eres tú el que turbas a Israel?" (1 R. 18:17). Sin intimidarse en lo más mínimo, Elías contestó: "Yo no he turbado a Israel, sino tú y la casa de tu padre, dejando los mandamientos de Jehová, y siguiendo a los baales" (v. 18). Entonces Elías retó sin temor a centenares de falsos profetas a un combate público para ver quién era el verdadero Dios, el Señor o Baal, y después ordenó matar a los falsos profetas (vv. 19-40).

Más tarde, después que Acab hubiera asesinado a un hombre para arrebatarle su viña (1 R. 21:1-16), Elías volvió a confrontarlo audazmente. Acab le dijo de manera sarcástica: "¿Me has hallado, enemigo mío?". Negándose a ceder, el profeta respondió: "Te he encontrado, porque te has vendido a hacer lo malo delante de Jehová" (v. 20). Entonces pronunció el juicio de Dios sobre Acab y su malvada esposa Jezabel (vv. 21-26). Trastornado y aterrado, Acab "rasgó sus vestidos y puso cilicio sobre su carne, ayunó, y durmió en cilicio, y anduvo humillado" (v. 27). Debido a que el rey se humilló, el Señor pospuso el juicio (v. 29). Hacia el final de su ministerio, Elías también reprendió al hijo de Acab y sucesor como gobernante, Ocozías (2 R. 1:3-4). Esa confrontación incluyó el dramático descenso de fuego del cielo para consumir a dos destacamentos de soldados enviados a llevarlo ante el rey (vv. 9-12).

El apóstol Pablo es el nuevo modelo del Nuevo Testamento de un líder audaz y valiente. Sin ningún temor predicó el evangelio frente a amenazas, hostilidad y persecución dondequiera que iba. Esa oposición comenzó inmediatamente después de su conversión en Damasco, donde su predicación acerca de Jesús como el Mesías enfureció tanto a los judíos que intentaron matarlo (Hch. 9:22-24). Pablo enfrentó similar oposición de sus compatriotas en Antioquía (13:46), Iconio (14:1-2), Corinto (18:4-6, 12-16), Jerusalén (21:27-22:23; cp. 21:10-13), ante el concilio (22:30-23:10), y en Roma (28:16-31).

La predicación del evangelio por parte de Pablo también suscitó hostilidad por parte de los gentiles. En Filipos fue golpeado y encarcelado (16:16-40); en Atenas los escépticos filósofos griegos se burlaron de él (17:16-34); en Éfeso su éxito en predicar el evangelio provocó un motín de los devotos de la diosa pagana Diana (19:23-41). Pablo también atestiguó valientemente acerca del Señor Jesucristo delante de las autoridades gentiles, incluso Félix (24:1-26), Festo (25:1-12), Agripa (26:1-32) y el emperador (25:12, 21-27; cp. 28:17-19). Cuando el barco que lo llevaba a Roma quedó envuelto en una grave tormenta, aunque solo era un prisionero Pablo se hizo cargo de la situación (27:9-10, 21-26, 30-36).

A diferencia de muchos pastores hoy día, Pablo no titubeó en denunciar a los falsos maestros. Confrontó al "falso profeta, judío, llamado Barjesús" en la isla de Chipre (Hch. 13:6), a los judaizantes en Antioquía (15:1-2), y a Himeneo y Alejandro en Éfeso (1 Ti. 1:20). También advirtió una y otra vez a los cristianos a tener cuidado de tales "lobos rapaces" (Hch. 20:29; cp. 2 Co. 11:2-4; Gá. 1:6-7; 6:12-13; Fil. 3:2, 18-19; Col. 2:8, 18-23; 1 Ts. 2:14-16; 1 Ti. 1:3-7; 4:1-3; 6:3-5, 20-21; 2 Ti. 2:14, 16-18, 23; 3:1-9, 13; 4:14-15; Tit. 1:9-16; 3:9-10).

Pablo también confrontó a creyentes pecadores, algo que muchos pastores de hoy día no están muy dispuestos a hacer. Él reprendió a los corintios (2 Co. 10-13), a los gálatas (Gá. 3-5), a un hombre culpable de incesto (1 Co. 5:1-5), y a personas indisciplinadas en Tesalónica que no querían trabajar (2 Ts. 3:6-12).

Pero no todo líder es un Moisés, un Elías o un Pablo. El Señor también usa a hombres tranquilos, introspectivos, analíticos y cautelosos. Uno de tales individuos fue el querido hijo en la fe de Pablo, Timoteo. Timoteo fue sin lugar a dudas un hombre de convicción, en quien Pablo tuvo máxima confianza (Fil. 2:19-20). El apóstol lo envió a tratar con la problemática situación en Corinto (1 Co. 4:17), también fue a Tesalónica (1 Ts. 3:2, 6), y posiblemente a Filipos (Fil. 2:19). Además, Pablo estableció a Timoteo como el pastor de la importante iglesia en Éfeso (1 Ti. 1:1-3). Timoteo soportó cárcel por la causa de Cristo (He. 13:23), posiblemente debido a su leal servicio a Pablo (cp. 2 Ti. 4:9, 11, 13, 21).

No obstante, Timoteo también pudo haber sido temeroso, indeciso y falto de confianza en sí mismo. Pablo debió animarlo y exhortarlo a no permitir que otros lo intimidaran debido a su juventud y falta de experiencia (1 Ti. 4:12-16). Timoteo también debía ser más fiel en el ejercicio de su don espiritual (2 Ti. 1:6), y debía dejar de ser tímido (v. 7; cp. 1 Co. 16:10) y no avergonzarse de ser identificado con el Señor o con Pablo, sino estar dispuesto a sufrir por el evangelio (v. 8). Más tarde, en esa misma epístola, el apóstol repitió su exhortación a Timoteo de renovar su compromiso con su ministerio y de estar dispuesto a padecer por la causa de Cristo (2:1, 3).

Al igual que todos los líderes espirituales, los apóstoles también fueron hombres de temperamento diverso. Según se indicó en capítulos anteriores de esta obra, Pedro, Jacobo y Juan fueron individuos dinámicos, francos y de iniciativa. Andrés, constantemente ensombrecido por su más destacado hermano Pedro, actuó más en segundo plano. Los siguientes dos individuos en la lista que Lucas hace de los doce, Felipe y Natanael (Bartolomé), también eran hombres tranquilos, analíticos y reflexivos contentos con trabajar tras bambalinas.

FELIPE

Felipe (6:14*e*)

En cada una de las cuatro listas de los doce en el Nuevo Testamento, el nombre Felipe aparece el quinto, en general, y primero en el segundo grupo de cuatro, lo que probablemente significa que era el líder de ese grupo. **Felipe** es un nombre griego, que significa "amigo de los caballos". Así como el resto de los doce, Felipe era judío, pero su nombre judío no está registrado. Ya que tenía un nombre griego, Felipe pudo haber venido de una familia de judíos helenísticos (cp. Hch. 6:1) que había adoptado la lengua griega y algunos aspectos de las costumbres y la cultura griega. Al igual que Andrés y Pedro (Jn. 1:44), Felipe era originario de Betsaida (Jn. 12:21). Como su nombre lo indica, Betsaida (designación que significa "casa de la pesca") era principalmente una aldea de pescadores, aunque fue Felipe el tetrarca, hijo de Herodes el Grande (Lc. 3:1), quien la engrandeció y embelleció. Al haberse criado en la misma aldea pequeña, Felipe, Pedro y Andrés sin duda se conocían muy bien. Igual que Pedro y Andrés, era posible que Felipe también fuera pescador (lo más probable es que fuera uno de los dos discípulos anónimos que fueron a pescar con Pedro en Jn. 21:2-3). Felipe no se menciona en los evangelios sinópticos excepto en las listas de los apóstoles; lo único que se conoce acerca de él viene de cuatro incidentes registrados en el Evangelio de Juan.

Felipe aparece primero en Juan 1:43. Al día siguiente de que llamara a Andrés, Juan y Pedro (vv. 35-42), "quiso Jesús ir a Galilea, y halló a Felipe, y le dijo: Sígueme" (v. 43). Al igual que los otros tres apóstoles, al parecer Felipe también había ido al Jordán para oír a Juan el Bautista. Pero mientras ellos habían buscado a Jesús en la dirección del Bautista, el Señor encontró a Felipe. Esta es la primera vez que Jesús inició contacto con uno a quien llamó a ser un apóstol. Por supuesto, esto no quiere decir que Jesús no hubiera elegido y llamado de manera soberana al resto de ellos, pues les dijo a los doce: "No me elegisteis vosotros a mí, sino que yo os elegí a vosotros" (Jn. 15:16; cp. 6:70). Los no regenerados, al estar "muertos en [sus] delitos y pecados" (Ef. 2:1), separados de Dios y enemistados con Él (Col. 1:21), ciegos (2 Co. 4:4) y cautivos de Satanás (2 Ti. 2:26), esclavizados al pecado (Jn. 8:34), e incapaces de entender la verdad espiritual (1 Co. 2:14), no pueden buscar a Dios por iniciativa propia. Por tanto, como Jesús declaró: "Ninguno puede venir a mí, si el Padre que me envió no le trajere; y yo le resucitaré en el día postrero" (Jn. 6:44), y "Ninguno puede venir a mí, si no le fuere dado del Padre" (v. 65). Que Dios estaba acercando a Felipe a buscar a Jesús es evidente por la reacción de Felipe: inmediatamente fue y le dijo a Natanael que había encontrado al Mesías (véase el estudio de Jn. 1:45 a continuación).

Tan audaz e impulsiva reacción deja claro que Dios estaba obrando en el corazón de Felipe. Que sin vacilar se comprometiera al instante con Cristo, sin ningún atisbo de duda o incredulidad, era algo totalmente ajeno al carácter de Felipe, como demuestra su papel en la alimentación de los cinco mil. Al ver la enorme multitud, que habría incluido a miles de mujeres y niños además de los cinco mil hombres (Mt. 14:21), "Jesús... dijo a Felipe: ¿De dónde compraremos pan para que coman éstos?" (Jn. 6:5). El hecho de que el Señor le hiciera a Felipe esa pregunta sugiere que él pudo haber sido el administrador apostólico, el encargado de logísticas tales como como organizar comidas y alojamiento. Desde luego, Jesús no estaba tratando de elaborar un plan, "porque él sabía lo que había de hacer" (v. 6). En lugar de eso, "esto decía para probarle [a Felipe]", a fin de revelarle la debilidad de su fe. Fiel a su estilo, el hombre respondió en incredulidad. De la típica forma de los obsesionados con los números, Felipe, previendo la dificultad de hallar comida para una multitud tan grande, al parecer había estado calculando mentalmente su tamaño. Para cuando el Señor le habló, él ya había procesado los datos y concluyó que la situación era desesperada; he aquí su respuesta: "Doscientos denarios [aproximadamente ocho meses de salario para un trabajador común] de pan no bastarían para que cada uno de ellos tomase un poco" (v. 7). Demasiado atosigado con la aritmética como para ser intrépido, Felipe falló en una de las pruebas clave del liderazgo. En lugar de tener un sentido de lo posible, tuvo un sentido de lo imposible. Su enfoque en hechos y cifras le ahogó la fe. Andrés, por otra parte, le llevó a Jesús un muchacho que tenía un pequeño almuerzo, y su fe fue honrada cuando Cristo usó milagrosamente ese escaso recurso para alimentar a la multitud (véase el análisis de este incidente en el cap. 33 de esta obra).

Un incidente registrado en Juan 12 proporciona otro ejemplo de la personalidad analítica y excesivamente cautelosa de Felipe. El versículo 20 presenta a "ciertos griegos entre los que habían subido a adorar en la fiesta". Se trataba de gentiles temerosos de Dios (cp. Hch. 10:22; 17:4, 17), y tal vez incluso convertidos hechos y derechos al judaísmo, que habían llegado a Jerusalén para la Pascua. Después de la entrada triunfal intentaron tener una audiencia con Jesús. Por qué se acercaron a Felipe (v. 21) no está claro, pero la nota de Juan de que Felipe "era de Betsaida de Galilea" sugiere que esa pudo haber sido la razón. Betsaida estaba cerca de la región gentil conocida como Decápolis (Mt. 4:25; Mr. 5:20; 7:31), y estos hombres pudieron haber sido de esa comarca. Además, ya que él era galileo, era probable que Felipe hablara griego.

La sencilla petición que ellos le hicieran a Felipe: "Señor, quisiéramos ver a Jesús" (v. 21) lo agarró totalmente desprevenido. Él era la persona "según las reglas", y no había precedentes para presentar gentiles a Jesús; esto no estaba en el manual. Es más, dos de las declaraciones anteriores de Jesús argumentaban en contra, al menos en la mente de Felipe. Cuando Él envió a los doce a predicar el evangelio, Jesús les había instruido: "Por camino de gentiles no vayáis, y en ciudad de samaritanos no entréis, sino id antes a las ovejas perdidas de la casa de Israel" (Mt. 10:5-6). Y Felipe también había oído al Señor decir a una mujer cananea: "No soy enviado sino a las ovejas perdidas de la casa de Israel" (Mt. 15:24). Eso era suficiente para hacerlo dudar de llevar a estos gentiles a Jesús.

Pero en su estrecho enfoque con relación a métodos y procedimientos, Felipe no entendió. Las declaraciones del Señor no pretendían prohibir que los gentiles llegaran a Él, sino que simplemente resaltaban que la prioridad de su ministerio era Israel (cp. Ro. 1:16). Felipe olvidó que Jesús también había dicho que "al que a mí viene, no le echo fuera" (Jn. 6:37) y "tengo otras ovejas [gentiles], que no son de este redil [Israel]; aquéllas también debo traer, y oirán mi voz; y habrá un rebaño, y un pastor" (Jn. 10:16). Además, Él había elogiado la gran fe de la mujer cananea (Mt. 15:21-28).

Inseguro de cómo proceder, "Felipe fue y se lo dijo a Andrés" (v. 22). A diferencia de Felipe, Andrés no tenía duda en cuanto a cómo manejar la situación. Si las personas querían llegar a Jesús, él iba a llevárselas (véase el análisis de Andrés en el cap. 33 de esta obra). La reacción de Andrés fue rápida y decisiva; él "y Felipe se lo dijeron a Jesús" (v. 22).

El último destello de Felipe en el Nuevo Testamento (el Felipe en Hechos es el evangelista, no el apóstol) se halla en el aposento alto la noche de la traición y del arresto de Cristo. El Señor acababa de hacer la monumental afirmación: "Yo soy el camino, y la verdad, y la vida; nadie viene al Padre, sino por mí" (Jn. 14:6). Solo Jesús es la fuente de salvación (cp. Hch. 4:12) y nadie irá al cielo a no ser que por fe lo acepte únicamente a Él como el Salvador. Jesús continuó esa afirmación con una declaración explícita de su absoluta deidad e igualdad con el Padre: "Si me conocieseis, también a mi Padre conoceríais; y desde ahora le conocéis, y le habéis visto" (v. 7). Conocer a Jesús es conocer al Padre (cp. Jn. 1:18), ya que las Personas de la Trinidad son una en su misma esencia. Al haber conocido a Jesús a través de los años de su ministerio terrenal, los discípulos en realidad también conocieron al Padre.

En este momento, Felipe hizo una de las más lamentables, insensatas e ignorantes declaraciones que cualquiera de los apóstoles pudo haber hecho jamás. Le dijo a Jesús: "Señor, muéstranos el Padre, y nos basta" (v. 8). Increíblemente Felipe, quien con tanto entusiasmo había aceptado a Cristo desde el principio, no comprendió lo básico. Falló en captar no solamente lo que Jesús acababa de decir, sino también toda la enseñanza que había oído y los milagros que había observado durante los años del ministerio de Cristo. El escepticismo, la falta de fe, y la incapacidad de Felipe para comprender el significado de lo que había visto y oído fueron desconsoladores.

Jesús reprendió a Felipe por esta desilusionadora declaración, exigiendo saber: "¿Tanto tiempo hace que estoy con vosotros, y no me has conocido, Felipe?". Entonces el Señor reiteró claramente la verdad que había enseñado a los apóstoles en el versículo 7: "El que me ha visto a mí, ha visto al Padre; ¿cómo, pues, dices tú: Muéstranos el Padre?" (v. 9). Luego reprendió a Felipe por no entender esa realidad, a pesar de lo que había visto y oído (v. 10), y lo retó a creer, a poner su fe en Jesús como el Mesías hasta sus últimas consecuencias (v. 11). La evidencia que Felipe había visto señalaba de forma concluyente hacia una conclusión ineludible: Jesús era Dios encarnado, uno en esencia con el Padre.

Existe poca información fiable acerca de la vida y ministerio posteriores de Felipe. Los primeros escritores cristianos tendieron a confundirlo con Felipe el evangelista (Hch. 6:5; 8:26-40; 21:8). Por ejemplo, el historiador de la iglesia del siglo IV Eusebio, escribió de un Felipe que vivió en la ciudad de Hierápolis en Asia Menor con sus hijas vírgenes. Pero no está claro si este fue el apóstol Felipe o el evangelista Felipe. Según el libro apócrifo *Los hechos de Felipe*, el apóstol Felipe predicó en Frigia, Grecia y Siria antes de ser martirizado en Hierápolis en Asia Menor. Sin embargo, *Los hechos de Felipe* no se consideran una fuente histórica fiable.

Quizás sea de esperar que fuera tan anónima la historia de una persona tan reservada, sin pretensiones, y bajo la sombra. Sin embargo, eso de ninguna manera disminuye la importancia de Felipe. Este hombre escéptico, analítico, pesimista, de capacidad limitada, débil de fe, y de entendimiento imperfecto fue no obstante una de las doce personas más importantes en la historia del mundo.

BARTOLOMÉ (NATANAEL)

Bartolomé, (6:14*f*)

El compañero de Felipe, **Bartolomé,** aparece con ese nombre en cada una de las cuatro listas de los doce en el Nuevo Testamento, pero el apóstol Juan lo llama Natanael. Ambos nombres se refieren al mismo individuo. Bartolomé significa "hijo de Tolmai" en hebreo; por tanto, su nombre completo era Natanael, hijo de Tolmai. En las listas de los evangelios sinópticos, su nombre sigue inmediatamente al de Felipe, lo que indica la estrecha relación entre los dos. Es más, fue Felipe quien presentó a Natanael al Salvador.

El Nuevo Testamento registra aún menos información acerca de Bartolomé que de Felipe. Su única aparición narrada, aparte de las listas de los apóstoles, está en el relato de Juan respecto a su llamado por parte de Cristo (Jn. 1:45-51). Ese encuentro revela tanto las fortalezas como las debilidades de la personalidad de Natanael.

Después que el Señor llamó a Felipe (v. 43), inmediatamente este "halló a Natanael, y le dijo: Hemos hallado a aquél de quien escribió Moisés en la ley, así como los profetas: a Jesús, el hijo de José, de Nazaret" (v. 45). El uso del pronombre plural "hemos" indica que Felipe ya se consideraba uno de los seguidores de Jesús. La descripción que hace de Él como aquel de quien Moisés y los profetas escribieron (es decir, el Mesías) muestra que Felipe sabía que Natanael era estudiante del Antiguo Testamento; un buscador de la verdad divina. Pudo haber sido que Felipe y Natanael hubieran pasado juntos muchas horas estudiando minuciosamente las Escrituras. Quizás habían llegado juntos al Jordán para oír a Juan el Bautista.

Pero la reacción de Natanael a la emocionada afirmación de su amigo reveló un aspecto diferente de su personalidad. Respondiendo con escepticismo, si no con absoluto desprecio, preguntó retóricamente: "¿De Nazaret puede salir algo de bueno?" (v. 46). Esta no fue una pregunta basada en la predicción del

Antiguo Testamento de que el Mesías nacería en Belén (Mi. 5:2); fue una expresión de prejuicio. Los galileos eran despreciados por los de Judea por toscos y poco sofisticados. Natanael mismo era galileo, de la aldea de Caná donde Jesús convirtió agua en vino (Jn. 21:2). El comentario de Natanael sugiere que Nazaret era despreciada incluso por otros galileos... difícilmente era el lugar del que alguien esperaría que proviniera el Mesías. Tan insignificante era Nazaret que ni siquiera se la menciona en el Antiguo Testamento, el Talmud o los escritos de Josefo. Para Natanael era inconcebible que el Mesías viniera de un pueblo tan desconocido.

Con frecuencia, el prejuicio ciega a las personas con relación a la verdad. En cierto sentido fue prejuicio lo que impidió a la nación de Israel aceptar a Jesús como el Mesías. La mayoría de israelitas tenían el mismo desprecio de Natanael por Nazaret, y rechazaron a Jesús sin pensarlo dos veces. Si se hubieran tomado tiempo para investigar, habrían descubierto que Él había nacido en Belén, exactamente donde el Antiguo Testamento predijo que nacería. El hecho de que la mayoría de personas en el círculo íntimo de Jesús fueran galileas, y de que Él mismo no se hubiera entrenado en las escuelas rabínicas (Jn. 7:15), tampoco permitió que Jesús se granjeara el aprecio de las autoridades religiosas elitistas. La reacción de Natanael revela que él no había escapado al prejuicio que se había extendido en la sociedad judía.

Sin inmutarse por el comentario cínico de Natanael, Felipe le lanzó un simple reto: "Ven y ve" (v. 46). Para su mérito, el corazón anhelante de Natanael venció a su prejuicio, y fue con Felipe a reunirse con Jesús. Para su total asombro, el Señor lo recibió con este saludo: "He aquí un verdadero israelita, en quien no hay engaño" (v. 47). Las palabras de Jesús fueron un poderoso elogio al carácter de Natanael. La identificación que le hiciera como "un verdadero israelita (*alēthōs*; 'auténtico', 'real', 'de verdad')" significa mucho más que el hecho de que Natanael fuera descendiente de Abraham. La sola descendencia abrahámica no hace a un verdadero judío. Según escribió el apóstol Pablo, "no todos los que descienden de Israel son israelitas" (Ro. 9:6), ya que "no es judío el que lo es exteriormente, ni es la circuncisión la que se hace exteriormente en la carne; sino que es judío el que lo es en lo interior, y la circuncisión es la del corazón, en espíritu, no en letra" (Ro. 2:28-29). Jesús identificó a Natanael como uno del remanente creyente, que adoraba al Dios verdadero y vivo. Simeón y Ana también fueron ejemplos de tales creyentes (Lc. 2:25-38).

Sorprendido de que este personaje a quien nunca había visto lo saludara de este modo, Natanael preguntó con incredulidad: "¿De dónde me conoces?" (v. 48). ¿Cómo podía Jesús saber qué había en el corazón de este hombre? La respuesta del Señor, que reveló su omnisciencia, sobresaltó a Natanael. Él contestó: "Antes que Felipe te llamara, cuando estabas debajo de la higuera, te vi". Sin embargo, hay más en la respuesta de Jesús que el simple conocimiento sobrenatural de la ubicación de Natanael; también conocía el estado del corazón de este hombre (cp. Jn. 2:24-25). Para escapar al ruido, y en ese clima caluroso al sofocante calor de sus casas, las personas a menudo buscaban la soledad a la sombra de una higuera. Allí era donde Natanael iba a estudiar, orar y pensar.

Que el Señor conociera el corazón de Natanael disipó todas sus dudas acerca de Él, y le hizo exclamar: "Rabí, tú eres el Hijo de Dios; tú eres el Rey de Israel" (v. 49). Natanael afirmó su creencia en la deidad de Cristo como el "Hijo de Dios" (cp. Sal. 2:12) y que Él era el Mesías, el "Rey de Israel" (cp. Zac. 9:9). Jesús a su vez afirmó la fe de Natanael, "y le dijo: ¿Porque te dije: Te vi debajo de la higuera, crees?" (v. 50). La respuesta del Señor probablemente se debe tomar como una declaración, no como una pregunta. Su conocimiento omnisciente del corazón de Natanael había convencido a este de la identidad de Jesús, pero mucho más seguiría a esto. Jesús le prometió: "Cosas mayores que estas verás... De aquí adelante veréis el cielo abierto, y a los ángeles de Dios que suben y descienden sobre el Hijo del Hombre" (v. 51). La referencia aquí es al sueño en que Jacob vio una escalera que descendía del cielo (Gn. 28:12). Jesús es en realidad lo que simbolizaba esa escalera, el vínculo entre el cielo y la tierra, y por tanto el reflejo de la verdad divina para la humanidad (cp. Jn. 1:14, 17; 3:13; 6:33; 1 Ti. 2:5).

Como en el caso de su compañero cercano Felipe, poco se sabe acerca de la vida y el ministerio de Natanael después de la resurrección y la ascensión de Cristo. Según algunos relatos, él ministró en la India. Otras tradiciones ubican su ministerio en Persia, Egipto, Armenia y Asia Menor. Tampoco hay acuerdo sobre cómo murió. Algunos relatos afirman que Natanael fue martirizado en Armenia, pero difieren en cuanto a la manera en que murió. Varios afirman que fue decapitado, otros más que fue desollado vivo y después crucificado (de ahí que algunas obras de arte lo describan sosteniendo su piel con las manos).

Lo que sí está claro es que Natanael permaneció fiel al Señor Jesucristo hasta el fin, como había sido desde el principio. Su vida y su ministerio son un testimonio de la capacidad de Dios para usar a individuos comunes e insignificantes para su gloria.

36 Hombres comunes, llamado poco común. Sexta parte: Mateo, Tomás, Jacobo hijo de Alfeo, Simón llamado Zelote, Judas hermano de Jacobo

Mateo, Tomás, Jacobo hijo de Alfeo, Simón llamado Zelote, Judas hermano de Jacobo, (6:15-16*a*)

Una verdad bíblica, al parecer paradójica, y que parece contradictoria con la sabiduría humana, es que Dios exalta a los humildes y humilla a los soberbios. Así lo declaró el salmista: "Dios es el juez; a éste humilla, y a aquél enaltece" (Sal. 75:7). Moisés fue tal vez el más respetado de los líderes de Israel. Sin embargo, según Números 12:3, "Moisés era muy manso, más que todos los hombres que había sobre la tierra". Salomón advirtió: "La soberbia del hombre le abate; pero al humilde de espíritu sustenta la honra" (Pr. 29:23; cp. v. 25). Ezequiel 17:24 expresó esa verdad en un lenguaje pintoresco: "Sabrán todos los árboles del campo que yo Jehová abatí el árbol sublime, levanté el árbol bajo, hice secar el árbol verde, e hice reverdecer el árbol seco. Yo Jehová lo he dicho, y lo haré" (cp. 21:26).

El Nuevo Testamento también revela la soberana humillación de los orgullosos y la exaltación de los humildes. En su Magníficat, María alabó a Dios porque "quitó de los tronos a los poderosos, y exaltó a los humildes" (Lc. 1:52). Tan importante es este principio que el Señor Jesucristo lo repitió en tres ocasiones diferentes (Mt. 23:12; Lc. 14:11; 18:14). Santiago exhortó a sus lectores: "Humillaos delante del Señor, y él os exaltará" (Stg. 4:10).

La elección que Jesús hizo de los doce fue coherente con el uso que Dios hace de personas humildes (cp. 1 Co. 1:26-29). Ninguno de ellos era miembro del personal religioso de Israel; Jesús no incluyó escribas, fariseos, saduceos ni sacerdotes. Tampoco los doce fueron tomados de la élite social, de los cultos, de los educados, ni de los teológicamente inteligentes. Tampoco fueron de Jerusalén, el centro de la cultura judía; a excepción del traidor Judas Iscariote, fueron de Galilea, cuyos habitantes eran despreciados por el resto del pueblo judío. Los evangelios describen a los doce como hombres sencillos, comunes y corrientes.

A pesar del hecho de que los apóstoles estaban facultados para hacer milagros, de ninguna manera fueron las estrellas de los relatos de los evangelios; en el mejor de los casos fueron personajes secundarios. No hay registro de los milagros que ellos hicieran (hasta el libro de Hechos) y existen muy pocos casos de alguna acción significativa por parte de cualquiera de ellos. Aunque Pedro hizo una profunda afirmación en que reconoció a Jesús como el Mesías y el Hijo de Dios (Mt. 16:16), después increpó descaradamente al Señor y fue a su vez reprendido severamente por Él (vv. 22-23). Una acción impresionante de parte de Pedro, caminar sobre el agua, se echó a perder al faltarle la fe (Mt. 14:28-31). Cuando los apóstoles aparecen en la narración, es por lo general para expresar su falta de fe (Mt. 8:26; 17:19-20), falta de entendimiento (Mt. 15:15-17; 16:5-12), o falta de humildad (Mr. 9:33-34; Lc. 9:46-48).

Pero, a pesar de sus deficiencias, los doce renunciaron voluntariamente a todo por seguir a Jesucristo (Mt. 19:27; Lc. 5:11), e hicieron una ruptura permanente con sus pasados. Eso los separó de muchos que siguieron de manera temporal a Jesús, como revela un examen a Juan 6. Una gran multitud fue atraída a Jesús porque Él sanaba enfermos (v. 2) y porque los alimentaba (vv. 5-14). Al día siguiente muchos cruzaron el Mar de Galilea en busca de Jesús (vv. 22-25). Como el Señor les conocía sus corazones (cp. v. 64), los reprendió por seguirlo con motivos inapropiados (vv. 26-27). Luego les enseñó verdades profundas acerca de sí mismo que muchos no estaban preparados para aceptar (vv. 28-65), y "desde entonces muchos de sus discípulos volvieron atrás, y ya no andaban con él" (v. 66). Volviéndose a los doce, Jesús les preguntó: "¿Queréis acaso iros también vosotros?" (v. 67). Hablando por todos ellos, "le respondió Simón Pedro: Señor, ¿a quién iremos? Tú tienes palabras de vida eterna. Y nosotros hemos creído y conocemos que tú eres el Cristo, el Hijo del Dios viviente" (vv. 68-69). A diferencia de las caprichosas multitudes, los doce (con excepción de Judas; vv. 70-71) estaban convencidos de que Jesús era tanto el Mesías como el Hijo de Dios.

MATEO

Mateo, (6:15*a*)

La introducción que Lucas hace de **Mateo** marca el punto medio tanto en el segundo grupo de cuatro apóstoles (Felipe, Bartolomé, Mateo y Tomás) como en la lista de los doce. Aunque fue el autor de uno de los cuatro evangelios, poco se revela en el Nuevo Testamento acerca de él. Mateo mismo en su propio evangelio (9:9-10) y Lucas (5:27-29) describen brevemente el llamado de Mateo por parte del Señor, y la recepción para pecadores que ofreció después. Esos dos incidentes caracterizan las únicas apariciones de Mateo en los evangelios, aparte de las listas de los apóstoles. El silencio de Mateo en cuanto a sí mismo en su evangelio en particular lo revela como alguien humilde, modesto y que estaba contento con permanecer en el anonimato.

Al igual que varios más de los apóstoles, él tuvo dos nombres: Mateo (Mt. 9:9) y Leví (Lc. 5:27). Era por profesión recaudador de impuestos, lo que hace más extraordinaria su elección como apóstol. Los recaudadores de impuestos eran marginados despreciados de la sociedad judía. Eran traidores que, de manera oportunista, colaboraban con los romanos para su propio beneficio económico. Los recaudadores compraban franquicias de tributos a los romanos, y todo lo que recaudaban más allá de lo que se les requería (cp. Lc. 3:12-13) iba a parar a sus propios bolsillos. Practicaban el robo, la extorsión, la explotación y hasta la usura, al prestar dinero a exorbitantes intereses a aquellos que no podían pagarles los impuestos. Los recaudadores también empleaban a matones para intimidar físicamente a las personas a que pagaran todo aquello que les exigieran, y golpeaban a quienes se negaban.

Todo eso enfurecía al pueblo judío, que creía que Dios era el único a quien deberían pagar impuestos. La gente despreciaba a los recaudadores, clasificándolos como impíos, y les prohibían entrar a las sinagogas. Ya que los judíos consideraban a los recaudadores de impuestos como mentirosos habituales, no se les permitía dar testimonio en un tribunal judío. Los recaudadores llegaron a simbolizar la ejemplificación del mal (cp. Mt. 18:17; 21:31; Lc. 5:30; 7:34; 18:11).

Había dos tipos de recaudadores, los *gabbai*, que recaudaban los impuestos generales sobre la tierra, el sufragio y la renta; y los *mokhes*, que recaudaban impuestos más específicos sobre el transporte de mercancias, cartas, productos alimenticios, uso de caminos, cruce de puentes, y casi todo lo demás en que los codiciosos traidores pudieran pensar (cp. Alfred Edersheim, *The Life and Times of Jesus the Messiah* [Grand Rapids: Eerdmans, 1974], 1:515-18). A su vez había dos clases de *mokhes*, los grandes y los pequeños. Los *mokhes* principales en realidad no recaudaban impuestos sino que contrataban a otros que hacían esto por ellos. Los *mokhes* pequeños eran empleados por un *mokhes* principal para que recaudara realmente los impuestos. Puesto que los pequeños *mokhes* eran los que interactuaban con las personas de manera regular, eran los más castigados por la ira y el odio. Mateo era uno de tales pequeños *mokhes* (Lc. 5:27), uno de los hombres más despreciados y vilipendiados en Capernaúm.

Sin embargo, cuando Jesús lo llamó, Mateo, sin dudar, "dejándolo todo, se levantó y le siguió" (Lc. 5:28). A diferencia de algunos de los otros apóstoles que habían sido pescadores (cp. Jn. 21:1-3), Mateo no podía volver a su profesión. El *mokhes* principal para el que había trabajado lo habría reemplazado al instante. ¿Por qué Mateo estuvo dispuesto a alejarse de su lucrativo negocio y seguir a

Jesús, sin saber qué le depararía el futuro? A pesar de ser un marginado del judaísmo, Mateo sin embargo estaba muy familiarizado con el Antiguo Testamento. Eso es evidente por sus extensas citas del Antiguo Testamento, más que cualquier otro escritor de los evangelios. Mateo creía en el Dios verdadero, y entendía las Escrituras. Al igual que la mayoría de sus compatriotas, estaba esperando que el Mesías llegara. Al parecer, por medio de su interacción con aquellos de quienes recaudaba impuestos, había oído hablar de las obras milagrosas de Jesús y de su poderosa predicación. El corazón de Mateo estaba listo cuando el Señor lo llamó, y su fe fue suficientemente fuerte para dejarlo todo y obedecer a ese llamado.

La autenticidad del arrepentimiento y la fe de Mateo se reveló en el banquete que ofreció en su casa después que Jesús lo llamara (Mt. 9:10; Lc. 5:29; con característica humildad, Mateo no mencionó que la recepción fuera en su propia casa). El hombre invitó a sus compañeros recaudadores y a otros pecadores relacionados: la gentuza de la sociedad judía.

Después de esta recepción, Mateo desaparece del registro del evangelio. Tampoco se sabe nada con certeza de su vida y ministerio después de Pentecostés. La mayoría de relatos coinciden en que predicó el evangelio a judíos antes de ministrar a los gentiles, posiblemente en la región del Mar Caspio, o en Persia, Macedonia o Siria. Tampoco las tradiciones concuerdan en el lugar o la forma de su muerte. Según algunos relatos, fue quemado en la hoguera, mientras otros afirman que fue decapitado o apedreado a muerte. Pero, en todo caso, este hombre que abandonó libremente una carrera lucrativa aunque inmoral para seguir al Señor Jesucristo, nunca miró atrás. Mateo se entregó voluntariamente del todo a Jesús hasta el final.

TOMÁS

Tomás, (6:15*b*)

La escéptica respuesta a la afirmación de los otros apóstoles de haber visto al Señor Jesucristo resucitado, "si no viere en sus manos la señal de los clavos, y metiere mi dedo en el lugar de los clavos, y metiere mi mano en su costado, no creeré" (Jn. 20:25), le ha hecho ganar a **Tomás** el sobrenombre de "Tomás el incrédulo". Es más, esa frase ha etiquetado a la persona que habitualmente es incrédula y escéptica. Aunque es justo afirmar que Tomás tendía a ser un individuo negativo, también era un hombre demasiado bueno para una valoración tan unidimensional de su carácter.

Según Juan 11:16, 20:24, y 21:2, a Tomás también se le llamó Dídimo, que significa "gemelo". Sin embargo, sea que en realidad tuviera una hermana o un hermano gemelo, esto no se registra en la Biblia. Su nombre aparece en los evangelios sinópticos solamente en las listas de los apóstoles. Pero, igual que con Felipe y Bartolomé (Natanael), el apóstol Juan complementa algunos aspectos del carácter de Tomás.

El primer incidente en que este apóstol aparece se narra en Juan 11. Después de la afirmación inequívoca de Jesús acerca de su deidad y su igualdad con el Padre (10:30), los enfurecidos líderes judíos intentaron matarlo (vv. 31, 39). Puesto que su tiempo aún no había llegado (cp. Jn. 7:30; 8:20), Jesús "se fue de nuevo al otro lado del Jordán, al lugar donde primero había estado bautizando Juan; y se quedó allí" (Jn. 10:40), junto con los doce.

Mientras estaban en aquel lugar, Jesús recibió la noticia de que su amigo Lázaro, el hermano de María y Marta, estaba gravemente enfermo. Incluso pudo haber muerto en el tiempo en que el mensajero enviado llegara hasta donde Jesús y los discípulos. Cuando recibió el mensaje, Jesús declaro: "Esta enfermedad no es para muerte, sino para la gloria de Dios, para que el Hijo de Dios sea glorificado por ella" (11:4). Él no quiso decir que Lázaro no iba a morir, sino que esa muerte no sería el resultado final de su enfermedad. Los apóstoles, que supusieron que por consiguiente Lázaro se iba a recuperar, quedaron sin duda aliviados al oír las palabras de Jesús. El hecho de que el Señor permaneciera en el lugar en que se hallaba durante dos días más (11:6) debió asegurarles aún más que Lázaro se recuperaría.

Pero entonces el Señor les lanzó una bomba: "Luego, después de esto, dijo a los discípulos: Vamos a Judea otra vez" (v. 7). Sorprendidos y horrorizados, los discípulos protestaron incrédulamente: "Rabí, ahora procuraban los judíos apedrearte, ¿y otra vez vas allá?" (v. 8). Ellos razonaron: ¿Por qué dejar un ministerio fructífero (10:41-42) y viajar a Betania en la vecindad de Jerusalén (el pueblo estaba a solo cinco kilómetros de Jerusalén [Jn. 11:18]) donde se arriesgaban a ser arrestados y ejecutados? Jesús contestó (vv. 9-10) que Él y ellos estaban perfectamente a salvo durante la duración divinamente determinada del ministerio terrenal de Jesús (véase la exposición de esos versículos en *Comentario MacArthur del Nuevo Testamento: Juan* [Grand Rapids: Portavoz, 2011], pp. 435-36).

Entonces el Señor les explicó por qué debían regresar a Betania: "Nuestro amigo Lázaro duerme; mas voy para despertarle" (v. 11). Aún sin haber captado la situación, le "dijeron entonces sus discípulos: Señor, si duerme, sanará" (v. 12). Ya que al parecer Lázaro se hallaba en vías de recuperación, no parecía haber una razón lógica para arriesgar todo volviendo a Judea. Finalmente, Jesús les dijo claramente: "Lázaro ha muerto; y me alegro por vosotros, de no haber estado allí, para que creáis; mas vamos a él" (vv. 14-15). Al fin, los discípulos comprendieron lo que había ocurrido de veras y entendieron que era inútil tratar de disuadir a Jesús de volver a Judea. No obstante, ellos seguían reticentes y temerosos de ir.

Fue entonces cuando Tomás tomó la iniciativa. Reuniendo a sus compañeros discípulos les manifestó: "Vamos también nosotros, para que muramos con él"

(v. 16). Su audaz declaración fue hecha más que todo por pesimismo, pues él esperaba que tanto ellos como Jesús fueran asesinados. No obstante, su amor y su devoción eran tan fuertes que prefirió morir antes que enfrentar la vida sin el Señor.

Ese aspecto de la naturaleza de Tomás se reforzó en su siguiente aparición en el Evangelio de Juan. En el aposento alto la noche antes de su muerte, Jesús les dijo a los apóstoles que Él se iba a la casa del Padre a prepararles un lugar, y que regresaría para llevarlos allá (Jn. 14:1-3). Puesto que ya les había dicho a los discípulos que iba a regresar al Padre (p. ej., Jn. 7:33; 13:1, 3), Jesús esperaba que ellos supieran a dónde estaba yendo (v. 4). Consternado ante la idea de la ida del Señor, Tomás exclamó: "Señor, no sabemos a dónde vas; ¿cómo, pues, podemos saber el camino?" (v. 5). Su declaración refleja tanto su intenso amor por Cristo como su pesimismo extremo.

A estas alturas, los discípulos habían comprendido que Jesús iba a morir, pero no tenían conocimiento de primera mano de lo que ocurría después de la muerte. Además, Jesús acababa de decirles que en ese momento no podían ir a donde Él iba (Jn. 13:33, 36). La quejumbrosa pregunta de Tomás reflejó la confusión y la desesperanza que todos ellos sentían. Si no sabían a dónde iba a ir el Señor, ¿cómo lo seguirían allí? La idea de perder a Jesús fue insoportable para Tomás, y se vio envuelto en desconsolada desesperación.

Para cuando Tomás vuelve a aparecer en la narración de Juan, su peor temor se había cristalizado: Jesús había muerto y Tomás no. Cuando el Señor se apareció a los discípulos por primera vez después de resucitar de los muertos, Tomás no estaba allí (Jn. 20:24). Dónde estaba no se dice, pero quizás, devastado por la muerte del Señor a quien amaba en gran manera, prefirió estar a solas con su tristeza y desesperanza. En todo caso, cuando él regresó, los otros diez apóstoles lo recibieron emocionados con la noticia de que Jesús había resucitado de los muertos y se les había aparecido.

Fue entonces que Tomás pronunció la declaración por la que es famoso: "Si no viere en sus manos la señal de los clavos, y metiere mi dedo en el lugar de los clavos, y metiere mi mano en su costado, no creeré" (v. 25). Tomás no estaba dispuesto a hacerse ilusiones de nuevo, solo para que se volvieran a desvanecer. Aunque su escepticismo le hizo ganar el sobrenombre de "el incrédulo Tomás", a los demás apóstoles no les había ido mejor. Ellos también se habían burlado de los informes iniciales de la resurrección de Cristo (Lc. 24:10-11), y solo creyeron después que Él se les apareciera (Jn. 20:20).

Ocho días más tarde, Jesús se volvió a aparecer a los apóstoles. Esta vez el dolor de Tomás se había aplacado lo suficiente para estar con sus compañeros. El Señor inmediatamente le confrontó la falta de fe, y le ordenó: "Pon aquí tu dedo, y mira mis manos; y acerca tu mano, y métela en mi costado; y no seas incrédulo, sino creyente" (Jn. 20:27). La simple pero profunda respuesta de Tomás, "¡Señor mío, y Dios mío!" (v. 28), es tal vez la más grandiosa declaración alguna vez hecha por alguno de los apóstoles, igualada solo por la confesión de Pedro: "Tú eres el Cristo, el Hijo del Dios viviente" (Mt. 16:16). La melancolía y el pesimismo de Tomás se desvanecieron en la gloriosa luz del Salvador resucitado, y el hombre fue transformado en un poderoso evangelista. Hay una firme tradición de los primeros siglos de la iglesia en cuanto a que Tomás llevó el evangelio a la India, donde fue martirizado. Algunos relatos afirman que fue traspasado con una lanza, una adecuada forma de martirio para aquel cuyas dudas desaparecieron para siempre cuando vio la marca de la lanza en el costado del Salvador.

JACOBO EL HIJO DE ALFEO

Jacobo hijo de Alfeo, (6:15*c*)

A pesar del supremo privilegio de ser uno de los doce hombres elegidos por el Señor Jesucristo para que fueran sus representantes personales, prácticamente no se sabe nada en cuanto a **Jacobo.** Lo único que el Nuevo Testamento revela acerca de él es que el nombre de su padre era **Alfeo,** que el nombre de su madre era María (Mt. 27:56; Mr. 15:40), y que tenía un hermano llamado José (Mt. 27:56; Mr. 15:40). Ya que el padre de Mateo también se llamaba Alfeo (Mr. 2:14), es posible que los dos fueran hermanos.

Marcos 15:40 se refiere a Jacobo por su sobrenombre "Jacobo el menor". *Mikros* ("menor") significa "pequeño". El sobrenombre podría significar que Jacobo fuera pequeño en estatura. También podría querer decir que era joven en edad. Sin embargo, lo más probable es que se refiera a su relativa falta de importancia e influencia en comparación con el más famoso Jacobo, el hermano de Juan y miembro del círculo íntimo de los doce.

No se sabe dónde ministró Jacobo después de Pentecostés. Pudo haber predicado el evangelio en Persia o Egipto, o en ambas partes. Según algunas tradiciones, fue martirizado por crucifixión en Egipto. La única característica que distingue a este humilde siervo es el anonimato. No buscó reconocimiento, no demostró grandes habilidades de liderazgo, no hizo preguntas críticas, ni demostró perspectivas inusitadas. Solo permanece su nombre, y la honra que se le debe como uno de los apóstoles del Señor Jesucristo. Hay un registro mucho más grande de su vida y su ministerio en el cielo.

SIMÓN EL ZELOTE

Simón llamado Zelote, (6:15*d*)

Mateo (10:4) y Marcos (3:18) se refieren a **Simón** usando la palabra aramea *cananista.* Ese término no es una referencia geográfica ya sea a la tierra de

Canaán o a la aldea de Caná, sino que viene de una raíz que significa "celoso" o "apasionado" (de ahí que la RVR-60 lo traduzca **Zelote** en esos versículos). Lucas usó la correspondiente palabra griega *Zēlōtēs*, que también significa fanático. Ambos términos caracterizan a Simón como miembro de la facción radical judía conocida como los zelotes.

Los zelotes eran uno de los cuatro grupos principales en Israel del siglo I, junto con los fariseos, saduceos y esenios. Ellos eran apasionados devotos de la ley de Dios, y se oponían violentamente a cualquier intrusión en ella por parte de paganos, tales como los romanos. Eran políticos radicales, los terroristas y asesinos de su época, perfectamente dispuestos a matar a los romanos y sus colaboradores judíos. Al hacer eso creían estar haciendo la obra de Dios. Josefo, el historiador judío del siglo I, escribió con relación al fanatismo de los zelotes:

> Además de estas tres sectas, el galileo Judas introdujo una cuarta. Sus seguidores imitan a los fariseos, pero aman de tal manera la libertad que la defienden violentamente, considerando que solo Dios es su gobernante y señor. No les importa que se produzcan muchas muertes o suplicios de parientes y amigos, con tal de no admitir a ningún hombre como amo. Puesto que se trata de hechos que muchos han comprobado, he considerado conveniente no agregar nada más sobre su inquebrantable firmeza frente a la adversidad; no temo que mis explicaciones sean puestas en duda, sino que al contrario temo que mis expresiones den una idea demasiado débil de su gran resistencia y su menosprecio del dolor. (*Antigüedades*, 18.1.6)

Aunque precursores del movimiento de los zelotes se pueden hallar en la época macabea del período intertestamentario, el movimiento en sí empezó poco después de la muerte de Herodes el Grande. Los zelotes, bajo Judas (cp. Hch. 5:37), se levantaron en rebelión contra el censo conducido por Quirinio (el segundo, realizado en el 6 d.C., no el primero, una década antes que llevó a María y José a Belén). Los zelotes también jugaron un papel importante en la revuelta judía contra Roma (66-73 d.C.). Después de la caída de Jerusalén en el 70 d.C., una banda de zelotes huyó a la fortaleza de Masada. Allí resistieron hasta el 73 d.C., cuando se suicidaron en masa en lugar de rendirse ante los romanos.

Como zelote, Simón era un hombre devoto a la ley de Dios, ferozmente patriota, apasionado y valiente. Odiaba a los romanos y desesperadamente los quería fuera de Israel. Él era la antítesis de Mateo, cuya colaboración con los romanos lo había enriquecido. Si ambos no hubieran sido seguidores del Señor Jesucristo, Simón no habría querido tener algo que ver con Mateo, y hasta podría haberlo asesinado. Igual que Judas Iscariote, Simón estaba esperando a un Mesías que expulsaría a los romanos. Pero, a diferencia de Judas, quien traicionó a Jesús cuando vio que ese no era el plan de Jesús, Simón aceptó al Señor como Salvador, Señor y Dios encarnado.

Como muchos de los apóstoles, el ministerio posterior de Simón está rodeado de misterio y leyenda. Según algunas tradiciones, predicó el evangelio en Persia y Armenia, otros ubican su ministerio en Oriente Medio y África, mientras que algunos incluso creen que él estuvo ministrando en Gran Bretaña. Tampoco hay acuerdo sobre la manera o el lugar de su muerte, la que algunos afirman que fue por crucifixión, otros en cambio creen que fue aserrado en dos. Simón el zelote, que de buena gana habría enfrentado la muerte debido a su apasionado compromiso con la ley de Dios, sufrió al final por causa de su amor por Jesús, el cumplimiento de la ley (Mt. 5:17; Lc. 24:44).

JUDAS EL HERMANO DE JACOBO

Judas hermano de Jacobo, (6:16*a*)

Aunque varios de los apóstoles tuvieron dos nombres, este **Judas** pudo haber tenido tres. Lucas ofreció su nombre formal, **Judas hermano de Jacobo,** mientras que Mateo lo llamó Lebeo, con el sobrenombre de Tadeo (Mt. 10:3). Casi todas las versiones castellanas simplemente le dan el nombre de Tadeo. Tanto Tadeo como Lebeo son sobrenombres; Tadeo literalmente quiere decir "niño de pecho", mientras que Lebeo significa "hijo del corazón". Ambos nombres se podrían traducir por el término contemporáneo "niño de mamá". Tales sobrenombres podrían indicar que Judas era el hijo menor en su familia.

Al igual que los demás apóstoles en este último grupo, poco se conoce acerca de Judas. Aparte de las listas de los apóstoles, él solo hizo una aparición en el Nuevo Testamento. La escena fue en el aposento alto la noche en que el Señor fue traicionado, durante su discurso de despedida a los apóstoles. En Juan 14:21, Jesús les dijo que se revelaría a aquellos cuya obediencia probara la autenticidad de su amor por Él.

Los discípulos quedaron desconcertados por tal declaración. Ellos esperaban que Jesús estableciera su reino terrenal, una creencia a la que se aferraron incluso después de la muerte y resurrección de Jesús (Hch. 1:6). Después de todo Jesús era el Salvador del mundo (Jn. 4:42), el legítimo heredero de todas las cosas (He. 1:2), y el Rey de reyes y Señor de señores (Ap. 19:16). Las buenas nuevas de perdón y salvación por medio de su muerte y resurrección se debían predicar hasta los confines de la tierra (Mt. 28:19-20).

Judas hizo la pregunta que sin duda estaba en las mentes del resto de apóstoles: "Señor, ¿cómo es que te manifestarás a nosotros, y no al mundo?" (Jn. 14:22). La respuesta del Señor enfatizó que su reino no era externo y político (aunque un día reinará sobre su reino terrenal y milenial), sino uno espiritual en los corazones de aquellos que lo aman y obedecen: "El que me ama, mi palabra guardará; y mi Padre le amará, y vendremos a él, y haremos morada con él" (v. 23).

Judas pasó el resto de su vida extendiendo el reino mediante la predicación de la verdad del evangelio. Según la tradición, este apóstol pudo haber predicado en lugares tales como Samaria, Siria, Mesopotamia y Libia. De acuerdo con algunos relatos, Judas, el dulce y compasivo "niño de mamá", sufrió martirio con el feroz y apasionado antiguo Simón el zelote.

Hombres comunes, llamado poco común. Séptima parte: Judas Iscariote

37

y Judas Iscariote, que llegó a ser el traidor. (6:16*b*)

Pocas personas son más despreciadas que un **traidor,** un individuo que defrauda la causa y la confianza de amigos, de grupos o de la nación. Tales actos atroces han resultado históricamente en el castigo más grave... a menudo la pena de muerte.

Ha habido muchos traidores notables a lo largo de la historia. En el mundo antiguo, el general ateniense Alcibíades reveló los planes de Atenas a la ciudad enemiga, Esparta. En consecuencia, los atenienses fueron derrotados en batalla por los espartanos durante la Guerra del Peloponeso. El soldado y notable historiador ateniense Jenofonte también se convirtió en traidor y peleó para Esparta contra su ciudad natal. Según se indicó en el capítulo 33 de esta obra, el rey Leónidas de Esparta y sus fuerzas superadas enormemente en número contuvieron repetidos asaltos de las abrumadoramente superiores fuerzas persas en las Termópilas. No fue sino hasta que un traidor mostró a los persas una manera de flanquear las fuerzas griegas y atacarlas por la retaguardia, que Leónidas y sus valientes hombres fueron derrotados.

Durante la Guerra de la Independencia de los Estados Unidos, Simon Girty, un desertor del ejército continental, llevó a los estadounidenses nativos en incursiones contra los colonos. Girty era muy temido por su brutalidad, hasta tal punto que se le conoció como el "Gran Renegado". Pero el traidor más infame de esa guerra (y en realidad de toda la historia estadounidense) fue Benedict Arnold. Furioso al no habérsele tenido en cuenta para un ascenso, y en busca de dinero para sustentar su extravagante estilo de vida, Arnold se ofreció para entregar a los británicos la importante fortaleza en West Point. Cuando el complot de Arnold se descubrió, este desertó a los británicos y peleó contra sus propios compatriotas.

El general francés Henri Pétain había sido un héroe nacional en la Primera Guerra Mundial. Pero, después que Francia fuera derrotada por los alemanes en la Segunda Guerra Mundial, él se convirtió en jefe del gobierno de Vichy, que colaboraba con los nazis. Vidkun Quisling, cuyo nombre ha llegado a ser sinónimo de "traidor", encabezó el régimen títere establecido por los nazis en Noruega. El inglés traidor William Joyce ("Lord Haw Haw"), y los traidores estadounidenses Iva Ikuko Toguri D'Aquino ("Rosa de Tokio") y Mildred Elizabeth Gillars ("Axis Sally") hicieron transmisiones de propaganda para los japoneses y los nazis respectivamente.

La Biblia también registra a numerosos traidores, entre ellos Absalón, quien trató de usurpar el trono de su padre David (2 S. 15:10-13); Ahitofel, consejero de David que se unió a la rebelión de Absalón (2 S. 15:31); Seba, quien dirigió una revuelta de las tribus del norte poco después que la rebelión de Absalón fuera derrotada (2 S. 20:1-2); Jeroboam, cuya revuelta contra Salomón dio como resultado que la nación se dividiera en dos reinos, Israel y Judá (1 R. 11:26ss); Baasa, que asesinó a Nadab el hijo de Jeroboam y se apoderó de su trono (1 R. 15:25-28); Zimri, que mató a Ela el hijo de Baasa y le tomó su lugar (1 R. 16:8-20); Atalía, reina única de Israel, que agarró el poder después de la muerte de su hijo, el rey Ocozías (2 R. 11:1-16); los siervos de Joás, que conspiraron contra él y lo mataron (2 R. 12:20-21). Los conspiradores no identificados que asesinaron al rey Amasías (2 R. 14:18-20). Salum, cuya conspiración terminó con el breve reinado del rey Zacarías (2 R. 15:8-10). Menahem, que asesinó y reemplazó a Salum (2 R. 15:14). Peka, que derrocó y asesinó a Pekaía hijo de Menahem (2 R. 15:23-25). Oseas, que mató a Peka y se convirtió en el último monarca del reino del norte (2 R. 15:30). Los siervos de Amón, que conspiraron contra él y lo asesinaron (2 R. 21:23); y los oficiales persas Bigtán y Teres, cuyo complot contra el rey Asuero fue descubierto por Mardoqueo (Est. 2:21-23). Sin embargo, el traidor más notable de todos los tiempos fue Judas Iscariote. Judas tuvo el incomparable privilegio de ser uno de los doce seguidores íntimos del Señor Jesucristo durante su ministerio terrenal. Pero, de manera inconcebible, después de más de tres años de vivir siempre con el incomparablemente perfecto Hijo de Dios, observando los milagros que realizó, y oyendo su enseñanza sin igual, Judas lo traicionó a muerte al venderlo a sus enemigos. La tenebrosa y trágica historia de Judas lo revela como el hombre más profundamente malvado en toda la historia humana. Esto ilustra gráficamente las profundidades del mal que el corazón humano es capaz de albergar, incluso en la mejor de las circunstancias.

A causa de esta traición atroz, la iglesia primitiva detestó y despreció universalmente a Judas. Su nombre aparece el último en todas las listas de apóstoles en el Nuevo Testamento, a excepción de aquella en Hechos 1 donde no aparece en absoluto, pues Judas ya se había suicidado. Además, cada vez que los escritores de los evangelios mencionan a Judas siempre lo identifican como el traidor que vendió a Jesús (Mt. 10:4; 26:25, 48; 27:3; Mr. 3:19; 14:44; Jn. 6:71; 12:4; 18:2), igual que Lucas hace aquí.

La historia de Judas también demuestra que Satanás usa personas para cumplir sus propósitos perversos. Impulsó a David a hacer en Israel un censo que desagradó a Dios y dio lugar al castigo de su pueblo (1 Cr. 21:1-7). Satanás también usó falsos profetas poseídos por demonios para engañar al rey Acab de Israel (1 R. 22:19-23). Incluso usó a Pedro para tentar a Jesús a que evitara la cruz (Mt. 16:22-23). El futuro anticristo será el "inicuo cuyo advenimiento es por obra de Satanás" (2 Ts. 2:9). Con total complicidad de parte del discípulo apóstata, Satanás entró en Judas para manipularlo (Jn. 13:2).

El melodrama que fue la vida de Judas se puede analizar bajo cuatro títulos: el nombre, el llamado, la desilusión y la traición.

EL NOMBRE

Judas era un nombre judío común (el Nuevo Testamento registra al menos ocho individuos con ese nombre), y no tenía connotación maligna antes de la traición que Judas Iscariote le hiciera al Señor. Es la traducción griega del nombre hebreo "Judá" ("alabado"). Su padre fue Simón **Iscariote** (Jn. 6:71; 13:2, 26); es muy probable que su apellido fuera traducción griega de una frase hebrea que significa "hombre de Queriot". El Antiguo Testamento enumera dos aldeas llamadas Queriot, una en Moab (Jer. 48:24, 41 [NBLH; LBLA]; Am. 2:2), y otra en el extremo sur de Judá, a unos veinticinco kilómetros al sur de Hebrón (Jos. 15:25). Judas Iscariote casi con seguridad era de la última aldea, lo que lo convierte en el único de los doce que no era galileo. Aunque no hay evidencia de que los otros once lo relegaran, Judas se pudo haber visto como un forastero, lo que pudo haberle ayudado a justificar su aislamiento y traición. El hecho de que los otros once supieran poco de los antecedentes de Judas ayuda a explicar cómo se las arregló para convertirse en el tesorero del grupo (Jn. 13:29), cargo que aprovechó para malversar dinero (Jn. 12:6).

En apariencia, Judas no era distinto del resto de los apóstoles. No parecía malvado. La perversidad que finalmente se manifestaría en su traición al Salvador yacía oculta en los tenebrosos recovecos de su corazón. Por tanto, la misma noche en que Judas lo traicionó, Jesús dijo a los discípulos: "De cierto, de cierto os digo, que uno de vosotros me va a entregar" (Jn. 13:21), nadie apuntó hacia Judas con dedo acusador. Al contrario, "los discípulos se miraban unos a otros, dudando de quién hablaba" (v. 22). Solo Jesús conocía el malvado corazón de Judas desde el principio (Jn. 6:64, 70).

EL LLAMADO

La Biblia no registra cuándo y dónde Judas encontró por primera vez a Jesús. Pudo haber sido entre quienes fueron al desierto de Judea para oír a Juan el

Bautista (Mt. 3:1-5), o pudo haber conocido al Señor al inicio de su ministerio cuando "vino Jesús con sus discípulos a la tierra de Judea, y estuvo allí con ellos, y bautizaba" (Jn. 3:22). Las Escrituras tampoco registran cuándo el Señor llamó por primera vez a Judas a que lo siguiera. Junto con los otros once, él fue elegido para ser un apóstol (Lc. 6:12-13). En ese momento (si no lo había hecho ya), Judas dejó su antigua ocupación y se convirtió en seguidor de Cristo a tiempo completo. Incluso se quedó con Él cuando muchos otros falsos discípulos lo abandonaron (Jn. 6:66-71). Pero aunque Judas era hábil como hipócrita, pareciendo por fuera leal a Jesús, nunca confió en Él como Mesías y Señor. El hombre era tosco hasta la médula, e indiferente hacia los asuntos divinos y espirituales.

Es probable que Judas fuera joven (quizás de poco más de veinte años), celoso y patriota. Al igual que la mayoría de sus compatriotas, él odiaba la ocupación romana de Israel, y ansiaba que el Mesías (a quien imaginaba en términos políticos y militares) expulsara a los romanos y restaurara la soberanía de Israel. En ese sentido no era distinto del resto de los apóstoles, quienes también esperaban que Jesús estableciera un reino terrenal (Hch. 1:6). Pero, a diferencia de Judas, ellos creían también que Jesús era el Hijo de Dios (Mt. 16:16), y que solo Él era la fuente de vida eterna (Jn. 6:68).

Fue precisamente esa dimensión espiritual la que estuvo ausente en Judas. Este individuo vio el poder milagroso de Cristo y, con mucho fervor, esperó que lo usara para liberarse del yugo romano y establecer su reino. Sin embargo, los motivos de Judas no eran simplemente patrióticos; también estaba impulsado por la codicia y la ambición personal. Él esperaba cosechar los beneficios (poder, prestigio y riqueza) que serían suyos en el reino como miembro del círculo íntimo de Cristo. Fue el materialismo, no las realidades espirituales, lo que alimentó la ambición de Judas.

Debe quedar claro que, aunque Jesús eligió a Judas, este decidió seguirlo por su propia voluntad. No se le obligó a convertirse en apóstol, ni se le obligó en contra de su voluntad a traicionar a Jesús. La tensión bíblica entre soberanía divina y responsabilidad humana es evidente en el llamado de Judas, igual que con el resto de los doce. Ellos decidieron dejarlo todo y seguir a Jesús (Mt. 19:27), pero Él los eligió primero (Jn. 15:16).

Que el Señor Jesucristo sería traicionado y moriría por los pecados del mundo estaba predestinado en el consejo eterno de Dios. Siglos antes de que sucediera, el Antiguo Testamento profetizó el papel de Judas en la traición a Jesús. Salmos 41:9 declara: "Aun el hombre de mi paz, en quien yo confiaba, el que de mi pan comía, alzó contra mí el calcañar". Jesús dijo a los apóstoles en el aposento alto que esa profecía se iba a cumplir en su propia traición (Jn. 13:18). Salmos 55:12-14 también se refiere a la traición de Judas:

Porque no me afrentó un enemigo, lo cual habría soportado; ni se alzó contra mí el que me aborrecía, porque me hubiera ocultado de él; sino tú, hombre, al parecer íntimo mío, mi guía, y mi familiar; que juntos comunicábamos dulcemente los secretos, y andábamos en amistad en la casa de Dios.

Zacarías 11:12-13 predijo la cantidad exacta que Judas recibiría por traicionar a Jesús:

Y les dije: Si os parece bien, dadme mi salario; y si no, dejadlo. Y pesaron por mi salario treinta piezas de plata. Y me dijo Jehová: Échalo al tesoro; ¡hermoso precio con que me han apreciado! Y tomé las treinta piezas de plata, y las eché en la casa de Jehová al tesoro.

El Evangelio de Mateo cita ese pasaje como una profecía de la traición de Judas a Cristo (27:9-10). Por tanto, mucho antes de que Judas naciera estaba profetizada su traición y diseñada en el plan eterno de Dios. Jesús sabía exactamente desde el principio la clase de individuo que Judas era. Pero lo eligió para que se cumpliera el plan divino revelado en las profecías del Antiguo Testamento.

Sin embargo, por otra parte Judas eligió libremente hacer lo que hizo, y fue totalmente responsable de sus acciones. Que su traición estuviera predeterminada de ninguna manera contradice la verdad de que actuó por voluntad propia. Jesús afirmó ambas realidades cuando expresó en Lucas 22:22: "A la verdad el Hijo del Hombre va, según lo que está determinado [soberanía de Dios]; pero ¡ay de aquel hombre por quien es entregado [responsabilidad de Judas]!". En su sermón el Día de Pentecostés, Pedro expresó la tensión entre el plan de Dios y la decisión humana en lo relacionado con la muerte de Cristo: "A éste [Jesús], entregado por el determinado consejo y anticipado conocimiento de Dios, prendisteis y matasteis por manos de inicuos, crucificándole" (Hch. 2:23). Así como ocurrió con los demás que participaron en la muerte de Cristo, el Dios soberano, "que hace todas las cosas según el designio de su voluntad" (Ef. 1:11), usó los malvados planes del perverso corazón de Judas para lograr el beneficio de la redención (cp. Gn. 50:20).

Judas tuvo todas las oportunidades de volverse de su pecado. Muchas de las enseñanzas de Cristo se aplicaban directamente a él, tales como las parábolas del mayordomo infiel (Lc. 16:1-13) y del vestido de boda (Mt. 22:11-14), y la advertencia de Jesús contra el amor al dinero (Mt. 6:19-34), la avaricia (Lc. 12:13-21), y el orgullo (Mt. 23:1-12). Judas estuvo presente cuando el Señor les dijo a los doce: "¿No os he escogido yo a vosotros los doce, y uno de vosotros es diablo?" (Jn. 6:70). Solo horas antes de su traición, Judas oyó a Jesús declarar que no todos los discípulos estaban espiritualmente limpios (Jn. 13:18). Pero todo eso dejó impasible a Judas. Él decidió endurecer su corazón y no quiso arrepentirse, y se fue a ese infierno eterno a donde pertenecía. Hechos 1:25 lo llama "su propio lugar". Hay un aleccionador paralelo con esta combinación de decreto divino y voluntad humana en Isaías 10:5ss, donde Dios profetiza que usará a Asiria como su vara de juicio sobre Israel, aunque Asiria no tiene ninguna intención de servir a Jehová. Cuando Asiria haya tenido decretado ese juicio, Él se volverá contra ella por el mismo orgullo que motivó su ataque a Israel.

LA DESILUSIÓN

El entusiasmo inicial de Judas por haber sido elegido como uno de los doce seguidores más íntimos de Cristo no duró mucho tiempo. Al principio, como se indicó antes, todos los doce tenían en común la creencia y la esperanza judía de que el Mesías iba a ser un libertador político y militar. Los otros once apóstoles finalmente supieron que Jesús no había venido como el León de la tribu de Judá (Ap. 5:5), sino como el siervo sufriente de Isaías 53. Pero a medida que eso se hacía evidente, Judas se desilusionaba más; su desilusión se convirtió en odio; y ese odio motivó la traición. El Evangelio de Juan relata la espiral descendente de Judas hacia el desastre final.

Juan 12 empieza con Jesús y los doce en Betania el día de reposo antes de la Pascua (v. 1). Mientras estaban en una cena en casa de Simón el leproso (Mt. 26:6), "María [la hermana de Marta] tomó una libra de perfume de nardo puro, de mucho precio, y ungió los pies de Jesús, y los enjugó con sus cabellos; y la casa se llenó del olor del perfume" (v. 3). Este fue un acto extravagante de amor ilimitado por parte de María, ya que el perfume era sumamente costoso, y esto debió haber sorprendido a los presentes.

Totalmente iracundo por lo que consideró un colosal despilfarro, Judas exigió saber: "¿Por qué no fue este perfume vendido por trescientos denarios [salario de un año para un trabajador promedio], y dado a los pobres?" (v. 5). Pero las preocupaciones filantrópicas de Judas solo eran una máscara para su codicia. Juan explicó: "Dijo esto, no porque se cuidara de los pobres, sino porque era ladrón, y teniendo la bolsa, sustraía de lo que se echaba en ella" (v. 6). Ver que tan grande cantidad de dinero se le fue de las garras después de años de esperanza frustrada enfureció a Judas, y la emprendió contra María. Tan convincente resultó la piadosa demostración de preocupación por los necesitados, que otros de los presentes se hicieron eco de la protesta del hombre (Mt. 26:8-9; Mr. 14:4-5). Pero el Señor salió en defensa de María, pues ordenó a Judas: "Déjala [este verbo está en segunda persona del singular], para el día de mi sepultura ha guardado esto" (v. 7). En el versículo 8 el Señor les recordó a todos (los verbos y pronombres en este versículo están en plural) que si ellos querían ayudar a los pobres no les faltaría oportunidad, ya que les dijo: "A los pobres siempre los tendréis con vosotros, mas a mí no siempre me tendréis". Sin embargo, María había decidido guardar el perfume para esta ocasión especial en lugar de venderlo y dar los ingresos a los pobres.

Judas estaba ahora en una encrucijada. Su avaricia y codicia habían sido desenmascaradas por Jesús, y humildemente pudo haberse arrepentido, confesado su pecado, y buscar perdón. Pero el orgullo, la codicia y la desilusión que controlaban su corazón ganaron. Desesperado por salvar algo económicamente por los años perdidos que había pasado siguiendo a Jesús, "Judas Iscariote, uno de los doce, fue a los principales sacerdotes para entregárselo. Ellos, al oírlo, se alegraron, y prometieron darle dinero. Y Judas buscaba oportunidad para entregarle" (Mr. 14:10-11).

Esa "oportunidad" llegó el siguiente jueves por la noche. Jesús y los doce estaban reunidos en el aposento alto para tener juntos su última comida de Pascua. Después de dar a los discípulos un notable ejemplo de humildad al lavarles los pies, el Señor les afirmó que por la fe en Él habían sido espiritualmente limpios, excepto el que lo traicionaría (Jn. 13:10-11, 18). La profecía de Salmos 41:9 se cumplió esa misma noche. Jesús les confesó con solemnidad: "De cierto, de cierto os digo, que uno de vosotros me va a entregar" (v. 21). Espantados, "los discípulos se miraban unos a otros, dudando de quién hablaba" (v. 22). Según se indicó antes, Judas, el hipócrita consumado, había engañado de manera tan absoluta a los otros apóstoles que ninguno sospechó de él. Jesús señaló a Judas como el traidor mojando el bocado (un pedazo de pan sin levadura) en la mezcla común de hierbas amargas, agua, sal, dátiles machacados, higos y uvas pasas, y dándoselo a él (v. 26). Recibir el pan mojado de parte del anfitrión era un honor especial; por tanto, el Señor mostró bondad y compasión hacia Judas hasta el final.

Sin embargo, Judas rechazó este último gesto amoroso de Jesús, igual que había hecho durante los tres años anteriores. Con este último rechazo, el día de la salvación se cerró para él (cp. 2 Co. 6:2) y la misericordia divina se desvaneció y fue reemplazada con juicio divino. En esencia Judas fue entregado a Satanás (cp. 1 Ti. 1:20), quien entró en él (v. 27). Tras haber cruzado de manera irrevocable la línea y de haber sellado su condenación eterna, Judas fue despedido por el Señor para que llevara a cabo su malvado plan (v. 27).

LA TRAICIÓN

Después de salir del aposento alto, Judas evidentemente fue directo al concilio para poner en marcha sus malévolos planes. Les informó de la ruptura final e irreparable entre él mismo y Jesús. Más importante aún, les dijo que Jesús iba a estar más tarde esa misma noche en Getsemaní (cp. Lc. 22:39; Jn. 18:2), un lugar apartado donde podían echarle mano sin temor de provocar un disturbio (cp. Mt. 26:3-5; Lc. 22:6).

Judas no traicionó a Jesús en un momento de pasión; no pudo haber alegado locura transitoria. No se revela cuánto tiempo había tramado en su malvado corazón traicionar al Salvador. Pero había hecho su pacto con los líderes judíos casi una semana antes y, desde entonces, había estado buscando una oportunidad para entregárselo en sus manos (Lc. 22:6). La malvada acción de Judas fue totalmente premeditada.

A continuación Judas aparece en el relato de Juan a la cabeza del gran contingente de soldados y oficiales romanos que llegaron a Getsemaní para arrestar a Jesús. El Señor no intentó esconderse ni escapar, ni esperó que Judas le diera un trato especial. Completamente con el control de la situación, fue a encontrarse con el grupo que lo iba a apresar, y con calma les preguntó a quién estaban buscando (Jn. 18:4). Después que contestaran: "A Jesús nazareno" (v. 5), Jesús se identificó usando el nombre divino "Yo soy" (cp. Éx. 3:14). En respuesta, todo el destacamento, incluso Judas, cayó a tierra (vv. 5-6). Es increíble que, a pesar de tan asombrosa demostración de poder divino de parte de Cristo, Judas prosiguiera con su diabólico plan. Valiéndose de la señal convenida (Mt. 26:48), el traidor descaradamente "se acercó a Jesús y dijo: ¡Salve, Maestro! Y le besó" (v. 49). Entregar al Hijo del hombre con un beso de afecto fue el último acto de artera hipocresía de Judas; este fue un cínico intento de fingir inocencia y ocultar su traición. Judas usó el símbolo de amor, respeto y homenaje para tratar de encubrir la maldad en su corazón. Profanó la Pascua, Getsemaní —donde Jesús había derramado su corazón ante el Padre y había sido ministrado por un ángel (Lc. 22:41-44)—, y, por encima de todo, al Hijo de Dios sin pecado.

El monumental pecado de traicionar a Jesús produjo insoportable culpa. La conciencia de Judas al instante cobró vida y comenzó a atormentarlo. El hombre estaba abrumado con remordimiento (pero no verdadero arrepentimiento). En un desesperado pero incrédulo e inútil intento de obtener alivio para su atormentada conciencia trató de devolver a los líderes judíos la miserable cantidad (treinta monedas de plata; el precio de un esclavo [Éx. 21:32]) que había recibido de ellos (Mt. 27:3). Judas había sido una útil herramienta para ellos, pero ahora que, tenían a Jesús bajo custodia, el traidor no era de ninguna utilidad para las autoridades judías. Con desprecio lo despidieron, contestando con crueldad al lastimero lamento del infeliz: "Yo he pecado entregando sangre inocente" con estas palabras: "¿Qué nos importa a nosotros? ¡Allá tú!" (v. 4).

Este fue el acabose para Judas. Después de lanzar las treinta monedas de plata al interior del santuario del templo salió y se ahorcó (v. 5). En un final apropiado para la trágica historia de su vida, ni siquiera pudo hacer eso con éxito. O el nudo se deshizo, o la cuerda o la rama de la que se ató se rompió, y Judas se lanzó a la muerte en un forma sangrienta (Hch. 1:18). Hechos 1:25 relata el escalofriante epitafio de la vida de Judas, observando que ese hijo de perdición (Jn. 17:12) fue a su propio lugar: el infierno (Hch. 1:25). En ese sitio de indecible tormento su conciencia cargada de culpa se negará a ser acallada por toda la eternidad. En realidad, según Jesús declaró respecto a Judas, "bueno le fuera a ese hombre no haber nacido" (Mr. 14:21).

Varias lecciones convincentes se pueden extraer de la vida de Judas:

Primera, él es el más grande ejemplo en la historia de oportunidad perdida y privilegio desperdiciado. El hombre oyó a Jesús enseñar día tras día, y personalmente interactuó con Él. Vio de primera mano los milagros que Cristo realizó, que probaban que Él era Dios en carne humana. Pero Judas rechazó la invitación de Cristo de intercambiar la carga opresora del pecado por el yugo fácil de sumisión a Él (Mt. 11:28-30).

Segunda, Judas es la ilustración más importante del peligro de amar el dinero (1 Ti. 6:10). Las riquezas le importaron más que la salvación de su alma (cp. Mr. 8:36).

Tercera, Judas ejemplifica la vileza y el peligro de la traición espiritual. En toda época ha habido Judas que profesan seguir a Cristo pero que se vuelven contra Él. La vida de Judas también es un aleccionador recordatorio de la necesidad de un examen de conciencia (2 Co. 13:5).

Cuarta, Judas fue prueba viva de la paciencia, misericordia y bondad de Cristo. Aunque el hombre llegó junto con el destacamento de soldados para arrestarlo, Jesús aún se dirigió cortésmente a él como "amigo" (Mt. 26:50).

Quinta, el ejemplo de Judas es un aleccionador recordatorio de que el diablo siempre estará obrando en medio del pueblo de Dios. Jesús ilustró esa verdad en la parábola del trigo y la cizaña (Mt. 13:24-30, 36-43).

Sexta, Judas demuestra lo letal de la hipocresía. Él fue una rama sin fruto, cortada y lanzada al fuego eterno del infierno (Jn. 15:6).

Por último, Judas demostró que no hay nada que los hombres pecadores puedan hacer para frustrar la soberana voluntad de Dios. De la aparente tragedia de la cruz resultó el triunfo de la redención; la aparente victoria de Satanás fue en realidad su derrota definitiva (He. 2:14; 1 Jn. 3:8; cp. Gn. 3:15). Dios usó la traición de Judas para su propia gloria (cp. Gn. 50:20).

Cuando Judas vendió a Jesús a sus enemigos, en realidad estaba vendiendo su propia alma al diablo. En palabras del poeta Hester H. Cholmondeley del siglo XIX:

> Aún como antaño
> los hombres en sí precio tienen…
> Por treinta piezas vendió Judas
> no tanto a Cristo, sino a sí mismo.

Popularidad y poder de Jesús

38

Y descendió con ellos, y se detuvo en un lugar llano, en compañía de sus discípulos y de una gran multitud de gente de toda Judea, de Jerusalén y de la costa de Tiro y de Sidón, que había venido para oírle, y para ser sanados de sus enfermedades; y los que habían sido atormentados de espíritus inmundos eran sanados. Y toda la gente procuraba tocarle, porque poder salía de él y sanaba a todos. (6:17-19)

La Biblia es una joya invaluable con muchas facetas. Es la ley del Señor, la cual es perfecta; el testimonio del Señor, el cual es fiel; los preceptos del Señor, que son rectos; los mandamientos del Señor, que son puros; y los juicios del Señor, que son verdaderos. La Palabra de Dios restaura el alma, otorga sabiduría, produce gozo, es la fuente de verdad espiritual, instruye en adoración, y advierte contra el pecado (Sal. 19:7-11).

La multifacética verdad divina de la Biblia refleja un tema unificador: el plan de redención. Dios ha decidido para su propia gloria elegir y redimir a un pueblo para que sea el objeto de su amor, súbditos de su reino eterno, y adoradores eternos que le ofrezcan perfecta alabanza, honra y servicio por siempre. La Biblia detalla ese plan de redención desde sus inicios en la eternidad pasada hasta su consumación en la eternidad futura. Desde la predestinación, a través de la santificación, y hasta la glorificación, la Biblia es la historia de la manifestación exterior del bondadoso plan divino para la salvación.

A medida que tal propósito salvador se desarrolla a través de la historia redentora, varios temas recurrentes se revelan a lo largo tanto del Antiguo Testamento como del Nuevo.

Ante todo, la Biblia es la autorrevelación de Dios acerca de su carácter y sus obras. Él es el soberano, creador y gobernador del universo, que decidió crear a la especie humana para revelarse a la humanidad. El Antiguo Testamento registra que Dios se reveló por medio del universo creado (Sal. 19:1; especialmente del hombre, que fue creado a imagen de Dios [Gn. 1:26-27; cp. Sal. 139:13-14]), de la obra de ángeles (He. 2:2), de señales y maravillas sobrenaturales (Dt. 6:22;

Neh. 9:10), y de visiones (Gn. 15:1; 46:2; Is. 1:1; Ez. 1:1; Os. 12:10), así como a través de los profetas (2 R. 17:13; Jer. 7:25; Dn. 9:6; cp. He. 1:1).

En el Nuevo Testamento, Dios también habló por medio de ángeles (Mt. 1:20; 28:5; Lc. 1:11-20, 26-38; 2:9-12; Hch. 5:19-20; 8:26; 10:3-7; 27:23-24; Ap. 1:1), de señales, maravillas y milagros (He. 2:3-4), de visiones (Hch. 9:10-16; 18:9; 26:12-19), de las palabras de apóstoles (Hch. 2:42; Ef. 3:4-5) y de profetas (Hch. 11:27-28; 21:10-11). Pero, soberanamente, Dios ha hablado por medio de su Hijo, el Señor Jesucristo (He. 1:2).

La Biblia revela, en segundo lugar, que Dios juzga el pecado y la desobediencia. Solo cuatro de los 1.189 capítulos de la Biblia (los dos primeros que se llevan a cabo antes de la caída [Gn. 1, 2] y los dos últimos, que se realizan después de la creación de un cielo nuevo y una tierra nueva [Ap. 21, 22]) no ocurren en el contexto de un mundo caído y con la maldición del pecado. Las desastrosas consecuencias del pecado comenzaron con la expulsión de Adán y Eva del huerto del Edén después de la caída, y continuaron a través del asesinato de Abel a manos de Caín, hasta la maldad universal de la humanidad que produjo el diluvio mundial de la época de Noé, los siniestros días de los jueces, y la rebelión e idolatría del pueblo de Dios que dio como resultado la destrucción y deportación primero de Israel, y después de Judá.

El Nuevo Testamento también continúa la saga del pecado y sus trágicas consecuencias. La predicación de Juan el Bautista, el Señor Jesucristo y los apóstoles ofreció un llamado al arrepentimiento (Mt. 4:17; Mr. 6:12; Lc. 5:32; 13:1-5; 24:47; Hch. 2:38; 3:19; 5:31; 17:30; 20:21; 26:20; 2 P. 3:9). Sin embargo, el pueblo judío y los gentiles rechazaron el llamado y asesinaron a los mensajeros. Su desobediencia fue incluso más flagrante que la del Antiguo Testamento, porque se cometió a la luz más clara de la verdad del Nuevo Testamento.

Una tercera característica de la Biblia es la bendición divina para la fe y la obediencia. Aquellos que reconocen su incapacidad de guardar la santa ley de Dios, que reconocen sus pecados y se arrepienten de ellos, y que le piden perdón a Dios por medio de la obra de Cristo, basados únicamente en la gracia y misericordia divinas, reciben redención y bendición, tanto para el tiempo como para la eternidad. Los héroes de la fe en el Antiguo Testamento, desde Abel a través de los patriarcas, hasta el remanente creyente de Israel, e incluso gentiles (tales como aquellos en Nínive que se arrepintieron bajo la predicación de Jonás), fueron los receptores de la gracia, la misericordia y el perdón de Dios porque se arrepintieron del pecado y confiaron en el Dios que ofrece misericordia y gracia a quienes se vuelven a Él en fe. El Nuevo Testamento proclama el evangelio salvador del Señor Jesucristo, que es "poder de Dios para salvación a todo aquel que cree; al judío primeramente, y también al griego" (Ro. 1:16).

Por encima de todas esas maravillosas realidades está la gloria central tanto del Antiguo Testamento como del Nuevo: el Señor Jesucristo. Él es aquel de quien "dan testimonio todos los profetas, que todos los que en él creyeren, recibirán perdón de pecados por su nombre" (Hch. 10:43). Por eso "el testimonio de Jesús es el espíritu de la profecía" (Ap. 19:10), y, así como el Señor declaró, las Escrituras dan testimonio acerca de Él (Jn. 5:39; cp. Lc. 24:27, 44).

En el Antiguo Testamento, Jesús es la simiente prometida de la mujer, que iría a aplastar la cabeza de Satanás (Gn. 3:15); el verdadero sacrificio por el pecado al que los sacrificios del Antiguo Testamento señalaron (He. 9:11-28); el último Cordero de Pascua a quien todos los demás anunciaron (1 Co. 5:7; cp. Éx. 12:3-11); el arca de seguridad, un refugio de las tormentas de juicio para todos los que son de Él (1 P. 3:20-21; cp. Gn. 7:13-24); el León de la tribu de Judá (Ap. 5:5), que destruirá a sus enemigos (Sal. 2:8-9) y reinará para siempre (Lc. 1:31-33); el gran hijo de David, quien se sentará en su trono (Lc. 1:32), y sin embargo el Señor de David (Lc. 20:41-44). Su gobierno abarcará tanto un reino terrenal milenial como un reino eterno de justicia y salvación, y aceptará a Israel (Is. 65:17-19; Sof. 3:11-20), así como al resto de la humanidad (cp. Dn. 7:14, 27; Zac. 14:16-21).

En el Nuevo Testamento, los evangelios relatan el nacimiento virginal de Jesús, su vida perfectamente justa, su muerte expiatoria, su resurrección corporal y su ascensión a la diestra del Padre. Hechos registra la extensión de las buenas nuevas de salvación en Cristo y su impacto en el mundo. Las epístolas del Nuevo Testamento explican el significado y la importancia de la vida, la muerte y la resurrección del Salvador. Apocalipsis, la consumación de la historia, describe el regreso de Cristo para juzgar a los impíos, recompensar a los justos, gobernar la tierra durante mil años, y luego crear el eterno cielo nuevo y la eterna tierra nueva.

De conformidad con la centralidad del Señor Jesucristo en la Biblia, Lucas presenta de manera cuidadosa y sistemática la historia de la vida y el ministerio del Señor, proporcionando irrefutable prueba de que Él es el Hijo de Dios, el Señor, el Mesías y el Salvador. Hasta aquí ha presentado los testimonios de ángeles (1:11-17, 26-33; 2:9-14), de Zacarías (1:76-79), de Elisabet (1:41-45), de María (1:46-55), de los pastores (2:15-20), de Simeón (2:25-35), de Ana (2:36-38), de Jesús mismo a los doce años de edad (2:49), del Padre y el Espíritu en el bautismo de Jesús (3:21-22), de Juan el Bautista, el último y más grande de los profetas del Antiguo Testamento (3:15-17), la genealogía de Jesús (3:23-38), el cumplimiento de la profecía del Antiguo Testamento relacionada con Él (4:16-21), el carácter singular y divino de su predicación certificada (4:32), su poder sobre Satanás (4:1-13), los demonios (4:33-36, 41), la enfermedad (4:38-40; 5:12-15, 17-25; 6:10), y el mundo natural (5:4-9), su autoridad para perdonar el pecado (5:20-25), y su divina soberanía sobre el día de reposo, el núcleo del sistema de obras de Israel (6:1-11). El inspirado relato de Lucas presenta evidencias de que Jesús fue realmente Dios en carne humana: el Mesías y Señor.

A veces, en su cuidadoso relato de la vida y el ministerio del Señor, la acción es congelada por Lucas en una toma instantánea. Este pasaje es el cuarto de tales resúmenes hasta aquí en su evangelio (junto con 4:14-15, 31-32, 40-41), y proporciona una extraordinaria recapitulación del ministerio del Señor hasta este momento. Así como al video se le pone en pausa de manera temporal, la toma instantánea resultante revela dos aspectos importantes del ministerio de Cristo: su popularidad y su poder.

LA POPULARIDAD DE JESÚS

Y descendió con ellos, y se detuvo en un lugar llano, en compañía de sus discípulos y de una gran multitud de gente de toda Judea, de Jerusalén y de la costa de Tiro y de Sidón, (6:17*a*)

En este punto de su ministerio, Jesús se había vuelto enormemente popular, mucho más de lo que alguien más en Israel había sido jamás. Enormes multitudes lo seguían adondequiera que iba (cp. 4:42; 5:15); una multitud posterior ascendería a cinco mil hombres (9:14). Junto con las mujeres y los niños, tal vez ascendió a más de veinte mil personas presentes en esa ocasión. Mateo y Marcos relatan otra multitud de similar tamaño (Mt. 15:38; Mr. 8:9), mientras Lucas describe otro incidente en que se juntaba "por millares la multitud, tanto que unos a otros se atropellaban" (12:1).

Lucas ordena a las personas presentes en esta ocasión en tres grupos. Primero estaban los recién nombrados doce apóstoles. Después de pasar la noche en oración eligiéndolos (6:12-16), Jesús **descendió con ellos,** los doce, **y se detuvo en un lugar llano.** Como analizaremos en el capítulo 39 de esta obra, el sermón que Jesús estaba a punto de predicar en los versículos 20 al 49 es la versión condensada de Lucas acerca del Sermón del Monte (cp. Mt. 5—7). El **lugar llano** por tanto no era un valle, sino más bien una meseta al lado de la montaña mencionada en Mateo 5:1. Algunos identifican la ubicación con una meseta cerca de Capernaúm. Jesús, como solían hacer los rabinos, habitualmente se sentaba cuando enseñaba (4:20; 5:3; Mt. 5:1; 13:2; Jn. 8:2); Él **se detuvo** esta vez porque aún no estaba enseñando, sino que estaba curando a los enfermos y echando fuera demonios (v. 18).

El segundo grupo lo constituían los **discípulos** del Señor. Los apóstoles eran los mensajeros elegidos por el Señor para predicar el evangelio. Estaban comenzando su entrenamiento formal como la primera generación de proclamadores del evangelio. Los **discípulos,** por otra parte, eran una variedad de personas que seguían con regularidad a Jesús. Se hallaban en varios niveles de comprensión y compromiso, pero todos consideraban a Jesús como su maestro. Algunos, como el tiempo lo demostraría, eran verdaderos seguidores; la mayoría al parecer no lo era y finalmente lo abandonarían (cp. Jn. 6:66). Un patrón constante de obediencia a la palabra de Cristo (Jn. 8:31) distingue al trigo (verdaderos discípulos) de la cizaña (falsos discípulos), según indica la parábola del Señor (Mt. 13:24-30). En su omnisciencia divina, Jesús sabía quiénes eran los verdaderos discípulos y quiénes no lo eran (Jn. 2:23-25; 6:64). Los verdaderos eran pocos (cp. Mt. 7:14).

El último grupo lo conformaban los curiosos siempre presentes, a quienes Lucas describe como **una gran multitud de gente.** En ocasiones Lucas usó *laos* (**gente**) para referirse al pueblo de Dios (p. ej., 1:68, 77; 2:32). Pero más a menudo el término se refiere a aquellos que eran curiosos, pero que no se comprometían (p. ej., 7:1, 29; 8:47; 9:13; 18:43; 19:48; 20:1; 21:38; 23:35). Lucas los diferenció de los discípulos de Jesús, que al menos tenían un compromiso nominal de seguirlo. La gran multitud venía **de toda Judea** (usado aquí en un sentido no técnico para referirse a todo Israel, no solo a la región del sur), que incluía **Jerusalén,** el centro religioso y cultural de la nación. Algunos de aquellos de Jerusalén eran miembros del sistema religioso que espiaban a Jesús (cp. 5:17).

Además de los de Israel, este último grupo también incluía personas **de la costa de Tiro y de Sidón.** Esas dos ciudades eran las más importantes de Fenicia (cp. Jer. 47:4; Jl. 3:4; Mt. 11:21-22; Hch. 12:20), la región norte y oeste de Galilea en el mar Mediterráneo, Líbano en la actualidad. Fenicia era una comarca predominantemente gentil, pero algunos judíos también vivían allí. **Tiro y Sidón** habían sido importantes puertos marítimos en los tiempos del Antiguo Testamento, hasta que fueron destruidos por el devastador juicio profetizado en Ezequiel 26—28. Su despreciable inmoralidad distinguió a las dos ciudades como emblemáticas de la religión pagana. El llamado de Jesús no tenía fronteras; tanto paganos como personas comunes y religiosamente cultas eran atraídas a Él. Y más adelante el Señor haría una visita a la región de Tiro y Sidón (Mr. 7:24-31).

EL PODER DE JESÚS

que había venido para oírle, y para ser sanados de sus enfermedades; y los que habían sido atormentados de espíritus inmundos eran sanados. Y toda la gente procuraba tocarle, porque poder salía de él y sanaba a todos. (6:17*b*-19)

La popularidad de Jesús en gran parte era consecuencia de su poder, exhibido en tres dimensiones.

En el ámbito mental, el poder de Jesús halló su expresión en su enseñanza sin precedentes, **que** la multitud **había venido para oírle.** Al final del sermón que estaba a punto de predicar, "la gente se admiraba de su doctrina; porque les enseñaba como quien tiene autoridad, y no como los escribas" (Mt. 7:28-29).

Cuando los sumos sacerdotes y los fariseos exigieron saber por qué los oficiales que habían enviado a arrestar a Jesús (Jn. 7:32) habían vuelto con las manos vacías, ellos contestaron: "¡Jamás hombre alguno ha hablado como este hombre!" (v. 46).

La enseñanza sin igual, que traía las buenas nuevas de salvación, vida eterna, esperanza, paz y gozo a las mentes de sus oyentes, fue el aspecto destacado del ministerio del Señor. Milagros corroboraban la afirmación de Él de ser el Hijo de Dios y verificaban que enseñaba la verdad, pero no podían salvar a nadie (cp. Jn. 12:37). Adondequiera que el Señor iba predicaba las buenas nuevas de que Dios perdonaría a aquellos espiritualmente indigentes, ciegos, oprimidos y cautivos de las garras del pecado (cp. Lc. 4:18), si se arrepentían (Mt. 4:17). La agilidad mental, claridad, fuerza y profundidad de Jesús no tenían paralelo, y la salvación llegaba a quienes oían su mensaje y aceptaban la verdad.

Las palabras de Jesús siguen siendo igualmente fidedignas hoy día. Según Pablo le escribió a Timoteo: "Si alguno enseña otra cosa, y no se conforma a las sanas palabras de nuestro Señor Jesucristo, y a la doctrina que es conforme a la piedad, está envanecido, nada sabe, y delira acerca de cuestiones y contiendas de palabras" (1 Ti. 6:3-4). Los pastores y maestros simplemente transmiten las verdades que Él enseñó.

Jesús también demostró poder sobre el reino físico; Él no solo tenía poder sobre la mente, sino también sobre el cuerpo. A fin de verificar que hablaba la verdad, y para mostrar la compasión que tenía, los que habían ido a oír a Jesús y que estaban enfermos eran **sanados de sus enfermedades** (cp. 4:38-39; 5:17-25; 6:6-10). A diferencia de los perversos y discriminatorios curanderos modernos, Jesús curaba a **toda la gente** que **procuraba tocarle, porque poder salía de él y sanaba a todos.** Además, sus sanidades eran milagros que requerían poder creativo; Él creó ojos y oídos que funcionaban a fin de dar vista a los ciegos y oído a los sordos; transmitió habilidad de hablar a los mudos; brindó funciones plenas a extremidades paralizadas, sanidad a condiciones incurables, tales como lepra; y resucitó muertos, todo lo cual requería poder creativo (Lc. 7:22).

Finalmente Lucas, al afirmar que **los que habían sido atormentados de espíritus inmundos eran sanados,** muestra el poder de Jesús sobre el mundo de seres espirituales. Al expulsar demonios Jesús demostró su absoluta autoridad sobre el dominio de Satanás (cp. 4:33-35, 41). El Señor contestó a quienes de modo extraño y blasfemo lo acusaban de echar fuera demonios por el poder de Satanás, señalando su evidente supremacía sobre el diablo:

> *Mas si por el dedo de Dios echo yo fuera los demonios, ciertamente el reino de Dios ha llegado a vosotros. Cuando el hombre fuerte armado guarda su palacio, en paz está lo que posee. Pero cuando viene otro más fuerte que él y le vence, le quita todas sus armas en que confiaba, y reparte el botín (11:20-22).*

El poder de Jesús era total. Podía ministrar a la mente enseñando la verdad, al cuerpo sanando enfermedades, y al alma echando fuera demonios.

De este breve pero importante pasaje surgen varias verdades significativas. Primera, la enseñanza sin igual de Jesús, su poder milagroso para curar, y su absoluto control del reino de Satanás y sus huestes demoníacas prueban, de manera concluyente, que Él era Dios.

Segunda, el ministerio terrenal del Señor de los cielos provee una vista previa del cielo. En ese lugar de supremo gozo y felicidad los redimidos verán cara a cara a Dios y lo conocerán con toda la plenitud que seres finitos puedan hacerlo (1 Co. 13:12). Toda enfermedad, discapacidad, muerte, sufrimiento, tristeza y dolor desaparecerán para siempre (Is. 25:8; Ap. 21:4). Satanás y los demonios serán encarcelados de forma permanente en el infierno (Mt. 25:41; Ap. 20:10), y ya no podrán afligir o tentar al pueblo de Dios.

Tercera, la manera en que Jesús manifestó su poder reveló su compasión. Él pudo haber demostrado su poder divino realizando cualquier tipo de acción milagrosa. Sin embargo, decidió hacer cosas beneficiosas para pecadores sufrientes y oprimidos. La misericordia de Jesús fue un tema constante de su ministerio. Mateo 9:36 señala que Jesús "tuvo compasión de ellas [las personas]; porque estaban desamparadas y dispersas como ovejas que no tienen pastor". En otra ocasión "Jesús, vio una gran multitud, y tuvo compasión de ellos, y sanó a los que de ellos estaban enfermos" (Mt. 14:14). Cuando se topó con dos hombres ciegos, "Jesús, compadecido, les tocó los ojos, y en seguida recibieron la vista; y le siguieron" (Mt. 20:34). Una vez "vino a él un leproso, rogándole; e hincada la rodilla, le dijo: Si quieres, puedes limpiarme" (Mr. 1:40). Una vez más "Jesús, teniendo misericordia de él, extendió la mano y le tocó, y le dijo: Quiero, sé limpio" (v. 41). El Señor detuvo un cortejo fúnebre del único hijo de una viuda, y lo resucitó de los muertos porque "se compadeció de ella" (Lc. 7:13).

Este pasaje presenta al Señor Jesucristo como el maestro compasivo y triunfante, sanador y liberador. Claramente divino, Él merece honra, adoración y obediencia. Y es responsabilidad de todos los suyos ir más allá de la simple curiosidad, y hasta del discipulado, y ser mensajeros que llevan la verdad acerca de Él al mundo perdido que tan desesperadamente necesita oírla (Mt. 28:18-20; Hch. 1:8).

Carácter de un verdadero cristiano 39

Y alzando los ojos hacia sus discípulos, decía: Bienaventurados vosotros los pobres, porque vuestro es el reino de Dios. Bienaventurados los que ahora tenéis hambre, porque seréis saciados. Bienaventurados los que ahora lloráis, porque reiréis. Bienaventurados seréis cuando los hombres os aborrezcan, y cuando os aparten de sí, y os vituperen, y desechen vuestro nombre como malo, por causa del Hijo del Hombre. Gozaos en aquel día, y alegraos, porque he aquí vuestro galardón es grande en los cielos; porque así hacían sus padres con los profetas. Mas ¡ay de vosotros, ricos! porque ya tenéis vuestro consuelo. ¡Ay de vosotros, los que ahora estáis saciados! porque tendréis hambre. ¡Ay de vosotros, los que ahora reís! porque lamentaréis y lloraréis. ¡Ay de vosotros, cuando todos los hombres hablen bien de vosotros! porque así hacían sus padres con los falsos profetas. (6:20-26)

En su relato de la magnífica historia de la vida y el ministerio del Señor Jesucristo, Lucas acumula evidencia irrefutable de que Él es el Mesías, Dios en carne humana, el Salvador del mundo. De las muchas pruebas que Lucas ha presentado hasta el momento (véase la lista en el capítulo anterior de esta obra), ninguna es más convincente que la enseñanza de Cristo. Él fue el predicador más veraz, sabio y poderoso que ha habido y, en consecuencia, su enseñanza atraía enormes multitudes que quedaban atónitas y maravilladas por lo que oían (cp. Mt. 7:28-29; Jn. 7:31-32, 45-46).

Jesús habló la verdad con absoluta autoridad divina en amplio espectro de temas doctrinales y prácticos. Enseñó que Dios es creador (Mt. 19:4; Mr. 10:6; 13:19), rey (Mt. 5:35), padre (Mt. 5:16; 23:9) y gobernante soberano del cielo y la tierra (Mt. 11:25; cp. 6:9-10). Él es santo (Jn. 17:11), misericordioso (Lc. 6:36), clemente (Sal. 103:8, aun con los incrédulos [Mt. 5:45]), perfectamente justo (Mt. 5:48; Jn. 17:25), omnisciente (Mt. 6:8), y amoroso (Jn. 14:21, 23; 16:27).

En su enseñanza acerca de sí mismo, Jesús declaró de manera clara, inequívoca y enfática su deidad y su absoluta igualdad con el Padre. El apóstol Juan escribió que "los judíos aun más procuraban matarle, porque no sólo quebrantaba el día de reposo, sino que también decía que Dios era su propio Padre, haciéndose igual a Dios" (Jn. 5:18). Jesús declaró a los hostiles dirigentes judíos: "De cierto, de cierto os digo: Antes que Abraham fuese, yo soy" (Jn. 8:58), tomando para sí mismo el nombre "YO SOY" por el que Dios se revelara en el Antiguo Testamento (Éx. 3:14). Volvió a afirmar su deidad en Juan 10:30, cuando manifestó a los judíos: "Yo y el Padre uno somos". A diferencia de los sectarios modernos, los incrédulos judíos entendían claramente que Jesús estaba afirmando ser Dios; por eso intentaban matarlo (Jn. 5:18; 8:59; 10:31-33). Si, como algunos escépticos afirman, los judíos hubieran entendido mal, sería inexplicable entonces que Jesús no les clarificara lo que habría querido decir, en particular si no hacerlo le costaba su propia vida (Jn. 19:7).

A fin de reforzar su afirmación de deidad, Jesús enseñó que había venido del cielo (Jn. 3:13; 6:38, 51, 62; 13:3; 16:28), enviado por el Padre (Jn. 5:36-37) para hacer su voluntad (Jn. 6:38). También proclamó autoridad para perdonar pecados, una prerrogativa que pertenece solo a Dios (Lc. 5:20-24), y declaró además que Él en realidad tenía "toda potestad... en el cielo y en la tierra" (Mt. 28:18).

Jesús predijo su muerte y resurrección (Mt. 17:22-23; 20:18-19; Mr. 8:31; Jn. 2:19-21), y enseñó que su muerte sería el sacrificio expiatorio por el pecado (Mt. 26:28; Jn. 10:11, 15) que proporcionaría salvación (Lc. 19:10; cp. 5:31-32; Mt. 20:28) a todos los que creen en Él (Jn. 3:14-18). Jesús también enseñó que un día regresará en gloria (Mt. 24:27) para juzgar a los malvados y establecer su reino (Mt. 16:27; 25:31-46).

De acuerdo con la enseñanza de Jesús, el Espíritu Santo es el tercer miembro de la Trinidad, y por tanto Dios (Mt. 28:19). Blasfemar de Él al rechazar el testimonio que dio de Cristo es el pecado imperdonable (Mt. 12:32). El Espíritu conduce a las personas a la salvación a través del nuevo nacimiento (Jn. 3:5-8), mora en los creyentes y los fortalece (Lc. 24:49; Jn. 7:38-39; 14:16-17; 16:7), también inspiró a los escritores de la Biblia (Mr. 12:36; Jn. 14:26; 16:13), y condena al mundo incrédulo (Jn. 16:7-11).

Jesús enseñó que la humanidad fue creada por Dios (Mt. 19:4). Habló del cuidado providencial de Dios para la especie humana en general (Mt. 5:45) y a sus hijos en particular (Mt. 6:24-34; 10:28-31). Sin embargo, la humanidad está en un estado de rebelión contra Dios. Las personas no regeneradas son rebeldes de corazón duro (Mt. 19:8), que se niegan a obedecer al Hijo de Dios (Jn. 3:36). Estos individuos no llegarán a la luz de la verdad de Dios porque son malvados y aman la oscuridad del pecado (Jn. 3:19), demostrando así que son hijos del diablo (Jn. 8:44). A causa de su rechazo del Señor y único Salvador Jesucristo, los pecadores no arrepentidos serán juzgados (Jn. 5:29; 12:48) y sentenciados al infierno eterno (Mt. 25:41; Mr. 9:43-48).

El Señor se presentó como el único camino a Dios (Jn. 14:6; cp. 10:7-9).

Afirmó ser el pan de vida (Jn. 6:35, 51), el buen pastor que da su vida por las ovejas (Jn. 10:11), la luz del mundo (Jn. 8:12; 12:46), y la resurrección y la vida (Jn. 11:25). De manera soberana el Padre atrae hacia Cristo (Jn. 6:37, 39, 44) a quienes serán salvos a través del arrepentimiento (Mr. 1:15; Lc. 5:32; 13:3, 5; 24:47) y la fe en el Hijo (Jn. 1:12; 3:14-18, 36; 5:24; 6:40). Estos recibirán vida eterna (Jn. 3:15-16) y pasarán la eternidad en el cielo (Jn. 14:2-3).

Fundamental para toda la enseñanza de Jesús fue su compromiso con la autoridad absoluta de las Escrituras. Como el mensaje inspirado de Dios (Mt. 15:3-6), la Biblia no puede ser quebrantada (Jn. 10:35). Incluso sería más fácil que el cielo y la tierra pasaran, a que alguna parte de la ley de Dios fuera alterada (Mt. 5:18). La Biblia es la regla de vida (Mt. 4:4), y quienes la obedecen son bendecidos (Lc. 11:28).

La enseñanza del Señor Jesucristo es diametralmente opuesta al pensamiento humano. La mayoría del pueblo judío, en particular los líderes religiosos, la encontraron repudiable, ofensiva y amenazante. En sus mentes era tan mala que debía ser satánica (cp. Mr. 3:22). En ese entonces, y también ahora, la enseñanza del Señor destruye formas populares de ver la vida. Cuestiona los motivos del hombre, le trastorna el mundo, y resiste el pensamiento de la mente humana. No hace ningún ensayo en cuanto a correcciones políticas y hace caso omiso a la sabiduría convencional.

Las Bienaventuranzas registradas en este pasaje son un buen ejemplo. Desde la perspectiva humana, parece ridículo afirmar que la pobreza, el hambre, la aflicción y el rechazo son productores de bendiciones y riquezas, de satisfacción, felicidad y honor. Pero, como Dios encarnado, Jesús define con autoridad quién es bendecido y quién es maldito. Lo que manifestó en esta ocasión y a lo largo de su ministerio exigió un cambio de paradigma de proporciones monumentales. Por desgracia, el pueblo judío, en especial los dirigentes religiosos, se negaron a salir del molde del judaísmo del siglo I. Al igual que ellos, hasta el día de hoy el mundo sigue rechazando el mensaje de Cristo.

Según se indicó en el capítulo anterior de esta obra, la multitud que se había reunido para oír al Señor predicar este sermón constaba de tres grupos: los apóstoles, la multitud curiosa y no comprometida, y los discípulos. La observación de Lucas de que Jesús comenzó a predicar **alzando los ojos hacia sus discípulos** indica que el Sermón del Monte está dirigido principalmente a ellos (aunque los ayes estaban dirigidos a la multitud en general). Los discípulos se encontraban en varios niveles de compromiso y comprensión, pero seguían a Jesús y lo consideraban su maestro.

A pesar de las afirmaciones de algunos, el Sermón del Monte no es una declaración de ética, sino un sermón sobre la salvación. Tratar de aplicar los principios de este sermón aparte de la regeneración resulta vano. Ya que el Señor "vino a buscar y a salvar lo que se había perdido" (Lc. 19:10), la salvación fue central en su enseñanza. Al inicio de su ministerio público "comenzó Jesús a predicar, y a decir: Arrepentíos, porque el reino de los cielos se ha acercado" (Mt. 4:17). Él enseñó que las personas son pecadoras, que no tienen el poder ni los recursos para liberarse por sí mismas, y que por tanto son esclavas del pecado (Jn. 8:34). La única manera de escapar al juicio divino (cp. Lc. 13:1-5) es por medio de arrepentimiento y fe en el Hijo de Dios (Jn. 3:16-18, 36; 5:24; cp. Lc. 18:13-14). No son los exteriormente religiosos ni los superficialmente morales los que se salvan, sino más bien los que están abrumados por su pecado, que claman a Dios por perdón y misericordia.

El mensaje de Jesús sorprendió y enfureció al pueblo religioso y farisaico de Israel. Esto no era lo que esperaban de su Mesías. Imaginaban que a Él le complacería la justicia y los rituales religiosos del pueblo, y que los recibiría en el reino. En lugar de eso, Jesús los denunció mordazmente como hipócritas (Mt. 23:1-33) y los comparó desfavorablemente con los marginados y despreciados de la sociedad judía (Mt. 21:31-32). El mensaje de Jesús era inaceptable e intolerable, lo que llevó a la nación a rechazarlo y asesinarlo.

Lucas presenta un relato resumido del Sermón del Monte, que Mateo 5—7 registró con más detalles. Sin embargo, ningún escritor de los evangelios registró todo lo que Jesús expresó en esta ocasión. (Aunque sin duda el Señor repitió los temas de este sermón a lo largo de su ministerio, el Sermón del Monte es un mensaje continuo, predicado en una ocasión, y no una colección de dichos de Jesús). Incluso el relato más largo de Mateo se puede leer más o menos en diez minutos, y seguramente el Señor predicó mucho más tiempo que eso. Hay variaciones menores en los relatos de Mateo y Lucas, pero son de esperar en el proceso de traducción (el Señor habló en arameo, y tanto Mateo como Lucas escribieron en griego) y en el resumen del mensaje de Jesús. (Para una defensa del punto de vista de que Mateo y Lucas escribieron el mismo sermón, véase William Hendriksen, *Exposition of the Gospel According to Luke*, New Testament Commentary [Grand Rapids: Baker, 1978], pp. 334-35; D. A. Carson, "Matthew", en Frank E. Gaebelein, ed. *The Expositor's Bible Commentary* [Grand Rapids: Zondervan, 1984], 8:125-26).

Jesús concluyó este sermón dividiendo a quienes oyen (o leen) en dos grupos (véase la exposición de los vv. 47-49 en el cap. 41 de esta obra). Comparó a los que escuchan y obedecen su enseñanza con el hombre que construye una casa en un cimiento de roca sólida. Esas personas salen ilesas de la tormenta del juicio divino (Jn. 5:24). Por otra parte, los que rechazan la enseñanza de Jesús son como un hombre que construye su casa sobre arena. Estos últimos serán arrastrados a la condenación por el diluvio del juicio divino (Jn. 3:36).

Jesús tuvo en mente a los mismos dos grupos cuando comenzó su mensaje, describiéndolos como los "benditos" por el término "bienaventurados", y los "malditos" por medio de la exclamación ¡ay! *Makarios* ("bienaventurados") se refiere a aquellos en la posición más ventajosa y favorecida, que experimentan el verdadero bienestar que llega de una correcta relación con Dios. *Ouai* ("ay") se refiere a aquellos en la peor y más desfavorable condición, que experimentan la calamidad, el desastre y la condenación reservados para los perversos. Todo el mundo cae en una de esas dos categorías; no hay lugar intermedio.

El uso que el Señor hace de esos términos no fue un deseo, ni estaba Él simplemente orando por la bendición o la maldición de Dios sobre las personas. Al contrario, son declaraciones absolutas de hechos, son veredictos divinos dictaminados por el juicio autorizado de Dios. El concepto de bendición y maldición divina fue muy conocido para la audiencia de Jesús a través del Antiguo Testamento (cp. Dt. 27—28).

El relato de Lucas de las Bienaventuranzas revela cuatro bendiciones otorgadas sobre los justos, y cuatro maldiciones pronunciadas sobre los malvados. Cada bendición tiene un prometido beneficio conectado a ella, mientras que cada maldición tiene una correspondiente amenaza prometida. Como ya se indicó, las bendiciones y las maldiciones parecen retrocesos desde la perspectiva de pecadores que se creen justos. Pero las palabras del Señor ofrecen una descripción compuesta para los bienaventurados y los malditos.

LOS BIENAVENTURADOS

Bienaventurados vosotros los pobres, porque vuestro es el reino de Dios. Bienaventurados los que ahora tenéis hambre, porque seréis saciados. Bienaventurados los que ahora lloráis, porque reiréis. Bienaventurados seréis cuando los hombres os aborrezcan, y cuando os aparten de sí, y os vituperen, y desechen vuestro nombre como malo, por causa del Hijo del Hombre. Gozaos en aquel día, y alegraos, porque he aquí vuestro galardón es grande en los cielos; porque así hacían sus padres con los profetas. (6:20*b*-23)

La primera característica de quienes son **bienaventurados** es que son **pobres.** *Ptōchos* (**pobres**) se deriva del verbo *ptōssō*, que significa "acobardarse y encogerse de miedo". Describe a quienes son totalmente indigentes y dependientes de otros por sustento. Están en el último peldaño de la escala social. Reducidos a la mendicidad, se acobardan y encogen en suplicante humillación. Aunque la Biblia elogia la ayuda a los necesitados (p. ej., Lv. 25:35; Dt. 15:7-8; Pr. 19:17; Is. 58:6-7; Gá. 2:10), la pobreza en sí no es una bendición. Es más, en Proverbios 30:8-9, un hombre justo pide al Señor que lo proteja de la pobreza para que no sea tentado a robar y que por tal razón profane el nombre del Señor.

Sin embargo, Jesús no estaba enseñando que quienes son material y económicamente pobres son por lo tanto bienaventurados. Según indica el relato paralelo de este sermón en Mateo, el Señor estaba hablando de quienes son "pobres en espíritu" (Mt. 5:3). Los bienaventurados son aquellos que comprenden su pobreza espiritual y la condición de bancarrota en el alma, sin importar las cuantiosas o insignificantes riquezas que posean. Ellos reconocen que están en bancarrota de justicia, que no tienen absolutamente ningún recurso espiritual con el cual obtener el favor de Dios, y que la salvación no puede ser por buenas obras, moralidad o rituales religioso. Son como el publicano arrepentido en Lucas 18:13, que "no quería ni aun alzar los ojos al cielo, sino que se golpeaba el pecho, diciendo: Dios, sé propicio a mí, pecador" (cp. Sal. 34:18; 51:17; Is. 57:15; 66:2). Jesús describió a tales personas en Lucas 4:18 como pobres, cautivos, ciegos y oprimidos, y les predicó el evangelio del perdón, la gracia, y la misericordia de Dios.

Tal reconocimiento de deficiencia espiritual era inimaginable para el orgulloso y farisaico pueblo de Israel. Los israelitas se veían como la élite espiritual, cuyas buenas obras, observancias religiosas, y descendencia de Abraham les había asegurado la entrada al reino de Dios. El Señor anuló por completo esa evaluación interesada. En realidad, ellos representaban a los miembros de la iglesia en Laodicea, que afirmaban: "Yo soy rico, y me he enriquecido, y de ninguna cosa tengo necesidad; y no sabes que tú eres un desventurado, miserable, pobre, ciego y desnudo" (Ap. 3:17).

La promesa para los pobres de espíritu es que de ellos **es el reino de Dios.** El tiempo presente del verbo (**es**) indica que a la vista hay más que las solas bendiciones futuras en el reino milenial terrenal. Los creyentes disfrutan ahora las bendiciones del reino de "justicia, paz y gozo en el Espíritu Santo" (Ro. 14:17). Ellos son "herederos de Dios y coherederos con Cristo" (Ro. 8:17), y poseedores de las bendiciones del reino de vida eterna, gracia, misericordia, perdón, gozo, esperanza, seguridad, consuelo, paz, amor y justicia.

Una segunda característica de los bienaventurados es **hambre.** Como Mateo 5:6 indica, esta hambre no resulta de falta de comida, sino de falta de justicia. Se trata de un anhelo intenso, profundo y devorador por la aceptación de Dios. La imagen que ilustra es la de mendigos espirituales empobrecidos y hambrientos que ansían la justicia que no pueden obtener por cuenta propia. El salmista describe este anhelo por Dios cuando escribió: "Como el ciervo brama por las corrientes de las aguas, así clama por ti, oh Dios, el alma mía. Mi alma tiene sed de Dios, del Dios vivo; ¿cuándo vendré, y me presentaré delante de Dios?" (Sal. 42:1-2). De igual modo, David escribió: "Dios, Dios mío eres tú; de madrugada te buscaré; mi alma tiene sed de ti, mi carne te anhela, en tierra seca y árida donde no hay aguas" (Sal. 63:1).

La bendición pronunciada sobre los espiritualmente hambrientos es que serán **saciados.** *Chortazō* (**saciados**) literalmente se refiere a animales de engorde, que comen hasta que no pueden alimentarse más. Cuando se usa en humanos significa comer hasta llenarse, o hasta quedar totalmente satisfechos.

Los que tienen verdadera hambre por la justicia serán saciados por completo. Salmos 34:10 promete que "los que buscan a Jehová no tendrán falta de ningún bien". El más amado de todos los salmos empieza así: "Jehová es mi pastor; nada me faltará" (Sal. 23:1). Dios declara en Jeremías 31:14: "Mi pueblo será saciado de mi bien" (cp. Sal. 107:1-9; Is. 25:6; Lc. 12:37; 13:29).

La tercera bienaventuranza describe a los bienaventurados como **los que ahora** lloran. Se trata de la crisis emocional que sigue al reconocimiento de la bancarrota espiritual y a la falta de justicia. Estos dolientes se ven como los pobres, los prisioneros, los ciegos y los oprimidos (cp. 4:18), y están cargados, desilusionados, aterrados y dolidos. Su tristeza es de arrepentimiento, de la que Santiago escribió: "Afligíos, y lamentad, y llorad. Vuestra risa se convierta en lloro, y vuestro gozo en tristeza. Humillaos delante del Señor, y él os exaltará" (Stg. 4:9-10). Es "la tristeza que es según [la voluntad de] Dios [que] produce arrepentimiento para salvación" (2 Co. 7:10).

Quienes lloran no solo serán consolados (Mt. 5:4), sino que llorarán, expresando el gozo, el alivio y la libertad del perdón. Salmos 30:5 promete: "Por la noche durará el lloro, y a la mañana vendrá la alegría". En Jeremías 31:13 el Señor promete: "Cambiaré su lloro en gozo, y los consolaré, y los alegraré de su dolor". El Señor Jesucristo vendrá en su segunda venida "a consolar a todos los enlutados... a ordenar que a los afligidos de Sion se les dé gloria en lugar de ceniza, óleo de gozo en lugar de luto, manto de alegría en lugar del espíritu angustiado" (Is. 61:2-3; cp. 35:10; 51:3, 11).

La última bienaventuranza es quizás la más paradójica y, desde la perspectiva humana, la más incomprensible de todas. Las tres primeras describen cómo el pecador arrepentido se ve; la cuarta describe cómo lo ve el mundo. El Señor usa cuatro verbos: **aborrezcan, aparten, vituperen y desechen** para resumir los improperios, la hostilidad y la animosidad derramada sobre sus discípulos por parte del mundo incrédulo. Esta cuarta bienaventuranza indica que la obra de las tres primeras se ha cumplido. La verdadera salvación ha ocurrido, y las vidas cambiadas de los discípulos son un evidente reproche para todos. La reacción hostil del mundo hacia los seguidores de Cristo es evidencia de que están entre los bienaventurados, ya que el mundo no rechaza a los suyos propios.

La razón subyacente para el aborrecimiento, la separación, los vituperios y el desprecio con que rechazan **como malo** el **nombre** (de cristianos) que los creyentes llevan se debe a su relación con el **Hijo del Hombre.** El Señor se explayó en esa verdad en su comisión a los doce antes de enviarlos a predicar (Mt. 10:16-33). En el versículo 16, Jesús comparó con lobos a los oponentes que los apóstoles enfrentarían (cp. Mt. 7:15; Hch. 20:29). Además, les advirtió que serían severamente castigados en los tribunales y en las sinagogas (cp. 2 Co. 11:24), incluso que los azotarían en las sinagogas (Jn. 9:22, 34; 16:2), y que los llevarían ante las autoridades (Mt. 10:17-18). Las familias se dividirían cuando algunos de sus miembros se identificaran con Cristo (v. 21; cp. Lc. 12:51-53). Todo este odio sería dirigido a los creyentes porque ellos llevan el nombre del Señor Jesucristo (vv. 22, 24-25), a quien el mundo incrédulo odia (Jn. 15:18-19; 16:33).

La predicción de Jesús aconteció. Los apóstoles enfrentaron persecución por parte de las autoridades judías (Hch. 4:1-22; 5:17-40), y también la iglesia como un todo (Hch. 8:1, 3); Herodes asesinó a Jacobo, el hermano de Juan (Hch. 12:1-2); Esteban fue martirizado (Hch. 7:58-60); la vida de Pablo cumplió ampliamente las palabras que el Señor dijo de él a Ananías: "Yo le mostraré cuánto le es necesario padecer por mi nombre" (Hch. 9:16; cp. 2 Co. 11:22-33); y por último, como se indicó en el capítulo anterior de esta obra, la mayoría de los apóstoles fueron martirizados por su valiente predicación del evangelio.

Pero en vez de abatirse y atemorizarse cuando la persecución se presente, Jesús ordenó a los creyentes: **Gozaos en aquel día, y alegraos.** La frase **en aquel día** indica que la persecución no será el destino constante de los creyentes, sino que ocurrirá de manera ocasional. Hechos 2:47 describe una época en que la iglesia tenía "favor con todo el pueblo" (cp. 5:13), mientras que también 9:31 registra otro período en que "las iglesias tenían paz por toda Judea, Galilea y Samaria; y eran edificadas, andando en el temor del Señor, y se acrecentaban fortalecidas por el Espíritu Santo". Pedro informó a sus lectores que las pruebas duran "un poco de tiempo", y que solo suceden "si es necesario" (1 P. 1:6).

Cuando los creyentes enfrentan la hostilidad del mundo deben considerarla como un tiempo para gozarse, para dejarse llevar completamente hasta el punto incluso de llegar a alegrarse. La razón para tal euforia de parte de los creyentes perseguidos es doble. En primer lugar, se alegran porque saben que su **galardón es grande en los cielos.** A fin de manejar de manera adecuada las pruebas y la oposición, los cristianos deben tener una perspectiva sobrenatural. Según Pablo escribió a los corintios, deben mantener en mente que "esta leve tribulación momentánea produce en nosotros un cada vez más excelente y eterno peso de gloria; no mirando nosotros las cosas que se ven, sino las que no se ven; pues las cosas que se ven son temporales, pero las que no se ven son eternas" (2 Co. 4:17-18; cp. Ro. 8:18). Fue ese enfoque celestial lo que permitió a los apóstoles, después que los golpeaban en el concilio, salir "de la presencia del concilio, gozosos de haber sido tenidos por dignos de padecer afrenta por causa del Nombre" (Hch. 5:41). Después de ser azotados y puestos en el calabozo en Filipos, Pablo y Silas sin embargo "cantaban himnos a Dios" (Hch. 16:25). Pablo expresó a los colosenses: "Ahora me gozo en lo que padezco por vosotros, y cumplo en mi carne lo que falta de las aflicciones de Cristo por su cuerpo, que es la iglesia" (Col. 1:24). Soportar sufrimiento y hostilidad es una característica de la verdadera fe que salva (cp. Mt. 10:22; 24:13).

No solamente el galardón futuro en el cielo, sino también la asociación con los héroes de la fe del pasado, debería motivar a los creyentes a soportar con gozo la hostilidad. Ellos están en la más noble de las compañías, **porque así** mismo, declaró Jesús, **hacían sus padres con los profetas** (cp. Lc. 11:47-51; 13:34; Hch. 7:52; Ro. 11:3; 1 Ts. 2:15; Stg. 5:10).

LOS MALDITOS

Mas ¡ay de vosotros, ricos! porque ya tenéis vuestro consuelo. ¡Ay de vosotros, los que ahora estáis saciados! porque tendréis hambre. ¡Ay de vosotros, los que ahora reís! porque lamentaréis y lloraréis. ¡Ay de vosotros, cuando todos los hombres hablen bien de vosotros! porque así hacían sus padres con los falsos profetas. (6:24-26)

El uso de la fuerte conjunción adversativa *plēn* (**mas**) indica que los ayes pronunciados sobre quienes rechazan a Jesucristo están en contraste directo con las bendiciones concedidas a los verdaderos creyentes del Señor. El primer **ay** no fue pronunciado sobre los materialmente **ricos.** Ser rico no es un pecado en sí; Abraham, Job, Nicodemo y José de Arimatea fueron ricos y, de acuerdo con Deuteronomio 8:18, Dios concede el poder para obtener riqueza. Los ricos que se ven aquí son aquellos que se creen ricos en el reino espiritual, que creen que sus buenas obras son suficientes para obtener salvación. Un buen ejemplo es el fariseo en la historia del Señor, quien "puesto en pie, oraba consigo mismo de esta manera: Dios, te doy gracias porque no soy como los otros hombres, ladrones, injustos, adúlteros, ni aun como este publicano; ayuno dos veces a la semana, doy diezmos de todo lo que gano" (Lc. 18:11-12). La maldición pronunciada sobre ellos es que **ya** tienen su **consuelo** pleno en esta vida. Lo que les espera en la eternidad es el fastidioso e incesante tormento del infierno (cp. Lc. 16:25).

La segunda maldición es sobre aquellos **que ahora** están **saciados.** Estas son las personas que están totalmente satisfechas con su santurronería hipócrita. A diferencia de quienes tienen hambre de justicia, que saben que no la poseen ni pueden ganarla, los otros se imaginan que tienen todo lo que necesitan y que no les falta nada. La maldición pronunciada sobre ellos es que tendrán **hambre** eternamente, experimentando el hambre persistente y eterna de un alma perdida en el infierno.

Una tercera característica de los malditos es **que ahora** ríen. Satisfechos y mostrando aire de suficiencia por sus logros religiosos y por una moralidad superficial, felizmente vislumbran la felicidad eterna que neciamente creen que les espera en el reino eterno. Sin embargo, la triste realidad es que "vendrán muchos del oriente y del occidente, y se sentarán con Abraham e Isaac y Jacob en el reino de los cielos; mas los hijos del reino serán echados a las tinieblas de afuera" (Mt. 8:11-12). En agudo contraste con el gozo eterno prometido a los verdaderos discípulos, "allí [en el infierno] será el lloro y el crujir de dientes" (v. 12; cp. 13:42, 50; 22:13; 24:51; 25:30; Lc. 13:28).

El último **ay** contrastante pronunciado sobre los malditos es el de la popularidad. **¡Ay de vosotros, cuando todos los hombres hablen bien de vosotros!**, advirtió Jesús, **porque así hacían sus padres con los falsos profetas.** El Señor había vinculado anteriormente a los impopulares verdaderos discípulos con los verdaderos profetas; aquí vincula a los falsos discípulos con los falsos profetas. Al negarse a reconocer su pobreza espiritual, su fariseísmo arrogante, y su satisfacción sin fundamento, los malditos disfrutan la compañía de otros y tienen comezón de oír las engañosas mentiras de los falsos profetas (2 Ti. 4:3). Dios declaró: "Cosa espantosa y fea es hecha en la tierra; los profetas profetizaron mentira... y mi pueblo así lo quiso" (Jer. 5:30-31). Quienes acepten las enseñanzas de los falsos profetas participarán de la condenación de ellos (cp. Jer. 14:14-15; 23:14-15, 25-34; Ez. 13:9).

Solo existen dos tipos de personas en el mundo. Los verdaderos seguidores de Cristo, aquellos espiritualmente pobres, hambrientos, afligidos y rechazados, que claman el perdón y la misericordia de Dios por medio del sacrificio de Jesucristo. Estos son bendecidos con riquezas, satisfacción, gozo, aceptación y recompensa eterna. En contraste, aquellos que se creen espiritualmente plenos, ricos, felices y aceptados serán malditos con pobreza, vacío, aflicción y juicio eterno.

Amor del reino

40

Pero a vosotros los que oís, os digo: Amad a vuestros enemigos, haced bien a los que os aborrecen; bendecid a los que os maldicen, y orad por los que os calumnian. Al que te hiera en una mejilla, preséntale también la otra; y al que te quite la capa, ni aun la túnica le niegues. A cualquiera que te pida, dale; y al que tome lo que es tuyo, no pidas que te lo devuelva. Y como queréis que hagan los hombres con vosotros, así también haced vosotros con ellos. Porque si amáis a los que os aman, ¿qué mérito tenéis? Porque también los pecadores aman a los que los aman. Y si hacéis bien a los que os hacen bien, ¿qué mérito tenéis? Porque también los pecadores hacen lo mismo. Y si prestáis a aquellos de quienes esperáis recibir, ¿qué mérito tenéis? Porque también los pecadores prestan a los pecadores, para recibir otro tanto. Amad, pues, a vuestros enemigos, y haced bien, y prestad, no esperando de ello nada; y será vuestro galardón grande, y seréis hijos del Altísimo; porque él es benigno para con los ingratos y malos. Sed, pues, misericordiosos, como también vuestro Padre es misericordioso. No juzguéis, y no seréis juzgados; no condenéis, y no seréis condenados; perdonad, y seréis perdonados. Dad, y se os dará; medida buena, apretada, remecida y rebosando darán en vuestro regazo; porque con la misma medida con que medís, os volverán a medir. (6:27-38)

Hay muchos aspectos que identifican a un verdadero cristiano, los cuales incluyen arrepentimiento (2 Co. 7:10; 1 Jn. 1:8-10), humildad (Stg. 1:21; 4:6, 10; 1 P. 5:5), vida para la gloria de Dios (1 Co. 10:31), oración (Lc. 18:1; Ef. 6:18; Fil. 4:6), separación del mundo (Stg. 4:4; 1 Jn. 2:15-17), crecimiento espiritual (Ef. 4:11-15; 1 P. 2:2; 2 P. 3:18), fruto espiritual (Mt. 13:23; Jn. 15:5, 8), obediencia (Mt. 7:21; Jn. 15:14; 1 P. 1:1-2; 1 Jn. 2:3-5), hambre por la Palabra de Dios (1 P. 2:1-2), y una vida transformada (2 Co. 5:17).

No obstante, la característica básica de un verdadero creyente en Jesucristo es el amor. En primer lugar, los cristianos aman a Dios, principio que Jesús declaró como el más grande y más importante en la Biblia (Mt. 22:37-38; cp. Dt. 6:5; 11:1; Jos. 22:5; Ro. 8:28; 1 Co. 2:9; 1 Jn. 5:2). El amor por los demás creyentes también define a los verdaderos discípulos de Cristo (Jn. 13:34-35; cp. 15:12; 1 Ts. 4:9; He. 13:1; 1 P. 1:22; 4:8; 1 Jn. 3:11, 14; 4:7, 21; 2 Jn. 5).

Junto con el amor a Dios y a los hermanos en la fe, los cristianos también deben amar a los incrédulos. Aunque se les prohíbe amar al perverso y satánico sistema del mundo (1 Jn. 2:15-17), los creyentes, sin embargo, deben amar a los pecadores perdidos atrapados en tal sistema. De esta manera siguen el ejemplo de su Padre celestial, "que hace salir su sol sobre malos y buenos, y que hace llover sobre justos e injustos" (Mt. 5:45), y el modelo del Señor Jesucristo, quien amó incluso a quienes lo rechazaron (Mr. 10:21; cp. Lc. 23:34).

Jesús inició el Sermón del Monte describiendo cómo los justos se ven a sí mismos (Lc. 6:20-26). Declaró bienaventurados a los espiritualmente pobres, que reconocen su falta total de recursos por los cuales podrían obtener la salvación; a los hambrientos, que anhelan desesperadamente la justicia que solo Dios puede otorgar; a los que lloran, consumidos por el dolor y la tristeza por su pecado; y a los que son perseguidos, pero consideran motivo de alegría cuando otros los odian, los condenan al ostracismo, y los insultan por su lealtad a Jesucristo.

En esta siguiente sección de su mensaje, el Señor se dirigió a sus verdaderos discípulos (**a los que** oyen, entienden y obedecen la palabra de Dios, a diferencia de los incrédulos, que no tienen tal capacidad [1 Co. 2:14]), instruyéndoles en cuanto a cómo deben ver a los demás. Ellos deben caracterizarse no solo por odiar su propio pecado, sino también por amar a sus enemigos.

La orden de amar a los enemigos provee un importante equilibrio contra cualquier tendencia al aislamiento. Algunos creyentes, abrumados por una sensación de deficiencia pecaminosa, podrían tratar de distanciarse. Otros podrían querer evitar la influencia y la persecución de personas malvadas. Ciertos cristianos atrapados en aspectos políticos ven incluso a los incrédulos como el enemigo, y no como el campo misionero. Pero si los verdaderos seguidores de Cristo se aíslan, odian o se resienten con los perdidos y con su agenda, están violando el mandato dado a la Iglesia de predicar el evangelio al mundo perdido (Mt. 28:19-20; cp. Ro. 10:14-15). Además, como Pablo les recordó a los corintios, es imposible evitar todo contacto con los incrédulos (1 Co. 5:9-10).

Esta parte importante de la enseñanza de nuestro Señor acerca del reino revela que sus verdaderos discípulos deben identificarse por un amor sobrenatural que hace el bien a otros, incluso a sus enemigos. El pasaje desarrolla seis aspectos del amor del reino: mandatos, reacciones, principio subyacente, esencia, beneficios y objetivo.

MANDATOS DEL AMOR DEL REINO

Pero a vosotros los que oís, os digo: Amad a vuestros enemigos, haced bien a los que os aborrecen; bendecid a los que os maldicen, y orad por los que os calumnian. (6:27-28)

Según se indicó antes, el Señor dirigió estos cuatro mandatos sencillos pero profundos a sus verdaderos discípulos, que oyen y obedecen su palabra. Estos mandatos describen un amor sobrenatural que es muy diferente al amor del mundo. La venganza es una virtud para los incrédulos, que hacen héroes de quienes no toman nada de los demás, y que arremeten contra quienes los perjudican y les hacen pagar por ello. José Stalin, tal vez el dictador más brutal y vengativo del siglo XX, captó la esencia de las ansias del mundo por la venganza cuando expresó: "Elegir la víctima, preparar minuciosamente el golpe, llevar a cabo una implacable venganza y luego echarse a dormir, no hay nada más dulce en el mundo" (Jean Jacques Marie, Stalin [Madrid: Palabra 2003], p. 15). Millones de personas probaron la amargura de la "implacable venganza" y de sufrir tortura, exilio y muerte por parte de Stalin.

Las actitudes eran poco diferentes en la época de Jesús, ni siquiera en Israel eran distintas. El judaísmo del siglo I era limitado, exclusivo, intolerante y, por tanto, en gran medida carente de amor y condenatorio. El odio por los enemigos, especialmente los gentiles (y más que nada por los conquistadores romanos), fue elevado a la posición de una virtud espiritual (cp. Mt. 5:43). El erudito judío medieval Maimónides registró la máxima del Talmud de que un judío no debería rescatar a un gentil que cayera al mar. Algunos zelotes extremistas llevaron un paso más allá esa desdeñosa indiferencia por la vida gentil, asesinando realmente a romanos. Por consiguiente, para muchos judíos la orden de Jesús: **Amad a vuestros enemigos** era incomprensible, chocante e inaceptable.

Pero tal odio vengativo hacia los enemigos era algo contrario a la ley del Antiguo Testamento. Es cierto que los salmos imprecatorios claman el juicio prometido de Dios sobre sus enemigos. No obstante, atribuirse ese derecho, como hacían algunos judíos, contradecía la declaración de Dios en Deuteronomio 32:35 de que la venganza le pertenece solo a Él (cp. Ro. 12:19; He. 10:30). En lugar de buscar venganza, Proverbios 25:21 ordena: "Si el que te aborrece tuviere hambre, dale de comer pan, y si tuviere sed, dale de beber agua" (cp. Éx. 23:4-5). Levítico 19:18 resume la enseñanza del Antiguo Testamento sobre cómo ver a nuestros enemigos: "No te vengarás, ni guardarás rencor a los hijos de tu pueblo, sino amarás a tu prójimo como a ti mismo". El término "prójimo" se refiere a cualquiera en necesidad (Lc. 10:29-37), no solo a compañeros judíos.

En lugar de buscar venganza, los discípulos de Cristo tienen la orden: **haced bien a los que os aborrecen.** *Kalōs* (**bien**) describe lo que es bueno intrínsecamente, no superficialmente. Aquí se refiere a hacer cosas que beneficiarán a los enemigos. Cuando el creyente ama de ese modo, "vence con el bien el mal" (Ro. 12:21; cp. 1 P. 3:9).

Paradójicamente, el amor y el odio están vinculados en relación con el evangelio. El mandato del Señor a los apóstoles en Juan 15:17, "esto os mando: Que os améis unos a otros", fue seguido al instante por una advertencia de que el mundo los odiaría (vv. 18, 19). Debido a que los pecadores aman más las tinieblas que la luz (Jn. 3:19), y a que los creyentes son hijos de luz (Ef. 5:8) que presentan a Jesucristo como la luz del mundo (Jn. 8:12), pueden esperar ser odiados por el mundo.

Lo sorprendente es que el odio más intenso proviene siempre de personas religiosas. Nada es más precioso para los pecadores religiosos que la ilusión de su virtud y su elevada posición delante de Dios. En realidad erigen su propia torre de Babel personal, monumento a su supuesta piedad. Pero el evangelio quita la apariencia religiosa de justicia propia que los pecadores tienen, y les revela que son miserables, desvalidos y ciegos rebeldes que enfrentan el juicio eterno. En respuesta a ser desenmascarados, arremeten con odio a quienes les predican la verdad.

Cuando los creyentes enfrentan odio deben responder buscando el bienestar de quienes los odian, reforzando así su mensaje sobrenatural con amor sobrenatural. La credibilidad del evangelio está en juego, por lo que los creyentes deben amar de modo evangélico a los perdidos.

No solo por medio de lo que hacen sino también por lo que dicen, los discípulos de Cristo deben manifestar amor por sus enemigos. En vez de lanzarles improperios, tienen esta orden: **bendecid a los que os maldicen,** es decir, responder de buena manera a las palabras nocivas que les profieren. A muchos de los seguidores de Cristo los vilipendiaron, los maldijeron y los condenaron al ostracismo de manera no oficial, exactamente como Jesús les había advertido que sucedería (Mt. 10:35-37; Lc. 12:51-53). A otros los maldijeron oficialmente expulsándolos de las sinagogas, lo cual Jesús también predijo (Jn. 16:2; cp. 9:22, 34; 12:42).

Este mandato no excluye advertir a los incrédulos en relación con las consecuencias de sus pecados, como el Señor mismo hizo (cp. 6:24-26; Mt. 23:13-36). Aparte de tales advertencias no puede haber convicción de pecado (cp. Jn. 16:7-11). Es necesario confrontar a los incrédulos con la realidad de que separados del arrepentimiento por el pecado y de la fe en el Señor Jesucristo, ellos están bajo maldición (1 Co. 16:22). Pero, al igual que Pablo, cuando los seguidores de Cristo confrontan a los pecadores deben tener una actitud de profundo interés y amor por ellos (cp. Ro. 9:1-3; 10:1). Además, también igual que el apóstol, deben estar dispuestos a pagar cualquier precio que sea necesario para llevar el evangelio a los perdidos (cp. 1 Co. 9:22; 2 Co. 11:22-33).

Por último, Jesús ordenó a sus seguidores: **orad por los que os calumnian.** Específicamente en este contexto deben orar por la salvación de las almas de los pecadores, como lo hicieron Jesús (Lc. 23:34) y Esteban (Hch. 7:59-60).

REACCIONES DEL AMOR DEL REINO

Al que te hiera en una mejilla, preséntale también la otra; y al que te quite la capa, ni aun la túnica le niegues. A cualquiera que te pida, dale; y al que tome lo que es tuyo, no pidas que te lo devuelva. (6:29-30)

El amor del reino se caracteriza no solo por cómo actúa hacia otros, sino también por cómo reacciona ante lo que otros hacen. Jesús ofreció cuatro ejemplos de cómo reaccionar adecuadamente a los malos tratos de los hijos de Satanás.

La orden: **Al que te hiera en una mejilla, preséntale también la otra,** no excluye los mecanismos de autodefensa que Dios ha provisto para la conservación personal. Jesús no estaba prohibiendo a sus seguidores que se defendieran si los atacaban de manera peligrosa. En Lucas 22:36 dio instrucciones a los apóstoles de comprar una espada para protegerse si no tenían una. Los gobiernos existen para proteger con armas a sus ciudadanos, y para evitar la acción del mal y la anarquía (cp. Ro. 13:3-4, y Lc. 3:14, en que Juan el Bautista no prohibió a los hombres ser soldados, sino que les dijo que no abusaran de su autoridad). Cuando los discípulos fueron expulsados de las sinagogas, como Jesús advirtió que iba a ocurrir (Jn. 16:2), a menudo fueron azotados (así le ocurrió a Pablo cinco veces [2 Co. 11:24]) o abofeteados. Al ser deshonrados con tales insultos y no poder defenderse, no tomaron represalias sino que aceptaron ese maltrato y siguieron amando a sus opresores.

Durante su juicio delante del sumo sacerdote Jesús demostró la respuesta apropiada al ser humillado injustamente. Cuando uno de los guardias lo abofeteó (Jn. 18:22), Él no volvió la cabeza para pedir que lo abofeteara de nuevo. Pero tampoco arremetió con ira y venganza ante este maltrato. Al contrario, tranquilamente señaló lo injusto de la acción (v. 23). Presentar la otra mejilla es, como Jesús hizo, aceptar la hostilidad y los malos tratos sin odio ni represalias, sino mostrando amor a cambio.

El segundo ejemplo es parecido al primero. **Al que te quite la capa** (sea por robo o por acción legal [cp. Mt. 5:40]), Jesús declaró: **ni aun la túnica le niegues.** Muchas personas solo tenían una **capa,** o manto, que también servía como manta cuando dormían. Debido a eso la ley mosaica requería que todo manto que se hubiera tomado en prenda se debía devolver antes del anochecer (Éx. 22:26; Dt. 24:13). Conservar el manto de una persona constituiría un abuso grave. Pero, cuando eso ocurriera, los discípulos de Cristo no deberían tomar represalias sino más bien seguir ministrando con amor a quienes los persiguieran, aunque esto resultara en perder también la **túnica** (vestidura interior).

El tercer ejemplo, estar dispuesto a darle **a cualquiera que** le **pida,** se realiza en el contexto de empréstitos y préstamos (cp. v. 34; Mt. 5:42). La suposición es que quien pide tiene una necesidad legítima, ya que la Biblia condena la pereza y la indolencia (cp. Pr. 6:6-12; 20:4; 24:30-34; 2 Ts. 3:10). El hecho de que una persona pudiera aprovecharse de la generosidad de un cristiano, y no pagarle el préstamo, no debería impedir al creyente suplir la necesidad de manera compasiva y amorosa.

El último ejemplo, **al que tome lo que es tuyo,** visualiza una situación en que alguien roba realmente a un creyente. Incluso en caso de robo descarado, los cristianos no deben llegar a represalias, sino seguir mostrando amor y no exigir que se le **devuelva** el artículo robado. Así lo expresa R. C. H. Lenski: "El discípulo pierde menos al dejar que le quiten cosas de manera ilegal que al exigir con corazón egoísta que se las restituyan" (*The Interpretation of St. Luke's Gospel* [Minneapolis: Augsburg, 1946], p. 364).

Cualesquiera que sean las circunstancias, el amor del reino no busca venganza (Pr. 24:29; Ro. 12:17, 19) al ser agraviado. Los verdaderos discípulos deben seguir el ejemplo de Cristo "quien cuando le maldecían, no respondía con maldición; cuando padecía, no amenazaba, sino encomendaba la causa al que juzga justamente" (1 P. 2:23).

PRINCIPIO SUBYACENTE EN EL AMOR DEL REINO

Y como queréis que hagan los hombres con vosotros, así también haced vosotros con ellos. (6:31)

Versiones de esta, la llamada regla de oro, existían en los escritos rabínicos, en la filosofía griega, y en el hinduismo y el budismo. Sin embargo, tales expresiones proyectan la regla en un sentido negativo; abogan por no hacer a otros lo que no quieren que se les haga. El filósofo griego Isócrates escribió: "No hagas a otros lo que te enoja cuando te hacen a ti" (*Nicocles,* 3. 60). En sus *Analectas,* Confucio aconsejó: "Nunca impongas a otros lo que no elegirías para ti mismo" (XV. 24). El libro apócrifo de Tobías ordena: "No hagas a nadie lo que a ti te desagrada" (4:15). El famoso rabino judío Hillel resumió la Torá en la declaración: "Lo que es odioso para ti, no lo hagas a tu prójimo" (Talmud; Shabbat 31a).

Hay una diferencia sutil pero importante en la forma en que el Señor expresó este principio. Las versiones negativas de la regla de oro constituyen la síntesis de la ética humana. Sin embargo, son poco más que expresiones egoístas de amor propio, preocupadas principalmente con obtener a cambio buen trato para uno mismo. En cambio, Jesús ordena amor desinteresado, el amor que se centra únicamente en el bienestar de su objetivo. El amor que Él ordena busca tratar a otros de la manera que nos gustaría ser tratados, incluso aunque a su vez ellos no amen de esa manera. Así es como Dios ama, y ese amor sobrenatural es imposible en el nivel humano. Solamente nosotros los cristianos podemos mostrarlo, "porque el amor de Dios ha sido derramado en nuestros corazones por el Espíritu Santo que nos fue dado" (Ro. 5:5).

ESENCIA DEL AMOR DEL REINO

Porque si amáis a los que os aman, ¿qué mérito tenéis? Porque también los pecadores aman a los que los aman. Y si hacéis bien a los que os hacen bien,

¿qué mérito tenéis? Porque también los pecadores hacen lo mismo. Y si prestáis a aquellos de quienes esperáis recibir, ¿qué mérito tenéis? Porque también los pecadores prestan a los pecadores, para recibir otro tanto. (6:32-34)

La calidad trascendental y sobrenatural del amor del reino se hace más evidente cuando se contrasta con el amor de los no regenerados. *Hamartōloi* (**pecadores**) se refiere a los incrédulos, aquellos que están fuera del reino de Dios (cp. Mt. 26:45; Mr. 2:16; Lc. 15:7; 18:13; Ro. 5:8; 1 Ti. 1:15). El amor de ellos es recíproco; aman a quienes los aman.

Pero el amor que los discípulos de Jesús deben exhibir es muy diferente del que muestra el mundo perdido. **Porque si amáis a los que os aman,** les manifestó Jesús, **¿qué mérito tenéis?** Tal amor es idéntico al de los no regenerados. **También los pecadores,** incluso los recaudadores de impuestos, la escoria de la sociedad judía (Mt. 5:46), **aman a los que los aman.** De igual modo, continuó Jesús, **si hacéis bien a los que os hacen bien, ¿qué mérito tenéis?** Esto tampoco es ninguna virtud, **porque también los pecadores hacen lo mismo.** Tal actitud egoísta permite que la bondad de los demás limite la propia. También abre la puerta para que las personas justifiquen la búsqueda de venganza sobre quienes no les hacen bien. Por último, Jesús preguntó: **Y si prestáis a aquellos de quienes esperáis recibir, ¿qué mérito tenéis? Porque también los pecadores prestan a los pecadores, para recibir otro tanto.** El Señor no está hablando aquí de prestar a alguien que no puede pagar el préstamo (la expresión **otro tanto** no está en el texto griego), ya que la Biblia enseña que todos deberían pagar sus deudas (cp. Ro. 13:8). Él habla aquí de prestar a las personas para crear una obligación, como el hecho de esperar que a su vez ellas nos vayan a prestar, lo que es otro ejemplo del amor recíproco y egoísta de los no regenerados.

El simple hecho de amar como los pecadores no testifica del evangelio; ese tipo de amor no convencerá a nadie de que quien lo manifiesta pertenece al reino de Dios. Esa clase de amor no brinda ninguna evidencia de una vida regenerada y transformada. Pero el amor sobrenatural de Dios demostrado en las vidas de los creyentes es un poderoso paliativo para la verdad del evangelio.

BENEFICIOS DEL AMOR DEL REINO

Amad, pues, a vuestros enemigos, y haced bien, y prestad, no esperando de ello nada; y será vuestro galardón grande, y seréis hijos del Altísimo; porque él es benigno para con los ingratos y malos. Sed, pues, misericordiosos, como también vuestro Padre es misericordioso. (6:35-36)

En un contraste punto por punto al amor egoísta y de compensación de los incrédulos que acababa de describir, Jesús ordenó a sus discípulos: **Amad a vuestros**

enemigos, y no solo a quienes los aman, **haced bien** a todos, no solo a quienes les hacen bien, **y prestad** sin condiciones, **no esperando de ello nada.** Tal amor no es natural ni normal según estándares humanos, pero Jesús prometió que el beneficio de amar de ese modo es que **será** un **galardón grande** el que recibiremos.

El **galardón** del que se habla aquí no es el premio eterno y celestial mencionado en 6:23, sino uno en el mundo de los hombres. Cuando los cristianos aman con el amor incondicional y sobrenatural que Dios les pone en sus corazones (Ro. 5:5), los pecadores se sorprenden. Se trata de un amor extraño al que ellos han experimentado, y que muestra que quienes lo manifiestan son **hijos del Altísimo** (nombre de Dios usado cincuenta veces y que resalta su soberanía). Este amor reconoce la afirmación del evangelio de tener el poder de transformar sobrenaturalmente a quienes lo creen.

Los creyentes pueden adornar "la doctrina de Dios" (Tit. 2:10) y ser imitadores de Él (Ef. 5:1) cuando muestran bondad hacia otros, **porque él es benigno para con los ingratos** (2 Ti. 3:2) **y** para con los hombres **malos** (Ro. 3:10; 2 Ti. 3:13). Por medio de su gracia común, Dios concede a los pecadores lo que no merecen; Él "hace salir su sol sobre malos y buenos, y… hace llover sobre justos e injustos" (Mt. 5:45; cp. Sal. 145:15-17). Los discípulos de Cristo también demuestran el amor del reino cuando son **misericordiosos, como también** el **Padre** de ellos **es misericordioso.** La misericordia es la otra cara de la bondad. La misericordia de Dios le hace retener el juicio que los pecadores merecen. Él "es paciente... no queriendo que ninguno perezca, sino que todos procedan al arrepentimiento" (2 P. 3:9). Pero quienes desprecian la misericordia divina y hacen caso omiso a la bondad de Dios (Ro. 2:4), negándose a arrepentirse de sus pecados y volverse hacia Jesucristo en fe humilde, enfrentarán condenación eterna (Jn. 3:36). Cuando los creyentes aman como Dios ama, demostrando bondad y misericordia, dan testimonio al mundo entero de que Él es el Padre de ellos.

OBJETIVO DEL AMOR DEL REINO

No juzguéis, y no seréis juzgados; no condenéis, y no seréis condenados; perdonad, y seréis perdonados. Dad, y se os dará; medida buena, apretada, remecida y rebosando darán en vuestro regazo; porque con la misma medida con que medís, os volverán a medir. (6:37-38)

Cristo culminó esta sección de su sermón dando cuatro mandamientos, dos negativos y dos positivos que, si se obedecen, llevarán al propósito definitivo de amar a los demás con el amor del reino.

El primer mandamiento, **no juzguéis, y no seréis juzgados,** no impide evaluar el estado espiritual de una persona y confrontar su pecado (cp. 6:42-45; 17:3; Mt. 7:6; 1 Co. 5:5, 11-13; 1 Ti. 5:20; 2 Ti. 4:2; Stg. 5:20; 2 Jn. 10). Es más, los cristianos tienen la orden de discernir, a fin de ser "prudentes como serpientes, y sencillos como palomas" (Mt. 10:16; cp. Col. 4:5). (Analizo la importancia de discernir en la iglesia en mi libro *Reckless Faith: When the Church Loses Its Will to Discern* [Wheaton, Ill.: Crossway, 1994]). Lo que este mandato prohíbe es la condenación dura, crítica, inmisericorde y vengativa de nuestros enemigos como si hubiéramos sido investidos con el poder del juicio final (véase el estudio anterior del v. 28).

La segunda orden, **no condenéis, y no seréis condenados,** es similar a la primera. Añade un sentido de irrevocabilidad a la idea de juzgar, de erigirse como verdugo. Los cristianos deben recordar que separados de la gracia de Dios no serían mejores que los no regenerados. Así Pablo le recordó a Tito:

> *Porque nosotros también éramos en otro tiempo insensatos, rebeldes, extraviados, esclavos de concupiscencias y deleites diversos, viviendo en malicia y envidia, aborrecibles, y aborreciéndonos unos a otros. Pero cuando se manifestó la bondad de Dios nuestro Salvador, y su amor para con los hombres, nos salvó, no por obras de justicia que nosotros hubiéramos hecho, sino por su misericordia, por el lavamiento de la regeneración y por la renovación en el Espíritu Santo, el cual derramó en nosotros abundantemente por Jesucristo nuestro Salvador, para que justificados por su gracia, viniésemos a ser herederos conforme a la esperanza de la vida eterna (Tit. 3:3-7).*

En lugar de juzgar y condenar a otros, los cristianos tienen la orden: **perdonad, y seréis perdonados.** Estos nunca se parecen más a su Padre celestial que cuando perdonan a otros. No hay espacio en el amor del reino para guardar rencor o estar amargados. Así como Jesús (Lc. 23:34) y Esteban (Hch. 7:59-60), los creyentes deben perdonar a sus enemigos sin que importe lo hostiles que estos últimos puedan parecer (cp. 17:3-4; Mt. 18:21-22; Mr. 11:25).

El último mandato, **dad, y se os dará,** reclama generosidad. A cambio **medida buena, apretada, remecida y rebosando darán** los incrédulos **en** el **regazo** de los creyentes. El ejemplo del Señor, tomado de una escena conocida por sus oyentes, describe vívidamente la bendición que los discípulos recibirán. J. Jeremias escribe:

> La medición del maíz es un proceso que se lleva a cabo de acuerdo con un patrón establecido. El vendedor se acurruca en el suelo con la medida entre las piernas. En primer lugar llena la medida hasta tres cuartos de su capacidad y le da una buena sacudida con un movimiento de rotación para hacer que los granos se asienten. Después llena la medida hasta el borde y la sacude otra vez. A continuación presiona firmemente el maíz con ambas manos. Por último lo amontona en un cucurucho, golpeándolo con cuidado para presionar los granos; de

> vez en cuando perfora un hueco en el maíz y le añade algunos granos, hasta que prácticamente no hay más espacio para un solo grano. De este modo, al comprador se le garantiza absoluta medida completa; no puede contener más (citado en Darrell L. Bock, *Luke 1:1-9:50*, The Baker Exegetical Commentary on the New Testament [Grand Rapids: Baker, 1994], pp. 607-8).

El objetivo de todos los cuatro mandatos no es lograr que los pecadores no juzguen o condenen a los creyentes, sino que estos últimos sean perdonadores y generosos. Si eso está sucediendo indica que los incrédulos los han aceptado, y así tendrán una oportunidad de predicar el evangelio. Cuando los creyentes aman a los incrédulos como Dios lo hace (de modo compasivo, bondadoso, misericordioso y perdonador), demuestran el poder transformador de la salvación.

Peligro de seguir a maestros espirituales equivocados

41

Y les decía una parábola: ¿Acaso puede un ciego guiar a otro ciego? ¿No caerán ambos en el hoyo? El discípulo no es superior a su maestro; mas todo el que fuere perfeccionado, será como su maestro. ¿Por qué miras la paja que está en el ojo de tu hermano, y no echas de ver la viga que está en tu propio ojo? ¿O cómo puedes decir a tu hermano: Hermano, déjame sacar la paja que está en tu ojo, no mirando tú la viga que está en el ojo tuyo? Hipócrita, saca primero la viga de tu propio ojo, y entonces verás bien para sacar la paja que está en el ojo de tu hermano. No es buen árbol el que da malos frutos, ni árbol malo el que da buen fruto. Porque cada árbol se conoce por su fruto; pues no se cosechan higos de los espinos, ni de las zarzas se vendimian uvas. El hombre bueno, del buen tesoro de su corazón saca lo bueno; y el hombre malo, del mal tesoro de su corazón saca lo malo; porque de la abundancia del corazón habla la boca. ¿Por qué me llamáis, Señor, Señor, y no hacéis lo que yo digo? Todo aquel que viene a mí, y oye mis palabras y las hace, os indicaré a quién es semejante. Semejante es al hombre que al edificar una casa, cavó y ahondó y puso el fundamento sobre la roca; y cuando vino una inundación, el río dio con ímpetu contra aquella casa, pero no la pudo mover, porque estaba fundada sobre la roca. Mas el que oyó y no hizo, semejante es al hombre que edificó su casa sobre tierra, sin fundamento; contra la cual el río dio con ímpetu, y luego cayó, y fue grande la ruina de aquella casa. (6:39-49)

En el relato de Mateo del Sermón del Monte, Jesús cerró esta poderosa prédica exhortando a sus oyentes: "Entrad por la puerta estrecha; porque ancha es la puerta, y espacioso el camino que lleva a la perdición, y muchos son los que entran por ella; porque estrecha es la puerta, y angosto el camino que lleva a la vida, y pocos son los que la hallan" (Mt. 7:13-14). Así como ilustran las referencias a dos puertas, dos caminos, dos destinos, y dos grupos, la opción que toda persona enfrenta es entre cielo e infierno; entre salvación y condenación; entre la única religión verdadera y la falsa en innumerables formas.

Lo que hace aún más confusa y complicada esa importantísima decisión son los falsos maestros, de quienes Jesús advirtió "que vienen a vosotros con vestidos de ovejas, pero por dentro son lobos rapaces" (v. 15). Motivados por la codicia (Is. 56:11; Jer. 6:13; 8:10; Mi. 3:5; Fil. 3:18-19; 2 P. 2:1-3, 14), y usando las túnicas de lana de los profetas, estos emisarios de Satanás tratan de evitar que las personas entren por el camino angosto al cielo y, en vez de eso, las dirigen por el camino ancho hacia el infierno.

La actitud de Dios hacia los falsos maestros contrasta en gran manera con la inclusividad y tolerancia del error que impregna al protestantismo moderno. La Biblia los denuncia como ciegos, ignorantes, perros mudos que no pueden ladrar, soñolientos, echados, que aman el dormir (Is. 56:10); necios e insensatos (Os. 9:7); livianos y prevaricadores (Sof. 3:4); lobos rapaces (Mt. 7:15); ciegos guías de ciegos (Mt. 15:14; cp. 23:16); hipócritas (Mt. 23:13); insensatos y ciegos (v. 17); sepulcros blanqueados llenos de huesos (v. 27); serpientes, generación de víboras (v. 33); ladrones y salteadores (Jn. 10:8); lobos rapaces (Hch. 20:29); esclavos de sus propios vientres (Ro. 16:18); charlatanes que falsifican la Palabra de Dios (2 Co. 2:17); falsos apóstoles, obreros fraudulentos (2 Co. 11:13); ministros de Satanás (v. 15); proveedores de un evangelio diferente (Gá. 1:6-8); perros, malos obreros, mutiladores del cuerpo (Fil. 3:2); enemigos de la cruz de Cristo (Fil. 3:18); envanecidos que nada saben (1 Ti. 6:4); hombres corruptos de entendimiento y privados de la verdad (v. 5); desviados de la verdad (2 Ti. 2:18); cautivos del diablo (v. 26); engañadores (2 Jn. 7); hombres impíos (Jud. 4); y animales irracionales (v. 10). Como resultado, la Biblia también pronuncia severo juicio sobre ellos (Dt. 13:5; 18:20; Jer. 14:15; Gá. 1:8-9; Ap. 2:20-23).

El motivo para tal lenguaje al parecer duro es el peligro mortal que los falsos maestros representan, pues se dedican a la maldad más característica de Satanás y al pecado más devastador: descarrían al pueblo de la verdad de la Palabra de Dios (Is. 3:12; 9:16; Jer. 14:13; 23:26-27, 32; 50:6; Mt. 23:13, 15; 24:4-5, 24; Lc. 11:46, 52; Ro. 16:17-18; Col. 2:4, 8, 18; 1 Ts. 2:14-16; 2 Ti. 3:13; Tit. 1:10; 2 Jn. 7), e incluso de la necesidad de arrepentirse del pecado (Jer. 6:14; 8:11; 23:21-22; Lm. 2:14; Ez. 13:10, 16, 22). Si no se les combate, las doctrinas de demonios que pregonan (1 Ti. 4:1) destrozarán almas y corromperán a la Iglesia (Hch. 20:29-30; 2 Ti. 2:17-18), adormeciendo a muchos en una falsa sensación de seguridad con relación a su salvación.

El tema del sermón de Jesús es el verdadero discipulado. En los versículos 20-26 definió a los discípulos como arrepentidos, abrumados por sus pecados y desesperados por la justicia que solo Dios puede dar. Los verdaderos discípulos también se caracterizan por el amor (vv. 27-38), incluso para quienes los odian y persiguen. El verdadero discipulado es sinónimo de sumisión al señorío de Cristo. Esta sección analiza este importante tema en una manera negativa, ya que seguir a Jesucristo como Señor significa evitar falsos líderes espirituales. El Señor describió primero el carácter de tales engañadores. Luego retó a sus oyentes a tomar la decisión más importante de sus vidas: entre la verdad salvadora de Dios y las mentiras condenatorias de Satanás; entre someterse a Dios, o seguir a falsos maestros.

LOS ENGAÑADORES

Y les decía una parábola: ¿Acaso puede un ciego guiar a otro ciego? ¿No caerán ambos en el hoyo? El discípulo no es superior a su maestro; mas todo el que fuere perfeccionado, será como su maestro. ¿Por qué miras la paja que está en el ojo de tu hermano, y no echas de ver la viga que está en tu propio ojo? ¿O cómo puedes decir a tu hermano: Hermano, déjame sacar la paja que está en tu ojo, no mirando tú la viga que está en el ojo tuyo? Hipócrita, saca primero la viga de tu propio ojo, y entonces verás bien para sacar la paja que está en el ojo de tu hermano. No es buen árbol el que da malos frutos, ni árbol malo el que da buen fruto. Porque cada árbol se conoce por su fruto; pues no se cosechan higos de los espinos, ni de las zarzas se vendimian uvas. El hombre bueno, del buen tesoro de su corazón saca lo bueno; y el hombre malo, del mal tesoro de su corazón saca lo malo; porque de la abundancia del corazón habla la boca. (6:39-45)

Cuatro características de los falsos maestros los marcan como guías espirituales peligrosos y poco fiables: son ciegos, mundanos, hipócritas y perversos.

LOS FALSOS MAESTROS SON CIEGOS

Y les decía una parábola: ¿Acaso puede un ciego guiar a otro ciego? ¿No caerán ambos en el hoyo? (6:39)

Parabolē (**parábola**) puede referirse a una analogía ampliada (cp. 12:16; 15:3; 18:9; 19:11), pero también a un sencillo proverbio (cp. 4:23; 5:36), como ocurre aquí. Esta parábola refleja un problema que era demasiado conocido por el pueblo en la época de Jesús. La ceguera era común en el mundo antiguo, como lo sigue siendo hoy día en varias partes del mundo. Había peligros por todas partes para los ciegos, entre ellos excavaciones sin cercar, grietas y precipicios, y pozos secos que no habían sido cubiertos o rellenados con tierra. Tal verdad de que no puede **un ciego guiar a otro ciego** es evidente; ya que un ciego no puede ver a dónde él mismo está yendo, tampoco puede guiar de manera segura o fiable a otro ciego. El resultado probable es que **ambos** caigan **en el hoyo** y se lastimen gravemente o mueran.

La ceguera se usa metafóricamente tanto en el Antiguo como en el Nuevo Testamento para describir el hecho de estar vacío de la verdad y falto de visión espiritual (p. ej., Is. 42:7; 43:8; 44:18; Jer. 5:21; Sal. 82:5; Hch. 26:18; 2 Co. 4:4; 1 Jn. 2:11; Ap. 3:17). El principio espiritual es obvio: aquellos que siguen a líderes que no conocen el camino hacia el reino de Dios nunca llegarán allá. En vez de eso todos caerán en el hoyo del infierno. Jesús estaba refiriéndose en particular a los guías religiosos ciegos de Israel, los escribas y fariseos. En otra ocasión usó esta misma parábola del ciego que guía a ciegos para referirse específicamente a ellos (Mt. 15:14), mientras que en su discurso contra los fariseos, Jesús les fustigó repetidamente su ceguera espiritual (Mt. 23:16, 17, 19, 24, 26). El resultado inevitable era que guiaban a sus seguidores al mismo infierno al que ellos mismos se dirigían (Mt. 23:15).

Por otro lado, Jesús es "el camino, y la verdad, y la vida; nadie viene al Padre, sino por [Él]" (Jn. 14:6; cp. Hch. 4:12). Puesto que Él es "la luz del mundo", todo aquel que lo sigue "no andará en tinieblas, sino que tendrá la luz de la vida" (Jn. 8:12; cp. 9:5; 12:46; Ef. 5:8; 1 Ts. 5:5; 1 P. 2:9). Solo Cristo abre los ojos de los espiritualmente ciegos (Lc. 4:18).

LOS FALSOS MAESTROS SON MUNDANOS

El discípulo no es superior a su maestro; mas todo el que fuere perfeccionado, será como su maestro. (6:40)

Al igual que la primera descripción ya dada de los falsos maestros, esta concisa declaración también es evidente (véase las afirmaciones parecidas en Mt. 10:24; Jn. 13:16; 15:20). Un **discípulo no** puede ser **superior a su maestro,** ya que un maestro no puede impartir conocimiento que no posea. Las limitaciones y los errores de los maestros inevitablemente se reflejarán en sus estudiantes.

Puesto que los falsos maestros ni vienen de Dios ni conocen el camino a Dios, no pueden llevar personas a Él. En épocas antiguas a menudo los estudiantes seguían con regularidad a sus maestros, y recibían instrucción en el contexto de las experiencias cotidianas de la vida. Eso permitía a los maestros ser ejemplo para sus estudiantes en formas prácticas, no solo teóricas, pero incluso **todo el que fuere perfeccionado** de esa manera a lo mejor solo podía llegar a ser **como su maestro.** Si el maestro no comprendía la verdad de Dios, tampoco lo harían sus estudiantes. Así lo expresó Oseas: "Será el pueblo como el sacerdote" (Os. 4:9).

Por otra parte, quienes siguen a Jesús se volverán como Él. Juan escribió: "Sabemos que cuando él se manifieste, seremos semejantes a él, porque le veremos tal como él es" (1 Jn. 3:2).

LOS FALSOS MAESTROS SON HIPÓCRITAS

¿Por qué miras la paja que está en el ojo de tu hermano, y no echas de ver la viga que está en tu propio ojo? ¿O cómo puedes decir a tu hermano: Hermano, déjame sacar la paja que está en tu ojo, no mirando tú la viga que está en el ojo

tuyo? Hipócrita, saca primero la viga de tu propio ojo, y entonces verás bien para sacar la paja que está en el ojo de tu hermano. (6:41-42)

Esta anécdota humorística ejemplifica un asunto muy grave. Además de ser espiritualmente ciegos e ignorantes de la verdad divina, a los falsos maestros también les falta integridad; son hipócritas. Presumen de poder ofrecer a los demás las respuestas a sus preguntas espirituales, pero están vacíos de la verdad, incluso para sí mismos. En una ilustración como de dibujos animados, Jesús describe que un hipócrita es quien pretende ver **la paja que está en el ojo de** un **hermano, y no** logra **ver la viga que está en** su **propio ojo.** Las palabras usadas para los objetos hacen aún más ridícula la engañosa presunción de los falsos maestros. *Kaphos* (**paja**) se refiere a una astilla de madera, hojarasca o cascarilla, mientras que *dokos* (**viga**) describe a un enorme travesaño, como los usados en el piso o el techo de un edificio.

La ilustración del Señor describe de manera gráfica lo absurdo de que el falso maestro le dijera a alguien: **Hermano, déjame sacar la paja que está en tu ojo,** mientras **no** logra ver **la viga que está en el ojo** de él mismo. Cegados por el enorme pecado de la arrogancia moral, los falsos maestros no están en posición de tratar con los pecados menores de otros. No pueden vencer su propio pecado, ya que la falsa religión no puede refrenar la carne. Sin embargo, cada uno de ellos se ve presuntuosamente como "guía de los ciegos, luz de los que están en tinieblas, instructor de los indoctos" (Ro. 2:19-20). Jesús les dijo con mordacidad: **Hipócrita, saca primero la viga de tu propio ojo, y entonces verás bien para sacar la paja que está en el ojo de tu hermano.** Una y otra vez el Señor denunció a los dirigentes religiosos judíos como hipócritas, que "por fuera... [se muestran] justos a los hombres, pero por dentro [están] llenos de hipocresía e iniquidad" (Mt. 23:28; cp. vv. 13-15, 23, 25, 27, 29; 6:2, 5, 16; 15:7; 22:18; Lc. 12:1, 56; 13:15). Solo al confesar y arrepentirse de su propio pecado de arrogancia moral podrían ver claramente los pecados de los demás.

A diferencia de los falsos maestros, Jesús no tiene pecado (He. 4:15), contaminación (1 P. 1:19), mancha (He. 7:26), y es Aquel en quien el Padre se complace (Mt. 3:17). En consecuencia, su penetrante visión es clara, lo que le permite ver todo rastro de pecado (cp. Ap. 1:14). Y solo a través de su muerte sacrificial es que se puede expiar el pecado (He. 9:26; 10:12).

LOS FALSOS MAESTROS SON PERVERSOS

No es buen árbol el que da malos frutos, ni árbol malo el que da buen fruto. Porque cada árbol se conoce por su fruto; pues no se cosechan higos de los espinos, ni de las zarzas se vendimian uvas. El hombre bueno, del buen tesoro de su corazón saca lo bueno; y el hombre malo, del mal tesoro de su corazón saca lo malo; porque de la abundancia del corazón habla la boca. (6:43-45)

Bajo la fachada de superioridad moral de los falsos maestros se encuentra la venenosa maldad. Jesús utilizó otra ilustración evidente, esta vez del reino de la agricultura, para aclarar este punto. El fruto que un árbol produce es un indicador infalible de la salud de ese árbol. Por tanto, **no es buen árbol el que da malos frutos, ni árbol malo el que da buen fruto.** Los árboles buenos no producen fruto malo e incomible, y tampoco los árboles malos producen fruto bueno y comible. Llevando la imagen un poco más allá, el Señor añadió el hecho igualmente obvio de que **cada árbol se conoce por su fruto.** Las plantas producen fruto según su naturaleza, en consecuencia **no se cosechan higos de los espinos, ni de las zarzas se vendimian uvas.**

En esta parábola, los árboles malos son los falsos maestros, como lo clarifica el relato paralelo de Mateo. En Mateo 7:15, el Señor advirtió: "Guardaos de los falsos profetas, que vienen a vosotros con vestidos de ovejas, pero por dentro son lobos rapaces". Luego en el versículo 16 usó el mismo ejemplo descrito por Lucas: "Por sus frutos los conoceréis. ¿Acaso se recogen uvas de los espinos, o higos de los abrojos?", relacionándolo así con los falsos maestros del versículo 15. De igual modo, en Mateo 12:33, Jesús declaró a los fariseos: "O haced el árbol bueno, y su fruto bueno, o haced el árbol malo, y su fruto malo; porque por el fruto se conoce el árbol". Entonces en el versículo siguiente les aplicó esa declaración: "¡Generación de víboras! ¿Cómo podéis hablar lo bueno, siendo malos? Porque de la abundancia del corazón habla la boca" (v. 34).

La aplicación de la parábola es clara. **El hombre bueno, del buen tesoro de su corazón saca lo bueno; y el hombre malo, del mal tesoro de su corazón saca lo malo.** Así como los árboles producen fruto de acuerdo con su naturaleza, así también ocurre con las personas. Los corazones de los justos, habiendo sido transformados por la obra regeneradora de la salvación (Jer. 31:33; Ez. 36:25-27; Jn. 3:5; Tit. 3:5), tienen **buen tesoro;** los corazones de los no regenerados tienen **mal tesoro.** Así como el fruto que produce el árbol revela su naturaleza, así también lo que las personas declaran muestra la naturaleza de sus corazones, ya que **de la abundancia del corazón habla la boca** (cp. Pr. 10:32; Mt. 15:18). La manera en que hablan las personas revela más claramente lo que hay en sus corazones.

Quienes siguen a falsos maestros espirituales manifestarán la misma corrupción que ellos. Solamente quienes siguen al Señor Jesucristo pueden producir el fruto del arrepentimiento (Lc. 3:8) que caracteriza una vida transformada (2 Co. 5:17).

LA DECISIÓN

¿Por qué me llamáis, Señor, Señor, y no hacéis lo que yo digo? Todo aquel que viene a mí, y oye mis palabras y las hace, os indicaré a quién es semejante.

Semejante es al hombre que al edificar una casa, cavó y ahondó y puso el fundamento sobre la roca; y cuando vino una inundación, el río dio con ímpetu contra aquella casa, pero no la pudo mover, porque estaba fundada sobre la roca. Mas el que oyó y no hizo, semejante es al hombre que edificó su casa sobre tierra, sin fundamento; contra la cual el río dio con ímpetu, y luego cayó, y fue grande la ruina de aquella casa. (6:46-49)

Jesús acabó su sermón retando a sus oyentes a tomar una decisión. Las personas enfrentan decisiones a lo largo de sus vidas, acerca de la dieta, atención médica, estilo de vida, profesión, relaciones y educación, para nombrar unas pocas. Pero la decisión que eclipsa todas las demás es la que fija el destino eterno de un individuo. La parábola que finaliza el Sermón del Monte revela dos aspectos de tal decisión: su naturaleza y sus consecuencias.

NATURALEZA DE LA DECISIÓN

¿Por qué me llamáis, Señor, Señor, y no hacéis lo que yo digo? (6:46)

La religión florece en el mundo porque las personas quieren vivir en el cielo después de la muerte, pero ellas son las que determinan a dónde van. Sea concebida como el nirvana del budismo, el paraíso del islam, la evolución eterna hacia la divinidad del mormonismo, o la libertad del ciclo de reencarnación y unión con Brahmán del hinduismo, las religiones ofrecen algunas formas de dicha, felicidad, realización o recompensa en un plano superior después de esta vida.

En esta era de tolerancia y rechazo de la verdad absoluta (especialmente de la verdad religiosa), existe una extendida creencia de que todo aquel que es sincero en su fe irá al cielo. Incluso muchos evangélicos profesantes se aferran a un punto inclusivo de vista del evangelio. Sostienen que Dios aceptará a quienes son sinceros en su compromiso religioso, aunque nunca dejen sus religiones falsas ni profesen fe en Jesucristo. Es más, algunos incluso sostienen que dichas religiones falsas pueden ayudarlos realmente a llegar a Dios.

Pero el evangelio es inflexiblemente exclusivo. Jesús declaró: "Yo soy el camino, y la verdad, y la vida; nadie viene al Padre, sino por mí" (Jn. 14:6). Los primeros cristianos predicaron la verdad de que "en ningún otro [que no sea Jesucristo] hay salvación; porque no hay otro nombre bajo el cielo, dado a los hombres, en que podamos ser salvos" (Hch. 4:12).

En caso de que hubiera alguna religión aparte del cristianismo bíblico bastante cerca de la verdad de que sus seguidores podrían alcanzar el cielo, esta sería el judaísmo. Después de todo, cristianos y judíos tienen mucho en común. Unos y otros creen en el Dios de Abraham, Isaac y Jacob. Ambos creen que Dios es santo, soberano, omnisciente, omnipresente, inmutable, creador, sustentador y juez. Los dos creen en la realidad del pecado y la necesidad de justicia. Unos y otros creen en virtudes tales como humildad, sinceridad, bondad y perdón. Y los judíos creen en las Escrituras del Antiguo Testamento.

Sin embargo, fue a individuos que sostenían estas creencias que Jesús dirigió este sermón. Muchos estaban fascinados con Él, como lo evidencian las grandes multitudes que lo seguían adondequiera que iba. Algunos incluso se identificaban como discípulos de Cristo y afirmaban que, en cierto sentido, Él era su amo o maestro. Pero a pesar de todo eso, muchos no alcanzaron la salvación porque no le obedecieron, según deja en claro la pregunta directa del Señor, **¿por qué me llamáis, Señor, Señor, y no hacéis lo que yo digo?**

La sumisión a Jesucristo como Señor es un elemento no negociable de verdadera salvación. Romanos 10:9 declara explícitamente: "Si confesares con tu boca que Jesús es el Señor, y creyeres en tu corazón que Dios le levantó de los muertos, serás salvo" (cp. 1 Co. 12:3). La fe salvadora es fe obediente. Hechos 6:7 relata que "muchos de los sacerdotes obedecían a la fe". Tres veces, en Romanos, el apóstol Pablo habló de la obediencia en relación con la fe que salva (1:5; 15:18; 16:26). Jesús es "autor de eterna salvación para todos los que le obedecen" (He. 5:9), y Pedro escribió que el fin de la salvación es obedecer a Jesucristo (1 P. 1:2). Aquellos que aman a Jesús guardan sus mandamientos (Jn. 14:15, 23; 15:10; cp. 1 Jn. 5:3). Por otra parte, "el que rehúsa creer en el Hijo no verá la vida, sino que la ira de Dios está sobre él" (Jn. 3:36), porque "no todo el que me dice: Señor, Señor, entrará en el reino de los cielos, sino el que hace la voluntad de mi Padre que está en los cielos" (Mt. 7:21). Pablo pronunció una maldición sobre quienes rechazan a Jesucristo (1 Co. 16:22). Santiago advirtió: "Sed hacedores de la palabra, y no tan solamente oidores, engañándoos a vosotros mismos" (Stg. 1:22). Tener a Dios en los labios pero no en el corazón es una soez blasfemia.

Los requisitos no negociables de confesar el pecado, arrepentirse y confiar en el Señor Jesucristo como el único Salvador son necesarios para la salvación. Aquellos que incumplen estos aspectos pero confían en las buenas obras y los rituales religiosos no verán el cielo, por sinceras que sean sus creencias religiosas.

CONSECUENCIAS DE LA DECISIÓN

Todo aquel que viene a mí, y oye mis palabras y las hace, os indicaré a quién es semejante. Semejante es al hombre que al edificar una casa, cavó y ahondó y puso el fundamento sobre la roca; y cuando vino una inundación, el río dio con ímpetu contra aquella casa, pero no la pudo mover, porque estaba fundada sobre la roca. Mas el que oyó y no hizo, semejante es al hombre que edificó su casa sobre tierra, sin fundamento; contra la cual el río dio con ímpetu, y luego cayó, y fue grande la ruina de aquella casa. (6:47-49)

Esta inolvidable ilustración demuestra las consecuencias inevitables de la decisión que una persona toma acerca de Jesucristo. **Todo aquel que viene a Él y oye** sus **palabras y las hace es semejante al hombre que al edificar una casa, cavó y ahondó y puso el fundamento sobre la roca.** La frase **cavó y ahondó** hace alusión a la profunda investigación de corazón que caracteriza al verdadero arrepentimiento. El único **fundamento** para la salvación es Jesucristo (1 Co. 3:11), mientras que **roca** se refiere a Dios en el Antiguo Testamento (p. ej., Dt. 32:4, 15, 18; 2 S. 22:2-3; 23:3; Sal. 18:2; 28:1; 78:35; 95:1; Is. 26:4; 30:29) y a Cristo en el Nuevo (1 Co. 10:4; 1 P. 2:5-8).

Por otra parte, **el que oyó y no hizo, semejante es al hombre que edificó su casa sobre tierra, sin fundamento.** Este edificio religioso parecía superficialmente idéntico a la primera casa, y estaba ubicado en la misma región, ya que la misma tormenta afectó a las dos. Así como se ilustra en la parábola del trigo y la cizaña (Mt. 13:24-30), a menudo es imposible distinguir a los falsos creyentes de los verdaderos hasta que el juicio viene y arrasa su edificio de fariseísmo religioso. Pero, cuando la **inundación** y el **río** del juicio divino y el furioso **ímpetu** dieron contra cada **casa,** los resultados fueron dramáticamente distintos. Cuando la tormenta de juicio golpeó la casa construida sobre el sólido **fundamento** de la salvación en Cristo **no la pudo mover, porque estaba fundada sobre la roca.** Quienes construyen sus vidas en el cimiento del evangelio no tienen nada que temer de la tormenta del juicio, ya que Jesús prometió: "De cierto, de cierto os digo: El que oye mi palabra, y cree al que me envió, tiene vida eterna; y no vendrá a condenación, mas ha pasado de muerte a vida" (Jn. 5:24; cp. 3:16, 18; Ro. 8:1; 1 Jn. 4:17). La otra casa religiosa, al no tener cimiento en Cristo y el evangelio, no pudo estar de pie. Cuando **el río** del juicio divino **dio con ímpetu,** inmediatamente **cayó, y fue grande la ruina de aquella casa.**

La disyuntiva que toda persona enfrenta es clara. Quienes siguen el modelo proporcionado por falsos maestros, y tontamente construyen sus casas espirituales en la arena del logro humano, serán arrastrados al infierno por el río del juicio divino. Pero los que construyen sobre el fundamento sólido de la fe en el Señor Jesucristo no serán sacudidos (cp. Ro. 9:33; 10:11; 1 P. 2:6). El himno "La roca sólida" expresa la alegre confianza que sienten:

> El fundamento de mi fe es Jesucristo, Salvador;
> el Justo por mi mal murió, su sangre dio a mi favor.
> Si olas altas dan temor, sin verlo tengo fe en Dios;
> su gracia ancla fuerte es en tempestad, cuidándonos.
>
> Es Cristo Roca firme y fiel; segura peña tengo en Él;
> arena incierta hay sin Él; arena incierta hay sin Él.

El hombre que asombró a Jesús 42

Después que hubo terminado todas sus palabras al pueblo que le oía, entró en Capernaum. Y el siervo de un centurión, a quien éste quería mucho, estaba enfermo y a punto de morir. Cuando el centurión oyó hablar de Jesús, le envió unos ancianos de los judíos, rogándole que viniese y sanase a su siervo. Y ellos vinieron a Jesús y le rogaron con solicitud, diciéndole: Es digno de que le concedas esto; porque ama a nuestra nación, y nos edificó una sinagoga. Y Jesús fue con ellos. Pero cuando ya no estaban lejos de la casa, el centurión envió a él unos amigos, diciéndole: Señor, no te molestes, pues no soy digno de que entres bajo mi techo; por lo que ni aun me tuve por digno de venir a ti; pero di la palabra, y mi siervo será sano. Porque también yo soy hombre puesto bajo autoridad, y tengo soldados bajo mis órdenes; y digo a éste: Ve, y va; y al otro: Ven, y viene; y a mi siervo: Haz esto, y lo hace. Al oír esto, Jesús se maravilló de él, y volviéndose, dijo a la gente que le seguía: Os digo que ni aun en Israel he hallado tanta fe. Y al regresar a casa los que habían sido enviados, hallaron sano al siervo que había estado enfermo. (7:1-10)

No hay duda de que Jesucristo es la persona más asombrosa que alguna vez ha vivido. En varias ocasiones, los evangelios narran que las personas estaban asombradas, estupefactas y hasta traumatizadas por las palabras y los milagros de Jesús. El divino conocimiento y el poder sobrenatural de Cristo excedían toda comprensión.

Después de oír el Sermón del Monte, "la gente se admiraba de su doctrina" (Mt. 7:28). En el siguiente capítulo del Evangelio de Mateo, Jesús calmó en el Mar de Galilea una furiosa tormenta tan intensa que los discípulos temieron por sus vidas (Mt. 8:25). Pero después de entender que Dios encarnado estaba en la barca con ellos se aterraron aún más de lo que los había asustado la tormenta. El versículo 27 afirma que "los hombres se maravillaron, diciendo: ¿Qué hombre es éste, que aun los vientos y el mar le obedecen?". Después de que Jesús expulsara un demonio de un mudo, "la gente se maravillaba, y decía: Nunca se ha visto cosa semejante en Israel" (Mt. 9:33; cp. Mr. 7:37). Cuando Jesús enseñaba en la sinagoga en su pueblo natal de Nazaret, sus paisanos "se maravillaban, y decían: ¿De dónde tiene éste esta sabiduría y estos milagros?" (Mt. 13:54; cp. Lc. 4:22). Quienes lo oyeron enseñar en la sinagoga en Capernaúm (Mr. 1:22) y en el templo (Jn. 7:14-15) tuvieron reacciones parecidas.

La enorme multitud que acudía a Jesús junto a la orilla del Mar de Galilea "se maravillaba, viendo a los mudos hablar, a los mancos sanados, a los cojos andar, y a los ciegos ver; y glorificaban al Dios de Israel" (Mt. 15:31). Después que el joven rico lo rechazara, el Señor les dijo a sus discípulos: "De cierto os digo, que difícilmente entrará un rico en el reino de los cielos" (Mt. 19:23). Ya que en la cultura judía se creía que los ricos tenían el camino allanado al cielo, "sus discípulos, oyendo esto, se asombraron en gran manera, diciendo: ¿Quién, pues, podrá ser salvo?" (v. 25). "Y viendo [Jesús] una higuera cerca del camino, vino a ella, y no halló nada en ella, sino hojas solamente; y le dijo: Nunca jamás nazca de ti fruto. Y luego se secó la higuera" (Mt. 21:19). A pesar de todos los milagros que habían presenciado durante su tiempo con Jesús, "los discípulos, decían maravillados: ¿Cómo es que se secó en seguida la higuera?" (v. 20).

Los inútiles intentos de los líderes religiosos judíos por atrapar a Jesús fracasaron, dejándolos tanto a ellos (Mt. 22:22) como a las multitudes (v. 33; cp. Mr. 11:18) sorprendidos por sus respuestas. A diferencia de aquellos que estaban estupefactos por lo que Jesús decía, Pilato quedó asombrado por lo que Cristo no dijo. El gobernante estaba acostumbrado a oír que los prisioneros acusados que llevaban ante él reclamaran, de manera vehemente, su inocencia o imploraran desesperadamente clemencia. Por tanto, Pilato "se maravillaba mucho" cuando Jesús mantuvo una majestuosa calma y permaneció en silencio (Mt. 27:14). Es comprensible que los discípulos se asombraran cuando vieron al Cristo resucitado (Lc. 24:12, 41).

Sin embargo, aunque Jesús frecuentemente asombraba a las personas, solo hay dos ocasiones en los evangelios en que se dice que Él se maravilló. Según se indicó antes, al principio, los habitantes de Nazaret, el pueblo natal de Jesús, se maravillaron y luego se enfurecieron por la enseñanza de Cristo. En respuesta, como narra Marcos, Jesús "estaba asombrado de la incredulidad de ellos" (Mr. 6:6). La otra ocasión en que Jesús se asombró fue a causa de la fe de un soldado romano. Este pasaje es la historia del encuentro de Jesús con aquel hombre, que no era judío sino un centurión gentil. El relato de Lucas presenta primero el contexto, y después el contenido de la fe del centurión que asombró a Jesús.

CONTEXTO DE LA ASOMBROSA FE DEL CENTURIÓN

Después que hubo terminado todas sus palabras al pueblo que le oía, entró en Capernaum. Y el siervo de un centurión, (7:1-2*a*)

La nota cronológica de Lucas de que este incidente se realizó **después que** Jesús **hubo terminado todas sus palabras** (el Sermón del Monte en 6:20-49) **al pueblo que le oía** es de gran importancia. El tema del Sermón del Señor fue el verdadero discipulado, y este soldado romano era un modelo vivo de la verdadera fe de un discípulo de Jesucristo. Todo lo que Jesús dijo que era propio de un verdadero discípulo caracterizó a este hombre.

Tras predicar el Sermón del Monte, Jesús **entró en Capernaum,** y es esa ciudad la que proporciona el escenario geográfico para esta historia. **Capernaum,** ciudad adoptiva de Jesús (Mt. 4:13) y sede de su ministerio en Galilea, estaba ubicada en la orilla noroeste del Mar de Galilea a poca distancia de la colina donde el Señor pronunció el Sermón del Monte. Su nombre significa "ciudad de Nahúm", pero no se sabe si se le llamó así por el profeta Nahúm del Antiguo Testamento. Capernaúm era la ciudad principal de la costa norte del Mar de Galilea, y era una población bastante importante como para tener a este centurión con su destacamento de soldados apostados allí. Un oficial del rey (probablemente al servicio de Herodes Antipas) también vivía allí (Jn. 4:46). En Lucas 10:15, Jesús reprendió a sus habitantes por su exaltada opinión de la importancia de la ciudad: "Y tú, Capernaum, que hasta los cielos eres levantada, hasta el Hades serás abatida". En cumplimiento de las palabras del Señor, Capernaúm fue finalmente destruida de tal manera que su ubicación exacta se desconoce.

La referencia de Lucas al **centurión** provee el escenario biográfico para esta historia. Los centuriones, llamados así porque estaban a cargo de aproximadamente cien soldados, eran la columna vertebral del ejército romano. Una legión romana con todas sus fuerzas constaba de seis mil hombres, y estaba dividida en diez cohortes de seiscientos hombres cada una. Un centurión comandaba a cien de estos hombres y, por consiguiente, una legión tenía sesenta centuriones, cada uno de los cuales se reportaba a uno de los seis tribunos de la legión (cp. Hch. 22:25-26). El historiador romano Polibio describió así a los centuriones: "No tanto aventureros temerarios sino líderes naturales de espíritu firme y sosegado, no tanto hombres que emprendían ataques y abrían la batalla sino hombres que se mantenían firmes en la derrota y en medio de apuros, y estaban listos a morir en sus puestos" (*Historias* vi. xix-xlii, citado en Naphtali Lewis y Meyer Reinhold, eds. *Roman Civilization: Sourcebook 1: The Republic* [Nueva York: Harper & Row, 1966], p. 435).

Puesto que Galilea estaba bajo el dominio de Herodes Antipas durante la vida de Cristo, normalmente no se estacionaban allí tropas romanas. Este centurión podría haber estado supervisando a algunos de los soldados de Herodes, o tal vez a Capernaúm se le había asignado un pequeño destacamento de tropas romanas (Leon Morris, *The Gospel According to St. Luke*, The Tyndale New Testament Commentaries [Grand Rapids: Eerdmans, 1975], p. 136). Lo más probable era que este centurión no fuera italiano, sino un nativo de uno de los territorios cercanos, tales como Siria. Que el hombre era gentil está claro por los versículos 4 y 5. Él era un militar de carrera que había ascendido de las filas demostrando ser un individuo fuerte, responsable y digno de confianza, y un combatiente valeroso, leal y hábil. Sus responsabilidades incluían mantener el orden, hacer cumplir la ley, y supervisar la recaudación de impuestos.

Como todos los demás centuriones mencionados en el Nuevo Testamento (Mr. 15:39; Hch. 10:1-2; 22:25-26; 23:17-18; 27:1, 42-43), a este se le describe favorablemente. Junto con el centurión encargado de la crucifixión de Jesús, y Cornelio (Hch. 10:44-48), el hombre se convirtió en creyente en Jesucristo.

CONTENIDO DE LA ASOMBROSA FE DEL CENTURIÓN

el siervo de un centurión, a quien éste quería mucho, estaba enfermo y a punto de morir. Cuando el centurión oyó hablar de Jesús, le envió unos ancianos de los judíos, rogándole que viniese y sanase a su siervo. Y ellos vinieron a Jesús y le rogaron con solicitud, diciéndole: Es digno de que le concedas esto; porque ama a nuestra nación, y nos edificó una sinagoga. Y Jesús fue con ellos. Pero cuando ya no estaban lejos de la casa, el centurión envió a él unos amigos, diciéndole: Señor, no te molestes, pues no soy digno de que entres bajo mi techo; por lo que ni aun me tuve por digno de venir a ti; pero di la palabra, y mi siervo será sano. Porque también yo soy hombre puesto bajo autoridad, y tengo soldados bajo mis órdenes; y digo a éste: Ve, y va; y al otro: Ven, y viene; y a mi siervo: Haz esto, y lo hace. Al oír esto, Jesús se maravilló de él, y volviéndose, dijo a la gente que le seguía: Os digo que ni aun en Israel he hallado tanta fe. Y al regresar a casa los que habían sido enviados, hallaron sano al siervo que había estado enfermo. (7:2*a*-10)

Cuatro aspectos de la fe ejemplar del centurión sobresalen en la narración: su gran amor, su gran generosidad, su gran humildad, y su gran confianza.

GRAN AMOR DEL CENTURIÓN

el siervo de un centurión, a quien éste quería mucho, estaba enfermo y a punto de morir. Cuando el centurión oyó hablar de Jesús, le envió unos ancianos de los judíos, rogándole que viniese y sanase a su siervo. Y ellos vinieron a Jesús y le rogaron con solicitud, diciéndole: Es digno de que le concedas esto; porque ama a nuestra nación, (7:2*a*-5*a*)

El amor del centurión se puede ver primero en su actitud hacia su **siervo.** *Doulos* (**siervo**) es un término específico que describe a una persona comprada, propia y totalmente sometida a la voluntad y el control de su amo. El centurión también se refirió a su siervo usando el término *pais* (v. 7) que, aunque a menudo se usaba para esclavos (cp. 1:54, 69; 15:26; Mt. 14:2), literalmente significa "niño" o "hijo". En el contexto de esta historia, el término sugiere el gran afecto que el centurión tenía por su siervo. El uso de *pais* también podría indicar que el siervo era un muchacho. *Entimos* (**quería mucho**), también se usaba para referirse a invitados distinguidos en un banquete (Lc. 14:8). En Filipenses 2:29, Pablo lo usó para describir a Epafrodito y a otros hombres que se debían honrar en la iglesia, mientras que Pedro lo usó para describir al Señor Jesucristo (1 P. 2:4, 6). Esto significa que el centurión tenía un extraordinario nivel de afecto por su siervo.

El amor del centurión por su siervo estaba en marcado contraste con el típico punto de vista de los esclavos en el mundo grecorromano. Aristóteles describió a un esclavo como una herramienta útil (*Ética*, 1161b). El jurista Gayo observó que era universalmente aceptado que los amos poseyeran el poder de vida y muerte sobre sus esclavos (*Institutas,* 1.52). El escritor romano Varro enfatizaba que la única diferencia entre un esclavo, un animal y un carro era que el esclavo hablaba (*Agricultura*, 1.17). Era común violar a los esclavos, en particular a niños varones pequeños, ya que la pedofilia estaba muy extendida.

Debido al afecto por su siervo, el centurión estaba profundamente preocupado por él ya que **estaba enfermo y a punto de morir.** Lucas no describe la enfermedad ni los síntomas, pero Mateo observó que el joven estaba paralizado y gravemente atormentado (Mt. 8:6).

La compasión del centurión lo llevó a buscar desesperadamente la ayuda del Señor. Él **oyó hablar** mucho acerca **de Jesús,** quien se había mudado de Nazaret a Capernaúm (Mt. 4:13) y era muy conocido en esa región (Lc. 4:14, 37; Mt. 4:23-25). En algún momento había oído más que la charla superficial acostumbrada acerca de los milagros de Jesús. A medida que la historia se desarrolla, se hace evidente que él sabía lo suficiente respecto a Jesús como para reconocer quién era realmente.

Creyéndose indigno de acudir personalmente a Jesús (véase el estudio de su humildad a continuación), el centurión **le envió unos ancianos de los judíos, rogándole que viniese y sanase a su siervo.** Que estos líderes de la comunidad judía consintieran en hacer eso por un soldado gentil es asombroso, y demuestra el alto aprecio que le tenían. En contraste con el humilde sentido de indignidad del centurión, estos ancianos, de acuerdo con su sistema religioso de obras de justicia, promocionaron la valía de este hombre. **Ellos vinieron a Jesús y le rogaron con solicitud, diciéndole: Es digno de que le concedas esto.** Sostuvieron que el mérito personal del hombre obligaba a Jesús a ayudarlo, exactamente como la superioridad moral del sistema religioso de ellos obligaba a Dios a salvarlos.

Los ancianos le dijeron a Jesús el motivo por el que creían que el centurión era digno: él **ama a nuestra nación.** Aunque no es meritorio en el sentido de obligar a Dios a hacer algo por el centurión, el amor de él por el pueblo de Dios era tanto sorprendente como elogiable. Los judíos y los gentiles por lo general se odiaban y despreciaban entre sí. William Barclay escribe: "El antisemitismo no es algo nuevo. Los romanos llamaban a los judíos una raza inmunda; hablaban del judaísmo como de una bárbara superstición; hablaban de que los judíos eran odiados por la humanidad; acusaban a los judíos de adorar una cabeza de asno y de sacrificar anualmente a su Dios a un gentil extranjero" (*The Gospel of Luke,* The New Daily Study Bible [Louisville: Westminster John Knox, 2001], p. 101). Por su parte, los judíos se negaban a vincularse con gentiles (cp. Hch. 10:25-28; 11:2-3; Gá. 2:11-13). Pero este centurión superó esos prejuicios, reconoció a los judíos como el pueblo elegido de Dios, y los amó.

GRAN GENEROSIDAD DEL CENTURIÓN

y nos edificó una sinagoga. (7:5*b*)

El amor del centurión no era un simple sentimentalismo abstracto; lo expresó de manera práctica edificando una **sinagoga** para los judíos de Capernaúm. El uso del pronombre *autos,* además de la tercera persona del verbo singular traducido **edificó,** resalta el papel personal del centurión. A él solamente los ancianos judíos le dieron el mérito por construirles su sinagoga. Los centuriones recibían buena paga, ganando entre 3.750 y 7.500 denarios, en contraste con los soldados mal pagados, que ganaban solo 75 denarios (Darrell L. Bock, *Luke 1:1-9:50,* Baker Exegetical Commentary on the New Testament [Grand Rapids: Baker, 1994], p. 635), por lo que él pudo financiar la construcción.

La función principal de la sinagoga era enseñar el mensaje de Dios, y el hecho de que el centurión edificara una de ellas reflejaba su amor por la verdad. Igual que Cornelio (Hch. 10:1-2), él era un verdadero hombre temeroso de Dios. De alguna manera, a pesar de la condición generalmente apóstata del judaísmo de su época (cp. Mt. 23:13, 15; Ro. 2:24), el centurión había oído y creído la verdad de que Jesucristo era el Mesías, Salvador y Señor.

GRAN HUMILDAD DEL CENTURIÓN

Y Jesús fue con ellos. Pero cuando ya no estaban lejos de la casa, el centurión envió a él unos amigos, diciéndole: Señor, no te molestes, pues no soy digno de que entres bajo mi techo; por lo que ni aun me tuve por digno de venir a ti; (7:6-7*a*)

Una de las características de un verdadero discípulo de Jesucristo es el reconocimiento de su ruina espiritual (6:20), acompañado de la humildad que el centurión mostró. La opinión que tenía de sí mismo era radicalmente distinta de la de los ancianos judíos. Tras ponerse de acuerdo para sanar al siervo del centurión (Mt. 8:7), **Jesús fue con ellos** y con una enorme multitud de curiosos deseosos de presenciar otro milagro (Lc. 7:9). **Pero cuando ya no estaban lejos de la casa, el centurión envió** un mensaje para que el Señor no se acercara más.

La desesperación del hombre lo había motivado a hacer su solicitud emocional de que Jesús fuera y sanara a su siervo. Pero cada vez se había convencido más de su total pecaminosidad, y se sintió indigno de hacer que Jesús entrara a su casa. A diferencia de los orgullosos y santurrones ancianos judíos, él estaba muy avergonzado de sí mismo y de su pecaminosidad como para estar en la presencia de Jesús. Su actitud recuerda a la de Pedro, quien exclamó: "Apártate de mí, Señor, porque soy hombre pecador" (Lc. 5:8), y a la del publicano, que "no quería ni aun alzar los ojos al cielo, sino que se golpeaba el pecho, diciendo: Dios, sé propicio a mí, pecador" (Lc. 18:13).

En consecuencia, el centurión envió una segunda delegación a Jesús, que esta vez consistía de **unos amigos,** quienes le dijeron: **Señor, no te molestes.** *Skullō* (**molestes**) significa "preocupado", "contrariado" o "perturbado". Él entendió que su pecado era una afrenta a la santidad de Jesús, pero aún no acababa de entender la provisión de gracia y misericordia divinas. Lo único que sabía era que no era **digno de que** el Señor entrara **bajo** su **techo.** Es más, debido a su sentido de pecaminosidad, el centurión manifestó: **ni aun me tuve por digno de venir a ti** en primer lugar. Él era un verdadero penitente, con un corazón contrito a quien el Señor no despreciaría (Sal. 51:17).

GRAN CONFIANZA DEL CENTURIÓN

pero di la palabra, y mi siervo será sano. Porque también yo soy hombre puesto bajo autoridad, y tengo soldados bajo mis órdenes; y digo a éste: Ve, y va; y al otro: Ven, y viene; y a mi siervo: Haz esto, y lo hace. Al oír esto, Jesús se maravilló de él, y volviéndose, dijo a la gente que le seguía: Os digo que ni aun en Israel he hallado tanta fe. Y al regresar a casa los que habían sido enviados, hallaron sano al siervo que había estado enfermo. (7:7*b*-10)

En lugar de hacer entrar a Jesús en su casa, el centurión propuso que Él solo pronunciara **la palabra,** y su **siervo** sería **sano.** El hombre estaba absolutamente confiado en que el Señor hablaba con autoridad y poder divinos, como revela el ejemplo que dio. **Porque también yo soy hombre puesto bajo autoridad, y tengo soldados bajo mis órdenes; y digo a éste: Ve, y va; y al otro: Ven, y viene; y a mi siervo: Haz esto, y lo hace.** Como comandante militar, el centurión estaba **bajo** la **autoridad** de sus oficiales superiores y solía obedecerles las órdenes. También sabía lo que significaba dar órdenes a los **soldados** que servían **bajo** sus

órdenes, y a su **siervo,** y que ellos las obedecieran. Él entendía que Jesús tenía la misma autoridad sobre la vida y la muerte.

Al oír esta extraordinaria expresión de la humilde fe del centurión, **Jesús se maravilló de él.** He aquí una vislumbre de la verdadera humanidad de Jesús, ya que como Dios es omnisciente y nada lo puede sorprender. Pero así como en su humanidad se cansaba (Jn. 4:6), tenía hambre (Mt. 4:2) y sed (Jn. 19:28; cp. 4:7), así también se asombró por la fe que mostrara este soldado romano.

Tras oír las palabras del centurión, Jesús **volviéndose, dijo a la gente que le seguía: Os digo que ni aun en Israel he hallado tanta fe.** Por un lado, la declaración del Señor afirmaba la mucha **fe** del centurión. Pero, por otra parte, la triste realidad de que **ni aun en Israel** el Mesías pudiera hallar esa clase de fe representaba una acusación al pueblo elegido de Dios. Mateo registra que el Señor añadió la aleccionadora advertencia: "Y os digo que vendrán muchos del oriente y del occidente, y se sentarán con Abraham e Isaac y Jacob en el reino de los cielos; mas los hijos del reino serán echados a las tinieblas de afuera; allí será el lloro y el crujir de dientes" (Mt. 8:11-12). Al confiar en su arrogancia moral y su ceremonialismo externo, al pueblo judío le faltaba fe verdadera y salvadora. Hasta los discípulos de Cristo poseían tan solo una fe "poca" y débil (Mt. 6:30; 8:26; 14:31; 16:8). El hecho de que un gentil diera el ejemplo de una fe genuina era una reprimenda para el pueblo judío, que se había extraviado de la verdad a pesar de todos sus privilegios (Ro. 9:4-5). Así escribiría más adelante el apóstol Pablo: "Yo les doy testimonio de que tienen celo de Dios, pero no conforme a ciencia. Porque ignorando la justicia de Dios, y procurando establecer la suya propia, no se han sujetado a la justicia de Dios" (Ro. 10:2-3).

El epílogo de la historia proporciona un tributo adecuado a la extraordinaria fe del centurión. Mateo observó que, obligado por su preocupación desesperada y amorosa hacia su siervo, finalmente el hombre ya no pudo aguantar más. Su gran amor venció a su sensación de indignidad, y fue a encontrarse con Jesús. En persona le reafirmó el mensaje que había enviado por medio de sus amigos de que no era digno de hacer que Jesús entrara en su casa, así como su convicción de que el Señor podía curar al siervo con tan solo expresar una palabra. No se relata si el centurión regresó con **los que habían sido enviados** o si permaneció con Jesús. Pero cuando sus amigos regresaron **a casa hallaron sano al siervo que había estado enfermo.** El Señor había honrado la extraordinaria fe del hombre concediéndole su petición.

Poder de Jesús sobre la muerte

43

Aconteció después, que él iba a la ciudad que se llama Naín, e iban con él muchos de sus discípulos, y una gran multitud. Cuando llegó cerca de la puerta de la ciudad, he aquí que llevaban a enterrar a un difunto, hijo único de su madre, la cual era viuda; y había con ella mucha gente de la ciudad. Y cuando el Señor la vio, se compadeció de ella, y le dijo: No llores. Y acercándose, tocó el féretro; y los que lo llevaban se detuvieron. Y dijo: Joven, a ti te digo, levántate. Entonces se incorporó el que había muerto, y comenzó a hablar. Y lo dio a su madre. Y todos tuvieron miedo, y glorificaban a Dios, diciendo: Un gran profeta se ha levantado entre nosotros; y: Dios ha visitado a su pueblo. Y se extendió la fama de él por toda Judea, y por toda la región de alrededor. (7:11-17)

Sin lugar a dudas, Jesucristo es la persona más conocida en la historia humana. Todas las principales civilizaciones del mundo saben algo de Él; solamente algunos individuos y grupos aislados de personas no lo conocen. Pero, paradójicamente, aunque Jesús es el personaje más conocido de la historia, al mismo tiempo es el menos conocido. Pues aunque la mayoría conoce el nombre de Jesús y algunos de los hechos de su vida y su influencia a lo largo de la historia, pocos entienden quién es Él realmente. Las opiniones en cuanto a Jesucristo son diversas, y abundan los puntos de vista erróneos acerca de Él. Por ejemplo, el islamismo lo ve como un simple profeta, que en realidad no murió en la cruz; para los mormones, Jesús es un ser creado, el hermano en espíritu de Satanás; para los Testigos de Jehová, Él es el arcángel Miguel encarnado; musicales blasfemos de rock lo describen como un héroe contracultural, pero solo como un hombre; falsos eruditos lo reinventan como un filósofo cínico, un crítico social, un iluminado políticamente correcto, un libertador de los oprimidos, y un mártir equivocado. La lista de opiniones erróneas continúa indefinidamente y hasta la saciedad.

Sin embargo, aunque existe gran cantidad de falsas opiniones satánicamente generadas en cuanto a Jesús, solo una correcta se revela en la Biblia. Pedro la articuló cuando declaró: "Tú eres el Cristo, el Hijo del Dios viviente" (Mt. 16:16), y Tomás lo afirmó cuando exclamó: "¡Señor mío, y Dios mío!" (Jn. 20:28). Jesucristo es Dios el Hijo, la segunda persona de la Trinidad encarnada, y para quienes rechazan esa verdad no puede haber salvación. Así advirtió solemnemente Jesús a los escarnecedores e incrédulos judíos: "Si no creéis que yo soy [Dios; cp. Éx. 3:14], en vuestros pecados moriréis" (Jn. 8:24; cp. v. 58; 5:18; 10:30-33). Aquellos que predican a un falso Cristo (2 Co. 11:4) están malditos y se han entregado a la destrucción eterna en el infierno (1 Co. 16:22; Gá. 1:8-9). La deidad del Señor Jesucristo es la verdad fundamental de la fe cristiana.

Aunque "a Dios nadie le vio jamás", Jesucristo, "el unigénito Hijo, que está en el seno del Padre, él le ha dado a conocer" (Jn. 1:18). "Dado a conocer" se traduce de una forma del verbo *exēgeomai*, el origen de la palabra española "exégesis" (método y práctica de la interpretación bíblica). Solo Jesús puede interpretar a Dios al hombre, ya que "nadie conoce al Hijo, sino el Padre, ni al Padre conoce alguno, sino el Hijo, y aquel a quien el Hijo lo quiera revelar" (Mt. 11:27). Cuando incluso sus discípulos no captaron esa verdad, Jesús los reprendió por ser tan torpes:

> *Si me conocieseis, también a mi Padre conoceríais; y desde ahora le conocéis, y le habéis visto. Felipe le dijo: Señor, muéstranos el Padre, y nos basta. Jesús le dijo: ¿Tanto tiempo hace que estoy con vosotros, y no me has conocido, Felipe? El que me ha visto a mí, ha visto al Padre; ¿cómo, pues, dices tú: Muéstranos el Padre? (Jn. 14:7-9).*

Como se indicó en el capítulo 38 de esta obra, a medida que Lucas desarrolla la historia de la vida y el ministerio de Jesús, el autor (así como los demás escritores de los evangelios) continuamente demuestra la deidad de Jesús y su absoluta igualdad de naturaleza con Dios. Este pasaje constituye una de las muchas ocasiones en que Jesús manifestó su deidad, esta vez al resucitar de los muertos a un joven. El pasaje revela tres evidencias implícitas de la deidad de Cristo, seguidas por otra explícita e innegable, y concluye informando la respuesta de quienes presenciaron el milagro.

PROPÓSITO DIVINO

Aconteció después, que él iba a la ciudad que se llama Naín, e iban con él muchos de sus discípulos, y una gran multitud. (7:11)

La frase **aconteció después** señala atrás hacia la curación del siervo del centurión en el pasaje anterior (7:1-10). Se trata de una designación indefinida de tiempo, pero sugiere un intervalo de al menos unos cuantos días. **Naín** era una diminuta aldea a poco más de treinta kilómetros al suroeste de Capernaúm, y a diez kilómetros al sureste del pueblo natal de Jesús, Nazaret. Al otro lado de la colina en que se asentaba Naín estaba la aldea de Sunem, donde Eliseo resucitó de los muertos a un niño (2 R. 4:8-37). Aproximadamente a cinco kilómetros de distancia estaba la aldea de Endor, donde Saúl visitó a una médium (1 S. 28:7-25). Jesús, junto con **sus discípulos** y en compañía de **una gran multitud,** hizo el viaje de un día entero desde Capernaúm hasta este pequeño pueblo sin características especiales.

Dios siempre actúa con un propósito definido, nunca por capricho, y para Él no hay contingencias o coincidencias inesperadas. El plan soberano de Dios se cumplirá de manera establecida, inmutable e infalible. En Isaías 46:9-10, Dios declaró: "Yo soy Dios, y no hay otro Dios, y nada hay semejante a mí, que anuncio lo por venir desde el principio, y desde la antigüedad lo que aún no era hecho; que digo: Mi consejo permanecerá, y haré todo lo que quiero". En Isaías 55:11, Él añadió: "Mi palabra que sale de mi boca… no volverá a mí vacía, sino que hará lo que yo quiero, y será prosperada en aquello para que la envié".

Como Dios encarnado, Jesús también actuó con resolución inalterable para cumplir propósitos divinos. En su camino de Judea a Galilea, a Jesús "le era necesario pasar por Samaria" (Jn. 4:4). Allí tenía una cita divinamente determinada con una mujer samaritana, cuyo estilo pecaminoso de vida Él pondría al descubierto, a quien le revelaría su condición mesiánica, y por medio de su testimonio de fe en Jesús llevaría a muchos en su aldea a creer en Él (vv. 5-42). Jesús conocía la programación divina para su muerte, resurrección y ascensión, por tanto "cuando se cumplió el tiempo en que él había de ser recibido arriba, afirmó su rostro para ir a Jerusalén" (Lc. 9:51). En Lucas 13:33 reafirmó su determinación de seguir el calendario divino cuando expresó: "Sin embargo, es necesario que hoy y mañana y pasado mañana siga mi camino; porque no es posible que un profeta muera fuera de Jerusalén". Jesús sabía exactamente dónde y cuándo estaba ordenada su muerte en el plan de Dios que debía llevarse a cabo.

Una de las ideas blasfemas propugnadas por algunos que falsamente se llaman evangélicos es el teísmo abierto. Según ese punto de vista, Dios no conoce de manera infalible el futuro ni lo planea de forma soberana. Sin embargo, Jesús no solo conocía el futuro sino que actuaba para asegurarse de que los propósitos de Dios se desarrollaran exactamente como se habían planeado.

Las circunstancias que tal vez aún no habían sucedido cuando Jesús y su séquito comenzaron el día de viaje de Capernaúm a Naín se pondrían en marcha a fin de crear una asombrosa demostración del poder divino de Jesús. Cuando se pusieron en camino, ni los apóstoles, ni el resto de discípulos, ni la multitud que buscaba emociones sabían por qué iban a Naín, ni qué verían al llegar allá. Es más, tal vez el joven aún no había muerto, ya que la costumbre judía prescribía que el funeral y el entierro se realizaran poco después de la muerte. Sin embargo, Jesús sí lo sabía, e hizo este viaje a una aldea "fuera de lo común", porque era el plan de Dios que allí se topara con un cortejo fúnebre.

PROVIDENCIA DIVINA

Cuando llegó cerca de la puerta de la ciudad, he aquí que llevaban a enterrar a un difunto, hijo único de su madre, la cual era viuda; y había con ella mucha gente de la ciudad. (7:12)

Al control y la supervisión de Dios sobre todas las decisiones, acciones y acontecimientos de la humanidad con el fin de llevar a cabo sus propósitos determinados se le conoce como providencia. A diferencia de un milagro, en que de manera sobrenatural Dios interrumpe o suspende el curso natural de los hechos, su providencia implica controlar perfectamente los sucesos naturales a fin de ocasionar de forma infalible sus propósitos. Dadas las desconcertantes complejidades implicadas en coordinar acontecimientos incluso relativamente sencillos, la providencia de Dios en cierto modo es aún más impresionante que los milagros que Él realiza.

El control providencial de Dios en los sucesos fluye directamente de su autoridad, omnipotencia y omnisciencia soberanas. Proverbios 16:9 declara: "El corazón del hombre piensa su camino; mas Jehová endereza sus pasos", mientras que el versículo 33 añade otro ejemplo: "La suerte se echa en el regazo; mas de Jehová es la decisión de ella". Proverbios 21:1 revela que el control providencial de Dios sobre los acontecimientos humanos se extiende a los gobernantes: "Como los repartimientos de las aguas, así está el corazón del rey en la mano de Jehová; a todo lo que quiere lo inclina". Un ejemplo es Ciro, gobernador del imperio persa:

> *Mas al primer año de Ciro rey de los persas, para que se cumpliese la palabra de Jehová por boca de Jeremías, Jehová despertó el espíritu de Ciro rey de los persas, el cual hizo pregonar de palabra y también por escrito, por todo su reino, diciendo: Así dice Ciro, rey de los persas: Jehová, el Dios de los cielos, me ha dado todos los reinos de la tierra; y él me ha mandado que le edifique casa en Jerusalén, que está en Judá. Quien haya entre vosotros de todo su pueblo, sea Jehová su Dios con él, y suba (2 Cr. 36:22-23).*

Aunque Dios no es el autor de la maldad (Hab. 1:13), hasta las calamidades están bajo su control, como observa el profeta Amós: "¿Habrá algún mal en la ciudad, el cual Jehová no haya hecho?" (Am. 3:6). Esta fue una de esas calamidades, cuyos acontecimientos Dios ordenó de manera soberana para cumplir sus propósitos, lo cual es el tema de este pasaje.

Aunque es probable que un poblado del tamaño de Naín no hubiera tenido muralla alrededor, sí tenía **puerta.** Ubicada al frente de la calle principal, la puerta servía como punto de entrada a la ciudad. También era el lugar donde los habitantes se reunían para socializar, y donde los ancianos se congregaban para juzgar asuntos (cp. Dt. 25:7-10; Rt. 4:1-11; Is. 29:21). En el tiempo providencial de Dios, **cuando** Jesús y sus acompañantes llegaron **cerca de la puerta de la ciudad** después de su viaje desde Capernaúm, **he aquí que llevaban a enterrar a un difunto.** El velatorio había terminado, y las personas llevaban el cadáver en un ataúd o en una camilla hacia el lugar del entierro en las afueras del pueblo.

Lo que intensificó el rasgo conmovedor de este funeral fue la realidad de que el muerto era **hijo único de su madre** (cp. 8:42; 9:38). La trágica pérdida se empeoraba debido al hecho de que la mujer **era viuda.** Ya desprovista de su marido, con la muerte de su hijo ella había perdido sus últimos medios de sobrevivencia. Esto también marcaba el final de la línea familiar. La muerte de un hijo único simbolizaba en el Antiguo Testamento la personificación del dolor. Jeremías 6:26 exhortó a Israel: "Ponte luto como por hijo único, llanto de amarguras". En Amós 8:10, Dios advirtió de un juicio inminente sobre Israel que sería "como… llanto de unigénito, y su postrimería como día amargo". Zacarías 12:10 compara el llanto futuro de Israel por su rechazo a Jesucristo con el de la muerte de un hijo único:

> *Y derramaré sobre la casa de David, y sobre los moradores de Jerusalén, espíritu de gracia y de oración; y mirarán a mí, a quien traspasaron, y llorarán como se llora por hijo unigénito, afligiéndose por él como quien se aflige por el primogénito.*

Esta mujer y el féretro de su hijo estaban a la cabeza de **mucha gente de la ciudad** que conformaba el cortejo fúnebre, integrado quizás por amigos y parientes de la familia del fallecido, habitantes de la aldea, y los músicos y las plañideras profesionales que eran parte de todo entierro judío. Esta lamentable escena de las más tristes en la vida familiar judía preparó el escenario para que el Señor del cielo se revelara en poder divino.

COMPASIÓN DIVINA

Y cuando el Señor la vio, se compadeció de ella, y le dijo: No llores. (7:13)

Evaluando la caótica y triste escena, el corazón del **Señor** se puso de parte de la viuda y **se compadeció de ella. Compadeció** se traduce de una forma del verbo *splagchnizomai*, que se relaciona con un sustantivo que describe las partes internas del cuerpo. Al igual que el uso moderno de "corazón" o "intestino", las partes internas del cuerpo se veían de modo figurado como el asiento de las emociones debido a los efectos físicos que tales emociones tienen en el cuerpo.

Una de las malinterpretaciones más perversas de la Biblia es la idea de que el Dios del Antiguo Testamento es irascible, furioso y vengativo, mientras que el Señor Jesucristo es manso, misericordioso y amoroso. Sin embargo, el Antiguo Testamento muestra la compasión, la gracia y la misericordia de Dios, mientras en el Nuevo Testamento Cristo limpió el templo (Mt. 21:12-13; Jn. 2:13-17), advirtió de condenación eterna en el infierno (Mt. 5:22, 29, 30; 18:9; 23:33; 25:41; Jn. 8:24), se enfureció ante el pecado (Mr. 3:5), y advirtió a sus oyentes:

> *No penséis que he venido para traer paz a la tierra; no he venido para traer paz, sino espada. Porque he venido para poner en disensión al hombre contra su padre, a la hija contra su madre, y a la nuera contra su suegra; y los enemigos del hombre serán los de su casa (Mt. 10:34-36).*

En contraste con los dioses falsos de otras religiones se encuentra la naturaleza del Dios verdadero y vivo de sentir compasión por el sufrimiento de los pecadores. Incluso después de entregar su ley y de juzgar a los idólatras que hicieron el becerro de oro, Dios le dijo a Moisés: "Tendré misericordia del que tendré misericordia, y seré clemente para con el que seré clemente" (Éx. 33:19), y más tarde Él mismo se describió así:

> *¡Jehová! ¡Jehová! fuerte, misericordioso y piadoso; tardo para la ira, y grande en misericordia y verdad; que guarda misericordia a millares, que perdona la iniquidad, la rebelión y el pecado, y que de ningún modo tendrá por inocente al malvado; que visita la iniquidad de los padres sobre los hijos y sobre los hijos de los hijos, hasta la tercera y cuarta generación (Éx. 34:6-7).*

Según Salmos 103:8, "misericordioso y clemente es Jehová; lento para la ira, y grande en misericordia", mientras que Salmos 116:5 se regocija: "Clemente es Jehová, y justo; sí, misericordioso es nuestro Dios" (cp. Dt. 4:31; 2 Cr. 30:9; Neh. 9:17, 31; Sal. 111:4; Lm. 3:22; Jl. 2:13; Jon. 4:2). La misericordia de Dios le hizo liberar a su pueblo cuando "él fue angustiado a causa de la aflicción de Israel" (Jue. 10:16); "Él, misericordioso, perdonaba la maldad, y no los destruía; y apartó muchas veces su ira, y no despertó todo su enojo" (Sal. 78:38).

El Nuevo Testamento describe al Señor Jesucristo como un "misericordioso y fiel sumo sacerdote" (He. 2:17). Él no fue "un sumo sacerdote que no pueda compadecerse de nuestras debilidades, sino uno que fue tentado en todo según nuestra semejanza, pero sin pecado" (He. 4:15). En varias ocasiones, Él sintió compasión por los pecadores perdidos y sufrientes (cp. Mt. 9:36; 14:14; 15:32; 20:34; Mr. 1:41). Fiel a su naturaleza clemente, fue su misericordia lo que motivó al Señor a consolar a esta devastada mujer, y a decir de manera tranquilizadora: **No llores.**

PODER DIVINO

Y acercándose, tocó el féretro; y los que lo llevaban se detuvieron. Y dijo: Joven, a ti te digo, levántate. Entonces se incorporó el que había muerto, y comenzó a hablar. Y lo dio a su madre. (7:14-15)

Cristo está actuando con un propósito divino: disposición providencial de las contingencias con el fin de producir el plan de Dios y compasión por quienes sufren, todo lo cual tiene el objetivo de hacer llegar a la conclusión de que Él es Dios. Sin embargo, su asombrosa demostración de poder demuestra directamente su deidad.

Jesús, **acercándose, tocó el féretro.** Este hecho revela su poder sobre el pecado. De acuerdo con Números 19:11-22, todo aquel que tocaba a una persona muerta o algo vinculado con ese fallecido quedaba ceremonialmente impuro. Pero Jesús, como Dios santo encarnado, no se contaminó al tocar el **féretro** (o camilla) de un muerto; Él siguió siendo "santo, inocente, sin mancha, apartado de los pecadores, y hecho más sublime que los cielos" (He. 7:26).

Este incidente también revela el poder de Jesús sobre las personas. Normalmente, tratar de detener un cortejo fúnebre y tocar el cadáver habría producido indignación, y la persona que lo hiciera muy bien podría haber recibido ataques físicos por parte de los enojados dolientes. Sin embargo, debido a la orden del Señor, y a su dominante presencia, **los que lo llevaban se detuvieron.**

Pero lo más importante, Jesús demostró su poder sobre la muerte. Como el creador (Jn. 1:3) cuya palabra hablada originó el universo (Sal. 33:6, 9), Él simplemente **dijo: Joven, a ti te digo, levántate** (cp. 8:54-55; Jn. 11:43). En ese momento surgió vida dentro del cuerpo del difunto, igual que sucederá para todos los muertos el día en que "todos los que están en los sepulcros oirán su voz; y los que hicieron lo bueno, saldrán a resurrección de vida; mas los que hicieron lo malo, a resurrección de condenación" (Jn. 5:28-29).

Debe tenerse en cuenta que ya que nadie le pidió a Jesús que resucitara al muerto, este milagro no estuvo supeditado a la fe de alguna persona. La fe no es un prerrequisito para que el poder de Dios actúe; Él soberanamente activa su poder según su voluntad. En algunas de las curaciones de Jesús participó fe, en otras no. Pero ver a la fe humana como principio operativo en lugar de centrarnos en la voluntad soberana de Dios es un error atroz, incluso una blasfemia. La fe siempre estuvo presente en la salvación, pero no en todos los milagros.

Ante la orden de Jesús, **se incorporó el que había muerto, y comenzó a hablar.** Como siempre fue el caso, Jesús sanó al instante y por completo. Para este hombre no hubo período prolongado de terapia posterior a la resurrección. Inmediatamente se le restauró toda su fortaleza, y Jesús se **lo dio a su madre.**

LA RESPUESTA

Y todos tuvieron miedo, y glorificaban a Dios, diciendo: Un gran profeta se ha levantado entre nosotros; y: Dios ha visitado a su pueblo. Y se extendió la fama de él por toda Judea, y por toda la región de alrededor. (7:16-17)

Huelga decir que la resurrección del muerto trajo un abrupto, inesperado y asombroso final al funeral. **Todos** los que presenciaron el milagro **tuvieron miedo** (*phobos*; raíz de la palabra castellana "fobia"). Se quedaron traumatizados y abrumados de terror ante la manifestación de la presencia del poder de Dios (cp. Éx. 3:6; Jue. 13:20-22; Is. 6:5; Ez. 1:28; Mt. 17:1-6; Mr. 4:41; Ap. 1:17). En respuesta, **glorificaban a Dios** (cp. 2:13-14, 20; 5:26; 13:13; 17:18; 18:43), y afirmaban que **Dios ha visitado a su pueblo.** En el Antiguo Testamento, esa frase se refiere a la venida de Dios para ayudar a su pueblo (Rt. 1:6; 1 S. 2:21; Sal. 106:4; Zac. 10:3; cp. Lc. 1:68, 78). El pueblo de Israel había estado anhelando tal visitación por cuatro siglos, tiempo durante el cual Dios se había mantenido en silencio. Ahora los israelitas comprendieron que Dios los había visitado realmente, porque solo el Creador puede dar vida a los muertos.

El objetivo del milagro fue consolar a esta quebrantada mujer, no conseguir publicidad para Jesús. Sin embargo, la noticia de que Dios había visitado a su pueblo hizo que se extendiera **la fama de él por toda Judea** (que representa aquí toda la tierra de Israel) **y por toda la región de alrededor** de Naín.

Pero la triste realidad es que estas personas no entendieron que Dios realmente estaba presente en la persona de Jesucristo. Para ellos, Él no era más que **un gran profeta** que **se** había **levantado entre** ellos, al igual que Elías y Eliseo, cada uno de los cuales resucitó a una persona muerta por medio del poder de Dios (1 R. 17:17-24; 2 R. 4:18-36). No obstante, a diferencia de las resurrecciones realizadas por Jesús, las de Elías y Eliseo no fueron resultado del propio poder de esos profetas, sino que llegaron como respuesta a las oraciones que estos hicieron (1 R. 17:20-22; 2 R. 4:33). Estas personas no vieron la verdad de que Jesús era el último profeta de quien Moisés habló en Deuteronomio 18:15-18: el Mesías, Dios encarnado.

Al final de su ministerio terrenal, Jesús se lamentó por la oportunidad que Israel había perdido al no reconocer quién era realmente Él:

> *Y cuando llegó cerca de la ciudad [Jerusalén], al verla, lloró sobre ella, diciendo: ¡Oh, si también tú conocieses, a lo menos en este tu día, lo que es para tu paz! Mas ahora está encubierto de tus ojos. Porque vendrán días sobre ti, cuando tus*

enemigos te rodearán con vallado, y te sitiarán, y por todas partes te estrecharán, y te derribarán a tierra, y a tus hijos dentro de ti, y no dejarán en ti piedra sobre piedra, por cuanto no conociste el tiempo de tu visitación (Lc. 19:41-44).

Como consecuencia del rechazo de Israel, "Dios visitó... a los gentiles, para tomar de ellos pueblo para su nombre" (Hch. 15:14), mientras Israel permanece en gran parte espiritualmente ciego (Ro. 10:1-3; 2 Co. 3:15).

En contraste con quienes presenciaron la resurrección en Naín ese día, Marta, la hermana de Lázaro, entendió la implicación de la inminente resurrección de su hermano. Después que Jesús declaró: "Yo soy la resurrección y la vida; el que cree en mí, aunque esté muerto, vivirá. Y todo aquel que vive y cree en mí, no morirá eternamente". Entonces le preguntó: "¿Crees esto?" (Jn. 11:25-26). Marta afirmó su convicción de que Jesús era realmente el Mesías: "Sí, Señor; yo he creído que tú eres el Cristo, el Hijo de Dios, que has venido al mundo" (v. 27).

Esa por sí sola es la correcta visión de Jesucristo, de que Él es Dios el Hijo, la segunda persona de la Trinidad encarnada, que vino a la tierra "para dar su vida en rescate por muchos" (Mt. 20:28), que "salvará a su pueblo de sus pecados" (Mt. 1:21), y que "fue entregado por nuestras transgresiones, y resucitado para nuestra justificación" (Ro. 4:25). Quienes rechazan esa verdad morirán en sus pecados (Jn. 8:24), porque "en ningún otro hay salvación; porque no hay otro nombre bajo el cielo, dado a los hombres, en que podamos ser salvos" (Hch. 4:12).

¿Eres tú el que había de venir? 44

Los discípulos de Juan le dieron las nuevas de todas estas cosas. Y llamó Juan a dos de sus discípulos, y los envió a Jesús, para preguntarle: ¿Eres tú el que había de venir, o esperaremos a otro? Cuando, pues, los hombres vinieron a él, dijeron: Juan el Bautista nos ha enviado a ti, para preguntarte: ¿Eres tú el que había de venir, o esperaremos a otro? En esa misma hora sanó a muchos de enfermedades y plagas, y de espíritus malos, y a muchos ciegos les dio la vista. Y respondiendo Jesús, les dijo: Id, haced saber a Juan lo que habéis visto y oído: los ciegos ven, los cojos andan, los leprosos son limpiados, los sordos oyen, los muertos son resucitados, y a los pobres es anunciado el evangelio; y bienaventurado es aquel que no halle tropiezo en mí. (7:18-23)

El célebre compositor de himnos del siglo XVIII, Charles Wesley compuso más de siete mil himnos en su vida, incluso el magnífico himno navideño "Ven, Jesús muy esperado". La letra expresa rica verdad teológica relacionada con la encarnación del Señor Jesucristo:

> Ven, Jesús muy esperado,
> ven, y quita de tu grey
> sus temores y pecados,
> pues tú eres nuestro Rey.
> Eres fuerza y alegría,
> de la tierra y de Israel;
> y esperanza para aquellos,
> que te esperan con gran fe.
>
> Naces para bien de todos;
> aunque niño, eres Dios;
> naces para hacernos buenos;
> oh Jesús, ven pronto hoy.
> Con tu Espíritu divino

reina en todo corazón,
y tu gracia nos conduzca,
a tu trono de esplendor.

La identificación que Wesley hace de Jesús como "muy esperado" refleja la pregunta de Juan el Bautista en este pasaje: **¿Eres tú el que había de venir?** (es decir, el Mesías; Sal. 40:7 [cp. He. 10:5-7]; 118:26; Mr. 11:9; Lc. 3:16; Jn. 1:27).

Jesús afirmó varias veces ser el Esperado en el Antiguo Testamento. Él dijo que Abraham lo esperó con gozo (Jn. 8:56), Moisés escribió acerca de Él (Jn. 5:46), y David lo llamó "Señor" (Mt. 22:41-45). Jesús reprendió a dos de sus discípulos el día en que resucitó por ser "insensatos, y tardos de corazón para creer todo lo que los profetas han dicho" con relación a Él (Lc. 24:25), "y comenzando desde Moisés, y siguiendo por todos los profetas, les declaraba en todas las Escrituras lo que de él decían" (v. 27).

El Antiguo Testamento está lleno de referencias al Esperado que inequívocamente señalan a Jesucristo:

- El Esperado, junto con el Padre y el Espíritu, creó todo (Gn. 1:1, 26; cp. Jn. 1:1-3).
- Su venida se le prometió primero a Adán y Eva inmediatamente después de la caída. Dios les aseguró que Satanás, quien los había engañado y devastado, sería destruido por el Esperado (Gn. 3:15; cp. 1 Jn. 3:8).
- El sacrificio que Dios hizo de animales a fin de proporcionar vestuario para cubrir la vergüenza de Adán y Eva representó la expiación de Él por el pecado (Gn. 3:21).
- El Esperado debía ser descendiente de Abraham (Gn. 22:18; cp. Hch. 3:25; Gá. 3:16), de la tribu de Judá (Gn. 49:10; cp. He. 7:14).
- El sacerdote Melquisedec ("Rey de justicia"; He. 7:2) del Antiguo Testamento representó al Esperado en que su falta de una genealogía registrada simbolizaba el sacerdocio perpetuo de Cristo (cp. He. 6:20).
- La ofrenda que Abraham hizo de su hijo Isaac (Gn. 22:1-14) simboliza el sacrificio del Esperado; así como Dios proveyó un carnero como sustituto por Isaac, así también Jesús es el sacrificio por los pecadores (1 Jn. 2:1-2).
- José, despreciado y rechazado por sus hermanos, sin embargo se convirtió en liberador de ellos. De igual modo, Jesús "a lo suyo vino, y los suyos no le recibieron. Mas a todos los que le recibieron, a los que creen en su nombre, les dio potestad de ser hechos hijos de Dios" (Jn. 1:11-12).
- El arca de Noé, un lugar de refugio de la ira de Dios, representa a Jesús, la verdadera arca de seguridad en quien los creyentes viajan a salvo sobre las olas del juicio divino.
- El ángel del Señor (Gn. 16:7-13; 22:11-18; 31:11-13; Éx. 3:2-6; Jue. 6:11-23;

13:2-22) fue la manifestación preencarnada del Esperado.

- Todo cordero inocente y sin mancha ofrecido como sacrificio representó el sacrificio final del "Cordero de Dios, que quita el pecado del mundo" (Jn. 1:29; cp. 1 P. 1:18-19).
- El maná en el desierto anunció la venida del Esperado, el verdadero pan de vida (Jn. 6:31-58).
- Aarón y todos los sumos sacerdotes que lo sucedieron representaron al Señor Jesucristo, el gran sumo sacerdote (He. 2:17; 3:1; 4:14-15; 6:20) que iba a venir.
- La serpiente de bronce en el desierto, a la que los pecadores mordidos por víboras venenosas miraban y eran sanados, simboliza a Jesús, quien declaró: "Como Moisés levantó la serpiente en el desierto, así es necesario que el Hijo del Hombre sea levantado, para que todo aquel que en él cree, no se pierda, mas tenga vida eterna" (Jn. 3:14-15).
- El Esperado fue el profeta final de quien Moisés habló (Dt. 18:15-19; cp. Hch. 3:22-23; 7:37).
- Booz, el pariente redentor de Rut (Rt. 4:1-12) fue un prototipo de Cristo, el redentor de su pueblo (Mt. 1:21).
- Al igual que David, el rey pastor, el Mesías vendría como un Pastor (Jn. 10:11) y Rey (Mt. 27:11; Jn. 1:49; Ap. 17:14).
- La llenura del templo con la gloria de Dios (1 R. 8:10-11) proveyó un atisbo de la gloria de Jesús (Jn. 1:14).
- El Esperado es el Hijo de Dios y Rey de Salmos 2, el resucitado de Salmos 16, el crucificado de Salmos 22, el pastor de Salmos 23, y el traicionado de Salmos 41.
- Isaías predijo que el Mesías sería una luz que resplandece sobre quienes caminan en tinieblas (9:2), que nacería de una virgen (7:14), que tendría títulos exaltados (9:6), que sería Dios con nosotros (7:14; cp. Mt. 1:23), que sería descendiente de David (11:1), y que se sentaría en su trono (9:7). Isaías también describió, en el capítulo 53, la crucifixión del Mesías y sus profundas consecuencias teológicas.
- El resto de profetas completaron otros detalles relacionados con Jesús, el Esperado. Miqueas predijo su nacimiento en Belén (5:2); Jeremías, la matanza de Herodes de los inocentes bebés varones (31:15; cp. Mt. 2:17-18); Oseas, la huida de José, María y Jesús a Egipto (11:1; cp. Mt. 2:15); Joel vio que por medio de la venida del Esperado, el Espíritu de Dios se derramaría (2:28-32; cp. Hch. 2:16-18); Daniel le predijo la muerte (9:26); Zacarías predijo la entrada triunfal (9:9), la cantidad exacta que Judas recibiría por traicionar a Jesús (11:12-13), que el costado de Jesús sería traspasado (12:10), y el abandono que los discípulos le harían (13:7).

No obstante, a pesar del claro testimonio del Antiguo Testamento de que Jesús era el Esperado (testimonio confirmado por Zacarías, Elisabet, el ángel Gabriel, los ángeles que anunciaron el nacimiento de Cristo a los pastores, Juan el Bautista, el Padre y el Espíritu Santo en el bautismo de Jesús, y la asombrosa y sin precedentes enseñanza de Jesús y su poder sobre la enfermedad, los demonios y la muerte) la mayoría no creyó en Él. Su enseñanza pública y los milagros visibles e innegables fueron recibidos con crítica, indiferencia, rechazo, odio y finalmente asesinato.

La duda sincera, por otra parte, no es un mal punto de inicio, pero es un mal punto final. Hasta los más nobles de los santos, tales como Abraham (Gn. 17:17), Sara (Gn. 18:12), Moisés (Éx. 3:10-15), Gedeón (Jue. 6:13-23, 36-40), Elías (1 R. 19:1-14) y los apóstoles (Mt. 6:30; 8:26; 14:31; 16:8; 28:17; Lc. 12:28; 24:38; Jn. 20:24-25) tuvieron sus momentos de duda. La capacidad de dudar es un aspecto de la racionalización que es parte de la imagen de Dios en el hombre. Un sano escepticismo, capaz de discernir la verdad del error, es críticamente importante. Por ejemplo, la Biblia elogia a los nobles de Berea, que "recibieron la palabra" predicada por Pablo y Silas "con toda solicitud, escudriñando cada día las Escrituras para ver si estas cosas eran así" (Hch. 17:11).

Incluso el hombre más grande que había vivido hasta ese momento (Mt. 11:11), Juan el Bautista, lidió con la duda. Él había creído que Jesús era el Mesías. Había presenciado el testimonio de su identidad por parte del Padre y del Espíritu cuando bautizó a Jesús. Juan había declarado que Jesús era "el Cordero de Dios, que quita el pecado del mundo" (Jn. 1:29), y atestiguó con relación a la identidad de Él ante los dirigentes judíos (vv. 26-27). Pero a pesar de su poderoso testimonio de Jesús como el Mesías, en la mente de Juan habían surgido dudas acerca de la identidad de Jesús. Este pasaje muestra las razones para la duda de Juan, y la respuesta de Jesús a esa duda.

LA DUDA DE JUAN

Los discípulos de Juan le dieron las nuevas de todas estas cosas. Y llamó Juan a dos de sus discípulos, y los envió a Jesús, para preguntarle: ¿Eres tú el que había de venir, o esperaremos a otro? Cuando, pues, los hombres vinieron a él, dijeron: Juan el Bautista nos ha enviado a ti, para preguntarte: ¿Eres tú el que había de venir, o esperaremos a otro? (7:18-20)

Juan cumplió su misión de preparar al pueblo para la venida del Mesías y señalarlo cuando llegara. Entonces desapareció del escenario, como él mismo había anticipado que sucedería (Jn. 3:30). Una vez que Jesús fue presentado, los escritores inspirados de los evangelios centraron su atención en Él. Cuando este pasaje empieza, Juan había estado en la cárcel durante muchos meses, quizás un año. Mateo (14:1-12) y Marcos (6:14-29) brindan la historia del encarcelamiento y la ejecución de Juan por parte de Herodes Antipas, el hijo de Herodes el Grande, y gobernador de Galilea y Perea (Lc. 3:1). Juan había reprendido sin ningún temor a Herodes por su ilegítimo matrimonio con Herodías, la esposa de su hermano Felipe (Mr. 6:17-18). Enfurecida, Herodías intentaba dar muerte a Juan. Sin embargo, Herodes, impresionado por el carácter justo y santo de Juan (v. 20) y temeroso de las multitudes que lo veneraban como un profeta (Mt. 14:5), se negaba. En lugar de eso lo mantenía preso en su palacio de verano en Maqueronte, ubicado al oriente del Mar Muerto sobre una colina que lo divisaba.

Mientras su maestro estaba en la cárcel, algunos de **los discípulos de Juan** siguieron a Jesús (Mt. 9:14) y mantenían informado a Juan (Mt. 11:2). Después que algunos de ellos **le dieron las nuevas de todas estas cosas** que Jesús estaba haciendo, las dudas de Juan se hicieron tan intensas que tomó medidas. Como todos los creyentes deberían hacer, Juan llevó sus dudas directamente al Señor y le pidió que las resolviera. Puesto que aún estaba en la cárcel, Juan **llamó a dos de sus discípulos, y los envió a Jesús** para que le preguntaran por él: **¿Eres tú el que había de venir, o esperaremos a otro? Cuando, pues, los hombres vinieron a él, dijeron: Juan el Bautista nos ha enviado a ti, para preguntarte: ¿Eres tú el que había de venir, o esperaremos a otro?** Cuatro motivos se pueden discernir para la duda que la pregunta de Juan expresaba. Por extensión, tales motivos son también las causas de duda en muchos creyentes.

En primer lugar, Juan estaba experimentando una tragedia personal. Su ministerio había sido el más importante de todos los profetas del Antiguo Testamento, ya que él era el precursor y anunciador del Mesías. Juan había cumplido su deber profético de manera fiel, desinteresada y sin temor. Pero, a pesar de eso, se hallaba encerrado en la celda de una cárcel. Eso parecía incongruente tanto con su fidelidad y el poder del Mesías, como con el propósito de Dios. Seguramente el Mesías tendría el poder para liberarlo. Además, cuando el Mesías viniera malas cosas debería ocurrirles a las personas perversas, no a su fiel precursor.

Después de todo, Juan había hecho exactamente lo que Dios le había llamado a hacer. Aunque era pecador igual que todas las personas, no hay ningún indicio de falta de fe en su ministerio, o de pecado grave que le pudiera haber llevado a ver su encarcelamiento como castigo de Dios. Además, él había estado lleno del Espíritu desde el vientre de su madre y fue fiel al voto nazareo, lo cual era la síntesis de la separación y la dedicación a Dios (Lc. 1:15). La duda de Juan, igual que la de Job, surgió en parte por su incapacidad de entender por qué Dios había permitido sus circunstancias negativas, ya que él se percibía correctamente como un siervo leal y sacrificial del Señor. Su situación era lo opuesto de la del ladrón arrepentido en la cruz, quien libremente reconoció que sus terribles circunstancias eran exactamente lo que merecía (Lc. 23:41). Toda situación en que los creyentes se encuentren está sometida al propósito soberano de Dios, sea que esta circunstancia se perciba como merecida o no.

Una segunda causa de la duda de Juan era su influencia popular. En parte él era víctima de conceptos erróneos del momento respecto al Mesías. El judaísmo contemporáneo hacía caso omiso de las profecías del sufrimiento (Sal. 22) y de la tarea del Mesías de llevar el pecado (Is. 53), enfocándose en vez de eso en que venía para aplastar a los enemigos de Israel y establecer su reino glorioso. Tan profundamente arraigada era esa percepción entre el pueblo judío que incluso después que Jesús resucitó de los muertos, los apóstoles le preguntaron: "Señor, ¿restaurarás el reino a Israel en este tiempo?" (Hch. 1:6).

No obstante, Jesús no mostró ningún indicio de querer quitarse de encima el yugo romano, de destruir a los malvados, de establecer la soberanía de Israel, o de crear prosperidad para todos. Al contrario, de manera deliberada apaciguó un intento de hacerlo rey a la fuerza (Jn. 6:15). Tampoco los discípulos lograron entender la repetida predicción del Señor acerca de su propia muerte (p. ej., Mt. 16:21-23; 17:22-23; 20:18-19; Lc. 24:6-7, 46). Tal conducta era desconcertante para muchos de los seguidores de Jesús, incluso para Juan. Las expectativas ilegítimas y antibíblicas solo pueden llevar a la duda y a la pérdida del gozo cuando no se cumplen.

Sin garantía bíblica, la tradición judía también sostenía que iba a reaparecer una serie de profetas, culminando con el Mesías. Eso llevó a confusión y dudas acerca de Jesús. ¿Era Él el Mesías, o uno de tales profetas resucitados (Lc. 9:19)? Por eso en respuesta a la pregunta del Señor: "¿Quién dicen los hombres que es el Hijo del Hombre?" (Mt. 16:13) los discípulos contestaron: "Unos, Juan el Bautista; otros, Elías; y otros, Jeremías, o alguno de los profetas" (v. 14). La pregunta de Juan a Jesús, **¿eres tú el que había de venir, o esperaremos a otro?** refleja esa popular idea equivocada.

En tercer lugar, la duda de Juan provenía de revelación incompleta. La falta de información produce duda (cp. Mt. 22:29), y a Juan le faltaba una parte crucial de información no revelada claramente en el Antiguo Testamento. Es verdad que el Antiguo Testamento sugiere dos advenimientos del Mesías, uno como el siervo sufriente, y el otro como el rey conquistador; pero no revela explícitamente el intervalo entre esos sucesos que ya va en dos mil años. Durante ese tiempo el Señor se volvería del desobediente Israel que lo rechazó (Mt. 23:37-39) a los gentiles, y establecería la Iglesia, que está conformada tanto de judíos como de gentiles. No es sino hasta que ese período termine y todo Israel sea salvo (Ro. 11:26) que Jesús regresará, establecerá su reino glorioso, y cumplirá todas las promesas de los pactos con Abraham y David. Fue la incapacidad de los apóstoles de entender esa verdad lo que motivó la pregunta que, después de la resurrección le hicieran al Señor, acerca del ya indicado establecimiento del reino.

La cura para tal duda es leer, estudiar, entender y meditar en la revelación de Dios en la Biblia, como muestran las primeras palabras del libro de Salmos:

> *Bienaventurado el varón que no anduvo en consejo de malos, ni estuvo en camino de pecadores, ni en silla de escarnecedores se ha sentado; sino que en la ley de Jehová está su delicia, y en su ley medita de día y de noche. Será como árbol plantado junto a corrientes de aguas, que da su fruto en su tiempo, y su hoja no cae; y todo lo que hace, prosperará (Sal. 1:1-3).*

Para impedir que Josué dudara de su capacidad de dirigir a Israel en la conquista de Canaán, Dios le ordenó: "Nunca se apartará de tu boca este libro de la ley, sino que de día y de noche meditarás en él, para que guardes y hagas conforme a todo lo que en él está escrito; porque entonces harás prosperar tu camino, y todo te saldrá bien" (Jos. 1:8). Fue la comprensión que tenía Natanael del Antiguo Testamento lo que eliminó cualquier duda en su mente de que Jesús era el Mesías (Jn. 1:49; cp. 5:39). Según se mencionó antes, los de Berea se volvieron a las Escrituras para verificar la enseñanza que recibieron. Puesto que la Biblia contiene la mente de Cristo (1 Co. 2:16) y revela "todas las cosas que pertenecen a la vida y a la piedad" (2 P. 1:3; cp. 3:18), proporciona la cura para la duda.

La cuarta y última razón, y quizás la más importante para la duda de Juan fue su expectativa equivocada. Juan era un ardiente predicador que advirtió el juicio inminente de Dios e hizo un llamado al arrepentimiento (cp. Lc. 3:3-17). Su advertencia de juicio retomó los acontecimientos donde el Antiguo Testamento concluyó (Mal. 4:1), por eso Juan esperaba que cuando el Mesías llegara ejecutaría ese juicio sobre los malvados.

Pero en lugar de traer destrucción y juicio sobre los incrédulos, Jesús les trajo sanidad y compasión. El hacha no estaba puesta a la raíz de los árboles, ni el aventador estaba lanzando la paja al fuego (Lc. 3:9, 17). El día del Señor con toda su furia y juicio a los malvados no había llegado. Eso no tenía sentido para Juan, quien había llamado a los pecadores al arrepentimiento a fin de evitar el pronto y repentino juicio del Mesías.

LA RESPUESTA DE JESÚS

En esa misma hora sanó a muchos de enfermedades y plagas, y de espíritus malos, y a muchos ciegos les dio la vista. Y respondiendo Jesús, les dijo: Id, haced saber a Juan lo que habéis visto y oído: los ciegos ven, los cojos andan, los leprosos son limpiados, los sordos oyen, los muertos son resucitados, y a los pobres es anunciado el evangelio; y bienaventurado es aquel que no halle tropiezo en mí. (7:21-23)

Como el gran sumo sacerdote que se compadece de las debilidades de su pueblo (He. 4:15), Jesús trató con ternura la duda de Juan. **En esa misma hora** en que los dos mensajeros de Juan llegaron, Jesús **sanó a muchos de enfermedades y plagas, y de espíritus malos, y a muchos ciegos les dio la vista.** Esta fue una demostración especial de su milagroso poder ante todo para beneficio de Juan. Jesús había rechazado las peticiones similares de los fariseos (cp. Mt. 12:38-42; 16:1-4), porque estos preguntaron por incredulidad. Sin embargo, Juan estaba tratando de fortalecer y complementar su fe.

Después de la demostración, Jesús **les dijo** a los mensajeros: **Id, haced saber a Juan lo que habéis visto y oído: los ciegos ven, los cojos andan, los leprosos son limpiados, los sordos oyen, los muertos son resucitados, y a los pobres es anunciado el evangelio.** Las milagrosas señales que Jesús había realizado eran evidencia inequívoca de que el reino se había inaugurado (aunque no estará vigente en su sentido más pleno hasta que Cristo regrese y establezca su reino terrenal milenial) y de que el Rey estaba presente. Empapado del Antiguo Testamento, Juan sabía que pasajes tales como Isaías 26:19 y Daniel 12:2 señalaban hacia una resurrección futura de **los muertos** asociada con el reino del Mesías. Las resurrecciones que Jesús realizó constituían un avance de esa resurrección. De igual modo, Isaías 35:5-6 asocia la sanidad de **ciegos, cojos,** y **sordos** con el reino mesiánico, mientras Isaías 61:1 describe la predicación del **evangelio** que el Rey haría a los pecadores humildes, cautivos, oprimidos y espiritualmente ciegos (cp. Lc. 4:17-21). Jesús entonces dijo a los mensajeros que le recordaran a Juan: **Bienaventurado es aquel que no halle tropiezo en mí.** Juan debía sobreponerse a su tragedia personal, a las opiniones populares de la época, a su falta de revelación total, y a sus expectativas equivocadas, y debía poner toda su fe y confianza en la evidencia convincente de que Jesús era el Mesías.

¿Cómo terminó la historia de Juan? La resolución de su duda se puede deducir de los evangelios de Mateo y Marcos. Como se indicó anteriormente, Herodías la esposa de Herodes odiaba a Juan y quería matarlo. Finalmente, en una celebración de gala del cumpleaños de Herodes, la hija de Herodías (Salomé, según Josefo) realizó una danza lujuriosa para Herodes y sus invitados. Cautivado por la representación, y tratando de impresionar a sus invitados, Herodes prometió de manera impulsiva a la joven cualquier cosa que ella quisiera. Cuando le preguntó a su madre qué debía pedir, Herodías contestó al instante: "La cabeza de Juan el Bautista" (Mr. 6:24). Atrapado por su ridícula promesa, y al no estar dispuesto a quedar mal frente a sus invitados, Herodes concedió la petición de la joven e hizo decapitar a Juan.

Después que Juan fuera decapitado, sus discípulos llegaron y se llevaron el cadáver para enterrarlo. Entonces, de manera significativa, "fueron y dieron las nuevas a Jesús" (Mt. 14:12). Está claro que Juan había disipado sus dudas y estaba convencido de que Jesús era el Mesías, o de lo contrario sus discípulos no habrían buscado a Jesús para comunicarle la muerte de Juan.

Aunque no inmunes a la duda, al igual que Juan los verdaderos creyentes levantarán la verdad por encima de su duda y reafirmarán su fe en Jesús como Señor, Mesías y Salvador. Serán guiados a confiar en la sabiduría divina por encima de la sabiduría humana, y a creer sin reservas en todo lo que la Biblia enseña acerca de Jesús. Oirán y obedecerán su Palabra con gozo y le confiarán sus vidas tanto ahora como por la eternidad. Dedicarán sus vidas a predicar el evangelio de salvación, y desearán siempre hacer lo que a Él le agrada. Además lo reverenciarán, lo adorarán y le obedecerán, y entregarán sus vidas al propósito divino. Tendrán confianza en el control soberano que Jesús tiene sobre los acontecimientos, y le estarán agradecidos como la fuente de todas las bondades que reciben. Rendirán sus cuerpos, mentes, espíritus, tiempo, habilidades y posesiones al control de Jesús, y vivirán para Él sin que importe lo que se requiera de ellos y, si se les pide, de buena gana morirán por Él.

Aquellos que hagan eso descubrirán que Jesús es todo lo que alguna vez pudieron necesitar o anhelar: Salvador; Pan de vida; Luz del mundo; Pastor de sus almas; la resurrección y la vida; el camino, la verdad y la vida; el único sendero hacia Dios; y el que un día regresará por los suyos para introducirlos a la gloriosa presencia de Dios, donde la fe se convertirá en visión y todas las dudas se desvanecerán para siempre.

El hombre más grande que jamás ha existido

45

Cuando se fueron los mensajeros de Juan, comenzó a decir de Juan a la gente: ¿Qué salisteis a ver al desierto? ¿Una caña sacudida por el viento? Mas ¿qué salisteis a ver? ¿A un hombre cubierto de vestiduras delicadas? He aquí, los que tienen vestidura preciosa y viven en deleites, en los palacios de los reyes están. Mas ¿qué salisteis a ver? ¿A un profeta? Sí, os digo, y más que profeta. Este es de quien está escrito: He aquí, envío mi mensajero delante de tu faz, el cual preparará tu camino delante de ti. Os digo que entre los nacidos de mujeres, no hay mayor profeta que Juan el Bautista; pero el más pequeño en el reino de Dios es mayor que él. Y todo el pueblo y los publicanos, cuando lo oyeron, justificaron a Dios, bautizándose con el bautismo de Juan. Mas los fariseos y los intérpretes de la ley desecharon los designios de Dios respecto de sí mismos, no siendo bautizados por Juan. (7:24-30)

El objetivo principal del ministerio de Jesús fue demostrar que Él era el prometido Mesías, Rey y Redentor, que cumpliría las promesas de los pactos abrahámico y davídico, y del nuevo pacto. Por consiguiente, su propósito en este pasaje no fue simplemente honrar a Juan el Bautista, aunque este merecía tal honor. El objetivo principal de Cristo al hablar de Juan fue mostrar cómo el ministerio de este profeta revelaba y establecía que Jesús era el Esperado (cp. el estudio de ese término en el cap. anterior de esta obra).

La mayoría de personas en Israel inicialmente aceptaron a Juan como profeta de Dios que hablaba por Dios, como todos los verdaderos profetas hicieron en el pasado. Esto era monumental, ya que no había habido un solo profeta durante siglos. Cada uno de los tres evangelios sinópticos se refieren a las enormes multitudes que acudían al río Jordán para oírlo (Mt. 3:5-6; Mr. 1:5; Lc. 3:7, 10). Herodes Antipas titubeó en ejecutar a Juan porque las multitudes veían a este último como un profeta (Mt. 14:5), mientras que los dirigentes judíos temían que, si negaban la autenticidad de Juan, "todo el pueblo [los apedrearía]; porque [estaban] persuadidos de que Juan era profeta" (Lc. 20:6; cp. Mt. 21:26; Mr. 11:32).

Lo que hace más extraordinaria la creencia de las personas en que Juan era un profeta es la naturaleza de su mensaje. Él no era un lisonjero que agradara a los hombres, sino alguien que predicaba un vehemente mensaje del juicio venidero y de la necesidad de arrepentimiento. Juan el Bautista denunció no solo a las multitudes (Lc. 3:7) sino también a sus líderes (Mt. 3:7) como serpientes venenosas que luchan por escapar de la furiosa ira venidera. Aún más sorprendente es que muchos de los que oían predicar a Juan estaban dispuestos a ser bautizados por él, un bautismo prosélito normalmente reservado para gentiles que se convertían al judaísmo. Al aceptar bautizarse a manos de Juan, los judíos estaban reconociendo que se hallaban fuera de los pactos y las promesas, y que no eran mejores que los gentiles incircuncisos. Pero, a pesar de que Juan les condenó enérgicamente su pecado y los llamó al arrepentimiento, los israelitas siguieron escuchando al profeta que anunciaba la llegada del Mesías. Ellos estuvieron de acuerdo con la afirmación de Jesús acerca de Juan: **Os digo que entre los nacidos de mujeres, no hay mayor profeta que Juan el Bautista.**

Sin embargo, hubo una evidente incoherencia en la aceptación que hicieran de Juan. El dilema que tenían era que, aunque lo reconocían como profeta, en su mayoría no aceptaban el mensaje de Juan de que Jesús era el Mesías. Más allá de lo que Juan indicara, el Señor había demostrado claramente por la verdad de su declaración que Él era el Esperado, Dios en carne humana. Jesús había viajado por toda Galilea curando enfermos, expulsando demonios y resucitando muertos (como acababa de hacer en Naín [7:11-15]). De hecho, acababa de hacer una demostración de su poder divino para los mensajeros de Juan el Bautista (7:20-22). Todo eso se hizo en cumplimiento de la profecía del Antiguo Testamento (cp. Is. 61:1).

En este momento, Jesús aprovechó la oportunidad para confirmar su condición mesiánica y poner a las multitudes en una posición inaceptable al señalar la realidad de que, ya que aceptaban a Juan como profeta, debían por consiguiente aceptarle el testimonio de que Jesús era el Mesías. Si Juan era un profeta, ese testimonio era cierto; por otra parte, si el testimonio que había dado no era cierto, entonces él no era un profeta. Y Juan difícilmente habría merecido el honor de ser llamado el hombre más grande que alguna vez había vivido si mintió acerca de que Jesús era el Mesías.

Sobre la base de normas sociales, a Juan no se le consideraría grande. Se le vería como antisocial, ofensivo, políticamente incorrecto y, en general, como un estorbo irritante y molesto. Él no tenía riqueza, importancia social, ni educación formal. No logró nada notable según la norma típica de juzgar; no tenía posición, no levantó ninguna organización, ni dejó obras literarias. Pero las normas divinas para la grandeza son la absoluta antítesis de las del mundo. Por esas normas de Dios, Juan fue más grande que todos los que le precedieron, inclusive más que todas las eminentes personas registradas en el Antiguo Testamento como Adán, Noé, Abraham, Moisés, Josué, David, Salomón y todos los profetas (cp. Lc. 1:15). En este pasaje Jesús enumera tres características que marcan la grandeza de Juan: carácter personal, vocación privilegiada, y contribución poderosa.

CARÁCTER PERSONAL DE JUAN

Cuando se fueron los mensajeros de Juan, comenzó a decir de Juan a la gente: ¿Qué salisteis a ver al desierto? ¿Una caña sacudida por el viento? Mas ¿qué salisteis a ver? ¿A un hombre cubierto de vestiduras delicadas? He aquí, los que tienen vestidura preciosa y viven en deleites, en los palacios de los reyes están. (7:24-25)

Como se indicó en el capítulo 44 de esta obra, Juan estaba encarcelado y no pudo acudir a Jesús en persona. Al parecer experimentaba algunas dudas basadas en lo que le estaba sucediendo a él y en lo que no ocurría con Jesús. Por tanto, Juan envió a dos de sus discípulos a preguntarle si Él realmente era el Mesías. En respuesta, el Señor realizó una exhibición convincente de su poder divino en favor de ellos y los envió de vuelta a Juan (7:21-23). Después que **se fueron los mensajeros de Juan, comenzó a** hablar acerca **de Juan a la gente.** Jesús explicó claramente su punto de vista de que era incoherente que las personas aceptaran a Juan como profeta, pero que rechazaran a Jesús como Mesías. Tres preguntas retóricas conforman la respuesta del Señor. Las dos primeras resaltan el carácter personal de Juan.

La primera pregunta del Señor, **¿qué salisteis a ver al desierto? ¿Una caña sacudida por el viento?,** resalta que Juan el Bautista no era un indeciso, llevado de aquí para allá por las brisas de la opinión popular, sino un hombre de convicciones firmes e inquebrantables. Tales convicciones lo llevaron a confrontar sin ningún temor a Herodes Antipas, lo que condujo al arresto y ejecución final de Juan. Fue su inflexible audacia y su apasionado compromiso con la verdad lo que hizo que miles de personas viajaran sesenta, ochenta o más kilómetros dentro del **desierto** donde Juan llevó a cabo todo su ministerio (Mt. 3:1; cp. v. 3; Is. 40:3) a fin de oírle predicar arrepentimiento en preparación para el Mesías.

Jesús hizo entonces una segunda pregunta retórica que revela aún más el carácter de Juan. **¿Qué salisteis a ver? ¿A un hombre cubierto de vestiduras delicadas? He aquí, los que tienen vestidura preciosa y viven en deleites, en los palacios de los reyes están.** *Malakos* (**delicadas**) se traduce "afeminados" en 1 Corintios 6:9. Trae a la mente ropa con adornos, encajes y ropa bordada que la nobleza mimada ha usado siempre. El atavío de Juan era exactamente lo contrario; consistía tan solo de un "vestido de pelo de camello, y… un cinto de cuero" (Mt. 3:4). En lugar de los manjares de lujo de alguna corte real, su dieta consistía en "langostas y miel silvestre" (v. 4).

Pero Juan no era un adulador afeminado de la nobleza; no era un alcahuete que vivía **en deleites** en el palacio de Herodes, sino un preso que languidecía en un calabozo. William Hendriksen escribe:

> Quienes usan "vestiduras delicadas" son individuos sin agallas, aduladores que fácilmente se inclinan ante aquellos que están en autoridad y que son recompensados con un alto cargo en el palacio del rey, una posición que les permite vestir magníficamente y vivir con lujos en armonía con la elevada posición que han obtenido en la vida (*Exposition of the Gospel According to Luke*, New Testament Commentary [Grand Rapids: Baker, 1978], p. 396).

Juan no solo hablaba como un profeta, sino que también vivía como tal. No había indicios de engrandecimiento personal en su vida. No llevó una vida de lujo indulgente, sino de austeridad y abnegación, de alejamiento del mundo y devoción a Dios. La abnegación y la devoción de Juan se pueden ver en su abstención de por vida de bebidas alcohólicas (Lc. 1:15), lo que sugiere que había tomado el voto nazareo (cp. Nm. 6:2-4). Debido a su impecable carácter personal, la integridad profética de Juan parecía sincera a las personas.

VOCACIÓN PRIVILEGIADA DE JUAN

Mas ¿qué salisteis a ver? ¿A un profeta? Sí, os digo, y más que profeta. Este es de quien está escrito: He aquí, envío mi mensajero delante de tu faz, el cual preparará tu camino delante de ti. (7:26-27)

Por noble que fuera el carácter de Juan, un elemento aún más importante de su grandeza fue su vocación privilegiada. Cuando las personas se internaban en el desierto para ver a Juan, todas sabían que habían salido **a ver a un profeta.** Como ya se indicó, Juan era tenido en alta estima por los demás, tanto es así que hasta se preguntaban si podría ser el Mesías (Lc. 3:15). Juan tenía todas las características de un profeta; enérgicamente predicó el mensaje de Dios, confrontó el pecado, advirtió del juicio inminente, llamó al arrepentimiento, y llevó una vida de abnegación.

Pero Jesús fue más allá de la simple identificación de Juan como un profeta al declarar que era alguien **más que profeta.** Juan no solo era un profeta en sí, sino también uno cuya venida estaba profetizada. Parafraseando Malaquías 3:1 a fin de darle su correcta interpretación, Jesús recordó a la multitud: **Este es de quien está escrito: He aquí, envío mi mensajero delante de tu faz, el cual preparará tu camino delante de ti.** Juan era el profeta de quien Malaquías predijo que iba a preparar el camino para el Mesías (cp. Is. 40:3-5; Lc. 3:4-6). Fue su privilegio único de ser el precursor del Mesías lo que lo apartó para la grandeza sin paralelo. Mientras los demás profetas del Antiguo Testamento predijeron que el Mesías vendría, Juan anunció que Él ya había venido. Para ellos era asunto de fe, para Juan fue asunto de vista. Él había tenido el privilegio no solo de ver al Mesías, sino también de hablar con Él y oír el testimonio audible del Padre con relación a su Hijo.

La identificación que Malaquías hiciera de este profeta que iba a venir como Elías (Mal. 4:5) plantea la inquietud de si Juan el Bautista era Elías que regresó, ya que Juan lo negó explícitamente (Jn. 1:21). La verdadera interpretación de la profecía de Malaquías fue clarificada antes de que Juan naciera. En el anuncio del milagroso nacimiento de Juan a su padre Zacarías, el ángel Gabriel dijo del Bautista: "Irá delante de él [del Mesías] con el espíritu y el poder de Elías" (Lc. 1:17). Por eso, cuando Juan negó que era Elías quiso decir que no era ese mismo profeta del Antiguo Testamento que había regresado del cielo, y clarificó lo que los judíos erróneamente esperaban (véase Lc. 9:8 y el estudio de Lc. 7:18-20 en el cap. 44 de esta obra).

La verdad es que si los judíos hubieran creído en Jesús, Juan el Bautista habría sido el cumplimiento del profeta como Elías de quien Malaquías escribió. En el relato paralelo de Mateo acerca de este pasaje, Jesús observó: "Si queréis recibirlo [al concepto de que Él era el Mesías], él [Juan] es aquel Elías que había de venir" (Mt. 11:14). Cuando los apóstoles le preguntaron: "¿Por qué dicen los escribas que es necesario que Elías venga primero?" (Mr. 9:11) Jesús contestó:

> *Elías a la verdad vendrá primero, y restaurará todas las cosas; ¿y cómo está escrito del Hijo del Hombre, que padezca mucho y sea tenido en nada? Pero os digo que Elías ya vino, y le hicieron todo lo que quisieron, como está escrito de él (vv. 12-13).*

Ya que Israel rechazó al Mesías y su reino, debe haber otro profeta como Elías que vendrá en cumplimiento de la profecía de Malaquías exactamente antes del regreso de Cristo para establecer su glorioso y terrenal reino milenial. Sin relación con ese profeta que ha de venir, que tendrá algún parecido con el ministerio de Elías, también aparecerán dos testigos que ministrarán durante la tribulación (Ap. 11:3-12), uno de los cuales en realidad podría ser Elías.

Pero la incredulidad de Israel no disminuye la talla de Juan. Él fue el precursor del Mesías, el cumplimiento de las profecías de Malaquías (Mal. 3:1) y de Isaías (40:3-5). Su llamado de gran privilegio lo convirtió en el último y más grande de los profetas del Antiguo Testamento, el último predicador de la era de la promesa, el puente hacia la era del cumplimiento, y el primer predicador del Nuevo Testamento.

CONTRIBUCIÓN PODEROSA DE JUAN

Y todo el pueblo y los publicanos, cuando lo oyeron, justificaron a Dios, bautizándose con el bautismo de Juan. Mas los fariseos y los intérpretes de la ley desecharon los designios de Dios respecto de sí mismos, no siendo bautizados por Juan. (7:29-30)

No está claro si estos dos versículos registran palabras pronunciadas por Jesús, o si se trata de un comentario editorial de Lucas; sin embargo, lo último es lo más probable. La profunda influencia de Juan en la nación es evidente por la respuesta tanto de quienes inicialmente le aceptaron el mensaje, como de quienes lo rechazaron. Tan grande fue la influencia de Juan que prácticamente dividió a la nación. Cuando **todo el pueblo,** incluso los odiados y agraviados **publicanos, oyeron** la poderosa predicación de Juan, **justificaron a Dios,** o mejor dicho, reconocieron la justicia divina. Admitieron que eran pecadores y que Dios era santo y justo, y que hacía bien al condenarlos por su pecado y que los llamaba al arrepentimiento. Mostraron su buena voluntad **bautizándose con el bautismo de Juan,** por tanto, declaraban en público que reconocían estar fuera del reino de Dios y que no eran mejores que los gentiles paganos.

Por otra parte, la élite religiosa, **los fariseos y los intérpretes de la ley desecharon los designios de Dios respecto de sí mismos,** y se negaron a arrepentirse, **no siendo bautizados por Juan. Los intérpretes de la ley,** o escribas, eran los autoproclamados expertos en la ley. Aconsejaban y dirigían en asuntos religiosos, penales y gubernamentales. La mayoría de ellos eran **fariseos,** orgullosos, fríos, mojigatos y se veían como espiritualmente superiores a las personas comunes y corrientes (cp. Jn. 7:49). A diferencia del pueblo, estos no estuvieron dispuestos a reconocer que eran pecadores.

Las personas comunes y corrientes se emocionaron durante un tiempo por el ministerio de Juan. Les contentó volver a tener entre ellos a un profeta después de cuatro siglos sin ningún mensaje de parte de Dios. El pueblo esperaba con ansias la llegada del tan anhelado Mesías, de quien Juan era el precursor. Pero la identificación que Juan hiciera de Jesús como el Mesías los puso en un dilema. Sorprendentemente, en lugar de aceptar el testimonio de aquel a quien habían aclamado como el gran profeta de Dios, los judíos no quisieron aceptar a Jesús. Algunos incluso optaron por escapar a su dilema revisando su punto de vista acerca de Juan para acomodar su rechazo de Jesús. Algunos más dijeron lo peor, según Lucas 7:33, en que el Señor manifestó: "Porque vino Juan el Bautista, que ni comía pan ni bebía vino, y decís: Demonio tiene". Otros, según Juan 5:35, quedaron temporalmente impresionados por Juan. En palabras de Jesús, "Él era antorcha que ardía y alumbraba; y vosotros quisisteis regocijaros *por un tiempo* en su luz" (cursivas añadidas).

Toda la euforia que rodeó a Juan y su ministerio duró poco. Asombradas y traumatizadas por la poderosa predicación de Juan, y atrapadas en la mentalidad de masa, muchas personas hicieron compromisos frívolos y emocionales. Más tarde, bajo la influencia de los dirigentes religiosos, se alejaron de Juan y de su enseñanza. A fin de justificar el rechazo que le hicieron a Jesús comenzaron a negar lo que una vez habían afirmado con relación a Juan. Abandonaron de modo tan completo a Juan que no hubo protesta pública cuando el corrupto Herodes lo ejecutó. Muchos de igual manera fueron arrastrados por la emoción de la entrada triunfal de Jesús. Sin embargo, la misma turba frenética que en esa ocasión gritó "¡Hosanna!", solo unos pocos días después vociferaría: "¡Crucifícale!". Al igual que los suelos pedregosos y espinosos de la parábola (cp. Lc. 8:6-7), el compromiso de ellos era poco profundo, frívolo, y desapareció pronto.

Pero, a pesar de su carácter ejemplar personal, de su vocación privilegiada y exclusiva, y de su innegable contribución poderosa, la sorprendente verdad es, les dijo Jesús a sus oyentes, que aunque **entre los nacidos de mujeres, no hay mayor profeta que Juan el Bautista; pero el más pequeño en el reino de Dios** (la esfera de salvación donde Dios reina sobre su pueblo) **es mayor que él.** Esa sorprendente declaración se puede entender en dos formas. En primer lugar, el reino de Dios es una realidad eterna y espiritual, aunque el ministerio de Juan era terrenal y temporal (si bien el mismo Juan, por supuesto, también estaba en el reino). Por tanto, aunque nadie ha tenido alguna vez una función terrenal más importante que Juan, todos en el reino tienen mayores privilegios espirituales. La salvación eterna supera con creces al más encumbrado privilegio terrenal.

En segundo lugar, hay otro sentido en que las palabras del Señor se pueden entender. El reino de Dios adquiere varias formas distintas. Existió en el Antiguo Testamento donde Dios gobernaba como rey sobre Israel (cp. 1 S. 8:7; 12:12; Is. 33:22). Este fue un reino basado en la promesa del venidero Mesías. Pero existe otra forma del reino que tanto Juan el Bautista (Mt. 3:1-2) como Jesús (Mt. 4:17) dijeron que era inminente, inaugurado con la venida del Mesías. No se trataba de una esfera diferente de salvación, sino más bien del cumplimiento del reino prometido en el Antiguo Testamento. Todos los creyentes en la era del cumplimiento disfrutan privilegios mayores incluso que los que disfrutó Juan, el hombre más grande de la era de la promesa.

Después de inaugurar con su venida la era del cumplimiento, Jesús pudo decir a sus discípulos: "Bienaventurados los ojos que ven lo que vosotros veis; porque os digo que muchos profetas y reyes desearon ver lo que vosotros veis, y no lo vieron; y oír lo que oís, y no lo oyeron" (Lc. 10:23-24). El escritor de Hebreos señala que "todos éstos [los héroes de la fe de la era de la promesa], aunque alcanzaron buen testimonio mediante la fe, no recibieron lo prometido; proveyendo Dios alguna cosa mejor para nosotros, para que no fuesen ellos perfeccionados aparte de nosotros" (He. 11:39-40).

A diferencia de Juan y los demás en la era de la promesa, los creyentes en la era del cumplimiento disponen en los evangelios de la narración total de la vida de Cristo, en Hechos disponen de la extensión del evangelio a través del poder del Espíritu, y en las epístolas disponen de la explicación de la persona de Cristo y la obra y el propósito de Dios en la salvación. Y en el libro del Apocalipsis también disponen de los detalles del glorioso regreso de Cristo para establecer su reino terrenal y el estado eterno por venir. Los creyentes en la era del cumplimiento también tienen el Espíritu Santo morando en ellos para fortalecerlos (Hch. 1:8) y guiarlos (1 Jn. 2:20, 27). Como resultado, entienden verdades que no concibieron aquellos en la era de la promesa, ni siquiera su más grande profeta, Juan el Bautista. Pablo identifica esas verdades como misterios, ocultos en el Antiguo Testamento, pero revelados en el Nuevo. Estos incluyen:

- El misterio de la encarnación de Cristo (Col. 2:2-3); de que Él sería tanto Dios como hombre, una verdad insinuada en el Antiguo Testamento (p. ej., Is. 7:14; 9:6), pero no clarificada.
- El misterio de la incredulidad de Israel (Ro. 11:25-29).
- El misterio de la salvación de los gentiles (Ro. 16:25-26).
- El misterio de judíos y gentiles unidos en un cuerpo (Ef. 2:11-22).
- El misterio de la morada de Cristo en los creyentes (Col. 1:25-27).
- El misterio de la iniquidad encarnada en el futuro anticristo (2 Ts. 2:7-8).
- El misterio del arrebatamiento de la Iglesia (1 Co. 15:51).
- El misterio de la recapitulación de todas las cosas en Cristo (Ef. 1:9-10).

Quienes están en la era del cumplimiento disponen de revelación total relacionada con la depravación del ser humano, la expiación sustitutiva, la resurrección, la ascensión y el regreso futuro en gloria de Cristo, el cielo y el infierno, la justificación, la santificación y la glorificación de los creyentes; en resumen, tenemos en la Palabra de Dios la revelación de la mente de Cristo (1 Co. 2:16) y el propósito completo de Dios (Hch. 20:17-20, 27).

La cruz y la tumba vacía marcan el momento en que la promesa se convierte en cumplimiento. Los creyentes en este lado de la resurrección son más grandes que Juan el Bautista, no en términos de carácter o influencia personal, sino porque tienen el privilegio de predicar la totalidad del evangelio. Juan predicó que los pecadores debían arrepentirse y reconciliarse con Dios a fin de prepararse para la venida del Mesías. Pero, a los creyentes en la era del cumplimiento, Dios "nos encargó a nosotros la palabra de la reconciliación" (2 Co. 5:19), enviándonos como embajadores de Cristo, rogando que los pecadores se reconcilien con Dios por medio de Él (v. 20; cp. Mt. 28:19-20). Nuestro mensaje es proclamar toda la verdad acerca de la muerte y la resurrección del Salvador.

Parábola de los muchachos malcriados: Estilo frente a sustancia

46

Y dijo el Señor: ¿A qué, pues, compararé los hombres de esta generación, y a qué son semejantes? Semejantes son a los muchachos sentados en la plaza, que dan voces unos a otros y dicen: Os tocamos flauta, y no bailasteis; os endechamos, y no llorasteis. Porque vino Juan el Bautista, que ni comía pan ni bebía vino, y decís: Demonio tiene. Vino el Hijo del Hombre, que come y bebe, y decís: Este es un hombre comilón y bebedor de vino, amigo de publicanos y de pecadores. Mas la sabiduría es justificada por todos sus hijos. (7:31-35)

El término "malcriado" es una palabra chabacana, simple y a la vez cargada de vívido significado. Es un término peyorativo que trae a la mente niños que son indisciplinados, desobedientes, desagradables, revoltosos, rebeldes, contumaces, incorregibles, obstinados e incontrolables. La Biblia los describe como los que deshonran a sus padres (Dt. 27:16), necios que rechazan la disciplina de sus padres (Pr. 15:5), hijos vergonzosos e indignos que rechazan a sus padres (Pr. 19:26), y niños egoístas que avergüenzan a sus padres (Pr. 29:15). Ser desobediente a los padres aparece entre la lista de pecados graves que caracterizan a quienes rechazan a Dios (Ro. 1:30; 2 Ti. 3:2), y la Biblia advierte de severo castigo para los hijos rebeldes (cp. Dt. 27:16; Pr. 30:17), incluso ser ejecutados (Éx. 21:15; Dt. 21:18-21).

Jesús dirigió esta parábola de los malcriados a las personas de su sociedad, en particular a los que en esa ocasión estaban presentes. Comparó la respuesta de ellos al evangelio con la de niños malcriados: beligerantes, ingratos e imposibles de satisfacer. Pero el principio es eterno. En toda época habrá personas que respondan al mensaje del evangelio de arrepentimiento, fe, perdón y salvación como hicieron los malcriados de aquella generación.

Cabe señalar que en contraste con el énfasis políticamente correcto en cuanto a tolerancia, ni Juan el Bautista ni Jesús dudaron en confrontar y reprender a las personas con lenguaje fuerte y ofensivo. Cuando los dirigentes judíos acudieron a verlo, Juan abruptamente los saludó con el reto poco amistoso: "¡Generación de víboras! ¿Quién os enseñó a huir de la ira venidera?" (Mt. 3:7). Según el relato de Lucas, Juan hizo la misma pregunta a los superficialmente arrepentidos entre la multitud, que tenían la misma falsedad de los dirigentes religiosos (Lc. 3:7). Jesús etiquetó a los escribas y fariseos de hipócritas (Mt. 6:2, 5, 16; 23:13, 15, 23, 25, 27, 29), guías ciegos (Mt. 15:14; 23:16, 24), hijos del infierno (Mt. 23:15), necios (Mt. 23:17), ladrones (Jn. 10:8), sepulcros blanqueados (Mt. 23:27), y víboras (Mt. 23:33).

Hasta ese momento en la historia, el mensaje del evangelio lo habían predicado únicamente dos personas: Juan el Bautista y Jesús. Los doce aún no habían sido enviados a predicar (Lc. 9:1-2), y tampoco los setenta (Lc. 10:1). Pero, a pesar de que sus estilos de ministerio diferían notablemente, muchas de las personas que oyeron a Juan y a Jesús tuvieron la misma respuesta agraviada, desafiante, hostil y obstinada hacia ambos.

Al principio de su ministerio, este último profeta y primer predicador del evangelio había sido inmensamente popular. Enormes multitudes viajaban al desierto cerca del río Jordán para oírlo predicar y ser bautizadas por él (Mt. 3:5-6). Habían reconocido que Juan era un verdadero profeta de Dios, el precursor del Mesías profetizado por Malaquías (Mal. 3:1).

Por otra parte, de manera arrogante, la élite religiosa se negó a confesar su pecado, a arrepentirse o a ser bautizada por Juan (Lc. 7:30). Con aire de suficiencia y seguros en su legalismo farisaico, veían con desprecio a la gente común que se interesaba en Juan (cp. Jn. 7:49). A ellos no les importaba el predicador del desierto; al rechazar su llamado al arrepentimiento mostraron su molestia por la advertencia del juicio inminente, y su furia por la atrevida denuncia que él les hiciera como "generación de víboras" (Mt. 3:7). El orgullo religioso que tenían les hizo rechazar el llamado del evangelio al humilde arrepentimiento; su devoción superficial y externa a guardar la ley hizo que rechazaran la provisión del evangelio de gracia, misericordia y perdón; su sentido de superioridad espiritual (cp. Mr. 2:16; Lc. 15:1-2; Jn. 9:34) los llevó a rechazar como ridícula la promesa del evangelio de perdón hasta para los pecadores más miserables.

Con el tiempo y bajo la influencia de los religiosos apóstatas, la gente comenzó a tener dudas acerca de Jesús. Aunque les sorprendía la predicación sin igual de Cristo (Mt. 7:28-29; cp. Jn. 7:46) y los milagros que realizaba (Jn. 2:23; 3:2; 6:2), cada vez más les inquietaba el rechazo que los dirigentes le mostraban, y también la negativa de Jesús de asumir el papel del conquistador militar y político que erróneamente esperaban que el Mesías fuera (cp. Jn. 6:14-15). Según se indicó en el capítulo anterior de esta obra, sentirse incómodos con Jesús hizo que muchos reconsideraran su opinión acerca de Juan el Bautista. Juan había declarado inequívocamente que Jesús era el Mesías. Si ellos seguían creyendo que él era el precursor del Mesías, enfrentaban el dilema de cómo reconciliar esa creencia con el rechazo que hacían a las afirmaciones de Jesús. Al final, la mayoría rechazó tanto a Juan (Lc. 7:33; Jn. 5:35) como a Jesús (Jn. 6:66). Puesto que para ese entonces Juan estaba preso, la peor parte de oposición y hostilidad se enfocó en Jesús.

Esta parábola se puede dividir en cuatro secciones: introducción, ilustración, aplicación, y conclusión.

INTRODUCCIÓN

Y dijo el Señor: ¿A qué, pues, compararé los hombres de esta generación, y a qué son semejantes? (7:31)

Después del comentario en paréntesis (muy probablemente de Lucas) en los versículos 29 y 30, Jesús siguió hablando, como había hecho hasta 7:22. Esta frase es un hebraísmo, usado comúnmente en el Midrash para presentar una analogía que explicaba una realidad espiritual. La parábola o analogía que sigue dará la evaluación del Señor respecto a **los hombres de esta generación.** El término **generación** hace referencia a las personas de la época de Jesús, en particular a los fariseos y escribas, a quienes los seguían en rechazar a Juan el Bautista y a Jesús (vv. 29-30). *Genea* (**generación**) se usa con frecuencia en el Evangelio de Lucas en un sentido negativo como un término de condenación. En 9:41, Jesús habló de estas personas como de una "generación incrédula y perversa", y en 11:29 las describió como una "generación mala", culpable de toda la sangre de los profetas asesinados (vv. 50-51) y, por encima de todo, de rechazar al Señor Jesucristo (17:25). Por extensión, el término puede referirse a cualquier generación malévola y sin fe (cp. Dt. 32:5; Jue. 2:10; Jer. 7:29; Hch. 2:40; Fil. 2:15). La ilustración atemporal del Señor que sigue se aplica a todo aquel en cualquier generación que rechaza el evangelio.

ILUSTRACIÓN

Semejantes son a los muchachos sentados en la plaza, que dan voces unos a otros y dicen: Os tocamos flauta, y no bailasteis; os endechamos, y no llorasteis. (7:32)

Aunque una escena como la que el Señor describió, de muchachos divirtiéndose, es conocida a lo largo de la historia humana, esta es la única referencia en la Biblia a muchachos jugando. A diferencia de las ciudades modernas, los pueblos y las aldeas en la Palestina del siglo I no tenían parques o lugares designados para juegos infantiles. Sin embargo, la mayoría contaba con un *agora*, un gran terreno abierto cerca del centro de la población usado como **plaza.**

Este era también el lugar para reuniones públicas y se convertía en un parque infantil conveniente para niños. Jesús describe una ocasión en que el *agora* no se estaba usando como plaza de mercado, y los muchachos estaban jugando en él.

Es común que los jóvenes jueguen a imitar comportamiento de adultos. Al parecer, los de la época de Jesús representaban a menudo dos juegos que reflejaban los acontecimientos más importantes en la vida social judía: bodas y funerales. Históricamente, las bodas y los funerales caracterizaban las ocasiones más felices y más tristes de la vida. Las bodas en Israel eran acontecimientos muy elaborados, que a menudo duraban una semana e implicaban procesiones por las calles y también festejos (cp. Mt. 25:1-12; Jn. 2:1-10). Los funerales constaban de elementos de luto público y de una procesión pública hasta el sepulcro, junto con ayuno (Lc. 7:11-16). Sin duda, para los muchachos era conocido lo uno y lo otro.

En la historia de Jesús algunos muchachos habían estado tratando de organizar un juego. Ellos **sentados en la plaza,** llaman a algunos de los otros chicos que se habían negado a jugar, **dan voces unos a otros y** les dicen: **Os tocamos flauta, y no bailasteis.** Esto sugiere que estos muchachos habían tratado de que los otros participaran en un juego de fingir una boda, ya que la música y el baile eran parte integral de una celebración de boda. Sin embargo, los invitados no participarían en el juego; eran obstinados y se mostraban indiferentes y malhumorados. Negándose a estar alegres y participar en el baile y el canto, preferían a cambio hacer pucheros y enfadarse.

El primer grupo de muchachos trató entonces de hacer participar a los otros en un simulacro de funeral. Pero estos también se negaron a participar en ese juego, lo que llevó a quienes los invitaron a quejarse: **os endechamos, y no llorasteis.** La frustración de ellos es comprensible, ya que cualquiera que fuera el juego designado, lo otros chicos no participarían. La naturaleza del juego no era el asunto de importancia, puesto que los mocosos malhumorados no participarían en el juego alegre ni en el triste. Ellos sirven como una buena ilustración de las personas de aquella generación: malhumorados que no les satisface nada.

APLICACIÓN

Porque vino Juan el Bautista, que ni comía pan ni bebía vino, y decís: Demonio tiene. Vino el Hijo del Hombre, que come y bebe, y decís: Este es un hombre comilón y bebedor de vino, amigo de publicanos y de pecadores. (7:33-34)

Después de haber dado a sus oyentes una sencilla ilustración, Jesús la aplicó a sí mismo y a Juan. Primero comparó el ministerio de Juan con el juego del funeral. Comer **pan** y beber **vino** simbolizaba el patrón normal de la vida social. En el Sermón del Monte, Jesús dijo a su audiencia que, cuando Él regresara, la vida habría seguido su curso normal, así "como en los días antes del diluvio estaban comiendo y bebiendo, casándose y dando en casamiento, hasta el día en que Noé entró en el arca" (Mt. 24:38). El estilo de vida radicalmente asceta de Juan constituía una total separación y condenación de la sociedad judía. En vez de consumir **pan,** la "comida [de Juan] era langostas y miel silvestre"; en lugar de usar ropa elegante, Juan "estaba vestido de pelo de camello, y tenía un cinto de cuero alrededor de sus lomos" (Mt. 3:4); en vez de vivir en un entorno lujoso, él "estuvo en lugares desiertos hasta el día de su manifestación a Israel" (Lc. 1:80). Incluso después que comenzara su ministerio, Juan permaneció en el desierto desolado cerca del Jordán (Mt. 3:1). Su voto nazareo, según el cual no **bebía vino** (Lc. 1:15), y su dieta, que era una especie de ayuno, separaba aún más a Juan del curso normal de vida. Las tendencias culturales y las modas de la sociedad no tenían ninguna influencia en él.

El ministerio de Juan fue sombrío y severo como un canto fúnebre en advertencia de juicio venidero y proclamación a los pecadores de la necesidad de arrepentimiento y de lamentarse por el pecado. El tono de su predicación era aterrador, espantoso y de confrontación; el mensaje de Juan era severo, con poco énfasis en la gracia y la misericordia. Su enfoque estaba en la ira y la venganza de Dios, y retó a sus oyentes a arrepentirse o ser consumidos por el juicio de fuego que iba a venir (Lc. 3:8, 9, 17). Él no tenía interés en hipócritas superficiales, condenándolos como "generación de víboras" (v. 7), que con desesperación intentan escapar de las llamas del juicio.

La reacción de los malcriados espirituales ante la austera abnegación y el mensaje de juicio de Juan el Bautista fue impactante. Al principio lo habían aclamado como un verdadero profeta de Dios y como el precursor del Mesías profetizado por Isaías y Malaquías. Pero poco después lo descartaron despectivamente como si tuviera un **demonio.** El tiempo presente del verbo traducido **decís** indica que algunos de los que oían hablar a Jesús estaban entre los que habían denunciado a Juan como poseído por demonios. La razón de que llegaran a esta sorprendente conclusión fue que dicha conducta extraña se asociaba frecuentemente con posesión demoníaca. El endemoniado gadareno, por ejemplo, vivía en un cementerio, no usaba ropa, era muy violento, gritaba constantemente, y se mutilaba (Mt. 8:28; Mr. 5:1-5; Lc. 8:26-27). La conducta de Juan era tan diferente, única y antisocial que algunos dedujeron que solo se podría explicar como una locura asociada con posesión demoníaca. Muchos llegarían a la misma conclusión blasfema con relación a Jesús (cp. Lc. 11:19; Jn. 7:20; 8:48; 10:20).

El motivo de que le dieran tal calificativo a Juan fue el odio que tenían al mensaje de este profeta. Sus corazones eran duros e impenetrables, haciendo que rechazaran el diagnóstico divino de la condición de ellos que Juan predicaba. Al ser orgullosos y creerse muy justos y buenos, odiaban la condenación que él les hacía como pecadores en desesperada necesidad de arrepentimiento y perdón. Atacaron a la persona de Juan para así justificar el rechazo a su mensaje. Se negaron a unírsele.

No obstante, el rechazo que los malcriados espirituales hicieron al evangelio no se detuvo con Juan. La frase **Hijo del Hombre,** un título mesiánico tomado de Daniel 7:13, fue la designación favorita del Señor para sí mismo, que lo usó más de ochenta veces. A diferencia de Juan el Bautista, Jesús llegó como alguien **que come y bebe;** es decir, Él participó en los placeres y las ocasiones normales de la vida social, incluso bodas (Jn. 2:1-11) y también funerales (Lc. 7:11-16; Jn. 11:1-44). El ministerio de Juan se llevó a cabo en el desierto, pero Jesús viajó extensamente por las ciudades y aldeas de Israel (cp. Mt. 9:35; Mr. 6:6, 56; 8:27; Lc. 8:1; 13:22). Si el ministerio de Juan era reminiscencia de un funeral, el de Jesús era más parecido a una boda. Es más, el Señor comparó su ministerio con una boda, describiéndose Él mismo como el novio y a los discípulos como invitados a la boda (Mt. 9:15; cp. Jn. 3:29).

Debido a que Juan era esquivo y no se juntaba con la gente, ellos lo condenaron como endemoniado. Pero puesto que Jesús interactuaba con personas, incluso con los marginados de la sociedad, sus enemigos lo calificaron desdeñosamente como **un hombre comilón y bebedor de vino, amigo de publicanos y de pecadores.** El hecho de que Jesús se asociara muy a menudo con individuos a los que los líderes religiosos consideraban la escoria de la sociedad, los enfurecía en gran manera. Cuando el Señor asistió a un banquete ofrecido por el ex recaudador de impuestos Mateo después que Jesús lo llamara a seguirlo, los fariseos confrontaron a los discípulos y exigieron saber: "¿Por qué come vuestro Maestro con los publicanos y pecadores?" (Mt. 9:11). Lucas narra más tarde en su evangelio: "Se acercaban a Jesús todos los publicanos y pecadores para oírle" (Lc. 15:1). Escandalizados e indignados, como era de esperar, "los fariseos y los escribas murmuraban, diciendo: Este a los pecadores recibe, y con ellos come" (v. 2). Cuando Jesús hizo lo inimaginable y se hizo invitar a la casa del odiado publicano Zaqueo, "todos murmuraban, diciendo que había entrado a posar con un hombre pecador" (Lc. 19:7).

El Señor reprendió a esa malvada generación por rechazar a ambos mensajeros divinos que predicaban la verdad, a pesar de sus estilos diferentes de ministerio. Juan era sobrio, severo y rígido, un predicador de juicio que llamaba al arrepentimiento, alguien que lloraba a la luz de la ira de Dios y que se mantenía aislado de los pecadores. En contraste, Jesús era tierno, misericordioso, clemente y compasivo, un predicador de bendición que se mezclaba con pecadores, a quienes había venido a buscar y salvar.

Al final, no es el estilo de ministerio lo que importa sino la sustancia del mismo. El pueblo finalmente rechazó los ministerios tanto de Juan como de Jesús. Aunque sus énfasis pudieron haber sido diferentes, tanto Juan como

Jesús llamaron al arrepentimiento, prometieron perdón, advirtieron de juicio, y predicaron la venida del reino. La forma externa de ministrar nunca es lo importante, sino más bien la verdad del mensaje. En cada generación habrá malcriados espirituales que rechazan la verdad, igual que aquellos que se negaron a llorar con Juan o a reír con Jesús.

CONCLUSIÓN

Mas la sabiduría es justificada por todos sus hijos. (7:35)

No todos los que oyen el mensaje del evangelio lo rechazan; **la sabiduría,** expresó Jesús, **es justificada** (demostrada o probada como verdadera) **por todos sus hijos,** como también lo expresa el relato paralelo de Mateo (Mt. 11:19). El término hace referencia al resultado de la verdadera sabiduría espiritual, que es la salvación (2 Ti. 3:15). A pesar de los malcriados burladores espirituales, el evangelio siempre produce resultados; siempre habrá algunos que lo acepten. Sus vidas demostrarán el poder de la **sabiduría** de salvación.

La magistral ilustración del Señor revela que existen dos tipos de muchachos espirituales en cada generación: los malcriados insensatos y los hijos de sabiduría. Los malcriados son necios carentes de verdadera sabiduría, caracterizados por odiar la verdad y rechazar a quienes la predican. Por otra parte, los hijos de sabiduría, los redimidos, son conocidos por las obras justas que sus vidas transformadas producen (Ef. 2:10; cp. 2 Co. 5:17). El estilo del predicador no es el factor determinante; "el evangelio", no la habilidad del mensajero, "es [el] poder de Dios para salvación a todo aquel que cree" (Ro. 1:16). La misma "palabra de la cruz" que "es locura a los que se pierden" para "los que se salvan" es "poder de Dios" (1 Co. 1:18).

La pecadora transformada 47

Uno de los fariseos rogó a Jesús que comiese con él. Y habiendo entrado en casa del fariseo, se sentó a la mesa. Entonces una mujer de la ciudad, que era pecadora, al saber que Jesús estaba a la mesa en casa del fariseo, trajo un frasco de alabastro con perfume; y estando detrás de él a sus pies, llorando, comenzó a regar con lágrimas sus pies, y los enjugaba con sus cabellos; y besaba sus pies, y los ungía con el perfume. Cuando vio esto el fariseo que le había convidado, dijo para sí: Este, si fuera profeta, conocería quién y qué clase de mujer es la que le toca, que es pecadora. Entonces respondiendo Jesús, le dijo: Simón, una cosa tengo que decirte. Y él le dijo: Di, Maestro. Un acreedor tenía dos deudores: el uno le debía quinientos denarios, y el otro cincuenta; y no teniendo ellos con qué pagar, perdonó a ambos. Di, pues, ¿cuál de ellos le amará más? Respondiendo Simón, dijo: Pienso que aquel a quien perdonó más. Y él le dijo: Rectamente has juzgado. Y vuelto a la mujer, dijo a Simón: ¿Ves esta mujer? Entré en tu casa, y no me diste agua para mis pies; mas ésta ha regado mis pies con lágrimas, y los ha enjugado con sus cabellos. No me diste beso; mas ésta, desde que entré, no ha cesado de besar mis pies. No ungiste mi cabeza con aceite; mas ésta ha ungido con perfume mis pies. Por lo cual te digo que sus muchos pecados le son perdonados, porque amó mucho; mas aquel a quien se le perdona poco, poco ama. Y a ella le dijo: Tus pecados te son perdonados. Y los que estaban juntamente sentados a la mesa, comenzaron a decir entre sí: ¿Quién es éste, que también perdona pecados? Pero él dijo a la mujer: Tu fe te ha salvado, ve en paz. (7:36-50)

Muchas pruebas de la veracidad de la fe cristiana se pueden acumular de campos tales como ciencia, historia, filosofía, y profecía cumplida. Sin embargo, la verdad del evangelio también se evidencia en el testimonio de las vidas transformadas de los redimidos.

El relato de la profunda transformación de Saulo (el fariseo celoso y perseguidor de los cristianos) en Pablo (el misionero apostólico) ha llevado de manera directa o indirecta a la conversión de millones de personas a través de los siglos. Las vidas transformadas de los creyentes en Corinto (1 Co. 6:9-11) proporcionó un poderoso testimonio en esa corrompida ciudad. En 1 Pedro 4:3-4, el apóstol describió el impacto de las vidas de los creyentes en los incrédulos:

Baste ya el tiempo pasado para haber hecho lo que agrada a los gentiles, andando en lascivias, concupiscencias, embriagueces, orgías, disipación y abominables idolatrías. A éstos les parece cosa extraña que vosotros no corráis con ellos en el mismo desenfreno de disolución, y os ultrajan.

El cambio dramático en la vida del odiado recaudador de impuestos Leví (Mateo) fue inmediatamente obvio para quienes asistieron a la recepción que él ofreciera en honor a Jesús (Lc. 5:27-29). Incluso más asombrosa fue la transformación total en la vida de Zaqueo. Como "jefe de los publicanos" (Lc. 19:2), supervisaba a varios recaudadores de impuestos como Mateo y, por consiguiente, era aún más despreciado. Pero su vida cambió para siempre el día en que Jesús pasó por Jericó (v. 1) y le llevó la salvación (v. 9), un cambio observado por los demás presentes (v. 7). La notable conversión en la existencia de la mujer samaritana de Sicar llevó a muchas más personas de su aldea a creer en Jesús (Jn. 4:39-42). Una transformación igualmente milagrosa y singularmente impresionante se provocó en el endemoniado gadareno, que pasó de ser un maníaco mortífero que andaba desnudo, a ser un misionero en sano juicio (Lc. 8:26-39).

La característica principal de este pasaje a primera vista parece ser la vida transformada de la mujer pecadora. No obstante, ella fue tan solo un elemento de la historia, el cual se enfoca principalmente en la evangelización que el Señor hace a un fariseo. Jesús la utilizó como testimonio para este hombre y los demás presentes acerca de la verdad y el poder del evangelio. Irónicamente, Jesús demostró su poder para perdonar pecados y transformar vidas usando la misma clase de persona que los fariseos más despreciaban. En realidad, los dirigentes religiosos hipócritas y con aires de superioridad moral eran los peores pecadores posibles; quienes creen que no están perdidos y piensan que no necesitan redención no pueden recibir la salvación.

El Señor Jesucristo vino a buscar y salvar a los penitentes y perdidos que creen (Lc. 19:10), tanto a los miembros mojigatos de la institución religiosa como a la escoria de la sociedad. De acuerdo con esa verdad, Lucas narra otras dos ocasiones en que Jesús comió en casa de un fariseo (11:37-54; 14:1-24). En ambos casos, los fariseos no tenían verdadero interés en Jesús. Al haber ya rechazado al Señor y su mensaje, ellos tan solo intentaban reunir evidencias que pudieran usar para condenarlo. En 14:1, Lucas observa que los fariseos presentes "acechaban" a Jesús, mientras que, después de la comida narrada en el capítulo 11, "los escribas y los fariseos comenzaron a estrecharle en gran manera, y a provocarle a que hablase de muchas cosas; acechándole, y procurando cazar alguna palabra de su boca para acusarle" (vv. 53-54).

Este incidente no se debe confundir con la unción posterior de Jesús por parte de María, la hermana de Marta y Lázaro (Mt. 26:6-13; Mr. 14:3-9;

Jn. 12:1-8). La historia registrada en el pasaje que estamos estudiando se lleva a cabo en Galilea, no en Betania; la mujer sin nombre era una pecadora (lo más probable es que fuera una prostituta, como se observa a continuación), no María; esta unción sucedió mucho antes en el ministerio del Señor, no durante la Semana Santa, en la casa de Simón el fariseo, no de Simón el leproso. La única similitud somera es que los propietarios de ambas casas se llamaban Simón. Sin embargo, Simón era un nombre sumamente común en Israel. El Nuevo Testamento enumera a varios individuos más que tenían ese nombre, incluso a dos de los apóstoles, Simón Pedro y Simón el Zelote (Lc. 6:14-15), a uno de los hermanos de Jesús (Mt. 13:55), a un hombre de Cirene obligado por los romanos a llevar la cruz de Jesús (Mr. 15:21), al padre de Judas Iscariote (Jn. 6:71), al falso profeta Simón el mago (Hch. 8:9-24), y a Simón el curtidor, en cuya casa en Jope se alojó Pedro (Hch. 9:43).

En el inicio de la historia, **uno de los fariseos rogó a Jesús que comiese con él.** No se sabe dónde ocurrió este incidente, excepto que fue en Galilea durante el ministerio de Jesús en esa región, que Lucas describe en 4:14—9:50. Al igual que los otros fariseos que invitaron a Jesús a comer, este no tenía ningún interés personal en el Señor. Él no era un indagador de mente abierta, sino que al igual que la mayoría de los demás fariseos, ya había decidido que Jesús era un blasfemo que se arrogaba el derecho de perdonar pecados que solo pertenecía a Dios (Lc. 5:21). Estos autoproclamados guardianes de la religión legalista, externa y ritualista odiaban el mensaje de Jesús de gracia, arrepentimiento y perdón, y el llamado de corazón al amor de Dios. También lo odiaban porque con mordacidad les reprendía su hipócrita arrogancia moral (Mt. 23), y por relacionarse con los marginados de la sociedad (Lc. 7:34). Al haber llegado ya a una conclusión con relación a Jesús, ellos se habían dedicado a acumular evidencia contra Él. Esta invitación del fariseo a Jesús era parte de ese proceso de reunir pruebas. Ningún fariseo que se respetara tendría alguna forma de relación con un blasfemo, a no ser para hacerle daño.

Jesús, desde luego, era muy consciente del motivo que tuvo este hombre para invitarlo. A pesar del hecho de que invitar a alguien a un banquete era normalmente una señal de amistad y honra, Jesús entendió que el fariseo era un hipócrita y que sus intenciones hacia Él eran perversas. Sin embargo, Jesús se acercó cortésmente a este pecador perdido, exponiéndolo al divino poder transformador de vidas. El Señor, **habiendo entrado en casa del fariseo,** como era habitual, **se sentó a la mesa.** Puesto que los caminos eran polvorientos o cubiertos de lodo, era prudente mantener los pies de los invitados lo más alejados posible de la mesa. Recostarse apoyándose en un codo era una posición higiénica y cómoda para la prolongada conversación que solía acompañar a tales comidas.

No era raro invitar a un rabino visitante a una comida en el día de reposo o a un banquete especial, lo que daba a los presentes la oportunidad de analizar con él asuntos teológicos, culturales y sociales. Existe evidencia de que en tales ocasiones a menudo dejaban abiertas las puertas a fin de que los no invitados a la comida pudieran estar alrededor del perímetro del salón y escuchar el diálogo. Eso indudablemente es lo que ocurrió en esta ocasión. La historia gira en torno a dos personajes principales: la mujer pecadora, y el hombre que se creía justo.

LA MUJER PECADORA

Entonces una mujer de la ciudad, que era pecadora, al saber que Jesús estaba a la mesa en casa del fariseo, trajo un frasco de alabastro con perfume; y estando detrás de él a sus pies, llorando, comenzó a regar con lágrimas sus pies, y los enjugaba con sus cabellos; y besaba sus pies, y los ungía con el perfume. (7:37-38)

El texto griego del versículo 37 literalmente dice: "Y he aquí" (*kai idou*), que hace hincapié en que algo asombroso e impactante estaba a punto de ocurrir. Lo asombroso era que esta **mujer** era conocida en **la ciudad** como una **pecadora,** un término dado a los individuos más despreciados en la sociedad (cp. Pr. 11:31; Mt. 9:10-13; Lc. 19:7). Con toda probabilidad, ella era una prostituta, una adúltera profesional; inmoral, impura y que vivía una existencia de flagrante pecaminosidad en el ámbito público. No hay motivo para identificarla, como algunos suelen hacer, con María Magdalena, a quien se hace referencia por primera vez unos versículos más adelante (8:2); si ella fuera esta mujer pecadora, Lucas la habría llamado aquí por nombre, no más tarde.

Al saber la mujer pecadora **que Jesús estaba a la mesa en casa del fariseo,** y teniendo la certeza de que dejarían las puertas abiertas, la mujer fue allá con un plan específico en mente. Ella **trajo un frasco de alabastro con perfume.** El **perfume** no solo era parte del oficio de ser prostituta, también lo usaban ampliamente las mujeres en general. Que el frasco en que estaba el **perfume** fuera hecho de **alabastro,** un tipo costoso de mármol de las canteras de Egipto, indica que el contenido era valioso. La mujer deseaba ungir la cabeza de Jesús con el **perfume,** en lugar del más común y menos costoso aceite de oliva usado para tales propósitos (cp. v. 46; Sal. 23:5; 133:2; 141:5; Ec. 9:8). A la espera de su oportunidad se ubicó **detrás de** Jesús, **a sus pies.** Fue evidente que las otras personas presentes no la reconocieron de inmediato; sin duda, al fariseo le habría indignado que ella contaminara la pureza de su casa y le habría ordenado que se fuera. Podría ser que el banquete se llevara a cabo en la noche, y que la tenue luz de velas y lámparas ocultara la identidad de la mujer.

Mientras se hallaba en silencio preguntándose cómo llegar hasta donde pudiera ungir la cabeza de Jesús, repentinamente la abrumó la emoción y, **llorando, comenzó a regar con lágrimas** los **pies** del Señor, debido al lugar donde ella se hallaba. *Brechō* (**regar**) literalmente significa "llover" (Mt. 5:45; Lc. 17:29; Stg. 5:17; Ap. 11:6). Las compuertas del llanto se abrieron, y las lágrimas bañaron los pies de Jesús como en una lluvia ligera.

Inclinada mientras lloraba, la mujer se dio cuenta de que el anfitrión se había olvidado de proveer lavado de pies para Jesús (v. 44), por lo que ella **los enjugaba con sus cabellos.** En esa cultura, lavar los pies de otra persona se consideraba degradante, algo que solo hacían los esclavos de más baja categoría (cp. Jn. 1:27). Pero lo que más habría sorprendido a los espectadores, incluso más que el hecho de que la mujer estuviera lavando los pies de Jesús, fue que ella se soltara el cabello. Para una mujer judía hacer eso en público se consideraba indecente, y hasta inmoral. Sin embargo, abrumada por la emoción a ella no le importó la vergüenza que podría enfrentar.

Después de terminar de enjugarlos, la mujer **besaba** los **pies** de Jesús. *Kataphileō* (**besar**) es una palabra fuerte. En Lucas 15:20 describe al padre besando al hijo pródigo cuando este regresó a casa. Lucas la usó en Hechos 20:37 para describir cómo los ancianos de la iglesia en Éfeso besaron a Pablo cuando él se despidió de ellos. Que la mujer besara los pies de Jesús fue una sorprendente expresión de afecto. Entonces, sin poder esperar más, ella hizo aquello que había venido a hacer, y **ungía** los pies del Señor **con el perfume.** Esta fue una demostración asombrosa de honra dada a Jesús en medio de aquellos que solo buscaban deshonrarlo.

EL HOMBRE QUE SE CREÍA JUSTO

Cuando vio esto el fariseo que le había convidado, dijo para sí: Este, si fuera profeta, conocería quién y qué clase de mujer es la que le toca, que es pecadora. Entonces respondiendo Jesús, le dijo: Simón, una cosa tengo que decirte. Y él le dijo: Di, Maestro. Un acreedor tenía dos deudores: el uno le debía quinientos denarios, y el otro cincuenta; y no teniendo ellos con qué pagar, perdonó a ambos. Di, pues, ¿cuál de ellos le amará más? Respondiendo Simón, dijo: Pienso que aquel a quien perdonó más. Y él le dijo: Rectamente has juzgado. Y vuelto a la mujer, dijo a Simón: ¿Ves esta mujer? Entré en tu casa, y no me diste agua para mis pies; mas ésta ha regado mis pies con lágrimas, y los ha enjugado con sus cabellos. No me diste beso; mas ésta, desde que entré, no ha cesado de besar mis pies. No ungiste mi cabeza con aceite; mas ésta ha ungido con perfume mis pies. Por lo cual te digo que sus muchos pecados le son perdonados, porque amó mucho; mas aquel a quien se le perdona poco, poco ama. Y a ella le dijo: Tus pecados te son perdonados. Y los que estaban juntamente sentados a la mesa, comenzaron a decir entre sí: ¿Quién es éste, que también perdona pecados? Pero él dijo a la mujer: Tu fe te ha salvado, ve en paz. (7:39-50)

Las acciones de la mujer pudieron haber dado a Jesús una imagen muy mala. Después de todo, ella era una pecadora conocida. Soltarse el cabello, lavar, besar, acariciar y ungirle los pies era una violación grave a la decencia. Eso pudo haber llevado a algunos a preguntarse por qué ella sintió la libertad de ser tan descarada con Jesús, y a que sacaran una conclusión obvia pero equivocada. El carácter sin pecado y sin mancha del Señor (Jn. 8:46) impidió cualquier pensamiento de indecencia de parte de los asistentes, incluso de parte de sus enemigos.

El fariseo sacó una conclusión igualmente falsa: no registró la reacción del Señor como mala, sino como ignorancia. Sin embargo, eso probaba que Jesús no podía ser quien afirmaba ser porque, razonó el fariseo, **este, si fuera profeta, conocería quién y qué clase de mujer es la que le toca, que es pecadora.** ¿Cómo podía Jesús decirles cosas que no sabían si Él ni siquiera sabía lo que ellos conocían respecto a esta mujer? Después de todo, ningún maestro religioso sensible, mucho menos uno que afirmaba ser el Mesías, permitiría alguna vez que una de tales mujeres lo tocara. El fariseo se encontraba disgustado por la escena que estaba presenciando y, al mismo tiempo, se hallaba satisfecho por haber confirmado su creencia de que la ignorancia de Jesús acerca de la maldad de esta mujer era prueba de que Él no era un verdadero profeta.

Las palabras de nuestro Señor al fariseo, presentado ahora como **Simón,** inyectaron un toque de ironía a la historia. Simón había supuesto que Jesús no conocía el verdadero carácter de la mujer, y que por tanto no era un verdadero profeta. Pero aunque Simón no había verbalizado su inquietud, **Jesús** se la respondió. El hecho de que conociera los pensamientos de Simón demostró que Jesús era en realidad un verdadero profeta (cp. Lc. 5:22). Interrumpiendo cualquier conversación que se pudo haber estado llevando a cabo, **Jesús le dijo: Simón, una cosa tengo que decirte.** De manera respetuosa y cortés, pero fría, el fariseo **le dijo: Di, Maestro.** El Señor comunicó la idea que pretendía clarificar por medio de una sencilla parábola o analogía: **Un acreedor tenía dos deudores: el uno le debía quinientos denarios, y el otro cincuenta.** Las deudas diferían de forma radical (quinientos denarios era casi un año y medio de salarios para un trabajador común; cincuenta era más o menos el salario de dos meses), pero ninguno de ellos podía pagar su deuda. Por suerte para los dos, el acreedor tuvo misericordia de ellos, **y no teniendo ellos con qué pagar, perdonó a ambos.** Además de su uso aquí en un sentido comercial, (**perdonó**) *charizomai* se utiliza en un sentido teológico para describir el perdón que Dios concede a los creyentes en Cristo (Ro. 8:32; Ef. 4:32; Col. 2:13; 3:13).

Lo que hizo tan generoso el acto del acreedor es que al perdonar las deudas de los dos individuos, él contrajo esas deudas en su totalidad. Pablo entendió ese principio cuando de manera magnánima ofreció asumir la deuda que en caso contrario habría contraído Filemón al perdonar a su esclavo fugado Onésimo: "Si en algo te dañó, o te debe, ponlo a mi cuenta. Yo Pablo lo escribo de mi mano, yo lo pagaré; por no decirte que aun tú mismo te me debes también" (Flm. 18-19). Sucede de igual modo cuando Dios perdona los pecados de los creyentes, y asume la deuda para sí, al haber muerto Jesucristo para pagarla.

Entonces el Señor llegó a lo importante de su ejemplo cuando preguntó a Simón: **Di, pues, ¿cuál de ellos le amará más?** Dudando de dar una respuesta directa, **Simón, dijo: Pienso que aquel a quien perdonó más.** El hombre pudo haberse mostrado sarcástico, ya que la respuesta a la pregunta del Señor era obvia, o cauteloso, sospechando que de alguna manera Jesús pretendía avergonzarlo si daba la respuesta equivocada. Sin embargo, ofreció la respuesta correcta, y Jesús **le dijo: Rectamente has juzgado.** El principio era simple y evidente: a quien se le perdona más amará más al perdonador; gran amor viene de gran perdón.

Y vuelto a la mujer, Jesús entonces aplicó el principio ilustrado en la parábola tanto a ella como a Simón. Dirigiéndose al fariseo, el Señor contrastó el evidente amor de la mujer hacia Él con la fría indiferencia del fariseo. **¿Ves esta mujer? Entré en tu casa, y no me diste agua para mis pies; mas ésta ha regado mis pies con lágrimas, y los ha enjugado con sus cabellos. No me diste beso; mas ésta, desde que entré, no ha cesado de besar mis pies. No ungiste mi cabeza con aceite; mas ésta ha ungido con perfume mis pies.** La demostración de amor de ella por Jesús brindó clara evidencia de la vida transformada de la mujer, que amó mucho porque se le había perdonado mucho. En contraste, Simón había ofendido al Señor al no ofrecer la cortesía normal de proporcionarle **agua para** los **pies** (cp. Gn. 18:4; 19:2; 24:32; 43:24; Jue. 19:21; Jn. 13:4-5) ni saludarlo con el acostumbrado **beso** (cp. Gn. 29:13; 45:15; Éx. 4:27; 18:7; Ro. 16:16). Además, aunque el fariseo ni siquiera había ungido la **cabeza** del Señor **con aceite** barato, **esta** había **ungido con** costoso **perfume** los **pies** de Jesús.

Todavía dirigiéndose a Simón, aquel a quien Jesús trataba de alcanzar, le dijo: **Por lo cual te digo que sus muchos pecados le son perdonados, porque amó mucho; mas aquel a quien se le perdona poco, poco ama.** El tiempo perfecto del verbo (al describir acción cumplida en el pasado con resultados continuos en el presente) traducido en la frase **le son perdonados** indica que la mujer ya había recibido perdón antes de que llegara allí ese día. Esta fue la oportunidad que ella tuvo para mostrar su agradecimiento y amor a Aquel que misericordiosamente la había perdonado. Entonces, dirigiéndose a la mujer, Jesús reafirmó que a ella ya se le había perdonado (de nuevo el verbo está en tiempo perfecto), diciéndole: **Tus pecados te son perdonados.** La efusión de amor por el Salvador fue la prueba de la vida transformada de esta pecadora.

Tal transformación fue evidente para **los que estaban juntamente sentados a la mesa** con Cristo, y **comenzaron a decir entre sí: ¿Quién es éste, que también perdona pecados?** El hecho de que Jesús se tomara para sí perdonarle los pecados, en vez de decir que Dios la había perdonado, no pasó desapercibido para ellos. Las palabras de despedida de Cristo **a la mujer: Tu fe te ha salvado, ve en paz,** dejan en claro que el amor y las buenas obras que ella le había expresado eran el resultado de su salvación, no su causa (Ef. 2:10). La salvación es únicamente por **fe** (Jn. 5:24; 6:40; Ro. 3:28; 5:1; Gá. 2:16; 3:24; Ef. 2:8-9; Fil. 3:9; 2 Ti. 3:15), y produce eterna **paz** (Hch. 10:36; Ro. 15:13; Ef. 2:14; Col. 1:20).

El amor de los creyentes por el Señor Jesucristo es el testimonio más poderoso de ellos hacia el mundo perdido. Un cristiano ingrato y sin amor debilita el testimonio del evangelio, y tales actitudes son incompatibles con el misericordioso perdón de Dios.

Alcance del ministerio de Jesús

48

Aconteció después, que Jesús iba por todas las ciudades y aldeas, predicando y anunciando el evangelio del reino de Dios, y los doce con él, y algunas mujeres que habían sido sanadas de espíritus malos y de enfermedades: María, que se llamaba Magdalena, de la que habían salido siete demonios, Juana, mujer de Chuza intendente de Herodes, y Susana, y otras muchas que le servían de sus bienes. (8:1-3)

El plan de Dios, que se desarrolló en la vida y el ministerio del Señor Jesucristo, es contrario a la sabiduría humana convencional. Los supuestos expertos modernos en metodología ministerial no habrían ideado una estrategia tan limitada para llevar salvación al mundo, confinando la exposición del Hijo de Dios a la pequeña, débil, asediada y a menudo conquistada nación de Israel. Tampoco habrían planificado exigirle vivir los primeros treinta años de su vida en el anonimato en una diminuta aldea (Nazaret) de una región aislada (Galilea), y luego pasar la inmensa mayoría de sus tres años de ministerio dentro de las fronteras de Israel. Se habrían desconcertado por haber rechazado a todos los líderes religiosos capacitados e influyentes, y en su lugar haber elegido a doce hombres comunes y corrientes para que fueran sus más cercanos asociados como ministros y predicadores. Además, despreciando a los influyentes y poderosos, pasó tiempo con individuos comunes, especialmente pobres y marginados de la sociedad. El recibimiento que Jesús dio a pecadores, y las críticas desdeñosas que ofreció a la élite religiosa, podrían verse únicamente como contraproducentes al impacto del mensaje de Él. Los modernos especialistas en mercadotecnia difícilmente se habrían sorprendido de que Jesús fuera rechazado por la nación, y de que lo ejecutaran como resultado del odio de los dirigentes.

No obstante, los expertos mundanos que piensan así estarían totalmente equivocados en su evaluación de la estrategia divina. Con una impresionante economía de esfuerzo, el Señor Jesucristo cumplió de manera perfecta y precisa el ministerio que el Padre le comisionó (Jn. 17:4). Obrar dentro de los límites puestos por el Padre permitió que los tres breves años de ministerio pusieran en movimiento a la fuerza más poderosa para la verdad que el mundo jamás ha conocido. Durante generaciones el evangelio se ha extendido a todos los rincones del globo, y la Iglesia ha seguido expandiéndose en todo el mundo.

El ministerio de Jesús, sencillo y centrado en un solo objetivo, se encuentra en agudo contraste con los modernos conceptos del ministerio. Imitando teorías mundanas de administración, los ministerios de hoy a menudo están diseñados para tener el impacto más amplio posible, y con ese objetivo en mente buscan ser diversos, sinérgicos, tolerantes y estar culturalmente relacionados. Enormes cantidades de tiempo, dinero y mano de obra se invierten en estrategias, planes y actividades diseñadas para influir en tantas personas como sea posible. El propósito es crear una matriz de percepciones, expectativas culturales, y necesidades palpables que el ministerio pueda satisfacer en el ámbito más amplio. En el plan y poder del cielo, el modelo divino de ministerio del Señor Jesucristo no necesita ninguna de esas artimañas.

Este breve pasaje resumido (cp. 4:14-15, 31-32, 40-41; 6:17-19) marca la transición hacia la fase final del ministerio del Señor en Galilea. Proporciona una extraordinaria visión en las limitaciones divinamente impuestas que hicieron tan eficaz al ministerio de Jesús. Seis perspectivas sobre el alcance de su ministerio pueden discernirse. El ministerio del Señor fue limitado de manera soberana, geográfica, teológica, humana, social y material.

LA EXTENSIÓN DEL MINISTERIO DE JESÚS FUE SOBERANAMENTE LIMITADA

Aconteció después, que Jesús iba (8:1*a*)

La frase **aconteció después** se remite a su vez al incidente en que participó la mujer pecadora y el fariseo que se creía justo, narrado en 7:36-50. Poco después de ese incidente, y en armonía con el diseño del Padre, **Jesús iba** por todas partes de Galilea para cumplir con la última fase de su ministerio allí (8:4—9:50). Aunque la declaración es general, el diseño divino era específico.

El Señor actuó siempre de acuerdo con la voluntad del Padre. En Juan 5:30 expresó: "No busco mi voluntad, sino la voluntad del que me envió". Ya antes le había dicho a sus discípulos: "Mi comida es que haga la voluntad del que me envió, y que acabe su obra" (Jn. 4:34). Fue para hacer la voluntad del Padre que Jesús vino al mundo, como lo explicó en Juan 6:38: "He descendido del cielo, no para hacer mi voluntad, sino la voluntad del que me envió".

Jesús realizó las tareas que el Padre le pidió hacer en el tiempo del Padre. Se aseguró de que la más importante de tales tareas, su muerte expiatoria, no se llevara a cabo hasta el momento determinado por el Padre. Antes de ese tiempo, "ninguno le echó mano, porque aún no había llegado su hora" (Jn. 7:30; cp. v. 1; 8:20; Lc. 13:33).

Por último, Jesús ministró a las personas a quienes el Padre lo envió. A una mujer cananea le manifestó: "No soy enviado sino a las ovejas perdidas de la casa de Israel" (Mt. 15:24). Jesús ordenó a los doce cuando los envió a predicar: "Por camino de gentiles no vayáis, y en ciudad de samaritanos no entréis, sino id antes a las ovejas perdidas de la casa de Israel" (Mt. 10:5-6). Estrechando aún más su enfoque, expresó: "No he venido a llamar a justos, sino a pecadores al arrepentimiento" (Lc. 5:32; cp. 4:18-19). Legalmente abandonó a los orgullosos y mojigatos escribas y fariseos, diciéndoles a sus discípulos: "Dejadlos; son ciegos guías de ciegos; y si el ciego guiare al ciego, ambos caerán en el hoyo" (Mt. 15:14). Cuando "respondieron algunos de los escribas y de los fariseos, diciendo: Maestro, deseamos ver de ti señal" (Mt. 12:38) Jesús "respondió y les dijo: La generación mala y adúltera demanda señal; pero señal no le será dada, sino la señal del profeta Jonás" (v. 39; cp. Lc. 11:29). El ejemplo del Señor ilustra el principio de que la concentración de personas es la clave de la multiplicación. La forma de multiplicar un ministerio es enseñar intensamente a las personas las verdades transformadoras de la Biblia, no por medio de manipulación e inteligentes trucos de mercadeo.

LA EXTENSIÓN DEL MINISTERIO DE JESÚS FUE GEOGRÁFICAMENTE LIMITADA

por todas las ciudades y aldeas, (8:1*b*)

Que Jesús restringiera la extensión de su ministerio al pasar gran parte de este viajando **por todas las ciudades y aldeas** en Galilea es inexplicable desde la perspectiva de la filosofía moderna del ministerio. Jerusalén, el centro cultural e intelectual de Israel, debió haber sido su objetivo. Galilea, por otro lado, era en gran parte una región rural, cuyos plebeyos residentes eran despreciados por los sofisticados habitantes de Judea. Cuando algunos dijeron de Jesús: "Este es el Cristo", otros se les burlaron, diciendo: "¿De Galilea ha de venir el Cristo?" (Jn. 7:41). Cuando Nicodemo protestó contra el juicio que los fariseos le hicieran a Cristo sin investigarlo, ellos se burlaron de él. Burlonamente le dijeron: "¿Eres tú también galileo? Escudriña y ve que de Galilea nunca se ha levantado profeta" (v. 52). Más tarde el concilio quedó asombrado de que simples galileos como Pedro y Juan pudieran hablar de manera tan confiada, valiente e inteligente (Hch. 4:13).

Dondequiera que Jesús iba se convertía en su púlpito, y laderas, valles y plazas públicas de Galilea se llenaban de enormes multitudes que acudían para oírlo (cp. vv. 4, 19, 40, 45). Algunos sostienen que la creciente animosidad de los dirigentes religiosos judíos habría ocasionado que a Jesús le prohibieran predicar en las sinagogas. Como evidencia señalan la falta de toda referencia a sinagogas en esta declaración sumaria. Pero un resumen no tiene que entrar en detalles exhaustivos, por lo que el argumento del silencio no es convincente. Además, Mateo 9:35, 13:54, y Juan 6:59 registran a Jesús predicando en sinagogas galileas después de los acontecimientos de este pasaje, mientras que Lucas 13:10 relata la predicación de Jesús en una sinagoga de Judá, lo que también vino más tarde cronológicamente. Después de su arresto, Jesús dijo al sumo sacerdote Anás: "Yo públicamente he hablado al mundo; siempre he enseñado en la sinagoga y en el templo, donde se reúnen todos los judíos, y nada he hablado en oculto" (Jn. 18:20), dando a entender que Él continuó predicando en las sinagogas a lo largo de su ministerio.

A pesar de la limitada extensión geográfica de su ministerio, Jesús ha influido en todo el mundo a través de las crónicas de su vida y ministerio, inspiradas por el Espíritu y registradas en los evangelios y en el poder de su Iglesia.

LA EXTENSIÓN DEL MINISTERIO DE JESÚS FUE TEOLÓGICAMENTE LIMITADA

predicando y anunciando el evangelio del reino de Dios, (8:1*c*)

Jesús no cubrió un amplio espectro de temas en su predicación. No resaltó asuntos sociales o políticos, no participó en discusiones filosóficas especulativas, ni ofreció lecciones sobre autoayuda basadas en el éxito y la prosperidad. El único enfoque del ministerio del Señor se limitó a predicar y anunciar **el evangelio del reino de Dios** (cp. 4:43; 9:11; 16:16; Mt. 4:17; Hch. 1:3). Los términos predicar y anunciar definen la metodología del ministerio de Cristo, mientras que **reino de Dios** define su contenido. *Kērussō* (**anunciando**) significa informar de manera pública y autorizada un mensaje oficial que se debe escuchar y obedecer. *Euangelizō* (**predicando**), el origen de las palabras castellanas "evangelizar" y "evangelización" se refiere a anunciar las buenas nuevas del evangelio.

A pesar de las afirmaciones de algunos, los términos **reino de Dios** y reino del cielo son sinónimos. El último aparece solo en el Evangelio de Mateo, el cual fue dirigido al pueblo judío, en deferencia a la prohibición en contra de pronunciar el nombre de Dios. En Mateo 19:23-24, Jesús usó los dos términos de manera intercambiable. Ambos se refieren a la esfera de la salvación, donde Dios reina sobre los redimidos (Mt. 19:26; cp. 21:31; Mr. 1:15; Jn. 3:3-5; Hch. 8:12).

Predicar el reino de Dios es proclamar las buenas nuevas de que los pecadores pueden ser liberados del reino de las tinieblas de Satanás y entrar al reino del amado Hijo de Dios (Col. 1:13). Los pecadores responden al llamado de entrar al reino primero por medio del arrepentimiento. Tanto Juan el Bautista (Mt. 3:2-8) como Jesús (Mt. 4:17; Lc. 5:32; 13:3, 5) invitaron a pecadores a arrepentirse, y condenaron a todos los que se negaron a hacerlo (Mt. 11:20-21; 12:41). Jesús también instruyó a sus discípulos a predicar ese mismo mensaje

(Mr. 6:12; Lc. 24:47). La entrada al reino de Dios también requiere fe. Jesús no solo exigió arrepentimiento, sino que también enseñó que los pecadores deben creer el evangelio para ser salvos (Mr. 1:15; cp. Lc. 7:50; Jn. 6:29; 8:24; 12:36).

Aquellos que entran al reino de Dios por medio del arrepentimiento y la fe manifestarán amor por Dios. Jesús declaró que el más grande mandamiento es amar a Dios de todo corazón, alma, mente y fuerzas (Mr. 12:28-30). También se caracterizan por un compromiso completo y definitivo de obedecer a Dios. Cuando un aspirante a discípulo le dijo al Maestro: "Te seguiré, Señor; pero déjame que me despida primero de los que están en mi casa" (Lc. 9:61), Jesús contestó: "Ninguno que poniendo su mano en el arado mira hacia atrás, es apto para el reino de Dios" (v. 62). El Señor ilustró ese compromiso total en las parábolas que contó en Mateo 13:44-46:

> *Además, el reino de los cielos es semejante a un tesoro escondido en un campo, el cual un hombre halla, y lo esconde de nuevo; y gozoso por ello va y vende todo lo que tiene, y compra aquel campo. También el reino de los cielos es semejante a un mercader que busca buenas perlas, que habiendo hallado una perla preciosa, fue y vendió todo lo que tenía, y la compró.*

Al reflexionar en el compromiso total que caracteriza a quienes están en el reino de Dios, Pablo escribió:

> *Pero cuantas cosas eran para mí ganancia, las he estimado como pérdida por amor de Cristo. Y ciertamente, aun estimo todas las cosas como pérdida por la excelencia del conocimiento de Cristo Jesús, mi Señor, por amor del cual lo he perdido todo, y lo tengo por basura, para ganar a Cristo (Fil. 3:7-8).*

El Señor también enseñó que quienes están en el reino deben vivir en obediencia al Rey; el Sermón del Monte en particular describe con detalle las características de quienes han entrado al reino de Dios. Incluso después de la resurrección de nuestro Señor este fue el tema de su enseñanza durante los cuarenta días anteriores a su regreso al cielo, ampliando el conocimiento de sus discípulos acerca de las características del reino (Hch. 1:3).

LA EXTENSIÓN DEL MINISTERIO DE JESÚS FUE HUMANAMENTE LIMITADA

y los doce con él, (8:1*d*)

Según se indicó a principios de este capítulo, la concentración de esfuerzos es la clave para la multiplicación del ministerio. Jesús ministró constantemente a las enormes multitudes que lo seguían a todas partes. Sin embargo, el Señor enfocó principalmente su atención en los doce que (aparte del traidor Judas) continuarían el ministerio después de su ascensión. Como se señaló en sus biografías facilitadas en los capítulos 31 al 37 de esta obra, estos eran hombres extraordinariamente comunes y corrientes. Ninguno de los doce estuvo entre la élite o entre los influyentes de la sociedad judía; sus filas no incluían escribas, fariseos, saduceos, sacerdotes, rabinos o directores de sinagogas. No venían de familias acaudaladas o influyentes, y no tenían amigos en posiciones importantes. Los doce frecuentemente lo desilusionaron con su fe débil (p. ej., Mt. 8:26; 14:31) y su falta de entendimiento (Mt. 15:15-16; 16:8-11; Mr. 4:10-13; 9:32; Jn. 12:16; 20:9). Todos lo abandonaron en su momento de necesidad (Mt. 26:56). Sin embargo, Él vertió su vida en ellos y los convirtió en hombres que trastornarían al mundo.

El apóstol Pablo también entendió la importancia de volcar su vida en un grupo limitado de personas. Al escribir poco antes de su ejecución a Timoteo, uno de aquellos que llevaría a cabo su ministerio después de su muerte, Pablo le encargó: "Lo que has oído de mí ante muchos testigos, esto encarga a hombres fieles que sean idóneos para enseñar también a otros" (2 Ti. 2:2). Las cuatro generaciones evidentes aquí (Pablo, Timoteo, los hombres fieles, y los otros) marcan el proceso continuo de multiplicación que ha continuado a lo largo de los siglos hasta nuestros días.

En esta etapa de su formación, los doce aún no habían sido fortalecidos y enviados a predicar, enseñar, sanar y expulsar demonios. Ellos estaban observando, escuchando y aprendiendo. Solo después Jesús los enviaría a un viaje de predicación por sí mismos (9:1-6).

LA EXTENSIÓN DEL MINISTERIO DE JESÚS FUE SOCIALMENTE LIMITADA

y algunas mujeres que habían sido sanadas de espíritus malos y de enfermedades: María, que se llamaba Magdalena, de la que habían salido siete demonios, Juana, mujer de Chuza intendente de Herodes, y Susana, (8:2-3*a*)

No solo eran los doce hombres los que viajaban con Jesús, sino, sorprendentemente, también **algunas mujeres.** Para un rabino tener mujeres que lo acompañaran era prácticamente algo sin precedentes. Al igual que muchos otros en el mundo antiguo, los rabinos tenían mala opinión de las mujeres y se negaban a impartirles enseñanzas. La acción de Jesús era políticamente incorrecta; iba en contra de la sabiduría convencional. Dada la baja posición de las mujeres en la sociedad judía, ellas tenían poca influencia que pudieran usar para ayudarlo. Pero, a pesar de eso, estas mujeres viajaban con Jesús, aunque no necesariamente todo el tiempo ni todas a la vez. Ellas **habían sido sanadas** espiritualmente **de espíritus malos y** físicamente **de enfermedades.** No se establece cuántas mujeres eran, pero Lucas nombra a tres de las muchas otras que seguían al Señor. Este séquito hacía socialmente inaceptable a Jesús al medirlo por las normas rabínicas.

María, que se llamaba Magdalena (por su pueblo natal de Magdala, en la orilla oeste del Mar de Galilea como a cinco kilómetros al norte de Tiberias) figura de manera destacada en los relatos de la muerte, sepultura y resurrección del Señor (Mt. 27:56; Mr. 15:47; Jn. 20:1-18). Esta es su primera aparición en los evangelios. (Según se indicó en el cap. anterior de esta obra, ella no fue la mujer pecadora que ungió a Jesús en la casa de Simón el fariseo [Lc. 7:36-50]). Tampoco el hecho de **que** le **habían salido siete demonios** probaba que ella hubiera tenido una vida inmoral, ya que no existe una conexión necesaria entre posesión demoníaca e inmoralidad.

Juana era la **mujer de Chuza intendente de Herodes** (un funcionario de alto rango, posiblemente el administrador de los bienes de Antipas). Al igual que María Magdalena, ella fue testigo de la sepultura y resurrección de Jesús (Lc. 23:55; 24:10), y probablemente también de la crucifixión. La influencia de Cristo se extendió a la casa de Herodes Antipas, y también a la diminuta aldea de Magdala. Otra persona cercana a Herodes Antipas, Manaén, se convertiría más tarde en uno de los líderes de la iglesia en Antioquía (Hch. 13:1).

Nada se sabe de **Susana,** ya que Lucas no ofrece información acerca de ella, y su nombre no aparece en ningún otro lugar en la Biblia.

Jesús hizo que todos los que el Padre le dio entraran al reino (Jn. 6:37), hombres y mujeres de todos los estratos de la vida. No hubo límites en la extensión del ministerio de Jesús a ese respecto. Las mujeres, entre ellas Elisabet (Lc. 1:5-25, 39-45, 57-60), María (Lc. 1—2), Ana (Lc. 2:36-38), la suegra de Pedro (Mt. 8:14-15), la viuda de Naín (Lc. 7:12-15), María y Marta (Lc. 10:39-42; Jn. 11:1-45; 12:1-8), la mujer en la parábola de la moneda perdida (Lc. 15:8-10), la viuda en la parábola del juez injusto (Lc. 18:3-5), y la viuda que ofreció sus dos últimas monedas (Lc. 21:1-4), desempeñaron un papel en la vida y el ministerio de Jesucristo que superó con creces la importancia que ellas tenían en la sociedad judía contemporánea.

LA EXTENSIÓN DEL MINISTERIO DE JESÚS FUE MATERIALMENTE LIMITADA

y otras muchas que le servían de sus bienes. (8:3*b*)

Además de las mujeres ya mencionadas, **otras muchas** apoyaban el ministerio de Cristo y **le servían de sus bienes** [tanto a Jesús como a los doce]. El ministerio de Jesús dependía de las pequeñas contribuciones de otros cuyas vidas Él había cambiado. Los discípulos habían dejado todo para seguirlo (Mt. 19:27), incluso sus profesiones (Mr. 1:20; Lc. 5:28) y sus casas (Lc. 18:28). Jesús mismo no tenía "dónde recostar la cabeza" (Lc. 9:58), y en el momento de su muerte no poseía nada más que la ropa que llevaba puesta (Lc. 23:34). Las escasas contribuciones que recibían eran tan generosas, que Jesús y los doce pudieron colaborar para los pobres (Jn. 13:29). Ninguno de los apóstoles prosperó personalmente, como evidencia la frustración de Judas (Jn. 12:1-6).

El ministerio del Señor demuestra el principio bíblico de que "los que anuncian el evangelio, que vivan del evangelio" (1 Co. 9:14; cp. Lc. 10:7; 1 Ti. 5:17-18). Por tanto, "el que es enseñado en la palabra, haga partícipe de toda cosa buena al que lo instruye" (Gá. 6:6). Eso no paga la deuda de los creyentes con Dios. La deuda del pecado que ellos nunca podrían pagar ha sido pagada totalmente por medio de la muerte del Señor Jesucristo (Col. 2:13-14) y ya no la tienen. Pero transformados por la gracia de Dios, por amor y gratitud, los cristianos tratan de imitar la gracia sacrificial y amorosa que Él les otorgó.

El Señor Jesucristo llevó a cabo la voluntad soberana de Dios, ministró donde Dios lo colocó, predicó el mensaje de Dios, se dedicó a discipular a unos pocos hombres fieles, ayudó a hombres y mujeres de todos los ámbitos de la vida, y dependió de las contribuciones de quienes se habían beneficiado del ministerio del Señor. Él es el modelo perfecto para todos aquellos que le sirven en gratitud y amor.

Receptividad al evangelio: Parábola del Sembrador 49

Juntándose una gran multitud, y los que de cada ciudad venían a él, les dijo por parábola: El sembrador salió a sembrar su semilla; y mientras sembraba, una parte cayó junto al camino, y fue hollada, y las aves del cielo la comieron. Otra parte cayó sobre la piedra; y nacida, se secó, porque no tenía humedad. Otra parte cayó entre espinos, y los espinos que nacieron juntamente con ella, la ahogaron. Y otra parte cayó en buena tierra, y nació y llevó fruto a ciento por uno. Hablando estas cosas, decía a gran voz: El que tiene oídos para oír, oiga. Y sus discípulos le preguntaron, diciendo: ¿Qué significa esta parábola? Y él dijo: A vosotros os es dado conocer los misterios del reino de Dios; pero a los otros por parábolas, para que viendo no vean, y oyendo no entiendan. Esta es, pues, la parábola: La semilla es la palabra de Dios. Y los de junto al camino son los que oyen, y luego viene el diablo y quita de su corazón la palabra, para que no crean y se salven. Los de sobre la piedra son los que habiendo oído, reciben la palabra con gozo; pero éstos no tienen raíces; creen por algún tiempo, y en el tiempo de la prueba se apartan. La que cayó entre espinos, éstos son los que oyen, pero yéndose, son ahogados por los afanes y las riquezas y los placeres de la vida, y no llevan fruto. Mas la que cayó en buena tierra, éstos son los que con corazón bueno y recto retienen la palabra oída, y dan fruto con perseverancia. (8:4-15)

Las buenas nuevas de salvación son tan inexplicablemente maravillosas y gloriosas que las palabras no pueden expresar su magnificencia. Aquellos que han experimentado las bendiciones de la salvación: perdón del pecado (Hch. 10:43) y libertad de su tiranía (Ro. 6:1-7); justificación (Ro. 3:20-28); vida eterna (Jn. 3:16); paz con Dios (Ro. 5:1); adopción en la familia de Dios (Ro. 8:15); la morada (2 Ti. 1:14), la llenura (Ef. 5:18), y el fortalecimiento (Hch. 1:8) del Espíritu Santo; una clara conciencia (He. 10:22); la esperanza del cielo (1 P. 1:4); la mente de Cristo (1 Co. 2:16) revelada en la palabra de verdad (Jn. 17:17), encuentran difícil entender cómo alguien podría rechazarla. Después de todo, ¿quién rechazaría la vida eterna y preferiría un castigo eterno? ¿Quién se aferraría al infierno y rechazaría el cielo? ¿Quién rechazaría la paz y el gozo eternos y en su lugar preferiría miseria y sufrimiento?

La parábola del Señor relatada en este pasaje contesta la pregunta de por qué a lo largo de la historia redentora la mayoría de personas han rechazado el evangelio (Mt. 7:14; 22:14; Lc. 13:23-24). Esto es crucial para un adecuado entendimiento de la evangelización, y revela qué tipo de respuestas pueden esperar los creyentes cuando presentan el evangelio. La sencilla ilustración de Jesús proporciona una profunda e inolvidable visión en el tema de la receptividad al evangelio. Él deja claro que el problema no es el mensaje del evangelio, ni la habilidad o metodología de quienes lo predican. El factor determinante es la condición del corazón del oyente.

La importancia del corazón no se puede exagerar. Salomón aconsejó: "Sobre toda cosa guardada, guarda tu corazón; porque de él mana la vida" (Pr. 4:23). Jesús señaló que "de la abundancia del corazón habla la boca" (Mt. 12:34), y advirtió que "lo que sale de la boca, del corazón sale; y esto contamina al hombre. Porque del corazón salen los malos pensamientos, los homicidios, los adulterios, las fornicaciones, los hurtos, los falsos testimonios, las blasfemias" (Mt. 15:18-19; cp. Mr. 7:21-23). La Biblia describe tal corazón como

- malo (Pr. 26:23)
- engañoso (Jer. 17:9)
- perverso (Pr. 11:20; Jer. 17:9)
- malvado (Gn. 8:21; Jer. 3:17)
- insensato (Ec. 9:3)
- de maldad (Jer. 4:14)
- imperfecto (1 R. 15:3)
- errante (Sal. 95:10)
- no arrepentido (Ro. 2:5)
- de incredulidad (He. 3:12)
- necio (Ro. 1:21)
- engañado (Is. 44:20)
- endurecido (Ef. 4:18)
- altivo (Pr. 16:5; 21:4)
- codicioso (2 P. 2:14)
- entenebrecido (Ro. 1:21)
- idólatra (Ez. 14:3-4)
- rebelde (Jer. 5:23)
- perverso (Sal. 101:4; Pr. 11:20)
- falso (Jer. 5:23)
- engrosado (Hch. 28:27)

Todos esos términos negativos ponen al descubierto las profundidades de la depravación humana.

El relato de Mateo provee el escenario para esta parábola. El día en que Jesús la narró salió de una casa (probablemente aquella donde su madre y sus hermanos lo encontraron [Mt. 12:46-50]) y se fue a la orilla del Mar de Galilea (13:1). Debido a las enormes multitudes que lo presionaban, Jesús subió a una barca y se sentó a enseñar a las personas (cp. Lc. 5:3) que estaban en la orilla (Mt. 13:2). La **gran multitud** consistía no solo de habitantes de la inmediata vecindad, sino también **de cada ciudad.** Atraídos por la rápida propagación de la noticia del poder de Jesús sobre la naturaleza y el reino demoníaco, y debido a la capacidad de Él para curar cualquier enfermedad y hasta para resucitar muertos, se reunían con el fin de experimentar de primera mano los poderosos milagros y la asombrosa enseñanza del Señor.

Cuando la **multitud** llegó, el Señor **les** habló **por parábola.** *Parabolē* (**parábola**) significa poner una cosa al lado de otra para hacer comparación. Las parábolas eran un recurso retórico comúnmente empleado por los rabinos. Aquí, como a menudo lo hacía, Jesús puso una historia junto a una verdad espiritual para hacer que esa verdad se entendiera con mayor claridad. Aunque las parábolas podían ser breves ilustraciones (p. ej., 5:36-39; 6:39; Mt. 13:31-32, 33, 44, 45-46), también podían ser analogías extensas como esta. Las parábolas ponían profunda verdad teológica en escenarios conocidos, que las hacían vívidas, interesantes, inolvidables y fáciles de recordar.

Aunque Jesús utilizó tales analogías en todo su ministerio, esta parábola marcó un momento crucial. Desde este tiempo en adelante Jesús habló a las multitudes solamente en parábolas (Mt. 13:34). Ese fue un acto deliberado de su parte. Quienes no creerían ahora no podrían hacerlo; los necios que odiaban el conocimiento (Pr. 1:22) estaban privados de este. Al presentar sus enseñanzas por medio de parábolas, Jesús ocultó la verdad de los incrédulos que la rechazaban y la reveló únicamente a sus fieles seguidores. Sin una explicación, una parábola puede querer decir algo o nada; es poco más que una adivinanza. El velo del Señor sobre la verdad significa que el juicio ha caído en Israel para que ya no puedan comprender la enseñanza de su propio Mesías. Aquellos que lo habían rechazado quedaron en la oscuridad que tanto amaban (Jn. 3:19). Solamente los discípulos del Señor entendían las parábolas, porque solo ellos recibieron la explicación que Él les ofreció. El relato de Marcos acerca de este incidente registra que Jesús "les dijo [a sus discípulos]: A vosotros os es dado saber el misterio del reino de Dios; mas a los que están fuera, por parábolas todas las cosas; para que viendo, vean y no perciban; y oyendo, oigan y no entiendan; para que no se conviertan, y les sean perdonados los pecados" (Mr. 4:11-12).

En este pasaje el Señor contó la parábola a las multitudes, y después la interpretó en privado a sus discípulos.

LA PARÁBOLA

El sembrador salió a sembrar su semilla; y mientras sembraba, una parte cayó junto al camino, y fue hollada, y las aves del cielo la comieron. Otra parte cayó sobre la piedra; y nacida, se secó, porque no tenía humedad. Otra parte cayó entre espinos, y los espinos que nacieron juntamente con ella, la ahogaron. Y otra parte cayó en buena tierra, y nació y llevó fruto a ciento por uno. (8:5-8*a*)

Esta sencilla historia describe una actividad que era muy conocida por los oyentes de Jesús, ya que Galilea era en gran parte una región agrícola. Es más, mientras estaban junto a la playa ese día pudieron incluso haber visto que esto se realizaba a la distancia. Cuando un **sembrador** salía **a sembrar su semilla** usaba un método conocido como difusión, que implicaba caminar de arriba abajo en el campo arado esparciendo la semilla con la mano. La semilla caía en diferentes tipos de tierra, de los cuales el Señor menciona cuatro.

Una parte de la semilla **cayó junto al camino.** Jesús no se refería a una calle o carretera, sino a los senderos trillados que separaban las angostas franjas de tierra cultivada. Los agricultores usaban esos caminos para acceder a sus sembradíos, y los viajeros los usaban para viajar por el campo (cp. Mt. 12:1). Los senderos no se araban, y en el clima seco y semiárido de Israel se volvían prácticamente tan duros como el cemento. La semilla que caía en esas sendas no tenía oportunidad de penetrar en la tierra compactada. La que no era **hollada** por los transeúntes que recorrían los caminos, **las aves del cielo la** comían.

Otra parte de la semilla **cayó sobre la piedra** sólida. Jesús no se estaba refiriendo al terreno con rocas y piedras esparcidas, ya que estas habrían aparecido en el arado y las habrían removido. Sin embargo, en muchos lugares había bases de roca lo suficientemente profundas bajo la superficie, que el arado no las podía detectar. Las raíces de las plantas no podían penetrar esa base rocosa para llegar al campo freático por debajo. En consecuencia, una vez que las semillas brotaban se secaban, **porque** la fina capa de tierra **no tenía humedad** suficiente para que las plantas sobrevivieran.

Aún **otra parte** de la semilla **cayó entre espinos.** *Akantha* (**espinos**) es un término general para la categoría de espinas (es la palabra usada para describir la corona de espinas que pusieron en la cabeza de Jesús [Mt. 27:29; Jn. 19:2]), y para malezas espinosas que no sirven en absoluto y que en particular son dañinas en las tierras cultivadas. Ni siquiera el arado más cuidadoso y diligente puede quitar todas las raíces de las malezas. El resultado es una tierra que parece buena cuando el agricultor siembra la semilla, pero la trágica realidad es que hay otra vida en ella. Las malas hierbas crecen más rápido que las buenas plantas, bloqueándoles la luz del sol y consumiéndoles el agua y los nutrientes de la tierra. En consecuencia, **los espinos que** nacen **juntamente con** las plantas buenas, las ahogan.

Pero la situación no era del todo desesperada. **Otra parte** de la semilla **cayó en buena tierra, y nació y llevó fruto a ciento por uno.** Esta tierra no tenía ninguno de los inconvenientes de las otras tres; era suave, profunda y libre de malas hierbas. Por consiguiente, produjo una maravillosa cosecha. Mateo 13:8 y Marcos 4:8 hacen referencia o un rendimiento de los cultivos de treinta, sesenta o ciento por uno; Lucas menciona únicamente el mayor rendimiento (cp. Gn. 26:12). Todos ellos estaban muy por encima del rendimiento promedio que un agricultor podía esperar.

LA INTERPRETACIÓN

Hablando estas cosas, decía a gran voz: El que tiene oídos para oír, oiga. Y sus discípulos le preguntaron, diciendo: ¿Qué significa esta parábola? Y él dijo: A vosotros os es dado conocer los misterios del reino de Dios; pero a los otros por parábolas, para que viendo no vean, y oyendo no entiendan. Esta es, pues, la parábola: La semilla es la palabra de Dios. Y los de junto al camino son los que oyen, y luego viene el diablo y quita de su corazón la palabra, para que no crean y se salven. Los de sobre la piedra son los que habiendo oído, reciben la palabra con gozo; pero éstos no tienen raíces; creen por algún tiempo, y en el tiempo de la prueba se apartan. La que cayó entre espinos, éstos son los que oyen, pero yéndose, son ahogados por los afanes y las riquezas y los placeres de la vida, y no llevan fruto. Mas la que cayó en buena tierra, éstos son los que con corazón bueno y recto retienen la palabra oída, y dan fruto con perseverancia. (8:8*b*-15)

Mientras contaba esta historia, Jesús **decía a gran voz: El que tiene oídos para oír, oiga** (cp. 14:35; Mt. 11:15; 13:43; Mr. 4:23). Ese reto distinguía entre aquellos que deseaban entender lo que Él estaba enseñando, y los que no querían comprender. Como era de esperar, solamente **sus discípulos** estaban interesados y, por consiguiente, **le preguntaron, diciendo: ¿Qué significa esta parábola?** La respuesta de Jesús reveló el increíble privilegio que ellos tenían: **A vosotros os es dado conocer los misterios del reino de Dios.** Los **misterios** de los que el Señor hablaba eran las verdades espirituales encubiertas a través de la era del Antiguo Testamento y reveladas en el Nuevo (véase el estudio de los misterios del Nuevo Testamento en el cap. 45 de esta obra). El **reino de Dios,** como se indicó en el capítulo 48 de esta obra, se refiere a la esfera de la salvación donde Dios reina sobre su pueblo. Pero según se indicó antes, **a los otros,** los que rechazan la verdad, las **parábolas** son un acto de juicio, **para que viendo no vean, y oyendo no entiendan** (cp. Mt. 13:12-13). Mateo registra que Jesús se refirió a esa declaración de juicio citando la conocida profecía de Isaías:

> *De manera que se cumple en ellos la profecía de Isaías, que dijo: De oído oiréis, y no entenderéis; y viendo veréis, y no percibiréis. Porque el corazón de este pueblo se ha engrosado, y con los oídos oyen pesadamente, y han cerrado sus ojos; para que no vean con los ojos, y oigan con los oídos, y con el corazón entiendan, y se conviertan, y yo los sane (Mt. 13:14-15; cp. Is. 6:9-10).*

Debido a que por voluntad propia los israelitas endurecieron sus corazones contra la verdad, Dios los endureció legítimamente, así como hizo con Faraón (cp. Éx. 8:15; 14:8). Mientras tales personas no pueden entender la verdad espiritual (1 Co. 2:14), los creyentes sí pueden hacerlo (v. 16; cp. Mt. 13:16-17, 51).

Después de dejar en claro que la verdad contenida en la **parábola** era solo para sus discípulos, Jesús identificó los elementos clave. De manera significativa, Él no dio el nombre del sembrador (como sí se identificó Él mismo en su explicación de la parábola del trigo y la cizaña [Mt. 13:37]), ya que el sembrador no es el tema. Cualquiera que predica el evangelio es un sembrador. Jesús identificó a **la semilla** como **la palabra de Dios,** específicamente en este contexto se trata del mensaje de salvación del evangelio. Pedro usó esa misma analogía cuando escribió: "Siendo renacidos, no de simiente corruptible, sino de incorruptible, por la palabra de Dios que vive y permanece para siempre" (1 P. 1:23; cp. Ro. 10:17). Ninguna semilla artificial o sintética puede reemplazar a la semilla divina y producir mejores resultados; tratar de alterar el mensaje del evangelio con el fin de hacerlo más agradable para los incrédulos produce juicio (Gá. 1:8-9) y solo puede resultar en falsas conversiones. La tierra representa el corazón (vv. 12, 15), y los cuatro tipos de tierra describen las distintas condiciones de las tierras de quienes oyen el evangelio.

LA TIERRA JUNTO AL CAMINO

Y los de junto al camino son los que oyen, y luego viene el diablo y quita de su corazón la palabra, para que no crean y se salven. (8:12)

La tierra apisonada e impenetrable **de junto al camino** (sendero a través de los campos) simboliza a **los que oyen** el evangelio pero lo rechazan de plano. Al igual que esa tierra, los corazones de esas personas están endurecidos en contra de la verdad. El Antiguo Testamento se refiere a ellos como endurecidos de corazón (Sal. 95:8; Pr. 28:14) y duros de cerviz (Dt. 10:16; 2 R. 17:14; Neh. 9:29; Jer. 7:26). Son porfiadamente decididos y rígidos en su indiferencia y hostilidad hacia el evangelio, motivados por su amor al pecado. El corazón de tales individuos es como un camino muy transitado: constantemente apisonado y compactado por los pecados que la atraviesan. La convicción, el autoexamen, la evaluación sincera de la culpabilidad, y el arrepentimiento nunca aran ese corazón. Este es tan insensible a los dulces razonamientos de la gracia, como lo es a los pavorosos terrores del juicio.

Lo interesante es que tales personas endurecidas a menudo no son ateas, sino sumamente religiosas. Un buen ejemplo son los dirigentes religiosos judíos de la época de Jesús. Tenían la mente tan cerrada a la verdad de Dios que odiaron, se opusieron, y finalmente mataron a su Hijo, el mismo Mesías al que tanto esperaron (cp. Mt. 21:33-46).

Puesto que los corazones endurecidos por el pecado de aquellos que rechazan de manera permanente el evangelio son insensibles a la verdad de Dios, **viene** el padre de ellos (Jn. 8:44), **el diablo, y quita de su corazón la palabra, para que no crean y se salven.** Satanás hace eso por medio de falsos maestros (Mt. 7:15-20), temor al hombre (Jn. 12:42), vergüenza de identificarse con Jesucristo (Mt. 10:33), orgullo (Stg. 4:6), duda que los lleva a que **no crean y se salven,** y principalmente a través del amor al pecado (Jn. 3:19).

LA TIERRA ROCOSA

Los de sobre la piedra son los que habiendo oído, reciben la palabra con gozo; pero éstos no tienen raíces; creen por algún tiempo, y en el tiempo de la prueba se apartan. (8:13)

La tierra superficial **sobre la piedra** representa a quienes hacen una profesión superficial de fe. Estos individuos al principio parecen ser lo opuesto a los de corazón endurecido, representados por la tierra de junto al camino. Lejos de rechazar la verdad predicada que han **oído,** inicialmente **reciben la palabra con gozo.** La euforia que manifiestan podría convencer a muchos de que su conversión es verdadera. No solo se muestran interesados y receptivos, sino también exuberantes y llenos de júbilo, pero no por mucho tiempo. El problema es que **estos** individuos **no tienen raíces,** por lo que solo **creen por algún tiempo.**

La perseverancia caracteriza a la verdadera fe que salva. Jesús expresó a algunos que profesaban tener fe en Él: "Si vosotros permaneciereis en mi palabra, seréis verdaderamente mis discípulos" (Jn. 8:31). Pablo escribió a los colosenses que se habían reconciliado con Dios que permanecieran "fundados y firmes en la fe", y que no se alejaran "de la esperanza del evangelio que [habían] oído" (Col. 1:23). El escritor de Hebreos recordó a sus lectores: "Somos hechos participantes de Cristo, con tal que retengamos firme hasta el fin nuestra confianza del principio" (He. 3:14; cp. v. 6; 4:14; Mt. 24:13).

Por otra parte, el gozo no es la marca distintiva de la verdadera salvación. Por el contrario, una señal más cierta de la verdadera conversión es el llanto (Mt. 5:4; cp. Stg. 4:9). En ocasiones el gozo caracteriza a la verdadera salvación, pero a veces a la salvación falsa. A menudo las personas responden al evangelio por razones equivocadas. Quizás han experimentado una relación rota, un divorcio, la muerte de un ser querido, la pérdida de un empleo, o les han diagnosticado una enfermedad grave. La expectativa de que Jesús arreglará sus problemas es emocionante, y los llena de un falso gozo. Pero estos individuos son como el hombre en la parábola del Señor que entró en una fiesta de bodas sin tener el atuendo apropiado y fue echado fuera (Mt. 22:11-13). Ya que no tienen una fe verdadera, les falta la vestimenta de justicia que viste a los redimidos (Is. 61:10).

Tampoco la ausencia de gozo es la característica distintiva de una falsa conversión. La emoción no es una señal definitiva de la realidad espiritual. La salvación es una obra de Dios, una transacción divina que puede producir o no una reacción emocional inmediata. La verdadera fe salvadora resistirá la prueba del tiempo, y la seguridad, la paz y el gozo son resultado del Espíritu Santo en el corazón de los redimidos.

Lo que evidencia que la fe de aquellos a quienes simboliza el terreno rocoso es superficial y no salvadora es que **en el tiempo de la prueba se apartan.** El calor abrasador del sol revela que a las plantas en el terreno rocoso les falta la estructura de una raíz profunda. A causa de eso no pueden extraer del suelo los nutrientes y la humedad que necesitan para sobrevivir. De igual modo, la **prueba** (*peirasmos*; "tentación", "dificultad", "problema"), la aflicción y la persecución (Mt. 13:21) hacen que los falsos creyentes se aparten de su profesión de fe.

Justo después de experimentar el milagro que tuvo el mayor impacto numérico de todos los que el Señor realizó, la alimentación de los cinco mil (Jn. 6:1-13), muchos aspirantes a discípulos "volvieron atrás, y ya no andaban con él" (v. 66). Ellos esperaban fervientemente que Jesús fuera el rey conquistador que expulsaría a los odiados romanos e iniciaría un reino glorioso para Israel. Pero encontraron inaceptable la enseñanza de Cristo sobre la verdadera naturaleza de la salvación, y su llamado al compromiso total con Él (vv. 26-65), y definitivamente lo abandonaron. Más adelante, el apóstol Juan escribiría: ellos "salieron de nosotros, pero no eran de nosotros; porque si hubiesen sido de nosotros, habrían permanecido con nosotros; pero salieron para que se manifestase que no todos son de nosotros" (1 Jn. 2:19).

En cambio, a la fe de los verdaderos creyentes no la aplastan las pruebas, sino que estas la fortalecen. Santiago animó a los cristianos: "Hermanos míos, tened por sumo gozo cuando os halléis en diversas pruebas, sabiendo que la prueba de vuestra fe produce paciencia. Mas tenga la paciencia su obra completa, para que seáis perfectos y cabales, sin que os falte cosa alguna" (Stg. 1:2-4). Al enfrentar un sufrimiento doloroso que el Señor decidió no quitar (2 Co. 12:7-9) Pablo respondió: "De buena gana me gloriaré más bien en mis debilidades, para que repose sobre mí el poder de Cristo. Por lo cual, por amor a Cristo me gozo en las debilidades, en afrentas, en necesidades, en persecuciones, en angustias; porque cuando soy débil, entonces soy fuerte" (vv. 9-10). El escritor de Hebreos exhortó a los creyentes sometidos a pruebas que recordaran "que ninguna disciplina al presente parece ser causa de gozo, sino de tristeza; pero después da fruto apacible de justicia a los que en ella han sido ejercitados" (He. 12:11). Pedro escribió: "El Dios de toda gracia, que nos llamó a su gloria eterna en Jesucristo, después que hayáis padecido un poco de tiempo, él mismo os perfeccione, afirme, fortalezca y establezca" (1 P. 5:10).

Cuando las pruebas y los sufrimientos vienen, revelan si la fe es verdadera o superficial. Las mismas pruebas que perfeccionan la justicia en los creyentes endurecen a los incrédulos en su pecado.

LA TIERRA ESPINOSA

La que cayó entre espinos, éstos son los que oyen, pero yéndose, son ahogados por los afanes y las riquezas y los placeres de la vida, y no llevan fruto. (8:14)

La semilla **que cayó entre espinos** describe a otro grupo, **los que oyen** el evangelio e inicialmente lo aceptan. Pero al poco tiempo la verdad es desplazada, no por el sufrimiento, sino por el placer. Esta tierra parece buena; no está apisonada, es profunda y no tiene base de rocas por debajo. Sin embargo, tiene impurezas: otra vida que es peculiar a la misma. Por otra parte, la semilla, el mensaje de Dios, no es natural en los corazones de los pecadores. Como resultado, aunque las semillas germinen, **son** ahogadas **por los afanes y las riquezas y los placeres de la vida** (cp. Mt. 13:22) lo que, como hizo con el joven rico (Lc. 18:18-25), impide que las personas representadas por la tierra espinosa reciban vida eterna.

Estos individuos de doble ánimo (Stg. 1:8) ejemplifican la verdad de que nadie puede "servir a Dios y a las riquezas" (Mt. 6:24). Los consumen las cosas temporales (placeres pecaminosos, anhelos y deseos, ambición, profesión, casas, autos, prestigio, relaciones, fama), todo lo cual ahoga la semilla del evangelio y, en consecuencia, ellos **no llevan fruto.** La semilla del evangelio no producirá el fruto de justicia a menos que el corazón sea purificado.

Aquí se habla del corazón mundanamente preocupado, arrastrado por lo engañoso de las riquezas. Pablo escribió de tales personas: "Los que quieren enriquecerse caen en tentación y lazo, y en muchas codicias necias y dañosas, que hunden a los hombres en destrucción y perdición" (1 Ti. 6:9). El apóstol Juan advirtió a sus lectores:

> *No améis al mundo, ni las cosas que están en el mundo. Si alguno ama al mundo, el amor del Padre no está en él. Porque todo lo que hay en el mundo, los deseos de la carne, los deseos de los ojos, y la vanagloria de la vida, no proviene del Padre, sino del mundo. Y el mundo pasa, y sus deseos; pero el que hace la voluntad de Dios permanece para siempre (1 Jn. 2:15-17).*

No hay nada malo en disfrutar lo que Dios misericordiosamente provee (1 Ti. 6:17). Sin embargo, la prioridad es buscar "primeramente el reino de Dios y su justicia, y todas estas cosas os serán añadidas" (Mt. 6:33). Aquellos que entienden el verdadero valor del evangelio renunciarán de buena gana a todo lo que poseen si el Señor se los pidiera (Mt. 13:44-46).

LA TIERRA BUENA

Mas la que cayó en buena tierra, éstos son los que con corazón bueno y recto retienen la palabra oída, y dan fruto con perseverancia. (8:15)

En contraste con las primeras tres tierras, **la** semilla **que cayó en buena tierra** produce verdadera salvación. Esta última tierra representa a **los que con corazón bueno y recto retienen la palabra oída,** a quienes de manera auténtica y verdadera son buenos y sin hipocresía. Estos son los que entienden **la palabra** (Mt. 13:23), la aceptan (Mr. 4:20), y la **retienen** en continua sumisión (cp. Lc. 11:28; Jn. 14:15, 21; 15:10). A diferencia de la tierra de junto al camino, donde la semilla nunca penetra, de la tierra rocosa donde brota brevemente y se marchita, y de la tierra espinosa donde se ahoga, la tierra buena está adecuadamente preparada. Las semillas crecerán hasta convertirse en plantas maduras que **dan fruto con** la **perseverancia** que caracteriza a la fe verdadera (véase el estudio de la perseverancia citado anteriormente). Como ya se indicó, quienes abandonan su profesión de fe demuestran que esta nunca fue real.

El **fruto** abarca las buenas obras que acompañan a la salvación (Mt. 3:8; Jn. 15:16), incluso las buenas actitudes (Gá. 5:22-23) y acciones (Col. 1:10; Fil. 1:11). El fruto de actitud produce fruto de acción, y tratar de generar fruto de acción sin la correcta actitud resulta en legalismo, como el que el Señor condenó en los escribas y fariseos. Según revelan los relatos de Mateo (13:23) y Marcos (4:20), existen varios grados de productividad. Sin embargo, todos los creyentes llevan algún fruto verdadero (Ef. 2:10); la falta de productividad es una característica de fe falsa que no salva (Jn. 15:2; cp. Mt. 3:10).

Un adecuado entendimiento de esa magistral parábola debería tener una profunda influencia en cómo la iglesia evangeliza. Jesús enseñó que la variable no está en el método o la habilidad de quien presenta el evangelio, ni en el mensaje en sí, aspectos que con frecuencia son el enfoque de la metodología contemporánea de evangelización. La variable es el corazón. Más específicamente, no es la naturaleza del corazón; en la analogía del Señor respecto a las cuatro tierras, estas se componen del mismo elemento. El factor determinante en cómo las personas responden al evangelio tiene que ver con las influencias que prevalecen y dominan sus corazones.

La convicción, que prepara el corazón para recibir el evangelio, es la obra del

Espíritu Santo (Jn. 16:8), y la salvación misma es la obra de Dios. Pero la obra de convicción del Espíritu no se realiza en el vacío. Él usa la predicación del mensaje del evangelio, respecto al pecado y a la necesidad de salvación, a fin de hacer su obra de convicción en el corazón humano. Pablo preguntó de manera retórica: "¿Cómo creerán en aquel de quien no han oído? ¿Y cómo oirán sin haber quien les predique?" (Ro. 10:14), ya que "la fe es por el oír, y el oír, por la palabra de Dios" (v. 17).

Los creyentes deben presentar el mensaje completo de salvación y no solamente enfocarse en las bendiciones que produce. Antes de que las personas puedan experimentar esas bendiciones deben comprender la realidad de que son pecadoras, y que enfrentan la ira de Dios y el juicio eterno. Deben reconocer que su única esperanza yace en la salvación que Él ha provisto por medio de la muerte expiatoria de su Hijo. Por tanto, los cristianos deben explicar el pecado a los perdidos antes de presentar la compasiva oferta divina del perdón. Como señalara el pastor y teólogo puritano John Owen, aquellos que tienen sus almas justificados por la gracia deben tener sus pecados juzgados por la ley (*The Forgiveness of Sin* [reimpresión; Grand Rapids: Baker 1977], p. 60). Solo entonces la tierra dura permitirá ser arada, la base de roca destruida, y las malezas retiradas, preparando así a la buena tierra para que produzca el fruto de la salvación.

Ten cuidado con lo que escuchas

50

Nadie que enciende una luz la cubre con una vasija, ni la pone debajo de la cama, sino que la pone en un candelero para que los que entran vean la luz. Porque nada hay oculto, que no haya de ser manifestado; ni escondido, que no haya de ser conocido, y de salir a luz. Mirad, pues, cómo oís; porque a todo el que tiene, se le dará; y a todo el que no tiene, aun lo que piensa tener se le quitará. Entonces su madre y sus hermanos vinieron a él; pero no podían llegar hasta él por causa de la multitud. Y se le avisó, diciendo: Tu madre y tus hermanos están fuera y quieren verte. Él entonces respondiendo, les dijo: Mi madre y mis hermanos son los que oyen la palabra de Dios, y la hacen. (8:16-21)

Escuchar es una habilidad importante y a menudo descuidada. Los buenos oyentes son amigos sensibles que propician buena compañía. Son buenos maestros y consejeros. Por otra parte, los malos oyentes solo quieren oírse hablar y, aunque parecen estar escuchando, a menudo solo están planeando lo que van a decir a continuación. Salomón describió a los malos oyentes como individuos que traen fatuidad y oprobio a sí mismos al dar una respuesta sin oír totalmente la pregunta (Pr. 18:13). Se despojan a sí mismos de lo mejor en las relaciones de la vida.

Pero aunque escuchar a otras personas tiene valor temporal, oír a Dios tiene significado eterno. La advertencia de Cristo en el versículo 18 de este pasaje, "mirad, pues, cómo oís", es un tema constante en la Biblia. La orden: "Oye palabra de Jehová" aparece cerca de treinta veces en el Antiguo Testamento (p. ej., 2 R. 20:16; Sal. 50:7; Is. 1:10; 28:14; 48:1; Jer. 2:4; Ez. 18:25). En pasajes tales como Salmos 81:8; Isaías 41:1; 44:1; 46:3, 12; 49:1, 51:1, 7; 55:2-3, y Jeremías 11:4, 7; 17:20; 42:15, Dios exhortó a su pueblo a escucharlo. En la transfiguración, Dios ordenó: "Este es mi Hijo amado; a él oíd" (Mr. 9:7). La frase repetida: "Si oyereis hoy su voz" (Sal. 95:7; He. 3:7, 15; 4:7) resalta aún más la importancia de escuchar a Dios.

Sin embargo, con demasiada frecuencia Israel falló en escuchar la palabra de Dios. En Salmos 81:11-13 Dios se lamentó: "Mi pueblo no oyó mi voz, e Israel no me quiso a mí. Los dejé, por tanto, a la dureza de su corazón; Caminaron en sus propios consejos. ¡Oh, si me hubiera oído mi pueblo, si en mis caminos hubiera andado Israel!" Isaías 30:9 describió a los hijos de Israel como "pueblo... rebelde, hijos mentirosos, hijos que no quisieron oír la ley de Jehová", mientras que en Jeremías 13:10 Dios los acusó de "pueblo malo, que no quiere oír mis palabras". Dios afirmó en Jeremías 22:21: "Este fue tu camino desde tu juventud, que nunca oíste mi voz" (cp. 7:26; 11:10; 17:23; 35:17; 36:31; 40:3; Sal. 106:25; Is. 28:12; 66:4). No solamente la rebelde nación de Israel, sino también todos los que rechazan la verdad, son culpables de no oír al Señor hablando en la Biblia. Como Jesús indicó en la parábola del sembrador, las personas representadas por cada una de las cuatro tierras oyen el mensaje (Lc. 8:12, 13, 14, 15); lo que las diferencia es cómo reaccionan a la verdad que oyen.

El tipo de personas oyentes que son revela su condición espiritual. Muchos dan una respuesta superficial al Señor Jesucristo, pero Él un día les dirá: "Nunca os conocí; apartaos de mí, hacedores de maldad" (Mt. 7:23; 25:11-12). Jesús declaró que los tales son los que oyen sus palabras, pero no las cumplen (Mt. 7:26). Cuando el diluvio del juicio divino llegue, sus casas espirituales que no tienen sólidos cimientos espirituales serán arrastradas (v. 27). Por otra parte, quienes oyen las palabras de Cristo y las obedecen son sus verdaderos discípulos (v. 24; cp. Jn. 8:31-32, 47; 10:3-5, 16, 27; 1 Co. 2:12-16).

Jesús retó a quienes se identificaban como sus discípulos, que estaban reunidos alrededor de Él para oírle la explicación de la parábola del sembrador, que cuidaran de cómo oían. Él señaló cuatro maneras en que los verdaderos oyentes escuchan la palabra: de manera evangelística, auténtica, fructífera y obediente.

UN OYENTE VERDADERO ESCUCHA DE MANERA EVANGELÍSTICA

Nadie que enciende una luz la cubre con una vasija, ni la pone debajo de la cama, sino que la pone en un candelero para que los que entran vean la luz. (8:16)

Esta sencilla parábola o historia, también usada por Jesús en Lucas 11:33 y Mateo 5:15, es obvia y fácil de entender. El propósito de una luz es alumbrar, por tanto, **nadie que enciende una luz la cubre con una vasija, ni la pone debajo de la cama.** Las lámparas de terracota usadas en Israel tenían la forma de un platillo, con un pico y un asa, y utilizaban aceite y una mecha para proporcionar luz. Encender una lámpara con la finalidad de ponerla **debajo de una cama** o de **una vasija** es algo que no tiene sentido, ya que al poco tiempo se apagaría la lámpara. En vez de eso, las lámparas deben estar **en un candelero** o una repisa **para que los que entran vean la luz.**

Aunque luz en la Biblia es a menudo una metáfora para santidad (Mt. 5:14-16; Ro. 13:12), verdad (Sal. 36:9; 119:105, 130; Pr. 6:23; Hch. 26:23; Ef. 5:9; 1 Ts. 5:5), y también para vida espiritual en Cristo (Jn. 1:4), la característica específica que el Señor comunicó a través de esta analogía es que los verdaderos discípulos no ocultan la verdad del evangelio. Al contrario, escuchan la revelación de la Palabra de Dios y después la predican a otros. Pedro describió a los cristianos como "linaje escogido, real sacerdocio, nación santa, pueblo adquirido por Dios, para que [anuncien] las virtudes de aquel que [los] llamó de las tinieblas a su luz admirable" (1 P. 2:9). En su defensa ante Herodes Agripa, Pablo dijo que Jesús lo había enviado tanto a los judíos como a los gentiles "para que [abriera] sus ojos, para que se [conviertieran] de las tinieblas a la luz, y de la potestad de Satanás a Dios; para que [recibieran], por la fe que es en [Jesucristo], perdón de pecados y herencia entre los santificados" (Hch. 26:18). Pablo estaba agradecido por los cristianos romanos debido a que su "fe se [divulgaba] por todo el mundo" (Ro. 1:8; cp. 16:19). El apóstol elogió así a los tesalonicenses: "Partiendo de vosotros ha sido divulgada la palabra del Señor, no sólo en Macedonia y Acaya, sino que también en todo lugar vuestra fe en Dios se ha extendido" (1 Ts. 1:8). Jesús comparó a los verdaderos oyentes de la palabra con una ciudad brillantemente iluminada sobre una colina, cuya luz no se puede ocultar (Mt. 5:14). La verdadera conversión resulta en un deseo de relatar la historia del evangelio. Los verdaderos discípulos responden a la verdad de manera evangelística; es decir, no solamente la asimilan sino que también la divulgan. La falta de celo por compartir la verdad podría revelar que la obra de salvación de Dios no se ha forjado en el corazón.

Jesús también pudo haber tenido otro objetivo en mente cuando entregó esta analogía. En Lucas 8:10 les dijo a los discípulos: "A vosotros os es dado conocer los misterios del reino de Dios; pero a los otros por parábolas, para que viendo no vean, y oyendo no entiendan". Según se indicó en el estudio de dicho versículo en el capítulo anterior de esta obra, ese fue un acto de juicio por parte de Jesús. Quienes rechazaron la verdad la tendrían escondida de ellos. Los discípulos pudieron haber creído que ellos irían a hacer los mismos juicios, y que decidirían por sí solos a quién debían presentar la verdad.

Pero a los creyentes no les corresponde tomar tal decisión; solo Dios conoce la verdadera condición espiritual de una persona. Los cristianos son responsables de obedecer la gran comisión y hacer "discípulos a todas las naciones, bautizándolos en el nombre del Padre, y del Hijo, y del Espíritu Santo" (Mt. 28:19; cp. Hch. 1:8). Cuando estuvieron listos, Jesús envió a los doce a predicar el evangelio a todo aquel que encontraran (Lc. 9:1-6). Lo que Él les había explicado en secreto debían proclamarlo en público (cp. Mt. 10:27).

UN VERDADERO OYENTE ESCUCHA DE MANERA AUTÉNTICA

Porque nada hay oculto, que no haya de ser manifestado; ni escondido, que no haya de ser conocido, y de salir a luz. (8:17)

Aunque los comentaristas brindan varias interpretaciones de esta afirmación, parece razonable entenderla como si hablara de autenticidad, es decir de lo que una persona es por dentro. **Porque nada hay oculto, que no haya de ser manifestado,** o dicho de otro modo, no hay nada **escondido que no haya de ser conocido** ni que no vaya a **salir a luz;** la verdadera condición del corazón finalmente se revelará. En términos generales, el tiempo y la verdad van de la mano. Dado el tiempo suficiente, la verdad sale a flote para que los hombres la vean; por supuesto, nunca está escondida para Dios.

Ese principio se repite a lo largo de la Biblia, Jesús lo volvió a dar en Mateo 10:26. En el Antiguo Testamento, David escribió que "el Dios justo prueba la mente y el corazón" (Sal. 7:9). En Salmos 90:8, Moisés dijo a Dios: "Pusiste nuestras maldades delante de ti, nuestros yerros a la luz de tu rostro". Salomón cerró el libro de Eclesiastés con la aleccionadora advertencia de que "Dios traerá toda obra a juicio, juntamente con toda cosa encubierta, sea buena o sea mala" (Ec. 12:14). En el Nuevo Testamento, Pablo habló de un "día en que Dios juzgará por Jesucristo los secretos de los hombres, conforme a mi evangelio" (Ro. 2:16), y señaló que cuando "venga el Señor... aclarará también lo oculto de las tinieblas, y manifestará las intenciones de los corazones" (1 Co. 4:5). En su mensaje a la iglesia en Tiatira, Jesús manifestó: "Yo soy el que escudriña la mente y el corazón; y os daré a cada uno según vuestras obras" (Ap. 2:23; cp. Sal. 44:21; Jer. 11:20; 17:10; Jn. 2:24-25; Hch. 1:24; He. 4:13).

Las palabras de Jesús evidentemente son una advertencia contra la hipocresía, según sugiere un examen de la declaración paralela en Lucas 12:1-2. En el versículo 1, el Señor "comenzó a decir a sus discípulos, primeramente: Guardaos de la levadura de los fariseos, que es la hipocresía". Él advirtió a sus oyentes que no imitaran a los fariseos, que "dicen, y no hacen" (Mt. 23:3); que "por fuera, a la verdad, [se muestran] justos a los hombres, pero por dentro [están] llenos de hipocresía e iniquidad" (v. 28). Los exhortó a no ser como los falsos discípulos que lo llaman "Señor, Señor" pero no le obedecen (Mt. 7:21-22; Lc. 6:46); que construyen sus casas espirituales sobre la arena (Mt. 7:26-27). Al final, toda esa hipocresía será desenmascarada, "porque nada hay encubierto, que no haya de descubrirse; ni oculto, que no haya de saberse" (Lc. 12:2). Ya que esa frase en el contexto del capítulo 12 claramente se refiere a poner al descubierto la hipocresía, es probable que tenga ese mismo significado en el pasaje actual. A la luz del juicio venidero, Jesús ordenó a quienes afirman ser sus discípulos que se hagan un autoexamen.

UN VERDADERO OYENTE ESCUCHA DE MANERA FRUCTÍFERA

Mirad, pues, cómo oís; porque a todo el que tiene, se le dará; y a todo el que no tiene, aun lo que piensa tener se le quitará. (8:18)

Como se indicó anteriormente, la exhortación de Jesús, **mirad, pues, cómo oís,** es el tema de toda esta sección. De modo específico, Él advirtió al pueblo que debía ser consciente de que las consecuencias eran graves. Por tanto, **a todo** aquel que es un verdadero discípulo, al **que tiene** vida eterna, **se le dará** más. Esta buena tierra se caracteriza por varios niveles de productividad, pero invariablemente produce fruto de salvación; así les dijo Jesús a los apóstoles reunidos en el aposento alto: "En esto es glorificado mi Padre, en que llevéis mucho fruto, y seáis así mis discípulos" (Jn. 15:8; cp. v. 16). La constante producción de fruto, regada por el flujo incesante de la gracia divina (Jn. 1:16; cp. Ef. 1:3-8; 2:7-10; Fil. 1:11), identifica a los verdaderos discípulos del Señor Jesucristo.

Pero la promesa de Cristo de bendecir a los verdaderos discípulos se equilibra por su advertencia a los falsos discípulos: **A todo el que no tiene, aun lo que piensa tener se le quitará.** Al final, los falsos discípulos lo pierden todo. La totalidad de sus obras de justicia con que contaban para salvación resultarán ser nada más que basura (Fil. 3:8), y vanidades que no pueden salvar (Hch. 14:15). Al igual que el esclavo malvado, perezoso e infiel en la parábola de los talentos (Mt. 25:14-30), los falsos discípulos serán echados "en las tinieblas de afuera; allí será el lloro y el crujir de dientes" (v. 30).

UN VERDADERO OYENTE ESCUCHA DE MANERA OBEDIENTE

Entonces su madre y sus hermanos vinieron a él; pero no podían llegar hasta él por causa de la multitud. Y se le avisó, diciendo: Tu madre y tus hermanos están fuera y quieren verte. Él entonces respondiendo, les dijo: Mi madre y mis hermanos son los que oyen la palabra de Dios, y la hacen. (8:19-21)

Tanto Mateo (12:46-50) como Marcos (3:31-35) ubican este suceso en que participaron la **madre y** los **hermanos** de Jesús a principios de su ministerio, antes de la parábola del sembrador. Lucas lo coloca aquí porque se ajusta al tema de esta sección de su evangelio: la importancia de oír adecuadamente la palabra.

Como por lo general ocurre en el Nuevo Testamento, los **hermanos** de Jesús están solidarizados con su **madre,** María (Mt. 13:55; Jn. 2:12; Hch. 1:14). Contrario al dogma católico romano de la virginidad perpetua de María, estos son medio hermanos de Jesús, hijos biológicos de José y María. La creencia de que María permaneció virgen después de dar a luz a Jesús es extraña al Nuevo Testamento y a la era apostólica, y aparece por primera vez en la literatura apócrifa del siglo II. A fin de evitar las consecuencias obvias del texto que habla de los hermanos de Jesús (y hermanas; Mt. 13:56), los católicos han sostenido que estos eran hijos de José de un matrimonio anterior, y que, por tanto, son hermanastros de Jesús. Sin embargo, no existe evidencia de tal matrimonio. Además, si ese hubiera sido el caso, uno de los hermanos mayores habría sido el heredero de José y, en consecuencia, el legítimo rey de Israel, no Jesús (Alfred Plummer, *A Critical and Exegetical Commentary on the Gospel According to St. Luke,* The International Critical Commentary [Edinburgh: T. & T. Clark, 1922], p. 224). Toda la evidencia histórica indica que tanto José como María eran jóvenes adolescentes cuando se casaron, de ahí que es un disparate inventar un matrimonio y una familia anteriores.

Otros han sostenido que estos eran primos de Jesús, no sus hermanos. No obstante, *adelphos* ("hermano") nunca se usa en el Nuevo Testamento en el sentido de "primo". Es más, los escritores del Nuevo Testamento tenían a su disposición una palabra que significa específicamente "primo" (*anepsios*), la que Pablo usó al referirse a Marcos, el primo de Bernabé (Col. 4:10 NVI). Aún más evidencia de que estos eran realmente hermanos de Jesús viene de Salmos 69. En este salmo mesiánico, el Mesías manifiesta en el versículo 8: "Extraño he sido para mis hermanos, y desconocido para los hijos de mi madre". Aquí "hermanos" no puede significar "primos" o "hermanastros", ya que el término se refiere a los hijos de la madre del Mesías.

La consecuencia clara de pasajes como Mateo 1:18 ("antes que se juntasen"), 25 ("no la conoció hasta que dio a luz a su hijo") y Lucas 2:7 ("dio a luz a su hijo primogénito") es que José y María tuvieron relaciones sexuales normales y procrearon hijos después del nacimiento de Jesús.

Tras llegar al lugar en que Jesús estaba enseñando, María y los hermanos de Jesús **no podían llegar hasta él por causa de la multitud.** Entonces, "quedándose afuera, enviaron a llamarle" (Mr. 3:31). La petición de María y sus otros hijos de hablar con Jesús (Mt. 12:46) se transmitió a través de la multitud (v. 47) **y se le avisó, diciendo: Tu madre y tus hermanos están fuera y quieren verte.** Marcos 3:20-21 revela que a ellos les preocupaban las enormes multitudes que seguían a Jesús a todas partes, y temían la creciente hostilidad de los dirigentes religiosos judíos. Tras deducir erróneamente que Jesús había perdido la razón (Mr. 3:21), María y los hermanos de Jesús habían llegado con el fin de rescatarlo. El hecho de que José no apareciera aquí o en ninguna otra parte del Nuevo Testamento después del incidente en el templo (Lc. 2:41-50) sugiere que él estaba muerto para ese entonces. El hecho de que Jesús encargara a María al cuidado del apóstol Juan en la cruz (Jn. 19:27) confirma aún más que José ya había muerto.

Los hermanos del Señor no creyeron en Él (Jn. 7:5) hasta después de la resurrección (Hch. 1:14), pero María entendió quién era Él desde el principio. Ella sabía que "él [salvaría] a su pueblo de sus pecados" (Mt. 1:21), y reconoció su propia necesidad de un Salvador (Lc. 1:47). María confesó que no era sin pecado ni corredentora con Jesús.

La preocupación de Jesús por María y la disposición de redimir a sus hermanos indican que Él no era indiferente hacia ellos. Sin embargo, su respuesta: **Mi madre y mis hermanos son los que oyen la palabra de Dios, y la hacen,** parece a primera vista sugerir otra cosa. Pero ese no es el caso. El punto de Cristo es que las relaciones con Él no se definen en términos humanos, por vínculos físicos o familiares. Aunque Jesús no era indiferente a los miembros de su familia, tampoco estaba subordinado a ellos. Quienes tienen una relación con Él son aquellos **que oyen la palabra de Dios, y la hacen.** El Señor volvió a resaltar ese punto en el Evangelio de Lucas. Tratando de darle honra a María "una mujer de entre la multitud levantó la voz y le dijo: Bienaventurado el vientre que te trajo, y los senos que mamaste" (Lc. 11:27). Pero las relaciones personales no es el asunto, como indica la respuesta de Cristo: "Antes bienaventurados los que oyen la palabra de Dios, y la guardan" (v. 28). Únicamente quienes son "hacedores de la palabra, y no tan solamente oidores", que se engañan a sí mismos (Stg. 1:22), que oyen las palabras de Jesús y actúan conforme a ellas (Mt. 7:24), que permanecen en su palabra (Jn. 8:31), y que demuestran su amor por Él al obedecerlo (Jn. 14:15, 21, 23; 15:10) tienen una relación espiritual con el Señor Jesucristo.

La situación de las personas que aparecen en este pasaje es clara. Son verdaderos oidores de la palabra, que la escuchan de manera evangelística, auténtica, fructífera y obediente. El reto que Jesús lanzó ese día en la orilla del Mar de Galilea es el mismo que hoy día nos hace a todos: "Mirad, pues, cómo oís".

Calma en medio de la tormenta

51

Aconteció un día, que entró en una barca con sus discípulos, y les dijo: Pasemos al otro lado del lago. Y partieron. Pero mientras navegaban, él se durmió. Y se desencadenó una tempestad de viento en el lago; y se anegaban y peligraban. Y vinieron a él y le despertaron, diciendo: ¡Maestro, Maestro, que perecemos! Despertando él, reprendió al viento y a las olas; y cesaron, y se hizo bonanza. Y les dijo: ¿Dónde está vuestra fe? Y atemorizados, se maravillaban, y se decían unos a otros: ¿Quién es éste, que aun a los vientos y a las aguas manda, y le obedecen? (8:22-25)

Dios tiene un plan para redimir tanto a su pueblo como a este planeta. Ese plan comenzó a desarrollarse inmediatamente después de la caída, cuando Dios prometió que vendría un Redentor que iba a destruir a Satanás (Gn. 3:15; cp. 1 Jn. 3:8). Ese Redentor, el Mesías, el Señor Jesucristo, vino para ofrecerse como un sacrificio y salvar "a su pueblo de sus pecados" (Mt. 1:21). Él vendrá otra vez en gloria y majestad para destruir a los malvados (Ap. 19:11-16) y gobernar la tierra (Ap. 11:15; 20:4, 6). Restaurará la paz, la justicia, la verdad, la rectitud, y el gozo en este planeta renovado.

Obviamente, revertir la maldición tanto de la humanidad caída como de la tierra requerirá un poder inmenso, incomprensible e inconcebible. En el reino, tanto Satanás como sus huestes demoníacas serán atados (Ap. 20:1-3) y los santos reinarán con Cristo (vv. 4-6; Dn. 7:18, 27; 1 Co. 6:2). El pecado será castigado inmediatamente (Sal. 2:9; Is. 11:3-4), y la paz (Is. 2:4; 9:6-7; Mi. 4:3), el gozo (Is. 12:3-4), y el conocimiento de Dios (Is. 11:9) dominarán la tierra. Salud y sanidad reemplazarán a la enfermedad y a la muerte (Is. 29:18; 33:24; 35:5-6).

Hasta la naturaleza cambiará. Los enemigos naturales vivirán juntos en paz. "Morará el lobo con el cordero, y el leopardo con el cabrito se acostará; el becerro y el león y la bestia doméstica andarán juntos, y un niño los pastoreará... Y el niño de pecho jugará sobre la cueva del áspid, y el recién destetado extenderá su mano sobre la caverna de la víbora" (Is. 11:6, 8). Los animales carnívoros comerán paja como los bueyes (Is. 11:7). Los cultivos florecerán (Is. 30:23-25;

Jl. 2:21-27), incluso en lo que hoy día es desierto estéril (Is. 35:1-2; 35:6-7). En resumen, el paraíso perdido se convertirá en paraíso recuperado.

El poder requerido para redimir a los pecadores perdidos y restaurar a la tierra maldita está más allá de la habilidad o comprensión humanas; le pertenece solo a Dios. En Salmos 62:11, David dijo: "De Dios es el poder". Job expresó esa misma verdad de manera poética cuando exclamó: "El trueno de su poder, ¿quién lo puede comprender?" (Job 26:14; cp. 36:22). Salmos 79:11 y Nahum 1:3 hablan de la grandeza del poder de Dios, mientras que Salmos 29:1-10 y 68:32-35 lo describen. Tan clara es la evidencia del poder de Dios, que deja a los pecadores no arrepentidos sin excusa por haberlo rechazado (Ro. 1:20). El poder de Dios está revelado en su gobierno soberano sobre todas las cosas (Sal. 66:7), resucitando de los muertos a Cristo (2 Co. 13:4) y a los creyentes (1 Co. 6:14), salvando a los pecadores perdidos (Ro. 1:16; 1 Co. 1:18), rescatando a los justos (Neh. 1:10; Sal. 106:8), y destruyendo a los malvados (Ro. 9:22).

La creación misma revela el extraordinario poder de Dios (Jer. 10:12). La Tierra tiene cuarenta mil kilómetros de circunferencia, casi doce mil ochocientos de diámetro, y pesa aproximadamente seis mil seiscientos trillones de toneladas. Gira sobre su eje más o menos a mil seiscientos kilómetros por hora, y se desplaza en su órbita de aproximadamente doscientos cuarenta millones de kilómetros alrededor del sol a unos mil quinientos kilómetros por minuto. El sol mismo hace una enorme órbita alrededor del centro de la galaxia llamada Vía Láctea.

En el extremo opuesto, una cucharadita llena de agua contiene miles de billones de átomos, mientras que el material en un átomo representa solo una billonésima parte de su volumen. Si el espacio vacío se expulsara de un cuerpo humano, este se reduciría en tamaño a una diminuta fracción de poco más de dos centímetros cúbicos. Desde la inmensidad del espacio hasta el infinitamente pequeño reino del átomo, Dios sostiene todas las cosas con la palabra de su poder (He. 1:3).

En su narración inspirada acerca de la vida y el ministerio del Señor Jesucristo, Lucas le clarifica inequívocamente la identidad. Él es el Mesías, Dios el Hijo, la segunda persona de la Trinidad encarnada. Su genealogía revela que Jesús fue descendiente de David y, por tanto, legítimo rey de Israel (3:23-38). Él tuvo un nacimiento virginal exclusivo (1:26-35; 2:1-7; cp. Is. 7:14). En su bautismo, el Padre afirmó que Jesús era su Hijo amado (3:21-22). El segundo relato de su tentación reveló su absoluta autoridad sobre Satanás (4:1-13), y además ejerció esa misma autoridad sobre los demonios (4:33-35, 41). Jesús también demostró poder sobre la enfermedad (4:40; 5:15, 17; 6:17-19; 7:1-10) y la muerte (7:11-15). Su poder sobrenatural sobre la enfermedad, la muerte, Satanás, los demonios, y las fuerzas de la naturaleza demuestra que solo Él tiene el poder para revertir la maldición y marcar el comienzo del reino. Ese poder hace que los discípulos se vean como pecadores en la presencia del Dios santo (5:8; 8:25, 37, 47, 56).

El Señor Jesucristo había mostrado su poder sobre el reino natural en un incidente anterior relatado por Lucas (5:4-9). En esta demostración mucho más dramática de tal poder, Jesús calmó una furiosa tormenta en el Mar de Galilea. La historia se puede dividir en tres partes: la calma antes de la tormenta, la calma durante la tormenta y la calma después de la tormenta. Al epílogo, que relaciona el terror de los discípulos con la demostración de poder divino que habían presenciado, se le podría titular la tormenta después de la calma.

LA CALMA ANTES DE LA TORMENTA

Aconteció un día, que entró en una barca con sus discípulos, y les dijo: Pasemos al otro lado del lago. Y partieron. Pero mientras navegaban, él se durmió. (8:22-23*a*)

Lucas menciona que el suceso que estaba a punto de relatar se llevó a cabo **un día,** lo que indica que su cronología es a propósito vaga e indefinida. Como se indicó en el capítulo anterior de esta obra, el autor no estaba siguiendo una estricta secuencia de tiempo, sino que estaba arreglando su material de modo temático. El relato de Marcos revela que este incidente se realizó en la noche del mismo día en que Jesús enseñó varias parábolas, incluso la del sembrador (Mr. 4:35). Lo más probable es que después de comer en la cercana Capernaúm (cp. Mt. 8:5), Jesús entrara **en una barca con sus discípulos,** tal vez la barca de pesca que tenían Pedro, Andrés, Jacobo o Juan. (Aunque ellos ya se habían convertido en seguidores de Jesús a tiempo completo [Lc. 5:11], según parece aún conservaban sus barcas [cp. Jn. 21:3]). El relato de Marcos narra que había otras naves pequeñas acompañando a aquella en que estaba el Señor (Mr. 4:36).

Al tratar de escapar de las siempre presentes multitudes para tener un tiempo de descanso, Jesús **les dijo** a los discípulos: **Pasemos al otro lado del lago.** Tras dejar la vecindad de Capernaúm en la punta noroccidental del Mar de Galilea, se dirigieron a la región conocida como de los gadarenos, en la orilla oriental. Allí Jesús tuvo una cita divina con un lunático endemoniado, a quien sanaría (8:26-39).

Conocido hoy día como Yam Kineret, y llamado de varias maneras en las Escrituras como lago de Genesaret (Lc. 5:1), Mar de Cineret (Nm. 34:11; Jos. 13:27; 12:3), y Mar de Tiberias (Jn. 6:1; 21:1), el Mar de Galilea es un enorme lago de agua dulce (aproximadamente veinte kilómetros por once de largo) que es la característica geográfica más importante de Galilea. El río Jordán, que nace de varias fuentes cercanas al monte Hermón y fluye dentro del lago por el norte, es su principal fuente de agua. A 212 metros bajo el nivel del mar, el lago de Galilea es la fuente de agua más baja del planeta. El Jordán sale por el extremo sur del lago, y fluye en esa dirección hacia el Mar Muerto que está a 416,5 metros bajo el nivel del mar.

El lago está más o menos a cincuenta kilómetros del mar Mediterráneo, ubicado en una sección a manera de cuenca del valle del Jordán, que forma parte del Gran Valle del Rift de Siria en el norte, hasta Mozambique en el continente africano en el sur. El lago está rodeado por empinadas colinas en todas partes, las cuales son un factor importante en el desarrollo de las repentinas, violentas y a veces mortales tormentas por las que se conoce el lago. El aire frío de las altas elevaciones baja por las laderas y choca con el aire caliente cerca de la superficie del lago. Además, a medida que el aire fluye a través de los barrancos y cañones se comprime, y su velocidad aumenta. Los más poderosos de todos son los vientos que fluyen del desierto oriental y que bajan por la región de la gran meseta por encima del lago, conocida como los Altos del Golán. En 1992, los vientos de una de esas tormentas generaron olas de tres metros de alto que se estrellaron en la ciudad de Tiberias en la orilla occidental, ocasionando considerables daños.

Después que llegó la noche (cp. Mt. 8:16), Jesús y los discípulos **partieron** hacia el **lado del lago. Mientras navegaban,** Jesús, agotado por un largo día de multitudes y de predicación, **se durmió.** Marcos agrega el detalle de que el Señor estaba dormido en la popa de la embarcación sobre un cabezal (Mr. 4:38). Además de ser totalmente Dios, Jesús era totalmente humano, por tanto sujeto al hambre (Mt. 4:2; 21:18), la sed (Jn. 4:7; 19:28), y la fatiga (cp. Jn. 4:6). Este incidente es el único lugar en la Biblia que describe a Jesús durmiendo. Él se hallaba descansando de manera tranquila y sosegada, a pesar de saber que la tormenta se avecinaba. Confiando en el plan de su Padre, Jesús estaba seguro en el conocimiento de su soberano poder y su habilidad para calmar el viento y las olas.

Cabe señalar que la referencia a los discípulos del Señor abarca más que tan solo a los doce apóstoles. *Mathētēs* (discípulo) hace referencia a un aprendiz, alumno o seguidor, alguien que acompaña a un maestro. La palabra se usa para referirse a personas que tenían algún interés en Jesús, pero no necesariamente indica un elevado nivel de compromiso con Él. Es más, en este momento algunos de los discípulos del Señor no eran salvos; Juan 6:66 observa que "muchos de sus discípulos volvieron atrás, y ya no andaban con él". Cuando un aspirante a discípulo le dijo: "Te seguiré, Señor; pero déjame que me despida primero de los que están en mi casa" (Lc. 9:61), Jesús contestó: "Ninguno que poniendo su mano en el arado mira hacia atrás, es apto para el reino de Dios" (v. 62). Junto con un hombre que profesó disposición de seguir a Jesús adondequiera que fuera (v. 57), y otro que al ser retado a seguir al Señor eligió en vez de eso esperar su herencia (v. 59), este hombre prefirió cosas terrenales por encima de un compromiso total de salvación en el Señor Jesucristo.

Las personas ilustradas por los terrenos rocoso y espinoso en la parábola del sembrador también habían profesado ser discípulos de Cristo que recibieron su palabra, pero nunca fueron realmente redimidos (véase la exposición de 8:4-15 en el cap. 49 de esta obra). Los verdaderos discípulos no solo manifiestan arrepentimiento, confesión y obediencia, sino también perseverancia. Jesús estaba a punto de hacer una demostración de su poder divino diseñado para llevar a quienes la presenciaron, a una verdadera fe en Él. (Para más análisis del significado del término "discípulo", véase el cap. 19 de mi libro *El evangelio según Jesucristo* [El Paso: Casa Bautista de Publicaciones, 2002]).

LA CALMA DURANTE LA TORMENTA

Y se desencadenó una tempestad de viento en el lago; y se anegaban y peligraban. Y vinieron a él y le despertaron, diciendo: ¡Maestro, Maestro, que perecemos! (8:23*b*-24*a*)

De repente la tranquilidad se hizo añicos cuando **se desencadenó una tempestad de viento en el lago.** *Lailaps* (**tempestad**) describe una poderosa tormenta, potencialmente una de vientos con fuerza de huracán. *Katabainō* (**desencadenó**) es la raíz del término meteorológico "catabólico", que se refiere a vientos creados por aire que fluye cuesta abajo. La palabra describe con precisión los vientos que producen tormentas que se precipitan desde las alturas de alrededor para golpear el bajo Mar de Galilea, como se indicó antes. Marcos añadió el adjetivo *megas* ("gran") al sustantivo *lailaps* (Mr. 4:37), mientras que Mateo describió literalmente a la tormenta como "una tempestad tan grande [*seísmos*, de donde se deriva la palabra castellana 'sismología'] que las olas cubrían la barca" (Mt. 8:24).

Es evidente que no se trataba de una tormenta normal, sino de una que constituía una amenaza para la vida. Las enormes olas agitadas por los poderosos vientos inundaban la barca (Mr. 4:37) y la cubrían (Mt. 8:24). Como resultado, la embarcación se llenaba de agua (Mr. 4:37) hasta el punto de que los discípulos **se anegaban, y** hasta **peligraban** sus vidas. A pesar de la furiosa tormenta, con sus fuertes vientos y sus altísimas olas, Jesús seguía durmiendo en la popa de manera apacible y confiada (Mt. 8:24; Mr. 4:38). Mientras el caos y la confusión rugían a su alrededor, Jesús permanecía tranquilo en medio de la tormenta, reposadamente dormido.

Por otra parte, los discípulos estaban llenos de pánico. Puesto que muchos de ellos eran pescadores, acostumbrados al lago y su traicionero clima, entendían hasta qué tipo de tormenta fuerte podían soportar sus embarcaciones, y sabían que esta amenazaba su sobrevivencia. Desesperados y temiendo por sus vidas, **vinieron a** Jesús **y le despertaron, diciendo: ¡Maestro, Maestro, que perecemos!** El relato de Mateo afirma que ellos lo llamaron "Señor" (Mt. 8:25), mientras Marcos señala, igual que Lucas, que se dirigieron a Él como "Maestro" (Mr. 4:38). Lejos de ser contradictorios, como algunos escépticos creen, los relatos de los escritores de los evangelios reflejan exactamente el caos y la confusión que reinaba en esa noche tormentosa. Esta no fue una delegación ordenada y organizada que presentó tranquilamente su petición a Jesús, sino más bien una turba llena de pánico que enfrentaba muerte inminente. Por tanto, algunos gritaron "Señor", y otros **Maestro.** Los discípulos habían presenciado el poder del Señor sobre enfermedades, demonios y muerte. Algunos de ellos habían visto el poder divino para controlar los peces en el Mar de Galilea (Lc. 5:5-9). Sin embargo, ¿podría Él controlar el enorme poder del viento y el agua?

Sin ninguna solución humana a su disposición, acudieron a Aquel que había demostrado poder divino en el pasado. Quizás algunos de los discípulos recordaron Salmos 65:5-7:

> *Con tremendas cosas nos responderás tú en justicia, oh Dios de nuestra salvación, esperanza de todos los términos de la tierra, y de los más remotos confines del mar. Tú, el que afirma los montes con su poder, ceñido de valentía.*

O Salmos 89:9:

> *Tú tienes dominio sobre la braveza del mar; cuando se levantan sus ondas, tú las sosiegas.*

Sin duda algunos recordaron Salmos 107:23-31:

> *Los que descienden al mar en naves, y hacen negocio en las muchas aguas, ellos han visto las obras de Jehová, y sus maravillas en las profundidades. Porque habló, e hizo levantar un viento tempestuoso, que encrespa sus ondas. Suben a los cielos, descienden a los abismos; sus almas se derriten con el mal. Tiemblan y titubean como ebrios, y toda su ciencia es inútil. Entonces claman a Jehová en su angustia, y los libra de sus aflicciones. Cambia la tempestad en sosiego, y se apaciguan sus ondas. Luego se alegran, porque se apaciguaron; y así los guía al puerto que deseaban. Alaben la misericordia de Jehová, y sus maravillas para con los hijos de los hombres.*

En su momento de desesperada necesidad, los discípulos apelaron al Único que podía salvarlos.

LA CALMA DESPUÉS DE LA TORMENTA

Despertando él, reprendió al viento y a las olas; y cesaron, y se hizo bonanza. Y les dijo: ¿Dónde está vuestra fe? (8:24*b*-25*a*)

Despertado por las desesperadas súplicas de los discípulos, Jesús se levantó y **reprendió al viento y a las olas.** Las palabras exactas que Marcos registra en

4:39 fueron: "Calla, enmudece". Al instante, y en obediencia a la voz del Creador, el viento y las olas cesaron, **y se hizo bonanza.** Los escépticos, decididos a negar de cualquier manera lo milagroso, han señalado que las tormentas en el Mar de Galilea a menudo cesan tan rápidamente como empiezan. Pero aunque el viento se pudo haber aplacado casi al instante, se habría llevado mucho más tiempo para que las olas se sosegaran. Cuando Jesús ordenó al viento y las olas que se calmaran, lo hicieron al instante y se apaciguaron absolutamente (tanto Mateo como Marcos usan el adjetivo *megas* ["grande"] para describir la cristalina calma).

Después de calmar la tormenta, Jesús usó el incidente para enseñar a sus impresionados y atónitos discípulos la lección que Él quería que aprendieran. Mientras se hallaban en sus barcas sobre la ahora perfectamente pacífica superficie del lago, Él **les dijo: ¿Dónde está vuestra fe?** (cp. 12:28; Mt. 6:30; 14:31; 16:8; 17:20). Ellos habían visto a Jesús realizar innumerables milagros, por lo que su falta de fe en esta ocasión era penosa e inexcusable. Por otra parte, esta fue la primera vez que uno de los milagros del Señor los había involucrado directamente, y más allá de esa realidad, sus vidas estaban en riesgo. Eso les hizo mucho más difícil permanecer tranquilos y analizar con objetividad la situación. Pablo, en cambio, pudo mantener la calma a lo largo de las dos largas semanas de tormenta que terminaron en naufragio (Hch. 27:14-44). Pero él ya había enfrentado persecución y muerte muchas veces antes de ser liberado por el Señor (cp. 2 Co. 11:22-33).

La lección para los discípulos era clara: debían confiar en el Señor aun en las circunstancias más severas y amenazadoras. Ellos debían, como Pedro escribiría más tarde, depositar toda su ansiedad sobre Jesús sabiendo que Él cuidaba de ellos (1 P. 5:7). Pablo expresó su confianza en el cuidado del Señor cuando en tono triunfal escribió: "Estoy seguro de que ni la muerte, ni la vida, ni ángeles, ni principados, ni potestades, ni lo presente, ni lo por venir, ni lo alto, ni lo profundo, ni ninguna otra cosa creada nos podrá separar del amor de Dios, que es en Cristo Jesús Señor nuestro" (Ro. 8:38-39). Al resumir la lección que Jesús desea que todos los creyentes aprendan de este incidente, David Gooding escribe:

> Vivimos en un universo que es letalmente hostil para la vida humana: solo el milagro de la creación y el cuidado divino preserva nuestro planeta y sus maravillosas adaptaciones y provisiones para la propagación de la vida humana. Dentro de nuestra tierra, vientos, olas, relámpagos, tormentas, inundaciones, sequias, avalanchas, terremotos, fuego, calor, frío, gérmenes, virus, epidemias, todo eso de vez en cuando amenaza y destruye la vida. Tarde o temprano alguna de esas cosas podría destruirnos. La historia de la calma de la tormenta no quiere decir, por

> supuesto, que Cristo nunca permitirá que ningún creyente perezca ahogado, o por cualquier otro desastre natural. Muchos creyentes han perecido en tales condiciones. El relato demuestra que él es Señor de las fuerzas físicas en el universo, que para Él nada sucede por accidente, y que ninguna fuerza en toda la creación puede destruir su plan para nuestra salvación eterna ni separarnos del amor de Dios que es en Cristo Jesús nuestro Señor (véase Ro. 8:38-39). (*According to Luke* [Grand Rapids: Eerdmans, 1987], p. 143).

A veces, por castigo, el Señor trae una tormenta a las vidas de los creyentes, y otras veces para aumentarles la fe. Jonás acabó en una tormenta debido a su desobediencia, mientras que en este incidente la desobediencia de los discípulos los metió en la tormenta. En ambos casos, Dios estuvo allí para liberarlos.

EPÍLOGO: LA TORMENTA DESPUÉS DE LA CALMA

Y atemorizados, se maravillaban, y se decían unos a otros: ¿Quién es éste, que aun a los vientos y a las aguas manda, y le obedecen? (8:25*b*)

Después de haber sido testigos de una muestra asombrosa y sin precedentes del poder sobrenatural, los discípulos estaban comprensiblemente **atemorizados,** y **se maravillaban.** Lo único que encontraron más aterrador que la tormenta fuera de la barca fue tener al Creador y controlador de la tormenta dentro de ella. Debido al trauma que sintieron al comprender que solo Dios puede hacer tal milagro, **se decían unos a otros: ¿Quién es éste, que aun a los vientos y a las aguas manda, y le obedecen?** (cp. 8:37, 47, 56). La obvia y única respuesta a esa pregunta retórica es la que ellos dieron más adelante después que Jesús calmara otra tormenta en el Mar de Galilea: "Entonces los que estaban en la barca vinieron y le adoraron, diciendo: Verdaderamente eres Hijo de Dios" (Mt. 14:33). Para entonces ya tuvieron una firme respuesta a la pregunta que hicieran aquí.

En respuesta al milagro anterior de Cristo en el lago, Pedro había exclamado: "Apártate de mí, Señor, porque soy hombre pecador" (Lc. 5:8), respuesta que es típica de aquellos que experimentan la presencia de Dios. Abraham se describió como "polvo y ceniza" (Gn. 18:27); Job humildemente declaró: "De oídas te había oído; mas ahora mis ojos te ven. Por tanto me aborrezco, y me arrepiento en polvo y ceniza" (Job 42:5-6); después de encontrarse con el Cristo preencarnado en la persona del ángel del Señor, "dijo Manoa [el padre de Sansón] a su mujer: Ciertamente moriremos, porque a Dios hemos visto" (Jue. 13:22); expuestos a la presencia de Dios en el monte Sinaí, los israelitas "temblaron, y se pusieron de lejos. Y dijeron a Moisés: Habla tú con nosotros, y nosotros oiremos; pero no hable Dios con nosotros, para que no muramos" (Éx. 20:18-19);

abrumado por una visión de Dios en su templo celestial, Isaías clamó: "¡Ay de mí! que soy muerto; porque siendo hombre inmundo de labios, y habitando en medio de pueblo que tiene labios inmundos, han visto mis ojos al Rey, Jehová de los ejércitos" (Is. 6:5); Ezequiel cayó sobre su rostro cuando vio una visión de Dios (Ez. 1:28); después de ver a Cristo glorificado y exaltado, el apóstol Juan cayó "como muerto a sus pies" (Ap. 1:17).

Este breve resumen de la vida de Cristo lo revela en su gloria divina como Aquel que controla todas las fuerzas naturales del universo. Pero esto no solo revela su poder, sino también su misericordioso cuidado para con los que son suyos. Esta tormenta, como hacen todas las tormentas en la vida de los creyentes, sirvió para aumentar la fe de los discípulos en la disposición y habilidad del Señor para liberarlos de cualquier situación, por desesperada que parezca. Después de experimentar el compasivo cuidado de Dios por Pablo a lo largo de su prolongado y difícil ministerio, el apóstol pudo decir con confianza a medida que su vida se acercaba al final: "El Señor me librará de toda obra mala, y me preservará para su reino celestial. A él sea gloria por los siglos de los siglos. Amén" (2 Ti. 4:18).

El lunático que se convirtió en misionero

52

Y arribaron a la tierra de los gadarenos, que está en la ribera opuesta a Galilea. Al llegar él a tierra, vino a su encuentro un hombre de la ciudad, endemoniado desde hacía mucho tiempo; y no vestía ropa, ni moraba en casa, sino en los sepulcros. Este, al ver a Jesús, lanzó un gran grito, y postrándose a sus pies exclamó a gran voz: ¿Qué tienes conmigo, Jesús, Hijo del Dios Altísimo? Te ruego que no me atormentes. (Porque mandaba al espíritu inmundo que saliese del hombre, pues hacía mucho tiempo que se había apoderado de él; y le ataban con cadenas y grillos, pero rompiendo las cadenas, era impelido por el demonio a los desiertos.) Y le preguntó Jesús, diciendo: ¿Cómo te llamas? Y él dijo: Legión. Porque muchos demonios habían entrado en él. Y le rogaban que no los mandase ir al abismo. Había allí un hato de muchos cerdos que pacían en el monte; y le rogaron que los dejase entrar en ellos; y les dio permiso. Y los demonios, salidos del hombre, entraron en los cerdos; y el hato se precipitó por un despeñadero al lago, y se ahogó. Y los que apacentaban los cerdos, cuando vieron lo que había acontecido, huyeron, y yendo dieron aviso en la ciudad y por los campos. Y salieron a ver lo que había sucedido; y vinieron a Jesús, y hallaron al hombre de quien habían salido los demonios, sentado a los pies de Jesús, vestido, y en su cabal juicio; y tuvieron miedo. Y los que lo habían visto, les contaron cómo había sido salvado el endemoniado. Entonces toda la multitud de la región alrededor de los gadarenos le rogó que se marchase de ellos, pues tenían gran temor. Y Jesús, entrando en la barca, se volvió. Y el hombre de quien habían salido los demonios le rogaba que le dejase estar con él; pero Jesús le despidió, diciendo: Vuélvete a tu casa, y cuenta cuán grandes cosas ha hecho Dios contigo. Y él se fue, publicando por toda la ciudad cuán grandes cosas había hecho Jesús con él. (8:26-39)

Un dicho atribuido a G. K. Chesterton, cuyos escritos apologéticos fueron fundamentales en la conversión de C. S. Lewis al cristianismo, es que cuando las personas dejan de creer en Dios no creen en nada; creen en cualquier cosa. Después de rechazar al único Dios verdadero, las personas de hoy día se fascinan con realidades trascendentales y alternativas, ciencia ficción, leyendas de la mitología pagana, o seres ficticios con poderes sobrehumanos.

En un tono más siniestro, muchos están obsesionados con el ocultismo. Brujería, sesiones de médiums, tablas ouija, astrología, espiritismo, adivinación, quiromancia, videntes que supuestamente predicen el futuro, y hasta adoración abierta al diablo son cada vez más populares. El aumento de interés en realidades alternativas, en lo paranormal, y en el ocultismo coinciden con la disminución de la influencia del cristianismo bíblico en la cultura occidental, como observa Os Guinness:

> Los primeros cazadores en safari en África solían hacer arder sus hogueras con mucha intensidad en la noche para mantener alejados a los animales en el bosque. Pero cuando las hogueras ardían débilmente en las primeras horas de la madrugada, veían a su alrededor que se acercaban sombras con formas de animales y un círculo de ojos en medio de la oscuridad. Cuando la hoguera ardía con fuerza se mantenían lejos, pero cuando se debilitaba volvían a acercarse.
>
> A medida que presenciamos la erosión y degradación de la cultura cristiana en Occidente, también hemos visto el vacío llenado por un aumento significativo de ideas que habrían sido inimaginables cuando las hogueras de la cultura cristiana estaban avivadas (*The Dust of Death* [Downers Grove, Ill.: InterVarsity, 1973], p. 277).

Las personas son atraídas de manera inevitable al poder y el misterio que están más allá de su comprensión. Pero la humanidad caída, obligada por los demonios, nunca llegará a tener un entendimiento exacto del reino sobrenatural. Por sí solas no pueden salir del espacio-tiempo continuo y solo pueden fantasear al respecto, mientras que los demonios tan solo sumarán sus engaños infernales a esas fantasías. La Biblia es la única fuente de conocimiento exacto acerca del reino sobrenatural, y es absurdo e inútil buscar tal conocimiento en otra parte:

> *Y si os dijeren: Preguntad a los encantadores y a los adivinos, que susurran hablando, responded: ¿No consultará el pueblo a su Dios? ¿Consultará a los muertos por los vivos? ¡A la ley y al testimonio! Si no dijeren conforme a esto, es porque no les ha amanecido (Is. 8:19-20).*

La Biblia presenta perspectivas sobre el carácter, los propósitos y el plan de Dios. Revela su poder sobrenatural para crear, y su propósito de finalmente destruir el universo. Pero el acontecimiento principal en las Escrituras no es la creación de Dios ni la destrucción de todo, por estupendo que eso sea. El suceso central sobrenatural en la Biblia es la encarnación del Señor Jesucristo, Dios en carne humana, quien revela perfectamente a Dios ante el hombre (Jn. 1:18; 14:9; Col. 1:15; He. 1:3).

La venida de Cristo a la tierra para salvar "a su pueblo de sus pecados" (Mt. 1:21) y "para destruir las obras del diablo" (1 Jn. 3:8; cp. Gn. 3:15; Jn. 12:31; 16:11; Ro. 16:20; Col. 2:15; He. 2:14) desató una explosión frenética de actividad demoníaca diferente a todo lo que había venido antes. Sin embargo, cabe señalar que los demonios no estaban atacando a Jesús; era Él quien los estaba atacando. Solo hay un caso registrado de actividad demoníaca en el Antiguo Testamento (junto con algunas alusiones a demonios; p. ej., Lv. 17:7; Dt. 32:17; Sal. 106:37), Génesis 6:1-4, en que hombres endemoniados cohabitaban con mujeres (cp. 2 P. 2:4-5; Jud. 6). Fuera de los Evangelios y Hechos, no hay referencias de posesión demoníaca en el Nuevo Testamento. Solo durante el tiempo futuro de la gran tribulación la actividad demoníaca global y abierta excederá aquella de la época del ministerio terrenal de Cristo. La rareza de manifestación demoníaca evidente no significa que las fuerzas del infierno no estén siempre activas. Esos "espíritus engañadores" (1 Ti. 4:1) prefieren permanecer anónimos, obrando tras bastidores disfrazados de ángeles de luz (2 Co. 11:14-15). Sin embargo, tan grande era su terror en la presencia del Señor Jesucristo que no podían dejar de revelarse ellos mismos. Ya antes, en el relato de Lucas, Jesús entró a una sinagoga en Capernaúm donde había un hombre endemoniado. Sin poder controlar su miedo, el demonio exclamó de repente: "Déjanos; ¿qué tienes con nosotros, Jesús nazareno? ¿Has venido para destruirnos? Yo te conozco quién eres, el Santo de Dios" (Lc. 4:34). Pablo declaró que el Señor Jesús está "sobre todo principado y autoridad y poder y señorío [ángeles]" (Ef. 1:21).

Al ser Dios encarnado, Jesucristo mostró el poder para vencer a Satanás que solo Dios posee. A las autoridades religiosas judías, que de modo blasfemo trataron de justificar ese poder al afirmar que Él estaba aliado con el diablo, Jesús contestó:

> *Mas si por el dedo de Dios echo yo fuera los demonios, ciertamente el reino de Dios ha llegado a vosotros. Cuando el hombre fuerte armado guarda su palacio, en paz está lo que posee. Pero cuando viene otro más fuerte que él y le vence, le quita todas sus armas en que confiaba, y reparte el botín (Lc. 11:20-22).*

Como el Mesías e Hijo de Dios, Jesús derrotó a Satanás y liberó a su pueblo de la esclavitud al diablo (Ef. 2:1-3; Col. 1:13; 1 Jn. 5:19). El Señor demostró su poder sobre el malvado a lo largo de su ministerio terrenal. El incidente en este pasaje, presentado por cada uno de los tres escritores de los evangelios sinópticos, es el encuentro más dramático y extremo entre Jesús y las fuerzas del infierno registrado en los evangelios. Narra la milagrosa historia de la liberación de Cristo de un lunático plagado de demonios, que se convirtió en el misionero más improbable. A medida que el relato se desarrolla, tres fuerzas se revelan: poder destructivo de los demonios, poder liberador de Jesús, y poder mortal del pecado.

EL PODER DESTRUCTIVO DE LOS DEMONIOS

Y arribaron a la tierra de los gadarenos, que está en la ribera opuesta a Galilea. Al llegar él a tierra, vino a su encuentro un hombre de la ciudad, endemoniado desde hacía mucho tiempo; y no vestía ropa, ni moraba en casa, sino en los sepulcros. Este, al ver a Jesús, lanzó un gran grito, y postrándose a sus pies exclamó a gran voz: ¿Qué tienes conmigo, Jesús, Hijo del Dios Altísimo? Te ruego que no me atormentes... pues hacía mucho tiempo que se había apoderado de él; y le ataban con cadenas y grillos, pero rompiendo las cadenas, era impelido por el demonio a los desiertos. (8:26-28, 29*b*)

A esta asombrosa demostración del poder divino de Jesús le sigue inmediatamente otro milagro sorprendente. Cuando el Señor y los discípulos **arribaron** a la sección norte del Mar de Galilea surgió una tremenda tormenta. Como temían por sus vidas, los discípulos habían despertado a Jesús, quien al instante calmó el viento y las olas (véase la exposición de 8:22-25 en el capítulo anterior de esta obra). La poderosa tormenta sin duda alguna los había desviado de su trayectoria y, por tanto, es probable que amaneciera cuando llegaron a la playa. Lucas (junto con Mateo [8:28]) llama al sitio donde llegaron **la tierra de los gadarenos, que** estaba **en la ribera opuesta a Galilea** sobre la costa oriental, mientras que Marcos se refiere a ella como "la región de los gadarenos" (Mr. 5:1). Es evidente que Mateo y Lucas se refirieron a una pequeña aldea (Gerasa; la moderna Kersa) cerca de la costa del Mar de Galilea, mientras que Marcos se refirió a la ciudad más grande, Gadara, que le daba el nombre a la región (y tal vez había sido su capital).

Al llegar Jesús **a tierra** junto con los discípulos, **vino a su encuentro**, por sorpresa, **un hombre de la ciudad, endemoniado desde hacía mucho tiempo.** Mateo observó que fueron dos endemoniados (Mt. 8:28), mientras que Lucas y Marcos se enfocaron en aquel que Jesús liberó. Lo que ocurrió con el otro individuo no está registrado (aunque el uso del plural "los endemoniados" en Mt. 8:33 sugiere que él también fue liberado). El **hombre endemoniado** en el relato de Lucas era literalmente un lunático que exhibía síntomas extremos de comportamiento salvaje e incontrolable.

Como escribí en el capítulo 24 de este comentario sobre Lucas, la Biblia usa cuatro expresiones para describir una posesión demoníaca:

> Cuatro expresiones del Nuevo Testamento describen la posesión demoníaca. Primera, quince veces se dice que tales personas tienen

un demonio o espíritu inmundo (4:33; 7:33; [8:27]; 13:11; Mt. 11:18; Mr. 3:22; 30; 9:17; Jn. 7:20; 8:48, 49, 52; 10:20; Hch. 8:7; 16:16), lo que indica que a un individuo endemoniado lo habitaba, controlaba y atormentaba el demonio. Las expresiones repetidas "habían entrado en él" ([8:]30), "echó fuera" (Mt. 8:16; 9:33; 12:24, 28; Mr. 1:34), "salieron" (Mt. 8:32), "sal" (Mr. 5:8), y "saliendo" (Mr. 5:13) también indican que los demonios moran en sus víctimas. La posesión demoníaca es un fenómeno sobrenatural, inexplicable en términos psicológicos o físicos (aunque pueden haber síntomas físicos relacionados; cp. [8:]27; Mt. 9:32; 12:22; 17:14-15; Mr. 1:26; 5:5; [Lc.] 9:42). Cabe anotar también que en ninguna ocasión en que Jesús liberara de posesión demoníaca a alguien hubo una referencia al perdón de pecados. Ni todos los liberados se arrepentían y creían. Los individuos endemoniados a quienes Jesús liberó no necesariamente eran más malvados que otros pecadores. El énfasis está en el poder de Jesús sobre los demonios, no en los individuos que eran liberados. Pero después que Jesús y los apóstoles pasaron de la escena, la única manera de ser liberado de los demonios es por medio de la fe salvadora en el Señor Jesucristo.

La segunda expresión se traduce del verbo *daimonizomai*, que aparece trece veces en el Nuevo Testamento ([8:]36; Mt. 4:24; 8:16, 28, 33; 9:32; 12:22; 15:22; Mr. 1:32; 5:15, 16, 18; Jn. 10:21), y se traduce "endemoniado" o "demonio". Al igual que la primera expresión, se refiere a alguien habitado y controlado por uno o varios demonios hasta el punto de que no puede resistir con éxito a la influencia general que los demonios tienen en promover falsa doctrina (1 Ti. 4:1), falsa adoración (1 Co. 10:20-21), inmoralidad (1 Ti. 4:1-3), y actitudes de celos, divisiones y orgullo (Stg. 3:13-16).

Tercera expresión: la Biblia habla de aquellos con espíritu "inmundo" (Mr. 1:23; 5:2) o que tenían uno (Mr. 7:25). Tales frases también indican que los demonios moran en sus víctimas.

Por último, Hechos 5:16 habla de aquellos "atormentados de espíritus inmundos", destacando el tormento que los endemoniados sufren.

Todas esas expresiones dejan claro, y el actual pasaje lo demuestra, que en la posesión demoníaca participan demonios que moran en sus víctimas y toman el control de sus mentes, cuerpos y voces. No se sabe cómo el hombre de esta historia se volvió endemoniado, pero todos los incrédulos son parte del reino de las tinieblas de Satanás y, por tanto, vulnerables. Lucas observa que el individuo estaba endemoniado **desde hacía mucho tiempo.** Puesto que este hombre era gentil, quizás su religión idolátrica proveyó el punto de entrada para que los demonios ingresaran en él.

Después de tomar el control del individuo, los demonios lo obligaron a comportarse de una manera extraña. En primer lugar, **no vestía ropa.** A la vergüenza se le ha asociado con la desnudez desde la caída (Gn. 3:7; cp. Ap. 3:18; 16:15). Desnudez también se usa en el Antiguo Testamento como una metáfora para pecado sexual (Lv. 18:6-19; 20:11, 17-21). Pero no solamente que la desnudez era un comportamiento aberrante, sino que también era un tormento físico para el hombre, quien estaba expuesto a los extremos del clima y a otros peligros. Además de la macabra naturaleza de su existencia, él no **moraba en casa, sino en los sepulcros.** El sujeto estaba tan completamente bajo el dominio de los demonios que se hallaba más a gusto entre los muertos que entre los vivos. Él también era un peligro para sí mismo. Marcos 5:5 revela que constantemente se hería con piedras afiladas.

Tal violencia del endemoniado también estaba dirigida hacia otros (Mt. 8:28) de forma continuada, según indica la nota de Lucas entre paréntesis en cuanto a que el demonio **hacía mucho tiempo que se había apoderado de él.** Se había vuelto una amenaza tal que las personas que vivían cerca habían hecho todo lo posible por frenarlo a él y a su compañero; incluso **le ataban con cadenas y grillos.** Sin embargo, a pesar de sus mejores esfuerzos, una y otra vez la fuerza maniática y endemoniada de este individuo hacía que rompiera **las cadenas,** y **era impelido por el demonio a** ir a **los desiertos.** El resultado final fue que "nadie podía atarle, ni aun con cadenas... y nadie le podía dominar" (Mr. 5:3-4). El hombre y su compañero eran un peligro constante para esa región.

En esta mañana particular, los dos endemoniados divisaron algunas víctimas potenciales que llegaban a la costa. Como solían hacer, bajaron corriendo la colina hacia ellos gritando y aullando como enloquecidos. Pero aunque los dos hombres no reconocieron al Señor, los demonios que habitaban en ellos sí lo hicieron. **Al ver a Jesús,** el demonio vocero **lanzó un gran grito** usando la voz del hombre; este lleno de pánico, y expresando el temor de los demonios, de repente se postró **a** los **pies** de Cristo en una postura de sumisión. A la última persona que los demonios querían enfrentar era al Señor, quien es soberano sobre ellos y ya les había determinado su destino eterno.

Consciente de que estaba en la presencia de su juez divino, el demonio **exclamó a gran voz: ¿Qué tienes conmigo, Jesús, Hijo del Dios Altísimo?** (cp. 4:34). Puede parecer extraño que los demonios den testimonio afirmando la verdadera identidad de Jesús. Pero ellos, a diferencia de sus víctimas humanas, son muy conscientes de quién es Él realmente: el Hijo de Dios, el Señor del cielo y la tierra en forma humana. Incluso Satanás, el líder de los demonios, fue obligado a reconocer que Jesús es la segunda persona de la Trinidad (Lc. 4:3).

De forma específica, este demonio expresó su temor de que Jesús fuera a juzgarlo antes del tiempo señalado (cp. Mt. 8:29). Los demonios entienden la escatología bíblica, y saben que su juicio final no se lleva a cabo en la primera venida de Cristo. Por consiguiente, este demonio le suplicó: **Te ruego que no me atormentes** antes del tiempo señalado. Los demonios conocen su destino final: castigo eterno en el lago de fuego (Mt. 25:41; Ap. 20:10). Son conscientes de que tanto su libertad como su poder se encuentran restringidos. En presencia de su verdugo, el demonio solo podía alegar que el tiempo señalado para el castigo de él y de sus compañeros demonios aún no había llegado.

PODER LIBERADOR DE JESÚS

Porque mandaba al espíritu inmundo que saliese del hombre... Y le preguntó Jesús, diciendo: ¿Cómo te llamas? Y él dijo: Legión. Porque muchos demonios habían entrado en él. Y le rogaban que no los mandase ir al abismo. Había allí un hato de muchos cerdos que pacían en el monte; y le rogaron que los dejase entrar en ellos; y les dio permiso. Y los demonios, salidos del hombre, entraron en los cerdos; y el hato se precipitó por un despeñadero al lago, y se ahogó. Y los que apacentaban los cerdos, cuando vieron lo que había acontecido, huyeron, y yendo dieron aviso en la ciudad y por los campos. Y salieron a ver lo que había sucedido; y vinieron a Jesús, y hallaron al hombre de quien habían salido los demonios, sentado a los pies de Jesús, vestido, y en su cabal juicio; y tuvieron miedo. (8:29*a*, 30-35)

En un informe típicamente subestimado del asombroso milagro de Jesús sobre las fuerzas del infierno, Lucas informa que el Señor **mandaba al espíritu inmundo que saliese del hombre.** Jesús dirigió su orden al **espíritu inmundo** que actuaba como el vocero para todos los demonios. El hecho de que Jesús tuviera el poder para ordenar a los demonios que salieran de este hombre representa una marca de su deidad, de que solo Dios es más poderoso que los ángeles. Estos son superiores a los humanos en inteligencia, poder (2 P. 2:11), influencia (Dn. 10:13, 20) y experiencia ya que son eternos y han vivido a lo largo de toda la historia humana, y también en naturaleza ya que son espíritus que viven fuera del reino de lo físico.

Dirigiéndose al hombre, aunque sabía que el demonio era quien iría a contestar, **le preguntó Jesús, diciendo: ¿Cómo te llamas?** No se da ningún nombre para el individuo, y en vez de eso el vocero de los demonios, que tenía control sobre la voz del hombre, **dijo: Legión.** Esa fue una designación apropiada, **porque muchos demonios habían entrado en él. Legión** no es un nombre propio, sino un término que se refiere a una unidad de soldados romanos, que pudo haber tenido hasta seis mil hombres. Esta pobre, ignorante y atormentada alma estaba habitada literalmente por miles de demonios; puesto que había dos mil cerdos en el hato, pudo haber sucedido que muchos demonios moraran en el hombre y su compañero.

Los demonios llenos de pánico **le rogaban** a Jesús **que no los mandase ir al abismo.** El *abussos* (**abismo**), pozo del abismo (Ap. 9:1-2) es un lugar donde unos demonios están actualmente encarcelados. Algunos de esos espíritus encarcelados serán liberados por un breve tiempo durante la tribulación (Ap. 9:1-11); otros, al parecer los que moraban en los hombres y que entonces cohabitaron con mujeres antes del diluvio (Gn. 6:1-4; cp. Jud. 6), están permanentemente atados (2 P. 2:4). Estarán en el abismo hasta que sean lanzados al lago de fuego. Los demonios de esta historia estaban aterrados, pues sabían que Jesús tenía la autoridad para encarcelarlos en el **abismo** a fin de que esperaran allí su sentencia definitiva en el infierno eterno. En desesperación, propusieron un destino alterno: **un hato de muchos cerdos que pacían en el monte.** La extraña petición refleja el deseo de los demonios de seguir operando su plan corruptor en el mundo físico (cp. Mt. 12:43-45), incluso, de ser necesario, en animales.

Entonces los demonios **le rogaron** a Jesús **que los dejase entrar en** los cerdos, y Él **les dio permiso.** He aquí más confirmación del poder divino de Jesús sobre los demonios; ellos no podían hacer nada que Él no les permitiera hacer. En una escena espectacular, **los demonios, salidos del hombre, entraron en los cerdos; y el hato,** actuando con el mismo frenesí maníaco y autodestructivo que había caracterizado al hombre endemoniado, **se precipitó por un despeñadero al lago, y se ahogó.** Este impactante acontecimiento brindó prueba vívida e inequívoca de que los demonios habían salido del hombre. También demostró la autoridad absoluta de Jesús sobre ellos, ya que no tuvieron más alternativa que hacer lo que Él les permitió. La destrucción que los demonios hicieron en los cerdos también mostró la propensión que los demonios malignos tienen de matar y destruir.

Después que se recuperaron de la conmoción, **los que apacentaban los cerdos, cuando vieron lo que había acontecido, huyeron, y yendo dieron aviso en la ciudad y por los campos.** En respuesta al nervioso informe de los cuidadores, los habitantes de la región **salieron a ver lo que había sucedido.** Mateo indica que toda la ciudad salió (Mt. 8:34) a investigar. Después de oír el relato de los testigos de los vigilantes, **vinieron a** buscar a **Jesús.**

Algunos han argumentado que las personas estaban enojadas por la pérdida de los cerdos, y vinieron a Jesús para hacerlo responsable de las muertes y de la pérdida económica. Sin embargo, a los propietarios de los cerdos no se les menciona nunca en los relatos de los evangelios, ni los cerdos son el problema. El enfoque está en la transformación sensacional del hombre que antes estaba endemoniado, y por encima de todo en Jesús, quien lo transformó. Cuando los lugareños arribaron, **hallaron al hombre de quien habían salido los demonios, sentado a los pies de Jesús, vestido, y en su cabal juicio.** El cambio radical fue completo, innegable e inexplicable desde una perspectiva humana. El hombre estaba vestido, no desnudo; sentado a los pies de Jesús, no vagando sin rumbo;

lejos de las tumbas, el reino de los muertos, y en la presencia del Señor de la vida; callado, no chillando; tranquilo y en paz, no fuera de control y mortífero; consolado, no atormentado; en resumen, manifestando la sanidad dada por Dios, no la demencia inspirada por los demonios. Esta es una magnífica imagen de la transformación que la salvación obra. Sin duda Jesús le explicó el evangelio, diciéndole que había venido a salvar a los pecadores perdidos (Lc. 19:10), y entonces el hombre se arrepintió y fue perdonado.

Se pudo haber esperado que las personas se regocijaran con el hombre por su liberación, o al menos que se aliviaran porque él ya no representaba ninguna amenaza, pero, en vez de eso, **tuvieron miedo. Miedo** se traduce de una forma de la palabra griega *phobeō*, que se refiere a extremo temor o terror (el pronombre relacionado *phobos* es la raíz de la palabra castellana "fobia"). Ellos se dieron cuenta de que eran pecadores en la presencia del Dios santo (cp. Lc. 8:25).

EL PODER MORTAL DEL PECADO

Y los que lo habían visto, les contaron cómo había sido salvado el endemoniado. Entonces toda la multitud de la región alrededor de los gadarenos le rogó que se marchase de ellos, pues tenían gran temor. Y Jesús, entrando en la barca, se volvió. Y el hombre de quien habían salido los demonios le rogaba que le dejase estar con él; pero Jesús le despidió, diciendo: Vuélvete a tu casa, y cuenta cuán grandes cosas ha hecho Dios contigo. Y él se fue, publicando por toda la ciudad cuán grandes cosas había hecho Jesús con él. (8:36-39)

En marcado contraste con el maniático liberado, la respuesta de las personas sanas trágicamente ilustra el poder del pecado sobre los perdidos. Este los ciega a la verdad y les hace odiarla y rechazar toda evidencia de ella. De manera obstinada se aferran a su falsa ilusión de bienestar porque el amor a la iniquidad las domina. Jesús había realizado un innegable milagro que claramente manifestaba su absoluto poder sobre el reino sobrenatural y que liberaba a las personas de las fuerzas del infierno.

Los que apacentaban, como se indicó anteriormente, es decir los **que habían visto** a Jesús echar fuera los demonios del hombre y enviarlos a los cerdos, **les contaron** a los lugareños **cómo había sido salvado** (o liberado) **el endemoniado.** Oyeron la historia completa con todos sus detalles. Algunos sostienen que los pecadores se convencerán si ven un milagro suficientemente poderoso, pero aquí está la prueba de que ese no necesariamente es el caso. Ante estos individuos estaba la prueba innegable del poder salvador del Señor Jesucristo. Es difícil imaginar una prueba más dramática y convincente que el hecho de que Él expulsara miles de demonios de los dos lunáticos. Pero tan poderoso era el dominio del pecado en quienes oyeron el relato que, en vez de creer en

Jesús **toda la multitud de la región alrededor de los gadarenos le rogó que se marchase de ellos.** Los corazones de estos individuos eran como la tierra compactada junto al camino en la parábola del sembrador (cp. cap. 49 de esta obra), en la cual la semilla del evangelio no puede penetrar.

Lucas reitera que las personas quisieron que Jesús se fuera porque **tenían gran temor.** Al saber que estaban en la presencia de Dios, amando su pecado (Jn. 3:19) y estando cegados por Satanás (2 Co. 4:4), solo querían deshacerse de Aquel cuya presencia los intimidaba y aterrorizaba. No hubo una palabra de agradecimiento por liberarlos del peligro que el hombre había representado; asombrosamente vieron a Jesús como una amenaza aun mayor para el estilo de vida pecaminoso que tenían. Por tanto, prefirieron a un endemoniado antes que al Hijo de Dios; prefirieron estar aterrados por Satanás, en lugar de ofrecer reverencia a Dios; prefirieron soportar la presencia del peligro demoníaco, que la presencia de la liberación divina; prefirieron a los impíos antes que al Santo; prefirieron un habitante de las tumbas, que al Señor de vida. David Gooding escribe:

> Qué triste comentario sobre el estado caído y no regenerado de la humanidad es este: que el ser humano se sienta más a gusto con demonios que con el Cristo que tiene el poder para echar fuera demonios.
>
> Sin embargo, a menudo esto es lo que ocurre. Los hombres que tratarían de ayudar a un delincuente o a un borracho, o si estos resultaran incorregibles querrían a uno de ellos encarcelado y al otro internado en un hospital, encuentran vergonzoso y de algún modo aterrador que el delincuente sea salvado por Cristo y convertido en un discípulo sano, íntegro y regenerado (*According to Luke* [Grand Rapids: Eerdmans, 1987], p. 146).

En un trágico reflejo de la oportunidad que esas personas perdieron, **Jesús, entrando en la barca, se volvió** a Capernaúm. No hay registro de que alguna vez hubiera vuelto a esa región.

Pero, gracias a Dios, la historia no termina allí. **El hombre de quien habían salido los demonios le rogaba que le dejase estar con él.** La disposición del individuo de abandonar todo y seguir a Cristo muestra que también había sido liberado de su pecado, así como de los demonios. Jesús era su Señor, Salvador y liberador, y es natural que el sujeto quisiera ir con Cristo y aprender de Él. Pero Jesús tenía un plan diferente y **le despidió, diciendo: Vuélvete a tu casa, y cuenta cuán grandes cosas ha hecho Dios contigo.** Puesto que sabía lo suficiente para ser salvo, el ex endemoniado conocía lo suficiente para ser un misionero. La prioridad para él no era más capacitación, ya que fue el único testigo del evangelio en esa región. He aquí un ejemplo de la gracia de Dios frente al rechazo del ser humano. Aunque estos lugareños habían rechazado a Jesús, Él no los había rechazado por completo. En obediencia a la orden del Señor, el hombre **se fue, publicando por toda la ciudad cuán grandes cosas había hecho Jesús con él.** El Señor le había ordenado que contara a los demás lo que Dios había hecho, y él les dijo lo que Jesús había hecho, ya que Jesús es Dios. Como resultado de su testimonio acerca del poder de Jesús, todos los que lo oyeron se maravillaban (Mr. 5:20).

Esta extraordinaria historia enseña varias verdades importantes. Ante todo, revela la absoluta autoridad de Cristo sobre el reino demoníaco. También ilustra la verdad de que las buenas nuevas del evangelio son tanto para gentiles como para judíos (cp. Mt. 12:18, 21). El pasaje también demuestra que Dios se acerca compasivamente a quienes lo rechazan. Finalmente, la historia del lunático que se convirtió en misionero ilustra que es responsabilidad de todos los cristianos hablar a otros de cómo Jesús los ha liberado del poder del pecado (Mt. 28:19-20).

Poder compasivo de Jesús 53

Cuando volvió Jesús, le recibió la multitud con gozo; porque todos le esperaban. Entonces vino un varón llamado Jairo, que era principal de la sinagoga, y postrándose a los pies de Jesús, le rogaba que entrase en su casa; porque tenía una hija única, como de doce años, que se estaba muriendo. Y mientras iba, la multitud le oprimía. Pero una mujer que padecía de flujo de sangre desde hacía doce años, y que había gastado en médicos todo cuanto tenía, y por ninguno había podido ser curada, se le acercó por detrás y tocó el borde de su manto; y al instante se detuvo el flujo de su sangre. Entonces Jesús dijo: ¿Quién es el que me ha tocado? Y negando todos, dijo Pedro y los que con él estaban: Maestro, la multitud te aprieta y oprime, y dices: ¿Quién es el que me ha tocado? Pero Jesús dijo: Alguien me ha tocado; porque yo he conocido que ha salido poder de mí. Entonces, cuando la mujer vio que no había quedado oculta, vino temblando, y postrándose a sus pies, le declaró delante de todo el pueblo por qué causa le había tocado, y cómo al instante había sido sanada. Y él le dijo: Hija, tu fe te ha salvado; ve en paz. Estaba hablando aún, cuando vino uno de casa del principal de la sinagoga a decirle: Tu hija ha muerto; no molestes más al Maestro. Oyéndolo Jesús, le respondió: No temas; cree solamente, y será salva. Entrando en la casa, no dejó entrar a nadie consigo, sino a Pedro, a Jacobo, a Juan, y al padre y a la madre de la niña. Y lloraban todos y hacían lamentación por ella. Pero él dijo: No lloréis; no está muerta, sino que duerme. Y se burlaban de él, sabiendo que estaba muerta. Mas él, tomándola de la mano, clamó diciendo: Muchacha, levántate. Entonces su espíritu volvió, e inmediatamente se levantó; y él mandó que se le diese de comer. Y sus padres estaban atónitos; pero Jesús les mandó que a nadie dijesen lo que había sucedido. (8:40-56)

Desde la caída del ser humano, la vida en la tierra maldita ha estado sometida a enfermedad, desastre y muerte. Tragedias, tristeza, miseria y sufrimiento están entrelazados en la existencia humana. La muerte es una experiencia universal, y lo único que la sofisticada tecnología médica moderna puede hacer es posponer lo inevitable. Debido a la capacidad del hombre dada por Dios para amar y relacionarse, la enfermedad y la muerte también producen intenso dolor y tristeza.

Jesús comprendía el sufrimiento asociado con la enfermedad y la muerte. Él fue, como Isaías predijo, "varón de dolores, experimentado en quebranto" (Is. 53:3). Mientras observaba la profusión de tristeza y dolor por la muerte de Lázaro, Jesús "se estremeció en espíritu y se conmovió" (Jn. 11:33; cp. v. 38) y "lloró" (v. 35). Desde luego, el Señor sabía que estaba a punto de resucitar de los muertos a Lázaro. Sin embargo, le afligió la universalmente devastadora influencia del pecado en un mundo caído.

No obstante, a pesar de los efectos dañinos del pecado, aún hay esperanza. Vendría Uno que tiene el poder para revertir la maldición; para sanar todas las enfermedades y restaurar el paraíso. Él es Aquel prometido por los profetas del Antiguo Testamento: el Mesías, Salvador y Rey. Él establecerá el reino milenial, un mundo parecido al Edén donde la esperanza de larga vida será lo normal (Is. 65:20). Después del reino milenial, los actuales cielos y tierra serán destruidos (2 P. 3:10), y el Señor creará un nuevo cielo y una nueva tierra en que la enfermedad, la muerte, la tristeza y el sufrimiento serán desterrados para siempre (Ap. 21:1-5; cp. Is. 65:17; 66:22).

El Nuevo Testamento clarifica por completo que solo una persona puede lograr esas cosas: el Señor Jesucristo. Todos los demás que pretendan poder hacerlas son charlatanes, impostores y farsantes (cp. Jn. 10:7-8). El Nuevo Testamento se escribió para establecer que Jesucristo es el Mesías, Señor, y Salvador; la segunda persona de la Trinidad encarnada. Solo Él nació de una virgen, vivió sin pecado, resucitó de los muertos, y demostró poder absoluto sobre el reino natural y el reino espiritual.

Esta sección del Evangelio de Lucas presenta dos ejemplos más del poder sobrenatural de Jesús sobre la enfermedad y la muerte. Se trata de la historia de un milagro: la resurrección de la hija del dirigente de un sinagoga; e intercalado hay otro milagro: la sanidad de una mujer con un flujo de sangre. El relato provee información sobre el aspecto personal del ministerio de Jesús; lo que Él estaba sintiendo. Esto nos hace profundizar hasta dónde la mente humana puede ir dentro de la naturaleza del Dios-Hombre, revelando que el Señor Jesucristo no solo tenía el poder de curar, sino también el deseo misericordioso de hacerlo. A medida que se desarrolla la historia se hacen evidentes ocho aspectos del ministerio de Cristo: la accesibilidad, la disponibilidad, el carácter interrumpible, el carácter inagotable, la fidelidad, la perspectiva, el poder y la prioridad de Jesús.

ACCESIBILIDAD DE JESÚS

Cuando volvió Jesús, le recibió la multitud con gozo; porque todos le esperaban. Entonces vino un varón llamado Jairo, que era principal de la sinagoga, y postrándose a los pies de Jesús, le rogaba que entrase en su casa; porque tenía una hija única, como de doce años, que se estaba muriendo. (8:40-42*a*)

En el inicio de la historia, **Jesús volvió** de la región de Gadara, en la costa este del Mar de Galilea. El Señor había ido allí en busca de alivio de las siempre presentes multitudes que lo seguían adondequiera que iba. En el viaje a Gadara, Jesús y los discípulos habían quedado atrapados en una fuerte tormenta que Él milagrosamente calmó (véase la exposición de 8:22-25 en el cap. 51 de esta obra). Después de su llegada, Jesús enfrentó a dos locos endemoniados y echó fuera de ellos a los demonios que entraron a un hato de cerdos (véase la exposición de 8:26-39 en el capítulo anterior de esta obra). Los aterrados habitantes de la región suplicaron entonces al Señor que se fuera, y Él subió a una barca y volvió a atravesar el Mar de Galilea hacia la conocida ciudad de Capernaúm (8:37).

A su llegada, Jesús inmediatamente se vio cercado por una gran multitud (Mr. 5:21) que, a diferencia de los habitantes de Gadara, lo **recibió con gozo; porque todos le esperaban.** Muchos en la **multitud** eran lisiados, ciegos, sordos y plagados por otras enfermedades más. Habían estado esperando ansiosamente el regreso del Señor, con la esperanza de recibir sanidad. Jesús era un héroe para los ya curados, y para algunos era la máxima celebridad. Estaban cautivados por las milagrosas señales que Él realizaba y, además, esperaban que el Señor usara su poder para liberarlos del yugo de la ocupación romana.

A diferencia de la mayoría de dirigentes religiosos de Israel, que evitaban a la gente para que no los contaminaran, Jesús se recluía solo de vez en cuando para descansar, impartir mayor comprensión e instrucción a sus discípulos, o pasar tiempo a solas en comunión con el Padre. Aparte de estas ocasiones, todo su ministerio lo pasaba en público, mezclándose a diario con las personas en calles de ciudades y aldeas, en campos, junto a la costa del Mar de Galilea, y en cualquier otro lugar donde las multitudes se reunían. Al resumirle su ministerio al sumo sacerdote Anás, Jesús declaró: "Yo públicamente he hablado al mundo; siempre he enseñado en la sinagoga [cp. Mt. 4:23; 9:35] y en el templo [cp. Jn. 7:14, 28], donde se reúnen todos los judíos, y nada he hablado en oculto" (Jn. 18:20). Eso era coherente con su propósito al venir al mundo: predicar el mensaje de arrepentimiento y perdón del evangelio (cp. Mr. 1:38).

A pesar del ansioso recibimiento ofrecido a Jesús, la multitud era inconstante. Algunos, fácilmente guiados por los odiosos líderes religiosos, al final pedirían a gritos su sangre y vociferarían "¡Crucifícale, crucifícale!... Su sangre sea sobre nosotros, y sobre nuestros hijos" (Lc. 23:21; Mt. 27:25). Otros que solo buscaban señales (Lc. 11:29) pronto se desilusionarían de Jesús y lo abandonarían (Jn. 6:66). Solamente unos pocos eran fieles y verdaderos seguidores de Él (Mt. 7:14; 22:14; Lc. 13:23-24).

Entre quienes esperaban con ansiedad el regreso de Jesús y que Él reanudara su ministerio de sanidad, había dos personajes muy opuestos. Uno era un hombre, la otra era una mujer. Uno era rico, la otra pobre. Uno era un líder respetado de la sociedad, la otra una marginada rechazada. Pero cada uno tenía una desesperada necesidad que solo Jesús podía suplir.

Lucas presenta primero a **un varón llamado Jairo, que era principal de la sinagoga.** El texto griego incluye la palabra *idou* ("ver", "observar", "mirar"), que indica que la aparición de este hombre fue algo inesperado o sorprendente. Como **principal de la sinagoga,** él era un líder respetado, versado en el Antiguo Testamento y dedicado a la religión del judaísmo. Era uno de los responsables de supervisar todas las actividades de la sinagoga, el centro de atención de la vida religiosa judía en su ciudad. Jairo era un personaje destacado en el sistema religioso de Capernaúm, que a su vez estaba relacionado con el judaísmo nacional. El principal de la sinagoga estaba primordialmente en manos de los fariseos y escribas, quienes eran hostiles a Jesús e intentaban destruirlo. Que un representante local de los mismísimos líderes que lo odiaban se postrara **a los pies de Jesús,** y le rogara **que entrase en su casa** era un acontecimiento increíble.

Sin embargo, Jairo no vino como representante de la élite religiosa, sino como un padre desconsolado cuya **hija única** [cp. 7:12; 9:38], **como de doce años... se estaba muriendo** (literalmente agonizando [Mr. 5:23]). Al hombre ya no le preocupaba lo que pudieran pensar de él sus compañeros dirigentes en la sinagoga, o los escribas y fariseos. Lo único que le importaba era conseguir a Jesús y llevarlo hasta donde estaba su hija antes de que fuera demasiado tarde.

Jesús había realizado muchos milagros en Capernaúm (cp. 4:38-40) uno de los cuales, expulsar un demonio de un hombre en la sinagoga (4:33-35), quizás había sido presenciado por Jairo como principal de la sinagoga. El rumor de que el Señor había resucitado de los muertos a un joven en Naín (7:11-15), a solo treinta kilómetros de distancia, sin duda había llegado a Capernaúm y había hecho a Jairo consciente del poder de Cristo. Tal información lo llevó a creer que Jesús podía sanarle la hija. Quizás, a diferencia del joven rico (18:18-23), Jairo vino a Jesús humillado por la realidad de su propia indignidad, mientras que, de manera desesperada, buscaba ayuda para su hija. Debió haberse sentido aliviado y agradecido de hallar a Jesús que, como siempre, estaba accesible.

DISPONIBILIDAD DE JESÚS

Y mientras iba, (8:42*b*)

Jesús no solo era accesible para la multitud, sino que también estaba disponible para los individuos. Tras oír la desesperada súplica, Jesús fue con el hombre. A pesar de las implacables exigencias de la multitud que constantemente lo rodeaba, el Señor pasaba tiempo con individuos. Los evangelios están llenos de historias de hombres, mujeres y hasta niños (Mt. 19:13-14) a quienes Jesús les prestó atención personal. Mientras el Creador caminaba con las personas sentía el dolor que padecían y tenía compasión de ellas; Él era un consolador y portador de cargas. Jesús manifestó: "Venid a mí todos los que estáis trabajados y cargados, y yo os haré descansar. Llevad mi yugo sobre vosotros, y aprended de mí, que soy manso y humilde de corazón; y hallaréis descanso para vuestras almas; porque mi yugo es fácil, y ligera mi carga" (Mt. 11:28-30). Isaías profetizó acerca de Jesús: "Como pastor apacentará su rebaño; en su brazo llevará los corderos, y en su seno los llevará; pastoreará suavemente a las recién paridas... No quebrará la caña cascada, ni apagará el pábilo que humeare" (Is. 40:11; 42:3).

De todos los impresionantes milagros que pudo haber hecho para probar que era Dios, Jesús eligió hacer los que aliviaban el sufrimiento de las personas. En lugar de volar desde el pináculo del templo, rescató a sus aterrados discípulos de una tormenta que les amenazaba la vida. En vez de crear al instante una vaca o un caballo, creó alimento para miles de personas hambrientas. En lugar de levantar una montaña y lanzarla al mar, sanó a los enfermos y resucitó a los muertos. La elección de milagros que Jesús hizo reveló no solo su deidad sino también su misericordia divina (Mt. 9:36; 14:14; Mr. 1:41; 8:2; Lc. 7:13).

El corazón de Jairo estaba destrozado. Ahora no le preocupaba nada de lo que hubiera pensado acerca de Jesús, ni lo que los líderes religiosos pudieran pensar de él por ir a buscar a Cristo. Su desesperada necesidad lo condujo hacia el compasivo y disponible Salvador. Jesús respondió a la débil fe y al dolor natural del hombre con una poderosa demostración tanto de su poder como de su compasión.

CARÁCTER INTERRUMPIBLE DE JESÚS

la multitud le oprimía. Pero una mujer que padecía de flujo de sangre desde hacía doce años, y que había gastado en médicos todo cuanto tenía, y por ninguno había podido ser curada, se le acercó por detrás y tocó el borde de su manto; y al instante se detuvo el flujo de su sangre. (8:42*c*-44)

Mientras se esforzaba por ir con Jairo, el Señor encontró obstaculizado su camino por **la multitud** que **le oprimía.** La espesa masa de cuerpos estaba inmóvil, y todos querían desesperadamente captar la atención de Jesús. La ansiedad y la frustración de Jairo por el retraso en llevarlo a su casa debieron haber sido intensas. Todo momento que pasaba acercaba más a la muerte a su amada hija. De pronto, ante la angustia de Jairo, el lento avance del Señor a través de la multitud fue detenido totalmente por una persona que estaba igual de desesperada. **Una mujer que padecía de flujo de sangre desde hacía doce años, y que había gastado en médicos todo cuanto tenía, y por ninguno había podido ser curada, se le acercó por detrás y tocó el borde de su manto.** El retraso que la mujer causó podría ser fatal, y para la hija de Jairo demostró serlo.

Jesús estaba acostumbrado a que lo interrumpieran. Una vez, mientras predicaba un sermón, unos hombres rompieron el techo por encima de Él y bajaron a un paralítico en una camilla (Lc. 5:17-19). En otra ocasión fue interrumpido cuando "le dijo uno de la multitud: Maestro, di a mi hermano que parta conmigo la herencia" (Lc. 12:13). A pesar de las abrumadoras exigencias, Jesús nunca fue indiferente a los individuos que lo necesitaban.

Esta mujer había vivido con un grave problema médico: un **flujo de sangre,** que la acongojaba **desde hacía doce años,** el mismo tiempo que la hija de Jairo había vivido. Mientras él y su familia disfrutaban viendo crecer a su hija, esperando con interés el futuro de la chica como esposa y madre, esta otra mujer había soportado doce años de aflicción y sufrimiento. Su condición le produjo varias consecuencias físicas: sangrado continuo, fatiga y falta de fuerzas por la pérdida de sangre, temor de que la condición al final fuera fatal, y tal vez dolor constante. Pero las secuelas sociales eran incluso más graves. Según Levítico 15:19-27, una mujer con un problema de sangrado como el de ella la hacía ceremonialmente impura mientras la condición persistiera. Eso significaba que la mujer no podía ir al templo ni asistir a la sinagoga. Nadie en su familia podía tocarla, y todo lo que ella o su familia tocaran quedaba ceremonialmente impuro. La mujer era una marginada, tanto en la sociedad como en su propia familia.

Su situación era desesperada, ya que, como ocurría con muchos en ese tiempo, **había gastado en médicos todo cuanto tenía, y por ninguno había podido ser curada.** La sanidad de la mujer estaba más allá del limitado conocimiento médico de esa época. Todos sus desesperados intentos de hallar alivio solo le habían acrecentado el sufrimiento; ella, como Marcos registra, "había sufrido mucho de muchos médicos, y gastado todo lo que tenía, y nada había aprovechado, antes le iba peor" (Mr. 5:26). Los antiguos e inútiles tratamientos prescritos para mujeres en su condición eran extraños:

> Un remedio consistía en beber una copa de vino que contenía un polvo compuesto de goma, alumbre y azafrán de jardín. Otro tratamiento consistía en una dosis de cebollas persas cocinadas en vino y administrada con las exclamaciones: "¡Levántate de tu flujo de sangre!". Otros médicos prescribían choques repentinos, o llevar cenizas de un huevo de avestruz en cierta ropa (William L. Lane, *Commentary on the Gospel of Mark,* The New International Commentary on the New Testament [Grand Rapids: Eerdmans, 1975], 192, n.º 46).

Sin dinero y sin esperanza, alejada de familiares y amigos, la mujer desesperada y ansiosamente se abrió paso a través de la multitud para llegar a Jesús. Avergonzada y humillada por su perpetua condición de inmunda, y tratando de evitar la divulgación, la vergüenza y el resentimiento de las personas, **se le acercó por detrás** a Jesús **y tocó el borde de su manto.** En el Antiguo Testamento, la ley de Dios ordenaba a los judíos: "Te harás flecos en las cuatro puntas de tu manto con que te cubras" (Dt. 22:12). Esos flecos en **el borde** de sus túnicas les servían como recordatorio de su obligación de obedecer los mandamientos de Dios (Nm. 15:37-41). El verbo griego traducido **tocó** sugiere que la mujer no solamente palpó uno de los flecos del Señor, sino que agarró uno y lo apretó (el mismo verbo se traduce "toques" en Jn. 20:17). Mateo relata que la mujer "decía dentro de sí: Si tocare solamente su manto, seré salva" (Mt. 9:21). Después de doce años de sufrimiento, Jesús era su única esperanza, por lo que de modo literal y figurado, se aferró con desesperación a Él.

Jesús honró la fe de la mujer y, cuando le asió el fleco del manto, **al instante se detuvo el flujo de su sangre.** Jesús a menudo sanó a quienes no tenían fe, pero nunca salvó a alguien que careciera de ella. Esta mujer, con su problema físico solucionado, estaba en el camino hacia la salvación.

CARÁCTER INAGOTABLE DE JESÚS

Entonces Jesús dijo: ¿Quién es el que me ha tocado? Y negando todos, dijo Pedro y los que con él estaban: Maestro, la multitud te aprieta y oprime, y dices: ¿Quién es el que me ha tocado? Pero Jesús dijo: Alguien me ha tocado; porque yo he conocido que ha salido poder de mí. Entonces, cuando la mujer vio que no había quedado oculta, vino temblando, y postrándose a sus pies, le declaró delante de todo el pueblo por qué causa le había tocado, y cómo al instante había sido sanada. Y él le dijo: Hija, tu fe te ha salvado; ve en paz. (8:45-48)

Hay una minuciosidad inagotable en lo que Jesús hacía. No contento con restaurar físicamente a la mujer, el Señor la restauró socialmente al hacer que su sanidad se conociera en público. También la restauró espiritualmente con Dios.

Después que la mujer le agarrara el fleco de su manto, **Jesús dijo: ¿Quién es el que me ha tocado?** Por supuesto, el Señor omnisciente no estaba pidiendo información. Él sabía quién lo había tocado, y estaba invitando a la mujer a revelarse. **Y negando todos, dijo Pedro y los que con él estaban: Maestro, la multitud te aprieta y oprime, y dices: ¿Quién es el que me ha tocado?** (cp. Mr. 5:31). La respuesta del Señor es una de las cosas más profundas que alguna vez dijo: **Alguien me ha tocado; porque yo he conocido que ha salido poder de mí.** El poder de Dios no es una fuerza impersonal que fluye de Él hacia las personas. Él era totalmente consciente de esta acción. Nadie recibe jamás en su vida el poder de Dios sin la exacta conciencia de parte de Él. Al darse cuenta de que no podía esconderse, **cuando la mujer vio que no había quedado oculta,**

vino temblando en temor reverencial, y se postró **a sus pies** en una acción de homenaje y adoración. Ella entonces **le declaró delante de todo el pueblo por qué causa le había tocado, y cómo al instante había sido sanada.** No contento tan solo con restaurarla física y socialmente, Jesús **le dijo: Hija** (la única vez en los evangelios que Jesús usó esa palabra para dirigirse a una mujer), **tu fe te ha salvado; ve en paz.** La frase **te ha salvado** se traduce de una forma del verbo *sōzō*, que es el término común del Nuevo Testamento para salvación. Esta misma frase en el texto griego aparece en Lucas 7:50, donde claramente se refiere a la salvación del pecado. También se usa en Lucas 17:19 para describir a uno de los diez leprosos que volvió para adorar a Jesús. Aunque todos fueron sanados, solo él fue salvo. Además, que el Señor la llamara **hija** indica que la recibió como hija en su reino (Jn. 1:12). Ella fue restaurada de modo físico, social y espiritual por medio de la gracia y el poder personal del Señor Jesucristo.

FIDELIDAD DE JESÚS

Estaba hablando aún, cuando vino uno de casa del principal de la sinagoga a decirle: Tu hija ha muerto; no molestes más al Maestro. Oyéndolo Jesús, le respondió: No temas; cree solamente, y será salva. (8:49-50)

Mientras Jesús **estaba hablando aún** a la mujer ahora curada, Jairo recibió la noticia que tanto había temido. **Vino uno de** su **casa** y le dijo: **Tu hija ha muerto; no molestes más al Maestro.** El retraso había demostrado ser fatal, y el peor temor de Jairo se hizo realidad. Mientras Jesús ministraba a una humilde marginada, la hija de uno de los principales ciudadanos de Capernaúm había muerto. Era evidente que el mensajero anónimo no creía que Cristo podría resucitar de los muertos a la pequeña niña. Por tanto no vio la necesidad de impedir que Jesús ministrara a otros en la multitud. *Didaskalon* (**Maestro**) era un título de gran respeto apropiado para Jesús, ya que enseñar, no realizar milagros, era el enfoque principal de su ministerio (cp. Mr. 1:38).

Aunque Lucas no lo registra, en este momento Jairo le dijo a Jesús: "Mi hija acaba de morir; mas ven y pon tu mano sobre ella, y vivirá" (Mt. 9:18). A diferencia del dubitativo mensajero, Jairo creía que Jesús tenía el poder para resucitar de los muertos a la niña como había hecho con el joven en Naín.

Cuando **Jesús** oyó el informe sobre la muerte de la hija de Jairo, **le respondió: No temas; cree solamente, y será salva.** Jesús no estaba haciendo de la fe de Jairo una condición para resucitarle la hija, sino que lo estaba animando y dándole esperanza. Aunque Jairo tuviera fe en que Jesús podía resucitarla, su fe estaba mezclada con temor (cp. Mr. 9:24). El Señor lo exhortó a dejar de temer y a mantenerse creyendo en la promesa de Él de que su hija sería **salva** (cp. Mt. 17:19-20).

PERSPECTIVA DE JESÚS

Entrando en la casa, no dejó entrar a nadie consigo, sino a Pedro, a Jacobo, a Juan, y al padre y a la madre de la niña. Y lloraban todos y hacían lamentación por ella. Pero él dijo: No lloréis; no está muerta, sino que duerme. Y se burlaban de él, sabiendo que estaba muerta. (8:51-53)

Después de un retraso importante en llegar allí (había transcurrido el tiempo suficiente para que los dolientes se hubieran reunido y el funeral hubiera comenzado), finalmente Jesús entró **en la casa.** Puesto que los judíos no embalsamaban, ya habrían avisado a los dolientes que la niña estaba muriendo. En contraste con los funerales modernos, que por lo general son silenciosos, sombríos y tranquilos, un funeral judío del siglo I era una escena de caos escasamente controlado. Los dolientes, tanto los familiares y amigos de los seres queridos como las plañideras tradicionales contratadas, habrían estado gritando y gimiendo en voz alta y rasgándose la ropa. Otros estarían tocando música disonante con flautas agudas. El resultado final era una cacofonía de confusión. Ya que Jairo era un respetado líder de la comunidad, el funeral de su hija habría sido incluso más extenso y más bullicioso que los de la mayoría.

Una vez **en la casa,** Jesús **no dejó entrar a nadie consigo, sino a Pedro, a Jacobo, a Juan** (elegidos aquí del resto de los discípulos por primera vez como a menudo sería en el futuro), **y al padre y a la madre de la niña.** El resto de discípulos y la multitud permanecieron fuera. Una vez dentro, el Señor presenció "el alboroto" (Mr. 5:38), con "los que tocaban flautas, y la gente que hacía alboroto" (Mt. 9:23), y **lloraban todos y hacían lamentación por** la niña muerta. Jesús abruptamente concluyó el funeral ordenando a las plañideras contratadas: **No lloréis; no está muerta, sino que duerme.** Asombradas, ellas **se burlaban de él, sabiendo que** la chiquilla **estaba muerta.** Pero el Señor echó fuera a las burladoras (Mr. 5:40).

La declaración de Jesús de que la niña **no** estaba **muerta, sino que** dormía, trajo una novedosa y revolucionaria perspectiva con relación a la muerte. Al compararla con el sueño, Jesús redefinió la muerte como algo temporal; por eso, dormir se usa en la Biblia como una metáfora para el cuerpo en la muerte (Jn. 11:11-14; Hch. 13:36; 1 Co. 11:30; 15:6, 18, 20, 51; 1 Ts. 4:14-15; 5:10; 2 P. 3:4). Pero aunque el cuerpo duerme de manera temporal en la muerte, el alma no lo hace (cp. 16:19-31; 23:43; 2 Co. 5:8; Fil. 1:23; Ap. 6:9-11).

PODER DE JESÚS

Mas él, tomándola de la mano, clamó diciendo: Muchacha, levántate. Entonces su espíritu volvió, e inmediatamente se levantó; y él mandó que se le diese de comer. (8:54-55)

Después de entrar al cuarto donde yacía el cadáver de la niña (Mr. 5:40), Jesús **tomándola de la mano, clamó** en voz alta **diciendo: Muchacha, levántate.** Jairo le había pedido que pusiera la mano sobre ella y le devolviera la vida (Mt. 9:18), y el Señor de buena gana lo hizo. Los evangelios se escribieron en griego, pero Marcos registra las verdaderas palabras arameas que Cristo pronunció: "Talita cumi" (5:41), que significa: "Niña, a ti te digo, levántate". Usando el poder por medio del cual había creado todo (Jn. 1:1-3; Col. 1:15-16), Jesús ordenó que en ella entrara la vida.

El control de la muerte sobre la niña se rompió, y **su espíritu volvió.** La vida regresó al cuerpo, no cualquier vida sino la vida de ella, así como ocurrió con el hijo de la viuda (7:11-15), y como más tarde sucedería con Lázaro (Jn. 11:43-44). Cuando la vida le fue restaurada, **inmediatamente** la niña **se levantó.** Igual que todas las sanidades de Jesús, esta no fue progresiva; no hubo necesidad de rehabilitación ni de un período de recuperación. El Señor habló, y a ella se le restauró la vida al instante y por completo.

Después que la niña se levantara, Jesús **mandó que se le diese de comer.** Esto vuelve a revelar su preocupación tierna y compasiva. También muestra que esta no fue una ilusión sino una resurrección real (cp. Lc. 24:42-43). El espíritu había regresado al cuerpo de la niña, y ella reanudó su vida normal, sustentada por alimento.

Las resurrecciones que el Señor realizó durante su ministerio terrenal demostraron el poder que un día usará para resucitar a todas las personas. En Juan 5:28-29, Jesús declaró: "Vendrá hora cuando todos los que están en los sepulcros oirán su voz (la de Cristo); y los que hicieron lo bueno, saldrán a resurrección de vida; mas los que hicieron lo malo, a resurrección de condenación". Los cuerpos de los creyentes resucitarán y se reunirán con sus espíritus a fin de vivir para siempre en el cielo; los cuerpos de los incrédulos se reunirán con sus espíritus para experimentar castigo eterno en el infierno. Los creyentes no deben temer la muerte porque han puesto su fe en Aquel que la conquistó.

PRIORIDAD DE JESÚS

Y sus padres estaban atónitos; pero Jesús les mandó que a nadie dijesen lo que había sucedido. (8:56)

Además de estar llenos de alegría porque a su hija le fuera devuelta la vida, **sus padres estaban atónitos. Atónitos** se traduce de una forma del verbo *existēmi*, que literalmente significa "estar fuera de uno mismo", y se traduce "Está fuera de sí" en Marcos 3:21. Significa que los padres de la niña estaban sumamente asombrados hasta el punto de sentir terror, como experimentaron anteriormente en este capítulo los discípulos (v. 25), los habitantes de Gadara (v. 37), y la mujer que sanó de un flujo de sangre (v. 47).

El hecho de que **Jesús les** mandara **que a nadie dijesen lo que había sucedido** no significa que Él no quería que las personas supieran del milagro. La noticia era imposible de mantener en secreto (cp. Mt. 9:26), ya que todos verían a la niña resucitada. Hubo ocasiones en que Jesús no quiso que la noticia de un milagro se extendiera, porque las multitudes resultantes de curiosos buscadores de milagros le obstaculizarían el ministerio (cp. Mr. 1:40-45) o tratarían de hacerlo rey a la fuerza (Jn. 6:14-15); o como un acto de juicio, ocultar la verdad de estos individuos confirmaría el rechazo que le harían (Lc. 9:21). Según se indicó antes, la noticia se extendería sola. Los padres pudieron disfrutar de volver a reunirse con su hija, y se regocijaron en la bondad, gracia y misericordia de Cristo por ellos.

Todos esos asuntos podrían desempeñar un papel en la restricción del silencio que Jesús les impuso, pero no son la razón principal. Nuestro Señor exigió a menudo este tipo de sigilo (Mt. 8:4; 9:30; 12:16; 17:9; Mr. 1:25, 34, 44; 3:12; 5:43; 7:36; 8:26, 30; 9:9; Lc. 4:41; 9:21). La verdadera razón se da en Marcos 8:30-31: "Pero él les mandó que no dijesen esto de él a ninguno. Y comenzó a enseñarles que le era necesario al Hijo del Hombre padecer mucho, y ser desechado por los ancianos, por los principales sacerdotes y por los escribas, y ser muerto, y resucitar después de tres días". Jesús no quería que lo conocieran como un sanador o un obrador de milagros, o incluso solo como el Cristo, todo eso era verdad pero incompleta. Cuando Él es proclamado debe ser como el Salvador crucificado y resucitado. No hay evangelio de Jesucristo sin la cruz en su pleno significado, y sin la resurrección con todo lo que esta logró. Pablo lo resumió cuando manifestó que solo predicaría "a Jesucristo, y a éste crucificado" (1 Co. 2:2), y cuando predicó que esa salvación es para quienes creen que Dios lo resucitó de los muertos (Ro. 10:9-10).

Este relato de dos de los innumerables milagros que el Señor Jesucristo realizó revela su preocupación personal y compasiva por las personas que sufren. A los oprimidos y cargados, Él les ofrece descanso (Mt. 11:28-30); a los atribulados les provee paz (Jn. 14:27; 16:33); y lo más importante de todo, a los esclavizados por el pecado les ofrece salvación (Lc. 4:16-21; 19:10) por medio de la cruz y la resurrección que iban a venir.

Descripción de un mensajero cristiano

54

Habiendo reunido a sus doce discípulos, les dio poder y autoridad sobre todos los demonios, y para sanar enfermedades. Y los envió a predicar el reino de Dios, y a sanar a los enfermos. Y les dijo: No toméis nada para el camino, ni bordón, ni alforja, ni pan, ni dinero; ni llevéis dos túnicas. Y en cualquier casa donde entréis, quedad allí, y de allí salid. Y dondequiera que no os recibieren, salid de aquella ciudad, y sacudid el polvo de vuestros pies en testimonio contra ellos. Y saliendo, pasaban por todas las aldeas, anunciando el evangelio y sanando por todas partes. Herodes el tetrarca oyó de todas las cosas que hacía Jesús; y estaba perplejo, porque decían algunos: Juan ha resucitado de los muertos; otros: Elías ha aparecido; y otros: Algún profeta de los antiguos ha resucitado. Y dijo Herodes: A Juan yo le hice decapitar; ¿quién, pues, es éste, de quien oigo tales cosas? Y procuraba verle. (9:1-9)

Este pasaje marca una importante transición para el Señor Jesucristo. Ha transcurrido más o menos la mitad de sus tres años de ministerio, y su muerte en la cruz está a unos dieciocho meses. Hasta este momento Jesús había ministrado por su cuenta. Solo Él realizaba milagros, predicaba el evangelio, contestaba preguntabas, y manejaba conflictos con quienes se le oponían. Su ministerio era aislado dondequiera que estaba, ya que Él era el único predicador, maestro y sanador. En consecuencia, las multitudes que lo seguían por toda Galilea se hacían cada vez más extensas. Además, el ministerio del Señor en Galilea se acercaba rápidamente a su fin. Como Lucas 9:51 indica, Jesús estaba a punto de salir de Galilea para Judea, añadiendo presión de tiempo a la de las crecientes multitudes.

Obviamente, el que creó el universo en seis días pudo haber seguido ministrando con eficacia por su cuenta. En lugar de eso, Jesús decidió multiplicar su ministerio usando a los doce hombres a los que llamó a ser apóstoles (6:12-16). En un período de prácticas que los prepararía para ministrar más tarde por su cuenta sin Él, el Señor envió a los doce por toda Galilea con el fin de que predicaran su reino. Hasta este momento ellos habían sido oyentes y aprendices;

ahora debían comenzar la transición para convertirse en predicadores y mensajeros. A los apóstoles se les debió entrenar para llevar a cabo el ministerio de Jesús después de su muerte. Ellos eran hombres comunes y corrientes (cp. 1 Co. 1:26), sin credenciales humanas que los calificaran para la tarea más monumental en la historia humana. Incluso después de tres años de seguir a Jesús y de dieciocho meses de capacitación intensiva por parte de Él, ellos lo abandonaron en su momento de necesidad (Mt. 26:56) y se acobardaron escondiéndose de las autoridades judías después de la muerte de su Maestro (Jn. 20:19). No fue sino hasta que el Espíritu Santo los llenó en el Día de Pentecostés, fortaleciéndolos para el servicio (Hch. 1:8) y recordándoles todo lo que habían aprendido de Jesús (Jn. 14:26), que se convirtieron en los hombres que trastornaron al mundo entero (Hch. 17:6).

Aquí, como hacía de vez en cuando, Lucas omitió acontecimientos registrados en otras partes de los evangelios. Concluyó el capítulo 8 con el relato de dos milagros: la curación de una mujer con un problema de sangre, y la resurrección de la hija de Jairo. Pero entre esas sanidades y el envío de los doce, Jesús hizo el segundo y último viaje registrado a su ciudad natal de Nazaret (Mr. 6:1-6). Por desgracia, la gente de allí lo volvió a rechazar, como pasó la primera vez que ministró en esa localidad (Lc. 4:16-30). Aunque no podían negar su milagroso poder sobre demonios, enfermedad, muerte y mundo natural, estando consumidos por el orgullo farisaico, con indignación rechazaron el diagnóstico que Él les hiciera de ser espiritualmente pobres, prisioneros, ciegos y oprimidos (4:18).

Tras salir de Nazaret, Jesús continuó el viaje alrededor de Galilea enseñando en las aldeas (Mr. 6:6) hasta que comisionó a los doce. Es en ese momento que Lucas retoma la narración. Aunque ya se les había nombrado como apóstoles, los doce aún no estaban apartados del grupo más grande de seguidores y discípulos de Cristo. Ahora el Señor reunía **a sus doce discípulos** para enviarlos, de acuerdo con su promesa de hacerlos pescadores de hombres (Mt. 4:19).

Esta fue la penúltima etapa en el llamado que el Señor hizo a los apóstoles. La primera fase fue cuando los llamó a la fe salvadora (cp. 5:27-28; Jn. 1:35-51). La segunda fue el llamado que les hizo al discipulado permanente de tiempo completo (5:1-11). La tercera fase fue el llamado al apostolado, como ya se indicó. La misión asignada a corto plazo descrita en este pasaje fue la cuarta fase. La última frase fue la Gran Comisión en que Jesús, justo antes de su ascensión, les ordenó: "Id, y haced discípulos a todas las naciones, bautizándolos en el nombre del Padre, y del Hijo, y del Espíritu Santo; enseñándoles que guarden todas las cosas que os he mandado; y he aquí yo estoy con vosotros todos los días, hasta el fin del mundo" (Mt. 28:19-20).

En un acto más de gracia y compasión, Jesús envió más tarde a setenta de sus demás discípulos a través de Galilea en otra gira de predicación (10:1-20). Sin embargo, estos no eran apóstoles. Su ministerio, aunque poderoso (cp. vv. 9, 17), fue temporal, una extensa misión en un momento puntual para predicar el evangelio de nuevo a los galileos de corazón endurecido. Por otra parte, el ministerio de los apóstoles fue permanente. Ellos fueron el fundamento de la Iglesia (Ef. 2:20). Su enseñanza fue autorizada (Hch. 2:42) y tanto ellos como sus compañeros en el ministerio fueron los autores humanos del Nuevo Testamento.

La razón de que el Señor eligiera a doce hombres como sus discípulos, en lugar de alguna otra cantidad, fue que doce simbolizaba a las doce tribus de Israel. La importancia del número doce se reforzó por medio de la adición de Matías para que tomara el lugar de Judas (Hch. 1:23-26), asegurando así que los apóstoles seguirían siendo un grupo unido de doce hombres. La elección que Jesús hizo de doce hombres, ninguno de los cuales era miembro del sistema religioso, fue un acto de juicio que resaltaba la realidad de que Israel y su liderazgo espiritual eran apóstatas.

Uno de los primeros actos oficiales del ministerio de Cristo fue su limpieza inicial del templo (Jn. 2:13-22), que resaltó la corrupción, apostasía y ruina espiritual de los dirigentes religiosos judíos y de todos sus seguidores. La hostilidad que mostraban hacia Jesús se había intensificado en los dieciocho meses intermedios. Cuando llegó el momento de elegir a sus apóstoles, el Señor no tuvo en cuenta al sistema religioso. En lugar de eso eligió a doce hombres comunes y corrientes como los líderes del nuevo y verdadero Israel de Dios: los redimidos, el remanente creyente. Jesús clarificó tal asociación en Lucas 22:29-30, cuando dijo a los doce que juzgarían sobre Israel en el reino milenial: "Yo, pues, os asigno un reino, como mi Padre me lo asignó a mí, para que comáis y bebáis a mi mesa en mi reino, y os sentéis en tronos juzgando a las doce tribus de Israel". Sus nombres también estarán estampados en los cimientos de piedra de la Nueva Jerusalén por toda la eternidad (Ap. 21:14).

Del relato inspirado de Lucas acerca de la comisión que el Señor hizo a los doce emerge el perfil de un mensajero de Jesucristo. Un mensajero cristiano predica la salvación, manifiesta compasión, conserva la confianza, demuestra contentamiento, y ejerce discernimiento.

UN MENSAJERO CRISTIANO PREDICA LA SALVACIÓN

Y los envió a predicar el reino de Dios, (9:2*a*)

La misión de los doce tenía un solo propósito: debían **predicar el reino de Dios.** *Kērussō* (**predicar**) hace referencia al anuncio formal, fidedigno y público de una importante verdad por parte de un heraldo. En una época anterior a los medios masivos de comunicación, así era como se comunicaban importantes mensajes al público, tal como los pregoneros lo harían en tiempos posteriores. De pueblo en pueblo, los apóstoles predicaron públicamente que el reino de Dios estaba a mano porque el Señor, Salvador y Rey había llegado. También anunciaron que la entrada al reino era por medio del arrepentimiento (Mr. 6:12), con confesión del pecado y fe en el Mesías (Jn. 1:12-13).

La predicación de los doce siguió el modelo establecido por Jesús. En Lucas 4:43, Él anunció: "Es necesario que también a otras ciudades anuncie el evangelio del reino de Dios; porque para esto he sido enviado". Una de las pruebas que ofreció a los mensajeros de Juan el Bautista de que Él era el Mesías fue que "a los pobres es anunciado el evangelio" (7:22). Al principio del capítulo 8, Lucas narra "que Jesús iba por todas las ciudades y aldeas, predicando y anunciando el evangelio del reino de Dios" (8:1). Lucas observó en ese mismo versículo que "los doce [estaban] con él", aprendiendo de su ejemplo. Cuando Él los envió, los doce predicaron el mismo mensaje que Jesús predicó. La Iglesia de hoy tiene esa misma responsabilidad de predicar exactamente lo que Jesús hizo, sin alterarlo. El mensaje de la Iglesia no es social, político, filantrópico ni moral. Es un mensaje de pecado, salvación y perdón, que sin ser cambiado se ha explicado y enriquecido en las epístolas del Nuevo Testamento.

El Señor estrechó la extensión de la primera tarea de predicación de los apóstoles ordenándoles: "Por camino de gentiles no vayáis, y en ciudad de samaritanos no entréis, sino id antes a las ovejas perdidas de la casa de Israel" (Mt. 10:5-6; cp. Ro. 1:16). Al pueblo judío, heredero de los pactos, es decir, de la ley y las promesas de Dios (Ro. 9:4), se le debía predicar el evangelio antes de que este fuera ampliamente predicado a los gentiles y samaritanos. También sería de gran ayuda para los doce que su primera tarea de predicación fuera a personas de su propia cultura, y no a los gentiles paganos ni a los mestizos samaritanos. Sin embargo, finalmente el evangelio sería predicado a todo el mundo (Mt. 28:19-20). Nunca se pretendió que Israel fuera un callejón sin salida para el mensaje de salvación, sino más bien un conducto a través del cual las buenas nuevas fluirían hacia el mundo. Elegido para que fuera el pueblo testigo de Dios, la obstinada incredulidad de Israel hizo que se le rechazara de manera temporal. El Señor eligió un nuevo pueblo, la Iglesia, compuesta de creyentes de todo pueblo y toda nación. Dios no ha rechazado permanentemente a Israel (Ro. 11:1-2, 25-26), y en el futuro el remanente creyente será otra vez testigo de Él (Ap. 7:1-8).

UN MENSAJERO CRISTIANO MANIFIESTA COMPASIÓN

les dio poder y autoridad sobre todos los demonios, y para sanar enfermedades... y... sanar a los enfermos. (9:1*b*, 2*b*)

A los doce les fue otorgado **poder y autoridad** como los que solo Jesús (y por breve tiempo los setenta) poseyó alguna vez. Si el mensaje que predicaban debía ser validado y creído, los apóstoles debían dar fe del origen divino de tal mensaje. Desde la finalización del Nuevo Testamento, el mensaje de un predicador puede medirse contra la norma inspirada, infalible e inerrante del Nuevo Testamento. La autenticidad de los doce fue verificada al concederles Dios habilidad para realizar el mismo tipo de señales milagrosas que Jesús hizo (cp. 4:36, 40-41; 6:17-18; 8:1-2).

Específicamente, el Señor delegó a los apóstoles **poder y autoridad sobre todos los demonios,** dándoles dominio total sobre el reino sobrenatural de los ángeles malvados caídos. También recibieron poder para **sanar a los enfermos,** y hasta para resucitar muertos (Mt. 10:8). El poder divino que los apóstoles manifestaron demostró que estaban predicando la verdad divina (cp. Ro. 15:18-19; 2 Co. 12:12; He. 2:3-4). Tal milagrosa confirmación ya no fue necesaria después de finalizar el Nuevo Testamento. Incluso para el final del libro de Hechos, los milagros fueron desapareciendo de la escena a medida que los apóstoles desaparecían. Pablo sanó personas al principio de su ministerio (cp. Hch. 14:9-10; 19:11-12; 28:8), pero hacia el final de su vida no sanó a Trófimo (2 Ti. 4:20) y aconsejó a Timoteo que no buscara una cura, sino que tratara su continua dolencia estomacal con vino (1 Ti. 5:23).

Sin embargo, de las muchas formas en que el Señor pudo haber mostrado su poder a través de sus mensajeros, eligió hacer que, al igual que Él hizo (cp. el estudio de 8:42 en el capítulo anterior de esta obra), ellos hicieran milagros de sanidad que aliviaron el sufrimiento humano. Esos milagros reflejan la preocupación compasiva de Dios por los necesitados y afligidos (Job 36:5-6; Sal. 9:18; 12:5; 35:10; 69:33; 140:12; Is. 41:17), demostrando que por naturaleza Él es un salvador y liberador, incluso en un ámbito temporal y físico (cp. 1 Ti. 4:10).

En contraste con los compasivos y verdaderos siervos de Dios, la Biblia describe a los falsos maestros como despiadados, abusivos y prontos para aprovecharse de las personas (Is. 56:10-12; Jer. 23:1-2; 50:6; Lm. 4:13; Ez. 22:25; Mi. 3:5, 11; Mt. 7:15; 23:2-4; Mr. 12:38-40; Jn. 10:8, 10; Hch. 20:29; 2 Co. 2:17; Ap. 2:20). Estos maestros mentirosos carecen de la misericordia, la compasión y la bondad que caracterizan a un verdadero mensajero de Jesucristo. Ellos no saben nada de la preocupación apasionada de Pablo por los perdidos, la cual expresó de manera tan elocuente en Romanos 9:1-5:

> *Verdad digo en Cristo, no miento, y mi conciencia me da testimonio en el Espíritu Santo, que tengo gran tristeza y continuo dolor en mi corazón. Porque deseara yo mismo ser anatema, separado de Cristo, por amor a mis hermanos, los que son mis parientes según la carne; que son israelitas, de los cuales son la adopción, la gloria, el pacto, la promulgación de la ley, el culto y las promesas; de quienes son los patriarcas, y de los cuales, según la carne, vino Cristo, el cual es Dios sobre todas las cosas, bendito por los siglos. Amén.*

Esa convincente preocupación llevó a Pablo prácticamente a rogar a los pecadores que se reconciliaran con Jesucristo (2 Co. 5:20).

UN MENSAJERO CRISTIANO CONSERVA LA CONFIANZA

Y les dijo: No toméis nada para el camino, ni bordón, ni alforja, ni pan, ni dinero; ni llevéis dos túnicas. (9:3)

Ya que a los doce se les había concedido el poder para aliviar prácticamente todo sufrimiento, había el potencial de abusar de ese poder para beneficio propio. Personas desesperadas habrían pagado cualquier precio porque las sanaran de enfermedades, les echaran fuera demonios, y resucitaran a sus muertos, igual que hoy día hacen falsos curanderos sin escrúpulos que no logran sanar a nadie.

Sin embargo, los apóstoles no se enriquecieron a expensas del sufrimiento de las personas. Mateo registra que Jesús les ordenó: "De gracia recibisteis, dad de gracia" (Mt. 10:8). En vez de eso, ellos debían actuar por fe y confiar en que Dios les supliría sus necesidades. No debían llevar **nada para el camino** que no fuera la ropa que llevaban puesta; no debían cargarse con exceso de equipaje.

Específicamente, los apóstoles no debían llevar **bordón** o bastón. Tales bastones eran útiles para franquear los caminos de tierra de Israel, y también se podían usar para defenderse de ladrones. Marcos 6:8 narra que el Señor "les mandó que no llevasen nada para el camino, sino solamente bordón". En conjunto, los dos pasajes indican que el Señor les estaba prohibiendo llevar un bastón extra. Tampoco debían llevar **alforja** (tal vez la referencia a una bolsa que portaban los pordioseros y los maestros itinerantes para llevar el dinero que recaudaban), ya que los apóstoles no debían acumular cosas materiales. No había necesidad de que ellos llevaran **pan** o **dinero,** ni debían proveerse "de oro, ni plata, ni cobre en [sus] cintos" (Mt. 10:9). Así como no debían llevar un bastón adicional, tampoco debían llevar **dos túnicas** ni un par extra de sandalias (Mt. 10:10). Debían confiar en dependencia total de la provisión del Señor para las necesidades de ellos (cp. Mt. 6:25-32; Fil. 4:19).

Que esta austeridad era temporal, es decir, para el entrenamiento de los doce y no la norma, se desprende de la referencia de Jesús a este acontecimiento en el aposento alto. Al recordar a los apóstoles el encargo que les hizo en este pasaje, Jesús les "dijo: Cuando os envié sin bolsa, sin alforja, y sin calzado, ¿os faltó algo? Ellos dijeron: Nada" (Lc. 22:35). Entonces, estableciendo el modelo para el futuro ministerio de ellos, el Señor "les dijo: Pues ahora, el que tiene bolsa, tómela, y también la alforja; y el que no tiene espada, venda su capa y compre una" (v. 36). Las estrictas reglas que el Señor impuso durante esta misión de entrenamiento enseñaron a los apóstoles a confiar en el Señor y luego ver cómo Él proveía.

UN MENSAJERO CRISTIANO DEMUESTRA CONTENTAMIENTO

Y en cualquier casa donde entréis, quedad allí, y de allí salid. (9:4)

En esa época los viajeros se alojaban en las casas de las personas. Los hoteles no existían, los mesones eran peligrosos y a menudo poco más que burdeles. Dondequiera que los apóstoles viajaran, **en cualquier casa** en que los invitaran a quedarse, debían quedarse **allí** hasta que salieran de esa ciudad. Eso los distinguiría de falsos maestros viajeros, que iban de casa en casa recaudando dinero de todos los que podían. Los apóstoles, y por extensión todos los cristianos, deben estar contentos con sus circunstancias (cp. 1 Ti. 6:6-10). Así el apóstol Pablo les escribió a los filipenses:

> *No lo digo porque tenga escasez, pues he aprendido a contentarme, cualquiera que sea mi situación. Sé vivir humildemente, y sé tener abundancia; en todo y por todo estoy enseñado, así para estar saciado como para tener hambre, así para tener abundancia como para padecer necesidad (Fil. 4:11-12).*

UN MENSAJERO CRISTIANO EJERCITA EL DISCERNIMIENTO

Y dondequiera que no os recibieren, salid de aquella ciudad, y sacudid el polvo de vuestros pies en testimonio contra ellos. Y saliendo, pasaban por todas las aldeas, anunciando el evangelio y sanando por todas partes. Herodes el tetrarca oyó de todas las cosas que hacía Jesús; y estaba perplejo, porque decían algunos: Juan ha resucitado de los muertos; otros: Elías ha aparecido; y otros: Algún profeta de los antiguos ha resucitado. Y dijo Herodes: A Juan yo le hice decapitar; ¿quién, pues, es éste, de quien oigo tales cosas? Y procuraba verle. (9:5-9)

La última instrucción del Señor tenía que ver con el asunto tan importante de cómo los doce debían tratar con aquellos **que no** los recibieran. De acuerdo con la costumbre judía, Jesús les dijo que salieran de la **ciudad,** y que sacudieran **el polvo** de sus **pies en testimonio contra ellos.** Subrayando la importancia de los apóstoles como sus mensajeros, Jesús advirtió solemnemente que "será más tolerable el castigo para la tierra de Sodoma y de Gomorra" que para quienes los rechacen a ellos y su mensaje (Mt. 10:15). La orden del Señor refleja las graves consecuencias de rechazar el evangelio (cp. 1 Co. 16:22; 2 Ts. 1:6-9).

Sacudirse **el polvo** de los **pies** era un gesto tradicional judío. Cuando uno de ellos regresaba de viajar por una nación gentil, como gesto simbólico de quitarse de encima las influencias paganas que podían contaminar las vidas y la tierra del pueblo judío, se sacudía de su ropa y sus sandalias el sucio de esa tierra. Aquel acto se convirtió en una expresión de desprecio y rechazo (cp. Hch. 13:50-51; 18:6). Los apóstoles debían tratar a los judíos que les habían rechazado el mensaje como si no fueran mejores que los gentiles paganos e inmundos.

Alejarse de aquellos de corazón duro que los habían rechazado, no solo era un asunto de juicio sino también una cuestión de prioridad. No hay mucho tiempo ni oportunidades disponibles para evangelizar, y ese tiempo es demasiado valioso como para desperdiciarlo con quienes se han endurecido contra la verdad.

Jesús afirmó ese principio en una sorprendente declaración a sus seguidores: "No deis lo santo a los perros, ni echéis vuestras perlas delante de los cerdos, no sea que las pisoteen, y se vuelvan y os despedacen" (Mt. 7:6). Por lo general, "perros" en la Palestina del siglo I no se refería a mascotas domesticadas sino a carroñeros salvajes, inmundos, y potencialmente peligrosos. La idea de dar "lo santo", es decir, dar a un perro un sacrificio ofrecido a Dios era algo sorprendente e inimaginable para el pueblo judío. Arrojar a los perros carne ofrecida en el altar del templo habría sido un acto horrorosamente blasfemo de profanación. Lanzar perlas valiosas a los cerdos, la personificación de los animales inmundos, era igualmente inimaginable. Ambos casos también serían actos de suprema insensatez, ya que los perros no aprecian lo que es santo y los cerdos no aprecian lo que es valioso.

En la analogía de Cristo, los perros y los cerdos representan a quienes rechazan de manera permanente el evangelio y lo tratan con total desprecio. Lo que debió haber sido todavía más sorprendente para los doce fue la identidad de los perros y los cerdos de los cuales el Señor les advirtió. Puesto que, como ya se indicó, los apóstoles fueron enviados en esta misión al pueblo judío, los perros y los cerdos no representaban a gentiles paganos e impíos, sino a judíos ultrarreligiosos. Al enfrentar el rechazo que hicieran a la verdad por parte de los endurecidos de corazón, antes de seguir adelante los apóstoles debían darles una advertencia del juicio que enfrentaban.

En obediencia a todas esas instrucciones, los doce **pasaban por todas las aldeas, anunciando el evangelio y sanando por todas partes.** No se describen los detalles de la misión, pero la respuesta que recibieron resalta la necesidad de discernimiento que ellos tenían. La respuesta de Galilea a la misión de los doce fue simbolizada mediante la reacción del gobernante, **Herodes el tetrarca.** El **Herodes** al que se hace referencia aquí es Herodes Antipas, un hijo del tristemente célebre Herodes el Grande. Antipas gobernó Galilea desde el 4 a.C. al 39 d.C., por lo que su gobierno abarcó todo el ministerio de Jesús. **Tetrarca** se refiere al gobernante de la cuarta parte de una región. Después de la muerte de Herodes en el 4 a.C., su dominio se dividió entre tres de sus hijos: Arquelao, Antipas y Felipe, y un hombre llamado Lisanias (Lc. 3:1), de quien se sabe poco. Antipas fue hecho gobernante de la región de Galilea y la cercana Perea, y es el

Herodes al que los evangelios se refieren en los relatos del ministerio de Jesús. Fue este Antipas quien encarceló (Lc. 3:20) y ejecutó (9:9) a Juan el Bautista.

Cuando Herodes **oyó de todas las cosas que hacía Jesús** con relación al ministerio de predicación de los doce, **estaba** sumamente **perplejo.** Los doce le estaban dando toda la gloria y el mérito a Jesús por la poderosa predicación y los milagros que realizaban (cp. Hch. 3:11-12). Sin embargo, ¿quién era Jesús? Que **algunos** dijeran que **Juan** el Bautista había **resucitado de los muertos** era particularmente alarmante para Herodes (véase el estudio del v. 9 a continuación). Para aumentar la confusión, se decía que algunos **otros** afirmaban que **Elías** había **aparecido,** y otros más que **Algún profeta de los antiguos** había **resucitado** (cp. v. 19; Mt. 16:14; 17:10). Pero Herodes, atormentado por la ejecución injusta de Juan, de quien incluso había reconocido "que era varón justo y santo" (Mr. 6:20), **dijo: A Juan yo le hice decapitar.** Según el relato de Marcos, abrumado por su conciencia culpable Herodes confesó: "Este es Juan, el que yo decapité, que ha resucitado de los muertos" (Mr. 6:16). (Para un relato de la ejecución de Juan por parte de Herodes, véase la exposición de 3:19 y 7:18-23 en los caps. 19 y 44 de esta obra). Con inquietud, Herodes preguntó: **¿Quién, pues, es éste, de quien oigo tales cosas?**

Esa pregunta acerca de la identidad de Jesús es la más importante que alguien ha hecho y contestado alguna vez. La respuesta que cada ser humano le da determinará el destino eterno al que se dirige: el cielo o el infierno. Debido a su significado, Lucas registró varias veces casos de personas que hicieron esa pregunta (cp. v. 18; 5:21; 7:20, 49; 8:25; 22:67,70; 23:3). Trágicamente, la mayoría de individuos tanto de entonces como de ahora dan la respuesta equivocada. Pero Pedro, hablando por los discípulos (Mt. 16:16), un centurión romano ante la cruz (Mr. 15:39), y el dubitativo Tomás (Jn. 20:28), entre otros, dieron la respuesta correcta: Jesús es Dios el Hijo, el Mesías, Salvador y Señor.

Impulsado por la curiosidad y el miedo, Herodes **procuraba** ver a Jesús. Sin embargo, esta no era una búsqueda sincera. En Lucas 13:31 algunos de los fariseos advirtieron a Jesús: "Sal, y vete de aquí, porque Herodes te quiere matar". Si Jesús fuera realmente Juan el Bautista resucitado de los muertos como Herodes temía, el tetrarca intentaría matarlo de nuevo. No obstante, Herodes no vería a Jesús hasta que el Señor fue enviado a él como prisionero por parte de Pilato (Lc. 23:7). Aun entonces Herodes no obtendría la satisfacción de una respuesta de parte de Jesús: "Y le hacía muchas preguntas, pero él nada le respondió" (v. 9). Como consecuencia, ver a Herodes y sus soldados burlándose de Jesús (v. 11) ofrece aún más evidencia de la falta de sinceridad de Herodes.

Los principios contenidos en el encargo del Señor a los doce se aplican a todos los creyentes en el Señor Jesucristo. Todo ministerio que honra a Cristo consta de enseñar la verdad, mostrar compasión, conservar la confianza, estar contentos con las circunstancias personales, y ejercer discernimiento.

El Señor misericordioso

55

Vueltos los apóstoles, le contaron todo lo que habían hecho. Y tomándolos, se retiró aparte, a un lugar desierto de la ciudad llamada Betsaida. Y cuando la gente lo supo, le siguió; y él les recibió, y les hablaba del reino de Dios, y sanaba a los que necesitaban ser curados. Pero el día comenzaba a declinar; y acercándose los doce, le dijeron: Despide a la gente, para que vayan a las aldeas y campos de alrededor, y se alojen y encuentren alimentos; porque aquí estamos en lugar desierto. Él les dijo: Dadles vosotros de comer. Y dijeron ellos: No tenemos más que cinco panes y dos pescados, a no ser que vayamos nosotros a comprar alimentos para toda esta multitud. Y eran como cinco mil hombres. Entonces dijo a sus discípulos: Hacedlos sentar en grupos, de cincuenta en cincuenta. Así lo hicieron, haciéndolos sentar a todos. Y tomando los cinco panes y los dos pescados, levantando los ojos al cielo, los bendijo, y los partió, y dio a sus discípulos para que los pusiesen delante de la gente. Y comieron todos, y se saciaron; y recogieron lo que les sobró, doce cestas de pedazos. (9:10-17)

El Señor Jesucristo realizó innumerables milagros a lo largo de su ministerio terrenal. Además de las tres docenas narradas en los evangelios, Jesús hizo casi a diario muchos otros milagros (cp. Mr. 6:2; Lc. 19:37; Jn. 2:23; 3:2; 6:2; 7:31; 11:47; 12:37; 20:30; 21:25; Hch. 2:22). Durante todo su ministerio, Jesús constantemente demostró su poder divino sobre demonios, enfermedad, muerte y naturaleza.

La noticia de los milagros del Señor se había extendido por toda Galilea. Esta era una región relativamente pequeña que medía aproximadamente ochenta kilómetros de norte a sur por cuarenta de oriente a occidente. Sus aldeas estaban principalmente agrupadas alrededor del Mar de Galilea, igual que Capernaúm la ciudad natal adoptiva de Jesús (Mt. 4:13). Él se había criado en esa región, en la aldea insignificante de Nazaret, e incluso regresó allí a predicar el evangelio pero fue violentamente rechazado (Lc. 4:16-30). Al ministrar ampliamente en Galilea, el Señor estaba demostrando su rechazo al liderazgo religioso de Israel, con sede en el sur en Jerusalén y Judea. Galilea era una región despreciada por los dirigentes religiosos y por otros judíos como una región inculta y retrasada de la que nada bueno podía salir (Jn. 1:46; 7:41, 52). La elección que Jesús hiciera de este lugar ratificó la apostasía del liderazgo de Israel.

Cuando se acercaba el final de su ministerio en Galilea en la primavera del 29 d.C., el Señor realizó el que fue en una escala visible su milagro más multitudinario. Subrayando la importancia de este hecho, se trata de uno de los únicos dos acontecimientos milagrosos registrados en todos los cuatro evangelios; el otro es la resurrección de Cristo. La alimentación de cinco mil hombres, junto con seguramente una cantidad igual de mujeres y de niños, fue la más grande obra del poder creativo desde la semana de la creación y de la reestructuración de la tierra después del diluvio (Gn. 6—8). Fue también el punto culminante y cumbre del ministerio de Cristo en Galilea... y la última gran oportunidad para sus habitantes. El Señor partiría pronto de Galilea con el fin de ministrar en las grandes regiones gentiles de Tiro y Sidón, y Decápolis (donde ocurrió otra de tales milagrosas alimentaciones; cp. Mr. 8:1-8), y dirigirse después a Judea y Jerusalén. Sin embargo, tras esta innegable demostración de poder divino por parte de Jesús, solamente una incredulidad obstinada, intencional y endurecida podía explicar por qué alguien en Galilea seguiría rechazándolo como el Señor y Mesías... como lo hicieron los habitantes de la región a pesar del momentáneo entusiasmo.

El milagro fue tan monumental en su impacto y potencial, que las personas quisieron hacer rey a Jesús por la fuerza (Jn. 6:15). El plan que tenían era derrocar a Herodes Antipas, instalar a Cristo en su lugar como gobernador, y luego expulsar a los odiados ocupantes romanos. El resultado sería un estado de bienestar sin enfermedad y con toda la comida gratis que pudieran consumir. Es más, el día posterior al milagro, la multitud se apareció en Capernaúm donde Jesús había ido después de la milagrosa alimentación (Jn. 6:16-21), buscando que les dieran desayuno (vv. 22-27).

No obstante, aunque la milagrosa alimentación que el Señor hizo a la multitud es una asombrosa demostración de su poder divino, en realidad es mucho más que eso. Igual que con todos los milagros que Jesús realizó, esta es también una evidencia del cuidado tierno y compasivo de Dios que demuestra que su poder no se puede separar de su compasión. Esta milagrosa provisión de alimento a una escala masiva constituye una exhibición sorprendente de la preocupación de Dios hasta para los asuntos más cotidianos de la vida. Que Jesús alimentara a personas que finalmente lo rechazarían ejemplifica la gracia común de Dios, debido a la cual "hace salir su sol sobre malos y buenos, y... hace llover sobre justos e injustos" (Mt. 5:45). También anticipa el poder de Cristo para marcar el inicio de las bendiciones del reino terrenal milenial (cp. Is. 25:6-9).

El relato de Lucas acerca de este milagro revela la sensibilidad de Cristo en cuanto a cinco aspectos necesarios: necesidad de descanso, necesidad de verdad divina, necesidad de sanidad, necesidad de alimento diario, y necesidad de provisión para los siervos del Señor.

NECESIDAD DE DESCANSO

Vueltos los apóstoles, le contaron todo lo que habían hecho. Y tomándolos, se retiró aparte, a un lugar desierto de la ciudad llamada Betsaida. (9:10)

Como se indicó en el capítulo anterior de esta obra, Jesús había enviado a los doce en una gira de predicación por Galilea. Una vez **vueltos los apóstoles,** se reunieron con Él, probablemente en Capernaúm, y **le contaron todo lo que habían hecho.** Cuando reconocieron que estaban agotados después de su tiempo de viajar y ministrar, Jesús, **tomándolos, se retiró aparte** con ellos **a un lugar desierto de la ciudad llamada Betsaida.** Allí pudieron descansar y recuperarse de las multitudes que los mantenían tan ocupados que ni siquiera tenían tiempo para comer (Mr. 6:31). Jesús, el gran sumo sacerdote de su pueblo, es consciente de las debilidades de las personas (He. 4:15) y es sensible a cada una de sus necesidades. Después que Él mismo experimentara la fatiga que resulta de un ministerio extenso (cp. Mr. 4:38), Jesús entendía la necesidad de descanso que los apóstoles tenían.

No se sabe con toda seguridad la ubicación exacta de **Betsaida**, pero su nombre significa "casa del pescado", lo que indica que esta era una de las muchas aldeas de pescadores en el lago. Betsaida tal vez estaba ubicada a lo largo de la costa noreste del Mar de Galilea. (Algunos han sugerido que pudo haber otra aldea con el mismo nombre en la costa oeste de Capernaúm [Mr. 6:45]). Esta pequeña aldea era importante por un par de razones. Primera, fue la ciudad natal de por lo menos cuatro de los apóstoles: Pedro y su hermano Andrés (Jn. 1:44; aunque más tarde se mudaron a Capernaúm [Lc. 4:31, 38]), también de Felipe (Jn. 12:21) y posiblemente Natanael (Jn. 1:45).

Pero, en una nota más sombría, Betsaida fue señalada por el Señor, junto a Corazín, por ser más merecedoras de juicio que Tiro y Sidón (Lc. 10:13). Para los judíos de Galilea esas dos ciudades gentiles eran símbolos de paganismo, idolatría y maldad. El Antiguo Testamento registra el pasado juicio devastador de Dios sobre Tiro y Sidón por la inenarrable maldad de estas ciudades (Is. 23:1-18; Ez. 26-28; Am. 1:9-10; Zac. 9:3-4), que ahora se dirigían hacia otra destrucción debido a que habían rechazado al Señor Jesús, quien realizó allí muchos milagros (Lc. 10:13). Sin duda, algunos de los apóstoles (lo más probable es que los tres o cuatro que eran de esa aldea) también obraron milagros en Betsaida durante su gira de predicación. El enorme milagro que ocurrió en las inmediaciones solo añadió más culpa al rechazo que hicieran de Cristo. Negar el privilegio divinamente concedido lleva a un juicio mayor; por consiguiente,

Jesús advirtió: "Por tanto, en el juicio será más tolerable el castigo para Tiro y Sidón, que para vosotras [Corazín y Betsaida]" (Lc. 10:14). Las personas exteriormente religiosas de Betsaida que rechazaron la verdad enfrentarán un juicio aún más severo que los paganos con menos conocimiento.

NECESIDAD DE VERDAD DIVINA

Y cuando la gente lo supo, le siguió; y él les recibió, y les hablaba del reino de Dios, (9:11*a*)

La partida del Señor con los apóstoles hacia Betsaida no pasó desapercibida; **cuando la gente lo supo, le siguió.** Literalmente, según Marcos relata "muchos los vieron ir, y le reconocieron; y muchos fueron allá a pie desde las ciudades, y llegaron antes que ellos, y se juntaron a él" (Mr. 6:33). Juan narra que "le seguía [a Jesús] gran multitud, porque veían las señales que hacía en los enfermos" (Jn. 6:2). Estos individuos buscaban emociones, y seguían ansiosamente a Jesús como el rey de ellos (v. 15) que les proporcionaría sanidad y comida gratis. Su mentalidad superficial y baladí atrajo una reprensión de parte de Jesús (Jn. 6:26-27).

No obstante, a causa de la preocupación compasiva de Jesús por estas ovejas sin pastor (Mr. 6:34), no las rechazó del todo. Al contrario, **él les recibió, y les hablaba del reino de Dios,** el tema constante de su predicación y enseñanza (4:43; 6:20; 8:1; 11:20; 17:20-21; 18:24-25; Mr. 1:15; 4:11, 26-32; Jn. 3:3; Hch. 1:3). El Señor sabía que, aunque eran milagros lo que estas personas buscaban, lo que necesitaban desesperadamente era la verdad divina. Él tuvo compasión tanto de sus almas como de sus cuerpos. La frivolidad, la superficialidad y la autocomplacencia de ellos no pudieron evitar que Jesús les mostrara la bondad de Dios.

NECESIDAD DE SANIDAD

y sanaba a los que necesitaban ser curados. (9:11*b*)

La compasión de Cristo se había extendido constantemente al reino del sufrimiento humano causado por la enfermedad, motivándolo otra vez a sanar **a los que necesitaban ser curados.** Mateo 14:14 usa una forma del verbo *splagchnizomai*, que se refiere a sentimientos internos y sugiere los efectos físicos de la compasión en el cuerpo, y describe la clemencia que Jesús sentía. El sufrimiento humano le causaba verdadero dolor, y lo impulsaba a aliviarlo. Tanto las sanidades del Señor como su provisión de comida anuncian las bendiciones del reino milenial (cp. Is. 33:24; Jer. 30:17; Ez. 34:16).

NECESIDAD DIARIA DE ALIMENTO

Pero el día comenzaba a declinar; y acercándose los doce, le dijeron: Despide a la gente, para que vayan a las aldeas y campos de alrededor, y se alojen y encuentren alimentos; porque aquí estamos en lugar desierto. Él les dijo: Dadles vosotros de comer. Y dijeron ellos: No tenemos más que cinco panes y dos pescados, a no ser que vayamos nosotros a comprar alimentos para toda esta multitud. Y eran como cinco mil hombres. Entonces dijo a sus discípulos: Hacedlos sentar en grupos, de cincuenta en cincuenta. Así lo hicieron, haciéndolos sentar a todos. Y tomando los cinco panes y los dos pescados, levantando los ojos al cielo, los bendijo, y los partió, y dio a sus discípulos para que los pusiesen delante de la gente. Y comieron todos, y se saciaron; (9:12-17*a*)

La narración de Lucas se centra ahora en el verdadero milagro. Su relato sencillo, sin adornos y enmarcado en un lenguaje directo, no debe hacer olvidar las asombrosas repercusiones de este prodigio creativo.

Cuando **el día comenzaba a declinar** (después que el sol alcanzara su punto más alto al mediodía) y caía la tarde, los apóstoles se preocuparon. Centrados en cosas terrenales como tan a menudo estaban, **acercándose los doce** a Jesús, de manera presuntuosa y casi impertinente, **le dijeron: Despide a la gente, para que vayan a las aldeas y campos de alrededor, y se alojen y encuentren alimentos.** Ellos querían que el Señor dispersara a la multitud antes de que se hiciera más tarde porque, le informaron, **aquí estamos en lugar desierto.** *Erēmos* (**desierto**) no se refiere aquí literalmente a un desierto, ya que había abundante hierba verde (Mr. 6:39), sino más bien a un lugar despoblado. La noche se avecinaba, y no había ningún lugar donde la multitud pudiera adquirir comida.

La preocupación de los apóstoles volvió una vez más a exhibir su falta de fe (cp. Mt. 8:26; 14:31; 16:8). Se habían desconectado de todos los milagros que presenciaran y que ellos mismos habían realizado en la gira de predicación que acababan de concluir. Además pudieron haber recordado que, de manera milagrosa, Dios había provisto comida para Israel en el pasado:

> *Vino entonces un hombre de Baal-salisa, el cual trajo al varón de Dios panes de primicias, veinte panes de cebada, y trigo nuevo en su espiga. Y él dijo: Da a la gente para que coma. Y respondió su sirviente: ¿Cómo pondré esto delante de cien hombres? Pero él volvió a decir: Da a la gente para que coma, porque así ha dicho Jehová: Comerán, y sobrará. Entonces lo puso delante de ellos, y comieron, y les sobró, conforme a la palabra de Jehová (2 R. 4:42-44; cp. 1 R. 17:10-16).*

De modo increíble, incluso después de esta asombrosa demostración del poder divino de Cristo, la fe de los apóstoles seguía siendo débil. Mientras Jesús,

Pedro, Jacobo y Juan estaban en el monte para la transfiguración, los nueve que no los habían acompañado no pudieron expulsar un demonio porque no oraron en fe (Lc. 9:37-40). Exasperado por la continua falta de fe de ellos, Jesús los reprendió con dureza, llamándolos "generación incrédula y perversa" (cp. Mt. 17:17). En lugar de confiar en Jesús para tratar con la evidente necesidad de comida, los apóstoles solo pensaban en una solución humana.

La respuesta de Jesús: **Dadles vosotros de comer,** al parecer alejada de la realidad, los debió haber asombrado y sorprendido. Con incredulidad protestaron: **No tenemos más que cinco panes y dos pescados.** Andrés, anticipando el problema, había hecho un inventario de la escasa comida que la multitud poseía (Jn. 6:8-9). Entonces, de alguna manera sarcástica, los apóstoles añadieron: **a no ser que vayamos nosotros a comprar alimentos para toda esta multitud.** Tal vez para seguirles el juego, el Señor preguntó a Felipe: "¿De dónde compraremos pan para que coman éstos?" (Jn. 6:5). Espantado, "Felipe le respondió: Doscientos denarios (casi el salario de un año para un trabajador común) de pan no bastarían para que cada uno de ellos tomase un poco" (v. 7). Como la anotación de Lucas lo indica, **eran como cinco mil hombres** presentes. Si se incluían a las mujeres y los niños (Mt. 14:21), pudieron haber habido veinticinco mil personas presentes. Los **cinco panes** (pequeños panecillos o galletas) **y** los **dos** pequeños **pescados** secos obviamente estaban destinados a ser una protesta, sino una burla, a la solicitud del Señor.

El asombro de los apóstoles se debió haber convertido en conmoción total cuando el Señor les ordenó: **Hacedlos sentar en grupos, de cincuenta en cincuenta.** Marcos 6:40 observa que "se recostaron por grupos, de ciento en ciento, y de cincuenta en cincuenta". Organizar así a la multitud debió haber hecho que fuera más fácil servirles. Pero la pregunta obvia que sin duda surgió es: "¿Qué iban a servirles?". Los apóstoles acababan de decirle a Jesús que no tenían nada con qué alimentar a tanta gente.

A pesar de sus recelos, los discípulos obedecieron al Señor y **así lo hicieron, haciéndolos sentar a todos.** Era primavera, justo antes de la Pascua (Jn. 6:4), y, como ya se indicó, había mucha hierba verde para que las personas se sentaran cómodamente. Una vez sentados, el Señor tomó **los cinco panes y los dos pescados,** e hizo entonces lo que todo padre judío hacía en una comida: **levantando los ojos al cielo, los bendijo.** Al levantar **los ojos al cielo** Jesús reconoció a Dios como la fuente de toda provisión. No hubo nada místico o espiritual que le sucediera a la comida por la bendición del Señor; *eulogeō* (**bendijo**) simplemente significa que le dio gracias a Dios.

Entonces, también haciendo lo que un padre haría en una comida, Jesús **partió** los panes y los pescados. Pero, a diferencia de lo que cualquier padre hubiera hecho alguna vez, se los **dio a sus discípulos para que los pusiesen delante de la gente.** De ese modo discreto, Lucas describió esta asombrosa demostración del poder de Cristo para crear *ex nihilo,* el mismo poder que usó para crear todas las cosas de la nada (Jn. 1:3; Col. 1:16; He. 1:2). No había duda alguna en cuanto a la fuente de los alimentos, pues fue obvio para todos los que vieron que se estaban creando en las manos del Señor y que después los entregó a los apóstoles para que los distribuyeran a la multitud.

Las personas no recibieron simplemente una pequeña merienda, sino que, en consonancia con la abundante gracia de Dios, **comieron todos, y se saciaron. Saciaron** se traduce de una forma del verbo *chortazō,* que originalmente se usaba para describir animales de engorde que se hartan hasta que ya no pueden comer más (también se usó en Ap. 19:21). Las personas comieron hasta quedar satisfechas.

NECESIDAD DE PROVISIÓN PARA SUS SIERVOS

y recogieron lo que les sobró, doce cestas de pedazos. (9:17*b*)

En su abundante provisión de alimentos, Jesús no olvidó a los suyos. Al terminar la comida, los apóstoles **recogieron lo que les sobró** de lo que la multitud no consumió: **doce cestas de pedazos** de pan y de pescado (Mr. 6:43). En la precisión del Señor, nada se desperdició; la cantidad de sobras de comida fue exactamente suficiente para suplir las necesidades de los doce.

Hay un triste epílogo a esta extraordinaria historia, que Juan registra. Al día siguiente las multitudes, frustradas en su intento de hacer rey a Jesús, lo siguieron de vuelta a Capernaúm (Jn. 6:22-25). Esperaban que les proveyera más comida (v. 26), pero cuando Él se negó y en lugar de eso se presentó como el pan de vida que bajó del cielo (vv. 27-40), lo rechazaron (vv. 41-66). Así hacen todos los pecadores que desprecian la generosidad, la compasión y la bondad de Dios (cp. Ro. 2:4-5).

Los creyentes deben predicar el poder y la misericordia del Señor para con aquellos que necesitan descanso de las luchas físicas y emocionales de la vida. Como prioridad debemos presentarles al Salvador, quien es el único que libera del pecado. Nuestra tarea es indicarles al Pan de Vida que es suficiente, el Señor Jesucristo, la personificación de la compasión divina. Solo a través de la salvación que solo Él provee, los pecadores hallan bendición eterna y descanso para sus almas (Mt. 11:28-30).

La pregunta más importante de la vida

56

Aconteció que mientras Jesús oraba aparte, estaban con él los discípulos; y les preguntó, diciendo: ¿Quién dice la gente que soy yo? Ellos respondieron: Unos, Juan el Bautista; otros, Elías; y otros, que algún profeta de los antiguos ha resucitado. Él les dijo: ¿Y vosotros, quién decís que soy? Entonces respondiendo Pedro, dijo: El Cristo de Dios. Pero él les mandó que a nadie dijesen esto, encargándoselo rigurosamente, y diciendo: Es necesario que el Hijo del Hombre padezca muchas cosas, y sea desechado por los ancianos, por los principales sacerdotes y por los escribas, y que sea muerto, y resucite al tercer día. (9:18-22)

La pregunta que el Señor Jesucristo les hizo a los apóstoles en el versículo 20, **¿Y vosotros, quién decís que soy?,** presenta el asunto más importante que enfrenta cualquier persona: la identidad de Jesús (cp. 9:9). Dónde pasarán las personas la eternidad, en el cielo o en el infierno, depende de cómo contesten tal pregunta. La filosofía y el secularismo humanistas, así como desviados sistemas teológicos, sectas y falsas religiones rechazan inevitablemente la verdad relacionada con la naturaleza y la obra de Jesucristo. La cantidad de libros, artículos, documentos, simposios y debates que defienden una falsa identidad relacionada con Jesucristo son al parecer interminables. Esa gran cantidad de esfuerzos supuestamente académicos y religiosos para descubrir quién es Jesús sin duda sugiere a algunos que el asunto es muy complejo, quizás hasta imposible de resolver. Sin embargo, en realidad solo es difícil para quienes rechazan la clara revelación de la Biblia.

Cada uno de los cuatro evangelios presenta de forma inequívoca la verdadera identidad de Jesús. Hablando por sí mismo y también por los otros escritores de los evangelios, el apóstol Juan reveló el propósito de los inspirados registros de la vida y la obra de Jesús cuando, en nombre de los cuatro, escribió: "Pero éstas se han escrito para que creáis que Jesús es el Cristo, el Hijo de Dios, y para que creyendo, tengáis vida en su nombre" (Jn. 20:31). Tal declaración no es incomprensible sino clara y exacta: Jesús es el Mesías, Dios, el Hijo encarnado, el único Salvador, y la fe en Él da como resultado vida eterna.

Al igual que los otros tres historiadores, Lucas narra claramente la identidad de Jesucristo. El ángel Gabriel dijo de Jesús: "Este será grande, y será llamado Hijo del Altísimo; y el Señor Dios le dará el trono de David su padre; y reinará sobre la casa de Jacob para siempre, y su reino no tendrá fin" (1:32-33). Más tarde, en el capítulo 1, Zacarías, el padre de Juan el Bautista, testificó que Jesús cumpliría todas las promesas del Antiguo Testamento (1:68-69, 76-79). En el nacimiento de Jesús, un ángel dijo a los pastores: "No temáis; porque he aquí os doy nuevas de gran gozo, que será para todo el pueblo: que os ha nacido hoy, en la ciudad de David, un Salvador, que es CRISTO el Señor" (2:10-11). Más adelante, Simeón (2:25-32) y Ana (2:36-38) testificaron que Él era en realidad el Mesías, el cumplimiento de la profecía del Antiguo Testamento. A los doce años de edad, Jesús les dijo a sus padres que debía estar en la casa de su Padre celestial (2:49). Juan el Bautista, el heraldo y precursor de Jesús, también lo identificó como el Mesías (3:16-18). En el bautismo de Jesús, el Espíritu Santo lo ungió y el Padre lo confirmó como su Hijo (3:21-22) igual que hizo en la transfiguración (9:35). Aun Satanás debió reconocer que Jesús es el Hijo de Dios (4:3), igual que hicieron los demonios (4:34, 41; 8:28).

Los doce testificaron que Jesús era Mesías, Salvador y Señor. Pedro, reconociendo que era un pecador en la presencia del Dios santo, "cayó de rodillas ante Jesús, diciendo: Apártate de mí, Señor, porque soy hombre pecador" (5:8). Después que Jesús calmara una furiosa tormenta en el Mar de Galilea, los apóstoles "atemorizados, se maravillaban, y se decían unos a otros: ¿Quién es éste, que aun a los vientos y a las aguas manda, y le obedecen?" (8:25). Inmediatamente después de la alimentación en Galilea, los discípulos estaban atravesando el lago en medio de una tormenta cuando Jesús se apareció en la noche, caminando sobre el agua. Mateo relata que "los que estaban en la barca vinieron y le adoraron, diciendo: Verdaderamente eres Hijo de Dios" (Mt. 14:33). Sin embargo, es aquí en Lucas 9 donde los doce hicieron una afirmación clara y precisa de que Jesús era el Mesías prometido. Esto viene en la narración de Lucas inmediatamente después del milagro culminante del ministerio del Señor en Galilea y la alimentación de la multitud, aunque los dos acontecimientos en realidad no sucedieron en secuencia inmediata. Durante el tiempo intermedio, Jesús ministró en las regiones gentiles más grandes de Tiro, Sidón y Decápolis antes de regresar por poco tiempo a Galilea. Entonces Él, una vez más, volvió a cruzar hacia el costado oriental del Mar de Galilea (véase Mt. 14:22—16:12, Mr. 6:45—8:26). Algunos cuestionan por qué Lucas no registró esos acontecimientos intermedios. Pero la enorme cantidad de material disponible para los escritores inspirados de los evangelios los obligó a ser selectivos (cp. Jn. 21:25). Lucas se saltó el material intermedio, registrado por Mateo y Marcos, porque al hacerlo se ajusta al flujo temático de esta sección de su evangelio. En 8:25, Lucas presenta la pregunta de la identidad de Jesús cuando narró la temerosa pregunta de los discípulos: "¿Quién es éste, que aun a los vientos y a las aguas manda, y le obedecen?". Herodes Antipas preguntó inquieto: "A

Juan yo le hice decapitar; ¿quién, pues, es éste, de quien oigo tales cosas?" (9:9). El pueblo, influenciado por sus expectativas mesiánicas y sus dirigentes religiosos, permaneció confundido acerca de quién era realmente Jesús (véase la exposición del v. 19 a continuación). Insertar material que desviaría a sus lectores del enfoque sobre la identidad de Jesús no serviría a los propósitos de Lucas.

Al inicio de la escena, **Jesús oraba** (cp. vv. 28-29; 3:21; 5:16; 6:12; 11:1; 22:41-45). Es aleccionador y estimulante observar que el Dios-Hombre siempre tenía a la comunicación con el Padre como una prioridad frente a las constantes dificultades y exigencias que las personas hacían sobre Él.

Aunque el Señor se hallaba orando **aparte, los discípulos estaban** cerca. Para este momento ellos habían estado con Él casi dos años y medio, observándole la vida y el ministerio, aprendiendo y siendo discipulados por Cristo. Habían presenciado el poder que Jesús tenía sobre los demonios, la enfermedad, la naturaleza y la muerte. Habían visto abrumadora evidencia de que Él es Dios, con divino poder, conocimiento y visión, y que les entregaba revelación divina. Después de todo lo que habían visto y oído, la pregunta que el Señor les hizo en este pasaje equivalía a su examen final.

El escenario de este incidente fue Cesarea de Filipo (Mt. 16:13; Mr. 8:27), localizada al norte del Mar de Galilea en las laderas del monte Hermón, como entre setenta y ochenta kilómetros al suroeste de Damasco. El lugar estaba cerca de la frontera al extremo norte del Israel del Antiguo Testamento, no muy lejos de la ciudad de Dan. Originalmente se le llamó Paneas, en nombre del dios Pan, a quien después de la muerte de Alejandro Magno adoraban en una cueva cercana los colonos griegos que entraron a la región. Herodes el Grande construyó allí un templo, y lo dedicó a Roma y Augusto César. El hijo de Herodes, Felipe el tetrarca, le puso a la ciudad el nuevo nombre de Cesarea y le anexó su propio nombre para distinguirla de la otra Cesarea en la costa del Mediterráneo. A más de trescientos metros sobre el nivel del mar, esta pintoresca región ofreció a Jesús y los apóstoles algún alivio de las multitudes en las tierras bajas. También estaba más lejos de Jerusalén y de la hostilidad de los dirigentes judíos, así como de la amenaza de Herodes Antipas.

El "examen final" de los apóstoles constó solamente de dos preguntas. La respuesta a la primera expresaba la opinión humana con relación a Jesús; la respuesta a la segunda expresaba divina revelación en cuanto a la verdadera identidad de Jesús.

RESPUESTA DE OPINIÓN HUMANA

y les preguntó, diciendo: ¿Quién dice la gente que soy yo? Ellos respondieron: Unos, Juan el Bautista; otros, Elías; y otros, que algún profeta de los antiguos ha resucitado. (9:18*b*-19)

Dirigiéndose a los doce, Jesús **les preguntó, diciendo: ¿Quién dice la gente que soy yo?** *Ochlos* (**gente**) es una palabra que Lucas usa con frecuencia para hablar de la masa no comprometida de personas que seguía a Jesús a todas partes (cp. v. 37; 4:42; 5:1, 15; 7:11, 24; 8:4; 11:14, 29; 12:1, 54; 13:14, 17; 14:25). Estos nunca cuestionaban la legitimidad de sus milagros, pues los habían presenciado de primera mano (Jn. 7:31; cp. 3:2; 9:16). En realidad lo seguían solo por esas milagrosas señales (Jn. 6:2). Ellos también reconocían que ningún simple ser humano podía ejercer un poder tan sobrenatural. Ese poder incomparable y esas acciones creativas estaban más allá del ámbito de capacidad humana, y por tanto Jesús debía estar ejerciendo fuerzas celestiales. Pero las ideas de estos individuos en cuanto a la identidad específica de Él estaban desviadas. Algunos, como Herodes Antipas (Mt. 14:1-2), creían que Jesús era **Juan el Bautista** resucitado de los muertos (cp. 9:7). Otros optaban por **Elías** (cp. Mal. 4:5; Mt. 17:10); y otros más sostenían que Él era **algún profeta de los antiguos** que había **resucitado.**

La respuesta correcta a la pregunta del Señor está clara en la Biblia. Él es el Hijo del Hombre (cp. 6:5; 9:26; 12:8, 10; 17:24, 26, 30; 18:8, 31; 19:10; 21:27, 36), un título mesiánico derivado de Daniel 7:13-14. El ángel Gabriel le dijo a María que Jesús sería "llamado Hijo del Altísimo" (1:32) y el "Hijo de Dios" (v. 35; cp. 22:70); otro ángel les dijo a los pastores que Él sería el Salvador (2:11); incluso los demonios se vieron obligados a reconocerlo como "el Santo de Dios" (4:34) y "el Hijo de Dios" (v. 41. Véase además el estudio de la identidad de Cristo al principio de este capítulo).

Parece increíble que la multitud, sabiendo lo que sabía, pudiera llegar a cualquier conclusión equivocada acerca de Jesús. En este punto, aunque no tenían la seguridad de la identidad del Señor las multitudes todavía no se habían vuelto contra Él. Aún esperaban que fuera el rey mesiánico conquistador que expulsaría a los romanos, que marcaría el comienzo de su reino terrenal, y que traería bendición y prominencia a Israel (cp. Jn. 6:14-15). El rechazo definitivo de parte de Israel no llegaría hasta la Semana Santa bajo la fuerte influencia de la élite religiosa. Muchos de los galileos seguirían a Jesús hasta Jerusalén y se unirían a la gigantesca multitud que lo llamó Mesías cuando Él entró a la ciudad. Lo sorprendente es que para el final de la semana, las multitudes de peregrinos y residentes lo rechazarían y pedirían a gritos su sangre. Pero, por el momento, Jesús seguía teniendo cierta popularidad con el pueblo.

Juan 12 revela dos razones importantes para la desconcertante incapacidad en la multitud de identificar correctamente a Jesús. Incluso durante la Semana Santa, solo a pocos días de su muerte, la multitud aún se preguntaba: "¿Quién es este Hijo del Hombre?" (v. 34). Jesús contestó que a ellos no les faltaba información; ya tenían la luz, y debían creer la verdad que se les había revelado (vv. 35-36). Después de decir eso, el Señor "se fue y se ocultó de ellos" (v. 36). El pueblo sabía la verdad y la rechazaron, y en consecuencia Dios los abandonó de manera natural:

> *Pero a pesar de que había hecho tantas señales delante de ellos, no creían en él; para que se cumpliese la palabra del profeta Isaías, que dijo: Señor, ¿quién ha creído a nuestro anuncio? ¿Y a quién se ha revelado el brazo del Señor? Por esto no podían creer, porque también dijo Isaías: Cegó los ojos de ellos, y endureció su corazón; para que no vean con los ojos, y entiendan con el corazón, y se conviertan, y yo los sane (vv. 37-40).*

Lamentablemente, el persistente rechazo de la verdad los llevó con el tiempo al endurecimiento lógico por parte de Dios para que no pudieran creer.

Otra declaración en Juan 12 muestra la segunda razón importante para que estas personas no ratificaran la verdadera identidad de Jesús: "Con todo eso, aun de los gobernantes, muchos creyeron en él; pero a causa de los fariseos no lo confesaban, para no ser expulsados de la sinagoga. Porque amaban más la gloria de los hombres que la gloria de Dios" (vv. 42-43). He aquí un ejemplo aleccionador del poder de la falsa religión: conocieron la verdad, pero se negaron a dejarse guiar por ella. Mantener su fachada de santurronería, ser aceptados por las autoridades religiosas judías, y evitar el trauma de ser expulsados de la sinagoga era más importante para ellos que la verdad. Al igual que la multitud inconstante, puesto que no quisieron creer, finalmente no pudieron creer.

RESPUESTA DE REVELACIÓN DIVINA

Él les dijo: ¿Y vosotros, quién decís que soy? Entonces respondiendo Pedro, dijo: El Cristo de Dios. Pero él les mandó que a nadie dijesen esto, encargándoselo rigurosamente, y diciendo: Es necesario que el Hijo del Hombre padezca muchas cosas, y sea desechado por los ancianos, por los principales sacerdotes y por los escribas, y que sea muerto, y resucite al tercer día. (9:20-22)

En vista de la confusión e incredulidad que reveló su primera pregunta, el Señor preguntó a los doce: **¿Y vosotros, quién decís que soy?** El pronombre **vosotros** es enfático en cada uno de los tres relatos acerca de este incidente (cp. Mt. 16:15; Mr. 8:29). En contraste con la opinión pública predominante, ¿quién creían ellos que era Jesús?

La respuesta de los apóstoles, expresada por su vocero **Pedro,** era la antítesis absoluta de las sugerencias de la multitud. Cuando los doce confesaron que Jesús es **el Cristo de Dios,** lo hicieron con pleno conocimiento de las opiniones alternas que se habían propuesto acerca de Él. A fin de clarificar su opinión de manera inequívoca, ellos añadieron a su afirmación que Jesús es "el Hijo del

Dios viviente" (Mt. 16:16). *Christos* (**Cristo**) es la traducción griega de la palabra hebrea *mashiach.* Ambas expresiones hacen referencia al ungido (cp. 4:18; Hch. 10:38; He. 1:9), aquel que Dios mismo eligió para ser profeta, sacerdote y rey, como indica la frase posesiva **de Dios** (cp. 2:26; 23:35; Hch. 3:18; 4:26; Ap. 11:15; 12:10). Toda persona que rechaza a Jesús, el Mesías de Dios, está maldita (1 Co. 16:22) y merece el castigo más severo (He. 10:29).

Los apóstoles sabían que Jesús no era simplemente otro profeta, ni que era el gobernante político y militar que encajaba en las expectativas del pueblo. Él era el elegido de Dios, el Mesías ungido y su Hijo amado (Mt. 3:17; 17:5; Col. 1:13; 2 P. 1:17), el rey de Israel (Jn. 1:49). La fe de los apóstoles seguiría vacilando a veces entre el momento de esta confesión, y la muerte y resurrección de su Señor. Pero, a pesar de las fluctuaciones en la confianza de ellos, se mantendrían fieles a la identificación que hicieran de Él. Le cuestionarían su plan, en especial cuando Él habló de su muerte. Pero nunca dudaron de su persona.

El relato de Mateo registra que Jesús también le dijo a Pedro, y por extensión al resto de los doce (excepto al traidor, Judas Iscariote): "Bienaventurado eres, Simón, hijo de Jonás, porque no te lo reveló carne ni sangre, sino mi Padre que está en los cielos" (Mt. 16:17). Las personas espiritualmente muertas (Ef. 2:1-3) no pueden convencerse de que Jesús es Dios, Mesías, Salvador y Rey a menos que Dios les despierte la mente y les dé entendimiento en el corazón (1 Co. 1:21; 2:10-14; 12:3). Por eso Jesús declaró: "Nadie conoce al Hijo, sino el Padre, ni al Padre conoce alguno, sino el Hijo, y aquel a quien el Hijo lo quiera revelar" (Mt. 11:27) y: "Ninguno puede venir a mí, si el Padre que me envió no le trajere" (Jn. 6:44).

Ya que los apóstoles acababan de confesar su creencia en Jesús, este parecería haber sido un momento apropiado para que extendieran el mensaje acerca de la verdadera identidad de Cristo. Se debieron quedar desconcertados cuando **él les mandó que a nadie dijesen esto, encargándoselo rigurosamente.** Los contundentes términos *epitimaō* (**mandó**) y *parangellō* (**encargándoselo**) indican que Jesús les ordenó de manera fuerte y con severidad que no propagaran la noticia de que Él era el Mesías. En Juan 12, este fue un acto crítico de parte de Jesús, ocultar la verdad de aquellos que ya habían confirmado su rechazo a ella. Además, las personas que recientemente se habrían frustrado en su intento de hacer rey a Jesús (Jn. 6:14-15) no necesitaban que se les incitara a intentarlo de nuevo. Pero la razón para esta prohibición era instruir a sus seguidores que el mensaje que iban a predicar no era que Jesús era un sanador o proveedor, sino el Salvador. A ellos no los enviarían a predicar de manera permanente sino hasta después de la muerte y resurrección de Jesús. Esos logros consumados por el Señor serían el núcleo esencial del evangelio que ellos y todos los que lo seguirían iban a predicar. Para mostrar que esta era su razón, inmediatamente habló de ella (cp. Mt. 16:20-23; Mr. 8:30-33). En muchas ocasiones, Él restringió la proclamación de su poder (Mr. 1:25, 34; 3:12; 5:43; 7:36; 8:26, 30; 9:9). El Señor no tenía intención de iniciar una revuelta contra Roma... revolución basada en falsas expectativas de la misión del Mesías.

En vez de eso, Jesús dijo a los apóstoles: **Es necesario que el Hijo del Hombre padezca muchas cosas, y sea desechado por los ancianos, por los principales sacerdotes y por los escribas, y que sea muerto, y resucite al tercer día.** Si la prohibición de que extendieran la verdad de que Él era el Mesías había desconcertado a los doce, esta declaración debió haberlos derribado. No había duda del significado de las palabras de Cristo; el vocablo **necesario** revela que la muerte del Salvador era parte del plan de Dios. Jesús sería, como Pedro proclamaría más adelante, "entregado [a la muerte] por el determinado consejo y anticipado conocimiento de Dios" (Hch. 2:23; cp. 3:18; 4:27-28; 13:27-28; Lc. 9:31; 22:22, 37). Lo que Isaías predijo se cumpliría de manera infalible:

> *Ciertamente llevó él nuestras enfermedades, y sufrió nuestros dolores; y nosotros le tuvimos por azotado, por herido de Dios y abatido. Mas él herido fue por nuestras rebeliones, molido por nuestros pecados; el castigo de nuestra paz fue sobre él, y por su llaga fuimos nosotros curados. Todos nosotros nos descarriamos como ovejas, cada cual se apartó por su camino; mas Jehová cargó en él el pecado de todos nosotros. Angustiado él, y afligido, no abrió su boca; como cordero fue llevado al matadero; y como oveja delante de sus trasquiladores, enmudeció, y no abrió su boca. Por cárcel y por juicio fue quitado; y su generación, ¿quién la contará? Porque fue cortado de la tierra de los vivientes, y por la rebelión de mi pueblo fue herido. Y se dispuso con los impíos su sepultura, mas con los ricos fue en su muerte; aunque nunca hizo maldad, ni hubo engaño en su boca. Con todo eso, Jehová quiso quebrantarlo, sujetándole a padecimiento. Cuando haya puesto su vida en expiación por el pecado, verá linaje, vivirá por largos días, y la voluntad de Jehová será en su mano prosperada (Is. 53:4-10).*

Las **muchas cosas** que el Hijo del Hombre padecería incluían el odio de los dirigentes judíos, la agonía en Getsemaní, la traición por parte de Judas, burla, brutales azotes, la corona de espinas, que fuera **desechado por los ancianos, por los principales sacerdotes y por los escribas,** que lo abandonara el Padre, y que resultara **muerto.** Todo eso debió haber dado un duro golpe a las esperanzas mesiánicas de los apóstoles. El plan no era que Jesús marcara el comienzo del reino, sino que sufriera la muerte ante la instigación de los gobernantes de la nación. Cristo vino "para que nosotros fuésemos hechos justicia de Dios en él" (2 Co. 5:21). Después de haber logrado esa redención, Jesús iría a resucitar en triunfo **al tercer día.**

Retrato de un verdadero discipulado

57

Y decía a todos: Si alguno quiere venir en pos de mí, niéguese a sí mismo, tome su cruz cada día, y sígame. Porque todo el que quiera salvar su vida, la perderá; y todo el que pierda su vida por causa de mí, éste la salvará. Pues ¿qué aprovecha al hombre, si gana todo el mundo, y se destruye o se pierde a sí mismo? Porque el que se avergonzare de mí y de mis palabras, de éste se avergonzará el Hijo del Hombre cuando venga en su gloria, y en la del Padre, y de los santos ángeles. (9:23-26)

Este breve pasaje es un diamante de la verdad, clara y brillante, y contiene el núcleo de la invitación de Jesús a pecadores que consideran convertirse en sus discípulos. En sus propias palabras el Señor expuso lo que significa ser un verdadero creyente en Él; por tanto, ser incluido en su reino de salvación. En consecuencia, deja ver la verdad de que al reino de Dios nada lo supera en importancia.

Lo más sorprendente acerca del llamado del Señor al discipulado es que este exige abnegación radical, tal vez hasta el punto de morir, aunque también vivir en total obediencia a sus mandamientos. Eso pone al verdadero evangelio predicado por Jesús en agudo contraste con el falso evangelio contemporáneo de realización personal popularmente predicado y recibido por muchos que se identifican como cristianos. Esos falsos maestros en realidad ven al Señor como poco más que un genio utilitario, que concede a las personas cualquier cosa que desean. Algunos afirman que Jesús quiere individuos saludables y ricos, y que si no lo son se debe a que no han reclamado las bendiciones divinas. Otros sostienen que el principal objetivo de Dios es hacer que las personas se sientan mejor respecto a sí mismas elevándoles su autoimagen (como si los pecadores tuvieran problemas de humildad y necesitaran más amor propio) y eliminándoles su manera negativa de pensar. Algunos incluso han pedido una "nueva reforma", abandonando la teología bíblica centrada en Dios, a favor de una teología de autoestima descaradamente centrada en el hombre. Este enfoque de "búsqueda de amistad" llegó para reemplazar al evangelio bíblico de salvación del pecado, con un conjunto de apoyos psicológicos para elevar a las personas a logros y a un propósito superior de vida.

Este narcisismo cuasi cristiano promueve descaradamente el amor propio, que caracteriza a los falsos maestros que lo predican (2 Ti. 3:2) y que se enfoca, como ellos hacen, en su propia satisfacción y no en la gloria de Dios.

Una oración directamente de la pluma de un santo piadoso del pasado muestra la diferencia entre el falso evangelio de hoy día centrado en el hombre y la actitud consecuente con la verdadera fe que salva:

> Señor,
> Santo y sublime, manso y humilde...
> Déjame aprender estas paradojas
> que el camino descendente es el camino ascendente,
> que humillarse es exaltarse,
> que el corazón quebrantado es el corazón sanado,
> que el espíritu contrito es el espíritu gozoso,
> que el alma arrepentida es el alma victoriosa,
> que no tener nada es tenerlo todo,
> que cargar la cruz es llevar la corona,
> que dar es recibir...
> Déjame encontrar tu luz en mi oscuridad,
> tu vida en mi muerte,
> tu gozo en mi tristeza,
> tu gracia en mi pecado,
> tus riquezas en mi pobreza
> tu gloria en mi [humillación].
> (Arthur Bennett, *El valle de la visión* [http://oracionespuritanas.blogspot.com/2012/06/el-valle-de-la-vision.html])

Este no es un pasaje poco claro que difiera de la normal enseñanza de Cristo. La enseñanza de nuestro Señor en la ocasión de este pasaje también lo registran Mateo (16:24-27) y Marcos (8:34-38). Los principios que contiene son los mismos que Él enseñó varias veces y que los modeló a lo largo de su ministerio. Ya que Jesús fue el prototípico evangelista divino, ha dado a los creyentes el modelo de cómo evangelizar. En Mateo 10:34-36, Jesús advirtió:

> *No penséis que he venido para traer paz a la tierra; no he venido para traer paz, sino espada. Porque he venido para poner en disensión al hombre contra su padre, a la hija contra su madre, y a la nuera contra su suegra; y los enemigos del hombre serán los de su casa.*

Creer en Jesús en realidad puede hacer que nuestra situación en la tierra empeore. Pero, en lugar de prometer que nuestras circunstancias mejorarían,

Jesús insistió en que sus seguidores estén dispuestos a pagar cualquier precio que sea necesario para seguirlo:

> *El que ama a padre o madre más que a mí, no es digno de mí; el que ama a hijo o hija más que a mí, no es digno de mí; y el que no toma su cruz y sigue en pos de mí, no es digno de mí. El que halla su vida, la perderá; y el que pierde su vida por causa de mí, la hallará (vv. 37-39).*

El objetivo supremo de los creyentes no es desarrollar su confianza personal a través de mejorar su perspectiva de vida y su situación, sino seguir a Cristo por graves que sean las consecuencias.

Jesús encontró a un joven importante y acaudalado que buscaba ansiosamente la respuesta a la pregunta crucial de cómo ser salvo. Marcos relata que "vino uno corriendo [a Jesús], e hincando la rodilla delante de él, le preguntó: Maestro bueno, ¿qué haré para heredar la vida eterna?" (Mr. 10:17). He aquí un candidato con el éxito asegurado. El joven tenía una sentida necesidad de salvación, fue a la persona correcta, e hizo la pregunta correcta. Sin embargo, en una manera que habría hecho que Jesús fracasara en cualquier curso moderno de buscadores de amistad en evangelización, al parecer Él lo dejó escapar. Es más, el Señor intencionalmente fijó la norma de la vida eterna mucho más alta de lo que este infeliz joven estaba dispuesto a pagar: "Jesús, mirándole, le amó, y le dijo: Una cosa te falta: anda, vende todo lo que tienes, y dalo a los pobres, y tendrás tesoro en el cielo; y ven, sígueme" (v. 21). El joven, "afligido por esta palabra, se fue triste, porque tenía muchas posesiones" (v. 22). Él quería a Jesús bajo sus propias condiciones, con su riqueza intacta. No tenía interés en sacrificio abnegado.

Tres incidentes al final de Lucas 9 refuerzan aún más el principio de que seguir a Jesús demanda una disposición de renunciar a todo si Él lo pide. Cuando un candidato a discípulo le dijo a Jesús: "Señor, te seguiré adondequiera que vayas" (Lc. 9:57), Cristo contestó: "Las zorras tienen guaridas, y las aves de los cielos nidos; mas el Hijo del Hombre no tiene dónde recostar la cabeza" (v. 58); en otras palabras, seguirlo puede resultar en la indigencia. De modo más concreto, seguir a Cristo no promete nada en este mundo. Jesús no estaba construyendo un reino terrenal de comodidad y prosperidad.

Cuando Jesús desafió a otro hombre a seguirlo, este contestó: "Señor, déjame que primero vaya y entierre a mi padre" (v. 59). La deducción es que el padre del hombre aún no había muerto, y él quiso retrasar su llamado de seguir al Señor hasta que recibiera su herencia. Pero Jesús contestó: "Deja que los muertos entierren a sus muertos; y tú ve, y anuncia el reino de Dios" (v. 60). Una vez más este aspirante a discípulo quería esperar hasta que su padre hubiera muerto para así poder recibir su herencia. Seguiría a Jesús cuando tuviera todo el tesoro terrenal que se le avecinaba.

Por último, "también dijo otro: Te seguiré, Señor; pero déjame que me despida primero de los que están en mi casa" (v. 61). He aquí el mismo problema otra vez. El hombre quería ir a casa para negociar alguna ayuda de parte de su familia. Jesús y las posesiones terrenales eran su exigencia. La respuesta del Señor, "ninguno que poniendo su mano en el arado mira hacia atrás, es apto para el reino de Dios" (v. 62) confrontó al hombre con el verdadero llamado al discipulado: dejar todo y seguirlo. Cristo resaltaría más tarde que podría ser necesaria una clara ruptura con la familia, en caso de que sus miembros fueran incrédulos. En seguida afirmó: "Si alguno viene a mí, y no aborrece a su padre, y madre, y mujer, e hijos, y hermanos, y hermanas, y aun también su propia vida, no puede ser mi discípulo" (Lc. 14:26). Aquellos que habrían de ser sus discípulos debían estar suficientemente desesperados para ser liberados del pecado y demasiado hambrientos y sedientos para seguir la justicia de manera radical.

La enseñanza del Señor en esta breve pero poderosa invitación se puede exponer en tres encabezados: principio del verdadero discipulado, paradoja del verdadero discipulado, y castigo del falso discipulado.

PRINCIPIO DEL VERDADERO DISCIPULADO

Y decía a todos: Si alguno quiere venir en pos de mí, niéguese a sí mismo, tome su cruz cada día, y sígame. (9:23)

La buena nueva que Jesús predicó es la verdad de que Dios ofrece perdón de todo pecado y el obsequio de la vida eterna a quienes verdaderamente lo siguen con fe. Esto requiere total abandono del ego; así escribió Pablo a los gálatas: "Con Cristo estoy juntamente crucificado, y ya no vivo yo, mas vive Cristo en mí; y lo que ahora vivo en la carne, lo vivo en la fe del Hijo de Dios, el cual me amó y se entregó a sí mismo por mí" (Gá. 2:20).

Ese mensaje es radicalmente distinto al de la "fe barata y parcial" que está muy extendido en la iglesia moderna. La Biblia habla de que volverse cristiano es difícil. En Mateo 7:13-14, el Señor usó la analogía de dos puertas para representar la opción que cada individuo debe enfrentar. La primera es una puerta ancha, por la que es fácil entrar; esta se abre a un camino fácil de recorrer. Sin embargo, ese camino lleva a la destrucción eterna (v. 13). La otra puerta es pequeña y estrecha, y el sendero al que conduce es angosto y difícil. Pero el camino difícil es el único que lleva a la vida eterna (v. 14).

Más tarde "alguien le dijo: Señor, ¿son pocos los que se salvan?" (Lc. 13:23). La respuesta de Cristo reforzó el punto al que ya se había referido en Mateo 7: "Esforzaos a entrar por la puerta angosta; porque os digo que muchos procurarán entrar, y no podrán" (Lc. 13:24). En Mateo 11:12, Jesús declaró otra vez la dificultad de entrar al reino, y señaló que "desde los días de Juan el Bautista hasta ahora, el reino de los cielos sufre violencia, y los violentos lo arrebatan" (cp. Lc. 16:16), mientras que Pedro preguntó de manera retórica: "Si el justo con dificultad se salva, ¿en dónde aparecerá el impío y el pecador?" (1 P. 4:18). "Me buscaréis y me hallaréis", declaró Dios, solo "porque me buscaréis de todo vuestro corazón" (Jer. 29:13). Los pecadores luchan denodadamente para llegar al rechazo de sí mismos, el odio al pecado, y la sumisión a Cristo. Y esa lucha que culmina en salvación es activada nada menos que por el poder del Espíritu Santo que opera en el propósito soberano de Dios.

Lo que hace que esa puerta angosta sea tan difícil de atravesar es la necesidad de negación personal. Al rechazar el llamado del Señor de renunciar a todo y seguirle, el joven rico, como se indicó anteriormente, "se fue triste, porque tenía muchas posesiones" (Mr. 10:22). También al rechazar el llamado al compromiso total y absoluto hacia Cristo, "muchos de sus discípulos volvieron atrás, y ya no andaban con él" (Jn. 6:66).

Debido a la necesidad de negarse a sí mismos, Jesús retó a los aspirantes a ser sus seguidores a que consideraran lo que podría costarles llegar a Él:

> *Porque ¿quién de vosotros, queriendo edificar una torre, no se sienta primero y calcula los gastos, a ver si tiene lo que necesita para acabarla? No sea que después que haya puesto el cimiento, y no pueda acabarla, todos los que lo vean comiencen a hacer burla de él, diciendo: Este hombre comenzó a edificar, y no pudo acabar. ¿O qué rey, al marchar a la guerra contra otro rey, no se sienta primero y considera si puede hacer frente con diez mil al que viene contra él con veinte mil? Y si no puede, cuando el otro está todavía lejos, le envía una embajada y le pide condiciones de paz (Lc. 14:28-32).*

Entonces Jesús aplicó los ejemplos a sus oyentes: "Así, pues, cualquiera de vosotros que no renuncia a todo lo que posee, no puede ser mi discípulo" (v. 33). Por supuesto, el Señor no estaba enseñando que la salvación viene al empobrecerse. La negación de sí mismo de la que se habla aquí no es simplemente de cosas materiales, sino de todo lo que se exija para la salvación (Ro. 7:18) o que sea más importante que Dios para una persona. El mensaje de Jesús es que llegar a Él implica total sumisión a su señorío, y disposición de abandonar cualquier cosa que Cristo pida a favor de los propósitos divinos. Eso es el mensaje importante en las parábolas del tesoro escondido en el campo y de la perla de gran precio, en que el tesoro y la perla solamente las puede adquirir el hombre cuando vende todo (Mt. 13:44-46). El pecador debe entender el valor inestimable de la vida eterna, y deshacerse ansiosamente de todo aquello que sea un obstáculo para ese gozo eterno.

Según se indicó, el evangelio es tan contrario al amor propio, al egoísmo y a la terca intransigencia de la humanidad caída, que nadie puede llegar a la fe en

Cristo aparte de la obra de convencimiento y regeneración del Espíritu. Al estar muertos en sus pecados los no regenerados llevan vidas totalmente controladas por el deseo personal y los apetitos de la carne (Ef. 2:1-3). Por naturaleza aman la oscuridad del pecado y odian la luz de la verdad (Jn. 3:19-20), pues están cegados por Satanás para que no puedan ver esa luz (2 Co. 4:4). Solo cuando el Espíritu convence de pecado a los incrédulos (Jn. 16:8-11), los atrae hacia Cristo (Jn. 6:44, 65) y les otorga vida (Jn. 3:3-7), la salvación puede llevarse a cabo.

Después de llamar "a la gente y a sus discípulos" (Mr. 8:34), Jesús **decía a todos** esta importante enseñanza sobre el verdadero discipulado. Un compromiso de veras con Cristo implica abnegación, llevar la cruz y obediencia.

ABNEGACIÓN

niéguese a sí mismo, (9:23*a*)

Arneomai (**niéguese a sí mismo**) es un término fuerte, usado para describir las vehementes negaciones que Pedro hizo de que conocía a Jesús (Mt. 26:70, 72), para reprobar a quienes constantemente niegan a Cristo (Lc. 12:9; Tit. 1:16; 1 Jn. 2:22-23; Jud. 4), y para describir la insistencia de Juan el Bautista en que él no era el Mesías (Jn. 1:20). Incluso se puede traducir "repudiar" en referencia al rechazo que Israel hiciera a Jesús (Hch. 3:13-14; cp. 7:35). Ser seguidor de Jesucristo es repudiar el ego natural, depravado y pecaminoso del ser humano. Es renunciar a toda dependencia y confianza en uno mismo y a la obra personal de salvación.

Nadie tuvo más impresionantes credenciales que el apóstol Pablo. Según su propio testimonio, él fue "circuncidado al octavo día, del linaje de Israel, de la tribu de Benjamín, hebreo de hebreos; en cuanto a la ley, fariseo; en cuanto a celo, perseguidor de la iglesia; en cuanto a la justicia que es en la ley, irreprensible" (Fil. 3:5-6). En su juicio ante Herodes, Pablo declaró: "Conforme a la más rigurosa secta de nuestra religión, viví fariseo" (Hch. 26:5). Al recordar su carrera antes de su salvación, Pablo escribió: "En el judaísmo aventajaba a muchos de mis contemporáneos en mi nación, siendo mucho más celoso de las tradiciones de mis padres" (Gá. 1:14).

Sin embargo, cuando conoció a Cristo en el camino a Damasco, todos los logros del celoso fariseo religioso dejaron de tener sentido para él:

> *Y yo sé que en mí, esto es, en mi carne, no mora el bien; porque el querer el bien está en mí, pero no el hacerlo (Ro. 7:18).*

> *Pero cuantas cosas eran para mí ganancia, las he estimado como pérdida por amor de Cristo. Y ciertamente, aun estimo todas las cosas como pérdida por la*

> *excelencia del conocimiento de Cristo Jesús, mi Señor, por amor del cual lo he perdido todo, y lo tengo por basura, para ganar a Cristo (Fil. 3:7-8).*

> *Palabra fiel y digna de ser recibida por todos: que Cristo Jesús vino al mundo para salvar a los pecadores, de los cuales yo soy el primero (1 Ti. 1:15).*

Pablo ejemplificó a "los pobres en espíritu" (Mt. 5:3), que se reconocen a sí mismos como desamparados, pobres y en bancarrota espiritual. Así como el recaudador de impuestos, estos lloran por su pecado y claman: "Dios, sé propicio a mí, pecador" (Lc. 18:13).

Al igual que Pablo, aquellos que se han confrontado con Dios son agobiados con una comprensión de su propia pecaminosidad. Después que Dios reprendiera a Job, este contestó: "Por tanto me aborrezco, y me arrepiento en polvo y ceniza" (Job 42:6). Después de ver al ángel del Señor (Cristo preencarnado), Manoa, el padre de Sansón, exclamó: "Ciertamente moriremos, porque a Dios hemos visto" (Jue. 13:22). Cuando tuvo una visión de la gloria de Dios en el templo, Isaías, acongojado por su pecaminosidad, clamó: "¡Ay de mí! que soy muerto; porque siendo hombre inmundo de labios, y habitando en medio de pueblo que tiene labios inmundos, han visto mis ojos al Rey, Jehová de los ejércitos" (Is. 6:5). Después que Jesús creara de manera milagrosa una enorme cantidad de peces para Pedro y sus compañeros, este "cayó de rodillas ante Jesús, diciendo: Apártate de mí, Señor, porque soy hombre pecador" (Lc. 5:8).

Es contra esa siniestra situación general de pecado e impotencia que la magnanimidad de la gracia perdonadora de Dios se manifiesta. Salmos 34:18 declara: "Cercano está Jehová a los quebrantados de corazón; y salva a los contritos de espíritu". En su gran oración de contrición y confesión, David manifestó: "Los sacrificios de Dios son el espíritu quebrantado; al corazón contrito y humillado no despreciarás tú, oh Dios" (Sal. 51:17). Dios expresó: "Miraré a aquel que es pobre y humilde de espíritu, y que tiembla a mi palabra" (Is. 66:2; cp. 57:15).

La ley no provee ninguna esperanza para los que son pecadores por naturaleza. Dicha ley no se ha dado como un medio o una norma por la cual nadie podría alcanzar salvación (Ro. 3:20, 28; 8:3; Gá. 2:16; 3:11). Al contrario, se ha dado para exhibir la pecaminosidad, revelar el desamparo, exponer la imposibilidad del hombre para ganar salvación, y dejar en claro la necesidad del Salvador (Gá. 3:24). La ley requiere lo que no es posible: obediencia absoluta y perfecta (Gá. 3:10; Stg. 2:10), afirmando que Dios está enojado, que es vengativo, y que castigará al transgresor de la ley. En el Sermón del Monte, Jesús atacó la religión farisaica, que constituía el esfuerzo más exigente por guardar la ley. El mensaje que Él predicó fue diseñado para destruir en los fariseos la confianza en sus esfuerzos superficiales e hipócritas por cumplir la ley, y mostrarles cuán perversos eran sus corazones (Mt. 5:17-48).

El entendimiento de que los seres humanos no pueden satisfacer las exigencias de la ley de Dios por sus propios esfuerzos siempre ha sido lo que lleva al Señor a los pecadores arrepentidos (Is. 55:6-7). El arrepentimiento está en el núcleo del mensaje del evangelio. Jesús vino para llamar a los pecadores al arrepentimiento (Lc. 5:32), para predicar la necesidad de arrepentimiento (18:13-14; Mt. 4:17; Stg. 4:6-10), y para ordenar que sus seguidores hicieran lo mismo (Lc. 24:47).

El Nuevo Testamento usa tres palabras griegas para describir el arrepentimiento. *Metanoeō* (Mt. 3:2; Mt. 4:17; Lc. 10:13; 15:7, 10) expresa el aspecto mental del arrepentimiento, e implica una inversión de la manera de pensar, un cambio de mentalidad por medio del cual los pecadores se ven como Dios los ve: caídos, depravados e impotentes para salvarse a sí mismos. *Metamelomai* (Mt. 21:29, 32) describe el aspecto emocional del arrepentimiento: el abatimiento y la tristeza que produce el cambio de mentalidad en una persona. Por último, *epistrephō* (Lc. 17:4; 22:32; Hch. 3:19; 9:35; 11:21; 2 Co. 3:16) hace referencia al acto de la voluntad para cambiar en alguien la dirección de vida; es decir, volverse del pecado a Dios (1 Ts. 1:9). Intelectualmente, el arrepentimiento supone reconocer la vileza del pecado. Emocionalmente, produce un abrumador sentimiento de tristeza, abatimiento y quebrantamiento. Volitivamente, el resultado es un cambio de dirección de vida en cuanto a alejarse del pecado e ir a Cristo.

Debe tenerse en cuenta que ese arrepentimiento no es una obra humana meritoria. Los pecadores que están muertos en sus pecados (Ef. 2:1), espiritualmente ciegos (Lc. 4:18; cp. 2 Co. 4:4) y atrapados en el reino de las tinieblas de Satanás (Col. 1:13) no pueden arrepentirse por voluntad propia. El arrepentimiento llega cuando el Espíritu Santo usa la Palabra de Dios a fin de hacer a los pecadores conscientes de su condición perdida, convenciéndolos de su pecado (Jn. 16:8-11). Hechos 11:18 declara "que también a los gentiles ha dado Dios arrepentimiento para vida". Pablo afirmó la decisión divina de dar tal arrepentimiento cuando dio instrucciones a Timoteo de "que con mansedumbre corrija a los que se oponen, por si quizá Dios les conceda que se arrepientan para conocer la verdad, y escapen del lazo del diablo, en que están cautivos a voluntad de él" (2 Ti. 2:25-26).

Los pecadores entonces no están en posición de poner las condiciones por las cuales llegar a Cristo; lo deben aceptar en los términos de Él, no en los de ellos. El famoso puritano inglés del siglo XVII, Thomas Watson, describió lo que significa exhibir la abnegación que caracteriza a los pobres en espíritu:

> Los pobres en espíritu están contentos con aceptar a Cristo bajo las condiciones de Él. Los pecadores orgullosos discutirán y altercarán con Cristo. Tendrán a Cristo y a sus placeres mundanos, a Cristo y a su codicia humana. Pero los que son pobres en espíritu se ven como

> perdidos sin Cristo, y están dispuestos a tenerlo bajo las condiciones de Él: siendo tanto Príncipe como Salvador: "Cristo Jesús, mi Señor" (Fil. 3:8). Los habitantes de un castillo al que han sitiado por mucho tiempo y que está listo para ser tomado se rendirán bajo cualquier condición a fin de salvar sus vidas. Quienes han sido una guarnición para el diablo, y que han resistido por mucho tiempo en oposición a Cristo, una vez que Dios los ha llevado a la pobreza de espíritu y se ven condenados sin Cristo, dejarán que Dios proponga las condiciones y estarán listos para suscribirse a esas condiciones. "Señor, ¿qué quieres que yo haga?" (Hch. 9:6). Quien es pobre en espíritu hará todo lo posible por tener a Cristo. Decapitarán a su amado pecado. Igual que Pedro, se lanzarán al agua para ir a Cristo (*The Beatitudes* [reimpresión; Edinburgh: Banner of Truth, 1980], pp. 47-48).

El siguiente poema resume en términos prácticos lo que significa la abnegación para un cristiano:

> Cuando te hacen a un lado, te rechazan o te menosprecian a propósito, y el insulto o el descuido no te arde ni te duele, sino que tu corazón está feliz al ser contado por digno de sufrir por causa de Cristo… eso es morir al yo.
>
> Cuando hablan mal de tu bondad, contrarían tus deseos, no toman en cuenta tu consejo o ridiculizan tus opiniones, y no permites que surja ira en tu corazón ni siquiera para defenderte, sino que lo tomas todo en paciente y amoroso silencio… eso es morir al yo.
>
> Cuando de manera amorosa y paciente soportas cualquier desorden e irregularidad, cualquier impuntualidad o cualquier molestia; cuando te encuentras cara a cara con la basura, la tontería, la extravagancia, y la insensibilidad espiritual, y la soportas como la soportó Jesús, eso es morir al yo.
>
> Cuando te contentas con cualquier comida, cualquier ofrenda, cualquier vestimenta, cualquier clima, cualquier sociedad, cualquier soledad, cualquier interrupción por la voluntad de Dios… eso es morir al yo.
>
> Cuando nunca te refieres a ti mismo en conversación, ni narras tus buenas obras, ni ansías algún elogio, cuando en realidad te gusta de veras pasar desapercibido… eso es morir al yo.

> Cuando puedes ver que tu hermano o hermana tienen suplidas sus necesidades, y con sinceridad puedes regocijarte en espíritu y no sentir envidia ni cuestionar a Dios, aunque tus propias necesidades sean mayores y te halles en circunstancias más desesperadas... eso es morir al yo.
>
> Cuando puedas recibir corrección y reproche de alguien en menor posición que tú, y con humildad te sometas tanto por dentro como por fuera, sin que dentro de tu corazón surja rebeldía o resentimiento ... eso es morir al yo.
>
> (Bill Britton, "Dethrone the King: Dying to Self", *The Heartbeat of the Remnant*, julio/agosto 2002, p. 19).

LLEVAR LA CRUZ

tome su cruz cada día, (9:23*b*)

En la jerga contemporánea, la cruz ha llegado a representar cualquier dificultad o circunstancia desagradable, por trivial que sea. Algunos sostienen que su empleo, su jefe, su auto, su suegra o su adolescente caprichoso es su cruz. Otros ven tomar la cruz como identificarse en algún modo místico con la crucifixión de Cristo. Esa no sería una noción que los seguidores de Jesús habrían considerado, ya que aunque Él les había hablado de su muerte aún no les había dicho que sería crucificado. Para ellos una **cruz** representaba una sola cosa: horrible sufrimiento, dolor y muerte. La crucifixión era un método común de ejecución usado por los romanos, y era algo muy conocido en la Palestina del siglo I. Por tanto, cuando el Señor declaró que quien quisiera seguirlo debía tomar **su cruz cada día,** sus oyentes habrían entendido perfectamente lo que quiso decir. En los términos más gráficos posibles, Jesús estaba pidiendo una disposición para soportar odio, hostilidad, rechazo, reproche, persecución, vergüenza, e incluso la muerte más horrible; estaba pidiendo una disposición a decir no al yo y a la seguridad por causa de Él (cp. 1 P. 4:16). Un pequeño sacrificio comparado con el regalo de la vida eterna.

El discurso de despedida de Pablo a los ancianos de la iglesia en Éfeso refleja la disposición del apóstol a sufrir cualquier cosa que se requiriera de él por la causa de Cristo:

> *Ahora, he aquí, ligado yo en espíritu, voy a Jerusalén, sin saber lo que allá me ha de acontecer; salvo que el Espíritu Santo por todas las ciudades me da testimonio, diciendo que me esperan prisiones y tribulaciones. Pero de ninguna cosa hago*

> *caso, ni estimo preciosa mi vida para mí mismo, con tal que acabe mi carrera con gozo, y el ministerio que recibí del Señor Jesús, para dar testimonio del evangelio de la gracia de Dios (Hch. 20:22-24).*

Poco tiempo después Pablo dijo a quienes les preocupaba la seguridad del apóstol en caso de que este fuera a Jerusalén: "¿Qué hacéis llorando y quebrantándome el corazón? Porque yo estoy dispuesto no sólo a ser atado, mas aun a morir en Jerusalén por el nombre del Señor Jesús" (Hch. 21:13). A los corintios les manifestó: "Cada día muero" (1 Co. 15:31), expresando la realidad de que había vivido constantemente al borde de la muerte (cp. Hch. 20:19; 2 Co. 11:22-33).

No hay corona sin cruz. La vida eterna es tan preciosa que, si el Señor lo desea, aquellos que la buscan de veras están dispuestos a renunciar a todo para obtenerla, incluso a sufrir con gozo (cp. 1 P. 4:12-19). Ellos pueden decir con Pablo: "Esta leve tribulación momentánea produce en nosotros un cada vez más excelente y eterno peso de gloria" (2 Co. 4:17).

OBEDIENCIA

y sígame. (9:23*c*)

El tiempo presente del verbo traducido **sígame** indica que un continuo patrón de obediencia caracteriza a un verdadero discípulo de Jesucristo. En el Sermón del Monte, Jesús advirtió: "No todo el que me dice: Señor, Señor, entrará en el reino de los cielos, sino el que hace la voluntad de mi Padre que está en los cielos" (Mt. 7:21). En Lucas 6:46 hizo la pregunta directa: "¿Por qué me llamáis, Señor, Señor, y no hacéis lo que yo digo?". Hablándoles a los apóstoles en el aposento alto la noche antes de su muerte, Jesús resaltó que la verdadera fe que salva se manifestará inevitablemente en obediencia:

> *El que tiene mis mandamientos, y los guarda, ése es el que me ama; y el que me ama, será amado por mi Padre, y yo le amaré, y me manifestaré a él... El que me ama, mi palabra guardará; y mi Padre le amará, y vendremos a él, y haremos morada con él. El que no me ama, no guarda mis palabras; y la palabra que habéis oído no es mía, sino del Padre que me envió (Jn. 14:21, 23-24).*

> *Si guardareis mis mandamientos, permaneceréis en mi amor; así como yo he guardado los mandamientos de mi Padre, y permanezco en su amor (Jn. 15:10).*

> *Vosotros sois mis amigos, si hacéis lo que yo os mando (Jn. 15:14; cp. 1 Jn. 2:5-6; 3:24; 5:3; 2 Jn. 6).*

Como ocurre con el arrepentimiento (véase el estudio anterior), la abnegación, el llevar la cruz400 y la obediencia no son obras meritorias de pre salvación que hacen al pecador aceptable ante Dios. Tampoco son pasos cronológicos y secuenciales que llevan a la conversión, sino más bien los componentes lógicos de la fe que salva. Ni el arrepentimiento ni la fe que salva pueden producirse bajo el poder humano; son componentes de la obra divina provocada por el Espíritu de Dios.

PARADOJA DEL VERDADERO DISCIPULADO

Porque todo el que quiera salvar su vida, la perderá; y todo el que pierda su vida por causa de mí, éste la salvará. Pues ¿qué aprovecha al hombre, si gana todo el mundo, y se destruye o se pierde a sí mismo? (9:24-25)

Jesús profundizó aún más en el principio que acababa de dar al señalar de manera paradójica que **todo el que quiera salvar su vida** en realidad **la perderá; y todo el que pierda su vida por causa de mí, éste la salvará.** La única manera de que los pecadores perdidos sean salvos del castigo eterno en el infierno es experimentar el abandono de todo por seguir a Cristo.

Este claro llamado debió haber sido parte habitual de la predicación de nuestro Señor. Más tarde en su ministerio declaró: "Todo el que procure salvar su vida, la perderá; y todo el que la pierda, la salvará" (Lc. 17:33). Antes, como se registra en Mateo 10:39, Jesús expresó: "El que halla su vida, la perderá; y el que pierde su vida por causa de mí, la hallará". Juan 12:25 dice que durante la Semana Santa Él repitió este llamado: "El que ama su vida, la perderá; y el que aborrece su vida en este mundo, para vida eterna la guardará". Está claro que el mensaje es que quienes se enfocan en el amor propio, la autoestima, y el cumplimiento de todos sus deseos, sueños y ambiciones en esta vida, incluso con un interés superficial en Jesús, perderán su alma eterna (cp. Mt. 7:21-23). Pero quienes abandonan sus intereses propios, se niegan a sí mismos, odian su condición pecaminosa, y se entregan por completo a Jesucristo, serán salvos.

Un punto importante para destacar es que Jesús no estaba cambiando todas las formas personales de negación por alguna nobleza intrínseca. No estaba diciendo que quienes dan sus vidas por causas sociales, políticas o incluso religiosas se beneficiarán espiritualmente al hacerlo. Él dijo que la abnegación que el Señor exigió fue específicamente: **por causa de mí.**

Para explicar este tema, Jesús hizo la pregunta retórica: **Pues ¿qué aprovecha al hombre, si gana todo el mundo, y se destruye o se pierde a sí mismo?** Como expresión de exageración definitiva, el Señor dijo en realidad: "Supongamos a modo de argumento que pudieras poseer todo el mundo, todo lo que tus pasiones ansían, lo que tus ojos codician y lo que tu orgullo demanda (cp. 1 Jn. 2:16),

¿en qué te beneficiaría eso si pierdes tu alma eterna?". La respuesta obvia es "en nada". Nada en el mundo es de valor comparable al alma eterna de una persona.

CASTIGO DEL FALSO DISCIPULADO

Porque el que se avergonzare de mí y de mis palabras, de éste se avergonzará el Hijo del Hombre cuando venga en su gloria, y en la del Padre, y de los santos ángeles. (9:26)

Jesús identifica a quien no se arrepiente ni cree en Él como **que se avergonzare de** Él **y de** sus **palabras** (cp. Mt. 10:32-33). Avergonzarse en este contexto significa rechazar, despreciar y hallar inaceptable. Tales personas están orgullosas de lo que deberían estar avergonzadas; su "gloria es su vergüenza" (Fil. 3:19). Dios declaró de los israelitas pecadores y no arrepentidos: "¿Se han avergonzado de haber hecho abominación? Ciertamente no se han avergonzado, ni aun saben tener vergüenza" (Jer. 6:15). A pesar del hecho de haber manifestado la gloria de Dios (Jn. 1:14; Ap. 5:12), los pecadores rechazaron a Jesús (Jn. 1:10-11). El mensaje de la cruz es locura y ofensivo para quienes quieren aferrarse a su pecado (1 Co. 1:18, 23), que buscan la aprobación de los hombres antes que la aprobación de Dios (Jn. 12:43).

Aquel que se avergüenza de Jesús descubrirá que **de** él **se avergonzará el Hijo del Hombre cuando venga en su gloria, y en la del Padre, y de los santos ángeles** (cp. 2 Ts. 1:7-9). Las palabras de Cristo aquí reflejan un texto del Antiguo Testamento que sus oyentes debían conocer muy bien. Daniel 7:9-10 describe el juicio registrado también en Apocalipsis 20:11-15. Luego los versículos 13 y 14 en Daniel describen la aparición del Hijo del Hombre, quien juzgará (cp. Jn. 5:22, 27) y recibirá su reino eterno. En ese tiempo todos los que se avergonzaron de Él y lo rechazaron serán sentenciados al infierno eterno.

Por otra parte, los cristianos no deben avergonzarse de Cristo ni de sus palabras (Ro. 1:16; Fil. 1:20; 2 Ti. 1:12; 1 P. 4:16). La promesa para quienes se avergüenzan de sí mismos y de su pecado, y que se glorían solo en la cruz (Gá. 6:14; cp. He. 12:2), es que Dios los redimirá y les concederá perdón y vida eterna. La maravillosa verdad es que Jesús "no se avergüenza de llamarlos hermanos" (He. 2:11) y "Dios no se avergüenza de llamarse Dios de ellos" (He. 11:16).

Vista previa de la segunda venida

58

Pero os digo en verdad, que hay algunos de los que están aquí, que no gustarán la muerte hasta que vean el reino de Dios. Aconteció como ocho días después de estas palabras, que tomó a Pedro, a Juan y a Jacobo, y subió al monte a orar. Y entre tanto que oraba, la apariencia de su rostro se hizo otra, y su vestido blanco y resplandeciente. Y he aquí dos varones que hablaban con él, los cuales eran Moisés y Elías; quienes aparecieron rodeados de gloria, y hablaban de su partida, que iba Jesús a cumplir en Jerusalén. Y Pedro y los que estaban con él estaban rendidos de sueño; mas permaneciendo despiertos, vieron la gloria de Jesús, y a los dos varones que estaban con él. Y sucedió que apartándose ellos de él, Pedro dijo a Jesús: Maestro, bueno es para nosotros que estemos aquí; y hagamos tres enramadas, una para ti, una para Moisés, y una para Elías; no sabiendo lo que decía. Mientras él decía esto, vino una nube que los cubrió; y tuvieron temor al entrar en la nube. Y vino una voz desde la nube, que decía: Este es mi Hijo amado; a él oíd. Y cuando cesó la voz, Jesús fue hallado solo; y ellos callaron, y por aquellos días no dijeron nada a nadie de lo que habían visto. (9:27-36)

Una de las secciones más gloriosas de la obra maestra de Handel, *Mesías*, es el coro "la gloria de Jehová", que extrae su texto de la profecía de Isaías. Refiriéndose a la venida del Mesías, Isaías escribió: "Y se manifestará la gloria de Jehová, y toda carne juntamente la verá; porque la boca de Jehová ha hablado" (Is. 40:5). Ese texto revela que el Señor Jesucristo es la gloria de Dios manifiesta en la encarnación.

El Antiguo Testamento relata muchas ocasiones en que Dios reveló sus atributos en gloria visible similar a la luz. La gloria de Dios apareció en el desierto en respuesta a las quejas de Israel respecto a la falta de comida (Éx. 16:7, 10); en Levítico 9:23 en la ordenación de Aarón y sus hijos como sacerdotes; en el monte Sinaí en la entrega de la ley (Éx. 24:15-18); en la finalización del tabernáculo (Éx. 40:34-35); en el desierto en respuesta a la rebelión de la nación (Nm. 14:10), y otra vez después de la rebelión de Coré, Datán y Abiram (Nm. 16:19,

42); cuando el pueblo se quejó por la falta de agua en Meriba (Nm. 20:6); en la finalización del templo (1 R. 8:10-11); y a Ezequiel (Ez. 1:28; 3:23; 10:4, 18; 11:23). Siempre que la gloria del Señor aparecía, esta manifestaba la presencia del mismo Dios.

Las manifestaciones de Dios en el Antiguo Testamento estaban rodeadas de misterio. Job declaró: "He aquí, estas cosas son sólo los bordes de sus caminos; ¡Y cuán leve es el susurro que hemos oído de él! Pero el trueno de su poder, ¿quién lo puede comprender?" (Job 26:14). Moisés clamó a Dios: "Te ruego que me muestres tu gloria" (Éx. 33:18). Pero Dios contestó: "No podrás ver mi rostro; porque no me verá hombre, y vivirá" (v. 20) y después dijo a Moisés: "Cuando pase mi gloria, yo te pondré en una hendidura de la peña, y te cubriré con mi mano hasta que haya pasado. Después apartaré mi mano, y verás mis espaldas; mas no se verá mi rostro" (vv. 22-23). La plenitud ardiente de la gloria de Dios incineraría a cualquiera que se encontrara con ella.

Es en el Señor Jesucristo que la gloria de Dios se manifiesta de manera más plena y clara. El escritor de Hebreos comenzó su libro con una descripción de la gloria de Cristo:

> *Dios, habiendo hablado muchas veces y de muchas maneras en otro tiempo a los padres por los profetas, en estos postreros días nos ha hablado por el Hijo, a quien constituyó heredero de todo, y por quien asimismo hizo el universo; el cual, siendo el resplandor de su gloria, y la imagen misma de su sustancia (He. 1:1-3).*

El apóstol Pablo lo llamó el "Señor de gloria" (1 Co. 2:8), y en 2 Corintios 4:3-6 declara:

> *Pero si nuestro evangelio está aún encubierto, entre los que se pierden está encubierto; en los cuales el dios de este siglo cegó el entendimiento de los incrédulos, para que no les resplandezca la luz del evangelio de la gloria de Cristo, el cual es la imagen de Dios. Porque no nos predicamos a nosotros mismos, sino a Jesucristo como Señor, y a nosotros como vuestros siervos por amor de Jesús. Porque Dios, que mandó que de las tinieblas resplandeciese la luz, es el que resplandeció en nuestros corazones, para iluminación del conocimiento de la gloria de Dios en la faz de Jesucristo.*

Santiago se refirió a Él como "nuestro glorioso Señor Jesucristo" (Stg. 2:1). Pero el acontecimiento que más poderosa y dramáticamente demostró que Jesucristo es la verdadera gloria de Dios, aunque velada mientras caminaba en la tierra, es la que se narra en este pasaje. La transfiguración representa una vista previa de la revelada segunda venida de Cristo, cuando Él regrese en toda su gloria visible (Mt. 24:29-30; 25:31).

La última visión que el mundo tuvo de Jesús fue de Él colgando de una cruz; solamente sus seguidores lo vieron después de la resurrección y presenciaron su ascensión. La crucifixión era desde el punto de vista de los gentiles el máximo acto de desprecio hacia las personas más depravadas de la sociedad, mientras que para el pueblo judío simbolizaba ser maldecido por Dios (cp. Gá. 3:13).

Pero esa no es la última visión que el mundo tendrá de Jesús. Aunque el mundo solo se fija en su primera venida, Jesús habló con frecuencia de su regreso (cp. Lc. 9:26; 12:40; 17:24-30; 18:8; 21:27, 36). Las dos venidas de Cristo, la primera en humildad y la segunda en gloria, son los dos grandes temas de la profecía bíblica.

Sin embargo, los burladores cuestionan por qué alguien debería creer la promesa del regreso de Jesús. Después de todo, casi dos mil años han transcurrido desde su muerte. Ellos preguntan: "¿Dónde está la promesa de su advenimiento? Porque desde el día en que los padres durmieron, todas las cosas permanecen así como desde el principio de la creación" (2 P. 3:4). El mismo escepticismo enfrentaron los profetas del Antiguo Testamento que predijeron acontecimientos en el futuro lejano. Pero también predijeron sucesos cercanos, que disiparon el escepticismo cuando ocurrieron, dando evidencia de que sus profecías futuras también habrían de cumplirse.

En esta sección, Jesús siguió el patrón de los profetas del Antiguo Testamento. Después de prometer su glorioso regreso en el v. 26, que no llegaría en la época de ellos (véase el estudio de ese versículo en el cap. anterior de esta obra), Él prometió un hecho que ocurriría de inmediato a fin de verificar su credibilidad. Les dijo a sus oyentes: **Pero os digo en verdad, que hay algunos de los que están aquí** (identificados en el versículo siguiente como Pedro, Juan y Jacobo) **que no gustarán la muerte** (una expresión coloquial hebrea para morir) **hasta que vean el reino de Dios.** La ojeada previa que ellos recibirían de la naturaleza divina de Jesús, que se revelaría por completo en su regreso, era un regalo para animarles su débil fe. Por tanto, **aconteció como ocho días después de estas palabras, que tomó a Pedro, a Juan y a Jacobo, y subió al monte a orar.** Mateo (17:1) y Marcos (9:2) ponen la transfiguración seis días después que el Señor pronunciara estas palabras. No hay contradicción entre sus relatos y el de Lucas; este último simplemente comienza y termina los seis días, agregando el día en que Jesús hizo tal declaración y el día real de la transfiguración.

Jesús **tomó a Pedro, a Juan y a Jacobo,** ya que estos tres hombres, junto con Andrés, conformaban el círculo más íntimo de los apóstoles (cp. 8:51; Mr. 14:33). La elección que Jesús hiciera de tres hombres refleja el requisito de la ley que "por el testimonio de dos o tres testigos se mantendrá" un asunto (Dt. 19:15; cp. Mt. 18:16; 2 Co. 13:1; 1 Ti. 5:19; He. 10:28). Los apóstoles habían quedado devastados por la predicción de Jesús acerca de su muerte (9:21-22), y por la posibilidad de los propios martirios que ellos sufrirían (vv. 23-24). Mateo (16:22-23) y Marcos (8:32-33) nos dicen que Pedro reprendió a Jesús incluso por sugerir tales planes, por lo cual a su vez fue severamente amonestado por su Señor. Era muy difícil armonizar esas predicciones inesperadas y no deseadas con los puntos de vista mesiánicos que ellos tenían, y con la prometida gloria del Señor (v. 26). El asombroso hecho que Pedro, Juan y Jacobo estaban a punto de presenciar estaba diseñado como una ayuda para reforzar su fe en la gloria de Jesús y las promesas del reino.

Ellos habían estado esperando la venida del reino prometido desde que comenzaron a seguir a Jesús. Habían visto el poder del reino cada vez que el Rey echaba fuera demonios, demostraba dominio sobre la naturaleza, sanaba enfermos, o resucitaba muertos. También habían experimentado el poder divino actuando a través de ellos (9:1). Pero lo que Pedro, Jacobo y Juan estaban a punto de experimentar iría más allá de solo observar las señales que apuntan hacia el reino; ellos en realidad entrarían brevemente al mismísimo reino.

Para la preparación de este glorioso acontecimiento, Jesús tomó con Él a los tres apóstoles **y subió al monte a orar.** En ese monte anónimo en Galilea, en la más grandiosa revelación durante su vida de quién era realmente Cristo, su gloria se manifestó en cuatro maneras: la transformación del Hijo, la asociación de los santos, la sugerencia de los durmientes, y la revelación del Dios soberano.

LA TRANSFORMACIÓN DEL HIJO

Y entre tanto que oraba, la apariencia de su rostro se hizo otra, y su vestido blanco y resplandeciente. (9:29)

Como el versículo 32 indica, Jesús **oraba** a solas mientras los apóstoles dormían. De repente, **la apariencia** del **rostro** de Jesús **se hizo otra,** diferente de la que había sido. Así lo describe Mateo: "Se transfiguró [*metamorphoō*, el origen de la palabra castellana "metamorfosis"] delante de ellos, y resplandeció su rostro como el sol" (Mt. 17:2). Aquel que "estando en la condición de hombre" (Fil. 2:8) echó para atrás el velo de su carne con el fin de revelar una breve ojeada de su gloria divina, la gloria shekiná de Dios que se manifestó varias veces en el Antiguo Testamento, como ya se indicó en este capítulo. La radiante gloria de la naturaleza de Cristo se irradió a través de su cuerpo hasta que **su vestido** se volvió **blanco y resplandeciente.** La palabra griega traducida **resplandeciente** significa "que emite luz", y describe una luz brillante e intermitente como el rayo. En su segunda venida Jesús manifestará esa misma gloria ardiente en toda su plenitud (Mt. 16:27; 25:31). Fue la gloria divina de Cristo la que los tres apóstoles verían cuando despertaron, junto con los otros seres gloriosos a quienes la narración presenta ahora.

LA ASOCIACIÓN DE LOS SANTOS

Y he aquí dos varones que hablaban con él, los cuales eran Moisés y Elías; quienes aparecieron rodeados de gloria, y hablaban de su partida, que iba Jesús a cumplir en Jerusalén. (9:30-31)

La frase **y he aquí** muestra otro aspecto sorprendente de esta asombrosa escena. Jesús no era la única persona presente del reino eterno; **dos varones que hablaban con él, los cuales eran Moisés y Elías; quienes** también **aparecieron rodeados de gloria;** es decir, en el esplendor de sus cuerpos glorificados (cp. Fil. 3:20-21). Que los dos fueran reconocibles demuestra que las personas en el cielo conservan sus identidades y no son espíritus incorpóreos. La elección de dos hombres estuvo una vez más de acuerdo con la norma de la ley para testigos señalada anteriormente. El tema de la conversación que tuvieron, la **partida que iba Jesús a cumplir en Jerusalén,** muestra que su muerte era el cumplimiento del plan eterno de Dios, no una ruptura de ese plan. Lo que era difícil de aceptar para los apóstoles, la muerte de Jesús, estaba dentro del plan divino, y estos representantes del Antiguo Testamento entendieron ese hecho perfectamente. Moisés y Elías habían estado en la presencia de Dios desde sus partidas de este mundo, donde habían conocido y adorado a Jesús, y entendieron el plan de redención.

Moisés y Elías fueron elegidos para aparecer al menos por tres razones. Primera, ambos tuvieron salidas extrañas del mundo. Después de la muerte de Moisés, el arcángel Miguel y Satanás pelearon por su cuerpo (Jud. 9), y Dios lo enterró para que nunca pudieran encontrarlo (Dt. 34:6). Elías no murió sino "que yendo ellos [Elías y Eliseo] y hablando, he aquí un carro de fuego con caballos de fuego apartó a los dos; y Elías subió al cielo en un torbellino" (2 R. 2:11).

Además, Moisés y Elías fueron dos testigos en quienes Israel confiaría implícitamente. Moisés fue el líder más grande y más reverenciado en la historia de la nación, quien los sacó de la esclavitud de Egipto. Elías fue uno de los profetas más grandes y más respetados. También fue uno de los únicos dos hombres en el Antiguo Testamento, junto con Enoc (Gn. 5:22-24), que no experimentaron muerte sino que fueron llevados directamente al cielo.

Por último, ellos representaron las dos grandes divisiones del Antiguo Testamento. A Moisés se lo identifica con la ley, a la que comúnmente se hace referencia como la ley de Moisés (p. ej., Jos. 8:31; 1 R. 2:3; 2 R. 23:25; 2 Cr. 23:18; Esd. 7:6; Neh. 8:1; Dn. 9:11, 13; Mal. 4:4; Lc. 24:44; Jn. 7:23; Hch. 13:39; He. 10:28). Mientras que Moisés dio la ley, Elías la cumplió. Su firme posición contra el rechazo idolátrico que Israel hizo de la ley culminó en su dramática victoria sobre centenares de falsos profetas en el monte Carmelo (1 R. 18:19-40).

La pregunta que surge es por qué los dos hombres tenían cuerpos visibles, ya que a los santos del Antiguo Testamento se les describe en Hebreos 12:23 como "los espíritus de los justos hechos perfectos" que no reciben sus cuerpos glorificados hasta después de la tribulación (Dn. 12:1-2). Es evidente que, o bien recibieron de forma temporal los cuerpos en que aparecieron en esta ocasión, o Dios les entregó por anticipado sus cuerpos resucitados permanentes.

LA SUGERENCIA DE LOS DURMIENTES

Y Pedro y los que estaban con él estaban rendidos de sueño; mas permaneciendo despiertos, vieron la gloria de Jesús, y a los dos varones que estaban con él. Y sucedió que apartándose ellos de él, Pedro dijo a Jesús: Maestro, bueno es para nosotros que estemos aquí; y hagamos tres enramadas, una para ti, una para Moisés, y una para Elías; no sabiendo lo que decía. (9:32-33)

Mientras se desarrollaba esta increíble escena, la transfiguración de Jesús y su diálogo con Moisés y Elías, **Pedro y los que estaban con él estaban rendidos de sueño.** Ellos no se mostraron desinteresados, indiferentes o apáticos; el participio pasivo perfecto traducido **rendidos** sugiere que era involuntario que se quedaran dormidos. Además, habían estado dormidos antes de que la gloria del Señor se revelara. Intensamente tristes por la predicción de Jesús acerca del rechazo y de la muerte que sufriría, los tres apóstoles quedaron profundamente dormidos, igual que estarían más tarde en Getsemaní (22:45).

Sin embargo, Jesús no los llevó allí para que durmieran sino para que presenciaran su gloria. Fueron despertados, aturdidos al principio, quizás frotándose los ojos y tratando de darle sentido a la escena. **Mas permaneciendo despiertos, vieron la gloria de Jesús, y a los dos varones que estaban con él.** Es obvio que no habrían reconocido a Moisés y Elías a menos que los dos hombres se hubieran presentado, o que el Señor lo hubiera hecho.

No se sabe cuánto tiempo duró la escena, pero finalmente Moisés y Elías comenzaron a irse. **Sucedió que apartándose ellos de él, Pedro,** a menudo impetuoso y sin temor de decir lo que pensaba, **dijo a Jesús: Maestro** (Mt. 17:4 y Mr. 9:5 señalan que, abrumado por la gloriosa escena, Pedro también lo llamó "Señor" y "Maestro" respectivamente). Su primer comentario, **bueno es para nosotros que estemos aquí,** indica que la revelación del reino era lo que Pedro había estado esperando. Su sugerencia, **hagamos tres enramadas, una para ti, una para Moisés, y una para Elías,** refleja su deseo de eludir la cruz y hacer permanente la situación actual.

Una cantidad de aspectos incitaron en Pedro la esperanza de que lo que presenciaba era la inauguración del reino. En primer lugar, la fiesta de los tabernáculos se celebraba en ese tiempo. Puesto que esa fiesta festejaba la salida de Israel de Egipto, ¿qué mejor época podía haber para la salida de Jesús del mundo? Segundo, Pedro sabía por Zacarías 14:16-19 que la fiesta de los tabernáculos se celebraría en el reino milenial. En tercer lugar, él también estaba enterado que, según Malaquías 3:1 y 4:5-6, a Elías se lo asociaba con la venida del reino.

La imprudente sugerencia de Pedro muestra una sorprendente confianza en sí mismo. El apóstol estaba fuera fue su elemento, del mundo normal de tiempo y espacio, y en el reino sobrenatural de lo divino. Pero no dudó en ofrecer sugerencias al Señor acerca de lo que se debería hacer. Él aún estaba tratando de desviar a Jesús del sufrimiento, y de llevarlo hacia el establecimiento de su reino en ese mismo momento (cp. Hch. 1:6). Aunque bienintencionada y ofrecida de manera humilde, la sugerencia de Pedro estaba desenfocada; como a menudo era el caso, Pedro **no** sabía **lo que decía.** Este no era el inicio del reino; el plan de redención de Dios no se podía evitar. Antes de la corona viene la cruz; la senda hacia el reino es a través del Calvario. Antes de que Jesús reine como rey, Él debe ser el siervo sufriente de Isaías 53. Pero la gloriosa visión que experimentaron ese día permanecería con los tres apóstoles para el resto de sus vidas (2 P. 1:16-18), asegurándoles la realidad del reino venidero.

LA REVELACIÓN DEL DIOS SOBERANO

Mientras él decía esto, vino una nube que los cubrió; y tuvieron temor al entrar en la nube. Y vino una voz desde la nube, que decía: Este es mi Hijo amado; a él oíd. Y cuando cesó la voz, Jesús fue hallado solo; y ellos callaron, y por aquellos días no dijeron nada a nadie de lo que habían visto. (9:34-36)

Mientras Pedro estaba interrumpiendo la conversación entre Jesús, Moisés y Elías, Dios lo interrumpió a él. Cuando ofrecía su sugerencia, **vino una nube** ("de luz", Mt. 17:5) **que los cubrió.** La nube era una representación visible de la presencia de Dios en la gloria shekiná (cp. Éx. 13:21; 16:10; 24:16; 40:35; Nm. 16:42; 1 R. 8:11). Esta envolvió a Jesús, Moisés y Elías, dejando fuera a los apóstoles, ya que cuando oyeron la **voz** de Dios esta vino **desde la nube.** De manera comprensible, Pedro, Jacobo y Juan **tuvieron temor al entrar en la nube,** y cayeron rostro a tierra aterrados debido a la gloriosa presencia de Dios (Mt. 17:6; cp. Is. 6:5; Ez. 1:28; Ap. 1:17).

Como ocurrió en el bautismo de Jesús (Lc. 3:22), la declaración del Padre, **Este es mi Hijo amado,** testificaba que como su Hijo, Jesús compartía la naturaleza, la esencia y la deidad divinas. Entonces el Padre ordenó a los aterrados apóstoles: **A él** [Jesús] **oíd,** especialmente en el asunto de su muerte.

Hay un epílogo bastante extraño e inesperado para esta increíble escena. **Cuando cesó la voz** [de Dios], **Jesús fue hallado solo.** La nube que representaba la presencia de Dios había desaparecido, al igual que Moisés y Elías. Jesús levantó a los apóstoles del suelo y les apaciguó los temores (Mt. 17:7). Pero, en lugar de proclamar de inmediato la visión del glorioso Señor Jesucristo que acababan de presenciar, **ellos callaron, y por aquellos días no dijeron nada a nadie de lo que habían visto.**

Mateo revela el motivo de ese silencio: "Cuando descendieron del monte, Jesús les mandó, diciendo: No digáis a nadie la visión, hasta que el Hijo del Hombre resucite de los muertos" (Mt. 17:9). El Señor los había llevado allí para que fueran testigos; ¿por qué entonces les ordenó que no revelaran lo que habían visto? Había varias razones para la prohibición de Cristo. Primera, lo que habían presenciado estaba tan alejado de la realidad cotidiana que muy probablemente la mayoría de personas no habría creído el informe de los apóstoles. Habrían echado a los cerdos esta preciosa perla (cp. Mt. 7:6). Además, hablar abiertamente del reino podría haber hecho que los romanos, siempre en guardia contra la posibilidad de una insurrección, ejecutaran antes de tiempo a Jesús y los apóstoles. Aún más, la noticia de la visión pudo fácilmente haber incitado a los judíos a tratar otra vez de hacer a Jesús el líder de una revuelta contra Roma (cp. Jn. 6:14-15). Pero lo más importante, los apóstoles no podrían predicar a un Cristo glorificado sin la verdad de su muerte y resurrección. Solo después de la resurrección, Pedro (2 P. 1:16-18), Juan (Jn. 1:14), y Jacobo testificarían de la gloriosa vista previa acerca de la segunda venida que ellos habían presenciado, en su adecuada relación con la cruz y la tumba vacía.

Significado de la fe

59

Al día siguiente, cuando descendieron del monte, una gran multitud les salió al encuentro. Y he aquí, un hombre de la multitud clamó diciendo: Maestro, te ruego que veas a mi hijo, pues es el único que tengo; y sucede que un espíritu le toma, y de repente da voces, y le sacude con violencia, y le hace echar espuma, y estropeándole, a duras penas se aparta de él. Y rogué a tus discípulos que le echasen fuera, y no pudieron. Respondiendo Jesús, dijo: ¡Oh generación incrédula y perversa! ¿Hasta cuándo he de estar con vosotros, y os he de soportar? Trae acá a tu hijo. Y mientras se acercaba el muchacho, el demonio le derribó y le sacudió con violencia; pero Jesús reprendió al espíritu inmundo, y sanó al muchacho, y se lo devolvió a su padre. Y todos se admiraban de la grandeza de Dios. Y maravillándose todos de todas las cosas que hacía, dijo a sus discípulos: Haced que os penetren bien en los oídos estas palabras; porque acontecerá que el Hijo del Hombre será entregado en manos de hombres. Mas ellos no entendían estas palabras, pues les estaban veladas para que no las entendiesen; y temían preguntarle sobre esas palabras. (9:37-45)

El fundamento de toda vida espiritual para los cristianos es la fe en el Señor Jesucristo. Tal vez en la declaración más clara de esa verdad en la Biblia, Pablo escribió: "Porque por gracia sois salvos por medio de la fe; y esto no de vosotros, pues es don de Dios; no por obras, para que nadie se gloríe" (Ef. 2:8-9; cp. Jn. 1:12; Ro. 3:28; 5:1; Gá. 2:16; 3:8, 11, 24). La fe también es básica en la santificación. Pablo escribió: "Con Cristo estoy juntamente crucificado, y ya no vivo yo, mas vive Cristo en mí; y lo que ahora vivo en la carne, lo vivo en la fe del Hijo de Dios, el cual me amó y se entregó a sí mismo por mí" (Gá. 2:20). La fe es objetiva y se expresa a sí misma en la convencida confesión de Jesús como Señor, y en obediencia a la Palabra de Dios. Esto da como resultado una progresiva separación del pecado y se halla en conformidad con el Señor Jesucristo hasta la glorificación, cuando la fe sea reemplazada por la vista (cp. 2 Co. 5:6-7).

Sin embargo, hoy día, en el mundo posmoderno la fe se ha convertido en algo subjetivo, un término vago y ambiguo. A menudo se ve a la fe como un "salto al vacío" injustificado, no racional, y sin fondo, como algo virtuoso y hasta impactante en sí mismo. No obstante, la fe bíblica es radicalmente distinta. Se la podría definir simplemente como creer en quién es Dios y en qué ha dicho, puesto que la Biblia declara que esa es una realidad. La fe no es una experiencia nebulosa y mística, sino que está cimentada en la naturaleza de Dios según se revela en las Escrituras. Creer la revelación de Dios en la Biblia siempre es razonable porque se trata de la verdad divinamente inspirada.

Hebreos 11 contiene el estudio más extenso en la Biblia acerca de la fe; es más, la palabra "fe" aparece allí veinticinco veces. De los ejemplos de hombres y mujeres piadosos del Antiguo Testamento emergen varias verdades respecto a la fe. El versículo 1 la define como "la certeza de lo que se espera, la convicción de lo que no se ve". La fe transporta las promesas de Dios del futuro al presente, materializando la realidad futura. También es una confianza sustancial que se convierte en convicción absoluta e inquebrantable.

La fe bíblica no es fe natural y humana. En este último sentido, todo el mundo tiene fe, ya que todos confían en cosas tales como la seguridad del agua que beben y la calidad comestible de los alimentos que consumen, la competencia de quienes mantienen y hacen volar los aviones en que viajan, y la eficacia de las medicinas que ingieren. Sin embargo, en todos esos ejemplos la fe se basa en la experiencia humana. La fe bíblica confía en lo que no se ha experimentado, en función de la confianza absoluta en la verdad de las promesas divinas de las Escrituras. Aparte de tal fe, es imposible agradar a Dios (v. 6).

Los teólogos suelen usar tres palabras del latín para delinear los elementos de la fe que salva. *Notitia* (conocimiento) se refiere al elemento intelectual de la fe, y "consiste en un reconocimiento positivo de la verdad, en que el hombre acepta como verdadero todo lo que Dios dice en su Palabra" (Louis Berkhof, *Systematic Theology* [Grand Rapids: Eerdmans, 1976], p. 503). *Assensus* (asentimiento) describe el elemento emocional de la fe. Berkhof señala: "Cuando se acepta a Cristo por fe se obtiene una profunda convicción de la verdad y de la realidad del objeto de fe, sintiendo que se ha suplido una importante necesidad en esta vida, y siendo consciente de un interés absorbente en ello, y este es el asentimiento" (Berkhof, pp. 504-505). Por último, *fiducia* denota el elemento volitivo de la fe; se trata de un acto de la voluntad. La fe salvadora

> no es simplemente un asunto del intelecto, ni de la combinación del intelecto y las emociones; es también un asunto de la voluntad que determina la dirección del alma... este tercer elemento consiste en una confianza personal en Cristo como Salvador y Señor, que incluye una rendición del alma como culpable y corrompida ante Cristo, y una recepción y aproximación de Cristo como la fuente del perdón y la vida espiritual (Berkhof, p. 505).

La verdadera fe se traduce inevitablemente en una vida de obediencia a Dios; no se puede ratificar a Jesús como Señor sin hacer lo que Él ordena (Lc. 6:46; cp. Mt. 7:21-23). Abel, Enoc, Noé, Abraham, Isaac, Jacob, José y los demás mencionados en Hebreos 11 creyeron las promesas de Dios y le obedecieron, aunque todos murieron sin comprender por completo lo que se les había prometido. La fe que salva vence a la muerte, soporta tortura, sobrevive a las cadenas y prisiones, resiste las tentaciones, padece martirio, y sobrevive a la dificultad (vv. 32-38). Es por medio de tal fe que las personas obtienen salvación y aprobación de Dios (v. 39).

En esta sección del Evangelio de Lucas, el Señor Jesucristo enseñó a sus seguidores una lección fundamental acerca de la fe. El versículo 41 revela que el punto que el Señor quería resaltar es que una visión torcida y distorsionada de la Palabra de Dios produce incredulidad. Este pasaje se puede examinar bajo cuatro encabezados: posesión demoníaca, perversión de los discípulos, poder divino, y persona admirable.

POSESIÓN DEMONÍACA

Al día siguiente, cuando descendieron del monte, una gran multitud les salió al encuentro. Y he aquí, un hombre de la multitud clamó diciendo: Maestro, te ruego que veas a mi hijo, pues es el único que tengo; y sucede que un espíritu le toma, y de repente da voces, y le sacude con violencia, y le hace echar espuma, y estropeándole, a duras penas se aparta de él. (9:37-39)

Cada uno de los tres evangelios sinópticos ubica este suceso **al día siguiente** de la transfiguración (cp. Mt. 17:14-21; Mr. 9:14-29). Después de esa asombrosa y dramática experiencia del reino eterno y la gloria divina de Cristo, Jesús, Pedro, Jacobo y Juan regresaron a la dura realidad de la vida en un mundo caído y maligno. Los contrastes entre los dos hechos son sorprendentes. Uno ocurrió en una montaña, el otro en un valle. Hubo gloria en la montaña, tragedia en el valle. En la montaña, Jesucristo exhibió su gloriosa majestad, mientras que en el valle Satanás mostró su horrible y cruel violencia. Dos hijos están a la vista, uno poseído por Dios, el otro endemoniado; uno en quien su Padre estaba muy complacido, el otro cuyo padre estaba atormentado con desagrado por la condición del muchacho. Un Hijo cumplió el glorioso plan de las épocas, confirmado tanto por los santos del Antiguo Testamento como por los del Nuevo; el otro hijo estaba disociado, desconectado, demente y caótico, sin propósito ni valor para nadie. Un Hijo era el destructor de demonios; el otro estaba destruido por los demonios. Ambos hijos fueron devueltos a sus padres. El endemoniado fue liberado y regresado a su padre, el Hijo de Dios fue asesinado, resucitó de los muertos, y ascendió de vuelta a su Padre.

Cuando descendieron del desconocido **monte** en alguna parte cerca de Capernaúm, Jesús, Pedro, Jacobo y Juan enfrentaron una trágica situación. Como siempre ocurría, **una gran multitud** esperaba a Jesús, entre ellos algunos escribas que debatían con los nueve discípulos que habían quedado atrás (Mr. 9:14).

Una de las personas en la muchedumbre estaba desesperada. Su problema era muy frecuente: su hijo estaba cruelmente poseído por un demonio. Jesús enfrentó posesión demoníaca durante todo su ministerio, que fue cuando ocurrió la mayor manifestación de actividad demoníaca hasta ese momento en la historia. Cristo desenmascaró, expuso y aterró a los demonios, mientras estos enfrentaban a quien finalmente los lanzará al lago de fuego preparado para ellos (Mt. 25:41). En este incidente Jesús demostró su poder sobre los ángeles caídos en la más grave manifestación de posesión demoníaca en el Nuevo Testamento (para más información sobre la posesión demoníaca véase el cap. 24 de esta obra).

Tras haberse abierto paso con su hijo a través de la **multitud** que se lanzaba hacia el frente para encontrar a Jesús (Mr. 9:15), el hombre cayó de rodillas delante de Él. **Clamó** al Señor a gritos para hacerse oír por encima del estruendo del gentío. El relato de Mateo revela que se dirigió a Jesús como Señor (Mt. 17:15), probablemente en referencia a su deidad. Reconociendo que Jesús tenía poder divino sobre los demonios, le declaró: **Maestro, te ruego que veas a mi hijo, pues es el único que tengo; y sucede que un espíritu le toma.** Aunque el padre se refirió al comportamiento del muchacho como epilepsia (cp. Mt. 17:15), entendía que la condición de su hijo no era psicológica sino demoníaca. Mateo agrega que el demonio varias veces había intentado destruir al muchacho lanzándolo a hogueras, estanques o pozos de agua que eran comunes en Israel (Mt. 17:15; cp. Mr. 9:22). Marcos señala que el demonio había vuelto sordo y mudo al joven (Mr. 9:17, 25), y que lo había afligido desde que era un niño (v. 21). Cómo, por qué, o a qué edad el niño se volvió endemoniado no se revela, por tanto es inútil especular. Dios finalmente permitió que esto sucediera, como en el caso del hombre que nació ciego (Jn. 9:1-3), para la gloria del Padre celestial demostrando el poder de Cristo. La condición del muchacho también ilustra la realidad de que todos los que están fuera del reino de Dios se encuentran bajo el poder de Satanás (Ef. 2:2). Solo es cuestión de grado.

Que el padre del muchacho se dirigiera a Jesús como "Señor" (Mt. 17:15) y **maestro** sugiere que tenía fe no solo en la persona de Cristo, sino que también creía que su enseñanza era la verdad de Dios. El hombre le dijo al Señor: **te ruego que veas** (*epiblepō*; mirar con preocupación, tener en cuenta [Lc. 1:48], o "poner atención especial a" [Stg. 2:3]) **a mi hijo.** Añadiendo intensidad a la situación, el padre manifestó a Jesús: **Pues es el único** hijo **que tengo.** Solamente Lucas señala el detalle de que el muchacho era hijo único de su padre (cp. 7:12; 8:38).

Entonces el padre describió los aterradores síntomas de su hijo: **sucede que un espíritu le toma, y de repente da voces** (exhibiendo el control del demonio sobre las facultades físicas del muchacho; cp. 4:33; 8:30), **y le sacude con violencia,** y lo azota en el suelo (Mr. 9:18) **y le hace echar espuma, y estropeándole, a duras penas se aparta de él.** Que el demonio se apartara del muchacho **a duras penas** significa la implacable, prolongada e ininterrumpida naturaleza de los ataques. **Estropeándole** se traduce de una forma del verbo *suntribō,* que significa "aplastar", "echar por tierra", o "romper en pedazos", manifestando la violencia de los asaltos del demonio en este desafortunado muchacho: asaltos demoníacos violentos y continuos muy parecidos al comportamiento extraño del hombre en Gadara (véase la exposición de 8:26-39 en el cap. 52 de esta obra).

PERVERSIÓN DE LOS DISCÍPULOS

Y rogué a tus discípulos que le echasen fuera, y no pudieron. Respondiendo Jesús, dijo: ¡Oh generación incrédula y perversa! ¿Hasta cuándo he de estar con vosotros, y os he de soportar? Trae acá a tu hijo. Y mientras se acercaba el muchacho, el demonio le derribó y le sacudió con violencia; (9:40-42*a*)

Cualquiera que viviera en Israel en la época de Jesús habría identificado a los dirigentes y seguidores judíos como sumamente religiosos. Con gran celo observaban leyes, deberes, ceremonias, rituales, ritos, celebraciones y festivales religiosos. Llevaban vidas de escrupulosa moral externa, observando las reglas y las normas de conducta que su cultura religiosa exigía. En realidad, habría sido difícil imaginar alguna sociedad más religiosa que Israel en el tiempo de Cristo. Además, adoraban al Dios del Antiguo Testamento, el Dios de Abraham, Isaac, y Jacob, el dador de los pactos.

Toda esta actividad religiosa había convencido al pueblo judío que cuando viniera el Mesías se agradaría con los logros santurrones religiosos de ellos. Suponían que Él iba a expulsar a los romanos, establecer su reino, y acomodarlos en ese reinado como un premio por todo lo que ellos habían logrado. Pero, cuando Jesús el Mesías vino, los acusó por su farisaica hipocresía y por sus actividades religiosas en ruina. Les advirtió que no formaban parte del reino de Dios (Mt. 8:12), sino más bien de la escoria de la sociedad, pues los recaudadores de impuestos y las prostitutas tenían mayor oportunidad de entrar que los religiosos (Mt. 21:31). Huelga decir que ellos se sorprendieron y enfurecieron. Indignados porque Cristo les desenmascarara su hipocresía y les denunciara su sistema religioso como despreciable abominación, los religiosos de élite habían estado conspirando durante mucho tiempo contra Él y por último lo asesinaron.

Era perfectamente razonable que el padre del muchacho endemoniado hubiera llevado primero a su hijo a los **discípulos** del Señor para **que echasen**

fuera al demonio. Los **discípulos** acababan de concluir una extensa gira de predicación durante la cual habían expulsado demonios por medio de la autoridad que Cristo les había otorgado (Mt. 10:1; cp. v. 8; Mr. 6:13). Pero es sorprendente que en esta ocasión **no** pudieran echar fuera al demonio que dominaba al muchacho. Después que el Señor lo expulsara, "viniendo entonces los discípulos a Jesús, aparte, dijeron: ¿Por qué nosotros no pudimos echarlo fuera? Jesús les dijo: Por vuestra poca fe" (Mt. 17:19-20). A los perplejos apóstoles no les faltaba poder, experiencia o autoridad; les faltaba la fe para tratar con este demonio excepcionalmente poderoso. (Es evidente que los demonios varían en fortaleza, al igual que los humanos. Por ejemplo, en Dn. 10:12-14, un santo ángel enviado con un mensaje para Daniel fue retenido por un ángel caído más fuerte hasta que el arcángel Miguel intervino). Después de discernir la fortaleza del demonio que inutilizaba a este muchacho, los apóstoles debieron haber buscado la ayuda de Dios en oración de fe (Mr. 9:29). Si hubieran hecho eso incluso con una pequeñísima cantidad de "fe como un grano de mostaza" (Mt. 17:20), incluso habrían podido manejar dificultades extremas (simbolizadas por la metafórica declaración del Señor: "Diréis a este monte: Pásate de aquí allá, y se pasará"). La palabra había sido dicha, la promesa dada, y la voluntad de Dios manifestada. Lo único que los apóstoles debieron hacer fue creer y pedir el poder de Dios. Por desgracia, en este caso no lo hicieron.

La reprensión del Señor, **¡Oh generación incrédula y perversa! ¿Hasta cuándo he de estar con vosotros, y os he de soportar?,** abarca a toda la nación de Israel, a quien Él denunció en otras ocasiones como "generación de víboras" (Mt. 12:34; cp. 23:33), una "generación mala y adúltera" (Mt. 12:39; 16:4), una "generación [que] es mala" (Lc. 11:29), y una "generación adúltera y pecadora" (Mr. 8:38). Los israelitas estaban actuando como si no fueran diferentes de sus antepasados, a quienes Moisés identificó como "generación torcida y perversa" (Dt. 32:5). Deficiente en su conocimiento del Dios verdadero y vivo, el pueblo de Israel se había vuelto perverso, distorsionado y falto de fe; la última manifestación de ello fue el rechazo y el asesinato del Hijo de Dios.

Tristemente, los objetivos específicos del reproche del Señor en esta ocasión parecen haber sido sus propios apóstoles. Aunque no les faltaba fe que salva, al igual que la multitud incrédula su fe era demasiado **perversa** en que una y otra vez fallaban en creer lo que Él les decía. La exclamación del Señor, **¿Hasta cuándo he de estar con vosotros, y os he de soportar?** refleja la desilusión y el dolor que causaron en Jesús las constantes fallas de ellos en creer y confiar en lo que les decía.

Cristo intervino para hacer lo que los apóstoles podrían haber hecho si hubieran creído en Él. Volviéndose al padre del muchacho, el Señor le ordenó: **Trae acá a tu hijo.** El hombre iba a conseguir lo que con desesperación deseaba. Sin embargo, el demonio iba a conseguir lo que definitivamente no quería.

Estaba a punto de encontrarse cara a cara con su soberano, el Hijo de Dios, quien lo había expulsado del cielo (Ap. 12:7-9) y que un día lo lanzará al lago de fuego (Ap. 20:10; cp. Mt. 25:41). En desesperación, **mientras se acercaba el muchacho, el demonio** hizo un último intento de matarlo. Cuando padre e hijo se acercaban a Jesús, **el demonio le derribó y le sacudió con violencia.**

En este punto, Marcos señala que el padre, mirando con impotente angustia, clamó a Jesús: "Si puedes hacer algo, ten misericordia de nosotros, y ayúdanos" (Mr. 9:22). El Señor contestó: "Si puedes creer, al que cree todo le es posible" (v. 23). Jesús no solía exigir fe en quienes sanaba. No obstante, en este caso tuvo la intención de usar a este hombre como un ejemplo para los apóstoles de lo que puede lograr hasta una fe imperfecta en Él. Con brutal sinceridad, "el padre del muchacho clamó y dijo: Creo; ayuda mi incredulidad" (v. 24). Desesperadamente rogó que Jesús le diera cualquier cosa que le faltara a su fe.

PODER DIVINO

pero Jesús reprendió al espíritu inmundo, y sanó al muchacho, y se lo devolvió a su padre. (9:42*b*)

Sin jactancia, en lenguaje simple y natural, Lucas relata la liberación del muchacho. Notando que una curiosa multitud se estaba reuniendo, y tratando de evitar cualquier vergüenza más a padre e hijo, **Jesús reprendió al espíritu inmundo.** Con autoridad el Señor le dijo: "Espíritu mudo y sordo, yo te mando, sal de él, y no entres más en él" (Mr. 9:25). Eso desató una última y violenta acometida cuando "el espíritu, clamando y sacudiéndole con violencia, salió; y [el muchacho] quedó como muerto, de modo que muchos decían: Está muerto" (v. 26). Sin embargo, estaba vivo, y Jesús **sanó al muchacho, y se lo devolvió a su padre.** Una vez más el Señor exhibió el amor, la compasión, la clemencia y la bondad del corazón de Dios por quienes sufren.

PERSONA ADMIRABLE

Y todos se admiraban de la grandeza de Dios. Y maravillándose todos de todas las cosas que hacía, dijo a sus discípulos: Haced que os penetren bien en los oídos estas palabras; porque acontecerá que el Hijo del Hombre será entregado en manos de hombres. Mas ellos no entendían estas palabras, pues les estaban veladas para que no las entendiesen; y temían preguntarle sobre esas palabras. (9:43-45)

La observación de Lucas de que **todos se admiraban de la grandeza de Dios** proporciona un punto culminante a esta historia. *Ekplessō* (**admiraban**) tiene la connotación de estar perdiendo el juicio por el asombro. La multitud estaba atónita ante la incomprensible **grandeza,** majestad (el sustantivo traducido **grandeza** aquí se traduce "majestad" en 2 P. 1:16) y poder que Jesús exhibió. La majestad que Pedro, Jacobo y Juan presenciaron en el monte durante la transfiguración fue manifestada en el valle cuando Jesús venció al demonio. Estos versículos revelan tres razones de por qué Jesús era asombroso: debido a su poder, sacrificio y solidaridad.

ASOMBROSO PODER DE JESÚS

Y maravillándose todos de todas las cosas que hacía, (9:43*b*)

El pueblo estaba **maravillándose** no solo por la liberación que Cristo hiciera de un poderoso y obstinado demonio a un muchacho, sino también por **todas las cosas que** [Él] **hacía.** Esa frase indica que, como era típico de su ministerio, Jesús había estado realizando otros milagros (cp. 6:17-19; 7:21; 9:11; Mt. 4:23; 8:16; Mr. 1:32-34; 3:10). *Thaumazō* (**maravillándose**) significa estar lleno de asombro y estupor ante algo fuera del reino de la explicación humana. La autoridad absoluta y soberana que Cristo exhibió sobre la enfermedad, la muerte, los demonios, la naturaleza y el pecado solo podía explicarse como el poder de Dios en acción. Toda esa autoridad fue demostrada en una base limitada durante su encarnación, confinada a su presencia en Israel. Pero después de la resurrección y ascensión, su ilimitada autoridad sobre todo el universo creado fue restaurada (Mt. 28:18).

ASOMBROSO SACRIFICIO DE JESÚS

dijo a sus discípulos: Haced que os penetren bien en los oídos estas palabras; porque acontecerá que el Hijo del Hombre será entregado en manos de hombres. (9:43*c*-44)

La demostración que Jesús hizo de su poder y autoridad, incluso sobre un demonio muy fuerte, aumentó las fervientes expectativas mesiánicas de los discípulos. Después de habérseles enseñado todas sus vidas que el Mesías sería un libertador político y militar, para ellos era difícil despojarse de esas esperanzas profundamente arraigadas. Pero como les dejara claro varias veces, en su primera venida Jesús no vino como conquistador y gobernante, sino como Salvador y sacrificio por el pecado.

Queriendo asegurarse de que ellos no cultivaran ni alimentaran falsas expectativas, el Señor una vez más les **dijo a sus discípulos: Haced que os penetren bien en los oídos estas palabras.** Los exhortó a escuchar, a poner atención y a que entendieran lo que estaba a punto de decirles. El homenaje de la multitud era voluble; la alabanza que le ofrecían en admiración y asombro ante la grandeza de Dios era trivial y temporal. Aproximadamente en seis meses más el pueblo se volvería contra Él, lo rechazaría, y exigiría que fuera crucificado. En aquel tiempo **el Hijo del Hombre [sería] entregado en manos de hombres.** El individuo por medio del cual sería **entregado** sería, por supuesto, Judas. Pero los judíos también eran culpables de entregar a Jesús a la muerte. En Hechos 3:13, Pedro dijo: "El Dios de Abraham, de Isaac y de Jacob, el Dios de nuestros padres, ha glorificado a su Hijo Jesús, a quien vosotros entregasteis y negasteis delante de Pilato". Pilato también es culpable, porque en última instancia fue quien, en violación a la orgullosa tradición de la justicia romana, cedió ante las amenazas y exigencias de los judíos, y entregó a Jesús para que lo crucificaran (Mt. 27:26).

Pero en última instancia fue Dios mismo quien entregó a su Hijo para que lo asesinaran: "Jehová quiso quebrantarlo, sujetándole a padecimiento" (Is. 53:10). En Romanos 8:32, Pablo escribió que Dios "no escatimó ni a su propio Hijo, sino que lo entregó por todos nosotros". No es cierto, como afirman algunos escépticos, que Jesús quiso traer el reino pero que sus planes fallaron y resultó muerto. El plan de Dios desde el principio era que Jesús se ofreciera como sacrificio por el pecado. Él fue, como Pedro declaró, "entregado por el determinado consejo y anticipado conocimiento de Dios [y lo prendieron, mataron y crucificaron] por manos de inicuos" (Hch. 2:23). Por eso era absolutamente necesario para el Señor "ir a Jerusalén y padecer mucho de los ancianos, de los principales sacerdotes y de los escribas; y ser muerto, y resucitar al tercer día" (Mt. 16:21). Antes del reino venía la cruz. Jesús debía morir; el plan de Dios no podía dejarse de lado (cp. Mt. 26:24, 54; Lc. 24:25-26, 46).

ASOMBROSA SOLIDARIDAD DE JESÚS

Mas ellos no entendían estas palabras, pues les estaban veladas para que no las entendiesen; y temían preguntarle sobre esas palabras. (9:45)

La predicción del Señor acerca de su muerte resultó ser demasiado para los discípulos, pues **ellos no** la **entendían** (cp. 18:31-34). Como se indicó anteriormente, el concepto de Mesías como un gobernante político y libertador militar estaba profundamente arraigado en la manera de pensar de ellos. No entendían lo que Jesús les estaba diciendo porque tal idea no encajaba en ese concepto. Además, los detalles exactos de esas inquietantes y perturbadoras **palabras, les estaban veladas para que no las entendiesen.** Jesús, el tierno y compasivo sumo sacerdote, sabía lo que ellos podían asimilar y retuvo información que sabía que los iba a devastar. Tampoco los apóstoles presionaron el asunto, porque **temían preguntarle sobre esas palabras.**

Este pasaje enfatiza la centralidad de la fe en la vida cristiana, que destaca la importancia de creer que Dios hará exactamente lo que dijo que hará. Aquellos que han distorsionado y pervertido el punto de vista de la persona divina de Cristo, y las promesas como se revelan en la Biblia, no pueden esperar recibir alguna cosa de parte de Dios; Él no bendecirá ni honrará la duda de las personas inestables y de doble ánimo (Stg. 1:5-8). Pero sí honrará la oración de fe que clama ante el trono de gracia para que se suplan necesidades espirituales (He. 4:16). Pablo escribió que debido a esa oración de fe, "Dios, pues, suplirá todo lo que os falta conforme a sus riquezas en gloria en Cristo Jesús" (Fil. 4:19).

La característica de la verdadera grandeza

60

Entonces entraron en discusión sobre quién de ellos sería el mayor. Y Jesús, percibiendo los pensamientos de sus corazones, tomó a un niño y lo puso junto a sí, y les dijo: Cualquiera que reciba a este niño en mi nombre, a mí me recibe; y cualquiera que me recibe a mí, recibe al que me envió; porque el que es más pequeño entre todos vosotros, ése es el más grande. Entonces respondiendo Juan, dijo: Maestro, hemos visto a uno que echaba fuera demonios en tu nombre; y se lo prohibimos, porque no sigue con nosotros. Jesús le dijo: No se lo prohibáis; porque el que no es contra nosotros, por nosotros es. (9:46-50)

Esta porción presenta un momento crítico en el Evangelio de Lucas, ya que registra el final del ministerio del Señor en Galilea. Comenzando en 9:51 y continuando a través de 19:27, Lucas narra el último viaje de Jesús a Jerusalén. Mientras atravesaba las ciudades y aldeas de Judea durante esos meses previos a su muerte, el Señor se enfocó en un entrenamiento más intensivo de los doce. Este pasaje también es parte crucial de esa preparación para el ministerio futuro de ellos.

El tema principal de estos dos incidentes es la importancia de la humildad, frente al trasfondo del flagrante orgullo de los discípulos. El primer incidente los encuentra debatiendo entre sí respecto a quién era el más grande; en el segundo, Juan confesó que habían intentado obstaculizar el ministerio de alguien que no pertenecía al grupo de ellos.

Nada viene de manera más natural a los seres humanos caídos que el orgullo que se manifiesta en egocentrismo, amor propio, promoción de sí mismo, y realización de los deseos personales. El orgullo es el pecado que define la naturaleza humana caída, el terreno sobre el cual todos los demás pecados brotan, echan raíces, y crecen. Es el pecado condenatorio que produjo rebelión angelical contra Dios y trató de derrocarlo de su trono como gobernante soberano del universo. Produjo el pecado de Adán y Eva que sumió a la humanidad en corrupción. Ese orgullo se ha reclasificado como una virtud a lo largo de la historia, y en la sociedad contemporánea solo muestra las profundidades de la depravación humana. Isaías escribió de tan perversa inversión de la realidad: "¡Ay de los que a lo malo dicen bueno, y a lo bueno malo; que hacen de la luz tinieblas, y de las tinieblas luz; que ponen lo amargo por dulce, y lo dulce por amargo!" (Is. 5:20).

En contraste con el orgullo que identifica a la humanidad caída, aquellos que llegan a Cristo para salvación son transformados y llegan a caracterizarse por el desprecio al yo, la abnegación y la auto-humillación (véase el estudio de 9:23 en el cap. 57 de esta obra). Solo cuando se domina al orgullo de manera divina por medio de la convicción del propio pecado y la propia miseria, una persona puede arrepentirse de veras y llegar a la fe salvadora.

La biografía espiritual del apóstol Pablo ilustra esta verdad. Desde una perspectiva humana, su vida era impresionante (Fil. 3:5-6). Él había acatado todos los ritos, rituales y tradiciones del judaísmo, desde que fue circuncidado cuando tenía ocho días de nacido. Pablo no solo era israelita, sino también miembro de la tribu de Benjamín, una de las más nobles de las doce tribus. El celo por la ley que lo llevó a ser un fariseo también lo convirtió en un perseguidor de la iglesia. En cuanto a la justicia externa de la ley, él era un intachable "hebreo de hebreos" (v. 5; cp. Gá. 1:14).

Sin embargo, cuando fue confrontado por Cristo y hallado culpable por el Espíritu Santo, la opinión que Pablo tenía de sí mismo cambió. Esas cosas que habían estado en la columna del "haber" ahora las puso como pérdidas. Tan firmemente repudió los logros de los que una vez estuvo orgulloso que los describió como pérdida o basura (Fil. 3:8). Cuando por medio de la obra condenatoria del Espíritu, Pablo entendió que en realidad estaba condenado porque vivía como un constante violador de la ley de Dios, debió confrontarse con la condición y las consecuencias de su bancarrota espiritual. Así lo explicó en Romanos 7:9-11:

> *Y yo sin la ley vivía en un tiempo; pero venido el mandamiento, el pecado revivió y yo morí. Y hallé que el mismo mandamiento que era para vida, a mí me resultó para muerte; porque el pecado, tomando ocasión por el mandamiento, me engañó, y por él me mató.*

Aunque el orgullo se domina en la conversión, cuando el pecador arrepentido se acerca a Dios con lo que el Antiguo Testamento llama un "corazón contrito y humillado" (Sal. 51:17; cp. Is. 57:15; 66:2), de ninguna manera se derrota de forma permanente. Incluso después de su salvación Pablo aún luchaba con los pecados que se derivan del orgullo:

> *Porque lo que hago, no lo entiendo; pues no hago lo que quiero, sino lo que aborrezco, eso hago. Y si lo que no quiero, esto hago, apruebo que la ley es buena. De*

> *manera que ya no soy yo quien hace aquello, sino el pecado que mora en mí. Y yo sé que en mí, esto es, en mi carne, no mora el bien; porque el querer el bien está en mí, pero no el hacerlo. Porque no hago el bien que quiero, sino el mal que no quiero, eso hago. Y si hago lo que no quiero, ya no lo hago yo, sino el pecado que mora en mí. Así que, queriendo yo hacer el bien, hallo esta ley: que el mal está en mí. Porque según el hombre interior, me deleito en la ley de Dios; pero veo otra ley en mis miembros, que se rebela contra la ley de mi mente, y que me lleva cautivo a la ley del pecado que está en mis miembros. ¡Miserable de mí! ¿quién me librará de este cuerpo de muerte? (Ro. 7:15-24).*

La santificación es el triunfo progresivo de la humildad sobre el orgullo en el poder del Espíritu Santo (Ro. 8:1-14). Que el orgullo no se derrota con facilidad es evidente por la experiencia de los discípulos. Incluso después que el Señor les confrontara el orgullo en esta ocasión, este seguía saliendo a la superficie aun en las circunstancias más sorprendentes. En la última cena, justo después que el Señor hiciera su dramático anuncio de que uno de ellos lo traicionaría, los apóstoles "comenzaron a discutir entre sí, quién de ellos sería el que había de hacer esto" (Lc. 22:23). Increíblemente, la discusión degeneró en "una disputa sobre quién de ellos sería el mayor" (v. 24), el mismo argumento egoísta que motivó la enseñanza del Señor en esta ocasión.

Cabe señalar que la postración de los pecadores en arrepentimiento no es una obra de pre-salvación por medio de la cual preparan sus corazones para que Dios los salve; la sola voluntad humana no tiene capacidad para ser humilde. Quienes están espiritualmente muertos (Ef. 2:1), ciegos (2 Co. 4:4), y sin capacidad de entender la verdad espiritual (1 Co. 2:14) no pueden envilecerse, arrepentirse ni conducirse a sí mismos hacia la fe que salva y la vida espiritual. Tan solo el Espíritu de Dios, usando la Biblia, puede penetrar el corazón obstinado y orgulloso, humillarlo y volverlo contrito y arrepentido.

En toda la Biblia Dios promete bendecir a los humildes. Los fortalecerá (Sal. 10:17), les enseñará (Sal. 25:9), los salvará (Sal. 76:9), les concederá gracia (Pr. 3:34; Stg. 4:6), los revivirá (Is. 57:15), les dará las bendiciones de su reino (Mt. 5:3-5), y los exaltará (Lc. 14:11; 1 P. 5:6). La humildad es el terreno que recibe la refrescante lluvia de las más ricas bendiciones de Dios; es la tierra en la que crecen todas las demás virtudes cristianas. Los creyentes deben luchar con todas sus fuerzas contra el orgullo que permanece, dependiendo por completo en el Espíritu Santo a fin de obtener la humildad que honra a Dios y que produce su bendición. La batalla es implacable durante toda la vida, ya que el orgullo es poderoso y resistente en el corazón.

No hay un maestro más grande de humildad que el Señor Jesucristo, quien es "manso y humilde de corazón" (Mt. 11:29). Nunca nadie ha sido más exaltado y nadie se ha humillado más. Jesús, *el cual, siendo en forma de Dios, no estimó el ser igual a Dios como cosa a que aferrarse, sino que se despojó a sí mismo, tomando forma de siervo, hecho semejante a los hombres; y estando en la condición de hombre, se humilló a sí mismo, haciéndose obediente hasta la muerte, y muerte de cruz (Fil. 2:6-8).*

El "Señor de gloria" (1 Co. 2:8) pasó de la gloria del cielo a la vergüenza de la cruz. Él es el ejemplo que los creyentes deben seguir cuando lidian con el orgullo. Pablo exhortó a los cristianos a no hacer nada "por contienda o por vanagloria; antes bien con humildad, estimando cada uno a los demás como superiores a él mismo; no mirando cada uno por lo suyo propio, sino cada cual también por lo de los otros" (Fil. 2:3-4). Al hacer eso tendrán en sí mismos "este sentir [de humildad] que hubo también en Cristo Jesús" (v. 5).

La disputa de los discípulos por quién de ellos era el más grande reflejó la actitud orgullosa que imperaba en su cultura religiosa. Eso se aplicaba sobre todo a los dirigentes del judaísmo, quienes exhibían abiertamente su orgullo como símbolo de su espiritualidad agrandando los flecos de sus mantos y sus filacterias (Mt. 23:5), y haciendo un espectáculo público de su ayuno (Mt. 6:16), oración (Lc. 20:47) y limosnas (Mt. 6:2), así como en su desprecio por todas las personas comunes debajo de ellos (Mt. 23:4). No conocían nada del liderazgo humilde de siervo (Mt. 20:26-28).

El escenario geográfico para esta lección de humildad fue Capernaúm (Mr. 9:33). Localizada en el extremo norte del Mar de Galilea, Capernaúm había sido el centro de operaciones de Jesús durante su ministerio galileo (Mt. 4:13). Los incidentes se realizaron en una casa (Mr. 9:33), posiblemente la de Pedro (cp. Mt. 8:5, 14). Jesús usó la orgullosa disputa de los apóstoles y la confesión de Juan para clarificar seis características del orgullo. Este sentimiento arruina la unidad, hace que surja relatividad, revela depravación, rechaza la deidad, altera la realidad, y reacciona con exclusividad.

EL ORGULLO ARRUINA LA UNIDAD

Entonces entraron en discusión (9:46*a*)

La advertencia de Jesús acerca de su inminente sufrimiento y muerte (9:44), y la necesidad que los apóstoles tenían de padecer (9:23-26), no se había asimilado en ellos (9:45-46). Aún estaban enfocados en la corona y no en la cruz; en la gloria, no en el sufrimiento. Todavía anticipando la inminente llegada del reino, **entraron en discusión** entre ellos en cuanto al lugar que tendrían en dicho reino. Irónicamente, mientras Jesús hablaba de su sufrimiento personal, ellos debatían acerca de sus propias glorias.

Se trataba de un hecho preocupante y potencialmente desastroso. Estos hombres eran la primera generación de predicadores del evangelio, y serían los líderes de la iglesia que pronto se iba a fundar. Con tanta responsabilidad y tanta oposición del mundo hostil debían estar unidos y apoyarse unos a otros. El peligro revelado aquí es que el orgullo arruina la unidad al destruir relaciones. Las relaciones se basan en amor sacrificial y servicio; en sometimiento desinteresado y en entrega a los demás. El orgullo, al estar centrado en el ego personal, es indiferente a otros. Más allá de eso, en última instancia lanza juicio y crítica, y es por tanto divisivo. Debido a eso, el orgullo es el destructor más común tanto de relaciones como de iglesias. Plagaba a la iglesia en Corinto, por lo que Pablo inquirió: "Pues habiendo entre vosotros celos, contiendas y disensiones, ¿no sois carnales, y andáis como hombres?" (1 Co. 3:3; cp. 2 Co. 12:20). Como el Señor sabía que el orgullo es la cuña que Satanás usa para dividir iglesias y destruir relaciones, les resaltó a los discípulos la crucial necesidad de humildad.

EL ORGULLO HACE QUE SURJA RELATIVIDAD

sobre quién de ellos sería el mayor. (9:46*b*)

El orgullo da como resultado creerse superior y de manera arbitraria calificar a otros como inferiores. Los apóstoles estaban debatiendo **sobre quién de ellos sería el mayor,** sin duda alardeando en lo que habían logrado durante su reciente gira de predicación y sanidades (9:1-6). Tan evidente manifestación de inmadurez carnal (cp. 1 Co. 3:1-9) debió entristecer a Jesús. Los apóstoles eran como aquellos de quienes Pablo escribió que "midiéndose a sí mismos por sí mismos, y comparándose consigo mismos, no son juiciosos" (2 Co. 10:12). Todo lo que habían logrado en sus ministerios no se debía a sus habilidades, sino únicamente al poder que Jesús les concedió (9:1).

La interminable clasificación de las personas con la finalidad de hacer sentir superiores a algunos, tal como los apóstoles estaban haciendo, simplemente aviva las llamas del orgullo y quema el tejido de la unidad.

EL ORGULLO REVELA DEPRAVACIÓN

Y Jesús, percibiendo los pensamientos de sus corazones, tomó a un niño y lo puso junto a sí, (9:47)

Como siempre, **Jesús** fue más allá de la manifestación externa de la conducta pecaminosa y enfocó el asunto más profundo. En su omnisciencia, el Señor conocía **los pensamientos de** los **corazones** de los apóstoles (cp. 5:22; 7:39-40; Jn. 2:25). El debate que tenían brotaba de corazones pecadores (el sustantivo traducido **pensamientos** es el mismo traducido "discusión" en el v. 46). La forma singular del sustantivo traducido **corazones** indica que se lo está usando en un sentido colectivo. Todos los apóstoles estaban teniendo los mismos pensamientos perversos.

El corazón depravado (Jer. 17:9; Ro. 2:5) es el origen de todas las palabras corrompidas que salen de la boca, "porque de la abundancia del corazón habla la boca" (Lc. 6:45). En Marcos 7:14-15, Jesús, "llamando a sí a toda la multitud, les dijo: Oídme todos, y entended: Nada hay fuera del hombre que entre en él, que le pueda contaminar; pero lo que sale de él, eso es lo que contamina al hombre".

Marcos señala que en ese momento Jesús confrontó a los apóstoles preguntándoles acerca de lo que Él en su omnisciencia ya sabía que había ocurrido. Entonces manifestó: "¿Qué disputabais entre vosotros en el camino?" (Mr. 9:33). Avergonzados, "ellos callaron; porque en el camino habían disputado entre sí, quién había de ser el mayor" (v. 34). Según el relato que Mateo hace de este incidente, los discípulos, al parecer comprometidos con la nobleza de su altercado, le pidieron a Jesús que les solucionara la disputa y declarara "quién es el mayor en el reino de los cielos" (Mt. 18:1). A fin de ilustrarles lo inapropiado de su ridículo lío y derribarles la legitimidad de su orgullo, el Señor **tomó a un niño** (tal vez uno de los hijos de Pedro) **y lo puso junto a sí.** Jesús eligió a un niño para ilustrar la humildad porque los niños eran los de menor categoría en la sociedad. Darrell L. Bock escribe: "En el judaísmo, a los niños menores de doce años no se les podía enseñar la Torá, y por tanto pasar tiempo con ellos se consideraba un desperdicio" (*Luke 1:1-9:50* [Grand Rapids: Baker, 1998], pp. 894-95).

Después de levantar al niño en los brazos (Mr. 9:36), Jesús declaró: "De cierto os digo, que si no os volvéis y os hacéis como niños, no entraréis en el reino de los cielos. Así que, cualquiera que se humille como este niño, ése es el mayor en el reino de los cielos" (Mt. 18:3-4). En vez de promocionarles sus supuestos logros, los apóstoles (así como todos los que entrarían al reino) debían humillarse y reconocer que no tenían rango alguno ni logros que les hicieran merecer la entrada o la exaltación en el reino de Dios. Necesitaban admitir que no podían contribuir en nada a la salvación. Puesto que todos los que entran al reino son considerados los más grandes en él, no existe categoría espiritual; la grandeza en el reino es absoluta, no relativa (cp. Lc. 18:15-17). Jesús usó a lo más insignificante de todos para enseñar lo que realmente significa ser el más grande de todos.

EL ORGULLO RECHAZA LA DEIDAD

Cualquiera que reciba a este niño en mi nombre, a mí me recibe; y cualquiera que me recibe a mí, recibe al que me envió; (9:48*a*)

La siguiente declaración de Jesús ilustra la consecuencia más grave del orgullo: **Cualquiera que reciba a este niño,** que simboliza a los creyentes, **en mi nombre, a mí me recibe.** El Señor habló aquí de su unión con quienes son suyos. Pablo expresó ese principio cuando escribió que "el que se une al Señor, un espíritu es con él" (1 Co. 6:17). Por tanto, los que rechazan a los creyentes también están rechazando a Jesús (cp. Mt. 25:41-45; Hch. 9:4-5). Además, ya que **cualquiera que reciba** a Jesús, **recibe** al Padre **que** lo **envió,** aquellos que rechazan a otros cristianos no solo están rechazando a Jesús sino también al Padre (cp. Jn. 5:23). Jesús se identifica de manera tan fuerte con los creyentes que declaró que quienes los seducen a pecar merecen la muerte más horrible imaginable: "Cualquiera que haga tropezar a alguno de estos pequeños que creen en mí, mejor le fuera que se le colgase al cuello una piedra de molino de asno, y que se le hundiese en lo profundo del mar" (Mt. 18:6). Así advirtió solemnemente el Señor: "Mirad que no menospreciéis a uno de estos pequeños; porque os digo que sus ángeles en los cielos ven siempre el rostro de mi Padre que está en los cielos" (v. 10). Cómo se traten los creyentes entre sí revela cómo tratan al Hijo y al Padre. Degradar o mostrar desprecio hacia uno de los del Señor es deshonrarlo gravemente a Él.

EL ORGULLO ALTERA LA REALIDAD

porque el que es más pequeño entre todos vosotros, ése es el más grande. (9:48*b*)

El orgullo impulsa a las personas a exaltarse, a imponer sus órdenes, a realizar sus ambiciones, y a recibir alabanza de los demás. Sin embargo, cómo piensan las mentes caídas es lo opuesto a la realidad espiritual, según Jesús les dijo a los apóstoles: **el que es más pequeño entre todos vosotros, ése es el más grande** (cp. Mt. 23:11-12). La sabiduría espiritual, que se equipara con la grandeza y la humildad, es contraria al sentido común; es lo opuesto al modo en que piensa el mundo, tanto secular como religioso. Las personas verdaderamente grandes en el reino celestial no son las que se abren paso a empujones y buscan que les den honra, sino aquellos que humildemente se someten a otros, considerándolos más importantes y velando por los intereses de ellos (Fil. 2:3-4). Es al humilde, no al orgulloso, a quien Dios exaltará (1:52; 14:11; 18:14; Mt. 23:5-12; Stg. 4:10; 1 P. 5:6).

EL ORGULLO REACCIONA CON EXCLUSIVIDAD

Entonces respondiendo Juan, dijo: Maestro, hemos visto a uno que echaba fuera demonios en tu nombre; y se lo prohibimos, porque no sigue con

nosotros. Jesús le dijo: No se lo prohibáis; porque el que no es contra nosotros, por nosotros es. (9:49-50)

Este segundo incidente revela que al menos **Juan** estaba comenzando a entender el mensaje del Señor. A la luz de la advertencia de Jesús en el versículo 48, Juan se preguntó si los apóstoles habían actuado de manera adecuada en un incidente anterior, y sintiendo algo de culpa decidió pedir la opinión de Jesús al respecto. **Maestro,** expresó, **hemos visto a uno que echaba fuera demonios en tu nombre; y se lo prohibimos, porque no sigue con nosotros.** Ya que este hecho no se registra en los evangelios, se desconoce la identidad de este hombre. Que no se trataba de un falso exorcista como los hijos de Esceva (Hch. 19:13-14) está claro, ya que el individuo **echaba fuera** con éxito a los **demonios en el nombre** de Cristo; es decir, en conformidad con la autoridad y el poder absolutos del Señor. No se trató de una declaración vacía como aquella en Mateo 7:21-23:

> *No todo el que me dice: Señor, Señor, entrará en el reino de los cielos, sino el que hace la voluntad de mi Padre que está en los cielos. Muchos me dirán en aquel día: Señor, Señor, ¿no profetizamos en tu nombre, y en tu nombre echamos fuera demonios, y en tu nombre hicimos muchos milagros? Y entonces les declararé: Nunca os conocí; apartaos de mí, hacedores de maldad.*

Quienquiera que fuera el hombre, los orgullosos apóstoles, totalmente celosos de su posición exclusiva, trataron de impedir que él cumpliera su ministerio, **porque no** estaba **con** ellos. En otras palabras, el hombre no era de su grupo. Por qué Jesús le permitió hacer lo que hacía tampoco está claro. Podría ser que más tarde este sujeto fuera incluido como uno de los setenta, y que tendría gran poder (Lc. 10:17). En todo caso, proveyó otra lección objetiva que Jesús usó para enseñar humildad a sus discípulos.

El Señor confirmó la duda de Juan en cuanto a cómo habían manejado la situación, y **le dijo: No se lo prohibáis.** El Señor quitó cualquier duda de que este hombre fuera un verdadero discípulo, ya que nunca prohibiría a los apóstoles que reprendieran a un falso maestro.

El orgullo promueve exclusividad, pero la humildad promueve unidad. No podemos aceptar a aquellos que afirman ser de Cristo pero que no predican la verdad de Cristo. Sin embargo, debemos aceptar a todo aquel que utilice el nombre de Cristo y también que hable la verdad divina, y a cualquier organización a la que pertenezca. Los cristianos debemos tener la actitud de Pablo quien se regocijaba cuando la verdad era predicada, incluso cuando quienes la predicaban eran cruelmente hostiles con él (Fil. 1:15-18).

Jesús cerró esta sección con la irrebatible declaración: **el que no es contra nosotros, por nosotros es.** No hay término medio entre la verdad y el error;

entre la sana doctrina y la herejía. Todo individuo está por Cristo o contra Él. Más tarde en el Evangelio de Lucas, el Señor repitió este dicho, esta vez relacionándolo directamente consigo mismo: "El que no es conmigo, contra mí es; y el que conmigo no recoge, desparrama" (11:23). Solo aquellos que enseñan la verdad pueden ser aceptados como siervos seguidores del Señor Jesucristo.

El orgullo no es una virtud, sino la fuente de todo pecado; no se lo debe excusar ni justificar, ni se puede minimizar su crueldad. La aleccionadora verdad es que "abominación es a Jehová todo altivo de corazón; ciertamente no quedará impune" (Pr. 16:5), ya que el "orgullo de corazón... [es] pecado" (Pr. 21:4). Pero la bendita promesa es que aunque "Dios resiste a los soberbios... da gracia a los humildes" (Stg. 4:6).

Una misión de misericordia 61

Cuando se cumplió el tiempo en que él había de ser recibido arriba, afirmó su rostro para ir a Jerusalén. Y envió mensajeros delante de él, los cuales fueron y entraron en una aldea de los samaritanos para hacerle preparativos. Mas no le recibieron, porque su aspecto era como de ir a Jerusalén. Viendo esto sus discípulos Jacobo y Juan, dijeron: Señor, ¿quieres que mandemos que descienda fuego del cielo, como hizo Elías, y los consuma? Entonces volviéndose él, los reprendió, diciendo: Vosotros no sabéis de qué espíritu sois; porque el Hijo del Hombre no ha venido para perder las almas de los hombres, sino para salvarlas. Y se fueron a otra aldea. (9:51-56)

Misericordia es una palabra llena de encanto. Decir que alguien es misericordioso es darle el más destacado de los elogios; es identificarlo como amoroso, compasivo, tierno, perdonador, generoso, cariñoso y protector. En contraste, las personas inmisericordes son despiadadas, vengativas, mortíferas, destructoras, llenas de odio, y solo desean el mal a otros.

Tanto el Antiguo como el Nuevo Testamento ensalzan el valor de la misericordia. Proverbios 3:3 la clasifica con la verdad, la cual Dios ha engrandecido conforme a su divino nombre (cp. Sal. 138:2). Aunque la verdad divina es de valor supremo, se la debe igualar con la misericordia. Dios es verdad (Sal. 31:5; Is. 65:16), pero exalta a la misericordia hasta el grado en que la verdad es exaltada. Si eso no fuera cierto, la verdad de Dios aplastaría de inmediato a los pecadores. Al reflejar la misericordia divina, a los creyentes se les encarga hablar la verdad, no con dureza ni impaciencia, sino en amor (Ef. 4:15). La Biblia también resalta la importancia de la misericordia al vincularla con la justicia (Os. 12:6 RVC; Zac. 7:9).

La misericordia también es beneficiosa. Salomón señaló: "A su alma hace bien el hombre misericordioso; mas el cruel se atormenta a sí mismo" (Pr. 11:17). David expresó ese mismo principio cuando escribió: "Bienaventurado el que piensa en el pobre; en el día malo lo librará Jehová" (Sal. 41:1). Daniel aconsejó al rey Nabucodonosor: "Tus pecados redime con justicia, y tus iniquidades haciendo misericordias para con los oprimidos, pues tal vez será eso una prolongación de tu tranquilidad" (Dn. 4:27). En las Bienaventuranzas, Jesús declaró: "Bienaventurados los misericordiosos, porque ellos alcanzarán misericordia" (Mt. 5:7).

Mostrar misericordia es imitar a Dios (cp. Ef. 5:1), quien es misericordioso. David lo llamó "Dios misericordioso y clemente" (Sal. 86:15). Zacarías, el padre de Juan el Bautista, habló de "la entrañable misericordia de nuestro Dios" (Lc. 1:78). Pablo describió a Dios como "Padre de misericordias" (2 Co. 1:3), "que es rico en misericordia" (Ef. 2:4), mientras que el escritor de Hebreos describió al Señor Jesucristo como "misericordioso y fiel sumo sacerdote" (He. 2:17).

A los cristianos se les ordena mostrar misericordia. En Lucas 6:36, Jesús instruyó a los creyentes: "Sed... misericordiosos, como también vuestro Padre es misericordioso", mientras que Santiago advirtió que quienes no muestran misericordia enfrentarán el juicio de Dios, ya que "juicio sin misericordia se hará con aquel que no hiciere misericordia; y la misericordia triunfa sobre el juicio" (Stg. 2:13).

La misericordia se puede definir como amor incondicional que tiende la mano para suplir la necesidad de alguien, sin pensar que lo merezca o no. Se trata de la bondad compasiva que hace bien a las personas solo porque están en necesidad. La misericordia se activa por el sufrimiento de otros, y les concede bondad a causa de su desesperada condición. El ejemplo supremo de misericordia en el Nuevo Testamento es la historia del hijo pródigo. Después de dilapidar su herencia viviendo de manera derrochadora y pecaminosa fue perdonado y recibido en casa por su misericordioso padre. En una ilustración de misericordia en el Antiguo Testamento, 2 Reyes 6:11-23 relata la historia de algunos soldados sirios a quienes Eliseo hirió con ceguera y llevó cautivos a la ciudad de Samaria. El rey de Israel quería ejecutarlos, pero en vez de eso Eliseo le ordenó que preparara una fiesta para los soldados y que luego los pusiera en libertad (vv. 22-23). En un mundo en que a la venganza se le considera una virtud, el pueblo de Dios debe caracterizarse por ser misericordioso.

Este pasaje relata el primer suceso en el largo viaje del Señor a Jerusalén (véase el estudio a continuación). Aprovechando la oportunidad que le brindó el rechazo que le hizo una aldea samaritana, Jesús enseñó a sus discípulos una fascinante e inolvidable lección sobre la misericordia. Este es el perfecto desenlace de la lección sobre humildad que Él les había enseñado en la sección anterior (véase el estudio de 9:46-50 en el cap. 60 de esta obra), puesto que únicamente los humildes son misericordiosos. Aunque este es un breve relato que no menciona la palabra misericordia, esta se halla implícita en la actitud de nuestro Señor que ha venido para ofrecer este invaluable tesoro a quienes la necesitan desesperadamente, pero que no la merecen. Cuando Jesús se dirige hacia Jerusalén es para proveer misericordia por medio de su muerte; cuando entra a la aldea samaritana, también es para ofrecer misericordia.

MISERICORDIA DISPONIBLE

Cuando se cumplió el tiempo en que él había de ser recibido arriba, afirmó su rostro para ir a Jerusalén. (9:51)

La frase **cuando se cumplió el tiempo** significa que había transcurrido un período indefinido desde el incidente registrado en 9:46-50. Sin embargo, es probable que este acontecimiento no hubiera sucedido mucho tiempo después, pero señala un momento decisivo en la narración de Lucas respecto a la vida y el ministerio de Cristo. Hasta este momento, Lucas se ha enfocado en la venida de Jesús, detallando el anuncio angelical de su nacimiento a María, el relato de su nacimiento, el suceso en el templo cuando Él tenía doce años, su bautismo por parte de Juan, su tentación por parte de Satanás, y los primeros dos años y medio de su ministerio como Mesías, alcanzando su apogeo en la transfiguración.

Pero en este punto cambia todo el contenido del Evangelio de Lucas. El enfoque ya no está en la venida de Jesús sino en su ida. El ministerio en Galilea ha concluido, y Él está en camino para el tiempo final hacia su pasión en Jerusalén. Aunque en los pocos meses intermedios de su ministerio en Judea, el Señor hizo algunas breves visitas a Galilea (p. ej., 17:11-37), esta región ya no era su base de operaciones. Gran parte de este material (cp. vv. 52, 57; 10:1, 38; 13:22, 33; 17:11; 18:35; 19:1, 11, 28-29) acerca del viaje final de Cristo a la cruz (9:51—19:27) es exclusivo al Evangelio de Lucas. De los otros escritores de los evangelios, únicamente Juan registra características de los meses en Judea (Jn. 7—11).

Inmediatamente después de la revelación de su gloria y majestad en la transfiguración, el Señor advirtió a sus discípulos: "Haced que os penetren bien en los oídos estas palabras; porque acontecerá que el Hijo del Hombre será entregado en manos de hombres" (9:44). A partir de la glorificación en la transfiguración llevó a los doce a través del valle de la humillación que culminó en la muerte de Cristo. Aunque Jerusalén estaba a solo un par de días de camino de Galilea, Jesús no fue directamente allí. Pero aunque tardó meses en atravesar la región de Judea con una parada final en Perea (Lc. 18; cp. Mt. 19-20; Mr. 10), todo el tiempo se enfocó de manera inexorable en llegar a Jerusalén para la Pascua... el tiempo señalado para la muerte expiatoria del Cordero de Dios. A lo largo del camino, el enfoque principal de Jesús no estuvo en las multitudes, sino en entrenar a la primera generación de predicadores del evangelio: los apóstoles a quienes había elegido para que llevaran a cabo el ministerio después que Él partiera para el cielo.

Sumplēroō (**se cumplió**) literalmente significa "realizarse", o "completarse". El plan de redención de Dios estaba a punto de cumplirse por medio de la ida de Cristo a Jerusalén para morir como sacrificio por el pecado; Él siempre actuó según el calendario divino previamente establecido (cp. Lc. 13:31-33; Jn. 7:8, 30; 8:20). En Getsemaní, Jesús reprendió a Pedro por el intento valiente pero errado de evitar el arresto, preguntándole: "¿Pero cómo entonces se cumplirían las Escrituras, de que es necesario que así se haga?" (Mt. 26:54; cp. v. 56; Lc. 22:37). En el camino a Emaús después de su resurrección, Jesús recordó a dos de sus discípulos: "Estas son las palabras que os hablé, estando aún con vosotros: que era necesario que se cumpliese todo lo que está escrito de mí en la ley de Moisés, en los profetas y en los salmos" (Lc. 24:44). Pedro declaró al pueblo judío que se cumplió "así lo que había antes anunciado por boca de todos sus profetas, que su Cristo había de padecer" (Hch. 3:18), mientras que Pablo les dijo a los gentiles en Antioquía de Pisidia: "Los habitantes de Jerusalén y sus gobernantes, no conociendo a Jesús, ni las palabras de los profetas que se leen todos los días de reposo, las cumplieron al condenarle" (Hch. 13:27).

Algunos limitan la expresión **recibido arriba** (lit., "levantado") a la muerte de Jesús en la cruz, relacionando este pasaje con su declaración: "Como Moisés levantó la serpiente en el desierto, así es necesario que el Hijo del Hombre sea levantado" (Jn. 3:14; cp. 8:28; 12:32). Pero aunque el término *analēmpsis* (**recibido arriba**) aparece solo aquí en el Nuevo Testamento, el verbo relacionado *analambanō* se usa para la ascensión de Cristo en Hechos 1:2, 11, 22, y 1 Timoteo 3:16. Parece que el uso del término que Lucas hace aquí abarca toda la secuencia de acontecimientos desde la cruz, a través de la resurrección, hasta la verdadera ascensión hacia la gloria (Hch. 1:9-11).

Sterizō (**afirmó**) describe algo que es fijo, inamovible o que está firmemente establecido. Expresa la determinación inquebrantable y decidida de Cristo de **ir a Jerusalén** y soportar la vergüenza de la cruz con su sufrimiento y rechazo, y resistir la ira de Dios contra el pecado. En las palabras del escritor de Hebreos, "por el gozo puesto delante de él [Jesús] sufrió la cruz, menospreciando el oprobio, y se sentó a la diestra del trono de Dios" (He. 12:2; cp. Fil. 2:9-11).

El núcleo de la misión del Señor Jesucristo fue la misericordia, que Judas describió como "la misericordia de nuestro Señor Jesucristo para vida eterna" (Jud. 21). Él fue en una misión de misericordia a Jerusalén para morir del único modo en que pecadores sin merecimiento alguno pudieran recibir la compasión divina a fin de ser redimidos del pecado y el infierno eterno.

MISERICORDIA EXTENDIDA A TODOS

Y envió mensajeros delante de él, los cuales fueron y entraron en una aldea de los samaritanos para hacerle preparativos. Mas no le recibieron, porque su aspecto era como de ir a Jerusalén. Viendo esto sus discípulos Jacobo y Juan, dijeron: Señor, ¿quieres que mandemos que descienda fuego del cielo, como hizo Elías, y los consuma? Entonces volviéndose él, los reprendió, diciendo:

Vosotros no sabéis de qué espíritu sois; porque el Hijo del Hombre no ha venido para perder las almas de los hombres, sino para salvarlas. Y se fueron a otra aldea. (9:52-56)

En contraste con Mateo, cuyo enfoque está principalmente en el ministerio de Jesús hacia el pueblo judío, Lucas es mucho más comunicativo. Describió el alcance universal de la redención y resaltó que la salvación estaba disponible para todo el mundo, no solamente los judíos, sino también los gentiles (cp. Hch. 10:34-48; 14:24-27; 15:12-19). El mismo Lucas era gentil, y le escribió a Teófilo (1:3), quien también era gentil. No solo vio que el evangelio era para todos los grupos étnicos, incluso judíos, samaritanos y gentiles, sino también para todas las clases de personas dentro de esos grupos, inclusive mujeres (hasta prostitutas), marginados (incluso leprosos), poseídos por demonios, y hasta recaudadores de impuestos (cp. 7:36-50; 10:25-37; 15:11-32; 16:19-31; 8:2, 27-38; 17:11-19; 19:1-10). El énfasis de Lucas en el evangelio universal también es evidente en la genealogía que hizo de Jesús. Mateo comenzó su genealogía con Abraham, el padre del pueblo judío, pero Lucas trazó la genealogía de Cristo y realiza todo el camino de vuelta hasta Adán, el padre de toda la especie humana.

Jesús debía enseñar a sus discípulos el carácter inclusivo del evangelio de misericordia, y el primer suceso en su viaje a Jerusalén proporcionó tal oportunidad. De modo sorprendente, el Señor decidió viajar por Samaria, un recorrido que la mayoría de judíos evitaba a toda costa. Los judíos que viajaban de Galilea a Judea cruzaban al lado oriente del río Jordán, recorrían Perea y entonces volvían a cruzar el río en Jericó para subir a Judea. Los que viajaban a través de Samaria llevaban su propia comida a fin de no tener que consumir alimentos contaminados por los inmundos y despreciados samaritanos.

La animosidad entre judíos y samaritanos se remontaba a varios siglos atrás antes de la época de Cristo. Después que el reino del norte (Israel), fuera derrotado por los asirios, el pueblo de estas diez tribus que conformaba

> *Israel fue llevado cautivo de su tierra a Asiria... Y trajo el rey de Asiria gente de Babilonia, de Cuta, de Ava, de Hamat y de Sefarvaim, y los puso en las ciudades de Samaria, en lugar de los hijos de Israel; y poseyeron a Samaria, y habitaron en sus ciudades (2 R. 17:23-24).*

Esos gentiles extranjeros se casaron con los judíos a los que no habían deportado, formando una raza mezclada conocida como los samaritanos (el nombre se deriva de la región y la ciudad capital de la parte norte del reino dividido, ambas llamadas Samaria). Los recién llegados trajeron con ellos su falsa religión idólatra (2 R. 17:29-31), que llegó a mezclarse con la adoración del Dios verdadero (vv. 25-28, 32-33; 41). Finalmente los samaritanos abandonaron sus ídolos y adoraron solo a Yahvé, aunque de forma incorrecta (por ejemplo, aceptaron solo el Pentateuco como Escrituras canónicas, y adoraron a Dios en el monte Gerizim, no en Jerusalén). Este es el trasfondo del encuentro de nuestro Señor con la mujer samaritana, registrado en Juan 4:7-42.

Cuando los judíos exiliados regresaron a Jerusalén bajo la dirección de Esdras y Nehemías, su prioridad principal fue reedificar el templo. Afirmando ser leales al Dios de Israel, los samaritanos ofrecieron ayudar (Esd. 4:1-2). Pero los judíos les rechazaron rotundamente el ofrecimiento (Esd. 4:3), lo cual enfureció a los samaritanos que se convirtieron en sus acérrimos enemigos (Esd. 4:4ss; Neh. 4:1-3, 7ss). Al no poder adorar en Jerusalén, los samaritanos construyeron su propio templo en el monte Gerizim (aprox. 400 a.C.). Más tarde los judíos destruyeron ese templo durante el período intertestamentario, empeorando aún más las relaciones entre los dos grupos.

Siglos de desconfianza produjeron una profunda animosidad entre judíos y samaritanos. El escritor del libro apócrifo Eclesiástico expresó el desdén y desprecio que los judíos sentían por los samaritanos cuando se refirió despectivamente a ellos como "la estúpida gente que vive en Siquem" (50:25-26 DHH). Los dirigentes judíos de la época de Jesús mostraron ese mismo prejuicio. El peor insulto que se les ocurrió lanzar contra Jesús fue llamarlo samaritano (Jn. 8:48). Los samaritanos, desde luego, correspondieron a la hostilidad de los judíos en este encuentro.

No obstante, la misión compasiva del Señor enfocada en la salvación trascendió todas las fronteras raciales y culturales. Estuvo dispuesto a ir hasta donde los religiosos dirigentes judíos que se hallaban llenos de odio lo iban a matar, y también hasta el pueblo samaritano al que esos mismos líderes ni siquiera pensarían en ir. Por tanto, Jesús **envió mensajeros delante de él, los cuales fueron y entraron en una aldea de los samaritanos** con el propósito de **hacerle preparativos** de alimentación y alojamiento tanto para Él como para sus acompañantes. A fin de ofrecer esperanza de salvación, el Señor Jesucristo encarnó misericordia alcanzando incluso a personas despreciadas por sus compatriotas judíos.

Sorprendentemente, los de la aldea samaritana **no le recibieron.** Pero ese rechazo no fue dirigido a Él personalmente, pues allí no se sabía nada del milagroso poder de Jesús ni su divina enseñanza. Ni siquiera lo rechazaron por el solo hecho de que fuera judío. Al contrario, los samaritanos rechazaron a Jesús **porque su aspecto era como de ir a Jerusalén** a adorar en el templo. Como ya se indicó, el gobernante macabeo Juan Hircano había destruido el templo samaritano en el monte Gerizim durante el período intertestamentario, y aquel lugar de adoración no se había reconstruido. Aferrados a su propio sistema religioso a pesar de no tener templo, los samaritanos se negaron a reconocer el templo de Jerusalén como un lugar apropiado de adoración. Por tanto, rechazaban a todos los que adoraban allí.

Viendo esto sus discípulos Jacobo y Juan, e indignados por este flagrante insulto a su Maestro, **dijeron: Señor, ¿quieres que mandemos que descienda fuego del cielo, como hizo Elías, y los consuma?** Los dos hermanos, a quienes Jesús "apellidó Boanerges, esto es, Hijos del trueno" (Mr. 3:17), a causa de su naturaleza colérica, quisieron incinerar la aldea samaritana. Lo que los motivó a proponer ese método de destrucción es que Elías había hecho algo parecido en esa misma región. En aquel tiempo, el rey Ocozías del reino del norte de Israel envió una compañía de cincuenta hombres para que arrestaran al profeta. Sin embargo, Elías hizo bajar fuego del cielo que los consumió. Una segunda compañía de cincuenta hombres corrió la misma suerte. Por último, el comandante de la tercera compañía suplicó a Elías que perdonara las vidas de él y de sus hombres. El profeta fue con el comandante hasta donde el rey, sobre quien pronunció el juicio de Dios (2 R. 1:9-16). Jacobo y Juan quisieron hacer lo mismo a esta aldea insolente.

Entonces volviéndose Jesús, **los reprendió** por su despiadada actitud. Querer destruir a quienes rechazan la verdad no es ministrar el evangelio. Las palabras **diciendo: Vosotros no sabéis de qué espíritu sois; porque el Hijo del Hombre no ha venido para perder las almas de los hombres, sino para salvarlas** no están en los manuscritos más antiguos, lo que indica que en alguna parte en la historia posterior un escriba quiso clarificar el reproche y las prestó de otros textos. Sin embargo, el principio de que Jesús vino a salvar a los perdidos se enseña claramente en esos pasajes al parecer prestados (Lc. 19:10; Jn. 12:47).

A diferencia de sus excesivamente celosos discípulos, el Señor Jesucristo concede misericordia a pecadores hostiles e ignorantes, igual que había sido el apóstol Pablo antes de su conversión (1 Ti. 1:13). Como ya se indicó, los samaritanos no sabían quién era Jesús ni qué enseñaba. No lo rechazaron porque afirmara ser Señor, Salvador y Mesías, sino tan solo porque era un judío que viajaba al templo en Jerusalén. Misericordia fue la respuesta correcta allí, y en los que dejan su hostilidad hacia la verdad el juicio da paso a la misericordia. Pero cuando esa hostilidad es continuamente fija y persistente, la misericordia se retira. Por ejemplo, cuando los envió a predicar el evangelio, Jesús ordenó a los setenta:

> *Mas en cualquier ciudad donde entréis, y no os reciban, saliendo por sus calles, decid: Aun el polvo de vuestra ciudad, que se ha pegado a nuestros pies, lo sacudimos contra vosotros. Pero esto sabed, que el reino de Dios se ha acercado a vosotros. Y os digo que en aquel día será más tolerable el castigo para Sodoma, que para aquella ciudad (Lc. 10:10-12).*

Entonces Él mismo pronunció juicio sobre los de corazón duro que rechazan la verdad:

> *¡Ay de ti, Corazín! ¡Ay de ti, Betsaida! que si en Tiro y en Sidón se hubieran hecho los milagros que se han hecho en vosotras, tiempo ha que sentadas en cilicio y ceniza, se habrían arrepentido. Por tanto, en el juicio será más tolerable el castigo para Tiro y Sidón, que para vosotras. Y tú, Capernaum, que hasta los cielos eres levantada, hasta el Hades serás abatida (vv. 13-15).*

Sin embargo, este no era el tiempo de juicio para esta aldea, por lo que Jesús y los que viajaban con Él simplemente salieron **y se fueron a otra aldea.** Ya que en su misericordia el Señor perdonó a estos aldeanos, es posible que ante la predicación de Felipe el evangelista (Hch. 8:6-8), y de Pedro y Juan (v. 25), algunos de ellos más tarde se arrepintieran y fueran salvos.

A pesar de que no se debe comprometer la verdad ni tolerar el pecado, la Iglesia debe mostrar con los perdidos la misma misericordia que Jesús demostró. Siempre que quienes afirman representar a Jesucristo han ejercido el derecho de pronunciar juicio temporal, los resultados han sido desastrosos. La inquisición, las cruzadas, la ejecución de aquellas personas a quienes se las creía brujas, y la persecución de anabaptistas por parte de protestantes reformados y católicos por igual, han sido una plaga en el nombre de Jesucristo. La Iglesia debe confrontar el pecado y llamar al arrepentimiento, pero debe dejar el juicio final a Dios (ese es el objetivo de la parábola del trigo y la cizaña [Mt. 13:24-30] y de la acusación de Jesús contra los dirigentes judíos [Mt. 7:1-3]). La misericordia está en el núcleo del ministerio redentor, y se debe extender a todos sin distinción de raza, género, edad o antecedentes culturales. El Dios que "se deleita en misericordia" (Mi. 7:18) también se deleita en los cristianos misericordiosos (cp. 2 Co. 4:1).

Obstáculos para el verdadero discipulado

62

Yendo ellos, uno le dijo en el camino: Señor, te seguiré adondequiera que vayas. Y le dijo Jesús: Las zorras tienen guaridas, y las aves de los cielos nidos; mas el Hijo del Hombre no tiene dónde recostar la cabeza. Y dijo a otro: Sígueme. Él le dijo: Señor, déjame que primero vaya y entierre a mi padre. Jesús le dijo: Deja que los muertos entierren a sus muertos; y tú ve, y anuncia el reino de Dios. Entonces también dijo otro: Te seguiré, Señor; pero déjame que me despida primero de los que están en mi casa. Y Jesús le dijo: Ninguno que poniendo su mano en el arado mira hacia atrás, es apto para el reino de Dios. (9:57-62)

Durante su ministerio terrenal el Señor Jesucristo llamó reiteradamente a personas que se sentían atraídas por Él a que lo siguieran de forma permanente como Mesías y Señor. Algunos de modo singular respondieron al llamado de Jesús y se convirtieron en sus verdaderos discípulos; otros lo rechazaron cuando las exigencias de Él eran estrictas, y lo abandonaron (Jn. 6:60-66). Siempre que Jesús llamó a personas tales como Mateo (Mt. 9:9; Mr. 2:14; Lc. 5:27), Felipe (Jn. 1:43), Pedro (Jn. 21:19, 22), así como también al resto de los que se convirtieron en sus discípulos (Mt. 16:24; Mr. 8:34; Lc. 9:23; Jn. 12:26), usó la misma palabra: *akoloutheō* ("seguir", "acompañar", "ser un discípulo"). Él siempre empleó ese verbo en tiempo presente imperativo, con el fin de indicar que no estaba buscando que lo siguieran de manera momentánea, sino como un compromiso continuo de por vida.

El enfoque del Señor es muy diferente del de la evangelización contemporánea, que ve al hecho de convertirse en cristiano como una decisión emocional y hasta impulsiva; una acción inducida por la emoción a la que las personas son llevadas por predicación apasionada, historias desgarradoras, y música que conmueve las emociones. El objetivo de la metodología de la evangelización contemporánea es inducir a las personas a aprovechar el momento, hacer una oración, y tomar la decisión de aceptar a Cristo. No obstante, Jesús nunca trató de llevar emocionalmente a las personas a un momento de crisis en que lo pudieran aceptar. No hay registro en el Nuevo Testamento de que Jesús ni los apóstoles aconsejaran a alguien que hiciera tal decisión momentánea, ni que hiciera una oración para ser salvo. Cuando el Señor invitó a un individuo a recibir perdón y salvación a través de la fe en Él, no quiso la emoción de un momentáneo sentimiento de culpa, temor o deseo de una vida mejor, sino un compromiso de por vida cuidadosamente meditado (cp. Lc. 14:28-33) con Él mismo como Señor. Tanto para Jesús como para los apóstoles, seguir a Cristo como Salvador no era un suceso sino una manera de vivir. Martín Lutero captó la esencia de ese principio en la primera de sus famosas noventa y cinco tesis: "Cuando nuestro Señor y Maestro Jesucristo dijo: 'Haced penitencia', ha querido decir que toda la vida de los creyentes fuera de penitencia" (citado en John Dillenberger, *Martin Luther, Selections from His Writings* [Garden City, N. Y.: Anchor, 1961], p. 490).

En consonancia con ese principio, a menudo Jesús hacía muy difíciles las cosas para los seguidores superficiales. En sus conversaciones, de forma deliberada ponía barreras entre ellos y la salvación. Al igual que aquellos en Juan 6, muchos que quedaron al descubierto como falsos discípulos no comprometidos "volvieron atrás, y ya no andaban con él" (Jn. 6:66). En el texto que nos ocupa, Jesús confrontó a tres aspirantes a discípulos. En cada caso colocó una barrera insuperable que puso al descubierto la falta de fe verdadera y el falso compromiso de estos individuos con Él. En cada caso las exigencias los alejaron.

El escenario de este relato no es claro; Lucas simplemente lo ubica en un camino a lo largo del cual viajaban Jesús y sus acompañantes. Sin embargo, Mateo pone las conversaciones del Señor con los dos primeros individuos cerca de Capernaúm, cuando Él se disponía para cruzar el Mar de Galilea hacia Gadara (Mt. 8:18-22). Lucas pudo haber incluido el suceso aquí porque encaja temáticamente en el entrenamiento de los doce, que es un tema importante de su viaje a Jerusalén. En 9:46-50, Jesús les da una lección sobre la humildad; en los versículos 51-56 les ofrece una lección sobre la misericordia; en esta sección les enseña una lección sobre el costo del discipulado. Como hemos señalado en capítulos anteriores de esta obra, no es algo extraño que Lucas acomodara su material de manera temática en vez de cronológica.

Igual que siempre, la multitud que acompañaba a Jesús se extendía por todo el espectro, desde verdaderos discípulos que por el Espíritu Santo se habían arrepentido de sus pecados y habían ratificado a Jesús como el Hijo de Dios y Mesías, hasta el otro extremo: aquellos que lo odiaban y trataban de matarlo. En el medio estaba el resto, quienes se hallaban en varios niveles de interés sin compromiso. La referencia de Mateo al segundo individuo como "otro de sus discípulos" (Mt. 8:21) lo ubica en ese grupo grande. Pero a medida que el suceso se clarifica, este y los otros dos individuos no demuestran la fe que salva. Ellos no buscaban perdón y salvación sino realización personal mientras solo iban tras lo que deseaban. Cuando Jesús los confrontó con lo que se requería de quienes lo seguirían de veras como Señor (abnegación, sacrificio personal y sumisión), no lo aceptaron.

El pasaje ilustra tres aspectos que obstaculizan que las personas sigan a Jesús: deseo de comodidad personal, deseo de riquezas personales, y deseo de relaciones personales.

DESEO DE COMODIDAD PERSONAL

Yendo ellos, uno le dijo en el camino: Señor, te seguiré adondequiera que vayas. Y le dijo Jesús: Las zorras tienen guaridas, y las aves de los cielos nidos; mas el Hijo del Hombre no tiene dónde recostar la cabeza. (9:57-58)

En algún lugar en las inmediaciones de Capernaúm **yendo** Jesús y sus acompañantes, **uno le dijo en el camino: Señor, te seguiré adondequiera que vayas.** Mateo identifica a este hombre como un escriba (Mt. 8:19). Los escribas eran expertos muy apreciados en la ley mosaica y rabínica, la cual interpretaban con autoridad para la gente común. Los escribas estaban calificados y facultados por los dirigentes religiosos judíos, y eran hostiles a Jesús (Mt. 9:3; 12:38-42; 15:1-2; 16:21; 20:18; 21:15-16; 23:1-36; 26:57; 27:41; Mr. 2:6-7, 16; 3:22; 12:38; 14:1,43; Lc. 6:7; 15:2; 20:19; 23:10).

Debido a que esa hostilidad era tan común entre ellos, es sorprendente que este escriba se acercara a Jesús y le dijera: **Te seguiré adondequiera que vayas.** Sin duda, después de presenciar los milagros narrados en Mateo 8:5-18, el hombre se sintió atraído a Jesús y con deseos de vincularse a un Maestro tan incomparable. Los rabinos viajeros a menudo tenían grupos de estudiantes que los acompañaban y que aprendían de ellos. Este escriba reconoció a Jesús como su rabino y quiso unirse a su séquito. Según el relato de Mateo, el hombre se dirigió a Jesús como "Maestro", ofreciéndose así como un alumno voluntario del Hacedor de milagros de Nazaret. Además, su disposición de seguir a Jesús adondequiera que Él fuera sugiere que en su decisión había la idea de una lealtad a largo plazo. Y, a pesar de saber que Jesús condenaba el legalismo estrecho de los escribas, era sin embargo el maestro más impresionante que este escriba había conocido en su vida, y por tanto era digno de su devoción.

A simple vista, un valioso convertido como este respetado erudito parecería ser un bienvenido desertor de un grupo abiertamente hostil a Cristo. Tener a un escriba convertido como seguidor parecería haber sido un éxito para Jesús. Pero, igual que hace con todos los hombres (Jn. 2:23-25), Jesús vio bajo la capa exterior de entusiasmo hacia el corazón de este hombre y se negó a aceptar su ansiosa oferta. El Señor sabía que el escriba, después de haber visto las multitudes y los milagros, y de haber oído la incomparable enseñanza de Jesús, quería relacionarse con quien era el centro de toda la acción, con quien tenía un potencial sin igual de promoción.

Con su sorprendente respuesta, Jesús hizo añicos las ambiciosas expectativas del escriba: **Las zorras tienen guaridas, y las aves de los cielos nidos; mas el Hijo del Hombre no tiene dónde recostar la cabeza,** que le debió haber parecido desconcertante. El Señor vio el deseo de comodidad a través de ese declarado compromiso que motivaba al escriba, y confrontó al hombre con la realidad. Aun las zorras, que eran comunes en Israel (cp. Jue. 15:4-5; Sal. 63:10; Cnt. 2:15; Lm. 5:18; Ez. 13:4), tenían **guaridas** donde dormir, mientras que **las aves de los cielos,** que se encuentran en todas partes, tenían **nidos.** Sin embargo, **el Hijo del Hombre** (el título favorito de Jesús para sí mismo), el Mesías, Dios encarnado, **no** tenía **dónde recostar la cabeza.** El Creador tenía menos comodidades que los animales que había creado.

El Señor planteó el tema porque sabía que negarse a sí mismo era un inconveniente para este hombre, quien se veía siguiendo a Jesús en términos de lo que obtendría y no en recibir el perdón de los pecados a cualquier costo. El individuo carecía de la desesperación del temor al juicio que identifica al arrepentido y pobre en espíritu (Mt. 5:3) que tiene hambre y sed de justicia (v. 6), quien en temor al castigo divino desea gracia, perdón y vida eterna con tal desesperación que no pone ninguna condición, ni siquiera el tipo de rechazo que Jesús experimentó.

En el pasaje anterior, a Jesús le habían negado alojamiento en una aldea samaritana (9:51-53). Aunque había expulsado los demonios de un lunático que aterrorizaba la comarca, "toda la multitud de la región alrededor de los gadarenos le rogó que se marchase de ellos, pues tenían gran temor" (Lc. 8:37). Los habitantes de su pueblo natal Nazaret "le echaron fuera de la ciudad, y le llevaron hasta la cumbre del monte sobre el cual estaba edificada la ciudad de ellos, para despeñarle" (Lc. 4:29). Capernaúm, donde Él se estableció después de salir de Nazaret (Mt. 4:13), también rechazó a Cristo haciéndole declarar: "Y tú, Capernaum, que hasta los cielos eres levantada, hasta el Hades serás abatida" (Lc. 10:15). Finalmente, la nación como un todo rechazaría a Jesús y las multitudes gritarían: "¡Sea crucificado!" (Mt. 27:22) y: "Su sangre sea sobre nosotros, y sobre nuestros hijos" (v. 25).

Los seguidores de Jesús no podían esperar nada mejor. Cuando envió a los doce a predicar el evangelio les advirtió de la hostilidad y oposición que enfrentarían:

> *He aquí, yo os envío como a ovejas en medio de lobos; sed, pues, prudentes como serpientes, y sencillos como palomas. Y guardaos de los hombres, porque os entregarán a los concilios, y en sus sinagogas os azotarán; y aun ante gobernadores y reyes seréis llevados por causa de mí, para testimonio a ellos y a los gentiles. Mas cuando os entreguen, no os preocupéis por cómo o qué hablaréis; porque en*

aquella hora os será dado lo que habéis de hablar. Porque no sois vosotros los que habláis, sino el Espíritu de vuestro Padre que habla en vosotros. El hermano entregará a la muerte al hermano, y el padre al hijo; y los hijos se levantarán contra los padres, y los harán morir. Y seréis aborrecidos de todos por causa de mi nombre; mas el que persevere hasta el fin, éste será salvo (Mt. 10:16-22).

Entonces en el versículo 25 agregó: "Bástale al discípulo ser como su maestro, y al siervo como su señor. Si al padre de familia llamaron Beelzebú, ¿cuánto más a los de su casa?".

Este hombre tipifica la tierra rocosa que simboliza a las personas "que cuando han oído la palabra, al momento la reciben con gozo; pero no tienen raíz en sí, sino que son de corta duración, porque cuando viene la tribulación o la persecución por causa de la palabra, luego tropiezan" (Mr. 4:16-17). En definitiva, él no estaba preparado para seguir las instrucciones de Jesús: "Si alguno quiere venir en pos de mí, niéguese a sí mismo, tome su cruz cada día, y sígame" (Lc. 9:23). Quería tener los beneficios de seguir a Jesús, pero no los sacrificios.

DESEO DE RIQUEZAS PERSONALES

Y dijo a otro: Sígueme. Él le dijo: Señor, déjame que primero vaya y entierre a mi padre. Jesús le dijo: Deja que los muertos entierren a sus muertos; y tú ve, y anuncia el reino de Dios. (9:59-60)

Este segundo suceso siguió inmediatamente al primero. Volviéndose **a otro** hombre, que tal vez había oído la conversación con el primero, Jesús lo retó diciéndole: **Sígueme.** Pero **él** también estaba dispuesto a seguir a Cristo únicamente bajo sus propias condiciones, por lo que **le dijo: Señor, déjame que primero vaya y entierre a mi padre.** A primera vista, esta parece ser una petición razonable. Era deber de todo hijo asegurarse de que su padre fuera atendido de manera adecuada en su muerte (cp. Gn. 25:9; 35:29; 49:29—50:13); solo el sumo sacerdote (Lv. 21:10-11) y quienes habían hecho un voto nazareo (Nm. 6:6-7) estaban dispensados del funeral de su padre, ya que se le prohibía estar cerca de una persona muerta.

¡El problema con la excusa de este hombre era que su padre aún no había muerto! Ya que los judíos no embalsamaban, la costumbre exigía que el sepelio se realizara inmediatamente después de la muerte. Una comparación de Juan 11:1, 6, y 17 revela que Lázaro fue enterrado el mismo día que murió (un día para que el mensajero de María y Marta le avisara a Jesús, quien se retrasó dos días más, y que luego llegó con sus discípulos al cuarto día para descubrir que a Lázaro lo habían enterrado cuatro días antes). Tanto Ananías (Hch. 5:6) como Safira (v. 10) fueron enterrados inmediatamente después de sus muertes.

Lo que este individuo en realidad estaba diciendo era que quería posponer su deseo de seguir al Señor hasta que su padre muriera y así recibir su herencia. Él sabía que Jesús iba a irse de la región, y salir ahora podría hacer que perdiera su parte de la propiedad de su padre. A diferencia de los doce (cp. Mt. 19:27; Lc. 5:11, 28), él no estaba dispuesto a dejarlo todo y seguir a Jesús. El sujeto era un ejemplo de la semilla "que cayó entre espinos, éstos son los que oyen, pero yéndose, son ahogados por los afanes y las riquezas y los placeres de la vida, y no llevan fruto" (Lc. 8:14).

Jesús contestó con un refrán proverbial que constituía un reproche a las prioridades equivocadas del hombre: **Deja que los muertos entierren a sus muertos.** Eso no significa que a los creyentes se les prohíba asistir a funerales o encargarse de los asuntos de parientes fallecidos. Decir que los espiritualmente **muertos** entierren **a sus muertos** es decir que hay asuntos que son prioritarios para los muertos en espíritu, pero no para quienes están vivos en Cristo. Jesús retó a este individuo a dejar los asuntos temporales y terrenales a las personas del mundo, y a no convertir tales asuntos en prioridades absolutas. Las personas seculares se preocupan de asuntos seculares, pero el hombre de esta historia recibió este mandato: **tú ve, y anuncia el reino de Dios** sin importar lo que pudiera costarle cumplir esta orden. Pero igual que el joven rico, él estaba más comprometido con las riquezas personales que con la verdad espiritual. Es imposible servir a Dios y a las riquezas (Lc. 16:13), y ambos hombres prefirieron las riquezas cuando se vieron obligados a elegir entre lo uno o lo otro.

DESEO DE RELACIONES PERSONALES

Entonces también dijo otro: Te seguiré, Señor; pero déjame que me despida primero de los que están en mi casa. Y Jesús le dijo: Ninguno que poniendo su mano en el arado mira hacia atrás, es apto para el reino de Dios. (9:61-62)

Otro hombre, que tal vez siguió la conversación del Señor con los individuos anteriores, también se ofreció como voluntario para seguir a Jesús. **Te seguiré, Señor,** prometió, **pero déjame que me despida primero de los que están en mi casa.** A diferencia del individuo con quien el Señor acababa de hablar, este tercer hombre estaba dispuesto a dejar su herencia. Solo tenía una petición que parecía bastante razonable: quería retrasar la unión con Cristo el tiempo suficiente para ir a casa y despedirse de sus seres queridos.

Pero igual que ocurrió con los otros dos, puesto que sabía lo que este hombre tenía en su corazón, el Señor le rechazó la propuesta. El individuo tal vez quería levantar rápidamente fondos entre sus familiares y amigos antes de salir en su viaje misionero con Jesús. No obstante, es más probable que estuviera involucrado en un asunto más profundo. Sus palabras revelaron que sus vínculos familiares eran demasiado fuertes como para desprenderse de ellos. Jesús sabía que si el hombre volvía a casa desaparecería el impulso del momento y le impediría volver a salir. Igual que muchas personas, el temor de alejarse o de ser condenado al ostracismo por su familia le pudo haber impedido seguir al Señor. Por eso Jesús advirtió a las multitudes que lo seguían: "Si alguno viene a mí, y no aborrece a su padre, y madre, y mujer, e hijos, y hermanos, y hermanas, y aun también su propia vida, no puede ser mi discípulo" (Lc. 14:26).

Jesús contestó mediante la adaptación de un proverbio popular del poeta griego Hesíodo que se remonta al siglo XVIII a.C.: **Ninguno que poniendo su mano en el arado mira hacia atrás, es apto para el reino de Dios.** Este dicho describe total dedicación a la tarea inmediata, ya que difícilmente alguien puede arar en surco recto mientras mira hacia atrás. Es imposible seguir a Cristo con un corazón dividido, como el que este tercer hombre tenía. Él no era apto para el reino de Dios porque estaba aferrado al reino de este mundo. Santiago preguntó: "¿No sabéis que la amistad del mundo es enemistad contra Dios? Cualquiera, pues, que quiera ser amigo del mundo, se constituye enemigo de Dios" (Stg. 4:4; cp. 1 Jn. 2:15-17).

Aunque el texto no describe lo que en última instancia pasó con estos tres hombres es evidente que ellos, al igual que el joven rico, abandonaron a Cristo para aferrarse a los asuntos terrenales. La cuestión a tratar en todos estos encuentros no era la aptitud para servir por parte de aquellos en el reino, sino la fe salvadora por medio de la cual se entra al reino. Aquellos que no quieren desprenderse de comodidad, riquezas, relaciones, o cualquier otra cosa, no pueden entrar al reino de Dios; la salvación es para los que han llegado a una abnegación total. Jesús declaró: "Si alguno quiere venir en pos de mí, niéguese a sí mismo, tome su cruz cada día, y sígame. Porque todo el que quiera salvar su vida, la perderá; y todo el que pierda su vida por causa de mí, éste la salvará" (Lc. 9:23-24).

Elementos esenciales para evangelizar

63

Después de estas cosas, designó el Señor también a otros setenta, a quienes envió de dos en dos delante de él a toda ciudad y lugar adonde él había de ir. Y les decía: La mies a la verdad es mucha, mas los obreros pocos; por tanto, rogad al Señor de la mies que envíe obreros a su mies. Id; he aquí yo os envío como corderos en medio de lobos. No llevéis bolsa, ni alforja, ni calzado; y a nadie saludéis por el camino. En cualquier casa donde entréis, primeramente decid: Paz sea a esta casa. Y si hubiere allí algún hijo de paz, vuestra paz reposará sobre él; y si no, se volverá a vosotros. Y posad en aquella misma casa, comiendo y bebiendo lo que os den; porque el obrero es digno de su salario. No os paséis de casa en casa. En cualquier ciudad donde entréis, y os reciban, comed lo que os pongan delante; y sanad a los enfermos que en ella haya, y decidles: Se ha acercado a vosotros el reino de Dios. Mas en cualquier ciudad donde entréis, y no os reciban, saliendo por sus calles, decid: Aun el polvo de vuestra ciudad, que se ha pegado a nuestros pies, lo sacudimos contra vosotros. Pero esto sabed, que el reino de Dios se ha acercado a vosotros. Y os digo que en aquel día será más tolerable el castigo para Sodoma, que para aquella ciudad. ¡Ay de ti, Corazín! ¡Ay de ti, Betsaida! que si en Tiro y en Sidón se hubieran hecho los milagros que se han hecho en vosotras, tiempo ha que sentadas en cilicio y ceniza, se habrían arrepentido. Por tanto, en el juicio será más tolerable el castigo para Tiro y Sidón, que para vosotras. Y tú, Capernaum, que hasta los cielos eres levantada, hasta el Hades serás abatida. El que a vosotros oye, a mí me oye; y el que a vosotros desecha, a mí me desecha; y el que me desecha a mí, desecha al que me envió. (10:1-16)

La mayoría de seguidores de Cristo estaban motivados por el interés personal, y con el tiempo le abandonaron (cp. Mt. 7:14; 19:25-26; Lc. 13:23-24; Jn. 6:66). Por otra parte estaban sus verdaderos discípulos que no quisieron irse (cp. Jn. 6:67-69). Este pasaje presenta a setenta de ellos, los primeros misioneros del reino, que fueron enviados por el Rey a anunciar su presencia. Los setenta estuvieron dispuestos a negarse a sí mismos, tomar sus cruces a diario, y seguirlo.

Igual que los doce, ellos eran hombres comunes y corrientes, elegidos para una tarea extraordinaria.

El mensaje que los setenta predicaron fue que el reino de Dios se había acercado porque el Rey, el Señor Jesucristo, estaba presente; este fue el mismo mensaje predicado por Juan el Bautista (Mt. 3:2), Jesús (Mt. 4:17, 23; 9:35; Lc. 4:43) y los apóstoles (Mt. 10:7). Un reino es un dominio, esfera o territorio gobernado por un monarca absoluto que actúa con autoridad absoluta. En el reino de Dios, Él es "el bienaventurado y solo Soberano, Rey de reyes, y Señor de señores" (1 Ti. 6:15). En un sentido general, toda la creación está incluida bajo el gobierno soberano de Dios en su reino universal (Sal. 103:19), pero el reino de salvación es el tema de toda la predicación del evangelio. Los que entran a ese aspecto de su reino a través de la fe en el Señor Jesucristo se someten por completo a la autoridad de Él y reciben todos los beneficios de la vida eterna. El resto de la humanidad está en el reino del mundo (Ap. 11:15), bajo el gobierno de Satanás (Jn. 12:31; 14:30; 16:11; Hch. 26:18; 2 Co. 4:4; Ef. 2:2); no existen agentes libres. El evangelio es la buena nueva de que los pecadores pueden ser perdonados y liberados del reino de las tinieblas y entrar "al reino de su amado Hijo" (Col. 1:13), y, por tanto, estar reconciliados con Dios, quien les da paz, consuelo y gozo permanentes tanto en el tiempo como en la eternidad.

La frase **después de estas cosas** indica que el envío de los setenta se llevó a cabo con posterioridad a los acontecimientos del capítulo 9, que marcaron el cierre del ministerio del Señor en Galilea y el comienzo de su viaje a Jerusalén. Ese viaje duraría varios meses, y se realizaría principalmente en Judea y el oriente del Jordán en Perea. Concluiría con la llegada de Cristo a Jerusalén para los sucesos de la Semana Santa, que culminaría en su muerte, resurrección y ascensión. A principios de ese viaje, **designó el Señor también a** estos **setenta** mensajeros (algunas traducciones dicen "setenta y dos"; la evidencia de los manuscritos no es clara en cuanto a qué lectura es correcta). *Anadeiknumi* (**designó**) solo aparece en otra parte del Nuevo Testamento, Hechos 1:24, donde se refiere a la elección que el Señor hace de Matías para reemplazar a Judas como apóstol. Jesús eligió de manera soberana a los setenta, así como hizo con los doce apóstoles. Por qué eligió a setenta no se revela, pero podría haber sido un paralelo a la elección de Moisés (con la dirección de Dios) de setenta ancianos que le ayudaran a gobernar Israel (Nm. 11:16-17, 24-25).

Tras elegir a estos setenta hombres, Jesús los **envió de dos en dos delante de él a toda ciudad y lugar adonde él había de ir.** La pregunta que surge es por qué les redujo su influencia al hacerlos viajar de dos en dos (como había hecho antes con los doce [Mr. 6:7]). En primer lugar, el Señor en su sabiduría era consciente de que sus discípulos se apoyarían y animarían mutuamente, un principio que Salomón estableció en Eclesiastés 4:9-12:

> *Mejores son dos que uno; porque tienen mejor paga de su trabajo. Porque si cayeren, el uno levantará a su compañero; pero ¡ay del solo! que cuando cayere, no habrá segundo que lo levante. También si dos durmieren juntos, se calentarán mutuamente; mas ¿cómo se calentará uno solo? Y si alguno prevaleciere contra uno, dos le resistirán; y cordón de tres dobleces no se rompe pronto.*

En segundo lugar, incluso más importante, la ley del Antiguo Testamento requería que "todo asunto se [resolviera] mediante el testimonio de dos o tres testigos" (Dt. 19:15 NVI). Por tanto, el testimonio que estos hombres dieron acerca de Jesús en los pueblos y aldeas se conformaría a los requisitos de la ley.

La instrucción que el Señor dio a los setenta provee visión para los creyentes de hoy, que están llamados a distribuir las buenas nuevas de salvación. Tres requisitos surgen del encargo de Jesús a los setenta: todos los que predican la salvación en Cristo deben estar contentos con la provisión del Señor, ser fieles al mensaje del Señor, y ser diligentes para declarar juicio.

CONTENTOS CON LA PROVISIÓN DEL SEÑOR

Y les decía: La mies a la verdad es mucha, mas los obreros pocos; por tanto, rogad al Señor de la mies que envíe obreros a su mies. Id; he aquí yo os envío como corderos en medio de lobos. No llevéis bolsa, ni alforja, ni calzado; y a nadie saludéis por el camino. (10:2-4)

La actitud que Jesús esperaba de los setenta se compone de cinco elementos, todos los cuales son transferibles a los creyentes de hoy día. El registro de Lucas de lo que Jesús **les decía** es probablemente solo un buen resumen de la instrucción de nuestro Señor. Como ocurre en todos los registros de su enseñanza, suponemos que Él dijo mucho más de lo que los escritores solo mencionaron brevemente. Esta sección presenta aspectos de la dependencia en el Señor.

PARTICIPAR DE LA MISERICORDIA DEL SEÑOR

La mies a la verdad es mucha, mas los obreros pocos; (10:2*b*)

Puesto que de manera natural no nos interesan las almas ni entendemos por completo los horrores del infierno, debemos pedir prestada la compasión del Señor expresada en esta declaración. Que este reconocimiento fluye de la compasión se vuelve claro a partir de otro texto. En Mateo 9:37, justo antes de comisionar a los doce, Él afirmó: "A la verdad la mies es mucha, mas los obreros pocos". Mateo muestra en los versículos 35 y 36 que la compasión inspiró el comentario de Cristo: "Recorría Jesús todas las ciudades y aldeas, enseñando en las sinagogas de ellos, y predicando el evangelio del reino, y sanando toda enfermedad y toda dolencia en el pueblo. Y al ver las multitudes, tuvo compasión de ellas; porque estaban desamparadas y dispersas como ovejas que no tienen pastor". En todo su ministerio, el Señor demostró continuamente su solidaridad muy sentida por los pecadores desesperados. En Mateo 14:14, Él "vio una gran multitud, y tuvo compasión de ellos, y sanó a los que de ellos estaban enfermos". Antes de alimentar a los cuatro mil, "Jesús, llamando a sus discípulos, dijo: Tengo compasión de la gente, porque ya hace tres días que están conmigo, y no tienen qué comer; y enviarlos en ayunas no quiero, no sea que desmayen en el camino" (Mt. 15:32). De igual modo, antes de alimentar a los cinco mil, "Jesús... vio una gran multitud, y tuvo compasión de ellos, porque eran como ovejas que no tenían pastor" (Mr. 6:34). "Jesús, compadecido" por dos hombres ciegos, "les tocó los ojos, y en seguida recibieron la vista; y le siguieron" (Mt. 20:34). Marcos 1:41 relata que, después que un leproso le suplicara que lo sanara, "Jesús, teniendo misericordia de él, extendió la mano y le tocó, y le dijo: Quiero, sé limpio". Cerca de la aldea de Naín, la compasión del Señor lo inspiró a interrumpir de modo dramático un cortejo fúnebre:

> *Cuando llegó cerca de la puerta de la ciudad, he aquí que llevaban a enterrar a un difunto, hijo único de su madre, la cual era viuda; y había con ella mucha gente de la ciudad. Y cuando el Señor la vio, se compadeció de ella, y le dijo: No llores. Y acercándose, tocó el féretro; y los que lo llevaban se detuvieron. Y dijo: Joven, a ti te digo, levántate. Entonces se incorporó el que había muerto, y comenzó a hablar. Y lo dio a su madre (Lc. 7:12-15).*

La palabra traducida "se compadeció" en estos versículos, *splangnizomai*, se deriva del sustantivo *splangnon*, que literalmente se refiere a los órganos internos (se traduce "entrañas" en Hch. 1:18). El verbo refleja la realidad de que las emociones intensas pueden tener efectos físicos, como la expresión castellana "sentirlo en la boca del estómago". La descripción profética que Isaías hace de Jesús como "varón de dolores, experimentado en quebranto" (Is. 53:3), se refleja en las fuertes emociones que Él exhibió ante la tumba de Lázaro (Jn. 11:33, 35, 38), y cuando lloró por la perdida e incrédula Jerusalén (Lc. 19:41).

Jesús, desde luego, entendía perfectamente las doctrinas de la soberanía, predestinación y elección de Dios. Sabía que todos aquellos que creerían tendrían sus nombres "escritos en el libro de la vida del Cordero que fue inmolado desde el principio del mundo" (Ap. 13:8; cp. 3:5; 17:8; 20:12, 15; 21:27; Fil. 4:3). Pero eso no le impidió que se afligiera por los perdidos, que por voluntad propia lo rechazaron (cp. Mt. 23:37; Jn. 1:11; 3:19; 5:40; 12:37). La soberanía de Dios en la salvación no suprime la responsabilidad humana, y no debe permitir que les robe a los creyentes su celo por evangelizar. El mismo apóstol Pablo, que resaltó con firmeza la soberanía de Dios (Ro. 9:14-24), clamó apasionadamente con relación a los perdidos: "Verdad digo en Cristo, no miento, y mi conciencia me da testimonio en el Espíritu Santo, que tengo gran tristeza y continuo dolor en mi corazón. Porque deseara yo mismo ser anatema, separado de Cristo, por amor a mis hermanos, los que son mis parientes según la carne" (Ro. 9:1-3).

La compasión del Señor fue motivada por su conocimiento de lo que les espera a quienes no se arrepienten; la **mies** de la que habló no fue de la introducción de personas al reino de Dios, sino de la recolección de pecadores para su juicio final (cp. Jl. 3:12-14; Mt. 13:30, 39-43; Ap. 14:14-15). Para complicar el asunto, aunque **la mies a la verdad es mucha... los obreros** son **pocos.** El hecho de que la mayor parte de la humanidad se mueva de manera inexorable hacia el juicio divino y el infierno eterno, mientras que solo unos pocos se esfuerzan para alcanzarla con la verdad de salvación del evangelio, conmovió el corazón del Salvador igual que debería conmovernos a nosotros. La verdadera evangelización empieza con una evaluación adecuada de la difícil situación de los pecadores, con la conciencia de la condición desesperada de ellos, y con la comprensión de que todos enfrentan la aterradora realidad del castigo eterno.

BUSCAR LOS RECURSOS DIVINOS

por tanto, rogad al Señor de la mies que envíe obreros a su mies. (10:2*c*)

A la luz de la cosecha inminente del juicio divino, a los creyentes se les ordena orar por la salvación de los no regenerados. En Romanos 10:1, Pablo escribió: "Hermanos, ciertamente el anhelo de mi corazón, y mi oración a Dios por Israel, es para salvación". Pero la oración que se considera aquí es que Dios levante personas para evangelizar a los perdidos; que el **Señor de la mies envíe obreros a su mies** a fin de rescatar individuos del juicio venidero.

El **Señor de la mies** es el Señor Jesucristo, a quien el Padre ha encomendado todo juicio (Jn. 5:22, 27-29; cp. 2 Ts. 1:5-10). El compasivo Señor busca rescatar de su ira y su juicio a las personas por medio de las oraciones de los creyentes. Esta es la paradoja y la maravilla del evangelio. El juez ordena a su pueblo que ore para que más pecadores se salven de su juicio; más que eso, para que más evangelistas sean enviados a esos pecadores porque el juez y ejecutor fue Él mismo, ejecutado para salvar a otros de ser ejecutados por Él.

OBEDECER SU ORDEN

Id; (10:3*a*)

La forma del presente del verbo *hupagō* **id** (ir y seguir adelante) refleja la urgencia de la orden del Señor. No había tiempo para retrasos ni para entrenamiento extenso; la cruz estaba solo a pocos meses de distancia y había muchas aldeas que debían oír el mensaje y estar preparadas para recibir a Jesús cuando Él llegara. Puesto que los setenta eran parte del reino de la salvación, sabían suficiente para decirles también a otros cómo obtenerla. Aunque la capacitación específica en evangelización y apologética es útil, la falta de ella no es excusa para que los creyentes, desde el momento de su conversión, no lleven a otros pecadores la verdad del evangelio en que han creído.

Un valioso ejemplo de urgencia evangelizadora por parte de un nuevo creyente se encuentra en la orden de nuestro Señor al gadareno endemoniado que fue transformado (véase la exposición de 8:26-39 en el cap. 52 de esta obra): "Vuélvete a tu casa, y cuenta cuán grandes cosas ha hecho Dios contigo". En respuesta, con solo un tierno conocimiento de la salvación en Cristo, "él se fue, publicando por toda la ciudad cuán grandes cosas había hecho Jesús con él" (v. 39).

CONFIAR EN SU PODER

he aquí yo os envío como corderos en medio de lobos. (10:3*b*)

Al comparar a los setenta con **corderos en medio de lobos,** Jesús resaltó la realidad de las amenazas que esperaban a los testigos del evangelio, y su necesidad tanto de inocencia como de vigilancia. Al igual que inocentes e indefensos **corderos** en medio de una manada de lobos, los setenta no tenían fuerzas propias y solamente estaban tan seguros como las fuerzas de su Pastor. Así como hizo con los apóstoles (cp. Mt. 10:16-18; Jn. 16:1-4, 33), Jesús les advirtió de la hostilidad, el odio, y el peligro que enfrentarían. Todos los apóstoles sufrieron persecución y, hasta donde se sabe, todos menos Juan fueron martirizados. Los setenta también enfrentarían persecución en los tribunales de las sinagogas, por parte de autoridades religiosas y seculares, y hasta de sus propias familias; y quizás una cantidad de ellos también padecieron martirio. Sin embargo, todos ellos estuvieron protegidos por el poder y la fortaleza de su Pastor hasta que la labor fue concluida.

ACEPTAR LA PROVISIÓN DIVINA

No llevéis bolsa, ni alforja, ni calzado; y a nadie saludéis por el camino. (10:4)

Así como había hecho con los doce (Lc. 9:1-3), el Señor no permitió que los setenta llevaran ninguna provisión extra para su viaje, como **bolsa** de dinero, **alforja, ni calzado.** Tampoco debían saludar **a nadie por el camino.** Jesús no se estaba refiriendo a dar un saludo cortés al pasar, sino más bien a detenerse y dejarse llevar por los elaborados saludos que formaban parte de la cultura (cp. Éx. 18:5-12). Ellos no debían establecer relaciones de las que pudieran esperar apoyo. Tampoco debían hacerlas tan esenciales para esta misión de evangelizar personas, quienes se salvarían por el poder del evangelio, no por el poder de la amistad. Esta misión debía ser un tiempo de entrenamiento y de aprender a confiar en que Dios les supliría todas sus necesidades (cp. Fil. 4:19). Los setenta no solo debían confiar en que el Señor los protegiera de los lobos, como se indicó antes, sino también en que les supliera sus necesidades básicas.

Al igual que ocurrió con los apóstoles, esta austeridad fue con fines de entrenamiento temporal, no permanente, según indica la referencia posterior de Jesús al enviar a los doce: "Cuando os envié sin bolsa, sin alforja, y sin calzado, ¿os faltó algo? Ellos dijeron: Nada" (Lc. 22:35). Pero el modelo para el ministerio futuro sería distinto, ya que Jesús les dijo: "Pues ahora, el que tiene bolsa, tómela, y también la alforja; y el que no tiene espada, venda su capa y compre una" (v. 36). Las rigurosas reglas que el Señor hizo cumplir durante el entrenamiento inicial tanto de los apóstoles como de los setenta se suavizaron después de completarse dicho adiestramiento.

FIDELIDAD AL MENSAJE DEL SEÑOR

En cualquier casa donde entréis, primeramente decid: Paz sea a esta casa. Y si hubiere allí algún hijo de paz, vuestra paz reposará sobre él; y si no, se volverá a vosotros. Y posad en aquella misma casa, comiendo y bebiendo lo que os den; porque el obrero es digno de su salario. No os paséis de casa en casa. En cualquier ciudad donde entréis, y os reciban, comed lo que os pongan delante; y sanad a los enfermos que en ella haya, y decidles: Se ha acercado a vosotros el reino de Dios. Mas en cualquier ciudad donde entréis, y no os reciban, saliendo por sus calles, decid: Aun el polvo de vuestra ciudad, que se ha pegado a nuestros pies, lo sacudimos contra vosotros. Pero esto sabed, que el reino de Dios se ha acercado a vosotros. (10:5-11)

El mensaje de predicar que fue encargado a los setenta inevitablemente dividiría a las personas sobre la base de una de dos respuestas: aceptación que produce paz, o rechazo que produce castigo.

PAZ

En cualquier casa donde entréis, primeramente decid: Paz sea a esta casa. Y si hubiere allí algún hijo de paz, vuestra paz reposará sobre él; y si no, se volverá a vosotros. Y posad en aquella misma casa, comiendo y bebiendo lo que os den; porque el obrero es digno de su salario. No os paséis de casa en casa. En

cualquier ciudad donde entréis, y os reciban, comed lo que os pongan delante; y sanad a los enfermos que en ella haya, y decidles: Se ha acercado a vosotros el reino de Dios. (10:5-9)

Estos evangelistas itinerantes de Galilea prácticamente serían extranjeros en toda ciudad y aldea de Judea donde entraran. En sus instrucciones a los doce, Jesús les había dicho: "En cualquier ciudad o aldea donde entréis, informaos quién en ella sea digno, y posad allí hasta que salgáis" (Mt. 10:11). En otras palabras, debían buscar a alguien receptivo al mensaje del evangelio, un verdadero judío que lo fuera interiormente (Ro. 2:29); alguien que estuviera esperando al Mesías como lo estuvo Simeón (Lc. 2:25). Los setenta asimismo debían buscar a aquellos que estuvieran listos, deseosos y divinamente preparados para oír el evangelio.

Entonces el Señor les dio instrucciones específicas en cuanto a cómo hallar a tal persona: **En cualquier casa donde entréis, primeramente decid: Paz sea a esta casa.** Debían buscar una **casa** donde hubiera interés en el mensaje de **paz** con Dios que traería el Mesías, el "Príncipe de Paz" (Is. 9:6; cp. Lc. 1:79). Este dicho era más que solo un saludo cortés ya que, como Jesús siguió diciendo: **Y si hubiere allí algún hijo de paz, vuestra paz reposará sobre él;** en otras palabras, el mensaje del evangelio hallaría un hogar con esta persona, por lo que el Señor utilizó la frase **hijo de paz.** En la lengua vernácula judía, decir que alguien era hijo de alguna cosa significaba que esa persona tenía una disposición o naturaleza coherente con tal cosa. Un hijo de paz sería receptivo al mensaje de paz eterna con Dios y a la entrada al reino que viene solamente a través del Mesías, el Señor Jesucristo (cp. Ro. 5:1). Por otra parte, Jesús les dijo que **si** el mensaje **no** es aceptado **se volverá** a ellos, una expresión que significaba rechazo. En ese caso los setenta, al igual que los doce (Mt. 10:13), no debían perder más tiempo con quienes los rechazaran, sino que debían ir a otro lugar (cp. Mt. 7:6).

Cuando los setenta fueran recibidos en la casa de un hombre de paz, debían quedarse **en aquella misma casa,** y comer y beber **lo que** les dieran (cp. Mt. 10:10; 1 Co. 9:14; 1 Ti. 5:17-18). A los setenta se les prohibió estrictamente pasar **de casa en casa** en busca de mejores alojamientos o mejor comida. Este fue el mismo encargo que el Señor les dio a los doce cuando los envió a predicar (Lc. 9:4). Lo que se buscaba era distinguir a los verdaderos predicadores del evangelio de los falsos maestros codiciosos. Los últimos buscaban continuamente quedarse en los hogares más cómodos y ricos por un rato, y después seguir adelante para tratar de aprovecharse de tantas personas como fuera posible. Obedecer la orden de Cristo demostraría la integridad, sinceridad y honestidad de sus mensajeros y su mensaje, a diferencia de los falsos maestros.

Ampliando la esfera de instrucciones, Jesús les dijo a los setenta: **En cualquier ciudad donde entréis, y os reciban, comed lo que os pongan delante.** A diferencia de los falsos maestros, los discípulos no debían ponerle precio a su ministerio exigiendo ciertas condiciones de alojamiento o calidad de comida. Tampoco debían preocuparse incluso acerca de las leyes dietéticas judías en caso de quedarse en un hogar gentil, puesto que Jesús ya había declarado limpios los alimentos (Mr. 7:18-19).

Por último, el Señor encargó a los setenta: **Sanad a los enfermos que en** esa casa **haya.** El versículo 17 indica que ellos también recibieron poder para expulsar demonios. Esos milagrosos poderes, que se pudieron haber concedido solo mientras duraba la misión, sirvieron para legitimar el mensaje igual que sucedió con los apóstoles (Lc. 9:6) en la época anterior a la culminación del inspirado Nuevo Testamento. El mensaje que los setenta predicaron, como ya se indicó, fue que **el reino de Dios se** había **acercado** porque el Rey estaba presente.

DILIGENTES PARA DECLARAR JUICIO

Mas en cualquier ciudad donde entréis, y no os reciban, saliendo por sus calles, decid: Aun el polvo de vuestra ciudad, que se ha pegado a nuestros pies, lo sacudimos contra vosotros. Pero esto sabed, que el reino de Dios se ha acercado a vosotros. Y os digo que en aquel día será más tolerable el castigo para Sodoma, que para aquella ciudad. ¡Ay de ti, Corazín! ¡Ay de ti, Betsaida! que si en Tiro y en Sidón se hubieran hecho los milagros que se han hecho en vosotras, tiempo ha que sentadas en cilicio y ceniza, se habrían arrepentido. Por tanto, en el juicio será más tolerable el castigo para Tiro y Sidón, que para vosotras. Y tú, Capernaum, que hasta los cielos eres levantada, hasta el Hades serás abatida. El que a vosotros oye, a mí me oye; y el que a vosotros desecha, a mí me desecha; y el que me desecha a mí, desecha al que me envió. (10:10-16)

Los setenta no debían esperar que los recibieran favorablemente en toda **ciudad** que visitaran; toda una aldea samaritana acababa de rechazar al mismo Señor (9:52-53). Cuando en una ciudad **no** los recibieran, no debían irse silenciosamente sino que debían cumplir el mandato: **Saliendo por sus calles, decid: Aun el polvo de vuestra ciudad, que se ha pegado a nuestros pies, lo sacudimos contra vosotros. Pero esto sabed, que el reino de Dios se ha acercado a vosotros.** Este era un pronunciamiento público de juicio sobre quienes rechazaran al Rey y su reino. Sacudirse el polvo de los pies era una demostración efusiva de desprecio en la cultura judía (cp. la exposición de 9:5 en el cap. 54 de esta obra). Este era un último llamado a los que habían rechazado al Rey, en que se les advertía en términos gráficos que el Señor mismo los estaba rechazando. A pesar de tal rechazo los habitantes debían saber **que el reino de Dios se** había **acercado a** ellos. El reino de Dios se mueve de modo inexorable a través de la historia, y a quienes no los arrastra los aplasta.

Entender las buenas nuevas del evangelio se basa en comprender las malas nuevas de lo que les sucede a quienes lo rechazan. Para mostrar fidelidad a la Palabra de Dios, una presentación del evangelio debe incluir no solamente la promesa del cielo sino también la amenaza del juicio y el infierno (Sal. 96:13; Jn. 5:28-29; Hch. 17:31; 24:25; Ro. 2:5; 2 Ts. 2:12; 2 Ti. 4:1; He. 9:27; 2 P. 2:9; 3:7; Ap. 20:11-15).

En la conclusión de su encargo a los setenta, el Señor Jesucristo resaltó la realidad del juicio comparativo. Los que rechazaran el mensaje predicado por los setenta enfrentarían un juicio más severo que quienes nunca hubieran oído la verdad. Jesús ofreció a los setenta el principio del juicio comparativo, mostró algunos ejemplos de este juicio, y después personalizó el juicio.

PRINCIPIO DEL JUICIO COMPARATIVO

Y os digo que en aquel día será más tolerable (10:12*a*)

La declaración enfática del Señor, **os digo** (cp. Mt. 5:18, 20, 22, 26, 28, 32, 34, 39, 44) indica la importancia de esta verdad. La advertencia dada aquí no es un rumor o una deducción, sino información de primera mano directamente de la boca del juez. El Señor enumeró seis ciudades, tres judías y tres gentiles, y luego proclamó de modo sorprendente que las ciudades judías enfrentarían un juicio más severo **en aquel día.** La expresión **será más tolerable** hace referencia al grado de castigo lanzado sobre los pecadores incrédulos ante el juicio del gran trono blanco: sentencia definitiva de los perdidos en el lago de fuego (Ap. 20:11-15). En ese lugar de incesante tormento habrá diferentes niveles de castigo. Estar expuesto al evangelio de Jesucristo y rechazarlo es incurrir en mayor culpa y castigo.

Sin embargo, aunque todos los que rechazan el evangelio y no se arrepienten de sus pecados enfrentarán castigo eterno en el infierno, el nivel de tal castigo dependerá de la cantidad de conocimiento que tuvieron. El castigo más severo pertenece a los que tenían más conocimiento de la verdad. El escritor de Hebreos expresó ese principio cuando escribió: "¿Cuánto mayor castigo pensáis que merecerá el que pisoteare al Hijo de Dios, y tuviere por inmunda la sangre del pacto en la cual fue santificado, e hiciere afrenta al Espíritu de gracia?" (He. 10:29; cp. Lc. 12:47-48).

EJEMPLOS DE JUICIO COMPARATIVO

Y os digo que en aquel día será más tolerable el castigo para Sodoma, que para aquella ciudad. ¡Ay de ti, Corazín! ¡Ay de ti, Betsaida! que si en Tiro y en Sidón se hubieran hecho los milagros que se han hecho en vosotras, tiempo

ha que sentadas en cilicio y ceniza, se habrían arrepentido. Por tanto, en el juicio será más tolerable el castigo para Tiro y Sidón, que para vosotras. Y tú, Capernaum, que hasta los cielos eres levantada, hasta el Hades serás abatida. (10:12-15)

A fin de ilustrar su punto, Jesús dio tres ejemplos de ciudades cuyos juicios serían diferentes en base al nivel de exposición a la verdad que habían tenido. Cada uno de los tres ejemplos que dio habría impactado al pueblo judío. Primero, el Señor declaró que **será más tolerable el castigo para Sodoma, que para aquella ciudad.** La ciudad no especificada corresponde a cualquier ciudad que rechazara a los setenta y su mensaje acerca de Cristo (v. 10). Que Sodoma enfrentaría un juicio menor que alguna ciudad en Israel era incomprensible. La horrible maldad de Sodoma, especialmente su flagrante pecado de homosexualidad, parecería ameritar el juicio más severo. Dios mismo declaró de Sodoma y su hermana Gomorra: "El clamor contra Sodoma y Gomorra se aumenta más y más, y el pecado de ellos se ha agravado en extremo" (Gn. 18:20). Sin embargo, Jesús declaró que toda ciudad que rechazara el evangelio enfrentaría un juicio más severo que Sodoma.

El segundo ejemplo contrasta las ciudades del Antiguo Testamento de **Tiro y Sidón** con **Corazín** y **Betsaida.** Corazín era una aldea pequeña cerca de Capernaúm, la sede del ministerio galileo de Jesús. Betsaida, el pueblo natal de Andrés, Pedro y Felipe (Jn. 1:44), era otra aldea cerca de Capernaúm. La proximidad de las dos ciudades a Capernaúm asegura que los habitantes de Corazín y Betsaida sabían de los milagros y el mensaje de Jesús. El rechazo que le hicieron motivó que el Señor pronunciara **ay** (es decir, juicio) sobre ellas, para entonces revelar la impactante verdad de que **si en Tiro y en Sidón se hubieran hecho los milagros que se han hecho en** Corazín y Betsaida **tiempo ha que se habrían arrepentido.** Tiro y Sidón eran puertos marítimos en la costa de Fenicia. Las dos ciudades personificaban la maldad en el Antiguo Testamento, y tanto Isaías 23 como Ezequiel 28 profetizaron el juicio que caería sobre ellas. No obstante, si estas ciudades hubieran tenido la información que tuvieron los habitantes de Corazín y Betsaida, se habrían puesto **en cilicio y ceniza,** un símbolo de profundo duelo y contrición (1 R. 21:27; 1 Cr. 21:16; Neh. 9:1; Est. 4:1, 3; Job 42:6; Jer. 6:26; Dn. 9:3; Jon. 3:5-9) para demostrar la sinceridad del arrepentimiento.

Si a los israelitas les hubieran pedido que nombraran la ciudad más perversa en la historia, esas dos ciudades y Sodoma habrían estado las primeras en la lista. Pero, debido al rechazo obstinado a la verdad y a no querer arrepentirse y confiar en Jesucristo, el pueblo judío enfrentaba un juicio más severo que el de esas ciudades gentiles malvadas que nunca oyeron de Dios.

Entonces el Señor volvió su atención a **Capernaum que,** advirtió Él, **hasta los cielos** era **levantada** según suponían sus santurrones habitantes, pero **hasta el**

Hades será **abatida.** Al igual que los habitantes de Corazín y Betsaida, su orgullo religioso sumiría en el castigo a los de Capernaúm. **El Hades** es un término general para el lugar de los muertos, pero cuando se usa en contraste al cielo solamente se puede referir al infierno (cp. Lc. 16:23-24). Capernaúm había sido la sede del Señor durante su ministerio galileo. Los habitantes habían oído la enseñanza de Jesús y presenciado reiteradamente los innumerables milagros que realizó. No hay registro en los evangelios de ninguna hostilidad declarada hacia Jesús de parte de esa ciudad; sus habitantes no lo persiguieron, no se burlaron de Él ni lo ridiculizaron, ni trataron de expulsarlo de la ciudad. Simplemente lo toleraron. Sin embargo, la indiferencia hacia Cristo es tan condenable como el rechazo total, según dijera Jesús: "El que no es conmigo, contra mí es; y el que conmigo no recoge, desparrama" (Mt. 12:30).

PERSONALIZACIÓN DEL JUICIO COMPARATIVO

El que a vosotros oye, a mí me oye; y el que a vosotros desecha, a mí me desecha; y el que me desecha a mí, desecha al que me envió. (10:16)

Esta declaración lleva el asunto del nivel de la ciudad al nivel personal. Puesto que los setenta lo representaban, Jesús les expresó: **El que a vosotros oye, a mí me oye; y el que a vosotros desecha, a mí me desecha.** Cuando sus fieles mensajeros predican el mensaje del evangelio, el Señor habla a través de ellos. Cada escritor de los evangelios registra esta verdad que Jesús reiteró en Juan 13:20: "De cierto, de cierto os digo: El que recibe al que yo enviare, me recibe a mí; y el que me recibe a mí, recibe al que me envió" (cp. Lc. 9:48; Mt. 10:40; Mr. 9:37). Cuando los que oyen el mensaje responden a él en fe, están escuchando a Jesús; pero cuando se niegan a escuchar, lo están rechazando. Además, **el que desecha a** Jesús **desecha al que** lo **envió.** La idea de que alguien puede honrar a Dios mientras rechaza a Jesucristo es una mentira condenatoria. En Juan 5:23, Jesús manifestó a los judíos hostiles: "El que no honra al Hijo, no honra al Padre que le envió", mientras que en Juan 8:42 añadió: "Si vuestro padre fuese Dios, ciertamente me amaríais; porque yo de Dios he salido, y he venido; pues no he venido de mí mismo, sino que él me envió". En Juan 15:23, Jesús expresó a los apóstoles: "El que me aborrece a mí, también a mi Padre aborrece". El apóstol Juan escribió: "Todo aquel que niega al Hijo, tampoco tiene al Padre. El que confiesa al Hijo, tiene también al Padre" (1 Jn. 2:23), y "cualquiera que se extravía, y no persevera en la doctrina de Cristo, no tiene a Dios" (2 Jn. 9).

La evangelización, cuando se hace en dependencia al Señor, con lealtad al mensaje del evangelio, y es fuerte en palabras de advertencia acerca del juicio del infierno, sigue el modelo establecido en esta ocasión con los setenta.

Gozo en el regreso de los setenta

64

Volvieron los setenta con gozo, diciendo: Señor, aun los demonios se nos sujetan en tu nombre. Y les dijo: Yo veía a Satanás caer del cielo como un rayo. He aquí os doy potestad de hollar serpientes y escorpiones, y sobre toda fuerza del enemigo, y nada os dañará. Pero no os regocijéis de que los espíritus se os sujetan, sino regocijaos de que vuestros nombres están escritos en los cielos. En aquella misma hora Jesús se regocijó en el Espíritu, y dijo: Yo te alabo, oh Padre, Señor del cielo y de la tierra, porque escondiste estas cosas de los sabios y entendidos, y las has revelado a los niños. Sí, Padre, porque así te agradó. Todas las cosas me fueron entregadas por mi Padre; y nadie conoce quién es el Hijo sino el Padre; ni quién es el Padre, sino el Hijo, y aquel a quien el Hijo lo quiera revelar. Y volviéndose a los discípulos, les dijo aparte: Bienaventurados los ojos que ven lo que vosotros veis; porque os digo que muchos profetas y reyes desearon ver lo que vosotros veis, y no lo vieron; y oír lo que oís, y no lo oyeron. (10:17-24)

Al considerar a Dios y sus atributos, la mayoría de personas piensa en características como santidad, soberanía, omnisciencia, omnipresencia, inmutabilidad, justicia, ira, amor, gracia y misericordia. Sin embargo, lo que casi no consideran es el gozo de Dios. En 1 Crónicas 16:27, David dijo de Él: "Poder y alegría [hay] en su morada". El profeta Sofonías declaró a Israel: "Jehová está en medio de ti, poderoso, él salvará; se gozará sobre ti con alegría, callará de amor, se regocijará sobre ti con cánticos" (Sof. 3:17). Jeremías registra la promesa de Dios para Israel: "Y me alegraré con ellos haciéndoles bien, y los plantaré en esta tierra en verdad, de todo mi corazón y de toda mi alma" (Jer. 32:41), mientras, en Isaías 62:5, Dios aseguró a su pueblo que en el futuro, "como el gozo del esposo con la esposa, así se gozará contigo el Dios tuyo" (cp. 65:19; Dt. 30:9).

El gozo de Dios es el propósito definitivo por medio del cual actúan todos sus atributos; es la gloriosa visualización de ellos lo que produce gozo pleno en Él. Los atributos de Dios no solo garantizan su eterno gozo, sino también el de todos los habitantes del cielo. Allí "enjugará Dios toda lágrima de los ojos de ellos; y ya no habrá muerte, ni habrá más llanto, ni clamor, ni dolor; porque las primeras cosas pasaron" (Ap. 21:4). La realidad dominante del cielo es gozo eterno y puro, que es por lo que el Señor dijo que el que entra al cielo "entra en el gozo de [su] señor" (Mt. 25:21) y por lo que Judas ofreció la siguiente bendición de "aquel que es poderoso para guardaros sin caída, y presentaros sin mancha delante de su gloria con gran alegría" (Jud. 24).

Es verdad que el Señor Jesucristo fue, en las conocidas palabras de la profecía de Isaías, un "varón de dolores, experimentado en quebranto" (Is. 53:3). Él lloró ante la tumba de Lázaro (Jn. 11:35; cp. vv. 33, 38) y por la ciudad de Jerusalén (Lc. 19:41). En Getsemaní "comenzó a entristecerse y a angustiarse" (Mt. 26:37) y les dijo a Pedro, Jacobo y Juan: "Mi alma está muy triste, hasta la muerte" (v. 38). Al reflexionar en esa experiencia, el escritor de Hebreos declaró de Jesús: "Cristo, en los días de su carne, ofreciendo ruegos y súplicas con gran clamor y lágrimas al que le podía librar de la muerte, fue oído a causa de su temor reverente" (He. 5:7). La insondable tristeza que el Salvador experimentó en la cruz se expresó cuando clamó: "Dios mío, Dios mío, ¿por qué me has desamparado?" (Mt. 27:46).

La Biblia dice mucho acerca de la tristeza y el dolor de Cristo, pero el pasaje que estamos viendo es el único que lo describe regocijándose durante su vida en la tierra. Es un tesoro único que provee perspectiva en el gozo experimentado por el Varón de Dolores. El pasaje aparece en una transición crítica en el ministerio terrenal de nuestro Señor. Los primeros días de asombro, estupefacción y fascinación por su milagroso poder y su acreditada enseñanza estaban llegando a su fin. Cada vez Él enfrentaba más apatía e indiferencia, que pronto se convertirían en rechazo y oposición que le llevaron a su muerte. El ministerio de Cristo en Galilea, que había durado poco más de un año, se había acabado. Había realizado muchos milagros en toda la región, demostrando su poder divino sobre la enfermedad, la muerte, los demonios y la naturaleza. Había predicado el evangelio del reino, el mensaje de perdón y salvación, y había enviado a los doce a hacer lo mismo. Pero los galileos habían proporcionado una respuesta escasa al monumental ministerio de Cristo entre ellos; cuando regresó a Galilea después de su resurrección, solamente quinientos creyentes se reunieron allí con Él (cp. 1 Co. 15:6). No obstante, según indica este pasaje, Jesús se regocijó a pesar de las circunstancias que eran decepcionantes desde un punto de vista humano; el Varón de Dolores fue al mismo tiempo el Dios de gozo.

Al igual que Jesús, los creyentes deben regocijarse cualesquiera que sean las circunstancias. En Filipenses 4:4, Pablo escribió: "Regocijaos en el Señor siempre. Otra vez digo: ¡Regocijaos!" (cp. 3:1; 1 Ts. 5:16). A pesar de su terrible situación, Pablo sin embargo pudo escribir desde la cárcel: "En gran manera me gocé en el Señor" (Fil. 4:10). Su gozo era constante, imperturbable y no lo afectaban las circunstancias (cp. vv. 11, 12) porque no estaba arraigado en los caprichos de esas circunstancias, sino en la inmutable realidad de la fidelidad de Dios. Los creyentes deben regocijarse a causa de la bondad (Éx. 18:9; 2 Cr. 7:10), la salvación (1 S. 2:1; Hab. 3:18), el amor (Sal. 13:5; 31:7), la fortaleza (Sal. 21:1), la palabra (Sal. 119:14, 162), y la verdad de Dios (1 Co. 13:6).

La triunfal finalización del ministerio de los setenta motivó tanto a ellos como al Señor a regocijarse. Este pasaje revela tres razones para el gozo de los setenta, seguidas por tres razones para el gozo del Salvador.

RAZONES PARA EL GOZO DE LOS SETENTA

Volvieron los setenta con gozo, diciendo: Señor, aun los demonios se nos sujetan en tu nombre. Y les dijo: Yo veía a Satanás caer del cielo como un rayo. He aquí os doy potestad de hollar serpientes y escorpiones, y sobre toda fuerza del enemigo, y nada os dañará. Pero no os regocijéis de que los espíritus se os sujetan, sino regocijaos de que vuestros nombres están escritos en los cielos. (10:17-20)

Los setenta habían obedecido el llamado de Cristo a negarse a sí mismos (9:23-24) y a cambio recibieron gozo pleno y total. Como ya se indicó, hubo tres razones para ese gozo: poder divino sobre el reino de Satanás, protección divina contra el reino de Satanás, y preservación divina en el reino de Dios.

PODER DIVINO SOBRE EL REINO DE SATANÁS

Volvieron los setenta con gozo, diciendo: Señor, aun los demonios se nos sujetan en tu nombre. Y les dijo: Yo veía a Satanás caer del cielo como un rayo. (10:17-18)

Cuando tras terminar su misión evangelizadora **volvieron los setenta** a Jesús, de inmediato dieron la primera razón para su **gozo, diciendo: Señor, aun los demonios se nos sujetan en tu nombre.** Originalmente todos los ángeles fueron creados santos, pero Satanás, corrompido por el orgullo y el deseo de ser igual a Dios, decidió no someterse a Él. Acompañado por una tercera parte de los ángeles (Ap. 12:4), Satanás dirigió una fallida rebelión contra Dios. La Biblia lo describe como el gobernante de este mundo (Jn. 12:31), el príncipe del poder del aire (Ef. 2:2), el dios de este mundo (2 Co. 4:4), un asesino y el padre de mentiras (Jn. 8:44), un engañador (Ap. 12:9), el acusador de los creyentes (Ap. 12:10), y el maligno (1 Jn. 5:19). La decisión de los **demonios,** es decir, los ángeles que siguieron a Satanás, es irrevocable; ellos no son redimibles y un día serán lanzados al lago de fuego (Mt. 25:41) junto con su líder (Ap. 20:10). Al igual que Satanás, ellos son enemigos de Dios, de Cristo, del Espíritu Santo, y del pueblo de

Dios. Engañan a los incrédulos (2 Co. 4:4) y usan falsos maestros para extender doctrinas demoníacas que tuercen y pervierten las Escrituras (1 Ti. 4:1).

La actividad de los demonios alcanzó su punto culminante durante el ministerio terrenal de Cristo, ya que de manera desesperada pero inútil trataron de evitar que Él deshiciera "las obras del diablo" (1 Jn. 3:8). Ellos fallaron y Jesús, por medio de su muerte y resurrección, los desarmó y los derrotó (Ef. 1:20-21; Col. 2:15; 1 P. 3:22). La tarea de evangelización es liberar almas de las garras de Satanás por medio del poder de Cristo. Es una operación de rescate contra las fuerzas del infierno, invadiendo el dominio de las tinieblas (Col. 1:13) y liberando a las almas perdidas que se mantienen cautivas bajo la engañadora influencia de Satanás y sus huestes demoníacas (2 Co. 4:4).

El pueblo judío creía en la existencia de Satanás y los demonios. Entendían que el Mesías tendría que derrotar el reino de Satanás antes de establecer el suyo propio (cp. Gn. 3:15). Por tanto, cualquier persona que afirmara ser el Mesías tendría que demostrar su poder sobre Satanás y el reino demoníaco, lo cual Jesús hizo especialmente cuando fue tentado y reiteradamente al expulsar demonios (4:33-35, 41; 8:2, 27-33).

Igual que había hecho antes con los apóstoles (9:1), Jesús delegó su poder sobre Satanás y los demonios a los setenta. No está claro si los setenta tuvieron la autoridad añadida para echar fuera demonios como la tuvieron los apóstoles, o si fue el poder del Espíritu por medio de la predicación del evangelio lo que liberó a los que respondieron en fe que salva. En todo caso, **los demonios se** les sujetaron **en** el **nombre** de Cristo. No hay poder humano que pueda derrotar a los demonios, como algunos falsos exorcistas en Éfeso lo supieron de la manera difícil. Cuando trataron de invocar el nombre de Jesús como si se tratara de un conjuro mágico, el demonio burlonamente contestó: "A Jesús conozco, y sé quién es Pablo; pero vosotros, ¿quiénes sois?" (Hch. 19:15). Después usó al hombre en que habitaba para aplicar una severa paliza a los aspirantes a exorcistas (v. 16). Pero los setenta habían ministrado en el poder de Cristo, y fueron abrumados con gozo por la gran realidad de que a través de la predicación de ellos se liberaban almas del dominio de Satanás.

En respuesta a la alegre exclamación de los setenta, Jesús **les dijo: Yo veía a Satanás caer del cielo como un rayo.** Los comentaristas han ofrecido varias interpretaciones a lo que el Señor quiso decir con esta frase. Algunos sostienen que se refiere a la caída original de Satanás (Is. 14:12), pero ese incidente no tiene nada que ver con el contexto inmediato. Otros han sugerido varias posibilidades más: que Cristo tenía en mente la derrota que le propinó a Satanás en la tentación; o que se refirió a la sujeción de Satanás a Jesús en virtud de su propio ministerio de expulsar demonios; o al aplastamiento de la cabeza de Satanás en la experiencia de la cruz; o al futuro envío de Satanás al lago de fuego. Sin embargo, el tiempo imperfecto del verbo traducido **Yo veía** sugiere un proceso continuo en lugar de un acontecimiento único como los propuestos. Aunque esos fueron verdaderos triunfos de Cristo sobre Satanás, la vívida imagen de **un rayo,** que destella de manera brillante y repetida, y después desaparece, sugiere una explicación distinta. La imagen aquí es de Jesús regocijándose mientras observaba la destrucción del reino de Satanás, un alma a la vez por medio del ministerio evangelizador de los setenta. Eso seguiría siendo cierto a lo largo de toda la historia de la Iglesia cuando Dios y los santos ángeles se regocijan cada vez que un alma perdida y condenada es recuperada del dominio de Satanás (cp. Lc. 15:7, 10).

PROTECCIÓN DIVINA CONTRA EL REINO DE SATANÁS

He aquí os doy potestad de hollar serpientes y escorpiones, y sobre toda fuerza del enemigo, y nada os dañará. (10:19)

Los demonios se oponen firmemente cuando los creyentes invaden el reino de Satanás y tratan de arrebatar personas del fuego (Jud. 23). Les gustaría frustrar la obra de Dios, destruyendo a esos testigos fieles que predican el evangelio e impidiéndoles su obra. Pero los setenta, y por extensión todos los que fielmente evangelizan a los perdidos, no deben temer la oposición de las fuerzas del infierno. La frase **He aquí** presenta una verdad importante o sorprendente: **os doy,** Jesús prometió, **potestad de hollar serpientes y escorpiones, y sobre toda fuerza del enemigo, y nada os dañará.** El tiempo perfecto del verbo traducido **os doy** indica una acción pasada con efectos continuos. El Señor ha dado continuamente a los creyentes **potestad,** o poder sobre Satanás y los demonios, descritos aquí de manera metafórica como **serpientes** (cp. Ap. 12:9; 20:2) **y escorpiones** (Ap. 9:3, 5, 10).

No por el propio poder o sabiduría de los creyentes, sino porque están en Cristo (Ro. 8:1; 1 Co. 1:30; 2 Co. 5:17; 1 P. 5:14), es que triunfan sobre las fuerzas del infierno a través de Él. No deben temer a Satanás y los demonios, ya que "el Dios de paz aplastará en breve a Satanás bajo [nuestros] pies" (Ro. 16:20), "fiel es el Señor, que [nos] afirmará y guardará del mal" (2 Ts. 3:3), y "mayor es el que está en [nosotros], que el que está en el mundo" (1 Jn. 4:4).

PRESERVACIÓN DIVINA EN EL REINO DE DIOS

Pero no os regocijéis de que los espíritus se os sujetan, sino regocijaos de que vuestros nombres están escritos en los cielos. (10:20)

Si Dios lo permite, Satanás puede traer sufrimiento a nuestras vidas como ocurrió con Job (Job 1:6-12; 2:1-7), Pedro (Lc. 22:31), y Pablo (2 Co. 12:7). Pero no puede quitarnos la salvación ni separarnos del amor de Dios (Jn. 10:27-29; Ro. 8:28-39; Jud. 24-25). La causa para esa confianza yace en la última razón para el regocijo de los setenta.

Aunque se regocijaron por el poder sobre el reino de las tinieblas de Satanás y por la protección contra este que el Señor les había otorgado, hubo una razón más importante para el regocijo de los setenta. Jesús los exhortó: **No os regocijéis de que los espíritus se os sujetan, sino regocijaos de que vuestros nombres están escritos en los cielos.** Ellos no solo experimentarían el poder y la protección de Dios en esta vida, sino también su bendición eterna.

La maravillosa realidad de que los setenta eran verdaderos discípulos fue la causa suprema de su gozo. El éxito en evangelizar y en tener poder sobre el reino de Satanás es únicamente para esta vida. El conocimiento de los creyentes de que sus **nombres están escritos en los cielos,** y que nunca serán borrados (cp. Dn. 12:1; Fil. 4:3; Ap. 3:5; 13:8; 17:8; 20:12, 15; 21:27), supera con creces todas las alegrías terrenales.

RAZONES PARA EL GOZO DEL SALVADOR

En aquella misma hora Jesús se regocijó en el Espíritu, y dijo: Yo te alabo, oh Padre, Señor del cielo y de la tierra, porque escondiste estas cosas de los sabios y entendidos, y las has revelado a los niños. Sí, Padre, porque así te agradó. Todas las cosas me fueron entregadas por mi Padre; y nadie conoce quién es el Hijo sino el Padre; ni quién es el Padre, sino el Hijo, y aquel a quien el Hijo lo quiera revelar. Y volviéndose a los discípulos, les dijo aparte: Bienaventurados los ojos que ven lo que vosotros veis; porque os digo que muchos profetas y reyes desearon ver lo que vosotros veis, y no lo vieron; y oír lo que oís, y no lo oyeron. (10:21-24)

En aquella misma hora en que regresaron los setenta, **Jesús se regocijó** (lit., "se llenó de alegría") **en el Espíritu** (es decir, en armonía con su persona, propósito y poder): el placer soberano del Padre, el poder supremo del Hijo, y el incomparable privilegio de los santos.

EL PLACER SOBERANO DEL PADRE

Yo te alabo, oh Padre, Señor del cielo y de la tierra, porque escondiste estas cosas de los sabios y entendidos, y las has revelado a los niños. Sí, Padre, porque así te agradó. (10:21*b*)

Lo que produjo el supremo gozo en Jesús fue la satisfacción de Dios. El Señor expresó ese gozo aquí en la forma de una oración de alabanza y adoración, la pasión de la cual es evidente por las frases **oh Padre,** y **Sí, Padre.** Al llamar a Dios su Padre, Jesús estaba afirmando que compartía su esencia. Juan 5:18 registra que "por esto los judíos aun más procuraban matarle, porque no sólo quebrantaba el día de reposo, sino que también decía que Dios era su propio Padre, haciéndose igual a Dios". Así que sin que pudiera haber ninguna duda en cuanto a quién se estaba refiriendo, Jesús identificó a su Padre como el **Señor del cielo y de la tierra** (cp. Hch. 17:24), una designación tradicional judía del supremo y único Dios del universo (cp. Gn. 14:19, 22; Esd. 5:11; Is. 66:1).

Jesús se regocijó **porque** la soberanía de Dios significa que Él siempre hizo lo que **agradó** a la vista del Padre. *Eudokia* (**agradó**) hace referencia a lo que produce placer perfectamente satisfactorio a Dios. A pesar de la oposición y el rechazo que Jesús había encontrado, su misión no había fracasado; se estaba desenvolviendo exactamente como el Padre la había planeado. El Señor encontró gozo en la realidad de que su Padre, quien gobierna el universo, hiciera exactamente lo que se propone y planea hacer para su santo gozo.

La realidad central por la que Jesús alabó a su Padre fue **porque** había escondido **estas cosas de los sabios y entendidos, y las** había **revelado a los niños.** El antecedente de **estas cosas** es la revelación de todo lo relacionado con Jesús, incluso su deidad, su condición de Mesías, los milagros que realizó, el evangelio, el reino; en resumen, todas las características de la vida, el ministerio y la misión de Cristo. El Padre había determinado de modo soberano a quién debía revelar esas verdades, de quién las debía ocultar, y actuó dentro de esa determinación para revelar a los elegidos lo que de otro modo no se podía discernir a través de sabiduría o inteligencia humanas.

Jesús se regocijó porque el Padre no había ideado un plan de salvación que únicamente **los sabios y entendidos** pudieran comprender. La salvación no está restringida a la élite espiritual, los humanamente sabios e inteligentes, tales como los bien educados escribas y fariseos de la época de Jesús; tampoco estaba restringida a los que afirmaban tener conocimiento elevado, esotérico y secreto, como los gnósticos y los seguidores de las religiones misteriosas. Dios había escondido la verdad espiritual de tal modo que la más elevada sabiduría humana no la descubriera aparte de la revelación personal divina en la Biblia y la obra de regeneración del Espíritu Santo en las mentes:

> *Porque la palabra de la cruz es locura a los que se pierden; pero a los que se salvan, esto es, a nosotros, es poder de Dios. Pues está escrito: Destruiré la sabiduría de los sabios, y desecharé el entendimiento de los entendidos. ¿Dónde está el sabio? ¿Dónde está el escriba? ¿Dónde está el disputador de este siglo? ¿No ha enloquecido Dios la sabiduría del mundo? Pues ya que en la sabiduría de Dios, el mundo no conoció a Dios mediante la sabiduría, agradó a Dios salvar a los creyentes por la locura de la predicación. Porque los judíos piden señales, y los griegos buscan*

sabiduría; pero nosotros predicamos a Cristo crucificado, para los judíos ciertamente tropezadero, y para los gentiles locura; mas para los llamados, así judíos como griegos, Cristo poder de Dios, y sabiduría de Dios. Porque lo insensato de Dios es más sabio que los hombres, y lo débil de Dios es más fuerte que los hombres. Pues mirad, hermanos, vuestra vocación, que no sois muchos sabios según la carne, ni muchos poderosos, ni muchos nobles; sino que lo necio del mundo escogió Dios, para avergonzar a los sabios; y lo débil del mundo escogió Dios, para avergonzar a lo fuerte; y lo vil del mundo y lo menospreciado escogió Dios, y lo que no es, para deshacer lo que es, a fin de que nadie se jacte en su presencia. Mas por él estáis vosotros en Cristo Jesús, el cual nos ha sido hecho por Dios sabiduría, justificación, santificación y redención; para que, como está escrito: El que se gloría, gloríese en el Señor. Así que, hermanos, cuando fui a vosotros para anunciaros el testimonio de Dios, no fui con excelencia de palabras o de sabiduría. Pues me propuse no saber entre vosotros cosa alguna sino a Jesucristo, y a éste crucificado. Y estuve entre vosotros con debilidad, y mucho temor y temblor; y ni mi palabra ni mi predicación fue con palabras persuasivas de humana sabiduría, sino con demostración del Espíritu y de poder, para que vuestra fe no esté fundada en la sabiduría de los hombres, sino en el poder de Dios (1 Co. 1:18–2:5).

Esa es una parte crítica de la Biblia en que los más sabios del mundo son necios y los necios del mundo se hacen sabios debido a que son elegidos y por Él están en Cristo Jesús (cp. Stg. 3:15-18).

El contraste no es entre ser educados y ser maleducados, sino entre ser competentes y ser incompetentes. En contraste a la idea de que estas verdades profundas solo son para la élite elevada, como ejemplo de los que entienden Jesús eligió a los **niños**. Según se indicó en la exposición de 9:47 en el capítulo 60 de esta obra, los niños pequeños no tienen nada de qué jactarse: aún no hay logrado nada en la vida, no son educados, y no se han expuesto a la sabiduría o el conocimiento del mundo. Solamente se pueden salvar quienes de modo humilde admiten su incapacidad para conocer a Dios por medio de su propia sabiduría y conocimiento, aparte de la revelación que Dios hizo de sí mismo. Jesús estaba complacido con esa verdad porque da toda la gloria a Dios (cp. 1 Co. 1:29, 31). La salvación no pertenece a los inteligentes, sabios, orgullosos, vanidosos y jactanciosos (1 Co. 2:14), sino más bien a los que confiesan ser ignorantes e ingenuos, y a los que se muestran humildes, quebrantados y contritos (Is. 57:15; 66:2).

EL PODER SUPREMO DEL HIJO

Todas las cosas me fueron entregadas por mi Padre; y nadie conoce quién es el Hijo sino el Padre; ni quién es el Padre, sino el Hijo, y aquel a quien el Hijo lo quiera revelar. (10:22)

Jesús se regocijó no solo en el plan soberano de Dios, sino también en el papel que representó en ese plan. En la armonía perfecta de la Trinidad, **todas las cosas** (toda circunstancia en el universo, sea en el cielo, la tierra o el infierno, en que participan ángeles, hombres o demonios) han sido **entregadas** a Jesús **por** medio de su **Padre** (Mt. 28:18; Jn. 3:35; 13:3; 17:2). El propósito soberano del Padre puso en marcha el plan de redención, y Él le otorgó al Hijo poder supremo para hacer realidad ese propósito por medio de la mediación del Espíritu Santo.

De acuerdo con el diseño soberano del Padre, **nadie conoce quién es el Hijo sino el Padre.** Nadie sabría quién es el Hijo si el Padre, que junto con el Espíritu Santo tiene perfecto conocimiento del Hijo, no hubiera decidido revelarlo enviándolo al mundo. A la inversa, nadie sabe **quién es el Padre, sino el Hijo.** Por tal razón solo Jesús puede revelarlo. En Juan 1:18 el apóstol Juan escribió: "A Dios nadie le vio jamás; el unigénito Hijo, que está en el seno del Padre, él le ha dado a conocer". Jesús es el "Verbo [que] fue hecho carne, y habitó entre nosotros (y vimos su gloria, gloria como del unigénito del Padre), lleno de gracia y de verdad" (v. 14); "el Hijo de Dios [que] ha venido, y nos ha dado entendimiento para conocer al que es verdadero" (1 Jn. 5:20). Jesús mismo le dijo a Felipe: "El que me ha visto a mí, ha visto al Padre; ¿cómo, pues, dices tú: Muéstranos el Padre?" (Jn. 14:9).

Como se indicó antes, la verdad espiritual no se puede discernir sin ayuda para la razón humana. Por tanto, solo **aquel a quien el Hijo lo quiera revelar** puede llegar a conocer al Padre. Está claro en la Biblia que Dios predeterminó antes de la fundación del mundo a aquellos que serían salvos y a quiénes se les revelaría. Jesús manifestó en Juan 6:44, "Ninguno puede venir a mí, si el Padre que me envió no le trajere", y luego repitió: "Por eso os he dicho que ninguno puede venir a mí, si no le fuere dado del Padre" (v. 65; cp. v. 37). Anticipándose a la objeción basada en un sentido humano de justicia corrompida por la caída, Pablo escribe:

> *¿Qué, pues, diremos? ¿Que hay injusticia en Dios? En ninguna manera. Pues a Moisés dice: Tendré misericordia del que yo tenga misericordia, y me compadeceré del que yo me compadezca. Así que no depende del que quiere, ni del que corre, sino de Dios que tiene misericordia. Porque la Escritura dice a Faraón: Para esto mismo te he levantado, para mostrar en ti mi poder, y para que mi nombre sea anunciado por toda la tierra. De manera que de quien quiere, tiene misericordia, y al que quiere endurecer, endurece (Ro. 9:14-18).*

A quienes protestarían: "¿Por qué, pues, inculpa? Porque ¿quién ha resistido a su voluntad?" (v. 19), el apóstol contesta:

> *Mas antes, oh hombre, ¿quién eres tú, para que alterques con Dios? ¿Dirá el vaso de barro al que lo formó: ¿Por qué me has hecho así? ¿O no tiene potestad el*

> *alfarero sobre el barro, para hacer de la misma masa un vaso para honra y otro para deshonra? ¿Y qué, si Dios, queriendo mostrar su ira y hacer notorio su poder, soportó con mucha paciencia los vasos de ira preparados para destrucción, y para hacer notorias las riquezas de su gloria, las mostró para con los vasos de misericordia que él preparó de antemano para gloria, a los cuales también ha llamado, esto es, a nosotros, no sólo de los judíos, sino también de los gentiles? (vv. 20-24).*

Al escribir a los corintios, Pablo expresa el trabajo práctico de la soberanía de Dios en la evangelización: "Yo planté, Apolos regó; pero el crecimiento lo ha dado Dios. Así que ni el que planta es algo, ni el que riega, sino Dios, que da el crecimiento" (1 Co. 3:6-7).

Aparte de la elección soberana y el poder regenerador de Dios, nadie se puede salvar. No hay capacidad en los seres humanos caídos y pecadores de ver la luz del evangelio y creer para salvación por su cuenta. Los que están muertos en sus delitos y pecados (Ef. 2:1, 5), cegados por Satanás (2 Co. 4:4), sin poder entender la verdad espiritual (1 Co. 2:14) y que son incapaces de agradar a Dios (Ro. 8:8) no pueden salvarse por sí mismos.

Pero aunque la Biblia enseña de modo claro y sin ambigüedades la soberanía de Dios en la salvación, también proclama la responsabilidad humana. En el mismo contexto en que declaró que nadie puede llegar a Él a menos que sea traído por el Padre, Jesús declaró: "Todo lo que el Padre me da, vendrá a mí; y al que a mí viene, no le echo fuera" (Jn. 6:37). Mateo 11:28 relata la invitación del Señor: "Venid a mí todos los que estáis trabajados y cargados, y yo os haré descansar". Isaías 55:1 presenta una invitación del Antiguo Testamento a la salvación: "A todos los sedientos: Venid a las aguas; y los que no tienen dinero, venid, comprad y comed. Venid, comprad sin dinero y sin precio, vino y leche". Las conocidas palabras de Juan 3:16 expresan la naturaleza universal de la invitación de Dios a la salvación: "Porque de tal manera amó Dios al mundo, que ha dado a su Hijo unigénito, para que todo aquel que en él cree, no se pierda, mas tenga vida eterna". La gran doctrina de la elección siempre está equilibrada por el llamado universal a los pecadores a que se arrepientan y crean el evangelio.

EL INCOMPARABLE PRIVILEGIO DE LOS SANTOS

Y volviéndose a los discípulos, les dijo aparte: Bienaventurados los ojos que ven lo que vosotros veis; porque os digo que muchos profetas y reyes desearon ver lo que vosotros veis, y no lo vieron; y oír lo que oís, y no lo oyeron. (10:23-24)

Y volviéndose a los discípulos después de alabar al Padre, Jesús los llevó **aparte.** Lo que estaba a punto de decir solo se aplicaba a sus verdaderos seguidores: los doce, los setenta y los demás verdaderos creyentes. El Señor se regocijó en gran manera por la verdad que se les había revelado, hallando gozo en el gozo de ellos por tan privilegiada bendición.

Esos **bienaventurados** y llenos de gozo no eran solo aquellos a quienes Jesús se dirigió ese día, sino todos los que creerían en Él como indica la frase **los ojos que ven lo que vosotros veis.** Las cosas que ellos tenían el privilegio de ver y entender incluyen estas grandes verdades de que el Mesías había venido, que la salvación de Dios se había revelado, que la obra de redención se había logrado, que el reino prometido se había ofrecido, y que todas las profecías, promesas y pactos del Antiguo Testamento se habían cumplido en Cristo, quien sería la ofrenda definitiva por el pecado. Satanás se había encontrado con su conquistador, los demonios habían sido totalmente dominados, la enfermedad vencida, la naturaleza sometida, la muerte derrotada por medio de Cristo, y el perdón y la vida eterna otorgados a todos los que creen.

La manada pequeña (Lc. 12:32) de verdaderos seguidores estaba bendecida para verlo todo, y habilitada para entenderlo por medio del Espíritu Santo. Ellos eran los obedientes, elegidos por el Padre, humildes, quebrantados, contritos, que se habían negado a sí mismos, que habían tomado su cruz, y a quienes el Hijo se les había revelado por medio del Espíritu Santo. Las bendiciones que recibieron están a disposición de todo aquel que acepta la invitación del Salvador: "Venid a mí todos los que estáis trabajados y cargados, y yo os haré descansar" (Mt. 11:28).

Que solamente los creyentes privilegiados han de tener el conocimiento que se les concedió a los primeros discípulos es evidente por la declaración final del discurso del Señor: **Muchos profetas y reyes desearon ver lo que vosotros veis, y no lo vieron; y oír lo que oís, y no lo oyeron.** Ni siquiera los santos más prominentes del Antiguo Testamento fueron bendecidos con el conocimiento dado a los creyentes bajo el nuevo pacto:

> *Los profetas que profetizaron de la gracia destinada a vosotros, inquirieron y diligentemente indagaron acerca de esta salvación, escudriñando qué persona y qué tiempo indicaba el Espíritu de Cristo que estaba en ellos, el cual anunciaba de antemano los sufrimientos de Cristo, y las glorias que vendrían tras ellos. A éstos se les reveló que no para sí mismos, sino para nosotros, administraban las cosas que ahora os son anunciadas por los que os han predicado el evangelio por el Espíritu Santo enviado del cielo; cosas en las cuales anhelan mirar los ángeles (1 P. 1:10-12).*

Los héroes de la fe del Antiguo Testamento que incluyen a Abel, Enoc, Noé, Abraham, Sara, Isaac, Jacob, José, Moisés, Rahab, Gedeón, Barac, Jefté, David, Samuel y los profetas "murieron todos... sin haber recibido lo prometido, sino mirándolo de lejos" (He. 11:13). "Y todos éstos, aunque alcanzaron buen testimonio mediante la fe, no recibieron lo prometido; proveyendo Dios alguna cosa mejor para nosotros, para que no fuesen ellos perfeccionados aparte de nosotros" (vv. 39-40). A los creyentes del nuevo pacto se les ha concedido el privilegio de conocer los misterios del reino de Dios: la revelación del Nuevo Testamento de todas las cosas mantenidas en secreto en el Antiguo Testamento. Ese privilegio, otorgado por el placer soberano de Dios, produjo gozo en Jesús y los setenta, y debería producir gozo a todos los creyentes.

Cómo encontrar vida eterna 65

Y he aquí un intérprete de la ley se levantó y dijo, para probarle: Maestro, ¿haciendo qué cosa heredaré la vida eterna? Él le dijo: ¿Qué está escrito en la ley? ¿Cómo lees? Aquél, respondiendo, dijo: Amarás al Señor tu Dios con todo tu corazón, y con toda tu alma, y con todas tus fuerzas, y con toda tu mente; y a tu prójimo como a ti mismo. Y le dijo: Bien has respondido; haz esto, y vivirás. Pero él, queriendo justificarse a sí mismo, dijo a Jesús: ¿Y quién es mi prójimo? Respondiendo Jesús, dijo: Un hombre descendía de Jerusalén a Jericó, y cayó en manos de ladrones, los cuales le despojaron; e hiriéndole, se fueron, dejándole medio muerto. Aconteció que descendió un sacerdote por aquel camino, y viéndole, pasó de largo. Asimismo un levita, llegando cerca de aquel lugar, y viéndole, pasó de largo. Pero un samaritano, que iba de camino, vino cerca de él, y viéndole, fue movido a misericordia; y acercándose, vendó sus heridas, echándoles aceite y vino; y poniéndole en su cabalgadura, lo llevó al mesón, y cuidó de él. Otro día al partir, sacó dos denarios, y los dio al mesonero, y le dijo: Cuídamele; y todo lo que gastes de más, yo te lo pagaré cuando regrese. ¿Quién, pues, de estos tres te parece que fue el prójimo del que cayó en manos de los ladrones? Él dijo: El que usó de misericordia con él. Entonces Jesús le dijo: Ve, y haz tú lo mismo. (10:25-37)

De todas las preguntas que se pueden formular, ninguna es más importante que la de este pasaje: "¿Haciendo qué cosa heredaré la vida eterna?" La importancia de esa pregunta está arraigada en la realidad de que toda alma humana es inmortal. La aniquilación, el materialismo, la reencarnación, y cualquier otro punto de vista que niega que las personas seguirán siendo las mismas por siempre es falso. La pregunta no es si vivirán para siempre, sino dónde vivirán para siempre: en el cielo o el infierno.

Cuando esta historia se desarrolla, Jesús estaba en los últimos meses de su ministerio terrenal, viajando lentamente desde Jerusalén y cubriendo pueblos y ciudades de Judea con el mensaje de vida eterna mientras llamaba a los habitantes a ser sus discípulos verdaderos (cp. Lc. 9:23). Pero a pesar de su poderosa predicación y sus señales milagrosas, una cantidad muy pequeña de personas creía y aceptaba el evangelio. En su mayor parte rechazaron su llamado a humillarse, arrepentirse de sus pecados y su justicia propia, y recibir perdón total y entrar por fe en el reino de Dios. No aceptaron el mensaje de Cristo porque no se reconocieron como pecadores miserables en camino a la destrucción eterna. Al rechazar el diagnóstico negaron para sí mismos la única curación posible.

Que el Señor ministró no solo a las multitudes, sino también a individuos, es evidente en este pasaje. Aunque se llevó a cabo en un escenario público, esta fue una conversación personal entre Jesús y este hombre. Él era miembro del sistema religioso, individuos cultos, destacados, poderosos e influyentes que conformaban la religión judaizante apóstata y que eran hostiles a Jesús. Este intérprete desconocido tuvo un raro privilegio cuyo valor está más allá de cualquier opinión: tener una conversación acerca de la vida eterna con Aquel que en sí mismo es vida eterna (1 Jn. 5:20). En un trágico ejemplo de oportunidad perdida que rivaliza con Judas, el intérprete, a pesar de hacer la pregunta correcta a la persona correcta y de recibir la respuesta correcta, se alejó para enfrentar muerte eterna.

A pesar de su resultado, este incidente provee una valiosa lección sobre cómo hacer evangelización personal del modo en que Jesús lo hizo. Los que tendrían la oportunidad de recibir vida eterna tendrán que captar la verdad con relación a la naturaleza de la vida eterna, la motivación para la vida eterna, la constitución de la vida eterna, y la adquisición de la vida eterna.

NATURALEZA DE LA VIDA ETERNA

La pregunta de suma importancia sobre cómo obtener o heredar la vida eterna también la hizo el joven rico (18:18; Mt. 19:16; Mr. 10:17). Implícita en la pregunta tanto del joven como del escriba estaba la creencia judía en la inmortalidad. Los judíos reconocían que Dios había prometido un reino eterno de bendición, gozo, paz y satisfacción. Si el intérprete no hubiera tenido esa creencia común, esta conversación nunca se habría llevado a cabo. No habría habido motivo para que le preguntara a Jesús cómo heredar la vida eterna, a menos que ya creyera que esta era una realidad. Él sabía que la caída de Adán había hecho que la especie humana perdiera esa vida eterna, y quería saber cómo recuperarla personalmente.

En el mundo posmoderno de hoy, dominado por el naturalismo, la evolución y el humanismo, los cristianos ya no pueden suponer que las personas a las que evangelizan entiendan que vivirán para siempre. Al enemigo le encanta propagar la mentira de que la vida actual es todo lo que existe, y por tanto no hay nada mejor que "comamos y bebamos, porque mañana moriremos" (1 Co. 15:32). Sin embargo, Dios ha puesto eternidad en el corazón del ser humano (Ec. 3:11), e incluso quienes niegan esta realidad aún sienten el impulso de esta verdad en sus corazones. A lo largo de la historia esa sensación universal de eternidad se ha expresado en varios rituales y tradiciones que implican enterrar a los muertos.

Pero la revelación general no era la razón de que el escriba creyera en la inmortalidad del alma. Como experto en la ley mosaica sabía que esa era la clara enseñanza del Antiguo Testamento. Job entendía que después que muriera vería personalmente a Dios (Job 19:26-27). David se alegró en el conocimiento de que en la "presencia [de Dios] hay plenitud de gozo; delicias a [su] diestra para siempre" (Sal. 16:11), y después de la trágica muerte de su hijo recién nacido se consoló en saber que lo volvería a ver: "Yo voy a él, mas él no volverá a mí" (2 S. 12:23). La profecía de Daniel señala que "recibirán el reino los santos del Altísimo, y poseerán el reino hasta el siglo, eternamente y para siempre" (Dn. 7:18), y que al final de los tiempos "muchos de los que duermen en el polvo de la tierra serán despertados, unos para vida eterna, y otros para vergüenza y confusión perpetua" (12:2; cp. 2:44; Sal. 21:4).

Podría parecer extraño que un miembro del sistema religioso hiciera esta pregunta. Después de todo, los israelitas estaban convencidos de que eran hijos de Abraham (Mt. 3:9; Jn. 8:39), "de los cuales son la adopción, la gloria, el pacto, la promulgación de la ley, el culto y las promesas; de quienes son los patriarcas" (Ro. 9:4-5*a*). Ellos creían tener garantizada la entrada en el reino eterno. Pero su herencia judía no salvaría a aquellos cuya religión era superficial, hipócrita y externa (Lc. 3:8; Ro. 2:28-29). La duda acerca de la herencia eterna seguía surgiendo debido a las dudas y los temores causados por una conciencia agobiante y un corazón descontento. Así como este intérprete, muchos sabían que no eran rectos ante Dios; que el barniz de actividades religiosas que llevaban simplemente les servía de fachada que cubría una tumba llena "de huesos de muertos y de toda inmundicia" (Mt. 23:27). La pregunta tanto del joven rico como del escriba reflejó el temor que tenían de que pudieran perder la vida eterna a pesar de toda su exhibición exterior de celo religioso.

En la mente del intérprete, Jesús era alguien lógico a quién preguntar acerca de la vida eterna, porque este era el tema constante de su predicación (Mt. 25:46; Mr. 10:29-30; Jn. 4:36; 5:24, 39; 6:27, 40, 47, 54, 68; 10:28; 12:25, 50; 17:2-3; cp. Hch. 13:48; Ro. 2:7; 5:21; 1 Ti. 1:16; Tit. 1:2; 1 Jn. 1:2; 2:25; 3:15; 5:11, 13, 20; Jud. 21). Es aquí que gran parte de la evangelización moderna es deficiente. Hablar de la vida eterna y especialmente del infierno se considera algo tosco, y algunos que profesan ser evangélicos cuestionan o incluso niegan con toda desfachatez la existencia del infierno. No obstante, Jesús describió el infierno en lenguaje aterradoramente gráfico (Mt. 8:12; 22:13; 24:51; 25:30; Mr. 9:43-48) y habló más acerca de este lugar que del cielo. Es sorprendente que el cielo también sea un tema poco popular, ya que el énfasis está en hacer mejor las cosas en la vida actual. Para ese fin, la evangelización contemporánea trata de descubrir las necesidades que las personas sienten y luego les presentan a Jesús como la cura para todo lo que es disfuncional en sus vidas.

Pero la Biblia no garantiza que las circunstancias de una persona mejorarán después de la salvación. Es más, es posible que empeoren (Hch. 14:22; Ro. 8:17; 1 Ts. 3:4; 2 Ti. 3:12; 1 P. 4:12-16). La salvación produce paz sobrenatural (Jn. 14:27), fortaleza para soportar pruebas y tribulaciones (2 Ts. 3:3; 1 P. 5:10), y consuelo (2 Co. 1:3-5) que cambia la tristeza en gozo (Sal. 30:5; Jn. 15:11). Sin embargo, el enfoque de la evangelización basada bíblicamente no está en las comodidades de la vida actual, sino en la realidad de la eternidad; en alejar de este mundo temporal la atención de las personas y ponerla en la existencia eterna explicando los detalles bíblicos de las alegrías del cielo y los horrores del infierno.

MOTIVACIÓN PARA LA VIDA ETERNA

Y he aquí un intérprete de la ley se levantó y dijo, para probarle: Maestro, ¿haciendo qué cosa heredaré la vida eterna? (10:25)

La partícula *idou* ("y he aquí") muestra que la pregunta hecha por el **intérprete** fue un acontecimiento sorprendente. Pero como antes se indicó, el hombre se motivó a hacer esta pregunta por preocupación de no perder la vida eterna. Un **intérprete** (*nomikos*), o escriba, era un experto en la interpretación y la aplicación de la ley mosaica y las tradiciones rabínicas que se habían formado durante siglos. A los escribas se les ve frecuentemente en los evangelios acompañados por los fariseos, y buscando maneras de desacreditar a Jesús (Mt. 12:38; 15:1; Mr. 2:16; Lc. 5:21; 6:7; 11:53; 15:2; Jn. 8:3). No obstante, este escriba al parecer hizo la pregunta por su cuenta, ya que deseaba saber lo que él, no el pueblo en general, debía hacer para heredar **la vida eterna.** Su interrogante indica que el énfasis en la salvación colectiva del judaísmo no había invalidado los conceptos de salvación individual y responsabilidad humana.

El hecho de que el hombre se levantara e interrumpiera a Jesús no fue una señal de falta de respeto, ya que se dirigió al Señor de modo cortés como **Maestro.** Aunque la frase **para probarle** podía sugerir a menudo mala intención por parte del autor de la pregunta (cp. Mr. 10:2), para este escriba pudo haber sido simplemente un esfuerzo por determinar si Jesús sabía la respuesta por la que sentía una gran necesidad.

CONSTITUCIÓN DE LA VIDA ETERNA

Él le dijo: ¿Qué está escrito en la ley? ¿Cómo lees? Aquél, respondiendo, dijo: Amarás al Señor tu Dios con todo tu corazón, y con toda tu alma, y con todas

tus fuerzas, y con toda tu mente; y a tu prójimo como a ti mismo. Y le dijo: Bien has respondido; haz esto, y vivirás. (10:26-28)

El Maestro respondió a la inquietud del intérprete haciéndole a su vez otra pregunta: **¿Qué está escrito en la ley?** El interrogante de Cristo afirma su compromiso hacia la **ley** (cp. Mt. 5:18-19), el mismo asunto que los escribas y fariseos lo acusaban de violar (cp. Mt. 15:2). La **ley** a la que Jesús hace referencia era la ley de Dios dada a Moisés, que los judíos habían adornado, pero no olvidado. La segunda pregunta del Señor, **¿cómo lees?** podría querer decir: "¿Cómo la entiendes?". Pero es mejor traducirla "¿cómo la recitas?". Jesús se estaba refiriendo a la profesión judía de fe conocida como la *Shema* (Dt. 6:4-5), que se recitaba dos veces al día. La primera parte de la respuesta del intérprete, **amarás al Señor tu Dios con todo tu corazón, y con toda tu alma, y con todas tus fuerzas, y con toda tu mente,** viene de la *Shema*. La oración adicional, **y a tu prójimo como a ti mismo** se cita de Levítico 19:18. Cuando se le pidió que nombrara el más importante de los mandamientos, Jesús dio la misma respuesta que el intérprete (Mr. 12:28-31), por tanto la respuesta fue correcta.

El mandamiento requiere compromiso total con el desinteresado **amarás** (*agapaō*; la más enaltecida clase de amor) en que participan todas las facultades humanas, inclusive **corazón, alma, fuerzas,** y **mente.** Estos dos mandatos resumen los Diez Mandamientos, la primera mitad de los cuales describe cómo amar a Dios, mientras la segunda mitad describe cómo amar al prójimo. Solo quienes practican tal amor abnegado (cp. Lc. 9:23) pueden recibir vida eterna.

Puesto que la respuesta del intérprete fue correcta, Jesús **le dijo: Bien has respondido; haz esto, y vivirás** (cp. Lv. 18:5; Dt. 6:25; Neh. 9:29; Ez. 20:11, 13, 21). Ya que conocía la respuesta, el escriba era responsable. Pero al igual que todos los que han vivido, él no era capaz de guardar la ley amando perfectamente a Dios y a las demás personas. Hacer eso es imposible, "porque todos los que dependen de las obras de la ley están bajo maldición, pues escrito está: Maldito todo aquel que no permaneciere en todas las cosas escritas en el libro de la ley, para hacerlas" (Gá. 3:10; cp. Dt. 27:26). En consecuencia, "todos pecaron, y están destituidos de la gloria de Dios" (Ro. 3:23), por lo que "no hay justo, ni aun uno" (Ro. 3:10; cp. 5:12; Gá. 3:22).

Por supuesto, Jesús no estaba afirmando que en determinado lugar hubiera algunas personas que se pudieran salvar guardando la ley. Por el contrario, estaba señalando la absoluta imposibilidad de hacerlo, ya que la ley exige lo imposible: obediencia perfecta y total (Stg. 2:10), y promete muerte física, espiritual y eterna a quienes la desobedecen (Ez. 18:4, 20; Ro. 6:23). Tales realidades ponen a los pecadores en una posición sin esperanza. Se les exige guardar perfectamente la ley, pero no pueden hacerlo y en consecuencia enfrentan la muerte. La única salida a ese aterrador dilema es reconocer el pecado personal

(Sal. 32:5; Pr. 28:13; 1 Jn. 1:9), clamar misericordia (Lc. 18:13), y, solo por medio de la fe (Jn. 3:16, 36; 5:24; Hch. 15:9; Ro. 3:20-30; 4:5; 5:1; Gá. 2:16; Ef. 2:8-9; Fil. 3:9; 1 P. 1:9), aceptar al Señor Jesucristo como el Salvador y único sacrificio por el pecado (Ef. 5:2; He. 9:24-28; 10:12). Para tales creyentes arrepentidos Dios ocasionó que su Hijo, "que no conoció pecado, por [ellos se hiciera] pecado, para que [fueran] hechos justicia de Dios en él" (2 Co. 5:21).

ADQUISICIÓN DE LA VIDA ETERNA

Pero él, queriendo justificarse a sí mismo, dijo a Jesús: ¿Y quién es mi prójimo? Respondiendo Jesús, dijo: Un hombre descendía de Jerusalén a Jericó, y cayó en manos de ladrones, los cuales le despojaron; e hiriéndole, se fueron, dejándole medio muerto. Aconteció que descendió un sacerdote por aquel camino, y viéndole, pasó de largo. Asimismo un levita, llegando cerca de aquel lugar, y viéndole, pasó de largo. Pero un samaritano, que iba de camino, vino cerca de él, y viéndole, fue movido a misericordia; y acercándose, vendó sus heridas, echándoles aceite y vino; y poniéndole en su cabalgadura, lo llevó al mesón, y cuidó de él. Otro día al partir, sacó dos denarios, y los dio al mesonero, y le dijo: Cuídamele; y todo lo que gastes de más, yo te lo pagaré cuando regrese. ¿Quién, pues, de estos tres te parece que fue el prójimo del que cayó en manos de los ladrones? Él dijo: El que usó de misericordia con él. Entonces Jesús le dijo: Ve, y haz tú lo mismo. (10:29-37)

En este punto de la conversación, el escriba debió haber reconocido su imposibilidad de amar como Dios exigía y haber suplicado misericordia como hizo el recaudador de impuestos en Lucas 18:13. Sin embargo, acorralado en una esquina de la que no había escapatoria, su miserable orgullo y su justicia propia tomaron el control, tal como había hecho el fariseo (vv. 11-12). **Queriendo justificarse a sí mismo,** no se negó a sí mismo. El hombre no quiso confesar la realidad de su corazón pecador sino que, despreciando la convicción de pecado que sin duda sintió que le brotaba por dentro, rotundamente reafirmó su santurronería y valor externos.

Lamentablemente, este fue el consabido comportamiento que Pablo señalaría más adelante, típico de la nación de Israel como un todo. En Romanos 2:23-29, el apóstol reprendió a sus compañeros judíos por guardar la ley de manera superficial y externa:

> *Tú que te jactas de la ley, ¿con infracción de la ley deshonras a Dios? Porque como está escrito, el nombre de Dios es blasfemado entre los gentiles por causa de vosotros. Pues en verdad la circuncisión aprovecha, si guardas la ley; pero si eres transgresor de la ley, tu circuncisión viene a ser incircuncisión. Si, pues, el*

incircunciso guardare las ordenanzas de la ley, ¿no será tenida su incircuncisión como circuncisión? Y el que físicamente es incircunciso, pero guarda perfectamente la ley, te condenará a ti, que con la letra de la ley y con la circuncisión eres transgresor de la ley. Pues no es judío el que lo es exteriormente, ni es la circuncisión la que se hace exteriormente en la carne; sino que es judío el que lo es en lo interior, y la circuncisión es la del corazón, en espíritu, no en letra; la alabanza del cual no viene de los hombres, sino de Dios.

En Romanos 10 el apóstol explicó por qué el pueblo judío estaba en esa condición perdida:

Hermanos, ciertamente el anhelo de mi corazón, y mi oración a Dios por Israel, es para salvación. Porque yo les doy testimonio de que tienen celo de Dios, pero no conforme a ciencia. Porque ignorando la justicia de Dios, y procurando establecer la suya propia, no se han sujetado a la justicia de Dios (vv. 1-3).

Al menospreciar la justicia de Dios se imaginaron que Él era más tolerable con el pecado de lo que verdaderamente es, y por tanto menos santo de lo que es. Eso los hacía creer más justos de lo que eran. En consecuencia, Israel no se dio cuenta de su necesidad de un Salvador, ni entendió la verdad de que "el fin de la ley es Cristo, para justicia a todo aquel que cree" (v. 4), ya que "lo que era imposible para la ley, por cuanto era débil por la carne, Dios, enviando a su Hijo en semejanza de carne de pecado y a causa del pecado, condenó al pecado en la carne" (Ro. 8:3). Lejos de ser un medio de salvación, "la ley ha sido nuestro ayo, para llevarnos a Cristo, a fin de que fuésemos justificados por la fe" (Gá. 3:24. Véase también los versículos enumerados en la sección anterior).

En su intento por justificarse, el intérprete hizo caso omiso de amar perfectamente a Dios, lo que por tanto sugirió que él creía que sí lo hacía. También creía que estaba amando de manera perfecta a su prójimo, a menos que Jesús tuviera una definición distinta de prójimo. Al tratar de clarificar la definición del Señor, el escriba le preguntó: **¿Y quién es mi prójimo?** Jesús contestó con una de sus más memorables y poderosas ilustraciones: la historia del buen samaritano.

Este dramático relato se usa ampliamente para enseñar la importancia de ayudar a los necesitados. Es más, la expresión "buen samaritano" se ha convertido en un modismo para quienes demuestran bondad poco común y sacrificial hacia los demás. Sin embargo, aunque es importante ayudar a los necesitados, ese no es el objetivo de la historia. Se trata en realidad de un relato sobre cómo se hereda la vida eterna, porque esa es la pregunta que inició la conversación de la cual esta historia es la conclusión.

El Señor ofreció esta historia en respuesta a la pregunta del escriba, la cual insinuaba con cierto cinismo que el religioso amaba a todos los que consideraba su prójimo. Con mucha gentileza, Jesús le dio una visión inolvidable e ineludiblemente clara de la miseria del hombre; una oportunidad más para reconocer su pecaminosidad y suplicar misericordia.

En el inicio de la historia **un hombre descendía de Jerusalén a Jericó.** Aunque **Jericó** está a menos de veinticinco kilómetros de Jerusalén y a unos trescientos metros bajo el nivel del mar, se encuentra un poco más de mil metros más abajo en cuanto a elevación. En consecuencia, el camino que **descendía de Jerusalén a Jericó** era empinado y peligroso, tanto más porque sus cuevas y formaciones rocosas proporcionaban escondites para ladrones y salteadores de caminos. Por desgracia para este hombre ocurrió lo previsible, pues **cayó en manos de ladrones, los cuales le despojaron,** lo golpearon una y otra vez, y **se fueron, dejándole medio muerto.** La situación del hombre era desesperada. Estaba varado en medio de un camino solitario en condición crítica y en necesidad de atención médica inmediata. Sin embargo, no había garantía de cuándo alguien lo ayudaría, o si lo haría.

Una vez descrita la difícil situación del hombre, Jesús de inmediato presentó un rayo de esperanza, indicando que para beneficio del necesitado, **aconteció que descendió un sacerdote por aquel camino.** Esta parecería haber sido la mejor noticia posible. Un **sacerdote** era por definición un siervo de Dios, alguien que ofrecía sacrificios por los pecados del pueblo, de quien se esperaba que fuera un dechado de virtud espiritual, y el mejor, más piadoso y más justo de los hombres. Un sacerdote conocería íntimamente la ley del Antiguo Testamento y estaría comprometido a vivir por sus principios, uno de los cuales era el requisito de mostrar misericordia. En Levítico 19:34, Dios ordenó al pueblo de Israel: "Como a un natural de vosotros tendréis al extranjero que more entre vosotros, y lo amarás como a ti mismo; porque extranjeros fuisteis en la tierra de Egipto. Yo Jehová vuestro Dios". Según Éxodo 23:4-5 ellos debían rescatar al burro de un enemigo si el animal se extraviaba o si caía debajo de su carga... cuánto más debían ayudar al hombre mismo.

No obstante, la esperanza que presentó el Señor tuvo corta duración. En lugar de detenerse para ayudar al hombre herido e indefenso, el sacerdote **viéndole, pasó de largo.** Los comentaristas han ofrecido muchas sugerencias de por qué el sacerdote evitó al hombre herido. Pero tales especulaciones son inútiles, ya que no se trataba de una persona verdadera, sino simplemente de un personaje en la historia del Señor. El planteamiento expresado aquí por parte de Jesús es que, debido a que el sacerdote conocía los requerimientos de la ley, se esperaría que se detuviera y ayudara al hombre herido. Tampoco se trata de una crítica al sacerdocio de Israel por no tener compasión, aunque eso a menudo era cierto; el sacerdote en esta historia simplemente actúa como alguien de quien se esperaba que ayudara, pero que no lo hizo.

Felizmente para el desesperado hombre, otro viajero apareció en el tramo del camino. Esta vez se trataba de **un levita,** uno de los que ayudaban a los sacerdotes. Él también habría conocido muy bien la ley del Antiguo Testamento y sus requisitos de mostrar misericordia a los necesitados. Pero increíblemente **llegando cerca de aquel lugar, y** viendo al hombre herido, el levita también se negó a detenerse y ayudarlo, y al igual que había hecho el sacerdote, **pasó de largo.** A pesar de la circuncisión que se habían practicado, del conocimiento de la ley de Dios, y de participar en el sistema religioso, tanto él como el sacerdote demostraron que no estaban calificados para la vida eterna. No amaban a Dios, ya que no guardaban los mandamientos. Tampoco amaban a su prójimo, ya que ambos dejaron pasar una oportunidad de demostrar ese amor.

En este punto la historia da un giro sorprendente e inesperado. Cuando todo parecía perdido, llegó ayuda de la fuente más improbable. **Un samaritano, que iba de camino, vino cerca** del hombre herido. Dada la hostilidad entre judíos y samaritanos, este individuo parecería ser el más impasible hacia el lesionado. Como se indicó en la exposición de 9:52 en el capítulo 61 de esta obra, el odio entre judíos y gentiles había existido durante siglos. Difícilmente se pudo haber esperado que el samaritano ayudara a este hombre; es más, pudo incluso haber concluido lo que los ladrones habían empezado. Pero de forma asombrosa, cuando vio a la golpeada e indefensa víctima, **fue movido a misericordia.** Su corazón se conmovió con tristeza, dolor y simpatía hacia el necesitado. En lugar de pasar de largo como hicieron los otros dos, **acercándose** evaluó la situación. Al observar las traumáticas lesiones, el samaritano **vendó sus heridas, echándoles aceite y vino.** Puesto que los ladrones habían despojado a su víctima, el samaritano debió haber roto algunas de sus propias ropas de recambio para hacer las vendas. También usó algunas de sus propias provisiones para tratar las heridas antes de vendarlas. Poner **aceite y vino** en las partes lastimadas servía para desinfectarlas y ablandarlas, aliviando así el dolor y ayudándolas a sanar. Esta fue una atención generosa y noble, y sin duda inesperada para alguien que era su enemigo.

Pero el samaritano no terminó allí. En lugar de estar contento con tratar las heridas del hombre para entonces irse, **poniéndole en su cabalgadura** (quizás un burro o una mula) **lo llevó al mesón, y cuidó de él.** Los mesones en el mejor de los casos ofrecían comida, y en el peor eran lugares de prostitución y robo. Los mesoneros a menudo no tenían escrúpulos, y eran malvados y sin compasión. Pero en este caso no había alternativa; el hombre herido necesitaba albergue, comida, agua y descanso. Tras negociar un lugar donde alojarse, el samaritano llevó con él al hombre y siguió cuidándolo toda la noche, ya que no salió hasta el **otro día.**

Al partir en la mañana siguiente, el samaritano **sacó dos denarios, y los dio al mesonero, y le dijo: Cuídamele.** Dependiendo de la calidad del mesón, esa cantidad habría pagado la habitación del hombre herido y la comida en cualquier parte durante tres semanas a dos meses. Aquí hubo otro ejemplo más del amor generoso y compasivo del samaritano. Pero él aún no había terminado. Le prometió al mesonero: **todo lo que gastes de más, yo te lo pagaré cuando regrese.** En realidad le entregó un cheque en blanco. La generosidad del benefactor no tenía límites. Se preocupó por el extranjero herido del modo en que la mayoría de personas se preocupan de sí mismas. Esa es la clase de amor ilimitado que se necesita para obtener la entrada de alguien en el reino de Dios. El intérprete de la ley no amaba de ese modo.

Jesús entonces le preguntó al escriba: **¿Quién, pues, de estos tres te parece que fue el prójimo del** hombre **que cayó en manos de los ladrones?** Él contestó con la respuesta obvia: **El que usó de misericordia con él.** A fin de subrayar la importancia de la historia, **Jesús le dijo: Ve, y haz tú lo mismo.** La idea es que solo amando en todo momento de manera continua y perfecta a Dios y al prójimo (incluso a su peor enemigo) el escriba podía satisfacer el primer mandamiento y el segundo, y obtener así vida eterna. Obviamente, el planteamiento de Cristo es que ni el escriba ni nadie son capaces de expresar tal clase de amor. Esta es una acusación a toda la humanidad caída, y la única respuesta adecuada era que el hombre reconociera su imposibilidad de salvarse a sí mismo y le suplicara a Dios misericordia y perdón. Jesús, Dios encarnado, estaba delante de él listo para ofrecerle perdón, gracia y compasión. Sin embargo, no hay ninguna indicación de que el intérprete procediera de esta manera; su orgullo y su justicia propia lo mantenían cautivo, y es probable que hubiera perdido la vida eterna.

La prioridad del cristiano 66

Aconteció que yendo de camino, entró en una aldea; y una mujer llamada Marta le recibió en su casa. Esta tenía una hermana que se llamaba María, la cual, sentándose a los pies de Jesús, oía su palabra. Pero Marta se preocupaba con muchos quehaceres, y acercándose, dijo: Señor, ¿no te da cuidado que mi hermana me deje servir sola? Dile, pues, que me ayude. Respondiendo Jesús, le dijo: Marta, Marta, afanada y turbada estás con muchas cosas. Pero sólo una cosa es necesaria; y María ha escogido la buena parte, la cual no le será quitada. (10:38-42)

El relato de este único y maravilloso acontecimiento no aparece en ninguna otra parte de los evangelios. A pesar de su brevedad, ocupa un importante lugar en el flujo del Evangelio de Lucas y transmite una verdad esencial revelando la máxima prioridad de la vida cristiana: amar a Dios. Este hecho permite una adecuada continuación a la historia del buen samaritano que resaltó la importancia de amar al prójimo como evidencia de amar a Dios.

La palabra "prioridad" se usa comúnmente hoy día. Abundan los libros y seminarios que pretenden enseñar a las personas cómo poner sus vidas en orden entendiendo e instaurando sus prioridades. A medida que las vidas de las personas se vuelven más frenéticas, desesperadas, desarticuladas y desconectadas, batallan por mantenerse enfocadas en las que deberían ser sus prioridades. Una prioridad es por definición un asunto que se sitúa por encima de todos los demás en importancia. David expresó en Salmos 27:4: "Una cosa he demandado a Jehová, ésta buscaré", mientras que, en el Nuevo Testamento, Pablo escribió: "Una cosa hago" (Fil. 3:13). El único enfoque de David estaba en contemplar y meditar en la belleza del Señor, y el de Pablo estaba en ir tras Él para ser conformado a su semejanza. Ambas son ilustraciones de la máxima prioridad para los creyentes: el conocimiento profundo y transformador de Dios.

Esta historia prepara el escenario para la fase final del ministerio de Jesús. Como se indicó en los capítulos anteriores de esta obra, Lucas cubre el último viaje de Jesús a Jerusalén en 9:51—19:27. Ese período entre el final de su ministerio galileo y su entrada triunfal a Jerusalén encontró al Señor viajando extensamente en Judea y de vez en cuando al oriente del río Jordán en Perea.

El énfasis principal de Jesús durante ese viaje itinerante no fue realizar señales milagrosas, sino enseñar a sus discípulos. Cubrió temas como oración, Satanás, demonios, juicio divino, hipocresía, persecución, sufrimiento, el Espíritu Santo, codicia, contentamiento, dinero, generosidad, mayordomía, unidad, justicia, santidad, justicia divina, humildad, orgullo, el costo de la lealtad a Él, el reino de Dios y cómo entrar en él, el gozo del cielo por parte de pecadores arrepentidos, divorcio, infierno, arrepentimiento, perdón y fe. El enfoque de Lucas en el contenido de la enseñanza de Jesús a sus discípulos durante esos meses es la razón de que las ubicaciones sean vagas. Por ejemplo, en el versículo 38 escribe que Jesús "entró en una aldea"; en 11:1 que estaba "orando en un lugar"; en 13:22 que "pasaba Jesús por ciudades y aldeas"; y en 17:11-12 que "pasaba entre Samaria y Galilea" y "al entrar en una aldea".

La enseñanza de Cristo siempre constituyó un cambio radical de la sabiduría convencional judía de la época. La instrucción no solo era persuasiva, poderosa y urgente, sino verídica y por tanto transformadora, porque cuando Él hablaba era Dios hablando. En Juan 7:16 declaró: "Mi doctrina no es mía, sino de aquel que me envió". Jesús expresó: "Muchas cosas tengo que decir y juzgar de vosotros; pero el que me envió es verdadero; y yo, lo que he oído de él, esto hablo al mundo" (Jn. 8:26). En el versículo 28 añadió: "Cuando hayáis levantado al Hijo del Hombre, entonces conoceréis que yo soy, y que nada hago por mí mismo, sino que según me enseñó el Padre, así hablo". A los que intentaban acabar con Él les dijo: "Ahora procuráis matarme a mí, hombre que os he hablado la verdad, la cual he oído de Dios" (v. 40). A los apóstoles en el aposento alto les manifestó: "Ya no os llamaré siervos, porque el siervo no sabe lo que hace su señor; pero os he llamado amigos, porque todas las cosas que oí de mi Padre, os las he dado a conocer" (Jn. 15:15). En su oración sumo sacerdotal, Jesús oró al Padre: "Las palabras que me diste, les he dado; y ellos las recibieron, y han conocido verdaderamente que salí de ti, y han creído que tú me enviaste" (Jn. 17:8).

Como este pasaje ejemplifica, la prioridad suprema para los creyentes es oír la Palabra revelada de Dios. Esto es fundamental para los demás deberes espirituales, a todos los cuales la Biblia los motiva, informa y define. Don Whitney escribe:

> Ninguna disciplina espiritual es más importante que la asimilación de la Palabra de Dios; nada puede sustituirla. Simplemente no hay vida cristiana sana aparte de una dieta de la leche y la carne de las Escrituras. Las razones para esto son obvias. En la Biblia Dios nos habla de sí mismo, y en especial de Jesucristo, la encarnación de Dios. La Biblia desarrolla la ley de Dios para nosotros y nos muestra cómo todos la hemos violado. En ella nos enteramos del modo en que Cristo, como sustituto sin pecado y dispuesto, murió por los quebrantadores de la ley

> de Dios. Además nos muestra cómo debemos arrepentirnos y creer en Él para estar bien con Dios. En la Biblia aprendemos los caminos del Señor y su voluntad; descubrimos cómo vivir de tal manera que agrade a Dios, así como lo que es mejor y más satisfactorio para nosotros. Nada de esta información eternamente esencial se puede hallar en otra parte que no sea la Biblia. Por tanto, si hemos de conocer a Dios y ser como Él, debemos conocer la Palabra de Dios... íntimamente (*Spiritual Disciplines for the Christian Life* [Colorado Springs, Colo.: Navpress, 1991], p. 24).

Cuando la historia comienza en este pasaje, Jesús y sus acompañantes iban **de camino,** como lo harían por toda Judea. No se sabe dónde se sitúa cronológicamente este acontecimiento en el viaje del Señor hacia Jerusalén, pero Lucas lo ubica aquí por un propósito específico. Intenta poner a sus lectores en la posición de estudiantes, listos a absorber la enseñanza del Señor Jesucristo en los capítulos que siguen. Aunque no se da el nombre de la **aldea** a la que Cristo **entró,** Juan nos dice que se trataba de Betania, donde vivían Marta y María junto con su hermano Lázaro (Jn. 11:1; 12:1-3). Según Juan 11:18, Betania "estaba cerca de Jerusalén, como a tres kilómetros de distancia" (NVI), así que Jesús se encontraba en las proximidades de Jerusalén, aunque por última vez. Cuando el Señor entró a la aldea conoció a **una mujer llamada Marta.** La presentación que Lucas hace de esta como **una mujer** sugiere que Jesús no se había encontrado antes con ella. Esta podría ser la primera de muchas veces que Él posó en la casa que Marta compartía con María y Lázaro.

Ni Jesús ni sus mensajeros eran siempre bien recibidos en las aldeas que visitaban (cp. 9:51-53; 10:10-12). Pero en este caso **Marta le recibió** de buena gana **en su casa** y lo entretuvo como un invitado muy apreciado. **Marta** es un nombre arameo que significa "señora" (es decir, una mujer cabeza de un hogar), que se ajusta a su carácter y posición. Ella pudo haber sido viuda, ya que no se le menciona marido y Lucas describe el lugar como **su casa.** Puesto que a Marta por lo general se le menciona primero cuando se alude a las hermanas (Jn. 11:29-30; 12:2-3), probablemente era la mayor de las dos. Junto con su hermana, era evidente que Marta era creyente en Jesús, ya que lo llama "Señor" (Lc. 10:40).

A medida que la historia se desarrolla revela las diferentes reacciones de las dos hermanas (también comunes entre creyentes) ante la enseñanza de Jesús: María manifestaba devoción, pero Marta se mostraba preocupada.

MARÍA MANIFESTABA DEVOCIÓN

Esta tenía una hermana que se llamaba María, la cual, sentándose a los pies de Jesús, oía su palabra. (10:39)

Lucas no menciona a Lázaro, el hermano de Marta, pero sí revela que **tenía una hermana que se llamaba María.** Aunque a Marta se la menciona primero, María es el personaje central en la historia y es un ejemplo que deben seguir todos los creyentes. Después que Jesús entrara en la casa le llamó la atención la actitud de **María, la cual, sentándose a los pies de Jesús, oía su palabra.** La posición de ella, tan cerca de Él como podía, indica el intenso interés de María en la enseñanza de Jesús. Aunque esta era una posición típica para los alumnos de un rabino, en el judaísmo del siglo I los rabinos no recibían mujeres como alumnas. El tiempo imperfecto del verbo traducido **oía** sugiere una escucha continua de parte de ella. La atención de María estaba apegada al maestro más poderoso, claro y veraz que alguna vez había hablado.

María demostró la actitud de un verdadero creyente. En Lucas 6:47, Jesús definió a un verdadero discípulo como "aquel que viene a mí, y oye mis palabras y las hace", en contraste con los que lo llaman "Señor, Señor, y no" hacen lo que Él dice (v. 46). En Lucas 8:21, Jesús definió a sus verdaderos hermanos espirituales como "los que oyen la palabra de Dios, y la hacen", y más tarde expresó: "Bienaventurados los que oyen la palabra de Dios, y la guardan" (11:28). En la parábola del Sembrador, declaró que "la [semilla] que cayó en buena tierra, éstos son los que con corazón bueno y recto retienen la palabra oída, y dan fruto con perseverancia" (8:15). Santiago exhortó a sus lectores: "Sed hacedores de la palabra, y no tan solamente oidores, engañándoos a vosotros mismos" (Stg. 1:22). Pablo estaba seguro de que la fe de los tesalonicenses era verdadera, pues les aseguró: "Cuando recibisteis la palabra de Dios... la recibisteis no como palabra de hombres, sino según es en verdad, la palabra de Dios, la cual actúa en vosotros los creyentes" (1 Ts. 2:13). María entendió que la máxima prioridad para un creyente es oír la verdad que ha venido del cielo (cp. Jn. 8:43-47).

MARTA SE MOSTRABA PREOCUPADA

Pero Marta se preocupaba con muchos quehaceres, y acercándose, dijo: Señor, ¿no te da cuidado que mi hermana me deje servir sola? Dile, pues, que me ayude. Respondiendo Jesús, le dijo: Marta, Marta, afanada y turbada estás con muchas cosas. Pero sólo una cosa es necesaria; y María ha escogido la buena parte, la cual no le será quitada. (10:40-42)

Por desgracia, hasta los verdaderos creyentes se pueden desenfocar de lo que realmente importa. A diferencia de su hermana, **Marta se preocupaba con** sus **muchos quehaceres** de modo que no oía la enseñanza del Señor. El verbo traducido **preocupaba** literalmente significa "ser arrastrado". Marta permitió que sus **quehaceres** (lit., "muchas obligaciones"), tales como preparar la comida para los invitados y disponerles un lugar dónde dormir, la alejaran de su prioridad de escuchar la enseñanza del Señor.

Por supuesto que no hay nada de malo en mostrar hospitalidad; es más, la Biblia lo ordena. Pablo escribió que los creyentes deben practicar "la hospitalidad" constantemente (Ro. 12:13). El escritor de Hebreos exhortó: "No os olvidéis de la hospitalidad, porque por ella algunos, sin saberlo, hospedaron ángeles" (He. 13:2), mientras que Pedro ordenó: "Hospedaos los unos a los otros sin murmuraciones" (1 P. 4:9). Mostrar hospitalidad caracteriza tanto a los ancianos (1 Ti. 3:2; Tit. 1:8) como a las mujeres piadosas (1 Ti. 5:10). Pero en el proceso de hacer eso, Marta desvirtuó sus prioridades; estaba quejándose y afanándose, tratando de disponer todo para su propia satisfacción, tal vez para impresionar a Jesús. Como resultado, no se benefició de una oportunidad única e invalorable: oír personalmente la enseñanza del Señor del universo y ser profundamente impresionada por Él.

Las prioridades equivocadas de Marta finalmente le hicieron perder la alegría de servir. Cada vez se ponía más nerviosa, agitada y frustrada, hasta que al fin se tornó iracunda. El objetivo de su ira fue su hermana quien, en lugar de ayudarle con los quehaceres, estaba sentada escuchando a Jesús. Por último, exasperada, Marta se acercó a Jesús y lo interrumpió. La irritación y el enojo le hicieron perder el control y hacer una acusación irreflexiva: **Señor, ¿no te da cuidado?** Reprender así a Aquel que es "misericordioso y piadoso" (Éx. 34:6; 2 Cr. 30:9; Neh. 9:17, 31; Sal. 103:8; 111:4; 116:5; Jl. 2:13; Jon. 4:2) y que se preocupa por su pueblo (1 P. 5:7; cp. Sal. 34:15; Mt. 6:26-30) es una de las declaraciones más ridículas y torpes que alguien le pudo haber hecho a Jesús.

Específicamente, Marta acusó a Jesús de no importarle **que** su **hermana** la dejara **servir sola.** Y que si a Él no le daba lo mismo, entonces debía decirle a María que le ayudara a llevar la carga de servir. Después de acusarlo falsamente de no preocuparse, Marta se atrevió a decirle al Señor exactamente qué debía hacer, sugiriendo que la voluntad y los planes de ella eran más importantes que los de Él. Ella había perdido la perspectiva; estaba totalmente fuera de control; su visión de la realidad se le había desviado de manera severa. Marta estaba preocupada por el pan y la comida del cuerpo, mientras que el enfoque de María estaba en el Pan de Vida que alimenta el alma (cp. Jn. 6:33, 35, 48, 51).

Demostrando la gentil y compasiva preocupación que Marta le había cuestionado de manera irreflexiva, **Jesús, le dijo: Marta, Marta.** Le repitió el nombre como una señal de emoción intensificada (cp. 6:46; 8:24; 13:34), A continuación el Señor le declaró: **Afanada y turbada estás con muchas cosas.** Ella estaba excesivamente mortificada y molesta por las cosas temporales hasta el punto de que había olvidado que **sólo una cosa es necesaria**: escuchar la Palabra de Dios. Lejos de reprender a la hermana como Marta había exigido, Jesús la elogió por entender esa realidad. Entonces siguió diciéndole a Marta: **María ha escogido la buena parte** (lit., "lo que es mejor"), **la cual no le será quitada.**

Demasiado a menudo los cristianos, al igual que Marta, permiten que sus vidas sean reguladas por lo que no es necesario. La fidelidad en el trabajo, en el hogar, y en la iglesia tiene un lugar, pero no se debe permitir que reemplace la fidelidad a la verdad divina. "No sólo de pan vivirá el hombre, mas de todo lo que sale de la boca de Jehová vivirá el hombre" (Dt. 8:3). Solo cuando los creyentes hacen lo que es su mayor prioridad pueden contemplar la hermosura del Señor, como hizo David, y conocer a Cristo, como fue la pasión suprema de Pablo. Para ese fin deben hacer caso a las palabras del apóstol: "Hermanos, os encomiendo a Dios, y a la palabra de su gracia, que tiene poder para sobreedificaros y daros herencia con todos los santificados" (Hch. 20:32; cp. Col. 3:16; Ef. 6:17; 1 Ti. 4:6; 1 P. 2:2; 1 Jn. 2:14).

Por tanto, en este relato se establece la necesidad de ser alumnos del Maestro Divino, y las lecciones de sus labios se desarrollarán a lo largo de los capítulos siguientes.

Modelo de Jesús para toda oración. Primera parte: Enséñanos a orar

67

Aconteció que estaba Jesús orando en un lugar, y cuando terminó, uno de sus discípulos le dijo: Señor, enséñanos a orar, como también Juan enseñó a sus discípulos. Y les dijo: Cuando oréis, decid: (11:1-2*a*)

Acerca de la importancia de la oración en la vida cristiana, el eminente pastor puritano Thomas Brooks escribió:

> El poder de la religión y la piedad vive, progresa o muere, según vive, progresa o muere la oración en privado. La piedad nunca es más alta que cuando los hombres se mantienen cerca de la oración en privado.
>
> La oración privada es esa llave del cielo recóndita [secreta] que abre todos los tesoros de gloria para el alma. Dios suele dar las mejores riquezas y las más dulces misericordias a su pueblo cuando este se halla de rodillas en su aposento... las gracias de los santos se dinamizan, se aprecian, y se refuerzan por medio de las dulces y secretas influencias que llueven a sus almas cuando se encuentran en comunión íntima con Dios (*The Secret Key to Heaven* [Reimpresión; Edinburgh: Banner of Truth, 2006], xiv, p. 44).

La oración es más que simplemente un deber ocasional; es una forma de vida. El Nuevo Testamento ordena a los creyentes que velen y oren (Mt. 26:41); que sientan "la necesidad de orar siempre" (Lc. 18:1); que sean "constantes en la oración" (Ro. 12:12); que se mantengan orando "en todo tiempo con toda oración y súplica" (Ef. 6:18); que perseveren "en la oración" (Col. 4:2); que "sean conocidas [sus] peticiones delante de Dios en toda oración y ruego" (Fil. 4:6); y que oren "sin cesar" (1 Ts. 5:17).

Los santos del Antiguo Testamento creían que Dios escuchaba las oraciones que le hacían. En Salmos 65:2, David se dirigió así a Dios: "Tú oyes la oración", en tanto que Salomón escribió que Dios "oye la oración de los justos" (Pr. 15:29). No solo que el Señor oye las oraciones de su pueblo, también se deleita en oírlos (Pr. 15:8). Pero tales oraciones deben venir de un corazón puro (Job 16:17; Sal. 17:1; Pr. 28:9), porque Él no escucha las oraciones de quienes albergan pecado en sus corazones (Sal. 66:18; Is. 1:15), y además estas deben reflejar confianza en Dios (1 Cr. 5:20).

Por ejemplo, el Antiguo Testamento registra las oraciones de Abraham por Abimelec (Gn. 20:7, 17), de Isaac por Rebeca (Gn. 25:21), de Moisés por Israel después que el pueblo se revelara contra Dios en el desierto (Nm. 14:13-19), de Ana pidiendo un hijo (1 S. 1:10-12), de David en respuesta a la promesa del pacto davídico (2 S. 7:18-29), de Salomón en la dedicación del templo (1 R. 8:22-53), de Elías por la resurrección del hijo de una viuda (1 R. 17:21), de Eliseo por la resurrección del hijo de una mujer sunamita (2 R. 4:33), de Ezequías en respuesta a una invasión asiria (2 R. 19:15-19), y por curación (2 R. 20:2-3), de David y Manasés por perdón personal (Sal. 51; 2 Cr. 33:11-13), de Jonás por liberación personal (Jon. 2:1-9), y de Esdras (Esd. 9:5-15), Nehemías (Neh. 1:4-11) y Daniel (Dn. 9:1-19) por perdón y liberación para la nación de Israel.

El Nuevo Testamento registra las oraciones de Ana (Lc. 2:37), de los apóstoles (Hch. 1:14; 6:6 [cp. 6:4]), de la iglesia primitiva (Hch. 1:24; 2:42; 4:23-31; 12:5, 12; 13:3), de Pedro y Juan (Hch. 8:14-15), de Pedro (Hch. 9:40; 11:5), de Pablo (Hch. 9:11; 16:25 [con Silas]; 20:36; 21:5; 28:8; Ro. 1:10; 10:1; 2 Co. 13:7, 9; Ef. 1:16-23; 3:14-21; Fil. 1:4, 9-11; Col. 1:3, 9-12; 1 Ts. 1:2; 3:10; 2 Ts. 1:11; 2 Ti. 1:3; Flm. 4) y de Juan (3 Jn. 2).

Sin embargo, el ejemplo supremo de oración en todas las Escrituras viene de parte del Señor Jesucristo. La oración impregnó de principio a fin el ministerio terrenal de nuestro Señor. Él oró en su bautismo (Lc. 3:21), durante su primer viaje de predicación (Mr. 1:35; Lc. 5:16), y antes de elegir a los doce (Lc. 6:12-13). Oró antes de alimentar a los cinco mil (Mt. 14:19), después de alimentar a los cinco mil (Mt. 14:23), y antes de alimentar a los cuatro mil (Mt. 15:36). Asimismo oró antes de la confesión que Pedro le hiciera como el Cristo (Lc. 9:18), en la transfiguración (Lc. 9:28-29), por algunos niños que le habían llevado (Mt. 19:13), después del regreso de los setenta (Lc. 10:21), y antes de resucitar de los muertos a Lázaro (Jn. 11:41-42). Jesús oró cuando enfrentó la realidad de la cruz (Jn. 12:28), en la Última Cena (Mt. 26:26-27), por Pedro (Lc. 22:31-32), en Getsemaní (Mt. 26:36-44), desde la cruz (Mt. 27:46; Lc. 23:34, 46), con los discípulos que encontró en el camino a Emaús (Lc. 24:30), en la ascensión (Lc. 24:50-51) y, fundamentalmente, en su oración sacerdotal en Juan 17. No es de extrañar entonces que este pasaje encuentre a **Jesús orando en un lugar,** un **lugar** sin nombre en alguna parte de Judea.

El relato de Lucas de esta oración modelo es una versión abreviada de la que registra Mateo (6:9-13), aunque las dos oraciones ocurrieron en ocasiones distintas. La del Evangelio de Mateo ocurrió en Galilea; la registrada por Lucas se dio varios meses después en Judea. Sin duda alguna ambas oraciones reflejan una enseñanza repetida frecuentemente por Jesús a sus seguidores durante su ministerio terrenal. En aras de la exhaustividad, los elementos observados por Mateo pero omitidos por Lucas se incluirán en la exposición de esta oración en los capítulos que siguen.

Esta oración es el medio que Jesús usó para enseñar a los discípulos (y a todos los creyentes) la estructura esencial y las características que requiere la oración. Como veremos, los elementos en su oración resaltan la razón primordial al hacerla. Esta visión general se puede dividir en dos secciones: petición de los discípulos de que Jesús les enseñara a orar, y respuesta del Señor.

PETICIÓN DE LOS DISCÍPULOS

y cuando terminó, uno de sus discípulos le dijo: Señor, enséñanos a orar, como también Juan enseñó a sus discípulos. (11:1*b*)

Aunque a menudo Jesús buscaba estar a solas cuando oraba (cp. 5:16; Mt. 14:23; Mr. 1:35), en esta ocasión algunos de sus discípulos estaban presentes. **Cuando** el Señor **terminó** de orar, **uno de sus discípulos,** sin duda hablando por los demás, **le dijo: Señor, enséñanos a orar.** Dado tanto el énfasis del Antiguo Testamento en la oración como la familiaridad de los discípulos con ella, esta petición parece un tanto sorprendente. Pero refleja la triste realidad de que en ese tiempo en la historia, la tradición y la ceremonia habían reemplazado al conocimiento de las Escrituras a tal punto que la oración verdadera se había perdido en gran parte para el pueblo judío. La solicitud de enseñanza de parte de los discípulos en cuanto a la oración también revela que lo que ellos habían llegado a conocer acerca de la oración no era lo que Dios quería. La oración que le oyeron hacer a Jesús era radicalmente distinta de las típicas oraciones tradicionales a las que estaban acostumbrados en sus sinagogas por parte de escribas, fariseos y rabinos.

Jesús señaló ese contraste en Mateo 6, donde criticó la religión falsa e hipócrita de los escribas y fariseos. Así advirtió a sus oyentes: "Cuando ores, no seas como los hipócritas; porque ellos aman el orar en pie en las sinagogas y en las esquinas de las calles, para ser vistos de los hombres; de cierto os digo que ya tienen su recompensa" (v. 5). Tales oraciones se enfocaban en hacer un espectáculo de religiosidad para las personas que observaban, no en honrar y glorificar a Dios. En lugar de esas vistosas y ostentosas oraciones públicas, Jesús instruyó a sus seguidores: "Cuando ores, entra en tu aposento, y cerrada la puerta, ora a tu Padre que está en secreto; y tu Padre que ve en lo secreto te recompensará en público" (v. 6). Gran cantidad de oraciones judías se caracterizaban por las superficiales repeticiones ritualistas, sin significado y vacías que identificaban a las oraciones paganas. Pero Jesús declaró: "Y orando, no uséis vanas repeticiones, como los gentiles, que piensan que por su palabrería serán oídos" (v. 7).

El hecho de que **Juan** el Bautista también hubiera enseñado **a sus discípulos** a orar (cp. Lc. 5:33) incitó asimismo a los discípulos del Señor a pedirle que les enseñara. Ellos se relacionaban con los discípulos de Juan (cp. 7:18-24), y querían el mismo tipo de instrucción de parte de Jesús que Juan había dado a sus seguidores. Es razonable suponer que ya que Juan no formaba parte de la institución religiosa, había conservado un enfoque puro y no pervertido hacia la oración en consonancia con los santos del Antiguo Testamento.

RESPUESTA DEL SEÑOR

Y les dijo: Cuando oréis, decid: (2*b*)

Los discípulos no habían pedido que Jesús les enseñara una oración para recitar, sino cómo orar. Él respondió dándoles una oración que, aunque se la recita y hasta se canta, no está destinada simplemente a eso. Al haber advertido contra la repetición sin sentido en la oración (Mt. 6:7), Jesús difícilmente les habría dado a sus seguidores una oración para que la recitaran de manera mecánica. Tampoco existen registros en el Nuevo Testamento de que alguien recitara posteriormente esta oración. Lejos de ser tan solo otra oración ritualista, se trata de una estructura o marco para toda oración. Como tal, es de gran valor práctico, según observa el pastor y teólogo puritano Thomas Watson:

> Existe un beneficio doble que surge al estructurar nuestras peticiones de modo adecuado a esta oración. 1. De este modo se evita el error al orar. Es difícil equivocarnos después de esta reproducción; no podemos errar fácilmente cuando tenemos nuestro modelo delante de nosotros. 2. Por esto las misericordias solicitadas se obtienen; porque el apóstol nos asegura que Dios oirá cuando oramos "según su voluntad". 1 Juan v. 14. Sin duda oramos según su voluntad cuando lo hacemos de acuerdo con el modelo que ha creado para nosotros (*Body of Divinity* [Reimpresión; Grand Rapids: Baker, 1979], pp. 400-401).

Esta oración refleja los elementos de oración hallados en el Antiguo Testamento. Había un sentido en el cual Dios era inaccesible, simbolizado por el velo que separaba el Lugar Santísimo del resto del templo, y por la prohibición en contra de tocar el monte Sinaí cuando Dios apareció (Éx. 19:12). Sin embargo, aunque el pueblo no podía entrar directamente en la presencia de Dios, tenía la invitación de acercársele en oración. David manifestó: "En mi angustia invoqué a Jehová, y clamé a mi Dios. El oyó mi voz desde su templo, y mi clamor llegó delante de él, a sus oídos" (Sal. 18:6). En Salmos 145:18 añadió: "Cercano está Jehová a todos los que le invocan, a todos los que le invocan de veras". En Salmos 50:15, Dios invitó a su pueblo: "Invócame en el día de la angustia; te libraré, y tú me honrarás", y en 91:15 prometió: "Me invocará, y yo le responderé; con él estaré yo en la angustia; lo libraré y le glorificaré".

Las oraciones en el Antiguo Testamento se caracterizaban por varios elementos. Primero, estaban identificadas por adoración, amor y alabanza, a medida que la pasión del corazón brotaba de los labios (Sal. 7:17; 22:23, 26; 34:1). Segundo, reflejaban una actitud de gratitud y acción de gracias por las bendiciones y la provisión de Dios (Sal. 9:1; 30:4; 33:2; 50:14, 23; Is. 12:1; Dn. 2:23; Jon. 2:9). Tercero, reconocían la santidad de Dios (Sal. 22:3), y su gloria trascendente. Cuarto, manifestaban un deseo sincero de obedecer a Dios (Sal. 119:5, 8, 17, 34, 88, 134), lo cual daba como resultado confesión de pecado (Sal. 51) cuando hubiera desobediencia. Quinto, en vez de enfocarse exclusivamente en las necesidades de individuos, las oraciones del Antiguo Testamento también expresaban las necesidades de la nación como un todo (Éx. 33:13, 16; Dt. 26:15). Sexto, la oración en el Antiguo Testamento también implicaba perseverancia, tal como la ejemplificada por Moisés, quien intercedió a favor del pueblo durante cuarenta días después del incidente del becerro de oro (Dt. 9:18, 25). Por último, las oraciones se ofrecían con humildad (2 Cr. 7:14; Esd. 8:21; Sal. 10:17). Esos mismos elementos están a la vista en la oración de Jesús, mientras Él restablecía el modelo divino que por mucho tiempo se había perdido en Israel.

Este rico y multifacético modelo se puede abordar de varias maneras. Desarrolla las variadas relaciones entre el creyente y Dios: Padre e hijo ("Padre nuestro"), Santo y adorador ("santificado sea tu nombre"), Gobernante y súbdito ("venga tu reino"), Amo y siervo ("hágase tu voluntad"), Salvador y pecador ("perdónanos nuestras deudas"), y Guía y peregrino ("no nos metas en tentación"). También define las actitudes adecuadas para la oración: abnegación ("nuestro"), intimidad ("Padre"), reverencia ("santificado sea tu nombre"), lealtad ("venga tu reino"), sumisión ("hágase tu voluntad"), dependencia ("el pan nuestro de cada día, dánoslo hoy"), penitencia ("perdónanos nuestras deudas"), humildad ("no nos metas en tentación"), y gozo confiado y triunfante ("tuyo es el reino, y el poder, y la gloria, por todos los siglos").

Centrándose en la gloria de Dios, Jesús pasó por alto elementos tales como la postura al orar. La Biblia registra individuos que oran en toda posición imaginable: de pie (Gn. 24:12-14; 1 S. 1:26), sentados (Jue. 21:2-3; 2 S. 7:18; 1 R. 19:4), de rodillas (1 R. 8:54; Esd. 9:5; Dn. 6:10), postrados (Éx. 34:8-9), acostados boca abajo (Ez. 9:8; Mt. 26:39), con manos levantadas (Sal. 28:2; 1 Ti. 2:8), mirando hacia arriba (Jn. 11:41; 17:1), y mirando hacia abajo (Lc. 18:13).

Tampoco hay un lugar particular en que se deban ofrecer oraciones, aunque

Jesús sugirió un sitio privado (Mt. 6:6) en lugar de un presuntuoso despliegue público. Sin embargo, los hombres de Judá oraban en medio de la batalla (2 Cr. 13:14); Elías oró en una cueva (1 R. 19:9-10); Jesús oró en el huerto de Getsemaní (Mt. 26:36-44), en el desierto (Mr. 1:35; Lc. 5:16), en un monte (Lc. 6:12), y en la cruz (Lc. 23:33-34). La iglesia primitiva oraba en las casas (Hch. 1:14, 24; 12:12); Pedro oró en una azotea (Hch. 10:9); Pablo y Silas oraron en la cárcel (Hch. 16:25); Pablo oró en una playa (Hch. 21:5) y en el templo (Hch. 22:17); Ezequías oró en la cama (Is. 38:2); y Jonás oró en el vientre de un pez (Jon. 2:1-9).

Jesús tampoco especificó ningún momento en particular para orar. La Biblia habla de personas que oran temprano en la mañana antes del amanecer (Mr. 1:35), en la mañana después de la salida del sol (Sal. 5:3; 88:13), tres veces al día (Dn. 6:10 [mañana, mediodía y tarde; Sal. 55:17]), al mediodía (Hch. 10:9), en la tarde (Hch. 3:1), en la tarde avanzada (1 R. 18:36), durante la noche (Sal. 4:4; Lc. 6:12), a medianoche (Hch. 16:25), todo el día (Sal. 86:3), y día y noche (Neh. 1:6; Lc. 2:37; 1 Ts. 3:10; 1 Ti. 5:5); en resumen, los creyentes deben orar en todo momento (Lc. 18:1; Ef. 6:18), de manera continua (Hch. 1:14) y sin cesar (1 Ts. 5:17).

El Señor tampoco ordena una actitud particular para orar. Por una parte, algunos se acercan a Dios con un talante de tristeza, dolor y hasta desesperación. Daniel oró vestido de cilicio, una manifestación de congoja (Dn. 9:3). Un arrepentido recaudador de impuestos, mientras oraba, se daba golpes en el pecho en señal de remordimiento (Lc. 18:13). Ana "lloró abundantemente" mientras oraba (1 S. 1:9-11), así como hizo David (Sal. 39:12). Consternado por la derrota de Israel en Hai después del pecado de Acán, Josué y los ancianos de Israel echaron polvo sobre sus cabezas y rasgaron sus ropas mientras buscaban al Señor en oración (Jos. 7:6-7). Tras las devastadoras calamidades que lo azotaron "Job se levantó, y rasgó su manto, y rasuró su cabeza, y se postró en tierra y adoró" (Job 1:20). Moisés (Dt. 9:18-19), Nehemías (Neh. 1:4), Ana (Lc. 2:37), los ancianos de la iglesia en Antioquía (Hch. 13:1-3), y Pablo y Bernabé (Hch. 14:23) ayunaron y oraron. Jesús, "en los días de su carne, ofreciendo ruegos y súplicas con gran clamor y lágrimas al que le podía librar de la muerte, fue oído a causa de su temor reverente" (He. 5:7; cp. Lc. 22:44). David exhortó al pueblo: "Derramad delante de él vuestro corazón; Dios es nuestro refugio" (Sal. 62:8).

Por el contrario, la oración se puede ofrecer con actitud de gozo. Pablo escribió a los filipenses que se hallaba "siempre en todas [sus] oraciones rogando con gozo por todos" (Fil. 1:4). En 1 Samuel 2:1 se relata: "Ana oró y dijo: Mi corazón se regocija en Jehová, mi poder se exalta en Jehová; mi boca se ensanchó sobre mis enemigos, por cuanto me alegré en tu salvación". David declaró: "Con labios de júbilo te alabará mi boca" (Sal. 63:5; cp. 71:23; 84:2; 92:4). Salmos 66:1 exhorta: "Aclamad a Dios con alegría, toda la tierra". En Salmos

95:1-2, el salmista proclamó: "Venid, aclamemos alegremente a Jehová; cantemos con júbilo a la roca de nuestra salvación. Lleguemos ante su presencia con alabanza; aclamémosle con cánticos" (cp. 98:4-6; 100:1-2).

Las peticiones en la primera mitad de este modelo de oración se enfocan en la gloria de Dios, las de la segunda mitad se centran en la necesidad humana. No obstante, en realidad, toda la oración está centrada en Dios, ya que Él se glorifica al proveer para las necesidades del individuo. La oración surge de la Palabra de Dios (cp. Dn. 9:2-3) y tiene como su objetivo final la gloria de Dios. No se trata de un intento de cambiar la voluntad de Dios, y menos aún se trata de manipularlo con el fin de obtener deseos codiciosos y egoístas, como falsamente enseña la teología de la prosperidad. La oración verdadera coloca a Dios en su legítimo lugar de autoridad soberana y se subordina de buen grado y con alegría a los propósitos divinos. Así observó Thomas Brooks: "Tales oraciones que no están dirigidas para glorificar a Dios no le llegan al oído, no le deleitan el corazón, y jamás se alojarán en el seno divino" (*Secret Key*, p. 235). Todo en la oración modelo de Cristo es en realidad un ensayo de lo que Dios ha afirmado que es innegable, con relación tanto a su persona como a sus promesas. La oración busca la gloria de Dios y se alinea con las promesas que Él ha hecho en las Escrituras.

Todas las peticiones afirman la supremacía de Dios. Con el calificativo "Padre" se reconoce como el origen de toda bendición; con "santificado sea tu nombre" como sagrado; con "venga tu reino" como soberano; con "hágase tu voluntad" como superior; con "el pan nuestro de cada día, dánoslo hoy" como sustentador; con "perdónanos nuestras deudas" como salvador; y con "no nos metas en tentación" como refugio.

La primera parte de Lucas se centra en la importancia de la oración. Los versículos 1-4 contienen la instrucción del Señor en cuanto a la oración, los versículos 5-8 revelan el afán de Dios por oír la oración, los versículos 9-10 enseñan la certeza de que Dios contestará la oración, y los versículos 11-13 expresan el anhelo de Dios de conceder lo mejor a quienes oran. Todas estas enriquecedoras verdades serán el tema de los próximos capítulos de este comentario.

Modelo de Jesús para toda oración. Segunda parte: La persona de Dios

68

Padre, santificado sea tu nombre. (11:2*b*, *c*)

Al igual que le hace a todos los aspectos de la verdad espiritual, la falsa religión retuerce y distorsiona el verdadero significado de la oración. Algunas religiones dirigen la oración a falsos dioses, o a falsas interpretaciones del Dios verdadero. Otras prescriben oraciones que se deben recitar ritualmente como medio para ganar la salvación. En algunas otras religiones, la meditación introspectiva o el canto mecánico de mantras (a veces redoblado al escribirlos en una rueda de plegarias) toman el lugar de la oración. Todo rezo en las falsas religiones se dirige a dioses que no existen, y por consiguiente resulta inútil. Se convierte en nada más que una forma de ayuda personal enfocada en las necesidades, expectativas y aspiraciones de quien reza en una vana esperanza de recibir alguna clase de ayuda sobrenatural.

Incluso algunos que profesan adorar al Dios de la Biblia piensan que pueden usar la oración como un medio para obtener ganancia egoísta. El movimiento la Palabra de Fe (también conocido como "Confesión Positiva", "Nómbralo y Reclámalo", y "Evangelio de la Prosperidad") proclama descaradamente la embustera idea de que el propósito de la oración es liberar bendiciones físicas, económicas y materiales. Según el título que uno de los líderes del movimiento pregona, seguir los principios de la Palabra de Fe le enseñará "Cómo emitir su propio tiquete para llegar a Dios".

El dios del movimiento Palabra de Fe es un falso dios, no el Dios verdadero, el Señor soberano del cielo y la tierra (Mt. 11:25; Lc. 10:21; Hch. 17:24). Estos engañadores aseveran que este falso dios está atado por la ley de la fe que gobierna el reino espiritual, así como la ley de la gravedad está atada al universo físico. Al usar la ley o principio de fe las personas pueden obligar a Dios a responder en cualquier manera que determinen. Además, esta falsa enseñanza afirma que Él depende de la fe humana y las palabras humanas para poder cumplir la obra divina. Las "palabras fehacientes" son, según declaran sus maestros con impactante y blasfema arrogancia, "pequeños dioses". Esa mentira inspirada satánicamente (Gn. 3:5) elimina toda necesidad de oración verdadera y sumisa para que Dios actúe, ya que supone que nuestras propias palabras tienen el poder para producir cualquier cosa que de manera egoísta deseamos (critico al movimiento Palabra de Fe en mi libro *Los carismáticos* [El Paso: Casa Bautista de Publicaciones, 1995]; véase además D. R. McConnell, *A Different Gospel* [Peabody, Mass.: Hendrickson, 1988]).

Pero el Dios vivo y verdadero no es una fuerza o un principio personal, ni lo pueden manipular individuos egocéntricos y especialmente codiciosos. Él es el "Dios y Padre de nuestro Señor Jesucristo" (Ro. 15:6; 2 Co. 1:3; Ef. 1:3), quien "estableció en los cielos su trono, y su reino domina sobre todos" (Sal. 103:19; cp. 115:3). En vez de depender de personas débiles y pecadoras, "todo lo que Jehová quiere, lo hace, en los cielos y en la tierra, en los mares y en todos los abismos" (Sal. 135:6; cp. Is. 43:13; 46:10; Dn. 4:35; Ef. 1:11). Dios reprendió a quienes lo crearían de nuevo a imagen de ellos, declarándoles: "Pensabas que de cierto sería yo como tú" (Sal. 50:21).

El error fundamental en todo pensamiento erróneo acerca de la oración es que esta es principalmente para que las personas obtengan sus deseos. En realidad se trata del privilegio indescifrable de comunicarse con el soberano Dios del universo, y de vivir en identificación continua con Aquel que igual y perfectamente está consciente de nosotros. La oración verdadera lleva a los creyentes a la presencia de Dios para someterse a la voluntad divina y ver su gloria exhibida en las respuestas que les da.

Cuando Jesús prometió: "Todo lo que pidiereis al Padre en mi nombre, lo haré, para que el Padre sea glorificado en el Hijo" (Jn. 14:13) estaba enseñando específicamente que la oración es para mostrar la gloria de Dios. En consonancia con tal principio, la oración modelo del Señor se centra en Dios, y revela su paternidad ("Padre"), su prioridad ("santificado sea tu nombre"), su programación ("venga tu reino"), su plan ("hágase tu voluntad"), su provisión ("el pan nuestro de cada día, dánoslo hoy"), su perdón ("perdónanos nuestras deudas"), y su protección ("no nos metas en tentación"). Las dos primeras verdades, las cuales se enfocan en la persona de Dios, son el tema de este capítulo. Ver a Dios tanto como Padre y como sagrado conserva el equilibrio entre su transcendencia y su inmanencia, entre su amor compasivo y su gloria majestuosa, y entre intimidad con Él y reverencia para con Él.

DIOS COMO PADRE

Padre (11:2*b*)

La primera palabra en la oración de Jesús la diferencia profundamente de las oraciones judías de la época. El Antiguo Testamento nunca se refirió a Dios como Padre, y esto solo en un sentido nacional para referirse a Israel como un todo (Dt. 32:6; 1 Cr. 29:10; Sal. 68:5; Is. 63:16; 64:8; Jer. 3:4, 19; 31:9; Mal. 1:6; 2:10), o a su rey (1 S. 8:7). En ninguna parte el Antiguo Testamento se dirige a Dios como Padre en oración personal, lo cual se habría considerado algo atrevido. Por tanto, que Jesús se dirigiera a Dios como Padre, y que enseñara a sus seguidores a hacerlo, fue algo revolucionario y escandaloso.

Una de las cosas que más molestó a los líderes religiosos apóstatas de Israel fue que Cristo se refiriera a Dios como su Padre (p. ej., Mt. 7:21; 10:32-33; 12:50; 16:17; Lc. 22:29; Jn. 8:54; 10:29). Ellos entendieron correctamente que la afirmación de Jesús: "Mi Padre hasta ahora trabaja, y yo trabajo" (Jn. 5:17) era nada menos que una reclamación de la deidad plena y absoluta igualdad con Dios el Padre. A causa de tal afirmación, "los judíos aun más procuraban matarle, porque no sólo quebrantaba el día de reposo, sino que también decía que Dios era su propio Padre, haciéndose igual a Dios" (v. 18).

Pero Jesús no solo llamó a Dios su Padre, sino que también declaró que es el Padre de todos los que están en Cristo. En el Sermón del Monte, Jesús dijo a sus discípulos: "Vuestro Padre sabe de qué cosas tenéis necesidad, antes que vosotros le pidáis" (Mt. 6:8; cp. vv. 15, 18). En Marcos 11:25 exhortó: "Cuando estéis orando, perdonad, si tenéis algo contra alguno, para que también vuestro Padre que está en los cielos os perdone a vosotros vuestras ofensas". Jesús le dijo a María Magdalena después de la resurrección: "No me toques, porque aún no he subido a mi Padre; mas ve a mis hermanos, y diles: Subo a mi Padre y a vuestro Padre, a mi Dios y a vuestro Dios" (Jn. 20:17).

La palabra griega traducida **Padre** es *patēr*, pero el término arameo (el lenguaje hablado comúnmente por el pueblo judío) era *abba* (cp. Mr. 14:36; Ro. 8:15; Gá. 4:6). *Abba* era una expresión íntima usada por niños, y a menudo era una de las primeras palabras que un chiquillo aprendía a decir. Esto resalta que la oración implica intimidad con Dios. Los creyentes tienen el privilegio de entrar a la presencia del Creador y soberano Rey del universo, y dirigirse a Él en términos tiernos e íntimos. Hacer esto afirma que viven en la familia eterna de Dios y que son partícipes de su naturaleza divina (2 P. 1:4). Aunque pecadores (1 Jn. 1:8), los cristianos son sin embargo sus hijos amados y redimidos, a quienes Él concedió vida eterna (Jn. 3:15, 16, 36; 5:24; 6:40, 47; 10:28; 17:2; 1 Jn. 5:11-12).

Cabe destacar que la frase posesiva "Padre nuestro" (Mt. 6:9), en referencia a los verdaderos creyentes, es el golpe mortal a la falsa enseñanza de la paternidad universal de Dios y la hermandad del hombre. Dios es el padre de todo el mundo en el sentido de haberlos creado (Hch. 17:29), pero no en un sentido relacional. Jesús aclaró esa verdad cuando expresó a los judíos incrédulos: "Si vuestro padre fuese Dios, ciertamente me amaríais... Vosotros sois de vuestro padre el diablo" (Jn. 8:42, 44). Solo a quienes han recibido a Jesús por medio de la fe que salva se les confiere "potestad de ser hechos hijos de Dios" (Jn. 1:12). Pablo contrastó a los "hijos según la carne" con los "hijos de Dios" (Ro. 9:8) y a los hijos "de la esclava [incrédulos]" con los hijos "de la libre [creyentes]" (Gá. 4:22-31), mientras que el apóstol Juan diferenció entre "los hijos de Dios, y los hijos del diablo" (1 Jn. 3:10).

La paternidad de Dios es el fundamento de toda oración. Sus hijos están invitados a entrar en su presencia y hacer conocer sus "peticiones delante de Dios en toda oración y ruego, con acción de gracias" (Fil. 4:6). Las mejores personas sin Cristo no pueden llamar Padre a Dios, ni pueden esperar que Él oiga sus oraciones. Sin embargo, los peores pecadores, redimidos por medio de Jesucristo, llegan a ser sus hijos. A ellos Jesús les hizo esta asombrosa promesa: "Pedid, y se os dará; buscad, y hallaréis; llamad, y se os abrirá. Porque todo aquel que pide, recibe; y el que busca, halla; y al que llama, se le abrirá" (Mt. 7:7-8). En la siguiente ilustración de cómo los padres tratan a sus hijos, Jesús dejó en claro que la promesa solamente se aplica a los hijos de Dios:

> *¿Qué hombre hay de vosotros, que si su hijo le pide pan, le dará una piedra? ¿O si le pide un pescado, le dará una serpiente? Pues si vosotros, siendo malos, sabéis dar buenas dádivas a vuestros hijos, ¿cuánto más vuestro Padre que está en los cielos dará buenas cosas a los que le pidan? (vv. 9-11).*

La paternidad de Dios resuelve varios aspectos clave. Primero, resuelve el asunto del temor. El Dios vivo y verdadero es un Dios de amor (Dt. 23:5; Mi. 7:18; Sof. 3:17; Jn. 3:16; Ro. 5:8; Gá. 2:20; 2 Ts. 2:16; Tit. 3:4), de misericordia (Sal. 86:15; 145:8; Lc. 1:72; 6:36; Ef. 2:4; Stg. 5:11; 1 P. 1:3), de gracia (Éx. 34:6; Sal. 86:15; 103:8; 116:5; 145:8; Jer. 3:12; 1 P. 5:10), de compasión (Dt. 4:31; Neh. 9:19, 27, 28, 31; Sal. 111:4; 112:4; 116:5; Lm. 3:22; Dn. 9:18; Joel 2:13; Jon. 4:2), y de bondad (Ro. 2:4; 11:22; Tit. 3:4). Tal Dios no existe en las religiones falsas; sus dioses en realidad son demonios que personifican a dioses (Dt. 32:17), y ningún demonio manifestaría tal actitud fraternal, amorosa, compasiva y de corazón tierno. Llegar a conocer al Dios verdadero es ser liberado del temor paralizante asociado con la adoración de falsos dioses. Es acercarse al único que tendrá compasión de ellos así como un padre la tiene para con sus hijos (Sal. 103:13).

Segundo, la paternidad de Dios resuelve el tema de la esperanza. El mundo vive en total desesperación, aliviado tan solo por el autoengaño que al final falla (Job 8:13; 11:20; 27:8; Pr. 11:7; Ef. 2:12; 1 Ts. 4:13). Pero la esperanza que está anclada en Dios nunca falla (Pr. 23:18; 24:14; Jer. 29:11; Ro. 5:2; 2 Ts. 2:16), debido a que está cimentada en la unión de los creyentes con Jesucristo (Col. 1:27), guardada en el cielo (Col. 1:5), y concedida por el Dios de esperanza (Ro. 15:13).

Tercero, la paternidad de Dios resuelve el asunto de la soledad, no la ausencia momentánea de la compañía de otra persona sino la soledad cósmica que resulta de negar que Dios exista. Al describir esa soledad, James W. Sire observa que, si Dios no existe, "hemos sido vomitados por un universo impersonal. En el momento en que aparece en escena un ser tímido y con determinación propia, esa persona hace la gran pregunta: ¿Cuál es el significado de todo esto? ¿Cuál es el propósito del cosmos? Sin embargo, el propio creador de esa persona (las fuerzas impersonales de la materia básica) no pueden responder" (*The Universe Next Door* [Downers Grove, IL: InterVarsity, 1988], p. 102). Pero si Dios sí existe, es un refugio para sus hijos (Sal. 46:1), y siempre está con ellos (Sal. 139:7-12; Mt. 28:20).

Por último, la paternidad de Dios resuelve el asunto de los recursos. El apóstol Pablo escribió: "Mi Dios, pues, suplirá todo lo que os falta conforme a sus riquezas en gloria en Cristo Jesús" (Fil. 4:19). Ya que nuestro Padre está en el cielo, se halla por encima de todas las circunstancias y más allá de todas las limitaciones del tiempo y el espacio. Su poder es ilimitado, su gracia sin medida, y su tesoro de bendiciones sin límites. Las muchas bendiciones que Dios otorga de manera misericordiosa a sus hijos incluyen instrucción (Sal. 25:12; 32:8; 94:12), consuelo (Sal. 23:4; 2 Co. 1:3-4), corrección (He. 12:6), protección de los ataques de Satanás (Jn. 17:15; 2 Ts. 3:3; 1 Jn. 5:18), acceso a Él a través de la oración (He. 4:16). También incluye provisión para todas sus necesidades (Sal. 34:10; 84:11; Fil. 4:19), y una herencia que incluye todas las bendiciones de la salvación (Mt. 19:29; 25:34; Ef. 1:11; Col. 1:12; 3:24; He. 1:14; 1 P. 1:4).

DIOS COMO SAGRADO

santificado sea tu nombre. (11:2*c*)

El hecho de que los cristianos tengan una relación íntima con su Padre celestial no significa que puedan tratarlo con frívola e irreverente falta de respeto. Dios le recordó al descarriado pueblo de Israel: "El hijo honra al padre... Si, pues, soy yo padre, ¿dónde está mi honra?" (Mal. 1:6). Entender que Dios es sagrado provee un equilibrio necesario para verlo como Padre. Esto evita el abuso de la intimidad que los creyentes tienen con Él.

Esta primera solicitud en la oración modelo del Señor destaca lo ya señalado en este capítulo en cuanto a que la oración es principalmente para la gloria de Dios. Toda petición debe estar subordinada a, y en armonía con, ese objetivo. El egoísmo no tiene cabida en la oración; Dios no existe para satisfacer los caprichos de las personas, sino para glorificarse. La oración reconoce la declaración de Dios: "Yo Jehová; este es mi nombre; y a otro no daré mi gloria, ni mi alabanza a escultura" (Is. 42:8; cp. 48:11). Por tanto, cuando los creyentes se acercan a Él deben tratar de dar "a Jehová la gloria debida a su nombre" (Sal. 29:2; cp. 66:1-4), deseando ver que "toda la tierra sea llena de su gloria" (Sal. 72:19). Ellos oran igual que el salmista: "No a nosotros, oh Jehová, no a nosotros, sino a tu nombre [damos] gloria" (Sal. 115:1). Aun las peticiones que le hacen por ayuda son en última instancia para la gloria del nombre de Dios (Sal. 79:9; 106:47).

Santificado se traduce de una forma del verbo *hagiazō*, que significa apartar algo como sagrado. Se relaciona con los términos *doxazō* ("glorificado"), *eulogeō* ("bendecir" o "alabar"), y *hupsoō* ("elevar" o "exaltar"). En este contexto significa reconocer que el nombre de Dios merece que se le diferencie y se le exalte por encima de todo lo creado. Dios está muy separado de lo que creó, existe en una esfera distinta, y tiene sabiduría y conocimiento mucho mayores que los nuestros. Santificar su nombre es creer que Dios es quien se ha revelado en las páginas de las Escrituras (cp. He. 11:6) y llevar una vida consciente de Dios. Es apartar su nombre de todo lo común, profano, terrenal, humano y temporal, así como el día de reposo era para mantenerlo santo al tratarlo de modo distinto a los otros seis días (Éx. 20:8-11); para mantener en alto el inmaculado nombre de Dios en reverencia y respeto; para honrar a Dios como único y por sobre todos los demás; y para estimarlo, apreciarlo, honrarlo, reverenciarlo y adorarlo como infinitamente santo.

En Meriba en el desierto, Moisés desobedeció a Dios al golpear una roca a fin de obtener agua en lugar de hablarle como el Señor le había ordenado. Por ese acto de desobediencia se le prohibió entrar a la tierra prometida: "Y Jehová dijo a Moisés y a Aarón: Por cuanto no creísteis en mí, para santificarme delante de los hijos de Israel, por tanto, no meteréis esta congregación en la tierra que les he dado" (Nm. 20:12). En cambio, el Señor Jesucristo, anticipándose a la cruz que conllevaría el pecado y la separación del Padre, manifestó: "Ahora está turbada mi alma; ¿y qué diré? ¿Padre, sálvame de esta hora? Mas para esto he llegado a esta hora" (Jn. 12:27). Afirmando entonces que la gloria de Dios era más importante que el sufrimiento que iba a soportar, Jesús oró así: "Padre, glorifica tu nombre" (v. 28). Él estuvo dispuesto a soportar la cruz a fin de que la ira santa de Dios contra el pecado, su justicia, su gracia y su misericordia se pudieran exhibir.

Llevar una vida que santifique a Dios empieza en el corazón. Al usar una forma de la palabra que en este pasaje se traduce **santificado**, Pedro exhortó a los creyentes: "Santificad a Dios el Señor en vuestros corazones" (1 P. 3:15). Esto implica una conciencia constante de la presencia de Dios, una verdad que David expresó cuando escribió: "A Jehová he puesto siempre delante de mí" (Sal. 16:8). De modo más significativo, una existencia que santifica el nombre de Dios se caracteriza inevitablemente por la obediencia en todos los aspectos de la vida. Así exhortó Pablo a los corintios: "Si, pues, coméis o bebéis, o hacéis otra cosa, hacedlo todo para la gloria de Dios" (1 Co. 10:31). Cuando las vidas de los creyentes se amoldan a la voluntad de Dios, esto es lo que ocurre: "Así alumbre vuestra luz delante [del mundo incrédulo], para que vean vuestras buenas obras, y glorifiquen a vuestro Padre que está en los cielos" (Mt. 5:16). Los creyentes también santifican el nombre de Dios al confesarlo (Mt. 10:32), al confiar en él (Sal. 33:21), al negarse a profanarlo (Lv. 18:21; cp. Éx. 20:7), al amarlo (Sal. 119:132), y al honrarlo (Sal. 96:8).

El **nombre** de Dios es mucho más que un simple título; se refiere a todo lo que Él es, incluso su naturaleza, sus atributos, y su carácter. En respuesta a la súplica de Moisés: "Te ruego que me muestres tu gloria" (Éx. 33:18), Dios prometió: "Yo haré pasar todo mi bien delante de tu rostro, y proclamaré el nombre de Jehová delante de ti" (v. 19). En cumplimiento de esa promesa, Dios le enunció algunos de sus atributos a Moisés:

> *Y pasando Jehová por delante de él, proclamó: ¡Jehová! ¡Jehová! fuerte, misericordioso y piadoso; tardo para la ira, y grande en misericordia y verdad; que guarda misericordia a millares, que perdona la iniquidad, la rebelión y el pecado, y que de ningún modo tendrá por inocente al malvado; que visita la iniquidad de los padres sobre los hijos y sobre los hijos de los hijos, hasta la tercera y cuarta generación (Éx. 34:6-7).*

A lo largo de las Escrituras el nombre de Dios se equipara con su persona. Cuando David declaró: "Cantaré al nombre de Jehová el Altísimo" (Sal. 7:17; cp. 113:1; 135:1; 148:5) no estaba refiriéndose a un título, sino a la persona que lo lleva. A la inversa, cuando se dice que "las naciones temerán el nombre de Jehová" (Sal. 102:15), es la majestad de Dios la que se refleja. Cuando el Señor Jesucristo dijo al Padre en su oración sacerdotal: "He manifestado tu nombre a los hombres que del mundo me diste" (Jn. 17:6), se refirió a que les había revelado la verdadera naturaleza de Dios. Comprender el nombre de Dios es un requisito previo para confiar en Él. En Salmos 9:10, David manifestó a Dios: "En ti confiarán los que conocen tu nombre".

Los nombres de Dios que se revelan en las Escrituras identifican la variedad de sus gloriosos atributos. Elohim, el nombre plural del Dios trino, lo describe como el Creador (Gn. 1:1). El-Elyón (Dios Altísimo) como el gobernante soberano del universo (Gn. 14:22). YO SOY como el que existe eternamente (Éx. 3:13-14; cp. Jn. 8:58); Jehová-jireh (El Señor proveerá) como quien suple las necesidades de sus hijos (Gn. 22:14); Jehová-nisi (El Señor es mi estandarte) como el Rey bajo quien marcha su pueblo (Éx. 17:15); y Jehová-rafa (Jehová tu sanador) como quien les sana sus necesidades físicas (Éx. 15:26). Jehová-salom (Jehová es paz [Jue. 6:24]); Jehová-roi (Jehová es mi pastor [Sal. 23:1]); Jehová-tsidkenu (Jehová nuestra justicia [Jer. 23:6]); Jehovah-sabaot (el Señor de los ejércitos [1 S. 1:3]); Jehovah-mekaddesh (El Señor que santifica [Éx. 31:13]), y excelentemente, el "Padre de nuestro Señor Jesucristo" (Ro. 15:6), Dios encarnado a quien Él revela a la perfección (Jn. 1:18; 14:9).

La Biblia también enumera muchos nombres y títulos que revelan la naturaleza del Señor Jesucristo. Se le llama el Amén (Ap. 3:14; cp. 2 Co. 1:20), el Alfa y la Omega (Ap. 22:13), Abogado (1 Jn. 2:1), apóstol (He. 3:1), Autor y Consumador de la fe (He. 12:2) el Principio (fuente, origen) de la creación de Dios (Ap. 3:14), el Renuevo (Jer. 23:5), el Pan de vida (Jn. 6:35), el Autor de la salvación (He. 2:10), la Piedra del ángulo (Ef. 2:20), la Consolación de Israel (Lc. 2:25), el Consejero (Is. 9:6), la Aurora de lo alto (Lc. 1:78), el Libertador (Ro. 11:26), la Puerta de las ovejas (Jn. 10:7), Dios bendito por los siglos (Ro. 9:5), el Padre Eterno (Is. 9:6), el Testigo fiel (Ap. 1:5), el Primero y el Último (Ap. 1:17), el Primogénito (alguien preeminente) de los muertos (Ap. 1:5) y de toda creación (Col. 1:15), el Precursor (He. 6:20), el Buen Pastor (Jn. 10:11), el gran Sumo Sacerdote (He. 4:14), el Pastor y Obispo de las almas (1 P. 2:25), la Cabeza de la Iglesia (Col. 1:18), el Hijo del Dios viviente (Jn. 6:69), el YO SOY (Jn. 8:58), Emanuel (Is. 7:14), el Rey de Israel (Jn. 1:49; cp. Zac. 9:9), Rey de reyes, y Señor de señores (1 Ti. 6:15), el postrer Adán (1 Co. 15:45), el Cordero de Dios (Jn. 1:29), la Luz del mundo (Jn. 8:12), el León de la tribu de Judá (Ap. 5:5), Señor (Jn. 13:13), el Señor de gloria (1 Co. 2:8), el Mediador (1 Ti. 2:5), el Ángel del pacto (Mal. 3:1), el Mesías (Jn. 1:41), el Dios Fuerte (Is. 9:6), la Estrella resplandeciente de la mañana (Ap. 22:16), el Unigénito (el único) del Padre (Jn. 1:14), Nuestra Pascua (1 Co. 5:7), el Autor de la vida (Hch. 3:15), el Príncipe de Paz (Is. 9:6), la Resurrección y la Vida (Jn. 11:25), el Justo (Hch. 7:52), la Roca (1 Co. 10:4), la Raíz y el Linaje de David (Ap. 22:16), la Raíz de Isaí (Is. 11:10), el Señor en Israel (Mi. 5:2; Mt. 2:6), el Soberano de los reyes de la tierra (Ap. 1:5), Salvador (Lc. 2:11; Tit. 1:4), Siervo (Is. 42:1), Siloh (Gn. 49:10), el Hijo del Bendito (Mr. 14:61), el Hijo de David (Mt. 12:23) el que viene en el nombre del Señor (Mt. 21:9), el Santo Ser (Lc. 1:35), el Hijo del Altísimo (Lc. 1:32), el Sol de justicia (Mal. 4:2), el Verdadero Dios (1 Jn. 5:20), la Vid verdadera (Jn. 15:1), el Camino, y la Verdad, y la Vida (Jn. 14:6), el Verbo (Jn. 1:1, 14), el Verbo de Dios (Ap. 19:13), y el Verbo de vida (1 Jn. 1:1).

La oración verdadera empieza entonces con un adecuado entendimiento de Dios. Resaltando la importancia de la manera correcta de pensar acerca de Él, de la cual brota la verdadera oración que honra a Dios, A. W. Tozer escribió:

> Debemos pensar dignamente de Dios. Es moralmente imperativo que quitemos de nuestras mentes todos los conceptos innobles de la Deidad y permitirle en nuestras mentes ser el Dios que es en su universo... Que Dios existe para sí mismo y el hombre para la gloria de Dios es la enfática enseñanza de la Biblia. El alto honor de Dios está primero en el

> cielo así como también debe estar en la tierra. (*The Knowledge of the Holy* [Nueva York: Harper & Row, 1961], p. 42)

Tal pensamiento y tal oración deben comenzar, como revela el ejemplo del Señor Jesucristo en este pasaje, reconociendo a Dios como nuestro sagrado Padre.

Modelo de Jesús para toda oración. Tercera parte: Propósito de Dios

69

Venga tu reino. (11:2*d*)

Desde la caída, la humanidad ha estado en rebelión contra Dios. Desde la más tierna infancia casi todas las personas creen erróneamente que pueden establecer la dirección de sus vidas, determinar sus propios destinos, decidir sus propios futuros y diseñar el propio curso de su existencia. Esto se da especialmente en la cultura narcisista, jactanciosa y egocéntrica de hoy día. El poeta inglés del siglo XIX, William Ernest Henley, captó en su famoso poema "Invicto" la esencia de este punto de vista atrevido, centrado en el hombre:

> Más allá de la noche que me cubre
> negra como el abismo insondable,
> doy gracias a los dioses que pudieran existir
> por mi alma invicta.
>
> En las azarosas garras de las circunstancias
> nunca me he lamentado ni he pestañeado.
> Sometido a los golpes del destino
> mi cabeza está ensangrentada, pero erguida.
>
> Más allá de este lugar de cólera y lágrimas
> donde yace el horror de la sombra,
> la amenaza de los años
> me encuentra, y me encontrará, sin miedo.
>
> No importa cuán estrecho sea el portal,
> cuán cargada de castigos la sentencia,
> soy el amo de mi destino:
> soy el capitán de mi alma.

Incluso Israel eligió a menudo desafiar la autoridad de Dios, y el Antiguo Testamento registra la prolongada historia de rebelión de la nación. Moisés amonestó al pueblo: "Rebeldes habéis sido a Jehová desde el día que yo os conozco" (Dt. 9:24). Más adelante añadió: "Porque yo conozco tu rebelión, y tu dura cerviz; he aquí que aun viviendo yo con vosotros hoy, sois rebeldes a Jehová; ¿cuánto más después que yo haya muerto?" (Dt. 31:27). La historia posterior de Israel demostró que el temor de Moisés estaba justificado. Al recordar la causa del exilio de Israel a Babilonia, Nehemías reconoció ante Dios que los israelitas "te provocaron a ira, y se rebelaron contra ti, y echaron tu ley tras sus espaldas" (Neh. 9:26). Muy a menudo los salmos lamentan la rebelión de Israel contra Dios, en especial el Salmo 78. El versículo 8 describe a la generación del Éxodo como una "generación contumaz y rebelde"; a pesar de toda la provisión que Dios les otorgó en el desierto (vv. 11-16) "aún volvieron a pecar contra él, rebelándose contra el Altísimo en el desierto" (v. 17; cp. vv. 40, 56; 106:7). Salmos 5:10 y 107:11 también describen a quienes se rebelaron contra Dios. Isaías denunció así a Israel: "Este pueblo es rebelde, hijos mentirosos, hijos que no quisieron oír la ley de Jehová (Is. 30:9; cp. 3:8; 65:2). La rebelión de Israel tuvo devastadoras consecuencias. Debido a que "ellos fueron rebeldes, e hicieron enojar su santo espíritu; por lo cual se les volvió enemigo, y él mismo peleó contra ellos" (Is. 63:10). Por medio del profeta Jeremías, Dios mismo aseveró de Israel: "Este pueblo tiene corazón falso y rebelde" (Jer. 5:23). A Ezequiel le expresó: "Hijo de hombre, yo te envío a los hijos de Israel, a gentes rebeldes que se rebelaron contra mí; ellos y sus padres se han rebelado contra mí hasta este mismo día" (Ez. 2:3; cp. 5:6; 20:13; Os. 7:13; 8:1). Reiteradas veces en Ezequiel, Dios se refirió a Israel como "una casa rebelde" (2:5, 6, 8; 3:26, 27; 12:3, 9, 25; 17:12; 24:3). En su apasionada oración intercesora por su pueblo, Daniel también reconoció que Israel se había rebelado constantemente contra Dios (Dn. 9:5, 9).

La rebelión es innata en la misma definición del pecado, del cual el apóstol Juan escribió que su esencia es "infracción" (1 Jn. 3:4). Pablo equiparó este tipo de infracción con rebelión (1 Ti. 1:9), y describió al futuro anticristo, el último rebelde contra Dios, como "el hijo de perdición" (2 Ts. 2:3).

Sin embargo, llegar a Cristo para salvación significa abandonar nuestra supuesta independencia de Dios y reconocer que Él establece el curso de nuestras vidas. Es abandonar la vida egocéntrica y reemplazar el egoísmo con sumisión. En la salvación, el pecador se arrodilla ante el señorío de Jesucristo, sometiéndosele como Rey y reconociendo su autoridad absoluta y soberana (véase el estudio a continuación). Un día "en el nombre de Jesús se [doblará] toda rodilla de los que están en los cielos… y toda lengua [confesará] que Jesucristo es el Señor, para gloria de Dios Padre" (Fil. 2:10-11), según determinó Dios de manera soberana: "Yo publicaré el decreto; Jehová me ha dicho: Mi hijo eres tú; yo te engendré hoy. Pídeme, y te daré por herencia las naciones, y como posesión tuya los confines de la tierra" (Sal. 2:7-8).

Las dos peticiones estudiadas en este capítulo, una del relato de Lucas y la otra del de Mateo, se centran en el plan de Dios. Ambas reconocen que toda la historia se mueve de forma inevitable e inexorable hacia el reino de Jesucristo, y cada una expresa un fuerte deseo de que eso se realice. La escritora inglesa de himnos del siglo XIX, Frances Ridley Havergal, expresó el clamor del corazón del creyente en su himno "Estás viniendo, oh mi Salvador":

> Oh, qué alegría verte reinar,
> ¡a ti, mi muy amado Señor!
> Toda lengua tu nombre confesará,
> adoración, honor, gloria y bendición,
> te trajeron con alegre aprobación;
> Tú, mi Señor y mi Amigo,
> reivindicado y entronizado:
> hasta los confines de la tierra
> glorificado, adorado y admitido.

Las dos peticiones que siguen en el modelo de oración de nuestro Señor presentan a Dios como soberano y supremo.

DIOS COMO SOBERANO

Venga tu reino. (11:2*d*)

A lo largo de la historia de la humanidad ha habido una multitud de estados, imperios y naciones, pero espiritualmente solo hay dos reinos: el reino de Dios y el reino de Satanás (cp. Col. 1:13). Todos los reinos de este mundo forman actualmente parte del dominio satánico de las tinieblas. Sin embargo, en el futuro, "los reinos del mundo [vendrán] a ser de nuestro Señor y de su Cristo; y él reinará por los siglos de los siglos" (Ap. 11:15). Después de haber sido "librado de la potestad de las tinieblas, y trasladado al reino de su amado Hijo" (Col. 1:13), los creyentes tienen como su mayor objetivo hacer avanzar ese reino. Ellos no aman al reino de este mundo (1 Jn. 2:15), sino que, como escribió Pablo, buscan "las cosas de arriba, donde está Cristo sentado a la diestra de Dios" (Col. 3:1; cp. Mt. 6:33; Fil. 3:20).

Basileia (**reino**), que también puede significar "gobierno", o "dominio", se refiere a un reino soberano. Se usa con mayor frecuencia en el Nuevo Testamento para referirse al reino de Dios (llamado el reino del cielo en el Evangelio de Mateo), como es el caso aquí. Combinada con la forma imperativa del verbo *erchomai,* esta petición se podría traducir "que se produzca tu reino", "permite que realmente se dé", o "deja que en realidad venga". Ver triunfante al reino de Dios y manifiesto su gobierno en la tierra es el deseo y la oración de los creyentes.

El pronombre posesivo **tu** indica que el reino del que Jesús habla aquí es el que gobierna su Padre. Los poderes terrenales, tales como Egipto, Asiria, Babilonia, Medo-Persia, Grecia, Roma y, en tiempos más modernos, la Alemania nazi y la Rusia soviética, y todas las demás naciones surgen y caen (cp. Hch. 14:16). Las naciones tienen su momento bajo el sol, pero, a medida que su poder se expande, también lo hace su orgullo, y el pecado provoca su caída. Salomón escribió: "La justicia engrandece a la nación; mas el pecado es afrenta de las naciones" (Pr. 14:34). Dios determina de modo soberano la extensión y duración de las naciones. Daniel declaró al rey babilonio Nabucodonosor: "Contó Dios tu reino, y le ha puesto fin" (Dn. 5:26), mientras que Pablo proclamó a los filósofos griegos en Atenas que Dios "de una sangre ha hecho todo el linaje de los hombres, para que habiten sobre toda la faz de la tierra; y les ha prefijado el orden de los tiempos, y los límites de su habitación" (Hch. 17:26).

El gobierno soberano de Dios fue el contexto de toda la enseñanza y predicación del Señor Jesucristo. Al inicio de su ministerio, "comenzó Jesús a predicar, y a decir: Arrepentíos, porque el reino de los cielos se ha acercado" (Mt. 4:17). En Lucas 4:43 declaró: "Es necesario que también a otras ciudades anuncie el evangelio... porque para esto he sido enviado" (cp. 8:1). El reino de Dios siguió siendo el tema de la instrucción de Jesús a los apóstoles incluso después de su resurrección, "apareciéndoseles durante cuarenta días y hablándoles acerca del reino de Dios" (Hch. 1:3).

Jesús habló del reino en tres dimensiones. En primer lugar, se refirió a que existió en el pasado. En Mateo 8:11 habló de que los patriarcas Abraham, Isaac y Jacob ya están en el reino.

En segundo lugar, Jesús habló del reino como una realidad presente. En Lucas 17:21 les dijo a los fariseos: "El reino de Dios está entre vosotros"; y antes les había ordenado a los setenta que proclamaran al pueblo: "Se ha acercado a vosotros el reino de Dios" (Lc. 10:9; cp. v. 11). Cristo contestó a la afirmación blasfema de los fariseos de que Él echaba fuera a los demonios por medio del poder de Satanás, diciéndoles: "Si yo por el Espíritu de Dios echo fuera los demonios, ciertamente ha llegado a vosotros el reino de Dios" (Mt. 12:28). El pueblo judío, y sus dirigentes en particular, no reconocieron la presencia del reino ya que no estaban esperando un reino espiritual sino más bien uno político, social, militar y económico. El reino era una realidad, pero la incredulidad les cegó los ojos para que no pudieran verla.

En tercer lugar, aunque el reino sigue presente hoy día mientras el Dios vivo gobierna los corazones de los que, arrepentidos, confían en Él, también existe una forma futura y única de ese reino. Jesús manifestó a los discípulos en el aposento alto: "De cierto os digo que no beberé más del fruto de la vid, hasta aquel día en que lo beba nuevo en el reino de Dios" (Mr. 14:25). En el juicio de las cabras y las ovejas "el Rey dirá a los de su derecha [las ovejas]: Venid, benditos de mi Padre, heredad el reino preparado para vosotros desde la fundación del mundo" (Mt. 25:34), pero para quienes lo rechazan "allí será el llanto y el crujir de dientes, cuando [vean] a Abraham, a Isaac, a Jacob y a todos los profetas en el reino de Dios, y [ellos mismos estén] excluidos. Porque vendrán del oriente y del occidente, del norte y del sur, y se sentarán a la mesa en el reino de Dios" (Lc. 13:28-29). Esto se refiere al reino milenial del Señor en la tierra (Ap. 20:1-6).

A modo de más distinción, dos aspectos del reino de Dios se pueden observar. El reino universal abarca el gobierno de Dios sobre todo el universo. Como el Creador, Él es soberano sobre su creación. Salmos 29:10 afirma que "se sienta Jehová como rey para siempre", y Apocalipsis 15:3 se dirige a Él como "Rey de los santos". Salmos 103:19 agrega: "Jehová estableció en los cielos su trono, y su reino domina sobre todos". En 1 Crónicas 29:11-12, David oró:

> *Tuya es, oh Jehová, la magnificencia y el poder, la gloria, la victoria y el honor; porque todas las cosas que están en los cielos y en la tierra son tuyas. Tuyo, oh Jehová, es el reino, y tú eres excelso sobre todos. Las riquezas y la gloria proceden de ti, y tú dominas sobre todo; en tu mano está la fuerza y el poder, y en tu mano el hacer grande y el dar poder a todos.*

El reino universal es eterno, providencial, sobrenatural y eficaz. La autoridad sobre este reino se le ha delegado al Señor Jesucristo, a quien Dios usó para crearlo (Col. 1:16) y sustentarlo (He. 1:1-3).

Sin embargo, el reino universal no está aquí a la vista. No hay necesidad de orar para que se desarrolle, ya que es eterno, completo y absoluto. En cambio esta petición pide que el reino redentor, la esfera de salvación, el reino sobrenatural de personas creyentes, avance. Y lo hace en tres maneras.

En primer lugar, a través de la salvación; el reino redentor crece un alma redimida a la vez. No es una estructura visible y terrenal, ni se puede identificar con alguna nación, denominación u organización; se trata del reino de almas gobernado por Cristo. La petición "venga tu reino" es antes que nada una oración misionera, en la cual el solicitante somete su voluntad, sus ambiciones, sus planes, sus objetivos y sus preocupaciones a la prioridad de vida de hacer avanzar el reino redentor de Dios por medio de ver pecadores convertidos. Pablo instruyó a Timoteo: "Exhorto ante todo, a que se hagan rogativas, oraciones, peticiones y acciones de gracias, por todos los hombres" (1 Ti. 2:1), porque Dios "quiere que todos los hombres sean salvos y vengan al conocimiento de la verdad" (v. 4). Esta es la oración del corazón del creyente para las personas: "Arrepentíos, porque el reino de los cielos se ha acercado" (Mt. 4:17; cp. 3:2). Todo lo demás es secundario (cp. Mt. 6:33).

Contrario a mucha de la enseñanza popular de hoy, la entrada al reino no es fácil. Tampoco deberíamos esperar que lo sea; después de todo, el precio de la redención fue el sacrificio del amado Hijo de Dios. Aquellos que han de entrar al reino de Dios deben forzar su entrada (Lc. 16:16), no a través de buenas obras meritorias para ganar la salvación, sino por medio del sacrificio que caracteriza al verdadero penitente (Lc. 9:23-24). Lejos de limitarse a pronunciar una oración superficial y luego seguir viviendo como quieran, quienes entrarían al reino deberían atravesar la puerta angosta, despojándose de su equipaje de buenas obras, obstinación y deseos egoístas, nada de lo cual pasará por el torniquete de la entrada hacia el camino angosto (Mt. 7:13-14). En palabras que son muy discordantes con el evangelio de autorrealización y creencias fáciles centrado en el hombre que vemos hoy día, Jesús declaró que seguirlo a Él exige total abnegación y entrega a su señorío:

> *Si alguno quiere venir en pos de mí, niéguese a sí mismo, tome su cruz cada día, y sígame (Lc. 9:23).*
>
> *Si alguno viene a mí, y no aborrece a su padre, y madre, y mujer, e hijos, y hermanos, y hermanas, y aun también su propia vida, no puede ser mi discípulo (Lc. 14:26).*
>
> *Y el que no lleva su cruz y viene en pos de mí, no puede ser mi discípulo (Lc. 14:27).*
>
> *Así, pues, cualquiera de vosotros que no renuncia a todo lo que posee, no puede ser mi discípulo (Lc. 14:33).*
>
> *No todo el que me dice: Señor, Señor, entrará en el reino de los cielos, sino el que hace la voluntad de mi Padre que está en los cielos (Mt. 7:21).*
>
> *¿Por qué me llamáis, Señor, Señor, y no hacéis lo que yo digo? (Lc. 6:46).*
>
> *Si me amáis, guardad mis mandamientos (Jn. 14:15).*
>
> *El que tiene mis mandamientos, y los guarda, ése es el que me ama (Jn. 14:21).*
>
> *El que me ama, mi palabra guardará (Jn. 14:23).*
>
> *El que no me ama, no guarda mis palabras (Jn. 14:24).*
>
> *Vosotros sois mis amigos, si hacéis lo que yo os mando (Jn. 15:14).*

En sus parábolas, Jesús comparó a quienes entran al reino con un hombre que encuentra un tesoro en un campo, o con un mercader que halla una perla de valor incalculable, y vende todo lo que posee para comprarla (Mt. 13:44-46). (Analizo el alto costo y el valor infinito de entrar al reino por medio de seguir a Jesús en *Difícil de creer* [Nashville: Grupo Nelson, 2011]).

En segundo lugar, el reino redentor viene no solamente por medio de la salvación, sino también a través de la santificación. El reino progresa cuando las personas llegan a Cristo en arrepentimiento y fe, y también cuando quienes son de Él crecen de manera incesante y se someten a su señorío. El compositor del conocido himno "Rey de mi vida" expresó el anhelo del corazón de todo creyente a este respecto:

> Rey de mi vida tú eres hoy,
> en ti me gloriaré.

El reino avanza cuando sus súbditos perciben en sus vidas un crecimiento en "justicia, paz y gozo en el Espíritu Santo" (Ro. 14:17).

Por último, el reino se consumará en la segunda venida del Rey para establecer su prometido reino terrenal milenial. Orar que "venga tu reino" refleja un deseo gozoso y expectante porque el glorioso acontecimiento se lleve a cabo. Pablo exclamó, en 1 Corintios 16:22, "Maran-ata", una expresión aramea que significa: "El Señor viene". Casi al final del libro del Apocalipsis, Juan escribió: "Ven, Señor Jesús" (Ap. 22:20). Tanto en sus vidas como en sus oraciones, aquellos que aman al Señor Jesucristo siempre están "esperando y [apresurándose, deseando ansiosamente] la venida del día de Dios" (2 P. 3:12). Juan describió la venida del reino en Apocalipsis 20:1-6:

> *Vi a un ángel que descendía del cielo, con la llave del abismo, y una gran cadena en la mano. Y prendió al dragón, la serpiente antigua, que es el diablo y Satanás, y lo ató por mil años; y lo arrojó al abismo, y lo encerró, y puso su sello sobre él, para que no engañase más a las naciones, hasta que fuesen cumplidos mil años; y después de esto debe ser desatado por un poco de tiempo. Y vi tronos, y se sentaron sobre ellos los que recibieron facultad de juzgar; y vi las almas de los decapitados por causa del testimonio de Jesús y por la palabra de Dios, los que no habían adorado a la bestia ni a su imagen, y que no recibieron la marca en sus frentes ni en sus manos; y vivieron y reinaron con Cristo mil años. Pero los otros muertos no volvieron a vivir hasta que se cumplieron mil años. Esta es la primera resurrección. Bienaventurado y santo el que tiene parte en la primera resurrección; la segunda muerte no tiene potestad sobre éstos, sino que serán sacerdotes de Dios y de Cristo, y reinarán con él mil años.*

Orar por la venida del reino es orar por la salvación de los pecadores, la santificación de los creyentes, y la segunda venida en gloria del Salvador.

DIOS COMO SUPREMO

Esta idea se deriva de la petición que sigue a la solicitud: "Venga tu reino" en el relato de Mateo: "Hágase tu voluntad, como en el cielo, así también en la tierra" (Mt. 6:10). Honrar a la persona del Padre y desear ver avanzar su reino requiere una preocupación inseparable porque se haga la voluntad divina. El deseo y la oración del cristiano es que la voluntad de Dios, la cual siempre se cumple de manera perfecta y total en el cielo, se haga también en la tierra. Esta solicitud es la manifestación de un corazón que busca la gloria de Dios y desea lo que Él quiere; se trata de una expresión de adoración.

Durante su ministerio terrenal, el Señor Jesucristo cumplió a cabalidad y perfección la voluntad del Padre. En Getsemaní, anticipando su próxima experiencia de cargar el pecado y de separarse del Padre, exclamó a gritos: "Padre mío, si es posible, pase de mí esta copa; pero no sea como yo quiero, sino como tú" (Mt. 26:39). En Marcos 3:35 el Señor declaró: "Todo aquel que hace la voluntad de Dios, ése es mi hermano, y mi hermana, y mi madre". Por eso les dijo a sus discípulos: "Mi comida es que haga la voluntad del que me envió, y que acabe su obra" (Jn. 4:34), mientras que en Juan 6:38 manifestó a la multitud: "He descendido del cielo, no para hacer mi voluntad, sino la voluntad del que me envió".

En última instancia, todas las cosas se resolverán de acuerdo con el propósito eterno de Dios, el cual se estableció antes de que el mundo empezara. Pablo expresó esa verdad cuando declaró a los efesios que Dios "hace todas las cosas según el designio de su voluntad" (Ef. 1:11). Pero la mayor parte de lo que sucede en este mundo perverso, caído y plagado de pecado es contrario al propósito de Dios. Una adecuada comprensión de la voluntad de Dios revela por qué esa trágica realidad está perfectamente de acuerdo con su absoluta soberanía. Los teólogos distinguen tres aspectos de la voluntad de Dios, según observa R. C. Sproul de manera oportuna:

> Cuando hablamos de la voluntad de Dios lo hacemos al menos en tres maneras diferentes. Al concepto más amplio se le conoce como voluntad de Dios *legislante, soberana* u *oculta*. En cuanto a esto, los teólogos se refieren a la voluntad de Dios mediante la cual soberanamente Él ordena todo lo que ha de acontecer. Puesto que Dios es soberano y su voluntad no se puede frustrar, podemos estar seguros de que nada ocurre en lo cual Él no tenga el control...
>
> Aunque a menudo la voluntad soberana de Dios se nos oculta hasta

> después que acontece, hay un aspecto de su voluntad que es claro para nosotros: su voluntad *establecida mediante las reglas.* Aquí Dios revela su voluntad por medio de su santa ley... Este aspecto de la voluntad de Dios se revela tanto en su Palabra como en nuestras conciencias, por la cual Él ha escrito su ley moral en nuestros corazones... Tenemos el poder o la capacidad de frustrar la voluntad de Dios establecida mediante las reglas, aunque no el derecho de hacerlo...
>
> La tercera forma en que la Biblia habla de la voluntad de Dios es con relación a la *voluntad de disposición* de Dios. Esta describe la actitud de Dios. Define lo que le agrada. Por ejemplo, Él no se complace en la muerte de los impíos, pero con todo y eso sin duda quiere o decreta la muerte de los malvados. El deleite supremo de Dios está en su propia santidad y justicia. Cuando juzga al mundo se deleita en la reivindicación de su propia rectitud y justicia; sin embargo, no se alegra en un sentido vengativo hacia quienes reciben su juicio. Dios se agrada cuando hallamos nuestro placer en la obediencia. Él se disgusta profundamente cuando somos desobedientes (*Essential Truths of the Christian Faith* [Wheaton, Ill.: Tyndale, 1992], pp. 67-68. Cursivas en el original).

La petición para que la voluntad de Dios se realice considera especialmente esa tercera característica, su voluntad de disposición. La preocupación celestial de los cristianos (cp. Col. 3:1-2) los motiva a orar para que la voluntad de Dios se lleve a cabo por obediencia, de tal modo que se le pueda honrar por medio del testimonio de los fieles.

En cuanto a la voluntad de Dios, existen varios puntos de vista erróneos que se deben evitar. Primero, algunos manifiestan una actitud de amargo resentimiento. Reconocen que lo que Dios quiere sucederá de manera inevitable sea que les guste o no. Por tanto, razonan, es inútil resistirse. Tales individuos tienen una visión fatalista y determinista de la voluntad divina, y por ese motivo se enojan con Dios. El poeta medieval persa Omar Khayyam expresó este punto de vista en su poema "Rubaiyat":

> Nosotros, piezas mudas del juego que Él despliega
> sobre el tablero abierto de noches y de días,
> aquí y allá las mueve, las une, las despega,
> y una a una en la Caja, al final, las relega.
>
> La bola nada inquiere de sí, ni no, ni modo,
> y el jugador doquiera de un lado al otro corre:
> pero él, que los echara en el campo de lodo,
> todo de ellos lo sabe, ¡oh, todo, todo, todo!

Otros oran con una especie de resignación pasiva. No están enojados con Dios, pero sus oraciones reflejan cierta clase de aceptación grisácea; una resignación indiferente y apática de que ocurrirá todo lo que ha de ocurrir. Tales individuos oran muy poco y sin ninguna seguridad de que sus oraciones tendrán algún impacto. Hacen las cosas mecánicamente porque es su deber, pero carecen del corazón apasionado que clama a Dios y cree que Él contestará.

Hasta la iglesia primitiva cayó presa de esta actitud. Cuando Pedro fue encarcelado por Herodes, quien acababa de ejecutar al apóstol Jacobo, el hermano de Juan, los creyentes se reunieron para orar a Dios en favor de Pedro (Hch. 12:5). Un ángel liberó milagrosamente de la cárcel al apóstol, quien se dirigió a la casa donde se hallaban orando. Cuando una sirvienta que había contestado a los insistentes toques en la puerta les informó emocionada que Pedro estaba fuera, ellos se burlaron y "le dijeron: Estás loca. Pero ella aseguraba que así era. Entonces ellos decían: ¡Es su ángel!" (v. 15). A pesar del fervor que tenían, en realidad no habían esperado que Dios contestara sus oraciones; de ahí su reticencia en aceptar que Él había respondido.

Una tercera actitud errada en cuanto a la oración podría denominarse reserva teológica. Algunos cristianos tienen una visión de la soberanía de Dios tan extrema que paraliza sus oraciones. Ellos razonan que puesto que Dios inevitablemente llevará a cabo su voluntad, no hay realmente por qué orar. Este punto de vista pasa por alto la explícita enseñanza del Señor Jesucristo, quien contó "una parábola sobre la necesidad de orar siempre, y no desmayar" (Lc. 18:1). Tal parábola habla de un juez injusto que finalmente facilitó protección legal a una viuda desesperada porque ella no dejaba de acosarlo (vv. 2-5). A fin de explicar claramente este punto "dijo el Señor: Oíd lo que dijo el juez injusto. ¿Y acaso Dios no hará justicia a sus escogidos, que claman a él día y noche? ¿Se tardará en responderles? Os digo que pronto les hará justicia" (vv. 6-8). Este punto de vista además hace caso omiso al hecho de que "la oración eficaz del justo puede mucho" (Stg. 5:16), una verdad confirmada por las numerosas respuestas a la oración registradas en las Escrituras (véase los ejemplos enumerados en el cap. 67 de esta obra). No orar es desobediencia a los mandatos explícitos de la Biblia (p. ej., Ro. 12:12; Ef. 6:18; Fil. 4:6; Col. 4:2; 1 Ts. 5:17).

Nada destruirá más la pasión y la eficacia de la oración que la ira amarga, una actitud derrotista, o una teología aberrante. En contraste con tales actitudes equivocadas en cuanto a la oración, la verdadera oración manifiesta una actitud de rebelión. Se rebela con santa indignación contra todo lo que se opone a la voluntad de Dios. Cuando oró en Getsemaní, Jesús mismo se rebeló contra las terribles consecuencias del pecado, que daría lugar a que Él fuera hecho pecado en beneficio de los redimidos (2 Co. 5:21). En respuesta, Dios lo fortaleció para llevar a cabo su plan y propósito divinos. Sin embargo, Pedro, Jacobo y Juan no hicieron caso del mandato que el Señor les dio: "Velad y orad, para que no entréis en tentación; el espíritu a la verdad está dispuesto, pero la carne es débil" (Mt. 26:41). En consecuencia, cuando les llegó el momento de prueba y tentación estaban derrotados. Mateo 26:56 relata que "todos los discípulos, dejándole, huyeron", mientras Pedro incluso negó que conocía a Jesús (vv. 58-75). Ellos olvidaron el ejemplo de su Señor quien, según se indicó en el capítulo 67 de esta obra, oró antes de todos los grandes acontecimientos de su vida.

Orar para que se haga la voluntad de Dios es no querer resignarse al estado de pecaminosidad. Es despertar y dejar de dormir, debilitarse o desanimarse. Es reconocer que hay una guerra cósmica continua entre el reino de Dios y el reino de Satanás, y negarnos a negociar una tregua con las fuerzas del mal. La verdadera oración se centra en Dios; reconoce su derecho soberano de negar cualquier petición que no esté de acuerdo con su perfecta voluntad, como ocurrió en el caso de Pablo (2 Co. 12:7-10). En toda circunstancia, la oración del creyente es para que el nombre de Dios sea honrado a medida que el reino de Dios avance, y su voluntad se lleve a cabo.

Modelo de Jesús para toda oración. Cuarta parte: Provisión de Dios

70

El pan nuestro de cada día, dánoslo hoy. Y perdónanos nuestros pecados, porque también nosotros perdonamos a todos los que nos deben. Y no nos metas en tentación, mas líbranos del mal. (11:3-4)

El versículo 3 constituye un momento decisivo en esta profunda oración, dado por el Señor Jesucristo para enseñar a los creyentes a orar. La oración se divide lógica y espiritualmente en dos secciones secuenciales. Las tres primeras peticiones, "Padre, santificado sea tu nombre", "venga tu reino", y "hágase tu voluntad", tienen que ver con Dios y su gloria. Las tres peticiones siguientes, "El pan nuestro de cada día, dánoslo hoy", "perdónanos nuestros pecados", y "no nos metas en tentación", se centran en las necesidades más básicas y fundamentales del ser humano. El orden de los dos grupos de peticiones indica que a la persona y los propósitos de Dios siempre se les debe dar el lugar supremo. Solo entonces todo lo demás encaja en su sitio; solo cuando los creyentes reconocen a Dios como Padre, Santo, Rey y Maestro pueden establecer la base sobre la cual le piden provisión, perdón y protección. La oración verdadera, orar en el Espíritu (Ef. 6:18), reconoce que la gloria de Dios es primordial y suprema, de modo que por encima de todo Él sea exaltado y adorado.

Las tres últimas peticiones imploran que Dios se glorifique mediante el abastecimiento de las necesidades más básicas de los creyentes. Por tanto, aunque el enfoque en la oración cambia hacia esas necesidades, el énfasis general en la gloria de Dios se mantiene. Esta oración, al igual que todas las demás, no es egoísta ni centrada en el hombre. El objetivo de las tres primeras peticiones no es dar la gloria a Dios a cambio de satisfacer la codicia de las personas. Estas no deben tratar de manipular a Dios ni obligarlo a hacer algo, como si las peticiones fueran monedas que se insertan en las máquinas expendedoras celestiales para conseguir lo que se desea.

Estas tres últimas peticiones también glorifican a Dios al poner de relieve su compasión, gracia y amor. Lejos de ser insolentes exigencias sobre Dios como las que el movimiento Palabra de Fe hace de manera blasfema (véase el estudio del movimiento Palabra de Fe en el cap. 68 de esta obra), expresan humilde dependencia en que Dios suple lo necesario para el bienestar de sus hijos. Los pronombres plurales usados en estas tres peticiones las alejan aún más de cualquier intención egoísta y codiciosa. Estas tres últimas peticiones revelan a Dios como sustentador, salvador y protector.

DIOS COMO SUSTENTADOR

El pan nuestro de cada día, dánoslo hoy. (11:3)

La materia física de esta petición, **pan,** abarca todos los requerimientos temporales básicos de la vida, tales como alimentación, vivienda, vestido, salud y quizás incluso el gobierno que provea paz y orden en la sociedad (cp. Ro. 13:1-4). Se centra en los alimentos básicos para conservar la vida, y está lejos de una exigencia codiciosa de lujos. Esta petición es fundamental porque a menos que el Señor sustente las vidas físicas de los creyentes, en este mundo estos no pueden hacer que el reino avance, cumplir la voluntad divina, ni honrar y glorificar el nombre de Dios.

En un ejemplo similar del Antiguo Testamento, Agur hizo la siguiente solicitud sabia a Dios:

> *Dos cosas te he demandado; no me las niegues antes que muera: Vanidad y palabra mentirosa aparta de mí; no me des pobreza ni riquezas; manténme del pan necesario; no sea que me sacie, y te niegue, y diga: ¿Quién es Jehová? O que siendo pobre, hurte, y blasfeme el nombre de mi Dios (Pr. 30:7-9).*

Agur oró para que Dios lo liberara de dos extremos: pobreza, la cual podría tentarlo a robar, y riquezas excesivas, las cuales podrían tentarlo a negar con arrogancia su dependencia en el Señor. En vez de eso le pidió a Dios que en su sabiduría le diera lo que fuera apropiado.

La sorprendente realidad es que el infinito y trascendente Creador y gobernante del universo se preocupa por las necesidades de los más humildes de sus hijos. Él no solo tiene que ver con grandes acontecimientos que atañen a todo el mundo tales como creación, diluvio, juicio, el reino milenial terrenal, y cielo nuevo y tierra nueva, sino también con que su pueblo tenga alimento, vestido, abrigo y las otras cosas cotidianas pero esenciales de la vida. El Señor Jesucristo enseñó esa verdad en el Sermón del Monte:

> *Por tanto os digo: No os afanéis por vuestra vida, qué habéis de comer o qué habéis de beber; ni por vuestro cuerpo, qué habéis de vestir. ¿No es la vida más*

que el alimento, y el cuerpo más que el vestido? Mirad las aves del cielo, que no siembran, ni siegan, ni recogen en graneros; y vuestro Padre celestial las alimenta. ¿No valéis vosotros mucho más que ellas? ¿Y quién de vosotros podrá, por mucho que se afane, añadir a su estatura un codo? Y por el vestido, ¿por qué os afanáis? Considerad los lirios del campo, cómo crecen: no trabajan ni hilan; pero os digo, que ni aun Salomón con toda su gloria se vistió así como uno de ellos. Y si la hierba del campo que hoy es, y mañana se echa en el horno, Dios la viste así, ¿no hará mucho más a vosotros, hombres de poca fe? No os afanéis, pues, diciendo: ¿Qué comeremos, o qué beberemos, o qué vestiremos? Porque los gentiles buscan todas estas cosas; pero vuestro Padre celestial sabe que tenéis necesidad de todas estas cosas. Mas buscad primeramente el reino de Dios y su justicia, y todas estas cosas os serán añadidas (Mt. 6:25-33).

Preocuparse por las necesidades físicas de esta vida (comida, bebida, ropa) es el colmo de la insensatez pecaminosa para los creyentes. El mismo Dios que alimenta a las aves y viste de manera espectacular a las plantas del campo sin duda proveerá para sus hijos, quienes son de mucho mayor valor. En vista de eso, los cristianos no deben preocuparse por las necesidades de la vida como hace el mundo incrédulo. La prioridad de los creyentes, establecida por Jesús, es buscar el reino y la justicia de Dios.

Como creador y sustentador del universo, Dios es el proveedor y la fuente de todo, especialmente en relación con sus hijos. Ya que Él ha prometido suplirles todas sus necesidades, con confianza pueden echar todas sus ansiedades en Él, sabiendo que cuida de ellos (1 P. 5:7). Jesús declaró: "Pedid, y se os dará; buscad, y hallaréis; llamad, y se os abrirá. Porque todo aquel que pide, recibe; y el que busca, halla; y al que llama, se le abrirá" (Mt. 7:7-8). El Señor pasa entonces a ilustrar la promesa de Dios de proveer para las necesidades de su pueblo:

¿Qué hombre hay de vosotros, que si su hijo le pide pan, le dará una piedra? ¿O si le pide un pescado, le dará una serpiente? Pues si vosotros, siendo malos, sabéis dar buenas dádivas a vuestros hijos, ¿cuánto más vuestro Padre que está en los cielos dará buenas cosas a los que le pidan? (vv. 9-11).

Los padres humanos proveen para sus hijos; ¿cuánto más hará Dios por los suyos, ya que Él "creó [alimentos] para que con acción de gracias participasen de ellos los creyentes y los que han conocido la verdad" (1 Ti. 4:3)?

La variedad de comida en el mundo es asombrosa. La Biblia menciona cereales como trigo, cebada, habas, lentejas, millo, avena (Ez. 4:9), pan (Gn. 18:5-6); nueces (Gn. 43:11); pepinos, melones, puerros, cebollas, ajos (Nm. 11:5); hierbas amargas (Éx. 12:8); menta, eneldo, comino (Mt. 23:23); caña olorosa (Jer. 6:20); sal (Job 6:6); frutos (Ez. 25:4, NVI); uvas (Nm. 13:23); uvas pasas (1 S. 25:18); higos, granadas (Nm. 20:5); manzanas (Pr. 25:11); miel (1 S. 14:27); huevos (Lc. 11:12); ovejas, vacas, becerros (1 S. 14:32); cabras (Dt. 14:4); animales de caza (Dt. 14:5); peces (Mt. 14:19); perdices (1 S. 26:20); codornices (Nm. 11:31-33); y otros más con unas cuantas excepciones específicas (cp. Dt. 14:11-18); ciertos tipos de insectos (Lv. 11:22); y productos lácteos como leche de vaca (1 S. 6:7); camellos (Gn. 32:15); y ovejas (1 Co. 9:7); mantequilla (Pr. 30:33); quesos (1 S. 17:18); y crema (Jue. 5:25).

Toda esa variedad refleja la generosidad y la bondad de Dios, hasta para con los no creyentes en la gracia común. Orar por el pan de cada día es reconocer con gratitud a Dios como el proveedor, y no hacerlo es el colmo de la ingratitud, según escribió el destacado puritano Thomas Watson:

> Si todo es un regalo, ¡qué odiosa ingratitud de los hombres que pecan contra su dador! Dios les da de comer, y ellos pelean contra Él; les provee pan, y ellos le pagan con afrentas. ¡Qué indigno es esto! ¿No deberíamos llorar de vergüenza por quien tenía un amigo al que siempre lo alimentaba con miel, y sin embargo llegó a traicionarlo y lastimarlo? Así tratan a Dios pecadores desagradecidos; no solo olvidan las misericordias divinas, sino que abusan de ellas. "Los sacié, y adulteraron" (Jer. 5:7). Oh, ¡qué horrible es pecar contra un Dios generoso!... ¡Es golpear las manos que nos alivian!... Tales sujetos actúan como Absalón, quien tan pronto como David su padre lo besó, maquinó traicionarlo (2 S. 15:10). Son como la mula que patea a la madre después que ella le ha dado leche. A quienes pecan contra su dador, y abusan de los favores reales de Dios, las misericordias divinas les llegarán como testigos contra ellos...
>
> Si Dios nos da todo, dejemos que su regalo nos estimule acción de gracias. Él es el fundador y donante de todas nuestras bendiciones, y debería recibir todos nuestros reconocimientos... Todos nuestros regalos vienen de Dios, y a él debemos devolverle todas nuestras alabanzas (*A Body of Divinity* [Reimpresión: Grand Rapids: Baker, 1979], p. 542).

La súplica **dánoslo** refleja una confianza infantil en el cuidado del Padre. La base para pedir por las necesidades de la vida es la confianza en que Dios proveerá para sus hijos. David, que supo mucho de problemas y sufrimientos, expresó esa confianza cuando declaró: "Joven fui, y he envejecido, y no he visto justo desamparado, ni su descendencia que mendigue pan" (Sal. 37:25). Antes, en ese mismo salmo, escribió: "Conoce Jehová los días de los perfectos, y la heredad de ellos será para siempre. No serán avergonzados en el mal tiempo, y en los días de hambre serán saciados" (vv. 18-19). Mientras que, en Salmos 33:18-19, el salmista añadió: "He aquí el ojo de Jehová sobre los que le temen, sobre los que esperan en su misericordia, para librar sus almas de la muerte, y para darles vida en tiempo de hambre". Job 5:17-20 también transmite la liberación divina de su pueblo para el flagelo del hambre:

> *He aquí, bienaventurado es el hombre a quien Dios castiga; por tanto, no menosprecies la corrección del Todopoderoso. Porque él es quien hace la llaga, y él la vendará; él hiere, y sus manos curan. En seis tribulaciones te librará, y en la séptima no te tocará el mal. En el hambre te salvará de la muerte, y del poder de la espada en la guerra.*

Proverbios 10:3 repite esa verdad, prometiendo que "Jehová no dejará padecer hambre al justo".

La provisión de Dios para la comunidad de creyentes puede influir en la sociedad en que viven. La influencia cristiana en los Estados Unidos seculares, impíos, humanistas y pluralistas actuales es mucho menor que cuando la nación fue fundada. Sin embargo, el resto de esas raíces cristianas ha dado a la nación una perspectiva sobre el valor y la dignidad del hombre no compartida por culturas que no han estado expuestas a la influencia de la Biblia. La preocupación humanitaria y filantrópica por la vida y el bienestar humano, aunque cada vez menos, que todavía influye en la sociedad estadounidense es en gran parte desconocida en tales culturas. El hambre y la inanición a menudo no es resultado de la falta de recursos naturales, sino de recursos espirituales y de la consecuente indiferencia al sufrimiento humano.

Orar por las necesidades de la vida no excluye la responsabilidad de los creyentes de trabajar y ganarse la vida, más de lo que orar por la salvación de los perdidos excluye la evangelización. Pablo aclaró ese principio cuando les recordó a los cristianos en Tesalónica:

> *Porque también cuando estábamos con vosotros, os ordenábamos esto: Si alguno no quiere trabajar, tampoco coma. Porque oímos que algunos de entre vosotros andan desordenadamente, no trabajando en nada, sino entremetiéndose en lo ajeno. A los tales mandamos y exhortamos por nuestro Señor Jesucristo, que trabajando sosegadamente, coman su propio pan (2 Ts. 3:10-12).*

Tampoco el principio general de que Dios provee para las necesidades físicas de los suyos garantiza que no habrá excepciones; incluso algunos de los héroes de la fe en el Antiguo Testamento fueron pobres, afligidos y maltratados (He. 11:37). Algunos creyentes incluso murieron de frío o de hambre. No obstante, hasta que les llegue la hora de morir, quienes permanezcan fieles al Señor experimentarán su cuidado hacia ellos, como en respuesta a las oraciones Él provee **cada día** lo que ellos requieren para sustentar sus vidas.

DIOS COMO SALVADOR

Y perdónanos nuestros pecados, porque también nosotros perdonamos a todos los que nos deben. (11:4*a*)

Esta petición va más allá de la necesidad de lo que sustenta la vida física hasta la necesidad mucho más importante para lo que provee vida espiritual. El perdón es la mayor necesidad en cada individuo, ya que los pecados no perdonados exponen de manera irremediable el alma al juicio divino y a la certeza del castigo eterno. El hecho de que el Señor Jesucristo, Dios encarnado, nos anime a orar: **perdónanos nuestros pecados,** revela que Dios está ansioso por perdonarnos (cp. Sal. 86:5). Esta petición supone no solo que las personas necesitan perdón sino también que Dios lo concede.

El problema mortal que enfrentan todos los hombres se llama pecado (Ro. 3:23), la única solución es el perdón (Col. 1:14), y solo Dios, el único ofendido por el pecado (Sal. 51:4), puede perdonarlo (Lc. 5:21). Esas son las realidades principales del evangelio cristiano.

El problema ineludible que todo individuo enfrenta es que sus **pecados** lo han separado de Dios y lo han condenado al castigo eterno en el infierno. Isaías escribió: "Vuestras iniquidades han hecho división entre vosotros y vuestro Dios, y vuestros pecados han hecho ocultar de vosotros su rostro para no oír" (Is. 59:2). El problema es universal, por lo que Salomón reconoció: "No hay hombre que no peque" (1 R. 8:46). En Proverbios 20:9 lanzó esta pregunta: "¿Quién podrá decir: Yo he limpiado mi corazón, limpio estoy de mi pecado?"; y luego contestó su propia pregunta retórica en Eclesiastés 7:20: "Ciertamente no hay hombre justo en la tierra, que haga el bien y nunca peque". El apóstol Pablo le dio la razón a Salomón, sosteniendo que "no hay justo, ni aun uno" (Ro. 3:10), "por cuanto todos pecaron, y están destituidos de la gloria de Dios" (Ro. 3:23).

El pecado infecta a todo bebé nacido en el mundo (Sal. 51:5). El pecado es el actual monarca del mundo, y gobierna en el corazón de cada hombre, mujer y niño. Contamina a cada persona en todo nivel: mente, voluntad, afectos, emociones y conducta. Su poder degenerativo hace que las personas sean susceptibles a enfermedades, males, lesiones, pesares y muerte. El pecado es el culpable de todos los matrimonios destrozados, de todo hogar destruido, de toda relación rota, de toda discusión, batalla y guerra. Debido al pecado los no regenerados están espiritualmente muertos (Ef. 2:1), son objeto de la ira de Dios (v. 3), y están separados de Él y sin ninguna esperanza (v. 12).

El dilema para los pecadores es doble. Por una parte, Dios no puede simplemente pasar por alto el pecado ni ser indiferente ante él. Su justicia, rectitud y santidad demanda que todo pecado alguna vez cometido sea castigado. El Dios que condena a quienes justifican al impío (Pr. 17:15; cp. 24:24) no puede hacer la vista gorda ante el pecado. Por eso en Éxodo 23:7 el Señor declara: "No justificaré al impío". La profecía de Nahúm establece inequívocamente que Dios "no tendrá por inocente al culpable" (Nah. 1:3), mientras Pablo escribió que "la ira de Dios se revela desde el cielo contra toda impiedad e injusticia de los hombres que detienen con injusticia la verdad" (Ro. 1:18). Dios no es amigo de los pecadores no arrepentidos, sino su enemigo. Salmos 5:5 advierte que Dios aborrece "a todos los que hacen iniquidad", mientras Salmos 7:11 observa que "Dios está airado contra el impío todos los días".

Por otra parte, los pecadores no pueden librarse por sí mismos de su dilema, como el lenguaje pintoresco de Jeremías 13:23 indica: "¿Mudará el etíope su piel, y el leopardo sus manchas? Así también, ¿podréis vosotros hacer bien, estando habituados a hacer mal?". Los no regenerados están muertos en sus pecados (Ef. 2:1), son espiritualmente ciegos (Jn. 12:40), están engañados por Satanás (2 Co. 4:4) y "cautivos a voluntad de él" (2 Ti. 2:26). Se encuentran esclavizados por el pecado (Jn. 8:34; Ro. 6:6, 16-20), están separados de Dios y le son hostiles (Col. 1:21), y no pueden entender la verdad espiritual (1 Co. 2:14). En resumen, son totalmente incapaces de redimirse (Ro. 5:6).

Las diferentes palabras usadas en el Nuevo Testamento para describir al pecado representan un tenebroso panorama de su atrocidad. La expresión traducida **pecados** es la forma plural de *hamartia*, cuyo significado básico es "errar el tiro". Pecado es toda falla en alcanzar la norma de Dios, tal como lo definió el Señor en Mateo 5:48: "Sed, pues, vosotros perfectos, como vuestro Padre que está en los cielos es perfecto" (cp. Lv. 11:44-45). Solo Dios es bueno (Mr. 10:18).

Una segunda palabra del Nuevo Testamento para pecado es *parabasis*, que significa "dar un paso más allá", o "pasarse de la raya". El pecado cruza la línea entre el bien y el mal, excede los límites de la ley de Dios y atraviesa la barrera hacia el interior del territorio prohibido sea en pensamiento, palabra o acción.

Otro vocablo para pecado que aparece en el Nuevo Testamento es *anomia*, que se traduce "infracción" (cp. 1 Jn. 3:4). El pecado es el acto principal del pecador orgulloso y egoísta que al querer seguir su propio camino se rebela contra Dios y rompe su ley.

Paraptōma ("transgresión", "prevaricación") significa "dar un mal paso", "deslizarse", "tropezar" o "caer". La palabra asemeja el pecado con una falta de control propio necesario para ponerse de pie. Pecar es estar fuera de control, dejarse llevar por impulsos o pasiones. Resalta la impotencia del pecador y su incapacidad para guardar la ley de Dios.

Una quinta palabra, *opheilēma*, describe una obligación o una deuda. Se usa en Mateo 6:12 para referirse al pecado de los creyentes contra Dios, y la forma verbal en el versículo 4 de este pasaje habla de las transgresiones de otros contra ellos. Al hacer que las personas erren el tiro, crucen la línea, actúen fuera de la ley, pierdan el autocontrol, el pecado las pone en deuda con Dios. Esto lo decepciona de la justicia y la obediencia que se le debe.

Confesar los pecados es reconocerlo en todas sus facetas. Los orgullosos pecadores religiosos, al igual que los habitantes de Nazaret, el pueblo natal de Jesús (Lc. 4:28-30), rechazaron la realidad de que eran pecadores culpables que tenían con Dios una deuda impagable debido a que no eran buenos. Pero los más humildes de los hombres, totalmente conscientes de su pecado y su culpa, ansían arrepentirse y confesar su condición y su necesidad de perdón. En el Salmo 51, David derramó su alma en contrición, penitencia y confesión. Tras ser testigo de que Jesús realizara un asombroso milagro que reveló su deidad, Pedro exclamó: "Apártate de mí, Señor, porque soy hombre pecador" (Lc. 5:8). El arrepentido recaudador de impuestos en la parábola de Jesús "se golpeaba el pecho, diciendo: Dios, sé propicio a mí, pecador" (Lc. 18:13).

Debido a que los no regenerados son orgullosos y ciegos a la realidad tanto de su pecado como de la disponibilidad de perdón, es necesario que "cuando [el Espíritu Santo] venga, [convenza] al mundo de pecado, de justicia y de juicio" (Jn. 16:8). Él despierta a los pecadores a la realidad de su desesperada situación y al misericordioso ofrecimiento divino de perdón. Al reconocer su condición pecaminosa miserable hacen la confesión de sus pecados, aparte de la cual no hay salvación. La confesión se vuelve entonces una forma de vida; es más, el apóstol Juan define a los cristianos como aquellos que están confesando continuamente sus pecados (1 Jn. 1:9).

La única solución para el problema del pecado es la compasiva provisión divina de perdón. Esto no significa que Dios pase por alto o haga caso omiso de los pecados de los creyentes y que ya no esté enojado con ellos, sino más bien que los ama y les muestra compasión (Mi. 7:18-19), borrando el registro de los pecados que cometen (Is. 43:25; 44:22), olvidándose de esos pecados (He. 8:12; 10:17), y no teniéndolos en cuenta contra ellos (2 Co. 5:19). La Biblia describe el perdón que Dios hace de los pecados como si se lavara lana roja hasta que quede blanca como la nieve (Is. 1:18), se los echara a la espalda (Is. 38:17), los ocultara detrás de una gruesa nube (Is. 44:22), los alejara como "está lejos el oriente del occidente" (Sal. 103:12), los pisara bajo el pie y los enterrara en las profundidades del mar (Mi. 7:19).

El perdón previsto en esta petición es inicialmente el perdón legal otorgado por Dios en la salvación. Según se indicó antes, Dios no puede hacer simplemente caso omiso al pecado ni desentenderse de él. La pregunta crítica es entonces: ¿Cómo puede Él ser "el justo, y el que justifica" a los pecadores (Ro. 3:26), ya que su justicia y su santidad exigen total castigo para todo pecado?

La respuesta radica en la comprensión de la doctrina de expiación sustitutiva. Dios puso todos los pecados de los creyentes en el Señor Jesucristo y luego lo castigó a Él por ellos. En las sencillas pero profundas palabras de 2 Corintios

5:21, "al que no conoció pecado [Cristo], por nosotros [Dios] lo hizo pecado, para que nosotros fuésemos hechos justicia de Dios en él". Pedro escribe: "Llevó [Cristo] mismo nuestros pecados en su cuerpo sobre el madero, para que nosotros, estando muertos a los pecados, vivamos a la justicia" (1 P. 2:24). Isaías predijo que el Mesías moriría por los pecados del pueblo de Dios cuando escribió: "Todos nosotros nos descarriamos como ovejas, cada cual se apartó por su camino; mas Jehová cargó en él el pecado de todos nosotros" (Is. 53:6). En la noche antes de su muerte, Jesús dijo a los discípulos: "Esto es mi sangre del nuevo pacto, que por muchos es derramada para remisión de los pecados" (Mt. 26:28). Pablo escribió en Efesios 1:7: "En [Cristo] tenemos redención por su sangre, el perdón de pecados según las riquezas de su gracia". A los colosenses les escribió:

> *Y a vosotros, estando muertos en pecados y en la incircuncisión de vuestra carne, os dio vida juntamente con él, perdonándoos todos los pecados, anulando el acta de los decretos que había contra nosotros, que nos era contraria, quitándola de en medio y clavándola en la cruz (Col. 2:13-14).*

Dios "no escatimó ni a su propio Hijo, sino que lo entregó por todos nosotros" (Ro. 8:32). El escritor de Hebreos también recalcó que Cristo fue un sacrificio por los pecados del pueblo de Dios (cp. He. 10:10-18).

Al satisfacer la justicia divina por el pago total del castigo, la obra de Cristo en la cruz proveyó perdón total, irreversible y permanente para todo pecado de todos aquellos que ponen su fe en Él, que son todos por quienes Él murió. Este perdón judicial ha estado disponible desde la caída; en el Antiguo Testamento los pecados de los santos que creían que Dios se les había revelado eran perdonados en base al sacrificio futuro de Cristo. Tanto Pablo (Ro. 4:3) como Santiago (Stg. 2:23) escribieron que Abraham fue justificado y recibió perdón por su pecado a través de su confianza en la revelación de Dios. David escribió en cuanto a ese perdón: "Bienaventurado aquel cuya transgresión ha sido perdonada, y cubierto su pecado" (Sal. 32:1; cp. 103:3; 130:3-4; Jer. 33:8).

La pregunta surge de manera natural acerca de por qué el Señor ordena a quienes cuyos pecados ya han sido perdonados que le pidan perdón al Padre. La respuesta yace en captar un segundo aspecto del perdón: perdón relacional. Aunque los pecados de los creyentes (pasados, presentes y futuros) fueron perdonados en el momento de la salvación, ellos sin embargo siguen pecando. Tales pecados no cambian la declaración del "Juez de toda la tierra" (Gn. 18:25) de que los cristianos son justos y rectos porque sus pecados fueron pagados por medio de la muerte de Cristo. Pero estos sí afectan su relación con Dios, quien "muy limpio [es] de ojos para ver el mal", y que no puede "ver el agravio" (Hab. 1:13).

La oración de penitencia de David en el Salmo 51 ilustra este principio. Su terrible pecado con Betsabé no le hizo perder la salvación; es más, David se dirigió a Dios en el versículo 14 como "Dios de mi salvación". Sin embargo, sí interrumpió su comunión con Dios, lo que le hizo exclamar: "Vuélveme el gozo de tu salvación" (v. 12). David no pidió que su salvación fuera restaurada, sino más bien que su relación con Dios se restaurara para que su gozo regrese.

Juan 13 presenta otra muestra de perdón relacional. En un ejemplo de servicio humilde, Jesús comenzó a lavar los pies de los discípulos. Pero cuando llegó a Pedro, este objetó diciéndole: "Señor, ¿tú me lavas los pies?" (v. 6). Al apóstol no le pareció apropiado ni digno que el Señor del universo realizara una tarea reservada para los esclavos de menor categoría. Incluso después que Jesús le explicó que Pedro entendería más adelante el significado de esta acción, Pedro fue inflexible, y exclamó: "No me lavarás los pies jamás". Solo cuando Jesús le contestó: "Si no te lavare, no tendrás parte conmigo" (v. 8) Pedro consintió. Como de costumbre, él entonces exageró en la dirección contraria y con entusiasmo le manifestó a Jesús: "Señor, no sólo mis pies, sino también las manos y la cabeza" (v. 9). El Señor replicó: "El que está lavado, no necesita sino lavarse los pies, pues está todo limpio; y vosotros limpios estáis, aunque no todos" (v. 10). En la analogía de Cristo, los apóstoles (a excepción del traidor Judas Iscariote) habían sido totalmente limpiados de sus pecados por medio de la salvación, una experiencia que no necesitaba repetirse. Lo único que ellos necesitaban era que se les lavara los pies, simbolizando la confesión y limpieza diaria de aquellos pecados que perturban la comunión con Dios.

A diferencia de las demás peticiones en esta oración, esta tiene un requisito previo: **porque también nosotros perdonamos a todos los que nos deben.** Un cristiano que no perdona es un contrasentido. Aquellos que llegan ante Dios en busca de perdón relacional lo hallarán únicamente si perdonan a quienes los han agraviado. El Señor dio este requisito porque la amargura puede reinar con facilidad suprema en el corazón humano. Las personas guardan rencor (a veces durante toda la vida) y son propensas a tratar de vengarse. Las relaciones que se rompen lo hacen en última instancia porque una o ambas partes involucradas son reacias a perdonar. El mundo está lleno de individuos amargados y enojados. A la venganza se le considera una virtud, y quienes la buscan son héroes. El resultado es matrimonios destruidos, relaciones rotas, guerras de pandillas, crímenes y pleitos. Algunos psicólogos sostienen que es poco saludable perdonar, que es sano y normal arremeter contra quienes nos hieren y darles su merecido. Insisten en que eso hace sentir mejor a la persona enojada.

No obstante, el precio de no perdonar en realidad es demasiado elevado. En lugar de hacer que alguien se sienta mejor, no perdonar lo encarcela en su pasado y convierte en sus carceleros a aquellos a quienes no se quieren perdonar. Los que se niegan a perdonar continuamente mantienen una herida abierta que no permiten que sane. Al haber decidido retener el odio se convierten en prisioneros torturados de la ofensa y del ofensor. Tal conducta es insensata, sin ningún sentido común, y es autodestructiva. Consume la vida de quienes no perdonan, les roba su bienestar, y les priva de la felicidad y el gozo.

En cambio, el perdón es un acto virtuoso, noble, liberador y tierno. Pero la razón más profunda y convincente para perdonar a otros es que al hacerlo nos permite recibir el perdón relacional de Dios. La falta de perdón la presenta el Señor Jesucristo como el pecado que obstaculiza el perdón temporal (cp. Mt. 6:12, 14-15). Ambos usos de la palabra **perdón** en este pasaje se traducen de formas del verbo griego *aphiēmi*, que se puede traducir "despachar", "dejar atrás" o "rechazar". Quizás el sinónimo que refleja mejor su uso en este pasaje es "lanzar". Exactamente como Dios lanza de manera figurada los pecados de los creyentes a las profundidades del mar en la salvación (Mi. 7:19), así también los creyentes deben lanzar los pecados de otros y no conservarlos con ellos. Solo entonces el Señor perdonará los pecados que desestabilizan su relación con Él. (Analizo la importancia del perdón en mi libro *La libertad y el poder del perdón* [Grand Rapids: Portavoz, 1999]).

Aunque la razón más importante para perdonar a los demás es disfrutar de nuestra relación con Dios, hay al menos otros nueve motivos para hacerlo.

Primero, perdonar es lo más semejante a Dios que los creyentes pueden hacer; nada es más divino que perdonar. El ansioso perdón que le prodigó el padre a su hijo descarriado en la parábola del Señor ejemplifica la misericordiosa disposición de Dios de perdonar a los pecadores arrepentidos (Lc. 15:20-32; cp. Sal. 86:5; Is. 55:7; Dn. 9:9). Esa ilustración brinda un patrón que los creyentes deben imitar. Pablo escribió en Efesios 4:32: "Sed benignos unos con otros, misericordiosos, perdonándoos unos a otros, como Dios también os perdonó a vosotros en Cristo" (cp. Mt. 5:44-45; Col. 3:13).

En segundo lugar, no perdonar quebranta el sexto mandamiento: "No matarás" (Éx. 20:13). No es solamente el asesinato lo que se prohíbe, sino también la falta de perdón que nos convierte en asesinos en el corazón. En Mateo 5:21-22, Jesús enseñó que la prohibición en el Antiguo Testamento en cuanto al asesinato también incluía estar enojados con alguien (cp. 1 Jn. 3:15), lo que presupone una falta de perdón hacia tal persona.

En tercer lugar, el que ofende a un cristiano ofende aún más a Dios. David cometió adulterio con Betsabé, luego hizo asesinar a Urías el esposo de ella en un brutal intento por cubrir el pecado. Sin embargo, cuando abrió su corazón en confesión reconoció ante Dios: "Contra ti, contra ti solo he pecado, y he hecho lo malo delante de tus ojos" (Sal. 51:4). Si Dios, el más santo y el más ofendido, perdona una ofensa, ¿cuánto más debemos hacerlo quienes somos menos santos y hemos sido menos ofendidos?

Cuarto, es razonable que a quienes Dios les ha perdonado mayores pecados perdonen las ofensas menores que les han hecho. Tanto esto como los dos puntos siguientes se han tomado de la parábola que el Señor enseñó para mostrar la importancia del perdón (Mt. 18:23-35). La parábola fue motivada por la pregunta de Pedro: "Señor, ¿cuántas veces perdonaré a mi hermano que peque contra mí? ¿Hasta siete?" (v. 21). Los rabinos, basándose en varios versículos en el libro de Amós (1:3, 6, 9, 11), instruían que Dios perdonaba tres veces y que entonces juzgaba por la cuarta ofensa. Enseñaban que las personas deberían perdonar no más de las tres veces que suponían que Dios perdonaba. Como sabía que Jesús había llamado a sus seguidores a un estándar más alto (cp. Mt. 5:20), de manera magnánima Pedro estaba dispuesto a perdonar siete veces, más del doble de la prescripción rabínica. Asombrosamente, Jesús contestó: "No te digo hasta siete, sino aun hasta setenta veces siete" (v. 22), o 490 veces. En otra ocasión Jesús hizo una declaración parecida: "Mirad por vosotros mismos. Si tu hermano pecare contra ti, repréndele; y si se arrepintiere, perdónale. Y si siete veces al día pecare contra ti, y siete veces al día volviere a ti, diciendo: Me arrepiento; perdónale" (Lc. 17:3-4). O sea, el perdón debe ser ilimitado.

Entonces Jesús contó una historia relacionada con un esclavo de alto rango (tal vez un gobernador provincial encargado de recaudar impuestos). Este hombre era culpable de malversación de fondos, y debía al rey una deuda inmensa e impagable (v. 24; la palabra traducida "diez mil" era la expresión más grande para una cantidad en el lenguaje griego, y significa un monto incalculable). Puesto que el hombre no podía pagar el dinero que había malversado, el rey ordenó que lo vendieran como esclavo junto con su familia a fin de recuperar la mayor cantidad posible del dinero que se había estafado (v. 25).

Desesperado, "aquel siervo, postrado, le suplicaba, diciendo: Señor, ten paciencia conmigo, y yo te lo pagaré todo" (v. 26). Desde luego que el hombre no podía hacer eso; su deuda sobrepasaba su capacidad de pagarla alguna vez. De manera increíble, "el señor de aquel siervo, movido a misericordia, le soltó y le perdonó la deuda" (v. 27). He aquí una maravillosa descripción de la salvación por gracia, en que Dios perdona a pecadores que tienen con Él una deuda eternamente impagable a causa del pecado que han cometido.

Pero lo que aconteció a continuación fue incluso más impactante. Al salir de la presencia del rey "aquel siervo, halló a uno de sus consiervos, que le debía cien denarios; y asiendo de él, le ahogaba, diciendo: Págame lo que me debes" (v. 28). Esta era una deuda que se podría haber pagado, ya que solo representaba alrededor de tres meses de salario para un trabajador promedio. El deudor le hizo la misma súplica que él acababa de hacerle al rey (v. 29). Pero a diferencia del rey, quien compasivamente lo había perdonado, "él no quiso, sino [que] fue y le echó en la cárcel, hasta que pagase la deuda" (v. 30).

La respuesta de este sujeto fue absurda e incomprensible. ¿Cómo podía alguien a quien se le había perdonado una deuda abrumadora e incalculable negarse a perdonar a quien le debía una cantidad insignificante? Sin embargo, eso es lo que señala el Señor. Aquellos a quienes se les ha perdonado por completo la deuda impagable que debían a Dios no tienen el derecho de mostrar una actitud vengativa, amargada y no perdonadora hacia las ofensas triviales que otros cometen contra ellos. Los creyentes que manifiestan tal actitud aún no se han humillado por la magnitud de su propia salvación.

En quinto lugar, quien no perdona perderá la comunión de otros cristianos. El versículo 31 relata que "viendo sus consiervos lo que pasaba, se entristecieron mucho, y fueron y refirieron a su señor todo lo que había pasado". Después de presenciar que el hombre a quien se le había perdonado tanto se negaba a perdonar a su consiervo, los otros siervos informaron de tal conducta al rey. Esto describe la disciplina en la iglesia en que el pecador implacable, tras haberse alejado él mismo de la comunión con otros cristianos, es entregado a Dios para que sea disciplinado (cp. 1 Co. 5).

Sexto, no perdonar da como resultado el castigo divino. Luego de convocar al hombre implacable a su presencia, el rey lo reprendió con severidad:

> *Siervo malvado, toda aquella deuda te perdoné, porque me rogaste. ¿No debías tú también tener misericordia de tu consiervo, como yo tuve misericordia de ti? Entonces su señor, enojado, le entregó a los verdugos, hasta que pagase todo lo que le debía (vv. 32-34).*

Aunque los creyentes que pecan al no perdonar a otros no pierden su salvación, tampoco escapan a la disciplina que el Señor les dará. El uso de la fuerte expresión "verdugos" indica la dolorosa naturaleza de ese castigo. Esto puede implicar la pérdida del gozo, la paz, la seguridad de la salvación, y la utilidad en el servicio, y da lugar a conflictos, estrés, penurias, dificultades y problemas. El Señor Jesucristo ordenó a sus seguidores: "Sed, pues, misericordiosos, como también vuestro Padre es misericordioso" (Lc. 6:36; cp. Mt. 5:7), mientras Santiago advirtió que "juicio sin misericordia se hará con aquel que no hiciere misericordia" (Stg. 2:13; cp. Mt. 7:2).

Séptimo, no perdonar hace a un individuo no apto para adorar. Jesús declaró en el Sermón del Monte: "Si traes tu ofrenda al altar, y allí te acuerdas de que tu hermano tiene algo contra ti, deja allí tu ofrenda delante del altar, y anda, reconcíliate primero con tu hermano, y entonces ven y presenta tu ofrenda" (Mt. 5:23-24). Cuando un creyente está consciente de un conflicto con otra persona o de una falta de perdón hacia ella, es necesario resolver la situación antes de ir a adorar a Dios. La reconciliación precede a la adoración, la cual no es aceptable cuando se ha albergado pecado en el corazón (Sal. 66:18; Pr. 15:8).

En octavo lugar, no perdonar usurpa la autoridad de Dios. Es tomar de modo ostentoso de las manos del Señor la espada del juicio divino y esgrimirla por uno mismo, cosa que la Biblia prohíbe claramente. Pablo escribió: "No os venguéis vosotros mismos, amados míos, sino dejad lugar a la ira de Dios; porque escrito está: Mía es la venganza, yo pagaré, dice el Señor" (Ro. 12:19). Negarse a perdonar quita de Dios su derecho de tomar represalias contra el pecado y lo coloca en las manos de quienes no están capacitados para hacerlo. Solo Dios tiene el perfecto entendimiento de las ofensas cometidas contra los creyentes; solo Él tiene la autoridad final, es imparcial, perfectamente sabio y bueno, y siempre actúa en santidad pura.

En noveno y último lugar, las ofensas contra los creyentes son las pruebas que los perfeccionan. Santiago escribió: "Hermanos míos, tened por sumo gozo cuando os halléis en diversas pruebas, sabiendo que la prueba de vuestra fe produce paciencia. Mas tenga la paciencia su obra completa, para que seáis perfectos y cabales, sin que os falte cosa alguna" (Stg. 1:2-4). Pedro animó a los creyentes que estaban experimentando tribulación diciéndoles: "Después que hayáis padecido un poco de tiempo, [Dios] mismo os perfeccione, afirme, fortalezca y establezca" (1 P. 5:10; cp. 2:19-21). Pablo manifestó: "Por amor a Cristo me gozo en las debilidades, en afrentas, en necesidades, en persecuciones, en angustias; porque cuando soy débil, entonces soy fuerte" (2 Co. 12:10).

Ver las ofensas que otros nos han hecho como el medio que Dios usa para perfeccionarnos, coloca a esos agravios en una perspectiva diferente y nos permite seguir el ejemplo de Cristo, "el cual no hizo pecado, ni se halló engaño en su boca; quien cuando le maldecían, no respondía con maldición; cuando padecía, no amenazaba, sino encomendaba la causa al que juzga justamente" (1 P. 2:22-23). El hecho de que Cristo asimilara el sufrimiento injusto resultó en el más grande triunfo de la historia: su muerte expiatoria en la cruz (v. 24).

DIOS COMO PROTECTOR

Y no nos metas en tentación, (11:4*b*)

A primera vista esta petición parece desconcertante. Puesto que Dios no tienta a nadie (Stg. 1:13), parece innecesario pedirle que no haga lo que ya ha prometido que nunca va a hacer. Pero en verdad, esto muestra nuevamente las realidades paralelas de la soberanía divina y la responsabilidad humana. Dios hace su voluntad, no aparte de nosotros sino por medio de nuestra obediencia y nuestras oraciones. Existen entonces dos razones perfectamente valederas de por qué el Señor incluye esta petición.

En primer lugar, refleja el sentido humilde de debilidad en el creyente, sabiendo que el mundo perverso y caído es un ambiente inevitablemente hostil y peligroso. Hay peligros físicos de volcanes, terremotos, incendios, inundaciones, accidentes, enfermedad, terrorismo y crimen. En el ámbito intelectual los creyentes enfrentan leyes, regulaciones y juicios injustos, además de la influencia de una cultura cada vez más narcisista y egocéntrica dominada por el orgullo y la codicia. Del mundo espiritual llegan ataques a la fe de los creyentes en forma de relativismo posmoderno, humanismo, evolución, falsas religiones, y otras manifestaciones de sabiduría terrenal, natural y demoníaca (Stg. 3:15), a todas las cuales la Biblia denomina "doctrinas de demonios" (1 Ti. 4:1). Incluso la Iglesia está repleta de falsas enseñanzas, experiencias mundanas, componendas, falta de conocimiento de la verdad bíblica, y un decadente celo por Dios. Los más mortales de todos son los asaltos de Satanás, quien ciega a los hombres a la verdad (2 Co. 4:4), los tienta a pecar (1 Co. 7:5; Ef. 4:27; 6:11; 1 Ts. 3:5); y "anda alrededor buscando a quien devorar" (1 P. 5:8).

Con todos los peligros mortales que acechan a los creyentes, y la naturaleza caída que aún se encuentra en ellos, es natural que le clamen a Dios pidiendo protección tal como David hizo: "A ti, oh Jehová, Señor, miran mis ojos; en ti he confiado; no desampares mi alma" (Sal. 141:8; cp. 18:30; 46:1; 62:8; 91:2; 94:22; 2 S. 22:3; Pr. 18:10; 30:5). Jesús hizo esa misma petición por los suyos en su oración sacerdotal en que pidió al Padre "que los [guarde] del mal" (Jn. 17:15). En el Sermón del Monte, el Señor enseñó a los creyentes a hacer esa misma petición por liberación del mal (Mt. 6:13).

Sin embargo, hay un segundo sentido en que esta petición se puede entender. Se trata de una apelación para que Dios no permita que los sufrimientos y pruebas inevitables de la vida se conviertan en tentaciones que resultarían abrumadoras. *Peirasmos* (**tentación**) es una palabra neutra sin connotación moral intrínseca. Dios no tienta a nadie a hacer el mal, pero sí permite que a las vidas de los creyentes lleguen pruebas, como ocurrió con Job (Job 23:10), Abraham (He. 11:17-19), Pablo (2 Co. 12:7-10), y Jesús (He. 5:8), como parte del proceso de fortalecerlos y madurarlos (Dt. 13:3; 1 P. 1:6-7; 5:10). El modo en que los creyentes respondan a esas pruebas determina si estas resultan ser sufrimientos perfeccionadores que producen crecimiento espiritual, o si se convierten en debilitantes tentaciones que los abruman y los llevan a pecar.

La base de esta petición es la promesa de Dios expresada en 1 Corintios 10:13, de que Él no permitirá que una tentación sea más fuerte de lo que los creyentes puedan soportar. Las que Él permite son comunes a todos los individuos, y Dios proveerá una vía de escape que les impida ser arrastrados por el pecado. Las personas caen en pecado no porque sean dominadas por Satanás y los demonios, o porque sean atrapadas sin salida alguna. Santiago lo explicó de este modo: "Cada uno es tentado, cuando de su propia concupiscencia es atraído y seducido. Entonces la concupiscencia, después que ha concebido, da a luz el pecado; y el pecado, siendo consumado, da a luz la muerte" (Stg. 1:14-15).

En estas tres breves frases Jesús encerró de manera magistral todas las necesidades básicas de la vida:

Toda nuestra vida se encuentra allí en esas tres peticiones, y eso es lo que hace totalmente asombrosa a esta oración. En tan pequeño ámbito nuestro Señor ha cubierto toda la vida del creyente en todo aspecto. Nuestras necesidades físicas, nuestras necesidades mentales y, por supuesto, nuestras necesidades espirituales están incluidas. Se recuerda el cuerpo, se recuerda el alma, se recuerda el espíritu... No podemos dejar de sentirnos impresionados por la inclusión total de estas peticiones. Eso no quiere decir que nunca debamos entrar en detalles; debemos hacerlo, y se nos enseña a hacer eso. Se nos enseña a llevar nuestra vida con todo detalle ante Dios en oración; pero aquí solo se menciona las áreas generales. Nuestro Señor nos las indica y nosotros llenamos los detalles, pero es importante que estemos seguros de que todas nuestras peticiones pertenezcan a una u otra de las áreas (D. Martyn Lloyd-Jones, *Studies in the Sermon on the Mount* [Grand Rapids: Eerdmans, 1974], 2:67-68).

Modelo de Jesús para toda oración. Quinta parte: Promesa de Dios

71

Les dijo también: ¿Quién de vosotros que tenga un amigo, va a él a medianoche y le dice: Amigo, préstame tres panes, porque un amigo mío ha venido a mí de viaje, y no tengo qué ponerle delante; y aquél, respondiendo desde adentro, le dice: No me molestes; la puerta ya está cerrada, y mis niños están conmigo en cama; no puedo levantarme, y dártelos? Os digo, que aunque no se levante a dárselos por ser su amigo, sin embargo por su importunidad se levantará y le dará todo lo que necesite. Y yo os digo: Pedid, y se os dará; buscad, y hallaréis; llamad, y se os abrirá. Porque todo aquel que pide, recibe; y el que busca, halla; y al que llama, se le abrirá. ¿Qué padre de vosotros, si su hijo le pide pan, le dará una piedra? ¿O si pescado, en lugar de pescado, le dará una serpiente? ¿O si le pide un huevo, le dará un escorpión? Pues si vosotros, siendo malos, sabéis dar buenas dádivas a vuestros hijos, ¿cuánto más vuestro Padre celestial dará el Espíritu Santo a los que se lo pidan? (11:5-13)

A. W. Tozer empezó su obra clásica sobre los atributos de Dios con las siguientes observaciones perspicaces y agudas:

> Lo que entra a nuestras mentes cuando pensamos acerca de Dios es lo más importante respecto a nosotros.
>
> La historia de la humanidad probablemente mostrará que ninguna persona se ha levantado alguna vez por encima de su religión, y la historia espiritual del hombre demostrará de manera positiva que ninguna religión ha sido alguna vez más grande que su idea de Dios. Adorar es puro o ruin según el adorador contemple pensamientos altos o bajos respecto a Dios.
>
> Por esto el asunto más grave delante de la Iglesia siempre es Dios mismo, y el hecho más significativo acerca de cualquier hombre no es lo que en un momento dado pueda decir o no, sino la idea que tiene

> de Dios en lo profundo del corazón. Tendemos por una ley secreta del alma a avanzar hacia nuestra imagen mental de Dios...
>
> Según lo que podamos extraer de cualquier individuo como una respuesta completa a la pregunta: "¿Qué te llega a la mente cuando piensas en Dios?" podremos con certeza predecir el futuro de esa persona...
>
> Una concepción correcta de Dios es fundamental no solo para la teología sistemática sino también para la vida cristiana. Esta es a la adoración lo que el fundamento es al templo; donde es inadecuada o desequilibrada, toda la estructura podría colapsar tarde o temprano. Creo que prácticamente todos los errores doctrinales y todas las faltas en la aplicación de la ética cristiana tienen su origen en pensamientos imperfectos e innobles acerca de Dios (*The Knowledge of the Holy* [Nueva York: Harper & Row, 1961], pp. 9, 10).

No existe un modelo más claro y definitivo de la madurez espiritual de una persona que la idea que tenga acerca de Dios. El apóstol Juan describió a los individuos espiritualmente más maduros, como los "padres", quienes conocen "al que es desde el principio (1 Jn. 2:13, 14). Pablo escribió que su objetivo supremo era conocer al Señor Jesucristo (Fil. 3:10; cp. v. 8).

Ser espiritualmente maduros es entender que Dios es eterno, omnipotente, santo, inmutable, omnisciente, omnipresente, majestuoso y trascendente, que está por encima, más allá, y fuera de todas las contingencias del universo que creó. Es saber que Él es soberano, que lleva a cabo el plan perfecto que ordenó desde el principio. Humillado por la declaración de Dios en cuanto a su poder y soberanía, Job reconoció: "Yo conozco que todo lo puedes, y que no hay pensamiento que se esconda de ti" (Job 42:2), porque "el consejo de Jehová permanecerá para siempre; los pensamientos de su corazón por todas las generaciones" (Sal. 33:11). Salomón manifestó: "Muchos pensamientos hay en el corazón del hombre; mas el consejo de Jehová permanecerá" (Pr. 19:21). En Isaías 46:9-10, el Señor declaró: "Yo soy Dios, y no hay otro Dios, y nada hay semejante a mí, que anuncio lo por venir desde el principio, y desde la antigüedad lo que aún no era hecho; que digo: Mi consejo permanecerá, y haré todo lo que quiero" (cp. 14:24; 43:13). En Hechos 1:7, Jesús dijo a los discípulos que Dios tiene control absoluto y soberano sobre todos los acontecimientos de la historia, mientras que la iglesia primitiva afirmó que incluso el asesinato del Señor Jesucristo, el acto más horroroso de la historia, estuvo bajo el control soberano de Dios: "Porque verdaderamente se unieron en esta ciudad contra tu santo Hijo Jesús, a quien ungiste, Herodes y Poncio Pilato, con los gentiles y el pueblo de Israel, para hacer cuanto tu mano y tu consejo habían antes determinado que sucediera" (Hch. 4:27-28). En Efesios 1:11, Pablo afirmó que Dios "hace todas las cosas según el designio de su voluntad".

En vista del control soberano que Dios tiene de los acontecimientos, y de la inevitable manifestación externa de su propósito y su plan, la pregunta que surge es si las oraciones de los creyentes cambian algo. Y puesto que es omnisciente, Dios no necesita más información, y tampoco lo sorprenden las circunstancias. Acudir a Él en oración parece por consiguiente ser poco más que una expresión innecesaria. Sin embargo, tener una visión correcta de la naturaleza y los propósitos de Dios no elimina la oración; el Señor Jesucristo, Dios encarnado, oró al Padre (p. ej., Mt. 26:39-44; Lc. 10:21; Jn. 11:41-42; 17:1-26), ofreció modelos de oraciones con la finalidad de enseñar a los creyentes a orar (Mt. 6:9-13; Lc. 11:1-4), y les ordenó orar (Lc. 18:1). Las palabras de Dios dirigidas a Israel en Jeremías 29 también clarifican que los propósitos soberanos divinos no niegan la oración. En el versículo 11 manifestó: "Yo sé los pensamientos que tengo acerca de vosotros... pensamientos de paz, y no de mal, para daros el fin que esperáis". Sin embargo, en el versículo 12 agregó: "Me invocaréis, y vendréis y oraréis a mí, y yo os oiré".

El primer capítulo de Nehemías encuentra a Israel en el exilio (v. 1). Después de oír un informe de que Jerusalén estaba en ruinas (vv. 2-3), Nehemías expresó: "Me senté y lloré, e hice duelo por algunos días, y ayuné y oré delante del Dios de los cielos" (v. 4). Que Nehemías entendía y aceptaba el control soberano de Dios en los acontecimientos se hace evidente en el versículo 5, donde se refirió a Dios como "Dios de los cielos, fuerte, grande y temible, que guarda el pacto y la misericordia a los que le aman y guardan sus mandamientos". Pero entender esa verdad no impidió que Nehemías implorara a Dios con el fin de que prestara atención a la situación desesperada del pueblo: "Esté ahora atento tu oído y abiertos tus ojos para oír la oración de tu siervo, que hago ahora delante de ti día y noche, por los hijos de Israel tus siervos" (v. 6).

Los salmos registran muchas súplicas para que Dios oiga y responda la oración:

> *Oye, oh Jehová, una causa justa; está atento a mi clamor. Escucha mi oración hecha de labios sin engaño (17:1).*
>
> *Oye, oh Jehová, mi voz con que a ti clamo; ten misericordia de mí, y respóndeme (27:7).*
>
> *Escucha, oh Dios, mi oración, y no te escondas de mi súplica. Está atento, y respóndeme; clamo en mi oración, y me conmuevo (55:1-2).*
>
> *Oye, oh Dios, mi clamor; a mi oración atiende (61:1).*
>
> *Jehová, escucha mi oración, y llegue a ti mi clamor. No escondas de mí tu rostro en el día de mi angustia; inclina a mí tu oído; apresúrate a responderme el día que te invocare (102:1-2).*

> *Oh Jehová, oye mi oración, escucha mis ruegos; respóndeme por tu verdad, por tu justicia (143:1; cp. 4:1; 5:1-3; 39:12; 54:2; 69:13; 84:8; 86:1, 6; 88:2, 13; 142:1-2).*

Además, Salmos 65:2 se dirige a Dios de este modo: "Tú oyes la oración" (cp. 77:1; 145:19).

No obstante, si la oración no cambia el punto de vista ni los planes de Dios, ni le brinda información que le haga falta, ¿qué propósito tiene? La respuesta a esa pregunta está en entender que Dios no solo ordena los fines que se propone cumplir, sino también los medios para lograr esos fines. Por ejemplo, el Antiguo Testamento predijo que Jesús nacería en Belén (Mi. 5:2), pero Dios usó el decreto del pagano emperador romano Augusto César como un medio para cumplir su plan (Lc. 2:1-4). De igual modo, Dios usó a los judíos hostiles y a los romanos como medio para ejecutar su plan de que Cristo debía morir como el sacrificio por los pecados de su pueblo (Hch. 2:22-23). Debido a que es un medio ordenado por Dios para lograr sus propósitos, "la oración eficaz del justo puede mucho" (Stg. 5:16).

En este pasaje Jesús anima a los creyentes a orar con denuedo. El fragmento se puede dividir en cuatro secciones: la parábola, la promesa, el principio, y la premisa.

LA PARÁBOLA

Les dijo también: ¿Quién de vosotros que tenga un amigo, va a él a medianoche y le dice: Amigo, préstame tres panes, porque un amigo mío ha venido a mí de viaje, y no tengo qué ponerle delante; y aquél, respondiendo desde adentro, le dice: No me molestes; la puerta ya está cerrada, y mis niños están conmigo en cama; no puedo levantarme, y dártelos? Os digo, que aunque no se levante a dárselos por ser su amigo, sin embargo por su importunidad se levantará y le dará todo lo que necesite. (11:5-8)

Jesús ilustró la importancia de la confianza en la oración en una historia inolvidable por su claridad y su toque de humor. **Les dijo también** a quienes había dirigido su enseñanza sobre la oración (vv. 1-4), **¿quién de vosotros que tenga un amigo?** *Philos* (**amigo**) se refiere a alguien a quien se le tiene cariño, en este caso un vecino. En Israel, como en todo el mundo antiguo, las personas dependían de sus vecinos. No había tiendas de comestibles ni mini-mercados o restaurantes, y tampoco la mayoría de personas tenía grandes reservas de alimentos. Un hombre acudió a su vecino **a medianoche,** obviamente no se trataba de una hora normal para una visita. En esa época nadie estaba levantado a esa hora ya que no había televisión, radio o Internet. La mayoría de personas se acostaba poco después de anochecer, pues estaban despiertas y trabajaban en cuanto amanecía. Al llegar a la casa de su vecino lo llamó **amigo** (un saludo razonable teniendo en cuenta que había llegado sin ser convidado en un momento muy inoportuno), **préstame tres panes.** No se trataba de barras de pan en el sentido moderno, sino del típico pan plano.

Sin duda al amigo del hombre no le gustó que lo despertaran en medio de la noche por lo que al parecer no era una emergencia. Después de todo al primer individuo no le habían robado, su esposa no estaba dando a luz un bebé, y nadie estaba herido o enfermo. No obstante, en tal situación había algo más que la búsqueda de un refrigerio nocturno; había una emergencia, no física sino social. El hombre comenzó a explicar, **un amigo mío ha venido a mí de viaje.** Viajar en la noche era muy común en época de calor, y otro amigo acababa de llegar a la casa del sujeto. El viajero habría estado hambriento después de su viaje, y a tan altas horas el hombre **no** tenía **qué ponerle delante** para que comiera. Ya que la hospitalidad era un importante deber social en el mundo antiguo (Gn. 19:8), y particularmente en Israel (cp. Gn. 18:1-8), el hombre enfrentaba un difícil dilema. Se le presentó la alternativa de, o ser un mal anfitrión para su huésped al dejarlo pasar hambre, o ser un mal vecino para su amigo al tener que despertarlo en medio de la noche. Eligió la segunda opción.

La respuesta previsible **desde adentro** de la casa de su vecino fue: **No me molestes; la puerta ya está cerrada, y mis niños están conmigo en cama; no puedo levantarme, y dártelos.** A menudo las puertas se hacían de hierro y madera, y abrir una podía ser algo tan bullicioso como para despertar a toda la casa. Según se acostumbraba en las viviendas típicas de una habitación de esa época, los **niños** del hombre habrían estado **en cama** con él (era frecuente que las familias durmieran en una esterilla grande), por lo que el hecho de levantarse habría perturbado a toda la familia. Por consiguiente **le dice: no puedo levantarme, y dártelos.**

El Señor omitió cualquier otro diálogo, y pasó directo al propósito de la historia: **Os digo, que aunque no se levante a dárselos por ser su amigo, sin embargo por su importunidad se levantará y le dará todo lo que necesite.** A pesar del rechazo inicial, el primer hombre se negó de manera obstinada a renunciar. Al final su amigo comprendió que el persistente diálogo iba a despertar de todos modos a sus hijos (junto con todos los que estuvieran viviendo cerca). Por eso, **aunque no** quiera levantarse y darle los panes **por ser su amigo, sin embargo por su importunidad** finalmente **se levantará y le dará todo lo que necesite. Importunidad** (*anaideia*) significa "descaro", "insolencia", "audacia", "atrevimiento"; hoy día tal conducta podría caracterizarse en la lengua internacional judía por la expresión "cara dura". La descarada imprudencia del hombre triunfó donde la amistad fracasó, y la comida que necesitaba fue puesta delante de su invitado.

LA PROMESA

Y yo os digo: Pedid, y se os dará; buscad, y hallaréis; llamad, y se os abrirá. Porque todo aquel que pide, recibe; y el que busca, halla; y al que llama, se le abrirá. (11:9-10)

La parábola ilustra una increíble promesa. El uso del pronombre personal además de la forma en primera persona del verbo en la declaración del Señor, **yo os digo,** añade énfasis. Como Dios encarnado, el Señor Jesucristo habla con voz de autoridad divina absoluta. Con el uso de tres verbos imperativos en tiempo presente, Él ordena a los creyentes acometer de forma atrevida y agresiva contra las puertas del cielo. Los tres verbos, **pedid, buscad y llamad** indican actividad cada vez más intensa, y cada uno conlleva promesa: **Pedid, y se os dará; buscad, y hallaréis; llamad, y se os abrirá** la puerta. Jesús repitió entonces su asombrosa promesa para que no hubiera ninguna duda en sus palabras al decir: **Porque todo aquel que pide, recibe; y el que busca, halla; y al que llama, se le abrirá.**

Esta promesa no es un cheque en blanco que otorga a las personas cualquier cosa que deseen, puesto que ya la ha limitado la enseñanza del Señor en los versículos 2-4 de que Dios es el centro de toda verdadera oración. Santiago descubrió este mismo equilibrio entre confianza en la oración y codicia egoísta. En Santiago 4:2 reprendió a sus lectores por el hecho de no orar con valentía: "No tenéis lo que deseáis, porque no pedís". Pero a continuación siguió con la advertencia: "Pedís, y no recibís, porque pedís mal, para gastar en vuestros deleites" (v. 3). Quienes oran con un enfoque adecuado y centrado en Dios recibirán lo que anhelan, pero las peticiones egoístas de los codiciosos no les serán concedidas.

EL PRINCIPIO

¿Qué padre de vosotros, si su hijo le pide pan, le dará una piedra? ¿o si pescado, en lugar de pescado, le dará una serpiente? ¿O si le pide un huevo, le dará un escorpión? (11:11-12)

La parábola ilustra la promesa, y esa promesa a su vez se basa en un principio. Tal principio se expresa en un frecuente patrón judío de razonamiento que va de menor a mayor. Eleva el nivel del análisis de la amistad a la paternidad; si una persona responde a la persistente solicitud de un amigo, ¿cuánto más responderá un padre a su hijo?

Jesús presentó el principio haciendo a su audiencia dos preguntas hipotéticas. Les dijo: **¿Qué padre de vosotros, si su hijo le pide pan?** Desde luego, se puede esperar que los hijos les pidan a sus padres lo que necesitan. Entienden que la relación entre ellos y sus padres es de amor, cuidado, responsabilidad y afecto, lo que les provee la confianza de que recibirán lo que pidan. Por consiguiente, si a un padre **su hijo le pide pescado, ¿en lugar de pescado le dará una serpiente?** Ningún padre normal remediaría el hambre de su hijo dándole una serpiente mortal a cambio del pescado que le pidió. Tampoco **si le pide un huevo, le dará un escorpión,** otra criatura desagradable y peligrosa, o una incomible **piedra** en vez de pan (Mt. 7:9).

La respuesta obvia a las preguntas de Cristo es "no", por el principio de que los padres cuidan de sus hijos y les suplen sus necesidades. Al saber que su Padre celestial cuida de ellos y está comprometido a suplirles sus necesidades, los creyentes pueden pedirle con confianza todo lo que necesiten. A diferencia de los dioses falsos de las religiones paganas, Dios es amoroso, accesible y generoso.

LA PREMISA

Pues si vosotros, siendo malos, sabéis dar buenas dádivas a vuestros hijos, ¿cuánto más vuestro Padre celestial dará el Espíritu Santo a los que se lo pidan? (11:13)

Esta premisa, expresada en forma de comparación, es la base sobre la cual reposa todo el análisis. Las primeras palabras de Cristo, **pues si vosotros, siendo malos,** expresan la doctrina bíblica de depravación total o radical. Hasta los verdaderos seguidores del Señor, aquellos que lo aceptaron como Señor, Salvador y Mesías, aún eran **malos** (*ponēros*; "perversos", "malvados", "despreciables"; término también usado como título para Satanás [Mt. 13:19, 38; Jn. 17:15; Ef. 6:16; 2 Ts. 3:3; 1 Jn. 2:13, 14; 3:12; 5:18, 19]). Es significativo que el Señor no dijera que ellos hacen lo malo, sino más bien que son malos. Aunque están redimidos y perdonados, el pecado sigue siendo un poderoso principio que actúa en los creyentes (Ro. 7:14-25). Pero a pesar de ser malos, Jesús dijo que los padres humanos sabían **dar buenas dádivas a** sus **hijos.** Es natural incluso para los incrédulos amar a sus hijos, ser amables con ellos, y proveer para sus necesidades. La imagen de Dios en ese sentido en las personas, aunque deformada y marcada por la caída, no obstante sigue presente.

La frase opuesta **cuánto más** es la clave en la enseñanza del Señor. Con el razonamiento de menor a mayor, si los padres humanos que son pecadores, que aman de manera imperfecta, y que a menudo carecen de sabiduría para saber qué es lo mejor para sus hijos, suplen con cariño las necesidades de sus hijos, cuánto más Dios, quien es absolutamente santo, ama a la perfección (cp. Jn. 13:1), y tiene sabiduría infinita para dar lo que es mejor para sus propios hijos. El salmista lo dejó así por sentado: "No quitará el bien a los que andan en integridad" (Sal. 84:11; cp. 34:9-10; Mt. 6:33; Fil. 4:19).

Entonces Jesús concluyó este punto prometiendo que el **Padre celestial** de los creyentes **dará el Espíritu Santo a los que se lo pidan.** Esta es una declaración intrigante, que difiere de la enseñanza que el Señor hace de esta misma verdad en otra ocasión, según se relata en Mateo 7:11. Allí Jesús habló del Padre que da lo que es bueno; aquí amplió aquello y habló de que Dios da el Espíritu, quien es la fuente de toda bondad y bendición, para que viva dentro de cada creyente.

A quienes piden un regalo, Dios les otorga el dador. A quienes piden un efecto, Él les provee la causa. A quienes piden un producto, Él les concede la fuente. A quienes buscan consuelo, les entrega el Consolador (Hch. 9:31). A los que buscan poder les da la fuente del poder (Hch. 1:8). A aquellos que buscan ayuda les proporciona el ayudador (Jn. 14:26). A quienes andan tras la verdad les suministra el Espíritu de verdad (Jn. 16:13). A los que buscan "amor, gozo, paz, paciencia, benignidad, bondad, fe, mansedumbre, templanza" (Gá. 5:22-23) les facilita al productor de todo eso. El Espíritu Santo que mora en el creyente (Ro. 8:9, 11; 1 Co. 6:19; 2 Ti. 1:14) es la fuente de todo lo bueno en la vida del cristiano (Ef. 3:20).

Aunque el Nuevo Testamento traería revelación más completa con relación a la persona y al ministerio del Espíritu Santo, los judíos de la época de Jesús estaban familiarizados con la revelación del Antiguo Testamento respecto a Él. Ellos entendían que el Espíritu participó en la creación (Gn. 1:2; cp. Job 33:4). Además, sabían que el Espíritu Santo estaba asociado con la venida del Mesías (Is. 61:1-3; cp. Jl. 2:28-29, lo que se cumplió parcialmente el Día de Pentecostés [Hch. 2:16-21]). También entendían que el Mesías iba a enviar al Espíritu para regenerar (Tit. 3:5) y morar en quienes pusieran su fe en Él (Ez. 36:25-27; cp. Jn. 7:38-39; 14:16-17, 25-26; Tit. 3:5).

El Espíritu Santo es la causa de todo lo verdaderamente bueno en la vida de los cristianos. Convence a los pecadores incrédulos, permitiéndoles que sean conscientes de su pecado y que se arrepientan (Jn. 16:8). Ellos entran al reino de salvación de Dios naciendo del Espíritu (Jn. 3:5-8) en regeneración (Tit. 3:5) y confesando a Jesús como Señor por medio del Espíritu (1 Co. 12:3). Es a través del Espíritu Santo que reciben el conocimiento de Dios (1 Co. 2:11-12)… conocimiento que no comprenden los no regenerados (v. 14). El Espíritu libera a los creyentes de la ley del pecado y la muerte (Ro. 8:2; 2 Co. 3:17) y los sella para la vida eterna (Ef. 1:13; 4:30). Son bautizados con el Espíritu, colocándolos en la Iglesia, el Cuerpo de Cristo (1 Co. 12:13), siendo morada del Espíritu (Ro. 8:9, 11; 1 Co. 6:19; 2 Ti. 1:14), y siendo llenos (controlados y potenciados) del Espíritu (Ef. 5:18). El Espíritu Santo fortalece a los creyentes para la evangelización (Hch. 1:8), intercede por ellos (Ro. 8:26), los santifica (1 Co. 6:11), los hace cada vez más semejantes a Cristo (2 Co. 3:18), derrama el amor de Dios en sus corazones (Ro. 5:5), y les brinda esperanza (Ro. 15:13).

La oración valiente y confiada da como resultado comunión con Dios y todas las abundantes bendiciones de la bondad divina, a medida que los creyentes experimentan la realidad de que Él "es poderoso para hacer todas las cosas mucho más abundantemente de lo que pedimos o entendemos, según el poder que actúa en nosotros" (Ef. 3:20).

La humillación de Jesús 72

Estaba Jesús echando fuera un demonio, que era mudo; y aconteció que salido el demonio, el mudo habló; y la gente se maravilló. Pero algunos de ellos decían: Por Beelzebú, príncipe de los demonios, echa fuera los demonios. Otros, para tentarle, le pedían señal del cielo. Mas él, conociendo los pensamientos de ellos, les dijo: Todo reino dividido contra sí mismo, es asolado; y una casa dividida contra sí misma, cae. Y si también Satanás está dividido contra sí mismo, ¿cómo permanecerá su reino? ya que decís que por Beelzebú echo yo fuera los demonios. Pues si yo echo fuera los demonios por Beelzebú, ¿vuestros hijos por quién los echan? Por tanto, ellos serán vuestros jueces. Mas si por el dedo de Dios echo yo fuera los demonios, ciertamente el reino de Dios ha llegado a vosotros. Cuando el hombre fuerte armado guarda su palacio, en paz está lo que posee. Pero cuando viene otro más fuerte que él y le vence, le quita todas sus armas en que confiaba, y reparte el botín. El que no es conmigo, contra mí es; y el que conmigo no recoge, desparrama. (11:14-23)

La mayoría de personas hoy día ven la verdad no como blanco y negro, sino más bien como un conjunto de miles de tonos grises. Las innumerables filosofías, teorías, ideas y religiones en el mundo moderno se ven como rivales con igual validez, y ninguna es absoluta y exclusivamente verdadera. La verdad popular final es que no existe verdad absoluta. Lo que es verdad para uno no necesariamente es cierto para otros. La tolerancia y la diversidad dominan en una sociedad en que el orgullo reina como soberano.

Nada podría estar más alejado de la realidad. Es más, toda la especie humana podría estar acertadamente dividida en dos categorías absolutas, las que el Señor Jesucristo enumeró en el versículo 23 cuando declaró: "El que no es conmigo, contra mí es; y el que conmigo no recoge, desparrama" (cp. 9:50). Solo hay dos grupos de seres humanos: los que están con Cristo y los que están contra Él. Aquellos que son de Dios, y aquellos que son de Satanás. Quienes están en el reino de la luz, y quienes están en el reino de las tinieblas. Los que son justos y los que son injustos. Los "santos" y los "no santos". Todo el mundo vive y muere en uno de esos dos grupos, lo cual tiene consecuencias eternas diferentes y opuestas.

Nadie es neutral en la guerra entre Dios y Satanás, entre el cielo y el infierno, entre el bien y el mal, y entre la verdad y el error. Aquellos que no creen en Jesús, que no le reciben, que no le siguen de todo corazón, ni buscan hacer avanzar el reino, están tanto en asociación con el diablo como aquellos que adoran abiertamente a Satanás. No es necesario oponerse abiertamente a Cristo atacando su deidad, mensaje, carácter, evangelio o iglesia para estar contra Él; basta con no tomar una decisión respecto a Él. Hacer caso omiso a Jesús, o defender lo que C. S. Lewis describió en su libro *Mero cristianismo* como "tonterías" acerca de que Cristo es simplemente un gran maestro moral, pero no Dios encarnado, es una decisión contra su persona, obra, mensaje y reino. No hay una tercera opción. O Jesús era un blasfemo, o lo son quienes lo rechazan.

En su narración de la vida y el ministerio de Cristo, Lucas ha presentado evidencia convincente e irrefutable de que Jesús es el Mesías e Hijo de Dios, describiendo su poder sobre el reino de las tinieblas, la enfermedad, el pecado y la muerte, y registrando su predicación del reino de Dios. En los últimos meses antes de la cruz, Jesús, los doce, los setenta, y otros de sus fieles discípulos, estaban proclamando el reino de Dios en toda Judea. Las palabras del Señor en el versículo 23 marcan un momento definitivo en su ministerio en Judea. Los hechos acerca de Él estaban claros; la evidencia estaba expuesta y exigía una decisión.

Sin embargo, en ese entonces tal decisión se había tomado en gran parte, y para los dirigentes y la nación rechazar a Jesús fue una decisión. A medida que se intensificaba la oposición, Jesús se volvía más antagónico, dirigiendo fuertes palabras de juicio y advertencia sobre aquellos que lo habían rechazado (p. ej., 11:29, 42-52; 12:1, 13-15, 49, 58-59; 13:5-9, 15, 24-25, 34-35). La trágica realidad era que muchas personas habían creído la conclusión de los dirigentes de que Jesús era del infierno y no del cielo, y que había sido enviado por Satanás, no por Dios. El incidente registrado en este pasaje no fue más que uno de los muchos ejemplos de esa mentira blasfema que ganaba popularidad. Lucas relata la acusación de la multitud, y la respuesta del Señor.

LA ACUSACIÓN

Estaba Jesús echando fuera un demonio, que era mudo; y aconteció que salido el demonio, el mudo habló; y la gente se maravilló. Pero algunos de ellos decían: Por Beelzebú, príncipe de los demonios, echa fuera los demonios. Otros, para tentarle, le pedían señal del cielo. (11:14-16)

Aunque podría parecer que este incidente es el mismo que relatan Mateo 12:22-30 y Marcos 3:20-30, ese ocurrió en Galilea cerca de un año antes. Es mejor ver el relato de Lucas como un acontecimiento que se realizó durante el ministerio del Señor en Judea (el cual Lucas empieza en 9:51). Además, Mateo observa que el endemoniado también era ciego (12:22), detalle que el médico Lucas (Col. 4:14), con su atención en pormenores médicos, probablemente no habría omitido. La similitud de los dos relatos refleja la amplia propagación de la afirmación blasfema de los dirigentes judíos de que Jesús realizaba milagros por medio del poder de Satanás (cp. Mt. 12:24; Mr. 3:22; Jn. 7:20; 8:48; 10:20).

Lo que desencadenó el enfrentamiento entre Jesús y sus adversarios en la multitud fue que Él **estaba echando fuera un demonio.** Esto fue algo frecuente durante el ministerio terrenal del Señor (cp. Lc. 4:33-35, 41; 8:27-37; 9:37-42; 13:32), así como en los ministerios de los doce apóstoles (9:1) y de los setenta evangelistas (10:17). Este demonio particular había enmudecido a su víctima, y tal vez lo había ensordecido también (cp. Mr. 9:25). **Y aconteció que salido el demonio** ante la orden de Jesús, **el mudo habló; y la gente,** como ocurría con mucha frecuencia (cp. Mt. 9:33; 12:22-23; Mr. 1:27; 5:20), **se maravilló.**

Pero algunos de ellos, propagandistas que difundían las mentiras de los dirigentes judíos en Jerusalén, se apresuraron a ofrecer su falsa y calumniosa explicación acerca del poder milagroso del Señor. Comenzaron a murmurar: **Por Beelzebú, príncipe de los demonios, echa fuera los demonios.** La misma mentira que habían estado difundiendo en Galilea se oía también ahora en Judea. Ya que era imposible hasta para sus enemigos negar que los milagros de Cristo ocurrían (cp. Jn. 11:47), en vez de eso trataron de atacar la fuente asignándole poder demoníaco. No contentos con afirmar que Jesús recibía su poder de algún demonio común y corriente (cp. Jn. 7:20; 8:48, 52; 10:20), lo acusaron de estar fortalecido **por Beelzebú,** un nombre judío para el **príncipe de los demonios,** Satanás. Ese nombre, que significa "señor de las moscas", es una alteración desdeñosa de Baal-zebub ("príncipe Baal", o "señor exaltado"), el dios principal de la ciudad filistea de Ecrón (2 R. 1:2-3, 6, 16). Ese fue el peor nombre que se les ocurrió con el cual asociar a Jesús.

El uso que hicieron de tan despectivo nombre expresaba su blasfemia en la manera más vil posible. Llamaron al mayor y más alto como el más bajo y más perverso; llamaron pura maldad a quien era pura bondad; llamaron diablo a Dios; perversidad al perfecto santo; mentira a la verdad encarnada; y marcaron así al Hijo de Dios como siervo de Satanás. Tal acusación era ridícula, pero también de mal agüero, ya que en el incidente anterior relatado por Mateo, Jesús advirtió solemnemente que quienes hacían esto eran culpables de blasfemar contra el Espíritu Santo (Mt. 12:31-32). Puesto que quienes cometieron esa vileza rechazaron la plena revelación de Dios acerca de Jesucristo, ese pecado era imperdonable y los dejaba irredimibles (cp. He. 6:4-6).

A pesar de la atrocidad del pecado implicado, hay un sentido de patetismo en esta escena. Durante siglos el pueblo judío había esperado con ansias la promesa del pacto de Dios que se cumpliría en la venida del Mesías. Las mujeres judías esperaban ser la madre del Mesías; los padres judíos añoraban que sus hijos experimentaran el reino del Mesías. Para esta época el Señor Jesucristo había proporcionado una plena revelación de sí mismo, sin dejar lugar a dudas de que Él era el tan esperado Mesías de Israel. Pero después de haber tenido toda la evidencia, el pueblo siguió la conclusión de sus dirigentes de que Jesús era un falso mesías venido del infierno. Pronto pedirían a gritos la sangre de Cristo ante un gobernador romano en la manifestación máxima de odio y rechazo (Jn. 19:1-16).

Atrapados en medio de burlas y desprecio, **otros, para tentarle, le pedían señal del cielo.** Estos no buscaban sinceramente la verdad, recopilando información por la cual tomar una decisión, sino que eran rechazadores blasfemos. Se burlaban de Jesús, exigiendo con mofa que Él falsificara la absurda acusación que le hacían de que estaba aliado con el diablo realizando un milagro espectacular. Debido a que las poderosas obras que Jesús ya había ejecutado constituían una prueba concluyente de que Él era el Mesías e Hijo de Dios (Jn. 10:25), Jesús rechazó tal petición. Así, les manifestó en Lucas 11:29: "Esta generación es mala; demanda señal, pero señal no le será dada, sino la señal de Jonás".

LA RESPUESTA

Mas él, conociendo los pensamientos de ellos, les dijo: Todo reino dividido contra sí mismo, es asolado; y una casa dividida contra sí misma, cae. Y si también Satanás está dividido contra sí mismo, ¿cómo permanecerá su reino? ya que decís que por Beelzebú echo yo fuera los demonios. Pues si yo echo fuera los demonios por Beelzebú, ¿vuestros hijos por quién los echan? Por tanto, ellos serán vuestros jueces. Mas si por el dedo de Dios echo yo fuera los demonios, ciertamente el reino de Dios ha llegado a vosotros. Cuando el hombre fuerte armado guarda su palacio, en paz está lo que posee. Pero cuando viene otro más fuerte que él y le vence, le quita todas sus armas en que confiaba, y reparte el botín. El que no es conmigo, contra mí es; y el que conmigo no recoge, desparrama. (11:17-23)

El Señor respondió de manera compasiva y tranquila al ataque que sus adversarios le hacían, indicando que la conclusión a la que habían llegado carecía de lógica, integridad y espiritualidad.

LA BLASFEMIA CONTRA JESUCRISTO CARECÍA DE LÓGICA

Mas él, conociendo los pensamientos de ellos, les dijo: Todo reino dividido contra sí mismo, es asolado; y una casa dividida contra sí misma, cae. Y si también Satanás está dividido contra sí mismo, ¿cómo permanecerá su reino? ya que decís que por Beelzebú echo yo fuera los demonios. (11:17-18)

Los susurros de los blasfemos pudieron haberse ocultado de los oídos del Señor, pero no de su omnisciencia, ya que Él conocía **los pensamientos de ellos** (cp. Lc. 5:22; 6:8; 7:39-47; Jn. 2:25). El curso de la acción, los propósitos, y las intenciones de los pensamientos que tenían eran transparentes para Jesús, y Él sabía que tales pensamientos eran pecaminosos, blasfemos y condenatorios. En este momento tuvo todo el derecho de abandonar a estas personas a su incredulidad con la inevitable condenación eterna. Sin embargo se volvió para acercarse a ellos en misericordia, poniendo al descubierto la irracionalidad de la falsa conclusión condenatoria a la que habían llegado.

El propósito del Señor, el cual desarrolló usando dos ilustraciones, fue sencillo y obvio. Es una verdad axiomática que **todo reino dividido contra sí mismo, es asolado.** Nadie alegaría la realidad de que un reino implicado en una guerra civil se autodestruiría. El hecho de que **una casa dividida contra sí misma, cae** es igualmente indiscutible. A la luz de tan evidentes realidades, la pregunta de Cristo, **si también Satanás está dividido contra sí mismo, ¿cómo permanecerá su reino?** desenmascara lo absurdo de la acusación que le hicieran.

A menudo aparecen incongruencias en las estrategias del reino de las tinieblas. Ya que el diablo es intrínsecamente incoherente, los demonios actúan de forma independiente, y Satanás no es omnisciente, omnipresente ni omnipotente. El diablo también pudo haber permitido que sus siervos fingieran expulsar demonios como parte de la cobertura que tenían como ángeles de luz (cp. 2 Co. 11:14-15). Sin embargo, el objetivo de Satanás es destruir al reino de Dios, no a los suyos propios, y su reino está unido en esa intención maligna. Por tanto, es ridículo sostener que el diablo daría poderes a Jesús para echar fuera demonios en una escala sin precedentes y de este modo destruir su propio reino. Y eso es precisamente lo que los adversarios del Señor estaban haciendo al afirmar **que por Beelzebú** Jesús echaba **fuera los demonios.** Puesto que tal opción es ilógica e inaceptable, la única alternativa es que Jesús echa fuera demonios por el poder de Dios.

LA BLASFEMIA CONTRA JESUCRISTO CARECE DE INTEGRIDAD

Pues si yo echo fuera los demonios por Beelzebú, ¿vuestros hijos por quién los echan? Por tanto, ellos serán vuestros jueces. (11:19)

En aras del razonamiento, Jesús les reconoció el argumento. Suponiendo que Él era lo que ellos afirmaban, que usaba el poder de **Beelzebú** (Satanás) para echar **fuera los demonios,** el Señor les preguntó entonces: **¿vuestros hijos** (es decir, rabinos, escribas, fariseos y sus asociados) **por quién los echan?** Los judíos suponían de modo poco racional que sus inútiles exorcistas estaban haciendo la obra de Dios. Hechos 19 relata un típico intento fallido realizado por algunos supuestos exorcistas judíos por expulsar un demonio en la ciudad de Éfeso. Impresionados por el poder milagroso mostrado por el apóstol Pablo (vv. 11-12), ellos decidieron añadir el nombre de Jesús al repertorio que tenían. Pero las consecuencias fueron desastrosas:

> *Pero algunos de los judíos, exorcistas ambulantes, intentaron invocar el nombre del Señor Jesús sobre los que tenían espíritus malos, diciendo: Os conjuro por Jesús, el que predica Pablo. Había siete hijos de un tal Esceva, judío, jefe de los sacerdotes, que hacían esto. Pero respondiendo el espíritu malo, dijo: A Jesús conozco, y sé quién es Pablo; pero vosotros, ¿quiénes sois? Y el hombre en quien estaba el espíritu malo, saltando sobre ellos y dominándolos, pudo más que ellos, de tal manera que huyeron de aquella casa desnudos y heridos (vv. 13-16).*

La pregunta del Señor desenmascaró la incoherencia, hipocresía y falta de integridad de los judíos. Si echar fuera demonios demostraba que alguien era aliado de Satanás, ¿por qué entonces no sospechaban de sus propios exorcistas? ¿Cómo podían no aplicar las mismas normas a los fracasos de los exorcistas como lo hicieron a los éxitos de Jesús? Al insistir en que los ineficaces intentos de sus propios exorcistas por expulsar demonios eran de Dios, mientras rechazaban los uniformemente eficaces exorcismos de Jesús como que eran de Satanás, en realidad estaban haciendo a Satanás más poderoso que Dios.

LA BLASFEMIA CONTRA JESUCRISTO CARECE DE ESPIRITUALIDAD

Mas si por el dedo de Dios echo yo fuera los demonios, ciertamente el reino de Dios ha llegado a vosotros. Cuando el hombre fuerte armado guarda su palacio, en paz está lo que posee. Pero cuando viene otro más fuerte que él y le vence, le quita todas sus armas en que confiaba, y reparte el botín. El que no es conmigo, contra mí es; y el que conmigo no recoge, desparrama. (11:20-23)

La irracionalidad y la falta de integridad de los oponentes de Jesús invalidaron la falsa conclusión a la que habían llegado con relación a Él, y mostraron que Jesús echaba fuera demonios por el poder de Dios, no de Satanás. Entonces el Señor sacó a relucir la conclusión inevitable de esa realidad. **Si por el dedo de Dios echo yo fuera los demonios** les declaró, **ciertamente el reino de Dios ha llegado a vosotros.** Ellos estaban frente a frente con **el reino de Dios** porque se hallaban en la mismísima presencia del Rey. Pero en lugar de aceptar y adorar a Jesús, cometieron el tipo más grave posible de blasfemia al llamarlo agente de Satanás. Al hacer eso revelaron estar espiritualmente muertos. Estos sujetos se consideraban la élite religiosa iluminada. Pero estaban perdidos y eran pecadores, santurrones y duros de corazón hasta tal punto que fallaron en discernir que **el reino de Dios** había **llegado** hasta donde ellos estaban. En realidad estos individuos, no Jesús, eran los agentes de Satanás (Jn. 8:44; 2 Co. 4:4).

El uso que Jesús hace de la frase **el dedo de Dios** para describir el poder divino por el cual expulsaba demonios le dio a todo el drama un enfoque histórico. En una dramática escena anterior a la salida de Israel de Egipto, Dios por medio de Moisés enfrentó a los falsos magos de Faraón. Con el uso de engaños pudieron replicar varios de los milagros. Pero cuando Moisés golpeó el polvo con su vara y produjo enjambres de mosquitos, ellos no pudieron duplicarlo y se vieron obligados a reconocer: "Dedo de Dios es éste" (Éx. 8:19; cp. 31:18; Dt. 9:10; Dn. 5:5). Sin embargo, aunque esos magos paganos reconocieron el poder de Dios cuando lo experimentaron, los ultrarreligiosos dirigentes judíos rechazaron el poder de Dios exhibido por el Señor Jesucristo. Nada podía demostrar más claramente que estaban muertos espiritualmente.

Entonces el Señor ofreció una sencilla analogía para reforzar la verdad de que Él tenía el poder de Dios, no de Satanás. En esta analogía se describe a Satanás como un **hombre fuerte** que totalmente **armado guarda su palacio** y mantiene **en paz lo que posee** (las almas en su reino). Pero Jesús, quien es **más fuerte que él,** lo ataca **y le vence, le quita todas sus armas en que confiaba, y reparte el botín.** Satanás y sus huestes demoniacas son impotentes para impedir que el Señor Jesucristo rescate almas del reino de las tinieblas. Jesús claramente había demostrado ese poder al curar enfermedades y condiciones que eran consecuencia de que Satanás hubiera llevado a la humanidad hacia el pecado, al vencer a la muerte y despojar por tanto "al que tenía el imperio de la muerte, esto es, al diablo" (He. 2:14), al echar fuera demonios y perdonar el pecado (algo para lo cual Satanás ni tiene el poder ni posee la inclinación de hacer); y por consiguiente al transferir pecadores perdidos del reino de Satanás al de Dios (Col. 1:13-14). Nadie más que Dios podía de modo tan completo "deshacer las obras del diablo" (1 Jn. 3:8).

Entonces Jesús concluyó con una poderosa y definitiva apelación y advertencia: **El que no es conmigo, contra mí es; y el que conmigo no recoge, desparrama.** Según se indicó antes en este capítulo, todo individuo en el mundo cae en una de esas dos categorías: o es de Cristo o está contra Él. Nadie es neutral; nadie es un espectador desinteresado. A la luz de la irracionalidad y la hipocresía que sus adversarios exhibían, Jesús los retó a que replantearan su conclusión con respecto a Él.

Ese mismo reto enfrenta toda persona. El relato completo de la evidencia en los evangelios inspirados en cuanto a que Jesús es el Hijo de Dios y el Mesías es más concluyente incluso que la experiencia de quienes estuvieron allí durante la vida de Cristo. Él es o Dios encarnado o el más grande blasfemo que alguna vez ha vivido, y habla por parte de Dios o de Satanás. Rechazar la irrefutable evidencia con relación a Él, no seguirlo y a cambio ir tras algún falso maestro, gurú, místico o falso profeta satánico, es ponerse de lado de quienes blasfeman abiertamente contra Él y ser, por tanto, dignos de condenación eterna en el infierno.

Pero hay esperanza para quienes están con Él y no contra Él; quienes aceptan a Jesús como Señor y Salvador. Él ofrece salvación como un regalo gratuito a aquellos que cultivan sus corazones para recibirlo a través de un temor adecuado de juicio e infierno, humildad, quebrantamiento y contrición, y arrepentimiento. A tales personas el Señor dirige la maravillosa promesa: "Venid a mí todos los que estáis trabajados y cargados, y yo os haré descansar. Llevad mi yugo sobre vosotros, y aprended de mí, que soy manso y humilde de corazón; y hallaréis descanso para vuestras almas" (Mt. 11:28-30).

Peligro de la reforma moral 73

Cuando el espíritu inmundo sale del hombre, anda por lugares secos, buscando reposo; y no hallándolo, dice: Volveré a mi casa de donde salí. Y cuando llega, la halla barrida y adornada. Entonces va, y toma otros siete espíritus peores que él; y entrados, moran allí; y el postrer estado de aquel hombre viene a ser peor que el primero. Mientras él decía estas cosas, una mujer de entre la multitud levantó la voz y le dijo: Bienaventurado el vientre que te trajo, y los senos que mamaste. Y él dijo: Antes bienaventurados los que oyen la palabra de Dios, y la guardan. (11:24-28)

En las últimas décadas ha habido un malestar creciente entre los cristianos en cuanto a la desenfrenada corrupción moral en la sociedad. Preocupación por la influencia de esta tolerancia y defensa del pecado en generaciones actuales y posteriores ha llevado a esfuerzos por parte de la Iglesia para efectuar un cambio moral por medio de activismo político, exposición a los medios de comunicación, y grupos de presión social. Muchos evangélicos ven la promoción de valores judeocristianos, la enseñanza de moral a escolares y el politiqueo de la nación de vuelta a la vida moral como una prioridad para los creyentes. Puesto que tal moralidad social también se encuentra en la agenda del protestantismo apóstata, el catolicismo romano, el judaísmo, el islamismo, y hasta en algunos ateos, la Iglesia ha quedado atrapada en alianzas comprometedoras e impías que socavan la claridad del evangelio.

Los verdaderos cristianos denuncian acertadamente el abandono del evangelio salvador a favor del evangelio social por parte de las principales denominaciones liberales en el siglo anterior. No obstante, el énfasis entre actuales creyentes profesantes en restaurar la moral pública equivale a nada más que una forma de neoliberalismo. Una vez más el evangelio salvador del Señor Jesucristo se está poniendo a un lado en beneficio de un mensaje distinto y no salvador. Albert Mohler define al moralismo como "la creencia en que el evangelio se puede reducir a mejoras en el comportamiento" ("Por qué el moralismo no es el evangelio, y por qué tantos cristianos creen que sí lo es" [http://www.albertmohler.com/2009/09/03/why-moralism-is-not-the-gospel-and-why-so-many-christians-think-it-is/; consultado el 26 abril 2011]). Este es un evangelio falso y por tanto está bajo la condenación de Dios (Gá. 1:8-9). El doctor Mohler continúa señalando:

> El moralismo... promete el favor de Dios y la satisfacción de la justicia divina para los pecadores si tan solo se comportan y se comprometen al mejoramiento moral... pecamos contra Cristo y malinterpretamos el evangelio cuando sugerimos a los pecadores que lo que Dios les ordena es mejoramiento moral conforme a la ley (ibíd.).

Luego concluye señalando el agudo contraste entre el evangelio salvador y el moralismo. "El moralismo produce pecadores que (potencialmente) se comportan mejor. El evangelio de Cristo transforma a pecadores en hijos e hijas adoptados por Dios" (ibíd.).

Para la Iglesia de Jesucristo promover moralismo es ocultar su verdadero llamado. Según escribo en mi libro *Why Government Can't Save You*,

> Dios simplemente no nos está llamando a una guerra cultural que buscaría transformar a nuestros países en "naciones cristianas". Dedicar todo, o incluso la mayor parte de nuestro tiempo, nuestra energía, nuestro dinero, y nuestras estrategias a poner una fachada de moral en el mundo o la apariencia de "justicia" sobre nuestras instituciones gubernamentales y políticas es malentender nuestros papeles como cristianos en un mundo espiritualmente perdido (Nashville: Word Publishing, 2000, p. 13).

El mandato a la Iglesia es claro. Se le ha confiado el mensaje salvador de reconciliación, y se le ha ordenado predicar la verdad de que los pecadores pueden ser restaurados a la unión con Dios por medio de Cristo:

> *Y todo esto proviene de Dios, quien nos reconcilió consigo mismo por Cristo, y nos dio el ministerio de la reconciliación; que Dios estaba en Cristo reconciliando consigo al mundo, no tomándoles en cuenta a los hombres sus pecados, y nos encargó a nosotros la palabra de la reconciliación. Así que, somos embajadores en nombre de Cristo, como si Dios rogase por medio de nosotros; os rogamos en nombre de Cristo: Reconciliaos con Dios (2 Co. 5:18-20).*

El moralismo nunca fue el mensaje del Señor Jesucristo, de los profetas del Antiguo Testamento, o de los apóstoles del Nuevo Testamento. Al contrario, Jesús reservó sus más mordaces denuncias para los escribas y fariseos externamente morales, caracterizándolos como hipócritas, destinados al castigo eterno en el infierno (Mt. 23; Lc. 11:37-54). Pronunció juicio y condenación sobre la sociedad más externamente moral en el mundo (Mt. 23:33; Lc. 20:45—21:6). Jesús declaró además que había venido para llamar a pecadores, no a justos, al arrepentimiento (Lc. 5:32). Los profetas compararon la justicia producida por el moralismo con un "trapo de inmundicia" (Is. 64:6) y retaron al pueblo a cambiar su conducta externa para recibir transformación interior (Jl. 2:12-13) y arrepentirse de sus pecados (Jer. 36:3; Ez. 18:30-32). El apóstol Pablo advirtió que "por las obras de la ley ningún ser humano será justificado delante de él" (Ro. 3:20), y recordó a quienes van tras el moralismo que "si por la ley fuese la justicia, entonces por demás murió Cristo" (Gá. 2:21; cp. 3:21-22).

Mejorar la moralidad de una nación, igual que la disciplina corporal, tiene el valor temporal limitado de hacer la vida más segura y más pacífica. Pero construir una sociedad más moral no trae ni puede traer la bendición de Dios, la cual solo viene de la verdadera piedad (1 Ti. 4:8). Una sociedad externamente moral no escapará al mismo juicio divino que cae sobre asesinos perversos, no más de lo que el judaísmo farisaico de la época de Jesús escapó al devastador juicio de Dios en el 70 d.C., y al infierno eterno que siguió. Solo hay una realidad que Dios bendice: fe penitente salvadora en su Hijo Jesucristo, y amor por Él. Por supuesto, esto no quiere decir que los cristianos no deban aborrecer el mal en todo momento, y que en todo lugar no deban oponerse a la maldad en cualquier forma. El asunto es si vamos a realizar ese esfuerzo yendo tras el moralismo social a través del esfuerzo humano, o predicando la salvación personal por medio del poder de Dios.

Los esfuerzos mal concebidos de la Iglesia por promover la moralidad cultural están plagados de numerosos peligros, algunos de los cuales se pueden resumir brevemente.

En primer lugar, como ya se indicó, la búsqueda de moral cultural está por fuera de la comisión divina de la Iglesia, la cual es: "Id, y haced discípulos a todas las naciones, bautizándolos en el nombre del Padre, y del Hijo, y del Espíritu Santo" (Mt. 28:19). Al enfocar sus esfuerzos en el moralismo, la iglesia agota sus recursos y disminuye su poder.

En segundo lugar, al proceder de esta manera se desperdician inmensas cantidades de tiempo, dinero y recursos tratando de hacer que las personas lleguen a ser lo que no pueden ser apartadas de la salvación (cp. Jer. 13:23). Eso viola el principio que Pablo estableció en Efesios 5:16 cuando ordenó a sus lectores que continuamente aprovechen "bien el tiempo, porque los días son malos".

Tercero, la búsqueda de moralidad cultural está condenada al fracaso. Nadie puede ser verdaderamente justo y moral delante de Dios aparte de la obra transformadora del Espíritu Santo por medio del evangelio (cp. Ro. 3:10-12). Ya que "engañoso es el corazón más que todas las cosas" (Jer. 17:9), no cambiarlo simplemente redirigirá el pecado. Si algunos pecados se vuelven ilegales, las personas irán tras otros pecados, o harán en secreto los que desean hacer.

Cuarto, la búsqueda de moralidad cultural malinterpreta la naturaleza del reino de Dios, del cual Jesús dijo en Juan 18:36 que "no es de este mundo". No existe relación entre una entidad nacional y el reino de Dios, y nada que hombres caídos puedan hacer para alterar la conducta de las sociedades tiene algún impacto en los propósitos de Dios en la redención.

Quinto, la búsqueda de moralidad cultural trata de producir cambio moral aparte del evangelio. Pero eso es imposible, porque quienes están acostumbrados a hacer lo malo no pueden hacer lo bueno (Jer. 13:23).

En sexto lugar, la búsqueda de moralidad cultural separa la moral de la teología. Muchos que participan en esa búsqueda demuestran ignorancia de verdades teológicas básicas acerca de Dios, de su Palabra, y de su santa ley. Por tanto, sus esfuerzos por producir moral carecen del motivo superior, el cual es honrar y glorificar a Dios con un corazón transformado (1 Co. 10:31).

Séptimo, la búsqueda de moralidad cultural no entiende correctamente las referencias a la sal y la luz en Mateo 5:13-14. El simbolismo que el Señor presenta no se refiere a influencia moral, sino más bien a la influencia del evangelio por medio de la palabra hablada y del poder de la vida santa. Los creyentes son luz cuando proclaman la verdad del evangelio tanto con sus obras como con sus vidas. Son sal en el sentido de que sus vidas virtuosas y piadosas constituyen una protección contra la maldad.

En octavo lugar, la búsqueda de moralidad cultural no tiene en sí ningún modelo a seguirse en el Nuevo Testamento excepto aquel de los fariseos. Pero, como ya se indicó, Jesús reservó para ellos su más fuerte reproche porque la moral externa que exhibían solo enmascaraba su corrupción interior dominante (cp. Mt. 23:25; Lc. 11:39).

Noveno, la búsqueda de moralidad cultural crea uniones impías con incrédulos y enemigos del evangelio, lo cual la Biblia prohíbe (2 Co. 6:14). Además, lleva a inclusivismo, estirando así los límites del reino de Dios a fin de aceptar a personas que no están en Cristo.

En décimo lugar, quienes buscan moralidad cultural son selectivos en cuanto a los pecados a los que se oponen. Atacan pecados tales como homosexualidad, pedofilia, aborto y pornografía, mientras dejan de lado otros pecados como divorcio, adulterio, materialismo y orgullo. Más importante aún, el énfasis en la moral hace caso omiso al más grave de todos los pecados: no obedecer "el primero y grande mandamiento" (Mt. 22:38), el cual es: "Amarás al Señor tu Dios con todo tu corazón, y con toda tu alma, y con toda tu mente" (v. 37). Amen al Señor Jesucristo, indicó Pablo, o condénense (1 Co. 16:22).

En decimoprimer lugar, la búsqueda de moralidad cultural no entiende la verdadera naturaleza de la guerra espiritual. Tratar de cambiar leyes por medio de acción política no es guerra espiritual, la cual Pablo define como derribar "argumentos y toda altivez que se levanta contra el conocimiento de Dios, y [llevar] cautivo todo pensamiento a la obediencia a Cristo" (2 Co. 10:5), destrozando las fortalezas de las ideologías humanas con la verdad de Dios (v. 4). Aquellos que piensan erróneamente acerca de Dios, de Cristo, y de sí mismos deben ser confrontados con la verdad del evangelio, el cual "es poder de Dios para salvación a todo aquel que cree" (Ro. 1:16). La verdadera guerra espiritual no es activismo político o social. Es una batalla por las mentes y las almas eternas de pecadores perdidos, tratando de ver que se conviertan del error a la verdad del evangelio.

En decimosegundo lugar, buscar la moralidad cultural cultiva hostilidad hacia aquellos a quienes se ordena que la Iglesia alcance con el evangelio del amor, convirtiéndolos en el enemigo y no en el campo misionero. Los incrédulos no son el enemigo, pero están cautivos de su máximo enemigo, Satanás (2 Ti. 2:26).

En decimotercero lugar, buscar la moralidad cultural produce persecución y odio hacia los cristianos por las razones equivocadas. A quienes se llaman a sí mismos cristianos el mundo los vilipendia no por el nombre de Cristo (cp. 1 P. 4:14), sino por sus opiniones políticas y el desprecio que muestran hacia incrédulos perversos.

En decimocuarto lugar, la búsqueda de moralidad cultural invierte el orden divino al convertir a la moralidad en el poder para la salvación. No obstante, la moral no produce salvación; la salvación produce verdadera moral.

Por último, la búsqueda de moralidad cultural no tiene en consideración la ira de Dios, la cual Romanos 1:18-32 declara que "se revela desde el cielo contra toda impiedad e injusticia de los hombres que detienen con injusticia la verdad" (v. 18). Como resultado, Dios los juzga entregándolos a inmoralidad sexual (v. 24), inclusive la homosexualidad (vv. 26-27), y a una mente torcida y reprobable (v. 28). El pecado desenfrenado evidente en el mundo es prueba de la ira de Dios, la cual no se puede revocar con activismo político o social. Cuando viene este juicio del cielo, nadie puede detenerlo ni cambiarlo.

Sin embargo, el moralismo no es simplemente un desastre para la Iglesia, sino que también resulta en tragedia eterna para las personas:

> Al tratar de establecer valores cristianos por medio de métodos terrenales nos arriesgamos a crear una falsa sensación de moralidad. Obligar a las personas a adoptar nuestras normas bíblicas de moralidad solo produce cambio superficial y encubre el verdadero problema: pecado y la necesidad que tienen de volver a nacer en Jesucristo. Cuando los pueblos de este mundo enfrenten el juicio de Dios, sus "valores cristianos tradicionales" no importarán en absoluto... solo importará cómo respondieron a Jesucristo. Por eso es que ir tras cambio externo a expensas de la transformación interna es una decisión no solo torpe sino mortal (*Why Government Can't Save You*, ix).

En este pasaje el Señor Jesucristo contó una parábola (prácticamente idéntica a la que había relatado varios meses antes en Galilea [Mt. 12:43-45]) que ilustra con claridad el grave peligro de la reforma moral sin regeneración. Jesús había concluido su defensa contra las acusaciones falsas y blasfemas de los dirigentes religiosos judíos en la sección anterior, advirtiendo: "El que no es conmigo, contra mí es; y el que conmigo no recoge, desparrama" (11:23). En esta próxima sección enfocó la cuestión de lo que significa estar con Él al contrastar la reforma con la transformación.

REFORMA

Cuando el espíritu inmundo sale del hombre, anda por lugares secos, buscando reposo; y no hallándolo, dice: Volveré a mi casa de donde salí. Y cuando llega, la halla barrida y adornada. Entonces va, y toma otros siete espíritus peores que él; y entrados, moran allí; y el postrer estado de aquel hombre viene a ser peor que el primero. (11:24-26)

A primera vista, este era un **hombre** muy religioso, uno que había limpiado su vida por fuera. Su antigua conducta despreciable había hecho de él un lugar agradable para un **espíritu inmundo** (un término común del Nuevo Testamento para los demonios que destaca la naturaleza malvada e impura de estos; cp. Mt. 10:1; 12:43; Mr. 1:23, 26, 27; 3:11, 30; 5:2, 8, 13; 7:25; 9:25; Lc. 4:36; 6:18; Hch. 5:16; 8:7). Pudo haber ocurrido que el demonio saliera de este **hombre** debido a que su conducta moral reformada ya no lo hacía un huésped adecuado para los propósitos del espíritu. También pudo haber salido para autenticar temporalmente los falsos conjuros de los exorcistas judíos (cp. 11:19).

Después de haber dejado al hombre, el demonio pasó **por lugares secos, buscando reposo.** Puesto que son seres espirituales, los demonios no vagan por sitios secos porque necesiten agua; el lenguaje metafórico del Señor describe al demonio que existe sin propósito en el reino espiritual. Los demonios ejecutan su obra diabólica en este mundo por medio de personas, y no tener una persona por medio de la cual obrar equivale a que un demonio se halle en una situación improductiva.

Tras vagar por un tiempo pero sin hallar otra persona en la cual morar, entonces el demonio decide: **Volveré a mi casa de donde salí.** La descripción del hombre como la **casa** del demonio indica que este espíritu vivía en él, no simplemente que el individuo estaba bajo la influencia demoníaca. Sin embargo, el esfuerzo legalista del hombre no le dio como resultado una protección duradera. Cuando el demonio regresó a su antigua habitación la encontró **barrida y adornada,** además de desocupada (cp. Mt. 12:44). Allí radica la fatal debilidad de los esfuerzos moralistas y legalistas por reformarse uno mismo.

El problema con la moral del corazón de la persona es que aunque superficialmente se pueda limpiar y poner en orden, esto es nulo. Dicho corazón carece del verdadero poder espiritual de la justicia que solo viene a los redimidos por medio de la obra regeneradora del Espíritu Santo.

Los simples esfuerzos externos y superficiales por reformarse a sí mismas solo llevan a las personas a una posición más peligrosa, ya que tales esfuerzos alientan el mortal engaño de que están en una posición segura, protegidas de la calamidad y agradando a Dios. Tal perspectiva era evidente en la vida de este individuo. El vacío espiritual en su corazón, creado por su esfuerzo moralista de limpiar su vida, lo dejó vulnerable incluso a una opresión demoníaca más severa de la que tenía antes. No solo que el demonio original regresó, sino que también llevó consigo a **otros siete espíritus peores que él.** Estos demonios nuevos también pudieron entrar al corazón vacío del hombre y ahora **moran allí** (*katoikeō*, que sugiere una morada permanente). El resultado final de este moralismo fue que **el postrer estado de aquel hombre** llegó **a ser peor que el primero.** Este tipo era como aquellos de quienes Pedro escribió: "Ciertamente, si habiéndose ellos escapado de las contaminaciones del mundo, por el conocimiento del Señor y Salvador Jesucristo, enredándose otra vez en ellas son vencidos, su postrer estado viene a ser peor que el primero" (2 P. 2:20). Resultó aún más infestado con los agentes del infierno después de su intento por reformarse moralmente, que antes de ese esfuerzo. La moralidad y la religión son seductoras y mortales. A pesar de que carecen de todo poder para cambiar el corazón, producen un engañoso adormecimiento del alma que les hace creer que todo está bien con Dios. Sin embargo, quienes creen en su propia justicia no son redimibles, son paraísos para los demonios, y no reciben beneficio perdurable de su intento por reformarse sin tener regeneración.

TRANSFORMACIÓN

Mientras él decía estas cosas, una mujer de entre la multitud levantó la voz y le dijo: Bienaventurado el vientre que te trajo, y los senos que mamaste. Y él dijo: Antes bienaventurados los que oyen la palabra de Dios, y la guardan. (11:27-28)

Este breve incidente ilustra la verdadera transformación espiritual que caracteriza a quienes están con Cristo (11:23). Mientras el Señor **decía estas cosas, una mujer de entre la multitud levantó la voz y le dijo: Bienaventurado el vientre que te trajo, y los senos que mamaste.** Ese dicho proverbial era el máximo elogio, "ya que a una madre se le valoraba por los logros de su hijo" (Darrell L. Bock, *Luke 9:51-24:53,* Baker Exegetical Commentary on the New Testament

[Grand Rapids: Baker, 1996], p. 1094). Esto sugiere que la mujer estaba receptiva a creer que Jesús era el Mesías.

Tal declaración era correcta, pero no completa. La respuesta cortés del Señor desafió a la mujer a ir más allá de tan solo elogiarlo. Jesús **dijo: Antes bienaventurados los que oyen la palabra de Dios, y la guardan.** Esta afirmación evoca la que Jesús hiciera en Lucas 8:21: "Mi madre y mis hermanos son los que oyen la palabra de Dios, y la hacen". No basta con simplemente tratar de ser moral. Es necesario ser regenerados con el fin de ser verdaderos seguidores de Cristo, quien es el primero y el más obediente a la revelación divina; es necesario ser hacedor, no simplemente un oidor de la Palabra de Dios (Stg. 1:22); es necesario no solo oír el mensaje de Cristo, sino actuar conforme a él (Mt. 7:24); es necesario demostrar amor por Jesús obedeciéndole (Jn. 14:15, 21, 23; 15:10). En 1 Juan 3:23-24 se expresa la esencia de lo que significa ser un verdadero seguidor del Señor Jesucristo: "Este es su mandamiento: Que creamos en el nombre de su Hijo Jesucristo, y nos amemos unos a otros como nos lo ha mandado. Y el que guarda sus mandamientos, permanece en Dios, y Dios en él".

Ir tras el moralismo está condenado al fracaso, pues "los que viven según la carne no pueden agradar a Dios" (Ro. 8:8; cp. Gá. 5:17). Es solamente por medio del poder transformador de la regeneración que los pecadores pueden convertirse en nuevas criaturas (2 Co. 5:17) y caracterizarse por amar la obediencia que agrada a Dios (2 Co. 5:9; Ef. 5:10; Col. 1:10; 1 Jn. 3:22). Que la Iglesia haga caso omiso de esa realidad sería ocultar la luz de la verdad del evangelio a la que Dios la ha llamado, a fin de resplandecer en este mundo entenebrecido por el pecado (Mt. 5:14; Fil. 2:15) y abandonar su misión de hacer volver a los pecadores de las tinieblas del pecado hacia la luz de la salvación (Hch. 26:18).

Juicio sobre una generación mala 74

Y apiñándose las multitudes, comenzó a decir: Esta generación es mala; demanda señal, pero señal no le será dada, sino la señal de Jonás. Porque así como Jonás fue señal a los ninivitas, también lo será el Hijo del Hombre a esta generación. La reina del Sur se levantará en el juicio con los hombres de esta generación, y los condenará; porque ella vino de los fines de la tierra para oír la sabiduría de Salomón, y he aquí más que Salomón en este lugar. Los hombres de Nínive se levantarán en el juicio con esta generación, y la condenarán; porque a la predicación de Jonás se arrepintieron, y he aquí más que Jonás en este lugar. Nadie pone en oculto la luz encendida, ni debajo del almud, sino en el candelero, para que los que entran vean la luz. La lámpara del cuerpo es el ojo; cuando tu ojo es bueno, también todo tu cuerpo está lleno de luz; pero cuando tu ojo es maligno, también tu cuerpo está en tinieblas. Mira pues, no suceda que la luz que en ti hay, sea tinieblas. Así que, si todo tu cuerpo está lleno de luz, no teniendo parte alguna de tinieblas, será todo luminoso, como cuando una lámpara te alumbra con su resplandor. (11:29-36)

A lo largo de su ministerio el Señor Jesucristo enfrentó hostilidad y oposición principalmente de los dirigentes religiosos de la secta judía, los escribas, fariseos y saduceos. En particular, los saduceos estaban indignados cuando, al comienzo del ministerio público, Jesús atacó el templo al detener y desmantelarles la operación de negocios corruptos (Jn. 2:13-22). Él haría otra vez lo mismo al final de su vida (Lc. 19:45-48), por lo que los dos ataques abrieron y cerraron su ministerio público. No obstante, hubo acciones mucho más privadas y positivas de parte de Jesús por las que lo odiaron. Por ejemplo, cuando el Señor perdonó los pecados de un hombre paralítico, sus enemigos lo acusaron de blasfemia (Lc. 5:21). Se sorprendieron cuando Jesús se mezcló con la escoria de la sociedad judía en un banquete (Lc. 5:29-32). Después que Jesús sanara a un hombre enfermo el día de reposo, ellos intentaron matarlo (Jn. 5:18). Cuando Él defendió a sus discípulos por la ruptura que estos hicieran al mandato de la reglamentación humana del día de reposo, declarándose ser Señor del día de reposo, los líderes religiosos se enfurecieron (Lc. 6:5). Pero los enfureció aún más otra violación a sus restricciones del día de reposo, cuando Cristo curó a un hombre que tenía la mano seca (Lc. 6:6-11). Los escribas y fariseos también confrontaron a Jesús cuando los discípulos violaron las frívolas tradiciones rabínicas al no observar el ritual de lavado antes de consumir alimentos (Mt. 15:1-2; cp. Lc. 11:37-38). La poderosa enseñanza del Señor en el templo, que les desenmascaró su teología apóstata, motivó a las desesperadas autoridades a tratar de arrestarlo, sin ningún éxito (Jn. 7:28-49), y después a acusarlo de mentir respecto de Él mismo (Jn. 8:13). De modo despectivo lo llamaron samaritano y endemoniado (Jn. 8:48, 52), y luego trataron de apedrearlo cuando Jesús afirmó su deidad (Jn. 8:58-59; cp. 10:30-33). Los dirigentes judíos odiaron a Jesús más que nada porque les puso al descubierto su verdadera condición, revelando que eran hipócritas, que desagradaban a Dios, que dañaban a las personas que los seguían, y que se dirigían al juicio eterno.

La hostilidad que tales líderes judíos mostraban hacia Jesús alcanzó su apogeo al principio de su ministerio cuando ellos decidieron asesinarlo. Ese compromiso aumentó en fervor después que Él resucitara a Lázaro de los muertos, según se demostró cuando

> *los principales sacerdotes y los fariseos reunieron el concilio, y dijeron: ¿Qué haremos? Porque este hombre hace muchas señales. Si le dejamos así, todos creerán en él; y vendrán los romanos, y destruirán nuestro lugar santo y nuestra nación. Entonces Caifás, uno de ellos, sumo sacerdote aquel año, les dijo: Vosotros no sabéis nada; ni pensáis que nos conviene que un hombre muera por el pueblo, y no que toda la nación perezca. Esto no lo dijo por sí mismo, sino que como era el sumo sacerdote aquel año, profetizó que Jesús había de morir por la nación; y no solamente por la nación, sino también para congregar en uno a los hijos de Dios que estaban dispersos. Así que, desde aquel día acordaron matarle. (Jn. 11:47-53)*

Los líderes religiosos apóstatas habían estado preparando su causa por mucho tiempo. En Galilea acusaron a Jesús de hacer milagros por el poder de Satanás (Mt. 12:24). Varios meses después en Judea repitieron esa afirmación falsa y blasfema (véase la exposición de 11:14-16 en el cap. 72 de esta obra). En respuesta, las palabras de Jesús hacia los líderes se volvieron críticas en gran manera contra ellos y todos los que los seguían (véase por ejemplo vv. 29, 42-52; 12:1, 13-15, 49, 58-59; 13:1-9, 15, 24-25, 34-35), aunque intercaladas con ofertas de gracia, misericordia y salvación para los pecadores arrepentidos.

Este pasaje representa una conclusión adecuada a la conversación de Jesús con los escribas y fariseos que comenzó en el versículo 15. Implícita en la exigencia de ellos de que Él realizara una señal (v. 16) estaba la acusación de que Jesús no les había proporcionado suficiente evidencia. Contra toda lógica, ellos cargaron en Él la culpabilidad que tenían por una vida de oscuridad espiritual inducida por el pecado, sosteniendo que Cristo no les había ofrecido suficiente luz para ver la verdad. Supuestamente, la señal que exigían les daría la prueba que necesitaban de que Jesús venía de parte de Dios y no de Satanás.

Pero el asunto no era falta de luz sino falta de visión. La luz estaba en todas partes. Resplandecía brillantemente en los incomparables milagros que Jesús realizaba (Jn. 15:24; cp. 5:36; 10:25, 38; 14:11) y en la enseñanza sin igual que impartía (cp. Mt. 7:28; Jn. 7:46). Nada revela con mayor profundidad la maldad de quienes lo rechazaron que la realidad de que la luz estaba en todas partes, pero ellos se negaron a verla.

En este pasaje el Señor pronunció juicio sobre los obstinadamente ciegos que rechazaron la Luz del mundo (Jn. 8:12; 9:5). Estos versículos revelan la realidad del juicio y la razón para el juicio.

LA REALIDAD DEL JUICIO

Y apiñándose las multitudes, comenzó a decir: Esta generación es mala; demanda señal, pero señal no le será dada, sino la señal de Jonás. Porque así como Jonás fue señal a los ninivitas, también lo será el Hijo del Hombre a esta generación. La reina del Sur se levantará en el juicio con los hombres de esta generación, y los condenará; porque ella vino de los fines de la tierra para oír la sabiduría de Salomón, y he aquí más que Salomón en este lugar. Los hombres de Nínive se levantarán en el juicio con esta generación, y la condenarán; porque a la predicación de Jonás se arrepintieron, y he aquí más que Jonás en este lugar. (11:29-32)

El Señor hizo entender la realidad del juicio haciendo una declaración terminante, suministrando una última señal y emitiendo un veredicto final.

LA DECLARACIÓN TERMINANTE

Y apiñándose las multitudes, comenzó a decir: Esta generación es mala; demanda señal, (11:29*a*)

Lucas señala que Jesús hizo esta declaración mientras **las multitudes** se juntaban (cp. 12:1). La frase **comenzó a decir** muestra que esto era algo que decía una y otra vez (cp. Mt. 12:34, 39; 16:4; Mr. 8:38). Cuantas más personas se reunían alrededor de Él más evidente se hacía que esa **generación** era **mala.** El uso de *genea* (**generación**) indica que Jesús estaba refiriéndose a la mayoría de individuos en Israel en ese tiempo; lo que era cierto en cuanto a los galileos (cp. 9:41) como también a los habitantes de Judea.

El hecho de que Jesús describiera al pueblo de Israel como malvado era impactante. Después de todo, Él no estaba hablando de paganos que adoraban ídolos ni de impíos infractores de la ley. La generación a la que se refería, según normas humanas, era sumamente moral, religiosa y consciente de Dios. El pueblo judío estaba dedicado de modo fanático a guardar la ley de Dios y a observar sus tradiciones religiosas, según ilustra la vida de Pablo antes de su conversión (cp. Hch. 22:3; Gá. 1:14). Pero aunque por fuera parecían ser justos, por dentro estaban llenos de perversidad (11:39; Mt. 23:25-28). En ese estado se hallaban en más peligro que quienes eran descaradamente inmorales. Al ser individuos fervientemente religiosos que confiaban en que su justicia propia les había hecho ganar el favor de Dios, se hallaban satisfechos consigo mismos. El mensaje del evangelio acerca de que las personas son pecadoras miserables (Ef. 2:1) en las que no hay nada bueno (Ro. 3:10-18; 7:18), que son totalmente incapaces de agradar a Dios (Ro. 8:8) y que espiritualmente son pobres, ciegas, oprimidas y cautivas del pecado (Lc. 4:18), impactó y enfureció a los judíos. Por eso rechazaron con vehemencia este mensaje (vv. 28-30). El evangelio también enseña que la salvación solo viene a aquellos que humildemente reconocen su pobreza espiritual, y que se acongojan por su pecado al tener hambre y sed (Mt. 5:3-6) por la justicia divina que solo viene a través de la fe en el Señor Jesucristo (Ro. 3:22; Gá. 2:16; Fil. 3:9). Los que rechazan esa verdad no pueden ser salvos. La triste realidad es que quienes confían en su propia justicia, en moralidad externa, legalismo y rituales religiosos simplemente resultan ser cómodos hogares para los demonios (véase la exposición de Lc. 11:24-28 en el capítulo anterior de esta obra).

A lo largo del ministerio de nuestro Señor, fueron las personas moralistas, legalistas y religiosas las que lo rechazaron y odiaron. Cuando, según se indicó antes, describió a los que estaban reunidos en la sinagoga de su pueblo natal de Nazaret como espiritualmente pobres, ciegos y oprimidos (Lc. 4:18), se enfurecieron tanto que intentaron matarlo (vv. 28-30). Después de su llamado a la salvación y al apostolado, Leví (Mateo) ofreció una recepción en su casa en honor a Jesús (Lc. 5:27-29). Invitó a sus amigos quienes, como el recaudador de impuestos que había sido, eran los parias despreciables de la sociedad judía. Horrorizados porque el Señor se relacionara con tal gentuza, "los escribas y los fariseos murmuraban contra los discípulos, diciendo: ¿Por qué coméis y bebéis con publicanos y pecadores?" (v. 30). Oyéndolos, "Jesús, les dijo: Los que están sanos no tienen necesidad de médico, sino los enfermos. No he venido a llamar a justos, sino a pecadores al arrepentimiento" (vv. 31-32). Al igual que todos los santurrones, los líderes religiosos no se veían como pecadores y por tanto como desprovistos de salvación; en consecuencia, no tenía ningún sentido que los llamaran al arrepentimiento, ya que no creían tener algo de lo que debieran arrepentirse. Tanto el joven rico (Lc. 18:18-27) como el hermano mayor del hijo pródigo (Lc. 15:25-30) ilustran la verdad de que la religión, la moralidad y el legalismo engañan a las personas haciéndoles creer que están correctamente relacionadas con Dios y que son dignas de su favor. Pero la verdad es que Dios no acepta las pretensiones superficiales de la justicia propia, tales como las de los escribas y fariseos (Mt. 5:20); solamente aquellos a quienes Dios imputa justicia por medio de la fe (Gn. 15:6; Ro. 4:5) entrarán a su reino.

Asombra que la razón de que Jesús llamara mala a esa generación no fuera ninguna de las opiniones que esta tuviera ni las conductas externas viles que Él pudiera haber nombrado, sino porque ellos demandaban **señal.** A primera vista no parece haber algo malo con esa petición, y sin duda no es suficiente para calificar de malos y merecedores del juicio divino a quienes la hicieron. Sin embargo, según se indicó antes, al demandar una señal estaban afirmando que Jesús era culpable de que lo rechazaran porque supuestamente no les había proporcionado suficiente evidencia. Eso, en sus mentes, justificaba la conclusión a la que llegaron de que Él era un siervo de Satanás, no de Dios.

Ha habido varias sugerencias en cuanto a qué tipo de señal estaban buscando, además de los innumerables milagros que Jesús ya había realizado durante el transcurso de su ministerio. Algunos especulan que los escribas y fariseos esperaban que Jesús removiera estrellas, que reorganizara las constelaciones; otros, que ellos querían que Él moviera un árbol, o que invirtiera el flujo de agua en un arroyo, o que volara en el aire y girara alrededor. La verdad es que no tenían ninguna señal particular en mente; simplemente se estaban burlando de Él (cp. 11:16). En esencia estaban retando al Señor a hacer algo que cambiara la opinión que tenían de Él.

El problema no era la falta de pruebas, sino el moralismo farisaico. Esa generación mala odió el diagnóstico que Jesús hizo de sus corazones pecadores, y ninguna cantidad de evidencia los convencería de aceptarlo si Él no cambiaba su diagnóstico, ni siquiera su resurrección (cp. Mt. 28:11-15). Pero el conocimiento que tenían de los milagros de Jesús (la realidad de los cuales nunca negaron) los volvió más profundamente culpables de rechazar pruebas indiscutibles y de odiar tanto a Cristo como al Padre (Jn. 15:24), ya que nadie puede amar al Padre mientras odia a su Hijo (v. 23). Ese conocimiento de primera mano, que otras generaciones no tuvieron el privilegio de ver, también caracterizó a esa generación judía como singularmente malvada por rechazar a Jesús. Cuanto mayor fue la luz que trajo tal conocimiento, mayor el potencial que hubo para el juicio (cp. 10:13-15; He. 10:26-31).

A pesar de sus protestas, los judíos justificarían la descripción que Jesús les hiciera como generación mala algunos meses después de este incidente. Tan solo días más tarde que con euforia y entusiasmo lo aclamaran como el Mesías en la entrada triunfal, ellos se volvieron contra Jesús y pidieron a gritos que lo ejecutaran.

LA ÚLTIMA SEÑAL

pero señal no le será dada, sino la señal de Jonás. Porque así como Jonás fue señal a los ninivitas, también lo será el Hijo del Hombre a esta generación. (11:29*b*-30)

Ninguna **señal** del tipo que esa generación mala demandaba **le será dada.** Sin embargo, el Señor conseguiría una señal milagrosa que lo señalaría sin lugar a dudas como Dios, Mesías y Salvador, señal que Él identificó como **la señal de Jonás.** Anteriormente en Galilea, Jesús había descrito más detalladamente esta señal:

> *Él respondió y les dijo: La generación mala y adúltera demanda señal; pero señal no le será dada, sino la señal del profeta Jonás. Porque como estuvo Jonás en el vientre del gran pez tres días y tres noches, así estará el Hijo del Hombre en el corazón de la tierra tres días y tres noches (Mt. 12:39-40; cp. 16:4).*

La historia de Jonás, el poco dispuesto profeta de una pequeña aldea cerca de Nazaret (2 R. 14:25) era bien conocido por los oyentes de Jesús. Enviado por Dios para ir a Nínive y proclamar el juicio inminente (Jon. 1:1-2), en vez de eso el hombre huyó en la dirección opuesta. A bordo de un barco con destino a Tarsis (probablemente una ciudad en lo que ahora es España), Jonás tuvo la intención de llegar tan lejos de Nínive como le fuera posible en lugar de llevar el mensaje de salvación a los odiados gentiles. Pero el Señor intervino y levantó una poderosa tormenta. Jonás reconoció que su desobediencia era la causa de la tormenta, por lo que pidió a los marineros que lo lanzaran por la borda. Dios proveyó una enorme criatura marina (quizás una ballena o un tiburón ballena) que tragara al rebelde e impidiera que se ahogara. Jonás se arrepintió, fue a Nínive, y su predicación dio como resultado un enorme avivamiento.

Jonás fue señal a los ninivitas debido a su milagrosa liberación de una muerte segura, lo cual convenció a los ninivitas de que él hablaba de parte de Dios. Su experiencia es análoga con la del **Hijo del Hombre,** quien sería una señal parecida para su **generación.** Ambos proclamaron juicio y requirieron arrepentimiento. Jonás fue tragado por una criatura marina mortal; Jesús fue tragado dentro de la tumba. Jonás fue milagrosamente liberado de la muerte segura; Jesús fue realmente levantado de los muertos. La liberación de Jonás de las garras de la muerte lo condujo a un ministerio grande y poderoso, así como la resurrección del Señor hizo por Él.

La última y más grande señal fue entonces la resurrección de Cristo. Pero ni siquiera esta señal más poderosa y convincente, al igual que todas las demás que realizó el Señor, pudo persuadir a aquellos cuyos corazones estaban enfurecidos contra Él (Jn. 12:37). La última señal resalta la desgracia de la incredulidad pecaminosa. Los líderes de Israel, que sabían que Él estuvo muerto y volvió a vivir, sobornaron a los soldados para que mintieran (Mt. 28:11-15).

LA SENTENCIA FINAL

La reina del Sur se levantará en el juicio con los hombres de esta generación, y los condenará; porque ella vino de los fines de la tierra para oír la sabiduría de Salomón, y he aquí más que Salomón en este lugar. Los hombres de Nínive se levantarán en el juicio con esta generación, y la condenarán; porque a la predicación de Jonás se arrepintieron, y he aquí más que Jonás en este lugar. (11:31-32)

Dos personajes históricos del Antiguo Testamento se convierten simbólicamente en jueces de la generación malvada que rechazó a Jesús. **La reina del Sur,** conocida en el Antiguo Testamento como la reina de Sabá (1 R. 10:1-13), **se levantará en el juicio con los hombres de esta generación, y los condenará** por una serie de razones. Ella hizo un arduo viaje de varias semanas desde **los fines de la tierra** (Sabá estaba ubicada en el suroeste de Arabia, a más de mil seiscientos kilómetros de Jerusalén), con el propósito de **oír la sabiduría de Salomón,** mientras que la sabiduría de Jesús era de fácil acceso para las personas de su generación. La reina era una idólatra pagana, sin conocimiento del verdadero Dios, mientras que los israelitas estaban impregnados del Antiguo Testamento. Ellos fueron invitados a venir a Jesús (Mt. 11:28-30), mientras que no hay indicio de que ella fuera invitada a visitar a Salomón. Sin embargo, la reina fue salva de su pecado después de creer lo que Salomón le contó acerca del Dios verdadero, mientras que los judíos rechazaron la verdad de la salvación por parte del Rey infinitamente más sabio y **más** grande **que Salomón.** Aquella es una denuncia irrefutable de esa generación perversa.

Los hombres de Nínive se levantarán en el juicio con esta generación, y la condenarán. Al igual que la reina de Sabá, los ninivitas tuvieron muchos menos privilegios y mucha menos información que la generación que rechazó a Jesús. El mensajero que llegó hasta donde ellos, Jonás, era un profeta insensato y rebelde; mientras que Jesús, el mensajero a Israel, es el Hijo inmaculado de Dios. Jonás fue a Nínive a proclamar la perdición de la ciudad (Jon. 3:4); Jesús "vino a buscar y a salvar lo que se había perdido" (Lc. 19:10). Jonás no realizó milagros en Nínive, mientras que Jesús realizó innumerables milagros a lo largo y ancho de Israel. Sin embargo, los idólatras paganos de Nínive **a la predicación de Jonás se arrepintieron,** mientras que los habitantes ultrarreligiosos de Israel rechazaron a quien era **más** grande **que Jonás.** Ese rechazo demostró que ellos merecían la sentencia del castigo eterno que les espera en el juicio ante el gran trono blanco.

LA RAZÓN PARA EL JUICIO

Nadie pone en oculto la luz encendida, ni debajo del almud, sino en el candelero, para que los que entran vean la luz. La lámpara del cuerpo es el ojo; cuando tu ojo es bueno, también todo tu cuerpo está lleno de luz; pero cuando tu ojo es maligno, también tu cuerpo está en tinieblas. Mira pues, no suceda que la luz que en ti hay, sea tinieblas. Así que, si todo tu cuerpo está lleno de luz, no teniendo parte alguna de tinieblas, será todo luminoso, como cuando una lámpara te alumbra con su resplandor. (11:33-36)

La experiencia universal de luz y oscuridad en el mundo físico provee una puerta hacia la comprensión del concepto de luz y oscuridad en el mundo espiritual. Aquí la luz es una metáfora para entender la verdad divina revelada, puesto que la luz da a conocer (Ef. 5:13) pero la oscuridad oculta (1 Co. 4:5). No entender y aplicar la verdad del evangelio es la razón por la que los pecadores no arrepentidos deberán enfrentar el juicio. En esta ilustración Jesús provee tres razones de por qué la generación que lo rechazó enfrenta juicio eterno al haber rechazado la luz de Cristo: la posibilidad de ver, el problema de ver, y el simulacro de ver. Luego concluyó su ilustración señalando lo precioso de ver.

LA POSIBILIDAD DE VER

Nadie pone en oculto la luz encendida, ni debajo del almud, sino en el candelero, para que los que entran vean la luz. (11:33)

Sería inútil que alguien, tras tener **la luz encendida,** la pusiera **en** un sitio **oculto** o la colocara **debajo del almud.** Ya que el propósito de la luz es revelar, lo más lógico de hacer después de encender una luz es colocarla **en el candelero,** de modo **que los que entran** a la habitación **vean la luz.** Según se indicó antes, los adversarios del Señor lo acusaron de no proporcionarles suficientes pruebas para creer en Él. El propósito de esta ilustración es que habría sido ridículo que Jesús hubiera ocultado evidencia. En realidad, ellos tuvieron abundante luz, mucha más de la que había estado a disposición tanto para la reina de Sabá, quien creyó, como para los habitantes de Nínive, quienes se arrepintieron.

La persona de Dios provee luz. Él “es luz, y no hay ningunas tinieblas en él” (1 Jn. 1:5). También “habita en luz inaccesible” (1 Ti. 6:16; cp. Dn. 2:22), y en su luz vemos la luz (Sal. 36:9). La Palabra de Dios también provee luz. En Salmos

119:105, el salmista escribió: "Lámpara es a mis pies tu palabra, y lumbrera a mi camino". Sin embargo, la manifestación más importante de la luz de Dios está en la persona del Señor Jesucristo. Él es la "luz verdadera, que alumbra a todo hombre" (Jn. 1:9; cp. 3:19); quien "nos visitó desde lo alto la aurora" (Lc. 1:78; cp. Is. 42:1-7; y es "la luz del mundo" (Jn. 8:12; 9:5; 12:35-36, 46). A través de Él fue revelada la luz de la gloria de Dios (2 Co. 4:6).

EL PROBLEMA DE VER

La lámpara del cuerpo es el ojo; cuando tu ojo es bueno, también todo tu cuerpo está lleno de luz; pero cuando tu ojo es maligno, también tu cuerpo está en tinieblas. (11:34)

Esta declaración deja ver el meollo del asunto. El problema no era la falta de luz, sino la falta de visión. La luz de la verdad estaba en todas partes, pero los espiritualmente ciegos se negaron a verla. En todos los sentidos el Señor Jesucristo inundó a Israel con la verdad en cuanto a su deidad y condición mesiánica. Sus milagros demostraron además su dominio divino y absoluto sobre la muerte, las fuerzas del infierno, y el mundo físico. No obstante, después de haber presenciado todas esas obras milagrosas que marcaban inequívocamente la deidad de Jesús (Jn. 5:36; 10:25, 37-38; 14:11; 15:24) los dirigentes religiosos, junto con la mayor parte de israelitas, lo rechazaron. Ellos no pudieron aceptar la crítica que Él les hiciera de su religión externa, ritualista y legalista. Con terquedad se aferraron a su justicia propia, intentaron explicar los milagros de Cristo atribuyéndoselos al poder de Satanás en lugar de atribuirlos a Dios. Aunque se consideraban guías para los ciegos (Ro. 2:17-19), ellos mismos eran a su vez guías ciegos (Mt. 15:14; 23:16, 24) cegados deliberadamente por su odio hacia Jesús y su mensaje (y por el engaño de Satanás [2 Co. 4:4]). En las propias palabras de Jesús, "esta es la condenación: que la luz vino al mundo, y los hombres amaron más las tinieblas que la luz, porque sus obras eran malas. Porque todo aquel que hace lo malo, aborrece la luz y no viene a la luz, para que sus obras no sean reprendidas" (Jn. 3:19-20).

Puesto que **la lámpara del cuerpo es el ojo,** la capacidad de ver depende de su condición. Cuando el **ojo es bueno, todo** el **cuerpo está lleno de luz.** La luz entra al cerebro a través del ojo, llevando comprensión de todo lo que la luz da a conocer. Por tanto, **cuando** el **ojo es maligno, también** el **cuerpo está en tinieblas.** *Haplous* (**bueno**) tiene el básico significado de "sencillo", "abierto" o "que no oculta nada". Una palabra relacionada se puede traducir "generosidad". Cuando las personas tienen los ojos bien abiertos ven todo. Por otra parte, *ponēros* (**maligno**) describe ojos nublados por el pecado y el mal. Aquellos cuyos ojos son malos están espiritualmente ciegos y no pueden ver la luz de la verdad.

La luz de la gloria de Dios que brilla en el rostro de Jesucristo (2 Co. 4:6) está completamente opacada para aquellos cuyos ojos están cegados por el pecado.

EL SIMULACRO DE VER

Mira pues, no suceda que la luz que en ti hay, sea tinieblas. (11:35)

El Señor lanzó esta advertencia porque sabía que ellos negarían indignados que estuvieran ciegos. *Skopeō* (**mira pues**) se podría traducir "estar atento a", "observar con mucho cuidado", "poner atención a", o "preocuparse por". Esta fuerte advertencia era un llamado a un cuidadoso examen personal. El peligro de que lo que creían que en ellos era **luz** pudiera realmente ser **tinieblas** era muy real. Tal autoengaño caracteriza a todo sistema falso de creencia apartado del evangelio de Jesucristo.

Trágicamente, aquellos que están perdidos en las tinieblas de tales sistemas creen ser iluminados. Los pecadores que creen que las tinieblas en que están es luz se hallan en una peligrosa situación fatal. Según observa el apóstol Pablo, "se envanecieron en sus razonamientos, y su necio corazón fue entenebrecido... Profesando ser sabios, se hicieron necios... ya que cambiaron la verdad de Dios por la mentira, honrando y dando culto a las criaturas antes que al Creador, el cual es bendito por los siglos. Amén" (Ro. 1:21, 22, 25).

La alarmante realidad para quienes de forma persistente se niegan a arrepentirse es que Dios puede confirmarlos legalmente en su condición endurecida. Los que de manera persistente se niegan a arrepentirse con el tiempo pueden ser incapaces de hacerlo (Mt. 13:13-15; cp. Is. 6:8-10; 29:10; 44:18; Jn. 12:39-40; Hch. 28:26-27; Ro. 11:7-8). Debido a que Pablo sabía que "ahora [es] el tiempo aceptable... ahora [es] el día de salvación" (2 Co. 6:2), les suplicó a los incrédulos: "Os rogamos en nombre de Cristo: Reconciliaos con Dios" (2 Co. 5:20).

LO PRECIOSO DE VER

Así que, si todo tu cuerpo está lleno de luz, no teniendo parte alguna de tinieblas, será todo luminoso, como cuando una lámpara te alumbra con su resplandor. (11:36)

Para quienes están dispuestos a arrepentirse y volverse del pecado que los ciega, el don de la vista abre innumerables perspectivas de bendición. El lenguaje del Señor es efusivo, cuando declaró: **Así que, si todo tu cuerpo está lleno de luz, no teniendo parte alguna de tinieblas... como cuando una lámpara te alumbra con su resplandor.** Convertirse en creyente significa tener abiertos los ojos espirituales a las verdades que da a conocer la Palabra de Dios (Sal. 119:18, 105, 130;

2 P. 1:19). Después de haber sido llamado "de las tinieblas a... [la] luz admirable" de Dios (1 P. 2:9), los cristianos andan en la luz (1 Jn. 1:5-7), son hijos de luz (Ef. 5:8; 1 Ts. 5:5), y disfrutan de la comunión con la Luz del mundo (Jn. 8:12). Están, y eternamente estarán, agradecidos por la luz que inunda sus almas a través de la gracia de Dios.

Características de los falsos religiosos 75

Luego que hubo hablado, le rogó un fariseo que comiese con él; y entrando Jesús en la casa, se sentó a la mesa. El fariseo, cuando lo vio, se extrañó de que no se hubiese lavado antes de comer. Pero el Señor le dijo: Ahora bien, vosotros los fariseos limpiáis lo de fuera del vaso y del plato, pero por dentro estáis llenos de rapacidad y de maldad. Necios, ¿el que hizo lo de fuera, no hizo también lo de adentro? Pero dad limosna de lo que tenéis, y entonces todo os será limpio. Mas ¡ay de vosotros, fariseos! que diezmáis la menta, y la ruda, y toda hortaliza, y pasáis por alto la justicia y el amor de Dios. Esto os era necesario hacer, sin dejar aquello. ¡Ay de vosotros, fariseos! que amáis las primeras sillas en las sinagogas, y las salutaciones en las plazas. ¡Ay de vosotros, escribas y fariseos, hipócritas! que sois como sepulcros que no se ven, y los hombres que andan encima no lo saben. Respondiendo uno de los intérpretes de la ley, le dijo: Maestro, cuando dices esto, también nos afrentas a nosotros. Y él dijo: ¡Ay de vosotros también, intérpretes de la ley! porque cargáis a los hombres con cargas que no pueden llevar, pero vosotros ni aun con un dedo las tocáis. ¡Ay de vosotros, que edificáis los sepulcros de los profetas a quienes mataron vuestros padres! De modo que sois testigos y consentidores de los hechos de vuestros padres; porque a la verdad ellos los mataron, y vosotros edificáis sus sepulcros. Por eso la sabiduría de Dios también dijo: Les enviaré profetas y apóstoles; y de ellos, a unos matarán y a otros perseguirán, para que se demande de esta generación la sangre de todos los profetas que se ha derramado desde la fundación del mundo, desde la sangre de Abel hasta la sangre de Zacarías, que murió entre el altar y el templo; sí, os digo que será demandada de esta generación. ¡Ay de vosotros, intérpretes de la ley! porque habéis quitado la llave de la ciencia; vosotros mismos no entrasteis, y a los que entraban se lo impedisteis. Diciéndoles él estas cosas, los escribas y los fariseos comenzaron a estrecharle en gran manera, y a provocarle a que hablase de muchas cosas; acechándole, y procurando cazar alguna palabra de su boca para acusarle. (11:37-54)

En el último año de la vida de nuestro Señor, su ministerio consistió principalmente en advertencia y juicio, y se caracterizó por un conflicto en constante aumento con los dirigentes religiosos. Llenos de odio debido a las repetidas denuncias que Él les hacía y a la teología que ostentaban, los hipócritas líderes espiritualmente ciegos del judaísmo apóstata lo querían muerto (cp. Jn. 11:53). El odio finalmente llegó a su clímax cuando, contra toda razón y revelación, manipularon a los romanos para que crucificaran a su propio Mesías, acarreando la ira divina sobre sus cabezas.

Muchos describen superficialmente al ministerio terrenal de nuestro Señor como de realización de actos bondadosos y milagros, mientras rodeado por mujeres y niños ofrecía tiernas enseñanzas sobre amor y paz. Sin embargo, esa es solamente parte de la historia. Jesús no solo predicó la verdad de manera misericordiosa, sino que también condenó con vigor a quienes la retorcían y pervertían. Es cierto que Él prometió cielo eterno a aquellos que lo recibieran (Mt. 19:29; Jn. 3:15-16), pero también es cierto que prometió infierno eterno a quienes lo rechazaran (Mt. 7:21-23; 25:41-46; Jn. 3:36). Jesús, el encarnado Dios de verdad, la personificación viva de la ley santa de Dios, no podía evitar el conflicto con el pecado y el error.

La vida y el ministerio de Cristo ilustran la importancia crucial de la verdad. En cierto sentido, todas las personas afirman la importancia de la verdad. La rutina cotidiana de los asuntos temporales de la vida depende de que las personas digan la verdad, y sin cierto grado de veracidad la vida se desintegra y se vuelve caótica. Por eso a los mentirosos se les denigra, y a veces se les considera legalmente culpables. Sin embargo, la verdad es infinitamente importante en el reino espiritual, porque nada es tan importante como conocer la verdad en cuanto a la salvación.

Satanás, padre de mentira (Jn. 8:44) y gobernante del sistema perverso mundial, se opone a la verdad de la salvación (Jn. 12:31; 14:30; 16:11; 1 Jn. 5:19). Su reino de las tinieblas genera una interminable corriente de religiosos mentirosos y engañadores, que han llevado a la gente por mal camino incluso desde Adán y Eva. El engaño es hoy día mayor que nunca, debido a su acumulación a través de la historia humana y a su exposición de largo alcance a través de los medios modernos de comunicación. Y en una época en que a las personas se las ha dejado tanto incapaces como poco dispuestas a distinguir la verdad del error debido a la promoción de la tolerancia y la diversidad como las más elevadas de las virtudes, el engaño domina. Incluso muchos que se llaman cristianos abogan por tolerar a falsos maestros en el nombre del amor, la aceptación, la paz y la unidad. Ellos hacen caso omiso a la realidad de que tales individuos son lobos rapaces hambrientos (Mt. 7:15; Hch. 20:29) disfrazados como mensajeros de la verdad, los cuales alejan a la gente de la verdadera salvación (véase el estudio del v. 52 más adelante). No obstante, Jesús enseñó que la falsa enseñanza espiritual viene del infierno de Satanás y envía personas allí. Cristo dirigió las más severas advertencias y los juicios más fuertes hacia quienes por fuera parecían ser los partidarios más religiosos de Dios y las Escrituras.

Sin embargo, ser religioso no es una virtud. La falsa religión no es el ascenso del hombre hacia Dios hasta la cima de la nobleza, sino el descenso hacia el más bajo nivel de depravación blasfema. Según escribió Pablo en Romanos 1:18-23, la religión es el abandono insensato del Dios verdadero por parte del hombre, así como lo es la creación de falsos sistemas de su propia invención. Los falsos profetas y maestros en realidad son hipócritas que crean la ilusión de ser algo que no son. En lugar de entregar a los pecadores perdidos la verdad salvadora del evangelio, los redirigen de la senda estrecha de la salvación y los llevan al camino ancho que lleva a la condenación eterna (Mt. 7:13-14). El despliegue exterior de piedad que muestran no es más que una farsa insincera de piedad. Debido a que carecen del verdadero poder espiritual es necesario evitarlos, no aplaudirlos (2 Ti. 3:5). Y si afirman representar al Dios verdadero y a Jesucristo resultan ser los más peligrosos.

Al igual que todos los falsos e hipócritas maestros, la religión de los escribas y fariseos era un engaño vacío. No tenían verdadero amor por Dios, ya que rechazaron al Hijo (Jn. 8:42; 15:23; 1 Jn. 2:23). No experimentaban el poder del Espíritu Santo, ni tenían conocimiento de la verdad, ni auténtica justicia, y ningún interés en el arrepentimiento verdadero. El Señor los denunció públicamente como hipócritas (Mt. 15:7; 22:18; 23:13, 15, 23, 25, 27, 29) que enfrentaban el más severo juicio debido a que lo rechazaron voluntariamente (Mt. 23:33). El reproche al parecer duro que les hizo era al mismo tiempo un acto de misericordia. El objetivo de Jesús no solo era advertir a otros en cuanto a los falsos maestros, sino también advertir las verdaderas condiciones espirituales de estos. A menos que reconocieran su hipocresía, se arrepintieran, y aceptaran la verdad en Cristo, no podrían ser salvos.

Este pasaje muestra una clara ocasión de las muchas en que Jesús puso en evidencia a los dirigentes judíos religiosos como engañadores condenados. La frase **luego que hubo hablado** relaciona este pasaje con el mensaje de Cristo en los versículos 29-36. Después que hubiera terminado de hablar **le rogó un fariseo que comiese** (la primera de las dos comidas principales del día) **con él.** Comer con alguien era en Israel una señal de amistad. La invitación es por tanto sorprendente, e incluso más desde que Jesús había reprendido a la nación y por repercusión a sus líderes. Los fariseos no comían con alguien que no fuera fariseo, y en especial con quienes se relacionaban con pecadores (cp. 5:29-32). Este hombre pudo haber violado por curiosidad las reglas farisaicas de separación, ya que no hay indicio de que tuviera algún motivo perverso para invitar al Señor (cp. 7:36-50). Tras aceptar la invitación, y **entrando Jesús en la casa, se sentó a la mesa,** la posición común para una comida y una conversación extensas (7:36-37, 49; 14:15; Mt. 9:10; 26:7, 20; Jn. 12:2; 13:12, 23, 28).

Los fariseos constituían una de las cuatro principales sectas judías junto con los saduceos (los sacerdotes ricos de élite), los zelotes (revolucionarios políticos que buscaban la independencia del yugo romano) y los esenios (monjes ascetas). Es probable que su nombre se derive de un verbo hebreo que significa "separar". Los fariseos se veían como separados y superiores a los demás (cp. Jn. 7:49) a causa de su incomparable celo por la ley mosaica y las tradiciones rabínicas.

Los fariseos se originaron durante el período intertestamentario, probablemente como una rama de los jasidim (los "piadosos", que se oponían a la helenización de la cultura judía bajo el malvado rey seléucida Antíoco Epífanes). A diferencia de los saduceos, que tendían a ser acaudalados sacerdotes o levitas, los fariseos eran laicos, generalmente de clase media. Aunque pocos en cantidad (había aproximadamente seis mil en la época de Herodes el Grande), su popularidad con el pueblo en toda la tierra les daba importante influencia en el concilio (cp. Hch. 5:34-40).

La confrontación del Señor en esta ocasión da a conocer dos características decisivas de los falsos religiosos: lo que amaban, y lo que les faltaba.

LOS FALSOS RELIGIOSOS SE CARACTERIZAN POR LO QUE AMAN

El fariseo, cuando lo vio, se extrañó de que no se hubiese lavado antes de comer. Pero el Señor le dijo: Ahora bien, vosotros los fariseos limpiáis lo de fuera del vaso y del plato, pero por dentro estáis llenos de rapacidad y de maldad. Necios, ¿el que hizo lo de fuera, no hizo también lo de adentro? Pero dad limosna de lo que tenéis, y entonces todo os será limpio. Mas ¡ay de vosotros, fariseos! que diezmáis la menta, y la ruda, y toda hortaliza, y pasáis por alto la justicia y el amor de Dios. Esto os era necesario hacer, sin dejar aquello. ¡Ay de vosotros, fariseos! que amáis las primeras sillas en las sinagogas, y las salutaciones en las plazas. ¡Ay de vosotros, escribas y fariseos, hipócritas! que sois como sepulcros que no se ven, y los hombres que andan encima no lo saben. (11:38-44)

La falsa religión de los fariseos se distinguía por cinco características que ellos amaban: lo simbólico, lo pecaminoso, lo simplista, lo secundario, y lo vistoso.

LOS FALSOS RELIGIOSOS AMAN LO SIMBÓLICO

El fariseo, cuando lo vio, se extrañó de que no se hubiese lavado antes de comer. (11:38)

Cuando Jesús se acomodó en la mesa, **el fariseo se extrañó de que no se hubiese lavado antes de comer** (cp. Mt. 15:1-2; Mr. 7:1-5). Esto no tenía nada que ver con la higiene. La desagradable sorpresa del hombre no se debió a que las manos del Señor estuvieran físicamente sucias, sino a que no había realizado el complicado ritual de lavarse para quedar ceremonialmente limpio. Ese lavado no se ordenaba en el Antiguo Testamento, sino que se había desarrollado como parte de las tradiciones extrabíblicas de los ancianos (Mt. 15:2; Mr. 7:3) que más adelante se recopilarían en la Mishná (siglo III d.C.). Simbolizaba santidad y un deseo de ser limpios de toda la contaminación del mundo. Pero este era simplemente otro acto vacío de simbolismo que no podía hacer frente a la corrupción del corazón. **El fariseo** estaba sorprendido de que Jesús hiciera caso omiso a la tradición y, puesto que él era el anfitrión, sin duda se sintió ofendido. Pero el Señor se negaba a ratificar reglas hechas por el hombre que violaban los mandamientos de Dios (Mt. 15:3-6). Él estuvo dispuesto a ofender a este hombre con la finalidad de enfrentarlo con su bancarrota espiritual.

LOS FALSOS RELIGIOSOS AMAN LO PECAMINOSO

Pero el Señor le dijo: Ahora bien, vosotros los fariseos limpiáis lo de fuera del vaso y del plato, pero por dentro estáis llenos de rapacidad y de maldad. (11:39)

Aunque el fariseo no dijo nada, **el Señor** conocía la mente de él y entendía que el hombre estaba acongojado porque su invitado había hecho caso omiso del ritual de lavarse. De inmediato, sin disculparse y sin ninguna deferencia, Jesús confrontó la superficialidad del individuo, y **le dijo: Ahora bien, vosotros los fariseos limpiáis lo de fuera del vaso y del plato, pero por dentro estáis llenos de rapacidad y de maldad.** Este fue un ejemplo apropiado para que Jesús usara durante una comida. Cualquier anfitrión decente se habría asegurado de que las partes de los platos donde se comía estuvieran limpios. Pero, espiritualmente hablando, **los fariseos** hacían exactamente lo opuesto, y se preocupaban mucho por limpiar **lo de fuera del vaso y del plato.** En el simbolismo de la ilustración del Señor, los fariseos limpiaban de manera escrupulosa las partes de la vajilla que eran intrascendentes, y dejaban sucias y antihigiénicas las superficies con alimentos. El punto es que, a pesar de la devoción externa al ritual, la ceremonia y la tradición, **por dentro** estaban **llenos de rapacidad y de maldad** (cp. Mt. 23:25-28). Ellos amaban "más las tinieblas que la luz, porque sus obras eran malas" (Jn. 3:19). Sus almas se alimentaban de orgullo, lujuria y engaño.

Los dos términos que Jesús usó describen de forma gráfica la corrupción interna de los fariseos. *Harpagēs* (**rapacidad;** "saqueo", "pillaje", "botín") hace referencia a algo arrebatado a la fuerza. En el idioma griego clásico el término se usaba a veces para violación. Las falsas religiones causan estragos y saquean las posesiones temporales de las personas y sus almas eternas, y los fariseos eran culpables de hacer ambas cosas (20:47; Mt. 23:13, 15). *Ponēria* (**maldad**) también se podría traducir "malevolencia", "depravación", "malicia", o "picardía", todo lo cual describe acertadamente a estos hipócritas a quienes Jesús llamó hijos del infierno (Mt. 23:15).

La religión externa de los fariseos era una farsa. Ellos exaltaban los símbolos externos y acariciaban el pecado internamente; su preocupación con los rituales externos les hacía pasar por alto el importante asunto de sus corazones malvados. Una característica inequívoca de la falsa religión es que cuantos más símbolos tenga, menos realidad espiritual existe.

LOS FALSOS RELIGIOSOS AMAN LO SIMPLISTA

Necios, ¿el que hizo lo de fuera, no hizo también lo de adentro? Pero dad limosna de lo que tenéis, y entonces todo os será limpio. (11:40-41)

Vivir en el mundo encasillado de su propio sistema religioso impedía a los fariseos pensar de manera profunda y sincera. Calificar al anfitrión y sus invitados de **necios** fue sin duda poco convencional, pero no obstante certero. Jesús no estaba haciendo lo que prohibiera en Mateo 5:22; esta era una evaluación precisa, no un epíteto de grueso calibre. *Aphrones* (**necios**) describe a quienes son ignorantes, carentes de sentido común, y que piensan superficialmente y a la ligera. En el Nuevo Testamento se describe a quienes confían en sus riquezas (Lc. 12:20), a quienes hacen caso omiso de la verdad religiosa (Ro. 2:20), a quienes cuestionan o niegan la resurrección (1 Co. 15:36), o a quienes rechazan la fe cristiana (1 P. 2:15). A diferencia de estos, Pablo exhortó a los creyentes: "No seáis insensatos, sino entendidos de cuál sea la voluntad del Señor" (Ef. 5:17).

La pregunta retórica de Cristo, **¿el que hizo lo de fuera, no hizo también lo de adentro?** era un reproche inconfundible. Creer que el Dios santo se preocuparía solo de que se observaran rituales externos y no de los corazones de las personas era el colmo de la insensatez. Tan simplista modo de pensar da a conocer la asombrosa ignorancia que los fariseos tenían del Antiguo Testamento (cp. Dt. 10:16; 1 S. 16:7; Sal. 51:6; Is. 1:11-20; 19:13-14; Jer. 29:13; Jl. 2:12-13; Am. 5:21-24; Mi. 6:7-8). El mismo apóstol Pablo, quien antes fuera fariseo (Hch. 23:6), resumió la enseñanza del Antiguo Testamento cuando escribió: "Es judío el que lo es en lo interior, y la circuncisión es la del corazón, en espíritu, no en letra; la alabanza del cual no viene de los hombres, sino de Dios" (Ro. 2:29). Dios quiere el corazón.

Es mejor entender las palabras del Señor, **Pero dad limosna de lo que tenéis, y entonces todo os será limpio,** como una exhortación a sus oyentes para demostrar sus corazones dispuestos hacia Dios dando a los pobres. En tal sentido, esto es una reminiscencia de las palabras del Señor al joven rico: "Si quieres ser perfecto, anda, vende lo que tienes, y dalo a los pobres, y tendrás tesoro en el cielo; y ven y sígueme" (Mt. 19:21). Todos los atavíos religiosos externos de los fariseos (limosnas, oraciones, ayuno) eran hipócritas pues por otro lado se dedicaban a saquear, robar y despojar a las personas de forma tanto física como espiritual. La perspectiva irrazonablemente superficial y egoísta que tenían les impedía enfocarse en lo que estaba en sus corazones.

LOS FALSOS RELIGIOSOS AMAN LO SECUNDARIO

Mas ¡ay de vosotros, fariseos! que diezmáis la menta, y la ruda, y toda hortaliza, y pasáis por alto la justicia y el amor de Dios. Esto os era necesario hacer, sin dejar aquello. (11:42)

Este es el primero de los tres ayes que Jesús dirigió a los fariseos mientras pronunciaba juicio sobre el enfoque insensato, pecaminoso y simplista que tenían por verdad espiritual. **¡Ay!** no es principalmente una expresión sentimental de tristeza sino una declaración de juicio (cp. Is. 3:9, 11; 5:8, 11, 18, 20, 21, 22; 10:1; 29:15; 30:1; 45:9; Mt. 23:13, 15, 16, 23, 25, 27, 29).

Lo que motivó este primer "¡ay...!" fue la devoción de los fariseos a lo que tenía importancia secundaria. Con diligencia diezmaban **la menta, y la ruda, y toda hortaliza,** aunque lo que el Antiguo Testamento ordena con relación al diezmo (p. ej., Lv. 27:30-33; Dt. 14:22-29; 26:12-15) no se extendía a tan triviales artículos. **Y** su corrupción interna así como su negativa en obedecer los dos grandes mandamientos de la ley, amar a Dios y amar a su prójimo (Mt. 22:36-40), los llevó a pasar **por alto la justicia y el amor de Dios.** En vez de eso se enfocaban en los detalles minuciosos de las propias regulaciones que ellos mismos habían dispuesto. Diezmar y obedecer a Dios de corazón en asuntos menores prescritos en el Antiguo Testamento son las cosas que les **era necesario hacer** a los fariseos pero **sin dejar** de lado **la justicia y el amor de Dios.** Vacíos de vida espiritual, se fueron tras las formas secundarias y externas de la piedad religiosa en un desesperado intento por establecer su propia justicia.

LOS FALSOS RELIGIOSOS AMAN LO VISTOSO

¡Ay de vosotros, fariseos! que amáis las primeras sillas en las sinagogas, y las salutaciones en las plazas. ¡Ay de vosotros, escribas y fariseos, hipócritas! que sois como sepulcros que no se ven, y los hombres que andan encima no lo saben. (11:43-44)

El segundo "¡ay...!" pronunciado por Jesús sobre los **fariseos** da a conocer el motivo subyacente detrás de todo lo que hacían. Amaban las vistosas demostraciones de prominencia: **las primeras sillas** (aquellas destinadas a dignatarios en frente de la congregación) **en las sinagogas, y las salutaciones en las plazas,** los lugares de honor en banquetes (Mt. 23:6), en que usaban largas ropas (Mr. 12:38) y se hacían llamar Rabí (Mt. 23:7)... lo cual demostraba su insaciable deseo de posición social. Los fariseos eran hipócritas, mojigatos, orgullosos y desdeñosos con las personas comunes y corrientes (Jn. 7:49), carecían de justicia y misericordia, y saqueaban y se apoderaban de las posesiones y las almas de las personas. Sin embargo querían ser amados, admirados, reverenciados, respetados y se colocaban en una elevada posición por encima de todos los demás.

La actitud de los fariseos era la antítesis del verdadero liderazgo espiritual. Jesús enseñó a sus seguidores que el servicio humilde, no el orgullo exigente, es el sello distintivo de los verdaderos líderes espirituales:

> *Pero vosotros no queráis que os llamen Rabí; porque uno es vuestro Maestro, el Cristo, y todos vosotros sois hermanos. Y no llaméis padre vuestro a nadie en la tierra; porque uno es vuestro Padre, el que está en los cielos. Ni seáis llamados maestros; porque uno es vuestro Maestro, el Cristo. El que es el mayor de vosotros, sea vuestro siervo. Porque el que se enaltece será humillado, y el que se humilla será enaltecido (Mt. 23:8-12; cp. Lc. 14:8-11).*

Los fariseos, al igual que sus colegas en el Antiguo Testamento, fallaron miserablemente en apacentar el rebaño de Dios (Is. 56:10-12; Jer. 10:21; 23:1-2; 50:6; Ez. 34:2-10; Zac. 10:2-3). Estaban tan empeñados en buscar su propia gloria que se negaron a creer en su propio Mesías que se les revelaba en persona (Jn. 5:44). La autopromoción de estos individuos es una forma de idolatría; Cristo era una amenaza para el satánico y bien elaborado sistema que habían creado.

El Señor pronunció el último "¡ay...!" sobre los fariseos. Este revela que no solo ellos serían juzgados por su propia hipocresía sino también por su mala influencia sobre otras personas. A pesar de la apariencia externa de santidad que exhibían, Jesús los comparó con **sepulcros que no se ven, y** de los cuales **los hombres que andan encima** de esas sepulturas **no** están conscientes. El Antiguo Testamento prohibía tocar cadáveres (Nm. 19:11-22) o tumbas (v. 16), y quienes lo hacían quedaban ceremonialmente impuros. Por tanto, las tumbas en Israel se debían marcar claramente para que las personas no las tocaran inadvertidamente y se contaminaran. Al haber llevado al pueblo por el mal camino, los fariseos eran como tumbas marcadas que profanaban las almas de quienes entraban en contacto con ellos.

LOS FALSOS RELIGIOSOS SE CARACTERIZAN POR LO QUE LES FALTA

Respondiendo uno de los intérpretes de la ley, le dijo: Maestro, cuando dices esto, también nos afrentas a nosotros. Y él dijo: ¡Ay de vosotros también,

intérpretes de la ley! porque cargáis a los hombres con cargas que no pueden llevar, pero vosotros ni aun con un dedo las tocáis. ¡Ay de vosotros, que edificáis los sepulcros de los profetas a quienes mataron vuestros padres! De modo que sois testigos y consentidores de los hechos de vuestros padres; porque a la verdad ellos los mataron, y vosotros edificáis sus sepulcros. Por eso la sabiduría de Dios también dijo: Les enviaré profetas y apóstoles; y de ellos, a unos matarán y a otros perseguirán, para que se demande de esta generación la sangre de todos los profetas que se ha derramado desde la fundación del mundo, desde la sangre de Abel hasta la sangre de Zacarías, que murió entre el altar y el templo; sí, os digo que será demandada de esta generación. ¡Ay de vosotros, intérpretes de la ley! porque habéis quitado la llave de la ciencia; vosotros mismos no entrasteis, y a los que entraban se lo impedisteis. Diciéndoles él estas cosas, los escribas y los fariseos comenzaron a estrecharle en gran manera, y a provocarle a que hablase de muchas cosas; acechándole, y procurando cazar alguna palabra de su boca para acusarle. (11:45-54)

Después que Jesús terminara de condenar a los fariseos, **uno de los intérpretes de la ley, le dijo: Maestro, cuando dices esto, también nos afrentas a nosotros.** Llamados además doctores de la ley (Lc. 5:17) y con más frecuencia escribas (sesenta y tres veces en el Nuevo Testamento), **los intérpretes de la ley** eran expertos en la interpretación y aplicación de la ley mosaica y rabínica. Por lo general, pero no siempre, eran fariseos (se distinguen de estos cuando se les menciona por separado; [5:21, 30; 6:7; 11:53; 15:2; Mt. 5:20; 12:38; 15:1; 23:2, 13, 14, 15, 23, 25, 27, 29; Mr. 7:1, 5; Jn. 8:3. Marcos 2:16 hace referencia a "los escribas y los fariseos", y Hechos 23:9 a "los escribas de la parte de los fariseos".]). Se les otorgaba el respetuoso título de rabino ("grande"), aunque otros que enseñaban el mensaje de Dios también podían recibir tal título (cp. Jn. 1:38, 49; 3:2; 6:25, donde el título se le da a Jesús). Puesto que los intérpretes de la ley desarrollaron el sistema religioso que practicaban los fariseos, ofender a los fariseos **también** los afrentaba a ellos.

En respuesta a la protesta del intérprete de la ley acerca de las ofensas, Jesús pronunció tres ayes sobre ellos (aunque los seis en este pasaje se aplican tanto a los fariseos como a los intérpretes de la ley). Estos dan a conocer tres aspectos de los que carecen los falsos religiosos: poder espiritual, vida espiritual, y verdad espiritual.

LOS FALSOS RELIGIOSOS CARECEN DE PODER ESPIRITUAL

Y él dijo: ¡Ay de vosotros también, intérpretes de la ley! porque cargáis a los hombres con cargas que no pueden llevar, pero vosotros ni aun con un dedo las tocáis. (11:46)

El primer **¡ay!** dirigido a los **intérpretes de la ley** desenmascara la inherente falta de poder de la falsa religión para aliviar los corazones cargados por el pecado. Incluso la ley de Moisés solo puede dar a conocer a las personas cuán pecadoras son (Is. 64:6; Ro. 3:20; 7:7; Gá. 3:10; Stg. 2:10); pero no tiene poder para cambiar el corazón. Así escribió el apóstol en Romanos 8:3: "Porque lo que era imposible para la ley, por cuanto era débil por la carne, Dios, enviando a su Hijo en semejanza de carne de pecado y a causa del pecado, condenó al pecado en la carne" (cp. 3:21, 28; 10:4; Gá. 2:16, 21; 3:11; Fil. 3:9).

La manera en que los intérpretes ponen **a los hombres cargas que no pueden llevar** (las interpretaciones rabínicas de la ley y "la tradición de los ancianos" [Mr. 7:3]) en un infructuoso esfuerzo por conseguir los medios para estar a cuentas con Dios, y era tanto cruel como hipócrita. *Phortia* (**cargas**) describe un peso enorme, mucho más allá de la capacidad que cualquier persona podía soportar, tal como el cargamento de un barco (Hch. 27:10). Al haber usurpado la autoridad para interpretar la ley (cp. Mt. 23:2), los escribas exigían a las personas que llevaran cargas que nadie podía llevar (cp. Hch. 15:10).

Los intérpretes tampoco estaban interesados en ayudar a las personas en lo más mínimo, cuyas **cargas** ellos ni siquiera tocaban (el verbo griego traducido **tocáis** tiene la connotación de "palpar levemente", o "rozar") **ni aun con un dedo.** Lo cierto era que los intérpretes no podían sostener las cargas que imponían sobre sí mismos, mucho menos podía hacerlo el pueblo. Sin embargo, por medio de su sistema legalista y engañándose a sí mismos en cuanto al logro de la justicia delante de Dios, eran expertos en hallar maneras de evitar algunas de las cargas más onerosas que imponían. Leon Morris escribe:

> Enseñaban que en el día de reposo un hombre no podía llevar un peso "en la mano derecha ni en la izquierda, en el pecho ni en el hombro". Pero sí podía llevarlo "en el dorso de la mano, con el pie, con la boca, o en el codo, el oído, el cabello o en la cartera (cargada) boca abajo, o entre la cartera y la camisa, en el borde de la camisa, en el zapato, o en la sandalia (*Shabbat* 10:3). Multipliquemos esto por todas las regulaciones de la ley, y personas comunes y corrientes resultarán teniendo una carga insoportable incluso como para saber qué podrían y que no podrían hacer. Pero también había una cantidad de lagunas para un intérprete de la ley que conocía las tradiciones, que le permitía hacer muy bien lo que le daba la gana (*The Gospel According to St. Luke,* The Tyndale New Testament Commentaries [Grand Rapids: Eerdmans, 1975], pp. 205-6).

Al luchar desesperadamente bajo el peso agobiador que se habían impuesto sobre sí mismos, los intérpretes de la ley no tenían compasión, gracia ni poder que ofrecer al pueblo común. Su incapacidad e indiferencia estaban en marcado contraste con la promesa de Jesús: "Venid a mí todos los que estáis trabajados y cargados, y yo os haré descansar. Llevad mi yugo sobre vosotros, y aprended de mí, que soy manso y humilde de corazón; y hallaréis descanso para vuestras almas; porque mi yugo es fácil, y ligera mi carga" (Mt. 11:28-30).

La falsa religión no tiene el poder para llevar a las personas a relacionarse correctamente con Dios. Sus líderes tampoco tienen el poder para producir vida espiritual. Son ciegos guías de ciegos (Lc. 6:39), y unos y otros irán a parar al foso eterno del infierno. A pesar de eso, el propósito de todas las falsas religiones es llevar a cabo un engaño elaborado a medida que este reúne a los condenados dentro de su influencia.

LOS FALSOS RELIGIOSOS CARECEN DE VIDA ESPIRITUAL

¡Ay de vosotros, que edificáis los sepulcros de los profetas a quienes mataron vuestros padres! De modo que sois testigos y consentidores de los hechos de vuestros padres; porque a la verdad ellos los mataron, y vosotros edificáis sus sepulcros. Por eso la sabiduría de Dios también dijo: Les enviaré profetas y apóstoles; y de ellos, a unos matarán y a otros perseguirán, para que se demande de esta generación la sangre de todos los profetas que se ha derramado desde la fundación del mundo, desde la sangre de Abel hasta la sangre de Zacarías, que murió entre el altar y el templo; sí, os digo que será demandada de esta generación. (11:47-51)

La razón evidente de la falta de poder espiritual en los falsos religiosos es su falta de vida espiritual; se hallan "muertos en [sus] delitos y pecados" (Ef. 2:1), y como "viven según la carne no pueden agradar a Dios" (Ro. 8:8). No han recibido un nuevo corazón (Ez. 36:26) y el Espíritu Santo no mora en ellos (v. 27), de ahí que no tengan capacidad para honrar, obedecer o servir a Dios. Todos sus seguidores se dirigen a la condenación y la muerte eterna.

Este segundo **¡ay!** dirigido específicamente a los doctores de la ley pone al descubierto su falta de vida espiritual. Ellos se creían superiores a sus antepasados porque habían edificado y adornado **los sepulcros de los profetas,** mientras que fueron sus **padres** apóstatas **quienes mataron** a esos mismos profetas (Neh. 9:26; Jer. 2:30). Los escribas y fariseos "[edificaron] los sepulcros de los profetas, y [adornaron] los monumentos de los justos, y [dijeron]: Si hubiésemos vivido en los días de nuestros padres, no hubiéramos sido sus cómplices en la sangre de los profetas" (Mt. 23:29-30).

No obstante, a pesar del homenaje superficial que les dieron a los profetas martirizados, los escribas y fariseos no eran diferentes a sus antepasados. Tanto en el Antiguo como en el Nuevo Testamento los apóstatas israelitas rechazaron a los profetas y finalmente se negaron a creer en el Mesías que ellos predecían que iba a venir. Jesús dio entonces un cambio total al tema de la veneración que hicieron a los profetas cuando declaró: **De modo que sois testigos y consentidores de los hechos de vuestros padres; porque a la verdad ellos los mataron, y vosotros edificáis sus sepulcros.** A pesar de la afirmación que los escribas y fariseos hicieran de ser diferentes de sus antepasados, dieron a la verdad espiritual el mismo rechazo que sus padres. La única manera de honrar realmente a los profetas no era adornarles las tumbas sino obedecer la palabra de Dios que ellos predicaran, lo que era evidente que los escribas y fariseos no hacían. Peor aún, rechazaron al Mesías de quien los profetas tan a menudo escribieron, y por último lo mataron, exactamente como los antepasados de los religiosos habían hecho con los profetas. Lejos de ser mejores que sus padres, los escribas y fariseos en realidad eran peores. La atención que prestaban a las tumbas de los profetas vinculó de manera simbólica lo que sus padres hicieron con lo que ellos estaban planeando hacer a Aquel que era el más glorioso prometido por los profetas.

El Señor continuó su reproche, declarando en el versículo 49: **Por eso la sabiduría de Dios también dijo: Les enviaré profetas y apóstoles; y de ellos, a unos matarán y a otros perseguirán.** Las acciones futuras de los dirigentes religiosos apóstatas probarían la veracidad de la afirmación de Jesús de que no eran mejores que sus antepasados. Ya que la cita atribuida a **la sabiduría de Dios** no se encuentra en el Antiguo Testamento, es mejor traducirla con el mismo sentido de "Dios en su sabiduría también dijo...". Los **profetas y apóstoles** a quienes los líderes apóstatas del judaísmo **matarán y perseguirán** eran los apóstoles y profetas del Nuevo Testamento. Juan el Bautista (Mt. 14:3-12), Esteban (Hch. 7:58-60), el apóstol Jacobo, el hermano de Juan (Hch. 12:1-2), Jacobo el hermano del Señor (cuya muerte la relata Josefo, el historiador judío del siglo I) y otros (cp. Hch. 26:10) fueron asesinados, mientras que Pedro y Juan (Hch. 4:1-3), todos los apóstoles (Hch. 5:18-41), y otros más (Hch. 8:1) fueron perseguidos. El maltrato que hicieran a los predicadores del evangelio demostraría de manera concluyente la afirmación de Cristo de que los escribas y fariseos eran tan malvados e impíos como sus antepasados. Es más, eran incluso peores.

La impactante declaración del Señor, **que se demande de esta generación la sangre de todos los profetas que se ha derramado desde la fundación del mundo,** revela cuánto peor era esa generación viva en ese momento que la que mató a los profetas. Esa ira acumulada de Dios que caería sobre una generación no tiene precedentes. La generación viva en el tiempo del diluvio experimentó el juicio que resultó de generaciones de maldad, igual que lo experimentará la generación que esté viva durante la época escatológica final de la tribulación (Ap. 6—19). **Esta generación,** la que estaba viva en la época de Jesús, era culpable por **la sangre de todos los profetas que se ha derramado desde**

la fundación del mundo porque tenía la mayor revelación acumulada y sin embargo se entregó a los mismos pecados de las generaciones anteriores. Tuvieron la enseñanza de los profetas del Antiguo Testamento, habían oído a Juan el Bautista, los doce apóstoles, los setenta evangelistas, y principalmente habían tenido el privilegio sin precedentes de oír la profunda verdad de los labios de Jesús, Dios encarnado. Además, habían visto el poder divino de Cristo sobre los demonios, las enfermedades, la muerte y la naturaleza en una demostración enorme e indiscutible de milagros innegables.

El juicio que se ve aquí es temporal, y conlleva la muerte de decenas de miles de almas, así como la destrucción de la nación de Israel como entidad. Así también unas décadas más tarde esta generación experimentaría esa furia temporal de Dios que no se había sentido desde el cautiverio babilónico. La revuelta contra Roma entre el 66-70 d.C. dio como resultado la destrucción de casi mil pueblos y aldeas en todo Israel. Jerusalén fue tomada después de un asedio, sus edificios fueron arrasados, y el templo fue destruido. Decenas de miles de judíos en todo Israel fueron masacrados, y miles más fueron vendidos como esclavos. Esta generación realmente llenó "la medida de [culpa de sus] padres" (Mt. 23:32). Y ese juicio terrenal obviamente llevó al infierno final.

La frase **desde la sangre de Abel hasta la sangre de Zacarías, que murió entre el altar y el templo,** abarca a todos los mártires del Antiguo Testamento. **Abel** fue la primera persona en la historia en morir, asesinado por su hermano Caín debido al celo por la fidelidad de Abel en obedecer los mandamientos de Dios. Algunos creen que el **Zacarías** del que se habla aquí es el hijo del sacerdote Joiada, a quien apedrearon hasta matarlo en el atrio del templo por orden del rey Joás (2 Cr. 24:20-22). Sin embargo, su muerte no ocurrió cerca del final del Antiguo Testamento, y hubo muchos mártires más después de él.

No es necesario especular con esto porque Jesús clarificó a cuál de las más de dos docenas de Zacarías mencionados en el Antiguo Testamento se estaba refiriendo. En Mateo 23:35 lo llamó: "Zacarías hijo de Berequías". Este fue el profeta Zacarías, el autor del libro de Zacarías (Zac. 1:1) cuyo martirio, aunque no se registra en la Biblia, se llevó a cabo casi al final del Antiguo Testamento. Evidentemente Zacarías el hijo de Berequías también fue asesinado **entre el altar y el templo** (cp. Joab, quien fue ejecutado en el altar mismo [1 R. 2:28-34]). Jesús afirmó que la culpa colectiva por las muertes de todos esos mártires **será demandada de esta generación** que había colmado por completo la ira de Dios.

LOS FALSOS RELIGIOSOS CARECEN DE VERDAD ESPIRITUAL

¡Ay de vosotros, intérpretes de la ley! porque habéis quitado la llave de la ciencia; vosotros mismos no entrasteis, y a los que entraban se lo impedisteis. Diciéndoles él estas cosas, los escribas y los fariseos comenzaron a estrecharle

en gran manera, y a provocarle a que hablase de muchas cosas; acechándole, y procurando cazar alguna palabra de su boca para acusarle. (11:52-54)

La falsa religión carece de poder espiritual porque está vacía de vida espiritual, y eso se deriva de la ausencia de verdad espiritual. El tercero y último **¡ay!** contra los **escribas, y** el último de los seis dirigidos tanto a ellos como a los **fariseos,** se hacen explícitos. Se suponía que ellos eran los intérpretes y maestros de la ley, pero en realidad habían **quitado la llave de la ciencia** o del conocimiento, es decir la interpretación exacta de las Escrituras bajo la dirección iluminada del Espíritu Santo. Puesto que "no tienen al Espíritu" (Jud. 19) y están cegados por Satanás (2 Co. 4:4), es inevitable que los falsos maestros tuerzan y distorsionen el significado de la Biblia (2 P. 3:15-16). En realidad, ¡Jesús declara que ellos cierran las verdades de las Escrituras y tiran la llave!

Según deja traslucir el rechazo que le hicieran a Cristo, los escribas y fariseos no pudieron entender correctamente el Antiguo Testamento, que lo señalaba a Él (Jn. 5:39; cp. Lc. 24:27; Ap. 19:10). Sus tradiciones ensombrecían cada vez más la verdad contenida en el Antiguo Testamento, convirtiéndola en un laberinto de enigmas, alegorías, significados secretos, e interpretaciones confusas, todo eso diseñado para reforzarles la astucia y comerciar su falso sistema de arrogancia moral. Jesús les advirtió: no solo que **vosotros mismos no entrasteis** al reino de Dios, sino que **a los que entraban se lo impedisteis.** Esa es la más severa condenación dada por nuestro Señor, como queda claro en las palabras de Hebreos 10:29-31:

> *¿Cuánto mayor castigo pensáis que merecerá el que pisoteare al Hijo de Dios, y tuviere por inmunda la sangre del pacto en la cual fue santificado, e hiciere afrenta al Espíritu de gracia? Pues conocemos al que dijo: Mía es la venganza, yo daré el pago, dice el Señor. Y otra vez: El Señor juzgará a su pueblo. ¡Horrenda cosa es caer en manos del Dios vivo!*

Es triste pero previsible que los fariseos y escribas no hicieran caso a las misericordiosas y severas advertencias de Jesús. En vez de arrepentirse de sus pecados, repudiar su falso sistema religioso, y suplicar la compasión divina, se volvieron aún más agresivos contra Él. Lucas observa que después que Jesús les dijera **estas cosas, los escribas y los fariseos comenzaron a estrecharle en gran manera.** *Enechō* (**estrecharle**) se podría traducir "guardar resentimiento". El caso no es que simplemente tuvieran desacuerdos teológicos con Jesús; la animosidad contra Él era personal debido a que públicamente los desenmascaró como falsos maestros. Esa cruel hostilidad los motivó **a provocarle a que hablase de muchas cosas.** Los verbos griegos traducidos **acechándole y procurando cazar** son términos de cacería. El primero significa "estar en espera" o "emboscar"; el último describe el hecho de acosar y capturar a un animal salvaje. El vívido lenguaje deja ver la desesperación que ellos tenían por atrapar a Jesús en **alguna palabra de su boca para acusarle.** Al fallar por completo en hacer eso, con el tiempo recurrieron a buscar testigos falsos que mintieran contra Jesús en el juicio al que lo sometieron (Mt. 26:59-61).

La Iglesia de Jesucristo debe en todo tiempo y lugar estar vigilante contra los falsos maestros que fingen ser morales, amar a Dios, y enseñar la verdad, pero en realidad son insensatos pecadores y egoístas carentes de poder espiritual, vida espiritual y verdad espiritual. Puesto que son culpables de hablar "cosas perversas para arrastrar tras sí a los discípulos" (Hch. 20:30), no se les debe recibir en nombre de la tolerancia, sino que se les debe rechazar como "los que causan divisiones y tropiezos en contra de la doctrina" del evangelio de Jesucristo (Ro. 16:17; cp. 2 Ti. 3:5; Tit. 3:10; 2 Jn. 10-11). Las fuertes palabras de 2 Pedro y Judas constituyen advertencias para la Iglesia.

Cura segura para la hipocresía

76

En esto, juntándose por millares la multitud, tanto que unos a otros se atropellaban, comenzó a decir a sus discípulos, primeramente: Guardaos de la levadura de los fariseos, que es la hipocresía. Porque nada hay encubierto, que no haya de descubrirse; ni oculto, que no haya de saberse. Por tanto, todo lo que habéis dicho en tinieblas, a la luz se oirá; y lo que habéis hablado al oído en los aposentos, se proclamará en las azoteas. Mas os digo, amigos míos: No temáis a los que matan el cuerpo, y después nada más pueden hacer. Pero os enseñaré a quién debéis temer: Temed a aquel que después de haber quitado la vida, tiene poder de echar en el infierno; sí, os digo, a éste temed. ¿No se venden cinco pajarillos por dos cuartos? Con todo, ni uno de ellos está olvidado delante de Dios. Pues aun los cabellos de vuestra cabeza están todos contados. No temáis, pues; más valéis vosotros que muchos pajarillos. Os digo que todo aquel que me confesare delante de los hombres, también el Hijo del Hombre le confesará delante de los ángeles de Dios; mas el que me negare delante de los hombres, será negado delante de los ángeles de Dios. A todo aquel que dijere alguna palabra contra el Hijo del Hombre, le será perdonado; pero al que blasfemare contra el Espíritu Santo, no le será perdonado. Cuando os trajeren a las sinagogas, y ante los magistrados y las autoridades, no os preocupéis por cómo o qué habréis de responder, o qué habréis de decir; porque el Espíritu Santo os enseñará en la misma hora lo que debáis decir. (12:1-12)

Ya que la falsa religión no puede ofrecer el verdadero conocimiento acerca de Dios, del hombre, del pecado y de la salvación, tampoco provee la verdad que tiene acceso al poder para que las personas agraden a Dios y reciban la salvación. Todos los falsos líderes religiosos afirman tener la verdad, pero en realidad ninguno de ellos la tiene. Y puesto que ellos mismos no conocen la verdad, los hipócritas vacíos no pueden dirigir a otros hacia ella. Todos perecen junto con sus devotos.

La palabra griega traducida *hupokritēs* (hipócrita) era originalmente un término secular que se refería a un actor que representaba un papel en el escenario.

Pero en el Nuevo Testamento se volvió un término religioso, usado exclusivamente en el sentido negativo de alguien que asevera hablar por Dios sin que sea así, es decir, un farsante. La definición original teatral de *hupokritēs* expresa en sentido figurado la naturaleza de los engañadores espirituales. Un actor intenta realizar un papel convincente en el escenario, fingiendo ser alguien que no es. Así son los engañadores religiosos. Incluso hoy día con más frecuencia las palabras "hipócrita", e "hipocresía" tienen connotaciones religiosas. Aunque todos los dirigentes espirituales hipócritas despojan a las personas de sus posesiones terrenales, las consecuencias eternas de su inescrupuloso engaño son mucho más perjudiciales. A pesar de que pretenden hablar en nombre de Dios, son mentirosos y engañadores fraudulentos (1 Ti. 4:2), que hacen que las personas se pierdan para el juicio de sus almas eternas. Jesús aseveró que estos fariseos hipócritas en realidad convierten a las personas en hijos del infierno (Mt. 23:15).

La Biblia da a conocer características específicas de los hipócritas. Primera, al pretender ser algo que no son se enfocan en apariencias externas y esconden la verdad en cuanto a quiénes son realmente. Jesús aplicó a los escribas y fariseos la condenación que Isaías hiciera a los hipócritas de su época cuando "les dijo: Hipócritas, bien profetizó de vosotros Isaías, como está escrito: Este pueblo de labios me honra, mas su corazón está lejos de mí" (Mr. 7:6). En una demostración ostentosa e interesada de su supuesta espiritualidad, los religiosos hipócritas del tiempo de Jesús hacían sonar trompetas para llamar la atención sobre sus donaciones (Mt. 6:2), oraban en las esquinas de las calles para que todos los vieran (v. 5), hacían evidente que estaban ayunando al poner expresión de congoja en sus rostros y descuidar su aspecto (v. 16), agrandaban sus filacterias y las borlas en sus prendas de vestir (Mt. 23:5), buscaban las sillas más importantes en los banquetes y en las sinagogas (v. 6), y ansiaban saludos públicos respetuosos y el honroso título de rabino (v. 7).

Al verse como espiritualmente superiores al común de las personas (cp. Is. 65:5), los hipócritas son condescendientemente rápidos en hallar faltas en los demás. En una imagen significativa y humorística Jesús dijo acerca de tales individuos:

> *¿O cómo dirás a tu hermano: Déjame sacar la paja de tu ojo, y he aquí la viga en el ojo tuyo? ¡Hipócrita! saca primero la viga de tu propio ojo, y entonces verás bien para sacar la paja del ojo de tu hermano (Mt. 7:4-5).*

Que los hipócritas presuman con el fin de criticar las faltas de otros es tan absurdo como que alguien con una viga gigantesca en el ojo presuma de poder quitar una diminuta paja del ojo de otra persona.

Los hipócritas responden de mala manera a quienes los desenmascaran. Al tratar con desesperación de conseguir que Jesús hiciera una declaración ºincriminatoria, los dirigentes religiosos judíos le preguntaron acerca del insólito asunto de pagar a los romanos el impuesto de captación. Como percibió en ellos tanto malicia (Mt. 22:18) como hipocresía (Mr. 12:15), Jesús les refutó el intento de atraparlo (Mt. 22:19-21).

Los hipócritas también carecen de discernimiento. En Lucas 12:54-57, Jesús reprendió a quienes podían ver ciertas señales y predecir el clima (vv. 54-55), pero eran incapaces de reconocer las evidentes señales de que el Mesías, Dios encarnado, estaba entre ellos (vv. 56-57).

El desdén que mostraban por aquellos que consideraban espiritualmente inferiores hace que los hipócritas carezcan de compasión. Lucas 13:11-13 describe la sanidad que Jesús hiciera a una mujer que durante dieciocho años había padecido una agobiante enfermedad. Indignado por esta flagrante violación de las restricciones rabínicas sobre el día de reposo, el dirigente de una sinagoga ordenó al pueblo que buscara sanidad en uno de los otros seis días. La severa reprimenda que Jesús le hizo desenmascaró la insensible hipocresía del hombre:

> *Entonces el Señor le respondió y dijo: Hipócrita, cada uno de vosotros ¿no desata en el día de reposo su buey o su asno del pesebre y lo lleva a beber? Y a esta hija de Abraham, que Satanás había atado dieciocho años, ¿no se le debía desatar de esta ligadura en el día de reposo? (vv. 15-16).*

Este incidente fue uno de muchos en que Jesús pronunció juicio divino sobre los hipócritas. Siete veces en Mateo 23 (vv. 13, 15, 16, 23, 25, 27, 29) el Señor se dirigió a los escribas y fariseos usando la frase: "¡Ay de vosotros!", la cual es una expresión de condenación y juicio divinos. Jesús concluyó su parábola del siervo fiel y el siervo malo (Mt. 24:45-51) declarando que el siervo desleal estaría destinado al infierno con los hipócritas. Y en un impactante acto de juicio, Dios les quitó la vida a los dos hipócritas más notorios en la iglesia primitiva, Ananías y Safira (Hch. 5:1-11). Dios no solo juzga a los incrédulos por su hipocresía, sino que también advierte a los creyentes que la eviten (Ro. 12:9; cp. Stg. 3:17; 1 P. 2:1).

La hipocresía plagó a Israel a lo largo de su historia. Dios le dijo a Ezequiel con relación al pueblo judío de su época:

> *Y vendrán a ti como viene el pueblo, y estarán delante de ti como pueblo mío, y oirán tus palabras, y no las pondrán por obra; antes hacen halagos con sus bocas, y el corazón de ellos anda en pos de su avaricia. Y he aquí que tú eres a ellos como cantor de amores, hermoso de voz y que canta bien; y oirán tus palabras, pero no las pondrán por obra (Ez. 33:31-32; cp. Is. 58:1-11; Zac. 7:5-6).*

Miqueas lamentó que los "jefes [de Israel juzgaran] por cohecho, y sus sacerdotes [enseñaran] por precio, y sus profetas [adivinaran] por dinero; y se [apoyaran] en Jehová, diciendo: ¿No está Jehová entre nosotros? No vendrá mal sobre nosotros" (Mi. 3:11). Al amonestar a los sobrevivientes de la destrucción babilónica de Judá por su hipocresía, Jeremías declaró:

> *Jehová habló sobre vosotros, oh remanente de Judá: No vayáis a Egipto; sabed ciertamente que os lo aviso hoy. ¿Por qué hicisteis errar vuestras almas? Pues vosotros me enviasteis a Jehová vuestro Dios, diciendo: Ora por nosotros a Jehová nuestro Dios, y haznos saber todas las cosas que Jehová nuestro Dios dijere, y lo haremos. Y os lo he declarado hoy, y no habéis obedecido a la voz de Jehová vuestro Dios, ni a todas las cosas por las cuales me envió a vosotros. Ahora, pues, sabed de cierto que a espada, de hambre y de pestilencia moriréis en el lugar donde deseasteis entrar para morar allí (Jer. 42:19-22).*

Salmos 78:36-37, Isaías 29:13, y Romanos 2:17-23 también describen la hipocresía en Israel.

El Nuevo Testamento también relata casos de hipocresía. Además de Ananías y Safira, Lucas 20:19-20 describe que "los principales sacerdotes y los escribas... enviaron espías que se simulasen justos, a fin de sorprenderle [a Jesús] en alguna palabra, para entregarle al poder y autoridad del gobernador". Pablo encontró "falsos hermanos introducidos a escondidas, que entraban para espiar nuestra libertad que tenemos en Cristo Jesús, para reducirnos a esclavitud" (Gá. 2:4; cp. 2 Co. 11:13, 26). Incluso el apóstol Pedro cayó temporalmente en hipocresía (Gá. 2:11-14).

Sin embargo, superiores en la galería de hipócritas en la Biblia estaban los escribas y fariseos, la fuerza dominante en la cultura religiosa de Israel del siglo I. Durante el transcurso del ministerio de Jesús, se enfurecieron cada vez más con la incesante denuncia que Él les hacía de la hipocresía que ellos exhibían. La oposición de ellos alcanzó su punto álgido cuando intentaron explicar los milagrosos poderes de Cristo como si vinieran de parte de Satanás, y no de Dios (véase la exposición de Lc. 11:15 en el cap. 72 de esta obra). En respuesta, el Señor pronunció seis maldiciones sobre los escribas y fariseos (11:42, 43, 44, 46, 47, 52).

En el inicio del capítulo 12 de Lucas, la mayoría de personas, tras haberse dejado influir por tan blasfemo punto de vista, se mostraban inamovibles en su resentimiento, resistencia, animosidad y rechazo hacia Jesús. La sensibilidad, la curiosidad, el entusiasmo y la conmoción que caracterizaron a los primeros años de su ministerio habían desaparecido; el pueblo en realidad se había convertido en una "generación mala" (11:29). Como resultado, el ministerio de Jesús fue en gran manera de advertencia y juicio. Aquellos son los temas amenazantes del discurso que empieza en 12:1 y que se extiende hasta el 13:9.

El primer versículo del capítulo 12 presenta la escena. La frase griega traducida

en esto se traduciría mejor "mientras tanto", "en esa época", o "durante ese período". Jesús expuso este discurso durante el mismo período general de los acontecimientos relatados en el capítulo 11. La frase **por millares** literalmente significa decenas de miles. **Juntándose** una inmensa **multitud,** evidencia que estaban ávidos por presenciar el continuo conflicto entre el Señor y los escribas y fariseos (11:53-54). Había tanta gente allí **que unos a otros se atropellaban** tratando de acercarse lo suficiente para oír el diálogo entre el Señor y sus adversarios. El resultado fue cierto tipo de turba alborotada.

Cualquier diálogo que pudo haber estado ocurriendo terminó, y Jesús se volvió para dirigirse a la multitud que en gran medida se hallaba hostil. Sin embargo, antes de que les hablara acerca de la hipocresía usó sus palabras para **decir a sus discípulos, primeramente** que se cuidaran **de la levadura de los fariseos, que es la hipocresía.** La palabra traducida **discípulos** es la forma plural del sustantivo *mathētēs*, que se refiere a un aprendiz o estudiante. No todos ellos habían creído en Jesús, pero a diferencia de la mayor parte de la muchedumbre que lo había rechazado, al menos todavía estaban interesados en Él. Jesús les advirtió: **Guardaos** ("prestar atención a", "tener cuidado de", "estar vigilantes", "protegerse contra" **la levadura** (penetrante influencia; cp. Mt. 16:6, 11-12; Mr. 8:15) **de los fariseos.** Los discípulos debían evitar toda influencia corrupta de falsos maestros apóstatas ya que, según explicó Pablo, "las malas conversaciones corrompen las buenas costumbres" (1 Co. 15:33).

En los versículos 2-12, Jesús ofreció tres obligaciones esenciales y no negociables que impedirán que las personas caigan en el desastre eterno de ser hipócritas: honrar al Padre, honrar al Hijo, y honrar al Espíritu. Solo enfocándose en el Dios trino se puede evitar caer bajo la influencia condenatoria de la falsa religión. En pocas palabras, los que no son trinitarios no pueden evitar el infierno, ya que es imposible honrar al Padre sin honrar al Hijo, e imposible honrar al Hijo sin honrar al Espíritu. Existe una cadena entrelazada de testimonio: el Espíritu da testimonio del Hijo (Jn. 15:26), el Hijo revela al Padre (Lc. 10:22; Jn. 1:18), y el Padre glorifica y honra al Hijo (Jn. 8:54).

HONRA AL PADRE

Porque nada hay encubierto, que no haya de descubrirse; ni oculto, que no haya de saberse. Por tanto, todo lo que habéis dicho en tinieblas, a la luz se oirá; y lo que habéis hablado al oído en los aposentos, se proclamará en las azoteas. Mas os digo, amigos míos: No temáis a los que matan el cuerpo, y después nada más pueden hacer. Pero os enseñaré a quién debéis temer: Temed a aquel que después de haber quitado la vida, tiene poder de echar en el infierno; sí, os digo, a éste temed. ¿No se venden cinco pajarillos por dos cuartos? Con todo, ni uno de ellos está olvidado delante de Dios. Pues aun los

cabellos de vuestra cabeza están todos contados. No temáis, pues; más valéis vosotros que muchos pajarillos. (12:2-7)

Jesús dio tres razones de peso para honrar al Padre. Primera, Él descubrirá lo que está oculto. La declaración **nada hay encubierto, que no haya de descubrirse; ni oculto, que no haya de saberse** expresa un tema frecuente de la enseñanza del Señor (cp. 8:17; Mt. 10:26; Mr. 4:22). Repite el último versículo de Eclesiastés, donde Salomón advirtió que "Dios traerá toda obra a juicio, juntamente con toda cosa encubierta, sea buena o sea mala" (Ec. 12:14). El apóstol Pablo escribió del "día en que Dios juzgará por Jesucristo los secretos de los hombres, conforme a mi evangelio" (Ro. 2:16), y exhortó a los corintios: "No juzguéis nada antes de tiempo, hasta que venga el Señor, el cual aclarará también lo oculto de las tinieblas, y manifestará las intenciones de los corazones; y entonces cada uno recibirá su alabanza de Dios" (1 Co. 4:5).

El asunto está en que mientras los hipócritas podrían tener éxito en su engaño por un tiempo, en última instancia siendo hipócrita nadie escapa. Lo que los hipócritas ocultan con éxito de los demás finalmente se descubrirá. Algunos serán desenmascarados en esta vida, tal como Pablo le dijera a Timoteo (1 Ti. 5:24-25); todo quedará al descubierto en el futuro, cuando "el Hijo del Hombre vendrá en la gloria de su Padre con sus ángeles, y entonces pagará a cada uno conforme a sus obras" (Mt. 16:27; cp. Ro. 2:5-6).

La advertencia del Señor: **Por tanto, todo lo que habéis dicho en tinieblas, a la luz se oirá; y lo que habéis hablado al oído en los aposentos, se proclamará en las azoteas,** refuerza de manera metafórica la verdad de que los pecados finalmente serán expuestos. Lo que los hipócritas tratan de ocultar en la oscuridad es claramente visible para Dios, según revela el libro más antiguo de la Biblia: "No hay tinieblas ni sombra de muerte donde se escondan los que hacen maldad" (Job 34:22; cp. Sal. 139:12; Is. 29:15; Jer. 23:24; He. 4:13). Los aposentos de los que Jesús habló eran despensas (la misma palabra griega se traduce así en el v. 24), construidas en medio de casas lejos de los muros exteriores, lo que las hacía más fáciles de descubrir para los ladrones. Tales cuartos interiores se usaban para guardar objetos de valor, pero también podían servir como un lugar para conversaciones privadas, o para orar (Mt. 6:6). El hecho es que la hipocresía no puede estar permanentemente oculta, como lo señala Darrell L. Bock:

> Esta figura retórica describe la mayoría de nuestras costumbres privadas. Se trata de un tema clásico de cambio de rumbo: las expresiones y los actos más privados llegan a ser los más públicos. Es esta exposición la que a la larga hace inútil a la hipocresía, y finalmente convierte en objeto de admiración al hecho heroico realizado en privado. Los contrastes son fuertes: tinieblas contra luz, y susurro privado contra

predicación pública (*Luke 9:51-24:53*, Baker Exegetical Commentary on the New Testament [Grand Rapids: Baker, 1996], p. 1135).

Un día se verá a los hipócritas por lo que realmente son.

Una segunda razón de temer a Dios es la realidad de que Él castigará en el infierno a los hipócritas. Estos están preocupados con lo que las personas piensan. Sin embargo, Jesús declaró: **No temáis a los** seres humanos **que** en el peor de los casos lo único que **matan** es **el cuerpo, y después nada más pueden hacer.** Por otra parte, Jesús pasó a advertir a quién se le debe **temer** más bien: **A aquel que después de haber quitado la vida, tiene poder de echar en el infierno.** *Gehenna* (**infierno**) hace referencia al valle de Cedrón, situado a las afueras de Jerusalén. En ese valle los judíos apóstatas habían construido un lugar de adoración, donde sacrificaban a sus hijos al abominable dios pagano Moloc quemándolos en el fuego (Jer. 7:31). Ese altar fue profanado por el piadoso rey Josías como parte de sus reformas (2 R. 23:10), y con el tiempo el lugar se convirtió en el basurero de la ciudad de Jerusalén. Debido a que era un sitio donde el fuego ardía constantemente, *gehenna* se llegó a usar de manera figurada para referirse al infierno eterno (cp. Mt. 5:22, 29, 30; 10:28; 18:9; 23:15, 33; Mr. 9:43, 45, 47; Stg. 3:6).

Aquel que tiene poder de echar en el infierno no es, como algunos creen, Satanás, pues él no es quien envía personas al infierno ni es el gobernador de este lugar. Al contrario, él mismo en un día futuro será lanzado certeramente allí (Ap. 20:10), donde será el prisionero de más mala reputación por toda la eternidad. En ninguna parte de la Biblia hay una orden de temer a Satanás. En la actualidad los creyentes hemos sido liberados por completo de él, "porque mayor es el que está en [nosotros], que el que está en el mundo" (1 Jn. 4:4), y en el futuro no tendrá ninguna influencia en nosotros porque "el Dios de paz aplastará en breve a Satanás bajo [nuestros] pies" (Ro. 16:20). Así que en vez de temer a Satanás, los creyentes debemos resistirle (Stg. 4:7; 1 P. 5:9), tener cuidado de sus asechanzas (Ef. 6:11), y no darle ninguna oportunidad de que nos tiente a pecar (Ef. 4:27; 1 P. 5:8). Dios es el único a quien se debe temer (Pr. 23:17; 24:21; 2 Co. 7:1; Ef. 5:21; 1 P. 2:17; cp. Job 28:28; Sal. 19:9; 34:11; 111:10; Pr. 1:7; 9:10; Hch. 9:31).

He aquí otro pasaje fuerte en la enseñanza de nuestro Señor que refuta la falsa idea de que el infierno no existe. Insistir en que **infierno** es una referencia a la tumba solo destruye aquí la comparación y convierte en insensatez la declaración del Señor. Si no existe infierno, entonces Dios no podría hacer a una persona nada más que lo que otras podrían hacer. Ambos pueden matar a alguien, que simplemente entonces dejaría de existir. La idea de Jesús es que Dios es a quien debemos temer porque solo Él tiene el poder tanto para matar pecadores como para lanzarlos al tormento eterno después de la muerte.

Una última razón para temer a Dios es que nada escapa a su conocimiento. Jesús usó dos ilustraciones para demostrar el conocimiento divino incluso de los detalles más insignificantes cuando preguntó: **¿No se venden cinco pajarillos por dos cuartos? Pajarillos** son pequeños gorriones comunes que a menudo los pobres comían. Eran tan baratos que se podían comprar **cinco** por solo **dos cuartos** (un cuarto era la dieciseisava parte del salario de un día para un trabajador promedio). **Con todo,** a pesar de lo insignificantes que eran estos animalitos, **ni uno de ellos está olvidado delante de Dios.** Él conoce a cada gorrión en el mundo. No solo eso, también conoce la cantidad de **cabellos** que hay en la **cabeza** de las personas, más de cien mil en promedio. Tal omnisciencia es fuente de gran consuelo para los hijos de Dios (cp. Mt. 6:25-34), quienes no tienen nada que temer pues valen más **que muchos pajarillos.** Pero si bien esto es un consuelo para los creyentes, debería ser causa de terror para los hipócritas cuya fraudulenta justicia propia de nada les servirá a la luz del completo y detallado conocimiento de Dios de la verdadera condición no regenerada que poseen.

HONRA AL HIJO

Os digo que todo aquel que me confesare delante de los hombres, también el Hijo del Hombre le confesará delante de los ángeles de Dios; mas el que me negare delante de los hombres, será negado delante de los ángeles de Dios. (12:8-9)

La frase **os digo** marca una transición en el flujo de pensamiento del Señor. El medio de honrar al Padre es honrar al Hijo, porque "el que no honra al Hijo, no honra al Padre que le envió" (Jn. 5:23; 8:41-42; 14:6; Hch. 4:10-12; 1 Jn. 4:14; 2 Jn. 7). La expresión **todo aquel** es global; solo quien **confesare** al Hijo **delante de los hombres** honra a Dios. **Confesare** se traduce de una forma del verbo *homologeō*, que literalmente significa "estar de acuerdo", o "decir la misma cosa". Confesar a Cristo es afirmar lo que es verdadero en cuanto a su persona, obras y palabras. Es aceptar el testimonio del Padre: "Este es mi Hijo amado, en quien tengo complacencia" (Mt. 3:17), además de "[confesar] con [la] boca que Jesús es el Señor, y [creer] en [el] corazón que Dios le levantó de los muertos" (Ro. 10:9).

La esencia de confesar a Jesús como Señor es sacrificar y someter todos los aspectos de nuestra vida a su control soberano como un esclavo a su amo (cp. Lc. 7:8). En Lucas 9:23-24, Jesús declaró: "Si alguno quiere venir en pos de mí, niéguese a sí mismo, tome su cruz cada día, y sígame. Porque todo el que quiera salvar su vida, la perderá; y todo el que pierda su vida por causa de mí, éste la salvará" (cp. Gá. 2:20; Col. 3:3).

Una verdadera confesión de Cristo da como resultado transformación total causada por regeneración y santificación. El apóstol Juan escribió: "En esto se manifiestan los hijos de Dios, y los hijos del diablo: todo aquel que no hace justicia, y que no ama a su hermano, no es de Dios" (1 Jn. 3:10). Es inevitable que quienes hacen tal confesión la manifiesten abiertamente **delante de los hombres** tanto con sus palabras como con sus vidas transformadas en dispuesta y agradecida sumisión a Cristo.

El hecho de confesar o no a Cristo determina el destino de toda persona. Por una parte, si lo confiesa **delante de los hombres, también el Hijo del Hombre le confesará delante de los ángeles de Dios.** Pero, por otra parte, Jesús advirtió que todo aquel **que** lo **negare delante de los hombres, será negado delante de los ángeles de Dios.** A los ángeles se les asocia a menudo con juicio en el Nuevo Testamento (9:26; Mt. 13:39-42, 49-50; 16:27; 25:31, 41; Mr. 8:38; 2 Ts. 1:7; Ap. 14:10, 14-15). Quienes no confiesan verdaderamente a Cristo como Señor, un día lo oirán exclamar: "Nunca os conocí; apartaos de mí, hacedores de maldad" (Mt. 7:23). La manera segura de perder la oportunidad del cielo es negar a Cristo, como habían hecho los escribas y fariseos. Pero una forma segura de ganar el infierno es hacer una confesión insincera y superficial de Cristo (Mt. 7:21-22). El cielo pertenece tan solo a quienes honran al Padre honrando de veras al Hijo.

HONRA AL ESPÍRITU

A todo aquel que dijere alguna palabra contra el Hijo del Hombre, le será perdonado; pero al que blasfemare contra el Espíritu Santo, no le será perdonado. Cuando os trajeren a las sinagogas, y ante los magistrados y las autoridades, no os preocupéis por cómo o qué habréis de responder, o qué habréis de decir; porque el Espíritu Santo os enseñará en la misma hora lo que debáis decir. (12:10-12)

Después de haber analizado a quién temer, al Padre, y a quién confesar, al Hijo, el Señor presenta a quién oír: al Espíritu Santo. Nadie llega al Padre sino a través del Hijo, y nadie llega al Hijo sino a través del Espíritu. Evitar el juicio condenatorio que viene a aquellos que están atrapados en sistemas religiosos falsos e hipócritas exige creer en la persona y la obra de cada miembro de la Trinidad. Al Padre se le debe reconocer como juez y legislador soberano, al Hijo como salvador soberano, y al Espíritu como revelador soberano. El Padre es aquel cuya santa ley ha sido violada; el Hijo es aquel cuya muerte pagó la pena por tal violación y satisfizo la ira de Dios; el Espíritu es aquel cuya revelación acerca de la ley del Padre y la muerte del Hijo se debe recibir. Así como Cristo dio a conocer perfectamente al Padre, así también el Espíritu Santo da a conocer perfectamente a Cristo, tanto en la Biblia como en la obra de regeneración.

El apóstol Juan revela cómo saber si el mensaje de una persona es en realidad del Espíritu de Dios y no una fuente humana o demoníaca cuando escribió:

> *En esto conoced el Espíritu de Dios: Todo espíritu que confiesa que Jesucristo ha venido en carne, es de Dios; y todo espíritu que no confiesa que Jesucristo ha venido en carne, no es de Dios; y este es el espíritu del anticristo, el cual vosotros habéis oído que viene, y que ahora ya está en el mundo (1 Jn. 4:2-3).*

Todo el que afirma tener un mensaje de parte de Dios, está hablando la verdad del Espíritu Santo en cuanto a Cristo, o comunicando una mentira del espíritu del anticristo. Esas son las dos únicas opciones, y no hay término medio. Al resaltar la importancia de una verdadera confesión de Jesucristo, John Piper observa:

> Jesús es la prueba suprema de la realidad para todas las personas y todas las religiones. Lo dijo claramente: "...el que me desecha a mí, desecha al que me envió" (Lc. 10:16). Las personas y las religiones que rechazan a Cristo rechazan a Dios. ¿Hay alguna otra religión que conozca al verdadero Dios? Aquí está la prueba: ¿Rechazan a Jesús como único Salvador de los pecadores, a aquel que fue crucificado y resucitado por Dios? Si lo hacen, no conocen al Dios Salvador.
>
> Esto es lo que quiso decir Jesús con: "...Yo soy el camino, y la verdad, y la vida; nadie viene al Padre, sino por mí" (Jn. 14:6). O cuando dijo: "...El que no honra al Hijo, no honra al Padre que le envió" (Jn. 5:23). Y también cuando les dijo a los fariseos: "Si Dios fuera su padre —les contestó Jesús—, ustedes me amarían..." (Jn. 8:42, NVI).
>
> Es a lo que se refirió el apóstol Juan cuando dijo: "Todo aquel que niega al Hijo, tampoco tiene al Padre. El que confiesa al Hijo, tiene también al Padre" (1 Jn. 2:23). O cuando señaló: "Cualquiera que... no persevera en la doctrina de Cristo, no tiene a Dios..." (2 Jn. 9).
>
> No sirve de nada el romanticismo de otras religiones que rechazan la obra divina y redentora de Cristo. No conocen a Dios. Y quienes las siguen desperdician trágicamente sus vidas (*No desperdicies tu vida* [Grand Rapids: Portavoz, 2011], pp. 41-42).

El testimonio del Espíritu Santo es que Cristo es el único camino para conocer la verdad respecto a Él. Nadie podrá confesar alguna vez a Jesús como Señor sino por la obra del Espíritu Santo (1 Co. 12:3). La fe salvadora viene por oír el mensaje relacionado con Cristo (Ro. 10:17), y el Espíritu es el autor de las Escrituras (2 P. 1:21). Aquellos que confiesan a Cristo lo hacen porque han oído y creído la verdad acerca de Él que está revelada en la Biblia. El Espíritu Santo produce convicción de pecado en el pecador elegido y creyente (Jn. 16:8), y después le da vida (2 Co. 3:6) mediante la obra de regeneración (Jn. 3:7-8) a través del evangelio contenido en las Escrituras (1 P. 1:23).

Es contra ese contexto de honrar al Hijo que se dio la advertencia del Señor. **A todo aquel que dijere alguna palabra contra el Hijo del Hombre, le será perdonado; pero al que blasfemare contra el Espíritu Santo, no le será perdonado** (cp. Mt. 12:31; Mr. 3:28-29). Si cualquiera que pronuncia **alguna palabra contra el Hijo del Hombre no le será perdonado,** entonces nadie podría salvarse. Todos los cristianos son blasfemos convertidos que incumplieron la ley de Dios, que se rebelaron contra el gobierno divino, y que rechazaron la verdad acerca de su Hijo. Al no estar con Cristo, están contra Él (Lc. 11:23). Solo a pecadores blasfemos es que Jesús ofreció gracia y salvación (Lc. 5:32; 19:10).

Pero si una persona **blasfemare contra el Espíritu Santo, no le será perdonado.** Blasfemar contra el Espíritu Santo es rechazar su testimonio relacionado con el Señor Jesucristo. El Espíritu da a conocer la verdad de la salvación en Cristo, y quienes hablan mal de esa revelación, como habían hecho los fariseos (Lc. 11:15), rechazan el testimonio del Espíritu Santo para con Cristo (cp. Jn. 15:26). Al haberse privado ellos mismos de la única fuente de verdad divina y salvadora, no pueden ser salvos.

Dos pasajes en Hebreos ejemplifican la desesperada súplica de tales individuos. En 6:4-6 el escritor advirtió:

> *Porque es imposible que los que una vez fueron iluminados y gustaron del don celestial, y fueron hechos partícipes del Espíritu Santo, y asimismo gustaron de la buena palabra de Dios y los poderes del siglo venidero, y recayeron, sean otra vez renovados para arrepentimiento, crucificando de nuevo para sí mismos al Hijo de Dios y exponiéndole a vituperio.*

Aquellos que recibieron esa advertencia habían visto toda la evidencia que el Espíritu Santo proporcionó. Habían oído la predicación del evangelio, con su ofrecimiento de gracia, misericordia y perdón, y habían presenciado las milagrosas señales realizadas por los apóstoles (He. 2:2-4) que confirmaban que su mensaje venía de Dios. Ya que rechazaron todo lo que el Espíritu Santo había revelado con relación al Hijo y Salvador, ellos nunca podrían ser salvos.

Hay una advertencia similar en contra de rechazar el testimonio del Espíritu Santo acerca de Cristo en el capítulo 10. Una vez más el escritor se dirigió al pueblo judío que había estado expuesto a la verdad del evangelio, pero que estuvo en peligro de rechazarla. El escritor advirtió: "Porque si pecáremos voluntariamente después de haber recibido el conocimiento de la verdad, ya no queda más sacrificio por los pecados" (v. 26). No existe absolutamente ninguna provisión de perdón de pecados aparte del evangelio de Cristo. Aquellos que lo rechazan enfrentan "una horrenda expectación de juicio, y de hervor de fuego que ha de devorar a los adversarios" (v. 27). El castigo eterno en el infierno espera a quienes le dan la espalda a la verdad acerca de Jesucristo. Enfrentan castigo más severo que aquellos que rechazaron la ley de Moisés (v. 28), ya que han pisoteado "al Hijo de Dios, y [han tenido] por inmunda la sangre del pacto en la cual fue santificado, [y han hecho] afrenta al Espíritu de gracia" (v. 29). Por tanto experimentarán la venganza y el castigo divino por rechazar el testimonio del Espíritu acerca del Hijo (vv. 30-31).

Jesús concluye esta sección con una promesa para aquellos que honran al Espíritu creyendo su testimonio en cuanto al Hijo: **Cuando os trajeren a las sinagogas, y ante los magistrados y las autoridades, no os preocupéis por cómo o qué habréis de responder, o qué habréis de decir.** Los creyentes no deben preocuparse de que las pruebas severas vayan a resquebrajar su fe en Cristo. El Espíritu se mantendrá de forma permanente como el maestro consolador y fortalecedor de ellos (cp. 1 Jn. 2:20, 27), y convertirá sus sufrimientos en bendición (1 P. 4:12-14). Él es "el poder de Dios" protector que mantiene a los creyentes a salvo a través de las "diversas pruebas", y hace que esos sufrimientos sean la "prueba" de su "fe", que les suministra la confianza de que en realidad son salvos. Esa es una dádiva "mucho más preciosa que el oro" (1 P. 1:5-7). La moradora presencia y el fortalecimiento del Espíritu mantienen viva la fe, y ellos perseverarán por duras que se vuelvan sus pruebas (Lc. 21:19). Incluso si los llevan delante de **las sinagogas** (es decir, los tribunales de las sinagogas) o **ante los magistrados y las autoridades** (ya sean judías o gentiles), no tendrán que preocuparse **por cómo o qué** habrán **de responder, o qué** habrán **de decir; porque el Espíritu Santo** les **enseñará en la misma hora lo que** deban **decir.** Él se asegurará de que al final de sus vidas, cualesquiera que fueran las circunstancias, lo que ellos vayan a manifestar confirmará su profesión de fe en Jesucristo. Lejos de destruirles la fe, esas pruebas proporcionarán una oportunidad para su mayor testimonio (Lc. 21:12-13).

A pesar de la enorme cantidad de religiones, filosofías, perspectivas globales del mundo, y creencias, la humanidad se podría dividir en dos categorías: aquellos que buscan honor para sí mismos (Mt. 6:2), y los que viven para honrar al Dios trino. Los primeros reciben su recompensa (honra de los hombres) en esta vida (Mt. 6:2, 5, 16), y después de la muerte recibirán castigo eterno. Los últimos, tras haber creído el testimonio del Espíritu en cuanto al Hijo, recibirán honra eterna del Padre (Jn. 12:26) en la gloria del cielo.

El rico insensato

77

Le dijo uno de la multitud: Maestro, di a mi hermano que parta conmigo la herencia. Mas él le dijo: Hombre, ¿quién me ha puesto sobre vosotros como juez o partidor? Y les dijo: Mirad, y guardaos de toda avaricia; porque la vida del hombre no consiste en la abundancia de los bienes que posee. También les refirió una parábola, diciendo: La heredad de un hombre rico había producido mucho. Y él pensaba dentro de sí, diciendo: ¿Qué haré, porque no tengo dónde guardar mis frutos? Y dijo: Esto haré: derribaré mis graneros, y los edificaré mayores, y allí guardaré todos mis frutos y mis bienes; y diré a mi alma: Alma, muchos bienes tienes guardados para muchos años; repósate, come, bebe, regocíjate. Pero Dios le dijo: Necio, esta noche vienen a pedirte tu alma; y lo que has provisto, ¿de quién será? Así es el que hace para sí tesoro, y no es rico para con Dios. (12:13-21)

Este texto provee una oportunidad de presentar en general la perspectiva bíblica sobre el dinero, acerca del cual el Señor Jesucristo tuvo mucho qué decir. Enseñó que este es un indicador del carácter de un individuo, tanto es así que el punto de vista que las personas tienen del dinero es evidencia de si su salvación es verdadera o no. Después de su conversión, Zaqueo expresó: "He aquí, Señor, la mitad de mis bienes doy a los pobres; y si en algo he defraudado a alguno, se lo devuelvo cuadruplicado" (Lc. 19:8). En respuesta Jesús declaró: "Hoy ha venido la salvación a esta casa; por cuanto él también es hijo de Abraham" (v. 9). El cambio inmediato en la actitud de Zaqueo hacia el dinero fue evidencia de su transformación espiritual. Jesús afirmó la realidad de la salvación del hombre basándose en su disposición de apartar su dinero para la gloria de Dios y de ayudar a otros.

Por otra parte, el joven rico que buscaba vida eterna también oyó el llamado de Jesús de arrepentirse y seguirlo. Pero cuando el Señor puso a prueba su disposición de entregar sus posesiones a los pobres (Mt. 19:21), la reacción de este hombre fue opuesta a la de Zaqueo. En vez de responder con entusiasmo a cualquier costo para recibir la vida que buscaba obedeciendo la fe tal como Zaqueo hizo, el joven "se fue triste, porque tenía muchas posesiones" (v. 22). El cambio de actitud de Zaqueo hacia el dinero fue prueba de transformación espiritual y verdadero arrepentimiento; el rechazo del joven rico a abandonar su materialismo se manifestó en su falta de arrepentimiento y superficial interés en el reino espiritual.

El modo en que las personas ven el dinero es por consiguiente un barómetro eficaz de su espiritualidad. El dinero no es bueno ni malo en sí; individuos corruptos pueden usarlo con fines perversos, mientras personas buenas pueden darle buenos usos. Aunque es moralmente neutro, lo que la gente hace con su dinero refleja las prioridades de sus vidas. En las palabras de Jesús, "donde está vuestro tesoro, allí estará también vuestro corazón" (Lc. 12:34).

La Biblia no prohíbe la posesión de dinero; es más, enseña que Dios "da el poder para hacer las riquezas" (Dt. 8:18), y "que nos da todas las cosas en abundancia para que las disfrutemos" (1 Ti. 6:17). Esa bendición hizo sumamente ricos a muchos hombres piadosos en las Escrituras, tales como Job (Job 1:3), Abraham (Gn. 13:2), Isaac (Gn. 26:13), Jacob (Gn. 30:43), Booz (Rt. 2:1), Salomón (1 R. 10:23), y José de Arimatea (Mt. 27:57). Dios prometió a los israelitas que la obediencia a Él resultaría en los bienes materiales necesarios, así como en abundantes bendiciones espirituales (Dt. 15:4-6; 26:15; 28:11).

Pero aunque la Biblia no prohíbe la posesión de dinero, sí prohíbe amarlo, y advierte que "raíz de todos los males es el amor al dinero, el cual codiciando algunos, se extraviaron de la fe, y fueron traspasados de muchos dolores" (1 Ti. 6:10). Más adelante en ese capítulo, Pablo exhortó a Timoteo: "A los ricos de este siglo manda que no sean altivos, ni pongan la esperanza en las riquezas, las cuales son inciertas" (v. 17). Amar el dinero es idolatría.

Como tal, también es inútil e insensato. El libro de Proverbios aconseja: "No te afanes por hacerte rico; sé prudente, y desiste. ¿Has de poner tus ojos en las riquezas, siendo ningunas? Porque se harán alas como alas de águila, y volarán al cielo" (Pr. 23:4-5). Salomón, uno de los hombres más ricos que alguna vez han vivido, fue lo suficientemente sabio como para saber que "el que ama el dinero, no se saciará de dinero; y el que ama el mucho tener, no sacará fruto" (Ec. 5:10).

Amar el dinero conduce a todo tipo de problemas. El amor de Acán por el dinero produjo desastre para sí mismo, su familia y su pueblo (Jos. 7:1-25). El amor de Balaam por el dinero motivó su ridículo intento de maldecir al pueblo de Dios (Nm. 22-24), lo que a cambio le costó la vida (Nm. 31:8). El amor de Dalila por el dinero la llevó a traicionar a Sansón (Jue. 16:4-6), lo que en última instancia llevó a la muerte de miles de personas (Jue. 16:27-30). El amor de Judas por el dinero le hizo traicionar al Señor Jesucristo (Mt. 26:14-16) y sufrir tormento eterno en el infierno (Mt. 26:24; Hch. 1:25). El amor al dinero de Ananías y Safira los llevó a mentirle a Dios (Hch. 5:1-2), y produjo sus ejecuciones por medio de juicio divino instantáneo (Hch. 5:5, 10).

El amor al dinero hace que las personas se olviden de Dios. Consciente de esta peligrosa realidad, Agur oró con sabiduría: "No me des pobreza ni riquezas; manténme del pan necesario; no sea que me sacie, y te niegue, y diga: ¿Quién es Jehová?" (Pr. 30:8-9).

Idolatrar al dinero hace que las personas confíen en sus riquezas y no en Dios. A pesar de su gran riqueza, Job proclamó que era inocente de tan perversa confianza:

> *Si puse en el oro mi esperanza, y dije al oro: Mi confianza eres tú; si me alegré de que mis riquezas se multiplicasen, y de que mi mano hallase mucho... esto también sería maldad juzgada; porque habría negado al Dios soberano (Job 31:24-25, 28; cp. Sal. 52:7; Pr. 11:28).*

Amar el dinero lleva a las personas a ser engañadas. En Marcos 4:19, Jesús advirtió contra "el engaño de las riquezas, y las codicias de otras cosas", las cuales "entran y ahogan la palabra, y se hace infructuosa". El dinero puede producir un fatal engaño espiritual. Este puede ser un obstáculo para que las personas crean en el evangelio. Puede engañar a individuos no salvos y hacerles creer que todo está bien en sus vidas. Tales personas suponen erróneamente que su riqueza es una señal de la bendición y el favor de Dios.

Amar el dinero puede hacer que las personas mientan, roben y engañen, comprometiendo sus convicciones profesadas en vez de descansar en las promesas de gracia divina (Mt. 6:25-34; Fil. 4:19).

Amar el dinero está vinculado con el orgullo. Cuando los hijos de Israel estaban a punto de entrar a la tierra prometida, Moisés les advirtió:

> *Cuídate de no olvidarte de Jehová tu Dios, para cumplir sus mandamientos, sus decretos y sus estatutos que yo te ordeno hoy; no suceda que comas y te sacies, y edifiques buenas casas en que habites, y tus vacas y tus ovejas se aumenten, y la plata y el oro se te multipliquen, y todo lo que tuvieres se aumente; y se enorgullezca tu corazón, y te olvides de Jehová tu Dios, que te sacó de tierra de Egipto, de casa de servidumbre (Dt. 8:11-14).*

En resumen, amar el dinero puede hacer que las personas sean infieles a Dios (Mal. 3:8), y hagan caso omiso de las necesidades de los demás (1 Jn. 3:17; cp. Pr. 3:27).

La Biblia condena la obtención de dinero de manera ilegítima, como robar (sea directamente [Ex. 20:15; Ef. 4:28], o por medio de fraude [Sal. 37:21; Os. 12:7; Am. 8:5; Mi. 6:11]), así como a través de imposición de exorbitantes intereses (Éx. 22:25; Lv. 25:36-37; Neh. 5:7, 10; Sal. 15:5; Pr. 28:8) o en el juego, que es confiar de forma insensata y derrochadora en el azar en vez de confiar en la providencia de Dios.

En contraste, la Biblia menciona varias maneras legítimas de obtener dinero, inclusive donaciones (Hch. 20:35; Fil. 4:16), inversiones (Mt. 25:27), ahorros (Pr. 21:20; 30:25), sabia planificación (Pr. 27:23-24), y, por encima de todo, trabajo (Éx. 20:9; Pr. 6:6-8; 14:23; 24:30-34; 28:19; Ef. 4:28; 2 Ts. 3:10; 1 Ti. 5:8).

Quienes aman el dinero podrían sentir que nunca tienen suficiente. Aquellos que aman las cosas materiales por lo general abusan del crédito (cp. Pr. 6:1-5; 11:15; 17:18; 20:16; 22:7), lo que lleva a una escasez final de recursos. Las personas también podrían tener escasez de dinero por causa de avaricia (Pr. 11:24), impulsividad (apresuramiento; Pr. 21:5), falta de disciplina (Pr. 10:4; 13:18), pereza (Pr. 14:23; 19:15; 20:13; 24:30-34), gratificación (Pr. 21:17; 23:21), y astucia o maquinación (Pr. 28:19).

En los primeros versículos de este capítulo, Jesús había advertido a la multitud hostil en gran manera contra el peligro mortal de la falsa religión hipócrita (vv. 1-12). A medida que continúa su mensaje, el Señor lanza una segunda advertencia contra la codicia materialista. Estos de ninguna manera eran muestras de pecados elegidos al azar. Al contrario, reflejan los dos reinos esenciales que existen: el material y el espiritual. La hipocresía se relaciona con el reino espiritual; la codicia con el mundo material. Estos dos pecados están estrechamente vinculados. La falsa religión es el amor al error; el materialismo es el amor a las riquezas. Las personas pueden ser engañadas tanto por el mundo material como por la falsa religión. Vinculando aún más los dos pecados, los falsos maestros van inevitablemente tras el dinero (cp. Mi. 3:5; 2 P. 2:1-3, 14). Por ejemplo, los fariseos eran modelo de unión en ambos pecados. No solo que eran los principales proveedores de la falsa religión en Israel, sino también "que eran avaros" (Lc. 16:14). Tanto su doctrina como su motivación estaban corrompidas.

La instrucción de Cristo sobre el peligro de la religión falsa e hipócrita, su solemne advertencia contra blasfemar del Espíritu Santo, y su revelación de enaltecidas verdades relacionadas con la Trinidad se vieron interrumpidas de manera repentina y sorpresiva. Mientras Él hablaba sobre estos temas, **le dijo uno de la multitud: Maestro, di a mi hermano que parta conmigo la herencia.** Este hombre mostró indiferencia hacia las profundas verdades espirituales que el Señor estaba comunicando, mostrándose ávido de satisfacer únicamente sus propios deseos egoístas. Motivado por su materialismo craso, y cada vez más impaciente porque Jesús terminara, decidió interrumpirlo.

Tal petición, aunque inapropiada bajo las circunstancias, no estaba fuera de lo común. Al llamar a Jesús **Maestro** (*didaskale*), el hombre lo reconoció como un rabino y, de modo habitual, los rabinos servían de árbitros en tales conflictos civiles y familiares. La solicitud de que el Señor le dijera al **hermano** del hombre **que parta la herencia** sugiere que su hermano también estaba presente. No se dan detalles acerca de los motivos del individuo ni de la legitimidad de su reclamo bajo las leyes del Antiguo Testamento en cuanto a las herencias (cp. Nm. 27:1-11; Dt. 21:15-17). Cualquiera que fuera el caso, el sujeto no le estaba pidiendo a Jesús que sopesara el fondo de la reclamación, sino más bien que decidiera arbitrariamente a su favor.

Negándose a intervenir en el conflicto, Jesús **le dijo: Hombre** (una respuesta indiferente; el término, al igual que la palabra castellana "camarada", se usaba para dirigirse a extraños) **¿quién me ha puesto sobre vosotros como juez o partidor?** Aunque todo juicio espiritual se le ha concedido al Señor por parte del Padre (Jn. 5:22, 27), Jesús no vino para juzgar asuntos cotidianos que involucraran posesiones terrenales, sino con un propósito mucho más importante: "Él vino a llevar hombres a Dios, no a traer posesiones a los hombres" (Leon Morris, *The Gospel According to St. Luke,* Tyndale New Testament Commentaries [Comentarios Tyndale del Nuevo Testamento: Evangelio según San Lucas] [Grand Rapids: Eerdmans, 1975], p. 212).

Jesús aprovechó la oportunidad que le ofrecía la petición del hombre para advertir del peligro de la avaricia. Esa advertencia se desarrolla en tres secciones: amonestación, anécdota y aplicación.

AMONESTACIÓN

Y les dijo: Mirad, y guardaos de toda avaricia; porque la vida del hombre no consiste en la abundancia de los bienes que posee. (12:15)

El término **les** abarca a toda la multitud. El Señor dirigió esta advertencia a todos los que estaban escuchando, no solamente al hombre que le había interrumpido el mensaje. Negándose a juzgar en un conflicto relacionado con dinero, Jesús a su vez dictó una sentencia mucho más importante sobre el pecado de la avaricia.

Orate (**guardaos**) es la forma presente imperativa del verbo *oraō* (ver). Significa "acatar", "reconocer" o "percibir". Jesús desafió a sus oyentes a reconocer y estar en guardia (esta forma del verbo *phulassō* significa "cuidar", "velar por", "evitar", "huir de") **de toda avaricia.** *Pleonexia* (**avaricia**) también se puede traducir "codicia", y hace referencia a un deseo desmesurado de riquezas. El diccionario *The Louw-Nida Greek-English Lexicon of the New Testament* define apropiadamente *pleonexia* como "un fuerte deseo de adquirir más y más posesiones materiales o de poseer más bienes de los que otras personas tienen, todo independientemente de la necesidad". Con gran sabiduría, Salomón señaló: "El que ama el dinero, no se saciará de dinero; y el que ama el mucho tener, no sacará fruto" (Ec. 5:10).

La avaricia es tan condenable como la falsa religión, puesto que es una forma de idolatría (Ef. 5:5; Col. 3:5). Centrar la propia vida en la adquisición de posesiones materiales es adorar y servir a la criatura en lugar del Creador (Ro. 1:25). Entonces Jesús continuó diciendo: **Porque la vida del hombre no consiste en la**

abundancia de los bienes que posee. Abundancia se traduce de una forma del verbo *perisseuō*, que significa "exceder", "sobrepasar", "tener más que suficiente", o "desbordarse" (cp. su uso en Lc. 9:17; 15:17; 21:4). Pero incluso tal abundancia de **bienes** materiales no provee **vida** verdadera. Aquí la palabra traducida **vida** no es *bios* (existencia; vida biológica) sino *zōē* (vida significativa, bien dirigida y eterna). Una vida satisfactoria y gratificante que disfruta paz eterna, gozo, esperanza y bendición de la salvación no se obtiene en el mundo material, sin importar cuánto se posea.

ANÉCDOTA

También les refirió una parábola, diciendo: La heredad de un hombre rico había producido mucho. Y él pensaba dentro de sí, diciendo: ¿Qué haré, porque no tengo dónde guardar mis frutos? Y dijo: Esto haré: derribaré mis graneros, y los edificaré mayores, y allí guardaré todos mis frutos y mis bienes; y diré a mi alma: Alma, muchos bienes tienes guardados para muchos años; repósate, come, bebe, regocíjate. Pero Dios le dijo: Necio, esta noche vienen a pedirte tu alma; y lo que has provisto, ¿de quién será? (12:16-20)

Con el fin de explicar a sus oyentes la insensatez de buscar satisfacción en las riquezas, el Señor **también les refirió una parábola.** Se trató de otra de sus historias sencillas y agrarias que todos los presentes en esa ocasión habrían entendido. Al igual que el individuo que le había interrumpido el discurso, el hombre imaginario en la historia del Señor estaba consumido por la búsqueda de riqueza. Jesús comenzó **diciendo: La heredad de un hombre rico había producido mucho.** No hay ninguna implicación de maldad, deshonestidad o delito en el éxito de este hombre; simplemente acababa de tener una cosecha abundante.

Para tener éxito los agricultores dependen de circunstancias y factores que están fuera de su control. Por tanto, deberían estar más agradecidos a Dios por el control providencial de tales factores. Pero en vez de pensar en lo que podía hacer para expresar su gratitud, el hombre reflexionaba **dentro de sí, diciendo: ¿Qué haré, porque no tengo dónde guardar mis frutos?** La abundante cosecha representaba un dilema, ya que él no tenía espacio suficiente dónde almacenarla. Vender el excedente traería el riesgo de inundar el mercado y bajar el precio que él podría conseguir. Después de meditar en el problema decidió hacer esto: **derribaré mis graneros, y los edificaré mayores, y allí guardaré todos mis frutos y mis bienes.** Al reconstruir graneros más grandes en el sitio en que ya existían, el individuo aumentaría su capacidad de almacenaje sin tener que construir en la tierra que producía cosechas.

La gratificación egoísta del hombre (ilustrada por los verbos en primera persona del singular "derribaré", "edificaré", guardaré") da la idea de un corazón materialista. En vez de pensar en dar algo de su riqueza a Dios o a los pobres, el pensamiento de este sujeto solo era cómo podía usar sus recursos para su propio beneficio. Satisfecho con su decisión, continuó su soliloquio: **y diré a mi alma: Alma, muchos bienes tienes guardados para muchos años; repósate, come, bebe, regocíjate.** Esta avarienta decisión no representaba más que hedonismo evidente y desvergonzado.

Sin embargo, al igual que suele ocurrir en las parábolas de Jesús, en esta hubo un giro inesperado. Justo cuando el hombre de esta historia creyó estar preparado para la vida, Dios se la quitó. Después que hubo hecho sus planes centrados en sí mismo, **Dios le dijo: Necio, esta noche vienen a pedirte tu alma; y lo que has provisto, ¿de quién será?** *Aphrōn* (**necio**) se refiere a alguien sin discernimiento, insensato, ignorante, destituido de conocimiento y verdad. Neciamente se había olvidado de Dios (cp. Sal. 14:1; 53:1), así como de su propia mortalidad. Dejar a Dios fuera de nuestros planes es el colmo de la irracionalidad. Santiago escribió:

> *¡Vamos ahora! los que decís: Hoy y mañana iremos a tal ciudad, y estaremos allá un año, y traficaremos, y ganaremos; cuando no sabéis lo que será mañana. Porque ¿qué es vuestra vida? Ciertamente es neblina que se aparece por un poco de tiempo, y luego se desvanece. En lugar de lo cual deberíais decir: Si el Señor quiere, viviremos y haremos esto o aquello. Pero ahora os jactáis en vuestras soberbias. Toda jactancia semejante es mala (Stg. 4:13-16).*

No pensar en la propia mortalidad llevó a este individuo a contemplar con amargura la peor de las pesadillas materialistas, acertadamente expresada por Salomón:

> *Asimismo aborrecí todo mi trabajo que había hecho debajo del sol, el cual tendré que dejar a otro que vendrá después de mí. Y ¿quién sabe si será sabio o necio el que se enseñoreará de todo mi trabajo en que yo me afané y en que ocupé debajo del sol mi sabiduría? Esto también es vanidad (Ec. 2:18-19; cp. Sal. 39:4-6; 90:10; 103:15-16).*

No hay necio más grande que aquel que no se prepara para la vida venidera.

APLICACIÓN

Así es el que hace para sí tesoro, y no es rico para con Dios. (12:21)

El principio expresado en la parábola de Jesús se aplica a todo ser humano **que hace para sí tesoro, y no es rico para con Dios...** toda persona que va tras las riquezas terrenales en vez de almacenar tesoros en el cielo (Mt. 6:19-20). Dónde se ubique el tesoro de una persona da a conocer la verdadera condición de su corazón (v. 21). Revela si tiene amor por sí misma y sus posesiones, o si tiene amor por Dios; si adora las cosas materiales, o adora a Dios; si busca la realización en esta vida, o en la venidera; si acumula tesoros en la tierra que al final los perderá, o si acumula tesoros en el cielo y los conserva para siempre.

El antídoto para la codicia irreflexiva y materialista es usar lo que Dios nos ha otorgado para su gloria y para beneficiar a otros.

Una vida libre de ansiedad 78

Dijo luego a sus discípulos: Por tanto os digo: No os afanéis por vuestra vida, qué comeréis; ni por el cuerpo, qué vestiréis. La vida es más que la comida, y el cuerpo que el vestido. Considerad los cuervos, que ni siembran, ni siegan; que ni tienen despensa, ni granero, y Dios los alimenta. ¿No valéis vosotros mucho más que las aves? ¿Y quién de vosotros podrá con afanarse añadir a su estatura un codo? Pues si no podéis ni aun lo que es menos, ¿por qué os afanáis por lo demás? Considerad los lirios, cómo crecen; no trabajan, ni hilan; mas os digo, que ni aun Salomón con toda su gloria se vistió como uno de ellos. Y si así viste Dios la hierba que hoy está en el campo, y mañana es echada al horno, ¿cuánto más a vosotros, hombres de poca fe? Vosotros, pues, no os preocupéis por lo que habéis de comer, ni por lo que habéis de beber, ni estéis en ansiosa inquietud. Porque todas estas cosas buscan las gentes del mundo; pero vuestro Padre sabe que tenéis necesidad de estas cosas. Mas buscad el reino de Dios, y todas estas cosas os serán añadidas. No temáis, manada pequeña, porque a vuestro Padre le ha placido daros el reino. Vended lo que poseéis, y dad limosna; haceos bolsas que no se envejezcan, tesoro en los cielos que no se agote, donde ladrón no llega, ni polilla destruye. Porque donde está vuestro tesoro, allí estará también vuestro corazón. (12:22-34)

Es una asombrosa e irónica verdad que aunque nuestra sociedad tal vez sea la más opulenta, complacida y cómoda que ha existido, también es la más estresada, agitada y llena de ansiedad. Ninguna preocupación queda sin nombre, definición, catálogo, diagnóstico ni medicación; las ansiedades simplemente se quedan sin alivio. Aterra creer que estamos atrapados en un universo inexplicable; ser nada más que el producto al azar de un proceso de evolución ciego, fortuito y sin propósito que no tuvo a la humanidad en mente. La idea de que en el universo nadie existe resulta en una sensación cósmica, en soledad y angustia. La ansiedad que resulta toma muchas formas, a las cuales la psicología humanista pone etiquetas tales como trastorno obsesivo compulsivo, desorden de pánico, síndrome de estrés postraumático, desorden de ansiedad social, desorden de ansiedad general, y también fobias específicas tales como temor a las alturas, a lugares cerrados, a ratones, arañas o serpientes. La ansiedad afecta a millones de personas y tratarla (generalmente con medicamentos) es un gran negocio.

Lo mejor que el mundo puede esperar al tratar superficialmente con la ansiedad es intentar controlarla y ocultar su impacto. Sin embargo, el Señor Jesucristo ofrece una solución radicalmente distinta para la ansiedad: promete eliminarla. En este pasaje Jesús prohíbe preocuparse con relación al mundo material o al reino espiritual. En el versículo 22 prohíbe preocuparse en cuanto a las necesidades físicas de la vida cuando **dijo a sus discípulos: Por tanto os digo: No os afanéis por vuestra vida, qué comeréis; ni por el cuerpo, qué vestiréis.** En el versículo 32 declaró a quienes creen en Él que tampoco teman nada en el reino espiritual: **No temáis, manada pequeña, porque a vuestro Padre le ha placido daros el reino.** El Señor también trata con la preocupación y la ansiedad en el Sermón del Monte (Mt. 6:25, 28, 31, 34; cp. 10:19), lo que indica que este era un tema frecuente en su enseñanza.

La ansiedad se debe a dos causas: ignorancia y, especialmente, incredulidad. Muchos cristianos se preocupan de manera innecesaria porque no entienden la profundidad de la revelación del amor y del cuidado compasivo de Dios. Pero hay otros que entienden la naturaleza y las promesas de Dios, y de todos modos caen en la preocupación. Ser innecesariamente ignorante es un pecado, pero desconfiar a sabiendas de la revelación de Dios en la Biblia es un pecado mucho mayor.

En este pasaje, el Señor Jesucristo revela seis verdades acerca de Dios, que si se malinterpretan o si se desconfía de ellas resultan en ansiedad: prioridad, provisión, privilegio, preferencia, paternidad y placer divinos.

LA ANSIEDAD NO ENTIENDE LA PRIORIDAD DIVINA

Dijo luego a sus discípulos: Por tanto os digo: No os afanéis por vuestra vida, qué comeréis; ni por el cuerpo, qué vestiréis. La vida es más que la comida, y el cuerpo que el vestido. (12:22-23)

Los **discípulos,** o aprendices, incluía a los doce, a otros que habían creído en Jesús, y a quienes aún estaban indecisos respecto a Él (cp. v. 41). En este discurso (12:1-13:9) el Señor estaba enseñándoles acerca de la vida en el reino de Dios. Según se indicó en el capítulo anterior de esta obra, Jesús fue interrumpido por un hombre que le exigió que le ordenara a su hermano que dividiera con él la herencia familiar. Jesús se negó, y entonces contó una parábola que ilustra la insensatez de la avaricia (12:13-21). La frase **por tanto os digo** relaciona lo que Jesús estaba a punto de expresar con lo que acababa de decir. Él había confrontado a sus oyentes con una decisión. Estos podían, igual que el hombre insensato de la parábola, acumular tesoros en la tierra. O podían ser ricos para con Dios y acumular tesoros en el cielo (12:21; cp. Mt. 6:19-21). Jesús también expresó esa verdad en el Sermón del Monte cuando declaró: "Ninguno puede servir a dos señores; porque o aborrecerá al uno y amará al otro, o estimará al uno y menospreciará al otro. No podéis servir a Dios y a las riquezas" (Mt. 6:24).

La enseñanza del Señor pudo haber hecho que los oyentes preguntaran cómo sus necesidades terrenales se irían a cumplir si acumulaban su tesoro en el cielo. Jesús les aseguró que no había necesidad de que se afanaran **por** su **vida, qué** habrían de comer; **ni por el cuerpo,** qué habrían de vestir. La forma imperativa presente del verbo traducido **afanéis** indica que la ausencia de preocupación debe caracterizar continuamente a los creyentes. Estos no deben preocuparse porque su confiable y amoroso Padre celestial, quien viste a las flores y alimenta a las aves (vv. 24-28), les proveerá todo lo que necesitan. En vez de preocuparse, deben echar toda su ansiedad en Él, sabiendo que Dios cuida de ellos (1 P. 5:7; cp. Fil. 4:19). Él podría pedirles que renuncien a todo, como hizo Jesús con el joven rico (Lc. 18:22; cp. 9:57-62; Mt. 13:44-46), ya que quienes han de seguir a Cristo deben negarse a sí mismos (Lc. 9:23; cp. 5:11, 28; 19:8; Mt. 19:27). Pero Dios seguirá sustentando a quienes le brinden la más alta adoración hasta que el propósito divino para las vidas de ellos se cumpla.

Aunque los pueblos antiguos, incluso aquellos en la Israel del siglo I, enfrentaban un reto diario tan solo para obtener suficiente alimento y ropa para sobrevivir (cp. 1 Ti. 6:8), Jesús les dijo que **la vida es más que la comida, y el cuerpo que el vestido.** La prioridad para quienes están en el reino es glorificar a Dios al cumplir el propósito para el cual los ha llamado.

LA ANSIEDAD NO ENTIENDE LA PROVISIÓN DIVINA

Considerad los cuervos, que ni siembran, ni siegan; que ni tienen despensa, ni granero, y Dios los alimenta. ¿No valéis vosotros mucho más que las aves? (12:24)

Con el fin de ilustrar el hecho de que Dios cuidará de su pueblo, Jesús instó a sus oyentes a considerar a **los cuervos.** Igual que hizo anteriormente en el Sermón del Monte (Mt. 6:26), el Señor eligió aves como ejemplo del cuidado de Dios por sus criaturas. Los oyentes de Cristo estaban muy familiarizados con las aves. Además de sus numerosas aves nativas, Israel, que al oriente limita con un árido desierto y al occidente con el mar Mediterráneo, es importante ruta para aves migratorias. Cientos de millones de aves pasan temporalmente por Israel cada año.

Los **cuervos** eran despreciados e inmundos (Lv. 11:13-15), y son incapaces de generar su propio suministro de comida, ya **que ni siembran, ni siegan.** Además, a diferencia de los humanos y de algunos animales (p. ej., las hormigas; cp. Pr. 6:6-8; 30:25), los cuervos no almacenan alimentos para largo plazo, pues **ni**

tienen despensa, ni granero. Sobreviven únicamente porque **Dios** ha diseñado y ha puesto a disposición la comida que necesitan para existir.

La Biblia habla varias veces del cuidado providencial de Dios por sus criaturas. Job 38:41 pregunta de manera retórica: "¿Quién prepara al cuervo su alimento, cuando sus polluelos claman a Dios, y andan errantes por falta de comida?". El salmista señala que todas las criaturas de Dios "esperan en [Él] para que les [dé] su comida a su tiempo" (Sal. 104:27; cp. 145:15). Con el argumento de menor a mayor, Jesús explicó claramente su punto. Puesto que los hijos de Dios valen **mucho más que las aves,** Él no dejará de suplirles para sus necesidades hasta que el propósito para sus vidas termine y los llame a su gloria. David escribió: "Los leoncillos necesitan, y tienen hambre; pero los que buscan a Jehová no tendrán falta de ningún bien" (Sal. 34:10). Y al final de su vida añadió: "Joven fui, y he envejecido, y no he visto justo desamparado, ni su descendencia que mendigue pan" (Sal. 37:25; cp. Is. 33:15-16). A aquellos que desobedecen y se olvidan de Dios se les podría privar temporalmente de sus recursos como resultado de su castigo (cp. Hag. 1:1-11). La provisión providencial de Dios tampoco es una excusa para la pereza (Pr. 20:4; 24:30-34; 2 Ts. 3:10-12). Pero hasta que termine el tiempo de vida asignado (véase el siguiente punto), el Señor sustentará a los que son suyos. Por eso las ovejas del Gran Pastor pueden decir de manera triunfal con David: "Jehová es mi pastor; nada me faltará" (Sal. 23:1).

LA ANSIEDAD NO ENTIENDE EL PRIVILEGIO DIVINO

¿Y quién de vosotros podrá con afanarse añadir a su estatura un codo? Pues si no podéis ni aun lo que es menos, ¿por qué os afanáis por lo demás? (12:25-26)

Las personas siempre se han preocupado por la salud. Esa preocupación ha hecho que en los últimos tiempos se multiplique la multimillonaria industria de vitaminas, suplementos alimenticios, planes de dietas, gimnasios, ejercicio excesivo y medicinas. Sin duda es bueno ser disciplinados y moderados en comer o por otro lado cuidar del cuerpo físico. Hacerlo ayuda a la salud, la que al mismo tiempo nos permite realizar la mayor parte del propósito de Dios para nuestras vidas. Sin embargo, muchos individuos, entre ellos muchos cristianos, van más allá de esa razonable preocupación y se obsesionan con el bienestar físico. No obstante, aunque Pablo reconocía los beneficios de la disciplina corporal (cp. 1 Co. 9:25-27), resaltó los mayores beneficios de la disciplina espiritual, la cual conduce a la piedad (1 Ti. 4:7-8).

Toda esa preocupación es insensata e inútil. No solo impide que los creyentes se enfoquen en la prioridad de Dios en sus vidas, y les niega el divino cuidado providencial, sino que también hace caso omiso a que Él es quien determina de forma soberana la duración de la existencia. La pregunta retórica de Jesús,

¿Y quién de vosotros podrá con afanarse añadir a su estatura un codo? (frase usada de manera metafórica tanto aquí como en Mt. 6:27 para referirse a la duración de la vida humana) hace hincapié en que ninguna cantidad de ansiedad puede lograr que la vida dure más de lo que Dios ha determinado. La ansiedad es destructiva para la salud y el bienestar. Y si no podemos **ni aun lo que es menos,** es decir añadir un poco de vida, **¿por qué** deberíamos afanarnos **por** otros asuntos relacionados tales como comida y vestido? Nuestro Padre celestial sustentará las vidas de quienes obedecen su Palabra hasta el fin del tiempo que Él determine. Por otra parte, el pecado puede acortar ese tiempo de lo que este podría haber sido (cp. 1 Co. 11:29-30; 1 Jn. 5:16).

LA ANSIEDAD NO CAPTA LA PREFERENCIA DIVINA

Considerad los lirios, cómo crecen; no trabajan, ni hilan; mas os digo, que ni aun Salomón con toda su gloria se vistió como uno de ellos. Y si así viste Dios la hierba que hoy está en el campo, y mañana es echada al horno, ¿cuánto más a vosotros, hombres de poca fe? Vosotros, pues, no os preocupéis por lo que habéis de comer, ni por lo que habéis de beber, ni estéis en ansiosa inquietud. (12:27-29)

Según la mitología de la evolución, los seres humanos no somos más que animales altamente evolucionados. Es cierto que tenemos un vínculo común con las plantas y los animales, ya que todos fueron creados por Dios. Sin embargo, solamente los seres humanos fueron creados a imagen de Dios y tienen la capacidad de amarle, servirle y adorarle. En esta sección de su discurso, nuestro Señor pasó del tema de la comida al del vestido. Después de ilustrar lo primero con el cuidado de Dios por las aves, Jesús usó las plantas para enseñar acerca de su provisión de vestido. Dio a conocer la preferencia compasiva de Dios por quienes están hechos a su imagen (especialmente sus hijos) analizando en una típica manera judía de menor a mayor.

Lirios es un término genérico para plantas que florecen, no una referencia a especies específicas. **No trabajan, ni hilan** para hacer su ropa, sino que crecen libremente y sin esfuerzo dentro del orden de la vida en la tierra. No obstante, su delicada belleza no la supera ninguna prenda hecha por el ser humano. **Ni aun Salomón,** el hombre más lujosamente vestido en la historia de Israel, **con toda su gloria se vistió como uno de** esos lirios efímeros. Pero estos no sirven a ningún propósito espiritual que no sea ser testimonio de que Dios es un Dios de belleza, bondad, orden, diseño y variedad.

El objetivo de la ilustración del Señor es mostrar que Dios prefiere a su pueblo por encima de las aves y plantas que Él cuida (cp. v. 24). Jesús preguntó de manera retórica: **Y si así viste Dios la hierba que hoy está en el campo, y**

mañana es echada al horno, ¿cuánto más a vosotros? La pregunta hace referencia al uso común de **hierba** seca para alimentar los hornos de arcilla que se usaban en la preparación de alimentos. Si Dios **viste así** de majestuosamente a la **hierba** perecedera que un día está viva y al siguiente es lanzada al fuego, sin duda vestirá a sus hijos. Por tanto, estar consumidos por temor, duda y ansiedad es ser culpables de tener **poca fe,** un reproche común por parte de nuestro Señor (cp. 8:25; Mt. 6:30; 8:26; 14:31; 16:8; 17:20). La falta de fe expresa una falta de confianza en el conocimiento que Dios tiene de las necesidades de sus hijos, sabiduría para saber cómo suplirlas, deseo de suplirlas, o poder para suplirlas. Tan débil punto de vista acerca del Creador y Proveedor deshonra a Dios, produce ansiedad y restringe el flujo de bendiciones divinas (Stg. 1:6-8). Por tanto, el Señor ordena a sus discípulos: **No os preocupéis por lo que habéis de comer, ni por lo que habéis de beber, ni estéis en ansiosa inquietud.** La búsqueda de comida y abrigo nunca debería ser la preocupación de sus vidas, de modo que viven como si redujeran la gloria de Dios.

LA ANSIEDAD NO ENTIENDE LA PATERNIDAD DIVINA

Porque todas estas cosas buscan las gentes del mundo; pero vuestro Padre sabe que tenéis necesidad de estas cosas. Mas buscad el reino de Dios, y todas estas cosas os serán añadidas. (12:30-31)

Aquí por primera vez en este discurso Jesús habla de Dios como el Padre de los creyentes. La paternidad de Dios es alentadora, ya que garantiza que Él proveerá para las necesidades de sus hijos (Fil. 4:19), las mismas **cosas** (p. ej., qué comer, beber y vestir) que ansiosamente **buscan las gentes del mundo.** *Epizēteō* (**buscan**) es una forma resaltada del verbo *zēteō* y significa "buscar intensamente", "buscar de manera diligente", o "desear de modo enérgico". Quienes están fuera del reino de Dios no tienen ningún derecho sobre Él: no hay promesas, compromisos ni garantías. El único bien en sus vidas viene de la gracia común; su padre, Satanás (Jn. 8:44), no hace promesas ni brinda beneficios. Al estar muertos a los aspectos espirituales (Ef. 2:1), "sin esperanza y sin Dios en el mundo" (v. 12), y "teniendo el entendimiento entenebrecido, ajenos de la vida de Dios por la ignorancia que en ellos hay" (4:18), los no regenerados se centran en cosas materiales. Incluso crean falsos dioses en un vano intento de que les ayuden en su búsqueda, pero esos dioses solo son un reflejo de hombres malvados y demonios... seres perversos, taimados, egoístas, violentos, indignos de confianza, indiferentes, caprichosos y despiadados. Lejos de esperar ayuda de tales dioses, lo mejor que las personas pueden aguardar es aplacarlos.

En marcado contraste con los dioses sin vida de los paganos, nuestro **Padre** celestial **sabe que** tenemos **necesidad de estas cosas** materiales que los no regenerados buscan con desesperación. No solo que Él sabe, también simpatiza y tiene recursos y poder ilimitados para suplir toda necesidad de sus hijos. Comprender la paternidad de Dios elimina cualquier causa legítima de preocupación, temor o ansiedad.

Paradójicamente, los creyentes no reciben las cosas que necesitan si se dedican a buscarlas directamente. En vez de eso les llega de modo indirecto: cuando buscan **el reino de Dios... todas estas cosas** les son **añadidas.** En pocas palabras, nuestro enfoque no está en comida, ropa, dinero, casas, autos o cualquier otra posesión material, sino más bien en adorar, servir y proclamar a Cristo, viviendo en obediencia a la Palabra, y buscando verdad, santidad y amor. Pablo exhortó a los colosenses: "Si, pues, habéis resucitado con Cristo, buscad las cosas de arriba, donde está Cristo sentado a la diestra de Dios. Poned la mira en las cosas de arriba, no en las de la tierra" (Col. 3:1-2).

El interés que consume la vida del creyente es el reino de Dios, la esfera de salvación donde Dios gobierna como Rey y Señor. Todo se debe hacer para la honra y el avance del señorío de Cristo. La vida cristiana empieza con arrepentimiento, abnegación, humildad, lamento por el pecado, y hambre y sed de justicia que acompañan a la fe salvadora, lo cual resulta en una vida de adoración, servicio y obediencia. Jesús promete que quienes dedican sus vidas a buscar las glorias del reino descubrirán que Dios les suplirá sus necesidades terrenales.

El pueblo judío comprendía muy bien la verdad de que Dios cuida de su pueblo, pues esto les enseñó claramente el Antiguo Testamento. En el Salmo 34, David se regocijó:

> *Gustad, y ved que es bueno Jehová; dichoso el hombre que confía en él. Temed a Jehová, vosotros sus santos, pues nada falta a los que le temen. Los leoncillos necesitan, y tienen hambre; pero los que buscan a Jehová no tendrán falta de ningún bien... Los ojos de Jehová están sobre los justos, y atentos sus oídos al clamor de ellos... Muchas son las aflicciones del justo, pero de todas ellas le librará Jehová (vv. 8-10, 15, 19).*

Los malvados "como hierba serán pronto cortados, y como la hierba verde se secarán" (Sal. 37:2). Pero, por otra parte, Dios promete proveer para todas las necesidades de su pueblo:

> *Confía en Jehová, y haz el bien; y habitarás en la tierra, y te apacentarás de la verdad. Deléitate asimismo en Jehová, y él te concederá las peticiones de tu corazón. Encomienda a Jehová tu camino, y confía en él; y él hará... Porque los malignos serán destruidos, pero los que esperan en Jehová, ellos heredarán la tierra... Pero los mansos heredarán la tierra, y se recrearán con abundancia de*

> *paz... Joven fui, y he envejecido, y no he visto justo desamparado, ni su descendencia que mendigue pan (vv. 3-5, 9, 11, 25).*

Isaías también registra la promesa de Dios de proveer para su pueblo:

> *Oíd, los que estáis lejos, lo que he hecho; y vosotros los que estáis cerca, conoced mi poder. Los pecadores se asombraron en Sion, espanto sobrecogió a los hipócritas. ¿Quién de nosotros morará con el fuego consumidor? ¿Quién de nosotros habitará con las llamas eternas? El que camina en justicia y habla lo recto; el que aborrece la ganancia de violencias, el que sacude sus manos para no recibir cohecho, el que tapa sus oídos para no oír propuestas sanguinarias; el que cierra sus ojos para no ver cosa mala; éste habitará en las alturas; fortaleza de rocas será su lugar de refugio; se le dará su pan, y sus aguas serán seguras (Is. 33:13-16).*

Dios proveerá abundantemente para aquellos que le pertenecen, para los que le son fieles y buscan su reino por encima de todo lo demás (Mt. 6:33).

LA ANSIEDAD NO ENTIENDE EL PLACER DIVINO

No temáis, manada pequeña, porque a vuestro Padre le ha placido daros el reino. Vended lo que poseéis, y dad limosna; haceos bolsas que no se envejezcan, tesoro en los cielos que no se agote, donde ladrón no llega, ni polilla destruye. Porque donde está vuestro tesoro, allí estará también vuestro corazón. (12:32-34)

Esta promesa de dar el reino a los suyos es el punto álgido de la enseñanza del Señor en esta ocasión. La Biblia da a conocer que Dios se agradó en ofrecer a su Hijo como un sacrificio por el pecado (Is. 53:10) y que Jesús, "por el gozo puesto delante de él sufrió la cruz" (He. 12:2). Por tal razón Dios también se complace en su pueblo, aquellos a quienes Cristo redimió por medio de su muerte y en cuyo interior Él mora. Por tanto, no hay necesidad de que los redimidos, a quienes de modo afectuoso Él se dirige aquí como **manada pequeña,** estén preocupados o temerosos, **porque a** su **Padre le ha placido,** no de mala gana, darles **el reino.** *Eudokeō* (**placido**) significa "deleitarse en", o "complacerse en". Es el deseo de Dios conceder el reino en toda su plenitud a sus hijos. Todas las riquezas del reino de justicia, paz y gozo (Ro. 14:17) son de ellos como "herederos de Dios y coherederos con Cristo" (Ro. 8:17), y les "dará también con él todas las cosas" (v. 32; cp. Mt. 25:21, 23, 34; Lc. 22:29; 2 Co. 9:8; Ef. 1:3-14; Stg. 2:5; 2 P. 1:3-4). He aquí otra razón de por qué la ansiedad es insensata e innecesaria para los creyentes. Puesto que Dios ya les ha dado libremente todas las gloriosas riquezas del reino, ¿con cuánto más gusto les otorgará lo que necesitan para servirlo en ese reino?

Sin embargo, como el Señor sabía que en su audiencia había algunos que aún no estaban en el reino de la salvación, cerró su discurso con una invitación a entrar en dicho reino. No obstante, la orden que les dio: **Vended lo que poseéis, y dad limosna,** debió haber conmocionado y desconcertado a muchos en la multitud, igual que pasó con la declaración que siguió: **haceos bolsas que no se envejezcan, tesoro en los cielos que no se agote, donde ladrón no llega, ni polilla destruye.** Esas afirmaciones radicales parecen opuestas al evangelio, como si la salvación se ganara por buenas obras. Pero simplemente reiteran un principio que Jesús resaltó varias veces. En el Sermón del Monte hizo una declaración parecida:

> *No os hagáis tesoros en la tierra, donde la polilla y el orín corrompen, y donde ladrones minan y hurtan; sino haceos tesoros en el cielo, donde ni la polilla ni el orín corrompen, y donde ladrones no minan ni hurtan. Porque donde esté vuestro tesoro, allí estará también vuestro corazón (Mt. 6:19-21).*

Lo que Jesús expresó aquí es exactamente igual a lo que le dijo al joven rico cuando lo retó: "Si quieres ser perfecto, anda, vende lo que tienes, y dalo a los pobres, y tendrás tesoro en el cielo; y ven y sígueme" (Mt. 19:21). Antes, en el Evangelio de Lucas, Jesús enunció: "Si alguno quiere venir en pos de mí, niéguese a sí mismo, tome su cruz cada día, y sígame" (Lc. 9:23; cp. 14:27), mientras que en Lucas 14:33 declaró: "Así, pues, cualquiera de vosotros que no renuncia a todo lo que posee, no puede ser mi discípulo".

La declaración concluyente de Jesús, **porque donde está vuestro tesoro, allí estará también vuestro corazón,** interpreta y clarifica su significado. La salvación solo viene al aceptar a Jesús como el Mesías por gracia a través de la fe (Jn. 1:12; 3:16; 3:36; 5:24; cp. Ef. 2:8-9). La salvación es para los desesperados y humildes que se lamentan de su pecado y que tienen hambre y sed de justicia. Pero el modo en que una persona ve al dinero y las posesiones es una medida de la autenticidad del arrepentimiento y la fe. Todo lo que compita por la lealtad que una persona le tenga a Cristo es un obstáculo para la salvación. Jesús lo explicó de manera concisa: "No podéis servir a Dios y a las riquezas" (Mt. 6:24; Lc. 16:13). Aquellos que entrarían al reino de Dios deben someterse sin reservas al gobierno del Rey. Almacenan su tesoro con seguridad en el cielo, y no en la tierra, entendiendo que, como escribiera el misionero y mártir Jim Elliot, "No es necio quien da lo que no puede retener para ganar lo que no puede perder" (Elisabeth Elliot, *Shadow of the Almighty* [Nueva York: Harper & Row, 1979], p. 247).

Anticipación del regreso de Cristo

79

Estén ceñidos vuestros lomos, y vuestras lámparas encendidas; y vosotros sed semejantes a hombres que aguardan a que su señor regrese de las bodas, para que cuando llegue y llame, le abran en seguida. Bienaventurados aquellos siervos a los cuales su señor, cuando venga, halle velando; de cierto os digo que se ceñirá, y hará que se sienten a la mesa, y vendrá a servirles. Y aunque venga a la segunda vigilia, y aunque venga a la tercera vigilia, si los hallare así, bienaventurados son aquellos siervos. Pero sabed esto, que si supiese el padre de familia a qué hora el ladrón había de venir, velaría ciertamente, y no dejaría minar su casa. Vosotros, pues, también, estad preparados, porque a la hora que no penséis, el Hijo del Hombre vendrá. Entonces Pedro le dijo: Señor, ¿dices esta parábola a nosotros, o también a todos? Y dijo el Señor: ¿Quién es el mayordomo fiel y prudente al cual su señor pondrá sobre su casa, para que a tiempo les dé su ración? Bienaventurado aquel siervo al cual, cuando su señor venga, le halle haciendo así. En verdad os digo que le pondrá sobre todos sus bienes. Mas si aquel siervo dijere en su corazón: Mi señor tarda en venir; y comenzare a golpear a los criados y a las criadas, y a comer y beber y embriagarse, vendrá el señor de aquel siervo en día que éste no espera, y a la hora que no sabe, y le castigará duramente, y le pondrá con los infieles. Aquel siervo que conociendo la voluntad de su señor, no se preparó, ni hizo conforme a su voluntad, recibirá muchos azotes. Mas el que sin conocerla hizo cosas dignas de azotes, será azotado poco; porque a todo aquel a quien se haya dado mucho, mucho se le demandará; y al que mucho se le haya confiado, más se le pedirá. (12:35-48)

La Biblia enseña que la historia de la humanidad concluirá cuando el Señor Jesucristo regrese a la tierra para llevar a su pueblo a estar con Él, establezca su reino, y castigue a los malvados. La segunda venida del Hijo de Dios marca el final del mundo tal como lo conocemos. Las Escrituras son tan claras y confiables en cuanto a la segunda venida de Cristo, como es histórica acerca de su primera venida. El regreso del Señor Jesús en toda su gloria es una doctrina básica y central de la fe cristiana, no un espectáculo secundario y especulativo. Su aceptación es obligatoria, no opcional.

Es más, en algunos aspectos la doctrina de la segunda venida es la verdad más importante de todas. Identifica y describe la culminación de la historia de la redención, y abarca el juicio de los malvados, la bendición de los justos, y la definitiva y permanente exaltación y gloria del Rey de reyes y Señor de señores. Con claridad, marca el final de la historia cuando el propósito que Dios ha tenido desde antes del inicio de la historia se complete. Todo detalle revelado en la Biblia relacionado con la culminación de la historia de la redención se cumplirá con absoluta precisión. De ahí que todo individuo que desprecia, oculta, tergiversa o abandona la verdad concerniente al regreso de Cristo se acerca peligrosamente a la venida del juicio divino sobre sí mismo:

> *Yo testifico a todo aquel que oye las palabras de la profecía de este libro: Si alguno añadiere a estas cosas, Dios traerá sobre él las plagas que están escritas en este libro. Y si alguno quitare de las palabras del libro de esta profecía, Dios quitará su parte del libro de la vida, y de la santa ciudad y de las cosas que están escritas en este libro (Ap. 22:18-19).*

Sin embargo, a pesar de la clara advertencia de la Biblia contra la falsificación de la doctrina de la segunda venida, muchos cristianos bienintencionados hacen precisamente eso. Aunque la descripción que las Escrituras hacen del resto de la historia de la redención es precisa y exacta, se imaginan que el final de la historia es de algún modo vago e inseguro. Pero la falsificación de la doctrina de la segunda venida corrompe la profecía bíblica y empaña la gloria del Señor Jesucristo.

Algunos niegan del todo la segunda venida, entre ellos los partidarios del punto de vista escatológico conocido como hiperpreterismo o preterismo total. El pensamiento prevaleciente de esta corriente sostiene que las profecías acerca de la tribulación en Apocalipsis 6—19 se cumplieron en el pasado. El único acontecimiento que queda en el calendario profético es el regreso literal y corporal de Jesucristo para concluir la historia y traer juicio sobre los malvados. Los hiperpreteristas llevan ese punto de vista un paso más allá. Malinterpretando las palabras de Jesús en Mateo 24:34, "de cierto os digo, que no pasará esta generación hasta que todo esto acontezca", los hiperpreteristas insisten en que *toda* la profecía bíblica (incluso la segunda venida de Cristo) se cumplió en los hechos que rodearon la destrucción romana de Jerusalén en el año 70 d.C.

Este punto de vista radical de la profecía relega al pasado no solamente a la segunda venida de Cristo sino también a la resurrección de los muertos y al juicio del gran trono blanco. Los partidarios sostienen que no queda por cumplir ninguna profecía de las Escrituras, de modo que este universo actual es el cielo nuevo y la tierra nueva prometidos en Isaías 65:17, 66:22, 2 Pedro 3:13, y descritos en Apocalipsis 21 y 22. De haber ocurrido esto, el pecado nunca se habría purgado definitivamente de la creación de Dios. Satanás ya habría sufrido toda la derrota que habría de padecer. No habría existencia física corporal más allá de la tumba; los creyentes existirían como espíritus eternamente incorpóreos en la presencia de Dios, mientras que los incrédulos habrían sido echados de la presencia divina para que vivieran eternamente en la misma forma. Los hiperpreteristas tratan pasajes tales como 1 Tesalonicenses 4:16-17, 1 Corintios 15:22-24, 53-54, y Filipenses 3:21, que prometen claramente una resurrección corporal de los muertos, como alegorías que describen realidades espirituales, no literales.

Tales puntos radicales de vista en cuanto a la profecía tienen desastrosas consecuencias, y socavan prácticamente toda doctrina fundamental de la fe cristiana. Según se indicó antes, los partidarios de esta corriente niegan tanto la segunda venida de Cristo como la resurrección corporal de los santos. Sin embargo, negar el regreso literal y corporal de Cristo significa negar su ascensión corporal, ya que allí los ángeles les dijeron a los apóstoles: "Este mismo Jesús, que ha sido tomado de vosotros al cielo, así vendrá como le habéis visto ir al cielo" (Hch. 1:11). Más alarmante aún, negar la resurrección corporal de los creyentes implica negar la resurrección corporal de Cristo, hecho este que representa el modelo para todos los que se levantarán de los muertos (1 Co. 15:20-23). Es sorprendente que algunos hiperpreteristas no tengan reparos en llevar su punto de vista a ese extremo y, en un inútil esfuerzo por ser coherentes, concluyen que Cristo también resucitó de la tumba de manera espiritual, no física.

Desde luego, negar la resurrección corporal de Jesucristo destruye la fe cristiana. El apóstol Pablo advirtió a los creyentes corintios, algunos de los cuales eran los hiperpreteristas contemporáneos, en contra de negar la resurrección corporal (1 Co. 15:12): "Si Cristo no resucitó, vuestra fe es vana; aún estáis en vuestros pecados" (v. 17). Igual que Himeneo y Fileto anteriormente, los hiperpreteristas "se desviaron de la verdad, diciendo que la resurrección ya se efectuó, y trastornan la fe de algunos" (2 Ti. 2:18). (Critico el hiperpreterismo en mi libro *La segunda venida* [Grand Rapids: Portavoz, 1999], pp. 9-13).

En el extremo opuesto de quienes niegan la segunda venida están los que recurren al sensacionalismo en la enseñanza de la Biblia sobre esa realidad futura. Lo hacen interpretando la enseñanza de las Escrituras relacionadas con el futuro a través de los lentes de acontecimientos actuales. Tal enfoque de la profecía ha generado interminable especulación acerca de cómo ciertos individuos o sucesos han cumplido supuestamente varias profecías. Por ejemplo, algunos estaban convencidos de que los catastróficos acaecimientos de la Primera Guerra Mundial anunciaban la venida del Apocalipsis. Más adelante, otros sugirieron que Hitler, Mussolini o Stalin eran el anticristo.

Después de la Segunda Guerra Mundial apareció una serie de libros que afirmaban que el renacimiento de Israel como nación en 1948 detonó la cuenta regresiva hacia el Armagedón. Al igual que los hiperpreteristas, sus autores malinterpretaron las palabras de Jesús en Mateo 24:34. Afirmaron que la "generación" de la que el Señor habló era la que estaba viva en 1948 y, por tanto, el Armagedón no podía estar a más de cuarenta años de distancia. Por supuesto, todo eso demostró que era equivocado cuando el arrebatamiento, la tribulación y el Armagedón no llegaron a materializarse a finales de la década de los ochenta.

Peor aún, a pesar de la explícita declaración del Señor: "Pero de aquel día y de la hora nadie sabe, ni aun los ángeles que están en el cielo, ni el Hijo, sino el Padre" (Mr. 13:32; cp. Hch. 1:7), ha habido mucha fijación de fechas con relación al regreso de Cristo. Un escritor popular sobre profecía bíblica convenció a miles de personas que el arrebatamiento y el inicio de la tribulación se llevarían a cabo en 1988. Este hombre escribió un arrollador éxito de ventas, *88 razones por las que el rapto ocurrirá en 1988,* en que audazmente predijo que el arrebatamiento se llevaría a cabo en septiembre de ese año durante el Rosh Hashanah (el año nuevo judío). Sin desanimarse cuando el hecho no ocurrió como predijo, el autor del libro escribió otro al año siguiente que pretendía dar *89 razones por las que el rapto ocurrirá en 1989.* Huelga decir que esa obra también estuvo errada. Sin embargo, otro falso profeta afirmó erróneamente que el Señor regresaría en 1994. Diecisiete años después predijo que el regreso de Cristo ocurriría en 2011. Todas las predicciones resultaron falsas.

Pero aunque algunos niegan de plano la segunda venida y otros le ponen sensacionalismo, muchos más cristianos simplemente parecen ser indiferentes ante esta. Para ellos el regreso del Señor es una doctrina terciaria de limitada importancia, que genera interminable especulación y controversia al mismo tiempo que tiene poco valor práctico en la vida cotidiana. Un cristianismo terrenal, con su teología centrada en el hombre, en psicología "cristiana", en pragmatismo, y en falso materialismo santificado (el evangelio de la prosperidad) está demasiado enfocado en el aquí y el ahora como para tener algún verdadero interés en la segunda venida. La deducción es que esta vida, que no es más que un vapor fugaz que pronto se desvanece (Stg. 4:14), es más importante que la vida venidera. Sin embargo, lo que Dios ha planeado para el futuro es mucho más bendito que todo lo que esta vida actual pueda ofrecer. Perder de vista la realidad de que ningún beneficio terrenal puede compararse con el gozo y la bendición que Cristo traiga cuando regrese es desobediencia e insensatez.

Para resaltar la importancia del regreso de Jesucristo, la Biblia revela al menos diez razones de por qué Él debe volver corporalmente a la tierra del mismo modo que se fue (Hch. 1:11).

En primer lugar, la promesa de Dios lo exige. El Antiguo Testamento contiene más de trescientas profecías de la venida del Mesías, más de cien de las cuales se cumplieron en la primera venida de Jesucristo. Eso deja cerca de doscientas profecías restantes que se deberán cumplir en su segunda venida. Por ejemplo, en Salmos 2:6-9, Dios prometió que su Hijo sería Rey sobre toda la tierra y que gobernaría con vara de hierro. Isaías 9:6-7 describe su reino como el trono de David. Miqueas 4:3 y Jeremías 23:5 también hablan del gobierno terrenal de Cristo. Zacarías 14:4-9 describe gráficamente el regreso de Cristo a la tierra para reinar como Rey. Dios no puede mentir (Tit. 1:2) y no cambiará de opinión (Nm. 23:19). Las promesas que ha hecho exigen que el Señor Jesucristo regrese para cumplirlas.

En segundo lugar, las afirmaciones de Jesús lo exigen. Durante su ministerio terrenal se refirió varias veces a su segunda venida (p. ej., Mt. 24:27, 30, 37, 39, 44; Mr. 13:26; 14:62; Jn. 14:2-3). Él ofreció un extenso y detallado discurso (Mt. 24—25) acerca de los sucesos que envuelven su regreso, e hizo alusión a este hecho en numerosas parábolas (p. ej., Mt. 24:45-51; 25:1-13; 25:14-30; Lc. 19:12-27). El capítulo final de la Biblia registra la promesa de Jesús, en sus propias palabras, de que volverá un día (Ap. 22:7, 12, 20). La veracidad y la credibilidad de Cristo están, por tanto, intrínsecamente vinculadas con su segunda venida.

En tercer lugar, el testimonio del Espíritu Santo lo exige. El "Espíritu de verdad" (Jn. 14:17; 15:26; 16:13) inspiró a los escritores humanos de las Escrituras (2 P. 1:20-21), quienes reiteradamente escribieron acerca del regreso de Cristo (p. ej., 1 Co. 1:4-7; Fil. 3:20; Col. 3:4; 1 Ts. 4:16-17; Tit. 2:13; He. 9:28; Stg. 5:7-8; 1 P. 1:13; 5:4; 1 Jn. 3:2). El Espíritu, junto con el Padre y el Hijo, dan testimonio de que Jesucristo regresará a la tierra en triunfo y gloria.

En cuarto lugar, el programa de Dios para su Iglesia lo exige. Después de preparar en el cielo un lugar para los verdaderos cristianos (Jn. 14:2), Jesús regresará un día con el fin de llevarlos allí (v. 3). El Nuevo Testamento describe a la Iglesia como desposada con Cristo (2 Co. 11:2), quien algún día regresará por su esposa (cp. 1 Co. 1:7; Fil. 3:20; 1 Ts. 1:10; Tit. 2:13) y la llevará a la fiesta de bodas (Ap. 19:6-9).

En quinto lugar, la corrupción del mundo lo exige. El regreso de Jesucristo es la bendita esperanza de los creyentes. Pero para el mundo incrédulo constituye el prospecto aterrador de juicio inmediato, cuando el Señor Jesucristo traiga destrucción, devastación y muerte a los impíos (cp. Jn. 5:25-29; 2 Ts. 1:7-10; Jud. 14-15; Ap. 19:11-16) y establezca su reino de justicia. El capítulo final de la historia de la tierra lo escribirá Jesús, el heredero legítimo del mundo (He. 1:2; cp. Ap. 5:1-5), cuando regrese.

En sexto lugar, el futuro de Israel lo exige. El remanente elegido de Israel un día se arrepentirá y será salvo. En las vívidas imágenes de Ezequiel, los huesos secos volverán a vivir (Ez. 37) como Dios lo prometió,

> *y derramaré sobre la casa de David, y sobre los moradores de Jerusalén, espíritu de gracia y de oración; y mirarán a mí, a quien traspasaron, y llorarán como se*

llora por hijo unigénito, afligiéndose por él como quien se aflige por el primogénito (Zac. 12:10).

Pablo escribió que "todo Israel será salvo, como está escrito: Vendrá de Sion el Libertador, que apartará de Jacob la impiedad" (Ro. 11:26). Esa limpieza y salvación prometidas de Israel requieren que Jesús regrese a la tierra.

En séptimo lugar, la vindicación de Cristo lo exige. Es inconcebible que la última visión que el mundo tenga de Jesús sea aquella en que cuelga en una cruz entre dos delincuentes. Ningún incrédulo vio alguna de las apariciones de Jesús posteriores a la resurrección. Su gloria de la resurrección, vista solo por los creyentes, todavía no se ha manifestado al mundo entero, pero eso cambiará un día. En la segunda venida de Cristo, "aparecerá la señal del Hijo del Hombre en el cielo; y entonces lamentarán todas las tribus de la tierra, y verán al Hijo del Hombre viniendo sobre las nubes del cielo, con poder y gran gloria" (Mt. 24:30; cp. Ap. 1:7). Jesús, de quien públicamente se burlaron, y a quien escupieron, azotaron y crucificaron, debe volver para darse a conocer ante el mundo como su Rey y Señor.

En octavo lugar, el juicio a Satanás lo exige. Al usurpador que es el actual gobernante de este mundo (Jn. 12:31; 14:30; 16:11; cp. 2 Co. 4:4; Ef. 2:2; 6:12; 1 Jn. 5:19) no se le permitirá conservar para siempre su gobierno. Jesús debe regresar y regresará para vencer al maligno, destruir su reino de tinieblas, y sentenciarlo al castigo eterno en el infierno (Ap. 20:2, 10).

En noveno lugar, la esperanza de los creyentes lo exige. Ellos aguardan "la esperanza bienaventurada y la manifestación gloriosa de nuestro gran Dios y Salvador Jesucristo" (Tit. 2:13) sean correspondidas. Es tan fundamental para la fe cristiana la esperanza en el regreso de Cristo, que 2 Timoteo 4:8 define a los cristianos como "todos los que aman su venida". El Señor debe volver para que "sometida a prueba [la fe de los creyentes], mucho más preciosa que el oro, el cual aunque perecedero se prueba con fuego, sea hallada en alabanza, gloria y honra cuando sea manifestado Jesucristo" (1 P. 1:7).

En decimo y último lugar, el gemido de la creación lo exige. Romanos 8:18-22 personifica a la creación como un ente que gime bajo el dolor de la maldición provocada por la caída (v. 22) y su "anhelo ardiente... es el aguardar la manifestación de los hijos de Dios" (v. 19) cuando "la creación misma será libertada de la esclavitud de corrupción, a la libertad gloriosa de los hijos de Dios" (v. 21). Eso ocurrirá cuando Jesucristo regrese.

El regreso de Jesucristo pondrá en marcha una secuencia de acontecimientos que marcará el final del universo, y de este mundo en su estado actual. Habrá un holocausto nuclear de proporciones inimaginables, el momento en que "los cielos pasarán con grande estruendo, y los elementos ardiendo serán deshechos, y la tierra y las obras que en ella hay serán quemadas" (2 P. 3:10; cp. v. 12). Antes de que eso ocurra habrá un juicio final y la sentencia al lago eterno de fuego para todos los impíos en el juicio del gran trono blanco de Dios (Ap. 20:11-15). Antecediendo a este juicio, Cristo reinará durante mil años en la tierra en su reino milenial (Ap. 20:4). Antes del advenimiento del reino milenial, Jesús regresará en juicio (Mt. 25:31-46) en lo que comúnmente se conoce como la segunda venida, aunque el término es más amplio (Ap. 19:11-21). Antes de la segunda venida, la tribulación —la semana setenta de la profecía de Daniel sobre las setenta semanas (Dn. 9:24-27)— se llevará a cabo durante los siete años anteriores al regreso del Señor (Ap. 6—19). Será un torrente sin precedentes de juicio divino. Antes de la tribulación ocurrirá el arrebatamiento de la Iglesia, el detonante que pone en acción todos los acontecimientos posteriores.

Descrito en tres pasajes clave (Jn. 14:1-3, 1 Co. 15:51-53; 1 Ts. 4:16-17), el arrebatamiento es un acontecimiento sin señal previa y que podría suceder en cualquier momento. Debe distinguírsele del regreso de Cristo al final de la tribulación. En el arrebatamiento, Cristo viene por sus santos (Jn. 14:3; 1 Ts. 4:16-17), pero no a la tierra. Los recibe en el aire (1 Ts. 4:17) para llevarlos con Él al cielo (Jn. 14:2-3) a fin de que reciban sus recompensas (1 Co. 3:10-15; 4:1-5; 2 Co. 5:10) y participen en las bodas del Cordero (Ap. 19:7). En contraste, siete años después, en el regreso de Cristo al final de la tribulación Él viene no por sus santos, sino con sus santos (Ap. 19:14; cp. vv. 7-8), quienes descienden con Él del cielo a la tierra (Zac. 14:4). Además, los pasajes del arrebatamiento no mencionan juicio acompañante. Tampoco hay ninguna referencia a la Iglesia en Apocalipsis 6—19, capítulos que describen la tribulación. (Para más evidencia de que el arrebatamiento precede a la tribulación, y por tanto debe distinguirse del regreso posterior a la tribulación del Señor en juicio, véase *Comentario MacArthur del Nuevo Testamento: Apocalipsis* [Grand Rapids: Portavoz 2012], pp. 133-35).

Esta sección de Lucas 12 revela que la segunda venida es tanto previsible como imprevisible. El Señor Jesucristo expresó ambas realidades en el versículo 40 cuando declaró que "a la hora que no penséis [un tiempo imprevisto] el Hijo del Hombre vendrá [un acontecimiento previsible]". La Biblia asocia varias señales con el regreso de Cristo al final de la tribulación, pero ninguna de ellas da a conocer el día y la hora exactos en que ocurrirá (Mt. 24:36; 25:13). Puesto que no hay sucesos específicamente profetizados que lo precedan, es imposible determinar cuándo ocurrirá el arrebatamiento. Por tanto, a la secuencia cronológica que se pondrá en movimiento (cp. Dn. 7:25; 12:7, 11-12; Ap. 13:5-6) le falta la pieza clave de información necesaria para determinar cuándo regresará el Señor... es decir cuándo se iniciará tal secuencia. Esa es una razón de por qué establecer fechas es muy irresponsable. El Nuevo Testamento es claro en que esos acontecimientos son inminentes, lo que significa que pueden iniciarse en cualquier momento sin señal de advertencia (He. 10:25; Stg. 5:7-9; 1 P. 4:7;

1 Jn. 2:18; Ap. 1:1; cp. el uso que Pablo hace de “nosotros” y “nuestro” en 1 Ts. 4:15, 17; Tit. 2:12-13).

La respuesta apropiada a esa realidad en cada generación es que debemos velar (Mt. 24:42-44; Mr. 13:33-37; Lc. 21:34-36). En este pasaje Jesús exhorta a sus seguidores a permanecer listos en todo momento para su regreso, y les asegura por qué es importante estar alerta.

EXHORTACIÓN A ESTAR LISTOS

Estén ceñidos vuestros lomos, y vuestras lámparas encendidas; y vosotros sed semejantes a hombres que aguardan a que su señor regrese de las bodas, para que cuando llegue y llame, le abran en seguida. Bienaventurados aquellos siervos a los cuales su señor, cuando venga, halle velando; de cierto os digo que se ceñirá, y hará que se sienten a la mesa, y vendrá a servirles. Y aunque venga a la segunda vigilia, y aunque venga a la tercera vigilia, si los hallare así, bienaventurados son aquellos siervos. Pero sabed esto, que si supiese el padre de familia a qué hora el ladrón había de venir, velaría ciertamente, y no dejaría minar su casa. Vosotros, pues, también, estad preparados, porque a la hora que no penséis, el Hijo del Hombre vendrá. (12:35-40)

Jesús exhortó a sus oyentes a estar listos para su regreso por medio de cuatro analogías sencillas de la vida cotidiana: vestimenta, lámparas, siervos y ladrones.

VESTIMENTA

Estén ceñidos vuestros lomos, (12:35*a*)

Esta frase, que también se podría traducir “manténganse listos” (NVI), toma en cuenta las largas túnicas que usaban tanto hombres como mujeres en la época de Jesús. Para poder trabajar, pelear o correr, las personas debían recoger los extremos de las vestiduras en una faja o cinturón. Cuando los israelitas se preparaban para el banquete de Pascua, Dios les ordenó: “Y lo comeréis así: ceñidos vuestros lomos, vuestro calzado en vuestros pies, y vuestro bordón en vuestra mano; y lo comeréis apresuradamente; es la Pascua de Jehová” (Éx. 12:11). Después de su dramática victoria sobre los profetas de Baal, Elías “ciñó sus lomos, y corrió delante de Acab hasta llegar a Jezreel” (1 R. 18:46). Cuando envió a su siervo Giezi a sanar al hijo de la sunamita, Eliseo le prescribió: “Ciñe tus lomos, y toma mi báculo en tu mano, y ve; si alguno te encontrare, no lo saludes, y si alguno te saludare, no le respondas; y pondrás mi báculo sobre el rostro del niño” (2 R. 4:29). El Señor le ordenó a Job: “Ahora ciñe como varón tus lomos; yo te preguntaré, y tú me contestarás” (Job 38:3; cp. 40:7). Cuando comisionó a Jeremías para su ministerio profético, Dios le declaró: "Tú, pues, ciñe tus lomos, levántate, y háblales todo cuanto te mande" (Jer. 1:17). El requerimiento del apóstol en 1 Pedro 1:13 literalmente formula: "Ceñid los lomos de vuestro entendimiento". Las palabras de Jesús son un llamado a tener **ceñidos** los **lomos,** o mantenerse listos, a la luz de su inminente regreso.

LÁMPARAS

y vuestras lámparas encendidas; (12:35*b*)

Las **lámparas** tienen una sola función: proveer luz. En este caso, como ocurre a menudo, la luz es una representación del conocimiento. Jesús advirtió que este no es el momento de pasar por alto estas verdades y andar dando tumbos en la oscuridad; el pueblo debe estar vigilante y asegurarse de que sus lámparas del conocimiento estén siempre **encendidas.** Más adelante, Él usaría las lámparas para ilustrar el peligro de la falta de preparación espiritual en la parábola de las diez vírgenes. A diferencia de las vírgenes prudentes, las insensatas (Mt. 25:1-12) permitieron que sus lámparas se apagaran. En consecuencia, estas últimas quedaron excluidas de la boda por parte del novio, lo que ejemplifica de modo metafórico el peligro de la falta de preparación espiritual.

El apóstol Pablo repitió esta misma advertencia cuando escribió:

> *Y esto, conociendo el tiempo, que es ya hora de levantarnos del sueño; porque ahora está más cerca de nosotros nuestra salvación que cuando creímos. La noche está avanzada, y se acerca el día. Desechemos, pues, las obras de las tinieblas, y vistámonos las armas de la luz. Andemos como de día, honestamente; no en glotonerías y borracheras, no en lujurias y lascivias, no en contiendas y envidia, sino vestíos del Señor Jesucristo, y no proveáis para los deseos de la carne (Ro. 13:11-14).*

Ya que Jesús podría regresar en cualquier momento, los cristianos deben mantenerse alerta, tener sus lámparas siempre encendidas, y no estar perdidos en oscuridad espiritual.

SIERVOS

y vosotros sed semejantes a hombres que aguardan a que su señor regrese de las bodas, para que cuando llegue y llame, le abran en seguida. Bienaventurados aquellos siervos a los cuales su señor, cuando venga, halle velando; de cierto os digo que se ceñirá, y hará que se sienten a la mesa, y vendrá a servirles. Y aunque venga a la segunda vigilia, y aunque venga a la tercera vigilia, si los hallare así, bienaventurados son aquellos siervos. (12:36-38)

Las bodas en el antiguo Israel no se iniciaban ni se acababan en un momento específico. Cuando todo estaba preparado, se llamaba a los invitados (cp. Mt. 22:2-4). La celebración podía alargarse durante siete días, dependiendo de cuántas personas había y de cuánto tiempo duraba la comida. En el ejemplo que estamos estudiando, los **que aguardan a que su señor regrese de las bodas** quizás no sabían momento exacto de su llegada. Por tanto, debían estar en constante vigilia, **para que cuando llegue** a la casa **y llame, le abran en seguida.**

El **señor** no dejaría de recompensar a **aquellos siervos a los cuales, cuando venga, halle velando.** En una increíble inversión de papeles para demostrar la complacencia del amo ante tal disposición, Jesús afirma que ese patrón **se ceñirá, y hará que** sus siervos se **sienten a la mesa, y vendrá a servirles.** Eso es lo que Jesús mismo hizo por sus amados discípulos (Jn. 13:1-5; cp. Mt. 20:28; Lc. 22:27) y lo que volverá a hacer en la fiesta de bodas del Cordero en el cielo (Lc. 13:28-30). No importa cuándo **venga** el señor, si es **a la segunda vigilia, y aunque venga a la tercera vigilia** (p. ej., entre las 9 de la noche y las 3 de la madrugada), sus siervos diligentes serán **bienaventurados.**

LADRONES

Pero sabed esto, que si supiese el padre de familia a qué hora el ladrón había de venir, velaría ciertamente, y no dejaría minar su casa. Vosotros, pues, también, estad preparados, porque a la hora que no penséis, el Hijo del Hombre vendrá. (12:39-40)

En esta última analogía la imagen no es del amo que regresa sino de uno al que le pueden robar la casa. La frase inicial, **pero sabed esto,** presenta una verdad que se debe tratar de modo evidente y enfático. Al mirar hacia atrás en el incidente, es obvio **que si supiese el padre de familia a qué hora el ladrón había de venir, velaría ciertamente, y no dejaría minar su casa.** Por lo general, los ladrones trepan por las paredes de las casas y, si el dueño supiera cuándo va a entrar el ladrón, sin duda estaría alerta para impedírselo o frustrarle el intento de robo.

El elemento de sorpresa asociado con la llegada clandestina de un ladrón encaja con lo inesperado del regreso del Señor. En Apocalipsis 3:3, Jesús advirtió a la Iglesia de Sardis: "Acuérdate, pues, de lo que has recibido y oído; y guárdalo, y arrepiéntete. Pues si no velas, vendré sobre ti como ladrón, y no sabrás a qué hora vendré sobre ti". Tanto 1 Tesalonicenses 5:2-4 como 2 Pedro 3:10 comparan la venida del Día del Señor con la de un ladrón.

En una exhortación final, Jesús resume las cuatro analogías que acababa de dar: **Vosotros, pues, también, estad preparados, porque a la hora que no penséis, el Hijo del Hombre vendrá.** La única manera de evitar pérdida espiritual es estar todo el tiempo dispuestos para el regreso de Cristo.

Estar preparados comienza con la salvación. Ya antes, en el Evangelio de Lucas, Jesús había llamado al pueblo a arrepentirse o enfrentar rechazo cuando Él regresara:

> *Si alguno quiere venir en pos de mí, niéguese a sí mismo, tome su cruz cada día, y sígame. Porque todo el que quiera salvar su vida, la perderá; y todo el que pierda su vida por causa de mí, éste la salvará. Pues ¿qué aprovecha al hombre, si gana todo el mundo, y se destruye o se pierde a sí mismo? Porque el que se avergonzare de mí y de mis palabras, de éste se avergonzará el Hijo del Hombre cuando venga en su gloria, y en la del Padre, y de los santos ángeles (9:23-26).*

Pero estar preparados también implica santificación. En 2 Pedro 3:14, el apóstol exhorta a sus lectores: "Por lo cual, oh amados, estando en espera de estas cosas [la destrucción catastrófica de la tierra y los cielos descrita en los versículos 10-13], procurad con diligencia ser hallados por él sin mancha e irreprensibles, en paz" (cp. v. 11). Los redimidos demuestran que están preparados para el regreso de Cristo siguiendo una vida piadosa.

LA IMPORTANCIA DE ESTAR PREPARADOS

Entonces Pedro le dijo: Señor, ¿dices esta parábola a nosotros, o también a todos? Y dijo el Señor: ¿Quién es el mayordomo fiel y prudente al cual su señor pondrá sobre su casa, para que a tiempo les dé su ración? Bienaventurado aquel siervo al cual, cuando su señor venga, le halle haciendo así. En verdad os digo que le pondrá sobre todos sus bienes. Mas si aquel siervo dijere en su corazón: Mi señor tarda en venir; y comenzare a golpear a los criados y a las criadas, y a comer y beber y embriagarse, vendrá el señor de aquel siervo en día que éste no espera, y a la hora que no sabe, y le castigará duramente, y le pondrá con los infieles. Aquel siervo que conociendo la voluntad de su señor, no se preparó, ni hizo conforme a su voluntad, recibirá muchos azotes. Mas el que sin conocerla hizo cosas dignas de azotes, será azotado poco; porque a todo aquel a quien se haya dado mucho, mucho se le demandará; y al que mucho se le haya confiado, más se le pedirá. (12:41-48)

El Señor enseñó este mismo principio en Mateo 24:44-51 (cp. Mr. 13:33-37 y la enseñanza similar en la parábola de los talentos [Mt. 25:14-30]), lo que indica que este era un tema recurrente de su enseñanza. Sin saber con seguridad a quién estaban dirigidas las analogías en el punto anterior, **Pedro,** actuando como a menudo hacía de portavoz de los demás, **le dijo: Señor, ¿dices esta parábola a nosotros, o también a todos?** Jesús no contestó directa sino indirectamente con otra parábola que involucraba a dos siervos. El primero es fiel y representa a los creyentes, quienes están preparados para el regreso de Cristo y serán bienaventurados. El otro es infiel y representa a los incrédulos, quienes no están preparados para el regreso del Señor y serán castigados. Ya que todas las personas pertenecen a una de esas dos categorías, la parábola de Jesús abarca a todo el mundo.

EL SIERVO FIEL

Y dijo el Señor: ¿Quién es el mayordomo fiel y prudente al cual su señor pondrá sobre su casa, para que a tiempo les dé su ración? Bienaventurado aquel siervo al cual, cuando su señor venga, le halle haciendo así. En verdad os digo que le pondrá sobre todos sus bienes. (12:42-44)

Según se indicó ya, **el mayordomo fiel y prudente** representa a los verdaderos creyentes. Estos administran bien las riquezas espirituales que Dios les ha puesto bajo su cuidado, y están listos para el regreso de Cristo. *Pistos* (**fiel**), como siempre en el Nuevo Testamento, tiene el significado de "creer", lo que indica que este siervo representa a los redimidos. *Phronimos* (**prudente**) es el resultado de la salvación, y describe a un creyente reflexivo, prudente y discreto, quien tiene la sabiduría que viene de lo alto (cp. Stg. 3:17). Los creyentes entienden la urgencia y la importancia de vivir con la esperanza del regreso de su Señor. No han utilizado solamente los recursos que están disponibles para todo el mundo, la revelación de Dios en la creación (Ro. 1:18-32) y la ley de Dios escrita en los corazones de todas las personas (Ro. 2:15), sino que también cuando se expusieron al evangelio lo creyeron, se arrepintieron, y fueron salvos. Al igual que el mayordomo fiel, ellos actuaron de manera responsable. A este mayordomo fiel se le **pondrá sobre** la **casa** y los criados de su amo, **para que a tiempo les dé su ración.** Su amo no dejará de recompensarlo por haber cumplido con su voluntad. Entonces Jesús siguió diciendo: **Bienaventurado aquel siervo al cual, cuando su señor venga, le halle haciendo así.** Cuando Jesús regrese también recompensará a quienes han cumplido fielmente la voluntad divina. Así como el amo puso al servidor fiel **sobre todos sus bienes,** así también el Señor dará a sus siervos fieles responsabilidad correspondiente en el reino (cp. 12:32; 2 Ti. 2:12).

EL SIERVO INFIEL

Mas si aquel siervo dijere en su corazón: Mi señor tarda en venir; y comenzare a golpear a los criados y a las criadas, y a comer y beber y embriagarse, vendrá el señor de aquel siervo en día que éste no espera, y a la hora que no sabe, y le castigará duramente, y le pondrá con los infieles. Aquel siervo que conociendo la voluntad de su señor, no se preparó, ni hizo conforme a su voluntad, recibirá

muchos azotes. Mas el que sin conocerla hizo cosas dignas de azotes, será azotado poco; porque a todo aquel a quien se haya dado mucho, mucho se le demandará; y al que mucho se le haya confiado, más se le pedirá. (12:45-48)

En contraste con el **siervo** fiel, el infiel, tras hacer caso omiso a la exhortación en el versículo 40, dijo **en su corazón: Mi señor tarda en venir.** Al carecer de un sentido de urgencia siguió haciendo cualquier cosa que le satisficiera, lo que incluía brutalidad hacia **los criados y a las criadas,** y también se dedicó **a comer y beber y embriagarse.** En lugar de administrar de manera apropiada los recursos que le encargaron, los usó y abusó de ellos para su propia glotonería y sus embriagueces. Vivió bajo la ilusión de que tenía mucho tiempo para disfrutar su pecado antes de que su señor regresara.

Muchas personas viven bajo la misma ilusión, suponiendo que pueden hacer lo que quieran y que podrán volverse a Dios justo antes de que mueran. Tal razonamiento es tanto insensato como peligroso, ya que nadie sabe cuándo va a morir, o cuándo regresará el Señor. Ese razonamiento incorrecto tampoco tiene en cuenta el peligro mortal de la apostasía (cp. He. 6:4-8), la cual no reconoce que Dios puede endurecer los corazones de aquellos que persisten en endurecer los suyos hasta alcanzar el punto en que no puedan arrepentirse y creer (Jn. 12:37-40; Ro. 1:24, 26, 28; He. 10:26-27).

Como ilustración del peligro de tan defectuoso razonamiento, el siervo infiel calculó mal el momento del regreso de su amo. No estaba preparado cuando su **señor** regresa **en** un **día que éste no espera, y a la hora que no sabe.** En un acto grave y drástico de castigo que simboliza el juicio de Dios sobre los malvados, su amo lo **castigará duramente** (lo cortará en pedazos, NTV), **y le pondrá con los infieles.** Con la palabra **infieles,** la metáfora se vuelve una realidad. El lugar en que los **pondrá** para que pasen la eternidad es el infierno, donde al placer lo reemplaza el dolor eterno, y donde "será el lloro y el crujir de dientes" (Mt. 24:51).

Pero aunque todos los incrédulos serán sentenciados al infierno, nuestro Señor clarifica aquí que el grado de castigo que tendrán será diferente. Jesús aludió a ese hecho al describir, además del siervo atrevido mencionado antes, a otros dos tipos de siervos infieles. El primero fue un **siervo que conociendo la voluntad de su señor, no se preparó.** Este no era perversamente atrevido, sino solo distraído; no abusaba de los recursos de su amo ni le retaba flagrantemente la voluntad, pero tampoco le obedecía. Como resultado, no estaba preparado para el regreso del amo. A diferencia del siervo atrevido, quien recibió el castigo más severo de ser cortado en pedazos, este siervo **recibirá** el castigo menor de **muchos azotes.** Un tercer siervo no conocía la voluntad de su señor. Su ignorancia no lo exoneró del juicio, ya que **hizo cosas dignas de azotes.** Sin embargo, recibió el castigo menos grave de los tres, pues fue **azotado poco**.

Las palabras finales del Señor proporcionan la base para los diferentes grados de castigo en el infierno. Él advirtió: **A todo aquel a quien se haya dado mucho, mucho se le demandará; y al que mucho se le haya confiado, más se le pedirá.** El grado de castigo para los incrédulos está directamente relacionado con su conocimiento de la verdad. Mientras más verdad sepan ellos, más peligroso les resulta rechazarla. A la luz del inminente regreso de Cristo, rechazar de manera desafiante el evangelio, ser indiferente a él, o no reconocerlo es arriesgarse a la tragedia eterna. La exhortación para todos es: "He aquí ahora el tiempo aceptable; he aquí ahora el día de salvación" (2 Co. 6:2). Todo el mundo recibe este llamado: "Arrepentíos, y creed en el evangelio" (Mr. 1:15; cp. Hch. 17:30; 26:20), y aquellos que se niegan a hacerlo perecerán (Lc. 13:1-5; Jn. 3:18) y enfrentarán la ira eterna de Dios (Jn. 3:36).

La advertencia en Hebreos 10:26-31 es aleccionadora:

> *Porque si pecáremos voluntariamente después de haber recibido el conocimiento de la verdad, ya no queda más sacrificio por los pecados, sino una horrenda expectación de juicio, y de hervor de fuego que ha de devorar a los adversarios. El que viola la ley de Moisés, por el testimonio de dos o de tres testigos muere irremisiblemente. ¿Cuánto mayor castigo pensáis que merecerá el que pisoteare al Hijo de Dios, y tuviere por inmunda la sangre del pacto en la cual fue santificado, e hiciere afrenta al Espíritu de gracia? Pues conocemos al que dijo: Mía es la venganza, yo daré el pago, dice el Señor. Y otra vez: El Señor juzgará a su pueblo. ¡Horrenda cosa es caer en manos del Dios vivo!*

La tragedia de la oportunidad perdida

80

Fuego vine a echar en la tierra; ¿y qué quiero, si ya se ha encendido? De un bautismo tengo que ser bautizado; y ¡cómo me angustio hasta que se cumpla! ¿Pensáis que he venido para dar paz en la tierra? Os digo: No, sino disensión. Porque de aquí en adelante, cinco en una familia estarán divididos, tres contra dos, y dos contra tres. Estará dividido el padre contra el hijo, y el hijo contra el padre; la madre contra la hija, y la hija contra la madre; la suegra contra su nuera, y la nuera contra su suegra. Decía también a la multitud: Cuando veis la nube que sale del poniente, luego decís: Agua viene; y así sucede. Y cuando sopla el viento del sur, decís: Hará calor; y lo hace. ¡Hipócritas! Sabéis distinguir el aspecto del cielo y de la tierra; ¿y cómo no distinguís este tiempo? ¿Y por qué no juzgáis por vosotros mismos lo que es justo? Cuando vayas al magistrado con tu adversario, procura en el camino arreglarte con él, no sea que te arrastre al juez, y el juez te entregue al alguacil, y el alguacil te meta en la cárcel. Te digo que no saldrás de allí, hasta que hayas pagado aun la última blanca. (12:49-59)

Es indiscutible que el más infame ejemplo de oportunidad perdida lo ilustra Judas Iscariote. Él tuvo el privilegio, concedido únicamente a otros once hombres, de vivir, viajar y experimentar durante tres años la presencia de Jesucristo, el Señor de gloria encarnado. Sin embargo, de modo inconcebible, después de esa compañía personal intensa con el incomparablemente perfecto Hijo de Dios, observando todos los milagros que realizó y oyendo sus enseñanzas sin igual, Judas lo traicionó y lo vendió por una suma irrisoria. En sentido contrario a la gloria pura de Jesús, Judas aparece como el individuo más profundamente desgraciado que alguna vez haya caminado en la tierra. Jesús pronunció la perdición de Judas cuando declaró en cuanto a él: "¡Ay de aquel hombre por quien el Hijo del Hombre es entregado! Bueno le fuera a ese hombre no haber nacido" (Mt. 26:24). Judas, quien en la tierra conoció íntimamente al Señor del cielo, pasará la eternidad en el infierno separado de la presencia de Dios, atormentado por su conciencia acusadora y por el recuerdo de la oportunidad desperdiciada. No obstante, la naturaleza del infierno es que, aunque quienes sufren sin alivio y lamentan su dolor, no cambian su actitud hacia Aquel que rechazaron.

Aunque en un sentido personal Judas es único, en un sentido colectivo no lo es. Hubo muchos Judas en los tiempos de Jesús, si no en grado, seguramente en especie. Muchos individuos rechazaron a Jesús después de haber sido expuestos a las enseñanzas divinas, de haber visto sus milagros, y de haber presenciado su vida perfectamente santa. Esa generación en Israel fue la más privilegiada en toda la historia humana al ser la única en tener al Dios encarnado caminando entre ellos. Pero fue una generación de varios Judas que rechazaron a Jesús a pesar de atestiguar la enorme e irrefutable evidencia de quién era Él. La generación más privilegiada en la historia humana se convirtió en el ejemplo más trágico de oportunidad desperdiciada.

Cada generación desde entonces, incluida la nuestra, ha tenido su parte de tales Judas. Ha habido muchos que a pesar de haber estado expuestos a la enorme evidencia que revela claramente la verdadera identidad de Jesús, se niegan a creer. Al igual que Judas, ellos también padecerán las más graves consecuencias eternas por desperdiciar la oportunidad que tuvieron (cp. He. 10:26-31). En este pasaje, Jesús dirigió una advertencia a tales personas.

La expectativa mesiánica judía, basada en su comprensión del Antiguo Testamento, era que la llegada del Mesías traería una paz sin precedentes. Uno de los pasajes mesiánicos más conocidos llama al Mesías el "Príncipe de Paz" (Is. 9:6). Isaías 55:12 prometió que la nación volvería "con paz" al interior del reino del Mesías (cp. 66:12; Sal. 72:7; Ez. 34:25), cuando Dios prometió hacer un pacto eterno de paz con ellos (Ez. 37:26).

En el Nuevo Testamento, Zacarías, el padre de Juan el Bautista, expresó su esperanza segura en que el Mesías iba a "encaminar nuestros pies por camino de paz" (Lc. 1:79). En Juan 14:27, Jesús prometió a sus seguidores: "La paz os dejo, mi paz os doy; yo no os la doy como el mundo la da. No se turbe vuestro corazón, ni tenga miedo" (cp. 16:33). Citando Isaías 57:19, Pablo escribió que el Mesías "vino y anunció las buenas nuevas de paz a vosotros que estabais lejos, y a los que estaban cerca" (Ef. 2:17), y en Colosenses 1:20 añadió que Él forjó esa "paz mediante la sangre de su cruz" (cp. Lc. 2:14; Hch. 10:36; Ro. 5:1).

Trágicamente, Israel perdió la paz que Dios había prometido cuando rechazó al Mesías por medio del cual tal paz iba a producirse. No puede haber paz nacional o mundial hasta que el Mesías establezca su reino terrenal que era una realidad futura. Mientras tanto, a medida que se desarrolla la historia de la redención, el evangelio ofrece paz personal que viene de la salvación solo mediante la fe en Jesús. Tras rechazar al Príncipe de Paz, Israel no tuvo esperanza para el reino divino de paz. Tampoco hubo alguna esperanza de paz personal para ellos.

Según se indicó en el capítulo 76 de esta obra, Lucas 12 marca un punto de inflexión en el ministerio de nuestro Señor. Por ahora la mayor parte del pueblo judío estaba endurecido en su rechazo a Él, y el ministerio de Jesús se volvió en gran medida de advertencia. A partir de los últimos versículos de este capítulo esas advertencias se hicieron cada vez más urgentes y frecuentes (vv. 56, 59; cp. 13:3, 5, 9, 24-30, 35, 14:24; 19:41-44). En este pasaje Jesús brindó tres advertencias relacionadas con la oportunidad desperdiciada. Advirtió de la seguridad del juicio venidero, de la realidad de la lucha actual, y del peligro de la falta de discernimiento.

SEGURIDAD DEL JUICIO VENIDERO

Fuego vine a echar en la tierra; ¿y qué quiero, si ya se ha encendido? De un bautismo tengo que ser bautizado; y ¡cómo me angustio hasta que se cumpla! (12:49-50)

El evangelio divide a toda la humanidad en dos categorías, tanto por tiempo como por eternidad: los salvos y los perdidos; los redimidos y los no redimidos; los que pasarán la eternidad en el cielo, y los que la pasarán en el infierno.

La frase **vine a echar** es un término técnico usado por el Señor en varios lugares para hablar de su misión, la cual definió en Lucas 19:10 cuando manifestó que "el Hijo del Hombre vino a buscar y a salvar lo que se había perdido" (cp. Mt. 9:13). Además advirtió: "No penséis que he venido para abrogar la ley o los profetas; no he venido para abrogar, sino para cumplir" (Mt. 5:17). En Juan 5:43, Jesús declaró a los hostiles dirigentes judíos: "Yo he venido en nombre de mi Padre, y no me recibís; si otro viniere en su propio nombre, a ése recibiréis". A quienes escuchaban su discurso sobre el pan de vida les expresó: "He descendido del cielo, no para hacer mi voluntad, sino la voluntad del que me envió" (Jn. 6:38). Jesús es el buen pastor, que vino "para que tengan vida, y para que la tengan en abundancia" (Jn. 10:10). Él vino "para que todo aquel que cree en [Él] no permanezca en tinieblas" (Jn. 12:46); Jesús no vino "a juzgar al mundo, sino a salvar al mundo" (v. 47). La noche antes de su muerte, Cristo declaró a los doce: "Salí del Padre, y he venido al mundo; otra vez dejo el mundo, y voy al Padre" (Jn. 16:28). A Pilato le advirtió: "Yo para esto he nacido, y para esto he venido al mundo, para dar testimonio a la verdad" (Jn. 18:37).

Aunque vino para salvar a los perdidos, la misión de Jesús también fue de juicio; por eso manifestó: **Fuego vine a echar en la tierra. Fuego** se usa frecuentemente en la Biblia como una representación del juicio de Dios (p. ej., Dt. 32:22; 2 S. 22:9; Sal. 21:9; 78:21; 97:3; Is. 26:11; 29:6; 30:33; 66:15-16; Jer. 4:4; 15:14; 21:12; Lm. 2:3-4; 4:11; Ez. 21:31; 22:21, 31; Am. 1:4, 7, 10, 12, 14; 2:2, 5; 5:6; Nah. 1:6; Lc. 3:9, 16-17; 2 Ts. 1:7-8; He. 10:27). El pueblo judío conocía las predicciones del Antiguo Testamento acerca del ardiente juicio de Dios, pero creían que solo caería sobre los gentiles. Nunca esperaron que, en la venida del Mesías, el juicio cayera sobre ellos. Sin embargo, Jesús vino para salvar solo a los pecadores que se arrepienten y creen, y para juzgar a quienes se niegan a hacerlo, sean judíos o gentiles. Por tanto declaró: "Para juicio he venido yo a este mundo; para que los que no ven, vean, y los que ven, sean cegados" (Jn. 9:39; cp. 5:22-30).

Así como el fuego no solo consume lo que es combustible, sino que también purifica lo que no lo es, el evangelio es un fuego que o purga o castiga. A quienes creen, los purga; a quienes lo rechazan, los consume (Jn. 3:18). Es "a éstos ciertamente olor de muerte para muerte, y a aquéllos olor de vida para vida" (2 Co. 2:16).

La exclamación del Señor, **¿y qué quiero, si ya se ha encendido?** indica que el juicio al cual se refirió aún tenía que llevarse a cabo. El hecho que encendería el fuego del juicio era su propia muerte, la cual Jesús describió como un **bautismo** del que tenía **que ser bautizado. Bautismo** se refiere a su inmersión bajo el juicio divino (cp. Mr. 10:38); antes de que juzgara a los incrédulos por los pecados de ellos, Cristo mismo recibió el juicio de Dios por los pecados de los creyentes. Eso ocurrió en la cruz cuando "Cristo nos redimió de la maldición de la ley, hecho por nosotros maldición" (Gá. 3:13; cp. Is. 53:5-6, 11-12; Ro. 4:25; 2 Co. 5:21; 1 P. 2:24). En ese versículo Pablo expresó la doctrina esencial y no negociable de la sustitución penal, la cual "establece que Dios se entregó a sí mismo en la persona de su Hijo para sufrir en lugar de nosotros la muerte, el castigo y la maldición debidos a la humanidad caída como condena por el pecado. Esta comprensión de la cruz de Cristo se encuentra en el mismo corazón del evangelio" (Jeffrey, Steve, Michael Ovey y Andrew Sach, *Pierced for Our Transgressions* [Wheaton, Ill.: Crossway, 2007], p. 21).

Tan terrible fue para el inmaculado Hijo de Dios la idea de llevar el pecado y estar separado del Padre que exclamó: **¡Cómo me angustio hasta que se cumpla!** Aunque Getsemaní fue el tiempo más angustioso de espera, Jesús vivió en un Getsemaní perpetuo. Nunca hubo un momento en que no fuera consciente del sufrimiento que tenía por delante. **Angustio** se traduce de una forma del verbo *sunechomai*, que tiene el significado básico de ser atrapado, de ser presa (como del miedo), o de estar bajo el control de algo. Se usa en Lucas 8:37 para hablar de que los gadarenos "tenían gran temor" después que Jesús echara los demonios a un hato de cerdos. En Lucas 19:43 se refiere a Jerusalén siendo sitiada por los romanos durante el sitio del año 70 d.C.; en Lucas 22:63 se usa con relación a los hombres que apresan a Jesús, y en 2 Corintios 5:14 al amor de Cristo que controla a los creyentes. En Filipenses 1:23, Pablo la usa cuando escribe a los filipenses que "de ambas cosas estoy puesto en estrecho, teniendo deseo de partir y estar con Cristo, lo cual es muchísimo mejor", pero comprendiendo que "quedar en la carne es más necesario por causa de vosotros" (v. 24). La angustia de Cristo mientras agonizaba en el huerto no fue una señal de debilidad sino de absoluta y pura santidad que se daba a conocer por la idea de soportar el pecado y el juicio divino. Se trató de la única respuesta posible. ¡Cómo podría el inmaculado Hijo no afligirse en agonía como para sudar sangre!

Que se cumpla se traduce de una forma del mismo verbo usado en el grito triunfante de Jesús desde la cruz: "Consumado es" (Jn. 19:30). En mi comentario sobre ese versículo señalo:

> Fue un grito de triunfo; la proclamación de la victoria. La obra de la redención que el Padre le dio estaba completa: había expiado el pecado (He. 9:12; 10:12), había derrotado a Satanás y lo dejó impotente (He. 2:14; cp. 1 P. 1:18-20; 1 Jn. 3:8). Todas las exigencias de la ley de Dios se habían satisfecho, se había apaciguado la ira santa de Dios contra el pecado (Ro. 3:25; He. 2:17; 1 Jn. 2:2; 4:10), todas las profecías se habían cumplido. La culminación de la obra de la redención por parte de Cristo significa que nada debe o puede añadírsele. La salvación no es el esfuerzo conjunto de Dios y el hombre, es completamente una obra de la gracia divina, apropiada solo por la fe (Ef. 2:8-9) (*Juan,* Comentario MacArthur del Nuevo Testamento [Grand Rapids: Portavoz, 2011], p. 807).

El Señor estaba en apuros entre el sufrimiento y el objetivo; entre el dolor y el plan; entre soportar la cruz "por el gozo puesto delante de él" (He. 12:2) y el deseo de ser restaurado a la gloria que había tenido en la presencia del Padre antes de venir al mundo (Jn. 17:5); entre su propia voluntad y la del Padre. Sin embargo, Jesús no vaciló, y al final declaró en el huerto: "Pero no se haga mi voluntad, sino la tuya" (Lc. 22:42).

REALIDAD DE LA LUCHA ACTUAL

¿Pensáis que he venido para dar paz en la tierra? Os digo: No, sino disensión. Porque de aquí en adelante, cinco en una familia estarán divididos, tres contra dos, y dos contra tres. Estará dividido el padre contra el hijo, y el hijo contra el padre; la madre contra la hija, y la hija contra la madre; la suegra contra su nuera, y la nuera contra su suegra. (12:51-53)

La división que el evangelio de Cristo trae es tanto para el tiempo como para la eternidad. En este discurso, Jesús enseñó una parábola acerca de siervos justos e injustos para ilustrar la separación eterna (véase la exposición de 12:41-48 en el capítulo anterior de esta obra). El mayordomo fiel representa a quienes están listos para el regreso de Cristo; los que son obedientes al evangelio, que creen en Jesús, lo confiesan como Señor, y son salvos (Ro. 10:9). Ellos serán recompensados con dicha eterna en el cielo. Los mayordomos infieles (sean atrevidos, distraídos o ignorantes) representan a los incrédulos, que no creen en Jesús, no aceptan el evangelio, ni se arrepienten. Estos serán sentenciados a varios grados de castigo eterno y consciente en el infierno.

Sin embargo, la forma en que las personas responden a Jesús no solamente las dividirá en la eternidad sino también en el presente, como deja ver la pregunta retórica del Señor: **¿Pensáis que he venido para dar paz en la tierra? Os digo: No, sino disensión** (cp. Mt. 10:34). Era razonable para el pueblo judío, basado en la enseñanza del Antiguo Testamento como se indicó antes en este capítulo, pensar que el Mesías traería **paz.** Pero Jesús les dijo que Él no había venido a traer paz, **sino disensión.** Cuando no hay paz entre los pecadores y Dios, no hay paz entre las personas sino más bien luchas y conflictos.

A fin de explicar su punto, Jesús eligió la unidad más fundamental de la sociedad, la familia (cp. una ilustración similar en Mi. 7:6). Él a menudo usó la frase **de aquí en adelante** para describir algo que estaba comenzando, y que seguiría siendo de esa manera en el futuro (p. ej., Mt. 23:39; 26:29; Lc. 5:10; 22:69; Jn. 8:11; 13:19; 14:7). Jesús, quien vino como el Príncipe de Paz para reconciliar a los pecadores con Dios (2 Co. 5:18-20), fue y seguiría siendo, al mismo tiempo, el gran divisor (cp. Jn. 7:43; 9:16; 10:19).

En el ejemplo hipotético del Señor, **cinco en una familia estarán divididos, tres contra dos, y dos contra tres. Estará dividido el padre contra el hijo, y el hijo contra el padre; la madre contra la hija, y la hija contra la madre; la suegra contra su nuera, y la nuera contra su suegra.** (Se nombran seis miembros de la familia, pero solo hay cinco individuos, ya que la madre del hijo y la suegra de la nuera [esposa del hijo] son la misma persona). Esta ilustración se ha presentado en innumerables ocasiones en familias reales desde la época de Jesús. La ofensa hacia el evangelio a menudo hace que quienes lo rechazan y lo odian marginen incluso a miembros de familias que sí creen en el evangelio. En Mateo 10:21, Jesús reveló hasta qué punto puede llegar la división familiar: "El hermano entregará a la muerte al hermano, y el padre al hijo; y los hijos se levantarán contra los padres, y los harán morir". Pero Él hizo la siguiente promesa consoladora a quienes pierden sus familias terrenales a causa del evangelio: "Y cualquiera que haya dejado casas, o hermanos, o hermanas, o padre, o madre, o mujer, o hijos, o tierras, por mi nombre, recibirá cien veces más, y heredará la vida eterna" (Mt. 19:29).

PELIGRO DE LA FALTA DE DISCERNIMIENTO

Decía también a la multitud: Cuando veis la nube que sale del poniente, luego decís: Agua viene; y así sucede. Y cuando sopla el viento del sur, decís: Hará

calor; y lo hace. ¡Hipócritas! Sabéis distinguir el aspecto del cielo y de la tierra; ¿y cómo no distinguís este tiempo? ¿Y por qué no juzgáis por vosotros mismos lo que es justo? Cuando vayas al magistrado con tu adversario, procura en el camino arreglarte con él, no sea que te arrastre al juez, y el juez te entregue al alguacil, y el alguacil te meta en la cárcel. Te digo que no saldrás de allí, hasta que hayas pagado aun la última blanca. (12:54-59)

Estos dos ejemplos son una fuerte advertencia para aquellos cuya falta de discernimiento los pone en peligro de quedar excluidos de la salvación. El pueblo judío, y en particular sus dirigentes religiosos, se veía a sí mismo como "guía de los ciegos, luz de los que están en tinieblas, instructor de los indoctos, maestro de niños, que [tiene] en la ley la forma de la ciencia y de la verdad" (Ro. 2:19-20). Sin embargo, no pudieron discernir la realidad incomparable y monumental de que el Hijo de Dios el Mesías estaba entre ellos y demostró quién era por una serie incalculable de milagros sobrenaturales. Esa impactante falta de discernimiento frente a tal evidencia los dejó permanentemente ciegos, en oscuridad, mostrándose insensatos e inmaduros. No habían comprendido el verdadero propósito de la ley, el cual es dirigir a las personas hacia Cristo (Gá. 3:24), y no lo confesaron como Señor (Ro. 10:9-10). En estas analogías Jesús los reprendió por dos aspectos: por no poder discernir el tiempo, y por no poder discernir la amenaza.

NO PODER DISCERNIR EL TIEMPO

Decía también a la multitud: Cuando veis la nube que sale del poniente, luego decís: Agua viene; y así sucede. Y cuando sopla el viento del sur, decís: Hará calor; y lo hace. ¡Hipócritas! Sabéis distinguir el aspecto del cielo y de la tierra; ¿y cómo no distinguís este tiempo? (12:54-56)

Las personas en la época de Jesús carecían de las herramientas con que cuentan los meteorólogos modernos, tales como fotos por satélite, radares Doppler, y complicados modelos computarizados de predicción. No obstante, mediante simples observaciones a patrones conocidos podían hacer predicciones exactas del tiempo a corto plazo. Jesús les recordó: **Cuando veis la nube que sale del poniente, luego decís: Agua viene; y así sucede.** Por lo general, la lluvia llega a Israel por nubes que se forman en el mar Mediterráneo al **poniente.** Cuando las personas observan **la nube que sale del poniente** suponen correctamente, como hizo Elías (1 R. 18:44-45), que **agua viene.** También entienden que **cuando sopla el viento del sur** desde los desiertos en esa dirección significa que **hará calor.**

Entonces el Señor aplicó esos dos ejemplos a sus oyentes. Les dijo: ¡**Hipócritas! Sabéis distinguir el aspecto del cielo y de la tierra; ¿y cómo no distinguís este**

tiempo? Jesús a menudo se refirió al pueblo judío, en especial a los líderes religiosos como **hipócritas** (p. ej., 13:15; Mt. 6:2, 5, 16; 7:5; 15:7; 22:18; 23:13, 15, 23, 25, 27, 28, 29). La espiritualidad que exhibían los judíos era falsa; su lealtad a Dios era una farsa; su virtud superficial; su religión externa; sus corazones perversos.

A primera vista, la relación entre predecir el clima y la hipocresía tal vez no sea evidente. Pero el punto de Cristo es que ellos eran capaces de llegar a conclusiones rutinarias acerca del clima basándose en menos evidencia que las incomparables palabras (Mt. 7:28-29; Jn. 7:46), las obras sobrenaturales (Jn. 10:25), y la vida sin pecado que Cristo (Jn. 8:46) aportaba. Tan concluyente evidencia demostraba que Jesús era el Mesías, Dios encarnado. La hipocresía de los judíos en este caso estaba en fingir que no tenían suficiente evidencia que los convenciera de que Jesús era quien afirmaba ser, y exigían más señales de parte de Él (véase el estudio de ese punto en el cap. 74 de esta obra).

El pueblo judío rechazó a Jesús no porque careciera de evidencia, sino porque Él no era un líder militar que derrotara a sus enemigos y exaltara a Israel. También les resintió profundamente el diagnóstico que Jesús les hiciera de la condición espiritual que tenían, y vieron como blasfemia la afirmación que Él hacía de ser Dios. Cuando Cristo los describe como espiritualmente pobres, cautivos, ciegos y oprimidos (Lc. 4:18), los moralmente orgullosos judíos en la sinagoga en su pueblo natal de Nazaret

> *se llenaron de ira; y levantándose, le echaron fuera de la ciudad, y le llevaron hasta la cumbre del monte sobre el cual estaba edificada la ciudad de ellos, para despeñarle. Mas él pasó por en medio de ellos, y se fue (vv. 28-30).*

En Juan 8:37, Jesús declaró a los hostiles dirigentes religiosos judíos: "Procuráis matarme, porque mi palabra no halla cabida en vosotros". La afirmación que Él hacía de ser Dios los llevó a tratar de apedrearlo (Jn. 8:58-59; 10:31). Juan 1:11 señala que Cristo "a lo suyo vino, y los suyos no le recibieron", porque "la luz vino al mundo, y los hombres amaron más las tinieblas que la luz, porque sus obras eran malas" (3:19).

Tanto el pueblo como sus líderes tuvieron toda la luz que necesitaban (cp. Jn. 12:35), pero decidieron rechazarla. La ceguera espiritual que exhibían y el juicio que esto traería provocaron lágrimas en el Salvador:

> *Y cuando llegó cerca de la ciudad, al verla, lloró sobre ella, diciendo: ¡Oh, si también tú conocieses, a lo menos en este tu día, lo que es para tu paz! Mas ahora está encubierto de tus ojos. Porque vendrán días sobre ti, cuando tus enemigos te rodearán con vallado, y te sitiarán, y por todas partes te estrecharán, y te derribarán a tierra, y a tus hijos dentro de ti, y no dejarán en ti piedra sobre piedra, por cuanto no conociste el tiempo de tu visitación (Lc. 19:41-44).*

No reconocer adecuadamente **este tiempo** les hizo perder su oportunidad (cp. Gn. 6:3; He. 6:4-6). Aunque miles de personas llegarían más tarde a creer en Jesús y a convertirse (cp. Hch. 2:41; 4:4), la nación como un todo lo rechazó entonces y sigue haciéndolo hasta este momento. El fracaso de Israel en discernir los tiempos dio como resultado juicio catastrófico sobre la nación, el cual llegó en el año 70 d.C. por mano de los romanos y continúa hasta el día de hoy. Zacarías profetizó que ese juicio sobre la nación judía no sería levantado hasta que se arrepintieran y aceptaran a Jesucristo como Señor (Zac. 12:10).

NO PODER DISCERNIR LA AMENAZA

¿Y por qué no juzgáis por vosotros mismos lo que es justo? Cuando vayas al magistrado con tu adversario, procura en el camino arreglarte con él, no sea que te arrastre al juez, y el juez te entregue al alguacil, y el alguacil te meta en la cárcel. Te digo que no saldrás de allí, hasta que hayas pagado aun la última blanca. (12:57-59)

La pregunta de Jesús, **¿Y por qué no juzgáis por vosotros mismos lo que es justo?** fue un reto para que cada individuo allí examinara su propia vida. Específicamente los invitó a juzgar **lo que es justo,** mediante el examen de sus vidas con referencia al pecado. A modo de ilustración, Jesús eligió una situación conocida por todos. Les pidió que se imaginaran ellos mismos yendo **al magistrado con** el **adversario** para comparecer ante el juez en un asunto legal, que supuestamente implicaba una deuda económica. El *archōn* (**magistrado**) era el funcionario que llevaba a cabo la audiencia previa. Si este hallaba una causa suficiente como para proceder con el caso, lo remitiría **al juez** quien, si encontraba culpable al acusado lo entregaba **al alguacil** encargado de la **cárcel** del deudor, **y el alguacil** lo metería **en la cárcel.** Jesús advirtió que si eso llegaba a ocurrir, ellos **no** saldrían **de allí hasta que** hubieran **pagado aun la última blanca.**

El planteamiento del Señor es que quienes se evalúan de manera apropiada disciernen sus problemas de culpa antes de estar delante del juez para que este los resuelva. En un sentido espiritual, esto describe a los pecadores en su camino hacia el juicio del gran trono blanco, donde se les hallará culpables y serán sentenciados al castigo eterno en el infierno (Ap. 20:11-15). Jesús los insta a discernir con cuidado la horrible amenaza de ese juicio y a aceptar el mensaje del evangelio antes de que sea demasiado tarde. Según advierte el escritor de Hebreos, "está establecido para los hombres que mueran una sola vez, y después de esto el juicio" (He. 9:27).

Frente a esta aterradora realidad, Dios ofrece las buenas nuevas de la salvación: perdón gratuito y total para todos los que creen en Jesucristo (2 Co. 5:18-20; Col. 2:13-14; 1 P. 2:24). Aquellos que aceptan ese perdón y confían en

Él no enfrentarán el juicio (Jn. 5:24; Ro. 5:1; 8:1), ya que Él llevó la justa ira de Dios contra todos los pecados de todos los que alguna vez creerían, y satisfizo por completo las demandas de la justicia divina (Ro. 3:26; 2 Co. 5:21). Dios mostró su aprobación de ese logro al resucitarlo de los muertos (1 Ts. 1:10). Así lo expresó por escrito de manera elocuente Juan Calvino: "Por su obediencia, Jesús borró nuestras transgresiones; por su sacrificio, apaciguó la ira divina; por su sangre, lavó nuestros pecados; por su cruz, sobrellevó nuestra maldición; y por su muerte, nos hizo aceptos" ("Calvin's Reply to Sadoleto", en John C. Olin, ed., *A Reformation Debate* [Reimpresión; Grand Rapids: Baker, 1976], pp. 66-67). Por tanto, los pecadores pueden atender con confianza el llamado de buscar "a Jehová mientras puede ser hallado; [llamarlo] en tanto que está cercano" (Is. 55:6; cp. 2 Co. 6:2), y confiar en la promesa de Jesús: "Al que a mí viene, no le echo fuera" (Jn. 6:37).

Los que viven en tiempo prestado

81

En este mismo tiempo estaban allí algunos que le contaban acerca de los galileos cuya sangre Pilato había mezclado con los sacrificios de ellos. Respondiendo Jesús, les dijo: ¿Pensáis que estos galileos, porque padecieron tales cosas, eran más pecadores que todos los galileos? Os digo: No; antes si no os arrepentís, todos pereceréis igualmente. O aquellos dieciocho sobre los cuales cayó la torre en Siloé, y los mató, ¿pensáis que eran más culpables que todos los hombres que habitan en Jerusalén? Os digo: No; antes si no os arrepentís, todos pereceréis igualmente. Dijo también esta parábola: Tenía un hombre una higuera plantada en su viña, y vino a buscar fruto en ella, y no lo halló. Y dijo al viñador: He aquí, hace tres años que vengo a buscar fruto en esta higuera, y no lo hallo; córtala; ¿para qué inutiliza también la tierra? Él entonces, respondiendo, le dijo: Señor, déjala todavía este año, hasta que yo cave alrededor de ella, y la abone. Y si diere fruto, bien; y si no, la cortarás después. (13:1-9)

Vivimos en una era distinta a cualquier otra en la historia, una época en que los medios de comunicación proveen instantánea comunicación masiva que mantiene a las personas en contacto con lo que está ocurriendo en todo el mundo. Pero el implacable océano de detallada información, fotos y videos que inunda nuestras pantallas de televisión, monitores de computadoras, y teléfonos celulares también asegura que no estamos aislados de calamidades, sucedan donde sucedan. Mortales desastres naturales como los terremotos ocurridos en México, Chile, China o Japón, los tsunamis en el océano Índico, las erupciones volcánicas en Islandia o Filipinas, los huracanes a lo largo del litoral y la costa del Golfo de los Estados Unidos, los tifones en Asia, los incendios en Australia o el suroeste de Estados Unidos, las avalanchas en Europa, las epidemias en naciones del tercer mundo, las hambrunas en África, y también los desastres provocados por el ser humano tales como guerras, terrorismo, genocidios, crímenes, disturbios y accidentes, junto con crisis sociales y económicas en el mundo entero, todo eso inunda nuestros sentidos y hace que personas en todas partes experimenten indirectamente todo el dolor, la tristeza, el sufrimiento y la muerte que producen tales catástrofes.

Que la vida en este planeta caído y maldito por el pecado está llena de problemas, tristezas, dolores y sufrimientos es más evidente que nunca, pero ese siempre ha sido el claro testimonio de las Escrituras. Uno de los autoproclamados consejeros de Job declaró con exactitud: "Como las chispas se levantan para volar por el aire, así el hombre nace para la aflicción" (Job 5:7), una aseveración con la cual Job estuvo de acuerdo: "El hombre nacido de mujer, corto de días, y hastiado de sinsabores" (Job 14:1). El profeta Jeremías se lamentó: "¿Para qué salí del vientre? ¿Para ver trabajo y dolor, y que mis días se gastasen en afrenta?" (Jer. 20:18).

Aún más preocupante es la percepción de que a veces Dios parece distante y despreocupado acerca de los problemas del mundo. Job clamó con desaliento: "¿Por qué escondes tu rostro, y me cuentas por tu enemigo?" (Job 13:24). El salmista preguntó de manera pensativa: "¿Por qué estás lejos, oh Jehová, y te escondes en el tiempo de la tribulación?" (Sal. 10:1). Hablando en nombre de Israel, los hijos de Coré preguntaron: "¿Por qué escondes tu rostro, y te olvidas de nuestra aflicción, y de la opresión nuestra?" (Sal. 44:24). Isaías escribió: "Verdaderamente tú eres Dios que te encubres, Dios de Israel, que salvas" (Is. 45:15). David también tuvo momentos de duda y desánimo. En Salmos 13:1 preguntó desesperado: "¿Hasta cuándo, Jehová? ¿Me olvidarás para siempre? ¿Hasta cuándo esconderás tu rostro de mí?" (cp. Sal. 77:7-9; 88:14), mientras en Salmos 22:1 expresó su angustia en palabras que más adelante el Señor Jesucristo pronunciara en aplicación a su experiencia en la cruz: "Dios mío, Dios mío, ¿por qué me has desamparado?" (cp. Mt. 27:46).

La universalidad del sufrimiento y la aparente indiferencia de Dios al respecto motivan a muchos a preguntar por qué Él permite que a personas buenas les ocurran cosas malas. Sin embargo, la pregunta pasa por alto lo más importante. Nadie es verdaderamente bueno, "porque no hay hombre que no peque" (1 R. 8:46); "no hay quien haga el bien" (Sal. 14:1); "no se justificará delante de [Dios] ningún ser humano" (Sal. 143:2); nadie puede "decir: Yo he limpiado mi corazón, limpio estoy de mi pecado" (Pr. 20:9); "ciertamente no hay hombre justo en la tierra, que haga el bien y nunca peque" (Ec. 7:20). "Por cuanto todos pecaron" (Ro. 3:23) y "porque la paga del pecado es muerte" (Ro. 6:23), todo el mundo merece la muerte. La verdadera pregunta no es por qué suceden cosas malas a personas buenas, sino por qué cosas buenas suceden a personas malas. El hecho de que sucedan cosas buenas refleja la compasión, la gracia y la misericordia de Dios para con pecadores indignos.

Debido a que pecadores redimidos todavía viven en un mundo caído, a los creyentes también les ocurren cosas malas. Pero a diferencia de lo que sucede a los incrédulos, cuando los creyentes experimentan las mismas calamidades, estas no son sentenciosas; antes bien son pruebas para beneficiarlos espiritualmente y dar honra a Dios. La Biblia dice que Dios permite esto por varias razones importantes.

En primer lugar, Dios permite que ocurran cosas malas a su pueblo para probar la validez de la fe de ellos. No para beneficio de Él porque, por supuesto, conoce el corazón de cada persona (Sal. 44:21; Hch. 15:8). No obstante, las pruebas y los sufrimientos que los cristianos padecen dan a conocer a quienes son probados si su fe es verdadera. Pedro escribió:

> *En lo cual [la salvación] vosotros os alegráis, aunque ahora por un poco de tiempo, si es necesario, tengáis que ser afligidos en diversas pruebas, para que sometida a prueba vuestra fe, mucho más preciosa que el oro, el cual aunque perecedero se prueba con fuego, sea hallada en alabanza, gloria y honra cuando sea manifestado Jesucristo (1 P. 1:6-7; cp. Dt. 8:2; 2 Cr. 32:31; Pr. 17:3).*

En segundo lugar, Dios permite que ocurran cosas malas a su pueblo para enseñarles a no depender de sí mismos, sino de los recursos divinos. Pablo escribió a los corintios: "Hermanos, no queremos que ignoréis acerca de nuestra tribulación que nos sobrevino en Asia; pues fuimos abrumados sobremanera más allá de nuestras fuerzas, de tal modo que aun perdimos la esperanza de conservar la vida. Pero tuvimos en nosotros mismos sentencia de muerte, para que no confiásemos en nosotros mismos, sino en Dios que resucita a los muertos" (2 Co. 1:8-9; cp. 12:7-10).

En tercer lugar, Dios permite que ocurran cosas malas a su pueblo para recordarles su esperanza celestial. Pablo dio a conocer las sendas que van del sufrimiento a la esperanza cuando manifestó a los romanos: "También nos gloriamos en las tribulaciones, sabiendo que la tribulación produce paciencia; y la paciencia, prueba; y la prueba, esperanza; y la esperanza no avergüenza" (Ro. 5:3-5; cp. 2 Co. 4:17-18). Los sufrimientos llevan a los creyentes al lugar en que esperan el cielo, donde no existirá ni se recordará ninguna de las desilusiones y pruebas de esta vida.

En cuarto lugar, Dios permite que ocurran cosas malas a su pueblo para revelarles lo que en realidad ellos aman. Quienes aman al Señor buscarán el carácter probado que el sufrimiento produce (Ro. 5:3-4), y de buena gana sufrirán en el proceso de ser conformados más a la imagen del Señor Jesucristo (cp. Hch. 5:41; 1 P. 4:13). Por otra parte, aquellos que han puesto sus afectos en las cosas del mundo reaccionarán con desilusión, desesperación e incluso ira cuando las pruebas les quiten esas cosas.

En quinto lugar, Dios permite que ocurran cosas malas a su pueblo para enseñarles obediencia. El salmista reconoció: "Antes que fuera yo humillado, descarriado andaba; mas ahora guardo tu palabra... Bueno me es haber sido humillado, para que aprenda tus estatutos" (Sal. 119:67, 71). La tribulación es disciplina de parte del Señor, la cual Dios usa para ayudar a los creyentes a crecer en obediencia y santidad (He. 12:5-11).

En sexto lugar, Dios permite que ocurran cosas malas a su pueblo para así poder mostrarles su compasión (Sal. 103:13). Los creyentes nunca conocen más íntimamente a Dios que cuando Él los consuela en medio de sus aflicciones. Es entonces que el Dios de toda consolación está cerca (cp. 2 Co. 1:4-5).

En séptimo lugar, Dios permite que ocurran cosas malas a su pueblo con el fin de prepararlos para mayor utilidad (Stg. 1:2-4). Mientras más probados y refinados por los sufrimientos, más eficaz será el servicio que puedan prestar.

Por último, Dios permite que ocurran cosas malas a su pueblo con la finalidad de que puedan estar mejor equipados para consolar a otros en medio de sus pruebas, como fue el caso con Pedro (Lc. 22:31-32). En 2 Corintios 1:4, 6 dice:

> *[Dios] nos consuela en todas nuestras tribulaciones, para que podamos también nosotros consolar a los que están en cualquier tribulación, por medio de la consolación con que nosotros somos consolados por Dios... Pero si somos atribulados, es para vuestra consolación y salvación; o si somos consolados, es para vuestra consolación y salvación, la cual se opera en el sufrir las mismas aflicciones que nosotros también padecemos.*

La verdad general que cubre todos estos propósitos es que en medio de estas duras realidades Dios hace que "todas las cosas les [ayuden] a bien, esto es, a los que conforme a su propósito son llamados" (Ro. 8:28).

Para el pueblo judío de la época de Jesús, la explicación de por qué ocurrían cosas malas a las personas era única y sencilla: las calamidades siempre fueron el juicio de Dios sobre el pecado. En el Antiguo Testamento, los amigos de Job reflejaron esa mentalidad. Continuamente acusaron a Job de pecado oculto y lo exhortaron a confesarlo. Elifaz preguntó: "Recapacita ahora; ¿qué inocente se ha perdido? Y ¿en dónde han sido destruidos los rectos?" (Job 4:7; cp. 8:20; 22:5-10). Los discípulos preguntaron a Jesús con relación a un hombre que nació ciego: "Rabí, ¿quién pecó, éste o sus padres, para que haya nacido ciego?" (Jn. 9:2).

Sin embargo, tal teología estaba equivocada; las calamidades no son la manera de Dios de elegir especialmente a las personas malvadas para el castigo, como si quienes mueren en una calamidad fueran peores que los que sobreviven. La verdad es que todas las personas son pecadoras culpables que merecen la muerte, y todo el mundo está viviendo tiempo prestado. Dios retiene el juicio por un tiempo porque es paciente y misericordioso (Éx. 34:6; Nm. 14:18; Sal. 86:15; 103:8), incluso con paganos gentiles (Jon. 3—4), aunque solo quienes lo temen para salvación experimentarán para siempre el perdón y la bendición de

Dios (Sal. 103:17-18). La paciencia de Dios para con quienes lo rechazan finalmente acabará (Gn. 6:3; Os. 4:17; 5:6; 9:12).

La paciencia de Dios provee una oportunidad para salvación al darles a las personas tiempo de arrepentirse. Pablo reprendió a aquellos que menosprecian "las riquezas de su benignidad, paciencia y longanimidad, ignorando que su benignidad [los] guía al arrepentimiento" (Ro. 2:4), y se ofreció él mismo como ejemplo de la perfecta paciencia de Cristo hacia quienes creen en Él y reciben vida eterna (1 Ti. 1:16). Pedro escribió que "el Señor... es paciente para con nosotros, no queriendo que ninguno perezca, sino que todos procedan al arrepentimiento" (2 P. 3:9).

Jesús rechazó la teología incorrecta que ve a las calamidades como juicio de Dios sobre personas particularmente malvadas, y enseñó que todos los pecadores están viviendo tiempo prestado. Lo hizo por medio de instrucción directa, y de ejemplos.

INSTRUCCIÓN

En este mismo tiempo estaban allí algunos que le contaban acerca de los galileos cuya sangre Pilato había mezclado con los sacrificios de ellos. Respondiendo Jesús, les dijo: ¿Pensáis que estos galileos, porque padecieron tales cosas, eran más pecadores que todos los galileos? Os digo: No; antes si no os arrepentís, todos pereceréis igualmente. O aquellos dieciocho sobre los cuales cayó la torre en Siloé, y los mató, ¿pensáis que eran más culpables que todos los hombres que habitan en Jerusalén? Os digo: No; antes si no os arrepentís, todos pereceréis igualmente. (13:1-5)

La instrucción de Cristo trae a la mente dos calamidades conocidas por sus oyentes. Después de analizarlas, el Señor dirigió su atención a la verdadera calamidad que enfrenta todo el mundo.

LA CALAMIDAD EN EL TEMPLO

En este mismo tiempo estaban allí algunos que le contaban acerca de los galileos cuya sangre Pilato había mezclado con los sacrificios de ellos. Respondiendo Jesús, les dijo: ¿Pensáis que estos galileos, porque padecieron tales cosas, eran más pecadores que todos los galileos? Os digo: No; (13:1-3*a*).

La frase **en este mismo tiempo** relaciona esta sección del discurso del Señor con la anterior, en la que Él había analizado el juicio (12:49-59). Esta fue la tercera vez que este discurso, que comenzó en 12:1, se interrumpió (cp. 12:13, 41), cuando la enseñanza de Cristo sobre el juicio provocó una seria y verdadera consulta ética que **algunos** de los que **estaban allí** hicieron **acerca de los galileos cuya sangre Pilato había mezclado con los sacrificios de ellos.**

Poncio **Pilato** era el quinto gobernador romano de Judea. Lo había nombrado Tiberio en el año 26 d.C. y permaneció en el cargo hasta que fue retirado en el 36 d.C. Pilato era orgulloso, arrogante y cínico (cp. Jn. 18:38), y al mismo tiempo débil y vacilante. El incidente al que se refiere esta ocasión fue típico del régimen de Pilato como gobernador, que se caracterizó por ser insensible y brutal. Dando marcha atrás a la política de los anteriores gobernadores romanos, Pilato había hecho una gran entrada al hacer marchar sus tropas dentro de Jerusalén llevando estandartes con imágenes que los judíos veían como idolátricas. El pueblo protestó con vehemencia contra lo que veía como un sacrilegio. Pilato hizo caso omiso a las protestas y ordenó, bajo pena de muerte, detener la protesta. Pero los judíos se arriesgaron a ver si el gobernador hablaba en serio y lo desafiaron a llevar a cabo su amenaza de ejecución. Con suficiente cordura de no estar dispuesto a masacrar a muchas personas, Pilato se vio obligado a quitar los estandartes ofensivos. La historia es representativa de la falta de criterio, obstinación, arrogancia y vacilación de este hombre. Pilato enfureció de nuevo a los judíos al sacar dinero del tesoro del templo con el fin de construir un acueducto para llevar agua a Jerusalén. En los disturbios de protesta que siguieron, sus soldados golpearon y mataron a muchos de los manifestantes.

El incidente específico mencionado aquí que involucraba a **los galileos cuya sangre Pilato había mezclado con los sacrificios de ellos** es coherente con lo que se conoce del carácter de Pilato. Tales incidentes eran muy comunes en esa época en Israel (cp. Darrell L. Bock, *Luke 9:51-24:53,* Baker Exegetical Commentary on the New Testament [Grand Rapids: Baker, 1996], p. 1205). Estos galileos pudieron haber participado en algún acto de rebeldía contra los romanos, quienes luego los siguieron a Jerusalén y allí los degollaron. El incidente se realizó en el patio del templo, ya que este era el único lugar en Israel donde se ofrecían sacrificios. Probablemente ocurrió en la Pascua, cuando grandes cantidades de galileos habrían estado ofreciendo sacrificios. La constante tensión entre judíos y romanos, junto con la brutalidad de Pilato, sin duda dieron como resultado muchos incidentes parecidos no registrados. Cualesquiera que fueran los detalles, Pilato envió sus soldados al lugar del sacrificio y masacró a los judíos galileos. La pregunta ética era si esos pobres galileos eran peores pecadores que todas las demás personas en el templo que no fueron asesinadas. La teología de los judíos, según se estableció antes, los obligó a plantear este dilema. Si el sufrimiento siempre era un juicio sobre el pecado, entonces estos tenían que ser los peores pecadores. Sin embargo, estas personas estaban participando en el mismo acto de arrepentimiento y obediencia al mandato divino de hacer sacrificios.

El Señor entendió los pensamientos y replicó: **¿Pensáis que estos galileos, porque padecieron tales cosas, eran más pecadores que todos los galileos?** Eso es exactamente lo que ellos creían. No obstante, declaró: **Os digo: No.** Esa respuesta los debió haber agarrado desprevenidos, ya que enfáticamente rechazaba la sabiduría convencional teológica que ellos tenían. (Tanto aquí como en el v. 5, *ouchi* [**no**] está en la posición enfática al principio de la frase). De acuerdo con ese punto de vista, los galileos en cuestión eran peores pecadores que los demás en el templo, o para el caso en Galilea, y por tanto Dios permitió que fueran asesinados.

Es verdad que a veces Dios juzga inmediatamente a pecadores por un pecado específico, como hizo con Herodes (Hch. 12:21-23). Hay también juicios integrados para conducta pecaminosa, tales como abuso de alcohol que lleva a cirrosis hepática, inmoralidad que produce enfermedades de transmisión sexual, o conducta criminal que lleva a muerte violenta. Esos juicios no son los que se ven aquí. Jesús no se estaba refiriendo a las consecuencias inevitables del pecado, sino más bien a calamidades catastróficas que caen sobre personas al parecer sin discriminación.

Por ejemplo, medio siglo después de este incidente la ciudad romana de Pompeya sería destruida por una catastrófica erupción del monte Vesubio. En tiempos modernos se hicieron excavaciones, que revelaron imágenes pornográficas y burdeles que atestiguaban el estilo de vida inmoral de sus habitantes. Por tanto, algunos podrían considerar su destrucción como juicio de Dios. Sin embargo, las poblaciones vecinas no eran menos inmorales, y no todos los residentes de Pompeya participaban de tan sórdida forma de vivir. Incluso pudo haber algunos cristianos allí que perecieron junto con los demás. A lo largo de la historia, accidentes, desastres naturales, crímenes y guerras han matado tanto a incrédulos en todos los puntos del espectro moral como a creyentes. Para los incrédulos esto significa juicio eterno en el infierno, pero a los creyentes les trae bendición eterna en el cielo.

El planteamiento del Señor es que quienes perecen en tales calamidades no son peores pecadores que quienes sobreviven. Los que viven lo hacen porque, aunque merecen la muerte, Dios retiene lo que merecen durante un tiempo de misericordia. Él permite que los pecadores vivan porque es compasivo, misericordioso, clemente y "paciente para con [ellos], no queriendo que ninguno perezca, sino que todos procedan al arrepentimiento" (2 P. 3:9). No obstante, Dios usa las calamidades para recordar a todas las personas que la muerte es a menudo una sorpresa inminente para la cual debemos estar preparados. La exhortación de Jim Elliot, misionero y mártir, es apropiada: "Cuando llegue el momento de morir, asegúrate de que lo único que tengas que hacer sea morir" (citado en Elisabeth Elliot, *Through Gates of Splendor* [Wheaton, Ill.: Tyndale, 1981], p. 253).

LA CALAMIDAD EN LA TORRE

O aquellos dieciocho sobre los cuales cayó la torre en Siloé, y los mató, ¿pensáis que eran más culpables que todos los hombres que habitan en Jerusalén? Os digo: No; (13:4-5*a*)

Los habitantes de Jerusalén y Judea menospreciaban a los galileos como inferiores (cp. Jn. 7:52). Pero la pregunta complementaria de Jesús, **O aquellos dieciocho sobre los cuales cayó la torre en Siloé, y los mató, ¿pensáis que eran más culpables que todos los hombres que habitan en Jerusalén?,** hacía referencia a un incidente en que participaron jerosolimitanos. Al igual que el incidente anterior que implicó galileos, no se sabe nada más acerca de este otro acontecimiento. Siloé es una sección de Jerusalén cerca de la esquina sureste del muro de la ciudad. El agua fluía al interior del estanque de Siloé (Jn. 9:7) desde el manantial de Gihón en el valle del Cedrón a través de un túnel construido por Ezequías (2 Cr. 32:30; cp. 2 R. 20:20). (El estanque de Siloé se ha redescubierto recientemente. Véase "El estanque de Siloé revelado" [www.bibleplaces.com/poolofsiloam.htm]). Una **torre,** quizás asociada con la construcción del acueducto romano, **cayó y mató** a dieciocho personas. Esa trágica calamidad no les sucedió porque estos individuos fueran la escoria de la sociedad de Jerusalén, ya que Jesús declaró específicamente **que** no **eran más culpables** (lit., "deudores"; p. ej. a Dios por violar su ley) **que todos los** demás **hombres que** habitaban **en Jerusalén.** Este segundo ejemplo reforzó el planteamiento del Señor de que la calamidad natural no es simplemente la manera de Dios de elegir a personas particularmente malas para ejercer su juicio.

LA VERDADERA CALAMIDAD

antes si no os arrepentís, todos pereceréis igualmente. (13:3*b*, 5*b*)

Esta frase repetida dos veces presenta la calamidad inevitable que todo el mundo enfrenta. El juicio más severo, del cual nadie escapa, es que **si** las personas **no** se arrepienten, **todos** perecerán **igualmente** (no de la misma manera, sino con la misma certeza) para toda la eternidad (cp. He. 9:27). En los términos de la analogía del Señor, ellos debían resolver su caso antes de tener que enfrentar el juicio divino y antes de que fuera demasiado tarde (véase la exposición de 12:58-59 en el capítulo anterior de esta obra).

La mayor parte del pueblo judío estaba atrapado en un sistema de justificación por obras que obligaba a los individuos a verse como buenos basándose en una percepción selectiva y superficial. En consecuencia, se negaban a verse como pecadores y por tanto rechazaban (Mt. 11:20) el llamado que Jesús les hacía de arrepentirse (Mt. 4:17), exactamente como habían hecho con Juan el Bautista antes que Él (Mt. 3:2). A la postre, se debió a que Jesús rechazó el legalismo hipócrita de los judíos, caracterizándolos como espiritualmente ciegos y pobres, y confrontándoles de forma audaz la necesidad que tenían de arrepentirse, que ellos conspiraron para asesinarlo.

El arrepentimiento implica dos elementos. Primero, los pecadores deben cambiar su manera de pensar en cuanto a su pecaminosidad. Deben reconocer que la ley de Dios es absolutamente santa y obligatoria para ellos, que la han quebrantado, y que merecen castigo eterno en el infierno. Los pecadores arrepentidos deben primero estar de acuerdo con que el diagnóstico que Dios les hace de su condición infeliz y pecaminosa es exacto y justo, y que son impotentes para liberarse por sí mismos de las garras mortíferas del pecado.

El segundo elemento del arrepentimiento es afirmar que Jesucristo es el único Salvador (cp. Lc. 24:47). El arrepentimiento no solamente es volverse del pecado, sino también volverse a Dios a través de Cristo (cp. 1 Ts. 1:9-10). (Analizo el arrepentimiento en mis libros *El evangelio según Jesucristo* [El Paso: Casa Bautista de Publicaciones, 1991, 1994, 1997] y *The Gospel According to the Apostles* [Nashville: Word, 1993, 2000]).

EJEMPLO

Dijo también esta parábola: Tenía un hombre una higuera plantada en su viña, y vino a buscar fruto en ella, y no lo halló. Y dijo al viñador: He aquí, hace tres años que vengo a buscar fruto en esta higuera, y no lo hallo; córtala; ¿para qué inutiliza también la tierra? Él entonces, respondiendo, le dijo: Señor, déjala todavía este año, hasta que yo cave alrededor de ella, y la abone. Y si diere fruto, bien; y si no, la cortarás después. (13:6-9)

Esta perspicaz parábola concluye el relato de Lucas del extenso sermón evangelístico del Señor que comenzó en 12:1. Refuerza el planteamiento de Jesús de que todo el mundo vive un tiempo prestado.

Una **parábola** es una extensa analogía o ilustración que pretende aclarar un punto, no una alegoría donde la mayoría de los elementos, o todos, tienen un significado simbólico. Esta es una simple y sencilla analogía que la habrían comprendido fácilmente aquellos que vivían en una sociedad agraria. La **higuera** era común en Israel (las higueras y los higos se mencionan más de cincuenta veces en la Biblia). Bajo condiciones favorables podían alcanzar una altura de ocho metros. Además de dar fruto, las higueras eran una fuente excelente de sombra (cp. Jn. 1:48).

La historia del Señor empieza con que **tenía un hombre una higuera plantada en su viña.** Puesto que estaba protegida, regada y fertilizada, una **viña** era un lugar ideal para plantar una **higuera.** Una y otra vez durante la temporada apropiada, el dueño **vino a buscar fruto en ella,** pero para su consternación **no lo halló.** Este fue un giro inesperado de los acontecimientos, ya que las higueras por lo general dan fruto cada año, y esta estaba plantada en un sitio especialmente favorable. Frustrado, el hombre expresó su desilusión, y entonces **dijo al viñador: He aquí, hace tres años que vengo a buscar fruto en esta higuera, y no lo hallo; córtala; ¿para qué inutiliza también la tierra?** La última frase no fue una expresión de intranquilidad porque el improductivo árbol estuviera desperdiciando nutrientes que otras plantas podrían usar. Más bien era una expresión de disgusto por lo inútil del árbol improductivo.

Pero **el viñador** intercedió y **le dijo: Señor, déjala todavía este año, hasta que yo cave alrededor de ella, y la abone. Y si diere fruto, bien; y si no, la cortarás después.** Él propuso dar al árbol un año más para que diera fruto, año en que trabajaría en él cuidándolo y fertilizando la tierra a su alrededor. **Y si diere fruto** al **año** siguiente, **bien; y si no** entonces estaría de acuerdo en que lo debía cortar **después.** La gramática griega de esas dos cláusulas proporciona una clave para entender la parábola. La higuera representa a Israel (véase más adelante). La primera cláusula condicional, **y si diere fruto,** es una condición de tercera clase, que expresa algo que es improbable que ocurra. La siguiente cláusula condicional, **y si no, la cortarás después,** es una condición de primera clase, que expresa algo que probablemente va a ocurrir. La parábola ilustra la trágica realidad de que Israel continuaría fallando en llevar fruto espiritual incluso después de la llegada de Jesús como Mesías, y finalmente sería destruido. Al igual que el árbol en la parábola, Israel estaba viviendo en tiempo prestado y demostrando poca razón para esperar algo diferente en el futuro.

De esta parábola se pueden extraer cinco deducciones que resumen la enseñanza del Señor en esta sección.

Primera, la solitaria **higuera** tiene una aplicación individual tanto nacional como personal. La nacional es para Israel, que al igual que esta higuera estaba plantada en una tierra muy fértil y cuidada (Is. 5:1-2). El pueblo de Israel había recibido bendiciones continuas de parte de Dios, incluso "la adopción, la gloria, el pacto, la promulgación de la ley, el culto y las promesas… los patriarcas, y de los cuales, según la carne, vino Cristo" (Ro. 9:4-5). Pero a pesar de esos abundantes privilegios, Israel, igual que la higuera, no producía vida espiritual (Is. 5:3-4; cp. Mt. 21:18-20). La nación ya era apóstata antes de que Jesús comenzara su ministerio. Su precursor Juan el Bautista había denunciado a las personas como hipócritas (Mt. 3:7), y les había advertido del juicio venidero (v. 10). Nada cambió durante el tiempo del Señor en la tierra.

Es más, en el último año del ministerio de Jesús, el pueblo se mantuvo firme en la incredulidad, y el juicio estaba acercándose. Aún hubo tiempo para arrepentirse y vivir antes de la crucifixión; tiempo para que oyeran y creyeran la enseñanza de Jesús y se arrepintieran frente a más demostraciones del poder milagroso del Señor, que incluyó uno de los más extraordinarios de todos los demás: la resurrección de Lázaro de entre los muertos (Jn. 11:1-45). Sin embargo, debido a los corazones endurecidos había poca esperanza de que llevaran el fruto del arrepentimiento (cp. Lc. 13:34-35; 19:41-44; 20:9-18; 21:20-24). El hacha del juicio divino caería, e Israel sería destruido en un holocausto por parte de los romanos apenas cuatro décadas después.

Las últimas cuatro implicaciones son personales. La segunda es que quien no produce el fruto espiritual que acompaña a la salvación será cortado en el juicio.

Tercera, el juicio está cerca; a un **año** en la parábola. En cualquier momento los no salvos podrían perecer, perder su última oportunidad de salvación, y enfrentar castigo eterno.

Cuarta, el retraso en el juicio divino no se debe a ningún merecimiento de parte de los pecadores, según ilustra la declaración del disgustado señor de la viña: **¿Para qué inutiliza también la tierra?**

Quinta y última, la paciencia de Dios con aquellos que viven en tiempo prestado no es perdurable. De ahí que la Biblia exhorte a los pecadores: "Buscad a Jehová mientras puede ser hallado, llamadle en tanto que está cercano" (Is. 55:6). Jesús advirtió a esa generación: "Todavía un poco de tiempo estaré con vosotros, e iré al que me envió" (Jn. 7:33); "Yo me voy, y me buscaréis, pero en vuestro pecado moriréis; a donde yo voy, vosotros no podéis venir" (Jn. 8:21). Para quienes viven en tiempo prestado "he aquí ahora el tiempo aceptable; he aquí ahora el día de salvación" (2 Co. 6:2), antes de que su tiempo termine y su destino eterno sea sellado.

Cristo ocasiona conflicto en la sinagoga

82

Enseñaba Jesús en una sinagoga en el día de reposo; y había allí una mujer que desde hacía dieciocho años tenía espíritu de enfermedad, y andaba encorvada, y en ninguna manera se podía enderezar. Cuando Jesús la vio, la llamó y le dijo: Mujer, eres libre de tu enfermedad. Y puso las manos sobre ella; y ella se enderezó luego, y glorificaba a Dios. Pero el principal de la sinagoga, enojado de que Jesús hubiese sanado en el día de reposo, dijo a la gente: Seis días hay en que se debe trabajar; en éstos, pues, venid y sed sanados, y no en día de reposo. Entonces el Señor le respondió y dijo: Hipócrita, cada uno de vosotros ¿no desata en el día de reposo su buey o su asno del pesebre y lo lleva a beber? Y a esta hija de Abraham, que Satanás había atado dieciocho años, ¿no se le debía desatar de esta ligadura en el día de reposo? Al decir él estas cosas, se avergonzaban todos sus adversarios; pero todo el pueblo se regocijaba por todas las cosas gloriosas hechas por él. (13:10-17)

Una de las grandes paradojas del evangelio es que Jesucristo, el Príncipe de Paz que vino a traer paz a las almas de los hombres y al mundo, ha generado más conflicto que cualquier otra persona que haya vivido. Cuando Jesús era un bebé, Simeón les dijo a los padres de la criatura: "He aquí, éste está puesto para caída y para levantamiento de muchos en Israel, y para señal que será contradicha" (Lc. 2:34). Después, en un intento infructuoso por eliminarlo, Herodes asesinó brutalmente a todos los bebés varones en las cercanías de Belén (Mt. 2:16).

A lo largo de su ministerio, el Señor enfrentó conflicto sobrenatural. Al inicio de su ministerio público derrotó a Satanás en una confrontación directa (Lc. 4:1-13). Jesús enfrentó además a las fuerzas del infierno en varias ocasiones echando fuera demonios (Mt. 9:32-33; 12:22; 15:21-28; Mr. 1:39; 3:11-12; Lc. 4:31-37, 41; 6:18; 7:21; 8:26-33; 9:37-43; 11:14; 13:11-12, 31-32), demostrando así su poder y autoridad absolutos (Lc. 4:36) sobre todos los del reino de Satanás.

Jesús también participó en continuos conflictos y controversias con el pueblo judío en general (cp. Jn. 1:11). La descripción que hizo de los santurrones en Nazaret como espiritualmente pobres, cautivos, ciegos y oprimidos los enfureció tanto que intentaron matarlo en el lugar mismo arrojándolo por un precipicio (Lc. 4:16-30; cp. Mr. 6:1-6). Incluso sus propios medios hermanos lo rechazaron y se burlaron de Él (Jn. 7:2-9). La voluble multitud que lo aclamó como Mesías en la entrada triunfal se volvería contra Él pocos días después durante la Semana de Pascua y exigiría su ejecución en el modo más doloroso.

Pero el conflicto más constante del Señor fue con los dirigentes judíos, en especial los arquitectos de la popular forma del judaísmo apóstata: los escribas y fariseos. Ellos estaban celosos (Mt. 27:18) de la enorme popularidad de Jesús y enojados porque los condenó debido a la hipocresía que manifestaban. En un intento por desacreditarlo, denunciaron a Jesús como blasfemo (Mt. 9:3; 26:65; Jn. 10:33) y mentiroso (Jn. 8:13), horrorizándose porque Él se relacionaba con "pecadores" (Mt. 9:11; 11:19; Lc. 7:39; 15:1; 19:7) y porque afirmaba que Él era uno (Jn. 9:24). Lo condenaron por violar las tradiciones rabínicas antibíblicas de ellos (Mt. 15:1-2), lo acusaron de estar poseído por demonios (Mr. 3:22; Jn. 7:20; 8:48, 52; 10:20) y vinculado con Satanás (Mt. 9:34; 12:24; Lc. 11:15), y también blasfemaron de Él (Lc. 22:65). Le retaron su autoridad (Mt. 21:23; Jn. 2:18), conspiraron para matarlo (Mt. 26:3-4), lo arrestaron, lo sometieron a una serie de juicios ficticios, y persuadieron a los romanos para que lo ejecutaran por medio de crucifixión.

Jesús confrontó esa institución religiosa corrupta e hipócrita limpiando el templo al inicio de su ministerio (Jn. 2:13-22), y otra vez poco antes de su muerte (Lc. 19:45-48). Desenmascaró la hipocresía de los dirigentes religiosos (Mt. 6:2, 5, 16; 15:7; 22:18; 23:13-30; Lc. 12:1, 56; 13:15), de incrédulos duros de corazón (Mt. 11:20; Jn. 12:37) que se manifestaron exigiendo más señales de parte de Él (Mt. 12:38; 16:1; Lc. 11:16; Jn. 4:48; 6:30), y les puso al descubierto su ceguera espiritual (Mt. 15:14; 23:16, 17, 19, 24, 26; Lc. 6:39; Jn. 9:39-41).

Una noche antes de su muerte, Jesús advirtió a sus seguidores que no escaparían de la misma hostilidad y oposición que Él había enfrentado:

> *Si el mundo os aborrece, sabed que a mí me ha aborrecido antes que a vosotros. Si fuerais del mundo, el mundo amaría lo suyo; pero porque no sois del mundo, antes yo os elegí del mundo, por eso el mundo os aborrece. Acordaos de la palabra que yo os he dicho: El siervo no es mayor que su señor. Si a mí me han perseguido, también a vosotros os perseguirán; si han guardado mi palabra, también guardarán la vuestra (Jn. 15:18-20; cp. Mt. 5:10-12, 44; 10:23; 13:21; Mr. 10:30; Lc. 21:12).*

La advertencia del Señor resultó ser cierta cuando la iglesia primitiva también enfrentó feroz hostilidad registrada en el libro de Hechos. El mismo día en que comenzó la iglesia los judíos empezaron la persecución acusando burlonamente a los apóstoles de estar borrachos (2:1-13). Poco después, cuando Pedro y Juan curaron a un cojo y predicaron un sermón evangelístico, el concilio les ordenó que dejaran de hablar y enseñar en el nombre de Jesús (4:1-22). Celoso de la popularidad de los apóstoles, el concilio los encarceló, los azotó y volvió a prohibirles que hablaran en el nombre de Jesús (5:17-42). Más tarde el audaz discurso de Esteban ante el concilio enfureció tanto a sus miembros que lo apedrearon hasta matarlo (6:9-7:60). Ese incidente provocó un brote de persecución, encabezada por Saulo de Tarso, contra toda la iglesia en Jerusalén (8:1-4). Herodes Agripa, tratando de agradar a los judíos, ejecutó al apóstol Jacobo y encarceló a Pedro (12:1-19).

Tras su dramática conversión en el camino a Damasco, Saulo, cuyo nombre fue cambiado por Pablo, enfrentó toda su vida una intensa persecución dondequiera que iba, exactamente como el Señor le había prometido (9:16). Esa hostilidad comenzó en Damasco (9:19-25) cuando, para consternación y enojo de la comunidad judía, el antiguo perseguidor de cristianos empezó a predicar valientemente que Jesús era el Hijo de Dios. Después de una dramática huida de Damasco (9:23-25; cp. 2 Co. 11:32-33), el apóstol fue a Jerusalén, donde enfrentó aún más hostilidad (9:28-29).

Feroz oposición lo seguía fuera donde fuera en sus viajes misioneros. En Antioquía, "viendo los judíos la muchedumbre, se llenaron de celos, y rebatían lo que Pablo decía, contradiciendo y blasfemando" (13:45). En Iconio, "los judíos que no creían excitaron y corrompieron los ánimos de los gentiles contra los hermanos" (14:2). Pablo fue apedreado y dado por muerto (14:19-20) en Listra; golpeado y encarcelado en Filipos (16:16-24); obligado a huir de Tesalónica (17:1-10) y Berea (17:13-14); confrontado por paganos idólatras y desafiado por filósofos griegos en Atenas (17:16-34); se le opusieron judíos (18:5-6) y lo arrastraron delante del procónsul romano (vv. 12-17) en Corinto; lo atacaron tanto judíos (19:8-10) como gentiles (vv. 23-41) en Éfeso; fue salvajemente golpeado por judíos alborotados y los romanos lo pusieron bajo custodia en Jerusalén (21:27-23:22) y lo juzgaron delante de los gobernadores romanos Félix (24:1-23), Festo (25:1-22), y el rey Agripa (25:23-26:32). Finalmente, después de un viaje terrible a Roma, Pablo fue rechazado por muchos de los judíos allí (28:17-29). Además del registro histórico en Hechos, Pablo se refirió en numerosas ocasiones en sus epístolas al incesante conflicto que experimentó en su ministerio (1 Co. 4:12; 2 Co. 1:8-10; 4:8-9, 17; 6:4; 7:4-5; 12:10; Gá. 5:11; 1 Ts. 3:1-7; 2 Ti. 1:12, 15-16; 2:8-10; 3:10-11; 4:6, 14-17; cp. Hch. 20:19, 23 y el resumen que el apóstol hizo en 2 Co. 11:23-33). Hablando la verdad inspirada por el Espíritu y validada por sus propias experiencias, Pablo enseñó que es necesario esperar conflicto en la vida cristiana, ya que "todos los que quieren vivir piadosamente en Cristo Jesús padecerán persecución" (2 Ti. 3:12; cp. Ro. 12:14; Fil. 1:28-30; 2 Ts. 1:4-7; Tit. 2:8).

En los primeros años de la Iglesia, la mayor parte de los conflictos fue generada por los judíos. Sin embargo, con el tiempo los romanos se convirtieron en los principales antagonistas de la Iglesia, persiguiéndola por razones políticas, religiosas, sociales y económicas (para una explicación detallada de esas razones, véase *Comentario MacArthur del Nuevo Testamento: Juan* [Grand Rapids: Portavoz, 2011], pp. 625-28).

La persecución inicial de cristianos por parte del gobierno romano fue instigada por Nerón después del devastador incendio del año 64 d.C. que destruyó gran parte de Roma. Según la tradición, tanto Pedro como Pablo estaban en Roma y fueron entonces martirizados. Hacia el final del siglo I otra persecución romana se desató durante el reinado de Domiciano. En el siguiente siglo y medio la persecución fue esporádica y local, como aquellas bajo Nerón y Domiciano. La primera persecución que abarcó todo el imperio vino durante el reinado de Decio en el año 250 d.C., quien ordenó que todo el mundo debía ofrecer un sacrificio a los dioses y al emperador. Los que se negaran serían sometidos a arresto, encarcelamiento, tortura y ejecución. Sin embargo, la persecución de Decio fue interrumpida por su muerte en batalla al año siguiente. La última y más violenta persecución en todo el imperio comenzó en el año 303 d.C. durante el reinado de Diocleciano. Esta fue un esfuerzo decidido para borrar el cristianismo por completo. Se ordenó destruir todas las copias de las Escrituras, y a los cristianos se les ordenó ofrecer sacrificios a los dioses romanos o enfrentar ejecución. La persecución comenzó a menguar cuando Constantino y su coemperador Licinio emitieron un edicto en que se concedía libertad para adorar (313 d.C.). Pero Licinio renegó del acuerdo, lo que permitió que la persecución de cristianos continuara en partes del imperio hasta que Constantino se convirtió en el único emperador en el año 324 d.C.

Durante la Edad Media, la persecución contra los verdaderos creyentes fue instigada por la Iglesia Católica Romana, la cual había reemplazado a la Roma secular como el poder dominante en Europa. La Inquisición y la masacre del día de San Bartolomé son solo dos ejemplos del milenio de asesinatos de creyentes que caracterizaron los esfuerzos de la Iglesia Romana por acabar con la predicación del verdadero evangelio. En tiempos más recientes, innumerables millares de creyentes siguen siendo encarcelados o asesinados por regímenes ateos e islámicos.

Volviendo al conflicto registrado en este pasaje, vemos que se centró en el día de reposo, la observancia de la cual estaba en el corazón del judaísmo. Y esta no fue la primera vez que el Señor había chocado con los dirigentes religiosos en cuanto al día de reposo (cp. Mt. 12:1-14; Lc. 14:1-6; Jn. 5:1-18; 9:1-41). Como el Señor del día de reposo (Lc. 6:5), Jesús tenía autoridad absoluta para hacer como quisiera en ese día. Pero las restricciones del día de reposo creadas por seres humanos eran tan cruciales para el judaísmo del siglo I, que era inconcebible para los líderes judíos que cualquier persona que los violara pudiera venir de parte de Dios (Jn. 9:16). Su sistema religioso se basaba en la justicia propia, en buenas obras, y en la realización de varios rituales y ceremonias religiosas. Jesús acabó con la ilusión de que tales cosas agradaban a Dios. Les señaló que en vez de ser espiritualmente ricos, quienes procedían así estaban en bancarrota espiritual; que en lugar de ser libres, estaban en esclavitud al pecado, a Satanás, la muerte y el juicio. Todo el mundo es incapaz de guardar la ley de Dios, ni siquiera sus dos mandamientos fundamentales: amar a Dios y a su prójimo con todas sus facultades humanas (Lc. 10:25-37).

Los judíos estaban atrapados en su propio sistema. Eran conscientes de su incapacidad para guardar la ley de Dios, pero en lugar de arrepentirse habían desarrollado un sistema según el cual creían obtener vida eterna guardando (al menos externamente) algunos mandamientos seleccionados y representativos (cp. la pregunta del joven rico en Mt. 19:16). Entre los más importantes de estos se encontraban las regulaciones extrabíblicas con las cuales habían adornado el día de reposo (para una lista de tales regulaciones, véase la explicación sobre Lucas 6:1-5 en el cap. 30 de esta obra).

En el conflicto de nuestro Señor con la falsa religión en este día de reposo particular, Él puso al descubierto el error de esta farsa, su origen espiritual (Satanás), y su hipocresía.

CONFLICTO DE JESÚS CON EL ERROR

Enseñaba Jesús en una sinagoga en el día de reposo; (13:10)

Como solía hacer **en el día de reposo** (Lc. 4:16), **enseñaba Jesús en una sinagoga.** Las numerosas sinagogas que existían en Israel proporcionaban un lugar oportuno para la enseñanza del Señor dondequiera que iba. Había muchas sinagogas en Galilea (ya que la cantidad mínima de judíos que se requería para formar una sinagoga era de diez, la mayoría de las doscientas cuarenta ciudades y aldeas, si no todas, contaban al menos con una de ellas, y muchas poblaciones habrían tenido varias). En la región más poblada de Judea habría habido más. Por ejemplo, según el Talmud de Jerusalén había unas cuatrocientas ochenta sinagogas solo en esta ciudad.

Las sinagogas existían principalmente para dar instrucción en las Escrituras. En la reunión del día de reposo en una sinagoga se leía un pasaje del Antiguo Testamento, después de lo cual un maestro explicaba su significado a la congregación. Las sinagogas no funcionaban como el templo de Jerusalén, ya que solo en el templo se podían ofrecer sacrificios y ofrendas, y era el lugar en que se celebraban las fiestas y las ceremonias. Pero después que los babilonios destruyeran el templo en el año 586 a.C., los judíos exiliados comenzaron a reunirse en grupos pequeños para oír la enseñanza de la Palabra de Dios (cp. Ez. 8:1; 14:1; 20:1; 33:31). Tales reuniones informales a la larga se desarrollaban en la serie de sinagogas de la época de Jesús.

Una sinagoga no tenía pastores, maestros o sacerdotes a tiempo completo, y cualquiera que fuera aprobado por el principal de la sinagoga podía enseñar el Antiguo Testamento. La supervisión y el liderazgo de las sinagogas estaban en manos de ancianos seleccionados (cp. Mr. 5:22) que constaban de laicos, el jefe de los cuales era el *archisunagōgos*, o principal de la sinagoga (v. 14; cp. Hch. 18:8). Era responsabilidad de este dirigir el culto de adoración y aprobar a los maestros. A lo largo de su ministerio, Jesús enseñó con frecuencia en las sinagogas (Mt. 4:23; 9:35; 13:54; Mr. 1:21; Lc. 4:15, 31-33; 6:6; Jn. 6:59; 18:20). No obstante, según indica la reacción del director de esta sinagoga, estas se estaban volviendo menos receptivas a Él. Es más, este pasaje marca la última aparición registrada de Jesús en una sinagoga.

Al parecer, lo que el Señor **enseñaba** fue el origen del conflicto, igual que en muchas ocasiones anteriores. Como Lucas había establecido con claridad, la apóstata nación de Israel odiaba el mensaje de Jesús porque acusaba al sistema religioso de ellos de legalismo, merecimiento y fariseísmo. A pesar de que el mensaje del Señor era una condenación a la mortal religión apóstata, no era solo eso. El impulso positivo de la predicación de Jesús era la salvación del pecado y la participación en el reino de Dios (Mr. 1:14-15; Lc. 4:43; 8:1; 9:11). Con treinta y una referencias en el Evangelio de Lucas, el reino de Dios es el dominio en el cual Dios gobierna sobre quienes creen en Él. El mensaje de Jesús era que al confesarlo como Señor y arrepentirse, los pecadores creyentes podían ser liberados del engaño, de la falsa religión, del reino de Satanás, del pecado, y del juicio eterno y así entrar al reino de Dios. En el sermón que acababa de concluir (12:1—13:9), Jesús retó a sus oyentes a entrar al reino volviéndose de la falsa religión, temiendo a Dios, entregando sus vidas al Espíritu Santo, rechazando el materialismo, y buscando la entrada a su reino, antes de que fuera demasiado tarde y que el juicio cayera sobre ellos. El mensaje del Señor en la sinagoga habría contenido una exhortación similar a arrepentirse y creer el mensaje del evangelio de perdón y salvación, además de esperar las bendiciones de su reino (cp. 5:31-32; 6:20-23; 6:46-49; 9:23-26; 12:8-9; 14:25-33).

Cuando se enseña la verdad donde prevalece el error inevitablemente se produce conflicto, y el error prevalecía en la sinagoga (como sucede en todos los lugares de las falsas religiones). El mensaje del Señor ha provocado y siempre provocará hostilidad de parte de quienes viven contentos con la religión farisaica que practican (cp. Lc. 4:28-30; 6:11; 11:53). Esta vez no fue la excepción, como lo demuestra la reacción del principal de la sinagoga (véase el estudio del v. 14 más adelante).

CONFLICTO DE JESÚS CON SATANÁS

y había allí una mujer que desde hacía dieciocho años tenía espíritu de enfermedad, y andaba encorvada, y en ninguna manera se podía enderezar. Cuando Jesús la vio, la llamó y le dijo: Mujer, eres libre de tu enfermedad. Y puso las manos sobre ella; y ella se enderezó luego, y glorificaba a Dios. (13:11-13)

El conflicto se intensificó cuando la narración cambió su enfoque de la enseñanza del Señor en la sinagoga ese día hacia una de las personas asistentes: **una mujer que desde hacía dieciocho años tenía espíritu de enfermedad.** La naturaleza exacta del mal no se especifica; *astheneia* (**enfermedad**) simplemente significa "debilidad". Cualquiera que fuera esa condición, era tan debilitante que ella **andaba encorvada, y en ninguna manera se podía enderezar.** El texto griego la presenta con la frase *kai idou* ("y he aquí"), lo cual "excluye la idea de que esta mujer estuviera en la sinagoga desde el principio y la presenta como que de manera lenta y dolorosa recorría su camino mientras Jesús estaba en medio de su enseñanza" (R. C. H. Lenski, *The Interpretation of St. Luke's Gospel* [Minneapolis: Augsburg, 1946], p. 734).

Pero aún peor que la terrible aflicción física era el estigma social que acompañaba a la mujer. Según se indicó en el capítulo anterior de esta obra, los judíos creían que el sufrimiento intenso estaba relacionado con el castigo de Dios por el pecado. De modo que ella no solo era segregada debido a ese presunto desagrado divino, sino que en la percepción social que los judíos tenían de las mujeres se le consideraba de segunda clase. Lo peor de todo, la **enfermedad** la había ocasionado un **espíritu,** fuera que morara dentro de ella o que la afligiera (como Satanás hizo a Job; Job 2:7).

Mientras la mujer entraba lentamente en la sinagoga, **Jesús la vio.** Al percatarse del lamentable estado de ella, **la llamó y le dijo: Mujer, eres libre de tu enfermedad** (cp. 4:33-35; 7:21; Mr. 1:23-26; 5:2-13; 7:25-30; 9:17-27; Hch. 10:38). **Y puso las manos sobre ella; y ella se enderezó luego, y glorificaba a Dios** (5:25-26; 7:16; 17:14-15; 18:43). Sin confrontar o sin siquiera referirse al demonio, con simplemente una palabra y un toque, el Señor rompió la sujeción que el espíritu maligno tenía sobre ella. La mujer fue total y permanentemente libre de su padecimiento físico, como lo indica el tiempo perfecto del verbo. Nada se dice en cuanto a que ella tuviera fe... a que creyera que Jesús podría sanarla y que por eso lo buscó, o a que simplemente iba a la sinagoga como era su costumbre. El texto no da a conocer la condición espiritual de ella antes o después de su curación, o si ese día se convirtió en una verdadera creyente en Jesucristo. Lo que Jesús hizo fue completamente soberano, y totalmente independiente de cualquier elemento de fe que la mujer tuviera.

CONFLICTO DE JESÚS CON LOS HIPÓCRITAS

Pero el principal de la sinagoga, enojado de que Jesús hubiese sanado en el día de reposo, dijo a la gente: Seis días hay en que se debe trabajar; en éstos, pues, venid y sed sanados, y no en día de reposo. Entonces el Señor le respondió y dijo: Hipócrita, cada uno de vosotros ¿no desata en el día de reposo su buey o su asno del pesebre y lo lleva a beber? Y a esta hija de Abraham, que Satanás había atado dieciocho años, ¿no se le debía desatar de esta ligadura en el día de reposo? Al decir él estas cosas, se avergonzaban todos sus adversarios; pero todo el pueblo se regocijaba por todas las cosas gloriosas hechas por él. (13:14-17)

El **principal de la sinagoga,** como ya se indicó, era quien supervisaba todos los aspectos del funcionamiento de la sinagoga. No es de extrañar que este hombre fuera un legalista prototipo, mucho más preocupado por las minucias de los rituales, las ceremonias y las normas, que por el sufrimiento de las personas.

Tal actitud es demasiado típica de la falsa religión. La preocupación pastoral de Martín Lutero por la gente común, sometida a aplastantes cargas por parte de la Iglesia Católica Romana, ayudó a desencadenar la Reforma. La venta de indulgencias (esencialmente pases para "salir gratis de la cárcel" que representaba el purgatorio) fue la gota que colmó el vaso para Lutero. En 1517, el predicador católico romano Johan Tetzel llegó a la vecindad de Wittenberg para vender indulgencias, usando como parte de su argumento de ventas el pegajoso anuncio publicitario: "Cuando el dinero en la caja suena, el alma al cielo vuela". Consternado y horrorizado porque los parroquianos acudían en masa a comprar las indulgencias, Lutero clavó sus famosas noventa y cinco tesis en que condenaba las indulgencias. Ese acontecimiento dio inicio a la Reforma.

A los fariseos tampoco les importaba mucho las personas comunes, a quienes menospreciaban de manera despectiva como "esta gente que no sabe la ley, maldita es" (Jn. 7:49). Jesús los denunció como aquellos que "atan cargas pesadas y difíciles de llevar, y las ponen sobre los hombros de los hombres; pero ellos ni con un dedo quieren moverlas" (Mt. 23:4). Las docenas de paralizantes restricciones y regulaciones asociadas con el día de reposo lo habían convertido de ser un día de descanso, a ser el día más pesado de la semana.

El principal de la sinagoga debió haber glorificado y alabado a Dios porque el milagro de Jesús había mostrado el corazón misericordioso y clemente de Dios para con una mujer desesperadamente necesitada. En vez de eso, el hombre se mostró **enojado de que Jesús hubiese sanado en el día de reposo.** *Aganakteō* (**enojado**) describe intenso desagrado. Aunque furioso porque Jesús hubiera incumplido las regulaciones del día de reposo elaboradas por hombres, este individuo no pudo negar que el Señor había realizado un milagro (cp. Mt. 28:11-14; Jn. 3:2; 7:31; 9:16; 11:47). El hecho de que el principal de la sinagoga continuara con su incredulidad a pesar del innegable milagro que había visto, confirma la realidad de que los milagros no producen fe (Mt. 11:20; Lc. 16:31; Jn. 12:37). La fe que salva la produce el Espíritu Santo en los corazones de los penitentes.

Al no tener el valor para enfrentar directamente a Jesús, el director de la sinagoga entonces **dijo a la gente: Seis días hay en que se debe trabajar; en éstos, pues, venid y sed sanados, y no en día de reposo.** Al acusar a la mujer de violar supuestamente el día de reposo, el hombre pretendía condenar a Jesús.

Pero la crítica del principal estaba equivocada. En ese sentido no está claro que se hubiera realizado un trabajo. Jesús simplemente habló a la mujer y le impuso las manos, mientras lo único que ella hizo fue enderezarse. Además, no hay nada en la ley de Dios, y ni siquiera en las regulaciones rabínicas, que prohibiera hacer actos de misericordia el día de reposo, como Cristo señaló. **Hipócrita, cada uno de vosotros,** acusó Jesús dirigiéndose al principal de la sinagoga pero abarcando también a todos los que compartían el mismo legalismo condicionado, **¿no desata en el día de reposo su buey o su asno del pesebre y lo lleva a beber?** (cp. 14:5; Mt. 12:11). La Mishná, la codificación de la ley rabínica judía, permitía que a los animales se les llevara comida y agua el día de reposo, siempre y cuando no llevaran ninguna carga. Siendo ese el caso, Jesús exigió saber por qué a **esta** mujer, que en realidad era una **hija de Abraham** (es decir, una mujer de estirpe judía; cp. Lc. 19:9), y a la **que Satanás había atado dieciocho años, ¿no se le debía desatar de esta ligadura en el día de reposo?** ¿Qué mejor día que el sábado, o día de reposo, para liberarla de la carga que había soportado por tanto tiempo?

El resultado del enfrentamiento fue doble. En primer lugar, **todos** los **adversarios** de Cristo, tanto el principal como los que estaban de acuerdo con él **se avergonzaban.** El implacable legalismo y la hipocresía que llevaban por dentro fueron desenmascarados en público. Sin embargo, ellos no se humillaron personalmente en el sentido justo de reconocer y arrepentirse de su hipocresía y dureza de corazón. Por otra parte, **todo el pueblo,** en su mayoría curiosos, **se regocijaba por todas las cosas gloriosas hechas por** Jesús. Pero aunque anonadados y sorprendidos por el poder de Cristo para curar (cp. 4:36; 9:43), eso no necesariamente significó que hubieran puesto toda su confianza en Él. Algunos sí lo hicieron (cp. 16:16), pero otros siguieron rechazándolo, probablemente junto con quienes lo aclamaran como Mesías en la entrada triunfal, para pedir a gritos su sangre algunos días después.

La sanidad de la mujer es análoga a la obra soberana de Dios en la salvación, y sirve como una metáfora para lo que Dios ofreció hacer por Israel. Él pasa de largo ante los religiosos y santurrones, y elige a los humildes, se inclina para aliviar la carga de los pecados de quienes no tienen esperanza de liberarse por su propio poder, y de manera soberana los desata del poder de Satanás y los levanta para que lo alaben y glorifiquen.

La creciente influencia del reino 83

Y dijo: ¿A qué es semejante el reino de Dios, y con qué lo compararé? Es semejante al grano de mostaza, que un hombre tomó y sembró en su huerto; y creció, y se hizo árbol grande, y las aves del cielo anidaron en sus ramas. Y volvió a decir: ¿A qué compararé el reino de Dios? Es semejante a la levadura, que una mujer tomó y escondió en tres medidas de harina, hasta que todo hubo fermentado. (13:18-21)

El reino de Dios fue un tema constante en la enseñanza y predicación de nuestro Señor. Al inicio de su ministerio, "Jesús vino a Galilea predicando el evangelio del reino de Dios, diciendo: El tiempo se ha cumplido, y el reino de Dios se ha acercado; arrepentíos, y creed en el evangelio" (Mr. 1:14-15). Más tarde en su ministerio en Galilea, "Jesús iba por todas las ciudades y aldeas, predicando y anunciando el evangelio del reino de Dios" (Lc. 8:1). Cuando comenzó el Sermón del Monte, manifestó a sus discípulos: "Bienaventurados vosotros los pobres, porque vuestro es el reino de Dios" (Lc. 6:20). Confrontado por dirigentes judíos hostiles durante el ministerio en Judea, el Señor respondió: "Si por el dedo de Dios echo yo fuera los demonios, ciertamente el reino de Dios ha llegado a vosotros" (Lc. 11:20). Después que le preguntaran "los fariseos, cuándo había de venir el reino de Dios, les respondió y dijo: El reino de Dios no vendrá con advertencia, ni dirán: Helo aquí, o helo allí; porque he aquí el reino de Dios está entre vosotros" (Lc. 17:20-21). En el ministerio a los apóstoles después de la resurrección, Jesús estuvo "apareciéndoseles durante cuarenta días y hablándoles acerca del reino de Dios" (Hch. 1:3). Está claro que el ministerio de Jesús resaltó la predicación del reino, porque eso fue lo que el Padre le había enviado a hacer (Lc. 4:43).

La venida del Rey se había anunciado con mucha promesa y esperanza. El ángel Gabriel se le apareció a Zacarías y le informó que el hijo del sacerdote sería el precursor del Mesías (Lc. 1:5-20). Pocos meses después llegó el momento de los anuncios angelicales a María (Lc. 1:26-38) y José (Mt. 1:20-23). Ella iba a tener un hijo, concebido por el Espíritu Santo. Este hijo sería el Mesías, el

Hijo de Dios, Emanuel ("Dios con nosotros"), que salvaría a su pueblo de sus pecados. Ángeles hicieron una aparición sorprendente a algunos pastores la noche del nacimiento de Jesús, anunciándoles que el Salvador, Mesías y Señor había nacido (Lc. 2:8-14). El ministerio de Juan el Bautista de preparar al pueblo para la venida y el reino del Mesías atrajo a grandes multitudes (Mt. 3:1-6). El ministerio de Juan llegó a su cenit cuando señaló a Jesús quien se acercaba y pronunció las dramáticas palabras: "He aquí el Cordero de Dios, que quita el pecado del mundo" (Jn. 1:29).

Al comienzo del ministerio de Jesús, grandes multitudes lo seguían, esperando que Él fuera quien los libraría del yugo de los odiados romanos y que estableciera su reino. Pero a medida que el tiempo pasaba y Jesús no mostraba señales de ser el libertador político y militar que estaban esperando, los judíos se desilusionaron. Además, al desencanto con Jesús se añadió la agresiva oposición que los dirigentes judíos le hicieron. Estos lo vieron como una amenaza extrema para toda la estructura religiosa que habían construido, y también para la confianza que el pueblo había puesto en ellos. Por otro lado, se enfurecieron porque Él les condenara su flagrante hipocresía. Al tratar de desacreditarlo y destruirlo extendieron la mentira de que Jesús realizaba sus milagros por medio del poder de Satanás (Mt. 9:34; 10:25; 12:24; Lc. 11:15; cp. Jn. 7:20; 8:48, 52; 10:20). Desesperados por deshacerse de Él, durante mucho tiempo las autoridades judías conspiraron matarlo, lo rechazaron como su Rey, y lo hicieron ejecutar.

Después de su resurrección, Jesús se reunió con solo quinientos creyentes en Galilea (1 Co. 15:6; cp. Mt. 28:10, 16-17), y cuando la Iglesia nació el Día de Pentecostés había únicamente ciento veinte personas presentes (Hch. 1:15). Desde una perspectiva humana no parecía haber mucho del reino de Cristo, incluso para sus seguidores más cercanos. El círculo íntimo de Jesús consistió de solo doce hombres, y uno de ellos era un traidor. La organización naciente parecía un esfuerzo fallido en una pequeña nación... muy lejos de las aspiraciones de los judíos.

A medida que el ministerio del Señor avanzaba, se hacía cada vez más evidente para quienes creían en Él como Señor y Salvador, que su reino no se estaba desarrollando como habían previsto. En sus mentes el reino era más que espiritual e interno; más que únicamente la esfera de salvación donde Dios gobierna como Rey sobre su pueblo. Al igual que sus compatriotas, los discípulos también esperaban que el reino fuera externo; que este se manifestara en una resplandeciente y externa demostración de poder y gloria a medida que el Mesías vencía a todos los enemigos de Dios y establecía su reino sobre la tierra en Jerusalén. Tal expectativa motivó a que Jacobo y Juan pidieran descaradamente: "Concédenos que en tu gloria nos sentemos el uno a tu derecha, y el otro a tu izquierda" (Mr. 10:37). Al igual que Pilato, los discípulos se preguntaban en qué sentido Jesús era un rey (Lc. 23:1-3), y no captaron la realidad de que su reino en ese momento no era de este mundo (Jn. 18:36). El reino terrenal visible en el que el Hijo de Dios reina en gloria y majestad con poder absoluto y soberano no era para su primera venida sino para la segunda en el futuro (Ap. 20:4-6; cp. Sal. 2:6-9).

Los discípulos habían abandonado todo por seguir a Jesús (Mt. 19:27), pero hasta aquí tenían poca evidencia del reino. Se habían convertido en gentuza, con tan solo el dinero que llevaban en una cajita (de la cual Judas hurtaba [Jn. 12:6]), y dependían del apoyo de otros para suplir sus necesidades (Lc. 8:3). Mientras el ministerio del Señor se desmantelaba, también se venían abajo las esperanzas de que apareciera el reino mesiánico prometido que habían anhelado por tanto tiempo. La percepción que tenían del reino como muy insignificante, débil, ensombrecido y despreciado motivó la enseñanza de Cristo en este pasaje. Estas dos parábolas, que también aparecen en Mateo 13, ilustran la verdad de que sus pequeños inicios no son la medida de su final definitivo. Resaltan que el poder externo y la influencia interna del reino crecerán más allá de lo que se podría comprender o esperar.

PODER EXTERNO DEL REINO

Y dijo: ¿A qué es semejante el reino de Dios, y con qué lo compararé? Es semejante al grano de mostaza, que un hombre tomó y sembró en su huerto; y creció, y se hizo árbol grande, y las aves del cielo anidaron en sus ramas. (13:18-19)

La conjunción *oun* (por tanto, o "y") relaciona estas dos parábolas con el incidente de la sección anterior (13:10-17). El Señor había interrumpido su enseñanza en una sinagoga (v. 10) para curar a una mujer que había estado lisiada durante dieciocho años a causa de una enfermedad provocada por un demonio (v. 11). Esa demostración del poder de Jesús sobre el reino de Satanás revelaba la presencia del reino de Dios (cp. Lc. 11:20). Entonces el Señor continuó su enseñanza con estas dos parábolas, las cuales ejemplifican la verdad de que el reino divino se expandiría tanto externa como internamente desde sus pequeños inicios.

La pregunta retórica de Jesús, **¿a qué es semejante el reino de Dios, y con qué lo compararé?** presenta la primera analogía. En una ilustración agraria que sus oyentes conocerían muy bien, Jesús vinculó el reino **al grano de mostaza, que un hombre tomó y sembró en su huerto.** Un **grano de mostaza** era la semilla más diminuta, y era proverbial en la cultura judía para algo sumamente pequeño (cp. Mt. 17:20; Lc. 17:6). Algunos críticos mal informados afirman que la declaración de Jesús en el relato de Mateo de esta parábola de que el grano de mostaza "es la más pequeña de todas las semillas" (Mt. 13:32) es falsa, ya que existen otras semillas que son más pequeñas. Sin embargo, "semilla" se traduce de la forma plural del sustantivo *sperma*, que cuando se usa en el Nuevo Testamento literalmente (y no en sentido figurado para hablar de los hijos o descendientes), siempre se refiere a semillas conocidas sembradas para producir cultivos de alimentos (Mt. 13:24, 27, 37, 38; Mr. 4:31; 1 Co. 15:35-38), no para todas las semillas en el reino vegetal. Así lo explica el botánico doctor L. H. Shinners:

> El grano de mostaza en realidad habría sido la más pequeña de las semillas que habían visto las personas en la época de Cristo. Los principales cultivos (tales como cebada, trigo, lentejas y frijoles) tienen semillas mucho más grandes, al igual que la algarroba y otras plantas que pudieron haber estado presentes como malezas (la cizaña bíblica) entre los granos… Hay varias malezas y flores silvestres que pertenecen a las familias de la mostaza, el amaranto, la verdolaga y la hierba de los canarios con semillas tan pequeñas o más pequeñas que la mostaza misma, pero particularmente no pudieron haberse conocido por parte de los habitantes… El único vegetal de cultivo moderno importante con semillas más pequeñas que la mostaza es la de tabaco, pero esta planta es de origen americano y no creció en el mundo antiguo hasta el siglo XVI y más tarde (citado en John A. Sproule, "The Problem of the Mustard Seed", *Grace Theological Journal* 1 [primavera de 1980]: p. 40).

El mensaje de este relato es que el grano más pequeño **creció** como el **árbol** más **grande** en el huerto (Mt. 13:32). El árbol de mostaza es en realidad un gran arbusto que puede alcanzar una altura de cinco metros. Era tan grande que **las aves del cielo anidaron en sus ramas. Anidaron** se traduce de una forma del verbo *kataskēnoō* que literalmente significa "armar la tienda de uno" y por tanto instalarse de manera permanente. La referencia aquí no es a aves que anidan temporalmente en las **ramas** del árbol de mostaza, sino a las que construyen nidos permanentes debido a que este árbol es grande y robusto.

Lo importante de esta parábola es que visto desde una perspectiva externa y visible, el gran tamaño final del reino no se percibió al principio. Según se indicó antes, en este momento solo había una pequeña cantidad de personas que seguían a Jesús. El reino era poco claro; no se le conoció por ninguna majestad, poder o demostración pública. Esos aspectos caracterizarán su consumación, no su inicio. La mayor parte del pueblo judío no fue consciente del reino (Lc. 17:20-21), ya que su manifestación entonces no fue del reino terrenal del Mesías, sino de la esfera de salvación donde Dios reina en los corazones de las personas.

La ilustración del Señor también es una profecía poderosa. El reino crecerá de manera constante hasta su consumación, la cual estará increíblemente fuera de proporción respecto a sus inicios. Esto sucederá cuando el Señor Jesucristo regrese en gloria (Ap. 19:11-15) y "los reinos del mundo [serán] de nuestro Señor y de su Cristo; y él reinará por los siglos de los siglos" (11:15).

A pesar de su humilde comienzo, el reino se engrandecerá hasta convertirse en la fuerza poderosa que los profetas previeron. Al final, Dios establecerá a su Hijo como rey, y Él destruirá a las naciones y las gobernará con vara de hierro (Sal. 2). Bajo su reinado los justos florecerán, y habrá paz (Sal. 72: 7). Isaías predijo que cuando el siervo sufriente (Is. 53) regrese para reinar sobre la tierra, Israel se extenderá "a la mano derecha y a la mano izquierda; y [su] descendencia heredará naciones, y habitará las ciudades asoladas" (Is. 54:3). Dios cumplirá su promesa dada a Israel por medio del profeta Miqueas:

> *De cierto te juntaré todo, oh Jacob; recogeré ciertamente el resto de Israel; lo reuniré como ovejas de Bosra, como rebaño en medio de su aprisco; harán estruendo por la multitud de hombres. Subirá el que abre caminos delante de ellos; abrirán camino y pasarán la puerta, y saldrán por ella; y su rey pasará delante de ellos, y a la cabeza de ellos Jehová (Mi. 2:12-13).*

Más adelante en su profecía, Miqueas relató una descripción más detallada del reino terrenal del Mesías:

> *Acontecerá en los postreros tiempos que el monte de la casa de Jehová será establecido por cabecera de montes, y más alto que los collados, y correrán a él los pueblos. Vendrán muchas naciones, y dirán: Venid, y subamos al monte de Jehová, y a la casa del Dios de Jacob; y nos enseñará en sus caminos, y andaremos por sus veredas; porque de Sion saldrá la ley, y de Jerusalén la palabra de Jehová. Y él juzgará entre muchos pueblos, y corregirá a naciones poderosas hasta muy lejos; y martillarán sus espadas para azadones, y sus lanzas para hoces; no alzará espada nación contra nación, ni se ensayarán más para la guerra. Y se sentará cada uno debajo de su vid y debajo de su higuera, y no habrá quien los amedrente; porque la boca de Jehová de los ejércitos lo ha hablado. Aunque todos los pueblos anden cada uno en el nombre de su dios, nosotros con todo andaremos en el nombre de Jehová nuestro Dios eternamente y para siempre. En aquel día, dice Jehová, juntaré la que cojea, y recogeré la descarriada, y a la que afligí; y pondré a la coja como remanente, y a la descarriada como nación robusta; y Jehová reinará sobre ellos en el monte de Sion desde ahora y para siempre. Y tú, oh torre del rebaño, fortaleza de la hija de Sion, hasta ti vendrá el señorío primero, el reino de la hija de Jerusalén (4:1-8).*

Aquel cuyas "salidas son desde el principio, desde los días de la eternidad" (Mi. 5:2) "estará, y apacentará con poder de Jehová, con grandeza del nombre de Jehová su Dios; y [los judíos] morarán seguros, porque ahora será engrandecido hasta los fines de la tierra" (v. 4).

Zacarías también describe el venidero reino terrenal:

> *Canta y alégrate, hija de Sion; porque he aquí vengo, y moraré en medio de ti, ha dicho Jehová. Y se unirán muchas naciones a Jehová en aquel día, y me serán por pueblo, y moraré en medio de ti; y entonces conocerás que Jehová de los ejércitos me ha enviado a ti. Y Jehová poseerá a Judá su heredad en la tierra santa, y escogerá aún a Jerusalén (2:10-12).*

> *Así ha dicho Jehová de los ejércitos: Aún vendrán pueblos, y habitantes de muchas ciudades; y vendrán los habitantes de una ciudad a otra, y dirán: Vamos a implorar el favor de Jehová, y a buscar a Jehová de los ejércitos. Yo también iré. Y vendrán muchos pueblos y fuertes naciones a buscar a Jehová de los ejércitos en Jerusalén, y a implorar el favor de Jehová. Así ha dicho Jehová de los ejércitos: En aquellos días acontecerá que diez hombres de las naciones de toda lengua tomarán del manto a un judío, diciendo: Iremos con vosotros, porque hemos oído que Dios está con vosotros (8:20-23; cp. 14:9-21).*

El hecho de que **las aves del cielo anidaron en** las **ramas** del árbol de mostaza también puede significar que incluso quienes no son parte del reino se beneficiarán de este. Las aves no formaban parte del arbusto de mostaza y tenían parte en su vida; simplemente construyeron allí sus nidos. De igual manera, las naciones incrédulas del mundo hallarán protección, seguridad y bendición temporal debido a la influencia y crecimiento del reino.

Las imágenes se derivan de varios pasajes en el Antiguo Testamento. Daniel relata el sueño de Nabucodonosor en que vio

> *en medio de la tierra un árbol, cuya altura era grande. Crecía este árbol, y se hacía fuerte, y su copa llegaba hasta el cielo, y se le alcanzaba a ver desde todos los confines de la tierra. Su follaje era hermoso y su fruto abundante, y había en él alimento para todos. Debajo de él se ponían a la sombra las bestias del campo, y en sus ramas hacían morada las aves del cielo, y se mantenía de él toda carne (Dn. 4:10-12).*

El árbol de Daniel simbolizaba al Imperio babilónico (vv. 20-22), el cual proporcionó beneficios a las naciones que conquistó. Las mismas imágenes describieron la grandeza del antecesor de Babilonia, Asiria:

> *He aquí era el asirio cedro en el Líbano, de hermosas ramas, de frondoso ramaje y de grande altura, y su copa estaba entre densas ramas. Las aguas lo hicieron crecer, lo encumbró el abismo; sus ríos corrían alrededor de su pie, y a todos los árboles del campo enviaba sus corrientes. Por tanto, se encumbró su altura sobre todos los árboles del campo, y se multiplicaron sus ramas, y a causa de las muchas aguas se alargó su ramaje que había echado. En sus ramas hacían nido todas las aves del cielo, y debajo de su ramaje parían todas las bestias del campo, y a su sombra habitaban muchas naciones (Ez. 31:3-6).*

A principios de Ezequiel, Dios describe el reino del Mesías en términos similares, indicando que en ese reino serán benditas todas las naciones de la tierra:

> *Así ha dicho Jehová el Señor: Tomaré yo del cogollo de aquel alto cedro, y lo plantaré; del principal de sus renuevos cortaré un tallo, y lo plantaré sobre el monte alto y sublime. En el monte alto de Israel lo plantaré, y alzará ramas, y dará fruto, y se hará magnífico cedro; y habitarán debajo de él todas las aves de toda especie; a la sombra de sus ramas habitarán. Y sabrán todos los árboles del campo que yo Jehová abatí el árbol sublime, levanté el árbol bajo, hice secar el árbol verde, e hice reverdecer el árbol seco. Yo Jehová lo he dicho, y lo haré (17:22-24).*

Cuando el reino visible se desarrolló trajo por medio de la gracia muchos beneficios a este mundo entenebrecido por el pecado. El cristianismo se ha opuesto a maldades sociales, ha producido muchos de los más grandes científicos del mundo, ha promovido la educación, y en general ha dado lugar a gran parte de lo que ha consolado y beneficiado a la humanidad. Tanto en la sociedad como en la familia (1 Co. 7:14) los no regenerados son bendecidos al relacionarse con los súbditos redimidos del reino.

INFLUENCIA INTERNA DEL REINO

Y volvió a decir: ¿A qué compararé el reino de Dios? Es semejante a la levadura, que una mujer tomó y escondió en tres medidas de harina, hasta que todo hubo fermentado. (13:20-21)

La parábola anterior resaltó el crecimiento externo del reino; en cambio esta se enfoca en su influencia interna. Al igual que hizo en la primera parábola, Jesús hace en esta la misma pregunta retórica: **¿A qué compararé el reino de Dios?** Su respuesta compara al reino con la levadura, que simboliza influencia a menudo para la maldad (p. ej., Mt. 16:6, 11, 12; 1 Co. 5:6-8; Gá. 5:9). Sin embargo, aquí ejemplifica la influencia positiva del reino.

La levadura era una sustancia fermentada que mezclada en la masa de pan la empapaba y hacía que se inflara, burbujeara y se expandiera. Por lo general el pan lo hacían las mujeres, por eso en la parábola **una mujer tomó** la levadura **y** la **escondió en tres medidas** (más o menos veinticinco kilos) **de harina, hasta que todo hubo fermentado.** Con el tiempo la levadura transforma la masa en algo mucho mejor que la masa sin levadura, de la cual se hacen galletas duras, secas, planas y menos apetecibles.

En la ilustración del Señor la **harina** representa al mundo, y la **levadura** representa al reino. Al igual que la levadura, que se mezcla en la masa y por tanto está oculta de la vista, el reino está escondido del mundo. La gloriosa manifestación de los hijos de Dios (Ro. 8:18-21) aún no ha ocurrido, por eso para el mundo no es evidente quiénes son los súbditos del reino. No obstante, así como la levadura transforma la masa, el reino aunque esté escondido influye en el mundo por medio del testimonio y las vidas justas de sus súbditos, el mensaje del evangelio, y la obra de convicción del Espíritu.

¿Son pocos los que se salvan? 84

Pasaba Jesús por ciudades y aldeas, enseñando, y encaminándose a Jerusalén. Y alguien le dijo: Señor, ¿son pocos los que se salvan? Y él les dijo: Esforzaos a entrar por la puerta angosta; porque os digo que muchos procurarán entrar, y no podrán. Después que el padre de familia se haya levantado y cerrado la puerta, y estando fuera empecéis a llamar a la puerta, diciendo: Señor, Señor, ábrenos, él respondiendo os dirá: No sé de dónde sois. Entonces comenzaréis a decir: Delante de ti hemos comido y bebido, y en nuestras plazas enseñaste. Pero os dirá: Os digo que no sé de dónde sois; apartaos de mí todos vosotros, hacedores de maldad. Allí será el llanto y el crujir de dientes, cuando veáis a Abraham, a Isaac, a Jacob y a todos los profetas en el reino de Dios, y vosotros estéis excluidos. Porque vendrán del oriente y del occidente, del norte y del sur, y se sentarán a la mesa en el reino de Dios. Y he aquí, hay postreros que serán primeros, y primeros que serán postreros. (13:22-30)

A lo largo de su ministerio, Jesús aclaró y amplió su enseñanza contestando preguntas que las personas le hacían (p. ej., Mt. 13:10-11; 17:10-11; 21:20-21; 24:3-4; Mr. 12:28-29; Lc. 7:19-23; 12:41-53; 17:20-21; Jn. 3:1-5, 9-10; 6:28-33; 8:33-59; 9:1-3; 12:34-36; 13:6-10, 36-38; 14:5-9, 22-24). En esta ocasión le hicieron al Señor la pregunta tan polémica de si solo unos pocos serán salvos.

La respuesta de Jesús fue impactante. En lugar de discutir sobre porcentajes declaró que muchos desearán entrar al reino pero no podrán hacerlo. Quienes entren lo harán con mucha dificultad; tendrán que luchar para hacerlo por la puerta angosta. La perspectiva de Cristo va contra la metodología evangelística contemporánea. A diferencia de la respuesta de Jesús, que demuestra que la salvación es muy difícil, la evangelización moderna presenta a menudo el evangelio en maneras que lo hacen parecer fácil.

Gran parte de la metodología de evangelización proviene de los ministerios de avivamiento y los escritos de Charles Grandison Finney (1792-1875). A menudo llamado "el padre del avivamiento moderno", Finney era un abogado que se convirtió en evangelista después de su conversión. Negó que el nuevo nacimiento fuera una obra sobrenatural de Dios y enseñó que la salvación depende únicamente del poder de la voluntad del individuo. Su ministerio utilizó "nuevas medidas" pragmáticas tales como la exhortación emocionalmente cargada para que las personas acudieran al "banquillo de los angustiados" (un predecesor del moderno llamado al altar) y otras tácticas diseñadas para manipular los deseos del individuo.

Sin duda no está mal invitar a las personas a llegar a Cristo y aceptar la salvación que Él ofrece. Jesús invitó a los pecadores a arrepentirse y entrar en el reino de Dios (Mt. 4:17; Lc. 5:32), al igual que hicieran Juan el Bautista (Mt. 3:2) y los apóstoles (Mr. 6:12; Hch. 2:38; 3:19). La razón de ser de la Iglesia es cumplir el mandato: "Id, y haced discípulos a todas las naciones, bautizándolos en el nombre del Padre, y del Hijo, y del Espíritu Santo" (Mt. 28:19; cp. Lc. 24:47). El problema no es si invitar o incluso ordenar a los pecadores que se arrepientan y crean el evangelio, sino más bien cómo se formula tal invitación. Este pasaje es de vital importancia porque da a conocer cómo el Señor Jesucristo invitó a los pecadores a obtener la salvación. Pero antes de relatar esa invitación en los versículos 24-30, Lucas describió en los versículos 22-23 el ambiente en que eso se llevó a cabo.

Al iniciarse la escena, **pasaba Jesús por ciudades y aldeas** de Judea, **enseñando, y encaminándose a Jerusalén** (un viaje que Lucas relata en 9:51—19:27). La muerte y resurrección de Cristo vendrían en pocos meses. Mientras atravesaba Judea, Jesús estaba constantemente **enseñando,** como había hecho durante todo su ministerio (cp. 4:43; 8:1; Mt. 4:23; 11:1; Mr. 6:2), porque difundir la verdad era fundamental. El propósito de todos los milagros, las señales y las maravillas que Él realizó con el fin de afirmar su deidad como el Hijo enviado por el Padre fue validar su enseñanza. El objetivo del ministerio siempre es proporcionar la base de verdad bíblica que es esencial para la salvación, y que conduce al amor, al servicio y a la adoración a Dios. Ese era el tema constante de la instrucción del Señor relacionado con la vida en su reino, la esfera de la salvación donde Dios reina sobre su pueblo que lo ama, le sirve y adora (cp. la exposición de 13:18-21 en el capítulo anterior de esta obra).

En algún momento no identificado a lo largo del camino durante el ministerio de Cristo en Judea **alguien** le planteó una pregunta polémica: **Señor, ¿son pocos los que se salvan?** La inquietud refleja el reconocimiento de sus seguidores acerca de la importancia de la enseñanza de Jesús relacionada con la salvación. La obra divina de la salvación no es liberar de la culpa, de la insatisfacción con la vida, la pobreza, o la baja autoestima. Salvación es liberar de la ira y el juicio de Dios con el fin de obtener seguridad y bendición eternas por medio de la muerte expiatoria de su Hijo. Pablo escribió: "Estando ya justificados en su sangre, por él seremos salvos de la ira" (Ro. 5:9; cp. 1 Ts. 1:10; 5:9). La pregunta que le hicieron a Jesús fue si solo unos pocos se salvarían del juicio divino y la condenación eterna en el infierno. Este parecía ser el caso de quien hizo la pregunta.

La inquietud era sincera, hecha por un verdadero seguidor de Cristo. Aquellos en la multitud que lo oían eran desde enemigos declarados a buscadores curiosos, individuos muy interesados, y hasta creyentes verdaderamente salvos. No se sabe qué nivel de interés tenía este individuo en Cristo. Sin embargo, su pregunta expresó lo que sus seguidores debían estar pensando. El pueblo judío esperaba que cuando el Mesías llegara sería recibido por toda la nación, la cual recibiría salvación (Is. 45:17; 60:21-22). El Mesías establecería su reino, en el cual Israel jugaría un papel de liderazgo. En ese reino la maldición sería eliminada y la justicia y la paz prevalecerían. Los gentiles también se salvarían (Is. 56:6-7) y llegarían a ver al Mesías reinando en gloria en el monte Sion (Is. 24:23; Zac. 8:22-23).

Pero después de casi tres años de ministerio, de innumerables milagros, de enseñanza sin par, y de multitudes de miles de seguidores, solo una decepcionantemente pequeña cantidad de verdaderos creyentes creía en Él para salvación. Tan insignificante era esa cantidad que incluso Jesús se refirió a ellos como "manada pequeña" (Lc. 12:32; cp. la exposición de 13:18-19 en el capítulo anterior de esta obra). Los dirigentes religiosos de la nación habían rechazado a Jesús, acusándolo de obrar bajo órdenes de Satanás. Muchas de las personas habían aceptado esa mentira y también veían el poder sobrenatural de Jesús como satánico. Otros tantos lo rechazaron porque Él no cumplía con el perfil y las expectativas mesiánicas que ellos tenían. Es más, cuando una enorme multitud intentó obligarlo a asumir el papel preconcebido de mesías político-militar, Jesús se negó (Jn. 6:14-15). Pero lo más desconcertante de todo fue que incluso entre las enormes multitudes que lo seguían, muy pocos eran verdaderos creyentes.

No obstante, la pregunta pasa por alto la historia del Antiguo Testamento, lo cual revela que en el pasado el tema de la salvación no se había generalizado. De la destrucción del mundo pecador de antes del diluvio, solo ocho personas escaparon a ese juicio divino (Gn. 7:13; 1 P. 3:20). De la destrucción de las perversas ciudades de Sodoma y Gomorra solamente Lot, su esposa y sus hijas escaparon (Gn. 19:16). El remanente de verdaderos creyentes siempre fue pequeño (Is. 6:13; 10:20-22; Jer. 23:3; 31:7; 50:20), y la salvación siempre fue individual (Is. 55:1), nunca nacional.

El hecho de que la respuesta de Jesús no se refiriera directamente a la pregunta muestra que no es importante cuántas personas son salvas; lo que importa a cada individuo es si está o no entre los salvos. En lugar de responder a la pregunta de la cantidad, Jesús se enfocó en la calidad de la fe de los verdaderos creyentes, e hizo una invitación personal a los presentes para que reciban la salvación que Él ofrece. Cuatro aspectos de esa invitación se pueden distinguir:

Jesús pidió esfuerzo espiritual, desesperación temporal, falta de relación, y percepción eterna.

ESFUERZO ESPIRITUAL

Y él les dijo: Esforzaos a entrar por la puerta angosta; porque os digo que muchos procurarán entrar, y no podrán. (13:23*b*-24)

La invitación de Cristo era radicalmente distinta de la que comúnmente se hace hoy día. Su mensaje no era que Dios ama de modo incondicional a todos, y que desea relacionarse con pecadores y cumplirles todos sus sueños y ambiciones personales. Tampoco su objetivo era manipular a las personas para que hicieran un compromiso superficial con Él. Las palabras de Jesús son aleccionadoras, amenazadoras y suficientemente alarmantes para producir pánico en el corazón de un alma penitente y reflexiva. Sirven además para desterrar a buscadores poco entusiastas que no están dispuestos a rendirse de manera incondicional al señorío de Cristo (cp. Lc. 14:33).

En comparación con la desenfrenada "fe fácil" que sustenta gran parte de la evangelización moderna, parece casi una herejía la invitación de Jesús que pide un esfuerzo extenuante de parte del pecador penitente. Es verdad que la salvación es únicamente por la gracia soberana de Dios; que nadie puede llegar a Cristo a menos que el Padre no lo atraiga (Jn. 6:44, 65), y que nadie puede conocer al Padre sino aquel a quien el Hijo se lo quiera revelar (Mt. 11:27). Aquellos que están muertos en sus pecados solo se pueden salvar por la gracia de Dios, no por sus propios esfuerzos (Ef. 2:1-10; Tit. 3:3-5). Sin embargo, la salvación no está separada de la voluntad del pecador. Como ya se indicó, Juan el Bautista, Jesús y los apóstoles invitaron a los pecadores a arrepentirse, y ese también es el mensaje de la Iglesia. Pablo les dijo a los filósofos griegos en el Areópago de Atenas que "Dios, habiendo pasado por alto los tiempos de esta ignorancia, ahora manda a todos los hombres en todo lugar, que se arrepientan" (Hch. 17:30; cp. 26:20). Esos mandatos dejan en claro que los pecadores son responsables de las decisiones que toman, y que deberán rendir cuentas por no arrepentirse y creer en el Salvador.

Esforzaos se traduce de una forma del verbo *agōnizomai*, de donde se deriva la palabra castellana "agonizar". Se usa solo aquí en los evangelios sinópticos. La palabra significa "pelear" (Jn. 18:36; 1 Ti. 6:12; 2 Ti. 4:7), "competir" en una competencia atlética (1 Co. 9:25), o "luchar" (Col. 1:29; 4:12; 1 Ti. 4:10). La pelea o lucha que se ve aquí es de abnegación que produce verdadero arrepentimiento. Jesús declaró: "Si alguno quiere venir en pos de mí, niéguese a sí mismo, tome su cruz cada día, y sígame" (Lc. 9:23). Luego añadió la paradójica declaración: "El que quiera salvar su vida, la perderá; y todo el que pierda su vida por causa de mí, éste la salvará" (v. 24). El mensaje del evangelio no es de autorrealización sino de abnegación. La fe en Cristo le cuesta al pecador sus objetivos y deseos egoístas, y podría separarlo de su familia (Lc. 14:26), de sus posesiones (Mr. 10:17-22), e incluso podría costarle la vida (Jn. 12:25). Pero quienes pierden tales cosas materiales efímeras ganarán en esta vida bendiciones, e infinitamente más en su recompensa eterna.

El requisito de que los pecadores deben **entrar por la puerta angosta** indica aún más la intensidad de la lucha (cp. Mt. 7:13-14). La puerta tiene un espacio muy justo, lo que quiere decir que los que entran deben despojarse de su equipaje personal. También es difícil hallarla por las muchas voces engañosas que atraen a los incautos y sin discernimiento hacia la puerta ancha que lleva al infierno. Por consiguiente, **muchos procurarán entrar, y no podrán.**

El Señor proporciona salvación solo al corazón marcado por el arrepentimiento que siempre acompaña a la verdadera fe salvadora. Juan el Bautista describió el verdadero arrepentimiento citando Isaías 40:3-4: "Voz del que clama en el desierto: Preparad el camino del Señor; enderezad sus sendas. Todo valle se rellenará, y se bajará todo monte y collado; los caminos torcidos serán enderezados, y los caminos ásperos allanados" (Lc. 3:4-5). (Véase mi comentario sobre este pasaje al final del cap. 17 de esta obra, y también el estudio sobre el verdadero arrepentimiento en el cap. 18 de esta obra).

DESESPERACIÓN TEMPORAL

Después que el padre de familia se haya levantado y cerrado la puerta, y estando fuera empecéis a llamar a la puerta, diciendo: Señor, Señor, ábrenos, (13:25*a*)

No solo que la puerta del reino es angosta, sino que también puede estar cerrada. **Después que el padre de familia,** Cristo, **se haya levantado y cerrado la puerta,** no habrá admisión; la oportunidad de entrar al reino habrá acabado de modo permanente para quienes fueron excluidos. Hay una sensación de desesperanza y urgencia en esta imagen; los pecadores, con solo un tiempo limitado para responder a la invitación del evangelio, dejan que esa oportunidad pase hasta quedar excluidos de manera permanente.

La Biblia deja claro que todos los no redimidos están viviendo tiempo prestado (cp. la exposición de 13:1-9 en el cap. 81 de esta obra). Dios declaró acerca del mundo pecador de antes del diluvio: "No contenderá mi espíritu con el hombre para siempre, porque ciertamente él es carne; mas serán sus días ciento veinte años" (Gn. 6:3). Jesús narró una parábola respecto a un hombre rico insensato y egoísta que con codicia estaba acumulando tesoro terrenal para sí mismo, solo para conseguir que Dios le dijera: "Necio, esta noche vienen a pedirte tu alma; y lo que has provisto, ¿de quién será?" (Lc. 12:20). Jesús exhortó a sus oyentes: "Estad preparados, porque a la hora que no penséis, el Hijo del Hombre vendrá" (Lc. 12:40). Así como una persona culpable debe ponerse a cuentas con su oponente antes de llegar donde el magistrado, los pecadores deben ponerse a cuentas con Dios antes de que sea demasiado tarde (Lc. 12:58). Jesús advirtió a quienes le contaron de la matanza que Pilato hizo de algunos galileos: "Si no os arrepentís, todos pereceréis igualmente" (Lc. 13:3; cp. 5). La historia de un hombre que da a una higuera un año más para producir fruto simboliza la realidad de que a todos los que les falta el verdadero fruto de la salvación están viviendo tiempo prestado (Lc. 13:6-9). En última instancia, la paciencia de Dios hacia aquellos que rechazan la verdad terminará y Él los abandonará judicialmente (Ro. 1:24, 26, 28). Por tanto, "he aquí ahora el tiempo aceptable; he aquí ahora el día de salvación" (2 Co. 6:2).

Usando las mismas imágenes que en la impactante parábola de las vírgenes prudentes y las insensatas (Mt. 25:1-13), Jesús advirtió que quienes pierden la oportunidad de la salvación se quedarán **fuera** y con gran desesperación empezarán **a llamar a la puerta, diciendo: Señor, Señor, ábrenos.** Esa reacción expresa la sorpresa y el horror que estos individuos muestran al quedar permanentemente excluidos del reino de Dios. Después de todo, se trataba de religiosos, muchos de los cuales afirmaban haber ministrado en el nombre de Jesús (Mt. 7:22). Es evidente que el infierno estará poblado no solo por individuos irreligiosos que rechazan a Dios, sino también por aquellos que por fuera eran religiosos y con reverencia hablaban de Él.

FALTA DE RELACIÓN

él respondiendo os dirá: No sé de dónde sois. Entonces comenzaréis a decir: Delante de ti hemos comido y bebido, y en nuestras plazas enseñaste. Pero os dirá: Os digo que no sé de dónde sois; apartaos de mí todos vosotros, hacedores de maldad. (13:25*b*-27)

La respuesta del Señor, **no sé de dónde sois** (cp. Mt. 7:23) revela que quien desperdicia su oportunidad será excluido del reino. A pesar de su fachada religiosa exterior, ellos no tenían relación con Cristo ni unión con Él.

La salvación da como resultado una vida compartida con Jesucristo. Pablo escribió: "Con Cristo estoy juntamente crucificado, y ya no vivo yo, mas vive Cristo en mí; y lo que ahora vivo en la carne, lo vivo en la fe del Hijo de Dios, el cual me amó y se entregó a sí mismo por mí" (Gá. 2:20). Los cristianos están en Cristo (cp. Ro. 6:11, 23; 8:1; 1 Co. 1:30; 2 Co. 1:21; 5:17; Gá. 3:28; Fil. 1:1; 4:21; Col. 1:2, 28; 2 Ti. 3:12; 1 P. 5:10, 14), y Él está en ellos (Jn. 6:56; 14:20; 15:4-5; 17:26; Ro. 8:10; Col. 1:27; 3:11; Ef. 3:17).

Sorprendidos porque Él negara tener alguna relación con ellos, comenzarán **a decir: Delante de ti hemos comido y bebido, y en nuestras plazas enseñaste.** La protesta de que han **comido y bebido delante de** Jesús simboliza la afirmación de que han tenido una relación con Él. También afirmarán que lo oyeron enseñar en las **plazas** de ellos. ¿Cómo podía Él excluirlos del reino?

Sin embargo, la simple familiaridad con Jesús no produce salvación, según explica la respuesta del Señor claramente con abrumadora firmeza: **Os digo que no sé de dónde sois; apartaos de mí todos vosotros, hacedores de maldad** (cp. Sal. 6:8). Ellos no tenían relación con Él. No se habían arrepentido ni habían sido justificados por Dios estando cubiertos con la justicia de Cristo por medio de la fe en Él. Al contrario, aunque religiosos y morales, seguían siendo injustos **hacedores de maldad.** La sentencia fue definitiva: están eternamente apartados de la presencia de Dios.

PERCEPCIÓN ETERNA

Allí será el llanto y el crujir de dientes, cuando veáis a Abraham, a Isaac, a Jacob y a todos los profetas en el reino de Dios, y vosotros estéis excluidos. Porque vendrán del oriente y del occidente, del norte y del sur, y se sentarán a la mesa en el reino de Dios. Y he aquí, hay postreros que serán primeros, y primeros que serán postreros. (13:28-30)

Jesús no se enfocó en propósitos, ambiciones, deseos, salud, riqueza o cualquier otra cosa de sus oyentes. En vez de eso los invitó a tener una perspectiva eterna y a volver su atención a la amenaza del infierno. Les advirtió: **Allí será el llanto y el crujir de dientes** (cp. Mt. 8:12; 13:42, 50; 22:13; 24:51; 25:30). El tormento del infierno no estará limitado al dolor del castigo, sino que incluirá remordimiento, trauma y sorpresa de parte de quienes irán a parar allí a pesar de que creyeron que estaban yendo al cielo. Para las personas en el infierno, cuanto más hayan conocido el evangelio, más profundo será su remordimiento; su dolor será proporcional a su nivel de rechazo, y ya que su rechazo será eterno e incurable, también lo será su pecado y el juicio eterno por ese pecado.

La bendición de quienes sí entran al reino celestial acrecentará la advertencia de tormento para los que se les negará la entrada. Esto específicamente lo contemplarán todos los judíos que quedarán fuera del reino si rechazan a Cristo. **Abraham, Isaac, Jacob y todos los profetas en el reino de Dios** estarán allí mientras los otros son **excluidos** para siempre de la presencia de Dios. Los judíos se enorgullecían de ser hijos de Abraham, quien tenía un derecho inalienable como heredero de las promesas del pacto que Dios le hizo y que reiteró a los profetas. Ellos esperaban ser salvos por ser descendientes de Abraham. Darse cuenta de que quienes rechazan a Cristo nunca disfrutarán las ricas bendiciones del reino con sus tres ilustres antepasados hará sumamente amarga la realidad del infierno a estos judíos.

Más doloroso aún que quedar fuera de la vida eterna en compañía de sus héroes antepasados es saber que sus odiados enemigos, los gentiles, **vendrán del oriente y del occidente, del norte y del sur, y se sentarán a la mesa en el reino de Dios** (cp. Mt. 8:11-12) de la cual estos judíos están excluidos. El hecho de que los gentiles estarán en el reino de Dios no debería ser ninguna sorpresa, ya que esa verdad se enseña claramente en el Antiguo Testamento (p. ej., Is. 2:2-4; 25:6; 56:6-7; 60:3; 66:19-24). Sin embargo, en gran parte los judíos rechazaban esa idea y hasta les ofendía pensar en que Dios pudiera salvar a gentiles (véase Jon. 1—3). Aquí se representa a los gentiles disfrutando en el reino de un espléndido banquete, lo que en al antiguo Oriente Medio simbolizaba los acontecimientos más importantes de la vida. El banquete describe la bendición de la comunión con Dios (cp. Lc. 22:29-30; Ap. 19:9).

La declaración final de Jesús, **y he aquí, hay postreros que serán primeros, y primeros que serán postreros,** intensifica aún más la conmoción que estos judíos perdidos sentirán. No solo que en el reino habrá gentiles, sino que también serán iguales a los judíos que estén allí. En el reino de la salvación "ya no hay judío ni griego; no hay esclavo ni libre; no hay varón ni mujer; porque todos [los redimidos son] uno en Cristo Jesús" (Gá. 3:28; cp. Ef. 2:11-16).

La lección que se debe aprender del modelo de invitación de Cristo a la salvación es doble. En primer lugar, la verdadera Iglesia de Jesucristo debe recibir el mensaje correcto; una invitación pervertida, corrupta, alterada y fácil no tiene poder para salvar a los pecadores perdidos. Además, la falsa evangelización deja sin convertir a las personas y, subsiguientemente, como escépticos de la evangelización verdadera y, por tanto, más abiertos a mayor engaño. El Señor Jesucristo nunca suavizó su mensaje para tratar de no ofender a las personas; Él hizo que se sintieran o suficientemente mal para que se arrepintieran, o suficientemente furiosas para que rechazaran el evangelio.

El mensaje para los no redimidos es que Dios no salva a nadie aparte del verdadero arrepentimiento. La batalla por negarse a sí mismo y seguir a Cristo es intensa, el tiempo es corto, y el destino eterno está en juego.

¿Quién mató realmente a Jesús?

85

Aquel mismo día llegaron unos fariseos, diciéndole: Sal, y vete de aquí, porque Herodes te quiere matar. Y les dijo: Id, y decid a aquella zorra: He aquí, echo fuera demonios y hago curaciones hoy y mañana, y al tercer día termino mi obra. Sin embargo, es necesario que hoy y mañana y pasado mañana siga mi camino; porque no es posible que un profeta muera fuera de Jerusalén. (13:31-33)

Desde su nacimiento, el Príncipe de Paz fue el blanco de asesinos. Sorprende que una de las realidades más notables acerca de la vida de Cristo fuera que muchos quisieran matarlo. Después de todo, Jesús no cometió pecado o maldad, y fue perfecto, absolutamente justo, clemente, generoso y benevolente. Ofreció lo que todo el mundo necesita con desesperación: misericordia y gracia en el perdón del pecado, vida eterna, libertad del juicio, liberación del castigo eterno en el infierno, y gozo perdurable en el cielo. Además, Él ofreció tales cosas no como algo que se deba ganar, conseguir o merecer, sino como un regalo que se debe recibir. Irónicamente, quien demandó lo mejor de las personas sacó lo peor de ellas.

Los atentados contra la vida de Jesús comenzaron mucho antes del inicio de su ministerio público. Cuando Jesús aún era bebé, Herodes el Grande, patriarca de la dinastía herodiana, gobernaba Judea. Al ser idumeo (edomita) aliado con el César, los judíos vieron con sospecha a Herodes. Eso agudizó el miedo que lo hacía constantemente ansioso de que alguien le usurpara el poder. Herodes era un sociópata cuya paranoia llegó a un horrible apogeo cuando a finales de su reinado llegaron unos magos de Oriente afirmando que el rey de los judíos había nacido y que venían a buscarlo. Ante el temor de un rival para su trono, Herodes concluyó de parte de los dirigentes religiosos judíos que el Mesías debía nacer en Belén (Mi. 5:2), razón por la cual podía matarlo fácilmente. Sin saber con seguridad cuál niño era la amenaza, de manera irracional y brutal ordenó el asesinato de todos los niños menores de dos años en esa región en un intento vano por matar a Jesús en medio del asesinato masivo (Mt. 2:13-18).

Al inicio de su ministerio el Señor limpió el templo de mercaderes y cambistas que estaban corrompiendo la casa de su Padre (Jn. 2:13-17). Furiosas, las autoridades judías exigieron saber con qué autoridad había actuado Él con tal atrevimiento. Como ya sabía que las autoridades querían matarlo, "respondió Jesús y les dijo: Destruid este templo, y en tres días lo levantaré" (v. 19). El versículo 21 explica que "él hablaba del templo de su cuerpo".

Incluso los habitantes del pueblo natal de Jesús, Nazaret, intentaron matarlo la primera vez que habló en la sinagoga de ellos. Se enfurecieron cuando Él les ofendió el orgullo espiritual describiéndolos como espiritualmente pobres, ciegos, cautivos y oprimidos (Lc. 4:18). Y cuando les reforzó aún más ese punto recordándoles que eran iguales a sus antepasados que rechazaron el mensaje de Dios, de modo que Elías y Eliseo ministraron a dos humildes y penitentes marginadas gentiles, esto fue demasiado de soportar para el orgullo nacionalista y la santurronería de los judíos. Furiosos explotaron en un esfuerzo emocional por asesinarlo lanzándolo por un precipicio (vv. 28-29).

Los dirigentes religiosos judíos (fariseos, saduceos, herodianos, escribas, sumos sacerdotes y principales sacerdotes) también trataron colectivamente de matar a Jesús porque había violado y condenado la religión corrupta, apóstata y legalista que ellos tenían. El odio que le tenían por haber limpiado el templo se intensificó cuando Jesús afirmó su deidad después de sanar a un hombre en el día de reposo. El apóstol Juan observa: "Por esto los [líderes religiosos] judíos aun más procuraban matarle, porque no sólo quebrantaba el día de reposo, sino que también decía que Dios era su propio Padre, haciéndose igual a Dios" (Jn. 5:18). A lo largo del ministerio de Cristo ellos buscaron una oportunidad para quitarle la vida (Mt. 26:3-4; Mr. 3:6; Lc. 19:47; Jn. 7:1, 25; 11:53). Finalmente triunfaron al presionar a los romanos para que lo crucificaran (como Él mismo había predicho [Mt. 16:21; 17:23; 21:33-46; Mr. 10:32-34]). Siguiendo la guía de sus gobernantes, las multitudes judías también buscaron la muerte de Jesús (Mt. 27:20-25).

Pilato, aunque declaró inocente a Jesús (Lc. 23:13-14, 22), al final también quiso que muriera. Ante el temor de una revuelta (Mt. 27:24), y aún más de que los dirigentes judíos lo reportaran ante el César (Jn. 19:12), Pilato ordenó que Jesús fuera ejecutado (Mt. 27:26). Sus soldados cumplieron gustosamente esas órdenes (Mt. 27:27-31).

Este pasaje presenta a otro villano, que sería el asesino de Jesús: Herodes Antipas. El pasaje se podría dividir en tres secciones: advertencia de los fariseos, amenaza de Herodes, y respuesta de Jesús.

ADVERTENCIA DE LOS FARISEOS

Aquel mismo día llegaron unos fariseos, diciéndole: Sal, y vete de aquí, (13:31*a*)

A primera vista esto parece desconcertante. ¿Por qué los **fariseos,** que odiaban a Jesús y querían asesinarlo ellos mismos, le advirtieron que Herodes tenía intenciones parecidas? Aunque odiaban a Herodes y les resentía que este rey títere de Roma, quien era medio idumeo y medio samaritano, reinara sobre ellos, ¿no conseguían lo que se proponían si él mataba a Jesús? Ya que es evidente que el interés por la seguridad de Jesús no los motivaba, esta advertencia sugiere que en última instancia la intención de ellos era matar a Jesús, pero que su objetivo inmediato era intimidarlo para que se callara, silenciándole la enseñanza.

En ese tiempo Jesús estaba enseñando en Perea (cp. Mt. 19:1; Mr. 10:1; Jn. 10:40-42), una región localizada al oriente del río Jordán frente a Samaria y Judea que, al igual que Galilea, también estaban gobernadas por Herodes Antipas. Los fariseos podrían haber estado tratando de obligar a Jesús a salir de Perea e ir a Judea, donde el concilio tenía jurisdicción. Después de las fuertes palabras de advertencia de que los incrédulos judíos serían excluidos del reino (véase el estudio de 13:23-30 en el cap. anterior de esta obra), ellos estaban aún más decididos a silenciarlo temporalmente y, en última instancia, de modo definitivo.

AMENAZA DE HERODES

porque Herodes te quiere matar. (13:31*b*)

Herodes, según se indicó antes, era Herodes Antipas, un hijo de Herodes el Grande de larga permanencia en el gobierno. Después de su muerte, el reino de Herodes fue dividido entre tres de sus hijos. Arquelao recibió Judea, Samaria e Idumea; Felipe recibió Iturea y Traconite (Lc. 3:1), al noreste de Galilea; y Antipas recibió Galilea y Perea. Antipas es el Herodes al que se hace referencia en los relatos de los evangelios del ministerio de Jesús. Gobernó desde la muerte de su padre en el año 4 a.C. hasta el 39 d.C. Además de no pertenecer a su raza, los judíos odiaban a Antipas porque construyó su capital, Tiberias (ubicada sobre la costa oeste del mar de Galilea) en el lugar de un cementerio judío, profanándolo por tanto. Se enfurecieron aún más cuando el hombre puso ídolos en lugares públicos en Tiberias. Aunque Jesús ministró ampliamente durante un año en toda la pequeña y compacta región de Galilea, no hay registro en los evangelios de que alguna vez visitara Tiberias.

Antipas, abiertamente inmoral, fue reprendido en público por Juan el Bautista a causa de su aventura ilícita y su matrimonio con Herodías la esposa de su hermano Felipe (Mr. 6:17-18). En una desesperada jugada por acallar al audaz predicador, el avergonzado Herodes encarceló a Juan (Lc. 3:20). Como era de esperar, Herodías guardaba un rencor amargo contra Juan y lo quería muerto (Mr. 6:19). Herodes se negó a matarlo porque le tenía miedo tanto a Juan (v. 20) como al pueblo, el cual lo veía como un profeta (Mt. 14:5). Sin embargo, en última instancia Herodías encontró una manera de manipular a su esposo para que matara a Juan el Bautista. En la celebración del cumpleaños de Herodes, la hija de Herodías (de su matrimonio con Felipe el hermano de Herodes) realizó un baile indecente delante de Herodes y sus invitados. Cautivado sensualmente por la actuación de la joven, de modo imprudente Herodes "le prometió con juramento darle todo lo que pidiese" (Mt. 14:7). Herodías aprovechó la oportunidad e incitó a su hija a contestar: "Dame aquí en un plato la cabeza de Juan el Bautista" (v. 8). Demasiado orgulloso para incumplir su insensata promesa frente a sus distinguidos invitados, Herodes de mala gana ordenó decapitar a Juan (Mt. 14:9-10).

Aunque el texto no informa por qué Herodes quería matar a Jesús, existen varias razones posibles. Puesto que había matado al precursor y compañero predicador de Jesús, Juan el Bautista, Herodes pudo haber temido que Jesús quisiera vengarse de él. La culpabilidad resultante de haber hecho decapitar a Juan (cp. 9:7-9; Mr. 6:14-16) también pudo haber llevado a Herodes a temer por su propia vida. Él era consciente del poder sobrenatural de Jesús (23:8; Mt. 14:1-2), y pudo haber sentido la necesidad de eliminarlo para protegerse. Además, como sabía que Roma esperaba que mantuviera la paz, Herodes pudo haber estado intranquilo por las enormes multitudes que seguían a Jesús; si este instigaba una rebelión, la carrera y el poder de Herodes podrían haber estado en peligro ante Roma, por lo que pudo haber decidido prevenir una revuelta con un golpe preventivo contra Jesús. También es posible que, al igual que su padre, Antipas, pudiera haber visto a Jesús como un rival potencial para su trono. La negativa del Señor por verlo (Lc. 9:9; 23:8) también pudo haber aumentado la inquietud del rey. Incluso cuando Herodes finalmente conoció a Jesús durante los simulacros de juicios, a diferencia de los interrogatorios hechos por Anás, Caifás y Pilato, el Señor se negó a contestarle (v. 9).

RESPUESTA DE JESÚS

Y les dijo: Id, y decid a aquella zorra: He aquí, echo fuera demonios y hago curaciones hoy y mañana, y al tercer día termino mi obra. Sin embargo, es necesario que hoy y mañana y pasado mañana siga mi camino; porque no es posible que un profeta muera fuera de Jerusalén. (13:32-33)

El Hijo de Dios no se intimidó en lo más mínimo por la amenaza de Herodes de quitarle la vida. Haciéndole desdeñosamente caso omiso tanto a él como a su amenaza, Jesús **les dijo** a los fariseos: **Id, y decid a aquella zorra: He aquí, echo fuera demonios y hago curaciones hoy y mañana, y al tercer día termino mi obra.** Que Jesús hiciera tal despectiva afirmación era muy extraño; Herodes es el único individuo en el Nuevo Testamento para el cual el Señor expresó tanto desprecio. Las zorras son alimañas astutas y maliciosas, conocidas por su capacidad destructiva; por ejemplo, Cantar de los Cantares de Salomón hace referencia a "las zorras pequeñas, que echan a perder las viñas" (2:15). Por tanto, llamar **zorra** a alguien era un insulto despectivo y degradante, el equivalente en la lengua vernácula moderna a llamar a alguien un "canalla". Herodes no era un león noble y poderoso sino una simple zorra; mucho más una molestia que una amenaza. Así como una zorra no podía matar a un hombre, así tampoco Herodes podía matar a Jesús. El hombre era impotente para alterar el calendario divino.

Algunos podrían preguntar si el comentario de Jesús fue una violación a la ley mosaica, que prohíbe hablar mal de un gobernante (Éx. 22:28; Ec. 10:20; cp. Hch. 23:5). Aunque ese era normalmente el caso, había excepciones. A menudo Dios reprendió directamente a los gobernantes de Israel a través de los profetas. Hablando por medio de Isaías, Dios le expresó a Israel: "Tus príncipes, prevaricadores y compañeros de ladrones; todos aman el soborno, y van tras las recompensas; no hacen justicia al huérfano, ni llega a ellos la causa de la viuda" (Is. 1:23). En Ezequiel 22:27, Dios lamentó que "príncipes en medio de [Israel] son como lobos que arrebatan presa, derramando sangre, para destruir las almas, para obtener ganancias injustas". Oseas 7:3-7 relata el fuerte reproche a los malvados dirigentes de Israel:

> *Con su maldad alegran al rey, y a los príncipes con sus mentiras. Todos ellos son adúlteros; son como horno encendido por el hornero, que cesa de avivar el fuego después que está hecha la masa, hasta que se haya leudado. En el día de nuestro rey los príncipes lo hicieron enfermar con copas de vino; extendió su mano con los escarnecedores. Aplicaron su corazón, semejante a un horno, a sus artificios; toda la noche duerme su hornero; a la mañana está encendido como llama de fuego. Todos ellos arden como un horno, y devoraron a sus jueces; cayeron todos sus reyes; no hay entre ellos quien a mí clame.*

Los profetas mismos también censuraron a los gobernantes de Israel. Samuel reprendió al rey Saúl por no destruir por completo a los amalecitas (1 S. 15:16-19); Natán reprendió al rey David por cometer adulterio con Betsabé para luego asesinar al esposo de ella (2 S. 12:7-12); Elías reprendió al rey Acab por abandonar los mandamientos de Dios y adorar ídolos (1 R. 18:18), y por asesinar a Nabot y robarle la viña (1 R. 21:17-22). Jesús, no solo profeta sino también Dios encarnado, tenía todo el derecho de reprender a un "canalla" por creer que podía entrar en el campo de Dios y matar su Hijo. Jesús moriría en el tiempo señalado por Dios, pero no a manos de Herodes.

El mensaje que el Señor envió a Herodes a través de los fariseos fue de desafío: **He aquí, echo fuera demonios y hago curaciones hoy y mañana, y al tercer día termino mi obra.** Él continuaría su ministerio de liberar personas de la opresión de las fuerzas del infierno y de curar sus enfermedades. La frase **hoy y mañana, y al tercer día** es un dicho coloquial que expresa consumación (cp. Éx. 19:10-11). Jesús seguiría haciendo lo que había estado haciendo día a día y por el breve tiempo que quedaba hasta que su ministerio terrenal concluyera. Su objetivo era hacer la voluntad del Padre (Jn. 4:34; 5:30; 6:38) y dar su vida para completar la obra de redención (Mt. 20:28; Jn. 6:51; 10:15, 17-18; Gá. 1:3-4; Ef. 5:2, 25; Tit. 2:13-14; 1 Jn. 3:16). La amenaza de Herodes no podía cambiar en lo más mínimo los planes del Señor, ni los cambió.

Jesús declaró entonces: **Sin embargo, es necesario que hoy y mañana y pasado mañana siga mi camino.** Haciendo caso omiso de la amenaza impotente de Herodes, Jesús continuaría moviéndose día a día hacia el objetivo que Dios le determinó y hacia la culminación de su obra. No moriría en Perea, **porque no es posible que un profeta muera fuera de Jerusalén.** Era necesario que Jesús, el sacrificio definitivo, muriera en Jerusalén, el lugar de ubicación del templo donde todos los demás sacrificios se hacían. Este dicho proverbial refleja la amargamente irónica verdad de que Jerusalén, el centro de la adoración judía, fue el escenario de las muertes de muchos de los profetas. La sangre inocente derramada por Manasés (2 R. 21:16) y Joacim (24:4) incluyó la de los profetas enviados para reprenderlos (Jer. 26:20-23). Según la tradición, uno de los profetas martirizados bajo el reinado de Manasés fue Isaías, aserrado en dos dentro de un tronco hueco (cp. He. 11:37). En 2 Crónicas 24:20-22, se relata el asesinato de Zacarías, el hijo del sacerdote Joiada:

> *Entonces el Espíritu de Dios vino sobre Zacarías hijo del sacerdote Joiada; y puesto en pie, donde estaba más alto que el pueblo, les dijo: Así ha dicho Dios: ¿Por qué quebrantáis los mandamientos de Jehová? No os vendrá bien por ello; porque por haber dejado a Jehová, él también os abandonará. Pero ellos hicieron conspiración contra él, y por mandato del rey lo apedrearon hasta matarlo, en el patio de la casa de Jehová. Así el rey Joás no se acordó de la misericordia que Joiada padre de Zacarías había hecho con él, antes mató a su hijo, quien dijo al morir: Jehová lo vea y lo demande.*

Jesús contó una parábola que resume la larga historia de Israel de matar a los profetas de Dios, la cual culminaría con su propia muerte:

> *Comenzó luego a decir al pueblo esta parábola: Un hombre plantó una viña, la arrendó a labradores, y se ausentó por mucho tiempo. Y a su tiempo envió un siervo a los labradores, para que le diesen del fruto de la viña; pero los labradores le golpearon, y le enviaron con las manos vacías. Volvió a enviar otro siervo;*

mas ellos a éste también, golpeado y afrentado, le enviaron con las manos vacías. Volvió a enviar un tercer siervo; mas ellos también a éste echaron fuera, herido. Entonces el señor de la viña dijo: ¿Qué haré? Enviaré a mi hijo amado; quizá cuando le vean a él, le tendrán respeto. Mas los labradores, al verle, discutían entre sí, diciendo: Este es el heredero; venid, matémosle, para que la heredad sea nuestra. Y le echaron fuera de la viña, y le mataron. ¿Qué, pues, les hará el señor de la viña? Vendrá y destruirá a estos labradores, y dará su viña a otros. Cuando ellos oyeron esto, dijeron: ¡Dios nos libre! (Lc. 20:9-16)

Herodes no mató a Jesús; por tanto, ¿quién fue el responsable de su muerte? A través de los siglos el pueblo judío ha llevado la peor parte de la culpa. Fanáticos equivocados los han denunciado como "asesinos de Cristo", y han usado esa acusación para justificar todo tipo de perversidad, persecución y matanzas, hasta homicidios masivos. Tristemente, parte de tal actividad antisemítica la han realizado en el nombre de Jesús. Sin embargo, tan horrenda conducta fluye de motivos satánicos, no de verdadero amor por Jesucristo.

No obstante, hay una sensación de que los judíos vivos en la época de Cristo fueron responsables por su muerte, según atestiguan tanto el Antiguo como el Nuevo Testamento. Isaías 49:7 describe al Mesías como "menospreciado de alma... abominado de las naciones". Isaías 53 predice que al final de la historia cuando los judíos sean salvos confesarán que despreciaron, abandonaron, oprimieron, afligieron y llevaron a la muerte al Mesías. Esta confesión ocurrirá cuando finalmente miren hacia atrás a Aquel que "traspasaron" y llorarán y serán salvos (Zac. 12:10; 13:1). Salmos 22:6-8 describe de manera profética el trato que los judíos le harían a Jesús:

Mas yo soy gusano, y no hombre; oprobio de los hombres, y despreciado del pueblo. Todos los que me ven me escarnecen; estiran la boca, menean la cabeza, diciendo: Se encomendó a Jehová; líbrele él; sálvele, puesto que en él se complacía.

Según se indicó a principios de este capítulo, los dirigentes judíos trataron de matar a Jesús desde el inicio de su ministerio. Pero la decisión final para asesinarlo se hizo en un concilio dirigido por el sumo sacerdote, Caifás:

Entonces los principales sacerdotes y los fariseos reunieron el concilio, y dijeron: ¿Qué haremos? Porque este hombre hace muchas señales. Si le dejamos así, todos creerán en él; y vendrán los romanos, y destruirán nuestro lugar santo y nuestra nación. Entonces Caifás, uno de ellos, sumo sacerdote aquel año, les dijo: Vosotros no sabéis nada; ni pensáis que nos conviene que un hombre muera por el pueblo, y no que toda la nación perezca... Así que, desde aquel día acordaron matarle (Jn. 11:47-50, 53).

El pueblo compartió con sus dirigentes la responsabilidad por la muerte de Jesús. En el juicio ante Pilato se le unieron a ellos (Lc. 23:13) gritando: "¡Crucifícale, crucifícale!" (vv. 21, 23). Asumieron aún más su parte de culpa por la muerte de Cristo cuando gritaron: "Su sangre sea sobre nosotros, y sobre nuestros hijos" (Mt. 27:25). Pedro afirmó la culpa de ellos en el sermón que predicó el Día de Pentecostés cuando se dirigió a los "varones israelitas", y les recordó lo que hicieron: "Prendisteis y matasteis [a Jesús] por manos de inicuos, crucificándole" (Hch. 2:22-23). Pedro concluyó su sermón declarando: "Sepa, pues, ciertísimamente toda la casa de Israel, que a este Jesús a quien vosotros crucificasteis, Dios le ha hecho Señor y Cristo" (v. 36; cp. 3:12-15; 4:10).

Pero de ninguna manera el pueblo judío llevó toda la responsabilidad por la muerte de Cristo. Fue Pilato, un gentil confabulado con Herodes, quien tampoco era judío, quien sentenció a Jesús a muerte, y la verdadera ejecución fue llevada a cabo por soldados romanos. Por tanto, ningún grupo por sí solo lleva la culpa por la muerte de Jesús. Así escribí en *El asesinato de Jesús:*

> En realidad, el asesinato de Jesús fue una amplia conspiración en la que participaron Roma, Herodes, los gentiles, el sanedrín judío, y el pueblo de Israel; grupos diversos que aparte de este suceso casi nunca estaban en pleno acuerdo el uno con el otro. De hecho, es significativo que la crucifixión de Cristo es el *único* acontecimiento histórico donde todos esos grupos sumaron sus fuerzas para conseguir un objetivo común. Todos eran culpables. Juntos llevaron la culpa. Los judíos como raza no eran ni más ni menos culpables que los gentiles. (Grand Rapids: Portavoz, 2005], p. 5. Cursivas en el original).

Una oración colectiva ofrecida en una de las primeras asambleas de creyentes une a todos los culpables: "Porque verdaderamente se unieron en esta ciudad contra tu santo Hijo Jesús, a quien ungiste, Herodes y Poncio Pilato, con los gentiles y el pueblo de Israel" (Hch. 4:27).

Sin embargo, la participación de todos ellos fue simplemente el medio clave de la muerte de Cristo; la causa eficiente fue Dios mismo. La oración que se acaba de citar continúa diciendo: "Me hiciste conocer los caminos de la vida; me llenarás de gozo con tu presencia" (v. 28). Tanto el Antiguo como el Nuevo Testamento enseñan que la muerte de Cristo fue ordenada por Dios. Isaías 53:10 declara que "Jehová quiso quebrantarlo, sujetándole a padecimiento". Pedro afirmó de Jesús que "a éste, entregado por el determinado consejo y anticipado conocimiento de Dios, prendisteis y matasteis por manos de inicuos, crucificándole" (Hch. 2:23).

Es una excelente y providencial ironía que si los hombres que participaron en la muerte de Cristo hubieran entendido la sabiduría de Dios, "nunca habrían crucificado al Señor de gloria" (1 Co. 2:8). Ellos llevan la culpa eterna por su participación en la muerte de Cristo. Pero Dios demostró su soberanía absoluta al desestimar el hecho malvado para que su propósito se cumpliera:

> La cruz es, por lo tanto, la prueba más grande de la total soberanía de Dios. Sus propósitos siempre se cumplen a pesar de las malvadas intenciones de los pecadores. Dios obra su justicia incluso *a través* de las acciones malvadas de agentes injustos. Lejos de hacerlo culpable [a Jesús] de sus iniquidades [de ellos], eso demuestra cómo todo lo que Él hace es bueno y cómo Él puede hacer que todas las cosas obren para bien (Ro. 8:28), aun las obras más detestables que los poderes del mal han intentado ejecutar (*El asesinato de Jesús*, p. 7. Cursivas en el original).

Misericordia divina para quienes merecen condenación

86

¡Jerusalén, Jerusalén, que matas a los profetas, y apedreas a los que te son enviados! ¡Cuántas veces quise juntar a tus hijos, como la gallina a sus polluelos debajo de sus alas, y no quisiste! He aquí, vuestra casa os es dejada desierta; y os digo que no me veréis, hasta que llegue el tiempo en que digáis: Bendito el que viene en nombre del Señor. (13:34-35)

Un punto de vista correcto de Dios entiende que Él no solo es soberano y santo, sino también misericordioso y clemente. Juan Calvino, conocido por su énfasis en la verdad bíblica de la absoluta santidad y soberanía de Dios, sin embargo advirtió: "La idea que usted tenga de la naturaleza [de Dios] no está clara a menos que lo reconozca como el origen y la fuente de toda bondad" (*Institución*, I.II.3).

La misericordia es parte de la bondad esencial de Dios. Él mismo le dijo a Moisés en el monte Sinaí que era "misericordioso y piadoso; tardo para la ira, y grande en misericordia y verdad" (Éx. 34:6; cp. Sal. 103:8, 13). En Salmos 116:5 el salmista declaró: "Clemente es Jehová, y justo; sí, misericordioso es nuestro Dios". Isaías le recordó a Israel: "Jehová esperará para tener piedad de vosotros, y por tanto, será exaltado teniendo de vosotros misericordia" (Is. 30:18), mientras que el profeta Joel animó a sus compatriotas: "Convertíos a Jehová vuestro Dios; porque misericordioso es y clemente" (Jl. 2:13). Santiago recordó a sus lectores atormentados que "el Señor es muy misericordioso y compasivo" (Stg. 5:11; cp. Sal. 40:11; 69:16; 111:4; Dn. 9:9; Jon. 4:2).

Dios dispensa su misericordia conforme a su soberana voluntad. A Moisés le declaró: "Tendré misericordia del que tendré misericordia, y seré clemente para con el que seré clemente" (Éx. 33:19; cp. Ro. 9:15). Su misericordia es incondicional. A pesar del devastador juicio sobre Israel, Jeremías aún pudo afirmar: "Por la misericordia de Jehová no hemos sido consumidos, porque nunca decayeron sus misericordias. Nuevas son cada mañana; grande es tu fidelidad" (Lm.

3:22-23; cp. v. 32). La misericordia de Dios lo hace inclinarse para perdonar el pecado. Después que David pecara con Betsabé, él clamó a Dios: "Ten piedad de mí, oh Dios, conforme a tu misericordia; conforme a la multitud de tus piedades borra mis rebeliones" (Sal. 51:1). Fue la misericordia divina la que llevó al Señor a perdonar los pecados de Israel (Sal. 78:38). Isaías 55:7 promete a los pecadores arrepentidos que Dios les mostrará misericordia y les perdonará los pecados (cp. Mi. 7:19). La parábola del hijo pródigo (Lc. 15:11-32) ilustra la misericordia de Dios por los pecadores perdidos.

Dios ha demostrado especial misericordia por Israel. "Jehová tuvo misericordia de ellos, y se compadeció de ellos y los miró, a causa de su pacto con Abraham, Isaac y Jacob; y no quiso destruirlos ni echarlos de delante de su presencia hasta hoy" (2 R. 13:23). En una larga oración de confesión nacional, los exiliados que habían regresado a Jerusalén registraron la repetida misericordia de Dios hacia Israel a pesar del incesante pecado del pueblo y de haber rechazado al Señor (Neh. 9:17-38). En 2 Crónicas 36:15-16 se indica que

> *Jehová el Dios de sus padres envió constantemente palabra a ellos por medio de sus mensajeros, porque él tenía misericordia de su pueblo y de su habitación. Mas ellos hacían escarnio de los mensajeros de Dios, y menospreciaban sus palabras, burlándose de sus profetas, hasta que subió la ira de Jehová contra su pueblo, y no hubo ya remedio.*

Deuteronomio 32:9-11 compara el tierno y compasivo cuidado de Dios por Israel con el cuidado que un águila prodiga a sus crías:

> *Porque la porción de Jehová es su pueblo; Jacob la heredad que le tocó. Le halló en tierra de desierto, y en yermo de horrible soledad; lo trajo alrededor, lo instruyó, lo guardó como a la niña de su ojo. Como el águila que excita su nidada, revolotea sobre sus pollos, extiende sus alas, los toma, los lleva sobre sus plumas.*

Aunque el juicio de Dios envió al exilio a su pueblo, Él aún les mostró misericordia (cp. 2 Cr. 30:9; Sal. 102:13). Eso vislumbra una efusión aún mayor de compasión divina sobre Israel en los últimos tiempos (cp. Dt. 30:3; Is. 14:1; 49:10-16; 54:7-8; Jer. 30:18).

Como Dios encarnado, el Señor Jesucristo manifestó misericordia divina. Sintió compasión por las multitudes "porque estaban desamparadas y dispersas como ovejas que no tienen pastor" (Mt. 9:36; cp. 14:14). Antes de alimentar a cuatro mil, "Jesús, llamando a sus discípulos, dijo: Tengo compasión de la gente, porque ya hace tres días que están conmigo, y no tienen qué comer; y enviarlos en ayunas no quiero, no sea que desmayen en el camino" (Mt. 15:32). Al ver a dos ciegos, "Jesús, compadecido, les tocó los ojos, y en seguida recibieron la vista; y le siguieron" (Mt. 20:34). Cuando "vino a él un leproso, rogándole; e hincada la rodilla, le dijo: Si quieres, puedes limpiarme" (Mr. 1:40) el Señor, "teniendo misericordia de él, extendió la mano y le tocó, y le dijo: Quiero, sé limpio" (v. 41). Jesús detuvo un cortejo fúnebre y resucitó de los muertos al hijo de una viuda porque "se compadeció de ella" (Lc. 7:13).

En esta sección, Jesús expresó su preocupación por Israel en la forma de un lamento, caracterizado por la compasión, condenación y conversión.

COMPASIÓN

¡Jerusalén, Jerusalén, que matas a los profetas, y apedreas a los que te son enviados! ¡Cuántas veces quise juntar a tus hijos, como la gallina a sus polluelos debajo de sus alas, y no quisiste! (13:34)

Durante su ministerio terrenal, Jesús manifestó ira e indignación divinas hacia los pecadores que lo rechazaron. Mordazmente denunció a los escribas y fariseos como hipócritas que meticulosamente cumplían las minucias de la ley, pero por dentro eran corruptos; por tanto, no escaparían de ser sentenciados al infierno (Mt. 23:3-33). También denunció al pueblo de Israel como malvado, adúltero, pecador e incrédulo (Mt. 12:39; Mr. 8:38; 9:19).

Pero el Señor también se entristeció por aquellos que lo rechazaron, como ejemplifica este pasaje. Las imágenes agrícolas que trasmiten sus palabras: **Cuántas veces quise juntar a tus hijos, como la gallina a sus polluelos debajo de sus alas,** describe el deseo del Señor de librar del juicio divino al rebelde Israel. Él ansiaba proteger al pueblo del modo en que una gallina resguarda a sus polluelos de un depredador.

El dolor de Cristo por los pecadores es un reflejo del dolor de Dios, quien expresó: "No quiero la muerte del impío, sino que se vuelva el impío de su camino, y que viva. Volveos, volveos de vuestros malos caminos; ¿por qué moriréis, oh casa de Israel?" (Ez. 33:11; cp. 18:23). En Jeremías 13:16, Dios advirtió a Israel por medio del profeta: "Dad gloria a Jehová Dios vuestro, antes que haga venir tinieblas, y antes que vuestros pies tropiecen en montes de oscuridad, y esperéis luz, y os la vuelva en sombra de muerte y tinieblas". El versículo 17 relata cuál sería la reacción de Dios en caso de que tal cosa ocurriera: "Mas si no oyereis esto, en secreto llorará mi alma a causa de vuestra soberbia; y llorando amargamente se desharán mis ojos en lágrimas, porque el rebaño de Jehová fue hecho cautivo". Dios derramaría lágrimas de dolor a través de los ojos de Jeremías por el juicio a su pueblo.

Lucas 19:41-44 registra otra demostración del dolor divino de Cristo por el Israel incrédulo. Varios meses después del incidente relatado en este pasaje, Jesús se acercó a Jerusalén en su entrada triunfal. Abrumado por la emoción, el Señor *al verla, lloró sobre ella, diciendo: ¡Oh, si también tú conocieses, a lo menos en este tu día, lo que es para tu paz! Mas ahora está encubierto de tus ojos. Porque vendrán días sobre ti, cuando tus enemigos te rodearán con vallado, y te sitiarán, y por todas partes te estrecharán, y te derribarán a tierra, y a tus hijos dentro de ti, y no dejarán en ti piedra sobre piedra, por cuanto no conociste el tiempo de tu visitación.*

El tono de interjección expresa la fuerte emoción (cp. Mr. 9:19) que el Señor sintió por Jerusalén (en representación de toda la nación, al igual que en Ez. 16:2-3; Mi. 1:5). La palabra repetida **Jerusalén, Jerusalén** indica además la intensidad de la emoción de Jesús. La repetición es una forma conocida en la Biblia de expresar énfasis y sentimiento. En Lucas 10:41, Jesús respondió a la exigencia frustrada de Marta de que ordenara a su hermana que la ayudara: "Marta, Marta, afanada y turbada estás con muchas cosas". Solemnemente le advirtió a Pedro: "Simón, Simón, he aquí Satanás os ha pedido para zarandearos como a trigo" (Lc. 22:31). Jesús le dijo a Pablo cuando se le apareció en el camino a Damasco: "Saulo, Saulo, ¿por qué me persigues?" (Hch. 9:4). Abrumado por el dolor ante la noticia de la muerte de Absalón, David "se turbó, y subió a la sala de la puerta, y lloró; y yendo, decía así: ¡Hijo mío Absalón, hijo mío, hijo mío Absalón! ¡Quién me diera que muriera yo en lugar de ti, Absalón, hijo mío, hijo mío!" (2 S. 18:33).

Jesús describió a Jerusalén como la ciudad **que** mata **a los profetas, y** apedrea **a los que** le **son enviados.** Apedrear era la forma prescrita de ejecución por blasfemia (Lv. 24:14-16; cp. 20:1-3; Hch. 6:11; 7:58-60). Cada una de las declaraciones paralelas, **que mata a los profetas, y apedrea a los que le son enviados,** contiene participios presentes, que indican acción continua. Israel había rechazado y matado a los profetas en el pasado (véase las exposiciones de 13:33 en el cap. 85 de esta obra y 11:47-51 en el cap. 75), aún estaba haciéndolo, y seguiría haciéndolo en el futuro. En las Bienaventuranzas, Jesús les dijo a sus discípulos: "Bienaventurados sois cuando por mi causa os vituperen y os persigan, y digan toda clase de mal contra vosotros, mintiendo. Gozaos y alegraos, porque vuestro galardón es grande en los cielos; porque así persiguieron a los profetas que fueron antes de vosotros" (Mt. 5:11-12). En Mateo 23, Jesús denunció a los dirigentes religiosos judíos como "hijos de aquellos que mataron a los profetas" (v. 31), y les declaró: "Por tanto, he aquí yo os envío profetas y sabios y escribas; y de ellos, a unos mataréis y crucificaréis, y a otros azotaréis en vuestras sinagogas, y perseguiréis de ciudad en ciudad" (v. 34).

Trágicamente, el pueblo de Israel **no** quiso la protección, el amor y la salvación que el Señor deseaba otorgarle. Incluso matarían al más puro de los profetas: su propio Mesías, instigarían el encarcelamiento y la ejecución de Jacobo el hermano de Jesús (Hch. 12:1-3), apedrearían a Esteban (Hch. 7:58-60), y seguirían persiguiendo y matando cristianos (Hch. 8:1; 26:10; 1 Co. 15:9; 1 Ti. 1:13).

De esta manera continuaron su larga historia de desconfianza, desobediencia y rebelión contra Dios que comenzó cuando fueron liberados de la esclavitud en Egipto. Se rebelaron contra Él al menos diez veces durante sus años de vagar en el desierto (Éx. 14:10-12; 15:22-24; 16:1-3; 16:19-20; 16:27-30; 17:1-4; 32:1-35; Nm. 11:1-3, 4-34; 14:3). Cuando por fin estuvieron a punto de entrar a la tierra prometida, Moisés reiteró la ley de Dios a la nueva generación de israelitas, aquellos cuyos padres se habían rebelado y habían muerto en el desierto (Nm. 14:1-38). Les recordó que la obediencia les traería bendición y la desobediencia maldición, y ellos prometieron obedecer (Dt. 26:17). Como una lección práctica para reforzar ese principio se les ordenó llevar a cabo una ceremonia dramática después de entrar a Canaán. La mitad de las tribus se debía ubicar en el monte Gerizim (cerca de Siquem) y debían recitar las bendiciones de la obediencia (Dt. 27:12), mientras que las otras seis tribus debían estar al otro lado del valle en el monte Ebal y debían recitar las maldiciones de la desobediencia (vv. 13-26).

Lamentablemente, a lo largo de la historia subsiguiente Israel eligió la senda de la desobediencia, y ha experimentado las maldiciones. Desde los ciclos repetitivos de desobediencia durante el período de los jueces, a través de la época del reino dividido, hasta la destrucción y exilio primero del reino del norte de Israel y después del reino del sur de Judá, la historia de Israel fue en gran medida de rebelión, tal como 2 Reyes 17:7-17 lo registra:

> *Porque los hijos de Israel pecaron contra Jehová su Dios, que los sacó de tierra de Egipto, de bajo la mano de Faraón rey de Egipto, y temieron a dioses ajenos, y anduvieron en los estatutos de las naciones que Jehová había lanzado de delante de los hijos de Israel, y en los estatutos que hicieron los reyes de Israel. Y los hijos de Israel hicieron secretamente cosas no rectas contra Jehová su Dios, edificándose lugares altos en todas sus ciudades, desde las torres de las atalayas hasta las ciudades fortificadas, y levantaron estatuas e imágenes de Asera en todo collado alto, y debajo de todo árbol frondoso, y quemaron allí incienso en todos los lugares altos, a la manera de las naciones que Jehová había traspuesto de delante de ellos, e hicieron cosas muy malas para provocar a ira a Jehová. Y servían a los ídolos, de los cuales Jehová les había dicho: Vosotros no habéis de hacer esto. Jehová amonestó entonces a Israel y a Judá por medio de todos los profetas y de todos los videntes, diciendo: Volveos de vuestros malos caminos, y guardad mis mandamientos y mis ordenanzas, conforme a todas las leyes que yo prescribí a vuestros padres, y que os he enviado por medio de mis siervos los profetas. Mas ellos no obedecieron, antes endurecieron su cerviz, como la cerviz de sus padres, los cuales no creyeron en Jehová su Dios. Y desecharon sus estatutos, y el pacto que él había hecho con sus padres, y los testimonios que él había prescrito a ellos; y siguieron la vanidad, y se hicieron vanos, y fueron en pos de las naciones que estaban alrededor de ellos, de las cuales Jehová les había mandado que no*

hiciesen a la manera de ellas. Dejaron todos los mandamientos de Jehová su Dios, y se hicieron imágenes fundidas de dos becerros, y también imágenes de Asera, y adoraron a todo el ejército de los cielos, y sirvieron a Baal; e hicieron pasar a sus hijos y a sus hijas por fuego; y se dieron a adivinaciones y agüeros, y se entregaron a hacer lo malo ante los ojos de Jehová, provocándole a ira.

Como resultado,

Jehová, por tanto, se airó en gran manera contra Israel, y los quitó de delante de su rostro; y no quedó sino sólo la tribu de Judá. Mas ni aun Judá guardó los mandamientos de Jehová su Dios, sino que anduvieron en los estatutos de Israel, los cuales habían ellos hecho. Y desechó Jehová a toda la descendencia de Israel, y los afligió, y los entregó en manos de saqueadores, hasta echarlos de su presencia (vv. 18-20).

El apóstol Pablo, citando a Isaías resume la exasperación y la tristeza de Dios por su pueblo desobediente: "Pero acerca de Israel dice: Todo el día extendí mis manos a un pueblo rebelde y contradictor" (Ro. 10:21; cp. Is. 65:2).

CONDENACIÓN

He aquí, vuestra casa os es dejada desierta; (13:35*a*)

Rechazar la misericordia de Dios da como resultado la condenación que Él hace. La partícula *idou* (**he aquí)** indica que lo que sigue es sorprendente e impactante. **Casa** simboliza no solo el templo sino también Jerusalén y la nación como un todo. Es significativo que Jesús hiciera referencia a **vuestra** casa, no a la de Dios. La nación había establecido su curso; el día de la oportunidad había acabado; Dios los había abandonado legalmente (cp. Ro. 1:24, 26, 28). Jesús "a lo suyo vino, y los suyos no le recibieron" (Jn. 1:11), porque "amaron más las tinieblas que la luz, porque sus obras eran malas" (3:19). No tardarían en repudiar "al Santo y al Justo" y pedir "que se [les] diese un homicida" (Hch. 3:14). Ya no era la casa de Dios; la gloria se había apartado y en ella se había escrito Icabod (cp. 1 S. 4:21).

Isaías 5:1-7 describe el rechazo que Israel hiciera del cuidado misericordioso de Dios y del subsiguiente juicio que vendría en la forma de parábola o canto fúnebre. Los versículos 1-4 relatan el cuidado de Dios por Israel y la desobediencia de la nación:

Ahora cantaré por mi amado el cantar de mi amado a su viña. Tenía mi amado una viña en una ladera fértil. La había cercado y despedregado y plantado de

> *vides escogidas; había edificado en medio de ella una torre, y hecho también en ella un lagar; y esperaba que diese uvas, y dio uvas silvestres. Ahora, pues, vecinos de Jerusalén y varones de Judá, juzgad ahora entre mí y mi viña. ¿Qué más se podía hacer a mi viña, que yo no haya hecho en ella? ¿Cómo, esperando yo que diese uvas, ha dado uvas silvestres?*

Como resultado, Dios juzgaría a su pueblo por haberlo rechazado:

> *Os mostraré, pues, ahora lo que haré yo a mi viña: Le quitaré su vallado, y será consumida; aportillaré su cerca, y será hollada. Haré que quede desierta; no será podada ni cavada, y crecerán el cardo y los espinos; y aun a las nubes mandaré que no derramen lluvia sobre ella. Ciertamente la viña de Jehová de los ejércitos es la casa de Israel, y los hombres de Judá planta deliciosa suya. Esperaba juicio, y he aquí vileza; justicia, y he aquí clamor (vv. 5-7).*

Siglos antes Dios había pronunciado una advertencia parecida a Salomón:

> *Mas si obstinadamente os apartareis de mí vosotros y vuestros hijos, y no guardareis mis mandamientos y mis estatutos que yo he puesto delante de vosotros, sino que fuereis y sirviereis a dioses ajenos, y los adorareis; yo cortaré a Israel de sobre la faz de la tierra que les he entregado; y esta casa que he santificado a mi nombre, yo la echaré de delante de mí, e Israel será por proverbio y refrán a todos los pueblos (1 R. 9:6-7).*

El colmo de la separación que Israel había hecho de Dios fue el rechazo que le hicieron y el asesinato del Señor Jesucristo. Desde ese delito el pueblo judío ha estado bajo juicio implacable.

El primer brote de maldición divina golpeó a Israel con fuerza devastadora en el año 70 d.C. En el suceso culminante de la revuelta judía contra Roma que comenzó en el año 66 d.C., los romanos, tras un prolongado sitio, saquearon Jerusalén y destruyeron el templo. El historiador Josefo del siglo I describió así los siniestros resultados:

> César ordenó demoler toda la ciudad y el Templo y dejar en pie las torres… que eran más altas que las demás, y toda la parte de la muralla que cercaba a la ciudad por el oeste. Esta última habría de servir de campamento para la guarnición que quedara allí, mientras que las torres tendrían la finalidad de mostrar a la posteridad cómo era la ciudad y cómo era la fortificación sobre la que se impuso el valor romano. Los encargados de la demolición allanaron la totalidad del resto del recinto de la ciudad de tal forma que los que vinieran a este lugar no

creerían que éste hubiera sido habitado alguna vez (*Guerras de los judíos*, VII.1.1).

Según Josefo, más de un millón de habitantes murieron durante la revuelta, y casi cien mil más fueron llevados cautivos (*Guerras*, VI.9.3).

En el año 439, Teodosio, gobernador del Imperio romano de Oriente, emitió una ley que negaba a los judíos los mismos derechos legales que tenían los demás. Casi dos siglos más tarde, el emperador Heraclio desterró a los judíos de Jerusalén (630 d.C.).

A lo largo de la Edad Media e inicios del período moderno, el antisemitismo se había extendido en Europa. En el siglo XI, el apasionado llamado del papa Urbano II para hacer una cruzada con el fin de liberar la tierra Santa de manos de los musulmanes provocó un estallido de violencia contra los judíos europeos, a quienes también consideraban enemigos de Cristo. En su camino a la Tierra Santa (a la cual la mayoría de ellos no llegaría), un indisciplinado ejército compuesto en gran parte de campesinos sin entrenamiento asesinó a miles de judíos. Otros judíos se suicidaron antes de someterse a una conversión forzada. El principal ejército de los cruzados asesinó a muchos de los judíos que habitaban Jerusalén después de capturar la ciudad. Inglaterra expulsó a toda la población judía en 1290, y no existe registro de judíos en esa nación hasta que se les permitió regresar en 1655. Otros países, tales como Francia y Austria, también expulsaron parte de su población judía. Los judíos fueron a menudo culpados de la devastadora plaga conocida como la Peste Negra (1348-50), y en consecuencia fueron cruelmente perseguidos y asesinados. Los acusaron falsamente de crímenes horribles, incluido el ritual de asesinato, enfrentaron conversión y bautismo obligados, y a menudo les exigían usar atuendos característicos que los distinguían como judíos, tales como brazaletes, insignias o sombreros especiales.

En los últimos tiempos, el antisemitismo ha seguido contaminando a la civilización occidental. El siglo XIX presenció matanzas y persecuciones en Rusia, particularmente después del asesinato del zar Alejandro II en 1881, del cual algunos culparon al pueblo judío. En un escándalo que sacudió Francia, Alfred Dreyfus, un joven oficial judío del ejército francés, fue falsamente acusado de traición, encarcelado en la célebre prisión la Isla del Diablo, y después de una protesta pública, finalmente fue exonerado. El siglo XX fue testigo de la inenarrable maldad del holocausto, en el cual millones de judíos fueron sistemáticamente asesinados bajo Hitler y Stalin. El moderno estado de Israel, fundado en 1948, ha enfrentado incesantes amenazas y asaltos por parte de sus enemigos. La amenaza de masacre se cierne hoy día sobre la cabeza de Israel a medida que el poder y el odio del islam aumentan de manera exponencial.

Durante dos mil años el pueblo judío ha sido una casa desierta, un pueblo castigado por Dios. Pero eso terminará. En el momento más glorioso de la historia de Israel, la nación se volverá a Dios. A través de toda esta historia de hallarse bajo la maldición de Dios, un remanente de judíos en cada período han sido salvos (Ro. 1:16) y en Cristo, ellos son uno con todos los creyentes gentiles en la Iglesia (Ro. 10:12; 1 Co. 12:13; Gá. 3:28; Col. 3:11).

CONVERSIÓN

y os digo que no me veréis, hasta que llegue el tiempo en que digáis: Bendito el que viene en nombre del Señor. (13:35*b*)

Las palabras de Jesús en los versículos 34 y 35 se podrían ver no solo de manera temática, sino también cronológica. Consideradas en ese sentido revelan tres aspectos del trato de Dios con Israel: pasado, presente y futuro.

Los tratos anteriores de Dios con Israel están marcados por dos aspectos: el amor especial, clemente y de pacto con Israel, y el odio especial y el rechazo de Israel por los mensajeros de Dios.

El amor del Señor por su pueblo impregna el Antiguo Testamento. Moisés recordó a Israel: "Y por cuanto [Dios] amó a tus padres, escogió a su descendencia después de ellos, y te sacó de Egipto con su presencia y con su gran poder" (Dt. 4:37; cp. 10:15). Más adelante en el mismo Deuteronomio añadió:

> *Porque tú eres pueblo santo para Jehová tu Dios; Jehová tu Dios te ha escogido para serle un pueblo especial, más que todos los pueblos que están sobre la tierra. No por ser vosotros más que todos los pueblos os ha querido Jehová y os ha escogido, pues vosotros erais el más insignificante de todos los pueblos; sino por cuanto Jehová os amó, y quiso guardar el juramento que juró a vuestros padres, os ha sacado Jehová con mano poderosa, y os ha rescatado de servidumbre, de la mano de Faraón rey de Egipto (Dt. 7:6-8).*

En el capítulo 9, Moisés reiteró a los israelitas que Dios no les estaba entregando la tierra de Canaán a causa de la propia justicia de ellos (vv. 4-6), y entonces les volvió a contar la historia que tenían de pecar contra Él para probar lo que había dicho (vv. 7-28). El patriarca concluyó recordándoles que ellos eran el propio pueblo y herencia de Dios (v. 29; cp. Is. 43:1), y que solo por ese motivo les estaba dando la tierra.

Pero los israelitas correspondieron al amor de Dios con odio y persecución a los mensajeros que les envió, como ya se indicó en la exposición del versículo 34. Debido a eso, Dios, actualmente, ha abandonado a Israel. Siglos de desobediencia han culminado en el rechazo que la nación hizo (Jn. 1:11; Hch. 3:14-15) a su Mesías Jesús, quien es la clave para el cumplimiento de todas las promesas (2 Co. 1:20; cp. Hch. 13:32-33). El pueblo judío desperdició sus oportunidades y perdió sus privilegios (Ro. 3:1-2; 9:1-5) porque "tropezaron en la piedra de tropiezo" (Ro. 9:32). Durante los dos últimos milenios Israel ha sido una casa desierta, preservada como un pueblo, pero judicialmente castigada por Dios.

Sin embargo, ese no es el final de la historia. Hay un futuro para Israel en el plan de Dios más allá del remanente que se está salvando durante la era de la Iglesia. Llegará **el tiempo en que** Israel le dirá a Cristo: **Bendito el que viene en nombre del Señor** (cp. Sal. 118:26). El término **hasta** abarca todas las promesas de pacto de Dios; **veréis** se refiere al reconocimiento espiritual (cp. Lc. 2:30; 2 Co. 5:16). En ese día futuro en que ellos confiesen a Jesús como su Mesías, Israel reconocerá quién es Él verdaderamente. Cuando les llegue el "espíritu de gracia y de oración", ellos "mirarán a [Él], a quien traspasaron, y llorarán como se llora por hijo unigénito" (Zac. 12:10). Entonces la fuente de limpieza les llegará a ellos desde el cielo. Los rebeldes serán purgados e Israel será salvo (Zac. 13:1ss). La confesión de ellos serán las palabras de Isaías 53:

> *¿Quién ha creído a nuestro anuncio? ¿Y sobre quién se ha manifestado el brazo de Jehová? Subirá cual renuevo delante de él, y como raíz de tierra seca; no hay parecer en él, ni hermosura; le veremos, mas sin atractivo para que le deseemos. Despreciado y desechado entre los hombres, varón de dolores, experimentado en quebranto; y como que escondimos de él el rostro, fue menospreciado, y no lo estimamos. Ciertamente llevó él nuestras enfermedades, y sufrió nuestros dolores; y nosotros le tuvimos por azotado, por herido de Dios y abatido. Mas él herido fue por nuestras rebeliones, molido por nuestros pecados; el castigo de nuestra paz fue sobre él, y por su llaga fuimos nosotros curados. Todos nosotros nos descarriamos como ovejas, cada cual se apartó por su camino; mas Jehová cargó en él el pecado de todos nosotros. Angustiado él, y afligido, no abrió su boca; como cordero fue llevado al matadero; y como oveja delante de sus trasquiladores, enmudeció, y no abrió su boca. Por cárcel y por juicio fue quitado; y su generación, ¿quién la contará? Porque fue cortado de la tierra de los vivientes, y por la rebelión de mi pueblo fue herido. Y se dispuso con los impíos su sepultura, mas con los ricos fue en su muerte; aunque nunca hizo maldad, ni hubo engaño en su boca. Con todo eso, Jehová quiso quebrantarlo, sujetándole a padecimiento. Cuando haya puesto su vida en expiación por el pecado, verá linaje, vivirá por largos días, y la voluntad de Jehová será en su mano prosperada. Verá el fruto de la aflicción de su alma, y quedará satisfecho; por su conocimiento justificará mi siervo justo a muchos, y llevará las iniquidades de ellos. Por tanto, yo le daré parte con los grandes, y con los fuertes repartirá despojos; por cuanto derramó su vida hasta la muerte, y fue contado con los pecadores, habiendo él llevado el pecado de muchos, y orado por los transgresores (Is. 53:1-12).*

Sin embargo, a pesar de la promesa del Señor muchos sostienen que Dios ha acabado de manera permanente con Israel. Creen que no hay futuro para la nación, aunque judíos individuales sigan llegando a la fe en Cristo y se estén incorporando a la Iglesia. Ese es un principio esencial de la teología del pacto. Los teólogos del pacto sostienen que las maldiciones prometidas por la desobediencia de Israel literalmente se cumplieron. Por otra parte, sostienen que debido a que Israel rechazó a Jesucristo, ya no forma parte del plan de Dios. Por tanto, las bendiciones prometidas por la obediencia se cumplen espiritualmente en la Iglesia.

Tal punto de vista plantea una serie de dificultades. En primer lugar, una vez que se ha rechazado el significado literal de un pasaje, ¿cómo se puede determinar el sentido espiritual? Si las reglas normales de interpretación bíblica no se aplican a la profecía, ¿quién puede saber cuál es el significado espiritual de los pasajes relacionados con el futuro de Israel? Si la Biblia no quiere decir lo que dice, ¿a qué autoridad podemos volvernos para determinar su significado? Además, si esas profecías no se toman de manera literal, ¿qué sentido tienen para aquellos a quienes están dirigidas? Si las profecías acerca de las bendiciones futuras de Israel se aplican realmente a la Iglesia, ¿por qué se dirigieron a Israel? ¿Y por qué se maldijo literalmente a Israel? Por último, espiritualizar esas profecías da como resultado algunas contradicciones flagrantes. Según indiqué en una obra anterior en esta serie:

> Es inconsecuente sostener que las maldiciones que ellas pronuncian se aplican literalmente a Israel, mientras que las bendiciones que ellas prometen se aplican simbólica y espiritualmente a la iglesia. Un ejemplo de inconsecuencia en el espiritualizar como método de interpretar profecías, viene de las palabras del ángel Gabriel a María en Lucas 1:31-33: "Y ahora, concebirás en tu vientre, y darás a luz un hijo, y llamarás su nombre JESÚS. Este será grande, y será llamado Hijo del Altísimo; y el Señor Dios le dará el trono de David su padre; y reinará sobre la casa de Jacob para siempre, y su reino no tendrá fin". Si, como todos los eruditos conservadores concuerdan, Jesús fue literalmente concebido en el vientre de María, literalmente se llamó "Jesús", literalmente llegó a ser grande, fue literalmente "el Hijo del Altísimo"; ¿no reinará también literalmente en el trono de David sobre Israel? ¿Puede el mismo pasaje interpretarse literalmente y no literalmente? (*Comentario MacArthur del Nuevo Testamento: Apocalipsis* [Grand Rapids: Portavoz, 2010], p. 236).

Los que espiritualizan las profecías de las bendiciones futuras de Israel admiten que aplicar el método literal, histórico y contextual de hermenéutica (que ellos mismos aplican a las porciones no proféticas de la Biblia) a la profecía lleva inevitablemente a la conclusión de que habrá un futuro para Israel. Floyd Hamilton, un defensor de la interpretación de las profecías relacionadas con Israel de manera no literal reconoce: "Ahora debemos admitir con franqueza que una interpretación literal de las profecías del Antiguo Testamento nos da simplemente la imagen de un reinado terrenal del Mesías como lo describen los pre-milenaristas" (*The Basis of Millennial Faith* [Grand Rapids: Eerdmans, 1942], p. 38). Loraine Boettner, quien también defendió el punto de vista no literal, concuerda con la declaración de Hamilton: "Por lo general se acepta que si las profecías se toman de forma literal, sí predicen una restauración de la nación de Israel en la tierra de Palestina con los judíos teniendo un lugar destacado en ese reino y gobernando sobre las demás naciones" ("A Postmillennial Response [to Dispensational Premillennialism]" en Robert G. Clouse, ed., *The Meaning of the Millennium: Four Views* [Downers Grove, Ill.: InterVarsity, 1977], p. 95). Es totalmente arbitrario que para interpretar la profecía se adopte un método hermenéutico diferente del que se usa para interpretar el resto de la Biblia. Quienes defienden tal método lo hacen porque la interpretación literal de las profecías relacionadas con el futuro de Israel es incongruente con las preferencias teológicas que tienen. Sin embargo, la teología se debe basar en exégesis, no determinarla.

Pero lo que en realidad está en juego aquí es la fidelidad de Dios. En pocas palabras, ¿se puede contar con que Él cumpla sus promesas? Dios prometió de manera incondicional tanto en el pacto abrahámico como en el davídico que habrá un futuro para la nación elegida. El pacto davídico, dado primero en 2 Samuel 7:12-17, y al que se refiere todo el Antiguo Testamento, prometió que Dios establecería al Mesías como Rey, derrotaría a todos los enemigos de Israel, y concedería a Israel prosperidad y prominencia. Cuando el Mesías venga a establecer su reino, Israel será salvo (Ro. 11:25-26).

El pacto abrahámico, dado primero en Génesis 12, y reafirmado en los capítulos 13, 15, 17, 26, 28, y 35, es una promesa irrevocable, unilateral y eterna de parte de Dios. Allí, Él prometió hacer de los descendientes de Abraham una gran nación y concederles una tierra aún más grande en extensión que la del Israel moderno. El pacto abrahámico también prometió salvación personal por medio de la simiente de Abraham, el Señor Jesucristo (Gá. 3:16).

Dios es fiel (1 Co. 10:13; 1 P. 4:19) y cumple sus promesas (Dt. 4:31; Jos. 21:43-45; 23:14). Su fidelidad exige que Él honre los pactos que hizo con Israel (cp. Neh. 9:26-32). Si no lo hace pondría en duda todas sus promesas, invalidaría su Palabra, y socavaría su integridad. Pero la Biblia resalta en varias ocasiones que Dios cumplirá sus promesas en cuanto al futuro de Israel:

> *Porque los montes se moverán, y los collados temblarán, pero no se apartará de ti mi misericordia, ni el pacto de mi paz se quebrantará, dijo Jehová, el que tiene misericordia de ti (Is. 54:10).*

He aquí que vienen días, dice Jehová, en que levantaré a David renuevo justo, y reinará como Rey, el cual será dichoso, y hará juicio y justicia en la tierra. En sus días será salvo Judá, e Israel habitará confiado; y este será su nombre con el cual le llamarán: Jehová, justicia nuestra (Jer. 23:5-6).

Así ha dicho Jehová, que da el sol para luz del día, las leyes de la luna y de las estrellas para luz de la noche, que parte el mar, y braman sus ondas; Jehová de los ejércitos es su nombre: Si faltaren estas leyes delante de mí, dice Jehová, también la descendencia de Israel faltará para no ser nación delante de mí eternamente. Así ha dicho Jehová: Si los cielos arriba se pueden medir, y explorarse abajo los fundamentos de la tierra, también yo desecharé toda la descendencia de Israel por todo lo que hicieron, dice Jehová (Jer. 31:35-37).

Vivo yo, dice Jehová el Señor, que con mano fuerte y brazo extendido, y enojo derramado, he de reinar sobre vosotros; y os sacaré de entre los pueblos, y os reuniré de las tierras en que estáis esparcidos, con mano fuerte y brazo extendido, y enojo derramado; y os traeré al desierto de los pueblos, y allí litigaré con vosotros cara a cara. Como litigué con vuestros padres en el desierto de la tierra de Egipto, así litigaré con vosotros, dice Jehová el Señor. Os haré pasar bajo la vara, y os haré entrar en los vínculos del pacto; y apartaré de entre vosotros a los rebeldes, y a los que se rebelaron contra mí; de la tierra de sus peregrinaciones los sacaré, mas a la tierra de Israel no entrarán; y sabréis que yo soy Jehová (Ez. 20:33-38).

Porque muchos días estarán los hijos de Israel sin rey, sin príncipe, sin sacrificio, sin estatua, sin efod y sin terafines. Después volverán los hijos de Israel, y buscarán a Jehová su Dios, y a David su rey; y temerán a Jehová y a su bondad en el fin de los días (Os. 3:4-5).

Y en aquel día yo procuraré destruir a todas las naciones que vinieren contra Jerusalén. Y derramaré sobre la casa de David, y sobre los moradores de Jerusalén, espíritu de gracia y de oración; y mirarán a mí, a quien traspasaron, y llorarán como se llora por hijo unigénito, afligiéndose por él como quien se aflige por el primogénito (Zac. 12:9-10).

En aquel tiempo habrá un manantial abierto para la casa de David y para los habitantes de Jerusalén, para la purificación del pecado y de la inmundicia... Y acontecerá en toda la tierra, dice Jehová, que las dos terceras partes serán cortadas en ella, y se perderán; mas la tercera quedará en ella. Y meteré en el fuego a la tercera parte, y los fundiré como se funde la plata, y los probaré como se prueba el oro. Él invocará mi nombre, y yo le oiré, y diré: Pueblo mío; y él dirá: Jehová es mi Dios (Zac. 13:1, 8-9).

> *Y Jehová será rey sobre toda la tierra. En aquel día Jehová será uno, y uno su nombre. Toda la tierra se volverá como llanura desde Geba hasta Rimón al sur de Jerusalén; y ésta será enaltecida, y habitada en su lugar desde la puerta de Benjamín hasta el lugar de la puerta primera, hasta la puerta del Ángulo, y desde la torre de Hananeel hasta los lagares del rey. Y morarán en ella, y no habrá nunca más maldición, sino que Jerusalén será habitada confiadamente (Zac. 14:9-11).*

> *Porque no quiero, hermanos, que ignoréis este misterio, para que no seáis arrogantes en cuanto a vosotros mismos: que ha acontecido a Israel endurecimiento en parte, hasta que haya entrado la plenitud de los gentiles; y luego todo Israel será salvo, como está escrito: Vendrá de Sion el Libertador, que apartará de Jacob la impiedad (Ro. 11:25-26; cp. Jer. 30:10-11; 31:10; 33:17-21; Ez. 16:60; Os. 2:19; Zac. 8:20-23).*

La Biblia habla claramente de este asunto. No es ambigua. Tampoco la misericordia de Dios por los pecadores les quita su responsabilidad. Quienes aceptan la oferta de salvación recibirán la compasión del Señor y se convertirán. Pero los rebeldes y desobedientes que rechazan la invitación a ser salvos (véase entre muchos otros pasajes Is. 45:22; 55:1; Mt. 3:2; 4:17; 11:28-30; Mr. 6:12; Hch. 2:38; 3:19; 17:30; 26:20; Ap. 22:17) enfrentarán el castigo (Jn. 3:18, 36; 5:29; 12:47-48; Hch. 17:31; Ro. 2:5-9, 12; 2 Ts. 1:6-9; He. 9:27; 10:26-27; 2 P. 3:7; Ap. 20:11-15). Jesús manifestó con relación a tales personas: "No queréis venir a mí para que tengáis vida" (Jn. 5:40; cp. 1:11; 12:37-41; Mt. 22:1-14; 23:37; Lc. 14:15-24; Hch. 7:51). La Biblia enseña que los pecadores son responsables por su negativa de aceptar la oferta divina de salvación:

> Cuando ellos determinaron voluntariamente rechazarlo, Él respetó tal decisión y les aceptó el rechazo. Jerusalén era la ciudad capital del Mesías; y en Jerusalén estaba la misma casa de Dios. Cristo no levantó un ejército ni usó sus poderes milagrosos para expulsar a sus enemigos de Jerusalén y sacar de la casa de su Padre al sacerdocio rebelde de Israel. Al contrario, les permitió que lo sacaran tanto del templo como de la ciudad; y lo que había sido de su Padre y de Él, lo dejó en manos de ellos… Es algo impresionante de contemplar: si los hombres usan el libre albedrío que Dios les ha otorgado para rechazar al Salvador, ni Dios ni Cristo pasarán por encima de ese libre albedrío ni lo eliminarán. Desde luego, eso no significa que el hombre insignificante tenga el poder para derrotar la voluntad del Todopoderoso: siempre fue la voluntad de Dios que el albedrío del hombre fuera libre, y el hombre puede decirle no a Dios, si así lo decide (David Gooding, *According to Luke* [Grand Rapids: Eerdmans, 1987], p. 263).

Confrontación con falsos maestros hipócritas

87

Aconteció un día de reposo, que habiendo entrado para comer en casa de un gobernante, que era fariseo, éstos le acechaban. Y he aquí estaba delante de él un hombre hidrópico. Entonces Jesús habló a los intérpretes de la ley y a los fariseos, diciendo: ¿Es lícito sanar en el día de reposo? Mas ellos callaron. Y él, tomándole, le sanó, y le despidió. Y dirigiéndose a ellos, dijo: ¿Quién de vosotros, si su asno o su buey cae en algún pozo, no lo sacará inmediatamente, aunque sea en día de reposo? Y no le podían replicar a estas cosas. Observando cómo escogían los primeros asientos a la mesa, refirió a los convidados una parábola, diciéndoles: Cuando fueres convidado por alguno a bodas, no te sientes en el primer lugar, no sea que otro más distinguido que tú esté convidado por él, y viniendo el que te convidó a ti y a él, te diga: Da lugar a éste; y entonces comiences con vergüenza a ocupar el último lugar. Mas cuando fueres convidado, ve y siéntate en el último lugar, para que cuando venga el que te convidó, te diga: Amigo, sube más arriba; entonces tendrás gloria delante de los que se sientan contigo a la mesa. Porque cualquiera que se enaltece, será humillado; y el que se humilla, será enaltecido. Dijo también al que le había convidado: Cuando hagas comida o cena, no llames a tus amigos, ni a tus hermanos, ni a tus parientes, ni a vecinos ricos; no sea que ellos a su vez te vuelvan a convidar, y seas recompensado. Mas cuando hagas banquete, llama a los pobres, los mancos, los cojos y los ciegos; y serás bienaventurado; porque ellos no te pueden recompensar, pero te será recompensado en la resurrección de los justos. (14:1-14)

La Biblia condena duramente a los falsos maestros como codiciosos (Is. 56:11; Jer. 6:13; 8:10; Mi. 3:5; Fil. 3:18-19; 2 P. 2:1-3, 14), emisarios de Satanás, de quienes Jesús dijo que alejaban a las personas del camino angosto y en vez de eso las atraían al camino ancho que lleva al infierno (Mt. 7:13-15).

Las Escrituras no apoyan la inclusividad, la tolerancia del error ni la inclinación a aceptar falsos maestros en nombre del amor y la unidad que caracterizan a la iglesia profesante de hoy día. Por el contrario, la Biblia, usando lenguaje vívido y poderoso, denuncia a los falsos maestros. En una larga lista de expresiones gráficas se les llama ciegos que no saben nada, "perros mudos, no pueden ladrar; soñolientos, echados, aman el dormir" (Is. 56:10), necios dementes (Os. 9:7), livianos, hombres prevaricadores (Sof. 3:4), lobos rapaces (Mt. 7:15), y ciegos guías de ciegos (Mt. 15:14; cp. 23:16). También hipócritas (Mt. 23:13), insensatos (v. 17), sepulcros blanqueados llenos de huesos (v. 27), serpientes, generación de víboras (v. 33), ladrones y salteadores (Jn. 10:8), lobos feroces (Hch. 20:29), y esclavos de sus propios vientres (Ro. 16:18). Buhoneros que venden la Palabra de Dios (2 Co. 2:17), falsos apóstoles, obreros fraudulentos (2 Co. 11:13), siervos de Satanás (v. 15), proveedores de un evangelio diferente (Gá. 1:6-8), perros, malos obreros (Fil. 3:2), enemigos de la cruz de Cristo (Fil. 3:18), y envanecidos que nada saben (1 Ti. 6:4). Son, así mismo, hombres corruptos de entendimiento (v. 5), individuos que se desviaron de la verdad (2 Ti. 2:18), cautivos del diablo (v. 26), engañadores (2 Jn. 7), hombres impíos (Jud. 4), y animales irracionales (v. 10). La Biblia también dictamina severo juicio sobre ellos (Dt. 13:5; 18:20; Jer. 14:15; Gá. 1:8-9; Ap. 2:20-23).

Las Escrituras condenan duramente a los falsos maestros debido al peligro mortal que representan para las almas eternas de las personas. Ellos extravían a muchos de la verdad de la Palabra de Dios (Is. 3:12; 9:16; Jer. 14:13; 23:26-27, 32; 50:6; Mt. 23:13, 15; 24:4-5, 24; Lc. 11:46, 52; Ro. 16:17-18; Col. 2:4, 8, 18; 1 Ts. 2:14-16; 2 Ti. 3:13; Tit. 1:10; 2 Jn. 7), especialmente con relación a la necesidad de arrepentirse del pecado (Jer. 6:14; 8:11; 23:21-22; Lm. 2:14; Ez. 13:10, 16, 22).

Uno de los más siniestros y letales falsos maestros de las últimas décadas fue Jim Jones, fundador del Templo del Pueblo. Jones era comunista y ateo (así como adicto a las drogas y depredador sexual) que se deificaba a sí mismo y afirmaba ser la reencarnación de ciertos personajes religiosos y políticos como Jesús, Gandhi, Buda y Lenin. Jones ridiculizó al cristianismo bíblico, ridiculizó al Dios de las Escrituras, y se mofó de la Biblia llamándola "ídolo de papel". Cínicamente trató de seguir su agenda marxista socialista infiltrándose en la Iglesia (cp. Hch. 20:29-30). Jones finalmente llevó a sus seguidores a Guyana, donde fundó el ahora infame asentamiento de Jonestown. Allí, el 18 de noviembre de 1978, más de novecientas personas (trágicamente al menos doscientas de ellas niños) murieron en un asesinato-suicidio en masa ordenado por Jones.

El incidente de Jonestown conmocionó al mundo. Pero la verdadera tragedia no fue que tantas personas murieran físicamente en una selva suramericana, sino que murieran eternamente. Aunque pocos falsos maestros llevan a sus seguidores a la muerte física como hizo Jim Jones, todos los llevan a la muerte eterna.

Los dirigentes del pueblo judío en la época de Jesús fueron descritos por Él como los que hacen a sus seguidores "dos veces más [hijos] del infierno que [ellos mismos]" (Mt. 23:15). Las personas confiaron en ellos y creyeron que las guiarían a la salvación. Pero la verdad es que, en vez de eso, como han hecho a lo largo de toda la historia del Antiguo Testamento, los líderes de Israel llevaron al pueblo al castigo eterno de Dios (cp. Lc. 13:24-29, 34-35).

Los principales entre los falsos maestros de Israel eran los fariseos, una de las cuatro principales sectas judías, junto con los saduceos (la élite acaudalada de sacerdotes), los zelotes (revolucionarios políticos que buscaban la independencia de Roma), y los esenios (monjes ascetas). Los fariseos eran religiosos devotos, muy celosos de la ley mosaica (y de sus propias tradiciones extrabíblicas [cp. Mr. 7:8-13]).

La secta se originó durante el período intertestamentario en una revuelta espiritual contra la influencia del pensamiento y la cultura griega y romana sobre el pueblo judío. Convocaban a una separación ("fariseo" probablemente se deriva de una forma hebrea de un verbo que significa "separar") del paganismo y a regresar a una estricta adhesión a la ley del Antiguo Testamento. Los fariseos no tenían interés en la política (a diferencia de los saduceos y los zelotes), y tampoco eran místicos (a diferencia de los esenios). En contraste con los saduceos, que principalmente eran sacerdotes o levitas ricos, los fariseos eran laicos, y por lo general provenían de la clase media. Aunque pocos en cantidad (según Josefo, el historiador judío del siglo I, eran aproximadamente seis mil en la época de Herodes el Grande), tenían amplia influencia con las personas comunes, a quienes enseñaban la ley en las sinagogas locales. (Irónicamente, los fariseos veían a esas personas comunes de modo condescendiente como ignorantes de la ley y por debajo de ellos [cp. Jn. 7:49]). Con el tiempo las tradiciones rabínicas que los fariseos sobreponían cada vez más sobre el Antiguo Testamento se convirtieron en una carga pesada (Mt. 23:4), imposible de llevar para el pueblo (Hch. 15:10).

Los saduceos dejaron de ser una fuerza en la vida judía después de la destrucción del templo en el año 70 d.C., y la influencia de los zelotes se desvaneció después que la Rebelión de Bar Kojba (132-35 d.C.) fuera aplastada, dejando a los fariseos como la fuerza dominante en el judaísmo. En muchos aspectos, la teología de los fariseos era bíblicamente correcta. Creían en la resurrección (Hch. 23:6-8), en ángeles (Hch. 23:8), demonios, en la predestinación, en la responsabilidad humana, y en el reino terrenal del Mesías.

Aunque fingían ser devotos, los fariseos en realidad eran hipócritas que ni siquiera podían vivir a la altura de su propia y estricta enseñanza en relación con la ley (Mt. 23:3). Abandonaron la verdadera religión del corazón por una externa, que esperaban que provocara la admiración y el respeto del pueblo, así como la aprobación de Dios (Mt. 6:1-5; 9:14; 12:2; 23:5-7, 23; Lc. 11:38-39). Sin embargo, la justicia superficial y externa de los fariseos quedaba muy por debajo de lo que el cielo exige (Mt. 5:20; 23:28; Lc. 11:39-40). Por tanto, a pesar del celo que tenían por la ley apenas llegaban a ser "ciegos guías de ciegos" (Mt. 15:14), que hacían de sus prosélitos doblemente dignos del infierno al cual ellos mismos se dirigían.

Estrechamente asociados con los fariseos estaban sus escribas (5:21, 30; 6:7; 11:53; 15:2; Mt. 5:20; 12:38; 15:1; 23:2, 13, 15, 23, 25, 27, 29; Mr. 7:1, 5; Jn. 8:3; Mr. 2:16 hacen referencia a "los escribas y los fariseos", y Hch. 23:9 a "los escribas de la parte de los fariseos"), los eruditos profesionales que se especializaban en la interpretación y aplicación de la ley del Antiguo Testamento. Los escribas proporcionaban la base teológica para la enseñanza de los fariseos.

Había fariseos que simpatizaban con Jesús (Jn. 9:15-16) y Pablo (Hch. 23:9), y algunos se convirtieron en creyentes (Hch. 15:5). Pero todos los demás odiaban a Jesús y se le oponían, pues veían el evangelio de Cristo como un ataque sobre ellos y su sistema religioso. El hecho de que Jesús los acusara frecuentemente frente al pueblo como hipócritas los enfurecía aún más.

Esta dramática confrontación en la que nuestro Señor, como muy a menudo hizo, exponía la hipocresía y el orgullo de los fariseos se puede dividir en cuatro apartados: el escenario, el plan, el silencio y la historia.

EL ESCENARIO

Aconteció un día de reposo, que habiendo entrado para comer en casa de un gobernante, que era fariseo, (14:1*a*)

La palabra **aconteció** indica un tiempo no específico durante el último viaje del Señor a Jerusalén (relatado por Lucas en 9:51—19:27). No se sabe el lugar exacto donde ocurrió este incidente, aunque es muy probable que fuera en Perea. Jesús, en esta ocasión, como había hecho en el pasado (cp. Lc. 7:36-50; 11:37-54), entró a la **casa de un fariseo, para comer** allí (es decir, para participar en un almuerzo que habrían preparado con anticipación debido a las restricciones del **día de reposo** en cuanto a la preparación de alimentos). Este era el hogar de **un gobernante** de los fariseos, posiblemente el dirigente de la sinagoga local o incluso un miembro del concilio. La comida era el almuerzo del **día de reposo,** que tenía lugar después de la reunión matutina en la sinagoga. Se trataba de un encuentro de muchos de la élite de los fariseos y escribas. Como buscaban constantemente honra y prestigio, los fariseos se asociaban solamente con aquellos que consideraban iguales o que les elevarían su posición. Nunca invitarían a comer a quienes consideraban por debajo de ellos. Por tanto, se sorprendían y se horrorizaban cuando Jesús se asociaba regularmente con los marginados de la sociedad judía (Mt. 9:10-11; Lc. 15:1-2). Sin embargo, en esta ocasión y por razones que pronto se harían evidentes, invitaron tanto a Jesús, a quien odiaban, como a un hombre que en sí era un marginado despreciable.

EL PLAN

éstos le acechaban. Y he aquí estaba delante de él un hombre hidrópico. (14:1*b*-2)

Debido a la animosidad de los fariseos hacia Jesús, la pregunta que surge de manera natural es por qué lo invitaron a comer. Por qué aceptó la invitación está claro: iba a presentar una vez más el evangelio a esos pecadores religiosos que desesperadamente necesitaban salvación. Que los fariseos tenían sus propias intenciones ocultas es evidente por la frase **éstos le acechaban. Le acechaban** se traduce de una forma del verbo griego *paratēreō,* que significa "observar con mucho cuidado", "estar en el puesto de observación", o "prestar atención a". Pero en los evangelios la expresión adquiere un tono siniestro, y se podría traducir "vigilar" o "espiar", "buscar una oportunidad con malas intenciones" (cp. 14:1; 20:20; Mr. 3:2). Jesús fue invitado porque estaban tendiéndole una trampa, con la esperanza de atraparlo quebrantando una de las leyes rabínicas, las cuales eran particularmente estrictas con relación al día de reposo.

El cebo de la trampa era **un hombre hidrópico.** La hidropesía o edema es una condición médica en que el cuerpo retiene anormalmente liquidos, lo que ocasiona hinchazón. No es una enfermedad, sino más bien el síntoma de una enfermedad o condición relacionada con el corazón, los pulmones, los riñones o el hígado. Sin embargo, los rabinos veían tal condición como el juicio de Dios por causa de inmoralidad, o como impureza debido a la incapacidad del cuerpo para eliminar liquidos (Lv. 15:1-3). Por tanto, en opinión de ellos este hombre era tanto inmoral como ritualmente impuro. Ya que ningún fariseo toleraría a un individuo tan contaminado en la comida, es evidente que lo usaron con un propósito siniestro. Además estaban seguros de que, basados en las costumbres de Jesús, al ver al hidrópico sin duda haría lo que ellos deseaban.

Y lo que ellos deseaban era que Jesús quebrantara las regulaciones del día de reposo sanando al hombre (cp. Lc. 6:6-11; 13:10-17). En las mentes retorcidas de los fariseos, esto les confirmaría su creencia de que Él no era Dios. Tan increíblemente contradictoria manera de pensar revela gráficamente las profundidades de la ceguera espiritual de estos hombres y la dureza de sus corazones ensombrecidos por el pecado. En realidad estaban desafiando a Jesús a realizar un milagro para así poder justificar que lo rechazaban. En realidad verían la sanidad, la prueba misma de que Él era Dios (cp. Jn. 10:25, 37-38; 14:10-11), como evidencia de que Jesús ni era Dios ni venía de parte de Dios (Jn. 9:16). Ellos creían que Él recibía el poder del diablo (Mt. 12:24). En una asombrosa demostración de duplicidad e hipocresía, estos autoproclamados guardianes de la ley rabínica en realidad estaban animando a Jesús a romperla.

EL SILENCIO

Entonces Jesús habló a los intérpretes de la ley y a los fariseos, diciendo: ¿Es lícito sanar en el día de reposo? Mas ellos callaron. Y él, tomándole, le sanó, y le despidió. Y dirigiéndose a ellos, dijo: ¿Quién de vosotros, si su asno o su buey cae en algún pozo, no lo sacará inmediatamente, aunque sea en día de reposo? Y no le podían replicar a estas cosas. (14:3-6)

Jesús invirtió magistralmente la situación sobre quienes trataban de atraparlo, y en vez de eso los atrapó. Antes de que realizara la curación como sabía que iba a hacer les respondió el reto a su autoridad divina como Señor del día de reposo (Lc. 6:5) preguntando **a los intérpretes de la ley y a los fariseos: ¿Es lícito sanar en el día de reposo?** Obviamente, atender a una persona enferma de ninguna manera era una violación a ninguna regulación del Antiguo Testamento con relación al día de reposo (cp. Mt. 12:7). No obstante, inserciones rabínicas prohibían a cualquiera tratar a un enfermo en el día de reposo a menos que esa persona estuviera en inminente peligro de muerte si se la dejaba sin tratamiento hasta el día siguiente. Los rabinos enseñaban que hacer eso constituía un trabajo, y por tanto una violación al descanso requerido del día de reposo. Incluso asuntos de vida y muerte eran sometidos a las crueles, inflexibles y ridículas restricciones ideadas por el hombre.

La pregunta de Jesús puso a los escribas y fariseos contra la pared. Por una parte, contestar que era lícito hacer el bien en el día de reposo autorizaría oficialmente a Jesús para curar al hombre y ellos habrían estado de acuerdo. Entonces no podrían acusarlo de violar el día de reposo. Por otra parte, contestar que no era lícito podría impedir que Jesús realizara la curación, evitando una vez más que lo acusaran. Al estar frente a esas dos alternativas igualmente desagradables, **ellos callaron,** confundidos frente a una sencilla pregunta con implicaciones complejas.

Después de dejar a sus oponentes en silencio frente a tal dilema, Jesús actuó con fuerza y decisión en desafío a las regulaciones de los escribas y fariseos acerca del día de reposo, y sin duda también disgustado y dolido por los corazones endurecidos de ellos (cp. Mr. 3:5). Entonces **tomándole, le sanó.** *Epilambanomai* (**tomándole**) es un término contundente, que tiene el significado de "agarrar" o "aferrar" (cp. 23:26; Mt. 14:31; Hch. 16:19; 18:17; 21:30, 33). Las manos del Señor sobre él no solo mostraron clemencia para con el enfermo haciéndole saber que no era un marginado inmundo, sino también que no quedó ninguna duda de que Jesús mismo era el sanador. La condición del hombre fue remediada al instante y por completo, y los fluidos excesivos desaparecieron. Ya que el propósito de Cristo para con el hombre se había cumplido, Jesús **le despidió.** El Señor compasivamente entendió que el individuo habría estado ansioso por proclamar la buena noticia de su sanidad con sus familiares y amigos.

En ese momento, los fariseos debieron haber pensado que su plan había tenido éxito. Jesús había violado claramente las restricciones de ellos sobre el día de reposo al sanar a un hombre que de acuerdo con sus normas era inmundo, pecador y que estaba bajo juicio divino. Pero antes de que pudieran continuar con sus acusaciones, Jesús, sabiendo lo que estaban pensando, planteó una nueva pregunta: **¿Quién de vosotros, si su asno o su buey cae en algún pozo, no lo sacará inmediatamente, aunque sea en día de reposo?** Por supuesto, si alguno de ellos hubiera tenido un **asno o** un **buey** (debido al costo económico de reemplazarlo) que cayera **en algún pozo,** ellos **inmediatamente** lo sacarían, **aunque sea en día de reposo.** Ni siquiera permitían que sus animales estuvieran sin agua en el día de reposo (13:15). ¿Por qué entonces debían objetar que Jesús, en un día de reposo, salvara a un hombre que se ahogaba en sus propios fluidos?

Esto no era lo que los fariseos habían imaginado. Su plan para desacreditar a Jesús había fracasado. Humillados porque el Señor les había desenmascarado su hipocresía, ellos **no le** pudieron **replicar** nada ante este reto (cp. 13:17; 20:26). Sin embargo, la situación estaba a punto de empeorárseles, cuando el Señor tomó la ofensiva para inventar una historia como hacía a menudo, con el fin de condenar el orgullo de ellos y hacerles un llamado a la humildad.

LA HISTORIA

Observando cómo escogían los primeros asientos a la mesa, refirió a los convidados una parábola, diciéndoles: Cuando fueres convidado por alguno a bodas, no te sientes en el primer lugar, no sea que otro más distinguido que tú esté convidado por él, y viniendo el que te convidó a ti y a él, te diga: Da lugar a éste; y entonces comiences con vergüenza a ocupar el último lugar. Mas cuando fueres convidado, ve y siéntate en el último lugar, para que cuando venga el que te convidó, te diga: Amigo, sube más arriba; entonces tendrás gloria delante de los que se sientan contigo a la mesa... Dijo también al que le había convidado: Cuando hagas comida o cena, no llames a tus amigos, ni a tus hermanos, ni a tus parientes, ni a vecinos ricos; no sea que ellos a su vez te vuelvan a convidar, y seas recompensado. Mas cuando hagas banquete, llama a los pobres, los mancos, los cojos y los ciegos; y serás bienaventurado; porque ellos no te pueden recompensar, pero te será recompensado en la resurrección de los justos. (14:7-10, 12-14)

Después de haber vuelto contra ellos el intento de los fariseos de atraparlo, y de haberlos avergonzado hasta dejarlos sin saber qué decir, Jesús usó una parábola para confrontarles con su orgullo e hipocresía. También había misericordia en sus palabras, las cuales los desafiaban a arrepentirse y entrar al reino.

Los fariseos pudieron haberse silenciado, pero Jesús aún tenía mucho que decirles. Una **parábola** no es una alegoría en la que todo tiene un significado oculto, místico y espiritual, sino una ilustración, analogía o metáfora usada para dejar claro un punto. En el sentido en que Jesús las usaba, las parábolas son historias terrenales que ilustran realidades celestiales.

Los convidados, según se indicó antes, eran los intérpretes de la ley y los fariseos, quienes no se mezclaban con quienes consideraban inferiores. Aunque ellos habían estado acechándolo (v. 1), Jesús había estado observándolos. A medida que se sentaban para comer, Él había estado **observando cómo escogían los primeros asientos a la mesa.** Una **mesa** típica sería en forma de U o una disposición de mesas separadas en medio del salón. A la cabecera estaba el anfitrión, a cada uno de sus lados los dos invitados más honrados, y por los laterales los invitados restantes, todos recostados en sofás para tres personas. Cuando los invitados entraron al salón para comer, había habido una rebatiña menos que sutil a medida que empezaban a elegir **los primeros asientos a la mesa,** los más cercanos al anfitrión.

Tal comportamiento era coherente con el insaciable deseo de los fariseos de estar ensalzados a la vista de los hombres. Ellos anhelaban tener "los primeros asientos en las cenas, y las primeras sillas en las sinagogas" (Mt. 23:6; cp. Lc. 20:46), "y las salutaciones en las plazas" (Lc. 11:43). Los invitados de honor eran aquellos que habían honrado al anfitrión (o que eran capaces de hacerlo); el sistema de buscar honra unos de otros (Jn. 5:44) se basaba en la reciprocidad. La escena completa era un ejercicio de autopromoción.

Jesús selló su crítica al comportamiento de los invitados durante el almuerzo con una ilustración de una fiesta de **bodas,** el más importante de todos los eventos de la comunidad. **Cuando fueres convidado por alguno a bodas,** comenzó diciéndoles Jesús, **no te sientes en el primer lugar, no sea que otro más distinguido que tú esté convidado por él, y viniendo el que te convidó a ti y a él, te diga: Da lugar a éste; y entonces comiences con vergüenza a ocupar el último lugar.** Tomar ávidamente un **primer lugar,** o uno de honra, podría ser contraproducente en caso de que **otro más distinguido** (y por tanto más capaz de corresponder al anfitrión) **esté convidado.** En tal caso el anfitrión haría que el individuo menos importante le diera el **lugar** al más importante, **y entonces** humillado y **con vergüenza** el primer hombre debiera comenzar **a ocupar el último lugar,** el menos honorable de todos. Una opción más sabia sería ir y sentarse **en el último lugar, para que cuando venga el que convidó, diga: Amigo, sube más arriba.** Eso daría como resultado aún más **gloria delante de los que se sientan** con esa persona **a la mesa**. El principio aquí es una reminiscencia del consejo de Salomón en Proverbios 25:6-7: "No te alabes delante del rey, ni estés en el lugar de los grandes; porque mejor es que se te diga: Sube acá, y no que seas humillado delante del príncipe a quien han mirado tus ojos".

Pero Jesús no se limita a asesorar a los fariseos sobre la etiqueta adecuada para ser un hipócrita de éxito. En realidad, sus palabras estaban diseñadas para describir a quienes, en una demostración de orgullo espiritual y de arrogancia moral, pedían a gritos los lugares principales en el reino de Dios (cp. Mr. 10:35-40), solo para ser enviados por Dios, el anfitrión del banquete celestial, al lugar más remoto de su dominio.

Tales buscadores de posición eran los fariseos de quienes Jesús contó "que confiaban en sí mismos como justos, y menospreciaban a los otros" (Lc. 18:9). Uno de estos se consideraba superior al despreciado recaudador de impuestos, y declaró con altivez: "Dios, te doy gracias porque no soy como los otros hombres, ladrones, injustos, adúlteros, ni aun como este publicano; ayuno dos veces a la semana, doy diezmos de todo lo que gano" (vv. 11-12). Pero precisamente en una inversión de posiciones de las que Jesús solía hablar, el humilde y arrepentido recaudador de impuestos, no el orgulloso fariseo, entró al reino de la salvación (v. 14).

Por supuesto, como anfitrión, **el que había convidado** a Jesús no estaba participando en la batalla por el lugar de importancia. Él era el dueño. Sin embargo, el Señor también le reprendió su orgullo. Le advirtió: **Cuando hagas comida o cena, no llames** exclusivamente **a tus amigos, ni a tus hermanos, ni a tus parientes, ni a vecinos ricos; no sea que ellos a su vez te vuelvan a convidar, y seas recompensado.** La reciprocidad controlaba la ética y las acciones de la estructura social de los fariseos. Pero este era un juego sin ganadores ni perdedores, en el que las ganancias y las pérdidas de los participantes en cuanto a prestigio resultaban igualadas al final. Y aunque hubiera claros ganadores en el juego del prestigio terrenal, no habría habido ningún lugar de honra para ellos en el reino.

En la sociedad judía invitar a comer a un fariseo era una especie de moneda; ellos explotaban la hospitalidad por el bien de la gloria y el encumbramiento personal. La bondad desinteresada era algo que desconocían por completo; todo lo que hacían era con fines egoístas. El reto que Jesús hiciera al anfitrión dejó al descubierto el verdadero sendero hacia la bendición eterna: **Mas cuando hagas banquete, llama a los pobres, los mancos, los cojos y los ciegos; y serás bienaventurado; porque ellos no te pueden recompensar, pero te será recompensado en la resurrección de los justos.** Tales marginados no serían invitados a un **banquete** dado por un fariseo, ya que no tenían manera de corresponder. Además, era de tal gentuza que los fariseos trataban de distanciarse. Pero a esos verdaderos santos que demuestran humildad invitando a personas que no los **pueden recompensar** les **será recompensado** por parte de Dios **en la resurrección de los justos** (cp. Jn. 5:28-29; Hch. 24:15), cuando reciban su recompensa eterna.

LA SUPOSICIÓN

Porque cualquiera que se enaltece, será humillado; y el que se humilla, será enaltecido. (14:11)

Este es el axioma o principio espiritual subyacente en las exhortaciones de Cristo tanto a los invitados como al anfitrión. Dios es la persona y el poder no identificados que no solo humilla a los soberbios (Pr. 16:5; Is. 2:11, 17; Dn. 4:37) sino que exalta a los humildes (Lc. 1:51-52; Stg. 4:10; 1 P. 5:6). En Salmos 75:6-7, el salmista escribió: "Porque ni de oriente ni de occidente, ni del desierto viene el enaltecimiento. Mas Dios es el juez; a éste humilla, y a aquél enaltece" (cp. Mt. 23:12; Lc. 18:14). La honra y la bendición en el reino de Dios elude a quienes creen que pueden ganarlo; la salvación solo viene para los humildes (Mt. 5:3-5). Aquellos que se inflan con la hinchazón del orgullo no cruzarán la puerta angosta que conduce a la salvación.

No se da a conocer si Jesús explicó el significado de su parábola a los invitados, aunque es probable que lo hiciera. Su referencia a la resurrección de los justos les habría dejado claro que Él estaba hablando del reino (cp. la declaración de uno de los invitados en el v. 15). Sin embargo, el Señor no tenía la obligación de explicar nada a los duros de corazón que lo rechazaron (cp. Mt. 13:10-13; 11:25).

En cualquier caso, el mensaje del Señor es claro. Nadie entrará al reino por mérito, buenas obras, justicia propia, autopromoción, orgullo espiritual, o por crear y guardar leyes extra-bíblicas. La salvación solo viene para los humildes, los quebrantados y contritos que abogan únicamente por la misericordia y la gracia, y nada más. Jesús los describió como los pobres de espíritu, que lloran por sus pecados y son humildes (Mt. 5:3-5). Estos son los que han obedecido la exhortación de Santiago:

> *Someteos, pues, a Dios; resistid al diablo, y huirá de vosotros. Acercaos a Dios, y él se acercará a vosotros. Pecadores, limpiad las manos; y vosotros los de doble ánimo, purificad vuestros corazones. Afligíos, y lamentad, y llorad. Vuestra risa se convierta en lloro, y vuestro gozo en tristeza. Humillaos delante del Señor, y él os exaltará (Stg. 4:7-10).*

Uno de ellos fue Pablo, un fariseo orgulloso y celoso, que con el tiempo llegó a considerar sus logros religiosos farisaicos como basura (Fil. 3:8) y a depender por completo de la misericordia de Dios para salvación:

> *Doy gracias al que me fortaleció, a Cristo Jesús nuestro Señor, porque me tuvo por fiel, poniéndome en el ministerio, habiendo yo sido antes blasfemo, perseguidor e injuriador; mas fui recibido a misericordia porque lo hice por ignorancia, en*

incredulidad. Pero la gracia de nuestro Señor fue más abundante con la fe y el amor que es en Cristo Jesús. Palabra fiel y digna de ser recibida por todos: que Cristo Jesús vino al mundo para salvar a los pecadores, de los cuales yo soy el primero. Pero por esto fui recibido a misericordia, para que Jesucristo mostrase en mí el primero toda su clemencia, para ejemplo de los que habrían de creer en él para vida eterna (1 Ti. 1:12-16).

Pablo entendió lo que estos fariseos no entendieron. La entrada al reino no es a través de autopromoción orgullosa, sino a través de modesta humildad y de reconocerse como pecadores miserables en necesidad de la compasiva salvación de Dios provista a través de Jesucristo.

Invitación al gran banquete de Dios

88

Oyendo esto uno de los que estaban sentados con él a la mesa, le dijo: Bienaventurado el que coma pan en el reino de Dios. Entonces Jesús le dijo: Un hombre hizo una gran cena, y convidó a muchos. Y a la hora de la cena envió a su siervo a decir a los convidados: Venid, que ya todo está preparado. Y todos a una comenzaron a excusarse. El primero dijo: He comprado una hacienda, y necesito ir a verla; te ruego que me excuses. Otro dijo: He comprado cinco yuntas de bueyes, y voy a probarlos; te ruego que me excuses. Y otro dijo: Acabo de casarme, y por tanto no puedo ir. Vuelto el siervo, hizo saber estas cosas a su señor. Entonces enojado el padre de familia, dijo a su siervo: Ve pronto por las plazas y las calles de la ciudad, y trae acá a los pobres, los mancos, los cojos y los ciegos. Y dijo el siervo: Señor, se ha hecho como mandaste, y aún hay lugar. Dijo el señor al siervo: Ve por los caminos y por los vallados, y fuérzalos a entrar, para que se llene mi casa. (14:15-24)

Isaías 53 describe a Jesucristo, el Siervo del Señor y el Mesías, como "varón de dolores, experimentado en quebranto" (v. 3). El relato del Nuevo Testamento respecto a su vida confirma este hecho. Aunque Jesús lloró (Lc. 19:41; Jn. 11:35) y se entristeció (Mt. 26:37-38; Mr. 3:5), no hay indicio en la Biblia de que alguna vez riera. Él contó muchas historias sombrías y aleccionadoras, y hasta usó sarcasmo, pero no hay constancia de que dijera algo que provocara risa.

Y, sin embargo, la historia que contó en este texto sin duda habría parecido una broma a quienes la oyeron. La habrían visto como risible, absurda, ridícula, imposible e inconcebible; un chiste sin frase clave; un escenario imposible. Una gran fiesta como la que el Señor narró, dada por un hombre acaudalado y prominente, habría sido el evento social del año. Para algunos podría haber sido lo más destacado de sus vidas. A ninguno de los invitados a uno de tales banquetes se le habría ocurrido rechazar la invitación. Tampoco una persona tan importante invitaría a la escoria de la sociedad para llenar su salón de banquetes.

Jesús aún estaba en la comida en el día de reposo en la casa de un fariseo descrita en el capítulo anterior de esta obra. Lo habían invitado en un intento de los hostiles fariseos por atraparlo en el momento en que les violara sus restricciones sabáticas de confección humana realizando una curación (vv. 1-2). Pero Él les devolvió la jugada y les desenmascaró su hipocresía, avergonzándolos hasta dejarlos callados (vv. 3-6). Después de silenciarlos, tomó entonces la ofensiva y contó una parábola que les ejemplificaba su duplicidad, arrogancia e hipocresía (vv. 7-14).

El Señor había concluido su ejemplo con una referencia a la resurrección y la recompensa de los justos. Los escribas y fariseos entendieron que Él se estaba refiriendo a la vida eterna, y retándolos a humillarse para recibirla. Ganar esa resurrección era la suprema esperanza de ellos. Creían que al soportar las prescripciones minuciosas, las privaciones, los sacrificios personales, y los rituales de su sistema religioso obtendrían vida eterna en el reino de Dios. En todas las falsas religiones la promesa de una buena vida en el futuro después de la muerte motiva a las personas a sobrellevar las restricciones y las cargas que este mundo les impone.

Jesús estaba hablando en términos conocidos porque el Antiguo Testamento describe la resurrección de los justos como un magnífico banquete en la presencia de Dios:

> *Y Jehová de los ejércitos hará en este monte a todos los pueblos banquete de manjares suculentos, banquete de vinos refinados, de gruesos tuétanos y de vinos purificados. Y destruirá en este monte la cubierta con que están cubiertos todos los pueblos, y el velo que envuelve a todas las naciones. Destruirá a la muerte para siempre; y enjugará Jehová el Señor toda lágrima de todos los rostros; y quitará la afrenta de su pueblo de toda la tierra; porque Jehová lo ha dicho. Y se dirá en aquel día: He aquí, éste es nuestro Dios, le hemos esperado, y nos salvará; éste es Jehová a quien hemos esperado, nos gozaremos y nos alegraremos en su salvación (Is. 25:6-9; cp. Mt. 8:11-12; 22:2-14; Ap. 19:9).*

La referencia del Señor a la resurrección de los justos como un banquete no pasó desapercibida para los invitados, quienes pensaban en esa gran reunión celestial futura. Esa relación motivó a **uno de los que estaban sentados con él a la mesa** a declarar en respuesta: **Bienaventurado el que coma pan en el reino de Dios.** Esta era una bienaventuranza; un brindis dirigido a sí mismo y a sus compañeros fariseos, afirmando que estarán entre los bendecidos en el banquete celestial **en el reino de Dios.** Este no solo era un pronunciamiento de bendición sobre ellos mismos, sino también un desdeñoso reproche a la declaración del Señor de que ellos eran demasiado orgullosos para entrar al reino de Dios (cp. 14:11). Las palabras del sujeto brotaron de su confianza en que ser descendientes de Abraham (cp. Jn. 8:33-59) y adherirse a las tradiciones, normas y rituales les aseguraría un lugar en el banquete de Dios. No solo que esperaban totalmente estar en el banquete celestial, sino también ocupar los asientos de honor.

Jesús siempre trató de romper la esperanza religiosa injustificada, y nunca alentó la falsa sensación de seguridad en alguien, por tanto, esa arrogante y equivocada suposición demandaba una inmediata e inconfundible corrección. Seguir el ejemplo de Cristo es esencial para toda verdadera evangelización. Aquellos con una infundada suposición de que se dirigen al cielo deben saber que están totalmente engañados; esperar que van a llegar al cielo mientras rechazan a Jesucristo y su evangelio es la más fatídica y grave de todas las falsas esperanzas (cp. He. 10:26-31).

La ilustración de Jesús y su aplicación fue un asalto directo a la delirante confianza de los judíos en sí mismos, en particular los escribas y fariseos. Esta sección se podría dividir en cuatro puntos: invitación, excusas, inclusión, y exclusión.

INVITACIÓN

Entonces Jesús le dijo: Un hombre hizo una gran cena, y convidó a muchos. Y a la hora de la cena envió a su siervo a decir a los convidados: Venid, que ya todo está preparado. (14:16-17)

En su respuesta a la petulante y errónea suposición del invitado de que él y sus colegas fariseos estarían en el reino, el Señor enfocó el asunto de quién entrará realmente al reino. Su refutación la hizo en forma de otra parábola en que relata las respuestas de los invitados a un banquete. Las palabras que describen ese festejo son **gran y muchos,** que indica un enorme y magnífico evento de gala, como la fiesta de bodas en otra de las parábolas del Señor dada por un rey para honrar a su hijo (Mt. 22:1-14). El anfitrión de esta fiesta imaginaria sería sumamente rico para ofrecer un evento de esta magnitud.

Las invitaciones personales y formales a la **cena** habrían venido en dos etapas para aquellos a quienes se **convidó.** La primera etapa, al igual que las invitaciones de hoy, habría informado a los destinatarios que estaban invitados al evento. Sin embargo, a diferencia de las invitaciones modernas, la fecha y la hora exactas no se habrían especificado debido a las complejidades de la preparación de la fiesta. Cuando todo estuvo listo, una segunda invitación notificaría a los invitados previamente convidados que el banquete estaba a punto de comenzar. Por eso en esta historia, cuando llegó **la hora de la cena,** el anfitrión **envió a su siervo a decir a los convidados: Venid, que ya todo está preparado.** La anticipada y tan esperada cena estaba a punto de comenzar.

EXCUSAS

Y todos a una comenzaron a excusarse. El primero dijo: He comprado una hacienda, y necesito ir a verla; te ruego que me excuses. Otro dijo: He

comprado cinco yuntas de bueyes, y voy a probarlos; te ruego que me excuses. Y otro dijo: Acabo de casarme, y por tanto no puedo ir. (14:18-20)

La comida estaba lista, a los invitados se les había notificado, y el banquete estaba a punto de comenzar. Pero entonces sucedió lo inimaginable. De manera sorprendente e increíble, los invitados (no solo unos pocos, sino **todos** ellos) **a una comenzaron a excusarse** para no asistir. Este comportamiento era totalmente contrario al esperado. Ningún invitado a una cena extravagante dada por un anfitrión rico se habría negado a ir, mucho menos todos. Esto era tan absurdo como incomprensible para los escribas y fariseos que debieron haber mirado fijamente al Señor con incredulidad.

Jesús ofreció tres ejemplos de excusas que resaltaban lo absurdo de la situación al hacer evidente que los invitados no tenían razones racionales para negarse a asistir. **El primero** se negó, diciendo: **He comprado una hacienda, y necesito ir a verla; te ruego que me excuses.** Esta excusa no tenía sentido. Después de todo, la **hacienda** seguiría estando allí después del banquete. Además, nadie iría a comprar una propiedad a ciegas, por tanto era evidente que el hombre ya había ido **a verla.** Seguramente, ver un campo no era más apremiante que el honor y el gozo que llegarían por asistir al banquete.

La segunda excusa era una ridiculez: **Otro** de los convidados **dijo: He comprado cinco yuntas de bueyes, y voy a probarlos; te ruego que me excuses.** Una vez más, probar los bueyes recién comprados no era urgente, y era algo que pudo haber esperado hasta después del banquete. Y ¿no probó los bueyes antes de comprarlos? Además, que este hombre pudiera comprar **cinco yuntas de bueyes** sugiere que era razonablemente rico; sin duda uno de sus criados pudo haber probado los bueyes por él. ¿Por qué no asistir al banquete y tener tanto los bueyes como el favor del anfitrión?

Y otro hombre más ofreció un tercer absurdo: **Acabo de casarme, y por tanto no puedo ir.** Dada la baja opinión que tenían de las mujeres, los fariseos habrían encontrado esta excusa la más risible de todas. En la sociedad judía del siglo I, las mujeres no estipulaban lo que los maridos podían hacer. Tampoco la exención del Antiguo Testamento del servicio militar y otros deberes para los hombres recién casados (Dt. 24:5; cp. 20:7) podía interpretarse como una excusa válida para no asistir a un banquete. Esta excusa, al igual que las primeras dos que el Señor inventó, era claramente ridícula.

INCLUSIÓN

Vuelto el siervo, hizo saber estas cosas a su señor. Entonces enojado el padre de familia, dijo a su siervo: Ve pronto por las plazas y las calles de la ciudad, y trae acá a los pobres, los mancos, los cojos y los ciegos. Y dijo el siervo: Señor, se ha

hecho como mandaste, y aún hay lugar. Dijo el señor al siervo: Ve por los caminos y por los vallados, y fuérzalos a entrar, para que se llene mi casa. (14:21-23)

Una vez **vuelto el siervo, hizo saber estas** y muchas otras excusas parecidas **a su señor. El padre de familia se enojó con toda razón.** El hecho de que los invitados correspondieran a su generosidad y amabilidad con frívola indiferencia y desdén era un acto indignante que lo ofendía personalmente y lo avergonzaba en público. Se trataba de una violación flagrante de la etiqueta social; conducta imperdonable empeorada aún más por las débiles y ilegítimas excusas ofrecidas por los invitados.

El jefe de familia decidió que se había gastado demasiado tiempo, esfuerzo y dinero en preparar el banquete como para cancelarlo. La celebración continuaría, pero con un grupo totalmente distinto e inverosímil de invitados. Le ordenó **a su siervo: Ve pronto por las plazas y las calles de la ciudad, y trae acá a los pobres, los mancos, los cojos y los ciegos.** En realidad a tales individuos habría que persuadirlos en gran manera, o de lo contrario hacerlos entrar, porque estarían renuentes a ir por su cuenta, pues entendían que el protocolo social los habría obligado a corresponder, y que ellos no disponían de los medios para hacerlo. La idea de que un hombre rico y prominente invitara a tal banquete a pobres y despreciados marginados era tan absurda como imaginar que todos los invitados originales rechazaran la invitación. No había la más mínima posibilidad de que ocurriera alguna de tales probabilidades, mucho menos ambas.

En la historia el siervo informó: **Señor, se ha hecho como mandaste.** Sin embargo, después de hacer entrar a personas de las calles de la ciudad **aún** había **lugar** en el salón de banquetes. Entonces el dueño de la casa ordenó: **Ve por los caminos y por los vallados, y fuérzalos a entrar, para que se llene mi casa.** Este último grupo estaba formado por personas incluso más bajas en la escala social que la gentuza de las calles de la ciudad. Eran personas que no tenían casa dónde vivir; personajes sospechosos que vivían fuera de la ciudad en burdeles, albergues andrajosos y posadas de **caminos,** incluso en **los vallados.** Debido a que estos estaban muy dispersos, sería más difícil y consumiría más tiempo llegar hasta donde ellos. También sería más complicado obligarlos **a entrar,** ya que estarían aún más renuentes que los pobres de la ciudad.

EXCLUSIÓN

Porque os digo que ninguno de aquellos hombres que fueron convidados, gustará mi cena. (14:24)

Los parias despreciados llegarían y disfrutarían el banquete, pero el señor de la casa aseguró **que ninguno de aquellos hombres que** originalmente **fueron**

convidados saborearía la **cena** que les había preparado. De no aprobar la incorporación de los pobres, los fariseos habrían entendido y aprobado esa acción; aquellos que habrían sido tan tontos como para rechazar la invitación del dueño perderían merecidamente su privilegio para siempre.

Sin embargo, en este momento la parábola dejó de ser una historia hipotética, cuando el Señor dirigió el mensaje directamente a los escribas y fariseos. Jesús usó con frecuencia la frase **os digo** en el Evangelio de Lucas para indicar la aplicación de la verdad a su audiencia (p. ej., 11:8, 51; 12:5, 51; 13:3, 5, 24, 27; 15:7, 10; 17:34; 18:8, 14; 19:26). El dueño de la casa representa a Dios, quien hizo la invitación; el banquete representa la salvación en su reino eterno; los invitados con anticipación son los israelitas (y gentiles prosélitos); la primera invitación fue entregada por los profetas del Antiguo Testamento (cp. Ro. 9:4-5). Los convidados aceptaron inicialmente la invitación de Dios; aceptaron la revelación del Antiguo Testamento de que eran el pueblo elegido de Dios, y que por tanto entrarían al reino (aunque rechazaron y asesinaron a los profetas; cp. Lc. 13:34).

A la hora de la cena, a la que Jesús llamó "el año agradable del Señor" (Lc. 4:19), la segunda invitación fue entregada por Juan (Mt. 3:2) y Jesús (Mt. 4:17). Todo estaba listo. Pero al igual que los invitados ficticios en la ilustración de Jesús, esos invitados se negaron a asistir. No tuvieron ningún interés en el banquete de Dios si Jesucristo era la puerta al salón de banquetes. Ellos no estaban interesados en Él ni en su mensaje. Cuando les presentó el verdadero mensaje de salvación, intentaron matarlo (Mt. 26:59; Mr. 14:1; Jn. 11:53). Al igual que los invitados en la ilustración, ofrecieron excusas ridículas. Dos de tales excusas habían implicado posesiones materiales, la tercera una relación. Ambas excusas las habían ofrecido a lo largo de la historia quienes estaban más interesados en las cosas del mundo que en la invitación de Dios a la salvación. Por eso Jesús advirtió: "Si alguno viene a mí, y no aborrece a su padre, y madre, y mujer, e hijos, y hermanos, y hermanas, y aun también su propia vida, no puede ser mi discípulo… Así, pues, cualquiera de vosotros que no renuncia a todo lo que posee, no puede ser mi discípulo" (Lc. 14:26, 33; cp. el estudio de esos versículos en el cap. 78 de esta obra).

Al igual que los invitados de la ilustración, Israel aceptó la invitación original de Dios, pero rechazó la segunda invitación; dijeron "sí" a las promesas de Dios, pero no a su Hijo. Desinteresados, indiferentes y satisfechos de sí mismos se aferraron con fuerza a la seducción de las riquezas y las preocupaciones de este mundo (8:14; cp. Mt. 13:22; Mr. 4:18-19) y se perdieron el banquete celestial de Dios. Como resultado, Dios se enojó con ellos y los abandonó al juicio, dejándoles la casa desierta (Lc. 13:35). El juicio espiritual llega sobre todos los incrédulos cuando mueren. El juicio físico cayó sobre esa generación en el año 70 d.C. cuando los romanos masacraron decenas de miles de judíos y destruyeron el templo. El juicio continúa cayendo sobre todos los que rechazan la invitación de Dios a la salvación en Jesús, y por tanto deshonran al Hijo de Dios. Juan el Bautista advirtió: "El que cree en el Hijo tiene vida eterna; pero el que rehúsa creer en el Hijo no verá la vida, sino que la ira de Dios está sobre él" (Jn. 3:36). Pablo describió la ira eterna de Dios sobre los pecadores no redimidos cuando escribió a los tesalonicenses:

> *Porque es justo delante de Dios pagar con tribulación a los que os atribulan, y a vosotros que sois atribulados, daros reposo con nosotros, cuando se manifieste el Señor Jesús desde el cielo con los ángeles de su poder, en llama de fuego, para dar retribución a los que no conocieron a Dios, ni obedecen al evangelio de nuestro Señor Jesucristo; los cuales sufrirán pena de eterna perdición, excluidos de la presencia del Señor y de la gloria de su poder (2 Ts. 1:6-9).*

En lugar de experimentar a Dios como anfitrión misericordioso, aquellos que rechazan su invitación al banquete celestial un día lo enfrentarán como juez soberano y para siempre serán excluidos de su cielo (Ap. 20:10-15).

Pero los que están en bancarrota espiritual y son desvalidos y humildes, simbolizados por los moradores de la ciudad (el remanente de judíos creyentes) y del camino (gentiles creyentes), serán incluidos en el banquete. Estos son pecadores arrepentidos, que reconocen que no son dignos de entrar al reino. Representan a quienes tienen la actitud del publicano, quien "no quería ni aun alzar los ojos al cielo, sino que se golpeaba el pecho, diciendo: Dios, sé propicio a mí, pecador" (Lc. 18:13). Están tan agudamente conscientes de su indignidad que los mensajeros del evangelio tendrán que obligarlos a ir; es decir, persuadirlos fuertemente, instarlos y forzarlos a responder a la invitación de Dios a la salvación. El verbo traducido "fuérzalos" en el versículo 23 es el mismo usado en Mateo 14:22 donde Jesús hizo que sus discípulos entraran a una barca. En Hechos 26:11 se habla de los intentos de Pablo antes de su conversión en que obligó a los cristianos a blasfemar. En Hechos 28:19 se muestra cuando el apóstol fue obligado a apelar al César, y en Gálatas 2:3 se relata que Tito no fue obligado a circuncidarse.

La invitación del evangelio vino "al judío primeramente" (Ro. 1:16), y aquellos que respondieron con fe en arrepentimiento entraron al reino eterno de salvación de Dios. Sin embargo, con raras excepciones, los fariseos, escribas, rabinos, sacerdotes y la mayor parte del pueblo de Israel a través de los años rechazaron la invitación divina de la salvación. El trágico resultado de la incredulidad y el rechazo de Jesús el Mesías es la pérdida de la vida eterna en el reino.

No solo el pueblo judío, sino también todos los demás que rechazan la invitación de Dios a la salvación serán excluidos del reino. Al igual que las vírgenes insensatas, quedarán fuera en medio de la oscuridad cuando caiga la noche en el día de la oportunidad y la puerta del reino se cierre (Mt. 25:1-12). Todos aquellos que rechazan al Señor Jesucristo quedarán fuera de las bendiciones que Dios ha preparado en el cielo para quienes aman a su Hijo: "Cosas que ojo no vio, ni oído oyó, ni han subido en corazón de hombre, son las que Dios ha preparado para los que le aman" (1 Co. 2:9).

Naturaleza extrema del verdadero discipulado

89

Grandes multitudes iban con él; y volviéndose, les dijo: Si alguno viene a mí, y no aborrece a su padre, y madre, y mujer, e hijos, y hermanos, y hermanas, y aun también su propia vida, no puede ser mi discípulo. Y el que no lleva su cruz y viene en pos de mí, no puede ser mi discípulo. Porque ¿quién de vosotros, queriendo edificar una torre, no se sienta primero y calcula los gastos, a ver si tiene lo que necesita para acabarla? No sea que después que haya puesto el cimiento, y no pueda acabarla, todos los que lo vean comiencen a hacer burla de él, diciendo: Este hombre comenzó a edificar, y no pudo acabar. ¿O qué rey, al marchar a la guerra contra otro rey, no se sienta primero y considera si puede hacer frente con diez mil al que viene contra él con veinte mil? Y si no puede, cuando el otro está todavía lejos, le envía una embajada y le pide condiciones de paz. Así, pues, cualquiera de vosotros que no renuncia a todo lo que posee, no puede ser mi discípulo. Buena es la sal; mas si la sal se hiciere insípida, ¿con qué se sazonará? Ni para la tierra ni para el muladar es útil; la arrojan fuera. El que tiene oídos para oír, oiga. (14:25-35)

El evangelio llama a los pecadores al sacrificio, retándolos a tomar su cruz todos los días y seguir sin reservas al Señor Jesucristo (Lc. 9:23). Este evangelio está centrado en Dios, no en el hombre; invita a la autohumillación, no al amor propio; incita al sacrificio personal, no a la realización personal; es espiritualmente centrado, no psicológicamente motivado. Quienes responden a él someten voluntariamente todo al Señor Jesucristo.

Pero como observo en mi libro *Difícil de creer,* el verdadero evangelio ha sido progresivamente sustituido por una falsificación para el consumidor:

> La primera función de un mercadeo exitoso es dar a los consumidores lo que quieren. Si quieren hamburguesas más grandes, hagan más grandes sus hamburguesas. ¿Bebidas con seis sabores de frutas? Hecho. ¿Minifurgonetas con diez portavasos? Póngales veinte. Hay que mantener satisfecho al cliente. Hay que modificar el producto y su mensaje

> para que supla sus necesidades si quiere establecer mercado y mantener a raya a la competencia.
>
> Hoy día, esta misma mentalidad consumista ha invadido al cristianismo. ¿Dicen que el culto de la iglesia es demasiado largo? Pues acortémoslo (cierto pastor garantiza que sus sermones ¡nunca duran más de siete minutos!) ¿Demasiado formal? Vístase con ropa deportiva. ¿Demasiado aburrido? ¡Espere a oír nuestra banda de música!
>
> Y si el mensaje es demasiado agresivo, acusador o exclusivista, que asusta, que es increíble, difícil de entender, o demasiado lo que sea para su gusto, hay iglesias por todas partes que están ansiosas de ajustar ese mensaje para que usted se sienta más cómodo. En esta nueva versión del cristianismo usted es socio del equipo, diseñador de la vida de la iglesia, y se deja por fuera toda autoridad anticuada, los sentimientos de culpabilidad, la responsabilidad y los absolutos morales.
>
> Una iglesia envió hace poco una circular prometiendo "atmósfera informal y reposada con buena música de nuestra banda", y que los que asistan, "aunque usted no lo crea, se divertirán". Eso sería excelente si se tratase de un café o algo por el estilo, pero quienquiera que pretenda llamar a las personas al evangelio de Jesús con tales cosas como prioridades, las llama a una mentira.
>
> Es cristianismo para consumidores: cristianismo ligero, redirección, cristianismo diluido e interpretación errónea del evangelio bíblico, en un intento por hacerlo más digerible y popular. Sabe muy bien al tragarlo, y cae bien. Parece que amortigua lo que [usted] siente, y le rasca donde pica; está hecho a la medida de sus preferencias. Pero esa ligereza jamás le llenará con el evangelio verdadero y salvador de Jesucristo, porque está diseñado por el hombre y no por Dios, y es vacío y no sirve para nada. A decir verdad, es peor que inútil, porque los que oyen el mensaje del cristianismo ligero piensan que están oyendo el evangelio y creen que están siendo rescatados del castigo eterno, cuando en verdad están siendo trágicamente descarriados.
>
> El verdadero evangelio es un llamado a negarse uno mismo. No es un llamado a la autorrealización. Eso lo pone contra la proclamación contemporánea del evangelio, en la que los ministros ven a Jesús como genio utilitario. Uno frota la lámpara, Cristo sale y le dice que puede tener lo que se le antoje; uno le da la lista, y él [la] cumple (Nashville: Grupo Nelson, 2011, pp. 3-4).

En contraste con el "cristianismo ligero" o liviano, el verdadero evangelio cristiano no ofrece el cielo en la tierra sino el cielo en el cielo. Dicho evangelio produce auténticos discípulos del Señor Jesucristo, no simpatizantes superficiales.

Esta sección, según indica la triple repetición del término "discípulo" (vv. 26, 27, 33), es acerca de lo que significa ser un verdadero seguidor de Cristo. Se trata de un llamado evangelístico hecho por Jesús para acudir a Él (v. 26), lo cual es ir en pos de Él (v. 27) y ser un discípulo auténtico, no un aspirante, potencial o secundario.

La palabra griega traducida "discípulo" (*mathētēs*) es un término amplio que identifica a un aprendiz o estudiante. En la antigua cultura judía los rabinos eran itinerantes, que viajaban en compañía de sus discípulos. Aunque nunca se le reconoció como tal por parte del sistema religioso, a Jesús con frecuencia lo llamaron Maestro (p. ej., Mt. 26:25; Mr. 9:5; 11:21; Jn. 1:38, 49; 3:2; 4:31; 6:25; 9:2; 11:8), en parte porque al igual que los rabinos, Él era un maestro ambulante que tenía discípulos. Esos primeros discípulos se encontraban en diferentes niveles de compromiso, que van desde totalmente comprometidos a nominalmente comprometidos y a curiosos no comprometidos. A lo largo de su ministerio, Jesús dejó en claro los requisitos para ser un auténtico discípulo, y los manifestó en los términos más absolutos. Como resultado, los discípulos superficiales comenzaron a abandonarlo (Jn. 6:60, 66; cp. Lc. 8:13-14), especialmente porque la actitud de Israel hacia Él se endureció en forma de incredulidad y rechazo. Para cuando su ministerio llegaba a su fin, Jesús se había vuelto aún más categórico acerca del discipulado. El término "discípulo" sufrió una metamorfosis y asumió un significado más puro y más restringido, por lo que en el libro de Hechos se convirtió en un sinónimo de "cristiano" (11:26; cp. 26:28) y describía a aquellos que eran verdaderos creyentes redimidos en Jesucristo (6:1-7; 9:1, 10, 19; 9:26, 36, 38; 11:29; 13:52; 14:20-22, 28; 15:10; 16:1; 18:23, 27; 19:9, 30; 20:1, 30; 21:4, 16).

El capítulo anterior del Evangelio de Lucas concluyó con el pronunciamiento de juicio que el Señor hizo sobre la nación de Israel y sus dirigentes por haberlo rechazado (véase la exposición de 13:34-35 en el cap. 86 de esta obra). Pero Jesús todavía invitaba a individuos a convertirse en sus discípulos, igual que hizo en este pasaje (cp. 12:8; 18:18-24). Esta sección se produce en un punto estratégico en el Evangelio de Lucas. Por los pasajes anteriores es evidente que los dirigentes religiosos judíos, confiados en el cumplimiento de la ley, las tradiciones y los rituales, no sabían cómo ser salvos, y por consiguiente no podían llevar al pueblo a la salvación (cp. 6:39; Mt. 23:15). Confiaban en sus ceremonias religiosas y sus logros morales, y se negaban a humillarse, lo cual dio como resultado que se les excluyera del reino (14:24) junto con todos los que los seguían. Ellos no podían llevar a nadie a la salvación. Solo producían hijos "del infierno" (Mt. 23:15).

A diferencia de la ignorancia condenatoria de los líderes religiosos, Lucas relata la enseñanza que Jesús impartía con autoridad en cuanto al verdadero camino de salvación. El Señor usó varias metáforas para describir la salvación, tales como entrar al reino de Dios (18:24), tener vida eterna (18:18), y ser confesado por Él delante de Dios y los santos ángeles (12:8-9). Aquí comparó la salvación con llegar a ser su discípulo.

Sin embargo, algunos en un grave error malinterpretan la enseñanza que el Señor hace aquí y niegan que se trata de una invitación a la salvación. Sugieren que Jesús se está dirigiendo a aquellos que ya eran salvos pero no a discípulos que lo seguían; es decir, a quienes lo habían reconocido como Salvador, pero no como Señor. Ellos sostienen que Jesús estaba llamando a tales personas a pasar de la salvación a un nivel superior de compromiso y convertirse en discípulos; complicando la terminología de Pablo podríamos decir que Jesús los estaba instando a dejar de ser carnales y a convertirse en cristianos espirituales (1 Co. 3:1). Pero eso hace que nuestro Señor pase de ser un evangelista a ser un maestro más profundo o de vida superior, aunque Él explícitamente dijo que "vino a buscar y a salvar lo que se había perdido" (Lc. 19:10), y que no vino "a llamar a justos, sino a pecadores al arrepentimiento" (Lc. 5:32). Según se indicó antes, en el libro de Hechos la palabra "discípulo" se usa como sinónimo de "cristiano". Por tanto, llegar a ser un discípulo de Cristo no es subir a un plano superior en la vida cristiana sino llegar a ser salvo; pasar de muerte a vida (Jn. 5:24); de la oscuridad a la luz (Hch. 26:18); del reino de Satanás al reino de Cristo (Col. 1:13). (Para un análisis del llamado debate del señorío, véanse mis libros *El evangelio según Jesucristo* [El Paso: Casa Bautista de Publicaciones, 1991], y *The Gospel According to the Apostles* [Nashville: Word, 1993, 2000]).

Lo que Jesús pidió en este pasaje es increíblemente extremo. No pidió un cambio de imagen, sino que exigió una toma del poder. Retó a los pecadores a reconocerlo como Señor soberano, divino dictador, gobernante, controlador, rey y maestro. Jesús nunca invitó a alguien a hacer una oración corta y fácil para recibir vida eterna. Tampoco manipuló a nadie para que tomara una decisión emocional, ni dio una falsa seguridad de salvación por interés superficial. Nunca enseñó que el camino al cielo es amplio y fácil, sino que advirtió que "estrecha es la puerta, y angosto el camino que lleva a la vida, y pocos son los que la hallan" (Mt. 7:14), y afirmó que las personas tendrían que esforzarse por entrar en él (Lc. 16:16). Jesús advirtió: "No todo el que me dice: Señor, Señor, entrará en el reino de los cielos, sino el que hace la voluntad de mi Padre que está en los cielos" (Mt. 7:21). Solo quienes perseveran en su Palabra (Jn. 8:31) y cuyas vidas manifiestan el fruto de la salvación (Jn. 15:8; cp. Mt. 3:8) son realmente sus discípulos, y solo ellos son salvos del juicio en el infierno.

La metodología evangelizadora del Señor está en marcado contraste con el enfoque popular de la iglesia moderna. Pastores y evangelistas que buscan respuestas masivas tratan de eliminar barreras y hacer lo más fácil posible la decisión de que las personas respondan al mensaje. Sin embargo, Jesús hizo lo contrario. Hizo declaraciones extremas, exclusivas y absolutas para desanimar a los que querían dar respuestas superficiales, por lo que declaró: "No penséis que he venido para traer paz a la tierra; no he venido para traer paz, sino espada" (Mt. 10:34). En dos breves parábolas Jesús comparó la salvación en el reino de Dios con un tesoro escondido y una perla valiosa, que para obtenerlos quienes los hallaron vendieron todo lo que poseían (Mt. 13:44-46). Podría ser necesario renunciar a familias y posesiones por amor a Él y al evangelio (Mr. 10:29-30), y enfrentar el odio del mundo (Jn. 15:18-19; 16:1-3). El Señor advirtió solemnemente a sus posibles seguidores: "Si alguno quiere venir en pos de mí, niéguese a sí mismo, tome su cruz cada día, y sígame" (Lc. 9:23; cp. Mt. 10:38; 16:24-25), porque "el que ama su vida, la perderá; y el que aborrece su vida en este mundo, para vida eterna la guardará" (Jn. 12:25).

Este pasaje no revela todos los aspectos de la verdad de la salvación. No menciona la santidad de Dios, el pecado humano, el juicio divino, la obra expiatoria de Jesús en la cruz, ni la salvación por gracia mediante la fe. Su enfoque no está en los hechos objetivos del evangelio, sino más bien en la actitud subjetiva del compromiso de fe extrema y radical que debería existir en los corazones de quienes confían en Cristo para salvación. Los que no cumplen con ese requisito para con Él perecerán eternamente (Mt. 7:21-23; 8:19-22; Lc. 13:24-28). El cielo espera a aquellos que renuncian a todo; que se arrepienten, que levantan manos vacías en fe, y que confiesan a Jesús como Señor y a sí mismos como sus esclavos mientras reciben la dádiva gratuita de la salvación.

Este texto revela tres aspectos que caracterizan a los verdaderos discípulos de Jesucristo: abandono de prioridades del pasado, valoración de poderes existentes, y lealtad a privilegios futuros.

ABANDONO DE PRIORIDADES DEL PASADO

Grandes multitudes iban con él; y volviéndose, les dijo: Si alguno viene a mí, y no aborrece a su padre, y madre, y mujer, e hijos, y hermanos, y hermanas, y aun también su propia vida, no puede ser mi discípulo. Y el que no lleva su cruz y viene en pos de mí, no puede ser mi discípulo... Así, pues, cualquiera de vosotros que no renuncia a todo lo que posee, no puede ser mi discípulo. (14:25-27, 33)

Jesús resumió las prioridades de los no regenerados en tres categorías principales: egoísmo, relaciones y posesiones. Incluso en esta última etapa, con la serie de rechazos y la cruz a solo meses de distancia, Jesús todavía atraía **grandes multitudes** que **iban con él** cuando Él hizo su último viaje a Jerusalén. No se sabe la ubicación exacta del incidente que se relata aquí (aunque algunos sugieren que era al este del Jordán en Perea). Esta no fue la primera instrucción que Jesús hiciera en este viaje. Muchas personas que oyeron su enseñanza en esta ocasión también oyeron su extenso discurso registrado en Lucas 12:1—13:9. Esa instrucción incluye varios elementos más de la predicación evangelística de Jesús tales como su llamado a los oyentes a evitar la influencia de la religión falsa (12:1), a entender que están bajo el escrutinio de Dios (12:2-3), a temer a Dios como juez del pecado (12:4-5), a confesar a Jesús como Señor y Salvador (12:8-9), y a escuchar al Espíritu Santo (12:10-12). También a abandonar el materialismo (12:13-21), a buscar el reino de Dios (12:22-34), a estar listos para la segunda venida (12:35-48), a resolver sus asuntos con Dios antes de que sea demasiado tarde (12:54-59), y a darse cuenta que están viviendo tiempo prestado (13:1-9). En esta sección sobre las prioridades radicalmente cambiadas el Señor hace un llamado a la devoción extrema.

En primer lugar, **si alguno viene a** Jesús para salvación debe preferir a Dios antes que a su familia. Llegar a Cristo es una terminología para la expresión inicial de la fe que salva. Jesús declaró que quien hace eso debe aborrecer **a su padre, y madre, y mujer, e hijos, y hermanos, y hermanas.** La frase **a su** resalta la prioridad natural y el afecto normal por nuestra familia. La salvación trae conmoción en el hogar cuando el nuevo creyente trata de coexistir con incrédulos. Los familiares que rechazan el evangelio incluso pueden aislar a quienes lo creen. En Mateo 10:34-36, Jesús advirtió que las familias se dividirían a causa de Él:

> *No penséis que he venido para traer paz a la tierra; no he venido para traer paz, sino espada. Porque he venido para poner en disensión al hombre contra su padre, a la hija contra su madre, y a la nuera contra su suegra; y los enemigos del hombre serán los de su casa (cp. la exposición de Lc. 12:51-53 en el cap. 80 de esta obra).*

La enseñanza del Señor de que es necesario aborrecer a nuestra familia no es incongruente con los mandatos bíblicos de que los hijos deben honrar a sus padres (Éx. 20:12), que los esposos deben amar a sus esposas (Ef. 5:25), que las esposas deben amar a sus esposos (Tit. 2:4), y que los padres deben amar a sus hijos (Tit. 2:4; cp. Ef. 6:4). Aborrecer en este contexto es una manera semítica de expresar preferencia. Por ejemplo, Dios declaró en Malaquías 1:2-3: "Amé a Jacob, y a Esaú aborrecí" (cp. Ro. 9:13). El punto no es que Dios tuviera animosidad hacia Esaú, sino más bien que prefirió a Jacob al haberle dado su promesa a través de él. De igual modo, cuando Génesis 29:31 relata que Lea fue menospreciada (la palabra hebrea literalmente significa "aborrecida") por Jacob, no significa que él la despreciara y la detestara, sino que amaba más a Raquel (cp. Dt. 21:15-17). Aborrecer a los propios familiares significa preferir a Dios por encima de ellos haciendo caso omiso de lo que desean si eso entra en conflicto con lo que Dios requiere; significa amar más a Dios y menos a ellos. Jesús manifestó:

"El que ama a padre o madre más que a mí, no es digno de mí; el que ama a hijo o hija más que a mí, no es digno de mí" (Mt. 10:37). Todos los demás amores deben estar subordinados a amar a Dios con todo el corazón, el alma, la mente y las fuerzas (Lc. 10:27).

Las palabras de Jesús se habrían entendido claramente en el contexto del siglo I. Cuando personas judías se comprometían con Jesucristo a menudo sus familiares las aislaban, según observa Darrell L. Bock:

> En esa época una persona judía que se decidía por Jesús alejaba a su familia. Si alguien quería más la aceptación familiar que la relación con Dios no podía llegar a Jesús, dado el rechazo que inevitablemente seguiría. En otras palabras, en el siglo I no podía haber devoción casual a Jesús. Una decisión por Cristo marcaba a la persona y automáticamente eso venía con un costo. (Las comparaciones contemporáneas se podrían ver en ciertos ambientes de naciones ex comunistas de Europa Oriental, en países musulmanes, o en familias asiáticas muy cerradas). El fenómeno occidental moderno donde una decisión por Cristo es popular en la comunidad social más amplia no era el caso en el escenario de Jesús, lo cual complica nuestra comprensión del significado de una decisión de asociarse con Cristo. En la actualidad alguien puede asociarse con Cristo simplemente porque eso es culturalmente apropiado, en vez de hacerlo por las verdaderas razones espirituales. Tal "decisión" era imposible en el siglo I. Si alguien elegía asociarse con Jesús, tal persona recibía una reacción negativa, a menudo desde el interior del hogar (*Luke 9:51-24:53*, Baker Exegetical Commentary on the New Testament [Grand Rapids: Baker, 1996], p. 1285).

En segundo lugar, para que una persona llegara a Jesús debía aborrecer incluso también **su propia vida** (cp. Jn. 12:25), o **no** podría **ser** su **discípulo.** El llamado a la salvación es una invitación al sacrificio (cp. Lc. 17:33); marca el final de que los pecadores sean las autoridades reinantes en sus vidas y en vez de eso los invita a someterse como esclavos a la autoridad de Jesús como Señor, Rey y Maestro. Tal desinterés se extiende hasta el punto de la muerte, según deja en claro la siguiente declaración de Jesús: **Y el que no lleva su cruz y viene en pos de mí, no puede ser mi discípulo** (cp. 9:23-25; Mt. 16:24). El tesoro celestial es tan valioso (Mt. 13:44), y la perla de la salvación tan preciosa (v. 46), que los verdaderos discípulos deben estar dispuestos a renunciar a sus existencias, si Dios lo desea, con el fin de obtener la vida eterna. Jesús pide abandono total.

Se debe observar que esta no es una obra meritoria previa a la salvación por la que alguien obtiene justificación. Pablo insistió en que la salvación es "por gracia... por medio de la fe; y esto no de vosotros, pues es don de Dios" (Ef. 2:8).

Jesús declaró "que ninguno puede venir a [Él], si no le fuere dado del Padre" (Jn. 6:65). Sin embargo, la salvación no está separada de la voluntad del pecador. Jesús ordenó a las personas: "Arrepentíos, y creed en el evangelio" (Mr. 1:15), y advirtió a los incrédulos: "Si no os arrepentís, todos pereceréis igualmente" (Lc. 13:3, 5). Pedro retó a sus oyentes: "Arrepentíos y convertíos, para que sean borrados vuestros pecados" (Hch. 3:19), y Pablo predicó que "Dios... ahora manda a todos los hombres en todo lugar, que se arrepientan" (Hch. 17:30; cp. 26:20). Tales mandatos presuponen la responsabilidad del pecador de obedecerlos, porque ahora tiene el poder otorgado por el Espíritu de Dios.

Por último, alguien **que no renuncia a todo lo que posee, no puede ser discípulo** de Cristo. Aquí Él está abarcando la totalidad de personas, y la palabra **todo** abarca no solo dinero, sino también bienes materiales. No hay excepciones ni exenciones para estos requisitos absolutos e incondicionales. *Apotassō* (**renuncia**) literalmente significa "alejarse de" (Hch. 18:18, 21; 2 Co. 2:13), o "despedirse de" (Mr. 6:46; Lc. 9:61). Fue la falta de voluntad del joven rico para renunciar a sus posesiones lo que hizo que se alejara de Cristo (Lc. 18:18-23) y se perdiera eternamente. Jesús no está abogando por el socialismo, ni por desprenderse de todo y llevar una vida de pobreza. Su propósito es que aquellos que han de ser sus discípulos deben reconocer que son mayordomos de todo y que no poseen nada. Y si el Señor les pide que renuncien a todo, deben estar dispuestos, porque amar la obediencia es el mayor deseo y gozo de ellos. Leon Morris nos muestra las implicaciones de la enseñanza del Señor:

> La lección es clara. Jesús no quiere seguidores que se lancen al discipulado sin pensar en lo que esta decisión implica. También es claro con relación al costo. El hombre que llegue a Jesús debe renunciar a todo lo que tiene... Estas palabras condenan a todos los tibios. Desde luego, Jesús no está desalentando el discipulado sino que está advirtiendo contra el apego irreflexivo y cobarde a fin de que los seres humanos conozcan la verdad. Él desea que consideren el costo y calculen todo lo que pierden por causa de Jesús para que puedan entrar al discipulado con alegría y vigor (*The Gospel According to St. Luke,* The Tyndale New Testament Commentaries [Grand Rapids: Eerdmans, 1975], pp. 236-37).

VALORACIÓN DE PODERES EXISTENTES

Porque ¿quién de vosotros, queriendo edificar una torre, no se sienta primero y calcula los gastos, a ver si tiene lo que necesita para acabarla? No sea que después que haya puesto el cimiento, y no pueda acabarla, todos los que lo vean comiencen a hacer burla de él, diciendo: Este hombre comenzó a edificar, y no pudo acabar. ¿O qué rey, al marchar a la guerra contra otro rey, no se sienta

primero y considera si puede hacer frente con diez mil al que viene contra él con veinte mil? Y si no puede, cuando el otro está todavía lejos, le envía una embajada y le pide condiciones de paz. (14:28-32)

Estos dos ejemplos demuestran la importancia de entender el sacrificio requerido al hacer un compromiso con Cristo. Tal y como sucede con todas las ilustraciones y parábolas de Jesús, estas dos describen situaciones conocidas para sus oyentes. El punto es que las personas deben considerar el costo antes de emprender cualquier tarea importante en la vida. ¿Cuánto más importante es considerar el precio antes de comprometerse con Él?

El primer ejemplo muestra a un hombre que piensa **edificar una torre.** Pudo haberse tratado de una atalaya de vigilancia para protección de sus enemigos, o de una torre para almacenar sus bienes. Cualquiera de las dos sería un proyecto visible de construcción, y todos en la comunidad lo habrían sabido. Preservar el honor y evitar la deshonra personal y familiar eran asuntos sublimes en el antiguo Cercano Oriente. Por tanto, que este hombre **haya puesto el cimiento, y** luego **no** pudiera acabar la torre lo habría puesto en vergüenza. Habría sido el hazmerreír de la comunidad cuando **todos los que** hayan visto la torre inconclusa hubieran comenzado **a hacer burla de él, diciendo: Este hombre** (una expresión de desprecio y desdén; cp. 5:21; 7:39) **comenzó a edificar, y no pudo acabar** (*ekteleō;* terminar completa o totalmente una tarea)". Para evitar un golpe tan devastador a su honor y prestigio, un hombre que piense construir una torre **primero** debe sentarse a calcular **los gastos, a ver si tiene lo que necesita para acabarla.**

Mientras que la primera ilustración muestra un acto voluntario, la segunda describe a un hombre lanzado involuntariamente a un dilema fuera de su control. Jesús pidió a sus oyentes que pensaran en un **rey** que se prepara a **marchar a la guerra contra otro rey** que está a punto de atacarlo con una fuerza superior. Antes de enfrentarse en combate al rey atacante, **¿no se sienta primero y considera si puede hacer frente con diez mil al que viene contra él con veinte mil?** ¿No evaluaría el primer rey qué logística, terreno, armamento, estrategia o ventajas tácticas podrían compensar la superioridad numérica de su oponente? En caso contrario, ir a la batalla sería una locura suicida tanto para el monarca como para sus hombres. Si no tiene ninguna posibilidad de victoria, su único recurso sensato sería, **cuando el otro** esté **todavía lejos,** enviarle **una embajada y** negociar **condiciones de paz.**

En ambas historias Jesús mostró la sabiduría para evaluar cuidadosamente el compromiso que conlleva seguirlo. Él no quiere seguidores superficiales, egoístas, llevados por las emociones, temporales y efímeros, como aquellos representados por las tierras rocosas y llenas de espinos en la parábola del sembrador (Mt. 13:20-22). La verdadera fe se mantiene firme hasta el final (Mr. 13:13; cp.

1 Jn. 2:19). John Stott escribe acerca de la importancia de tener en cuenta el costo del compromiso:

> El paisaje cristiano está lleno de torres abandonadas a medio construir: las ruinas de quienes comenzaron a construir y no pudieron terminar, porque miles de personas siguen haciendo caso omiso a la advertencia de Cristo y planifican seguirlo sin primero hacer una pausa para reflexionar en el costo de hacerlo. El resultado es el gran escándalo de la cristiandad de hoy, llamada "cristianismo nominal". En países en que la civilización cristiana se ha extendido, grandes cantidades de personas se han cubierto con un barniz decente pero delgado de cristianismo. En cierta manera han llegado a involucrarse lo suficiente como para ser respetables pero no lo suficiente como para estar incómodos. Su religión es un cojín grande y suave. Los protege de las situaciones desagradables de la vida, mientras cambian el lugar y se adaptan a la conveniencia que desean. No extraña que los cínicos hablen de hipócritas en la iglesia y desestimen a la religión como escapismo (*Basic Christianity* [Downer's Grove, Ill.: InterVarsity, 1978], p. 108).

Evitar la fe temporal y falsa exige que los pecadores evalúen sinceramente sus motivos, que examinen la autenticidad de su arrepentimiento, y que determinen si en realidad están manteniendo el compromiso que Cristo demanda de sus seguidores. Según se indicó antes, ninguna de estas cosas son obras humanas que puedan ganar la salvación, la cual solo llega por medio de la fe. Más bien son señales características de la verdadera fe, sin la cual no es más que un engaño que no salva (Stg. 2:14-26).

LEALTAD A PRIVILEGIOS FUTUROS

Buena es la sal; mas si la sal se hiciere insípida, ¿con qué se sazonará? Ni para la tierra ni para el muladar es útil; la arrojan fuera. El que tiene oídos para oír, oiga. (14:34-35)

A primera vista parece que hay una desconexión entre estas últimas frases y los versículos anteriores. Sin embargo, las palabras del Señor indican claramente que en realidad Él sí estaba haciendo una conexión, la cual es que ser discípulos de Cristo tiene que ver no solo con relaciones pasadas y compromiso actual, sino también con continua lealtad futura.

La **sal** se usaba ampliamente antes de la llegada de la refrigeración como un conservante. También se asocia en el Antiguo Testamento con los pactos (Lv. 2:13; Nm. 18:19; 2 Cr. 13:5) y los sacrificios (Lv. 2:13; Esd. 6:9-10; Ez. 43:23-24).

Por lo general la sal no se degrada, o sería de poco valor como conservante. Sin embargo, a veces la sal de los alrededores del Mar Muerto estaba contaminada con yeso, y si no se la procesaba de manera correcta podría perder su eficacia y hacerse **insípida.** Como indica la pregunta retórica del Señor, **si la sal se hiciere insípida, ¿con qué se sazonará?,** esa sal **ni para la tierra** (como fertilizante) **ni para el muladar** (ya que no se descompondría) es buena. Solo se podría usar para mantener los caminos libres de vegetación, o para ser arrojada **fuera.**

Esta ilustración muestra que Jesús no quiere discípulos temporales, sino más bien aquellos que comprometan toda una vida de lealtad con Él. Solamente a tales discípulos puede usar para bien en este mundo. Es cierto que nadie mantiene perfectamente su compromiso con el Señor. Hay ocasiones en que esta lealtad vacila debido a presiones familiares, egoísmo, el encanto de las posesiones materiales, o cuando los creyentes se preguntan si tienen la determinación de amar y obedecer al Señor hasta el final. No obstante, los momentos de fracaso no invalidan la dirección del corazón.

Por otra parte, los discípulos temporales en última instancia son inútiles para el Señor. Al igual que la sal infectada, aquellos que están contaminados por la frivolidad serán arrojados **fuera** a la condenación eterna (13:28; Mt. 8:12; 13:41-42, 50; 22:12-13; 25:30; Jn. 15:6).

Jesús concluyó con la expresión coloquial: **El que tiene oídos para oír, oiga.** Este dicho conocido es un reto para escuchar, entender y aceptar el mensaje de Cristo (cp. Mt. 11:15; 13:9, 43; Mr. 4:23). Es un llamado urgente para que las personas entiendan antes de que sea demasiado tarde, y caiga el juicio que Jesús advirtió en Lucas 8:10: "Y oyendo no entiendan".

Gozo en el cielo: El rescate de los perdidos

90

Se acercaban a Jesús todos los publicanos y pecadores para oírle, y los fariseos y los escribas murmuraban, diciendo: Este a los pecadores recibe, y con ellos come. Entonces él les refirió esta parábola, diciendo: ¿Qué hombre de vosotros, teniendo cien ovejas, si pierde una de ellas, no deja las noventa y nueve en el desierto, y va tras la que se perdió, hasta encontrarla? Y cuando la encuentra, la pone sobre sus hombros gozoso; y al llegar a casa, reúne a sus amigos y vecinos, diciéndoles: Gozaos conmigo, porque he encontrado mi oveja que se había perdido. Os digo que así habrá más gozo en el cielo por un pecador que se arrepiente, que por noventa y nueve justos que no necesitan de arrepentimiento. ¿O qué mujer que tiene diez dracmas, si pierde una dracma, no enciende la lámpara, y barre la casa, y busca con diligencia hasta encontrarla? Y cuando la encuentra, reúne a sus amigas y vecinas, diciendo: Gozaos conmigo, porque he encontrado la dracma que había perdido. Así os digo que hay gozo delante de los ángeles de Dios por un pecador que se arrepiente. (15:1-10)

La Biblia da a conocer los muchos atributos de Dios, tanto los no transmisibles (aquellos originales solo en Él, tales como omnipotencia, omnipresencia, omnisciencia, inmutabilidad y eternidad) y los transmisibles (aquellos que también son ciertos en menor grado a los seres humanos, tales como justicia, santidad, sabiduría, amor, compasión, gracia y clemencia). Los creyentes están muy familiarizados con estos. Pero uno de los atributos de Dios que muy a menudo se pasa por alto es su gozo. Aunque un Dios eternamente gozoso parece difícil de aceptar, textos como 1 Crónicas 16:27 y Nehemías 8:10 hacen referencia a esa realidad. Lucas 10:21 incluso relata que Jesús "se regocijó en el Espíritu", mientras en Juan 15:11 y 17:13 Cristo habló de su propio gozo. Hasta soportar la cruz como "varón de dolores" (Is. 53:3) sabía Él que produciría gozo, el gozo de recuperar a pecadores perdidos (He. 12:2).

Dios, quien por naturaleza es un salvador (Mt. 1:21; Jn. 3:16-18; 1 Ti. 2:3-4; Tit. 1:3, 2:10, 13; 3:4, 6), trae sobre sí gozo eterno en el rescate de los perdidos.

Es tal gozo que se manifiesta como el propósito de las tres parábolas que el Señor ideó en este capítulo (vv. 7, 10, 32). Y el gozo divino en recuperar a los perdidos no es un tema poco claro en la Biblia. En Deuteronomio 30:9, Dios prometió a Israel que aunque castigó a los israelitas por su desobediencia y ellos se arrepintieron (vv. 1-8) "Jehová volverá a gozarse sobre [ellos] para bien, de la manera que se gozó sobre [sus] padres". En Salmos 105:43, el salmista declaró que Dios "sacó a su pueblo con gozo; con júbilo a sus escogidos". Al anticipar la salvación futura de Israel, Dios expresó por medio de Isaías: "Pues como el joven se desposa con la virgen, se desposarán contigo tus hijos; y como el gozo del esposo con la esposa, así se gozará contigo el Dios tuyo" (Is. 62:5; cp. 65:19). De igual modo, Dios declaró a través de Jeremías:

> *He aquí que yo los reuniré de todas las tierras a las cuales los eché con mi furor, y con mi enojo e indignación grande; y los haré volver a este lugar, y los haré habitar seguramente... Y me alegraré con ellos haciéndoles bien, y los plantaré en esta tierra en verdad, de todo mi corazón y de toda mi alma (Jer. 32:37, 41).*

El profeta Sofonías escribió:

> *Canta, oh hija de Sion; da voces de júbilo, oh Israel; gózate y regocíjate de todo corazón, hija de Jerusalén. Jehová ha apartado tus juicios, ha echado fuera tus enemigos; Jehová es Rey de Israel en medio de ti; nunca más verás el mal. En aquel tiempo se dirá a Jerusalén: No temas; Sion, no se debiliten tus manos. Jehová está en medio de ti, poderoso, él salvará; se gozará sobre ti con alegría, callará de amor, se regocijará sobre ti con cánticos (Sof. 3:14-17).*

El gozo de Dios es la fuente del gozo de los creyentes; es un componente del reino de Dios impartido por el Espíritu Santo a los redimidos (Ro. 14:17; cp. 15:13; Sal. 51:12; 1 Ts. 1:6). Aunque los cristianos son bendecidos con una abundante medida de gozo en esta vida (Jn. 15:11; 16:20, 24; 17:13; Hch. 13:52; Ro. 15:13; Gá. 5:22; Fil. 4:4; 1 P. 1:8; 1 Jn. 1:4; 2 Jn. 12), la alegría plena de la perfección eterna les espera en el cielo cuando como esclavos fieles entren "en el gozo de [su] señor" (Mt. 25:21, 23). El deleite más sublime de los creyentes en esta vida no viene de las cosas triviales, insignificantes y temporales de este mundo, sino de la vida espiritual y la comunión de pecadores perdidos, encontrados, restaurados y unidos en la verdadera Iglesia de Cristo. El gozo de los creyentes, al igual que el gozo de Dios, es el resultado de la grandeza y la gloria de la obra salvadora de Dios.

Tres puntos proporcionan información básica necesaria para las parábolas en este capítulo. El primero es claridad. Estas historias no se pueden entender en un vacío, sino tan solo a la luz del ambiente cultural en que se dieron. Lo que significaba para las personas de la época de Jesús es lo que Él pretendió que significaran para cada una de las generaciones posteriores. En cierta manera una parábola puede ser como una caricatura política, el sentido de la cual se ha perdido en aquellos individuos de una sociedad diferente. El mensaje de las parábolas del Señor era claro para oyentes perceptivos que vivían juntos en la cultura común de la época. Por tanto, el prerrequisito esencial para entender el mensaje de las parábolas se establece al reconstruir el escenario cultural en que se narraron.

El segundo punto es la ubicación. Este capítulo está colocado centralmente en el Evangelio de Lucas. La sección introductoria (1:1—9:50) cubre el prólogo de Lucas, los acontecimientos que rodean el nacimiento de Cristo, y su ministerio galileo. La sección media (9:51—19:27) relata el ministerio del Señor en Judea. La última sección (19:28—24:53) se enfoca en la pasión de Cristo, los hechos que rodean la cruz, la muerte, la resurrección y las apariciones después de la resurrección. Los diez capítulos del medio, que contienen más de veinte parábolas, son el corazón y alma de la enseñanza del reino del Señor. El capítulo 15 está en la mitad de esos diez capítulos, y las tres parábolas que contiene representan el momento crucial en la enseñanza de Jesús en esta sección de Lucas.

El tercer y último punto es la complejidad. Mientras las ilustraciones y las analogías, y nunca las alegorías con parábolas místicas, ocultas y con significados secretos, pueden contener varios rasgos y niveles, en cada una de estas parábolas la historia en sí es lo primero y sigue la misma forma o bosquejo en las tres. Algo valioso (una oveja, una moneda, o un hijo) se ha perdido, y es buscado, hallado o restaurado, y celebrado. El segundo nivel consta de una implicación ética que todos debieron haber entendido. ¿Hizo el pastor lo correcto al dejar las noventa y nueve ovejas para buscar la que se había perdido? ¿Debió la mujer haber dejado todo para buscar la moneda perdida? ¿Fue correcto que el padre recibiera al hijo que había dilapidado su herencia? Tercero, hay implicaciones teológicas en las lecciones que cada parábola enseña acerca del reino de Dios. El último nivel implica lo que las parábolas enseñan acerca de Cristo. Las tres parábolas también ilustran un aspecto del pecador perdido, quien al igual que una oveja es incauto e indefenso; al igual que una moneda es insensible y sin vida, y al igual que un hijo rebelde es perverso e indigente. En cada caso, la persona que busca (el pastor, la mujer y el padre) representa a Dios, quien después de restaurar al pecador perdido se regocija junto con todos aquellos en el cielo.

Con eso como telón de fondo, el capítulo empieza con la realidad fundamental que prepara el terreno: **todos los publicanos** (traidores despreciados que extorsionaban dinero a sus compatriotas judíos para llenar las arcas de Roma) **y** los **pecadores** (la chusma irreligiosa e injusta a la que los escribas y fariseos consideraban por debajo de ellos, y con quienes no querían relacionarse) **se**

acercaban a Jesús para escucharlo. Como resultado, **los fariseos y los escribas murmuraban, diciendo: Este a los pecadores recibe, y con ellos come.** William Barclay detalla el desprecio de los fariseos por esas personas:

> Los fariseos ponían en la misma categoría a todos los que no cumplían todos los detalles de la ley tradicional, y los llamaban *la gente de la tierra*; y había una barrera infranqueable entre estas dos clases de personas… Las reglas fariseas establecían: "A nadie de la gente de la tierra le confíes dinero, ni aceptes su testimonio, ni le reveles ningún secreto, ni le nombres tutor de ningún huérfano, ni le pongas a cargo de un fondo de caridad, ni le acompañes en un viaje". Un fariseo tenía prohibido hospedarse en casa de un hombre de la tierra e invitarle a la suya. Tenía prohibido hasta donde fuera posible tener ningún trato con él. Los fariseos tenían el propósito deliberado de evitar todo contacto con los que no cumplían todos los detalles de la ley… un judío estricto no diría "Hay alegría en el Cielo cuando se arrepiente un pecador", sino: "Hay alegría en el Cielo cuando se pierde un pecador" (*Comentario al Nuevo Testamento* [Barcelona: Editorial Clie, 2006], p. 337. Cursivas en el original).

Que el Señor se relacionara con la gente despreciada de la sociedad judía conmocionó y consternó a las autoridades religiosas y suscitó sus agudas críticas (cp. 5:29-32; 7:34-39; 19:7). Pero Cristo se relacionó con pecadores porque Él "vino a buscar y a salvar lo que se había perdido" (Lc. 19:10), y en consecuencia dar gozo a Dios.

Es en este contexto de su conflicto con los escribas y fariseos que Jesús formuló las tres parábolas que componen el capítulo. Estas no solo revelan el regocijo en el cielo cuando los perdidos son hallados, sino que al mismo tiempo acusan a los escribas y fariseos porque no encontraron gozo en la misión de Jesús de salvar pecadores. Ellos afirmaban conocer a Dios, pero en realidad eran profundamente ignorantes del corazón de Dios hacia los perdidos. Eran solo otra generación igual a la que Isaías describió como hipócrita, que "se acerca a mí con su boca, y con sus labios me honra, pero su corazón está lejos de mí" (Is. 29:13). Estas historias (la oveja perdida, la moneda perdida, y el hijo pródigo en el siguiente capítulo de esta obra) son el medio por el cual el Señor les desenmascara su total separación de Dios, del gozo divino, y de la misión de salvación.

LA OVEJA PERDIDA

Entonces él les refirió esta parábola, diciendo: ¿Qué hombre de vosotros, teniendo cien ovejas, si pierde una de ellas, no deja las noventa y nueve en el

desierto, y va tras la que se perdió, hasta encontrarla? Y cuando la encuentra, la pone sobre sus hombros gozoso; y al llegar a casa, reúne a sus amigos y vecinos, diciéndoles: Gozaos conmigo, porque he encontrado mi oveja que se había perdido. Os digo que así habrá más gozo en el cielo por un pecador que se arrepiente, que por noventa y nueve justos que no necesitan de arrepentimiento. (15:3-7)

Mediante la introducción de las dos primeras parábolas con una pregunta hipotética, el Señor involucró profundamente a los escribas y fariseos tanto en la experiencia como en el pensamiento de los personajes principales. Al haber asumido ese papel en sus mentes y afirmado que lo que el personaje hizo en la historia era lo éticamente correcto, quedaron atrapados. No había manera de evitar la clara e inconfundible aplicación de la verdad de que era correcto recuperar una valiosa moneda y una oveja... ¿y era menos importante rescatar del juicio a un alma?

Esta primera historia trata de campesinos pobres en una aldea. El **hombre** que cuida **cien ovejas** probablemente no era dueño de todas ellas, ya que habría sido extraño que un aldeano tuviera un rebaño tan grande. Los aldeanos solían agrupar sus ovejas en grandes rebaños y contratar pastores del más bajo nivel de la estructura social de la aldea para que las cuidara. Eran reacios a contratar forasteros ya que tales jornaleros, al no tener interés personal en el rebaño, no se preocupaban por las ovejas (Jn. 10:12-13).

A pesar de que personajes tan prominentes del Antiguo Testamento como Raquel (Gn. 29:9), Jacob (Gn. 30:31; 31:4), los patriarcas de las doce tribus de Israel (Gn. 37:12-13; 47:3), José (Gn. 37:2), Moisés (Éx. 3:1), y David (1 S. 16:19; 17:15, 20, 34) habían sido pastores, y que incluso a Dios se le describe como un pastor (Gn. 48:15; Sal. 23:1; 80:1; Is. 40:11; Jn. 10:11, 14; He. 13:20; 1 P. 2:25; 5:4; Ap. 7:17), los pastores se encontraban casi en el nivel más bajo de la escala social. Cuidar ovejas era la más baja de las profesiones, situándose apenas por encima de la línea de los relegados, debajo de los cuales estaban los cobradores de impuestos y otros pecadores irreligiosos. Los pastores eran incultos y sin formación, y cada vez más se les veía en la era posterior al Nuevo Testamento como deshonestos, poco fiables y despreciables, hasta tal punto que no se les permitía atestiguar en la corte. Las ovejas se debían vigilar y cuidar los siete días de la semana, lo que impedía a los pastores cumplir con las normas humanas de los fariseos acerca del día de reposo. Puesto que estaban en continua violación de tales reglamentos, los pastores eran perpetua y ceremonialmente impuros. Para los escribas y fariseos constituía una ofensa que Jesús les pidiera que se imaginaran en el papel de pastores. Ningún fariseo se rebajaría a convertirse en uno de ellos, ni siquiera hipotéticamente. Retándolos a ponerse en el lugar imaginario de un pastor, el Señor volvió a atacarles el desmesurado orgullo que exhibían.

Al inicio de la historia, los pastores (probablemente habría dos o tres para un rebaño de ese tamaño) habían perdido **una de** las ovejas. Esta era una situación peligrosa y potencialmente mortal, ya que estos animalitos son indefensos contra los depredadores e incapaces de cuidarse solos. Por ejemplo, si caen patas arriba a menudo les es imposible enderezarse, lo que los pone en grave peligro, como lo explica Phillip Keller:

> La forma en que sucede es la siguiente. Una oveja gorda y de lana larga yace cómodamente en alguna pequeña cavidad o depresión en la tierra. Podría rodar un poco de lado para estirarse o relajarse. De repente el centro de gravedad en el cuerpo cambia de tal modo que gira sobre la espalda lo suficiente para que las patas ya no toquen la tierra. Al animalito se le podría presentar una sensación de pánico y empezar a patear de manera frenética. A menudo esto solo empeora la situación. Se voltea aún más. Ahora es casi imposible que vuelva a ponerse en pie.
>
> Cuando yace allí luchando, gases empiezan a acumulársele en la panza. Cuando tales gases se expanden tienden a retardar y cortar la circulación sanguínea hacia las extremidades del cuerpo, en especial las patas. Si el clima es muy cálido y soleado, una oveja en esta condición puede morir en pocas horas. Si hace frío, está nublado y llueve podría sobrevivir en esta posición por varios días (*A Shepherd Looks At Psalm 23* [Grand Rapids: Zondervan, 1970], pp. 61-62).

Perder una de las ovejas era por consiguiente una situación grave que requería acción inmediata. Los pastores eran responsables de sus rebaños, y si una oveja se extraviaba, ellos eran responsables de rescatarla (cp. 1 S. 17:34-35), o de presentar pruebas de que un depredador la había matado o que la habían robado (cp. Gn. 31:39). Era deber de este pastor dejar **las noventa y nueve en el desierto** bajo el cuidado de los otros pastores e ir **tras la que se perdió,** y buscarla **hasta encontrarla.**

En la historia del Señor, el pastor encontró la oveja perdida así que su búsqueda tuvo éxito. **Cuando la encuentra,** el pastor **la pone sobre sus hombros,** con la panza en la nuca y las patas juntas frente a él, y así empieza el prolongado y arduo viaje a casa cargando el pesado animal (una oveja adulta puede pesar más de cincuenta kilos). Además, que el hombre llevara a la oveja **a casa** en la aldea, y no la devolviera a la pradera donde había empezado la búsqueda, sugiere que ya había caído la noche y que el hombre había hecho el viaje de regreso en medio de la oscuridad. Sin embargo, no lo hizo de mala gana, sino **gozoso.**

Después que la oveja se perdió, y fue buscada y hallada, su regreso a salvo fue festejado. En su alegría por encontrar la oveja perdida, el pastor convocó

a todos **a sus amigos y vecinos,** y les manifestó: **Gozaos conmigo, porque he encontrado mi oveja que se había perdido.** Los escribas y fariseos, aunque reacios a ser pastores, incluso en sus mentes debido a la parte buena de la ilustración, habrían entendido totalmente el valor monetario de la oveja, ya que "eran avaros" (Lc. 16:14). Sin duda entendían el alegre festejo que habría seguido a la aparición del pastor con la oveja perdida. Ellos habrían estado de acuerdo en que éticamente la incesante búsqueda que el pastor había hecho de la oveja perdida era su obligación.

Después de haber involucrado a los escribas y fariseos en la historia, el Señor les dio una devastadora aplicación. Solemnemente les declaró: **Os digo que así habrá más gozo en el cielo por un pecador que se arrepiente, que por noventa y nueve justos que no necesitan de arrepentimiento.** El contraste entre los escribas y fariseos, que eran indiferentes ante la condición difícil de los perdidos, y de Dios, quien busca a los pecadores y se regocija cuando los encuentra, es sorprendente. El hecho de que quienes manifestaban representar oficialmente a Dios no entendieran la misión de Él, ni participaran del gozo del Señor en recuperar pecadores perdidos, revela que la manera de pensar que tenían era ajena a la de Dios. Los escribas y fariseos vivían dentro de los angostos confines de la superficialidad y trivialidad, mientras a su alrededor había almas que se estaban perdiendo. Los escribas y fariseos eran hipócritas, falsos pastores que no sabían nada del corazón compasivo, cuidadoso y amoroso de Dios; los representaban los **noventa y nueve** que se creían **justos** y **que** por tanto **no** creían tener ninguna necesidad **de arrepentimiento.** Consecuentemente no producían gozo en el cielo.

La historia también contiene alusiones cristológicas. Dios encarnado en Jesucristo es el buen pastor (Jn. 10:11, 14), que "vino a buscar y a salvar lo que se había perdido" (Lc. 19:10). Él tiene compasión por los pecadores perdidos, a quienes comparó con ovejas sin pastor (Mt. 9:36; Mr. 6:34), y por eso llevó a Dios todo el peso de la restauración de tales pecadores al dar su vida por ellos (Jn. 10:11; cp. Is. 53:4-6; 1 P. 2:24-25).

LA MONEDA PERDIDA

¿O qué mujer que tiene diez dracmas, si pierde una dracma, no enciende la lámpara, y barre la casa, y busca con diligencia hasta encontrarla? Y cuando la encuentra, reúne a sus amigas y vecinas, diciendo: Gozaos conmigo, porque he encontrado la dracma que había perdido. Así os digo que hay gozo delante de los ángeles de Dios por un pecador que se arrepiente. (15:8-10)

Al igual que la primera historia, también esta se lleva a cabo en el escenario de una aldea. Y así como la parábola anterior, esta presenta a una persona pobre de baja posición social que enfrenta una crisis importante: una mujer que perdió una moneda de gran valor.

Si los escribas y fariseos se sintieron ofendidos porque Jesús les solicitó que se imaginaran siendo pastores, pedirles que se imaginaran estar en la posición de una mujer fue una ofensa aún mayor. Los pastores eran considerados inmundos, y en esa cultura dominada por los varones a las mujeres se las consideraba insignificantes e indignas de respeto alguno. Cabe señalar que mientras los escribas y fariseos se resintieron porque los compararan con un pastor y una mujer, Dios no lo hizo. En el Salmo 23 no solo se describió como un pastor (v. 1), sino también como una mujer (v. 5; preparar una mesa era trabajo de mujeres), mientras que, en su lamento sobre Jerusalén, Jesús se describió como una gallina con polluelos (Lc. 13:34). Fue la misericordia lo que impulsó a Jesús a asaltarles su necio orgullo, ya que solamente los humildes pueden ser salvos (Mt. 5:5; Stg. 4:6, 10).

La parábola describe a una **mujer que** había perdido una de sus **diez dracmas.** Una dracma (un denario romano) representaba el salario de un día para un trabajador común. Aunque tal vez esa no parezca una gran cantidad de dinero, en una sociedad de trueque donde el dinero no se usaba con tanta frecuencia como en la mayoría de las sociedades modernas, esta era una pérdida significativa. El dinero pudo haber sido un fondo de emergencia que se debía usar cuando fuera necesario para realizar compras importantes. Lo más probable es que las dracmas representaran la dote de la mujer, que el padre le entregara como regalo de bodas, y que le proporcionaran seguridad para el futuro.

La manera en que se perdiera la moneda no es relevante para la historia. Podría ser que la mujer hubiera ensartado todas las monedas, las llevara alrededor del cuello, y la cuerda se hubiera roto; o que las hubiera amarrado en un trapo a modo de monedero y el nudo se hubiera deshecho. Para llevar a cabo su desesperada búsqueda le habría sido necesario encender una **lámpara** incluso a la luz del día, ya que por lo general las casas no tenían ventanas, o tal vez estas eran muy pequeñas. Cuando con una rápida mirada alrededor no descubrió la moneda, ella procedió a barrer el polvo del piso de tierra apisonada de **la casa** y a buscar la moneda **con diligencia.**

Al fin, para su gran alegría, la mujer encontró la moneda perdida. Entonces, con el fin de celebrarlo, **reúne a sus amigas y vecinas, diciendo: Gozaos conmigo, porque he encontrado la dracma que había perdido.** Los habitantes de una aldea pequeña y muy unida como posiblemente era esa participarían de los mutuos sufrimientos y alegrías, por lo que habría sido apropiado hacer una fiesta con el fin de celebrar el gozo de la mujer al haber recuperado lo que había perdido. ¿Valen menos las almas eternas?

Desde el punto de vista ético, una vez más los fariseos habrían estado de acuerdo en que lo que ella hizo era necesario bajo las circunstancias indicadas.

Todos habrían concordado en que al haber perdido una significativa cantidad de dinero, lo único que la mujer tenía que hacer era buscar la moneda con diligencia hasta encontrarla. Esta parábola también estaba dirigida directamente a ellos, como lo indica la enfática declaración de Cristo de **os digo.** Pero ellos volvieron a fallar en hacer la conexión entre su repudio despectivo por las almas perdidas y la preocupación apasionada de Dios por estas. Por tanto los escribas y fariseos no participaron del **gozo que hay delante de los ángeles de Dios,** que tienen gran interés en la redención que produce el gozo de Dios (cp. Mt. 18:10; 25:31; Lc. 2:10-14; 1 P. 1:12; Ap. 3:5) **por un pecador que se arrepiente.** El gozo del que se habla aquí es el gozo de Dios, la alegría que llena el cielo, y en el que participan los ángeles y los redimidos (cp. Ap. 4:8-11; 5:8-14).

La acusación que el Señor les hizo a los escribas y fariseos fue clara e inevitable. ¿Cómo podían ellos ratificar la responsabilidad ética de un pastor por buscar una oveja perdida, y la de una mujer por buscar una dracma perdida, mientras condenaban a Jesús por tratar de recuperar almas perdidas? ¿Cómo podían entender el gozo de hombres y mujeres humildes en una aldea debido a una recuperación temporal, y dejar de comprender totalmente el gozo de Dios en el cielo por la salvación eterna?

Los elementos teológicos y cristológicos de esta breve parábola son claros. La mujer representa a Dios en Cristo quien busca a pecadores perdidos entre las grietas, el polvo y los escombros de un mundo mancillado por el pecado. Fue Dios quien por medio de su elección soberana inició la búsqueda de aquellos pecadores que le pertenecían, puesto que al igual que la moneda sin vida ellos no pueden hacer nada por su cuenta (Ef. 2:1-3). Jesús recorrió todo el trayecto desde el cielo a la tierra para buscar a los suyos que se habían perdido, rebuscando a pecadores en cada rincón siniestro, y haciendo luego que sobre ellos brille la luz del glorioso evangelio (2 Co. 4:5-6; 1 Ti. 1:11). Después de haber hallado al pecador perdido, Dios en Cristo lo restaura al divino tesoro celestial, y luego expresa el gozo en el cual participan los santos habitantes del cielo.

Rescatar a los perdidos requiere gracia costosa. El Hijo inmaculado de Dios se convirtió en hombre, vivió con pecadores, llevó en la cruz la ira de Dios por el pecado, y resucitó triunfante de la tumba. Ninguno de los falsos dioses de las religiones del mundo son como el Dios vivo y verdadero, quien busca y salva a pecadores indignos porque los valora como propios; Él convierte a sus enemigos en amigos por el simple placer que recibe al salvarlos.

Pero que Dios busque y salve a pecadores perdidos no sucede al margen del arrepentimiento de estos. Tal realidad no forma parte de las historias de la oveja y la moneda, ya que estas no son personas. Sin embargo, constituye un tema en la última y más larga de las tres parábolas de este capítulo: la historia de dos hijos y un padre amoroso (vv. 11-32), que es el tema del próximo capítulo de esta obra.

La historia de dos hijos

91

También dijo: Un hombre tenía dos hijos; y el menor de ellos dijo a su padre: Padre, dame la parte de los bienes que me corresponde; y les repartió los bienes. No muchos días después, juntándolo todo el hijo menor, se fue lejos a una provincia apartada; y allí desperdició sus bienes viviendo perdidamente. Y cuando todo lo hubo malgastado, vino una gran hambre en aquella provincia, y comenzó a faltarle. Y fue y se arrimó a uno de los ciudadanos de aquella tierra, el cual le envió a su hacienda para que apacentase cerdos. Y deseaba llenar su vientre de las algarrobas que comían los cerdos, pero nadie le daba. Y volviendo en sí, dijo: ¡Cuántos jornaleros en casa de mi padre tienen abundancia de pan, y yo aquí perezco de hambre! Me levantaré e iré a mi padre, y le diré: Padre, he pecado contra el cielo y contra ti. Ya no soy digno de ser llamado tu hijo; hazme como a uno de tus jornaleros. Y levantándose, vino a su padre. Y cuando aún estaba lejos, lo vio su padre, y fue movido a misericordia, y corrió, y se echó sobre su cuello, y le besó. Y el hijo le dijo: Padre, he pecado contra el cielo y contra ti, y ya no soy digno de ser llamado tu hijo. Pero el padre dijo a sus siervos: Sacad el mejor vestido, y vestidle; y poned un anillo en su mano, y calzado en sus pies. Y traed el becerro gordo y matadlo, y comamos y hagamos fiesta; porque este mi hijo muerto era, y ha revivido; se había perdido, y es hallado. Y comenzaron a regocijarse. Y su hijo mayor estaba en el campo; y cuando vino, y llegó cerca de la casa, oyó la música y las danzas; y llamando a uno de los criados, le preguntó qué era aquello. Él le dijo: Tu hermano ha venido; y tu padre ha hecho matar el becerro gordo, por haberle recibido bueno y sano. Entonces se enojó, y no quería entrar. Salió por tanto su padre, y le rogaba que entrase. Mas él, respondiendo, dijo al padre: He aquí, tantos años te sirvo, no habiéndote desobedecido jamás, y nunca me has dado ni un cabrito para gozarme con mis amigos. Pero cuando vino este tu hijo, que ha consumido tus bienes con rameras, has hecho matar para él el becerro gordo. Él entonces le dijo: Hijo, tú siempre estás conmigo, y todas mis cosas son tuyas. Mas era necesario hacer fiesta y regocijarnos, porque este tu hermano era muerto, y ha revivido; se había perdido, y es hallado. (15:11-32)

El Señor Jesucristo era el experto narrador de historias. Sus parábolas eran inigualables analogías que aclaraban la verdad espiritual. Aunque en la superficie tenían profundo significado espiritual relacionado con el reino de Dios y la salvación, en sí eran historias extraídas de experiencias de la vida cotidiana con las que sus oyentes podían identificarse. Incluso las historias ficticias de Cristo, al igual que el resto de la Biblia, contrastan con las de falsas religiones que prácticamente extraen sus características de mitos y fantasías. La Biblia es un libro del mundo real, fiel a los hechos y a experiencias humanas comunes. Aunque los significados de las historias del Señor fueron diseñados para ocultar la verdad de quienes lo habían rechazado (Mt. 13:13-15; Jn. 12:39-40), aún eran historias claras y comprensibles. Incluso quienes rechazaron la verdad entendieron las analogías, aunque en misterio en cuanto a significado y aplicación espiritual.

Esta historia es un ejemplo claro de esa realidad. Los dirigentes religiosos entendieron perfectamente la historia, pero en cuanto a su significado espiritual estaban ciegos. De todas las parábolas del Señor, esta es la más conocida y sobresaliente. Comúnmente conocida como la parábola del hijo pródigo, en realidad es la historia de dos hijos rebeldes y su padre amoroso y clemente. Aunque un niño puede entender la narración, su significado es probablemente el más rico y complejo de las parábolas de Jesús.

Esta historia merece más que un tratamiento básico; una simple comprensión superficial no capta la profundidad y la riqueza de su mensaje. Puesto que la Biblia es un libro del antiguo Cercano Oriente, sus verdades están presentadas en un escenario cultural que es ajeno al nuestro. Ha sido demasiado fácil para los intérpretes arrancar esta historia de su contexto, transportarla al mundo de hoy, y tratarla de manera superficial y errante. Hacer eso no solo es perder los matices, las sutilezas y las características que dan a dicha historia su mensaje divino completo, sino también tergiversar el mensaje de Jesús. Y ese no es un crimen insignificante, sobre todo con relación a este ejemplo crucial de la salvación.

A fin de extraer de esta magnífica narración todo lo que Dios puso en ella es necesario oírla en el contexto en que la audiencia de Jesús la habría escuchado. Profundamente arraigadas en las mentes de la gente de la época había ideas sociales y religiosas, y actitudes culturales, que generaban sentimientos previsibles y sensibilidades típicas de la vida y la percepción del antiguo Oriente Medio. Incluso las personas más educadas de esa época habrían tenido sus raíces en una vida agraria sencilla de aldea. Entender algunas de las características de esa vida iluminará la historia para los lectores modernos, y evitar así una tergiversación superficial.

Según se indicó en el capítulo anterior de esta obra, las tres parábolas en Lucas 15 son la respuesta de Jesús a las acusaciones hechas por sus implacables adversarios, los escribas y fariseos. Ellos lo odiaban porque les desenmascaró su hipocresía legalista, y a cambio lo acusaron de modo blasfemo de que era Satanás quien le confería poderes. Una manera en que trataron de desacreditar a Jesús fue atacándolo por relacionarse con la chusma "no aceptada en las sinagogas" de la sociedad judía: los cobradores de impuestos y pecadores (15:1-2).

Sostenían que al asociarse Jesús con personas de Satanás (según las veían ellos) en lugar de juntarse con personas piadosas (como ellos), era una prueba de que Él no podía venir de parte de Dios.

Al igual que las parábolas de la oveja perdida y la moneda perdida, esta parábola representa el gozo de Dios por la salvación de los perdidos. Pero aunque las dos primeras parábolas destacan la parte divina en la búsqueda de los pecadores, esta tercera, aunque se refiere a Dios como el buscador, se enfoca más en el aspecto humano de la salvación: pecado, rechazo, arrepentimiento y regreso del hombre a Dios. Se trata de una historia dramática y conmovedora sobre el desesperado arrepentimiento del pecador, y acerca del amor y el ansioso perdón de Dios para tal sentimiento.

La historia gira en torno a tres personajes: el hijo menor, el padre, y el hijo mayor, y en cómo todos ellos actuaron dentro de una cultura cuya prioridad ética era buscar el honor y evitar la vergüenza. Contada a quienes protegían el honor y rechazaban la vergüenza, la narración invierte ese modelo estructurado. El hijo menor parece ser el ejemplo extremo de la vergüenza debido a su rebelión contra todo lo que es correcto. Entonces, a los ojos de los escribas y fariseos, el padre parece más vergonzoso al aceptar otra vez al hijo. Para todos los que entienden la historia, el hermano mayor es la muestra definitiva de vergüenza, y representa a los escribas y fariseos, quienes se creían los más honorables y sin ningún tipo de vergüenza. Tales aspectos de vergüenza y honor se harán más claros a medida que la historia se desarrolla.

EL HIJO MENOR

También dijo: Un hombre tenía dos hijos; y el menor de ellos dijo a su padre: Padre, dame la parte de los bienes que me corresponde; y les repartió los bienes. No muchos días después, juntándolo todo el hijo menor, se fue lejos a una provincia apartada; y allí desperdició sus bienes viviendo perdidamente. Y cuando todo lo hubo malgastado, vino una gran hambre en aquella provincia, y comenzó a faltarle. Y fue y se arrimó a uno de los ciudadanos de aquella tierra, el cual le envió a su hacienda para que apacentase cerdos. Y deseaba llenar su vientre de las algarrobas que comían los cerdos, pero nadie le daba. Y volviendo en sí, dijo: ¡Cuántos jornaleros en casa de mi padre tienen abundancia de pan, y yo aquí perezco de hambre! Me levantaré e iré a mi padre, y le diré: Padre, he pecado contra el cielo y contra ti. Ya no soy digno de ser llamado tu hijo; hazme como a uno de tus jornaleros. (15:11-19)

El relato del más conocido de los dos hijos se desarrolla en tres etapas de vergüenza: hizo una petición vergonzosa, cometió un acto vergonzoso de rebelión, y después se arrepintió vergonzosamente.

VERGONZOSA PETICIÓN

También dijo: Un hombre tenía dos hijos; y el menor de ellos dijo a su padre: Padre, dame la parte de los bienes que me corresponde; y les repartió los bienes. (15:11-12)

La narración empieza presentando a un **hombre** que **tenía dos hijos.** El título común de esta historia, la parábola del hijo pródigo, sugiere que se trata principalmente del hijo **menor.** Sin embargo, tal no es el caso. Aunque no aparece hasta el final, en realidad es el hermano mayor quien tiene el enfoque principal de la parábola. Las acciones del hijo menor al principio ponen en movimiento la cadena de acontecimientos que llevan a la pecaminosa reacción de su hermano y a la acusación de los oyentes de Jesús. "Pródigo" es un término arcaico que describe a un derrochador, un individuo que satisface todos sus deseos de manera extravagante o que es imprudentemente despilfarrador. Describe a la perfección al hijo menor, como revelan sus acciones.

Este joven hizo una sorprendente petición **a su padre,** diciéndole: **Padre, dame la parte de los bienes que me corresponde.** Los escribas y fariseos que oían esta historia se habrán sorprendido e impactado por tan descarada exigencia. Esta era una indignante e inaudita petición que un hijo le hiciera a su padre. Era irrespetuosa, y expresaba una falta total de amor y gratitud hacia quien le había provisto de todo. Los escribas y fariseos la habrían considerado una conducta vergonzosa y reprensible, una flagrante violación al quinto mandamiento: "Honra a tu padre y a tu madre" (Éx. 20:12; cp. Lv. 19:3; Mal. 1:6; Mt. 15:4).

Que un hijo dijera tal barbaridad a su padre en esa cultura equivalía a decir que deseaba verlo muerto, ya que no tenía derecho a su parte de la herencia (un tercio de los bienes, ya que su hermano era el primogénito [Gn. 25:31-34; Dt. 21:17]) mientras su padre aún estuviera vivo. Puesto que el padre en la historia conservaba el control y la supervisión de los bienes mientras estuviera vivo (cp. v. 31), esto interferiría en los planes de su hijo. El muchacho quería su libertad para dejar la familia y satisfacer sus propios deseos egoístas. Normalmente, un hijo que trajera sobre sí tal vergüenza al hacer esa petición habría sido avergonzado en público por su padre, tal vez desheredado o incluso despedido de la familia y considerado muerto (cp. vv. 24, 32).

Una prueba más de la irresponsabilidad del hijo viene del uso del término *ousias* (**bienes**), usado solo aquí en el Nuevo Testamento, en lugar del término habitual para herencia, *klēronomia* (12:13; 20:14; Mt. 21:38; Mr. 12:7). *Ousias* hace referencia a propiedad o posesiones materiales, y su uso sugiere que el hijo no estaba dispuesto a asumir la responsabilidad que venía con su parte de los bienes. Es evidente que no le interesaba administrar su parte para el bien futuro de la familia, como hicieran aquellos antes de él, sino que de modo egoísta quería liquidarla a fin de usarla únicamente para su propio placer.

La información de la irresponsable y egoísta petición del hijo habría circulado por toda la aldea. Las personas habrían esperado que el padre estuviera furioso con el hijo que lo había deshonrado y avergonzado, y que tomara las medidas disciplinarias correspondientes. En vez de eso, en un giro sorprendente e inesperado de los acontecimientos, el padre concedió la petición del muchacho y **repartió los bienes** entre sus hijos. En esta ocasión, **bienes** se traduce de la palabra griega *bios*, que literalmente se refiere a vida física. Aquí abarca todo lo que las generaciones anteriores de la familia habían producido y entregado a la generación actual. Si el padre hubiera hecho eso por su propia voluntad podría haber sido comprensible. Pero hacerlo en respuesta a la descarada petición de su indigno hijo fue algo muy chocante. En lugar de abofetearlo por su insolencia, el padre le concedió los deseos. A los ojos de los dirigentes religiosos, al otorgar la petición del perverso hijo el padre mismo había actuado de modo vergonzoso. El Señor está resaltando el punto espiritual de que Dios da a los pecadores la libertad de elegir el curso de su iniquidad.

VERGONZOSA REBELIÓN

No muchos días después, juntándolo todo el hijo menor, se fue lejos a una provincia apartada; y allí desperdició sus bienes viviendo perdidamente. Y cuando todo lo hubo malgastado, vino una gran hambre en aquella provincia, y comenzó a faltarle. Y fue y se arrimó a uno de los ciudadanos de aquella tierra, el cual le envió a su hacienda para que apacentase cerdos. Y deseaba llenar su vientre de las algarrobas que comían los cerdos, pero nadie le daba. (15:13-16)

No pasó mucho tiempo para que **el hijo menor** diera el siguiente paso en su espiral descendente. Sin perder tiempo, **no muchos días después, juntándolo todo**, es decir lo que había recibido, **se fue lejos.** *Sunagō* (**juntándolo todo**) tiene aquí la connotación de haber cambiado **todo** por dinero efectivo (la palabra se usaba con tal fin en el griego extrabíblico; cp. Walter Bauer, William F. Arndt, y F. Wilbur Gingrich, *A Greek-English Lexicon of the New Testament and Other Early Christian Literature* [Chicago: Univ. of Chicago, 1979], p. 782), ya que esa era la única manera práctica en que pudo haber llevado con él su parte de los bienes en un viaje **a una provincia apartada** para su placer pecaminoso. Aunque él no podía tomar posesión de su herencia hasta que su padre muriera, se le permitió vender su parte (obligadamente a un precio reducido) a un comprador dispuesto a esperar para tomar posesión cuando el padre muriera (muy parecido al modo en que los inversionistas modernos compran acciones, con coberturas contra el futuro pagando el precio actual de compra).

Como si no fuera suficientemente malo que deshonrara a su padre, que hiciera caso omiso de su responsabilidad para con la familia, y que iniciara un viaje pecaminoso de placer, el hijo entonces viajó **a una provincia apartada,** que significa una región gentil (como era todo territorio fuera de Israel). Él quería pecar más allá del alcance de toda responsabilidad, lejos de su padre y de los aldeanos, quienes lo habrían despreciado por su comportamiento vergonzoso. La acción del joven simboliza la necedad del pecador al tratar de huir de Dios, ante quien no deseaba ser responsable.

Las personas que escuchaban la historia se habrían preguntado por qué el Señor no incluyó al hermano mayor en este punto para que actuara como mediador. Eso habría sido de esperar. Si este hubiera amado de veras al padre le habría defendido el honor ante las irresponsables acciones de su hermano menor; y si amaba a su hermano habría intervenido para evitar que arruinara su vida y llenara de vergüenza a todo el mundo. El hermano mayor lleva la vergüenza por su ausencia. La imagen es la de un padre amoroso y generoso que da todo a dos hijos ingratos y nada cariñosos que no tenían absolutamente ninguna relación con él, ni entre ellos.

Tal como había planeado, después de llegar a su destino, el hijo menor **desperdició sus bienes viviendo perdidamente.** *Diaskorpizō* (**desperdició**) literalmente significa "esparcir" (Mt. 25:24, 26; 26:31; Lc. 1:51; Jn. 11:52; Hch. 5:37). Mediante su estilo de vida imprudente, derrochador y libertino, incluso de juntarse con prostitutas (v. 30), derrochó su fortuna.

Sin embargo, los placeres del pecado son efímeros (He. 11:25), y cuando desapareció lo último de su dinero, la fiesta terminó. Sus antiguos amigos, que con gusto se habían emborrachado con él, no le fueron útiles **cuando todo lo hubo malgastado.** Inmediatamente después de la bancarrota misma surgió otro desastre, este no de su propia creación: **vino una gran hambre en aquella provincia.** La hambruna era un flagelo mortal y terrible, y además muy común en el mundo antiguo. El hambre motivó tanto a Abraham (Gn. 12:10) como a Jacob y su familia (Gn. 47:4) a buscar refugio en Egipto. Motivó también a Isaac a refugiarse en la tierra de los filisteos (Gn. 26:1), y a Rut y su familia a buscar refugio en Moab (Rt. 1:1). Hubo hambrunas en toda la historia de Israel (2 S. 21:1; 1 R. 18:1-2; 2 R. 4:38; 8:1; Neh. 5:3; Lm. 5:10; Hch. 11:28), a menudo con terribles consecuencias, incluso canibalismo (2 R. 6:25-29).

Por primera vez en su vida, al joven **comenzó a faltarle** (lit., "no tener suficiente", o "pasar necesidad"). Sus malas decisiones, sumadas a la grave crisis externa provocada por la hambruna, lo llevaron a un inconcebible nivel de desesperación. Él había abandonado a su familia, y sus supuestos amigos también lo habían abandonado. Era un extraño en una tierra extranjera, sin tener a dónde ir y sin nadie a quién acudir para pedirle ayuda. Estaba sin dinero, en la indigencia, sin recursos. Al buscar placer desenfrenado, lujuria continua, y un comportamiento sin restricción alguna, terminó en cambio sufriendo, vacío y al borde de la muerte. Pero, a pesar de sus terribles circunstancias, aún no estaba listo para humillarse, regresar a casa, buscar restauración, y enfrentar las consecuencias de su conducta vergonzosa.

En lugar de eso, se le ocurrió un plan desesperado. **Fue y se arrimó a uno de los ciudadanos de aquella tierra, el cual le envió a su hacienda para que apacentase cerdos.** Para un judío apacentar **cerdos** en una nación gentil era una de las ocupaciones más degradantes que se podía imaginar. Los escritos rabínicos pronunciaban una maldición sobre los que se relacionaban con cerdos (Leon Morris, *The Gospel According to St. Luke,* The Tyndale New Testament Commentaries [Grand Rapids: Eerdmans, 1975], p. 241). La palabra **arrimó** se traduce de una forma del verbo *kollaō,* que literalmente significa "pegado". Este no era un contrato de trabajo. El joven era un mendigo, y como los mendigos persistentes en todo el mundo, es muy probable que se aferrara a este hombre y no lo soltara. Para deshacerse del extraño, el hombre lo envió a cuidar cerdos, quizás sin intención de pagarle algo. El miserable se vio obligado a pelearse por **las algarrobas que comían los cerdos.** Estas tal vez eran vainas de algarrobas que prácticamente no son comestibles para los humanos (aunque cuando se las tritura, el polvo se puede usar como sustituto del chocolate). Ni siquiera los intentos del joven por mendigar dieron resultado, porque **nadie le daba** nada.

El comportamiento del hijo menor ejemplifica los lamentables deseos del pecador y su difícil situación ilustra gráficamente la desesperada realidad que vive. Pecar contra Dios es rebelarse contra su paternidad, desdeñar su honor y respeto, despreciar su amor, y rechazar su voluntad. Los pecadores que no se arrepienten rehúyen toda responsabilidad y rendición de cuentas delante de Dios. Le niegan su lugar, lo odian, desean que Él no existiera, se niegan a amarlo, y lo deshonran. Toman las dádivas que les ha dado y las despilfarran en una vida de gratificación personal, disipación y lujuria desenfrenada. Como resultado, los pecadores se encuentran espiritualmente en bancarrota, vacíos, indigentes, sin nadie que los ayude, sin nadie a quién acudir, y enfrentando muerte eterna. Y cuando todas las estrategias de autoayuda fallan, el pecador toca fondo. Solo hay una solución para aquellos que, al igual que este joven individuo, se hallan en tal situación, la cual se da a conocer en la siguiente escena de la parábola.

VERGONZOSO ARREPENTIMIENTO

Y volviendo en sí, dijo: ¡Cuántos jornaleros en casa de mi padre tienen abundancia de pan, y yo aquí perezco de hambre! Me levantaré e iré a mi padre, y le diré: Padre, he pecado contra el cielo y contra ti. Ya no soy digno de ser llamado tu hijo; hazme como a uno de tus jornaleros. (15:17-19)

En lo profundo de su desesperanza y desesperación, el hijo menor, al enfrentar hambre, volvió **en sí** y recordó a su rico y generoso padre. Se recordó: **¡Cuántos jornaleros en casa de mi padre tienen abundancia de pan, y yo aquí perezco de hambre!** Esta declaración revela aún más el conocimiento que tenía de la naturaleza misericordiosa y clemente de su padre. Los **jornaleros** eran trabajadores por lo general pobres y no calificados, que vivían día a día de los trabajos temporales que podían encontrar a cualquier salario que les ofrecieran (cp. Mt. 20:13-14). Reconociendo la realidad de que tales personas serían parte de la sociedad, la ley del Antiguo Testamento los protegía y exigía que sus salarios se les pagaran en el momento oportuno (cp. Lv. 19:13; Dt. 24:14-15). Pero como el hijo sabía y recordaba muy bien, su padre excedía generosamente los requerimientos de la ley asegurándose de que los hombres que contrataba tuvieran **abundancia de pan.** Ese recuerdo le brindó esperanza y, sin tener alternativa y con lo que los escribas y fariseos verían como insolente osadía, el joven decidió: **Me levantaré e iré a mi padre.** Lo peor que le podría suceder no sería más grave de lo que enfrentaba, sino que esperaba al menos ser tratado con la misma misericordia y compasión con la que su padre siempre había tratado a sus jornaleros.

Con eso en mente ensayó una breve confesión que ofrecer cuando llegara a casa: **Padre, he pecado contra el cielo y contra ti. Ya no soy digno de ser llamado tu hijo; hazme como a uno de tus jornaleros.** Lo mejor que pudo haber esperado, tras confesar humildemente su vergonzoso pecado, era que se le permitiera trabajar hacia la restitución (cp. Mt. 18:26) de todo lo que había desperdiciado y después de eso esperar reconciliarse con su padre. Los escribas y fariseos habrían estado de acuerdo en que él debía confesar, arrepentirse, mostrarse humillado y avergonzado, y quizás recibir perdón y misericordia, pero solo después de hacer una total restitución. En la manera de pensar de ellos, las personas se tienen que ganar otra vez su camino a partir de la vergüenza.

Las acciones del hijo menor representan el tipo de arrepentimiento que puede llevar a la salvación. Él volvió en sí y se dio cuenta de que su situación era desesperada. Recordó la bondad, la compasión, la generosidad y la clemencia de su padre, y confió en esas virtudes. De igual modo, el pecador arrepentido hace un balance de su situación y reconoce su necesidad de volverse del pecado. Comprende que no hay a quién volverse sino al Padre a quien ha avergonzado y deshonrado, y por fe, sin nada que ofrecer, se vuelve hacia Él en busca de perdón y reconciliación en base a la gracia divina. El hijo reconoció ante su padre que había **pecado contra el cielo** (la frase griega también podría sugerir que consideró que sus pecados se amontaban hasta el cielo; cp. Esd. 9:6) **y contra** su padre. En la misma forma el pecador arrepentido asume la total responsabilidad por su pecado y acepta la atrocidad de este.

El arrepentimiento es la parte del pecador en el proceso de ser restaurado con Dios, y no existe evangelio verdadero aparte de esto. El llamado a los pecadores de arrepentirse está en el centro de toda evangelización bíblica, comenzando en el Antiguo Testamento (cp. Sal. 32:5; 51:1-4, 14, 17; Is. 1:16-18; 55:6-7; Ez. 18:30, 32; 33:19; Jon. 3:5-10). En el Nuevo Testamento el arrepentimiento fue central en la predicación de Juan el Bautista (Lc. 3:3-9), Jesús (Mt. 4:17; Lc. 5:32; 13:3, 5; 24:46-47), los apóstoles (Mr. 6:12), y la iglesia primitiva (Hch. 2:38; 3:19; 5:31; 8:22; 17:30; 20:21; 26:20; 2 Co. 7:9-11). El arrepentimiento no se debe malinterpretar como una obra meritoria de presalvación pues, aunque se requiere del pecador, debe ser concedido por Dios (Hch. 11:18; Ro. 2:4; 2 Ti. 2:25).

Después de suponer que tendría que trabajar para hacer la restitución, el hijo menor no esperaba ser recibido de nuevo e inmediatamente en el seno de la familia como un hijo, o ni siquiera como uno de los siervos de la casa. Solo esperaba que su padre estuviera dispuesto a aceptarlo **como a uno de** sus **jornaleros.** Su estilo de vida vacío lo había llenado de remordimiento por el pasado, el dolor en el presente, y la sombría perspectiva de incluso más sufrimiento en el futuro mientras trabajaba el resto de la vida para ganar aceptación. Sin embargo, como se ve después, drásticamente el hijo subestimó a su padre.

EL PADRE

Y levantándose, vino a su padre. Y cuando aún estaba lejos, lo vio su padre, y fue movido a misericordia, y corrió, y se echó sobre su cuello, y le besó. Y el hijo le dijo: Padre, he pecado contra el cielo y contra ti, y ya no soy digno de ser llamado tu hijo. Pero el padre dijo a sus siervos: Sacad el mejor vestido, y vestidle; y poned un anillo en su mano, y calzado en sus pies. Y traed el becerro gordo y matadlo, y comamos y hagamos fiesta; porque este mi hijo muerto era, y ha revivido; se había perdido, y es hallado. Y comenzaron a regocijarse. (15:20-24)

Al igual que la vergonzosa historia de su hijo perdido, a los ojos de los dirigentes religiosos la historia del padre se desarrolla en tres etapas vergonzosas: vergonzosa recepción, vergonzosa reconciliación, y vergonzoso regocijo.

VERGONZOSA RECEPCIÓN

Y levantándose, vino a su padre. Y cuando aún estaba lejos, lo vio su padre, y fue movido a misericordia, y corrió, y se echó sobre su cuello, y le besó. Y el hijo le dijo: Padre, he pecado contra el cielo y contra ti, y ya no soy digno de ser llamado tu hijo. (15:20-21)

Obligado a llevar a cabo su única opción, el esperanzado hijo menor **levantándose, vino a su padre.** La recepción que estaba a punto de recibir estaba lejos de su imaginación, y dejó estupefactos y pasmados a aquellos legalistas a quienes la historia fue dirigida. La inesperada recepción comenzó a desarrollarse **cuando** el joven **aún estaba lejos.** Antes de que entrara a la aldea **lo vio su padre,** informó Jesús, indicando que había estado observando, esperando, sufriendo en silencio, esperando que un día su vergonzoso hijo regresara. Los escribas y fariseos habrían esperado que si el hijo regresaba, el padre, a fin de conservar su propio honor, inicialmente se negaría a verlo. Más bien, haría que se sentara en la aldea fuera de la puerta de la casa familiar en vergüenza y desgracia. Cuando finalmente le concediera una audiencia a su hijo, sería una recepción fría mientras se humillaba delante de su padre. Se esperaría que este le informara a su hijo qué trabajos debía realizar hasta hacer total restitución por su prodigalidad, y por cuánto tiempo, antes de que se le pudiera reconciliar como hijo ante su padre. Todo eso era coherente con la enseñanza de los rabinos de que el arrepentimiento era una buena obra realizada por los pecadores, que finalmente haría ganar el favor y el perdón de Dios.

Sin embargo, esa expectativa cultural fue hecha añicos por Jesús cuando expresó que al ver al hijo, el padre **fue movido a misericordia, y corrió, y se echó sobre su cuello, y le besó.** Es obvio que esto se llevó a cabo a la luz del día, ya que no habría podido ver a su hijo a gran distancia durante la noche. La aldea habría estado llena de actividad, y el padre estaba decidido a llegar hasta donde su hijo antes de que este entrara al poblado, con la intención de protegerlo de la vergüenza de las burlas, el desprecio y el maltrato que los aldeanos descargarían sobre el joven tan pronto como lo reconocieran. La **misericordia** del padre por su hijo lo llevó a entrar en acción antes de que el maltrato pudiera comenzar.

Para el asombro total de los oyentes del Señor, los detalles de la historia dan a entender que el padre tomó sobre sí la afrenta de su hijo y de inmediato lo reconcilió al pleno honor de la condición de hijo. Increíblemente, esta vergonzosa humillación se ve en su ansiedad por llegar hasta él, porque **corrió** para encontrar a su hijo. Los nobles del Oriente Medio no corrían. **Corrió** se traduce de una forma del verbo griego *trechō*, que se usa para correr una carrera en 1 Corintios 9:24 y 26. Decidido a llegar hasta donde su hijo antes de que entrara a la aldea y lo recibieran las burlas del populacho, el padre literalmente corrió a toda velocidad hacia él. Para un hombre de su posición e importancia correr en público fue, y sigue siendo, algo inaudito. Para correr debió levantar la larga túnica que usaban hombres y mujeres por igual, y por tanto debió dejar al descubierto las piernas, lo que se consideraba vergonzoso. En ese momento el padre se convirtió en objeto de bochorno al tomar la vergüenza sobre sí con el fin de evitar que cayera sobre su hijo. Aún más impactante fue lo que hizo cuando llegó hasta donde el pródigo; **se echó sobre su cuello** a pesar de la empobrecida inmundicia y los asquerosos trapos que usaba, y varias veces **le**

besó. Tal gesto de aceptación, amor, perdón y reconciliación habría asombrado aún más a los escribas y fariseos. El Señor Jesucristo se representa a sí mismo en este padre, aquel que dejó la gloria del cielo, vino a la tierra, y cargó la vergüenza y la humillación para abrazar a pecadores arrepentidos, que llegan a Él con fe, concediéndoles perdón y reconciliación total.

La impactante recepción al hijo hecha por el horriblemente ofendido padre se llevó a cabo únicamente por la gracia de ese padre, aparte de cualquier obra por parte del muchacho. Cuando al fin este pudo hablar y expresar su discurso ensayado, **Padre, he pecado contra el cielo y contra ti, y ya no soy digno de ser llamado tu hijo,** no pronunció la última frase crucial: **hazme como a uno de tus jornaleros.** ¿Por qué? Porque no había necesidad de obrar para ganarse la restauración y la reconciliación. Su padre lo había recibido de vuelta como su hijo. El joven no tuvo que arrastrarse por días pidiendo la bondad compasiva de su padre, sino que fue perdonado al instante, se le prodigó misericordia, y fue reconciliado de inmediato. La recepción del hijo es un verdadero ejemplo de los creyentes que llegan en arrepentimiento y fe dirigidos hacia Dios, suplicándole su gracia y su perdón aparte de las obras, y que reciben total condición de hijos.

VERGONZOSA RECONCILIACIÓN

Pero el padre dijo a sus siervos: Sacad el mejor vestido, y vestidle; y poned un anillo en su mano, y calzado en sus pies. (15:22)

Entonces el padre proporcionó una evidencia visible de su reconciliación con su hijo. Sus acciones habrían conmocionado aún más a quienes escuchaban la historia. Para ellos habría sido incomprensible que el padre le prodigara honores al hijo que lo había avergonzado y deshonrado. Volviéndose a los **siervos** de la casa que lo habían seguido cuando corrió para encontrar a su hijo, les **dijo** antes que nada: **Sacad el mejor vestido, y vestidle.** El **mejor** o más importante **vestido** pertenecía a los patriarcas, y solo se usaba en las ocasiones más trascendentales. El hombre estaba a punto de convocar a una fabulosa celebración de gala, pero dio a su hijo la prenda que él mismo habría usado en un evento de esa naturaleza. El **anillo** era la joya del padre, que llevaba el escudo familiar, y se usaba para estampar el sello de cera en documentos para autenticarlos. Darle el anillo significó el otorgamiento de parte del padre a su hijo de privilegios, derechos y autoridad. El **calzado,** que por lo general los siervos no usaban, significaba la total restauración a la condición de hijo. Así como el hijo regresó a su padre sin nada, así se acercan con las manos vacías los pecadores arrepentidos a su Padre celestial, quien no justifica a los legalistas, sino a los impíos (Ro. 4:5).

El hecho de que el padre le diera la túnica y el anillo a su hijo menor habría impactado a los oyentes de Cristo. Ellos sabían que por derecho la túnica y el anillo se le debieron dar al hermano mayor, quien primero habría usado la túnica formal de su padre en su propia boda, el más grande y exclusivo acontecimiento que podía darse en una familia. Él debió haber recibido el anillo como un símbolo de su derecho como el primogénito para actuar en nombre de su padre. Pero ahora, de manera increíble, su padre se los había entregado a su hermano menor. Tan fastuoso amor y clemencia concedidos a un pecador arrepentido son incomprensibles para la mente legalista. El legalismo odia la misericordia.

VERGONZOSO REGOCIJO

Y traed el becerro gordo y matadlo, y comamos y hagamos fiesta; porque este mi hijo muerto era, y ha revivido; se había perdido, y es hallado. Y comenzaron a regocijarse. (15:23-24)

Rebosante de alegría por el regreso de su hijo, el padre ordenó a sus siervos que prepararan un festejo extravagante, que eclipsó a las fiestas del pastor que encontró a su oveja perdida (v. 6) y al de la mujer que halló su dracma perdida (v. 9). **El becerro gordo,** alimentado con grano, estaba reservado para sucesos de la mayor importancia, tales como la boda del hijo primogénito (cp. Mt. 22:2-4), o la visita de un personaje importante (cp. 1 S. 28:24). Al ordenar a sus siervos que lo prepararan de modo que los invitados comieran e hicieran **fiesta,** el padre reveló cuán importante se había vuelto su hijo. Ya que un becerro gordo podía alimentar a doscientas personas, toda la aldea habría sido invitada. El pastor había hallado a un animal, la mujer a un objeto inanimado, y lo celebraron con algunos de sus amigos. Pero el padre había **hallado** a su **hijo,** quien **muerto era, y** había **revivido;** quien **se había perdido,** pero ahora había sido **hallado,** y todos en la aldea **comenzaron a regocijarse** junto con él. Cada una de las tres celebraciones reflejan el gozo en el cielo ante la recuperación divina de pecadores perdidos (véase el estudio de esa verdad en el capítulo anterior de esta obra). Y esta fiesta, al igual que las primeras dos, en realidad no honraba al que fue encontrado sino al que buscó a su hijo y le dio plena reconciliación a través de su perdón misericordioso y su amor compasivo.

EL HIJO MAYOR

Y su hijo mayor estaba en el campo; y cuando vino, y llegó cerca de la casa, oyó la música y las danzas; y llamando a uno de los criados, le preguntó qué era aquello. Él le dijo: Tu hermano ha venido; y tu padre ha hecho matar el becerro gordo, por haberle recibido bueno y sano. Entonces se enojó, y no quería entrar. Salió por tanto su padre, y le rogaba que entrase. Mas él,

respondiendo, dijo al padre: He aquí, tantos años te sirvo, no habiéndote desobedecido jamás, y nunca me has dado ni un cabrito para gozarme con mis amigos. Pero cuando vino este tu hijo, que ha consumido tus bienes con rameras, has hecho matar para él el becerro gordo. Él entonces le dijo: Hijo, tú siempre estás conmigo, y todas mis cosas son tuyas. Mas era necesario hacer fiesta y regocijarnos, porque este tu hermano era muerto, y ha revivido; se había perdido, y es hallado. (15:25-32)

Algunos, de manera simplista, han sostenido que el hijo mayor representa a los cristianos, ya que permaneció en casa y exteriormente era obediente a su padre. Sin embargo, en realidad representa a los legalistas apóstatas, en la forma de escribas y fariseos. El vergonzoso papel del hijo mayor se podría ver bajo dos encabezados: su reacción verdaderamente vergonzosa, y la percibida respuesta vergonzosa de su padre.

VERGONZOSA REACCIÓN

Y su hijo mayor estaba en el campo; y cuando vino, y llegó cerca de la casa, oyó la música y las danzas; y llamando a uno de los criados, le preguntó qué era aquello. Él le dijo: Tu hermano ha venido; y tu padre ha hecho matar el becerro gordo, por haberle recibido bueno y sano. Entonces se enojó, y no quería entrar. Salió por tanto su padre, y le rogaba que entrase. Mas él, respondiendo, dijo al padre: He aquí, tantos años te sirvo, no habiéndote desobedecido jamás, y nunca me has dado ni un cabrito para gozarme con mis amigos. Pero cuando vino este tu hijo, que ha consumido tus bienes con rameras, has hecho matar para él el becerro gordo. (15:25-30)

Mientras tanto, el **hijo mayor** había estado **en el campo** todo el día supervisando a los trabajadores y no estaba al tanto del regreso de su hermano y de la posterior fiesta. **Cuando vino** del campo **y llegó cerca de la casa, oyó la música y las danzas.** El hecho de que no supiera nada de la reconciliación ni hubiera oído antes los sonidos de la fiesta indica el enorme tamaño de la propiedad familiar diseñado en la historia. Sorprendido al descubrir que en la aldea se realizaba una amplia celebración de la que no sabía nada, **llamando a uno de los criados** (tal vez uno de los jovencitos que se hallaban al margen de la fiesta) **le preguntó qué era aquello**. El hijo mayor no estaba al tanto de la fiesta, aunque como primogénito debió haber recaído en él la responsabilidad de planificarla. Además, eran sus recursos, su parte de los bienes, los que se estaban usando para la fiesta, y sin embargo a él no le habían consultado. Legalmente su padre no tenía que pedirle permiso para usar los recursos, a pesar de que ya le había repartido los dos tercios restantes de la propiedad. Según se indicó antes, el padre retenía el control (de acuerdo con el principio legal conocido como usufructo) de los bienes mientras viviera. Pero el hecho de que el padre no le consultara indica una vez más que el hermano mayor no tenía ninguna relación con él ni con su hermano menor. En términos de su relación con su familia, el individuo estaba tanto metafórica como literalmente lejos, en un campo.

La respuesta del siervo, **Tu hermano ha venido; y tu padre ha hecho matar el becerro gordo, por haberle recibido bueno y sano,** debería haberlo llenado de gozo porque su hermano había regresado y su padre estaba siendo apropiadamente honrado por su generosidad. En vez de eso le indignó y le enfureció que su padre hubiera **recibido** definitivamente otra vez al pródigo. Peor aún fue darse cuenta desde su perspectiva de que su padre ya se había reconciliado con su hermano (la palabra griega traducida **bueno y sano** se usa en la Septuaginta, la traducción griega del Antiguo Testamento, para referirse a paz, no simplemente a salud física), en vez de hacerlo trabajar para que hiciera restitución por su derroche y su pecado.

Durante años, ese rebelde hijo mayor había logrado ocultar sus verdaderos sentimientos de animosidad hacia su padre y su hermano. No obstante, todo el tiempo había sido malvado como su hermano, solo que por dentro, no por fuera. Pero este hecho desenmascaró su verdadera actitud. En una demostración pública del prolongado odio cultivado, **se enojó, y no quería entrar** a celebrar con los demás. El hermano mayor no pudo alegrarse por la recuperación de su hermano perdido porque no le tenía amor a su padre. No entendió el inmerecido favor, el gratuito perdón, y la liberación de la vergüenza causada por las acciones del ofendido dotado con la autoridad de perdonar.

Los escribas y fariseos habrían aplaudido esta reacción. Debieron haber pensado que por fin alguien estaba defendiendo el honor y actuando de manera justa en enojo por el cobarde pecado del hijo y el vergonzoso perdón del padre. Habrían considerado las acciones del padre como indignantes y vergonzosas, del mismo modo que consideraban maligna la relación de Cristo con recaudadores de impuestos y pecadores. Y representándolos, el hermano mayor era un hipócrita legalista que por fuera hacía lo que se esperaba de él, pero por dentro estaba lleno con pecados secretos como amargura, odio, celos, ira y lujuria (Mt. 23:28). La verdad es que estaba más profunda y realmente perdido que su libertino hermano menor, porque había pasado la vida convenciéndose a él mismo y convenciendo a los demás de que era bueno y moralmente recto. Eso le hacía imposible reconocer que en realidad era un infeliz pecador. Así mismo ocurría con los escribas y fariseos, que eran los "justos" y que a diferencia de los "pecadores" no se arrepentirían (Mt. 9:13).

En contraste con tan duro legalismo, y mostrando la misma paciencia compasiva que había tenido hacia su hijo menor, **salió por tanto su padre, y le rogaba que entrase** al festejo. La acción del padre simbolizaba a Dios en

Jesucristo rogando que los pecadores (cp. Ez. 18:31; 33:11; Lc. 19:10) lleguen a la salvación. Sin embargo, esto habría vuelto a sorprender a los legalistas judíos, quienes habrían esperado que el hijo mayor fuera honrado por su renuencia a alternar en una celebración ofrecida a un pecador y dirigida por un anfitrión cuyo amor doblegaba su devoción hacia la ley.

Toda la ira, amargura y resentimiento que el hijo mayor había reprimido se desbordaron en una diatriba que hizo caso omiso tanto del honor de su padre como de la bendición de su hermano. Negándose de manera irrespetuosa a dirigirse a él con el título de "Padre", sin rodeos **dijo al padre: He aquí, tantos años te sirvo** (*douleuō*; servir como un esclavo). Para él, **tantos años** de trabajar bajo las órdenes de su padre no habían sido nada más que esclavitud. No había amor ni respeto por su padre, simplemente trabajo y monotonía, esperando que él muriera para poder heredar. Se hace evidente que él quería exactamente lo que su hermano menor anhelaba, todo lo que pudiera obtener de los bienes para su propio uso, pero eligió un camino diferente para obtenerlo. Entonces, en una clásica expresión de hipocresía farisaica declaró: **no habiéndote desobedecido jamás** (cp. Lc. 18:21). Como un reflejo de la asombrosa capacidad para el autoengaño exhibida por los hipócritas que se creen buenos, este hijo vivía bajo la ilusión de que nunca había desobedecido ninguna de las órdenes de su padre. El contraste implícito está entre la conducta supuestamente perfecta de este malcriado y la conducta vergonzosa de su padre en el trato indulgente para con el hijo menor. El hijo mayor se veía como uno de los "noventa y nueve justos que no necesitan de arrepentimiento" (Lc. 15:7).

El arrebato de ira del hijo mayor continuó con acusaciones de que su padre había actuado de manera injusta y sucia. Se quejó: **Nunca me has dado ni un cabrito para gozarme con mis amigos.** Declaró en primer lugar que su padre no lo había felicitado por su legalismo. El cielo no hace fiesta por alguien que se cree justo. La segunda implicación es que las personas que le importaban de veras, aquellos con quienes le gustaría festejar, eran sus amigos, no su familia. Aquella era una reminiscencia de los fariseos, quienes solo se asociaban con otros fariseos. Además de hacer supuestamente caso omiso de su fiel servicio, acusó a su padre de mostrar favoritismo hacia su hermano menor. Negándose a reconocerlo como su hermano o incluso a llamarlo por su nombre, de manera desdeñosa y despectiva se refirió a él como **este tu hijo.** Entonces, dándole a la escena el tono más siniestro que pudo, le recordó a su padre que el hermano menor había **consumido** sus **bienes con rameras,** y que a pesar de eso le había organizado tremenda fiesta y había **hecho matar para él el becerro gordo.**

La imagen es impactante. El legalista hermano mayor permaneció solo en la oscuridad ofendiendo a su compasivo padre, quien al mismo tiempo estaba recibiendo honra en el alegre festejo por la recuperación de su hijo perdido. Las acciones del malcriado representan gráficamente a los escribas y fariseos. Estos eran contumaces, legalistas, hipócritas que aparentaban bondad por fuera, eligiendo injuriar y despreciar a Jesucristo, Dios encarnado, por reconciliar a pecadores a los que toda la sociedad religiosa judía había rechazado, en vez de unirse al banquete celestial con quienes alababan a Dios por la salvación que se les había otorgado.

VERGONZOSA RESPUESTA

Él entonces le dijo: Hijo, tú siempre estás conmigo, y todas mis cosas son tuyas. Mas era necesario hacer fiesta y regocijarnos, porque este tu hermano era muerto, y ha revivido; se había perdido, y es hallado. (15:31-32)

La gentil y clemente respuesta del padre se habría considerado el último acto vergonzoso en la historia por parte de los aldeanos que la habrían conocido (así como de parte de los escribas y fariseos que escuchaban la narración). Ellos habrían esperado que abofeteara al hijo mayor por el insolente arrebato. En cambio, se dirigió a él en términos tiernos y entrañables, con el mismo amor compasivo y misericordioso que le había mostrado al hijo menor. La palabra traducida **hijo** no es *huios*, el término usado en los versículos 11, 13, 19, 21, 24, 25 y 30, sino el vocablo más afectivo *teknon* ("niño"). Le recordó: **tú siempre estás conmigo, y todas mis cosas son tuyas.** Aunque el padre retenía el control sobre los bienes, ya se los había dado a su hijo. He aquí una representación de la magnanimidad de Dios, especialmente para con los judíos, a quienes les ha entregado las Escrituras, la gracia común más espléndida, y años de oportunidad en el evangelio (cp. Ro. 9:4-5). Las riquezas de Dios fueron ofrecidas en la mayor abundancia y claridad a los judíos, y en especial a esos dirigentes que se enorgullecían por su conocimiento de las Escrituras.

La declaración final del padre, **mas era necesario hacer fiesta y regocijarnos, porque este tu hermano era muerto, y ha revivido; se había perdido, y es hallado,** regresa al tema de cada una de las tres parábolas en este capítulo: el gozo de Dios al recuperar a pecadores perdidos. El hijo menor simboliza a quienes buscan la salvación de Dios por medio de la gracia, y el hermano mayor representa a quienes buscan la salvación por obras.

Ofrezco un relato más completo de esta maravillosa parábola en mi libro *Memorias de dos hijos* (Nashville: Grupo Nelson, 2008, 2011). En esa obra escribí lo siguiente con relación al final de la impactante parábola de la vida real de Jesús:

> Con estas palabras [v. 32], pero sin ninguna solución satisfactoria, la parábola del hijo pródigo concluyó… pero como termina un arreglo musical sin una resolución satisfactoria de un acorde final. No hubo

más palabras, y Jesús simplemente se alejó del lugar público donde estaba enseñando, y entró en un contexto más privado con sus propios discípulos, en que comenzó a exponerles una parábola totalmente nueva. El relato refleja el cambio en Lucas 16.1: "Dijo también a sus discípulos: Había un hombre rico...".

Esto es impresionante. El desenlace es lo que importa en toda historia. Lo esperamos con expectación. Es tan vital que algunos lectores no resisten la curiosidad y van hasta el final para ver cómo se resuelve la trama antes de leer la historia real. Pero esta narración nos deja en suspenso. La historia del hijo pródigo finaliza de forma tan abrupta que un crítico textual con un bajo punto de vista bíblico muy bien podría sugerir que lo que tenemos aquí solo es un fragmento de la historia, inexplicablemente inconcluso por el autor. ¿O es más probable que el desenlace estuviera escrito pero que de algún modo se hubiera separado del manuscrito original y perdido para siempre? Sin duda en alguna parte debe haber un final para esta historia, ¿verdad?

No obstante, lo repentino de la conclusión no nos deja sin lo esencial, *es* lo esencial. Este es el golpe final en una larga serie de emociones que surgieron mientras Jesús narraba la historia. De todos los sorprendentes giros del guion y los asombrosos detalles, esta es la sorpresa culminante: Jesús llegó a ese punto y sencillamente se alejó sin dar ninguna solución a la tensión entre el padre y su primogénito. Pero no falta ningún fragmento. De modo intencional dejó inconclusa la historia y sin resolver el dilema. Se *supone* que nos sintamos como si estuviéramos esperando un remate o una oración final.

Es probable que aun las personas en la audiencia original de Jesús se quedaran boquiabiertas mientras Él se alejaba. Con seguridad se hacían la misma pregunta que tenemos en la punta de los labios cuando leemos hoy la historia: *¿Qué sucedió? ¿Cómo respondió el hijo mayor? ¿Cuál es el final de la historia?* Los fariseos, más que nadie querrían saber, porque el hijo mayor los representaba claramente.

Es fácil imaginar que los huéspedes en la historia estarían ansiosos de oír cómo terminó la situación. Todos estaban adentro celebrando y esperando que el padre volviera a entrar. Cuando lo vieron salir de repente, las personas se dieron cuenta que algo grave estaba pasando. En una situación como esta de la vida real lo más probable es que los invitados estuvieran murmurando que allí estaba el hermano mayor, enojado porque las personas festejaran algo tan reprensible como el inmediato, incondicional y completo perdón a un hijo que se había comportado tan mal como el pródigo. Todos habrían querido ver la expresión del padre al volver a entrar, para tratar de detectar alguna clave acerca de lo que ocurrió. Esa es exactamente *nuestra* respuesta, como oyentes del relato de Jesús.

Pero a pesar de toda esa expectativa contenida Jesús sencillamente se fue, dejando el relato pendiente, inconcluso y sin resolver.

Por cierto, Kenneth E. Bailey, un comentarista presbiteriano que hablaba árabe con soltura y era especialista en literatura del Oriente medio (pasó cuarenta años viviendo y enseñando el Nuevo Testamento en Egipto, Líbano, Jerusalén y Chipre), hace un fascinante análisis del estilo literario de la historia del hijo pródigo. La estructura de la parábola explica por qué Jesús la dejó inconclusa. Bailey demuestra que la parábola se divide en forma natural en dos secciones casi iguales, y que cada una está divinamente estructurada en una especie de patrón reflejo (ABCD-DCBA) llamado *quiasmo.* Es una clase de paralelismo que parece prácticamente poético, pero que en realidad se trata de un recurso típico en la prosa del Oriente Medio para facilitar la narración de historias.

La primera mitad, donde el enfoque está por completo en el hermano menor, presenta ocho secciones o estrofas, y en este caso las similitudes describen el avance del pródigo desde su salida hasta su regreso a casa.

[Jesús] dijo: Un hombre tenía dos hijos.

A. Muerte: *Y el menor de ellos dijo a su padre: Padre, dame la parte de los bienes que me corresponde; y les repartió los bienes.*

B. Todo está perdido: *No muchos días después, juntándolo todo el hijo menor, se fue lejos a una provincia apartada; y allí desperdició sus bienes viviendo perdidamente. Y cuando todo lo hubo malgastado, vino una gran hambre en aquella provincia, y comenzó a faltarle.*

C. Rechazo: *Y fue y se arrimó a uno de los ciudadanos de aquella tierra, el cual le envió a su hacienda para que apacentase cerdos. Y deseaba llenar su vientre de las algarrobas que comían los cerdos, pero nadie le daba.*

D. El problema: *Y volviendo en sí, dijo: ¡Cuántos jornaleros en casa de mi padre tienen abundancia de pan, y yo aquí perezco de hambre!*

D. La solución: *Me levantaré e iré a mi padre, y le diré: Padre, he pecado contra el cielo y contra ti. Ya no soy digno de ser llamado tu hijo; hazme como a uno de tus jornaleros. Y levantándose, vino a su padre.*

C. Aceptación: *Y cuando aún estaba lejos, lo vio su padre, y fue movido a misericordia, y corrió, y se echó sobre su cuello, y le besó.*

B. Todo se restaura: *Y el hijo le dijo: Padre, he pecado contra el cielo y contra ti, y ya no soy digno de ser llamado tu hijo. Pero el padre dijo a sus siervos: Sacad el mejor vestido, y vestidle; y poned un anillo en su mano, y calzado en sus pies.*

A. Resurrección: *Y traed el becerro gordo y matadlo, y comamos y hagamos fiesta; porque este mi hijo muerto era, y ha revivido; se había perdido, y es hallado. Y comenzaron a regocijarse.*

La segunda sección se enfoca en el hermano mayor, y también va en aumento y sigue un patrón similar. Pero termina de forma abrupta después de la séptima estrofa:

A. Permanece apartado: *Y su hijo mayor estaba en el campo; y cuando vino, y llegó cerca de la casa, oyó la música y las danzas; y llamando a uno de los criados, le preguntó qué era aquello.*

B. Tu hermano; paz (una fiesta); enojo: *Él le dijo: Tu hermano ha venido; y tu padre ha hecho matar el becerro gordo, por haberle recibido bueno y sano. Entonces se enojó, y no quería entrar. Salió por tanto su padre, y le rogaba que entrase.*

C. Amor costoso: *Salió por tanto su padre, y le rogaba que entrase.*

D. Mis acciones, mi paga: *Mas él, respondiendo, dijo al padre: He aquí, tantos años te sirvo, no habiéndote desobedecido jamás, y nunca me has dado ni un cabrito para gozarme con mis amigos.*

D. Sus acciones, su paga: *Pero cuando vino este tu hijo, que ha consumido tus bienes con rameras, has hecho matar para él el becerro gordo.*

C. Amor costoso: *Él entonces le dijo: Hijo, tú siempre estás conmigo, y todas mis cosas son tuyas.*

B. Tu hermano; seguro (una fiesta); gozo: *Mas era necesario hacer fiesta y regocijarnos, porque este tu hermano era muerto, y ha revivido; se había perdido, y es hallado.*

A. El final inconcluso

El final de la parábola es asimétrico a propósito, como si hiciera hincapié extra en la falta de resolución. Sencillamente no hay final.

Se *supone* que debemos poner cuidado a eso. Ya que la historia termina de pronto con tan tierna petición, se presume que cada oyente tome a pecho ese ruego, medite en él, lo personalice, y vea las dulces posibilidades de abrazar el gozo del padre. Y francamente, nadie más que los legalistas escribas y fariseos necesitaban tal auto examen honesto, pues era a quienes Jesús contó la historia. La parábola era una invitación por sobre todo a ellos a fin de que renunciaran a su orgullo y auto justificación y se reconciliaran con el camino de salvación de Dios. Pero también, el mismo principio se aplica a todos los demás, desde pecadores licenciosos como el hijo pródigo, hasta hipócritas moralistas como el hermano mayor, y todo tipo de personas en cualquier lugar de espectro intermedio. Por tanto, todo aquel que oye la historia escribe su propio final por la forma en que responde a la bondad de Dios hacia los pecadores.

Esta es una manera ingeniosa de concluir la historia. Nos deja con el deseo de redactar el final que nos gustaría ver. Cualquier persona cuyo corazón no esté ya endurecido por el resentimiento legalista debe entender en la parábola algo acerca de la gloria de la gracia de Dios en Cristo, en especial su amoroso perdón y su sensible aceptación de los pecadores arrepentidos. La persona que capta incluso un atisbo de esa verdad seguramente querría escribir algo bueno… como esto:

> Entonces el hijo mayor cayó de rodillas ante su padre, diciendo: "Me arrepiento por mi corazón insensible y sin amor, por mi servicio hipócrita, y por mi orgullo y mi egoísmo. Perdóname, padre. Haz de mí un verdadero hijo, y llévame adentro a la fiesta". Entonces el padre abrazó a su hijo primogénito, lo cubrió de besos emotivos de agradecimiento, lo llevó al interior, y lo sentó junto a su hermano en sillas de doble honor. Todos se regocijaron, y de repente el nivel de alegría de ese festejo ya asombroso se duplicó. Ninguno de los presentes olvidaría esa velada.

Ese habría sido el final perfecto. Pero no puedo escribir el final para ninguna otra persona, incluso los escribas y fariseos. Ellos escribieron su propio desenlace, y para nada fue como el mío.

EL TRÁGICO FINAL

No debemos olvidar que Jesús contó esta parábola, incluyendo el abrupto final, principalmente para el beneficio de los escribas y los fariseos. En realidad se trató de una historia acerca de ellos. El hermano mayor los representaba. La pendiente resolución recalca la realidad de que la próxima jugada era de ellos. La tierna súplica final del padre era el propio ruego de Jesús hacia ellos. Si los escribas y fariseos hubieran exigido saber el final de la parábola en el acto, Jesús podría haberles dicho: "Eso depende de ustedes". La respuesta definitiva que los fariseos le dieron a Jesús escribiría el final de la vida real de la historia.

Por tanto, sabemos cómo en realidad termina el relato, ¿verdad? No es un final feliz. Al contrario, es otro giro impactante de la trama. De hecho, es el más grande impacto y atrocidad de todos los tiempos.

Lo mataron.

Ya que la figura del padre en la parábola representa a Cristo, y el hermano mayor simboliza a la élite religiosa de Israel, en realidad el verdadero final de la historia, tal como lo escribieron los mismos escribas y fariseos, debió leerse más o menos así: "El hijo mayor estaba indignado con su padre. Agarró un pedazo de madera y lo mató a golpes frente a todos".

Le dije que era un desenlace impresionante.

Usted podría estar pensando: *¡No! Así no es como termina la historia. Crecí oyendo esa parábola en la escuela dominical, y no se supone que tenga un final trágico.*

En realidad, parece que cualquier persona racional cuya mente y cuyo corazón no estén totalmente distorsionados por su propia hipocresía santurrona oiría esa parábola con profundo gozo y santa gratitud por la generosa gracia que levanta al pecador caído, lo restaura íntegramente, y recibe de nuevo el favor de su padre. Cualquier individuo de corazón humilde que se vea reflejado en el pródigo entraría de modo natural al gozo y la celebración del padre, regocijándose porque Jesús hiciera una descripción tan vívida de la gracia divina. Como hemos visto desde el mismo inicio, el claro mensaje de la parábola es acerca de cuán ansiosamente Jesús recibe a los pecadores. Esta debería terminar con alegría, no en tragedia. Todo el mundo debería unirse a la celebración.

Pero el corazón del hermano mayor estaba claramente endurecido (aunque en secreto hasta ahora) contra su padre. Durante años había acumulado resentimiento, ira, codicia y obstinación, mientras usaba el favor de su padre como una insignia de legitimidad. Nunca entendió o apreció de veras la bondad de su padre hacia él; pero estaba feliz de recibirla y de exprimir todo lo que pudiera extraer de ella. Malinterpretó por completo la bondad de su padre, creyendo que era prueba de su propia dignidad; cuando en realidad se trataba de una expresión de la bondad *del padre*. Y tan pronto como el padre mostró tan espléndido favor al hermano pródigo totalmente indigno, el resentimiento del hermano mayor se desbordó rápidamente y su verdadero carácter ya no pudo ocultarse por más tiempo.

Recordemos que el hermano mayor es una imagen de los fariseos. Su actitud refleja exactamente la de ellos. Si el comportamiento del hermano mayor nos parece terrible y difícil de entender a usted y a mí, no era en absoluto difícil de entender para los fariseos. Ellos estaban inmersos en un sistema religioso que cultivaba precisamente ese tipo de perspectiva legalista, autocomplaciente y obstinada con relación a la bondad y la gracia de Dios. Creían tener el favor de Dios por habérselo ganado, pura y simplemente. Por eso cuando Jesús mostró favor hacia arrepentidos recaudadores de impuestos, prostitutas y otros maleantes que claramente no merecían ningún favor, los fariseos se resintieron. Creyeron que la bondad de Jesús hacia pecadores humildes les quitaba el brillo de superioridad farisea, y se enojaron precisamente del mismo modo que el hermano mayor se había enfurecido.

¿No parece asombroso que cuando Jesús le dio tan abrupta pausa a su narración de la parábola (dejando completamente fuera el desenlace) el relato de Lucas queda en total silencio con relación a algún tipo de respuesta por parte de los fariseos? Estos sabían muy bien que el mensaje de la parábola estaba dirigido a ellos y los debió haber avergonzado. Sin embargo, no hicieron preguntas, no protestaron, no hicieron comentario alguno, ni pidieron mayor explicación. El motivo es que ya habían entendido la actitud del hermano mayor. Esta reacción tuvo perfecto sentido para ellos. Quizás ni siquiera sintieron la falta de resolución hasta el mismo punto que la mayoría de oyentes, porque para ellos la queja del hermano mayor les pareció perfectamente razonable. La forma en que les habría *gustado* ver resuelta la historia requería el arrepentimiento del *padre*. En el escenario ideal de los fariseos, el padre comprendería el punto de vista del hijo mayor, le ofrecería una disculpa pública, avergonzaría públicamente al pródigo por su comportamiento insensato, y tal vez incluso lo expulsaría para siempre. Pero los fariseos seguramente vieron que Jesús estaba dejando suficientemente en claro que ellos sabían que la historia nunca tomaría un giro como *ese*.

Por eso no dijeron nada, al menos nada que Lucas (guiado por el Espíritu Santo) considerara suficientemente importante narrar para nosotros. Quizás ellos simplemente se volvieron y se alejaron. Lo más probable es que Jesús se hubiera alejado de ellos.

En realidad, supongamos que no hay puntos suspensivos en este momento de la cronología de la narración del evangelista. Lucas 15 termina donde concluye la parábola del hijo pródigo. Pero en Lucas 16 Jesús todavía sigue hablando. Este parece ser el registro de un prolongado discurso. Además, en Lucas 16:1, Jesús en realidad deja de dirigirse a los escribas y fariseos para enfocarse en "los discípulos", y empieza a enseñarles con otra parábola acerca de la astucia de los incrédulos y la imposibilidad de servir tanto a Dios *como* al dinero. Lucas 16:14 declara: "Y oían también todas estas cosas los fariseos, que eran avaros, y se burlaban de él", lo que significa que lo ridiculizaron.

Así que al parecer ellos se quedaron por allí, quizás simplemente al margen, después que la parábola del hijo pródigo terminara abruptamente, firmes en su oposición a Jesús. Es más, quedaron más decididos que nunca a acallarlo, costara lo que costara. Y esa actitud es la que los llevó a escribir por sí mismos el trágico final a la parábola más fabulosa de todos los tiempos.

El odio de los fariseos por Jesús aumentó desde el día en que les contó la parábola hasta que tramaron una conspiración para matarlo. "Y buscaban los principales sacerdotes y los escribas cómo prenderle por engaño y matarle" (Mr. 14.1). Al final consiguieron a regañadientes la cooperación de las autoridades romanas, e incluso la confabulación de Herodes, y lo crucificaron.

La muerte de Cristo en la cruz a instancias de los fariseos ocurrió solo unos meses después de este encuentro en Lucas 15. Ellos se felicitaron en una acción justificada que estaban seguros que preservaría el honor de Israel y la verdadera religión que creían encarnada en sus amadas tradiciones.

LA GLORIOSA CONTINUACIÓN

He aquí la ironía divina: cuando ellos hicieron lo peor, lograron lo mejor de Dios (Hch. 2:22; 2 Co. 5:21; Is. 53). Pero incluso la muerte de Jesús no fue el final de la historia. Ninguna tumba podía contener en sus garras a Jesús. Él resucitó de entre los muertos, lo que significa que de una vez por todas había conquistado el pecado, la culpa y la muerte. Su agonía en la cruz produjo finalmente la expiación eficaz de sangre que se había cubierto de misterio por todas las edades, y su resurrección fue la prueba de que Dios la aceptó.

De ahí que la muerte de Jesús nos proporcionó lo que la sangre de toros y machos cabríos nunca pudo lograr: una expiación total y aceptable para el pecado. Y la perfecta justicia de Jesús nos da precisamente lo que necesitamos para nuestra redención: una cobertura completa de justicia perfecta igual a la propia perfección de Dios.

Así que después de todo *sí* hay resolución verdadera y bendita para la historia.

LA INVITACIÓN ABIERTA

La invitación a formar parte del gran banquete de celebración todavía está abierta para todos. Se le extiende incluso a usted, querido lector. Y no importa que sea un pecador licencioso como el hijo pródigo, un hipócrita santurrón como el hermano mayor, o alguien con características de cada tipo. Si usted es alguien que aún está apartado de Dios, Cristo le insta a reconocer su culpa, admitir su pobreza espiritual, abrazar a su Padre celestial, y reconciliarse con él (2 Co. 5.20).

> Y el Espíritu y la Esposa dicen: Ven. Y el que oye, diga: Ven. Y el que tiene sed, venga; y el que quiera, tome del agua de la vida gratuitamente (Ap. 22.17).

Ahora disfrute la fiesta (pp. 205-15. Cursivas en el original).

Cómo invertir las finanzas terrenales con un enfoque eterno

92

Dijo también a sus discípulos: Había un hombre rico que tenía un mayordomo, y éste fue acusado ante él como disipador de sus bienes. Entonces le llamó, y le dijo: ¿Qué es esto que oigo acerca de ti? Da cuenta de tu mayordomía, porque ya no podrás más ser mayordomo. Entonces el mayordomo dijo para sí: ¿Qué haré? Porque mi amo me quita la mayordomía. Cavar, no puedo; mendigar, me da vergüenza. Ya sé lo que haré para que cuando se me quite de la mayordomía, me reciban en sus casas. Y llamando a cada uno de los deudores de su amo, dijo al primero: ¿Cuánto debes a mi amo? Él dijo: Cien barriles de aceite. Y le dijo: Toma tu cuenta, siéntate pronto, y escribe cincuenta. Después dijo a otro: Y tú, ¿cuánto debes? Y él dijo: Cien medidas de trigo. Él le dijo: Toma tu cuenta, y escribe ochenta. Y alabó el amo al mayordomo malo por haber hecho sagazmente; porque los hijos de este siglo son más sagaces en el trato con sus semejantes que los hijos de luz. Y yo os digo: Ganad amigos por medio de las riquezas injustas, para que cuando éstas falten, os reciban en las moradas eternas. El que es fiel en lo muy poco, también en lo más es fiel; y el que en lo muy poco es injusto, también en lo más es injusto. Pues si en las riquezas injustas no fuisteis fieles, ¿quién os confiará lo verdadero? Y si en lo ajeno no fuisteis fieles, ¿quién os dará lo que es vuestro? Ningún siervo puede servir a dos señores; porque o aborrecerá al uno y amará al otro, o estimará al uno y menospreciará al otro. No podéis servir a Dios y a las riquezas. (16:1-13)

De las casi cuarenta parábolas contadas por el Señor Jesucristo en los evangelios, alrededor de un tercio de ellas tratan de alguna manera con el dinero. No es de extrañar que el dinero jugara un papel tan prominente en la enseñanza de Jesús, ya que tiene un papel dominante en la sociedad y en las vidas de los individuos. Las personas pasan gran parte de su tiempo pensando en el dinero; cómo adquirirlo, gastarlo, ahorrarlo, invertirlo, pedirlo prestado, controlarlo, y a veces obsequiarlo. La preocupación generalizada con el dinero que domina a la sociedad actual da lugar a ansiedad, codicia, egoísmo, avaricia, insatisfacción, idolatría y soberbia.

La Biblia tiene mucho que decir acerca del dinero, incluso cómo obtenerlo, cómo valorarlo, y cómo utilizarlo.

Las Escrituras dan a conocer tanto las maneras buenas como las malas de obtener dinero. El modo más importante de ganar dinero es por medio del trabajo. Proverbios 14:23 enseña: "En toda labor hay fruto; mas las vanas palabras de los labios empobrecen" (cp. 6:6-11; 20:4; 28:19), y Pablo escribió que quienes no quieren trabajar no deberían comer (2 Ts. 3:10).

En segundo lugar, el dinero se puede obtener ahorrando para el futuro. Salomón escribió: "Tesoro precioso y aceite hay en la casa del sabio; mas el hombre insensato todo lo disipa" (Pr. 21:20; cp. 30:24-25).

En tercer lugar, el dinero se puede conseguir a través de la evaluación adecuada de los propios recursos y la planificación sabia. Salomón advirtió: "Sé diligente en conocer el estado de tus ovejas, y mira con cuidado por tus rebaños; porque las riquezas no duran para siempre; ¿y será la corona para perpetuas generaciones?" (Pr. 27:23-24).

Finalmente, el dinero se puede obtener por medio de donaciones (Fil. 4:16).

Por otra parte, hay modos erróneos de conseguir dinero, incluso robar (ya sea directamente [Ex. 20:15; Ef. 4:28], o por medio de fraude [Sal. 37:21; Os. 12:7; Am. 8:5; Mi. 6:11]), por cobro de intereses exorbitantes en préstamos (Éx. 22:25; Lv. 25:36-37; Neh. 5:7, 10; Sal. 15:5; Pr. 28:8), mediante retención a otros de lo que se les debe (Stg. 5:4), o a través de juego, lo cual es confiar neciamente en el azar y no en la providencia de Dios.

La Biblia revela tanto la manera correcta como la equivocada de valorar el dinero. La actitud correcta es reconocer que Dios es el dueño de todo (Sal. 50:10; Hag. 2:8), y que es la fuente de la habilidad de la gente para ganar dinero (Dt. 8:17-18; cp. 1 Ti. 6:17).

La manera equivocada de considerar el dinero es amarlo, lo cual produce desastrosas consecuencias (1 Ti. 6:10). Amar el dinero es destructivo (1 Ti. 6:9), y entre sus víctimas figuran Acán (Jos. 7:1-25), Balaam (Nm. 22—24), Judas (Mt. 26:24; Hch. 1:25), y Ananías y Safira (Hch. 5:1-10). Amar el dinero produce una falta de confianza en Dios (Job 31:24-28; Pr. 11:28; 1 Ti. 6:17), dando como resultado ingratitud y orgullo (Dt. 8:12-17), y haciendo que las personas se comporten de forma insensata (Lc. 12:16-21), roben a Dios (Mal. 3:8), y sean indiferentes a las necesidades de los demás (1 Jn. 3:17).

La Biblia también establece el uso adecuado del dinero. Las personas deben ganarlo para su propio mantenimiento (2 Ts. 3:10-12), el de su familia (1 Ti. 5:8), y el de su nación (Ro. 13:6-7), así como para ayudar a los necesitados (Mt. 6:2-3; Stg. 2:15-16).

Más allá de estos aspectos, existen algunos prerrequisitos bíblicos necesarios con el fin de dar para los propósitos del reino. Primero, quienes honran de veras a Dios en el dar deben transferir la propiedad de su dinero, sus posesiones, su tiempo y sus talentos a Él. Segundo, deben hacer del hecho de exaltar a Cristo y proclamar el evangelio el propósito supremo de sus vidas. Por último, deben ponerse a sí mismos en una posición de usar su dinero para honrar a Dios dando pasos para salir de deudas (pagar cuentas, priorizar los gastos, eliminar consumos no necesarios, vender objetos que perpetúan la deuda, no pedir dinero prestado para lujos, buscar el contentamiento, etc.).

Varios principios en el Nuevo Testamento caracterizan la generosidad. Primero, la generosidad de los cristianos es totalmente voluntaria (cp. 2 Co. 9:7). El argumento de que a los cristianos se les ordena bíblicamente entregar el diez por ciento de sus ingresos se basa en una comprensión errónea del Antiguo Testamento. (Para un análisis del diezmo, véase *Comentario MacArthur del Nuevo Testamento: 2 Corintios* [Grand Rapids: Portavoz, 2015], pp. 273-76; *¿A quién pertenece el dinero?* [Grand Rapids: Portavoz, 2005]). Lejos de ser legalistas, dar es tener la disposición, la alegría, los deseos y el entusiasmo de corazón para hacerlo. También debe ser algo secreto, a diferencia de la ostentosa entrega de los legalistas e hipócritas (Mt. 6:2-4); es una práctica regular y sistemática (1 Co. 16:1-2) motivada por amor, no por compulsión legalista (2 Co. 8:8).

En esta parábola y su aplicación, el Señor redirige nuestras actitudes y establece su voluntad para los creyentes con relación a las riquezas.

LA PARÁBOLA

Dijo también a sus discípulos: Había un hombre rico que tenía un mayordomo, y éste fue acusado ante él como disipador de sus bienes. Entonces le llamó, y le dijo: ¿Qué es esto que oigo acerca de ti? Da cuenta de tu mayordomía, porque ya no podrás más ser mayordomo. Entonces el mayordomo dijo para sí: ¿Qué haré? Porque mi amo me quita la mayordomía. Cavar, no puedo; mendigar, me da vergüenza. Ya sé lo que haré para que cuando se me quite de la mayordomía, me reciban en sus casas. Y llamando a cada uno de los deudores de su amo, dijo al primero: ¿Cuánto debes a mi amo? Él dijo: Cien barriles de aceite. Y le dijo: Toma tu cuenta, siéntate pronto, y escribe cincuenta. Después dijo a otro: Y tú, ¿cuánto debes? Y él dijo: Cien medidas de trigo. Él le dijo: Toma tu cuenta, y escribe ochenta. Y alabó el amo al mayordomo malo por haber hecho sagazmente; porque los hijos de este siglo son más sagaces en el trato con sus semejantes que los hijos de luz. (16:1-8)

Jesús, el inigualable narrador de historias, era muy expero enseñando por medio de experiencias tanto esperadas como inesperadas de la vida. El personaje principal en su historia ficticia es un mayordomo malo, culpable no solo de incompetencia sino también de malversación. Sin embargo, el Señor lo creó para enseñar un principio espiritual positivo. Al reconocer esa incongruencia, algunos han tratado de leer entre líneas para hallar una manera de remodelar a este individuo en una luz positiva. Pero no hay detalles ocultos en este sencillo relato, ni existen más pormenores de los que Jesús ofreció. Es precisamente el desenlace sorprendente, en que el amo elogia al mayordomo malvado en lugar de castigarlo, lo que proporciona el propósito de la historia. La inesperada respuesta es un modelo que Jesús usó a menudo, siguiendo el patrón rabínico de razonar de menor a mayor. Su punto fue que si un hombre malvado era astuto en el uso del dinero para sus propios intereses egoístas, ¿cuánto más deberían los creyentes justos usar todas sus posesiones para el reino de Dios?

Esta parábola no estaba dirigida a los escribas y fariseos, como se habían dirigido las tres anteriores (15:1-3), aunque ellos estaban presentes y la oyeron (16:14). La audiencia principal eran los **discípulos.** El Señor pasó de las tres parábolas evangelísticas, en que invitó al arrepentimiento y la salvación a quienes lo rechazaron, a otra dirigida principalmente a creyentes. Pasó en cierto sentido de dar un mensaje de salvación a uno de discipulado.

El **hombre rico** era suficientemente acaudalado como para tener **un mayordomo**, o administrador que supervisaba al menos un aspecto de sus negocios. Este habría sido un hombre libre, no un esclavo, de elevada posición social, y con gran responsabilidad. Las deudas que se le debían al hombre rico eran demasiado grandes como para haber sido efectuadas por arrendatarios, lo que ofrece un testimonio más acerca de la magnitud de su operación.

Que el hombre tuviera un administrador que le supervisara la operación agrícola sugiere que probablemente era un terrateniente ausente. Eso ayudaría a explicar por qué no era consciente de lo que estaba sucediendo hasta que el mayordomo **fue acusado ante él.** *Diaballō* (**acusado**) se relaciona con el sustantivo *diabolos*, que significa "calumniar", o "delatar", y es la palabra traducida "diablo". *Diaballō* significa "acusar" o "presentar cargos" con intención hostil. La acusación finalmente llegó al hombre rico respecto a que su mayordomo era **disipador** (la misma palabra usada en 15:13 para describir el desperdicio que el hijo menor hizo de su fortuna) **de sus bienes.** Tras descubrir la situación el hombre rico tomó acciones inmediatas para proteger sus intereses. **Entonces llamó** al mayordomo **y le dijo: ¿Qué es esto que oigo acerca de ti? Da cuenta de tu mayordomía, porque ya no podrás más ser mayordomo.** Sin embargo, después de haberlo despedido le permitió quedarse hasta que diera **cuenta** final de su **mayordomía.** Eso le dio al deshonesto la oportunidad de hacer más daño.

El malversador mayordomo estaba ahora en un dilema, como lo expresa su pregunta: **¿Qué haré?** (cp. 3:10-14; 12:17; Hch. 2:37). Después que el **amo** le quitó la **mayordomía,** este individuo enfrentaba dos alternativas desagradables. Por una parte, no tenía las suficientes fuerzas para **cavar.** En términos contemporáneos este sujeto era un trabajador de cuello blanco, y no podía hacer el duro trabajo manual. También era probable que viera tal trabajo como algo muy por debajo de su dignidad. La otra alternativa era igualmente inaceptable. Si el trabajo manual estaba por debajo de sus expectativas, ¿cuánto más le habría avergonzado **mendigar**? El futuro parecía sombrío, y el hombre no veía la manera de salir de su dilema.

Entonces le llegó un repentino destello de inspiración; un "momento eureka", o epifanía. Exclamó: **Ya sé lo que haré para que cuando se me quite de la mayordomía, me reciban en sus casas.** Quienes lo irían a recibir en sus casas eran deudores de su amo, con los cuales había hecho negocios en nombre de él. La solución que se le ocurrió proveería todo lo que iría a necesitar: un lugar donde vivir, ingresos y posición.

Además de su mala mayordomía, el hombre puso en marcha un nuevo plan para robar a su señor. **Y llamando** sucesivamente **a cada uno de los deudores de su amo,** les renegoció sus transacciones reduciéndoles las cantidades que debían. Puesto que su patrón no lo despidió inmediatamente, él todavía tenía acceso a las transacciones. Al parecer, su amo ausente aún no le había rescindido la autoridad para actuar en su nombre, o la noticia de eso aún no les había llegado a los deudores. Las deudas incluían materias primas, y se debían pagar en el tiempo de la cosecha. Al reducirles lo que estaban obligados a pagar a su señor, los puso bajo obligación hacia él. La reciprocidad era parte integral de la sociedad judía; si alguien le hacía un favor a una persona, esta estaba obligada a recompensarle el favor.

Jesús dio entonces dos ejemplos de las concesiones engañosas del mayordomo. **Al primero** le preguntó: **¿Cuánto debes a mi amo?** El deudor respondió: **Cien barriles de aceite.** El mayordomo le propuso: **Toma tu cuenta, siéntate pronto, y escribe cincuenta. Cien barriles de aceite** eran 875 galones, o el rendimiento de unos ciento cincuenta olivos, y valían aproximadamente mil denarios, más de tres años de salario de un trabajador común. El nuevo trato, que redujo la deuda a la mitad, originaba una pérdida significativa para el amo. La deuda del segundo deudor era de **cien medidas de trigo.** El mayordomo redujo **la cuenta** a **ochenta** medidas de trigo, defraudando una vez más a su antiguo señor en una considerable cantidad de dinero (cien medidas de trigo habrían equivalido a entre ocho y diez años de salario para un trabajador común). Estos no fueron casos en que una deuda se debió reestructurar a causa de circunstancias atenuantes, tales como daño a los cultivos causados por el clima o las langostas, o por fluctuaciones de precio. Este trato se hizo únicamente para beneficiar al mayordomo, convirtiendo a los deudores del amo en deudores de él.

Entonces vino la sorprendente e inesperada conclusión de la historia: **alabó el amo al mayordomo malo.** A quienes oían al Señor relatar esta historia les habría parecido que el amo se había vuelto loco. Pero este no alabó al mayordomo por ser derrochador, irresponsable o ladrón. Lo alabó **por haber hecho sagazmente.** *Phronimōs* (**sagazmente**) significa actuar con sabiduría y perspicacia. El mayordomo aprovechó la oportunidad, haciendo de manera cuidadosa que la situación obrara para su provecho. Ya que los deudores ahora estaban en deuda con él, su futuro estaba asegurado.

El propósito de la parábola es simple. Jesús afirmó que **los hijos de este siglo** (pecadores; los que están fuera del reino de Dios) **son más sagaces en el trato con sus semejantes que los hijos de luz** (creyentes; cp. Jn. 12:36; Ef. 5:8; 1 Ts. 5:5). Los pecadores son más hábiles y diligentes en asegurar su futuro temporal en **este siglo** actual, que aquellos cuya ciudadanía está en el cielo (Fil. 3:20) lo son para asegurar su recompensa eterna en el siglo venidero. Los creyentes deberían ser mucho más astutos en la preparación de sus futuros eternos.

APLICACIÓN

Y yo os digo: Ganad amigos por medio de las riquezas injustas, para que cuando éstas falten, os reciban en las moradas eternas. El que es fiel en lo muy poco, también en lo más es fiel; y el que en lo muy poco es injusto, también en lo más es injusto. Pues si en las riquezas injustas no fuisteis fieles, ¿quién os confiará lo verdadero? Y si en lo ajeno no fuisteis fieles, ¿quién os dará lo que es vuestro? Ningún siervo puede servir a dos señores; porque o aborrecerá al uno y amará al otro, o estimará al uno y menospreciará al otro. No podéis servir a Dios y a las riquezas. (16:9-13)

El Señor sacó tres lecciones de la parábola concerniente a la actitud de los creyentes hacia el dinero: cómo ven su dinero en relación a otros, a sí mismos y a Dios.

Con relación a los demás, Jesús exhortó a sus oyentes: **Ganad amigos por medio de las riquezas injustas,** llamadas así porque pertenecen a este mundo injusto y pasajero. Los incrédulos, al igual que el mayordomo malo, a menudo usan el dinero para comprar amigos terrenales. Los creyentes, por otra parte, deben usar su dinero para evangelizar y por tanto comprar amigos celestiales. **Las riquezas injustas,** al ser un elemento que la sociedad caída experimenta, no pueden durar más allá de esta vida actual (cp. Lc. 12:20). Cuando estas riquezas **falten**, los amigos creyentes que se han ganado al haber invertido en la predicación del evangelio les darán la bienvenida **en las moradas eternas** del cielo. Tales amigos estarán esperando para recibirlos cuando lleguen en gloria a través del sacrificio económico que los creyentes hicieron para alcanzar a los no convertidos que oyeron y creyeron el evangelio.

El Señor demanda de los cristianos que usen su dinero para propósitos eternos a fin de producir una recompensa celestial. En las conocidas palabras del Sermón del Monte ordenó:

> *No os hagáis tesoros en la tierra, donde la polilla y el orín corrompen, y donde ladrones minan y hurtan; sino haceos tesoros en el cielo, donde ni la polilla ni el orín corrompen, y donde ladrones no minan ni hurtan. Porque donde esté vuestro tesoro, allí estará también vuestro corazón (Mt. 6:19-21).*

Donde las personas inviertan su dinero revela dónde están sus corazones. La acumulación personal sin fin es pecado y desperdicio, y roba bendiciones eternas a quienes lo hacen.

En cuanto a la actitud de los creyentes en su relación con el dinero, Cristo los exhortó a ser fieles en realizar inversiones eternas. Su declaración es lógica: **El que es fiel en lo muy poco, también en lo más es fiel; y el que en lo muy poco es injusto, también en lo más es injusto.** Algunos afirman que si tuvieran más dinero darían más. Pero la verdad es que el carácter, no las circunstancias, determina la fidelidad. Algunos, como la viuda descrita en Lucas 21:1-4, que no tenía nada, entregó todo; otros que tienen todo, no dan nada. El problema no es de finanzas, sino de integridad y carácter espiritual. **El que es fiel** con **lo muy poco** sería fiel si tuviera más; quien con **lo muy poco es injusto** (egoísta, orgulloso, permisivo) en el uso de ese **poco** lo sería **también** si tuviera mucho. El factor determinante no es cuánto posean las personas, sino cuán firme es su compromiso con el evangelio de salvación.

La perspectiva de las personas en cuanto al dinero y su consecuente fidelidad o infidelidad tiene implicaciones para su recompensa eterna. Jesús preguntó: **Pues si en las riquezas injustas no fuisteis fieles, ¿quién os confiará lo verdadero?** Es absurdo imaginar que Dios recompensará a quienes de manera pecaminosa desperdician su oportunidad de ser **fieles en las riquezas injustas** de esta vida. Aquellos que no invierten su riqueza en la obra de redención se empobrecen para siempre. La recompensa eterna llega a quienes son fieles.

La pregunta del Señor, **y si en lo ajeno no fuisteis fieles, ¿quién os dará lo que es vuestro?** da a conocer la importancia de la mayordomía; reconocer que todo lo que tenemos le pertenece a Dios, y que somos responsables de manejarlo para su gloria (cp. Mt. 25:14-29).

Finalmente, Jesús habló de la actitud de los creyentes hacia el dinero según este se relaciona con Dios, usando otro ejemplo obvio de sentido común. **Ningún siervo puede servir a dos señores;** y continuó advirtiendo: **porque o aborrecerá al uno y amará al otro, o estimará al uno y menospreciará al otro.** *Douleuō* (**servir**) es una referencia a servir como esclavo. Los esclavos, a diferencia de los trabajadores modernos, no tenían la opción de trabajar en un segundo empleo para un segundo empleador. Eran propiedad de un amo que tenía control singular y absoluto sobre ellos. Tal tipo de servicio exclusivo no se podía prestar a dos amos al mismo tiempo.

De igual modo, una persona no puede **servir a Dios y a las riquezas** materiales. Dios y las riquezas no pueden ser co-gobernantes en el mismo corazón, porque como Juan Calvino señala en su comentario sobre el pasaje paralelo de Mateo 6:24: "Donde las riquezas tienen el dominio del corazón, Dios ha perdido su autoridad". Demandas en conflicto inevitablemente producirán emociones y actitudes contradictorias. Aquellos que aman las riquezas despreciarán y les resentirá lo que Dios exige de ellos con relación al dinero. Pero aquellos que aman a Dios elegirán honrarlo no haciendo de la riqueza terrenal su amo. En lugar de usar el dinero para gratificar de modo egoísta sus deseos, buscarán administrar el dinero que Él les ha confiado en la salvación de almas para la gloria de Dios.

Por qué los falsos maestros se burlan de la verdad 93

Y oían también todas estas cosas los fariseos, que eran avaros, y se burlaban de él. Entonces les dijo: Vosotros sois los que os justificáis a vosotros mismos delante de los hombres; mas Dios conoce vuestros corazones; porque lo que los hombres tienen por sublime, delante de Dios es abominación. La ley y los profetas eran hasta Juan; desde entonces el reino de Dios es anunciado, y todos se esfuerzan por entrar en él. Pero más fácil es que pasen el cielo y la tierra, que se frustre una tilde de la ley. Todo el que repudia a su mujer, y se casa con otra, adultera; y el que se casa con la repudiada del marido, adultera. (16:14-18)

Es una verdad paradójica que quienes son los enemigos más peligrosos de Dios no son aquellos que se le oponen abiertamente, sino más bien quienes por fuera parecen los más consagrados a Él. Muchos suponen que tales individuos al parecer tan piadosos, en especial los que se identifican con el Dios de la Biblia, sin duda deben tener su aprobación, cuando en realidad el Dios de la Biblia odia las falsas formas de adoración que se le dirigen. El judaísmo apóstata y el falso cristianismo, junto con todos sus engañadores maestros, odian la verdad divina y a Dios.

Las condenaciones más duras de Dios fueron reservadas no solo para los necios irreligiosos que niegan su existencia (Sal. 14:1; 53:1) sino para aquellos que profesaban ser su pueblo y que decían adorarlo. La profecía de Isaías registra el rechazo que Dios hace incluso de formas apóstatas de falsa adoración por parte de Israel:

> *¿Para qué me sirve, dice Jehová, la multitud de vuestros sacrificios? Hastiado estoy de holocaustos de carneros y de sebo de animales gordos; no quiero sangre de bueyes, ni de ovejas, ni de machos cabríos. ¿Quién demanda esto de vuestras manos, cuando venís a presentaros delante de mí para hollar mis atrios? No me traigáis más vana ofrenda; el incienso me es abominación; luna nueva y día de reposo, el convocar asambleas, no lo puedo sufrir; son iniquidad vuestras fiestas*

> *solemnes. Vuestras lunas nuevas y vuestras fiestas solemnes las tiene aborrecidas mi alma; me son gravosas; cansado estoy de soportarlas. Cuando extendáis vuestras manos, yo esconderé de vosotros mis ojos; asimismo cuando multipliquéis la oración, yo no oiré; llenas están de sangre vuestras manos. Lavaos y limpiaos; quitad la iniquidad de vuestras obras de delante de mis ojos; dejad de hacer lo malo (1:11-16).*

Amós relata una condenación parecida:

> *Aborrecí, abominé vuestras solemnidades, y no me complaceré en vuestras asambleas. Y si me ofreciereis vuestros holocaustos y vuestras ofrendas, no los recibiré, ni miraré a las ofrendas de paz de vuestros animales engordados. Quita de mí la multitud de tus cantares, pues no escucharé las salmodias de tus instrumentos (5:21-23).*

En Isaías 29:13, el Señor condenó al hipócrita pueblo judío que "se acerca a mí con su boca, y con sus labios me honra, pero su corazón está lejos de mí, y su temor de mí no es más que un mandamiento de hombres que les ha sido enseñado", mientras que en Isaías 48:1 denunció a "los que juran en el nombre de Jehová, y hacen memoria del Dios de Israel, mas no en verdad ni en justicia".

Jeremías transmitió la enérgica reprensión de Dios a los falsos religiosos de su época:

> *No fiéis en palabras de mentira, diciendo: Templo de Jehová, templo de Jehová, templo de Jehová es este... He aquí, vosotros confiáis en palabras de mentira, que no aprovechan. Hurtando, matando, adulterando, jurando en falso, e incensando a Baal, y andando tras dioses extraños que no conocisteis, ¿vendréis y os pondréis delante de mí en esta casa sobre la cual es invocado mi nombre, y diréis: Librados somos; para seguir haciendo todas estas abominaciones? ¿Es cueva de ladrones delante de vuestros ojos esta casa sobre la cual es invocado mi nombre? He aquí que también yo lo veo, dice Jehová (7:4, 8-11).*

Increíblemente, Dios instruyó a Jeremías a ni siquiera orar por esos falsos religiosos: "Tú, pues, no ores por este pueblo, ni levantes por ellos clamor ni oración, ni me ruegues; porque no te oiré" (7:16). El Señor explicó entonces la razón para tan sorprendente orden:

> *¿No ves lo que éstos hacen en las ciudades de Judá y en las calles de Jerusalén? Los hijos recogen la leña, los padres encienden el fuego, y las mujeres amasan la masa, para hacer tortas a la reina del cielo [cp. 44:17-19, 25] y para hacer ofrendas a dioses ajenos, para provocarme a ira. ¿Me provocarán ellos a ira? dice*

Jehová. ¿No obran más bien ellos mismos su propia confusión? Por tanto, así ha dicho Jehová el Señor: He aquí que mi furor y mi ira se derramarán sobre este lugar, sobre los hombres, sobre los animales, sobre los árboles del campo y sobre los frutos de la tierra; se encenderán, y no se apagarán (vv. 17-20).

En la sociedad actual, con su negación posmoderna de la verdad absoluta y su énfasis en la tolerancia, muchos (incluso algunos que afirman ser evangélicos) enseñan que Dios acepta a personas de cualquier religión. Pero la Biblia enseña precisamente lo contrario: "Abominación son a Jehová los perversos de corazón" (Pr. 11:20). "El sacrificio de los impíos es abominación a Jehová" (Pr. 15:8). "Abominación es a Jehová el camino del impío" (Pr. 15:9). "El que aparta su oído para no oír la ley, su oración también es abominable" (Pr. 28:9).

Los que niegan el evangelio son enemigos de Dios, por externamente religiosos que puedan parecer. Consciente o inconscientemente han tomado su lugar con Satanás atacando a Dios y al adelanto de su reino, y recibirán de parte de Él el más severo de los castigos. Aquellos que rechazan a Jesucristo están condenados al infierno (cp. 1 Co. 16:22).

Colectivamente los fariseos, los dirigentes religiosos de Israel en la época de Jesús, encajan en esa categoría. Se dedicaban con esmero a interpretar y aplicar la ley del Antiguo Testamento y a observar meticulosamente ceremonias y rituales mosaicos. Daban todas las muestras externas de ser dedicados adoradores del verdadero Dios de Israel. No obstante, fueron ferozmente hostiles y odiosos al Señor Jesucristo, Dios encarnado. Inicialmente habían mostrado interés en Él y en su enseñanza, e incluso lo invitaban a sus casas para aprender más acerca de Él (Lc. 7:36-50; 11:37-54; 14:1-24), pero hasta en esas reuniones había un trasfondo de enemistad que buscaba atraparlo y desacreditarlo. Con el tiempo, esa hostilidad se endureció en el cruento rechazo que llevó a las exigencias sedientas de sangre para asesinar a su Mesías.

Al comparar Lucas 16:14-18 con el capítulo anterior del Evangelio de Lucas, se da a conocer la creciente hostilidad de los fariseos hacia Cristo. En Lucas 15:2, "los fariseos y los escribas murmuraban, diciendo: Este a los pecadores recibe, y con ellos come". Ellos veían la relación de Jesús con la chusma de la sociedad judía como prueba de que no era enviado por Dios, ya que Él tenía camaradería y comía con aquellos a los que consideraban el pueblo de Satanás. En Lucas 16:14-18, los fariseos pasaron de murmurar a burlarse y mofarse de Jesús, exactamente como sus antepasados habían hecho con los profetas de Dios (p. ej., 2 R. 2:23; Jer. 20:7-8) y que el Antiguo Testamento había predicho que se haría al Mesías (Sal. 22:7-8; Is. 53:3).

La respuesta que el Señor les dio revela siete razones o motivos para la hostilidad de los fariseos hacia la verdad: tenían motivaciones corruptas, eran antagónicos a las demandas de Dios, se justificaban a sí mismos, buscaban la aprobación humana, eran perversos de corazón, rechazaban el evangelio del reino, y no eran misericordiosos. Ya que esas mismas características aún motivan a los falsos maestros de hoy día, proveen un modelo para identificarlos en cualquier época.

TENÍAN MOTIVACIONES CORRUPTAS

los fariseos, que eran avaros, (16:14*a*)

Estos dirigentes religiosos estaban motivados por ambición, avaricia y codicia, las mismas cosas que motivaron a Judas a convertirse en seguidor de Cristo (cp. Jn. 12:5-6). El calificativo *philarguros* se deriva de dos palabras: *phileō*, "amar", o "tener afecto por", y *arguros*, "plata". Los individuos caídos y pecadores desean con avidez satisfacer sus necesidades: por tanto muchos son "amadores del dinero" o "avaros", además de ser "amadores de sí mismos" (2 Ti. 3:2).

La avaricia es especialmente una fuerza impulsora dentro de los falsos maestros. La Biblia los llama "perros comilones" (Is. 56:11), que "cada uno sigue la avaricia" (Jer. 6:13; 8:10), y dice de ellos: "Claman: Paz, cuando tienen algo que comer, y al que no les da de comer, proclaman guerra contra él" (Mi. 3:5). Pablo advirtió contra aquellos que "son enemigos de la cruz de Cristo; el fin de los cuales será perdición, cuyo dios es el vientre, y cuya gloria es su vergüenza; que sólo piensan en lo terrenal" (Fil. 3:18-19). Igualmente hizo Pedro, quien advirtió a sus lectores que "por avaricia [los falsos maestros] harán mercadería de vosotros con palabras fingidas" (2 P. 2:3), porque "tienen el corazón habituado a la codicia" (v. 14). Por consiguiente, un anciano o líder espiritual en la Iglesia no debe ser "codicioso de ganancias deshonestas" (1 Ti. 3:3) y no apacentar "la grey de Dios... por ganancia deshonesta" (1 P. 5:2).

Al igual que todos los falsos maestros, las motivaciones de los fariseos eran corruptas e impuras. No tenían verdadero amor por el pueblo, sino que estaban obsesionados con riquezas y lujos; estaban "llenos de rapacidad y de maldad" (Lc. 11:39), e incluso llegaban tan bajo como para devorar "las casas de las viudas" (Lc. 20:47). Hasta sus limosnas no eran más que un espectáculo ostentoso con la finalidad de ser honrados por los hombres (Mt. 6:2). En lugar de ayudar a sus propios padres cuando tenían una necesidad, los fariseos es probable que les dijeran con cinismo: "Es Corbán (que quiere decir, mi ofrenda a Dios) todo aquello con que pudiera ayudarte" (Mr. 7:11). En resumen, los fariseos actuaban por motivos impuros, corruptos, de auto-enaltecimiento y de codicia.

ERAN ANTAGÓNICOS A LAS DEMANDAS DE DIOS

Y oían también todas estas cosas... y se burlaban de él. (16:14*b*)

Aunque los fariseos **oían también todas estas cosas** que Jesús estaba diciendo, lo que provocó su desprecio fue la enseñanza del Señor con relación al adecuado uso del dinero (vv. 1-13). La enseñanza de Jesús de que las personas deben invertir en el reino de Dios a fin de cosechar dividendos espirituales en el cielo, y que deben servir a Dios y no al dinero, acusaba a los fariseos que amaban el dinero. Y aquellos obsesionados con obtener riquezas reaccionaron a la enseñanza que no querían oír ridiculizando y burlándose de Jesús, el maestro.

La reacción agresiva y hostil de los fariseos significaba que eran falsos adoradores, sin capacidad de recibir la verdad y responder a ella. Eran espiritualmente ciegos (2 Co. 4:4), estaban muertos en sus pecados (Ef. 2:1), y no podían entender y aceptar las cosas de Dios (1 Co. 2:14). Jesús declaró: "Esta es la condenación: que la luz vino al mundo, y los hombres amaron más las tinieblas que la luz, porque sus obras eran malas" (Jn. 3:19). Ellos no quisieron venir a Cristo para obtener vida (Jn. 5:40). Tales individuos pueden incluso llamar Señor a Jesús, pero no tienen la capacidad de obedecerle (Lc. 6:46). Como resultado, su vida espiritual no tiene fundamento, y serán arrastrados por el torrente del juicio divino (v. 49; cp. Jn. 12:47-48). Por otra parte, los redimidos "son los que oyen la palabra de Dios, y la hacen" (Lc. 8:21; cp. 11:28), y en consecuencia tienen "vida eterna; y no [vendrán] a condenación, mas [han] pasado de muerte a vida" (Jn. 5:24). La evidencia de "que nosotros le conocemos" es que "guardamos sus mandamientos" (1 Jn. 2:3).

SE JUSTIFICABAN A SÍ MISMOS

Entonces les dijo: Vosotros sois los que os justificáis a vosotros mismos (16:15*a*)

Esta acusación a los fariseos es un breve resumen de toda religión falsa. El judaísmo farisaico era un sistema de obras de justicia; de justificación personal; de tratar de hacerse aceptables a Dios, ganando la salvación por medio de buenas obras, manteniendo ciertas normas éticas y legales, y realizando ceremonias y rituales religiosos. No hay duda de que ellos tenían celo por la idea de Dios (Ro. 10:2). Pero el celo separado del conocimiento de la verdad no sirve para nada. Al igual que todos los sistemas religiosos falsos, el de los fariseos estaba condenado al fracaso, como el fariseo celoso Saulo de Tarso finalmente comprendió (cp. Fil. 3:2-12). A pesar de todo el fervor religioso y los esfuerzos legalistas que lo convirtieron en una estrella en ascenso en el judaísmo del siglo I (Gá. 1:14) y en un perseguidor de la Iglesia (1 Co. 15:9; Gá. 1:23), más adelante Pablo reconoció que eso era basura sin ningún valor (Fil. 3:8).

La enseñanza bíblica sobre la salvación es clara e inconfundible: "El justo por su fe vivirá" (Hab. 2:4; cp. Ro. 1:17; Gá. 3:11; He. 10:38). Esa verdad impregna el Nuevo Testamento, y solamente los ciegos por voluntad propia no la ven: "Por las obras de la ley ningún ser humano será justificado delante de él" (Ro. 3:20); "siendo justificados gratuitamente por su gracia, mediante la redención que es en Cristo Jesús" (v. 24); Dios es "justo, y el que justifica al que es de la fe de Jesús" (v. 26); "concluimos, pues, que el hombre es justificado por fe sin las obras de la ley" (v. 28); "mas al que no obra, sino cree en aquel que justifica al impío, su fe le es contada por justicia" (4:5); "justificados, pues, por la fe, tenemos paz para con Dios por medio de nuestro Señor Jesucristo" (5:1); "sabiendo que el hombre no es justificado por las obras de la ley, sino por la fe de Jesucristo, nosotros también hemos creído en Jesucristo, para ser justificados por la fe de Cristo y no por las obras de la ley, por cuanto por las obras de la ley nadie será justificado" (Gá. 2:16); "la Escritura, previendo que Dios había de justificar por la fe a los gentiles" (3:8); "que por la ley ninguno se justifica para con Dios, es evidente, porque: El justo por la fe vivirá" (v. 11); "de manera que la ley ha sido nuestro ayo, para llevarnos a Cristo, a fin de que fuésemos justificados por la fe" (v. 24); "porque por gracia sois salvos por medio de la fe; y esto no de vosotros, pues es don de Dios; no por obras, para que nadie se gloríe" (Ef. 2:8-9).

La trágica realidad era que los fariseos habían guiado al pueblo en dirección al infierno. Eran "ciegos guías de ciegos" (Mt. 15:14), que guiaban a las espiritualmente ciegas "ovejas perdidas de la casa de Israel" (Mt. 10:6) al abismo del infierno (Mt. 23:15). La fatal equivocación de los fariseos era que "ignorando la justicia de Dios, y procurando establecer la suya propia, no se han sujetado a la justicia de Dios" (Ro. 10:3). Tratar de establecer su propia justicia y salvarse a sí mismos requería que restaran importancia a la justicia de Dios a fin de hacer que ese objetivo fuera alcanzable. Pero al hacer eso pasaban por alto la clara enseñanza del Antiguo Testamento con relación a la santidad absoluta de Dios (Lv. 11:44-45; 19:2; 20:26; Sal. 99:5, 9; Is. 6:3) y a la salvación por fe (Hab. 2:4). A través de sus esfuerzos inútiles por ganar su entrada al reino trancaban la puerta de la salvación a todos los demás (Mt. 23:13).

BUSCABAN LA APROBACIÓN HUMANA

delante de los hombres; (16:15*b*)

Los fariseos eran como aquellos de los que Pablo advirtió a los gálatas "que quieren agradar en la carne" (Gá. 6:12). Querían la adulación y el respeto de la gente, y trataban de parecer nobles y virtuosos. Jesús los reprendió porque "gustan de andar con largas ropas, y aman las salutaciones en las plazas" (Mr. 12:38), y porque "hacen todas sus obras para ser vistos por los hombres. Pues ensanchan sus filacterias, y extienden los flecos de sus mantos; y aman los primeros asientos en las cenas, y las primeras sillas en las sinagogas, y las salutaciones en las plazas, y que los hombres los llamen: Rabí, Rabí" (Mt. 23:5-7). La única recompensa para los que hacen desfilar su justicia propia es la honra que reciben de los hombres; no recibirán nada de parte de Dios (Mt. 6:1-2, 5, 16).

ERAN PERVERSOS DE CORAZÓN

mas Dios conoce vuestros corazones; porque lo que los hombres tienen por sublime, delante de Dios es abominación. (16:15*c*)

La fachada exterior de piedad y santidad de los fariseos pudo haber engañado a los hombres, pero **Dios** en su omnisciencia sabía lo que había en sus **corazones.** Jesús advirtió: "¡Ay de vosotros, escribas y fariseos, hipócritas! porque sois semejantes a sepulcros blanqueados, que por fuera, a la verdad, se muestran hermosos, mas por dentro están llenos de huesos de muertos y de toda inmundicia. Así también vosotros por fuera, a la verdad, os mostráis justos a los hombres, pero por dentro estáis llenos de hipocresía e iniquidad" (Mt. 23:27-28). En 1 Samuel 16:7, Dios le recordó a Samuel que Él "no mira lo que mira el hombre; pues el hombre mira lo que está delante de sus ojos, pero Jehová mira el corazón", ya que solo Él conoce "el corazón de todos los hijos de los hombres" (1 R. 8:39; cp. 1 Cr. 28:9; Sal. 44:21; 139:2; Jer. 17:10; 20:12; Ro. 8:27; Ap. 2:23) y ve lo "que está en secreto" (Mt. 6:18). Jesús "no tenía necesidad de que nadie le diese testimonio del hombre, pues él sabía lo que había en el hombre" (Jn. 2:25).

Dios no solo sabía lo que había en sus corazones, sino que lo desaprobaba, **porque lo que los hombres tienen por sublime, delante de Dios es abominación.** Dios encuentra **detestable** (la palabra griega puede referirse a algo que apesta; que es detestable, repugnante y aborrecible) a todas las formas de religión exaltada entre los hombres; es decir que no se trata en absoluto de una ofrenda suficiente para satisfacerlo. La sabiduría religiosa del mundo es mera necedad a los ojos de Dios (cp. Ro. 1:22; 1 Co. 1:20).

RECHAZABAN EL EVANGELIO DEL REINO

La ley y los profetas eran hasta Juan; desde entonces el reino de Dios es anunciado, y todos se esfuerzan por entrar en él. (16:16)

Cualquier persona se hace detestable a los ojos de Dios al rechazar el evangelio del reino, incluso los religiosos más celosos. La frase **la ley y los profetas** hace referencia al Antiguo Testamento (cp. 24:27, 44; Mt. 5:17; 7:12; 22:40; Jn. 1:45; Hch. 13:15; 24:14; 28:23; Ro. 3:21). La era del Antiguo Testamento, la era de la promesa, concluyó con el ministerio de **Juan** el Bautista, el último de los profetas del Antiguo Testamento. Además de ser el representante final de la era de la promesa del Antiguo Testamento, Juan también fue el primer representante de la era del cumplimiento del Nuevo Testamento; su ministerio unió las dos épocas. Él no solo predicó la aparición del Mesías, sino que también la presenció. Debido a su posición única y a su privilegio de ser el precursor del Mesías, Jesús declaró que Juan había sido la persona más grande que había vivido hasta su día (Mt. 11:11). En la efusión de alabanza a Dios, Zacarías, el padre de Juan, había registrado el cumplimiento de las promesas del Antiguo Testamento en la venida del Mesías (Lc. 1:67-79). El ministerio de Juan llegó a su apogeo cuando bautizó a Jesús el Mesías. La transición de Juan a Jesús, de la era del Antiguo Testamento a la promesa de la era de cumplimiento del Nuevo Testamento, estaba completa. Juan dijo de Jesús: "Es necesario que él crezca, pero que yo mengüe" (Jn. 3:30). No mucho tiempo después Juan fue encarcelado y ejecutado por decapitación (Mt. 14:3-12).

La frase **desde entonces** y oraciones parecidas son importantes indicadores de tiempo en el Evangelio de Lucas, que denotan momentos decisivos (cp. 1:48; 5:10; 12:52; 22:18, 69). Tras la conclusión del ministerio de Juan, Jesús se convirtió en el punto de atención, el cumplimiento de las promesas del Antiguo Testamento (cp. 24:27, 44; Jn. 1:45; 5:39; Hch. 4:12; Ro. 1:1-3).

Que **todos se** estaban esforzando **por entrar en** el reino es otro recordatorio de que entrar allí representa una lucha dura y difícil. Aunque la salvación de ninguna manera es un esfuerzo puramente humano, sin embargo el verdadero arrepentimiento implica la voluntad de actuar en negación personal. Jesús declaró de manera solemne: "Si alguno quiere venir en pos de mí, niéguese a sí mismo, tome su cruz cada día, y sígame" (Lc. 9:23; cp. 14:26-27), "porque todo el que quiera salvar su vida, la perderá; y todo el que pierda su vida por causa de mí, éste la salvará" (Lc. 9:24). Existe una batalla monumental en el alma humana pecadora por aplastar el orgullo y la voluntad propia, y llegar a un arrepentimiento total.

NO TENÍAN NINGUNA CATEGORÍA PARA LA GRACIA

Pero más fácil es que pasen el cielo y la tierra, que se frustre una tilde de la ley. Todo el que repudia a su mujer, y se casa con otra, adultera; y el que se casa con la repudiada del marido, adultera. (16:17-18)

A primera vista estos dos versículos no parecen tener relación con los anteriores. Sin embargo, no son afirmaciones al azar puestas aquí sin motivo aparente, sino que encajan realmente en el flujo de pensamiento del Señor. Los fariseos estaban ofendidos por las relaciones de Jesús con cobradores de impuestos y otros pecadores despreciados (Lc. 15:1-2). El hecho de que Jesús se mezclara con gente que ellos veían como la escoria de la sociedad judía era un ultraje que ofendía sus sensibilidades espirituales. En respuesta a esa atrocidad, Jesús había contado tres parábolas que resaltaban el gozo de Dios cuando los pecadores se arrepienten y aceptan la salvación (15:3-32). No había lugar en la manera de pensar de los fariseos para el gozo que viene de tal tipo de gracia y perdón. Al contrario, creían que cuando Jesús predicaba gracia y perdón estaba violando la ley y socavándoles todo su sistema de salvación por logros humanos, lo que fortaleció en ellos su convicción de que Jesús venía de parte de Satanás, no de Dios.

Esta era la confianza de los fariseos a pesar de que el Señor había expresado en su enseñanza del Sermón del Monte que, lejos de despreciar la ley, Él la estaba confirmando en el más mínimo detalle. En realidad, Jesús estaba levantando la norma mucho más allá de lo que ellos la habían ubicado. Los fariseos estaban preocupados tan solo con la observación externa, pero Él se enfocó en la obediencia interna del corazón (Mt. 5:17-48).

La declaración de Jesús de que **más fácil es que pasen el cielo y la tierra, que se frustre una tilde de la ley** expresa la absoluta confirmación de Cristo en cuanto a la permanencia de la ley de Dios. La Biblia revela que en realidad **el cielo y la tierra** pasarán (Sal. 102:25-26; Is. 51:6; Mt. 24:35; 2 P. 3:7, 10). Pero sería más fácil que eso ocurriera (porque todo el universo creado dejará de existir) a que fallara el detalle más pequeño y al parecer más insignificante de la ley. No solo que el más pequeño de los signos de la ley (en hebreo la letra *yodh*, que parece un apóstrofe) no pasará (Mt. 5:18), ni siquiera **una tilde de la ley se** frustrará. **Una tilde** era una marca minúscula que diferenciaba dos letras hebreas, como la pequeña marca que distingue a una F mayúscula de una E mayúscula, o a una R mayúscula de una B mayúscula en castellano.

Esta declaración y las similares en Mateo 5:18 y 24:35 son probablemente la defensa interna más clara de la inspiración verbal de las Escrituras. Jesús resaltó que las palabras de la Biblia (hasta la parte más pequeña de una letra) son divinamente inspiradas (cp. 2 S. 23:1-2; 1 Co. 2:13).

A pesar de que los fariseos profesaban devoción a la ley, era claro que la despreciaban. Si de veras hubieran creído que todas las promesas de Dios se cumplirían, habrían reconocido la abrumadora evidencia de que Jesús era el Mesías. En lugar de eso lo rechazaron. Tampoco cumplían las inmutables normas morales de la ley, como Jesús demostró al señalar un mandato que ellos pasaban por alto.

El Antiguo Testamento enseña que **todo el que repudia a su mujer, y se casa con otra, adultera; y el que se casa con la repudiada del marido, adultera.** Por supuesto, los fariseos no condenaban abiertamente el adulterio. En lugar de eso, simplemente se divorciaban de sus esposas y se casaban con una mujer de su preferencia. Justificaban tal acción malinterpretando la enseñanza de Moisés en Deuteronomio 24:1-4 como una aprobación del divorcio por "alguna cosa indecente" (v. 1). Tal indecencia no era una referencia al adulterio, ya que la pena de muerte por adulterio estaba vigente (Dt. 22:22), sino más bien para algo más que una mujer hiciera y que su esposo pudiera hallar vergonzoso. Algunos fariseos, y otros que seguían su ejemplo, se aprovechaban de esa declaración y la veían como una autorización general para divorciarse de sus esposas por cualquier motivo. Huelga decir que ellos interpretaban la indecencia en los términos más amplios posibles, y en el uso práctico llegó a significar cualquier cosa que un hombre determinaba que no le gustaba de su esposa. (Algunas de las razones en el historial eran ser mala cocinera, ser irrespetuosa con su suegra, no darle un hijo a su esposo, ser menos hermosa que otra mujer, etc.).

Sin embargo, el texto del Antiguo Testamento no estaba aprobando ni recomendando el divorcio, mucho menos ordenándolo. Simplemente estaba reconociendo que el divorcio ocurría y que había una necesidad de regularlo divinamente. El texto en realidad era una advertencia de parte de Dios de que si un hombre se divorciaba sin causa justa de su esposa, y esta se volvía a casar, y si el segundo esposo moría y se divorciaba de ella, el primer esposo no podía volver a casarse con la mujer. Ya que no había base bíblica para el divorcio y por eso el nuevo matrimonio estaba mal, tanto ella como su segundo esposo serían culpables de adulterio, y volverse a casar con el primer esposo lo haría también culpable de casarse con una adúltera. El divorcio ilegítimo y sin restricciones daría como resultado la proliferación del adulterio, lo cual sería “abominación delante de Jehová” y pervertiría “la tierra” (v. 4). El propósito de Deuteronomio 24:1-4 era evitar el divorcio y el nuevo matrimonio. Los fariseos habían distorsionado este pasaje para así tener la libertad de divorciarse de sus esposas por cualquier motivo.

Jesús sí permitió el divorcio en caso de adulterio persistente, contumaz o despiadado (Mt. 5:31-32; 19:1-9). Ya que Dios, en su gracia común, había permitido que desapareciera la pena de muerte por adulterio, esa concesión era un acto de misericordia hacia las partes inocentes, asegurando que un adúltero se podía divorciar (y no ser ejecutado) a fin de que el cónyuge no aguantara la conducta baja, pecaminosa e impura del otro cónyuge. El apóstol Pablo imparte el mensaje del Espíritu de que un creyente o una creyente también pueden divorciarse y volverse a casar si el cónyuge incrédulo se separa (1 Co. 7:15).

Las palabras del Señor con relación al divorcio son una ilustración diseñada para desenmascarar la evidente hipocresía de los fariseos. A pesar de la declarada devoción que manifestaban hacia la ley, en realidad la violaban de modo flagrante. Colectivamente estaban condenados como adúlteros a través de su proliferación de divorcios.

El conflicto entre quienes predican fielmente la Palabra de Dios y los falsos maestros no ha cambiado. El líder del conflicto, Satanás, no ha cambiado. Sus emisarios tanto humanos como demoníacos siguen proveyendo doctrinas de demonios que se han desarrollado y propagado desde la caída.

La cuestión es la verdad. La falsa religión condena, no salva, y se debe desenmascarar por lo que es; y a sus seguidores se les debe advertir acerca de la condenación y se les debe retar a que se adhieran al verdadero entendimiento del mensaje de Dios. Decir la verdad en cuanto a mentirosos engañadores es lo único misericordioso, compasivo y amoroso que se puede hacer. Jesús confrontó a los de su época de modo que pudieran arrepentirse, a fin de que quienes los seguían los vieran por lo que realmente eran. Esa sigue siendo la responsabilidad de aquellos cuyos ojos se han abierto a la comprensión de la gloria de la divina verdad (cp. Lc. 20:45-47).

Testimonio de alguien sorprendido al encontrarse en el infierno

94

Había un hombre rico, que se vestía de púrpura y de lino fino, y hacía cada día banquete con esplendidez. Había también un mendigo llamado Lázaro, que estaba echado a la puerta de aquél, lleno de llagas, y ansiaba saciarse de las migajas que caían de la mesa del rico; y aun los perros venían y le lamían las llagas. Aconteció que murió el mendigo, y fue llevado por los ángeles al seno de Abraham; y murió también el rico, y fue sepultado. Y en el Hades alzó sus ojos, estando en tormentos, y vio de lejos a Abraham, y a Lázaro en su seno. Entonces él, dando voces, dijo: Padre Abraham, ten misericordia de mí, y envía a Lázaro para que moje la punta de su dedo en agua, y refresque mi lengua; porque estoy atormentado en esta llama. Pero Abraham le dijo: Hijo, acuérdate que recibiste tus bienes en tu vida, y Lázaro también males; pero ahora éste es consolado aquí, y tú atormentado. Además de todo esto, una gran sima está puesta entre nosotros y vosotros, de manera que los que quisieren pasar de aquí a vosotros, no pueden, ni de allá pasar acá. Entonces le dijo: Te ruego, pues, padre, que le envíes a la casa de mi padre, porque tengo cinco hermanos, para que les testifique, a fin de que no vengan ellos también a este lugar de tormento. Y Abraham le dijo: A Moisés y a los profetas tienen; óiganlos. Él entonces dijo: No, padre Abraham; pero si alguno fuere a ellos de entre los muertos, se arrepentirán. Mas Abraham le dijo: Si no oyen a Moisés y a los profetas, tampoco se persuadirán aunque alguno se levantare de los muertos. (16:19-31)

C. S. Lewis observó una vez que

> la persona más aburrida y poco interesante con quien usted habla podría un día ser una criatura que, si la viera ahora, usted podría estar fuertemente tentado a adorar; o bien podría un día ser un horror y una corrupción, tal como la que ahora encuentra, de ser posible, solo

> en una pesadilla... No hay personas *comunes*... Son inmortales aquellos con quienes bromeamos, trabajamos, nos casamos, despreciamos y explotamos, horrores inmortales o brillos eternos (*The Weight of Glory* [Nueva York: Macmillian, 1949], p. 5. Cursivas en el original).

El punto de vista de Lewis era que todos los senderos divergentes que las personas recorren en la vida se reducen a solo dos en la muerte, después de la cual todo el mundo se convierte en un ser glorioso en el cielo, o en un ente infeliz en el infierno.

Nadie que tome en serio la Biblia duda de la existencia del cielo. Sin embargo, el infierno lo niegan muchos y lo predican pocos. Muchos que profesan creer en la autoridad de la Biblia evitan hablar del infierno, pues expresan dudas en creer que solo unos cuantos pecadores tremendos irán allá; o hasta niegan por completo su existencia, en contradicción directa con la enseñanza del Señor Jesucristo. Él dijo más acerca del infierno que cualquier otra persona, y afirmó de modo solemne su existencia como el lugar de tormento eterno y consciente para la mayoría de personas (cp. Mt. 5:22, 29, 30; 7:19; 8:12; 10:28; 13:40, 42, 50; 18:8-9; 22:13; 23:15, 33; 24:51; 25:30, 41; Mr. 9:43, 45, 47, 48; Lc. 12:5; 13:28; Jn. 15:6). Robert L. Thomas resume así la enseñanza del Señor sobre el infierno:

> A lo largo de su ministerio, Jesús afirmó que los perdidos irán a parar al fuego eterno preparado para el diablo y sus ángeles, y al castigo eterno. En otras palabras, sufrirán agonía eterna y consciente, alejados de la presencia de Dios y de su Hijo. Ninguna de las otras opciones que confunden el espectro de valores evangélicos es viable a la luz del punto de vista de Jesús acerca del castigo eterno ("Jesus' View of Eternal Punishment", *The Master's Seminary Journal,* vol. 9, n.º 2 [otoño de 1998], p. 167).

Algunos creen que la idea del infierno es cruel, desagradable e injusta. Preguntan: ¿qué clase de Dios enviaría gente al castigo eterno? Pero Dios no está en la posición de defenderse con relación a las verdades que revela en la Biblia. Su naturaleza, sus obras y su revelación definen lo que es cierto, justo y recto. El propósito de la revelación divina acerca de los horrores del infierno es advertir a los pecadores de la realidad de ese lugar y del aterrador destino que les espera allí, con el fin de motivarlos a arrepentirse de sus pecados y aceptar la salvación en Cristo.

La revelación bíblica acerca del infierno debería motivar a los creyentes a defender la clara enseñanza de nuestro Señor y del resto de la Biblia. También debería infundirles una sensación de urgencia para evangelizar a los perdidos. "Ni una actitud arrogante ni una compasiva transigencia hacia los perdidos son apropiadas para un tema de tan grave importancia" (Richard L. Mayhue, "Hell: Never, Forever, or Just for a While?", *The Master's Seminary Journal,* vol. 9, n.º 2 [otoño de 1998], p. 131). Advertir a los pecadores acerca del aterrador destino que les espera es un acto de conmiseración y clemencia. Pero en su celo por encontrar nuevos métodos de evangelización, a menudo la Iglesia ha abandonado su mensaje. Ese mensaje debe incluir las malas noticias de lo que les sucede a aquellos que rechazan las buenas nuevas del evangelio.

La trágica verdad es que la mayoría de personas que van a parar al infierno se sorprenderán de encontrarse allí (cp. Mt. 7:22-23; 25:44; Lc. 13:25-27). Una encuesta reciente reveló que prácticamente todas las personas que creen en el cielo también creen que irán allí (encuesta Gallup, mayo 10-13, 2007). Tal fue lo que le sucedió al hombre rico en esta historia. Tanto para sí mismo como para otros, él habría parecido un candidato seguro para ir al cielo. Los judíos creían que las riquezas eran una señal indudable de la bendición de Dios. Por tanto, mientras más dinero tuviera un individuo, mayor la bendición de parte de Dios. Cuando Jesús dijo a los discípulos: "¡Cuán difícilmente entrarán en el reino de Dios los que tienen riquezas!" (Mr. 10:23), "los discípulos se asombraron de sus palabras" (v. 24). Cuando el Señor, "respondiendo, volvió a decirles: Hijos, ¡cuán difícil les es entrar en el reino de Dios, a los que confían en las riquezas! Más fácil es pasar un camello por el ojo de una aguja, que entrar un rico en el reino de Dios" (vv. 24-25), "ellos se asombraban aun más, diciendo entre sí: ¿Quién, pues, podrá ser salvo?" (v. 26), si no lo serían los ricos.

La respuesta de los discípulos refleja la creencia común del pueblo judío, especialmente de los fariseos que amaban el dinero (Lc. 16:14), y a quienes Jesús dirigió esta historia. El hombre rico los simboliza tanto en su amor al dinero como en la suposición de que su riqueza era una señal del favor de Dios. Así como él (vv. 27-30), los fariseos exigían señales antes de poder creer. E igual a este hombre, un día los fariseos se sorprenderían de encontrarse en el infierno. Estos son ejemplos trágicos de aquellos que ganaron el mundo pero perdieron sus almas (Mr. 8:36).

La pregunta que surge es si esta historia contada por nuestro Señor fue un relato de un hecho real o una parábola. Quienes sostienen que se trató de una historia real argumentan que de ninguno de los individuos en ninguna de las otras parábolas de Jesús se da nombres. Pero no hay nada intrínseco en el concepto de que se prohibiera dar el nombre de alguien para facilitar la identificación en la historia (especialmente razonable ya que también se usan los nombres de Abraham y Moisés). Y, como se verá, hay un motivo importante de por qué Jesús nombrara a Lázaro. Por otra parte, las palabras iniciales de la historia, **había un hombre rico,** son coherentes con el lenguaje que a menudo Jesús usaba para comenzar sus parábolas (cp. 10:30; 14:16; 15:11; 19:12). Además, las circunstancias descritas en la historia no pueden ser literalmente ciertas. No existe nada en la Biblia que sugiera que los que están en el infierno puedan ver el cielo y conversar con los que están allí. Tampoco el hecho de que los ángeles lleven el cuerpo del hombre pobre al cielo demuestra que esa sea la experiencia normal de los creyentes en la muerte. Por consiguiente, es mejor ver esto como una parábola, una historia inventada por el Señor para transmitir verdad espiritual vital.

La parábola puede verse desde dos perspectivas: los contrastes entre los dos hombres, y las lecciones que el Señor deseó que la parábola enseñara.

LOS CONTRASTES

Había un hombre rico, que se vestía de púrpura y de lino fino, y hacía cada día banquete con esplendidez. Había también un mendigo llamado Lázaro, que estaba echado a la puerta de aquél, lleno de llagas, y ansiaba saciarse de las migajas que caían de la mesa del rico; y aun los perros venían y le lamían las llagas. Aconteció que murió el mendigo, y fue llevado por los ángeles al seno de Abraham; y murió también el rico, y fue sepultado. Y en el Hades alzó sus ojos, estando en tormentos, y vio de lejos a Abraham, y a Lázaro en su seno. Entonces él, dando voces, dijo: Padre Abraham, ten misericordia de mí, y envía a Lázaro para que moje la punta de su dedo en agua, y refresque mi lengua; porque estoy atormentado en esta llama. Pero Abraham le dijo: Hijo, acuérdate que recibiste tus bienes en tu vida, y Lázaro también males; pero ahora éste es consolado aquí, y tú atormentado. Además de todo esto, una gran sima está puesta entre nosotros y vosotros, de manera que los que quisieren pasar de aquí a vosotros, no pueden, ni de allá pasar acá. (16:19-26)

La historia de estos dos hombres se caracteriza por contrastes extremos en la vida y asombrosos cambios de rumbo después de la muerte. En vida, uno era sumamente rico, el otro un mendigo pobre. El rico estaba dentro de la casa, el pobre fuera. El pobre no tenía comida, el rico tenía todos los alimentos que podía consumir. El pobre tenía necesidades, el rico no tenía ninguna. El pobre lo deseaba todo, el rico no deseaba nada. El pobre sufría, el rico estaba satisfecho. El pobre estaba atormentado, el rico estaba feliz. El pobre estaba humillado, el rico tenía honra. El pobre buscaba migajas, el rico festejaba con esplendidez. El pobre necesitaba ayuda, el rico no se la prestaba. El pobre era un don nadie, el rico era muy conocido. El pobre no tuvo dignidad al morir, ni siquiera entierro, el rico tuvo dignidad en la muerte y un funeral suntuoso. El pobre no tenía esperanza, el rico poseía toda esperanza.

Sin embargo, después de la muerte las situaciones de los dos se invirtieron por completo. El rico se volvió más pobre de lo que el pobre había sido, mientras que el pobre se volvió más rico de lo que el rico se pudo haber imaginado alguna vez. El pobre estaba en el interior (en el cielo), mientras que el rico estaba fuera (en el infierno). El pobre disfrutaba el gran banquete celestial, mientras el rico estaba totalmente despojado. El pobre no necesitaba nada, mientras que al rico le faltaba todo. El pobre tenía todas sus necesidades satisfechas, mientras que los deseos del rico estarían eternamente insatisfechos. El pobre estaba satisfecho, mientras que el rico sufría. El pobre era feliz, mientras que el rico estaba atormentado. El pobre tenía honra, mientras que el rico estaba humillado. El pobre disfrutaba un espléndido festín, mientras que el rico anhelaba una gota de agua. El rico buscaba desesperadamente ayuda, mientras el pobre no podía proveérsela. El pobre tenía nombre, mientras que el hombre rico no. El pobre tenía dignidad, mientras que el rico no tenía ninguna. Todas las esperanzas del pobre estaban satisfechas más allá de lo que pudo haberse imaginado, mientras que las esperanzas del rico habían desaparecido para siempre.

El hombre rico es el personaje principal en la historia. El pobre nunca habla; su papel es principalmente servir de contraste con el rico. Las palabras del rico dan el único testimonio de infierno halladas en alguna parte de la Biblia.

Las marcadas diferencias entre estos dos hombres se pueden agrupar en tres segmentos: vida, muerte y vida después de la muerte.

VIDA

Había un hombre rico, que se vestía de púrpura y de lino fino, y hacía cada día banquete con esplendidez. Había también un mendigo llamado Lázaro, que estaba echado a la puerta de aquél, lleno de llagas, y ansiaba saciarse de las migajas que caían de la mesa del rico; y aun los perros venían y le lamían las llagas. (16:19-21)

Jesús hizo de la situación económica de los dos hombres en sus vidas terrenales su más evidente contraste. Al **hombre rico** lo describe como muy acaudalado, alguien **que** a diario **se vestía de púrpura y de lino fino.** Que se vistiera **de púrpura** significa que su prenda exterior había sido teñida con tinte color púrpura de Tiro, el cual se extraía de caracoles marinos. Debido a que producir el tinte era un trabajo muy laborioso, el tinte púrpura era muy costoso, y solamente los ricos podían darse el lujo de usar prendas o tejidos teñidos con este tinte. Lidia, la mujer rica en cuya casa los creyentes en Filipos se reunían (Hch. 16:40), era distribuidora de tales tejidos (v. 14). Que el hombre rico usara una prenda interior **de lino fino** fabricada de costoso algodón egipcio demuestra aún más su riqueza. Al igual que el hombre rico en otra de las parábolas de Cristo cuyo lema en la vida era "repósate, come, bebe, regocíjate" (Lc. 12:19), este **hacía cada día banquete con esplendidez.** Su estilo de vida era una demostración de indulgencia y ostentación para consigo mismo.

En marcado contraste con su estilo extravagante de vida estaba la situación desesperada del **mendigo.** *Ptōchos* (**mendigo**) describe a una persona en el estado de la más extrema pobreza (p. ej., Mr. 12:42-44). En Gálatas 4:9 se les traduce "pobres". Jesús creó a este hombre como alguien que no tenía nada, alguien que estaba en extrema indigencia. Además de su pobreza, el individuo estaba **lleno de llagas** ulcerosas, lesiones abiertas y supurantes (cp. Ap. 16:2, 11). Él **estaba echado** (lit., "lanzado", o "arrojado") **a la puerta** del hombre rico (probablemente a la entrada del patio de su casa). Era evidente que el hombre estaba paralizado, y que lo habían abandonado quienes ya no lo podían cuidar con la esperanza de que el rico lo hiciera.

Por desgracia, el rico, consumido con su estilo opulento y autogratificante de vida, no se hizo cargo de él. Al igual que el sacerdote y el levita en la parábola del buen samaritano (Lc. 10:30-32), el rico en esta historia de Jesús hizo caso omiso de alguien que urgentemente necesitaba ayuda. A pesar de tener apariencia religiosa, pasó por alto el segundo mandamiento más importante de la ley: "Amarás a tu prójimo como a ti mismo" (Lv. 19:18; cp. Mt. 22:34-40). Pero aunque pasaba frente al pobre cada vez que atravesaba su puerta, no hacía nada por aliviarle el sufrimiento. La indiferencia del rico está diseñada para reflejar el desdén con que los fariseos trataban a los marginados de su sociedad.

El nombre que Jesús le dio al mendigo, **Lázaro,** es significativo, ya que es el mismo del hermano de María y Marta, pero usado en una persona ficticia en este caso. Lázaro es la traducción griega del nombre hebreo común Eleazar, que significa "a quien Dios ha ayudado". Se trata de un nombre apropiado, porque simboliza la única manera en que él era capaz de entrar al cielo: Dios le proveyó la ayuda esencial con el fin de que recibiera vida eterna. Para el hombre rico y la sociedad judía este mendigo no tenía nombre y era insignificante, pero Jesús le puso un nombre que describía lo que Dios hizo por él. Al darle un nombre, el Señor también dejó en claro que los hermanos del rico reconocieran al sujeto como el mismo individuo que yacía a la puerta de ellos si lo hubiera enviado a advertirles (v. 27). En cambio, al hombre rico, quien habría sido ampliamente conocido, no se le da nombre. La tradición posterior lo llama *Dives,* que no es nombre propio sino simplemente la palabra latina para rico.

Para colmo de males, el mendigo se moría de hambre, **y ansiaba** intensamente **saciarse de las migajas que caían de la mesa del rico. Las migajas** eran pedazos de pan duro que los invitados a la cena usaban para limpiarse las manos y que luego los lanzaban debajo de la mesa para que los perros los comieran (cp. Mt. 15:26-27). Esos mismos **perros venían y le lamían las llagas** al mendigo. Los perros en tiempos bíblicos no eran mascotas domesticadas sino carroñeros semisalvajes (cp. Éx. 22:31; 1 R. 14:11; 16:4; 21:23-24), y continuamente se les presenta en las Escrituras en forma negativa (p. ej., 1 S. 17:43; 24:14; Sal. 22:16; Pr. 26:11; Fil. 3:2; 2 P. 2:22; Ap. 22:15).

MUERTE

Aconteció que murió el mendigo, y fue llevado por los ángeles al seno de Abraham; y murió también el rico, y fue sepultado. (16:22)

El contraste extremo entre los dos hombres en la vida continuó en la muerte. Mientras estaban vivos, el hombre rico había tratado al pobre y sufrido individuo que yacía en su puerta como si ya estuviera muerto. Pero entonces todo cambió. **Aconteció que murió el mendigo,** enfermo, indigente y hambriento. No hubo sepelio, funeral ni honra terrenal en la muerte, pero la honra le llegó del cielo cuando su cuerpo **fue llevado por los ángeles al seno de Abraham** (véase el estudio más adelante). En todo caso no habría habido sepultura; su cadáver habría sido lanzado al basurero con los del resto de los parias de la sociedad. **Y murió también el rico,** pero a diferencia del pobre, **fue sepultado y** sin duda a tal hombre lo habrían honrado con un funeral muy elaborado. Todos sus recursos, su dinero, sus amigos, su privilegio y su prestigio no pudieron darle otro día de vida; sus riquezas no pudieron evitarle lo inevitable de la muerte. Y ninguno de los ángeles llegó para transportarlo al cielo.

VIDA DESPUÉS DE LA MUERTE

Y en el Hades alzó sus ojos, estando en tormentos, y vio de lejos a Abraham, y a Lázaro en su seno. Entonces él, dando voces, dijo: Padre Abraham, ten misericordia de mí, y envía a Lázaro para que moje la punta de su dedo en agua, y refresque mi lengua; porque estoy atormentado en esta llama. Pero Abraham le dijo: Hijo, acuérdate que recibiste tus bienes en tu vida, y Lázaro también males; pero ahora éste es consolado aquí, y tú atormentado. Además de todo esto, una gran sima está puesta entre nosotros y vosotros, de manera que los que quisieren pasar de aquí a vosotros, no pueden, ni de allá pasar acá. (16:23-26)

La disparidad en la vida entre el hombre rico y Lázaro continuó a través de la transición de la muerte y se amplificó al extremo en la eternidad. En la historia, el Señor describe que, cuando Lázaro murió, fue llevado al cielo por ángeles santos. Esto viene bien a la historia, pero aunque ángeles ministran a los santos (p. ej., Mt. 18:10; He. 1:14), no hay precedente bíblico de que lleven corporalmente a un creyente al cielo cuando muere. La frase el **seno de Abraham** aparece solo aquí en la Biblia, y no es, como algunos creen, un término técnico para la morada de los santos del Antiguo Testamento hasta después que la muerte de Cristo les expiara sus pecados. Simplemente indica que cuando el mendigo murió, de inmediato fue al lado de Abraham en la morada de los justos.

El hecho de que ángeles sirvieran a una persona que los fariseos veían como paria los habría conmocionado. La creencia de que la enfermedad y la pobreza significaban maldición de Dios sobre una persona estaba profundamente arraigada en su manera de pensar. Los tres amigos de Job insistieron que el sufrimiento de este era consecuencia de su pecado. Hasta los discípulos de Jesús le preguntaron con relación a un hombre que nació ciego: "Rabí, ¿quién pecó, éste o sus padres, para que haya nacido ciego?" (Jn. 9:2). Que a un individuo tan indigno como Lázaro lo hubieran llevado ángeles al cielo habría sido un impacto mucho más grande para los fariseos. Sin embargo, no solo fue llevado al cielo sino que también se le dio el lugar de honra y de comunión íntima al lado de Abraham, el amigo de Dios (2 Cr. 20:7; Stg. 2:23), el padre de la raza judía y de los fieles (Gn. 15:5), el personaje más grandioso en la historia judía. Para los fariseos esto habría sido un ataque asombroso, incomprensible y directo a sus conjeturas teológicas. Este hombre que fue humillado en la tierra, un individuo con quien ningún fariseo que se respetara habría tenido algo que ver, era honrado en el cielo porque el Señor lo ayudó e hizo que los ángeles lo llevaran.

El cuerpo del hombre rico fue enterrado con honores, con el tratamiento completo dado al cadáver. Sin embargo, su alma eterna fue a parar al **Hades.** El Seol en el Antiguo Testamento, el equivalente al término Hades del Nuevo Testamento, se usaba en sentido general para referirse al reino de los muertos (aunque de vez en cuando contrastaba con el cielo [p. ej., Sal. 139:8; Is. 7:11; Am. 9:2]). En el Nuevo Testamento, **Hades** se refiere a la morada de los condenados antes de su juicio y de ser sentenciados a la fase final del infierno: el lago de fuego (cp. 10:15; Ap. 1:18; 20:13-14).

La frase **alzó sus ojos** indica que él era plenamente consciente de su entorno y de que se hallaba **en tormentos.** Su alma no estaba dormida, ni él salió de su existencia. Así como Lázaro ejemplifica que en la muerte los redimidos van de inmediato a disfrutar conscientemente de la felicidad en el cielo, así el hombre rico muestra que los no redimidos van de inmediato al tormento consciente en el infierno. En bien del propósito de la historia se le permitió ver **de lejos a Abraham, y a Lázaro en su seno,** aunque, como se indicó, eso no puede suceder en la realidad. **Entonces él,** al verlos, se puso a dar **voces** dirigiéndose a Abraham como **Padre Abraham,** basando su consiguiente súplica en su herencia judía y descendencia de Abraham, el padre del pueblo judío.

La petición de **misericordia** que el hombre hizo, algo que probablemente nunca había pedido en la vida, era un reconocimiento de su culpa y de que su castigo era merecido. No demandó su inocencia, ni cuestionó la severidad de su castigo, sino que tan solo buscó algún alivió temporal. La súplica que el rico hiciera de que Abraham enviara **a Lázaro** indica que su opinión del mendigo no había cambiado. Aún veía a Lázaro como un ser tan bajo e insignificante que si a alguien se le podría seleccionar para salir del cielo e ir al infierno debería ser él. La actitud invariable y sin arrepentimiento ilustra la realidad de que el infierno no es correctivo, sino punitivo. El hecho de que el hombre rico apelara a Abraham, sin mostrar ningún interés en Dios el Padre o en el Señor Jesucristo, apoya aún más esa verdad. Quienes en vida rechazaron a Dios no desearán de repente amarlo y servirle cuando se encuentren en el infierno. Una razón de que el infierno sea eterno es que tan pecaminosas actitudes continúan para siempre, por lo que el castigo no puede terminar.

Tras buscar misericordia a manos de aquel a quien él no había mostrado misericordia, el hombre rico rogó a Abraham que enviara al despreciable Lázaro **para que** mojara **la punta de su dedo en agua, y** le refrescara la **lengua, porque** estaba **atormentado en** [esa] **llama** (cp. Mt. 3:12; 5:22; 7:19; 13:40, 42, 50; 18:8, 9; 25:41; Mr. 9:43; Jn. 15:6; Jud. 7; Ap. 14:10; 19:20; 20:10, 14-15; 21:8). Su acusadora conciencia no le daba esperanza de que alguna vez fuera liberado del infierno. En cambio, buscó alivio temporal; una gota de agua del dedo de aquel a quien no le diera una migaja. Estaba desesperado por tan solo tener el más breve momento de alivio en el interminable horror del infierno.

Pero la respuesta de Abraham frustró sus esperanzas. Lo llamó **hijo,** reconociendo que en un sentido racial era su descendiente. Pero su herencia en Abraham no le permitía salir del infierno, ni le mitigaría los tormentos de ese horrible lugar. Abraham le dijo: **Acuérdate que recibiste tus bienes en tu vida, y Lázaro también males.** Pero la muerte invirtió totalmente sus situaciones, y **ahora** Lázaro era **consolado** en el cielo mientras que el hombre rico era **atormentado** en el infierno. Él había decidido llevar una vida de arrogancia moral, que incluía placeres y comodidades materiales aparte de la justicia de Dios, y estaba soportando las consecuencias eternas de su decisión.

Tampoco había alguna manera de enviarle ayuda. **Además de todo esto,** le recordó Abraham, **una gran sima está puesta entre nosotros y vosotros, de manera que los que quisieren pasar de aquí a vosotros, no pueden, ni de allá pasar acá.** Nuestro Señor estaba dando a conocer que la muerte fija de modo permanente el destino de todos los seres humanos; nadie escapará del infierno, ni nadie en el cielo visitará el infierno.

La experiencia de tormento (v. 23) y agonía (vv. 24, 25) del hombre rico tipifica la experiencia del pecador en el infierno. Según se indicó antes, el tormento del infierno se describe frecuentemente con las palabras, fuego o llamas ardientes. Marcos 9:48 lo describe como un lugar "donde el gusano de ellos no muere" (cp. Is. 66:24). Es probable que el "gusano" simbolice la conciencia totalmente informada y acusadora, y la persistente, constante e implacable culpa que presiona al alma torturada en el infierno. Daniel 12:2 habla de la "vergüenza y confusión perpetua", además del odio y desprecio por sí mismos que experimentarán aquellos en el infierno. Al igual que David (Sal. 51:3), su culpa estará siempre delante de ellos. Jesús describió el infierno como "las tinieblas de afuera" (Mt. 8:12; 22:13; 25:30), una imagen de abandono y destierro, de ser arrojado permanentemente de la presencia de Dios (cp. 2 Ts. 1:9). El tormento del infierno hace que sea un lugar donde "será el lloro y el crujir de dientes" (Mt. 13:42, 50; 22:13; 24:51; 25:30; Lc. 13:28).

Lo peor de todo es que no hay esperanza de alivio para los habitantes del infierno, que "no tienen reposo de día ni de noche" (Ap. 14:11; cp. 20:10). Su sentencia es eterna; su castigo nunca termina. El fuego del infierno es insaciable y nunca dejará de arder (Mt. 3:12; Mr. 9:43), pues es eterno (Mt. 18:8; 25:41; Jud. 7). De ahí que la destrucción de los malvados en el infierno sea eterna y nunca termine (2 Ts. 1:9). (Algunos sostienen que "destruir" en Mt. 10:28 indica que los impíos son aniquilados y que dejarán de existir. Eso obviamente estaría en contradicción con los pasajes citados antes que enseñan que los perdidos sufren tormento consciente en el infierno. Es evidente que quien deja de existir es incapaz de sufrir. Y tampoco la palabra griega traducida "destruir" significa dejar de existir, sino más bien estar inutilizado, estropearse o perderse [de este modo se usa en Mt. 9:17; 10:6, 39; 12:14; Mr. 3:6; 4:38; 9:22; Lc. 13:33; 15:4, 17; 19:10; Jn. 6:12, 27; Ro. 14:15; 1 Co. 8:11; etc.]).

LAS LECCIONES

Entonces le dijo: Te ruego, pues, padre, que le envíes a la casa de mi padre, porque tengo cinco hermanos, para que les testifique, a fin de que no vengan ellos también a este lugar de tormento. Y Abraham le dijo: A Moisés y a los profetas tienen; óiganlos. Él entonces dijo: No, padre Abraham; pero si alguno fuere a ellos de entre los muertos, se arrepentirán. Mas Abraham le dijo: Si no oyen a Moisés y a los profetas, tampoco se persuadirán aunque alguno se levantare de los muertos. (16:27-31)

Varias lecciones se pueden extraer del diálogo de cierre de esta aleccionadora y aterradora historia.

En primer lugar, esta parábola responde la pregunta de por qué los pecadores van a parar al infierno. El hombre rico parecía seguro de llegar al cielo, pero en cambio se encontró en el infierno. Los oyentes del Señor, en particular los fariseos, se habrían quedado estupefactos, y sin poder explicar por qué. No fue porque el hombre no fuera de la estirpe racial correcta. Los judíos creían erróneamente (cp. Mt. 8:11-12; Lc. 3:8; 13:28; Jn. 8:31-58) que el infierno estaba reservado para los gentiles mientras que la mayoría de judíos (excepto los recaudadores de impuestos, los judíos no religiosos, y los culpables de pecados graves) irían al cielo. Por tanto, la descendencia que alguien tenía de Abraham le garantizaba esencialmente la entrada al cielo. Antes de su salvación, Pablo tenía la confianza de que iría al cielo porque era "circuncidado al octavo día, del linaje de Israel, de la tribu de Benjamín, hebreo de hebreos; en cuanto a la ley, fariseo; en cuanto a celo, perseguidor de la iglesia; en cuanto a la justicia que es en la ley, irreprensible" (Fil. 3:5-6); después de su salvación comprendió que esas cosas no son más que "basura" (v. 8).

Lázaro representa a los marginados que llegaron a Jesús y recibieron salvación. El hombre rico representa a los fariseos y a todos los que siguen su estilo de religión de obras. El hombre rico era descendiente de Abraham. Apeló a Abraham como su padre, o antepasado, y Abraham reconoció eso llamándolo "hijo". Sin embargo la raza no es un factor que determine el destino eterno de una persona. Ser judío no garantiza a alguien la entrada al cielo más de lo que ser gentil no garantiza que será enviado al infierno.

Tampoco fue su condición la que condenó al hombre rico al infierno. Es cierto que, según se indicó antes en este capítulo, las riquezas pueden hacer difícil entrar al reino. Pero la riqueza no es una barrera absoluta para la salvación, porque Dios tiene el poder para salvar a quien quiera (Mt. 19:26). Abraham mismo era muy rico (Gn. 13:2), como lo fueron Isaac (Gn. 26:13), Jacob (Gn. 32:5), Booz (Rt. 2:1), Job (Job 1:3; 31:25; 42:10-12), David (1 Cr. 29:28), Salomón (2 Cr. 1:11-12; 9:22), y José de Arimatea (Mt. 27:57).

El hombre rico no fue enviado al infierno por ser un judío secular irreligioso. Al igual que los fariseos, él era exteriormente religioso para los estándares de la época, tanto era así que creyó que sus riquezas eran una recompensa de parte de Dios. Él y sus hermanos estaban familiarizados con **Moisés y los profetas,** e incluso entendían que debían arrepentirse **a fin de que no** [vinieran] **ellos también a** [ese] **lugar de tormento** en que él mismo se encontraba. El reconocimiento del rico de que sus hermanos debían arrepentirse también presupone una creencia en el pecado, la ley, y Dios como el dador de la ley.

Aunque el pecado condena al infierno a todos los no redimidos, no hay nada que sugiera que el hombre rico fuera culpable de algunos pecados especialmente atroces. Igual que los judíos, él era religioso y muy respetado, y eso aboga por el hecho de que no se hallara en el infierno porque fuera culpable de tales pecados.

Algunos podrían creer que el hombre fue a parar al infierno porque era egoísta, carente por completo de compasión, amor y preocupación por el pobre mendigo que yacía junto a su puerta. Es cierto que su pecado lo envió al infierno, y que el egoísmo está en el núcleo de todo pecado. Sin embargo, afirmar que el egoísmo condenó al hombre rico al infierno es solo parcialmente cierto. Incluso si hubiera sido generoso, amable y clemente con Lázaro, tales actos de caridad y compasión no habrían expiado su pecado. La salvación a través de la historia redentora siempre ha sido únicamente por la gracia de Dios por medio de la fe (véase el estudio de esta verdad más adelante).

Al fin y al cabo, solo hay una razón por la que el hombre rico (y por extensión todos los no redimidos) fuera a parar al infierno: no creer en la verdad bíblica ni actuar en base a ella. El cielo es para quienes creen lo que Dios ha revelado en su Palabra y que actúan en consonancia. Abraham afirmó la suficiencia de las Escrituras cuando dijo en respuesta a la petición del hombre rico de que enviara a Lázaro a ver a sus hermanos: **A Moisés y a los profetas tienen; óiganlos.** Delatando su falta de fe en la suficiencia de la Biblia, el hombre rico suplicó una señal sobrenatural: **No, padre Abraham; pero si alguno fuere a ellos de entre los muertos, se arrepentirán.** Esta fue una queja y una solicitud. La implicación es que él y sus hermanos tenían suficiente información, pero que carecían de una señal suficientemente convincente. Los fariseos hicieron exactamente eso: varias veces exigieron una señal de parte del Señor (Mt. 12:38; 16:1; Lc. 11:16; Jn. 2:18), la que Él se negó a darles (Mt. 12:39; 16:4). Confirmando enfáticamente la suficiencia absoluta de las Escrituras para llevar a pecadores a la salvación, Abraham replicó: **Si no oyen a Moisés y a los profetas** (es decir, el Antiguo Testamento), **tampoco se persuadirán aunque alguno se levantare de los muertos,** según lo demuestra la resurrección de un Lázaro verdadero y del Señor mismo. Ya que en realidad la incredulidad es un asunto moral, no intelectual, ninguna cantidad de evidencia puede por sí sola convertir la incredulidad en fe. La Palabra de Dios tiene el poder para hacer eso (He. 4:12; 1 P. 1:23).

Esa respuesta plantea la inquietud de qué es lo que debían creer las personas antes de la cruz para escapar al infierno. En primer lugar, debían creer la verdad acerca de Dios. El Antiguo Testamento lo da a conocer como el santo y soberano Creador, Gobernador y Dador de la ley que siempre juzga el pecado. Dios juzgó el pecado en la caída, y lo atestigua el repetido estribillo en la genealogía registrada en Génesis 5: "Y murió". El catastrófico juicio del diluvio presenta más evidencia de que Dios juzga el pecado. Puesto que Él es absolutamente santo (Is. 6:3), "muy limpio [es] de ojos para ver el mal, ni [puede] ver el agravio" (Hab. 1:13). Por tanto debe castigar el pecado y, como resultado, "el alma que pecare, esa morirá" (Ez. 18:4).

En segundo lugar, para escapar al infierno los pecadores debían creer que era necesario arrepentirse. Al ser confrontado con una abrumadora demostración de la naturaleza y los actos de Dios que reprendieron la inadecuada opinión que tenía respecto al Todopoderoso, Job expresó: "Me arrepiento en polvo y ceniza" (Job 42:6). Jonás proclamó el inminente juicio de Dios sobre Nínive, y sus habitantes se arrepintieron (Jon. 3:4-10). Por medio de Ezequiel, Dios llamó a Israel a arrepentirse y a volverse de sus pecados (Ez. 18:30-32). Isaías declaró: "Deje el impío su camino, y el hombre inicuo sus pensamientos, y vuélvase a Jehová, el cual tendrá de él misericordia, y al Dios nuestro, el cual será amplio en perdonar" (Is. 55:7).

En tercer lugar, el rico y sus hermanos debían creer que la salvación es por la soberana gracia de Dios (cp. Éx. 33:19; 34:6-7; Sal. 41:4; 51:1). El nuevo pacto, por cuya provisión todos los redimidos son salvos a lo largo de la historia redentora, es un pacto misericordioso (Jer. 31:31-34). De ahí que los pecadores en toda época se han salvado únicamente por gracia, nunca por su propio mérito, sus obras, sus sacrificios, o su realización de rituales y ceremonias.

En cuarto lugar, ellos debían creer que Dios perdona al pecador arrepentido porque por naturaleza Él es un Dios perdonador. En Éxodo 34:6-7, Dios se describe así:

> *¡Jehová! ¡Jehová! fuerte, misericordioso y piadoso; tardo para la ira, y grande en misericordia y verdad; que guarda misericordia a millares, que perdona la iniquidad, la rebelión y el pecado, y que de ningún modo tendrá por inocente al malvado; que visita la iniquidad de los padres sobre los hijos y sobre los hijos de los hijos, hasta la tercera y cuarta generación.*

David, quien no era ajeno al perdón de Dios (cp. Sal. 32:1, 5; 51:1-4), escribió:

> *No ha hecho con nosotros conforme a nuestras iniquidades, ni nos ha pagado conforme a nuestros pecados. Porque como la altura de los cielos sobre la tierra, engrandeció su misericordia sobre los que le temen. Cuanto está lejos el oriente del occidente, hizo alejar de nosotros nuestras rebeliones (Sal. 103:10-12).*

Miqueas exclamó:

> *¿Qué Dios como tú, que perdona la maldad, y olvida el pecado del remanente de su heredad? No retuvo para siempre su enojo, porque se deleita en misericordia. Él volverá a tener misericordia de nosotros; sepultará nuestras iniquidades, y echará en lo profundo del mar todos nuestros pecados (Mi. 7:18-19).*

Los fariseos, que creían que Dios era menos justo de lo que es, y que ellos eran más justos de lo que eran, no veían la necesidad de un arrepentimiento verdadero. Se acercaban a Dios solo para confesar superficialmente sus pecados, y más que nada para celebrar su propia justicia:

> *A unos que confiaban en sí mismos como justos, y menospreciaban a los otros, [Jesús] dijo también esta parábola: Dos hombres subieron al templo a orar: uno era fariseo, y el otro publicano. El fariseo, puesto en pie, oraba consigo mismo de esta manera: Dios, te doy gracias porque no soy como los otros hombres, ladrones, injustos, adúlteros, ni aun como este publicano (Lc. 18:9-11).*

En quinto lugar, las personas antes de la cruz debían creer que la misericordiosa salvación de Dios y el perdón de pecados únicamente se obtienen por fe.

Abraham "creyó a Jehová, y le fue contado por justicia" (Gn. 15:6; cp. Ro. 4:3, 9, 20-22; Gá. 3:6-9). Habacuc escribió que "el justo por su fe vivirá" (Hab. 2:4; cp. Ro. 1:17; Gá. 3:11; He. 10:38).

En sexto lugar, ellos debían creer que la salvación ocurría por la concesión o imputación de una justicia ajena; es decir, una justicia externa a ellos (cp. Fil. 3:9). La justicia le fue imputada a Abraham cuando creyó a Dios (Gn. 15:6; cp. Ro. 4:3; Gá. 3:6; Stg. 2:23).

En séptimo lugar, ellos debían creer que la justicia de Dios se satisfacía al transferir su juicio a un sustituto. Los millones de animales sacrificados a lo largo de la historia de Israel les enseñaron que "sin derramamiento de sangre no se hace remisión" (He. 9:22). No obstante, esos innumerables sacrificios no quitaban los pecados (He. 10:1-4).

En octavo lugar, debían creer que el Mesías vendría y los redimiría de sus pecados (Job 19:25) a través de su muerte sustitutiva a favor de ellos. Él sería la simiente de la mujer, quien aplastaría la cabeza de Satanás (Gn. 3:15), el siervo sufriente de Isaías 53. Sería tanto humano como divino; tanto descendiente de David como su Señor (Mt. 22:42-45); aquel que sería humilde (Zac. 9:9), y sin embargo el rey que gobernará las naciones con vara de hierro (Sal. 2:6-9; cp. Gn. 49:10).

Por último, antes de la cruz las personas debían creer que recibir la salvación requiere abandonar todo pecado, o la esperanza de salvación por algún medio humano. En Salmos 3:8, David escribió: "La salvación es de Jehová", y solo Él es el Salvador (Is. 43:11; 45:21-22). Isaías 55:6-7, como ya se indicó, también exige simplemente el total abandono de cualquier otra esperanza de salvación.

Entonces, el Antiguo Testamento contenía toda la información necesaria para darle salvación al buscador sincero. Pablo exhortó a Timoteo a recordar "que desde la niñez has sabido las Sagradas Escrituras [de parte de su madre y su abuela creyentes; 2 Ti. 1:5], las cuales te pueden hacer sabio para la salvación por la fe que es en Cristo Jesús" (2 Ti. 3:15). Pedro proclamó al pueblo de Israel que "Dios ha cumplido así lo que había antes anunciado por boca de todos sus profetas, que su Cristo había de padecer" (Hch. 3:18). Jesús condenó a los dirigentes judíos porque a pesar de que entendían que el Antiguo Testamento enseñaba la verdad en cuanto a la vida eterna, no estuvieron dispuestos a creer en Él (Jn. 5:39-40). Pablo escribió a los romanos que "ahora, aparte de la ley, se ha manifestado la justicia de Dios, testificada por la ley y por los profetas" (Ro. 3:21), y testificó a los corintios: "Porque primeramente os he enseñado lo que asimismo recibí: Que Cristo murió por nuestros pecados, conforme a las Escrituras; y que fue sepultado, y que resucitó al tercer día, conforme a las Escrituras" (1 Co. 15:3-4).

Al igual que el hombre rico, como ya se indicó, los judíos exigían señales del Señor. Pero rechazaron las convincentes señales que recibieron (Jn. 12:37), incluso la resurrección de una persona que había muerto. Después que el Señor realizó el asombroso milagro de resucitar a Lázaro de los muertos (Jn. 11:1-44), la respuesta de los fariseos fue tramar la muerte de Jesús (vv. 47-53) y la de Lázaro (Jn. 12:10-11). Y cuando el Señor Jesucristo mismo resucitó de los muertos, los líderes religiosos sobornaron a los soldados romanos que habían estado vigilando la tumba para que declararan falsamente que los discípulos habían robado el cadáver (Mt. 28:11-15).

Para el hombre rico, para Israel, y para todos los que llegan al infierno, el problema no es falta de información, sino de rechazo a la verdad: "Esta es la condenación: que la luz vino al mundo, y los hombres amaron más las tinieblas que la luz, porque sus obras eran malas" (Jn. 3:19).

Cuatro características distintivas de la humildad

95

Dijo Jesús a sus discípulos: Imposible es que no vengan tropiezos; mas ¡ay de aquel por quien vienen! Mejor le fuera que se le atase al cuello una piedra de molino y se le arrojase al mar, que hacer tropezar a uno de estos pequeñitos. Mirad por vosotros mismos. Si tu hermano pecare contra ti, repréndele; y si se arrepintiere, perdónale. Y si siete veces al día pecare contra ti, y siete veces al día volviere a ti, diciendo: Me arrepiento; perdónale. Dijeron los apóstoles al Señor: Auméntanos la fe. Entonces el Señor dijo: Si tuvierais fe como un grano de mostaza, podríais decir a este sicómoro: Desarráigate, y plántate en el mar; y os obedecería. ¿Quién de vosotros, teniendo un siervo que ara o apacienta ganado, al volver él del campo, luego le dice: Pasa, siéntate a la mesa? ¿No le dice más bien: Prepárame la cena, cíñete, y sírveme hasta que haya comido y bebido; y después de esto, come y bebe tú? ¿Acaso da gracias al siervo porque hizo lo que se le había mandado? Pienso que no. Así también vosotros, cuando hayáis hecho todo lo que os ha sido ordenado, decid: Siervos inútiles somos, pues lo que debíamos hacer, hicimos. (17:1-10)

En una época en que el enfoque está en el amor de Dios, podría llegar como una sorpresa para muchos el hecho de que haya cosas que Dios odia. Por ejemplo, su santidad exige que odie a quienes cometen pecado. David escribió: "Tú no eres un Dios que se complace en la maldad; el malo no habitará junto a ti. Los insensatos no estarán delante de tus ojos; aborreces a todos los que hacen iniquidad" (Sal. 5:4-5). Ese odio abarca específicamente agravio pecaminoso contra otros, como maquinar mal contra otros o mentir respecto a ellos (Zac. 8:17), maltratarlos violentamente (Sal. 11:5), o divorciarse de ellos (Mal. 2:16).

Dios también aborrece la falsa religión. Moisés advirtió a Israel que no imitara la idolatría de los cananeos: "No harás así a Jehová tu Dios; porque toda cosa abominable que Jehová aborrece, hicieron ellos a sus dioses" (Dt. 12:31; cp. 16:22). Cristo glorificado manifestó a la iglesia en Éfeso: "Pero tienes esto, que aborreces las obras de los nicolaítas, las cuales yo también aborrezco" (Ap. 2:6; cp. vv. 14-15). Por medio del profeta Jeremías, Dios dijo a su pueblo con relación a la idolatría: "Envié a vosotros todos mis siervos los profetas, desde temprano y sin cesar, para deciros: No hagáis esta cosa abominable que yo aborrezco. Pero no oyeron ni inclinaron su oído para convertirse de su maldad, para dejar de ofrecer incienso a dioses ajenos" (Jer. 44:4-5). Amós 5:21-23 relata el rechazo de Dios a la falsa adoración que le ofrecía el pueblo de Israel:

> *Aborrecí, abominé vuestras solemnidades, y no me complaceré en vuestras asambleas. Y si me ofreciereis vuestros holocaustos y vuestras ofrendas, no los recibiré, ni miraré a las ofrendas de paz de vuestros animales engordados. Quita de mí la multitud de tus cantares, pues no escucharé las salmodias de tus instrumentos.*

En el fondo de todo pecado, sea contra Dios o contra otras personas, está el orgullo. Algunos tratan de hacer creer que Él solo odia el pecado, no al pecador, pero el pecador es castigado. Puesto que "abominación es a Jehová todo altivo de corazón" (Pr. 16:5), no es de extrañar que al frente de una lista de siete cosas que Dios odia estén los "ojos altivos", representativos de un corazón orgulloso (Pr. 6:16-19; cp. 21:4). Puesto que Dios odia el pecado, abomina a los soberbios. Pablo escribió a los cristianos en Roma: "Por la gracia que me es dada, a cada cual que está entre vosotros, que no tenga más alto concepto de sí que el que debe tener" (Ro. 12:3). Pocos versículos más adelante añadió: "Unánimes entre vosotros; no altivos, sino asociándoos con los humildes. No seáis sabios en vuestra propia opinión" (v. 16).

El orgullo se manifiesta en justicia propia, al igual que el "el fariseo [que], puesto en pie, oraba consigo mismo de esta manera: Dios, te doy gracias porque no soy como los otros hombres, ladrones, injustos, adúlteros, ni aun como este publicano; ayuno dos veces a la semana, doy diezmos de todo lo que gano" (Lc. 18:11-12). El orgullo también se da a conocer en arrogancia espiritual. Pablo advirtió a los corintios: "El conocimiento envanece, pero el amor edifica" (1 Co. 8:1). El orgullo también hace que los malvados rechacen a Dios (Sal. 10:4) y maltraten a otras personas (Sal. 10:2; 31:18).

Fue el orgullo lo que llevó a Satanás a ser expulsado del cielo, y a Adán y Eva a ser desterrados del huerto del Edén. El orgullo motivó a Amasías de Judá a desafiar a Joacaz, rey de Israel, a una batalla en que Amasías resultó derrotado (2 R. 14:8-14). El orgullo hizo que Uzías tratara de usurpar el papel de los sacerdotes al quemar incienso sobre el altar en el templo (2 Cr. 26:16), acto por el cual Dios lo hirió con lepra (v. 19). El orgullo motivó a Ezequías a mostrar a los enviados de Babilonia todos los tesoros del su reino (2 Cr. 32:25-26; cp. v. 31; 2 R. 20:12-13). Las hijas de Sion (Is. 3:16), Efraín y Samaria (Is. 9:9-10; 28:1, 3), Babilonia (Is. 13:19) y su rey (Dn. 5:18-20), Moab (Is. 16:6), Judá y Jerusalén (Jer. 13:9), los filisteos (Zac. 9:6), Asiria (Zac. 10:11), y los falsos maestros (1 Ti. 6:3-4) son otros ejemplos del orgullo que caracteriza al mundo caído (1 Jn. 2:16).

Las consecuencias del orgullo son devastadoras. El orgullo contamina a la persona (Mr. 7:20-22), produce deshonra (Pr. 11:2; 29:23), y suscita contiendas (Pr. 28:25). Pero por encima de todo, acarrea el juicio de Dios. David escribió que "Jehová... paga abundantemente al que procede con soberbia" (Sal. 31:23), mientras que en Salmos 94:2 el salmista llamó a Dios el "Juez de la tierra", que "da el pago a los soberbios". Salomón observó que "abominación es a Jehová todo altivo de corazón; ciertamente no quedará impune" (Pr. 16:5), mientras que en el versículo 18 señaló: "Antes del quebrantamiento es la soberbia, y antes de la caída la altivez de espíritu". Isaías advirtió: "Porque día de Jehová de los ejércitos vendrá sobre todo soberbio y altivo, sobre todo enaltecido, y será abatido... La altivez del hombre será abatida, y la soberbia de los hombres será humillada" (Is. 2:12, 17). María, la madre de Jesucristo, declaró que Dios "hizo proezas con su brazo; esparció a los soberbios en el pensamiento de sus corazones" (Lc. 1:51). Tanto Santiago (Stg. 4:6) como Pedro (1 P. 5:5) relatan la afirmación de Proverbios 3:34 de que "Dios resiste a los soberbios, y da gracia a los humildes".

Durante los últimos meses de su ministerio, Jesús redujo su enfoque a dos grupos, dirigiendo su enseñanza a sus discípulos (10:23; 11:1-2; 12:1, 22; 16:1), y a los escribas y fariseos (11:39-54; 13:31-33; 14:1-4; 15:2-32). Esos dos grupos estaban asociados entre sí; los fariseos eran los falsos religiosos que proveían un contraste con los verdaderos discípulos. Todo lo que ellos eran, Jesús quería que sus discípulos no lo fueran; todo lo que no eran, Él quería que sus discípulos llegaran a ser.

Ya que el orgullo era la característica determinante de los escribas y fariseos, los discípulos debían caracterizarse por la humildad, comprensiblemente un énfasis en la predicación evangelística del Señor (cp. 14:11; 18:14; Mt. 5:3; 18:4). Aunque el término en sí no aparece en esta sección, el tema de los primeros diez versículos es claramente la humildad.

A pesar del énfasis del Antiguo Testamento en la humildad (p. ej., Nm. 12:3; Dt. 8:2, 16; 2 Cr. 7:14; Job 22:29; Sal. 10:17; 25:9; 37:11; Pr. 11:2; 15:33; 18:12; 22:4; 29:23; Is. 66:2; Mi. 6:8; Sof. 2:3), los fariseos en gran medida se caracterizaban por el orgullo. Estaban orgullosos de sus logros y su posición religiosa. El orgullo los motivaba a amar "los primeros asientos en las cenas [cp. Lc. 14:7], y las primeras sillas en las sinagogas, y las salutaciones en las plazas, y que los hombres los llamen: Rabí, Rabí" (Mt. 23:6-7). La arrogancia les hacía ver con desprecio a quienes consideraban por debajo de ellos (Lc. 18:9-12; Jn. 7:49; 9:34) y se negaban a relacionarse con ellos (cp. Lc. 5:30; 7:34; 15:1-2). El orgullo también les hacía exaltarse a sí mismos (Lc. 16:15) y buscar honra de los demás (Jn. 5:44).

La fuerte advertencia del Señor, **mirad por vosotros mismos** o "cuidado" es la llave que abre el pasaje. Es una de varias advertencias de inminente peligro que

Jesús dio. En Mateo 6:1 advirtió contra la hipocresía. En Mateo 7:15 alertó del peligro mortal de los falsos maestros, mientras que en Mateo 10:17 advirtió a sus seguidores que serían perseguidos. En Lucas 21:34, Jesús alertó en contra de no estar preparados cuando Él regresara. Pero el Señor advirtió especialmente del peligro que representaban los escribas y fariseos (Mt. 16:6, 11; Lc. 12:1; 20:46), porque llevaban al pueblo por el mal camino tanto por medio de su enseñanza errónea como de su ejemplo hipócrita.

En este pasaje Jesús define la esencia de la humildad sin usar la palabra. Las personas verdaderamente humildes se abstienen de ofender a los demás, están dispuestas a perdonar, se distinguen por el reconocimiento de la debilidad, y se caracterizan por rechazar la exaltación.

LAS PERSONAS HUMILDES SE ABSTIENEN DE OFENDER A LOS DEMÁS

Dijo Jesús a sus discípulos: Imposible es que no vengan tropiezos; mas ¡ay de aquel por quien vienen! Mejor le fuera que se le atase al cuello una piedra de molino y se le arrojase al mar, que hacer tropezar a uno de estos pequeñitos. (17:1-2)

En un mundo caído, corrupto e imperfecto, **imposible es que no vengan tropiezos.** *Anendektos* (**imposible**) aparece solo aquí en el Nuevo Testamento. Hace referencia a algo que es de cierta manera y no puede ser de otra. **Tropiezos** traduce la forma plural de sustantivo *skandalon*, que originalmente se refería al cebo puesto en una trampa. El mundo está lleno de trampas, las cuales pueden seducir a los incautos al error en cuanto a las Escrituras, la salvación y la vida cristiana. Quienes las determinan lo hacen por medio de tentación directa (1 Ts. 4:6), tentación indirecta (Ef. 6:4), ejemplo pecaminoso (Ro. 14:13-15; 1 Co. 8:9-13; Gá. 5:13-15), o por no estimular la justicia (He. 10:24-25). Ante todo, las trampas son colocadas por medio de las mentiras de falsos maestros, en particular en este contexto las mentiras blasfemas de los escribas y fariseos extendidas acerca del Señor Jesucristo (cp. Mt. 9:34; 11:19; 12:24; Lc. 5:21; Jn. 8:13, 41, 48, 52, 53). Por medio de tales mentiras atraían a las personas al camino amplio que lleva al infierno (Mt. 7:13-15; 23:15).

Pero el hecho de que vengan tropiezos no mitiga la culpa de quienes los producen, según indican las palabras de Jesús, **mas ¡ay de aquel por quien vienen!** Este asunto es tan serio que **mejor le fuera que se le atase al cuello una piedra de molino** (una enorme piedra usada para moler grano) **y se le arrojase al mar, que hacer tropezar a uno de estos pequeñitos.** Los **pequeñitos** aquí, como en Mateo 18:6 y 10, no son niños, sino creyentes. Mateo 18:17 relata la primera instrucción dada alguna vez a la Iglesia de forma específica ("dilo a la iglesia"). Es significativo que tal instrucción fuera una advertencia contra líderes creyentes que estaban en pecado. En el pasaje actual la advertencia fue dirigida principalmente a fariseos incrédulos que, según se indicó antes, hacían que las personas tropezaran al divulgar mentiras acerca de Jesús. Mateo 18:7-9 indica que nuestro Señor tenía el mundo en mente, y al final de tal acción estaba el infierno. Pero cualquiera, incluso un creyente, que lleva a otro creyente al pecado es culpable delante de Dios. Tan grave es el asunto que Jesús advirtió que a esa persona le sería mejor sufrir una de las muertes más horribles que alguien pudiera imaginar: **que se le atase al cuello una piedra de molino y se le arrojase al mar.** Eso sería mucho más tolerable que incurrir en las consecuencias de su acto: un castigo más grave en el infierno para los incrédulos; disciplina en esta vida y pérdida de recompensa eterna para los creyentes.

Los creyentes humildes consideran primero a otros por amor y buena voluntad desinteresada. Buscan de modo apasionado la verdad de la Palabra de Dios para así no ofrecer falsa enseñanza que pondría un obstáculo a la vida espiritual de alguien. Por la misma razón llevan vidas piadosas y establecen un ejemplo para que los demás lo sigan. Tampoco abusan de su libertad en Cristo para no hacer que creyentes más débiles resulten ofendidos (Ro. 14; 1 Co. 8).

LAS PERSONAS HUMILDES ESTÁN DISPUESTAS A PERDONAR

Mirad por vosotros mismos. Si tu hermano pecare contra ti, repréndele; y si se arrepintiere, perdónale. Y si siete veces al día pecare contra ti, y siete veces al día volviere a ti, diciendo: Me arrepiento; perdónale. (17:3-4)

La firme posición contra el pecado expuesta en el punto anterior debe equilibrarse con una actitud compasiva y perdonadora hacia los pecadores. Los creyentes humildes no ofenden, pero tampoco se ofenden. Evitan pecar contra otros, pero tampoco guardan rencor cuando otros pecan contra ellos (cp. Lc. 11:4).

No obstante, estar dispuestos a perdonar no implica ser indiferentes hacia el pecado de los demás. La advertencia del Señor a los discípulos, **mirad por vosotros mismos,** en contra de la influencia de los escribas y fariseos es una exhortación en contra de actuar como incrédulos tanto por ofender como por ser indiferentes a los pecados de otros.

El primer paso en llevar a las personas a salir del pecado es reprenderlas. *Epitimaō* (**repréndele**) es un término fuerte de desaprobación; una censura o reprimenda que transmite una severa advertencia o amonestación. Mateo 18:15-17 ofrece el proceso para implementar el principio establecido aquí:

> *Por tanto, si tu hermano peca contra ti, ve y repréndele estando tú y él solos; si te oyere, has ganado a tu hermano. Mas si no te oyere, toma aún contigo a uno o*

> *dos, para que en boca de dos o tres testigos conste toda palabra. Si no los oyere a ellos, dilo a la iglesia; y si no oyere a la iglesia, tenle por gentil y publicano.*

El objetivo de tal proceso de cuatro pasos es confrontar y restaurar al pecador para así proteger la pureza de la iglesia local. El primer paso consiste en oponerse en privado a la conducta del hermano pecador. En caso de que se niegue a arrepentirse, el segundo paso consiste en volver a confrontarlo con no menos de dos testigos presentes para confirmar su respuesta. Si de nuevo se niega a arrepentirse, el tercer paso consiste en informar a la iglesia, de modo que toda la comunidad lo pueda confrontar y con amor llamarlo al arrepentimiento. El último paso para un pecador endurecido que no se arrepiente es sacarlo de la iglesia; tratarlo como uno de los marginados de la sociedad judía, como a un "gentil y publicano" (cp. 1 Co. 5:1-13; 2 Co. 13:1-2; 2 Ts. 3:14-15; Tit. 3:10-11) o incrédulo, que muy bien podría serlo.

Aquí surge la pregunta de si el perdón se debe retener hasta que la persona se arrepienta. Hay algunos pecados por los cuales el perdón es totalmente incondicional. En Gálatas 6:1, Pablo escribió: "Hermanos, si alguno fuere sorprendido en alguna falta, vosotros que sois espirituales, restauradle con espíritu de mansedumbre, considerándote a ti mismo, no sea que tú también seas tentado". La idea que transmite la palabra "sorprendido" es que la persona fue agarrada desprevenida o que fue atrapada por el pecado; que no fue premeditado. Jesús tenía en mente la misma clase de pecado cuando manifestó: "Y cuando estéis orando, perdonad, si tenéis algo contra alguno, para que también vuestro Padre que está en los cielos os perdone a vosotros vuestras ofensas" (Mr. 11:25). No se hace mención de buscar a la persona ofensora; el perdón es inmediato y entonces la oración puede continuar. Para tales recaídas no planeadas y no intencionales hacia el pecado se aplica el principio de que "el amor cubrirá multitud de pecados" (1 P. 4:8; cp. Pr. 10:12), porque "no guarda rencor" (1 Co. 13:5).

Sin embargo, hay algunos pecados que se deben perdonar únicamente **si** el pecador **se arrepintiere.** Estos son pecados deliberados, premeditados y habituales, pecados que se han convertido en el patrón y en la dirección de la vida del pecador. Son los pecados que exigen la disciplina de la iglesia establecida en Mateo 18. Pero cuando existe un verdadero arrepentimiento, aun estos pecados se deben perdonar de modo pleno y libre. Jesús continuó: **Y si siete veces al día** una persona **pecare contra ti, y siete veces al día volviere a ti, diciendo: Me arrepiento; perdónale.** En Mateo 18:21, Pedro le preguntó: "Señor, ¿cuántas veces perdonaré a mi hermano que peque contra mí? ¿Hasta siete?". Pedro creía que estaba siendo magnánimo, ya que los rabinos, malinterpretando pasajes tales como Amós 1:3, 6, 9, 11, 13, 2:1, 4, 6, enseñaban que Dios solo perdona un máximo de tres veces. Jesús contestó: "No te digo hasta siete, sino aun hasta setenta veces siete" (v. 22). Lo importante es que así como Dios perdona libre y completamente a los creyentes arrepentidos, así también debemos perdonarnos plenamente unos a otros.

La Biblia revela al menos diez razones de por qué el perdón es importante. Primera, el perdón es el acto más parecido a Dios que una persona puede realizar. En el Sermón del Monte, Jesús declaró: "Amad a vuestros enemigos, bendecid a los que os maldicen, haced bien a los que os aborrecen, y orad por los que os ultrajan y os persiguen; para que seáis hijos de vuestro Padre que está en los cielos, que hace salir su sol sobre malos y buenos, y que hace llover sobre justos e injustos" (Mt. 5:44-45). Amar a los enemigos, lo que requiere perdonarlos, hace a los creyentes semejantes a su Padre del cielo, quien derrama las bendiciones de la gracia común sobre aquellos que no lo aman. Así como el Dios perdonador (cp. Éx. 34:6-7; Sal. 32:1-2; 85:2; 130:4; Is. 1:18; 43:25; 55:6-7; Jer. 31:33-34; Mi. 7:18-19) los perdona, así también los creyentes deben imitarlo (Ef. 5:1) perdonando a los demás. Pablo encomendó a los efesios: "Antes sed benignos unos con otros, misericordiosos, perdonándoos unos a otros, como Dios también os perdonó a vosotros en Cristo" (Ef. 4:32; cp. Col. 3:13).

Segunda, no solo es matar lo que prohíbe el sexto mandamiento, sino también el enojo, la ira, la malicia, la venganza y la falta de perdón. En el Sermón del Monte, Jesús explicó el verdadero significado del sexto mandamiento:

> *Oísteis que fue dicho a los antiguos: No matarás; y cualquiera que matare será culpable de juicio. Pero yo os digo que cualquiera que se enoje contra su hermano, será culpable de juicio; y cualquiera que diga: Necio, a su hermano, será culpable ante el concilio; y cualquiera que le diga: Fatuo, quedará expuesto al infierno de fuego (Mt. 5:21-22).*

En 1 Juan 3:15, el apóstol escribió: "Todo aquel que aborrece a su hermano es homicida; y sabéis que ningún homicida tiene vida eterna permanente en él".

Tercera, los cristianos deben recordar que quien los ofende ha ofendido más a Dios. Todo pecado es en última instancia contra Él como deja en claro el Salmo 51 al mostrar el horrible pecado de adulterio y asesinato que David cometió. En el ámbito humano, el pecado de David afectó a muchas personas. Afectó a Betsabé, al esposo de ella, Urías, a quien David había matado (2 S. 12:9), y al hijo que resultó de su adulterio, quien murió siendo un bebé. Los propios hijos de David también se vieron afectados por el ejemplo que su padre les dio de adulterio y asesinato (cp. 2 S. 12:10). Toda la nación de Israel padeció guerra civil que resultó de la rebelión de Absalón contra David. Sin embargo, en la confesión angustiada de su pecado y culpabilidad, David clamó a Dios: "Contra ti, contra ti solo he pecado, y he hecho lo malo delante de tus ojos" (Sal. 51:4).

Cuarta, es razonable que quienes han recibido perdón por los pecados más graves que han cometido contra Dios, el más Santo, perdonen los pecados menores cometidos contra ellos, que son pecadores. Esa verdad la ilustra la historia de Jesús de un hombre a quien se le perdonó una deuda enorme e impagable, pero que se negó a perdonar una pequeña deuda que le debía uno de sus compañeros (Mt. 18:23-35).

Quinta, aquellos que no perdonan no disfrutarán del amor de los demás cristianos. Cuando el hombre se negó a perdonar a quien le debía dinero, "sus consiervos… se entristecieron mucho, y fueron y refirieron a su señor todo lo que había pasado" (Mt. 18:31). Él fue aislado de la comunión con ellos.

Sexta, no perdonar resulta en castigo divino. Furioso porque aquel a quien había perdonado su enorme deuda se negó a perdonar a su compañero consiervo, "su señor, enojado, le entregó a los verdugos, hasta que pagase todo lo que le debía" (Mt. 18:34). Enfatizando este punto, Jesús advirtió: "Así también mi Padre celestial hará con vosotros si no perdonáis de todo corazón cada uno a su hermano sus ofensas" (v. 35).

Un séptimo principio se deriva de esa verdad; concretamente que quienes no perdonan a otros no serán perdonados. Jesús dejó eso en claro en su enseñanza sobre la oración en el Sermón del Monte: "Porque si perdonáis a los hombres sus ofensas, os perdonará también a vosotros vuestro Padre celestial; mas si no perdonáis a los hombres sus ofensas, tampoco vuestro Padre os perdonará vuestras ofensas" (Mt. 6:14-15).

El Señor no estaba hablando del perdón eterno que los creyentes tienen a través de la justificación, sino más bien del perdón temporal o paternal que es parte de la santificación. Aquellos que son amargados, que guardan rencores y no perdonan recibirán el castigo de Dios. El vacío, la depresión, la ausencia de interés, y la falta de seguridad y gozo que muchos cristianos experimentan se debe a menudo a la bendición retenida como resultado de castigo por un corazón no perdonador.

Octava, no perdonar hace que una persona no sea apta para adorar. En Mateo 5:23-24 Jesús expresó: "Si traes tu ofrenda al altar, y allí te acuerdas de que tu hermano tiene algo contra ti, deja allí tu ofrenda delante del altar, y anda, reconcíliate primero con tu hermano, y entonces ven y presenta tu ofrenda". Cuando un creyente es consciente de un conflicto o de una falta de perdón hacia otra persona, la situación tiene que solucionarse antes de ir a adorar a Dios. El pecado de no reconciliarse imposibilita la adoración, que Dios no acepta si los creyentes albergan pecado en sus corazones (Sal. 66:18; Pr. 15:8).

Novena, no perdonar usurpa la autoridad de Dios. Pablo escribió: "No os venguéis vosotros mismos, amados míos, sino dejad lugar a la ira de Dios; porque escrito está: Mía es la venganza, yo pagaré, dice el Señor" (Ro. 12:19). Al negarse a perdonar, quienes no están calificados para tomar represalias contra el pecado usurpan el derecho que Dios tiene de hacerlo. Solo Él tiene un entendimiento perfecto de los agravios contra los creyentes, tiene la última autoridad, es imparcial, sabio, bueno y siempre actúa en perfecta santidad. Además, según se indicó en el punto tres, Dios es el más agraviado por los pecados contra los creyentes.

Por último, los agravios contra los creyentes son las pruebas que los perfeccionan. Santiago escribió: "Hermanos míos, tened por sumo gozo cuando os halléis en diversas pruebas, sabiendo que la prueba de vuestra fe produce paciencia. Mas tenga la paciencia su obra completa, para que seáis perfectos y cabales, sin que os falte cosa alguna" (Stg. 1:2-4). Ver los agravios de otros como medios de Dios para perfeccionar a los creyentes pone a esos agravios en una perspectiva diferente, y permite que los creyentes sigan el ejemplo de Cristo, "el cual no hizo pecado, ni se halló engaño en su boca; quien cuando le maldecían, no respondía con maldición; cuando padecía, no amenazaba, sino encomendaba la causa al que juzga justamente" (1 P. 2:22-23). (Analizo con detalle la importancia del perdón en mi libro *La libertad y el poder del perdón* [Grand Rapids: Portavoz, 1999]).

LAS PERSONAS HUMILDES SE DISTINGUEN POR EL RECONOCIMIENTO DE LA DEBILIDAD

Dijeron los apóstoles al Señor: Auméntanos la fe. Entonces el Señor dijo: Si tuvierais fe como un grano de mostaza, podríais decir a este sicómoro: Desarráigate, y plántate en el mar; y os obedecería. (17:5-6)

La aparente desconexión entre los versículos 5-10 y los primeros cuatro versículos de esta sección ha llevado a algunos a ver los versículos 5-10 como ejemplos separados de la enseñanza del Señor dados en otras ocasiones. Pero no hay nada en este contexto que sugiera que los diez versículos no son parte de un discurso bien hilvanado. A medida que el pasaje se desarrolla, las conexiones entre sus secciones se hacen más claras.

Los **apóstoles** eran los doce seleccionados por el Señor en Lucas 6:12-16. Ellos han estado ausentes de la narración de Lucas desde que fueran enviados a predicar en 9:1-10 (aparte de una alusión que se les hace en 11:49). Estos fueron los hombres que tuvieron el extraordinario privilegio de ser llamados de manera personal y soberana por el Señor Jesucristo para que fueran sus representantes personales. Se volvieron testigos presenciales de la resurrección, y el fundamento sobre el cual se edificó la Iglesia (Ef. 2:20), así como los escritores inspirados de la mayor parte del Nuevo Testamento. (Para más información sobre los apóstoles, véase los caps. 31-37 de esta obra, y *Doce hombres comunes y corrientes* [Nashville: Caribe, 2004]).

Pero, a pesar de sus privilegios sin precedentes, los apóstoles demostraron ser muy humanos. Vieron de primera mano los incontables milagros que Jesús realizó, oyeron su enseñanza, y fueron discipulados por Él. Sin embargo, ellos lucharon con una falta de fe, por lo que Jesús los reprendió en varias ocasiones (Mt. 8:26; 14:31; 16:8; 17:20). Incluso ahora, no mucho tiempo antes de la cruz, la respuesta que dieron a la enseñanza del Señor sobre la humildad y el perdón fue manifestarle: **Auméntanos la fe.** Esa, no obstante, fue una admisión humilde y sincera de debilidad por parte de ellos. El verbo griego traducido **auméntanos** significa "añadir a", "complementar", "desarrollar" o "crecer". Los apóstoles no estaban negando que tenían fe, pero negaron que esta fuera suficientemente fuerte. Lo que Jesús exigió en este contexto les pareció una norma imposible de vivir. Era totalmente opuesto a lo que les habían enseñado los dirigentes religiosos.

Al igual que los apóstoles, las personas humildes se apresuran a reconocer su propia insuficiencia. El apóstol Pablo preguntó de manera retórica: "Para estas cosas, ¿quién es suficiente?" (2 Co. 2:16; cp. 3:5). Su suficiencia llegó de una humilde dependencia en la gracia suficiente de Dios (2 Co. 12:9; cp. 4:7-12), que le dio poder para el "trabajo, luchando según la potencia de él, la cual [actuó] poderosamente en [él]" (Col. 1:29; cp. 1 Co. 2:1-5; 15:10).

Jesús afirmó la validez de la pregunta de ellos y contestó por medio de una analogía de que en realidad necesitaban una fe creciente: **Si tuvierais fe como un grano de mostaza, podríais decir a este sicómoro: Desarráigate, y plántate en el mar; y os obedecería.** Según se indicó en el estudio de Lucas 13:19 en el capítulo 83 de esta obra, el **grano de mostaza** era la semilla más pequeña que el pueblo de Israel conocía. La analogía de Jesús exige una fe que crece como una diminuta semilla de mostaza lo hace hasta convertirse en un arbusto grande (las plantas de mostaza pueden alcanzar cinco metros de altura).

Aquellos que poseen tal fe pueden realizar cosas asombrosas, lo cual el Señor describió usando otra analogía. Les dijo a los apóstoles que si tuvieran este tipo de fe le podrían **decir a** un **sicómoro: Desarráigate, y plántate en el mar;** y este árbol les **obedecería.** Los sicómoros tienen un amplio sistema de raíces, por lo que sacar a uno de raíz sería algo significativo de hacer. Pero Jesús no estaba hablando de mover literalmente un árbol; estaba hablando de modo metafórico. La idea es que quien confía en Él recibe poder sobrenatural para hacer lo que no podría hacer con sus propias fuerzas humanas (cp. Mt. 17:20; Mr. 11:23; Jn. 14:12-14; 2 Co. 12:10; Ef. 6:10).

Las personas humildes son poderosas porque entienden su debilidad y dependen por completo de "Aquel que es poderoso para hacer todas las cosas mucho más abundantemente de lo que pedimos o entendemos, según el poder que actúa en nosotros" (Ef. 3:20).

LAS PERSONAS HUMILDES SE CARACTERIZAN POR RECHAZAR LA EXALTACIÓN

¿Quién de vosotros, teniendo un siervo que ara o apacienta ganado, al volver él del campo, luego le dice: Pasa, siéntate a la mesa? ¿No le dice más bien: Prepárame la cena, cíñete, y sírveme hasta que haya comido y bebido; y después de esto, come y bebe tú? ¿Acaso da gracias al siervo porque hizo lo que se le había mandado? Pienso que no. Así también vosotros, cuando hayáis hecho todo lo que os ha sido ordenado, decid: Siervos inútiles somos, pues lo que debíamos hacer, hicimos. (17:7-10)

Aunque algunos no ven la relación, esta última parábola encaja en el tema general de esta sección. Los escribas y fariseos estaban obsesionados con recibir honra. En Mateo 23:5-7, Jesús los desenmascaró porque "hacen todas sus obras para ser vistos por los hombres. Pues ensanchan sus filacterias, y extienden los flecos de sus mantos; y aman los primeros asientos en las cenas, y las primeras sillas en las sinagogas, y las salutaciones en las plazas, y que los hombres los llamen: Rabí, Rabí" (cp. Lc. 20:46-47).

Tal actitud no caracteriza a los verdaderos seguidores de Jesucristo. Existe el peligro de que al reconocer su debilidad, confiar en el poder de Dios, y ser usados por Él se vuelvan arrogantes y orgullosos. A fin de que no olviden que todo lo que tienen y hacen es solamente por la gracia de Dios, Jesús contó esta parábola como una advertencia contra la soberbia espiritual.

Doulos (**siervo**) se refiere a una persona obligada ante un propietario. Esa era una manera común en que se manejaba el empleo, y podría ser muy beneficiosa cuando el amo trataba a su siervo de forma justa y humana. A menudo el Nuevo Testamento describe a los cristianos como siervos de Dios y del Señor Jesucristo (p. ej., Hch. 4:29; Ro. 1:1; Gá. 1:10; Col. 1:7; 4:12; 2 Ti. 2:24; 1 P. 2:16; Ap. 1:1). Por lo general, los siervos eran mejores que los libres, quienes tendían a ser jornaleros que vivían precariamente. Los siervos tenían seguridad, ya que vivían en la casa del amo, y este les suplía las necesidades.

Esta parábola tiene lugar en un ambiente rural y agrícola, que probablemente describe una pequeña granja donde el **siervo ara o apacienta ganado.** Su amo, **al volver del campo,** no **le dice** inmediatamente: **Pasa, siéntate a la mesa,** no más de lo que un empleador de hoy, bajo circunstancias normales, esperaría que un empleado trabajara todo el día. **Más bien** el amo **le** diría: **Prepárame la cena, cíñete, y sírveme hasta que haya comido y bebido; y después de esto, come y bebe tú. ¿Acaso da gracias al siervo porque hizo lo que se le había mandado?** El siervo habría entendido la petición de su amo como una parte normal de su responsabilidad y no habría esperado ningún honor especial simplemente por cumplir con todo su deber diario.

Jesús finalizó la historia aplicándola entonces a sus discípulos: **Así también vosotros, cuando hayáis hecho todo lo que os ha sido ordenado, decid: Siervos inútiles somos, pues lo que debíamos hacer, hicimos.** Los individuos humildes rechazan la exaltación. Comprenden que nada de lo que hacen por Dios lo pone a Él en deuda con ellos. El servicio que le puedan hacer es su deber, es menos de lo que Él se merece, y hagan lo que hagan son **siervos inútiles** e indignos de las inmerecidas bendiciones eternas que Dios misericordiosamente les concede.

Sin embargo, en el futuro los creyentes serán exaltados y recompensados cuando Jesús mismo les sirva en el gran banquete de bodas (Lc. 12:37). Pero incluso aquello será el resultado de la gracia divina. Nunca, ni en este mundo ni en el cielo, los creyentes merecerán algo que Dios misericordiosamente les otorgue.

El mensaje de la enseñanza de nuestro Señor en esta sección se podría resumir en su declaración: "Porque cualquiera que se enaltece, será humillado; y el que se humilla, será enaltecido" (14:11; cp. 1:52; 18:14; Stg. 4:10; 1 P. 5:6).

Diez hombres sanados; uno salvo

96

Yendo Jesús a Jerusalén, pasaba entre Samaria y Galilea. Y al entrar en una aldea, le salieron al encuentro diez hombres leprosos, los cuales se pararon de lejos y alzaron la voz, diciendo: ¡Jesús, Maestro, ten misericordia de nosotros! Cuando él los vio, les dijo: Id, mostraos a los sacerdotes. Y aconteció que mientras iban, fueron limpiados. Entonces uno de ellos, viendo que había sido sanado, volvió, glorificando a Dios a gran voz, y se postró rostro en tierra a sus pies, dándole gracias; y éste era samaritano. Respondiendo Jesús, dijo: ¿No son diez los que fueron limpiados? Y los nueve, ¿dónde están? ¿No hubo quien volviese y diese gloria a Dios sino este extranjero? Y le dijo: Levántate, vete; tu fe te ha salvado. (17:11-19)

La sanidad milagrosa era una constante realidad en el ministerio de nuestro Señor. Mateo 4:23 señala: "Y recorrió Jesús toda Galilea... sanando toda enfermedad y toda dolencia en el pueblo". Cuando "se difundió su fama por toda Siria; y le trajeron todos los que tenían dolencias... los sanó" (v. 24). En la casa de Pedro en Capernaúm, "trajeron a él muchos endemoniados; y con la palabra echó fuera a los demonios, y sanó a todos los enfermos" (Mt. 8:16). Mateo 9:35 relata: "Recorría Jesús todas las ciudades y aldeas, enseñando en las sinagogas de ellos, y predicando el evangelio del reino, y sanando toda enfermedad y toda dolencia". Antes de la alimentación de los cinco mil, "Jesús, vio una gran multitud, y tuvo compasión de ellos, y sanó a los que de ellos estaban enfermos" (Mt. 14:14). De igual modo, antes de la alimentación de los cuatro mil, "se le acercó mucha gente que traía consigo a cojos, ciegos, mudos, mancos, y otros muchos enfermos; y los pusieron a los pies de Jesús, y los sanó" (Mt. 15:30). Al este del río Jordán, "le siguieron grandes multitudes, y los sanó allí" (Mt. 19:2). Durante la Semana Santa, la culminación del ministerio terrenal de Cristo, "vinieron a él en el templo ciegos y cojos, y los sanó" (Mt. 21:14; cp. 12:15; Lc. 5:15).

Los milagros que realizó el divino Señor, para los que nunca hubo una explicación humana, proporcionaron pruebas irrefutables de su deidad, y en consecuencia testimonio convincente de la verdad de la fe cristiana. Tales milagros son evidencia del poder sobrenatural de Jesús que apoya su afirmación de ser Dios mismo (Jn. 5:36; 10:25, 37-38; 14:11). La asombrosa curación relatada aquí en el Evangelio de Lucas es uno de los innumerables milagros de sanidad que Jesús realizó mientras desterraba la enfermedad y la dolencia de Israel durante su ministerio terrenal. En esta ocasión se realizó en su último viaje a Jerusalén, el cual Lucas ha estado describiendo desde el versículo 51 del capítulo 9. Esta curación es el cuarto de cinco milagros seleccionados y registrados de ese viaje que Lucas fue inspirado a relatar (cp. 11:14; 13:10-13; 14:1-4; 18:35-43). Los tres primeros involucraron individuos, mientras que el último involucró a dos personas (aunque Lucas solo menciona a una de ellas). Este milagro supera con creces a los otros cuatro. Es una demostración del poder divino que es inconfundible e innegable: la curación simultánea de diez hombres afligidos con lepra, la enfermedad más temida de esa época.

Al inicio del capítulo 27 de esta obra ofrezco la siguiente descripción extendida de esta horrible condición:

> Al igual que la contraparte del Antiguo Testamento *llaga* (**lepra**) es un término general para gran cantidad de enfermedades de la piel. La más grave de ellas era la enfermedad de Hansen, que es la lepra como se le conoce hoy día...
>
> A la lepra, o enfermedad de Hansen, se le conoce por escritos antiguos (aprox. 600 d.C.) de China, India y Egipto, y de restos momificados de Egipto. Era bastante común en Israel para justificar la extensa regulación en la ley mosaica de quienes padecían tanto esta como otras enfermedades relacionadas de la piel (Lv. 13—14). El mal es causado por la bacteria *mycobacterium leprae*, descubierta por el científico noruego G. H. A. Hansen en 1873 (esta fue la primera bacteria en ser identificada como la causa de una enfermedad humana). La bacteria era trasmisible por medio del contacto y el aliento.
>
> La lepra ataca la piel, los nervios periféricos (en especial cerca de las muñecas, los codos y las rodillas), y la membrana mucosa. Forma lesiones en la piel, y puede desfigurar el rostro al hacer que la nariz desaparezca y ocasionar pliegues en la piel (que lleva a algunos a llamarla "enfermedad del león" debido a la resultante apariencia de león en el rostro). Contrario a la creencia popular, la lepra no consume la carne. Debido a la pérdida de sensación (especialmente en manos y pies), las personas con la enfermedad sin darse cuenta desgastan sus extremidades y el rostro. La terrible desfiguración causada por la lepra la hace muy temida, y obliga a los leprosos a ser marginados y separados de toda sociedad sana, por protección.

Al sufrimiento físico de los afligidos con lepra se sumaba el estigma social que la acompañaba. A los leprosos no solamente se los aislaba de familiares y amigos, y se los excluía del resto de la sociedad, sino que además a su condición se le consideraba el juicio divino por sus pecados (como lo fue en el caso de Giezi [2 R. 5:25-27] y Uzías [2 Cr. 26:16-23]. Esto era coherente con la creencia tradicional judía de que el sufrimiento constituía el juicio de Dios por el pecado [cp. Job 4:7-9; Jn. 9:1-3]).

Aunque describe un acontecimiento real, esta historia, al igual que una parábola, es rica en verdad espiritual. Se trata de una asombrosa demostración de bondad, ternura, clemencia y misericordia divina, así también como del poder divino de Cristo para curar muchas de las enfermedades incurables y restaurar la salud plena. También es un relato de gratitud, adoración y salvación, y al mismo tiempo una historia de ingratitud impresionante. Se trata del relato no solo de diez leprosos que fueron curados físicamente, sino también de un hombre que fue curado espiritual y eternamente.

LOS DIEZ QUE FUERON CURADOS

Yendo Jesús a Jerusalén, pasaba entre Samaria y Galilea. Y al entrar en una aldea, le salieron al encuentro diez hombres leprosos, los cuales se pararon de lejos y alzaron la voz, diciendo: ¡Jesús, Maestro, ten misericordia de nosotros! Cuando él los vio, les dijo: Id, mostraos a los sacerdotes. Y aconteció que mientras iban, fueron limpiados. (17:11-14)

Como se señaló anteriormente, este incidente ocurrió mientras **Jesús** iba **a Jerusalén.** Antes de llegar allí por última vez al inicio de la Semana Santa, el Señor hizo tres breves visitas a la ciudad y sus alrededores. Él fue allí para la fiesta de los tabernáculos (Jn. 7, 8), y la fiesta de la dedicación (Jn. 9, 10), y a Betania, que estaba cerca de Jerusalén, donde resucitó de los muertos a Lázaro. Después de realizar ese milagro, Jesús salió de los alrededores de Jerusalén hacia la ciudad de Efraín (Jn. 11:54), localizada en la región descrita aquí como **entre Samaria y Galilea,** donde es probable que haya ocurrido este incidente.

Al entrar en una aldea desconocida, Jesús se encontró con una escena muy común: **le salieron al encuentro diez hombres leprosos, los cuales se pararon de lejos.** A diferencia del leproso en Lucas 5:12-13, que se acercó lo suficiente para que Jesús lo pudiera tocar, estos hombres guardaron la distancia que la ley requería (cp. Lv. 13:45-46; Nm. 5:2-3; 2 R. 7:3).

> A los leprosos se les prohibía estrictamente acercarse a otras personas (cp. Lc. 17:12), o interactuar con nadie, a menos que fuera alguien contagiado con la misma enfermedad. Tan grande era el temor al contagio

> que los leprosos fueron desterrados de Jerusalén o de cualquier otra ciudad amurallada (cp. 2 R. 7:3). Se les prohibía estar a menos de dos metros de una persona sana (veinte o treinta metros si el viento soplaba desde la dirección del leproso) y eran restringidos a un compartimiento especial en la sinagoga. Un rabino se negó a comer un huevo comprado en una calle donde había un leproso. Otro abogó por lanzar piedras a los leprosos para obligarlos a mantener su distancia (cp. Alfred Edersheim, *The Life y Times of Jesus the Messiah* [Grand Rapids: Eerdmans, 1974], 1:492-95).
>
> Ahora se sabe que la lepra (enfermedad de Hansen) no es muy contagiosa, ya que 90 a 95% de la humanidad es inmune a ella. No se sabe con seguridad cómo se transmite la condición, pero quienes viven en estrecho contacto con leprosos sin tratamiento tienen más alto riesgo de llegar a infectarse. Pero a los leprosos en los tiempos bíblicos se los aislaba no solo debido al miedo de infectarse, sino también porque eran ceremonialmente impuros (Lv. 13:45-46). En la enseñanza rabínica, la lepra ocupaba el segundo lugar después del contacto con un cuerpo muerto en términos de contaminación. "No solo el verdadero contacto con el leproso, sino que incluso su entrada contaminaba una habitación, y todo en ella, hasta las vigas del techo... Incluso si metía la cabeza en un lugar, este se volvía inmundo" (Edersheim, 1:494, 95). (Copiado de mi explicación sobre Lucas 5:12*c* en el cap. 27 de esta obra).

Este era un lastimoso y solitario grupo de parias que subsistían a duras penas al margen de la sociedad.

Al ver que Cristo se acercaba, los leprosos **alzaron la voz, diciendo: ¡Jesús, Maestro, ten misericordia de nosotros!** *Epistatēs* (**Maestro**) aparece en el Nuevo Testamento solo en el Evangelio de Lucas, siempre refiriéndose a Jesús (cp. 5:5; 8:24, 45; 9:33, 49). Esta es la única ocasión en que el término lo usa alguien diferente a sus discípulos. *Epistatēs* denota a alguien que posee extraordinaria autoridad o poder. El uso que los leprosos hacen del término para dirigirse a Jesús indica que tenían conocimiento de su milagrosa capacidad de curar, la cual era ampliamente conocida por su ministerio en Galilea y Samaria. La súplica que hicieron, **ten misericordia de nosotros,** era una expresión común usada por personas que por piedad y compasión le pedían a Jesús que las curara (p. ej., Mt. 9:27; 15:22; 17:15; 20:30-31; Mr. 10:47-48). La enfermedad que tenían era incurable; la situación en que se hallaban era desesperada; sus vidas eran desdichadas. Jesús les ofrecía su única oportunidad de liberación. Armándose de toda la esperanzadora fe que tenían, estos diez hombres desesperados rogaron al Sanador que los curara.

Los gritos lastimeros que lanzaban captaron la atención del Señor. A diferencia del leproso que sanara antes en el Evangelio de Lucas, Jesús no les impuso las manos (cp. 5:13). Él no era reacio a acercarse y a tocar leprosos, pero en esta ocasión, **cuando él los vio,** no los sanó inmediatamente, sino que **les dijo: Id, mostraos a los sacerdotes** para que los pudieran examinar y ser declarados limpios (cp. 5:14). Algunos podrían cuestionar por qué en ese momento Jesús no dijo: "Sed sanos". Sin duda en parte les estaba probando la fe que tenían en la habilidad del Señor para curarlos en su tiempo. La orden del Señor sería una afirmación de la validez de la ley de Dios (cp. Mt. 5:17-19). Al obedecer, estos hombres estaban demostrando fe y cumpliendo su obligación como lo exigía la ley. Los sacerdotes que recibirían a los ex leprosos actuaban como los inspectores locales de salud, y había un proceso complicado que duraba ocho días y en el que participaban varios reconocimientos, sacrificios y rituales con el fin de determinar si una persona estaba libre de lepra (Lv. 14:1-32).

En el tipo de impresionante eufemismo que describe la mayor parte de los milagros de Cristo, Lucas se limita a señalar **que mientras** ellos **iban** a mostrarse a los sacerdotes como Él les había ordenado, los diez hombres **fueron limpiados.** No hubo palabras espectaculares y dramáticas, efectos especiales, ni actos teatrales, solo una completa e instantánea limpieza de todo rastro de la condición que les había infectado y desfigurado los cuerpos.

Irónicamente, los mismos sacerdotes que de modo vehemente rechazaron a Jesús tendrían que validar el innegable hecho de que los leprosos habían sido curados. Se verían obligados a confirmar el poder sobrenatural de Jesús y su adherencia estricta a la ley, y por consiguiente a convertirse en renuentes testigos de la deidad del Señor. Además, durante los ocho días en que les estarían validando la curación, los hombres mismos serían testigos vivos de la divinidad de Cristo.

EL ÚNICO QUE FUE SALVO

Entonces uno de ellos, viendo que había sido sanado, volvió, glorificando a Dios a gran voz, y se postró rostro en tierra a sus pies, dándole gracias; y éste era samaritano. Respondiendo Jesús, dijo: ¿No son diez los que fueron limpiados? Y los nueve, ¿dónde están? ¿No hubo quien volviese y diese gloria a Dios sino este extranjero? Y le dijo: Levántate, vete; tu fe te ha salvado. (17:15-19)

Hasta este momento los diez hombres habían actuado conjuntamente. Todos habían suplicado a Jesús que los curara; todos habían obedecido la orden y se pusieron en camino para ver a los sacerdotes; todos habían recibido sanidad. En ese momento la uniformidad se rompió cuando **uno de ellos,** sin duda lleno de gozo, asombro y admiración, **viendo que había sido sanado, volvió,** a Jesús. Todos estaban felices ante la perspectiva de regresar a una vida normal con familiares y amigos, pero solo esta alma captó las profundas consecuencias de lo que le había sucedido. Reconociendo que había estado en la presencia de Dios encarnado, quiso más que una simple sanidad física; su corazón anheló la salvación de parte del Sanador divino. Los judíos sabían que el Antiguo Testamento enseñaba que Dios era principalmente un Redentor y Salvador (Job 19:25; Sal. 19:14; Is. 41:14; 43:3, 11, 14; 45:15, 21; 49:26; 60:16). El sujeto entendió la realidad de su separación pecadora y su necesidad de perdón y reconciliación con Dios.

Este hombre hizo tres cosas que revelaban el anhelo de su corazón por esa reconciliación. Primera, incapaz de contener su alegre alabanza, comenzó a glorificar **a Dios a gran voz.** Lucas usa la frase **a gran voz** para transmitir la idea de fuerte emoción, tal como la exhibida por Elisabet (1:42), los seguidores de Jesús en la entrada triunfal (Lc. 19:37), e incluso los demonios cuando fueron confrontados por el Hijo de Dios (4:33; 8:28). Esta pudo haber sido la primera vez en años que el hombre pudo hablar más alto que en un ronco susurro, puesto que la lepra a veces afecta la laringe.

Segunda, el hombre curado **se postró rostro en tierra a** los **pies** de Jesús en adoración. Esa fue una confirmación de la deidad de Cristo, ya que el Antiguo Testamento enseñaba que únicamente a Dios se debía adorar (Éx. 20:3-5; 34:14; Dt. 5:7-9).

Por último, él dio **gracias** a Jesús. Los otros nueve sin duda se dirigieron a adorar a Dios en el templo. Sin embargo, este hombre no lo adoró a través de rituales religiosos en un templo del que desde mucho tiempo antes Dios había retirado su gloria. Al contrario, reconociendo la manifestación de gracia y de poder divino que había presenciado, adoró a Dios en Cristo, el templo verdadero; aquel en quien "habita corporalmente toda la plenitud de la Deidad" (Col. 2:9).

Lo que hizo que la respuesta del hombre fuera incluso más asombrosa fue que él **era samaritano.** Judíos y samaritanos se odiaban mutuamente, y bajo condiciones normales no tenían tratos entre sí (Jn. 4:9). Fue tan solo porque los otros leprosos eran marginados de la sociedad judía que este pudo asociarse con ellos. Los judíos sin duda no habrían esperado que Dios sanara o salvara a un samaritano. Pero Dios no solamente salvó a muchos habitantes de una aldea samaritana (Jn. 4:39, 41-42), sino también que la primera persona a quien Jesús le reveló que Él era el Mesías fue a una mujer samaritana (Jn. 4:25-26).

Entonces el Señor hizo tres preguntas retóricas que resaltan la ingratitud e indiferencia de los otros nueve. La forma griega de la primera pregunta, **¿no son diez los que fueron limpiados?** espera una respuesta afirmativa, ya que eran diez leprosos y todos ellos habían sido limpiados. Jesús en realidad estaba diciendo: "Fueron diez los limpiados, ¿no es así?". Pero solo uno había regresado para alabar, adorar y agradecer a Jesús, lo que motivó la segunda pregunta retórica: **Y los nueve, ¿dónde están?** No se da ninguna respuesta, pero supuestamente iban a toda prisa a donde estaban los sacerdotes para comenzar el procedimiento de ser declarados limpios. La palabra traducida **dónde** está al final de la frase para dar énfasis, haciendo que la pregunta literalmente diga: "Y los nueve, ¿en qué lugar se hallan ahora?". También debieron haber estado allí adorando con gratitud a Jesús, pero después de haber tomado lo que se les dio de parte de Él, no se sintieron obligados a quedarse. Puesto que el interés que tenían en Él era simplemente egoísta y superficial, no tuvieron deseos de adorarlo o ni siquiera de darle las gracias.

Tristemente, eso refleja la actitud predominante hacia Jesús a lo largo de su ministerio. Al confiar en su descendencia de Abraham, el pueblo judío creía que por eso tenía derecho a la bendición de Dios. Ellos no tenían verdadero sentido del pecado, arrepentimiento ni desesperación frente al juicio y el infierno. Eran justos por sí mismos y por consiguiente no esperaban un salvador del pecado. Su esperanza estaba puesta en un Mesías político y militar; alguien que los liberaría poderosamente de sus enemigos, les proveería todo lo que necesitaban, y los sanaría de todas sus enfermedades (cp. Jn. 6:14-15, 26).

A diferencia de los nueve hombres de corazón duro, no arrepentidos, y satisfechos de sí mismos, el hombre arrepentido sabía que necesitaba un Salvador. Reconoció que había estado frente a frente con Dios, y su alma se traumatizó por una abrumadora sensación de su pecaminosidad. Pedro tuvo esa misma reacción después que Jesús demostrara su deidad al proveer una milagrosa pesca. "Viendo esto Simón Pedro, cayó de rodillas ante Jesús, diciendo: Apártate de mí, Señor, porque soy hombre pecador" (Lc. 5:8).

La última pregunta retórica de Jesús, **¿no hubo quien volviese y diese gloria a Dios sino este extranjero?** destaca que el hombre no pertenecía al pueblo judío. Se trataba de un extraño a los pactos, pero solamente él de los diez leprosos curados regresó para dar **gloria a Dios.** Excluido de adorar a Dios en el patio interior del templo, humildemente adoró a Dios encarnado en la persona de Jesús.

La historia llegó a su maravillosa conclusión cuando el Señor **le dijo: Levántate, vete; tu fe te ha salvado.** La frase **te ha salvado** no se traduce de la palabra *katharizō* ("limpiado") del versículo 14, o de la palabra *iaomai* ("sanado") del versículo 15. Se trata de *sōzō,* el conocido término del Nuevo Testamento para ser salvado del pecado (p. ej., Mt. 1:21; 10:22; 19:25; 24:13; Lc. 7:50; 8:12; 13:23; 19:10; Jn. 3:17; 12:47; Hch. 2:21, 47; 4:12; 16:30-31; Ro. 5:9-10; 10:9, 13; 1 Co. 1:18; 2 Co. 2:15; Ef. 2:8; 1 Ti. 1:15; 2 Ti. 1:9; Tit. 3:5; He. 7:25; Stg. 1:21). Solo este hombre de los diez que fueron milagrosamente sanados recibió el segundo milagro de salvación del pecado. Su confianza, gratitud, humildad, compromiso, amor, alabanza y adoración caracterizan su fe en Jesús como la fe que salva.

Pero este incidente no es simplemente el relato de diez individuos. El único que fue redimido y los nueve que no lo fueron representan la actitud general hacia Jesús. Los nueve representan a la incrédula nación de Israel, que solo tuvo un interés superficial en el Hijo de Dios. El pueblo quería lo que podía obtener de Él (curaciones, alimento, liberación de demonios, rescate de la opresión del gobierno romano) pero se negó a reconocerlo como Dios y adorarlo.

Por otra parte el hombre arrepentido representa al remanente de creyentes entre los pecadores arrepentidos judíos y no judíos que entrarán al reino de Dios (Mt. 21:31-32). Ambos grupos disfrutaron el beneficio del poder de Jesús y se sumergieron en lo maravilloso de su enseñanza y sus milagros. Pero la mayoría se contentó con los beneficios superficiales y temporales que pudieron obtener de Él. Solo unos pocos se humillaron y le glorificaron como Dios, le adoraron, y desearon que Él transformara sus corazones.

Todas las personas enfrentan las mismas dos opciones. Pueden contentarse con experimentar la gracia común del Dios "que hace salir su sol sobre malos y buenos, y que hace llover sobre justos e injustos" (Mt. 5:45), o pueden aceptar a Jesucristo como Amo y Salvador, y clamar en arrepentimiento: "Dios, sé propicio a mí, pecador" (Lc. 18:13). Solamente los últimos serán justificados (v. 14) y entrarán al reino eterno de Dios.

El reino invisible de Dios 97

Preguntado por los fariseos, cuándo había de venir el reino de Dios, les respondió y dijo: El reino de Dios no vendrá con advertencia, ni dirán: Helo aquí, o helo allí; porque he aquí el reino de Dios está entre vosotros. (17:20-21)

La experiencia de un reino es ajena para la mayoría de estadounidenses. Los Estados Unidos nacieron en una revolución contra el gobierno del monarca inglés Jorge III, y en su historia nunca ha tenido un rey o gobernante absoluto. A pesar de que la monarquía fue por siglos la manera más común de gobierno, pocas naciones ahora están gobernadas por un rey, y a los que tienen autoridad y poder absolutos e ilimitados a menudo se los depone. En aquellos países que aún reconocen monarcas, estos poseen alguna influencia cultural y realizan únicamente deberes ceremoniales, ostentando poco o ningún poder real.

Pero es precisamente ese gobierno y esa autoridad unilateral que la sociedad desprecia la que Dios reclama para sí. Él es el Rey absoluto (Sal. 24:8-10; 47:2; 1 Ti. 6:15) que gobierna sobre su reino (Sal. 45:6; Mt. 6:33) con supremacía única, soberanía absoluta y el ejercicio libre de su voluntad. El apóstol Pablo concluyó el capítulo 11 de Romanos con una bendición que exalta la soberanía absoluta de Dios:

> *¡Oh profundidad de las riquezas de la sabiduría y de la ciencia de Dios! ¡Cuán insondables son sus juicios, e inescrutables sus caminos! Porque ¿quién entendió la mente del Señor? ¿O quién fue su consejero? ¿O quién le dio a él primero, para que le fuese recompensado? Porque de él, y por él, y para él, son todas las cosas. A él sea la gloria por los siglos. Amén (Ro. 11:33-36).*

Isaías hizo una serie de preguntas retóricas que conforman un equivalente del Antiguo Testamento a la doxología de Pablo:

> *¿Quién midió las aguas con el hueco de su mano y los cielos con su palmo, con tres dedos juntó el polvo de la tierra, y pesó los montes con balanza y con pesas los collados? ¿Quién enseñó al Espíritu de Jehová, o le aconsejó enseñándole? ¿A*

quién pidió consejo para ser avisado? ¿Quién le enseñó el camino del juicio, o le enseñó ciencia, o le mostró la senda de la prudencia? (Is. 40:12-14).

Dios tiene sabiduría y conocimiento supremos, y hace juicios basándose en información desconocida para el ser humano. Ningún individuo le da consejo, ni está obligado con nadie. En base a su perfecto conocimiento, sabiduría, poder y voluntad, Dios hace exactamente lo que quiere, cuando quiere, con quien quiere y para el propósito que quiere.

Job comprendió esa verdad. En Job 42:2 le expresó a Dios: "Yo conozco que todo lo puedes, y que no hay pensamiento que se esconda de ti". En Salmos 33:11, el salmista declaró que "el consejo de Jehová permanecerá para siempre; los pensamientos de su corazón por todas las generaciones". Isaías escribió: "Porque Jehová de los ejércitos lo ha determinado, ¿y quién lo impedirá? Y su mano extendida, ¿quién la hará retroceder?" (Is. 14:27). Más adelante en la profecía de Isaías, Dios declaró:

Acordaos de esto, y tened vergüenza; volved en vosotros, prevaricadores. Acordaos de las cosas pasadas desde los tiempos antiguos; porque yo soy Dios, y no hay otro Dios, y nada hay semejante a mí, que anuncio lo por venir desde el principio, y desde la antigüedad lo que aún no era hecho; que digo: Mi consejo permanecerá, y haré todo lo que quiero (Is. 46:8-10).

En una doxología registrada en 1 Crónicas 29:10-13,

dijo David: Bendito seas tú, oh Jehová, Dios de Israel nuestro padre, desde el siglo y hasta el siglo. Tuya es, oh Jehová, la magnificencia y el poder, la gloria, la victoria y el honor; porque todas las cosas que están en los cielos y en la tierra son tuyas. Tuyo, oh Jehová, es el reino, y tú eres excelso sobre todos. Las riquezas y la gloria proceden de ti, y tú dominas sobre todo; en tu mano está la fuerza y el poder, y en tu mano el hacer grande y el dar poder a todos. Ahora pues, Dios nuestro, nosotros alabamos y loamos tu glorioso nombre.

La Biblia enseña que la soberanía de Dios se extiende tanto sobre el reino material como sobre el espiritual. El reino material es el imperio exterior y universal en que Dios domina sobre todo lo que creó. Salmos 10:16 expresa que "Jehová es Rey eternamente y para siempre"; Salmos 29:10 asegura que "se sienta Jehová como rey para siempre"; y Salmos 47:2 enseña que Él es "Rey grande sobre toda la tierra". Salmos 103:19 declara que "Jehová estableció en los cielos su trono, y su reino domina sobre todos", mientras Salmos 145:13 añade que Él tiene "señorío en todas las generaciones" (cp. Dn. 4:34).

El reino universal está sufriendo los efectos de la rebelión. Está maldito debido al pecado, tanto el de la humanidad como el de Satanás y los demonios. Esa maldición lo ha manchado de manera espiritual y física. Como resultado, lo que los científicos llaman la segunda ley de termodinámica está funcionando, y el universo está agotándose y dirigiéndose hacia su desastrosa desintegración cuando "los cielos, encendiéndose, serán deshechos, y los elementos, siendo quemados, se fundirán" (2 P. 3:12). Espiritualmente, Satanás y sus huestes demoníacas, junto con la especie humana caída, persisten en tratar de manera insensata e inútil frustrar los propósitos del reino del Dios todopoderoso.

Sin embargo, el reino universal no es del que trata este pasaje. El debate del Señor con los fariseos en esta ocasión involucró el reino personal y espiritual de Jesús. Ese reino del gobierno de Dios, la esfera de la salvación, incluye a aquellos que Él ha redimido. Dios revela su autoridad sobre el reino universal a través de la revelación general manifestada en la creación, en la razón humana, y en la ley moral escrita en el corazón y la conciencia. Él da a conocer la naturaleza de su gobierno sobre el reino espiritual por medio de la revelación especial de las Escrituras.

Así como hace en el reino universal, Dios ejerce autoridad absoluta en su reino espiritual. Él es soberano en cuanto a quién entra y cómo lo hace, ejerce absoluto derecho, poder y privilegio, y hace exactamente lo que desea por medio de su Palabra. Por tanto, Jesucristo es Señor y Rey sobre el reino espiritual así como lo es sobre el reino material; Él es soberano en el universo, y es soberano sobre su pueblo. El gobierno externo y universal de Dios es directo; su gobierno interno y personal también es directo, a través de la morada del Espíritu Santo.

A diferencia de su gobierno en el reino universal, el cual es directo (sin un mediador), Dios interviene en su gobierno sobre el reino espiritual por medio de agentes. A través de esos hombres, Él proporcionó la revelación especial en la Biblia que lleva a las personas al interior de ese reino. Aunque ángeles participaron en la mediación de la ley (Hch. 7:53; Gá. 3:19; He. 2:2), en su mayor parte Dios usó hombres, entre ellos Adán, Noé, Abraham, Isaac, Jacob, José, Samuel y sacerdotes, profetas y reyes de Israel (p. ej., David y Salomón). Dios canaliza su intervención a través de la nación de los "israelitas, de los cuales son la adopción, la gloria, el pacto, la promulgación de la ley, el culto y las promesas; de quienes son los patriarcas, y de los cuales, según la carne, vino Cristo, el cual es Dios sobre todas las cosas, bendito por los siglos. Amén" (Ro. 9:4-5).

Pero el mediador culminante, inigualable y glorificado es el Señor Jesucristo. Él es muy superior a todos los demás mediadores antes que nada porque es Dios encarnado: "El resplandor de [la] gloria [del Padre], y la imagen misma de su sustancia" (He. 1:3) y aquel en quien "habita corporalmente toda la plenitud de la Deidad" (Col. 2:9; cp. Jn. 1:1, 14; 14:9). Además, Jesús es el mediador definitivo porque su muerte expiatoria en la cruz hace posible toda reconciliación. Pablo escribió que "hay un solo Dios, y un solo mediador entre Dios y los hombres, Jesucristo hombre" (1 Ti. 2:5). Antes del nacimiento de Cristo, el ángel Gabriel le dijo a María que Jesús "será grande, y será llamado Hijo del Altísimo; y el Señor Dios le dará el trono de David su padre; y reinará sobre la casa de Jacob para siempre, y su reino no tendrá fin" (Lc. 1:32-33). Su venida como Rey fue el cumplimiento de la esperanza de Israel. Salmos 2:6 habla proféticamente de que Dios está estableciendo al Mesías como Rey, mientras que Isaías escribió acerca de Él:

> *Porque un niño nos es nacido, hijo nos es dado, y el principado sobre su hombro; y se llamará su nombre Admirable, Consejero, Dios Fuerte, Padre Eterno, Príncipe de Paz. Lo dilatado de su imperio y la paz no tendrán límite, sobre el trono de David y sobre su reino, disponiéndolo y confirmándolo en juicio y en justicia desde ahora y para siempre. El celo de Jehová de los ejércitos hará esto (Is. 9:6-7; cp. Jer. 23:5).*

Jesús no vino al mundo para establecer el reino universal; Él ya era Rey sobre ese reino (cp. Ef. 1:20-21), como lo demostró su poder sobre la muerte, la enfermedad y la creación. Jesús vino para proveer a su pueblo acceso al reino espiritual. Pero el pueblo judío no comprendió eso, y esperó que el Mesías estableciera el reino terrenal y temporal prometido. En este breve pasaje, los fariseos preguntaron a Jesús acerca del reino, y Él les corrigió la mala interpretación que tenían respecto al mismo.

EL REINO CUESTIONADO

Preguntado por los fariseos, cuándo había de venir el reino de Dios, (17:20*a*)

El reino que el pueblo judío esperaba que el Mesías estableciera abarca todo lo prometido en el pacto abrahámico (Gn. 12), davídico (2 S. 7) y el nuevo pacto (Jer. 31). Según los profetas, se caracterizará por una época de paz sin precedentes en la naturaleza, en que los depredadores ya no harán daño a sus presas (Is. 11:6-7) y los niños jugarán seguros cerca de serpientes venenosas (v. 8). La topografía del planeta cambiará drásticamente; por ejemplo, el monte de los Olivos se partirá en dos (Zac. 14:4). El reino del Mesías se caracterizará por tener paz (Is. 32:17-18; Mi. 4:2-4), gozo (Is. 61:7, 10), consuelo (Is. 40:1-2), prosperidad (Am. 9:13-15), salud (Is. 35:5-6), santidad (Is. 35:8), verdad (Is. 65:16) y el gobierno personal del Mesías (Is. 9:6-7; 11:1-4, 10).

El historiador del siglo XIX, Emil Schürer, resumió así las expectativas del pueblo judío en cuanto a la venida del Mesías y el establecimiento de su reino. Primero, la venida del Mesías estará precedida por una época de tribulación. Segundo, en medio de la confusión aparecerá un profeta parecido a Elías como precursor de la venida del Mesías. Tercero, el Mesías establecerá su reino glorioso, y reivindicará a su pueblo. Cuarto, las naciones se aliarán entre sí para pelear contra el Mesías. Quinto, el Mesías destruirá a todas esas naciones que se le opongan. Sexto, Jerusalén será restaurada, y hecha nueva y gloriosa. Séptimo, los judíos dispersos esparcidos por todo el mundo regresarán a Israel. Octavo, Israel se volverá el centro del mundo y todas las naciones se doblegarán ante el Mesías. Por último, el Mesías establecerá su reino que resultará en un tiempo de eterna paz, justicia y gloria (*A History of the Jewish People in the Time of Jesus Christ* [Nueva York: Scribners, 1896], 2:154-178).

Tales expectativas fueron extraídas del Antiguo Testamento y adornadas en los escritos extrabíblicos, y revelan que los judíos no vieron dos venidas del Mesías. Ellos no estaban esperando el reino espiritual; no esperaban un Salvador que sería el sacrificio por los pecados, porque se consideraban justos (cp. Lc. 18:9-12).

Lo que el pueblo de Israel esperaba ansiosamente era el establecimiento del reino terrenal. Lucas 19:11 relata que "prosiguió Jesús y dijo una parábola, por cuanto estaba cerca de Jerusalén, y ellos pensaban que el reino de Dios se manifestaría inmediatamente". Las frenéticas multitudes en la entrada triunfal gritaron: "¡Hosanna! ¡Bendito el que viene en el nombre del Señor, el Rey de Israel!" (Jn. 12:13). Tal malinterpretación del propósito de la primera venida explica por qué **los fariseos** le preguntaron a Jesús **cuándo había de venir el reino** (cp. pregunta parecida a la de los discípulos en Lc. 17:37). Ellos pasaron por alto la realidad de que el reino viene primero a los corazones de los creyentes antes de hacerse realidad por completo en su gloria milenial (véase la exposición de 13:18-21 en el cap. 83 de esta obra).

Ni Jesús, ni el reino, que fue el tema constante de sus prédicas (cp. 4:43; 6:20; 7:28; 8:1; 9:11, 60, 62; 11:20; 12:31; 13:20, 28-29; 16:16; 18:16-17; Mt. 4:17), cumplieron las expectativas de los fariseos. Jesús afirmó ser un rey, pero no tenía coronación ni comportamiento real según criterios humanos. Nació bajo las más humildes de las circunstancias, en un establo con un pesebre como su cuna. En lugar de la realeza, sus primeros visitantes fueron pastores humildes. Incluso cuando los magos (los sabios de Oriente) llegaron, su visita fue privada. Además, Jesús se crió en la despreciada aldea de Nazaret (Jn. 1:46), que estaba ubicada en Galilea, una región menospreciada por los judíos más sofisticados.

Los fariseos pedían constantemente a Jesús que realizara el tipo de señales espectaculares y catastróficas en los cielos y en la tierra (cp. Jl. 1:15; 2:1, 2, 10, 11, 30-32; 3:1-2, 14-20) que ellos relacionaban con la venida del Mesías (cp. 11:16; Mt. 12:38; 16:1; Jn. 2:18; 4:48; 6:30). Cuando no lo hizo, ellos se negaron a creer en Él, lo calumniaron y trataron de desacreditarlo. Esa actitud constantemente cínica hace probable que las preguntas que le dirigieron a Jesús en esta ocasión no fueran sinceras y que buscaban burlarse de Él (cp. 16:14).

EL REINO EXPLICADO

les respondió y dijo: El reino de Dios no vendrá con advertencia, ni dirán: Helo aquí, o helo allí; porque he aquí el reino de Dios está entre vosotros. (17:20*b*-21)

Al igual que hizo constantemente en sus enfrentamientos con los fariseos, Jesús desarmó sus ideas erróneas. **Les respondió y dijo** que la actual forma del **reino de Dios no vendrá con** señales de **advertencia** que se pudieran observar. La constante búsqueda de señales que los obsesionaba era por tanto errónea, basada en una mala interpretación de la naturaleza del reino espiritual. No hay señales visibles de la venida de ese aspecto del reino que llevaran a las personas a exclamar: **Helo aquí, o helo allí;** su venida no será anunciada por espectáculos visibles.

Los fariseos no lograron discernir el reino espiritual porque no habían experimentado el nuevo nacimiento, y estaban muertos y ciegos. Jesús le advirtió al destacado fariseo Nicodemo: "De cierto, de cierto te digo, que el que no naciere de nuevo, no puede ver el reino de Dios" (Jn. 3:3; cp. Mt. 13:11-16). Así escribiría más adelante el apóstol Pablo: "El hombre natural no percibe las cosas que son del Espíritu de Dios, porque para él son locura, y no las puede entender, porque se han de discernir espiritualmente" (1 Co. 2:14). Aquellos que no reconocen al Rey no pueden ver su reino.

Pero el reino espiritual no siempre será invisible. En la segunda venida de Cristo será inconfundiblemente visible para todos (Ap. 1:7; cp. 19:11-21). No solo que Él se revelará en toda su gloria, sino que los redimidos también se darán a conocer por quienes realmente son (Ro. 8:19-21; 1 Jn. 3:2). Pero hasta entonces el reino seguirá extendiéndose de forma invisible a medida que se le añadan personas mediante la salvación.

Idou (**he aquí**) presenta la sorprendente declaración del Señor de que **el reino de Dios está entre vosotros.** *Entos* (**entre**) literalmente significa "adentro". En la otra aparición de la palabra en el Nuevo Testamento se refiere al interior de un vaso (Mt. 23:26). Muchos traductores, al tratar de evitar la aparente dificultad de que Jesús dijera que el reino estaba dentro de los fariseos incrédulos, traducen la frase en que aparece **entre vosotros.** No obstante, una frase diferente *en mesō*, se usa regularmente para comunicar la idea de "en medio de" o "entre" (p. ej., Mt. 10:16; Lc. 2:46; 8:7; 10:3; 22:27; 24:36; Hch. 1:15; 2:22; He. 2:12). La aparente dificultad se resuelve fácilmente al entender el pronombre **vosotros** en el más amplio sentido nacional y no como una estrecha referencia a los fariseos. Según es inevitablemente el caso, la multitud que escuchaba la conversación del Señor con los fariseos iba desde los que rechazaban rotundamente y los curiosos pero no comprometidos, hasta los verdaderos discípulos de Jesús.

El Señor estaba reforzando la idea de que el reino espiritual es interno y que no se manifestaba por señales visibles.

El reino del cual Jesús habló se caracteriza porque es, como Pablo escribió, "justicia, paz y gozo en el Espíritu Santo" (Ro. 14:17). Existe en los corazones de todos aquellos en quienes el Rey vive. Lo más maravilloso de todo es que la Trinidad viene a morar en los corazones de aquellos que aceptan a Cristo y entran al reino espiritual. En Juan 14:17 Jesús prometió que el Espíritu Santo moraría en los creyentes, mientras que en el versículo 23 agregó: "El que me ama, mi palabra guardará; y mi Padre le amará, y vendremos a él, y haremos morada con él".

Entrar al reino espiritual por medio del evangelio se convirtió en el mensaje de la iglesia primitiva. Durante los cuarenta días entre la resurrección y la ascensión de Jesús, Él los preparó para predicar ese mensaje "hablándoles acerca del reino de Dios" (Hch. 1:3). Felipe el evangelista "anunciaba el evangelio del reino de Dios" (Hch. 8:12). El apóstol Pablo estuvo "confirmando los ánimos de los discípulos, exhortándoles a que permaneciesen en la fe, y diciéndoles: Es necesario que a través de muchas tribulaciones entremos en el reino de Dios" (Hch. 14:22). En Éfeso, "entrando Pablo en la sinagoga, habló con denuedo por espacio de tres meses, discutiendo y persuadiendo acerca del reino de Dios" (Hch. 19:8). En sus reuniones con los líderes de la comunidad judía en Roma, Pablo "les declaraba y les testificaba el reino de Dios desde la mañana hasta la tarde, persuadiéndoles acerca de Jesús, tanto por la ley de Moisés como por los profetas" (Hch. 28:23). A los corintios les enseñó que "el reino de Dios no consiste en palabras, sino en poder" (1 Co. 4:20), y les advirtió que "los injustos no heredarán el reino de Dios" (6:9; cp. Gá. 5:21; Ef. 5:5). Tan central fue el reino para el ministerio de Pablo que este se describió como un trabajador del reino de Dios (Col. 4:11).

Las señales profetizadas con relación al futuro reino terrenal que los fariseos exigían de Jesús se manifestarán cuando ese reino se establezca en la segunda venida. El regreso de nuestro Señor para juzgar a los incrédulos y establecer su reino terrenal es el tema de la próxima sección del Evangelio de Lucas.

Siete características de la venida del Rey

98

Y dijo a sus discípulos: Tiempo vendrá cuando desearéis ver uno de los días del Hijo del Hombre, y no lo veréis. Y os dirán: Helo aquí, o helo allí. No vayáis, ni los sigáis. Porque como el relámpago que al fulgurar resplandece desde un extremo del cielo hasta el otro, así también será el Hijo del Hombre en su día. Pero primero es necesario que padezca mucho, y sea desechado por esta generación. Como fue en los días de Noé, así también será en los días del Hijo del Hombre. Comían, bebían, se casaban y se daban en casamiento, hasta el día en que entró Noé en el arca, y vino el diluvio y los destruyó a todos. Asimismo como sucedió en los días de Lot; comían, bebían, compraban, vendían, plantaban, edificaban; mas el día en que Lot salió de Sodoma, llovió del cielo fuego y azufre, y los destruyó a todos. Así será el día en que el Hijo del Hombre se manifieste. En aquel día, el que esté en la azotea, y sus bienes en casa, no descienda a tomarlos; y el que en el campo, asimismo no vuelva atrás. Acordaos de la mujer de Lot. Todo el que procure salvar su vida, la perderá; y todo el que la pierda, la salvará. Os digo que en aquella noche estarán dos en una cama; el uno será tomado, y el otro será dejado. Dos mujeres estarán moliendo juntas; la una será tomada, y la otra dejada. Dos estarán en el campo; el uno será tomado, y el otro dejado. Y respondiendo, le dijeron: ¿Dónde, Señor? Él les dijo: Donde estuviere el cuerpo, allí se juntarán también las águilas. (17:22-37)

Todos los verdaderos cristianos que entienden la Biblia, aman al Señor Jesucristo y están preocupados en cuanto a su gloria, desean su regreso. Anhelan verlo hacer caso omiso de su prolongada humillación y regresar en majestad y gloria para reinar. Al igual que los tesalonicenses, ansiosamente esperan "de los cielos a su Hijo [de Dios], al cual resucitó de los muertos, a Jesús, quien nos libra de la ira venidera" (1 Ts. 1:10) y están "aguardando la esperanza bienaventurada y la manifestación gloriosa de nuestro gran Dios y Salvador Jesucristo" (Tit. 2:13). Pablo se refirió a los cristianos como "todos los que aman su venida [de Cristo]" (2 Ti. 4:8). Al final del libro de Apocalipsis, el apóstol Juan respondió a la promesa de Cristo: "Ciertamente vengo en breve", exclamando: "Amén; sí, ven, Señor Jesús" (Ap. 22:20).

Es característico de la madurez espiritual que los cristianos anhelen la segunda venida no por ganancia personal sino para la gloria de Cristo. Desean ver a Jesús reivindicado y exaltado (cp. Jn. 17:24), en lugar de vilipendiado y deshonrado. Por otra parte, aquellos a quienes les importa poco el honor de Cristo y la gloria de Dios, y que ven a Jesús como el medio para su propia realización personal, tienen poco interés en la segunda venida. La evangelización contemporánea alienta esa perspectiva egocéntrica que hace de la salvación de pecadores el objetivo y relega a Dios a ser simplemente el medio para lograr ese objetivo. Pero eso es lo opuesto de lo que la Biblia enseña. La gloria de Dios es el propósito de la redención, y la salvación de pecadores es un medio para lograr ese objetivo.

Los burladores siempre han negado que Jesucristo vaya a regresar de manera literal y corporal a establecer su reino terrenal y reinar en él. Pedro escribió: "Sabiendo primero esto, que en los postreros días vendrán burladores, andando según sus propias concupiscencias, y diciendo: ¿Dónde está la promesa de su advenimiento? Porque desde el día en que los padres durmieron, todas las cosas permanecen así como desde el principio de la creación" (2 P. 3:3-4). Si el universo es un sistema cerrado y naturalista de causa y efecto, entonces la intervención divina, incluso el regreso de Cristo, se descarta *a priori*. En los tiempos modernos ese punto de vista se ha llegado a conocer como uniformismo, y fue popularizado en geología por Charles Lyell, un contemporáneo de Charles Darwin. El uniformismo niega las intervenciones de Dios en la historia del mundo, en particular su creación del universo en seis días y el diluvio de la época de Noé.

La uniformidad como principio natural es provechosa, y expresa el diseño sustentado, previsible y constante de Dios para su creación. Si las leyes naturales y los procesos inmersos en el universo al momento de su creación no funcionaran con normalidad de un modo sistemático y estable, habría caos. Por tanto, la Biblia enseña la verdad de que el universo y nuestro mundo funcionan como la operación uniforme de causas naturales en un sistema abierto, pero en el cual el Creador puede (y lo hace) intervenir de forma sobrenatural. Abogar por el uniformismo como una ley inviolable tan rígida que niega la posibilidad de que Dios actúe en la historia es creer una mentira insensata y condenatoria.

La Biblia enseña la realidad de la segunda venida de Cristo tan ciertamente como lo hizo acerca de su primera venida. Pero así como los profetas del Antiguo Testamento no podían entender completamente todo lo que implicaba la primera venida de Cristo antes de que sucediera (1 P. 1:10-11), así también su segunda venida está envuelta en el misterio. El esquema básico de los acontecimientos que rodean la segunda venida es claro. El arrebatamiento de la

Iglesia será seguido por la tribulación de siete años, al final de los cuales Cristo regresará en juicio y establecerá su reino terrenal de mil años. Después que una rebelión final dirigida por Satanás sea aplastada, el cielo y la tierra actuales serán destruidos, el juicio del Gran Trono Blanco se llevará a cabo, y un nuevo cielo y una nueva tierra serán creados para todos los justos, los cuales durarán eternamente. Debido a que ninguna señal profética es necesaria antes del arrebatamiento, el próximo acontecimiento en el horizonte profético que toda generación de cristianos vive es la anticipación de la inminente venida de Cristo por su Iglesia (1 Jn. 3:1-3).

El regreso del Señor Jesucristo es esencial por las siguientes razones:

Primera, la promesa de Dios exige la segunda venida. De las más de trescientas profecías en el Antiguo Testamento relacionadas con la venida de Cristo, solo un tercio de ellas se cumplieron en su primera venida. Eso deja más o menos dos tercios, más de doscientas, profecías que aún no se han cumplido para el regreso de Jesús.

Segunda, la enseñanza de Jesucristo exige la segunda venida. El Señor habló en varias ocasiones acerca de su regreso (v. 30; 12:40; 18:8; 21:27; Mt. 16:27-28; 24:27, 30, 37, 39, 44; 25:31; 26:64; Ap. 3:11), y su fiabilidad exige que esas predicciones se cumplan.

Tercera, la revelación por parte del Espíritu Santo exige la segunda venida. Él es quien inspiró la Biblia y toda profecía acerca de la segunda venida que las Escrituras contienen. Su fiabilidad ordena el cumplimiento de esas profecías.

Cuarta, el plan de Dios para la Iglesia exige la segunda venida. En Juan 14:3, Jesús prometió: "Si me fuere y os preparare lugar, vendré otra vez, y os tomaré a mí mismo, para que donde yo estoy, vosotros también estéis". Pablo describió ese mismo hecho, el arrebatamiento de la Iglesia, en 1 Tesalonicenses 4:14-17:

> *Porque si creemos que Jesús murió y resucitó, así también traerá Dios con Jesús a los que durmieron en él. Por lo cual os decimos esto en palabra del Señor: que nosotros que vivimos, que habremos quedado hasta la venida del Señor, no precederemos a los que durmieron. Porque el Señor mismo con voz de mando, con voz de arcángel, y con trompeta de Dios, descenderá del cielo; y los muertos en Cristo resucitarán primero. Luego nosotros los que vivimos, los que hayamos quedado, seremos arrebatados juntamente con ellos en las nubes para recibir al Señor en el aire, y así estaremos siempre con el Señor (cp. 1 Co. 15:51-52).*

Después de habérsela llevado al cielo en el arrebatamiento, la Iglesia regresará con Cristo en su segunda venida (Ap. 19:14). El cumplimiento de esos pasajes exige el regreso de Cristo.

Quinta, el futuro de Israel exige la segunda venida. La profecía de Zacarías registra la promesa de Dios en cuanto a la salvación de Israel:

> *Y derramaré sobre la casa de David, y sobre los moradores de Jerusalén, espíritu de gracia y de oración; y mirarán a mí, a quien traspasaron, y llorarán como se llora por hijo unigénito, afligiéndose por él como quien se aflige por el primogénito (12:10).*

> *En aquel tiempo habrá un manantial abierto para la casa de David y para los habitantes de Jerusalén, para la purificación del pecado y de la inmundicia (13:1).*

Es después del arrepentimiento y la salvación de Israel que la segunda venida y el establecimiento del reino prometido se llevarán a cabo (14:4-9). Por tanto, la esperanza de Israel está inseparablemente ligada al regreso del Señor.

Sexta, la corrupción del mundo exige la segunda venida. El actual mundo que está maldito por el pecado y dominado por Satanás no puede ser el capítulo final de la historia redentora. Por consiguiente,

> *cuando se manifieste el Señor Jesús desde el cielo con los ángeles de su poder, en llama de fuego, para dar retribución a los que no conocieron a Dios, ni obedecen al evangelio de nuestro Señor Jesucristo; los cuales sufrirán pena de eterna perdición, excluidos de la presencia del Señor y de la gloria de su poder (2 Ts. 1:7-9).*

Séptima, la exaltación de Jesucristo exige la segunda venida. La última visión de Cristo que el mundo tenga no puede ser de Él colgando de una cruz entre dos ladrones. Jesús regresará en gloria cuando

> *inmediatamente después de la tribulación de aquellos días, el sol se oscurecerá, y la luna no dará su resplandor, y las estrellas caerán del cielo, y las potencias de los cielos serán conmovidas. Entonces aparecerá la señal del Hijo del Hombre en el cielo; y entonces lamentarán todas las tribus de la tierra, y verán al Hijo del Hombre viniendo sobre las nubes del cielo, con poder y gran gloria. Y enviará sus ángeles con gran voz de trompeta, y juntarán a sus escogidos, de los cuatro vientos, desde un extremo del cielo hasta el otro (Mt. 24:29-31; cp. 25:31-32; Ap. 5:1-14).*

Octava, la destrucción de Satanás (Gn. 3:15) exige la segunda venida. Cuando el Señor Jesucristo regrese, Satanás será atado y sentenciado al abismo durante mil años (Ap. 20:1-3), y finalmente sentenciado al lago de fuego (v. 10).

Por último, según se indicó, la esperanza de la Iglesia exige la segunda venida (1 Ts. 1:10; Tit. 2:13).

Como se analizó en el capítulo anterior de esta obra, el pueblo judío no entendió que hay dos aspectos del reino: el reino terrenal visible y el reino espiritual invisible. El reino terrenal prometido que los judíos esperaban ansiosamente en la primera venida de Cristo se establecerá en su segunda venida. Pero solo quienes sean parte del reino espiritual entrarán al reino terrenal.

Después de haber analizado el actual reino espiritual en los versículos 20-21, en esta sección el Señor se volvió al reino terrenal futuro. A diferencia del reino espiritual, la venida del reino terrenal será manifiesta a todos, siendo inaugurado por el regreso literal del Señor Jesucristo. En este pasaje, Jesús detalló siete características de su venida. Será deseada por los creyentes, visible en todo el mundo, retardada a causa del rechazo, inesperada en su hora, revelada en la naturaleza, divisiva en su efecto, y permanente en su fatalidad.

LA SEGUNDA VENIDA SERÁ DESEADA POR LOS CREYENTES

Y dijo a sus discípulos: Tiempo vendrá cuando desearéis ver uno de los días del Hijo del Hombre, y no lo veréis. (17:22)

Como suele suceder, la multitud que escuchaba a Jesús estaba formada tanto por fariseos hostiles como por sus **discípulos.** Después de dirigirse a los fariseos en la sección anterior (vv. 20-21), el Señor ahora instruye a sus verdaderos discípulos, los que están en el reino, en cuanto a su regreso.

Hijo del Hombre es un término mesiánico relacionado con la venida del Mesías para establecer su reino. En Daniel 7:13-14, el profeta declaró:

> *Miraba yo en la visión de la noche, y he aquí con las nubes del cielo venía uno como un hijo de hombre, que vino hasta el Anciano de días, y le hicieron acercarse delante de él. Y le fue dado dominio, gloria y reino, para que todos los pueblos, naciones y lenguas le sirvieran; su dominio es dominio eterno, que nunca pasará, y su reino uno que no será destruido.*

El título Hijo del Hombre, que resalta su humanidad, fue la designación favorita del Señor en cuanto a sí mismo, y aparece ochenta y cuatro veces en los evangelios. **Desearéis** se traduce de una forma del verbo *epithumeō*, que significa una pasión fuerte, impulsora y consumidora, ya sea para el mal (p. ej., Mt. 5:28) o, como en este caso, para el bien más grandioso (cp. Mt. 13:17).

El "día" singular (vv. 24, 30) hace referencia a la época del regreso de Cristo, mientras que el plural **días,** como lo hace en el versículo 26, se refiere a la secuencia de acontecimientos dentro de esa época (cp. Am. 8:11, 13). Llegará el momento en que los creyentes anhelen apasionadamente el regreso del Señor, como los mártires de la tribulación que clamarán: "¿Hasta cuándo, Señor, santo y verdadero, no juzgas y vengas nuestra sangre en los que moran en la tierra?" (Ap. 6:10). Al igual que el apóstol Juan, ellos manifestarán: "Amén; sí, ven, Señor Jesús"

(Ap. 22:20). Lo que provocará tales exclamaciones no será simplemente el deseo de alivio, sino que Cristo sea glorificado. Al igual que David, quien expresó: "Me consumió el celo de tu casa; y los denuestos de los que te vituperaban cayeron sobre mí" (Sal. 69:9), los creyentes no podrán soportar ver a Cristo deshonrado.

Pero a pesar del deseo desesperado de ellos por el regreso del Hijo del Hombre, este se retardará y **no lo** verán. Vendrá en el tiempo perfecto de Dios, y hasta entonces a los creyentes se les ordena: "Tened paciencia hasta la venida del Señor... y afirmad vuestros corazones" (Stg. 5:7-8).

LA VENIDA DE JESÚS SERÁ VISIBLE EN TODO EL MUNDO

Y os dirán: Helo aquí, o helo allí. No vayáis, ni los sigáis. Porque como el relámpago que al fulgurar resplandece desde un extremo del cielo hasta el otro, así también será el Hijo del Hombre en su día. (17:23-24)

La primera venida del Hijo de Dios fue callada y en privado. Nació en el anonimato cuando sus padres visitaron el pequeño pueblo de Belén en Judea y vivieron los primeros treinta años de Él en un desconocido pueblo de Galilea. Aparte de sus padres y los pastores, nadie fue consciente de su nacimiento. Su regreso, por el contrario, lo verá todo el mundo.

Siempre deseosos de corromper la verdad, los falsos maestros satánicos tratarán de engañar a los creyentes diciéndoles: **Helo aquí, o helo allí.** Afirmarán que Él ha venido en secreto y que se les reveló únicamente a los iniciados. Pero tales individuos serán falsos cristos; charlatanes y engañadores de quienes el Señor advirtió: "Mirad que no seáis engañados; porque vendrán muchos en mi nombre, diciendo: Yo soy el Cristo, y: El tiempo está cerca. Mas no vayáis en pos de ellos" (Lc. 21:8). El regreso de Cristo será evidente para todos, así **como el relámpago que al fulgurar resplandece desde un extremo del cielo hasta el otro.** Al igual que un relámpago, su aparición será repentina, inconfundible y visible. También habrá cambios dramáticos en los cuerpos celestes:

> *El sol se oscurecerá, y la luna no dará su resplandor, y las estrellas caerán del cielo, y las potencias de los cielos serán conmovidas. Entonces aparecerá la señal del Hijo del Hombre en el cielo; y entonces lamentarán todas las tribus de la tierra, y verán al Hijo del Hombre viniendo sobre las nubes del cielo, con poder y gran gloria (Mt. 24:29-30).*

Jesús aparecerá en gloria resplandeciente, como un general conquistador, montado en un caballo blanco y acompañado por sus ejércitos celestiales (Ap. 19:11-14). Como resultado, "todo ojo le verá" (Ap. 1:7). Este es un espectáculo que nadie se perderá.

LA VENIDA DE JESÚS SERÁ RETARDADA A CAUSA DEL RECHAZO

Pero primero es necesario que padezca mucho, y sea desechado por esta generación. (17:25)

Antes de que el Señor Jesucristo pudiera regresar en gloria **primero** era **necesario que** padeciera **mucho,** tanto de parte de la nación como de parte de Dios. Sin su muerte expiatoria y sustitutiva para redimir a su pueblo, no habría reino interno ni externo. El Señor enseñó constantemente que padecería por sufrir la muerte bajo la ira de Dios como un sustituto por los pecadores mientras también sería **desechado por esta** perversa (Lc. 9:41), mala (Lc. 11:29) y asesina (Lc. 11:50-51) **generación** (Lc. 9:22, 44; 12:50; 13:33; 18:31-33; 24:26-27; cp. Hch. 17:2-3).

Jesús no regresará para reinar hasta que el rechazo de Israel termine. Después de acusar al pueblo de Israel por rechazar a su Mesías (Hch. 3:12-15), Pedro lo exhortó:

> *Así que, arrepentíos y convertíos, para que sean borrados vuestros pecados; para que vengan de la presencia del Señor tiempos de refrigerio, y él envíe a Jesucristo, que os fue antes anunciado; a quien de cierto es necesario que el cielo reciba hasta los tiempos de la restauración de todas las cosas, de que habló Dios por boca de sus santos profetas que han sido desde tiempo antiguo (vv. 19-21).*

Solo después que se arrepientan, regresen a Dios, y se les haya perdonado sus pecados es que el reino (los "tiempos de refrigerio" y "los tiempos de la restauración de todas las cosas" [Hch. 3:19-21]) vendrá, exactamente como "habló Dios por boca de sus santos profetas" en las profecías del Antiguo Testamento acerca del reino.

Dios había prometido a Abraham que bendeciría a Israel y a través de los israelitas al mundo (Gn. 12:1-3). Aunque rechazaron y mataron a su Mesías (Hch. 2:23), el pacto irrevocable e incondicional de Dios con ellos se mantuvo vigente. Estos seguían siendo "los hijos de los profetas, y del pacto que Dios hizo con [sus] padres, diciendo a Abraham: En tu simiente serán benditas todas las familias de la tierra", porque por ellos "primeramente, Dios, habiendo levantado a su Hijo, lo envió para que [los] bendijese, a fin de que cada uno se convierta de su maldad" (Hch. 3:25-26). La oportunidad para la salvación aún estaba allí.

Cuando la salvación futura de Israel descrita en Zacarías 12:10—13:1 (cp. Jer. 31:31-34; Ez. 36:24-27) y Romanos 11:25-27 se lleve a cabo y el remanente de creyentes sea redimido, Cristo regresará y establecerá su reino (Zac. 14:4-9).

LA VENIDA DE JESÚS SERÁ INESPERADA EN SU HORA

Como fue en los días de Noé, así también será en los días del Hijo del Hombre. Comían, bebían, se casaban y se daban en casamiento, hasta el día en que entró Noé en el arca, y vino el diluvio y los destruyó a todos. Asimismo como sucedió en los días de Lot; comían, bebían, compraban, vendían, plantaban, edificaban; mas el día en que Lot salió de Sodoma, llovió del cielo fuego y azufre, y los destruyó a todos. Así será el día en que el Hijo del Hombre se manifieste. (17:26-30)

Jesús ofreció dos paralelos históricos acerca de cómo **será** la vida **en los días del Hijo del Hombre.** Como ya se indicó, **días** se refiere a la secuencia de acontecimientos involucrados en el regreso de Cristo para juzgar a los malvados y establecer su reino. Durante el tiempo de la tribulación (Mt. 24:21, 29; Ap. 7:14) que precede inmediatamente al regreso del Señor, la vida será muy parecida a como fue inmediatamente antes de dos importantes juicios del Antiguo Testamento.

Los días de Noé y **los días de Lot** se caracterizaron antes que nada por la indiferencia. Las personas **comían, bebían, se casaban y se daban en casamiento... compraban, vendían, plantaban** y **edificaban** hasta el momento en que el juicio sobrevino; **hasta el día en que entró Noé en el arca, y el día en que Lot salió de Sodoma.**

Los días de Noé y de Lot fueron también dos de los momentos más desventurados, viles y malvados en la historia humana. La perversidad era desenfrenada. En la época de Noé, "la maldad de los hombres era mucha en la tierra, y... todo designio de los pensamientos del corazón de ellos era de continuo solamente el mal" (Gn. 6:5). Fue una época de actividad demoníaca descontrolada, mientras hombres poseídos por demonios violaban mujeres (v. 2). Sodoma en la época de Lot también se caracterizaba por perversión sexual, hasta el punto de que el nombre de la ciudad llegó a significar pecado homosexual. Tan malos eran sus habitantes que intentaron violar a dos ángeles enviados a rescatar a Lot y su familia del inminente juicio sobre Sodoma (Gn. 19:4-11).

La época de la tribulación bajo juicio divino que llevará al regreso del Señor también será un tiempo de maldad sin precedentes. La marioneta de Satanás, el anticristo, gobernará al mundo. Algunos de los demonios más malvados, viles y pervertidos que habían sido encarcelados en el abismo, serán liberados para causar estragos sobre la tierra (Ap. 9:1-11). Lo más significativo es que el Espíritu Santo, que hasta ahora había restringido el mal, ya no lo hará, lo cual permitirá que la maldad alcance su máximo nivel (2 Ts. 2:6-7).

Así será también **el día en que el Hijo del Hombre se manifieste,** y juicio devastador venga de manera repentina e ineludible en los días de Noé y de Lot. Después que Noé y su familia entraran al arca, *sucedió que al séptimo día las aguas del diluvio vinieron sobre la tierra. El año seiscientos de la vida de Noé, en el mes segundo, a los diecisiete días del mes, aquel día fueron rotas todas las fuentes del grande abismo, y las cataratas de los cielos fueron abiertas, y hubo lluvia sobre la tierra cuarenta días y cuarenta noches (Gn. 7:10-12).*

Como resultado,

murió toda carne que se mueve sobre la tierra, así de aves como de ganado y de bestias, y de todo reptil que se arrastra sobre la tierra, y todo hombre. Todo lo que tenía aliento de espíritu de vida en sus narices, todo lo que había en la tierra, murió. Así fue destruido todo ser que vivía sobre la faz de la tierra, desde el hombre hasta la bestia, los reptiles, y las aves del cielo; y fueron raídos de la tierra, y quedó solamente Noé, y los que con él estaban en el arca (vv. 21-23).

Después que Lot, su esposa y sus hijas fueran sacados de Sodoma por los ángeles (Gn. 19:16), "Jehová hizo llover sobre Sodoma y sobre Gomorra azufre y fuego de parte de Jehová desde los cielos; y destruyó las ciudades, y toda aquella llanura, con todos los moradores de aquellas ciudades, y el fruto de la tierra" (vv. 24-25).

En otro paralelo entre los días de Noé y Lot con el regreso de Cristo, tanto Noé y su familia como Lot y su familia fueron llevados a un lugar seguro antes de que cayera el juicio. Eso representa el arrebatamiento de la Iglesia antes de la tribulación y la preservación de la ira de Dios para los que se conviertan durante la tribulación. Puesto que el arrebatamiento es para la Iglesia, es significativo que ninguno de los pasajes que describen el acontecimiento (Jn. 14:1-3; 1 Co. 15:51-52; 1 Ts. 4:13-18) mencionen el juicio.

Los juicios de los días de Noé y Lot estuvieron precedidos por advertencias. Noé fue un "pregonero de justicia" (2 P. 2:5) durante los ciento veinte años antes del diluvio (Gn. 6:3; 1 P. 3:20). Lot también fue un hombre justo, que estaba entristecido por la malvada conducta de las personas en su vecindario (2 P. 2:7-8) y sin duda las confrontaba. Aunque el día o la hora no pueden conocerse (Mt. 24:36), el arrebatamiento de la Iglesia, los juicios devastadores, la predicación de los ciento cuarenta y cuatro mil evangelistas judíos, los dos testigos, y un ángel del cielo darán amplia advertencia de que el regreso de Cristo está cerca y que el juicio final está a punto de ocurrir.

Pero en lugar de arrepentirse, los no creyentes durante la tribulación seguirán rechazando todas las señales de advertencia de que el juicio está cerca (Ap. 9:20-21). Es más, injuriarán y maldecirán a Dios por hacerlos sufrir (Ap. 16:9, 11, 21). Parece increíble que en medio de la devastación del planeta los habitantes permanezcan indiferentes y traten de continuar la vida como de costumbre.

No obstante, quienes rechazan la verdad de la Biblia no se persuadirán por ninguna cantidad de señales y prodigios, por espectaculares que sean (Lc. 16:31; Jn. 12:37).

LA SEGUNDA VENIDA DE JESÚS SE REVELARÁ EN LA NATURALEZA

En aquel día, el que esté en la azotea, y sus bienes en casa, no descienda a tomarlos; y el que en el campo, asimismo no vuelva atrás. Acordaos de la mujer de Lot. Todo el que procure salvar su vida, la perderá; y todo el que la pierda, la salvará. (17:31-33)

El regreso del Señor revelará el corazón de las personas y hará conocer lo que estas aman. Las palabras de Jesús en estos versículos actúan como una advertencia en contra de preferir las cosas de este mundo antes que a Él. Cuando empiecen los juicios que culminarán en el regreso de Cristo (detonado por la profanación que el anticristo haga del templo [Mt. 24:15-18]), **el que esté en la azotea, y sus bienes en casa, no descienda a tomarlos; y el que en el campo, asimismo no vuelva atrás.** Con el juicio a punto de caer no habrá necesidad de salvar nada; ninguna de las necesidades pasadas serán llevadas a la gloria del reino. Las personas que se vuelven atrás por causa de sus posesiones demuestran que sus corazones están fijos en las cosas de este mundo (1 Jn. 2:15-17) y serán culpables de no hacer caso a la advertencia de Jesús: **Acordaos de la mujer de Lot.** Después que los ángeles sacaran de Sodoma a Lot, su esposa y sus dos hijas, uno de ellos les advirtió con urgencia: "Escapa por tu vida; no mires tras ti, ni pares en toda esta llanura; escapa al monte, no sea que perezcas" (Gn. 19:17). Haciendo caso omiso de la advertencia, "la mujer de Lot miró atrás, a espaldas de él, y se volvió estatua de sal" (v. 26). Incapaz de dejar atrás el mundo, ella fue destruida casi cuando estaba a salvo. Al igual que la cizaña en la tierra con malas hierbas, el amor por las riquezas del mundo ahogó su fe. Esta mujer es un ejemplo trágico de quien llega al borde de la salvación pero da marcha atrás, y del principio de que aquel que trata de salvar su vida la perderá, y **todo el que la pierda, la salvará** (cp. 9:23-25; Mt. 10:39; Jn. 12:25).

LA SEGUNDA VENIDA DE JESÚS SERÁ DIVISIVA EN SU EFECTO

Os digo que en aquella noche estarán dos en una cama; el uno será tomado, y el otro será dejado. Dos mujeres estarán moliendo juntas; la una será tomada, y la otra dejada. Dos estarán en el campo; el uno será tomado, y el otro dejado. (17:34-36)

Jesucristo trae inevitablemente división, a veces incluso dentro de las familias. En Mateo 10:35-37, Jesús declaró:

> *Porque he venido para poner en disensión al hombre contra su padre, a la hija contra su madre, y a la nuera contra su suegra; y los enemigos del hombre serán los de su casa. El que ama a padre o madre más que a mí, no es digno de mí; el que ama a hijo o hija más que a mí, no es digno de mí (cp. la exposición de Lc. 14:26 en el cap. 89 de esta obra).*

En este pasaje Jesús describe la última y permanente división que se llevará a cabo cuando Él regrese. **En aquella noche estarán dos en una cama** y en la parte del mundo donde sea de día habrá **dos mujeres** (posiblemente una madre y su hija, dos hermanas, o dos amigas) **moliendo juntas.** (El v. 36, que relata un tercer ejemplo, no se encuentra en los primeros y más confiables manuscritos griegos de Lucas. Fue copiado por un escriba de Mt. 24:40). En cada caso, sea dormidos o despiertos, **el uno será tomado, y el otro será dejado.** Y tal separación se producirá en todo el mundo.

La pregunta que surge es qué significa ser **tomado** y **dejado.** Algunos han relacionado esto con el arrebatamiento, pero una comparación con Mateo 24:37-41 y su ilustración de Dios llevándose personas en el diluvio deja claro que esto trata de juicio. En ambos casos, entonces, el **tomado** es destruido en el juicio, mientras que el que haya **quedado** obviamente es un verdadero creyente en Jesucristo que escapa al juicio para entrar al reino. El Señor ilustró este mismo principio en la parábola del trigo y la cizaña (Mt. 13:24-30) y en la analogía del juicio de las ovejas y las cabras (Mt. 25:31-46).

LA SEGUNDA VENIDA DE JESÚS SERÁ PERMANENTE EN SU FATALIDAD

Y respondiendo, le dijeron: ¿Dónde, Señor? Él les dijo: Donde estuviere el cuerpo, allí se juntarán también las águilas. (17:37)

Sin poder captar el alcance del juicio que Jesús describió, los discípulos **le dijeron: ¿Dónde, Señor?** Al no comprender que la venida del Señor desencadenaría un juicio en todo el mundo, ellos quisieron saber la ubicación específica de este suceso. La enigmática respuesta del Señor, **donde estuviere el cuerpo, allí se juntarán también las águilas,** quizás era un proverbio judío. **Las águilas** (buitres en las demás versiones bíblicas) son aves de rapiña que se alimentarán de los cadáveres de las personas muertas en los juicios relacionados con la segunda venida. En cualquier parte del mundo donde haya cadáveres de los no regenerados y las águilas se reúnan, será donde Cristo habrá estado en juicio.

Aquellos que hacen caso omiso a las advertencias del inminente juicio y rechazan al Hijo del Hombre serán atrapados en ese juicio y no entrarán al reino milenial o eterno. Judas advierte que el Señor vendrá "con sus santas decenas de millares, para hacer juicio contra todos, y dejar convictos a todos los impíos de todas sus obras impías que han hecho impíamente, y de todas las cosas duras que los pecadores impíos han hablado contra él" (Jud. 14-15).

Como ocurre con toda verdad bíblica, las tristes realidades expresadas en este pasaje exigen examen personal y acción. Pedro escribió: "Puesto que todas estas cosas han de ser deshechas, ¡cómo no debéis vosotros andar en santa y piadosa manera de vivir!" (2 P. 3:11). Solo quienes llegan a Cristo antes de que sea demasiado tarde pueden ver con ilusión "la esperanza bienaventurada y la manifestación gloriosa de nuestro gran Dios y Salvador Jesucristo" (Tit. 2:13), en vez de "que en su venida" se alejen "de él avergonzados" (1 Jn. 2:28).

Oración persistente por el regreso del Señor

99

También les refirió Jesús una parábola sobre la necesidad de orar siempre, y no desmayar, diciendo: Había en una ciudad un juez, que ni temía a Dios, ni respetaba a hombre. Había también en aquella ciudad una viuda, la cual venía a él, diciendo: Hazme justicia de mi adversario. Y él no quiso por algún tiempo; pero después de esto dijo dentro de sí: Aunque ni temo a Dios, ni tengo respeto a hombre, sin embargo, porque esta viuda me es molesta, le haré justicia, no sea que viniendo de continuo, me agote la paciencia. Y dijo el Señor: Oíd lo que dijo el juez injusto. ¿Y acaso Dios no hará justicia a sus escogidos, que claman a él día y noche? ¿Se tardará en responderles? Os digo que pronto les hará justicia. Pero cuando venga el Hijo del Hombre, ¿hallará fe en la tierra? (18:1-8)

La Biblia enseña tanto por precepto como por ejemplo que la oración abarca muchos temas diferentes. Así pues, el Antiguo Testamento registra numerosas oraciones por personas y sus necesidades. Abraham oró para que Dios hiciera de Ismael su heredero (Gn. 17:18), para que Dios tuviera piedad de Sodoma y Gomorra (Gn. 18:23-32), y para que sanara a Abimelec y los suyos (Gn. 20:7, 17). David oró por la recuperación de su pequeño hijo (2 S. 12:16), y por Salomón cuando este asumió el trono (1 Cr. 29:19). Elías oró para que el Señor resucitara de los muertos al hijo de una viuda (1 R. 17:20-21), y Eliseo hizo lo mismo por el hijo de la mujer sunamita (2 R. 4:33). Job oró para que Dios perdonara a sus amigos (Job 42:8-10). Moisés oró para que Dios tuviera piedad de Aarón (Dt. 9:20), para que sanara a María (Nm. 12:13), y quitara las plagas de los egipcios (Éx. 8:12-13, 30-31; 9:33; 10:18-19).

El Antiguo Testamento también registra las oraciones ofrecidas por la nación de Israel como un todo hechas por David (2 S. 24:17; Sal. 25:22), Daniel (Dn. 9:3-19), Ezequiel (Ez. 9:8), Esdras (Esd. 9:5-15), Ezequías (2 R. 19:14-19), Josué (Jos. 7:6-9), Moisés (Éx. 32:11-13, 31-32; 34:9; Nm. 11:1-2; 14:13-19; 21:7; Dt. 9:26-29), Nehemías (Neh. 1:4-11), Samuel (1 S. 7:5-9; 12:23), Salomón (1 R. 8:22-54), y el pueblo de Israel (Éx. 2:23; 14:10; Jue. 3:9; 1 S. 12:10; Neh. 9:27).

Individuos en el Antiguo Testamento también llevaron sus peticiones personales a Dios. Abraham oró para que Dios le diera un hijo como heredero (Gn. 15:2-3). Su siervo oró para que Dios le concediera éxito en su misión de hallar una esposa para Isaac (Gn. 24:12). Jacob oró para que Dios lo liberara de Esaú (Gn. 32:9-12). Moisés oró para que encontrara favor ante los ojos de Dios (Éx. 33:12-13) y para que le revelara su gloria divina (v. 18). Ana oró pidiendo un hijo (1 S. 1:10-11, 27). David oró por ayuda y liberación de la angustia (Sal. 18:6; 22:19; 69:1, 13, 29), al igual que hicieron los hijos de Coré (Sal. 88:1-2). Ezequías oró para que Dios le protegiera la vida (2 R. 20:2-3); y Jonás oró para que Dios no permitiera que se ahogara (Jon. 2:2-10). David (Sal. 25:18; 32:5; 51), Daniel (Dn. 9:20) y Manasés (2 Cr. 33:11-13) oraron para que Dios les perdonara sus pecados.

El Nuevo Testamento también registra oraciones por las necesidades de individuos. Jesús oró por sus discípulos (Jn. 17), por la fe de Pedro (Lc. 22:32), para que Dios perdonara a quienes lo crucificaron por lo que habían hecho (Lc. 23:34), y por niños que le llevaban (Mt. 19:13). Pablo oró por Filemón (Flm. 4-6), Timoteo (2 Ti. 1:3), el padre de Publio (Hch. 28:8), y por la salvación de Israel (Ro. 10:1). Filemón oró para que Pablo fuera liberado de la cárcel (Flm. 22). La iglesia primitiva oró por la liberación de Pedro de la cárcel (Hch. 12:5). Pedro oró para que Dios resucitara de los muertos a Dorcas (Hch. 9:40). Juan oró por la salud de Gayo (3 Jn. 1-2). Las diversas iglesias a las que Pablo servía oraban por él (Hch. 13:3; Ro. 15:30-32; 2 Co. 1:11; Ef. 6:19; Fil. 1:19; Col. 4:3; 1 Ts. 5:25; 2 Ts. 3:1), y él oraba por ellas (Ro. 1:9-10; 2 Co. 13:7, 9; Ef. 1:16-21; 3:14-21; Fil. 1:3-4, 9; Col. 1:3, 9; 1 Ts. 1:2; 3:10; 2 Ts. 1:11-12). Epafras oró por la iglesia en Colosas. Pedro y Juan oraron para que los samaritanos fueran llenos del Espíritu Santo (Hch. 8:14-15).

Además, las Escrituras ordenan orar por los gobernantes civiles (1 Ti. 2:2), por todos los creyentes (Ef. 6:18), y por los pecadores perdidos en general (1 Ti. 2:1), incluso por aquellos que persiguen a los creyentes (Mt. 5:44).

Sin embargo, un elemento que a menudo se pasa por alto es orar por el regreso del Señor Jesucristo, por lo cual el apóstol Juan suplicó en Apocalipsis 22:20 y que es una oración que todos los creyentes deberían hacer (v. 17). Tal oración es el tema de la parábola de nuestro Señor, que se podría examinar bajo cuatro encabezados: ilustración, intención, interpretación e investigación.

ILUSTRACIÓN

diciendo: Había en una ciudad un juez, que ni temía a Dios, ni respetaba a hombre. Había también en aquella ciudad una viuda, la cual venía a él, diciendo: Hazme justicia de mi adversario. Y él no quiso por algún tiempo; pero después de esto dijo dentro de sí: Aunque ni temo a Dios, ni tengo respeto a hombre,

sin embargo, porque esta viuda me es molesta, le haré justicia, no sea que viniendo de continuo, me agote la paciencia. (18:2-5)

El escenario para la ilustración del Señor es **una ciudad** ficticia. A pesar de que la historia es inventada, la situación que Jesús describió era demasiado conocida para sus oyentes, quienes tenían mucha experiencia con viudas necesitadas (Lucas tenía un interés particular en viudas [Lc. 2:37; 4:25-26; 7:12; 20:47; 21:2-4; Hch. 6:1; 9:39, 41]) y en jueces injustos.

El Señor describió a este **juez** como alguien **que ni temía a Dios, ni respetaba a hombre.** Esa representación se usaba en la literatura antigua para describir a las personas más perversas y rebeldes, que no tenían consideración alguna por lo que Dios ordenaba o por lo que las personas esperaban. Este sujeto era absoluta y definitivamente inmoral. No actuaba por reverencia o adoración, ni por compasión o simpatía. No tenía ningún interés en el primer mandamiento, amar a Dios, ni en el segundo, amar al prójimo. No solo era malvado sino que también estaba a gusto con su corrupción, como indica su jactancia en el versículo 4: **Aunque ni temo a Dios, ni tengo respeto a hombre.** La confesión de este perverso es coherente con su reputación. He aquí el tipo más inmoral de individuo en la posición más importante de responsabilidad moral; un juez cuyo desprecio por Dios y por el ser humano tenía implicaciones de largo alcance para todos los que acudían a su tribunal.

El tribunal que este hombre presidía no era religioso, sino civil. No dictaba sentencia basándose en asuntos de la ley del Antiguo Testamento y las tradiciones religiosas, sino en la aplicación de la ley a los aspectos de la vida cotidiana (cp. Mt. 5:25; Lc. 12:14). Sin embargo, tenía un deber muy serio delante de Dios de defender la ley con justicia y de demostrar compasión y clemencia con sabiduría. Tras señalar jueces en las ciudades de Judá, el rey Josafat les ordenó:

> *Mirad lo que hacéis; porque no juzgáis en lugar de hombre, sino en lugar de Jehová, el cual está con vosotros cuando juzgáis. Sea, pues, con vosotros el temor de Jehová; mirad lo que hacéis, porque con Jehová nuestro Dios no hay injusticia, ni acepción de personas, ni admisión de cohecho (2 Cr. 19:6-7).*

Pero a pesar de la solemne responsabilidad delante de Dios, a menudo los jueces eran corruptos. Dios acusó a los jueces de Israel por medio del profeta Amós:

> *Ellos aborrecieron al reprensor en la puerta de la ciudad, y al que hablaba lo recto abominaron. Por tanto, puesto que vejáis al pobre y recibís de él carga de trigo, edificasteis casas de piedra labrada, mas no las habitaréis; plantasteis hermosas viñas, mas no beberéis el vino de ellas. Porque yo sé de vuestras muchas rebeliones, y de vuestros grandes pecados; sé que afligís al justo, y recibís cohecho,*

> *y en los tribunales hacéis perder su causa a los pobres. Por tanto, el prudente en tal tiempo calla, porque el tiempo es malo. Buscad lo bueno, y no lo malo, para que viváis; porque así Jehová Dios de los ejércitos estará con vosotros, como decís. Aborreced el mal, y amad el bien, y estableced la justicia en juicio; quizá Jehová Dios de los ejércitos tendrá piedad del remanente de José (Am. 5:10-15).*

Alfred Edersheim escribió con relación a los jueces corruptos de Israel: "El ingenio judío los denominaba mediante un juego de palabras como *Dayyaney Gezeloth* (jueces ladrones) en lugar de su título real *Dayyaney Gezeroth* (jueces de prohibiciones, u otros de castigos)... El Talmud... los acusa de ignorancia, arbitrariedad y codicia, hasta el punto que pervertían la justicia por un pedazo de carne" (*The Life and Times of Jesus the Messiah* [Grand Rapids: Eerdmans, 1974], 2:287).

Entrepō (**respetaba**) significa "poner en vergüenza". La cultura de Oriente Medio era igual que ahora una cultura basada en la vergüenza y el honor. La gente trataba de hacer lo que le producía honra pública, y evitaba a toda costa hacer cualquier cosa que le pudiera producir vergüenza pública. El buen comportamiento social se animaba apelando a la vergüenza del individuo, tanto como lo hace la expresión contemporánea ¡qué vergüenza! Por tanto, el sentido de la expresión **ni respetaba a hombre** es que este juez no estaba avergonzado delante del pueblo. No tenía vergüenza; no se le podía avergonzar. Puesto que no tenía reverencia para con Dios, y no podía hacer nada que lo hiciera sentirse avergonzado por su conducta hacia las personas, el hombre era insensible ante cualquier apelación a la justicia o la rectitud. Nadie lo podía conmover para que hiciera lo que era correcto.

Ante el tribunal de este juez **en aquella ciudad** acudió **una viuda** a la que alguien había engañado gravemente, y por consiguiente ella había quedado indigente. Debido a eso, la mujer **venía a él, diciendo: Hazme justicia de mi adversario.** La persistencia de ella indica que su situación económica era desesperada y que necesitaba lo que legítimamente era suyo. Además, su indigencia se extendía más allá de los aspectos económicos. No solamente la habían despojado de recursos materiales, sino que era evidente que no había ningún hombre en su vida que la cuidara en ausencia de su esposo. Los tribunales eran actividades de hombres, y las mujeres iban allá solo si no había ningún hombre disponible que les defendiera sus casos. Esta viuda representa a quienes están solos, indigentes, desamparados, indefensos, sin amor, descuidados y desesperados.

El Antiguo Testamento enseñó que las viudas debían ser tratadas con justicia y misericordia. Éxodo 22:22 prohíbe afligir a una viuda (cp. Is. 1:23; Jer. 7:6; 22:3), mientras que Deuteronomio 24:17 ordena tratarlas de forma justa. En Isaías 1:17, Dios instruyó a su pueblo: "Amparad [lit., 'defended a', o 'pelead por'] la viuda". Deuteronomio 10:18 expresa que Dios "hace justicia...

a la viuda" (cp. Sal. 68:5; 146:9; Pr. 15:25) y Deuteronomio 27:19 advierte: "Maldito el que pervirtiere el derecho del extranjero, del huérfano y de la viuda". Elifaz, uno de los aspirantes a consejeros de Job, lo ofendió acusándolo falsamente: "A las viudas enviaste vacías" (Job 22:9), mientras que Job denunció a los malvados que toman "en prenda el buey de la viuda" (Job 24:3; cp. 24:21). Basándose en la enseñanza del Antiguo Testamento, el imaginario juez fue obligado a hacer algo para ayudar a esta viuda, si no en una base legal (aunque al parecer ella tenía la ley de su parte, ya que solicitó: **Hazme justicia de mi adversario**), entonces simplemente sobre la base de la misericordia. Sin embargo, este juez se mostraba totalmente indiferente, antipático y sin compasión hacia la mujer.

La desesperada necesidad de la viuda la volvió implacable y determinada en su búsqueda de la justicia anhelada, así que **venía** al juez, probablemente casi todos los días, exigiéndole: **Hazme justicia de mi adversario.** Ella insistía en que él reconociera la validez de la queja y le diera un veredicto justo a su favor. En un principio **él no quiso** ayudarla **por algún tiempo,** pero finalmente la persistencia desgastó la resistencia del juez. Exasperado por las continuas peticiones **después de esto dijo dentro de sí: Aunque ni temo a Dios, ni tengo respeto a hombre, sin embargo, porque esta viuda me es molesta, le haré justicia, no sea que viniendo de continuo, me agote la paciencia.** El hombre afirmó, según se indicó antes, su total desprecio tanto por Dios como por los hombres, negando así cualquier motivo noble para lo que estaba a punto de hacer. Decidió hacerle **justicia a esta viuda** únicamente porque le era **molesta.** El hecho de que ella continuamente acudiera a él era más de lo que este podía soportar, pues era algo que estaba a punto de agotarle **la paciencia.** *Hupopiazō* (**agote**) literalmente significa "pegar en el rostro", "tratar ásperamente", o "dar una paliza". Pablo usó la expresión en 1 Corintios 9:27 para hablar de la severa disciplina que él mismo se impuso. En sentido figurado, la viuda estaba moliendo a golpes al juez. Aunque las mujeres eran impotentes en esa cultura dominada por los hombres, eran respetadas y honradas. Debido a eso podían hacer uso de comportamiento que no se le toleraría en un hombre. El problema y la molestia que ella le estaba ocasionando al hombre eran implacables, y no estaba dispuesta a suspender su comportamiento hasta que él accediera. Al final, el poderoso y al parecer insensible juez quedó agotado por la persistencia de la débil e indefensa viuda. El hombre decidió concederle la **justicia** (del verbo *ekdikeō*; "reivindicar", o "ejecutar justicia") que ella pedía.

INTENCIÓN

También les refirió Jesús una parábola sobre la necesidad de orar siempre, y no desmayar, (18:1)

Antes de que Cristo relatara esta **parábola**, Lucas enseñó el propósito de la misma. El Señor **les refirió** a sus seguidores (17:22) **una parábola sobre la necesidad de orar siempre, y no desmayar.** Esta narración ficticia continúa el discurso que Él estaba dando sobre su segunda venida que comenzó en 17:22. Jesús quería resaltar que los creyentes deben **orar siempre, y no desmayar** mientras esperan el regreso de Cristo.

El Señor sabía que iba a haber un largo (según cálculos humanos, no divinos; cp. 2 P. 3:8) intervalo entre su primera y su segunda venidas, que hasta ahora dura dos milenios. Durante ese tiempo, Cristo ha sido deshonrado continuamente y se le ha negado su legítimo lugar. La Palabra de Dios ha sido poco apreciada, atacada y rechazada. Los cristianos han enfrentado oposición, hostilidad, persecución y martirio a manos de Satanás y del diabólico sistema mundial. Es natural que estos anhelen que el Señor Jesucristo regrese para juzgar a los impíos, destruir el pecado, acabar con el reinado de Satanás, y establecer el reino terrenal de Dios. Sin embargo, hasta la segunda venida, a los cristianos se les pide **no desmayar** (darse por vencidos, cansarse o perder el valor) ni dejar de orar (cp. 21:36). Este versículo no constituye un llamado a la oración incesante en general (cp. Ef. 6:18; 1 Ts. 5:17). Como ya se mencionó, el contexto (véase también el v. 8) indica que la oración considerada aquí es específicamente por el regreso de Cristo (cp. 11:2; Mt. 6:10; Ap. 6:9-10). Es más, tal oración forma parte de los medios para provocar la segunda venida, ya que la oración es un mecanismo que Dios usa para llevar a cabo su obra.

La doctrina de la segunda venida trae consuelo, promueve una vida santa, y apoya la evangelización; tiene implicaciones sobre cómo los creyentes ven todo lo que poseen, cómo viven, y cómo oran. La oración dominante y persistente por el regreso del Señor incita al corazón a dejar las cosas de este mundo pasajero y amar la llegada de Cristo (2 Ti. 4:8; cp. Tit. 2:13). Esa debería ser una característica determinante de la vida de cada cristiano.

INTERPRETACIÓN

Y dijo el Señor: Oíd lo que dijo el juez injusto. ¿Y acaso Dios no hará justicia a sus escogidos, que claman a él día y noche? ¿Se tardará en responderles? Os digo que pronto les hará justicia. (18:6-8*a*)

La frase **y dijo el Señor** presenta la explicación que Cristo hizo de esta historia en el contexto de su regreso. Él comenzó contrastando al ficticio **juez injusto** (deshonesto, corrupto e injusto) con el verdadero **Dios,** quien es santo, justo y recto. El juez era cruelmente indiferente a la difícil situación de la viuda. Pero al final, desgastado por la persistente determinación de ella porque se le hiciera justicia, él finalmente cedió e hizo lo correcto, aunque por motivos puramente egoístas.

En un razonamiento que compara lo menor con lo mayor, Jesús preguntó: **¿Y acaso Dios no hará justicia a sus escogidos, que claman a él día y noche? ¿Se tardará en responderles?** Los elegidos, al igual que la viuda, están indefensos y se hallan a la merced de la misericordia de Dios como juez de ellos. Pero el juez corrupto y malvado no era en absoluto como Dios. A pesar de que era indiferente a las demandas de justicia y misericordia, sin embargo el magistrado aunque de mala gana y por su propio interés egoísta, finalmente hizo lo correcto para una persona por la que no tenía sentimientos. ¿Cuánto más Dios, quien ama perfectamente a los suyos, hará lo que es correcto para con ellos, a quienes Él eligió desde "antes de la fundación del mundo" (Ef. 1:4), cuando le **claman a él día y noche** porque desean "ver uno de los días del Hijo del Hombre" (17:22; cp. 1 Ts. 1:10; Ap. 6:10)? A diferencia del juez injusto, Dios es aquel "que juzga justamente" (1 P. 2:23); quien ha declarado: "Mía es la venganza, yo pagaré" (Ro. 12:19); y cuyos "juicios son verdaderos y justos" (Ap. 19:2). En contraste con el juez insensible e implacable, Dios es "misericordioso y clemente... lento para la ira, y grande en misericordia" para con su pueblo (Sal. 103:8).

La frase **se tardará en responderles** podría traducirse mejor "será paciente con ellos". El largo intervalo entre la primera y la segunda venida de Cristo es un período en el que Dios está ejerciendo paciencia en beneficio de los suyos. **Se tardará** se traduce de una forma del verbo *makrothumeō* derivado de *makros*, que en términos de tiempo significa "muy lejano" o "remoto", y *thumos*, que hace referencia a enojo o ira. *Makrothumeō* indica aquí que Dios ha demorado por mucho tiempo su ira escatológica con el fin de extender su misericordia en reunir a los elegidos. Pedro escribió: "El Señor no retarda su promesa, según algunos la tienen por tardanza, sino que es paciente para con nosotros, no queriendo que ninguno perezca, sino que todos procedan al arrepentimiento" (2 P. 3:9; cp. Ro. 2:4; 9:22; 1 Ti. 1:16; 1 P. 3:20). Dios está trayendo salvación a sus elegidos; la paciencia que ha tenido es para la redención de ellos (2 P. 3:15). Una vez que se haya reunido a todos los elegidos, Él satisfará su justicia y los glorificará. Cuando Dios reivindique a sus elegidos lo hará de forma repentina y rápida, según lo indica la pregunta retórica del Señor: **¿Se tardará en responderles?**

INVESTIGACIÓN

Pero cuando venga el Hijo del Hombre, ¿hallará fe en la tierra? (18:8*b*)

Jesús concluyó esta sección haciendo esta reflexiva pregunta. Cuando Él regrese, ¿encontrará a alguien orando con ahínco y fidelidad por la segunda venida? ¿A alguien que ame su llegada? ¿Que clame "*Maran-ata*" ("el Señor viene") (1 Co. 16:22)?

Algunos creen que la escatología, la doctrina de los últimos tiempos, es simple especulación sensacionalista con poco valor práctico. Pero como indica la enseñanza del Señor en este pasaje, nada puede estar más lejos de la verdad. Las relaciones de Pablo con la iglesia recién nacida en Tesalónica resaltan aún más la importancia y el valor práctico de enseñar acerca de los últimos tiempos. Las dos epístolas que el apóstol les dirigió revelan eso durante el breve tiempo que estuvo con ellos (cp. Hch. 17:1-2), ya que les enseñó una escatología increíblemente completa (2 Ts. 2:5).

En el saludo en su primera epístola, Pablo elogió a los tesalonicenses por su "constancia en la esperanza en nuestro Señor Jesucristo" (1:3), que consiste en "esperar de los cielos a su Hijo" (v. 10). En 2:12 los exhortó a andar "como es digno de Dios, que [los] llamó a su reino y gloria", mientras que en el versículo 19 se refirió a que deben estar "delante de nuestro Señor Jesucristo, en su venida". Pablo oró "para que sean afirmados [sus] corazones, irreprensibles en santidad delante de Dios nuestro Padre, en la venida de nuestro Señor Jesucristo con todos sus santos" (3:13). En el capítulo 4, Pablo les ofreció una descripción detallada del arrebatamiento (vv. 13-18), mientras que en el 5 el apóstol les recordó lo que les había enseñado con relación al Día del Señor y la segunda venida del Señor Jesucristo (vv. 1-11, 23).

En su segunda epístola a la congregación en Tesalónica, Pablo continuó su detallada instrucción relacionada con la escatología. En el capítulo 1 describió el juicio de Dios y la llegada del reino (vv. 5-10), y el castigo eterno de los malvados (v. 9). En el capítulo 2 les brindó enseñanza detallada sobre el surgimiento del anticristo, el regreso de Cristo, y la venida del Día del Señor.

La extensa enseñanza escatológica que Pablo entregó a esta joven iglesia revela que tal doctrina es decisiva, fundamental y sumamente útil para llevar una vida piadosa (2 P. 3:11, 14; 1 Jn. 3:1-3). Conocer el final de la historia alienta a los cristianos a estar "firmes y constantes, creciendo en la obra del Señor siempre, sabiendo que [su] trabajo en el Señor no es en vano" (1 Co. 15:58).

Los verdaderos cristianos viven en esperanza, esperando expectantes el cumplimiento de la promesa del regreso de Cristo. Con tal fin oran para que les sea revelada la gloria y el honor de Cristo. Tal oración es transformadora de vida.

¿Quién, pues, podrá ser salvo? 100

A unos que confiaban en sí mismos como justos, y menospreciaban a los otros, dijo también esta parábola: Dos hombres subieron al templo a orar: uno era fariseo, y el otro publicano. El fariseo, puesto en pie, oraba consigo mismo de esta manera: Dios, te doy gracias porque no soy como los otros hombres, ladrones, injustos, adúlteros, ni aun como este publicano; ayuno dos veces a la semana, doy diezmos de todo lo que gano. Mas el publicano, estando lejos, no quería ni aun alzar los ojos al cielo, sino que se golpeaba el pecho, diciendo: Dios, sé propicio a mí, pecador. Os digo que éste descendió a su casa justificado antes que el otro; porque cualquiera que se enaltece, será humillado; y el que se humilla será enaltecido. (18:9-14)

La inquietud más importante que todo individuo enfrenta es cómo puede reconciliarse con Dios. Innumerables religiones, filosofías y puntos de vista creados por el hombre tratan de responder esa pregunta, pero al final solo existen dos posibilidades: o las personas pueden por sí mismas estar bien delante de Dios, o no lo pueden hacer. Toda religión que alguna vez ha existido, excepto la religión del logro divino revelada en la Biblia, se ha basado en logros humanos: ser moralmente bueno (según normas humanas), junto con la realización de rituales y ceremonias. La idea popular es la esperanza vana y condenatoria de que la salvación de las personas se basa en la ilusión de que sus buenas obras tengan más peso que sus obras malas. Según escribí anteriormente en uno de los comentarios de esta serie,

> Siempre ha habido dos sistemas de religión en el mundo. Uno es el sistema de Dios del logro divino, y el otro es el sistema humano de logros personales. Uno es la religión de la gracia de Dios, el otro la religión de las obras de los hombres. Uno es la religión de la fe, el otro es la religión de la carne. Uno es la religión del corazón sincero y lo interno, el otro es la religión de la hipocresía y lo externo. Dentro del sistema del hombre hay miles de formas y nombres de religiones, pero se basan totalmente

> en los logros del ser humano y la inspiración de Satanás. Por otra parte, el cristianismo es la religión del logro divino, y es único...
>
> Jesús señaló reiteradamente dos aspectos: la necesidad de elegir si seguir o no a Dios, y el hecho de que las decisiones son dos y solo dos. Hay dos puertas, la estrecha y la ancha; dos caminos, el angosto y el amplio; dos destinos, vida y destrucción; dos grupos, los pocos y los muchos; dos tipos de árboles, los buenos y los malos, que producen dos clases de fruto, los buenos y los malos; dos tipos de personas que profesan fe en Jesucristo, los sinceros y los falsos; dos clases de edificadores, los sabios y los insensatos; dos bases, la roca y la arena, y dos casas, la segura y la insegura (*Matthew 1-7*, The MacArthur New Testament Commentary [Chicago: Moody, 1985], pp. 451, 452).

La norma que Dios exige es perfección absoluta por medio de la obediencia perfecta a su ley. En Mateo 5:48, Jesús ordenó: "Sed, pues, vosotros perfectos, como vuestro Padre que está en los cielos es perfecto". El Señor estaba reiterando el mandato de Dios en el Antiguo Testamento: "Seréis, pues, santos, porque yo soy santo" (Lv. 11:45; cp. 19:2; 1 P. 1:16). Hacer la norma divina aún más inalcanzable es la realidad que se aplica no solo a la obediencia externa, sino también a la obediencia interna del corazón (Mt. 5:21-47). Tal obediencia debe ser total. Santiago escribió: "Cualquiera que guardare toda la ley, pero ofendiere en un punto, se hace culpable de todos" (Stg. 2:10). Obviamente, la norma divina es imposible de cumplir para las personas. En respuesta a la pregunta de los discípulos: "¿Quién, pues, podrá ser salvo?" (Mt. 19:25), Jesús contestó: "Para los hombres esto es imposible; mas para Dios todo es posible" (v. 26).

Las secciones anteriores del Evangelio de Lucas se han enfocado en la venida del Señor Jesucristo y de su reino (17:20—18:8). Ese reino en su forma actual es espiritual, en el cual Cristo gobierna en los corazones de aquellos creyentes justificados que han puesto su confianza en Él. Jesús regresará un día para literalmente establecer su reino milenial y físico. Después de ese reino de mil años establecerá el reino eterno: los cielos nuevos y la tierra nueva. Solo aquellos que están en el reino espiritual podrán estar tanto en el reino terrenal como en el eterno.

El análisis del reino hace surgir la pregunta básica, fundamental y crucial de cómo se entra al reino espiritual. ¿Cómo puede alguien reconciliarse con Dios? ¿Cómo un pecador puede ser aceptable ante el Dios infinitamente santo? Ese es el tema que Jesús desarrolló en esta historia.

La pregunta no es fácil de contestar. Como se indicó antes, el Antiguo Testamento enseña con claridad que Dios es absolutamente santo, y llama a las personas a ser santas. Sin embargo, es imposible para los pecadores llegar a ser santos y justos por cuenta propia. Jeremías 13:23 pregunta: "¿Mudará el etíope su piel, y el leopardo sus manchas? Así también, ¿podréis vosotros hacer bien, estando habituados a hacer mal?". Unos pocos capítulos después, Dios declaró: "Engañoso es el corazón más que todas las cosas, y perverso; ¿quién lo conocerá?" (Jer. 17:9). Job preguntó: "¿Y cómo se justificará el hombre con Dios?" (Job 9:2), y uno de sus aspirantes a consejeros repitió su pregunta: "¿Cómo, pues, se justificará el hombre para con Dios? ¿Y cómo será limpio el que nace de mujer?" (25:4). La justicia propia nunca dará como resultado que una persona sea justificada delante de Dios, pues "todas nuestras justicias [son] como trapo de inmundicia" (Is. 64:6), y por tanto "no se justificará delante de [Él] ningún ser humano" (Sal. 143:2; cp. 1 R. 8:46; Pr. 20:9; Ec. 7:20).

Puesto que las personas son totalmente incapaces de justificarse delante de Dios, tanto el Antiguo Testamento como el Nuevo enseñan que la justificación es únicamente por fe (Gn. 15:6; Hab. 2:4) en la justicia de Dios imputada al pecador. Esa realidad, representada por el sistema expiatorio, fue hecha posible por la muerte sacrificial del Mesías, el Señor Jesucristo, quien "justificará... a muchos, y llevará las iniquidades de ellos" (Is. 53:11; cp. Sal. 32:1).

Pero los judíos de la época de Jesús habían perdido de vista la enseñanza del Antiguo Testamento. En su lugar habían inventado un falso y legalista sistema de salvación por justicia propia basado en buenas obras, rituales y cumplimiento externo de la ley del Antiguo Testamento y también de las adiciones y los adornos rabínicos que le hicieron.

Jesús presentó en esta sección del Evangelio de Lucas la respuesta correcta a la pregunta de cómo las personas pueden justificarse delante de Dios. Al igual que muchas de sus narraciones, la actual también era contraria a la lógica; lo opuesto a todo lo que los judíos creían con relación a la salvación. Se trata de la historia de dos hombres. Uno era el fariseo santurrón y religioso por fuera, y el otro un pecador marginado, un cobrador de impuestos, un traidor despreciado por su pueblo. El hecho de que fuera el irreligioso publicano en la historia de Jesús quien resultara justificado, y no el religioso fariseo, habría parecido indignante, chocante, incomprensible y vergonzoso para sus oyentes. Expresaba la verdad que no tenía lugar en la teología de ellos.

Esta poderosa historia de dos hombres, dos posiciones, dos oraciones, y dos resultados podrían analizarse bajo cuatro encabezados: la audiencia global, la analogía contrastante, la sorpresiva respuesta, y el axioma central.

LA AUDIENCIA GLOBAL

A unos que confiaban en sí mismos como justos, y menospreciaban a los otros, dijo también esta parábola: (18:9)

No hay indicador de tiempo ni declaración transicional que indique si Jesús contó esta **parábola** en la misma ocasión de la anterior (vv. 1-8). Sin embargo, según se enseñó antes, esta narración encaja aquí muy bien porque sigue lógicamente el previo análisis del reino al describir quién entra allí.

El Señor dirigió esta parábola **a unos que confiaban en sí mismos como justos, y menospreciaban a los otros.** La frase griega traducida **a unos** (lit., "sean quienes sean") abarca a todos aquellos que están fuera de la fe verdadera: todos los que confían en que su justicia propia les dará la entrada al reino.

En particular, la parábola estaba dirigida a los fariseos, quienes eran los arquitectos del sistema legalista de justicia propia que dominaba la vida en Israel. La teología de ellos, quienes enseñaban en las sinagogas, influía en gran manera en la población. Como resultado, las personas creían que su justicia propia les facilitaría la entrada al reino de Dios. En el orgullo pecaminoso que tenían pusieron convenientemente a un lado la clara enseñanza del Antiguo Testamento de que ellos eran malos e incapaces de obras humanas meritorias, y que la salvación era por gracia mediante la fe.

Pero los fariseos y sus seguidores también representan a todos los que buscan la salvación por medio del esfuerzo propio y la justicia propia; es decir, todos aquellos que creen tener el poder para vivir del modo que agrada a Dios lo suficiente como para obtener la vida eterna en el reino divino. Esa siempre ha sido y sigue siendo la mentira dominante comúnmente creída y condenatoria que Satanás ha usado para atraer a la gente hacia su perdición eterna.

Antes de su conversión, el apóstol Pablo creía esa mentira. En Filipenses 3:4-6 detalló sus impresionantes credenciales externas:

> *Aunque yo tengo también de qué confiar en la carne. Si alguno piensa que tiene de qué confiar en la carne, yo más: circuncidado al octavo día, del linaje de Israel, de la tribu de Benjamín, hebreo de hebreos; en cuanto a la ley, fariseo; en cuanto a celo, perseguidor de la iglesia; en cuanto a la justicia que es en la ley, irreprensible.*

A causa de tales credenciales, Pablo "en el judaísmo aventajaba a muchos de [sus] contemporáneos en [su] nación, siendo mucho más celoso de las tradiciones de [sus] padres" (Gá. 1:14). Pero después de su salvación la perspectiva del apóstol cambió de manera radical, como lo manifestara a los filipenses:

> *Pero cuantas cosas eran para mí ganancia, las he estimado como pérdida por amor de Cristo. Y ciertamente, aun estimo todas las cosas como pérdida por la excelencia del conocimiento de Cristo Jesús, mi Señor, por amor del cual lo he perdido todo, y lo tengo por basura, para ganar a Cristo (Fil. 3:7-8).*

Mil quinientos años después otro personaje destacado en la historia de la Iglesia también llegó a comprender la inutilidad de tratar de obtener justicia por esfuerzo propio:

> En el siglo XVI, un monje alemán llamado Martín Lutero se hallaba en la torre del Claustro Negro en Wittenberg, meditando en la justicia perfecta de Dios. A pesar de que era el más escrupuloso de los monjes, que atendía la confesión durante horas cada día, que buscaba el perdón para los pecados más insignificantes, comprendió que la norma de la justicia perfecta era absolutamente inalcanzable. Lutero pensaba en la justicia divina como una ira implacable, despiadada y vengativa, y creía que su estado era desesperado. Al volver a contar la experiencia que transformó su vida, más adelante indicó:
>
>> Esa expresión "justicia de Dios" era como un rayo en mi corazón... Odié a Pablo con todo mi corazón cuando leí que la justicia de Dios está revelada en el evangelio [Ro. 1:16-17]. Solo después, cuando vi las palabras que siguen, concretamente que está escrito que los justos vivirán por la fe [1:17] y además consulté con Agustín, me alegré. Cuando supe que la justicia de Dios es su misericordia, y que Él nos hace justos por medio de ella, se me ofreció un remedio en medio de mi aflicción.
>
> El remedio que Lutero encontró fue la doctrina de la justificación por la fe. Su descubrimiento dio lugar a la Reforma y puso fin al oscurantismo. Lo que Lutero llegó a comprender es que a la justicia de Dios, revelada en el evangelio, se le imputa por completo en la cuenta de todos los que se vuelven a Cristo en fe arrepentida. Por tanto la justicia propia de Dios se convierte en la base sobre la cual los creyentes se instalan delante de él (John MacArthur, *The Gospel According to Jesus,* edición revisada y ampliada [Grand Rapids: Zondervan, 1994], p. 196).

Sin que importe cuán celoso se pudiera ser para con Dios (Ro. 10:2), ninguno que confía en su justicia propia será justificado. Jesús advirtió: "Porque os digo que si vuestra justicia no fuere mayor que la de los escribas y fariseos, no entraréis en el reino de los cielos" (Mt. 5:20).

Trágicamente, a diferencia de Pablo y Lutero, la mayoría de fariseos no descubrieron que la entrada al reino de Dios no se puede obtener por medio de logros humanos. De manera repulsiva e indignante siguieron siendo arrogantes morales hasta el punto que **menospreciaban a los otros,** a quienes consideraban menos justos de lo que ellos se creían. *Exoutheneō* (**menospreciaban**) significa "despreciar", "tratar como si no valieran", "considerar indignos o de ningún valor". En su otro único uso en los evangelios describe el trato burlesco que Jesús recibió a manos de Herodes y sus soldados (Lc. 23:11). En Hechos 4:11, Pedro lo usó para describir el rechazo despectivo que las autoridades judías le hicieron a Jesús.

El mensaje del Señor de que las personas no pueden ganarse su entrada al reino de Dios no era solo para los oyentes en aquel tiempo. Tal mensaje tiene un alcance universal y sirve como advertencia para todos aquellos que buscan la salvación a través de una religión o de un sistema de creencias en obras de justicia.

LA ANALOGÍA CONTRASTANTE

Dos hombres subieron al templo a orar: uno era fariseo, y el otro publicano. El fariseo, puesto en pie, oraba consigo mismo de esta manera: Dios, te doy gracias porque no soy como los otros hombres, ladrones, injustos, adúlteros, ni aun como este publicano; ayuno dos veces a la semana, doy diezmos de todo lo que gano. Mas el publicano, estando lejos, no quería ni aun alzar los ojos al cielo, sino que se golpeaba el pecho, diciendo: Dios, sé propicio a mí, pecador. (18:10-13)

Nadie habría sido más detestable para un **fariseo** devotamente religioso que un despreciado e irreligioso **publicano** (cp. 3:12; 5:27-30; 7:29, 34; 15:1; 19:2). Los dos hombres eran polos opuestos: representaban al más piadoso y al más impío; el más respetado y el más despreciado de los miembros de la sociedad judía.

En el relato del Señor, los **dos hombres subieron al templo a orar,** ya sea a la hora del sacrificio de la mañana (9:00), o más probablemente de la tarde (15:00). Después de la celebración de los sacrificios expiatorios se podía ofrecer oración y adoración. La escena habría sido conocida para los oyentes de Jesús; era simplemente natural que las oraciones se ofrecieran en el templo, la "casa de oración" (Is. 56:7; Mt. 21:13).

El fariseo estaba **puesto en pie** mientras oraba, ya que estar de pie era una de las posiciones aceptables en la oración (Gn. 24:12-14; 1 S. 1:26), junto con estar sentado (Jue. 21:2-3; 2 S. 7:18; 1 R. 19:4), de rodillas (1 R. 8:54; Esd. 9:5; Dn. 6:10), inclinado (Éx. 34:8-9), tendido bocabajo (Ez. 9:8; Mt. 26:39), con los brazos levantados (Sal. 28:2; 1 Ti. 2:8), mirando hacia arriba (Jn. 11:41; 17:1), y mirando hacia abajo (Lc. 18:13). Pero aunque orar de pie era aceptable, hacerlo para ser observado por los hombres no lo era (cp. Mt. 6:5). La postura del fariseo era de autopromoción orgullosa, con la intención de mostrar su supuesta espiritualidad.

La oración del hombre también mostraba una actitud hipócrita y santurrona, según deja ver la interesante declaración de que **oraba consigo mismo.** Eso pudo significar que estuvo orando en voz baja, como hizo Ana (1 S. 1:13). No obstante, la idea más probable aquí es que el religioso estuviera enfocando su oración hacia sí mismo en una forma autocomplaciente. Esta no era una oración a Dios, que no le daba alabanza, ni pedía nada de parte de Él: misericordia, gracia, perdón o ayuda. La pomposa y arrogante declaración, **Dios, te doy gracias porque no soy como los otros hombres,** era pura hipocresía. Se trataba de una declaración inequívoca a Dios que este sujeto hacía acerca de su supuesto valor personal y su arrogancia moral, de lo que él era y lo que había logrado por su cuenta. La oración expresaba su confianza en que su propia virtud era suficiente para tener una relación con Dios.

Para asegurarse de que nadie, incluso Dios, dejara de entender, el fariseo procedió a compararse favorablemente con la chusma de la sociedad judía: **ladrones** (atracadores), **injustos** (individuos engañadores y deshonestos), y **adúlteros** (pecadores sexuales inmorales). Tales tipos de lacras pecaminosas se relacionaban frecuentemente con recaudadores de impuestos.

En ese momento, el fariseo observó un ejemplo perfecto de la precisa clase de individuo que él no era: un **publicano.** El fariseo se habría mantenido a distancia de alguien tan inmundo, no fuera que lo tocara sin querer y se hiciera ceremonialmente impuro. Tal distanciamiento físico era una declaración de la superioridad espiritual del fariseo para con la persona común a la que consideraba "maldita" (Jn. 7:49). Él y sus colegas fariseos se mantenían separados de la gente común, y solo se relacionaban entre ellos. Este habría estado preguntándose por qué al publicano no lo habían puesto con las demás personas impuras (cp. Mishná, Tamid 5.6).

No contento con decir lo que no era, el fariseo quería que todos (incluso Dios) supieran qué tipo de persona sí era. Entonces procedió a enumerar sus credenciales religiosas, contrastándose con el irreligioso recaudador de impuestos. Aunque el Antiguo Testamento prescribía solo un ayuno, en preparación para el Día de Expiación (Lv. 16:29-31), los fariseos ayunaban **dos veces a la semana** (normalmente lunes y jueves). El hombre tenía cuidado en dar **diezmos de todo lo que** recibía, yendo más allá del diezmo requerido en la ley del Antiguo Testamento hasta incluir minucias tales como "la menta y el eneldo y el comino" (Mt. 23:23) "y la ruda, y toda hortaliza" (Lc. 11:42).

La oración ostentosa y de autopromoción de este sujeto era típica de los fariseos, como observó William Hendriksen:

> Una oración farisaica que data más o menos del tiempo en que Jesús contó esta parábola, dice lo siguiente:
>
> > "Te agradezco, Jehová mi Dios, porque has asignado mi destino con quienes se sientan en la casa de estudio, y no con aquellos que se sientan en las esquinas de las calles [es decir, los cambistas y comerciantes]. Porque me levanto temprano y ellos también se levantan temprano: pero yo me levanto para estudiar las palabras de la Torá, y ellos se levantan temprano para ocuparse de cosas sin importancia. Yo me fatigo y ellos también se fatigan: pero yo me fatigo y por consiguiente gano, mientras que ellos se

> fatigan sin ganar nada. Yo corro y ellos también corren: pero yo corro hacia la vida de la era por venir, mientras que ellos corren hacia el foso de la desesperación" (*New Testament Commentary: Exposition of the Gospel According to Luke* [Grand Rapids: Baker, 1978], p. 820).

En el Sermón del Monte (Mt. 6:1-18), Jesús condenó orar, ayunar y diezmar con la única intención de "agradar en la carne" (Gá. 6:12).

El segundo personaje en la historia de Jesús manifestó una actitud radicalmente distinta a la del orgulloso fariseo. Su reflexión personal lo llevó a una vil humillación, que fue revelada primero por la ubicación en que se encontraba. A diferencia del fariseo, quien se hallaba lo más cerca posible del Lugar Santísimo, **el publicano** estaba **lejos** de la periferia de la multitud. Este hombre era muy consciente de su indignidad de encontrarse en la presencia de Dios, o incluso en la de los justos. Era un paria no solo a sus propios ojos, sino, más importante, a los de Dios.

La postura del recaudador de impuestos también manifestaba su humildad. A diferencia del fariseo, quien se hallaba mostrando orgullosamente su supuesta virtud y espiritualidad, este **no quería ni aun alzar los ojos al cielo.** Abrumado por la culpa y la vergüenza, tenía una agobiante sensación de su propia indignidad y separación de Dios. El pecado y la desobediencia en el publicano le producían dolor, junto con temor y espanto por el merecido castigo.

La humildad del recaudador de impuestos también se puede ver en su comportamiento; **se** estaba golpeando **el pecho.** Cuando los judíos oraban a veces se ponían las manos en el pecho y bajaban la mirada. Pero este hombre hizo algo fuera de lo normal. Apretando los puños, comenzó a golpearse el pecho de forma rápida y repetida en un gesto usado para expresar la tristeza y la angustia más extremas. Solo hay una referencia más a esta costumbre en la Biblia. Lucas 23:48 relata que después de la muerte de Cristo en la cruz "toda la multitud de los que estaban presentes en este espectáculo, viendo lo que había acontecido, se volvían golpeándose el pecho". El gesto reconocía que el corazón es la fuente de toda maldad (cp. Gn. 6:5; 8:21; Jer. 7:24; 16:12; 17:9; Mt. 12:34; 15:19; Lc. 6:45).

Por último, las palabras del publicano revelan su humildad. A diferencia del fariseo, este verdadero penitente dirigió realmente su oración a **Dios.** Se refirió a sí mismo no como un pecador sino como el **pecador.** Sus palabras son reminiscencia de la declaración de Pablo en 1 Timoteo 1:15: "Palabra fiel y digna de ser recibida por todos: que Cristo Jesús vino al mundo para salvar a los pecadores, de los cuales yo soy el primero". La inequívoca confesión del publicano en relación con su extrema y profunda pecaminosidad muestra que, en comparación con otros, se veía como el peor pecador de todos.

Aunque eran polos opuestos en términos de su posición dentro de la sociedad, el recaudador de impuestos y el fariseo tenían mucho en común en cuanto a sus creencias. Ambos entendían que el Antiguo Testamento era la revelación de Dios; ambos creían en Dios como Creador, Dador de la ley, y Juez, quien es santo y justo, y al mismo tiempo compasivo, clemente y misericordioso. Ambos creían en el sistema sacrificial, el sacerdocio, la expiación, y el perdón que Dios hace del pecado. No obstante, había una diferencia crucial: el publicano se arrepintió y buscó perdón por fe, mientras que el fariseo no se arrepintió y buscó su perdón por medio de sus buenas obras.

El recaudador de impuestos expresó su fe arrepentida en su súplica: **Dios, sé propicio a mí, pecador. Propicio** se traduce de una forma del verbo *hilaskomai*, que significa "apaciguar", "hacer propiciación" y "compensar". En su otro único uso en el Nuevo Testamento describe a Cristo haciendo propiciación por los pecados de su pueblo (He. 2:17). El publicano estaba pidiendo a Dios que fuera propicio y que se apaciguara con él. Este no era un ruego general por misericordia, sino más bien para que Dios proveyera expiación al hombre. Esta vendría en el sacrificio del Señor Jesús.

LA SORPRENDENTE RESPUESTA

Os digo que éste descendió a su casa justificado antes que el otro; (18:14*a*)

Esta impresionante declaración del Señor conmocionó a los legalistas en su audiencia, destrozando absolutamente sus sensibilidades teológicas. *Dedikaiōmenos* (**justificado**) es un participio pasivo perfecto que significa literalmente "haber sido justificado de manera permanente". Además, Jesús no apeló a la autoridad rabínica; su declaración **os digo** afirmó su absoluta autoridad divina. He aquí una soteriología sensata del Dios encarnado.

Sin ningún tipo de obras, méritos, cumplimiento de la ley, logro moral, logro espiritual, ritual, penitencia, buenas obras, o cualquier otra actividad meritoria, este pecador culpable fue declarado instantánea y permanentemente justo. La única justicia aceptable para Dios es la justicia perfecta que ningún esfuerzo humano puede alcanzar. Como no se la puede ganar, Dios la brinda como un regalo a pecadores arrepentidos que ponen su confianza en Él. Pero el orgullo santurrón del fariseo, y de los que son como él, solo aumentó su separación de Dios. Su soliloquio solamente reafirmó su confianza en su justicia propia, y salió en una condición más miserable que cuando llegó. La expiación no tiene ningún valor para los arrogantes morales.

La obra de Jesús en la cruz no se menciona en la historia porque aún no había ocurrido. La salvación del recaudador de impuestos fue una conversión del Antiguo Testamento antes de la cruz. Pero en cualquier época, la justicia y la justificación son concedidas por Dios aparte de las obras por medio de la aplicación del sacrificio expiatorio de Jesús antes y después de su muerte y resurrección.

EL AXIOMA CENTRAL

porque cualquiera que se enaltece, será humillado; y el que se humilla será enaltecido. (18:14*b*)

Jesús concluyó su historia con un proverbio. **Enaltecido** en este contexto es un sinónimo para salvación; por estar en el reino espiritual. En su uso del Antiguo Testamento solo Dios es verdaderamente enaltecido, y solo Él puede enaltecer a hombres, quienes no se pueden enaltecer al nivel de Dios. Por tanto, **cualquiera que se enaltece, será humillado** en el más severo sentido de la palabra; aplastado en pérdida y castigo eterno. El camino de la autoexaltación termina en juicio eterno; "Dios resiste a los soberbios, y da gracia a los humildes" (Stg. 4:6).

Por otra parte, todo aquel que se humilla y confiesa que no puede hacer nada para salvarse será enaltecido hasta la gloria eterna. Los condenados creen que son buenos; los salvos saben que son malvados. Los condenados creen que el reino de Dios es para quienes son dignos de estar en su interior; los salvos saben que el reino de Dios es para aquellos que son indignos de estar allí. Los condenados creen que la vida eterna se gana; los salvos saben que es un regalo gratuito. Los condenados buscan el elogio de Dios; los salvos buscan su perdón.

Los niños y el reino de Dios

101

Traían a él los niños para que los tocase; lo cual viendo los discípulos, les reprendieron. Mas Jesús, llamándolos, dijo: Dejad a los niños venir a mí, y no se lo impidáis; porque de los tales es el reino de Dios. De cierto os digo, que el que no recibe el reino de Dios como un niño, no entrará en él. (18:15-17)

A todos los padres cristianos Dios les ha dado la responsabilidad de criar a sus niños "en disciplina y amonestación del Señor" (Ef. 6:4). La mayor preocupación de estos padres es el destino eterno de sus hijos; el deseo más grande que tienen para ellos es que pasen la eternidad en el cielo, no en el infierno. Para ese fin los padres cristianos oran por la salvación de sus hijos, y actúan hacia ese objetivo enseñándoles el evangelio en una actitud de amor y disciplina sin exasperarlos y desanimarlos (Col. 3:21) y viviendo vidas cristianas delante de ellos.

El propósito de todo esto es llevar a los hijos a la salvación cuando tengan suficiente edad para arrepentirse y creer. No obstante, ¿qué pasa antes de que lleguen a esa edad? ¿Cómo los ve Dios? Este pasaje es básico para tal entendimiento. Aquí el Señor Jesucristo revela cómo Dios ve a los niños pequeños en relación con su reino. El texto se puede examinar bajo cuatro encabezados: trasfondo del texto, reprimenda por parte de los discípulos, cuidado especial de los niños, y analogía de la salvación.

TRASFONDO DEL TEXTO

Traían a él los niños para que los tocase; (18:15*a*)

Las referencias que se ven en los versículos 16 y 17 muestran que esta sección continúa el análisis del Señor acerca del reino de Dios, que comenzara en 17:20. La pregunta urgente que habría surgido en las mentes de los oyentes de Cristo es: ¿Quién estará en el reino? ¿A quién pertenece el reino? El pasaje anterior (vv. 9-14) contestó la pregunta de quién no estará en el reino. Irónicamente se trató de aquellos que estaban más convencidos de que estarían allí: los mejores religiosos, y más notablemente los fariseos y sus seguidores. Ellos fueron engañados a creer que ser descendientes de Abraham y confiar en su justicia propia, en su moralidad externa, en su devoción a observar rituales y ceremonias, y en su cumplimiento escrupuloso de las minucias de la ley les garantizaba la entrada al reino de Dios (véase el cap. anterior de esta obra).

Pero, en realidad, es todo lo contrario. Aquellos que entran al reino son los que saben que no pueden alcanzar justicia por sus propios esfuerzos. Son muy conscientes de su pecaminosidad, y al igual que el recaudador de impuestos en Lucas 18, confiesan con humildad y arrepentimiento sus pecados y suplican a Dios un perdón que no merecen. Jesús declaró que únicamente tales personas serán justificadas por gracia (18:14).

La transición del versículo 14 al 15 es natural y lógica. Nadie mejor que los bebés ilustra la realidad de que solamente los humildes que no han obtenido ningún mérito entran al reino. Nadie ha logrado moral y religiosamente menos que ellos; nadie tiene menos conocimiento de la ley ni obediencia a ella, o menos devoción a Dios. Por tanto, los bebés ejemplifican a la perfección el principio de que Dios salva a pecadores aparte de los logros que hayan obtenido. Mientras los orgullosos y arrogantes morales están excluidos del reino, los bebés (y quienes se acercan al reino como bebés) están incluidos.

Esta fue otra reprimenda impresionante que nuestro Señor hiciera a los fariseos y a su sistema religioso de justificación por obras que dominaba la cultura judía. En tal sistema, la idea de que un bebé entrara al reino era absurda. Los bebés no entendían la ley ni la practicaban, y por ende no podían realizar ninguna obra meritoria con la cual ganarse la salvación.

Este incidente, al igual que el anterior, es una historia de la vida real. La importancia de este breve relato es evidente por estar incluida tanto en los evangelios de Mateo (19:13-15) y de Marcos (10:13-16) como aquí en el de Lucas. Algunos padres, preocupados respecto al bienestar espiritual de sus hijos, **traían a** [Jesús] **los niños para que los tocase.** Era común que los niños judíos recibieran una bendición de parte de los ancianos de la sinagoga o de prominentes rabinos. El relato de Mateo informa que este incidente ocurrió frente a una gran multitud, que tal vez ascendía a miles (Mt. 19:2). De acuerdo tanto con Mateo como con Marcos el tema de discusión antes de este incidente trataba de cuestiones sobre la familia (Mt. 19:3-12; Mr. 10:2-12). Siendo ese el caso, era natural para los escritores de los evangelios que relataran esta historia acerca de padres que en ese tiempo llevaban sus bebés (gr. *brephos*; un recién nacido o niño muy pequeño) a Jesús, con la esperanza de que Él los bendijera.

El Antiguo Testamento revela el amor de Dios por los niños pequeños, lo cual también describe su amor único por Israel (Ez. 16:4-7). Además, Dios considera como suyos a todos los bebés (Ez. 16:20-21). Como Dios encarnado, el Señor Jesucristo a menudo demostró amor divino por los niños. Por ejemplo, en Mateo 18:1-6 sostuvo a un niño en sus brazos (igual que hizo aquí; cp. Mr. 10:16) mientras enseñaba la importancia de la fe infantil. En su entrada triunfal Jesús respondió al reto de los indignados líderes judíos citando el dicho del Antiguo Testamento: "De la boca de los niños y de los que maman perfeccionaste la alabanza" (Mt. 21:16). A lo largo de su ministerio Jesús mostró compasión por los enfermos, los afligidos, los hambrientos y los perdidos. No mostrar compasión por los niños, el objeto especial de amor para los adultos, habría socavado toda la misericordia que caracterizó el ministerio del Señor.

Jesús no era sentimentalmente simplista en cuanto a los niños. Él sabía que estos eran pecadores y que podían ser intransigentes, tercos, egoístas y rebeldes. Es más, Jesús no solamente los usó para ilustrar la fe de un niño que caracteriza a los que están en el reino, sino también la rebelde terquedad que caracteriza a aquellos que no están allí (Mt. 11:16-19). Pero debido al evidente amor compasivo de Jesús por los niños, los padres se sentían a gusto llevando a sus hijos a Cristo, esperando que la bendición que les prodigaba trajera el favor divino a las vidas de estos niños.

REPRIMENDA POR PARTE DE LOS DISCÍPULOS

lo cual viendo los discípulos, les reprendieron. (18:15*b*)

A pesar de que llevar a sus hijos a Jesús era importante para los padres, para **los discípulos** no era nada más que un obstáculo insignificante. Ellos lo vieron como una interrupción impertinente, innecesaria y poco importante en el ministerio de su Señor, por **lo cual** cuando vieron lo que pasaba, **reprendieron** a los entusiasmados padres. **Reprendieron** se traduce de una forma del verbo *epitimaō*, que describe una fuerte reprimenda o censura (el sustantivo relacionado *epitimia* se traduce "reprensión" en 2 Co. 2:6). El tiempo imperfecto del verbo indica que los discípulos fueron persistentes en reprender a los padres. Los discípulos se criaron influidos por la enseñanza de los fariseos de que los niños no realizaban ninguna clase de obras meritorias que les hiciera ganar la salvación. Por consiguiente, no veían razón para que Jesús interrumpiera su exposición acerca del reino debido a esta petición.

CUIDADO ESPECIAL DE LOS NIÑOS

Mas Jesús, llamándolos, dijo: Dejad a los niños venir a mí, y no se lo impidáis; porque de los tales es el reino de Dios. (18:16)

Haciendo caso omiso de sus propios discípulos, **Jesús** invitó a los padres a que le llevaran sus hijos. Entonces, con brusquedad e indignación (Mr. 10:14) reprendió a los discípulos por las suposiciones erróneas que hacían y por tratar de frustrar la intención de los padres. El Señor ordenó enérgicamente a los discípulos que dejaran que los niños acercaran a Él, de modo tanto positivo: **Dejad a los niños venir a mí,** como negativo: **No se lo impidáis.**

La sorprendente razón de que el Señor mostrara interés por los niños es que **de los tales es el reino de Dios.** Tal declaración es incondicional e inequívoca, pues no permite excepciones o limitaciones, y es contraria al punto de vista prevaleciente en los judíos. Jesús no la limitó a los hijos de judíos fieles que formaban parte del pacto, o a los niños circuncidados que manifiestan la señal del pacto (o a todos los niños que son bautizados). Tampoco fue por un acto soberano especial que Jesús estaba dispensando salvación solamente a esos bebés en aquella ocasión particular, según muestra el uso de la palabra *toioutōn* (**de los tales**) en lugar de *toutois* ("estos"). **Niños** aquí se refiere a todos los que no son capaces de creer en la salvación porque no han alcanzado la condición de responsabilidad personal (la edad en que eso sucede varía de niño en niño). Hasta ese tiempo en que la ley y el evangelio puedan hacer su obra, ellos están bajo el cuidado especial de Dios.

Según se indicó, eso no significa que los niños no sean pecadores; todos los seres humanos nacen pecadores. David manifestó: "He aquí, en maldad he sido formado, y en pecado me concibió mi madre" (Sal. 51:5). En Salmos 58:3 añadió: "Se apartaron los impíos desde la matriz; se descarriaron hablando mentira desde que nacieron" (cp. Gn. 8:21; 1 R. 8:46; Sal. 143:2; Pr. 20:9; 22:15; Ec. 7:20; Is. 48:8; Jer. 17:9). Todo el mundo hereda la culpa del pecado de Adán y la corrupción de su naturaleza (cp. Ro. 5:12-21). La realidad de que mueren niños demuestra que ellos son pecadores y no moralmente neutros. Sin embargo, en un niño el pecado aún no se ha desarrollado hasta el punto de producir resistencia consciente a la ley y a la voluntad de Dios.

La realidad de que **de los tales es el reino de Dios** significa que hasta que alcancen la condición de ser responsables ante Dios por la obra de la ley en sus conciencias, y que puedan entender la verdad del evangelio, los niños están bajo el clemente cuidado de Dios. Ese cuidado se entiende cuando los niños mueren. Esto no quiere decir que todos los niños sean salvos, y que luego estarán perdidos en la época de rendir cuentas. En realidad, cuando Jesús dijo que **de los tales es el reino de Dios** se estaba refiriendo a la forma actual del reino, que es espiritual (el reino de la salvación). Los niños que mueren antes de alcanzar el estado de rendición de cuentas están entonces asegurados en el reino para siempre.

La Biblia apoya explícitamente esta deducción de que los niños que mueren antes de ser responsables ante Dios son salvos y aceptados en la presencia divina. Tales niños son inocentes a la vista de Dios. En Deuteronomio 1:39, Dios se refirió a los niños de Israel como "que no saben hoy lo bueno ni lo malo". Él informó a Jonás que estaba reteniendo el juicio sobre Nínive en parte debido a los niños allí que no tenían edad suficiente para "discernir entre su mano derecha y su mano izquierda" (Jon. 4:11). Esos niños no tienen verdadera comprensión del bien y el mal. No entienden la ley de Dios, y por tanto no tienen ningún sentido de desobediencia o culpa por violarla. Puesto que ellos no saben qué es bueno y qué es malo, no son culpables por sus acciones y son inocentes delante de Dios (cp. Jer. 19:4-5, donde Dios llamó "inocentes" a los bebés sacrificados a ídolos paganos). Como R. A. Webb escribió:

> Si a un niño muerto se le enviara al infierno sin ningún otro motivo que el pecado original, habría una buena razón en la Mente Divina para el juicio, porque el pecado es una realidad. Pero la mente del niño quedaría perpleja en cuanto a la razón de su sufrimiento. Bajo tales circunstancias conocería el sufrimiento, pero no tendría comprensión del motivo de su sufrimiento. La mente del niño no podría entender por qué fue tan terriblemente castigada y, en consecuencia, todo el significado y sentido de sus padecimientos, al ser un enigma para ella, la misma esencia del castigo estaría ausente y la justicia se frustraría, sin tener validación (*The Theology of Infant Salvation* [Richmond, Va.: Presbyterian Committee of Publications, 1907], p. 42).

Lamentando su desventura y sufrimiento, Job declaró:

> *¿Por qué no morí yo en la matriz, o expiré al salir del vientre? ¿Por qué me recibieron las rodillas? ¿Y a qué los pechos para que mamase? Pues ahora estaría yo muerto, y reposaría; dormiría, y entonces tendría descanso, con los reyes y con los consejeros de la tierra, que reedifican para sí ruinas; o con los príncipes que poseían el oro, que llenaban de plata sus casas. ¿Por qué no fui escondido como abortivo, como los pequeñitos que nunca vieron la luz? Allí los impíos dejan de perturbar, y allí descansan los de agotadas fuerzas (Job 3:11-17).*

A la luz de su sufrimiento, Job sintió que habría sido mejor para él haber sido un aborto espontáneo o un niño que nació muerto, y haber entrado así al descanso celestial.

Quizás el ejemplo más útil en el Antiguo Testamento acerca de la salvación de niños que mueren se halla en 2 Samuel 12. Después de los horribles pecados de David al adulterar con Betsabé y luego asesinar a su marido en un intento frustrado de encubrir su propia maldad, el rey fue reprendido por el profeta Natán. Después que David confesó su pecado (v. 13), Natán le aseguró el perdón de Dios, pero le informó que una de las consecuencias de su pecado era que su hijo con Betsabé moriría (v. 14). Durante siete días el consternado rey ayunó y oró por la vida de su hijo. Cuando percibió que el niño estaba muerto, "David se levantó de la tierra, y se lavó y se ungió, y cambió sus ropas, y entró a la casa de Jehová, y adoró. Después vino a su casa, y pidió, y le pusieron pan, y comió" (v. 20). Entonces "le dijeron sus siervos: ¿Qué es esto que has hecho? Por el niño, viviendo aún, ayunabas y llorabas; y muerto él, te levantaste y comiste pan" (v. 21). David explicó que mientras el niño aún estaba vivo había esperanza de que Dios se ablandara y le salvara la vida (v. 22). Pero después que el niño murió, no tenía más sentido seguir ayunando (v. 23).

Entonces David manifestó confiadamente al final del versículo 23: "Yo voy a él, mas él no volverá a mí". El rey sabía que después de su propia muerte estaría en la presencia de Dios (cp. Sal. 17:15), y tenía la certeza de que se reuniría con su hijo en el cielo donde se le aseguraba consuelo y esperanza.

Por el contrario, cuando murió su hijo adulto rebelde Absalón, David estuvo desconsolado (2 S. 18:33—19:4). Él sabía que después que muriera se reuniría con el hijo que tuvo con Betsabé. Pero también sabía que no había tal esperanza de una reunión después de la muerte con Absalón, el asesino (2 S. 13:22-33) y rebelde.

Al bendecir a los niños ese día Jesús afirmó la enseñanza del Antiguo Testamento; el Señor bendice a aquellos que le pertenecen a Él, no a Satanás, a quien sí le pertenecen todos los pecadores responsables (Jn. 8:44). Cuando los bebés mueren, sus almas son recibidas en el cielo. Los que no mueren viven bajo la especial protección misericordiosa y clemente de Dios hasta que alcancen el punto en que entiendan el bien y el mal y se vuelvan responsables por la ley y el evangelio. Luego su destino eterno dependerá de su arrepentimiento y su fe, por lo cual Dios les hará responsables.

La salvación de niños que mueren ha sido la enseñanza de la Iglesia durante siglos. El gran reformador Juan Calvino escribió:

> Esos niños pequeños todavía no tienen ningún entendimiento para desear la bendición de Dios; pero cuando le son presentados, Él tierna y amablemente los recibe y los dedica al Padre por un solemne acto de bendición... Excluir de la gracia de la redención a quienes son de esa edad sería demasiado cruel... es arrogancia y sacrilegio alejar del redil de Cristo a los que Él atesora en su seno, y cerrar la puerta y excluir como extranjeros a quienes Jesús no quiere que se les prohíba venir a Él (*Commentary On A Harmony of Matthew, Mark, and Luke* [Edinburgh: The Calvin Translation Society, 1845], 2:389, 390, 391).

Charles Hodge, el célebre teólogo del siglo XIX, escribió: "De tales [niños] Él nos dice que es el reino del cielo, como si el cielo estuviera en gran medida compuesto por las almas de bebés redimidos" (*Systematic Theology* [Reimpresión; Grand Rapids: Eerdmans, 1979], 1:27). B. B. Warfield, el venerado y categórico teólogo de Princeton del siglo XIX, también sostuvo que la Biblia enseña la salvación de niños:

> El destino de ellos está determinado de modo independiente de su decisión, por un decreto incondicional de Dios, suspendido para su ejecución en ningún acto propio; y su salvación se ha realizado por una aplicación incondicional de la gracia de Cristo a sus almas, a través de la operación inmediata e irresistible del Espíritu Santo antes y aparte de cualquier acción de sus propias voluntades... Y si la muerte en la infancia depende de la providencia de Dios, es con seguridad Dios en su providencia quien selecciona que esta enorme multitud sea hecha partícipe de la salvación incondicional que brinda... Esto no es más que decir que ellos están totalmente predestinados a la salvación desde la fundación del mundo. Si tan solo un bebé que muere en la infancia se salvara, todo el principio arminiano se negaría. Si todos los bebés que mueren son salvos, no solo la mayoría de los salvos sino sin duda la mayor parte de la especie humana hasta ahora, han entrado a la vida por un sendero no arminiano (Citado en Loraine Boettner, *The Reformed Doctrine of Predestination* [Phillipsburg, N. J.: Presbyterian and Reformed, 1980], pp. 143-44).

ANALOGÍA DE LA SALVACIÓN

De cierto os digo, que el que no recibe el reino de Dios como un niño, no entrará en él. (18:17)

Esta breve analogía se basa en la verdad ilustrada por este incidente. Jesús lo inició con la declaración enfática **de cierto os digo** (cp. Mt. 18:3; 19:14; Mr. 10:15). El planteamiento del Señor es sencillo: **el que no recibe el reino de Dios como un niño, no entrará en él.** Los niños son el mejor ejemplo de cómo las personas se salvan. Igual que ellos, los redimidos son salvos por la gracia soberana de Dios, a pesar de su ignorancia espiritual y su falta de logros que ameritarían la salvación.

Mientras los niños pequeños estén bajo el cuidado especial de Dios, están en el mejor momento para que los padres los evangelicen. ¿Cómo pueden los padres aprovechar mejor esos años? Antes que nada, pueden enseñar a los hijos la verdad del evangelio, así como la madre y la abuela de Timoteo hicieron con él (2 Ti. 1:5). En segundo lugar, pueden ser ejemplos de la verdad que enseñan. Enseñar la verdad pero no vivirla no es nada más que hipocresía contraproducente. Por último, amándolos. Los padres aman a sus hijos siendo afectivos, tiernos, misericordiosos, sensibles, sacrificados y generosos, y protegiéndolos de influencias malignas. Aquellos que instruyen a sus hijos en este camino forman en ellos patrones de por vida que no olvidarán (Pr. 22:6).

La imposibilidad de la salvación

102

Un hombre principal le preguntó, diciendo: Maestro bueno, ¿qué haré para heredar la vida eterna? Jesús le dijo: ¿Por qué me llamas bueno? Ninguno hay bueno, sino sólo Dios. Los mandamientos sabes: No adulterarás; no matarás; no hurtarás; no dirás falso testimonio; honra a tu padre y a tu madre. Él dijo: Todo esto lo he guardado desde mi juventud. Jesús, oyendo esto, le dijo: Aún te falta una cosa: vende todo lo que tienes, y dalo a los pobres, y tendrás tesoro en el cielo; y ven, sígueme. Entonces él, oyendo esto, se puso muy triste, porque era muy rico. Al ver Jesús que se había entristecido mucho, dijo: ¡Cuán difícilmente entrarán en el reino de Dios los que tienen riquezas! Porque es más fácil pasar un camello por el ojo de una aguja, que entrar un rico en el reino de Dios. Y los que oyeron esto dijeron: ¿Quién, pues, podrá ser salvo? Él les dijo: Lo que es imposible para los hombres, es posible para Dios. Entonces Pedro dijo: He aquí, nosotros hemos dejado nuestras posesiones y te hemos seguido. Y él les dijo: De cierto os digo, que no hay nadie que haya dejado casa, o padres, o hermanos, o mujer, o hijos, por el reino de Dios, que no haya de recibir mucho más en este tiempo, y en el siglo venidero la vida eterna. (18:18-30)

Las referencias a la vida eterna que enmarcan este pasaje (vv. 18, 30) revelan que ese es el tema convincente al que se refiere la historia. Todos los cristianos se benefician al aprender del Señor mismo cómo responder adecuadamente a aquellos que muestran interés en sus propios destinos eternos. Lo básico de la lección es que al pecador se le debe hacer entender el costo requerido para recibir vida eterna.

Es evidente que a nadie le preocupaba más el peligro de la superficialidad que al Señor Jesús (cp. Jn. 2:23-25; 6:66), y un estudio cuidadoso de los evangelios muestra que, a la luz de tal preocupación, el Señor dejó constantemente en claro la dificultad que enfrentaban quienes buscan entrar al reino (cp. Lc. 13:24; Mt. 7:13-14; 10:38; 11:12; Lc. 16:24-25). El encuentro de Jesús con este joven rico e influyente es un relato clásico en que se enfoca el tema del verdadero costo del discipulado.

El asunto se centra aquí en el arrepentimiento y la sumisión a Dios. El Señor no aceptó el interés superficial separado de las necesarias actitudes del corazón en cuanto a penitencia y sumisión, porque la salvación llega a aquellos que no solo tienen una correcta comprensión del Salvador, sino que también evalúan correctamente la condición de sus corazones pecadores y orgullosos, y buscan el perdón mientras ofrecen obediencia total.

El significado central de esta historia es claro. Sin importar lo que alguien crea, no entra al reino sin confesar de manera humilde su pecaminosidad y sin someterse totalmente por fe al señorío soberano de Jesucristo. La salvación es más que solamente creer los hechos relacionados con el evangelio; implica lo que las personas creen con relación a sus propias naturalezas pecadoras y a la autoridad del Salvador. La verdadera salvación exige reconocer que no podemos aferrarnos a nada en este mundo temporal y pasajero, sino que debemos estar dispuestos a abandonar cualquier cosa que el Señor soberano exija.

Jesús le dio a este hombre la posibilidad de elegir entre él mismo y Cristo, entre el orgullo farisaico y las posesiones, y entre las prioridades personales y el total abandono a la voluntad del Señor. Sin una adecuada evaluación de su corazón y un deseo de renunciar a su orgullo en sus logros religiosos y de abandonar sus posesiones y ambiciones mundanas, él no podía ser salvo. La prueba que el Señor le dio reveló que el hombre se amaba y amaba sus posesiones más que a Cristo, y que por lo tanto no podía ser su discípulo (cp. Lc. 9:23-25; 14:26-27, 33).

La decisión que el rico tomó fue sorprendente, porque a primera vista parecía el perfecto buscador (véase el estudio más adelante). No fue necesaria una preevangelización en su caso; los obstáculos típicos que dificultan a las personas para que lleguen al reino de Dios parecían haber sido ya eliminados. El hombre estaba preparado y ansioso, y entendía su necesidad. Además, había llegado a la fuente divina por una respuesta en la búsqueda del Hijo de Dios. Según la metodología evangelística contemporánea, Jesús debió haber hallado el lenguaje apropiado y los términos aceptables para llevar a la salvación a este candidato importante. Pero en lugar de encontrar términos aceptables para él, Jesús le presentó términos que el hombre encontró totalmente inaceptables. La parte asombrosa de la historia es que por buen candidato que el sujeto parecía ser, en realidad era un falso buscador superficial, ilegítimo y egocéntrico que dejó a Jesús al rechazar el camino a la vida eterna. Y él debía saber eso.

Todos los evangelios sinópticos (cp. Mt. 19:16-30; Mr. 10:17-31) relatan este encuentro real. Está ubicado en el contexto del estudio del reino de Dios que comenzó en Lucas 17:20 para ilustrar quién entra al reino y quién no. La confrontación se puede abordar tanto desde el lado humano como desde el divino, y concluyó con el comentario del Señor sobre el resultado.

EL LADO HUMANO

Un hombre principal le preguntó, diciendo: Maestro bueno, ¿qué haré para heredar la vida eterna? Jesús le dijo: ¿Por qué me llamas bueno? Ninguno hay bueno, sino sólo Dios. (18:18-19)

Como ya se mencionó, por varias razones este joven parecía ser un candidato seguro.

En primer lugar, a diferencia del fariseo en Lucas 18:9-14, este hombre reconoció su necesidad. Era consciente de que no tenía la vida eterna de Dios en su alma ni la esperanza del cielo, a pesar de todos sus logros religiosos, suficientes para convertirlo en un **principal** (más probablemente de una sinagoga, y por tanto el individuo más excelente en cuanto a lo espiritual, moral y religioso en ella). Además, tras su afirmación de haber obedecido la ley (v. 21), vemos que lo que buscaba a través de su religión y moralidad estaba ausente en su vida (cp. Nicodemo en Jn. 3:1-3). En vez de estar tranquilo y confiado, el hombre se hallaba inquieto y ansioso. Deseaba alivio de la aplastante carga de legalismo, y anhelaba la seguridad de la presencia de Dios que produce esperanza, paz, gozo, contentamiento y confianza respecto del cielo.

Lo que él buscaba era **la vida eterna,** que el pueblo judío entendía como un tipo de calidad de vida, en lugar de una sencilla duración de la vida. La veían como esa existencia que Dios mismo poseía y que brinda a sus hijos. La vida eterna es poseer la existencia de Dios, y tener un profundo conocimiento de Él (Jn. 17:3). La vida eterna consiste en el amor de Dios derramado en los corazones de su pueblo (Ro. 5:5), en la luz del conocimiento de Dios que brilla en los corazones de los creyentes (2 Co. 4:6), en la paz de Dios que sobrepasa todo entendimiento (Fil. 4:7), y en el "gozo inefable y glorioso" del que Pedro escribió (1 P. 1:8). La vida eterna se caracteriza por paz, bendición, confianza, seguridad, tranquilidad, satisfacción y esperanza. Este hombre era muy consciente de que le faltaban esas realidades.

En segundo lugar, él no solo entendía su carencia sino que con urgencia, impaciencia y diligencia también trataba de obtener lo que no poseía. Sin preocuparse de su reputación y su dignidad, el principal "vino… corriendo, e [hincó] la rodilla [en adoración] delante de [Jesús]" a la vista de todos los que andaban por el camino con Él (Mr. 10:17). La pregunta de este hombre no fue una mera duda teológica abstracta, sino un interrogante serio y sincero en busca de la solución al vacío espiritual que lo embargaba.

En tercer lugar, el hombre se dirigió a la persona indicada. Muchos que buscan verdadera vida espiritual indagan en los lugares equivocados: en la iglesia equivocada, la religión equivocada o el maestro equivocado. No obstante, este individuo acudió a la única fuente de vida: el Señor Jesucristo, quien en sí mismo es la vida eterna (1 Jn. 5:20).

Al dirigirse de forma respetuosa a Jesús como **Maestro bueno** (gr. *agathos*; bueno en esencia o por naturaleza) lo elevó por encima de otros maestros y lo relacionó con Dios, el único que es bueno (v. 19). Fuera lo que fuera que este sujeto pudiera haber conocido o creído en cuanto a Jesús, lo afirmó no solo como un maestro sino como un ejemplo de verdad divina. Es posible que esperara que Cristo fuera alguien que pudiera decirle cómo poseer la vida eterna que buscaba.

Por último, después de elogiar a Jesús llegó el momento de hacer la pregunta correcta: **¿Qué haré para heredar** o tomar posesión de **la vida eterna?** De acuerdo con el sistema legalista de justicia propia, el hombre buscaba una buena obra fugaz que lo lanzara a los primeros lugares con el fin de obtener la vida eterna por sí mismo. Cuando al Señor Jesús le hicieron una pregunta parecida en Juan 6:28, contestó: "Esta es la obra de Dios, que creáis en el que él ha enviado" (v. 29). Allí el tema era la necesidad de creer en Él. Sin embargo, aquí este hombre ya estaba preparado para creer en Jesús como la fuente de vida eterna si es que las condiciones le agradaban (cp. Jn. 3:3-4).

Pero el Señor omnisciente sabía que el individuo tenía un defecto fatal que revelaría su deseo de ser falso y engañoso. Por tanto le contestó con otra de sus preguntas: **¿Por qué me llamas bueno?** Y antes de que pudiera recibir respuesta alguna, explicó: **Ninguno hay bueno, sino sólo Dios.** Por supuesto, Jesús no estaba negando su deidad, como algunas sectas dan a entender. Eso habría contradicho sus afirmaciones directas de ser Dios (p. ej., Jn. 5:17-18; 8:24, 58; 10:30-33). Por el contrario, Jesús estaba retando a este hombre a explicar por qué lo llamó bueno, sabiendo que solo Dios es realmente bueno, a menos que lo estuviera relacionando con Dios. Y si afirmaba que Jesús venía de parte de Dios, ¿estaba entonces dispuesto a obedecerle?

EL LADO DIVINO

Los mandamientos sabes: No adulterarás; no matarás; no hurtarás; no dirás falso testimonio; honra a tu padre y a tu madre. Él dijo: Todo esto lo he guardado desde mi juventud. Jesús, oyendo esto, le dijo: Aún te falta una cosa: vende todo lo que tienes, y dalo a los pobres, y tendrás tesoro en el cielo; y ven, sígueme. Entonces él, oyendo esto, se puso muy triste, porque era muy rico. (18:20-23)

Hablándole dentro del marco del propio paradigma legalista del hombre, Jesús recitó algunos de **los mandamientos,** específicamente los últimos cinco de los Diez Mandamientos, que se relacionan con el trato hacia los demás: **No adulterarás; no**

matarás; no hurtarás; no dirás falso testimonio; honra a tu padre y a tu madre. Pero la arremetida del Señor provocó que este sujeto respondiera: **Todo esto lo he guardado desde mi juventud,** evidenciando el autoengaño de un hipócrita. El recordatorio de Jesús dejó en claro que si la salvación viene a través de cumplir la ley, y este hombre la había cumplido como profesaba, ¿por qué era consciente de que no había obtenido vida eterna? ¿Por qué no estaba satisfecho? La verdad es que el autoengaño del individuo era poco profundo y su corazón estaba lleno de temor por su falta de verdadera vida espiritual y amor por Dios.

Dos requisitos divinos implícitos en las palabras de Jesús revelaron el mal entendimiento que el hombre tenía en cuanto a la ley. Primero, debía confesar su pecado y su incapacidad de satisfacer a Dios y de reconciliarse con Él a través de la ley. El individuo había tomado la ley muy a la ligera, viéndola principalmente como un medio para elevarse a sí mismo. La verdad de que "cualquiera que guardare toda la ley, pero ofendiere en un punto, se hace culpable de todos" (Stg. 2:10) se le había escapado por completo. Con toda seguridad no había amado al Señor con todo su corazón, alma, mente y fuerzas, ni a su prójimo como a sí mismo, lo cual resume el Decálogo. Por el contrario, veía la ley de Dios en una manera corrupta que le permitía compararse favorablemente con otros en lugar de compararse con Dios, cuya perfecta santidad se revela en la ley.

En segundo lugar, el hombre también había fallado en ver que la ley únicamente deja a las personas como pecadoras, ya que es incapaz de salvar. La arrogancia moral en él había impedido que la ley hiciera la obra de revelarle su pecado. Como resultado, el sujeto creía ser más justo de lo que en realidad era. Así como Israel, este dirigente trataba de establecer su propia justicia en vez de someterse a la justicia de Dios (Ro. 10:3). El Señor dejó claro que nadie puede ser justificado por cumplir la ley.

Este dirigente de la sinagoga se hallaba en la misma posición en la que Pablo había estado antes de su conversión, como más tarde él recordara en Filipenses 3:4-6:

> *Aunque yo tengo también de qué confiar en la carne. Si alguno piensa que tiene de qué confiar en la carne, yo más: circuncidado al octavo día, del linaje de Israel, de la tribu de Benjamín, hebreo de hebreos; en cuanto a la ley, fariseo; en cuanto a celo, perseguidor de la iglesia; en cuanto a la justicia que es en la ley, irreprensible.*

Pero algo poderoso y dramático sucedió a Pablo en el proceso de su conversión, según lo señaló en Romanos 7:7-11:

> *¿Qué diremos, pues? ¿La ley es pecado? En ninguna manera. Pero yo no conocí el pecado sino por la ley; porque tampoco conociera la codicia, si la ley no dijera:*

No codiciarás. Mas el pecado, tomando ocasión por el mandamiento, produjo en mí toda codicia; porque sin la ley el pecado está muerto. Y yo sin la ley vivía en un tiempo; pero venido el mandamiento, el pecado revivió y yo morí. Y hallé que el mismo mandamiento que era para vida, a mí me resultó para muerte; porque el pecado, tomando ocasión por el mandamiento, me engañó, y por él me mató.

El apóstol se había considerado intachable con relación a la ley, y espiritualmente sano y salvo. Pero una vez que llegó a la verdadera comprensión de la ley de Dios, el pecado revivió y Pablo murió. Lejos de darle vida, la ley lo mató. Ese fue el punto de inflexión en su vida; aquel que había creído que obtendría vida eterna a través de la ley se dio cuenta de que esta en realidad estaba dejándolo culpable ante Dios. Tal fue el mensaje al que el Señor estaba dirigiendo al hombre de esta historia. También es el mensaje que los creyentes deben llevar a aquellos que están evangelizando. Los pecadores deben determinar si se ven como seres que creen estar vivos por guardar superficialmente la ley, o se ven como muertos por violarla profundamente; o, en otras palabras, si entienden que la ley no puede salvarlos. El joven rico no estuvo dispuesto a reconocer tal verdad.

Las palabras de Jesús para el individuo: **Aún te falta una cosa: vende todo lo que tienes, y dalo a los pobres, y tendrás tesoro en el cielo; y ven, sígueme,** dan a conocer un segundo requisito divino. Desde luego que la salvación no viene por medio del altruismo sino a través de la fe humilde, abnegada y obediente (cp. Lc. 9:23-24). Pero con el fin de esclarecer el tema, aceptando la errónea afirmación del sujeto de haber guardado la ley, y su declaración precisa de que la bondad de Jesús revelaba que Él estaba relacionado con Dios, el Señor lo alentó a someterse por completo a Cristo. Jesús le dio una orden de abandonar todas sus prioridades terrenales y despojarse de todo lo que le importaba. Vender todas sus posesiones no solamente lo iba a deshacerse de todo lo que poseía, sino que también lo separaría de sus familiares (cp. Fil. 3:8). Estos, al principio, estarían naturalmente incrédulos, pero luego se enfurecerían porque él no habría actuado con responsabilidad como el mayordomo de la riqueza familiar, y podrían desheredarlo. ¿Estaba este hombre dispuesto a someterse al señorío de Jesús hasta ese grado? ¿Era la vida eterna tan valiosa para que confesara a Jesús como Señor y lo demostrara por medio de la obediencia?

Todo había parecido muy prometedor para este individuo, y ahora se hallaba en la encrucijada del destino eterno. Pero como ocurre con todo el mundo, su decisión dependía de la doble cuestión del pecado y el señorío soberano. Él no estuvo dispuesto a reconocer que era un pecador culpable, a afirmar que sus buenas obras no podían salvarlo, y a lanzarse de cabeza sobre la gracia de Dios. Tampoco valoró los términos de gobierno soberano de Jesús a cambio de la vida eterna. En lugar de eso, se aferró a su legalismo santurrón, a su riqueza y sus relaciones. **Se puso muy triste,** pero no con la tristeza piadosa que lleva al arrepentimiento (2 Co. 7:10). El hombre "se fue triste" (Mt. 19:22), dándole la espalda a la vida eterna que había buscado con optimismo e ilusión.

EL COMENTARIO DEL SEÑOR

Al ver Jesús que se había entristecido mucho, dijo: ¡Cuán difícilmente entrarán en el reino de Dios los que tienen riquezas! Porque es más fácil pasar un camello por el ojo de una aguja, que entrar un rico en el reino de Dios. Y los que oyeron esto dijeron: ¿Quién, pues, podrá ser salvo? Él les dijo: Lo que es imposible para los hombres, es posible para Dios. Entonces Pedro dijo: He aquí, nosotros hemos dejado nuestras posesiones y te hemos seguido. Y él les dijo: De cierto os digo, que no hay nadie que haya dejado casa, o padres, o hermanos, o mujer, o hijos, por el reino de Dios, que no haya de recibir mucho más en este tiempo, y en el siglo venidero la vida eterna. (18:24-30)

El comentario del Señor sobre este trágico incidente se podría resumir bajo dos secciones. Primero describió la pobreza de las riquezas.

Al ver Jesús que el joven dirigente se alejaba, se volvió hacia sus discípulos (Mt. 19:23) y **dijo: ¡Cuán difícilmente entrarán en el reino de Dios los que tienen riquezas!** Sin duda ellos se sorprendieron por esa declaración, ya que la idea de que la riqueza era una señal de la bendición de Dios estaba profundamente arraigada en la teología judía. En consecuencia, se creía que los ricos se hallaban en la vía rápida hacia la salvación, ya que habían recibido mayores bendiciones divinas y podían dar más limosnas. Ese punto erróneo de vista fue expresado por los inútiles amigos de Job. Al igual que los judíos de la época de Jesús, ellos suponían que había una relación causal entre la riqueza y la bendición de Dios. A la inversa, veían el sufrimiento como una señal segura del castigo de Dios por el pecado, y por tanto presionaron al inocente Job a que confesara y se arrepintiera de sus pecados.

En realidad es imposible para los ricos comprar su entrada al reino, como lo indica esta declaración proverbial: **Porque es más fácil pasar un camello por el ojo de una aguja, que entrar un rico en el reino de Dios.** Los persas hablaban de la imposibilidad usando un proverbio conocido que afirmaba que sería más fácil para un elefante pasar por el ojo de una aguja. Los judíos adoptaron el proverbio, sustituyendo el elefante por un camello, ya que los camellos eran los animales más grandes en Palestina.

Algunos, renuentes a enfrentar la cruda realidad que el dicho implica, han tratado de suavizarlo. Al percibir la similitud entre las palabras griegas *kamelos* (**camello**) y *kamilos* (una cuerda o cable largos), algunos sugieren que algún copista se equivocó al sustituir la primera por la última. Sin embargo, es poco probable que en cada uno de los tres evangelios sinópticos se hubiera hecho el cambio de igual manera. Tampoco un escriba haría la declaración más difícil en lugar de más fácil. Podría haber cambiado la redacción de "camello" a "cable", pero no de "cable" a "camello". Pero incluso una cuerda no podría atravesar el ojo de una aguja más de lo que podría hacerlo un camello. Otros imaginan que la referencia es a una pequeña puerta en el muro de Jerusalén por la que los camellos solo podrían entrar con gran dificultad. Sin embargo, no existe evidencia de que tal puerta existiera alguna vez. Tampoco cualquier persona con sentido común habría intentado obligar a un camello a pasar por tan pequeña portezuela aunque hubiera existido una; simplemente habría hecho que el animal entrara a la ciudad por una puerta más grande. El sentido obvio de esa expresión pintoresca de exageración no es que la salvación sea difícil, sino más bien que es humanamente imposible para todo el mundo, por cualquier medio, incluso la riqueza (cp. Mr. 10:23-24). Los pecadores son conscientes de su culpa y su miedo, y por eso podrían anhelar una relación con Dios que les traería perdón y paz. Pero no pueden aferrarse a sus prioridades pecaminosas y su dominio propio, y creer que pueden llegar a Dios bajo sus propias condiciones. El hombre de esta historia ejemplifica esa realidad.

Los que oyeron las palabras del Señor comprendieron lo que quiso decir. Estaban asombrados y exclamaron: **¿Quién, pues, podrá ser salvo?** Los ricos podían darse el lujo de dar más limosnas que otras personas, y los judíos creían que el acto de dar limosna era la clave para entrar al reino. El libro apócrifo de Tobías expresó tal punto de vista cuando dijo: "Es buena la oración con ayuno, limosna y justicia. Es mejor tener poco con honradez que mucho con injusticia. Es mejor dar al pobre que amontonar tesoros, ya que la limosna libra de la muerte y purifica de todo pecado. Los que dan limosna tendrán larga vida" (Tb. 12:8-9; cp. Eclo. 3:30).

La respuesta del Señor, **lo que es imposible para los hombres, es posible para Dios,** reiteraba la verdad de que la salvación es humanamente imposible, y que solo un acto soberano de Dios puede cambiar el corazón (Jn. 1:11-13; 3:3-8; 6:44; Ef. 2:8-9).

En contraste con el dirigente rico, los discípulos habían abandonado todo por seguir a Cristo. Así observó Pedro: **He aquí, nosotros hemos dejado nuestras posesiones y te hemos seguido.** Mateo 19:27 registra que Pedro continuó esta declaración con la pregunta: "¿qué, pues, tendremos?". La contestación del Señor presentó el segundo punto en su comentario sobre este incidente, la riqueza de la pobreza.

La pregunta y el comentario de Pedro eran legítimos, y Jesús no lo reprendió por hacerlos. Al contrario, ofreció la maravillosa promesa: **De cierto os digo, que no hay nadie que haya dejado casa, o padres, o hermanos, o mujer, o hijos, por el reino de Dios, que no haya de recibir mucho más en este tiempo, y en**

el siglo venidero la vida eterna. El Señor afirmó que, a diferencia del sujeto de la historia, a los discípulos (y a todo aquel que abandona todo **por** la causa del **reino de Dios**), se les otorga las bendiciones completas de **la vida eterna.**

Renunciar a todo en esta vida para obtener acceso a las bendiciones del reino de Dios es la mayor riqueza (cp. Lc. 9:24-25). Dios, en su abundante gracia, promete que los redimidos han **de recibir mucho más en este tiempo** además de recibir **en el siglo venidero la vida eterna.** Este es el gran intercambio: los creyentes reciben el tesoro escondido en el campo (Mt. 13:44) y la perla de gran valor (Mt. 13:46) cuando de manera voluntaria renuncian al derecho a todo lo que poseen.

El relato de Mateo añade otra dimensión a las recompensas de los creyentes. En Mateo 19:28, Jesús agregó: "De cierto os digo que en la regeneración, cuando el Hijo del Hombre se siente en el trono de su gloria, vosotros que me habéis seguido también os sentaréis sobre doce tronos, para juzgar a las doce tribus de Israel". Además de las bendiciones espirituales que Dios derrama sobre ellos en este mundo, y de las bendiciones plenas de la vida eterna en el cielo, hay una tercera esfera en que los creyentes serán bendecidos. La "regeneración" de la que nuestro Señor habló es su reino terrenal milenial, "cuando el Hijo del Hombre se siente en el trono de su gloria". Ese reino será el renacimiento del mundo; el paraíso recuperado. Aquellos a quienes se les ha concedido una resurrección espiritual en la salvación participarán en el renacimiento de la tierra; los "tiempos de refrigerio" (Hch. 3:19) y "los tiempos de la restauración de todas las cosas" (v. 21). Se trata del reino acerca del que Jesús enseñó a los discípulos durante los cuarenta días entre la resurrección y la ascensión (Hch. 1:3). En ese reino los apóstoles se sentarán "sobre doce tronos, para juzgar a las doce tribus de Israel" (Mt. 19:28).

La respuesta del Señor a la pregunta de los discípulos, "Señor, ¿restaurarás el reino a Israel en este tiempo?" (Hch. 1:6) es reveladora. En lugar de reprenderlos por no entender el amilenialismo, que enseña que Él habló solo de un reino espiritual en que la Iglesia actual reemplaza a Israel, Jesús afirmó la venida del reino a Israel cuando contestó: "No os toca a vosotros saber los tiempos o las sazones, que el Padre puso en su sola potestad" (v. 7). Los apóstoles tenían razón al suponer que sería un reino terrenal aquel en que participará Israel; pero el tiempo histórico en que se establecería no les era dado saber.

Todos los santos de toda la historia redentora (los santos del Antiguo Testamento [Dn. 7:18], los santos del Nuevo Testamento [1 Co. 6:2] y, como ya se indicó, los doce apóstoles) se van a reunir en ese reino glorioso para disfrutar de toda la generosidad del paraíso recuperado.

Jesús predice sus sufrimientos

103

Tomando Jesús a los doce, les dijo: He aquí subimos a Jerusalén, y se cumplirán todas las cosas escritas por los profetas acerca del Hijo del Hombre. Pues será entregado a los gentiles, y será escarnecido, y afrentado, y escupido. Y después que le hayan azotado, le matarán; mas al tercer día resucitará. Pero ellos nada comprendieron de estas cosas, y esta palabra les era encubierta, y no entendían lo que se les decía. (18:31-34)

Una de las maneras en que los pseudoeruditos, críticos y escépticos continuamente atacan a nuestro Señor es negando que los sufrimientos de Cristo fueran planeados y con un propósito. Sostienen que la muerte de Él fue accidental y no planeada; un trágico, lamentable y mal final para su vida. Insisten en que la muerte resultó de un error de cálculo; que fue un noble intento de traer bondad al mundo, pero que terminó en un desastre imprevisto. Hay quienes sugieren que Jesús fue un hombre ingenuo, bien intencionado y bueno que quiso elevar religiosamente al pueblo por medio de las ideas que le mostró, pero que falló en saber cuándo había ido demasiado lejos. Para otros, Jesús fue un nacionalista equivocado, cuyos esfuerzos por realizar una revolución fueron totalmente torpes; o que fue un supuesto conquistador ambicioso con delirios de grandeza. Ha habido quienes afirman que Él fue solo otro fanático religioso. Todos estos puntos de vista falsos acerca de Jesús imaginan que los acontecimientos de su vida no resultaron del modo en que Él quiso que fueran. En lugar de eso, su sueño de lo que esperaba que fuera un mundo mejor terminó en pesadilla.

Pero nada podría estar más lejos de la verdad. Toda la trayectoria de la vida de Jesús fue profetizada setecientos años antes e incluyó cada aspecto de su carrera como el Mesías, Siervo de Jehová:

> *He aquí que mi siervo será prosperado, será engrandecido y exaltado, y será puesto muy en alto. Como se asombraron de ti muchos, de tal manera fue desfigurado de los hombres su parecer, y su hermosura más que la de los hijos de los*

hombres, así asombrará él a muchas naciones; los reyes cerrarán ante él la boca, porque verán lo que nunca les fue contado, y entenderán lo que jamás habían oído. ¿Quién ha creído a nuestro anuncio? ¿y sobre quién se ha manifestado el brazo de Jehová? Subirá cual renuevo delante de él, y como raíz de tierra seca; no hay parecer en él, ni hermosura; le veremos, mas sin atractivo para que le deseemos. Despreciado y desechado entre los hombres, varón de dolores, experimentado en quebranto; y como que escondimos de él el rostro, fue menospreciado, y no lo estimamos. Ciertamente llevó él nuestras enfermedades, y sufrió nuestros dolores; y nosotros le tuvimos por azotado, por herido de Dios y abatido. Mas él herido fue por nuestras rebeliones, molido por nuestros pecados; el castigo de nuestra paz fue sobre él, y por su llaga fuimos nosotros curados. Todos nosotros nos descarriamos como ovejas, cada cual se apartó por su camino; mas Jehová cargó en él el pecado de todos nosotros. Angustiado él, y afligido, no abrió su boca; como cordero fue llevado al matadero; y como oveja delante de sus trasquiladores, enmudeció, y no abrió su boca. Por cárcel y por juicio fue quitado; y su generación, ¿quién la contará? Porque fue cortado de la tierra de los vivientes, y por la rebelión de mi pueblo fue herido. Y se dispuso con los impíos su sepultura, mas con los ricos fue en su muerte; aunque nunca hizo maldad, ni hubo engaño en su boca. Con todo eso, Jehová quiso quebrantarlo, sujetándole a padecimiento. Cuando haya puesto su vida en expiación por el pecado, verá linaje, vivirá por largos días, y la voluntad de Jehová será en su mano prosperada. Verá el fruto de la aflicción de su alma, y quedará satisfecho; por su conocimiento justificará mi siervo justo a muchos, y llevará las iniquidades de ellos. Por tanto, yo le daré parte con los grandes, y con los fuertes repartirá despojos; por cuanto derramó su vida hasta la muerte, y fue contado con los pecadores, habiendo él llevado el pecado de muchos, y orado por los transgresores (Is. 52:13—53:12).

En cumplimiento de esa profecía, Jesús manifestó que vino al mundo "no para hacer mi voluntad, sino la voluntad del que me envió" (Jn. 6:38). La voluntad del Padre fue que Él muriera. Anticipando la cruz, con la carga del pecado y la separación del Padre, Cristo expresó: "Ahora está turbada mi alma; ¿y qué diré? ¿Padre, sálvame de esta hora? Mas para esto he llegado a esta hora" (Jn. 12:27).

Jesús no fue una víctima bien intencionada de un plan que lo sorprendió cuando salió horriblemente mal. Él sabía exactamente cómo terminaría su vida, hasta el más mínimo detalle, y lo había sabido desde antes de la fundación del mundo, cuando el plan de salvación fue ideado. El centro de la fe cristiana es la muerte del Señor Jesucristo. Todo en la historia de la redención en el Antiguo Testamento se mueve hacia la cruz; todo lo que ha sucedido desde entonces se mueve desde la cruz.

El Señor entendió todo pasaje profético en el Antiguo Testamento relacionado con su muerte (Lc. 24:25-27, 44), a la cual aludió a lo largo de su ministerio:

Él les dijo: ¿Podéis acaso hacer que los que están de bodas ayunen, entre tanto que el esposo está con ellos? Mas vendrán días cuando el esposo les será quitado; entonces, en aquellos días ayunarán (Lc. 5:34-35).

De un bautismo tengo que ser bautizado; y ¡cómo me angustio hasta que se cumpla! (Lc. 12:50).

Y les dijo: Id, y decid a aquella zorra: He aquí, echo fuera demonios y hago curaciones hoy y mañana, y al tercer día termino mi obra (Lc. 13:32).

¡Jerusalén, Jerusalén, que matas a los profetas, y apedreas a los que te son enviados! ¡Cuántas veces quise juntar a tus hijos, como la gallina a sus polluelos debajo de sus alas, y no quisiste! He aquí, vuestra casa os es dejada desierta; y os digo que no me veréis, hasta que llegue el tiempo en que digáis: Bendito el que viene en nombre del Señor (Lc. 13:34-35).

Pero primero es necesario que padezca mucho, y sea desechado por esta generación (Lc. 17:25).

Jesús también hizo predicciones explícitas acerca de su muerte:

Pero él les mandó que a nadie dijesen esto, encargándoselo rigurosamente, y diciendo: Es necesario que el Hijo del Hombre padezca muchas cosas, y sea desechado por los ancianos, por los principales sacerdotes y por los escribas, y que sea muerto, y resucite al tercer día (Lc. 9:21-22).

Haced que os penetren bien en los oídos estas palabras; porque acontecerá que el Hijo del Hombre será entregado en manos de hombres (Lc. 9:44).

El pasaje actual es la tercera y más completa de las predicciones específicas del Señor con relación a su muerte registradas por Lucas. Las palabras de Cristo aquí anticipan su sufrimiento en la cruz y su resurrección; revelan el plan, las proporciones, el poder, y la percepción del sufrimiento.

EL PLAN DEL SUFRIMIENTO

Tomando Jesús a los doce, les dijo: He aquí subimos a Jerusalén, y se cumplirán todas las cosas escritas por los profetas acerca del Hijo del Hombre. (18:31)

Como había ocurrido desde Lucas 9:51, Jesús se hallaba en su último viaje a Jerusalén. Esa travesía se acercaba ahora a su fin cuando el Señor y los discípulos, después de haber cruzado el río Jordán desde Perea al interior de Judea, se aproximaban a Jericó, y a la empinada subida a Jerusalén desde allí (Lc. 19:1, 11). Para que no hubiera ningún malentendido de parte de los discípulos, Jesús los llevó aparte con el fin de recordarles que lo que estaba a punto de ocurrirle era el plan de Dios. El sufrimiento y la muerte de Cristo no era ninguna sorpresa para Él, sino más bien el propósito eterno de la encarnación.

Desde luego que los doce se dirigían a Jerusalén porque era tiempo para la Pascua. Lo que no entendían era que Jesús fuera el Cordero Pascual, el único sacrificio por el pecado que satisfaría a Dios y que proveería expiación para todos los elegidos. Su muerte puso fin a todo el sistema sacrificial. Una razón de que Jesús debiera explicarles las cosas por anticipado es que el concepto de un Mesías muerto era totalmente ajeno al entendimiento que tenían (cp. Lc. 9:44-45). El historiador del siglo XIX, Emil Schürer, resume de la siguiente manera las expectativas del pueblo judío con relación a la venida del Mesías y el establecimiento de su reino: En primer lugar, la venida del Mesías estaría precedida por un tiempo de tribulación. Segundo, en medio de la agitación aparecería un profeta igual a Elías que anunciaría la venida del Mesías. Tercero, el Mesías establecería su reino de gloria, y reivindicaría a su pueblo. Cuarto, las naciones se aliarían para luchar contra el Mesías. Quinto, el Mesías destruiría a todas esas naciones opositoras. Sexto, Jerusalén sería restaurada y hecha nueva y gloriosa. Séptimo, los judíos dispersos por todo el mundo volverían a Israel. Octavo, Israel se convertiría en el centro del mundo y todas las naciones se someterían al Mesías. Por último, el Mesías establecería su reino, el cual es un tiempo de eterna paz, justicia y gloria (*A History of the Jewish People in the Time of Jesus Christ* [Nueva York: Scribners, 1896], 2:154-78). En la teología mesiánica judía no había lugar para un Mesías sacrificado, muerto o incluso resucitado.

Además, los discípulos eran conscientes del intenso odio de los dirigentes judíos hacia Jesús y de la hostil recepción que le darían en Jerusalén. Los discípulos estaban asombrados y temerosos porque al parecer Él se estaba entregando intencionadamente en manos de sus enemigos. Quizás tenían la misma actitud que Tomás expresó en Juan 11:16: "Vamos también nosotros, para que muramos con él".

Puesto que conocía los temores de ellos, Jesús les aseguró que se cumplirá el plan de Dios y que también **se cumplirán todas las cosas escritas por los profetas acerca del Hijo del Hombre** (un título mesiánico tomado de Dn. 7:13). La muerte de Cristo sería la culminación del propósito redentor de Dios. La cruz es el acontecimiento principal en la historia redentora y por tanto el hecho primordial en toda la historia.

Los primeros acordes de la sinfonía de la cruz se pueden escuchar en Génesis 3. Después de la caída, Adán y Eva estaban abrumados por la culpa. Al intentar ocultar su vergüenza se cubrieron con hojas. Ese fue un intento humano inadecuado para tratar con la culpa del pecado, por lo que Dios mató a un animal (la primera muerte en la historia) y usó la piel para cubrir a Adán y Eva. Las consecuencias del primer pecado revelan que el pecado y la culpa se cubren únicamente con la muerte de un sacrificio inocente. La verdad de que solo un sacrificio de sangre es aceptable ante Dios fue reafirmada en Génesis 4 cuando Dios aceptó el sacrificio animal de Abel, pero rechazó la ofrenda de productos de la tierra de Caín.

Génesis 22 relata que Dios ordenó a Abraham que ofreciera como sacrificio a su hijo y heredero Isaac, a través del cual se debía cumplir el pacto abrahámico. Después de ascender al monte Moriah, Abraham puso a su hijo sobre el altar. Pero antes de que le clavara el cuchillo, Dios lo detuvo. En lugar de Isaac, Dios proveyó un carnero que estaba atrapado en un matorral cercano. He aquí otro acorde en la sinfonía de la cruz. No solo es un sacrificio la única manera en que los pecadores son aceptados por Dios, sino que Dios mismo proveerá el sustituto. El nombre que Abraham le dio a ese lugar, "Jehová proveerá" (Gn. 22:14), refuerza esa verdad.

De igual modo, el primogénito de todo hogar judío se salvó de la muerte mediante el sacrificio de un cordero sin mancha (Éx. 12:1-13, 21-23). Más tarde, en el monte Sinaí, Dios entregó la ley, con su sistema complejo y elaborado de sacrificios. Todos esos sacrificios constantes revelaron claramente que el sacrificio definitivo, satisfactorio y perfecto aún no había llegado

> *porque la ley, teniendo la sombra de los bienes venideros, no la imagen misma de las cosas, nunca puede, por los mismos sacrificios que se ofrecen continuamente cada año, hacer perfectos a los que se acercan. De otra manera cesarían de ofrecerse, pues los que tributan este culto, limpios una vez, no tendrían ya más conciencia de pecado (He. 10:1-2).*

El Antiguo Testamento también contiene predicciones específicas de la muerte de Cristo en la cruz. El Salmo 22 describe gráficamente los detalles de su crucifixión, una forma de ejecución desconocida en Israel en ese tiempo. El salmo empieza con las palabras que nuestro Señor pronunció en la cruz: "Dios mío, Dios mío, ¿por qué me has desamparado?" (v. 1; cp. Mt. 27:46). Los versículos 6-8 predicen las presuntuosas burlas que el Señor recibió por parte de sus enemigos:

> *Mas yo soy gusano, y no hombre; oprobio de los hombres, y despreciado del pueblo. Todos los que me ven me escarnecen; estiran la boca, menean la cabeza, diciendo: Se encomendó a Jehová; líbrele él; sálvele, puesto que en él se complacía (cp. Lc. 23:35-39).*

Los versículos 14-17 describen el sufrimiento físico que el Señor soportó en la cruz:

> *He sido derramado como aguas, y todos mis huesos se descoyuntaron; mi corazón fue como cera, derritiéndose en medio de mis entrañas. Como un tiesto se secó mi vigor, y mi lengua se pegó a mi paladar, y me has puesto en el polvo de la muerte. Porque perros me han rodeado; me ha cercado cuadrilla de malignos; horadaron mis manos y mis pies. Contar puedo todos mis huesos; entre tanto, ellos me miran y me observan.*

Esta predicción extraordinariamente precisa relata incluso el detalle de que los verdugos de Jesús se dividirían la ropa de Él: "Repartieron entre sí mis vestidos, y sobre mi ropa echaron suertes" (v. 18; cp. Lc. 23:34).

El maravilloso capítulo mesiánico, Isaías 53, también predice los acontecimientos que rodearon la muerte de nuestro Señor en la cruz. "Él herido fue por nuestras rebeliones" (v. 5). El versículo 7 predice el silencio de Jesús durante su ficticio juicio: "Angustiado él, y afligido, no abrió su boca; como cordero fue llevado al matadero; y como oveja delante de sus trasquiladores, enmudeció, y no abrió su boca" (cp. Mt. 26:62-63; 27:12-14). El versículo 8 afirma que Él "fue cortado de la tierra de los vivientes". El versículo 9 aclara que "se dispuso con los impíos su sepultura, mas con los ricos fue en su muerte". Los cuerpos de víctimas crucificadas por lo general se arrojaban al basurero, pero Jesús fue enterrado en la tumba del acaudalado José de Arimatea (Mt. 27:57-60). El versículo 10 revela que aunque Jesús puso "su vida en expiación por el pecado", resucitaría para ver "linaje [y vivir] por largos días".

Además del Salmo 22 e Isaías 53, Zacarías 12:10 también predijo la crucifixión de Jesucristo, refiriéndose a Él como Aquel "a quien [los judíos] traspasaron".

La muerte de Cristo también se representa por ilustraciones y ejemplos. Juan 3:14 relata que "como Moisés levantó la serpiente en el desierto, así es necesario que el Hijo del Hombre sea levantado" (cp. 12:32-33). En Juan 10:11, Jesús se refirió a sí mismo como "el buen pastor [que] su vida da por las ovejas". Jesús conocía todo detalle de su muerte porque esta fue ordenada en "el determinado consejo y anticipado conocimiento de Dios" (Hch. 2:23).

Los profetas del Antiguo Testamento anunciaron reiteradamente "de antemano los sufrimientos de Cristo, y las glorias que vendrían tras ellos" (1 P. 1:11). Sin embargo, algunos tontamente (cp. Lc. 24:25-26) creen que Jesús ofreció el reino a Israel, y que habría evitado la cruz y les habría concedido el reino si ellos lo hubieran aceptado. Pero Jesús vino a ofrecer el reino a través de la cruz, según lo demuestran las detalladas predicciones que el Antiguo Testamento hace de los acontecimientos que rodearon su muerte y resurrección (véase además de las profecías señaladas anteriormente Zac. 9:9, que describe la entrada triunfal de Jesús a Jerusalén; Sal. 2:1-3, que narra la furia de sus enemigos; Zac. 13:7, que relata el abandono de sus amigos; Zac. 11:12, que cuenta la traición por treinta monedas de plata; Sal. 34:20, que habla de que ninguno de sus huesos sería quebrado [cp. Éx. 12:46]; Sal. 69:21, que afirma que le darían a beber vinagre; Sal. 16:10, que hace referencia a la resurrección; y Sal. 110:1, que describe la ascensión). Jesús fue "el Cordero de Dios, que quita el pecado del mundo" (Jn. 1:29), y fue "entregado [a la muerte] por el determinado consejo y anticipado conocimiento de Dios" (Hch. 2:23).

LAS PROPORCIONES DEL SUFRIMIENTO

Pues será entregado a los gentiles, y será escarnecido, y afrentado, y escupido. Y después que le hayan azotado, le matarán; (18:32-33*a*)

Al combinar estos versículos con los relatos paralelos en Mateo (20:17-19) y Marcos (10:32-34) obtenemos todo el registro de lo que el Señor manifestó en esta ocasión. Él sería traicionado por las autoridades judías (Mt. 20:18; Mr. 10:33) y después de un falso juicio sería condenado por ellos a morir y ser **entregado a los gentiles** (ya que los judíos no tenían la autoridad para ejecutar a alguien [Jn. 18:31]), **escarnecido, afrentado, escupido y** crucificado (Mt. 20:19), después de lo cual en el **tercer día** resucitaría. El detallado conocimiento de lo que le sucedería a Jesús en el futuro es otra muestra de la omnipresencia de Cristo (cp. su conocimiento de los corazones de las personas [Jn. 2:24-25; cp. Lc. 6:8; 11:17]; del sitio exacto donde estaría un pez con una moneda en la boca [Mt. 17:27; cp. Jn. 21:5-6]; de una mujer a quien conociera por primera vez y que sabía que había tenido cinco maridos [Jn. 4:18]; de dónde estaría el pollino en que montaría en la entrada triunfal y de lo que sus propietarios dirían cuando los discípulos lo tomaran [Lc. 19:30-34]; de que los discípulos se encontrarían con un hombre que llevaría un cántaro y que les mostraría el lugar donde tendrían la Última Cena [Lc. 22:10]; y de que Jerusalén sería destruida cuatro décadas después [Lc. 21:20]).

Pero estos versículos no solo predicen el sufrimiento de Cristo, sino que también transmiten la magnitud e intensidad de lo que soportó Jesús, el "varón de dolores" (Is. 53:3). Es interesante notar que, para referirse a Cristo, el Nuevo Testamento usa a menudo las palabras en plural "aflicciones" (2 Co. 1:5; He. 2:10), "padecimientos" (Fil. 3:10; 1 P. 4:13; 5:1), "sufrimientos" (1 P. 1:11), mientras que en el Antiguo Testamento, Isaías 53 da a conocer el alcance y la gravedad de lo que Jesús padecería. La naturaleza de los sufrimientos de Cristo se puede resumir bajo cinco encabezados.

Primero, Jesús sufrió deslealtad. Fue traicionado por Judas Iscariote, uno de sus más cercanos, un hombre en quien Él había invertido su vida y su verdad. Agravando el sufrimiento que le ocasionó al Señor, esa traición se llevó a cabo en el entorno íntimo de la última comida de Pascua que Él tendría con los doce. Judas traicionó a Cristo ante las autoridades judías por unas miserables treinta monedas de plata, exactamente como predijeran las Escrituras (Sal. 41:9; Zac. 11:12). Cínicamente, con fingido respeto y con un beso, les señaló quién era Jesús a quienes lo capturarían (Lc. 22:47-48).

Segundo, Jesús sufrió rechazo (cp. Is. 53:3), el cual vino antes que nada de parte de Israel. Juan escribió: "A lo suyo vino, y los suyos no le recibieron" (Jn. 1:11). Fueron los dirigentes de la nación, los sumos sacerdotes, y los escribas quienes lo condenaron a muerte y lo entregaron a los romanos para que fuera ejecutado. El pueblo también lo rechazó delante de Pilato, gritando: "¡Sea crucificado!" (Mt. 27:22). Jesús también fue rechazado por sus más cercanos. Después de su arresto, "todos los discípulos, dejándole, huyeron" (Mt. 26:56). Pero el más profundo rechazo de todos fue el del Padre, que le hizo clamar en la cruz: "Dios mío, Dios mío, ¿por qué me has desamparado?" (Mt. 27:46; cp. Sal. 22:1).

Tercero, Jesús sufrió humillación. El inmaculado Hijo de Dios, en quien "habita corporalmente toda la plenitud de la Deidad" (Col. 2:9), fue **escarnecido, afrentado y escupido.** Lucas 22:63 observa que "los hombres que custodiaban a Jesús se burlaban de él y le golpeaban". Lucas 23:11 registra que "Herodes con sus soldados le menospreció y escarneció, vistiéndole de una ropa espléndida; y volvió a enviarle a Pilato". Mientras Jesús estaba en la cruz, "los gobernantes se burlaban de él, diciendo: A otros salvó; sálvese a sí mismo, si éste es el Cristo, el escogido de Dios. Los soldados también le escarnecían, acercándose y presentándole vinagre, y diciendo: Si tú eres el Rey de los judíos, sálvate a ti mismo" (Lc. 23:35-37). Incluso uno de los crucificados junto a Él "le injuriaba, diciendo: Si tú eres el Cristo, sálvate a ti mismo y a nosotros" (v. 39). El ultraje y el maltrato que había enfrentado a lo largo de su ministerio (cp. Jn. 9:28; 1 P. 2:23) se intensificó en su muerte.

Cuarto, Jesús sufrió injusticia. La santa, justa, recta y soberana segunda persona de la Trinidad fue falsamente acusada de pecado (Jn. 9:24), sedición, insurrección (Lc. 23:13-14), y blasfemia (Mt. 9:3; 26:65; Jn. 10:33); y sus juicios fueron demostraciones monumentales de injusticia en todos los puntos.

Por último, Jesús sufrió lesiones corporales. Fue brutalmente azotado con un látigo que tenía múltiples correas en cuyos extremos había atados pedazos de vidrio, hueso, roca o metal. Tan severo era el daño de tal flagelación que muchos morían mientras la padecían. La crucifixión era la forma más horrible de ejecución. Frederic Farrar escribió:

> En realidad, un fallecimiento por crucifixión parece incluir todo lo que el dolor y la muerte pueden tener de horribles y espantosos: calambre,

mareo, sed, inanición, insomnio, fiebre traumática, tétano, publicidad de la vergüenza, prolongada permanencia de tormento, horror de anticipación, mortificación de heridas desatendidas... todo esto intensificado hasta el punto en que no se lo puede soportar en absoluto, pero que todo se detiene justo antes del momento que le daría a la víctima el alivio de la inconsciencia. La posición antinatural hace que todo movimiento sea doloroso; las venas y los tendones lacerados vibran con incesante angustia; las heridas, inflamadas por la desprotección, gangrenadas gradualmente; las arterias (en especial de la cabeza y el estómago) se hinchan y oprimen con exceso de sangre; y mientras cada variedad de miseria sigue aumentando en forma gradual, se les agrega la intolerante punzada de una sed ardiente y aguda; y todas estas complicaciones físicas ocasionan agitación interna y ansiedad que hacen que la perspectiva misma de la muerte (la muerte, el horrible enemigo desconocido, ante cuya cercanía el hombre por lo general se estremece al máximo) tenga el aspecto de una liberación deliciosa y exquisita ("The Crucifixion A. D. 30", en Rossiter Johnson, Charles F. Horne, y John Rudd, eds., *The Great Events By Famous Historians* [Project Gutenberg EBook, 2008], 3:47-48).

EL PODER SOBRE EL SUFRIMIENTO

mas al tercer día resucitará. (18:33*b*)

Jesús murió antes de la puesta del sol que dio fin a la jornada del viernes, resucitó temprano el domingo por la mañana, y vive para siempre, en cumplimiento de la promesa registrada en Salmos 16:10: "Porque no dejarás mi alma en el Seol, ni permitirás que tu santo vea corrupción". Aunque sepultado en la tumba de un hombre rico (Is. 53:9), Él "verá linaje, vivirá por largos días, y la voluntad de Jehová será en su mano prosperada" (v. 10). Eso indica que Jesús volvería a vivir después de su muerte. En Juan 2:19, Jesús declaró: "Destruid este templo, y en tres días lo levantaré", y en Juan 12:24 añadió: "De cierto, de cierto os digo, que si el grano de trigo no cae en la tierra y muere, queda solo; pero si muere, lleva mucho fruto". La historia no concluiría con la muerte de Jesús, "el cual fue entregado por nuestras transgresiones, y resucitado para nuestra justificación" (Ro. 4:25).

LA PERCEPCIÓN DEL SUFRIMIENTO

Pero ellos nada comprendieron de estas cosas, y esta palabra les era encubierta, y no entendían lo que se les decía. (18:34)

A pesar de la clara enseñanza de Jesús, los discípulos no percibieron el significado de lo que les acababa de enseñar. La triple repetición, **ellos nada comprendieron de estas cosas, y esta palabra les era encubierta, y no entendían lo que se les decía,** destaca la falta total de entendimiento que tenían (cp. Lc. 9:45).

Los críticos ven en esta declaración una prueba de que Jesús nunca hizo esta predicción. Sostienen que si lo hubiera hecho, sin duda los discípulos habrían entendido y no se hubieran sorprendido cuando aconteció lo que el Señor predijo. Es cierto que ellos captaron algunas de las verdades espirituales que Jesús enseñó, como las parábolas (Mt. 13:16-17). Pero hubo una razón perfectamente buena para que los discípulos no captaran la enseñanza del Señor en cuanto a su sufrimiento y su muerte: esta enseñanza no encajaba en la teología mesiánica que tenían. Los discípulos esperaban que el Mesías fuera un rey, que derrotaría a los enemigos de Israel, y que establecería su reino. Ellos esperaban una coronación, no una crucifixión; un Mesías que les matara a sus enemigos, no uno que resultara muerto por su propio pueblo. La idea de un Mesías crucificado era un absurdo para ellos; era tan ridícula que ni siquiera pudieron comprenderla. "La palabra de la cruz es locura a los que se pierden", escribió Pablo en 1 Corintios 1:18. Por tanto, "Cristo crucificado" fue "para los judíos ciertamente tropezadero" (v. 23); una barrera enorme que no pudieron superar.

Después de su resurrección Cristo reafirmó la veracidad de la enseñanza del Antiguo Testamento relacionada con su muerte y resurrección, y reprendió a los discípulos por no entenderla. En el camino a Emaús les dijo a dos de ellos:

> *¡Oh insensatos, y tardos de corazón para creer todo lo que los profetas han dicho! ¿No era necesario que el Cristo padeciera estas cosas, y que entrara en su gloria? Y comenzando desde Moisés, y siguiendo por todos los profetas, les declaraba en todas las Escrituras lo que de él decían (Lc. 24:25-27; cp. v. 44).*

Un Mesías moribundo no era coherente con la teología y la interpretación del Antiguo Testamento que los discípulos tenían, pero finalmente llegaron a entenderla, creerla y predicarla.

Un mendigo ciego recibe la vista 104

Aconteció que acercándose Jesús a Jericó, un ciego estaba sentado junto al camino mendigando; y al oír a la multitud que pasaba, preguntó qué era aquello. Y le dijeron que pasaba Jesús nazareno. Entonces dio voces, diciendo: ¡Jesús, Hijo de David, ten misericordia de mí! Y los que iban delante le reprendían para que callase; pero él clamaba mucho más: ¡Hijo de David, ten misericordia de mí! Jesús entonces, deteniéndose, mandó traerle a su presencia; y cuando llegó, le preguntó, diciendo: ¿Qué quieres que te haga? Y él dijo: Señor, que reciba la vista. Jesús le dijo: Recíbela, tu fe te ha salvado. Y luego vio, y le seguía, glorificando a Dios; y todo el pueblo, cuando vio aquello, dio alabanza a Dios. (18:35-43)

Durante su ministerio terrenal el Señor Jesucristo realizó innumerables milagros en toda Palestina. Además de las tres docenas que se mencionan en los evangelios, Jesús realizó milagros casi a diario (cp. Mr. 6:2; Lc. 19:37; Jn. 2:23; 3:2; 6:2; 7:31; 11:47; 12:37; 20:30; 21:25; Hch. 2:22). Los milagros de Cristo (que sus enemigos nunca negaron, sino que de modo blasfemo los atribuyeron a poder satánico) ofrecieron evidencia de su poder sobrenatural, y apoyaron su afirmación de ser Dios encarnado (Jn. 5:36; 10:25, 37-38; 14:11).

Los milagros de nuestro Señor revelaron su poder absoluto sobre demonios, enfermedad, muerte y naturaleza. Como el Hijo de Dios, Jesús dio a conocer su poder sobre Satanás y las fuerzas del infierno al expulsar reiteradamente demonios que no querían salir de aquellos a quienes habían infectado (Mt. 9:32-33; Mr. 7:24-30; Lc. 4:33-35; 8:26-33; 9:38-42; 11:14). Las innumerables sanidades que Cristo realizó (cp. Jn. 21:25) demostraron su poder sobre la enfermedad, a medida que desterraba la enfermedad de Israel durante su ministerio terrenal. Como aquel por quien "fueron creadas todas las cosas" (Col. 1:16), Jesús tenía poder sobre la naturaleza (Mr. 8:1-9; Mt. 14:25; Lc. 5:1-7; 8:22-25; 9:10-17; Jn. 2:1-10; 21:1-6). Como la "resurrección y la vida" (Jn. 11:25), Jesús ejerció poder sobre la muerte (Lc. 7:14-15; 8:52-56; Jn. 11:38-44).

Según indica el pasaje anterior (vv. 31-33), era el momento para que el Siervo del Señor se convirtiera en el Siervo sufriente; para que el ungido se convirtiera en el rechazado; para que el Señor soberano se convirtiera en el cordero expiatorio. Se determinó el rechazo que Israel le hiciera a Cristo; su muerte era inevitable. La multitud voluble que lo aclamó en su entrada a Jerusalén sería la misma que pocos días después pediría a gritos su sangre. La apostasía de Israel llevaría a los judíos a ejecutar a su propio Señor y Mesías. Aunque esa ejecución fue ordenada de acuerdo con el plan determinado de Dios, ellos aún llevan la total culpabilidad por ese hecho (Hch. 2:23).

Después de las conversiones de los tres marginados en Jericó —los dos ciegos despreciados en este pasaje y el odiado recaudador de impuestos Zaqueo (19:1-10)—, no existen más relatos de conversiones en los evangelios hasta las de esos dos marginados más, concretamente un ladrón y un soldado romano, el día de la crucifixión de Cristo. Los acaecimientos en Jericó proporcionan el último brillo de luz antes de que empiece la oscuridad del sufrimiento de Cristo. No hay una sola nota alegre desde el momento en que Él sale de Jericó hasta que fue clavado en la cruz.

Este es el último de cuatro milagros extraordinarios relatados por Lucas que se realizaron en el viaje final de Jesús a Jerusalén, el cual comenzó en 9:51 (cp. 13:10-17; 14:1-6; 17:11-19). Esta señal sobrenatural gira alrededor del hombre ciego, el Señor Jesús, y la multitud.

LA TRISTE SITUACIÓN DEL HOMBRE CIEGO

Aconteció que acercándose Jesús a Jericó, un ciego estaba sentado junto al camino mendigando; y al oír a la multitud que pasaba, preguntó qué era aquello. Y le dijeron que pasaba Jesús nazareno. Entonces dio voces, diciendo: ¡Jesús, Hijo de David, ten misericordia de mí! Y los que iban delante le reprendían para que callase; pero él clamaba mucho más: ¡Hijo de David, ten misericordia de mí! (18:35-39)

La escena era vívida y espectacular. Jesús, acompañado por una gran multitud (Mt. 20:29), estaba **acercándose a Jericó** en el camino a Jerusalén para la Pascua. Después de haber bajado de Galilea, se desviaron en el camino normal, a través de Perea, al este del río Jordán, para no tener que atravesar Samaria (Jn. 4:9). Luego volvieron a cruzar el Jordán cerca de Jericó, desde donde harían el ascenso de seis horas hasta Jerusalén. La ciudad de Jericó estaba localizada a veinticinco kilómetros al noreste de Jerusalén y como a ocho kilómetros del río Jordán. La región estaba bien regada, por lo que florecían los cultivos, que incluían almendras, bálsamo y en particular palmeras de dátiles (Jue. 1:16 llama a Jericó "la ciudad de las palmeras"). Una enorme formación rocosa cercana proyecta su sombra cada noche sobre Jericó cuando el sol se pone. Se trata de una región de acantilados empinados, descensos agudos, y cañones profundos. Algunos opinan que a esta tierra áspera y estéril es donde Jesús fue llevado para ser tentado por Satanás.

Había en realidad dos ciudades de Jericó, la floreciente ciudad del Nuevo Testamento y las ruinas de la población del Antiguo Testamento (destruida durante la conquista de Israel a la tierra) al este y norte de la Jericó del Nuevo Testamento. Por tanto, cuando Mateo y Marcos declaran que la curación se llevó a cabo mientras Jesús estaba saliendo de Jericó, podrían haberse referido a la arruinada ciudad del Antiguo Testamento. La declaración de Lucas de que Jesús estaba **acercándose** a Jericó pudo también significar simplemente que estaba entrando a la ciudad nueva, o que tan solo se encontraba en las cercanías de Jericó.

La enorme multitud que acompañaba a Jesús habría sacado de sus casas a habitantes de Jericó y de los campos vecinos para engrosar el grupo de curiosos espectadores. Como siempre, Jesús era el centro del intenso interés de ellos. Puesto que pasó una noche en Jericó (cp. Lc. 19:5), la curación pudo haberse realizado al día siguiente cuando Cristo estaba saliendo de la región.

Uno de los espectadores en la multitud era **un ciego,** que **estaba sentado junto al camino mendigando.** Mateo señala que había realmente dos ciegos (Mt. 20:30); Lucas se enfocó en uno de ellos, cuyo nombre era Bartimeo (Mr. 10:46). El hecho de que Lucas se enfocara solo en él y Marcos lo llamara por su nombre, sugiere que, para el tiempo en que se escribieron estos evangelios, Bartimeo era un miembro muy conocido de la iglesia primitiva.

La ceguera, ya fuera causada por defectos de nacimiento, lesiones, o enfermedad, era común en Israel (cp. Mt. 11:5; 15:30; 21:14), tan común que Jesús la usó para ilustrar la ignorancia espiritual (p. ej., Mt. 15:14; Lc. 4:18; 14:13). Los mendigos también eran numerosos en Israel (cp. Lc. 16:3; Hch. 3:2, 10). Los ciegos eran despreciados y tenían que vivir **mendigando** (cp. Jn. 9:8), ya que su condición era considerada como el juicio de Dios por el pecado que habían cometido (Jn. 9:1-2).

Al oír a la multitud que pasaba, Bartimeo sintió que algo más importante que el flujo normal de peregrinos con destino a Jerusalén estaba ocurriendo en el camino. El hombre **preguntó** a los transeúntes **qué era aquello, y le dijeron que** en ese momento **pasaba Jesús nazareno.** Era normal asociar a las personas con la ciudad en que vivían. Aunque nació en Belén, Jesús estaba relacionado con Nazaret, donde había vivido desde la infancia (Mt. 2:23; 26:71; Jn. 1:45; Hch. 10:38; 26:9; cp. Mr. 14:67; Lc. 24:19; Jn. 18:5; Hch. 2:22; 6:14).

Cuando Bartimeo oyó que la conmoción era causada porque Jesús estaba cerca, de inmediato **dio voces** hacia Él. Pero en lugar de dirigírsele en la manera acostumbrada como a Jesús de Nazaret, gritó a todo pulmón (Mateo usó una forma del verbo griego *krazō*, que significa "vociferar"), **¡Jesús, Hijo de David, ten misericordia de mí!**

Hijo de David es un título mesiánico (cp. Mt. 12:23; 21:9; 22:42) que indica más que tan solo declarar que Jesús era descendiente de David. El título lo describe como el heredero del trono mesiánico y el único que tiene el derecho de cumplir el pacto davídico (2 S. 7:12-14). En ese pacto, Dios prometió que David tendría un hijo más grande, quien reinaría sobre un reino eterno. Ese hijo más grande no fue Salomón. El reino temporal de Salomón terminó trágicamente, pues de allí resultó dividido el reino. Las genealogías del Nuevo Testamento rastrean los antepasados tanto de José (Mt. 1) como de María (Lc. 3) hasta David. Jesús era un verdadero heredero del trono de David tanto por nacimiento legal a través de su padre, como por línea de sangre de origen por parte de su madre.

Más que eso, Jesús fue la elección divina de todos los descendientes de David, por lo que Dios envió al ángel a María con el mensaje de que el niño que ella daría a luz "será grande, y será llamado Hijo del Altísimo; y el Señor Dios le dará el trono de David su padre; y reinará sobre la casa de Jacob para siempre, y su reino no tendrá fin" (Lc. 1:32-33).

Al dirigirse a Jesús como el Hijo de David, Bartimeo estaba afirmando su fe en Él como el Mesías de Israel. La súplica **ten misericordia de mí,** o "ten piedad de mí", reconoce que el ciego no tenía mérito alguno. Se trataba del grito del corazón arrepentido que sabe que la salvación depende totalmente de la gracia y la misericordia de Dios (cp. Sal. 4:1; 41:4; 51:1, entre muchos otros pasajes en los Salmos).

No obstante, la difícil situación de este hombre ciego no suscitó ninguna simpatía por parte de la multitud. Al contrario, **los que iban delante** (es decir, los responsables del control de la muchedumbre), con típico desprecio hacia un mendigo marginado, **le reprendían para que callase.** Sin embargo, en una expresión de su desesperada fe, **él clamaba mucho más: ¡Hijo de David, ten misericordia de mí!** No pudieron intimidar al ciego para que se sometiera; no pudieron aplastarle su pasión, tampoco lo pudieron silenciar. La verdad acerca de que Jesús había llegado a casa vino a su corazón, y él la aceptó. Creyó que Jesús era el Mesías y el único que podía sanarlo física y espiritualmente. Su corazón había visto la luz antes que sus ojos.

EL PODER SOBRENATURAL DEL SALVADOR

Jesús entonces, deteniéndose, mandó traerle a su presencia; y cuando llegó, le preguntó, diciendo: ¿Qué quieres que te haga? Y él dijo: Señor, que reciba la vista. Jesús le dijo: Recíbela, tu fe te ha salvado. Y luego vio, y le seguía, glorificando a Dios; (18:40-43*a*)

Jesús realizó un milagro que volvió a confirmar públicamente su deidad y al mismo tiempo demostró compasión divina por un pecador necesitado (Mt. 20:34). Al oír los gritos desesperados del mendigo ciego, **Jesús entonces, deteniéndose,** y reaccionando en contra de las autoridades que intentaban alejar a Bartimeo, **mandó traerle a su presencia.**

Marcos agrega el detalle de que en este momento algunos transeúntes "llamaron al ciego, diciéndole: Ten confianza; levántate, te llama. Él entonces, arrojando su capa, se levantó y vino a Jesús" (Mr. 10:49-50). En su ansiosa fe el hombre arrojó la capa de mendigo, probablemente la única prenda que poseía. Su acción simboliza verdadera fe, la cual abandona todo por seguir a Cristo.

Cuando Bartimeo **llegó,** Jesús **le preguntó, diciendo: ¿Qué quieres que te haga?** Increíblemente, el alto Rey del cielo, el Dios soberano y creador del universo, se ofreció a ser el siervo de este humilde marginado. He aquí un asombroso ejemplo de la misericordia y la piedad de Dios.

En respuesta a la pregunta de Jesús, Bartimeo contestó: **Señor, que reciba la vista.** Él se dirigió a Jesús como *kurie* (**Señor**), probablemente afirmando la deidad de Jesús, y expresando su confianza en Él como aquel que dispensa misericordia. El hecho de que le pidiera recibir la vista podría sugerir que no había nacido ciego, sino que había perdido la vista en algún momento de su vida.

La contestación de Jesús, **recíbela,** fue sencilla y discreta. La tierra no tembló, no hubo toque de trompeta desde el cielo, ni un coro angelical apareció para anunciar el milagro. Jesús a veces curaba con una palabra o un toque (hizo ambas cosas en este caso, ya que Mateo 20:34 agrega que Él tocó los ojos de Bartimeo y del otro ciego), otras veces la persona afligida tocó el manto de Jesús (Mt. 9:20-22), y aún en otras ocasiones usó saliva (Mr. 8:22-26) o lodo (Jn. 9:6). Pero cualquiera que fuera la expresión que acompañara sus curaciones, eran inexplicables en cualquier otra forma diferente a intervención divina sobrenatural. Tampoco sus sanidades dependían de la fe del que era curado; muchos de los que curó no manifestaron ninguna fe antes de su sanidad.

En este punto es útil añadir que seis rasgos caracterizaron el ministerio de sanidad de Cristo.

En primer lugar, según se señaló antes, Jesús curaba con una palabra, un toque o algún otro gesto.

En segundo lugar, Jesús sanaba al instante. No hubo curaciones progresivas, en las cuales las personas que curó mejoraran poco a poco. Los síntomas de la suegra de Pedro desaparecieron de inmediato y la salud le fue restaurada totalmente (Lc. 4:38-39). De igual modo, el criado del centurión "fue sanado en aquella misma hora" (Mt. 8:13); la mujer con hemorragia fue curada "en seguida" (Mr. 5:29); y los diez leprosos fueron limpiados de su enfermedad tan pronto como salieron para mostrarse a los sacerdotes (Lc. 17:14). Después que Jesús extendiera "la mano, le tocó [a otro leproso]... Y al instante la lepra se fue de él" (Lc. 5:13); cuando Jesús ordenó al hombre enfermo en el estanque de Betesda: "Levántate, toma tu lecho, y anda... al instante aquel hombre fue sanado, y tomó su lecho, y anduvo" (Jn. 5:8-9). Algunos proponen la sanidad que el Señor hiciera al ciego en Betsaida (Mr. 8:22-25) como un ejemplo de una curación progresiva. No obstante, la declaración del hombre: "Veo los hombres como árboles, pero los veo que andan" (v. 24), simplemente definió su condición preexistente de ceguera. La verdadera curación fue instantánea (v. 25). Si las sanidades de Jesús no hubieran sido instantáneas, sus críticos habrían afirmado que las personas mejoraban como resultado de procesos naturales.

En tercer lugar, Jesús curó totalmente. Por ejemplo, la suegra de Pedro fue curada de todos sus síntomas, y pasó al instante de estar postrada a servir una comida. Cuando Jesús sanó a "un hombre lleno de lepra" (Lc. 5:12), "al instante la lepra se fue de él" (v. 13). Lo mismo ocurrió con todas las curaciones de Jesús: "Los ciegos ven, los cojos andan, los leprosos son limpiados, los sordos oyen" (Mt. 11:5).

En cuarto lugar, Jesús sanó a todos. A diferencia de los falsos curanderos modernos, Él no dejó atrás largas filas de individuos desilusionados y acongojados que no fueron curados. Mateo 4:24 afirma que "se difundió su fama por toda Siria; y le trajeron todos los que tenían dolencias, los afligidos por diversas enfermedades y tormentos, los endemoniados, lunáticos y paralíticos; y los sanó". Según Mateo 12:15, "le siguió mucha gente, y sanaba a todos", mientras que Lucas 6:19 señala que "toda la gente procuraba tocarle, porque poder salía de él y sanaba a todos". Tan generalizadas eran las sanidades de Jesús, que en realidad desterró la enfermedad de Israel durante los tres años de su ministerio.

En quinto lugar, Jesús curó enfermedades orgánicas. No sanó condiciones vagas, ambiguas e invisibles tales como dolor en la parte baja de la espalda, palpitaciones del corazón, o dolores de cabeza. Al contrario, restauró total movilidad a miembros paralizados, vista plena a ojos ciegos, oído completo a oídos sordos, y limpieza total a piel leprosa. Jesús curó "toda enfermedad y toda dolencia en el pueblo" (Mt. 4:23; cp. 9:35). Todas sus curaciones fueron señales innegables y milagrosas, tanto que hasta sus más acérrimos enemigos admitieron las sanidades (Jn. 11:47).

Por último, Jesús resucitó muertos, no a quienes estaban en estado de coma temporal, o a aquellos cuyos signos vitales fluctuaban durante una cirugía, sino a un joven en su ataúd cuando lo llevaban al cementerio (Lc. 7:11-15), a una jovencita cuya muerte había sido evidente para todos (Mr. 5:22-24, 35-43), y a un hombre que había estado muerto durante cuatro días (Jn. 11:14-44).

Pero esto fue más que sanidad física para Bartimeo y su compañero ciego, ya que después de sanarlo el Señor le expresó: **Tu fe te ha salvado.** La palabra griega traducida "salvado" no es *iaomai*, que significa "sanar", sino *sōzō*, el conocido término del Nuevo Testamento traducido "salvado" en referencia a la salvación. Aunque no era necesaria la fe para que alguien fuera curado, es absolutamente necesaria para la salvación (Lc. 5:20; 7:48-50; 8:46-48; 17:17-19). Aún más evidencia de que Jesús se estaba refiriendo a la salvación viene del hecho de que Bartimeo (y su compañero; Mt. 20:34) **le seguía, glorificando a Dios.** Ambos aspectos son característicos de la verdadera conversión; **seguía** se refiere a obediencia, **glorificando** a adoración. Los ciegos curados sin duda estuvieron en Jerusalén para los acontecimientos de la semana de la pasión, la entrada triunfal, la limpieza del templo que Cristo hizo, y quizás su juicio y crucifixión. Ambos individuos pudieron haber estado entre los ciento veinte reunidos en el aposento alto en el Día de Pentecostés. Según se indicó anteriormente, Marcos pudo haber dado el nombre de Bartimeo en su relato de este incidente (Mr. 10:46) debido a que el hombre era conocido en la iglesia primitiva.

ALABANZA ESPONTÁNEA DE LA MULTITUD

y todo el pueblo, cuando vio aquello, dio alabanza a Dios. (18:43*b*)

No **todo** miembro del **pueblo** que **vio** la milagrosa sanidad del Señor creyó en Él. Pero no pudieron negar que un milagro se había llevado a cabo, de ahí que todos le ofrecieran **alabanza a Dios.** Sin duda aquello contribuyó a la enorme efusión de alabanza en la entrada triunfal.

Cinco lecciones se pueden aprender de este pasaje.

Primera, el Señor no hace caso omiso al clamor de aquellos que le claman de veras (Mt. 11:28; Jn. 6:37).

Segunda, el Señor es profundamente compasivo.

Tercera, el Señor tiene poder sobre toda enfermedad.

Cuarta, el Señor vino para algo más que tan solo curar enfermedades; vino para salvar a los perdidos y transformarlos en adoradores obedientes.

Por último, el pasaje exige autoexamen. Aquellos que expresan interés en Cristo pertenecen a uno de dos grupos: o bien están entre la multitud de curiosos, cuya alabanza es poco profunda, superficial y en última instancia falsa; o bien son como los dos hombres ciegos, cuya desesperación los llevó a abandonar todo para llegar a Cristo en busca de salvación, brindando evidencia de haberla obtenido al seguirle de forma obediente y glorificarle.

Un pecador encuentra al Salvador

105

Habiendo entrado Jesús en Jericó, iba pasando por la ciudad. Y sucedió que un varón llamado Zaqueo, que era jefe de los publicanos, y rico, procuraba ver quién era Jesús; pero no podía a causa de la multitud, pues era pequeño de estatura. Y corriendo delante, subió a un árbol sicómoro para verle; porque había de pasar por allí. Cuando Jesús llegó a aquel lugar, mirando hacia arriba, le vio, y le dijo: Zaqueo, date prisa, desciende, porque hoy es necesario que pose yo en tu casa. Entonces él descendió aprisa, y le recibió gozoso. Al ver esto, todos murmuraban, diciendo que había entrado a posar con un hombre pecador. Entonces Zaqueo, puesto en pie, dijo al Señor: He aquí, Señor, la mitad de mis bienes doy a los pobres; y si en algo he defraudado a alguno, se lo devuelvo cuadruplicado. Jesús le dijo: Hoy ha venido la salvación a esta casa; por cuanto él también es hijo de Abraham. Porque el Hijo del Hombre vino a buscar y a salvar lo que se había perdido. (19:1-10)

La conocida historia de Zaqueo, que aparece únicamente en el Evangelio de Lucas, es un relato enriquecedor e instructivo con un versículo concluyente que expresa la verdad más gloriosa y valiosa jamás revelada. En esa frase final, el Señor Jesucristo resumió todo el propósito de su encarnación: buscar y redimir a pecadores perdidos.

Dios busca pecadores porque "no hay quien busque a Dios" (Ro. 3:11). A menos que Él misericordiosamente los llame, ellos no acudirán (cp. Ro. 1:6-7; 8:28; 11:29; 1 Co. 1:9, 23-24, 26; Gá. 1:6; Ef. 4:1, 4; Col. 3:15; 1 Ts. 2:12; 2 Ts. 2:14; 2 Ti. 1:9; He. 3:1; 1 P. 2:9, 21; 3:9; 5:10; 2 P. 1:3). Después que Adán y Eva pecaron e intentaron esconderse de Dios, Él los llamó: "¿Dónde estás tú?" (Gn. 3:8-9). A lo largo de la historia Dios ha seguido buscando a los perdidos (cp. Ez. 34:11, 16; Lc. 15:4-32). No habría ningún tipo de reconciliación, salvación, perdón o esperanza del cielo si Él no lo hubiera hecho.

Jesús vino al mundo no, como algunos sugieren, para ser un buen maestro o líder moral. Él no vino a propugnar ideas que levantarían la conciencia espiritual de las personas. Tampoco vino al mundo para dar un ejemplo humano de vida noble y religiosa. El divino Señor Jesucristo vino al mundo para rescatar a pecadores perdidos, porque Dios es un Dios salvador (cp. Sal. 106:21; Is. 43:11; 45:15, 17, 21, 22). Ese es el mensaje bíblico y el fundamento del evangelio. Todo en el Antiguo Testamento señala hacia esa verdad; todo en el Nuevo Testamento la explica.

Que el Hijo de Dios vino al mundo para salvar a pecadores quedó claro antes de su nacimiento. En Mateo 1:21, el ángel dijo a José: "[María] dará a luz un hijo, y llamarás su nombre JESÚS, porque él salvará a su pueblo de sus pecados". El apóstol Juan escribió que Jesús "apareció para quitar nuestros pecados" (1 Jn. 3:5). Pablo testificó: "Palabra fiel y digna de ser recibida por todos: que Cristo Jesús vino al mundo para salvar a los pecadores, de los cuales yo soy el primero" (1 Ti. 1:15; cp. 4:10; Jn. 4:14, 42; Hch. 5:31; 2 Co. 5:18-21; 2 Ti. 1:10; Tit. 2:13).

Ningún escritor inspirado del evangelio puso más énfasis en esta verdad que Lucas. Ese énfasis se ilustra de manera más clara y dramática en las tres parábolas de Lucas 15, en las cuales Dios mismo se compara con un pastor que busca una oveja perdida, con una mujer que busca una moneda perdida, y con un padre que busca un hijo perdido. Esas parábolas no solo se enfocan en la búsqueda que Él hace, sino que también expresan su gozo por la salvación de pecadores hallados. El extremo gozo de Dios al recuperar perdidos también se ve en el Antiguo Testamento. Isaías 62:5 expresa: "Pues como el joven se desposa con la virgen, se desposarán contigo tus hijos; y como el gozo del esposo con la esposa, así se gozará contigo el Dios tuyo". Dios declaró por medio del profeta Jeremías: "Me alegraré con ellos haciéndoles bien, y los plantaré en esta tierra en verdad, de todo mi corazón y de toda mi alma" (Jer. 32:41).

La historia de la conversión de Zaqueo es uno de los ejemplos bíblicos más claros de la búsqueda que Dios hace de un pecador específico. Ese hombre, en medio de una enorme multitud, tenía una cita divina con el Señor que busca y salva. Jesús vio a este despreciado cobrador de impuestos, lo llamó por su nombre, y le procuró la salvación.

Esta profunda historia se puede dividir simplemente en tres secciones: el pecador, el Salvador, y la salvación.

EL PECADOR

Habiendo entrado Jesús en Jericó, iba pasando por la ciudad. Y sucedió que un varón llamado Zaqueo, que era jefe de los publicanos, y rico, procuraba ver quién era Jesús; pero no podía a causa de la multitud, pues era pequeño de estatura. Y corriendo delante, subió a un árbol sicómoro para verle; porque había de pasar por allí. (19:1-4)

Como se observó en el capítulo anterior de esta obra, la ciudad de **Jericó** estaba ubicada como a veinticinco kilómetros al noreste de Jerusalén y casi a ocho kilómetros del río Jordán. El famoso historiador del siglo XIX, Alfred Edersheim, ofrece una descripción vívida de cómo era Jericó en la época de Jesús:

> La antigua ciudad no ocupaba el lugar de la actual aldea miserable, sino que estaba como a media hora al noroeste, por la llamada Fuente de Eliseo. Una segunda fuente brotaba a una hora más al norte noroeste. El agua de estas fuentes, distribuida por acueductos, ofrecían bajo un cielo tropical una fertilidad sin igual al rico suelo a lo largo de la "llanura" de Jericó, que tiene entre veinte y veintitrés kilómetros de ancho... *Josefo* la describe como la parte más rica de la nación, y la llama un pequeño paraíso. Antonio había otorgado los ingresos de las plantaciones de bálsamo como un regalo imperial a Cleopatra, quien a su vez las vendió a Herodes. Aquí crecen palmeras de varios tipos: sicómoros, cipreses floridos, myro-balsamum, que produce aceite precioso, pero sobre todo la planta de bálsamo. Si a estas ventajas de clima, tierra y producciones añadimos que era, por así decirlo la llave de Judea hacia el este, que yace en el camino de caravanas de Damasco y de Arabia, que era un gran centro comercial y militar, y por último que su cercanía a Jerusalén formaba la última "estación" en el camino de los peregrinos festivos de Galilea y Perea... no será difícil entender la importancia y la prosperidad de la ciudad.
>
> Podemos imaginarnos la escena, como la contempló nuestro Señor en esa tarde a inicios de la primavera. Ya era en realidad el verano, porque como *Josefo* nos cuenta, hasta en invierno los habitantes solo podían soportar la ropa más ligera de lino. Nos acercamos desde el Jordán. Está protegida por muros, flanqueada por cuatro fuertes. Estos muros, el teatro y el anfiteatro fueron construidos por Herodes; el nuevo palacio y sus espléndidos jardines son obra de Arquelao. Alrededor ondean arboledas de palmas ligeras, que se levantan en majestuosa belleza; extensos jardines de rosas, y en especial fragantes plantaciones de bálsamo... las más grandes detrás de los jardines reales, de los que el perfume es llevado por el viento casi a la mar, y que pudo haber dado el nombre a la ciudad (Jericó, "la perfumada"). Se trata del Jardín de Palestina, el mismísimo lugar encantador del mundo antiguo. ¡Y de qué manera extraña está asentada esta joya! En el fondo de esa hondonada, a través de la cual avanza el sinuoso Jordán, hasta perder sus aguas en la viscosa masa del Mar del Juicio. El río y el Mar Muerto son equidistantes de la ciudad a casi diez kilómetros. Al otro lado del río se levantan las montañas de Moab, con su colorido violeta y púrpura. Hacia Jerusalén y el norte se extienden esas desnudas colinas de piedra caliza, el escondite de ladrones a lo largo del desolado

> camino hacia la ciudad. Allí, y en el vecino desierto de Judea, también se encuentran las solitarias viviendas de anacoretas [ermitaños]... mientras sobre todo este escenario extrañamente variado se ha arrojado el manto muy colorido de un verano perpetuo. Y en las calles de Jericó se reúne una multitud heterogénea: peregrinos de Galilea y Perea, sacerdotes que tienen aquí una "estación", comerciantes de todas la tierras, que han venido a comprar o vender, o que están en el grandioso camino de caravanas de Arabia y de Damasco (ladrones y anacoretas, fanáticos salvajes, soldados, cortesanos y publicanos atareados) porque Jericó era la estación central para la recaudación de impuestos aduaneros, tanto sobre productos nativos como sobre los traídos del otro lado del Jordán (*The Life and Times of Jesús the Messiah* [Reimpresión; Grand Rapids: Eerdmans, 1971], 2:349-51. Cursivas en el original).

La llegada del Señor obrador de milagros a Jericó, acompañado por una enorme multitud de peregrinos con destino a Jerusalén, originó una sensación comprensible. Fue a esta inmensa multitud a la que Jesús declaró que había venido a buscar y a salvar a los perdidos, y lo demostró al traer salvación al pecador más notorio de Jericó.

Una de las muchas personas que observaban mientras Jesús **iba pasando por la ciudad** fue **un varón llamado Zaqueo.** He aquí la sexta y última referencia de Lucas a los recaudadores de impuestos (cp. 3:12; 5:27-32; 7:29-34; 15:1; 18:10-13). Aunque estos personajes eran los más odiados y despreciados parias en Israel, no era un delito ser uno de ellos, ya que cobrar impuestos es una institución divina. El reino teocrático de Israel en el Antiguo Testamento fue financiado por un detallado sistema de impuestos en que cada individuo judío pagaba esencialmente 23,3% de sus ingresos para apoyar al gobierno. Cuando algunos arrepentidos recaudadores de impuestos preguntaron a Juan el Bautista, "Maestro, ¿qué haremos?" (Lc. 3:12), él no les dijo que renunciaran a sus trabajos como recaudadores, sino que más bien les encargó: "No exijáis más de lo que os está ordenado" (v. 13). Jesús mandó que se pagaran impuestos cuando declaró: "Dad a César lo que es de César, y a Dios lo que es de Dios" (Lc. 20:25; cp. Ro. 13:7), y Él mismo pagó los impuestos exigidos (Mt. 17:24-27). Lo que Dios denunció fue los impuestos abusivos o ilegítimos, la extorsión, la falta de honradez, y quitar dinero a las personas mediante el uso de violencia física, intimidación y crueldad, como hacían los recaudadores de impuestos en el mundo antiguo. Según observo en el estudio de Lucas 5:27-29 en el capítulo 28 a principios de esta obra:

> La ocupación romana de Israel involucraba más que una simple presencia militar; la nación también estaba sometida a la tributación romana.

> Los impuestos en Galilea, por ejemplo, eran remitidos por recaudadores a Herodes Antipas, y por él a Roma. Antipas vendía franquicias de tributación al mejor postor, y tales franquicias eran un negocio lucrativo. A los recaudadores se les asignaba cierta cantidad que debían cobrar, y podían quedarse con todo lo que recaudaran más allá de eso (cp. Lc. 3:12-13). Además de la tributación urbana (sobre todos, incluso esclavos), el impuesto sobre la renta (más o menos 1%), y el impuesto a la tierra (un décimo de todo grano, y un quinto de todo vino y toda fruta), había impuestos sobre el transporte de bienes, cartas, manufacturas, uso de caminos, cruce de puentes, y casi todo lo demás en que pudieran pensar las mentes rapaces y codiciosas de los recaudadores de impuestos. Todo eso dejaba lugar de sobra para el robo, la extorsión, la explotación y hasta la usura, a medida que los publicanos prestaban dinero a exorbitantes intereses a quienes no podían pagar sus impuestos. Los recaudadores también empleaban matones para intimidar físicamente a las personas a pagar, y para golpear a las que se negaban a hacerlo.

El comportamiento de los recaudadores de impuestos los enriquecía, pero a costa de ser excluidos de la sinagoga. Debido a que el pueblo los consideraba impuros, los separaban de las relaciones sociales. Ellos podían relacionarse solo con sus compañeros recaudadores y con los demás pecadores marginados con los que estos se relacionaban (15:1; cp. Mt. 9:10-11; 11:19).

Irónicamente, considerando su ocupación y reputación, el nombre **Zaqueo** significa "limpio", "inocente", "puro" o "justo". El único otro recaudador de impuestos llamado por su nombre en el Nuevo Testamento es Leví (Mt. 9:9; Lc. 5:27). Al igual que Bartimeo (cp. el cap. anterior de esta obra), Lucas pudo haber dado el nombre de Zaqueo porque se había vuelto muy conocido en la iglesia primitiva (según la tradición, el hombre fue nombrado obispo de Cesarea por parte de Pedro).

Zaqueo no era un recaudador de impuestos de bajo nivel. *Architelōnēs* (**jefe de los publicanos**), usado solo aquí en el Nuevo Testamento, significa que se trataba del comisionado oficial de impuestos, el jefe de los recaudadores de impuestos de la región. Zaqueo estaba en lo alto de la pirámide; los recaudadores comunes tenían que pagarle un porcentaje de lo que recaudaban. Como resultado, era **rico.**

Al igual que muchos en la multitud, Zaqueo **procuraba** continuamente **ver quién era Jesús.** Él también tenía curiosidad en cuanto a Cristo, pero más que eso, tenía un corazón insatisfecho. El hombre sabía que estaba separado de Dios y que no tenía vida eterna. Se sentía culpable por su pecado.

Sin embargo, el esfuerzo de Zaqueo por ver a Jesús enfrentó dos obstáculos:

la multitud era enorme, y él **era pequeño de estatura.** Con determinación y desesperación, Zaqueo salió **corriendo delante** por el camino y **subió a un árbol sicómoro para verle; porque había de pasar por allí.** Un **sicómoro** (o árbol de mora) tenía un tronco relativamente corto con ramas bajas que Zaqueo alcanzó. Después de trepar al árbol esperó que Jesús se hiciera visible.

EL SALVADOR

Cuando Jesús llegó a aquel lugar, mirando hacia arriba, le vio, y le dijo: Zaqueo, date prisa, desciende, porque hoy es necesario que pose yo en tu casa. Entonces él descendió aprisa, y le recibió gozoso. Al ver esto, todos murmuraban, diciendo que había entrado a posar con un hombre pecador. (19:5-7)

Cuando Jesús llegó a aquel lugar en que Zaqueo se hallaba trepado en el árbol esperando, hizo algunos movimientos que debieron haberlo conmocionado. En primer lugar el Señor se detuvo, luego miró **hacia arriba,** estableció contacto visual con **Zaqueo,** y lo llamó por su nombre, aunque nunca antes se habían visto (cp. la interacción de Jesús con Natanael en Jn. 1:45-48). Por último, y lo más asombroso de todo, ¡el Señor le ordenó al recaudador de impuestos que lo llevara a su casa! Le declaró: **Zaqueo, date prisa, desciende, porque hoy es necesario que pose yo en tu casa.** Los verbos traducidos **date prisa** y **desciende** son imperativos, y exigen acción inmediata. El Señor no solo conoce a quién salvará, sino también dónde y cuándo se llevará a cabo tal salvación (cp. Jn. 3:8). La partícula *dei* (**necesario**) se usa en todo el Evangelio de Lucas para hablar de necesidad divina (cp. 2:49; 4:43; 9:22; 13:33; 17:25; 22:37; 24:7, 44). Estaba predeterminado desde antes de la fundación del mundo que ese día Jesús se hospedara en la casa de Zaqueo y le concediera vida eterna.

Después que Zaqueo superara la impresión y la sorpresa, **descendió aprisa** de la rama en el árbol **y recibió gozoso** a Jesús. Esta habría sido la primera vez que alguna persona honorable, ceremonialmente pura y respetada hubiera llegado a la casa del recaudador de impuestos. Así como el padre recibió al hijo pródigo (Lc. 15:11-32), Jesús admitió a un odiado pecador agente de Roma y lo reconcilió.

Nada ilustra más claramente la diferencia entre el corazón de Dios y el judaísmo apóstata del siglo I que la reacción indignada de la multitud. **Al ver** que Jesús iba a hospedarse en casa de Zaqueo, **todos** los presentes **murmuraban, diciendo que había entrado a posar con un hombre pecador.** El onomatopéyico verbo *diagonguzō* (**murmuraban**) es una palabra fuerte que indica la intensa desaprobación de la multitud hacia la acción del Señor, no solo de hablar con Zaqueo sino también de pasar la noche en su casa (el verbo traducido **había entrado a posar** significa aflojarse la ropa preparándose para pasar la noche).

Ningún judío que tuviera respeto por sí mismo se contaminaría jamás quedándose en la casa del jefe administrador de la tributación romana. No obstante, eso no significó nada para Jesús, quien estaba en una misión divina, establecida por elección soberana de la gracia divina y que funcionaba en la programación divina, con el fin de llevar a este pecador perdido a la salvación.

LA SALVACIÓN

Entonces Zaqueo, puesto en pie, dijo al Señor: He aquí, Señor, la mitad de mis bienes doy a los pobres; y si en algo he defraudado a alguno, se lo devuelvo cuadruplicado. Jesús le dijo: Hoy ha venido la salvación a esta casa; por cuanto él también es hijo de Abraham. Porque el Hijo del Hombre vino a buscar y a salvar lo que se había perdido. (19:8-10)

Lucas no describe la presentación que el Señor hiciera del evangelio a Zaqueo, ni la respuesta de este. Pero la salvación del hombre es evidente por la transformación de su conducta, que se revelaba en esa parte de su vida donde su pecado se manifestaba de manera más abierta. **Zaqueo, puesto en pie** (la palabra griega se traduce mejor "tomó partido"), reconoció a Jesús como **Señor** (cp. Ro. 10:9-10), y expresó su abnegación (cp. Lc. 9:23-24) diciéndole: **la mitad de mis bienes doy a los pobres** (cp. 2 Co. 8:3; Stg. 2:15-16; 1 Jn. 3:17). Además, su reconocimiento: **y si en algo he defraudado a alguno, se lo devuelvo cuadruplicado,** declaraba su intención de rectificar las equivocaciones que había cometido, al cumplir con la máxima cantidad exigida por la ley del Antiguo Testamento (Éx. 22:1; cp. vv. 4-14; Nm. 5:6-7). La autenticidad de la salvación de Zaqueo se hizo evidente por la total transformación de su conducta.

Jesús confirmó la realidad de la salvación de Zaqueo cuando **le dijo: Hoy ha venido la salvación a esta casa; por cuanto él también es hijo de Abraham.** Por supuesto, Zaqueo había sido étnicamente **hijo de Abraham** toda su vida. Pero como el apóstol Pablo escribió:

> *Pues no es judío el que lo es exteriormente, ni es la circuncisión la que se hace exteriormente en la carne; sino que es judío el que lo es en lo interior, y la circuncisión es la del corazón, en espíritu, no en letra; la alabanza del cual no viene de los hombres, sino de Dios (Ro. 2:28-29; cp. 9:6).*

> *Así Abraham creyó a Dios, y le fue contado por justicia. Sabed, por tanto, que los que son de fe, éstos son hijos de Abraham. Y la Escritura, previendo que Dios había de justificar por la fe a los gentiles, dio de antemano la buena nueva a Abraham, diciendo: En ti serán benditas todas las naciones. De modo que los de la fe son bendecidos con el creyente Abraham... Y si vosotros sois de Cristo,*

ciertamente linaje de Abraham sois, y herederos según la promesa (Gá. 3:6-9, 29; cp. Jn. 8:33-44).

Pablo había sido un fariseo celoso y orgulloso de su herencia abrahámica (Fil. 3:4-6). Pero después de su salvación consideró todo eso como "basura" (v. 8), y a sí mismo como el peor de todos los pecadores (1 Ti. 1:15).

Tan completa fue la transformación de Zaqueo que pasó instantáneamente de ser un ladrón a ser un benefactor; de ser egoísta a ser altruista, de ser alguien que quitaba a otros, a ser un dador. Se convirtió en un verdadero judío, parte del Israel de Dios (Gá. 6:16), un judío que lo era en lo interior. Ya no era solo un hijo de Abraham por linaje, sino un hijo de Abraham por fe. Ese mismo día fue justificado por fe. Aquel que había estado perdido fue salvo y liberado del pecado, la muerte y el infierno. El Señor le dio vida y luz para creer y arrepentirse, y su conducta se transformó.

Hijo del Hombre, un título mesiánico tomado de Daniel 7:13, era la manera más común de Jesús de referirse a Él mismo. Describe tanto su humanidad como su deidad. Los verbos traducidos **buscar** y **salvar** son infinitivos, y expresan el propósito por el que Jesús vino al mundo. **Salvar** es rescatar del daño y liberar del peligro. **Perdido** se traduce de una forma del verbo *apollumi*, que significa "estar arruinado", o "destruido". El pecado ha devastado a toda la humanidad, dejando estropeados, corrompidos, malvados, arruinados y encaminados a la condenación eterna a los pecadores perdidos (Ro. 3:10-18; Ef. 4:17). Pero Dios, en su misericordia, gracia y amor, envió a Cristo a buscar y a salvar a aquellos que enfrentan la propia ira y el juicio de Dios. Las palabras del himno ¡Aleluya, qué salvador!, de Philip P. Bliss declaran:

El varón de gran dolor,
es el Hijo del Señor,
vino al mundo por amor.
¡Aleluya! ¡Es mi Cristo!

Cuando un pecador busca a Dios (Jer. 29:13; Am. 5:4; Mt. 6:33; 11:28) lo hace solamente porque Dios primero lo ha buscado (Jn. 6:44; cp. 1 Jn. 4:19), lo ha llamado "de las tinieblas a su luz admirable" (1 P. 2:9), y le ha destruido su estado de muerte dándole vida (cp. Ef. 2:1-3).

Recompensas adecuadas de parte del rey restituidor

106

Oyendo ellos estas cosas, prosiguió Jesús y dijo una parábola, por cuanto estaba cerca de Jerusalén, y ellos pensaban que el reino de Dios se manifestaría inmediatamente. Dijo, pues: Un hombre noble se fue a un país lejano, para recibir un reino y volver. Y llamando a diez siervos suyos, les dio diez minas, y les dijo: Negociad entre tanto que vengo. Pero sus conciudadanos le aborrecían, y enviaron tras él una embajada, diciendo: No queremos que éste reine sobre nosotros. Aconteció que vuelto él, después de recibir el reino, mandó llamar ante él a aquellos siervos a los cuales había dado el dinero, para saber lo que había negociado cada uno. Vino el primero, diciendo: Señor, tu mina ha ganado diez minas. Él le dijo: Está bien, buen siervo; por cuanto en lo poco has sido fiel, tendrás autoridad sobre diez ciudades. Vino otro, diciendo: Señor, tu mina ha producido cinco minas. Y también a éste dijo: Tú también sé sobre cinco ciudades. Vino otro, diciendo: Señor, aquí está tu mina, la cual he tenido guardada en un pañuelo; porque tuve miedo de ti, por cuanto eres hombre severo, que tomas lo que no pusiste, y siegas lo que no sembraste. Entonces él le dijo: Mal siervo, por tu propia boca te juzgo. Sabías que yo era hombre severo, que tomo lo que no puse, y que siego lo que no sembré; ¿por qué, pues, no pusiste mi dinero en el banco, para que al volver yo, lo hubiera recibido con los intereses? Y dijo a los que estaban presentes: Quitadle la mina, y dadla al que tiene las diez minas. Ellos le dijeron: Señor, tiene diez minas. Pues yo os digo que a todo el que tiene, se le dará; mas al que no tiene, aun lo que tiene se le quitará. Y también a aquellos mis enemigos que no querían que yo reinase sobre ellos, traedlos acá, y decapitadlos delante de mí. (19:11-27)

Las parábolas que nuestro Señor contó estaban diseñadas para llevar a las personas del ámbito de lo conocido a la esfera de lo desconocido. Por medio de analogía, ilustraciones e historias acerca de aspectos que eran conocidos para sus oyentes, transmitió verdad espiritual que les era nueva y desconocida. Jesús extrajo sus historias de las experiencias habituales de la vida cotidiana.

Este increíble relato no es la excepción; se puede relacionar libremente a una realidad histórica conocida para el pueblo de Judea, en particular para los habitantes de Jericó.

Israel en la época de Cristo era una nación ocupada, bajo el dominio y la autoridad de Roma. Los romanos gobernaban sus tierras conquistadas por medio de gobernantes subordinados, que tenían que ser aprobados y a quienes se les concedía el derecho de gobernar a nombre de Roma. Herodes el Grande, fundador de la dinastía herodiana, negoció con Marco Antonio para obtener el derecho de gobernar Israel. Después de su muerte en el año 4 a.C., el reino de Herodes se dividió entre sus tres hijos, y Arquelao fue nombrado gobernador sobre Judea. Al tratar de intimidar a sus súbditos, asesinó a tres mil judíos. Como es lógico, el pueblo lo odiaba, y cuando fue a Roma para hacer que le confirmaran oficialmente el gobierno, los judíos enviaron una delegación para apelar al César a fin de que no lo estableciera como gobernante. A modo de solución, Augusto concedió a Arquelao el derecho de gobernar, pero no el uso del título de rey hasta que se hubiera ganado el favor del pueblo, lo cual desde luego nunca hizo. Pronto el duro gobierno de Arquelao creó caos, y los romanos lo quitaron del poder. Lo reemplazaron con una serie de gobernadores, de los cuales Pilato fue el quinto. Tal incidente, que todos los oyentes de Jesús conocían, proporcionó una experiencia histórica que allanó el camino para esta narración.

El relato inventado del Señor trata de un noble imaginario que se fue a una nación lejana para recibir un reino, dejando instrucciones para que sus siervos cumplieran sus responsabilidades comerciales en su ausencia. Sin embargo, algunos de sus enemigos enviaron una delegación al gobernante que le iba a conceder el reino, expresándole el deseo de que el noble no fuera nombrado gobernante sobre ellos.

La frase **oyendo ellos estas cosas** se refiere al versículo 10 y a los comentarios del Señor después de la salvación de Zaqueo. La breve declaración registrada en ese versículo no constituyó la totalidad del sermón del Señor, sino simplemente la presentación de su tesis. Mientras caminaban a lo largo del camino los casi veinticinco kilómetros hasta Jerusalén, Jesús siguió enseñando a la enorme multitud que lo acompañaba, ampliando el significado de su declaración de que había venido "a buscar y a salvar lo que se había perdido".

El Señor Jesús no vino a derrocar a los romanos y establecer el reino mesiánico terrenal como el pueblo judío anticipaba. Hará eso cuando regrese otra vez. Tampoco su objetivo era lograr una reforma social, como los liberales creen erróneamente. Si ese hubiera sido su objetivo, habría fallado totalmente en lograrlo. Más bien, el Señor vino a ofrecer salvación a todos los que confiesan su condición de pecadores perdidos, se arrepienten, y creen en Él como Señor y único Salvador. La reciente curación de los dos ciegos (18:35-43) y la salvación de Zaqueo revelan que Jesús es el Salvador en busca de los perdidos (como lo hacen las tres parábolas que contó en el cap. 15), pero el pueblo judío no aceptó la misión del Señor y se aferró a la esperanza de un reino mesiánico terrenal. Incluso después de la resurrección, los discípulos aún estaban confundidos. En Hechos 1:6 le preguntaron: "Señor, ¿restaurarás el reino a Israel en este tiempo?" (cp. Lc. 24:21). Debido a que esto iba contra la doctrina mesiánica judía que les habían enseñado toda la vida, no lograban aceptar la enseñanza del Señor de que el reino del Mesías se iba a retrasar (cp. Mt. 25:5, 19).

Por cuanto se hallaban **cerca de Jerusalén,** las multitudes supusieron **que el** tan fervientemente esperado **reino** terrenal **de Dios se manifestaría inmediatamente.** La expectativa que tenían aumentaba con cada kilómetro que recorrían, e incluso esto lo sugiere el verbo griego traducido **manifestaría,** que es un término náutico para algo que se vuelve visible en el horizonte (cp. Hch. 21:3). No obstante, ese reino terrenal se retrasaría, y Jesús sería primero rechazado por su pueblo (Jn. 1:11), lo asesinarían, y resucitaría de los muertos a fin de proveer el sacrificio para la salvación. A su regreso establecerá su gobierno terrenal milenial (cp. Ap. 20).

Con la finalidad de corregir las ideas erróneas de ellos, el Señor creó esta historia acerca de sí mismo para ilustrar la demora en establecer su reino terrenal. En esta **parábola,** el **hombre noble** representa a Jesús; su viaje **a un país lejano, para recibir un reino** representa la ascensión y la exaltación de Cristo a la diestra del Padre (Hch. 2:33, 36; Fil. 2:9-11) y, después de una demora, va a **volver** para reinar (Mr. 13:33-37; Lc. 21:25-36; Ap. 19:11-21). Los **diez siervos** (*doulous* [**siervos**] en este caso se refiere a empleados fiables a quienes se les concede gran responsabilidad) que recibieron las **diez minas** (alrededor de tres meses de salario) representan a todos los que profesan servir a Cristo. El hombre noble encargó a sus siervos: **Negociad entre tanto que vengo. Negociad** se traduce de una forma del verbo *pragmateuomai,* que está relacionado con el sustantivo *pragma,* del que se deriva la palabra castellana "pragmático". Ellos debían hacer algo productivo y rentable con lo que él les encomendó. Al hacerlo deberían mostrar amor y respeto por su amo, además de compromiso con el bienestar de la casa del amo, y serán recompensados por su fidelidad cuando él regrese. En la aplicación, este es un llamado a vivir de modo que se honre al ausente hombre noble (Cristo), quien pedirá cuentas por las acciones de ellos cuando regrese.

A pesar de sus similitudes, esta parábola no es igual a la de los diez talentos que relata Mateo (Mt. 25:14-30). Darrell L. Bock hace el siguiente bosquejo:

1. Los escenarios son diferentes: Lucas ubica la parábola en Jericó, mientras que Mateo lo hace en Jerusalén.
2. Las audiencias difieren: Lucas hace los comentarios frente a una multitud, mientras que Mateo los hace solamente con discípulos.

3. Lucas presenta una cantidad de detalles únicos que incluyen un comentario adicional en la escena que registra la demora de la consumación y una nota acerca de los ciudadanos y el emisario enviados a protestar la selección del rey.
4. Mateo tiene un hombre de negocios, mientras Lucas tiene un rey.
5. Mateo tiene tres siervos, Lucas diez.
6. Mateo entrega a los siervos propiedades y talentos (cinco, dos, y uno respectivamente), mientras Lucas entrega a cada siervo una mina.
7. La diferencia en valor entre un talento y una mina produce una gran suma en Mateo y una pequeña en Lucas.
8. Las recompensas en Mateo son las mismas para cada siervo, mientras que en Lucas son diferentes (*Luke 9:51-24:53,* Baker Exegetical Commentary on the New Testament [Grand Rapids: Baker, 1996], p. 1527).

La parábola describe tres grupos distintos: los enemigos, los siervos fieles, y los siervos falsos.

LOS ENEMIGOS

Pero sus conciudadanos le aborrecían, y enviaron tras él una embajada, diciendo: No queremos que éste reine sobre nosotros… Y también a aquellos mis enemigos que no querían que yo reinase sobre ellos, traedlos acá, y decapitadlos delante de mí. (19:14, 27)

Según había ocurrido con Arquelao en la vida real, los **conciudadanos** en la historia **aborrecían** al hombre noble **y enviaron tras él una embajada, diciendo** de manera despectiva: **No queremos que éste reine sobre nosotros.** Sin embargo, a diferencia del relato histórico de Arquelao, nada en la historia indica que el hombre noble diera a sus conciudadanos alguna causa para que lo odiaran. Eso ejemplifica la realidad de que Jesús fue odiado sin causa alguna (Jn. 15:25; cp. Sal. 69:4). La actitud del pueblo judío hacia Arquelao era razonable; su actitud hacia Jesús era blasfema.

A pesar del odio y el rechazo que le hicieron, los enemigos del hombre noble en la historia del Señor eran, no obstante, sus **conciudadanos.** Todo el mundo (sea que lo acepten, lo rechacen, o le hagan caso omiso) está bajo el gobierno soberano del Señor Jesucristo (He. 2:8). El mundo es su dominio, puesto que Él lo creó (Jn. 1:3; Col. 1:16; He. 1:2), y por consiguiente todos los pueblos son sus súbditos.

Así como los enemigos de Arquelao no pudieron impedir que tomara el trono, tampoco los enemigos de Jesús podrán impedirle que tome su trono. Él ha sido coronado, y un día regresará como el "REY DE REYES Y SEÑOR DE SEÑORES" (Ap. 19:16). Cuando el hombre noble regresó de ser coronado rey, ordenó a sus siervos: **Y también a aquellos mis enemigos que no querían que yo reinase sobre ellos, traedlos acá, y decapitadlos** (el verbo griego es una palabra fuerte que significa "asesinar de manera implacable" o "masacrar") **delante de mí.** Así también Jesús juzgará (Mt. 25:31-46) y destruirá (Ap. 19:11-21) a sus enemigos cuando regrese.

LOS SIERVOS FIELES

Aconteció que vuelto él, después de recibir el reino, mandó llamar ante él a aquellos siervos a los cuales había dado el dinero, para saber lo que había negociado cada uno. Vino el primero, diciendo: Señor, tu mina ha ganado diez minas. Él le dijo: Está bien, buen siervo; por cuanto en lo poco has sido fiel, tendrás autoridad sobre diez ciudades. Vino otro, diciendo: Señor, tu mina ha producido cinco minas. Y también a éste dijo: Tú también sé sobre cinco ciudades. (19:15-19)

Aconteció que vuelto después de recibir el reino, el rey no solo destruyó a sus enemigos, sino que también **mandó llamar ante él a aquellos siervos a los cuales había dado el dinero, para saber lo que había negociado cada uno.** Los dos grupos de siervos representan a los creyentes verdaderos y falsos.

Los versículos 15-19 describen a los creyentes fieles, y representan el tiempo futuro en que los santos recibirán sus recompensas celestiales (1 Co. 3:11-15; 4:5; 2 Co. 5:9-10; Gá. 6:3-5; 2 P. 1:5-11). Cuando **vino** delante del rey **el primero** de los siervos no se jactó de su logro sino que con humildad y respeto le informo: **Señor, tu mina ha ganado diez minas.** Indirectamente le dio el mérito por su éxito al rey por crear el ambiente económico que permitió que la **mina** creciera de forma tan notable. El rey lo elogió y **le dijo: Está bien, buen siervo.** Puesto que **en lo poco** este hombre había **sido fiel,** el rey de manera generosa y compasiva lo puso en **autoridad sobre diez ciudades,** una misericordiosa recompensa incomparablemente mayor de lo que garantizaba su administración de diez minas. En esencia, el siervo fiel fue convertido en vice-regente en el gobierno de una provincia o región a órdenes del rey. Ese ejemplo simboliza la responsabilidad de los creyentes y el gobierno bajo la autoridad de Cristo en su reino futuro (cp. 2 Ti. 2:12; Ap. 1:6; 5:10; 20:4, 6).

Mostrando la misma humildad del primer siervo, **vino otro** y se reportó ante el rey, **diciendo: Señor, tu mina ha producido cinco minas.** Aunque los resultados de este último individuo no fueron los mismos del primer siervo, no resultó ser menos fiel. No todo el mundo tiene iguales dones, oportunidades o resultados para el ministerio. La cuestión es servir fielmente al Señor Jesucristo, maximizando en el poder del Espíritu los privilegios espirituales que el Señor concede para su honra y su gloria.

El Señor está dando a conocer en esta historia que viene una gloriosa recompensa futura para aquellos que fielmente le sirven. Cuando el Señor aparezca derramará profusamente en los creyentes bendiciones eternas en cantidades enormes y desproporcionadas más allá de lo que alguna vez pudieran imaginar. En las palabras del apóstol Pablo, "cosas que ojo no vio, ni oído oyó, ni han subido en corazón de hombre, son las que Dios ha preparado para los que le aman" (1 Co. 2:9).

LOS SIERVOS FALSOS

Vino otro, diciendo: Señor, aquí está tu mina, la cual he tenido guardada en un pañuelo; porque tuve miedo de ti, por cuanto eres hombre severo, que tomas lo que no pusiste, y siegas lo que no sembraste. Entonces él le dijo: Mal siervo, por tu propia boca te juzgo. Sabías que yo era hombre severo, que tomo lo que no puse, y que siego lo que no sembré; ¿por qué, pues, no pusiste mi dinero en el banco, para que al volver yo, lo hubiera recibido con los intereses? Y dijo a los que estaban presentes: Quitadle la mina, y dadla al que tiene las diez minas. Ellos le dijeron: Señor, tiene diez minas. Pues yo os digo que a todo el que tiene, se le dará; mas al que no tiene, aun lo que tiene se le quitará. (19:20-26)

El tercer siervo era muy diferente de los dos primeros, como lo indica la palabra griega traducida **otro.** No se trata de *allos*, que hace referencia a otro de la misma clase, sino de *heteros* (la fuente de la palabra castellana "heterodoxo"), que describe a otro de un tipo diferente. A diferencia de los primeros dos siervos laboriosos, este perezoso e indiferente tomó la **mina** que el amo le había confiado y la conservó **guardada en un pañuelo.** No solo que tal conducta fue un desperdicio abismal de oportunidad para usar el dinero del amo con el fin de obtener utilidad, sino que también lo puso en riesgo de que se lo robaran (los objetos de valor por lo general se enterraban; cp. Mt. 13:44). El siervo malo fue descuidado, perezoso y desconsiderado, y no tuvo deseos de honrar o complacer a su amo. En lugar de estar motivado por amor, se dejó impulsar por el miedo y trató de defenderse echándole la culpa al rey. Al decirle: **tuve miedo de ti, por cuanto eres hombre severo** (gr. *austēros*, de donde se deriva la palabra castellana "austero"), este despreciable siervo acusó al rey de ser escrupuloso, duro, estricto e injusto. Llevando un paso más allá la elusión de responsabilidad, el malvado continuó diciendo: **tomas lo que no pusiste, y siegas lo que no sembraste.** De manera vergonzosa, en realidad acusó a su amo de ser un ladrón; de robar cosechas que no había plantado.

Este tipo no tenía amor ni respeto por su amo, y ninguna relación verdadera con él. Al igual que el típico legalista, simplemente estaba dando un espectáculo exterior. Le servía por el dinero, esperando enriquecerse del noble que se convirtió en rey.

La severa reprimenda del rey desenmascaró el verdadero carácter del siervo. **Mal siervo, por tu propia boca te juzgo. Sabías que yo era hombre severo, que tomo lo que no puse, y que siego lo que no sembré.** El hecho de que este tipo representa a los falsos creyentes es obvio, ya que Jesús nunca se referiría a alguno de sus amados hijos como un **mal siervo.** Continuando su reprensión, el rey exigió saber: **¿por qué, pues, no pusiste mi dinero en el banco** (es decir, llevarlo a los prestamistas), **para que al volver yo, lo hubiera recibido con los intereses?** Si él hubiera tenido algún respeto por el rey, al menos habría invertido para recibir la ganancia mínima. La verdad es que el malvado siervo era indiferente; no tenía relación con el rey ni le importaban sus intereses. Este hipócrita escondió el dinero que se le había confiado y siguió adelante con sus propios intereses personales.

Entonces el rey pronunció juicio sobre el siervo infiel. Se volvió hacia **los que estaban presentes** y les ordenó: **Quitadle la mina, y dadla al que tiene las diez minas.** Sorprendidos por la decisión del rey, **ellos le dijeron: Señor,** este siervo ya **tiene diez minas.** Sin embargo, ejemplificando la naturaleza que no cesa, pródiga e ilimitada de la gracia de Dios, declaró: **Pues yo os digo que a todo el que tiene, se le dará.** Por otra parte, el rey pronunció con relación al siervo inútil: **Mas al que no tiene, aun lo que tiene se le quitará.** Este fue despojado de todo pretexto, privilegio, oportunidad y posición a la que pudo haber aspirado.

El siervo inútil representa a las personas que afirman ser seguidoras de Cristo, que están involucradas en la iglesia y rodeadas por los privilegios y la verdad del evangelio, y que incluso han hecho profesión de fe. Sin embargo, en realidad sirven al Señor para cumplir sus propósitos y objetivos egoístas, y no tienen relación con Él. A pesar de las declaraciones que hagan, oirán de la propia boca de Cristo el impresionante y aterrador pronunciamiento de la eterna perdición que les llega: "Nunca os conocí; apartaos de mí, hacedores de maldad" (Mt. 7:23; cp. 25:12; Lc. 13:27).

La lección de la historia es clara. Habrá recompensas para los seguidores fieles de Cristo, rechazo para los seguidores falsos, y retribución para sus enemigos. Toda persona pertenece a una de esas tres categorías. Los seguidores fieles son recompensados y se les concede gracias y privilegios espirituales para siempre. Llegará el día en que los seguidores falsos serán desenmascarados y todos sus endebles pretextos serán desvelados y descartados. El Señor los rechazará y los sentenciará a perecer eternamente con sus enemigos.

Humilde coronación de Jesús

107

Dicho esto, iba delante subiendo a Jerusalén. Y aconteció que llegando cerca de Betfagé y de Betania, al monte que se llama de los Olivos, envió dos de sus discípulos, diciendo: Id a la aldea de enfrente, y al entrar en ella hallaréis un pollino atado, en el cual ningún hombre ha montado jamás; desatadlo, y traedlo. Y si alguien os preguntare: ¿Por qué lo desatáis? le responderéis así: Porque el Señor lo necesita. Fueron los que habían sido enviados, y hallaron como les dijo. Y cuando desataban el pollino, sus dueños les dijeron: ¿Por qué desatáis el pollino? Ellos dijeron: Porque el Señor lo necesita. Y lo trajeron a Jesús; y habiendo echado sus mantos sobre el pollino, subieron a Jesús encima. Y a su paso tendían sus mantos por el camino. Cuando llegaban ya cerca de la bajada del monte de los Olivos, toda la multitud de los discípulos, gozándose, comenzó a alabar a Dios a grandes voces por todas las maravillas que habían visto, diciendo: ¡Bendito el rey que viene en el nombre del Señor; paz en el cielo, y gloria en las alturas! Entonces algunos de los fariseos de entre la multitud le dijeron: Maestro, reprende a tus discípulos. Él, respondiendo, les dijo: Os digo que si éstos callaran, las piedras clamarían. Y cuando llegó cerca de la ciudad, al verla, lloró sobre ella, diciendo: ¡Oh, si también tú conocieses, a lo menos en este tu día, lo que es para tu paz! Mas ahora está encubierto de tus ojos. Porque vendrán días sobre ti, cuando tus enemigos te rodearán con vallado, y te sitiarán, y por todas partes te estrecharán, y te derribarán a tierra, y a tus hijos dentro de ti, y no dejarán en ti piedra sobre piedra, por cuanto no conociste el tiempo de tu visitación. (19:28-44)

El 28 de junio de 1838, la coronación de la reina Victoria se realizó en la Abadía de Westminster con cerca de cuatrocientos mil visitantes que llegaron a Londres para presenciar este magno acontecimiento. El relato de un periódico de la época describió así la espectacular escena:

> En esta parte de la vía la multitud era excesiva, las oscurecidas y apretadas masas allí, con cuellos estirados y llenos de ansiosa expectativa,

esperaban la llegada de la procesión. A eso de las diez y media llegó a la esquina de esta calle en el orden exacto que salió del palacio. La aparición de los embajadores residentes y extranjeros, en sus espléndidos carruajes y magníficos uniformes, varios de los cuales eran pintorescos y elegantes, suscitó gran admiración, y un continuo comentario sobre las políticas de sus respectivos gobiernos se consentía libremente por parte de muchos que apenas habrían consentido algo más. No obstante, el buen humor de la multitud encontró un tema agradable en la llegada de la duquesa de Kent y sus acompañantes, y su Alteza Real fue recibida con demostraciones muy inequívocas de apego y respeto, que se transfirieron cordialmente a otros miembros más de la familia real... en particular al duque de Sussex, quien pagó el precio de su popularidad con el cálido y afectivo reconocimiento de su pueblo. Los carruajes y acompañantes de su majestad, en doce carrozas, cada una tirada por seis hermosos alazanes, fueron objeto de mucha admiración. El capitán de la marina real, seguido por cuarenta y ocho marinos, suscitó mucha atención; sus trajes eran novedosos y atractivos. Salvo la admiración general otorgada indiscriminadamente a todos los que formaban la procesión, muchas composiciones pasaban sin anuncio o comentario particular, hasta que llegó el carruaje que transportaba a su Majestad, esta fue la señal para las manifestaciones más amables y afectuosas, y un grito resonó y retumbó a lo largo de la calle St. James y Pall-Mall... profundo, ferviente y entusiasta, que fue emitido por las gargantas del inmenso grupo de personas. Gran cantidad de ojos la miraron con silencioso y afectuoso respeto... muchas lenguas declararon bendición de Dios mientras ella se inclinaba con garbo hacia delante en su espléndido carruaje estatal y reconocía estas y muchas otras conmovedoras demostraciones de lealtad y considerado afecto. Las ventanas y los balcones estaban abarrotados con una espléndida colección de hermosura y belleza; hasta los techos tenían sus ocupantes mientras bufandas, pañuelos y sombreros se agitaban al paso de su Majestad, sin intermedio; cada balcón era un parterre, cada ventana era un ramo de hermosura y belleza. La reina estaba visiblemente emocionada con estas demostraciones de devoción y apego por parte del pueblo que tan calurosa y afectuosamente expresaba, y más de una vez se volvió hacia la duquesa de Sutherland para ocultar o expresar sus emociones. La policía era tolerante y con buen humor, y trataba con mucha paciencia a la "presión exterior". En la parte superior del Palacio de St. James cada centímetro estaba ocupado con personas que aplaudían a su Majestad con gran cordialidad y calidez. A la llegada de su Majestad a la torre Ordnance Office, que no parecía muy diferente a

> una fortaleza, la banda de la Artillería Real, que ocasionalmente había estado animando la escena con aires apropiados, tocó en el balcón el himno nacional. Demostraciones vívidas de lealtad y apego se exhibían cuidadosamente desde balcones y ventanas, desde donde gestos, ademanes y sonrisas se intercambiaban con algunas amistades en la línea de la procesión. A pesar de las enormes multitudes que presionaban por todas partes, profundizándose y acumulándose a medida que la procesión avanzaba, por dondequiera se observaba orden y regularidad, y cada individuo pudo ver todo y a todos con la mayor facilidad gracias a la firmeza y excelente comportamiento de la policía. (Una copia de este artículo se puede ver en http://www.royal.gov.uk/The%20Royal%20Collection%20and%20other%20collections/TheRoyalArchives/QueenVictoriaeducationproject/QueenVictoriasCoronation1838.aspx).

En contraste con la carroza adornada en que la reina del Reino Unido de la Gran Bretaña e Irlanda se transportó hacia su coronación, el Rey de reyes y Señor de señores se dirigió hacia su coronación "humilde, y cabalgando sobre un asno, sobre un pollino hijo de asna" (Zac. 9:9). La humilde coronación de Jesús fue muy parecida a su humilde nacimiento. Ambos acontecimientos fueron presenciados por personas humildes y desconocidas por la nobleza.

Pero, a pesar de su sencilla coronación, Jesús era no obstante el verdadero Rey de Dios (Sal. 2:6). De todas las coronaciones de gobernantes terrenales que alguna vez se han celebrado, ningún monarca llega siquiera a merecer el honor de Jesús. Ningún soberano terrenal es más que una vela en comparación con la infinita luz de la majestuosa gloria de Cristo. Ni siquiera esta coronación, la más humilde de todas, puede ocultar esa gloria; al contrario, la demuestra.

Ya antes, Jesús había pasado por Jericó, donde sanó a dos hombres ciegos (18:35-43) y le llevó la salvación al jefe de los publicanos, Zaqueo (19:1-10). Esos acontecimientos sorprendentes agrandaron en gran manera la ya enorme multitud que lo acompañaba a Jerusalén para la celebración de la Pascua. Al salir de Jericó, Jesús comenzó el arduo ascenso de más de mil metros de altura hasta Jerusalén (una caminata de seis a ocho horas para cubrir la distancia en línea recta de más de veinticuatro kilómetros) en medio de esta masa de ansiosos judíos. Sin duda estos estaban llenos de esperanza en que Jesús demostraría su poder mesiánico, juzgaría a los enemigos de Israel, y establecería el glorioso reino prometido en el Antiguo Testamento.

Sin embargo, la verdad es que Jesús iba camino a su muerte. Se dirigía a la cruz con el fin de ofrecer su vida como sacrificio de rescate, redención y reconciliación. Cristo el inmaculado tenía que soportar el castigo por los pecados de sus elegidos y satisfacer así la ley divina, la justicia divina, y la ira divina. Él vino a morir y luego a resucitar de los muertos, no solo a conquistar el pecado sino también a conquistar la tumba para todos los que crean en Él (Jn. 11:25). Jesús había venido la primera vez para comprar a aquellos que vendrán la segunda vez a reinar con Él.

Hasta este momento, el Señor no había hecho una declaración abierta y pública de que era el Mesías. Es más, cuando las personas trataron de que hiciera eso, Él las detuvo (cp. Mt. 16:20; Jn. 6:14-15). Desde el inicio del ministerio de Jesús los dirigentes religiosos fueron intimidados por Él y rápidamente llegaron a odiarlo. Jesús sabía que cualquier tipo de aclamación popular abierta aumentaría la animosidad de los líderes hacia Él y provocaría su muerte antes de tiempo. No obstante, en esta Pascua había llegado el tiempo divinamente determinado para su muerte, por tanto aceptó tan enorme demostración de aclamación popular (según algunos cálculos, había entre uno y dos millones de personas en Jerusalén y los alrededores para celebrar la Pascua, y algunos conjeturan que en la entrada triunfal pudieron haber participado cien mil personas) que los dirigentes de Israel no pudieron esperar más para eliminarlo, especialmente teniendo en cuenta que Jesús podía dirigir a la multitud en una rebelión contra las fuerzas romanas y que todos esos dirigentes perderían su poder y posición (Jn. 11:47-50).

El plan que tenían era arrestar a Jesús y ejecutarlo después de la Pascua, cuando las multitudes se hubieran dispersado. Temían que hacerlo durante la fiesta podría desencadenar un motín (Mt. 26:3-5). Pero a pesar del plan de sus enemigos, Jesús moriría únicamente en el momento preciso predeterminado por Dios (cp. Jn. 10:17-18; 19:10-11; Hch. 2:23; 4:27-28; Gá. 4:4-5). Apropiadamente, el Cordero de Dios sería sacrificado el mismo día en que los corderos de Pascua del pueblo se estaban sacrificando, porque Él es el sacrificio de "nuestra pascua, que es Cristo" (1 Co. 5:7). El sacrificio animal representaba la muerte del único y verdadero sacrificio por el pecado (He. 7:27; 9:26; 10:12).

El tiempo perfecto de Cristo también cumplía una de las profecías más exactas del Antiguo Testamento, la de Daniel acerca de las setenta semanas (Dn. 9:24-26):

> El día exacto escogido por el Señor para entrar a Jerusalén cumplió una de las profecías más notables del Antiguo Testamento. La profecía de Daniel de las setenta semanas (Dn. 9:24-26). Por medio de Daniel, el Señor predijo que desde el tiempo del decreto de Artajerjes en que se ordenaba la reconstrucción del templo (en 445 a.C.) hasta la venida del Mesías transcurrirían "siete semanas, y sesenta y dos semanas" (Dn. 9:25; cp. Neh. 2:6); esto es, sesenta y nueve semanas en total. La traducción literal es "siete sietes y sesenta y dos sietes", donde *siete* es el nombre usual de la semana. En el contexto del pasaje, la idea es sesenta y nueve semanas de años o sesenta y nueve veces siete años, lo cual equivale a

483 años judíos (conformados por trescientos sesenta días cada uno, como era usual en el mundo antiguo). Hay varios sistemas de conteo que han surgido para determinar la cronología de los 483 años posteriores al decreto de Artajerjes; estos ubican la fecha en el 30, 32 o 33 d.C., dependiendo de la fecha real del decreto y de los cálculos complejos a través de esos años. De tales explicaciones, las más detalladas son las de Sir Robert Anderson, *The Coming Prince* y la de Harold Hoehner, *Chronological Aspects of the Life of Christ.* Con base en toda la información histórica, lo mejor es entender que la entrada triunfal ocurrió el 9 de Nisán del 30 d.C. Pero aun las otras fechas ofrecidas por los autores (32 o 33 d.C.) dejan una cosa clara e innegable: no importa cuál sea la cronología precisa, Jesucristo es el único cumplimiento posible del tiempo profético de Daniel (John MacArthur, *Comentario MacArthur del Nuevo Testamento: Juan* [Grand Rapids: Portavoz, 2011], p. 478).

Aunque Jesús sabía exactamente lo que estaba haciendo y dónde encajaba esto en la programación de Dios, esta fue sin embargo una experiencia de indescriptible horror, al mismo tiempo que Él pensaba en que enfrentaría no solamente la muerte sino también el juicio del Padre por el pecado. La expectativa de ese juicio le hizo orar en Getsemaní: "Padre, si quieres, pasa de mí esta copa; pero no se haga mi voluntad, sino la tuya" (Lc. 22:42). Esa oración no reflejaba ninguna renuencia de parte de Jesús para hacer la voluntad de Dios, sino que más bien revelaba que como alguien perfectamente justo le repelía la realidad de llevar sobre sí el pecado.

La llegada a Jerusalén marcó el final del viaje del Señor, no solo este último trayecto hasta Jerusalén que comenzó en Lucas 9:51, sino el viaje de su vida desde Belén hasta este momento. Aquí enfrentó su mayor reto y completó la obra de la salvación para la que había venido. Los judíos, sin pensar en el Mesías como un sacrificio por el pecado (a pesar de Is. 53), seguían enfocados en el reino terrenal que fervientemente esperaban que Él estableciera. Pero no podía haber gloria exaltada a menos que hubiera vergüenza; no podía haber reino a menos que hubiera una cruz; no habría corona real sin una corona de espinas. Eso ocurriría durante la semana de la pasión.

La dramática entrada triunfal del Mesías a Jerusalén a inicios de la semana se desarrolla en tres escenas: la preparación, la adoración, y la condenación.

LA PREPARACIÓN

Dicho esto, iba delante subiendo a Jerusalén. Y aconteció que llegando cerca de Betfagé y de Betania, al monte que se llama de los Olivos, envió dos de sus discípulos, diciendo: Id a la aldea de enfrente, y al entrar en ella hallaréis

un pollino atado, en el cual ningún hombre ha montado jamás; desatadlo, y traedlo. Y si alguien os preguntare: ¿Por qué lo desatáis? le responderéis así: Porque el Señor lo necesita. Fueron los que habían sido enviados, y hallaron como les dijo. Y cuando desataban el pollino, sus dueños les dijeron: ¿Por qué desatáis el pollino? Ellos dijeron: Porque el Señor lo necesita. Y lo trajeron a Jesús; y habiendo echado sus mantos sobre el pollino, subieron a Jesús encima. (19:28-35)

La frase **dicho esto** se refiere a la parábola que el Señor había contado en los versículos 11-27. Después de esa instrucción, Jesús **iba delante subiendo** por el camino que lleva de Jericó **a Jerusalén.** A unos tres kilómetros (Jn. 11:18) al este de Jerusalén estaban las pequeñas aldeas de **Betfagé y de Betania,** en los alrededores del **monte que se llama de los Olivos.** Cuando visitaba Jerusalén, Jesús a menudo se hospedaba en **Betania,** el pueblo natal de María, Marta y Lázaro (Jn. 11:1). El Señor llegó a **Betania** el sábado, seis días antes de la Pascua, que duraba desde el jueves por la noche hasta la puesta del sol del viernes (Jn. 12:1). Al siguiente día, domingo, Jesús asistió a una cena en su honor en la casa de Simón el leproso (Mt. 26:6-13). También en ese día una "gran multitud de los judíos supieron entonces que él estaba allí, y vinieron, no solamente por causa de Jesús, sino también para ver a Lázaro, a quien había resucitado de los muertos" (Jn. 12:9).

La entrada triunfal de Jesús a Jerusalén se llevó a cabo al día siguiente (Jn. 12:12), lunes de la semana de la pasión, no el "Domingo de Ramos" como los cristianos han creído tradicionalmente. Esta cronología elimina el problema de los evangelios de no tener registro de las actividades de Jesús el miércoles, lo cual sería el caso si la entrada triunfal hubiera ocurrido el domingo. Puesto que los acontecimientos de cada día están tan cuidadosamente revelados, sería difícil explicar por qué habría de omitirse un día en el relato de la semana más trascendental de la vida de Cristo.

Más evidencia de que la entrada triunfal fue el lunes viene del requerimiento de la ley de que los corderos pascuales se seleccionaran el décimo día del primer mes (Nisán) y se sacrificaran el día catorce (Éx. 12:2-6). En el año en que nuestro Señor fue crucificado, el décimo de Nisán cayó el lunes de la semana de Pascua. Cuando entró en Jerusalén ese día, Jesús estaba cumpliendo el papel como el Cordero elegido del Padre (Jn. 1:29, 36) de la misma manera que el pueblo judío elegía sus corderos de Pascua. Completando el paralelo, Cristo fue crucificado el viernes, el día catorce de Nisán, con todos los miles de otros corderos; pero como el único sacrificio verdadero por el pecado.

La trascendental entrada del Mesías se puso en marcha cuando Jesús **envió dos de sus discípulos** (posiblemente Pedro y Juan; cp. Lc. 22:8) **diciendo: Id a la aldea de enfrente** (quizás Betfagé). Los detalles de lo que los dos encontrarían allí proporcionan un innegable ejemplo de la omnisciencia del Señor (cp.

Jn. 1:47-48; 2:25). En primer lugar, les dijo que hallarían **un** asno (Jn. 12:14; cp. Zac. 9:9) **pollino** (y su madre; Mt. 21:2) **atado.** Jesús no había estado en Betfagé, ni había enviado a nadie con el fin de que hiciera arreglos para que el pollino estuviera disponible. El detalle de que el pollino era uno **en el cual ningún hombre** hubiera **montado jamás** ofrece más evidencia de la omnisciencia del Señor, así como el hecho de que supiera que a los discípulos les preguntarían: **¿Por qué lo desatáis?**

Exactamente como el Señor había previsto de manera omnisciente, **cuando** los discípulos **desataban el pollino, sus** sorprendidos **dueños** les hicieron la pregunta obvia: **¿Por qué desatáis el pollino?** Como Jesús les había indicado, **ellos dijeron: Porque el Señor lo necesita.** Según Él también previó, "ellos entonces les dijeron [a los propietarios] como Jesús había mandado; y los dejaron" (Mr. 11:6) llevar el asno. Ninguna otra explicación era necesaria, ya que se sabía ampliamente que quien había resucitado de los muertos a Lázaro y había otorgado vista a dos ciegos en Jericó se estaba hospedando en Betania. Después que **lo trajeron a Jesús; y** de haber **echado sus mantos sobre el pollino** con el fin de proveer una silla improvisada, **subieron a Jesús encima.**

Aunque de vez en cuando David montó una mula (cp. 1 R. 1:38, 44), igual que Salomón hizo en su coronación (1 R. 1:32-40), Jesús no estaba simplemente identificándose con la tradición davídica. Estaba cumpliendo de manera específica la profecía mesiánica del Antiguo Testamento. Según Mateo 21:4-5, "todo esto aconteció para que se cumpliese lo dicho por el profeta, cuando dijo: Decid a la hija de Sion: He aquí, tu Rey viene a ti, manso, y sentado sobre una asna, sobre un pollino, hijo de animal de carga".

Quinientos años antes de que la multitud aclamara a Jesús como rey, Zacarías (9:9; cp. Is. 62:11) predijo que el Mesías iba a montar un pollino de asna. Cristo no vendría la primera vez como el héroe conquistador montando un caballo blanco; eso ocurrirá cuando venga otra vez en gloria para juzgar y reinar como Rey de reyes (Ap. 19, 20). La primera vez vino en humildad para dar su vida en rescate por los pecadores (Mr. 10:45). No vino en grandeza sino en mansedumbre, no para matar sino para salvar. Su venida en la encarnación es el momento de su humillación; su segunda venida lo hará en exaltación y será el momento de su glorificación.

LA ADORACIÓN

Y a su paso tendían sus mantos por el camino. Cuando llegaban ya cerca de la bajada del monte de los Olivos, toda la multitud de los discípulos, gozándose, comenzó a alabar a Dios a grandes voces por todas las maravillas que habían visto, diciendo: ¡Bendito el rey que viene en el nombre del Señor; paz en el cielo, y gloria en las alturas! (19:36-38)

Cuando aún se estaba acercando a la ciudad, la adoración a Jesús comenzó el momento en que las personas **a su paso tendían sus mantos por el camino** delante de Él. Al hacer eso estaban expresando su anhelo de someterse a Jesús (cp. 2 R. 9:13), poniéndose simbólicamente debajo de sus pies como su rey. La aceptación que Él hiciera de la adoración y devoción de la multitud delirante fue apropiada porque, como el Hijo de Dios, era digno de toda alabanza.

Los discípulos no entendieron por completo el significado de lo que estaba sucediendo. Así escribiría Juan más tarde: "Estas cosas no las entendieron sus discípulos al principio; pero cuando Jesús fue glorificado, entonces se acordaron de que estas cosas estaban escritas acerca de él, y de que se las habían hecho" (Jn. 12:16).

El pequeño asno que llevaba a Jesús eligió su camino a través de los montones de capas sobre el sendero hacia la cima desde donde se veía Jerusalén. Cuando vieron que Jesús estaba **ya cerca de la bajada del monte de los Olivos, la multitud de los discípulos,** con su fervor henchido por la vista de la gran ciudad, **comenzó a alabar a Dios a grandes voces por todas las maravillas que habían visto.** Esas maravillas incluían la resurrección de Lázaro y la sanidad de los dos hombres ciegos en Jericó, así como el resto de milagros que Jesús había realizado a lo largo de su ministerio.

Otras personas salieron de Jerusalén para encontrarse con Jesús y con quienes lo acompañaban desde Betania (Jn. 12:12-13). Las dos grandes oleadas de personas se unieron hasta conformar una gigantesca muchedumbre, algunos detrás de Jesús, otros en frente de Él (Mt. 21:9). Mientras había quienes lanzaban sus capas en frente del Señor, otros cortaban ramas de palmas y las arrojaban sobre el camino. Las ramas de palma simbolizaban victoria, gozo y celebración. El libro apócrifo de Primera de Macabeos relata que cuando los judíos durante el período intertestamentario volvieron a capturar Jerusalén de manos de los sirios entraron "en ella con cánticos, palmas" (1 Mac. 13:51; cp. 2 Mac. 10:7). Las esperanzas mesiánicas de la multitud llegaron a su apogeo y el pueblo comenzó a gritar: **Bendito el rey que viene en el nombre del Señor** (cp. Sal. 118:26), reconociendo por tanto que Jesús era el **Rey** Mesías prometido que venía con la total autoridad de Dios. Mateo señala que la multitud también gritaba: "¡Hosanna al Hijo de David! ¡Hosanna en las alturas!" (21:9). "Hosanna" significa "salva ahora", mientras "Hijo de David" es un título para el Mesías (Mt. 12:23; Mr. 12:35). La multitud no estaba pidiendo salvación del pecado sino de la opresión de Roma, así como el establecimiento de las promesas relacionadas con el reinado del Mesías. Esa esperanza los llevó a gritar: "¡Bendito el reino de nuestro padre David que viene!" (Mr. 11:10), el cual esperaban que apareciera. También gritaban: **¡Paz en el cielo, y gloria en las alturas!** porque no podían creer que el corazón de Dios pudiera estar en paz mientras Jerusalén no la tuviera. Creían que a menos que el Mesías trajera paz y gloria a Jerusalén, no podía haber **paz en el cielo, y gloria en las alturas.** Cabe señalar una vez más que ellos no tenían idea del Mesías como el sacrificio sufriente por el pecado, según la futura generación de judíos mirará en Aquel que ellos traspasaron, llorará por Él (Zac. 12:10) y confesará las mismas palabras de Isaías 53:

> *¿Quién ha creído a nuestro anuncio? ¿y sobre quién se ha manifestado el brazo de Jehová? Subirá cual renuevo delante de él, y como raíz de tierra seca; no hay parecer en él, ni hermosura; le veremos, mas sin atractivo para que le deseemos. Despreciado y desechado entre los hombres, varón de dolores, experimentado en quebranto; y como que escondimos de él el rostro, fue menospreciado, y no lo estimamos. Ciertamente llevó él nuestras enfermedades, y sufrió nuestros dolores; y nosotros le tuvimos por azotado, por herido de Dios y abatido. Mas él herido fue por nuestras rebeliones, molido por nuestros pecados; el castigo de nuestra paz fue sobre él, y por su llaga fuimos nosotros curados. Todos nosotros nos descarriamos como ovejas, cada cual se apartó por su camino; mas Jehová cargó en él el pecado de todos nosotros. Angustiado él, y afligido, no abrió su boca; como cordero fue llevado al matadero; y como oveja delante de sus trasquiladores, enmudeció, y no abrió su boca. Por cárcel y por juicio fue quitado; y su generación, ¿quién la contará? Porque fue cortado de la tierra de los vivientes, y por la rebelión de mi pueblo fue herido. Y se dispuso con los impíos su sepultura, mas con los ricos fue en su muerte; aunque nunca hizo maldad, ni hubo engaño en su boca. Con todo eso, Jehová quiso quebrantarlo, sujetándole a padecimiento. Cuando haya puesto su vida en expiación por el pecado, verá linaje, vivirá por largos días, y la voluntad de Jehová será en su mano prosperada. Verá el fruto de la aflicción de su alma, y quedará satisfecho (1-11a).*

LA CONDENACIÓN

Entonces algunos de los fariseos de entre la multitud le dijeron: Maestro, reprende a tus discípulos. Él, respondiendo, les dijo: Os digo que si éstos callaran, las piedras clamarían. Y cuando llegó cerca de la ciudad, al verla, lloró sobre ella, diciendo: ¡Oh, si también tú conocieses, a lo menos en este tu día, lo que es para tu paz! Mas ahora está encubierto de tus ojos. Porque vendrán días sobre ti, cuando tus enemigos te rodearán con vallado, y te sitiarán, y por todas partes te estrecharán, y te derribarán a tierra, y a tus hijos dentro de ti, y no dejarán en ti piedra sobre piedra, por cuanto no conociste el tiempo de tu visitación (19:39-44)

Sin embargo, no todo el mundo participó de la alegre exaltación. Furiosos por la entusiasta adulación y adoración de la multitud hacia Jesús, y su aceptación de parte de Él, **algunos de los fariseos de entre la multitud,** que lo consideraban todo como blasfemia, **le dijeron: Maestro, reprende a tus discípulos.** Incluso colectivamente ellos sabían que eran impotentes para detener la efusión de entusiasmo en medio de la enorme muchedumbre, por tanto apelaron a que Jesús la detuviera. Es lógico que en esta última mención que Lucas hace de los fariseos, estos manifestaran la misma hostilidad hacia el Señor que los había caracterizado a lo largo del ministerio de Jesús. La respuesta que Él ofrece a la exasperada petición de los fariseos para que Jesús calmara y dispersara la multitud marca el dramático momento decisivo del acontecimiento.

La respuesta de Jesús da a conocer la extraordinaria diferencia entre la expectativa que el pueblo tenía de Él y la condenación que les hace. El contraste entre lo que las personas anticipaban y lo que recibirían es extremo; el contraste entre la actitud de gozo en el pueblo, y la actitud de tristeza en Jesús, no puede ser más opuesto. La escena pasa de gozo a horror. La multitud habla de paz; Él habla de destrucción. Ellos pronuncian gloria sobre Jesús; Él pronuncia perdición sobre ellos. La condenación de parte del Señor manifiesta su deidad tanto en su autoridad para pronunciar juicio (Jn. 5:22), como en el conocimiento omnisciente que Jesús tenía de los detalles precisos de ese juicio futuro. El juicio total sobre el mundo de pecadores llegará cuando Él regrese en gloria, pero muy pronto el incrédulo Israel tendrá un anticipo.

La declaración **os digo** hace hincapié en la gravedad de lo que Jesús estaba a punto de expresar a los fariseos. La frase **si éstos callaran** no se debe entender como algo que podría ocurrir, sino como algo que inevitablemente sucederá. Después de los sucesos del lunes, Jesús no recibiría más elogios de la multitud. Sorprendentemente, la próxima vez que oirán de Él será el día de la crucifixión en que pedirán a gritos que Jesús sea crucificado (Lc. 23:18-23). Aunque muchos judíos han llegado a la salvación en Él y se han vuelto parte de su iglesia redimida, la nación de Israel no ofrece alabanza a Jesús. El silencio de ellos es algo ininterrumpido durante dos mil años.

Jesús en realidad estaba diciendo: "Si estos callaran..." y lo harán, en ese momento **las piedras clamarían. Clamarían** se traduce de la forma en tiempo futuro del verbo *krazō*, que también se podría traducir "gritar". Las piedras no clamarían en alegre alabanza a Dios, sino en afirmación al juicio de Dios sobre la maldad de Israel (cp. Hab. 2:11-12). Esa perspectiva inevitable llenó al Señor con una profunda sensación de tristeza, de modo que **cuando llegó cerca de la ciudad, al verla, lloró sobre ella.** La palabra traducida **lloró** es la expresión más fuerte en el lenguaje griego para el llanto. Denota los sollozos de agonía de Jesús por la superficialidad, hipocresía, frivolidad y rechazo que le hicieron, y por la inevitable ira divina que seguiría. La **paz** de la que el Señor habló no era paz política con enemigos, ni paz social en Israel, sino paz con Dios. **Lo que** produce esa **paz** es arrepentimiento, fe en Cristo, y creer el mensaje de salvación que Él había predicado a lo largo de su ministerio. **Este**

tu día se refiere no a ese lunes, sino a todo el tiempo de la presencia de Jesús entre ellos.

La incredulidad los había cegado a lo largo del ministerio de Jesús. Casi todos los judíos optaron por rechazar con dureza de corazón y fariseísmo a Cristo y resistieron todas sus invitaciones, perdiendo así la paz con Dios. A pesar de la celebración superficial y efímera de la multitud, Jesús, igual que había hecho antes (Lc. 13:34-35), pronunció juicio sobre ellos. La verdad (Lc. 8:10) estaría **ahora** encubierta de los **ojos** de ellos. La ceguera humana intencional se convertiría en ceguera divina legal. Una vez más, Israel como nación no creerá hasta que vuelvan su mirada "a quien traspasaron, y [lloren] como se llora por hijo unigénito, afligiéndose por él como quien se aflige por el primogénito" (Zac. 12:10). Entonces vendrá la gracia de la salvación nacional (Zac. 13:1).

La frase **vendrán días sobre ti** es una expresión del Antiguo Testamento sobre el juicio venidero (cp. Is. 39:6; Os. 9:7; Am. 4:2). El juicio del que Jesús habló caería cuatro décadas después en el año 70 d.C. cuando el ejército romano aplastó la revuelta judía y destruyó Jerusalén. Revelando su omnisciencia, el Señor indicó cinco características específicas de ese juicio: los **enemigos** (los romanos) de Israel rodearían **con vallado** a Jerusalén, sitiarían la ciudad, **y por todas partes** la estrecharían hasta tal punto que la derribarían **a tierra,** junto con sus habitantes, y no dejarían en ninguna parte de ella **piedra sobre piedra.** Esto incluiría el templo (Lc. 21:6) y el sistema religioso que habían creado (véase el estudio sobre 21:5-7 en el cap. 115 de esta obra). Esas piedras que yacerían en escombros serían aquellas que clamarían en juicio sobre la nación incrédula. Todo ese horrible juicio llegaría **por cuanto** Israel **no** quiso reconocer **el tiempo de** su **visitación,** cuando el Señor Jesucristo, Dios encarnado, les ofreció salvación y redención. "En el mundo estaba, y el mundo por él fue hecho; pero el mundo no le conoció. A lo suyo vino, y los suyos no le recibieron" (Jn. 1:10-11).

El Rey confronta la corrupción

108

Y entrando en el templo, comenzó a echar fuera a todos los que vendían y compraban en él, diciéndoles: Escrito está: Mi casa es casa de oración; mas vosotros la habéis hecho cueva de ladrones. Y enseñaba cada día en el templo; pero los principales sacerdotes, los escribas y los principales del pueblo procuraban matarle. Y no hallaban nada que pudieran hacerle, porque todo el pueblo estaba suspenso oyéndole. (19:45-48)

El episodio descrito en esta breve pero importante sección del Evangelio de Lucas se llevó a cabo el martes de la semana de la pasión, la última semana de vida terrenal de nuestro Señor. El día anterior había presenciado la entrada triunfal, la humilde coronación de Cristo cuando se presentó personalmente como el verdadero rey de Israel. La enorme multitud de personas (quizás unas cien mil) que habían acompañado a Jesús lo aclamaron como el Mesías, el heredero del trono del reino de David. Después de entrar en Jerusalén por la puerta oriental, la celebración terminó en el templo, que estaba justo en la puerta oriental. Allí, "habiendo mirado alrededor todas las cosas, como ya anochecía, se fue a Betania con los doce" (Mr. 11:11).

Betania, donde muy probablemente Jesús se quedó en casa de María, Marta y Lázaro, era para Él un lugar de consuelo, amor y muy necesario descanso. Había tenido una larga y ardua jornada el lunes, tratando con la enorme multitud en la entrada triunfal. Jesús también había tenido un largo día el domingo, ministrando a quienes lo visitaran en Betania, todo después de una larga y ardua caminata desde Jericó.

El alojamiento era un problema grave en Jerusalén y sus alrededores durante la celebración de la Pascua. Algunos calculan que unos dos millones de judíos llegaban a la ciudad y las poblaciones vecinas durante ese tiempo. Había varias posadas, pero lo más probable es que pronto se llenaran principalmente con personas conocidas por los dueños, si no con sus propios amigos y parientes. Los esenios, zelotes, fariseos, saduceos y otros grupos religiosos acomodaban visitantes que formaban parte de los suyos. También era probable que incluso algunos pocos creyentes en Jesús alojaran a otros creyentes que venían de visita desde Galilea. Sinagogas de extranjeros (cp. Hch. 6:9) tenían hospicios para sus compatriotas que visitaban Jerusalén en esta importante ocasión. Había una cantidad de judíos con suficiente riqueza para vivir en cualquier parte en Israel, pero que también poseían una casa en Jerusalén. Ellos se hospedarían en sus casas en Jerusalén durante la Pascua y proporcionarían albergue para amigos e invitados. Las familias ricas que poseían grandes propiedades en Jerusalén y sus alrededores podían albergar a una gran cantidad de personas.

Pero cuando esas viviendas se llenaban, había aún numerosas personas que necesitaban un lugar dónde quedarse. El resultado era que Jerusalén se convertía en una ciudad de carpas, con tiendas de campaña que se erguían en todos los alrededores, extendiéndose por los tres kilómetros hasta Betania, así como al sur hacia Belén, y en todas las demás direcciones. Algunas personas colocaban sus tiendas de campaña cerca del templo; y aunque estaba prohibido permanecer dentro de los terrenos, se quedaban lo más cerca que podían. El templo también tenía edificios adyacentes donde se alquilaban lugares en que las personas podían posar. La ley judía demandaba que quienes celebraban la Pascua debían pasar al menos la noche anterior en Jerusalén. Ya que eso se había vuelto imposible porque las multitudes eran demasiado grandes, durante la Pascua se extendían los límites oficiales de la ciudad para poder abarcar las ciudades de carpas que la rodeaban. En resumen, la región se atestaba de seres humanos más allá de su capacidad. Fue bueno que Jesús y sus discípulos tuvieran amigos en Betania con una casa suficientemente grande para acomodarlos.

Lo que Jesús vio en los terrenos del templo en el crepúsculo del lunes por la noche preparó el escenario para la dramática confrontación que resultaría el martes en un increíble acontecimiento que demostraría sus credenciales reales. Lo que hizo y la respuesta que eso generó le señalaron inequívocamente como el Mesías, el verdadero Rey de Dios, y su Hijo eterno. Cinco realidades en este pasaje muestran que Jesús es en verdad el Rey de Dios: Él estaba en una misión divina, ejerció autoridad divina, demostró compromiso con las Escrituras divinas, manifestó misericordia divina, y cumplió el propósito divino.

JESÚS ESTABA EN UNA MISIÓN DIVINA

Y entrando en el templo, (19:45*a*)

Lo que Jesús hizo ese martes de la semana de la pasión fue impresionante. Las multitudes lo habían acompañado en la entrada triunfal esperando que Él fuera el mesías terrenal que esperaban con impaciencia. Basándose en eso podrían haber esperado que Jesús asaltara la guarnición romana en la Fortaleza Antonia, con vista al templo, o que atacara la casa de Pilato, el patético gobernador romano de Judea. Que se enfrentara a la opresión romana es lo que habían querido que Él hiciera a lo largo de su ministerio. Juan 6:14-15 relata que "aquellos hombres entonces, viendo la señal que Jesús había hecho, dijeron: Este verdaderamente es el profeta que había de venir al mundo. Pero entendiendo Jesús que iban a venir para apoderarse de él y hacerle rey, volvió a retirarse al monte él solo".

Sin embargo, en lugar de atacar a los paganos e idólatras invasores romanos, Jesús arremetió contra las actividades en el templo... el centro del judaísmo, el alma de la nación. Al hacer eso atacó a los respetados y exaltados dirigentes religiosos de Israel, quienes afirmaban ser los representantes de Dios. El Señor estaba declarando que no le interesaba la relación de Israel con Roma, sino la relación de la nación con Dios. El problema que lo llevó a la acción no era la opresión romana sino la corrupción de los religiosos judíos. Esa prioridad le había llevado a realizar tal asalto en el templo al principio mismo de su ministerio:

> *Estaba cerca la pascua de los judíos; y subió Jesús a Jerusalén, y halló en el templo a los que vendían bueyes, ovejas y palomas, y a los cambistas allí sentados. Y haciendo un azote de cuerdas, echó fuera del templo a todos, y las ovejas y los bueyes; y esparció las monedas de los cambistas, y volcó las mesas; y dijo a los que vendían palomas: Quitad de aquí esto, y no hagáis de la casa de mi Padre casa de mercado. Entonces se acordaron sus discípulos que está escrito: El celo de tu casa me consume (Jn. 2:13-17).*

Una vez más, en esta ocasión, tres años más tarde, el ministerio terrenal de Jesús terminó con Él mostrando furia santa sobre el templo corrupto y su religión apóstata. Todo el ministerio de Cristo se enfocó en aspectos espirituales. La preocupación del Señor siempre fue que el Dios verdadero fuera adorado de la manera adecuada prescrita en su Palabra. A la mujer samaritana le declaró: "La hora viene, y ahora es, cuando los verdaderos adoradores adorarán al Padre en espíritu y en verdad; porque también el Padre tales adoradores busca que le adoren. Dios es Espíritu; y los que le adoran, en espíritu y en verdad es necesario que adoren" (Jn. 4:23-24). Jesús entendía que no todo era como debería ser en cuanto a términos sociales, económicos, políticos y de justicia y equidad. Pero también sabía que la única manera de remediar tales injusticias era cambiando la hipocresía y las obras de justicia por la verdadera relación con Dios. Por tanto, su ministerio siempre se centró en el reino de Dios y en la verdadera adoración a Él.

Hieros (**templo**) es el término general para los terrenos del templo como un todo, el enorme complejo que podía acomodar a miles de adoradores. Dentro de esta superficie, rodeada por un muro exterior, había varios atrios internos, progresivamente más pequeños, en que los más recónditos eran el Lugar Santísimo y el Lugar Santo, que estaban designados por una palabra diferente para templo (*naos*). El atrio exterior era el patio de los gentiles, llamado así porque a los gentiles se les prohibía ir más lejos, bajo pena de muerte. Dentro del patio de los gentiles estaba el patio de las mujeres, que era hasta donde a las mujeres se les permitía ir. A ese atrio se entraba por una puerta conocida como la Hermosa, que era un lugar popular para los mendigos (Hch. 3:10). Los hombres podían ingresar al siguiente atrio, el patio de los israelitas, a través de la puerta de Nicanor, hecha de bronce corintio y tan colosal que se necesitaban veinte hombres para abrirla y cerrarla. Desde el atrio de los israelitas los adoradores reunidos podían mirar a través de la puerta al atrio siguiente, el patio de los sacerdotes. Aunque no podían entrar, sí podían observar a los sacerdotes que ofrecían incienso y sacrificaban animales. En la parte posterior del patio de los sacerdotes estaba el templo (*naos*) mismo; es decir, el Lugar Santo, y luego el Lugar Santísimo. Todo el enorme complejo, incluso todos los atrios, conformaba el templo (*hieros*) de Dios.

Lo que estaba sucediendo en el patio de los gentiles era emblemático de la corrupción que de manera justificada hizo enojar al Señor. Esencialmente, el lugar se había convertido en un centro de comercio donde se vendían cientos de miles de animales y demás artículos necesarios para los sacrificios. En teoría, las personas podían llevar sus propios animales para ser sacrificados. Sin embargo, esos animales primero debían ser aprobados por los sacerdotes, quienes tenían un interés particular en rechazarlos a fin de impulsar las ventas de las cuales los sumos sacerdotes Anás y Caifás se beneficiaban (véase a continuación). Los cambistas de dinero también habían establecido allí sus tiendas. Proporcionaban un servicio necesario. El impuesto del templo solo se podía pagar con monedas de Judea o Tiro, por lo que los extranjeros tenían que cambiar su dinero por las monedas aceptables. Pero puesto que los cambistas tenían un monopolio, cobraban tarifas exorbitantes por sus servicios (tan altas como 12,5% [F. F. Bruce, *The Gospel of John* (Grand Rapids: Eerdmans, 1983), p. 74]).

La comercialización en el patio de los gentiles había llegado a conocerse como el Bazar de Anás, igual que el nombre del codicioso sumo sacerdote ante quien Jesús sería juzgado tras su arresto en Getsemaní (Jn. 18:13-23). Aunque ya no era el actual sumo sacerdote, Anás aún retenía el título y ejercía enorme poder e influencia tras bastidores. Junto con su yerno Caifás, el actual sumo sacerdote, dirigían las operaciones comerciales del templo, volviéndose muy ricos en el proceso. Por precios exorbitantes vendían franquicias a los comerciantes, y luego esquilmaban un enorme porcentaje de las ganancias que obtenían los dueños del negocio.

Todo esto se había combinado para convertir el templo de Dios en un ruidoso y maloliente corral. El ambiente de adoración apropiado para el templo, el símbolo de la presencia de Dios, se había perdido. Al contrario, en vez de ser un lugar de sagrada reverencia y adoración, el sitio se había convertido en una cacofonía de abusivo comercio y extorsión. El sonido de la alabanza y las oraciones se había reemplazado por el chillido de bueyes, el balido de ovejas, el arullo de palomas, y el regateo a gritos de mercaderes y sus clientes.

Jesús, quien no solo era el Señor del día de reposo (Lc. 6:5), sino también Señor del templo, sintió repulsión por la escena. Fue la hipócrita religión de Israel, representada de forma tan vívida por lo que vio, olió y oyó, lo que le llamó la atención. La misión divina de Cristo era atacar la falsa adoración al Dios verdadero; defender a Dios y su casa contra aquellos que de manera blasfema la profanaban.

JESÚS EJERCIÓ AUTORIDAD DIVINA

comenzó a echar fuera a todos los que vendían y compraban en él, (19:45*b*)

Este primer acto oficial del reconocido rey fue una demostración poderosa de la autoridad divina de Cristo. Él **comenzó a echar fuera a todos los que vendían,** cerrando por cuenta propia todas las corruptas operaciones comerciales que profanaban la casa de su Padre (cp. Lc. 2:49; Jn. 2:16). Un caos total se produjo cuando Jesús arrojó físicamente fuera a los mercaderes, volcando las mesas de los cambistas y haciendo que las monedas se fueran rodando por el suelo. También volcó las sillas de los vendedores de palomas (Mt. 21:12) y los echó del templo. Marcos 11:16 indica que Él también detuvo el flujo de bienes que se transportaban a través del templo. Esta fue una asombrosa demostración de la fuerza y la fortaleza de Jesús, considerando la resistencia que debió haber encontrado por parte de los mercaderes. El suceso revela con absoluta claridad que el Señor aborrece a quienes para su propia codicia pervierten la adoración.

JESÚS DEMOSTRÓ COMPROMISO CON LAS ESCRITURAS DIVINAS

diciéndoles: Escrito está: Mi casa es casa de oración; mas vosotros la habéis hecho cueva de ladrones. (19:46)

Mientras expulsaba a los profanadores mercaderes, Jesús estaba **diciéndoles: Escrito está.** Justificó su ira basándose en dos pasajes del Antiguo Testamento. Su primera cita, **mi casa es casa de oración,** viene de Isaías 56:7: "Yo los llevaré a mi santo monte, y los recrearé en mi casa de oración... porque mi casa será llamada casa de oración para todos los pueblos". El templo era la casa de Dios, donde las personas iban para estar en comunión con Él y adorarlo. La oración es la esencia de la adoración.

El templo había sido originalmente diseñado por Dios como un lugar de oración, un santuario de adoración, y un lugar de comunión con Dios (Sal. 65:4), meditación (cp. Sal. 27:4), penitencia, confesión y alabanza, junto con el ofrecimiento de sacrificios. La oración de Salomón en la dedicación del templo en 1 Reyes 8 expresa ese deseo, como indican los siguientes extractos:

> *Que estén tus ojos abiertos de noche y de día sobre esta casa, sobre este lugar del cual has dicho: Mi nombre estará allí; y que oigas la oración que tu siervo haga en este lugar (v. 29).*
>
> *Oye, pues, la oración de tu siervo, y de tu pueblo Israel; cuando oren en este lugar, también tú lo oirás en el lugar de tu morada, en los cielos; escucha y perdona (v. 30).*
>
> *Si tu pueblo Israel fuere derrotado delante de sus enemigos por haber pecado contra ti, y se volvieren a ti y confesaren tu nombre, y oraren y te rogaren y suplicaren en esta casa, tú oirás en los cielos, y perdonarás el pecado de tu pueblo Israel, y los volverás a la tierra que diste a sus padres (vv. 33-34).*
>
> *Si el cielo se cerrare y no lloviere, por haber ellos pecado contra ti, y te rogaren en este lugar y confesaren tu nombre, y se volvieren del pecado, cuando los afligieres, tú oirás en los cielos, y perdonarás el pecado de tus siervos y de tu pueblo Israel, enseñándoles el buen camino en que anden; y darás lluvias sobre tu tierra, la cual diste a tu pueblo por heredad (vv. 35-36).*
>
> *Toda oración y toda súplica que hiciere cualquier hombre, o todo tu pueblo Israel, cuando cualquiera sintiere la plaga en su corazón, y extendiere sus manos a esta casa, tú oirás en los cielos (vv. 38-39a).*
>
> *Sea, pues, perfecto vuestro corazón para con Jehová nuestro Dios, andando en sus estatutos y guardando sus mandamientos, como en el día de hoy. Entonces el rey, y todo Israel con él, sacrificaron víctimas delante de Jehová (vv. 61-62).*

Incluso mientras hacían los sacrificios, los codiciosos sacerdotes y mercaderes habían convertido el templo en un circo de blasfemia y lo habían **hecho cueva de ladrones.** El Señor estaba aludiendo a Jeremías 7:11, donde Dios reprendió a Israel por profanar el templo, por eso les preguntó: ¿Es cueva de ladrones delante de vuestros ojos esta casa sobre la cual es invocado mi nombre? He aquí que también yo lo veo, dice Jehová". Al igual que las cuevas donde los ladrones se escondían, el templo se había convertido en refugio para ladrones, no en un santuario para adoradores. Aunque el desalojo que Jesús hiciera de los ladrones fue solo temporal, los romanos destruirían por completo el templo en el año 70 d.C. Nunca ha sido reconstruido.

JESÚS MANIFESTÓ MISERICORDIA DIVINA

Y enseñaba cada día en el templo; (19:47*a*)

Tras la dramática demostración inicial de su ira, Cristo mostró también su cuidado piadoso de las almas cuando **enseñaba cada día en el templo.** Lucas detalla el contenido de esa enseñanza en los capítulos 20 y 21. Jesús estaba predicando el evangelio, las buenas nuevas de la salvación, el perdón, el cielo y la vida eterna. La profanación del templo se detuvo por algunos días, y por un tiempo el Hijo de Dios dominó la casa de Dios, enseñando allí martes, miércoles y jueves. Por última vez el Salvador que busca a los pecadores predicó el evangelio de salvación a un pueblo recalcitrante y perdido.

Es algo misericordioso predicar el evangelio; predicar la verdad de Dios, advertir contra falsos líderes, herejes, hipócritas, el juicio venidero, y llamar a las personas a la salvación a la luz de ese juicio. Pero además de proclamar la verdad salvadora a pecadores perdidos, Jesús también demostró su compasión divina sanando a los enfermos. Mateo señala que "vinieron a [Jesús] en el templo ciegos y cojos, y los sanó" (Mt. 21:14). Los ciegos y los cojos se presentaban a menudo alrededor del templo porque allí es donde las personas iban a adorar. Sin embargo, estos mendigos recibieron más que unas cuantas monedas; recibieron vista y movimiento. Los milagros que Jesús realizó ofrecen más prueba de su deidad.

JESÚS CUMPLIÓ EL PROPÓSITO DIVINO

pero los principales sacerdotes, los escribas y los principales del pueblo procuraban matarle. Y no hallaban nada que pudieran hacerle, porque todo el pueblo estaba suspenso oyéndole. (19:47*b*-48)

Se podría haber pensado que esta gloriosa exhibición de milagros sellaría en las mentes del pueblo que Jesús era realmente el Mesías. Pero la respuesta de los dirigentes fue ira incrementada, y en última instancia volvieron a la multitud contra Él. Unos pocos días después el pueblo gritaría: "¡Crucifícale, crucifícale!" (Lc. 23:21).

Los dirigentes, a pesar de ver el milagroso despliegue compasivo de Jesús, fueron insensibles en su odio hacia Él, y "viendo las maravillas que hacía, y a los muchachos aclamando en el templo y diciendo: ¡Hosanna al Hijo de David! se indignaron" (Mt. 21:15). En desesperación y temor (Mr. 11:18), dándose cuenta de que estaban perdiendo el control de la situación, **los principales sacerdotes, los escribas y los principales del pueblo procuraban** matar a Jesús.

Pero resultó que eso, al menos por el momento, era imposible, **porque todo el pueblo estaba suspenso oyéndole.** El texto griego literalmente dice que ellos estaban mordiéndose los labios, una metáfora gráfica que indica que escuchaban con atención cada palabra que Jesús pronunciaba. David Gooding escribe con relación al dilema de los dirigentes judíos:

> A las autoridades del templo les hubiera gustado haber destruido a su "rival" de inmediato; pero la inmensa popularidad que Él tenía con el pueblo hacía imposible cualquier intento inmediato de arresto y ejecución, y tácticamente imprudente. Hacer enojar al pueblo habría puesto en riesgo aquello mismo por lo que la batalla se debía pelear (véase 19:47-48). Sería necesario utilizar tácticas más sutiles y más sofisticadas (*According to Luke* [Grand Rapids: Eerdmans, 1987], pp. 314-15).

Lamentablemente, en pocos días la multitud se volvería contra Jesús y pediría a gritos su sangre. Después de su resurrección, solo ciento veinte creyentes se reunirían en Judea, con quinientos más en Galilea. Jesús fue rechazado por la nación y sus dirigentes. Pero eso también cumplió el propósito de Dios; así escribió Isaías: "Despreciado y desechado entre los hombres, varón de dolores, experimentado en quebranto; y como que escondimos de él el rostro, fue menospreciado, y no lo estimamos" (Is. 53:3). El Señor Jesucristo cumpliría el propósito de Dios al morir el viernes como el Cordero expiatorio elegido por Dios. Así proclamaría Pedro más tarde al pueblo judío: "A éste, entregado por el determinado consejo y anticipado conocimiento de Dios, prendisteis y matasteis por manos de inicuos, crucificándole" (Hch. 2:23).

Rechazan la autoridad del Rey

109

Sucedió un día, que enseñando Jesús al pueblo en el templo, y anunciando el evangelio, llegaron los principales sacerdotes y los escribas, con los ancianos, y le hablaron diciendo: Dinos: ¿con qué autoridad haces estas cosas? ¿o quién es el que te ha dado esta autoridad? Respondiendo Jesús, les dijo: Os haré yo también una pregunta; respondedme: El bautismo de Juan, ¿era del cielo, o de los hombres? Entonces ellos discutían entre sí, diciendo: Si decimos, del cielo, dirá: ¿Por qué, pues, no le creísteis? Y si decimos, de los hombres, todo el pueblo nos apedreará; porque están persuadidos de que Juan era profeta. Y respondieron que no sabían de dónde fuese. Entonces Jesús les dijo: Yo tampoco os diré con qué autoridad hago estas cosas. (20:1-8)

Ya que este episodio termina con el asunto de la autoridad, ese es un buen punto de inicio. En Mateo 28:18, el resucitado Señor declaró: "Toda potestad me es dada en el cielo y en la tierra". Eso reafirmó su declaración de que todas las cosas se habían puesto bajo su dominio y gobierno por parte del Padre (Mt. 11:27; cp. Lc. 10:22; Jn. 3:35; 13:3; 17:2; 1 Co. 15:27; Ef. 1:22; Fil. 2:9-11; He. 1:2; 1 P. 3:22).

Dos palabras griegas traducidas "autoridad" o "potestad" en el Nuevo Testamento revelan el dominio del Señor. *Dunamis* se refiere a poder o capacidad; *exousia* a derecho o privilegio. Jesús posee infinitamente ambos aspectos de autoridad, una clara indicación de su deidad.

La autoridad del Señor se podría ver desde varias perspectivas.

En primer lugar, Él posee autoridad en sí mismo. Cuando hablaba, "la gente se admiraba de su doctrina; porque les enseñaba como quien tiene autoridad, y no como los escribas", quienes por lo general citaban a otros rabinos como su fuente de autoridad (Mt. 7:28-29).

En segundo lugar, Él posee la autoridad para perdonar el pecado (Mt. 9:6-8). Esa evidencia directa de su naturaleza divina no pasó desapercibida para sus adversarios: "Los escribas y los fariseos comenzaron a cavilar, diciendo: ¿Quién es éste que habla blasfemias? ¿Quién puede perdonar pecados sino sólo Dios?" (Lc. 5:21).

En tercer lugar, Él tiene autoridad sobre las fuerzas del infierno. En una ocasión en que demostraba esa autoridad al expulsar un demonio de un hombre, "estaban todos maravillados, y hablaban unos a otros, diciendo: ¿Qué palabra es esta, que con autoridad y poder manda a los espíritus inmundos, y salen?" (Lc. 4:36).

En cuarto lugar, Él tiene autoridad para conceder salvación eterna. "Mas a todos los que le recibieron, a los que creen en su nombre, les dio potestad de ser hechos hijos de Dios" (Jn. 1:12).

En quinto lugar, Él tiene autoridad para juzgar, ya que el Padre "todo el juicio dio al Hijo" (Jn. 5:22; cp. v. 27).

Por último, Él tiene autoridad sobre la vida y la muerte. En Juan 10:18, Jesús declaró: "Nadie me la quita [la vida], sino que yo de mí mismo la pongo. Tengo poder para ponerla, y tengo poder para volverla a tomar. Este mandamiento recibí de mi Padre", y en Apocalipsis 1:18 añadió: "[Yo soy] el que vivo, y estuve muerto; mas he aquí que vivo por los siglos de los siglos, amén. Y tengo las llaves de la muerte y del Hades".

Les escandalizó e indigno el hecho de que Jesús arremetiera contra las operaciones del templo sin ninguna consideración hacia las autoridades judías. Desde la perspectiva de ellos era bastante malo que Él les interrumpiera físicamente sus lucrativas operaciones comerciales (véase la exposición de 19:45-48 en el capítulo anterior de esta obra). Que hiciera eso sin primero pedir permiso a la jerarquía judía hizo que las acciones del Señor fueran aún más intolerables e indignantes. Les enfurecía que Jesús tratara con desprecio a los dirigentes y a su sistema religioso. También hizo caso omiso a la jurisdicción del concilio, de los sumos sacerdotes, de los jefes de los sacerdotes, de los rabinos, de los escribas, y de la guardia del templo. Jesús se opuso a las exigencias de todo el sistema superficial y legalista. Es más, constantemente lo denunció con su enseñanza.

La trágica conversación registrada en este pasaje se llevó a cabo **un día** (miércoles de la semana de la pasión) en que **Jesús** estaba **enseñando al pueblo en el templo,** al cual había atacado el martes con furia divina y controlada. Había desalojado, al menos temporalmente, a los falsos maestros mentirosos, manipuladores e hipócritas, y a los codiciosos mercaderes. En el espacio desocupado permaneció Jesús, el verdadero maestro de Dios, proclamando la verdad del cielo y el evangelio de la salvación.

Jesús pasó la mayor parte del miércoles y del jueves enseñando (cp. 19:47; 21:37-38); Lucas 20 registra lo que enseñó el miércoles. El contenido, como siempre, fue **el evangelio,** las buenas nuevas del reino (cp. Mt. 4:23; 9:35; Hch. 1:3), al mismo tiempo que invitaba al pueblo a arrepentirse y creer en Él. Marcos 11:27 observa que este enfrentamiento particular se llevó a cabo "andando él por el templo".

La enseñanza de Cristo probablemente siguió los temas que había resaltado desde el principio y durante todo su ministerio: la desgracia del pecado, la necedad de la falsa religión hipócrita y legalista que no se podía refrenar, y la desesperanza de tratar de obtener justificación por medio de esfuerzos propios. Quizás Jesús habló de la insensatez de las oraciones ostentosas y de las obras religiosas superficiales, realizadas para ser vistos por los hombres en lugar de ser vistos por Dios (cp. Mt. 6:1-5; 23:5-7). La enseñanza de Él sin duda habría incluido advertencias en cuanto a lo inevitable del juicio divino y el infierno eterno. Probablemente habría recordado a sus oyentes acerca del peligro del orgullo espiritual y de la necesidad de humildad, de quebrantamiento de espíritu, y de tener un corazón contrito y humillado. Sin duda, Jesús también habló del misericordioso amor de Dios por los pecadores, de la posibilidad de perdón, de paz con Dios, de la entrada a su reino de salvación, de la vida eterna, y de la esperanza de la gloria perdurable en el cielo. Es probable que Él reiterara el alto costo de seguirlo en abnegación y abandonándolo todo. Sus palabras pudieron haber incluido temas tales como la persecución y el sufrimiento que enfrentarían quienes se identificaran con Él, la importancia de la Palabra de Dios, la sinceridad, el perdón, las verdaderas riquezas, la fe, la gracia y la misericordia. En resumen, la enseñanza del Señor habría tocado todo lo que pertenece a la salvación.

Este dramático enfrentamiento entre Jesús y los dirigentes judíos se desarrolla en tres escenas: confrontación de los líderes, contraataque de Jesús, y condenación que les hizo.

CONFRONTACIÓN

llegaron los principales sacerdotes y los escribas, con los ancianos, y le hablaron diciendo: Dinos: ¿con qué autoridad haces estas cosas? ¿o quién es el que te ha dado esta autoridad? (20:1*b*-2)

Incapaces de contener su indignación con Jesús, las autoridades judías decidieron una vez más hacer un esfuerzo por desacreditarlo. **Los principales sacerdotes** incluían al sumo sacerdote en funciones, Caifás, y al anterior sumo sacerdote, Anás, quien aún ejercía fuerte influencia tras bastidores. Así como a los mandatarios estadounidenses se les sigue aludiendo con el título de "presidente" después de dejar el cargo, así también se aludía a Anás como el sumo sacerdote. Además, entre **los principales sacerdotes** también se incluían el jefe de la guardia del templo, quien asistía al sumo sacerdote, y otros sacerdotes de alto rango. **Los escribas,** los teólogos en su mayoría fariseos que interpretaban y enseñaban la ley de Moisés y la tradición rabínica, estaban en el grupo, junto **con los ancianos.** Esencialmente esta reunión era del concilio o sanedrín, el organismo que gobernaba el judaísmo. Con frecuencia se menciona a los tres grupos juntos (cp. Lc. 9:22; 22:66; Mt. 27:41; Mr. 14:43; 15:1). Aunque discrepaban en otros asuntos, estas partes diversas estaban unidas en su determinación de ejecutar a Jesús.

Llegaron se traduce de una forma del verbo *ephistēmi*, que puede tener el sentido de premura, a veces con intención hostil. Lucas 21:34 describe la repentina llegada del juicio, mientras Hechos 17:5 describe el ataque de los judíos tesalonicenses a la casa de Jasón. Ese es su énfasis en este contexto.

Los dirigentes estaban desesperados por evitar que el Señor predicara el evangelio en el templo, pero la popularidad de Él entre el pueblo les impedía apresarlo (cp. Lc. 19:47-48; 20:19; 22:2). La alternativa era arrestarlo abiertamente y obligarlo a que se desacreditara en público. Como sabían que Jesús había afirmado que su **autoridad** para hacer y decir lo que hacía en desafío a ellos venía de Dios, esperaban que Él repitiera esa afirmación, lo que los llevaría a acusarlo de blasfemia y a pedir su ejecución.

Tratando de poner en práctica su plan, acosaron a Jesús. Exigieron saber: **Dinos: ¿con qué autoridad haces estas cosas? ¿o quién es el que te ha dado esta autoridad?** Cuando Él atacó el templo la primera vez al principio de su ministerio, las autoridades judías le hicieron una demanda similar: "Los judíos respondieron y le dijeron: ¿Qué señal nos muestras, ya que haces esto?" (Jn. 2:18). La frase **estas cosas** puede estirarse más allá de la enseñanza de Cristo en los atrios del templo sin la aprobación del concilio, para incluir todo desde su entrada triunfal el lunes.

CONTRAATAQUE DE JESÚS

Respondiendo Jesús, les dijo: Os haré yo también una pregunta; respondedme: El bautismo de Juan, ¿era del cielo, o de los hombres? Entonces ellos discutían entre sí, diciendo: Si decimos, del cielo, dirá: ¿Por qué, pues, no le creísteis? Y si decimos, de los hombres, todo el pueblo nos apedreará; porque están persuadidos de que Juan era profeta. Y respondieron que no sabían de dónde fuese. (20:3-7)

La respuesta del Señor fue devastadora. En lugar de quedar atrapado en la torpe trampa que le pusieron, el contraataque de Jesús con la pregunta: **El bautismo de Juan, ¿era del cielo, o de los hombres?** los atrapó en un dilema del que ellos no podían escapar. Responder una pregunta con otra era una costumbre rabínica aceptada, con la idea de obligar al interrogador a considerar el asunto en un nivel más profundo. Jesús no estaba evadiendo la pregunta, sino desenmascarando la hipocresía de los dirigentes judíos. Ellos ya sabían de dónde Él dijo que venía su autoridad; lo había afirmado muchas veces antes. Según se señaló anteriormente, el plan que tenían no era obtener información, sino atraerlo a que repitiera en público la afirmación de la autoridad divina, de modo que pudieran acusarlo de blasfemia.

Las autoridades religiosas, que ciegamente se veían como poseedores del profundo entendimiento de todo conocimiento espiritual y teológico, no eran rivales para Jesús, incluso cuando enfrentaron la sencilla pregunta que Jesús les planteó: ¿Cuál era el origen del ministerio de **Juan** el Bautista (el **bautismo** que realizaba simbolizaba todo el ministerio de Juan), divino o humano?

Esta indagación puso a los dirigentes judíos en un dilema intolerable. **Entonces ellos** se juntaron y **discutían entre sí** (es decir, deliberaron entre sí), tratando desesperada e inútilmente de hallar una salida. Sabían que no podían decir que el ministerio de Juan era de Dios, por dos razones. Primera, ellos mismos no creían que así fuera (Jn. 7:28-30), y por tanto no querían poner su sello de aprobación en el Bautista. Además, afirmar que Juan era un verdadero profeta de Dios los dejaría sin respuesta para la pregunta que sin duda el Señor haría: **¿Por qué, pues, no le creísteis** cuando afirmó que yo soy el Mesías? (cp. Lc. 3:1-18; Jn. 1:26-29; 3:25-30; 5:32-36; 10:41).

Por otra parte, negar el popular punto de vista de que Juan era un vocero de Dios tendría graves e incluso potencialmente fatales consecuencias. Ellos razonaron: **Si decimos, de los hombres, todo el pueblo nos apedreará; porque están persuadidos de que Juan era profeta.** Rechazar al profeta de Dios era rechazar y blasfemar a Dios mismo. Eso pudo hacerlos dignos de muerte.

La única salida que podían tomar para huir del volátil dilema fue humillarse de forma penosa alegando ignorancia. Por tanto, condescendieron a regañadientes **y respondieron que no sabían de dónde fuese** el ministerio de Juan.

LA CONDENACIÓN

Entonces Jesús les dijo: Yo tampoco os diré con qué autoridad hago estas cosas. (20:8)

Tras acallar a sus adversarios, **Jesús** terminó la conversación diciéndoles: **Yo tampoco os diré con qué autoridad hago estas cosas.** Después de tres años de enseñar y de realizar milagros, el Señor les había proporcionado suficiente prueba de que Él era el Mesías. No llegaría más información. No tenía sentido seguir echando perlas a los cerdos. Los dirigentes judíos habían rechazado voluntariamente toda la luz que habían visto; no había motivo para darles más. Este fue un pronunciamiento de juicio sobre el liderazgo de Israel. En el simulacro de juicio que le hicieron dos días después, estos hombres exigieron saber de Jesús: "¿Eres tú el Cristo? Dínoslo. Y les dijo: Si os lo dijere, no creeréis; y también si os preguntare, no me responderéis, ni me soltaréis. Pero desde ahora el Hijo del Hombre se sentará a la diestra del poder de Dios" (Lc. 22:67-69).

Lo único que les quedaba a estos blasfemos era el juicio, y Él se sentaría en ese tribunal para dictar sentencia contra ellos.

Hay un límite para la paciencia de Dios. Aquellos que con dureza de corazón rechazan la luz finalmente serán abandonados a la oscuridad merecida. Dios aseguró del mundo anterior al diluvio: "No contenderá mi espíritu con el hombre para siempre, porque ciertamente él es carne; mas serán sus días ciento veinte años" (Gn. 6:3). En una oración de arrepentimiento, los exiliados que regresaron del cautiverio babilónico confesaron con relación a sus antepasados: "Les soportaste por muchos años, y les testificaste con tu Espíritu por medio de tus profetas, pero no escucharon; por lo cual los entregaste en mano de los pueblos de la tierra" (Neh. 9:30). Isaías añade: "Mas ellos fueron rebeldes, e hicieron enojar su santo espíritu; por lo cual se les volvió enemigo, y él mismo peleó contra ellos" (Is. 63:10). A través del profeta Jeremías, Dios le recordó al desobediente pueblo de Israel: "Porque solemnemente protesté a vuestros padres el día que les hice subir de la tierra de Egipto, amonestándoles desde temprano y sin cesar hasta el día de hoy, diciendo: Oíd mi voz... Por tanto, así ha dicho Jehová: He aquí yo traigo sobre ellos mal del que no podrán salir; y clamarán a mí, y no los oiré" (Jer. 11:7, 11). Lucas 19:41-42 declara que "cuando [Jesús] llegó cerca de la ciudad, al verla, lloró sobre ella, diciendo: ¡Oh, si también tú conocieses, a lo menos en este tu día, lo que es para tu paz! Mas ahora está encubierto de tus ojos".

El mensaje compasivo y salvador del evangelio seguiría extendiéndose al pueblo, y miles se salvarían el Día de Pentecostés y más allá. Pero para los endurecidos dirigentes, la puerta de la oportunidad estaba cerrada (cp. Mt. 12:25-32). La Biblia advierte a todas las personas que no sigan el mal ejemplo de estos líderes:

> *En tiempo aceptable te he oído, y en día de salvación te he socorrido. He aquí ahora el tiempo aceptable; he aquí ahora el día de salvación (2 Co. 6:2).*

> *Por lo cual, como dice el Espíritu Santo: Si oyereis hoy su voz, no endurezcáis vuestros corazones, como en la provocación, en el día de la tentación en el desierto, donde me tentaron vuestros padres; me probaron, y vieron mis obras cuarenta años. A causa de lo cual me disgusté contra esa generación, y dije: Siempre andan vagando en su corazón, y no han conocido mis caminos. Por tanto, juré en mi ira: No entrarán en mi reposo. Mirad, hermanos, que no haya en ninguno de vosotros corazón malo de incredulidad para apartarse del Dios vivo; antes exhortaos los unos a los otros cada día, entre tanto que se dice: Hoy; para que ninguno de vosotros se endurezca por el engaño del pecado (He. 3:7-13).*

El asesinato del Hijo de Dios: Una parábola profética

110

Comenzó luego a decir al pueblo esta parábola: Un hombre plantó una viña, la arrendó a labradores, y se ausentó por mucho tiempo. Y a su tiempo envió un siervo a los labradores, para que le diesen del fruto de la viña; pero los labradores le golpearon, y le enviaron con las manos vacías. Volvió a enviar otro siervo; mas ellos a éste también, golpeado y afrentado, le enviaron con las manos vacías. Volvió a enviar un tercer siervo; mas ellos también a éste echaron fuera, herido. Entonces el señor de la viña dijo: ¿Qué haré? Enviaré a mi hijo amado; quizá cuando le vean a él, le tendrán respeto. Mas los labradores, al verle, discutían entre sí, diciendo: Este es el heredero; venid, matémosle, para que la heredad sea nuestra. Y le echaron fuera de la viña, y le mataron. ¿Qué, pues, les hará el señor de la viña? Vendrá y destruirá a estos labradores, y dará su viña a otros. Cuando ellos oyeron esto, dijeron: ¡Dios nos libre! Pero él, mirándolos, dijo: ¿Qué, pues, es lo que está escrito: La piedra que desecharon los edificadores ha venido a ser cabeza del ángulo? Todo el que cayere sobre aquella piedra, será quebrantado; mas sobre quien ella cayere, le desmenuzará. (20:9-18)

Como se señaló anteriormente, desde el inicio del ministerio de Cristo los dirigentes judíos intentaron matarlo. Cuando Él atacó su templo por primera vez (Jn. 2:13-17), ellos le exigieron una señal para que probara que tenía autoridad para su audaz acción. Consciente de que incluso en esta etapa inicial de su ministerio lo querían muerto, "respondió Jesús y les dijo: Destruid este templo, y en tres días lo levantaré" (v. 19). El versículo 21 explica que "él hablaba del templo de su cuerpo"; es decir, se estaba refiriendo a su muerte y resurrección. Después que Jesús sanara a un hombre en el día de reposo, "salidos los fariseos, tomaron consejo con los herodianos contra él para destruirle" (Mr. 3:6). En Mateo 17:22-23, Jesús dijo a los discípulos: "El Hijo del Hombre será entregado en manos de hombres, y le matarán; mas al tercer día resucitará" (cp. 16:21;

Lc. 18:33). Juan escribió: "Por esto los judíos aun más procuraban matarle, porque no sólo quebrantaba el día de reposo, sino que también decía que Dios era su propio Padre, haciéndose igual a Dios" (Jn. 5:18; cp. 7:1, 19, 25; 8:37, 40).

A medida que el ministerio del Señor se acercaba a su momento decisivo se intensificaba la determinación de los líderes religiosos de matarlo. Después que Jesús resucitó de los muertos a Lázaro, "muchos de los judíos que... vieron lo que hizo Jesús, creyeron en él" (Jn. 11:45). Los jefes de los sacerdotes y los fariseos, alarmados por la popularidad de Jesús con el pueblo, y temiendo que esto trajera represalias romanas contra ellos y contra la nación, reunieron al concilio. A instancias del sumo sacerdote, Caifás (vv. 49-50), "desde aquel día acordaron matarle" (v. 53; cp. Mr. 14:1). Aunque trataban apasionadamente de hacerlo, dudaban de llevar a cabo su conspiración porque temían que al hacerlo provocarían un motín (Mt. 26:5), hasta que con la ayuda del traidor, Judas Iscariote (Lc. 22:3-5), pudieron echar mano de Jesús y concebir un plan para ejecutar a Cristo.

Jesús, bien consciente de lo que sus enemigos estaban tramando, contó una parábola en que predijo tanto el asesinato como las consecuencias. Esta parábola profética, que fue contada al pueblo pero que estaba dirigida a los dirigentes, mira hacia adelante a la muerte de Cristo, así como hacia atrás a través de la historia de Israel. La metáfora contiene cuatro características: ilustración, explicación, extensión, y aplicación.

ILUSTRACIÓN

Comenzó luego a decir al pueblo esta parábola: Un hombre plantó una viña, la arrendó a labradores, y se ausentó por mucho tiempo. Y a su tiempo envió un siervo a los labradores, para que le diesen del fruto de la viña; pero los labradores le golpearon, y le enviaron con las manos vacías. Volvió a enviar otro siervo; mas ellos a éste también, golpeado y afrentado, le enviaron con las manos vacías. Volvió a enviar un tercer siervo; mas ellos también a éste echaron fuera, herido. Entonces el señor de la viña dijo: ¿Qué haré? Enviaré a mi hijo amado; quizá cuando le vean a él, le tendrán respeto. Mas los labradores, al verle, discutían entre sí, diciendo: Este es el heredero; venid, matémosle, para que la heredad sea nuestra. Y le echaron fuera de la viña, y le mataron. ¿Qué, pues, les hará el señor de la viña? Vendrá y destruirá a estos labradores, y dará su viña a otros. (20:9-16*a*)

Tal como ocurrió con todas la parábolas del Señor, esta utilizó imágenes de la vida cotidiana con las que sus oyentes estarían familiarizados. Las viñas eran comunes en Israel, especialmente en las laderas en terrazas. En esta parábola, **un hombre plantó una viña,** esforzándose por proporcionar todo lo necesario para producir una buena cosecha (el relato paralelo en el Evangelio de Mateo explica que la cercó con un muro, cavó un lagar, y construyó una torre a fin de añadir protección contra ladrones y animales [Mt. 21:33]). Como se hacía a menudo, el hombre **la arrendó a labradores.** Estos eran arrendatarios, que alquilaban la tierra al propietario y le pagaban un porcentaje de la cosecha.

Después de alquilar la viña con el fin de que siguiera dando utilidad y proveyera ingresos para sí mismo, el propietario **se ausentó por mucho tiempo.** Este terrateniente ausente, un caso común en Israel y en otros lugares, siguió estando lejos en el **tiempo** de la cosecha. A fin de recolectar el porcentaje que le correspondía, **envió un siervo a los labradores, para que le diesen del fruto de la viña.** Esta también era una característica que los oyentes habrían conocido muy bien.

Sin embargo, lo que ocurrió después para nada fue lo que se esperaba, y fue algo totalmente indignante. En vez de dar al siervo la parte acordada de la cosecha que se le debía al dueño de la viña, **los labradores le golpearon, y le enviaron con las manos vacías.** *Derō* (golpear) es un término fuerte; literalmente significa "despellejar", y describe de manera vívida la salvaje golpiza que le propinaron. A los oyentes del Señor les habría encolerizado tal comportamiento ingrato, ilegal y malvado.

Con gran paciencia, y a fin de dar a los labradores contratados que se estaban beneficiando otra oportunidad de hacer lo que era correcto, el propietario **volvió a enviar otro siervo,** pero los atrevidos labradores **a éste también, golpeado y afrentado, le enviaron con las manos vacías. Un tercer siervo** encontró un destino similar; **también a éste echaron fuera, herido.** Mateo y Marcos narran que Jesús siguió enviando otros esclavos, a todos los cuales golpearon, apedrearon o mataron.

La respuesta a la pregunta que **el señor de la viña** hizo, **¿qué haré?** les habría parecido obvia a los oyentes de Jesús. Sin duda esperaban que se vengara y les diera una justa retribución a esos criminales. Él les había concedido privilegios y oportunidad de beneficiarse de su tierra. Ellos habrían hecho compromisos, promesas y contratos, los cuales violaron con su conducta egoísta, rebelde y delictiva.

En una generosa exhibición de paciencia y misericordia, el dueño de la viña ofreció a los labradores un recurso más con la esperanza de que hicieran lo que era correcto. **Enviaré a mi hijo amado,** razonó. **Quizá cuando le vean a él, le tendrán respeto.** A pesar de que habían golpeado a sus siervos, sin duda respetarían a su hijo. En lugar de eso, ellos vieron esto como su oportunidad de tomar control total de la viña de una vez por todas, por lo que cuando **los labradores** vieron al hijo del dueño, **discutían** (es decir, analizaron la situación) **entre sí.** Este perverso razonamiento los condujo a la violencia mortal. **Este es el heredero,** se dijeron unos a otros, **matémosle, para que la heredad sea nuestra.**

Ellos pudieron haber pensado que el hijo estaba viniendo a reclamar su herencia. Según la ley tradicional, la tierra que no era reclamada durante tres años se entregaba a quienes la estaba trabajando. Por tanto, si mataban al hijo, la tierra podría ser de ellos.

Cuando el hijo llegó, los labradores **le echaron fuera de la viña, y le mataron.** Este asesinato premeditado a sangre fría constituyó el ultraje definitivo para quienes oían que Jesús daba vuelta la historia.

La concluyente pregunta del Señor a los oyentes, **¿qué, pues, les hará el señor de la viña** (quien no estaba muerto)? era fácil de contestar. Según Mateo 21:41 ellos completaron la parábola, diciendo: "A los malos destruirá sin misericordia, y arrendará su viña a otros labradores, que le paguen el fruto a su tiempo". Jesús estuvo de acuerdo con ellos en que **vendrá y destruirá a estos labradores, y dará su viña a otros.** Esa fue una justa y apropiada respuesta de parte del propietario.

EXPLICACIÓN

Cuando ellos oyeron esto, dijeron: ¡Dios nos libre! (20:16*b*)

El hecho de que **cuando ellos oyeron esto, dijeron: ¡Dios nos libre!** indica que habían comenzado a entender la aplicación que nuestro Señor buscaba. **Oyeron** se traduce de una forma del verbo griego *akouō,* que aquí se refiere (así como en Ap. 2:7, 11, 17, 29; 3:6, 13, 22) a oír con entendimiento. Sea que los oyentes se hubieran dado cuenta de lo evidente, o que Jesús se lo explicara, cuando captaron el significado total de la parábola comprendieron que Jesús acababa de condenar a la destrucción a los dirigentes judíos y a la nación.

Para entonces la multitud había procesado los elementos característicos de la parábola: el propietario de la viña es Dios; la viña es Israel (cp. Sal. 80:8-16; Is. 5:7; Jer. 2:21); los labradores son los dirigentes religiosos de Israel; el prolongado viaje que hiciera el dueño de la viña representa la historia del Antiguo Testamento, que culminó cuando Dios regresó en la persona de su Hijo; los siervos son los profetas del Antiguo Testamento, a quienes Israel maltrató de la misma forma que los labradores maltrataron a los siervos del dueño. Alfred Plummer escribió:

> "La uniforme enemistad" de reyes, sacerdotes y personas para con los profetas es una de las características más notables de la historia de los judíos. La cantidad de hostilidad variaba y se expresaba de diferentes maneras, y en términos generales aumentaba en intensidad; pero siempre estuvo allí. Por mucho que los judíos lamentaran el cese de los profetas después de la muerte de Malaquías, en general se opusieron a los profetas mientras los tuvieron. Los judíos parecieron valorar poco esta gracia excepcional mostrada a la nación, y tenían poco aprecio

o agradecimiento por ella, hasta que Dios les quitó este regalo (*An Exegetical Commentary on the Gospel According to S. Matthew* [Nueva York: Scribner's, 1910], p. 297).

Según la tradición, Isaías fue aserrado por la mitad con un serrucho de madera (cp. He. 11:37). Jeremías fue maltratado constantemente, echado en una cisterna (Jer. 38:9) y, según la tradición, fue apedreado por los judíos hasta matarlo. Ezequiel enfrentó similar odio y hostilidad (Ez. 2:6); Amós fue obligado a huir para salvar la vida (Am. 7:10-13); Zacarías fue rechazado (Zac. 11:12) y apedreado (2 Cr. 24:21); y a Miqueas lo golpearon en el rostro (1 R. 22:24). Tanto en el Antiguo Testamento (p. ej., Jer. 7:23ss; 25:4ss) como en el Nuevo Testamento (p. ej., Mt. 23:33-39; Lc. 6:22-33; 11:49; 13:34; Hch. 7:51-52) se reprende a Israel por rechazar y maltratar a los profetas.

El hijo del dueño de la viña representa al Señor Jesucristo. Él es diferente de todos los demás mensajeros de Dios; no es el siervo de Dios, sino el amado Hijo de Dios (Mt. 17:5; Jn. 3:16; Col. 1:13; 2 P. 1:17), el heredero de todo lo que Él posee (He. 1:2).

Al crear esta relevante y dramática ilustración, Jesús dejó claro a sus asesinos que sabía exactamente lo que estaban planeando hacerle. Ellos querían el control de la herencia; es decir, de Israel. Así como los labradores **echaron fuera de la viña** al hijo del propietario, **y le mataron,** así también los líderes religiosos echaron a Jesús fuera de la nación ante los romanos, quienes lo mataron fuera de Jerusalén.

Retrocediendo horrorizados por su anterior declaración de que el propietario de la viña debería destruir a los labradores, los oyentes **dijeron: ¡Dios nos libre!** (*mē genoito*; la negación más enfática en el lenguaje griego). Pero esto iba a ocurrir. Así como el dueño de la viña destruiría a los rebeldes labradores, así también Dios destruiría al rebelde Israel. Juicio divino cayó sobre la nación apóstata cuatro décadas después en el año 70 d.C., con la destrucción romana de Jerusalén y el templo.

En la parábola del Señor, el propietario de la viña no solo destruyó a los labradores sino que también les dio a otros la administración de la viña. Así también la custodia de Israel pasaría de las manos de los infieles líderes que rechazan al Mesías a otros administradores. Jesús les declaró: "Por tanto os digo, que el reino de Dios será quitado de vosotros, y será dado a gente que produzca los frutos de él" (Mt. 21:43).

Esos nuevos dirigentes de Israel serían los verdaderos seguidores de Jesucristo. Este fue el peor de los escenarios para el pueblo judío, y especialmente para sus líderes. Ellos habían odiado a Jesús, y solo tenían desprecio, ofensas y menosprecio por sus seguidores. Se burlaron de ellos como galileos sin educación (cp. Jn. 7:52), sin preparación o credenciales rabínicas (Hch. 4:13). La idea no es que los gentiles estaban reemplazando a los judíos, o que la Iglesia estaba reemplazando a Israel. Había gentiles prosélitos en el judaísmo, y hay judíos creyentes en la Iglesia. Pero habría un cambio en el liderazgo de los corruptos y apóstatas gobernantes titulares de Israel hacia los apóstoles y discípulos de Jesucristo.

Tal transición ya había comenzado. En Lucas 9, Jesús, "habiendo reunido a sus doce discípulos, les dio poder y autoridad sobre todos los demonios, y para sanar enfermedades. Y los envió a predicar el reino de Dios, y a sanar a los enfermos... Y saliendo, pasaban por todas las aldeas, anunciando el evangelio y sanando por todas partes" (vv. 1-2, 6).

En Lucas 10, Jesús envió a setenta mensajeros más:

> *Después de estas cosas, designó el Señor también a otros setenta, a quienes envió de dos en dos delante de él a toda ciudad y lugar adonde él había de ir. Y les decía: La mies a la verdad es mucha, mas los obreros pocos; por tanto, rogad al Señor de la mies que envíe obreros a su mies. Id; he aquí yo os envío como corderos en medio de lobos [los líderes religiosos]... Volvieron los setenta con gozo, diciendo: Señor, aun los demonios se nos sujetan en tu nombre (vv. 1-3, 17).*

En Mateo 13:11, Jesús dijo a los discípulos: "Porque a vosotros os es dado saber los misterios del reino de los cielos; mas a ellos no les es dado". A los discípulos se les había entregado el conocimiento de los misterios; es decir, las verdades ahora reveladas pero antes ocultas con relación al reino de Dios contenidas en el Nuevo Testamento. Ellos iban a ser los nuevos custodios de la verdad divina, por tanto, los administradores terrenales del reino de la salvación.

Después de la afirmación de Pedro de que Jesús es "el Cristo [el Mesías], el Hijo del Dios viviente" (Mt. 16:16),

> *le respondió Jesús: Bienaventurado eres, Simón, hijo de Jonás, porque no te lo reveló carne ni sangre, sino mi Padre que está en los cielos. Y yo también te digo, que tú eres Pedro, y sobre esta roca edificaré mi iglesia; y las puertas del Hades no prevalecerán contra ella. Y a ti te daré las llaves del reino de los cielos; y todo lo que atares en la tierra será atado en los cielos; y todo lo que desatares en la tierra será desatado en los cielos (vv. 17-19).*

Los discípulos fueron un grupo privilegiado al que Dios estaba concediendo revelación especial. Ellos vieron cosas que otros no vieron; oyeron y entendieron lo que otros no oyeron ni entendieron (cp. Mt. 13:11-17). Las parábolas que otros no pudieron entender les fueron claras y comprensibles. Ellos ejercieron poder que los líderes de Israel no tuvieron sobre demonios, enfermedad y muerte. Fue sobre la roca de la verdad revelada a los apóstoles que Cristo edificaría su Iglesia (v. 18; cp. Ef. 2:20).

Aunque los apóstoles conformaban un grupo pequeño e inclasificable de hombres no calificados, sin entrenamiento, y que no se destacaba, eran los nuevos líderes de la viña de Dios; los mayordomos de la revelación divina y pastores del nuevo pueblo de Dios. Su misión era hacer "discípulos a todas las naciones, bautizándolos en el nombre del Padre, y del Hijo, y del Espíritu Santo" (Mt. 28:19). Ellos lo lograron de tal manera que trastornaron al mundo (Hch. 17:6).

Como "servidores de Cristo, y administradores de los misterios de Dios" (1 Co. 4:1; cp. Ef. 3:1-11), a los apóstoles se les confió la revelación divina de esos misterios en las Escrituras del Nuevo Testamento (Jn. 14:26; 15:26; 16:13; 2 P. 1:21). Cada generación sucesiva de pastores, maestros y evangelistas sigue la línea de ellos (cp. 1 Ti. 4:16; 6:20; 2 Ti. 1:13-14; 2:2).

Sin embargo, como estaba planeado desde el principio, la destitución que Dios hace de Israel no es definitiva. Pablo escribió a los cristianos en Roma: "Digo, pues: ¿Ha desechado Dios a su pueblo? En ninguna manera. Porque también yo soy israelita, de la descendencia de Abraham, de la tribu de Benjamín. No ha desechado Dios a su pueblo, al cual desde antes conoció" (Ro. 11:1-2*a*; cp. vv. 13-15, 23-30 y la exposición del cap. 11 en *Comentario MacArthur del Nuevo Testamento: Romanos* [Grand Rapids: Portavoz, 2010]). Llegará un tiempo en que "todo Israel será salvo" (Ro. 11:26), y se convertirá otra vez en administrador de la verdad de Dios. En la tribulación habrá ciento cuarenta y cuatro mil judíos evangelistas (Ap. 7:2-8; 14:1-5). El reino terrenal mesiánico que el pueblo judío esperaba, y que esperó con gran fervor que Jesús estableciera en su primera venida, será establecido después en su segunda venida (cp. Is. 55:3; 56:6-8; 60:1-22; Mi. 4:1-2; Zac. 8:1-8, 14-15, 20-23).

EXTENSIÓN

Pero él, mirándolos, dijo: ¿Qué, pues, es lo que está escrito: La piedra que desecharon los edificadores ha venido a ser cabeza del ángulo? (20:17)

Jesús hizo una transición directamente de la analogía a la realidad de la profecía del Antiguo Testamento. La muerte del hijo no puede ser el final de la historia. En respuesta a la reacción de la multitud, "¡Dios nos libre!" Jesús**, mirándolos** de modo vehemente (el verbo griego significa literalmente "fijar la mirada en algo"), **dijo: ¿Qué, pues, es lo que está escrito?** (en las Escrituras del Antiguo Testamento [Mt. 21:42]). La referencia que citó, **la piedra que desecharon los edificadores ha venido a ser cabeza del ángulo** (Sal. 118:22; cp. Dn. 2:34), era bien conocida para sus oyentes.

Con esa referencia la imagen de un hijo asesinado había cambiado a la de una piedra rechazada. La principal **piedra del ángulo** era la parte más importante de un edificio de piedra, porque establecía adecuadamente todo ángulo para la construcción. Los constructores sabían que sin una piedra angular absolutamente perfecta, todo el edificio quedaría desnivelado. En el contexto histórico del Salmo 118, la piedra rechazada por los edificadores representaba a al pueblo de Israel, ignorado y atacado por las naciones e imperios del mundo. Pero ese pueblo rechazado se convertirá en la nación de la piedra angular de Dios, y el Mesías rechazado será el redentor y la piedra angular.

La piedra que desecharon los edificadores, pero que después **ha venido a ser cabeza del ángulo,** se refiere específicamente a Jesucristo, como Pedro declarara valientemente ante el sanedrín:

> *Sea notorio a todos vosotros, y a todo el pueblo de Israel, que en el nombre de Jesucristo de Nazaret, a quien vosotros crucificasteis y a quien Dios resucitó de los muertos, por él este hombre está en vuestra presencia sano. Este Jesús es la piedra reprobada por vosotros los edificadores, la cual ha venido a ser cabeza del ángulo (Hch. 4:10-11).*

La piedra que los dirigentes judíos y la nación desecharon se convirtió en la piedra más importante en el reino eterno de Dios, pues apoya toda la estructura y la simetría del glorioso reino de salvación de Dios.

APLICACIÓN

Todo el que cayere sobre aquella piedra, será quebrantado; mas sobre quien ella cayere, le desmenuzará. (20:18)

La sección concluye con una seria advertencia contra el rechazo al Salvador. **Todo el que cayere sobre aquella piedra,** es decir, quien tropieza con Cristo en incredulidad y rechazo (cp. Is. 8:14-15; Ro. 9:32; 1 Co. 1:23; 1 P. 2:6-8), **será quebrantado.** Por otra parte, todo aquel **sobre quien** Él **cayere** en juicio será desmenuzado como polvo. En cualquier caso, el resultado final es el mismo: destrucción absoluta, completa y aterradora.

Este es un mensaje de amor y advertencia, aunque entregarlo no le produjo gozo al Señor, sino más bien intensa tristeza que lo conmovió hasta las lágrimas (cp. Lc. 19:41). De modo previsible, pero trágico, los dirigentes rechazaron la advertencia de Jesús y redoblaron sus esfuerzos por matarlo (Lc. 20:19). Esa misma advertencia se aplica a todo el mundo: o bien se somete a Cristo como Señor y Salvador, o será aplastado por Él en juicio. Rechazar a Jesucristo es la decisión más trágica que alguien puede tomar en su vida. "El que cree en el Hijo tiene vida eterna; pero el que rehúsa creer en el Hijo no verá la vida, sino que la ira de Dios está sobre él" (Jn. 3:36).

Diagnóstico de los que rechazan a Cristo

111

Procuraban los principales sacerdotes y los escribas echarle mano en aquella hora, porque comprendieron que contra ellos había dicho esta parábola; pero temieron al pueblo. Y acechándole enviaron espías que se simulasen justos, a fin de sorprenderle en alguna palabra, para entregarle al poder y autoridad del gobernador. Y le preguntaron, diciendo: Maestro, sabemos que dices y enseñas rectamente, y que no haces acepción de persona, sino que enseñas el camino de Dios con verdad. ¿Nos es lícito dar tributo a César, o no? Mas él, comprendiendo la astucia de ellos, les dijo: ¿Por qué me tentáis? Mostradme la moneda. ¿De quién tiene la imagen y la inscripción? Y respondiendo dijeron: De César. Entonces les dijo: Pues dad a César lo que es de César, y a Dios lo que es de Dios. Y no pudieron sorprenderle en palabra alguna delante del pueblo, sino que maravillados de su respuesta, callaron. (20:19-26)

La historia de Israel, a pesar de las bendiciones singulares, es un relato largo e implacable de rebelión contra Dios, indiferencia a su revelación, y desobediencia a su ley. La nación persiguió y asesinó de modo regular a los profetas de Dios, enviados a llamar al arrepentimiento y proclamar el ofrecimiento divino de gracia, misericordia, perdón y salvación. Esa trágica historia de privilegio perdido se resume en la dramática parábola que Jesús narró en la sección anterior del Evangelio de Lucas (véase la exposición de los vv. 9-18 en el cap. 110 de esta obra).

La rebelión de Israel contra Dios culminó en el trato hacia su Hijo, el Señor Jesucristo. A pesar de toda la revelación profética del Antiguo Testamento que le señalaba infaliblemente como el rey largamente esperado, la generación que lo vio cometió el delito más inimaginable contra Dios: el asesinato del Mesías tanto divino como humano.

Los dirigentes religiosos conocían el nacimiento virginal, la vida sin pecado y las palabras divinas de Cristo, y su poder sobre demonios, enfermedad, muerte y naturaleza. Ellos habían oído la oferta que Cristo hacía de perdón, salvación, bendición y vida eterna en el reino de Dios. Era obvio que las palabras y las obras de Jesús estaban llenas de muchas de las promesas del Antiguo Testamento.

Aunque los líderes religiosos nunca negaron el poder, los milagros o la inigualable sabiduría de Jesús, lo rechazaron debido a que les atacó su falsa religión.

Dos días antes que lo ejecutaran, el miércoles de la semana de la pasión, se llevó a cabo uno de los varios enfrentamientos entre Jesús y los dirigentes religiosos. La ola de popularidad aún no se había desvanecido porque el pueblo esperaba que Él fuera el mesías que se habían imaginado, quien con gloria y poder establecería su trono en Jerusalén. Los líderes, que habían odiado a Jesús desde el inicio de su ministerio por su primer ataque contra el templo de ellos (Jn. 2), ahora más que nunca querían matarlo. En un extraordinario despliegue de brillo diabólico diseñaron un cambio total en la actitud pública hacia Jesús. El viernes, la multitud que con gran entusiasmo el lunes había gritado "Hosanna", y que había ovacionado a Jesús como el Mesías, cambió su grito por el de "¡Crucifícale!".

Este incidente revela una red de seis pecados motivadores que dirigen a los líderes: odio, orgullo, hipocresía, adulación, engaño y obstinación.

ODIO

Procuraban los principales sacerdotes y los escribas echarle mano en aquella hora, (20:19*a*)

Tan grave era la amenaza que Jesús representaba que los miembros de los distintos grupos, que a menudo solían enfrentarse entre sí, hallaron unidad en su determinación de deshacerse de Él. **Los escribas,** muchos de los cuales eran fariseos, conformaban el grupo de los expertos en la ley de Moisés y en las tradiciones rabínicas. **Los principales sacerdotes** incluían al reinante sumo sacerdote, Caifás; al ex sumo sacerdote, Anás; al jefe de la guardia del templo, quien asistía al sumo sacerdote; y a otros sacerdotes de alto rango. Muchos de ellos eran saduceos. Mateo 22:15 y Marcos 12:13 señalan que a pesar de la animosidad de unos con otros, los fariseos y los herodianos (judíos que apoyaban la dinastía herodiana) también eran parte del complot (su conspiración se remonta a inicios del ministerio de Jesús; cp. Mr. 3:6). Todos ellos trataban desesperadamente de encontrar una manera de **echarle mano** (arrestar) a Cristo y eliminarlo tan pronto como fuera posible.

Sin embargo, la coalición religiosa en realidad no podía apoderarse abiertamente de Jesús. Tanto ellos como el pueblo entendían que la misma parábola pública que Él acababa de enseñar (vv. 9-18) estaba dirigida a los dirigentes religiosos de la nación. Si llevaban a cabo públicamente la conspiración, confirmarían lo que Jesús había dicho en cuanto a ellos y correrían el riesgo de traer la ira del pueblo sobre sus propias cabezas.

La estrategia que planearon fue conseguir la ayuda de sus acérrimos enemigos, los romanos. Ya que Roma era sumamente sensible a la amenaza de insurrección, en particular durante la Pascua, y a que estaban dispuestos a tomar rápidas acciones contra cualquier rebelión, si los religiosos podían lograr que Jesús hiciera alguna declaración contra Roma entonces lo acusarían ante los romanos como revolucionario político, y los romanos tendrían motivo para apresarlo y ejecutarlo. El simple hecho de ver a Jesús capturado por los romanos bastaría para desacreditarlo a los ojos del pueblo, especialmente si Él no tenía poder sobre sus captores.

ORGULLO

porque comprendieron que contra ellos había dicho esta parábola; (20:19*b*)

Como se mencionó, los dirigentes religiosos **comprendieron** perfectamente **que** Jesús **había dicho** la **parábola** registrada en los versículos 9-18 **contra ellos,** pero no estaban dispuestos a tomar alguna acción para matarlo porque el pueblo aún tenía a Cristo en alta estima (Mt. 21:46). También temían perder la honra y el respeto que con regularidad alimentaban sus egos farisaicos. Ellos buscaban "los primeros asientos en las cenas, y las primeras sillas en las sinagogas, y las salutaciones en las plazas, y que los hombres los [llamaran]: Rabí, Rabí" (Mt. 23:6-7). Ostentosamente anunciaban sus limosnas para los pobres (Mt. 6:2), y amaban "el orar en pie en las sinagogas y en las esquinas de las calles, para ser vistos de los hombres" (v. 5).

Sin embargo, irónicamente estos hipócritas religiosos odiaban y despreciaban al mismo populacho cuya atención ansiaban. Se referían despectivamente a las personas comunes como ignorantes de la ley y malditas (Jn. 7:49), y con desdén se negaban a relacionarse con ellas. Sin ningún tipo de compasión ataban "cargas pesadas y difíciles de llevar, y las [ponían] sobre los hombros de los hombres; pero ellos ni con un dedo [querían] moverlas" (Mt. 23:4). Al igual que todos los falsos maestros, ellos gobernaban por temor e intimidación, amenazando que aquellos que no les obedecieran sus enseñanzas se quedarían fuera del reino de Dios. Su falsa enseñanza llevaba al pueblo a la ruina eterna, volviéndolos dos veces más hijos del infierno de lo que tales religiosos eran (Mt. 23:15). Estos falsos maestros no agradaban a Dios ni a los hombres, sino que se complacían a sí mismos, y alimentaban sus almas orgullosas con las lisonjas de aquellos a quienes intimidaban y maltrataban.

HIPOCRESÍA

Y acechándole enviaron espías que se simulasen justos, a fin de sorprenderle en alguna palabra, para entregarle al poder y autoridad del gobernador. (20:20)

El odio de la élite religiosa hacia Jesús y su orgulloso deseo de mantener su propia posición elevada los llevó a cometer un tercer pecado. La hipocresía es una característica de todos los falsos maestros que, al igual que su padre Satanás (Jn. 8:44), fingen ser justos (2 Co. 11:15). Buscando el momento oportuno para echar mano de Jesús, **y acechándole,** además de mantenerlo bajo estricta vigilancia general, **enviaron espías** de parte de los fariseos y los herodianos (Mt. 22:16) para que lo siguieran a todas partes. Tanto esos dirigentes como los espías eran hipócritas, **que** simulaban ser **justos** en busca de la verdad, pero en realidad solo intentaban **sorprenderle en alguna palabra, para entregarle al poder y autoridad del gobernador** romano.

Según se indicó antes, el plan del concilio judío era usar a los romanos, específicamente a Pilato, quien estaba en Jerusalén para la Pascua, con el fin de ejecutar a Jesús. El pueblo esperaba un mesías que derrocara a todos los enemigos de Israel y estableciera la superioridad y la bendición de la nación como lo prometieran los profetas en el Antiguo Testamento. Por tanto, el verdadero Mesías tendría que ver a los romanos como intrusos idólatras, blasfemos y paganos a los que se debía juzgar.

Los líderes razonaban que a fin de mantener la pretensión de ser el Mesías, Jesús se vería obligado a adoptar el punto de vista popular de que era necesario oponerse y derrocar a los romanos. Por eso lo único que debían hacer era manipularlo con el fin de llevarlo a una posición en que tuviera que decirlo en público. Una vez que se identificara como revolucionario, los romanos lo arrestarían. Eso demostraría que tenían poder sobre Jesús, y no que Él tenía poder sobre ellos, y el desilusionado pueblo se volvería en su contra.

ADULACIÓN

Y le preguntaron, diciendo: Maestro, sabemos que dices y enseñas rectamente, y que no haces acepción de persona, sino que enseñas el camino de Dios con verdad. (20:21)

Aquellos que **le preguntaron** formalmente se dirigieron a Jesús como **Maestro,** un título reservado para los rabinos más respetados y honrados. Aunque pretendían adularlo, lo que estaban diciendo era cierto. Jesús siempre habló y enseñó **rectamente,** nunca hizo **acepción de persona,** y enseñó **el camino de Dios con verdad,** y solo la verdad. El Señor no ajustaba su mensaje basado en el tipo de respuesta que recibía o a quién le estaba hablando. No fue ambiguo debido a opinión humana o a posibles consecuencias. Este sarcasmo mentiroso de la falsa adulación de ellos estaba destinado a atrapar a Jesús con el fin de destruirlo.

Existen dos razones de que le hablaran a Jesús en la forma en que lo hicieron. En primer lugar, pensaron que Él era como ellos y que respondería con sentimientos de orgullo, por lo que sería exasperadamente sincero cuando le retaran a justificar el elogio que le hacían. En segundo lugar, quisieron fingir que estaban de acuerdo con cómo el pueblo lo veía. Ellos eran aduladores odiosos que trataban de tentar a Jesús con el fin de que Él mismo se incriminara en un interesado intento de evitar contradecir el elogio que le habían hecho.

ENGAÑO

¿Nos es lícito dar tributo a César, o no? Mas él, comprendiendo la astucia de ellos, les dijo: ¿Por qué me tentáis? Mostradme la moneda. ¿De quién tiene la imagen y la inscripción? Y respondiendo dijeron: De César. Entonces les dijo: Pues dad a César lo que es de César, y a Dios lo que es de Dios. (20:22-25)

La mayor admiración que podría darse a un maestro estimado era exaltarlo haciéndole preguntas difíciles, en particular aquellas relacionadas con la ley de Dios. Suponiendo que tenían a Jesús donde querían, sus enemigos le plantearon una pregunta cuidadosamente elaborada: **¿Nos es lícito dar tributo a César, o no?** Por **lícito** no se estaban refiriendo a la ley romana sino a la ley de Dios. Creyeron saber que la respuesta bíblicamente correcta era negativa, y que esa era la contestación que el pueblo esperaría. Las personas creían que la tierra de Israel y todo lo que producía pertenecían a Dios. En consecuencia, detestaban pagar impuestos a ocupantes paganos idólatras.

Además, había diversos impuestos que los romanos cobraban, entre ellos a la renta, a la tierra, a las importaciones y al transporte. Pero el impuesto que más odiaba el pueblo judío era el de capitación que se pagaba por vivir bajo la autoridad de Roma. Lo encontraban especialmente ofensivo porque sugería que le pertenecían al César, mientras que con pasión se veían a sí mismos y a la nación como posesión de Dios. La tributación era una continua fuente de fricción entre los judíos y Roma, y jugó un papel muy importante tanto en la rebelión encabezada por Judas de Galilea (6-7 d.C.) como en la revuelta judía de los años 66-70 d.C., que terminó en la total destrucción de Jerusalén por parte del general romano Tito.

Los dirigentes creyeron que habían obligado a Jesús a participar en un dilema imposible e ineludible. Estaban seguros de que para no perder la confianza del pueblo, Él tendría que afirmar el punto de vista público de que pagar impuestos a Roma era una violación a la ley de Dios. Pero tal respuesta dejaría al muy popular Jesús abierto a la acusación de incitar una insurrección contra Roma. Si Él daba esa respuesta a la pregunta que le hicieran, enviarían a los herodianos a informar a los romanos, quienes deberían capturar a Jesús, frustrando así las esperanzas de que Él fuera el rey de Dios.

No obstante, Jesús, **comprendiendo** que con **astucia** perversa intentaban atraparlo, **les dijo: ¿Por qué me tentáis?** Sin esperar una respuesta de parte de sus adversarios, Cristo siguió diciendo: **Mostradme la moneda.** Esta **moneda** era un denario de plata acuñado con la autoridad del emperador, equivalente a un día de salario para un soldado romano. En la época de Jesús un denario habría tenido la imagen del rostro del emperador Tiberio en el frente, y en el reverso una impresión de él sentado en su trono y usando vestimentas sacerdotales. Puesto que los judíos consideraban que tales imágenes eran una violación al segundo mandamiento (Éx. 20:4), que prohibía la idolatría, evitaban portar tales monedas. Cuando le presentaron una moneda, Jesús, sin vacilación, preguntó: **¿De quién tiene la imagen y la inscripción?** Recibió la obvia respuesta: **de César.**

La profundidad de la siguiente declaración de Jesús no debería perderse en su simplicidad: Él **les dijo: Pues dad a César lo que es de César, y a Dios lo que es de Dios.** El punto de vista del Señor era que las personas deben cumplir sus obligaciones, tanto materialmente hacia el gobierno humano como espiritualmente hacia Dios. **Dad** se traduce de una forma del verbo griego *apodidōmi*, que se refiere a devolver algo que se debe.

Hay algunas cosas que, en la providencia de Dios, pertenecen al reino temporal. Dios mismo había puesto a Israel bajo el dominio romano y al César como su gobernador terrenal. Los judíos debían apoyar a este régimen porque todo gobierno es ordenado por Dios para proteger a los inocentes y castigar a los malvados, según declara Pablo en Romanos 13:1-4:

> *Sométase toda persona a las autoridades superiores; porque no hay autoridad sino de parte de Dios, y las que hay, por Dios han sido establecidas. De modo que quien se opone a la autoridad, a lo establecido por Dios resiste; y los que resisten, acarrean condenación para sí mismos. Porque los magistrados no están para infundir temor al que hace el bien, sino al malo. ¿Quieres, pues, no temer la autoridad? Haz lo bueno, y tendrás alabanza de ella; porque es servidor de Dios para tu bien. Pero si haces lo malo, teme; porque no en vano lleva la espada, pues es servidor de Dios, vengador para castigar al que hace lo malo.*

Los romanos cumplían todo eso. Eran militarmente poderosos, y proporcionaban paz, seguridad y protección. La red de caminos y canales de navegación que crearon facilitaba el flujo de bienes y el comercio que añadía prosperidad a sus súbditos. Era legítimo que a cambio esperaran que tan valiosos servicios fueran apoyados por los que se beneficiaban de ellos.

Lo mismo es válido hoy día. Los cristianos son ciudadanos de este mundo temporal, bajo la autoridad del gobierno humano. Al mismo tiempo son súbditos del reino de Dios, bajo el gobierno de Dios y Cristo. En el mundo terrenal deben cumplir sus obligaciones para con tales poderes gobernantes que Dios, en su soberana providencia, ha puesto en autoridad sobre ellos. Esto es verdad sea que se viva en una democracia o en una dictadura. En cualquier caso, los cristianos deben temer a Dios y honrar al rey (1 P. 2:17). Jesús afirmó el derecho de los gobernantes de recaudar impuestos con el fin de mantenerse económicamente a flote porque están establecidos por Dios para el bienestar y la seguridad del ser humano. Sin tales poderes gobernantes habría anarquía, caos y destrucción. Sin embargo, cuando un gobierno ordena a los creyentes hacer lo que Dios prohíbe, o les prohíbe hacer lo que Dios ordena, se le debe desobedecer legítimamente (Hch. 4:19; 5:29).

Por otra parte, a los cristianos siempre se les exige dar **a Dios lo que es de Dios.** Él es aquel a quien pertenecemos y a quien servimos (Hch. 27:23). A Él le pertenecen exclusivamente nuestras almas y nuestra adoración, alabanza, confianza, amor y obediencia.

OBSTINACIÓN

Y no pudieron sorprenderle en palabra alguna delante del pueblo, sino que maravillados de su respuesta, callaron. (20:26)

En lugar de maravillarse de la asombrosa sabiduría de Cristo y de reexaminar la obligación que tenían ante Dios, los frustrados líderes quedaron **maravillados,** pero en vez de admitir eso ante Jesús, **callaron.** Su actitud hacia Él no había cambiado. A pesar de que no habían podido obtener la respuesta incriminatoria de parte de Jesús que habían esperado, obstinadamente persistieron en tratar de hallar otra manera. Cuando lograron llevar a Jesús ante Pilato, mintieron diciendo: "A éste hemos hallado que pervierte a la nación, y que prohíbe dar tributo a César" (Lc. 23:2).

La obstinación pecaminosa de estos dirigentes los dejó en una situación irremediable e irredimible.

El Salvador silencia a los saduceos

112

Llegando entonces algunos de los saduceos, los cuales niegan haber resurrección, le preguntaron, diciendo: Maestro, Moisés nos escribió: Si el hermano de alguno muriere teniendo mujer, y no dejare hijos, que su hermano se case con ella, y levante descendencia a su hermano. Hubo, pues, siete hermanos; y el primero tomó esposa, y murió sin hijos. Y la tomó el segundo, el cual también murió sin hijos. La tomó el tercero, y así todos los siete, y murieron sin dejar descendencia. Finalmente murió también la mujer. En la resurrección, pues, ¿de cuál de ellos será mujer, ya que los siete la tuvieron por mujer? Entonces respondiendo Jesús, les dijo: Los hijos de este siglo se casan, y se dan en casamiento; mas los que fueren tenidos por dignos de alcanzar aquel siglo y la resurrección de entre los muertos, ni se casan, ni se dan en casamiento. Porque no pueden ya más morir, pues son iguales a los ángeles, y son hijos de Dios, al ser hijos de la resurrección. Pero en cuanto a que los muertos han de resucitar, aun Moisés lo enseñó en el pasaje de la zarza, cuando llama al Señor, Dios de Abraham, Dios de Isaac y Dios de Jacob. Porque Dios no es Dios de muertos, sino de vivos, pues para él todos viven. Respondiéndole algunos de los escribas, dijeron: Maestro, bien has dicho. Y no osaron preguntarle nada más. (20:27-40)

La expectativa de vida después de la muerte es universal en la especie humana. A lo largo de la historia los pueblos en todas las culturas han expresado confiada esperanza en que la muerte no es el final de su existencia, revelando que universalmente Dios "ha puesto eternidad en el corazón de ellos" (Ec. 3:11). Por ejemplo, reflejando la creencia de los antiguos egipcios en la vida después de la muerte, el *Libro de los muertos* contiene historias e instrucciones relacionadas con su creencia en el más allá. Una barcaza solar (a usarse como medio de transporte en la próxima vida) se halló en la tumba del faraón Keops, quien murió alrededor de dos mil quinientos años antes del nacimiento de Cristo, reflejando esa creencia. Los antiguos griegos a veces ponían una moneda en la boca de un cadáver con el fin de pagar la tarifa del fallecido para atravesar el místico río de la muerte a la tierra de la vida de resurrección. Algunos indios estadounidenses enterraban a sus guerreros muertos con artículos útiles (tales como sus arcos, flechas y caballos) que pudieran necesitar en la otra vida. Los vikingos hacían algo parecido. En Groenlandia a veces enterraban a los niños con perros que los guiaran a través del gélido páramo de la muerte. Cuando Benjamín Franklin era joven (aunque no cristiano en el sentido bíblico) compuso el siguiente epitafio caprichoso:

El cuerpo de B. Franklin, impresor
(como la cubierta de un libro viejo,
con su interior rasgado,
despojada de su texto y sus dorados),
yace aquí, como alimento para los gusanos;
pero la obra no se perderá,
porque (como él creyó) aparecerá de nuevo,
en una Edición nueva y más elegante,
revisada y corregida
por el Autor.

El pueblo judío ha tenido históricamente una fuerte creencia en la vida de resurrección, como lo ilustra un espantoso incidente registrado en el libro apócrifo de 2 Macabeos. Un anciano judío llamado Razis fue atrapado por sus enemigos, pero en lugar de morir a manos de estos se cortó él mismo el vientre con una espada, y "se colocó sobre una alta roca y, casi completamente desangrado, se arrancó las entrañas y, tomándolas con las dos manos, las arrojó sobre la tropa, pidiendo al Señor de la vida que algún día se las devolviera. De este modo murió" (14:45-46). Otro escrito apócrifo, el Apocalipsis de Baruc (conocido además como 2 Baruc), expresa también la tradicional creencia judía en la vida después de la muerte:

> *Porque ciertamente la tierra restaurará a los muertos, [los cuales ahora recibe, a fin de preservarlos]. No hará cambio en su forma, sino que como los ha recibido, así los restaurará, y así como se los entregué, así también los resucitará. Para entonces será necesario mostrar a los vivos que los muertos han vuelto otra vez a la vida, y que los que habían salido han regresado (de nuevo). Y acontecerá que cuando hayan reconocido individualmente a aquellos que ahora conocen, entonces el juicio se fortalecerá, y las cosas que antes fueron dichas ocurrirán. Y acontecerá que cuando ese día señalado haya pasado, entonces el aspecto de aquellos que están condenados cambiará después, y la gloria para los que están justificados. Porque el aspecto de aquellos que ahora actúan de forma perversa se volverá peor de lo que es, ya que sufrirán tormento eterno. También (en lo*

que atañe a) la gloria de los que ahora han sido justificados en mi ley, que han tenido entendimiento en su vida, y que han plantado en sus corazones la raíz de sabiduría, entonces su esplendor será glorificado en los cambios, y la forma de sus rostros se convertirá en la luz de su belleza, para que puedan adquirir y recibir el mundo que no muere, el cual se les ha prometido. Por sobre todo esto llegará entonces lamento para los que rechazaron mi ley y se taparon los oídos de tal modo que no pudieron oír la sabiduría ni recibir entendimiento. Por tanto, cuando vean a aquellos, sobre quienes ahora son exaltados, (pero) que serán exaltados y glorificados más que ellos, respectivamente serán transformados, los últimos en el esplendor de los ángeles, y los primeros se consumirán asombrados en las visiones y en la contemplación de las formas. Porque primero contemplarán y después saldrán para ser atormentados. Pero aquellos que han sido salvos por sus obras, y a quienes la ley les ha dado ahora una nueva esperanza, y la comprensión de una expectativa, y sabiduría en una confianza, maravillas aparecerán en su tiempo. Porque ellos contemplarán el mundo que ahora les es invisible, y contemplarán el tiempo que ahora está oculto ante sus ojos: y el tiempo ya no los envejecerá. Porque en las alturas de ese mundo habitarán, y se harán semejantes a los ángeles, y se harán iguales a las estrellas, y serán cambiados en toda forma que deseen, desde belleza hasta encanto, y de luz hasta el esplendor de la gloria (50:2—51:10).

Pero de mucho mayor significado que la especulación tradicional respecto a la vida resucitada de la era venidera es la revelación divina en el Antiguo Testamento. En Job 19:25-27, Job expresó su confiada esperanza en la resurrección corporal de los muertos: "Yo sé que mi Redentor vive, y al fin se levantará sobre el polvo; y después de deshecha esta mi piel, en mi carne he de ver a Dios; al cual veré por mí mismo, y mis ojos lo verán, y no otro".

En Salmos 16:9-11, David escribió:

Se alegró por tanto mi corazón, y se gozó mi alma; mi carne también reposará confiadamente; porque no dejarás mi alma en el Seol, ni permitirás que tu santo vea corrupción. Me mostrarás la senda de la vida; en tu presencia hay plenitud de gozo; delicias a tu diestra para siempre.

Salmos 49:15 expresa la esperanza del salmista en su resurrección: "Dios redimirá mi vida del poder del Seol, porque él me tomará consigo", e igual ocurre en Salmos 139:8: "Si subiere a los cielos, allí estás tú; y si en el Seol hiciere mi estrado, he aquí, allí tú estás". Salmos 73:24, Isaías 26:19, y Daniel 12:2 también revelan la esperanza de la resurrección.

La excepción más notable a esta creencia la conformaban los saduceos, quienes negaban por completo cualquier vida futura, ya sea para castigo o recompensa. Ellos enseñaban que tanto el alma como el cuerpo dejaban de existir en la muerte. En el incidente registrado en esta sección del Evangelio de Lucas, un grupo de saduceos enfrentó a Jesús respecto a la resurrección. El pasaje podría dividirse en cuatro secciones: planteamiento de los saduceos, lo absurdo de la resurrección, respuesta de la Biblia, y el asombro de la multitud.

PLANTEAMIENTO DE LOS SADUCEOS

Llegando entonces algunos de los saduceos, los cuales niegan haber resurrección, le preguntaron, (20:27)

Según se indicó anteriormente, **los saduceos** estaban en oposición directa a la creencia común judía, alegando que no hay **resurrección.** Que esta idea era un punto importante de controversia teológica está claro en Hechos 23:8: "Los saduceos dicen que no hay resurrección, ni ángel, ni espíritu; pero los fariseos afirman estas cosas". Los saduceos se burlaban del punto de vista literal e insensato de los fariseos acerca de la otra vida, la cual imaginaban que en esencia era la misma que la vida actual (algunos fariseos incluso alegaban que las personas resucitarían con la misma ropa con que murieron, con los mismos defectos físicos, y con las mismas relaciones interpersonales), viéndola acertadamente como un absurdo.

Aunque pocos en cantidad, los saduceos ejercían una enorme influencia, ya que constaban de los religiosos aristocráticos, ricos e influyentes que incluían a los sumos sacerdotes, los jefes de los sacerdotes (cp. 19:47; 20:1, 19), y la mayor parte del concilio. Mantener todas las posiciones de poder sobre el templo compensaba el relativamente pequeño número de saduceos.

Políticamente estaban ansiosos de cooperar con Roma. Ya que rechazaban toda existencia después de esta vida, los saduceos centraban todos sus esfuerzos y su atención en los asuntos de esta vida actual. Buscaban poder, riqueza, posición y dominio. Si la obtención de esas cosas requería que cooperaran con sus amos romanos, eran celosos en halagarlos.

Los saduceos dirigían las lucrativas operaciones comerciales localizadas en los terrenos del templo, y es obvio que se pusieran furiosos con Jesús por haberles interrumpido dos veces sus negocios (véase la exposición de 19:45-48 en el cap. 108 de esta obra). El ataque de Jesús a la teología de los fariseos y la economía de los saduceos hizo que hicieran de lado las creencias que tenían para unirse en su odio hacia Él.

En cuanto a sus creencias religiosas, los saduceos eran muy cerrados y estrictos. Aunque liberales para negar la resurrección, los ángeles y la era por venir, eran fundamentalistas en rechazar las tradiciones orales y las prescripciones de los escribas que los fariseos aceptaban, y reconocían solo a las Escrituras como fuente autorizada. Además, interpretaban la ley mosaica de manera más literal que los demás, y eran más exigentes en los asuntos de la pureza ritual prescrita en la ley.

Se aferraban a la primacía de la ley mosaica contenida en el Pentateuco (los cinco libros de Moisés: Génesis, Éxodo, Levítico, Números y Deuteronomio). Creían que todo el resto del Antiguo Testamento estaba subordinado a la ley mosaica, y que simplemente la comentaba. Sostenían que en ninguno de esos libros se enseñaba sobre la resurrección y que, por consiguiente, cualquier escrito (incluso otro libro del Antiguo Testamento) que pareciera enseñar la resurrección debía entenderse de un modo diferente.

En consonancia con su negación de cualquier vida futura, los saduceos vivían como si no hubiera un mañana. Observaban meticulosamente la ley mosaica, pero al mismo tiempo, al igual que los fariseos, oprimían cruelmente a las personas comunes, y usaban sus posiciones de poder e influencia para beneficiarse a expensas del populacho.

Los fariseos trataron de destruir a Jesús atrapándolo para que hiciera una declaración anti-romana incriminatoria (cp. Lc. 20:19-26). Los saduceos, por otra parte, intentaban desacreditarlo a los ojos del pueblo como ignorante, haciéndole una pregunta que Él no pudiera contestar. Decidieron confundirlo en el tema de las relaciones matrimoniales de la supuesta resurrección. Su pregunta también estaba pensada para hacer que la creencia en la resurrección pareciera absurda.

LO ABSURDO DE LA RESURRECCIÓN

diciendo: Maestro, Moisés nos escribió: Si el hermano de alguno muriere teniendo mujer, y no dejare hijos, que su hermano se case con ella, y levante descendencia a su hermano. Hubo, pues, siete hermanos; y el primero tomó esposa, y murió sin hijos. Y la tomó el segundo, el cual también murió sin hijos. La tomó el tercero, y así todos los siete, y murieron sin dejar descendencia. Finalmente murió también la mujer. En la resurrección, pues, ¿de cuál de ellos será mujer, ya que los siete la tuvieron por mujer? (20:28-33)

Fingiendo un respeto que no tenían, al igual que sus colegas, los saduceos cuestionaron a Jesús dirigiéndosele en forma lisonjera como **Maestro,** a fin de hacer surgir expectativas de que Él sin duda sabría la respuesta a la pregunta que le planteaban. Sus preguntas tuvieron que ver con la instrucción relacionada con el matrimonio levirato descrito en Deuteronomio 25:5-6:

Cuando hermanos habitaren juntos, y muriere alguno de ellos, y no tuviere hijo, la mujer del muerto no se casará fuera con hombre extraño; su cuñado se llegará a ella, y la tomará por su mujer, y hará con ella parentesco. Y el primogénito que ella diere a luz sucederá en el nombre de su hermano muerto, para que el nombre de éste no sea borrado de Israel.

El principio es anterior a la ley mosaica, como lo indica la historia de Onán (Gn. 38:6-10). Quizás el ejemplo más famoso de matrimonio levirato en el Antiguo Testamento es el de Booz con Rut, la nuera de la viuda de su pariente Elimelec (Rt. 2:1; 4:1-13).

Los saduceos confrontaron a Jesús con una situación que hacía parecer absurdo el punto de vista excesivamente literal de los fariseos en cuanto a la otra vida:

Hubo, pues, siete hermanos; y el primero tomó esposa, y murió sin hijos. Y la tomó el segundo, el cual también murió sin hijos. La tomó el tercero, y así todos los siete, y murieron sin dejar descendencia. Finalmente murió también la mujer. En la resurrección, pues, ¿de cuál de ellos será mujer, ya que los siete la tuvieron por mujer?

No se sabe si esta situación había sido hipotética o si había sucedido en la vida real. Pero cualquiera que fuera el caso, los saduceos supusieron que el punto de vista de Jesús en cuanto a la resurrección era el mismo del de los fariseos. Ellos creían que Él era vergonzosamente incapaz de contestarles la pregunta, y que por tanto su reputación como un eminente maestro disminuiría.

RESPUESTA DE LA BIBLIA

Entonces respondiendo Jesús, les dijo: Los hijos de este siglo se casan, y se dan en casamiento; mas los que fueren tenidos por dignos de alcanzar aquel siglo y la resurrección de entre los muertos, ni se casan, ni se dan en casamiento. Porque no pueden ya más morir, pues son iguales a los ángeles, y son hijos de Dios, al ser hijos de la resurrección. Pero en cuanto a que los muertos han de resucitar, aun Moisés lo enseñó en el pasaje de la zarza, cuando llama al Señor, Dios de Abraham, Dios de Isaac y Dios de Jacob. Porque Dios no es Dios de muertos, sino de vivos, pues para él todos viven. (20:34-38)

La réplica de Jesús al intento de los saduceos por ridiculizar la creencia en la resurrección llegó con una fuerte reprimenda. Según Mateo, Jesús comenzó su respuesta diciéndoles: "Erráis, ignorando las Escrituras y el poder de Dios" (Mt. 22:29). Esa fue una declaración impresionante y humillante hecha a quienes se enorgullecían de su conocimiento de las Escrituras. Pero ellos desconocían la verdad, despojándole todo poder espiritual real, y estaban espiritualmente ciegos. Si hubieran sabido la verdad relacionada con el poder de Dios habrían entendido que el Señor resucitará a las personas sin todos los supuestos absurdos que ellos se deleitaban en imaginar.

En realidad, la complicada pregunta que los saduceos hicieron era absurda, y la respuesta era sencilla: no existe matrimonio en el cielo. **Los hijos de este siglo** (un hebraísmo para quienes viven en el mundo actual (cp. Lc. 16:8) **se casan, y se dan en casamiento.** Pero al igual que las demás relaciones familiares, el matrimonio es únicamente para esta vida terrenal. Lo cierto es que **los que fueren tenidos por dignos de alcanzar** la vida eterna que sigue a **la resurrección de entre los muertos, ni se casan, ni se dan en casamiento. Porque no pueden ya más morir, pues son iguales a los ángeles, y son hijos de Dios, al ser hijos de la resurrección.** No habrá necesidad de matrimonio ni familias para el propósito de repoblación, por la obvia razón de que quienes viven eternamente en la presencia de Dios **no pueden ya más morir,** y por tanto no es necesario reemplazarlos. Serán **iguales a los ángeles,** que todos fueron creados al mismo tiempo y nunca mueren. Tampoco habrá ninguna necesidad de matrimonio ni de relaciones familiares diseñadas para transmitir la verdad y la justicia de generación en generación, ya que todo el mundo está en perfecta y santa unión con el Dios trino y de unos con otros.

La declaración de Cristo acerca de **los que fueren tenidos por dignos de alcanzar aquel siglo y la resurrección de entre los muertos** era una advertencia directa a los saduceos. Estos no eran dignos del siglo venidero, ya que al negarse a creer en su existencia los dejaba sin ningún deseo de buscar el camino hacia la vida eterna. Solo por medio de la fe en el Señor Jesucristo los seres humanos pueden volverse dignos de ser **hijos de Dios, al ser hijos de la resurrección,** puesto que "todas nuestras justicias [son] como trapo de inmundicia" (Is. 64:6) y, en consecuencia, "no hay justo, ni aun uno" (Ro. 3:10). La frase **hijos de** identifica la naturaleza esencial o define la cualidad de algo; la naturaleza esencial de los **hijos de la resurrección** es que estos poseen la vida pura y satisfactoria de Dios. La gloriosa resurrección corporal que los redimidos tendrán se describe con detalle en 1 Corintios 15:35-50 (cp. Fil. 3:21).

Tras demostrar que la objeción de los saduceos a la resurrección era irrelevante y basada en la ignorancia respecto a la vida en el siglo venidero, Jesús enfocó el asunto de la afirmación que ellos hacían en cuanto a que el Pentateuco no enseñaba la resurrección. **Moisés** sí **enseñó** claramente **que los muertos han de resucitar,** sobre todo **en el pasaje de la zarza** (Éx. 3:6). En ese pasaje, Moisés recordó que Dios se llamó a sí mismo **Dios de Abraham, Dios de Isaac y Dios de Jacob.** Dios usó el tiempo presente, diciéndole a Moisés: "Yo soy el Dios de tu padre, Dios de Abraham, Dios de Isaac, y Dios de Jacob", no el tiempo pasado: "Yo fui". Sin embargo, habría sido apropiado usar el tiempo pasado si esos hombres ya no existieran (cp. el uso similar del tiempo presente en relación con quienes habían muerto en Gn. 26:24; Éx. 3:15-16; 4:5). El Dios que declaró ser el Dios de Abraham, Isaac y Jacob no recibe adoración de quienes ya no existen.

La muerte no finaliza la existencia de una persona. Todos los que pertenecen a Dios están vivos y en unión con Él en su presencia. Jesús le dijo a Marta: "Yo soy la resurrección y la vida; el que cree en mí, aunque esté muerto, vivirá. Y todo aquel que vive y cree en mí, no morirá eternamente" (Jn. 11:25-26).

EL ASOMBRO DE LA MULTITUD

Respondiéndole algunos de los escribas, dijeron: Maestro, bien has dicho. Y no osaron preguntarle nada más. (20:39-40)

La respuesta del Señor a los saduceos fue devastadora. Ellos habían urdido su mejor ataque en un vano intento, y Él lo había desmantelado. Además, Jesús les había expuesto su ignorancia del Pentateuco mostrando que este, al igual que el resto de las Escrituras, sí enseña la realidad de la resurrección.

Irónicamente los escribas, que estaban contra Jesús, se mostraron encantados de que Él hubiera destruido el argumento de sus archirrivales y los hubiera humillado. Algunos de ellos lo felicitaron, y le **dijeron: Maestro, bien has dicho.** Mateo señala que "oyendo esto la gente, se admiraba de su doctrina" (Mt. 22:33). Los saduceos, totalmente acallados, **no osaron preguntarle nada más.** Sin embargo, los fariseos arremetieron contra Jesús con una última pregunta (Mt. 22:34-45). Después de contestársela, y de hacerles a su vez otra pregunta, "nadie le podía responder palabra; ni osó alguno desde aquel día preguntarle más" (Mt. 22:46).

Jesús reveló en este pasaje su majestuosa e invencible sabiduría, mientras afirmaba la promesa de la resurrección para todos los que pongan su fe en Él para la salvación.

Hijo de David y Señor 113

Entonces él les dijo: ¿Cómo dicen que el Cristo es hijo de David? Pues el mismo David dice en el libro de los Salmos: Dijo el Señor a mi Señor: Siéntate a mi diestra, hasta que ponga a tus enemigos por estrado de tus pies. David, pues, le llama Señor; ¿cómo entonces es su hijo? (20:41-44)

La deidad del Señor Jesucristo se ha negado incluso desde su encarnación. El consenso general en el mundo incrédulo es que Él fue un simple hombre; noble, intuitivo, sabio, devoto y bien intencionado, pero sin embargo solo un hombre. Esa opinión es consecuente con los fines oscuros de Satanás, ya que si Jesús solo fuera un hombre y no totalmente Dios, no sería el Salvador, la Biblia no sería veraz, y el cristianismo sería una mentira. Pero por otra parte, si Jesús es Dios, entonces la Biblia es cierta, y las declaraciones de verdad del cristianismo se verifican.

Debido a que es tan fundamental para la salvación, la verdad bíblica relacionada con la persona de Cristo es rechazada por sectas satánicas y falsas religiones. Por ejemplo, los mormones han logrado engañar a muchos (incluso a algunos cristianos) haciéndoles creer que adoran al Cristo de la Biblia. Pero enseñan que el Señor Jesús, el espíritu hermano mayor de Lucifer, fue uno de los millones de seres espirituales creados en el cielo que se volvieron humanos y alcanzaron la divinidad como muchos otros, incluso los mejores mormones.

Otras sectas y falsas religiones sostienen puntos de vista igualmente aberrantes acerca de Jesús. Para los Testigos de Jehová, Él fue el arcángel Miguel antes de su nacimiento, que vivió como nada más que un hombre perfecto (igual a Adán antes de la caída), y resucitó como un ser espiritual después de su muerte. El Jesús del Islam fue un profeta humano de Alá que enseñó verdad islámica. En la Ciencia Cristiana, Jesús es un hombre que manifestó la idea de Cristo; para los bahais, Él es una de las muchas manifestaciones de Dios; para los hindúes, Jesús es un gurú. Para los budistas, Él es un maestro iluminado; para los espiritistas fue un médium en comunicación con los espíritus de los muertos y ahora es un espíritu con quien las personas pueden comunicarse.

Históricamente, el pueblo judío tampoco ha querido reconocer a Jesús como Dios. En su propia época esperaban que el mesías fuera un hombre extraordinario, poderoso e influyente que sometería a los enemigos de Israel, establecería el reino de Dios en que Israel representaría el papel central, y cumpliría todas las promesas del pacto abrahámico y del pacto davídico. Las personas comunes aceptaban ese punto de vista del mesías, que sus líderes enseñaron por mucho tiempo.

La pretensión de Jesús de ser Dios era una blasfemia escandalosa, el pecado más cruel imaginable en opinión de los judíos. El incesante ataque de Jesús a la teología, poder, influencia, posición y arrogancia moral de ellos enfureció especialmente a los líderes religiosos de Jerusalén. Esos ataques culminaron durante la semana de la pasión, cuando el Señor limpió el templo, confrontó la corrupción de los dirigentes religiosos, y les desenmascaró su hipocresía, intensificando en ellos el febril deseo de eliminarlo.

Esta última conversación entre el Señor y los dirigentes se llevó a cabo al final del miércoles. El intento de las autoridades religiosas judías por desacreditarlo había sido totalmente infructuoso y, en consecuencia, "ya ninguno osaba preguntarle" (Mr. 12:34). No pudieron manipularle las respuestas, y después se hizo evidente que tampoco podían manipularle las preguntas. Esta dramática confrontación comenzó cuando Jesús les planteó una pregunta perspicaz, a la cual dieron una respuesta deficiente, y concluyó cuando el Señor presentó una realidad divina.

UNA PREGUNTA PERSPICAZ

Entonces él les dijo: ¿Cómo dicen que el Cristo es hijo de David? (20:41)

La pregunta que surge es por qué Jesús inició este diálogo, ya que para esta época en su ministerio era evidente que los dirigentes y la nación lo habían rechazado. ¿Por qué molestarse en afirmar una vez más su verdadera identidad? La respuesta se encuentra en el relato de Marcos acerca de este incidente. Después que Jesús frustrara el astuto intento de los saduceos por desacreditarlo haciéndole una pregunta que Él no pudiera contestar (Mr. 12:18-27; cp. la exposición de Lc. 20:27-40 en el capítulo anterior de esta obra), un escriba lo retó a que dijera el más grande mandamiento de la ley (Mr. 12:28-34). Después que el intérprete de la ley elogiara la respuesta de Jesús, este le dijo: "No estás lejos del reino de Dios" (v. 34). El diálogo registrado aquí siguió inmediatamente después. La pregunta de Jesús presentó un último recurso evangelístico para alcanzar a quienes podrían estar sensibles al evangelio. A pesar del mordaz odio de los dirigentes y del interés superficial de las multitudes indecisas y volubles, Jesús todavía de modo compasivo les presentó la verdad. Como Dios encarnado no se complacía en la muerte de los malvados (Ez. 33:11). Su gozo estaba y está en la salvación de pecadores (cp. Lc. 15:7; Jn. 4:31-42); la destrucción de ellos le producía tristeza y lo conmovía hasta las lágrimas (Lc. 19:41-44).

No obstante, el inconfundiblemente claro testimonio de las Escrituras es que nadie que rechace la verdad de que Jesucristo es Dios irá al cielo. Juan el Bautista atestiguó con relación a Jesús: "El que cree en el Hijo tiene vida eterna; pero el que rehúsa creer en el Hijo no verá la vida, sino que la ira de Dios está sobre él" (Jn. 3:36). En Juan 5:37-38, Jesús manifestó: "También el Padre que me envió ha dado testimonio de mí. Nunca habéis oído su voz, ni habéis visto su aspecto, ni tenéis su palabra morando en vosotros; porque a quien él envió, vosotros no creéis". En Juan 8:24 advirtió a los hostiles líderes religiosos: "Por eso os dije que moriréis en vuestros pecados; porque si no creéis que yo soy, en vuestros pecados moriréis". Jesús dejó claro que no existe otra forma de salvación cuando declaró: "Yo soy el camino, y la verdad, y la vida; nadie viene al Padre, sino por mí" (Jn. 14:6). Los apóstoles también predicaron esa verdad, expresando en Hechos 4:12 respecto de Jesús: "En ningún otro hay salvación; porque no hay otro nombre bajo el cielo, dado a los hombres, en que podamos ser salvos". Pablo cerró su primera epístola a los corintios pronunciando una maldición sobre todo aquel que no ame al Señor Jesucristo (1 Co. 16:22). En su primera carta, el apóstol Juan escribió: "¿Quién es el mentiroso, sino el que niega que Jesús es el Cristo? Este es anticristo, el que niega al Padre y al Hijo. Todo aquel que niega al Hijo, tampoco tiene al Padre. El que confiesa al Hijo, tiene también al Padre" (1 Jn. 2:22-23). Más adelante en esa misma epístola añadió:

> *El que cree en el Hijo de Dios, tiene el testimonio en sí mismo; el que no cree a Dios, le ha hecho mentiroso, porque no ha creído en el testimonio que Dios ha dado acerca de su Hijo. Y este es el testimonio: que Dios nos ha dado vida eterna; y esta vida está en su Hijo. El que tiene al Hijo, tiene la vida; el que no tiene al Hijo de Dios no tiene la vida (1 Jn. 5:10-12).*

En su relato de este incidente, Mateo menciona que "estando juntos los fariseos, Jesús les preguntó, diciendo: ¿Qué pensáis del Cristo? ¿De quién es hijo? Le dijeron: De David" (Mt. 22:41-42). La subsiguiente pregunta retórica que Él hizo, **¿cómo dicen que el Cristo es hijo de David?,** que refleja la creencia que tenían en que el mesías sería un simple hombre, los retaba a explicar cómo llegaron a esa conclusión.

UNA RESPUESTA DEFICIENTE

Como ya se indicó, la respuesta de los dirigentes religiosos a la pregunta del Señor hecha en Mateo 22:42 fue que el Mesías sería el hijo de David. Ese era el punto de vista enseñado por los expertos en la ley (Mr. 12:35). Y tenían razón acerca de ese punto, ya que el Antiguo Testamento enseña claramente que el Mesías sería del linaje de David. En 2 Samuel 7:12-14, Dios le prometió:

> *Y cuando tus días sean cumplidos, y duermas con tus padres, yo levantaré después de ti a uno de tu linaje, el cual procederá de tus entrañas, y afirmaré su reino. Él edificará casa a mi nombre, y yo afirmaré para siempre el trono de su reino. Yo le seré a él padre, y él me será a mí hijo. Y si él hiciere mal, yo le castigaré con vara de hombres, y con azotes de hijos de hombres.*

En el Salmo 89, Dios declaró:

> *Hice pacto con mi escogido; juré a David mi siervo, diciendo: Para siempre confirmaré tu descendencia, y edificaré tu trono por todas las generaciones... Una vez he jurado por mi santidad, y no mentiré a David. Su descendencia será para siempre, y su trono como el sol delante de mí. Como la luna será firme para siempre, y como un testigo fiel en el cielo (vv. 3-4, 35-37; cp. Am. 9:11; Mi. 5:2).*

Esa era también la creencia común en la época de Jesús. En Mateo 9:27 dos hombres ciegos lo siguieron, gritando: "¡Ten misericordia de nosotros, Hijo de David!" (cp. 20:30-31). Después que el Señor sanara a un hombre ciego y mudo, "toda la gente estaba atónita, y decía: ¿Será éste aquel Hijo de David?" (Mt. 12:23). Mateo 15:22 señala que "una mujer cananea que había salido de aquella región clamaba, diciéndole: ¡Señor, Hijo de David, ten misericordia de mí! Mi hija es gravemente atormentada por un demonio". En la entrada triunfal de Jesús, "la gente que iba delante y la que iba detrás aclamaba, diciendo: ¡Hosanna al Hijo de David! ¡Bendito el que viene en el nombre del Señor! ¡Hosanna en las alturas!" (Mt. 21:9). No hay duda de que Jesús era del linaje de David, como demuestran las genealogías tanto de José como de María (Mt. 1:1-17; Lc. 3:23-38).

Ninguno de los adversarios de Jesús negó, rechazó o cuestionó alguna vez la ascendencia davídica de Cristo. Los registros genealógicos en el templo lo habrían verificado. Por supuesto, David tuvo muchos descendientes, pero solo uno de ellos era el Mesías. Pero cuando el pueblo se refería a Jesús como el Hijo de David, la reacción de los líderes era hostil, porque la intención de las personas era afirmarlo como el Mesías.

UNA REALIDAD DIVINA

Pues el mismo David dice en el libro de los Salmos: Dijo el Señor a mi Señor: Siéntate a mi diestra, hasta que ponga a tus enemigos por estrado de tus pies. David, pues, le llama Señor; ¿cómo entonces es su hijo? (20:42-44)

Antes que pudieran contestar, el Señor señaló la insuficiencia y el carácter incompleto de la idea de que el Mesías sería simplemente el hijo de David. El testimonio viene del **mismo David,** quien **dice en el libro de los Salmos: Dijo el Señor a mi Señor: Siéntate a mi diestra, hasta que ponga a tus enemigos por estrado de tus pies.** Jesús citó el Salmo 110, considerado como un salmo mesiánico. Pedro también lo citó en Hechos 2:34-35, el escritor de Hebreos citó de Él en Hebreos 1:13 y 10:13, y Pablo aludió a él en 1 Corintios 15:25. El salmo revela que el Mesías iba a ejercer la autoridad y el poder de Dios, simbolizado por el hecho de sentarse a su **diestra.** Dios pondrá a los **enemigos** del Mesías **por estrado de** sus **pies,** una referencia a la ejecución de los enemigos del Mesías, según ilustra el incidente registrado en Josué 10:24-26:

> *Y cuando los hubieron llevado a Josué, llamó Josué a todos los varones de Israel, y dijo a los principales de la gente de guerra que habían venido con él: Acercaos, y poned vuestros pies sobre los cuellos de estos reyes. Y ellos se acercaron y pusieron sus pies sobre los cuellos de ellos. Y Josué les dijo: No temáis, ni os atemoricéis; sed fuertes y valientes, porque así hará Jehová a todos vuestros enemigos contra los cuales peleáis. Y después de esto Josué los hirió y los mató, y los hizo colgar en cinco maderos; y quedaron colgados en los maderos hasta caer la noche.*

El planteamiento de Cristo es que si el Mesías era un simple hombre, como enseñaban los judíos, ¿por qué David se refiere a Él como su Señor? Ningún padre del Oriente Medio, y menos aún un rey, llamaría a su hijo humano "Señor". El sencillo argumento de Jesús fue tan poderoso y convincente que cuando se llegó a conocer ampliamente tras la culminación del Nuevo Testamento, muchos judíos abandonaron la opinión histórica de que el Salmo 110 era mesiánico. En cambio, algunos sostenían que se estaba refiriendo a Abraham; otros a Melquisedec; y aún otros al líder judío intertestamentario Judas Macabeo. Eruditos liberales contemporáneos, que niegan la deidad de Jesús y la veracidad de la Biblia, han sostenido que David simplemente estaba equivocado al ver al Mesías como su Señor. Sin embargo, en el relato de Marcos acerca de este incidente, Jesús presentó su cita de Salmos 110:1 afirmando: "El mismo David dijo por el Espíritu Santo" (Mr. 12:36; cp. Hch. 4:25). Por tanto, negar lo que David escribió es también negar la veracidad del testimonio que el Espíritu Santo dio de Jesucristo. La pregunta lógica del Señor, **David, pues, le llama Señor; ¿cómo entonces es su hijo?** planteaba un dilema ineludible y concluyente para los dirigentes religiosos. Por tanto, "nadie le podía responder palabra; ni osó alguno desde aquel día preguntarle más" (Mt. 22:46).

Tanto en la condición de hijo de David como Señor de David, Jesús es totalmente Dios y totalmente hombre. La Biblia lo declara como la Palabra o el Verbo eterno (Jn. 1:1) que fue hecho carne (v. 14), y su humanidad es claramente obvia en las Escrituras. Él "era del linaje de David según la carne" (Ro. 1:3), y "crecía en sabiduría y en estatura, y en gracia para con Dios y los hombres" (Lc.

2:52). El escritor de Hebreos afirma que "por cuanto los hijos participaron de carne y sangre, él [Jesús] también participó de lo mismo" (He. 2:14). Más tarde en ese capítulo el escritor añade que Jesús "debía ser en todo semejante a sus hermanos, para venir a ser misericordioso y fiel sumo sacerdote en lo que a Dios se refiere, para expiar los pecados del pueblo" (He. 2:17). Jesús tuvo hambre (Mt. 4:1-2) y sed (Jn. 4:7), y se cansó (Jn. 4:5-6; cp. Mt. 8:23-24). Experimentó la gama completa de emociones humanas, incluso gozo (Lc. 10:21), dolor (Mt. 26:37), amor (Jn. 11:5, 36; 15:9), compasión (Mt. 9:36), asombro (Lc. 7:9), e ira (Mr. 3:5).

Pero Jesús también es completamente Dios. Juan 1:1 declara que "el Verbo [Jesús; cp. v. 14] era Dios". Él tomó para sí mismo el nombre sagrado de Dios (YHWH; Éx. 3:14) cuando dijo a sus adversarios: "De cierto, de cierto os digo: Antes que Abraham fuese, yo soy" (Jn. 8:58). La realidad de que los dirigentes judíos (a diferencia de los sectarios modernos) entendieron claramente lo que Jesús quiso decir es evidente por la reacción que mostraron: tratar de apedrearlo por blasfemia (v. 59; cp. Lv. 24:16). En Juan 10:30, Jesús afirmó ser la misma esencia de Dios el Padre. Una vez más los judíos intentaron apedrearlo por blasfemia, porque "siendo hombre [Jesús mismo se hace] Dios" (v. 33). Cuando Tomás se dirigió a Él como Dios (Jn. 20:28), Jesús aceptó tal afirmación de su deidad y alabó la fe del apóstol (v. 29). Filipenses 2:6 declara que Jesús existió "en forma de Dios" (es decir, que es Dios por naturaleza), y Colosenses 2:9 añade que "en él habita corporalmente toda la plenitud de la Deidad". Tito 2:13 lo llama "nuestro gran Dios y Salvador", y 2 Pedro 1:1 lo menciona como "nuestro Dios y Salvador". En Hebreos 1:8, Dios el Padre dijo a Jesús: "Tu trono, oh Dios, por el siglo del siglo".

Muchos nombres o títulos usados en el Antiguo Testamento para referirse a Dios se usan en el Nuevo Testamento para referirse a Cristo:

- YHWH (cp. Is. 6:5, 10 con Jn. 12:39-41; Jer. 23:5-6)
- Pastor (cp. Sal. 23:1 con Jn. 10:14)
- Juez (cp. Gn. 18:25 con 2 Ti. 4:1, 8)
- Santo (cp. Is. 10:20 con Hch. 3:14; cp. Sal. 16:10 con Hch. 2:27)
- Primero y Último (cp. Is. 44:6; 48:12 con Ap. 1:17; 22:13)
- Luz (cp. Sal. 27:1 con Jn. 8:12)
- Señor del día de reposo (cp. Éx. 16:23, 29; Lv. 19:3 con Mt. 12:8)
- Salvador (cp. Is. 43:11 con Hch. 4:12; Tit. 2:13)
- YO SOY (cp. Éx. 3:14 con Jn. 8:58)
- Traspasado (cp. Zac. 12:10 con Jn. 19:37)
- Poderoso Dios (cp. Is. 10:21 con Is. 9:6)
- Señor de señores (cp. Dt. 10:17 con Ap. 17:14)
- Alfa y Omega (cp. Ap. 1:8 con Ap. 22:13)

- Señor de gloria (cp. Sal. 24:10 con 1 Co. 2:8)
- Redentor (cp. Is. 41:14; 48:17; 63:16 con Ef. 1:7; He. 9:12)

Jesucristo posee los incomunicables atributos de Dios (aquellos que son únicos en Dios y que no tienen analogía en el hombre):

- Eternidad (Mi. 5:2; Is. 9:6)
- Omnipresencia (Mt. 18:20; 28:20)
- Omnisciencia (Mt. 11:23; Jn. 16:30; 21:17)
- Omnipotencia (Fil. 3:21)
- Inmutabilidad (He. 13:8)
- Soberanía absoluta (Mt. 28:18)
- Gloria (Jn. 17:5; 1 Co. 2:8; cp. Is. 42:8; 48:11)

Jesucristo también hizo las obras que solo Dios puede hacer:

- Crear (Jn. 1:3; Col. 1:16)
- Tener providencia (sustentar la creación) (Col. 1:17; He. 1:3)
- Dar vida (Jn. 5:21)
- Perdonar pecados (Mr. 2:7, 10)
- Hacer que su Palabra permanezca para siempre (Mt. 24:35; cp. Is. 40:8)

Por último, Jesucristo aceptó adoración, aunque enseñó que solo a Dios se le debe adorar (Mt. 4:10), y la Biblia registra que tanto hombres (Hch. 10:25-26) como ángeles (Ap. 22:8-9) se negaron a que los adoraran:

- Mateo 14:33
- Mateo 28:9
- Juan 5:23
- Juan 9:38

  (véase también Fil. 2:10 [cp. Is. 45:23], He. 1:6)

Otra manera de demostrar la deidad de Cristo es hacer la pregunta: "Si Dios se convirtiera en hombre, ¿cómo esperaríamos que fuera?".

En primer lugar, Si Dios se convirtiera en hombre esperaríamos que no tuviera pecado, porque Dios es absolutamente santo (Is. 6:3). Así es Jesús. Ni sus más acérrimos enemigos pudieron contestar el reto que Él lanzó: "¿Quién de vosotros me redarguye de pecado?" (Jn. 8:46). Jesús es "santo, inocente, sin mancha, apartado de los pecadores, y hecho más sublime que los cielos" (He. 7:26).

Segundo, si Dios se convirtiera en hombre esperaríamos que sus palabras fueran las más grandiosas jamás pronunciadas, porque Dios es omnisciente, es perfectamente sabio, y tiene dominio infinito de la verdad y la capacidad de expresarla perfectamente. Las palabras de Jesús demostraron todo eso. Los alguaciles enviados a arrestarlo informaron a sus superiores: "¡Jamás hombre alguno ha hablado como este hombre!" (Jn. 7:46; cp. Mt. 7:28-29).

Tercero, si Dios se convirtiera en hombre esperaríamos que demostrara poder sobrenatural, porque Dios es todopoderoso. Jesús controló la naturaleza, caminó sobre el agua, sanó enfermos, resucitó muertos, dominó el reino de Satanás y los demonios, evitó de manera sobrenatural a quienes intentaron matarlo, y realizó milagros demasiado numerosos para ser contados (Jn. 21:25).

Cuarto, si Dios se convirtiera en hombre esperaríamos que ejerciera profunda influencia sobre la humanidad. Jesús lo hizo. Él cambió el mundo como nadie más en la historia.

Quinto, si Dios se convirtiera en hombre esperaríamos que manifestara el amor, la gracia, la bondad, la compasión, la justicia, el juicio y la ira de Dios. Jesús lo hizo.

Jesucristo fue en todo sentido la exacta representación de la naturaleza de Dios (He. 1:3). Pero a pesar de que el pueblo judío nunca condenó la sabiduría infinita de Él, ni refutó sus inigualables palabras, ni tampoco negó sus poderosos milagros, la mayoría de los judíos y sus líderes lo rechazaron en última instancia. No oyeron ni obedecieron la voz del Dios encarnado (cp. He. 3:7), sino que a su vez enfurecieron sus corazones contra Él, tal como sus antepasados habían hecho (v. 8). Para todos quienes, al igual que ellos, pecan "voluntariamente después de haber recibido el conocimiento de la verdad, ya no queda más sacrificio por los pecados, sino una horrenda expectación de juicio, y de hervor de fuego que ha de devorar a los adversarios" (He. 10:26-27). En realidad que "horrenda cosa es caer en manos del Dios vivo" (He. 10:31).

Confrontación del error con condenación, no con conversación

114

Y oyéndole todo el pueblo, dijo a sus discípulos: Guardaos de los escribas, que gustan de andar con ropas largas, y aman las salutaciones en las plazas, y las primeras sillas en las sinagogas, y los primeros asientos en las cenas; que devoran las casas de las viudas, y por pretexto hacen largas oraciones; éstos recibirán mayor condenación. Levantando los ojos, vio a los ricos que echaban sus ofrendas en el arca de las ofrendas. Vio también a una viuda muy pobre, que echaba allí dos blancas. Y dijo: En verdad os digo, que esta viuda pobre echó más que todos. Porque todos aquéllos echaron para las ofrendas de Dios de lo que les sobra; mas ésta, de su pobreza echó todo el sustento que tenía. (20:45—21:4)

Los emisarios de Satanás siempre han tergiversado, distorsionado y negado la Palabra de Dios. Falsos profetas y maestros han extraviado de la verdad a millones de personas, condenándolas a participar con ellos del castigo eterno en el infierno (Mt. 23:15).

El Antiguo Testamento registra advertencias anticipadas del peligro mortal que los falsos maestros representaban para Israel. Cuando la nación estaba a punto de entrar a la tierra prometida, Moisés advirtió a los israelitas que estuvieran en guardia contra quienes los engañarían con mentiras:

> *Cuando se levantare en medio de ti profeta, o soñador de sueños, y te anunciare señal o prodigios, y si se cumpliere la señal o prodigio que él te anunció, diciendo: Vamos en pos de dioses ajenos, que no conociste, y sirvámosles; no darás oído a las palabras de tal profeta, ni al tal soñador de sueños; porque Jehová vuestro Dios os está probando, para saber si amáis a Jehová vuestro Dios con todo vuestro corazón, y con toda vuestra alma (Dt. 13:1-3).*

Sin embargo, Israel fue indiferente a las advertencias de Moisés, por eso, cuando los falsos profetas surgieron, el pueblo les siguió su defectuosa doctrina y recibió juicio. Más tarde Dios dijo por medio de Jeremías: "Los profetas profetizaron mentira, y los sacerdotes dirigían por manos de ellos; y mi pueblo así lo quiso" (Jer. 5:31). En Jeremías 14:14 añadió: "Falsamente profetizan los profetas en mi nombre; no los envié, ni les mandé, ni les hablé; visión mentirosa, adivinación, vanidad y engaño de su corazón os profetizan" (cp. 2:8; 6:14).

A través de sus verdaderos y fieles profetas, como Jeremías, Dios pronunció juicio sobre los falsos profetas y advirtió a su pueblo del peligro que representaban:

> *En los profetas de Samaria he visto desatinos; profetizaban en nombre de Baal, e hicieron errar a mi pueblo de Israel. Y en los profetas de Jerusalén he visto torpezas; cometían adulterios, y andaban en mentiras, y fortalecían las manos de los malos, para que ninguno se convirtiese de su maldad; me fueron todos ellos como Sodoma, y sus moradores como Gomorra. Por tanto, así ha dicho Jehová de los ejércitos contra aquellos profetas: He aquí que yo les hago comer ajenjos, y les haré beber agua de hiel; porque de los profetas de Jerusalén salió la hipocresía sobre toda la tierra. Así ha dicho Jehová de los ejércitos: No escuchéis las palabras de los profetas que os profetizan; os alimentan con vanas esperanzas; hablan visión de su propio corazón, no de la boca de Jehová. Dicen atrevidamente a los que me irritan: Jehová dijo: Paz tendréis; y a cualquiera que anda tras la obstinación de su corazón, dicen: No vendrá mal sobre vosotros... No envié yo aquellos profetas, pero ellos corrían; yo no les hablé, mas ellos profetizaban. Pero si ellos hubieran estado en mi secreto, habrían hecho oír mis palabras a mi pueblo, y lo habrían hecho volver de su mal camino, y de la maldad de sus obras... Yo he oído lo que aquellos profetas dijeron, profetizando mentira en mi nombre, diciendo: Soñé, soñé. ¿Hasta cuándo estará esto en el corazón de los profetas que profetizan mentira, y que profetizan el engaño de su corazón? ¿No piensan cómo hacen que mi pueblo se olvide de mi nombre con sus sueños que cada uno cuenta a su compañero, al modo que sus padres se olvidaron de mi nombre por Baal? El profeta que tuviere un sueño, cuente el sueño; y aquel a quien fuere mi palabra, cuente mi palabra verdadera. ¿Qué tiene que ver la paja con el trigo? dice Jehová. ¿No es mi palabra como fuego, dice Jehová, y como martillo que quebranta la piedra? Por tanto, he aquí que yo estoy contra los profetas, dice Jehová, que hurtan mis palabras cada uno de su más cercano. Dice Jehová: He aquí que yo estoy contra los profetas que endulzan sus lenguas y dicen: Él ha dicho. He aquí, dice Jehová, yo estoy contra los que profetizan sueños mentirosos, y los cuentan, y hacen errar a mi pueblo con sus mentiras y con sus lisonjas, y yo no los envié ni les mandé; y ningún provecho hicieron a este pueblo, dice Jehová (Jer. 23:13-17, 21-22, 25-32; cp. 27:9-10, 14-16).*

Ezequiel también registró la condenación de Dios para los predicadores fraudulentos:

Vino a mí palabra de Jehová, diciendo: Hijo de hombre, profetiza contra los profetas de Israel que profetizan, y di a los que profetizan de su propio corazón: Oíd palabra de Jehová. Así ha dicho Jehová el Señor: ¡Ay de los profetas insensatos, que andan en pos de su propio espíritu, y nada han visto! Como zorras en los desiertos fueron tus profetas, oh Israel. No habéis subido a las brechas, ni habéis edificado un muro alrededor de la casa de Israel, para que resista firme en la batalla en el día de Jehová. Vieron vanidad y adivinación mentirosa. Dicen: Ha dicho Jehová, y Jehová no los envió; con todo, esperan que él confirme la palabra de ellos. ¿No habéis visto visión vana, y no habéis dicho adivinación mentirosa, pues que decís: Dijo Jehová, no habiendo yo hablado? Por tanto, así ha dicho Jehová el Señor: Por cuanto vosotros habéis hablado vanidad, y habéis visto mentira, por tanto, he aquí yo estoy contra vosotros, dice Jehová el Señor. Estará mi mano contra los profetas que ven vanidad y adivinan mentira; no estarán en la congregación de mi pueblo, ni serán inscritos en el libro de la casa de Israel, ni a la tierra de Israel volverán; y sabréis que yo soy Jehová el Señor. Sí, por cuanto engañaron a mi pueblo, diciendo: Paz, no habiendo paz (Ez. 13:1-10; cp. 14:9-10; 22:25, 28).

El Nuevo Testamento también advierte del peligro mortal de los mentirosos religiosos. Jesús advirtió a sus seguidores: "Guardaos de los falsos profetas, que vienen a vosotros con vestidos de ovejas, pero por dentro son lobos rapaces" (Mt. 7:15). Pablo advirtió a los ancianos en Éfeso: "Entrarán en medio de vosotros lobos rapaces, que no perdonarán al rebaño. Y de vosotros mismos se levantarán hombres que hablen cosas perversas para arrastrar tras sí a los discípulos" (Hch. 20:29-30). A los corintios les advirtió que "éstos son falsos apóstoles, obreros fraudulentos, que se disfrazan como apóstoles de Cristo" (2 Co. 11:13) cuando en realidad son "ministros [de Satanás que] se disfrazan como ministros de justicia" (v. 15). Pablo escribió a las iglesias de Galacia: "Estoy maravillado de que tan pronto os hayáis alejado del que os llamó por la gracia de Cristo, para seguir un evangelio diferente. No que haya otro, sino que hay algunos que os perturban y quieren pervertir el evangelio de Cristo" (Gá. 1:6-7; cp. Fil. 3:18-19). En la última carta inspirada que escribió, el apóstol ordenó a su protegido Timoteo: "Evita profanas y vanas palabrerías, porque conducirán más y más a la impiedad. Y su palabra carcomerá como gangrena; de los cuales son Himeneo y Fileto, que se desviaron de la verdad, diciendo que la resurrección ya se efectuó, y trastornan la fe de algunos" (2 Ti. 2:16-18; cp. 1 Ti. 4:1-3). Judas (Jud. 1-19), Pedro (2 P. 2:1-22; 3:15-17) y Juan (1 Jn. 2:18, 22; 4:3; 2 Jn. 7) también advirtieron a sus lectores que se cuidaran de los falsos maestros.

Aunque siempre presentes, en ningún tiempo en la historia los falsos maestros fueron más agresivos que durante el ministerio terrenal del Señor Jesucristo. En un intento desesperado e inútil por frustrar los propósitos del evangelio de Dios, Satanás desencadenó todo el poder del infierno contra Jesús.

Los humanos agentes de las tinieblas que llevaron a cabo ese asalto fueron los escribas, fariseos, saduceos y herodianos, y los dirigentes políticos y religiosos de Israel. Esas sectas, normal y acerbamente divididas entre sí, hicieron temporalmente de lado sus diferencias y se unieron en su determinación de eliminar al inquietante Jesús.

La confrontación final entre los líderes religiosos judíos y Jesús se llevó a cabo el miércoles de la semana de la pasión. Todos los desesperados intentos que hicieron a lo largo del ministerio de Jesús por desacreditarlo y silenciarlo habían fallado, y debieron llegar a la conclusión de que era inútil hacerle más preguntas (Lc. 20:40). Más bien, en un acto final de misericordia y compasión para mostrarles la verdad, Jesús los cuestionó, retándolos a explicar cómo el Mesías pudo ser tanto hijo de David como su Señor, como revelaba el Salmo 110 (vv. 41-44).

Después de esta última confrontación con la élite religiosa, el Señor no tuvo nada más que decirles hasta el juicio que le hicieran delante del concilio. Él también había dejado de dirigirse a las multitudes, cambiando la dirección de su enseñanza hacia sus discípulos. Aunque estaba **oyéndole todo el pueblo** la enseñanza, Jesús enfocó sus palabras específicamente **a sus discípulos.**

El Señor no buscó temas de interés común con quienes rechazaban la verdad. Cuando se agotó la compasión y declinaron las invitaciones, Él los condenó. Antes de emitir su condena para con los líderes religiosos, Jesús advirtió a sus oyentes del peligro que estaba oculto en la enseñanza de estos dirigentes, ofreció una caracterización de estos, los condenó, y señaló un caso que ejemplificaba la amenaza que representaban.

LA ADVERTENCIA

Guardaos de los escribas, (20:46*a*)

El relato de Mateo señala que Jesús extendió su advertencia para incluir a los fariseos (Mt. 23:2). No todos los fariseos eran **escribas**, pero estos de los que Jesús advirtió aquí eran principalmente fariseos, y constituían los intérpretes y maestros de la ley de Moisés y de los escritos rabínicos tradicionales. Su enseñanza proporcionaba el marco teológico del sistema legalista de los fariseos en cuanto a la justificación por obras. Los escribas conformaban la fuerza dominante en el judaísmo, no solo teológica sino socialmente. Sus puntos de vista afectaban todo aspecto de la vida, y también trataban todos los aspectos legales, incluso propiedades, sucesiones y contratos. Eran reverenciados, y se les daba el respetuoso título de rabinos (Mt. 23:7). Ese título a veces se lo dieron a Jesús porque Él era un maestro (cp. Jn. 1:38, 49; 3:2, 26; 6:25). Comúnmente se creía que Moisés recibió la ley que luego entregó a Josué, quien la pasó a los ancianos; estos la suministraron a los profetas que a su vez la entregaron a los escribas.

A causa de la elevada estima en que la población los tenía, debió haber sorprendido que Jesús advirtiera: **Guardaos** ("prestar atención a"; "protegerse contra") **de los escribas.** Estos representaban una amenaza asesina de almas porque no conocían a Dios o el camino al cielo, y tampoco poseían verdadera sabiduría espiritual. Los escribas eran agentes destructivos de Satanás que se oponían a los propósitos de Dios. A pesar de que no era aparente por fuera, por dentro ellos eran viles pecadores. En Mateo 23:27, Jesús declaró: "¡Ay de vosotros, escribas y fariseos, hipócritas! porque sois semejantes a sepulcros blanqueados, que por fuera, a la verdad, se muestran hermosos, mas por dentro están llenos de huesos de muertos y de toda inmundicia" (cp. Lc. 11:44). Estos individuos no tenían nada beneficioso que ofrecer espiritualmente, y eran hipócritas que se debían evitar. El primer versículo del Salmo 1 elogia al "varón que no anduvo en consejo de malos, ni estuvo en camino de pecadores, ni en silla de escarnecedores se ha sentado".

LA CARACTERIZACIÓN

que gustan de andar con ropas largas, y aman las salutaciones en las plazas, y las primeras sillas en las sinagogas, y los primeros asientos en las cenas; que devoran las casas de las viudas, y por pretexto hacen largas oraciones; (20:46*b*-47*a*)

Jesús ofreció cinco ejemplos de la hipocresía de los escribas. Primero, les gustaba **andar con ropas largas,** adornadas y costosas. En Números 15:38-40, Dios instruyó a los israelitas a añadir borlas a sus túnicas que les recordaran los mandamientos, y Jesús usaba tales borlas en el borde de su manto (Mt. 9:20). Pero los escribas y fariseos alargaban sus borlas como una demostración ostentosa de su supuesta piedad.

Segundo, amaban **las salutaciones en las plazas.** Cuando se mezclaban con el público, los escribas esperaban que los observaran y se dirigieran a ellos con títulos respetuosos. La extendida condena que el Señor les hizo en Mateo 23 revela que ansiaban ser llamados "Rabí" (v. 7), un título dado a un maestro exaltado y reverenciado. Un ejemplo de la veneración que buscaban viene de la Mishná, que establece: "Es más culpable trasgredir las palabras de los escribas que las de la Torá" (citado en Alfred Edersheim, *The Life and Times of Jesus the Messiah* [Grand Rapids: Eerdmans, 1974], 1:625 n. 1). Edersheim menciona más declaraciones escandalosas relacionadas con los escribas:

> De tanto peso era el deber de saludar respetuosamente mediante el título de Rabí, que no hacerlo implicaría el más grave de los castigos...
> Parece una imitación miserable del Nuevo Testamento cuando al

> pagano gobernador de Cesarea se le representaba como alguien que se levantaba delante de los rabinos porque les contemplaba "el rostro como si fuera de ángeles", o como una adaptación de la conocida historia acerca de Constantino el Grande cuando al gobernador de Antioquía se le describió como la reivindicación de una característica similar de respeto a los rabinos por esto: que él les había visto sus rostros y por ellos conquistó en batalla… Proveer a un hombre culto los medios para ganar dinero en el comercio sería adquirir un lugar de honor en el cielo. Se decía que, según Pr. 8:15, a los sabios se les debía saludar como reyes; es más, en algunos aspectos eran más grandes porque entre un sabio y un rey sería un deber dar al primero prioridad en la redención de la cautividad, ya que cada israelita era apto para ser un rey, pero la pérdida de un Rabí no se podía compensar fácilmente (*Ibíd.*, 5:409).

Por increíble que parezca, "un rabino iba tan lejos como para pedir que lo enterraran en vestiduras blancas con el fin de mostrar que era digno de aparecer delante de su Hacedor" (*Ibíd.*, 5:409). Edersheim dio entonces quizás el ejemplo más asombroso de todos:

> Tal vez el punto culminante de la autoafirmación blasfema a la que se llega en la historia se halla en una discusión en el cielo entre Dios y la academia celestial sobre una pregunta relacionada con las reglas de la Halajá acerca de la pureza. Cierto rabino, considerado el más docto en la materia, ¡fue convocado para resolver la cuestión! A medida que su alma salía del cuerpo, él exclamaba: "Pura, pura", lo cual la Voz del cielo aplicaba al estado del alma del rabino; e inmediatamente después una carta cayó del cielo para informar a los sabios de la finalidad de haber convocado al rabino a la asamblea celestial, y después otra para disfrutar una semana obligatoria de luto universal o sufrir la pena de excomunión (*Ibíd.*, 5:410).

Para nada humildes, los escribas también querían que los llamaran "padre", creyendo ser la fuente de la vida y la verdad espiritual, y "dirigente", como les conviene a los que determinan dirección y destino.

En tercer lugar, ellos buscaban **las primeras sillas en las sinagogas,** que se hallaban en la plataforma elevada en la parte delantera. También buscaban **los primeros asientos en las cenas,** los más cercanos al huésped. "Los escritos rabínicos establecen complicadas instrucciones, qué lugar se debe asignar a los rabinos, de acuerdo con su rango, y a sus discípulos, y como en la universidad los más sabios, pero en la fiesta los más ancianos entre los rabinos deben ocupar las 'sillas superiores'" (*ibíd.,* 5:409; cp. Mt. 23:1-12).

Los tres primeros ejemplos resaltaban el desmesurado orgullo de los escribas. Pero el siguiente presenta un aspecto más siniestro de su hipocresía: su rapaz codicia que los llevaba a atacar a los miembros más indefensos de la sociedad. Que los escribas cayeran tan bajo como para devorar **las casas de las viudas** ilustra gráficamente el intenso deseo de riqueza que caracteriza a los falsos maestros (cp. Mi. 3:5, 11; 2 P. 2:1-3, 14). **Devoran** se traduce de una forma del verbo griego *katesthiō*, una palabra intensa que literalmente significa "comer", y de modo metafórico "devorar por completo", "consumir", o "tragar". El Antiguo Testamento enseña que a las viudas se les debe proteger y cuidar (p. ej., Éx. 22:22; Dt. 10:18; 14:29; 24:17-21; 27:19; Sal. 68:5; 146:9; Pr. 15:25; Is. 1:17; Jer. 22:3; Zac. 7:10), pero los escribas consumían los escasos recursos de estas viudas. Se aprovechaban de la hospitalidad de ellas, las despojaban de sus propiedades, les administraban mal sus posesiones, y les quitaban sus casas como promesas por deudas que ellas nunca podrían pagar (cp. Darrell L. Bock, *Luke 9:51-24:53,* The Baker Exegetical Commentary on the New Testament [Grand Rapids: Baker, 1996], p. 1643).

En quinto y último lugar, **por pretexto** los escribas hacían **largas oraciones,** no para llamar la atención hacia Dios, sino hacia ellos mismos como piadosos. En el Sermón del Monte, Jesús condenó firmemente tales oraciones de auto-exaltación que deshonran a Dios:

> *Y cuando ores, no seas como los hipócritas; porque ellos aman el orar en pie en las sinagogas y en las esquinas de las calles, para ser vistos de los hombres; de cierto os digo que ya tienen su recompensa. Mas tú, cuando ores, entra en tu aposento, y cerrada la puerta, ora a tu Padre que está en secreto; y tu Padre que ve en lo secreto te recompensará en público (Mt. 6:5-6).*

LA CONDENACIÓN

éstos recibirán mayor condenación. (20:47*b*)

Lejos de ser recompensados por sus vidas de justicia propia y de moral externa, los escribas **recibirán mayor condenación** de parte de Dios por alejar a las personas de la verdad. La condenación que Jesús les hiciera es coherente con las fuertes advertencias bíblicas contra los falsos maestros y con las denuncias de ellos, como señalé en el capítulo 41 de esta obra:

> La actitud de Dios hacia los falsos maestros contrasta en gran manera con la inclusividad y tolerancia del error que impregna al protestantismo moderno. La Biblia los denuncia como ciegos, ignorantes, perros mudos que no pueden ladrar, soñolientos, echados, que aman el dormir

(Is. 56:10); necios e insensatos (Os. 9:7); livianos y prevaricadores (Sof. 3:4); lobos rapaces (Mt. 7:15); ciegos guías de ciegos (Mt. 15:14; cp. 23:16); hipócritas (Mt. 23:13); insensatos y ciegos (v. 17); sepulcros blanqueados llenos de huesos (v. 27); serpientes, generación de víboras (v. 33); ladrones y salteadores (Jn. 10:8); lobos rapaces (Hch. 20:29); esclavos de sus propios vientres (Ro. 16:18); mercachifles que falsifican la palabra de Dios (2 Co. 2:17); falsos apóstoles, obreros fraudulentos (2 Co. 11:13); ministros de Satanás (v. 15); proveedores de un evangelio diferente (Gá. 1:6-8); perros, malos obreros, mutiladores del cuerpo (Fil. 3:2); enemigos de la cruz de Cristo (Fil. 3:18); envanecidos que nada saben (1 Ti. 6:4); hombres corruptos de entendimiento y privados de la verdad (v. 5); desviados de la verdad (2 Ti. 2:18); cautivos del diablo (v. 26); engañadores (2 Jn. 7); hombres impíos (Jud. 4); y animales irracionales (v. 10). Como resultado, la Biblia también pronuncia severo juicio sobre ellos (Dt. 13:5; 18:20; Jer. 14:15; Gá. 1:8-9; Ap. 2:20-23).

El motivo para tal lenguaje al parecer duro es el peligro mortal que los falsos maestros representan, pues se dedican a la maldad más característica de Satanás y al pecado más devastador: descarrían al pueblo de la verdad de la Palabra de Dios (Is. 3:12; 9:16; Jer. 14:13; 23:26-27, 32; 50:6; Mt. 23:13, 15; 24:4-5, 24; Lc. 11:46, 52; Ro. 16:17-18; Col. 2:4, 8, 18; 1 Ts. 2:14-16; 2 Ti. 3:13; Tit. 1:10; 2 Jn. 7), e incluso de la necesidad de arrepentirse del pecado (Jer. 6:14; 8:11; 23:21-22; Lm. 2:14; Ez. 13:10, 16, 22). Si no se les combate, las doctrinas de demonios que pregonan (1 Ti. 4:1) destrozarán almas y corromperán a la Iglesia (Hch. 20:29-30; 2 Ti. 2:17-18), adormeciendo a muchos en una falsa sensación de seguridad con relación a su salvación.

EL CASO

Levantando los ojos, vio a los ricos que echaban sus ofrendas en el arca de las ofrendas. Vio también a una viuda muy pobre, que echaba allí dos blancas. Y dijo: En verdad os digo, que esta viuda pobre echó más que todos. Porque todos aquéllos echaron para las ofrendas de Dios de lo que les sobra; mas ésta, de su pobreza echó todo el sustento que tenía. (21:1-4)

La sección anterior terminó con una advertencia de juicio (20:47), y la siguiente sección (21:5-36) resume ese tema. La pregunta que surge es cómo este pasaje intermedio encaja en tal contexto. ¿Por qué Lucas inserta esta historia de una viuda que da una ofrenda entre una diatriba contra dirigentes falsos, y la pronunciación de un juicio futuro?

Por lo general, aunque de modo extraño, esta pequeña anécdota se interpreta como una lección sobre dar, en que la ofrenda sacrificial de la viuda se presenta como un rayo de sol en medio de la oscuridad de la hipocresía y del juicio. Esta perspectiva no solo es extraña al contexto, sino también que si Jesús está enseñando una lección sobre dar, ¿se trata de la lección de dar todo lo que se tiene, ir a casa y morirse de hambre? En eso los comentaristas difieren.

Algunos sostienen que la historia enseña que la verdadera medida de una dádiva no es lo que se da sino lo que se retiene, no es la cantidad de la donación sino la cantidad de lo que el dador conserva.

Otros insisten en que un obsequio se debe medir por la abnegación del dador, como se refleja por el porcentaje dado.

Otro punto de vista, relacionado con los dos primeros, es que el valor de una ofrenda está directamente relacionado con la actitud con que se da. ¿Se dio de manera desinteresada, humilde, como una expresión de amor y devoción a Dios? Ya que a la viuda le quedaba la menor cantidad posible después de su ofrenda, ella debió haber tenido la actitud más agradable para con Dios.

La única opción verdadera es que la ofrenda que realmente complace a Dios es todo.

Sin embargo, todas esas ideas se imponen en la narrativa; Jesús no señaló ningún principio relacionado con dar de acuerdo al comportamiento de la viuda. El texto no relata que Él condenara a los ricos por sus ofrendas, ni que elogiara a la mujer por la suya. No se hace juicio con relación a la verdadera naturaleza del acto de ella, ni se dice nada en cuanto a su actitud, ni del espíritu con el que dio la ofrenda. Puesto que Jesús no señala ningún punto acerca de dar, tampoco debería hacerlo el intérprete.

Enmarcar este incidente como una lección en cuanto a dar lo separa del obvio tema del juicio divino sobre los falsos dirigentes religiosos, sobre sus seguidores y, en última instancia, sobre la nación como un todo. Tales interpretaciones también suponen que Jesús estaba agradado con la ofrenda de la viuda, lo cual Él no establece y ni siquiera da a entender. Además, ella estaba dando a un sistema falso y apóstata, no honrando a Dios. Lo que está claro en la narrativa es que la participación de la viuda en ese sistema le costó todo lo que tenía. Esa es la lección obvia. La falsa religión puede despojar al más débil, y lo hace, de sus recursos hasta la última moneda. Eso es todo lo que la historia significa. Se trata de una ilustración de la corrupción que era dominante en la religión.

El relato de Marcos con relación a este incidente revela que el Señor estaba sentado cerca del arca de las ofrendas del templo. Se acercaba el final del miércoles largo y agotador pasado en medio de enormes multitudes. Jesús había dialogado con el gentío, había enseñado y confrontado, y había denunciado a los dirigentes religiosos (Mt. 23:1-36), lamentando el juicio venidero sobre la nación (vv. 37-39). Además de su cansancio físico, Jesús sentía profundamente la realidad agonizante y triste del inminente juicio sobre Israel.

Los ojos del Señor debieron haber estado abatidos mientras contemplaba la condenada falsa religión que tenía a la nación en sus garras, la corrupción del templo, y el juicio divino que golpearía a la ciudad de Jerusalén y el templo (cp. Lc. 21:5-36). Cuando se inicia el relato de Lucas, Jesús, **levantando los ojos, vio** a las personas (Mr. 12:41), en particular **a los ricos que echaban sus ofrendas en el arca de las ofrendas. El arca de las ofrendas,** ubicada en el patio de las mujeres, consistía en trece receptáculos en forma de trompeta en que las personas depositaban sus ofrendas.

La palabra traducida **ricos** (*plousios*) hace referencia a quienes tenían suficiente; quienes están totalmente abastecidos. Sin embargo, lo que llamó la atención del Señor no fue la abundante riqueza **que** estos **echaban en el arca de las ofrendas,** sino **una viuda muy pobre, que echaba allí dos blancas.** *Penichrōs* (**muy pobre**) describe a alguien en escasez y necesidad, pero no en la indigencia. La ofrenda de **dos blancas** (*lepta*; la denominación más baja de la moneda judía) constituía una pequeña fracción de lo que los ricos habrían dado. No obstante, esta **viuda muy pobre,** esperando comprar bendición al seguir los requisitos legalistas del sistema religioso judío, **echó más que todos. Porque todos aquéllos echaron para las ofrendas de lo que les sobra,** mientras que las dos pequeñas monedas era todo lo que ella poseía.

Este es claramente un ejemplo de lo que el Señor ya les había hablado (véase el estudio de 20:47 citado anteriormente). El sistema legalista de obras había devorado a esta empobrecida viuda despojándola de **todo el sustento que tenía.** El segundo uso de **pobre** en el versículo 3 refleja esa realidad; es la palabra *ptōchos*, un término diferente del usado en el versículo 2. *Ptōchos* describe a quienes no tienen nada y están reducidos a mendigar. El Antiguo Testamento ordena que las viudas sean atendidas, según se indicó antes, pero los líderes religiosos hicieron de lado esos mandamientos por el bien de sus tradiciones (y de su codicia). Marcos 7:9-13 relata la condena que Jesús les hace por otra práctica que dejaba de lado la clara enseñanza del Antiguo Testamento:

> *Les decía también: Bien invalidáis el mandamiento de Dios para guardar vuestra tradición. Porque Moisés dijo: Honra a tu padre y a tu madre; y: El que maldiga al padre o a la madre, muera irremisiblemente. Pero vosotros decís: Basta que diga un hombre al padre o a la madre: Es Corbán (que quiere decir, mi ofrenda a Dios) todo aquello con que pudiera ayudarte, y no le dejáis hacer más por su padre o por su madre, invalidando la palabra de Dios con vuestra tradición que habéis transmitido. Y muchas cosas hacéis semejantes a estas.*

Como la historia de esta viuda revela, la religión engañosa y farisaica se alimenta de los débiles, los desesperados, y los indefensos. Lejos de contentarse con la generosidad de ella, Jesús estaba enojado por la supuesta adoración que la mujer apoyaba y que le había quitado hasta su última moneda. El Señor iría a pronunciar juicio sobre ese judaísmo sumamente apóstata en la próxima sección.

El dinero siempre ha estado en el corazón de la religión satánica (cp. Lc. 16:14; 19:46; 1 P. 5:2), en consecuencia, el maltrato a los pobres por parte de los falsos sistemas religiosos ha continuado desde el primer día de nuestro Señor hasta nuestra época. Por ejemplo, la Iglesia Católica Romana medieval defraudó a los desesperados vendiéndoles indulgencias, supuestamente para liberar del purgatorio a los seres queridos del comprador. Al igual que los modernos charlatanes religiosos, quienes vendían las indulgencias usaban tácticas de miedo para despojar a los pobres de su dinero.

Un vendedor muy exitoso de indulgencias fue el fraile dominico Johann Tetzel. En el otoño de 1517, Tetzel comenzó a vender indulgencias en Alemania, recaudando dinero para ayudar a construir la Capilla Sixtina y la Basílica de San Pedro. El historiador James M. Kittleson describe un típico argumento de ventas de Tetzel:

> "¿No oyes las voces de tus familiares muertos y otros, clamándote y diciéndote: 'Ten piedad de nosotros, ten piedad de nosotros, porque estamos en horrible castigo y tormento, del que puedes redimirnos por una miseria'? ¿Y no lo harás?". Finalmente, venía el llamado: "¿No recibirás entonces por un cuarto de florín estas cartas de indulgencia por medio de las cuales podrás conducir de manera firme y segura a un alma divina e inmortal a la patria del paraíso?". Un cofre de dinero, una provisión de indulgencias en blanco, una balanza para asegurarse de que las monedas de las personas fueran buenas, y todos los escribanos estaban dispuestos y en sus lugares. Entonces venía la última exhortación de Tetzel: "¡Cuando el dinero en la caja suena, el alma al cielo vuela!". Las transacciones terminaban rápidamente. Pronto la comitiva estaba en camino hacia la siguiente ciudad (*Luther the Reformer* [Minneapolis: Augsburg, 1986], pp. 103-104).

Para Martín Lutero, tal "piadoso engaño a los fieles" (Kittleson, p. 104) era intolerable. Como cualquier verdadero pastor, Lutero estaba indignado por esta manera de desplumar a su rebaño. En respuesta, arremetió contra las indulgencias y colocó sus famosas noventa y cinco tesis en que las condenaba junto con otras aberraciones mortales. Esa acción dio lugar a la Reforma.

Este pasaje es instructivo en el contexto actual, como revela el modo en que Jesús trató con aquellos que no creían la verdad. Su enfoque era radicalmente distinto del de las tendencias evangélicas de hoy día. El movimiento carismático dirige la lista en el modo de quitar dinero a los más desesperados, débiles, enfermos y pobres con la promesa de salud, riqueza y prosperidad. La táctica es pedir que envíen al ministro un dinero inicial y esperen que el Señor les cumpla todos los deseos. En lugar de eso, al igual que cualquier esquema piramidal, solamente el falso maestro se enriquece.

Jesús enseñó en este pasaje que quienes son proveedores de religión falsa enfrentarán la más grave condena divina. No son compañeros que buscan la verdad, que participan en una "conversación", sino peligrosos adversarios de la verdad bíblica (cp. Mt. 7:15; Hch. 20:29). Aunque los cristianos estén compasivamente presentándoles el evangelio, orando por la salvación de estos perdidos, y llorando cuando rechazan la verdad y se pierden eternamente, la verdadera Iglesia de Jesucristo debe advertirles a ellos y a todos sus seguidores del grave y eterno peligro que les espera.

Señales del regreso de Cristo. Primera parte: Descripción que Jesús hace de la destrucción del templo

115

Y a unos que hablaban de que el templo estaba adornado de hermosas piedras y ofrendas votivas, dijo: En cuanto a estas cosas que veis, días vendrán en que no quedará piedra sobre piedra, que no sea destruida. Y le preguntaron, diciendo: Maestro, ¿cuándo será esto? ¿y qué señal habrá cuando estas cosas estén para suceder? (21:5-7)

El Hijo de Dios, el Señor Jesucristo, vino al mundo para redimir del juicio y el infierno a pecadores perdidos. Antes de su nacimiento un ángel le ordenó a José el padre de Jesús: "Llamarás su nombre JESÚS, porque él salvará a su pueblo de sus pecados" (Mt. 1:21). Jesús definió su misión cuando dijo que "vino a buscar y a salvar lo que se había perdido" (Lc. 19:10). En Mateo 20:28 manifestó a los discípulos que "el Hijo del Hombre no vino para ser servido, sino para servir, y para dar su vida en rescate por muchos". Cuando los escribas y fariseos se quejaron de que Él se relacionaba con publicanos y pecadores, Jesús replicó: "Los que están sanos no tienen necesidad de médico, sino los enfermos. No he venido a llamar a justos, sino a pecadores al arrepentimiento" (Lc. 5:31-32). Él le dijo al preeminente maestro judío Nicodemo que "no envió Dios a su Hijo al mundo para condenar al mundo, sino para que el mundo sea salvo por él" (Jn. 3:17). En Juan 12:47, Jesús expresó: "Al que oye mis palabras, y no las guarda, yo no le juzgo; porque no he venido a juzgar al mundo, sino a salvar al mundo".

El resto del Nuevo Testamento también enseña que Jesús vino a redimir pecadores. Juan el Bautista declaró de Él: "He aquí el Cordero de Dios, que quita el pecado del mundo" (Jn. 1:29). Pablo escribió: "Palabra fiel y digna de ser recibida por todos: que Cristo Jesús vino al mundo para salvar a los pecadores, de los cuales yo soy el primero" (1 Ti. 1:15). Después que Jesús llevara la salvación a la aldea de Sicar, los samaritanos declararon que Él era "el Salvador del mundo" (Jn. 4:42). En su primera epístola el apóstol Juan escribió:

> *Y sabéis que él apareció para quitar nuestros pecados... En esto se mostró el amor de Dios para con nosotros, en que Dios envió a su Hijo unigénito al mundo, para que vivamos por él. En esto consiste el amor: no en que nosotros hayamos amado a Dios, sino en que él nos amó a nosotros, y envió a su Hijo en propiciación por nuestros pecados... Y nosotros hemos visto y testificamos que el Padre ha enviado al Hijo, el Salvador del mundo (1 Jn. 3:5; 4:9-10, 14).*

La misión redentora de Cristo cumplió claramente la profecía del Antiguo Testamento, sobre todo la de Isaías 53:

> *Mas él herido fue por nuestras rebeliones, molido por nuestros pecados; el castigo de nuestra paz fue sobre él, y por su llaga fuimos nosotros curados. Todos nosotros nos descarriamos como ovejas, cada cual se apartó por su camino; mas Jehová cargó en él el pecado de todos nosotros. Angustiado él, y afligido, no abrió su boca; como cordero fue llevado al matadero; y como oveja delante de sus trasquiladores, enmudeció, y no abrió su boca. Por cárcel y por juicio fue quitado; y su generación, ¿quién la contará? Porque fue cortado de la tierra de los vivientes, y por la rebelión de mi pueblo fue herido. Y se dispuso con los impíos su sepultura, mas con los ricos fue en su muerte; aunque nunca hizo maldad, ni hubo engaño en su boca. Con todo eso, Jehová quiso quebrantarlo, sujetándole a padecimiento. Cuando haya puesto su vida en expiación por el pecado, verá linaje, vivirá por largos días, y la voluntad de Jehová será en su mano prosperada. Verá el fruto de la aflicción de su alma, y quedará satisfecho; por su conocimiento justificará mi siervo justo a muchos, y llevará las iniquidades de ellos. Por tanto, yo le daré parte con los grandes, y con los fuertes repartirá despojos; por cuanto derramó su vida hasta la muerte, y fue contado con los pecadores, habiendo él llevado el pecado de muchos, y orado por los transgresores (vv. 5-12).*

Pero aunque fue enviado en definitiva para redimir "a las ovejas perdidas de la casa de Israel" (Mt. 15:24), Jesús pronunció juicio sobre esa nación cuando lo rechazaron. Tanto al principio (Jn. 2:13-22) como al final (Mr. 11:15-18) de su ministerio, dio un golpe contra el falso sistema religioso de Israel al atacar las corruptas operaciones del templo durante la Pascua. Además, amonestó a las ciudades de Corazín, Betsaida y Capernaúm por su incredulidad, y advirtió que Capernaúm enfrentaría juicio más severo que Sodoma por esa razón (Mt. 11:20-24). Jesús reprendió a toda la malvada generación que lo rechazó por negarse a arrepentirse, en contraste con los habitantes de Nínive y la reina de Sabá (Mt. 12:41-42). Les dijo a los discípulos que quienes voluntariamente rechazan la verdad serán judicialmente privados de ella (Lc. 8:9-18). Aunque se conmovió hasta las lágrimas por el juicio que vendría a los obstinados israelitas por rechazarlo (Lc. 13:34-35; 19:41-44), hizo una feroz denuncia de los escribas y fariseos, y de quienes los seguían, y lo hizo con otro lamento por el destino de Israel (representado por Jerusalén, Mt. 23:37-39).

Esta sección del Evangelio de Lucas registra el último pronunciamiento de juicio que Cristo declaró sobre Israel en particular, así como del mundo en general. Este último de sus grandes discursos se conoce comúnmente como el discurso del Monte de los Olivos, porque el Señor enseñó esta verdad a sus discípulos mientras estaba sentado en el Monte de los Olivos, a través del valle de Cedrón que da a la parte trasera del templo (Mt. 24:3).

Era la noche del miércoles de la semana de la pasión. Todos los intentos de los escribas, fariseos y saduceos por desacreditar y destruir públicamente a Jesús habían fracasado totalmente, y se vieron obligados a callar (Lc. 20:40) ante las respuestas que les dio. El Señor había predicado su último sermón a las multitudes, condenando a los líderes religiosos (Mt. 23:1-36) y advirtiendo al pueblo acerca de la influencia mortal de la hipocresía en los dirigentes. Después de observar cómo una viuda pobre entregaba al sistema religioso apóstata todo lo que poseía, Jesús y los discípulos salieron del templo (véase la exposición de 21:1-4 en el cap. anterior de esta obra) y se dirigieron al monte.

Mientras salían, algunos de los discípulos hablaron de la magnificencia del templo (v. 5). Cuando Cristo contestó que el juicio venidero sobre la nación incluiría la destrucción del templo (v. 6), sus seguidores le preguntaron cuándo se realizaría ese juicio y qué señales precederían tanto a esta sentencia (v. 7) como al regreso del Señor (Mt. 24:3). La respuesta de Jesús, que empieza en el versículo 8, es la contestación más larga registrada que Él diera a alguna pregunta, dejando por sentado la importancia que tenía.

Esta sección preliminar inicia el relato de Lucas del discurso del Monte de los Olivos, y se podría dividir en dos partes: venida predicha del juicio, y tiempo cuestionado del juicio.

VENIDA PREDICHA DEL JUICIO

Y a unos que hablaban de que el templo estaba adornado de hermosas piedras y ofrendas votivas, dijo: En cuanto a estas cosas que veis, días vendrán en que no quedará piedra sobre piedra, que no sea destruida. (21:5-6)

Como ya se indicó, cuando Jesús y los discípulos salieron de los terrenos del templo, **unos** de los discípulos **hablaban** con admiración acerca del **templo.** La construcción de esa impresionante y magnífica estructura, una de las maravillas arquitectónicas del mundo antiguo, la había iniciado medio siglo antes Herodes el Grande, pero todavía estaba en construcción cuando los romanos destruyeron el templo en el año 70 d.C. Fue construido con piedra blanca brillante, pulida como el mármol, y contenía gran cantidad de habitaciones, pórticos, columnas, plazas y atrios, así como cuevas, cisternas y pozos para almacenar agua. El más alto de sus muchos niveles se elevaba a decenas de metros por encima del valle de Cedrón. El muro oriental de la estructura principal del templo estaba cubierto con placas de oro, que brillaban con los rayos del sol de la mañana sobre el Monte de los Olivos.

Los discípulos observaban en particular que cada muro de bloque también **estaba adornado de hermosas piedras,** donadas por los ricos igual que sus antepasados habían hecho para el templo de Salomón (1 Cr. 29:8). Las **ofrendas votivas** simbolizaban un voto hecho por los donantes; consistían de placas, esculturas y otros tesoros artísticos (que incluían una vid de casi dos metros de alto con uvas de oro, donada por Herodes), que se hallaban en todo el templo.

Debió haber parecido inconcebible a los discípulos que una estructura tan imperecedera, enorme y adornada, valorada tanto por su magnificencia como por su costo, sería destruida alguna vez. Sin embargo, el templo no escaparía al juicio venidero sobre la incrédula nación. Jesús les declaró: **En cuanto a estas cosas que veis, días vendrán en que no quedará piedra sobre piedra, que no sea destruida.** Estas palabras se cumplirían literalmente en el año 70 d.C., cuando los romanos, el instrumento humano de la ira divina, levantaron andamios alrededor de los muros del templo y sus edificios, los llenaron con madera y otros materiales inflamables, y les prendieron fuego. El intenso calor de las llamas hizo que las piedras se desmoronaran. Después de ser desmantelados y tamizados para encontrar todo el oro fundido, los escombros fueron lanzados al valle de Cedrón. Solamente las enormes piedras de los cimientos se mantuvieron intactas en gran parte. Sin embargo, esas piedras no formaban parte del templo mismo, sino que eran apoyos para el muro de contención.

Los discípulos quizás recordaron del Antiguo Testamento que habría juicio sobre los enemigos de Israel relacionado con la venida del Mesías. Dios manifestó en Zacarías 12:8-9:

> *En aquel día Jehová defenderá al morador de Jerusalén; el que entre ellos fuere débil, en aquel tiempo será como David; y la casa de David como Dios, como el ángel de Jehová delante de ellos. Y en aquel día yo procuraré destruir a todas las naciones que vinieren contra Jerusalén.*

En contraste con la destrucción de los enemigos de la nación, probablemente estos habrían sabido que a Israel se le prometió salvación:

> *Y derramaré sobre la casa de David, y sobre los moradores de Jerusalén, espíritu de gracia y de oración; y mirarán a mí, a quien traspasaron, y llorarán como se llora por hijo unigénito, afligiéndose por él como quien se aflige por el primogénito... En aquel tiempo habrá un manantial abierto para la casa de David y*

para los habitantes de Jerusalén, para la purificación del pecado y de la inmundicia (v. 10; 13:1).

Todo eso sería seguido por el glorioso reinado del Mesías en el reino sobre la tierra. "Jehová será rey sobre toda la tierra. En aquel día Jehová será uno, y uno su nombre" (14:9).

Pero al mirar con más detenimiento la profecía de Zacarías, también se predijo que antes del tiempo de la salvación de Israel sería destruida Jerusalén. El Señor declaró: "Porque yo reuniré a todas las naciones para combatir contra Jerusalén; y la ciudad será tomada, y serán saqueadas las casas, y violadas las mujeres; y la mitad de la ciudad irá en cautiverio, mas el resto del pueblo no será cortado de la ciudad" (14:2). Por consiguiente, la venida del Mesías produciría tanto juicio como destrucción, así como la restauración y salvación definitiva para Israel.

TIEMPO CUESTIONADO DEL JUICIO

Y le preguntaron, diciendo: Maestro, ¿cuándo será esto? ¿y qué señal habrá cuando estas cosas estén para suceder? (21:7)

A la luz de la predicción que hiciera el Señor acerca del juicio venidero, los discípulos hicieron dos preguntas: ¿Cuándo ocurriría el juicio del que Él hablaba? Y ¿cuál será la señal de su "venida" (Mt. 24:3), que marcará el comienzo del juicio?

Ellos no eran completamente ignorantes en cuanto a los elementos de la venida del Mesías, ya que el pueblo judío tenía un sistema bien desarrollado de escatología, como indica el siguiente resumen:

> (i) Antes que viniera el Mesías habría un tiempo de terrible tribulación. Sería el alumbramiento mesiánico, los dolores de parto de una nueva era. Todos los horrores imaginables explotarían sobre el mundo; todos los baremos de honor y de decencia serían arruinados; el mundo se convertiría en un caos físico y moral.
>
> *Y el honor se volverá vergüenza,*
> *y la fuerza será humillada despectivamente,*
> *y la probidad será destruida,*
> *y la belleza se convertirá en fealdad...*
> *Y la envidia se erguirá en los que nunca se consideraron lde ningún valor*
> *y la violencia se apoderará de los pacíficos,*
> *y a muchos impulsará la ira a dañar a muchos,*

> *y levantarán ejércitos para derramar sangre,*
> *y todos acabarán por perecer juntamente* (2 Baruc 27).

Habría «en el mundo temblor de tierra, y alboroto de pueblos» (4 Esdras 9:3; ep. Mateo 24:7 y 29).

> De los cielos caerán a la tierra objetos ardientes. Se producirán luces, grandes y deslumbrantes, reluciendo en medio de las gentes; y la Tierra, la madre universal, se sacudirá en esos días a la mano del Eterno. Y los peces de la mar y las bestias de la tierra y las innumerables greyes de las aves y todas las personas humanas y todos los mares tendrán sacudidas en la presencia del Eterno, y habrá pánico. Y los excelsos picos de las montañas y las gigantescas colinas rasgará, y los lóbregos abismos se harán visibles a todos. Y los altos torrentes de las excelsas montañas se llenarán de cadáveres y las rocas fluirán con sangre y todos los torrentes inundarán las llanuras... Y Dios juzgará a todos con guerra y con espada, y caerá de los cielos azufre, y piedras y lluvia y granizo continuo y dañino. Y la muerte cabalgará sobre los cuadrúpedos... Sí: la tierra misma beberá la sangre de los que vayan pereciendo, y las fieras se hartarán de su sangre (Oráculos Sibilinos 3:363ss).

La Misná enumera como señales de la proximidad de la venida del Mesías:

> La arrogancia aumenta, la ambición se dispara, la vid produce fruto pero el vino está caro. La autoridad se convierte en herejía. No hay instrucción, la sinagoga se dedica a la obscenidad. Galilea es destruida, Gablán queda desierto. Los habitantes de un distrito van de ciudad en ciudad sin encontrar compasión. Se aborrece la sabiduría de los entendidos, los buenos son despreciados, la verdad se ausenta. Los muchachos insultan a los ancianos, los viejos se exponen a los niños. El hijo desprecia al padre, la hija se rebela contra la madre, la nuera contra la suegra. Los enemigos del hombre serán los de su propia casa.

El tiempo que precediera a la venida del Mesías sería un tiempo cuando el mundo se desintegraría y se relajarían todos los vínculos. El orden físico y moral se colapsaría.

(ii) En ese caos aparecería Elías como precursor y heraldo del

Mesías. Él sanaría las grietas y traería orden al caos para preparar el camino del Mesías. Especialmente, resolvería las disputas. De hecho, la ley oral judía establecía que el dinero y las haciendas cuya propiedad se discutiera, y todo lo que se encontrara y no se supiera de quién era, podría esperar «hasta que viniera Elías.» Cuando viniera Elías, ya faltaría poco para que le siguiera el Mesías.

(iii) Y entonces vendría el Mesías. La palabra hebrea *Mashíaj* y la palabra griega *Jristós* quieren decir lo mismo: *El Ungido.* A los reyes se los coronaba ungiéndolos, y el Mesías era el Rey Ungido de Dios. Es importante tener presente que *Cristo* no es *un nombre,* sino *un título.* De ahí que en algunas versiones del Nuevo Testamento y libros sobre él se ponga «Jesús el Mesías» en lugar de Jesucristo; pero ya la palabra *mashíaj* se había traducido al griego por *jristós* en la Septuaginta. Algunas veces se pensaba en el Mesías como un rey de la dinastía de David, pero más corrientemente como una gran figura sobrehumana que irrumpiría en la Historia para rehacer el mundo y vindicar al pueblo de Dios.

(iv) Las naciones paganas se aliarían y unirían contra el Campeón de Dios.

Los reyes de las naciones paganas se lanzarán contra esta tierra acarreándose justa retribución. Tratarán de desmantelar el altar del Dios todopoderoso y de los hombres más nobles cuandoquiera que vengan a la tierra. En un círculo alrededor de la ciudad colocarán los malditos reyes cada uno su trono rodeados de sus infieles pueblos. Y entonces Dios hablará con voz potente a todos los pueblos indisciplinados e insensatos, y vendrá el juicio sobre ellos del Dios todopoderoso, y todos perecerán a manos del Eterno (Oráculos Sibilinos 3:363-372).

(v) El resultado será la total destrucción de esos poderes hostiles. Filón decía que el Mesías «tomaría el campo, y haría guerra y destruiría naciones grandes y populosas.»

Este es el viento que el Altísimo ha reservado a la fin contra ellos, y sus impías fraudes; el cual los argüirá, y echará sobre ellos sus robos. Porque Él los hará venir vivos a juicio, y des que los haya convencido, los castigará (4 Esdras 12:32s, B.O.).

[7]Ocurrirá en esos días que no se salvará nadie con oro ni plata, ni podrá escapar. [8]No habrá hierro para la guerra, ni nada que ponerse como peto, ni servirá el bronce, ni el estaño valdrá ni contará, ni se querrá el plomo. [9]Todas estas cosas serán desechadas y habrán de desaparecer de

la faz de la tierra, cuando aparezca el Elegido ante la faz del Señor de los espíritus (1 Enoc 52:7-9, D.M.).

El Mesías será el conquistador más destructivo de la Historia, derrotando a Sus enemigos hasta la extinción total.

(vi) Seguiría la renovación de Jerusalén. A veces se concebía como la purificación de la ciudad existente. Más a menudo, como el descenso del Cielo de la nueva Jerusalén. «[28]Me levanté para ver hasta que él enrolló la vieja casa. Sacaron todas las columnas, vigas y ornamentos de la casa, enrollados junto con ella; los sacaron y echaron en un lugar al sur de la tierra. [29]Vi que trajo el dueño de las ovejas una casa nueva, más grande y alta que la primera, y la puso en el lugar de la que había sido recogida. Todas sus columnas y ornamentos eran nuevos y mayores que los de la antigua que había quitado, y el dueño de las ovejas estaba dentro» (*1 Enoc* 90:28s, D.M.).

(vii) Los judíos que estaban dispersos por todo el mundo serían recogidos en la nueva Jerusalén. Hasta el día de hoy el libro judío de oraciones diarias incluye la petición: «¡Izad la bandera para reunir a los dispersos y congregarlos de los cuatro puntos cardinales de la Tierra!» El capítulo 11 de los Salmos de Salomón contiene un doble cuadro de ese retorno:

¡Tocad la trompeta en Sión para reunir a los santos, haced que se oiga en Jerusalén la voz del que trae alegres nuevas; porque Dios ha tenido piedad de Israel al visitarlos! ¡Colócate en la cumbre, Jerusalén, y mira a tus hijos, del Oriente y del Poniente, reunidos por el Señor! ¡Vienen del Norte con el gozo de su Dios, de las islas lejanas Dios los ha reunido! Ha abatido montañas altas allanándolas para ellos; las colinas huyeron cuando entraron. Los bosques les dieron cobijo cuando pasaban; todos los árboles aromáticos hizo Dios que brotaran para ellos, para que Israel pasara adelante en la visitación de la gloria de su Dios. ¡Ponte, Jerusalén, tus ropas de fiesta; prepara tu túnica santa; por cuanto Dios ha decretado el bien para Israel para siempre jamás, haga el Señor lo que ha hablado referente a Israel y Jerusalén; levante el Señor a Israel por Su glorioso nombre. ¡Sea la misericordia del Señor sobre Israel por siempre y siempre!

Se puede ver fácilmente lo judío que había de ser este nuevo mundo. El elemento nacionalista domina por todas partes.

(viii) Palestina sería el centro del mundo, y el resto del mundo le sería sometido. Todas las demás naciones serían subyugadas.

A veces se concebía como un dominio pacífico:

Y todas las islas y las ciudades dirán: «¡Cómo ama el Eterno a estas personas!» Porque todas las cosas obran en armonía con ellas y las ayudan... ¡Venid, postrémonos en tierra y supliquemos al eterno Rey, el Todopoderoso, el Dios perdurable! Vayamos en procesión a Su Templo, porque Él es el único Potentado (Oráculos Sibilinos 3:690ss).

Más corrientemente se presentaba el fin de los gentiles como una destrucción total, ante la que se regocijaría Israel.

y Él aparecerá para castigar a los gentiles,
y destruirá todos sus ídolos.
Entonces tú, Israel, serás feliz.
Te montarás sobre los cuellos y las alas de las águilas
(es decir, Roma, el águila, será destruida)
y ellos terminarán, y Dios te exaltará.

Y tú mirarás desde las alturas
y verás a tus enemigos en la gehena,
y los reconocerás y te regocijarás (Asunción de Moisés 10:8-10).

Era una descripción sombría. Israel se regocijaría al ver a sus enemigos quebrantados y en el infierno. En cuanto a los israelitas que hubieren muerto, resucitarían para participar en el nuevo mundo.

(ix) Finalmente vendría una nueva edad de paz y de bondad que permanecería para siempre (William Barclay, *Comentario al Nuevo Testamento,* [Barcelona: Editorial Clie, 2006], pp. 243-244; cp. Emil Schürer, *A History of the Jewish People in the Time of Jesus Christ* [Nueva York: Scribners, 1896], 2:154-178)

Sin embargo, ese conocimiento general no proporcionó a los discípulos las respuestas que buscaban a sus preguntas específicas, por lo que Jesús les ofreció una respuesta detallada en los versículos 8-36. Las verdades que presentó con relación a su venida son de suma importancia. El final de la historia es su razón de ser; la consumación es la razón de la creación; la historia que comenzó en Génesis alcanza su gloriosa culminación en Apocalipsis. En los próximos capítulos de esta obra aprenderemos de nuestro Señor mismo las razones que hacen necesaria su venida, los acontecimientos y señales preliminares que llevan a su venida, y cómo los creyentes deben prepararse para la venida de Cristo.

La indiferencia hacia la escatología de nuestro Señor es inaceptable, y también lo es la ignorancia. El final de la historia importa para nuestro consuelo y para la gloria de Dios. Además, no se trata de algo vago ni confuso. Debemos aferrarnos a la precisión de la sana doctrina sobre este tema, como lo hacemos en cualquier categoría de la revelación divina en la Biblia.

El libro del Apocalipsis, la profecía más comprensiva de los últimos tiempos, empieza con un llamado a tal entendimiento y bendición:

> *La revelación de Jesucristo, que Dios le dio, para manifestar a sus siervos las cosas que deben suceder pronto; y la declaró enviándola por medio de su ángel a su siervo Juan, que ha dado testimonio de la palabra de Dios, y del testimonio de Jesucristo, y de todas las cosas que ha visto. Bienaventurado el que lee, y los que oyen las palabras de esta profecía, y guardan las cosas en ella escritas; porque el tiempo está cerca (Ap. 1:1-3).*

Señales del regreso de Cristo. Segunda parte: Por qué Jesús debe regresar a la tierra

116

Él entonces dijo: Mirad que no seáis engañados; porque vendrán muchos en mi nombre, diciendo: Yo soy el Cristo, y: El tiempo está cerca. Mas no vayáis en pos de ellos. (21:8)

Según algunos cálculos, la profecía predictiva de eventos por venir comprende la quinta parte de las Escrituras. De esa quinta parte, un tercio se refiere a la segunda venida del Señor Jesucristo. De las casi trescientas profecías del Antiguo Testamento relacionadas con la venida de Cristo, más o menos una tercera parte se cumplió en su primera venida, dejando alrededor de doscientas que aún deben cumplirse en su segunda venida. El Nuevo Testamento también predice el regreso de Cristo (algunas de las predicciones del Antiguo y del Nuevo Testamento se enumeran a continuación).

No obstante, a pesar de la abundante evidencia bíblica, burladores orgullosos siempre han negado la realidad de que el Señor Jesucristo regresará un día a la tierra, tal como la Biblia predice que harían. Pedro advirtió: "Sabiendo primero esto, que en los postreros días [que empiezan con la primera venida de Cristo; cp. He. 9:26; 1 Jn. 2:18] vendrán burladores, andando según sus propias concupiscencias, y diciendo: ¿Dónde está la promesa de su advenimiento? Porque desde el día en que los padres durmieron, todas las cosas permanecen así como desde el principio de la creación" (2 P. 3:3-4). Ellos niegan la segunda venida porque niegan la deidad del Señor Jesús, y rechazan cualquier idea de que Él sea el juez y ejecutor de seres humanos a causa de sus pecados, y que regresará para juzgar. El simplista argumento que Pedro responde invoca el principio del uniformismo: ellos aseguran que Cristo no ha regresado, y que "todo continúa exactamente como era desde el principio de la creación", por tanto nunca regresará. Pero afirmar que algo no puede ocurrir porque aún no ha sucedido es claramente ridículo.

Además, ese razonamiento conveniente y defectuoso hace caso omiso a la obvia realidad de que las cosas no han continuado de modo uniforme desde el principio, concretamente la destrucción del mundo en el diluvio de la época de Noé, "por lo cual el mundo de entonces pereció anegado en agua" (v. 6). Pedro señala entonces que el juicio cósmico del diluvio sirve como modelo para el juicio aún más catastrófico que ha de venir:

> *Pero los cielos y la tierra que existen ahora, están reservados por la misma palabra, guardados para el fuego en el día del juicio y de la perdición de los hombres impíos... Pero el día del Señor vendrá como ladrón en la noche; en el cual los cielos pasarán con grande estruendo, y los elementos ardiendo serán deshechos, y la tierra y las obras que en ella hay serán quemadas (vv. 7, 10).*

En los versículos anteriores, Jesús les había dicho a los discípulos que el juicio (incluso la destrucción del templo) iba a venir sobre Israel. Ese juicio, que comenzó con la destrucción que Roma hizo de Jerusalén y del templo en el año 70 d.C., continuará hasta la segunda venida de Cristo. Sus seguidores nunca habrían esperado que el juicio del que Jesús habló durara todo el tiempo que ha durado. Es probable que lo esperaran durante la vida de Jesús, y que sería seguido inmediatamente por la restauración de Israel y el establecimiento del reino terrenal del Mesías. Incluso después de la muerte y resurrección de Jesús le preguntaron: "Señor, ¿restaurarás el reino a Israel en este tiempo?" (Hch. 1:6).

El primer indicio de que tal expectativa era equivocada y que el regreso de Cristo se demoraría lo constituye su advertencia: **Mirad que no seáis engañados.** Esa exhortación habría sido innecesaria mientras Él aún estuviera con ellos para protegerlos. Debido a su gran expectativa del regreso del Señor, los creyentes están en peligro de ser engañados por los **muchos** falsos mesías que **vendrán en** su **nombre, diciendo: Yo soy el Cristo, y: El tiempo está cerca.** Los seguidores del Señor **no** deben ir **en pos de ellos.** La historia posterior demostraría lo oportuno de su advertencia:

> Los siglos pasados han visto falsos mesías y cada uno afirmando ser el esperado por el pueblo judío. De estos libertadores autoproclamados, algunos simplemente se engañaban a sí mismos, mientras otros se aprovechaban de los demás a propósito; algunos buscaban prestigio personal, otros rescatar al pueblo de la opresión; algunos defendían la violencia, otros la oración y el ayuno; algunos profesaban ser libertadores políticos, otros reformadores religiosos. Pero aunque variaran sus métodos, motivos y afirmaciones, todos tenían algo en común: eran falsificaciones satánicas del verdadero Mesías, Jesús de Nazaret.

En el año 44 d.C., Teudas (no el mismo mencionado en Hch. 5:36) prometió a sus oyentes que dividiría el río Jordán. Pero antes de que lo intentara, las tropas romanas atacaron y masacraron a muchos de sus seguidores. El egipcio con el que confundieron a Pablo (Hch. 21:38) se ufanaba de que ordenaría a los muros de Jerusalén que cayeran. Pero, al igual que con Teudas, los soldados romanos acabaron con sus planes. Aunque el egipcio logró escapar de quienes lo atacaron, cientos de sus seguidores fueron capturados o matados (Josefo, *Antigüedades* 20.8.6; *Las guerras de los judíos* 2.13.5). En el siglo ii, Simón Bar-Kojba ("Hijo de una estrella"; cp. Nm. 24:17), a quien el rabí líder de su tiempo identificó como Mesías, lideró una insurrección contra Roma y conquistó Jerusalén durante tres años, donde se le llamó rey y mesías. Los romanos aplastaron la rebelión, retomaron Jerusalén y masacraron a Bar-Kojba y a seiscientos mil seguidores suyos. En el siglo v, en la isla de Creta, un falso mesías prometió dividir el mar Mediterráneo en dos para que sus seguidores pudieran caminar hasta Palestina por tierra seca. Pero el mar no quiso dividirse y algunos de sus seguidores se ahogaron. En el siglo XVII, Sabbethai Zebi se autoproclamó "rey de los reyes de la tierra" y atrajo una gran cantidad de seguidores entre los judíos de Europa occidental. Zebi se convirtió después al islam y a la larga lo ejecutaron (John MacArthur, *Comentario MacArthur del Nuevo Testamento: Juan* [Grand Rapids: Portavoz, 2011], pp. 475-76).

El largo desfile de charlatanes que afirman ser Cristo culminará con el último falso mesías engañador, el anticristo,

el hombre de pecado, el hijo de perdición… el cual se opone y se levanta contra todo lo que se llama Dios o es objeto de culto; tanto que se sienta en el templo de Dios como Dios, haciéndose pasar por Dios… aquel inicuo, a quien el Señor matará con el espíritu de su boca, y destruirá con el resplandor de su venida; inicuo cuyo advenimiento es por obra de Satanás, con gran poder y señales y prodigios mentirosos, y con todo engaño de iniquidad para los que se pierden, por cuanto no recibieron el amor de la verdad para ser salvos (2 Ts. 2:3, 4, 8, 9, 10; cp. Ap. 13:1-18).

No habrá duda alguna del regreso de Cristo. Jesús declaró: "Porque como el relámpago que al fulgurar resplandece desde un extremo del cielo hasta el otro, así también será el Hijo del Hombre en su día" (Lc. 17:24).

No solamente los creyentes deben tener cuidado de los falsos cristos, sino que también deben estar preparados para el regreso de Jesús. Anteriormente, en el Evangelio de Lucas, Jesús manifestó a sus seguidores:

> *Estén ceñidos vuestros lomos, y vuestras lámparas encendidas; y vosotros sed semejantes a hombres que aguardan a que su señor regrese de las bodas, para que cuando llegue y llame, le abran en seguida. Bienaventurados aquellos siervos a los cuales su señor, cuando venga, halle velando; de cierto os digo que se ceñirá, y hará que se sienten a la mesa, y vendrá a servirles. Y aunque venga a la segunda vigilia, y aunque venga a la tercera vigilia, si los hallare así, bienaventurados son aquellos siervos. Pero sabed esto, que si supiese el padre de familia a qué hora el ladrón había de venir, velaría ciertamente, y no dejaría minar su casa. Vosotros, pues, también, estad preparados, porque a la hora que no penséis, el Hijo del Hombre vendrá (12:35-40).*

En Lucas 17:22, Jesús "dijo a sus discípulos: Tiempo vendrá cuando desearéis ver uno de los días del Hijo del Hombre, y no lo veréis".

A pesar de los rechazos y de la burla de los escarnecedores, el Señor Jesucristo regresará a la tierra. Antes de examinar con detalle su discurso acerca de los acontecimientos que llevan a su regreso, será útil considerar en términos generales las razones de por qué Él debe regresar. Como he señalado en cada uno de los encabezados sobre el discurso del Monte de los Olivos, Jesús debe regresar a la tierra porque la persona, el programa y las prioridades de Dios lo exigen.

LA PERSONA DE DIOS EXIGE EL REGRESO DE CRISTO

LAS PROMESAS DEL PADRE LO EXIGEN

Dios es el "Dios de verdad" (Sal. 31:5; Is. 65:16), grande en verdad (Éx. 34:6) y cuyas "palabras son verdad" (2 S. 7:28). Dios no puede mentir (1 S. 15:29; Tit. 1:2), de ahí que con seguridad todas sus promesas se cumplirán (Nm. 23:19; 1 R. 8:56).

Dios hizo muchas promesas con relación a la primera venida de Jesús, entre ellas que nacería de una virgen (Is. 7:14), que nacería en Belén (Mi. 5:2), que Dios lo llamaría de Egipto (donde sus padres lo habían llevado para evitar a Herodes; Mt. 2:13-15; Os. 11:1), que sería un descendiente de Isaí, el padre de David, y que sería ungido con el Espíritu Santo (Is. 11:1-2), que entraría a Jerusalén montado en un pollino, hijo de asna (Zac. 9:9), que sería traicionado por un hombre de su confianza con quien había comido (Sal. 41:9), que lo abandonarían sus discípulos (Zac. 13:7), y que la cantidad exacta que Judas recibiría por traicionarlo sería treinta monedas de plata, las que arrojaría dentro del templo (Zac. 11:12-13). El Antiguo Testamento también predijo los detalles específicos de la muerte de Cristo. Isaías 50:6 afirma que lo golpearían y lo escupirían. David registró los detalles de la crucifixión de Jesús (una forma de ejecución desconocida en Israel en los tiempos del Antiguo Testamento), que incluyen la perforación de sus manos y pies, su grito final al Padre, y la división de sus prendas por suerte entre sus ejecutores (Sal. 22). Salmos 34:20 señala que ninguno de sus huesos se romperían, mientras que Zacarías 12:10 predijo que le traspasarían el costado. Salmos 2:7 y 16:10 aluden a su resurrección.

Todas esas promesas relacionadas con la primera venida del Señor se cumplieron literalmente; no fueron tan solo ideales espirituales o principios subjetivos. Su cumplimiento sentó la pauta y el modelo para las profecías que aún deben cumplirse en su segunda venida. Según se indicó antes, aproximadamente dos terceras partes de las profecías del Antiguo Testamento con relación al regreso de Cristo quedaron sin cumplirse después de su primera venida. Por ejemplo, Génesis 49:10 predice que cuando el Mesías venga, los pueblos del mundo le obedecerán. Pero cuando Jesús vino por primera vez, "en el mundo estaba, y el mundo por él fue hecho; pero el mundo no le conoció. A lo suyo vino, y los suyos no le recibieron" (Jn. 1:10-11).

El Salmo 2 describe el reinado terrenal del Mesías (v. 6), cuando Dios le dará "por herencia las naciones, y como posesión [suya] los confines de la tierra", los quebrantará "con vara de hierro" y los desmenuzará "como vasija de alfarero" (vv. 8-9). Sin embargo, el gobierno terrenal de Cristo no fue establecido en su primera venida.

El conocido texto de Isaías 9:6-7 fusiona tanto la primera como la segunda venida del Mesías. La predicción de que "un niño nos es nacido, hijo nos es dado" (v. 6) se cumplió claramente en la encarnación de Cristo. Pero no así el resto del pasaje:

> *Y el principado sobre su hombro; y se llamará su nombre Admirable, Consejero, Dios Fuerte, Padre Eterno, Príncipe de Paz. Lo dilatado de su imperio y la paz no tendrán límite, sobre el trono de David y sobre su reino, disponiéndolo y confirmándolo en juicio y en justicia desde ahora y para siempre. El celo de Jehová de los ejércitos hará esto.*

Jesús no asumió el trono de David en un sentido literal; es más, Él mismo declaró que únicamente "cuando el Hijo del Hombre venga en su gloria, y todos los santos ángeles con él, [es que] se sentará en su trono de gloria" (Mt. 25:31).

Miqueas predijo que el Mesías "juzgará entre muchos pueblos, y corregirá a naciones poderosas hasta muy lejos; y martillarán sus espadas para azadones, y sus lanzas para hoces; no alzará espada nación contra nación, ni se ensayarán más para la guerra" (Mi. 4:3). El cumplimiento literal de esa profecía aguarda el regreso de Cristo. Jeremías 23:5 también predice el futuro reino terrenal de Cristo: "He aquí que vienen días, dice Jehová, en que levantaré a David renuevo justo, y reinará como Rey, el cual será dichoso, y hará juicio y justicia en la tierra" al igual que hace Daniel 7:13-14:

> *Miraba yo en la visión de la noche, y he aquí con las nubes del cielo venía uno como un hijo de hombre, que vino hasta el Anciano de días, y le hicieron acercarse delante de él. Y le fue dado dominio, gloria y reino, para que todos los pueblos, naciones y lenguas le sirvieran; su dominio es dominio eterno, que nunca pasará, y su reino uno que no será destruido.*

LAS DECLARACIONES DE JESÚS LO EXIGEN

Jesús manifestó en repetidas ocasiones que regresará, y ofreció una detallada descripción de su segunda venida en el discurso del Monte de los Olivos (Mt. 24, 25; Mr. 13; Lc. 21:5-36; cp. 17:20-37). Después de anunciar su partida a sus discípulos, Jesús los consoló con la promesa: "Si me fuere y os preparare lugar, vendré otra vez, y os tomaré a mí mismo, para que donde yo estoy, vosotros también estéis" (Jn. 14:3). En su juicio ante el concilio el Señor declaró valientemente: "Veréis al Hijo del Hombre sentado a la diestra del poder de Dios, y viniendo en las nubes del cielo" (Mr. 14:62), promesa que repitió varias veces en Apocalipsis (2:5, 16; 3:11; 22:7, 12, 20). Jesús también contó parábolas que ilustraron su segunda venida (p. ej., Mt. 24:45-51; 25:1-13; 14-30, Lc. 12:35-40, 41-48; 19:11-27). Si el Señor Jesucristo no regresa a la tierra, entonces su palabra no fue cierta.

LA GARANTÍA DEL ESPÍRITU SANTO LO EXIGE

Los autores inspirados por el Espíritu de las epístolas del Nuevo Testamento también hablaron del regreso de Jesucristo a la tierra. Pablo elogió a los corintios porque estaban "esperando la manifestación de nuestro Señor Jesucristo" (1 Co. 1:7). A los filipenses les escribió: "Nuestra ciudadanía está en los cielos, de donde también esperamos al Salvador, al Señor Jesucristo" (Fil. 3:20). El apóstol les recordó a los colosenses: "Cuando Cristo, vuestra vida, se manifieste, entonces vosotros también seréis manifestados con él en gloria" (Col. 3:4). En 1 Tesalonicenses 4:16-17 escribió:

> *Porque el Señor mismo con voz de mando, con voz de arcángel, y con trompeta de Dios, descenderá del cielo; y los muertos en Cristo resucitarán primero. Luego nosotros los que vivimos, los que hayamos quedado, seremos arrebatados juntamente con ellos en las nubes para recibir al Señor en el aire, y así estaremos siempre con el Señor (cp. He. 9:28; Stg. 5:7-8; 1 P. 1:13; 5:4; 1 Jn. 3:2).*

Al igual que la del Padre y el Hijo, la credibilidad del Espíritu Santo se socavará si Jesús no regresa a la tierra. Un Dios trino errante, incapaz o infiel sería un demonio más poderoso que Satanás.

EL PROGRAMA DE DIOS EXIGE EL REGRESO DE CRISTO

EL PROGRAMA DE DIOS PARA LA IGLESIA LO EXIGE

El concilio de Jerusalén, registrado en Hechos 15, decidió el asunto trascendental de si la salvación es por ley o por gracia. Tras un extenso debate, Pedro les recordó a los que estaban congregados que fue en respuesta a la revelación de Dios que él había llevado el evangelio a los gentiles (vv. 7-11). Pablo y Bernabé relataron entonces las obras poderosas de salvación que por medio de su ministerio Dios había hecho entre los gentiles (v. 12). Y, en último lugar, Jacobo, el hermano del Señor y cabeza de la iglesia en Jerusalén (cp. Hch. 12:17; 21:18; el apóstol Jacobo, hermano de Juan, ya había sido ejecutado [Hch. 12:2]), llevando al concilio a una conclusión (vv. 13-21). Jacobo citó Amós 9:11-12, donde se profetiza que después de hacer de lado a Israel (Ro. 11), Dios llamaría para sí un pueblo de entre los gentiles (la Iglesia; cp. Mt. 16:18; Hch. 2:1-41). Es solo después que esa asamblea esté completa (cp. 2 P. 3:9) que Cristo regresará.

La segunda venida de Cristo incluye una serie de sucesos que van desde el arrebatamiento hasta el cielo nuevo y la tierra nueva. El primer hecho, el arrebatamiento, es cuando se lleve a la Iglesia al cielo (Jn. 14:1-3; 1 Co. 15:51-54; 1 Ts. 4:13-18; Ap. 3:10). En Juan 14:3, Jesús prometió: "Vendré otra vez, y os tomaré a mí mismo, para que donde yo estoy, vosotros también estéis". La ausencia de cualquier referencia a algún juicio, tanto aquí como en los otros pasajes del arrebatamiento, es importante. Tal omisión indica que esos pasajes no se refieren a la venida de Cristo para juzgar a los malvados y establecer su reino milenial (Mt. 13:36-43, 47-50; 24:29-44; 25:31-46; Ap. 19:11-15), sino más bien a la reunión previa que Él hará de los creyentes para llevarlos al cielo (cp. 1 Ts. 4:13-18; 1 Co. 15:51-57).

Más diferencias entre los dos acaecimientos refuerzan esa verdad. En la segunda venida ángeles juntarán a los elegidos (Mt. 24:30-31), pero en Juan 14 Jesús declaró a los discípulos que vendría personalmente por ellos. En la segunda venida los creyentes regresarán con Cristo (Ap. 19:8, 14) cuando Él venga a establecer su reino terrenal (Ap. 19:11-20:6); en Juan 14 Jesús promete regresar por ellos. Entre el arrebatamiento y la segunda venida, la Iglesia celebrará la cena de bodas del Cordero (Ap. 19:7-10), y los creyentes recibirán sus recompensas (1 Co. 3:10-15; 4:5; 2 Co. 5:10). Cuando Jesús regrese en juicio y gloria al reino, los santos vendrán con Él (Ap. 19:7, 11-14).

EL PROGRAMA DE DIOS PARA LAS NACIONES LO EXIGE

La desenfrenada maldad que caracteriza al mundo actual no puede continuar indefinidamente. Es verdad que Dios es "paciente para con [los pecadores], no queriendo que ninguno perezca, sino que todos procedan al arrepentimiento" (2 P. 3:9). Pero un día su paciencia dará paso al juicio; Dios no solo es un Dios de amor, gracia y misericordia, sino también de justicia, santidad e ira contra el pecado.

La profecía de Joel relata el juicio sobre las naciones pecadoras que se llevará a cabo cuando Cristo regrese:

> *Porque he aquí que en aquellos días, y en aquel tiempo en que haré volver la cautividad de Judá y de Jerusalén, reuniré a todas las naciones, y las haré descender al valle de Josafat, y allí entraré en juicio con ellas a causa de mi pueblo, y de Israel mi heredad, a quien ellas esparcieron entre las naciones, y repartieron mi tierra... Proclamad esto entre las naciones, proclamad guerra, despertad a los valientes, acérquense, vengan todos los hombres de guerra. Forjad espadas de vuestros azadones, lanzas de vuestras hoces; diga el débil: Fuerte soy. Juntaos y venid, naciones todas de alrededor, y congregaos; haz venir allí, oh Jehová, a tus fuertes. Despiértense las naciones, y suban al valle de Josafat; porque allí me sentaré para juzgar a todas las naciones de alrededor. Echad la hoz, porque la mies está ya madura. Venid, descended, porque el lagar está lleno, rebosan las cubas; porque mucha es la maldad de ellos. Muchos pueblos en el valle de la decisión; porque cercano está el día de Jehová en el valle de la decisión. El sol y la luna se oscurecerán, y las estrellas retraerán su resplandor. Y Jehová rugirá desde Sion, y dará su voz desde Jerusalén, y temblarán los cielos y la tierra; pero Jehová será la esperanza de su pueblo, y la fortaleza de los hijos de Israel. Y conoceréis que yo soy Jehová vuestro Dios, que habito en Sion, mi santo monte; y Jerusalén será santa, y extraños no pasarán más por ella (3:1-2, 9-17; cp. Ap. 14:14-20).*

Jesús describió este mismo juicio en Mateo 25:31-46.

EL PROGRAMA DE DIOS PARA ISRAEL LO EXIGE

El regreso de Cristo traerá no solo juicio sobre las naciones gentiles, sino también salvación para el remanente de creyentes de Israel (Ro. 11:25-27; cp. Lc. 1:72-75), tal como prometió el Antiguo Testamento:

> *Vivo yo, dice Jehová el Señor, que con mano fuerte y brazo extendido, y enojo derramado, he de reinar sobre vosotros; y os sacaré de entre los pueblos, y os reuniré de las tierras en que estáis esparcidos, con mano fuerte y brazo extendido, y enojo derramado; y os traeré al desierto de los pueblos, y allí litigaré con vosotros cara a cara. Como litigué con vuestros padres en el desierto de la tierra de Egipto, así litigaré con vosotros, dice Jehová el Señor. Os haré pasar bajo la vara, y os haré entrar en los vínculos del pacto; y apartaré de entre vosotros a los rebeldes,*

> *y a los que se rebelaron contra mí; de la tierra de sus peregrinaciones los sacaré, mas a la tierra de Israel no entrarán; y sabréis que yo soy Jehová (Ez. 20:33-38).*
>
> *Por tanto, di a la casa de Israel: Así ha dicho Jehová el Señor: No lo hago por vosotros, oh casa de Israel, sino por causa de mi santo nombre, el cual profanasteis vosotros entre las naciones adonde habéis llegado. Y santificaré mi grande nombre, profanado entre las naciones, el cual profanasteis vosotros en medio de ellas; y sabrán las naciones que yo soy Jehová, dice Jehová el Señor, cuando sea santificado en vosotros delante de sus ojos. Y yo os tomaré de las naciones, y os recogeré de todas las tierras, y os traeré a vuestro país. Esparciré sobre vosotros agua limpia, y seréis limpiados de todas vuestras inmundicias; y de todos vuestros ídolos os limpiaré. Os daré corazón nuevo, y pondré espíritu nuevo dentro de vosotros; y quitaré de vuestra carne el corazón de piedra, y os daré un corazón de carne. Y pondré dentro de vosotros mi Espíritu, y haré que andéis en mis estatutos, y guardéis mis preceptos, y los pongáis por obra. Habitaréis en la tierra que di a vuestros padres, y vosotros me seréis por pueblo, y yo seré a vosotros por Dios. Y os guardaré de todas vuestras inmundicias; y llamaré al trigo, y lo multiplicaré, y no os daré hambre. Multiplicaré asimismo el fruto de los árboles, y el fruto de los campos, para que nunca más recibáis oprobio de hambre entre las naciones. Y os acordaréis de vuestros malos caminos, y de vuestras obras que no fueron buenas; y os avergonzaréis de vosotros mismos por vuestras iniquidades y por vuestras abominaciones. No lo hago por vosotros, dice Jehová el Señor, sabedlo bien; avergonzaos y cubríos de confusión por vuestras iniquidades, casa de Israel. Así ha dicho Jehová el Señor: El día que os limpie de todas vuestras iniquidades, haré también que sean habitadas las ciudades, y las ruinas serán reedificadas. Y la tierra asolada será labrada, en lugar de haber permanecido asolada a ojos de todos los que pasaron. Y dirán: Esta tierra que era asolada ha venido a ser como huerto del Edén; y estas ciudades que eran desiertas y asoladas y arruinadas, están fortificadas y habitadas. Y las naciones que queden en vuestros alrededores sabrán que yo reedifiqué lo que estaba derribado, y planté lo que estaba desolado; yo Jehová he hablado, y lo haré (Ez. 36:22-36).*

El pacto de Dios promete salvación a Israel, restauración a su tierra, y que el reino solo puede cumplirse por el regreso de Jesucristo.

LAS PRIORIDADES DE DIOS EXIGEN EL REGRESO DE CRISTO

LA HUMILLACIÓN DE CRISTO LO EXIGE

La última visión que el mundo tiene acerca del Señor de gloria no puede ser de Él colgando en una cruz entre dos criminales. El mundo no vio a Jesús después de la resurrección, ya que apareció únicamente a creyentes (1 Co. 15:4-8). El escritor de Hebreos afirmó que "Cristo fue ofrecido una sola vez para llevar los pecados de muchos; y aparecerá por segunda vez, sin relación con el pecado, para salvar a los que le esperan" (He. 9:28). Después de venir la primera vez para ofrecerse como un sacrificio por el pecado, Jesús volverá en gloria de salvación triunfante.

Solo un grupo relativamente pequeño de personas vio a Jesús morir sobre una colina fuera de Jerusalén. Sin embargo, cuando regrese todo el mundo lo verá:

> *E inmediatamente después de la tribulación de aquellos días, el sol se oscurecerá, y la luna no dará su resplandor, y las estrellas caerán del cielo, y las potencias de los cielos serán conmovidas. Entonces aparecerá la señal del Hijo del Hombre en el cielo; y entonces lamentarán todas las tribus de la tierra, y verán al Hijo del Hombre viniendo sobre las nubes del cielo, con poder y gran gloria (Mt. 24:29-30).*

LA EXALTACIÓN DE SATANÁS LO EXIGE

Satanás es al presente "el dios de este siglo" (2 Co. 4:4; cp. Lc. 4:6; Jn. 12:31; 16:11; 1 Jn. 5:19), un usurpador permitido por Dios para que reine temporalmente. Cuando Jesús regrese acabará con el reinado de Satanás, destruirá su reino, y recuperará lo que por derecho le corresponde.

En Apocalipsis 5, el apóstol Juan describe una sorprendente y dramática escena en el cielo justo antes del regreso de Cristo. En su visión, Juan vio "en la mano derecha del que estaba sentado en el trono un libro escrito por dentro y por fuera, sellado con siete sellos" (v. 1). Este libro, o rollo, es el título de propiedad de la tierra. Cuando la visión continuó, él vio "a un ángel fuerte que pregonaba a gran voz: ¿Quién es digno de abrir el libro y desatar sus sellos?" (v. 2). Para consternación de Juan, "ninguno, ni en el cielo ni en la tierra ni debajo de la tierra, podía abrir el libro, ni aun mirarlo" (v. 3), y él "lloraba... mucho, porque no se había hallado a ninguno digno de abrir el libro, ni de leerlo, ni de mirarlo" (v. 4). Sin embargo, "uno de los ancianos [le] dijo: No llores. He aquí que el León de la tribu de Judá, la raíz de David, ha vencido para abrir el libro y desatar sus siete sellos" (v. 5). Juan vio "que en medio del trono y de los cuatro seres vivientes, y en medio de los ancianos, estaba en pie un Cordero como inmolado, que tenía siete cuernos, y siete ojos, los cuales son los siete espíritus de Dios enviados por toda la tierra" (v. 6). El Cordero, el Señor Jesucristo, "vino, y tomó el libro de la mano derecha del que estaba sentado en el trono" (v. 7), ante lo cual las huestes celestiales prorrumpieron en alabanza (vv. 8-14).

Entonces en el versículo 1 del capítulo 6, Cristo empezó a romper los sellos del libro, desatando una serie de juicios catastróficos que devastarán el mundo y destruirán el reino de Satanás. Después que esos juicios hayan seguido su curso, Jesús regresará para volver a tomar lo que por derecho es suyo (Ap. 11:15; 19:11-21), y para encarcelar a Satanás mientras dure el reino milenario (Ap. 20:1-3), antes de enviarlo para siempre al lago de fuego (Ap. 20:10).

La historia no concluirá estando Satanás en ningún trono. El Hijo de Dios será reivindicado, y reinará sobre este universo según el derecho que le corresponde.

LA EXPECTATIVA DE LOS SANTOS LO EXIGE

"La esperanza bienaventurada" de "la manifestación gloriosa de nuestro gran Dios y Salvador Jesucristo" (Tit. 2:13) no resultará en vano. Jesús, quien ascendió al cielo, volverá otra vez (Hch. 1:11) para rescatar a su pueblo de la ira eterna de Dios contra el pecado (1 Ts. 1:10), para juzgar a los malvados (2 Ts. 1:7-9), y recibir gloria (v. 10).

¿Cómo deberían responder los creyentes al seguro regreso de Jesucristo? En primer lugar, deben ansiarlo. Pablo caracterizó a los cristianos como "todos los que aman [la] venida [de Cristo]" (2 Ti. 4:8; cp. He. 9:28), y en 1 Corintios 16:22 usó la palabra "Maran-ata", que significa "el Señor viene" (cp. la exclamación de Juan: "Ven, Señor Jesús" [Ap. 22:20]).

En segundo lugar, los creyentes deben estar listos para el regreso de Cristo, ya que el acto inicial, el arrebatamiento, es un acontecimiento sin anuncio alguno que podría ocurrir en cualquier momento. Jesús advirtió: "Vosotros, pues, también, estad preparados, porque a la hora que no penséis, el Hijo del Hombre vendrá" (Lc. 12:40; cp. Mt. 24:44). Marcos concluye su relato del discurso del Monte de los Olivos con esta advertencia del Señor:

> *Mirad, velad y orad; porque no sabéis cuándo será el tiempo. Es como el hombre que yéndose lejos, dejó su casa, y dio autoridad a sus siervos, y a cada uno su obra, y al portero mandó que velase. Velad, pues, porque no sabéis cuándo vendrá el señor de la casa; si al anochecer, o a la medianoche, o al canto del gallo, o a la mañana; para que cuando venga de repente, no os halle durmiendo. Y lo que a vosotros digo, a todos lo digo: Velad (Mr. 13:33-37).*

Por último, los creyentes deben estar preparados para el regreso de Cristo. Pedro exhortó a sus lectores: "Por lo cual, oh amados, estando en espera de estas cosas, procurad con diligencia ser hallados por él sin mancha e irreprensibles, en paz" (2 P. 3:14). Pablo aconsejó de igual manera:

> *La noche está avanzada, y se acerca el día. Desechemos, pues, las obras de las tinieblas, y vistámonos las armas de la luz. Andemos como de día, honestamente;*

> *no en glotonerías y borracheras, no en lujurias y lascivias, no en contiendas y envidia, sino vestíos del Señor Jesucristo, y no proveáis para los deseos de la carne (Ro. 13:12-14).*

La promesas para quienes estamos preparados es que "cuando [Cristo] se manifieste, tengamos confianza, para que en su venida no nos alejemos de él avergonzados" (1 Jn. 2:28).

Señales del regreso de Cristo. Tercera parte: Dolores de parto

117

Él entonces dijo: Mirad que no seáis engañados; porque vendrán muchos en mi nombre, diciendo: Yo soy el Cristo, y: El tiempo está cerca. Mas no vayáis en pos de ellos. Y cuando oigáis de guerras y de sediciones, no os alarméis; porque es necesario que estas cosas acontezcan primero; pero el fin no será inmediatamente. Entonces les dijo: Se levantará nación contra nación, y reino contra reino; y habrá grandes terremotos, y en diferentes lugares hambres y pestilencias; y habrá terror y grandes señales del cielo. Pero antes de todas estas cosas os echarán mano, y os perseguirán, y os entregarán a las sinagogas y a las cárceles, y seréis llevados ante reyes y ante gobernadores por causa de mi nombre. Y esto os será ocasión para dar testimonio. Proponed en vuestros corazones no pensar antes cómo habéis de responder en vuestra defensa; porque yo os daré palabra y sabiduría, la cual no podrán resistir ni contradecir todos los que se opongan. Mas seréis entregados aun por vuestros padres, y hermanos, y parientes, y amigos; y matarán a algunos de vosotros; y seréis aborrecidos de todos por causa de mi nombre. Pero ni un cabello de vuestra cabeza perecerá. Con vuestra paciencia ganaréis vuestras almas. (21:8-19)

La actual y popular puesta en duda de la perspicuidad (claridad) de la Biblia ha llevado a muchos a ver las profecías bíblicas relacionadas con el futuro como especialmente misteriosas, ocultas y siniestras. Algunos piensan de sí mismos que son nobles por considerar la profecía como algo insondable e incomprensible. Sin embargo, ese punto de vista es seriamente preocupante. Lo que la Biblia dice acerca del futuro es tan claro y accesible como lo que dice en cuanto al presente o el pasado. Sostener que la profecía no puede entenderse es negar tanto la claridad como la importancia de las Escrituras (cp. 2 Ti. 3:16-17; Ap. 1:3).

La cuestión interpretativa fundamental de cómo los destinatarios de la revelación bíblica la habrían entendido, se aplica a la profecía del mismo modo que se lo hace con el resto de la Biblia. La revelación bíblica fue dada en escenarios históricos y culturales específicos; por tanto, la correcta interpretación de cualquier texto, incluso los proféticos, debe ser coherente con cómo el autor y los oyentes originales lo entendieron, y en consecuencia deben aplicarse los principios gramaticales normales.

El Señor no pronunció este sermón profético, conocido como el discurso del Monte de los Olivos, a la élite teológica de Israel. Los discípulos eran hombres comunes, sencillos y francos que no se habían educado en las escuelas rabínicas. Ellos habrían encontrado inconcebibles e incomprensibles las extrañas, esotéricas y misteriosas interpretaciones que algunos han inventado con relación a este sermón. Puesto que Jesús obviamente quiso que los discípulos entendieran lo que les estaba diciendo, tales interpretaciones no pueden ser correctas. Walter C. Kaiser señala una dificultad adicional en rechazar el enfoque literal a la interpretación de la profecía:

> ¿Qué o quién arbitrará entre los distintos [no literales] significados sugeridos y decidirá cuáles deben ser aceptados como autorizados y cuáles son falsificados? Se puede afirmar que la imaginación de cada persona es su propia regla, y no parece haber ningún tribunal de apelación final... Simplemente no existen criterios justificables para establecer límites una vez que el intérprete se aparta del uso normal del lenguaje (*Back Toward the Future* [Grand Rapids: Baker, 1989], pp. 129-30).

Los discípulos conocían la escatología judía de su época, que hacía hincapié en la venida del Mesías para destruir a las naciones gentiles y establecer su reino, en el cual Israel sería la pieza central (para un resumen de la escatología judía respecto a ese tiempo, véase el cap. 115 de esta obra). Ellos anticiparon ansiosamente que en su primera venida Jesús cumpliría todas las expectativas mesiánicas que tenían. Pero para cuando se pronunció el sermón (miércoles de la semana de la pasión) esa esperanza se había desvanecido. En lugar de atacar a las naciones paganas, Jesús lo había hecho públicamente a Israel atacando al templo. En una serie de conversaciones con los líderes de la religión judía, Él les había refutado sus intentos por descreditarlo, y les había desenmascarado su hipocresía. Jesús también había predicho su muerte a manos de las autoridades judías. Con seguridad Él no había hecho lo que los discípulos esperaban que el Mesías hiciera, lo cual los dejó preguntándose cuándo se manifestaría la gloria de Él, cuándo juzgaría a los enemigos de Israel, y cuándo establecería el reino prometido.

Muchos que observan la forma en que el mundo marcha hoy día temen lo que podría acontecer en el futuro. El mundo parece ir a toda velocidad hacia el desastre apocalíptico definitivo, lo que lleva a algunos a preguntarse si Dios ha perdido el control. Después de todo, Jesús prometió edificar su Iglesia y no permitir que las puertas del infierno prevalecieran contra ella. Él es el Señor resucitado que conquistó la muerte y ascendió al Padre, y cuyo reino avanza firmemente hacia su gloriosa consumación en la segunda venida de Cristo (cp. Lc. 13:18-21). Ante eso, ¿no debería todo estar mejor y mejor, como creen los posmilenaristas, hasta que Jesús regrese para gobernar sobre el reino que la propagación del cristianismo ha inaugurado? ¿Ha salido algo terriblemente mal en lo que fuera el plan de Dios? De ninguna manera.

En este discurso, Jesús informó a sus seguidores qué es lo que deben esperar en el intervalo entre su primera y su segunda venidas. Las predicciones del Señor demuestran su deidad al revelar tanto su conocimiento de los acontecimientos futuros como su control de ellos. La era actual entre las dos venidas del Señor se caracterizará por engañadores, desastres y angustias que, al igual que los dolores de parto de una mujer encinta, se intensificarán a medida que el tiempo de su venida se acerca.

ENGAÑADORES

Él entonces dijo: Mirad que no seáis engañados; porque vendrán muchos en mi nombre, diciendo: Yo soy el Cristo, y: El tiempo está cerca. Mas no vayáis en pos de ellos. (21:8)

Como se señaló en el capítulo anterior de esta obra, los falsos mesías y falsos maestros han existido desde la época de Cristo. A través de los siglos han guiado a millones de personas por el camino ancho que lleva a la destrucción (Mt. 7:15-20; cp. el análisis de los falsos maestros en el cap. 114 de esta obra). Los engañadores religiosos y las mentiras que estos propagan aumentarán a medida que el regreso del Señor Jesús se acerca (cp. Mt. 24:11).

DESASTRES

Y cuando oigáis de guerras y de sediciones, no os alarméis; porque es necesario que estas cosas acontezcan primero; pero el fin no será inmediatamente. Entonces les dijo: Se levantará nación contra nación, y reino contra reino; y habrá grandes terremotos, y en diferentes lugares hambres y pestilencias; y habrá terror y grandes señales del cielo. (21:9-11)

Las condiciones alarmantes y peligrosas del mundo actual seguirán su curso durante el resto de la historia humana. Pero no indican que **el fin** ocurrirá **inmediatamente**; sin embargo, los desastres aumentarán y empeorarán a medida que el fin se acerca, así como los dolores de parto de una mujer se intensifican a medida que el tiempo del nacimiento se acerca.

La historia humana es en gran parte un registro de **guerras,** las cuales se han incrementado en cantidad e intensificado durante los siglos. Según algunos cálculos hubo setenta guerras importantes antes del tiempo de Cristo, cincuenta en los primeros mil años después de Él, cien entre los años 1000 y el 1500 d.C., doscientas cincuenta entre 1500 y 1800, y quinientas desde 1800. Tales cantidades no incluyen los numerosos conflictos menores que se llevaron a cabo durante esos períodos. Las guerras en que la humanidad ha participado han dado como resultado las muertes de millones de personas (aproximadamente setenta y cinco millones solo en las dos guerras mundiales).

Sin embargo, todas las guerras de la historia humana son insignificantes en comparación con los devastadores conflictos que tendrán lugar durante la tribulación, cuando en una escala nunca antes vista en la historia, **se levantará nación contra nación, y reino contra reino.** En Apocalipsis 6:3-4, Juan escribió: "Cuando [Cristo] abrió el segundo sello, oí al segundo ser viviente, que decía: Ven y mira. Y salió otro caballo, bermejo; y al que lo montaba le fue dado poder de quitar de la tierra la paz, y que se matasen unos a otros; y se le dio una gran espada". Este conflicto mundial, y el hambre y la enfermedad que lo acompañarán (vv. 5-6, 8), matarán a la cuarta parte de la población del planeta (v. 8). A modo de comparación, menos de 3 por ciento de la población mundial pereció en la Segunda Guerra Mundial.

Apocalipsis capítulos 16 y 19 describen la batalla final y decisiva de la tribulación:

> *El sexto ángel derramó su copa sobre el gran río Éufrates; y el agua de éste se secó, para que estuviese preparado el camino a los reyes del oriente. Y vi salir de la boca del dragón, y de la boca de la bestia, y de la boca del falso profeta, tres espíritus inmundos a manera de ranas; pues son espíritus de demonios, que hacen señales, y van a los reyes de la tierra en todo el mundo, para reunirlos a la batalla de aquel gran día del Dios Todopoderoso... Y los reunió en el lugar que en hebreo se llama Armagedón (16:12-14, 16).*

Bajo la influencia de tres demonios particularmente inmundos y malvados, representados aquí como "ranas", los gobernantes del este y sus ejércitos marcharán hacia "Har Megiddo" (Armagedón) para cumplir con su destino. Armagedón se refiere a la llanura de Megido, a unos cien kilómetros al norte de Jerusalén y sitio de muchas batallas históricas (cp. Jue. 4—5 [cp. 5:19], 7; 2 Cr. 35:22). Aunque Megido y la cercana llanura de Esdrelón serán el centro de atención de la batalla, el combate se extenderá a todo lo largo de Israel, incluso en los alrededores de Jerusalén (Zac. 14:1-3).

Pero esta batalla final se detendrá abruptamente por el regreso del Señor Jesucristo. Los ejércitos del mundo, bajo las órdenes del anticristo (Ap. 19:19), serán aniquilados, y el anticristo y su secuaz, el falso profeta, serán lanzados vivos al lago de fuego (v. 20). Tan grande será la carnicería que la sangre de los muertos salpicará como hasta metro y medio de altura, y quizás fluirá en arroyos en varios lugares, a través de más de trescientos kilómetros (Ap. 14:20). La batalla terminará en una masacre, cuando Cristo regrese para juzgar y ejecutar a sus enemigos (19:17-21).

Además de los desastres de la guerra ocasionada por el hombre, las **sediciones** en el mundo también han causado gran daño y pérdida de vidas. Ha habido muchos **grandes terremotos** en la historia registrada, tanto en magnitud como en cuanto a víctimas mortales. Desde el invento de la escala de Richter ha habido treinta y cinco que han tenido un registro o magnitud calculada en 8.5 o más. El sismo más fuerte jamás registrado ocurrió en Chile en 1960, con una magnitud de 9.5. Una docena más de terremotos con magnitud de 8.5 o más han ocurrido también en Chile. El terremoto de Alaska en 1964 midió 9.2. El del 2004 en el océano Índico cerca de Sumatra alcanzó 9.1. Y tanto el terremoto de 1952 en la península de Kamchatka en el extremo oriental de Rusia como el de 2011, en el océano Pacífico frente a la costa de Japón, midieron 9.0.

Los terremotos también han provocado la pérdida de innumerables vidas humanas. Un terremoto en China en 1556 mató unas 830.000 personas. Otro también en China en 1920 ocasionó la muerte de casi 275.000 seres humanos, mientras que un tercer terremoto chino ocurrido en 1976, causó un cuarto de millón de víctimas. El terremoto de 2004 en Sumatra, mencionado anteriormente, mató a más de 230.000 personas, mientras que un sismo en 1923 en la región japonesa de Kanto cobró las vidas de más de 140.000 personas. Los terremotos en Sicilia en 1908, Turkmenistán en 1948, y Japón en 1703 también mataron más de 100.000 individuos.

Pero como sucede con las guerras, los terremotos sin precedentes que asolarán la tierra durante la tribulación empequeñecerán a todos los anteriores. El sexto sello de juicio desatará uno de tales terremotos:

> *Miré cuando abrió el sexto sello, y he aquí hubo un gran terremoto; y el sol se puso negro como tela de cilicio, y la luna se volvió toda como sangre; y las estrellas del cielo cayeron sobre la tierra, como la higuera deja caer sus higos cuando es sacudida por un fuerte viento. Y el cielo se desvaneció como un pergamino que se enrolla; y todo monte y toda isla se removió de su lugar (Ap. 6:12-14).*

Tan aterradoramente fuerte será ese terremoto que en la visión de Juan

> *los reyes de la tierra, y los grandes, los ricos, los capitanes, los poderosos, y todo siervo y todo libre, se escondieron en las cuevas y entre las peñas de los montes; y decían a los montes y a las peñas: Caed sobre nosotros, y escondednos del rostro*

> *de aquel que está sentado sobre el trono, y de la ira del Cordero; porque el gran día de su ira ha llegado; ¿y quién podrá sostenerse en pie? (vv. 15-17).*

Otro terremoto destruirá la décima parte de la ciudad de Jerusalén (Ap. 11:13). Pero el terremoto más catastrófico que alguna vez herirá la tierra se describe en Apocalipsis 16:18-20:

> *Entonces hubo relámpagos y voces y truenos, y un gran temblor de tierra, un terremoto tan grande, cual no lo hubo jamás desde que los hombres han estado sobre la tierra. Y la gran ciudad fue dividida en tres partes, y las ciudades de las naciones cayeron; y la gran Babilonia vino en memoria delante de Dios, para darle el cáliz del vino del ardor de su ira. Y toda isla huyó, y los montes no fueron hallados.*

Este terremoto devastador y sin precedentes alterará drásticamente la topografía de todo el planeta.

Hambres y pestilencias han asolado a la humanidad durante toda la historia. El juego de palabras en el texto griego, *loimos* (**hambres**) y *limos* (**pestilencias**), muestra que a menudo las dos están relacionadas. Epidemias de varias enfermedades, entre ellas viruela, sarampión, tifo, gripe y, más notoriamente, la peste bubónica, han golpeado en repetidas ocasiones a lo largo de la historia. Hubo plagas en Atenas en el siglo V a.C., y en varios lugares en los Imperios romano y bizantino en los siglos II, III, VI, VII y VIII d.C. Se calcula que el famoso brote pandémico de la peste bubónica, conocido también como la "muerte negra" que ocurrió a mediados del siglo XIV, mató entre un tercio y la mitad de la población de Europa. Hubo otra epidemia de peste bubónica en los países europeos en los siglos XVI, XVII y XVIII, que incluyeron Italia, Inglaterra (sobre todo la gran plaga que asoló a Londres en 1665-1666), España, Austria, Francia y Rusia. Una prolongada pandemia de peste bubónica, que comenzó en China a mediados del siglo XIX y duró hasta mediados del siglo XX, mató millones de personas. Las últimas décadas han visto la aparición de severo síndrome respiratorio agudo (SARS, por siglas en inglés), de gripe aviar, y de SIDA.

A menudo asociadas con pestilencias y guerras, las **hambres** también han sido comunes a lo largo de la historia. Según algunas fuentes, se han registrado más de mil ochocientas hambrunas de diversa gravedad solo en China, y noventa y cinco en Gran Bretaña durante la Edad Media. Hubo hambrunas en Roma en el siglo V a.C., en India en los siglos XI, XIV, XVII, XVIII, XIX y XX, y en España en los siglos VIII y XVI. Una grave hambruna que duró desde el siglo IX hasta el XI ayudó a destruir la civilización maya, y la gran hambruna en la Irlanda del siglo XIX (también llamada hambruna de la patata) cambió el curso de la historia de la nación. Una hambruna mucho más grande caracterizará al período de la tribulación (Ap. 6:5-6), y contribuirá a las muertes de la cuarta parte de la población mundial (v. 8).

Terror es un término amplio que abarca sucesos y experiencias diferentes a guerras, terremotos, pestilencias y hambrunas que producen temor. Entre esos terrores están los incendios mortales que siempre han sido parte destructiva de la experiencia humana. Los incendios han dañado o destruido numerosas ciudades, entre ellas Roma, Constantinopla, Londres (en 1135, 1212, 1666), Chicago, Ámsterdam, Copenhague, Washington, D.C. (incendiada por los británicos durante la Guerra de 1812), Moscú, Montreal, Tokio, Nueva York, Detroit, Pittsburgh, Boston, Vancouver, Seattle, y Shanghái, entre muchas otras. Además, los bombardeos durante la Segunda Guerra Mundial provocaron incendios que dañaron gravemente a ciudades como Londres, Rotterdam, Hamburgo, Dresde, Tokio, Hiroshima, y Nagasaki (las dos últimas causadas por bombas atómicas), así como otras muchas ciudades, principalmente en Alemania y Japón.

Los incendios forestales también han calcinado el planeta con destrucción. El mismo día en que se inició el famoso incendio urbano en Chicago (8 de octubre de 1871), estalló el incendio forestal rural más mortífero en la historia estadounidense, el de Peshtigo en Wisconsin. Según cálculos, se quemaron entre cuatrocientas mil y dos millones trescientas mil hectáreas, quedaron destruidas las poblaciones de Peshtigo y una docena de otras aldeas, y costó la vida de unas mil quinientas personas. También en ese día una serie de incendios conocidos colectivamente como el gran incendio de Michigan dañó o destruyó varias ciudades, pueblos o aldeas. Se quemaron más de seiscientas mil hectáreas, y centenares de personas murieron. Diez años después otro incendio en esa misma región de Michigan carbonizó cerca de quinientas mil hectáreas y se cobró las vidas de trescientas personas. Un incendio en 1910 quemó más de un millón doscientas mil hectáreas en Idaho y Montana. Incendios en 1982-1983 en Indonesia quemaron más de tres millones de hectáreas; otro estallido en 1997-1998 consumió una asombrosa cantidad de diez millones de hectáreas. El incendio de 1988 en el parque nacional de Yellowstone y la región circundante devastaron más de seiscientas mil hectáreas. En el verano de 2011, más de veintiún mil incendios arrasaron con Texas, quemando casi un millón seiscientas mil hectáreas y destruyendo aproximadamente siete mil viviendas.

Enormes e incineradores incendios, sin precedentes en alcance, también serán un arma del juicio de Dios durante la tribulación. Como consecuencia de los tres primeros juicios de las trompetas, incendios destruirán la tercera parte de la tierra, un tercio de los árboles, y toda la hierba verde, y contaminará la tercera parte del mar y un tercio de las fuentes de agua dulce del planeta (Ap. 8:6-11). El fuego relacionado con la sexta trompeta contribuirá a las muertes de la tercera parte de la humanidad (Ap. 9:17-18). Finalmente, los ángeles diabólicos y los hombres malvados serán echados al definitivo fuego eterno del infierno (Ap. 19:20; 20:10, 15).

El Señor también advirtió de **grandes señales del cielo,** que incluyen objetos que caen del espacio a la tierra, tales como meteoritos o lluvia de cometas (Ap. 8:8, 10), junto con acontecimientos atmosféricos como tornados, huracanes, graves tormentas con enormes granizos, lluvias torrenciales, tempestades de nieve y relámpagos. Durante la tribulación, esas e incluso más señales aterradoras se llevarán a cabo:

> *Miré cuando abrió el sexto sello, y he aquí hubo un gran terremoto; y el sol se puso negro como tela de cilicio, y la luna se volvió toda como sangre; y las estrellas del cielo cayeron sobre la tierra, como la higuera deja caer sus higos cuando es sacudida por un fuerte viento. Y el cielo se desvaneció como un pergamino que se enrolla; y todo monte y toda isla se removió de su lugar (Ap. 6:12-14).*

> *El cuarto ángel tocó la trompeta, y fue herida la tercera parte del sol, y la tercera parte de la luna, y la tercera parte de las estrellas, para que se oscureciese la tercera parte de ellos, y no hubiese luz en la tercera parte del día, y asimismo de la noche (Ap. 8:12).*

> *El sol se convertirá en tinieblas, y la luna en sangre, antes que venga el día grande y espantoso de Jehová (Jl. 2:31).*

> *He aquí el día de Jehová viene, terrible, y de indignación y ardor de ira, para convertir la tierra en soledad, y raer de ella a sus pecadores. Por lo cual las estrellas de los cielos y sus luceros no darán su luz; y el sol se oscurecerá al nacer, y la luna no dará su resplandor (Is. 13:9-10).*

No esperemos que las cosas mejoren, advirtió Jesús. Las condiciones en el mundo se deteriorarán mientras nuestro planeta se encuentre cicatrizado, manchado, maldito, sufriendo las consecuencias de la caída y gimiendo en espera de su redención (Ro. 8:22).

ANGUSTIAS

Pero antes de todas estas cosas os echarán mano, y os perseguirán, y os entregarán a las sinagogas y a las cárceles, y seréis llevados ante reyes y ante gobernadores por causa de mi nombre. Y esto os será ocasión para dar testimonio. Proponed en vuestros corazones no pensar antes cómo habéis de responder en vuestra defensa; porque yo os daré palabra y sabiduría, la cual no podrán resistir ni contradecir todos los que se opongan. Mas seréis entregados aun

por vuestros padres, y hermanos, y parientes, y amigos; y matarán a algunos de vosotros; y seréis aborrecidos de todos por causa de mi nombre. Pero ni un cabello de vuestra cabeza perecerá. Con vuestra paciencia ganaréis vuestras almas. (21:12-19)

Antes de todas estas cosas acerca de las cuales Jesús acababa de advertir a los discípulos: guerras finales y apocalípticas, terremotos, pestilencias, hambrunas, incendios y señales del cielo (los dolores de parto que presagian su regreso) vendrá la persecución a los creyentes. Esa persecución vino primero a aquellos en el siglo I que oyeron este mensaje.

Y llegó primero por parte del pueblo judío. Así como había hecho antes (Mt. 10:17), Jesús advirtió a los discípulos: los judíos **os echarán mano** (esto es, los arrestarán), **y os perseguirán.** Las **sinagogas** servían como los tribunales judíos locales, y manejaban casos tanto civiles como criminales. Ser entregado al tribunal de la sinagoga se consideraba una experiencia humillante y degradante. En esos tribunales, los seguidores de Cristo habrían de ser azotados (Hch. 5:40; 2 Co. 11:24) y encarcelados (Hch. 5:18; 8:3).

La iglesia primitiva enfrentó persecución judía desde el principio, como el libro de Hechos registra. Después de la milagrosa curación de Pedro a un hombre congénitamente cojo (3:1-11) y del poderoso sermón evangelístico que siguió (vv. 12-26), las autoridades judías arrestaron a Pedro y a Juan, y los encarcelaron (4:1-3). Amenazados y celosos de la continua popularidad de los apóstoles, el sumo sacerdote y los saduceos "echaron mano a los apóstoles y los pusieron en la cárcel pública" (Hch. 5:18). A Esteban lo acusaron falsamente (Hch. 6:8-11), lo sometieron a juicio ante el concilio (6:12—7:56), y lo apedrearon hasta matarlo (7:57-60). A raíz de la muerte de Esteban estalló la persecución dirigida por Saulo de Tarso contra la iglesia en Jerusalén (8:1-3). Congraciándose con los judíos, Herodes Agripa I "echó mano a algunos de la iglesia para maltratarles. Y mató a espada a Jacobo, hermano de Juan. Y viendo que esto había agradado a los judíos, procedió a prender también a Pedro" (12:1-3). Pablo enfrentó persecución de sus compañeros judíos durante todo su ministerio (Hch. 9:23-24, 29; 13:6-8; 45; 14:2, 19; 17:5, 13; 18:6, 12-16; 19:8-9; 20:3, 19; 21:27-32; 23:12-22; 25:2-3; 28:23-28; cp. 2 Co. 11:24, 26).

No solamente los seguidores de Cristo serían perseguidos por los judíos, sino también por los gentiles, como indica la frase **ante reyes y ante gobernadores.** Pablo fue encarcelado al menos cinco veces por parte de los romanos (en Filipos [Hch. 16:23-24], Jerusalén [Hch. 22:24-29; 23:10, 18], Cesarea [Hch. 23:35; 24:27] y dos veces en Roma [Hch. 28:16-31; 2 Ti. 1:8]). Al escribir al final del siglo I, el padre de la iglesia Clemente de Roma informó que al apóstol lo habían encarcelado siete veces. Además de los azotes que recibió a manos de los judíos, Pablo fue sentenciado judicialmente a ser golpeado por los romanos al menos en tres ocasiones (2 Co. 11:25), solo una de las cuales se relata en Hechos (16:22, 37; cp. 1 Ts. 2:2). El último apóstol también fue llevado ante otros gobernantes paganos, entre ellos el jefe de los magistrados en Filipos (Hch. 16:19-22), el procónsul Galión en Corinto (Hch. 18:12-16), el tribuno de la compañía romana apostada en Jerusalén (Hch. 21:31-33; 22:24-29), los gobernadores romanos Félix (Hch. 24:1-22) y Festo (Hch. 25:1-12), el rey Herodes Agripa II (Hch. 26:1-32), y el emperador Nerón (Hch. 25:11-12, 21; 27:24; 2 Ti. 4:16-17).

La persecución a los cristianos comenzó con los romanos. Según expliqué en un volumen anterior de esta serie,

> Los romanos perseguían a los cristianos por varias razones. Al principio, veían el cristianismo solo como otra secta judía. Como el judaísmo era una religión tolerada legalmente (*religión lícita*), los romanos dejaron tranquilos a los cristianos. Así, cuando los judíos de Corinto acusaron a Pablo ante Galión, el procónsul romano, él se negó a intervenir y consideró que el asunto era una disputa interna del judaísmo (Hch. 18:12-15).
>
> Con el tiempo, la hostilidad de los judíos hacia los cristianos y la entrada de gentiles en la Iglesia llevaron a que los romanos reconocieran al cristianismo distinto del judaísmo. Entonces el cristianismo se convirtió en una religión ilegal, proscrita por el gobierno romano. Además de la situación ilegal del cristianismo, varios factores impulsaron la persecución romana. Políticamente, la lealtad de los cristianos a Cristo, sobre el César, levantó suspicacias de deslealtad al Estado. Para que los romanos pudieran mantener el control de su vasto imperio, requerían que la lealtad última de sus súbditos fuera al emperador, como personificación del Estado romano. Y, como "en la antigua Roma había unión entre la religión y el Estado... el rechazo a adorar a la diosa Roma o al emperador divino, constituía una traición" (Howard F. Vos, *Exploring Church History* [Nashville, Thomas Nelson, 1994], p. 26). Los romanos consideraban traidores a los cristianos porque éstos se negaban a hacer los sacrificios requeridos, ofrecidos al César en adoración. También proclamaban el reino de Dios, lo cual hizo a los romanos suponer que planeaban el derrocamiento del gobierno. Para evitar el acoso de las autoridades, los cristianos solían reunirse en secreto durante la noche. Eso aumentaba las sospechas romanas de que estaban incubando un complot contra el gobierno. El hecho de que los cristianos se negaran a servir en el ejército romano, también provocaba la percepción de deslealtad.
>
> Los romanos perseguían también a los cristianos por razones religiosas. Ellos permitían que sus súbditos adoraran al dios que quisieran,

mientras adoraran también a los dioses romanos. Pero los cristianos predicaban un mensaje exclusivo de un solo Dios y un camino único a la salvación. Eso, junto con los esfuerzos evangelísticos por ganar conversos de otras religiones, iba contra la atmósfera prevaleciente de pluralismo religioso. A los cristianos se les denunciaba por ateos porque rechazaban el panteón romano de dioses, porque adoraban a un Dios invisible, no a un ídolo. Las reuniones cristianas secretas llevaban a comentarios morbosos y falsos de inmoralidad grotesca. Los malentendidos sobre el significado de comer y beber la Santa Cena llevaron a acusaciones de canibalismo. La práctica cristiana de saludarse con un beso santo (Ro. 16:16; 1 Co. 16:20; 2 Co. 13:12; 1 Ts. 5:26; cp. 1 P. 5:14) dio pie a acusaciones de incesto y otras perversiones sexuales.

Socialmente, los líderes de la sociedad romana temían la influencia de los cristianos en las clases bajas, de cuyas filas la Iglesia atrajo a muchos de sus miembros (cp. 1 Co. 1:26). Angustiados por el espectro, siempre presente de las revueltas de esclavos, los aristócratas ricos se sentían especialmente amenazados por las enseñanzas de igualdad en el cristianismo (Gá 3:28; Col. 3:11; véase la carta de Pablo a Filemón), aunque la Iglesia no se oponía abiertamente a la esclavitud. Los cristianos también se distanciaban de la vida pública de la época. Por razones obvias, no participaban en la adoración idólatra del templo, parte muy importante de la vida pública en aquel tiempo. Pero aun los eventos deportivos y de teatro tenían sacrificios a deidades paganas en los que los cristianos no podían participar. La pureza de sus vidas era una reprensión a los estilos de vida depravados de ricos y pobres por igual y provocaba aún más hostilidad (cp. 1 P. 4:3-4).

Los factores económicos jugaban un papel que se suele pasar por alto en la persecución de los primeros creyentes. El exorcismo de Pablo a una joven que predecía la suerte en Filipos hizo que sus amos, indignados por la pérdida de sus ingresos, fomentaran la hostilidad contra él (Hch. 16:16-24). Los factores económicos también jugaron un papel importante en la provocación del disturbio en Éfeso (Hch. 19:23-27). Al principio del siglo II, Plinio, gobernador romano de Bitinia, se lamentó en una carta al emperador Trajano porque el alza del cristianismo había causado el abandono de los templos paganos, y las ventas de animales para sacrificios se habían desplomado. En esa época supersticiosa, las personas atribuían también las plagas, las hambrunas y los desastres naturales a los cristianos, por olvidar a los dioses tradicionales; esto hizo que Tertuliano, apologista cristiano, comentara con sarcasmo: "Si el Tíber llega hasta los muros, si el Nilo no llega a los campos, si el cielo no se mueve o si la tierra lo hace, si hay hambre, si hay plagas, el grito es a una: "¡Cristianos, al león!". ¿Cómo? ¿Todos a un solo león?" (*Apología* 40.2, como se cita en M. A. Smith, *From Christ to Constantine* [Downers Grove: InterVarsity, 1973], p. 86).

Por estas y otras razones, el cristianismo se convirtió en una secta religiosa odiada y despreciada en el Imperio romano. Plinio se refirió con desdén al cristianismo en su carta al emperador Trajano, diciendo: Una "superstición extravagante y depravada". Luego pasó a quejarse de que "el contagio de esta superstición [el cristianismo] no solo se había esparcido por las ciudades, sino también en las villas y distritos rurales" (citado en Henry Bettenson, ed., *Documents of the Christian Church* [Londres: Oxford University Press, 1967], p. 4). El historiador romano Tácito, contemporáneo de Plinio, describió a los cristianos como "una clase odiada por sus abominaciones" (citado en Bettenson, *Documentos*, p. 2); mientras Suetonio, otro contemporáneo de Plinio, los desestimó como "un conjunto de hombres que se adhieren a una superstición nueva y maliciosa" (citado en Bettenson, *Documents*, p. 2).

La primera persecución oficial contra los cristianos por parte del gobierno romano llegó durante el reino del emperador Nerón. En julio del 64 d.C., un incendio azotó Roma y destruyó o dañó gran parte de la ciudad. Los rumores populares culpaban a Nerón del incendio. Aunque probablemente los rumores no fueran ciertos, Nerón buscó chivos expiatorios para quitarse de encima las sospechas. Por lo tanto, culpó a los cristianos, ya despreciados por el pueblo (como indican las citas en el párrafo anterior) y comenzó a perseguirlos salvajemente. Los cristianos fueron arrestados, se les torturó con crueldad, los arrojaron a animales salvajes, los crucificaron, y los quemaron como antorchas para alumbrar los jardines de Nerón por la noche. Al parecer, la persecución oficial estaba confinada a la vecindad romana. Pero sin duda los ataques a los cristianos se esparcieron, sin supervisión de las autoridades, a otras partes del Imperio. Según la tradición, Pedro y Pablo murieron mártires durante la persecución de Nerón.

Tres décadas después, durante el reino del emperador Domiciano, se desató otra persecución contra los cristianos patrocinada por el gobierno. Pocos detalles se conocen, pero se extendió hasta la provincia de Asia (la Turquía moderna). Al apóstol Juan lo desterraron de Éfeso a la isla de Patmos, y entre los mártires se contó un hombre (probablemente un pastor) llamado Antipas (Ap. 2:13).

En el siglo II y la primera mitad del siglo III, la persecución oficial de los cristianos fue esporádica. Durante el reino del emperador Trajano, al principio del siglo II, Plinio le preguntó a Trajano, en la ya mencionada carta, cómo lidiar con los cristianos de su región. Trajano le respondió que no deberían salir a buscarlos, pero si los acusaban (Trajano mandó a Plinio que ignorase las acusaciones anónimas), debían llevarlos a juicio. Quienes se negaran a retractarse debían recibir castigo. Aunque la política de Trajano no llevó a una persecución extendida, sí resultó en el martirio de algunos, cuyo exponente más notable fue Ignacio, el famoso padre de la Iglesia. La política de Trajano permaneció vigente por varias décadas, hasta el reino de Marco Aurelio. Bajo su gobierno, el Estado asumió un papel más activo en descubrir a los cristianos. Durante su reinado se ejecutó a Justino Mártir, el famoso apologista cristiano, y se desató la persecución contra los cristianos en Lion y Vienne en la Galia (la moderna Francia).

La primera persecución por todo el Imperio se dio bajo el emperador Decio en el 250 d.C. En aquella época Roma enfrentaba problemas internos serios (una crisis económica y varios desastres naturales). Decio estaba convencido de que esas dificultades provenían del descuido a los dioses antiguos de Roma. Entonces publicó un edicto exigiendo que todos ofrecieran un sacrificio a los dioses y al Emperador para obtener un certificado donde se atestiguara que lo habían hecho. Quienes se negaran, serían arrestados, encarcelados, torturados y ejecutados. Gracias a Dios, la persecución de Decio a la Iglesia fue breve porque él murió en batalla en julio del 251 d.C.

La persecución final y más violenta por todo el Imperio comenzó en el 303 d.C., durante el reinado de Diocleciano. Esta persecución no fue menos que un intento a fondo por exterminar la fe cristiana. Diocleciano promulgó una serie de edictos ordenando la destrucción de las iglesias, la quema de todos los ejemplares de la Biblia y que todos los cristianos ofrecieran sacrificios a los dioses romanos so pena de muerte. La persecución amainó cuando Constantino y su coemperador Licinio promulgaron el edicto de Milán (313 d.C.) otorgando libertad de culto a los miembros de todas las religiones. Pero Licinio incumplió el acuerdo y la persecución continuó en algunas partes del Imperio. Solo cuando Constantino llegó a ser el único emperador, en el 324 d.C., la persecución romana a los cristianos terminó permanentemente (*Comentario MacArthur del Nuevo Testamento: Juan* [Grand Rapids: Portavoz, 2011], pp. 624-28).

Sin embargo, la persecución a los creyentes no terminó con la caída del Imperio romano:

Bajo la Iglesia Católica Romana, que reemplazó al Imperio romano como poder dominante durante la Edad Media, la persecución se

> volvió a desatar. Irónicamente, en esta ocasión la persecución contra los creyentes verdaderos vino de quienes se decían "cristianos". Los horrores de la Inquisición, la masacre del día de San Bartolomé y el martirio de muchos creyentes fueron el epítome de los esfuerzos de la Iglesia Romana por suprimir el evangelio verdadero de Jesucristo. Más recientemente, los creyentes están siendo brutalmente reprimidos por los regímenes comunista e islámico. De hecho, la misma Iglesia Católica estima que cerca de setenta millones de cristianos han muerto por profesar su fe, dos tercios de ellos en martirios posteriores al inicio del siglo XX (Antonio Socci, *I Nuovi Persequitati* [Casale Montferrato: Edizione Piemme, 2002]). El número real probablemente es mucho mayor. El periodista católico citado en este artículo estima que, desde 1990, han matado a cien mil cristianos por año (*Juan*, p. 628).

La advertencia de Cristo de que vendría persecución conmocionó a los discípulos, que aún esperaban que Él inaugurara la época dorada del reino mesiánico. Aunque parezca increíble, la misma noche siguiente durante la Última Cena, sin poder quitarse de encima la persistente esperanza del reino, contendían sobre quién de ellos sería elevado al más grande honor en el reino (Lc. 22:24). No había lugar en su teología o en sus mentes para el hecho de que el Mesías fuera asesinado y sus seguidores perseguidos.

Pero la persecución a los cristianos tendría un resultado contrario al que los enemigos de Cristo buscaban. Lejos de destruir la fe cristiana, la persecución ayudó a extender el evangelio pues fue **ocasión para** que los creyentes dieran **testimonio** del evangelio. A través de los siglos, la persecución ha proporcionado oportunidades para predicar el evangelio, purificar la Iglesia, y demostrar el triunfo de la fe salvadora. Así, el apologista cristiano del siglo II, Tertuliano, escribió triunfalmente: "Segando nos sembráis: más somos cuanto derramáis más sangre; que la sangre de los cristianos es semilla" (*Apología*, cap. 50).

A aquellos que podrían temer que no sabrán qué decir cuando los juzguen por su fe, Jesús les prometió: **Proponed en vuestros corazones no pensar antes cómo habéis de responder en vuestra defensa; porque yo os daré palabra y sabiduría, la cual no podrán resistir ni contradecir todos los que se opongan** (cp. Mt. 10:17; Mr. 13:11; Lc. 12:11-12). Esa promesa se ha cumplido varias veces a lo largo de la historia. La manera confiada en que Pedro y Juan se dirigieron a los miembros del sanedrín dejó perplejos a estos últimos (Hch. 4:13). Frente al martirio, Policarpo, el obispo del siglo II de Esmirna, cuando el procónsul lo instó a negar a Cristo, contestó: "Ochenta y seis años hace que le sirvo y ningún daño he recibido de Él; ¿cómo puedo maldecir de mi Rey, que me ha salvado?" (*Carta de la Iglesia de Esmirna con relación al martirio del santo Policarpo*, cap. 9).

Cuando estaba a punto de ser quemado en la hoguera, el reformador checo Juan Huss proclamó confiadamente:

> El Señor Jesucristo, mi Redentor, fue atado con una cadena más fuerte, y yo, un infeliz pecador, no tengo miedo de llevar esta, atado como estoy por el bien de su nombre... En la misma verdad del evangelio que he escrito, enseñado y predicado, basándome en los dichos y las posiciones de los santos doctores, estoy dispuesto a morir hoy (David S. Schaff, *John Huss, His Life, Teachings and Death After Five Hundred Years* [Nueva York: Scribners, 1915], p. 257).

Mientras se hallaba ante el emperador y la Dieta (asamblea general) del Sacro Imperio romano, después que se le ordenara retractarse de su enseñanza, Martín Lutero declaró audazmente:

> Puesto que, su Serena Majestad y sus Señoríos piden una respuesta sencilla, la daré de esta manera, llana y francamente: Si no me convencen mediante testimonios de las Escrituras o por un razonamiento evidente (puesto que no creo al papa ni a los concilios solos, porque consta que han errado frecuentemente y contradicho a sí mismos), quedo sujeto a los pasajes de las Escrituras aducidos por mí y mi conciencia está cautiva de la Palabra de Dios. No puedo ni quiero retractarme de nada, puesto que no es prudente ni recto obrar contra la conciencia. No puedo obrar de ninguna otra manera, heme aquí, que Dios me ayude, amén (citado en Lewis W. Spitz, *The Protestant Reformation 1517-1559* [Nueva York: Harper & Row, 1985], p. 75).

La persecución que soportan los creyentes es **por causa** del **nombre** de Él, afirmó Jesús. El Señor resucitado y glorificado a quien sus enemigos odian está más allá del alcance de estos. Motivados por su animosidad hacia Cristo, arremeten en lugar de ser sus seguidores. Incluso los más cercanos a los creyentes se volverán contra ellos. Jesús afirmó: **Mas seréis entregados aun por vuestros padres, y hermanos, y parientes, y amigos,** y hasta **matarán a algunos de vosotros; y seréis aborrecidos de todos por causa de mi nombre** (cp. Mt. 10:22; Lc. 6:22; Jn. 15:18; 16:1-4).

A la luz de los engañadores, los desastres y las aflicciones en la forma de persecución que Jesús advirtió que iban a venir, los discípulos debieron haberse preguntado si su fe y su causa sobrevivirían. Por tanto, en los breves versículos de cierre de esta sección, el Señor les aseguró, y por extensión también asegura a todos los cristianos, absolutamente que así sería. A pesar de los sufrimientos que enfrentarían, Él les prometió: **Pero ni un cabello de vuestra cabeza perecerá. Con vuestra paciencia ganaréis vuestras almas.**

Esas palabras presentan el tema de vital importancia de la permanencia de la salvación. La cuestión es si un verdadero creyente, realmente perdonado y a quien Dios le ha concedido regeneración y salvación del pecado, de la muerte y del infierno, puede entonces comportarse de tal manera que se le tenga que quitar la salvación. ¿Puede un verdadero creyente perder la vida eterna otorgada por Dios? La confesión de Westminster de 1646, una de las declaraciones doctrinales más importantes alguna vez recopiladas, resume así la enseñanza bíblica sobre este asunto: "Ellos, a quienes Dios ha aceptado en su Amado, eficazmente llamados y santificados por su Espíritu, no pueden total ni definitivamente desprenderse del estado de gracia, pero sin duda perseverarán hasta el fin, y serán eternamente salvos".

Jesús recalcó de manera reiterada la permanencia de la salvación. En las conocidas palabras de Juan 3:16-18 dejó claro que la vida eterna no puede acabar. Aquellos que la poseen nunca perecerán, ni serán juzgados. Él le dijo a la mujer samaritana en el pozo: "Cualquiera que bebiere de esta agua, volverá a tener sed; mas el que bebiere del agua que yo le daré, no tendrá sed jamás; sino que el agua que yo le daré será en él una fuente de agua que salte para vida eterna" (Jn. 4:13-14). En Juan 5:24, Jesús declaró: "De cierto, de cierto os digo: El que oye mi palabra, y cree al que me envió, tiene vida eterna; y no vendrá a condenación, mas ha pasado de muerte a vida". Jesús es el pan de vida, y quienes acuden a Él por salvación nunca volverán a tener hambre o sed espiritual (Jn. 6:35). Él manifestó en forma clara: "Todo lo que el Padre me da, vendrá a mí; y al que a mí viene, no le echo fuera" (v. 37), debido a que "es la voluntad del [Padre] que todo aquél que ve al Hijo, y cree en él, tenga vida eterna; y [Cristo mismo lo resucitará] en el día postrero" (v. 40). Las ovejas de Cristo tienen vida eterna y no perecerán jamás, porque nadie tiene el poder para arrebatarlas de Él ni del Padre (Jn. 10:27-29). La oración de Cristo al Padre en cuanto a que Él guarda a quienes se le han dado (Jn. 17:11) está siendo contestada.

Los apóstoles también afirmaron la verdad de que la salvación es para siempre. Pablo les recordó a los corintios: "[Dios] también os confirmará hasta el fin, para que seáis irreprensibles en el día de nuestro Señor Jesucristo" (1 Co. 1:8). A los tesalonicenses les escribió: "Y el mismo Dios de paz os santifique por completo; y todo vuestro ser, espíritu, alma y cuerpo, sea guardado irreprensible para la venida de nuestro Señor Jesucristo. Fiel es el que os llama, el cual también lo hará" (1 Ts. 5:23-24). En Romanos 8:30 el apóstol describió la progresión irrompible de la predestinación para el llamamiento eficaz de la justificación a la glorificación, y con gran elocuencia señaló la imposibilidad de que alguien cuya fe es verdadera pueda alguna vez perderse (vv. 31-39). En su primera epístola, Pedro dio a conocer la promesa del Espíritu Santo de que la fe salvadora resulta al obtener "una herencia incorruptible, incontaminada e inmarcesible, reservada en los cielos para vosotros, que sois guardados por el poder de Dios mediante la fe, para alcanzar la salvación que está preparada para ser manifestada en el tiempo postrero" (1:4-5). Aunque podrían estar "afligidos en diversas pruebas", su fe, "aunque... se prueba con fuego, [será] hallada en alabanza, gloria y honra cuando sea manifestado Jesucristo" (vv. 6-7). La epístola de Judas concluye con una bendición maravillosa que hace hincapié en la realidad de que la salvación es absolutamente permanente: "Y a aquel que es poderoso para guardaros sin caída, y presentaros sin mancha delante de su gloria con gran alegría, al único y sabio Dios, nuestro Salvador, sea gloria y majestad, imperio y potencia, ahora y por todos los siglos. Amén" (vv. 24-25).

Como todos los demás elementos de la salvación, la fe salvadora es un regalo de Dios (Ef. 2:8-9). Este regalo es permanente, inagotable y eterno. A diferencia de la fe humana en los aspectos rutinarios de la vida cotidiana, que se basa en la experiencia natural, la fe salvadora es sobrenatural y divina, por lo que no puede decaer o morir; la naturaleza o esencia del regalo de la fe es que perdura.

Sin embargo, puesto que siempre ha habido falsos creyentes, también los habrá en el futuro. En el relato que Mateo hace del discurso del Monte de los Olivos, Jesús advirtió: "Por haberse multiplicado la maldad, el amor de muchos se enfriará" (Mt. 24:12). Juan caracterizó a aquellos que parecen perder su fe como que en realidad nunca la poseyeron: "Salieron de nosotros, pero no eran de nosotros; porque si hubiesen sido de nosotros, habrían permanecido con nosotros; pero salieron para que se manifestase que no todos son de nosotros" (1 Jn. 2:19).

La promesa de Jesús para aquellos cuya fe es verdadera es que **ni un cabello de vuestra cabeza perecerá.** Este es un dicho proverbial que expresa seguridad y protección (cp. 1 S. 14:45; 2 S. 14:11; 1 R. 1:52; Hch. 27:34). Ya que Él acababa de advertir que creyentes morirían en las persecuciones posteriores, esta no podía ser una garantía de absoluta protección física. El propósito del dicho es metafórico; es decir, que aunque mueran físicamente, los verdaderos creyentes no perecerán espiritualmente.

Algunos han interpretado la declaración final del Señor, **con vuestra paciencia ganaréis vuestras almas,** como una referencia a la sobrevivencia física. No obstante, eso la reduce a una redundancia sin sentido, diciendo en realidad que los que no mueren no morirán. Lo que Jesús estaba señalando realmente es que aquellos cuya confianza está en Cristo perseveran hasta el fin (cp. Mt. 10:22; 24:13), por lo que no se apartan, demostrando que su fe es una dádiva auténtica de parte de Dios. Los tales recibirán el aspecto final de la salvación, la glorificación y la vida eterna en el gozo del glorioso reino de Dios.

Señales del regreso de Cristo. Cuarta parte: El final está cerca

118

Pero cuando viereis a Jerusalén rodeada de ejércitos, sabed entonces que su destrucción ha llegado. Entonces los que estén en Judea, huyan a los montes; y los que en medio de ella, váyanse; y los que estén en los campos, no entren en ella. Porque estos son días de retribución, para que se cumplan todas las cosas que están escritas. Mas ¡ay de las que estén encintas, y de las que críen en aquellos días! porque habrá gran calamidad en la tierra, e ira sobre este pueblo. Y caerán a filo de espada, y serán llevados cautivos a todas las naciones; y Jerusalén será hollada por los gentiles, hasta que los tiempos de los gentiles se cumplan. (21:20-24)

El final de la historia ya ha sido escrito por Dios y revelado en la Biblia. La humanidad no se dirige hacia una utopía, tal como las previstas por Platón, Thomas More, Karl Marx u otros, sino que más bien enfrenta creciente caos, devastación y desastre hasta el final. Los humanos no crearán ningún Shangri-La. Nuestro planeta y sus ocupantes también enfrentan un futuro aterrador, mucho peor aún de lo que el ambientalista más pesimista pudiera alguna vez estar dispuesto a imaginar.

Ya desde la caída, la especie humana ha lidiado con los devastadores efectos del pecado y la consecuente maldición sobre los individuos, la sociedad y el ambiente (cp. Ro. 8:20-22). Como se indicó en el capítulo anterior de esta obra, debido a esa maldición divina siempre ha habido engañadores que retuercen y pervierten la verdad, desastres naturales que traen destrucción y muerte, y angustia en la forma de persecución a los cristianos.

Pero lo que se avecina a medida que el regreso del Señor Jesucristo se acerca será inimaginablemente peor que todo lo que ha ocurrido en el pasado, o que todo lo que sucederá antes de los dolores de parto. Los engañadores religiosos, las catástrofes naturales, y la persecución a creyentes aumentarán hasta un nivel nunca visto. Jesús describió los últimos tres años y medio del tiempo final de adversidad que vendrá inmediatamente antes de su regreso como una "gran tribulación, cual no la ha habido desde el principio del mundo hasta ahora, ni la habrá" (Mt. 24:21; cp. Ap. 7:14).

La maldad será colectiva y sin restricciones, y dominará la vida como nunca antes. El Espíritu Santo, que en la actualidad frena el mal, ya no lo hará, permitiendo que el pecado prolifere (2 Ts. 2:7). Además, a Satanás se le permitirá liberar demonios que actualmente están encadenados en el infierno (Ap. 9:1-2) con el fin de dar rienda suelta a un ataque final e inútil contra Dios y Cristo. Al mismo tiempo, además de la maldad que ocasiona caos, la ira de Dios se derramará con fuerza mortal sostenida sobre el mundo y su población.

Los acontecimientos empeorarán cada vez más a medida que la tribulación se acelera y los juicios de Dios se intensifican; y consistirán en tres series de siete juicios cada uno, comenzando con los de los sellos (Ap. 6). Cuando el Señor Jesucristo abra el rollo que simboliza el título de propiedad de la tierra (Ap. 5:7) romperá cada sello, lo que desatará un juicio específico sobre la tierra. Del séptimo sello vendrán los rápidos juicios de las siete trompetas; de la séptima trompeta vendrán los aún más fulminantes juicios de las siete copas. Los juicios de las copas son el derramamiento final de la ira de Dios (Ap. 16:1), y serán seguidos por el regreso del Señor Jesucristo para destruir a los impíos sobrevivientes y reunir a sus santos en su reino terrenal. Él regresará de manera visible a la tierra, y todo el mundo lo verá (Ap. 1:7). Su pie tocará el Monte de los Olivos en Jerusalén (Zac. 14:4), el cual se partirá en dos y fluirá un río de agua que correrá desde Jerusalén hasta el interior del desierto (vv. 8, 10, 11). Dicho suceso iniciará la restauración y renovación del planeta, convirtiéndolo en el paraíso recuperado.

Aunque anticipar el glorioso regreso de Cristo es un gozo para el creyente, deberá ser una aterradora realidad para quienes lo rechazan. El Señor vendrá no solo para establecer su reino, en el cual las personas que le pertenecen serán reunidas vivas, sino también para matar a los impíos, quienes después serán condenados al castigo eterno en el infierno (cp. Mt. 25:31-46). La comprensión de esas realidades dobles llamó la atención del apóstol Juan acerca de la venida del Señor como algo tanto dulce como amargo (Ap. 10:9-10).

El tiempo de tribulación también será por un lado amargo y por otro dulce. No solo será una época de juicio e ira sin precedentes, sino también un período para la gracia de Dios en salvación global. El evangelio se predicará en todo el mundo por medio de ciento cuarenta y cuatro mil celosos evangelistas judíos (Ap. 7), y también será proclamado por un ángel (Ap. 14:6). El resultado será un avivamiento en todo el mundo en que multitudes se convertirán a Cristo (Ap. 7:9-10).

La credibilidad de Dios el Padre y del Señor Jesús depende del cumplimiento exacto de las profecías acerca del regreso de Cristo. Las precisas predicciones de los acontecimientos relacionados con la segunda venida, registradas tanto en el Antiguo Testamento como en el Nuevo, reflejan el conocimiento de Dios en cuanto al futuro. En varios pasajes en Isaías, Dios retó a los ídolos adorados por Israel a demostrar su deidad por medio de la predicción del futuro:

> *Alegad por vuestra causa, dice Jehová; presentad vuestras pruebas, dice el Rey de Jacob. Traigan, anúnciennos lo que ha de venir; dígannos lo que ha pasado desde el principio, y pondremos nuestro corazón en ello; sepamos también su postrimería, y hacednos entender lo que ha de venir. Dadnos nuevas de lo que ha de ser después, para que sepamos que vosotros sois dioses; o a lo menos haced bien, o mal, para que tengamos qué contar, y juntamente nos maravillemos (41:21-23).*

> *Así dice Jehová Rey de Israel, y su Redentor, Jehová de los ejércitos: Yo soy el primero, y yo soy el postrero, y fuera de mí no hay Dios. ¿Y quién proclamará lo venidero, lo declarará, y lo pondrá en orden delante de mí, como hago yo desde que establecí el pueblo antiguo? Anúncienles lo que viene, y lo que está por venir (44:6-7).*

> *Reuníos, y venid; juntaos todos los sobrevivientes de entre las naciones. No tienen conocimiento aquellos que erigen el madero de su ídolo, y los que ruegan a un dios que no salva. Proclamad, y hacedlos acercarse, y entren todos en consulta; ¿quién hizo oír esto desde el principio, y lo tiene dicho desde entonces, sino yo Jehová? Y no hay más Dios que yo; Dios justo y Salvador; ningún otro fuera de mí (45:20-21).*

> *¿A quién me asemejáis, y me igualáis, y me comparáis, para que seamos semejantes? Sacan oro de la bolsa, y pesan plata con balanzas, alquilan un platero para hacer un dios de ello; se postran y adoran. Se lo echan sobre los hombros, lo llevan, y lo colocan en su lugar; allí se está, y no se mueve de su sitio. Le gritan, y tampoco responde, ni libra de la tribulación. Acordaos de esto, y tened vergüenza; volved en vosotros, prevaricadores. Acordaos de las cosas pasadas desde los tiempos antiguos; porque yo soy Dios, y no hay otro Dios, y nada hay semejante a mí, que anuncio lo por venir desde el principio, y desde la antigüedad lo que aún no era hecho; que digo: Mi consejo permanecerá, y haré todo lo que quiero (46:5-10).*

Dios arriesga su credibilidad en su Palabra al profetizar el futuro.

La maldad desenfrenada y la escalada de la ira de Dios de que habla este capítulo serán señales generales de que el regreso de Cristo está cerca. Pero, además, nuestro Señor predice dos señales específicas: Jerusalén será rodeada por ejércitos, y la abominación desoladora se instalará.

JERUSALÉN SERÁ RODEADA POR EJÉRCITOS

Pero cuando viereis a Jerusalén rodeada de ejércitos, sabed entonces que su destrucción ha llegado. Entonces los que estén en Judea, huyan a los montes; y los que en medio de ella, váyanse; y los que estén en los campos, no entren en ella. Porque estos son días de retribución, para que se cumplan todas las cosas que están escritas. Mas ¡ay de las que estén encintas, y de las que críen en aquellos días! porque habrá gran calamidad en la tierra, e ira sobre este pueblo. Y caerán a filo de espada, y serán llevados cautivos a todas las naciones; y Jerusalén será hollada por los gentiles, hasta que los tiempos de los gentiles se cumplan. (21:20-24)

Jerusalén ha estado **rodeada de ejércitos** reiteradamente a lo largo de su historia. Así observa un escritor:

> En general durante los últimos cuatro milenios ha habido en Jerusalén al menos 118 conflictos aislados, que van desde luchas religiosas locales hasta campañas militares estratégicas que incluyeron todo. Jerusalén ha sido totalmente destruida al menos en dos ocasiones, sitiada veintitrés veces, atacadas en cincuenta y dos ocasiones adicionales, y capturada y recapturada cuarenta y cuatros veces. Ha sido escenario de veinte revueltas e innumerables disturbios, ha tenido al menos cinco períodos separados de violentos ataques terroristas durante el siglo pasado, y solo ha cambiado de manos del todo pacíficamente dos veces en los últimos cuatro mil años (Eric H. Cline, *Jerusalem Besieged* [Ann Arbor, Mich.: University of Michigan Press, 2004], p. 2).

En el año 70 d.C., cuarenta años después que nuestro Señor pronunciara estas palabras, su predicción en cuanto a que Jerusalén sufriría **destrucción** se cumplió. Los romanos sitiaron la ciudad, la saquearon, quemaron el templo, y mataron a miles de personas.

Pero ningún ataque previo, incluso la destrucción de Jerusalén en el año 70 d.C., es a lo que Jesús se refirió aquí. Es cierto que durante ese sitio romano **los que** estaban **en Judea** debieron huir **a los montes** cercanos; y que **los que** se hallaban **en medio de** la ciudad se las arreglaron para irse antes que fuera sitiada, mientras **los que** estaban **en los campos** naturalmente **no** entraron en la ciudad una vez que comenzó la masacre y la destrucción.

Sin embargo, los acontecimientos del año 70 d.C. no fueron como los **días de** la **retribución** de los que Jesús habló. **Todas las cosas que están escritas** no se cumplieron (cp. profecías tales como Zac. 12:1-9; 14:1-11 y el estallido sin precedentes de la ira de Dios descrito en Ap. 6-19). Jesús tampoco regresó visiblemente a la tierra (Zac. 14:4; Hch. 1:9-11), no juzgó a los malvados (Mt. 25:31-46), ni estableció aquí su reinado absoluto (Ap. 20:4-6).

La frase **días de retribución** es una expresión del Antiguo Testamento que habla de la venganza divina en los últimos tiempos (cp. Is. 34:8; 35:4; 61:2; 63:4; Mi. 5:15), específicamente la tribulación, el "tiempo de angustia para Jacob" (Jer. 30:7; cp. Dn. 12:1). Describe el juicio final y escatológico de Dios, y constituye el equivalente del conocido término del Antiguo Testamento el Día del Señor (Is. 2:12; 13:6, 9; Ez. 13:5; 30:3; Jl. 1:15; 2:1, 11, 31; 3:14; Am. 5:18, 20; Abd. 15; Sof. 1:7, 14; Zac. 14:1; Mal. 4:5).

Cuando esos días lleguen, será especialmente difícil para las mujeres **que estén encintas, y... las que críen en aquellos días** y estén dando de mamar. Sobrecargadas como estarían, para tales mujeres será difícil escapar a la **gran calamidad en la tierra** y a la **ira** que se derramará **sobre este pueblo.** El éxodo masivo de Jerusalén marcará el final de la evangelización, mientras el remanente de creyentes, protegidos por Dios, huye a esconderse.

Sin embargo, no todos los que huyen escaparán. Muchos mártires cristianos y judíos incrédulos **caerán a filo de espada,** mientras que otros **serán llevados cautivos a todas las naciones.** Además, **Jerusalén será hollada por los gentiles, hasta que los tiempos de los gentiles** (el período desde el año 586 a.C., cuando Israel fue por primera vez al cautiverio, hasta que Cristo regrese para establecer su reino) **se cumplan.** Los **tiempos de los gentiles** obviamente no terminaron en el año 70 d.C., y no concluirán hasta el día futuro en que lleguen la venganza final y el juicio de Dios.

LA ABOMINACIÓN DESOLADORA SE INSTALARÁ

La segunda señal de que la venida del Señor está cerca aparece en el relato paralelo de Mateo acerca del discurso del Monte de los Olivos, donde Jesús se refirió a que se verá "en el lugar santo la abominación desoladora de que habló el profeta Daniel" (Mt. 24:15). Ese hecho, que ocurre en la mitad de la tribulación, detonará los cataclismos más graves, el tiempo que Jesús, según se indicó anteriormente, llamó la "gran tribulación".

La palabra "abominación" se refiere a algo desagradable, repugnante, odioso y detestable para Dios. En el Antiguo Testamento dicha palabra describe prácticas inmorales que Dios abomina (p. ej., Lv. 18:22-29; Dt. 22:5; 25:13-16; 1 R. 14:24; 2 R. 16:3; Pr. 11:1; 12:22; 15:8-9; 20:23; Jer. 13:27). Según Apocalipsis 21:27, "ninguna cosa inmunda, o que hace abominación", entrará al cielo. La última religión falsa que surge al final de los tiempos está representada por una mujer

> *vestida de púrpura y escarlata, y adornada de oro, de piedras preciosas y de perlas, y tenía en la mano un cáliz de oro lleno de abominaciones y de la*

> *inmundicia de su fornicación; y en su frente un nombre escrito, un misterio: BABILONIA LA GRANDE, LA MADRE DE LAS RAMERAS Y DE LAS ABOMINACIONES DE LA TIERRA" (Ap. 17:4-5).*

La expresión "abominación desoladora" tiene su origen en el libro de Daniel, donde se le nombra tres veces (9:27; 11:31; 12:11). La profecía de las setenta semanas describe sesenta y nueve semanas de siete años cada una (483 años), que culminaron con la primera venida y la crucifixión de Cristo (9:24-26), sumadas a la semana setenta (siete años) separada de las primeras y aún por venir en el futuro. En el inicio de esa tribulación de siete años, el anticristo final "confirmará el pacto con muchos [Israel] por [una] semana" (v. 27). Este hombre ofrecerá proporcionar protección para Israel, nación que al estar sumergida por un mundo cada vez más mortífero aceptará tal ofrecimiento.

Pero "a la mitad de la semana", el anticristo mostrará sus verdaderas intenciones. Él "hará cesar el sacrificio y la ofrenda. Después con la muchedumbre de las abominaciones vendrá el desolador" (v. 27). El Nuevo Testamento añade que el anticristo se opondrá a Dios y se levantará "contra todo lo que se llama Dios o es objeto de culto; tanto que se sienta en el templo de Dios como Dios, haciéndose pasar por Dios" (2 Ts. 2:4). Lo más probable es que profanará el templo instalando en el interior un ídolo de sí mismo (cp. Ap. 13:15). El término "abominación" se usaba en el Antiguo Testamento en referencia a la idolatría (p. ej., Dt. 7:25; 27:15; 29:17; 32:16; Is. 44:19; Ez. 7:20; 18:12); este ejemplo incomparable de blasfemia será el último acto de idolatría.

Sin embargo, tal abominación no vendrá sin precedentes históricos. Daniel 11 registra una profecía asombrosamente detallada que se cumpliría más de tres siglos después que Daniel la revelara. La profecía destaca la carrera del rey seléucida acerca del período intertestamentario, Antíoco IV:

> Antíoco se asignó a sí mismo el título «Epífanes» que significa «el manifestado» o «el esplendoroso» que, para fines prácticos, equivalía a pretender que era un ser deificado. Sin embargo, sus enemigos le pusieron el sobrenombre de «Epímanes» que significa «el loco».
>
> Aparentando ser el defensor de Jerusalén, Antíoco salió a hacer guerra contra Egipto y después utilizó el botín capturado en Egipto para obtener el respaldo de personas influyentes en Israel. Parece que esto es precisamente lo que Daniel profetizó en 11:24: «Estando la provincia en paz y en abundancia, entrará y hará lo que no hicieron sus padres, ni los padres de sus padres; botín, despojos y riquezas repartirá a sus soldados, y contra las fortalezas formará sus designios; y esto por un tiempo».
>
> Los registros históricos dicen que mientras se preparaba para lanzar una ofensiva final contra Egipto en el 168 a.C., recibió órdenes de los

romanos desde Chipre (donde la flota romana se había estacionado en aquel tiempo), que no hiciera guerra contra los ptolomeos. Antíoco, humillado aunque no dispuesto a arremeter contra Roma y Egipto, se retiró con vacilación de Egipto y en su camino de regreso a Siria decidió descargar toda su furia reprimida contra Jerusalén. Eso es exactamente lo que Daniel había predicho más de tres siglos antes: «Vendrán contra él naves de Quitim [Chipre], y él se contristará, y volverá, y se enojará contra el pacto santo, y hará según su voluntad» (11:30).

Hay dos libros apócrifos que registran la perfidia de Antíoco: los libros de los Macabeos. Él entró a Jerusalén aparentando que venía en paz, luego esperó hasta que llegara el día de reposo y ordenó a su ejército de más de 250.000 soldados que emprendieran una matanza indiscriminada contra los judíos. A su paso encontraron muy poca resistencia debido a la estricta observancia de los judíos con respecto a todas las leyes sobre el día de reposo (2 Macabeos 5:24-26). Después, Antíoco dejó de manera deliberada la ciudad ocupada a cargo de judíos apóstatas (enemigos del pacto de Israel con Jehová), y otra vez cumplió así la profecía de Daniel al pie de la letra: «Volverá, pues, y se entenderá con los que abandonen el santo pacto» (Dn. 11:30). Luego se propuso intencionalmente profanar el templo, y lo hizo al sacrificar un cerdo en el altar y obligar a los sacerdotes a comer su carne.

Además de esto, su propósito era establecer una nueva religión centrada en él mismo, un tipo de adoración completamente pagano que se mofaba del judaísmo.

> El rey Antíoco publicó entonces en todo su reino un decreto que obligaba a todos formar un solo pueblo, abandonando cada uno sus costumbres propias. Todas las otras naciones obedecieron la orden del rey, y aún muchos israelitas aceptaron la religión del rey, ofrecieron sacrificios a los ídolos y profanaron el día de reposo. Por medio de mensajeros el rey envió a Jerusalén y demás naciones de Judea decretos que obligaban a seguir costumbres extrañas en el país y que prohibían ofrecer holocaustos, sacrificios y ofrendas en el santuario, que hacían profanar el día de reposo, las fiestas, el santuario y todo lo que era sagrado; que mandaban construir altares, templos y capillas para el culto idolátrico así como sacrificar cerdos y otros animales impuros, dejar de circuncidar a los niños y mancharse con toda clase de cosas impuras y profanas olvidando la ley, cambiando todos los mandamientos. Aquel que no obedeciera las órdenes del rey sería condenado a muerte (1 Macabeos 1:41-50).

> En otras palabras se prohibió que cualquier persona acatara las leyes del Antiguo Testamento con respecto a la alimentación, el día de reposo, la circuncisión y todo lo distintivo del judaísmo. Nótese que la meta manifiesta de Antíoco era obligar «a todos formar un solo pueblo». Es decir, él quería establecer una nueva religión para todo el mundo que comenzara por Jerusalén. Con la pretensión de «unidad», este demente megalómano pretendía fundar una religión a partir de una amalgama de muchas religiones en la que él fuera el objeto máximo de adoración, y no hay duda de que su verdadera meta era conquistar el mundo entero e imponer su religión en todas partes.
>
> Fue en este contexto que Antíoco cometió el acto que por lo general se asocia con la abominación desoladora: «El día 15 del mes de Quisleu del año 144, el rey cometió un horrible sacrilegio, pues construyó un altar pagano encima del altar de los holocaustos (1 Macabeos 1:54). Según los registros históricos, se trató de una imagen de Zeus y un altar a Zeus que se construyeron justo encima del altar judío para los holocaustos y las ofrendas. Esto puso fin a los sacrificios diarios que se ofrecían a Jehová en el templo.
>
> Aquí también la historia concuerda exactamente con la profecía de Daniel: «Se levantarán de su parte tropas que profanarán el santuario y la fortaleza, y quitarán el continuo sacrificio, y pondrán la abominación desoladora» (Dn. 11:31) (John MacArthur, *La segunda venida* [Grand Rapids: Portavoz, 1999], pp. 102-104).

El significado escatológico final de la profecía de Daniel fue presagiado, pero no toda la predicción se cumplió con las profanaciones que realizó Antíoco IV. La última abominación desoladora de la que Jesús habló espera el cumplimiento en la mitad de la séptima semana, tres años y medio en plena tribulación.

Al mismo tiempo que la abominación desoladora se haya establecido, Jerusalén estará bajo un gran ataque de los ejércitos enemigos comandados por el anticristo. La fuerza de ataque será enorme, extendiéndose desde Jerusalén hasta Megido, a unos cien kilómetros al norte. Este asalto masivo hará que muchos creyentes profesantes abandonen su fe (Mt. 24:9-12), pero no ocurrirá así con los verdaderos creyentes, los cuales perseverarán hasta el final (v. 13). También será un tiempo de atrocidades salvajes contra los judíos, dos tercios de los cuales serán asesinados, mientras el remanente clamará al Señor y será redimido (Zac. 13:8-9; cp. Jer. 30:1-8). Zacarías describe el sitio y el juicio, pero también promete la salvación de la nación de Israel (12:1—13:1).

Como se indicó antes, los terrores de la gran tribulación, iniciados por la instalación que el anticristo hará de la abominación desoladora, durarán tres años y medio. Ese hecho lo confirman varios pasajes de las Escrituras. Daniel 12:7

declara que durará "por tiempo [un año], tiempos [dos años] y la mitad de un tiempo [medio año]", y el versículo 9 aclara que la referencia es a un suceso del final de los tiempos. Apocalipsis 11:2 y 13:5 establecen la duración en cuarenta y dos meses; 11:3 y 12:6 en 1.260 días, que equivalen a tres años y medio (1.260 días corresponden a tres años y medio basándose en un año de 360 días). Una comparación de Daniel 12:12 y 13 revela que habrá setenta y cinco días adicionales entre la destrucción que Cristo hará de las fuerzas del anticristo en la batalla de Armagedón y el establecimiento de su reino, quizás para limpiar los restos de la carnicería.

Aunque no se sabe el día o la hora exacta (Mt. 24:36), las señales dobles de que Jerusalén estará rodeada por ejércitos y la instalación de la abominación desoladora darán una clara advertencia a los vivos en ese momento en cuanto a que el regreso del Señor Jesucristo está cerca.

La Iglesia será librada de los inimaginables horrores de toda la tribulación al ser arrebatada antes de que empiece este período (Jn. 14:1-3; 1 Co. 15:51-52; 1 Ts. 4:15-18; Ap. 3:10). Así como la Iglesia no estuvo en las primeras sesenta y nueve semanas de la profecía de Daniel con relación a Israel, así tampoco estará en la número setenta. (Para una defensa del arrebatamiento antes de la tribulación, véase *Comentario MacArthur del Nuevo Testamento: 1 y 2 Tesalonicenses, 1 y 2 Timoteo, y Tito,* [Grand Rapids: Portavoz, 2012], cap. 11).

Mientras tanto, los cristianos deben estar preparados para el regreso de Cristo:

> *Puesto que todas estas cosas han de ser deshechas, ¡cómo no debéis vosotros andar en santa y piadosa manera de vivir, esperando y apresurándoos para la venida del día de Dios, en el cual los cielos, encendiéndose, serán deshechos, y los elementos, siendo quemados, se fundirán! Pero nosotros esperamos, según sus promesas, cielos nuevos y tierra nueva, en los cuales mora la justicia. Por lo cual, oh amados, estando en espera de estas cosas, procurad con diligencia ser hallados por él sin mancha e irreprensibles, en paz. Y tened entendido que la paciencia de nuestro Señor es para salvación; como también nuestro amado hermano Pablo, según la sabiduría que le ha sido dada, os ha escrito, casi en todas sus epístolas, hablando en ellas de estas cosas; entre las cuales hay algunas difíciles de entender, las cuales los indoctos e inconstantes tuercen, como también las otras Escrituras, para su propia perdición. Así que vosotros, oh amados, sabiéndolo de antemano, guardaos, no sea que arrastrados por el error de los inicuos, caigáis de vuestra firmeza. Antes bien, creced en la gracia y el conocimiento de nuestro Señor y Salvador Jesucristo. A él sea gloria ahora y hasta el día de la eternidad. Amén (2 P. 3:11-18).*

Señales del regreso de Cristo. Quinta parte: Señales celestiales de la venida del Salvador

119

Entonces habrá señales en el sol, en la luna y en las estrellas, y en la tierra angustia de las gentes, confundidas a causa del bramido del mar y de las olas; desfalleciendo los hombres por el temor y la expectación de las cosas que sobrevendrán en la tierra; porque las potencias de los cielos serán conmovidas. Entonces verán al Hijo del Hombre, que vendrá en una nube con poder y gran gloria. Cuando estas cosas comiencen a suceder, erguíos y levantad vuestra cabeza, porque vuestra redención está cerca. (21:25-28)

La segunda venida del Señor Jesucristo no solo será el acontecimiento más significativo en la historia, sino también el más ampliamente presenciado. El nacimiento de Jesús fue visto por solo unas pocas personas: María, José, los pastores y quizás unos pocos más en Belén. Pero cuando Cristo regrese, todo el mundo lo verá. Juan escribió: "He aquí que viene con las nubes, y todo ojo le verá" (Ap. 1:7).

Cinco palabras clave ayudan a resumir la enseñanza del Señor en este pasaje con relación a la segunda venida: secuencia, escenificación, consternación, señal y santos.

SECUENCIA

Entonces (21:25*a*)

La palabra griega *kai* al principio del versículo 25 relaciona este pasaje con lo que el Señor ya había enseñado a los discípulos. Jesús ofreció su discurso en respuesta a la pregunta que le hicieran acerca de las señales de su venida (v. 7). Él contestó describiendo el período entre la primera y la segunda venidas. Esa larga época se caracterizaría antes que nada por una proliferación de falsos y engañadores maestros que afirmarían ser Cristo (v. 8). Esos fraudulentos mesías, y las falaces tergiversaciones del cristianismo que generan y diseminan, alejarán a millones de personas de la verdad, de modo que los falsos creyentes siempre serán más numerosos que los verdaderos (cp. Mt. 7:13-14).

También habrá desastres en el mundo natural. Guerras en una escala sin precedentes en la historia humana causarán muerte y destrucción generalizadas (vv. 9-10). Fuertes terremotos, plagas mortales, hambrunas desaforadas, incendios destructores, aterradoras señales del cielo (posiblemente impactos de cometas o meteoritos), huracanes violentos, tornados, lluvias torrenciales que provocarán inundaciones y ventiscas asolarán el planeta (v. 11). Tales catástrofes mortales, sin precedentes en su alcance, aumentarán a medida que se acerca el momento de la venida de Cristo. Pero muchos siglos antes de que empiecen todas estas cosas, los seguidores de Jesús enfrentarán persecución, primero por parte de los judíos, y después por parte de los gentiles, empezando con los romanos (vv. 12-17). Esa persecución ofrecerá un anticipo en pequeña escala de la cúspide de persecución durante el período de tribulación.

Además de esas características generales de la época entre las dos venidas de Cristo, habrá dos sucesos específicos de señales que declararán que la segunda venida finalmente está cerca. En primer lugar, Jerusalén estará rodeada por los ejércitos del mundo bajo el liderazgo del anticristo (v. 20), y, en segundo lugar, el anticristo final instalará la "abominación desoladora" en el templo (Mt. 24:15). Tales acontecimientos ocurrirán durante los juicios de los últimos tres años y medio de tribulación, llamados la "gran tribulación" (Mt. 24:21; Ap. 7:14). Todos ellos ya han transcurrido cuando se inicia el versículo 25, y la secuencia de acaecimientos avanza hasta las últimas señales del regreso del Señor al final de la tribulación (Mt. 24:29; Mr. 13:24).

ESCENIFICACIÓN

habrá señales en el sol, en la luna y en las estrellas... bramido del mar y de las olas... las potencias de los cielos serán conmovidas. (21:25*a*, *c*, 26*b*)

El acontecimiento más trascendental y ampliamente visto de la historia exige un telón de fondo correspondientemente dramático. Dios preparará el regreso de Cristo extinguiendo todas las luces celestiales (Mt. 24:29; cp. Zac. 14:6-7), sumiendo a los cielos en una oscuridad total. Con toda la atención del mundo enfocada en la oscuridad, entre llamas de gloria Jesús descenderá del cielo oscurecido. Su regreso a la tierra será igual que su partida. Cuando los discípulos observaban fijamente las alturas tras presenciar la ascensión de Cristo al cielo en una nube (Hch. 1:9), dos ángeles les dijeron: "Varones galileos, ¿por qué estáis mirando al cielo? Este mismo Jesús, que ha sido tomado de vosotros al cielo, así vendrá como le habéis visto ir al cielo" (v. 11). Apocalipsis 1:7, según se indicó antes, también da a conocer que Jesús vendrá en las nubes, las cuales el Antiguo Testamento describe como carrozas de Dios (Sal. 104:3; Is. 19:1). Daniel declaró: "Miraba yo en la visión de la noche, y he aquí con las nubes del cielo venía uno como un hijo de hombre, que vino hasta el Anciano de días, y le hicieron acercarse delante de él" (Dn. 7:13). Las nubes también se asocian con el arrebatamiento que Cristo efectúa de su Iglesia en (1 Ts. 4:17).

Como para añadir a la gloria y majestad de la dramática escena, se manifestará "el Señor Jesús desde el cielo con los ángeles de su poder, en llama de fuego, para dar retribución a los que no conocieron a Dios, ni obedecen al evangelio de nuestro Señor Jesucristo" (2 Ts. 1:7-8). Además de traer un juicio feroz sobre los incrédulos, Jesús vendrá "en aquel día para ser glorificado en sus santos y ser admirado en todos los que creyeron" (v. 10).

Inmediatamente antes de la venida de Cristo habrá grandes catástrofes cósmicas que ocasionarán destrucción inimaginable. **Entonces habrá señales en el sol, en la luna y en las estrellas,** se oirá el **bramido del mar y de las olas,** y **las potencias de los cielos serán conmovidas.** En su libro *Earth in Upheaval,* Immanuel Velikovsky especula acerca de lo que podría suceder si la aproximación de un cuerpo celestial a la tierra la hiciera inclinar sobre su eje:

> En ese momento un terremoto haría que el mundo se estremeciera. Aire y agua seguirían moviéndose por medio de inercia; huracanes barrerían la tierra y los mares se precipitarían sobre los continentes, llevando consigo grava, arena y animales marinos, y lanzándolos a tierra firme. El calor aumentaría, rocas se derretirían, volcanes harían erupción, lava fluiría de fisuras en el suelo agrietado y cubriría superficies extensas. Montañas brotarían de las llanuras, viajarían y se treparían a las faldas de otras montañas, ocasionando fallas y grietas. Lagos se inclinarían y se vaciarían, ríos cambiarían sus lechos; grandes extensiones de tierra con todos sus habitantes se deslizarían debajo del mar. Bosques arderían, y huracanes y mares embravecidos los arrancarían del suelo en que crecieron y los apilarían en enormes cúmulos de ramas y raíces. Mares se convertirían en desiertos, alejándose sus aguas ([Garden City, N.Y.: Doubleday, 1955], p. 136).

El Señor no explicó estas **señales** y los discípulos no le preguntaron acerca de ellas, porque las entendían del Antiguo Testamento. El juicio sobre Babilonia profetizado en Isaías 13 provee una ilustración del juicio final que vendrá sobre todo el planeta:

> *Aullad, porque cerca está el día de Jehová; vendrá como asolamiento del Todopoderoso. Por tanto, toda mano se debilitará, y desfallecerá todo corazón de hombre*

[cp. Lc. 21:26], y se llenarán de terror; angustias y dolores se apoderarán de ellos; tendrán dolores como mujer de parto; se asombrará cada cual al mirar a su compañero; sus rostros, rostros de llamas. He aquí el día de Jehová viene, terrible, y de indignación y ardor de ira, para convertir la tierra en soledad, y raer de ella a sus pecadores. Por lo cual las estrellas de los cielos y sus luceros no darán su luz; y el sol se oscurecerá al nacer, y la luna no dará su resplandor. Y castigaré al mundo por su maldad, y a los impíos por su iniquidad; y haré que cese la arrogancia de los soberbios, y abatiré la altivez de los fuertes. Haré más precioso que el oro fino al varón, y más que el oro de Ofir al hombre. Porque haré estremecer los cielos, y la tierra se moverá de su lugar, en la indignación de Jehová de los ejércitos, y en el día del ardor de su ira (Is. 13:6-13).

El capítulo 24 de Isaías describe, además, la venganza futura de Dios:

He aquí que Jehová vacía la tierra y la desnuda, y trastorna su faz, y hace esparcir a sus moradores. Y sucederá así como al pueblo, también al sacerdote; como al siervo, así a su amo; como a la criada, a su ama; como al que compra, al que vende; como al que presta, al que toma prestado; como al que da a logro, así al que lo recibe. La tierra será enteramente vaciada, y completamente saqueada; porque Jehová ha pronunciado esta palabra. Se destruyó, cayó la tierra; enfermó, cayó el mundo; enfermaron los altos pueblos de la tierra. Y la tierra se contaminó bajo sus moradores; porque traspasaron las leyes, falsearon el derecho, quebrantaron el pacto sempiterno. Por esta causa la maldición consumió la tierra, y sus moradores fueron asolados; por esta causa fueron consumidos los habitantes de la tierra, y disminuyeron los hombres... Y acontecerá que el que huyere de la voz del terror caerá en el foso; y el que saliere de en medio del foso será preso en la red; porque de lo alto se abrirán ventanas, y temblarán los cimientos de la tierra. Será quebrantada del todo la tierra, enteramente desmenuzada será la tierra, en gran manera será la tierra conmovida. Temblará la tierra como un ebrio, y será removida como una choza; y se agravará sobre ella su pecado, y caerá, y nunca más se levantará. Acontecerá en aquel día, que Jehová castigará al ejército de los cielos en lo alto, y a los reyes de la tierra sobre la tierra. Y serán amontonados como se amontona a los encarcelados en mazmorra, y en prisión quedarán encerrados, y serán castigados después de muchos días. La luna se avergonzará, y el sol se confundirá, cuando Jehová de los ejércitos reine en el monte de Sion y en Jerusalén, y delante de sus ancianos sea glorioso (vv. 1-6, 18-23).

El profeta Joel añade más:

Tocad trompeta en Sion, y dad alarma en mi santo monte; tiemblen todos los moradores de la tierra, porque viene el día de Jehová, porque está cercano. Día de tinieblas y de oscuridad, día de nube y de sombra; como sobre los montes se extiende el alba, así vendrá un pueblo grande y fuerte; semejante a él no lo hubo jamás, ni después de él lo habrá en años de muchas generaciones... Delante de él temblará la tierra, se estremecerán los cielos; el sol y la luna se oscurecerán, y las estrellas retraerán su resplandor... Y daré prodigios en el cielo y en la tierra, sangre, y fuego, y columnas de humo... Porque he aquí que en aquellos días, y en aquel tiempo en que haré volver la cautividad de Judá y de Jerusalén, reuniré a todas las naciones, y las haré descender al valle de Josafat, y allí entraré en juicio con ellas a causa de mi pueblo, y de Israel mi heredad... Muchos pueblos en el valle de la decisión; porque cercano está el día de Jehová en el valle de la decisión. El sol y la luna se oscurecerán, y las estrellas retraerán su resplandor. Y Jehová rugirá desde Sion, y dará su voz desde Jerusalén, y temblarán los cielos y la tierra; pero Jehová será la esperanza de su pueblo, y la fortaleza de los hijos de Israel. Y conoceréis que yo soy Jehová vuestro Dios, que habito en Sion, mi santo monte; y Jerusalén será santa, y extraños no pasarán más por ella. Sucederá en aquel tiempo, que los montes destilarán mosto, y los collados fluirán leche, y por todos los arroyos de Judá correrán aguas; y saldrá una fuente de la casa de Jehová, y regará el valle de Sitim (2:1-2, 10, 30; 3:1-2, 14-18).

Los juicios descritos en Ezequiel 38:19-23 son idénticos a los que ocurrirán durante la última mitad de la tribulación (Ap. 6:12-17; 11:19; 16:17-21; 19:11-21). Hageo (2:6-7) y Sofonías (1:14-18) también predijeron la furia temporal definitiva de Dios.

CONSTERNACIÓN

y en la tierra angustia de las gentes, confundidas... desfalleciendo los hombres por el temor y la expectación de las cosas que sobrevendrán en la tierra; (21:25*b*, 26*a*)

Los juicios devastadores que vendrán sobre **la tierra** infligirán increíble trauma en las incrédulas **gentes.** *Sunochē* (**angustia**) aparece solo aquí y en 2 Corintios 2:4, donde describe la angustia y la consternación de Pablo por la atribulada iglesia en Corinto. La palabra se refiere a grave tensión emocional; una abrumadora y avasalladora sensación de incesante y agudo temor y tormento.

Aporia (**confundidas**) aparece solo aquí en el Nuevo Testamento. Tiene connotaciones de angustia, desánimo, malestar, sentirse perdido, incertidumbre. Por ejemplo, el verbo relacionado *aporeō* se utiliza para describir el desconcierto de Herodes con relación a Juan el Bautista (Mr. 6:20), la perplejidad de las mujeres al hallar la tumba vacía después de la resurrección (Lc. 24:4), la confusión de los discípulos en cuanto a quién traicionaría a Jesús (Jn. 13:22), la incertidumbre de Festo sobre cómo manejar las acusaciones de los judíos contra Pablo (Hch. 25:20), y la frustración de Pablo por la insensatez de los gálatas (Gá. 4:20).

Apopsuchō (**desfalleciendo**) también aparece solo aquí en el Nuevo Testamento. Literalmente significa "exhalar", "dejar de respirar" y, por tanto, "expirar". Las personas tendrán literalmente miedo a la muerte; les aterrará morir debido a lo que sucederá a su alrededor. La alteración radical del mundo y su entorno al final de la tribulación será la culminación y el clímax de todos los acontecimientos aterradores de ese período. Isaías 13:8 dice que los habitantes de la tierra "se llenarán de terror; angustias y dolores se apoderarán de ellos; tendrán dolores como mujer de parto; se asombrará cada cual al mirar a su compañero; sus rostros, rostros de llamas". Como reacción al juicio del sexto sello,

> *los reyes de la tierra, y los grandes, los ricos, los capitanes, los poderosos, y todo siervo y todo libre, se escondieron en las cuevas y entre las peñas de los montes; y decían a los montes y a las peñas: Caed sobre nosotros, y escondednos del rostro de aquel que está sentado sobre el trono, y de la ira del Cordero; porque el gran día de su ira ha llegado; ¿y quién podrá sostenerse en pie? (Ap. 6:15-17).*

Apocalipsis 9:6 advierte que "en aquellos días los hombres buscarán la muerte, pero no la hallarán; y ansiarán morir, pero la muerte huirá de ellos" cuando

> *el cuarto ángel derramó su copa sobre el sol, al cual fue dado quemar a los hombres con fuego. Y los hombres se quemaron con el gran calor, y blasfemaron el nombre de Dios, que tiene poder sobre estas plagas, y no se arrepintieron para darle gloria. El quinto ángel derramó su copa sobre el trono de la bestia; y su reino se cubrió de tinieblas, y mordían de dolor sus lenguas, y blasfemaron contra el Dios del cielo por sus dolores y por sus úlceras, y no se arrepintieron de sus obras (Ap. 16:8-11).*

Apocalipsis 18 describe la desintegración de la vida en los últimos días:

> *Por lo cual en un solo día vendrán sus plagas; muerte, llanto y hambre, y será quemada con fuego; porque poderoso es Dios el Señor, que la juzga. Y los reyes de la tierra que han fornicado con ella, y con ella han vivido en deleites, llorarán y harán lamentación sobre ella, cuando vean el humo de su incendio, parándose lejos por el temor de su tormento, diciendo: ¡Ay, ay, de la gran ciudad de Babilonia, la ciudad fuerte; porque en una hora vino tu juicio! Y los mercaderes de la tierra lloran y hacen lamentación sobre ella, porque ninguno compra más sus mercaderías; mercadería de oro, de plata, de piedras preciosas, de perlas, de lino fino, de púrpura, de seda, de escarlata, de toda madera olorosa, de todo objeto de marfil, de todo objeto de madera preciosa, de cobre, de hierro y de mármol; y canela, especias*

aromáticas, incienso, mirra, olíbano, vino, aceite, flor de harina, trigo, bestias, ovejas, caballos y carros, y esclavos, almas de hombres. Los frutos codiciados por tu alma se apartaron de ti, y todas las cosas exquisitas y espléndidas te han faltado, y nunca más las hallarás. Los mercaderes de estas cosas, que se han enriquecido a costa de ella, se pararán lejos por el temor de su tormento, llorando y lamentando, y diciendo: ¡Ay, ay, de la gran ciudad, que estaba vestida de lino fino, de púrpura y de escarlata, y estaba adornada de oro, de piedras preciosas y de perlas! Porque en una hora han sido consumidas tantas riquezas. Y todo piloto, y todos los que viajan en naves, y marineros, y todos los que trabajan en el mar, se pararon lejos; y viendo el humo de su incendio, dieron voces, diciendo: ¿Qué ciudad era semejante a esta gran ciudad? Y echaron polvo sobre sus cabezas, y dieron voces, llorando y lamentando, diciendo: ¡Ay, ay de la gran ciudad, en la cual todos los que tenían naves en el mar se habían enriquecido de sus riquezas; pues en una hora ha sido desolada! Alégrate sobre ella, cielo, y vosotros, santos, apóstoles y profetas; porque Dios os ha hecho justicia en ella. Y un ángel poderoso tomó una piedra, como una gran piedra de molino, y la arrojó en el mar, diciendo: Con el mismo ímpetu será derribada Babilonia, la gran ciudad, y nunca más será hallada. Y voz de arpistas, de músicos, de flautistas y de trompeteros no se oirá más en ti; y ningún artífice de oficio alguno se hallará más en ti, ni ruido de molino se oirá más en ti. Luz de lámpara no alumbrará más en ti, ni voz de esposo y de esposa se oirá más en ti; porque tus mercaderes eran los grandes de la tierra; pues por tus hechicerías fueron engañadas todas las naciones (vv. 8-23).

El catastrófico final de la historia humana sorprenderá al mundo incrédulo. Al oír la predicación de los ciento cuarenta y cuatro mil evangelistas judíos (Ap. 7:2-8), de los dos testigos (Ap. 11:3), del testimonio de los salvados en ese tiempo, y hasta de ángeles que vuelan (Ap. 14:6-8), los habitantes del planeta entenderán que lo que está ocurriendo es la ira de Dios. Algunos creerán, pero la mayoría se negará a arrepentirse y blasfemará de Dios (Ap. 16:11, 21). Muchos que rechacen la verdad morirán; los demás desearán estar muertos; quienes sobrevivan a la sucesión de juicios resultarán muertos por el Señor Jesucristo cuando llegue (Ap. 19:11-15).

SEÑAL

Entonces verán al Hijo del Hombre, que vendrá en una nube con poder y gran gloria. (21:27)

La última señal de la venida de Cristo no es un acontecimiento más que apunta hacia el **Hijo del Hombre;** se trata del mismísimo Hijo del Hombre. El subjetivo genitivo en el relato paralelo de Mateo se podría traducir "la señal del Hijo del

Hombre" (Mt. 24:30). La última señal no será una cruz en llamas ni una manifestación visible de la gloria *Shekinah* de Dios, sino el Señor Jesucristo que regresa corporalmente **en una nube** de resplandeciente gloria divina (véase el estudio anterior), que ya se había mostrado antes en su transfiguración (Mt. 17:1-2).

La descripción más detallada de la aparición, el descubrimiento y la revelación del Señor se halla registrada en Apocalipsis 19:11-15:

> *Entonces vi el cielo abierto; y he aquí un caballo blanco, y el que lo montaba se llamaba Fiel y Verdadero, y con justicia juzga y pelea. Sus ojos eran como llama de fuego, y había en su cabeza muchas diademas; y tenía un nombre escrito que ninguno conocía sino él mismo. Estaba vestido de una ropa teñida en sangre; y su nombre es: EL VERBO DE DIOS. Y los ejércitos celestiales, vestidos de lino finísimo, blanco y limpio, le seguían en caballos blancos. De su boca sale una espada aguda, para herir con ella a las naciones, y él las regirá con vara de hierro; y él pisa el lagar del vino del furor y de la ira del Dios Todopoderoso.*

El "caballo blanco" es símbolo de poder y autoridad; los generales romanos victoriosos montaban corceles blancos por las calles de Roma en sus desfiles triunfales. El blanco también simboliza la naturaleza limpia, impecable y absolutamente santa del Señor Jesucristo. Puesto que Él es "Fiel y Verdadero", cumple su palabra y debe actuar contra el pecado, por tanto "con justicia juzga y pelea". Su juicio es absolutamente exacto, porque "sus ojos eran como llama de fuego", una referencia a su omnisciencia. "Había en su cabeza muchas diademas", porque Él es el único gobernante; el "REY DE REYES Y SEÑOR DE SEÑORES" (Ap. 19:16). El Señor tiene "un nombre escrito que ninguno conocía sino él mismo". Este nombre (que representa todo lo que Él es) trasciende la comprensión humana del mismo modo en que la naturaleza de Dios transciende todas las ideas. Nadie puede entender completamente la majestad, la autoridad, la gloria y el poder de Cristo, ni la plenitud de sus demás atributos. El hecho de que "estaba vestido de una ropa teñida en sangre" significa que esta no será su primera batalla. Su manto lleva la sangre de los enemigos a los que ya ha conquistado, y en poco tiempo llevará la sangre de aquellos que está a punto de destruir.

En compañía del "VERBO DE DIOS", el Hijo que existió desde toda la eternidad (Jn. 1:1) y que "fue hecho carne, y habitó entre nosotros" (v. 14), estarán "los ejércitos celestiales, vestidos de lino finísimo, blanco y limpio", siguiéndolo "en caballos blancos". Esta fuerza celestial incluye a los creyentes de la era de la Iglesia (Ap. 19:7-8), a los creyentes del Antiguo Testamento (Jud. 14-15), y a los que serán martirizados a principios de la tribulación (Ap. 7:9, 13-14), así como a los santos ángeles (Mt. 25:31).

El juicio de Cristo será instantáneo y certero. Que "de su boca sale una espada aguda", simboliza el poder mortífero de su palabra (cp. 1:16; Is. 11:4), "para herir con ella a las naciones". Una vez hecho esto, Jesús "las regirá con vara de hierro" (cp. Sal. 2:8-9; Ap. 12:5). Las imágenes vivas de Cristo pisando "el lagar del vino del furor y de la ira del Dios Todopoderoso" lo describen como un Juez que aplasta a la humanidad pecadora del mismo modo que alguien podría aplastar uvas para fabricar vino (cp. Is. 63:1-4).

A diferencia de su primera venida, cuando vino en humildad para morir como un sacrificio por el pecado, Jesús volverá para aniquilar **con poder y gran gloria** (cp. Mt. 26:64). Manifestará su potestad destruyendo y renovando al mundo; venciendo y juzgando a Satanás, a los demonios, al anticristo y sus fuerzas; y eliminando a todos los no regenerados, al mismo tiempo que establecerá su reino para aquellos que le pertenecen (Mt. 25:34).

SANTOS

Cuando estas cosas comiencen a suceder, erguíos y levantad vuestra cabeza, porque vuestra redención está cerca. (21:28)

Cuando las señales que indican que el regreso del Señor está cerca (cp. el cap. 118 de esta obra) **comiencen a suceder,** los creyentes que estén vivos en esa época recibirán esta orden: **erguíos y levantad vuestra cabeza.** Aunque no pueden saber el día exacto en que Jesús llegará, los acontecimientos indican que la **redención** de ellos **está cerca** y que Él "está... a las puertas" (Mt. 24:33).

¿Qué alcance tendrá la venida del Hijo de Dios? Todos los seres humanos que alguna vez han vivido jugarán un papel en el acaecimiento más dramático de la historia. Los creyentes del Antiguo Testamento, de la era de la Iglesia, y los martirizados durante la tribulación participarán con gozo en la gloria y el éxtasis del cielo. Ellos regresarán con Cristo al reino terrenal, junto con los creyentes que sobrevivan a la tribulación. Por otro lado, los que estén vivos y no quieran arrepentirse y creer en el Señor Jesucristo enfrentarán la muerte temporal seguida inmediatamente por el infierno eterno.

El mensaje urgente para los incrédulos de entonces y de ahora es: "Buscad a Jehová mientras puede ser hallado, llamadle en tanto que está cercano. Deje el impío su camino, y el hombre inicuo sus pensamientos, y vuélvase a Jehová, el cual tendrá de él misericordia, y al Dios nuestro, el cual será amplio en perdonar" (Is. 55:6-7; cp. 2 Co. 6:2; He. 3:7-13; 4:7). Demorar una respuesta al llamado de Dios para arrepentirse y ser salvos es arriesgarse a tener la oportunidad perdida que resulta en tragedia eterna (cp. Lc. 13:24-27; 17:26-33; Hch. 24:25).

Señales del regreso de Cristo. Sexta parte: La última generación

120

También les dijo una parábola: Mirad la higuera y todos los árboles. Cuando ya brotan, viéndolo, sabéis por vosotros mismos que el verano está ya cerca. Así también vosotros, cuando veáis que suceden estas cosas, sabed que está cerca el reino de Dios. De cierto os digo, que no pasará esta generación hasta que todo esto acontezca. El cielo y la tierra pasarán, pero mis palabras no pasarán. (21:29-33)

Todos los que aman al Señor y están interesados en su gloria desean su regreso. Esperan con ansias al "Hijo [de Dios], al cual [el Padre] resucitó de los muertos, a Jesús" (1 Ts. 1:10) y están "aguardando la esperanza bienaventurada y la manifestación gloriosa de nuestro gran Dios y Salvador Jesucristo" (Tit. 2:13). Pablo se refirió a los cristianos como aquellos "que aman... [la] venida [de Cristo]" (2 Ti. 4:8). Al final del libro de Apocalipsis el apóstol Juan respondió a la promesa de Cristo, "ciertamente vengo en breve", afirmando: "Amén; sí, ven, Señor Jesús" (Ap. 22:20). Los creyentes también anticipan la gloria que será revelada en ellos; la gloriosa manifestación de los hijos de Dios que se llevará a cabo en el regreso de Cristo con la redención del cuerpo (Ro. 8:18-23).

La segunda venida es el más importante de todos los temas porque todas las demás verdades bíblicas hallan su culminación en ella. El regreso de Jesucristo marca la consumación de la historia redentora, pues cierra el glorioso propósito de Dios en su plan eterno de salvación. Mostrar indiferencia por el regreso del Señor, o hacer caso omiso a sus características reveladas, es inexcusable y le roba a Dios el debido honor que se le debe.

No es de extrañar entonces que la verdad del regreso de Cristo sea un tema trascendental en el Nuevo Testamento, inclusive en la propia enseñanza de Jesús. Su exposición más completa y exhaustiva del suceso se llevó a cabo el miércoles de la semana de la pasión, en respuesta a las preguntas de los discípulos acerca de las señales de la venida de Cristo, del final de la era actual, y del establecimiento del reino terrenal. A este tratamiento del regreso del Señor se le ha conocido tradicionalmente como el discurso del Monte de los Olivos, porque Jesús lo reveló a sus discípulos cuando se hallaban en el Monte de los Olivos (Mt. 24:3; Mr. 13:3). Sus verdades han sido el tema del Evangelio de Lucas desde el versículo 7 de este capítulo.

Según se indicó en los capítulos anteriores de esta obra, el período entre la primera y la segunda venidas de Cristo se caracterizará por tres categorías generales de señales: engaño (falsos cristianos, falsos maestros, y una falsa iglesia), desastres (tanto provocados por el hombre como naturales), y persecución a los verdaderos seguidores de Jesucristo. Todas esas cosas se harán cada vez más severas a medida que el tiempo del regreso de Cristo se acerca.

Además de esas señales generales habrá dos señales específicas. A mitad de la tribulación el anticristo, que había fingido ser el protector y benefactor de Israel, profanará el templo de Jerusalén con la puesta en marcha de la "abominación desoladora" (Dn. 11:31; 12:11; Mt. 24:15; cp. 2 Ts. 2:3-4), una imagen blasfema de sí mismo que todo el mundo tendrá que adorar o de lo contrario será asesinado (Ap. 13:14-15; 14:9, 11). Tal acción desatará el grave derramamiento de la ira y el juicio divinos que caracteriza la segunda mitad de la tribulación, a la que Jesús se refirió como la "gran tribulación" (Mt. 24:21; cp. Ap. 7:14). Esos intensos e incomparables tres años y medio de devastación, destrucción y muerte alcanzarán su apogeo cuando las fuerzas del anticristo rodeen a Jerusalén (Lc. 21:20) para enfrentar destrucción.

La historia sencilla y directa que el Señor contó en este pasaje no es una alegoría, ni un misterio con significado oculto. Se trata de una analogía, parábola o ilustración redactada en lenguaje franco e inconfundible. Los discípulos, que después de todo eran hombres sencillos y trabajadores comunes y corrientes, no teólogos sofisticados, habrían entendido fácilmente el significado. La narración de Jesús se podría analizar bajo tres encabezados: analogía sencilla, aplicación específica, y autoridad sobrenatural.

ANALOGÍA SENCILLA

También les dijo una parábola: Mirad la higuera y todos los árboles. Cuando ya brotan, viéndolo, sabéis por vosotros mismos que el verano está ya cerca. (21:29-30)

Como hacía frecuentemente, Jesús **dijo** una **parábola** agrícola cuyos elementos conocían muy bien los discípulos, con el fin de aclarar una verdad espiritual desconocida (cp. 8:4-15; 13:6-9, 18-19; 15:3-7; 20:9-19; Mt. 13:24-30; 20:1-16; Mr. 4:26-29). **La higuera,** algo que era común en Israel, se usa a menudo en la Biblia en analogías espirituales. En Jueces 9:10-11, Jotam usó a la higuera en su analogía con el fin de reprender a Israel por convertir a Abimelec en rey. Oseas usó la higuera para representar a los patriarcas (Os. 9:10). Jeremías recurrió a higos buenos y malos para ilustrar a individuos buenos y malos (Jer. 24:1-10), mientras Joel utilizó la higuera para representar a Israel (Jl. 1:6-7).

La higuera, al igual que **todos los** demás **árboles, cuando ya brotan** deja ver sus hojas en la primavera. Todo el mundo entiende la evidente realidad de que el florecimiento de los árboles en la primavera indica **que el verano está ya cerca.** El propósito del Señor es que los acontecimientos en la actualidad pueden anticipar lo que sucederá en el futuro.

APLICACIÓN ESPECÍFICA

Así también vosotros, cuando veáis que suceden estas cosas, sabed que está cerca el reino de Dios. De cierto os digo, que no pasará esta generación hasta que todo esto acontezca. (21:31-32)

Así como la aparición de hojas en los árboles significa que el verano está cerca, **así también vosotros,** declaró Jesús, **cuando veáis que suceden estas cosas** (las señales de su regreso que había detallado en los versículos anteriores), **sabed que está cerca el reino de Dios.** La referencia de Jesús a **vosotros** (las personas que estén vivas cuando las últimas señales de la venida de Cristo se lleven a cabo) representa el puente entre el principio general expresado en su analogía y la aplicación específica de esta analogía.

La expresión **de cierto** (*amēn*) es enfática, e indica que lo que Jesús está a punto de manifestar es una verdad esencial e inequívoca (cp. Mt. 5:18; 6:2, 5, 16; 8:10; 11:11; 18:3; 19:23; Mr. 3:28; 10:15; Jn. 3:3, 5; 5:24-25; 6:47; 8:51, 58; 16:23).

Se ha debatido mucho acerca de la identidad de la **generación** a la que Jesús se estaba refiriendo. Una opinión común es que el Señor se refirió a los discípulos; que les estaba diciendo que vivirían hasta ver la segunda venida. Pero si eso fuera lo que Él quiso decir, se equivocó, ya que obviamente no regresó durante las vidas de ellos. Algunos otros, tratando de negar la deidad de Jesús y así socavar su autoridad divina en las vidas de sus discípulos, alegan precisamente eso. Estos individuos usan indebidamente las palabras de Jesús en Marcos 13:32: "Pero de aquel día y de la hora nadie sabe, ni aun los ángeles que están en el cielo, ni el Hijo, sino el Padre", en un intento de apoyar el punto de vista que defienden. Puesto que el mismo Jesús admitió no saberlo, sostienen estas personas, no debería ser ninguna sorpresa que se hubiera equivocado. Sin embargo, aunque Jesús hizo voluntariamente a un lado el uso pleno de sus atributos divinos durante su encarnación (Fil. 2:5-7), este hecho no lo hizo errar. Por tanto, este punto de vista es inaceptable.

Otro criterio sostiene que Jesús se refirió a la destrucción de Jerusalén en el año 70 d.C. Según este punto de vista, las personas de las que el Señor habló incluían no solo a los discípulos, sino también a toda aquella generación. Aunque es verdad que Jerusalén fue rodeada por el ejército romano en el año 70 d.C., las otras señales del regreso de Cristo a las que Él se había referido antes en este discurso (catástrofes en todo el mundo a escala sin precedentes en la historia, y la instalación de la abominación desoladora del anticristo) no se llevaron a cabo. Tampoco, y lo más importante, Jesús regresó a la tierra después de los acontecimientos del año 70 d.C. Es obvio que la generación viva en ese tiempo dejó este mundo antes de que Él regresara.

Cabe señalar que algunos (los proponentes del punto de vista conocido como pleno o hiperpreterismo) se ven obligados a sostener que Jesús sí regresó en el año 70 d.C., pero no en un sentido literal ni corporal. Los hiperpreteristas creen que toda la profecía bíblica (inclusive la segunda venida de Cristo) se cumplió en el año 70 d.C. Esa equivocación radical pone en movimiento una serie de consecuencias desastrosas. Negar el regreso literal y corporal de Cristo significa negar su ascensión corporal, ya que, como los ángeles dijeron a los apóstoles, "este mismo Jesús, que ha sido tomado de vosotros al cielo, así vendrá como le habéis visto ir al cielo" (Hch. 1:11). Además, si la resurrección de todos los creyentes es un acontecimiento pasado, necesariamente debió ser espiritual, no físico. Aún más inquietante, negar la resurrección corporal de los creyentes es negar la resurrección corporal de Cristo, ya que los dos hechos están inseparablemente vinculados (1 Co. 15:13, 16). De modo escandaloso, algunos hiperpreteristas sostiene el punto extremo de vista de que la resurrección de Cristo fue también espiritual, no física.

La verdad es que negar la resurrección corporal destruye la fe cristiana. En 1 Corintios 15 el apóstol Pablo advirtió sin ambages a los creyentes corintios, algunos de los cuales estaban negando la resurrección corporal (v. 12), acerca de seis terribles consecuencias de tal negación:

- Predicar a Cristo no tendría sentido (v. 14)
- La fe en Cristo sería vana (v. 14)
- Todos los que predicaron y enseñaron la resurrección habrían sido mentirosos (v. 15)
- Nadie sería redimido del pecado (v. 17)
- Los creyentes que ya hubieran muerto habrían perecido (v. 18)
- Esperar en Cristo solo para esta vida actual haría a los cristianos "los más dignos de conmiseración de todos los hombres" (v. 19)

Negar la resurrección corporal futura de los creyentes, como ocurrió con Himeneo y Fileto, es desviarse "de la verdad" (2 Ti. 2:18). (Para una crítica más detallada del hiperpreterismo, véase mi libro *La segunda venida* [Grand Rapids: Portavoz, 1999], pp. 9-13).

Un tercer punto de vista ve a la raza judía como la generación de la cual el Señor habló, y que Él quiso decir que los judíos sobrevivirían hasta el final. Pero a los discípulos eso no les habría dicho nada que ya no supieran. Ellos entendían del Antiguo Testamento que Dios había hecho un pacto eterno con Israel. En Jeremías 31:35-37, Dios declaró:

> *Así ha dicho Jehová, que da el sol para luz del día, las leyes de la luna y de las estrellas para luz de la noche, que parte el mar, y braman sus ondas; Jehová de los ejércitos es su nombre: Si faltaren estas leyes delante de mí, dice Jehová, también la descendencia de Israel faltará para no ser nación delante de mí eternamente. Así ha dicho Jehová: Si los cielos arriba se pueden medir, y explorarse abajo los fundamentos de la tierra, también yo desecharé toda la descendencia de Israel por todo lo que hicieron, dice Jehová.*

Más tarde en Jeremías, agregó:

> *Porque así ha dicho Jehová: No faltará a David varón que se siente sobre el trono de la casa de Israel. Ni a los sacerdotes y levitas faltará varón que delante de mí ofrezca holocausto y encienda ofrenda, y que haga sacrificio todos los días. Vino palabra de Jehová a Jeremías, diciendo: Así ha dicho Jehová: Si pudiereis invalidar mi pacto con el día y mi pacto con la noche, de tal manera que no haya día ni noche a su tiempo, podrá también invalidarse mi pacto con mi siervo David, para que deje de tener hijo que reine sobre su trono, y mi pacto con los levitas y sacerdotes, mis ministros. Como no puede ser contado el ejército del cielo, ni la arena del mar se puede medir, así multiplicaré la descendencia de David mi siervo, y los levitas que me sirven... Así ha dicho Jehová: Si no permanece mi pacto con el día y la noche, si yo no he puesto las leyes del cielo y la tierra, también desecharé la descendencia de Jacob, y de David mi siervo, para no tomar de su descendencia quien sea señor sobre la posteridad de Abraham, de Isaac y de Jacob. Porque haré volver sus cautivos, y tendré de ellos misericordia (33:17-22, 25-26; cp. Gn. 17:7-8, 19; 2 S. 23:5; Jer. 32:40; Ez. 37:25; Lc. 1:72-73; Hch. 3:25; He. 9:15).*

Habría sido inútil para Jesús presentar este tema a los discípulos. La naturaleza eterna del pacto de Dios con Israel no era problema para ellos, y no tiene nada que ver con la pregunta original que hicieron acerca de las señales de la venida del Señor (Lc. 21:7).

La idea de que la palabra **generación** se refiere a las personas malas en general (cp. Mt. 12:39, 45; 16:4) tampoco tiene sentido. Que siempre habrá gente malvada hasta el regreso de Cristo es obvio y no comunica nada nuevo o definitivo. Además, falla en relacionar la analogía de la higuera en germinación como una señal del verano.

Incluso otro punto de vista (popularizado en 1970 por el libro *La agonía del planeta Tierra* de Hal Lindsey) ve a la **generación** como la única viva cuando a Israel se la restauró como nación en 1948. Sus proponentes interpretan la higuera como una representación alegórica de Israel, y su germinación como una referencia al renacer de Israel como nación. Puesto que enseñan que una generación bíblica es de cuarenta años, la conclusión lógica de esa opinión es que Cristo debió regresar antes de 1988. Obviamente, eso no sucedió. Además, la inclusión de Lucas de la frase **todos los árboles** indica que Jesús no estaba identificando a la higuera con Israel, sino que simplemente estaba usando los árboles en general para ejemplificar su punto, como se indicó antes.

Todas esas interpretaciones fallan o en explicar el significado de **generación** en el contexto de la parábola, o en mostrar cómo la respuesta de Jesús contestaba la pregunta de los discípulos (v. 7). Lo mejor es entender que la **generación** de la que Jesús habló es la que estará viva cuando las señales sucedan. Así como la aparición de hojas en los árboles indica que el verano está cerca, así también aquellas señales darán a conocer a esa generación que la venida del Hijo del Hombre para establecer **el reino** terrenal y milenario **de Dios** está cerca. Eso también responde la pregunta de los discípulos que motivó el discurso del Señor. El regreso de Cristo vendrá poco después de la aparición de las últimas señales.

La **generación** final estará limitada a los salvados después del arrebatamiento de la Iglesia, el cual se llevará a cabo antes que empiece la tribulación. Varias evidencias apoyan el punto de vista pretribulacionista del arrebatamiento.

En primer lugar, el flujo de pensamiento en el libro de Apocalipsis sugiere que la Iglesia no estará en la tierra durante la tribulación. La Iglesia aparece varias veces en la tierra en los capítulos 1 al 3. En los capítulos 4 y 5 la escena cambia al cielo donde la Iglesia, representada por los veinticuatro ancianos (4:4, 10; 5:8; cp. 11:16; 19:4), aparece (para evidencia de que los veinticuatro ancianos representan a la Iglesia, véase la exposición sobre Apocalipsis 4:3*b*-4 en *Comentario MacArthur del Nuevo Testamento: Apocalipsis* [Grand Rapids: Portavoz, 2000]). Luego en los capítulos 6—18, que relatan los sucesos de la tribulación, no se menciona a la Iglesia. En el capítulo 19, la Iglesia regresa con Cristo a la tierra (19:14; cp. v. 8).

En segundo lugar, no hay advertencias o instrucciones en la Biblia dirigidas a la Iglesia que digan cómo vivir durante los devastadores juicios divinos de la tribulación.

En tercer lugar, los pasajes que describen el arrebatamiento (Jn. 14:1-3; 1 Co. 15:51-52; 1 Ts. 4:13-18) no hacen ninguna mención de juicio, lo cual ocupa un lugar destacado en los pasajes que describen el regreso de Cristo (p. ej., Mt. 13:34-50; 24:29-44; Ap. 19:11-21).

En cuarto lugar, un arrebatamiento posterior a la tribulación no tiene sentido. ¿Por qué arrebatar a los creyentes para encontrarse con Cristo en el aire (1 Ts. 4:17), solo para hacer que regresen de inmediato con Él a la tierra? ¿Por qué no simplemente juntarlos para reunirse con Él cuando llegue a la tierra? Al comentar sobre la inutilidad de un arrebatamiento después de la tribulación, Thomas R. Edgar pregunta:

> ¿Cuál puede ser el propósito de mantener un remanente vivo durante la tribulación a fin de que algunos de la Iglesia sobrevivan, para después sacarlos de su situación y hacer con ellos lo mismo que a los que no sobrevivieron? ¿Por qué salvarlos para eso? [La] explicación de que ellos proporcionan una escolta para Jesucristo no tiene ningún sentido. Los santos vivos que sean arrebatados serán exactamente iguales a los santos que hayan resucitado. ¿Por qué no pueden cumplir ese propósito los creyentes muertos? ¿Por qué mantener vivo un remanente [durante la tribulación], para después arrebatarlo y no lograr más que dejarlo morir? No hay propósito o logro en [tal] arrebatamiento.
>
> Con todos los santos de todas las épocas pasadas y los ejércitos [de ángeles] en el cielo disponibles como escolta, y el hecho de que los santos [arrebatados] no son más escolta de la que serían si hubieran muerto, ¿por qué permitir que la Iglesia sufra inmensamente, que casi todos los creyentes sean asesinados, y salvar algunos para un arrebatamiento sin propósito aparente, inmediatamente antes de que concluya el período [de la tribulación]?... ¿Es esta la promesa? Ustedes sufrirán y los matarán, pero mantendré vivos a unos pocos y los sacaré precisamente antes de que lleguen los buenos tiempos. Tal razonamiento, por supuesto, exige alguna explicación de la aparente falta de propósito para un arrebatamiento postribulacionista de cualquier tipo.
>
> Podemos observar lo siguiente:
>
> (1) Un suceso especial, extraordinario y único como es el arrebatamiento debe tener un propósito específico. Dios tiene propósitos para sus acciones. Este propósito debe lograrse solo por medio de un suceso especial como lo es un arrebatamiento de santos vivos.
>
> (2) Este propósito debe coincidir con los principios generales de acción de Dios.
>
> (3) Hay poca o ninguna razón aparente para arrebatar a los creyentes cuando el Señor vuelva, y precisamente antes del establecimiento del tan anhelado reino con todas sus perspectivas alegres.

(4) Hay una buena razón para librar de la tribulación a todos los que ya son creyentes, donde serían objetivos especiales de persecución.
(5) Librar de un período de juicio universal y de destrucción física como es la tribulación, requiere extirpar del planeta por medio de la muerte o el arrebatamiento. La muerte no es apropiada como promesa en Apocalipsis 3:10.
(6) Liberar de tribulación antes de que esta empiece está de acuerdo con la forma en que Dios actuó antes con Noé y Lot, y se afirma directamente como un principio de acción de Dios hacia los creyentes en 2 Pedro 2:9 ("Robert H. Gundry and Revelation 3:10", *Grace Theological Journal* 3 [primavera 1982]: pp. 43-44).

En quinto lugar, si al final de la tribulación todos los incrédulos son juzgados y ejecutados, y a todos los creyentes vivos se les arrebata y se les proporciona cuerpos glorificados, ¿quién quedaría vivo para poblar el reino milenial (cp. Is. 65:20-23)?

En sexto lugar, la promesa para la Iglesia en Apocalipsis 3:10 es que será guardada de la tribulación, no preservada en medio de ella (véase *Apocalipsis*, pp. 133-34).

Por último, existen extraordinarias diferencias entre el arrebatamiento y la segunda venida, además del asunto del juicio señalado anteriormente. En el arrebatamiento, la Iglesia se reúne con Cristo en el aire; en la segunda venida la Iglesia regresa con Cristo a la tierra. En el arrebatamiento, la Iglesia se va al cielo; en la segunda venida regresa a la tierra. En el arrebatamiento, el Monte de los Olivos está intacto; en la segunda venida es tocado y dividido. En el arrebatamiento, santos vivos son transportados; en la segunda venida nadie es llevado al cielo. En el arrebatamiento, el mundo no es juzgado, y el pecado empeora; en la segunda venida el pecado es juzgado y el mundo es gobernado por medio de la justicia. En el arrebatamiento, el cuerpo va al cielo; en la segunda venida viene a la tierra. El arrebatamiento es inminente y sin señales; la segunda venida tiene distintas señales que la anteceden. En el arrebatamiento participan únicamente los salvos; en la segunda venida participan tanto los salvos como los perdidos.

AUTORIDAD SOBRENATURAL

El cielo y la tierra pasarán, pero mis palabras no pasarán. (21:33)

La frase inicial de este versículo no es una simple hipérbole; **el cielo y la tierra** en realidad **pasarán.** Una vez que termine el reinado terrenal de Cristo de mil años, Dios destruirá el actual cielo y la actual tierra, y creará un nuevo cielo y una nueva tierra. En su segunda epístola, Pedro describe la destrucción del actual universo:

> *Pero los cielos y la tierra que existen ahora, están reservados por la misma palabra, guardados para el fuego en el día del juicio y de la perdición de los hombres impíos... Pero el día del Señor vendrá como ladrón en la noche; en el cual los cielos pasarán con grande estruendo, y los elementos ardiendo serán deshechos, y la tierra y las obras que en ella hay serán quemadas. Puesto que todas estas cosas han de ser deshechas, ¡cómo no debéis vosotros andar en santa y piadosa manera de vivir, esperando y apresurándoos para la venida del día de Dios, en el cual los cielos, encendiéndose, serán deshechos, y los elementos, siendo quemados, se fundirán! Pero nosotros esperamos, según sus promesas, cielos nuevos y tierra nueva, en los cuales mora la justicia (2 P. 3:7, 10-13).*

En su visión del juicio del gran trono blanco, Juan escribió: "Y vi un gran trono blanco y al que estaba sentado en él, de delante del cual huyeron la tierra y el cielo, y ningún lugar se encontró para ellos" (Ap. 20:11; cp. 21:1; Is. 65:17; 66:22).

Por el contrario, las **palabras** de Jesús **no pasarán.** No son efímeras como las flores o la hierba (Is. 40:8), sino permanentes. A su palabra no se puede añadir, ni de ella se puede quitar (cp. Dt. 4:2; Mt. 5:17-19; Lc. 16:17; Ap. 22:18-19). La Palabra de Dios es la misma verdad inexpugnable e inmutable sea que hable del pasado, del presente o del futuro. Así como los cristianos son "renacidos... por la palabra de Dios que vive y permanece para siempre" (1 P. 1:23) y se están santificando por "la palabra de su gracia" (Hch. 20:32), así también en el futuro serán glorificados de acuerdo con las promesas de la Palabra (Ro. 8:17, 30).

Señales del regreso de Cristo. Séptima parte: El regalo del creyente para Cristo

121

Mirad también por vosotros mismos, que vuestros corazones no se carguen de glotonería y embriaguez y de los afanes de esta vida, y venga de repente sobre vosotros aquel día. Porque como un lazo vendrá sobre todos los que habitan sobre la faz de toda la tierra. Velad, pues, en todo tiempo orando que seáis tenidos por dignos de escapar de todas estas cosas que vendrán, y de estar en pie delante del Hijo del Hombre. (21:34-36)

El nacimiento de Jesucristo es el hecho más conocido de la historia antigua, y la historia más conocida en toda la cultura occidental. La Navidad es al parecer la celebración de la encarnación. Sin embargo, en realidad, por mucho tiempo se la ha confundido y enturbiado con bagaje cultural, características paganas, y motivos invernales no relacionados. La amalgama sincrética es la celebración más grande, prolongada y elaborada en el mundo occidental, y en el centro de toda esta confusión se halla el reconocimiento de que el Hijo de Dios nació.

Pero a pesar de que el mundo ve (aunque en forma muy cínica) la primera venida del Señor Jesucristo como una buena razón para una fiesta sin fin, no habrá fiesta cuando regrese por segunda vez:

> *Y un ángel poderoso tomó una piedra, como una gran piedra de molino, y la arrojó en el mar, diciendo: Con el mismo ímpetu será derribada Babilonia, la gran ciudad, y nunca más será hallada. Y voz de arpistas, de músicos, de flautistas y de trompeteros no se oirá más en ti; y ningún artífice de oficio alguno se hallará más en ti, ni ruido de molino se oirá más en ti. Luz de lámpara no alumbrará más en ti, ni voz de esposo y de esposa se oirá más en ti; porque tus mercaderes eran los grandes de la tierra; pues por tus hechicerías fueron engañadas todas las naciones (Ap. 18:21-23).*

Tan popular como es ponerse sentimental en cuanto a la llegada del bebé en Belén, es proporcionalmente impopular proclamar su llegada para ejecutar juicio final. El mundo está ansioso por aceptar a un infante en un pesebre, pero no tolera a un Señor soberano que viene en poder, gloria y juicio. Jesús vino a la tierra la primera vez en humildad para salvar pecadores; pero regresará en la total demostración de su deidad y gloria para juzgar a pecadores, establecer su reino para los santos, y hacer realidad el estado eterno, poblando finalmente el cielo y el infierno.

La revelación más dramática relacionada con el regreso de nuestro Señor viene de la enseñanza detallada que Él mismo ofreció a los discípulos dos días antes de que lo ejecutaran. Esa enseñanza, comúnmente conocida como el discurso del Monte de los Olivos, se encuentra en Mateo 24 y 25, Marcos 13, y Lucas 21. En su discurso, Jesús describió las señales que llevarían hasta su venida (cp. la exposición de Lc. 21:7-33 en el cap. anterior de esta obra).

No obstante, lo que Él no reveló fue el momento exacto de su retorno. En lugar de eso advirtió a los creyentes: "Velad, pues, porque no sabéis el día ni la hora en que el Hijo del Hombre ha de venir" (Mt. 25:13; cp. Lc. 12:40). Ninguna señal precede al arrebatamiento, el cual es el próximo acontecimiento en el calendario profético. Es algo inminente; es decir, Cristo podría regresar por su Iglesia en cualquier momento. Esta verdad de inminencia se demuestra mediante muchas declaraciones de Pablo, tales como cuando ordenó a los creyentes corintios que estuvieran "esperando la manifestación de nuestro Señor Jesucristo" (1 Co. 1:7) que se llevará a cabo cuando Él regrese, y a los cristianos tesalonicenses mandó "esperar de los cielos a su Hijo, al cual resucitó de los muertos, a Jesús, quien nos libra de la ira venidera" (1 Ts. 1:10). En su inspirada segunda carta a los Tesalonicenses, Pablo escribió que la reunión de los creyentes con Cristo (2 Ts. 2:1) podría llevarse a cabo en cualquier momento. Tres veces en el último capítulo de la Biblia, Jesús prometió personalmente que iba a venir pronto (Ap. 22:7, 12, 20).

La realidad de las muchas características que forman parte de la segunda venida es una fuente de consuelo para los cristianos; se trata de su "esperanza bienaventurada" (Tit. 2:13). Como ya se indicó, la iglesia de Corinto estaba "esperando la manifestación de nuestro Señor Jesucristo" (1 Co. 1:7). Después de presentar a los tesalonicenses la verdad acerca del arrebatamiento, Pablo escribió: "Por tanto, alentaos los unos a los otros con estas palabras" (1 Ts. 4:18). Santiago exhortó a sus lectores: "Tened también vosotros paciencia, y afirmad vuestros corazones; porque la venida del Señor se acerca" (Stg. 5:8). La respuesta del apóstol Juan a la promesa de Jesús con relación a su regreso, "Amén; sí, ven, Señor Jesús" (Ap. 22:20), expresa el anhelo y la anticipación que ha caracterizado a todos los que aman al Señor Jesucristo.

Esta parte del relato de Lucas acerca del discurso del Monte de los Olivos contiene la amplia enseñanza final respecto a su regreso. Con relación a los regalos de Navidad de parte de los sabios, se podrían resumir como cuatro los presentes que los cristianos pueden ofrecerle en su regreso: vigilante anticipación, separación espiritual, actividad evangelística, y fiel persistencia.

VIGILANTE ANTICIPACIÓN

Mirad también por vosotros mismos... Velad, pues, en todo tiempo (21:34*a*, 36*a*)

Ya que es inminente el primer suceso del apocalipsis, el arrebatamiento sin señales de la Iglesia, los creyentes deben vivir en la esperanza de que Jesús podría regresar por su cuerpo en cualquier momento. La iglesia en Tesalónica ejemplificó la constante alerta, vigilancia y disposición que deben caracterizar a todos los cristianos en cuanto a "esperar de los cielos a su Hijo, al cual resucitó de los muertos, a Jesús, quien nos libra de la ira venidera" (1 Ts. 1:10). Los cristianos deben mirar **también por** sí **mismos** y velar **pues, en todo tiempo,** ya que la venida del Señor será tan inesperada como la llegada de un ladrón (Lc. 12:39; 2 P. 3:10; Ap. 3:3; 16:15).

El relato de Mateo acerca del discurso del Monte de los Olivos contiene tres ilustraciones que resaltan la necesidad de estar preparados. La primera es el relato histórico del diluvio universal:

> *Mas como en los días de Noé, así será la venida del Hijo del Hombre. Porque como en los días antes del diluvio estaban comiendo y bebiendo, casándose y dando en casamiento, hasta el día en que Noé entró en el arca, y no entendieron hasta que vino el diluvio y se los llevó a todos, así será también la venida del Hijo del Hombre. Entonces estarán dos en el campo; el uno será tomado, y el otro será dejado. Dos mujeres estarán moliendo en un molino; la una será tomada, y la otra será dejada. Velad, pues, porque no sabéis a qué hora ha de venir vuestro Señor (Mt. 24:37-42; cp. Lc. 17:26-27).*

Durante los ciento veinte años que Noé pasó construyendo el arca, la vida siguió como de costumbre, según lo indica la declaración natural de que las personas "estaban comiendo y bebiendo, casándose y dando en casamiento" (v. 38). No ponían atención a las constantes advertencias del juicio venidero proclamado por Noé, a quien se le llamó "pregonero de justicia" (2 P. 2:5). En medio del escepticismo y la incredulidad, estos individuos rechazaron la verdad del juicio venidero "hasta que vino el diluvio y se los llevó a todos" (Mt. 24:39). Lo mismo ocurrió en una escala local "en los días de Lot; comían, bebían, compraban, vendían, plantaban, edificaban; mas el día en que Lot salió de Sodoma, llovió del cielo fuego y azufre, y los destruyó a todos" (Lc. 17:28-29). A fin de ilustrar más su inesperado y repentino regreso, Jesús declaró: "Dos mujeres estarán moliendo en un molino; la una será tomada, y la otra será dejada" (vv. 40-41). Las personas harán caso omiso de todas las advertencias, y la vida continuará como de costumbre hasta que sea demasiado tarde y el juicio divino caiga sobre el mundo que no estaba preparado.

Una segunda ilustración del relato de Mateo es la hipotética historia de un hombre cuya casa fue robada. Es evidente que "si el padre de familia supiese a qué hora el ladrón habría de venir, velaría, y no dejaría minar su casa" (v. 43). Ningún ladrón sería tan tonto como para anunciar por adelantado cuándo va a robar a alguien; por eso los dueños de casa deben estar preparados todo el tiempo. Al aplicar el principio a su regreso, Jesús manifestó: "Por tanto, también vosotros estad preparados; porque el Hijo del Hombre vendrá a la hora que no pensáis" (v. 44).

Una última analogía contrasta a un siervo fiel con uno malvado. "El siervo fiel y prudente, al cual puso su señor sobre su casa para que les dé [a sus consiervos] el alimento a tiempo" (v. 45). Debido a que el siervo fiel cumplió con sus deberes en ausencia de su amo, Jesús le expresó: "Bienaventurado aquel siervo al cual, cuando su señor venga, le halle haciendo así. De cierto os digo que sobre todos sus bienes le pondrá" (vv. 46-47).

Por otra parte, "aquel siervo malo [dijo] en su corazón: Mi señor tarda en venir; y [comenzó] a golpear a sus consiervos, y aun a comer y a beber con los borrachos" (vv. 48-49). Sin embargo, "vendrá el señor de aquel siervo en día que éste no espera, y a la hora que no sabe" (v. 50), y el precio de no estar preparado para el regreso del amo será grave. Su señor "lo castigará duramente, y pondrá su parte con los hipócritas; allí será el lloro y el crujir de dientes" (v. 51).

No es de extrañar que los incrédulos vivan de modo indiferente e irresponsable, sin ninguna consideración por la venida del Señor, de modo que digan burlonamente: "¿Dónde está la promesa de su advenimiento? Porque desde el día en que los padres durmieron, todas las cosas permanecen así como desde el principio de la creación" (2 P. 3:4). Pero es inexcusable que los creyentes hagan caso omiso de la segunda venida y vivan de manera despreocupada. Hacer eso es enfrentar la pérdida de recompensas eternas (2 Jn. 8).

SEPARACIÓN ESPIRITUAL

Mirad también por vosotros mismos, que vuestros corazones no se carguen de glotonería y embriaguez y de los afanes de esta vida, y venga de repente sobre vosotros aquel día. Porque como un lazo vendrá sobre todos los que habitan sobre la faz de toda la tierra. (21:34-35)

La anticipación vigilante del regreso del Señor produce el temor que lleva a la santidad y a la virtud en los creyentes, ya que los motiva a separarse de la mundanalidad y del pecado. *Mēpote* (**que**) da inicio a una cláusula de resultado que expresa la consecuencia esperada de la anticipación vigilante de la segunda venida. Aquellos que ansiosamente velan por el regreso del Señor no permitirán **que** sus **corazones... se carguen de glotonería y embriaguez y de los afanes de esta vida, y** que por tanto **venga de repente sobre** ellos **aquel día.**

Los creyentes aquí parecen estar a la vista porque se les diferencia de **todos los que habitan sobre la faz de toda la tierra.** Esos cristianos deben vivir de tal manera que puedan presentar a Cristo corazones que **no se carguen** con pecado. *Bareō* (**carguen**) significa "estar sobrecargado", "estar atribulado" o "estar vencido"; en Mateo 26:43 describe los ojos de Pedro, Jacobo y Juan como cargados de sueño, y en Lucas 9:32 se refiere a que los mismos tres están vencidos por el sueño en la transfiguración. La palabra se usa de modo figurado en 2 Corintios 1:8 para la aflicción de Pablo, y en 2 Corintios 5:4 para hablar de la aplastante carga de pecado y aflicción que los creyentes experimentan en esta vida.

Jesús ofreció a continuación tres ejemplos de pecados que pueden cargar a las personas. *Kraipalē* (**glotonería**) se refiere literalmente a las náuseas relacionadas con la bebida y el libertinaje. La **embriaguez y** la deshonrosa conducta que la acompaña ha sido un problema a lo largo de la historia. Después del diluvio, Noé "se embriagó, y estaba descubierto en medio de su tienda" (Gn. 9:21). Nabal, cuyo nombre significa "insensato", hizo honor a su nombre (1 S. 25:25) al emborracharse en una fiesta después de despreciar y expulsar a los mensajeros de David (v. 36). Mientras Ela, rey del reino del norte de Israel, estaba "bebiendo y embriagado en casa de Arsa su mayordomo en Tirsa [1 R. 16:9]... vino Zimri y lo hirió y lo mató... y reinó en lugar suyo" (v. 10; cp. 20:16). De manera escandalosa, algunos de los corintios se emborrachaban de verdad en la Cena del Señor (1 Co. 11:21). La Biblia advierte reiteradamente contra la embriaguez (Ro. 13:13; 1 Co. 5:11; 6:10; Gá. 5:21; Ef. 5:18; 1 P. 4:3).

Los afanes de esta vida son los problemas, las luchas, las tentaciones, y las preocupaciones en este mundo caído. En la parábola del sembrador, Jesús describió a quienes están consumidos con los afanes como "los que fueron sembrados entre espinos: los que oyen la palabra, pero los afanes de este siglo, y el engaño de las riquezas, y las codicias de otras cosas, entran y ahogan la palabra, y se hace infructuosa" (Mr. 4:18-19). En el Sermón del Monte, Jesús declaró a sus oyentes:

> *Por tanto os digo: No os afanéis por vuestra vida, qué habéis de comer o qué habéis de beber; ni por vuestro cuerpo, qué habéis de vestir. ¿No es la vida más que el alimento, y el cuerpo más que el vestido? Mirad las aves del cielo, que no siembran, ni siegan, ni recogen en graneros; y vuestro Padre celestial las alimenta. ¿No valéis vosotros mucho más que ellas? ¿Y quién de vosotros podrá, por mucho que se afane, añadir a su estatura un codo? Y por el vestido, ¿por qué os afanáis? Considerad los lirios del campo, cómo crecen: no trabajan ni hilan; pero os digo, que ni aun Salomón con toda su gloria se vistió así como uno de ellos. Y si la hierba del campo*

> *que hoy es, y mañana se echa en el horno, Dios la viste así, ¿no hará mucho más a vosotros, hombres de poca fe? No os afanéis, pues, diciendo: ¿Qué comeremos, o qué beberemos, o qué vestiremos? Porque los gentiles buscan todas estas cosas; pero vuestro Padre celestial sabe que tenéis necesidad de todas estas cosas. Mas buscad primeramente el reino de Dios y su justicia, y todas estas cosas os serán añadidas. Así que, no os afanéis por el día de mañana, porque el día de mañana traerá su afán. Basta a cada día su propio mal (Mt. 6:25-34; cp. Fil. 4:19).*

La verdad de que los cristianos deben llevar vidas santas a la luz del inminente regreso de Cristo se repite varias en el Nuevo Testamento. En Romanos 13:11-14, Pablo exhortó:

> *Y esto, conociendo el tiempo, que es ya hora de levantarnos del sueño; porque ahora está más cerca de nosotros nuestra salvación que cuando creímos. La noche está avanzada, y se acerca el día. Desechemos, pues, las obras de las tinieblas, y vistámonos las armas de la luz. Andemos como de día, honestamente; no en glotonerías y borracheras, no en lujurias y lascivias, no en contiendas y envidia, sino vestíos del Señor Jesucristo, y no proveáis para los deseos de la carne.*

Juan escribió: "Y ahora, hijitos, permaneced en él, para que cuando se manifieste, tengamos confianza, para que en su venida no nos alejemos de él avergonzados" (1 Jn. 2:28). Más tarde en esa misma epístola añadió:

> *Amados, ahora somos hijos de Dios, y aún no se ha manifestado lo que hemos de ser; pero sabemos que cuando él se manifieste, seremos semejantes a él, porque le veremos tal como él es. Y todo aquel que tiene esta esperanza en él, se purifica a sí mismo, así como él es puro (3:2-3).*

Vivir en la esperanza del arrebatamiento y de la segunda venida produce vigilancia y separación del pecado, y evita el pecado que lleva a la vergüenza ahora y a la pérdida de recompensa eterna más tarde (2 Jn. 8).

ACTIVIDAD EVANGELÍSTICA

Porque como un lazo vendrá sobre todos los que habitan sobre la faz de toda la tierra. (21:35)

La anticipación de la gloriosa venida del Señor Jesucristo no solo estimula a los creyentes a la santidad personal, sino que también los obliga a advertir a los perdidos. El regreso del Señor producirá juicio universal **sobre todos los que habitan sobre la faz de toda la tierra.** Condena y ejecución caerán sobre todos los que han rechazado a Jesucristo y al verdadero evangelio. Esa espantosa realidad debería aterrar a los incrédulos y motivar a los cristianos cumplir la gran comisión: "Id, y haced discípulos a todas las naciones, bautizándolos en el nombre del Padre, y del Hijo, y del Espíritu Santo" (Mt. 28:19).

El hecho de que el mundo antediluviano hiciera caso omiso a la predicación de Noé y fuera juzgado de manera catastrófica y eterna, y las inequívocas advertencias de Dios que prometen que caerá juicio divino sobre todo aquel que rechaza el evangelio (Lc. 17:26-30; cp. Mt. 25:1-13), deberían mover a la Iglesia a compasión por los perdidos que están pereciendo, así como Jesús lloró por Jerusalén (Mt. 23:37; Lc. 13:34) y Dios no se complace en la muerte de los malvados (Ez. 33:11).

Sin embargo, la Iglesia de hoy, al abandonar a menudo la verdad del juicio y el infierno, está perdiendo su eficacia en evangelizar. No porque las personas no hablen acerca de Jesús y la salvación, sino porque hay una tendencia dentro de la evangelización que afirma en nombre del amor y la tolerancia que todo el que profesa incluso una vaga creencia en Dios o en Jesucristo se dirige al cielo. Algunos evangélicos profesantes van más allá y afirman que incluso quienes no creen en Jesús o en el Dios de la Biblia irán al cielo si religiosa y moralmente dan lo mejor de sí mismos y adoran de modo sincero a Dios a su propia manera. Tales ideas aniquilan la evangelización, porque ellos ya no ven como pecadores perdidos, condenados y muertos a aquellos que aceptan solo una forma superficial y truncada del evangelio.

También contribuye a la pérdida de la Iglesia de la evangelización seria la creencia entre muchas iglesias en que la única manera de alcanzar a los perdidos es darles lo que quieren. Tales iglesias ven la confrontación valiente del pecado, el juicio, la proclamación del evangelio de arrepentimiento y fe como un método arcaico e ineficaz de ganar al mundo. En vez de eso intentan hacer sentir cómodas a las personas, y les complacen sus caprichos y deseos. La idea es lograr que los pecadores acepten a Jesús haciendo que el mensaje de Cristo los ofenda lo menos posible.

Tal enseñanza relega a Dios y su Palabra a un papel subordinado en la Iglesia, y eleva al entretenimiento por encima de la predicación y la adoración bíblicas. Pero la gran comisión no es un manifiesto de mercadotecnia. La evangelización no requiere de ingeniosos vendedores, sino de valientes y audaces proclamadores de la verdad divina. (Critico esta tendencia de algunas iglesias en mi libro *Avergonzados del evangelio* [Grand Rapids: Portavoz, 2001).

FIEL PERSISTENCIA

Velad, pues, en todo tiempo orando que seáis tenidos por dignos de escapar de todas estas cosas que vendrán, y de estar en pie delante del Hijo del Hombre. (21:36)

Jesús concluyó su mensaje con una exhortación urgente a perseverar; les ordenó a los creyentes: **Velad, pues, en todo tiempo orando que seáis tenidos por dignos.** A lo largo del Nuevo Testamento se dan instrucciones a los santos de continuar en la fe y se les advierte de no dar marcha atrás (p. ej., Mt. 24:13; Jn. 8:31; Col. 1:21-23; He. 3:6, 14; 10:39). Dos promesas se hacen a quienes perseveran de manera fiel.

En primer lugar, van a **escapar de todas estas cosas que vendrán;** es decir, de los juicios futuros y eternos relacionados con la segunda venida de Cristo en poder y gloria (1 Ts. 1:10; 5:9). Los creyentes de la era de la Iglesia serán arrebatados antes de que empiece la tribulación, y por tanto escaparán a los juicios futuros (cp. Ap. 3:10); los que vivan durante la tribulación serán protegidos del derramamiento de la ira de Dios sobre los incrédulos.

En segundo lugar, después de haber escapado del juicio divino los creyentes van a **estar en pie delante del Hijo del Hombre,** recibiendo aceptación, aprobación y bienvenida de parte de Él. Nadie puede hacer eso en sus propias fuerzas. Al ser confrontado por una visión del "Señor sentado sobre un trono alto y sublime" (Is. 6:1), Isaías clamó: "¡Ay de mí! que soy muerto; porque siendo hombre inmundo de labios, y habitando en medio de pueblo que tiene labios inmundos, han visto mis ojos al Rey, Jehová de los ejércitos" (Is. 6:5). Al ser confrontado por su incapacidad de cumplir la ley de Dios, Pablo clamó: "¡Miserable de mí! ¿quién me librará de este cuerpo de muerte? (Ro. 7:24). Solo a través de la justicia imputada de Cristo (2 Co. 5:21), adquirida en la cruz (Col. 1:20), pueden los cristianos estar delante de Él perdonados, limpios y aceptados (Jud. 24-25), y "guardados por el poder de Dios mediante la fe, para alcanzar la salvación que está preparada para ser manifestada en el tiempo postrero" (1 P. 1:5).

Preparación para la cruz 122

Y enseñaba de día en el templo; y de noche, saliendo, se estaba en el monte que se llama de los Olivos. Y todo el pueblo venía a él por la mañana, para oírle en el templo. Y los principales sacerdotes y los escribas buscaban cómo matarle; porque temían al pueblo. Y entró Satanás en Judas, por sobrenombre Iscariote, el cual era uno del número de los doce; y éste fue y habló con los principales sacerdotes, y con los jefes de la guardia, de cómo se lo entregaría. Ellos se alegraron, y convinieron en darle dinero. Y él se comprometió, y buscaba una oportunidad para entregárselo a espaldas del pueblo. Llegó el día de los panes sin levadura, en el cual era necesario sacrificar el cordero de la pascua. Y Jesús envió a Pedro y a Juan, diciendo: Id, preparadnos la pascua para que la comamos. Ellos le dijeron: ¿Dónde quieres que la preparemos? Él les dijo: He aquí, al entrar en la ciudad os saldrá al encuentro un hombre que lleva un cántaro de agua; seguidle hasta la casa donde entrare, y decid al padre de familia de esa casa: El Maestro te dice: ¿Dónde está el aposento donde he de comer la pascua con mis discípulos? Entonces él os mostrará un gran aposento alto ya dispuesto; preparad allí. Fueron, pues, y hallaron como les había dicho; y prepararon la pascua. (21:37—22:13)

Este pasaje marca un punto importante en el Evangelio de Lucas, que inicia su última y más significativa sección. Esta parte, que cubre la muerte y resurrección de Jesucristo, es la culminación hacia la cual se ha dirigido todo lo que precedió.

Ya que la cruz es el punto culminante de la historia redentora, todo lo que vino antes miraba hacia ella y todo lo que viene después mira atrás hacia ella. El apóstol Pablo predicó la centralidad de la cruz cuando escribió a los creyentes corintios: "Nosotros predicamos a Cristo crucificado" (1 Co. 1:23), y "me propuse no saber entre vosotros cosa alguna sino a Jesucristo, y a éste crucificado" (2:2). Aparte de la muerte y resurrección de Cristo no habría perdón del pecado, salvación ni esperanza del cielo.

La gloria de la cruz está anunciada en la muerte del primer animal, sacrificado por Dios para cubrir a Adán y Eva, en el sacrificio aceptable que Abel ofreció a Dios, en el arca que liberó a Noé y su familia de la destrucción divina del mundo, en el sacrificio del carnero que se convirtió en sustituto de Isaac en el monte Moriah, y en los corderos de Pascua en Egipto, cuya sangre fue aplicada a los postes y al dintel de la puerta a fin de que el ángel de la muerte pasara de largo y no asesinara al primogénito. Todos los innumerables sacrificios ofrecidos en obediencia a la ley del Antiguo Testamento señalaban hacia el sacrificio definitivo del Señor Jesucristo. La gloria de la cruz también está anunciada con antelación por la serpiente levantada en el desierto, a la cual los israelitas podían mirar y ser librados de la muerte. La cruz y la redención provista en ella también están tipificadas por Booz, el pariente redentor.

Desde el principio, el Antiguo Testamento revela claramente que el alma que peca pagará con la muerte, y que la única esperanza de escapar de la muerte y el castigo eternos es el perdón de Dios. Él está dispuesto y por naturaleza es perdonador (Éx. 34:6-7), pero a su vez requiere de un sacrificio aceptable que lleve el castigo por las iniquidades del pecador. No obstante, está claro a lo largo del Antiguo Testamento que nunca hubo un sacrificio animal suficiente para satisfacer la ira de Dios y la justicia divina (He. 10:1-2, 11).

Al ofrecer a diario sacrificios simbólicos, el pueblo de Israel esperaba un sacrificio definitivo y real que expiara el pecado, satisficiera la justicia divina, aplacara la ira divina, y pusiera fin a todos los demás sacrificios. Por tanto, fue un momento grandioso en la historia de Israel cuando Juan el Bautista identificó a Jesús como "el Cordero de Dios, que quita el pecado del mundo" (Jn. 1:29; cp. v. 36). Él fue el verdadero sacrificio, del cual todos los sacrificios del Antiguo Testamento solo fueron sombras, imágenes, figuras y símbolos.

El Nuevo Testamento también señala hacia la cruz. La verdad central del evangelio es la cruz. El libro de Hechos relata la predicación de la cruz, específicamente que el Mesías iba a sufrir, que sería crucificado y que resucitaría. Las epístolas exponen el rico significado teológico de la muerte del Mesías, y su aplicación a la salvación, santificación y glorificación de los creyentes. Antes del despliegue de visiones del regreso triunfal de Jesús para juzgar al mundo y establecer su reino terrenal, Apocalipsis presenta a Cristo como el Cordero que fue sacrificado (5:6, 12; cp. 13:8).

Aunque con este pasaje el enfoque del Evangelio de Lucas cambia hacia los sucesos históricos de la cruz y la resurrección, esta no es la primera vez que Lucas registra tales realidades. En 9:22, Jesús expresó: "Es necesario que el Hijo del Hombre padezca muchas cosas, y sea desechado por los ancianos, por los principales sacerdotes y por los escribas, y que sea muerto, y resucite al tercer día" y en el versículo 44 agregó: "Haced que os penetren bien en los oídos estas palabras; porque acontecerá que el Hijo del Hombre será entregado en manos de hombres". Más adelante,

> *tomando Jesús a los doce, les dijo: He aquí subimos a Jerusalén, y se cumplirán todas las cosas escritas por los profetas acerca del Hijo del Hombre. Pues será*

entregado a los gentiles, y será escarnecido, y afrentado, y escupido. Y después que le hayan azotado, le matarán; mas al tercer día resucitará (18:31-33).

Pero cuando este pasaje se inicie, el sacrificio largamente esperado será inminente. Era la noche del miércoles de la semana de la pasión, menos de dos días antes de la crucifixión del Cordero de Dios. En la preparación para la cruz, ya en marcha, participaron cinco individuos o grupos: la deidad, los devotos, el diablo, el desertor, y los discípulos.

LA DEIDAD

Y enseñaba de día en el templo; y de noche, saliendo, se estaba en el monte que se llama de los Olivos. Estaba cerca la fiesta de los panes sin levadura, que se llama la pascua. (21:37—22:1)

Esta parte es a la vez un resumen conciso de los últimos días del ministerio público de Jesús y una transición hacia las características de su muerte y resurrección.

Aunque no se le nombra ni se le identifica en alguna otra manera, Dios estaba de modo providencial y deliberado en acción tras bambalinas. El calendario divino había llegado a su culminación y, las otras partes relacionadas, tanto humana como satánica, fueron movidas a actuar bajo el poder soberano de Dios. Así como la vida de Jesús había sido controlada por el Padre (Jn. 4:34; 5:30; 6:38; 8:29; 14:31; 15:10; 17:4), así también su muerte caería dentro de la programación de Dios. El Evangelio de Juan declara en varias ocasiones que Jesús no moriría hasta que le llegara su hora, el momento predeterminado por Dios (Jn. 7:30; 8:20; 12:23, 27; 13:1; 17:1).

Al concluir el discurso sobre su segunda venida, Jesús volvió a la conclusión de su primera venida. Sin embargo, el tema de la segunda venida no estaba descartado del todo; Él lo retomaría otra vez en 22:16, 18, 29, 30, y 24:25-26. Pero el énfasis principal desde este momento en adelante fue su muerte.

El lunes, martes y miércoles Jesús **enseñaba de día en el templo... Y todo el pueblo venía a él por la mañana, para oírle en el templo.** No obstante, no pasaba la noche en la ciudad, sino que **de noche, saliendo, se estaba en el monte que se llama de los Olivos.** Pernoctar en Jerusalén era demasiado peligroso, igual que era quedarse en Betania en la casa de sus amigos María, Marta y Lázaro. Las autoridades judías pudieron haber arrestado a Jesús si lo hubieran encontrado lejos de las multitudes, entonces lo habrían custodiado hasta después de la Pascua cuando las multitudes se hubieran dispersado, y lo habrían ejecutado (cp. Lc. 19:47-48; 22:2).

La fiesta de los panes sin levadura, que se llama la pascua, era una de las tres fiestas principales en Israel, junto con Pentecostés (llamada la fiesta de las semanas en el Antiguo Testamento) y la fiesta de las enramadas (Dt. 16:16; 2 Cr. 8:13). Conmemoraba la liberación divina de Israel de la esclavitud egipcia, según se describe en el libro de Éxodo. La fiesta de los panes sin levadura se celebraba desde el día quince hasta el veintiuno del mes judío de Nisán, que corresponde a abril en el calendario occidental (gregoriano). La **pascua,** que conmemoraba el hecho de que el ángel destructor (Éx. 12:23) se saltara las casas de los israelitas debido a la sangre rociada sobre el dintel y los postes de la puerta (v. 22), se celebraba el día antes de que comenzara la fiesta de los panes sin levadura. Con el tiempo los dos términos llegaron a usarse de manera intercambiable.

El jueves por la noche Jesús comería la cena pascual con sus discípulos y, mientras comían, la transformaría en el nuevo memorial: la Cena del Señor (cp. el cap. 123 de esta obra). En lugar de conmemorar la liberación de Israel de la esclavitud en Egipto, la Cena del Señor celebra la liberación infinitamente superior de la esclavitud y la culpa del pecado a través de la muerte del Salvador.

A pesar de las afirmaciones de incrédulos escépticos y críticos, la muerte de Cristo no se trató de un acaecimiento imprevisto, inesperado y desafortunado. Él no fue un mártir desorientado, un visionario espiritual bienintencionado cuyos ideales se adelantaron a su tiempo. Tampoco fue un demente ilusorio que erróneamente creyó ser Dios, ni un político revolucionario fracasado. Todas esas nociones blasfemas son falsas, por varias razones.

En primer lugar, Jesús predijo su muerte y su resurrección. En Marcos 8:31 "comenzó a enseñarles [a los discípulos] que le era necesario al Hijo del Hombre padecer mucho, y ser desechado por los ancianos, por los principales sacerdotes y por los escribas, y ser muerto, y resucitar después de tres días". Más tarde "enseñaba a sus discípulos, y les decía: El Hijo del Hombre será entregado en manos de hombres, y le matarán; pero después de muerto, resucitará al tercer día" (Mr. 9:31). En el último viaje a Jerusalén, Jesús,

> *volviendo a tomar a los doce aparte, les comenzó a decir las cosas que le habían de acontecer: He aquí subimos a Jerusalén, y el Hijo del Hombre será entregado a los principales sacerdotes y a los escribas, y le condenarán a muerte, y le entregarán a los gentiles; y le escarnecerán, le azotarán, y escupirán en él, y le matarán; mas al tercer día resucitará (Mr. 10:32-34).*

Después de la resurrección, Jesús reprendió a los dos discípulos en el camino a Emaús por ser "insensatos, y tardos de corazón para creer todo lo que los profetas han dicho", entonces continuó amonestándolos: "¿No era necesario que el Cristo padeciera estas cosas, y que entrara en su gloria?" (Lc. 24:25-26). Ante la tumba vacía, los dos ángeles preguntaron a las mujeres:

> *¿Por qué buscáis entre los muertos al que vive? No está aquí, sino que ha resucitado. Acordaos de lo que os habló, cuando aún estaba en Galilea, diciendo: Es necesario que el Hijo del Hombre sea entregado en manos de hombres pecadores, y que sea crucificado, y resucite al tercer día (Lc. 24:5-7).*

Incluso los dirigentes judíos, los encarnizados enemigos de Jesús, afirmaron que Él había hecho tales predicciones. A Pilato le dijeron: "Señor, nos acordamos que aquel engañador dijo, viviendo aún: Después de tres días resucitaré" (Mt. 27:63).

En segundo lugar, Jesús tenía autoridad y poder absolutos sobre su vida. En Juan 10:17-18 declaró: "Yo pongo mi vida, para volverla a tomar. Nadie me la quita, sino que yo de mí mismo la pongo. Tengo poder para ponerla, y tengo poder para volverla a tomar". Valorando en exceso su propia importancia, Pilato le dijo a Jesús: "¿No sabes que tengo autoridad para crucificarte, y que tengo autoridad para soltarte?" (Jn. 19:10). Jesús contestó: "Ninguna autoridad tendrías contra mí, si no te fuese dada de arriba" (v. 11).

En tercer lugar, los numerosos intentos de matar a Jesús antes del tiempo de Dios para que Él muriera fallaron por completo. Antes de que Jesús naciera, el psicópata paranoico Herodes el Grande trató de eliminar al niño-rey de los judíos de quien los magos habían hablado, temiendo que Él pudiera ser un rival para su trono. Sin saber la identidad del rey recién nacido, Herodes ordenó brutalmente el asesinato de todos los niños menores de dos años en las cercanías de Belén (Mt. 2:16). Aunque la masacre se llevó a cabo, José y María habían llevado a Jesús con seguridad a Egipto (vv. 13-15). Indignados cuando, en un sermón, Jesús les ofendió el orgullo espiritual, describiéndolos como espiritualmente pobres, ciegos, cautivos y oprimidos (Lc. 4:18), los mismos habitantes de la sinagoga de su pueblo natal de Nazaret trataron de matarlo lanzándolo por un precipicio (vv. 28-29). "Mas él pasó por en medio de ellos, y se fue" (v. 30). A través del ministerio de Cristo los dirigentes religiosos judíos intentaron sin éxito quitarle la vida (Mt. 26:3-4; Mr. 3:6; Lc. 19:47; Jn. 7:1, 25; 11:53), hasta el punto que las personas comenzaron a referirse a Él como el hombre "a quien buscan para matarle" (Jn. 7:25).

No obstante, en el momento decretado divinamente, Jesús moriría como había sido determinado (Lc. 22:22), no por voluntad de hombres, sino "por el determinado consejo y anticipado conocimiento de Dios" (Hch. 2:23). Él fue el Cordero expiatorio elegido de Dios, que fue llevado al sacrificio según el plan de Dios, y que no abrió la boca para protestar (Is. 53:7; cp. Hch. 8:32-35). Jesús fue el "cordero sin mancha y sin contaminación, ya destinado desde antes de la fundación del mundo" (1 P. 1:19-20). Él es "el Cordero que fue inmolado", y que "es digno de tomar el poder, las riquezas, la sabiduría, la fortaleza, la honra, la gloria y la alabanza" (Ap. 5:12).

Desde el punto de vista humano, la muerte de Cristo fue una injusticia horrible. Ninguna víctima humana ha sido alguna vez perfectamente inocente y sin pecado como lo fue Cristo. Pero tanto los hombres como Dios lo castigaron por pecados que no cometió. De parte de los judíos, Él fue falsamente acusado de blasfemia, pero desde la perspectiva de Dios fue ejecutado para llevar verdaderamente los pecados de su pueblo... nada de lo cual merecía. Jesús "padeció una sola vez por los pecados, el justo por los injustos, para llevarnos a Dios" (1 P. 3:18), "con la mira de manifestar en este tiempo [la] justicia [de Dios] a fin de que él sea el justo, y el que justifica al que es de la fe de Jesús" (Ro. 3:26). Dios "lo hizo pecado, para que nosotros fuésemos hechos justicia de Dios en él" (2 Co. 5:21).

Este fue un sacrificio infinitamente mayor que cualquier otro. Jesús no fue asesinado porque el plan salió mal, o porque la revolución fallara. No murió simplemente debido al odio o la injusticia del ser humano, ni porque Dios actuara de forma injusta o porque no pudiera evitarlo. Lo que podría parecer un acto de injusticia o impotencia de parte de Dios es en realidad un acto de poder divino y justicia divina motivado por puro amor y gracia. La muerte de Cristo fue la provisión de Dios para la redención de pecadores, y nadie que rechace esa verdad puede salvarse del juicio.

LOS DEVOTOS

Y los principales sacerdotes y los escribas buscaban cómo matarle; porque temían al pueblo. (22:2)

A los **principales sacerdotes y los escribas,** así como a los ancianos que en conjunto formaban el liderazgo religioso de Israel, a menudo se les menciona juntos (cp. Lc. 9:22; 22:66; Mt. 27:41; Mr. 14:43; 15:1). Según la propia valoración de sí mismos, ellos eran los religiosos más devotos de todo el pueblo judío (cp. Mt. 23:1-7). Los **principales sacerdotes** incluían al sumo sacerdote en funciones, Caifás, y al anterior sumo sacerdote, Anás, que aún ejercía significante influencia tras bambalinas. Los **principales sacerdotes** también incluían al magistrado del templo, quien ayudaba al sumo sacerdote y a otros sacerdotes de alto rango. La mayoría de estos eran saduceos. Los **escribas** (principalmente fariseos) eran teólogos que interpretaban y enseñaban la ley de Moisés y la tradición rabínica. Los miembros de los ancianos (jefes de tribus y de familias), los principales sacerdotes y los escribas conformaban el sanedrín, el órgano del gobierno (bajo la máxima autoridad de los romanos) de Israel.

Aunque estaban unidos en su odio hacia Jesús, estos grupos tenían diferentes motivos para oponérsele. Caifás, los principales sacerdotes y los saduceos lo enfrentaban por razones políticas y económicas. Caifás expresó las preocupaciones políticas de este grupo en Juan 11:47-50:

Entonces los principales sacerdotes y los fariseos reunieron el concilio, y dijeron: ¿Qué haremos? Porque este hombre hace muchas señales. Si le dejamos así, todos creerán en él; y vendrán los romanos, y destruirán nuestro lugar santo y nuestra nación. Entonces Caifás, uno de ellos, sumo sacerdote aquel año, les dijo: Vosotros no sabéis nada; ni pensáis que nos conviene que un hombre muera por el pueblo, y no que toda la nación perezca.

Estos personajes temían que la popularidad de Jesús provocara una reacción de parte de los romanos que les hiciera perder sus privilegiadas y frágiles posiciones bajo la tolerancia romana, o incluso que esto motivara a las fuerzas de César a destruir la nación entera. También se oponían a Jesús por razones económicas. Caifás y sus secuaces supervisaban la comercialización en los terrenos del templo, y el Señor los había atacado dos veces e interrumpido sus intereses comerciales (véase la exposición de 19:45-48 en el cap. 108 de esta obra). Los escribas y fariseos, por otra parte, odiaban a Jesús debido al incesante ataque al falso y legalista sistema religioso que habían implantado, así como a la constante exposición que Jesús hacía de la hipocresía de ellos.

A pesar de esa hostilidad, la culpa que los judíos han soportado durante siglos por la muerte de Cristo es inadmisible. Algunos que se hacen llamar cristianos han ridiculizado y perseguido a los judíos como "asesinos de Cristo". Sin embargo, fueron los judíos del Israel del siglo I los que quisieron muerto a Jesús y chantajearon a Pilato para ejecutarlo. Eso no proporciona ningún motivo justificable para que individuos sin escrúpulos persigan a toda la raza judía. Usar lo que las personas de esa generación le hicieron a Jesús como justificación para cometer crímenes, matanzas y holocaustos por odio contra el pueblo judío es cualquier cosa menos una motivación cristiana. Tal fanatismo no proviene de Dios, quien ama a Israel y un día lo redimirá (Jer. 31:31-34; Ez. 36:25-27; Zac. 12:10-13:1; Ro. 11:26), y que pronuncia una maldición sobre quienes maldigan a esta nación (Gn. 12:3). Esa actitud tampoco caracteriza a los verdaderos creyentes, pues es anticristiana y perversa. Es cierto que tanto los dirigentes como el pueblo de esa época fueron responsables por la muerte de Cristo, y que si no se arrepintieron y lo confesaron como Señor fueron juzgados por Dios por haber rechazado al Hijo. Pero lo mismo se puede decir de los romanos, y de cualquier otra persona, judía o gentil, que rechaza a Jesucristo. Y en última instancia, como ya se indicó, la muerte de Cristo se llevó a cabo según el plan de Dios (Is. 53:10; Hch. 2:23).

Llegado este momento los dirigentes judíos **buscaban** desesperadamente **cómo** matar a Jesús. Pero no podían arrestarlo a la luz del día **porque temían al pueblo** (cp. Mt. 26:5). Tampoco podían buscarlo en la noche, cuando Él se retiraba a una zona aislada del Monte de los Olivos. Los líderes judíos necesitaban un infiltrado que lo traicionara y les avisara dónde podían localizarlo lejos de las multitudes. Se sorprendieron y se sintieron encantados cuando, impulsado por Satanás, alguien se ofreció como voluntario: Judas Iscariote.

EL DIABLO

Y entró Satanás en Judas, (22:3*a*)

Cualquier restricción que Judas pudiera haber sentido a causa de su relación con Jesús ya no lo detuvo. **Entró Satanás en** él y le puso en el corazón que traicionara al Señor (Jn. 13:2). Al igual que los dirigentes religiosos (Jn. 8:44), él también era un hijo del diablo.

La pregunta que surge es por qué Satanás querría que Judas traicionara a Jesús ante quienes querían matarlo, sabiendo que esa muerte realizaría el plan de salvación de Dios. Que Satanás no quería que Cristo muriera como sacrificio por el pecado y que por tanto pudiera "deshacer las obras del diablo" (1 Jn. 3:8) al rescatar a los pecadores de su dominio (Col. 1:13) está claro en la reprensión del Señor a Pedro por oponerse a la muerte de Cristo (Mt. 16:22-23), actuando así como portavoz de Satanás. En Getsemaní, Satanás volvería a tentar a Jesús para que abandonara el plan de Dios en cuanto a su muerte. Por otra parte, él odiaba al Salvador y sin duda lo deseaba muerto. Como el más corrupto de todos los seres, no sorprende que las fuerzas racionales de Satanás sean corruptas y lo hagan pensar de modo inconsciente.

Cualquier cosa que pudiera haber motivado a Satanás, este actuó como lo hizo porque no podía hacer nada más de lo que su maldad quería hacer, y que al mismo tiempo era lo que Dios quería (Lc. 22:31; Job 1:12; 2:6). Él asumió voluntariamente en la muerte de Jesús el papel que Dios le había determinado. Esta vez fue la "hora, y la potestad de las tinieblas" (Lc. 22:53).

EL DESERTOR

por sobrenombre Iscariote, el cual era uno del número de los doce; y éste fue y habló con los principales sacerdotes, y con los jefes de la guardia, de cómo se lo entregaría. Ellos se alegraron, y convinieron en darle dinero. Y él se comprometió, y buscaba una oportunidad para entregárselo a espaldas del pueblo. (22:3*b*-6)

Judas, quien tenía **por sobrenombre Iscariote,** es el traidor más famoso de la historia. Tuvo el incalculable privilegio de ser **uno del número de los doce,** los apóstoles del Señor Jesucristo. Vivió y caminó a diario con el Hijo de Dios durante más de tres años, le oyó predicar y enseñar, y presenció las milagrosas señales que Jesús realizó... privilegio que solo once hombres más tuvieron. Pero, de modo vergonzoso, después de todo lo que había experimentado con el Señor Jesús, Judas lo vendió a los enemigos por solo treinta monedas de plata (Zac. 11:12), el precio de un esclavo (Éx. 21:32).

A pesar de su importante papel en la muerte de Cristo, el Nuevo Testamento habla poco de los antecedentes de Judas. Su apellido, **Iscariote,** sugiere que provenía de la aldea de Queriot en la región del extremo sur de Israel. Eso lo convierte en el único de los doce que no era de Galilea, y a él y su familia en desconocidos para los demás. Ese hecho podría ayudar a explicar por qué ninguno de los otros discípulos tuvo alguna razón para sospechar que él fuera el traidor (Jn. 13:22). Jesús reconoció desde el principio el corazón malvado de Judas (Jn. 6:64, 70). Los evangelios sinópticos lo describen como el que traicionó a Cristo (p. ej., Mt. 10:4; 26:25; 27:3; Mr. 3:19; Lc. 6:16); Juan señala que Judas era ladrón (Jn. 12:6), y Jesús lo llamó diablo (Jn. 6:70-71).

El Antiguo Testamento predijo la traición que Judas le hiciera a Cristo. En Salmos 41:9, David escribió proféticamente: "Aun el hombre de mi paz, en quien yo confiaba, el que de mi pan comía, alzó contra mí el calcañar". Salmos 55:12-14 también profetiza la traición al Mesías:

> *Porque no me afrentó un enemigo, lo cual habría soportado; ni se alzó contra mí el que me aborrecía, porque me hubiera ocultado de él; sino tú, hombre, al parecer íntimo mío, mi guía, y mi familiar; que juntos comunicábamos dulcemente los secretos, y andábamos en amistad en la casa de Dios.*

Según se señaló anteriormente, Zacarías predijo la insignificante cantidad que Judas recibiría por su traición. El profeta también señaló que el dinero se usaría para comprar el campo del alfarero después del fallido intento de Judas de devolverlo a las autoridades judías:

> *Y les dije: Si os parece bien, dadme mi salario; y si no, dejadlo. Y pesaron por mi salario treinta piezas de plata. Y me dijo Jehová: Échalo al tesoro; ¡hermoso precio con que me han apreciado! Y tomé las treinta piezas de plata, y las eché en la casa de Jehová al tesoro (Zac. 11:12-13; cp. Mt. 27:3-10).*

El comentario más escalofriante en la breve introducción que Lucas hace de Judas es que **era uno del número de los doce,** una verdad mencionada por todos los otros escritores de los evangelios (cp. 22:47; Mt. 26:14, 47; Mr. 14:10; 14:43; Jn. 6:71). El crimen de Judas contra el privilegio y la oportunidad se iguala únicamente al pecado de Adán. Pero aunque Adán fue redimido, Judas no.

Una vez que Satanás entró en el traidor, el plan se puso en acción. Lo más probable es que Judas **fue** la noche del miércoles **y habló con los principales sacerdotes, y con los jefes de la guardia, de cómo** les **entregaría** a Jesús. **Ellos,** por supuesto, **se alegraron,** ya que esta era la respuesta al dilema que tenían de cómo arrestar en privado al Señor, **y convinieron en darle** a Judas el **dinero** que buscaba. Mateo señala que Judas les preguntó: "¿Qué me queréis dar, y yo os lo entregaré?" (Mt. 26:15). El traidor estaba buscando alguna compensación por lo que ahora consideraba como tres años perdidos de haber seguido a Jesús. Pero el mejor trato que pudo negociar no fue bueno; treinta monedas de plata, según se indicó ya, era una cantidad insignificante. Sin embargo, Judas **se comprometió,** es decir consintió, tomando lo que pudo conseguir, **y buscaba una** buena **oportunidad para** entregar a Jesús **a espaldas del pueblo.**

LOS DISCÍPULOS

Llegó el día de los panes sin levadura, en el cual era necesario sacrificar el cordero de la pascua. Y Jesús envió a Pedro y a Juan, diciendo: Id, preparadnos la pascua para que la comamos. Ellos le dijeron: ¿Dónde quieres que la preparemos? Él les dijo: He aquí, al entrar en la ciudad os saldrá al encuentro un hombre que lleva un cántaro de agua; seguidle hasta la casa donde entrare, y decid al padre de familia de esa casa: El Maestro te dice: ¿Dónde está el aposento donde he de comer la pascua con mis discípulos? Entonces él os mostrará un gran aposento alto ya dispuesto; preparad allí. Fueron, pues, y hallaron como les había dicho; y prepararon la pascua. (22:7-13)

En el versículo 7 la escena cambia de la noche del miércoles al jueves, **el día de los panes sin levadura, en el cual era necesario sacrificar el cordero de la pascua.** La hora de la muerte de Jesús se acercaba (Mt. 26:18). Los dirigentes judíos, Satanás y Judas estaban en acción en los preparativos para la cruz, de conformidad con los propósitos de Dios. Ahora llegó el momento para que los discípulos comenzaran a actuar.

El plan de Dios era que Jesús muriera el viernes por la tarde durante el período entre las dos noches (Éx. 12:6; "entre las dos tardes"). A esa hora (aproximadamente entre las tres de la tarde y la puesta del sol) decenas de miles de corderos se estarían sacrificando. Jesús moriría entonces porque Él es, como Pablo escribió en 1 Corintios 5:7, nuestra pascua, "el Cordero de Dios, que quita el pecado del mundo" (Jn. 1:29).

El Señor sabía que la intención de Judas era traicionarlo (Jn. 6:71), y que la cena de Pascua sería la oportunidad perfecta para hacerlo. La traición se llevaría a cabo en la noche, a la hora en que pocas personas estarían fuera en las calles, en un lugar aislado donde las autoridades pudieran arrestar a Jesús sin arriesgarse a iniciar un motín. A fin de frustrar ese plan, Jesús dispuso que la cena de Pascua se celebrara en un sitio secreto. **Pedro y Juan** fueron enviados en una misión clandestina con el fin de preparar **la pascua;** las instrucciones del

Señor para ellos no contenían nombres ni lugares, por lo que Judas no podía saber por adelantado dónde Jesús y los doce comerían la cena de Pascua (ya que Pedro y Juan evidentemente no regresaron) y por tanto no podía alertar a los dirigentes judíos. Una vez que la cena comenzara, Judas no habría tenido una razón verosímil para salir hasta que la comida terminara.

Pedro y Juan, junto con Jacobo, constituían el círculo más íntimo de los doce, los más cercanos a Jesús. Quizás Jacobo no los acompañó porque, debido a la tradición, no se permitía que más de dos hombres llevaran cada animal sacrificial al templo. Después que los dos discípulos entraran **en la ciudad** encontrarían **un hombre que** llevaba **un cántaro de agua.** Ya que trasportar agua era una labor tradicionalmente hecha por mujeres, el hombre se destacaría. Los discípulos debían seguirlo **hasta la casa donde** entrara **y** dirían **al padre de familia de esa casa: El Maestro te dice: ¿Dónde está el aposento donde he de comer la pascua con mis discípulos? Entonces él** les mostraría **un gran aposento alto ya dispuesto** donde podrían preparar la cena de Pascua.

Preparar la cena de Pascua implicaba mucho más que llevar el cordero al templo para ser sacrificado y después asarlo. Se debían obtener muchos otros productos, entre ellos pan sin levadura, hierbas amargas, y las manzanas, dátiles, granadas, nueces y a veces astillas de canela que componían la espesa pasta en la que se sumergía el pan sin levadura.

La pregunta que surge es cómo Jesús y los doce pudieron haber comido la cena de Pascua el jueves por la noche cuando los corderos de la Pascua se sacrificaban el viernes. Escribí lo siguiente con relación a este tema en mi comentario sobre el Evangelio de Juan:

> Existe una discrepancia aparente en este punto entre la cronología de Juan y la de los evangelios sinópticos. Los segundos declaran que la Santa Cena fue la cena de Pascua (Mt. 26:17-19; Mr. 14:12-16; Lc. 22:7-15). Sin embargo, Juan 18:28 registra: "[Los líderes judíos] llevaron a Jesús de casa de Caifás al pretorio. Era de mañana [el viernes, el día de la crucifixión], y ellos no entraron en el pretorio para no contaminarse, y así poder comer la pascua". Más aún, de acuerdo con Juan 19:14 el juicio y crucifixión de Jesús ocurrió en "la preparación de la pascua", no el día después de comer la cena de Pascua. Así, la crucifixión del Señor ocurrió al tiempo que se sacrificaban los corderos de Pascua (cp. 19:36; cp. Éx. 12: 46; Nm. 9:12). Entonces, el desafío es explicar cómo Jesús y los discípulos pudieron haber comido la cena de Pascua el jueves por la noche si los líderes judíos aún no la habían comido la mañana del viernes.
>
> La respuesta está en entender que los judíos tenían dos métodos diferentes para contar los días. Las fuentes antiguas judías sugieren que

> los judíos del norte de Israel (inclusive Galilea, de donde eran oriundos Jesús y la mayoría de los doce) contaban los días de salida del Sol a salida del Sol. Al parecer, la mayoría de los fariseos también usaba ese método. Por otra parte, los judíos de la región sur contaban los días de ocaso a ocaso. Esto incluiría a los saduceos (quienes vivían por necesidad en los alrededores de Jerusalén por su relación con el templo). Sin duda, aunque a veces es confuso, el método dual de contar los días habría tenido beneficios prácticos en la Pascua, pues permitía celebrar la fiesta en dos días consecutivos. Eso habría facilitado las condiciones de la Jerusalén abarrotada, especialmente en el templo, donde no tendrían que matarse todos los corderos el mismo día.
>
> Así, no hay contradicción entre Juan y los sinópticos. Como Jesús y los doce eran galileos, habrían considerado que el día de Pascua era desde la salida del Sol del jueves hasta la salida del Sol del viernes. Habrían comido su cena de Pascua el jueves en la noche. Sin embargo, los líderes judíos (los saduceos) la habrían tenido desde el ocaso del jueves hasta el ocaso del viernes. Habrían comido su cena de Pascua el viernes por la noche. (Para más explicación sobre este asunto, véase Harold W. Hoehner, *Chronological Aspects of the Life of Christ* [Grand Rapids: Zondervan, 1977], pp. 74-90; Robert L. Thomas y Stanley N. Gundry, *A Harmony of the Gospels* [Chicago: Moody, 1979], pp. 321-322). (*Comentario MacArthur del Nuevo Testamento: Juan* [Grand Rapids: Portavoz, 2011], p. 522).

Muchas personas participaron en la muerte del Señor Jesucristo: los dirigentes judíos que en apariencia eran devotos pero en realidad eran hipócritas, que rechazaron a su Mesías y manipularon a los romanos para que lo ejecutaran; las multitudes volubles, que con gran entusiasmo lo recibieron como el Mesías en la entrada triunfal, pero que después se volvieron contra Él y pidieron a gritos su sangre; Judas, quien después de ser discipulado por Jesús durante tres años se convirtió en un traidor y lo traicionó; Satanás, el ser malvado y supremamente siniestro que provocó la deserción y la traición de Judas; Pilato, el cobarde gobernante que deshonró la orgullosa tradición de justicia romana al sentenciar a muerte a un hombre a quien en varias ocasiones declaró inocente.

Pero, en última instancia, Jesús fue a la cruz porque ese era "el determinado... conocimiento de Dios... para hacer cuanto [su] mano y [su] consejo habían antes determinado que sucediera" (Hch. 2:23; 4:28; cp. Lc. 22:22, 37; 24:44-46). "Dios ha cumplido así lo que había antes anunciado por boca de todos sus profetas, que su Cristo había de padecer" (Hch. 3:18; cp. 13:27; Mt. 26:24).

La última Pascua, la primera Santa Cena

123

Cuando era la hora, se sentó a la mesa, y con él los apóstoles. Y les dijo: ¡Cuánto he deseado comer con vosotros esta pascua antes que padezca! Porque os digo que no la comeré más, hasta que se cumpla en el reino de Dios. Y habiendo tomado la copa, dio gracias, y dijo: Tomad esto, y repartidlo entre vosotros; porque os digo que no beberé más del fruto de la vid, hasta que el reino de Dios venga. Y tomó el pan y dio gracias, y lo partió y les dio, diciendo: Esto es mi cuerpo, que por vosotros es dado; haced esto en memoria de mí. De igual manera, después que hubo cenado, tomó la copa, diciendo: Esta copa es el nuevo pacto en mi sangre, que por vosotros se derrama. (22:14-20)

Entre las muchas declaraciones inolvidables que el Señor Jesucristo hizo está su afirmación:

> *Por eso me ama el Padre, porque yo pongo mi vida, para volverla a tomar. Nadie me la quita, sino que yo de mí mismo la pongo. Tengo poder para ponerla, y tengo poder para volverla a tomar. Este mandamiento recibí de mi Padre (Jn. 10:17-18).*

Nadie le quitó la vida a Jesús. Él la entregó. Jesús no fue una víctima, sino que de modo voluntario ofreció su vida en completo acuerdo y sumisión a Dios el Padre. Murió según el plan divino, organizando cada acción tanto de enemigos como amigos para lograr el propósito de Dios. Cristo fue inmolado como el verdadero cordero pascual, cuyo sacrificio pagó el castigo total por los pecados de todos aquellos que alguna vez creerían.

Hay muchos personajes interesantes alrededor de la muerte de Jesucristo, que incluyen al actual sumo sacerdote Caifás; al poderoso e influyente ex sumo sacerdote Anás; a los dirigentes judíos (saduceos, fariseos, herodianos y el sanedrín) que conspiraron y llevaron a cabo la muerte del Mesías; al rey títere Herodes Antipas, no un judío sino un idumeo; al miserable Judas Iscariote, quien traicionó a Cristo; a la deplorable marioneta Pilato, quien ordenó la ejecución de Jesús a pesar de haberlo declarado inocente; y a los discípulos cobardes, quienes lo abandonaron durante el arresto.

Esos personajes actuarán libremente y sin embargo cumplirán sus papeles divinamente asignados cuando el drama de la cruz se desarrolle. El personaje central, desde luego, es el Señor Jesucristo, quien eclipsa a todos los demás del mismo modo que el sol abrasador del mediodía eclipsa a las estrellas. Él aparece como humillado, y sin embargo majestuoso; sufriente, y sin embargo exaltado; castigado, y sin embargo inocente; odiado, y sin embargo amado; subyugado, y sin embargo soberano. Lejos de ser una víctima, Jesús atravesó los hechos que rodean su muerte controlado por la voluntad del Padre, protegido por el poder del Espíritu, y actuando según el programa celestial que fue establecido antes de que el mundo comenzara.

El marco para esta sección del Evangelio de Lucas ocurrió la noche del jueves de la semana de la pasión, el inicio de la celebración de ocho días de la Pascua y la fiesta de los panes sin levadura. También fue la noche anterior a la crucifixión de Cristo, y su última reunión con los apóstoles antes de ser sacrificado, ya que sería arrestado más tarde esa noche después de la cena de Pascua. Esta sección del Evangelio de Lucas marca el momento decisivo de la historia redentora. Jesús produjo el final del antiguo pacto e inauguró el nuevo pacto. Por consiguiente, Él y los discípulos celebraron la última Pascua legítima y la primera Cena del Señor. Jesús culminó la celebración recordando la milagrosa liberación histórica de Israel de la esclavitud egipcia, e inauguró un nuevo memorial que miraba hacia la cruz y hacia la liberación eterna lograda allí para su pueblo.

LA ÚLTIMA PASCUA

Cuando era la hora, se sentó a la mesa, y con él los apóstoles. Y les dijo: ¡Cuánto he deseado comer con vosotros esta pascua antes que padezca! Porque os digo que no la comeré más, hasta que se cumpla en el reino de Dios. Y habiendo tomado la copa, dio gracias, y dijo: Tomad esto, y repartidlo entre vosotros; porque os digo que no beberé más del fruto de la vid, hasta que el reino de Dios venga. (22:14-18)

El mensaje de la Pascua es que Dios libera por medio del juicio del pecado a través de la muerte de un sustituto inocente. Todos los sacrificios del Antiguo Testamento simbolizaron esa realidad. Sin embargo, esos sacrificios animales no fueron en sí sacrificios suficientes, o de lo contrario tales sacrificios habrían cesado (He. 10:1-2). Ninguna persona ha sido liberada alguna vez del juicio divino por la muerte de un animal (He. 10:4). A lo largo de los siglos, el pueblo de Israel esperó el sacrificio que sería satisfactorio para Dios, aquel hacia el cual los innumerables sacrificios animales habían señalado.

Ese sacrificio tan esperado se ofrecería al día siguiente, viernes, al tiempo que incalculables miles de corderos volvían a sacrificarse en la Pascua. En ese mismo instante Dios ofreció su sacrificio. Derramó su ira contra pecadores sobre un sustituto inocente: "el Cordero de Dios, que quita el pecado del mundo" (Jn. 1:29). Jesús fue el sacrificio perfecto, definitivo y completo por el pecado, haciendo de esta última Pascua la aprobada por Dios. Los simbólicos sacrificios de animales que señalaban hacia el verdadero sacrificio ya no fueron necesarios una vez que el Salvador fue ofrecido.

La explicación que Lucas da de la Pascua y de la Cena del Señor es breve, ya que el Antiguo Testamento contiene mucha información acerca de la Pascua, y Pablo ya había descrito con detalle la Cena del Señor al menos cinco años antes del Evangelio de Lucas cuando escribió 1 Corintios (véase los caps. 10 y 11). Se desconoce la secuencia exacta de las muchas acciones (p. ej., la cena pascual, la institución de la Cena del Señor, el lavado de pies que Cristo hizo a los discípulos, el discurso del aposento alto [Jn. 13—16], la oración sacerdotal [Jn. 17], la predicción de las negaciones de Pedro, el despido de Judas) que se realizaron en el aposento alto esa noche. No obstante, **la hora** en que comenzaron fue la puesta del sol, el momento en que siempre comenzaba oficialmente la Pascua. Según se acostumbraba, Jesús **se sentó a la mesa, y con él los apóstoles,** reclinados sobre cojines con las cabezas cerca de la mesa y los pies lejos de ella. El hecho de que Jesús y los doce se reclinaran de tal modo indica que esta era una comida prolongada. La costumbre había cambiado desde la celebración original de la Pascua, un asunto apresurado antes de que Israel saliera de Egipto.

Durante la celebración de la Pascua había varias etapas distribuidas en un período de horas y entremezcladas con conversación. El acontecimiento se iniciaba con una oración en que se agradecía a Dios por su preservación, liberación, protección, bondad y bendición. Después venían las primeras copas de vino tinto diluido, conocidas como la copa de bendición. Le seguía un lavado ceremonial de manos que simbolizaba la necesidad de limpieza del pecado. Lo más probable es que fue en este punto que los discípulos comenzaron a debatir entre ellos acerca de quién era el más grande (Lc. 22:24). En respuesta, Jesús les lavó los pies (Jn. 13:3-5) y les enseñó con relación a la humildad. El siguiente elemento era el consumo de hierbas amargas, junto con sumergir pedazos de pan en una pasta formada de frutas y nueces. Esa acción simbolizaba la amargura de la esclavitud de Israel en Egipto. Después los participantes cantaban Salmos 113 y 114, los dos primeros de los Salmos de Hallel (113—118), tras lo cual bebían la segunda copa de vino. Después de eso el padre de la familia, o como en este caso Jesús en calidad de cabeza de la mesa, explicaba el significado de la Pascua. Luego venía la comida principal, que consistía del sacrificial cordero asado y pan sin levadura, tras lo cual bebían la tercera copa de vino. La ceremonia concluía con el canto del resto de los Salmos de Hallel (115—118), y la bebida de la cuarta copa de vino.

Las palabras de Cristo a los discípulos en el capítulo 15, **¡cuánto he deseado comer con vosotros esta pascua antes que padezca!** probablemente fueron pronunciadas justo después que los hombres se reclinaran en la mesa. Son palabras intensas y concluyentes; el texto griego se pudo haber traducido: "Con deseos he anhelado". Estas expresiones indican que esta última Pascua sería el cumplimiento de un anhelo más poderoso y conmovedor en el corazón del Señor. En unas pocas horas pasaría de comer una vez más un cordero sacrificial a morir como el único y verdadero Cordero de Dios para validar el nuevo pacto. Toda su vida había anticipado esta hora, sin duda con creciente emoción.

La siguiente declaración del Señor: **Porque os digo que no la comeré más, hasta que se cumpla en el reino de Dios,** revela que aunque esta fue la última Pascua de su vida, habrá otro momento en que Él celebre la Pascua con los suyos. Esto se llevará a cabo **en el reino de Dios** (cp. vv. 18, 28-30; 1 Co. 11:26). De acuerdo con la descripción que Ezequiel hace del futuro templo milenial, la Pascua se celebrará en el reino milenial (Ez. 45:21), no para recordar la salida de Egipto, sino la cruz. Hasta entonces, no habrá Pascuas divinamente autorizadas. La celebración regular de la Pascua por parte de los judíos es una expresión del rechazo que le hicieron a su Mesías.

La promesa de Jesús fue una maravillosa noticia para los apóstoles. Él les había enseñado la noche anterior en el Monte de los Olivos lo que sucedería en el futuro (Lc. 21:7-36). Ahora en esta referencia al reino Él les volvió a asegurar que su muerte no representaba el final de la historia. Jesús resucitará y regresará para establecer su reino prometido en el cual sus verdaderos seguidores se le unirán.

Que Jesús tome **la copa** y dé **gracias** (*eucharisteō*, de donde se deriva la palabra castellana "eucaristía") marcó el inicio de la celebración de la Pascua. Esta **copa,** la cual entonces ordenó a los discípulos: **Tomad esto, y repartidlo entre vosotros,** fue la primera copa, llamada la copa de bendición. El apóstol Pablo se refirió a ella en sus instrucciones a la iglesia en Corinto con relación a la comunión (1 Co. 10:16). Quien presidía la mesa exaltaba a Dios por su bondad, misericordia y provisión a través de los años. Tradicionalmente también exaltaría la gloria y la justicia de Israel. Pero con toda probabilidad Jesús no hizo eso, ya que la deslealtad de la apóstata nación de Israel había alcanzado su punto culminante en el afán por crucificar al Mesías.

Las palabras de Cristo en el versículo 18, **porque os digo que no** (*ou mē;* la forma más fuerte de negación en el griego) **beberé más del fruto de la vid, hasta que el reino de Dios venga,** enfatiza una vez más que esta era la última Pascua hasta que se reinstalara en el reino milenial. Estas eran palabras de consuelo y esperanza para los discípulos.

El **fruto de la vid** es un símbolo de fecundidad, bendición y gozo, que refleja la bondad de Dios hacia su pueblo al liberarlo de la esclavitud. Habrá una salvación futura para el remanente piadoso de Israel (Ro. 11:1-32), en que ellos y todos los creyentes celebrarán la Pascua con Cristo y exaltarán la bondad de Dios. La copa de bendición aquí mira más allá del juicio que caería sobre Jerusalén en el holocausto del año 70 d.C., en que los romanos destruirían totalmente tanto la ciudad como el templo, y dispersarían al pueblo, hasta la salvación y bendición final para Israel.

LA PRIMERA CENA DEL SEÑOR

Y tomó el pan y dio gracias, y lo partió y les dio, diciendo: Esto es mi cuerpo, que por vosotros es dado; haced esto en memoria de mí. De igual manera, después que hubo cenado, tomó la copa, diciendo: Esta copa es el nuevo pacto en mi sangre, que por vosotros se derrama. (22:19-20)

Es imposible exagerar el cambio enorme que presentan estas pocas frases. Las palabras de Cristo marcaron el final del antiguo pacto, con sus leyes sociales, ceremoniales, dietéticas y del día de reposo, e instalaron el nuevo pacto. Con estas palabras Jesús marcó el final de todos los rituales y sacrificios, el sacerdocio, el lugar santo, y el lugar santísimo, el velo al cual pronto Dios partiría de arriba abajo, abriéndolo de par en par (Mr. 15:38). Todo aquello hacia lo que señalaba el simbolismo del antiguo pacto se cumpliría en el sacrificio del Señor Jesucristo.

Que Jesús tomara **el pan y** diera **gracias** se llevó a cabo después de cantar la primera parte del Hallel (Sal. 113, 114), seguido por la segunda copa de vino, y la explicación del significado de la Pascua, mientras consumían la comida principal (Mt. 26:26).

Después de tomar **el pan,** Jesús **lo partió y les dio** a los discípulos. El pan ya no era el "pan de aflicción" (Dt. 16:3) de la Pascua, y tampoco el rompimiento del pan significaba una representación de la muerte de Cristo, ya que ninguno de sus huesos fue quebrado (Jn. 19:36; cp. Éx. 12:46). La participación de todos los discípulos del mismo pan simbolizaba la unidad del Cuerpo de Cristo.

La doctrina católica romana de la transubstanciación pervierte el propósito de la referencia de Jesús al pan como **mi cuerpo.** De acuerdo con esa doctrina, durante la misa la sustancia (aunque no la apariencia exterior) del pan y el vino se transforman en el cuerpo y la sangre reales de Cristo. La idea luterana de la presencia espiritual (conocida como consubstanciación) también es un punto equivocado de vista de las palabras de nuestro Señor. Según esa opinión,

> las moléculas [del pan y el vino] no cambian en carne y sangre; siguen siendo pan y vino. Pero el cuerpo y la sangre de Cristo están presentes

> "en, con, y bajo" el pan y el vino. No es que el pan y el vino se hayan convertido en el cuerpo y la sangre de Cristo, sino que ahora tenemos el cuerpo y la sangre en adición al pan y el vino (Millard J. Erickson, *Christian Theology* [Grand Rapids: Baker, 1985], 3:1117).

La declaración de Cristo no se debe tomar de manera más literal de lo que son sus referencias a sí mismo como una puerta (Jn. 10:9), como vino (Jn. 15:1, 5) y como pan (Jn. 6:35, 48). Tal lenguaje es figurado, y transmite simbólicamente una verdad espiritual usando artículos cotidianos. El pan representa cosas que son terrenales, frágiles y sometidas a decadencia, lo que simboliza la realidad de que el Hijo de Dios tomó forma humana y se volvió sujeto de muerte.

La frase **que por vosotros es dado** presenta la verdad más importante en la Biblia: el sacrificio sustitutivo. Como ya se indicó, la Pascua transmitía las verdades dobles de que la ira y la justicia divinas solo se pueden satisfacer mediante muerte, pero que esa muerte puede ser la de sustitutos inocentes por la culpa. Todos los millones de corderos que fueron sacrificados a lo largo de los siglos eran inocentes. Los animales son incapaces de pecar, ya que no son personas, y no tienen moral o conciencia propia. Sin embargo, Jesús es tanto inocente como una persona, totalmente hombre como también Dios. Por eso su muerte expiatoria y sustitutiva fue aceptable para Dios con el fin de satisfacer su santa condenación del pecado. Isaías escribió: "Él herido fue por nuestras rebeliones, molido por nuestros pecados; el castigo de nuestra paz fue sobre él, y por su llaga fuimos nosotros curados" (Is. 53:5; cp. v. 12). Jesús "llevó él mismo nuestros pecados en su cuerpo sobre el madero, para que nosotros, estando muertos a los pecados, vivamos a la justicia; y por cuya herida [fuimos] sanados" (1 P. 2:24). "Al que no conoció pecado, por nosotros [Dios] lo hizo pecado, para que nosotros fuésemos hechos justicia de Dios en él" (2 Co. 5:21).

De igual manera (es decir, dando gracias; cp. v. 19), **después que hubo cenado,** [Jesús] **tomó la copa, diciendo: Esta copa es el nuevo pacto en mi sangre, que por vosotros se derrama.** La **copa** era la tercera, que venía después de la comida. **Que por vosotros se derrama** "para remisión de los pecados" (Mt. 26:28) es otra declaración de la muerte de Cristo como sustituto para todos los que creerían. El pecado solo puede ser perdonado cuando se ha suministrado satisfactoriamente el pago a Dios, en la forma de la muerte del sacrificio perfecto. La muerte del Señor Jesús fue ese pago. Como el infinito Dios encarnado, Él fue realmente capaz de llevar los pecados y sufrir la ira de Dios a favor de todos los que alguna vez creerían, rescatándolos del juicio divino al satisfacer por completo las demandas de la justicia de Dios.

La muerte de Jesús dio inicio al **nuevo pacto** que, al igual que el antiguo, se ratificaba por el derramamiento de sangre (Éx. 24:8; Lv. 17:11; He. 9:18-20). El nuevo pacto (Jer. 31:31-34; cp. Ez. 36:25-27) es de perdón (Jer. 31:34), y es el único pacto salvador. Según se indicó anteriormente, fue ratificado por la sangre de Cristo, cuya muerte como un sustituto inocente satisfizo las demandas de la justicia de Dios. (Para un análisis detallado del nuevo pacto, véase *Comentario MacArthur del Nuevo Testamento: 2 Corintios* [Grand Rapids: Portavoz, 2015], caps. 7 y 8).

La observancia regular de la Cena del Señor deber ser para los cristianos un recordatorio constante del Cordero de Dios, elegido por Dios, sacrificado por los pecadores, cuya muerte satisfizo las demandas de la justicia divina, y cuya vida fue derramada a nuestro favor para que nuestros pecados puedan ser totalmente perdonados y para siempre. Pablo resumió el significado de la Cena del Señor cuando escribió a los creyentes corintios:

> *Porque yo recibí del Señor lo que también os he enseñado: Que el Señor Jesús, la noche que fue entregado, tomó pan; y habiendo dado gracias, lo partió, y dijo: Tomad, comed; esto es mi cuerpo que por vosotros es partido; haced esto en memoria de mí. Asimismo tomó también la copa, después de haber cenado, diciendo: Esta copa es el nuevo pacto en mi sangre; haced esto todas las veces que la bebiereis, en memoria de mí. Así, pues, todas las veces que comiereis este pan, y bebiereis esta copa, la muerte del Señor anunciáis hasta que él venga (1 Co. 11:23-26).*

Conversación de sobremesa sobre problemas y triunfo 124

Mas he aquí, la mano del que me entrega está conmigo en la mesa. A la verdad el Hijo del Hombre va, según lo que está determinado; pero ¡ay de aquel hombre por quien es entregado! Entonces ellos comenzaron a discutir entre sí, quién de ellos sería el que había de hacer esto. Hubo también entre ellos una disputa sobre quién de ellos sería el mayor. Pero él les dijo: Los reyes de las naciones se enseñorean de ellas, y los que sobre ellas tienen autoridad son llamados bienhechores; mas no así vosotros, sino sea el mayor entre vosotros como el más joven, y el que dirige, como el que sirve. Porque, ¿cuál es mayor, el que se sienta a la mesa, o el que sirve? ¿No es el que se sienta a la mesa? Mas yo estoy entre vosotros como el que sirve. Pero vosotros sois los que habéis permanecido conmigo en mis pruebas. Yo, pues, os asigno un reino, como mi Padre me lo asignó a mí, para que comáis y bebáis a mi mesa en mi reino, y os sentéis en tronos juzgando a las doce tribus de Israel. Dijo también el Señor: Simón, Simón, he aquí Satanás os ha pedido para zarandearos como a trigo; pero yo he rogado por ti, que tu fe no falte; y tú, una vez vuelto, confirma a tus hermanos. Él le dijo: Señor, dispuesto estoy a ir contigo no sólo a la cárcel, sino también a la muerte. Y él le dijo: Pedro, te digo que el gallo no cantará hoy antes que tú niegues tres veces que me conoces. Y a ellos dijo: Cuando os envié sin bolsa, sin alforja, y sin calzado, ¿os faltó algo? Ellos dijeron: Nada. Y les dijo: Pues ahora, el que tiene bolsa, tómela, y también la alforja; y el que no tiene espada, venda su capa y compre una. Porque os digo que es necesario que se cumpla todavía en mí aquello que está escrito: Y fue contado con los inicuos; porque lo que está escrito de mí, tiene cumplimiento. Entonces ellos dijeron: Señor, aquí hay dos espadas. Y él les dijo: Basta. (22:21-38)

Incluso desde que Adán y Eva pecaron en el huerto, el conflicto ha definido a este mundo caído. Después de la caída, Dios declaró a Adán:

> *Maldita será la tierra por tu causa; con dolor comerás de ella todos los días de tu vida. Espinos y cardos te producirá, y comerás plantas del campo. Con el sudor*

de tu rostro comerás el pan hasta que vuelvas a la tierra, porque de ella fuiste tomado; pues polvo eres, y al polvo volverás (Gn. 3:17-19).

Job 5:7 señala que "como las chispas se levantan para volar por el aire, así el hombre nace para la aflicción", mientras Job 14:1 añade: "El hombre nacido de mujer, corto de días, y hastiado de sinsabores" (cp. 3:1-16). Después que las "mujeres [de Salomón] inclinaron su corazón tras dioses ajenos, y su corazón no era perfecto con Jehová su Dios" (1 R. 11:4), él llego a ver la vida como problemática e inútil:

Aborrecí, por tanto, la vida, porque la obra que se hace debajo del sol me era fastidiosa; por cuanto todo es vanidad y aflicción de espíritu... Porque ¿qué tiene el hombre de todo su trabajo, y de la fatiga de su corazón, con que se afana debajo del sol? Porque todos sus días no son sino dolores, y sus trabajos molestias; aun de noche su corazón no reposa. Esto también es vanidad (Ec. 2:17, 22-23).

La historia de la redención es el relato del triunfo de Dios sobre la tribulación, derrotando el pecado y el mal con el fin de lograr los gloriosos propósitos divinos de la salvación. Él no requiere un mundo perfecto para conseguir sus fines perfectos, sino que los ocasionará en uno imperfecto, a pesar de las fuerzas de sus enemigos y de la debilidad de sus amigos.

La Biblia establece que Dios es el soberano final y que puede lograr todos sus planes a pesar de los seres humanos caídos y por medio de ellos, tanto santos como pecadores. En Deuteronomio 32:39 declaró Dios: "Ved ahora que yo, yo soy, y no hay dioses conmigo; yo hago morir, y yo hago vivir; yo hiero, y yo sano; y no hay quien pueda librar de mi mano". En Isaías 46:9-10 aseveró: "Acordaos de las cosas pasadas desde los tiempos antiguos; porque yo soy Dios, y no hay otro Dios, y nada hay semejante a mí, que anuncio lo por venir desde el principio, y desde la antigüedad lo que aún no era hecho; que digo: Mi consejo permanecerá, y haré todo lo que quiero". Ana alabó a Dios porque Él

mata, y él da vida; Él hace descender al Seol, y hace subir. Jehová empobrece, y él enriquece; abate, y enaltece. Él levanta del polvo al pobre, y del muladar exalta al menesteroso, para hacerle sentarse con príncipes y heredar un sitio de honor. Porque de Jehová son las columnas de la tierra, y él afirmó sobre ellas el mundo (1 S. 2:6-8).

David también exaltó la soberanía absoluta de Dios:

Tuya es, oh Jehová, la magnificencia y el poder, la gloria, la victoria y el honor; porque todas las cosas que están en los cielos y en la tierra son tuyas. Tuyo, oh

> *Jehová, es el reino, y tú eres excelso sobre todos. Las riquezas y la gloria proceden de ti, y tú dominas sobre todo; en tu mano está la fuerza y el poder, y en tu mano el hacer grande y el dar poder a todos (1 Cr. 29:11-12).*

En Salmos 115:3 el salmista escribió: "Nuestro Dios está en los cielos; todo lo que quiso ha hecho". Salomón observó: "Todas las cosas ha hecho Jehová para sí mismo, y aun al impío para el día malo" (Pr. 16:4). Jeremías preguntó retóricamente: "¿Quién será aquel que diga que sucedió algo que el Señor no mandó? ¿De la boca del Altísimo no sale lo malo y lo bueno?" (Lm. 3:37-38; cp. Job 2:10; Is. 45:5-7; Am. 3:6).

Dios permite que el mal se oponga a los propósitos divinos para que al triunfar sobre este se muestre la gloria divina. Al permitir el mal, Dios puede exhibir su justicia en contraste con el pecado, y también demuestra su asombroso amor hacia pecadores malvados y totalmente indignos. El amor de Dios por sus enemigos alcanzó su clímax cuando Cristo ofreció su vida para salvarlos eternamente del infierno (Ro. 5:6-8). Hasta el acto más perverso en la historia, el asesinato del Señor Jesucristo, fue ordenado por Dios (Is. 53:10; Hch. 2:23; 4:27-28) con el fin de cumplir su compasivo plan para la bendición eterna de sus enemigos elegidos.

Cuando el Hijo de Dios se acercaba al triunfo en la cruz y a la resurrección se vio sometido a duras dificultades por todas partes. Las dificultades vinieron de Judas, los apóstoles, Satanás, Pedro, y el mundo incrédulo.

DIFICULTAD Y TRIUNFO CON EL TRAIDOR

Mas he aquí, la mano del que me entrega está conmigo en la mesa. A la verdad el Hijo del Hombre va, según lo que está determinado; pero ¡ay de aquel hombre por quien es entregado! Entonces ellos comenzaron a discutir entre sí, quién de ellos sería el que había de hacer esto. (22:21-23)

El escenario seguía siendo el aposento alto la noche del jueves de la semana de la pasión. Jesús acababa de celebrar la última cena de Pascua, y de iniciar la primera Cena del Señor con los apóstoles, cuando los sorprendió diciendo: **he aquí, la mano del que me entrega está conmigo en la mesa.** La fuerte exclamación **he aquí** introduce algo sorprendente e impactante. Por supuesto, los discípulos sabían que los dirigentes judíos odiaban a Jesús y que lo querían muerto; ellos habían observado eso de primera mano durante los años del ministerio del Maestro. También sabían que durante la semana de la pasión Jesús había evitado que lo apresaran prematuramente tales líderes, mezclándose con las multitudes durante el día y retirándose al Monte de los Olivos en la noche. Los discípulos estaban conscientes de las medidas que habían adoptado para mantener en secreto dónde celebraría la fiesta de la Pascua. Todos menos Judas Iscariote esperaban que Jesús estuviera fuera de peligro en ese lugar seguro, rodeado solamente por su círculo más íntimo de apóstoles.

Sin embargo, como revela el tiempo presente del participio griego traducido **entrega,** el peligro era inminente y ya estaba en acción. Satanás había entrado anteriormente en Judas (Lc. 22:3) y le había puesto en el corazón traicionar al Señor (Jn. 13:2), por lo que había llegado a un acuerdo con los dirigentes judíos (Lc. 22:4-5). Ya estaba listo para el momento de oportunidad que había estado buscando (Lc. 22:6) a fin de entregarles realmente a Jesús; pero en aquel momento Judas estaba atrapado en ese salón, sintiéndose incapaz de salir sin tener que delatarse.

La traición de Judas no se le escapó al omnisciente Señor, quien sabía desde el principio quién era el traidor (Jn. 6:70-71). El hecho de que **la mano del que** iba a entregar a Jesús estuviera con las del Señor **en la mesa** hizo del crimen de Judas algo aún más atroz y despreciable. Comer con alguien simbolizaba seguridad, paz, amistad y lealtad. Que una persona traicionara a alguien con quien había estado en una comida (por no hablar de muchas comidas) era impensable. Sin embargo, eso fue exactamente lo que Salmos 41:9 predijo que sucedería cuando Judas traicionó a Jesús: "Aun el hombre de mi paz, en quien yo confiaba, el que de mi pan comía, alzó contra mí el calcañar".

Los críticos incrédulos que ven a Judas como el antihéroe que derribó a Jesús, poniendo fin a su noble esfuerzo de renovación judía, hacen caso omiso de esta profecía. Ven la resurrección como una ficción producida por la imaginación de los apóstoles. Por tanto, para ellos la muerte de Cristo fue el final de todo. Tales individuos alegan que Jesús nunca esperó o planeó el problema terminal que Judas le ocasionara.

Pero no podían estar más equivocados. **A la verdad el Hijo del Hombre** (título mesiánico de Dn. 7:13 que Jesús se aplicó frecuentemente a sí mismo) iría a su muerte **según lo que** estaba **determinado,** pero no por parte de Judas, de los dirigentes judíos, de los romanos, de Herodes o de Pilato. Jesús moriría "por el determinado consejo y anticipado conocimiento de Dios" (Hch. 2:23; cp. 4:24-28). Judas, actuando como un ateo, creyó de manera absurda que actuaba libremente, según su propia voluntad y para su propio beneficio. Pero nadie actúa de modo independiente del plan y el propósito soberanos de Dios, quien controla toda acción o decisión humana para su gloria y sus propios fines.

La muerte de Jesús no debió haber venido como una sorpresa, ya que también estaba profetizada en el Antiguo Testamento. Él es el siervo sufriente cuya biografía y muerte son el tema de Isaías 53; del crucificado del que se habla en el Salmo 22; del traspasado que profetizara Zacarías 12:10; y del verdadero cordero de la Pascua representado por todos los corderos inmolados en el sistema sacrificial del Antiguo Testamento. Jesús no fue a la cruz a causa de Judas ni de las maquinaciones de agentes humanos, sino para que la Palabra de Dios se cumpliera (Mt. 26:54; Lc. 24:44).

Pero aunque Judas actuó en consonancia con la voluntad soberana de Dios, sin embargo fue totalmente responsable por sus acciones. Jesús expresó de Judas: **¡Ay** (condenado, maldito, consignado al infierno) **de aquel hombre por quien es entregado!** Judas eligió hacer lo que hizo, y es totalmente culpable por esa decisión. Este es otro ejemplo de la interacción entre la soberanía divina y la responsabilidad humana. Es solo una paradoja aparente, y no algo real, que la fe acepta mientras que la razón rechaza. La razón humana es finita y no puede comprender por completo la mente infinita de Dios (Ro. 11:33). Pero la fe acepta humildemente lo que la Palabra de Dios revela, aunque a la mente humana le falte la capacidad de entenderlo.

Judas había estado presente durante la cena de Pascua, celebrando la redención divina de Israel de la esclavitud en Egipto. También había oído a Jesús declarar que de ese momento en adelante su cuerpo y su sangre entregados en la cruz serían el nuevo símbolo de redención. Pero la hipocresía del hombre estaba tan arraigada, y su corazón tan endurecido, que fue indiferente a esas realidades o a cualquier otra cosa que se dijo esa noche. Cuando Jesús anunció que uno de los presentes lo traicionaría, "comenzó cada uno de [los discípulos] a decirle: ¿Soy yo, Señor?" (Mt. 26:22). En lugar de guardar silencio y no llamar la atención sobre sí mismo, el envalentonado hipócrita "Judas, el que le entregaba, dijo: ¿Soy yo, Maestro?" junto con los demás (v. 25). Él continuó con su hipócrita y duro corazón hasta el fin, cuando Jesús [en privado] "le dijo: Tú lo has dicho", y finalmente lo despidió (cp. Jn. 13:27-30).

Sin embargo, a diferencia de Judas, los demás discípulos estaban profundamente consternados por la idea de la traición. Entendieron su debilidad y se dieron cuenta de la posibilidad de que sus corazones dubitativos y vacilantes podrían ser capaces de tal traición. Tan convincente fue la hipocresía de Judas que los discípulos sospecharon de ellos mismos y no de él. Con esa desconfianza básica en sí mismos, **comenzaron a discutir entre sí, quién de ellos sería el que había de hacer esto.** Sin llegar a ninguna conclusión, Pedro señaló a Juan para que preguntara a Jesús quién iba a ser el traidor (Jn. 13:24), a lo que el Señor respondió: "A quien yo diere el pan mojado, aquél es" (v. 26). Es evidente que solo Juan oyó la respuesta de Jesús, porque "mojando el pan, lo dio a Judas Iscariote hijo de Simón" (v. 26) y después de despedirlo (v. 27), el resto de los discípulos seguía sin entender que Judas era el traidor (vv. 28-29).

DIFICULTAD Y TRIUNFO CON LOS APÓSTOLES

Hubo también entre ellos una disputa sobre quién de ellos sería el mayor. Pero él les dijo: Los reyes de las naciones se enseñorean de ellas, y los que sobre

ellas tienen autoridad son llamados bienhechores; mas no así vosotros, sino sea el mayor entre vosotros como el más joven, y el que dirige, como el que sirve. Porque, ¿cuál es mayor, el que se sienta a la mesa, o el que sirve? ¿No es el que se sienta a la mesa? Mas yo estoy entre vosotros como el que sirve. Pero vosotros sois los que habéis permanecido conmigo en mis pruebas. Yo, pues, os asigno un reino, como mi Padre me lo asignó a mí, para que comáis y bebáis a mi mesa en mi reino, y os sentéis en tronos juzgando a las doce tribus de Israel. (22:24-30)

Jesús estaba verdadera y profundamente lleno de dolor por la traición de Judas. Así escribí en un anterior volumen de esta serie:

> Al Señor lo conmovían muchas cosas: el amor no correspondido por Judas; la ingratitud de Judas ante toda la bondad que Él le había mostrado; la presencia malévola de Satanás, quien en poco tiempo poseería a Judas (v. 27); el destino terrible que le esperaba a Judas en el infierno y saber que la traición lo llevaría a la cruz, donde cargaría los pecados (2 Co. 5:21) y se separaría del Padre (Mt. 27:46). "En el pasaje presente, las emociones de Jesús se muestran en estado de agitación, todo su ser interior se convulsionaba al pensar que uno de sus seguidores más cercanos lo traicionaría entregándolo a sus enemigos" (Andreas J. Köstenberger, *John*, Baker Exegetical Commentary on the New Testament [Grand Rapids: Baker, 2004], p. 413). Tales serían las consecuencias terribles de la traición declarada ahora abiertamente por Jesús (*Comentario MacArthur del Nuevo Testamento: Juan* [Grand Rapids: Portavoz, 2011], pp. 537-38).

No obstante, los discípulos estaban ajenos al dolor del Señor, y más bien se centraron en el asunto de quién era el traidor. Pero ese debate pronto degeneró **entre ellos** en la conocida, antigua y egoísta **disputa sobre quién de ellos sería el mayor** (cp. 9:46-48; Mt. 18:1-5; Mr. 10:35-45). En lugar de sentir compasión hacia el Señor, los discípulos volvieron a manifestar orgullo y ambición. Si consideramos que esta fue la noche anterior a la cruz, este pudo haber sido el momento más humillante y decepcionante para ellos.

La escatología de los discípulos era correcta; habría un reino terrenal mesiánico en que ellos tendrían lugares de honra (Mt. 19:28). Pero no entendieron que antes de que se estableciera ese reino en el futuro lejano (cp. la exposición de Lc. 21:5-36 en los caps. 115-121 de esta obra) habría sufrimiento, que comenzaría con la muerte en la cruz de su propio Mesías.

No obstante, en lugar de una severa reprimenda, la respuesta de Jesús a sus discípulos fue cortés, amable y gentil. Él los amaba hasta la infinita capacidad del amor divino (Jn. 13:1), aunque a menudo ellos resultaron ser muy problemáticos. La frase de introducción, y **él les dijo,** aparece siete veces en el relato de Lucas del aposento alto, resaltando el énfasis del Señor en su enseñanza (cp. Jn. 13—17). La instrucción que les dio a los discípulos contiene tres elementos.

Antes que nada, Jesús les indicó un principio conocido. El mundo funciona en base al poder autocrático, el dominio, y la dictadura; **los reyes de las naciones se enseñorean de ellas, y los que sobre ellas tienen autoridad son llamados bienhechores** (es decir, personas de influencia. La palabra griega se usaba a menudo como un título de honor para destacados líderes públicos).

Pero esa no es la manera en que funciona el reino. Al contrario, **sea el mayor... como el más joven, y el que dirige, como el que sirve.** Los dirigentes en el reino no dominan a otros por fuerza, intimidación o temor, ni bravuconadas debido a la posición o influencia que ostentan. Aquellos realmente grandes en el reino serán humildes. Serán **como el más joven,** que era el individuo menos honrado en la sociedad judía, ya que el honor se asociaba con la edad. A diferencia de actuar como un dictador mundano, **el que dirige** en el reino de Dios será **como el que sirve** (cp. Mt. 20:26-27).

A fin de ilustrar más esa verdad, Jesús planteó una pregunta: **¿Cuál es mayor, el que se sienta a la mesa, o el que sirve?** Entonces una segunda pregunta ofrece la respuesta obvia: **¿No es el que se sienta a la mesa?** El **que se sienta a la mesa** es o un invitado o el anfitrión; **el que sirve** es el siervo que la atiende. Sin duda alguna, el que come a la mesa es más grande que el que sirve. Los líderes en el reino de Dios deben tener una actitud de siervo y tratar de servir, no de ser servidos.

Jesús se ofreció entonces como el modelo para ese servicio, recordando a los discípulos: **Mas yo estoy entre vosotros como el que sirve** (cp. Mt. 20:28). El Señor se estaba refiriendo específicamente al lavado de los pies que les había hecho anteriormente esa noche:

> *Sabiendo Jesús que el Padre le había dado todas las cosas en las manos, y que había salido de Dios, y a Dios iba, se levantó de la cena, y se quitó su manto, y tomando una toalla, se la ciñó. Luego puso agua en un lebrillo, y comenzó a lavar los pies de los discípulos, y a enjugarlos con la toalla con que estaba ceñido. Entonces vino a Simón Pedro; y Pedro le dijo: Señor, ¿tú me lavas los pies? Respondió Jesús y le dijo: Lo que yo hago, tú no lo comprendes ahora; mas lo entenderás después. Pedro le dijo: No me lavarás los pies jamás. Jesús le respondió: Si no te lavare, no tendrás parte conmigo. Le dijo Simón Pedro: Señor, no sólo mis pies, sino también las manos y la cabeza. Jesús le dijo: El que está lavado, no necesita sino lavarse los pies, pues está todo limpio; y vosotros limpios estáis, aunque no todos. Porque sabía quién le iba a entregar; por eso dijo: No estáis limpios todos. Así que, después que les hubo lavado los pies, tomó su manto, volvió a la mesa, y*

les dijo: ¿Sabéis lo que os he hecho? Vosotros me llamáis Maestro, y Señor; y decís bien, porque lo soy. Pues si yo, el Señor y el Maestro, he lavado vuestros pies, vosotros también debéis lavaros los pies los unos a los otros. Porque ejemplo os he dado, para que como yo os he hecho, vosotros también hagáis. De cierto, de cierto os digo: El siervo no es mayor que su señor, ni el enviado es mayor que el que le envió. Si sabéis estas cosas, bienaventurados seréis si las hiciereis (Jn. 13:3-17).

Por último, Jesús les dio una promesa. Pero antes los elogió por ser **los que** habían **permanecido** con Él **en** las **pruebas** que Él había padecido. A pesar del orgullo, de la indiferente ambición, y de no sacar provecho de sus oportunidades, los discípulos (con excepción de Judas) habían permanecido fieles a Jesús (cp. Jn. 6:66-69).

Debido a la fidelidad de los apóstoles, Jesús les declaró: **Yo, pues, os asigno un reino** (el reino mesiánico, el cual se había pospuesto pero no se había cancelado), **como mi Padre me lo asignó a mí, para que comáis y bebáis a mi mesa en mi reino, y os sentéis en tronos juzgando a las doce tribus de Israel.** En la culminación de la historia redentora, los apóstoles (inclusive Matías; Hch. 1:15-26) serán recompensados. Serán los invitados más distinguidos y nobles, sentados a la propia mesa de Cristo en su reino terrenal, y con dominio sobre **las doce tribus de Israel** (cp. Mt. 19:27-28). Aunque en pocas horas más todos ellos abandonarían a Cristo y huirían llenos de pánico, y Pedro lo negaría verbalmente varias veces, todos los apóstoles serían restaurados. Entonces sería para ellos un privilegio y una honra predicar el evangelio, comenzando la proclamación de las buenas nuevas de la salvación hasta lo último de la tierra (Mt. 28:19-20).

DIFICULTAD Y TRIUNFO CON EL DIABLO

Dijo también el Señor: Simón, Simón, he aquí Satanás os ha pedido para zarandearos como a trigo; pero yo he rogado por ti, que tu fe no falte; (22:31-32*a*)

Jesús triunfó sobre la prueba con un enemigo humano en Judas, y con sus amigos humanos, los apóstoles. También triunfó sobre la tribulación causada por su sobrenatural adversario Satanás. El escenario sigue siendo el aposento alto, como afirma la descripción de Juan de esta conversación entre el Señor y Pedro (13:31-38). Mateo (26:30-35) y Marcos (14:26-31) relatan una conversación parecida que se llevó a cabo más tarde en el Monte de los Olivos. Solamente Lucas señala que Satanás **ha pedido** permiso **para** zarandear a los discípulos (el pronombre traducido **os** es plural). *Exaiteō* (**ha pedido**) aparece solo aquí en el Nuevo Testamento. Se trata de una forma intensificada del verbo *aiteō,* que significa “pedir”. El verbo es reflexivo, indicando que Satanás estaba requiriendo a Pedro y a los demás para sí mismo.

Aunque continuamente ataca a los creyentes (como hizo con Pablo; cp. 2 Co. 12:7; 1 Ts. 2:18; 2 Co. 2:11), el diablo puede actuar solo dentro de los parámetros y los límites establecidos por Dios, y de ahí que necesitaba permiso para atacar a los discípulos (cp. Job 1:6-12; 2:1-6; Zac. 3:1-5).

Lo que el diablo pretendía hacer con los discípulos era zarandearlos **como a trigo.** Durante la cosecha del trigo se le agitaba y lanzaba al aire junto con la paja. El viento se llevaría la paja más ligera, dejando atrás el buen grano. Satanás quería sacudir violentamente a los discípulos para ver si la fe permanecía en ellos. Los asaltaría con un severo sufrimiento poco tiempo después en Getsemaní, lo cual, en cumplimiento de Zacarías 13:7, los haría huir y abandonar a Jesús.

Pero la deserción de los discípulos no sería permanente. Después de la resurrección de Cristo serían restaurados y se encontrarían con Él en Galilea (Mt. 26:32). Esa restauración del temor temporal estaba garantizada por la promesa del Señor: **yo he rogado por ti, que tu fe no falte** (o que no sea oscurecida; cp. Lc. 23:45). Jesús, el gran sumo sacerdote de los apóstoles, intercede continuamente por los creyentes (He. 7:25; cp. Ro. 8:33-34; Jud. 24-25 y el ejemplo de su oración intercesora en Jn. 17:6-19); y sus oraciones siempre tienen respuesta, ya que Él siempre ora según la voluntad de Dios. La fe salvadora de Pedro y los demás apóstoles era el verdadero don de Dios y, al igual que la fe de Job, los mejores esfuerzos de Satanás no podían destruirla.

DIFICULTAD Y TRIUNFO CON PEDRO

y tú, una vez vuelto, confirma a tus hermanos. Él le dijo: Señor, dispuesto estoy a ir contigo no sólo a la cárcel, sino también a la muerte. Y él le dijo: Pedro, te digo que el gallo no cantará hoy antes que tú niegues tres veces que me conoces. (22:32*b*-34)

Satanás había estado atacando a Pedro, al menos desde su ridículo intento de disuadir a Jesús de ir a la cruz (Mt. 16:22-23). A pesar de haberle puesto el nombre de Pedro (Mr. 3:16), Jesús casi siempre se dirigía a él como **Simón,** siendo aquí la única excepción en el versículo 34. Puesto que muy a menudo Pedro actuaba como su antiguo yo, por lo general Jesús se dirigía a él por su antiguo nombre. La doble repetición intensiva, **Simón, Simón,** revela sentimiento, desilusión y tristeza de parte del Señor por la conducta del apóstol.

Sin inmutarse por la advertencia de Jesús, Pedro declaró descaradamente: **Señor, dispuesto estoy a ir contigo no sólo a la cárcel, sino también a la muerte.** Su arrogante bravuconería expresaba un sincero amor por el Señor; pero se basaba solo en la suposición de que Jesús estaría presente, como lo indica el pronombre personal **contigo.** Ya que Pedro había presenciado de primera mano innumerables ejemplos del ilimitado poder de Cristo, el pescador estaba seguro de poder soportar cualquier cosa, mientras Jesús estuviera allí. Esa confianza se reveló algunas horas después en Getsemaní, cuando de modo intrépido se enfrentó a las fuerzas enviadas para arrestar a Jesús. Confiado en el poder de su Señor para rescatarlo, Pedro evidentemente intentó abrirse paso a través de todo el destacamento, si fuera necesario, comenzando con el siervo del sumo sacerdote (22:50).

Sin embargo, poco después, lejos de la presencia de Cristo en el patio del sumo sacerdote, Pedro se retraería cobardemente de miedo y negaría a su Señor (Lc. 22:54-62), cumpliendo así la advertencia de Jesús: **Pedro, te digo que el gallo no cantará hoy antes que tú niegues tres veces que me conoces.**

Pedro finalmente sería encarcelado (Hch. 12:3-11) y más adelante ejecutado. De acuerdo con la tradición, lo crucificaron con la cabeza hacia abajo porque él mismo declaró ser indigno de ser crucificado en la misma forma que su Señor. A pesar de su negación bajo la amenaza de los acontecimientos que rodearon el arresto de Jesús, la fe de Pedro en última instancia no fallaría. **Una vez** que hubiera **vuelto** por la gracia divina, sería capaz de confirmar a sus **hermanos.** Después de haber pasado por tan extraña tentación y prueba, y después de experimentar el carácter perdurable de la fe que salva, Pedro podría fortalecer y animar a otros. Con gratitud podría decirles que Cristo lo sostuvo, lo restauró y lo comisionó (Jn. 21:15-19; cp. 1 P. 1:3-9). Pedro escribiría más tarde su primera epístola como una revelación del Espíritu Santo a fin de alentar a otros en todos los sufrimientos que enfrentaran. Su recuperación demuestra el indestructible poder de la fe salvadora que Dios misericordiosamente concede a los suyos.

DIFICULTAD Y TRIUNFO DE PARTE DEL MUNDO HOSTIL

Y a ellos dijo: Cuando os envié sin bolsa, sin alforja, y sin calzado, ¿os faltó algo? Ellos dijeron: Nada. Y les dijo: Pues ahora, el que tiene bolsa, tómela, y también la alforja; y el que no tiene espada, venda su capa y compre una. Porque os digo que es necesario que se cumpla todavía en mí aquello que está escrito: Y fue contado con los inicuos; porque lo que está escrito de mí, tiene cumplimiento. Entonces ellos dijeron: Señor, aquí hay dos espadas. Y él les dijo: Basta. (22:35-38)

La última fuente de tribulación sobre la cual el Señor triunfará es el mundo hostil de los incrédulos, es decir, los que rechazan a Dios y sirven a Satanás. La prueba del mundo caería primero sobre el Señor Jesucristo mismo, y después de su resurrección y ascensión se extendería a sus seguidores, comenzando con los apóstoles.

La expresión **dijo** aparece siete veces en los versículos 10 al 38, indicando el énfasis que Jesús puso en la enseñanza durante este tiempo final con los discípulos antes de su muerte. Comenzó recordándoles la favorable recepción que generalmente ellos habían recibido en anteriores viajes de predicación. Les preguntó: **Cuando os envié sin bolsa, sin alforja, y sin calzado, ¿os faltó algo? Ellos dijeron: Nada.** Puesto que las personas les habían abierto sus casas, los apóstoles no tuvieron necesidad de procurar sus sustento (Lc. 9:3-4; cp. 10:1-8).

Ser recibidos por la sociedad judía (e incluso por algunos gentiles) reforzó su opinión de que todo estaba encaminado para la llegada del reino mesiánico (cp. Lc. 19:11). A pesar de la enseñanza de Jesús la noche del miércoles en relación con el regreso de Cristo y el establecimiento de su reino no sucederían sino hasta el futuro lejano, los discípulos aún se aferraban obstinadamente a las ideas que habían adoptado. Incluso después de la resurrección de Cristo todavía esperaban que Él estableciera de inmediato su reino (Hch. 1:6).

Las palabras de Jesús **Pues ahora** señalan que las cosas serían diferentes en el futuro. El arresto y la muerte de Cristo desatarían persecución a sus seguidores, porque tras rechazar a Cristo, la nación ya no recibiría a sus discípulos. Al contrario, serían odiados y perseguidos, exactamente como Jesús les había advertido (9:23-24; 12:11-12; 14:26-33; cp. Mt. 5:10; Jn. 15:18-25; 16:1-4, 33; 2 Ti. 3:12).

Puesto que de ahora en adelante tendrían que proveer para sus necesidades, Jesús les expresó: **el que tiene bolsa, tómela, y también la alforja.** Ya que las personas serían hostiles hacia ellos, tendrían que proveer para sí mismos y protegerse; de ahí la orden del Señor: **y el que no tiene espada, venda su capa y compre una.** La referencia es figurada, y no se refiere a una espada de verdad. Cuando Pedro atacó al siervo del sumo sacerdote con una espada, Jesús lo reprendió: "Basta ya; dejad" (22:51). Tampoco hay ningún registro en Hechos de que los apóstoles usaran la fuerza para defenderse.

Igual que ocurrió con la aflicción que enfrentó de parte de Judas, de los apóstoles, de Satanás y de Pedro, Jesús y su pueblo también triunfarán sobre el mundo hostil. El odio que Cristo y sus seguidores enfrentarían no les llegó de modo sorpresivo, sino que fue el cumplimiento directo de las Escrituras. El Señor dejó esto en claro al asociar su cita de Isaías 53:12 con las declaraciones: **Porque os digo que es necesario que se cumpla todavía en mí aquello que está escrito** y **porque lo que está escrito de mí, tiene cumplimiento** (existen al menos otras cinco referencias en el Nuevo Testamento al cumplimiento de Isaías 53 en Jesús [Mt. 8:17; Jn. 12:38; Hch. 8:32-33; Ro. 10:16; 1 P. 2:22]).

Que Él fuera **contado con los inicuos** no se refiere a que Cristo fuera crucificado con dos delincuentes, o a que se relacionara con pecadores durante su ministerio terrenal. Se refiere específicamente a su muerte en lugar de los pecadores (cp. 2 Co. 5:21; Gá. 3:10-13; 1 P. 2:24). El capítulo cincuenta y tres de Isaías enseña que Dios categorizó a Jesús como un transgresor y que luego lo castigó como un sustituto por los pecadores. Ese pensamiento se repite en diferentes formas veinte veces en el capítulo, y por eso esta declaración citada por el Señor resume todo lo dicho en él.

Isaías 53 registra el lamento de los judíos penitentes en el futuro, que reconocerán que Israel había matado al Mesías (cp. Zac. 12:10). Se darán cuenta de que Él murió como sustituto por ellos, recibiendo el castigo divino por los pecados de los pecadores. Lo reconocerán como el sustituto desfigurado (Is. 52:14; 53:2-3), el sustituto sufriente (vv. 4-6), el sustituto sumiso (vv. 7-9), y el sustituto soberano (vv. 10-12).

Aunque Cristo triunfaría sobre el mundo hostil, los vacilantes apóstoles no podían estar seguros de que ellos también lo harían. Por tanto, **ellos dijeron: Señor, aquí hay dos espadas.** La respuesta de Jesús, **Basta,** que significa "No más este tipo de charla", indica que la protección futura de los discípulos no dependería de ellos, sino de Dios, quien los fortalecería y los protegería (Jn. 14:12-18, 23, 25-27; 15:16; 16:7, 12-15, 23, 24, 26, 27, 32, 33; cp. la oración de Jesús en Jn. 17:6-26).

Cuatro características de la oración triunfante 125

Y saliendo, se fue, como solía, al monte de los Olivos; y sus discípulos también le siguieron. Cuando llegó a aquel lugar, les dijo: Orad que no entréis en tentación. Y él se apartó de ellos a distancia como de un tiro de piedra; y puesto de rodillas oró, diciendo: Padre, si quieres, pasa de mí esta copa; pero no se haga mi voluntad, sino la tuya. Y se le apareció un ángel del cielo para fortalecerle. Y estando en agonía, oraba más intensamente; y era su sudor como grandes gotas de sangre que caían hasta la tierra. Cuando se levantó de la oración, y vino a sus discípulos, los halló durmiendo a causa de la tristeza; y les dijo: ¿Por qué dormís? Levantaos, y orad para que no entréis en tentación. (22:39-46)

Como Isaías profetizó que el Mesías haría, nuestro Señor fue un "varón de dolores, experimentado en quebranto" (Is. 53:3). Los evangelios registran que Él lloró por la dureza de corazón de Israel (Mr. 3:5), por la súplica de un hombre sordo (Mr. 7:34), por la superficialidad de los dirigentes religiosos de Israel (Mr. 8:12), ante la tumba de Lázaro (Jn. 11:35), y por Jerusalén (Lc. 19:41).

Pero Cristo experimentó el dolor más extremo en Getsemaní la noche antes de su muerte, cuando ofreció "ruegos y súplicas con gran clamor y lágrimas al que le podía librar de la muerte, fue oído a causa de su temor reverente" (He. 5:7). La tristeza de Cristo al enfrentar la muerte como el portador del pecado está más allá de toda comprensión. Este es un reto a la descripción y el entendimiento, porque lo que Jesús soportó es absolutamente único y sin ningún paralelo en la experiencia humana. El relato de su tentación en el huerto confronta a quienes lo leen con un profundo misterio. Los deja pasmados por la agonía de Cristo al enfrentar en la cruz la ira del Padre, y asombrados por la intensidad de la más grande de todas las batallas contra la tentación.

El objetivo de Satanás a lo largo de la vida de Cristo fue impedirle que fuera a la cruz, donde iría a morir como sustituto por los pecadores en cumplimiento del plan preordenado por Dios. Ese fue el propósito del diablo cuando tentó a Jesús al principio del ministerio de Cristo (Mt. 4:1-11; Lc. 4:1-13). En cada una de las tres tentaciones, aparte del sufrimiento, la muerte y la ira divina, Satanás ofreció darle lo que por derecho era suyo. Evitar que el Señor llegara a la cruz fue también el objetivo del diablo en esta última y más severa tentación.

Satanás tendría su hora, llamada "hora, y la potestad de las tinieblas" (v. 53). En los propósitos soberanos de Dios este fue el momento predeterminado para que el diablo hiciera su esfuerzo supremo por impedir al Hijo de Dios su sacrificio propiciatorio. Tan intenso fue el conflicto que, en Marcos 14:34, Jesús reconoció: "Mi alma está muy triste, hasta la muerte". Pero cuando la batalla acabó, Satanás sería derrotado. Jesús emergería triunfante y unas horas después sería clavado en la cruz.

Fue al final del jueves o en la mañana del viernes cuando Jesús salió del aposento alto y **se fue, como solía** hacer (cp. Jn. 18:2) **al monte de los Olivos; y** los once restantes **discípulos también le siguieron.** Durante la Pascua, el clima habría sido lo suficientemente cálido como para reposar o dormir en la tranquilidad del **monte de los Olivos,** localizado justo al oriente de Jerusalén a través del valle de Cedrón (Jn. 18:1). En el Monte de los Olivos había un huerto (Jn. 18:1) llamado Getsemaní (Mt. 26:36), que significa "prensa de aceitunas". Se trataba de un huerto privado, tal vez de propiedad de un acaudalado seguidor de Jesús que permitía al Señor y los discípulos dormir allí. Tras bastidores se halla otro individuo anónimo que mostró piedad hacia Jesús durante la semana de la pasión, tal como hicieron los propietarios del pollino de asna que Él montó durante la entrada triunfal (Lc. 19:33-35), el hombre que llevaba el cántaro de agua que lo guio al aposento alto (Lc. 22:10), y el dueño del aposento alto (Lc. 22:11-12). Ya no había necesidad de evitar a Judas, quien sabía dónde estarían Jesús y los apóstoles (Jn. 18:2), ya que la hora divinamente ordenada para el arresto del Señor estaba cerca.

El conflicto sobrenatural de Cristo con Satanás y la oración de Jesús al Padre se caracterizan por cuatro elementos esenciales: anticipación, aflicción, sumisión y restauración.

ANTICIPACIÓN

Cuando llegó a aquel lugar, les dijo: Orad que no entréis en tentación. (22:40)

Jesús oró en anticipación a la tentación y en todo el trayecto hacia esta, la cual era real, ya que aunque Él no podía pecar (Jn. 5:19, 30), podía ser tentado (He. 2:17-18; 4:15). Sin embargo, la tentación que el Señor enfrentó fue diferente de la de los creyentes. Los cristianos son nuevas criaturas (2 Co. 5:17), encarceladas en carne no redimida (Ro. 7:18-25) y fácilmente seducidos por los vestigios de su caída. Satanás los tienta para que se aferren al pecado y no maduren. Ellos luchan contra su atracción al pecado, a fin de abandonarlo y adoptar justicia, santidad, y pureza.

Pero la tentación que Satanás hizo a Cristo fue exactamente lo opuesto. Jesús era perfectamente puro y justo, y su santidad absoluta le motivaba todo pensamiento, palabra y obra. Mientras que los cristianos luchan por abandonar el pecado y adoptar la santidad, Jesús luchó por hacer de lado su santidad y cargar con el pecado. Él no estaba lidiando con impulsos pecaminosos a fin de volverse santo, sino contra impulsos santos a fin de que fuera hecho pecado por el bien de los creyentes (2 Co. 5:21). Satanás tienta a los cristianos para que se aferren al pecado; a Jesús lo tentó para que se aferrara a su santidad.

Cristo siempre había sabido que la batalla más grande de su vida eternamente pura e inmaculada sería estar separado del Padre y soportarle la ira contra el pecado. En su oración registrada en Juan 17 pidió: "Padre, glorifícame tú al lado tuyo, con aquella gloria que tuve contigo antes que el mundo fuese" (v. 5). Así oró para que el Padre lo fortaleciera en el calvario venidero, y lo restaurara a la gloria eterna.

Aunque estaba totalmente enfocado en el conflicto, Jesús aún se hallaba preocupado con relación a los apóstoles. Él sabía que ellos también lidiarían con severa tentación esa noche, y que debían estar listos para enfrentarla. Así como Él se preparó por medio de la oración, así también ellos debían orar. Por tanto, **cuando llegó a** Getsemaní **les dijo: Orad que no entréis en tentación.** Dejando a ocho de los apóstoles a la entrada del huerto (Mt. 26:36), tomó a Pedro, Jacobo y Juan (Mr. 14:33) con Él. Entonces Jesús dejó a los tres y se fue a orar a solas, regresando más tarde hasta donde ellos y encargándoles otra vez que oraran para que no cayeran en tentación (v. 38; cp. Mt. 26:41).

He aquí un ejemplo del equilibrio eterno entre la soberanía divina y la responsabilidad humana. Jesús ya había orado para que la fe los apóstoles no decayera (Lc. 22:32), pero eso no los eximía de su responsabilidad de orar. Al menos dos veces en el pasado Jesús les había enseñado a orar específicamente para que no cayeran en tentación (Mt. 6:13; Lc. 11:4).

La lección es clara. Si ni siquiera Cristo se enfrentó a la tentación sin orar, ¿cuánto más los apóstoles y todos los cristianos deben hacer lo mismo? Aquellos que oran de manera apropiada deben vaciarse de toda confianza en sí mismos (la que Pedro y los apóstoles ya habían exhibido; Mr. 14:31), de orgullo espiritual, y de sobrevaloración de sus fuerzas, y pedir ayuda divina. Las palabras de Jesús son una advertencia en contra de ser atrapados sin oración cuando la fuerza total de la tentación golpee, y son una promesa de que la ayuda espera a quienes oran.

AFLICCIÓN

Y él se apartó de ellos a distancia como de un tiro de piedra; y puesto de rodillas oró, (22:41)

El relato de Lucas es breve, y no incluye algunos de los detalles proporcionados por Mateo y Marcos. Los últimos revelan que después que Jesús **se apartó** inicialmente de Pedro, Jacobo y Juan, y oró, volvió a ellos un par de veces, hallándolos dormidos en ambas ocasiones (Mt. 26:39-45; Mr. 14:35-42). Lucas señala que después de moverse **a distancia como de un tiro de piedra** de los tres apóstoles, a un lugar donde estaría solo, **puesto de rodillas** Jesús **oró.** Estar de pie era la postura acostumbrada para orar (Mt. 6:5; Mr. 11:25; Lc. 18:11), pero el Señor se puso **de rodillas,** y luego "se postró sobre su rostro" (Mt. 26:39). Marcos agrega que esto se debió a que Jesús "comenzó a entristecerse y a angustiarse" (Mr. 14:33), y el escritor de Hebreos manifiesta que "Cristo... [ofreció] ruegos y súplicas con gran clamor y lágrimas" (He. 5:7). Tomados juntos, tales pasajes revelan la intensa agonía de la lucha de Cristo. Este fue el varón de dolores en su conflicto más entristecedor.

Varios aspectos deprimieron a Jesús en tal dolor, entre ellos el rechazo del pueblo, la deserción del traidor Judas, la disensión entre los apóstoles restantes y el inminente abandono que estos le hicieran, el repudio y la negación de Pedro, así como la injusticia de los hombres, por la cual el inmaculado Príncipe de verdad y justicia, el amante y la fuente de la justicia, sería condenado en un tribunal corrupto y asesinado por hombres perversos. Pero todo eso palidece en comparación con la realidad de que la ira de su Padre contra los pecados de los elegidos caería en la cruz sobre el ser intachable.

Triunfar sobre la tentación implica experimentar el doloroso ataque del pecado, ser rechazado por ello, y agonizar en oración para ser liberado de ese pecado. Solamente al amar la santidad, odiar el pecado, y sentir la agonía que este genera es que se puede producir la clase de oración que lleva al triunfo sobre la tentación.

SUMISIÓN

diciendo: Padre, si quieres, pasa de mí esta copa; pero no se haga mi voluntad, sino la tuya. (22:42)

El propósito de toda oración verdadera es que se haga la voluntad de Dios. Aquellos que sienten de veras la aflicción causada por el pecado y la tentación están motivados a someterse al Señor. En Salmos 40:8, David exclamó: "El hacer tu voluntad, Dios mío, me ha agradado", mientras que en Salmos 143:10 suplicó: "Enséñame a hacer tu voluntad, porque tú eres mi Dios; tu buen espíritu me guíe a tierra de rectitud". El modelo de oración de Jesús enseña que quienes se dirigen a Dios en oración expresen: "Hágase tu voluntad, como en el cielo, así también en la tierra" (Mt. 6:10; cp. Lc. 11:2). El apóstol Juan escribió: "Y esta es la confianza que tenemos en él, que si pedimos alguna cosa conforme a su voluntad, él nos oye. Y si sabemos que él nos oye en cualquiera cosa que pidamos, sabemos que tenemos las peticiones que le hayamos hecho" (1 Jn. 5:14-15). La sumisión a la voluntad de Dios es fundamental para orar.

La petición de Jesús: **Padre, si quieres,** pone una vez más de relieve el contraste entre la tentación de Él y la de los creyentes. Cristo se sometió a la voluntad del Padre para ser hecho pecado; los creyentes oran para poder someterse a la voluntad de Dios abandonando el pecado y abrazando la santidad. Marcos registra que Jesús se dirigió al **Padre** mediante el íntimo, entrañable y afectuoso término "Abba" (Mr. 14:36), revelando así la vehemencia e intensidad de la súplica. Ningún judío llamaría alguna vez "Padre" a Dios el Padre, mucho menos Abba. Pero el Señor usa este vocablo afectivo y personal para referirse a Dios, rogando que su amor íntimo lo rescate si Él lo desea.

La palabra "copa" se relaciona frecuentemente con juicio en el Antiguo Testamento (Sal. 11:6; 75:8; Is. 51:17, 22; Jer. 25:15-17; 49:12; Lm. 4:21; Ez. 23:31-33; Hab. 2:16; Zac. 12:2). Aquí también se refiere a la agonía, la culpa, y la ira relacionada con el juicio de Dios para con Jesús en la cruz. Algunos han imaginado que el ruego del Señor, **si quieres, pasa de mí esta copa,** fue una señal de debilidad de parte de Él. Pero no fue debilidad lo que motivó esta petición, sino que más bien fue lo contrario. La absoluta santidad de Jesús demandaba que retrocediera ante la idea de cargar con el pecado, la culpa, el juicio y la ira. Ninguna otra respuesta era posible para el eternamente puro Hijo de Dios.

Jesús aceptó que la cruz era el plan de Dios. En Juan 12 declaró: "De cierto, de cierto os digo, que si el grano de trigo no cae en la tierra y muere, queda solo; pero si muere, lleva mucho fruto" (v. 24); "Ahora está turbada mi alma; ¿y qué diré? ¿Padre, sálvame de esta hora? Mas para esto he llegado a esta hora" (v. 27); "Y yo, si fuere levantado de la tierra, a todos atraeré a mí mismo" (v. 32). En Marcos 8:31, Jesús "comenzó a enseñarles [a los discípulos] que le era necesario al Hijo del Hombre padecer mucho, y ser desechado por los ancianos, por los principales sacerdotes y por los escribas, y ser muerto, y resucitar después de tres días" (cp. 9:31; Lc. 9:22, 44). En el último viaje a Jerusalén, Jesús,

> *volviendo a tomar a los doce aparte, les comenzó a decir las cosas que le habían de acontecer: He aquí subimos a Jerusalén, y el Hijo del Hombre será entregado a los principales sacerdotes y a los escribas, y le condenarán a muerte, y le entregarán a los gentiles; y le escarnecerán, le azotarán, y escupirán en él, y le matarán; mas al tercer día resucitará (Mr. 10:32-34).*

A pesar de sufrir ataques satánicos más allá de la capacidad de la mente humana para experimentar o concebir, y de agonizar ante la posibilidad de cargar con el pecado, Jesús se sometió por completo a la voluntad del Padre de ser la ofrenda por el pecado (2 Co. 5:21), a fin de que la redención de los elegidos de Dios se llevara a cabo. Por consiguiente oró: **pero no se haga mi voluntad, sino la tuya.** Jesús demostró pronto la realidad de esa sumisión cuando le dijo a Pedro: "Mete tu espada en la vaina; la copa que el Padre me ha dado, ¿no la he de beber?" (Jn. 18:11).

RESTAURACIÓN

Y se le apareció un ángel del cielo para fortalecerle. Y estando en agonía, oraba más intensamente; y era su sudor como grandes gotas de sangre que caían hasta la tierra. Cuando se levantó de la oración, y vino a sus discípulos, los halló durmiendo a causa de la tristeza; y les dijo: ¿Por qué dormís? Levantaos, y orad para que no entréis en tentación. (22:43-46)

El hecho de que a Jesús **se le** apareciera **un ángel del cielo** era poco frecuente. Entre su nacimiento y su resurrección solo dos veces aparecieron ángeles en la vida de Cristo: en la tentación en el desierto (Mt. 4:11) y en la tentación en el huerto. Este ángel fue enviado a Jesús como una confirmación del cuidado del Padre por Él, a fin de fortalecer su confianza de que en última instancia el Padre no lo abandonaría sino que luego lo restauraría (cp. Jn. 17:5). Aquel que está por encima de los ángeles, que es mejor que los ángeles, que tenía un nombre más excelente que los ángeles, que fue adorado por los santos ángeles, aunque por un rato se hizo más bajo que ellos (He. 1:4—2:18), fue fortalecido por un ángel. En medio de su oración hubo restauración divina.

Los ángeles también ministran, aunque no visiblemente como fue el caso con Cristo, a quienes con devoción se someten a la voluntad de Dios. El escritor de Hebreos preguntó de manera retórica: "¿No son todos espíritus ministradores, enviados para servicio a favor de los que serán herederos de la salvación?" (He. 1:14; cp. Mt. 18:10).

La severidad de la lucha de Cristo motivó que apareciera el ángel **para fortalecerle. Agonía** se traduce del sustantivo griego *agōnia*, que describe un estado de extrema angustia mental y emocional. La forma verbal del sustantivo se refiere a intensa lucha, ya sea en competencias o combates atléticos. La palabra griega traducida **intensamente** está relacionada con un verbo que significa "fortificar". Aquí describe la severa tensión bajo la cual se hallaba el Señor, tanto que hubo una extraña reacción física. Solamente Lucas el médico (Col. 4:14) relata que **era su sudor como grandes gotas de sangre que caían hasta la tierra.** Esto sugiere una rara condición conocida como hematidrosis, que se caracterizaba por la exudación de sangre por la piel. La causa más frecuente es extrema tensión mental y emocional que hace que los capilares subcutáneos se dilaten y se rompan, liberando sangre que se mezcla son sudor. Esa fue una confirmación gráfica de la declaración del señor: "Mi alma está muy triste, hasta la muerte" (Mt. 26:38; Mr. 14:34; cp. He. 12:3-4).

Cuando Cristo **se levantó** triunfante **de la oración, y vino a sus discípulos, los halló durmiendo.** No dormían a causa del cansancio, porque fuera tarde en la noche, porque hubiera sido una semana ocupada, porque poco antes hubieran cenado, porque hubieran dado una larga caminata, o por estar muy oscuro. Estaban dormidos **a causa de la tristeza,** el fatalismo y la desesperación. A los discípulos les habían dicho que iban a abandonar al Señor, que Pedro lo negaría, y que Jesús sería arrestado e iría a la cruz. Desde la perspectiva de ellos, su mundo había derrumbado. El fatalismo entró a hurtadillas, y parecía que no quedaba nada por qué orar. Lucas condensó las repetidas advertencias de Cristo. Jesús **les dijo: ¿Por qué dormís? Levantaos, y orad para que no entréis en tentación.** Después de la tercera y última vez que Él llegó y los encontró durmiendo, les declaró: "Dormid ya, y descansad. Basta, la hora ha venido; he aquí, el Hijo del Hombre es entregado en manos de los pecadores" (Mr. 14:41). Ya no había más tiempo para orar o prepararse; el enemigo estaba cerca. Pero aunque Cristo iba a enfrentar victorioso al enemigo sobre la tentación por medio de la oración, los apóstoles enfrentarían al enemigo y serían derrotados.

Cuando el Señor Jesucristo se levantó de la tierra ensangrentado pero con la cabeza erguida, la batalla había acabado; el diablo fue derrotado; la última tentación fue superada con éxito. Él triunfaría sobre sus enemigos humanos: Judas, los dirigentes judíos y los romanos. En la cruz derrotaría a Satanás (Gn. 3:15; 1 Jn. 3:8) y sería hecho pecado para que los creyentes fueran "hechos justicia de Dios en él" (2 Co. 5:21). Jesús triunfaría sobre la muerte al resucitar de los muertos, y sería exaltado a la diestra del Padre (Hch. 2:33; 5:31; 7:55-56; Ro. 8:34; Col. 3:1; He. 10:12; 12:2; 1 P. 3:22) como Rey de reyes y Señor de señores (Ap. 17:14; 19:16) para siempre (Ap. 11:15).

La copa estaba en la mano de Cristo y Él se hallaba a punto de beberla. Y su mano estaba firme. Con razón, Philip P. Bliss escribió:

> El varón de gran dolor,
> es el Hijo del Señor,
> vino al mundo por amor.
> ¡Aleluya! ¡Es mi Cristo!

Un beso traidor para el Salvador triunfante

126

Mientras él aún hablaba, se presentó una turba; y el que se llamaba Judas, uno de los doce, iba al frente de ellos; y se acercó hasta Jesús para besarle. Entonces Jesús le dijo: Judas, ¿con un beso entregas al Hijo del Hombre? Viendo los que estaban con él lo que había de acontecer, le dijeron: Señor, ¿heriremos a espada? Y uno de ellos hirió a un siervo del sumo sacerdote, y le cortó la oreja derecha. Entonces respondiendo Jesús, dijo: Basta ya; dejad. Y tocando su oreja, le sanó. Y Jesús dijo a los principales sacerdotes, a los jefes de la guardia del templo y a los ancianos, que habían venido contra él: ¿Como contra un ladrón habéis salido con espadas y palos? Habiendo estado con vosotros cada día en el templo, no extendisteis las manos contra mí; mas esta es vuestra hora, y la potestad de las tinieblas. (22:47-53)

La sección anterior del Evangelio de Lucas describió la agonizante experiencia de la tentación al Señor Jesucristo en el huerto de Getsemaní (véase la exposición de 22:39-46 en el cap. 125 de esta obra). En esta escena, el varón de dolores enfrentó otra experiencia profundamente dolorosa: ser traicionado en manos de sus enemigos por uno de sus discípulos. La narración de este acontecimiento es tan dramática, trágica y al final triunfante que aparece en cada uno de los cuatro evangelios.

El sábado anterior, seis días antes de esta escena en Getsemaní, Jesús llegó a Betania, una pequeña aldea exactamente al oriente de Jerusalén. Había pasado la noche allí, lo más probable en casa de sus amigos María, Marta y Lázaro, y el domingo había enseñado a las muchas personas que acudieron allí para verlo. El lunes vio su entrada triunfal en Jerusalén cuando fue aclamado como el Mesías por parte de la voluble multitud, que el viernes pediría su sangre a gritos.

El martes Jesús regresó a Jerusalén desde el Monte de los Olivos, donde pasó cada noche (22:39) con los apóstoles en aislamiento y seguridad. Luego atacó el corazón del judaísmo apóstata de su época arremetiendo por segunda vez en su ministerio contra la corrupción en el templo (cp. Jn. 2:13-16), volviendo a enfurecer a los dirigentes religiosos. Jesús pasó después el resto del día enseñando a las personas que estaban en Jerusalén para la Pascua.

Después de pasar la noche en el Monte de los Olivos, Jesús volvió a la ciudad el miércoles para un día final de enseñanza, así como para confrontar y condenar a los líderes religiosos. Al final del día regresó de nuevo al Monte de los Olivos con los discípulos, donde los instruyó sobre elementos del prolongado intervalo entre su primera y su segunda venida.

El jueves fue un día privado que pasó con los discípulos, y que culminó con la celebración oficial de la Pascua y la conmemoración inaugural de la Cena del Señor. También enseñó a los discípulos por última vez antes de su muerte (Jn. 13—16) e hizo una oración que refleja el papel de Jesús como sumo sacerdote de los creyentes (cap. 17). Después de haber desenmascarado a Judas, ahora totalmente bajo el dominio de Satanás (Lc. 22:3), como el traidor, el Señor lo despidió. Judas salió entonces a fin de hacer los preparativos finales con los líderes religiosos para arrestar a Jesús.

Tarde en la noche del jueves, o poco antes de la medianoche la madrugada del viernes, Jesús y los once discípulos restantes salieron del aposento alto y fueron al huerto de Getsemaní. El Señor dejó a ocho de ellos en la entrada y llevó consigo un poco más adentro a Pedro, Jacobo y Juan. Entonces se separó a una corta distancia de ellos y oró solo. Agonizando en oración, Cristo triunfó sobre el diablo, cuyos esfuerzos por tentarlo para que evitara la cruz fallaron. Volviendo hasta donde estaban los apóstoles, Jesús no los encontró orando, como varias veces les había amonestado que hicieran, sino durmiendo. Cuando los reprendía por última vez, la multitud llegó para arrestarlo.

La mejor manera de analizar la escena siguiente es examinar a los personajes implicados. Presenciamos primero la llegada de la multitud, luego el beso del traidor, la reprensión a los discípulos, y por último el triunfo del Salvador.

LA LLEGADA DE LA MULTITUD

Mientras él aún hablaba, se presentó una turba; y el que se llamaba Judas, uno de los doce, iba al frente de ellos; (22:47*a*)

Mientras Jesús **aún hablaba** a los discípulos y los reprendía por dormir cuando debieron haber estado orando (v. 46), **se presentó una turba**, con Judas **al frente** como su guía. Cada uno de los tres evangelios sinópticos relata la abrupta transición del solitario tiempo de Cristo en oración a su enfrentamiento con el enorme grupo de personas (Mt. 26:47; Mr. 14:43).

A la cabeza de la muchedumbre estaba **el que se llamaba Judas.** Este fue identificado además como **uno de los doce** (cp. 22:3; Mt. 26:14, 47; Mr. 14:10, 43) apóstoles que habían estado con Jesús durante los tres años de su ministerio. Judas había oído a diario las enseñanzas de Cristo y había presenciado sus milagros. Tuvo al igual que los demás apóstoles el mismo privilegio y honor, y la invaluable oportunidad de caminar con el Hijo encarnado de Dios. Judas no era un extraño sino un allegado.

Si existe una palabra más fea y desagradable que "traidor", es el propio nombre sinónimo: Judas. Por atroz y repulsivo que fue el acto de Judas de traicionar a Jesús, los evangelistas se ven limitados en sus referencias al hombre. No hay nada del vituperio y el escarnio que los escritores de obras posteriores apócrifas no bíblicas lanzaron sobre él. Por ejemplo:

> El escrito apócrifo *La historia de José de Arimatea* enseña que Judas era hijo del hermano del sumo sacerdote Caifás, quien lo envió para que se infiltrara entre los discípulos y descubriera una manera de destruir a Jesús.
>
> Según otro escrito apócrifo, *Los hechos de Pilato,* Judas fue a casa después de la traición y encontró a su esposa asando un pollo. Cuando le contó que estaba planeando matarse porque temía que Jesús resucitara de los muertos y se vengara de él, ella contestó que Jesús no resucitaría de los muertos más de lo que el pollo que estaba cocinando podría saltar del fuego y cacarear... instante en el cual se afirma que el pollo hizo exactamente eso.
>
> Un manuscrito antiguo llamado *Narrativas coptas del ministerio y la pasión* sostiene que la esposa de Judas era muy codiciosa y que él no era más que el peón de una mujer manipuladora. En el antiguo Cercano Oriente, acusar a un hombre de estar sometido a una esposa dominante se consideraba altamente difamatorio.
>
> Un escrito del siglo XII llamado *El aura legendaria* afirma que los padres de Judas lo lanzaron al mar cuando era niño, ya que incluso a esa temprana edad sintieron supuestamente que él era diabólico y que merecía ser destruido. De algún modo se las arregló para sobrevivir y crecer hasta llegar a la edad adulta; según la leyenda, poco después de casarse con una hermosa mujer mayor, Judas descubrió que ella era su madre.
>
> Tales relatos extraños son comunes en la literatura extra bíblica. Son inventados para demostrar la vileza de Judas y para dar a conocer el desprecio con que se le veía. Los evangelistas, por el contrario, simplemente lo llaman uno de los doce. En lugar de minimizar la atrocidad de la traición de Judas, esto resalta la insidia de su crimen más de lo que cualquier lista de epítetos podría hacerlo (John MacArthur, *Matthew 24-28*, The MacArthur New Testament Commentary [Chicago: Moody, 1989], pp. 182-83).

Tras ser desenmascarado (Mt. 26:25) y despedido (Jn. 13:30) por Jesús como el traidor, Judas acudió directamente a los dirigentes religiosos judíos.

Ya había hecho su trato con ellos (Mt. 26:3-16), y ahora estaba listo para consumarlo. Él sabía que Jesús y los once discípulos restantes irían a Getsemaní cuando salieran del aposento alto. Judas estaba ansioso por sacar ventaja de la oscuridad y el aislamiento de Jesús en relación con las multitudes, para hacerlo arrestar allí.

Judas sintió una sensación de urgencia porque había detalles que se debían atender antes de poder arrestar a Jesús. En medio de la noche, el traidor tenía que encontrar a algunos de los dirigentes religiosos para que reunieran a los demás. Después era necesario convencer al comandante de la guarnición romana en la fortaleza Antonia que Jesús era un insurrecto que representaba una amenaza para Roma. Ya que Pilato estaba en Jerusalén en esa época, es probable que el comandante le hubiera pedido permiso para proveer las tropas que los dirigentes judíos requerían. Por último, todos tenían que entrar en Getsemaní, identificar a Jesús, y capturarlo antes que pudiera escapar.

La **turba** constaba de varios grupos, inclusive los que se enumeran en el versículo 52: los sumos sacerdotes (que dirigían las empresas del templo), los oficiales del templo (la fuerza policial del lugar), los ancianos (miembros del concilio), los escribas (Mr. 14:43) y un destacamento de tropas romanas de la cohorte estacionada en Jerusalén. Es poco probable que hubieran enviado a toda la unidad (seiscientos a mil hombres), ya que eso habría dejado a la ciudad desprotegida durante la Pascua, mientras se acrecentaban los sentimientos nacionalistas. Sin embargo, suficientes tropas (tal vez un manípulo, que constaba de unos doscientos hombres) fueron enviadas para justificar que las acompañara su oficial al mando (Jn. 18:12). Siempre sensibles a la amenaza de insurrección (especialmente, como ya se indicó, en la Pascua), los romanos llegaron con fuerzas abrumadoras, armados (v. 52) y listos para enfrentar problemas. Juan 18:3 observa que portaban linternas y antorchas. Las luces no eran necesarias para guiarlos a Getsemaní, ya que había luna llena en Pascua. Sin duda preveían que Jesús intentaría huir, y que tendrían que buscarlo en la oscuridad. La turba llegó preparada para arrestar al Señor como si fuera un peligroso insurrecto, como Barrabás (Mr. 15:7).

El arresto de Jesús da a conocer varias características acerca de la multitud. En primer lugar, fue injusta. Cristo no había cometido ningún crimen, ni contra Dios, el judaísmo, o el César. Esta turba estaba conformada por asesinos injustos, inicuos y perversos, exactamente como su padre, el diablo (Jn. 8:44).

Segundo, la turba también era insensata. La mayoría no tenía motivos legítimos para odiar a Jesús. Él había sanado enfermos, alimentado a pobres, echado fuera demonios, resucitado muertos, enseñado la verdad del reino de Dios, y confirmado su gloria, su ley y su palabra. Pero la mayor parte de la turba fue seducida por el odio de los dirigentes.

Tercero, la multitud era cobarde. Llegaron totalmente armados para atrapar a un humilde galileo, quien estaba desarmado e indefenso. Una conciencia culpable hace a un cobarde; la maldad teme poder conseguir lo que merece.

Por último, la turba era blasfema. No tenían ningún respeto por el Hijo sagrado, sino que intentaban poner manos asesinas sobre el santo Señor de gloria.

El mundo perverso aún trata a Jesús de manera tan injusta, insensata, cobarde y blasfema como lo hizo la turba esa noche en Getsemaní.

EL BESO DEL TRAIDOR

y se acercó hasta Jesús para besarle. Entonces Jesús le dijo: Judas, ¿con un beso entregas al Hijo del Hombre? (22:47*b*-48)

Como ya se indicó antes, había luna llena, pero el denso bosque de olivos en Getsemaní habría ocultado gran parte de la luz de la luna. Además, Jesús estaba rodeado por once hombres, y Judas pudo haber temido que uno de ellos fingiera ser Jesús mientras los demás lo llevaran a un lugar seguro. Por consiguiente, él "les había dado señal, diciendo: Al que yo besare, ése es; prendedle, y llevadle con seguridad" (Mr. 14:44). Al llegar a Getsemaní, **se acercó hasta Jesús para besarle.** Tan descaradamente confiado estaba Judas en su hipocresía, que creyó que nadie sospecharía de él como traidor.

De las distintas formas en que él pudo haber actuado (p. ej., en los pies, el dorso de la mano, la palma, el borde de la túnica), Judas eligió abrazar a Jesús y **besarle** en la mejilla, caso normalmente reservado para aquellos con quienes se tenía una estrecha amistad. No pudo haber habido una manera más despreciable de señalar al Señor, que fingiendo ser hipócrita y traidoramente un compañero devoto y leal de Jesús al expresar la más íntima señal de afecto.

Por supuesto, Jesús conocía el corazón inicuo y todos los detalles del malvado plan de Judas. Sin embargo, después de su cínico saludo, "¡Salve, Maestro!" (Mt. 26:49), antes que pudiera besarlo, **Jesús le dijo: Judas, ¿con un beso entregas al Hijo del Hombre?** Sin inmutarse, el traidor lo abrazó y lo besó con afecto y fervor, cumpliendo así su señal. Jesús aceptó el beso y se sometió a la vergüenza de la traición de Judas, diciéndole: "Amigo (compañero; hombre), ¿a qué vienes?". Entonces se acercaron y echaron mano a Jesús, y le prendieron (Mt. 26:50).

LA REPRENSIÓN A LOS DISCÍPULOS

Viendo los que estaban con él lo que había de acontecer, le dijeron: Señor, ¿heriremos a espada? Y uno de ellos hirió a un siervo del sumo sacerdote, y le cortó la oreja derecha. Entonces respondiendo Jesús, dijo: Basta ya; dejad. Y tocando su oreja, le sanó. (22:49-51)

Al menos la situación se clarificó para **los que estaban con** Jesús (es decir, los once apóstoles). Ellos vieron la enorme turba, muchos de ellos armados, con Judas a la cabeza, y se dieron cuenta de **lo que había de acontecer.** Los apóstoles, sin duda recordando la afirmación de Cristo en Lucas 22:36, "el que no tiene espada, venda su capa y compre una", **le dijeron: Señor, ¿heriremos a espada?** Ellos también acababan de presenciar otra increíble demostración del poder divino de Cristo, relatado en Juan 18. Cuando la turba llegó, Jesús tranquilamente fue a recibirla (v. 4). Les preguntó a quién estaban buscando (es decir, a quién tenían órdenes de arrestar), y ellos contestaron: "A Jesús nazareno". El Señor respondió usando el nombre divino "Yo soy" (v. 5; cp. Jn. 8:24, 28, 58), lo cual provocó que toda la muchedumbre cayera a tierra (v. 6).

Después que se levantaron, Jesús les volvió a preguntar: "¿A quién buscáis?" haciéndoles afirmar que solo tenían autoridad para arrestarlo a Él. Entonces exigió que dejaran ir a los apóstoles, "para que se cumpliese aquello que había dicho: De los que me diste, no perdí ninguno" (v. 9). El Señor sabía que ser arrestado resultaría ser demasiado para la fe de ellos, y los protegió (cp. 1 Co. 10:13).

Envalentonados por esa exhibición del poder de Cristo, los discípulos ansiosamente le preguntaron: **Señor, ¿heriremos a espada?** Impetuoso como siempre, Pedro no esperó la respuesta del Señor, sino que lanzó un ataque individual sobre el destacamento (Jn. 18:10). El apóstol **hirió a un siervo del sumo sacerdote** (Malco), quien sin duda se hallaba en primera fila al lado de su amo. Pedro apuntó sin éxito a la cabeza, y solo pudo cortarle **la oreja derecha.**

No obstante, el reino de Cristo no era de este mundo, y por tanto sus discípulos no debían pelear para protegerlo (Jn. 18:36). Al instante el Señor detuvo el acto heroico de Pedro con la severa reprimenda: **Basta ya; dejad.** Entonces de manera misericordiosa, **tocando** la **oreja** de Malco, **le sanó.** A continuación dio tres razones para detener la batalla y reprender a Pedro.

En primer lugar, "porque todos los que tomen espada, a espada perecerán" (Mt. 26:52). La resistencia armada puede resultar fatal, puesto que matar era un delito sancionado con la pena de muerte. Jesús confirmó el principio bíblico de la pena capital, y afirmó que el gobierno tiene el derecho de quitar las vidas de aquellos que cometen asesinato (Gn. 9:6; Ro. 13:4).

Segundo, la resistencia armada también es una ridiculez. El Señor aclaró: "¿Acaso piensas que no puedo ahora orar a mi Padre, y que él no me daría más de doce legiones de ángeles?" (Mt. 26:53). Ya que un solo ángel mató a 185.000 asirios (2 R. 19:35), el poder de las decenas de miles de ángeles que Cristo pudo haber convocado sería inconcebible. Él no necesitaba ninguna ayuda de parte de los apóstoles y sus dos pequeñas espadas.

Por último, la intervención armada de los apóstoles hacía caso omiso a la necesidad de que las profecías del Antiguo Testamento relacionadas con la muerte de Cristo (p. ej., Sal. 22; Is. 53) se cumplieran (Mt. 26:54; cp. v. 24; Lc. 24:25-26, 44-46).

Después del reproche del Señor, en cumplimiento de otra profecía del Antiguo Testamento con relación a su muerte, "todos los discípulos, dejándole, huyeron" (Mt. 26:56; cp. Zac. 13:7). En el ámbito humano, el fracaso de ellos en velar y orar (Lc. 22:46) los había dejado sin poder hacer frente al sufrimiento inminente.

EL TRIUNFO DEL SALVADOR

Y Jesús dijo a los principales sacerdotes, a los jefes de la guardia del templo y a los ancianos, que habían venido contra él: ¿Como contra un ladrón habéis salido con espadas y palos? Habiendo estado con vosotros cada día en el templo, no extendisteis las manos contra mí; mas esta es vuestra hora, y la potestad de las tinieblas. (22:52-53)

Después que los discípulos huyeron, **Jesús** confrontó **a los principales sacerdotes, a los jefes de la guardia del templo y a los ancianos, que habían venido contra él,** preguntándoles: **¿Como contra un ladrón habéis salido con espadas y palos? Habiendo estado con vosotros cada día en el templo, no extendisteis las manos contra mí.** Si Él hubiera sido la peligrosa amenaza y rival para el César de lo que lo acusaban, ¿por qué no lo arrestaron antes durante la semana? La respuesta es que temían la reacción del pueblo (Lc. 22:2). Solamente en el oscuro y aislado lugar de Getsemaní con una fuerza opresora que los acompañaba, se atrevieron a arrestarlo.

Jesús ofreció entonces el motivo para que no pudieran atraparlo hasta este momento: **esta** era la **hora** que Dios había ordenado de manera soberana que fuera de ellos en relación con **la potestad de las tinieblas** (cf. Hch. 2:22-23).

A lo largo de la historia siempre ha habido personas que, al igual que la multitud, rechazan a Jesús. También ha habido falsos discípulos, al igual que Judas, que por fuera profesan afecto y lealtad al Señor, pero por dentro lo odian. Incluso otros, como los once apóstoles, lo aman verdaderamente, pero son débiles e inestables. Sin embargo, encumbrándose sobre todos ellos está el Salvador triunfante, quien se entregó a sí mismo en manos de pecadores y voluntariamente bebió la copa del sufrimiento y la culpa, y llevó la carga del pecado que el Padre le había entregado para que los pecadores pudieran ser redimidos.

Peligro del exceso de confianza espiritual

127

Y prendiéndole, le llevaron, y le condujeron a casa del sumo sacerdote. Y Pedro le seguía de lejos. Y habiendo ellos encendido fuego en medio del patio, se sentaron alrededor; y Pedro se sentó también entre ellos. Pero una criada, al verle sentado al fuego, se fijó en él, y dijo: También éste estaba con él. Pero él lo negó, diciendo: Mujer, no lo conozco. Un poco después, viéndole otro, dijo: Tú también eres de ellos. Y Pedro dijo: Hombre, no lo soy. Como una hora después, otro afirmaba, diciendo: Verdaderamente también éste estaba con él, porque es galileo. Y Pedro dijo: Hombre, no sé lo que dices. Y en seguida, mientras él todavía hablaba, el gallo cantó. Entonces, vuelto el Señor, miró a Pedro; y Pedro se acordó de la palabra del Señor, que le había dicho: Antes que el gallo cante, me negarás tres veces. Y Pedro, saliendo fuera, lloró amargamente. (22:54-62)

Durante todo su tiempo con Jesús, los discípulos experimentaron buenos y malos momentos. Cuando Él los llamó, ellos "dejándolo todo, le siguieron" (Lc. 5:11; cp. Mr. 1:16-20; Mt. 9:9-13; 19:27). Incluso cuando muchos otros "discípulos" lo abandonaron (Jn. 6:66), ellos se quedaron, ya que, como el portavoz de estos, Pedro le dijo: "Señor, ¿a quién iremos? Tú tienes palabras de vida eterna" (v. 68).

Por otra parte, los discípulos podían ser frustrantemente obcecados. Cuando no entendieron la parábola del sembrador, Jesús reprendiéndolos declaró: "¿No sabéis esta parábola? ¿Cómo, pues, entenderéis todas las parábolas?" (Mr. 4:13). Después de que no captaran el significado de otra parábola, el Señor los volvió a reprender, preguntándoles "¿También vosotros estáis así sin entendimiento?" (Mr. 7:18). La mala interpretación que hicieron de la advertencia de Jesús, "Mirad, guardaos de la levadura de los fariseos y de los saduceos" (Mt. 16:6), como un reproche por haber olvidado llevar pan literal motivó la reprimenda del Señor:

¿Por qué pensáis dentro de vosotros, hombres de poca fe, que no tenéis pan? ¿No entendéis aún, ni os acordáis de los cinco panes entre cinco mil hombres, y

cuántas cestas recogisteis? ¿Ni de los siete panes entre cuatro mil, y cuántas canastas recogisteis? ¿Cómo es que no entendéis que no fue por el pan que os dije que os guardaseis de la levadura de los fariseos y de los saduceos? (vv. 8-11).

Atrapados en una fuerte tormenta en el Mar de Galilea, los aterrados discípulos despertaron a Jesús y clamaron: "¡Señor, sálvanos, que perecemos!" (Mt. 8:25). Jesús los volvió a sermonear: "¿Por qué teméis, hombres de poca fe? Entonces, levantándose, reprendió a los vientos y al mar; y se hizo grande bonanza" (v. 26).

A veces los buenos y malos momentos de los discípulos ocurrieron en el mismo incidente. Después de haber alimentado de manera milagrosa a los miles en la costa este del Mar de Galilea, Jesús envió a los doce de regreso a la otra orilla mientras Él despedía a la multitud (Mr. 6:45), la cual se empeñaba en obligarlo a convertirse en su rey (Jn. 6:15). Una vez dispersada la muchedumbre, el Señor subió a la ladera de una montaña cercana para orar a solas (Mt. 14:23). Consciente de que la barca de los discípulos estaba lejos de la costa (Mr. 6:47) y de que la golpeaban fuertes vientos (Jn. 6:18) y enormes olas (Mt. 14:24), Jesús dejó la montaña y "vino a ellos andando sobre el mar" (v. 25). Imaginando que estaban viendo un fantasma, los discípulos "se turbaron" (v. 26), es decir, se llenaron de miedo. Pero Jesús les aseguró: "¡Yo soy, no temáis!" (v. 27).

Aún no convencido, "le respondió Pedro, y dijo: Señor, si eres tú, manda que yo vaya a ti sobre las aguas" (v. 28). Después que Jesús lo invitara a ir, Pedro valientemente bajó de la barca en medio de la furiosa tormenta y comenzó a caminar sobre el agua hacia Él (v. 29). Pero su extraordinaria demostración de fe duró poco. "Al ver el fuerte viento, tuvo miedo; y comenzando a hundirse, dio voces, diciendo: ¡Señor, sálvame!" (v. 30). Después de rescatar a Pedro, Jesús lo amonestó por su falta de fe (v. 31).

Pedro también fue la figura central en otro incidente que pasó de triunfo a tragedia. Un día en que se hallaban en la región de Cesarea de Filipo, el Señor preguntó a los discípulos: "¿Quién dicen los hombres que es el Hijo del Hombre?" (Mt. 16:13). Ellos respondieron que la gente estaba dando varias respuestas a esa pregunta: "Unos, Juan el Bautista; otros, Elías; y otros, Jeremías, o alguno de los profetas" (v. 14). Entonces Él les preguntó directamente: "Y vosotros, ¿quién decís que soy yo?" (v. 15). Pedro contestó: "Tú eres el Cristo, el Hijo del Dios viviente" (v. 16; cp. Jn. 6:66-69). El Señor pronunció bendición sobre el apóstol porque el Padre le había revelado quién era realmente Jesús (v. 17).

Sin embargo, Pedro descendió rápidamente de la altura de privilegio y elogio a las profundidades de la insensatez y la condenación. Después de advertir a los discípulos que no dijeran a nadie que Él era el Cristo (v. 20; cp. Mt. 8:4; 12:16), Jesús les dijo "que le era necesario ir a Jerusalén y padecer mucho de los ancianos, de los principales sacerdotes y de los escribas; y ser muerto, y resucitar al tercer día" (v. 21).

Pedro se sorprendió ya que, al igual que sus compañeros israelitas, esperaba que el Mesías expulsara a los opresores romanos y estableciera el reino terrenal prometido a Israel. No había lugar en la teología del hombre para un Mesías muerto. Por tanto, de manera insolente, Pedro "tomándolo aparte, comenzó a reconvenirle, diciendo: Señor, ten compasión de ti; en ninguna manera esto te acontezca" (v. 22). Tras haber pronunciado revelación del Padre en que afirmaba la verdadera identidad de Jesús, Pedro ahora se convirtió en el portavoz de Satanás, por medio del cual el diablo trató de disuadir a Jesús de que fuera a la cruz. La respuesta de Cristo fue inmediata y apabullante. Aquel a quien acababa de llamar bendito de Dios (v. 17) se le dirigió ahora de manera sorprendente como Satanás (v. 23).

Pero ningún incidente revela con más claridad la naturaleza impulsiva e imprevisible de Pedro que la registrada en esta sección del Evangelio de Lucas. Ninguna otra historia de la relación de Jesús con los discípulos es al mismo tiempo baja y alta, sombría y clara, trágica y esperanzadora, o preocupante y alentadora como esta. Se trató del peor fracaso seguido por la más profunda recuperación. La negación que Pedro hiciera de su Maestro fue su peor fracaso; la restauración que le hiciera Cristo fue la más grande demostración del amor triunfante que Jesús tuviera por Pedro.

Edward Reynolds escribió con relación a la mezcla de devoción por el Señor con exceso de confianza carnal:

> La autodependencia [sic], el orgullo, o cualquier otro afecto carnal que esté más profundamente arraigado en la naturaleza particular de cualquier hombre, suele entremezclarse con sus acciones más santas. Fue fe lo que hizo a Pedro bajar al agua, pero fue la carne la que hizo que se comenzara a hundir; la fe lo hizo celoso en la causa de Cristo, pero la carne le sacó la espada hacia la oreja de Malco; la fe lo hizo seguir a Cristo, pero la carne hizo que lo siguiera de lejos; la fe hizo que acompañara a Cristo hasta el huerto, pero la carne hizo que se durmiera, cuando debió haber estado lamentándose; la fe le hizo prometer perseverancia, pero la carne le hizo perentoria esa promesa. En resumen, la fe lo hizo decidido a confesar, pero la carne lo llevó a contradecir a su Maestro ("Meditations on the Fall and Rising of Peter", en *The Whole Works of the Right Rev. Edward Reynolds, D. D.* [Londres: B. Holdsworth, 1826], pp. 10-11).

La lección que se debe aprender aquí es el peligro del exceso de confianza espiritual. Como advirtiera el apóstol Pablo: "Así que, el que piensa estar firme, mire que no caiga" (1 Co. 10:12; cp. Pr. 16:18).

La caída y la restauración de Pedro se podría ver bajo dos encabezados evidentes: el declive y el ascenso.

EL DECLIVE

Y prendiéndole, le llevaron, y le condujeron a casa del sumo sacerdote. Y Pedro le seguía de lejos. Y habiendo ellos encendido fuego en medio del patio, se sentaron alrededor; y Pedro se sentó también entre ellos. Pero una criada, al verle sentado al fuego, se fijó en él, y dijo: También éste estaba con él. Pero él lo negó, diciendo: Mujer, no lo conozco. Un poco después, viéndole otro, dijo: Tú también eres de ellos. Y Pedro dijo: Hombre, no lo soy. Como una hora después, otro afirmaba, diciendo: Verdaderamente también éste estaba con él, porque es galileo. Y Pedro dijo: Hombre, no sé lo que dices. Y en seguida, mientras él todavía hablaba, el gallo cantó. Entonces, vuelto el Señor, miró a Pedro; y Pedro se acordó de la palabra del Señor, que le había dicho: Antes que el gallo cante, me negarás tres veces. Y Pedro, saliendo fuera, lloró amargamente. (22:54-62)

Lucas condensó las negaciones de Pedro, pero una comparación con los otros relatos en los evangelios indica que se produjeron en un período de varias horas. Se llevaron a cabo en el patio compartido por las residencias tanto de Anás, el antiguo sumo sacerdote y quien aún tenía el poder tras bastidores, y Caifás, el yerno de Anás y actual sumo sacerdote. Después de arrestar a Jesús en Getsemaní, **le llevaron, y le condujeron a casa del sumo sacerdote.** El juicio que se produjo ante las autoridades judías se realizó en tres fases. Las dos primeras, ante Anás, y luego Caifás, ocurrieron bien entrada la noche. Ya que según la ley judía un juicio se debía celebrar a la luz del día, hubo una tercera fase después del amanecer, a fin de legitimar formalmente el veredicto al que ya habían llegado de manera ilegal. Entretejidas con los juicios delante de Anás y Caifás estuvieron las negaciones de Pedro.

Se pueden señalar cinco etapas en la caída de Pedro, que también se pueden ver como cinco aspectos de su exceso injustificado de confianza personal. En primer lugar, el orgullo de Pedro fue insolente. Ya en el aposento alto Jesús le había advertido: “Simón, Simón, he aquí Satanás os ha pedido para zarandearos como a trigo; pero yo he rogado por ti, que tu fe no falte; y tú, una vez vuelto, confirma a tus hermanos” (Lc. 22:31-32). La reacción de Pedro a la predicción que Cristo le hiciera de su caída y su restauración final revela su insolencia audaz. El apóstol protestó con indignación: “Señor, dispuesto estoy a ir contigo no sólo a la cárcel, sino también a la muerte” (v. 33).

Segundo, la confianza de Pedro no solo fue insolente, sino también insistente. Poco tiempo después, en el Monte de los Olivos, Jesús predijo que todos los discípulos lo abandonarían esa noche (Mt. 26:30-31). Una vez más “Pedro, le dijo: Aunque todos se escandalicen de ti, yo nunca me escandalizaré” (v. 33). Jesús respondió: “De cierto te digo que esta noche, antes que el gallo cante, me negarás tres veces" (v. 34), lo que motivó la insistente y repetida (Mr. 14:31) respuesta: "Aunque me sea necesario morir contigo, no te negaré" (v. 35).

Tercero, la confianza de Pedro fue indolente. Sobreestimando drásticamente su capacidad para hacer frente a la situación en sus propias fuerzas, él (junto con Jacobo y Juan) hicieron caso omiso a la instrucción del Señor: "Orad que no entréis en tentación" (Lc. 22:40). En lugar de eso, Pedro se durmió cuando debió haber estado velando y orando, incluso después que el Señor lo reprendiera varias veces por hacerlo (Mt. 26:40-45).

Cuarto, la confianza de Pedro fue impulsiva. Quería mostrarle a Jesús que su repetida declaración de que permanecería leal a Él hasta el final no era mera fanfarronada. Por tanto, cuando la turba llegó para arrestar a Jesús, Pedro impetuosamente agarró una espada y atacó cortando la oreja del siervo del sumo sacerdote antes que Jesús lo detuviera (véase la exposición de 22:49-51 en el cap. 126 de esta obra).

Al final, la confianza de Pedro se derrumbó. Cuando la crisis llegó, él no dio la talla. Su fe vaciló y finalmente cedió, y Pedro negó a Jesús tres veces... exactamente como el Señor había predicho.

Según se indicó antes, el juicio judío a Jesús consistió de tres fases: una audiencia ante Anás, y otra ante Caifás y el sanedrín, ambas durante la noche, además de una tercera al amanecer. El propósito de esas audiencias no fue examinar de manera justa e imparcial cualquier supuesta evidencia en contra de Jesús. Todo no fue nada más que intentos por inventar cargos contra Él que se pudieran usar para convencer a los romanos de que lo ejecutaran. En violación de toda norma de justicia y rectitud, Anás interrogó a Jesús (Jn. 18:19), aunque al Señor no se le había acusado de ningún delito, a las claras tratando de encontrar algo que pudiera ser utilizado en su contra. El antiguo sumo sacerdote estaba actuando más como un fiscal corrupto, en ningún caso como el juez justo e imparcial que debía haber sido.

Cuando fallaron sus esfuerzos por lograr que Jesús se incriminara, Anás lo envió a Caifás para una audiencia con el concilio. Esa audiencia también ilegal falló en producir alguna evidencia legítima de culpa por parte de Jesús. Con el fin de acusarlo de blasfemia, en desesperación el concilio recurrió al testimonio mentiroso de testigos falsos. Al igual que Anás, el concilio violó toda norma ética legal. Como jueces, supuestamente debían sopesar de manera justa e imparcial la evidencia que les presentaran. En vez de eso, igual que Anás actuaron como fiscales, solicitando testimonio contra Cristo sin nadie que lo defendiera. Pero el testimonio de esos testigos se contradecía entre ellos (Mr. 14:56). Incluso el testimonio de los dos testigos que afirmaron haberle oído decir que destruiría el templo resultó ser contradictorio (v. 59). Sin ningún testigo creíble en su contra, la acusación que le hicieran a Jesús debería haberse desintegrado en la nada.

Sin embargo, los miembros del sanedrín no dejarían que la verdad prevaleciera. En su desesperación, Caifás puso a Jesús bajo juramento y exigió saber: "Te conjuro por el Dios viviente, que nos digas si eres tú el Cristo, el Hijo de Dios" (Mt. 26:63). Cuando el Señor contestó: "Tú lo has dicho; y además os digo, que desde ahora veréis al Hijo del Hombre sentado a la diestra del poder de Dios, y viniendo en las nubes del cielo" (Mt. 26:64), Caifás tuvo la respuesta que había esperado tener. Jesús se había incriminado. En una demostración hipócrita de supuesta devoción a la gloria de Dios, el sumo sacerdote "rasgó sus vestiduras [irónicamente, en violación de la ley (Lv. 21:10)], diciendo: ¡Ha blasfemado! ¿Qué más necesidad tenemos de testigos? He aquí, ahora mismo habéis oído su blasfemia. ¿Qué os parece? Y respondiendo ellos, dijeron: ¡Es reo de muerte!" (vv. 65-66). Una vez que Caifás tuvo la "evidencia" que tan desesperadamente buscaba, y que el concilio había oído la supuesta blasfemia de Jesús, ya no había necesidad de confiar en el testimonio de los testigos falsos. Antes de escuchar algo más, el sanedrín pudo finalmente entregar el veredicto que ya había decidido de antemano. Esta farsa vergonzosa de juicio había terminado.

> No se permitió que alguno hablase en su defensa. Ni se escuchó alguna voz de advertencia en ningún momento del juicio. No se consideró algún ruego de misericordia. Ninguna de las evidencias que apoyaban sus afirmaciones jamás fue considerada. Jesús simplemente fue arrestado y obligado a comparecer ante el tribunal ilegal del sumo sacerdote para escuchar un veredicto de culpabilidad que había sido arreglado y decidido mucho antes de que comenzara el juicio (John MacArthur, *El asesinato de Jesucristo* [Grand Rapids: Portavoz, 2005], p. 118).

Mientras tanto, **Pedro,** que había huido con el resto de los discípulos, regresó y **seguía de lejos** a Jesús, junto con otro discípulo (Jn. 18:15), posiblemente Juan. Ya que Juan era conocido del sumo sacerdote logró hacer entrar a Pedro al patio del recinto compartido por las residencias de Anás y Caifás (v. 16). Pedro, de pie con algunos de los criados del sumo sacerdote y de los alguaciles de la guardia del templo que se estaban calentando cerca de una fogata (v. 18), trataba de mezclarse sin ser descubierto. No obstante, sus esfuerzos por permanecer anónimo fueron inútiles, porque **una criada** (la portera estacionada en la entrada; Jn. 18:17) **al verle sentado al fuego, se fijó en él, y dijo: También éste estaba con él.** Tomado por sorpresa y lleno de pánico, Pedro dejó escapar su primera negación, **diciendo: Mujer, no lo conozco.** Los otros evangelistas añaden que Pedro también afirmó: "No lo soy" (Jn. 18:17); "No sé lo que dices" (Mt. 26:70); y "No le conozco, ni sé lo que dices" (Mr. 14:68). Pedro se encontraba solo; Jesús no estaba allí para rescatarlo. Hasta ahí le llegó la orgullosa confianza del apóstol. Dejado a su propia suerte, no pudo enfrentar ni siquiera a una humilde sirvienta. R. C. H. Lenski escribe:

> Se necesitó tan solo una criada de baja categoría para derribar al jefe de los doce. Habían desaparecido todas las ensalzadas y heroicas protestas hacia Jesús de parte del apóstol, se había evaporado el valor ficticio de su corazón y de la mano que había sacado a toda prisa la espada en Getsemaní. He aquí el redomado cobarde que no puede confesar a su Señor celestial y que se encoge de miedo en falsa negación (*The Interpretation of St. Luke's Gospel* [Minneapolis: Augsburg, 1961], p. 1087).

Inmediatamente después de esta primera negación, Pedro "salió a la entrada" (al corredor que lleva a la puerta, Mr. 14:68), el primer gallo cantó. Desconcertado, el apóstol se dirigió a la salida. Pero antes que pudiera escapar fue confrontado de nuevo; esta vez **otro, dijo: Tú también eres de ellos.** Mateo agrega que fue otra sirvienta la que también identificó a Pedro como quien había estado con Cristo (Mt. 26:71), mientras que Marcos se refiere a "la criada" (14:69); es posible que la mujer de la puerta que ya lo había acusado repitiera su acusación. Bombardeado con acusaciones desde todos lados, Pedro volvió a negar cualquier conocimiento de Jesús, esta vez haciendo un juramento para dar fe de que lo que estaba diciendo era cierto (Mt. 26:72).

Ya sea porque la vía de escape estuviera bloqueada, o porque su apego a Jesús aún le impidiera irse, Pedro se quedó en la oscuridad del patio. **Como una hora después** fue confrontado por tercera vez, cuando **otro afirmaba, diciendo: Verdaderamente también éste estaba con él, porque es galileo.** Este hombre, un criado del sumo sacerdote y pariente de Malco, cuya oreja Pedro había cortado en Getsemaní, le dijo: "¿No te vi yo en el huerto con él?" (Jn. 18:26). Ahora totalmente horrorizado, la negación de Pedro fue aún más acalorada y enfática. En respuesta a este hombre y al resto de los presentes que también lo acusaban, el apóstol negó vehementemente cualquier conocimiento de Jesús y "comenzó a maldecir, y a jurar" (Mt. 26:74). Además, para reafirmar su falso juramento de que no conocía a Jesús, Pedro pronunció ahora sobre sí mismo maldiciones de Dios, pidiendo que el juicio divino cayera sobre él si estaba mintiendo. Lo que había comenzado como una simple mentira a una sola muchacha había desembocado en un arrebato de negaciones mentirosas a muchos de los presentes en el patio, acompañadas con maldiciones y juramentos.

Dramática e inesperadamente ocurrieron dos cosas: **el gallo cantó** por segunda vez (Mr. 14:72) y **el Señor,** a quien en ese momento escoltaban a través del patio después de salir de su audiencia ante Caifás y el sanedrín, se volvió y **miró a Pedro; y Pedro se acordó de la palabra del Señor, que le había dicho: Antes que el gallo cante, me negarás tres veces.**

La devastadora realidad de lo que había hecho golpeó al apóstol con todas las fuerzas. Había hecho todo lo que Jesús predijera. Su insolente exceso de confianza no le había proporcionado la fortaleza para enfrentar esta tentación. El hombre se había jactado demasiado, había orado demasiado poco, había actuado demasiado rápido, y había ido demasiado lejos. Abrumado con vergüenza, culpabilidad y dolor por lo que había hecho, **Pedro, saliendo fuera, lloró amargamente.** Frente a frente con la verdad de la exactitud de Jesús y la debilidad de su naturaleza pecaminosa, Pedro pidió perdón a gritos.

EL ASCENSO

Pedro había fallado en creer la alertadora promesa del Señor, había rechazado la reprensión, se había dormido en lugar de velar y orar, y había terminado valientemente ubicado en medio de los enemigos del Señor. Tal audacia lo había llevado a una derrota escandalizadora y desmoralizadora.

Sin embargo, en la gracia, la misericordia, la compasión y el amor de Dios, ese no fue el final de la historia. Después de la resurrección, Jesús restauró a Pedro. Le concedió tres oportunidades, correspondientes a sus tres negaciones, a fin de reafirmarle el amor por el Señor (Jn. 21:15-17). La fe de Pedro no le había fallado por completo, según Jesús había dicho que iba a ocurrir (Lc. 22:32), y fue restaurado al servicio, como relatan los capítulos iniciales de Hechos. Según el Señor también había predicho, Pedro usó más adelante su experiencia de fracaso y restauración para fortalecer a otros cristianos. Pudo predicar la gloriosa verdad de que aunque podamos ser gravemente tentados, la fe salvadora nunca fallará de forma permanente (1 P. 1:6-7; 2 P. 1:1). Pedro también exhortó a los creyentes a evitar el exceso de confianza estando siempre en guardia, y creciendo continuamente en gracia (2 P. 3:17-18).

El Salvador sin pecado ante el siniestro sanedrín 128

Y los hombres que custodiaban a Jesús se burlaban de él y le golpeaban; y vendándole los ojos, le golpeaban el rostro, y le preguntaban, diciendo: Profetiza, ¿quién es el que te golpeó? Y decían otras muchas cosas injuriándole. Cuando era de día, se juntaron los ancianos del pueblo, los principales sacerdotes y los escribas, y le trajeron al concilio, diciendo: ¿Eres tú el Cristo? Dínoslo. Y les dijo: Si os lo dijere, no creeréis; y también si os preguntare, no me responderéis, ni me soltaréis. Pero desde ahora el Hijo del Hombre se sentará a la diestra del poder de Dios. Dijeron todos: ¿Luego eres tú el Hijo de Dios? Y él les dijo: Vosotros decís que lo soy. Entonces ellos dijeron: ¿Qué más testimonio necesitamos? porque nosotros mismos lo hemos oído de su boca. (22:63-71)

El pueblo judío de la época de Jesús con todo derecho estaba orgulloso de su sistema de jurisprudencia, el cual era el más cuidadosamente elaborado en objetividad. En muchos aspectos era superior incluso a nuestro actual sistema de justicia. Puesto que Dios es un Dios de verdad, la veracidad era central para el sistema de justicia de Israel.

Desde el mismo principio, Dios recalcó a Israel cuán esencial era que todos los jueces se enfocaran en la búsqueda de la verdad. Cuando estaban a punto de entrar a la tierra prometida y ser establecidos como nación, Dios les ordenó:

> *Jueces y oficiales pondrás en todas tus ciudades que Jehová tu Dios te dará en tus tribus, los cuales juzgarán al pueblo con justo juicio. No tuerzas el derecho; no hagas acepción de personas, ni tomes soborno; porque el soborno ciega los ojos de los sabios, y pervierte las palabras de los justos. La justicia, la justicia seguirás, para que vivas y heredes la tierra que Jehová tu Dios te da (Dt. 16:18-20).*

En la época de Cristo, el sistema judicial de Israel había llegado a estar bien establecido. Toda población con al menos ciento veinte hombres que fueran cabezas de familia tenía un tribunal conocido como sanedrín. Este concilio, conformado de veintitrés hombres (siete o tres en pueblos más pequeños), actuaba como juez y jurado en todos los asuntos legales. El gran sanedrín en Jerusalén era la autoridad judicial final en Israel, comparable con la Corte Suprema de los Estados Unidos. Consistía de setenta hombres de tres categorías (Mr. 14:53): jefes de sacerdotes (principalmente saduceos), ancianos (aristócratas religiosos y seculares) y escribas (en su mayoría fariseos).

La ley ordenaba tres requisitos en un procedimiento criminal: un juicio público, un defensor para el acusado, y una confirmación de la culpabilidad por medio de dos o tres testigos (Dt. 17:6; 19:15; cp. He. 10:28). Debido a que el último punto era esencial para un veredicto justo, la ley prescribía un grave castigo para los falsos testigos... el castigo que el acusado habría recibido de haber salido culpable se debía infligir a los mentirosos:

> *Cuando se levantare testigo falso contra alguno, para testificar contra él, entonces los dos litigantes se presentarán delante de Jehová, y delante de los sacerdotes y de los jueces que hubiere en aquellos días. Y los jueces inquirirán bien; y si aquel testigo resultare falso, y hubiere acusado falsamente a su hermano, entonces haréis a él como él pensó hacer a su hermano; y quitarás el mal de en medio de ti (Dt. 19:16-19).*

Las reglas eran particularmente estrictas en casos de pena de muerte:

> En el día del juicio los funcionarios administradores de la justicia hacían comparecer a la persona acusada. A los pies de los ancianos se instalaban hombres que, bajo el nombre de *auditores* o *candidatos*, seguían con regularidad las sesiones del Consejo. Se leían los documentos del caso; y se llamaba a los testigos en sucesión. El presidente dirigía esta exhortación a cada uno de ellos: "No son conjeturas, o cualquier rumor público que le haya traído, lo que pedimos de usted; considere que una gran responsabilidad reposa en usted: que no estamos ocupados con una reunión, como un caso de interés pecuniario, en que el daño se puede reparar. Si usted ocasiona la condena de un individuo injustamente acusado, la sangre de él, y la sangre de todos sus descendientes, a los que usted habrá privado al planeta, caerá sobre usted; Dios le pedirá cuentas, así como le pidió cuentas a Caín por la sangre de Abel. Hable".
>
> Una mujer no podía ser testigo, porque no tendría el valor para dar el primer golpe a la persona condenada; tampoco podía ser un niño, que es irresponsable, ni un esclavo, ni un hombre con mal carácter, ni alguien cuyas enfermedades le impidieran el disfrute total de sus facultades físicas o morales. *La simple confesión de un individuo contra sí mismo*, o la declaración de un profeta, por renombrado que sea, no

decidiría una condena. Los médicos dicen: "Sostenemos como esencial que *nadie se perjudicará a sí mismo.* Si un hombre se acusa delante de un tribunal, no debemos creerle, a menos que el hecho esté atestiguado por otros dos testigos; además es adecuado hacer notar que la pena de muerte infligida sobre Acán, en la época de Josué, fue una excepción, ocasionada por la naturaleza de las circunstancias; porque nuestra ley no condena en base de la simple acusación del acusado, ni por la declaración de un solo profeta".

Los testigos debían atestiguar la identidad de la parte, y dar testimonio bajo juramento del mes, día, hora y circunstancias del delito. Después de un examen de las pruebas, esos jueces que creían inocente a la parte exponían sus razones; los que la creían culpable hablaban después, y con *la mayor de las moderaciones.* Si a uno de los *auditores* o *candidatos,* el acusado le confiaba su defensa, o si en su propio nombre quería presentar cualquier aclaración a favor de la inocencia, era admitido en el escaño, desde el cual se dirigía a los jueces y al pueblo. Pero esta libertad no se le concedía si su opinión era a favor de condenar. Por último, cuando el propio acusado deseaba hablar, se le prestaba la más profunda atención. Cuando la discusión había terminado, uno de los jueces recapitulaba el caso; hacían salir a todos los espectadores; dos escribas anotaban los votos de los jueces; uno de ellos asentaba por escrito a los que estaban a favor del acusado, y el otro a los que lo condenaban. Once votos, de veintitrés, eran suficientes para absolver; pero se requerían trece para condenar. Si uno de los jueces declaraba que no estaban suficientemente informados, se debían añadir dos ancianos más, y después otros dos en sucesión, hasta que formaran un concilio de sesenta y dos, que era el número del gran concilio. Si una mayoría de votos absolvía, al acusado se le liberaba *instantáneamente*; si era castigado, los jueces posponían la declaración de la sentencia hasta el tercer día; durante el día intermedio no se podían ocupar de nada más que del caso, y se abstenían de comer libremente, y de vino, licores, y de todo lo que pudiera hacer a sus mentes menos capaces de reflexión.

En la mañana del tercer día regresaban al escaño del juicio. Cada juez que no había cambiado de opinión, decía: *Sigo siendo de la misma opinión y condeno*; cualquiera que al principio condenó podría en esta sesión absolver; pero a quien una vez absolvió no se le permitía condenar. Si una mayoría condenaba, dos *magistrados* inmediatamente acompañaban a la persona condenada al lugar de castigo. Los ancianos no descendían de sus estrados; colocaban en la entrada de la sala del juicio a un oficial de justicia con una pequeña bandera en la mano; un segundo oficial, a caballo, seguía al prisionero y constantemente

> miraba atrás hacia el lugar de partida. Durante este intervalo, si alguna persona venía para anunciar a los ancianos alguna nueva prueba favorable al prisionero, el primer oficial ondeaba su bandera, y el segundo, tan pronto como lo percibía, traía de vuelta al prisionero. Si el prisionero declaraba a los *magistrados* que recordaba algunas razones que se le habían escapado, ellos lo llevaban ante los *jueces* no menos de cinco veces. Si ningún incidente ocurría, la procesión avanzaba lentamente, precedida por un heraldo que se dirigía en voz alta al pueblo de este modo: "Este hombre (indicando su nombre y apellido) es llevado al castigo por tal delito; los testigos que han jurado contra él son tales y tales personas; si alguien tiene evidencia para dar a su favor, déjenlo pasar adelante lo más pronto posible"...
>
> A cierta distancia del lugar de castigo instaban al prisionero a confesar su crimen, y le hacían beber una bebida estupefaciente con el fin de hacerle menos terrible la aproximación de la muerte (M. Dupin, "The Trial of Jesus before Caiaphas and Pilate", en Simon Greenleaf, *An Examination of the Testimony of the Four Evangelists by the Rules of Evidence Administered in Courts of Justice* [Londres: A. Maxwell & Son, 1847], pp. 887-90. Cursivas en el original).

Sin embargo, en su afán homicida por condenar y ejecutar a Jesús, el sanedrín de Jerusalén infringió los elevados principios de la imparcialidad y la preocupación meticulosa por la justicia que caracterizaban a la tradición legal judía. Tales violaciones incluyeron:

> a. Los procedimientos se llevaron a cabo en la casa del sumo sacerdote, no en el templo (*m. Sanh.* 11.2).
> b. Jesús fue juzgado sin una defensa (*m. Sanh. 4.1* declara que deben oírse ambas partes de un caso).
> c. Jesús fue acusado de blasfemia sin blasfemar realmente en el sentido técnico de la palabra mediante la pronunciación del nombre divino (*m. Sanh.* 7.5).
> d. El veredicto llegó en el espacio de un día, cuando se requerían dos días para una pena capital (*m. Sanh.* 4.1).
> e. Jesús fue juzgado en un día de fiesta...
> f. Testimonio contradictorio anula las pruebas (*m. Sanh.* 5.2).
> g. Un pronunciamiento de culpabilidad por parte del sumo sacerdote es contrario al orden normal, el cual debe comenzar con los miembros de menor rango (*m. Sanh.* 4.2) (Darrell L. Bock, *Luke 9:51-24:53* [Grand Rapids: Baker, 1996], p. 1792).

Los juicios de Jesús se desarrollaron en seis fases; tres juicios religiosos ante los dirigentes judíos, y tres juicios civiles ante los gobernantes gentiles Pilato y Herodes. Los tres tribunales judíos comenzaron poco después de medianoche, cuando Jesús fue llevado ante Anás, y duraron hasta después del amanecer, cuando el sanedrín lo condenó formalmente.

Los tres juicios ilegales e injustos de Cristo ante las autoridades judías se podrían analizar bajo cinco encabezados: ilegal e injusto interrogatorio, ilegal e injusta convocatoria, ilegal e injusta conspiración, ilegal e injusta condenación, e ilegal e injusto comportamiento. A fin de ofrecer el panorama completo se usará material de Mateo, Marcos y Juan para complementar el relato de Lucas.

ILEGAL E INJUSTO INTERROGATORIO

Después de su arresto en Getsemaní, Jesús fue llevado primero ante Anás (Jn. 18:12-13), quien había sido sumo sacerdote entre el año 6 d.C. y el 15 d.C., cuando el predecesor de Pilato como gobernador romano lo destituyó del cargo. Aunque ya no era el sumo sacerdote, siguió manteniendo el poder real detrás de la escena (cinco de sus hijos y uno de sus nietos lo habían sucedido en la posición, y Caifás, el actual sumo sacerdote, era su yerno).

Anás era famoso por su codicia y su inmensa riqueza, la cual había venido en gran parte de los negocios en el templo que él y sus hijos controlaban. Por ejemplo, el de los cambistas de moneda extranjera a dinero judío (a tasas exorbitantes), el cual era el único que se podía usar para pagar el impuesto del templo. Otra extorsión sistematizada de la que Anás se beneficiaba era la venta de animales para el sacrificio. Las personas llevaban al templo sus propios animales que resultaban rechazados por los sacerdotes; por lo general solamente los que se vendían allí (a precios exorbitantes) se consideraban aceptables. Anás y sus cohortes tomaban su parte de los beneficios tanto de los cambistas como de los vendedores de animales (cp. Jn. 2:14). Anás odiaba a Jesús a causa de los dos ataques a las operaciones del templo que Él hiciera, que le afectaron las operaciones económicas. Los escribas y fariseos, por otra parte, odiaban y se oponían a Cristo porque Él desenmascaró la hipocresía de ellos y atacó su sistema religioso de justicia propia. La oposición que le hacían era teológica.

El interrogatorio que Anás le hizo a Jesús (Jn. 18:19) violó flagrantemente la jurisprudencia establecida. Puesto que ya no era el sumo sacerdote y no servía en ningún cargo oficial, no tenía autoridad legal para llevar a cabo lo que en términos modernos se consideraría una lectura de cargos o una audiencia preliminar. Además, el interrogatorio fue un intento de llevar a Jesús a incriminarse, esfuerzo prohibido por la ley judía, así como hace hoy día en los Estados Unidos la Quinta Enmienda a la Constitución.

La respuesta de Cristo (vv. 20-21) retó a Anás a investigar legítimamente el caso interrogando a quienes oyeron las enseñanzas de Jesús. Tratando de ganarse el favor del poderoso sacerdote, uno de los oficiales golpeó a Jesús y lo reprendió por su supuesta falta de respeto hacia Anás. Este fue el primer maltrato físico que Cristo recibió. Golpear a un prisionero, en particular a uno que no se le había acusado de un delito, también era ilegal, como señaló Jesús (v. 23; cp. Hch. 23:2-3). Pero esta no fue una audiencia imparcial con el fin de determinar si había suficiente evidencia para llevar a juicio a Jesús. Ya se había tomado la decisión de darle muerte (Jn. 11:53), y Anás estaba a la búsqueda de algunos fundamentos legales para justificar esa acción.

ILEGAL E INJUSTA CONVOCATORIA

Incapaz de inventar alguna evidencia que pudiera usar contra Jesús, "Anás entonces le envió atado a Caifás, el sumo sacerdote" (Jn. 18:24). Mientras Anás estaba interrogando al Señor, Caifás había estado reuniendo a toda prisa a los miembros del sanedrín. Una vez que todos estuvieron reunidos (Mr. 14:53), comenzó la segunda fase del juicio religioso contra el Señor ante las autoridades judías.

Al igual que la audiencia ante Anás, también esta fue ilegal y clandestina; los jueces fueron los infractores de la ley. Ninguna audiencia se permitía en la noche, en privado, en una casa, ni en un día de fiesta (los miembros del concilio celebraban la Pascua desde la puesta del sol del jueves hasta el anochecer del viernes [*Comentario MacArthur del Nuevo Testamento: Juan* (Grand Rapids: Portavoz, 2011), pp. 778-79]); no hubo acusación formal ni testigos; al sanedrín no se le permitía originar acusaciones, sino decidir tan solo sobre las que le llevaban; sus mismos miembros habían sobornado al traidor, Judas, para que los llevara hasta Jesús de modo que pudieran arrestarlo. Sin embargo, el resultado de este juicio, al igual que la audiencia ante Anás, fue predeterminada. Todo el sanedrín intentaría ahora hacer lo que Anás no pudo, e inventar una justificación para el veredicto de ejecución.

ILEGAL E INJUSTA CONSPIRACIÓN

Desesperadamente "los principales sacerdotes y los ancianos y todo el concilio, buscaban falso testimonio contra Jesús, para entregarle a la muerte" (Mt. 26:59). Que el más alto tribunal de Israel elaborara un delito y luego intentara usar el testimonio de falsos testigos para condenar a un hombre inocente (Lc. 23:4, 14-15) es escandaloso e inconcebible. No pudieron encontrar ningún testigo creíble (Mt. 26:60); los que hallaron se contradecían entre sí (Mr. 14:56). Finalmente, dos testigos acusaron a Jesús de afirmar que destruiría el templo

(Mr. 14:58), malinterpretando las palabras dichas en Juan 2:19 como una referencia al templo de Jerusalén en lugar del cuerpo del Señor. Sin embargo, el testimonio de ellos no fue coherente (Mr. 14:59). Además, bajo la ley judía a nadie se le podía procesar por algo que hubiera dicho. Como añadidura a la ilegalidad de este juicio se encuentra la falla del sanedrín en llamar testigos en defensa de Cristo, a pesar del reto que Él le hiciera a Anás de entrevistar a testigos potenciales (Jn. 18:21).

La farsa continuó. Al igual que Anás, el sanedrín en pleno (Mt. 26:59) había fallado en producir una sola acusación válida contra Jesús, por lo que después de dos audiencias aún no tenían ningún caso contra Él.

ILEGAL E INJUSTA CONDENACIÓN

Frustrado por la tranquila negativa de Jesús a participar en esta parodia de la justicia, Caifás exigió saber por qué se negaba a contestar. "Levantándose el sumo sacerdote, le dijo: ¿No respondes nada? ¿Qué testifican éstos contra ti?" (Mt. 26:62). Pero el Señor aún permaneció en silencio (v. 63), negándose a dar algún mérito al testimonio de falsos testigos, y acusar con ello al concilio que los había llamado. También permaneció en silencio ante Pilato (Mt. 27:13-14; Jn. 19:9) y Herodes (Lc. 23:8-9).

Por último, desesperado porque el sanedrín no pudo identificar e inventar evidencia para un verdadero delito, Caifás debió regresar a algo que Jesús había dicho. Se enfocó en la afirmación de Jesús de ser el Mesías e Hijo de Dios. Poniéndolo bajo juramento, le dijo a Cristo: "Te conjuro por el Dios viviente, que nos digas si eres tú el Cristo, el Hijo de Dios" (Mt. 26:63). Jesús respondió: "Yo soy; y veréis al Hijo del Hombre sentado a la diestra del poder de Dios, y viniendo en las nubes del cielo" (Mr. 14:62). La última visión que el mundo tenga de Cristo no será en la cruz; Él regresará en gloria para juzgar a los malvados y establecer su reino terrenal.

Caifás no tenía duda alguna de que Jesús había afirmado ser el Mesías. Al principio de su enseñanza se había aplicado a sí mismo el texto mesiánico de Isaías 61:1-2 (Lc. 4:21). Cuando una mujer samaritana le dijo: "Sé que ha de venir el Mesías, llamado el Cristo; cuando él venga nos declarará todas las cosas" (Jn. 4:25), Jesús le contestó: "Yo soy, el que habla contigo" (v. 26). El lunes de la semana de la pasión había aceptado la masiva alabanza mesiánica de las multitudes frenéticas. En respuesta a la acusación de Caifás, Jesús juró por el Dios vivo que Él era el Mesías prometido en el Antiguo Testamento, el rey ungido, y el Hijo de Dios (Mt. 26:63-64).

La afirmación que Cristo hizo de su deidad era todo lo que Caifás necesitaba oír. En una fingida demostración de horror y dolor porque Dios estaba siendo deshonrado horriblemente, "el sumo sacerdote rasgó sus vestiduras, diciendo: ¡Ha blasfemado! ¿Qué más necesidad tenemos de testigos? He aquí, ahora mismo habéis oído su blasfemia" (Mt. 26:65). Actuando hipócritamente como si Jesús hubiera blasfemado, el sumo sacerdote fue el verdadero blasfemo. Puesto que el castigo por blasfemia era la muerte (Lv. 24:16; Jn. 19:7), el concilio ya no necesitaba buscar falsos declarantes que atestiguaran contra Cristo, sino dar su veredicto. No hay registro de una votación propiamente dicha, la cual en la manera tradicional habría comenzado con los miembros más jóvenes y habría avanzado hasta los más antiguos. De manera unilateral el sumo sacerdote declaró culpable a Jesús y, en lo que fue más el acto de una turba de linchamiento que el juicio formal del tribunal más excelso del planeta, el resto del sanedrín exclamó: "¡Es reo de muerte!" (v. 66). He aquí sin embargo otra ilegalidad en los juicios a Cristo: en la ley judía una votación unánime por parte del sanedrín negaba un veredicto de culpabilidad, ya que este se consideraba evidencia de una falta de misericordia, o incluso peor, una conspiración... como sucedió con este veredicto.

ILEGAL E INJUSTO COMPORTAMIENTO

Y los hombres que custodiaban a Jesús se burlaban de él y le golpeaban; y vendándole los ojos, le golpeaban el rostro, y le preguntaban, diciendo: Profetiza, ¿quién es el que te golpeó? Y decían otras muchas cosas injuriándole. Cuando era de día, se juntaron los ancianos del pueblo, los principales sacerdotes y los escribas, y le trajeron al concilio, diciendo: ¿Eres tú el Cristo? Dínoslo. Y les dijo: Si os lo dijere, no creeréis; y también si os preguntare, no me responderéis, ni me soltaréis. Pero desde ahora el Hijo del Hombre se sentará a la diestra del poder de Dios. Dijeron todos: ¿Luego eres tú el Hijo de Dios? Y él les dijo: Vosotros decís que lo soy. Entonces ellos dijeron: ¿Qué más testimonio necesitamos? porque nosotros mismos lo hemos oído de su boca. (22:63-71)

Sorprendentemente, después de condenar a Jesús el sanedrín se degeneró en poco más que una chusma ruidosa. Haciendo caso omiso de su posición digna como aristócratas y jueces del máximo tribunal de la tierra, abandonaron por completo el dominio propio y lanzaron su odio virulento contra el Señor Jesucristo. "Le escupieron en el rostro" (Mt. 26:67) como Jesús predijo que harían (Lc. 18:32), porque escupir sobre alguien era la señal definitiva de desprecio (Nm. 12:14; Dt. 25:9). También "le dieron de puñetazos, y otros le abofeteaban" (Mt. 26:67). **Se burlaban de él y le golpeaban; y vendándole los ojos, le golpeaban el rostro, y le preguntaban, diciendo: Profetiza, ¿quién es el que te golpeó? Y decían otras muchas cosas injuriándole.** Cuando los miembros del sanedrín se cansaron de maltratar a Jesús, lo entregaron a los alguaciles de la policía del templo, quienes continuaron el maltrato (Mr. 14:65).

Este vil y abominable trato no llegó de manera sorpresiva al omnisciente Señor. Lucas 18:31 declara: "Tomando Jesús a los doce, les dijo: He aquí subimos a Jerusalén, y se cumplirán todas las cosas escritas por los profetas acerca del Hijo del Hombre". El trato que le dio el pueblo judío estaba en consonancia con el trato que en el pasado habían mostrado a los profetas (cp. 4:24; 6:22-23; 11:47-50; 13:34-35; 20:9-16; Jn. 4:44; Hch. 7:52; Ro. 11:3; 1 Ts. 2:15; He. 11:37-38; Stg. 5:10).

Después que terminaron de maltratar a Cristo, **cuando** ya **era de día, se juntaron los ancianos del pueblo, los principales sacerdotes y los escribas, y le trajeron al concilio.** Como ya se indicó, las audiencias previas ante Anás y Caifás fueron descaradamente ilegítimas. Pero ellos tuvieron mucho cuidado en observar el adecuado protocolo legal en este simulacro teatral de proceso, el cual fue diseñado para poner un barniz de verdad y justicia sobre su corrupción.

Obrando por puro formulismo, como si este fuera un juicio justo e imparcial, le preguntaron a Jesús: **¿Eres tú el Cristo? Dínoslo.** Antes de responderles, Él replicó: **Si os lo dijere, no creeréis; y también si os preguntare, no me responderéis, ni me soltaréis.** Jesús dejó claro que al sanedrín no le preocupaba en absoluto la evidencia, la justicia, la verdad, o la rectitud. No obstante, la afirmación de ser el Hijo de Dios era la verdad, por tanto Jesús reafirmó su identidad al declarar: **Pero desde ahora el Hijo del Hombre se sentará a la diestra del poder de Dios. Hijo del Hombre** era la designación para Mesías en Daniel 7:13-14:

> *Miraba yo en la visión de la noche, y he aquí con las nubes del cielo venía uno como un hijo de hombre, que vino hasta el Anciano de días, y le hicieron acercarse delante de él. Y le fue dado dominio, gloria y reino, para que todos los pueblos, naciones y lenguas le sirvieran; su dominio es dominio eterno, que nunca pasará, y su reino uno que no será destruido.*

Al Hijo del Hombre se le otorgó "dominio, gloria y reino" y el derecho de ser servido por todo el mundo. Eso es coherente con habérsele dado el lugar más exaltado, la potestad de sentarse **a la diestra del poder de Dios,** una promesa hecha directamente por el Padre al Hijo en Salmos 110:1: "Jehová dijo a mi Señor: Siéntate a mi diestra, hasta que ponga a tus enemigos por estrado de tus pies" (cp. Mt. 22:41-45; Hch. 2:33-35; Ro. 8:34; Col. 3:1; He. 10:12-13). A fin de asegurarse que quedara registrado lo que Jesús estaba afirmando, **dijeron todos: ¿Luego eres tú el Hijo de Dios?,** a lo cual el Señor respondió: **Vosotros decís que lo soy.** Retomando sus roles en la anterior audiencia ilegal en casa de Caifás, **entonces ellos dijeron: ¿Qué más testimonio necesitamos? porque nosotros mismos lo hemos oído de su boca.**

Al condenar al Señor de gloria (1 Co. 2:8), los miembros del sanedrín se condenaron ellos mismos; todo aquel que juzga erróneamente a Jesucristo será correctamente juzgado por Él. Ellos hicieron caso omiso a los milagros que Cristo realizó, que daban pruebas de lo que Él afirmaba ser (Jn. 10:25, 38; 14:11), así como de su enseñanza sin igual (Mt. 7:28-29; Jn. 7:46). Como resultado ellos mismos se condenaron al infierno, como sucede con todos los que no hacen el juicio correcto con relación a Cristo.

Juicios civiles de Cristo. Primera parte: Audiencias preliminares ante Pilato y Herodes

129

Levantándose entonces toda la muchedumbre de ellos, llevaron a Jesús a Pilato. Y comenzaron a acusarle, diciendo: A éste hemos hallado que pervierte a la nación, y que prohíbe dar tributo a César, diciendo que él mismo es el Cristo, un rey. Entonces Pilato le preguntó, diciendo: ¿Eres tú el Rey de los judíos? Y respondiéndole él, dijo: Tú lo dices. Y Pilato dijo a los principales sacerdotes, y a la gente: Ningún delito hallo en este hombre. Pero ellos porfiaban, diciendo: Alborota al pueblo, enseñando por toda Judea, comenzando desde Galilea hasta aquí. Entonces Pilato, oyendo decir, Galilea, preguntó si el hombre era galileo. Y al saber que era de la jurisdicción de Herodes, le remitió a Herodes, que en aquellos días también estaba en Jerusalén. Herodes, viendo a Jesús, se alegró mucho, porque hacía tiempo que deseaba verle; porque había oído muchas cosas acerca de él, y esperaba verle hacer alguna señal. Y le hacía muchas preguntas, pero él nada le respondió. Y estaban los principales sacerdotes y los escribas acusándole con gran vehemencia. Entonces Herodes con sus soldados le menospreció y escarneció, vistiéndole de una ropa espléndida; y volvió a enviarle a Pilato. Y se hicieron amigos Pilato y Herodes aquel día; porque antes estaban enemistados entre sí. (23:1-12)

Este pasaje presenta a otros dos protagonistas de la lista de granujas en el drama que se estaba desarrollando acerca de la muerte de Cristo: Pilato, el gobernador romano de Judea, y Herodes Antipas, el tetrarca de Galilea (Lc. 3:1). Esos dos gobernantes gentiles dirigirían las tres fases del juicio civil al Señor.

Tanto Pilato como Herodes estaban seguros de su autoridad, pero en realidad ninguno de los dos tenía poder sobre Jesús excepto el que se les había concedido por parte de Dios. La pregunta de Pilato a las multitudes: "¿Qué, pues, haré de Jesús, llamado el Cristo?" (Mt. 27:22), da a entender que él tenía autoridad para juzgarlo. Pero cuando Pilato le manifestó a Jesús: "¿No sabes que tengo autoridad para crucificarte, y que tengo autoridad para soltarte?" (Jn. 19:10), el Señor le contestó: "Ninguna autoridad tendrías contra mí, si no te fuese dada de arriba" (v. 11). Ni a Pilato ni a Herodes les correspondía determinar el destino de Cristo. Eso ya lo había predeterminado Dios en la eternidad pasada (Hch. 2:23; 4:27-28). Y en realidad, Jesús se sentará en juicio sobre ellos para determinar sus destinos eternos (Jn. 5:22-30; Hch. 10:42; Ro. 2:16; 2 Ti. 4:1, 8).

Los miembros del sanedrín habían conspirado para matar a Jesús (Jn. 11:47-53), y habían confirmado esa sentencia en juicios ilegales después de la audiencia inicial ante Anás. Aun así, ellos no tenían autoridad para ejecutarlo (Jn. 18:31), y por consiguiente se vieron obligados a llevar a Jesús ante Pilato para que lo sentenciara a muerte. Desde su perspectiva, el sanedrín no quería matar a Jesús en un acto de violencia callejera, como sucedió en la lapidación de Esteban, sino que deseaban mantener la apariencia de justicia. Desde la perspectiva de Dios, Cristo debía ser ejecutado por los romanos con el fin de cumplir la profecía. El lenguaje del Salmo 22 deja en claro que Jesús sería crucificado. En Mateo 20:18-19, Jesús predijo que "el Hijo del Hombre será entregado a los principales sacerdotes y a los escribas, y le condenarán a muerte; y le entregarán a los gentiles para que le escarnezcan, le azoten, y le crucifiquen; mas al tercer día resucitará" (cp. Jn. 12:32). El hecho de que Jesús sería crucificado encaja con esa práctica que los romanos tenían. Los judíos preferían ejecutar a las personas arrojándolas desde una altura antes de apedrearlas.

En una muestra de atroz unanimidad **toda la muchedumbre,** es decir los hombres que conformaban el sanedrín, se levantaron y **llevaron a Jesús a Pilato.** Con esa solidaridad intentaban demostrar la justicia de su causa; sin duda Pilato no creería que el concilio en pleno podría estar equivocado. En realidad esa unanimidad, como se mostró en el capítulo anterior de esta obra, era considerada evidencia de una falta de misericordia y representaba su ilegal veredicto.

Antes de pasar a la primera audiencia de Cristo con Pilato, hay otro aspecto que es necesario concluir: el trágico final de Judas Iscariote. Cuando salió de Getsemaní después de traicionar a Cristo, Judas evidentemente se dirigió a la casa de Anás y presenció los dos juicios que le hicieran al Señor. Lo que este individuo había hecho era tan incalculablemente malvado y la culpa tan insoportable que debió haber huido, pero fue atraído a observar el desarrollo de su acción, por tortuoso que esto pudo haber sido.

Mateo relata que cuando Judas vio que Jesús había sido condenado y que lo llevaban ante Pilato para enjuiciarlo, "devolvió arrepentido las treinta piezas de plata a los principales sacerdotes y a los ancianos" (Mt. 27:3). Su remordimiento no fue verdadero arrepentimiento, sino simple angustia del mundo. En la obra sobre 2 Corintios en esta serie escribí lo siguiente para contrastar el verdadero arrepentimiento bíblico con la tristeza del mundo:

> El arrepentimiento bíblico verdadero no es remordimiento humano, psicológico o emocional, que tan solo busca aliviar el estrés y mejorar las propias circunstancias. Aunque inevitablemente produzca el fruto de una vida transformada (cp. Mt. 3:8; Lc. 3:8; Hch. 26:20), no es un asunto de comportamiento sino espiritual. La tristeza del mundo (remordimiento, orgullo herido, autocompasión, esperanzas no cumplidas) no tiene poder para sanar ni capacidad transformadora, redentora o salvadora. Esta produce culpa, vergüenza, resentimiento, angustia, desespero, depresión, desesperanza e, incluso, en algunos casos, como el de Judas (Mt. 27:3-5), muerte (*Comentario MacArthur del Nuevo Testamento: 2 Corintios* [Grand Rapids: Portavoz, 2015], p. 259).

Desesperado, Judas trató de aliviar la intensa agonía que le producía su culpa intentando deshacer lo que había hecho. "Devolvió arrepentido las treinta piezas de plata a los principales sacerdotes y a los ancianos, diciendo: Yo he pecado entregando sangre inocente" (Mt. 27:3-4). Puesto que Judas había sido cómplice en la confabulación para matar a Jesús, en realidad fue un testigo falso. Se acercó al sanedrín y declaró que se había equivocado, y ofreció nuevo testimonio de la inocencia de Jesús. Por ley el tribunal debía considerar tales testimonios. Aquí también estaba un hombre sufriendo el tormento de una conciencia despedazada, y en calidad de líderes espirituales de Israel debieron haber tenido compasión de él.

Pero Judas había cumplido su propósito en los planes de ellos, y ya no les era de ninguna utilidad o de ningún interés. Cruelmente lo despidieron, diciéndole: "¿Qué nos importa a nosotros? ¡Allá tú!" (Mt. 27:4). El trato duro e insensible de ellos hacia Judas confirmó la descripción que Jesús les hiciera como individuos que "atan cargas pesadas y difíciles de llevar, y las ponen sobre los hombros de los hombres; pero ellos ni con un dedo quieren moverlas" (Mt. 23:4).

Después que lo despidieran, Judas después de arrojar "las piezas de plata en el templo, salió" (Mt. 27:5). "Templo" se traduce de la palabra griega *naos*, que se refiere al Lugar Santo, dentro del cual solo a los sacerdotes se les permitía entrar. Judas obligó a los sacerdotes a aceptar de nuevo el dinero (con el que compraron un campo para usarlo como cementerio; Mt. 27:6-10), pero eso no logró aliviar en absoluto la atormentada conciencia del traidor. Torturado por una culpa tan intensa que la muerte parecía un alivio bienvenido, Judas "fue y se ahorcó" (Mt. 27:5).

Mientras tanto, el juicio de Cristo ante los gobernantes civiles Pilato y Herodes, al igual que las audiencias judías ante Anás, Caifás y el sanedrín, se desarrollaba en tres fases. Este pasaje relata las primeras dos de esas fases: las audiencias preliminares ante Pilato y Herodes. Los elementos se desarrollan en seis etapas: la acusación, el interrogatorio, la exoneración, la intimidación, la disposición y la confirmación.

LA ACUSACIÓN

Y comenzaron a acusarle, diciendo: A éste hemos hallado que pervierte a la nación, y que prohíbe dar tributo a César, diciendo que él mismo es el Cristo, un rey. (23:2)

Después de condenar formalmente a Jesús en una audiencia poco después del amanecer, el concilio lo llevó ante Pilato en su cuartel general temporal (tal vez la fortaleza Antonia o el palacio de Herodes; la ubicación permanente de Pilato estaba en Cesarea). Puesto que ceremonialmente se habían limpiado para comer la cena de Pascua más tarde ese día y no querían contaminarse entrando a una morada gentil, se negaron a ingresar al fortín de Pilato (Jn. 18:28).

En deferencia a los escrúpulos de ellos, Pilato, en el primer comportamiento acorde con la ley hasta aquí en cualquiera de los juicios de Cristo, "salió... a ellos, y les dijo: ¿Qué acusación traéis contra este hombre?" (v. 29). Fingiéndose ofendidos, con arrogancia "respondieron y le dijeron: Si éste no fuera malhechor, no te lo habríamos entregado" (v. 30). Molesto por la impertinente, arrogante e irrespetuosa respuesta de los judíos a su petición formal de las acusaciones contra Jesús, Pilato les respondió: "Tomadle vosotros, y juzgadle según vuestra ley" (v. 31).

Pilato estaba al tanto de los acontecimientos de la semana. Sabía de la entrada triunfal, de la purificación del templo, y de las enormes multitudes que escucharon la enseñanza de Jesús, todo lo cual ocasionó que los dirigentes judíos odiaran y envidiaran al Señor (Mt. 27:18). Pero todos esos eran asuntos judíos que no le incumbían a Pilato. Él todavía no había visto ninguna evidencia de que Cristo hubiera cometido algún delito contra Roma. Pilato se dio cuenta que el sanedrín quería que él ejecutara a Jesús, pero el hecho de que no tuvieran ninguna acusación legítima contra Él sugería fuertemente la inocencia del procesado.

El concilio, obligado a reconocer que no tenía autoridad para matar a nadie (Jn. 18:31), y percibiendo que Pilato no ejecutaría a Jesús por blasfemia, un delito bajo la ley judía, inventaron falsas acusaciones de insurrección. Manifestaron: "**A éste hemos hallado que pervierte a la nación** tratando de ponerla en rebelión, **y que prohíbe dar tributo a César, diciendo que él mismo es el Cristo, un rey.** De ser ciertas, estas acusaciones representaban delitos graves que habrían obligado a Pilato a tomar acción para proteger los intereses de Roma. Sin embargo, eran totalmente falsas. Jesús nunca había abogado por la rebelión contra Roma. Tampoco enseñó al pueblo a no pagar impuestos al Imperio; es más, precisamente enseñó lo opuesto (Lc. 20:21-25). Aunque Jesús sí es **un rey,** su reino en esta primera venida no era terrenal en oposición a Roma, según Él mismo le clarificaría a Pilato. Tampoco el sanedrín ofreció prueba alguna para apoyar esas mentiras; no dieron ejemplos específicos de la supuesta mala conducta del Señor, no llamaron testigos, y en lugar de eso impugnaron a Pilato por cuestionar la legitimidad de la intención de ellos.

EL INTERROGATORIO

Entonces Pilato le preguntó, diciendo: ¿Eres tú el Rey de los judíos? Y respondiéndole él, dijo: Tú lo dices. (23:3)

Pilato estaba familiarizado con las vehementes protestas de hombres inocentes. Pero para su asombro, Jesús "siendo acusado por los principales sacerdotes y por los ancianos, nada respondió" (Mt. 27:12). Incluso cuando "Pilato entonces le dijo: ¿No oyes cuántas cosas testifican contra ti?" (v. 13), el Señor "no le respondió ni una palabra" (v. 14). Dejando al sanedrín esperando fuera, Pilato regresó al interior de su cuartel y citó a Jesús a comparecer para un interrogatorio privado (Jn. 18:33).

Incrédulo de que este hombre frente a él pudiera ser un rey que significara alguna amenaza para Roma, **Pilato... le dijo: ¿Eres tú el Rey de los judíos?** Antes de contestar esa pregunta el Señor contestó con otra: "¿Dices tú esto por ti mismo, o te lo han dicho otros de mí?" (Jn. 18:34), tratando de aclarar el asunto. Si la inquietud era de Pilato, este debía preguntar si Jesús era un rey en un sentido político y terrenal. En ese caso sería una amenaza potencial para Roma. La respuesta de Jesús entonces sería negativa; Él no era un dirigente político o militar. Pero Pilato simplemente estaba repitiendo la acusación del sanedrín, tal como lo indica su respuesta: "¿Soy yo acaso judío? Tu nación, y los principales sacerdotes, te han entregado a mí" (v. 35).

Sin embargo, Pilato aún no estaba cerca de comprender la violenta animosidad de los líderes judíos hacia Jesús y si había habido algún delito que Él hubiera cometido para llevar tal enemistad a este nivel. Perplejo, Pilato trató una vez más de captar la naturaleza del problema. Entonces le preguntó a Jesús: "¿Qué has hecho?" (v. 35). Ya que era evidente que Pilato estaba repitiendo la acusación de los dirigentes judíos, Jesús contestó a la pregunta como corresponde. Él era el verdadero rey de Israel, pero no uno terrenal que pudiera amenazar al gobierno romano. El Señor respondió. "Mi reino no es de este mundo... mi reino no es de aquí" (v. 36). Con el fin de asegurarse que finalmente había entendido el problema, "le dijo entonces Pilato: ¿Luego, eres tú rey? Respondió Jesús: Tú dices que yo soy rey. Yo para esto he nacido, y para esto he venido al mundo, para dar testimonio a la verdad. Todo aquel que es de la verdad, oye mi voz" (v. 37). La cínica respuesta de Pilato, "¿Qué es la verdad?" (v. 38), refleja la actitud escéptica y cínica de todos aquellos con desesperación por encontrar la verdad. Sin embargo, él estaba satisfecho de que Cristo no fuera culpable de ningún delito contra Roma.

LA EXONERACIÓN

Y Pilato dijo a los principales sacerdotes, y a la gente: Ningún delito hallo en este hombre. (23:4)

Satisfecho porque Jesús era inocente, **Pilato dijo a los principales sacerdotes, y a la gente** que se había reunido: **Ningún delito hallo en este hombre** (cp. vv. 14-15; Mt. 27:19, 24; Mr. 15:14; Jn. 18:38; 19:4, 6). Su decisión oficial fue que el Señor Jesús no era culpable del delito contra Roma que el sanedrín había dirigido contra Él (véase el estudio anterior del v. 2).

LA INTIMIDACIÓN

Pero ellos porfiaban, diciendo: Alborota al pueblo, enseñando por toda Judea, comenzando desde Galilea hasta aquí. (23:5)

Los dirigentes judíos discreparon vehementemente con el veredicto de Pilato. Motivados por el odio depravado hacia Jesús, **ellos porfiaban, diciendo: Alborota al pueblo, enseñando por toda Judea, comenzando desde Galilea hasta aquí.** En lo que a ellos respecta, la exoneración que Pilato hiciera de Cristo no era el final de la historia. Los dirigentes no tenían ningún interés en la justicia, sino que tan solo querían que Pilato se amoldara al odio que sentían. Ellos no tenían ningún caso judicial; no había evidencia válida, y no tenían testigos. Lo único que les quedaba era tratar de intimidar a Pilato para que declarara culpable a Jesús y lo ejecutara.

Pilato estaba atrapado pues sabía que Jesús era inocente. Además, le tenía miedo debido a los poderes sobrenaturales que había exhibido (Jn. 19:7-9). Pero Pilato estaba claramente intimidado por la posibilidad de que los líderes judíos le ocasionaran problemas con el César, lo cual pronto amenazarían hacer (Jn. 19:12).

LA DISPOSICIÓN

Entonces Pilato, oyendo decir, Galilea, preguntó si el hombre era galileo. Y al saber que era de la jurisdicción de Herodes, le remitió a Herodes, que en aquellos días también estaba en Jerusalén. (23:6-7)

La referencia de los judíos a Galilea le sugirió a Pilato una posible salida a su dilema. Puesto que mencionaron esa región, Pilato les **preguntó si el hombre**

era galileo. Y al saber por parte de ellos que Jesús **era de la jurisdicción de Herodes, le remitió a Herodes, que en aquellos días también estaba en Jerusalén.** No era extraño que un gobernante transfiriera un prisionero para ser juzgado ante otro. Festo, uno de los sucesores de Pilato como gobernador romano de Judea, llevó el caso de Pablo ante otro miembro de la familia de Herodes, Herodes Agripa II (Hch. 25:23-27).

LA CONFIRMACIÓN

Herodes, viendo a Jesús, se alegró mucho, porque hacía tiempo que deseaba verle; porque había oído muchas cosas acerca de él, y esperaba verle hacer alguna señal. Y le hacía muchas preguntas, pero él nada le respondió. Y estaban los principales sacerdotes y los escribas acusándole con gran vehemencia. Entonces Herodes con sus soldados le menospreció y escarneció, vistiéndole de una ropa espléndida; y volvió a enviarle a Pilato. Y se hicieron amigos Pilato y Herodes aquel día; porque antes estaban enemistados entre sí. (23:8-12)

El relato de la audiencia del Señor ante Herodes aparece únicamente en el Evangelio de Lucas. Herodes Antipas era uno de los hijos de Herodes el Grande, quien murió después de un largo reinado en el año 4 a.C. Cuando murió, su reino fue dividido entre sus hijos. A Herodes Antipas le dieron Galilea y Perea, región sobre la que gobernó desde el año 4 a.C. hasta el 39 d.C. Con excepción de los relatos del nacimiento de Cristo, Antipas es el Herodes que aparece en el registro de los evangelios con relación a la vida y el ministerio de Jesús.

Puesto que Roma tenía el control sobre Israel, incluso aunque Antipas fue nombrado gobernante por su padre, de todos modos tenía que ir a Roma para que le confirmaran su nombramiento. Cuando Antipas era joven, su padre Herodes el Grande lo había enviado a Roma para ser educado allí. A causa de sus relaciones en Roma, Antipas logró asegurar su nombramiento.

Sin embargo, cuando regresó a Palestina para comenzar su gobierno, la región estaba convulsionada. A principios de ese mismo año, durante la fiesta de Pentecostés, estalló una rebelión que devastó la región. Cuando Antipas regresó se enfrentó a un enorme proyecto de reconstrucción. Levantó la ciudad de Séforis, no muy lejos de Nazaret. Terminada aproximadamente en el año 10 d.C., se convirtió en una de las principales ciudades de Galilea. Ya que Nazaret estaba solo a menos de siete kilómetros de distancia, es posible que José, el esposo de María la madre de Jesús hubiera ayudado a construir Séforis. Antipas también construyó la ciudad de Tiberias, en honor a Tiberio César. Finalmente, el lago se llegó a conocer como el lago de Tiberias.

Antipas se casó con la hija de Aretas IV, quien gobernaba sobre el vecino reino de Nabatea (la región a la cual Pablo se refirió en Gá. 1:17). Este matrimonio fue planeado por Roma para unificar la región. Pero mientras visitaba a su hermanastro Herodes Felipe I, en Roma, Antipas se enamoró de Herodías, la esposa de Felipe, y tuvo una aventura amorosa con ella. La mujer no solo era la esposa de Herodes Felipe, sino también la sobrina de Antipas, lo que convirtió al lío amoroso no solo en adúltero sino también en incestuoso. Ella accedió a dejar a su esposo y casarse con Antipas, siempre que este se divorciara de la hija de Aretas. Fue por este ilícito divorcio y matrimonio con la esposa de su hermano que Juan reprendió a Antipas, provocando la ira de Herodías, quien con el tiempo hizo decapitar a Juan el Bautista (Mt. 14:3-11).

Antipas se relacionó con Jesús en tres ocasiones. La primera vino poco después de la muerte de Juan el Bautista:

> *Herodes el tetrarca oyó de todas las cosas que hacía Jesús; y estaba perplejo, porque decían algunos: Juan ha resucitado de los muertos; otros: Elías ha aparecido; y otros: Algún profeta de los antiguos ha resucitado. Y dijo Herodes: A Juan yo le hice decapitar; ¿quién, pues, es éste, de quien oigo tales cosas? Y procuraba verle (Lc. 9:7-9).*

A Antipas también se le menciona en relación con Jesús en Lucas 13:31-33:

> *Aquel mismo día llegaron unos fariseos, diciéndole: Sal, y vete de aquí, porque Herodes te quiere matar. Y les dijo: Id, y decid a aquella zorra: He aquí, echo fuera demonios y hago curaciones hoy y mañana, y al tercer día termino mi obra. Sin embargo, es necesario que hoy y mañana y pasado mañana siga mi camino; porque no es posible que un profeta muera fuera de Jerusalén.*

La tercera vez Antipas conoció de veras a Jesús en el suceso registrado aquí. Como ya se indicó Pilato, buscando una manera de salir de su dilema, envió a Jesús a Antipas, ya que este gobernaba sobre Galilea. Antipas, **viendo a Jesús, se alegró mucho, porque hacía tiempo que deseaba verle** (cp. Lc. 9:9); **porque había oído muchas cosas acerca de él, y esperaba verle hacer alguna señal** milagrosa.

Sin embargo, aunque Antipas **le hacía muchas preguntas,** Jesús **nada le respondió.** Así como había hecho ante Pilato, el Señor también hizo caso omiso de los ataques de **los principales sacerdotes y los escribas,** quienes lo acusaban **con gran vehemencia.** Esta era una conducta asombrosa de parte de alguien acusado de graves delitos. Según se indicó anteriormente, tales personas o invariablemente protestan en voz alta su inocencia, o con desesperación suplican misericordia. También fue una afrenta para el gobernante que de modo intencional lo dejaran sin respuesta. Sin embargo, Jesús, "angustiado él, y afligido, no abrió su boca; como cordero fue llevado al matadero; y como oveja delante de sus trasquiladores, enmudeció, y no abrió su boca" (Is. 53:7).

Después de haber sido golpeado y maltratado por el sanedrín y sus alguaciles (Mr. 14:65), Jesús no se veía como el hombre a quien Herodes hubiera esperado. Sin duda no parecía ser un revolucionario; no tenía ejército, armas, ni defensores. Hallando la acusación infundada y ridícula (Lc. 23:14-15), Antipas, **con sus soldados le menospreció y escarneció, vistiéndole de una ropa espléndida** (lit., "brillante", "resplandeciente", "radiante")**; y volvió a enviarle a Pilato.**

Lucas añade como una nota al pie que **se hicieron amigos Pilato y Herodes aquel día; porque antes estaban enemistados entre sí.** Ellos se habían enfrentado en por lo menos dos ocasiones. No solo que Pilato había asesinado a algunos de los súbditos galileos de Antipas (Lc. 13:1), sino que Herodes también había ido al César tras la cabeza de Pilato para obligarlo a retirar algunos escudos romanos de su palacio. No obstante, en este punto los dos hombres formaron una amistad construida alrededor de su maltrato a Jesús y de un odio común por los intimidantes dirigentes judíos con quienes habían tenido que tratar.

La vida de Herodes terminó en desgracia, como se vio en mi exposición sobre Lucas 3:19 en el capítulo 19 de esta obra:

> Herodías en última instancia llegó a ser la caída de Herodes. Después que el emperador Calígula otorgara a Agripa I (Hch. 12:1), hermano de Herodías el título de rey, ella exigió que Herodes fuera a Roma y obtuviera el mismo título. (Las referencias en los evangelios a él como rey [Mt. 14:9; Mr. 6:14, 22] reflejan el popular uso informal del término). Pero antes de que Herodes y Herodías llegaran a Roma, un mensajero de Agripa acusó a Herodes de fechorías. En consecuencia, Calígula depuso a Herodes quien, acompañado de Herodías, fue desterrado de forma permanente a una ciudad en lo que ahora es Francia.
>
> Antipas y Herodías son reminiscencia de otra desventurada pareja, Acab y Jezabel. D. A. Carson escribe: "Al igual que Acab, Antipas era malvado pero débil; y Herodías, al igual que Jezabel, era malvada y despiadada" (*Matthew*, en Frank E. Gaebelein, ed., The Expositor's Bible Commentary [Grand Rapids: Zondervan, 1984], 8:338). La debilidad de Antipas junto con la crueldad de Herodías aseguró que finalmente los pecados de ambos solo les trajeran desastrosas consecuencias.

La historia de la audiencia del Señor ante Herodes tiene tres propósitos importantes. Primero, confirma el veredicto de Pilato de que Jesús no era culpable de ningún delito. Segundo, Herodes y Pilato son dos testigos que confirman la inocencia de Jesús (cp. Dt. 19:15). Ninguno de los dos fue parcial a su favor; Pilato fue indiferente a Él, y Herodes había tratado de matarlo (Lc. 13:31). Por último, confirma la profecía (Sal. 2:2; cp. Hch. 4:25-27).

Juicios civiles de Cristo. Segunda parte: Veredicto final de un juez indeciso

130

Entonces Pilato, convocando a los principales sacerdotes, a los gobernantes, y al pueblo, les dijo: Me habéis presentado a éste como un hombre que perturba al pueblo; pero habiéndole interrogado yo delante de vosotros, no he hallado en este hombre delito alguno de aquellos de que le acusáis. Y ni aun Herodes, porque os remití a él; y he aquí, nada digno de muerte ha hecho este hombre. Le soltaré, pues, después de castigarle. Y tenía necesidad de soltarles uno en cada fiesta. Mas toda la multitud dio voces a una, diciendo: ¡Fuera con éste, y suéltanos a Barrabás! Este había sido echado en la cárcel por sedición en la ciudad, y por un homicidio. Les habló otra vez Pilato, queriendo soltar a Jesús; pero ellos volvieron a dar voces, diciendo: ¡Crucifícale, crucifícale! Él les dijo por tercera vez: ¿Pues qué mal ha hecho éste? Ningún delito digno de muerte he hallado en él; le castigaré, pues, y le soltaré. Mas ellos instaban a grandes voces, pidiendo que fuese crucificado. Y las voces de ellos y de los principales sacerdotes prevalecieron. Entonces Pilato sentenció que se hiciese lo que ellos pedían; y les soltó a aquel que había sido echado en la cárcel por sedición y homicidio, a quien habían pedido; y entregó a Jesús a la voluntad de ellos. (23:13-25)

Este pasaje relata la sexta y última fase de los juicios ilegales e injustos al Señor Jesucristo. Recapitulando, las tres primeras fases comprendieron el juicio religioso a Cristo ante los dirigentes judíos Anás y Caifás, y ante el sanedrín; las tres últimas correspondieron a su juicio civil ante los gobernantes gentiles Pilato y Herodes. Poco después del amanecer del viernes de la semana de la pasión, el sanedrín había realizado un breve tribunal. El propósito de ese juicio fue brindar la ilusión de legitimidad al falso veredicto de blasfemia al que ya habían llegado en su audiencia previa. Esperaron hasta el amanecer porque la ley judía prohibía que cualquier juicio se realizara en la noche.

Tras decidir asesinar al Señor, el sanedrín lo llevó ante Pilato, ya que los romanos retenían el derecho de la pena de muerte. Como sabían que Pilato no ejecutaría a Jesús por blasfemia, lo cual era una afrenta judía irrelevante para Roma, los miembros del sanedrín lo acusaron falsamente de fomentar una rebelión contra César. Pero Pilato, sin poder hallar ninguna prueba para apoyar tal acusación, envió a Jesús ante Herodes quien, incapaz también de encontrarle culpa, lo devolvió a Pilato. A pesar de ser declarado varias veces inocente por Pilato, por Herodes e incluso por la esposa de Pilato, Jesús fue sentenciado a muerte como si fuera culpable.

Toda la serie de juicios estuvieron llenos de ironía. Aquel a quien juzgaron hombres es el juez de todos los hombres; aquel a quien condenaron hombres, condenará a estos eternamente. El perfectamente justo, sin mancha e inocente fue condenado como blasfemo y delincuente. Aquel que siempre agradó al Dios santo no agradó a hombres pecadores. Los hombres trataron de matar al mismo que les dio vida. El Señor Jesucristo fue declarado blasfemo por afirmar ser quien verdaderamente es, lo que convirtió en blasfemos a sus acusadores. Todos los malvados participantes en los juicios a Cristo que lo juzgaron y condenaron no hicieron más que lo que Dios había predeterminado que debía suceder. Las decisiones de tales inicuos no determinaron el destino de Jesús, sino más bien el de ellos mismos. Estos hombres perdieron la oportunidad más monumental y sin igual que alguien pudo haber tenido jamás: un encuentro personal con el Hijo del Dios vivo, el Creador del universo y Redentor de pecadores.

Lo llamativo de este pasaje es el majestuoso silencio de Jesús. Aquel que es "Emanuel... Dios con nosotros" (Mt. 1:23); el "Santo y... Justo" (Hch. 3:14; cp. Jn. 6:69); aquel a quien se le conoce como Dios (Jn. 8:19), a quien aborrecerlo es aborrecer a Dios (Jn. 15:23), a quien creerle es creer a Dios (Jn. 12:44), a quien verlo es ver a Dios (Jn. 14:9), a quien honrarlo es honrar a Dios (Jn. 5:23), y a quien recibirlo es recibir a Dios (Mr. 9:37); Él es el creador de todo lo que existe (Jn. 1:3; Col. 1:16), juez de todo (Jn. 5:22), el único salvador de pecadores (Jn. 14:6); el glorioso Señor ante quien se doblará toda rodilla (Fil. 2:10) es prácticamente anónimo; casi una ocurrencia tardía. Tanto Pilato (vv. 14, 22) como los dirigentes judíos (v. 18) se refieren a Él simplemente como "este hombre". Solamente Lucas lo identifica como "Jesús" (vv. 20, 25). La escena es aterradora cuando hombres corruptos realizan juicios falsos y condenan a muerte al Señor de vida.

La forma en que Pilato maneja esta fase final de los juicios a Cristo se puede analizar bajo cinco encabezados: su arbitrio judicial, su decisión, su alternativa, su confirmación, y su consentimiento.

ARBITRIO JUDICIAL DE PILATO

Entonces Pilato, convocando a los principales sacerdotes, a los gobernantes, y al pueblo, les dijo: Me habéis presentado a éste como un hombre que perturba

al pueblo; pero habiéndole interrogado yo delante de vosotros, no he hallado en este hombre delito alguno de aquellos de que le acusáis. Y ni aun Herodes, porque os remití a él; y he aquí, nada digno de muerte ha hecho este hombre. (23:13-15)

Poncio **Pilato** había sido nombrado el quinto gobernador de Judea por el emperador Tiberio en el año 26 d.C., y mantuvo esa posición durante unos diez años. Era un hombre orgulloso, arrogante, brutal y cínico (cp. Jn. 18:38), pero también podía ser débil y vacilante. Nada se sabe de la carrera de Pilato antes de llegar a ser gobernador, pero debió haber servido en una serie de cargos menores antes de ser nombrado para representar a Roma en Judea. Sus deberes habrían exigido que tuviera conocimiento y experiencia de asuntos militares, administrativos y judiciales. Que él existió de veras lo atestiguan Tácito, Filón y Josefo, y la piedra de Pilato descubierta en Cesarea, en 1961, que data de la época de vida de Pilato. Los nombres de Tiberio César y Pilato están escritos en ella.

Posterior a los juicios nocturnos a Jesús, tal vez después de las cinco de la mañana, el sanedrín lo había enviado de urgencia ante Pilato. Tras una breve audiencia preliminar, el gobernador lo envió a Herodes, quien lo interrogó (y no obtuvo respuesta de parte de Jesús), lo maltrató, y lo devolvió a Pilato; este dictó su veredicto final como a las seis de la mañana (Jn. 19:14). Obviamente, debido a la ley, tres juicios de tal magnitud no se pudieron haber concluido en alrededor de una hora sin un extenso abuso del debido proceso... como fue el caso en las tres fases del juicio judío.

El rumor de la entrada triunfal, el ataque a las operaciones comerciales del templo, los enfrentamientos verbales con los dirigentes judíos, y la enseñanza de Jesús se habían extendido por toda Jerusalén. Sin embargo, el gobernador sabía que Jesús no representaba ninguna amenaza para Roma. También sabía que los líderes judíos tenían envidia de Jesús (Mt. 27:18). Resentido porque los judíos lo presionaran para que ejecutara a un hombre inocente, Pilato inicialmente se mantuvo firme en contra de ellos. Después que Herodes le enviara de vuelta a Jesús, Pilato, **convocando a los principales sacerdotes, a los gobernantes, y al pueblo,** que se menciona aquí por primera vez, **les dijo: Me habéis presentado a éste como un hombre que perturba al pueblo; pero habiéndole interrogado yo delante de vosotros, no he hallado en este hombre delito alguno de aquellos de que le acusáis.**

Pero la intención de Pilato de pronunciarse en una base legal y frustrar el intento asesino de los dirigentes judíos de matar a Jesús estaba condenada al fracaso. Y la presión aumentaría porque tenían a Pilato en una grave desventaja debido a algunas equivocaciones pasadas que él había cometido.

La primera de tales equivocaciones vino poco después de asumir el cargo. Los gobernadores anteriores habían decidido prudentemente no llevar a Jerusalén emblemas con la imagen del César. Ellos sabían que hacer eso provocaría a los judíos, quienes las verían como algo idólatra. Sin embargo, Pilato envió a sus soldados a Jerusalén una noche portando estandartes con la imagen del César. La mañana siguiente cuando los judíos vieron los estandartes se pusieron furiosos. Manifestantes fueron hasta la sede permanente de Pilato en Cesarea para exigir que retirara los estandartes ofensivos. De modo obstinado Pilato se negó a hacerlo, e incluso a analizar el asunto con ellos.

Finalmente, exasperado accedió a verlos. Pero, en lugar de dialogar, Pilato ordenó a sus soldados que los rodearan y luego los amenazó con ejecutarlos si no dejaban de molestarlo. Cuando se hizo evidente que los judíos estaban dispuestos a morir, Pilato se vio obligado a retirar la apasionada amenaza. No había manera de que él pudiera llevar a cabo tal masacre sin graves repercusiones de parte de los judíos y de Roma. Los superiores de Pilato no estaban satisfechos con el modo en que él manejó este incidente. Le pidieron que mantuviera la paz, pero la terca necedad y el mal genio del hombre casi habían provocado un motín.

Pilato también enardeció al pueblo judío usando dinero del tesoro del templo para construir un acueducto, con el fin de llevar más agua a Jerusalén. Cuando como era previsible los judíos se enfurecieron y protestaron, Pilato envió soldados vestidos con ropa de civiles dentro de la multitud. A la señal que él les dio atacaron y dispersaron a los manifestantes, matando a muchos en el proceso.

Un nuevo conflicto surgió cuando Pilato mandó hacer escudos en honor a Tiberio César colgándolos en una pared (una manera común de honrar a las personas en ese tiempo) del palacio de Herodes en Jerusalén. Sin embargo, la inscripción en dichos escudos se refería a Tiberio como divino, y los judíos se ofendieron en gran manera. Cuando Pilato rechazó sus ruegos de retirar los escudos, los líderes judíos protestaron ante el emperador Tiberio, quien airadamente ordenó a Pilato llevar los escudos al templo pagano de Augusto en Cesarea.

Además, la brutal masacre de Pilato a algunos galileos en el templo (Lc. 13:1) tampoco le granjeó el cariño de sus súbditos judíos.

En ese entonces el gobernador había estado en la cuerda floja. Un motín, un disturbio o una queja más reportada a Roma podrían costarle su posición. Un incidente final obligaría a Pilato a salir, pero irónicamente, como se verá más tarde en este capítulo, en lo que provocó eso no participaron los judíos sino sus despreciados enemigos los samaritanos.

La apelación de Pilato ante la esperada sensación de justicia de parte del sanedrín en calidad de miembros del tribunal más excelso de Israel estaba condenada al fracaso. A los dirigentes judíos no les importó que **Herodes** no hubiera hallado culpable a Jesús, ya que se los había remitido de vuelta, ni había influido en ellos el juicio oficial de Pilato de que **nada digno de muerte** había

hecho este hombre. Pilato estaba atrapado en una situación fuera de control. Tendría que hallar una manera de liberarse.

DECISIÓN DE PILATO

Le soltaré, pues, después de castigarle. (23:16)

Con la esperanza de que los judíos quedaran satisfechos si torturaba y después liberaba a Jesús, Pilato les declaró: **Le soltaré, pues, después de castigarle. Castigarle** no es la palabra específica para flagelar, sino una forma del verbo *paidueō*, que se refiere a la intención de tal aflicción: la corrección. A veces los romanos castigaban a individuos a los que no se los había declarado culpables de un delito, pero que quizás habían estado yendo en esa dirección. Pilato esperaba que azotar a Jesús (Mt. 27:26) aplacaría a los judíos.

ALTERNATIVA DE PILATO

Y tenía necesidad de soltarles uno en cada fiesta. Mas toda la multitud dio voces a una, diciendo: ¡Fuera con éste, y suéltanos a Barrabás! Este había sido echado en la cárcel por sedición en la ciudad, y por un homicidio. (23:17-19)

Antes de que llevara a cabo su plan de castigar y liberar a Jesús, a Pilato se le ocurrió otra idea. El versículo 17 no aparece en el más antiguo de los manuscritos griegos de Lucas, pero Mateo 27:15 y Marcos 15:6 indican que Pilato **tenía necesidad de soltarles** a un prisionero **en cada fiesta.** Conceder amnistía a un preso generaba buena voluntad entre los súbditos de Roma, y Pilato hacía eso una vez al año durante la Pascua.

Ofrecer liberar a Jesús bajo este programa de amnistía le pareció a Pilato una alternativa razonable. Después de todo, él sabía que Jesús era inmensamente popular entre el pueblo, como hasta el momento parecían demostrar los acontecimientos de la semana de la pasión. Tenía bastante sentido eludir a los líderes y apelar a la popularidad de Jesús entre el pueblo, quien se esperaba entonces que presionara a sus dirigentes para que se aceptara la liberación del acusado. Pilato ofreció liberar a Barrabás, un célebre delincuente que **había sido echado en la cárcel por sedición en la ciudad, y por un homicidio,** o a Jesús. A Barrabás lo iban a crucificar; es más, los dos ladrones crucificados junto con Jesús pudieron haber participado con Barrabás en la insurrección. Su nombre significa "hijo de un padre"; en una extraña ironía, Pilato les estaba ofreciendo la alternativa entre Barrabás, el hijo de un padre humano, y Jesús, el Hijo del Padre celestial.

En ese momento crítico los procedimientos se interrumpieron: "Y estando

[Pilato] sentado en el tribunal, su mujer le mandó decir: No tengas nada que ver con ese justo; porque hoy he padecido mucho en sueños por causa de él" (Mt. 27:19). Ella creía que Jesús era un hombre bueno y justo, no un delincuente. La mujer temía que su esposo ejecutara a un inocente, en particular a este hombre... lo temía tanto que sus temores influenciaron sus sueños.

Sin embargo, mientras Pilato escuchaba el mensaje y reflexionaba en su significado, los líderes de Israel aprovecharon la oportunidad para manipular a la multitud en contra de Jesús. En lugar de pedir que Pilato lo liberara como el gobernador suponía que el pueblo iba a hacer, **toda la multitud dio voces a una, diciendo: ¡Fuera con éste, y suéltanos a Barrabás!** La apasionada adulación con la que el pueblo había recibido el lunes a Jesús como el Mesías de Israel se había torcido en desprecio y ansias por su muerte.

Pilato estaba atrapado pues sabía que Jesús no era un revolucionario y había supuesto que la turba pediría que lo liberara. Ahora el gobernador se hallaba en la poco envidiable posición de no solo tener que ejecutar a un hombre al que oficialmente había declarado inocente, lo que representaba una violación a la justicia, sino que también se veía obligado a liberar a un revolucionario conocido y peligroso, lo que constituía una violación al deber.

CONFIRMACIÓN DE PILATO

Les habló otra vez Pilato, queriendo soltar a Jesús; pero ellos volvieron a dar voces, diciendo: ¡Crucifícale, crucifícale! Él les dijo por tercera vez: ¿Pues qué mal ha hecho éste? Ningún delito digno de muerte he hallado en él; le castigaré, pues, y le soltaré. Mas ellos instaban a grandes voces, pidiendo que fuese crucificado. Y las voces de ellos y de los principales sacerdotes prevalecieron. (23:20-23)

Tratando de que la situación no se le descontrolara rápidamente, **Pilato,** todavía **queriendo soltar a Jesús, habló otra vez.** Sorprendido por el inesperado rechazo de la multitud hacia Jesús en favor de Barrabás, "Pilato les dijo: ¿Qué, pues, haré de Jesús, llamado el Cristo?" (Mt. 27:22), y añadió de modo cínico y burlón: "Del que llamáis Rey de los judíos" (Mr. 15:12). Ellos contestaron al unísono: **¡Crucifícale, crucifícale!**

Después de decirles **por tercera vez** que **ningún delito digno de muerte** había **hallado en** Jesús, Pilato volvió a apelar a su alternativa preliminar (véase el estudio anterior del v. 16) y anunció a la multitud: **le castigaré, pues, y le soltaré.** Pero era demasiado tarde para eso, ya que los miembros de la turba **instaban a grandes voces, pidiendo que fuese crucificado. Instaban** se traduce de una forma del verbo *epikeimai*, que se usa en Lucas 5:1 cuando la multitud intentó arrojar a Jesús por la orilla del Mar de Galilea, y en Hechos 27:20 para la furiosa tormenta que asoló al barco que llevaba a Pablo hasta Roma. La palabra describe vívidamente la intensidad de la turba; con rugidos como el aullido de una violenta tormenta le exigían a Pilato que crucificara a Jesús. **Y las voces de ellos y de los principales sacerdotes prevalecieron.**

La presión sobre Pilato se había vuelto irresistible. La frenética multitud, azuzada por sus apóstatas dirigentes judíos, estaba a punto de iniciar un tumulto callejero (Mt. 27:24). Pilato sabía que un incidente importante sería el final de su carrera. Se vio obligado a elegir entre protegerse y proteger a Jesús; no podía hacer ambas cosas. En un gesto simbólico y débil para indicar que era inocente de la responsabilidad por la muerte de Cristo, Pilato "tomó agua y se lavó las manos delante del pueblo, diciendo: Inocente soy yo de la sangre de este justo; allá vosotros" (Mt. 27:24). Pilato usó una costumbre judía (Dt. 21:1-9) para despojarse visualmente de cualquier culpa en este injusto crimen que se veía presionado a permitir.

La reacción de los judíos fue escalofriante: "Y respondiendo todo el pueblo, dijo: Su sangre sea sobre nosotros, y sobre nuestros hijos" (Mt. 27:25). Asumieron la responsabilidad total por la muerte de Cristo, una responsabilidad que más tarde el sanedrín intentaría negar cuando acusaron a Pedro y los apóstoles de querer "echar sobre [ellos] la sangre de ese hombre [Jesús]" (Hch. 5:28). Sin embargo, con sus propias palabras reclamaron la culpa por la muerte del Hijo de Dios (Hch. 2:22-23).

CONSENTIMIENTO DE PILATO

Entonces Pilato sentenció que se hiciese lo que ellos pedían; y les soltó a aquel que había sido echado en la cárcel por sedición y homicidio, a quien habían pedido; y entregó a Jesús a la voluntad de ellos. (23:24-25)

Sin ninguna otra alternativa, **Pilato sentenció que se hiciese lo que** las personas **pedían.** Entonces después **les soltó a aquel que había sido echado en la cárcel por sedición y homicidio, a quien habían pedido** (Barrabás)**; y entregó a Jesús a la voluntad de ellos.** Tanto Mateo (27:26) como Marcos (15:15) señalan que Pilato hizo azotar a Jesús antes de entregarlo para ser crucificado.

Sin embargo, el apóstol Juan revela más detalles acerca de lo que ocurrió entre la sentencia de Pilato contra el Señor y su entrega para que fuera crucificado. Después que los soldados de Pilato terminaron de flagelar a Jesús (Jn. 19:1), un castigo tan brutal que muchos prisioneros morían durante la flagelación, le pusieron en la frente una corona hecha de espinas y lo vistieron con un manto color púrpura (probablemente una de las capas de los soldados) en satírica imitación de la túnica real de un rey (v. 2). Mateo 27:29 agrega que pusieron una caña en la mano de Cristo como si fuera un cetro real. Los soldados comenzaron a representar un cruel juego con Jesús, tratándolo burlonamente como si fuera realmente un rey terrenal (Jn. 19:3). También le abofetearon el rostro (v. 3) y le golpearon la cabeza con la caña (Mr. 15:19).

Mientras disfrutaban su burlesco juego, "Pilato salió otra vez, y les dijo [a los miembros de la multitud]: Mirad, os lo traigo fuera, para que entendáis que ningún delito hallo en él" (v. 4), declarando así otra vez la inocencia de Cristo. Cuando Jesús, golpeado, sangrando y llevando la corona de espinas, fue sacado, Pilato declaró de manera dramática: "¡He aquí el hombre!" (v. 5). Pero si esperaba que la escena del Señor en esa condición despertara compasión en la turba, estaba equivocado. Al igual que tiburones al detectar sangre en el agua, "cuando le vieron los principales sacerdotes y los alguaciles, dieron voces, diciendo: ¡Crucifícale! ¡Crucifícale!" (v. 6).

Eso fue suficiente para Pilato. Queriendo simplemente acabar con todo ese lamentable asunto, "Pilato les dijo: Tomadle vosotros, y crucificadle; porque yo no hallo delito en él" (v. 6). Si Pilato estaba realmente concediéndoles el derecho de ejecutar a Jesús o tan solo burlándose otra vez de ellos, no está claro. Pero incluso el hecho de que mencionara que les concedía la prerrogativa celosamente guardada de la pena capital, representa aún más evidencia de que el hombre estaba perdiendo el control.

Ellos contestaron: "Nosotros tenemos una ley, y según nuestra ley debe morir, porque se hizo a sí mismo Hijo de Dios" (v. 7). Como gobernador, era de esperar que Pilato guardara las leyes en la medida que no entraran en conflicto con los intereses de Roma. Los dirigentes judíos exigieron que Pilato les honrara sus derechos legales y ordenara que Jesús fuera ejecutado.

Ahora aún más asustado, Pilato llevó a Jesús otra vez adentro. "¿De dónde eres tú?", exigió saber. Sin embargo, Jesús permaneció en silencio (v. 9). Aunque Pilato pudo haber sido cínico (cp. 18:38), también, al igual que muchos romanos, era supersticioso. Si Jesús tenía poderes divinos, o tal vez fuera un dios o el hijo de un dios en forma humana (cp. Hch. 14:11), Pilato acababa de flagelar y golpear a alguien que tenía poder sobrenatural para vengarse de él.

Exasperado por el continuo silencio y la aparente falta de respeto por parte de Jesús hacia su dignidad y autoridad, Pilato se jactó: "¿A mí no me hablas? ¿No sabes que tengo autoridad para crucificarte, y que tengo autoridad para soltarte?" (v. 10) Su jactancia era vacía, porque aunque el hombre tenía el derecho de hacer ambas cosas, no tenía el valor para llevar a cabo ninguna de ellas.

Jesús rompió al fin su silencio, respondiendo: "Ninguna autoridad tendrías contra mí, si no te fuese dada de arriba" (es decir, de parte de Dios) (v. 11). Al igual que todos los demás que participaron en la muerte del Señor Jesucristo, Pilato no tuvo el control sobre lo que estaba sucediendo. Dios tenía el control absoluto y soberano.

En medio de su desesperación Pilato repitió sus esfuerzos por liberar a

Jesús, sin ningún éxito. Jugándose su carta de triunfo, "los judíos daban voces, diciendo: Si a éste sueltas, no eres amigo de César; todo el que se hace rey, a César se opone" (v. 12). Tal declaración puso fin a la dilatoria de Pilato. Si los judíos reportaran al César la mentira de que Pilato había liberado a un revolucionario, en especial a uno que se hacía rey en oposición al César, esto sería el fin de su carrera como gobernador... e incluso de su vida. El hombre tenía que pronunciar de inmediato la sentencia que ellos exigían.

Por tanto, Pilato llevó fuera a Jesús, se sentó en su escaño oficial de juicio, y con una última burla sarcástica les dijo a los judíos: "¡He aquí vuestro Rey!" (v. 14), sugiriendo que este hombre golpeado, sangrante e indefenso era el único rey que merecían. Furiosos, "ellos gritaron: ¡Fuera, fuera, crucifícale!" (v. 15). Quizás en un acto final de cinismo y burla, Pilato les preguntó: "¿A vuestro Rey he de crucificar?". En una sorprendente expresión de flagrante hipocresía, los principales sacerdotes contestaron: "No tenemos más rey que César". Sin embargo, en una amarga ironía más, quienes falsamente acusaban a Jesús de blasfemia blasfemaron ellos mismos, ya que solo Dios era el único Rey verdadero de Israel (cp. Jue. 8:23; 1 S. 8:7; Sal. 149:2; Is. 33:22). La apostasía de Israel había llegado a su punto más vil. Pero aunque creyeron haber acabado con Jesús, no fue así. Un día lo enfrentarán como su juez eterno (Jn. 5:22-29). Con todas los fases del juicio realizadas, Pilato entregó a Jesús para ser crucificado por sus propios soldados, y así por un tiempo escapó a su propio descenso de categoría.

En el incidente que finalmente llevó a la remoción de Pilato de su posición de poder no participaron los judíos, sino los samaritanos. Un grupo de estos planeó trepar al monte Gerizim en busca de objetos valiosos supuestamente escondidos por Moisés en su cima. Pilato supuso que los samaritanos estaban a punto de rebelarse y ordenó a sus tropas que atacaran; muchos de los samaritanos resultaron asesinados. Indignados por la violencia asesina de Pilato contra ellos, los samaritanos se quejaron ante el superior inmediato del homicida, el gobernador de Siria. Este retiró del cargo a Pilato y le ordenó ir a Roma para ser juzgado por el emperador Tiberio. Pero Tiberio murió mientras Pilato estaba en camino a Roma. Nada se sabe con seguridad acerca de Pilato después de su llegada a Roma. Algunos relatos afirman que fue desterrado; otros que fue ejecutado; aún otros más que se suicidó. Su cobarde injusticia al sentenciar a muerte al inocente Señor Jesucristo para salvar su carrera finalmente falló. Más adelante, según se relata en Hechos 4, los discípulos, mirando hacia atrás, vieron a todos los elementos del juicio y a la muerte del Señor Jesús como el cumplimiento exacto de la profecía y de los propósitos de Dios:

Y ellos, habiéndolo oído, alzaron unánimes la voz a Dios, y dijeron: Soberano Señor, tú eres el Dios que hiciste el cielo y la tierra, el mar y todo lo que en ellos hay; que por boca de David tu siervo dijiste: ¿Por qué se amotinan las gentes, y los pueblos piensan cosas vanas? Se reunieron los reyes de la tierra, y los príncipes se juntaron en uno contra el Señor, y contra su Cristo. Porque verdaderamente se unieron en esta ciudad contra tu santo Hijo Jesús, a quien ungiste, Herodes y Poncio Pilato, con los gentiles y el pueblo de Israel, para hacer cuanto tu mano y tu consejo habían antes determinado que sucediera (Hch. 4:24-28).

Personajes en el camino hacia la cruz

131

Y llevándole, tomaron a cierto Simón de Cirene, que venía del campo, y le pusieron encima la cruz para que la llevase tras Jesús. Y le seguía gran multitud del pueblo, y de mujeres que lloraban y hacían lamentación por él. Pero Jesús, vuelto hacia ellas, les dijo: Hijas de Jerusalén, no lloréis por mí, sino llorad por vosotras mismas y por vuestros hijos. Porque he aquí vendrán días en que dirán: Bienaventuradas las estériles, y los vientres que no concibieron, y los pechos que no criaron. Entonces comenzarán a decir a los montes: Caed sobre nosotros; y a los collados: Cubridnos. Porque si en el árbol verde hacen estas cosas, ¿en el seco, qué no se hará? Llevaban también con él a otros dos, que eran malhechores, para ser muertos. (23:26-32)

La crucifixión del Señor Jesucristo es el acto más atroz de apostasía y rebelión cometido alguna vez contra Dios. El pueblo judío había esperado durante siglos la venida del Salvador y Mesías prometido. Pero cuando Jesús finalmente vino, a pesar de su enseñanza sin igual, de la revelación de verdad divina, de su ofrecimiento de vida eterna y de su poder divino sobre el reino demoníaco, el mundo natural, la enfermedad y la muerte, lo rechazaron. Juan escribió: "A lo suyo vino, y los suyos no le recibieron" (Jn. 1:11).

El trayecto terrenal de Jesús hasta la cruz comenzó treinta y tres años antes de su muerte en la pequeña aldea de Belén, cerca de Jerusalén. Nació en el más humilde de los entornos: un establo con un pesebre por cuna. Pronto, después de nacer, su viaje lo llevó junto con María y José al sur hasta Egipto para protección contra Herodes, quien trataba de asesinarlo. Después que ese peligro pasó, sus padres lo llevaron al norte desde Egipto a Galilea a su hogar en la nada especial aldea de Nazaret. Y allí su vida al parecer se detuvo durante treinta años.

Cuando el Hijo de Dios cumplió treinta años, su viaje lo llevó al río Jordán, donde fue bautizado por Juan el Bautista, y donde empezó su ministerio público. Después de tres años de ministrar, Jesús llegó a Jerusalén para la última semana de su vida. Cuando esta sección se inicia, es viernes por la mañana de esa última semana. Jesús sería crucificado un poco más tarde, y estaría muerto y sepultado antes de la puesta del sol. Aquí Lucas relata los pasos finales del trayecto de Jesús hacia el Calvario (Lc. 23:13).

Se desconoce la ubicación exacta del sitio donde el Señor fue crucificado. Pudo haber sido en el lugar tradicional, oculto ahora por una iglesia católica romana, el más reciente conocido como el Calvario de Gordon, o un lugar totalmente distinto. El sitio de su ejecución no es importante; la redención lograda por medio de su muerte es inigualable en importancia.

Temporalmente, el viaje de Cristo hasta el Calvario duró treinta y tres años. No obstante, ese fue simplemente el último paso de un recorrido que comenzó en el cielo, el lugar de morada de la Trinidad eterna. Cada paso del camino estaba preordenado, por lo que la Biblia describe a Jesús como el "Cordero que fue inmolado desde el principio del mundo" (Ap. 13:8); que vino para salvar "a su pueblo de sus pecados" (Mt. 1:21); y que "no vino para ser servido, sino para servir, y para dar su vida en rescate por muchos" (Mr. 10:45). Contrario a la falsa enseñanza de algunos, la muerte de Jesús no le llegó como una sorpresa. Es más, varias veces la predijo, con todos sus horripilantes detalles (Lc. 9:22, 31; 12:50; 13:32-33; 17:25; 18:31-33; 20:9-15; 22:22, 37).

Obviamente, Jesús atrae la atención principal en estos pasos finales hacia la cruz. Él es el único que habla, esa única vez, y solo de un tema: juicio. Pero junto al camino aparecen otros personajes con un papel secundario. Encontramos a los diferentes asesinos, el extraño que brinda apoyo, la multitud curiosa, las mujeres que lloran, y los criminales acompañantes.

LOS DIFERENTES ASESINOS

Y llevándole, tomaron (23:26*a*)

El pronombre tácito en tercera persona del plural se refiere "a los principales sacerdotes, a los gobernantes, y al pueblo", enumerados en el versículo 13. Los principales sacerdotes incluían a los saduceos, quienes dirigían las operaciones del templo, y al sumo sacerdote y los anteriores sumos sacerdotes, quienes estaban emparentados todos unos con otros. Los gobernantes eran los miembros del sanedrín regente, conformado predominantemente por escribas y fariseos, junto con algunos saduceos. La creciente multitud que se reunió temprano esa mañana de viernes fue organizada y manipulada por los dirigentes religiosos para que exigieran la crucifixión de Jesús. Aunque no se les menciona, algunos miembros de una tercera secta judía, los herodianos (judíos que apoyaban la dinastía idumea), también estaban presentes. Por supuesto, los soldados romanos que constituían el pelotón de ejecución que realizó la crucifixión también estaban presentes.

Apagō (**llevándole**) se usa a veces como un término legal para referirse a llevar a alguien a juicio, castigo, prisión o ejecución (Mt. 26:57; 27:2; Mr. 14:44; Hch. 12:19).

Motivados por su justicia propia y su odio, estos asesinos orquestaron la ejecución de Jesús por medio de mentiras, manipulación, intimidación y amenazas, provocando de este modo la mayor violación a la justicia que el mundo ha visto alguna vez. La multitud mezclada que presionó su muerte representa a todos los que rechazan a Jesucristo en toda generación (cp. He. 6:4-6).

EL EXTRAÑO QUE BRINDA APOYO

a cierto Simón de Cirene, que venía del campo, y le pusieron encima la cruz para que la llevase tras Jesús. (23:26*b*)

En el camino hacia el lugar de la ejecución los soldados romanos encargados de la crucifixión de Cristo **tomaron a cierto** hombre y lo obligaron a servir (para hacer lo cual tenían autoridad absoluta; cp. Mt. 5:41). A diferencia de los soldados romanos y el centurión, quien más tarde creyó en Cristo (23:47; cp. Mt. 27:54; Mr. 15:39), sí se indica el nombre de este individuo, **Simón,** como oriundo de la población de **Cirene. Simón** era un nombre judío muy común (hay nueve hombres en la Biblia llamados Simón, incluso dos de los apóstoles). **Cirene** era una ciudad en el norte de África, en la actual Libia, que tenía una importante población judía, según el historiador Josefo del siglo I. Visitantes de Cirene estuvieron en Jerusalén en el Día de Pentecostés y oyeron a los apóstoles predicarles en su lengua (Hch. 2:10). Había tantos hombres de Cirene en Jerusalén que, junto con hombres de Alejandría (otra ciudad importante del norte de África), formaron su propia sinagoga (Hch. 6:9).

Al parecer Simón fue elegido al azar en momentos en **que venía del campo** a Jerusalén para celebrar la Pascua. A menos que hubiera estado en la ciudad a principios de la semana, no necesariamente habría sabido algo acerca de Jesús. Los soldados **le pusieron encima la cruz para que la llevase tras Jesús.** Este no era el procedimiento normal, ya que al condenado se le exigía que llevara su cruz hasta el lugar de la ejecución. Quizás en su debilitada condición por causa de la flagelación el Señor ya no podía cargar la cruz y necesitó ayuda. O tal vez Él no se estaba moviendo con suficiente rapidez para igualar el paso de los soldados.

En realidad Simón no fue elegido al azar. Dios estaba soberanamente acercándosele (cp. Jn. 6:44). Marcos 15:21 lo describe además como el "padre de Alejandro y de Rufo". Esa nota obviamente significaba algo para los lectores de Marcos, o él no la habría incluido. Según el punto de vista tradicional, Marcos dirigió su evangelio a una audiencia gentil, inicialmente la iglesia en Roma, de la cual Rufo el hijo de Simón era un miembro destacado (Ro. 16:13). Pablo también se refiere a la madre de Rufo, esposa de Simón, como alguien que había sido como una madre para él.

He aquí un extraño, al parecer sacado de modo espontáneo de la multitud para ayudar a llevar la cruz de Jesús. Al haber recorrido el trayecto hasta el Calvario llevando la cruz, sin duda alguna Simón se habría quedado y habría experimentado la realidad total de la crucifixión. En algún momento este hombre aceptó el evangelio del Señor cuya cruz cargó. Su esposa y sus hijos también se convirtieron en creyentes y eran conocidos por la iglesia en Roma. Uno de ellos, Rufo, fue señalado por Pablo como un elegido del Señor, y la esposa de Simón ministró al apóstol (Ro. 16:13). La iglesia en Cirene, en la cual es indudable que Simón representara un papel importante, se desarrolló y creció a buen ritmo, y con el tiempo envió misioneros a que predicaran el evangelio a los gentiles en Antioquía (Hch. 11:20). Uno de sus miembros, Lucio, sirvió incluso como uno de los pastores en la iglesia en Antioquía cuando Pablo y Bernabé fueron enviados como misioneros (Hch. 13:1).

LA MULTITUD CURIOSA

Y le seguía gran multitud del pueblo, (23:27*a*)

Muchos en la **gran multitud del pueblo** que **seguía** a Cristo lo habían saludado con entusiasmo el lunes durante la entrada triunfal. Pero Él no cumplió con las expectativas de ellos; no mostró señal alguna de ser el liberador militar y político que anhelaban, aquel que los libraría del yugo de la tiranía romana. En lugar de atacar a los romanos, Jesús atacó las operaciones del templo (Lc. 19:45-46), el centro de la religión de Israel y a los líderes mismos (Mt. 23:1-36). La charla del Señor acerca de su muerte inminente los dejó aún más perplejos, ya que no había lugar en la teología de ellos para un Mesías muerto (cp. Mt. 16:21-22).

Los miembros de la vacilante multitud no sabían si alabar o rechazar a Jesús. Finalmente llegaron a tal estado de confusión que los dirigentes de Israel lograron persuadirlos para que exigieran la crucifixión de Cristo. Eran conscientes del divino poder del Señor, y esperaban que pudiera ser su Mesías. Sin embargo, al final se volvieron contra Él, persuadidos por las blasfemas mentiras de los líderes de que ese poder provenía de Satanás, no de Dios. También estaban desilusionados. Después de la muerte de Jesús, "toda la multitud de los que estaban presentes en este espectáculo, viendo lo que había acontecido, se volvían golpeándose el pecho" (Lc. 23:48) en una señal universal de dolor. Ellos querían que Él fuera su Mesías; tal vez hasta el final algunos deseaban que Cristo fuera aquel que cumpliría sus deseos. Tal vez, en el último instante, Él bajaría de la cruz como sus enemigos burlonamente lo retaban que hiciera (Mr. 15:32) y dirigiría un ataque contra los romanos.

A todo lo largo del ministerio de Jesús, la multitud tuvo interés en Él, pero pocos se comprometieron verdaderamente a seguirlo. Sus mentes estaban entenebrecidas. Eran ignorantes; mostraron indiferencia ante la verdad que les enseñara. Sus sentimientos hacia Él eran ambiguamente egoístas. Ellos no eran sus enemigos, pero tampoco lo confesaban como Señor. En última instancia fueron manipulados para que pidieran a gritos la muerte de Jesús.

LAS MUJERES QUE LLORAN

y de mujeres que lloraban y hacían lamentación por él. Pero Jesús, vuelto hacia ellas, les dijo: Hijas de Jerusalén, no lloréis por mí, sino llorad por vosotras mismas y por vuestros hijos. Porque he aquí vendrán días en que dirán: Bienaventuradas las estériles, y los vientres que no concibieron, y los pechos que no criaron. Entonces comenzarán a decir a los montes: Caed sobre nosotros; y a los collados: Cubridnos. Porque si en el árbol verde hacen estas cosas, ¿en el seco, qué no se hará? (23:27*b*-31)

Las **mujeres que lloraban y hacían lamentación** por Jesús no eran su madre, María Magdalena, ni alguna de las otras mujeres que lo acompañaron junto con los discípulos (Lc. 8:2-3); se trataba de plañideras. Era tradicional que las mujeres lamentaran la muerte de alguien (cp. Lc. 8:51-52), en particular de una persona prominente como Jesús, que muchos habían esperado que fuera su Mesías. Pero aunque estas mujeres eran plañideras que estaban cumpliendo con su deber, sin duda no lo hacían sin una medida de sinceridad y dolor. En ninguna parte de los evangelios hay algún relato de alguna mujer que fuera hostil hacia Jesús, que lo reprendiera, o que hablara mal de Él. Sin duda estas mujeres no fueron la excepción.

Lloraban se traduce de una forma del verbo *koptō*, que literalmente se refiere a golpearse el pecho en una fuerte expresión de dolor, lo cual simboliza la agonía de la muerte. **Hacían lamentación** se refiere a lanzar clamores y llantos, o a entonar un canto fúnebre (el mismo verbo usado aquí se traduce "os endechamos" en Lc. 7:32).

Este lamento no era el cumplimiento de Zacarías 12:10-14, que se refiere a la futura aflicción de Israel cuando "mirarán a [aquel] a quien traspasaron, y llorarán como se llora por hijo unigénito, afligiéndose por él como quien se aflige por el primogénito" (v. 10). Llegará el momento en que las personas se golpearán el pecho, llorarán y se lamentarán, doliéndose por la trágica realidad de que mataron a su propio Mesías, pero este no fue ese tiempo.

Estas mujeres representan a quienes sintieron simpatía hacia Jesús, quienes fueron atraídos hacia Él, quienes hallaron verdad, ternura y compasión en Él. No eran como la multitud curiosa, que se mostraba inconstante, vacilante e indiferente; tampoco eran como los diferentes asesinos, que odiaban a Jesús y estaban resentidos con Él. Pero tampoco eran verdaderas seguidoras, que habían creído para salvación en Jesús. El cristianismo está lleno de individuos que en alguna medida sienten simpatía hacia Jesús pero que no son sus verdaderos discípulos (Mt. 7:21-23; Jn. 6:60, 66).

Sin embargo, **Jesús** nunca buscó ese tipo de sentimiento. En lugar de agradecer a las mujeres, las reprendió. **Vuelto hacia ellas, les dijo: Hijas de Jerusalén, no lloréis por mí, sino llorad por vosotras mismas y por vuestros hijos.** La frase **Hijas de Jerusalén** se usa en el Antiguo Testamento para referirse metafóricamente a Israel como un todo (Mi. 4:8; Sof. 3:14; Zac. 9:9). En vez de llorar por Él, Jesús les dijo que lloraran lágrimas de tristeza, remordimiento y arrepentimiento **por** ellas **mismas y por** sus **hijos** a la luz del juicio que era inminente (cp. Lc. 13:34-35; 19:41-44; y la exposición de 21:20-24 en el cap. 118 de esta obra). Ellas, y no Jesús, eran las verdaderas víctimas.

El juicio que caería sobre los judíos entre los años 66-70 d.C., cuando los romanos devastaron Israel y destruyeron Jerusalén, sería tan grave que Jesús advirtió solemnemente: **he aquí vendrán días en que dirán: Bienaventuradas las estériles, y los vientres que no concibieron, y los pechos que no criaron.** Aquella fue una declaración sorprendente. La esterilidad iba en contra de la esperanza de toda mujer judía y era el peor estigma imaginable, así como lo muestran las historias de Ana (1 S. 1:2-11) y Elisabet (Lc. 1:7, 24-25). Pero al hablar antes de ese tiempo de juicio terrible, Jesús había manifestado: "Mas ¡ay de las que estén encintas, y de las que críen en aquellos días! porque habrá gran calamidad en la tierra, e ira sobre este pueblo" (Lc. 21:23). Tales mujeres soportarían mayor sufrimiento que aquellas sin hijos.

La predicción de Cristo, **Entonces comenzarán a decir a los montes: Caed sobre nosotros; y a los collados: Cubridnos,** indica aún más la severidad del juicio inminente. El Señor está citando la advertencia de Oseas al apóstata reino del norte de Israel con relación a la destrucción de su capital Samaria por parte de los asirios (Os. 10:8). Cuando el sexto sello de juicio golpee durante la tribulación, el mundo incrédulo dirá "a los montes y a las peñas: Caed sobre nosotros, y escondednos del rostro de aquel que está sentado sobre el trono, y de la ira del Cordero; porque el gran día de su ira ha llegado; ¿y quién podrá sostenerse en pie?" (Ap. 6:16-17). El juicio a Israel entre los años 66-70 d.C. fue por tanto un anticipo del juicio futuro al mundo.

Jesús no ofreció una invitación final a quienes lo estaban acompañando en el camino a la cruz, sino que más bien les pronunció una condenación final. La perspectiva de ellos estaba totalmente sesgada. Debían derramar lágrimas no por Jesús sino por ellos mismos a la luz del inminente juicio.

El Señor concluyó su advertencia con el dicho proverbial: **Porque si en el árbol verde hacen estas cosas, ¿en el seco, qué no se hará?** Jesús es el árbol verde, lleno de vida y fecundidad. Si esto es lo que los romanos le hicieron, ¿qué le harán a la seca, muerta y estéril nación de Israel en el año 70 d.C.?

LOS CRIMINALES ACOMPAÑANTES

Llevaban también con él a otros dos, que eran malhechores, para ser muertos. (23:32)

Los últimos dos personajes en el camino a la cruz **eran malhechores,** a los que **llevaban también con él para ser muertos.** Según se indicó en el análisis de Lucas 23:19 en el capítulo anterior de esta obra, ellos pudieron haber participado con Barrabás en la insurrección, e igual que a él los sentenciaron a ser crucificados.

Estos dos hombres ilustran las dos opciones que toda persona enfrenta. Los que, al igual que el que se arrepintió (23:40-43), confiesa con su "boca que Jesús es el Señor, y [creen en su] corazón que Dios le levantó de los muertos, [serán salvos]" (Ro. 10:9). Por otra parte, aquellos que, al igual que el hombre que no se arrepintió, rechazan a Jesús enfrentarán juicio eterno (Jn. 3:18). Para más información sobre estos dos hombres, véase la exposición de Lucas 23:39-43 en el capítulo 132 de esta obra.

El Rey crucificado: La comedia en el Calvario 132

Y cuando llegaron al lugar llamado de la Calavera, le crucificaron allí, y a los malhechores, uno a la derecha y otro a la izquierda. Y Jesús decía: Padre, perdónalos, porque no saben lo que hacen. Y repartieron entre sí sus vestidos, echando suertes. Y el pueblo estaba mirando; y aun los gobernantes se burlaban de él, diciendo: A otros salvó; sálvese a sí mismo, si éste es el Cristo, el escogido de Dios. Los soldados también le escarnecían, acercándose y presentándole vinagre, y diciendo: Si tú eres el Rey de los judíos, sálvate a ti mismo. Había también sobre él un título escrito con letras griegas, latinas y hebreas: ESTE ES EL REY DE LOS JUDÍOS. Y uno de los malhechores que estaban colgados le injuriaba, diciendo: Si tú eres el Cristo, sálvate a ti mismo y a nosotros. Respondiendo el otro, le reprendió, diciendo: ¿Ni aun temes tú a Dios, estando en la misma condenación? Nosotros, a la verdad, justamente padecemos, porque recibimos lo que merecieron nuestros hechos; mas éste ningún mal hizo. Y dijo a Jesús: Acuérdate de mí cuando vengas en tu reino. Entonces Jesús le dijo: De cierto te digo que hoy estarás conmigo en el paraíso. Cuando era como la hora sexta, hubo tinieblas sobre toda la tierra hasta la hora novena. Y el sol se oscureció, y el velo del templo se rasgó por la mitad. Entonces Jesús, clamando a gran voz, dijo: Padre, en tus manos encomiendo mi espíritu. Y habiendo dicho esto, expiró. Cuando el centurión vio lo que había acontecido, dio gloria a Dios, diciendo: Verdaderamente este hombre era justo. Y toda la multitud de los que estaban presentes en este espectáculo, viendo lo que había acontecido, se volvían golpeándose el pecho. Pero todos sus conocidos, y las mujeres que le habían seguido desde Galilea, estaban lejos mirando estas cosas. (23:33-49)

La cruz, con su injusticia, crueldad y sufrimiento, era cualquier cosa menos una comedia. Pero quienes participaron en los acontecimientos de ese día en el Calvario la convirtieron en comedia. Para ellos se trató de una farsa ridícula, una broma, el objetivo de la cual era Jesús. Ellos encontraron risible la idea de que Cristo fuera el rey de los judíos; **se burlaban de él,** y **le escarnecían.** A

Jesús ya lo habían despojado de su libertad cuando fue arrestado, de sus derechos cuando fue injustamente condenado, de sus amigos cuando todos ellos lo abandonaron, de su ministerio y hasta de sus ropas, dejándole puesto solamente un taparrabos. Sin embargo, todo eso no fue suficiente para satisfacer a sus enemigos; ellos estaban a punto de despojarlo de la vida. Al hacer eso querían asegurarse de que le despojaban del honor, la dignidad y cualquier respeto que aún pudiera haber tenido.

Para ello diseñaron y llevaron a cabo la ejecución de Jesús como una sátira cómica. Lo entronizaron sobre una cruz como un rey elevado a un trono por encima del pueblo. En la cabeza le pusieron una corona, no de oro sino de espinas, que hacía que le bajaran chorros de sangre por el rostro. En su diabólica comedia crucificaron a un ladrón a la derecha de Jesús y otro a la izquierda en una parodia de los dos cortesanos más respetados de un rey, la segunda y tercera personas más importantes en su corte. Luego en son de burla le ofrecieron vino, como si estuvieran cumpliendo con su deber de servir a las necesidades del monarca. Anteriormente en el pretorio de Pilato le habían puesto encima el manto de un rudo soldado como si fuera una túnica real, con una caña como cetro real en la mano, y con sorna lo aclamaron como rey. Entonces tomaron la caña, le golpearon en la cabeza y le escupieron para mostrar su total desprecio por la idea de que Él era la realeza.

Para el pueblo judío la idea de un Mesías crucificado era absurda, ridícula e incomprensible. Ellos esperaban que el Mesías fuera un rey conquistador que derrotara a los enemigos de Israel y estableciera su reino. Esperaban una coronación, no una crucifixión; un mesías que matara a sus enemigos, no uno que fuera asesinado por su propio pueblo. La cruz fue locura para ellos (1 Co. 1:18); un enorme obstáculo que no pudieron superar (v. 23).

Pero en vez de probar que Jesús no era el Mesías, la cruz demostró que sí lo era. La crucifixión cumplió la profecía del Antiguo Testamento. El Salmo 22 ofrece una descripción vívida de la crucifixión, tormento desconocido en la época de David. Isaías, escribiendo también en un tiempo en que se desconocía la crucifixión en Israel, dejó por sentado que Jesús "herido fue por nuestras rebeliones, molido por nuestros pecados; el castigo de nuestra paz fue sobre él, y por su llaga fuimos nosotros curados" (Is. 53:5). La crucifixión de Cristo también se ve en Zacarías 12:10, donde el profeta escribió:

> *Y derramaré sobre la casa de David, y sobre los moradores de Jerusalén, espíritu de gracia y de oración; y mirarán a mí, a quien traspasaron, y llorarán como se llora por hijo unigénito, afligiéndose por él como quien se aflige por el primogénito.*

Sin embargo, desde el punto de vista de Dios, lo que los enemigos de Cristo pensaron que era cómico fue algo extremadamente serio. En los versículos 28 y 29 de este capítulo Jesús dijo a las plañideras que lo seguían en el camino hacia el Calvario: "Hijas de Jerusalén, no lloréis por mí, sino llorad por vosotras mismas y por vuestros hijos. Porque he aquí vendrán días en que dirán: Bienaventuradas las estériles, y los vientres que no concibieron, y los pechos que no criaron" (véase la exposición de esos versículos en el capítulo anterior de esta obra). Este no era un momento para reír sino para llorar.

Ejecutar por medio de crucifixión data del siglo VI a.C., cuando al parecer fue inventada por los persas. La primera referencia a la práctica es la crucifixión de tres mil babilonios por parte del rey persa Darío. Alejandro Magno crucificó a dos mil ciudadanos de Tiro en venganza por el trato que le dieron. El rey asmoneo de Judea del siglo I a.C., Alejandro Janneo, crucificó a ochocientos rebeldes. Los romanos usaron extensamente la crucifixión, y la perfeccionaron como un medio brutal de tortura. Después de capturar a Jerusalén en el año 70 d.C., por ejemplo, los romanos crucificaron a tantos judíos que se quedaron sin madera.

El relato bíblico de la crucifixión del Señor Jesús no presenta todos los detalles; no se trata de que los sufrimientos físicos de Jesús fueran únicos, sino más bien de lo que estos lograron. Cada uno de los relatos en los evangelios utiliza solo tres palabras griegas (cuatro en castellano) para describir la verdadera crucifixión. Por ejemplo, no se dan detalles acerca del martilleo de los clavos, del levantamiento de la cruz, o de los elementos que produjeron la muerte. Tal explicación no era necesaria para los lectores iniciales de los evangelios, ya que la crucifixión era demasiado conocida para ellos. Los romanos siempre crucificaban a sus víctimas en lugares públicos a lo largo de caminos para que todo el mundo pudiera ver los horribles resultados de rebelarse contra la autoridad de Roma.

De acuerdo con la sencilla descripción que los evangelios hacen de la crucifixión, se desconoce la ubicación del **lugar llamado de la Calavera** (arameo "Gólgota"; latín "Calvaria"). Según se indicó en el capítulo anterior de esta obra, pudo haberse tratado del lugar tradicional, oculto ahora por una iglesia católica romana, del sitio más recientemente propuesto conocido como Calvario de Gordon, o de un lugar totalmente distinto. El Nuevo Testamento no describe el sitio como una colina, pero era costumbre para los romanos crucificar personas en un lugar elevado que diera a los transeúntes una visión clara de la escena. Al lugar quizás se le llamó la Calavera porque asemejaba un cráneo. Otros creen que se le dio ese nombre debido a que las calaveras de las personas que eran crucificadas se las dejaba tiradas por los alrededores, aunque es poco probable que los judíos hubieran permitido eso. En cualquier caso, el nombre se asocia con la realidad espantosa de la muerte.

A través de los años ha habido gran cantidad de estudios sobre los aspectos físicos de la crucifixión. Quizás el enfoque más conciso y útil apareció en la edición del 21 de marzo de 1986 del *Journal of the American Medical Association* (vol. 255, n.º 11) en un artículo titulado "On the Physical Death of Jesus Christ" (William D. Edwards, MD; Wesley J. Gabel, MDiv; Floyd E. Hosmer, MS, AMI). Según ese estudio a todos los que crucificaban primero los golpeaban. Los brazos de la víctima eran levantados y atados a un poste, dejándola en posición desplomada. Tiras de cuero trenzado con trozos de metal y hueso incrustados en ellas se usaban para azotar a la víctima desde la parte baja de la nuca hasta la parte posterior de las rodillas. Dos lictores (asistentes de los magistrados romanos) le daban golpes alternos. No hay indicaciones de cuántos latigazos por lo general recibían las víctimas; eso estaba a discreción de los lictores. El hueso y el metal rasgaban la carne, ocasionando profundas contusiones y laceraciones en los tejidos subcutáneos, y después en el tejido muscular. El dolor resultante y la sangre perdida provocaban un shock circulatorio.

Los tres hombres crucificados ese día fueron flagelados. Pero en sus mofas de Jesús los soldados le pusieron encima un manto hecho de lana que le habría irritado las heridas abiertas. También le pusieron en la cabeza una corona de espinas, le golpearon la cabeza con una caña, y lo escupieron. En algún momento le arrancaron el manto, lo que le habría desgarrado las heridas. Además, la hematidrosis (sangre sudada) que Jesús experimentó (Lc. 22:44) extrasensibilizó su piel. El Señor también padeció falta de sueño, alimento y agua.

La crucifixión era una muerte lenta, cuya intención era infligir máxima agonía y sufrimiento. Las víctimas cargaban sus cruces, o al menos el travesaño, a través de la parte posterior del cuello y los hombros con los brazos atados a este. Jesús recibió ayuda de Simón de Cirene para llevar su cruz, ya fuera porque en su debilitada condición ya no podía cargarla, o quizás debido a que no se estaba moviendo con suficiente rapidez para el paso de los soldados.

Al llegar al lugar de la crucifixión, a los prisioneros les ofrecían un tratamiento con calmantes (el cual Jesús rechazó; Mt. 27:34) y luego los lanzaban al suelo sobre sus espaldas. Entonces los movían en el travesaño debajo de los hombros y les clavaban los brazos, usando afilados clavos de hierro de entre ocho y once centímetros de largo y alrededor de centímetro y medio de ancho. Los clavaban a través de las muñecas en lugar de hacerlo en las palmas de las manos, para que pudieran soportar todo el peso del cuerpo desplomado.

A continuación levantaban a la víctima clavada, y el travesaño lo unían al poste en posición vertical, a menudo llamado estípite. Le clavaban los pies con un clavo, con las rodillas dobladas de modo que las víctimas pudieran empujarse desde abajo sobre las heridas en sus pies, así como tirar hacia arriba las heridas en las muñecas con el fin de poder respirar. La posición encorvada del cuerpo con las rodillas inclinadas hacía imposible que los crucificados respiraran firmemente; los soldados podían ocasionar la muerte en minutos rompiendo las piernas de las víctimas (cp. Jn. 19:31-32). Está por demás decir que nadie sobrevivía a la crucifixión.

El dolor agonizante que los crucificados soportaban es casi imposible de entender. La palabra más extrema en el idioma español para describir tal dolor es "insoportable", que viene de la expresión latina *excruciatus*, que significa "de la cruz". A fin de poder respirar, una persona tenía que levantarse deslizándose hacia arriba, lo que hacía que las heridas de la espalda por causa de la flagelación rozaran dolorosamente sobre la áspera madera de la cruz. Los clavos en las muñecas aplastaban o lastimaban el largo nervio mediano sensorial radial, ocasionando insoportables punzadas de dolor. Los clavos en los pies probablemente traspasaban los profundos nervios, el perineal y el plantar, ocasionando los mismos resultados.

El peso del cuerpo sobre las heridas de los clavos mientras la víctima luchaba por levantarse y enderezarse para poder respirar le causaba un dolor tan intenso que no podía sobrevivir mucho tiempo. "Probablemente esta forma de respiración no sería suficiente y pronto se produciría la hipercapnia [presencia de un nivel anormalmente alto de dióxido de carbono en la sangre]. La aparición de calambres musculares o contracciones titánicas, debido a la fatiga y la hipercapnia, obstaculizaría aún más la respiración" ("Sobre la muerte física de Jesucristo", p. 1461).

Cuando final y compasivamente llegaba la muerte horas o días después, los soldados romanos la confirmaban traspasando el pecho de la víctima con una lanza. El resultante flujo de sangre y agua (fluido seroso pleural y pericárdico; Jn. 19:34) indicaría la muerte.

La burla al Señor Jesucristo en la crucifixión fue el último acto de pecado y blasfemia. Aquí estaba el pecado en su clímax, la blasfemia en su pináculo, mientras pecadores se burlaban del divino Hijo, y se reían satíricamente del Dios encarnado y con satisfacción superficial amontonaban escarnio sarcástico sobre el Creador y Redentor, el verdadero Rey y Salvador. ¿No debió el verdadero y santo Dios encarnado, quien se había revelado como tal ofreciendo pruebas convincentes de su deidad, reaccionar a tal blasfemia en ira santa y rápido juicio? Hacer eso habría sido coherente con la enseñanza del Antiguo Testamento, donde Dios declara: "El que blasfemare el nombre de Jehová, ha de ser muerto" (Lv. 24:16). Irónicamente los dirigentes judíos, no contentos simplemente con blasfemar del Señor Jesucristo, de manera perversa lo acusaron de ser un blasfemo (Mt. 9:3; 26:65; Jn. 10:33).

Crucificar al Hijo de Dios merecía el juicio más inmediato y severo del cielo. Sin embargo, Dios retrasó misericordiosamente su castigo a la nación hasta el año 70 d.C. Tal dilación en el juicio es consecuente con la naturaleza compasiva de Dios. Por ejemplo, a pesar del pecado de Israel (Is. 1:1-16), en repetidas ocasiones Dios prometió salvación en lugar de juicio inmediato a aquellos que se arrepintieran y creyeran (Is. 40:1-2; 41:14; 42:6-7; 43:1-7; 52:7-10; 53; 55:1-9). Dios fue paciente en los días de Noé y esperó ciento veinte años antes de mandar el juicio más extenso de la historia. Pero la paciencia de Dios tiene un límite; su juicio caería sobre la nación que maltrató y se burló de su Hijo, y la comedia en el Calvario daría lugar a tristeza de proporciones eternas. Pero eso aún estaba en el futuro cuando la comedia se desarrolla en este pasaje en cuatro actos: el contraste, la conversión, la consumación y las respuestas.

EL CONTRASTE

Y Jesús decía: Padre, perdónalos, porque no saben lo que hacen. Y repartieron entre sí sus vestidos, echando suertes. Y el pueblo estaba mirando; y aun los gobernantes se burlaban de él, diciendo: A otros salvó; sálvese a sí mismo, si éste es el Cristo, el escogido de Dios. Los soldados también le escarnecían, acercándose y presentándole vinagre, y diciendo: Si tú eres el Rey de los judíos, sálvate a ti mismo. Había también sobre él un título escrito con letras griegas, latinas y hebreas: ESTE ES EL REY DE LOS JUDÍOS. Y uno de los malhechores que estaban colgados le injuriaba, diciendo: Si tú eres el Cristo, sálvate a ti mismo y a nosotros. (23:34-39)

Es asombroso el contraste en este pasaje entre los despiadados insultos de la multitud y la intercesión misericordiosa de Cristo a favor de esos pecadores.

LOS DESPIADADOS INSULTOS DE LA MULTITUD

Y repartieron entre sí sus vestidos, echando suertes. Y el pueblo estaba mirando; y aun los gobernantes se burlaban de él, diciendo: A otros salvó; sálvese a sí mismo, si éste es el Cristo, el escogido de Dios. Los soldados también le escarnecían, acercándose y presentándole vinagre, y diciendo: Si tú eres el Rey de los judíos, sálvate a ti mismo. Había también sobre él un título escrito con letras griegas, latinas y hebreas: ESTE ES EL REY DE LOS JUDÍOS. Y uno de los malhechores que estaban colgados le injuriaba, diciendo: Si tú eres el Cristo, sálvate a ti mismo y a nosotros. (23:34*b*-39)

La multitud en el Calvario se componía de cuatro grupos diferentes. Primero se hallaba **el pueblo** común y corriente, que **estaba mirando** a medida que se realizaba la comedia puesta en escena por sus dirigentes y por los romanos. Se pudo haber esperado que este pueblo fuera más comprensible con Cristo que los líderes religiosos, los soldados y los dos ladrones crucificados con Él. Después de todo, solo unos pocos días antes habían aclamado a Jesús como el Mesías en la entrada triunfal. También habían recibido con entusiasmo la enseñanza de Cristo en días anteriores (Lc. 19:47-48).

Pero durante el juicio a Cristo ante Pilato los líderes se las arreglaron para hacer volver a los habitantes contra Él y persuadirlos de que pidieran su crucifixión (Mt. 27:20-23). Ahora se habían unido en el ridículo juego y, sin piedad alguna, estaban lanzando improperios y sarcasmos venenosos sobre Jesús (Mt. 27:39-40).

Los **gobernantes**, el segundo grupo, insultaban y **se burlaban de** Cristo, haciendo broma de la afirmación que Él había hecho de ser el Mesías. El verbo griego traducido **se burlaban** literalmente significa mirar con desprecio en tono burlesco. Menospreciando incluso hablar con Él, dijeron a la multitud: **A otros salvó; sálvese a sí mismo, si éste es el Cristo, el escogido de Dios.** Este sarcástico desprecio fue profetizado en Salmos 22:7-8: "Todos los que me ven me escarnecen; estiran la boca, menean la cabeza, diciendo: Se encomendó a Jehová; líbrele él; sálvele, puesto que en él se complacía". Según Pablo escribiría más adelante, un Mesías crucificado fue un tropezadero para los judíos (1 Co. 1:23).

Los gobernantes veían a cualquiera que colgara de un árbol o una cruz como maldecido por Dios (Dt. 21:23), lo que fue cierto con relación a Jesús (Is. 53:4, 10; Gá. 3:10-13). Pero lo que no reconocieron fue que Él se convirtió en maldición para los pecadores a fin de redimirlos de la maldición de la ley (Gá. 3:13).

El tercer grupo en la multitud lo conformaban **los soldados,** que **también le escarnecían, acercándose y presentándole vinagre, y diciendo: Si tú eres el Rey de los judíos, sálvate a ti mismo.** Ellos desde luego no sabían nada acerca de la religión o la teología judía; simplemente estaban continuando el juego que habían comenzado en el juicio a Jesús (Mt. 27:27-30). A diferencia de las otras dos veces que le ofrecieran algo de beber (Mt. 27:34, 48), este fue un acto burlesco de reverencia y servicio a Él; fingieron que el **vinagre** era en realidad vino real, y se lo ofrecían como si Jesús fuera un rey.

El versículo 38 señala que como era la costumbre en el caso de criminales crucificados, **había también** clavado **sobre** Jesús **un título.** Pero en lugar de enumerar la lista de delitos por los que lo estaban ejecutando, dicha inscripción rezaba: **ESTE ES EL REY DE LOS JUDÍOS.** Al combinar todos los relatos del evangelio, se revela que el texto completo de ese título era: "Este es Jesús nazareno, rey de los judíos". El letrero fue obra de Pilato (Jn. 19:19), y lo hizo como venganza sobre los dirigentes judíos que lo habían obligado a ejecutar a un hombre a quien había declarado inocente. Los judíos se opusieron a gritos a la redacción e insistieron en que se cambiara para que dijera que Jesús simplemente afirmó ser rey de Israel. Sin embargo, Pilato se negó resueltamente a cambiarlo, declarando: "Lo que he escrito, he escrito" (v. 22).

De acuerdo con la práctica general, los soldados **repartieron entre sí** los **vestidos** de Jesús, **echando suertes,** dejándolo prácticamente desnudo con solo un taparrabos. Juan 19:23 agrega que se dividieron la ropa en cuatro partes. No obstante, al no querer arruinar la túnica sin costuras, echaron suertes por ella (Sal. 22:18).

Cuando Adán y Eva cayeron en pecado, de inmediato fueron conscientes de que estaban desnudos. A la desnudez se le ha asociado desde entonces con la culpa moral, símbolo de vergüenza delante de Dios. Después de intentar sin éxito cubrirse ellos mismos, Dios mató un animal y les hizo vestimentas para que ocultaran su vergüenza y su desnudez (Gn. 3:21).

En el Calvario, Jesús fue desnudado en el lugar de los creyentes, manifestando el símbolo de la culpa y la vergüenza moral delante de Dios. Él no fue cubierto por Dios como sucedió con Adán y Eva; Él fue juzgado por Dios, quien derramó toda su ira sobre Jesús. Y en una ironía divina, Jesús, quien fuera hecho desnudo por los creyentes, se convirtió en Aquel que los cubre con su justicia (Ro. 13:14; Gá. 3:27; cp. Is. 61:10).

El último componente de la multitud fueron los dos ladrones crucificados con Jesús. Lucas relata que **uno de los malhechores que estaban colgados le injuriaba, diciendo: Si tú eres el Cristo, sálvate a ti mismo y a nosotros**; Mateo (27:44) y Marcos (15:32) indican que inicialmente ambos ladrones estaban injuriando a Jesús.

LA MISERICORDIOSA INTERCESIÓN DE CRISTO

Y Jesús decía: Padre, perdónalos, porque no saben lo que hacen. (23:34*a*)

Este es el primero de los siete comentarios del Señor desde la cruz. Se podría esperar que Él pronunciara juicio sobre quienes lo escarnecían, los que estaban cometiendo el peor acto de blasfemia. Pero, al contrario, en una acción compasiva hacia los más miserables de los pecadores, Él pidió: **Padre, perdónalos** por su ignorante blasfemia, **porque no saben lo que hacen**. Es decir, que no eran conscientes de todo el alcance de su maldad, "porque si… hubieran… [sabido lo que hacían] nunca habrían crucificado al Señor de gloria" (1 Co. 2:8).

En lugar de tratar de vengarse de sus enemigos, "cuando le maldecían, no respondía con maldición; cuando padecía, no amenazaba, sino encomendaba la causa al que juzga justamente" (1 P. 2:23). En última instancia se haría justicia, y caería juicio sobre la nación repelente e incrédula. Pero en la gracia y la misericordia de Dios, este juicio se retrasaría durante cuarenta años. La intercesión de Cristo a favor de sus atormentadores es sin embargo otro cumplimiento de la profecía del Antiguo Testamento (Is. 53:12).

La petición de Cristo fue en cierto sentido una oración general, revelando que no hay pecado tan grave contra el Hijo de Dios que no se lo pueda perdonar a quienes se arrepienten (cp. Mt. 12:31-32). Si el perdón está disponible para aquellos que crucificaron a Jesús, está a disposición de cualquiera. Pero también se trata de una oración específica de que Dios perdonaría a aquellos entre la multitud a quienes Él había elegido para salvación antes de la fundación del mundo (Ef. 1:4). En el Día de Pentecostés, tres mil judíos en Jerusalén se convirtieron a Cristo y se bautizaron, y nació la Iglesia. Pocas semanas después otras cinco mil o más personas en Jerusalén abrazaron la fe de Jesucristo. Sin duda muchos de los que llegaron a Cristo en esas semanas después de la resurrección estuvieron allí en la turba ese día en el Calvario. En gran medida la iglesia nació en respuesta a esta oración en medio de las personas que estuvieron allí y se burlaron del Hijo de Dios. El centurión y los soldados que dirigía también llegaron a la fe en Cristo (Mt. 27:54), igual que muchos de los sacerdotes (Hch. 6:7), posiblemente incluso algunos de los gobernantes. Hasta uno de los endurecidos malhechores crucificados junto a Jesús fue salvo, y es la historia de esa conversión la que Lucas tiene ahora en cuenta.

LA CONVERSIÓN

Respondiendo el otro, le reprendió, diciendo: ¿Ni aun temes tú a Dios, estando en la misma condenación? Nosotros, a la verdad, justamente padecemos, porque recibimos lo que merecieron nuestros hechos; mas éste ningún mal hizo. Y dijo a Jesús: Acuérdate de mí cuando vengas en tu reino. Entonces Jesús le dijo: De cierto te digo que hoy estarás conmigo en el paraíso. (23:40-43)

La historia del ladrón arrepentido, que se halla solo en el relato que Lucas hace de la crucifixión, es una de las muchas ironías del Calvario. Jesús era víctima de burlas porque no podía salvarse, sin embargo, al no salvarse a sí mismo salvó a otros, incluso al ladrón. Fue acusado por los gobernantes de Israel de afirmar ser un rey, y por tanto una amenaza para el poder y la autoridad de Roma. Ellos advirtieron a Pilato que lo debía ejecutar antes de que pudiera dirigir una revuelta, y no obstante, las mismas personas que afirmaron estar protegiendo de Jesús a Roma se mofaron de Él, lo escarnecieron y lo ridiculizaron como impotente e indefenso. Fue tratado como un rey en una broma sarcásticamente cruel, sin embargo es el verdadero Rey de Dios. Fue acusado de blasfemia contra Dios por aquellos que lo blasfemaron, siendo el Dios verdadero. Jesús, el inocente y justo, fue ejecutado por los culpables, trastornando por completo a la justicia. Fue maldecido por sus enemigos que lo odiaban, pero maldecido en una forma infinitamente mayor por su Padre, quien lo ama. Aquel que da vida y que es vida, murió para que quienes están muertos pudieran recibir vida.

Uno de tales pecadores espiritualmente muertos colgaba de una cruz a su lado. Inicialmente este individuo se había unido a los demás en vilipendiar y blasfemar a Cristo (véase el estudio hecho del v. 39). Pero entonces Dios le abrió el corazón a la verdad y de manera milagrosa, poderosa, soberana e instantánea le concedió fe y vida eterna. El pueblo, los gobernantes, los romanos, y ni siquiera este compañero ladrón comprendieron lo que realmente estaba ocurriendo en el Calvario, pero este hombre de repente percibió claramente la verdad. A través del poder del Espíritu Santo fue rescatado de la oscuridad espiritual y recibió luz y vida. Al igual que Pablo en el camino a Damasco, percibió la verdad por medio de un milagro divino en su alma.

El relato de Lucas acerca de la conversión de este malhechor judío presenta tres evidencias de que su corazón fue transformado de forma salvadora. Todas ellas son ciertas en aquellos en quienes Dios hace su obra de salvación.

En primer lugar, el malhechor llegó a temer a Dios y su juicio. En un instante, este hombre, siendo el más miserable, pasó de blasfemar e injuriar a Jesús, como hacían los demás reunidos alrededor de la cruz, a reprender a su compañero ladrón por hacer eso. Según se indicó anteriormente, ambos malhechores crucificados junto con Jesús lo injuriaron y blasfemaron al principio. Pero este hombre de repente se quedó en silencio. Aunque su cuerpo estaba soportando el trauma, la agonía y el sufrimiento sin igual de la crucifixión, su mente se volvió clara como el cristal. Su percepción de cómo Jesús debería ser tratado cambió por completo. Según lo indican sus palabras, el hombre estaba consternado y horrorizado por cómo maltrataban al Señor.

Respondiendo bruscamente **reprendió** al otro ladrón, **diciendo: ¿Ni aun temes tú a Dios, estando en la misma condenación?** Su repentino arrebato debió haber sorprendido y asustado al otro malhechor. Pero lo que ellos dos habían estado diciendo acerca de Jesús le pareció ahora repulsivo y aterrador. El hombre confrontó la trágica condición que solo momentos antes había sido suya. En un instante pasó de ser parte de tal situación a ser incapaz de entenderla. El Espíritu Santo lo había convencido de ser un violador de la ley de Dios. Por su propia admisión, su sentencia de un juez humano fue justa y equitativa, y comprendió que el tormento que estaba soportando por romper la ley era insignificante comparado con lo que podía esperar por su pecado de parte del Juez divino. El hombre estaba asustado, no de aquellos que le estaban destruyendo el cuerpo, sino de Dios, quien le podía destruir tanto su cuerpo como su alma en el infierno (Lc. 12:4-5).

Es característico de los no regenerados no tener temor de Dios (Ro. 3:18). Pero la convicción forjada por el poder del Espíritu de Dios produce temor santo al juicio divino. Pecadores convencidos como el arrepentido recaudador de impuestos en Lucas 18:13 claman: "Dios, sé propicio a mí, pecador". La verdadera salvación no es librarse de la pobreza material o de la baja autoestima, sino de la ira, la justicia y el juicio de Dios.

Íntimamente relacionada con el temor al juicio de Dios está la segunda evidencia de un corazón transformado: una sensación de pecaminosidad. La reprensión adicional que el ladrón arrepentido le hizo al otro malhechor refleja el reconocimiento de su propio pecado. **Nosotros, a la verdad, justamente padecemos,** le recordó, **porque recibimos lo que merecieron nuestros hechos.**

Al igual que el hijo pródigo en la parábola de Cristo (Lc. 15:17-19), este hombre entró en razón y admitió que era un pecador. Entendió que la justicia funciona en el mundo de los hombres, pero de manera perfecta en el reino de Dios.

He aquí un ejemplo del verdadero convertido que confiesa su culpa y su absoluta bancarrota espiritual. Reconoce que no tiene nada que ofrecerle a Dios, nada de qué elogiarse ante Dios. Sabe que necesita misericordia y gracia para escapar del juicio y ser perdonado, porque es un pecador indigno, un mendigo avergonzado, atemorizado y acobardado que se conduele por sus transgresiones (Mt. 5:3-4). Martín Lutero entendió esa verdad. Después de su muerte, sus amigos le encontraron en el bolsillo un pedazo de papel en que en latín y alemán el gran reformador había escrito: "Hoc est verum. Wir sind alle Bettler". ("Esto es verdad. Todos somos mendigos").

La última evidencia del corazón divinamente transformado del ladrón arrepentido fue su fe en Jesucristo. La historia de esta transformación pasa de una evaluación de su condición pecaminosa a una valoración del carácter del Salvador. Cuando aseveró de Jesús: **mas éste ningún mal hizo,** estaba confesando no solamente la inocencia del Señor de cualquier delito, sino también su pureza.

A continuación el hombre se dirigió directamente a Cristo como el Salvador, y lleno de humildad le **dijo a Jesús: Acuérdate de mí cuando vengas en tu reino.** Esta fue nada menos que una petición de perdón aparte del cual nadie entrará al reino de Dios. El individuo arrepentido basó su solicitud en la oración que Cristo le hizo a Dios para que perdonara a quienes lo crucificaron, la cual le dio esperanzas de que él también pudiera recibir perdón. El hombre expresó fe en que Jesús es el Salvador, ya que no le habría pedido entrada al reino a menos que creyera que Jesús estaba dispuesto a hacerlo y que era capaz de proporcionarle dicha entrada. La suya fue una petición de gracia, misericordia y perdón de parte de un pecador quebrantado, arrepentido e indigno.

Por último, el hombre creyó que Jesús era el Mesías de Israel. Reconoció que un día el Señor iba a establecer su reino, el cual fue prometido en los pactos que Dios hizo con Abraham y David, y que en varias ocasiones lo reiteró a los profetas. Puesto que nadie sobrevivía a la crucifixión, él entendió que Jesús tendría que resucitar de los muertos a fin de hacer eso. Es muy probable que haya sabido que Jesús tenía poder sobre la muerte, ya que la noticia de la resurrección que había hecho a Lázaro se había propagado por toda Jerusalén. El hombre sin duda era consciente de que Daniel 12:2 prometió que los santos serían resucitados y que se les daría un lugar de gloria en el reino. La petición que el malhechor arrepentido hizo en la cruz fue que Jesús lo resucitara y le concediera entrada a ese reino.

La respuesta del Señor fue sorprendente. La inició con las palabras: **De cierto,** porque lo que estaba a punto de decir era difícil de creer. Que a un maldito criminal, a quien los judíos veían como irredimible, se le prometiera entrada al reino de Dios era una afrenta escandalosa a las sensibilidades que habían desarrollado.

La promesa de que este pecador redimido estaría con Jesús en el cielo ese mismo día invalida la enseñanza católica romana con relación al purgatorio. También elimina cualquier sistema de obras de justicia, ya que el ladrón arrepentido no tuvo ni el tiempo ni la oportunidad de realizar suficientes buenas obras para merecer la salvación.

La maravillosa promesa de que estaría con Jesús **en el paraíso** (cielo; 2 Co. 12:2; cp. Ap. 2:7 con 22:2, 14) habla de la total reconciliación de este hombre con Dios. No vería simplemente a Jesús desde lejos sino que estaría con Él. Su restauración sería total y absoluta.

LA CONSUMACIÓN

Cuando era como la hora sexta, hubo tinieblas sobre toda la tierra hasta la hora novena. Y el sol se oscureció, y el velo del templo se rasgó por la mitad. Entonces Jesús, clamando a gran voz, dijo: Padre, en tus manos encomiendo mi espíritu. Y habiendo dicho esto, expiró. (23:44-46)

La comedia escenificada por hombres pecadores concluyó de forma abrupta y dramática **cuando era como la hora sexta.** Más bien se convirtió en una tragedia cuando Dios ocupó el centro del escenario durante las tres últimas horas de Cristo en la cruz. Su presencia en el Calvario a menudo se pasa por alto, pero es únicamente cuando Dios llegó que el Calvario se convirtió en el hecho salvador que resultó ser. La ira de Dios, derramada sobre su Hijo mientras Él llevaba el pecado, es de hecho la realidad principal del Calvario. Tal cosa ocurrió en las horas de tinieblas.

Cinco acontecimientos dramáticos caracterizaron esas tres últimas horas. El primero fueron las **tinieblas** mismas que comenzaron a **la hora sexta** (mediodía) y que cayeron **sobre toda la tierra hasta la hora novena** (3:00 de la tarde). De repente, al mediodía, cuando el sol estaba en su cenit una oscuridad total envolvió la escena. No se sabe cuál fue la extensión geográfica de las tinieblas. Estas no fueron causadas por un eclipse, como algunos sostienen, ya que siempre hay luna llena en la Pascua, y no puede haber eclipse solar cuando hay luna llena. Tres horas también es demasiado tiempo para que un eclipse solar pueda durar.

Otros sugieren que la oscuridad fue el resultado de que Satanás llevara el poder de las tinieblas para influir en Jesús. Pero Satanás no tiene poder sobre el mundo natural. Además, esta era la hora de Dios, no del diablo.

La verdad es que Dios produjo la oscuridad, lo cual es lo que de inmediato habría venido a las mentes del pueblo judío reunido allí. Ellos sabían que en el

Antiguo Testamento Dios se relacionó frecuentemente con oscuridad. Cuando se le apareció a Abraham, "temor de una grande oscuridad cayó sobre él" (Gn. 15:12). Una de las plagas que Dios hizo caer sobre Egipto fue una oscuridad tan fuerte que se podía sentir (Éx. 10:21-22), y Él apareció a Israel en el monte Sinaí en una espesa nube (Éx. 19:16). El pueblo judío entendía que la oscuridad sobrenatural estaba relacionada con juicio divino (cp. Jl. 2:1-2, 10, 30-31; Am. 5:20; 8:9; Sof. 1:14-15), por eso es que después que las tinieblas desaparecieron, "viendo lo que había acontecido, se volvían golpeándose el pecho" (Lc. 23:48).

Dios llegó en medio de las tinieblas al Calvario ese día para desatar juicio, no en un sentido escatológico contra los impíos, sino en un sentido soteriológico en contra de su Hijo. Dios llevó ese día la oscuridad exterior del infierno a Jerusalén (cp. Mt. 8:12; 22:13; 25:30) mientras desataba sobre Jesucristo toda la extensión de su ira contra los pecados de todos aquellos que alguna vez serían salvos.

La oscuridad no fue causada por la ausencia de Dios, sino más bien por su presencia en juicio, venganza y furia. Ira infinita movida por justicia infinita liberó el castigo infinito sobre el Hijo. Puesto que Él es infinito, en solo tres horas pudo absorber todo el castigo del infierno eterno para todos los que alguna vez creerían. Él llevó en su propio cuerpo nuestros pecados (1 P. 2:24), aunque no conoció pecado fue hecho pecado por nosotros (2 Co. 5:21), fue herido por nuestras transgresiones y molido por nuestras iniquidades (Is. 53:5), y fue hecho maldición por nosotros (Gá. 3:13). Esta fue la copa que le suplicó al Padre en Getsemaní que dejara pasar, si era posible.

El clamor del Señor a la hora novena, "Eloi, Eloi, ¿lama sabactani? que traducido es: Dios mío, Dios mío, ¿por qué me has desamparado?" (Mr. 15:34), revela que el Padre no lo consoló inmediatamente cuando se desvaneció la oscuridad. Esta es la única vez en el Nuevo Testamento que Jesús se refirió a Dios de modo diferente a "Padre". La frase doble "Dios mío, Dios mío" es una expresión de afecto mezclada con desilusión (cp. Lc. 10:41; 13:34; 22:31). Dios estaba allí en el furor del juicio; ¿por qué estuvo ausente en el consuelo?

Aunque el infierno conlleva la furia total de la presencia personal de Dios para castigar, Él nunca estará allí para consolar, mostrar misericordia, o llevar alivio. Si Jesús iba a soportar el sufrimiento total del infierno, esto implicaría tanto el castigo de Dios como la ausencia de su consuelo.

El segundo acontecimiento en esas últimas tres horas se realizó cuando **el velo del templo se rasgó por la mitad.** Esto ocurrió inmediatamente después de levantarse las tinieblas. Justo cuando los sacerdotes reanudaron el sacrificio de los corderos pascuales, se sobresaltaron al oír un gran ruido desgarrador que venía del interior del Lugar Santo. Dios estaba rompiendo de arriba abajo el velo que separaba el Lugar Santo del Lugar Santísimo (Mt. 27:51). La expiación estaba completada; el acceso a Dios estaba abierto, y el nuevo pacto estaba ratificado, haciendo obsoleto todo lo relacionado con la adoración en el templo (He. 9:11-14; 10:19). Jesús había predicho la destrucción física del templo (Lc. 21:5-6); la ruptura que Dios hizo del velo simbolizó su destrucción espiritual.

El tercer acontecimiento fue un gran terremoto (Mt. 27:51). Al igual que las tinieblas, los terremotos se relacionaban frecuentemente con la presencia de Dios en el Antiguo Testamento (cp. Éx. 19:18; Sal. 18:7; 68:8; Nah. 1:5).

El resultado del terremoto fue el cuarto suceso durante esas últimas tres horas: "Se abrieron los sepulcros, y muchos cuerpos de santos que habían dormido, se levantaron; y saliendo de los sepulcros, después de la resurrección de él, vinieron a la santa ciudad, y aparecieron a muchos" (Mt. 27:52-53). Esos santos no se aparecieron hasta después de la resurrección de Cristo, ya que Él es las "primicias de los que durmieron" (1 Co. 15:20). La resurrección de esos cuerpos demuestra que la vida después de la muerte es el resultado de la muerte de Cristo (cp. 1 Co. 15:26; 2 Ti. 1:10; He. 2:14).

La última característica fueron las palabras de Cristo desde la cruz. "Después de esto, sabiendo Jesús que ya todo estaba consumado, dijo, para que la Escritura se cumpliese: Tengo sed" (Jn. 19:28). Él no bebió nada en todo el trayecto a lo largo de su dura experiencia hacia la cruz, de modo que experimentaría plenamente la ira de Dios; pero ahora en la calma posterior, una vez concluida su obra, simplemente dijo: "Tengo sed". Su enérgico grito, demasiado fuerte para alguien que padecía una muerte natural de crucifixión, indica que Jesús entregó voluntariamente su vida (cp. Jn. 10:17-18). **Padre, en tus manos encomiendo mi espíritu,** significa que la comunión con el Padre se había restaurado. Ya que la obra de la redención había concluido (Jn. 19:30), **habiendo dicho esto,** Jesús **expiró.**

LAS RESPUESTAS

Cuando el centurión vio lo que había acontecido, dio gloria a Dios, diciendo: Verdaderamente este hombre era justo. Y toda la multitud de los que estaban presentes en este espectáculo, viendo lo que había acontecido, se volvían golpeándose el pecho. Pero todos sus conocidos, y las mujeres que le habían seguido desde Galilea, estaban lejos mirando estas cosas. (23:47-49)

En conjunto, las tres reacciones ante la muerte de Cristo describen la respuesta total que se requiere de todos los creyentes.

El **centurión** (y los soldados; Mt. 27:54) representan a los convencidos. Lo que habían observado durante el juicio y la crucifixión de Cristo los había dejado totalmente asombrados. Ningún prisionero que habían crucificado se había comportado de modo tan resuelto y digno.

El centurión y los soldados habían oído a Jesús orar pidiendo el perdón de sus asesinos. Vieron la manera noble en que había sufrido. Lo oyeron clamar a su Padre. Lo oyeron prometer el paraíso a un ladrón arrepentido que había estado maldiciéndolo. Después experimentaron las tres horas de oscuridad total y un terremoto que partió rocas. Oyeron a Jesús exactamente antes de morir clamando en alta voz: "Padre, en tus manos encomiendo mi espíritu" (23:46). Esta no era una conducta que hubieran visto alguna vez a ninguna víctima de crucifixión. Las personas que morían de este modo atroz sufrían de privación de oxígeno en sus cerebros y eran incoherentes mucho antes de sucumbir. Apenas podían respirar, mucho menos gritar a voz en cuello. Pero este hombre fue a la muerte por voluntad propia, y la convirtió en su sierva.

Ellos no podían pasar por alto la realidad. **Cuando el centurión vio lo que había acontecido, dio gloria** y alabanza **a Dios, diciendo: Verdaderamente este hombre era justo.** Esta fue más que simplemente la séptima afirmación de la inocencia de Jesús; fue una afirmación de su justicia divina como el Hijo de Dios. Estos soldados romanos llegaron a ser los primeros convertidos a Cristo ante su crucifixión, exactamente momentos después de la muerte del Hijo de Dios.

Toda la inconstante **multitud de los que estaban presentes en este espectáculo** representa a los condenados. Habían experimentado toda la gama de emociones de esa fatídica semana, que iban desde la alegría delirante del lunes durante la entrada triunfal ante la posibilidad de que Jesús fuera el Mesías que tan ansiosamente esperaban, hasta el extremo opuesto de ira, odio y enemistad en el juicio que hicieron ante Pilato. Allí pidieron a gritos que el asesino insurrecto Barrabás fuera liberado en lugar de Jesús, gritaron a todo pulmón que Jesús fuera crucificado, y hasta voluntariamente asumieron la responsabilidad por su muerte, clamando: "Su sangre sea sobre nosotros, y sobre nuestros hijos" (Mt. 27:25).

Después de los dramáticos acontecimientos de la crucifixión, en especial las tinieblas y el terremoto, las multitudes tuvieron una última manifestación de emoción. **Viendo lo que había acontecido, se volvían** a Jerusalén **golpeándose el pecho** en señal de dolor, culpa y temor (cp. 18:13). El suceso ya no era tan divertido a medida que se aterraban ante las señales de la ira y el juicio de Dios que acababan de experimentar.

El temor a la persona y el juicio de Dios debido a la culpa y el rechazo a Jesucristo es una respuesta necesaria. La reacción de la turba sin duda preparó los corazones de muchos que más tarde se convertirían durante el Día de Pentecostés en los acontecimientos que relatan los primeros capítulos de Hechos.

Una respuesta final fue mostrada por parte de aquellos confundidos por la muerte de Jesús: **todos sus conocidos,** incluso Juan (Jn. 19:26) **y las mujeres que le habían seguido desde Galilea.** Incapaces de soportar lo que le estaba sucediendo a Aquel que amaban tan profundamente, se habían movido desde una posición cercana a la cruz (Jn. 19:25-27) y ahora **estaban** desde **lejos**

mirando estas cosas. Se hallaban estupefactos, vencidos por el dolor, incapaces de comprender lo que le había sucedido a Jesús. Esta no era la manera en que se supone que terminaría la historia de Cristo. Estaban devastados... hasta el domingo por la mañana cuando la resurrección del Señor Jesucristo les cambiaría para siempre la vida.

El entierro sobrenatural de Jesucristo

133

Había un varón llamado José, de Arimatea, ciudad de Judea, el cual era miembro del concilio, varón bueno y justo. Este, que también esperaba el reino de Dios, y no había consentido en el acuerdo ni en los hechos de ellos, fue a Pilato, y pidió el cuerpo de Jesús. Y quitándolo, lo envolvió en una sábana, y lo puso en un sepulcro abierto en una peña, en el cual aún no se había puesto a nadie. Era día de la preparación, y estaba para comenzar el día de reposo. Y las mujeres que habían venido con él desde Galilea, siguieron también, y vieron el sepulcro, y cómo fue puesto su cuerpo. Y vueltas, prepararon especias aromáticas y ungüentos; y descansaron el día de reposo, conforme al mandamiento. (23:50-56)

La muerte de Jesucristo fue acompañada de señales sobrenaturales: la oscuridad durante sus tres últimas horas en la cruz, la ruptura del velo que separaba el Lugar Santísimo del Lugar Santo, el tremendo terremoto, y la resurrección de los santos. La resurrección de Jesús vino tres días después. Aunque es frecuente que a su sepultura se le haga caso omiso, fue tan sobrenatural y divinamente forjada como todo lo demás que sucedió durante su encarnación. Tan importante es su sepelio que cada uno de los cuatro evangelios proporcionan detalles al respecto. El momento que Jesús entregó su espíritu y murió entró vivo a la presencia de Dios en el cielo, desde donde controló cada detalle de su propio entierro.

Las características divinamente preplanificadas y profetizadas de la sepultura de Cristo proporcionan fuerte evidencia para algunas realidades esenciales. Ellas demuestran que hay un propósito divino para la historia, la soberanía de Dios en todas las cosas, la autenticidad de la Biblia, y la veracidad de las afirmaciones de Cristo.

Dios se mueve directamente en la historia de dos maneras. La primera es por medio de milagros, en que Él consigue sus propósitos mediante la interrupción o suspensión de leyes y procesos naturales. Los milagros son acontecimientos relativamente raros, en especial los realizados por seres humanos. Algunos de los milagros más notables del Antiguo Testamento son: la creación (Gn. 1—2), el traslado de Enoc al cielo (Gn. 5:24), el diluvio (Gn. 6—9), la destrucción de Sodoma y Gomorra (Gn. 19:24-25), la zarza ardiente (Éx. 3:2-3), las plagas en Egipto (Éx. 7—12), el cruce de Israel a través del Mar Rojo (Éx. 14:21-29) y del río Jordán (Jos. 3:14-17), la provisión de maná (Éx. 16:13-15), el asna de Balaam hablándole (Nm. 22:28-30; 2 P. 2:15-16), la destrucción de los muros de Jericó (Jos. 6:20), la detención del sol y la luna (Jos. 10:12-14), el vellón de Gedeón (Jue. 6:37-40), la resucitación que Elías hace del hijo de una viuda (1 R. 17:17-24), el traslado de Elías al cielo (2 R. 2:11), la resurrección que Eliseo hace del hijo de la sunamita (2 R. 4:18-37), la curación de la lepra de Naamán (2 R. 5:9-14), la muerte de los ciento ochenta y cinco mil soldados asirios por parte de un ángel (2 R. 19:35), la preservación de la vida de los tres amigos de Daniel en el horno de fuego (Dn. 3:19-27) y de Daniel en el foso de los leones (Dn. 6:16-23), y el uso que Dios hace de un enorme pez para salvar a Jonás (Jon. 1:15-17; 2:10; Mt. 12:40).

La efusión más importante de milagros divinos se llevó a cabo durante el ministerio terrenal del Señor Jesucristo. El Nuevo Testamento registra más de tres docenas de milagros que Él realizó para verificar su afirmación de ser Dios encarnado (Jn. 10:25; para una lista de los milagros de Cristo, véase el cuadro de la *Biblia de estudio MacArthur* en las notas a Marcos cap. 1). Estos son solo ejemplos de innumerables milagros no registrados por los evangelistas (Jn. 21:25).

El nacimiento de la Iglesia fue presenciado por el milagro de Pentecostés, cuando los visitantes que estaban en Jerusalén oyeron a los apóstoles predicar de modo milagroso el evangelio en otras lenguas (Hch. 2:3-4). El ministerio de Pedro incluyó la sanidad de un hombre cojo en la puerta del templo (Hch. 3:1-8), de quienes él tocaba con su sombra (Hch. 5:14-16), de Eneas en la ciudad de Lida (Hch. 9:32-34), y la resurrección de los muertos de Tabita (Dorcas) (Hch. 9:40-41).

Pablo también realizó una cantidad de milagros, entre ellos cegar a Elimas el mago (Hch. 13:8-11), curar a un cojo en Listra (Hch. 14:8-10), echar a un demonio de una muchacha esclava en Filipos (Hch. 16:16-18), curar y echar demonios de aquellos en Éfeso que tocaban los paños o los delantales del apóstol (Hch. 19:11-12), la resurrección de los muertos de Eutico en Troas (Hch. 20:9-10), sobrevivir a la mordedura de una serpiente venenosa (Hch. 28:3) y curar al padre de Publio y a otros más (Hch. 28:8-9) en Malta. Además, el libro de Hechos se refiere a milagros realizados por Esteban (6:8) y Felipe (8:6-7, 13).

La segunda manera en que Dios actúa en la historia es a través de su providencia, por medio de la cual constantemente obra en el mundo sin interrumpir la ley natural o sin suspender procesos naturales. La providencia implica que Dios obtiene sus propósitos al tomar la infinita cantidad de actitudes, alternativas y actos de seres humanos y espirituales libres, y los teje perfectamente dentro de su propósito divino. Esa es una demostración mucho más grande de la sabiduría y el poder divinos que la momentánea interrupción de la ley natural por medio de un milagro.

La providencia de Dios es evidente a lo largo de la Biblia. Ana habló de ella en su oración registrada en 1 Samuel 2:6-9:

> *Jehová mata, y él da vida; él hace descender al Seol, y hace subir. Jehová empobrece, y él enriquece; abate, y enaltece. Él levanta del polvo al pobre, y del muladar exalta al menesteroso, para hacerle sentarse con príncipes y heredar un sitio de honor. Porque de Jehová son las columnas de la tierra, y él afirmó sobre ellas el mundo. Él guarda los pies de sus santos, mas los impíos perecen en tinieblas; porque nadie será fuerte por su propia fuerza.*

Elifaz recordó a Job que Dios "frustra los pensamientos de los astutos, para que sus manos no hagan nada" (Job 5:12). En Salmos 33:10, el salmista escribió: "Jehová hace nulo el consejo de las naciones, y frustra las maquinaciones de los pueblos", mientras en Salmos 76:10 señala que Dios hace incluso que la ira del hombre obre para alabanza de Dios mismo. El libro de Proverbios tiene mucho que decir acerca del control providencial de Dios en cuanto a los asuntos de este mundo: "El corazón del hombre piensa su camino; mas Jehová endereza sus pasos" (16:9); "La suerte se echa en el regazo; mas de Jehová es la decisión de ella" (16:33; cp. Hch. 1:26); "Muchos pensamientos hay en el corazón del hombre; mas el consejo de Jehová permanecerá" (19:21); "De Jehová son los pasos del hombre; ¿cómo, pues, entenderá el hombre su camino?" (20:24); "Como los repartimientos de las aguas, así está el corazón del rey en la mano de Jehová; a todo lo que quiere lo inclina" (21:1). Isaías escribió: "Reuníos, pueblos, y seréis quebrantados; oíd, todos los que sois de lejanas tierras; ceñíos, y seréis quebrantados; disponeos, y seréis quebrantados. Tomad consejo, y será anulado; proferid palabra, y no será firme, porque Dios está con nosotros" (Is. 8:9-10).

La providencia de Dios se ve en su preservación y exaltación de José (Gn. 39:2-3, 23; 45:7-8; 50:20); en su endurecimiento de los corazones de Faraón (Éx. 14:4), Sehón (Dt. 2:30), y los reyes cananeos (Jos. 11:18-20); en su instigación al rebelde Absalón, hijo de David, para que rechace el consejo de Ahitofel y acepte el de Husai (2 S. 17:14); al haber conmovido el corazón del rey de Asiria para producir el exilio del reino del norte de Israel (1 Cr. 5:26); al influir en la decisión de Roboam, que dio como resultado la división de Israel (1 R. 12:15); al conmover a Ciro para permitir que los exiliados judíos regresaran a Jerusalén (Esd. 1:1; cp. Is. 44:28—45:5); al colocar a Ester en una posición en que pudiera salvar a su pueblo (Est. 4:14); al instar a César Augusto a que hiciera un censo, asegurándose así que Jesús naciera en Belén (Lc. 2:1-4); al usar los encarcelamientos de Pablo para el avance del evangelio (Fil. 1:12); y al usar la huida de Onésimo de su amo para dar lugar a la salvación del primero (Flm. 15-16). Incluso la muerte del Señor Jesucristo, el acto más atroz de maldad en la historia, cumplió el plan de Dios (Hch. 2:23; cp. 3:17-18; 4:27-28).

En ninguna parte de las Escrituras se ve más claramente la providencia de Dios que en el entierro de Jesús, en que la Trinidad estuvo activa tras bastidores controlando las acciones de los tres grupos de personas: los soldados neutrales, los santos amorosos, y los enemigos odiosos.

LOS SOLDADOS NEUTRALES

La providencia de Dios en el sepelio de Cristo se ve primero en las acciones de los soldados, que Juan relata en el capítulo 19 de su evangelio. El versículo 30 revela que Jesús "entregó el espíritu" después de haber pasado solo seis horas en la cruz, más pronto de lo que una persona crucificada normalmente moría. Los dos ladrones aún estaban vivos. Por tanto, "los judíos [los dirigentes religiosos de Israel], por cuanto era la preparación de la pascua, a fin de que los cuerpos no quedasen en la cruz en el día de reposo (pues aquel día de reposo era de gran solemnidad), rogaron a Pilato que se les quebrasen las piernas, y fuesen quitados de allí" (v. 31). De acuerdo con Deuteronomio 21:22-23, ellos querían que bajaran los cuerpos de los tres hombres y se deshicieran de ellos antes que empezara el día de reposo (un día de "gran solemnidad" porque era el día de reposo de la semana de la Pascua) al anochecer, para que no profanaran la celebración. (Irónicamente, estos hombres pudieron haberse contaminado si ingresaban en la residencia o en las oficinas de Pilato para hablar con él; cp. Jn. 18:28). Aquí estaba la hipocresía en su extremo más pernicioso. Ellos fueron escrupulosamente cuidadosos en evitar cualquier contaminación ceremonial, al mismo tiempo que solo pensaban en asesinar al Hijo de Dios.

Pilato, quien para el momento estaba totalmente intimidado por los dirigentes religiosos, les concedió el permiso a los judíos, y "vinieron, pues, los soldados, y quebraron las piernas al primero, y asimismo al otro que había sido crucificado con [Jesús]" (v. 32). Este procedimiento, conocido como *crurifragium*, apresuraba la muerte de la víctima aplastándole las piernas con un mazo de hierro. Sin poder usar ya las piernas para ayudar a erguirse y así poder respirar, el crucificado moriría por asfixia tan pronto como cedieran las fuerzas en los brazos.

De modo significativo, "cuando [los soldados] llegaron a Jesús, como le vieron ya muerto, no le quebraron las piernas" (v. 33). Ellos eran expertos en determinar la muerte, ya que era parte de su trabajo como ejecutores. Según se indicó en el capítulo anterior de esta obra, uno de los soldados le clavó una lanza en el costado (v. 34), lo que hizo brotar sangre y agua (fluido seroso pleural y pericardial), verificando así su muerte. El testimonio de ellos, además de la confirmación del centurión (Mr. 15:44-45), proveen irrefutable evidencia de que Jesús en realidad había muerto. Ellos también corroboran el testimonio presencial del apóstol Juan (v. 35). (Para una refutación de falsas teorías en cuanto a la resurrección, véase *Comentario MacArthur del Nuevo Testamento: Juan* [Grand Rapids: Portavoz, 2011], pp. 819-24).

La decisión de los soldados de no romper las piernas de Jesús y sí traspasarle el costado no fue simplemente parte de la rutina de la crucifixión; fue el cumplimiento de la profecía del Antiguo Testamento (vv. 36-37; Sal. 34:20; Éx. 12:46; Zac. 12:10).

Las acciones de los romanos estaban bajo el control divino. Tales actos legitimaron las promesas de la Biblia y validaron las afirmaciones de Jesucristo de que Él era el cumplimiento de esas promesas. También confirmaron su muerte, lo cual a su vez afirmó la realidad de la resurrección, ya que Jesús no pudo haber resucitado de los muertos a menos que hubiera muerto. Los dirigentes judíos, Pilato y los soldados tomaron sus propias decisiones, pero al final se hizo la voluntad de Dios.

LOS SANTOS AMOROSOS

Había un varón llamado José, de Arimatea, ciudad de Judea, el cual era miembro del concilio, varón bueno y justo. Este, que también esperaba el reino de Dios, y no había consentido en el acuerdo ni en los hechos de ellos, fue a Pilato, y pidió el cuerpo de Jesús. Y quitándolo, lo envolvió en una sábana, y lo puso en un sepulcro abierto en una peña, en el cual aún no se había puesto a nadie. Era día de la preparación, y estaba para comenzar el día de reposo. Y las mujeres que habían venido con él desde Galilea, siguieron también, y vieron el sepulcro, y cómo fue puesto su cuerpo. Y vueltas, prepararon especias aromáticas y ungüentos; y descansaron el día de reposo, conforme al mandamiento. (23:50-56)

Con la muerte confirmada de Jesús, el siguiente paso en el plan divino era retirar el cuerpo de la cruz y darle sepultura. Para esa tarea el Señor eligió a **un varón llamado José, de Arimatea, ciudad de Judea, el cual era miembro del concilio, varón bueno y justo. Este, que también esperaba el reino de Dios, y no había consentido en el acuerdo ni en los hechos de ellos, fue a Pilato, y pidió el cuerpo de Jesús. José** sin duda arriesgó mucho al hacer lo que hizo, ya que **era miembro del concilio** (sanedrín), el mismo grupo que había odiado a Jesús, que lo condenó en una farsa de juicio, que intimidó a Pilato para que lo sentenciara a muerte, y que se burló y lo deshonró mientras colgaba en la cruz. Aunque aparece en la Biblia solo en este suceso, José tiene suficiente importancia como para que cada uno de los cuatro evangelios lo mencionen.

La breve historia de José es la historia de la salvación. Se trata de un testimonio inesperado y algo impactante de fe en Cristo, en contraste con el rechazo de la nación y la hostilidad del resto del sanedrín. El hombre era un disidente solitario, **y no había consentido en el acuerdo ni en los hechos de ellos** de condenar y ejecutar a Jesús. José era **de Arimatea,** localidad de la cual se desconoce su ubicación. Algunos la identifican con Ramataim de Zofim, el hogar de Samuel (1 S. 1:1); otros con un pueblo cerca de Lida, una población situada en el camino entre Jope y Jerusalén. Lucas la describe simplemente como una **ciudad de Judea.**

El hecho de que se caracterice a José por ser un **varón bueno y justo, que también esperaba el reino de Dios** (cp. Mr. 15:43) confirma la autenticidad de su salvación (la palabra traducida **justo** se usa en Lucas 23:47 en relación con Cristo, quien por naturaleza era justo, mientras José lo era por gracia). Él se une a la lista de personas justas a quienes Lucas menciona, entre ellas Zacarías y Elisabet, los padres de Juan el Bautista (1:5), Simeón (2:25) y Ana (2:36-37). Según Juan 19:38, José era un discípulo de Jesucristo, aunque en secreto, quien temía que se conociera su fe en Cristo. Pero aunque muchos discípulos secretos eran falsos discípulos, y no verdaderos creyentes (Jn. 12:42-43), él sí era un verdadero discípulo, como lo demuestran sus acciones.

Desde su perspectiva, después que **fue a Pilato, y pidió el cuerpo de Jesús,** José estuvo finalmente listo a afirmar públicamente su fe. Quizás temía que si no declaraba su fe en Cristo en este momento de crisis no podría ser aceptado en el reino. Lo más noble que este hombre pudo pensar en hacer para expresar esa fe fue evitarle a Jesús la indignidad final de que le arrojaran el cuerpo al foso junto con las otras víctimas crucificadas.

La acción de José requirió valor, puesto que otros miembros del sanedrín, según se indicó antes, habían ido ante Pilato para pedir que rompieran las piernas de las víctimas crucificadas. José debió haber llegado poco después, ya que el gobernador aún no había oído que Jesús estaba muerto, y tuvo que preguntar al centurión para verificarlo. Pudo haber ocurrido que José pasara a los otros en su salida a ver a Pilato. Tal situación plantearía de manera natural la pregunta respecto a cuál sería la razón para que él quisiera hablar con el gobernador. Tal vez José tenía confianza en que Pilato le entregaría el cuerpo del Señor, a fin de aliviar su propia conciencia culpable por haber ejecutado a un hombre cuya inocencia había declarado en varias ocasiones.

Sin embargo, el verdadero motivo de que José pidiera a Pilato el cuerpo de Jesús fue que Dios lo instó a hacer eso para que se cumpliera la profecía. Isaías profetizó de Jesús que aunque "se dispuso con los impíos su sepultura, mas con los ricos fue en su muerte" (53:9). José era un hombre rico (Mt. 27:57), y tenía una tumba disponible en la cual enterrar a Jesús (Mt. 27:60). Su acción también cumplió la propia predicción de Cristo de que "como estuvo Jonás en el vientre del gran pez tres días y tres noches, así estará el Hijo del Hombre en el corazón de la tierra tres días y tres noches" (Mt. 12:40). Para que esa profecía se cumpliera, el cuerpo de Jesús debía ser enterrado en una tumba en la tierra, y no ser lanzado a un foso como se hacía comúnmente con las víctimas crucificadas. Además debía estar en esa tumba durante esos tres días.

Tras recibir de parte del centurión la confirmación de que Jesús estaba muerto, Pilato le entregó el cuerpo a José (Mr. 15:44-45), quien **quitándolo** de la cruz, **lo envolvió en una sábana.** En este punto otro seguidor de Jesús llegó a la escena para ayudar a José a preparar el cuerpo para el entierro. No se trató de uno de los discípulos, sino de Nicodemo (Jn. 19:39), el destacado maestro judío que había tenido una entrevista nocturna con Jesús al principio de su ministerio (Jn. 3:1-21). Nicodemo llevó una gran cantidad de especies que los judíos solían usar con el fin de preparar un cuerpo para el sepelio, ya que, a diferencia de los egipcios, ellos no embalsamaban. Juntos, los dos hombres "tomaron, pues, el cuerpo de Jesús, y lo envolvieron en lienzos con especias aromáticas, según es costumbre sepultar entre los judíos" (Jn. 19:40), **y lo** pusieron **en un sepulcro abierto en una peña** que pertenecía a José, **en el cual aún no se había puesto a nadie. Era** la tarde del viernes del **día de la preparación, y estaba para comenzar el día de reposo** a la puesta del sol. Por tanto, Jesús fue enterrado el viernes y resucitó el domingo.

Pero José y Nicodemo no fueron los únicos santos amorosos allí. **Las mujeres que habían venido con** Jesús **desde Galilea,** y que habían sido observadoras de lo sucedido en la cruz (Mt. 27:55-56) **siguieron también** a José, **y vieron el sepulcro, y cómo fue puesto su cuerpo.** El hecho de que las mujeres vieran a José y a Nicodemo poner el cuerpo de Jesús en la tumba desmiente una segunda razón escéptica para negar la resurrección: que luego fueron a la tumba equivocada el domingo por la mañana (aunque incluso si ellas hubieran hecho eso, José, Nicodemo, el destacamento de la guardia romana, y los dirigentes judíos sabían muy bien cuál era la tumba correcta). Tras ver dónde fue enterrado Jesús, ellas volvieron a sus casas y **prepararon especias aromáticas y ungüentos** a fin de terminar de arreglar el cuerpo del Señor para la sepultura. Entonces ellas **descansaron el día de reposo, conforme al mandamiento** (Éx. 20:10), con la intención de regresar a la tumba el domingo por la mañana una vez terminado el día de reposo.

LOS ENEMIGOS ODIOSOS

Preocupados de que los discípulos falsificaran una resurrección robando el cuerpo del Señor,

> *al día siguiente, que es después de la preparación, se reunieron los principales sacerdotes y los fariseos ante Pilato, diciendo: Señor, nos acordamos que aquel*

> *engañador dijo, viviendo aún: Después de tres días resucitaré. Manda, pues, que se asegure el sepulcro hasta el tercer día, no sea que vengan sus discípulos de noche, y lo hurten, y digan al pueblo: Resucitó de entre los muertos. Y será el postrer error peor que el primero (Mt. 27:62-64).*

Los discípulos, desde luego, no tenían tales planes. Difícilmente habrían robado el cuerpo de Jesús, fingiendo así que resucitó de los muertos, para después entregar sus vidas como mártires por esa mentira. Además, ellos no esperaban que Él resucitara de los muertos, y se hallaban escondidos porque temían que los judíos llegaran después por ellos (Jn. 20:19).

Pilato les concedió a los judíos su petición, y les expresó: "Ahí tenéis una guardia; id, aseguradlo como sabéis. Entonces ellos fueron y aseguraron el sepulcro, sellando la piedra y poniendo la guardia" (Mt. 27:65-66). Por medio de ese acto fingieron aun otra negación escéptica de la resurrección, mentira que ellos mismos quisieron propagar: que los discípulos robaron el cuerpo de Jesús y falsificaron la resurrección. Los acobardados discípulos, que habían huido presos de pánico cuando Jesús fue arrestado (Mr. 14:50) y que les aterraba la idea de que los judíos los arrestaran, no habrían sido capaces de arrebatar a la fuerza el cuerpo del Señor a un destacamento de soldados romanos. La afirmación de los dirigentes judíos de que los discípulos hicieron eso (Mt. 28:11-15) es absurda, y en realidad verifica que la resurrección tuvo lugar, como lo indica William Lane Craig:

> El hecho es que los judíos no respondieron a la predicación de la resurrección señalando la tumba de Jesús o exhibiendo el cadáver, sino que se enredaron en una serie desesperada de ridiculeces tratando de explicar la tumba vacía. La realidad de que los enemigos del cristianismo se sintieran obligados a explicar la tumba vacía mediante la hipótesis del robo muestra no solo que la tumba era conocida (que lo confirma el relato del entierro), sino que estaba vacía... El hecho de que los polémicos judíos nunca negaran que la tumba de Jesús estuviera vacía, sino que tan solo intentaran explicar ese hecho es evidencia convincente de que en realidad estaba vacía. ("The Historicity of the Empty Tomb of Jesus", http://www.leaderu.com/offices/billcraig/docs/tomb2.html; consultado el 21 de enero de 2014).

A fin de lograr su propósito, Dios obra de manera providencial en toda situación y el entierro de su Hijo no fue la excepción. Al igual que los relatos en los evangelios acerca de la vida, la muerte y la resurrección, los aspectos de la narración del entierro de Cristo "se han escrito para que creáis que Jesús es el Cristo, el Hijo de Dios, y para que creyendo, tengáis vida en su nombre" (Jn. 20:31).

La resurrección de Jesucristo

134

El primer día de la semana, muy de mañana, vinieron al sepulcro, trayendo las especias aromáticas que habían preparado, y algunas otras mujeres con ellas. Y hallaron removida la piedra del sepulcro; y entrando, no hallaron el cuerpo del Señor Jesús. Aconteció que estando ellas perplejas por esto, he aquí se pararon junto a ellas dos varones con vestiduras resplandecientes; y como tuvieron temor, y bajaron el rostro a tierra, les dijeron: ¿Por qué buscáis entre los muertos al que vive? No está aquí, sino que ha resucitado. Acordaos de lo que os habló, cuando aún estaba en Galilea, diciendo: Es necesario que el Hijo del Hombre sea entregado en manos de hombres pecadores, y que sea crucificado, y resucite al tercer día. Entonces ellas se acordaron de sus palabras, y volviendo del sepulcro, dieron nuevas de todas estas cosas a los once, y a todos los demás. Eran María Magdalena, y Juana, y María madre de Jacobo, y las demás con ellas, quienes dijeron estas cosas a los apóstoles. Mas a ellos les parecían locura las palabras de ellas, y no las creían. Pero levantándose Pedro, corrió al sepulcro; y cuando miró dentro, vio los lienzos solos, y se fue a casa maravillándose de lo que había sucedido. (24:1-12)

La resurrección del Señor Jesucristo es el acontecimiento más importante de la historia. Central en el plan redentor de Dios y fundamento del evangelio, la resurrección es la verdad esencial aparte de la cual no hay cristianismo. Pablo lo expresa sin ambages en 1 Corintios 15:17: "Si Cristo no resucitó, vuestra fe es vana; aún estáis en vuestros pecados". La resurrección no es el epílogo en la historia de la vida de Cristo; es su meta, objetivo y propósito triunfante.

La Iglesia siempre ha entendido la importancia de la resurrección. A lo largo de su historia se ha reunido el domingo, conmemorando la resurrección de Jesús. La Iglesia no se reúne el viernes, porque la Pascua es la interpretación y validación del Viernes Santo. La resurrección es la reivindicación divina de la obra que Jesús hizo en la cruz. Aparte de la resurrección, la cruz no significa nada. Cuando Dios resucitó a Jesús de entre los muertos afirmó que Él efectivamente había llevado nuestros pecados sobre su cuerpo en la cruz (1 P. 2:24), y que por tanto propició o satisfizo la justicia de Dios (Ro. 4:25).

La resurrección reivindica la esperanza del evangelio. La buena nueva de la salvación no es solo que los creyentes podrían experimentar el perdón del pecado, sino más bien que al haber sido perdonados vivirán para siempre en el éxtasis del cielo en cuerpos glorificados, físicos y resucitados. El mensaje del evangelio no es que las personas pueden liberarse de sus problemas en esta vida. Tampoco promete que existirán en el sentido de la influencia continua que tengan, o que Cristo simplemente vive en la continua influencia de estas personas, o en alguna forma espiritual nebulosa. El mensaje cristiano es que Jesucristo resucitó de la tumba en un cuerpo glorificado y físico, y que los creyentes un día resucitarán con un cuerpo como el cuerpo glorificado del Señor (1 Jn. 3:2).

La verdad es que a pesar de las declaraciones de falsas religiones y sistemas filosóficos, la muerte no es el fin de la existencia humana. La muerte es simplemente la puerta de entrada a la eternidad, a través de la cual todos debemos pasar. Todo el mundo vivirá para siempre, totalmente consciente en espíritu y cuerpo, ya sea en gozo eterno o en sufrimiento eterno. Habrá una resurrección para vida, y una resurrección para juicio (Jn. 5:28-29).

La resurrección para vida que viene por medio de la resurrección de Cristo (Jn. 14:19; Ro. 4:25; 1 Co. 15:20-23; 1 P. 1:3; 3:21) ha sido la esperanza del pueblo de Dios a lo largo de la historia redentora (Job 14:14; 19:25-26; Dn. 12:2; Hch. 24:15), y el tema de la predicación y la enseñanza apostólica. En el Día de Pentecostés, en el primer sermón cristiano, Pedro manifestó en cuanto a Jesús: "Al cual Dios levantó, sueltos los dolores de la muerte, por cuanto era imposible que fuese retenido por ella" (Hch. 2:24). Cuando los miembros del sanedrín, "resentidos de que [Pedro y Juan] enseñasen al pueblo, y anunciasen en Jesús la resurrección de entre los muertos" (Hch. 4:2), arrestaron a los dos apóstoles; entonces Pedro les proclamó valientemente: "Sea notorio a todos vosotros, y a todo el pueblo de Israel, que en el nombre de Jesucristo de Nazaret, a quien vosotros crucificasteis y a quien Dios resucitó de los muertos, por él este hombre está en vuestra presencia sano" (v. 10). Más tarde le dijo a Cornelio y a los reunidos en su casa:

> *Vosotros sabéis lo que se divulgó por toda Judea, comenzando desde Galilea, después del bautismo que predicó Juan: cómo Dios ungió con el Espíritu Santo y con poder a Jesús de Nazaret, y cómo éste anduvo haciendo bienes y sanando a todos los oprimidos por el diablo, porque Dios estaba con él. Y nosotros somos testigos de todas las cosas que Jesús hizo en la tierra de Judea y en Jerusalén; a quien mataron colgándole en un madero. A éste levantó Dios al tercer día, e hizo que se manifestase (Hch. 10:37-40).*

En la sinagoga en Antioquía de Pisidia, Pablo proclamó:

> *Porque los habitantes de Jerusalén y sus gobernantes, no conociendo a Jesús, ni las palabras de los profetas que se leen todos los días de reposo, las cumplieron al condenarle. Y sin hallar en él causa digna de muerte, pidieron a Pilato que se le matase. Y habiendo cumplido todas las cosas que de él estaban escritas, quitándolo del madero, lo pusieron en el sepulcro (Hch. 13:27-30).*

Pablo declaró a los filósofos paganos en el areópago de Atenas que Dios "ha establecido un día en el cual juzgará al mundo con justicia, por aquel varón a quien designó, dando fe a todos con haberle levantado de los muertos" (Hch. 17:31). A los romanos les escribió: "Porque somos sepultados juntamente con él para muerte por el bautismo, a fin de que como Cristo resucitó de los muertos por la gloria del Padre, así también nosotros andemos en vida nueva" (Ro. 6:4). A los corintios anunció: "El que resucitó al Señor Jesús, a nosotros también nos resucitará con Jesús" (2 Co. 4:14). Y a los efesios les dijo que Dios resucitó a Cristo de los muertos y lo sentó a su diestra en los lugares celestiales (Ef. 1:20). Pedro empezó su primera epístola diciendo: "Bendito el Dios y Padre de nuestro Señor Jesucristo, que según su grande misericordia nos hizo renacer para una esperanza viva, por la resurrección de Jesucristo de los muertos" (1 P. 1:3).

No es de extrañar entonces que los cuatro evangelios contengan un relato de los acontecimientos que rodearon la resurrección, aunque ninguno de ellos describe el suceso real. Cada uno de los evangelistas fue inspirado por el Espíritu Santo para escribir un relato único, coherente con el propio tema e intención divina. No hay prueba de que los escritores estuvieran, como algunos críticos sostienen, copiando de una fuente común. Los relatos son personales, sencillos y naturales, lo cual desmiente cualquier tipo de esfuerzo concertado de parte de ellos para mezclar todo junto. Por tanto, el relato de Lucas no ofrece todos los detalles relacionados con la resurrección. Tampoco repite algunos de los aspectos relatados por Mateo, Marcos y Juan. Pero también incluye algunos detalles que no están en los otros relatos. Y puesto que es el Espíritu Santo quien inspiró los cuatro evangelios, estos armonizan perfectamente (cp. John MacArthur, *Una vida perfecta* [Nashville: Thomas Nelson, 2014).

Existen algunas verdades centrales que cada uno de los cuatro evangelistas presenta acerca de la resurrección. Primera, Jesús murió realmente. Segunda, el domingo por la mañana, el tercer día después que lo enterraran, hallaron la tumba vacía. Tercera, ángeles aparecieron y explicaron lo que había ocurrido. Cuarta, los primeros testigos de la resurrección de Cristo fueron las mujeres que habían sido sus seguidoras. Quinta, los apóstoles y el resto de los discípulos varones se negaron a creer el testimonio de las mujeres.

Los dos capítulos anteriores de esta obra presentaron evidencia de que Jesús había muerto en la cruz; este capítulo presentará las otras cuatro verdades clave: la tumba vacía, los mensajeros angelicales, el testimonio de las mujeres, y los discípulos incrédulos.

LA TUMBA VACÍA

El primer día de la semana, muy de mañana, vinieron al sepulcro, trayendo las especias aromáticas que habían preparado, y algunas otras mujeres con ellas. Y hallaron removida la piedra del sepulcro; y entrando, no hallaron el cuerpo del Señor Jesús. (24:1-3)

La resurrección se llevó a cabo **el primer día de la semana** en cumplimiento de la predicción de Jesús de que Él estaría "en el corazón de la tierra tres días y tres noches" (Mt. 12:40; cp. 27:63; Mr. 8:31; 9:31; 10:33-34). El pueblo judío no tenía nombres para los días de la semana, sino que los numeraba con relación al día de reposo, el séptimo día de la semana. Por tanto, **el primer día** fue domingo, uno después del día de reposo. El sábado en que el cuerpo de Jesús estuvo en la tumba fue el último día oficial de reposo (Col. 2:16-17); la Iglesia, según se indicó antes, se reúne el domingo en honor y remembranza de la resurrección del Señor (Hch. 20:7; 1 Co. 16:2; Ap. 1:10).

Las mujeres **vinieron al sepulcro, trayendo las especias aromáticas que habían preparado** el viernes después de ver a José y a Nicodemo preparar el cuerpo de Jesús y colocarlo a continuación en la tumba (Lc. 23:55-56). Ellas querían regresar después del día de reposo a fin de terminar de preparar el cuerpo del Señor para el sepelio. Lucas señala que las mujeres llegaron **muy de mañana;** Mateo menciona "al amanecer" (Mt. 28:1); y Marcos indica que ellas fueron "ya salido el sol" (Mr. 16:2). La diversa terminología refleja las distintas maneras en que los escritores describieron la misma hora del día; muy de mañana era la hora en que comenzaba a amanecer porque el sol acababa de salir. Juan señala que María Magdalena llegó más temprano "siendo aún oscuro" (Jn. 20:1). Es evidente que todas las mujeres se pusieron en camino mientras aún estaba oscuro, pero María llegó a la tumba antes que las otras. Al ver que la piedra había sido removida, ella supuso lo peor: que ladrones de tumbas habían violado el sepulcro y robado el cuerpo de Jesús. María inmediatamente se fue a informar la alarmante noticia a Pedro y Juan (v. 2), quienes salieron corriendo a la tumba a investigar (vv. 3-8). Abrumada por el dolor, María regresó a la tumba, pero para cuando llegó allí los dos discípulos y las otras mujeres habían llegado y ya se habían ido. Puesto que ella no se cruzó en el camino con ninguno de los grupos, no supo nada acerca de los ángeles (Lc. 24:4-7).

Mientras tanto, las otras mujeres llegaron a la tumba, donde para su asombro inesperadamente **hallaron removida la piedra del sepulcro.** La piedra era demasiado pesada para que ellas pudieran moverla, y mientras iban hacia la sepulcro ya habían analizado el problema de cómo removerla (Mr. 16:3). Estas mujeres no sabían acerca del destacamento de guardias, los cuales también les habrían impedido entrar a la tumba. A estos los habían apostado el sábado (Mt. 27:62-66), cuando se estaba observando el día de reposo. Los guardias, aterrados por el terremoto y la aparición de ángeles, se habían quedado inconscientes (Mt. 28:4). Cuando volvieron en sí huyeron, y algunos informaron lo sucedido a los dirigentes judíos (v. 11), quienes empezaron a encubrir el asunto (vv. 12-15).

Sin piedra ni soldados que obstaculizaran la entrada, las mujeres entraron al sepulcro, pero una vez dentro **no hallaron el cuerpo del Señor Jesús** (cp. Hch. 2:36). Los soldados sabían que la tumba estaba vacía, o de lo contrario la habrían estado vigilando. Los líderes judíos también sabían que la tumba estaba vacía, o no habrían inventado una falsa historia para explicar por qué estaba vacía. María sabía que el sepulcro estaba vacío, o no se lo habría informado a Pedro y a Juan. Estos también supieron de primera mano que el cuerpo de Jesús no estaba allí. No había otra explicación para la tumba vacía sino que estaba así porque Jesús había resucitado de los muertos.

LOS MENSAJEROS ANGELICALES

Aconteció que estando ellas perplejas por esto, he aquí se pararon junto a ellas dos varones con vestiduras resplandecientes; y como tuvieron temor, y bajaron el rostro a tierra, les dijeron: ¿Por qué buscáis entre los muertos al que vive? No está aquí, sino que ha resucitado. Acordaos de lo que os habló, cuando aún estaba en Galilea, diciendo: Es necesario que el Hijo del Hombre sea entregado en manos de hombres pecadores, y que sea crucificado, y resucite al tercer día. (24:4-7)

Las mujeres estaban de pie dentro de la tumba o acababan de salir de esta, impactadas y **perplejas** porque el cuerpo de Jesús había desaparecido. De repente pasaron de estar confundidas a sentirse aterradas. Mientras permanecían allí a la luz del amanecer tratando de imaginar lo que pudo haber ocurrido con el cadáver, **he aquí se pararon junto a ellas dos varones con vestiduras resplandecientes.** Mateo (28:2) y Juan (20:12) identifican a estos seres como ángeles que aparecieron en forma humana (cp. Gn. 18:2; 19:1-5; Dn. 10:16). Aunque allí había dos de ellos (tal vez como testigos; cp. Dt. 19:15), solo uno habló. De igual modo, aunque hubo dos hombres endemoniados en Gadara (Mt. 8:28), solo uno habló (Mr. 5:2, 7; Lc. 8:27-28), y aunque hubo dos hombres ciegos curados en el camino cerca de Jericó (Mt. 20:30), Marcos (10:46) y Lucas (18:35) mencionan solamente al que habló. Las **vestiduras resplandecientes** de los ángeles (cp. Mt. 17:2; Hch. 1:10; Ap. 19:14) los identifican como mensajeros divinos. Es fácil comprender por qué ellas **tuvieron temor, y** por eso **bajaron el rostro a tierra** (cp. Lc. 1:12; 2:9; Dn. 8:15-18; 10:9; Mt. 28:2-4; Hch. 10:3-4; Ap. 22:8).

En una pequeña reprimenda, los dos varones **les dijeron** a las mujeres: **¿Por qué buscáis entre los muertos al que vive,** a aquel que es la resurrección y la vida (Jn. 11:25), de quien la muerte ya no se enseñorea (Ro. 6:9), que estuvo muerto, pero ahora vive para siempre (Ap. 1:18)? Esta pregunta angelical es el primer anuncio de que Jesús estaba vivo. Los ángeles siguieron diciendo: **No está aquí, sino que ha resucitado** (lit., "ha sido resucitado"; el verbo griego está en la voz pasiva [cp. Hch. 2:24, 32; 3:15, 26; 4:10; 5:30; 10:40; 13:30, 33, 34, 37; Ro. 4:24-25; 6:4, 9; 7:4; 8:11, 34; 10:9; 1 Co. 6:14; 15:4, 12-20; 2 Co. 4:14; Gá. 1:1; Ef. 1:20; Col. 2:12; 1 Ts. 1:10; 1 P. 1:21]). **Acordaos de lo que os habló, cuando aún estaba en Galilea, diciendo: Es necesario que el Hijo del Hombre sea entregado en manos de hombres pecadores, y que sea crucificado, y resucite al tercer día** (Mt. 16:21; 17:22-23; 20:17-19; 26:2; 27:63). Ya que Jesús había profetizado su resurrección, las mujeres debieron haberla esperado. Pero es evidente que no fue así, ya que llevaron especias con las cuales ungir el cuerpo muerto.

TESTIMONIO DE LAS MUJERES

Entonces ellas se acordaron de sus palabras, y volviendo del sepulcro, dieron nuevas de todas estas cosas a los once, y a todos los demás. Eran María Magdalena, y Juana, y María madre de Jacobo, y las demás con ellas, quienes dijeron estas cosas a los apóstoles. (24:8-10)

Después del recordatorio de los ángeles, las mujeres **se acordaron** de las **palabras** que Jesús habló con relación a su resurrección. Por tanto, cuando salieron **del sepulcro** para informar **de todas estas cosas a los once, y a todos los demás,** cayeron en cuenta de la magnitud de lo que acababan de experimentar y oír, y "saliendo del sepulcro con temor y gran gozo, fueron corriendo a dar las nuevas a sus discípulos" (Mt. 28:8).

Mientras tanto, Pedro y Juan estaban en camino hacia la tumba para investigar el informe de María Magdalena de que el cuerpo de Cristo había sido robado por ladrones de tumbas (Jn. 20:1-3). Cuando el resto de las mujeres volvió, estas confirmaron el informe de María de que la tumba estaba vacía, y también añadieron los detalles que se le pasaron a María; esta no miró dentro de la tumba, y no vio los vendajes ni a los ángeles. Las otras mujeres informaron las palabras de los ángeles a los nueve apóstoles (Pedro y Juan aún no habían regresado) de que el Señor había resucitado realmente, como les había dicho que ocurriría. También relataron su encuentro con el Señor resucitado, a quien habían encontrado cuando regresaban de la tumba (Mt. 28:9-10).

Que el Cristo resucitado apareciera primero a mujeres las exaltó, pues ellas tenían una posición inferior en la sociedad judía. Este fue un testimonio al amor, devoción y valor que habían demostrado. Las mujeres habían presenciado la muerte en el Calvario y su sepultura, y habían visto la tumba vacía. Juan es el único discípulo que se registra que había estado en la cruz, pero sin presenciar el entierro; José y Nicodemo enterraron el cuerpo del Señor, pero no vieron la tumba vacía. Ahora, con la aparición del Señor a las mujeres, la evidencia estaba completada, y solamente ellas presenciaron toda la secuencia de acontecimientos. De nuevo, a la luz del requisito de la ley de que "sólo por el testimonio de dos o tres testigos se mantendrá" en pie el asunto (Dt. 19:15), Lucas pudo haber nombrado específicamente a tres de ellas, **María Magdalena, y Juana, y María madre de Jacobo**.

A primera vista, **María Magdalena** parece desentonar en el grupo de testigos. Según Juan 20:1-2, ella había visto que el cuerpo del Señor no estaba en la tumba, luego concluyó erróneamente que ladrones de tumbas se lo habían llevado, y salió corriendo para informar su conclusión a Pedro y Juan. Por tanto, María no estaba en la tumba con las demás mujeres.

Pero la historia de esta mujer no termina allí. En algún momento ella decidió regresar a la tumba. Juan 20:11 dice que "María estaba fuera llorando junto al sepulcro; y mientras lloraba, se inclinó para mirar dentro del sepulcro". Esta vez, como las otras mujeres habían hecho, vio a los dos ángeles sentados dentro (v. 12). Ellos le preguntaron: "Mujer, ¿por qué lloras?" y, aún aferrándose a la creencia de que ladrones de tumbas habían robado el cuerpo de Cristo, "les dijo: Porque se han llevado a mi Señor, y no sé dónde le han puesto" (v. 13). En ese momento, fuera porque María sintiera a alguien detrás de ella o porque los ángeles le hicieran señas, "se volvió, y vio a Jesús que estaba allí; mas no sabía que era Jesús" (v. 14). Él también le preguntó por qué estaba llorando, y a quién estaba buscando (v. 15). Llegando a otra conclusión errónea, "ella, pensando que era el hortelano, le dijo: Señor, si tú lo has llevado, dime dónde lo has puesto, y yo lo llevaré" (v. 15). Entonces con una sola palabra Jesús se le reveló: "¡María!" (v. 16). Al instante toda confusión, duda y dolor en ella desapareció, mientras reconocía al Señor. Abrumada de alegría y alivio, María se dirigió a Él como "¡Raboni!" (una forma reforzada de la palabra "Rabí", usada aquí para expresar supremo honor y reverencia a su amado Maestro) y se agarró de Jesús. Él le advirtió que no lo tocara, ya que aún no había ascendido al Padre, y la envió de vuelta para informar a los discípulos que luego ascendería Él (v. 17).

Llena de alegría, María volvió corriendo a donde los discípulos, anunciándoles "las nuevas de que había visto al Señor", y les entregó su mensaje (v. 18).

Puesto que ella tuvo la misma experiencia que las otras mujeres de ver al Cristo resucitado, Lucas la incluye correctamente con las otras.

LOS DISCÍPULOS INCRÉDULOS

Mas a ellos les parecían locura las palabras de ellas, y no las creían. Pero levantándose Pedro, corrió al sepulcro; y cuando miró dentro, vio los lienzos solos, y se fue a casa maravillándose de lo que había sucedido. (24:11-12)

De modo triste pero previsible, los discípulos desestimaron el testimonio de las mujeres como **locura,** simple palabrería y ridiculez. No importó que las historias de las mujeres fueran idénticas, lo que indica que todas vieron y experimentaron la misma realidad. No importó que tales historias tuvieran cohesión, que fueran consecuentes, y que proporcionaran detalles para los cuales no había otra explicación creíble. Los discípulos creyeron que todo el asunto era absurdo, y no creyeron lo que ellas les dijeron (cp. Lc. 24:23-25).

Entonces, como una nota al margen, Lucas añadió la visita de Pedro a la tumba acompañado de Juan, lo que ocurrió antes que las otras mujeres y María Magdalena regresaran. **Levantándose Pedro** junto con Juan, **corrió al sepulcro** después del informe inicial de María Magdalena. Juan lo superó y llegó allí primero, pero no entró. Pedro llegó y **miró dentro** (Jn. 20:6 agrega que entonces entró a la tumba) y **vio los lienzos solos.** Desconcertado pero sin estar seguro de qué hacer, **se fue a casa maravillándose de lo que había sucedido.**

La incredulidad de los discípulos brinda aún más evidencia de que Jesús había resucitado. Ellos nunca habrían inventado una resurrección, según los dirigentes judíos los acusaron falsamente de haber hecho, ya que no la estaban esperando. Cuando la resurrección les fue reportada por las testigos oculares, los discípulos se burlaron y se negaron a creer. No fue sino hasta que Jesús mismo se les apareció que finalmente aceptaron que Él había resucitado; y Tomás, quien no estaba presente cuando el Señor se apareció a los diez, se negó a aceptar lo que le dijeron. No creería hasta que Jesús se apareció por segunda vez estando Tomás presente.

Pero si los discípulos no se llevaron el cuerpo, algunos sostienen que tal vez los romanos, los judíos, o los ladrones de tumbas sí lo hicieron.

> Pero los romanos no tenían un motivo claro para llevarse el cuerpo de Jesús; difícilmente Pilato se habría arriesgado a llevar la contraria de esta forma a los judíos. Los judíos tampoco habrían tomado el cuerpo; lo último que querrían sería alimentar la especulación de que Jesús había resucitado (cp. Mt. 27:62-66). Pero si los judíos o los romanos hubieran tenido el cuerpo, ¿por qué no lo mostraron cuando

> en las semanas posteriores los discípulos predicaban con audacia la resurrección? Como indicamos en el capítulo anterior de esta obra, los ladrones de tumbas no habrían desenvuelto el cuerpo, no habrían dejado las especias caras ni se habrían tomado el tiempo de arreglar prolijamente los lienzos que dejaron. Tampoco habrían intentado irrumpir en una tumba vigilada por soldados romanos (John MacArthur, *Comentario MacArthur del Nuevo Testamento: Juan* [Grand Rapids: Portavoz, 2011], p. 823).

Tampoco es verosímil que las mujeres fueran erróneamente a la tumba equivocada, ya que ellas habían visto dónde José de Arimatea y Nicodemo enterraron el cuerpo del Señor. Y en el caso de que se hubieran equivocado de tumba, los líderes judíos y los romanos sabían dónde estaba la correcta. ¿Por qué alguien simplemente no fue a la tumba correcta y recobró el cuerpo? De igual modo, si el cuerpo de Jesús no fue enterrado, sino lanzado a un foso, ¿por qué alguien no fue y lo recuperó? Si al cuerpo de Cristo lo hubieran arrojado a un foso, esto significaría que era falsa la historia de que José de Arimatea y Nicodemo lo enterraran. En ese caso, sin duda estos dos personajes habrían desacreditado esa versión.

Las numerosas apariciones que Jesús hizo después de la resurrección proporcionan la prueba más convincente de su resurrección:

> Las Escrituras registran al menos diez apariciones diferentes de Cristo: a María Magdalena (Jn. 20:11-18); a otras mujeres que estuvieron en la tumba (Mt. 28:8-10); a dos discípulos en el camino a Emaús (Lc. 24:13-32); a Pedro (Lc. 24:34); a diez de los once apóstoles restantes, Tomás estaba ausente (Lc. 24:36-43; Jn. 20:19-25); a los once apóstoles completos, con Tomás presente (Jn. 20:26-31); a siete de los apóstoles en la playa del lago de Galilea (Jn. 21:1-25); a más de quinientos discípulos, probablemente en alguna montaña de Galilea (1 Co. 15:7); a Santiago (1 Co. 15:7) y a los apóstoles cuando ascendió al cielo (Hch. 1:3-11). Además, el Cristo resucitado se apareció a Saulo de Tarso en el camino a Damasco (Hch. 9:1-9) y en varias ocasiones posteriores (Hch. 18:9; 22:17-18; 23:11) (*Juan*, p. 824).

Como ya se indicó en el estudio del versículo seis, el Nuevo Testamento afirma de manera reiterada que Dios resucitó de los muertos a Jesús. Por tanto, negar la resurrección no solo es rechazar los convincentes hechos históricos, sino también negar el testimonio del Nuevo Testamento. Pero si la resurrección tuvo lugar como lo indica la abrumadora evidencia, entonces la Biblia es cierta, Jesús es Señor, y toda persona es responsable ante Él (cp. Fil. 2:10-11).

No basta simplemente con creer que el cristianismo es verdadero, y ni siquiera aceptar de modo intelectual que lo es. Los sentimientos quitan las barreras emocionales para experimentar al Cristo resucitado; los hechos quitan las barreras intelectuales. Pero ninguno de esos aspectos es suficiente para salvar. Solamente la fe en la resurrección, "si [confiesas] con tu boca que Jesús es el Señor, y creyeres en tu corazón que Dios le levantó de los muertos", dará como resultado la salvación, "porque con el corazón se cree para justicia, pero con la boca se confiesa para salvación" (Ro. 10:9-10).

Cristo: el Expositor vivo 135

Y he aquí, dos de ellos iban el mismo día a una aldea llamada Emaús, que estaba a sesenta estadios de Jerusalén. E iban hablando entre sí de todas aquellas cosas que habían acontecido. Sucedió que mientras hablaban y discutían entre sí, Jesús mismo se acercó, y caminaba con ellos. Mas los ojos de ellos estaban velados, para que no le conociesen. Y les dijo: ¿Qué pláticas son estas que tenéis entre vosotros mientras camináis, y por qué estáis tristes? Respondiendo uno de ellos, que se llamaba Cleofas, le dijo: ¿Eres tú el único forastero en Jerusalén que no has sabido las cosas que en ella han acontecido en estos días? Entonces él les dijo: ¿Qué cosas? Y ellos le dijeron: De Jesús nazareno, que fue varón profeta, poderoso en obra y en palabra delante de Dios y de todo el pueblo; y cómo le entregaron los principales sacerdotes y nuestros gobernantes a sentencia de muerte, y le crucificaron. Pero nosotros esperábamos que él era el que había de redimir a Israel; y ahora, además de todo esto, hoy es ya el tercer día que esto ha acontecido. Aunque también nos han asombrado unas mujeres de entre nosotros, las que antes del día fueron al sepulcro; y como no hallaron su cuerpo, vinieron diciendo que también habían visto visión de ángeles, quienes dijeron que él vive. Y fueron algunos de los nuestros al sepulcro, y hallaron así como las mujeres habían dicho, pero a él no le vieron. Entonces él les dijo: ¡Oh insensatos, y tardos de corazón para creer todo lo que los profetas han dicho! ¿No era necesario que el Cristo padeciera estas cosas, y que entrara en su gloria? Y comenzando desde Moisés, y siguiendo por todos los profetas, les declaraba en todas las Escrituras lo que de él decían. Llegaron a la aldea adonde iban, y él hizo como que iba más lejos. Mas ellos le obligaron a quedarse, diciendo: Quédate con nosotros, porque se hace tarde, y el día ya ha declinado. Entró, pues, a quedarse con ellos. Y aconteció que estando sentado con ellos a la mesa, tomó el pan y lo bendijo, lo partió, y les dio. Entonces les fueron abiertos los ojos, y le reconocieron; mas él se desapareció de su vista. Y se decían el uno al otro: ¿No ardía nuestro corazón en nosotros, mientras nos hablaba en el camino, y cuando nos abría las Escrituras? (24:13-32)

La realidad más importante del mundo es la verdad de Dios. La Palabra de Dios es la palabra de verdad (Sal. 119:43, 160; Jn. 17:17; 2 Co. 6:7; Ef. 1:13; Col. 1:5;

2 Ti. 2:15; Stg. 1:18), la cual es probada (Sal. 18:30), recta (Sal. 33:4), permanece para siempre en el cielo (Sal. 119:89), es una lámpara para los pies y luz para el camino (Sal. 119:105), es pura (Sal. 119:140), es la fuente de recompensa (Pr. 13:13), es buena (Pr. 16:20), es una bendición (Lc. 11:28), santifica (Jn. 17:17) y es la espada del Espíritu usada en guerra espiritual (Ef. 6:17).

Solo aquellos que entienden la Biblia pueden conocer la verdad acerca de la salvación del pecado y de la condenación eterna en el infierno; solo quienes obedecen la verdad bíblica pueden llevar vidas satisfechas, obedientes, bendecidas, eficaces y gozosas. Comprender las Escrituras es entender todo desde la perspectiva de Dios, la cual es la única visión verdadera. Todos los propósitos de Dios para la humanidad y todos sus propósitos en tiempo y eternidad solamente los pueden conocer quienes entienden la Biblia. De ahí que el mayor servicio que se puede prestar a alguien es explicarle el significado de las Escrituras.

En ninguna parte esa realidad se ilustra de manera más poderosa que en este pasaje. En esta aparición, su primera después de la resurrección en el Evangelio de Lucas, Jesús confrontó a dos de sus seguidores que estaban llenos de ignorancia y dudas, y confundidos. No era que ellos no creyeran en las Escrituras, sino que el entendimiento que tenían de ellas era deficiente, y un conocimiento deficiente de la Biblia es insuficiente y peligroso. Por tanto Jesús les abrió el Antiguo Testamento y con la luz de la verdad les disipó la oscuridad y la confusión en cuanto a Él. La historia de este encuentro se puede ver desde tres perspectivas: necesidad de entendimiento, fuente del entendimiento, y respuesta al entendimiento.

NECESIDAD DE ENTENDIMIENTO

Y he aquí, dos de ellos iban el mismo día a una aldea llamada Emaús, que estaba a sesenta estadios de Jerusalén. E iban hablando entre sí de todas aquellas cosas que habían acontecido. Sucedió que mientras hablaban y discutían entre sí, Jesús mismo se acercó, y caminaba con ellos. Mas los ojos de ellos estaban velados, para que no le conociesen. Y les dijo: ¿Qué pláticas son estas que tenéis entre vosotros mientras camináis, y por qué estáis tristes? Respondiendo uno de ellos, que se llamaba Cleofas, le dijo: ¿Eres tú el único forastero en Jerusalén que no has sabido las cosas que en ella han acontecido en estos días? Entonces él les dijo: ¿Qué cosas? Y ellos le dijeron: De Jesús nazareno, que fue varón profeta, poderoso en obra y en palabra delante de Dios y de todo el pueblo; y cómo le entregaron los principales sacerdotes y nuestros gobernantes a sentencia de muerte, y le crucificaron. Pero nosotros esperábamos que él era el que había de redimir a Israel; y ahora, además de todo esto, hoy es ya el tercer día que esto ha acontecido. Aunque también nos han asombrado unas mujeres de entre nosotros, las que antes del día fueron

al sepulcro; y como no hallaron su cuerpo, vinieron diciendo que también habían visto visión de ángeles, quienes dijeron que él vive. Y fueron algunos de los nuestros al sepulcro, y hallaron así como las mujeres habían dicho, pero a él no le vieron. (24:13-24)

La frase *kai idou* (**y he aquí**) se encuentra veintiséis veces en el Evangelio de Lucas (y ocho veces en Hechos), presentando algo nuevo e inesperado. Este encuentro tuvo lugar al final de la jornada del domingo, cuando se acercaba la noche (v. 29). **Dos** discípulos de Jesús, correspondientes a los demás seguidores que no eran apóstoles (24:9), **iban el mismo día** de regreso a casa **a una aldea llamada Emaús.** No se sabe nada acerca de Emaús, que no aparece en ninguna otra parte de las Escrituras. La tradición la identifica con la aldea de Qubeibeh, a once kilómetros al norte de Jerusalén.

Mientras caminaban por el polvoriento camino, los dos hombres se hallaban desconsolados, devastados y totalmente confundidos. Todas sus esperanzas y sus sueños con relación a Jesús se habían frustrado. David Gooding resume el dilema que ellos tenían:

> La muerte y la resurrección no formaban parte del concepto que tenían del ministerio y el plan del Mesías, por lo que no habían entendido lo que Jesús les había dicho respecto a su próxima muerte. Ellos esperaban un Mesías que destruyera el dominio imperialista de los romanos por medio de la fuerza de las armas. ¿De qué servía un Mesías que se había dejado apresar por las autoridades judías, que había sido entregado a los romanos y luego crucificado antes de poder ni tan siquiera organizar alguna operación guerrillera, un levantamiento popular o una guerra abierta? Si el Antiguo Testamento profetizó un libertador que no debía morir sino triunfar, Jesús ya estaba descalificado: Él había muerto. Después de todo, era casi irrelevante hablar de resurrección (*According to Luke* [Grand Rapids: Eerdmans, 1987), p. 351).

Al igual que los apóstoles y los demás discípulos que habían oído el testimonio de las mujeres, no lo creyeron y pensaron que era una tontería.

En su camino de vuelta a Emaús desde Jerusalén los dos discípulos **iban hablando entre sí de todas aquellas cosas que habían acontecido.** La frase **todas aquellas cosas** abarca todo lo que había sucedido esa semana con relación a Jesús. Ellos debieron haber recordado la entrada triunfal el lunes, cuando la enorme multitud lo aclamó como el Mesías, el Hijo de David. El martes Jesús interrumpió los lucrativos y corruptos negocios financieros de los líderes religiosos al atacar otra vez las operaciones del templo (cp. Jn. 2:13-17). El miércoles y el jueves dio enseñanza al pueblo, frustró los intentos de los dirigentes religiosos de atraparlo y desacreditarlo, y después les devolvió la jugada dejándolos callados. Pero entonces la noche del jueves y el viernes vinieron la sorpresa del arresto, los juicios falsos, la crucifixión, la muerte y el sepelio. Era inimaginable y devastador que aquel en quien ellos y otros más habían puesto su esperanza hubiera sido ejecutado por los dirigentes de Israel.

Mientras ellos **iban hablando entre sí de** todos aquellos desastrosos acontecimientos, tratando de encontrarle sentido a lo que les había puesto el mundo patas arriba, un extraño se les unió. Eso no era poco común; la mayoría de personas viajaba a pie de un lugar a otro y los caminos eran atravesados por mucha gente. Pero sin ser reconocido por estos discípulos, fue **Jesús mismo** en forma resucitada y glorificada quien **se** les **acercó, y caminaba con ellos.** La apariencia de Él no era resplandeciente como los ángeles (Lc. 24:4), o como la que había tenido en la transfiguración (Lc. 9:29). Los hombres no se sobresaltaron cuando el extraño apareció; Él parecía ser un caminante más. No se dieron cuenta de que era Jesús porque **los ojos de ellos estaban velados, para que no le conociesen** hasta que Él mismo se les reveló, como fue la norma después de la resurrección (Mt. 28:17; Jn. 20:14-15; 21:4). Por supuesto, los dos hombres no habrían esperado que se tratara de Jesús, ya que no creían que iba a resucitar. Al no presentárseles hasta después de explicarles la Biblia, Jesús ejemplificó el principio de que el poder yace en la explicación de la verdad bíblica, no en la persona que hace la explicación.

Los buenos maestros hacen preguntas desafiantes, y Jesús, el más grande de todos los maestros, no era la excepción. Mientras ellos caminaban juntos por el camino, Él les preguntó: **¿Qué pláticas son estas que tenéis entre vosotros mientras camináis, y por qué estáis tristes?** Los discípulos se detuvieron en seco y se quedaron paralizados, con los semblantes tristes por la desilusión y estupefactos por la pregunta del desconocido. Incrédulo y quizás perturbado, **uno de ellos, que se llamaba Cleofas, le dijo: ¿Eres tú el único forastero en Jerusalén que no has sabido las cosas que en ella han acontecido en estos días?** El hecho de que Lucas mencione a **Cleofas** por nombre sugiere que este pudo haber sido su informante para conocer el suceso. En esencia le preguntó a Jesús cómo podía desconocer lo que era de conocimiento común en toda Jerusalén, hechos que ni siquiera un **forastero** de visita en la ciudad para la Pascua podía haberse perdido.

La siguiente pregunta de Cristo, **¿Qué cosas?,** fue con la intención de obtener una respuesta más detallada de parte de ellos. El compañero anónimo de Cleofas se unió ahora a la conversación, y **ellos** contestaron con un resumen de la situación desde su perspectiva. Habían estado hablando de las cosas relacionadas con **Jesús nazareno,** y procedieron a dar una descripción de Él. Jesús **fue** primero un **varón profeta** (Jn. 4:19; 9:13-17), un vocero para Dios. Más específicamente, fue el profeta de quien Moisés escribió (Dt. 18:18-22; cp. Hch.

3:22), es decir, el Mesías prometido. La descripción que hicieron fue exacta pero enigmática; Jesús era un profeta, pero más que un profeta. A diferencia de todos los demás predicadores, Él era **poderoso en obra y en palabra;** los innumerables milagros que realizó a lo largo de su ministerio demostraron su poder sobre los reinos natural y sobrenatural, y Él habló como ningún hombre había hablado antes (Jn. 7:46; cp. Mt. 7:28-29). Su persona y sus hechos también eran agradables **delante de Dios.** En su bautismo, "hubo una voz de los cielos, que decía: Este es mi Hijo amado, en quien tengo complacencia" (Mt. 3:17), al igual que en la transfiguración Dios declaró: "Este es mi Hijo amado, en quien tengo complacencia" (Mt. 17:5; cp. Mt. 12:18). Jesús también era admirado por **todo el pueblo,** que alababa a Dios por los milagros que realizaba (cp. Lc. 18:40-43; Jn. 7:12).

Pero en impactante contraste con tales elogios, **le entregaron los principales sacerdotes y** los **gobernantes a sentencia de muerte, y le crucificaron.** A pesar de que Jesús fue sentenciado a muerte por un gobernador romano en una corte romana y crucificado por soldados romanos, los dos hombres no mencionaron a los romanos, ya que estos simplemente fueron los verdugos que llevaron a cabo la voluntad de los líderes judíos. Y aunque al final las multitudes pidieron a gritos a Pilato que crucificara a Jesús, lo hicieron porque los principales sacerdotes y los gobernantes las manipularon (Mt. 27:20). Los miembros de la élite religiosa fueron los verdaderos asesinos (cp. Hch. 4:10; 5:30).

La ejecución del Señor Jesús había creado una crisis existencial y teológica en los dos hombres, quienes habían estado esperando **que él** fuera **el que había de redimir a Israel.** Como se indicó antes, un Mesías muerto no tenía cabida en la manera de pensar de ellos, ya que esperaban a alguien que pudiera liberarlos de la opresión romana y estableciera el reino prometido en el Antiguo Testamento. El verbo traducido **redimir** aparece solo aquí en el Evangelio de Lucas, aunque el sustantivo se usa en 1:68 para hablar de la redención de Israel.

Todo el mundo sabía que para redimir algo se requería el pago de un precio (cp. Lv. 27:13, 15, 19, 27, 31). Eso debería haber estado fresco en sus mentes a la luz de la recién terminada celebración de la Pascua, en que se sacrificaban animales como precio por el perdón. Pero aunque entendían que la redención requería muerte, nunca pensaron que requeriría la muerte del Mesías mismo. En consecuencia, cuando Jesús fue ejecutado todos se quedaron impactados y confundidos.

Que ya había llegado el final del **tercer día** en **que esto** había **acontecido,** y que los dos discípulos no tenían evidencia de que Jesús hubiera resucitado parecía confirmar que era correcta la evaluación incrédula que hicieron de lo acontecido. Ellos reconocieron ante Jesús: **Aunque también nos han asombrado unas mujeres de entre nosotros, las que antes del día fueron al sepulcro; y como no hallaron su cuerpo, vinieron diciendo que también habían visto**

visión de ángeles, quienes dijeron que él vive. Para llegar a la conclusión de que Jesús no había resucitado debieron rechazar el claro testimonio de las mujeres de que así había sido. A pesar de que Pedro y Juan **fueron al sepulcro, y hallaron así como las mujeres habían dicho,** verificando de este modo la parte del testimonio de ellas, los dos apóstoles no estaban convencidos, presumiblemente porque **no vieron** al Señor resucitado. Sin embargo, si las mujeres estaban demostrando confiabilidad en lo que los discípulos podían verificar, estos debieron haber concluido que ellas también eran confiables en lo que aún no se había verificado. El hecho de que no lo hicieran demuestra lo profundamente arraigada que era la incapacidad que tenían para creer que el Mesías podía morir y volver a resucitar.

LA FUENTE DEL ENTENDIMIENTO

Entonces él les dijo: ¡Oh insensatos, y tardos de corazón para creer todo lo que los profetas han dicho! ¿No era necesario que el Cristo padeciera estas cosas, y que entrara en su gloria? Y comenzando desde Moisés, y siguiendo por todos los profetas, les declaraba en todas las Escrituras lo que de él decían. (24:25-27)

La confusión e incredulidad de los dos discípulos definió claramente su necesidad de entender la realidad de lo que había sucedido. Ellos debían saber no solo que Jesús resucitó de los muertos, sino también que su muerte y resurrección son características esenciales de su condición mesiánica. Debían entender que lo que se había llevado a cabo era el plan de Dios para la redención de Israel y el mundo. Las preguntas del Señor resucitado y las respuestas que le habían dado lo habían puesto en condiciones de proporcionarles las respuestas que necesitaban. Las buenas exposiciones de la Biblia se hacen con preguntas.

Antes de instruir a los hombres, Jesús los reprendió primero por ser **insensatos, y tardos de corazón** (es decir, "torpes", o "tontos") **para creer todo lo que los profetas han dicho.** La confusión que tenían se derivaba de no entender y creer todo lo que el Antiguo Testamento enseñaba con relación al Mesías. Ellos tenían razón en esperar que Él reinara y gobernara, y que estableciera su reino sobre Israel y el mundo.

Pero esa solo era parte de la verdad, como lo indica la pregunta de Jesús: **¿No era necesario que el Cristo padeciera estas cosas, y que entrara en su gloria?** Ellos, al igual que todo el pueblo judío, esperaban un Mesías que venciera a sus opresores, no que fuera muerto por ellos, y pasaron por alto la verdad de que Él primero tenía que sufrir antes de establecer su reino. No había excusa para la falta de entendimiento que tenían, ya que el Antiguo Testamento era claro y comprensible. Jesús retó varias veces a sus oponentes, preguntándoles: "¿No habéis leído?" (Mt. 12:3, 5; 19:4; 22:31; Mr. 12:10), y diciéndoles que su teología errada surgía de una falta de entendimiento de las Escrituras (Mt. 22:29).

No había excusa para no reconocer la necesidad de que el Mesías padeciera la muerte. Ellos sabían que el pecado debe pagarse con la muerte de un sustituto. Después que Adán y Eva pecaron en el huerto, Dios mató un animal para proveerles abrigo, representando la muerte de un sustituto inocente para cubrir el pecado de un pecador culpable (Gn. 3:21). Él aceptó el sacrificio de Abel porque fue un sacrificio de sangre, y rechazó el de Caín porque no lo era (Gn. 4:3-5). Después del diluvio, Noé construyó un altar y ofreció sacrificios (Gn. 8:20). El sistema de sacrificios establecido en el Pentateuco, que incluía el día de la expiación y la Pascua, implicaba las muertes de innumerables miles de inocentes animales. Sin embargo, era evidente que esos sacrificios no satisfacían en última instancia la justicia de Dios, de lo contrario no se habrían repetido constantemente, como lo explica el escritor de Hebreos:

> *Porque la ley, teniendo la sombra de los bienes venideros, no la imagen misma de las cosas, nunca puede, por los mismos sacrificios que se ofrecen continuamente cada año, hacer perfectos a los que se acercan. De otra manera cesarían de ofrecerse, pues los que tributan este culto, limpios una vez, no tendrían ya más conciencia de pecado (He. 10:1-2).*

Después de reprender a los dos discípulos por no conocer el significado de la enseñanza del Antiguo Testamento con relación al sufrimiento del Mesías, Jesús, aquel a quien señalaba tal enseñanza (Jn. 5:39), personalmente les instruyó en un verdadero entendimiento de las cosas. **Y comenzando desde Moisés, y siguiendo por todos los profetas, les declaraba en todas las Escrituras lo que de él decían.** Esa enseñanza sin duda habría incluido aspectos tales como el protoevangelio (Gn. 3:15); los sacrificios de Abel y de Noé; el arca, que lo representaban como la verdadera arca dentro de la cual los pecadores entran y navegan con seguridad a través de las aguas del juicio divino; el carnero ofrecido como sustituto en lugar de Isaac (Gn. 22:13); los corderos de la Pascua, que representaban a Cristo como el sacrificio definitivo (Éx. 12; cp. 1 Co. 5:7); el maná (Éx. 16), que lo representaba como el pan verdadero del cielo (Jn. 6:32-35); las cinco ofrendas principales en Levítico (quemada, de grano, de paz, por el pecado y de transgresión), de las cuales Él es el cumplimiento; el día de la expiación, en que Jesús se representaba tanto por medio del sacrificio en el altar como por el chivo expiatorio que llevaba el pecado; las rocas que proporcionaron agua en el desierto (Éx. 17; Nm. 20), que lo representaban como la fuente de provisión espiritual para su pueblo (1 Co. 10:4); el profeta de quien Moisés escribió quien era el Mesías (Dt. 18:18-22; cp. Hch. 3:22); el que fue colgado en un madero, maldecido por Dios y bajado antes de la puesta del sol (Dt. 21:22-23), y odiado sin causa alguna (Sal. 69:4). Jesús pudo haberlos llevado a Salmos 40:7, que el escritor de Hebreos lo aplicó a Él (He. 10:7). Sin duda indicó los detalles de su crucifixión dados en el Antiguo Testamento (Sal. 22; 41:9; 69:21; Is. 50:6; Zac. 11:12-13; 12:10; y especialmente Is. 53); y la profecía de Daniel acerca de las setenta semanas (Dn. 9:24-26), que predijo el día exacto de su entrada triunfal. Jesús también habría explicado la predicción de su resurrección dada en Salmos 16:8-10 (cp. Hch. 13:34-37).

LA RESPUESTA AL ENTENDIMIENTO

Llegaron a la aldea adonde iban, y él hizo como que iba más lejos. Mas ellos le obligaron a quedarse, diciendo: Quédate con nosotros, porque se hace tarde, y el día ya ha declinado. Entró, pues, a quedarse con ellos. Y aconteció que estando sentado con ellos a la mesa, tomó el pan y lo bendijo, lo partió, y les dio. Entonces les fueron abiertos los ojos, y le reconocieron; mas él se desapareció de su vista. Y se decían el uno al otro: ¿No ardía nuestro corazón en nosotros, mientras nos hablaba en el camino, y cuando nos abría las Escrituras? (24:28-32)

El incomparable estudio que Cristo les dio en cuanto al Antiguo Testamento con relación a Él mismo, en particular acerca de su muerte, dejó a Cleofas y a su compañero aturdidos y abrumados. Sus corazones fueron encendidos por las Escrituras explicadas (v. 32), ya que Jesús aún no se había revelado ante ellos. Entender el significado de la Biblia cumple el más profundo anhelo del verdadero creyente, porque ancla la fe a la realidad y produce un gran gozo. Conocer la verdadera interpretación de las Escrituras es conocer a Dios y comprender cómo se está desarrollando su plan y cómo se está logrando su propósito soberano.

Cuando los tres hombres **llegaron a la aldea adonde** Cleofas y el otro discípulo **iban,** Jesús **hizo como que iba más lejos.** Lo hizo por la misma razón por la que los había interrogado: para despertar una respuesta que demostraría el efecto de las Escrituras en sus corazones. Y lo consiguió. Ellos quisieron más instrucción, y no deseaban que terminara la emocionante enseñanza.

Por eso cuando Jesús empezó a irse, **ellos le obligaron** (el verbo griego significa literalmente "usar la fuerza") firmemente **a quedarse, diciendo: Quédate con nosotros, porque se hace tarde, y el día ya ha declinado.** La invitación que le hicieron no estaba motivada por la hospitalidad, ya que al actuar como si estuviera yendo más lejos, el Señor dio la impresión de que tenía un lugar dónde quedarse. Lo que ellos deseaban era más entendimiento de la revelación de Dios. Para el gran gozo de los dos hombres, Jesús aceptó **pues, a quedarse con ellos.**

Entonces, en medio del curso de la conversación, Jesús hizo algo insólito. **Y aconteció que estando sentado con ellos a la mesa, tomó el pan y lo bendijo, lo partió, y les dio.** Era deber del anfitrión, no del invitado, partir el pan e iniciar la comida. Es evidente que los dos hombres estaban tan absortos en la enseñanza de Cristo que olvidaron todo respecto a la comida. Al realizar Jesús este acto de bondad, de repente **les fueron abiertos los ojos, y le reconocieron.** Como ya se indicó, nadie reconocía a Jesús resucitado a menos que Él mismo se revelara. Quizás la manera conocida en que Él partió el pan y las conocidas palabras que usó para bendecir la comida fueron los medios que Jesús usó para abrirles los ojos. Después de revelárseles, **él se desapareció de su vista.**

En lugar de maravillarse por la extraordinaria desaparición de Cristo, **se decían el uno al otro: ¿No ardía nuestro corazón en nosotros, mientras nos hablaba en el camino, y cuando nos abría las Escrituras?** Lo que puso fuego en sus corazones fue la comprensión de las Escrituras que de parte de Él habían recibido. El ardiente gozo que resultó fue tan abrumador que de inmediato salieron a la oscuridad de la noche y regresaron a Jerusalén para comunicar a los demás el conocimiento que solo ellos poseían: que el sufrimiento y la resurrección de Jesús estaban firmemente fundamentados en el Antiguo Testamento. ¡El plan de Dios se estaba cumpliendo!

Cuando la verdad de las Escrituras queda clara, el corazón arde con el fuego del gozo y el testimonio. Fue ese ardiente gozo el que motivó a Henry Martyn a exclamar: "Ahora me consumiré por Dios", a David Brainerd a escribir en su diario: "Oh, ¡que yo pudiera ser una llama de fuego en el servicio de mi Dios!", y a Juan Wesley a decir de su conversión: "Sentí mi corazón extrañamente cálido".

El Cristo vivo despeja toda duda

136

Y levantándose en la misma hora, volvieron a Jerusalén, y hallaron a los once reunidos, y a los que estaban con ellos, que decían: Ha resucitado el Señor verdaderamente, y ha aparecido a Simón. Entonces ellos contaban las cosas que les habían acontecido en el camino, y cómo le habían reconocido al partir el pan. Mientras ellos aún hablaban de estas cosas, Jesús se puso en medio de ellos, y les dijo: Paz a vosotros. Entonces, espantados y atemorizados, pensaban que veían espíritu. Pero él les dijo: ¿Por qué estáis turbados, y vienen a vuestro corazón estos pensamientos? Mirad mis manos y mis pies, que yo mismo soy; palpad, y ved; porque un espíritu no tiene carne ni huesos, como veis que yo tengo. Y diciendo esto, les mostró las manos y los pies. Y como todavía ellos, de gozo, no lo creían, y estaban maravillados, les dijo: ¿Tenéis aquí algo de comer? Entonces le dieron parte de un pez asado, y un panal de miel. Y él lo tomó, y comió delante de ellos. (24:33-43)

Negar la resurrección del Señor Jesucristo siempre ha sido una táctica importante empleada por Satanás y sus emisarios en sus ataques a Dios y las Escrituras. Comprenden que si Cristo no resucitó de los muertos, no se puede creer ni en sus obras ni en el resto de la Biblia. Jesús predijo su resurrección (Mt. 12:38-40; Jn. 2:18-22), igual que hizo el Antiguo Testamento (Sal. 16), y según predicaron los apóstoles. Si Jesús no hubiera resucitado de los muertos, entonces serían falsos el Antiguo Testamento, las propias afirmaciones del Señor, y la proclamación apostólica del evangelio; por tanto, el cristianismo se derrumbaría. Así escribió Pablo a la iglesia en Corinto, la cual estaba bajo ataque de falsos maestros que negaban la resurrección:

> *Y si Cristo no resucitó, vana es entonces nuestra predicación, vana es también vuestra fe... Porque si los muertos no resucitan, tampoco Cristo resucitó; y si Cristo no resucitó, vuestra fe es vana; aún estáis en vuestros pecados. Entonces también los que durmieron en Cristo perecieron. Si en esta vida solamente esperamos en Cristo, somos los más dignos de conmiseración de todos los hombres (1 Co. 15:14, 16-19).*

Negar la resurrección es declarar que Dios es un mentiroso, porque "[Jesús] fue declarado Hijo de Dios con poder, según el Espíritu de santidad, por la resurrección de entre los muertos" (Ro. 1:4). Tal negación coloca a los seres humanos fuera de la esfera de la salvación, ya que esta es únicamente para quienes confiesan con su "boca que Jesús es el Señor, y [creen en su] corazón que Dios le levantó de los muertos" (Ro. 10:9).

Rechazar la resurrección requiere hacer caso omiso a la abrumadora evidencia histórica. Existen varios hechos innegables que se deben explicar para apoyar cualquier teoría que pretenda negar la resurrección. Primero, Jesús murió realmente en la cruz, como lo verificaron los verdugos romanos encargados de su crucifixión (Mr. 15:44-45; Jn. 19:33-34). Segundo, fue enterrado en una tumba por José de Arimatea y Nicodemo (Jn. 19:38-42), y ese entierro lo observaron las mujeres (Lc. 23:55). El cuerpo de Cristo no fue arrojado a una fosa común donde lanzaban a los delincuentes. Tercero, María Magdalena halló vacía la tumba la mañana del domingo (Jn. 20:1-2), al igual que ocurrió con el resto de las mujeres (Lc. 24:1-3), y con Pedro y Juan (Jn. 20:3-8). Por último, después de su resurrección Jesús se apareció a muchas personas: a María Magdalena, a las demás mujeres, a los dos discípulos en el camino a Emaús, a Pedro, a los apóstoles con Tomás ausente, y otra vez con él presente, a quinientos creyentes a la vez (supuestamente en Galilea), a su medio hermano Jacobo, luego a todos los apóstoles, y por último a Pablo (1 Co. 15:3-8). La única explicación creíble para esos hechos es que Jesús resucitó de los muertos.

Sin embargo, a lo largo de la historia han existido escépticos, proveedores de "doctrinas de demonios" (1 Ti. 4:1), que han inventado varias teorías en un inútil intento de negar la realidad de la resurrección.

La "teoría del desmayo", por ejemplo, sostiene que Jesús no murió realmente en la cruz sino que entró en un estado de semicoma a causa del maltrato y la pérdida de sangre. Según esta teoría, se creyó erróneamente que Él estaba muerto, por lo que lo bajaron de la cruz y lo enterraron estando aún vivo; las especies y la frescura de la tumba lo revivieron más adelante, y Jesús dejó la tumba. Cuando encontró a los discípulos, estos equivocadamente supusieron que había resucitado de los muertos.

Esta teoría enfrenta grandes dificultades. Los soldados romanos que crucificaron a Jesús eran verdugos experimentados y bien calificados para determinar si la víctima estaba muerta. Estaban tan convencidos de la muerte de Jesús que no le rompieron las piernas con el fin de acelerar el deceso (Jn. 19:33). El centurión encargado de la ejecución confirmó a Pilato que Jesús estaba muerto (Mr. 15:44-45). Obviamente, él se habría asegurado de eso antes de darle su informe al gobernador. La lanza que le atravesó el costado a Jesús e hizo que brotara sangre y agua también mostró claramente que ya estaba muerto (Jn. 19:34).

La "teoría del desmayo" tampoco puede explicar cómo Jesús, debilitado por el grave trauma físico de la flagelación y la crucifixión, pudo haber sobrevivido durante tres días sin comida, agua y atención médica. Tampoco explica cómo en tan débil condición pudo haberse liberado de la mortaja en que fue envuelto su cuerpo (lo cual Lázaro no pudo hacer; Jn. 11:44), mover la pesada piedra que sellaba la tumba, derrotar al destacamento de la guardia romana, y después caminar varios kilómetros hasta Emaús con los pies perforados por clavos. Lo más significativo es que esta idea no puede explicar cómo un hombre en su condición, en desesperada necesidad de comida, agua y tratamiento para sus heridas, pudo haber persuadido a los discípulos de que Él era el Señor resucitado, el conquistador de la muerte y la tumba. Esta teoría blasfema convierte a Jesús en un engañador y en un fraude, y rechaza el testimonio de la Biblia de que llevó una vida santa (Lc. 1:35; 3:22; Jn. 8:46; 14:30; 15:10; 2 Co. 5:21; He. 4:15; 7:26; 1 P. 2:22).

Igual de improbable es la "teoría de la alucinación", cuyos proponentes sostienen que los seguidores de Jesús, abrumados por el dolor y la tristeza, tuvieron alucinaciones de verlo vivo. Una alucinación es una experiencia individual, no un fenómeno de grupo. Sin embargo, Jesús se apareció a varios individuos y grupos en al menos diez ocasiones distintas, incluso a más de quinientos a la vez (1 Co. 15:6). Era muy poco probable que sus seguidores hubieran generado tal alucinación, ya que no esperaban que Él resucitara de los muertos (Jn. 20:9) y además rechazaron los informes iniciales de que esto había sucedido (Lc. 24:11). Una vergüenza más para esta teoría es que en al menos en tres ocasiones las personas que supuestamente habían tenido alucinaciones de Jesús no lo reconocieron (Lc. 24:13-32; Jn. 20:15; 21:4). Tampoco esta hipótesis explica cómo una alucinación podría comer un pedazo de pescado (Lc. 24:42-43), dirigir pescadores a un banco de peces (Jn. 21:6), o preparar una comida (Jn. 21:9-13). Aunque sin ningún éxito intenta explicar las apariciones de la resurrección de Cristo, la teoría de la alucinación no brinda explicación para la tumba vacía y el cuerpo perdido.

Otras personas que niegan la resurrección proponen que las mujeres erróneamente fueron a la tumba equivocada (aunque dos de ellas habían observado el entierro de Jesús; Mr. 15:47). Tales individuos aseguran que, al encontrarla vacía, las mujeres llegaron a la errónea conclusión de que Jesús había resucitado de los muertos. Pero entonces Pedro y Juan también habrían tenido que ir a la tumba equivocada. Sin duda José de Arimatea y Nicodemo, quienes enterraron a Jesús, sabían en qué tumba habían enterrado el cuerpo de Jesús. Es evidente que los dirigentes judíos también sabían cuál era la tumba correcta, como lo sabían también los guardias del destacamento romano que apostaron allí. Esta teoría no tiene respuesta para la obvia pregunta: ¿Por qué alguien simplemente no fue a la tumba correcta y mostró el cuerpo de Jesús? La teoría de que el cuerpo nunca estuvo en la tumba, sino que fue arrojado a una fosa común, tiene la misma debilidad fatal. Si las autoridades judías hubieran mostrado el cuerpo de Jesús cuando los apóstoles comenzaron a predicar la resurrección, el cristianismo habría muerto al nacer. La existencia de la Iglesia es prueba de que Jesucristo resucitó de los muertos.

En consonancia con los otros evangelistas, Lucas ofrece testimonio de personas que vieron al Cristo resucitado. Primero relató el encuentro que los dos discípulos tuvieran con Cristo resucitado en el camino de Jerusalén a Emaús (véase la exposición de Lucas 24:13-32 en el capítulo anterior de esta obra). En esta sección la historia continúa con la aparición de Jesús a los apóstoles y a los discípulos en Jerusalén. El relato contiene tres elementos: profesión coherente, presencia desconcertante, y pruebas convincentes.

PROFESIÓN COHERENTE

Y levantándose en la misma hora, volvieron a Jerusalén, y hallaron a los once reunidos, y a los que estaban con ellos, que decían: Ha resucitado el Señor verdaderamente, y ha aparecido a Simón. Entonces ellos contaban las cosas que les habían acontecido en el camino, y cómo le habían reconocido al partir el pan. (24:33-35)

La evidencia de que Jesús estaba vivo y que había resucitado de los muertos iba en aumento. María Magdalena (Jn. 20:11-17), las otras mujeres (Mt. 28:8-10), y Cleofas y el discípulo anónimo (Lc. 24:13-32), todos ellos lo habían visto. La narración de Lucas está a punto de hacer referencia a una aparición más e incluso describir otra.

La historia comienza donde quedó la sección anterior que describió la aparición del Señor resucitado a Cleofas y al otro discípulo. Después que Jesús partió el pan en el inicio de la comida, "entonces les fueron abiertos los ojos, y le reconocieron; mas él se desapareció de su vista" (v. 31). Sin concluir su comida, y **levantándose en la misma hora,** los discípulos **volvieron a Jerusalén.** Era tarde en la noche, tal vez las nueve o las diez, pero no podían guardar para sí mismos las buenas nuevas que tenían. Se dirigieron de vuelta a los discípulos que conocían y amaban para llevarles la emocionante noticia de que Jesús estaba vivo. Su informe confirmaría el testimonio de las mujeres y terminaría con la tristeza, la desesperación y el desaliento que había prevalecido entre los seguidores de Cristo cuando Él los dejó.

Al llegar al lugar secreto de encuentro en Jerusalén **hallaron a los once reunidos, y a los que estaban con ellos. Los once** es un término técnico para los apóstoles, así como "los doce" lo había sido antes de la deserción y muerte de Judas Iscariote (Mt. 26:14; Mr. 3:16; 4:10; 6:7; 9:35; 10:32; 11:11; 14:17, 20; Lc. 8:1; 9:1, 12; 18:31; Jn. 6:67, 70, 71; 20:24) y como volvería a serlo después que

Matías fuera agregado (Hch. 6:2; 1 Co. 15:5). El verbo griego traducido **reunidos** está en voz pasiva, tal vez indicando que quienes se hallaban presentes se habían reunido por el impulso del Espíritu Santo para presenciar la aparición de Jesús que tendría lugar esa noche. Cuando se abrió la puerta para que los dos hombres entraran, estos se dieron cuenta de que antes de su llegada ya se sabía allí la noticia de la resurrección de Jesús. El participio *legontas* (**decían**) está en caso acusativo, indicando que lo que sigue les fue notificado por quienes ya estaban en el lugar. Antes de que los dos pudieran contar su increíble noticia, el resto de los creyentes les informaron totalmente emocionados: **Ha resucitado el Señor verdaderamente, y ha aparecido a Simón.** El testimonio de María Magdalena, de las otras mujeres, y de Pedro, junto con el de Cleofas y el discípulo anónimo de que Jesús había resucitado y estaba vivo, era coherente. Esta es la única referencia a la aparición de Jesús ante Simón Pedro en los evangelios, aunque Pablo se refirió a ella en 1 Corintios 15:5. Podría ser que los detalles de esa aparición no estén registrados porque Dios decidiera ser compasivo con Pedro, ya que probablemente incluyó reprensión por parte del Señor, así como restauración.

Después de oír la maravillosa noticia de la aparición de Jesús a Pedro, los dos comenzaron a contar **las cosas que les habían acontecido en el camino, y cómo le habían reconocido al partir el pan.** Pero una vez más fueron eclipsados, esta vez por la llegada del Señor Jesucristo resucitado.

PRESENCIA DESCONCERTANTE

Mientras ellos aún hablaban de estas cosas, Jesús se puso en medio de ellos, y les dijo: Paz a vosotros. Entonces, espantados y atemorizados, pensaban que veían espíritu. (24:36-37)

Los dos recién llegados **aún hablaban** al resto de los discípulos acerca de las **cosas** que sucedieron durante su encuentro con el Señor resucitado, cuando de repente **Jesús** mismo **se puso en medio de ellos.** Al instante **les dijo: Paz a vosotros,** no solo porque este era un saludo común, sino también porque ellos se habían quedado **espantados y atemorizados.**

No fue la aparición del cuerpo de Jesús lo que hizo que se sobresaltaran en un estado de temor. Su cuerpo resucitado no estaba iluminado de manera deslumbrante y brillante como estuvieron los ángeles en la tumba, o como fue la propia apariencia de Jesús en la transfiguración. María Magdalena lo confundió con el hortelano (Jn. 20:15), y los dos discípulos con algún otro compañero de viaje en el camino a Emaús. Lo que los hizo pensar **que veían espíritu** no fue la apariencia de Cristo, sino su manera de entrar. Su aparición sobrenatural en el salón fue tan sorprendente como había sido su repentina desaparición del comedor en Emaús. Puesto que ningún ser humano puede materializarse repentinamente de la nada en un cuarto cerrado, ellos se llenaron de pánico y creyeron que estaban viendo un fantasma (cp. Hch. 12:9).

PRUEBAS CONVINCENTES

Pero él les dijo: ¿Por qué estáis turbados, y vienen a vuestro corazón estos pensamientos? Mirad mis manos y mis pies, que yo mismo soy; palpad, y ved; porque un espíritu no tiene carne ni huesos, como veis que yo tengo. Y diciendo esto, les mostró las manos y los pies. Y como todavía ellos, de gozo, no lo creían, y estaban maravillados, les dijo: ¿Tenéis aquí algo de comer? Entonces le dieron parte de un pez asado, y un panal de miel. Y él lo tomó, y comió delante de ellos. (24:38-43)

Las preguntas retóricas de Jesús, **¿Por qué estáis turbados, y vienen a vuestro corazón estos pensamientos?** sirvieron como un suave reproche a los aterrados discípulos. No había ninguna razón legítima para que entraran en pánico. El Señor entonces, haciéndoles usar los sentidos, los retó a que confirmaran que Él no era un fantasma o una alucinación. Ellos pudieron ver **las manos y los pies** de Jesús, y verificar que se trataba del Señor mismo. Entonces los invitó a tocarlo y ver por sí mismos, **porque un espíritu no tiene carne ni huesos como** podían ver que Él tenía. Este es el mismo reto que más tarde Jesús le haría a Tomás, quien no estaba presente en esta ocasión (Jn. 20:24). El cuerpo resucitado de Cristo podía adaptarse a cualquier realidad, física o espiritual. Se trataba de un cuerpo real y físico con **carne** y **huesos,** con el que podía ver, hablar, palpar y comer, pero que también podía atravesar paredes. Jesús podía en un momento estar ausente y al siguiente estar presente, en un momento podía estar en el Monte de los Olivos conversando con los discípulos, y al siguiente estar ascendiendo al cielo. Los creyentes resucitados tendrán cuerpos similares al cuerpo resucitado de Jesús (Fil. 3:20-21; 1 Jn. 3:2; 1 Co. 15:35-44). Tras **esto, les mostró las manos y los pies,** para que ellos pudieran ver que tenía un cuerpo real, con las marcas de la crucifixión.

A pesar de la realidad de que Jesús estaba presente, **todavía ellos, de gozo, no lo creían, y estaban maravillados.** El asunto parecía demasiado bueno para ser real, y los discípulos se debatían entre la esperanza y el escepticismo, exactamente igual que más adelante estarían los que oraran por la liberación de Pedro de la cárcel (Hch. 12:12-16).

Al ver que los discípulos no estaban convencidos del todo, Jesús ofreció más evidencia, y **les dijo: ¿Tenéis aquí algo de comer? Entonces le dieron parte de un pez asado, y un panal de miel. Y él lo tomó, y comió delante de ellos** (cp. Gn. 18:1-8). Cabe señalar que algunos escépticos alegan que la referencia al **pez asado** es un error. Afirman que no había peces disponibles en Jerusalén, a pesar del hecho de que a una de las puertas de la ciudad se le conocía como la puerta del Pescado (Neh. 3:3; 12:39; Sof. 1:10), y a que Nehemías se refiere a mercaderes de Tiro que importaban pescado y lo vendían en Jerusalén (Neh. 13:16).

Desde sus inicios en el Día de Pentecostés, el mensaje triunfal de la Iglesia ha sido que Jesucristo resucitó de los muertos y que está vivo para siempre (Hch. 2:22-32; 3:14-15, 26; 4:10-12; 5:30; 10:40; 13:30, 33-37). Erich Sauer escribe: "El mensaje de la cruz es al mismo tiempo un mensaje de la resurrección (Hch. 1:22; 2:32). En esto yace su invencibilidad" (*The Triumph of the Crucified* [Grand Rapids: Eerdmans, 1951], p. 40).

La resurrección corporal del Señor Jesucristo era necesaria al menos por tres razones. Primera, demostró la total victoria de Cristo sobre el pecado. Este produjo muerte espiritual y física. Si Jesús tan solo conquistaba la muerte espiritual, no habría conquistado por completo el pecado. Si no hubiera resucitado corporalmente, los que son suyos tampoco resucitarían. Nunca habría una restauración de la tierra en la gloria milenial.

Segundo, la resurrección corporal de Cristo es necesaria para demostrar el propósito de Dios en la humanidad. Los hombres y las mujeres fueron creados para dar gloria a Dios; y su resurrección corporal, la cual es dependiente de la resurrección de Cristo, es necesaria para que hombres y mujeres en alguna forma corporal puedan dar gloria a Dios como originalmente estuvieron destinados a hacer.

Por último, y más importante aún, la resurrección física de Jesucristo ofrece prueba visible de que Dios fue satisfecho con el sacrificio de su Hijo. La fe salvadora llega cuando se reconoce a Jesús como Señor, afirmando que Dios lo levantó de los muertos, y por tanto demostrando la aprobación del Padre en relación con la obra expiatoria de Cristo en la cruz.

Si la historia de Jesús hubiera terminado en la cruz, las esperanzas de los discípulos se habrían hecho añicos. Ellos debían saber no solo que Él murió, sino también que resucitó de los muertos. La única manera de poder saberlo era viéndolo en su cuerpo físico resucitado y visible. Si no hubieran visto a Jesús vivo de entre los muertos, no habrían llevado muy lejos el mensaje. Si Él no hubiera resucitado de manera visible de entre los muertos, no habrían predicado el mensaje de un maestro muerto y decepcionante. Nadie hubiera creído que el Señor Jesús era el Redentor, Salvador, Hijo de Dios y Señor, según el apóstol Pablo escribió:

> *Porque si no hay resurrección de muertos, tampoco Cristo resucitó. Y si Cristo no resucitó, vana es entonces nuestra predicación, vana es también vuestra fe. Y somos hallados falsos testigos de Dios; porque hemos testificado de Dios que él resucitó a Cristo, al cual no resucitó, si en verdad los muertos no resucitan. Porque si los muertos no resucitan, tampoco Cristo resucitó; y si Cristo no resucitó, vuestra fe es vana; aún estáis en vuestros pecados (1 Co. 15:13-17).*

La Gran Comisión: Predicación de perdón

137

Y les dijo: Estas son las palabras que os hablé, estando aún con vosotros: que era necesario que se cumpliese todo lo que está escrito de mí en la ley de Moisés, en los profetas y en los salmos. Entonces les abrió el entendimiento, para que comprendiesen las Escrituras; y les dijo: Así está escrito, y así fue necesario que el Cristo padeciese, y resucitase de los muertos al tercer día; y que se predicase en su nombre el arrepentimiento y el perdón de pecados en todas las naciones, comenzando desde Jerusalén. Y vosotros sois testigos de estas cosas. He aquí, yo enviaré la promesa de mi Padre sobre vosotros; pero quedaos vosotros en la ciudad de Jerusalén, hasta que seáis investidos de poder desde lo alto. (24:44-49)

Este pasaje del Evangelio de Lucas va rápidamente desde el principio de la revelación en el Génesis hasta el final de la historia redentora, viendo el mural de la salvación de principio a fin. El énfasis principal de las palabras del Señor aquí se encuentra en el versículo 47, donde Él declaró que el arrepentimiento y el perdón de pecados se predicarían en su nombre.

El pasaje es el relato de Lucas acerca de la Gran Comisión (cp. Mt. 28:19-20), el mandato del Señor para la Iglesia de predicar la verdad salvadora del "glorioso evangelio del Dios bendito" (1 Ti. 1:11). Ese mandato es para todos los creyentes a lo largo de toda la historia, no simplemente para los que oyeron al Señor pronunciar estas palabras. El Evangelio de Lucas termina poniendo al lector en la misma posición de los apóstoles y los discípulos; todo aquel que invoca el nombre de Jesucristo es responsable de proclamar la verdad. El relevo se ha pasado de generación en generación, y es responsabilidad nuestra pasarla a la siguiente.

Cumplir el mandato del Señor de propagar el evangelio en todo el mundo es el propósito general de tiempo completo para la Iglesia. Todo lo demás, incluso entender y enseñar sana doctrina, adoración, comunión, oración, búsqueda de santidad, y compromiso en el servicio cristiano, es importante y beneficioso. Pero hacer todo eso sin predicar el evangelio es rechazar el propósito para el cual existen esos elementos. Estos no deben ser objetivos sino más bien los medios para lograr el propósito de proclamar el evangelio y afianzar esa proclamación con vidas de credibilidad e integridad.

Pero aunque los creyentes son responsables de evangelizar a los perdidos, Dios es el único que en definitiva los busca. Desde el huerto, donde Dios llamó a Adán después de la caída (Gn. 3:9), hasta la última invitación en Apocalipsis 22:17, Dios ha buscado a pecadores. El objetivo de la historia humana es redimir a hombres y mujeres de Dios para llevarlos a la gloria como la novia para su Hijo, a quien servirán, honrarán y adorarán por siempre.

El Evangelio de Lucas prueba en su conclusión lo que afirmó al principio. El ángel declaró a María que el hijo que iba a tener sería el Hijo de Dios (1:35). La vida, los milagros, el poder sobre los demonios, la enseñanza y la resurrección de Jesús demostraron quién era Él. Zacarías, el padre de Juan el Bautista, profetizó por medio del Espíritu que el Mesías conseguiría la redención para su pueblo a través del perdón de sus pecados (1:77). Jesucristo vino, sufrió, murió, resucitó de entre los muertos al tercer día, y proporcionó ese perdón a todos aquellos que creen en Él.

Esta penúltima sección del Evangelio de Lucas, que inicia la historia de la predicación evangélica, presenta siete elementos del mandato del evangelio entregado a la Iglesia: es bíblico en cuanto a su fundamento, histórico en cuanto a su cumplimiento, transformacional en cuanto a su provisión, cristológico en cuanto a su apropiación, global en cuanto a su extensión, personal en cuanto a su acción, y sobrenatural en cuanto a su poder.

EL EVANGELIO ES BÍBLICO EN CUANTO A SU FUNDAMENTO

Y les dijo: Estas son las palabras que os hablé, estando aún con vosotros: que era necesario que se cumpliese todo lo que está escrito de mí en la ley de Moisés, en los profetas y en los salmos. Entonces les abrió el entendimiento, para que comprendiesen las Escrituras; (24:44-45)

Según se indicó en capítulos anteriores de esta obra, el pueblo judío esperaba que el Mesías fuera un conquistador triunfante, no uno que padeciera y muriera. A fin de predicarles el evangelio, a partir del Antiguo Testamento los discípulos tendrían que convencerlos tanto que Jesús era el Mesías como que el Mesías tendría que morir.

Pero por desgracia los discípulos estaban muy mal preparados para esa tarea. Habían demostrado una falta de comprensión del Antiguo Testamento, y habían fallado miserablemente en entender lo más importante de lo que Jesús les había dicho. Eso fue cierto incluso cuando Él les habló en términos sencillos, claros y directos. Por parte de los rabinos los discípulos habían estado todas sus vidas sometidos a una interpretación inadecuada, por no decir falsa, del Antiguo Testamento. Como resultado, no estaban en posición de interpretar correctamente el Antiguo Testamento y necesitaban que alguien los instruyera de forma correcta. Requerían una total corrección de su teología y de su hermenéutica, así como de una comprensión clara en cuanto a que el cristianismo no era un repudio al judaísmo del Antiguo Testamento, sino el cumplimiento del mismo.

A pesar de la repetida enseñanza de Cristo sobre el tema de su muerte y resurrección (cp. Lc. 9:22, 44-45; 18:31, 34; 24:6-8), los discípulos aún no captaban la verdad. Por tanto les recordó **las palabras que** les había hablado **estando aún con** ellos durante el ministerio terrenal del Señor: **que era necesario que se cumpliese todo lo que está escrito de** Él **en la ley de Moisés, en los profetas y en los salmos** (la triple división del Antiguo Testamento). Esas eran las verdades del Antiguo Testamento acerca del Mesías que los discípulos tendrían que creer de todo corazón si iban a convencer al pueblo judío que Jesús era el Mesías. La **ley de Moisés** era el Pentateuco (Génesis a Deuteronomio); los **profetas** incluían tanto a los antiguos profetas (los libros históricos comenzando con Josué), como los últimos profetas (los profetas mayores: Isaías, Jeremías, Ezequiel, Daniel y Lamentaciones; y los profetas menores: Oseas, Joel, Amós, Abdías, Jonás, Miqueas, Nahúm, Habacuc, Sofonías, Hageo, Zacarías y Malaquías); los **salmos** representaban la literatura de sabiduría (Job, Salmos, Proverbios, Eclesiastés y Cantar de los Cantares).

La evangelización de los apóstoles debía basarse bíblicamente, por tanto debían entender claramente las Escrituras relacionadas con Cristo. El Antiguo Testamento prometió que el Mesías iba a llegar a través de la descendencia de Abraham (Gn. 12:1-3; cp. Gá. 3:16), de la tribu de Judá (Gn. 49:10; cp. Ap. 5:5), y del linaje de David (2 S. 7). Isaías 7:14 predijo que Cristo nacería de una virgen; Miqueas 5:2 que nacería en Belén. Que sería traicionado por un amigo cercano en quien confiaba (Sal. 41:9); que al Mesías lo golpearían, lo escupirían, y le mesarían la barba (Is. 50:6; Mi. 5:1); que los soldados se repartirían la ropa de Él (Sal. 22:18); que Cristo sería crucificado (Sal. 22) y traspasado (Zac. 12:10); que su muerte sería sustitutiva (Is. 53), y que resucitaría de los muertos (Is. 53:10; Sal. 16:8-11). El Cristo de la historia del evangelio no se inventó a sí mismo, ni es creación de alguien en el siglo I. Él es el inconfundible cumplimiento de la profecía divina.

Jesús **entonces les abrió** a los discípulos **el entendimiento, para que comprendiesen las Escrituras** y muchas otras profecías que se cumplieron en la primera venida. Así como había hecho antes con los dos discípulos en el camino a Emaús, les ofreció una extensa interpretación mesiánica del Antiguo Testamento. Por primera vez los discípulos entendieron el significado mesiánico de las profecías del Antiguo Testamento y las usaron de inmediato en su propia interpretación de los acontecimientos (Hch. 1:15-20), así como en la predicación y evangelización que harían. En su sermón del Día de Pentecostés, Pedro citó Joel 2:28-32 y Salmos 16:8-11, entre otros pasajes (Hch. 2:14-36; cp. 4:23-26). Al dirigirse al concilio, Pedro citó Salmos 118:22 (Hch. 4:10-11). Tanto Esteban (Hch. 7) como Felipe (Hch. 8:26-35) emplearon numerosos elementos del Antiguo Testamento en su evangelización, como también lo hizo el apóstol Pablo (Hch. 13:16-41; 17:1-3; 28:25-27). Sin duda alguna los discípulos experimentaron el mismo ardor apasionado en sus corazones que tuvieron los otros dos en Emaús (Lc. 24:32) y estaban ansiosos de predicar las Escrituras y su cumplimiento como Él les había enseñado. Pero no todavía. Jesús los instruyó a esperar en Jerusalén hasta que el Espíritu Santo viniera a darles poder para llevar a cabo esa tarea (Lc. 24:49; Hch. 1:4-5, 8).

EL EVANGELIO ES HISTÓRICO EN CUANTO A SU CUMPLIMIENTO

y les dijo: Así está escrito, y así fue necesario que el Cristo padeciese, y resucitase de los muertos al tercer día; (24:46)

Estaba **escrito** en el Antiguo Testamento que era **necesario que el Cristo padeciese, y resucitase de los muertos al tercer día,** y eso es exactamente lo que sucedió. La resurrección no fue mitológica o legendaria; no fue una idea mística o espiritual, sino un hecho que ocurrió en la historia y en el tiempo y espacio reales (cp. 1 Co. 15:3-8). En realidad, no hay mejor hecho o acontecimiento demostrado en la historia antigua que la resurrección de Jesucristo.

EL EVANGELIO ES TRANSFORMACIONAL EN CUANTO A SU PROVISIÓN

y que se predicase el arrepentimiento y el perdón de pecados (24:47*a*)

La provisión compasiva y eterna del evangelio es el perdón de pecados comprado por el sacrificio de Cristo en la cruz y confirmado por su resurrección (Ro. 4:25). El perdón es un tema constante en el Evangelio de Lucas. Zacarías profetizó que Jesús vino "para dar conocimiento de salvación a su pueblo, para perdón de sus pecados" (Lc. 1:77). El ministerio de Juan el Bautista implicó predicar "el bautismo del arrepentimiento para perdón de pecados" (3:3). Jesús manifestó a un paralítico: "Hombre, tus pecados te son perdonados" (5:20) y a una mujer pecadora: "Tus pecados te son perdonados" (7:48). Él ordenó a los creyentes a orar: "Perdónanos nuestros pecados" (11:4), y mientras estaba en la cruz oró: "Padre, perdónalos" (23:34).

Los apóstoles comprendieron la importancia del perdón y la proclamaron.

En el Día de Pentecostés, Pedro amonestó a la multitud: "Arrepentíos, y bautícese cada uno de vosotros en el nombre de Jesucristo para perdón de los pecados" (Hch. 2:38). Más tarde declaró ante el sanedrín: "El Dios de nuestros padres levantó a Jesús, a quien vosotros matasteis colgándole en un madero. A éste, Dios ha exaltado con su diestra por Príncipe y Salvador, para dar a Israel arrepentimiento y perdón de pecados" (Hch. 5:30-31). El apóstol les expresó a los que estaban reunidos en la casa de Cornelio: "De éste [Jesús] dan testimonio todos los profetas, que todos los que en él creyeren, recibirán perdón de pecados por su nombre" (Hch. 10:43). Pablo dijo a los reunidos en la sinagoga en Antioquía de Pisidia: "Sabed, pues, esto, varones hermanos: que por medio de [Cristo] se os anuncia perdón de pecados" (13:38).

El perdón de los pecados está a disposición únicamente de aquellos que se arrepienten. El arrepentimiento es el acto bíblico y espiritual fundamental que conmueve el corazón en dirección de la salvación. Es volverse de la presencia, el poder, el dominio y las consecuencias del pecado hacia la justicia. Arrepentirse implica un deseo de dejar atrás el pecado e ir tras la justicia. No es simplemente sentirse mal respecto a las circunstancias, la condición, o las consecuencias que resultaron de haber pecado, sino acongojarse por la realidad del pecado. El arrepentimiento es motivado por el Espíritu Santo (Jn. 16:8), quien vino para convencer al mundo de pecado, justicia y juicio, y es otorgado por Dios (2 Ti. 2:25; cp. Hch. 11:18).

La actitud de arrepentimiento se ve en las Bienaventuranzas (Mt. 5:1-11). Arrepentirse es reconocer que se está en bancarrota espiritual, saber que se es pobre, tener hambre y sed de justicia, condolerse por la propia miseria, y en consecuencia humillarse por tal condición. La promesa para el creyente arrepentido es que Dios concederá perdón por el pecado, porque Cristo ha provisto el sacrificio que paga el castigo por ese pecado.

EL EVANGELIO ES CRISTOLÓGICO EN CUANTO A SU APROPIACIÓN

en su nombre (24:47*b*)

El perdón de pecados está disponible solo por medio de Jesucristo, ya que "en ningún otro hay salvación; porque no hay otro nombre bajo el cielo, dado a los hombres, en que podamos ser salvos" (Hch. 4:12). **Su nombre** es una metonimia para la persona de Cristo (cp. Lc. 9:48) y representa todo lo que Él es. Proclamar en el nombre de Jesús que hay perdón para el pecado es hacer coherente esta verdad con quién es Jesús en toda su plenitud.

Los apóstoles hicieron todo en el nombre de Cristo, quien es la única fuente del poder de Dios. Después de sanar al hombre cojo en el templo (Hch. 3:1-8)

Pedro declaró a la asombrada multitud: "Y por la fe en su nombre, a éste, que vosotros veis y conocéis, le ha confirmado su nombre; y la fe que es por él ha dado a éste esta completa sanidad en presencia de todos vosotros" (v. 16; cp. 4:10). La iglesia primitiva también bautizó en el nombre de Jesús (Hch. 2:38; 8:16; 10:48; 19:5; 22:16), sufrió por este nombre (Hch. 5:41; 9:15-16; 21:13), y evangelizó en el mismo nombre (3 Jn. 7). No asombra entonces que a los cristianos se los conociera como los que invocaban el nombre de Jesús (Hch. 9:14, 21).

EL EVANGELIO ES GLOBAL EN CUANTO A SU EXTENSIÓN

en todas las naciones, comenzando desde Jerusalén. (24:47*c*)

El Antiguo Testamento enseña no solo que el Mesías iba a padecer y morir, a resucitar de entre los muertos, y que en su nombre se iba a predicar arrepentimiento, sino también que el mensaje de perdón del evangelio en el nombre de Jesús se proclamaría a todas las naciones.

Durante su ministerio terrenal, Jesús había enviado a los apóstoles a ir no a los samaritanos o gentiles (Mt. 10:5), sino solamente "a las ovejas perdidas de la casa de Israel" (v. 6). El Señor dijo de su propio ministerio: "No soy enviado sino a las ovejas perdidas de la casa de Israel" (Mt. 15:24). En consecuencia, la iglesia en Jerusalén en un principio fue renuente a evangelizar a los gentiles o los samaritanos. Pero cuando la persecución obligó a los creyentes a huir de Jerusalén, algunos fueron a Samaria (Hch. 8:1-2), y "Felipe, descendiendo a la ciudad de Samaria, les predicaba a Cristo" (v. 5). Sin embargo, la evangelización de los gentiles no se llevó a cabo sino hasta que la visión de Pedro (Hch. 10:9-16) le hizo comprender que "Dios no hace acepción de personas, sino que en toda nación se agrada del que le teme y hace justicia" (vv. 34-35). Después de algunos recelos iniciales (Hch. 11:1-3), la iglesia en Jerusalén aceptó que Pedro predicara el evangelio a los gentiles, y el concilio de Jerusalén (Hch. 15:1-21) formalmente determinó que los gentiles podían ser salvos sin convertirse en prosélitos judíos y sin seguir rituales judíos. Pablo, el apóstol a los gentiles (Ro. 11:13), escribió:

> *Cristo Jesús vino a ser siervo de la circuncisión para mostrar la verdad de Dios, para confirmar las promesas hechas a los padres, y para que los gentiles glorifiquen a Dios por su misericordia, como está escrito: Por tanto, yo te confesaré entre los gentiles, y cantaré a tu nombre (Ro. 15:8-9).*

A causa del rechazo definitivo a Jesús, Israel fue cortado (Ro. 11) y dejado desierto (Lc. 13:35), y enfrentaría la destrucción que llegaría en el año 70 d.C. (Mt. 24:1-2). Había llegado el momento en el plan de redención divina para llevar el evangelio a los gentiles.

Sin, embargo, la salvación de los gentiles no era una realidad nueva. El Antiguo Testamento enseña con claridad que los gentiles serían salvos. En Génesis 22:18, Dios le dijo a Abraham: "En tu simiente serán benditas todas las naciones de la tierra". En su oración durante la dedicación del templo, Salomón oró:

> *Asimismo el extranjero, que no es de tu pueblo Israel, que viniere de lejanas tierras a causa de tu nombre (pues oirán de tu gran nombre, de tu mano fuerte y de tu brazo extendido), y viniere a orar a esta casa, tú oirás en los cielos, en el lugar de tu morada, y harás conforme a todo aquello por lo cual el extranjero hubiere clamado a ti, para que todos los pueblos de la tierra conozcan tu nombre y te teman, como tu pueblo Israel, y entiendan que tu nombre es invocado sobre esta casa que yo edifiqué (1 R. 8:41-43).*

Isaías escribió:

> *Acontecerá en lo postrero de los tiempos, que será confirmado el monte de la casa de Jehová como cabeza de los montes, y será exaltado sobre los collados, y correrán a él todas las naciones. Y vendrán muchos pueblos, y dirán: Venid, y subamos al monte de Jehová, a la casa del Dios de Jacob; y nos enseñará sus caminos, y caminaremos por sus sendas. Porque de Sion saldrá la ley, y de Jerusalén la palabra de Jehová (2:2-3).*

> *Mirad a mí, y sed salvos, todos los términos de la tierra, porque yo soy Dios, y no hay más (45:22).*

> *Poco es para mí que tú seas mi siervo para levantar las tribus de Jacob, y para que restaures el remanente de Israel; también te di por luz de las naciones, para que seas mi salvación hasta lo postrero de la tierra (49:6).*

> *Levántate, resplandece; porque ha venido tu luz, y la gloria de Jehová ha nacido sobre ti. Porque he aquí que tinieblas cubrirán la tierra, y oscuridad las naciones; mas sobre ti amanecerá Jehová, y sobre ti será vista su gloria. Y andarán las naciones a tu luz, y los reyes al resplandor de tu nacimiento (60:1-3).*

Joel añadió: "Y todo aquel que invocare el nombre de Jehová será salvo; porque en el monte de Sion y en Jerusalén habrá salvación, como ha dicho Jehová, y entre el remanente al cual él habrá llamado" (2:32; cp. Ro. 10:13), y Miqueas escribió:

> *Acontecerá en los postreros tiempos que el monte de la casa de Jehová será establecido por cabecera de montes, y más alto que los collados, y correrán a él los*

pueblos. Vendrán muchas naciones, y dirán: Venid, y subamos al monte de Jehová, y a la casa del Dios de Jacob; y nos enseñará en sus caminos, y andaremos por sus veredas; porque de Sion saldrá la ley, y de Jerusalén la palabra de Jehová (4:1-2).

La orden global de alcanzar a todo el mundo extiende a todos los creyentes la responsabilidad de evangelizar que tenían los apóstoles y discípulos.

EL EVANGELIO ES PERSONAL EN CUANTO A SU ACCIÓN

Y vosotros sois testigos de estas cosas. (24:48)

Dios ha decidido usar testigos exclusivamente humanos como su medio de predicar el evangelio en la era actual, a diferencia del "ángel, que tenía el evangelio eterno para predicarlo a los moradores de la tierra, a toda nación, tribu, lengua y pueblo" (Ap. 14:6), que también proclamará el evangelio durante la tribulación. Esos testigos fueron en primer lugar los apóstoles y el resto de la iglesia primitiva, según lo indica cl libro de Hechos (1:8; 2:32; 3:15; 5:32; 10:39; 13:31; 22:15; 26:16), y por extensión todos los creyentes a lo largo de la historia de la Iglesia, ya que los apóstoles no viajaron "hasta lo último de la tierra" (Hch. 1:8).

EL EVANGELIO ES SOBRENATURAL EN CUANTO A SU PODER

He aquí, yo enviaré la promesa de mi Padre sobre vosotros; pero quedaos vosotros en la ciudad de Jerusalén, hasta que seáis investidos de poder desde lo alto. (24:49)

Aunque los creyentes son testigos del evangelio, este no avanza por medio de poder, creatividad, ingenuidad o celo de seres humanos. Pablo escribió: "Las armas de nuestra milicia no son carnales, sino poderosas en Dios para la destrucción de fortalezas" (2 Co. 10:4). Por eso el Señor dijo a los discípulos que enviaría sobre ellos **la promesa** del **Padre.** Mientras tanto deberían permanecer **en la ciudad de Jerusalén, hasta que** fueran **investidos de poder desde lo alto.** La promesa del Padre que les concedería poder divino para ser testigos es la venida del Espíritu Santo en el Día de Pentecostés. Tanto el Antiguo Testamento (Ez. 36:27; 37:14; 39:29; Jl. 2:28-29) como Jesús (Jn. 14:16-17; 20:22) prometieron la venida del Espíritu Santo, a través de cuya morada Jesús también está con los creyentes (Mt. 28:20). Puesto que los cristianos son morada del Espíritu (Ro. 8:9), todos están preparados para ser testigos eficaces. La pregunta es: ¿cuán fieles serán?

Significado de la ascensión 138

Y los sacó fuera hasta Betania, y alzando sus manos, los bendijo. Y aconteció que bendiciéndolos, se separó de ellos, y fue llevado arriba al cielo. Ellos, después de haberle adorado, volvieron a Jerusalén con gran gozo; y estaban siempre en el templo, alabando y bendiciendo a Dios. Amén. (24:50-53)

Nuestra cultura celebra los cumpleaños de personas importantes, aunque no haya nada importante sobre su propio nacimiento. Sin embargo, cuando alguien nace todavía no ha logrado algo, ni se puede determinar con seguridad lo que podría lograr en el futuro. Solo durante su vida es cuando los logros de ese individuo se pueden entender y apreciar plenamente.

La única persona cuyos logros eran conocidos antes de nacer fue Jesucristo. Sin duda es correcto celebrar su nacimiento en honor a todo lo que conseguiría, aunque esos aspectos aún eran futuros cuando nació. La celebración masiva de la Navidad refleja tal perspectiva. Un acontecimiento que genera mucho menos interés es el que debería celebrarse, porque marcó la culminación de su obra encarnada en la tierra. Salvo en algunas iglesias litúrgicas, en general a este acontecimiento se le hace caso omiso, pero también tiene sentido celebrar con efusivo gozo y alabanza la ascensión del Señor. La ascensión de Jesús de vuelta al lugar de donde vino finalizó su viaje terrenal; no lo hizo al ser enterrado, como sucede con todos los demás seres humanos. El viaje terrenal del Señor terminó al subir al cielo a la vista plena de sus seguidores. Celebrar ese acontecimiento glorioso enfocaría la atención en todo lo que Jesús logró durante su vida terrenal y en la afirmación celestial de que había hecho perfectamente todo lo que el Padre le había enviado a hacer.

El Evangelio de Lucas comenzó con la historia de la llegada del Señor Jesucristo a la tierra, y terminó cuando salió de ella. Su vida empezó con descenso y concluyó con ascenso; inició con encarnación y finalizó con exaltación; comenzó con expectativa y clausuró con consumación; empezó con el Hijo de Dios naciendo de una virgen y descendiendo a la tierra, y concluyó con el Hijo de Dios resucitando de los muertos y ascendiendo al cielo; inició con esperanza no cristalizada y terminó con esperanza plenamente realizada; comenzó con una promesa y concluyó con un cumplimiento y una nueva promesa; empezó con la alabanza de María, Zacarías, Simeón, Ana y los ángeles en anticipación de la llegada del Mesías, y finalizó con la adoración y la alabanza de quienes presenciaron su partida.

Solo a Lucas se le otorgó el privilegio de registrar la magnífica y monumental ascensión, el acaecimiento culminante del ministerio terrenal de Cristo. Lo describe dos veces; en el último capítulo de su evangelio, y en el primer capítulo de Hechos. La ascensión es tanto la culminación de un volumen de historia redentora como la inauguración de otro. El Evangelio de Lucas nos narra la historia de Cristo en la tierra; Hechos nos cuenta la historia de la venida del Espíritu Santo y el cumplimiento final de la Gran Comisión por medio del establecimiento de la Iglesia. Esas dos historias entrelazadas y superpuestas terminan y empiezan con el mismo acontecimiento: la ascensión, confirmando así su importancia.

El relato de Lucas acerca de la subida del Salvador al cielo presenta la ascensión y la reacción, a la que se sumarán las numerosas consecuencias.

LA ASCENSIÓN

Y los sacó fuera hasta Betania, y alzando sus manos, los bendijo. Y aconteció que bendiciéndolos, se separó de ellos, y fue llevado arriba al cielo. (24:50-51)

En la acostumbrada manera discreta y común de los escritores bíblicos, Lucas describe en lenguaje sencillo un suceso que sobrepasa la comprensión humana. El relato no proporciona los detalles que satisfarían la curiosidad en cuanto a cómo pudo haber ocurrido este asombroso e impresionante milagro.

En el capítulo anterior de esta obra (vv. 44-49), Lucas relató tres componentes de la interacción del Señor con los discípulos después de su resurrección. Primero, les dio instrucciones sobre las profecías del Antiguo Testamento relacionadas con el sufrimiento, la muerte y la resurrección del Mesías, su provisión de perdón, y la necesidad de declarar esas buenas nuevas a todas las naciones. Segundo, los comisionó a predicar el arrepentimiento para el perdón de pecados a todas las naciones, comenzando por Jerusalén. Tercero y último, les dio instrucciones de permanecer en Jerusalén hasta que fueran "investidos de poder desde lo alto" (Lc. 24:49) por medio de la venida del Espíritu Santo en el Día de Pentecostés. Esas tres características son lo único que Lucas registra del tiempo entre la resurrección y la ascensión, aunque las describió con más detalles en el libro de Hechos. La historia continuada en Hechos también proporciona algunos detalles nuevos acerca de esos acontecimientos, que incluyen más pruebas convincentes de la resurrección de Cristo y su corrección de las creencias equivocadas de los discípulos en cuanto a que el reino mesiánico prometido estaba a punto de ser inaugurado.

Lucas no dice cuándo o dónde se lleva a cabo la interacción del Señor con los discípulos. En el relato de Mateo, la Gran Comisión se da en un monte en Galilea (Mt. 28:16), en algún momento durante los cuarenta días entre la resurrección y la ascensión. Lucas pudo haber estado describiendo ese mismo suceso, o cualquier otra ocasión en que Jesús entregó esa misma comisión en una forma ligeramente distinta. En cualquier caso, lo único que sabemos es que el relato de Lucas ocurrió en las semanas entre la resurrección y la ascensión.

Cuando llegó el momento de dejar a los discípulos, Jesús **los sacó fuera hasta** (o "en los alrededores de") **Betania. Betania** es una pequeña aldea a poco más de tres kilómetros (Jn. 11:18) al oriente de Jerusalén cerca del Monte de los Olivos (Hch. 1:12). Este era un lugar muy conocido para el Señor, ya que allí estaba el hogar de sus amigos íntimos María, Marta y Lázaro (Jn. 11:1). Jesús pasó las primeras noches de la semana de la pasión en Betania (Mt. 21:17; Mr. 11:11-12; cp. Lc. 22:39; Jn. 12:1). Él también estaba muy familiarizado con el cercano Monte de los Olivos, donde ofreció su discurso acerca de las señales antes del fin (Mt. 24:3), y a donde fue con los discípulos después de la Última Cena (Mt. 26:30). Fue allí donde agonizó en oración, hasta el punto de sudar grandes gotas de sangre (Lc. 22:39-46), y donde fue traicionado y arrestado (vv. 47-54). En su regreso, "se afirmarán sus pies en aquel día sobre el monte de los Olivos, que está en frente de Jerusalén al oriente; y el monte de los Olivos se partirá por en medio, hacia el oriente y hacia el occidente, haciendo un valle muy grande; y la mitad del monte se apartará hacia el norte, y la otra mitad hacia el sur" (Zac. 14:4).

En su última acción antes de ascender, **y alzando sus manos** (un gesto común relacionado con bendecir [cp. Lv. 9:22; Sal. 134:2] que señala hacia el cielo, de donde desciende toda bendición), Jesús **los bendijo.** Este no fue un acto místico o simbólico, sino una garantía para los discípulos de las bendiciones que tanto ellos como todos los creyentes recibirían. Pablo las describió como "toda bendición espiritual en los lugares celestiales en Cristo" (Ef. 1:3). En las palabras que pronunció, el Señor pudo haber repetido las bendiciones que les prometió la noche antes de su muerte, tales como el cielo, el Espíritu Santo, amor, misericordia, gracia, poder y oraciones contestadas (Jn. 14—17). Su bendición resumió todo lo que se les prometió a ellos y a todos los que creen por la bondad y la gracia de Dios.

Los discípulos fueron capaces de apreciar esas bendiciones prometidas ya que sus dudas habían desaparecido y sus temores se habían disipado. Entendieron por completo quién era Cristo y por qué había tenido que morir, porque por primera vez tenían un conocimiento exacto del Antiguo Testamento. Ellos sabían que Él estaba vivo de entre los muertos, que las Escrituras se habían cumplido, que la historia redentora se hallaba dentro de la fecha prevista, y que Cristo regresaría para establecer el reino. Las lecciones finales para ellos sobre esos asuntos se las habían dado en los días posteriores a la resurrección. Por tanto, en cuarenta días, los apóstoles pasaron de las profundidades del temor y la duda durante la semana de la pasión, a la más emocionante confianza en la verdad.

Entonces, de manera espectacular, **aconteció que bendiciéndolos** con todas las bendiciones que les pertenecían en Cristo, Él **se separó de ellos, y fue llevado arriba al cielo.** Nunca se había dicho tan poco respecto a tan monumental acontecimiento. Solamente Enoc (Gn. 5:24) y Elías (2 R. 2:11) habían sido llevados al cielo en sus cuerpos físicos. A diferencia de lo que había sucedido en Emaús, donde Jesús desapareció de repente, aquí fue levantado al cielo en una forma física literal mientras los discípulos observaban. En el relato de esta escena en Hechos 1:10-11, dos ángeles les preguntaron: "Varones galileos, ¿por qué estáis mirando [con nostalgia, como si estuvieran perdiendo a alguien] al cielo? Este mismo Jesús, que ha sido tomado de vosotros al cielo, así vendrá como le habéis visto ir al cielo"; en otras palabras, en la misma forma física. Su ascensión corporal y su regreso muestran que el cielo es un lugar que acomodará a los humanos en sus cuerpos glorificados y resucitados. Este es también un anticipo de la resurrección corporal de los creyentes. Y aunque se fue, el Señor todavía sigue estando con ellos y con todos los creyentes (Mt. 28:20) a través de la morada del Espíritu Santo.

El Nuevo Testamento relata que cuando Cristo llegó al cielo fue a la diestra de Dios, el lugar más elevado y exaltado (Hch. 2:33; 5:31; 7:55-56; Ro. 8:34; Ef. 1:20; Col. 3:1; 1 P. 3:22), lo que significa que su obra fue perfeccionada (He. 1:3; 10:12; 12:2). También se le dio el nombre de Señor, el nombre que es sobre todo nombre (Fil. 2:9), y fue exaltado por "sobre todo principado y autoridad y poder y señorío, y sobre todo nombre que se nombra, no sólo en este siglo, sino también en el venidero" (Ef. 1:21).

LA REACCIÓN

Ellos, después de haberle adorado, volvieron a Jerusalén con gran gozo; y estaban siempre en el templo, alabando y bendiciendo a Dios. Amén. (24:52-53)

Ahora que los discípulos entendieron por completo la persona y la obra de Cristo, no había otra manera en que pudieran haber reaccionado que la de adorarlo. Con todas sus dudas y temores desaparecidos, todas sus preguntas contestadas, totalmente convencidos de que Jesús era el Mesías, el Hijo de Dios, el Salvador y Redentor, los discípulos estaban listos para predicar el evangelio… aunque les costara la vida.

Los discípulos, **después de haberle adorado, volvieron a Jerusalén,** según Jesús les había ordenado (v. 49; Hch. 1:4), **con gran gozo.** Llenos de esa alegría

estaban siempre en el templo, alabando y bendiciendo a Dios. El período de formación había terminado, y los discípulos estaban henchidos de alabanza, listos para predicar, y algunos de ellos incluso ya preparados para escribir porciones del Nuevo Testamento.

LAS CONSECUENCIAS

Las asombrosas consecuencias de la ascensión al cielo del Hijo de Dios pueden desglosarse en las siguientes verdades.

En primer lugar, la ascensión marcó la finalización de la obra de salvación. Después de la cruz y la resurrección ya no había nada más que hacer para proporcionar algún aspecto de la salvación. Las palabras de Jesús desde la cruz, "Consumado es" (Jn. 19:30), significaban que Él había concluido la obra que el Padre le había encomendado.

En segundo lugar, la ascensión marcó el final de las limitaciones de Jesús. Durante su encarnación "se despojó a sí mismo, tomando forma de siervo, hecho semejante a los hombres; y estando en la condición de hombre, se humilló a sí mismo, haciéndose obediente hasta la muerte, y muerte de cruz" (Fil. 2:7-8). En la ascensión regresó a la gloria que había tenido con el Padre antes que el mundo fuera creado (Jn. 17:5). Jesús había dejado el cielo como espíritu, pero regresó como el Dios-Hombre, título que tendrá para siempre.

En tercer lugar, como ya se indicó, la ascensión marcó la exaltación y coronación de Cristo.

En cuarto lugar, la ascensión señaló el envío del Espíritu Santo, quien hasta entonces "no había venido... porque Jesús no había sido aún glorificado" (Jn. 7:39). Jesús les dijo a sus discípulos: "Os conviene que yo me vaya; porque si no me fuera, el Consolador no vendría a vosotros; mas si me fuere, os lo enviaré" (Jn. 16:7).

En quinto lugar, la ascensión marcó el inicio de la preparación que Jesús está haciendo del hogar celestial para los creyentes (Jn. 14:1-3).

En sexto lugar, la ascensión marcó el paso de la obra de evangelización a sus seguidores. La obra de Cristo está a la vez concluida y sin concluir (Hch. 1:1). Su obra de proveer redención está terminada, y nada puede añadírsele (Jn. 17:4; 19:30; He. 9:12). Sin embargo, su obra de predicación aún no ha finalizado. El resto del Nuevo Testamento describe la continuación de esa obra por parte de la iglesia primitiva, y no estará completa hasta que Jesús regrese.

En séptimo lugar, la ascensión señaló la dirección soberana del Señor sobre la Iglesia (Ef. 1:20-23; Col. 1:18).

En octavo lugar, la ascensión marcó el triunfo de Cristo sobre Satanás. Según escribió el apóstol Juan, "para esto apareció el Hijo de Dios, para deshacer las obras del diablo" (1 Jn. 3:8; cp. Gn. 3:15; He. 2:14).

En noveno lugar, la ascensión señaló la entrega del Señor de la obra del ministerio a hombres dotados. Cuando ascendió, Jesús envió al Espíritu, quien no solo entregó dones espirituales a creyentes individuales (1 Co. 12:4-11), sino que también entregó hombres dotados a la Iglesia (Ef. 4:11-13).

En décimo lugar, la ascensión marcó el inicio de la misericordiosa, fiel (He. 2:17) y compasiva (He. 4:15) obra de Cristo como sumo sacerdote de interceder por su pueblo (He. 7:25).

Por último, la ascensión garantiza y asegura la segunda venida de Cristo (Hch. 1:11).

Cada cristiano debería celebrar todo lo que Jesús logró para los suyos, que culminó en la ascensión. Pablo escribió: "Porque ya conocéis la gracia de nuestro Señor Jesucristo, que por amor a vosotros se hizo pobre, siendo rico, para que vosotros con su pobreza fueseis enriquecidos" (2 Co. 8:9).

Bibliografía

Bock, Darrell L. *Luke 1:1-9:50.* Baker Exegetical Commentary on the New Testament. Grand Rapids: Baker, 1994.

Bruce, Alexander B. "The Synoptic Gospels", en W. Robertson Nicoll, ed. *The Expositor's Greek Testament.* Vol. 1. Reimpresión. Peabody, Mass.: Hendrickson, 2002.

Carson, D. A., Douglas J. Moo, y Leon Morris. *Una introducción al Nuevo Testamento.* Barcelona: Clie, 2008.

Ellis, E. Earle. *The Gospel of Luke.* The New Century Bible Commentary. Grand Rapids: Eerdmans, 1974.

Gooding, David. *Según Lucas.* Barcelona: Clie, 1996.

Guthrie, Donald. *New Testament Introduction.* Edición revisada. Downers Grove, IL: InterVarsity, 1990.

Hendriksen, William. *Comentario al Nuevo Testamento. Exposición del Evangelio según Lucas.* Grand Rapids: Libros Desafío, 1990.

Hiebert, D. Edmond. *An Introduction to the New Testament.* Vol. 1, *The Gospels and Acts.* Chicago: Moody, 1975.

Lenski, R. C. H. *La interpretación de El Evangelio según Lucas.* México, D. F.: El Escudo, 1963.

Liefeld, Walter L., y David W. Pao. "Luke", en Tremper Longman III y David E. Garland, eds. *The Expositor's Bible Commentary.* Vol. 10. Edición revisada. Grand Rapids: Zondervan, 2007.

Marshall, I. Howard. *The Gospel of Luke.* The New International Greek Testament Commentary. Grand Rapids: Eerdmans, 1978.

Morris, Leon. *The Gospel According to St. Luke.* The Tyndale New Testament Commentaries. Grand Rapids: Eerdmans, 1975.

Plummer, Alfred. *The Gospel According to St. Luke.* The International Critical Commentary. Edinburgh: T. & T. Clark, 1969.

Stein, Robert H. *Luke.* The New American Commentary. Nashville: Broadman & Holman, 1992.

EDITORIAL
PORTAVOZ

NUESTRA VISIÓN

Maximizar el efecto de recursos cristianos de calidad que transforman vidas.

NUESTRA MISIÓN

Desarrollar y distribuir productos de calidad —con integridad y excelencia—, desde una perspectiva bíblica y confiable, que animen a las personas a conocer y servir a Jesucristo.

NUESTROS VALORES

Nuestros valores se encuentran fundamentados en la Biblia, fuente de toda verdad para hoy y para siempre. Nosotros ponemos en práctica estas verdades bíblicas como fundamento para las decisiones, normas y productos de nuestra compañía.

Valoramos la excelencia y la calidad
Valoramos la integridad y la confianza
Valoramos el mérito y la dignidad de los individuos y las relaciones
Valoramos el servicio
Valoramos la administración de los recursos

Para más información acerca de nuestra editorial y los productos que publicamos visite nuestra página en la red: www.portavoz.com